Maume
MiCAR

MiCAR

Verordnung über Märkte für Kryptowerte

Kommentar

Herausgegeben von

Prof. Dr. Philipp Maume, S.J.D. (La Trobe)

Technische Universität München

Bearbeitet von

Prof. Dr. André Alfes, LL.M.
Tim Andrélan, Rechtsanwalt
Barbara Bayer, Rechtsanwältin
Dr. Grigory Bekritsky, Rechtsanwalt
Jan Ceyssens
PD Dr. Michael Denga, LL.M.
Dr. Mathias Fromberger, Rechtsanwalt
Katharina Hirzle, Rechtsanwältin
Benedikt Holl, Rechtsanwalt
Dr. Markus Kaulartz, Rechtsanwalt
Prof. Dr. Dimitrios Linardatos
Dr. Carsten Lösing, Rechtsanwalt
Marisa E. Macháček, LL.M., Rechtsanwältin
Prof. Dr. Philipp Maume, S.J.D.
Dr. Heinrich Nemeczek, LL.M., Rechtsanwalt
Dr. Robert Oppenheim, Rechtsanwalt
Dr. Anika Patz, Rechtsanwältin
Dr. Carola Rathke, Rechtsanwältin
Dr. Alexander Schmid, Rechtsanwalt
Dr. Paul Schultess, Rechtsanwalt
Alireza Siadat, M.J.I., Rechtsanwalt
Prof. Dr. Dominik Skauradszun, LL.M., Richter am Oberlandesgericht
Norbert Stabenow, Rechtsanwalt
Thomas Tüllmann, Rechtsanwalt
Dr. Anne-Marie Weber, LL.M.
Matthias Winter, Rechtsanwalt
Dr. Zeno Wirtz, LL.M.
Peter Zickgraf, Wissenschaftlicher Mitarbeiter

2025

Zitiervorschlag:
Maume/Bearbeiter MiCAR Art. ... Rn. ...

beck.de
lexisnexis.at

ISBN 978 3 406 79497 1 (C.H.Beck)
ISBN 978 3 7007 9972 6 (LexisNexis)

© 2025 Verlag C.H.Beck GmbH & Co. KG
Wilhelmstraße 9, 80801 München
info@beck.de
Druck und Bindung: Friedrich Pustet GnbH & Co. KG
Gutenbergstraße 8, 93051 Regensburg

Satz: Jung Crossmedia Publishing GmbH
Gewerbestraße 17, 35633 Lahnau

chbeck.de/nachhaltig
produktsicherheit.beck.de

Gedruckt auf säurefreiem, alterungsbeständigem Papier
(hergestellt aus chlorfrei gebleichtem Zellstoff)

Alle urheberrechtlichen Nutzungsrechte bleiben vorbehalten.
Der Verlag behält sich auch das Recht vor, Vervielfältigungen dieses Werkes
zum Zwecke des Text and Data Mining vorzunehmen.

Vorwort

Es geschieht nicht häufig, dass im „eigenen" Rechtsgebiet komplett neue Regelungswerke entstehen. Die Idee, einen MiCAR-Kommentar zu verfassen, war schnell geboren – und sämtliche angefragten Autoren waren sofort Feuer und Flamme. Nicht klar war aber, welchen Umfang das Projekt annehmen würde. Denn nachdem die bisherigen neuen Gesetze im Kryptobereich bestimmte Nischen bedienten (DLT-Pilot) oder zwar inhaltlich anspruchsvoll, aber im Umfang überschaubar waren (eWpG), sprengte MiCAR den Rahmen. Im Gesetzgebungsverfahren wuchs die Verordnung auf fast 150 Artikel an, die 165 Seiten im Amtsblatt verschlangen. Hierzu würden sich über 50 zu erlassende Technische Regulierungsstandards gesellen. Der Komplexitätsgrad des Kommentarprojekts erreichte schnell luftige Höhen.

Umso froher sind der Verlag, meine Mitautoren und ich nun über das fertige Werk. Uns alle eint mit MiCAR eine Hassliebe. Auf der einen Seite ist es bewundernswert, mit welchem Tempo und auch welcher Chuzpe die Verordnung in kürzester Zeit zusammengebaut wurde. Die Europäische Union hat im Kryptobereich Ernst gemacht und alle warten nun mit Spannung darauf, ob (je nach Lesart) Europa vom weltweiten Kryptomarkt abgehängt wird oder einen neuen internationalen Standard setzt. Auch macht jedenfalls dem Unterzeichner das Arbeiten an einem neuen Gesetz ganz einfach mehr Freude als das Zusammenschreiben der zwölften Kommentierung zum Aktiengesetz. MiCAR ist insofern eine ideale Spielwiese.

Gleichzeitig treibt die Verordnung Autoren in den Wahnsinn. Verweise auf nicht vorhandene Unterabsätze, die uneinheitliche Verwendung von Begriffen sowie sinnverdreht aus anderen Rechtsakten übernommene Vorschriften – es liegt auf der Hand, dass der Gesetzgeber an vielen Stellen wieder wird Hand anlegen müssen. Die ersten Schritte wurden bereits unternommen, so ist nach einem ersten „Bugfix" inzwischen immerhin durchgehend von „Kryptowerte-Dienstleistungen" die Rede.

Dieses Werk ist auf dem Stand Oktober 2024. Es berücksichtigt die Änderungen der MiCAR vom 2.5.2024 sowie 31.10.2024 und auch die ESMA-Empfehlungen an die Kommission zum Erlass der Technischen Regulierungsstandards. Grundlage auf deutscher Ebene ist die FinmadiG-Beschlussempfehlung des Bundestags-Finanzausschusses vom 20.4.2024, die im Dezember unverändert im Bundesgesetzblatt veröffentlicht wurde. Uns ist klar, dass bei Erscheinen dieses Buchs die Rechtslage schon wieder eine andere sein könnte. Aber manche Dinge lassen sich nicht ändern.

Ganz herzlich bedanken möchte ich mich bei meinem Team, namentlich Alexander Betz, Markus Haufellner, Michael Primbs, Martine Pütz, Julia Berchtenbreiter, David Eichinger und Alexander Nitzke. Es war eine Menge Arbeit, und Formatierungsarbeit ist nicht immer schön. Mit bemerkenswerter Gemütsruhe unterstützten uns zudem Astrid Stanke und Stefanie Menzel aus dem Hause C.H.Beck. Heroes do not always wear capes.

Vorliegend handelt es sich um einen Kommentar und nicht um ein Praxishandbuch. Unsere Autoren haben unterschiedliche Vorstellungen von und Herangehensweisen an Kryptomärkte. Eine Vereinheitlichung der Inhalte hat daher (ab-

Vorwort

gesehen von der Terminologie) natürlich nicht stattgefunden. Es ist offensichtlich, dass Bearbeiter verschiedener Abschnitte gänzlich unterschiedliche Standpunkte zu offenen Streitfragen vertreten, beispielsweise zu Fragen des Schadensersatzes. Doch dies ist gewollt. Möge sich der Leser vom besseren Argument überzeugen lassen.

Und die MiCAR-Reise ist noch nicht vorbei: die Autoren arbeiten bereits an einer englischen Version.

München, im Dezember 2024 *Philipp Maume*

Verzeichnis der Bearbeiter

Titel I Gegenstand, Anwendungsbereich, Begriffsbestimmungen

Art. 1	....	Ceyssens
Art. 2	....	Ceyssens
Art. 3	....	

Definitionen in Art. 3 Abs. 1 MiCAR

1	....	Fromberger
2	....	Fromberger
3	....	Fromberger
4	....	Fromberger
5	....	Fromberger
6	....	Linardatos
7	....	Lösing
8	....	Lösing
9	....	Zickgraf
10	....	Zickgraf
11	....	Zickgraf
12	....	Zickgraf
13	....	Zickgraf
14	....	Zickgraf
15	....	Hirzle/Holl/Kaulartz
16	....	Hirzle/Holl/Kaulartz
17	....	Patz
18	....	Patz
19	....	Tüllmann
20	....	Tüllmann
21	....	Tüllmann
22	....	Winter
23	....	Tüllmann
24	....	Rathke
25	....	Rathke
26	....	Winter
27	....	Maume
28	....	Nemeczek/Stabenow
29	....	Nemeczek/Stabenow
30	....	Maume
31	....	Nemeczek/Stabenow
32	....	Fromberger
33	....	Hirzle/Holl/Kaulartz

Verzeichnis der Bearbeiter

34	Hirzle/Holl/Kaulartz
35	Hirzle/Holl/Kaulartz
36	Bayer
37	Maume
38	Maume
39	Nemeczek/Stabenow
40	Patz
41	Nemeczek/Stabenow
42	Nemeczek/Stabenow
43	Lösing
44	Lösing
45	Bekritsky
46	Hirzle/Holl/Kaulartz
47	Hirzle/Holl/Kaulartz
48	Hirzle/Holl/Kaulartz
49	Zickgraf
50	Ceyssens
51	Ceyssens

Titel II Andere Kryptowerte als wertreferenzierte Token und E-Geld-Token

Vor Art. 4 ff.	Zickgraf
Art. 4	Zickgraf
Art. 5	Zickgraf
Art. 6	Zickgraf
Art. 7	Zickgraf
Art. 8	Zickgraf
Art. 9	Zickgraf
Art. 10	Zickgraf
Art. 11	Zickgraf
Art. 12	Zickgraf
Art. 13	Maume
Art. 14	Zickgraf
Art. 15	Zickgraf

Titel III Vermögenswertreferenzierte Token

Kapitel 1 Zulassungspflicht für ein öffentliches Angebot vermögenswertereferenzierter Token und für die Beantragung von deren Zulassung zum Handel

Art. 16	Siadat/Schultess
Art. 17	Siadat/Schultess
Art. 18	Siadat/Schultess
Art. 19	Alfes
Art. 20	Oppenheim/Andrélan

Verzeichnis der Bearbeiter

Art. 21		Oppenheim/Andrélan
Art. 22		Alfes
Art. 23		Oppenheim/Andrélan
Art. 24		Oppenheim/Andrélan
Art. 25		Alfes
Art. 26		Linardatos

Kapitel 2 Pflichten von Emittenten wertreferenzierter Token

Art. 27		Linardatos
Art. 28		Linardatos
Art. 29		Linardatos
Art. 30		Linardatos
Art. 31		Linardatos
Art. 32		Linardatos
Art. 33		Linardatos
Art. 34		Linardatos
Art. 35		Linardatos

Kapitel 3 Vermögenswertreserve

Art. 36		Fromberger
Art. 37		Fromberger
Art. 38		Fromberger
Art. 39		Fromberger
Art. 40		Fromberger

Kapitel 4 Übernahme von Emittenten wertreferenzierter Token

Art. 41		Bayer
Art. 42		Bayer

Kapitel 5 Signifikante wertreferenzierte Token

Art. 43		Machacek
Art. 44		Machacek
Art. 45		Machacek

Kapitel 6 Sanierungs- und Rücktauschpläne

Art. 46		Skauradszun
Art. 47		Skauradszun

Titel IV E-Geld-Token

Kapitel 1 Anforderungen an alle Emittenten von E-Geld-Token

Art. 48		Lösing
Art. 49		Lösing
Art. 50		Lösing
Art. 51		Lösing

Verzeichnis der Bearbeiter

Art. 52	....	Lösing
Art. 53	....	Lösing
Art. 54	....	Lösing
Art. 55	....	Skauradszun

Kapitel 2 Signifikante E-Geld-Token

Art. 56	....	Machacek
Art. 57	....	Machacek
Art. 58	....	Machacek

Titel V Zulassung und Bedingungen für die Ausübung der Tätigkeit eines Anbieters von Kryptowerte-Dienstleistungen

Kapitel 1 Zulassung von Anbietern von Kryptowerte-Dienstleistungen

Art. 59	....	Hirzle/Holl/Kaulartz
Art. 60	....	Hirzle/Holl/Kaulartz
Art. 61	....	Hirzle/Holl/Kaulartz
Art. 62	....	Hirzle/Holl/Kaulartz
Art. 63	....	Hirzle/Holl/Kaulartz
Art. 64	....	Hirzle/Holl/Kaulartz
Art. 65	....	Hirzle/Holl/Kaulartz

Kapitel 2 Pflichten aller Anbieter von Krypto-Dienstleistungen

Art. 66	....	Nemeczek/Stabenow
Art. 67	....	Nemeczek/Stabenow
Art. 68	....	Nemeczek/Stabenow
Art. 69	....	Nemeczek/Stabenow
Art. 70	....	Nemeczek/Stabenow
Art. 71	....	Nemeczek/Stabenow
Art. 72	....	Nemeczek/Stabenow
Art. 73	....	Nemeczek/Stabenow
Art. 74	....	Skauradszun

Kapitel 3 Pflichten in Bezug auf spezifische Kryptowerte-Dienstleistungen

Art. 75	....	Patz
Art. 76	....	Patz
Art. 76 Abs. 2	....	Schmid/Kaulartz
Art. 77	....	Tüllmann
Art. 78	....	Tüllmann
Art. 79	....	Winter
Art. 80	....	Tüllmann
Art. 81	....	Rathke
Art. 82	....	Winter

Verzeichnis der Bearbeiter

Kapitel 4 Übernahme eines Anbieters von Kryptowerte-Dienstleistungen
Art. 83 . . . . Bayer
Art. 84 . . . . Bayer

Kapitel 5 Signifikante Anbieter von Kryptowerte-Dienstleistungen
Art. 85 . . . . Machacek

Titel VI Verhinderung und Verbot von Marktmissbrauch im Zusammenhang mit Kryptowerten
Art. 86 . . . . Maume
Art. 87 . . . . Maume
Art. 88 . . . . Maume
Art. 89 . . . . Maume
Art. 90 . . . . Maume
Art. 91 . . . . Maume
Art. 92 . . . . Maume

Titel VII Zuständige Behörden, die EBA und die ESMA
Art. 93–108 . . . . Weber
Art. 109–110a . . . . Maume
Art. 111–116 . . . . Bekritsky
Art. 117–120 . . . . Ceyssens
Art. 121–138 . . . . Denga/Wirtz

Titel VIII Delegierte Rechtsakte
Art. 139 . . . . Maume

Titel IX Übergangs- und Schlussbestimmungen
Art. 140 . . . . Maume
Art. 141 . . . . Maume
Art. 142 . . . . Maume
Art. 143 . . . . Maume
Art. 144 . . . . Maume
Art. 145 . . . . Maume
Art. 146 . . . . Maume
Art. 147 . . . . Maume
Art. 148 . . . . Maume
Art. 149 . . . . Maume

Inhaltsverzeichnis

Verzeichnis der Bearbeiter VII
Literaturverzeichnis LXVII

Titel I Gegenstand, Anwendungsbereich und Begriffsbestimmungen

Artikel 1 Gegenstand 1
I. Allgemeines 2
 1. Historie 2
 2. Internationaler Zusammenhang 3
II. Zielsetzung, Schutzgut und Regelungsgegenstand 4

Artikel 2 Anwendungsbereich 6
I. Persönlicher und sachlicher Anwendungsbereich (Abs. 1) 7
 1. Natürliche und Juristische Personen und andere Unternehmen ... 7
 2. Befassung mit der Ausgabe, dem öffentlichen Angebot und der Zulassung zum Handel von Kryptowerten und Erbringen von Dienstleistungen im Zusammenhang mit Kryptowerten 8
II. Ausnahmen vom persönlichen Anwendungsbereich (Abs. 2) 8
III. Ausnahme für nicht fungible Vermögenswerte (Abs. 3) 9
IV. Ausnahmen anderweitig regulierter Instrumente (Abs. 4) 12
V. Verhältnis zur SSM Verordnung 14

Artikel 3 Begriffsbestimmungen 14
Nr. 1. „Distributed-Ledger-Technologie " oder „DLT" eine Technologie, die den Betrieb und die Nutzung von Distributed Ledgern ermöglicht 28
Nr. 2. „Distributed Ledger" einen Informationsspeicher, der Aufzeichnungen über Transaktionen enthält und der unter Verwendung eines Konsensmechanismus auf eine Reihe von DLT-Netzwerkknoten verteilt und zwischen ihnen synchronisiert wird 29
Nr. 3. „Konsensmechanismus" die Regeln und Verfahren, durch die eine Übereinstimmung unter DLT-Netzwerkknoten dahingehend erzielt wird, dass eine Transaktion validiert ist 29
Nr. 4. „DLT-Netzwerkknoten" ein Gerät oder Verfahren, das Teil eines Netzwerks ist und das eine vollständige oder partielle Kopie von Aufzeichnungen aller Transaktionen in einem Distributed Ledger enthält 30
Nr. 5. „Kryptowert" eine digitale Darstellung eines Werts oder eines Rechts, der bzw. das unter Verwendung der Distributed-Ledger-Technologie oder einer ähnlichen Technologie elektronisch übertragen und gespeichert werden kann 30

Inhaltsverzeichnis

Nr. 6: „vermögenswertereferenzierter Token" einen Kryptowert, der kein E-Geld-Token ist und dessen Wertstabilität durch Bezugnahme auf einen anderen Wert oder ein anderes Recht oder eine Kombination davon, einschließlich einer oder mehrerer amtlicher Währungen, gewahrt werden soll 31
    I. Genese 31
    II. Auslegung 33
Nr. 7. „E-Geld-Token" einen Kryptowert, dessen Wertstabilität unter Bezugnahme auf den Wert einer amtlichen Währung gewahrt werden soll 36
    I. Bedeutung der Definition 36
    II. Definition des E-Geld-Tokens 38
        1. Kryptowerte 39
        2. Bezugnahme auf den Wert einer amtlichen Währung 39
        3. Wahrung der Wertstabilität 40
        4. Abgrenzungsfragen: Geldbeträge, Einlagen und E-Geld 41
            a) Abgrenzung zu Geldbeträgen 41
            b) Abgrenzung von Einlagen 41
            c) Abgrenzung von E-Geld-Token und E-Geld 41
        5. Anwendbarkeit der Bereichsausnahmen der E-Geld-Richtlinie 44
    III. Systematische Verwerfungen im Regelungsregime 44
        1. Kreis möglicher Emittenten 45
        2. Der Zeitpunkt des Eingreifens der Zulassungspflicht 45
        3. Die Pflicht zur Veröffentlichung eines Kryptowerte-Whitepapers 46
        4. Die Pflicht zur Einhaltung von Marketing-Anforderungen .. 46
        5. Die Möglichkeit, Gebühren für den Rücktausch zu verlangen 46
        6. Die speziellen Regelungen für signifikante E-Geld-Token .. 46
        7. Sanierungs- und Rücktauschpläne 46
    IV. Signifikante E-Geld-Token 47
Nr. 8. „amtliche Währung" eine amtliche Währung eines Landes, die von einer Zentralbank oder einer anderen Währungsbehörde ausgegeben wird 48
Nr. 9. „Utility-Token" einen Kryptowert, der ausschließlich dazu bestimmt ist, Zugang zu einer Ware oder Dienstleistung zu verschaffen, die von seinem Emittenten bereitgestellt wird 50
Nr. 10. „Emittent" eine natürliche oder juristische Person oder ein anderes Unternehmen, die bzw. das Kryptowerte emittiert 52
Nr. 11. „antragstellender Emittenten" einen Emittenten von vermögenswertereferenzierten Token oder E-Geld-Token, der die Zulassung dieser Kryptowerte zum öffentlichen Anbieten oder zum Handel beantragt 53
Nr. 12. „öffentliches Angebot" eine Mitteilung an Personen in jedweder Form und auf jedwede Art und Weise, die ausreichende Informationen über die Angebotsbedingungen und die anzubietenden Kryptowerte enthält, um potenzielle Inhaber in die Lage zu versetzen, über den Kauf dieser Kryptowerte zu entscheiden 53

Inhaltsverzeichnis

Nr. 13. „Anbieter" eine natürliche oder juristische Person oder ein anderes Unternehmen, die bzw. das Kryptowerte öffentlich anbietet, oder den Emittenten, der Kryptowerte öffentlich anbietet 56

Nr. 14. „Geldbetrag" einen Geldbetrag im Sinne von Artikel 4 Nummer 25 der Richtlinie (EU) 2015/2366 57

Nr. 15. „Anbieter von Kryptowerte-Dienstleistungen" jede juristische Person oder jedes andere Unternehmen, deren bzw. dessen berufliche oder gewerbliche Tätigkeit darin besteht, eine oder mehrere Kryptowerte-Dienstleistungen gewerblich für Kunden zu erbringen, und der bzw. dem es gestattet ist, gemäß Artikel 59 Kryptowerte-Dienstleistungen zu erbringen 58
   I. Allgemein 58
   II. Tatbestandsmerkmale 59
      1. Juristische Person oder ein anderes Unternehmen 59
      2. Gewerbliche Tätigkeit 61
      3. Für Kunden 62
      4. Gestattete Kryptowerte-Dienstleistung 63
      5. Dezentrale Kryptowerte-Dienstleistungen (Decentralised Finance) 63

Nr. 16. „Kryptowerte-Dienstleistung" eine der folgenden Dienstleistungen und Tätigkeiten im Zusammenhang mit Kryptowerten 66
   I. Allgemein 67
   II. Systematik 67
      1. Abgrenzung zu anderen regulierten Dienstleistungen 67
      2. Kategorisierung des Erwgr. Nr. 21 68
      3. Abschließender Charakter der Kryptowerte-Dienstleistungen der MiCAR 69

Nr. 17. „Verwahrung und Verwaltung von Kryptowerten für Kunden" die sichere Aufbewahrung oder Kontrolle von Kryptowerten oder der Mittel für den Zugang zu solchen Kryptowerten für Kunden, unter Umständen in Form privater kryptografischer Schlüssel 69

Nr. 18. „Betrieb einer Handelsplattform für Kryptowerte" die Verwaltung eines oder mehrerer multilateraler Systeme, die die Interessen einer Vielzahl Dritter am Kauf und Verkauf von Kryptowerten – im System und gemäß dessen Regeln – auf eine Weise zusammenführen oder deren Zusammenführung erleichtern, dass ein Vertrag über den Tausch von Kryptowerten entweder gegen einen Geldbetrag oder den Tausch von Kryptowerten gegen andere Kryptowerte zustande kommt 74

Nr. 19. „Tausch von Kryptowerten gegen einen Geldbetrag" den Abschluss von Verträgen mit Kunden über den Kauf oder Verkauf von Kryptowerten gegen einen Geldbetrag unter Einsatz eigenen Kapitals 77

Nr. 20. „Tausch von Kryptowerten gegen andere Kryptowerte" den Abschluss von Verträgen mit Kunden über den Kauf oder Verkauf von Kryptowerten gegen einen Geldbetrag unter Einsatz eigenen Kapitals 78

Inhaltsverzeichnis

Nr. 21. „Ausführung von Aufträgen über Kryptowerte für Kunden" den Abschluss von Vereinbarungen für Kunden über den Kauf oder Verkauf eines oder mehrerer Kryptowerte oder die Zeichnung eines oder mehrerer Kryptowerte für Kunden, einschließlich des Abschlusses von Verträgen über den Verkauf von Kryptowerten zum Zeitpunkt ihres öffentlichen Angebots oder ihrer Zulassung zum Handel 78

Nr. 22. „Platzierung von Kryptowerten" die Vermarktung von Kryptowerten an Käufer im Namen oder für Rechnung des Anbieters oder einer mit dem Anbieter verbundenen Partei 80

Nr. 23. „Annahme und Übermittlung von Aufträgen über Kryptowerte für Kunden" die Annahme eines von einer Person erteilten Auftrags zum Kauf oder Verkauf eines oder mehrerer Kryptowerte oder zur Zeichnung eines oder mehrerer Kryptowerte und die Übermittlung dieses Auftrags an eine Drittpartei zur Ausführung 81

Nr. 24. „Beratung zu Kryptowerten" das Angebot oder die Abgabe personalisierter Empfehlungen an Kunden oder die Vereinbarung der Abgabe solcher Empfehlungen auf Ersuchen des Kunden oder auf Initiative des die Beratung leistenden Anbieters von Kryptowerte-Dienstleistungen hinsichtlich eines oder mehrerer Geschäfte in Bezug auf Kryptowerte oder die Nutzung von Kryptowerte-Dienstleistungen 84

 I. Empfehlungen – Angebote von Empfehlungen – Vereinbarungen zur Abgabe von Empfehlungen 85

 II. Geschäfte in Bezug auf Kryptowerte oder die Nutzung von Kryptowerte-Dienstleistungen 86

 III. Begriff des Kunden 87

 IV. Ersuchen des Kunden oder Initiative des Dienstleisters 88

 V. Personalisierung der Empfehlung 89

Nr. 25. „Portfolioverwaltung von Kryptowerten" die Verwaltung von Portfolios auf Einzelkundenbasis mit einem Ermessensspielraum im Rahmen eines Mandats des Kunden, sofern diese Portfolios einen oder mehrere Kryptowerte enthalten 90

 I. Portfolioverwaltung mit einem oder mehreren Kryptowerten .. 91

 II. Auf Einzelkundenbasis 92

 III. Im Rahmen eines Mandats des Kunden 93

 IV. Entscheidungsspielraum 93

 V. Abgrenzungsfälle 94

Nr. 26. „Transferdienstleistungen für Kryptowerte für Kunden" das Erbringen von Dienstleistungen zur Übertragung von Kryptowerten von einer Distributed-Ledger-Adresse oder einem Distributed-Ledger-Konto auf eine andere solche Adresse oder ein anderes solches Konto für eine natürliche oder juristische Person 95

Inhaltsverzeichnis

Nr. 27. „Leitungsorgan" das Organ – oder die Organe – eines Emittenten, eines Anbieters oder einer Person, die eine Zulassung zum Handel beantragt, oder eines Anbieters von Kryptowerte-Dienstleistungen, die nach nationalem Recht bestellt wurden, die befugt sind, Strategie, Ziele und Gesamtpolitik des Unternehmens festzulegen, und die die Entscheidungen der Geschäftsführung des Unternehmens kontrollieren und überwachen, und Personen umfasst, die die Geschäfte des Unternehmens tatsächlich führen 97
Nr. 28. „Kreditinstitut" ein Kreditinstitut im Sinne von Art. 4 Abs. 1 Nummer 1 der VO (EU) Nr. 575/2013 und mit einer Zulassung gemäß der RL 2013/36/EU 98
Nr. 29. „Wertpapierfirma" eine Wertpapierfirma im Sinne von Art. 4 Abs. 1 Nummer 2 der VO (EU) Nr. 575/2013 und mit einer Zulassung gemäß der RL 2014/65/EU 100
Nr. 30. „qualifizierte Anleger" Personen oder Einrichtungen, die in Anhang II Abschnitt I Nummern 1 bis 4 der Richtlinie 2014/65/EU aufgeführt sind 101
Nr. 31. „enge Verbindungen" enge Verbindungen im Sinne von Art. 4 Abs. 1 Nummer 35 der RL 2014/65/EU 101
Nr. 32. „Vermögenswertreserve" den Korb mit Reservevermögen, mit dem die Forderung gegenüber dem Emittenten besichert wird 102
Nr. 33. „Herkunftsmitgliedstaat" 102
    I. Anbieter von anderen Kryptowerten als vermögenswertereferenzierten Token oder E-Geld-Token und Personen, die eine Zulassung solcher Kryptowerte zum Handel beantragen 103
    II. Emittenten vermögenswertereferenzierter Token oder E-Geld-Token und Anbieter von Kryptowerte-Dienstleistungen 103
    III. Regulatorischer Hintergrund 104
Nr. 34. „Aufnahmemitgliedstaat" den Mitgliedstaat, in dem ein Anbieter oder die Person, die eine Zulassung zum Handel beantragt, Kryptowerte öffentlich anbietet oder deren Zulassung zum Handel beantragt oder in dem ein Anbieter von Kryptowerte-Dienstleistungen erbringt, wenn dies nicht der Herkunftsmitgliedstaat ist 104
Nr. 35. „zuständige Behörde" eine oder mehrere Behörden 105
Nr. 36. „qualifizierte Beteiligung" das direkte oder indirekte Halten einer Beteiligung an einem Emittenten vermögenswertereferenzierter Token oder einem Anbieter von Kryptowerte-Dienstleistungen, die mindestens 10% des Kapitals oder der Stimmrechte gemäß den Artikeln 9 bzw. 10 der Richtlinie 2004/109/EG des Europäischen Parlaments und des Rates unter Berücksichtigung der Voraussetzungen für das Zusammenrechnen der Beteiligungen nach Artikel 12 Absätze 4 und 5 jener Richtlinie ausmacht oder die Ausübung eines maßgeblichen Einflusses auf die Geschäftsführung eines Emittenten vermögenswertereferenzierter Token oder die Geschäftsführung des Anbieters von Kryptowerte-Dienstleistungen, an der eine solche Beteiligung gehalten wird, ermöglicht 106
    I. Einführung 106
      1. Normzweck und Parallelvorschriften 106
      2. Bedeutung 108
    II. Begriff der qualifizierten Beteiligung 109

Inhaltsverzeichnis

        1. Beteiligung 109
        2. Halten von Kapital oder Stimmrechten 109
           a) Zielunternehmen 110
           b) Bestimmung der Beteiligungsstruktur 110
           c) Die Schwellenwerte des Art. 3 Abs. 1 Nr. 36 111
        3. Die Ausübung eines maßgeblichen Einflusses auf die Geschäftsführung 114
           a) Begriff des maßgeblichen Einflusses 114
           b) Kriterien zur Bestimmung der Maßgeblichkeit 115

Nr. 37. „Kleinanleger" jede natürliche Person, die zu Zwecken handelt, die außerhalb ihrer gewerblichen, geschäftlichen, handwerklichen oder beruflichen Tätigkeit liegen 116

Nr. 38. „Online-Schnittstelle" eine Software, einschließlich einer Website, eines Teils einer Website oder einer Anwendung, die von einem Anbieter oder einem Anbieter von Kryptowerte-Dienstleistungen oder in seinem Namen betrieben wird und dazu dient, Inhabern von Kryptowerten Zugang zu ihren Kryptowerten und Kunden von Kryptowerte-Dienstleistungen Zugang zu ihren Kryptowerte-Dienstleistungen zu gewähren 117

Nr. 39. „Kunde" eine natürliche oder juristische Person, für die ein Anbieter von Kryptowerte-Dienstleistungen erbringt 117

Nr. 40. „Zusammenführung sich deckender Kundenaufträge" die Zusammenführung sich deckender Kundenaufträge im Sinne von Artikel 4 Absatz 1 Nummer 38 der Richtlinie 2014/65/EU 118

Nr. 41. „Zahlungsdienst" einen Zahlungsdienst im Sinne von Art. 4 Nummer 3 der RL (EU) 2015/2366 119

Nr. 42. „Zahlungsdienstleister" einen Zahlungsdienstleister im Sinne von Art. 4 Nummer 11 der RL (EU) 2015/2366 119

Nr. 43. „E-Geld-Institut" ein E-Geld-Institut im Sinne von Artikel 2 Nummer 1 der Richtlinie 2009/110/EG 120

Nr. 44. „E-Geld" E-Geld im Sinne von Artikel 2 Nummer 2 der Richtlinie 2009/110/EG 122
    I. Tatbestandsmerkmale 122
       1. Monetärer Wert 122
       2. Forderung gegen den Emittenten 123
       3. Ausstellung gegen Zahlung eines Geldbetrages 123
       4. Elektronische Speicherung 123
       5. Bestimmung für Zahlungsvorgänge iSd § 675f Abs. 4 S. 1 BGB 124
       6. Von dem Emittenten verschiedene Akzeptanten 124
    II. Bereichsausnahmen 124
       1. Zahlungssysteme in limitierten Netzen oder mit limitierter Produktpalette und Instrumente zu sozialen oder steuerlichen Zwecken 125
       2. Elektronische Kommunikationsnetze/-dienste 126
           a) Anbieter bzw. Betreiber elektronischer Kommunikationsnetze oder elektronischer Kommunikationsdienste 126
           b) Digitale Inhalte und Sprachdienste 127
           c) Gemeinnützigkeit der abgerechneten Tätigkeit oder Abrechnung von elektronischen Tickets 128

Inhaltsverzeichnis

Nr. 45. „personenbezogene Daten" personenbezogene Daten im Sinne des Artikels 4 Nummer 1 der Verordnung (EU) 2016/679 128
Nr. 46. „Zahlungsinstitut" ein Zahlungsinstitut im Sinne von Artikel 4 Nummer 4 der Richtlinie (EU) 2015/2366 128
Nr. 47. „OGAW-Verwaltungsgesellschaft" eine Verwaltungsgesellschaft im Sinne von Artikel 2 Nummer 1 Buchstabe b der Richtlinie 2009/65/EG des Europäischen Parlaments und des Rates (33) 129
Nr. 48. „Verwalter alternativer Investmentfonds" einen Verwalter alternativer Investmentfonds (AIFM) im Sinne von Artikel 4 Absatz 1 Buchstabe b der Richtlinie 2011/61/EU des Europäischen Parlaments und des Rates (34) 129
Nr. 49. „Finanzinstrument" Finanzinstrument im Sinne des Artikels 4 Abs. 1 Nummer 15 der RL 2014/65/EU 130
    I. Überblick 130
    II. Fallgruppenartige Kategorisierung 130
        1. Übertragbare Wertpapiere 131
            a) Formelle Anforderungen 131
            b) Materielle Anforderungen 134
            c) Einordnung von Kryptowerten 136
        2. Geldmarktinstrumente 138
        3. Anteile an Organismen für gemeinsame Anlagen 139
        4. Derivatkontrakte 140
            a) Allgemeines 140
            b) Einzelne Derivatkontrakte 142
        5. Derivative Instrumente für den Transfer von Kreditrisiken ... 144
        6. Finanzielle Differenzgeschäfte 144
        7. Emissionszertifikate 145
Nr. 50. „Einlage" eine Einlage im Sinne des Artikels 2 Absatz 1 Nummer 3 der Richtlinie 2014/49/EU 145
Nr. 51. „strukturierte Einlage" eine strukturierte Einlage im Sinne des Artikels 4 Absatz 1 Nummer 43 der Richtlinie 2014/65/EU 146

Titel II Andere Kryptowerte als vermögenswertereferenzierte Token oder E-Geld-Token

Vorbemerkung vor Art. 4ff. 147
    I. Entstehungsgeschichte 151
    II. Überblick über Titel II 153
    III. Anwendungsbereich des Titel II 153
        1. Sachlicher Anwendungsbereich 153
            a) Sachlicher Anwendungsbereich der MiCAR (Art. 2 Abs. 1) 153
            b) Sachlicher Anwendungsbereich des Titel II 157
            c) Zusammenfassung 160
        2. Persönlicher Anwendungsbereich 160
            a) Persönlicher Anwendungsbereich der MiCAR 160
            b) Persönlicher Anwendungsbereich des Titel II 160
        3. Räumlicher Anwendungsbereich 161
            a) Räumlicher Anwendungsbereich der MiCAR 161
            b) Räumlicher Anwendungsbereich des Titel II 161

Inhaltsverzeichnis

Artikel 4 Öffentliche Angebote von anderen Kryptowerten als vermögenswertereferenzierten Token oder E-Geld-Token ... 164
   I. Grundlagen ... 167
      1. Regelungsgegenstand ... 167
      2. Regelungsvorbilder ... 167
      3. Regelungszweck ... 168
   II. Anwendungsbereich ... 170
   III. Rechtsformzwang, Publizitäts-, Verfahrens- und Verhaltenspflichten (Abs. 1) ... 171
      1. Anforderungen und Pflichten der Anbieter ... 171
      2. Ausnahmen und Rückausnahme (Abs. 2–4) ... 171
         a) Angebotsbezogene Ausnahmen von den Publizitäts- und Verfahrenspflichten (Abs. 2) ... 171
         b) Kryptowertbezogene Bereichsausnahmen (Abs. 3) ... 173
         c) Rückausnahme (Abs. 4) ... 179
      3. Rechtsfolgen bei Verletzung der Pflichten ... 180
         a) Aufsichtsrecht ... 180
         b) Zivilrecht ... 181
   IV. Kryptowerte-Dienstleister (Abs. 5) ... 182
   V. Höchstlaufzeit des öffentlichen Angebots bei Utility Token mit Unternehmensfinanzierungsfunktion (Abs. 6) ... 182
   VI. Spätere öffentliche Angebote (Abs. 7) ... 184
   VII. Freiwillige Erstellung eines Whitepapers (Abs. 8) ... 186

Artikel 5 Zulassung von anderen Kryptowerten als vermögenswertereferenzierten Token oder E-Geld-Token zum Handel .. 186
   I. Grundlagen ... 187
      1. Regelungsgegenstand ... 187
      2. Regelungsvorbild ... 188
      3. Regelungszweck ... 188
   II. Anwendungsbereich ... 188
   III. Rechtsformzwang, Publizitäts-, Verfahrens- und Verhaltenspflichten der Zulassungsantragsteller (Abs. 1) ... 189
   III. Pflichten der Betreiber von Handelsplattformen (Abs. 2) ... 189
   IV. Vertragliche Pflichtendelegation zwischen Zulassungsantragstellern und Betreibern von Handelsplattformen (Abs. 3) ... 190
   V. Ausnahmen von der Kryptowerte-Whitepaper-Publizitätspflicht (Abs. 4) ... 191
   VI. Rechtsfolgen ... 193
      1. Aufsichtsrecht ... 193
      2. Zivilrecht ... 193

Artikel 6 Inhalt und Form des Kryptowerte-Whitepapers ... 194
   I. Grundlagen ... 198
      1. Regelungsgegenstand ... 198
      2. Regelungsvorbilder ... 198
      3. Regelungszweck ... 199
   II. Anwendungsbereich ... 200
   III. Inhalt des Kryptowerte-Whitepapers (Abs. 1–8) ... 200
      1. Allgemeine Grundsätze ... 200
         a) Richtigkeit ... 200

Inhaltsverzeichnis

    b) Vollständigkeit 202
    c) Klarheit 203
    d) Aktualität 204
    e) Beurteilungsmaßstab 204
  2. Angebots- und handelszulassungsspezifische Informationen (Abs. 1)   206
  3. Allgemeine Anforderungen an die offenzulegenden Informationen
    (Abs. 2) 208
    a) Redlichkeit und Verbot der Irreführung 208
    b) Vollständigkeit 209
    c) Eindeutigkeit, Knappheit und Verständlichkeit 210
  4. Verantwortungsübernahme (Art. 6 Abs. 3 u. Abs. 6) 211
  5. Warnhinweise und wertbezogene Zukunftsaussagen (Abs. 3, Abs. 4
    u. Abs. 5) 211
  6. Kryptowerte-Whitepaper-Zusammenfassung (Art. 6 Abs. 7) 213
  7. Übermittlungsdatum und Inhaltsverzeichnis (Abs. 8) 216
 V. Form des Kryptowerte-Whitepapers (Abs. 9 u. 10) 216
  1. Sprache des Kryptowerte-Whitepapers (Abs. 9) 216
  2. Maschinenlesbarkeit (Art. 6 Abs. 10) 217
 VI. Technische Durchführungs- und Regulierungsstandards (Abs. 11 u.
    Abs. 12) 218
VII. Rechtsfolgen 218
  1. Aufsichtsrecht 218
  2. Zivilrecht 218

Artikel 7 Marketingmitteilungen 219
 I. Grundlagen 221
  1. Regulierungsgegenstand 221
  2. Regelungsvorbild 221
  3. Regelungszweck(e) 221
    a) Abs. 1 u. Abs. 2 221
    b) Abs. 3 u. Abs. 4 224
 II. Anwendungsbereich 224
III. Inhalt der Marketingmitteilungen (Art. 7 Abs. 1) 225
  1. Begriff der Marketingmitteilung 225
  2. Allgemeine Anforderungen (lit. a, b, c) 226
    a) Transparenzgebot: Eindeutige Erkennbarkeit der Marketing-
      mitteilung 226
    b) Gebot der Richtigkeit und Klarheit: Redlichkeit, Eindeutigkeit
      und Verbot der Irreführung 227
    c) Konsistenzgebot: Übereinstimmung mit den Informationen des
      Kryptowerte-Whitepapers 228
  3. Hinweis auf Veröffentlichung des Kryptowerte-Whitepapers und
    Angabe von Kontaktinformationen (lit. d) 229
  4. Warnhinweis und Verantwortungsübernahmeerklärung (lit. e) 229
 IV. Vorveröffentlichungen und Marktsondierungen (Abs. 2) 230
    a) Vorveröffentlichung einer Marketingmitteilung (S. 1) 230
    b) Marktsondierung (S. 2) 230
 V. Behördliche Zuständigkeiten und Befugnisse (Abs. 3 u. Abs. 4) 231
 VI. Rechtsfolgen 232
  1. Aufsichtsrecht 232

Inhaltsverzeichnis

2. Zivilrecht 233

Artikel 8 Übermittlung des Kryptowerte-Whitepapers und der Marketingmitteilungen 233
  I. Grundlagen 235
    1. Regelungsgegenstand 235
    2. Regelungszweck 235
  II. Anwendungsbereich 236
  III. Verzicht auf behördliche Prüfung und Genehmigung (Abs. 3) 236
  IV. Pflicht zur Übermittlung des Kryptowerte-Whitepapers (Abs. 1) 237
  V. Übermittlung der Marketingmitteilungen (Abs. 2) 237
  VI. Pflicht zur Selbstevaluation (Abs. 4) 237
  VII. Übermittlungsfrist (Abs. 5) 238
  VIII. Übermittlung der Liste der Aufnahmemitgliedstaaten und Mitteilung des Startdatums (Abs. 6 UAbs. 1) 238
  IX. Notifizierungsverfahren (Abs. 6 UAbs. 2, Abs. 7) 239
  X. Rechtsfolgen 240

Artikel 9 Veröffentlichung des Kryptowerte-Whitepapers und der Marketingmitteilungen 240
  I. Grundlagen 241
    1. Regelungsgegenstand 241
    2. Regelungsvorbild 241
    3. Regelungszweck 242
  II. Anwendungsbereich 242
  III. Veröffentlichung des Kryptowerte-Whitepapers und der Marketingmitteilungen (Abs. 1) 243
  IV. Konsistenzgebot (Abs. 2) 244
  V. Rechtsfolgen 245

Artikel 10 Ergebnis des öffentlichen Angebots und Sicherheitsvorkehrungen 245
  I. Grundlagen 246
    1. Regelungsgegenstand 246
    2. Regelungszwecke 246
      a) (Regelungszwecke) Unterrichtung des Marktes und der Anleger (Abs. 1) 246
      b) Ermöglichung einer informierten Anlageentscheidung durch fortlaufende Bereitstellung von Informationen über den Markt(miss)erfolg des öffentlichen Angebots (Abs. 2) 246
      c) Verhinderung des (unfreiwilligen) Verlusts der Emissionserlöse (Abs. 3 u. Abs. 4) 247
  II. Anwendungsbereich 248
  III. Veröffentlichungspflicht bei befristeten öffentlichen Angeboten (Abs. 1) 248
  IV. Veröffentlichungspflicht bei unbefristeten öffentlichen Angeboten (Abs. 2) 249
  V. Sicherungsvorkehrungen zur Überwachung und sicheren Verwahrung der Emissionserlöse (Abs. 3 u. Abs. 4) 250
  VI. Rechtsfolgen 251

Inhaltsverzeichnis

Artikel 11 Rechte von Anbietern anderer Kryptowerte als vermögenswertereferenzierter Token oder E-Geld-Token und von Personen, die die Zulassung solcher Kryptowerte zum Handel beantragen ... 252
I. Grundlagen ... 252
  1. Regelungsgegenstand ... 252
  2. Regelungsvorbild ... 253
  3. Regelungszweck ... 253
II. Anwendungsbereich ... 254
III. Europäischer Pass (Abs. 1) ... 254
IV. Grundsätze der Spezialität und Vollharmonisierung (Abs. 2) ... 256

Artikel 12 Änderung veröffentlichter Kryptowerte-Whitepaper und veröffentlichter Marketingmitteilungen ... 257
I. Grundlagen ... 259
  1. Regelungsgegenstand ... 259
  2. Regelungsvorbilder ... 260
  3. Regelungszwecke ... 260
II. Anwendungsbereich ... 262
III. Änderungs- bzw. Nachtragspflicht (Art.Abs. 1) ... 263
  1. Veröffentlichung eines Kryptowerte-Whitepapers oder einer Marketingmitteilung (Abs. 1 S. 1) ... 263
  2. Änderungspflichtige Person (Abs. 1 S. 1) ... 264
  3. Wesentlichkeit (Abs. 1 S. 1) ... 264
  4. Zeitraum der Änderungspflicht (Abs. 1 S. 2) ... 265
  5. Inhalt der Änderungspflicht ... 266
  6. Frist für die Erstellung, Übermittlung und Veröffentlichung der Änderungen ... 266
IV. Übermittlungspflicht (Abs. 2) ... 267
V. Information der Öffentlichkeit (Abs. 3) ... 267
VI. Gebot der Darstellungskontinuität (Abs. 4) ... 268
V. Notifizierungsverfahren und Veröffentlichung im Kryptowerte-Whitepaper-Register (Abs. 5) ... 269
VI. Veröffentlichungspflicht (Abs. 6) ... 269
VII. Kennzeichnungspflichten und Pflicht zur Gewährleistung der dauerhaften Verfügbarkeit der Dokumente (Abs. 7) ... 270
VIII. Öffentliche Angebote für Utility-Token mit Investment-Funktion: Ausschluss einer Fristverlängerung (Abs. 8) ... 270
IX. Archivierungs-, Hinweis- und Verlinkungspflichten (Abs. 9) ... 271
X. Rechtsfolgen ... 272
  1. Aufsichtsrecht ... 272
    a) Ungültigkeit des nicht geänderten Kryptowerte-Whitepapers? ... 272
    b) Sonstige aufsichtsrechtliche Konsequenzen bei Verstoß gegen Art. 12 ... 272
  2. Zivilrecht ... 273
    a) Fehlerhafter Nachtrag ... 273
    b) Veröffentlichung eines Nachtrags ... 273
    c) Unterlassen der Veröffentlichung eines Nachtrags ... 275

Artikel 13 Widerrufsrecht ... 275
I. Normzweck und Systematik ... 277

Inhaltsverzeichnis

    II. Voraussetzungen des Widerrufs 279
        1. Widerrufsrecht (Abs. 1 UAbs. 1) 279
            a) Kleinanleger und Anbieter 279
            b) Kryptowerte 279
            c) Erwerb 279
        2. Ausnahme: vorherige Zulassung zum Handel (Abs. 4) 280
        3. Ausübung des Widerrufsrechts 281
            a) Widerrufsfrist (Abs. 1 UAbs. 2) 281
            b) Widerrufserklärung (Abs. 1 UAbs. 1) 282
            c) Ausschluss bei Fristsetzung (Abs. 5) 282
   III. Rechtsfolgen 283
        1. Kostenfreiheit des Widerrufs (Art. 13 Abs. 1 UAbs. 2) 283
        2. Rückzahlung (Abs. 13 Abs. 2) 283
        3. Frist 284
   IV. Information über Widerrufsrecht (Abs. 3) 285
    V. Konkurrenzen 285

Artikel 14 Pflichten von Anbietern anderer Kryptowerte als vermögenswertereferenzierter Token oder E-Geld-Token und von Personen, die die Zulassung solcher Kryptowerte zum Handel beantragen 287

     I. Grundlagen 288
        1. Regelungsgegenstand 288
        2. Regelungsvorbilder 288
        3. Regelungszwecke 289
    II. Anwendungsbereich 290
   III. Allgemeine Verhaltensstandards und Sorgfaltspflichten (Abs. 1) 290
        1. Allgemeine Grundsätze: Ehrlichkeit, Redlichkeit und Professionalität (UAbs. 1 lit. a) 290
        2. Kommunikation mit (potenziellen) Inhabern der Kryptowerte: Grundsätze der Redlichkeit und Eindeutigkeit; Irreführungsverbot (UAbs. 1 lit. b) 292
        3. Interessenkonflikte: Ermittlung, Vermeidung, Handhabung und Offenlegung (UAbs. 1 lit. c) 293
            a) Begriff des Interessenkonflikts 293
            b) Pflicht zur Ermittlung 293
            c) (Vorrangige) Pflicht zur Vermeidung 294
            d) (Subsidiäre) Pflicht zur Handhabung und Offenlegung 295
            e) Gewährleistung der Zugriffssicherheit (UAbs. 1 lit. d, UAbs. 2) . . 295
   IV. Interessenwahrungspflicht und Gebot der Inhabergleichbehandlung (Abs. 2) 296
        1. Interessenwahrungspflicht (Abs. 2 Var. 1) 296
        2. Gebot der Inhabergleichbehandlung (Abs. 2 Var. 2) 298
    V. Pflicht zu zeitnaher Rückerstattung der Emissionserlöse im Falle einer Annullierung des öffentlichen Angebots (Abs. 3) 299
   VI. Rechtsfolgen 301
        1. Aufsichtsrecht 301
        2. Zivilrecht 301

Inhaltsverzeichnis

Artikel 15 Haftung für die in einem Kryptowerte-Whitepaper enthaltenen Informationen 302
- I. Grundlagen 304
  1. Regelungsgegenstand 304
  2. Regelungsvorbilder 305
  3. Regelungszweck 305
  4. Qualifizierung des Art. 15 Abs. 1 als deliktsrechtliche Haftung 307
  5. Verschuldenshaftung oder Haftung für objektive Sorgfaltspflichtverletzung? 308
  6. Unternehmenshaftung: Strikte Verhaltens- und Verschuldenszurechnung 311
- II. Anwendungsbereich 312
  1. Sachlicher Anwendungsbereich 312
  2. Persönlicher Anwendungsbereich 314
  3. Räumlicher Anwendungsbereich 315
  4. Zeitlicher Anwendungsbereich 317
- III. Anspruchsberechtigte 318
- IV. Haftungsadressaten 319
  1. Anbieter, Handelszulassungsantragsteller, Handelsplattformbetreiber 319
  2. Mitglieder des Verwaltungs-, Leitungs- oder Aufsichtsorgans 320
  3. Gesamtschuldnerische Haftung der Haftungsadressaten 320
- V. Informationspflichtverletzung: Verstoß gegen Art. 6 321
  1. Fehlerhaftigkeit des Kryptowerte-Whitepapers 321
     a) Grundlagen 321
     b) Unvollständige Informationen 322
     c) Unredliche Informationen 323
     d) Unverständliche Informationen 323
     e) Irreführende Informationen 324
  2. Fehlerhafte Zusammenfassung des Kryptowerte-Whitepapers (Abs. 5) 324
- VI. Verschulden 326
- VII. Schaden und Kausalität 327
  1. Ersatzfähiger Schaden 327
     a) Grundlagen 327
     b) Vertragsabschlussschaden 329
     c) Kursdifferenzschaden 334
  2. Kausalität 335
     a) Haftungsbegründende Kausalität 335
     b) Haftungsausfüllende Kausalität 338
  3. Mitverschulden 339
- VIII. Unwirksamkeit vertraglicher Haftungsausschlüsse und -beschränkungen (Abs. 2) 340
- IX. Verjährung 341
- X. Zivilrechtliche Haftung nach nationalem Recht (Abs. 6) 341

Inhaltsverzeichnis

Titel III Vermögenswertereferenzierter Token

Kapitel 1 Zulassungspflicht für ein öffentliches Angebot vermögenswertereferenzierter Token und für die Beantragung von deren Zulassung zum Handel

Artikel 16 Zulassung 343
  I. Normzweck und Systematik 345
  II. Zulassung 345
    1. Zulassungsvorbehalt... 345
      a) Regulierte Tätigkeit 346
      b) Emittentenstatus und Organisationsform 348
      c) Andere Personen mit schriftlicher Zustimmung des Emittenten . 349
    2. Ausnahmen 350
      a) Schwellenwertunterschreitung................................. 350
      b) Qualifizierte Anleger 350
    3. Passporting für die Zulassung und das Whitepaper 351

Artikel 17 Anforderungen an Kreditinstitute 351
  I. Normzweck und Systematik 354
  II. Vorgaben für Kreditinstitute 355
    1. Angebot und Zulassung von ART durch Kreditinstitute 355
    2. Voraussetzungen für das Angebot und die Zulassung von ART durch Kreditinstitute 356
      a) Whitepaper 356
      b) Informationsübermittlung 356
    3. Befreiung von erneuter Informationsbereitstellung 359
    4. Prüfungszeitraum 360
    5. Ausnahmen für (signifikante) vermögenswertereferenzierte Token . 361
    6. Übermittlung an die EZB bzw. zuständige(n) Zentralbank sowie Vetorechte 363
    7. Mitteilung an die ESMA (ESMA-Register) 363
    8. Entwürfe technischer Regulierungsstandards 363

Artikel 18 Beantragung der Zulassung 364
  I. Normzweck und Systematik 366
  II. Zulassungsantrag 367
  III. Antragsinhalt 368
    1. Anschrift 368
    2. Rechtsträgerkennung 369
    3. Satzung 369
    4. Geschäftsplan 369
    5. Rechtsgutachten 374
    6. Beschreibung der Unternehmensführung 374
    7. Mechanismen und Verfahren für die interne Kontrolle von Kooperationen 376
    8. Identität der Mitglieder des Leitungsorgans 376
    9. Geeignetheit und Zuverlässigkeit bzw. Fit & Proper-Nachweise der Leitungsorgane 376
    10. Zuverlässigkeit der bedeutend Beteiligten 380
    11. Whitepaper 381

Inhaltsverzeichnis

    12. Strategien und Verfahren 381
    13. Vertragliche Vereinbarungen mit Drittunternehmen 381
    14. Strategie zur Fortführung des Geschäftsbetriebs 381
    15. Mechanismen für die interne Kontrolle und Risikomanagementverfahren 381
    16. Datenschutz 381
    17. Beschwerdeverfahren 381
    18. Liste der Aufnahmemitgliedstaaten 381
  IV. Befreiung von erneuter Informationsbereitstellung 382
  V. Prüfungszeitraum 382

Artikel 19 Inhalt und Form des Kryptowerte-Whitepapers für vermögenswertereferenzierte Token 382
  I. Allgemeines 385
    1. Genese 385
    2. Überblick 386
    3. Grundlagen 386
  II. Inhaltliche Vorgaben für das Kryptowerte-Whitepaper (Abs. 1–7, Abs. 11) 388
    1. Verpflichtend aufzunehmende Informationen (Abs. 1 iVm Anhang II u. Abs. 11) 388
    2. Redlich, eindeutig und nicht irreführend (Abs. 2 S. 1) 390
    3. Knapp, verständlich und keine wesentlichen Auslassungen (Abs. 2 S. 2); Anlegerleitbild 391
    4. Aussagen über die künftige Wertentwicklung und Warnhinweise (Abs. 3, 4) 392
    5. Erklärung des Leitungsorgans des Emittenten (Abs. 5) 393
    6. Zusammenfassung (Abs. 6) 393
  III. Formvorgaben für das Kryptowerte-Whitepaper (Abs. 7–10) 393
    1. Datum und Inhaltsverzeichnis (Abs. 7) 393
    2. Sprache des Kryptowerte-Whitepapers (Abs. 8) 394
    3. Maschinenlesbares Format (Abs. 9, 10) 394

Artikel 20 Prüfung des Zulassungsantrags 394
  I. Grundlagen 396
    1. Genese 396
    2. Regelungszweck 396
  II. Auslegung der Norm 397
    1. Allgemeines 397
    2. Dauer des Verfahrens 398
    3. Vollständigkeitsprüfung 398
    4. Materielle Prüfung 399
    5. Aussetzung der Prüfungsfrist 400
    6. Entwurf einer Entscheidung und Einbeziehung europäischer Aufsichtsbehörden 400

Artikel 21 Erteilung oder Verweigerung der Zulassung 401
  I. Grundlagen 403
    1. Genese 403
    2. Regelungszweck 403
    3. Systematische Einordnung der Regelung 404

Inhaltsverzeichnis

    II. Auslegung der Norm 404
      1. Entscheidung über den Zulassungsantrag 404
      2. Verweigerungsgründe 405
        a) Leitungsorgan als Gefahr (lit. a) 405
        b) Nichterfüllen der Kriterien in Art. 34 Abs. 2 durch die Mitglieder des Leitungsorgans (lit. b) 405
        c) Nichterfüllen der Kriterien in Art. 34 Abs. 4 durch Anteilseigner oder Gesellschafter (lit. c) 407
        d) Anforderungen des Titels III werden nicht erfüllt (lit. d) 408
        e) Geschäftsmodell als ernsthafte Bedrohung für die Marktintegrität, die Finanzstabilität und das reibungslose Funktionieren der Zahlungssysteme (lit. e) 408
        f) Weitere Verweigerungsgründe (§ 11 KMAG-E) 408
      4. Versagung bei ablehnender Stellungnahme von EZB (Art. 21 Abs. 4) 409
      5. Verfahren bei Zulassung 409

Artikel 22 Berichterstattung über vermögenswertereferenzierte Token 410
    I. Allgemeines 411
      1. Genese 411
      2. Überblick 412
      3. Grundlagen 412
    II. Meldepflichten des Emittenten (Abs. 1, Abs. 6–7) 413
    III. Erweiterung des Anwendungsbereiches (Abs. 2) 415
    IV. Mitwirkungspflicht von Kryptowerte-Dienstleistern (Abs. 3, Abs. 7) .. 416
    V. Behördlicher Informationsaustausch (Abs. 4, 5) 417

Artikel 23 Beschränkungen der Ausgabe vermögenswertereferenzierter Token, die gemeinhin als Tauschmittel verwendet werden 417
    I. Grundlagen 419
      1. Genese 419
      2. Regelungszweck 419
    II. Auslegung der Norm 420
      1. Überschreiten bestimmter Schwellen als Tatbestandsvoraussetzung 420
        a) Verwendung als Tauschmittel 420
        b) Innerhalb eines einheitlichen Währungsraums 421
        c) Durchschnittswerte für ein Quartal 421
        d) Eine Million Transaktionen bzw. 200 Millionen Euro pro Tag .. 421
      2. Pflichten des Emittenten als Rechtsfolge 422
        a) Einstellen der Ausgabe 422
        b) Vorlegen eines Plans 422
      3. Datengrundlage 423
      4. Ausgabe durch mehrere Emittenten 423
      5. Genehmigung durch die zuständige Behörde 423
      6. Gestattung der erneuten Ausgabe, Art. 23 Abs. 5 424

Artikel 24 Entzug der Zulassung 424
    I. Grundlagen 426
      1. Genese 426
      2. Regelungszweck 427

Inhaltsverzeichnis

II. Auslegung der Norm 427
  1. Fälle des Entzugs der Zulassung 427
    a) Einstellen der Geschäftstätigkeit oder kein Gebrauchmachen von der Zulassung 428
    b) Unrechtmäßige Erlangung der Zulassung 430
    c) Wegfall der Zulassungsvoraussetzungen 430
    d) Schwerwiegender Verstoß gegen die Bestimmungen des Titel III 430
    e) Insolvenzverfahren des Emittenten bzw. Durchlaufen des Rücktauschplans 431
    f) Ausdrücklicher Verzicht auf Zulassung oder Einstellung der Tätigkeit des Emittenten 432
    g) Tätigkeit des Emittenten als ernsthafte Bedrohung für die Marktintegrität, die Finanzstabilität und das reibungslose Funktionieren der Zahlungssysteme oder Aussetzen des Emittenten oder Sektors von ernsten Risiken der Geldwäsche oder Terrorismusfinanzierung 432
    h) Ernsthafte Bedrohung für das reibungslose Funktionieren der Zahlungssysteme, der geldpolitischen Transmission oder der Währungshoheit, Art. 24 Abs. 2, Abs. 3 433
    i) Beeinträchtigung des guten Leumunds der Mitglieder des Leitungsorgans oder Versagen der Regelungen zur Unternehmensführung oder Mechanismen für die interne Kontrolle 433
  2. Weitere Entzugsgründe und Erlöschensgründe im KMAG-E 434
  3. Umsetzung des Rücktauschplans 435
  4. Befugnisse der BaFin nach Entzug oder Erlöschen der Zulassung, §§ 13, 14 KMAG-E 435
  5. Unterrichtung der ESMA und Veröffentlichung im Register 436

Artikel 25 Änderung veröffentlichter Kryptowerte-Whitepaper für vermögenswertereferenzierte Token 436
  I. Allgemeines 438
    1. Genese 438
    2. Überblick 439
    3. Grundlagen 439
  II. Unterrichtungspflicht des Emittenten (Abs. 1) 441
  III. Erstellung eines geänderten Kryptowerte-Whitepapers (Abs. 2 UAbs. 1) 442
  IV. Genehmigungsverfahren (Abs. 2 UAbs. 2–4, Abs. 3) 443
  V. Zusätzliche Anforderungen an Emittenten (Abs. 4) 445
  VI. Übermittlung des genehmigten Kryptowerte-Whitepapers zwischen den Behörden (Abs. 5) 445

Artikel 26 Haftung von Emittenten vermögenswertereferenzierter Token für die in einem Kryptowerte-Whitepaper enthaltenen Informationen 446
A. Grundlagen 447
  I. Genese 447
  II. Regelungszweck 448
  III. Anwendungsbereich und Abgrenzung 450
B. Auslegung der Norm 450
  I. Haftungsbegründung (Abs. 1) 450

Inhaltsverzeichnis

    1. Haftungsadressaten und Anspruchsberechtigte 450
    2. Informationspflichtverletzung 451
       a) Fehlerhaftes oder unvollständiges Kryptowerte-Whitepaper 452
       b) Fehlendes Kryptowerte-Whitepaper 454
       c) Unterlassene Aktualisierung 455
       d) Beurteilungsmaßstab (maßgeblicher Anlegerhorizont) . . . 455
    3. Haftungsbegründende Kausalität und Schaden 456
       a) Kausalität 456
       b) Schaden 457
    4. Verschulden? 458
    5. Verjährung 460
    6. Gesamtschuldnerische Haftung 461
  II. Zwingender Regelungscharakter (Abs. 2) 461
  III. Beweislastregelung (Abs. 3, 4) 462
  IV. Haftungsmilderung für eine fehlerhafte oder unvollständige Zusammenfassung (Abs. 4) 462
  V. Residualhaftung nach nationalem Recht (Abs. 5) 463

Kapitel 2 Pflichten von Emittenten vermögenswertereferenzierter Token

Vor Art. 27 ff. 465

Artikel 27 Pflicht zu ehrlichem, redlichem und professionellem Handeln im besten Interesse der Inhaber vermögenswertereferenzierter Token 467
  I. Grundlagen 468
    1. Genese 468
    2. Regelungszweck 468
  II. Auslegung der Norm 469
    1 Wohlverhaltenspflichten (Abs. 1) 469
       a) Vorbemerkungen 469
       b) Ehrliches und redliches Verhalten 470
       c) Professionelles Verhalten 470
       d) Kommunikationsanforderungen 471
    2. Fremdinteressenwahrungspflicht und Gleichbehandlungsgebot (Abs. 2) 472

Artikel 28 Veröffentlichung des Kryptowerte-Whitepapers 473
  I. Grundlagen 473
  II. Auslegung der Norm 474
    1. Veröffentlichungsform und Identitätserfordernis (S. 1) 474
    2. Veröffentlichungsfrist und -zeitpunkt (S. 2, 3) 475

Artikel 29 Marketingmitteilungen 475
  I. Grundlagen 476
    1. Genese 476
    2. Regelungszweck 477
  II. Auslegung der Norm 478
    1. Definition: Marketingmitteilungen 478

Inhaltsverzeichnis

   2. Grundlegende Anforderungen (Abs. 1, 2) 478
      a) Kennzeichnung und Erkennbarkeit (lit. a) 478
      b) Redlich, eindeutig und nicht irreführend (lit. b) 479
      c) Konsistenz zwischen Marketingmitteilung und Kryptowerte-Whitepaper (lit. c) 479
      d) Hinweis auf das Kryptowerte-Whitepaper (lit. d) 479
      e) Emittentenangaben (lit. d) 480
      f) Hinweis auf das Rücktauschrecht (Abs. 2) 480
   3. Veröffentlichungspflicht (Abs. 3) 480
   4. Behördenbeteiligung (Abs. 4, 5) 480
   5. Marketingsperre vor Whitepaperveröffentlichung (Abs. 6) 481

Artikel 30 Kontinuierliche Unterrichtung der Inhaber vermögenswertereferenzierter Token 481
  I. Grundlagen 482
   1. Genese 482
   2. Regelungszweck 483
  II. Auslegung der Norm 483
   1. Klarstellungen: Inhalt der Pflichten und Adressaten 483
   2. Im Umlauf befindliche Token und Vermögenswertereserven (Abs. 1) 483
   3. Prüfbericht und Zusammenfassung (Abs. 2) 484
   4. Ad-hoc-Informationen (Abs. 3) 485

Artikel 31 Beschwerdeverfahren 486
  I. Grundlagen 487
   1. Genese 487
   2. Regelungszweck 487
  II. Auslegung der Norm 489
   1. Ausgangspunkt: Organisationspflicht 489
   2. Definition, Berechtigte und Adressaten (Abs. 1) 489
      a) Beschwerde und Verfahrensberechtigte 489
      b) Adressaten 489
      c) Sprache 490
   3. Verfahrensgrundsätze (Abs. 1) 490
      a) Wirksamkeit 490
      b) Transparenz 490
      c) Redlichkeit 491
      d) Diskriminierungsverbot und Gleichbehandlungsgebot 491
   4. Unentgeltliche Beschwerde (Abs. 2) 491
   5. Musterdokumente und Aufzeichnungspflichten (Abs. 3) 492
   6. Prüfungs- und Mitteilungsfrist (Abs. 4) 493
   7. Form der Ergebnismitteilung 494
   8. Technische Regulierungsstandards (Abs. 5) 494

Artikel 32 Ermittlung, Vermeidung, Regelung und Offenlegung von Interessenkonflikten 494
  I. Grundlagen 496
   1. Genese 496
   2. Regelungszweck 496
  II. Auslegung der Norm 497

Inhaltsverzeichnis

    1. Interessenkonflikte 497
       a) Begriff 497
       b) Konfliktquellen (Abs. 1) 498
    2. Organisationspflichten (Abs. 1 und 2) 501
       a) Ermittlung 502
       b) Vermeidung 502
       c) Regelung 503
    3. Offenlegungspflicht (Abs. 3 und 4) 503
       a) Grundlagen 503
       b) Ort der Offenlegung 505
    4. Technische Regulierungsstandards (Abs. 5) 505

Artikel 33 Mitteilung von Änderungen im Leitungsorgan 505
  I. Grundlagen 505
  II. Auslegung der Norm 506
    1. Leitungsorgan 506
    2. Personelle und sachliche Änderungen 507
    3. Mitteilung 507

Artikel 34 Regelungen zur Unternehmensführung 508
  I. Grundlagen 511
    1. Genese 511
    2. Regelungszweck 512
  II. Auslegung der Norm 513
    1. Solide Regelungen zur Unternehmensführung (Abs. 1) 513
       a) Grundlagen 513
       b) Rechtsfolgen und nationale Durchsetzungsebene 514
    2. Anforderungen an die Mitglieder des Leitungsorgans (Abs. 2) 514
       a) Persönliche Zuverlässigkeit 515
       b) Fachliche Eignung 517
       c) Zeitliche Verfügbarkeit und tatsächlicher Zeiteinsatz 519
       d) Rechtsfolgen bei Bestellung ungeeigneter Organe 520
    3. Bewertung und Überprüfung verwendeter Strategien und implementierter Verfahren (Abs. 3) 521
    4. Anforderungen an Anteilseigner und Gesellschafter mit qualifizierten Beteiligungen (Abs. 4) 521
    5. Angewandte Strategien und Verfahren (Abs. 5) 522
    6. Maßnahmen bei fehlendem Rücktauschplan (Abs. 6) 523
    7. Genehmigungsvorbehalt bei Einstellungsentschluss (Abs. 7) 523
    8. Ermittlung und Minimierung operationeller Risiken (Abs. 8) 523
    9. Sicherstellung der Betriebsfortführung bei IKT-Störungen (Abs. 9) .. 524
       a) Grundlagen 524
       b) Meldepflichten 525
    10. Digitale operationelle Resilienz (Abs. 10) 525
    11. Datenschutzkonzepte (Abs. 11) 527
    12. Unabhängige Prüfungen (Abs. 12) 527
    13. Leitlinien (Abs. 13) 528

Artikel 35 Eigenmittelanforderungen 528
  I. Grundlagen 530
    1. Genese 530

Inhaltsverzeichnis

   2. Regelungszweck 531
II. Auslegung der Norm 532
   1. Eigenmittelbegriff und Überblick 532
   2. Gesetzlicher Mindestbetrag (Abs. 1) 533
   3. Anrechenbare Posten und Instrumente sowie Abzugsposten (Abs. 2) 534
      a) Anrechenbare Posten 534
      b) Kriterien für die Anerkennung 536
      c) Abzugsposten 536
   4. Risikobedingte Eigenmittelerhöhung (Abs. 3) 537
      a) Grundlagen 537
      b) Risikofaktoren 537
   5. Anforderungen für nicht signifikante vermögenswertereferenzierte Token (Abs. 4) 538
   6. Stresstestbedingte Eigenmittelerhöhung (Abs. 5) 538
   7. Technische Regulierungsstandards (Abs. 6) 539
   8. Behördenmaßnahmen 539

Kapitel 3 Vermögenswertreserve

Vorbemerkung vor Art. 36 ff. 540
   I. Zielsetzung und Inhalt 540
  II. Systematik 541
 III. Dogmatische Einordnung der Vermögenswertreserve 541

Artikel 36 Pflicht zum Halten einer Vermögenswertreserve sowie Zusammensetzung und Verwaltung dieser Vermögenswertreserve 542
   I. Verpflichtete 545
  II. Regelungsinhalt 546
   1. Zusammensetzung und Bewertung des Reservevermögens 546
   2. Mehrere und geteilte Reservevermögen 547
   3. Stabilisierungsmechanismus 548
   4. Trennungsgrundsatz 548
      a) Rechtliche Trennung 548
         aa) Regelungsauftrag an Mitgliedsstaaten 549
         bb) Rechtslage in Deutschland 551
      b) Operative Trennung 552
   5. Externes Audit 552
 III. Sanktionen 553

Artikel 37 Verwahrung des Reservevermögens 554
   I. Inhalt 557
  II. Verwahrordnung und Verwahrverträge 557
 III. Verwahrstellen 558
   1. Arten zulässiger Verwahrstellen 558
   2. Auswahl und fortlaufende Überprüfung 559
   3. Anforderungen an den Verwahrvertrag 560
   4. Grundsätze für Verwahrung und Verwahrstellen 560
   5. Haftung der Verwahrstellen 562
 IV. Sanktionen 562

Inhaltsverzeichnis

Artikel 38 Anlage der Vermögenswertreserve 562
I. Sinn und Zweck 564
II. Beschränkungen der Investitionsmöglichkeiten 564
III. Sanktionen 565
IV. Kritik 565

Artikel 39 Recht auf Rücktausch 565
I. Rücktauschrechte 566
  1. Primäres Recht auf Rücktausch 567
  2. Sekundäres Zugriffsrecht auf Vermögenswertreserve 567
  3. (Un-)Beschränktheit des Rücktauschrechts 568
II. Rücktauschordnung 569
III. Information der Tokeninhaber 569
IV. Sanktionen 570
V. Kritik 570

Artikel 40 Verbot der Gewährung von Zinsen 570
I. Sinn und Zweck 571
II. Verbot wirtschaftlicher Vorteile 571
III. Sanktionen 571

Kapitel 4 Übernahme von Emittenten vermögenswertereferenzierter Token

Artikel 41 Prüfung der geplanten Übernahme eines Emittenten vermögenswertreferenzierter Token 572
I. Einführung 574
  1. Normzweck 574
  2. Parallelvorschriften 575
II. Anzeigepflicht bei Erwerb einer qualifizierten Beteiligung (Abs. 1) ... 576
  1. Anwendungsbereich 576
    a) Begriff des Erwerbs 576
    b) Kreis tauglicher „Erwerber" 576
  2. Qualifizierte Beteiligung 577
  3. Zielunternehmen 577
    a) Emittenten vermögenswertereferenzierter Token 578
    b) Anbieter von Kryptowerte-Dienstleistungen 578
  4. Absicht des Erwerbs 578
III. Anzeigepflicht bei Aufgabe einer qualifizierten Beteiligung (Abs. 2) .. 579
IV. Inhalt der Anzeige und Prüfungsumfang der zuständigen Behörde (Abs. 4) 579
  1. Die Anforderungen des Art. 42 579
  2. Zusätzliche Informationen im Einzelfall (Abs. 5) 579
V. Anforderungen an das Anzeigeverfahren 580
  1. Eingangsbestätigung durch die Behörde (Abs. 3) 580
  2. Prüfungsfrist für die Anzeige (Abs. 4 S. 1 und Abs. 5) 580
  3. Aussetzung der Prüfung (Abs. 5 UAbs. 2 und 3) 580
  4. Anforderungen im Falle eines Einspruchs gegen die Übernahme (Abs. 6) 581
VI. Fiktion der Genehmigung (Abs. 7) 581
VII. Festlegung einer Maximalfrist (Abs. 8) 581

Inhaltsverzeichnis

Artikel 42 Inhalt der Prüfung der geplanten Übernahme eines Emittenten vermögenswertereferenzierter Token 581
I. Einführung 583
II. Inhalt der Prüfung der geplanten Übernahme (Abs. 1) 583
   1. Begriff der Übernahme 583
   2. Leumund des interessierten Erwerbers 583
      a) Begriff des Leumunds 583
      b) Anwendbarkeit auf juristische Personen 585
   3. Leumund und Erfahrung des Geschäftsleiters 586
      a) Leumund des Geschäftsleiters 586
      b) Begriffliche Unterschiede zwischen Führung (Art. 84) und Leitung (Art. 42) 588
      c) Erfahrung 588
   4. Finanzielle Solidität 589
   5. Fähigkeit zur Einhaltung der MiCAR 592
   6. Kein Verdacht auf Geldwäsche oder Terrorismusfinanzierung 593
III. Einspruch gegen die geplante Übernahme (Abs. 2) 594
   1. Voraussetzungen 594
   2. Rechtsmittel 595
IV. Vorbedingungen durch die Mitgliedsstaaten 595
V. Ermächtigungsgrundlage zum Erlass technischer Regulierungsstandards (Abs. 4) 595

Kapitel 5 Signifikante vermögenswertereferenzierte Token

Vorbemerkung vor Art. 43–45 596

Artikel 43 Einstufung vermögenswertereferenzierter Token als signifikante vermögenswertereferenzierte Token 599
I. Normzweck und Systematik 602
II. Einstufung signifikanter Token (Abs. 1–6, 8, 9) 603
   1. Die Einstufungskriterien im Einzelnen 603
      a) Anzahl der Inhaber 10 Mio. 604
      b) der Wert der ausgegebenen vermögenswertereferenzierten Token, deren Marktkapitalisierung oder der Umfang der Vermögenswertreserve des Emittenten beträgt mehr als 5 Mrd. EUR 605
      c) die durchschnittliche Zahl von Transaktionen über 2,5 Mio. und der geschätzte aggregierte Wert der Geschäfte über 500 Mio. EUR 605
      d) der Emittent des vermögenswertereferenzierten Token als Betreiber zentraler Plattformdienste 606
      e) Bedeutung der Tätigkeiten des Emittenten auf internationaler Ebene 607
      f) Verflechtung des Tokens oder Emittenten mit dem Finanzsystem 608
      g) Mindestens ein zusätzlicher Token oder mindestens eine Kryptowerte-Dienstleistung 609
   2. Einstufungsverfahren 610
      a) Einordnungsbeschluss durch die EBA, Heraufstufung (Abs. 4–6) 610
      b) Fortlaufende Überprüfung (Abs. 8), Herabstufung (Abs. 9) 610
II. Aufsichtsstruktur und Rolle der EBA 611

Inhaltsverzeichnis

    1. Rolle der EBA, Übertragung der Aufsicht (Abs. 7, 10) 611
       a) Kompetenz der EBA 612
       b) Übertragung der Aufsicht 613
    2. Zusammenarbeit mit den nationalen Behörden, Informationsaustausch 613
  III. Delegierte Rechtsakte (Abs. 11) 614

Artikel 44 Freiwillige Einstufung vermögenswertereferenzierter Token als signifikante vermögenswertereferenzierte Token . 614
  I. Normzweck und Systematik 615
  II. Antrag (Abs. 1) 616
  III. Beschlussfassung (Abs. 2,3) 617
  IV. Übertragung der Aufsicht (Abs. 4) 617

Artikel 45 Spezifische zusätzliche Pflichten von Emittenten signifikanter vermögenswertereferenzierter Token 617
  I. Normzweck 619
  II. Zusätzliche Emittenten-Pflichten 620
    1. Vergütungspolitik (Abs. 1) 620
    2. Redliche, angemessene und nichtdiskriminierende Verwahrung (Abs. 2) 621
    3. Bewertung und Überwachung des Liquiditätsbedarfs (Abs. 3) 622
    4. Liquiditätsstresstests (Abs. 4) 623
    5. Eigenmittelanforderungen (Abs. 5) 623
  III. Mehrere Emittenten (Abs. 6) 624
  IV. Weitere Leitlinien und technische Regulierungsstandards (Abs. 7, 8) .. 624

Kapitel 6 Sanierungs- und Rücktauschpläne   624

Artikel 46 Sanierungsplan 624
  I. Entstehungsgeschichte, Grundlagen und Anwendungsbereich 627
    1. Entstehungsgeschichte 627
    2. Grundlagen sowie Sinn und Zweck der Vorschrift 628
    3. Anwendungsbereich 630
       a) Vermögenswertereferenzierte Token 631
       b) Emittent 633
       c) Verhältnis und Abgrenzung zu anderen Regelungen 634
  II. Sanierungsplan (Abs. 1) 639
    1. Ziel des Sanierungsplans 639
    2. Dogmatik und Rechtsnatur des Sanierungsplans 641
    3. Anforderungen an den Sanierungsplan 642
       a) Durchführungsgrundsätze (Abs. 1 UAbs. 3) 642
       b) Maßnahmen zur Wiederherstellung der für die Vermögenswertreserve geltenden Anforderungen (Abs. 1 S. 1) 642
       c) Aufrechterhaltung spezifischer Dienstleistungen (Abs. 1 UAbs. 2 S. 1 Fall 1) 645
       d) Rasche Sanierung des Geschäftsbetriebs (Abs. 1 UAbs. 2 S. 1 Fall 2) 645
       e) Erfüllung spezifischer Pflichten des Emittenten (Abs. 1 UAbs. 2 S. 1 Fall 3) 646

Inhaltsverzeichnis

    f) Ausdrückliche und weitere Sanierungsmaßnahmen (Abs. 1
       UAbs. 3) 646
III. Übermittlung an die zuständige Behörde, Überprüfung und Aktualisierung (Abs. 2) 647
  1. Zuständige Behörden 648
  2. Übermittlungspflicht und Frist (Abs. 2 UAbs. 1 S. 1 und UAbs. 2) .. 649
  3. Änderungsanordnung, erneute Übermittlung und Umsetzungspflicht (Abs. 2 UAbs. 1 S. 2 und 3) 649
  4. Überprüfungs- und Aktualisierungspflichten des Emittenten (Abs. 2 UAbs. 1 S. 4) 650
IV. Nichterfüllung der für die Vermögenswertreserve geltenden Anforderungen (Abs. 3) 651
  1. Voraussetzungen der Ermächtigungsgrundlage 651
  2. Kompetenzen der zuständigen Behörde 652
V. Aussetzung des Rücktauschs von vermögenswertereferenzierten Token (Abs. 4) 654
VI. Benachrichtigung der zuständigen Abwicklungs- und Aufsichtsbehörden (Abs. 5) 655
  1. Sinn und Zweck 655
  2. Zuständige Aufsichts- und Abwicklungsbehörden 656
VII. Konsolidierte Leitlinien der EBA (Abs. 6) 656
  1. Rollen der EBA und ESMA 656
  2. Rechtsnatur und Verbindlichkeit der Leitlinien 657

Artikel 47 Rücktauschplan 657
  I. Entstehungsgeschichte, Grundlagen und Anwendungsbereich 659
    1. Entstehungsgeschichte 659
    2. Grundlagen sowie Sinn und Zweck der Vorschrift 661
    3. Anwendungsbereich 662
  II. Rücktauschplan (Abs. 1) 663
    1. Ziel des Rücktauschplans 663
    2. Dogmatik und Rechtsnatur des Rücktauschplans 664
    3. Anwendungsgrund und -bereich des Rücktauschplans 665
      a) Verpflichtungen und behördliche Feststellung 665
      b) (Wahrscheinliche) Nichterfüllung der Verpflichtungen 667
      c) Anwendungsbereich „Insolvenz" 667
      d) Anwendungsbereich „Abwicklung" 672
      e) Anwendungsbereich „Zulassungsentzug" 672
      f) Anwendungsbereich der Krisenpräventions- oder Krisenmanagementmaßnahmen iSd Art. 2 Abs. 1 Nr. 101 und 102 RL 59/2014/EU 673
      g) Anwendungsbereich der Abwicklungsmaßnahmen iSd Art. 2 Nr. 11 VO (EU) 2021/23 673
  III. Gegenstand und Inhalt des Rücktauschplans (Abs. 2) 674
    1. Durchführung des Rücktauschs (Abs. 2 UAbs. 1) 675
    2. Vereinbarungen, Verwalter und Verteilungsgrundsätze (Abs. 2 UAbs. 2) 676
      a) Behandlungs- und Verteilungsgrundsätze 676
      b) Vereinbarungen, Verfahren und Systeme 677
      c) Vorläufiger Verwalter 677

Inhaltsverzeichnis

    d) Kontinuität kritischer Tätigkeiten (Abs. 2 UAbs. 3) 678
IV. Übermittlung an die zuständige Behörde, Überprüfung und Aktualisierung (Abs. 3) 679
  1. Zuständige Behörde 679
  2. Übermittlungspflicht und Frist (Abs. 3 S. 1) 679
  3. Änderungsbefugnis der zuständigen Behörde (Abs. 3 S. 2) 680
  4. Überprüfungs- und Aktualisierungspflichten des Emittenten (Abs. 3 S. 3 und 4) 680
V. Übermittlung an die Aufsichts- und Abwicklungsbehörden (Abs. 4) . . 681
  1. Sinn und Zweck 681
  2. Zuständige Aufsichts- und Abwicklungsbehörden 681
  3. Prüfungskompetenz der Abwicklungsbehörde (Abs. 4 UAbs. 2) . . . 682
VI. Leitlinien der EBA (Abs. 5) 682
  1. Rolle der EBA 682
  2. Gegenstand der Leitlinien 682
  3. Rechtsnatur und Verbindlichkeit der Leitlinien 683

Titel IV E-Geld-Token

Kapitel 1 Anforderungen an alle Emittenten von E-Geld-Token

Artikel 48 Anforderungen für das öffentliche Angebot von E-Geld-Token und ihre Zulassung zum Handel 684
I. Einleitung 686
  1. Überblick über die Regelungen des Titel IV 686
  2. Regelungssystematik der verschiedenen Arten von Kryptowerten . . 688
  3. Mit E-Geld-Token verbundene Risiken 689
  4. Sinn und Zweck der Regelungen für E-Geld-Token in Titel IV . . . 690
  5. Sinn und Zweck des Art. 48 691
II. Öffentliches Angebot oder Handelszulassung durch Kredit- und E-Geld-Institute sowie andere Personen (Abs. 1) 692
  1. Überblick über die Regelungssystematik 692
  2. Anwendungsbereich innerhalb der Union 694
    a) Generell: Anwendungsbereich in den EU-Mitgliedsstaaten 694
    b) Anwendung in den Ländern des Europäischen Wirtschaftsraums 695
    c) Passive Dienstleistungsfreiheit 695
  3. Angebot durch Kredit- und E-Geld-Institute (Abs. 1 S. 1) 696
    a) Erforderlichkeit sprachlicher Korrekturen der deutschen Fassung 696
    b) Tatbestandsvoraussetzungen 697
  4. Andere Personen (Abs. 1 S. 2) 699
    a) Schriftliche Zustimmung des Emittenten zum öffentlichen Angebot oder zur Zulassung zum Handel durch andere Personen . . 699
    b) Einhaltung der Art. 50 und 53 700
  5. Rechtsfolgen 700
    a) Öffentliches Angebot 700
    b) Handelszulassung 700
  6. Sanktionen bei Verstößen 701
III. E-Geld-Token als E-Geld (Abs. 2) 701

Inhaltsverzeichnis

IV. Anwendbarkeit der Titel II und III der Zweiten E-Geld-Richtlinie (Abs. 3) 704
V. Ausnahme für kleine E-Geld-Institute (Abs. 4) 706
VI. Ausnahmeregelung für Emittenten von E-Geld-Token, die unter Art. 1 Abs. 4 und 5 der E-Geld-Richtlinie fallen (Abs. 5) 708
    1. Art. 1 Abs. 4 der E-Geld-Richtlinie (begrenzte Netze) 708
    2. Art. 1 Abs. 5 der E-Geld-Richtlinie (Mehrwertdienste im Zusammenhang mit elektronischen Kommunikationsdiensten) 709
VII. Mitteilung der Absicht (Abs. 6) 710
VIII. Erstellen und Übermittlung der Kryptowerte-Whitepaper an die zuständige Behörde (Abs. 7) 710
IX. Zusammenfassender Überblick über die Anwendbarkeit einzelner Vorgaben des Art. 48 710

Artikel 49 Ausgabe und Rücktauschbarkeit von E-Geld-Token 711
  I. Überblick 712
  II. Sinn und Zweck 713
  III. Abweichungen bzgl. Ausgabe und Rücktauschbarkeit von E-Geld-Token von den Vorgaben der E-Geld-Richtlinie (Abs. 1) 713
  IV. Forderungsanspruch des E-Geld-Token-Inhabers (Abs. 2) 714
  V. Ausgabe zum Nennwert (Abs. 3) 715
  VI. Rückzahlung des monetären Wertes zum Nennwert auf Verlangen des Inhabers (Abs. 4) 716
  VIII. Angabe der Rücktauschbedingungen im Kryptowerte-Whitepaper (Abs. 5) 716
  IX. Keine Gebührenpflichtigkeit (Abs. 6) 717

Artikel 50 Verbot der Gewährung von Zinsen 718
  I. Einleitung/Hintergrund der Regelung 719
  II. Verbot der Zinsgewährung für Emittenten (Abs. 1) 720
  III. Verbot der Zinsgewährung für Anbieter von Kryptowerte-Dienstleistungen (Abs. 2) 722
  IV. Zinsen, Vergütungen und sonstige Vorteile im Zusammenhang mit der Haltedauer (Abs. 3) 722
    1. Bedeutung des Begriffs der Zinsen 722
    2. Der Begriff der Zinsen und sonstigen Vorteile 722
    3. Verbot der Zinsgewährung durch Dritte 723

Artikel 51 Inhalt und Form des Kryptowerte-Whitepapers für E-Geld-Token 724
  I. Grundlagen 728
    1. Regelungsgenstand und -zweck 728
    2. Anwendungsbereiche 729
      a) Sachlicher Anwendungsbereich 729
      b) Persönlicher Anwendungsbereich 729
      c) Räumlicher Anwendungsbereich 729
    3. Parallelregelungen für Kryptowerte-Whitepaper gemäß Art. 6 und Art. 19 730
    4. Prinzipien/Grundsätze 730
  II. Inhalt des Kryptowerte-Whitepapers (Abs. 1) 730
    1. Informationen über den Emittenten 730

Inhaltsverzeichnis

    2. Informationen über den E-Geld-Token 731
    3. Informationen über das öffentliche Angebot des E-Geld-Token oder dessen Zulassung zum Handel 731
    4. Informationen über die mit dem E-Geld-Token verbundenen Rechte und Pflichten 732
    5. Informationen über die zugrunde liegende Technologie 733
    6. Informationen über die Risiken 733
    7. Klima und andere umweltbezogene Informationen 735
    8. Information über andere Personen 736
  III. Inhaltliche Prinzipien (Abs. 2) 737
  IV. Hinweis auf Verantwortlichkeit (Abs. 3) 738
  V. Warnhinweis auf fehlenden Anlagerschutz und fehlende Einlagensicherung (Abs. 4) 738
  VI. Erklärung des Leitungsorgans (Abs. 5) 739
  VII. Zusammenfassung (Abs. 6) 739
  VIII. Datum der Übermittlung und Inhaltsverzeichnis 740
  IX. Formelle Anforderungen 740
    1. Sprache (Abs. 8) 740
    2. Maschinenlesbare Form (Abs. 9) 741
    3. Entwürfe technischer Durchführungsstandards zur Festlegung von Standardformularen, Standardformaten und Mustertexten (Abs. 10) 742
    4. Übermittlung der Kryptowerte-Whitepaper an die Aufsicht (Abs. 11) 742
    5. Anpassung des Kryptowerte-Whitepapers (Abs. 12) 742
    6. Veröffentlichung des Kryptowerte-Whitepapers (Abs. 13) 743
    7. Übermittlung von Registerdaten (Abs. 14) 743
  X. Technische Regulierungsstandards der ESMA (Abs. 15) 743
  XI. Rechtsfolgen 744
    1. Aufsichtliche Befugnisse hinsichtlich dem Kryptowerte-Whitepaper 744
    2. Zivilrecht 745

Artikel 52 Haftung von Emittenten von E-Geld-Token für die in einem Kryptowerte-Whitepaper enthaltenen Informationen 745
  I. Einleitung 746
    1. Hintergrund der Regelung 746
    2. Vergleich mit der Haftung gemäß Art. 15 und 26 MiCAR 748
  II. Haftung für fehlerhafte Angabe im Whitepaper (Abs. 1) 751
    1. Tatbestandsvoraussetzungen 751
      a) Verstoß gegen Pflicht des Art. 51 751
      b) Haftungsbegründende Kausalität 753
      c) Feststellung des Verlusts 754
      d) Haftungsausfüllende Kausalität 754
    2. Rechtsfolgen 754
      a) Haftung des Emittenten 754
      b) Persönliche Haftung der Mitglieder des Verwaltungs-, Leitungs- oder Aufsichtsorgan 755
      c) Gesamtschuld 756
  III. Zivilrechtliche Unwirksamkeit entgegenstehender Vertragsregelungen (Abs. 2) 756

Inhaltsverzeichnis

IV. Beweislast (Abs. 3) 756
V. Ausschluss der Haftung für fehlerhafte Angaben in der Whitepaper-Zusammenfassung (Abs. 4) 757
VI. Verhältnis zur zivilrechtlichen Haftung (Abs. 5) 758

Artikel 53 Marketingmitteilungen 758
I. Einführung 759
  1. Begriff der Marketingmitteilung 759
  2. Struktur der Vorschrift/Überblick 760
  3. Vergleich der MiCAR-Vorschriften zu Marketingmitteilungen ... 760
II. Verantwortlichkeit für die Einhaltung der Anforderungen 765
III. Inhaltliche Anforderungen an Marketingmitteilungen (Abs. 1 und 2) .. 766
  1. Eindeutige Erkennbarkeit (lit. a) 766
  2. Redliche, eindeutige und nicht irreführende Informationen (lit. b) 767
  3. Konsistenz mit dem Kryptowerte-Whitepaper (lit. c) 768
  4. Hinweis auf Kryptowerte-Whitepaper (lit. d) 768
IV. Hinweis auf Rücktauschrecht (Abs. 2) 769
V. Veröffentlichung von Marketingmitteilungen (Abs. 3) 769
VI. Keine Vorabgenehmigung (Abs. 4) 769
VII. Übermittlungspflicht in Bezug auf die Marketingmitteilungen (Abs. 5) 770
VIII. Verbot von Marketingmitteilungen vor Veröffentlichung des Whitepapers (Abs. 6) 771
  1. Verbot von Marketingmitteilungen vor Veröffentlichung des Kryptowerte-Whitepapers (S. 1) 771
  2. Ausnahme für Marktsondierungen (S. 2) 771
VIII. Sanktionen 772

Artikel 54 Anlage von im Tausch gegen E-Geld-Token entgegengenommenen Geldbeträgen 773
I. Einführung und Zweck des Art. 54 774
II. Tatbestandsvoraussetzungen 775
  1. Entgegennahme von Geldbeträgen durch Emittenten von E-Geld-Token 775
  2. Tausch gegen E-Geld-Token 776
  3. Sicherung gemäß Art. 7 Abs. 1 der E-Geld-Richtlinie 776
    a) Insolvenzfeste Separierung auf einem gesonderten Konto bei einem Kreditinstitut 777
    b) Anlage in sicheren liquiden Aktiva mit niedrigem Risiko 778
    c) Versicherung oder vergleichbare Garantie 778
III. Rechtsfolgen 779
  1. Treuhandkonto bei Kreditinstitut 779
  2. Anlage in sicheren Aktiva mit niedrigem Risiko 779
IV. Kritik 780

Artikel 55 Sanierungs- und Rücktauschplan 781
I. Entstehungsgeschichte, Grundlagen und Anwendungsbereich 782
  1. Entstehungsgeschichte 782
  2. Grundlagen 783
  3. Anwendungsbereich 784
II. Sanierungsplan 786
  1. Konzept des Sanierungsplans 786

Inhaltsverzeichnis

      a) Grundsatz und Fallgruppenbildung 787
      b) E-Geld-Institute als Emittenten 789
      c) Kreditinstitute als Emittenten 790
      d) Emission signifikanter E-Geld-Token und Sonderfall des Art. 58 Abs. 2 793
   2. Dogmatik und Rechtsnatur des Sanierungsplans 794
   3. Anforderungen an den Sanierungsplan bei E-Geld-Token 794
   4. Übermittlung an die zuständige Behörde, Überprüfung und Aktualisierung 795
   5. Nichterfüllung von Pflichten 796
   6. Benachrichtigung der zuständigen Abwicklungs- und Aufsichtsbehörden 797
   7. Konsolidierte Leitlinien der EBA 797
III. Rücktauschplan 797
   1. Konzept des Rücktauschplans und Fallgruppenbildung 797
   2. Dogmatik und Rechtsnatur des Rücktauschplans 799
   3. Anwendungsgrund des Rücktauschplans bei E-Geld-Token 799
   4. Gegenstand des Rücktauschplans bei E-Geld-Token 800
      a) Gegenstand des Rücktauschplans bei Kreditinstituten 800
      b) Gegenstand des Rücktauschplans bei E-Geld-Instituten 803
   5. Übermittlung an die zuständige Behörde, Überprüfung und Aktualisierung 804
   6. Benachrichtigung der zuständigen Abwicklungs- und Absichtsbehörden 804
   7. Konsolidierte Leitlinien der EBA 804

Kapitel 2 Signifikante E-Geld-Token

Vorbemerkung vor Art. 56–58 805

Artikel 56 Einstufung von E-Geld-Token als signifikante E-Geld-Token 805
   I. Einstufung signifikanter E-Geld-Token (Abs. 1–5) 808
  II. Aufsichtsstruktur (Abs. 6–7) 808
 III. Fortlaufende Überprüfung und Herabstufung (Abs. 8–10), Informationsaustausch 809

Artikel 57 Freiwillige Einstufung von E-Geld-Token als signifikante E-Geld-Token 809
   I. Freiwillige Einstufung für E-Geld- Institute und Kreditinstitute 811
  II. Übertragung der Aufsicht 811

Artikel 58 Spezifische zusätzliche Pflichten von Emittenten von E-Geld-Token 811
   I. Normzweck und Systematik 812
  II. Anwendbare Vorschriften auf Emittenten von (signifikanten) E-Geld Token (Abs. 1, 2) 813
 III. E-Geld-Token, die auf eine andere Währung lauten (Abs. 3) 814

Inhaltsverzeichnis

Titel V Zulassung und Bedingungen für die Ausübung der Tätigkeit eines Anbieters von Kryptowerte-Dienstleistungen

Kapitel 1 Zulassung von Anbietern von Kryptowerte-Dienstleistungen

Artikel 59 Zulassung 815
  I. Generelles Tätigkeitsverbot mit Erlaubnisvorbehalt (Abs. 1) 817
    1. Allgemein 817
    2. Angebot von Kryptowerte-Dienstleistungen innerhalb der Union .. 818
    3. Zulassung nach Art. 63 MiCAR 819
      a) Juristische Personen oder andere Unternehmen 820
      b) Sitz- und Substanzerfordernis (Art. 59 Abs. 2) 820
      c) Erfordernis der jederzeitigen Erfüllung der Zulassungsvoraussetzungen (Art. 59 Abs. 4) 821
    4. Gestattung nach Art. 60 (Abs. 1 lit. b) 821
    5. Folgen eines Verstoßes 822
  II. Irreführungsverbot (Abs. 5) 822
    1. Allgemein 822
    2. Normzweck 822
    3. Anforderungen an die Irreführung 823
      a) Bezugspunkt der Irreführung 823
      b) Irreführungs- bzw. Verwechslungsgefahr 823
      c) Verkehrsauffassung und Gesamteindruck 824
      d) Name oder Firmenname 824
      e) Marketingmitteilungen 825
      f) Sonstige Prozesse 825
    4. Konkurrenzen 825
      a) § 5 Abs. 2 Nr. 3, Nr. 4, Abs. 3 Nr. 1 UWG 825
      b) § 18 Abs. 2 HGB 826
      c) §§ 3, 4, 5 MarkenG 826
    5. Folgen eines Verstoßes 826
  III. Formale Anforderung an die Zulassung (Abs. 6) 827
  IV. EU-Passporting: Grenzüberschreitende Zulassung (Abs. 7) 827
  V. Zulassungserweiterung (Abs. 8) 827
  VI. Marktzugang für Drittstaatenunternehmen 828

Artikel 60 Erbringung von Kryptowerte-Dienstleistungen durch bestimmte Finanzunternehmen 829
  I. Allgemein 833
  II. Normsystematik, persönlicher Anwendungsbereich und praktische Auswirkungen 834
  III. Kreditinstitute (Abs. 1) 834
  IV. Zentralverwahrer (Abs. 2) 835
  V. Wertpapierfirmen (Abs. 3) 835
    1. Kryptowerte-Dienstleistungen 836
    2. Gleichwertigkeit 836
  VI. E-Geld-Institute (Abs. 4) 838
  VI. OGAW-Verwaltungsgesellschaften und Verwaltern alternativer Investmentfonds (Abs. 5) 838

XLIII

Inhaltsverzeichnis

VII. Marktbetreiber (Abs. 6) 839
VIII. Inhalt und Umfang der Notifizierung (Abs. 7, Abs. 9, Abs. 13) 839
    1. Erforderliche Informationen des Notifizierungsverfahren 840
    2. Unterschiede zu Art. 62 Abs. 2 841
IX. Das Notifizierungsverfahren (Abs. 8) 842
    1. Unvollständigkeitsprüfung 842
    2. Weitere Ergänzungen oder Klarstellungen zu den Informationen .. 842
    3. Folge der Notifizierung 843
X. Sonstige Privilegierung der Unternehmen iSv Abs. 1–6 (Abs. 10) 844
XI. Koppelung der Zulässigkeit der Erbringung von Kryptowerte-Dienstleistungen an die Erlaubnis des Unternehmens (Abs. 11) 844
XII. Anforderungen an die Behörden (Abs. 12–14) 845

Artikel 61 Erbringung von Kryptowerte-Dienstleistungen auf ausschließlich eigenes Betreiben des Kunden 845
  I. Allgemein 846
  II. Ausschließlich eigenes Betreiben des Kunden (Abs. 1) 847
  III. Keine Vermarktung an Kunden (Abs. 2) 850
  IV. ESMA-Leitlinien (Abs. 3) 851
  V. Ausblick auf die Praxis 851

Artikel 62 Antrag auf Zulassung als Anbieter von Kryptowerte-Dienstleistungen 852
  I. Antragsstellung (Abs. 1) 856
    1. Zuständige Behörde 857
    2. Form des Zulassungsantrags und Antragsstellung 857
    3. Eingangsbestätigung 858
    4. Änderungen des Zulassungsantrags 858
  II. Inhalt des Zulassungsantrags (Art. 62 Abs. 2, 3, 4) 858
    1. Allgemeine, erforderliche Informationen (Abs. 2 lit. a–lit. l, lit. s) . 859
      a) Allgemeine Angaben (Abs. 2 lit. a–lit. c; Art. 1 TRS) 859
      b) Geschäftsplan (Abs. 2 lit. d; Art. 2 TRS) 860
      c) Aufsichtsrechtliche Anforderungen (Art. 62 Abs. 2 lit. e; Art. 3 TRS) 863
      d) Beschreibung der Regelungen für die Unternehmensführung (Abs. 2 lit. f; Art. 4 TRS) und der internen Kontrollmechanismen und Risikomanagement (Abs. 2 lit. i; Art. 4 TRS) 864
      e) Nachweise für die Befähigung der Mitglieder des Leitungsorgans (Abs. 2 lit. g, Abs. 3 lit. a, lit. b; Art. 7 TRS) 868
      f) Nachweise für Anteilseigner und Gesellschafter mit qualifizierter Beteiligung (Abs. 2 lit. h, Abs. 3 lit. c; Art. 8 TRS) 870
      g) IKT-Systeme und Sicherheitsvorkehrungen (Abs. 2 lit. j; Art. 9 TRS) 871
      h) Beschreibung des Verfahrens für die Trennung von Kryptowerten und Geldbeträgen (Abs. 2 lit. k; Art. 10 TRS) 872
      i) Beschreibung von Beschwerdeverfahren (Abs. 2 lit. l; Art. 11 TRS) 872
      j) Art der Kryptowerte 873
    2. Spezielle Informationen für einzelne Kryptowerte-Dienstleistungen (Abs. 2 lit. m–lit. r) 873
      a) Verwahrung und Verwaltung (Abs. 2 lit. m; Art. 13 TRS) 873

Inhaltsverzeichnis

    b) Handelsplattform (Art. 62 Abs. 2 lit. n; Art. 12 TRS) 875
    c) Tausch von Kryptowerten gegen Geldbetrag oder andere Kryptowerte (Abs. 2 lit. o; Art. 14 TRS) 876
    d) Auftragsausführung (Abs. 2 lit. p; Art. 15 TRS) 876
    e) Beratungsdienste und Portfolioverwaltung (Abs. 2 lit. q; Art. 16 TRS) 877
    f) Transferdienstleistungen (Abs. 2 lit. r; Art. 17 TRS) 878

Artikel 63 Prüfung des Zulassungsantrags und Erteilung oder Verweigerung der Zulassung 878
  I. Ablauf des Zulassungsverfahrens 882
    1) Eingang des Antrags und Überprüfung auf Vollständigkeit (Abs. 1–4) 882
    2) Prüfungsfrist 883
    3) Konsultation weiterer Behörden (Art. 63 Abs. 5, Abs. 6) 883
      a) Verbindung zu Anbietern von Kryptowerte-Dienstleistungen mit Zulassung in einem anderen Mitgliedsstaat (Abs. 5) 883
      b) Überprüfung der Geldwäsche-Compliance (Abs. 6) 883
    4) Anforderung weiterer Informationen (Abs. 12) 884
    5) Entscheidung und Entscheidungsmitteilung 884
    6) Unterrichtung der ESMA über die Entscheidung (Abs. 13) 885
  II. Entscheidung über die Zulassung 885
    1) Prüfungsmaßstab 885
    2) Verweigerung bei objektiven und nachweisbaren Anhaltspunkten . 886
      a) Gefahren und Risiken im Zusammenhang mit Leitungsorganen 886
      b) Mitglieder des Leitungsorgans 887
      c) Anteilseigner oder Gesellschafter mit direkten oder indirekten qualifizierten Beteiligungen 887
      d) Verurteilungen für Straftaten 887
      e) Anforderungen des Titels V 888
    3) Verweigerung der Zulassung bei Behinderung der Wahrnehmung der Aufsichtsfunktion 889
      a) Enge Verbindungen zu anderen natürlichen oder juristischen Personen 889
      b) Enge Verbindungen zu anderen natürlichen oder juristischen Personen durch Drittland-Verbindungen 889
    4) Inhalt der Entscheidung 889
    5) Rechtsschutz 890

Artikel 64 Entzug der Zulassung eines Anbieters von Kryptowerte-Dienstleistungen 890
  I. Zwingender Entzug der Zulassung (Abs. 1) 892
    1. Keine Inanspruchnahme der Zulassung 892
    2. Verzicht auf die Zulassung 893
    3. Ruhen der Erbringung von Kryptowerte-Dienstleistungen 893
    4. Rechtswidriges Erlangen der Zulassung 894
    5. Nicht-Erfüllung der Zulassungsvoraussetzungen 894
    6. Geldwäsche-Compliance 894
    7. Schwerwiegender Verstoß gegen die MiCAR 895
  II. Fakultativer Entzug der Zulassung (Abs. 2) 895
    1. Verstöße gegen das Geldwäschegesetz (GwG) 895

Inhaltsverzeichnis

2. Verlust der Zulassung als Zahlungsinstitut oder E-Geld-Institut	895
III. Mitteilung und Veröffentlichung im Register (Abs. 3)	896
IV. Umfang des Entzugs	896
V. Einbeziehung anderer Behörden	896
1. Behörden anderer Mitgliedsstaaten (Abs. 5)	896
2. Behörde für die Überwachung von Geldwäsche-Compliance (Abs. 6)	896
VI. Verdachtsfälle (Abs. 7)	897
VII. Übergang auf einen anderen Anbieter	897
VIII. Rechtsschutz	897

Artikel 65 Grenzüberschreitende Erbringung von Kryptowerte-Dienstleistungen ... 897
    I. Allgemein ... 898
    II. Information des Europäischen Passes (Abs. 1) ... 898
    III. Behördliches Verfahren (Abs. 2 und Abs. 3) ... 899
    IV. Beginn der Dienstleistungserbringung (Abs. 4) ... 899

Kapitel 2 Pflichten aller Anbieter von Kryptowerte-Dienstleistungen

Artikel 66 Pflicht zu ehrlichem, redlichem und professionellem Handeln im besten Interesse der Kunden ... 899
    I. Einleitung ... 902
        1. Systematische Stellung ... 902
        2. Normzweck ... 903
        3. Rechtsnatur und unmittelbare zivilrechtliche Wirkung des Art. 66 Abs. 1–5 ... 903
    II. Pflicht zu ehrlichem, redlichem und professionellem Handeln im besten Interesse der Kunden (Art. 66 Abs. 1) ... 905
        1. Anwendungsbereich ... 905
        2. Kundenabhängiger Maßstab? ... 905
        3. Ehrliches, redliches und professionelles Handeln ... 906
            a) Einführung ... 906
            b) Ehrlichkeit ... 906
            c) Redlichkeit ... 907
            d) Professionalität ... 907
        4. Handeln im besten Interesse der Kunden ... 908
    III. Irreführungsverbot (Art. 66 Abs. 2) ... 909
        1. Rechtssystematische Einordnung ... 909
        2. Art. 44 DelVO (EU) 2017/565 als Auslegungshilfe ... 909
        3. Zurverfügungstellung von Informationen ... 909
            a) Keine Pflicht zur Zurverfügungstellung von Informationen aus Art. 66 Abs. 2 S. 1 ... 909
            b) Informationen, insbes. Marketingmitteilungen ... 909
            c) Redliche, eindeutige und nicht irreführende Informationen ... 910
    IV. Risikowarnung, Hyperlinks zu Kryptowerte-Whitepapers (Art. 66 Abs. 3) ... 911
        1. Warnung vor Risiken im Zusammenhang mit Transaktionen mit Kryptowerten ... 911
            a) Relevantes Risiko ... 911

Inhaltsverzeichnis

    b) Rückgriff auf Whitepaper 912
  2. Hyperlinks zu Kryptowerte-Whitepapers, S. 2 912
V. Veröffentlichung der Preis-, Kosten- und Gebührenpolitik (Art. 66 Abs. 4) 912
VI. Informationen über nachteilige Auswirkungen des Konsensmechanismus auf das Klima (Art. 66 Abs. 5, 6) 912
  1. Einleitung 912
  2. Offenlegungspflichtige Informationen 913
  3. Whitepapers als Informationsquelle 913
  4. Art der Offenlegung 913
  5. Regulierungsstandards 913

Artikel 67 Aufsichtsrechtliche Anforderungen 914
  I. Einleitung 916
    1. Eigenkapital als Risikopuffer 916
    2. Anwendungsbereich 917
    3. Aufbau der Vorschrift 917
  II. Höhe der prudentiellen aufsichtsrechtlichen Sicherheitsvorkehrungen (Art. 67 Abs. 1) 918
    1. Einleitung 918
    2. Absolute Mindestkapitalanforderungen nach Anhang IV 918
    3. Gemeinkostenabhängige Mindestkapitalanforderungen 918
  III. Berechnung der fixen Gemeinkosten (Abs. 2, 3) 919
    1. Einleitung 919
    2. Berechnung der fixen Gemeinkosten (Art. 67 Abs. 3) 919
      a) Berechnungssystematik 919
      b) Geltender Rechnungslegungsrahmen, Jahresabschluss ... 919
      c) Gesamtaufwendungen 919
      d) Abzugspositionen 919
    3. Prognostizierung der fixen Gemeinkosten in der Anfangsphase (Art. 67 Abs. 2) 920
  IV. Treffen der aufsichtsrechtlichen Sicherheitsvorkehrungen (Art. 67 Abs. 4) 921
    1. Einleitung 921
    2. Eigenmittel 921
    3. Versicherungspolice und vergleichbare Garantie 921
  V. Formelle Anforderungen an die Versicherungspolice (Art. 67 Abs. 5) .. 921
    1. Veröffentlichung auf der Internetseite 921
    2. Anfangslaufzeit und Kündigungsfrist 922
    3. Versicherer/Garantiegeber mit Sitz in der Union 922
    4. Drittunternehmen als Aussteller 922
  VI. Von der Versicherung abgedeckte Risiken (Art. 67 Abs. 6) 922
  VII. Sanktionen 923

Artikel 68 Regelungen zur Unternehmensführung 923
  I. Regelungsgegenstand 926
  II. Anforderungen an die Mitglieder des Leitungsorgans (Art. 68 Abs. 1) .. 927
  III. Anforderungen an die Anteilseigner oder Gesellschafter (Art. 68 Abs. 2 und 3) 929
  IV. Strategien und Verfahren zur Einhaltung der MiCAR (Art. 68 Abs. 4) . 931
    1. Einführung 931

Inhaltsverzeichnis

    2. Regelungsgegenstand und -ziel 931
    3. Compliance-Funktion 932
        a) Einführung 932
        b) Proportionalitätsprinzip 932
        c) Ausgestaltung der Compliance-Funktion 932
        d) Aufgaben der Compliance-Funktion 933
    4. Organisationsrichtlinien 934
  V. Qualifiziertes Personal (Art. 68 Abs. 5) 935
 VI. Interne Revision (Art. 68 Abs. 6) 935
    1. Regelungsgegenstand 935
    2. Aufgaben der Innenrevision 936
        a) Abgrenzung zur Compliance-Funktion 936
        b) Bewertung und Überprüfung der Wirksamkeit der Strategien
           und Verfahren 936
        c) Maßnahmen zur Behebung der Mängel 937
VII. Kontinuität und Regelmäßigkeit der Erbringung der Kryptowerte-
     Dienstleistungen (Art. 68 Abs. 7) 937
    1. Einführung und Regelungskontext 937
    2. Angemessenen Maßnahmen zur Kontinuität und Regelmäßigkeit
       der Erbringung von Kryptowerte-Dienstleistungen (Art. 68 Abs. 7
       UAbs. 1) 938
        a) Relevanter Anwendungsbereich 938
        b) Angemessene Maßnahmen 938
        c) Insbesondere widerstandsfähige und sichere IKT-Systeme 938
    3. Strategie für die Fortführung des Geschäftsbetriebs (Art. 68 Abs. 7
       UAbs. 2) 938
VIII. Maßnahmen zur Sicherung der digitalen operationalen Resilienz,
     Risikobewertung zur Verhinderung von Geldwäsche und Terrorismus-
     finanzierung (Art. 68 Abs. 8) 940
 IX. Aufzeichnungspflicht (Art. 68 Abs. 9) 941

Artikel 69 Unterrichtung der zuständigen Behörden 942
  I. Regelungsgegenstand 943
 II. Tatbestandsvoraussetzungen 944
    1. Änderungen von Leitungsorganen 944
    2. Unterrichtungsfrist 946
        a) Fristbeginn 946
        b) Frist („unverzüglich") 947
III. Sanktionen 949

**Artikel 70 Sichere Aufbewahrung der Kryptowerte und Geldbeträge
          von Kunden** 949
  I. Einleitung 951
 II. Regulierungskontext 953
III. Sichere Aufbewahrung der Kryptowerte (Art. 70 Abs. 1) 953
    1. Anwendungsbereich 953
    2. Halten von Kryptowerten von Kunden oder Mittel für den Zugang 954
    3. Angemessene Vorkehrungen zum Kundenschutz 955
        a) Schutz der Eigentumsrechte, insbes. in der Insolvenz des CASPs 955
        b) Verhinderung der Verwendung von Kunden-Kryptowerten für
           eigene Rechnung 957

Inhaltsverzeichnis

    c) Sonstige Maßnahmen zum Schutz der Eigentumsrechte der Kunden ... 958
IV. Sichere Aufbewahrung der Geldbeträge (Art. 70 Abs. 2, 3, 5) 958
    1. Einführung ... 958
    2. Anwendungsbereich (Art. 70 Abs. 5) ... 959
    3. Begriff des Geldbetrags ... 959
    3. Geldbeträge von Kunden ... 959
    4. Erforderlichkeit des Haltens vom Geldbeträgen ... 960
    5. Angemessene Vorkehrungen zum Eigentumsschutz ... 960
        a) Zuordnung der Kundengelder durch korrekte Buchführung ... 960
        b) Reconciliation mit Beständen an bei Dritten gehaltenen Geldern 961
        c) Sonstige organisatorische Vorkehrungen ... 961
        d) Verhinderung der Verwendung von Kundengeldern für eigene Rechnung ... 961
        e) Einzahlung von Geldbeträgen bei Kreditinstituten oder Zentralbanken (Art. 70 Abs. 3 UAbs. 1) ... 961
        f) Separate Konten bei Kreditinstituten oder Zentralbanken (Art. 70 Abs. 3 UAbs. 2) ... 961
V. Erbringung von Zahlungsdiensten (Art. 70 Abs. 4) ... 961
    1. Zahlungsdienste durch den CASP oder Dritte (Art. 70 Abs. 4 UAbs. 1) ... 961
    2. Informationspflichten bei Zahlungsdiensten (Art. 70 Abs. 4 UAbs. 2) 962

Artikel 71 Beschwerdeverfahren ... 962
  I. Regelungsgegenstand ... 963
  II. Einrichtung eines Beschwerdemanagements (Art. 71 Abs. 1) ... 964
    1. Allgemeine Verfahrensanforderungen ... 964
    2. Veröffentlichung ... 967
  II. Unentgeltliche Einreichung (Art. 71 Abs. 2) ... 967
  III. Unterrichtungs- und Dokumentationspflicht (Art. 71 Abs. 3) ... 968
  IV. Untersuchungspflicht (Art. 71 Abs. 4) ... 969
  V. Sanktionen ... 970

Artikel 72 Ermittlung, Vermeidung, Regelung und Offenlegung von Interessenkonflikten ... 971
  I. Einleitung ... 973
    1. Regelungsgegenstand ... 973
    2. Systematische Stellung ... 973
  II. Strategien und Verfahren zum Umgang mit Interessenkonflikten (Art. 72 Abs. 1) ... 974
    1. Regelungsgegenstand und Regelungsziel ... 974
    2. Relevante Konfliktparteien ... 974
    3. Relevante Interessenkonflikte ... 975
    4. Inhalt der Strategien und Verfahren ... 975
        a) Einleitung ... 975
        b) Verantwortung des Leitungsgremiums ... 975
        c) Proportionalitätsgrundsatz ... 976
        d) Ermittlung relevanter Interessenkonflikte ... 976
        e) Vermeidung und Regelung von Interessenkonflikten ... 977
        f) Strategien und Verfahren zur Offenlegung der Interessenkonflikte ... 978

Inhaltsverzeichnis

      g) Durchsetzung der Wirksamkeit der Strategien und Verfahren ... 978
    5. Formelle Anforderungen an die Strategien und Verfahren 979
III. Offenlegung von Interessenkonflikten (Art. 72 Abs. 2 und 3) 979
    1. Pflicht zu Offenlegung (Art. 72 Abs. 2) 979
    2. Adressat der Offenlegung 980
    3. Inhalt der Offenlegung 980
    4. Form der Offenlegung 980
    5. Dokumentationspflicht 981
IV. Bewertung und Überprüfung der Strategien (Art. 72 Abs. 4) 981
    1. Pflicht zur Bewertung und Überprüfung der Strategien 981
    2. Pflicht zur Mängelbehebung, Reportingpflichten 981
V. Vergütungsregulierung 982
    1. Allgemeines 982
    2. Anwendungsbereich 982
    3. Anforderung an die Vergütung 983
    4. MAComp zur Ausgestaltung der Vergütungsgrundsätze 983
IV. Persönliche Geschäfte 984
    1. Allgemeines 984
    2. Anwendungsbereich 984
    3. Umgang mit persönlichen Geschäften 984

Artikel 73 Auslagerung 985
I. Überblick über den Regelungsgegenstand 987
II. Auslagerung 987
    1. Begriff 987
    2. Risikomanagement 989
    3. Auslagerungsfähigkeit und Grenzen 989
    4. Weitere Gesichtspunkte 993
III. Auslagerungsstrategie 994
IV. Informationspflicht 995

Artikel 74 Geordnete Abwicklung von Anbietern von Kryptowerte-Dienstleistungen 995
I. Entstehungsgeschichte, Grundlagen und Anwendungsbereich 996
    1. Entstehungsgeschichte 996
    2. Grundlagen sowie Sinn und Zweck der Vorschrift 998
    3. Anwendungsbereich und Abgrenzung des Abwicklungsplans zu anderen Plänen 1000
        a) Anbieter von Kryptowerte-Dienstleistungen 1000
        b) Dienstleistungen iSd Art. 75–79 MiCAR 1000
        c) Abgrenzung zu anderen Plänen 1000
II. Abwicklungsplan 1002
    1. Geordnete Abwicklung nach nationalem Recht 1002
        a) Abwicklungsgründe aus dem Aufsichtsrecht 1003
        b) Abwicklungsgründe aus dem Gesellschaftsrecht 1005
        c) Abwicklungsgründe aus dem Restrukturierungsrecht 1006
        d) Abwicklungsgründe aus dem Insolvenzrecht 1006
    2. Fortführung oder Wiederaufnahme kritischer Tätigkeiten 1007
    3. Kein ungebührlicher wirtschaftlicher Schaden 1008
    4. Sonstige Anforderungen, Überprüfung und Sanktionen 1009

Inhaltsverzeichnis

Kapitel 3 Pflichten in Bezug auf spezifische Kryptowerte-Dienstleistungen

Artikel 75 Verwahrung und Verwaltung von Kryptowerten für Kunden 1010
- I. Anwendungsbereich und Regelungsgegenstand 1014
- II. Anforderungen an die Geschäftsbedingungen (Abs. 1) 1015
  1. Vereinbarung über Pflichten und Aufgaben des Kryptowerte-Dienstleisters (Geschäftsbedingungen) (Abs. 1 S. 1) 1015
  2. Mindestinhalt der Vereinbarung (Abs. 1 S. 2) 1015
     - a) Identität der Vertragspartner (lit. a) 1015
     - b) Art und Beschreibung der Kryptowerte-Dienstleistung (lit. b) .. 1015
     - c) Verwahrstrategie (lit. c) 1015
     - d) Kommunikationsmittel, inkl. Authentifizierungssystem (lit. d) .. 1016
     - e) Sicherheitssysteme (lit. e) 1016
     - f) Gebühren, Kosten und Entgelte (lit. f) 1016
     - g) Anwendbares Recht (lit. g) 1017
- III. Register über Kundenpositionen (Abs. 2) 1017
- IV. Verwahrstrategie (Abs. 3) 1017
  1. Festlegung von internen Vorschriften und Verfahren (Abs. 3 UAbs. 1) 1018
  2. Sinn und Zweck: Risikominimierung (Abs. 3 UAbs. 2) 1020
  3. Zurverfügungstellung in elektronischem Format (Abs. 3 UAbs. 3) .. 1021
- V. Erleichterung der Rechtsausübung der Kunden und Dokumentation im Register (Abs. 4) 1021
- VI. Aufstellung der verwahrten oder verwalteten Kryptowerte (Abs. 5) ... 1022
  1. Häufigkeit, Form und Inhalt der Aufstellung (Abs. 5 UAbs. 1) 1022
  2. Information der Kunden bei erforderlicher Reaktion (Abs. 5 UAbs. 2) 1023
- VII. Verfahren zur umgehenden Rückgabe der Kryptowerte oder Zugangsmittel (Abs. 6) 1023
- VIII. Vermögenstrennung und Bestimmtheit (Abs. 7) 1024
- IX. Haftung für den Verlust von Kryptowerten oder Zugangsmitteln (Abs. 8) 1027
  1. Zuschreibungszusammenhang (Abs. 8 UAbs. 1 S. 1, UAbs. 2) 1028
  2. Verschuldensunabhängige Haftung 1029
  3. Haftungsbegrenzung auf Marktwert der Kryptowerte bei Verlust (Abs. 8 UAbs. 1 S. 2) 1029
- X. Inanspruchnahme anderer Kryptowerte-Dienstleister für die Verwahrung und Verwaltung (Abs. 9) 1030

Artikel 76 Betrieb einer Handelsplattform für Kryptowerte 1031
- I. Anwendungsbereich und Regelungsgegenstand 1036
- II. Betriebsvorschriften für die Handelsplattform (Abs. 1) 1036
  1. Klarheit und Transparenz der Betriebsvorschriften (Abs. 1 UAbs. 1 S. 1) 1036
  2. Sprache der Betriebsvorschriften (Abs. 4) 1037
  3. Mindestanforderungen an den Inhalt der Betriebsvorschriften (Abs. 1 UAbs. 1 S. 2) 1037
     - a) Genehmigungsverfahren für Handelszulassung (lit. a) 1037

Inhaltsverzeichnis

    b) Ausschlusskategorien für bestimmte Arten von Kryptowerten (lit. b) 1038
    c) Richtlinien, Verfahren und Gebühren für Zulassung zum Handel (lit. c) 1038
    d) Diskriminierungsfreie Zugangsregeln für Kunden (lit. d) 1039
    e) Regelungen für einen ordnungsgemäßen Handel (lit. e) 1039
    f) Sicherstellung der Handelbarkeit von Kryptowerten (lit. f) 1040
    g) Mögliche Aussetzung des Handels (lit. g) 1041
    h) Wirksame Abrechnung (lit. h) 1041
  4. Ausschluss der Zulassung anonymer Kryptowerte (Abs. 3) 1043
III. Bewertung der Eignung eines Kryptowerts (Abs. 2) 1043
IV. Kein Handel für eigene Rechnung (Abs. 5) 1043
V. Zusammenführung sich deckender Kundenaufträge (Abs. 6) 1044
VI. Eigenschaften des Handelssystems (Abs. 7) 1044
  1. Widerstandsfähigkeit (lit. a) 1044
  2. Kapazitäten von Handelssystemen (lit. b) 1045
  3. Volatilitätsmanagement (lit. c) 1045
  4. Ablehnung von unzulässigen oder fehlerhaften Aufträgen (lit. d) ... 1046
  5. Prüfung der Bedingungen gemäß lit. a–d (lit. e) 1046
  6. Kontinuität bei Ausfall des Handelssystems (lit. f) 1046
  7. Verhinderung oder Aufdeckung von Marktmissbrauch (lit. g) 1046
  8. Verhinderung des Missbrauchs zur Geldwäsche oder Terrorismusfinanzierung (lit. h) 1046
VII. Unterrichtungspflicht bei Marktmissbrauch (Abs. 8) 1047
VIII. Veröffentlichung von Vor- und Nachhandelsdaten (Abs. 9, 10, 11) ... 1047
IX. Frist für die endgültige Abwicklung einer Transaktion (Abs. 12) 1048
X. Transparente Gebührenstruktur (Abs. 13) 1049
XI. Technische Möglichkeit der jederzeitigen Berichterstattung (Abs. 14) . 1050
XII. Bereitstellung von Auftragsdaten (Abs. 15) 1050
XIII. Abs. 2 1051
  1. Allgemeines 1051
  2. Systematik und Zweck 1051
  3. Inhalt der Verpflichtung 1052
    a. Adressat 1052
    b. Pflichten 1052
    c. Anwendbarkeit auf Kryptowerte iSd Art. 4 Abs. 3 UAbs. 1 lit. a–d 1054
  4. Umsetzung im nationalen Recht 1054
    a. Aussetzung des Handels und Ausschluss von Kryptowerten vom Handel 1054
    b. Bußgelder 1055

Artikel 77 Tausch von Kryptowerten gegen einen Geldbetrag oder gegen andere Kryptowerte 1055
  I. Anwendungsbereich und Regelungsgegenstand 1056
  II. Nichtdiskriminierende Geschäftspolitik (Abs. 1) 1056
  III. Veröffentlichung von Preis und Obergrenze (Abs. 2) 1058
  IV. Ausführung bei endgültigem Tauschauftrag (Abs. 3) 1059
  V. Nachhandelstransparenz (Abs. 4) 1060

Inhaltsverzeichnis

Artikel 78 Ausführung von Aufträgen über Kryptowerte für Kunden 1060
  I. Anwendungsbereich und Regelungszweck 1062
  II. Best Execution (Abs. 1 und Abs. 2) 1063
    1. Zu ergreifende Maßnahmen, insbesondere Ausführungsgrundsätze 1063
    2. Festlegung von Ausführungsgrundsätzen 1064
      a) Ermittlung der zu berücksichtigenden Faktoren (Abs. 1 UAbs. 1) 1064
      b) Gewichtung der Faktoren 1067
      c) Festlegung der Ausführungsplätze auf Grundlage der ermittelten und gewichteten Faktoren 1067
  III. Kundenweisungen (Abs. 1 UAbs. 2) 1068
  IV. Kundeninformation und Zustimmung (Abs. 3) 1068
  V. Nachweispflicht gegenüber Kunden und Behörden (Abs. 4) 1069
    1. Nachweis gegenüber den Kunden auf Anfrage 1069
    2. Nachweis gegenüber der zuständigen Behörde auf Antrag 1069
  VI. Aufträge außerhalb einer Handelsplattform (Abs. 5) 1069
  VII. Überwachung der Wirksamkeit der Vorkehrungen und Grundsätze (Abs. 6) 1070
    1. Überwachung zur Mängelermittlung und -behebung (Abs. 6 S. 1 und 2) 1070
    2. Information der Kunden über wesentliche Änderungen (Abs. 6 S. 3) 1070

Artikel 79 Platzierung von Kryptowerten 1071
  I. Anwendungsbereich und Regelungszweck 1072
  II. Vorvertragliche Informationspflicht (Abs. 1 UAbs. 1) 1072
    1. Adressaten und Übermittlungszeitpunkt 1072
    2. Zu übermittelnde Informationen 1072
      a) Art der Platzierung (inkl. garantierter Mindestkaufbetrag) (lit. a) 1072
      b) Höhe der Transaktionsgebühren bei Platzierung (lit. b) 1072
      c) Zeitplan, Verfahren und Preis des Vorhabens (lit. c) 1072
      d) Informationen über die Käuferzielgruppe (lit. d) 1073
  III. Zustimmung des Emittenten (Abs. 1 UAbs. 2) 1073
  IV. Umgang mit Interessenskonflikten (Abs. 2) 1073
    1. Platzierung der Kryptowerte bei eigenen Kunden (lit. a) 1074
    2. Zu hoher oder zu niedriger Vorschlagspreis (lit. b) 1074
    3. Anreize für Anbieter von Kryptowerte-Dienstleistungen (lit. c) ... 1074

Artikel 80 Annahme und Übermittlung von Aufträgen über Kryptowerte für Kunden 1075
  I. Anwendungsbereich und Regelungszweck 1075
  II. Umgehende und ordnungsgemäße Übermittlung von Kundenaufträgen (Abs. 1) 1076
  1. Umgehende und ordnungsgemäße Weiterleitung 1076
  2. Empfänger der zu übermittelnden Kundenaufträge 1078
  III. Keine Vorteilsgewährung für Weiterleitung an bestimmten Empfänger (Abs. 2) 1078
  IV. Verhinderung des Missbrauchs von Informationen über Kundenaufträge (Abs. 3) 1079

Artikel 81 Beratung zu Kryptowerten Portfolioverwaltung von Kryptowerten 1080
  I. Anwendungsbereich und Regelungszweck 1085

Inhaltsverzeichnis

  II. Geeignetheit für (potenzielle) Kunden (Abs. 1) 1087
     1. Beurteilung der Geeignetheit 1087
     2. Kunden und potenzielle Kunden 1089
     3. Zu berücksichtigende Faktoren 1090
     4. Kontinuierliche Veränderung der Beurteilungsgrundlage 1091
 III. Vorvertragliche Informationspflicht (Abs. 2) 1092
     1. Information über Unabhängigkeit der Beratung (Art. 81 Abs. 2a) .. 1092
     2. Information zu analysierten Kryptowerten (Art. 81 Abs. 2b) 1093
  IV. Anforderungen bei unabhängiger Beratung (Abs. 3) 1093
     1. Hinreichende Diversität der Kryptowerte (Art. 81 Abs. 3 UAbs. 1 a) 1093
     2. Keine Gebühren, Provisionen oder anderen Vorteile (Art. 81 Abs. 3 UAbs. 1 b) 1094
     3. Annahme von geringfügigen nicht monetären Vorteilen zur Qualitätsverbesserung (Art. 81 Abs. 3 UAbs. 2) 1094
   V. Offenlegung von mit der Anlageberatung verbundenen Kosten (Abs. 4) 1095
  VI. Verbot der Gegenleistung durch Dritte bei Portfolioverwaltung (Abs. 5) 1096
  VI. Zulässigkeit von Anreizen zur Qualitätsverbesserung bei abhängiger Anlageberatung (Abs. 6) 1096
 VII. Qualifikation der Berater bei Beratung zu Kryptowerten (Abs. 7) 1097
VIII. Explorationspflicht des Anbieters von Kryptowerte-Dienstleistungen (Abs. 8) 1097
     1. Reichweite der Informationserhebung 1099
        a) Kenntnisse und Erfahrungen in Bezug auf Investitionen 1100
        b) Anlageziele 1101
        c) Risikotoleranz 1101
        d) Finanzielle Verhältnisse 1102
        e) Grundlegendes Verständnis von mit Kryptowerten verbundenen Risiken 1103
        f) Nachhaltigkeitspräferenzen 1104
     2. Art der Informationserhebung 1104
     3. Verhältnismäßigkeit der Informationserhebung 1105
  IX. Warnpflichten des Anbieters von Kryptowerte-Dienstleistungen bei Beratung und Portfolioverwaltung (Abs. 9) 1106
     1. Reichweite der Warnpflichten 1106
     2. Verhältnis zu Art. 81 Abs. 8 1107
   X. Strategien und Verfahren zur Informationsgewinnung und -bewertung (Abs. 10) 1107
     1. Gewährleistung einer zuverlässigen Informationsgewinnung 1107
     2. Know Your Customer-Prozesse 1108
  XI. Folgen fehlender Informationen und negativer Eigungsbeurteilungen (Abs. 11) 1109
 XII. Regelmäßige Überprüfung von Kundenangaben zur Beurteilung der Eignung der Kryptowerte-Dienstleistung (Abs. 12) 1110
XIII. Eignungsbericht (Abs. 13) 1110
 XIV. Reporting (Abs. 14) 1111
  XV. ESMA-Leitlinien (Abs. 15) 1112
     1. Konkretisierungsleistung der Leitlinien 1112
     2. Reichweite der Ermächtigung 1113

Inhaltsverzeichnis

Artikel 82 Erbringung von Transferdienstleistungen für Kryptowerte für Kunden 1113
I. Anwendungsbereich und Regelungsgegenstand 1114
II. Vereinbarung mit dem Kunden (Abs. 1) 1114
   1. Pflicht zur Vereinbarung der Pflichten und Aufgaben (S. 1) 1114
   2. Mindestinhalt der Vereinbarung (S. 2) 1115
      a) Identität der Vertragspartner (lit. a) 1115
      b) Modalitäten der Transferdienstleistung (lit. b) 1115
      c) Beschreibung der Sicherheitssysteme (lit. c) 1115
      d) Erhobene Gebühren (lit. d) 1116
      e) Anwendbares Recht (lit. e) 1116
III. Leitlinien zu Verfahren und Grundsätzen (Abs. 2) 1116

Kapitel 4 Übernahme eines Anbieters von Kryptowerte-Dienstleistungen

Artikel 83 Bewertung der geplanten Übernahme eines Anbieters von Kryptowerte-Dienstleistungen 1117
I. Einführung 1119
II. Anzeigepflicht bei Erwerb einer qualifizierten Beteiligung (Abs. 1) ... 1119
   1. Anwendungsbereich 1120
   2. Entscheidung des Erwerbs 1120
III. Anzeigepflicht bei Aufgabe einer qualifizierten Beteiligung (Abs. 2) .. 1121
IV. Inhalt der Anzeige und Prüfungsumfang der zuständigen Behörde (Abs. 4) 1121
   1. Die Anforderungen von Art. 83 1121
   2. Bewertung durch die zuständige Behörde für Bekämpfung von Geldwäsche und Terrorismusfinanzierung sowie die Zentralstellen für Geldwäscheverdachtsanzeigen (Abs. 5) 1121
   3. Zusätzliche Informationen im Einzelfall (Abs. 6) 1122
   4. Anforderungen im Falle eines Einspruchs gegen die Übernahme (Abs. 6) 1122
V. Fiktion der Genehmigung (Abs. 8) 1122
VI. Festlegung einer Maximalfrist (Abs. 9) 1122

Artikel 84 Inhalt der Bewertung der geplanten Übernahme eines Anbieters von Kryptowerte-Dienstleistungen 1122
I. Einführung 1124
II. Inhalt der Prüfung der geplanten Übernahme (Abs. 1) 1125
   1. Begriff der Übernahme 1125
   2. Leumund des interessierten Erwerbers 1125
      a) Begriff des Leumunds 1125
      b) Anwendbarkeit auf juristische Personen 1125
   3. Leumund und Erfahrung des Geschäftsleiters 1125
   4. Finanzielle Solidität 1126
   5. Fähigkeit zur Einhaltung von Aufsichtsanforderungen 1126
   6. Kein Verdacht auf Geldwäsche oder Terrorismusfinanzierung 1126
III. Einspruch gegen die geplante Übernahme (Abs. 2) 1126
   1. Voraussetzungen 1126
   2. Rechtsmittel 1127

Inhaltsverzeichnis

IV. Vorbedingungen durch die Aufsichtsbehörde 1127
V. Ermächtigungsgrundlage zum Erlass technischer Regulierungsstandards (Abs. 4) 1127

Kapitel 5 Signifikante Anbieter von Kryptowerte-Dienstleistungen

Artikel 85 Ermittlung signifikanter Anbieter von Kryptowerte-Dienstleistungen 1127
I. Normzweck und Historie 1128
II. Einordnungskriterium und Rechtsfolgen 1129
  1. Signifikanzkriterium (Abs. 1) 1129
  2. Benachrichtigungspflichten des Kryptowerte-Dienstleisters (Abs. 2) 1131
  3. Benachrichtigungspflichten der zuständigen Behörden (Abs. 3) ... 1131
  4. Meinungsaustausch (Abs. 4) 1132
III. Rolle und Befugnisse der ESMA 1132

Titel VI Verhinderung und Verbot von Marktmissbrauch im Zusammenhang mit Kryptowerten

Artikel 86 Geltungsbereich der Vorschriften über Marktmissbrauch 1134
I. Normzweck und Systematik 1136
II. Norminhalt 1139
  1. Sachlicher und persönlicher Anwendungsbereich (Abs. 1 und 2) ... 1139
  2. Räumlicher Anwendungsbereich (Abs. 3) 1140

Artikel 87 Insiderinformationen 1140
I. Normzweck und Systematik 1141
II. Insiderinformation 1142
  1. Kerndefinition (Abs. 1 lit. a) 1142
    a) Bezugspunkte 1142
    b) Kursrelevanz 1143
    c) Nicht öffentlich bekannt 1145
    d) Präzise Information 1146
  2. Sonderfall: Handelsbezogene Insiderinformation (Abs. 1 lit. b) ... 1148
    a) Allgemein 1148
    b) Sonderfall Mempools 1148

Artikel 88 Offenlegung von Insiderinformationen 1150
I. Normzweck und Systematik 1151
II. Tatbestand 1152
  1. Pflicht zur Offenlegung (Abs. 1) 1152
    a) Normadressaten 1152
    b) Unmittelbarkeit (Abs. 1 S. 1) 1153
    c) Unverzügliche Bekanntgabe (Abs. 1 S. 1) 1154
  2. Möglichkeit des Aufschubs (Abs. 2) 1155
    a) Grundsätzliches 1155
    b) Aufschubgründe 1155
III. Information der Aufsichtsbehörde (Abs. 3) 1156
IV. Rechtsfolgen bei Verstoß 1157
V. Konkurrenzen 1157
  1. Art. 17 MAR 1157

Inhaltsverzeichnis

    2. Art. 30 Abs. 3 MiCAR 1158
    3. Art. 12 Abs. 1 MiCAR 1158

Artikel 89 Verbot von Insidergeschäften 1159
    I. Normzweck und Systematik 1160
    II. Insidergeschäft (Abs. 1) 1161
    III. Verbot von Insidergeschäften 1164
        1. Allgemeines 1164
        2. Insiderhandelsverbot (Abs. 2) 1164
        3. Empfehlungsverbot (Abs. 2–4) 1165
        4. Taugliche Täter (Abs. 5) 1166
        5. Handeln für juristische Personen (Abs. 6) 1167
    IV. Rechtsfolgen bei Verstoß 1168

Artikel 90 Verbot der unrechtmäßigen Offenlegung von Insiderinformationen 1169
    I. Normzweck und Systematik 1169
    II. Tatbestand 1169

Artikel 91 Verbot der Marktmanipulation 1171
    I. Normzweck und Systematik 1173
    II. Verbotstatbestand (Abs. 1) 1175
    III. Manipulationshandlungen (Abs. 2) 1176
        1. Handelsgestützte Manipulation (Abs. 2 lit. a) 1176
            a) Tathandlung 1176
            b) Manipulationseignung 1177
            c) Fehlen legitimer Gründe 1178
        2. Handlungsgestützte Manipulation (Abs. 2 lit. b) 1179
        3. Informationsgestützte Manipulation (Abs. 2 lit. c) 1180
            a) Tathandlung 1180
            b) Manipulationseignung 1181
    IV. Beispielskatalog 1183
        1. Allgemein 1183
        2. Sicherung einer marktbeherrschenden Stellung (Abs. 3 lit. a) 1183
        3. Marktstörung durch Auftragserteilungen 1185
        4. Scalping 1186
    V. Rechtsfolgen bei Verstoß 1188

Artikel 92 Vorbeugung und Aufdeckung von Marktmissbrauch ... 1188
    I. Normzweck und Systematik 1190
    II. Überwachungs- und Meldepflichten 1191
        1. Normadressaten 1191
        2. Aufdeckung und Vorbeugung 1192
        3. Meldepflicht 1194
        4. Rechtsfolge bei Verstoß 1194

Inhaltsverzeichnis

Titel VII Zuständigen Behörden, die EBA und die ESMA

Kapitel 1 Befugnisse der zuständigen Behörden und Zusammenarbeit zwischen den zuständigen Behörden, der EBA und der ESMA

Artikel 93 Zuständige Behörden 1195
 I. Einführung 1196
 II. Benennungspflicht der Mitgliedstaaten 1196
 III. Informationspflicht der Mitgliedstaaten 1197
 V. Informationspflicht der ESMA 1198

Artikel 94 Befugnisse der zuständigen Behörden 1198
 I. Einführung 1203
 II. Aufsichts- und Untersuchungsbefugnisse 1204
  1. Überblick 1204
  2. Untersuchungsbefugnisse 1205
   a) Untersuchungsbefugnisse aus Art. 94 Abs. 1 1205
   b) Untersuchungsbefugnisse aus Art. 94 Abs. 3 1205
  3. Aufsichtsbefugnisse 1205
   a) Aufsichtsbefugnisse aus Art. 94 Abs. 1 1205
   b) Aufsichtsbefugnisse aus Art. 94 Abs. 3 1208
 III. Wahrnehmung der Aufgaben und Befugnisse 1208
  1. Überblick 1208
  2. Unmittelbare Handlung 1209
  3. Mittelbare Handlungsoptionen 1209
   a) Zusammenarbeit 1209
   b) Befugnisübertragung 1209
   c) Gerichtliche Anträge 1209
 IV. Legalität der Informationsweitergabe 1209
 V. Aufsichtsrechtliche Generalklausel 1210

Artikel 95 Zusammenarbeit der zuständigen Behörden 1210
 I. Einführung 1213
 II. Pflicht der Zusammenarbeit 1214
  1. Überblick 1214
  2. Informationspflichten 1214
  3. Andere Kooperationsmodalitäten 1215
   a) Prüfungen und Untersuchungen vor Ort 1215
   b) Abstimmungen zur Aufsichtstätigkeit 1215
  4. Folgen fehlender Reaktion 1216
 III. Ablehnung der Zusammenarbeit 1217
  1. Zulässigkeit der Ablehnung 1217
  2. Folgen der Ablehnung 1217
 IV. Technische Regulierungsstandards 1218
 V. Technische Durchführungsstandards 1218

Artikel 96 Zusammenarbeit mit EBA und ESMA 1219
 I. Einführung 1219
 II. Pflicht zur Zusammenarbeit 1220
 III. Pflicht zum Informationsaustausch 1220

Inhaltsverzeichnis

   IV. Technische Durchführungsstandards 1221

Artikel 97 Förderung der Konvergenz bei der Einstufung von Kryptowerten 1222
   I. Einführung 1223
   II. Leitlinien 1223
   II. Gemeinsame Aufsichtskultur 1225
     1. Kohärenzförderung 1225
     2. Stellungnahmen 1225
   VII. Jahresbericht 1226

Artikel 98 Zusammenarbeit mit anderen Behörden 1226
   I. Einführung 1226
   II. Pflicht und Kompetenz der Zusammenarbeit 1227

Artikel 99 Übermittlungspflicht 1227
   I. Übermittlungspflicht 1227
   II. Aktualisierungspflicht 1228

Artikel 100 Wahrung des Berufsgeheimnisses 1228
   I. Einführung 1228
   II. Gegenstand des Berufsgeheimnisses 1229
   III. Adressaten des Berufsgeheimnisses 1230
   IV. Ausnahmen vom Berufsgeheimnis 1230

Artikel 101 Datenschutz 1232
   I. Einführung 1232
   II. Anforderungen an die Datenverarbeitung 1233
     1. Anforderungen an die zuständigen Behörden 1233
     2. Anforderungen an die EBA und die ESMA 1233
   III. Dauer der Datenverarbeitung 1233

Artikel 102 Vorsorgliche Maßnahmen 1233
   I. Einführung 1234
   II. Informationspflicht 1235
     1. Verdacht auf Unregelmäßigkeiten 1235
     2. Pflichtadressaten 1236
     3. Informationsadressaten 1236
     4. Gegenstand der Informationspflicht 1237
   III. Weitere erforderliche Maßnahmen 1237
     1. Anhaltende Unregelmäßigkeiten 1237
     2. Auswahl der Maßnahme 1237
     3. Verhinderung der Ausübung von Tätigkeiten 1238
   IV. Beilegung von Meinungsverschiedenheiten 1238

Artikel 103 Befugnisse der ESMA zur vorübergehenden Intervention 1238
   I. Einführung 1240
   II. Voraussetzungen der Intervention 1241
     1. Adressaten der Intervention 1241
     2. Gegenstand der Intervention 1241
     3. Bedingungen der Intervention 1241
     4. Abwägung mit negativen Auswirkungen 1244

Inhaltsverzeichnis

    5. Informationspflichten 1244
III. Zeitliche Beschränkung der Intervention 1244

Artikel 104 Befugnisse der EBA zur vorübergehenden Intervention 1245

Artikel 105 Produktintervention seitens der zuständigen Behörden 1246
    I. Einführung 1248
    II. Territoriale Zuständigkeit 1249
    III. Voraussetzungen der Intervention 1250
        1. Adressaten der Intervention 1250
        2. Gegenstand der Intervention 1251
        3. Bedingungen der Intervention 1251
        4. Informationspflichten 1253
        5. Vorläufige Intervention 1254
    III. Widerruf der Intervention 1254

Artikel 106 Koordinierung mit der ESMA oder der EBA 1254
    I. Einführung 1255
    II. Befugnisse der ESMA/EBA 1255
    III. Widerspruch zur Stellungnahme 1256

Artikel 107 Zusammenarbeit mit Drittländern 1256
    I. Einführung 1257
    II. Kooperationsvereinbarungen 1258
    III. Rolle der ESMA und EBA 1259
    III. Technische Regulierungsstandards10 1259

Artikel 108 Bearbeitung von Beschwerden durch die zuständigen Behörden 1260
    I. Einrichtung eines Beschwerdeverfahrens 1260
    II. Informationen über das Beschwerdeverfahren 1261

Kapitel 2 ESMA-Register

Artikel 109 Register von Kryptowerte-Whitepapers, Emittenten von vermögenswertereferenzierten Token und E-Geld-Token und Anbietern von Kryptowerte-Dienstleistungen 1261

Artikel 110 Register der nicht konformen Unternehmen, die Kryptowerte-Dienstleistungen erbringen 1264

Artikel 110a Zugänglichkeit von Informationen im zentralen europäischen Zugangsportal 1266

Kapitel 3 Verwaltungsrechtliche Sanktionen und andere verwaltungsrechtliche Maßnahmen der zuständigen Behörden

Artikel 111 Verwaltungsrechtliche Sanktionen und andere verwaltungsrechtliche Maßnahmen 1268
    I. Einführung 1272
        1. Bedeutung 1272
        2. Systematische Einordnung 1273

Inhaltsverzeichnis

    3. Sanktionen und andere verwaltungsrechtliche Maßnahmen 1274
II. Die Rolle der Unionsgrundrechte 1274
    1. Reichweite der Unionsgrundrechte 1274
        a) Durchführung von Unionsrecht 1274
        b) Kompetenzverschiebungen durch Rechtsprechung des EuGH? 1275
        c) Anwendungsvorrang des Unionsrechts 1276
    2. Bestimmtheitsgrundsatz und Analogieverbot 1276
        a) Sanktionen 1276
        b) Übertragung auf Maßnahmen? 1277
    3. Ne bis in idem 1278
        a) Schutzbereich 1278
        b) Lösungsmechanismen in der MiCAR 1278
        c) Keine Anwendung auf andere Maßnahmen 1279
    4. Berührung mit dem Nemo-Tenetur-Grundsatz 1279
    5. Kein Verschuldenserfordernis 1280
        a) Problemstellung 1280
        b) Rechtsprechung des EGMR 1280
        c) Rechtsprechung des EuGH........................ 1281
III. Verwaltungsbußgelder 1281
    1. Einführung 1281
    2. Vielfaches von erzielten Gewinnen oder vermiedenen Verlusten .. 1282
    3. Verwaltungsgeldbußen konkret gegen natürliche Personen 1282
    4. Verwaltungsgeldbußen konkret gegen juristische Personen 1282
IV. Nicht-finanzielle Sanktionen 1284
V. Andere verwaltungsrechtliche Maßnahmen 1285
    1. Einstellungs- und Unterlassungsanordnung 1285
    2. Einzug erzielter Gewinne oder vermiedener Verluste 1286
    3. Öffentliche Bekanntgabe 1286

Artikel 112 Wahrnehmung der Aufsichts- und Sanktionsbefugnisse 1287
  I. Grundlagen 1288
  II. Die einzelnen Kriterien des Art. 112 Abs. 1 1288
    1. Schwere und Dauer sowie Auswirkungen des Verstoßes 1288
    2. Verschulden und Grad der Verantwortung 1289
    3. Finanzkraft..................................... 1290
    4. Gewinne und vermiedene Verluste 1291
    5. Ausmaß der Zusammenarbeit mit Behörden 1291
    6. Frühere Verstöße 1291
    7. Ergriffene Maßnahmen nach dem Verstoß 1292
  III. Kooperation, Koordination und Vermeidung von Überschneidungen
       nach Art. 112 Abs. 2 1292

Artikel 113 Rechtsmittel 1293

Artikel 114 Öffentliche Bekanntmachung von Entscheidungen 1295
  I. Naming and Shaming 1296
  II. Ausnahmen 1297
    1. Abgestuftes Rechtsfolgenregime 1297
        b) Absehen von der Bekanntmachung 1297
        c) Anonymisierte Veröffentlichung 1297
        d) Aufschub der Veröffentlichung 1298

Inhaltsverzeichnis

III. Veröffentlichungsmodalitäten 1298

Artikel 115 Berichterstattung über verwaltungsrechtliche Sanktionen und sonstige verwaltungsrechtliche Maßnahmen an die ESMA und die EBA 1299
   I. Grundlagen 1300
   II. Jährliche Übermittlung 1301
   III. Anlassbezogene Informationspflicht 1301

Artikel 116 Meldung von Verstößen und Schutz von Hinweisgebern 1302

Kapitel 4 Aufsichtsaufgaben der EBA in Bezug auf Emittenten signifikanter vermögenswertereferenzierter Token und signifikanter E-Geld-Token und Aufsichtskollegien

Artikel 117 Aufsichtsaufgaben der EBA in Bezug auf Emittenten signifikanter vermögenswertereferenzierter Token und Emittenten signifikanter E-Geld-Token 1302
   I. Hintergrund und Zusammenhang 1303
   II. EBA-Aufsicht über vermögenswertreferenzierte Token 1304
      1. Umfang der Aufsicht durch EBA 1304
      2. Insbesondere zu den Folgen der Übertragung der Aufsichtszuständigkeit auf die EBA. 1305
   III. EBA-Aufsicht über E-Geld-Token 1305
      1. Umfang der Aufsicht durch EBA 1305
      2. Insbesondere zu den Folgen der Übertragung der Aufsichtszuständigkeit auf EBA 1306
   IV. Zusammenarbeit (Abs. 5) 1307

Artikel 118 Ausschuss der EBA für Kryptowerte 1307

Artikel 119 Kollegien für Emittenten signifikanter vermögenswertereferenzierter Token und Emittenten signifikanter E-Geld-Token 1309

Artikel 120 Unverbindliche Stellungnahmen der Kollegien für Emittenten signifikanter vermögenswertereferenzierter Token und signifikanter E-Geld-Token 1312

Kapitel 5 Befugnisse und Zuständigkeiten der EBA hinsichtlich Emittenten signifikanter vermögenswertereferenzierter Token und Emittenten signifikanter E-Geld-Token

Vorbemerkung vor Art. 121–138 1316

Artikel 121 Rechtsprivileg 1318
   I. Gegenstand und Zweck 1318
   II. Anwendungsbereich 1318
   III. Begriff des Rechtsprivilegs 1319
   IV. Rechtsfolge: Verbot der Informationserhebung durch die EBA 1320

Inhaltsverzeichnis

Artikel 122 Informationsersuchen 1320
  I. Gegenstand und Zweck 1322
  II. Informationsersuchen der EBA (Abs. 1) 1322
  III. Form und Verfahren des Informationsgesuchs (Abs. 2 und 3) 1323
  IV. Erfüllung (Abs. 4) 1324
  V. Informationsübermittlung an die zuständige Behörde (Abs. 5) 1325

Artikel 123 Allgemeine Untersuchungsbefugnisse 1325
  I. Gegenstand und Zweck 1327
  II. Untersuchungsbefugnisse der EBA (Abs. 1) 1327
  III. Form und Verfahren (Abs. 2 und 3) 1328
  IV. Unterrichtung und Mitwirkung der mitgliedstaatlichen Behörde
      (Abs. 4) 1329
  V. Mitgliedstaatlicher Richtervorbehalt (Abs. 5–7) 1330

Artikel 124 Prüfungen vor Ort 1331
  I. Gegenstand und Zweck 1332
  II. Befugnisse der EBA (Abs. 1 und 2) 1333
  III. Verfahren und Form (Abs. 3–5) 1334
  IV. Beteiligung der mitgliedstaatlichen Behörde (Abs. 6–8) 1335
  V. Mitgliedstaatlicher Richtervorbehalt (Abs. 9–11) 1335

Artikel 125 Informationsaustausch 1336

Artikel 126 Verwaltungsvereinbarungen über den Informationsaustausch zwischen der EBA und Drittländern 1338

Artikel 127 Weitergabe von Informationen aus Drittländern 1338

Artikel 128 Zusammenarbeit mit anderen Behörden 1339

Art. 129 Wahrung des Berufsgeheimnisses 1339
  I. Gegenstand und Zweck 1340
  II. Begriff des Berufsgeheimnisses 1340
  III. Rechtsfolge: Offenbarungsverbot 1341

Artikel 130 Aufsichtsmaßnahmen der EBA 1341
  I. Gegenstand und Zweck 1345
  II. Befugnisse der EBA (Abs. 1 und 2) 1346
  III. Auswahlkriterien (Abs. 3) 1347
  IV. Unterrichtung und Veröffentlichung (Abs. 4–7) 1349

Artikel 131 Geldbußen 1349
  I. Gegenstand und Zweck 1351
  II. Voraussetzungen für die Verhängung einer Geldbuße (Abs. 1) 1351
  III. Höhe und Bemessungskriterien von Bußgeldern (Abs. 2–4) 1352

Artikel 132 Zwangsgelder 1353
  I. Gegenstand und Zweck 1353
  II. Zwangsgeldtatbestände (Abs. 1) 1354
  III. Höhe und Dauer von Zwangsgeldern (Abs. 2–4) 1355

**Artikel 133 Offenlegung, Art, Vollstreckung und Zuweisung der
Geldbußen und Zwangsgelder** 1356
  I. Gegenstand und Zweck 1356

Inhaltsverzeichnis

II. Veröffentlichung verhängter Sanktionen *(naming and shaming)* (Abs. 1) . . 1357
III. Verwaltungsrechtliche Rechtsnatur (Abs. 2) 1358
IV. Vollstreckung, Zuweisung und Verzicht (Abs. 3–5) 1358

Artikel 134 Verfahrensvorschriften für Aufsichtsmaßnahmen und Geldbußen 1359
   I. Gegenstand und Zweck 1361
   II. Anwendungsbereich 1361
   III. Verfahrensablauf (Abs. 1–9, ohne Abs. 5–7) 1362
   IV. Der Untersuchungsbeauftragte 1363
   V. Verteidigungsrechte (Abs. 5–7) 1363
      1. Anhörung (Abs. 5) 1364
      2. Akteneinsicht (Abs. 7) 1364
   VI. Verhältnis zu Strafvorschriften (Abs. 11) 1365

Artikel 135 Anhörung der betreffenden Personen 1366
   I. Gegenstand und Zweck der Regelung 1366
   II. Verteidigungsrechte (Abs. 3) 1366
      1. Anhörung 1367
      2. Akteneinsicht 1367

Artikel 136 Überprüfung durch den Gerichtshof 1368
   I. Gegenstand und Zweck 1368
   II. Rechtsschutz gegen Beschlüsse der EBA 1368
   III. Unbeschränkte Nachprüfung durch den Gerichtshof 1369

Artikel 137 Aufsichtsgebühren 1369
   I. Gegenstand und Zweck 1370
   II. Gebührentatbestände und Schuldner (Abs. 1) 1370
   III. Bemessungsgrundsätze und Gebührenhöhe (Abs. 1–3) 1370

Artikel 138 Übertragung von Aufgaben durch die EBA an die zuständigen Behörden 1371
   I. Gegenstand und Zweck 1371
   II. Voraussetzungen einer Übertragung (Abs. 1 und 2) 1372
   III. Übertragungsbeschluss und die Rechtsstellung der nationalen Behörde 1373

Titel VIII Delegierte Rechtsakte

Artikel 139 Ausübung der Befugnisübertragung 1374

Titel IX Übergangs- und Schlussbestimmungen

Artikel 140 Berichte über die Anwendung dieser Verordnung 1375

Artikel 141 Jahresbericht der ESMA über Marktentwicklungen 1379

Artikel 142 Bericht über die jüngsten Entwicklungen bei Kryptowerten 1381

Artikel 143 Übergangsmaßnahmen 1383
   I. Übergangsvorschriften für die Ausgaben von Kryptowerten 1384
   II. Übergangsvorschriften für Kryptowerte-Dienstleistungen 1385

Artikel 144 Änderung der Verordnung (EU) Nr. 1093/2010 1386

Inhaltsverzeichnis

Artikel 145	Änderung der Verordnung (EU) Nr. 1095/2010	1386
Artikel 146	Änderung der Richtlinie 2013/36/EU	1386
Artikel 147	Änderung der Richtlinie (EU) 2019/1937	1386
Artikel 148	Umsetzung der Änderungen der Richtlinien 2013/36/EU und (EU) 2019/1937	1386
Artikel 149	Inkrafttreten und Anwendung	1386

Anhang I [Im Whitepaper für andere Kryptowerte als vermögenswertereferenzierte Token oder E-Geld-Token offenzulegende Angaben] 1388

Anhang II *[Im Kryptowerte-Whitepaper für einen vermögenswertereferenzierten Token offenzulegende Angaben]* 1393

Anhang III *[Im Kryptowerte-Whitepaper für einen E-Geld-Token offenzulegende Angaben]* 1399

Anhang IV *[Mindestkapitalanforderungen für Anbieter von Kryptowerte-Dienstleistungen]* 1402

Anhang V *[Liste der in Titel III Und Titel VI genannten verstöße von Emittenten signifikanter vermögenswertereferenzierter Token]* 1403

Anhang VI *[Liste der Verstöße gegen Bestimmungen des Titels IV in Verbindung mit Titel III für Emittenten signifikanter E-Geld-Token]* 1412

Literaturverzeichnis

Assmann/Schlitt/
v. Kopp-Colomb . . . . . . Assmann/Schlitt/von Kopp-Colomb, Prospektrecht Kommentar, Kommentar, 4. Aufl. 2022 (zitiert als Assmann/Schlitt/v. Kopp-Colomb/Bearbeiter)

Assmann/Schneider/
Mülbert . . . . Assmann/Schneider/Mülbert, Wertpapierhandelsrecht, Kommentar, Band 1, 2, 8. Aufl. 2023 (zitiert als Assmann/Schneider/Mülbert/Bearbeiter)

Assmann/Schütze/
Buck-Heeb KapAnlR-
HdB . . . . Assmann/Schütze/Buck-Heeb, Handbuch des Kapitalanlagerechts, Handbuch, 6. Aufl. 2024 (zitiert als Assmann/Schütze/Buck-Heeb KapAnlR-HdB/Bearbeiter)

Beck/Samm/
Kokemoor . . . . Beck/Samm/Kokemoor, Kreditwesengesetz mit CRR, Kommentar, 236. Aufl. 2024

Beckmann/Scholtz/
Vollmer
Investment-HdB . . . . . . Beckmann/Scholtz/Vollmer, Investment, Handbuch, 1. Aufl. 2019

BeckOGK . . . . Gsell/Krüger/Lorenz/Reymann, beck-online.GROSSKOMMENTAR, Kommentar, Band BGB, 44. Aufl. 2022

Bieg/Krämer/
Waschbusch/Igl
Bankenaufsicht . . . . Bieg/Krämer/Waschbusch/Igl, Bankenaufsicht in Theorie und Praxis, Handbuch, 6. Aufl. 2023

Braegelmann/Kaulartz
Smart Contracts-HdB . . . Braegelmann/Kaulartz, Rechtshandbuch Smart Contracts, Handbuch, 1. Aufl. 2019 (zitiert als Braegelmann/Kaulartz Smart Contracts-HdB/Bearbeiter)

Busch . . . . Busch, P2B-VO, Kommentar, 1. Aufl. 2022 (zitiert als Busch/Bearbeiter)

Claussen/Erne
Bank- und KapitalmarktR Claussen/Erne, Bank- und Kapitalmarktrecht, Handbuch, 6. Aufl. 2023 (zitiert als Claussen/Erne Bank- und KapitalmarktR/Bearbeiter)

Ellenberger/Bunte
BankR-HdB . . . . Ellenberger/Bunte, Bankrechts-Handbuch, Handbuch, 6. Aufl. 2022 (zitiert als Ellenberger/Bunte BankR-HdB/Bearbeiter)

Literaturverzeichnis

Fischer/Schulte-Mattler	Fischer/Schulte-Mattler, KWG, CRR-VO, Kommentar, 6. Aufl. 2023 (zitiert als Fischer/Schulte-Mattler/Bearbeiter)
Groß KapMarktR	Groß, Kapitalmarktrecht, Kommentar, 8. Aufl. 2022
Habersack/Mülbert/Schlitt KapMarktInfo-HdB	Habersack/Mülbert/Schlitt, Handbuch der Kapitalmarktinformation, Handbuch, 3. Aufl. 2020 (zitiert als Habersack/Mülbert/Schlitt KapMarktInfo-HdB/Bearbeiter)
Habersack/Mülbert/Schlitt Unternehmensfinanzierung	Habersack/Mülbert/Schlitt, Unternehmensfinanzierung am Kapitalmarkt, Handbuch, 4. Aufl. 2019
HK-KapMarktStrafR	Park, Kapitalmarktstrafrecht, Kommentar, 5. Aufl. 2019 (zitiert als HK-KapMarktStrafR/Bearbeiter)
Hoeren/Sieber/Holznagel MMR-HdB	Hoeren/Sieber/Holznagel, Handbuch Multimedia-Recht, Handbuch, 61. Aufl. 2024 (zitiert als Hoeren/Sieber/Holznagel MMR-HdB/Bearbeiter)
Just/Voß/Ritz/Becker	Just/Voß/Ritz/Becker, Wertpapierhandelsgesetz (WpHG), Kommentar, 1. Aufl. 2015 (zitiert als Just/Voß/Ritz/Becker/Bearbeiter)
Just/Voß/Ritz/Zeising	Just/Voß/Ritz/Zeising, Wertpapierprospektrecht, Kommentar, 2. Aufl. 2023 (zitiert als Just/Voß/Ritz/Zeising/Bearbeiter)
Klöhn	Klöhn, Marktmissbrauchsverordnung, Kommentar, 2. Aufl. 2023 (zitiert als Klöhn/Bearbeiter)
Koch	Koch, Aktiengesetz, Kommentar, 18. Aufl. 2024
Köhler/Bornkamm/Feddersen	Köhler/Bornkamm/Feddersen, UWG, Kommentar, 42. Aufl. 2024 (zitiert als Köhler/Bornkamm/Feddersen/Bearbeiter)
Krimphove MaComp	Krimphove, MaComp, Kommentar, 3. Aufl. 2021
Kümpel/Mülbert/Früh/Seyfried Bank-/KapMarktR	Kümpel/Mülbert/Früh/Seyfried, Bank- und Kapitalmarktrecht, Handbuch, 6. Aufl. 2022
Langenbucher/Bliesener/Spindler	Langenbucher/Bliesener/Spindler, Bankrechts-Kommentar, Kommentar, 3. Aufl. 2020 (zitiert als Langenbucher/Bliesener/Spindler/Bearbeiter)
Maume/Maute Kryptowerte-HdB	Maume/Maute, Rechtshandbuch Kryptowerte, Handbuch, 1. Aufl. 2020 (zitiert als Maume/Maute Kryptowerte-HdB/Bearbeiter)

Literaturverzeichnis

Möslein/Omlor FinTech-HdB	Möslein/Omlor, FinTech-Handbuch, Handbuch, 3. Aufl. 2024 (zitiert als Möslein/Omlor FinTech-HdB/Bearbeiter)
MüKoBGB	Säcker/Rixecker/Oetker/Limperg, Münchener Kommentar zum Bürgerlichen Gesetzbuch, Kommentar, Band 1, 2, 3, 4/1, 4/2, 5, 6, 7, 8, 9, 10, 11, 12, 9. Aufl. 2021 (zitiert als MüKoBGB/Bearbeiter)
MüKoBGB	Säcker/Rixecker/Oetker/Limperg, Münchener Kommentar zum Bürgerlichen Gesetzbuch, Kommentar, Band 1, 2, 3, 4, 5, 6, 7, 8, 8a, 9, 10, 11, 12, 13, 8. Aufl. 2018 (zitiert als MüKoBGB/Bearbeiter)
MüKoGmbHG	Fleischer/Goette, Münchener Kommentar zum Gesetz betreffend die Gesellschaften mit beschränkter Haftung, Kommentar, Band 1, 2, 3, 4. Aufl. 2022 (zitiert als MüKoGmbHG/Bearbeiter)
MüKoHGB	Drescher/Fleischer/K. Schmidt, Münchener Kommentar zum Handelsgesetzbuch, Kommentar, Band 1, 2, 4, 5, 6, 7, 5. Aufl. 2021 (zitiert als MüKoHGB/Bearbeiter)
MüKoStaRUG	Stürner/Eidenmüller/Schoppmeyer/Madaus, Münchener Kommentar zum StaRUG, Kommentar, 1. Aufl. 2023 (zitiert als MüKoStaRUG/Bearbeiter)
Raschauer/Ficulovic/ Knobl/Kreisl/ Pfurtscheller/Pracht/ Silbernagl/Stern/Wessely/ Wolfbauer	Raschauer/Ficulovic/Knobl/Kreisl/Pfurtscheller/Pracht/Silbernagl/Stern/Wessely/Wolfbauer, MiCAR Märkte für Kryptowerte, Kommentar, 1. Aufl. 2024
Reischauer/Kleinhans	Reischauer/Kleinhans, Kreditwesengesetz (KWG), Kommentar, 8. Aufl. 2022
Schäfer/Omlor/Mimberg	Schäfer/Omlor/Mimberg, ZAG, Kommentar, 1. Aufl. 2022 (zitiert als Schäfer/Omlor/Mimberg/Bearbeiter)
Schwark/Zimmer	Schwark/Zimmer, Kapitalmarktrechts-Kommentar, Kommentar, 5. Aufl. 2020 (zitiert als Schwark/Zimmer/Bearbeiter)
Schwennicke/Auerbach	Schwennicke/Auerbach, Kreditwesengesetz (KWG) mit Zahlungsdiensteaufsichtsgesetz (ZAG), Kommentar, 4. Aufl. 2021 zitiert als Schwennicke/Auerbach/Bearbeiter)
Streinz	Streinz, EUV/AEUV, Kommentar, 3. Aufl. 2018 (zitiert als Streinz/Bearbeiter)
SWK-Legal Tech	Ebers, StichwortKommentar Legal Tech, Lexikon, 3. Aufl. 2024 (zitiert als SWK-Legal Tech/Bearbeiter)
Weitnauer/Boxberger/ Anders	Weitnauer/Boxberger/Anders, KAGB, Kommentar, 3. Aufl. 2021 (zitiert als Weitnauer/Boxberger/Anders/Bearbeiter)

Titel I Gegenstand, Anwendungsbereich und Begriffsbestimmungen

Artikel 1 Gegenstand

(1) Mit dieser Verordnung werden einheitliche Anforderungen für das öffentliche Angebot und die Zulassung zum Handel auf einer Handelsplattform von anderen Kryptowerten als vermögenswertereferenzierten Token und E-Geld-Token, von vermögenswertereferenzierten Token und E-Geld-Token sowie Anforderungen für Anbieter von Kryptowerte-Dienstleistungen festgelegt.

(2) Insbesondere wird mit dieser Verordnung Folgendes festgelegt:
a) Transparenz- und Offenlegungspflichten für die Ausgabe, das öffentliche Angebot und die Zulassung von Kryptowerten zum Handel auf einer Handelsplattform für Kryptowerte („Zulassung zum Handel");
b) Anforderungen für die Zulassung und Beaufsichtigung von Anbietern von Kryptowerte-Dienstleistungen, Emittenten vermögenswertereferenzierter Token und Emittenten von E-Geld-Token sowie für deren Betrieb, Organisation und Unternehmensführung;
c) Anforderungen für den Schutz der Inhaber von Kryptowerten bei der Ausgabe, dem öffentlichen Angebot und der Zulassung zum Handel mit Kryptowerten;
d) Anforderungen für den Schutz der Kunden von Anbietern von Kryptowerte-Dienstleistungen;
e) Maßnahmen zur Verhinderung von Insidergeschäften, unrechtmäßiger Offenlegung von Insiderinformationen sowie Marktmanipulation im Zusammenhang mit Kryptowerten, um die Integrität der Märkte für Kryptowerte zu wahren.

Schrifttum: Denga: Non-Fungible Token im Bank- und Kapitalmarktrecht, BKR 2022, 288; EBA, Report with Advice for the European Commission on Crypto-Assets (9.1.2019); ESMA, Advice on Initial Coin Offerings and Crypto-Assets (9.1.2019); Europäisches Parlament, Bericht mit Empfehlungen an die Kommission zum digitalen Finanzwesen: neu auftretende Risiken bei Kryptoanlagen – Herausforderungen in Bezug auf Regulierung und Aufsicht im Bereich Finanzdienstleistungen, Finanzinstitute und Finanzmärkte (2020/2034(INL)), 18.9.2020); Financial Stability Board, Regulation, Supervision and Oversight of „Global Stablecoin" Arrangements, (13.10.2020); Financial Stability Board, Review of High Level Recommendations (11.10.2022); G7 Working Group on Stablecoins, Investigating the impact of global stablecoins (Oktober 2019); Maume: Die Verordnung über Märkte für Kryptowerte (MiCAR), RDi 2022, 461; Maume/Siadat: Struktur, Definitionen und Anwendungs-fälle der Kryptoregulierung, NJW 2023, 1168; Siadat: MiCAR – Regulierte Finanzinstrumente mit Schwerpunktsetzung auf NFT, RdF 2023, 4; Godschalk, Crypto-Assets, Fiat Currency and Aliens: Some Notes on the MiCAR (16.3.2021), https://beck-link.de/y8wa5 (zuletzt abgerufen am 25.8.2024); US Financial Stability Oversight Council, Report on Digital assets financial stability risks and regulation 2022; Zetzsche/Annunziata/Arner/Buckley, The Markets in Crypto-Assets Regulation (MiCA) and the EU Digital Finance Strategy, Capital Markets Law Journal, 2001 No. 16(2): 203–225.

Art. 1 Titel I Gegenstand, Anwendungsbereich und Begriffsbestimmungen

Übersicht

	Rn.
I. Allgemeines	1
1. Historie	1
2. Internationaler Zusammenhang	4
II. Zielsetzung, Schutzgut und Regelungsgegenstand	7

I. Allgemeines

1. Historie

1 Auf die immer stärkere Verbreitung von Kryptowerten in den vergangenen Jahren reagierte die EU zunächst damit, diese Entwicklungen zu **beobachten und Verbraucher vor potenziellen Risiken von Investitionen in Kryptowerte zu warnen.**[1] Mit der Annahme des FinTech-Aktionsplans im März 2018 kündigte die Europäische Kommission dann erstmals an „auf der Grundlage der Bewertung von Risiken, Chancen und der Eignung des geltenden Rechtsrahmens zu prüfen, ob Regulierungsmaßnahmen auf EU-Ebene erforderlich sind".[2] Zu diesem Zweck forderte die Kommission **die ESMA** und die **EBA** auf, die Anwendbarkeit und Eignung der bestehenden EU-Rechtsvorschriften im Hinblick auf Kryptowerte und Initial Coin Offerings (ICO) zu bewerten. In den darauf hin im Januar 2019 vorgelegten Berichten zeigten EBA und ESMA, dass einige Kryptowerte unter die bestehenden Rechtsvorschriften über Finanzdienstleistungen fallen könnten,[3] insbesondere die E-Geld-Richtlinie[4] oder die Richtlinie über Märkte für Finanzinstrumente.[5] Sie warfen Fragen zur Eignung des bestehenden Rahmens für solche Vermögenswerte auf, da die Rechtsvorschriften nicht unter Berücksichtigung dieser neuen Technologien konzipiert wurden. Die Aufsichtsbehörden stellten erhebliche Divergenzen bei der Rechtslage in verschiedenen Mitgliedstaaten fest und kamen zu dem Schluss, dass ein nicht unerheblicher Anteil von Kryptowerten außerhalb des Anwendungsbereichs der bestehenden Finanzmarktregulierung und -aufsicht fiel, und wiesen auf die damit verbundenen Probleme im Hinblick auf Verbraucherschutz, Marktintegrität und das **Level Playing Field** mit als Finanzinstrumente eingestuften Kryptowerten hin. Daher wurde die Kommission in den Berichten aufgefordert, eine Kosten-Nutzen-Analyse durchzuführen, um zu beurteilen, ob Regulierungsmaßnahmen auf EU-Ebene erforderlich sind.

2 An **politischer Aufmerksamkeit** gewannen Krytowerte dann spätestens mit der Ankündigung einer von Facebook unterstützten sogenannten „globalen

---

[1] Vgl. zuletzt die Hinweise der Europäischen Aufsichtsbehörden v. 21.3.2021, https://beck-link.de/8nryw (zuletzt abgerufen am 6.9.24).

[2] KOM(2018) 0109 endg., S. 7 und Annex.

[3] EBA, Report with Advice for the European Commission on Crypto-Assets, 9.1.2019, https://beck-link.de/kc78a (zuletzt abgerufen am 6.9.2024), sowie ESMA, Advice on Initial Coin Offerings and Crypto-Assets, 9.1.2019, https://beck-link.de/k5nnd (zuletzt abgerufen am 6.9.2024).

[4] Richtlinie 2009/110/EG des Europäischen Parlaments und des Rates v. 16.9.2009 über die Aufnahme, Ausübung und Beaufsichtigung der Tätigkeit von E-Geld-Instituten, ABl. 2009 L 267 (7–17).

[5] Richtlinie 2014/65/EU des Europäischen Parlaments und des Rates v. 15.5.2014 über Märkte für Finanzinstrumente, ABl. 2014 L 173 (349–496).

Gegenstand **Art. 1**

Stablecoin" im Juni 2019.[6] Dies führte zu einer breiten Diskussion über mögliche Risiken für Finanzstabilität und Geldpolitik, die sich aus solchen Instrumenten ergeben können. In Europa manifestierte sich dies in einer **von der Europäischen Kommission im Dezember 2019 zusammen mit dem Rat abgegebenen gemeinsamen Erklärung,** in der beide Organe ihre Bereitschaft bekundeten, einen europäischen Rechtsrahmen für sogenannte „Stablecoins" zu schaffen.[7] Zugleich wurde klargestellt, dass derartige Projekte erst dann in Europa vermarktet werden können, wenn alle rechtlichen und aufseherischen Herausforderungen und Risiken identifiziert und angegangen wurden.

Kurz darauf verabschiedete das **Europäische Parlament** eine Entschließung, in der die Notwendigkeit eines gemeinsamen EU-Rahmens für Kryptowerte hervorgehoben wurde.[8]

Nach öffentlichen Konsultationen[9] veröffentlichte die Europäische Kommission **3** im September 2020 den **Gesetzgebungsvorschlag** für eine Verordnung zu Kryptowerten (MiCAR-E), zusammen mit einer Auswirkungsstudie und als Teil einer breiteren Digitalen Finanzmarktstrategie.[10] Auf der Grundlage einer einheitlichen Ausrichtung des Ministerrates vom Juni 2021 und einer Position des Europäischen Parlaments vom März 2022 erzielten die Mitgesetzgeber am 30.6.2022 eine politische Einigung über den Text der Verordnung, der nach technischer Finalisierung am 9.6.2023 im Amtsblatt veröffentlicht wurde und am 29.6.2023 in Kraft trat.[11]

2. Internationaler Zusammenhang

MiCAR ist im Zusammenhang mit **weitgehenden internationalen Bemü- 4 hungen zur Regulierung von Kryptowerten** zu sehen.

Dies gilt schon für die **Entwicklung der Gesetzgebung.** Parallel zu den vorbereitenden Arbeiten für MiCAR wurden Risiken sogenannter „stablecoins" und mögliche regulatorische Reaktionen auf internationaler Ebene zunächst im Rahmen der G7[12] und dann der G20[13] untersucht. Der Rat für Finanzstabilität (FSB) legte im Oktober 2020 einen Bericht zu globalen Stablecoins vor,[14] und empfahl

---

[6] Vgl. CNBC, Facebook launches a new cryptocurrency called Libra, 18 June 2019, https://beck-link.de/2mkr4 (zuletzt abgerufen am 6.9.2024).

[7] Joint Statement of the Council and the Commission on ‚stablecoins' of 5 December 2019, https://beck-link.de/hp7c5 (zuletzt abgerufen am 6.9.2024).

[8] Europäisches Parlament, Bericht mit Empfehlungen an die Kommission zum digitalen Finanzwesen: neu auftretende Risiken bei Kryptoanlagen – Herausforderungen in Bezug auf Regulierung und Aufsicht im Bereich Finanzdienstleistungen, Finanzinstitute und Finanzmärkte (2020/2034(INL)), 18.9.2020, Abs. 28ff. und Sektion B des Anhangs, https://beck-link.de/vhhd6 (zuletzt abgerufen am 23.10.2023).

[9] https://beck-link.de/ftkd8 (zuletzt abgerufen am 6.9.2024).

[10] KOM(2020) 591, 24.9.2020.

[11] VO (EU) 2023/1114 des Europäischen Parlaments und des Rates v. 31.5.2023 über Märkte für Kryptowerte, ABl. 2023 L 150 (40–205); Alle Verhandlungszwischenschritte einsehbar unter https://beck-link.de/vtk6w (zuletzt abgerufen am 6.9.2024).

[12] G7 Working Group on Stablecoins, Investigating the impact of global stablecoins, 2019, https://beck-link.de/rar6f (zuletzt abgerufen am 6.9.2024).

[13] G20 Finance Ministers Press Release on Global Stablecoins, https://beck-link.de/8xc52 (zuletzt abgerufen am 23.1.2024).

[14] Financial Stability Board (FSB), Regulation, Supervision and Oversight of „Global Stablecoin" Arrangements, 2020, https://beck-link.de/7t7rs (zuletzt abgerufen am 6.9.2024).

Art. 1   Titel I Gegenstand, Anwendungsbereich und Begriffsbestimmungen

seinen Mitgliedstaaten Regulierungs-, und Aufsichtsmaßnahmen im Einklang mit diesen Empfehlungen, um den Risiken sogenannter „globaler Stablecoins" entgegenzuwirken bevor diese Ihre Tätigkeit aufnehmen. In einem zweiten Schritt führte die Arbeit des FSB dann im Oktober 2022/Juli 2023 zu weitergehenden umfassenden Empfehlungen zu Kryptowerten.[15]

5   Ausweislich der Begründung zum Kommissionsentwurf setzte bereits der Entwurf die **FSB Empfehlungen** vom Herbst 2021 um.[16] Gleiches ist angesichts des Erwgr. Nr. 8 der finalen MiCAR auch im Hinblick auf die umfassenderen Empfehlungen vom Oktober 2022/Juli 2023 beabsichtigt. Angesichts der globalen Natur von Kryptomärkten verpflichtet Erwgr. Nr. 8 die EU ausdrücklich auf die internationale Zusammenarbeit in relevanten Foren wie insbesondere dem Financial Stability Board, dem Baseler Bankenausschuss und der Financial Action Task Force.

6   Neben Europa entwickeln derzeit auch **andere Jurisdiktionen** ihr Regelwerk für Kryptowerte weiter.[17] Zu erwähnen sind etwa ein gesondertes Regelwerke sog. Stablecoins in Japan,[18] sowie spezifische Regeln für sog. Stablecoins und auch für allgemeine Kryptowerte in Großbritannien.[19] Demgegenüber sind in den Vereinigten Staaten trotz Aufrufen der betroffenen Aufsichtsbehörden bisher keine neuen Gesetzgebungsmaßnahmen vereinbart worden, und die Behörden üben ihre Aufsicht über Kryptowerte auf Grundlage der bestehenden Rechtsgrundlagen aus, soweit diese anwendbar sind.[20]

II. Zielsetzung, Schutzgut und Regelungsgegenstand

7   **Allgemeine Zielsetzung** von MiCAR ist die Schaffung von Rechtssicherheit zwecks Förderung der Entwicklung von Kryptowerten, die Ermöglichung eines einheitlichen Binnenmarktes in diesem Bereich, sowie die Verhinderung von regulatorischer Fragmentierung und Regulierungsarbitrage zwischen verschiedenen Mitgliedstaaten im Binnenmarkt für Finanzdienstleistungen (Erwgr. Nr. 5 und 6). Dieser letztgenannte Aspekt entspricht der allgemeinen Zielsetzung des sogenannten **Single Rulebook** das die EU nach der Finanzkrise 2007–2008 nach und nach etabliert hat, und begründet auch die Wahl der Rechtsform einer unmittelbar anwendbaren EU-Verordnung. Im Bereich der Kryptowerte war das Risiko einer regulatorischen Fragmentierung angesichts der Verabschiedung gesetzlicher Regelungen auf nationaler Ebene in verschiedenen Mitgliedstaaten auch von konkreter praktischer Bedeutung (neben dem deutschen Gesetz zur Einführung des Krypto-

---

[15] Financial Stability Board, Global Regulatory Framework for Crypto Activities, 16.7.2023, FSB, Global Regulatory Framework for Crypto-asset Activities, https://beck-link.de/s4e8k (zuletzt abgerufen am 6.9.2024).
[16] KOM(2020) 593 endg., 24.9.2020, S. 3.
[17] Für eine Übersicht über Rechtsentwicklungen zu „stablecoins" siehe Financial Stability Board, Review of High Level Recommendations v. 11.10.2022, https://www.fsb.org/wp-content/uploads/P111022-4.pdf (zuletzt abgerufen am 6.9.2024).
[18] Siehe Japan FSA, Regulating the crypto assets landscape in Japan, https://beck-link.de/8r6kc (zuletzt abgerufen am 6.9.2024).
[19] Siehe UK sets out plans to regulate crypto and protect consumers, https://beck-link.de/tx3s7 (zuletzt abgerufen am 6.9.2024).
[20] Siehe US Financial Stability Oversight Council 2022, Report on Digital assets financial stability risks and regulation, https://beck-link.de/rn4k3 (zuletzt abgerufen am 6.9.2024).

Gegenstand **Art. 1**

verwahrgeschäfts etwa das „Loi Pacte" in Frankreich von 2019 mit einer freiwilligen Registrierung sowie das Virtual Financial Asset Framework in Malta von 2018). Zur Erreichung dieser Ziele hat sich der europäische Gesetzgeber bewusst für eine umfassende Regulierung aller nicht bereits von bestehender Gesetzgebung umfasster Kryptowerte entschieden.

Schutzgut von MiCAR sind der Schutz von Kleinanlegern, Marktintegrität, 8 aber auch der Finanzstabilität (Erwgr. Nr. 5 und 6). Im Kommissionsvorschlag war teils uneinheitlich vom Schutz von Verbrauchern und Kleinanlegern die Rede, während der endgültige Rechtstext wohl ohne große aus der Entstehungsgeschichte ersichtlichen Bedeutungsunterschiede vom Schutz der Kleinanleger spricht, und damit die klassische Terminologie der EU-Finanzmarktgesetzgebung nutzt.[21]

Zu diesen Zwecken greift MiCAR auf **bewährte Instrumente der Finanz-** 9 **marktregulierung** zurück, passt diese aber den Besonderheiten der Kryptowerte an. Emittenten zum Handel zugelassener allgemeiner Kryptowerten unterliegen in erster Linie Transparenz- und Offenlegungspflichten (Art. 1 lit. a, siehe im einzelnen Titel II), wobei diese auf bestimmte DLT-spezifische Informationen ausgedehnt wird, die vorherige Genehmigung eines kapitalmarktrechtlichen Prospektes aber durch eine Registrierungspflicht ersetzt wird.

Emittenten von E-Geldtoken und anderen Wertbezogenen Token unterliegen 10 angesichts des diesen Kryptowerten zu Grunde liegenden Stabilitätsversprechen einem präventiven Verbot mit Erlaubnisvorbehalt, das für E-Geldtoken auf der E-Geldrichtlinie aufbaut, sowie Anforderungen zum Schutz der Kryptowertinhaber (Art. 1 lit. b und c, siehe im einzelnen Titel III und IV). Gleiches gilt nach dem Vorbild der MiFID2- und PSD2-Richtlinien auch für Kryptowertdienstleister (Art. 1 lit. b und d, siehe im einzelnen Titel V). Schließlich stellt MiCAR Maßnahmen gegen Insiderhandel, unerlaubte Veröffentlichungen und Marktmanipulation auf, die auf den Prinzipien der MAR-Verordnung beruhen (Art. 1 lit. e, siehe im einzelnen Titel VI).

Geldwäscheaufsichtliche Regelungen sind entsprechend der aus dem Fi- 11 nanzmarktrecht bekannten Systematik Gegenstand gesonderter Rechtsvorschriften. Allerdings knüpft das im Sommer 2021 vorgeschlagene neue EU-Geldwäschepaket unmittelbar an den Anwendungsbereich von MiCAR (insbesondere im Hinblick auf Kryptowertedienstleister) und baut auf der durch MiCAR geschaffenen Aufsichtsstruktur auf.[22] Damit entfällt mit MiCAR die Anwendung spezifischer nationaler geldwäscherechtlicher Registrierungspflichten und Beaufsichtigungen, wie sie zuvor zur Umsetzung der 5. Geldwäscherichtlinie[23] geschaffen wurden.

MiCAR umfasst keine **steuerlichen Regelungen**. Ein gesonderter Kommis- 12 sionvorschlag zur Änderung der Richtlinie zum verwaltungsrechtlichen Informati-

---

[21] Siehe etwa RL 2014/65/EU des Europäischen Parlaments und des Rates v. 15.5.2014 über Märkte für Finanzinstrumente, ABl. 2014 L 173 (349–496), Rn. 52, 79 und andere.

[22] RL (EU) 2023/1113 des Europäischen Parlaments und des Rates v. 31.5.2023 über die Übermittlung von Angaben bei Geldtransfers und Transfers bestimmter Kryptowerte, ABl. 2023 L 150 (1–39); ebenso Art. 2 Ziff. 13 des Kommissionsvorschlags zur EU-Geldwäscheverordnung, die allerdings noch Gegenstand von Gesetzgebungsverhandlungen ist.

[23] RL (EU) 2015/849 des Europäischen Parlaments und des Rates v. 20.5.2015 zur Verhinderung der Nutzung des Finanzsystems zum Zwecke der Geldwäsche und der Terrorismusfinanzierung, ABl. 2015 L 141, 73.

onsaustausch[24] baut zwar auf einigen durch MiCAR eingeführten Rechtsbegriffen auf. Er hat aber einen eigenständigen Anwendungsbereich, unter anderem um den im Rahmen der OECD vereinbarten steuerrechtlichen Prinzipien Rechnung zu tragen (Erwgr. Nr. 7–9).

Artikel 2 Anwendungsbereich

(1) Diese Verordnung gilt für natürliche und juristische Personen und bestimmte andere Unternehmen, die in der Union mit der Ausgabe, dem öffentlichen Angebot und der Zulassung zum Handel von Kryptowerten befasst sind oder die Dienstleistungen im Zusammenhang mit Kryptowerten erbringen.

(2) Diese Verordnung gilt nicht für
a) Personen, die Kryptowerte-Dienstleistungen ausschließlich für ihre Mutterunternehmen, ihre eigenen Tochterunternehmen oder andere Tochterunternehmen ihrer Mutterunternehmen erbringen;
b) Liquidatoren oder Verwalter, die im Laufe eines Insolvenzverfahrens handeln, außer für die Zwecke des Artikels 47;
c) die EZB, die Zentralbanken der Mitgliedstaaten, wenn sie in ihrer Eigenschaft als Währungsbehörde handeln, oder andere Behörden der Mitgliedstaaten;
d) die Europäische Investitionsbank und ihre Tochtergesellschaften;
e) die Europäische Finanzstabilisierungsfazilität und den Europäischen Stabilitätsmechanismus;
f) internationale Organisationen des öffentlichen Rechts.

(3) Diese Verordnung gilt nicht für Kryptowerte, die einmalig und nicht mit anderen Kryptowerten fungibel sind.

(4) Diese Verordnung gilt nicht für Kryptowerte, die einer oder mehreren der folgenden Kategorien angehören:
a) Finanzinstrumente;
b) Einlagen einschließlich strukturierter Einlagen;
c) Geldbeträge, sofern diese nicht als E-Geld-Token einzustufen sind;
d) Verbriefungspositionen im Zusammenhang mit einer Verbriefung im Sinne von Artikel 2 Nummer 1 der Verordnung (EU) 2017/2402;
e) Nichtlebensversicherungs- oder Lebensversicherungsprodukte, die unter die in den Anhängen I und II der Richtlinie 2009/138/EG des Europäischen Parlaments und des Rates (27) aufgeführten Versicherungszweige fallen, oder Rückversicherungs- und Retrozessionsverträge im Sinne ebendieser Richtlinie;
f) Altersvorsorgeprodukte, die nach nationalem Recht als Produkte anerkannt sind, deren Zweck in erster Linie darin besteht, dem Anleger im Ruhestand ein Einkommen zu gewähren, und mit denen dem Anleger ein Anspruch auf bestimmte Leistungen eingeräumt wird;

---

[24] Vorschlag für eine Richtlinie des Rates zur Änderung der RL 2011/16/EU des Rates über die Zusammenarbeit der Verwaltungsbehörden im Bereich der Besteuerung (DAC8), KOM (2022) 707 endg., 8.12.2022.

g) amtlich anerkannte betriebliche Altersversorgungssysteme, die in den Anwendungsbereich der Richtlinie (EU) 2016/2341 des Europäischen Parlaments und des Rates (28) oder der Richtlinie 2009/138/EG fallen;
h) individuelle Altersvorsorgeprodukte, für die nach nationalem Recht ein finanzieller Beitrag des Arbeitgebers vorgeschrieben ist und die bzw. deren Anbieter weder der Arbeitgeber noch der Beschäftigte selbst wählen kann;
i) ein Paneuropäisches Privates Pensionsprodukt im Sinne von Artikel 2 Nummer 2 der Verordnung (EU) 2019/1238 des Europäischen Parlaments und des Rates (29);
j) Systeme der sozialen Sicherheit, die in den Anwendungsbereich der Verordnungen (EG) Nr. 883/2004 (30) und (EG) Nr. 987/2009 des Europäischen Parlaments und des Rates (31) fallen.

(5) Bis zum 30. Dezember 2024 gibt die ESMA für die Zwecke von Absatz 4 lit. a des vorliegenden Artikels Leitlinien gemäß Artikel 16 der Verordnung (EU) Nr. 1095/2010 zu den Bedingungen und Kriterien für die Einstufung von Kryptowerten als Finanzinstrumente heraus.

(6) Diese Verordnung lässt die Verordnung (EU) Nr. 1024/2013 unberührt.

Schrifttum: Siehe Art. 1

Übersicht

	Rn.
I. Persönlicher und sachlicher Anwendungsbereich (Abs. 1)	1
1. Natürliche und Juristische Personen und andere Unternehmen	1
2. Befassung mit der Ausgabe, dem öffentlichen Angebot und der Zulassung zum Handel von Kryptowerten und Erbringen von Dienstleistungen im Zusammenhang mit Kryptowerten	3
II. Ausnahmen vom persönlichen Anwendungsbereich (Abs. 2)	4
III. Ausnahme für nicht fungible Vermögenswerte (Abs. 3)	9
IV. Ausnahmen anderweitig regulierter Instrumente (Abs. 4)	20
V. Verhältnis zur SSM Verordnung	27

I. Persönlicher und sachlicher Anwendungsbereich (Abs. 1)

1. Natürliche und Juristische Personen und andere Unternehmen

MiCAR findet breite **Anwendung auf natürliche und juristische Personen** 1 einschließlich sogenannter „anderer Unternehmen". Dabei unterscheidet sich der Anwendungsbereich einzelner Vorschriften naturgemäß: einige richten sich nur an juristische Personen und andere Unternehmen. Andere richten sich sowohl an natürliche also auch an juristische Personen

Der **Begriff „andere Unternehmen"** ist im Gesetzgebungsverfahren im Mi- 2 nisterrat eingeführt worden, um auch gewissen heute in Mitgliedstaaten wie Deutschland im Kapitalmarktgeschäft tätigen Personenhandelsgesellschaften die Aufnahme kapitalmarktnaher Tätigkeiten wie die Ausgabe vermögenswertereferenzierter Token und die Erbringung von Kryptodienstleistungen zu ermöglichen. Allerdings müssen diese Unternehmen gemäß Art. 16 Abs. 1, Art. 59 Abs. 3 besondere Anforderungen erfüllen. Demgegenüber ist für die Ausgabe einfacher Kryptowerte nach Titel II eine juristische Person Voraussetzung, wohl da hier keine hergebrachten Strukturen von Personenhandelsgesellschaften vorhanden sind. Auch der Begriff eines Unternehmens setzt aber einen in einheitlicher Kontrolle liegenden Betrieb voraus; ausschließlich dezentral erbrachte sogenannte „fully decentralised finance" fällt nicht unter diesen Begriff; sie sollte vom Anwendungsbereich der MiCAR nach dem Willen des Gesetzgebers nicht umfasst sein, vielmehr soll die Kommission hier die Notwendigkeit und Durchführbarkeit einer Regulierung des dezentralen Finanzsektors im Rahmen eines Ende 2024 vorzulegenden Berichtes bewerten (Erwgr. Nr. 22 sowie Art. 142 Abs. 2 lit. a).

2. Befassung mit der Ausgabe, dem öffentlichen Angebot und der Zulassung zum Handel von Kryptowerten und Erbringen von Dienstleistungen im Zusammenhang mit Kryptowerten

3 Der **Begriff der Kryptowerte** ist in Art. 3 Abs. 1 Nr. 5 legal definiert, gleiches gilt für das öffentliche Angebot nach Art. 3 Abs. 1 Nr. 12. **Ausgabe und Zulassung zum Handel** sind als feststehende Begriffe des europäischen Kapitalmarktrechts bekannt. Hervorzuheben ist insbesondere, dass im spezifischen Zusammenhang der MiCAR als Ausgabe die technologische Schaffung des Kryptowertes zu verstehen ist (Erwgr. Nr. 9), und die Ausgabe selber keinen eigenständigen Vorschriften unter MiCAR unterliegt. Der Begriff der **Kryptowerte-Dienstleistung** ist in Art. 3 Abs. 1 Nr. 16 legal definiert.

II. Ausnahmen vom persönlichen Anwendungsbereich (Abs. 2)

4 Nach lit. a gilt MiCAR nicht für Personen, die Kryptowerte-Dienstleistungen **ausschließlich für ihre Mutterunternehmen, ihre eigenen Tochterunternehmen oder andere Tochterunternehmen** ihrer Mutterunternehmen erbringen; das entspricht einer identischen Regelung in Art. 2 MiFID II.[1]

5 Nach lit. b gilt MiCAR nicht für **Liquidatoren oder Verwalter,** die im Laufe eines Insolvenzverfahrens handeln, außer für die Zwecke des Art. 47 hinsichtlich des Rücktauschplans für vermögenswertreferenzierte Token.

6 Die **übrigen Ausnahmen** betreffen insbesondere öffentliche Stellen und tragen – parallel mit Regelungen im bestehenden EU-Finanzmarktrecht – der Eigenzuständigkeit dieser Stellen für das ordnungsgemäße Handeln in den Finanzmärkten Rechnung. Nach lit. c gilt MiCAR nicht für die Europäische Zentralbank, die Zentralbanken der Mitgliedstaaten, wenn sie in ihrer Eigenschaft als Währungsbehörde handeln, oder andere Behörden der Mitgliedstaaten. Das entspricht Art. 2 Abs. 2 MiFID II und Art. 2 lit. b und c der ProspektVO,[2] ist aber mit dem Zusatz „in ihrer Eigenschaft als Währungsbehörde" explizit auf den Kernbereich der Zentralbanktätigkeiten beschränkt (siehe auch Erwgr. Nr. 12).

---

[1] RL 2014/65/EU des Europäischen Parlaments und des Rates v. 15.5.2014 über Märkte für Finanzinstrumente, ABl. 2014 L 173 (349–496).

[2] VO (EU) 2017/1129 des Europäischen Parlaments und des Rates v. 14.6.2017 über den Prospekt, der beim öffentlichen Angebot von Wertpapieren oder bei deren Zulassung zum Handel an einem geregelten Markt zu veröffentlichen ist, ABl. 2017 L 168 (12–82).

Anwendungsbereich **Art. 2**

Auch der Ausschluss **der Europäischen Investitionsbank** (lit. d) **sowie des** 7
EFSF und des ESM entspricht einer entsprechenden direkten Regelung in Art. 1
Abs. 5 lit. c EMIR sowie einer indirekt auf den gleichen Zweck abzielenden Ausnahme in Art. 2 Abs. 2 lit. e ProspektVO und Art. 2 Abs. 1 lit. h MiFID II.

Schließlich sind von MiCAR auch internationale Organisationen des öffent- 8
lichen Rechts ausgenommen. Als Beispiele sind in Erwgr. Nr. 12 die Bank für Internationalen Zahlungsverkehr (BIS) und der Internationale Währungsfonds (IWF) erwähnt. Damit wird laut Erwgr. der Tatsache Rechnung getragen, dass von den Aktivitäten dieser Organisationen keine Gefahr für die Schutzgüter der MiCAR ausgeht, letztlich dürfte dies aber auch dem völkerrechtlichen Status solcher Organisationen Rechnung tragen.

III. Ausnahme für nicht fungible Vermögenswerte (Abs. 3)

Abs. 3 schließt **Kryptowerte, die einmalig und nicht mit anderen Krypto-** 9
werten fungibel sind, vom Anwendungsbereich der Verordnung aus. Für diese „non fungible tokens" (NFTs);[3] hat der Gesetzgeber jedenfalls zum gegenwärtigen Zeitpunkt keinen Regulierungsbedarf im Rahmen der europäischen Finanzmarktregulierung gesehen. Stattdessen wurde die Kommission in Art. 142 Abs. 2 lit. d mit der Erstellung eines Berichts bis Ende 2024 beauftragt. Diesem sind gegebenenfalls entsprechende Gesetzesvorschläge beizufügen, wobei offen bleibt, ob es sich dabei um Änderungen von MiCAR oder spezifische Gesetzgebung handeln würde.

Die Behandlung von NFTs war im **Gesetzgebungsverfahren** umstritten. Die 10
Kommission, hatte lediglich begrenzte Ausnahmen von den Vorschriften für Krypto-Emittenten vorgeschlagen, wollte aber insbesondere NFT-Dienstleister den Vorschriften von MiCAR, und damit auch der EU-Geldwäschegesetzgebung, unterwerfen. Damit wären insbesondere Geldwäscherisiken sowie Marktmissbrauch auch im Bereich der NFTs umfassend adressiert gewesen, und ein einheitlicher europaweiter Rechts- und Aufsichtsrahmen auf Grundlage des Heimatstaatsprinzips geschaffen worden. Insbesondere der Ministerrat hielt diesen Ansatz aber für verfrüht und befürwortete zunächst weitere Analysen und Überlegungen zu einem angemessenen Rechtsrahmen.[4] In der letztlich angenommenen Fassung der Verordnung ist man dann dem Rat entgegengekommen – NFTs sind grundsätzlich vom Anwendungsbereich ausgenommen, allerdings verlangen die Erläuterungen in den Erwgr. Nr. 10 und 11 eine Einzelfallbetrachtung der Behörden im Lichte finanzmarktbezogener Risiken.

Von Bedeutung ist die Einordnung von NFTs auch im Zusammenhang mit **an-** 11
deren Rechtsakten. Während die Definitionen der gegenwärtigen **EU-Geld-**
wäscherichtlinie NFTs nicht explizit erwähnen, und ihre Umfassung im Begriff der „virtuellen Währungen",[5] zeichnet der Anwendungsbereich von MiCAR im Hinblick auf NFTs zeichnet zugleich den Anwendungsbereich der EU-Geld-

---

[3] Siehe dazu auch Maume/Siadat NJW 2023, 1168; Maume: RDi 2022, 461 Rn. 20–24; Siadat RdF 2023, 4; Denga BKR 2022, 288.
[4] Siehe einheitliche Ausrichtung des Rates, Art. 2.
[5] Siehe Art. 3 Ziff. 18 der RL (EU) 2015/849 des Europäischen Parlaments und des Rates v. 20.5.2015 zur Verhinderung der Nutzung des Finanzsystems zum Zwecke der Geldwäsche und der Terrorismusfinanzierung, ABl. 2015 L 141, 73.

wäscherechtsakte in ihrer neuesten Form vor.[6] Der in MiCAR letztlich verfolgte case-by-case Ansatz entspricht auch der FATF-Guidance zum Thema, der auf die Rechtsnatur des Kryptowertes und seine Nutzung für Zahlungs- oder Anlagezwecke abzielt.[7]

12 Darüber hinaus können als NFTs bezeichnete Kryptowerte unter bestimmten Umständen je nach nationaler Umsetzung der MiFID II auch weiterhin unter die **nationale Wertpapiergesetzgebung** fallen, wenn es sich um übertragbare Wertpapiere handelt, die auf den Kapitalmärkten handelbar sind (Art. 4 MiFID II). In diesem Fall sind sie gemäß Art. 2 Abs. 1 vom MiCAR-Anwendungsbereich ausgenommen, unterliegen aber der Wertpapiergesetzgebung und damit auch der entsprechenden nationalen Geldwäschegesetzgebung.[8] Dafür sind für Deutschland etwa die Auslegungshilfen der Bafin relevant.[9]

13 Der **Begriff der Nicht-Fungibilität** wird im Gesetzestext selbst nicht näher definiert. Leitlinien von ESMA werden den nationalen Aufsichtsbehörden aber eine Handreichung bei der aufsichtlichen Beurteilung im Einzelfall geben.[10] Nach allgemeinem Sprachgebrauch bedeutet fungibel austauschbar oder ersetzbar. Damit hat der Gesetzgeber hier einen anderen Begriff gewählt als bei der Definition des Finanzinstruments nach Art. 4 MiFID II, dass primär auf die Handelbarkeit, also auf die Marktperspektive, abstellt.[11] Dies wird in Erwgr. Nr. 10 damit begründet, dass auch echte NFTs auf Marktplätzen gehandelt und spekulativ angesammelt

---

[6] Siehe Erwgr. Nr. 24 der RL (EU) 2023/1113 des Europäischen Parlaments und des Rates v. 31.5.2023 über die Übermittlung von Angaben bei Geldtransfers und Transfers bestimmter Kryptowerte und zur Änderung der RL (EU) 2015/849, ABl. 2023 L 150 (1–39); ebenso Art. 2 Ziff. 13 des Kommissionsvorschlags zur EU-Geldwäscheverordnung, die allerdings noch Gegenstand von Gesetzgebungsverhandlungen ist.

[7] Siehe Updated Guidance for a Risk-Based Approach to Virtual Assets and Virtual Asset Service Providers Oct 2021, Rn 53: „Digital assets that are unique, rather than interchangeable, and that are in practice used as collectibles rather than as payment or investment instruments, can be referred to as non-fungible tokens (NFT) or crypto-collectibles. Such assets, depending on their characteristics, are generally not considered to be VAs under the FATF definition. However, it is important to consider the nature of the NFT and its function in practice and not what terminology or marketing terms are used. This is because the FATF Standards may cover them, regardless of the terminology. Some NFTs that on their face do not appear to constitute VAs may fall under the VA definition if they are to be used for payment or investment purposes in practice. Other NFTs are digital representations of other financial assets already covered by the FATF Standards. Such assets are therefore excluded from the FATF definition of VA, but would be covered by the FATF Standards as that type of financial asset. Given that the VA space is rapidly evolving, the functional approach is particularly relevant in the context of NFTs and other similar digital assets. Countries should therefore consider the application of the FATF Standards to NFTs on a case-by-case basis."

[8] Siehe dazu Maume/Siadat Rn. 10.

[9] Siehe etwa Bafin Journal v. 8.3.2023 – Non-Fungible-Token: Auf den Inhalt kommt es an.

[10] Siehe daher zum folgenden auch ESMA Consultation paper 75-453128700-52 of 29 January 2024 on the draft Guidelines on the conditions and criteria for the qualification of crypto-assets as financial instruments, sowie EBA/EIOPA/ESMA Draft Guidelines ESA 2024 12 of 12 July 2024 on templates for explanations and opinions, and the standardised test for the classification of crypto-assets, under Article 97(1) of Regulation (EU) 2023/1114, endgültige Fassung der Leitlinien vor Ende 2024 zu erwarten.

[11] Dazu Maume RDi 2022, 461 (465).

Anwendungsbereich **Art. 2**

werden. Es entspricht andererseits auch der Absicht des Gesetzgebers, mit MiCAR nicht von der gegenwärtigen Gesetzgebung umfasste Kryptowerte zu erfassen. Erwgr. Nr. 10 und 11 enthalten zusätzliche detaillierte Anhaltspunkt für den Willen des Gesetzgebers. 14

Entscheidend kommt es auf die **Einzigartigkeit des Kryptowertes** an. Notwendige aber nicht hinreichende Voraussetzung für die Einordnung als NFT nach MiCAR ist danach die technische Grundlage des NFTs in Forum einer einzigartige Kennung (wie aus gängigen NFT-Standards wie ERC-721 und ERC-1155 bekannt – siehe auch Erwgr. Nr. 11). ESMA verweist im Entwurf der Leitlinien darauf, dass die technische Einordnung bestenfalls ein Indikator sein kein. Darüber hinaus ist zur Einstufung als NFT erforderlich, dass die im Token dargestellten Werte oder Rechte aus einzigartigen Merkmalen des jeweiligen Kryptowerts und dem Nutzen, den sie dem Inhaber des Token bietet, erwachsen. Echte NFTs sind danach „nicht ohne Weiteres austauschbar, und der relative Wert eines solchen Kryptowerts im Verhältnis zu einem anderen kann nicht durch den Vergleich mit einem bestehenden Markt oder einem gleichwertigen Vermögenswert bestimmt werden." (Erwgr. Nr. 10 – siehe auch ESMA Leitlinienentwurf, Rn 136). Nur ein in jeder Hinsicht – technisch, rechtlich, und wertmäßig – mit einzigartigen Merkmalen versehener und nicht zum Austausch mit anderen Kryptowerten geeigneter Token kann als NFT qualifiziert werden. 15

Schließlich geben die Erwägungsgründe auch Anhaltspunkte für eine **teleologische Auslegung**, die einen zusätzlichen Kontrollschritt nahelegt: Letztlich werden NFTs ausgenommen, weil die beschriebenen Merkmale des Tokens seine finanzielle Verwendung begrenzen und damit die Risiken für Inhaber und Finanzsystem geringhalten (Erwgr. Nr. 11). Damit wird auch dem in Erwgr. Nr. 16 genannten Ziel einer Auslegung im Einklang mit internationalen FATF-Standards Rechnung getragen (FATF Virtual Asset Guidance, → Rn. 11). Um zu einer belastbaren Einstufung als von MiCAR ausgenommenes NFT zu gelangen, sollte daher auch geprüft werden, ob der Kryptowert aufgrund seiner Einzigartigkeit eine erhebliche Eignung für Marktmissbrauch oder Geldwäsche ausschließt. 16

Token, die digitaler Kunst oder Sammlerstücke darstellen, sind danach nicht von MiCAR umfasst (Erwgr. Nr. 10), soweit es sich um Einzelstücke handelt, da sich der Wert aus dem Einzelstück als solchem ergibt. Das gilt aber nicht für Teilanteile an einem NFT; als Anhaltspunkt für Fungibilität gilt zudem, wenn ein an sich einzigartiger Token Teil einer großen Serie oder Sammlung ist (Erwgr. Nr. 11, sowie ESMA-Leitlinienentwurf, Rn. 139, 140) in diesen Fällen ist es aufgrund der Gleichwertigkeit wahrscheinlich, dass sich der Vermögenswert über einen Markt für Teilanteile oder Serien-Sammlungsteile ergibt und damit finanzmarktähnliche Risiken entstehen. 17

Token, die **einmalige und nicht fungible Dienstleistungen oder materielle Vermögenswerte** – gemeint ist wohl Vermögenswerte jenseits des Tokens selbst – darstellen, sind als NFT einzustufen, Erwgr. Nr. 10 nennt beispielsweise Produktgarantien oder Immobilien. 18

Die **Einstufung als fungibler oder nicht-fungibler Token** obliegt zunächst dem Herausgeber. Ist ein Token nach dieser Einschätzung fungibel, so ist nach Art. 8 MiCAR bei den zuständigen Behörden ein White Paper einzureichen. Gelangt der Herausgeber fälschlicherweise zu der Auffassung dass das Token nicht fungibel ist und reicht damit kein Whitepaper ein, so kann die zuständige Behörde gemäß Art. 94 dagegen vorgehen. Letztlich kommt es also auf die Einschätzung der zuständigen Behörden an. Um hier eine Konvergenz zwischen verschiedenen na- 19

Art. 2 Titel I Gegenstand, Anwendungsbereich und Begriffsbestimmungen

tionalen Aufsichtsbehörden zu erreichen, werden EBA, ESMA, und EIOPA die in Art. 97 genannten Mechanismen zur Aufsichtskonvergenz, einschließlich der bereits in Erarbeitung befindlichen Leitlinien, anwenden – wie Erwgr. Nr. 14 ausdrücklich bestätigt, sollen diese auch auf die Einstufung von NFT Anwendung finden. Schließlich hat der Gesetzgeber die Kommission aufgefordert, bis Ende 2024 einen Bericht zur Behandlung von NFTs vorzulegen.

IV. Ausnahmen anderweitig regulierter Instrumente (Abs. 4)

20 Der Verordnung liegt insbesondere das auch vom Financial Stability Board als grundlegend anerkannte Prinzip, **„gleiches Geschäft, gleiche Risiken, gleiche Regeln"** zugrunde (Erwgr. Nr. 9). Zum einen äußert sich diese darin, dass bereits vom bisherigen EU-Regelungswerk umfasste Vermögenswerte grundsätzlich im Anwendungsbereich der bisherigen Regelungen verbleiben. Das wurde schon mit der DLT-Pilot-VO in Art. 4 Abs. 1 Nr. 15 MiFID II klargestellt.[12] Zum anderen beruhen auch die in MiCAR enthaltenen Regelungen so weit wie möglich auf den Prinzipien der bestehenden Kapitalmarkt- und Zahlungsverkehrsgesetzgebung, wobei den Besonderheiten der Kryptowerte Rechnung getragen wird.

21 Vereinzelt wird der Ansatz von MiCAR dahingehend kritisiert, dass alle Kryptowerte anstatt einer gesonderten Regelung schlicht den allgemeinen finanzmarktrechtlichen Vorschriften unterfallen sollten.[13] In der Tat lassen die **Empfehlungen des FSB** eine Umsetzung sowohl über **spezifisch auf den Kryptosektor anwendbare Vorschriften als auch über die Anwendung des allgemeinen Finanzmarktrechts** zu. Allerdings dürfte eine komplette Ausdehnung der bestehenden Vorschriften auf alle Kryptowerte gewichtige Nachteile haben, da sie die von den Besonderheiten des Kryptowertesektors ausgehenden spezifischen Risiken keine Rechnung tragen würde (zB die besondere Rolle der Kryptoverwahrer, die spezifischen Risiken sogenannter Stablecoins und die ambivalente Natur vieler Kryptowerte zwischen Wertpapier, Zahlungsverkehrsinstrument und anderen Zwecken), und andererseits zu unverhältnismäßigen, die Leistungsfähigkeit der Finanzmarktaufsichtsbehörden übermäßig in Anspruch nehmenden Regeln führen würde. Aus diesem Grund haben sich auch andere Jurisdiktionen wie das Vereinigte Königreich oder Japan für kryptospezifische Regulierungen entschieden. Anders als etwa in den Vereinigten Staaten, wo die Finanzaufsichtsbehörden die bestehende Wertpapierregulierung in der – gerichtlich teilweise noch nicht bestätigten – Entscheidungspraxis, den Wertpapierbegriff auch auf größere Bereiche der Kryptomärkte anwenden, ist in der EU der Anwendungsbereich der Wertpapiergesetzgebung durch einen engeren, enumerativen Wertpapierbegriff gekennzeichnet, der zudem nicht voll harmonisiert ist und damit erheblichen Unterschieden zwi-

---

[12] VO (EU) 2022/858 des Europäischen Parlaments und des Rates v. 30.5.2022 über eine Pilotregelung für auf Distributed-Ledger-Technologie basierende Marktinfrastrukturen und zur Änderung der Verordnungen (EU) Nr. 600/2014 und (EU) Nr. 909/2014 sowie der RL 2014/65/EU, ABl. 2022 L 151 (1–33).

[13] Siehe etwa *Godschalk*, Crypto-Assets, Fiat Currency and Aliens: Some Notes on the MiCAR (16.3.2021), https://beck-link.de/y8wa5 (zuletzt abgerufen am 25.8.2024); Zetzsche/Annunziata,/Arner/Buckley (2021), Capital Markets Law Journal, No. 16(2), 203–225.

Anwendungsbereich **Art. 2**

schen Mitgliedstaaten unterliegt. Auch die Behörden in den Vereinigten Staaten haben im Übrigen ergänzende gesetzliche Regelungen angemahnt.[14]

Der Vorrang der bestehenden Finanzmarktgesetzgebung wird in MiCAR durch 22 eine Ausschlussliste bereits anderweitiger EU-Finanzmarktregulierung unterliegender Instrumente umgesetzt. Die Ausschlusstatbestände sind dabei im Zusammenhang mit den Legaldefinitionen in Art. 2 MiCAR zu lesen, die im Wesentlichen auf die Begriffe in der EU-Finanzmarktregulierung verweisen (Art. 2 lit. a–e).

In der praktischen Anwendung dürfte insbesondere die **Abgrenzung zu** 23 **Finanzinstrumenten** relevant sein. Um hier eine einheitliche Anwendung innerhalb der EU zu gewährleisten hat der Gesetzgeber nach Abs. 5 die ESMA verpflichtet, bis zum 30.12.2024 Leitlinien gemäß Art. 16 der VO (EU) Nr. 1095/2010 zu den Bedingungen und Kriterien für die Einstufung von Kryptowerten als Finanzinstrumente herauszugeben, das ESMA nach einer öffentlichen Konsultation vor Ende 2024 vorlegen will.[15] Nach Art. 97 haben die zuständigen Behörden der Mitgliedstaaten darüber hinaus die Möglichkeit, bei den Europäischen Aufsichtsbehörden (ESA) Stellungnahmen zur Einstufung von Kryptowerten anzufordern, wobei natürlich in erster Linie die Anbieter von Kryptowerten oder Personen, die deren Zulassung zum Handel beantragen, selbst für die korrekte Einstufung von Kryptowerten verantwortlich sind. Stellt sich heraus, dass die Einstufung eines Kryptowerts nicht mit dieser Verordnung oder anderen einschlägigen Gesetzgebungsakten der Union zu Finanzdienstleistungen kohärent ist, so ermutigt Erwgr. Nr. 14 die ESA ihre Befugnisse gemäß den VO (EU) Nr. 1093/2010, (EU) Nr. 1094/2010 und (EU) Nr. 1095/2010 wahrnehmen, um für eine kohärente Herangehensweise bei der Einstufung zu sorgen. Damit werden den ESA keine neuen Befugnisse verliehen, aber sie werden ermutigt, ihre bestehenden Befugnisse etwa zur Durchführung von Peer Reviews oder zur Durchführung von Verfahren wegen Unionsrechtsverstößen oder eines Peer Review (siehe zB Art. 17 und 30 der ESMA-VO)[16] aktiv wahrzunehmen. Im Konsultationsentwurf zu den Leitlinien erkennt ESMA an, dass der Begriff der Finanzinstrumente nicht harmonisiert ist, schlägt aber für die Abgrenzung einen Substanz über Form-Ansatz vor (Rn 93), und gibt detaillierte Hinweise auf die Abgrenzung zu übertragbaren Wertpapieren, anderen Finanzinstrumenten. OGAWs, Derivaten sowie Emissionszertifikaten (Rn 95–129). Bei sogenannten hybriden tokens, die sowohl Elemente eines bestehenden Finanzinstruments als auch eines Kryptowerts enthalten, soll nach ESMA das bestehende Finanzmarktrecht und nicht MiCAR Anwendung finden, was angesichts der subsidiären Rolle von MiCAR sinnvoll ist (141–143).

Eine **Besonderheit** besteht für **E-Geld-Token**. Nach lit. c sind diese nicht vom 24 Anwendungsbereich von MiCAR ausgeschlossen, auch wenn sie als E-Geld im

---

[14] Siehe etwa US Financial Stability Oversight Council (FSOC), Report on Digital Asset Financial Stability Risks and Regulation, 4.10.2022.

[15] ESMA Consultation paper 75-453128700-52 of 29 January 2024 on the draft Guidelines on the conditions and criteria for the qualification of crypto-assets as financial instruments, sowie EBA/EIOPA/ESMA Draft Guidelines ESA 2024 12 of 12 July 2024 on templates for explanations and opinions, and the standardised test for the classification of crypto-assets, under Article 97(1) of Regulation (EU) 2023/1114, endgültige Fassung der Leitlinien vor Ende 2024 zu erwarten.

[16] VO (EU) Nr. 1095/2010 des Europäischen Parlaments und des Rates v. 24.11.2010 zur Errichtung einer Europäischen Aufsichtsbehörde (Europäische Wertpapier- und Marktaufsichtsbehörde), ABl. 2010 L 331 (84–119).

Sinne der E-Geld-Richtlinie, und damit als Geldbeträge, qualifizieren. Für E-Geld-Token stellt MiCAR vielmehr in Titel V zusätzliche Anforderungen auf, die ergänzend zur E-Geld-Richtlinie gelten. Das entspricht Sinn und Zweck von MiCAR, für E-Geld-Token im Vergleich zum bestehenden Recht strengere Vorgaben festzulegen (Erwgr. Nr. 19).

25 Ausgeschlossen vom Anwendungsbereich von MiCAR sind darüber hinaus nach lit. f auch **Altersvorsorgeprodukte** nach nationalem Recht sowie nach lit. g europarechtlich definierte Systeme der betrieblichen Altersvorsorge. Diese vom Ministerrat in den Kommissionsvorschlag eingefügten Ausschlusstatbestände entsprechen den Ausnahmetatbeständen in anderen Bereichen des europäischen Finanzmarktrechts (siehe etwa Art. 2 Abs. 2 lit. 17 der VersicherungsvertriebsRL[17] und Art. 2 Abs. 2 lit. e und f der PRIIPS-VO[18]).

26 Ausgeschlossen vom Anwendungsbereich von MiCAR sind schließlich europarechtlich definierte Systeme der sozialen Sicherheit (lit. h). Diese Vorschrift dürfte eher eine Klarstellungsfunktion haben, da diese staatlichen Systeme ohnehin nicht unter den Begriff der Kryptowerte fallen dürften.

V. Verhältnis zur SSM Verordnung

27 Nach Abs. 6 SSM-VO lässt die Verordnung die VO (EU) Nr. 1024/2013, Rechtsgrundlage des einheitlichen Bankaufsichtsmechanismus bei der EZB, unberührt. Das stellt insbesondere klar, dass MiCAR für Kreditinstitute die Kryptowerte ausgeben oder Kryptodienstleistungen erbringen, nichts an der der EZB übertragenen bankaufsichtlichen Aufgaben ändert. Damit ergänzt die Vorschrift Art. 17 sowie Art. 60 SSM-VO, die das Verhältnis der materiell-rechtlichen Anforderungen in MiCAR und im Bankenaufsichtsrecht regelt. Im Einzelfall zu klären dürfte insofern die Abgrenzung der Befugnisse nationaler Behörden und der EZB in Bereichen sein, in denen bankaufsichtsrechtliche Vorschriften und MiCAR ähnliche Regelungsbereiche betreffen, wie etwa im Bereich des bankinternen Risikomanagements.

Artikel 3 Begriffsbestimmungen

(1) **Für die Zwecke dieser Verordnung bezeichnet der Ausdruck**
1. **„Distributed-Ledger-Technologie „ oder „DLT" eine Technologie, die den Betrieb und die Nutzung von Distributed Ledgern ermöglicht;**
2. **„Distributed Ledger" einen Informationsspeicher, der Aufzeichnungen über Transaktionen enthält und der unter Verwendung eines Konsensmechanismus auf eine Reihe von DLT-Netzwerkknoten verteilt und zwischen ihnen synchronisiert wird;**

---

[17] RL (EU) 2016/97 des Europäischen Parlaments und des Rates v. 20.1.2016 über Versicherungsvertrieb, ABl. 2016 L 26 (19–59).
[18] VO (EU) Nr. 1286/2014 des Europäischen Parlaments und des Rates v. 26.11.2014 über Basisinformationsblätter für verpackte Anlageprodukte für Kleinanleger und Versicherungsanlageprodukte (PRIIP), ABl. 2014 L 352 (1–23).

Begriffsbestimmungen **Art. 3**

3. „Konsensmechanismus" die Regeln und Verfahren, durch die eine Übereinstimmung unter DLT-Netzwerkknoten dahingehend erzielt wird, dass eine Transaktion validiert ist;
4. „DLT-Netzwerkknoten" ein Gerät oder Verfahren, das Teil eines Netzwerks ist und das eine vollständige oder partielle Kopie von Aufzeichnungen aller Transaktionen in einem Distributed Ledger enthält;
5. „Kryptowert" eine digitale Darstellung eines Werts oder eines Rechts, der bzw. das unter Verwendung der Distributed-Ledger-Technologie oder einer ähnlichen Technologie elektronisch übertragen und gespeichert werden kann;
6. „vermögenswertereferenzierter Token" einen Kryptowert, der kein E-Geld-Token ist und dessen Wertstabilität durch Bezugnahme auf einen anderen Wert oder ein anderes Recht oder eine Kombination davon, einschließlich einer oder mehrerer amtlicher Währungen, gewahrt werden soll;
7. „E-Geld-Token" einen Kryptowert, dessen Wertstabilität unter Bezugnahme auf den Wert einer amtlichen Währung gewahrt werden soll;
8. „amtliche Währung" eine amtliche Währung eines Landes, die von einer Zentralbank oder einer anderen Währungsbehörde ausgegeben wird;
9. „Utility-Token" einen Kryptowert, der ausschließlich dazu bestimmt ist, Zugang zu einer Ware oder Dienstleistung zu verschaffen, die von seinem Emittenten bereitgestellt wird;
10. „Emittent" eine natürliche oder juristische Person oder ein anderes Unternehmen, die bzw. das Kryptowerte emittiert;
11. „antragstellender Emittenten" einen Emittenten von vermögenswertereferenzierten Token oder E-Geld-Token, der die Zulassung dieser Kryptowerte zum öffentlichen Anbieten oder zum Handel beantragt;
12. „öffentliches Angebot" eine Mitteilung an Personen in jedweder Form und auf jedwede Art und Weise, die ausreichende Informationen über die Angebotsbedingungen und die anzubietenden Kryptowerte enthält, um potenzielle Inhaber in die Lage zu versetzen, über den Kauf dieser Kryptowerte zu entscheiden;
13. „Anbieter" eine natürliche oder juristische Person oder ein anderes Unternehmen, die bzw. das Kryptowerte öffentlich anbietet, oder den Emittenten, der Kryptowerte öffentlich anbietet;
14. „Geldbetrag" einen Geldbetrag im Sinne von Artikel 4 Nummer 25 der Richtlinie (EU) 2015/2366;
15. „Anbieter von Kryptowerte-Dienstleistungen" jede juristische Person oder jedes andere Unternehmen, deren bzw. dessen berufliche oder gewerbliche Tätigkeit darin besteht, eine oder mehrere Kryptowerte-Dienstleistungen gewerblich für Kunden zu erbringen, und der bzw. dem es gestattet ist, gemäß Artikel 59 Kryptowerte-Dienstleistungen zu erbringen;
16. „Kryptowerte-Dienstleistung" eine der folgenden Dienstleistungen und Tätigkeiten im Zusammenhang mit Kryptowerten:
    a) Verwahrung und Verwaltung von Kryptowerten für Kunden;
    b) Betrieb einer Handelsplattform für Kryptowerte;
    c) Tausch von Kryptowerten gegen einen Geldbetrag;

d) Tausch von Kryptowerten gegen andere Kryptowerte;
e) Ausführung von Aufträgen über Kryptowerte für Kunden;
f) Platzierung von Kryptowerten;
g) Annahme und Übermittlung von Aufträgen über Kryptowerte für Kunden;
h) Beratung zu Kryptowerten;
i) Portfolioverwaltung von Kryptowerten;
j) Erbringung von Transferdienstleistungen für Kryptowerte für Kunden;

17. „Verwahrung und Verwaltung von Kryptowerten für Kunden" die sichere Aufbewahrung oder Kontrolle von Kryptowerten oder der Mittel für den Zugang zu solchen Kryptowerten für Kunden, unter Umständen in Form privater kryptografischer Schlüssel;
18. „Betrieb einer Handelsplattform für Kryptowerte" die Verwaltung eines oder mehrerer multilateraler Systeme, die die Interessen einer Vielzahl Dritter am Kauf und Verkauf von Kryptowerten – im System und gemäß dessen Regeln – auf eine Weise zusammenführen oder deren Zusammenführung erleichtern, dass ein Vertrag über den Tausch von Kryptowerten entweder gegen einen Geldbetrag oder den Tausch von Kryptowerten gegen andere Kryptowerte zustande kommt;
19. „Tausch von Kryptowerten gegen einen Geldbetrag" den Abschluss von Verträgen mit Kunden über den Kauf oder Verkauf von Kryptowerten gegen einen Geldbetrag unter Einsatz eigenen Kapitals;
20. „Tausch von Kryptowerten gegen andere Kryptowerte" den Abschluss von Verträgen mit Kunden über den Kauf oder Verkauf von Kryptowerten gegen einen Geldbetrag unter Einsatz eigenen Kapitals;
21. „Ausführung von Aufträgen über Kryptowerte für Kunden" den Abschluss von Vereinbarungen für Kunden über den Kauf oder Verkauf eines oder mehrerer Kryptowerte oder die Zeichnung eines oder mehrerer Kryptowerte für Kunden, einschließlich des Abschlusses von Verträgen über den Verkauf von Kryptowerten zum Zeitpunkt ihres öffentlichen Angebots oder ihrer Zulassung zum Handel;
22. „Platzierung von Kryptowerten" die Vermarktung von Kryptowerten an Käufer im Namen oder für Rechnung des Anbieters oder einer mit dem Anbieter verbundenen Partei;
23. „Annahme und Übermittlung von Aufträgen über Kryptowerte für Kunden" die Annahme eines von einer Person erteilten Auftrags zum Kauf oder Verkauf eines oder mehrerer Kryptowerte oder zur Zeichnung eines oder mehrerer Kryptowerte und die Übermittlung dieses Auftrags an eine Drittpartei zur Ausführung;
24. „Beratung zu Kryptowerten" das Angebot oder die Abgabe personalisierter Empfehlungen an Kunden oder die Vereinbarung der Abgabe solcher Empfehlungen auf Ersuchen des Kunden oder auf Initiative des die Beratung leistenden Anbieters von Kryptowerte-Dienstleistungen hinsichtlich eines oder mehrerer Geschäfte in Bezug auf Kryptowerte oder die Nutzung von Kryptowerte-Dienstleistungen;
25. „Portfolioverwaltung von Kryptowerten" die Verwaltung von Portfolios auf Einzelkundenbasis mit einem Ermessensspielraum im Rahmen eines Mandats des Kunden, sofern diese Portfolios einen oder mehrere Kryptowerte enthalten;

Begriffsbestimmungen **Art. 3**

26. „Transferdienstleistungen für Kryptowerte für Kunden" das Erbringen von Dienstleistungen zur Übertragung von Kryptowerten von einer Distributed-Ledger-Adresse oder einem Distributed-Ledger-Konto auf eine andere solche Adresse oder ein anderes solches Konto für eine natürliche oder juristische Person;
27. „Leitungsorgan" das Organ – oder die Organe – eines Emittenten, eines Anbieters oder einer Person, die eine Zulassung zum Handel beantragt, oder eines Anbieters von Kryptowerte-Dienstleistungen, die nach nationalem Recht bestellt wurden, die befugt sind, Strategie, Ziele und Gesamtpolitik des Unternehmens festzulegen, und die die Entscheidungen der Geschäftsführung des Unternehmens kontrollieren und überwachen, und Personen umfasst, die die Geschäfte des Unternehmens tatsächlich führen;
28. „Kreditinstitut" ein Kreditinstitut im Sinne von Art. 4 Abs. 1 Nummer 1 der VO (EU) Nr. 575/2013 und mit einer Zulassung gemäß der RL 2013/36/EU;
29. „Wertpapierfirma" eine Wertpapierfirma im Sinne von Art. 4 Abs. 1 Nummer 2 der VO (EU) Nr. 575/2013 und mit einer Zulassung gemäß der RL 2014/65/EU;
30. „qualifizierte Anleger" Personen oder Einrichtungen, die in Anhang II Abschnitt I Nummern 1 bis 4 der Richtlinie 2014/65/EU aufgeführt sind;
31. „enge Verbindungen" enge Verbindungen im Sinne von Art. 4 Abs. 1 Nummer 35 der RL 2014/65/EU;
32. „Vermögenswertreserve" den Korb mit Reservevermögen, mit dem die Forderung gegenüber dem Emittenten besichert wird;
33. „Herkunftsmitgliedstaat"
    a) bei Anbietern von anderen Kryptowerten als vermögenswertereferenzierten Token oder E-Geld-Token oder Personen, die die Zulassung solcher Kryptowerte zum Handel beantragen, die ihren Sitz in der Union haben, den Mitgliedstaat, in dem der Anbieter oder die Person seinen bzw. ihren Sitz hat;
    b) bei Anbietern von anderen Kryptowerten als vermögenswertereferenzierten Token oder E-Geld-Token oder Personen, die die Zulassung solcher Kryptowerte zum Handel beantragen, die zwar keinen Sitz, dafür aber eine oder mehrere Zweigniederlassungen in der Union haben, den Mitgliedstaat, den der Anbieter oder die Person aus den Mitgliedstaaten, in denen er bzw. sie Zweigniederlassungen hat, auswählt;
    c) bei Anbietern von anderen Kryptowerten als vermögenswertereferenzierten Token oder E-Geld-Token oder Personen, die die Zulassung solcher Kryptowerte zum Handel beantragen, die ihren Sitz in einem Drittland und keine Zweigniederlassung in der Union haben, entweder den Mitgliedstaat, in dem die Kryptowerte erstmals öffentlich angeboten werden sollen, oder je nach Wahl des Anbieters oder der Person, die eine Zulassung zum Handel beantragt, den Mitgliedstaat, in dem der erste Antrag auf Zulassung zum Handel mit diesen Kryptowerte gestellt wird;

d) bei Emittenten vermögenswertereferenzierter Token den Mitgliedstaat, in dem der Emittent vermögenswertereferenzierter Token seinen Sitz hat;
e) bei Emittenten von E-Geld-Token die Mitgliedstaaten, in denen der Emittent von E-Geld-Token als Kreditinstitut gemäß der Richtlinie 2013/36/EU oder als E-Geld-Institut gemäß der Richtlinie 2009/110/EG zugelassen ist;
f) bei Anbietern von Kryptowerte-Dienstleistungen den Mitgliedstaat, in dem der Anbieter von Kryptowerte-Dienstleistungen seinen Sitz hat;

34. „Aufnahmemitgliedstaat" den Mitgliedstaat, in dem ein Anbieter oder die Person, die eine Zulassung zum Handel beantragt, Kryptowerte öffentlich anbietet oder deren Zulassung zum Handel beantragt oder in dem ein Anbieter von Kryptowerte-Dienstleistungen erbringt, wenn dies nicht der Herkunftsmitgliedstaat ist;
35. „zuständige Behörde" eine oder mehrere Behörden,
   a) die von jedem Mitgliedstaat gemäß Artikel 93 bezüglich Anbietern von anderen Kryptowerten als vermögenswertereferenzierten Token und E-Geld-Token und Personen, die eine Zulassung zum Handel beantragen, Emittenten vermögenswertereferenzierter Token oder Anbietern von Kryptowerte-Dienstleistungen benannt wird bzw. werden;
   b) die von jedem Mitgliedstaat für die Zwecke der Anwendung der Richtlinie 2009/110/EG bezüglich Emittenten von E-Geld-Token benannt wird bzw. werden;
36. „qualifizierte Beteiligung" das direkte oder indirekte Halten einer Beteiligung an einem Emittenten vermögenswertereferenzierter Token oder einem Anbieter von Kryptowerte-Dienstleistungen, die mindestens 10% des Kapitals oder der Stimmrechte gemäß den Artikeln 9 bzw. 10 der Richtlinie 2004/109/EG des Europäischen Parlaments und des Rates unter Berücksichtigung der Voraussetzungen für das Zusammenrechnen der Beteiligungen nach Artikel 12 Absätze 4 und 5 jener Richtlinie ausmacht oder die Ausübung eines maßgeblichen Einflusses auf die Geschäftsführung eines Emittenten vermögenswertereferenzierter Token oder die Geschäftsführung des Anbieters von Kryptowerte-Dienstleistungen, an der eine solche Beteiligung gehalten wird, ermöglicht;
37. „Kleinanleger" jede natürliche Person, die zu Zwecken handelt, die außerhalb ihrer gewerblichen, geschäftlichen, handwerklichen oder beruflichen Tätigkeit liegen;
38. „Online-Schnittstelle" eine Software, einschließlich einer Website, eines Teils einer Website oder einer Anwendung, die von einem Anbieter oder einem Anbieter von Kryptowerte-Dienstleistungen oder in seinem Namen betrieben wird und dazu dient, Inhabern von Kryptowerten Zugang zu ihren Kryptowerten und Kunden von Kryptowerte-Dienstleistungen Zugang zu ihren Kryptowerte-Dienstleistungen zu gewähren;
39. „Kunde" eine natürliche oder juristische Person, für die ein Anbieter von Kryptowerte-Dienstleistungen erbringt;

40. „Zusammenführung sich deckender Kundenaufträge" die Zusammenführung sich deckender Kundenaufträge im Sinne von Artikel 4 Absatz 1 Nummer 38 der Richtlinie 2014/65/EU;
41. „Zahlungsdienst" einen Zahlungsdienst im Sinne von Art. 4 Nummer 3 der RL (EU) 2015/2366;
42. „Zahlungsdienstleister" einen Zahlungsdienstleister im Sinne von Art. 4 Nummer 11 der RL (EU) 2015/2366;
43. „E-Geld-Institut" ein E-Geld-Institut im Sinne von Artikel 2 Nummer 1 der Richtlinie 2009/110/EG;
44. „E-Geld" E-Geld im Sinne von Artikel 2 Nummer 2 der Richtlinie 2009/110/EG;
45. „personenbezogene Daten" personenbezogene Daten im Sinne des Artikels 4 Nummer 1 der Verordnung (EU) 2016/679;
46. „Zahlungsinstitut" ein Zahlungsinstitut im Sinne von Artikel 4 Nummer 4 der Richtlinie (EU) 2015/2366;
47. „OGAW-Verwaltungsgesellschaft" eine Verwaltungsgesellschaft im Sinne von Artikel 2 Nummer 1 Buchstabe b der Richtlinie 2009/65/EG des Europäischen Parlaments und des Rates (33);
48. „Verwalter alternativer Investmentfonds" einen Verwalter alternativer Investmentfonds (AIFM) im Sinne von Artikel 4 Absatz 1 Buchstabe b der Richtlinie 2011/61/EU des Europäischen Parlaments und des Rates (34);
49. „Finanzinstrument" Finanzinstrument im Sinne des Artikels 4 Abs. 1 Nummer 15 der RL 2014/65/EU;
50. „Einlage" eine Einlage im Sinne des Artikels 2 Absatz 1 Nummer 3 der Richtlinie 2014/49/EU;
51. „strukturierte Einlage" eine strukturierte Einlage im Sinne des Artikels 4 Absatz 1 Nummer 43 der Richtlinie 2014/65/EU.

(2) **Die Kommission erlässt gemäß Artikel 139 delegierte Rechtsakte zur Ergänzung dieser Verordnung durch die genauere Festlegung der technischen Aspekte der Begriffsbestimmungen von Absatz 1 des vorliegenden Artikels und zur Anpassung dieser Begriffsbestimmungen an Marktentwicklungen und technologische Entwicklungen.**

Schrifttum: Annunziata, An Overview of the Markets in Crypto-Assets Regulation (MiCAR), EBI Working Paper 2023/158; Antonopoulos/Wood, Ethereum Grundlagen und Programmierung, 1. Aufl. 2019; BaFin Merkblatt: Hinweise zum Tatbestand des Kryptoverwahrgeschäfts v. 2.3.2020, geändert am 25.9.2023; *Assmann/Schlitt/von Kopp-Colomb*, Prospektrecht, 4. Aufl. 2022; *Assmann/Schneider/Mülbert*, Wertpapierhandelsrecht, 8. Aufl. 2023; *Aufderheide*, Dezentrale Autonome Organisationen (DAO), WM 2022, 264; *BaFin*, Decentralised Finance („DeFi") und DAOs (FachArt.), Fassung v. 1.9.2022; *BaFin*, EBA empfiehlt Unternehmen frühzeitige Vorbereitung auf MiCAR (FachArt.), Version v. 12.7.2023; BaFin Merkblatt Tatbestand der Finanzportfolioverwaltung vom 3.1.2011, zuletzt geändert am 25.7.2018; Fuchs, WpHG, 2. Aufl. 2016; *BaFin*, Europäische MiCA-Verordnung: Regel-Fundament für Kryptowerte (FachArt.), Version v. 17.5.2023; *BaFin*, Merkblatt – Hinweise zum Zahlungsdiensteaufsichtsgesetz (ZAG), 22.12.2011, Version v. 4.5.2023; *BaFin*, Merkblatt Kreditgeschäft, 8.1.2009, Fassung v. 21.4.2023; *BaFin*, Merkblatt – Tatbestand des Betriebs eines multilateralen Handelssystems gemäß § 1 Abs. 1a S. 2 Nr. 1b KWG (geändert am 27.4.2023); BaFin, Merkblatt – Hinweise zum Tatbestand der Anlagevermittlung (geändert am 13.7.2017); BaFin, Merkblatt – Tatbestand des Betriebs eines multilateralen Handelssystems

Art. 3 Titel I Gegenstand, Anwendungsbereich und Begriffsbestimmungen

gemäß § 1 Abs. 1 a S. 2 Nr. 1 b KWG (geändert am 27.4.2023); BaFin: Merkblatt zur Inhaberkontrolle (27.11.2015); BaFin, Merkblatt Platzierungsgeschäft v. 10.12.2009, geändert am 25.7.2013; BaFin, Merkblatt – Tatbestand der Anlageberatung (idF von 18.2.2019); *Bauerschmidt,* Die Prospektverordnung in der Europäischen Kapitalmarktunion, BKR 2019, 324–332; *Bialluch-von Allwörden/von Allwörden,* Initial Coin Offerings: Kryptowährungen als Wertpapier oder Vermögensanlage?, WM 2018, 2118–2123; *Bosold,* Verbraucherschutzrecht und Kryptowerte – der Schutz des Kleinanlegers nach MiCAR. ZdiW 2023, 292; *Braegelmann/Kaulartz* (Hrsg.), Rechtshandbuch Smart Contracts, 2019; *Brauneck,* Die verfehlte Rolle der EZB bei der EU-Regulierung von Kryptowerten durch MiCA, RDi 2022, 10; Brauneck, Zur heiklen Rolle des Emittenten in der EU-Regulierung von Kryptowerten durch MiCA, WM 2022, 1258; *Casper/Terlau,* Zahlungsdiensteaufsichtsgesetz, 3. Aufl. 2023; *Chatard/Mann,* Initial Coin Offerings und Token-Handel im funktionalen Rechtsvergleich – Entwicklung deutscher Leitlinien auf Grundlage des Diskussionsstands in der Schweiz, Frankreich und Deutschland, NZG 2019, 567–574; Clements, Built to Fail: The Inherent Fragility of Algorithmic Stablecoins, Wake Forest L. Rev. Online 2021 (Vol. 11), 131; *Denga,* Transaktionsgebühren der Blockchain, ZBB 2022, 298; EBA, Joint Guidelines on the prudential assessment of acquisitions and increases of qualifying holdings in the banking, insurance and securities sectors vom 5.5.2017, JC/GL/2016/01; EBA, Final Report, Draft Regulatory Technical Standards on the detailed content of information necessary to carry out the assessment of a proposed acquisition of qualifying holdings in issuers of asset-referenced tokens under Artikel 42 (4) of Regulation (EU) 2023/1114, EBA/RTS/2024/04; Ebers (Hrsg.), StichwortKommentar Legal Tech, 3. Aufl. 2024; Ellenberger/Findeisen/Nobbe/Böger (Hrsg.), Kommentar zum Zahlungsverkehrsrecht, 3. Aufl. 2020; *ESMA,* Consultation Paper Technical Standards specifying certain requirements of the Markets in Crypto Assets Regulation (MiCA) (12. Juni 2023); ESMA, Final Report Draft technical Standards specifying certain requirements in relation to conflicts of interest for crypto-asset service providers under the Markets in Crypto Assets Regulation (MiCA) v. 31.5.2024 (ESMA18-72330276-1634); ESMA, Final Report on ESMA's Opinion on the Trading Venue Perimeter v. 2.2.2023 (ESMA70-156-6360); EZB, Leitfaden zu Verfahren für qualifizierte Beteiligungen (März 2023); Feger/Gollasch, MiCAR – Ein erster Überblick für Compliance-Beauftragte zur Krypto-Regulierung, CB 2022, 248; *Fischer/Schulte-Mattler* (Hrsg.), KWG CRR Kommentar zu Kreditwesengesetz, VO (EU) Nr. 575/2013 (CRR) und Ausführungsvorschriften, Band 1, 6. Auflage 2023; *Fritz,* Anbieter von Kryptowerte-Dienstleistungen nach der MiCAR, BKR 2023, 747; *Gimigliano,* Payment Tokens and the Path towards MiCA, Italian Law Journal 2022, 353; Grieger/von Poster/Kremer, Die rechtswissenschaftliche Terminologie auf dem Gebiet der Distributed-Ledger-Technology, ZfDR 2021, 394; *Groß,* Kapitalmarktrecht, 8. Aufl. 2022; *Habersack/Mülbert/Schlitt,* Handbuch der Kapitalmarktinformation, 3. Aufl. 2020; *Hacker/Thomale,* Crypto-Securities Regulation: ICOs, Token Sales and Cryptocurrencies under EU Financial Law, ECFR 2018, 645–696; *Hahn,* Die Decentralized Autonomous Association (DAA) – Governance Dezentralisierter Autonomer Organisationen (DAO) qua (Ideal-) Verein?, NZG 2022, 684; *Hahn/Wilkens,* ICO vs. IPO – Prospektrechtliche Anforderungen bei Equity Token Offerings, ZBB 2019, 10–26; Hanten/Stedler, Zahlungsverkehr im EWR unter Geltung der MiCAR, RdZ 2023, 76; Heidel, Aktienrecht und Kapitalmarktrecht, 5. Aufl. 2020; Herrmann/Aschenbeck, Die MiCAR ist da: Ausgewählte Abgrenzungsfragen zum Anwendungsbereich – Welche Kryptowerte sind erfasst und was ist mit NFTs?, BB 2023, 1987; *Hirzle/Hugendubel,* Die Entwicklung des Kryptorechts im Jahr 2022, BKR 2022, 821; *Hoeren/Sieber/Holznagel* (Hrsg.), Handbuch Multimedia-Recht – Rechtsfragen des elektronischen Geschäftsverkehrs, 59. Auflage. 2023; John/Patz, ZuFinG und FinmadiG – eine Neuordnung der Krypto-Landschaft, BKR 2023, 849–855; *Just/Voß/Ritz/Zeising,* Wertpapierprospektrecht, 2. Aufl. 2023; Kainer, Der Verbrauchergerichtsstand bei Kapitalanlagegeschäften, ZBB 2018, 368; Kaulartz/Matzke, Die Tokenisierung des Rechts, NJW 2018, 3278; Kaulartz/Voigt/Winkler, Kaulartz/Voigt/Winkler, RdF 2022, 24, RdF 2022, 24–31; *Kipker/Bireck/Niewöhner/Schnorr,* Rechtliche und technische Rahmenbedingungen der „Smart Contracts" – Eine zivilrechtliche Betrachtung,

MMR 2020, 509; *Klöhn,* Marktmissbrauchsverordnung: MAR, 2. Aufl. 2023; *Klöhn/Parhofer/ Resas,* Initial Coin Offerings (ICOs), ZBB 2018, 89–106; *Klöhn/Wimmer,* Die „juristische Person" im europäischen Bank- und Kapitalmarktrecht, WM 2020, 761–765; *Langenbucher,* European Securities Law – Are we in need of a new definition? A thought inspired by initial coin offerings, RTDF 2018 N 2/3, 40–48; *Langenbucher,* Vorüberlegungen zur Reformbedürftigkeit des deutschen Wertpapierbegriffs aus Anlass von „initial coin offerings", FS Seibert, 2019, 525–542; *Langfeld/Haagen,* Decentralized Autonomous Organizations – verbandsrechtliche Einordnung und Gestaltungsmöglichkeiten, NZG 2021, 724; *Leible/Reichert* (Hrsg.), Münchener Handbuch des Gesellschaftsrechts, Band 6, Internationales Gesellschaftsrecht, Grenzüberschreitende Umwandlung, 5. Auflage 2022; *Legner,* Smart Contracts und Finanzdienstleistungen, VuR 2023, 213; *Lendermann/Nemeczek,* Wertpapierinstitutsgesetz: WpIG, 2024; *Leupold/Wiebe/Glossner* (Hrsg.), IT-Recht – Recht, Wirtschaft und Technik der digitalen Transformation, 4. Auflage 2021; Linardatos, Finanzinstrumente im Digitalzeitalter, WM 2024, 1633 (Teil I) und 1685 (Teil II); Lösing/John, Die Regulierung von E-Geld-Token BKR 2023, 373; *Machacek,* Die Antwort auf DeFi – Was kann der MiCA-VO-E leisten und gibt es Alternativen?, RDi 2021, 572; Martino, Regulating Stablecoins as Private Money between Liquidity and Safety. The Case of the EU ‚Market in Crypto Asset' (MiCA) Regulation, Amsterdam Law School Legal Studies Research Paper No. 2022-27; Maume, Das Widerrufsrecht nach MiCAR, RDi 2023, 493; *Maume,* Initial Coin Offerings an EU Prospectus Disclosure, 31 EBLR (2020), 185–208; Maume, Die Verordnung über Märkte für Kryptowerte (MiCAR) – Zentrale Definitionen sowie Rechte und Pflichten beim öffentlichen Angebot von Kryptowerten RDi 2022, 461; Maume, The Regulation on Markets in Crypto-Assets (MiCAR): Landmark Codification, or First Step of Many, or Both?, ECFR 2023, 243; *Maume/Fromberger,* Regulation of Initial Coin Offerings: Reconciling U.S. and E.U. Securities Laws, 19 Chicago Journal of International Law (2019) 548–585; Maume/Maute (Hrsg.), Rechtshandbuch-Kryptowerte, 2020; Raschauer/Ficulovic/Knobl et al (Hrsg.), Kommentar zu MiCAR, 2024; Michel/Schmitt, MiCAR-Governance- & Compliance-Anforderungen für Kryptodienstleister, CCZ 2023, 261; *Mienert,* Wyomings DAO-Gesetz Blaupause für die Regulierung Blockchain-basierter dezentraler autonomer Organisationen?, RDi 2021, 384; *Mienert,* Dezentrale autonome Organisationen (DAOs) und Gesellschaftsrecht – Zum Spannungsverhältnis Blockchain-basierter und juristischer Regeln, Schriften zum Recht der Digitalisierung 14, 2022; *Misterek/Roth,* Insiderinformationen in Bezug auf Kryptowerte, ZIP 2024, 385–395; *Möslein,* Smart Contracts im Zivil- und Handelsrecht, ZHR 2019, 254; *Möslein/Kaulartz/Rennig,* Decentralized Finance (DeFi), RDi 2021, 517; *Möslein/Omlor* (Hrsg.), FinTech-Handbuch – Digitalisierung, Recht, Finanzen, 3. Auflage 2023; Müller-Lankow/Liebscher, Rechtliche Unterschiede zwischen E-Geld- und vermögenswertereferenzierten Token, WM 2024, 1152; *Nathmann,* Token in der Unternehmensfinanzierung – Rechtliche Einordnung von Initial Coin Offerings (ICO), BKR 2019, 540–549; Nemeczek, Der Europäische Pass für Bankgeschäfte, 2021; *Omlor,* E-Geld im reformierten Zahlungsdiensterecht, ZIP 2017, 1836–1842; *Omlor/Franke,* Europäische DeFi-Regulierungsperspektiven, BKR 2022, 679; *Patz,* Überblick über die Regulierung von Kryptowerten und Kryptowertedienstleistern, BKR 2021, 725; Piwowarski, Anlegerschutz ist nicht gleich Verbraucherschutz, WM 2023, 2215; *Potel/Hessel,* Rechtsprobleme von Smart Contracts – automatisierte Abwicklung von Verträgen, jM 2020, 354; *Reischauer/Kleinhans* (Hrsg.), Kreditwesengesetz Kommentar, Stand: November 2023; *Rennig,* FinTech-Aufsicht im künftigen EU-Recht, ZBB 2020, 385; Ritz, Kryptowerte nach der MiCAR, ZdiW 2023, 151; *Schäfer/Omlor/Mimberg,* ZAG, 2021; Schopper/Raschner, Privat- und aufsichtsrechtliche Rahmenbedingungen für Krypto-Banking, ÖBA 2022, 262; Schuster/Nemeczek, IFR, IFD und WpIG – Neuer Rechtsrahmen für Wertpapierfirmen (Teil 1), ZBB 2021, 35; *Schwark/Zimmer,* Kapitalmarktrechts-Kommentar, 5. Aufl. 2020; Schwennicke/Auerbach, Kreditwesengesetz (KWG) mit Zahlungsdiensteaufsichtsgesetz (ZAG), 4. Aufl. 2021; *Seibt/Buck-Heeb/Harnos,* BeckOK Wertpapierhandelsrecht, 10. Edition 1. 1. 2024; *Sester,* Fallen Anteile an Geschlossenen Fonds unter den Wertpapierbegriff der MiFID bzw. des FRUG?, ZBB 2008, 369–383; *Siadat,* Markets in Crypto Assets Regulation –

Art. 3 Titel I Gegenstand, Anwendungsbereich und Begriffsbestimmungen

Vertrieb von Kryptofinanzinstrumenten, RdF 2021, 172; *Skauradszun/Wrede,* Forderungen auf die MiCAR-Vermögenswertreserve im deutschen Insolvenzrecht, RDI 2024, 55; *Spindler,* Blockchaintypen und ihre gesellschaftsrechtliche Einordnung – Unter besonderer Berücksichtigung der decentralized autonomous organization (DAO), RDi 2021, 309; *Spindler,* Initial Coin Offerings und Prospektpflicht und -haftung, WM 2018, 2109–2118; Terlau, MiCAR-Stablecoins, BKR 2023, 809; Toman/Schinerl, Kryptowerte zwischen WAG 2018 und MiCAR, ÖBA 2023, 178; Tomczak, Crypto-assets and crypto-assets' subcategories under MiCA Regulation, CMLJ 2022, 365, 373; *Veil,* Token-Emissionen im europäischen Kapitalmarktrecht, ZHR 183 (2019), 346–375; Völkel, MiCAR versus MiFID – Wann ist ein vermögenswertereferenzierter Token kein Finanzinstrument?, ZFR 2023, 268; *Voß,* Das Gesetz zur Ausübung von Optionen der EU-Prospektverordnung, ZBB 2018, 305–321; *Voß,* Geschlossene Fonds unter dem Rechtsregime der Finanzmarkt-Richtlinie (MiFID)?, BKR 2007, 45–84; *Weitnauer,* Initial Coin Offerings (ICOs): Rechtliche Rahmenbedingungen und regulatorische Grenzen, BKR 2018, 231–236; Wittig, Digitales Geld – Gegenwärtige und künftige Regulierung von E-Geld und E-Geld-Token nach ZAG und MiCAR, WM 2023, 412; Zetzsche/Annunziata/Arner/Buckley, The Markets in Crypto-Assets regulation (MiCA) and the EU digital finance strategy, CMLJ 2021, 203ff.; *Zickgraf,* Initial Coin Offerings – Ein Fall für das Kapitalmarktrecht?, AG 2018, 293–308; *Zickgraf,* Primärmarktpublizität in der Verordnung über die Märkte für Kryptowerte (MiCAR) – Teil 1, BKR 2021, 196–204.

Übersicht

	Rn.
Nr. 1. „Distributed-Ledger-Technologie " oder „DLT" eine Technologie, die den Betrieb und die Nutzung von Distributed Ledgern ermöglicht	1
Nr. 2. „Distributed Ledger" einen Informationsspeicher, der Aufzeichnungen über Transaktionen enthält und der unter Verwendung eines Konsensmechanismus auf eine Reihe von DLT-Netzwerkknoten verteilt und zwischen ihnen synchronisiert wird	4
Nr. 3. „Konsensmechanismus" die Regeln und Verfahren, durch die eine Übereinstimmung unter DLT-Netzwerkknoten dahingehend erzielt wird, dass eine Transaktion validiert ist	7
Nr. 4. „DLT-Netzwerkknoten" ein Gerät oder Verfahren, das Teil eines Netzwerks ist und das eine vollständige oder partielle Kopie von Aufzeichnungen aller Transaktionen in einem Distributed Ledger enthält	9
Nr. 5. „Kryptowert" eine digitale Darstellung eines Werts oder eines Rechts, der bzw. das unter Verwendung der Distributed-Ledger-Technologie oder einer ähnlichen Technologie elektronisch übertragen und gespeichert werden kann	11
Nr. 6: „vermögenswertereferenzierter Token" einen Kryptowert, der kein E-Geld-Token ist und dessen Wertstabilität durch Bezugnahme auf einen anderen Wert oder ein anderes Recht oder eine Kombination davon, einschließlich einer oder mehrerer amtlicher Währungen, gewahrt werden soll	14
I. Genese	14
II. Auslegung	18
Nr. 7. „E-Geld-Token" einen Kryptowert, dessen Wertstabilität unter Bezugnahme auf den Wert einer amtlichen Währung gewahrt werden soll	25
I. Bedeutung der Definition	25
II. Definition des E-Geld-Tokens	32
1. Kryptowerte	34
2. Bezugnahme auf den Wert einer amtlichen Währung	35
3. Wahrung der Wertstabilität	39

Begriffsbestimmungen Art. 3

	Rn.
4. Abgrenzungsfragen: Geldbeträge, Einlagen und E-Geld	41
a) Abgrenzung zu Geldbeträgen	41
b) Abgrenzung von Einlagen	42
c) Abgrenzung von E-Geld-Token und E-Geld	43
5. Anwendbarkeit der Bereichsausnahmen der E-Geld-Richtlinie	47
III. Systematische Verwerfungen im Regelungsregime	48
1. Kreis möglicher Emittenten	49
2. Der Zeitpunkt des Eingreifens der Zulassungspflicht	50
3. Die Pflicht zur Veröffentlichung eines Kryptowerte-Whitepapers	51
4. Die Pflicht zur Einhaltung von Marketing-Anforderungen	52
5. Die Möglichkeit, Gebühren für den Rücktausch zu verlangen	53
6. Die speziellen Regelungen für signifikante E-Geld-Token	54
7. Sanierungs- und Rücktauschpläne	55
IV. Signifikante E-Geld-Token	56

Nr. 8. „amtliche Währung" eine amtliche Währung eines Landes, die von einer Zentralbank oder einer anderen Währungsbehörde ausgegeben wird ... 60

Nr. 9. „Utility-Token" einen Kryptowert, der ausschließlich dazu bestimmt ist, Zugang zu einer Ware oder Dienstleistung zu verschaffen, die von seinem Emittenten bereitgestellt wird ... 65

Nr. 10. „Emittent" eine natürliche oder juristische Person oder ein anderes Unternehmen, die bzw. das Kryptowerte emittiert ... 68

Nr. 11. „antragstellender Emittent" einen Emittenten von vermögenswertereferenzierten Token oder E-Geld-Token, der die Zulassung dieser Kryptowerte zum öffentlichen Anbieten oder zum Handel beantragt ... 71

Nr. 12. „öffentliches Angebot" eine Mitteilung an Personen in jedweder Form und auf jedwede Art und Weise, die ausreichende Informationen über die Angebotsbedingungen und die anzubietenden Kryptowerte enthält, um potenzielle Inhaber in die Lage zu versetzen, über den Kauf dieser Kryptowerte zu entscheiden ... 73

Nr. 13. „Anbieter" eine natürliche oder juristische Person oder ein anderes Unternehmen, die bzw. das Kryptowerte öffentlich anbietet, oder den Emittenten, der Kryptowerte öffentlich anbietet ... 79

Nr. 14. „Geldbetrag" einen Geldbetrag im Sinne von Artikel 4 Nummer 25 der Richtlinie (EU) 2015/2366 ... 81

Nr. 15. „Anbieter von Kryptowerte-Dienstleistungen" jede juristische Person oder jedes andere Unternehmen, deren bzw. dessen berufliche oder gewerbliche Tätigkeit darin besteht, eine oder mehrere Kryptowerte-Dienstleistungen gewerblich für Kunden zu erbringen, und der bzw. dem es gestattet ist, gemäß Artikel 59 Kryptowerte-Dienstleistungen zu erbringen ... 83

I. Allgemein	83
II. Tatbestandsmerkmale	87
1. Juristische Person oder ein anderes Unternehmen	87
2. Gewerbliche Tätigkeit	90
3. Für Kunden	93
4. Gestattete Kryptowerte-Dienstleistung	95
5. Dezentrale Kryptowerte-Dienstleistungen (Decentralised Finance)	96

Maume

Art. 3 Titel I Gegenstand, Anwendungsbereich und Begriffsbestimmungen

	Rn.
Nr. 16. „Kryptowerte-Dienstleistung" eine der folgenden Dienstleistungen und Tätigkeiten im Zusammenhang mit Kryptowerten	102
I. Allgemein	102
II. Systematik	103
1. Abgrenzung zu anderen regulierten Dienstleistungen	103
2. Kategorisierung des Erwgr. Nr. 21	105
3. Abschließender Charakter der Kryptowerte-Dienstleistungen der MiCAR	107
Nr. 17. „Verwahrung und Verwaltung von Kryptowerten für Kunden" die sichere Aufbewahrung oder Kontrolle von Kryptowerten oder der Mittel für den Zugang zu solchen Kryptowerten für Kunden, unter Umständen in Form privater kryptografischer Schlüssel	108
Nr. 18. „Betrieb einer Handelsplattform für Kryptowerte" die Verwaltung eines oder mehrerer multilateraler Systeme, die die Interessen einer Vielzahl Dritter am Kauf und Verkauf von Kryptowerten – im System und gemäß dessen Regeln – auf eine Weise zusammenführen oder deren Zusammenführung erleichtern, dass ein Vertrag über den Tausch von Kryptowerten entweder gegen einen Geldbetrag oder den Tausch von Kryptowerten gegen andere Kryptowerte zustande kommt	117
Nr. 19. „Tausch von Kryptowerten gegen einen Geldbetrag" den Abschluss von Verträgen mit Kunden über den Kauf oder Verkauf von Kryptowerten gegen einen Geldbetrag unter Einsatz eigenen Kapitals	125
Nr. 20. „Tausch von Kryptowerten gegen andere Kryptowerte" den Abschluss von Verträgen mit Kunden über den Kauf oder Verkauf von Kryptowerten gegen einen Geldbetrag unter Einsatz eigenen Kapitals	126
Nr. 21. „Ausführung von Aufträgen über Kryptowerte für Kunden" den Abschluss von Vereinbarungen für Kunden über den Kauf oder Verkauf eines oder mehrerer Kryptowerte oder die Zeichnung eines oder mehrerer Kryptowerte für Kunden, einschließlich des Abschlusses von Verträgen über den Verkauf von Kryptowerten zum Zeitpunkt ihres öffentlichen Angebots oder ihrer Zulassung zum Handel	130
Nr. 22. „Platzierung von Kryptowerten" die Vermarktung von Kryptowerten an Käufer im Namen oder für Rechnung des Anbieters oder einer mit dem Anbieter verbundenen Partei	139
Nr. 23. „Annahme und Übermittlung von Aufträgen über Kryptowerte für Kunden" die Annahme eines von einer Person erteilten Auftrags zum Kauf oder Verkauf eines oder mehrerer Kryptowerte oder zur Zeichnung eines oder mehrerer Kryptowerte und die Übermittlung dieses Auftrags an eine Drittpartei zur Ausführung	147
Nr. 24. „Beratung zu Kryptowerten" das Angebot oder die Abgabe personalisierter Empfehlungen an Kunden oder die Vereinbarung der Abgabe solcher Empfehlungen auf Ersuchen des Kunden oder auf Initiative des die Beratung leistenden Anbieters von Kryptowerte-Dienstleistungen hinsichtlich eines oder mehrerer Geschäfte in Bezug auf Kryptowerte oder die Nutzung von Kryptowerte-Dienstleistungen	161
I. Empfehlungen – Angebote von Empfehlungen – Vereinbarungen zur Abgabe von Empfehlungen	164
II. Geschäfte in Bezug auf Kryptowerte oder die Nutzung von Kryptowerte-Dienstleistungen	166
III. Begriff des Kunden	169
IV. Ersuchen des Kunden oder Initiative des Dienstleisters	171

Begriffsbestimmungen **Art. 3**

	Rn.
V. Personalisierung der Empfehlung	172
Nr. 25. „Portfolioverwaltung von Kryptowerten" die Verwaltung von Portfolios auf Einzelkundenbasis mit einem Ermessensspielraum im Rahmen eines Mandats des Kunden, sofern diese Portfolios einen oder mehrere Kryptowerte enthalten	175
I. Portfolioverwaltung mit einem oder mehreren Kryptowerten	179
II. Auf Einzelkundenbasis	182
III. Im Rahmen eines Mandats des Kunden	183
IV. Entscheidungsspielraum	185
V. Abgrenzungsfälle	188
Nr. 26. „Transferdienstleistungen für Kryptowerte für Kunden" das Erbringen von Dienstleistungen zur Übertragung von Kryptowerten von einer Distributed-Ledger-Adresse oder einem Distributed-Ledger-Konto auf eine andere solche Adresse oder ein anderes solches Konto für eine natürliche oder juristische Person	190
Nr. 27. „Leitungsorgan" das Organ – oder die Organe – eines Emittenten, eines Anbieters oder einer Person, die eine Zulassung zum Handel beantragt, oder eines Anbieters von Kryptowerte-Dienstleistungen, die nach nationalem Recht bestellt wurden, die befugt sind, Strategie, Ziele und Gesamtpolitik des Unternehmens festzulegen, und die die Entscheidungen der Geschäftsführung des Unternehmens kontrollieren und überwachen, und Personen umfasst, die die Geschäfte des Unternehmens tatsächlich führen	197
Nr. 28. „Kreditinstitut" ein Kreditinstitut im Sinne von Art. 4 Abs. 1 Nummer 1 der VO (EU) Nr. 575/2013 und mit einer Zulassung gemäß der RL 2013/36/EU	200
Nr. 29. „Wertpapierfirma" eine Wertpapierfirma im Sinne von Art. 4 Abs. 1 Nummer 2 der VO (EU) Nr. 575/2013 und mit einer Zulassung gemäß der RL 2014/65/EU	206
Nr. 30. „qualifizierte Anleger" Personen oder Einrichtungen, die in Anhang II Abschnitt I Nummern 1 bis 4 der Richtlinie 2014/65/EU aufgeführt sind	208
Nr. 31. „enge Verbindungen" enge Verbindungen im Sinne von Art. 4 Abs. 1 Nummer 35 der RL 2014/65/EU	211
Nr. 32. „Vermögenswertreserve" den Korb mit Reservevermögen, mit dem die Forderung gegenüber dem Emittenten besichert wird	213
Nr. 33. „Herkunftsmitgliedstaat"	214
I. Anbieter von anderen Kryptowerten als vermögenswertereferenzierten Token oder E-Geld-Token und Personen, die eine Zulassung solcher Kryptowerte zum Handel beantragen	214
II. Emittenten vermögenswertereferenzierter Token oder E-Geld-Token und Anbieter von Kryptowerte-Dienstleistungen	216
III. Regulatorischer Hintergrund	217
Nr. 34. „Aufnahmemitgliedstaat" den Mitgliedstaat, in dem ein Anbieter oder die Person, die eine Zulassung zum Handel beantragt, Kryptowerte öffentlich anbietet oder deren Zulassung zum Handel beantragt oder in dem ein Anbieter von Kryptowerte-Dienstleistungen erbringt, wenn dies nicht der Herkunftsmitgliedstaat ist	218
Nr. 35. „zuständige Behörde" eine oder mehrere Behörden	220

Maume

Art. 3 Titel I Gegenstand, Anwendungsbereich und Begriffsbestimmungen

Rn.

Nr. 36. „qualifizierte Beteiligung" das direkte oder indirekte Halten einer Beteiligung an einem Emittenten vermögenswertereferenzierter Token oder einem Anbieter von Kryptowerte-Dienstleistungen, die mindestens 10% des Kapitals oder der Stimmrechte gemäß den Artikeln 9 bzw. 10 der Richtlinie 2004/109/EG des Europäischen Parlaments und des Rates unter Berücksichtigung der Voraussetzungen für das Zusammenrechnen der Beteiligungen nach Artikel 12 Absätze 4 und 5 jener Richtlinie ausmacht oder die Ausübung eines maßgeblichen Einflusses auf die Geschäftsführung eines Emittenten vermögenswertereferenzierter Token oder die Geschäftsführung des Anbieters von Kryptowerte-Dienstleistungen, an der eine solche Beteiligung gehalten wird, ermöglicht 223
  I. Einführung 223
    1. Normzweck und Parallelvorschriften 224
    2. Bedeutung 231
  II. Begriff der qualifizierten Beteiligung 233
    1. Beteiligung 234
    2. Halten von Kapital oder Stimmrechten 235
      a) Zielunternehmen 236
      b) Bestimmung der Beteiligungsstruktur 239
      c) Die Schwellenwerte des Art. 3 Abs. 1 Nr. 36 243
        aa) Grundsatz der mehrfachen Anrechnung 244
        bb) Berechnung der direkten bedeutenden Beteiligung . . 251
        cc) Berechnung der indirekten bedeutenden Beteiligung 252
    3. Die Ausübung eines maßgeblichen Einflusses auf die Geschäftsführung 257
      a) Begriff des maßgeblichen Einflusses 257
      b) Kriterien zur Bestimmung der Maßgeblichkeit 260

Nr. 37. „Kleinanleger" jede natürliche Person, die zu Zwecken handelt, die außerhalb ihrer gewerblichen, geschäftlichen, handwerklichen oder beruflichen Tätigkeit liegen 264

Nr. 38. „Online-Schnittstelle" eine Software, einschließlich einer Website, eines Teils einer Website oder einer Anwendung, die von einem Anbieter oder einem Anbieter von Kryptowerte-Dienstleistungen oder in seinem Namen betrieben wird und dazu dient, Inhabern von Kryptowerten Zugang zu ihren Kryptowerten und Kunden von Kryptowerte-Dienstleistungen Zugang zu ihren Kryptowerte-Dienstleistungen zu gewähren 266

Nr. 39. „Kunde" eine natürliche oder juristische Person, für die ein Anbieter von Kryptowerte-Dienstleistungen erbringt 269

Nr. 40. „Zusammenführung sich deckender Kundenaufträge" die Zusammenführung sich deckender Kundenaufträge im Sinne von Artikel 4 Absatz 1 Nummer 38 der Richtlinie 2014/65/EU 275

Nr. 41. „Zahlungsdienst" einen Zahlungsdienst im Sinne von Art. 4 Nummer 3 der RL (EU) 2015/2366 276

Nr. 42. „Zahlungsdienstleister" einen Zahlungsdienstleister im Sinne von Art. 4 Nummer 11 der RL (EU) 2015/2366 278

Nr. 43. „E-Geld-Institut" ein E-Geld-Institut im Sinne von Artikel 2 Nummer 1 der Richtlinie 2009/110/EG 282

Nr. 44. „E-Geld" E-Geld im Sinne von Artikel 2 Nummer 2 der Richtlinie 2009/110/EG 288
  I. Tatbestandsmerkmale 289

Begriffsbestimmungen Art. 3

	Rn.
1. Monetärer Wert	289
2. Forderung gegen den Emittenten	290
3. Ausstellung gegen Zahlung eines Geldbetrages	291
4. Elektronische Speicherung	292
5. Bestimmung für Zahlungsvorgänge iSd § 675 f Abs. 4 S. 1 BGB	293
6. Von dem Emittenten verschiedene Akzeptanten	295
II. Bereichsausnahmen	296
1. Zahlungssysteme in limitierten Netzen oder mit limitierter Produktpalette und Instrumente zu sozialen oder steuerlichen Zwecken	297
2. Elektronische Kommunikationsnetze/-diensten	301
a) Anbieter bzw. Betreiber elektronischer Kommunikationsnetze oder elektronischer Kommunikationsdienste	302
b) Digitale Inhalte und Sprachdienste	307
c) Gemeinnützigkeit der abgerechneten Tätigkeit oder Abrechnung von elektronischen Tickets	310
Nr. 45. „personenbezogene Daten" personenbezogene Daten im Sinne des Artikels 4 Nummer 1 der Verordnung (EU) 2016/679	314
Nr. 46. „Zahlungsinstitut" ein Zahlungsinstitut im Sinne von Artikel 4 Nummer 4 der Richtlinie (EU) 2015/2366	315
Nr. 47. „OGAW-Verwaltungsgesellschaft" eine Verwaltungsgesellschaft im Sinne von Artikel 2 Nummer 1 Buchstabe b der Richtlinie 2009/65/EG des Europäischen Parlaments und des Rates (33)	317
Nr. 48. „Verwalter alternativer Investmentfonds" einen Verwalter alternativer Investmentfonds (AIFM) im Sinne von Artikel 4 Absatz 1 Buchstabe b der Richtlinie 2011/61/EU des Europäischen Parlaments und des Rates (34)	320
Nr. 49. „Finanzinstrument" Finanzinstrument im Sinne des Artikels 4 Abs. 1 Nummer 15 der RL 2014/65/EU	322
I. Überblick	322
II. Fallgruppenartige Kategorisierung	323
1. Übertragbare Wertpapiere	324
a) Formelle Anforderungen	325
aa) Übertragbarkeit	326
bb) Standardisierung	327
cc) Handelbarkeit ieS	329
b) Materielle Anforderungen	331
aa) Grundlagen	331
bb) Regelbeispiele	332
cc) Ausschluss von Zahlungsinstrumenten	335
c) Einordnung von Kryptowerten	336
2. Geldmarktinstrumente	341
3. Anteile an Organismen für gemeinsame Anlagen	343
4. Derivatkontrakte	346
a) Allgemeines	346
b) Einzelne Derivatkontrakte	348
aa) Finanzderivate	348
bb) Warenderivate mit Barausgleich	349
cc) Physische Warenderivate	350
dd) Physische Warenderivate im Falle des Handels auf Drittlandhandelsplätzen	351

Art. 3 Titel I Gegenstand, Anwendungsbereich und Begriffsbestimmungen

Rn.

ee) Derivate mit Bezug auf physikalische und volkswirtschaftliche Variablen sowie Vermögenswerte, Rechte, Obligationen, Indizes und Messgrößen als Basiswert . . 352
5. Derivative Instrumente für den Transfer von Kreditrisiken . . . 353
6. Finanzielle Differenzgeschäfte 354
7. Emissionszertifikate 355
Nr. 50. „Einlage" eine Einlage im Sinne des Artikels 2 Absatz 1 Nummer 3 der Richtlinie 2014/49/EU 356
Nr. 51. „strukturierte Einlage" eine strukturierte Einlage im Sinne des Artikels 4 Absatz 1 Nummer 43 der Richtlinie 2014/65/EU 364

(1) Für die Zwecke dieser Verordnung bezeichnet der Ausdruck
1. „Distributed-Ledger-Technologie „ oder „DLT" eine Technologie, die den Betrieb und die Nutzung von Distributed Ledgern ermöglicht;

1   Die Distributed-Ledger-Technologie, (DLT), ist ein Gattungsbegriff für Technologien, die auf digital verteilten Datenbanken (Distributed Ledger) oder datenbankähnlichen Systemen basieren.[1] Der Begriff ist nach dem Willen des Verordnungsgebers **weit** (Erwgr. Nr. 16) **und technologieneutral** (Erwgr. Nr. 9) **auszulegen.** Dies erscheint auch als sinnvoll, da die Technologie noch nicht vollständig erforscht, ihre potentiellen Anwendungsfelder nicht in Gänze erschlossen sind.[2]

2   Da Grundgedanke dieser Datenbanken insbesondere ein Funktionieren ohne zentrale Instanz ist,[3] bietet die DLT unterschiedliche technische Mechanismen, die zu einer Entbehrlichkeit zentraler Intermediäre führen.[4] Ein Grundpfeiler ist dabei das Einbinden der Datenbank in ein **offenes oder geschlossenes Netzwerk**.[5] Bei den Teilnehmern dieses Netzwerks, den sog. **DLT-Netzwerkknoten** (→ Rn. 9 f.), befinden sich jeweils gleichgestellte Kopien der aktuell gültigen Version der Datenbank.[6] Die Frage, welche Version der Datenbank die aktuell gültige ist, wird anhand eines sog. Konsensmechanismus beantwortet (→ Rn. 7 f.).[7] Dieser Mechanismus leistet zudem Gewähr dafür, dass die Datenbank nicht durch einzelne Netzwerkteilnehmer korrumpiert werden kann. Nach Ermittlung der aktuell gültigen Version des digitalen Registers, wird anhand technischer Protokolle die Synchronisation der dezentral gespeicherten Kopien des Registers sichergestellt.[8] Die technologische Umsetzung des Konsensmechanismus sowie die Datenstruktur innerhalb der Datenbank können dabei variieren.[9]

---

[1] Ebers SWK-Legal Tech/Steinrötter/Stamenov Rn. 1; Grieger/von Poser/Kremer ZfDR 2021, 394 (395).
[2] Siehe hierzu auch Erwgr. Nr. 1.
[3] Ebers SWK-Legal Tech/Steinrötter/Stamenov Rn. 1; Grieger/von Poser/Kremer ZfDR 2021, 394 (396).
[4] Ebers SWK-Legal Tech/Steinrötter/Stamenov Rn. 1.
[5] Grieger/von Poser/Kremer ZfDR 2021, 394 (395); Raschauer/Ficulovic/Knobl et al./Raschauer MiCAR Art. 3 Rn. 7.
[6] Raschauer/Ficulovic/Knobl et al./Raschauer MiCAR Art. 3 Rn. 7.
[7] Grieger/von Poser/Kremer ZfDR 2021, 394 (397).
[8] Raschauer/Ficulovic/Knobl et al./Raschauer MiCAR Art. 3 Rn. 7.
[9] Grieger/von Poser/Kremer ZfDR 2021, 394 (397).

Begriffsbestimmungen **Art. 3**

Die Blockchain-Technologie ist eine Unterkategorie der DLT.[10] Aufgrund des **3** vom Verordnungsgeber vorgegebenen technologieoffenen Verständnisses erschöpft sich DLT jedoch nicht in der Blockchain-Technologie.

2. **„Distributed Ledger" einen Informationsspeicher, der Aufzeichnungen über Transaktionen enthält und der unter Verwendung eines Konsensmechanismus auf eine Reihe von DLT-Netzwerkknoten verteilt und zwischen ihnen synchronisiert wird;**

Der Begriff bezeichnet eine digitale Datenbank oder datenbankähnliche Struk- **4** tur, die sich auf ein oder mehrere Netzwerke bezieht und über DLT (→ Rn. 1) den Teilnehmern eines Netzwerks zur Interaktion offensteht.

Inhalt dieser Datenbank sind **Informationen über in dem Netzwerk oder** **5** **den Netzwerken getätigten Transaktionen.** Dies bedeutet, dass die Datenbank als eine Art digitales Register eine textliche Fixierung sämtlicher Zuordnungsverhältnisse hinsichtlich digitaler Wertdarstellungen enthält, die über das jeweilige Netzwerk transferiert werden. Zugeordnet werden die Wertdarstellungen dabei jeweils einem Teilnehmer des Netzwerks. Bei jeder innerhalb des Netzwerks getätigten Transaktion wird die Aufzeichnung über die jeweiligen Zuordnungsverhältnisse entsprechend geändert.[11]

Die Datenbank ist nach der Definition dabei nicht zentral bei einer Instanz in- **6** nerhalb des Netzwerks hinterlegt. Entscheidend ist vielmehr eine **Verteiltheit auf vielzählige DLT-Netzwerkknoten,** also verschiedene Teilnehmer des Netzwerks (→ Rn. 9 f.). Aufgrund des Fehlens einer zentralen, die Datenbank verwaltenden Instanz, wird die jeweils gültige Version des digitalen Registers über einen Konsensmechanismus bestimmt (→ Rn. 7 f.). Anhand dieses Mechanismus wird auch über die **Validität von Transaktionen** entschieden.

3. **„Konsensmechanismus" die Regeln und Verfahren, durch die eine Übereinstimmung unter DLT-Netzwerkknoten dahingehend erzielt wird, dass eine Transaktion validiert ist;**

Nach der Definition in Art. 3 Abs. 1 Nr. 3 beschreibt „Konsensmechanismus" **7** die **algorithmische Methodik,** nach der unter den DLT-Netzwerkknoten (→ Rn. 9 f.) ein Konsens dahingehend erzielt wird, ob eine innerhalb des Netzwerks getätigte Transaktion als „gültig" eingestuft und damit validiert wird.[12]

In extensiver Auslegung des Verordnungstexts und in Zusammenschau mit Art. 3 **8** Abs. 1 Nr. 2 ist unter einem Konsensmechanismus darüber hinaus das Verfahren zu verstehen, mittels dessen innerhalb eines DLT-Netzwerks bestimmt wird, welche Version des bei den DLT-Netzwerkknoten hinterlegten Distributed Ledgers, also der digitalen Datenbank, die gültige ist.[13] Durch diese beiden Wirkmechanismen

---

[10] Grieger/von Poser/Kremer ZfDR 2021, 394 (397).
[11] Raschauer/Ficulovic/Knobl et al./Raschauer MiCAR Art. 3 Rn. 7.
[12] Ebers SWK-Legal Tech/Steinrötter/Stamenov Rn. 9.
[13] Ebers SWK-Legal Tech/Steinrötter/Stamenov Rn. 9.

Fromberger

Art. 3 Titel I Gegenstand, Anwendungsbereich und Begriffsbestimmungen

sichert der **Konsensmechanismus Integrität und Authentizität** des Distributed Ledgers und der darin aufzunehmen Transaktionsdaten.[14]

4. „DLT-Netzwerkknoten" ein Gerät oder Verfahren, das Teil eines Netzwerks ist und das eine vollständige oder partielle Kopie von Aufzeichnungen aller Transaktionen in einem Distributed Ledger enthält;

9 DLT-Netzwerkknoten bezeichnen „Full Nodes", dh solche Teilnehmer eines DLT-Netzwerks, die nicht lediglich Nutzer der Infrastruktur sind, sondern Teilnehmer, die sich am **Konsensmechanismus** und dem Fortschreiben des Distributed Ledgers **aktiv beteiligen**.[15] Dies zeigt sich dadurch, dass bei ihnen jedenfalls Teile des digitalen Registers dezentral hinterlegt sind. DLT-Netzwerkknoten können dabei **einzelne Rechner** oder Partitionen hiervon gleichermaßen sein wie andere **netzwerkfähige (Mobil-)Geräte**.

10 Durch die Validierung von Transaktionen und Überprüfung verschiedener Versionen des Distributed Ledger überwachen DLT-Netzwerkknoten das digitale Register.[16] Dabei ist jedoch anzumerken, dass diese Funktion der DLT Netzwerkknoten regelmäßig vollautomatisiert anhand vorgegebener Softwareprotokolle von statten geht.

5. „Kryptowert" eine digitale Darstellung eines Werts oder eines Rechts, der bzw. das unter Verwendung der Distributed-Ledger-Technologie oder einer ähnlichen Technologie elektronisch übertragen und gespeichert werden kann;

11 Kryptowerte bezeichnen nach der Definition in Art. 3 Abs. 1 Nr. 5 digitale Einheiten, die einen bestimmten Wert oder ein bestimmtes Recht digital abbilden. Der Begriff soll dabei nach Erwgr. Nr. 16 so breit wie möglich verstanden werden und sämtliche Arten von Kryptowerten umfassen. Kryptowerte sind in einem Distributed Ledger als einem **digitalen Register** hinterlegt und können über Transaktionen innerhalb des DLT-Netzwerks **einzelnen Netzwerkteilnehmern zugeordnet** werden. Die Daten zur den Transaktionen werden sodann im Distributed Ledger hinterlegt.

12 Sofern der Verordnungstext eine „elektronische Übertragung und Speicherung" von Kryptowerten bezeichnet, ist nach aktuellem Stand der Technik darunter die **(bloße) Änderung der Zuordnungsverhältnisse** zu verstehen.[17] Gespeichert werden dabei lediglich kryptographische Schlüssel, die zu einer Änderung der Zuordnungsverhältnisse berechtigen. Eine Speicherung der Kryptowerte an sich findet aufgrund ihrer technischen Natur als bloße Registerbezugspunkte (jedenfalls derzeit) nicht statt.

13 Der von Kryptowerten abgebildete Wert kann sowohl ein **interner als auch externer sein.** Abbildungen eines internen Werts liegen insbesondere dann vor,

---

[14] Maume/Maute Kryptowerte-HdB/Fromberger/Zimmermann § 1 Rn. 27; Raschauer/Ficulovic/Knobl et al./Raschauer MiCAR Art. 3 Rn. 8.
[15] Maume/Maute Kryptowerte-HdB/Fromberger/Zimmermann § 1 Rn. 8.
[16] Maume/Maute Kryptowerte-HdB/Fromberger/Zimmermann § 1 Rn. 8.
[17] Maume/Maute Kryptowerte-HdB/Fromberger/Zimmermann § 1 Rn. 19.

wenn ein Krytptowert auf einen anderen Vermögenswert Bezug nimmt, wie es bei vermögenswertereferenzierten Token der Fall ist. Die Abbildung eines (bloß) externen Werts erfordert, dass die Teilnehmer eines DLT-Netzwerks einem Kryptowert zB aufgrund seiner quantitativen Limitation einen gewissen Wert beimessen.

6. **„vermögenswertereferenzierter Token" einen Kryptowert, der kein E-Geld-Token ist und dessen Wertstabilität durch Bezugnahme auf einen anderen Wert oder ein anderes Recht oder eine Kombination davon, einschließlich einer oder mehrerer amtlicher Währungen, gewahrt werden soll;**

I. Genese

Die Definition der vermögenswertereferenzierten Token („asset-referenced token", ART) hat vor allem auf Vorschlag des EP-Mandats eine deutliche Überarbeitung erfahren, den der Rat im Ergebnis – abgesehen von geringer sprachlicher Kosmetik – geteilt hat. So ist ergänzend zu der Kommissionsfassung für die nun gültige Definition die **Negativabgrenzung zu E-Geld-Token** eingeführt worden (→ Rn. 20, 25 ff.). Darüber hinaus waren als Bezugspunkte für die bezweckte Wertstabilität der Token konkrete Mittel genannt wie „Fiat-Währungen, die gesetzliches Zahlungsmittel sind", „Rohstoffe", „Krypto-Vermögenswerte" oder eine Kombination solcher Vermögenswerte **(Stabilisierungsmechanismus).** Nun ist allgemeiner die Rede von anderen „Rechten"; aufgehoben ist also die Einengung auf Rohstoffe im technischen Sinne und auf Krypto-Vermögenswerte. 14

Praktisch nicht unwichtig ist die Ersetzung der als gesetzliches Zahlungsmittel anerkannten „Fiat-Währungen" durch den weitergehenden Terminus „amtliche Währungen" (Art. 3 Abs. 1 Nr. 8, → Rn. 64). Kennzeichnend für eine Fiat-Währung ist, dass sie nicht an den Preis eines Rohstoffes wie Gold oder Silber gebunden ist und ihr Wert auf das Vertrauen der Marktteilnehmer in das Versprechen einer ausgebenden Institution – zB der Zentralbank – beruht, das Fiatgeld könne gegen Waren im angegebenen Wert eingetauscht werden. Folglich bedarf es bei Fiatgeld einer zentralen emittierenden Instanz und zudem muss das so ausgegebene Geld mit einem gesetzlichen Annahmezwang versehen sein, damit es gesetzliches Zahlungsmittel ist. Bei klassischen Currency Token wie etwa *bitcoin* fehlt es hieran. Der Begriff des vermögenswertereferenzierten Token wäre – so wohl die Befürchtung – nicht erfüllt gewesen in den Fällen, in denen der in Bezug genommene Wertekorb auch Currency Token enthält. Angesichts der Entscheidung erster Länder, auch solche Token als Zahlungsmittel zu akzeptieren (vgl. El Salvador), hätte durch die alte Formulierung eine ungewollte Regulierungslücke gedroht.[18] Vor diesem Hintergrund dient die Umformulierung unter Einbeziehung der „amtlichen Währung" der Zukunftsfestigkeit. 15

In der deutschen Sprachfassung der Verordnung ist das Adjektiv „wertreferenziert" auf der Zielgeraden der Gesetzgebung in „vermögenswert(e)referenziert"[19] 16

---

[18] Ähnlich Maume RDi 2022, 461 Rn. 17; Maume ECFR 2023, 243 (259).
[19] In der deutschen Sprachfassung finden sich beide Schreibvarianten, also „vermögenswertreferenziert" und „vermögenswertereferenziert", wobei die erste Variante deutlich häufiger vorkommt. Eine die unionsrechtlichen Verordnungen übergreifende Konsolidierung der

Art. 3 Titel I Gegenstand, Anwendungsbereich und Begriffsbestimmungen

verändert worden, ohne dass eine inhaltliche Änderung bezweckt war. Im englischsprachigen Text heißt es weiterhin „asset-referenced". Welchen Anlass die sprachlich sperrige Überarbeitung im deutschen Text hatte, ist unklar. Für die Auslegung ist diese Änderung irrelevant.

17 Anekdotisch wird als Hintergrund für die Regulierung der vermögenswertereferenzierten Token das im Juni 2019 erstmals als Libra vorgestellte, ab November 2020 als **Diem** fortgesetzte und mittlerweile eingestellte Projekt[20] zur Schaffung einer **privaten Komplementärwährung** durch ein Tech-Konsortium gesehen.[21] Mithilfe von Preisbindungsmechanismen sollte bei diesem Projekt ein sog. **Stablecoin** entstehen, der wegen seiner Bindung an einen oder an mehrere Realwert[e] oder an eine oder an mehrere Währung[en] (Wertekorb) eine **geringe Volatilität** aufgewiesen hätte. Darüber hinaus sollte die Wertstabilität durch das **Versprechen des Emittenten** erreicht werden, den Token zu jeder Zeit zum Nennwert des referenzierten Realwerts oder der referenzierten Währung umtauschen zu können.[22] Wirtschafts- und rechtspolitisch haben diese Anstalten eines Digitalkonzerns, sich in den Finanzsektor und in das Währungssystem hineinzugeben, zu diffusen Beunruhigungen geführt. Es wurde insbesondere die Entstehung eines Schattenbanksystems befürchtet. Deswegen sind die Emittenten vermögenswertereferenzierter Token vergleichsweise streng reguliert, also strenger als Emittenten anderer Token.[23] Statuiert werden über die Regulierungsschiene prohibitive Kosten, die als Marktzutrittsschranke fungieren. Diese Konsequenzen zeigen letztlich auf, dass ein Erfolg privater Komplementärwährungen oder von ähnlichen Vermögenswerten, welche wertstabilisierende Mechanismen zusätzlich mit den Vorzügen einer Distributed-Ledger-Technologie (DLT) oder einer ähnlichen Technologie[24] kombinieren, als ernstzunehmendes „Konkurrenzszenario" für staatliche Währungen angesehen wurden. Die zielgerichtete Regulierung zieht die Stablecoins in das Licht der Finanzmarktregulierung („electric light [is] the most efficient policeman" (Louis Brandeis)), wodurch man sich auf politischer Ebene u. a. verspricht, die Konkurrenzfähigkeit von in der Diskussion befindlichen Projekten wie dem digitalen Zentralbankgeld **(E-Euro)** – für den ein Kommissionsentwurf vorliegt[25] – gesichert zu haben.[26]

Begriffe hat noch nicht stattgefunden, da es zB in Art. 3 Nr. 56 DORA (VO (EU) 2022/2554) „wertreferenziert" heißt.

[20] Libra Association, Libra Whitepaper, https://beck-link.de/sbp4d (zuletzt abgerufen am 18.10.2024); s. dazu Zetzsche et al. CMLJ 2021, 203 ff.
[21] Annunziata EBI Working Paper 2023 – no. 158, S. 46 f.
[22] Vgl. Maume/Maute Kryptowerte-HdB/Wettlaufer/Patz § 13 Rn. 44.
[23] So auch Feger/Gollasch CB 2022, 248 (249).
[24] Die „Technologieoffenheit" von „ähnliche Technologie" befürwortend, die Konturenlosigkeit des Begriffs hingegen kritisierend Ritz ZdiW 2023, 151 (155). Die Technologieoffenheit der MiCAR in Zweifel zieht Annunziata EBI Working Paper 2023 – no. 158, S. 20.
[25] Vgl. den Vorschlag für eine Verordnung des Europäischen Parlaments und des Rates zur Einführung des digitalen Euro vom 28.6.2023, COM(2023) 369 final, 2023/0212(COD).
[26] Siehe European Central Bank, Digital euro, https://beck-link.de/rck53 (zuletzt abgerufen am 18.10.2024).

II. Auslegung

Die Definition des Art. 3 Abs. 1 Nr. 6 ist das Abbild der oben beschriebenen 18 Erwägungen der Privatwirtschaft, einen Stablecoin zu schaffen (→ Rn. 17). **Kennzeichnend** für den vermögenswertereferenzierten Token ist **(i)** der **Stabilisierungsmechanismus** durch Bezugnahme auf Realwerte, Kryptowerte oder amtliche Währungen und **(ii)** das **Forderungsrecht des Tokeninhabers gegen den Emittenten.** Demnach zielen Stablecoins darauf ab, das Manko der „ersten Generation" von Kryptowährungen wie *bitcoin* zu beheben, nämlich die übermäßige Volatilität ihres Wertes[27] sowie die fehlende Einstandspflicht einer Gegenpartei. Es kommt hierbei allerdings nicht darauf an, dass die Wertstabilität tatsächlich erreicht wird, sondern es ist ausreichend, wenn die Wertstabilität vorgeblich besteht.[28] In Abgrenzung zum E-Geld-Token ist Anker für die angestrebte Wertstabilität nicht nur eine einzelne Währung, sondern in der Regel ein Wertekorb, der amtliche Währungen mitumfassen kann.[29] Welches Volumen das Geschäft mit vermögenswertereferenzierten Token erreicht, wie hoch die Marktkapitalisierung ist oder wie viele Token im Umlauf sind, ist für die Definition des Art. 3 Abs. 1 Nr. 6 irrelevant. Sofern indes bestimmte Schwellenwerte erreicht sind, kann ein **signifikanter vermögenswertreferenzierter Token** iSd Art. 43 vorliegen, der den zusätzlichen Anforderungskatalog des Art. 46 nach sich zieht.

Prägend für vermögenswertereferenzierte Token ist der **Wertstabilisierungs-** 19 **mechanismus.** Wie dieser Mechanismus technisch oder rechtlich ausgestaltet ist, ist für die Definition des Art. 3 Abs. 1 Nr. 6 prinzipiell unerheblich (zu algorithmischen Stablecoins → Rn. 23). Die Wertstabilisierung muss nicht einmal sonderlich komplex hergestellt sein, so dass es ausreichen kann, wenn der Kryptowert auf mehrere Kryptowährungen referenziert.[30] Die Ausgestaltung des Stabilisierungsmechanismus darf allerdings nicht dazu führen, dass ein Token als Finanzinstrument, insbesondere Derivat iSd MiFID II,[31] zu qualifizieren wäre.[32]

Ein zentrales Element des Anlegerschutzes ist das **Recht auf Rücktausch** ge- 20 mäß Art. 39, welches u. a. durch gesetzlich vorgegebenes Reservevermögen (→ Art. 36 Rn. 5 ff.) wirtschaftlich abgesichert wird. Der Wert des Rücktauschanspruchs bestimmt sich gemäß Art. 39 Abs. 2 nach dem Marktwert der Vermögenswerte, auf die über den vermögenswertereferenzierten Token Bezug genommen wird. Aufgrund ihrer (angestrebten) geringen Volatilität und aufgrund des abgesicherten Anspruchs auf Rücktausch sollen sich vermögenswertereferenzierte Token vor allem als **Wertaufbewahrungs-** und **Zahlungsmittel** eignen.[33] Im Gegensatz zum Geld[34] und zu den E-Geld-Token wird man allerdings die Zahlungs-

---

[27] Martino Amsterdam Law School Legal Studies Research Paper No. 2022-27 (Ziff. 4.1).
[28] Tomczak CMLJ 2022, 365 (373).
[29] Dazu auch Herrmann/Aschenbeck BB 2023, 1987 (1988).
[30] Linardatos WM 2024, 1633 (1638).
[31] Näher zur Abgrenzung zwischen verschiedenen Token und Derivaten Linardatos WM 2024 1633, passim.
[32] Dazu Völkel ZFR 2023, 268 (272).
[33] Siehe allgemein vor Inkrafttreten der MiCAR Maume/Maute Kryptowerte-HdB/Wettlaufer/Patz § 13 Rn. 44.
[34] Staudinger/Omlor (2021) Vorbemerkungen zu §§ 244 ff. Rn. A 33.

mittelfunktion (noch) als reines Nebenprodukt der Wertstabilität ansehen müssen;[35] etwas anderes mag bei Einbettung der vermögenswertereferenzierten Token in ein umfassenderes Ökosystem gelten („Metaverse", „In-App-Purchase" etc). Eine Investitionsfunktion spielt hingegen keine entscheidende Rolle, da vermögenswertereferenzierte Token wertstabil sein sollen, Kurserträge mithin bei Funktionserfüllung nicht zu erwarten bzw. sogar verboten sind. Wertschwankungen durch eine informationsbasiert steigende oder sinkende Nachfrage sind praktisch ausgeschlossen;[36] Tokenwert und Referenzwert entsprechen sich mithin typischerweise.[37] Gemäß Art. 40 Abs. 1 gewähren die Emittenten den Tokeninhabern zudem keine Zinsen, weshalb auch insoweit eine Investitionsfunktion fehlt.[38] Davon zu trennen ist der Umstand, dass die Tokeninhaber mittelbar an den Wertsteigerungen der referenzierten Vermögenswerte, zB von Gold und dem Schweizer Franken, partizipieren.

21 Mit dem Versprechen einer Wertaufbewahrung gehen zwangsläufig erhebliche Anlegerrisiken einher, denn dem Erwerber des Token wird ein Anlagezweck versprochen, der auf Finanzmärkten prinzipiell schwierig zu erreichen ist. Darüber hinaus hat der Anleger keine eigenen Kontrollbefugnisse (→ Art. 28 Rn. 1); er ist den Geschicken des Emittenten ausgesetzt. Ähnlich ist die Situation für einen Anleger, der seine Vermögenswerte einer Kapitalverwaltungsgesellschaft anvertraut (→ Vor Art. 27 ff. Rn. 1). Deshalb sind die umfassenden publikumsschützenden Anforderungen der Art. 27 ff., die Notwendigkeit eines Kryptowerte-Whitepapers (Art. 16 Abs. 2 UAbs. 2, 21 Abs. 1) und der Zulassungsvorbehalt (Art. 16), auch in diesem Lichte zu sehen.

22 Angesichts des englischen Terminus „assed-referenced token" für „vermögenswertereferenzierte Token" ist **abgrenzend** klarzustellen, dass die Bezeichnung nicht mit dem ähnlich lautenden Begriff „asset-backed token" zu verwechseln ist. Bei dieser Tokenkategorie geht es um die sog. Tokenisierung eines real existierenden Wertes: Ein Objekt wie etwa ein Kunstwerk oder eine Immobilie wird in Form eines Token auf einem Distributed Ledger (Blockchain) mit dem Ziel abgebildet, die mit diesem Objekt verknüpften Rechte oder Ansprüche über die Blockchain verfügbar zu machen.[39] Als weiteres Beispiel sei der „Digix Gold Token" genannt, bei dem jeder Token genau ein Gramm Gold verbunden mit dem Recht repräsentiert, sich dieses Gramm physisch zuschicken zu lassen.[40] Solche Ansprüche auf die Lieferung von Realwerten können vermögenswertereferenzierte Token ebenso verkörpern (vgl. Art. 39 Abs. 2). Auch bei „PAX Gold", dessen Wert sich am Goldmarktpreis orientiert, soll es sich nach teilweise vertretener Ansicht um einen vermögenswertereferenzierten Token handeln.[41] Beiden Einordnungen ist

---

[35] Anders Gimigliano Italian Law Journal 2022, 353 (368) mit dem Argument, es bestünde (ungewollte) Konkurrenz zum Zentralbankgeld, wenn die Wertaufbewahrungsfunktion zentral wäre; anders auch Annunziata EBI Working Paper 2023 – no. 158, S. 22.

[36] Näher Linardatos WM 2024, 1633 (1636); ähnlich Wittig WM 2023, 412 (416), dort jedoch in Abgrenzung zu den Crypto Currencies.

[37] Müller-Lankow/Liebscher WM 2024, 1152 Rn. 6.

[38] Zum Zinsverbot schon Schopper/Raschner ÖBA 2022, 262 (268); s. auch Gimigliano Italian Law Journal 2022, 353 (368).

[39] Maume/Maute Kryptowerte-HdB/Fromberger/Zimmermann § 13 Rn. 75; Kaulartz/Matzke NJW 2018, 3278 (3280).

[40] Kaulartz/Matzke NJW 2018, 3278 (3280).

[41] Toman/Schinerl ÖBA 2023, 178 (187).

Begriffsbestimmungen **Art. 3**

nicht beizutreten: Das **reine Replizieren eines Vermögenswertes**, der seinerseits – womöglich erheblichen – **Wertschwankungen** unterliegt, **kann schwerlich eine Wertstabilisierung** iSd Art. 3 Abs. 1 Nr. 6 **enthalten.**[42] Der Token partizipiert hier unverändert an der Volatilität des Basiswerts; ein Anspruch auf Lieferung des Realwerts ändert daran nichts. Deswegen sind die meisten Token (beachte → Rn. 23), die als Basiswert lediglich *einen* Vermögenswert aufweisen, entweder Derivate iSd MiFID II (sofern sie auf einem Handelsplatz iSd Art. 2 Abs. 1 S. 1 lit. a–c MAR gehandelt werden)[43] oder – in den überwiegenden Fällen – „andere Kryptowerte" gemäß Art. 1 Abs. 1, 3 Abs. 1 Nr. 5.[44] Anders verhält es sich, wenn der Kryptowert einen **Wertekorb** als Referenz hat.

Sonderprobleme werfen die sog. **„algorithmischen Stablecoins"**[45] auf. Für die Einordnung als vermögenswertereferenzierter Token ist es – wie gesehen – irrelevant, auf welche Weise die Wertstabilisierung realisiert wird (→ Rn. 19). Erwgr. Nr. 41 S. 2 stellt deswegen konsequent klar, dass auch für solche Kryptowerte, die über Protokolle verfügen, damit das Angebot an den entsprechenden Kryptowerten auf Nachfrageveränderungen hin erhöht oder vermindert werden kann, Titel III oder IV der MiCAR anzuwenden ist. Demnach unterfallen prinzipiell auch algorithmische Stablecoins dem Begriff der vermögenswertereferenzierten Token. Allerdings können dies nur solche Token sein, die **keiner unmittelbaren nachfrageabhängigen Preisvolatilität** unterliegen. Hierfür lässt sich vor allem Art. 39 Abs. 2 ins Feld führen. Dort heißt es auszugsweise: „Auf Wunsch eines Inhabers eines vermögenswertreferenzierten Token muss ein Emittent eines solchen Token den Rücktausch (…) im Wege der Zahlung eines dem Marktwert der Vermögenswerte, auf die die vermögenswertereferenzierten Token Bezug nehmen, entsprechenden Geldbetrags (…) vornehmen". Der Gegenwert, den der Tokeninhaber bei einem Rücktausch erhält, bestimmt sich also nach dem Marktwert der (physisch) in Bezug genommenen Vermögenswerte. Ein davon abweichender nachfragebedingter Wert des Token würde die anlegerschützende Zwecksetzung des Rücktauschrechts konterkarieren. Denn der Anleger kann seine Investitionsrisiken *nach* Erwerb allein durch eine liquide Absatzmöglichkeit ausschalten oder begrenzen. An dieser anlegerschützenden Funktion des Art. 39 Abs. 2 würde es fehlen, wenn der Token vorgeblich einen nachfragebedingten Wert von 100 Einheiten hätte, während der Marktwert der in Bezug genommenen Vermögenswerte 50 Einheiten betragen könnte. Die Akzeptanz solcher Token wäre gleich null. Ein Auseinanderfallen zwischen nachfragebedingtem Wert und dem reellen Rücktauschwert ist somit nicht denkbar.

Vor diesem Hintergrund meint Erwgr. Nr. 41 S. 2 sinnvollerweise jene Kryptowerte, bei denen die Nachfrage der Token deswegen wertbeeinflussend ist, weil der physisch in Bezug genommene Wertekorb nachfrageabhängig eine Veränderung in der Gewichtung erfährt und insoweit Preisschwankungen unterliegt. Spürbar wird dies bei in Bezug genommenen Werten, die eine geringe Liquidität aufweisen. Das verwendete Protokoll des Emittenten steuert mithin *mittelbar* den Wert des Token, indem der Einfluss auf die Token-Nachfrage die Gewichtung der in Bezug genommenen Vermögenswerte bestimmt. Liegt hingegen ein algorithmischer Stablecoin

23

24

---

[42] Mit Bedenken auch Tomczak CMLJ 2022, 365 (373f.), der gleichwohl „tether" den vermögenswertereferenzierten Token zuordnet.
[43] Ausführlich Linardatos WM 2024 1633 (1638).
[44] Zu diesen „anderen Kryptowerten" zählen auch die NFT, die nicht gemäß Art. 2 Abs. 3 „einmalig" un „nicht fungibel" sind.
[45] Ein Beispiel ist der kollabierte „TerraUSD".

vor, dessen Wert *unmittelbar* durch die Nachfrage beeinflusst wird und greift das Protokoll insoweit steuernd ein, dann liegt – wie Erwgr. Nr. 41 S. 3 deutlich macht – gerade kein vermögenswertereferenzierter Token vor. Solche (uncollateralized) Token sind nämlich per se volatil.[46] Deswegen bestimmt Satz 3 des Erwgr. Nr. 41 konsequent, dass für solche algorithmische Stablecoins Titel II der MiCAR einschlägig ist („andere Kryptowerte als vermögenswertereferenzierte Token oder E-Geld-Token").[47]

7. „E-Geld-Token" einen Kryptowert, dessen Wertstabilität unter Bezugnahme auf den Wert einer amtlichen Währung gewahrt werden soll;

I. Bedeutung der Definition

25 Der Begriff des E-Geld-Tokens ist einer der **zentralen Begriffe** der MiCAR.[48] Er ist insbesondere Anknüpfungspunkt für die Regelungen der Art. 48 ff. MiCAR (Titel IV), in denen es um die Anforderungen an Emittenten von E-Geld-Token geht. Darüber hinaus wird der Begriff auch in der RL (EU) 2023/1113 (TFR 3) gebraucht, sodass die Regelungen dieser Verordnung für Kryptowerte-Dienstleister auch bei Transfers von E-Geld-Token gelten (vgl. Art. 2 Abs. 4 UAbs. 4 iVm Art. 14 ff.). Ferner wird der Begriff der E-Geld-Token ebenfalls in der VO (EU) 2022/858 (DLT-Pilot-Regime) in Bezug genommen.[49]

26 E-Geld-Token sind laut der Definition in Art. 3 Abs. 1 Nr. 7 eine Art von Kryptowert,[50] dessen Wertstabilität gewahrt werden soll durch Bezugnahme auf den Wert einer amtlichen Währung, die von einer Zentralbank oder einer anderen Währungsbehörde ausgegeben wird. E-Geld-Token stellen damit eine **Art von Stablecoins** dar.[51] Die vermögenswertereferenzierten Token, die andere in der MiCAR regulierte Form von Stablecoins, wahren ihre Wertstabilität durch die Bezugnahme auf einen anderen Wert oder ein anderes Recht oder eine Kombination davon (sog. Basket). Sie können daher auch auf mehrere amtliche Währungen oder mehrere Vermögenswerte anderer Art Bezug nehmen.[52] Dagegen ist bei E-Geld-Token die Bezugnahme auf eine einzige amtliche Währung begrenzt.[53]

---

[46] Näher Clements Wake Forest L. Rev. Online 2021 (Vol. 11), 131.
[47] Zur allgemein unterschätzten Bedeutung von Titel II der MiCAR s. Linardatos WM 2024 1685 ff.
[48] Insgesamt wird der Begriff „E-Geld-Token" in der Verordnung 458 Mal verwendet.
[49] So erlaubt Art. 5 Abs. 8 DLT-Pilot-Regime die Abwicklungen von Zahlungen bei Transaktionen mit DLT-Finanzinstrumenten auch unter Verwendung von E-Geld Token.
[50] So auch Hanten/Stedler RdZ 2023, 76 (79).
[51] Aufgrund ihrer Wertstabilität werden E-Geld-Token und vermögenswertereferenzierte Token außerhalb des MiCAR-Kontexts auch Stablecoins genannt. Die MiCAR verwendet diesen Begriff hingegen nicht. Dennoch hat sich der Begriff für solche Kryptowerte etabliert, deren Wert bzw. Beständigkeit an einen oder mehrere Vermögenswerte gekoppelt ist (Fn. 1 des Vorschlags für eine Verordnung des Europäischen Parlaments und des Rates zur Einführung des digitalen Euro v. 28. 6. 2023 (COM(2023) 369 final – 2023/0212 (COD), vgl. bspw. Terlau BKR 2023, 809 (811) oder Maume RDi 2022, 497 (498).
[52] Hierzu siehe auch Lösing/John BKR 2023, 373 (377).
[53] Ebenso Hanten/Stedler RdZ 2023, 76 (79).

Die **Risiken,** die von den verschiedenen Unterarten von Kryptowerten aus- 27
gehen, sind jedoch unterschiedlich (Erwgr. Nr. 18). Der regulatorische Ansatz der
MiCAR differenziert daher zwischen folgenden Unterarten von Kryptowerten:
E-Geld-Token (Titel IV), vermögenswertereferenzierte Token (Titel III) und allen
sonstigen Kryptowerten, die nicht bereits vom Anwendungsbereich der MiCAR
ausgeschlossen sind (Titel II)[54]. In die Gruppen mit der strengsten Regulierung fallen die beiden wertstabilen Kryptowerte, die Stablecoins, also die E-Geld-Token
und die vermögenswertereferenzierten Token (Erwgr. Nr. 10, 40).

Die Regulierungsinitiative, die zur Verabschiedung der MiCAR führte, wurde 28
unter anderem durch die potenziellen Risiken motiviert, die mit Stablecoins und
Projekten wie Diem[55] von Meta verbunden sind.[56] Diese Risiken, so Erwgr. Nr. 5
(ohne das Diem-Projekt direkt anzusprechen), könnten langfristig die **Finanzstabilität,** das reibungslose Funktionieren der **Zahlungssysteme,** die **geldpolitische Transmission** oder die **Währungshoheit** der Staaten beeinträchtigen.[57]

Mit Umsetzung der MiCAR unterliegen Emittenten von E-Geld-Token einer 29
strengen Regulierung, die **ähnlich der Regulierung** von E-Geld-Instituten nach
der europäischen **E-Geld-Richtlinie** ausgestaltet ist, in Teilen aber auch gewisse
Abweichungen von dieser vorsieht. Im Unterschied zu Emittenten von vermögenswertereferenzierten Token, für die die MiCAR selbst einen ausgedehnten
Regelungskatalog bereithält, verweist die MiCAR in Bezug auf Emittenten von E-
Geld-Token in Titel IV für viele Regelungen auf die E-Geld-Richtline (Art. 48
Abs. 3). Die Emittenten von E-Geld-Token müssen eine Zulassung als Kreditinstitut oder als E-Geld-Institut haben (Art. 48 Abs. 1) und somit die strengen Anfor-
derungen Bankenregulierung (CRR, CRD IV, etc.) bzw. der E-Geld-Richtlinie

---

[54] Vgl. auch Erwgr. Nr. 18 MiCAR.
[55] Whitepaper zum Diem-Vorgänger Libra, „The Libra Blockchain", überarbeitete Fassung
v. 1.5.2020: https://beck-link.de/5znha (zuletzt abgerufen am 26.3.2024). Zur Ankündigung des Libra-Vorhabens: Isaac/Popper, Facebook Plans Global Financial System Based
on Cryptocurrency, New York Times, 18.6.2019 (https://beck-link.de/pv475 (zuletzt abgerufen am 26.3.2023)).
[56] Stefan Berger, Pressemitteilung, „MiCAR: EU-Politiker strebt Hürden für Facebook-Geld
an" (https://beck-link.de/crp8b (zuletzt geöffnet am 26.3.2023)); siehe hierzu auch
Maume RDi 2022, 497 (498).
[57] Aus einer Pressemitteilung des berichterstattenden EU-Abgeordneten Stefan Berger wird
den Einfluss, den das Diem-Projekt auf die Regulierungsinitiative hatte, deutlich: „Die EU
ist kein Einfallstor für Diem. Mark Zuckerberg muss an einem regulatorischen Bollwerk
vorbei. […] Ein Währungsprojekt, das die Herrschaft des Geldes mit der Macht der Daten
verbinden will, bringt Risiken für die Finanzstabilität und die Privatsphäre der Verbraucher
mit sich […]". Stefan Berger, Pressemitteilung, „MiCAR: EU-Politiker strebt Hürden für
Facebook-Geld an" (https://beck-link.de/crp8b (zuletzt abgerufen am 26.3.2024)). Es bestand also die Befürchtung, dass Meta/Facebook aufgrund seiner Milliarden von Nutzern
mit Diem rasch zu einer weltweiten Zahlungsmöglichkeit werden könnte, die außerhalb
der Kontrolle von Politik und Zentralbanken gelegen wäre (Maume RDi 2022, 497 (498)).
Aufgrund des politischen Drucks wurde das Projekt seitens Meta/Facebook 2022 eingestellt: Diem Association, Press Release, Statement by Diem CEO Stuart Levey on the
Sale of the Diem Group's Assets to Silvergate, 31.1.2022 (https://beck-link.de/f2hmz (zuletzt abgerufen am 26.3.2024): „Despite giving us positive substantive feedback on the design of the network, it nevertheless became clear from our dialogue with federal regulators
that the project could not move ahead. As a result, the best path forward was to sell the Diem
Group's assets, as we have done today to Silvergate.".

Art. 3 Titel I Gegenstand, Anwendungsbereich und Begriffsbestimmungen

an ihre Finanzlage, ihre Governance, ihr Risikomanagement und ihre IT-Sicherheit erfüllen.

30 **Abweichend von der E-Geld-Regulierung** nach der E-Geld-Richtlinie müssen Emittenten von E-Geld-Token aber ein **Whitepaper** erstellen und veröffentlichen, das detaillierte Informationen über den Emittenten, den E-Geld-Token, die Rechte und Pflichten der Inhaber, die Risiken und die Haftung enthält (Art. 51). Die Inhaber von E-Geld-Token haben ferner einen **Anspruch** gegen den Emittenten **auf Rücktausch** zum Nennwert (Art. 49 Abs. 4) und die Möglichkeit zur Erhebung von Rücktauschgebühren wird vollständig ausgeschlossen.

31 Strengere Anforderungen gelten für Emittenten von **„signifikanten E-Geld-Token"** (Art. 56, 58), da von ihnen höhere Risiken für die Finanzstabilität ausgehen (Erwgr. Nr. 59 und 71). E-Geld-Token werden als signifikant eingestuft, wenn sie bestimmte Kriterien erfüllen oder voraussichtlich erfüllen werden (Erwgr. Nr. 59). Zu diesen Kriterien gehören unter anderem ein **umfangreicher Kundenstamm** (Art. 56 Abs. 1 iVm Art. 43 Abs. 1 Nr. 1), eine **hohe Marktkapitalisierung** (Art. 56 Abs. 1 iVm Art. 43 Abs. 1 Nr. 2) oder eine hohe **Anzahl von Transaktionen** (Art. 56 Abs. 1 iVm Art. 43 Abs. 1 Nr. 3). Wird ein E-Geld-Token von der EBA als signifikant eingestuft, hat ein emittierendes **E-Geld-Institut** zusätzliche Anforderungen zu erfüllen, die insbesondere gegenüber der E-Geld-Richtline **verschärfte Eigenmittelanforderungen** (Art. 5 E-Geld-Richtlinie) und **Sicherungsanforderungen** (Art. 7 E-Geld-Richtlinie) mit sich bringen (Art. 58 Abs. 1). Werden die E-Geld-Token dagegen von **Kreditinstituten** emittiert, haben diese **keine zusätzlichen Anforderungen** zu erfüllen (Art. 58 richtet sich nur an E-Geld-Institute). Für Kreditinstitute ändert sich in diesem Fall nur die zuständige Behörde. Emittenten (also Kreditinstitute und E-Geld-Institute) von signifikanten E-Geld-Token werden einheitlich von der EBA beaufsichtigt (Art. 56 Abs. 6).

II. Definition des E-Geld-Tokens

32 Die MiCAR führt eine sehr **weite Definition** von E-Geld-Token ein. Mit der Definition des E-Geld-Tokens sollen alle Arten von Kryptowerten erfasst werden, die auf eine einzige amtliche Währung Bezug nehmen. Weder werden eine spezifische technologische Basis noch eine Zahlungsmittelfunktion (anders als bei der E-Geld-Definition iSd Art. 2 Nr. 2 E-Geld-Richtlinie) vorausgesetzt, so dass schon der Begriff „DLT-basierte Zahlungsmittel" zu eng ist. Ziel dieser weiten Definition ist es sicherzustellen, dass die Vorschriften der E-Geld-Richtlinie nicht umgangen werden können (Erwgr. Nr. 19).

33 „E-Geld-Token" bezeichnen einen Kryptowert, dessen Wertstabilität unter Bezugnahme auf den Wert einer amtlichen Währung gewahrt werden soll. Als eine Unterart von Kryptowerten[58] müssen E-Geld-Token alle Voraussetzungen des Kryptowerte-Begriffs erfüllen (→ Rn. 9). Daneben sind entscheidende Elemente der E-Geld-Token-Definition (i) die **Bezugnahme auf den Wert** einer **amtlichen Währung** (Abs. 1 Nr. 8) und (ii) die **Wahrung der Wertstabilität.** Eine **Zahlungsmittelfunktion** ist keine explizite Voraussetzung eines E-Geld-Tokens.

---

[58] Neben vermögenswertereferenzierten Token (Art. 3 Abs. 1 Nr. 6) und sonstigen Kryptowerten.

Begriffsbestimmungen **Art. 3**

1. Kryptowerte

Die E-Geld-Token-Definition setzt technisch-funktional das Vorhandensein 34
eines **Kryptowerts** (englisch: „crypto-asset[59]") voraus. Dies ist gemäß Art. 3 Abs. 1
Nr. 5 iVm Art. 3 Abs. 1 Nr. 1 und Nr. 2 jede „digitale Darstellung eines Werts oder
eines Rechts, der bzw. das unter Verwendung der Distributed-Ledger-Technologie
oder einer ähnlichen Technologie elektronisch übertragen und gespeichert werden
kann". Schon der Zusatz „oder einer ähnlichen Technologie" zeigt, dass keine zu
hohen Anforderungen an die Qualifikation der zugrundeliegenden Technologie
gestellt werden.[60] Auch solche Kryptowerte, die auf vollständig zentral von einem
Netzwerkadministrator verwalteten (sog. „permissioned") DLT-Netzwerken abgebildet sind, würden vor diesem Hintergrund in den Anwendungsbereich der
MiCAR fallen. Wann andere Technologien der DLT „ähnlich" sind, ist vollkommen unklar. Schließlich müssen die Kryptowerte auch nicht „handelbar" sein; die
bloße Übertragbarkeit genügt.

2. Bezugnahme auf den Wert einer amtlichen Währung

Zu einem E-Geld-Token wird ein allgemeiner Kryptowert durch **Bezug-** 35
nahme auf den Wert einer amtlichen Währung eines Landes, die von einer
Zentralbank oder einer anderen Währungsbehörde ausgegeben wird (Art. 3 Abs. 1
Nr. 7 und Nr. 8). Auch insoweit verfolgt die MiCAR einen weiten Ansatz: Für den
Begriff der E-Geld-Token ist es unerheblich, ob sich dieser auf eine amtliche Währung eines Mitgliedstaates der EU oder eines Nicht-EU-Landes bezieht.[61]

In der Systematik der MiCAR könnte man annehmen, dass schließlich auch 36
emittentenlose, dezentrale virtuelle Währungen als E-Geld-Token zu qualifizieren seien, da eine Forderung gegen einen (zentralen) Emittenten nicht Teil des
Tatbestands, sondern nur eine zwingende Rechtsfolge (Art. 49 MiCAR) ist.[62] Die
Notwendigkeit eines Emittenten, so *Hanten/Stedler,* kann zudem auch nicht mit
Verweis auf den Art. 2 Nr. 2 E-Geld-Richtlinie begründet werden, da die Definition in Teil I der E-Geld-Richtlinie niedergelegt ist, auf den Art. 48 Abs. 3 gerade
nicht verweist.[63] Dem ist allerdings entgegenzuhalten, dass Kryptowerte ohne identifizierbaren Emittenten nicht in den Anwendungsbereich der Titel II, III oder IV
der MiCAR fallen (Erwgr. Nr. 22). So steht in Erwgr. Nr. 22: „*Kryptowerte ohne
identifizierbaren Emittenten sollten nicht in den Anwendungsbereich der Titel II, III oder IV
dieser Verordnung fallen.*" Dies bedeutet, dass zumindest die Ausgabe solcher Kryptowerte nicht reguliert werden soll. Bezieht sich aber beispielsweise die Tätigkeit eines
Kryptowertedienstleisters auf Kryptowerte ohne Emittenten, löst dieser ungeachtet
seiner unregulierten Emission, die Zulassungspflicht nach Art. 59 MiCAR aus.[64]

---

[59] Die englischsprachige Definition des Begriffs Kryptowert lautet: „a digital representation of
a value or of a right that is able to be transferred and stored electronically using distributed
ledger technology or similar technology […]" (Art. 3 Abs. 1 Nr. 5 MiCAR).
[60] Brauneck WM 2022, 1258 (1262); Lösing/John BKR 2023, 373 (376).
[61] Vgl. Art. 3 Abs. 1 Nr. 8 („eine amtliche Währung eines Landes") und Art. 58 Abs. 3
MiCAR.
[62] So auch Hanten/Stedler RdZ 2023, 76 (80 f.).
[63] Hanten/Stedler RdZ 2023, 76 (80).
[64] Erwgr. Nr. 22 MiCAR: „Hingegen sollten Anbieter von Kryptowerte-Dienstleistungen,
die Dienstleistungen für solche Kryptowerte [ohne identifizierbaren Emittenten] anbieten,
in den Anwendungsbereich dieser Verordnung fallen.".

37 Für die Anwendbarkeit der MiCAR ist nicht allein relevant, **auf welche Währung sich ein E-Geld-Token bezieht** (vgl. Art. 3 Abs. 1 Nr. 8 *("eine amtliche Währung eines Landes")* und Art. 58 Abs. 3). Zwar legt Art. 48 Abs. 2 UAbs. 2 fest, dass von einem öffentlichen Angebot von E-Geld-Token auszugehen ist, wenn sich der E-Geld-Token auf eine amtliche Währung eines EU-Mitgliedstaates bezieht. Dies schließt jedoch nicht aus, dass öffentliche Angebote von E-Geld-Token, die sich auf eine amtliche Währung eines Nicht-EU-Landes beziehen, in den Anwendungsbereich der MiCAR fallen.[65]

38 Der **digitale Euro** wird kein E-Geld-Token sein. Dieser würde von der EZB ausgegeben,[66] nähme keinen Bezug auf eine amtliche Währung, sondern wäre unmittelbar selbst gesetzliches Zahlungsmittel.[67]

3. Wahrung der Wertstabilität

39 E-Geld-Token geben vor, den **Wert der amtlichen Währung zu wahren.** Dies kann durch eine Eindeckung mit der amtlichen Währung oder aber auch auf andere Weise, bspw. durch bestimmte Algorithmen geschehen, die die Menge der E-Geld-Token regulieren.

40 Für die Einordnung als E-Geld-Token ist es unerheblich, wie ein Emittent die Wertstabilität des Tokens herstellt[68]. Daher können auch sog. algorithmische Stablecoins unter den E-Geld-Token-Begriff fallen.[69] Algorithmische Stablecoins stellen ihre Wertstabilität über Protokolle her, die das Angebot an den entsprechenden Kryptowerten auf Nachfrageveränderungen hin erhöhen oder vermindern (Erwgr. Nr. 41). Darüber hinaus genügt für das Tatbestandsmerkmal der Wertreferenz, das Abzielen auf einen bzw. der Anschein eines stabilen Werts („gewahrt werden soll"; englisch: „that purports" [deutsch auch: behaupten]). Der Wortlaut spricht daher auch in dieser Hinsicht für ein weites Verständnis, bei dem das **Erwecken bestimmter Markterwartungen** im Vordergrund steht.[70] Nicht von Bedeutung ist daher auch, ob die Wertstabilität dann auch tatsächlich erreicht wird. Dies ist teleologisch insofern konsequent, als dass sich systemische Risiken durch die weitgehende Adaption bestimmter Stablecoins im Markt unabhängig davon ergeben können, ob diese nur vordergründig oder tatsächlich eine Wertreferenz bzw. -stabilität gewährleisten. Hervorzuheben ist ferner, dass eine intendierte oder

---

[65] Nach allgemeinen Prinzipien kommt es darauf an, ob sich das Angebot der E-Geld-Token an Kunden in einem EU-Mitgliedsstaat richtet (vgl. BaFin, Merkblatt zur Erlaubnispflicht von grenzüberschreitend betriebenen Geschäften).

[66] Siehe Art. 4 Abs. 1 des Vorschlags für eine Verordnung des Europäischen Parlaments und des Rates zur Einführung des digitalen Euro v. 28.6.2023 (COM(2023) 369 final – 2023/0212 (COD)).

[67] Art. 7 Abs. 1 des Vorschlags für eine Verordnung des Europäischen Parlaments und des Rates zur Einführung des digitalen Euro; siehe auch Terlau BKR 2023, 809 (811).

[68] Erwgr. Nr. 41 MiCAR: „Wenn ein Kryptowert unter die Begriffsbestimmung eines vermögenswertereferenzierten Token oder eines E-Geld-Token fällt, sollte Titel III oder IV dieser Verordnung Anwendung finden, und zwar unabhängig davon, wie der Emittent den Kryptowert einschließlich des Mechanismus für die Wertstabilisierung des Kryptowerts anzulegen gedenkt.".

[69] Erwgr. Nr. 41 MiCAR; so auch Terlau BKR 2023, 809 (811) und Maume RDi 2022, 497 (498).

[70] Lösing/John BKR 2023, 373 (376); Maume RDi 2022, 497 (498); Wittig WM 2023, 412 (415).

Begriffsbestimmungen **Art. 3**

zumindest marktfaktische Zahlungs- oder Tauschmittelfunktion[71] jedenfalls kein explizites Tatbestandsmerkmal von E-Geld-Token ist. Dies ist beim (klassischen) E-Geld anders.[72]

4. Abgrenzungsfragen: Geldbeträge, Einlagen und E-Geld

a) Abgrenzung zu Geldbeträgen. In der MiCAR ist vorgesehen, dass Kryptowerte, die als **Geldbeträge** iSd des Art. 4 Nr. 25 der PSD2 zu qualifizieren sind, von der MiCAR ausgenommen sind, sofern sie nicht ausnahmsweise auch als E-Geld-Token eingeordnet werden können.[73] Angesichts der Weite der Definition von E-Geld-Token bleibt jedoch unklar, welche Kryptowerte, die als Geldbeträge im Sinne der PSD2 gelten, überhaupt noch vom Anwendungsbereich der MiCAR ausgenommen sind. Geldbeträge iSd Art. 4 Nr. 25 PSD2 können Banknoten und Münzen, Giralgeld oder E-Geld sein. Da tokenisierte Formen von Banknoten und Münzen ausscheiden und tokenisiertes E-Geld eindeutig als E-Geld-Token qualifiziert, könnte allenfalls **tokenisiertes Giralgeld** aus dem Anwendungsbereich der MiCAR ausscheiden. 41

b) Abgrenzung von Einlagen. In Anbetracht dessen, dass E-Geld und Geldbeträge, die im Tausch für E-Geld entgegengenommen werden, nicht als Einlagen im Sinne der E-Geld-Richtlinie behandelt werden, sollen auch E-Geld-Token nicht als Einlagen behandelt werden (Erwgr. Nr. 9). Dies soll eine **Gleichbehandlung von E-Geld und E-Geld-Token** sicherstellen. Diese Begründung basiert auf Art. 6 Abs. 3 S. 2 der E-Geld-Richtlinie, wonach E-Geld und das von den E-Geld-Inhabern entgegengenommene Geld nicht als Einlagen oder andere rückzahlbare Gelder des Publikums iSd Art. 5 der RL 2006/48/EG (nunmehr Art. 9 CRD IV) gelten. Maßgeblich bedeutet dies, dass solche Gelder nicht dem Schutz der Einlagensicherungsrichtlinie unterfallen. Diese ist in Deutschland durch das Einlagensicherungsgesetz umgesetzt und sieht bei Insolvenz des betreffenden Instituts grundsätzlich einen gesetzlichen Schutz der Kundengelder von bis zu 100.000 EUR (Deckungssumme) vor.[74] 42

c) Abgrenzung von E-Geld-Token und E-Geld. Erwgr. Nr. 19 beschreibt Unterschiede zwischen E-Geld und „auf eine amtliche Währung bezogene Kryptowerte", meint damit aber den **Zustand vor MiCAR** und postuliert damit insbesondere die Forderung, dass es einen zeitlich nicht begrenzten (Rück-)Forderungsanspruch gegen den Emittenten dieser Kryptowerte geben solle, der ein jederzeitiges Recht auf Umtausch zum Nennwert verlangt. 43

Die folgende Tabelle gibt einen Überblick über wesentliche Charakteristika von E-Geld iSd E-Geld-Richtlinie und E-Geld-Token und beschreibt damit Gemeinsamkeiten und Unterschiede mit/**nach Geltung der MiCAR:** 44

---

[71] Der Vorschlag der Kommission v. 24.9.2020 enthielt noch die Einschränkung „the main purpose of which is to be used as a means of exchange", dazu Patz BKR 2021, 725 (735).
[72] Dazu kritisch Wittig WM 2023, 412 (416).
[73] Art. 2 (4) lit. c) und Erwgr. Nr. 9 MiCAR.
[74] § 8 EinSiG basierend auf Art. 6 der Einlagensicherungsrichtlinie 2014/49/EU, s. a. ErwGr. Nr. 21 der Richtlinie.

Lösing

Art. 3 Titel I Gegenstand, Anwendungsbereich und Begriffsbestimmungen

Gegenüberstellung: E-Geld und E-Geld-Token

Kriterium	E-Geld	E-Geld-Token
Rechtsgrundlage	Art. 2 Nr. 2 der E-Geld-Richtlinie	Art. 3 Abs. 1 Nr. 7
Elektronische Speicherung	Ja	Ja, als Bestandteil eines Kryptowerts
Zugrundeliegende Technologie	Nicht definiert/offen	Distributed-Ledger-Technologie oder eine ähnliche Technologie
Monetärer Wert	Ja	Ja
Wertstabilität in Bezug auf amtliche Währung	Ja, implizit über Rücktauschrecht zum Nennwert	Ja, expliziter Bestandteil der Definition.
Einsatz als Zahlungsmittel	Ja, zwingende Tatbestandsvoraussetzung	Nicht ausgeschlossen, aber auch keine zwingende Tatbestandsvoraussetzung
Akzeptanz durch einen Dritten (jemand anderes als der Emittent und der Inhaber)	Ja, zwingende Tatbestandsvoraussetzung	Nicht ausgeschlossen, aber auch keine zwingende Tatbestandsvoraussetzung
Ausstellung gegen Zahlung eines Geldbetrags	Ausstellung gegen Geld, also Bargeld, Giralgeld oder anderes E-Geld	Ausstellung nicht zwingend durch Zahlung eines Geldbetrags, ein E-Geld-Token kann auch gegen Übertragung von virtuellen Währungen, anderen Token oder durch Mining ausgestellt werden/entstehen.
Forderung gegen einen Emittenten	Zwingend, umstritten ob als Tatbestandsvoraussetzung oder als Rechtsfolge	Emittent auf Tatbestandsseite nicht erforderlich, allerdings wird auf Rechtsfolgenseite ein öffentliches Angebot oder eine Handelszulassung verboten, wenn kein Emittent vorhanden ist (Art. 48 Abs. 1); soweit ein Emittent vorhanden ist, muss dieser die E-Geld-Token zum Nennwert zurücktauschen (Art. 49 Abs. 4)
Möglichkeit für den Rücktausch Gebühren zu verlangen	Ja, im Rahmen eingeschränkter rechtlicher Voraussetzungen	Nein

Begriffsbestimmungen **Art. 3**

Kriterium	E-Geld	E-Geld-Token
Möglichkeit, Zinsen zu verlangen	Nein, Art. 12 E-Geld-Richtlinie	Nein, aufgrund des Verbots in Art. 50 Abs. 1.[75]
Erfordernis eines Whitepapers oder Prospekts	Nein	Ja
Anforderungen an Marketingmitteilungen	Keine explizite Regelung bezogen auf E-Geld	Explizite Anforderungen
Anwendbarkeit der Ausnahme für begrenzte Netze und elektronische Kommunikationsdienstleister (→ Rn. 64 ff.)	Ja	Ja
Einlagenqualität/ Schutz durch Einlagensicherung	Nein	Nein
Vorgabe zur Sicherung entgegengenommener Gelder mit mindestens 30% auf gesonderten Konten bei Kreditinstituten	Nein	Ja (Art. 54)
Unterschiedliche Regelungen bei Überschreiten von Signifikanz-Schwellenwerten	Nein	Ja (für E-Geld-Institute)
Pflicht zur Aufstellung eines Sanierungsplans	Nein	Ja (Art. 55 iVm Art. 46)
Pflicht zur Aufstellung eines Rücktauschplans	Nein	Ja (Art. 55 iVm Art. 47)

Kein Tatbestandsmerkmal, sondern zwingende **Rechtsfolge** ist die Ausgabe von 45 E-Geld-Token zum Nennbetrag gegen Zahlungen in amtlicher Währung, E-Geld (im klassischen Sinn) oder E-Geld-Token, Art. 49 Abs. 3 MiCAR[76].

Als MiCAR-interne Abgrenzung handelt es sich bei Stablecoins, die sich auf an- 46 dere Werte oder eine Kombination von Werten beziehen, um vermögenswertereferenzierte Kryptowerte. Auch die Bezugnahme auf mehrere Währungen in einer

---

[75] Es ist fraglich, warum die Regelung zum Verzinsungsverbot eine Abweichung von (Art. 12) der E-Geld-Richtlinie sein soll.
[76] Siehe Art. 3 Abs. 1 Nr. 14 iVm Art. 4 der PSD 2. Gemäß Art. 2 Abs. 2 Nr. 4 (c) MiCAR handelt es sich bei E-Geld-Token definitionsgemäß auch um „Geldbeträge".

Lösing

Kombination (Basket) würde zur Einordnung als vermögenswertereferenzierter Kryptowert führen[77].

5. Anwendbarkeit der Bereichsausnahmen der E-Geld-Richtlinie

47 Für E-Geld gelten entsprechende **Bereichsausnahmen.** Diese umfassen Zahlungssysteme in limitierten Netzen oder mit limitierter Produktpalette und Instrumente zu sozialen oder steuerlichen Zwecken und Zahlungsvorgänge bei elektronischen Kommunikationsnetzen/-diensten (→ Rn. 301 ff.). Art. 48 Abs. 5 MiCAR soll einen **Gleichlauf mit E-Geld-Token** herstellen. Danach gelten die Vorgaben des Titel IV über E-Geld-Token grundsätzlich nicht für Emittenten von E-Geld-Token, die unter diese Ausnahmeregelungen fallen. Dies gilt jedoch wiederum nicht in Bezug auf Kryptowerte-Whitepaper, so dass auch Emittenten, die von diesen Ausnahmen profitieren, verpflichtet sind Kryptowerte-Whitepaper zu erstellen, an die zuständigen Behörden zu übermitteln und zu veröffentlichen (Art. 48 Abs. 5 iVm Abs. 7 und Art. 51 MiCAR).

III. Systematische Verwerfungen im Regelungsregime

48 Da sich die MiCAR auf die E-Geld Richtlinie bezieht, die wiederum dem ZAG zugrunde liegt, dürfte es künftig zu einem Nebeneinander bzw. einer Ergänzung von MiCAR und ZAG kommen.[78] Aufgrund fehlender Abstimmung zwischen diesen Regelungsregimen drohen **systematische Verwerfungen.** Diese ergeben sich in Bezug auf:
– den Kreis möglicher Emittenten;
– den Zeitpunkt des Eingreifens der Zulassungspflicht;
– die Pflicht zur Veröffentlichung eines Kryptowerte-Whitepapers;
– die Pflicht zur Einhaltung von Marketing-Anforderungen;
– die Möglichkeit, Gebühren für den Rücktausch zu verlangen; und
– die speziellen Regelungen für signifikante E-Geld-Token.

An sich sollte es sich bei der Definition des E-Geldes schon um eine technisch neutrale Definition handeln, die auch zukünftige E-Geld-Produkte erfassen sollte.[79] Nichtsdestotrotz hat man auf europäischer Ebene entschieden, E-Geld-Token einer eigenständigen Regulierung zu unterwerfen mit der Folge, dass es zu den beschriebenen systematischen Verwerfungen kommt. Es wäre besser gewesen, E-Geld-Token durch geringfügige Erweiterung des Anwendungsbereichs der E-Geld-Richtlinie zu regulieren.[80]

---

[77] Lösing/John BKR 2023, 373 (377); Maume RDi 2022, 497 (502).
[78] Wittig WM 2023, 412 (417) zur „parallelen Anwendung von MiCAR und E-Geld-Richtlinie" sowie einer „Reihe von Sondervorschriften gegenüber der Regulierung von E-Geld nach der europäischen E-Geld-Richtlinie und dem ZAG".
[79] Ellenberger/Findeisen/Nobbe/Böger/Findeisen ZAG § 1 Rn. 546.
[80] Auch Terlau BKR 2023, 809 (811) geht (zu Recht) davon aus, dass E-Geld-Token selbst von der MiCAR vorrangig als Zahlungsmittel angesehen werden. Auch vor diesem Hintergrund hätte es nahe gelegen E-Geld-Token technologieneutral innerhalb der E-Geld-Richtlinie/PSD2 zu regeln, die ohnehin aktuell revidiert werden, vgl. auch Erwgr. Nr. 18, wonach E-Geld-Token eine ganz ähnliche Funktion wie E-Geld im Sinne der E-Geld-Richtlinie haben und ebenso wie E-Geld als elektronische Surrogate für Münzen und Banknoten für Zahlungen verwendet werden können.

Begriffsbestimmungen **Art. 3**

1. Kreis möglicher Emittenten

Gemäß Art. 48 Abs. 1 MiCAR dürfen grundsätzlich nur CRR-Kreditinstitute 49
und E-Geld Institute E-Geld-Token öffentlich anbieten, deren Emittent sie zugleich jeweils sind. Ein eigenständiges Erlaubnisverfahren enthält die MiCAR dagegen nicht. Eine direkte Anwendung der MiCAR iVm der E-Geld-Richtlinie und iVm der Zahlungsdiensterichtlinie (über Art. 3 Abs. 1 E-Geld-Richtlinie) erscheint systematisch fernliegend. Über den Verweis in die E-Geld-Richtlinie müsste in Deutschland schon insoweit auf das ZAG zurückgegriffen werden. Das bedeutet aber, dass für die Emittenten von „klassischem" E-Geld iSd E-Geld-Richtlinie deutlich mehr Unternehmen und sonstige Personen E-Geld ausgeben können als dies bei E-Geld-Token der Fall ist. Ausweislich des Art. 3 Nr. 3 der E-Geld-Richtlinie umfassen „E-Geld-Emittent" nicht nur Kredit- und E-Geld-Institute (die in Art. 1 Abs. 1 lit. a und lit. b der E-Geld-Richtlinie genannten Einrichtungen), sondern auch die **folgenden weiteren Emittenten:**

(a) Postscheckämter, die nach einzelstaatlichem Recht berechtigt sind, E-Geld auszugeben;
(b) die Europäische Zentralbank und die nationalen Zentralbanken, wenn sie nicht in ihrer Eigenschaft als Währungsbehörden oder andere Behörden handeln;
(c) die Mitgliedstaaten oder ihre regionalen beziehungsweise lokalen Gebietskörperschaften, wenn sie in ihrer Eigenschaft als Behörden handeln;[81]
(d) Institute, denen eine Freistellung nach Art. 1 Abs. 3 der E-Geld-Richtlinie gewährt wird[82], sowie
(e) juristische Personen, denen eine Freistellung nach Art. 9 der E-Geld-Richtlinie gewährt wird.

Sämtliche der in (a) bis (e) genannten Einrichtungen dürfen rechtlich klassisches E-Geld ausgeben, aber keine E-Geld-Token. Ein Grund für diese Ungleichbehandlung lässt sich den Gesetzesmaterialien nicht entnehmen.

2. Der Zeitpunkt des Eingreifens der Zulassungspflicht

Relevanter Zeitpunkt für das Eingreifen der Erlaubnispflicht ist im Fall des (klas- 50
sischen) E-Geld-Geschäfts die Intention zur Ausgabe von E-Geld. Die Mitgliedstaaten haben vorzuschreiben, dass Unternehmen, die Zahlungsdienste zu erbringen beabsichtigen, vor dem Beginn der Erbringung von Zahlungsdiensten die Zulassung als Zahlungsinstitut erlangen müssen (Art. 11 Abs. 1 PSD2), was entsprechend bedeutet (Art. 3 Abs. 1 E-Geld-Richtlinie), dass E-Geld-Institute i**hre Zulassung vor Erbringung des E-Geld-Geschäfts,** also vor Ausgabe des E-Geldes erlangt haben müssen. In Deutschland ist dies entsprechend in § 11 Abs. 1 iVm § 2 Abs. 2 S. 2 ZAG umgesetzt. Dagegen knüpft die Zulassungspflicht im Rahmen der MiCAR (Art. 48

---

[81] In Deutschland bspw. Bund, die Länder, die Gemeinden und Gemeindeverbände sowie die Träger bundes- oder landesmittelbarer Verwaltung, einschließlich der öffentlichen Schuldenverwaltung, der Sozialversicherungsträger und der Bundesagentur für Arbeit, soweit sie außerhalb ihres hoheitlichen Handelns Zahlungsdienste erbringen (bzw. das E-Geld-Geschäft betreiben).
[82] In Deutschland bspw. die Kreditanstalt für Wiederaufbau, Unternehmen, die aufgrund des Wohnungsgemeinnützigkeitsgesetzes als Organe der staatlichen Wohnungspolitik anerkannt sind und nicht überwiegend Bankgeschäfte betreiben, sowie Unternehmen, die als gemeinnützige Wohnungsunternehmen anerkannt sind § 2 Abs. 1 Nr. 3 ZAG iVm Art. 2 Abs. 5 CRD IV.

Art. 3 Titel I Gegenstand, Anwendungsbereich und Begriffsbestimmungen

Abs. 1) in Bezug auf E-Geld-Token an die Intention zur **Abgabe eines öffentlichen Angebots** bzw. zur **Beantragung einer Zulassung zum Handel** an.

3. Die Pflicht zur Veröffentlichung eines Kryptowerte-Whitepapers

51 E-Geld-Institute und sonstige Emittenten von klassischem E-Geld (iSd E-Geld-Richtlinie) sind nicht gehalten ihre Kunden, die Öffentlichkeit oder die Aufsichtsbehörden mit einem Whitepaper zu informieren. Dies ist für die Emittenten von E-Geld-Token anders. Diese **Ungleichbehandlung** erscheint nicht gerechtfertigt.

4. Die Pflicht zur Einhaltung von Marketing-Anforderungen

52 E-Geld-Institute und sonstige Emittenten von klassischem E-Geld sind nicht gehalten, **besondere Regelungen im Hinblick auf Werbung oder Marketing-Mitteilungen** zu beachten. Es gelten lediglich die allgemeinen Grundsätze zu redlichem Verhalten. Emittenten von E-Geld-Token müssen dagegen mit Art. 53 besondere Regelungen hinsichtlich der Marketing-Mitteilungen beachten. Wiederrum ist nicht ersichtlich, woher diese Ungleichbehandlung herrührt.

5. Die Möglichkeit, Gebühren für den Rücktausch zu verlangen

53 Art. 49 enthält in Abs. 5 in Bezug auf den Rücktausch von E-Geld-Token ein **generelles Gebührenverbot.** Darin unterscheidet sich die MiCAR von Art. 11 der E-Geld-Richtlinie und den darin vorgesehenen Möglichkeiten Gebühren für den Rücktausch von E-Geld zu verlangen. Dieses Verbot gilt zwar nicht für im Sanierungsplan vorgesehene Rücktausch-Liquiditätsgebühren nach Art. 46 Abs. 1 lit. a als eine mögliche Sanierungsmaßnahme, ist aber ansonsten umfassend gültig. Damit können Gebühren für einen Rücktausch selbst dann nicht erhoben werden, wenn dies im Vertrag geregelt ist, die Gebühren oder Entgelte in einem angemessenen Verhältnis zu den tatsächlich entstandenen Kosten stehen und der Rücktausch vor Vertragsablauf verlangt wird, der Vertrag vom E-Geld-Inhaber vor Ablauf beendet wird, oder der Rücktausch nach mehr als einem Jahr nach Vertragsablauf verlangt wird. Unter diesen Voraussetzungen ist aber die Möglichkeit zu Erhebung von Gebühren für den Rücktausch von E-Geld iSd E-Geld-Richtlinie möglich.[83] Warum dieser Sachverhalt unterschiedlich geregelt wird, wird nicht begründet.

6. Die speziellen Regelungen für signifikante E-Geld-Token

54 Besondere Regelungen, die weitergehend von der E-Geld-Richtlinie abweichen, gelten für sog. **signifikante E-Geld-Token** (Art. 56 ff.). Zu berücksichtigen ist insbesondere Art. 60 Abs. 4, der die Reichweite erlaubter Kryptowerte-Dienstleistungen für E-Geld Institute (ohne zusätzliche Zulassung als Kryptowerte-Dienstleister) deutlich beschränkt.

7. Sanierungs- und Rücktauschpläne

55 Die in Art. 46 und 47 vorgesehenen **Sanierungs- und Rücktauschpläne** stellen umfassende Anforderungen auch an die Emittenten von E-Geld-Token.[84] Diese

---

[83] Art. 11 Abs. 4 der E-Geld-Richtlinie.
[84] Art. 55 S. 1 MiCAR.

Begriffsbestimmungen **Art. 3**

Pläne sollen sicherzustellen, dass die Rechte der Inhaber der E-Geld-Token geschützt sind, wenn die Emittenten nicht in der Lage sind, ihren Verpflichtungen nachzukommen.[85] Solche Pläne sind von E-Geld-Emittenten nicht aufzustellen.

IV. Signifikante E-Geld-Token

Signifikante E-Geld-Token[86] sind E-Geld-Token, die einen **besonderen Einfluss auf die Finanzstabilität oder die Geldpolitik** haben oder haben könnten.[87] E-Geld-Token, die als signifikant eingestuft werden, müssen deshalb strengere Anforderungen erfüllen als solche, die als nicht signifikant gelten.[88] Sie sind definiert als E-Geld-Token, die mindestens drei der folgenden in Art. 43 Abs. 1 genannten Bedingungen erfüllen: 56

- die Anzahl der Inhaber der E-Geld-Token übersteigt 10 Millionen,
- der Wert der ausgegebenen E-Geld-Token, deren Marktkapitalisierung oder der Umfang der Vermögenswertreserve des Emittenten der E-Geld-Token beträgt mehr als 5 Mrd. EUR,
- die durchschnittliche Zahl und der geschätzte aggregierte Wert der Geschäfte mit diesen E-Geld-Token pro Tag im relevanten Zeitraum liegen über 2,5 Millionen Transaktionen bzw. 500 Mio. EUR,
- der Emittent des E-Geld-Token ist ein Betreiber zentraler Plattformdienste, der gemäß der VO (EU) 2022/1925 des Europäischen Parlaments und des Rates als Torwächter benannt wurde,
- Bedeutung der Tätigkeiten des Emittenten des E-Geld-Token auf internationaler Ebene, einschließlich der Verwendung der E-Geld-Token für Zahlungen und Überweisungen,
- Verflechtung des E-Geld-Token oder seines Emittenten mit dem Finanzsystem,
- derselbe Emittent gibt mindestens einen zusätzlichen E-Geld-Token oder vermögenswertereferenzierten Token aus und erbringt mindestens eine Kryptowerte-Dienstleistung.

Wird ein E-Geld-Token von der EBA als **signifikant** eingeordnet (Art. 56 Abs. 4 MiCAR), müssen Emittenten solcher E-Geld-Token zusätzliche Anforderungen erfüllen. Materiell gilt dies allerdings nicht für Kreditinstitute als Emittenten von E-Geld-Token. Vielmehr müssen lediglich **E-Geld-Institute** die besonderen Anforderungen des Art. 58 MiCAR erfüllen. Dazu zählen Pflichten im Zusammenhang mit der **Vermögenswertreserve** (Art. 36, 37, 38 und Art. 45 Abs. 1–4 MiCAR) sowie spezifische **Eigenmittelanforderungen** (Art. 35 Abs. 2, 3 und 5 sowie Art. 45 Abs. 5 MiCAR). Diese Anforderungen für Emittenten signifikanter E-Geld-Token gelten anstelle der Vorgaben in Art. 5 und 7 der E-Geld-Richtlinie (Art. 58 Abs. 1 MiCAR). E-Geld-Institute unterliegen als Emittenten von signifikanten E-Geld-Token grundsätzlich[89] einer **Doppelbeaufsichti-** 57

---

[85] Erwgr. Nr. 72.
[86] Definiert in Art. 56.
[87] Erwgr. Nr. 71.
[88] Erwgr. Nr. 59.
[89] Ausgenommen wird der Fall, dass der E-Geld-Token auf eine andere amtliche Währung eines Mitgliedstaats als den Euro lautet und mindestens 80% der Anzahl der Inhaber und des Volumens der Geschäfte mit diesen signifikanten E-Geld-Token im Herkunftsmitgliedstaat konzentriert sind (Art. 56 Abs. 7).

Lösing

Art. 3 Titel I Gegenstand, Anwendungsbereich und Begriffsbestimmungen

gung[90] durch die **zuständigen nationalen Aufsichtsbehörden** und die **EBA**. Die Doppelbeaufsichtigung wird mit „der potenziell weitverbreiteten Nutzung signifikanter E-Geld-Token als Zahlungsmittel und der damit möglicherweise verbundenen Risiken für die Finanzstabilität" (Erwgr. Nr. 103) begründet. Darüber hinaus sieht die MiCAR vor, dass die EZB in Zusammenarbeit mit den nationalen Zentralbanken und den zuständigen Behörden die signifikanten E-Geld-Token identifiziert und überwacht. Die EZB kann auch zusätzliche Anforderungen an die Emittenten von signifikanten E-Geld-Token stellen oder deren Tätigkeit einschränken oder untersagen, wenn dies zum Schutz der Finanzstabilität oder der Geldpolitik erforderlich ist.

58 Werden signifikante E-Geld-Token von **Kreditinstituten** emittiert, haben diese keine zusätzlichen Anforderungen zu erfüllen (vgl. Art. 58 MiCAR richtet sich nur an E-Geld-Institute).[91] Für sie kommt es in Bezug auf die Emission signifikanter E-Geld-Token auch nicht zu einer weiteren Beaufsichtigung durch die EBA.

59 Für den Begriff der E-Geld-Token ist es unerheblich, ob sich dieser auf eine amtliche Währung eines Mitgliedstaates der EU oder eines Nicht-EU-Landes bezieht (vgl. Art. 3 Abs. 1 Nr. 8 („eine amtliche Währung eines Landes") und Art. 58 Abs. 3). Für die **Anwendbarkeit der MiCAR** ist auch nicht zwingend erforderlich, dass der E-Geld-Token in der EU angeboten wird. Art. 48 Abs. 2 UAbs. 2 legt fest, dass von einem öffentlichen Angebot von E-Geld-Token (innerhalb der EU und der Anwendbarkeit der MiCAR) auszugehen ist, wenn sich der E-Geld-Token auf eine amtliche Währung eines EU-Mitgliedstaates bezieht. Dies schließt nicht aus, dass öffentliche Angebote von E-Geld-Token, die sich auf eine amtliche Währung eines Nicht-EU-Landes beziehen, in den Anwendungsbereich der MiCAR fallen. Man wird aber dann jedenfalls verlangen müssen, dass sich der Emittent an einen Markt innerhalb der EU wendet und die E-Geld-Token an EU-Bürger vertrieben werden sollen.

8. „amtliche Währung" eine amtliche Währung eines Landes, die von einer Zentralbank oder einer anderen Währungsbehörde ausgegeben wird;

60 Eine **amtliche Währung** ist ausweislich der Definition die amtliche Währung eines Landes, die von einer Zentralbank oder einer anderen Währungsbehörde ausgegeben wird.

61 Der Begriff „**Währung**" bezeichnet das hoheitlich geordnete Geldwesen eines Staates oder Gebietes einschließlich aller Regelungen zur Sicherung der Geldwertstabilität (Geldverfassung). Der Begriff Währung steht deshalb auch für den Namen der Geldeinheit.[92] Damit ist „Währung" ein Unterbegriff zu dem Begriff „Geld" und als solcher sind Währungen Grundlage des Wirtschaftslebens und zentrales Element des wirtschaftlichen Handelns in einem Wirtschaftsraum. Verliert eine Währung innerhalb der Bevölkerung stark an Vertrauen, so bilden sich oft Ersatzwäh-

---

[90] Der Begriff „Doppelbeaufsichtigung" ist etwas verkürzt. Die Verantwortung für die Aufsicht wird auf die EBA übertragen. Sie übt diese Verantwortung im Rahmen eines Aufsichtskollegiums, bei dem auch die national zuständige Behörde beteiligt ist, aus.
[91] So auch Erwgr. Nr. 71.
[92] Glossar der Bundesbank, Begriff „Währung", https://beck-link.de/ns47s (zuletzt aufgerufen am 26.3.2024).

Begriffsbestimmungen **Art. 3**

rungen (zB Zigarettenwährung in Deutschland nach dem Zweiten Weltkrieg), die dann als Zahlungs- und Tauschmittel dienen[93]. Weltweit existieren ca. 160 offizielle Währungen.[94]

Als **Zentralbank** wird eine nationale oder supranationale Behörde oder Institution bezeichnet, die meist vom Staat oder von einem Staatenverbund errichtet wurde und mit Hoheitsrechten auf dem Gebiet der Geld- und Währungspolitik ausgestattet ist. Es werden 203 Zentralbanken aufgeführt. **62**

Neben Zentralbanken (im engeren Sinn) gibt es auch **andere Währungsbehörden,** die für die Geld- und Währungspolitik in bestimmten Regionen zuständig sind. Einige Beispiele sind: **63**
– Die Europäische Zentralbank (EZB), die für die Geld- und Währungspolitik im Euro-Währungsgebiet verantwortlich ist. Die EZB ist Teil des Europäischen Systems der Zentralbanken (ESZB), zu dem auch die nationalen Zentralbanken der EU-Mitgliedstaaten gehören.
– Die Westafrikanische Zentralbank (WAZB), die für die Geld- und Währungspolitik in den acht Mitgliedstaaten der Westafrikanischen Wirtschafts- und Währungsunion (UEMOA) zuständig ist. Die WAZB gibt den CFA-Franc BCEAO als gemeinsame Währung aus.
– Die Zentralafrikanische Zentralbank (ZAZB), die für die Geld- und Währungspolitik in den sechs Mitgliedstaaten der Zentralafrikanischen Wirtschafts- und Währungsgemeinschaft (CEMAC) zuständig ist. Die ZAZB gibt den CFA-Franc BEAC als gemeinsame Währung aus.
– Die Eastern Caribbean Central Bank (ECCB), die für die Geld- und Währungspolitik in den acht Mitgliedstaaten der Organisation Ostkaribischer Staaten (OECS) zuständig ist. Die ECCB gibt den Ostkaribischen Dollar als gemeinsame Währung aus.

Der Begriff der **„amtlichen Währung"** ist durch den Vorschlag der EZB[95] in den Verordnungstext aufgenommen worden. Die EZB hatte sich (zu Recht) an dem zuvor verwendeten Ausdruck der „Nominalgeldwährungen, die gesetzliches Zahlungsmittel sind" gestört. Ausprägungen „amtlicher Währungen" stellen gesetzliche Zahlungsmittel dar.[96] Die Verwendung des Begriffs „amtliche Währung" ist daher zu begrüßen, die Art der Definition ist allerdings insofern zirkelschlüssig als das der zu definierende Begriff (das Definiendum) „amtliche Währung" in seiner Definition (das Definiens) ebenfalls den Begriff „amtliche Währung" enthält. Damit wird davon ausgegangen, dass der Begriff selbsterklärend ist. Der Begriff „amtliche Währung" ist gleichzusetzen mit dem Begriff „gesetzliches Zahlungsmittel". **64**

---

[93] Wikipedia, Begriff „Währung", https://beck-link.de/7cap3 (zuletzt aufgerufen am 26.3.2024).
[94] Quelle: https://beck-link.de/5tecb (zuletzt aufgerufen am 26.3.2024).
[95] Stellungnahme der Europäischen Zentralbank v. 19.2.2021 zu einem Vorschlag für eine Verordnung über Märkte für Kryptowerte und zur Änderung der RL (EU) 2019/1937, Ziff. 2.1.5.
[96] Die EZB verweist insofern auf die Präambel und Art. 3 Abs. 4 AEUV, Art. 119 Abs. 2, Art. 140 Abs. 3 und Art. 282 Abs. 4 AEUV sowie Art. 2, 10 und 11 der Verordnung (EG) Nr. 974/98 des Rates v. 3.5.1998 über die Einführung des Euro und die Definition des Begriffs „Geld" in Art. 2 lit. a der RL 2014/62/EU des Europäischen Parlaments und des Rates v. 15.5.2014 zum strafrechtlichen Schutz des Euro und anderer Währungen gegen Geldfälschung und zur Ersetzung des Rahmenbeschlusses 2000/383/JI des Rates (ABl. 2014 L 151, 1).

Lösing

Der Begriff „amtlich" soll also beschreiben, dass die Währung von einem Staat oder einer Währungsunion **per Gesetz** als Zahlungsmittel für alle Schulden und Verbindlichkeiten im Land oder in der Region bestimmt worden ist. Nach Art. 128 Abs. 1 S. 3 AEUV sind die von der EZB und den nationalen Zentralbanken ausgegebenen Banknoten die einzigen Banknoten, die in der Union als gesetzliches Zahlungsmittel gelten. Nach § 14 Abs. 1 S. 2 BBankG sind (innerhalb der BRD) auf Euro lautende Banknoten das einzige unbeschränkte gesetzliche Zahlungsmittel.[97]

9. „Utility-Token" einen Kryptowert, der ausschließlich dazu bestimmt ist, Zugang zu einer Ware oder Dienstleistung zu verschaffen, die von seinem Emittenten bereitgestellt wird;

65 Art. 3 Abs. 1 Nr. 9 definiert den „Utility-Token" als einen Kryptowert (Art. 3 Abs. 1 Nr. 5), der ausschließlich dazu bestimmt ist, Zugang zu einer Ware oder Dienstleistung zu verschaffen, die von seinem Emittenten (Art. 3 Abs. 1 Nr. 10) bereitgestellt wird. Der Begriff des Utility-Token wird in der MiCAR in **Art. 4 Abs. 3 UAbs. 1 lit. c** (→ Art. 4 Rn. 22), **Abs. 6** (→ Art. 4 Rn. 36 ff.), **Art. 6 Abs. 5 lit. d** (→ Art. 6 Rn. 32), **Art. 12 Abs. 8** (→ Art. 12 Rn. 29), **Anhang I Teil D Nr. 4** sowie **Anhang I Teil G Nr. 4, 5** verwendet. Für die Anwendung der MiCAR scheint der Begriff des Utility-Token daher auf den ersten Blick von eher untergeordneter Bedeutung zu sein. Bei näherem Hinsehen kommt dem Begriff jedoch durchaus **erhebliche Bedeutung für die Anwendung von Titel II** (sog. Kryptowerte-Whitepaper-Pflicht, → Art. 4 Rn. 1 ff.) zu: In Anbetracht des Umstands, dass es sich bei **Titel II** in erster Linie um ein **spezielles Offenlegungsregime für Utility-Token** handelt (→ Vor Art. 4 ff. Rn. 3, 5, 7 ff., 14 ff., 18; → Art. 4 Rn. 22)[98], enthält die Bereichsausnahme aus **Art. 4 Abs. 3 UAbs. 1 lit. c** die äußerst bedeutsame Weichenstellung dahingehend, dass für Utility-Token, die Zugang zu einer **bereits bestehenden Ware** oder einer **bereits erbrachten Dienstleistung** bieten (= **Utility-Token ohne Investment-Funktion**, → Art. 4 Rn. 22), vorbehaltlich der Rückausnahme aus Art. 4 Abs. 4 (→ Art. 4 Rn. 26 ff.) keine Pflicht zur Erstellung und Veröffentlichung eines Kryptowerte-Whitepapers besteht. Im Ergebnis hat sich die MiCAR damit denjenigen Literaturstimmen angeschlossen, die eine kapitalmarktrechtliche Publizität nur für Utility-Token mit Investmentfunktion für erforderlich erachtet haben (→ Vor Art. 4 ff. Rn. 16, → Art. 4 Rn. 22 mN).

66 In inhaltlicher Hinsicht nimmt die Begriffsdefinition aus Art. 3 Abs. 1 Nr. 9 Bezug auf die gängigen Definitionen des Utility-Token im Schrifttum, die übereinstimmend als **begriffsprägendes Charakteristikum** eines Utility-Token herausgearbeitet haben, dass dieser nach Art eines **digitalen Gutscheins** Zugang zu einer **Ware** oder **Dienstleistung** verschafft, die vom **Emittenten** des Utility-Token be-

---

[97] Dabei sind die an sich bei einem gesetzlichen Zahlungsmittel vorgesehenen Annahmepflichten bislang in der Praxis weitgehend durch die Privatautonomie verdrängt. Mit Art. 7 Abs. 3 des Vorschlags für eine Verordnung des Europäischen Parlaments und des Rates zu Einführung des digitalen Euro wird erstmalig eine generelle Annahmepflicht gesetzlich verankert, bei der nur in eng umgrenzten Fällen eine Ablehnung des digitalen Euros möglich wird.

[98] Vgl. Zickgraf BKR 2021, 196 (199).

Begriffsbestimmungen **Art. 3**

reitgestellt wird.[99] In Übereinstimmung mit der Rechtsprechung des EuGH sollten unter den Begriff der „Ware" alle Erzeugnisse gefasst werden, die einen Geldwert haben und Gegenstand von Handel sein können.[100] Der Begriff der „Dienstleistung" umfasst (jede selbstständige) Leistung bzw. Tätigkeit, die üblicherweise gegen Entgelt erbracht wird.[101]

Indem Art. 3 Abs. 1 Nr. 9 den Begriff des Utility-Token auf die Verschaffung der **67** **vom Emittenten bereitgestellten Waren und Dienstleistungen** einschränkt, nimmt die Definitionsnorm des Utility-Token zugleich eine **Abgrenzung zu einem Currency-Token** vor, der aufgrund seiner Bezahlfunktion im Sinne eines Tauschmittels ebenfalls einen Zugang zu Waren oder Dienstleistungen bieten kann, hierbei aber nicht wie ein digitaler Gutschein auf die Verschaffung der Waren und/oder Dienstleistungen des Emittenten des Token begrenzt ist.[102] Da gleichwohl nicht ausgeschlossen werden kann, dass dritte Händler auch einen Utility-Token mit den in Art. 3 Abs. 1 Nr. 9 aufgeführten Funktionen als Zahlungsmittel entgegennehmen, kommt es ausweislich des Wortlauts („dazu bestimmt", engl. „intended") nicht auf die – nur schwer vorhersehbare – tatsächliche Verwendung, sondern auf die **bezweckte Funktion** des Utility-Token an. Durch die Verwendung des Adverbs „ausschließlich" (engl. „only") verdeutlicht Art. 3 Abs. 1 Nr. 9, dass eine über die Verschaffung einer Ware oder Dienstleistung des Emittenten **hinausgehende Funktion** des Kryptowerts zur Folge haben kann, dass kein „Utility-Token" im Sinne der MiCAR vorliegt.[103] Diese Bedeutung hat dies für **hybride Token,** die beispielsweise neben dem Recht auf den Bezug einer Ware oder Dienstleistung des Emittenten zugleich wertpapierähnliche Rechte (insbes. Gewinnbezugsrechte oder sonstige Zahlungsansprüche) vermitteln.[104] Die zusätzlich gewährten Rechte führen im soeben genannten Beispielsfall dazu, dass kein Utility-Token, sondern ein Finanzinstrument iSd Art. 2 Abs. 4 lit. a iVm Art. 3 Abs. 1 Nr. 49 vorliegt.[105] Dass

---

[99] Siehe zur Definition und Funktion eines Utility-Token: Klöhn/Parhofer/Resas ZBB 2018, 89 (92); Hacker/Thomale ECFR 2018, 645 (652f.); Zickgraf AG 2018, 293 (296); Spindler WM 2018, 2109 (2110); Weitnauer BKR 2018, 231 (232); Veil ZHR 183 (2019), 346 (349); Chatard/Mann NZG 2019, 567.

[100] EuGH 10.12.1968 – 7/68 Rn. 1 – Kommission/Italien; EuGH 9.7.1992 – C-2/90 Rn. 23 – Kommission/Belgien; vgl. auch Streinz/Kamann EUV/AEUV AEUV Art. 28 Rn. 14 mwN („körperliche Gegenstände"); Callies/Ruffert/Waldhoff, EUV/AEUV, 6. Aufl. 2022, AEUV Art. 28 Rn. 16 („alle beweglichen Güter").

[101] EuGH 11.4.2000 – C 51/96 u. 191/97 Rn. 55– Deliège; EuGH (Plenum) 6.11.2003 – C-243/01 Rn. 51– Gambelli; ferner Streinz/Müller-Graff EUV/AEUV Art. 56 Rn. 15 ff.

[102] Siehe zur Definition und Funktion eines Currency-Token: Klöhn/Parhofer/Resas ZBB 2018, 89 (92, 102); Hacker/Thomale ECFR 2018, 645 (652); Zickgraf AG 2018, 293 (296); Spindler WM 2018, 2109 (2110); Weitnauer BKR 2018, 231 (232); Veil ZHR 183 (2019), 346 (349); Chatard/Mann NZG 2019, 567.

[103] Maume RDi 2022, 461 (464).

[104] Siehe zu den begriffsprägenden Merkmalen eines als übertragbares Wertpapier iSd Art. 4 Abs. 1 Nr. 44 MiFID II einzustufenden Investment- bzw. Security-Token: Klöhn/Parhofer/Resas ZBB 2018, 89 (92, 102); Hacker/Thomale ECFR 2018, 645 (653, 671ff.); Zickgraf AG 2018, 293 (295, 302f.); Spindler WM 2018, 2109 (2109f., 2112f.); Weitnauer BKR 2018, 231 (232f.); Hahn/Wilkens ZBB 2019, 10 (14, 16f.); Veil ZHR 183 (2019), 346 (349, 360f.); Maume 31 EBLR (2020), 185 (188, 192f.); Zickgraf BKR 2021, 196 (198).

[105] Maume RDi 2022, 461 (464).

Art. 3 Titel I Gegenstand, Anwendungsbereich und Begriffsbestimmungen

dem Utility-Token in objektiver Hinsicht oder aus Sicht eines potenziellen Inhabers möglicherweise eine **Investment-Funktion** zukommt, ändert demgegenüber nichts an seiner **Einstufung als Utility-Token**[106], wie die Ausnahme von der Pflicht zur Erstellung und Veröffentlichung eines Kryptowerte-Whitepapers für Utility-Token ohne Investment-Funktion in Art. 4 Abs. 3 UAbs. 1 lit. c (→ Vor Art. 4 ff. Rn. 15 f.; → Art. 4 Rn. 22) im Umkehrschluss zeigt.

10. „Emittent" eine natürliche oder juristische Person oder ein anderes Unternehmen, die bzw. das Kryptowerte emittiert;

68 Art. 3 Abs. 1 Nr. 10 definiert den Emittenten als eine **natürliche** oder **juristische Person** oder ein **anderes Unternehmen,** die bzw. das **Kryptowerte** (Art. 3 Abs. 1 Nr. 5) **emittiert**. Die MiCAR verwendet den Begriff des Emittenten an zahlreichen Stellen (zB Art. 3 Abs. 1 Nr. 11, Art. 6 Abs. 1 UAbs. 1 lit. b, Art. 19 Abs. 1 UAbs. 1 lit. a, Art. 24, Art. 26, Art. 87 Abs. 1), wobei dies in besonderem Maße für die Titel III und Titel IV gilt (Art. 27 ff., Art. 48 ff.).

69 Der in Art. 3 Abs. 1 Nr. 10 in Bezug genommene Begriff der **natürlichen Person** meint den einzelnen **Menschen** mit natürlicher (dh angeborener) Rechtsfähigkeit (vgl. § 1 BGB). Unter den Begriff der **juristischen Personen** fallen im Unionsrecht alle sonstigen Rechtspersönlichkeiten (vgl. auch Art. 2 lit. h ProspektVO), wobei dies nicht nur **juristische Personen des öffentlichen Rechts und Zivilrechts ieS**[107], sondern auch **rechtsfähige Personen(handels)gesellschaften** umfasst.[108] Die **anderen Unternehmen** sind demgegenüber **(Organisations-) Gebilde ohne eigene Rechtspersönlichkeit.** Hierunter fallen u. a. Personenhandelsgesellschaften ohne Rechtsfähigkeit, wie zB commercial partnerships englischen Rechts (vgl. die englische Sprachfassung des Erwgr. Nr. 74 S. 2). Für den Begriff des Emittenten ist es maßgeblich, dass die natürliche oder juristische Person oder das andere Unternehmen den betreffenden Kryptowert begibt bzw. zu begeben beabsichtigt (vgl. insoweit Art. 2 lit. h ProspektVO). MaW muss es sich bei der Person oder dem Unternehmen um den „Aussteller" des Kryptowerts handeln.[109]

70 Der Emittent kann zugleich als Anbieter auftreten, doch besteht kein zwingender Gleichlauf zwischen beiden Rollen[110], wie nicht zuletzt Art. 3 Abs. 1 Nr. 13 verdeutlicht. Handelt es sich bei Anbieter und Emittent um unterschiedliche Personen, müssen beim öffentlichen Angebot oder der (beabsichtigten) Handelszulassung eines anderen Kryptowerts indes Informationen über den Emittenten in das Kryptowerte-Whitepaper aufgenommen werden (Art. 6 Abs. 1 lit. b iVm Anhang I B). Bei vermögenswertereferenzierten Token sowie E-Geld-Token sind Angaben über den Emittenten in jedem Fall in das Kryptowerte-Whitepaper aufzunehmen (Art. 19 Abs. 1 UAbs. 1 lit. a iVm Anhang II A, Art. 51 Abs. 1 UAbs. 1 lit. a iVm Anhang III A).

---

[106] IE ebenso Maume RDi 2022, 461 (464).
[107] Ebenso für Art. 2 lit. h ProspektVO: Assmann/Schlitt/v. Kopp-Colomb/Bauerschmidt WpPG Art. 2 Rn. 78; Just/Voß/Ritz/Zeising/Lenz Prospekt-VO Art. 2 Rn. 188.
[108] Klöhn/Wimmer WM 2020, 761 (764 f.).
[109] Vgl. für Art. 2 lit. h ProspektVO: Just/Voß/Ritz/Zeising/Lenz Prospekt-VO Art. 2 Rn. 185.
[110] Just/Voß/Ritz/Zeising/Lenz Prospekt-VO Art. 2 Rn. 185.

11. „antragstellender Emittenten" einen Emittenten von vermögenswertereferenzierten Token oder E-Geld-Token, der die Zulassung dieser Kryptowerte zum öffentlichen Anbieten oder zum Handel beantragt;

Art. 3 Abs. 1 Nr. 11 definiert den Begriff des antragstellenden Emittenten als **71** einen Emittenten von vermögenswertereferenzierten Token (Art. 3 Abs. 1 Nr. 6) oder E-Geld-Token (Art. 3 Abs. 1 Nr. 7), der die Zulassung dieser Kryptowerte zum öffentlichen Anbieten oder zum Handel beantragt. Die Definition des antragstellenden Emittenten steht im Zusammenhang mit dem Erfordernis, dass der **Anbieter oder Handelszulassungsantragsteller** eines **vermögenswerterefenzierten Token** gemäß Art. 16 Abs. 1 UAbs. 1 im Ausgangspunkt dessen **Emittent** sein muss (vgl. auch Art. 20 Abs. 1 S. 2, Art. 21) und von anderen Emittenten als Kreditinstituten[111] (Art. 3 Abs. 1 Nr. 28) gemäß **Art. 16 Abs. 1 UAbs. 1 lit. a** ein entsprechender **Zulassungsantrag** vor dem öffentlichen Angebot oder der Beantragung einer Handelszulassung zu stellen ist.[112] Der Zulassungsantrag hat vor diesem Hintergrund gemäß Art. 18 Abs. 2 bestimmte Informationen über den antragstellenden Emittenten zu enthalten. Für E-Geld-Token muss es sich beim Anbieter oder Handelszulassungsantragsteller wegen Art. 48 Abs. 1 UAbs. 1 zwar ebenfalls um den Emittenten handeln (sofern kein Fall des Art. 48 Abs. 1 UAbs. 2 vorliegt), doch ist in Titel IV kein gesondertes Zulassungsverfahren vorgesehen und folgerichtig findet der Begriff des antragstellenden Emittenten dort auch keine Verwendung, so dass die Definition für Emittenten von E-Geld-Token leerläuft.

Durch Verwendung des Begriffs des „Emittenten" verweist Art. 3 Abs. 1 Nr. 11 **72** insoweit auf die Definitionsnorm des Art. 3 Abs. 1 Nr. 10. Erfasst werden damit **natürliche** und **juristische Personen** sowie **andere Unternehmen,** die den betreffenden **vermögenswerterefenzierten Token** (Art. 3 Abs. 1 Nr. 6) oder **E-Geld-Token** (Art. 3 Abs. 1 Nr. 7, siehe zum diesbezüglichen Leerlaufen der Definition → Rn. 71) **ausgeben** (Art. 3 Abs. 1 Nr. 10). Um einen antragstellenden Emittenten iSd Art. 3 Abs. 1 Nr. 11 handelt es sich, wenn der Emittent gemäß **Art. 16 Abs. 1 UAbs. 1 lit. a iVm Art. 18** einen **Antrag auf Zulassung gemäß Art. 21** stellt.

12. „öffentliches Angebot" eine Mitteilung an Personen in jedweder Form und auf jedwede Art und Weise, die ausreichende Informationen über die Angebotsbedingungen und die anzubietenden Kryptowerte enthält, um potenzielle Inhaber in die Lage zu versetzen, über den Kauf dieser Kryptowerte zu entscheiden;

Art. 3 Abs. 1 Nr. 12 definiert das öffentliche Angebot als Mitteilung an Personen **73** in jedweder Form und auf jedwede Art und Weise, die ausreichende Informationen über die Angebotsbedingungen und die anzubietenden Kryptowerte enthält, um potenzielle Inhaber in die Lage zu versetzen, über den Kauf dieser Kryptowerte zu entscheiden. Die Definition ist eng an die nahezu gleichlautende Definition des öf-

---

[111] Für ein Kreditinstitut, das die Anforderungen des Art. 17 einhält, besteht ein solches Erfordernis gemäß Art. 16 Abs. 1 UAbs. 1 lit. b nicht.
[112] Siehe aber zur Möglichkeit eines öffentlichen Angebots und der Beantragung einer Handelszulassung durch einen Dritten mit Zustimmung des Emittenten Art. 16 Abs. 1 UAbs. 2.

fentlichen Angebots aus **Art. 2 lit. d ProspektVO** angelehnt. Beim Begriff des öffentlichen Angebots handelt es sich um einen **zentralen Begriff der MiCAR:** Einerseits konturiert der Begriff den Gegenstand (Art. 1 Abs. 1) und allgemeinen Anwendungsbereich (Art. 2 Abs. 1). Andererseits kommt dem Begriff des öffentlichen Angebots iSd Art. 3 Abs. 1 Nr. 12 – neben der Beantragung der Handelszulassung – entscheidende Bedeutung für das Bestehen einer **Pflicht zur Erstellung und Veröffentlichung eines Kryptowerte-Whitepapers (Art. 4, Art. 16, Art. 48: Kryptowerte-Whitepaper-Pflicht)** sowie die Dauer der Aktualisierungspflicht (Art. 12 Abs. 1 S. 2) zu. Steht somit der Begriff des öffentlichen Angebots in engem Zusammenhang mit der **Kryptowerte-Whitepaper-Pflicht,** ist eine Auslegung des Art. 3 Abs. 1 Nr. 12 in Übereinstimmung mit deren **Regulierungszielen** bzw. **Regelungszwecken** geboten.[113] Die Kryptowerte-Whitepaper-Pflicht bezweckt den Abbau von Informationsasymmetrien zwischen den Parteien zum Zwecke der Verhinderung eines informationsbedingten Marktzusammenbruchs sowie die Verbesserung der Allokationseffizienz des Marktes, wobei die im Kryptowerte-Whitepaper offengelegten Informationen die (potenziellen) Inhaber der Anleger in die Lage versetzen sollen, eine informierte Anlageentscheidung zu treffen (zB Erwgr. Nr. 69 S. 1). Folglich dient die Kryptowerte-Whitepaper-Pflicht dem **Anleger-** und **Marktschutz** (näher → Art. 4 Rn. 5 ff. mN; vgl. zum Anlegerschutz Erwgr. Nr. 24 S. 1). In Anbetracht dieses (übereinstimmenden) Normzwecks der verschiedenen Kryptowerte-Whitepaper-Pflichten der MiCAR, deren sachliche Anwendbarkeit maßgeblich vom Vorliegen eines öffentlichen Angebots abhängt, ist tendenziell eine **weite Auslegung** des Begriffs geboten.[114]

74 Ein öffentliches Angebot kann durch eine **Mitteilung in jeder Form** und **auf jedwede Art und Weise** erfolgen. Der Begriff der Mitteilung meint einen **Kommunikationsakt** bzw. eine **Erklärung mit Außenwirkung,** wobei Art. 3 Abs. 1 Nr. 12 hinsichtlich des Kommunikationsmediums **keine Einschränkungen** enthält, so dass eine schriftliche, mündliche, elektronische und jede sonstige Form sowie Art und Weise der Mitteilung erfasst wird.[115] Beispielhaft zu nennen ist etwa Broschüren, Präsentationen, Werbeschreiben, Anzeigen und Werbebotschaften im Fernsehen, der Zeitung oder im Internet (zB in sozialen Netzwerken oder Medien) sowie persönliche Ansprachen per E-Mail, Telefon oder auf Präsenzveranstaltungen.[116] Dem Begriff der Mitteilung unterfallen nicht nur rechtsverbindliche Anträge zum Abschluss eines Vertrags (vgl. § 145 BGB), sondern bereits **Aufforderungen zur Abgabe eines solchen Angebots (invitiatio ad offerendum).**[117] Die bloße Mitteilung über eine erfolgte Handelszulassung eines Kryptowerts oder die Ver-

---

[113] Vgl. für Art. 2 Abs. 1 lit. d RL 2003/71/EG (ProspektRL): EuGH 17.9.2014 – C-441/12 Rn. 30 ff. – Almer Beheer u. Daedalus Holding; ebenso für Art. 2 lit. d ProspektVO: Assmann/Schlitt/von Kopp-Colomb/Bauerschmidt ProspektVO Art. 2 Rn. 38; aA Just/Voß/Ritz/Zeising/Ritz ProspektVO Art. 2 Rn. 96.

[114] So (wohl) EuGH 17.9.2014 – C-441/12 Rn. 28 – Almer Beheer u. Daedalus Holding („[weite] Definition"); ebenso EFTA-Gerichtshof 18.6.2021 – E-10/20 Rn. 29, 32 – ADCADA Immobilien; Bauerschmidt BKR 2019, 324 (325).

[115] Vgl. für Art. 2 lit. d ProspektVO: Just/Voß/Ritz/Zeising/Ritz ProspektVO Art. 2 Rn. 115; Assmann/Schlitt/von Kopp-Colomb/Bauerschmidt ProspektVO Art. 2 Rn. 42.

[116] Assmann/Schlitt/von Kopp-Colomb/Bauerschmidt ProspektVO Art. 2 Rn. 42.

[117] Bauerschmidt BKR 2019, 324 (325); Assmann/Schlitt/von Kopp-Colomb/Bauerschmidt ProspektVO Art. 2 Rn. 42; Groß, Kapitalmarktrecht, WpPG § 2 Rn. 11; Just/Voß/Ritz/Zeising/Ritz ProspektVO Art. 2 Rn. 132; Schwark/Zimmer/Preuße WpPG § 2 Rn. 12.

öffentlichung einer gängigen Abkürzung oder eines sonstigen Kennzeichens eines Kryptowerts mitsamt etwaiger Kurse stellt bei sachlicher Darstellung kein öffentliches Angebot iSd Art. 3 Abs. 1 Nr. 12 dar (ebenso Erwgr. Nr. 14 ProspektVO).[118]

Darüber hinaus muss die Mitteilung **an Personen** erfolgen. Damit dürfte ebenso wie in **Art. 2 lit. d ProspektVO** eine **Mitteilung an die Öffentlichkeit** gemeint sein, wie der übereinstimmende englische Wortlaut von Art. 3 Abs. 1 Nr. 12 und Art. 2 lit. d ProspektVO nahelegen. Eine Mitteilung an Personen bzw. die Öffentlichkeit meint zunächst die Kommunikation des Angebots an eine **unbestimmte Anzahl von Personen**.[119] Siehe zum erforderlichen räumlichen Bezug zur Union → Vor. Art. 4ff. Rn. 22f. Eine Mitteilung an einen begrenzten sowie bestimmbaren Adressatenkreis unterfällt ebenfalls dem Begriff der Mitteilung an Personen, sofern sie sich zumindest an eine **Mehrzahl von Personen** richtet (arg. e.c. Art. 4 Abs. 2 lit. a).[120] 75

Im Übrigen muss die Mitteilung **ausreichende Informationen** über die **Angebotsbedingungen** und die anzubietenden **Kryptowerte** enthalten. Das Anlagepublikum muss durch die Mitteilung ein gewisses Mindestmaß an Informationen über die **Bedingungen des Angebots** (zB das Angebotsverfahren oder den Preis des Kryptowerts)[121] erhalten[122] und den angebotenen **Kryptowert identifizieren** können. In jedem Fall handelt es sich um ausreichende Informationen, wenn ein interessierter Anleger auf Grundlage der mitgeteilten Informationen ein Angebot zum Abschluss eines Vertrags über den Kauf des angebotenen Kryptowerts abgeben kann, weil und soweit die essentialia negotii mitgeteilt worden sind.[123] Es dürften jedoch auch solche Informationen ausreichen, die einem potenziellen Inhaber bloß eine Entscheidung über den Kauf ermöglichen, ohne ihn notwendigerweise in die Lage zu versetzen, ein bindendes Kaufangebot abgeben zu können (arg. Wortlaut).[124] Diese Auslegung ergibt sich aus dem Wortlaut sowie der Systematik der Definitionsnorm, welche die ausreichenden Informationen als Voraussetzung der Investitionsentscheidung des Inhabers benennt und auf diese Weise beide Tatbestandsmerkmale miteinander verknüpft („um potenzielle Inhaber in die Lage zu versetzen, über den Kauf dieser Kryptowerte zu entscheiden"). Die **Anforderungen an den Informationsgehalt** der Mitteilung dürfen in jedem Fall angesichts des **Wortlauts** („ausreichende Informationen") und wegen der unter **Norm-** 76

---

[118] EFTA-Gerichtshof 18.6.2021 – E-10/20 Rn. 36 – ADCADA Immobilien; ESMA, Questions and Answers on the Prospectus Regulation, Version 12, 3.2.2023, ESMA31-62-1258, Frage Nr. 4.2, S. 36f.; Just/Voß/Ritz/Zeising/Ritz ProspektVO Art. 2 Rn. 162ff.; Groß, Kapitalmarktrecht, WpPG § 2 Rn. 20.

[119] EFTA-Gerichtshof 18.6.2021 – E-10/20 Rn. 50 – ADCADA Immobilien; Assmann/Schlitt/von Kopp-Colomb/Bauerschmidt ProspektVO Art. 2 Rn. 46; Schwark/Zimmer/Preuße WpPG § 2 Rn. 18.

[120] Assmann/Schlitt/von Kopp-Colomb/Bauerschmidt ProspektVO Art. 2 Rn. 47; Just/Voß/Ritz/Zeising/Ritz ProspektVO Art. 2 Rn. 94f., 98.

[121] Vgl. Assmann/Schlitt/von Kopp-Colomb/Bauerschmidt ProspektVO Art. 2 Rn. 52f.: Just/Voß/Ritz/Zeising/Ritz ProspektVO Art. 2 Rn. 124, 129.

[122] EFTA-Gerichtshof 18.6.2021 – E-10/20 Rn. 33 – ADCADA Immobilien.

[123] Just/Voß/Ritz/Zeising/Ritz ProspektVO Art. 2 Rn. 124; Schwark/Zimmer/Preuße WpPG § 2 Rn. 13.

[124] Vgl. EFTA-Gerichtshof 18.6.2021 – E-10/20 Rn. 35 – ADCADA Immobilien; schwankend Groß, Kapitalmarktrecht, WpPG § 2 Rn. 17; aA Schwark/Zimmer/Preuße WpPG § 2 Rn. 13.

Art. 3 Titel I Gegenstand, Anwendungsbereich und Begriffsbestimmungen

zweckgesichtspunkten gebotenen weiten Auslegung der Definitionsnorm (→ Rn. 1) jedoch **nicht zu streng** gehandhabt werden. Auch eine Mitteilung mit **unvollständigen Informationen** kann daher ein öffentliches Angebot iSd Art. 3 Abs. 1 Nr. 12 darstellen (arg. Art. 15 Abs. 1, Art. 26 Abs. 1, Art. 52 Abs. 1 e.c.).[125]

77 Zu guter Letzt muss die Mitteilung die potenziellen Inhaber **in die Lage zu versetzen, über den Kauf der Kryptowerte zu entscheiden.**[126] Dieses Tatbestandsmerkmal hängt eng mit den ausreichenden Informationen als inhaltlicher Voraussetzung eines öffentlichen Angebots zusammen (→ Rn. 4).[127] Es erfordert, dass der potenzielle Inhaber aufgrund der Mitteilung eine **individuelle Investitionsentscheidung** treffen kann (vgl. auch Erwgr. Nr. 22 ProspektVO).[128] Hieran fehlt es im Falle eines automatischen Erwerbs von Kryptowerten kraft Gesetzes oder kraft gerichtlicher Entscheidung (Erwgr. Nr. 22 ProspektVO), wobei die Ausnahme solcher Lebenssachverhalte vom Begriff des öffentlichen Angebots unter Normzweckgesichtspunkten folgerichtig ist, da in solchen Fällen der Schutz der Anleger durch Veröffentlichung von Informationen zum Zwecke der Ermöglichung einer informierten Anlageentscheidung (→ Rn. 1; → Art. 4 Rn. 6) von vornherein nicht erreicht werden kann.[129]

78 Kein Erfordernis eines öffentlichen Angebots stellt es dar, dass die angebotenen Kryptowerte im Zeitpunkt der Mitteilung bereits bestehen; vielmehr reicht es aus, wenn sich das Angebot Kryptowerte iSd Art. 3 Abs. 1 Nr. 5 betrifft und die angebotenen Kryptowerte erst später mithilfe von Smart Contracts erstellt werden.[130]

13. „Anbieter" eine natürliche oder juristische Person oder ein anderes Unternehmen, die bzw. das Kryptowerte öffentlich anbietet, oder den Emittenten, der Kryptowerte öffentlich anbietet;

79 Art. 3 Abs. 1 Nr. 13 versteht unter einem „Anbieter" eine **natürliche** oder **juristische Person** oder ein **anderes Unternehmen,** die bzw. das Kryptowerte öffentlich anbietet, oder den Emittenten (Art. 3 Abs. 1 Nr. 10), der Kryptowerte öffentlich anbietet. Den Anbieter treffen im Zusammenhang mit der Abgabe eines öffentlichen Angebots (Art. 3 Abs. 1 Nr. 12) die Pflicht zur Erstellung und Veröffentlichung eines Kryptowerte-Whitepapers sowie bestimmte weitere Anforderungen (vgl. Art. 4 Abs. 1, Art. 16 Abs. 1, Art. 48 Abs. 1). Hierzu gehört insbeson-

---

[125] Wie hier EFTA-Gerichtshof 18.6.2021 – E-10/20 Rn. 34 – ADCADA Immobilien.

[126] Ein Zwangsversteigerungsverfahren von Kryptowerten unterfällt aus einer Vielzahl von Gründen nicht dem Begriff des öffentlichen Angebots, vgl. näher hierzu EuGH 17.9.2014 – C-441/12 Rn. 34ff. – Almer Beheer u. Daedalus Holding; vgl. hierzu auch Just/Voß/Ritz/Zeising/Ritz ProspektVO Art. 2 Rn. 137.

[127] Ebenso Groß, Kapitalmarktrecht, WpPG § 2 Rn. 15; vgl. auch EFTA-Gerichtshof 18.6.2021 – E-10/20 Rn. 33 – ADCADA Immobilien.

[128] Vgl. EuGH 17.9.2014 – C-441/12 Rn. 31, 33, 38 – Almer Beheer u. Daedalus Holding; EFTA-Gerichtshof 18.6.2021 – E-10/20 Rn. 33 – ADCADA Immobilien; ESMA, Questions and Answers on the Prospectus Regulation, Version 12, 3.2.2023, ESMA31-62-1258, Frage Nr. 4.2, S. 34; Assmann/Schlitt/von Kopp-Colomb/Bauerschmidt ProspektVO Art. 2 Rn. 54f.

[129] Assmann/Schlitt/von Kopp-Colomb/Bauerschmidt ProspektVO Art. 2 Rn. 55.

[130] Vgl. zur ProspektVO Assmann/Schlitt/von Kopp-Colomb/Bauerschmidt ProspektVO Art. 2 Rn. 40; Groß, Kapitalmarktrecht, WpPG § 2 Rn. 9.

Begriffsbestimmungen **Art. 3**

dere auch die Wahrung des Rechtsformzwangs (juristische Person, vgl. Art. 4 Abs. 1 lit. a, Art. 16 Abs. 1 UAbs. 1 lit. a). Der Unionsgesetzgeber hat insoweit zu Recht allgemein auf die **Person, die** andere Kryptowerte (→ Vor Art. 4 ff. Rn. 14 ff., 18), vermögenswertereferenzierte Token (Art. 3 Abs. 1 Nr. 6) oder E-Geld-Token (Art. 3 Abs. 1 Nr. 7) **anbietet** und damit auf den Begriff des Anbieters iSd Art. 3 Abs. 1 Nr. 13 rekurriert, da die Anwendung der betreffenden Vorschriften erst recht geboten ist, wenn der Anbieter gegen den Rechtsformzwang verstößt (→ Vor Art. 4 ff. Rn. 20).

Der Begriff der natürlichen Person bezeichnet einen Menschen, während der 80 Begriff der juristischen Person alle Rechtsformen mit Rechtspersönlichkeit (dh juristische Personen und rechtsfähige Personengesellschaften)[131] erfasst und der Begriff der anderen Unternehmen sonstige (Organisations-)Gebilde ohne Rechtsfähigkeit umschreibt (→ Art. 3 Abs. 1 Nr. 10 Rn. 69). Art. 3 Abs. 1 Nr. 13 stellt klar, dass es sich beim **Anbieter** zugleich um den **Emittenten** handeln kann, aber insoweit **keine notwendige (Personen-)Identität** besteht. Art. 3 Abs. 1 Nr. 13 sieht als Anbieter diejenige natürliche oder juristische Person oder das andere Unternehmen an, die bzw. das die Kryptowerte öffentlich anbietet (Art. 3 Abs. 1 Nr. 12), so dass vom Unionsgesetzgeber eine **handlungsbezogene Definition des Anbieters** gewählt worden ist. Die Einstufung als Anbieter setzt daher ein **Auftreten nach außen** (arg. Systematik Art. 3 Abs. 1 Nr. 12: „Mitteilung an Personen") sowie das **Innehaben der Verantwortung** für das öffentliche Angebot voraus.[132] Die Verantwortung für das öffentliche Angebot liegt bei derjenigen Person, die entweder einen **wesentlichen aktiven Beitrag** geleistet hat oder in deren Händen die **Kontrolle über das öffentliche Angebot** (iSd Transaktionsablaufs) gelegen hat, wobei dem Vorliegen eines **wirtschaftlichen Eigeninteresses** bei der Beurteilung der Verantwortung für das Angebot ebenfalls Bedeutung beizumessen ist.[133]

14. „Geldbetrag" einen Geldbetrag im Sinne von Artikel 4 Nummer 25 der Richtlinie (EU) 2015/2366;

Art. 3 Abs. 1 Nr. 14 definiert den Begriff des Geldbetrags unter Rückgriff auf die 81 in Art. 4 Nr. 25 RL (EU) 2015/2366 (Payment Services Directive 2, **PSD2**) enthaltende Definition. Nach **Art. 4 Nr. 25 PSD2** handelt es sich bei **Banknoten** und **Münzen, Giralgeld** und **E-Geld** iSd Art. 2 Nr. 2 RL 2009/110/EG um einen Geldbetrag. Von Art. 3 Abs. 1 Nr. 14 iVm Art. 4 Nr. 25 PSD2 werden daher nur **gesetzliche Zahlungsmittel** in Form von **Bargeld** (Banknoten, Münzen und E-Geld) und **Buchgeld** (Giralgeld) erfasst.[134] Die Definition unterscheidet dabei nicht zwischen inländischen und ausländischen Währungen, so dass auch gesetz-

---

[131] Klöhn/Wimmer WM 2020, 761 (764 f.).
[132] Siehe zu dieser sog. Zwei-Elemente-Lehre beim Angebot klassischer Wertpapiere: Voß ZBB 2018, 305 (313) mwN; Assmann/Schlitt/v. Kopp-Colomb/Bauerschmitt WpPG Art. 2 Rn. 81 ff.; Just/Voß/Ritz/Zeising/Lenz Prospekt-VO Art. 2 Rn. 196; Schwark/Zimmer/Preußen WpPG § 2 Rn. 34.
[133] Assmann/Schlitt/v. Kopp-Colomb/Bauerschmitt WpPG Art. 2 Rn. 83; (wohl) strenger Schwark/Zimmer/Preußen WpPG § 2 Rn. 34.
[134] Casper/Terlau/Terlau ZAG § 1 Rn. 31; Schäfer/Omlor/Mimberg/Mimberg ZAG § 1 Rn. 42.

liche Zahlungsmittel von Drittstaaten als Geldbetrag einzustufen sind.[135] Currency-Token (zB Bitcoin, Ethereum) oder sonstige private Währungen stellen demgegenüber keinen Geldbetrag (insbes. kein E-Geld) iSd Art. 4 Nr. 25 PSD2 dar.[136] Der einzige Kryptowert, der als Geldbetrag iSd Art. 3 Abs. 1 Nr. 14 iVm Art. 4 Nr. 25 PSD2 anzusehen ist, ist der **E-Geld-Token**, da **Art. 48 Abs. 2** nunmehr eine **Gleichstellung** von E-Geld-Token mit E-Geld[137] anordnet.

82   Die MiCAR verwendet den Begriff des Geldbetrags an zahlreichen Stellen (zB Art. 2 Abs. 4 lit. c, Art. 3 Abs. 1 Nr. 16 lit. c, Art. 3 Abs. 1 Nr. 18 u. 19, Art. 10 Abs. 3, Art. 14 Abs. 3, Art. 22 Abs. 1 UAbs. 3, Art. 37 Abs. 6 UAbs. 1 lit. a u. UAbs. 2, Art. 39 Abs. 2, Art. 49 Abs. 3, Art. 54, Art. 60 Abs. 3 UAbs. 2 lit. c u. Abs. 7 lit. g, Art. 62 Abs. 2 lit. k u. lit. o, Art. 64 Abs. 8, Art. 66 Abs. 3 UAbs. 2, Art. 70 Abs. 3 u. Abs. 3, Art. 76 Abs. 1 UAbs. 1 lit. h u. Abs. 5, Art. 77). Besondere Hervorhebung verdient insoweit **Art. 2 Abs. 4 lit. c**, der Geldbeträge – mit Ausnahme der als E-Geld einzustufenden E-Geld-Token (Art. 48 Abs. 2; → Rn. 81) – vom **sachlichen Anwendungsbereich** der MiCAR ausnimmt (→ Art. 2 Rn. 24).

15. „Anbieter von Kryptowerte-Dienstleistungen" jede juristische Person oder jedes andere Unternehmen, deren bzw. dessen berufliche oder gewerbliche Tätigkeit darin besteht, eine oder mehrere Kryptowerte-Dienstleistungen gewerblich für Kunden zu erbringen, und der bzw. dem es gestattet ist, gemäß Artikel 59 Kryptowerte-Dienstleistungen zu erbringen;

I. Allgemein

83   Die Anbieter von **Kryptowerte-Dienstleistungen** (oft auch als **CASP** bezeichnet, kurz für die englische Bezeichnung crypto-asset service provider) sind zentrale Regelungsadressaten der MiCAR und insbesondere in Titel V der MiCAR reguliert. Hintergrund der Regulierung ist die angestrebte **Harmonisierung** bezüglich der Einhegung potenzieller Risiken, die solche Anbieter für **den Anlegerschutz, die Marktintegrität und die Finanzstabilität** aufweisen. Der Verordnungsgeber war dabei von dem Befund geleitet, dass eine entsprechende Regulierung in den meisten Mitgliedstaaten noch nicht existent ist.[138] Um die vorgenannten Risiken zu adressieren, stellt die MiCAR operationelle, organisatorische und sonstige aufsichtsrechtliche Anforderungen an die Anbieter von Kryptowerte-Dienstleistungen.[139] Aufgrund der bislang relativ geringen Größenordnung solcher

---

[135] Casper/Terlau/Terlau ZAG § 1 Rn. 31; Schäfer/Omlor/Mimberg/Mimberg ZAG § 1 Rn. 42.

[136] Omlor ZIP 2017, 1836 (1837 f.); vgl. ferner Schäfer/Omlor/Mimberg/Mimberg ZAG § 1 Rn. 42; Casper/Terlau/Terlau Terlau ZAG § 1 Rn. 32 mwN. Einer Einordnung als E-Geld steht entgegen, dass es an einer Forderung gegen einen (zentralen) Emittenten (insbes. hinsichtlich des Rücktauschs in ein gesetzliches Zahlungsmittel) bei Kryptowährungen fehlt, vgl. Omlor ZIP 2017, 1836 (1838); Casper/Terlau/Terlau ZAG § 1 Rn. 32.

[137] Näher zum E-Geld BeckOGK/Foerster BGB § 675 c Rn. 296 ff. mwN.

[138] Erwgr. Nr. 73.

[139] Erwgr. Nr. 73.

Anbieter wurde die Beaufsichtigung und Befugnis zur Zulassung derartiger Dienstleister unter der MiCAR den nationalen Behörden übertragen.[140]

Die Definition der Anbietereigenschaft der MiCAR ist jedenfalls auch für andere Europäische Primärrechtsakte von Bedeutung. Etwa rekurrieren die **Transfer of Funds Regulation (TFR)**[141] in Art. 3 Nr. 15 TFR und die DORA-Verordnung[142] in Art. 3 Nr. 55 DORA auf den Begriff des Art. 3 Abs. 1 Nr. 15 MiCAR. 84

Systematisch normiert Art. 3 Abs. 1 Nr. 15 MiCAR die **allgemeinen Voraussetzungen** für die Eigenschaften eines Anbieters von Kryptowerte-Dienstleistungen, während erst die nachfolgenden Nummern des Art. 3 Abs. 1 MiCAR zwischen einzelnen Kryptowerte-Dienstleistungen differenzieren. Vergleichbar mit den regulierten Wertpapierdienstleistungen mit Bezug zu Finanzinstrumenten der MiFID II Richtlinie,[143] an die die MiCAR Definition angelehnt ist,[144] steht die Definition somit in engem Zusammenhang mit den Definitionen und Voraussetzungen der einzelnen Kryptowerte-Dienstleistungen. Art. 3 Abs. 1 Nr. 15 MiCAR selbst statuiert mithin nur diejenigen Voraussetzungen, die jeder Anbieter von Kryptowerte-Dienstleistungen erfüllen muss, unabhängig von seiner spezifischen Tätigkeit in Zusammenhang mit Kryptowerten. 85

Dass der Anbieter eine oder mehrere dieser Kryptowerte-Dienstleistungen erbringt, ist nur eine Voraussetzung des Art. 3 Abs. 1 Nr. 15 MiCAR und damit der Anbietereigenschaft selbst (→ Art. 3 Abs. 1 Nr. 16 Rn. 1). 86

II. Tatbestandsmerkmale

1. Juristische Person oder ein anderes Unternehmen

Die Eigenschaft als Anbieter von Kryptowerte-Dienstleistungen setzt eine **juristische Person** oder ein **anderes Unternehmen** voraus. Der Begriff „juristische Person" wird im Unionsrecht grundsätzlich weit ausgelegt und soll auch **Personengesellschaften** erfassen.[145] Nach dem Willen des Verordnungsgebers sollen Personengesellschaften im Rahmen der MiCAR jedoch unter den Begriff der „anderen Unternehmen" zu fassen sein.[146] Der Begriff des „anderen Unternehmens" erfasst mithin Unternehmensformen, die nicht als juristische Personen, sondern als andere Personengesellschaften **ohne Rechtspersönlichkeit** zu qualifizieren 87

---

[140] Erwgr. Nr. 76; Art. 93 f.; zur Rolle der EZB bei der Beaufsichtigung: Brauneck RDi 2022, 10 (10 ff.).

[141] Verordnung (EU) 2023/1113 des Europäischen Parlaments und des Rates vom 31.5.2023 über die Übermittlung von Angaben bei Geldtransfers und Transfers bestimmter Kryptowerte und zur Änderung der Richtlinie (EU) 2015/849; Anmerkung: In der Überschrift der deutschen Sprachfassung wird die TFR fälschlicherweise als „Richtlinie" bezeichnet.

[142] Verordnung (EU) 2022/2554 des Europäischen Parlaments und des Rates vom 14.12.2022 über die digitale operationale Resilienz im Finanzsektor und zur Änderung der Verordnungen (EG) Nr. 1060/2009, (EU) Nr. 648/2012, (EU) Nr. 600/2014, (EU) Nr. 909/2014 und (EU) 2016/1011.

[143] Richtlinie 2014/65/EU des Europäischen Parlaments und des Rats vom 15.5.2014 über Märkte für Finanzinstrumente sowie zur Änderung der Richtlinien 2002/92/EG und 2011/61/EU.

[144] Maume RDi 2022, 497 (503).

[145] Klöhn/Wimmer WM 2020, 761 (764 f.); Fritz BKR 2023, 747 (748) mwN.

[146] Erwgr. Nr. 74.

sind.[147] Bei solchen Unternehmen gilt vor allem im Blick zu behalten, dass anderen Unternehmen als juristischen Personen das Anbieten von Kryptowerte-Dienstleistungen nur erlaubt ist, wenn sie ein **vergleichbares Schutzniveau** wie juristische Personen aufweisen (→ Art. 59 Abs. 3 Rn. 12).[148]

88 Vor diesem Hintergrund kann die gesellschaftsrechtliche Einordnung von **Dezentralen Autonomen Organisationen (DAO)** relevant werden, die häufig im Markt rund um Kryptowerte anzutreffen sind. Bei einer DAO handelt es sich um ein Geflecht von **Smart Contracts** (→ Rn. 97),[149] die eine Organisationsstruktur abbilden. DAOs werden als eine neue Form skalierbarer, offener und selbstorganisierter Netzwerke verstanden, die durch kryptoökonomische Anreize sowie selbstausführenden Code auf der Blockchain koordiniert werden, um gemeinsame Ziele zu erreichen.[150] Solchen DAOs fehlt es aber regelmäßig an einer eigenen Rechtspersönlichkeit.[151] Eine allgemeine gesellschaftsrechtliche Einordnung verbietet sich aufgrund der Vielzahl der unterschiedlichen Ausgestaltung in der Praxis. Insoweit eine DAO aber als Publikums-Gesellschaft des bürgerlichen Rechts qualifiziert wird,[152] kommt die DAO nicht als Anbieterin von Kryptowerte-Dienstleistungen in Betracht. Denn **Gesellschaften bürgerlichen Rechts (GbR)** stellen keine zulässigen Organisationsformen für Anbieter von Kryptowerte-Dienstleistungen dar. GbRs können zwar als „sonstiges Unternehmen" verstanden werden, jedoch ist eine gewerbliche Tätigkeit erforderlich (→ Rn. 90). GbRs, deren Zweck auf den Betrieb eines Handelsgewerbes gerichtet sind, sind nach dem deutschen Recht als **offene Handelsgesellschaft (OHG)** zu qualifizieren (§ 105 Abs. 1 HGB).[153] Sollte eine DAO in eine in einer bestimmten Rechtsordnung anerkannte Gesellschaftsform eingebettet sein (sog. „wrapper"),[154] wird es in der Praxis hingegen neben Fragen des Gesellschaftsstatuts[155] vor allem darauf ankommen, ob diese als juristische Person oder ein anderes Unternehmen, das ein vergleichbares Schutzniveau wie juristische Personen aufweist (→ Art. 59 Abs. 3 Rn. 12), zu qualifizieren sind.

89 Im Umkehrschluss können jedenfalls **natürliche Personen** – anders als noch in älteren Entwurfsfassungen[156] und anders als etwa unter der MiFID-Regulierung[157] – keine Anbieter von Kryptowerte-Dienstleistung sein. Dies soll unter anderem eine

---

[147] Ebenso Maume RDi 2022, 497 (503).
[148] Näher dazu: Fritz BKR 2023, 747 (748).
[149] Näher dazu: Möslein/Omlor FinTech-HdB/Kaulartz § 5 Rn. 42 ff.; Braegelmann/Kaulartz Smart Contracts-HdB/Voshmgir Kap. 2 Rn. 1 ff.
[150] DAOs werden in der Literatur häufig als Publikums-GbR eingeordnet, wobei jedoch stets die Umstände des Einzelfalls maßgebend sind: Etwa Mienert RDi 2021, 384 (387); Braegelmann/Kaulartz Smart Contracts-HdB/Mann Kap. 17 Rn. 14; ausführlicher zum Rechtsbindungswillen etwa: Mienert Dezentrale autonome Organisationen (DAOs) und Gesellschaftsrecht S. 103 ff.; Spindler RDi 2021, 309 (311 ff.).
[151] Näher dazu etwa: Hahn NZG 2022, 684 (685 f.); Siadat RdF 2021, 172 (174); Langfeld/Haagen NZG 2021, 724 (725); Aufderheide WM 2022, 264 (269); Braegelmann/Kaulartz Smart Contracts-HdB/Mann Kap. 17 Rn. 12 ff.
[152] Etwa Mienert RDi 2021, 384 (384).
[153] Ebenso Maume RDi 2022, 497 (503); Fritz BKR 2023, 747 (749).
[154] Näher dazu: Hahn NZG 2022, 684 (687 ff.); Spindler RDi 2021, 309 (315 ff.); Mienert RDi 2021, 384 (388 ff.).
[155] Näher dazu: Leible/Reichert in Münchener Handbuch des Gesellschaftsrechts/Lehmann, 5. Auflage 2022, § 5 Rn. 14 ff.
[156] Vgl. etwa Hirzle/Hugendubel BKR 2022, 821 (824).
[157] Vgl. Art. 4 Abs. 1 Nr. 1 S. 3 MiFID II Richtlinie.

wirksame Beaufsichtigung sicherstellen.[158] Natürliche Personen können, wenngleich auch bereits aufgrund des Wortlauts schwer vertretbar, auch nicht unter das Tatbestandsmerkmal des „sonstigen Unternehmens" subsumiert werden. Denn die MiCAR differenziert an anderen Stellen zwischen natürlichen Personen, juristischen Personen und anderen Unternehmen (vgl. etwa Art. 2 Abs. 1, 3 Abs. 1 Nr. 10 MiCAR). In der Folge scheidet auch ein Anbieten von Kryptowerte-Dienstleistungen durch **Einzelkaufleute** aus.[159]

2. Gewerbliche Tätigkeit

Weiter setzt die Anbietereigenschaft voraus, dass die Tätigkeit **beruflich oder gewerblich** erfolgt. Das Tatbestandsmerkmal der Gewerblichkeit wird im Tatbestand zweifach aufgegriffen, da auch die Dienstleistung gewerblich erbracht werden muss. Zwar ist allen Sprachfassungen bei der Auslegung des Unionsrechts der gleiche Wert beizumessen, jedoch ist diese Doppelung allein der deutschen Übersetzung geschuldet. Demnach dürfte der Doppelung keine gesonderte Bedeutung zukommen. Etwa verwenden die englische und französische Sprachfassung anstelle der beiden identischen Gewerblichkeitsbegriffe der deutschen Sprachfassung jeweils unterschiedliche Begriffe („occupation or business" und „on a professional basis"; „l'occupation ou l'activité" und „à titre professionnel"). Daran dürfte deutlich werden, dass die Anbietereigenschaft mit beiden Begriffen der Gewerblichkeit allein voraussetzt, dass die Tätigkeit, die als Kryptowerte-Dienstleistung zu qualifizieren ist, gewerbsmäßig erbracht wird. 90

Die **Gewerblichkeit** (und auch Beruflichkeit) werden in der MiCAR weder weiter konkretisiert noch gesondert definiert. Nach dem Wortsinn dürfte damit ein wirtschaftliches Tätigwerden erforderlich sein,[160] sodass jede **auf Gewinnerzielung ausgerichtete Tätigkeit** gewerblich sein dürfte. Auf eine tatsächliche Gewinnerzielung wird es hingegen nicht ankommen können, da auch Tätigkeiten unter der Inkaufnahme von anfänglichen Verlusten gewerblich bzw. beruflich ausgeübt werden können. Jedenfalls sollte die Tatsache, dass das Erbringen einer Dienstleistung vergütet werden muss, **Indizwirkung** hinsichtlich einer gewerblichen (und beruflichen) Dienstleistungserbringung durch den Anbieter entfalten. In Fällen, in denen eine Dienstleistung **ohne Vergütung** erfolgt, kann die Gewerblichkeit hingegen nicht per se ausgeschlossen werden. Etwa könnte auch aufgrund einer mittelbaren[161] Gewinnerzielungsabsicht ein entgeltliches und damit gewerbliches Handeln gegeben sein. So denken wir beispielsweise an eine unentgeltliche Beratung zu Kryptowerten (Art. 3(1) Nr. 16 MiCAR), die aber den entgeltlichen Vertrieb von Kryptowerte-Dienstleistungen fördern soll. Für ein solch weites Verständnis des Gewerblichkeitsbegriffs spricht auch, dass die MiCAR selbst ein enges Begriffsverständnis hinsichtlich des Begriffs der Unentgeltlichkeit in Zusammenhang mit dem Angebot von anderen Kryptowerten als vermögenswertereferenzierte Token oder E-Geld-Token aufweist (Art. 4 Abs. 3 UAbs. 2 MiCAR). Dieses dürfte auch bei der Auslegung der Gewerblichkeit Berücksichtigung finden 91

---

[158] Erwgr. Nr. 74.
[159] Ebenso: Fritz BKR 2023, 747 (749).
[160] Im Ergebnis ebenso Siadat RdF 2021, 172 (174).
[161] Ein solches Verständnis vertritt etwa die BaFin im nationalen Recht, welches jedoch nicht unmittelbar zur Auslegung herangezogen werden kann; vgl. Reischauer/Kleinhans KWG/ Albert § 32 Rn. 3.

können.[162] In der Folge dürften daher nur unentgeltliche Tätigkeiten in diesem Sinne – wie etwa **reine Gefälligkeitstätigkeiten** – und auch **einmalige Tätigkeiten** nicht unter den Gewerblichkeitsbegriff subsumiert werden können.[163]

92 Im Zweifel sollte die Schwelle zur Gewerblichkeit jedenfalls vor dem Schutzzweck der MiCAR, namentlich mit Blick auf den Anlegerschutz, die Marktintegrität und die Finanzstabilität, tendenziell **niedrigschwellig** angesetzt werden. Dies würde auch der Auslegung des identischen und parallel verwendeten Begriffs der Gewerblichkeit im nationalen Aufsichtsrecht entsprechen.[164] Bei einem Heranziehen dieser Auslegung in Zweifelsfällen ist aber stets zu beachten, dass bei einer Auslegung der MiCAR als europäisches Primärrecht der **Grundsatz der autonomen Auslegung** unionsrechtlicher Begriffe zu wahren ist. Demnach darf nationales Recht nicht zur Auslegung der MiCAR dienen. Inwiefern sich bei einer Auslegung der MiCAR parallel zum kapitalmarktrechtlichen Gewerblichkeitsbegriffs (§§ 2 Abs. 10 WpHG, 2 Abs. 1 WpIG, 1 Abs. 1, Abs. 1a KWG) aber auf nationales Recht gestützt wird, ist im Einzelfall komplex. Denn der Begriff geht auch auf die MiFID II Richtlinie[165] und damit auf europäisches Sekundärrecht zurück. Die MiFID II Richtlinie setzt für die wertpapierrechtlich regulierten Tätigkeiten parallel zur MiCAR eine „berufliche oder gewerbliche Tätigkeit" voraus (Art. 5(1), Erwgr. Nr. 12 MiFID II). Folglich dürfte zumindest das Grundverständnis des national-rechtlichen Gewerblichkeitsbegriffs aufgrund des **europarechtlichen Hintergrunds** in Zweifelsfällen zum Vergleich herangezogen werden können. Jedenfalls würde sich die Gewerblichkeit im bestehenden Kapitalmarktrecht nach dem handelsrechtlichen Verständnis richten und jede außen gerichtete (marktorientierte), selbstständige, planmäßige, von der Absicht der Gewinnerzielung getragene Tätigkeit erfassen.[166] Nach dem Verständnis der BaFin müsste die Tätigkeit auf eine gewisse Dauer angelegt sein und mit Gewinnerzielungsabsicht verfolgt werden.[167]

3. Für Kunden

93 Die Anbietereigenschaft setzt weiter eine Tätigkeit voraus, die darin besteht, eine oder mehrere Kryptowerte-Dienstleistungen **für Kunden** zu erbringen. An das Erfordernis „für Kunden" dürften keine zu hohen Anforderungen zu stellen sein. Der Bezug zu Kunden setzt jedenfalls ein Dienstleistungselement voraus, sodass Tätigkeiten für eigene Rechnung und im eigenen Namen ohne Kundenbezug nicht als Erbringen einer Kryptowerte-Dienstleistung gewertet werden können. Bei einem Tätigwerden für ein Mutter- oder Tochterunternehmen oder als Liquidatoren oder Verwalter in einem Insolvenzverfahren ist die Beschränkung des Anwendungsbereichs der MiCAR zu beachten (→ Art. 2 Abs. 2 Rn. 5).

---

[162] Ähnlich Siadat RdF 2021, 172 (174).
[163] Ebenso Siadat RdF 2021, 172 (174).
[164] BaFin Merkblatt Kreditgeschäft, 8.1.2009, Fassung v. 21.4.2023, (II).
[165] Richtlinie 2014/65/EU des Europäischen Parlaments und des Rats vom 15.5.2014 über Märkte für Finanzinstrumente sowie zur Änderung der Richtlinien 2002/92/EG und 2011/61/EU.
[166] Assmann/Schneider/Mülbert/Assmann WpHG § 2 Rn. 203; Möslein/Omlor FinTech-HdB/Denga § 13 Rn. 36; Fischer/Schulte-Mattler/Schäfer KWG § 1 Rn. 21 f.
[167] BaFin Merkblatt Kreditgeschäft, 8.1.2009, Fassung v. 21.4.2023, (II); Näher dazu im Rahmen des § 2 WpHG: Assmann/Schneider/Mülbert/Assmann WpHG § 2 Rn. 203 ff.

Wird die Tätigkeit (auch) für Dritte erbracht, setzt die Kundeneigenschaft jedoch eine gewisse Beziehung mit **Dienstleistungscharakter** zwischen Anbieter und Kunden voraus. Ein rein mittelbares Profitieren eines Dritten von einer Tätigkeit sollte jedenfalls nicht ausreichen, um eine Dienstleistung für einen Kunden zu begründen. Das zeigt sich etwa daran, dass Validierer, Knoten oder Miner, die Teil der Bestätigung einer Transaktion und der Aktualisierung des Status des Distributed-Ledger sein könnten, keine Transferdienstleistungen erbringen.[168] Zwar profitiert die transferierende Person von der Tätigkeit solcher Validierer, Knoten oder Miner, da diese für die Änderung der Salden der Kryptowerte im Distributed-Ledger zuständig sind und damit die Transaktion von Kryptowerten technisch überhaupt erst realisieren. Dennoch besteht zwischen dem Transferierenden und solchen Entitäten eines Distributed-Ledger-Systems keine unmittelbare Beziehung mit Dienstleistungscharakter.

4. Gestattete Kryptowerte-Dienstleistung

Der Anbieter muss zudem eine oder mehrere **Kryptowerte-Dienstleistungen** erbringen und es muss ihm **gestattet** sein, gemäß Art. 59 MiCAR Kryptowerte-Dienstleistungen zu erbringen. Die Kryptowerte-Dienstleistung selbst werden in der nachfolgenden Nummer abschließend aufgelistet und definiert (→ Art. 3 Abs. 1 Nr. 16 Rn. 1 ff.). Das Tatbestandsmerkmal der Gestattung rekurriert auf Art. 59 und qua des dortigen Normverweises auch auf Art. 60 MiCAR. Diese Vorschriften sind der Kern der Regulierung der Anbieter von Kryptowerte-Dienstleistungen und unterwerfen das Anbieten der Dienste im Grundsatz einem präventiven Verbot mit Erlaubnisvorbehalt (→ Art. 59 Rn. 1 ff.), während Ausnahmen für bereits unter anderen Europäischen Rechtsakten regulierte Unternehmen bestehen (→ Art. 60 Rn. 1 ff.). Da die Anbietereigenschaft selbst auf die Zulassung nach Art. 59 MiCAR abstellt, kann auch nur derjenige Anbieter von Kryptowerte-Dienstleistungen sein, der entweder eine Zulassung der zuständigen Behörde oder eine Erlaubnis aufgrund der Notifizierung eines regulierten Unternehmens nach Art. 60 MiCAR innehat.

5. Dezentrale Kryptowerte-Dienstleistungen (Decentralised Finance)

Nicht vom Anwendungsbereich der Verordnung sind Kryptowerte-Dienstleistungen erfasst, die ausschließlich und vollständig in **dezentralisierter Weise** erbracht werden. Diese Einschränkung auf ganz oder auch teilweise „zentralisierte" Dienstleistungen ergibt sich nicht aus dem Verordnungstext der MiCAR selbst, sondern aus Erwgr. Nr. 22. Da die Erwägungsgründe mangels eigener Regelungswirkung lediglich als Auslegungshilfe dienen, ist die Frage nach der Dezentralisierung rechtsdogmatisch an der Auslegung des Anwendungsbereichs der MiCAR zu verorten (→ Art. 2 Rn. 2). Allerdings wird der Begriff der Zentralität oder Dezentralität weder in den Erwägungsgründen noch im Verordnungstext der MiCAR näher definiert, sodass es in der Praxis einer näheren Auslegung bedarf. Diese wird dadurch erschwert, dass es verschiedene granulare Abstufung hinsichtlich der Dezentralität geben kann und keine harten Grenzen bestehen, ab welchem Punkt

---

[168] Erwgr. Nr. 93.

Art. 3   Titel I Gegenstand, Anwendungsbereich und Begriffsbestimmungen

die Grenze von einem zentralen hin zu einem dezentralen System überschritten wird.[169]

97   Mit dem Begriff der dezentral erbrachten Dienstleistungen sind zumeist Transaktionen auf der Blockchain oder einem anderen Distributed-Ledger-System durch automatisiert ausgeführte Software **(Smart Contracts)**[170] gemeint. Es wird auch von **dezentralen Finanzdienstleistungen (DeFi)**[171] gesprochen, wenn Smart Contracts Transaktionen mit Kryptowerten in ähnlicher Weise durchführen sollen, wie „klassische" Finanzdienstleister Geschäfte mit Finanzinstrumenten für Kunden abwickeln. Ein Smart Contract ist eine Software, die rechtlich relevante Handlungen (insbesondere einen tatsächlichen Leistungsaustausch) in Abhängigkeit von digital prüfbaren Ereignissen steuert, kontrolliert und/oder dokumentiert, mit dessen Hilfe aber unter Umständen auch dingliche und/oder schuldrechtliche Verträge geschlossen werden.[172] Smart Contracts können als funktionales Vertragsäquivalent dienen, weil sie die auszutauschenden Leistungen und die Voraussetzungen, unter denen diese zu erbringen sind, technisch definieren und auch als Instrument der Vertragsdurchführung fungieren, indem sie insbesondere den Leistungsaustausch steuern, kontrollieren und dokumentieren.[173] Smart Contracts werden in der Blockchain gespeichert und deterministisch ausgeführt, sprich strikt nach der durch den Smart Contract vorgegeben binären Logik.[174] Es bedarf damit keiner zentralen Entität, die den Smart Contract etwa auf eigenen Servern oder in der Cloud ausführt. Weiter ist der Code von Smart Contracts aufgrund der zugrundliegenden Blockchain-Technologie vor Manipulationen geschützt und die Ausführung der zuvor definierten Transaktionsabläufe werden technisch und systemisch garantiert.[175] Der Code selbst kann nachträglich unveränderbar sein und auch der Ablauf der Smart Contracts kann nicht ohne weiteres gestoppt werden, insoweit dies durch die Programmiererin des Smart Contracts so vorgesehen wurde.[176]

98   Der Einsatz von dezentral ausgeführten Smart Contracts führt indes nicht zwingend zu einer den Anwendungsbereich der MiCAR ausschließenden Dezentralität. Bei vielen Projekten, die Smart Contracts einsetzen, um automatisierte Transaktionen von Kryptowerten durchzuführen, können auch **zentrale Anknüpfungspunkte** zu finden sein.[177] Bei der Beurteilung, ob eine zentralisierte und mithin

---

[169] Die ESMA spricht etwa von „differing degrees of decentralisation": ESMA, Consultation Paper Technical Standards specifying certain requirements of Markets in Crypto Assets Regulation (MiCA) – second consultation paper, 5.10.2023, S. 27 Rn. 98.

[170] Näher dazu: Möslein/Omlor FinTech-Handbuch/Kaulartz § 5 Rn. 42ff.; Braegelmann/Kaulartz Smart Contracts-HdB/Voshmgir Kap. 2 Rn. 1ff.

[171] Näher dazu: Möslein/Omlor FinTech-Handbuch/Kaulartz § 5 Rn. 55ff.; Omlor/Franke BKR 2022, 679 (680); Möslein/Kaulartz/Rennig RDi 2021, 517 (518ff.).

[172] Dazu und zu weiteren Definitionsvorschlägen: Braegelmann/Kaulartz Smart Contracts-HdB/Braegelmann/Kaulartz Kap. 1 Rn. 20 mwN; weiter zum Begriff vgl. auch Leupold/Wiebe/Glossner IT-Recht/Kaulartz Teil 9.5 Rn. 1ff.; Hoeren/Sieber/Holznagel MMR-HdB/Guggenberger Teil 13.7 Rn. 1ff.; Legner VuR 2023, 213 (214); Kipker/Birreck/Niewöhner/Schnorr MMR 2020, 509 (509).

[173] Möslein ZHR 2019, 254 (254).

[174] Vgl. Braegelmann/Kaulartz Smart Contracts-HdB/Matthes Kap. 4 Rn. 38ff.

[175] Hoeren/Sieber/Holznagel MMR-HdB/Guggenberger Teil 13.7 Rn. 2.

[176] Potel/Hessel jM 2020, 354 (356).

[177] Näher dazu: Machacek RDi 2021, 572 (575ff.); Denga ZBB 2022, 298 (300); Die BaFin spricht in diesen Zusammenhang etwa auch von „Fake-DeFi": BaFin Decentralised Fi-

MiCAR-regulierte Kryptowerte-Dienstleistung oder eine hinreichend dezentralisierte Tätigkeit vorliegt, die nicht in den Anwendungsbereich der MiCAR fällt, muss das enge Begriffsverständnis des Erwgr. Nr. 22 als Ausgangspunkt dienen: Danach findet die MiCAR Anwendung auf „direkt oder indirekt erbrachte, ausgeführte oder kontrollierte Dienstleistungen und Tätigkeiten im Zusammenhang mit Kryptowerten […] und zwar auch dann, wenn nur ein Teil dieser Tätigkeiten oder Dienstleistungen in dezentralisierter Weise ausgeführt bzw. erbracht wird". An dieser engen Formulierung zeigt sich, dass lediglich solche Kryptowerte-Dienstleistungen aus dem Anwendungsbereich der Verordnung fallen sollen, die auch vollständig dezentralisiert sind. Aufsichtsrechtlich würde sich bei vollständig dezentralen Dienstleistungen ohnehin die Frage nach dem richtigen Maßnahmeadressaten stellen.[178] Im Umkehrschluss folgt daraus, dass ein zentralisierter Teilaspekt einer Tätigkeit ausreicht, um diesbezüglich den Anwendungsbereich der MiCAR zu eröffnen.

Bislang mangelt es in der Literatur und Rechtspraxis an klaren **Abgrenzungskriterien** zwischen einer vollständigen Dezentralisierung und einer zentralisierten Tätigkeit. Der ESMA ist zuzustimmen, wenn sie feststellt, dass der genaue Anwendungsbereich des Erwgr. Nr. 22 unklar bleibt und bei der Bewertung der Dezentralität jedes System im Einzelfall unter Berücksichtigung seiner Merkmale bewertet werden muss.[179] Während die ESMA das erforderliche Vorgehen einer solchen Bewertung derzeit nicht weiter spezifiziert, sollten jedoch die Berichte der Kommission in Zukunft mehr Klarheit für diese Rechtsfrage bringen (Art. 142 Abs. 2 lit. a; Art. 140 Abs. 2 lit. t MiCAR). Dabei erscheint allerdings das Ziel einer Bewertung der Entwicklung und einer angemessen regulatorischen Behandlung dezentraler Krypto-Systeme aufgrund des engen Zeitrahmens bis zum 30.12.2024 nach Art. 142 Abs. 1 hochgesteckt.[180] Für bestimmte dezentrale Marktstrukturen bietet jedoch auch die als „regulatorische Sandbox" ausgestaltete DLT-Pilot Verordnung[181] einen ersten Regelungsrahmen. 99

Jedenfalls dürften **Anhaltspunkte** für eine zentralisiert erbrachte Dienstleistung etwa das Maß an Kontrolle[182] über oder an Einfluss[183] auf das Projekt, die Teilnehmer oder Kunden, den zugrundeliegenden Programmcode oder auch die technische Infrastruktur sein. Folgende Kriterien könnten etwa gegen eine die MiCAR-Regulierung ausschließende Dezentralisierung sprechen:[184] 100

---

nance („DeFi") und DAOs (FachArt.), abrufbar unter https://www.bafin.de/DE/Aufsicht/FinTech/Geschaeftsmodelle/DLT_Blockchain_Krypto/DAOS/DAOS_node.html.

[178] Möslein/Kaulartz/Rennig RDi 2021, 517 (523ff.); Machacek RDi 2021, 572 (577ff.).

[179] ESMA, Consultation Paper Technical Standards specifying certain requirements of Markets in Crypto Assets Regulation (MiCA) – second consultation paper, 5.10.2023, S. 29 Rn. 108.

[180] Ebenso Maume ECFR 2023, 243 (255).

[181] Verordnung (EU) 2022/858 des Europäischen Parlaments und des Rats vom 30.5.2022 über eine Pilotregelung für auf der Distributed-Ledger-Technologie basierende Marktinfrastrukturen und zur Änderung der Verordnungen (EU) Nr. 600/2014 und (EU) Nr. 909/2014 sowie der Richtlinie 2014/65/EU.

[182] Ebenso Machacek RDi 2021, 572 (577).

[183] Wohl ebenso Omlor/Franke BKR 2022, 679 (682).

[184] Näher dazu Kaulartz, Performing services in a decentralised manner under MiCAR, abrufbar unter https://cms.law/en/nld/publication/legal-experts-on-markets-in-crypto-assets-mica-regulation/performing-services-in-a-decentralised-manner-under-micar, zuletzt abgerufen am 11.12.2023.

Art. 3 Titel I Gegenstand, Anwendungsbereich und Begriffsbestimmungen

- Insoweit Personen den Code eines Smart Contracts verändern oder anderweitig auf die zugrundeliegende Software oder technische Infrastruktur faktisch Zugriffsgewalt ausüben können, kann ein Indiz für eine Zentralität vorliegen.
- Auch Krypto-Projekte, die durch eine Dezentrale Autonome Organisation (DAO) (→ Rn. 88) gesteuert werden, sind nicht allgemeingültig als vollständig dezentral anzusehen. Es könnte insbesondere dann ein zentraler Anknüpfungspunkt bestehen, wenn die DAO als juristische Person oder auch als Personengesellschaft qualifiziert werden kann. Dies sollte vor allem bei solchen DAOs im Blick gehalten werden, die mittels eines „wrappers" in einer gängigen Gesellschaftsform inkorporiert sind, um Haftungsrisiken zu mitigieren.
- Für ein zentrales Element spricht auch eine Konzentration der „Mitbestimmungsrechte" (etwa in Form von Governance-Token), beispielsweise bei einer Person, dem Gründungsteam, den Investoren oder einer sonstigen Gruppe von Personen mit starker Marktmacht, die eng mit dem Projekt verbunden sind.

Allgemein gilt für die Beurteilung, ob ein Projekt hinreichend dezentral ist, dass der zugrundeliegende Smart Contract überprüft werden sollte. Insbesondere dürfte für diese Prüfung von Relevanz sein, ob Einzelpersonen den Code beeinflussen können, ob Abschaltmöglichkeiten bestehen (kill switches), die über den Vorschlag des EU Data Acts hinausgehen,[185] ob Quoren Stimmrechtskonzentrationen verhindern und ob Verfahren existieren, die Einzelpersonen vor rechtlichen Folgen einer Mehrheitsentscheidung schützen können.[186]

101 All dies sind freilich nur **Indizien**. Eine Dezentralität kann im Einzelfall vorliegen, wenn die Projekte bzw. Smart Contracts hinreichend dezentral gesteuert sind und es abgesehen von Notfallmaßnahmen oder Maßnahmen zur Sicherstellung von rechtlicher Compliance keine Möglichkeiten für Einzelne gibt, die Projekte bzw. Smart Contracts zu steuern. Dies erfordert eine saubere Definition der Smart Contract Governance.

16. „Kryptowerte-Dienstleistung" eine der folgenden Dienstleistungen und Tätigkeiten im Zusammenhang mit Kryptowerten:
   a) Verwahrung und Verwaltung von Kryptowerten für Kunden;
   b) Betrieb einer Handelsplattform für Kryptowerte;
   c) Tausch von Kryptowerten gegen einen Geldbetrag;
   d) Tausch von Kryptowerten gegen andere Kryptowerte;
   e) Ausführung von Aufträgen über Kryptowerte für Kunden;
   f) Platzierung von Kryptowerten;
   g) Annahme und Übermittlung von Aufträgen über Kryptowerte für Kunden;
   h) Beratung zu Kryptowerten;

---

[185] Vgl. Art. 36 Verordnung des Europäischen Parlaments und des Rates über harmonisierte Vorschriften für einen fairen Datenzugang und eine faire Datennutzung sowie zur Änderung der Verordnung (EU) 2017/2394 und der Richtlinie (EU) 2020/1828 (Datenverordnung).

[186] Näher dazu Kaulartz, Performing services in a decentralised manner under MiCAR, abrufbar unter https://cms.law/en/nld/publication/legal-experts-on-markets-in-crypto-assets-mica-regulation/performing-services-in-a-decentralised-manner-under-micar, zuletzt abgerufen am 11.12.2023.

Begriffsbestimmungen **Art. 3**

i) Portfolioverwaltung von Kryptowerten;
j) Erbringung von Transferdienstleistungen für Kryptowerte für Kunden;

I. Allgemein

Der Katalog listet die einzelnen **Kryptowerte-Dienstleistungen** abschließend 102
auf. Die nähere Definition erfolgt in den anschließenden Nummern 17–26, wonach sich auch deren jeweilige Voraussetzungen richten. An dieser Stelle (und auch an wenigen anderen Stellen im Verordnungstext) wurde ursprünglich von „Krypto-Dienstleistung" anstelle von „Kryptowerte-Dienstleistung" gespochen. Dieses Redaktionsversehen wurde jedoch zwischenzeitlich vom Verordnungsgeber korrigiert.[187]

II. Systematik

1. Abgrenzung zu anderen regulierten Dienstleistungen

Der Begriff der **Kryptowerte-Dienstleistung** soll Tätigkeiten erfassen, die von 103
Gesetzgebungsakten der Union im Bereich Finanzdienstleistungen noch nicht reguliert sind.[188] Zu beachten ist, dass eine Kryptowerte-Dienstleistung zugleich Finanzdienstleistung iSd der Richtlinie über den Fernabsatz von Finanzdienstleistungen[189] sein kann.[190] Damit sind jede Bankdienstleistung sowie jede Dienstleistung im Zusammenhang mit einer Kreditgewährung, Versicherung, Altersversorgung von Einzelpersonen, Geldanlage oder Zahlung gemeint.[191] Im Zuge der Regulierung der Kryptowerte-Dienstleistung wurde der Verordnungsgeber weiter von dem Befund geleitet, dass in den meisten Mitgliedstaaten die Bereitstellung von Kryptowerte-Dienstleistungen trotz der potenziellen Risiken, die diese für den Anlegerschutz, die Marktintegrität und die Finanzstabilität bergen, noch nicht reguliert waren.[192]

In Deutschland bestand bereits vor dem Inkrafttreten der MiCAR eine **nationale Regulierung von Kryptowerten.** Kryptowerte wurden im Zuge der Um- 104
setzung der Vierten EU-Geldwäscherichtlinie[193] als Finanzinstrument reguliert und zudem wurde mit der **Kryptoverwahrung** eine spezielle erlaubnispflichtige Fi-

---

[187] Vgl. Berichtigung der Verordnung (EU) 2023/1114 des Europäischen Parlaments und des Rates vom 31. Mai 2023 über Märkte für Kryptowerte und zur Änderung der Verordnungen (EU) Nr. 1093/2010 und (EU) Nr. 1095/2010 sowie der Richtlinien 2013/36/EU und (EU) 2019/1937.
[188] Erwgr. Nr. 6 MiCAR.
[189] RL 2002/65/EG des Europäischen Parlaments und des Rates v. 23.9.2002 über den Fernabsatz von Finanzdienstleistungen an Verbraucher und zur Änderung der RL 90/619/EWG des Rates und der RL 97/7/EG und 98/27/EG.
[190] Erwgr. Nr. 74 MiCAR.
[191] Art. 2 lit. b RL 2002/65/EG des Europäischen Parlaments und des Rates v. 23.9.2002 über den Fernabsatz von Finanzdienstleistungen an Verbraucher und zur Änderung der RL 90/619/EWG des Rates und der RL 97/7/EG und 98/27/EG.
[192] Erwgr. Nr. 73 MiCAR.
[193] RL (EU) 2015/849 des Europäischen Parlaments und des Rates v. 20.5.2015 zur Verhinderung der Nutzung des Finanzsystems zum Zwecke der Geldwäsche und der Terrorismusfinanzierung, zur Änderung der VO (EU) Nr. 648/2012 des Europäischen Parlaments und

nanzdienstleistungen eingeführt.[194] Der national-rechtliche Begriff der Kryptowerte in § 1 Abs. 11 S. 4, S. 5 KWG ist mit dem Begriff des Art. 3 Abs. 1 Nr. 5 MiCAR nicht deckungsgleich. Es bleibt abzuwarten, wie der deutsche Gesetzgeber die Regeln der nationalen Kryptoregulierung mit Blick auf die MiCAR im Detail anpassen wird. Änderungen zu den entsprechenden Gesetzen sind derzeit in Deutschland noch nicht beschlossen und nach geltendem deutschen Aufsichtsrecht würden sich Wertpapierdienstleistungen, Finanzdienstleistungen und Bankgeschäfte in Bezug auf Kryptowerte (§§ 2 Abs. 2 WpIG, 1 Abs. 1, Abs. 1a KWG) mit den Kryptowerte-Dienstleistungen der MiCAR inhaltlich zumeist überschneiden. Das Gesetz zur Finanzierung von zukunftssichernden Investitionen (Zukunftsfinanzierungsgesetz – ZuFinG) sieht zwar eine Erweiterung des KWG um besondere Pflichten des Kryptoverwahrers vor und parallel zu den MiCAR-Pflichten (→ Art. 75 Rn. 1) soll der Kryptoverwahrer nach KWG künftig ebenfalls Pflichten zur Vermögenstrennung und Zuordnung verwahrter Kryptowerte unterliegen.[195] Allerdings soll der national-rechtliche Begriff der Kryptowerte im KWG gemäß dem Referentenentwurf eines Gesetzes über die Digitalisierung des Finanzmarktes (Finanzmarktdigitalisierungsgesetz – FinmadiG)[196] zu dem Begriff der **„kryptografischen Instrumente"** abgeändert werden. Dabei sollen von diesem Begriff unter anderen Kryptowerte im Sinne der MiCAR ausgenommen sein. In der Folge wird die national-rechtliche Regulierung, zumindest voraussichtlich nach derzeitigen Entwurfsstand, keine Überschneidung zur MiCAR aufweisen, sondern lediglich solche Token erfassen, die gerade nicht der MiCAR unterliegen.

2. Kategorisierung des Erwgr. Nr. 21

105 In den Erwägungsgründen werden Kryptowerte-Dienstleistungen nach zwei Kategorien unterschieden,[197] was aber **rechtstechnisch keine Auswirkung** haben dürfte: Eine erste Kategorie umfasst die Gewährleistung des Betriebs einer Handelsplattform für Kryptowerte, den Tausch von Kryptowerten gegen einen Geldbetrag oder gegen andere Kryptowerte, die Verwahrung und Verwaltung von Kryptowerten für Kunden und die Erbringung von Transferdienstleistungen für Kryptowerte für Kunden. Eine zweite Kategorie solcher Dienstleistungen bilden die Platzierung von Kryptowerten, die Entgegennahme oder Übermittlung von Aufträgen über Kryptowerte für Kunden, die Ausführung von Aufträgen über Kryptowerte für Kunden, die Beratung zu Kryptowerten und die Portfolioverwaltung von Kryptowerten.

106 Es bleibt unklar, welche jeweils gemeinsamen Kriterien die beiden Kategorien voneinander abgrenzen sollen.[198] Diese Unterscheidung der beiden Kategorien von Kryptowerte-Dienstleistungen erfolgt jedoch allein in Erwgr. Nr. 21 und **fin-**

---

des Rates und zur Aufhebung der RL 2005/60/EG des Europäischen Parlaments und des Rates und der RL 2006/70/EG der Kommission.

[194] Näher dazu: Fischer/Schulte-Mattler/Schäfer KWG § 1 Rn. 176 ff., Rn. 277 ff. Allgemein zur Regulierung von Kryptowerten in Deutschland etwa: Maume RDi 2022, 497 (503); Patz BKR 2021, 725 (726 ff.).

[195] Gemäß Art. 20 Gesetz zur Finanzierung zukunftssichernden Investitionen (Zukunftsfinanzierungsgesetz – ZuFinG) erfolgt dies durch Einfügung des § 26b KWG-neu und § 46i KWG-neu.

[196] Art. 3 FinmadiG, abrufbar unter https://beck-link.de/tvw2b (zuletzt aufgerufen am 12.3.2024).

[197] Erwgr. Nr. 21.

[198] Ebenso Rennig ZBB 2020, 385 (394).

Begriffsbestimmungen **Art. 3**

det sich im Verordnungstext selbst nicht wieder. Lediglich im Anhang IV der MiCAR werden bestimmte Kryptowerte-Dienstleistungen in Klassen eingeordnet. Hier bestimmen sich aber die Mindestkapitalanforderungen an Kryptowerte-Dienstleister nach Klasse 1 bis Klasse 3 (→ Art. 67 Rn. 7), was jedoch keinen Bezug zu den Kategorien aus den Erwägungsgründen aufweist.

3. Abschließender Charakter der Kryptowerte-Dienstleistungen der MiCAR

Der Katalog listet die einzelnen Kryptowerte-Dienstleistungen **abschließend** 107 auf, die sodann in den anschließenden Nummern 17–26 weiter definiert und charakterisiert werden. Bestimmte bereits in der Krypto-Branche existente Dienstleistungen fallen daher aus dem Anwendungsbereich der MiCAR heraus. Das betrifft etwa das *Crypto-Lending* oder *Staking,* wobei aber auch solche Dienstleistungen so strukturiert sein können, dass sie die Tatbestandsvoraussetzungen einer Kryptowerte-Dienstleistung erfüllen.[199] Per se sind damit zunächst keine Dienstleistungen mit Bezug zu Kryptowerten vom Anwendungsbereich der MiCAR ausgeschlossen und es ist stets eine Einzelfallprüfung erforderlich, ob eine Tätigkeit unter die Voraussetzungen einer Kryptowerte-Dienstleistung subsumiert werden kann. Jedenfalls ist die MiCAR nur als erster Schritt zur Regulierung des Krypto-Marktes zu verstehen. So ordnet die Verordnung selbst bereits an, dass die EU-Kommission bis zum 30.12.2024 dem europäischen Parlament und dem Rat einen Bericht über die neuesten Entwicklungen in Zusammenhang mit Kryptowerten vorzulegen hat, dem gegebenenfalls ein Gesetzgebungsvorschlag beigefügt ist, insbesondere zu Sachverhalten, die in dieser Verordnung nicht behandelt werden (Art. 142 Abs. 1 MiCAR).

17. „Verwahrung und Verwaltung von Kryptowerten für Kunden" die sichere Aufbewahrung oder Kontrolle von Kryptowerten oder der Mittel für den Zugang zu solchen Kryptowerten für Kunden, unter Umständen in Form privater kryptografischer Schlüssel;

Die **Verwahrung** und **Verwaltung** von Kryptowerten für Kunden gilt gemäß 108 Art. 3 Abs. 1 Nr. 17 als Kryptowerte-Dienstleistung. Die Verwahrung und Verwaltung von Kryptowerten für Kunden ist definiert als „die sichere Aufbewahrung oder Kontrolle von Kryptowerten oder der Mittel für den Zugang zu solchen Kryptowerten für Kunden, unter Umständen in Form privater kryptografischer Schlüssel". Es genügt bereits, dass eine der beiden Alternativen vom Dienstleister erbracht wird, also die Verwahrung oder die Verwaltung, um den Tatbestand zu erfüllen. Dabei differenziert die Definition nicht weiter, was genau die Verwahrung von der Verwaltung unterscheidet.

Das **Kryptomärkteaufsichtsgesetz (KMAG),** das nationale Durchführungs- 109 gesetz zur MiCAR, sieht in § 2 Abs. 11 und Abs. 12 als Begriffsdefinition für die Zwecke des KMAG vor, dass zur sprachlichen Vereinfachung die Verwahrung und Verwaltung von Kryptowerten als **„Kryptoverwahrung"** und der Anbieter von Kryptoverwahrung als **„Kryptoverwahrer"** definiert wird.[200] Bis zur Anwendbar-

---

[199] Maume ECFR 2023, 243 (253).
[200] Vgl. Begründung zu § 2 Abs. 10–12 KMAG in der Fassung des Reg-E Finanzmarktdigitalisierungsgesetz – FinmadiG v. 20.12.2023, S. 156. Zur Abgrenzung zum Begriff des „qualifizierten Kryptoverwahrgeschäfts" iSd KWG s. John/Patz BKR 2023, 849 (851 f.).

Art. 3 Titel I Gegenstand, Anwendungsbereich und Begriffsbestimmungen

keit der MiCAR für Kryptowerte-Dienstleister wurde das Kryptoverwahrgeschäft in Deuschland seit 2020 als erlaubnispflichtige Finanzdienstleistung iSd § 1 Abs. 1a S. 2 Nr. 6 KWG geregelt und definiert als „die Verwahrung, die Verwaltung und die Sicherung von Kryptowerten oder privaten kryptografischen Schlüsseln, die dazu dienen, Kryptowerte für andere zu halten, zu speichern oder darüber zu verfügen, sowie die Sicherung von privaten kryptografischen Schlüsseln, die dazu dienen, Kryptowertpapiere für andere nach § 4 Abs. 3 des Gesetzes über elektronische Wertpapiere zu halten, zu speichern oder darüber zu verfügen".[201] Mit Anwendbarkeit der MiCAR fällt dieser Tatbestand weg. Es wird jedoch durch das **Finanzmarktdigitalisierungsgesetz** (FinmadiG) als neuer Tatbestand das **„qualifizierte Kryptoverwahrgeschäft"** in § 1 Abs. 1a S. 2 Nr. 6 KWG nF eingefügt, der „die Verwahrung und Verwaltung **kryptografischer Instrumente** oder die Sicherung privater kryptografischer Schlüssel für andere, die dazu dienen, kryptografische Instrumente, **Kryptowertpapiere** oder **Kryptofondsanteile** iSd § 1 S. 2 der Verordnung über Kryptofondsanteile zu speichern oder darüber zu verfügen".[202] Nach der Gesetzesbegründung soll dadurch der Erlaubnisvorbehalt für die Verwahrung von Kryptowerten aufrechterhalten werden, die **nicht in den Anwendungsbereich der MiCAR** fallen, jedoch bisher vom Tatbestand des Kryptoverwahrgeschäfts als erlaubnispflichtige Finanzdienstleistung erfasst wurden.[203] Davon erfasst sind Kryptowerte, die als MiFID II Finanzinstrumente qualifizieren und nicht depotverwahrfähig sind sowie die Sicherung von kryptographischen Schlüsseln zu Kryptofondsanteilen[204] und Kryptowertpapieren.[205]

110 Als **Verwahrung** iSd MiCAR gilt neben der **Einzelverwahrung** auch die Aufbewahrung von Kryptowerten in einem **Sammelbestand,** bei dem nicht jedem Kunden eine eigene Blockchain-Adresse für die Verwahrung zugewiesen wird und die Kunden selbst keine Kenntnis von den kryptographischen Schlüsseln haben (→ Art. 75 Rn. 15).[206] **Aufbewahrung** meint nicht lediglich eine Inbesitznahme, sondern umfasst auch die Pflicht, Kryptowerte und die Zugangsmittel vor Verlust und sonstigen Beeiträchtigungen zu schützen. Der Begriff der „sicheren" Verwahrung, den der Verordnungsgeber nutzt, macht das deutlich. Die Form der Speicherung oder das verwendete Medium ist unerheblich, so dass zB ein kryptografischer Schlüssel bzw. mnemonische Codewörter[207] zur Ableitung eines kryptographischen Schlüssels auch durch Aufschreiben auf einem Blatt Papier gesichert und das Blatt Papier aufbewahrt werden kann. Daneben ist die **technische Speicherung** und

---

[201] Maume/Maute, Rechtshandbuch Kryptowerte, S. 356; Patz BKR 2021, 725 (725–729f.); FSM-KWG/Schäfer, 6. Aufl. 2023, KWG § 1 Rn. 176ff.

[202] In der Fassung des Reg-E Finanzmarktdigitalisierungsgesetz – FinmadiG v. 20.12.2023, S. 70ff.; zur Abgrenzung des kryptographischen Instruments und qualifizierten Kryptoverwahrgeschäfts s. John/Patz BKR 2023, 849 (850ff.); Terlau BKR 2023, 809 (810).

[203] Vgl. Begründung zu § 1 Abs. 1a S. 2 Nr. 6 KWG in der Fassung des Reg-E Finanzmarktdigitalisierungsgesetz – FinmadiG v. 20.12.2023, S. 195.

[204] Kaulartz/Voigt/Winkler RdF 2022, 24ff.

[205] Vgl. Begründung zu § 1 Abs. 1a S. 2 Nr. 6 KWG in der Fassung des Reg-E Finanzmarktdigitalisierungsgesetz – FinmadiG v. 20.12.2023, S. 195.

[206] Vgl. zur Rechtslage vor Geltung der MiCAR BaFin Merkblatt: Hinweise zum Tatbestand des Kryptoverwahrgeschäfts v. 2.3.2020, geändert am 25.9.2023, Abschnitt I.1.c.

[207] Zum Begriff Antonopoulos/Wood, Ethereum Grundlagen und Programmierung, 1. Aufl. 2019, S. 87ff.

Begriffsbestimmungen **Art. 3**

Sicherung von Zugangsmitteln wie privaten kryptographischen Schlüsseln erfasst, die dazu dienen, Zugang zu Kryptowerten zu erhalten, diese zu speichern und zu übertragen, wobei der Verwahrer dabei faktisch Zugriffsmöglichkeit auf die Kryptowerte hat.

Die Definition nach Art. 3 Abs. 1 Nr. 17 spricht von **„Mittel für den Zugang"** 111 und nicht nur von kryptographischen Schlüsseln, damit technologieneutral und entwicklungsoffen auch andere Zugangsmittel als kryptographische Schlüssel erfasst werden. Mittel für den Zugang sind mithin auch sog. **Key Shards** oder **Key Shares** (einzelne Teile von aufgesplitteten kryptografischen Schlüsseln bei **Multi-Party-Computation** (MPC)-Lösungen, die regelmäßig aus Sicherheitsgründen an verschiedenen Orten aufbewahrt werden, siehe Beispiel → Art. 3 Rn. 110), die zur Sicherung von Kryptowerten dienen.

Tatbestandsmäßig ist grundsätzlich der **Betrieb der technischen Infrastruk-** 112 **tur für die Sicherung** der Kryptowerte bzw. der Zugangsmittel, die je nach Verwahrinfrastruktur bspw. den Betrieb sog. **Hardware-Sicherheitsmodule** (HSM) erfasst oder die Aufbewahrung und Speicherung von **Key Shards.** Es ist davon auszugehen, dass nach MiCAR wie bisher nach deutschem Recht „die bloße **Zurverfügungstellung von Speicherplatz,** zB durch Webhosting- oder Cloudspeicher-Anbieter, ohne darüberhinausgehende Versprechen, die sich speziell auf die Sicherung der Kryptowerte beziehen, [[…]] nicht tatbestandsmäßig" ist.[208] Auch dürfte ein reiner Hardware- oder Software-Anbieter für technische Verwahrlösungen bzw. ein technischer Infrastrukturanbieter keine Verwahrung und Verwaltung von Kryptowerten erbringen, wenn dieser weder Zugriff auf die Zugangsmittel zB in Form eines sog. Master-Keys hat oder im Fall von sog. Multi-Party-Computation (MPC)-Lösungen zwar einen Teil der Key Shards für einen Kryptowerte-Dienstleister speichert, jedoch allein nicht in der Lage ist, Kryptowerte-Transaktionen auszulösen und damit keinen **„bestimmungsgemäßen Zugriff"** auf die verwahrten Kryptowerte und kryptographischen Schlüssel hat.[209]

So gibt es Verwahrlösungen **(Multi-Party-Computation (MPC)-Lösungen),** bei denen für die Signatur einer Transaktion zwei von drei Key Shards erforderlich sind, wobei ein Key Shard durch den **technischen Infrastrukturanbieter** gesichert wird und der Kryptowerte-Dienstleister das zweite Key Shard für die Signatur hat sowie ein drittes Key Shard als Backup sichert. In diesem Fall wäre davon auszugehen, dass die tatbestandsmäßige Verwahrung der Kryptowerte und Zugangsmittel durch den Kryptowerte-Dienstleister erfolgt. Dieser verfügt über das zweite und dritte Key Shard und hat damit letztendlich die **Kontrolle** über die Kryptowerte und Zugangsmittel. Er ist auch in der Lage, selbständig eine Transaktion auszulösen, falls der technische Infrastrukturanbieter, der nur das eine Key Shard sichert, nicht mehr zur Verfügung stünde. Der technische Infrastrukturanbieter, der nur ein Key Shard für den Kryptowerte-Dienstleister hält, ist allein nicht in der Lage eine Transaktion zu signieren und damit Kryptowerte zu übertragen. Der technische Infrastrukturanbieter hat daher keine Kontrolle über die Zugangsmittel und Kryptowerte und verwahrt diese damit auch nicht. Der technische Infrastrukturanbieter erbringt insofern keine Kryptowerte-Dienstleistung.

Dies gilt entsprechend für **Multi-Signatur-Lösungen:** Ein **technischer Infrastrukturanbieter** sichert einen oder auch mehrere kryptographische Schlüssel für einen Kryptowerte-

---

[208] BaFin Merkblatt: Hinweise zum Tatbestand des Kryptoverwahrgeschäfts v. 2.3.2020, geändert am 25.9.2023, Abschnitt I.1.c.
[209] BaFin Merkblatt: Hinweise zum Tatbestand des Kryptoverwahrgeschäfts v. 2.3.2020, geändert am 25.9.2023, Abschnitt I.1.c.; RegE, BT-Drs. 19/13827, 109; Patz BKR 2021, 725 (725–729f.).

Art. 3 Titel I Gegenstand, Anwendungsbereich und Begriffsbestimmungen

Dienstleister, die benötigt werden, um gemeinsam mit dem Kryptowerte-Dienstleister Transaktionen zu signieren. Der **technische Infrastrukturanbieter** verfügt jedoch nicht über eine ausreichende Anzahl an kryptographischen Schlüsseln, um eigenständig eine Blockchain-Transaktion ohne den Kryptowerte-Dienstleister auslösen und freigeben zu können (zB werden drei aus fünf kryptographischen Schlüsseln benötigt, um eine Transaktion freizugeben, der technische Infrastrukturanbierte sichert zwei davon, der Kryptowerte-Dienstleister sichert drei). Sofern der technische Infrastrukturanbieter mit der Anzahl an kryptographischen Schlüsseln, die dieser sichert, nicht in der Lage ist, allein Transaktionen ohne Mitwirkung des Kryptowerte-Dienstleisters zu signieren, ist nicht davon auszugehen, dass der technische Infrastrukturanbieter **Kontrolle** über Kryptowerte oder Zugangsmittel hat. Auch fehlt es an einem tatbestandsmäßigem **Aufbewahren** der Kryptowerte und Zugangsmittel, da der technische Infrastrukturanbieter regelmäßig keinen **bestimmungsgemäßen Zugriff** auf die Kryptowerte und Zugangsmittel hat. Dieser sichert lediglich Teile der Zugangsmittel, hat mit diesen jedoch keine Möglichkeit, Kryptowerte selbständig zu transferieren. Der technische Infrastrukturanbieter bietet dem Kryptowerte-Dienstleister damit lediglich **eine technische Dienstleistung** zur Unterstützung der Sicherheitsarchitektur des Kryptowerte-Dienstleisters an. Der Kryptowerte-Dienstleister wird regelmäßig über ein Konzept verfügen, das es ihm ermöglicht, die Kryptowerte und Zugangsmittel auch ohne Mitwirken des technischen Infrastrukturanbietes zu sichern, weshalb der Kryptowerte-Dienstleister letztendlich allein die Kontrolle hat und die tatbestandsmäßige Verwahrung bzw. sichere Aufbewahrung erbringt.

Die Verwahrung und Verwaltung von Kryptowerten erbringt letztendlich der verantwortliche Dienstleister, der in der Lage ist, durch die erforderlichen Key Shards oder abgeleitet aus einem **Master-Key** den **Zugriff** auf die verwahrten Kryptowerte **eigenständig wiederherzustellen,** für den Fall, dass der verwendete **technische Infrastrukturanbieter** für die Verwahrlösung seine Dienste gegenüber dem Kryptowerte-Dienstleister nicht weiter erbringt.

113 Die Definition gemäß Abs. 1 Nr. 17 nennt neben der Aufbewahrung als eigenständiges Tatbestandsmerkmal die **Kontrolle** von Kryptowerten oder der kryptographischen Schlüssel. Was genau der Tatbestand „Kontrolle" umfasst, ergibt sich nicht aus der MiCAR. Kontrolle kann bereits durch die Aufbewahrung vermittelt werden, kann aber auch ausgeübt werden, ohne mit einer Aufbewahrung einherzugehen. Ein Unternehmen, das die Verwahrung von Kryptowerten auslagert, übt über die ihm eingeräumten **Weisungsrechte** gegenüber dem Verwahrunternehmen die Kontrolle über die Kryptowerte aus, ohne sie aufzubewahren. Kontrolle über Kryptowerte hat damit wohl regelmäßig, wer zwar nicht selbst die technische Infrastruktur zur Speicherung der Mittel für den Zugang zu den Kryptowerten betreibt, jedoch aufgrund **vertraglicher Vereinbarung mit dem Infrastrukturanbieter** der Verwahrlösung diesen anweisen kann, Transaktionen auszulösen, Kryptowerte zu empfangen und zu sichern, und dabei vertraglich als der Kryptowerte-Dienstleister gegenüber seinen Kunden auftritt und die Verwahrung oder Verwaltung gegenüber seinen Kunden erbringt. Der jeweilige Infrastrukturanbieter, an den die **(technische) Verwahrung ausgelagert** ist, muss gemäß Art. 75 Abs. 9 dann ebenso als Kryptowerte-Dienstleister für die Verwahrung und Verwaltung von Kryptowerten zugelassen sein. Kontrolle hat auch, wer trotz Einschaltung eines technischen Infrastrukturanbieters oder eines weiteren regulierten Verwahrers die Zuordnung der einzelnen Kundenbestände in Bezug auf den Gesamtbestand der Kryptowerte vornimmt und Transaktionen anweisen kann, auch wenn die Zugangsmittel technisch bei einem anderen Kryptowerte-Dienstleister gespeichert werden.

114 Abs. 1 Nr. 17 enthält keine eigenständige Definition des Begriffs der **„Verwaltung".** Der Tatbestand des Kryptoverwahrgeschäfts gemäß § 1 Abs. 1a S. 2 Nr. 6

Begriffsbestimmungen **Art. 3**

KWG, der bis zur Anwendbarkeit von MiCAR nach deutschem Recht einschlägig gewesen ist, nennt das Merkmal der „Verwaltung". Nach dem Begriffsverständnis der BaFin ist davon **„die laufende Wahrnehmung der Rechte aus dem Kryptowert"** erfasst.[210] In diese Richtung geht auch Art. 75 Abs. 4, der zumindest vorsieht, dass der Kryptowerte-Dienstleister gegenüber seinen Kunden verpflichtet ist, diesen die **Ausübung der mit den Kryptowerten verbundenen Rechte zu erleichtern** (→ Art. 75 Rn. 20f.). Davon erfasst wäre zB die Wahrnehmung von Stimmrechten für den Inhaber eines Kryptowertes. Was genau alles von einer Verwaltung von Kryptowerten und Zugangsmitteln erfasst sein soll, ist mithin nicht ganz eindeutig und bedarf der weiteren Klarstellung auf EU-Ebene.

Die Verwahrung oder Verwaltung muss **für Kunden,** also für Dritte erfolgen 115 und nicht durch den Inhaber der Kryptowerte selbst. Ein Kunde kann **jede Person** oder **Personenmehrheit** sein, wobei es sich um natürliche Personen oder Unternehmen handeln kann. Die Verwahrung und Verwaltung von Kryptowerten für das eigene Unternehmen dürfte regelmäßig nicht den Tatbestand erfüllen[211], da es sich dabei regelmäßig nicht um einen Kunden handelt. Die Verwahrung und Verwaltung eigener Kryptowerte in einer durch den Inhaber selbst verwalteten Wallet oder anderen Speicherlösungen ist daher keine Kryptowerte-Dienstleistung. Der **Hardware- oder Software-Anbieter** von durch die jeweiligen Nutzer selbst verwalteten Wallets ist ausdrücklich nicht vom Tatbestand erfasst.[212]

Die Verwahrung und Verwaltung von Kryptowerten für Kunden kann sich mit 116 **Zahlungsdiensten** iSd 2. Zahlungsdiensterichtlinie (EU) 2015/2366 überschneiden, sofern es um Dienstleistungen in Bezug auf **E-Geld Token** iSd Art. 3 Abs. 1 Nr. 7 geht.[213] Grundsätzlich bedarf ein Kryptowerte-Dienstleister, der E-Geld Token verwahrt und verwaltet, neben einer MiCAR-Zulassung keine weitere Erlaubnis als E-Geld-Institut, Zahlungsdienstleister oder Bank. Die MiCAR enthält die **spezielleren Regeln für Kryptowerte einschließlich E-Geld Token** und darauf bezogene Dienstleistungen. Ein Kryptowerte-Dienstleister, der die Verwahrung und Verwaltung lediglich in Bezug auf Kryptowerte einschließlich **E-Geld Token** anbietet, erbringt insoweit kein Einlagengeschäft und auch keinen Zahlungsdienst. So ist bspw. die Auszahlung von Kryptowerten an eine externe, dem Kunden gehörende Wallet kein Zahlungsdienst, sondern Teil der Pflichten eines Kryptowerte-Dienstleisters. Darin wird jedoch eine **Transferdienstleistung** iSd Art. 3 Abs. 1 Nr. 26 MiCAR zu sehen sein (→ Art. 82 Rn. 1 ff.), auch wenn die Auszahlung bzw. Rückgabe von verwahrten Kryptowerten an den Kunden regelmäßig dem Verwahrverhältnis zwischen Kryptoverwahrer und Kunde immanent ist.[214] Ebenso geht Erwgr. Nr. 91 davon aus, dass ein E-Geld Emittent grundsätzlich Verwah-

---

[210] Vgl. für den Tatbestand des Verwaltens iSd Kryptoverwahrgeschäfts, das vor Anwendung der MiCAR in Deutschland einschlägig gewesen ist, BaFin Merkblatt: Hinweise zum Tatbestand des Kryptoverwahrgeschäfts v. 2.3.2020, geändert am 25.9.2023, Abschnitt I.1.c.; Patz BKR 2021, 725 (725–729f.) mit Abgrenzung zum Depotgeschäft und zur Registerführung für Wertpapiere.
[211] Vgl. BaFin Merkblatt: Hinweise zum Tatbestand des Kryptoverwahrgeschäfts v. 2.3.2020, geändert am 25.9.2023, Abschnitt I.1.b.
[212] Erwgr. Nr. 83.
[213] So Erwgr. Nr. 90.
[214] So hat der Kryptowerte-Dienstleister als Teil seiner Verwahrstrategie Verfahren und Systeme zu beschreiben, mit denen die Rückgabe von Kryptowerten oder die Mittel für den Zugang zum Kunden sichergestellt werden (→ Art. 75 Rn. 14).

Art. 3 Titel I Gegenstand, Anwendungsbereich und Begriffsbestimmungen

rungs- und Verwaltungsdienstleistungen iSd MiCAR erbringt, wenn er die Verwahrung und Verwaltung von E-Geld Token anbietet. Lediglich in Bezug auf **E-Geld Token, die der E-Geld Emittent selbst ausgibt,** bedarf dieser keiner zusätzlichen Zulassung als Kryptowerte-Dienstleister, sondern darf diese Kryptowerte-Dienstleistung unter den Voraussetzungen des Art. 60 Abs. 4 (→ Art. 60 Rn. 1 ff.) anbieten, muss dabei jedoch die Vorgaben der MiCAR an die Verwahrung und Verwaltung von Kryptowerten einhalten. Sofern der E-Geld Emittent als **E-Geld Institut** jedoch auch für andere die Verwahrung und Verwaltung von E-Geld Token anbieten möchte, die er nicht selbst ausgegeben hat, bedarf er dafür einer Erlaubnis als Kryptowerte-Dienstleister.

18. **„Betrieb einer Handelsplattform für Kryptowerte" die Verwaltung eines oder mehrerer multilateraler Systeme, die die Interessen einer Vielzahl Dritter am Kauf und Verkauf von Kryptowerten – im System und gemäß dessen Regeln – auf eine Weise zusammenführen oder deren Zusammenführung erleichtern, dass ein Vertrag über den Tausch von Kryptowerten entweder gegen einen Geldbetrag oder den Tausch von Kryptowerten gegen andere Kryptowerte zustande kommt;**

117 Der **Betrieb einer Handelsplattform für Kryptowerte** stellt gem. Art. 3 Abs. 1 Nr. 18 eine Kryptowerte-Dienstleistung dar. Eine Handelsplattform für Kryptowerte ist ein **multilaterales System,** das die **Interessen einer Vielzahl Dritter** am **Kauf und Verkauf** von Kryptowerten – **im System** und **gemäß dessen Regeln** – auf eine Weise **zusammenführt** oder deren Zusammenführung erleichtert, dass ein **Vertrag über den Tausch von Kryptowerten** entweder gegen einen Geldbetrag oder den Tausch von Kryptowerten gegen andere Kryptowerte **zustande kommt.** Der Betreiber einer Handelsplattform für Kryptowerte kann ein oder mehrere solcher multilateraler Systeme verwalten.

118 Der Betrieb einer Handelsplattform für Kryptowerte gem. Art. 3 Abs. 1 Nr. 18 gilt als dem **Betrieb eines multilateralen Handelssystems (MTF)** gem. Art. 4 Abs. 1 Nr. 22 MiFID II bzw. dem **Betrieb eines organisierten Handelssystems (OTF)** iSv Art. 4 Abs. 1 Nr. 23 MiFID II (Anhang I Abschnitt A Nr. 8 und 9 MiFID II) **gleichwertig** (vgl. Art. 60 Abs. 3 UAbs. 2 lit. b). Im Unterschied zur MTF-Definition nach MiFID II setzt der Betrieb einer Handelsplattform für Kryptowerte zwar nicht explizit voraus, dass die **Zusammenführung von Interessen** nach **„nichtdiskretionären Regeln"** erfolgt. Gleichwohl scheidet ein Ermessen des Plattformbetreibers aus. Denn aus Art. 76 Abs. 1 lit. e ergibt sich als Rechtsfolge, dass der Plattformbetreiber für Kryptowerte **„ermessensunabhängige Regeln"** (Englisch: non-discretionary rules) und „Verfahren für die Sicherstellung eines redlichen und ordnungsgemäßen Handels sowie objektive Kriterien für die wirksame Ausführung von Aufträgen" festzulegen hat.

119 Als wesentlicher systematischer Unterschied im Vergleich zur MiFIR enthält die MiCAR keine dem Art. 1 Abs. 5b MiFIR entsprechende Regelung. Art. 1 Abs. 5b MiFIR sieht vor, dass „alle multilateralen Systeme für Finanzinstrumente [[…]] im Einklang mit den Bestimmungen des Titels II [der MiFID II] für MTF bzw. OTF oder [[…]] Titel III [der MiFID II] für geregelte Märkte zu betreiben" sind. Auf dieser Basis geht die **ESMA** mittlerweile davon aus, dass bereits der **Betrieb eines multilateralen Systems** (zur Definition → Art. 3 Rn. 120) **für Finanzinstrumente** iSv Art. 4 Abs. 1 Nr. 19 MiFID II stets zur Erlaubnispflicht für den Betrieb

Begriffsbestimmungen **Art. 3**

eines MTF, OTF oder geregelten Marktes führt.[215] Das heißt nach Auffassung der ESMA insbesondere auch, dass ein multilaterales System „als solches" – für Finanzinstrumente – nicht länger betrieben werden darf. Bereits wenn ein System oder eine Plattform die Merkmale eines **multilateralen Systems** erfüllt, reicht eine Anlagevermittlungserlaubnis also nicht mehr aus und die Ausgestaltung als MTF, OTF oder geregelter Markt mit entsprechender Erlaubnis ist zwingend.[216] Das bedeutet unter anderem, dass der **Vertragsschluss im System** des Betreibers des multilateralen Systems für Finanzinstrumente als zwingende Rechtsfolge vorzusehen ist und hingegen nicht mehr als tatbestandsbegründendes Merkmal für den Betrieb eines MTF, OTF oder geregelten Marktes angesehen werden kann. Soweit ersichtlich, sind diese **Grundsätze auf Handelsplattformen für Kryptowerte jedoch nicht übertragbar**, mangels einer Art. 1 Abs. 5b MiFIR entsprechenden Regelung. Es gibt insoweit auch keinen Verweis in der MiCAR auf die Grundsätze der MiFIR, sondern nur die Bezugnahme auf den Betrieb von MTF oder OTF in Art. 60 Abs. 3 UAbs. 2 lit. b. Insbesondere hat der Verordnungsgeber für die **Definition der Handelsplattform für Kryptowerte** auch nicht allein auf die Definition des „multilateralen Systems" nach Art. 4 Abs. 1 Nr. 19 MiFID II zurückgegriffen, sondern – wie bei einem MTF bzw. OTF – in Art. 3 Abs. 1 Nr. 18 *zusätzlich* ein **Vertragsschlusserfordernis** vorgesehen. Eine Handelsplattform für Kryptowerte setzt somit *tatbestandlich* voraus, dass ein **Vertragsschluss innerhalb des Systems** nach dessen Regeln erfolgt, ohne dass den beteiligten Parteien dabei ein Entscheidungsspielraum bleibt.[217] Dies kann freilich bereits der Fall sein, wenn Plattformnutzer auf verbindliche Angebote anderer Nutzer unmittelbar zugreifen und diese verbindlich annehmen können.[218] Sofern die Plattformnutzer aber nur – zusätzlich zu einer „**Bulletin Board**" Funktion – über die Plattform kommunizieren und schließlich den **Vertrag nach eigenem Ermessen außerhalb der Plattform** abschließen können, handelt es sich bei einer Plattform wohl **nicht um eine Handelsplattform für Kryptowerte**.[219] Jedoch kann uU ein anderer MiCAR-Tatbestand einschlägig sein, etwa die **Annahme und Übermittlung von Aufträgen** für Kryptowerte.[220]

Die **Tatbestandsvoraussetzungen** des Art. 3 Abs. 1 Nr. 18 sind nicht näher definiert, insbesondere beschreibt die MiCAR nicht näher, was ein „**multilaterales System**" auszeichnet. Es liegt jedoch nahe, sich an den bereits etablierten Grund- **120**

---

[215] Zur Erlaubnispflicht für Krypto-Handelsplattformen vor MiCAR Patz BKR 2019, 435 (436 ff.).
[216] Final Report on ESMA's Opinion on the Trading Venue Perimeter v. 2.2.2023 (ESMA70-156-6360), S. 31 Rn. 7.
[217] Vgl. BaFin Merkblatt: Tatbestand des Betriebs eines multilateralen Handelssystems gemäß § 1 Abs. 1a S. 2 Nr. 1b KWG (geändert am 27.4.2023), Abschnitt 1.d.; vgl. auch etwa Fischer/Schulte-Mattler/Schäfer KWG § 1 Rn. 151.
[218] Vgl. BaFin Merkblatt: Tatbestand des Betriebs eines multilateralen Handelssystems gemäß § 1 Abs. 1a S. 2 Nr. 1b KWG (geändert am 27.4.2023), Abschnitt 1.d.
[219] Bei selbiger Ausgestaltung für MiFID II-Finanzinstrumente müsste die Plattform jedoch als MTF, OTF oder geregelter Markt ausgestaltet werden.
[220] Vgl. Fischer/Schulte-Mattler/Schäfer KWG § 1 Rn. 151: „Da die Zusammenführung der Interessen zu einem Vertragsabschluss innerhalb des Systems führen muss, zählen nicht zu den multilateralen Handelssystemen solche Systeme, bei denen kein Vertragsabschluss erfolgt, sondern die nur als Kommunikationsforen (Bulletin Board) wirken und der Vertragsabschluss außerhalb des Systems zwischen den Vertragsparteien vorgenommen wird. In einem solchen Fall kann jedoch eine Anlagevermittlung nach S. 2 Nr. 1 vorliegen.".

Art. 3 Titel I Gegenstand, Anwendungsbereich und Begriffsbestimmungen

sätzen für multilaterale Systeme gem. MiFID II zu orientieren. Die **ESMA** hat in ihrer **Opinion on the Trading Venue Perimeter**[221] zuletzt detaillierte Auslegungskriterien bzw. Voraussetzungen veröffentlicht, bei deren Vorliegen von einem multilateralen System nach MIFID II auszugehen sei. Die BaFin hat ihr MTF-Merkblatt[222] entsprechend angepasst. Anders als bei MiFID II Handelsplätzen (→ Art. 3 Rn. 119) muss jedoch bei einer **Handelsplattform für Kryptowerte** neben dem Vorliegen eines **multilateralen Systems** *zusätzlich* **ein Vertragsschluss im System** erfolgen, um den Tatbestand zu begründen. Hingegen geht die BaFin in ihrem Merkblatt Kryptowerte-Dienstleistungen nach MiCAR[223] davon aus, dass auch Systeme erfasst werden, die die Zusammenführung von Handelsinteressen erleichtern, wobei nicht notwendigerweise ein Vertragsschluss innerhalb des Systems erfolgen muss.

121 Ein **multilaterales System** gem. Art. 4 Abs. 1 Nr. 19 MiFID II muss nach Auffassung von ESMA und BaFin die folgenden vier Kriterien[224] kumulativ erfüllen:
– Es handelt sich um ein System bzw. eine Einrichtung iSe **Regelwerks zur Interaktion von Handelsinteressen** (Kauf- und Verkaufsinteressen).
– Dieses System bezieht eine **Vielzahl von Handelsinteressen** mit ein.
– Die **Handelsinteressen** können **in dem System interagieren.**
– Die Handelsinteressen beziehen sich auf **Finanzinstrumente** iSd MiFID II.

122 Die ESMA definiert ein System bzw. eine Einrichtung als **Regelwerk für die Interaktion von Handelsinteressen**.[225] Diese Regeln müssen von dem Systembetreiber vorgegeben sein, wobei es weder auf die verwendete Technik noch darauf ankommt, ob es sich um automatisierte oder nicht-automatisierte Abläufe handelt.[226] Es genügt die Vorgabe von **vertraglichen Regelungen** oder **Standardabläufen.**[227] Die Regeln müssen sich allerdings zwingend auf die **Interaktion von Handelsinteressen** beziehen, nicht allein auf die Art der Übertragung von Nachrichten. Die Regeln müssen also Vorgaben darüber enthalten, nach welchen Kriterien eine Vielzahl von **Handelsinteressen zusammengeführt** werden bzw. wie **weitere Verhandlungen ablaufen.**[228]

---

[221] Final Report on ESMA's Opinion on the Trading Venue Perimeter v. 2.2.2023 (ESMA70-156-6360).

[222] BaFin Merkblatt: Tatbestand des Betriebs eines multilateralen Handelssystems gemäß § 1 Abs. 1a S. 2 Nr. 1b KWG (geändert am 27.4.2023).

[223] BaFin Merkblatt: Dienstleistungen nach MiCAR (Stand Januar 2025). Die BaFin stellt darin klar, dass sie das BaFin Merkblatt: Tatbestand des Betriebs eines multilateralen Handelssystems gem.§ 1 Abs. 1a S. 2 Nr. 1b KWG (geändert am 27.4.2023) und das BaFin Merkblatt: Betrieb eines organisierten Handelssystems gem. § 1 Abs. 1a S. 2 Nr. 1d KWG (Stand Mai 2021) entsprechend auf Handelsplattformen für Kryptowerte anwenden wird.

[224] Final Report on ESMA's Opinion on the Trading Venue Perimeter v. 2.2.2023 (ESMA70-156-6360), 32, Rn. 11; BaFin Merkblatt: Tatbestand des Betriebs eines multilateralen Handelssystems gemäß § 1 Abs. 1a S. 2 Nr. 1b KWG (geändert am 27.4.2023), Abschnitt 2., dort Verweis auf die Auslegung der ESMA Opinion on the Trading Venue Perimeter.

[225] Final Report on ESMA's Opinion on the Trading Venue Perimeter v. 2.2.2023 (ESMA70-156-6360), 32, Rn. 12.

[226] Final Report on ESMA's Opinion on the Trading Venue Perimeter v. 2.2.2023 (ESMA70-156-6360), 32, Rn. 13.

[227] Final Report on ESMA's Opinion on the Trading Venue Perimeter v. 2.2.2023 (ESMA70-156-6360), 32, Rn. 12.

[228] Final Report on ESMA's Opinion on the Trading Venue Perimeter v. 2.2.2023 (ESMA70-156-6360), 32, Rn. 12.

Das Erfordernis, dass ein System eine **Vielzahl von Handelsinteressen mit-** 123
einbezieht,[229] bedeutet nicht zwingend, dass auch mehr als zwei Handelsinteressen
miteinander interagieren. Die ESMA betont, dass eine **Interaktion von zwei
Handelsinteressen genügt,** vorausgesetzt dass diese zunächst nach den Regeln
eines Systembetreibers zusammengeführt werden.[230] Dabei nimmt die ESMA konkret Bezug auf solche Systeme, in denen immer **dieselbe – vom Systembetreiber
unabhängige – Gegenpartei** auf einer Seite der Geschäfte steht (zB **Market Maker** oder **Liquidity Provider**). Der Einsatz von immer derselben Gegenpartei
spricht somit nicht zwingend gegen die Qualifikation als multilaterales System.

Ausgehend vom Wortlaut von Art. 3 Abs. 1 Nr. 18 und vor dem Hintergrund 124
der **ESMA-Opinion on the Trading Venue Perimeter** wird man davon ausgehen dürfen, dass ein **multilaterales System für Kryptowerte** iSv Art. 3 Abs. 1
Nr. 18 entsprechend folgende Kriterien erfüllen muss:
– Es handelt sich um ein System iSe **Regelwerks zur Interaktion von Handelsinteressen** (Kauf- und Verkaufsinteressen).
– Dieses System bezieht eine **Vielzahl von Handelsinteressen** mit ein.
– Die **Handelsinteressen** können **in dem System interagieren.**
– Die Handelsinteressen beziehen sich auf **Kryptowerte** iSd MiCAR.

Ferner ergibt sich aus Art. 3 Abs. 1 Nr. 18 im systematischen Vergleich mit Art. 4
Abs. 1 Nr. 22 und 23 MiFID II und in Abgrenzung zu Art. 4 Abs. 1 Nr. 19 und Art. 1
Abs. 5b MiFIR als zusätzliches Tatbestandsmerkmal, dass die **Handelsplattform für
Kryptowerte** als **multilaterales System** zu einem **Vertragsschluss auf Basis seiner Regeln** führen muss.[231] Ermöglicht das System hingegen nur eine **Kommunikation über einen potenziellen Vertragsschluss,** der außerhalb des Systems stattfindet, handelt es sich nicht um eine Handelsplattform für Kryptowerte. Es besteht
dann auch kein Zwang für eine Ausgestaltung als eine Handelsplattform für Kryptowerte, anders als – nach Auffassung von ESMA und BaFin – auf Grundlage von Art. 1
Abs. 5b MiFIR für multilaterale Systeme für den Handel von MiFID II Finanzinstrumenten. Unter der MiCAR ist insofern der Spielraum für den Betrieb reiner **bilateraler „Vermittlungsplattformen"** etwas größer als unter MiFID II. Solange es
nicht zu einem Vertragsschluss im System kommt (ohne Entscheidungsspielraum der Parteien), dürfte eine Erlaubnis etwa für die Annahme und Übermittlung von Aufträgen über Kryptowerte iSd Art. 3 Abs. 1 Nr. 23 für Kunden ausreichend sein. Es dürfte davon auszugehen sein, dass der Verordnungsgeber Kenntnis von
der ESMA-Opinion hatte und sich trotzdem bewusst für den **Vertragsschluss im
System** als weiteres **konstitutives Tatbestandsmerkmal** entschieden hat.

**19. „Tausch von Kryptowerten gegen einen Geldbetrag" den Abschluss
von Verträgen mit Kunden über den Kauf oder Verkauf von Kryptowerten gegen einen Geldbetrag unter Einsatz eigenen Kapitals;**

Siehe Kommentierung zu Art. 3 Abs. 1 Nr. 20. **125**

---

[229] Final Report on ESMA's Opinion on the Trading Venue Perimeter v. 2.2.2023 (ESMA70-156-6360), 33, Rn. 18.
[230] Final Report on ESMA's Opinion on the Trading Venue Perimeter v. 2.2.2023 (ESMA70-156-6360), 33, Rn. 18.
[231] Laut BaFin Merkblatt: Kryptowerte-Dienstleistungen nach MiCAR (Stand Januar 2025) muss bei Handelsplattformen nicht notwendigerweise ein Vertragsschluss im System erfolgen.

Art. 3 Titel I Gegenstand, Anwendungsbereich und Begriffsbestimmungen

> **20.** „**Tausch von Kryptowerten gegen andere Kryptowerte**" den Abschluss von Verträgen mit Kunden über den Kauf oder Verkauf von Kryptowerten gegen einen Geldbetrag unter Einsatz eigenen Kapitals;

126 Die Definition nach Abs. 1 Nr. 20 enthält einen offenkundigen Übersetzungsfehler. Der Blick in die englische Textfassung macht deutlich, dass Nr. 20 „den Abschluss von Verträgen mit Kunden über den Kauf oder Verkauf von Kryptowerten gegen *andere Kryptowerte* unter Einsatz eigenen Kapitals" erfassen soll, nicht hingegen den Kauf oder Verkauf von Kryptowerten gegen *einen Geldbetrag*. Der Abschluss von Verträgen mit Kunden über den Kauf oder Verkauf von Kryptowerten gegen *einen Geldbetrag* unter Einsatz eigenen Kapitals ist hingegen von Abs. 1 Nr. 19 erfasst.

127 Die Definitionen nach Abs. 1 Nr. 19 und Nr. 20 unterscheiden sich lediglich dadurch, dass im Falle der Nr. 19 der Tausch gegen einen Geldbetrag, im Falle der Nr. 20 der Tausch gegen andere Kryptowerte erfolgt. In beiden Fällen wird „Tausch" als Kauf bzw. Verkauf definiert. Der Begriff „Tausch" ist daher als **Oberbegriff** für Verträge über den Kauf oder Verkauf von Kryptowerten zu verstehen, wobei die Gegenleistung sowohl ein Geldbetrag sein kann als auch ein oder mehrere andere Kryptowert(e). Ob das schuldrechtliche Verpflichtungsgeschäft nach deutschem Zivilrecht als Kauf oder Tausch zu qualifizieren ist,[232] ist unerheblich. Der europäische Gesetzgeber orientiert sich nicht an den Kategorien des deutschen Zivilrechts. Er verwendet in Nr. 20 und Nr. 21 die Begriffe „Kauf" und „Verkauf" sowohl für den Fall, dass die Gegenleistung in einem Geldbetrag besteht als auch für den Fall, dass die Gegenleistung in Kryptowerten bemessen ist.

128 Kauf- oder Verkaufsverträge sind Verträge über den Erwerb oder die Veräußerung von Kryptowerten. Ob der Erwerb bzw. die Veräußerung dann zu einer **On-Chain-Übertragung** der erworbenen Kryptowerte führt oder **lediglich buchhalterisch** abgebildet wird, etwa weil Käufer und Verkäufer die betreffenden Kryptowerte in der gleichen (Omnibus-)Wallet halten, ist **unerheblich**.

129 Das Merkmal „unter Einsatz eigenen Kapitals" bedeutet, dass der Tausch auf eigene Rechnung erfolgt.[233]

> **21.** „**Ausführung von Aufträgen über Kryptowerte für Kunden**" den Abschluss von Vereinbarungen für Kunden über den Kauf oder Verkauf eines oder mehrerer Kryptowerte oder die Zeichnung eines oder mehrerer Kryptowerte für Kunden, einschließlich des Abschlusses von Verträgen über den Verkauf von Kryptowerten zum Zeitpunkt ihres öffentlichen Angebots oder ihrer Zulassung zum Handel;

130 Nr. 21 definiert die Ausführung von Aufträgen über Kryptowerte für Kunden als den Abschluss von Vereinbarungen für Kunden über den Kauf oder Verkauf eines oder mehrerer Kryptowerte oder die Zeichnung eines oder mehrerer Kryptowerte für Kunden, einschließlich des Abschlusses von Verträgen über den Verkauf von

---

[232] Vgl. näher dazu Maume/Maute Kryptowerte-HdB/Maute § 6 Rn. 140.
[233] So auch das Verständnis der MiFID II, die in Art. 4 Abs. 1 Nr. 6 MiFID II den Handel auf eigene Rechnung als Handel unter Einsatz des eigenen Kapitals definiert.

Kryptowerten zum Zeitpunkt ihres öffentlichen Angebots oder ihrer Zulassung zum Handel. Die Definition ist an Art. 4 Abs. 1 Nr. 5 MiFID II angelehnt.

Art. 60 Abs. 3 UAbs. 2 lit. d lässt erkennen, dass der Verordnungsgeber hinsichtlich der Ausführung von Aufträgen über Kryptowerte **das gleiche Begriffsverständnis** hat, wie es der in Anhang I Abschnitt A Nummer 2 MiFID II genannten Dienstleistung zugrunde liegt. Zur näheren Bestimmung des Begriffs der Ausführung von Aufträgen für Kunden liegt es daher nahe, sich an dem Begriffsverständnis der MiFID II und an den Tatbeständen des WpHG und des WpIG zu orientieren, mit denen die MiFID II in deutsches Recht umgesetzt wurde. 131

Das Begriffsverständnis des WpHG und des WpIG und die Auslegung der entsprechenden Tatbestände dürfen jedoch **nicht ungeprüft** auf die Tatbestände der MiCAR übertragen werden. Denn bei den Wertpapierdienstleistungen des WpHG und des WpIG handelt es sich um Tatbestände des **nationalen** Rechts. Daher können etwa die **Auslegungsschreiben** der BaFin betreffend die Wertpapierdienstleistungen nach WpHG oder WpIG nicht in allen Fällen vollständig für die Auslegung der Tatbestände der Kryptowerte-Dienstleistungen nach MiCAR herangezogen werden,[234] was die BaFin bei der Ausgestaltung ihrer Verwaltungspraxis zur MiCAR berücksichtigen sollte. 132

Dienstleistungen, die den Tatbestand des **Finanzkommissionsgeschäfts** im Sinne von §§ 2 Abs. 8 Nr. 1 WpHG, 2 Abs. 2 Nr. 1 WpIG erfüllen, werden allerdings in der Regel unproblematisch von der Definition der Nr. 21 erfasst. Auch der **Eigenhandel** im Sinne von §§ 2 Abs. 8 Nr. 2 WpHG, 2 Abs. 2 Nr. 10 WpIG unterfällt regelmäßig dem Tatbestand.[235] Dienstleistungen, die den Tatbestand der **Abschlussvermittlung** im Sinne der §§ 2 Abs. 8 S. 1 Nr. 3 WpHG, 2 Abs. 2 Nr. 5 WpIG erfüllen, werden ebenfalls regelmäßig von der Definition der Nr. 21 erfasst.[236] 133

Auch Kauf- oder Verkaufsvorgänge, die den Tatbestand der **Finanzportfolioverwaltung** im Sinne von § 2 Abs. 8 Nr. 7 WpIG erfüllen, unterfallen typischerweise der Definition der Nr. 21, wenn der Verwalter die von ihm getroffene Anlageentscheidung selbst ausführt. Leitet ein Finanzportfolioverwalter Aufträge zur Ausführung an einen Dritten weiter, ist der Tatbestand hingegen nicht erfüllt, da er selbst keinen Kauf- bzw. Verkaufsvertrag abschließt.[237] 134

Kauf- oder Verkaufsvorgänge, die den Tatbestand des **Eigengeschäfts** im Sinne von § 2 Abs. 8 S. 6 WpHG erfüllen, sind hingegen nicht von der Definition der Nr. 21 erfasst, weil der Käufer bzw. Verkäufer in einem solchen Falle nicht „für Kunden" tätig wird.[238] 135

Mit Kauf oder Verkauf eines oder mehrerer Kryptowerte ist der **entgeltliche Erwerb** bzw. die entgeltliche Veräußerung von Kryptowerten gemeint. Ob das schuldrechtliche Verpflichtungsgeschäft hingegen nach deutschem Zivilrecht als Kauf oder als Tausch zu qualifizieren ist, ist unerheblich.[239] Der europä- 136

---

[234] Vgl. dazu näher Art. 3 Abs. 2 Nr. 23, → Art. 3 Rn. 4 ff.
[235] Vgl. Erwgr. Nr. 87.
[236] Erwgr. Nr. 91 MiFID II macht deutlich, dass der Tatbestand der Ausführung von Aufträgen für Kunden auch Vermittlungsdienstleistungen erfassen soll. Die Tätigkeit der Anlagevermittlung wird allerdings nicht erfasst, da der Anlagevermittler selbst keinen Kauf- bzw. Verkaufsvertrag abschließt.
[237] Vgl. BeckOK WpHR/Schultheiß, 12. Ed. 1.7.2024, WpHG § 82 Rn. 7.
[238] Vgl. Schwark/Zimmer/v. Hein WpHG § 82 Rn. 22 ff.
[239] Vgl. dazu näher Maume/Maute/Maute, Rechtshandbuch Kryptowerte, § 6 Rn. 140.

ische Gesetzgeber orientiert sich nicht an den Kategorien des deutschen Zivilrechts.[240]

137 Unter Verkauf im Sinne der Definition der Nr. 21 fällt auch der Verkauf von Kryptowerten zum Zeitpunkt ihres öffentlichen Angebots oder ihrer Zulassung zum Handel.

138 Der Begriff der **Zeichnung** wird in der Verordnung (außer in den Definitionen des Abs. 1) ausschließlich in einem eindeutigen Zusammenhang mit dem öffentlichen Angebot von Kryptowerten verwendet. Unter einer Zeichnung von Kryptowerten ist daher die Verpflichtung zum Erwerb von Kryptowerten im Rahmen eines öffentlichen Angebots zu verstehen.

22. „Platzierung von Kryptowerten" die Vermarktung von Kryptowerten an Käufer im Namen oder für Rechnung des Anbieters oder einer mit dem Anbieter verbundenen Partei;

139 Die Platzierung von Kryptowerten stellt gemäß Art. 3 Abs. 1 Nr. 22 eine Kryptowerte-Dienstleistung dar. Platzierung ist definiert als die „Vermarktung von Kryptowerten an Käufer im Namen oder für Rechnung des Anbieters oder einer mit dem Anbieter verbundenen Partei". Aus dem Merkmal der Vermarktung ergibt sich, dass die Dienstleitung auf die **Veräußerung,** das heißt jeden abgeleiteten Erwerb, einschließlich Tauschgeschäften, von Kryptowerten gerichtet ist, nicht jedoch auf die Anschaffung.[241]

140 Der Begriff der Platzierung von Kryptowerten ist weiter gefasst als der korrespondierende Begriff in MiFID II. Gemäß Art. 60 Abs. 3 lit. e gilt die Platzierung von Kryptowerten sowohl dem **Platzierungs-** als auch dem **Emissionsgeschäft** von Finanzinstrumenten im Sinne von Anhang I Abschnitt A Nr. 6 und 7 MiFID II als gleichwertig und erfasst damit die Platzierung von Kryptowerten sowohl mit als auch ohne feste **Übernahmeverpflichtung.** Es ist daher nicht maßgeblich, ob der Platzeur das Absatzrisiko für die Kryptowerte übernimmt oder ob dieses ganz oder teilweise beim Anbieter (Art. 3 Abs. 1 Nr. 13 Rn. 79 f.) verbleibt.

141 Der Wortlaut der Definition lässt offen, ob das Platzierungsgeschäft nur dann anzunehmen ist, wenn der Platzeur im Rahmen einer **Erstemission** tätig wird. Platzierungsgeschäft kann nach den Umständen des Einzelfalls nicht nur im Auftrag des Emittenten, des Anbieters oder einer mit ihnen verbundenen Partei erbracht werden, sondern auch bei einem Tätigwerden für eine Person vorliegen, die die Zulassung zum Handel beantragt (s. Art. 79 Rn. 1 ff.). Da der Tatbestand demnach auch **Zweitmarktplatzierungen** erfasst, können sich Abgrenzungsfragen zu weiteren Kryptowerte-Dienstleistungen wie der Annahme und Übermittlung von Aufträgen über Kryptowerte für Kunden oder dem Betrieb einer Handelsplattform für Kryptowerte ergeben.

142 Wenngleich das Platzierungsgeschäft auch bei Vermarktung unter Übernahme des Absatzrisikos vorliegen kann, bedarf es stets einer **Platzierungsabrede** zwischen Platzeur und Emittent bzw. Anbieter oder einer mit ihm verbundenen Partei.

---

[240] Siehe auch die Definitionen in Art. 3 Abs. 1 Nr. 19 und Nr. 20, in denen der Begriff „Kauf" bzw. „Verkauf" unabhängig davon verwendet wird, ob die Gegenleistung in Geld besteht oder in Kryptowerten.

[241] Vgl. zum Begriff des Platzierens im Rahmen des Platzierungsgeschäfts nach § 1 Abs. 1a S. 2 Nr. 1c KWG BaFin Merkblatt Platzierungsgeschäft, Abschnitt 1.a).

Erforderlich ist demnach ein planmäßiger Abs. in deren Interesse, denn ein Tätigwerden ausschließlich im Interesse eines Erwerbers ist vom Begriff der Vermarktung nicht erfasst.[242] Auch der **Eigenvertrieb** durch den Anbieter selbst stellt kein Platzierungsgeschäft dar, da es sich hierbei nicht um eine Dienstleistung für Dritte handelt.[243]

Ausdrücklich („oder") erfasst sind sowohl das **Handeln im eigenen wie im** **143** **fremden Namen,** sodass es nicht darauf ankommt, ob der Platzeur in offener oder verdeckter Stellvertretung oder im eigenen Namen auf fremde Rechnung auftritt.

Keine Einschränkungen sind der Vorschrift hinsichtlich der Vermarktungswege **144** zu entnehmen, sodass sowohl eine öffentliche Platzierung im Markt, etwa im Rahmen einer Zulassung zum Handel an einer Handelsplattform für Kryptowerte, als auch an eine begrenzte Anzahl von Anlegern den Tatbestand erfüllt.

Die Platzierung von Kryptowerten für einen Anbieter stellt kein eigenständiges **145** Angebot dar, das die mit einem öffentlichen Angebot von Kryptowerten verbundenen Pflichten (erneut) auslösen würde.[244]

Da der Begriff der Kryptowerte auch **E–Geld-Token** erfasst, würden nach der **146** RL 2009/110/EG für den Vertrieb von E–Geld für E–Geld-Emittenten zugelassene Dienstleister (E–Geld Agenten) beim Vertrieb von E–Geld-Token zugleich den Tatbestand des Platzierungsgeschäfts in Bezug auf Kryptowerte verwirklichen. Für E–Geld-Agenten ergeben sich für den Vertrieb von E–Geld-Token jedoch keine zusätzlichen Erlaubnispflichten nach MiCAR.[245] Umgekehrt ist davon auszugehen, dass der Vertrieb für E–Geld-Token für Dienstleister, die die Erlaubnis zur Platzierung von Kryptowerten innehaben, keine weiteren Erlaubnispflichten auslöst und sie demnach nicht zusätzlich als E–Geld Agent eines E–Geld Instituts zu registrieren sind.

23. „Annahme und Übermittlung von Aufträgen über Kryptowerte für Kunden" die Annahme eines von einer Person erteilten Auftrags zum Kauf oder Verkauf eines oder mehrerer Kryptowerte oder zur Zeichnung eines oder mehrerer Kryptowerte und die Übermittlung dieses Auftrags an eine Drittpartei zur Ausführung

Nr. 23 definiert die Annahme und Übermittlung von Aufträgen über Krypto- **147** werte für Kunden als die Annahme eines von einer Person erteilten Auftrags zum Kauf oder Verkauf eines oder mehrerer Kryptowerte oder zur Zeichnung eines oder mehrerer Kryptowerte und die Übermittlung dieses Auftrags an eine Drittpartei zur Ausführung.

---

[242] Vgl. zum Begriff der Platzierungsabrede im KWG/WpHG: Assmann/Schneider/Mülbert/Assmann WpHG § 2 Rn. 144; Schwark/Zimmer/Kumpan WpHG § 2 Rn. 126; Schwennicke/Auerbach/Schwennike KWG § 1 Rn. 106.

[243] Denga BKR 2022, 288 (292 f.); Maume/Maute Kryptowerte-HdB/Maume, 1. Aufl. 2020, § 12 Rn. 86; missverständlich Art. 9 Abs. 1 lit. c des Entwurfs der DelVO (EU) 2024/XXX in der Fassung des Annex III „Draft RTS pursuant to Article 72(5) of MiCA" des ESMA Final Report Draft technical Standards specifying certain requirements in relation to conflicts of interest for crypto-asset service providers under the Markets in Crypto Assets Regulation (MiCA) v. 31.5.2024 (ESMA18-72330276-1634), S. 39.

[244] Erwgr. Nr. 88.

[245] Erwgr. Nr. 92.

Art. 3 Titel I Gegenstand, Anwendungsbereich und Begriffsbestimmungen

148 Die Dienstleistung der Annahme und Übermittlung von Aufträgen findet sich – betreffend Finanzinstrumente – identisch in Anlage I Abschnitt A Ziff. (1) MiFID II. Art. 60 Abs. 3 UAbs. 2 lit. f lässt erkennen, dass der Verordnungsgeber das gleiche Begriffsverständnis hat, wie es der in Anhang I Abschnitt A Ziff. (1) MiFID II genannten Dienstleistung zugrunde liegt. Zur näheren Bestimmung der Dienstleistung der Annahme und Übermittlung von Aufträgen für Kunden liegt es daher nahe, sich an dem Begriffsverständnis der MiFID II und an den Tatbeständen des WpHG und des WpIG zu orientieren, mit denen die MiFID II in deutsches Recht umgesetzt wurde.

149 Erwgr. Nr. 44 der MiFID II lässt erkennen, dass der Tatbestand der Annahme und Übermittlung von Aufträgen in der MiFID II „auch die Zusammenführung von zwei oder mehr Anlegern umfassen [sollte], durch die ein Geschäftsabschluss zwischen diesen Anlegern ermöglicht wird." In deutsches Recht umgesetzt wurde der Tatbestand der Annahme und Übermittlung von Aufträgen als Anlagevermittlung nach §§ 2 Abs. 2 Nr. 3 WpHG, 2 Abs. 8 Nr. 4 WpHG. Damit umfasst der Tatbestand nach Abs. 1 Nr. 23 in der Regel solche Vorgänge, die nach deutschem Recht als Anlagevermittlung zu qualifizieren sind.

150 Das bedeutet jedoch **nicht zwangsläufig**, dass **alle** Vorgänge, die nach deutschem Recht als Anlagevermittlung zu qualifizieren sind, immer auch den Tatbestand des Abs. 1 Nr. 23 erfüllen. Denn bei den Wertpapierdienstleistungen des WpHG und des WpIG handelt es sich um Tatbestände des **nationalen** Rechts. Der deutsche Gesetzgeber hat sich schon bei der Umsetzung der MiFID I dagegen entschieden, die Dienstleistungsdefinitionen- und -begriffe der RL 1:1 zu übernehmen und ist bei der Umsetzung der MiFID II dabei geblieben. Im WpHG und im WpIG wird daher eine eigene, nationale Terminologie verwendet.

Tätigkeiten, die nach deutschem Rechtsverständnis eine Wertpapierdienstleistung im Sinne des WpHG oder des WpIG sind, qualifizieren daher zwar regelmäßig auch als Wertpapierdienstleistungen im Sinne der MiFID II. Zwingend ist das aber nicht, denn der europäische Gesetzgeber orientiert sich bei seinem Begriffsverständnis nicht an Tatbeständen des deutschen Rechts. Das Gleiche gilt, wenn man sich zur näheren Bestimmung von Kryptowerte-Dienstleistungen an den Tatbeständen des WpHG bzw. des WpIG und ihrer Auslegung orientiert.

151 Insbesondere das Merkblatt der BaFin zu Anlagevermittlung[246] lässt sich **nur eingeschränkt** zur Auslegung des Tatbestands der Annahme und Übermittlung von Aufträgen heranziehen. Das wird vor allem deutlich, wenn die BaFin in ihrem Merkblatt zur Anlagevermittlung schreibt, auch derjenige betreibe die Anlagevermittlung, der „bewusst und final auf einen Anleger einwirkt, damit dieser ein Geschäft über die Anschaffung oder über die Veräußerung von Finanzinstrumenten abschließt."[247]

Auf die Definition nach Art. 3 Abs. 1 Nr. 23 kann diese Auslegung der BaFin **nicht übertragen** werden. Denn weder der Begriff der Annahme noch der Begriff der Übermittlung von Aufträgen kann ein Einwirken auf den Anleger zur Herbeiführung der Abschlussbereitschaft umfassen. Die Auffassung der BaFin zur Anlagevermittlung auch insoweit auf die Definition nach Art. 3 Abs. 1 Nr. 23 zu übertra-

---

[246] Merkblatt – Hinweise zum Tatbestand der Anlagevermittlung v. 17.5.2011, geändert am 13.7.2017.

[247] Merkblatt – Hinweise zum Tatbestand der Anlagevermittlung v. 17.5.2011, geändert am 13.7.2017, Ziff. 1.a.

Begriffsbestimmungen **Art. 3**

gen, als sie das Einwirken auf die Abschlussbereitschaft des Anlegers umfasst, hieße, die Grenzen des Wortlauts des auszulegenden Tatbestandes zu überschreiten.

Mit **Kauf oder Verkauf** eines oder mehrerer Kryptowerte ist der entgeltliche 152 Erwerb bzw. die entgeltliche Veräußerung von Kryptowerten gemeint. Das Entgelt kann in einer offiziellen Währung oder in einer Kryptowährung bemessen sein. Auch ein anderer Kryptowert kommt als Entgelt in Betracht. In der Terminologie der Verordnung handelt es sich daher um die Fälle des Abs. 1 Nr. 19 („Tausch von Kryptowerten gegen einen Geldbetrag") und Nr. 20 („Tausch von Kryptowerten gegen andere Kryptowerte"). Ob das schuldrechtliche Verpflichtungsgeschäft hingegen nach deutschem Zivilrecht als Kauf oder als Tausch zu qualifizieren ist, ist unerheblich.[248] Der europäische Gesetzgeber orientiert sich nicht an den Kategorien des deutschen Zivilrechts.[249]

Der Begriff der **Zeichnung** wird in der MiCAR (außer in den Definitionen des 153 Abs. 1) ausschließlich in einem eindeutigen Zusammenhang mit dem öffentlichen Angebot von Kryptowerten verwendet. Unter einer Zeichnung von Kryptowerten ist daher die Verpflichtung zum Erwerb von Kryptowerten im Rahmen eines öffentlichen Angebots zu verstehen.

Der Begriff der **Annahme** ist nicht im (zivil-) rechtlichen Sinne zu verstehen. 154 Die englische Fassung der MiCAR verwendet den Begriff „reception", also Erhalt oder Entgegennahme. Annahme ist daher im Sinne einer Entgegennahme von Aufträgen zu verstehen.

Übermittlung (in der englischen Version der MiCAR: „transmission") meint 155 die Weiterleitung des Inhalts des entgegengenommenen Auftrags. Gleichgültig ist, ob der Dienstleister den Auftrag als Bote oder als Vertreter des Kunden übermittelt. Wenn ein Bote jedoch nur generell die Weiterleitung von Mitteilungen anbietet und typischerweise gar nicht weiß, dass er in einigen Fällen auch Aufträge zum Kauf oder Verkauf bzw. zur Zeichnung eines oder mehrerer Kryptowerte übermittelt, wird man seine Tätigkeit nicht unter die Definition der Nr. 23 fassen können. Das betrifft etwa ein Brieftransportunternehmen.[250]

Die **Form,** in der die Übermittlung eines Auftrags erfolgt, ist gleichgültig. Auch 156 eine mündliche oder elektronische Übermittlung, etwa auf einer Plattform, auf der Angebote zum Kauf oder Verkauf eines oder mehrerer Kryptowerte oder zur Zeichnung eines oder mehrerer Kryptowerte eingestellt werden können, ist ausreichend.

Betreibt der Anbieter eine solche **Plattform,** ist der Tatbestand des Abs. 1 157 Nr. 23 abzugrenzen von dem Tatbestand des Betreibens einer Handelsplattform für Kryptowerte im Sinne des Abs. 1 Nr. 18.[251] Für den Betrieb einer solchen Plattform reicht eine Erlaubnis für die Tätigkeiten nach Abs. 1 Nr. 23 nicht aus.

Für Finanzinstrumente im Sinne der MiFID II hat die ESMA in ihrem „Final 158 Report On ESMA's Opinion on the Trading Venue Perimeter"[252] Kriterien aufgestellt, unter welchen Voraussetzungen von einem multilateralen System aus-

---

[248] Vgl. dazu näher Maume/Maute Kryptowerte-HdB/Maute § 6 Rn. 140.
[249] Siehe auch die Definitionen in Art. 3 Abs. 1 Nr. 19 und Nr. 20, in denen der Begriff „Kauf" bzw. „Verkauf" unabhängig davon verwendet wird, ob die Gegenleistung in Geld besteht oder in Kryptowerten.
[250] Merkblatt – Hinweise zum Tatbestand der Anlagevermittlung v. 17.5.2011, geändert am 13.7.2017, Ziff. 1.a.
[251] Vgl. zu diesem Themenkomplex im Einzelnen → Art. 3 Abs. 1 Nr. 18 Rn. 118 ff.
[252] Final Report on ESMA's Opinion on the Trading Venue Perimeter v. 2.2.2023 (ESMA70-156-6360).

zugehen ist. Danach ist es für den Betrieb eines multilateralen Systems für Finanzinstrumente im Sinne der MiFID II nicht erforderlich, dass ein Vertragsschluss innerhalb des Systems erfolgt.[253] Die BaFin ist der ESMA in diesem Punkt gefolgt und hat ihr Merkblatt zum Betrieb eines multilateralen Handelssystems entsprechend angepasst.[254]

159 Auch Plattformen, die einen Vertragsschluss innerhalb des Systems nicht vorsehen, können daher multilaterale Systeme im Sinne der MiFID II sein. Handelt es sich um multilaterale Systeme, dürfen sie nur als MTF, als OTF oder als geregelter Markt betrieben werden.[255]

160 Die Auffassung der ESMA und der BaFin zu multilateralen Systemen im Sinne der MiFID II orientiert sich an der Definition in Art. 4 Abs. 1 Nr. 19 MiFID II, die einen Vertragsschluss innerhalb des Systems nicht voraussetzt. Diese Regelung hat jedoch keine Parallele in der MiCAR. Daher sind nur Handelsplätze im Sinne des Abs. 1 Nr. 18 auch multilaterale Systeme im Sinne der MiCAR. Die Qualifizierung als Handelsplatz im Sinne des Abs. 1 Nr. 18 setzt aber **tatbestandlich voraus, dass ein Vertragsschluss innerhalb des Systems möglich sein muss.**[256] Solange es nicht zu einem Vertragsschluss innerhalb des Systems kommt, sollte daher die Annahme und Übermittlung von Aufträgen über Kryptowerte auch plattformbasiert betrieben werden können, ohne dass es dafür einer Erlaubnis für das Betreiben eines Handelsplatzes für Kryptowerte im Sinne des Abs. 1 Nr. 18 bedürfte. Vielmehr sollte eine Erlaubnis nach Abs. 1 Nr. 23 ausreichen. Wie sich die Aufsichtsbehörden zu diesem Themenkomplex positionieren werden, bleibt jedoch abzuwarten.

24. „Beratung zu Kryptowerten" das Angebot oder die Abgabe personalisierter Empfehlungen an Kunden oder die Vereinbarung der Abgabe solcher Empfehlungen auf Ersuchen des Kunden oder auf Initiative des die Beratung leistenden Anbieters von Kryptowerte-Dienstleistungen hinsichtlich eines oder mehrerer Geschäfte in Bezug auf Kryptowerte oder die Nutzung von Kryptowerte-Dienstleistungen;

161 Art. 3 Abs. 1 Nr. 24 liefert eine weit gefasste Legaldefinition der Begriffskombination „Beratung zu Kryptowerten", die vom Verordnungsgeber zu den Beratungsleistungen am Kapitalmarkt gezählt wird. **Beratung** wird definiert als „das Angebot oder die Abgabe personalisierter Empfehlungen an Kunden oder die Vereinbarung der Abgabe solcher Empfehlungen auf Ersuchen des Kunden oder auf Initiative des die Beratung leistenden Anbieters von Kryptowerte-Dienstleistungen". **Bezugsobjekt der Beratung** sind „eines oder mehrere[r] Geschäfte in Bezug auf Kryptowerte oder die Nutzung von Kryptowerte-Dienstleistungen". Die breit gefasste Definition bietet, sofern sie in Einzelnormen der Verordnung verwendet oder in Bezug

---

[253] Vgl. Final Report on ESMA's Opinion on the Trading Venue Perimeter v. 2.2.2023 (ESMA70-156-6360), 32, Rn. 11; BaFin Merkblatt: Tatbestand des Betriebs eines multilateralen Handelssystems gemäß § 1 Abs. 1a S. 2 Nr. 1b KWG (geändert am 27.4.2023), Abschnitt 2., dort Verweis auf die Auslegung der ESMA Opinion on the Trading Venue Perimeter.

[254] BaFin Merkblatt: Tatbestand des Betriebs eines multilateralen Handelssystems gemäß § 1 Abs. 1a S. 2 Nr. 1b KWG (geändert am 27.4.2023).

[255] Vgl. Art. 1 Abs. 7 MiFID II.

[256] Vgl. im Einzelnen → Art. 3 Abs. 1 Nr. 18 Rn. 120ff.

Begriffsbestimmungen **Art. 3**

genommen wird,[257] die begriffliche Grundlage für eine umfassende, dem Schutz der Verbraucherinteressen und mittelbar dem Vertrauen in Marktintegrität und Finanzstabilität dienende Regulierung einer auf Kryptowerte bezogenen Beratung. Befugnisse können allein aus der Begriffsbestimmung aber nicht abgeleitet werden. Dafür bedarf es konkreter, auf die Beratung bezogener Rechtsgrundlagen.

Der Begriff der „Beratung" ist offensichtlich angelehnt an den aus der MiFID-Welt stammenden **Begriff der „Anlageberatung"** (Art. 4 Abs. 1 Nr. 4 MiFID II iVm Art. 9 Delegierte Verordnung 2017/565), wie er in § 2 Abs. 8 Nr. 10 WpHG sowie § 1 Abs. 1a S. 2 Nr. 1a KWG umgesetzt und im Merkblatt der BaFin zum Tatbestand der Anlageberatung konkretisiert worden ist.[258] Angesichts der vom europäischen Verordnungsgeber mit der MiCAR angestrebten umfassenden Regulierung des Kryptomarktes geht der Begriff der Beratung in Art. 3 Abs. 1 Nr. 24 allerdings in zweifacher Hinsicht über die Anlageberatung des traditionellen Kapitalmarktes hinaus: Zum einen werden nicht nur die Abgabe personalisierter Empfehlungen, sondern auch das Angebot und die Vereinbarung der Abgabe solcher Vereinbarungen erfasst. Zum anderen sind Bezugspunkte der Beratung nicht nur Kryptowerte, sondern auch die Nutzung von Kryptowerte-Dienstleistungen. 162

Um eine **Beratung zu Kryptowerten** handelt es sich danach, wenn 163
- ein Angebot einer personalisierten Empfehlung gemacht oder eine personalisierte Empfehlung abgegeben oder eine Vereinbarung zur Abgabe einer solchen personalisierten Empfehlung getroffen wird,
- das Angebot, die Empfehlung oder die Vereinbarung sich auf eines oder mehrere Geschäfte in Bezug auf Kryptowerte oder die Nutzung von Kryptowerte-Dienstleistungen beziehen,
- das Angebot, die Empfehlung oder die Vereinbarung gegenüber Kunden oder deren Vertretern erfolgt,
- das Angebot, die Empfehlung oder die Vereinbarung auf Ersuchen des Kunden oder auf Initiative des die Beratung leistenden Anbieters von Kryptowerte-Dienstleistungen vorgenommen wird,
- die Empfehlung personalisiert wird und
- die Empfehlung nicht ausschließlich über Informationsverbreitungskanäle oder für die Öffentlichkeit bekannt gegeben wird.

I. Empfehlungen – Angebote von Empfehlungen – Vereinbarungen zur Abgabe von Empfehlungen

Erfasst werden Empfehlungen, Angebote von Empfehlungen sowie Vereinbarungen zur Abgabe einer Empfehlung. Um eine **Empfehlung** handelt es sich, wenn dem Anleger zu einer bestimmten Handlung als in seinem Interesse liegend geraten wird.[259] Die Abgabe einer Empfehlung liegt vor, wenn diese dem Kunden tatsächlich bereitgestellt wird. Nicht entscheidend ist, ob dieser Empfehlung auch 164

---

[257] Vgl. Art. 59 ff., 81.
[258] Vgl. zum Begriff der „Anlageberatung" nach § 1 Abs. 1a S. 2 Nr. 1a KWG das BaFin Merkblatt zum Tatbestand der Anlageberatung vom 13.5.2011, zuletzt geändert am 18.2.2019.
[259] Vgl. zur unionsrechtlich nicht bindenden Konkretisierung des Begriffs der „Empfehlung" im Sinne von § 1 Abs. 1a S. 2 Nr. 1a KWG das BaFin Merkblatt zum Tatbestand der Anlageberatung vom 13.5.2011, zuletzt geändert am 18.2.2019, Abschnitt 2; zum entspre-

tatsächlich gefolgt wird. An einer Empfehlung fehlt es bei bloßen Informationen, wenn der Dienstleister einem Kunden beispielsweise nur Erläuterungen über dessen in Kryptowerten angelegtes Vermögen gibt, ohne dabei konkrete Vorschläge zur Änderung der Zusammensetzung dieses Vermögens bzw. zu Geschäften mit Kryptowerten zu unterbreiten.[260]

165 Das **Angebot einer Empfehlung** ist die einem Kunden gegenüber erklärte Bereitschaft, eine entsprechende Empfehlung abzugeben. Auch die **Vereinbarung der Abgabe solcher Empfehlungen** in Form eines Vertrages oder einer Übereinkunft, durch die der Anbieter sich verpflichtet, Empfehlungen abzugeben, wird vom Begriff der Beratung umfasst. Solche Vereinbarungen können sowohl schriftlich als auch durch mündliche Absprachen getroffen werden. Die Breite der auf die Empfehlung bezogenen Tätigkeiten zeigt das Bestreben des Verordnungsgebers, in seiner Legaldefinition alle Phasen und Modalitäten der Beratung – von der in Aussicht gestellten Bereitschaft zur Abgabe von Empfehlungen bis hin zur tatsächlichen Durchführung – begrifflich zu erfassen.

II. Geschäfte in Bezug auf Kryptowerte oder die Nutzung von Kryptowerte-Dienstleistungen

166 Die Empfehlung muss sich auf „Geschäfte in Bezug auf Kryptowerte" oder die „Nutzung von Kryptowerte-Dienstleistungen" beziehen. Die Empfehlung kann sich, da „eines oder mehrere Geschäfte in Bezug auf Kryptowerte" in Bezug genommen werden, sowohl auf einen einzelnen Vorgang als auch auf mehrere Vorgänge beziehen. **Geschäfte**[261] sind alle Rechtsgeschäfte, die die Anschaffung oder die Veräußerung von Kryptowerten im Sinne von Art. 3 Abs. 1 Nr. 5 oder die Nutzung von Kryptowerte-Dienstleistungen im Sinne von Art. 3 Abs. 1 Nr. 16 zum Gegenstand haben. Dazu zählen insbesondere der Kauf, der Verkauf, die Zeichnung, der Tausch, der Rückkauf oder die Übernahme von Kryptowerten. Vom Begriff des Geschäfts erfasst wird aber auch das Halten eines Kryptowertes sowie die Ausübung bzw. Nichtausübung eines mit einem Kryptowert einhergehenden Rechts betreffend den Kauf, den Verkauf, die Zeichnung, den Tausch oder den Rückkauf eines Kryptowertes. **Kryptowerte** sind nach der Legaldefinition in Art. 3 Abs. 1 Nr. 5 digitale Darstellungen eines Wertes oder eines Rechts, der bzw. das unter Verwendung der Distributed-Ledger-Technologie oder einer ähnlichen Technologie elektronisch übertragen und gespeichert werden kann.[262]

167 Erfasst sind darüber hinaus auch Empfehlungen zu Geschäften, die die **Nutzung von Kryptowerte-Dienstleistungen** zum Gegenstand haben. Kryptowerte-

---

chenden Begriff in § 2 Abs. 8 Nr. 10 WpHG nur Assmann/Schneider/Mülbert, 7. Aufl. 2019, WpHG § 2 Rn. 173; Schwark/Zimmer/Kumpan WpHG § 2 Rn. 154.

[260] Vgl. zur entsprechenden Abgrenzung bei § 2 Abs. 8 S. 1 Nr. 10 WpHG Schwark/Zimmer/Kumpan WpHG § 2 Rn. 154; Assmann/Schneider/Mülbert/Assmann, 7. Aufl. 2019, WpHG § 2 Rn. 168f.

[261] Vgl. zur unionsrechtlich nicht bindenden Konkretisierung des Begriffs „Geschäft" im Sinne von § 1 Abs. 1a S. 2 Nr. 1a KWG bezogen auf die Anlageberatung zu bestimmten Finanzinstrumenten das BaFin Merkblatt Tatbestand der Anlageberatung vom 13.5.2011, zuletzt geändert am 18.2.2019, Abschnitt 2; zur Konkretisierung des Begriffs in § 2 Abs. 8 Nr. 10 WpHG Fuchs/Zimmermann WpHG § 2 Rn. 153.

[262] Vgl. Art. 3 Abs. 1 Nr. 5 Rn. 11ff.

Dienstleistungen erfassen nach Art. 3 Abs. 1 Nr. 16 als Dienstleistungen bzw. Tätigkeiten im Zusammenhang mit Kryptowerten die Verwahrung und Verwaltung von Kryptowerten für Kunden, den Betrieb einer Handelsplattform für Kryptowerte, den Tausch von Kryptowerten gegen einen Geldbetrag, den Tausch von Kryptowerten gegen andere Kryptowerte, die Ausführung von Aufträgen über Kryptowerte für Kunden, die Platzierung von Kryptowerten, die Annahme und Übermittlung von Aufträgen über Kryptowerte für Kunden, die Beratung zu Kryptowerten, die Portfolioverwaltung von Kryptowerten sowie die Erbringung von Transferdienstleistungen für Kryptowerte für Kunden.[263] Eine Empfehlung kann auch der Rat sein, eine bestimmte Kryptowerte-Dienstleistung nicht in Anspruch zu nehmen.

Dass von der Beratung nach Art. 3 Abs. 1 Nr. 24 auch Empfehlungen zu Geschäften erfasst sind, die sich auf die Nutzung von Kryptowerte-Dienstleistungen beziehen, erstaunt auf den ersten Blick, da sich die Anlageberatung nach MiFID II ausschließlich auf die Beratung zu bestimmten Finanzinstrumenten bezieht,[264] daran anknüpfende Wertpapierdienstleistungen aber nicht erfasst sind. Die Einbeziehung der Beratung zu Kryptowerte-Dienstleistungen verdeutlicht das Bestreben des Verordnungsgebers, nicht nur die **Beratung zu einem Kryptowert als Produkt,** sondern die **Beratung zu allen damit in Verbindung stehenden Dienstleistungen** zu erfassen und über daran anknüpfende Vorschriften zu regulieren. Der maßgebende Grund für diese weite Fassung der Bezugspunkte für eine entsprechende Beratung dürfte darin liegen, dass der Kryptomarkt nach der Einschätzung des Verordnungsgebers immer noch vergleichsweise neu ist, so dass damit korrespondierend ein entsprechender Mangel an Erfahrung auf Seiten der Anleger in einem sich kontinuierlich verändernden Anlageumfeld unterstellt wird,[265] an den erweiterte Formen der Beratung anknüpfen. Auch diese Formen der Beratung zu Kryptowerte-Dienstleistungen sollen nach dem Willen des Verordnungsgebers erfasst sein. Dies führt im Ergebnis dazu, dass beispielsweise auch die Beratung über die (mögliche) Beratung zu Kryptowerten, die auf Kryptowerte bezogene Empfehlung von Vermögensverwaltern oder -instituten sowie die Kryptowerte einbeziehende Vermögensstrukturberatung nach der Legaldefinition zur „Beratung zu Kryptowerten" zählt. Ob sich diese weite Begriffsdefinition auf Dauer als sinnvoll erweist oder die Beratung zu Kryptowerten mit zunehmender Erfahrung der Anleger im Kryptomarkt vom Verordnungsgeber de lege ferenda – vergleichbar der Anlageberatung nach MiFID II, bei der die Beratung auf bestimmte Finanzinstrumente begrenzt ist[266] – auf Kryptowerte als Produkte beschränkt werden wird, kann aus heutiger Sicht schwer eingeschätzt werden.

III. Begriff des Kunden

Das Angebot einer Empfehlung, die Empfehlung selbst oder die Vereinbarung über die Abgabe einer Empfehlung müssen gegenüber **Kunden** erfolgen. Der Be-

---

[263] Vgl. Art. 3 Abs. 1 Nr. 16 Rn. 102 ff.
[264] Vgl. zur Umsetzung im deutschen WpHG nur Langenbucher/Bliesener/Spindler/Spindler WpHG § 63 Rn. 33; Claussen/Erne, Bank- und Kapitalmarktrecht/Kirchhartz, 6. Aufl. 2023, § 3 Rn. 56.
[265] Hermann/Aschenbeck BB 2023, 2883 (2886).
[266] Zu dieser Begrenzung im Rahmen von § 2 Abs. 8 S. 1 Nr. 10 WpHG Schwark/Zimmer/Kumpan WpHG § 2 Rn. 157.

griff des Kunden, an den die Empfehlungen gerichtet sind, ist weit gefasst und umfasst nach Art. 3 Abs. 1 Nr. 39 natürliche und juristische Personen,[267] sofern sie Rat in Bezug auf Kryptowerte oder Kryptowerte-Dienstleistungen suchen oder empfangen. Die Regelung unterscheidet nicht nach bestimmten Typen von Kunden und differenziert im Hinblick auf das Schutzniveau insbesondere nicht nach Privatanlegern oder institutionellen Anlegern bzw. nach qualifizierten Anlegern (Art. 3 Abs. 1 Nr. 30) und Kleinanlegern (Art. 3 Abs. 1 Nr. 37) und auch nicht danach, ob der Kunde selbst über entsprechende Spezialkenntnisse oder Anlageerfahrungen verfügt. Auch so genannte professionelle oder institutionelle Kunden sind von dem Begriff erfasst.[268]

170 Zum Kunden wird eine natürliche oder juristische Person, sobald ein Anbieter ihr gegenüber Kryptowerte-Dienstleistungen erbringt (Art. 3 Abs. 1 Nr. 39). Da einerseits die Palette der Krytowerte-Dienstleistungen nach Art. 3 Abs. 1 Nr. 24 weit gefasst ist und auch die Beratung über eine etwaige Beratung zu Kryptowerten mitumfasst, andererseits Art. 3 Abs. 1 Nr. 24 neben der Empfehlung selbst und einer Vereinbarung über die Abgabe einer Empfehlung auch schon das Angebot einer (personalisierten) Empfehlung erfasst, muss der Begriff des Kunden sinnvoller Weise auch auf potenzielle Kunden erstreckt werden, für die Kryptowerte-Dienstleistungen erbracht werden sollen.[269] Folgerichtig ist in Art. 81 bei der Beratung zu Kryptowerten auch von „Kunden oder potenziellen Kunden" die Rede.[270] Denkbar sind auch Vertretungslösungen, wenn die Empfehlung gegenüber einem Kunden abgegeben wird und sich nicht auf dessen Vermögen, sondern auf das Vermögen eines Dritten bezieht, der durch den Kunden vertreten wird. Auch der Vertreter kann insoweit Kunde oder potenzieller Kunde des Dienstleisters sein.[271]

IV. Ersuchen des Kunden oder Initiative des Dienstleisters

171 Das Angebot einer Empfehlung, die Empfehlung selbst oder die Vereinbarung über die Abgabe einer Empfehlung können sowohl auf **Ersuchen des Kunden** als auch auf **Initiative des die Beratung leistenden Anbieters** von Kryptowerte-Dienstleistungen erfolgen.[272] Nicht entscheidend ist daher, ob sie in Reaktion auf die Anfrage eines Kunden erfolgen, der aktiv um Rat fragt, oder der Anbieter von sich aus Empfehlungen anbietet, abgibt oder vereinbart, ohne dass es eine vorherige Nachfrage durch den Kunden gegeben hat. Der seinerseits in Art. 3 Abs. 1 Nr. 15

---

[267] Vgl. zum Begriff des Kunden Art. 3 Abs. 1 Nr. 39 Rn. 269 ff.

[268] Michel/Schmitt, CCZ 2023, 261 ff.; vgl. zur unionsrechtlich nicht bindenden Konkretisierung des Begriffs „Kunde" im Sinne von § 1 Abs. 1a S. 2 Nr. 1a KWG das BaFin Merkblatt zum Tatbestand der Anlageberatung vom 13.5.2011, zuletzt geändert am 18.2.2019, Abschnitt 3.

[269] Vgl. für den klassischen Bereich der Anlageberatung Art. 9 S. 1 DelVO (EU) 2017/565; für den Kunden nach § 2 Abs. 8 S. 1 Nr. 10 WpHG Assmann/Schneider/Mülbert/Assmann, 7. Aufl. 2019, WpHG § 2 Rn. 170.

[270] → Art. 81 Abs. 1 Rn. 11 f.

[271] Zu § 2 Abs. 8 S. 1 Nr. 10 WpHG Schwark/Zimmer/Kumpan WpHG § 2 Rn. 158; Assmann/Schneider/Mülbert/Assmann, 7. Aufl. 2019, WpHG § 2 Rn. 170 mit einer Ausweitung des Begriffs des Vertreters auf alle, die „im Lager" des Anlegers stehen.

[272] Zur vergleichbaren Vorgabe nach § 2 Abs. 8 S. 1 Nr. 10 WpHG Schwark/Zimmer/Kumpan WpHG § 2 Rn. 154; Assmann/Schneider/Mülbert/Assmann, 7. Aufl. 2019, WpHG § 2 Rn. 169.

Begriffsbestimmungen **Art. 3**

legaldefinierte Begriff des **Anbieters von Kryptowerte-Dienstleistungen** umfasst jede juristische Person oder jedes andere Unternehmen, deren berufliche oder gewerbliche Tätigkeiten darin bestehen, gewerblich eine oder mehrere Kryptowerte-Dienstleistungen für Kunden zu erbringen, und denen es gestattet ist, gemäß Art. 59 Kryptowerte-Dienstleistungen zu erbringen.[273]

V. Personalisierung der Empfehlung

Die **Empfehlungen** müssen **personalisiert,** dh auf die spezifische Situation des Kunden zugeschnitten sein. Generische Empfehlungen oder allgemeine Ratschläge, die nicht auf die spezifischen Verhältnisse des Kunden eingehen, fallen nicht unter die Definition. Für die Frage, wann eine Empfehlung personalisiert ist, lässt sich auf die strukturell vergleichbare Konstellation bei der Anlageberatung nach Art. 4 Abs. 1 Nr. 4 MiFID II iVm Art. 9 S. 1 DelVO (EU) 2017/565 zurückgreifen, die vom deutschen Gesetzgeber in § 2 Abs. 8 Nr. 10 WpHG sowie § 1 Abs. 1 a S. 2 Nr. 1 a KWG konkretisierend umgesetzt worden ist. Danach ist eine Empfehlung personalisiert, wenn sie an eine individuelle Person in deren Eigenschaft als (potentieller) Kunde oder Beauftragter eines (potentiellen) Kunden gerichtet[274] und entweder auf eine Prüfung der persönlichen Umstände des Anlegers gestützt oder zumindest als für den Anleger geeignet dargestellt wird.[275] Lässt sich keiner der beiden Fälle bejahen, liegt keine personalisierte Empfehlung vor. 172

Der **Prüfung der persönlichen Umstände des Anlegers** dient im Grundsatz die Explorationspflicht nach Art. 81 Abs. 1 und 8.[276] Für eine Prüfung der persönlichen Umstände, die zu einer Personalisierung der Empfehlung nach Art. 3 Abs. 1 Nr. 24 führt, reicht es allerdings aus, dass der Kunde dem Dienstleister allgemeine Hinweise bzw. Informationen über seine finanzielle Situation gibt und der Dienstleister daraufhin Geschäfte mit Bezug zu Kryptowerten oder die Nutzung von Kryptowerte-Dienstleistungen empfiehlt.[277] Nicht erforderlich ist eine umfassende Prüfung der Verhältnisse des Kunden beispielsweise im Hinblick auf seine Anlageziele, Risikoneigung und/oder die Fähigkeit, Risiken zu tragen.[278] In der Sache ist davon auszugehen, dass die Empfehlung auf eine Prüfung der persönlichen Umstände des Anlegers gestützt wird, wenn der Dienstleister die erhaltene Information bei seiner Empfehlung berücksichtigt. Angesichts des weiten Anwendungsbereichs und des korrespondierenden Schutzzwecks der MiCAR dürfte es daneben ausreichen, wenn die Empfehlung vom Dienstleister **als für den Anleger geeignet dargestellt** wird, so dass der Kunde davon ausgehen muss, dass die abgegebene Emp- 173

---

[273] Näher dazu Art. 3 Abs. 1 Nr. 15 Rn. 87 ff.
[274] Vgl. für die insoweit strukturell vergleichbare klassische Anlageberatung Art. 9 S. 1 DelVO (EU) 2017/565.
[275] Vgl. Art. 9 S. 2 DelVO (EU) 2017/565. Siehe zum Begriff der persönlichen Empfehlung auch das – unionsrechtlich nicht bindende – BaFin Merkblatt zum Tatbestand der Anlageberatung vom 13.5.2011, zuletzt geändert im 18.2.2019, Abschnitt 4; für die Definition in § 2 Abs. 8 Nr. 10 Petow/Heidel Aktienrecht WpHG § 2 Rn. 40.
[276] Näher dazu Art. 81 Abs. 1 und 8 Rn. 5 ff., 37 ff.
[277] Für die entsprechende Konkretisierung von § 2 Abs. 8 S. 1 Nr. 10 WpHG Schwark/Zimmer/Kumpan WpHG § 2 Rn. 155.
[278] Für die entsprechende Konkretisierung von § 2 Abs. 8 S. 1 Nr. 10 WpHG Assmann/Schneider/Mülbert/Assmann, 7. Aufl. 2019, WpHG § 2 Rn. 173.

Art. 3 Titel I Gegenstand, Anwendungsbereich und Begriffsbestimmungen

fehlung auf einer Berücksichtigung seiner persönlichen Umstände beruht.[279] Als maßgebend ist darauf abzustellen, ob der Dienstleister nach einem objektivierten Empfängerhorizont zurechenbar den Anschein setzt, bei der Abgabe der Empfehlung persönliche Umstände des Anlegers berücksichtigt zu haben.

174 Der geforderten Personalisierung der Empfehlung entsprechend werden Empfehlungen von der Legaldefinition des Art. 3 Abs. 1 Nr. 24 nicht erfasst, wenn sie ausschließlich über **allgemeine Informationskanäle** verbreitet oder einer nicht näher eingrenzbaren Öffentlichkeit bekannt gegeben werden.[280] Auch Finanzanalysen stellen keine Beratung in Form personalisierter Empfehlungen dar, sofern die betreffenden Informationen einem unbestimmten Personenkreis zugänglich gemacht werden. Entscheidend für den Ausschluss einer Personalisierung ist, dass die Form der Empfehlung – insbesondere bei Beiträgen für Presse, Rundfunk, im Internet, auf öffentlichen Veranstaltungen oder auch bei allgemeinen Werbemaßnahmen – an einen individuell nicht bestimmbaren Personenkreis gerichtet wird. Nicht hinreichend personalisiert sind dementsprechend auch Börsenbriefe, Börseninformationsdienste und Kapitalanlagemagazine[281] sowie elektronische Programme zur Kursermittlung, die lediglich auf den Ergebnissen dieser Programme beruhen und nicht individuell auf einzelne Kunden zugeschnitten sind.

25. „Portfolioverwaltung von Kryptowerten" die Verwaltung von Portfolios auf Einzelkundenbasis mit einem Ermessensspielraum im Rahmen eines Mandats des Kunden, sofern diese Portfolios einen oder mehrere Kryptowerte enthalten;

175 Art. 3 Abs. 1 Nr. 25 gibt eine Legaldefinition der Begriffskombination „Portfolioverwaltung von Kryptowerten" und damit eine begriffliche Grundlage für alle Regelungen der Verordnung, die sich auf die Portfolioverwaltung von Kryptowerten beziehen. Portfolioverwaltung wird definiert als „Verwaltung von Portfolios auf Einzelkundenbasis mit einem Ermessensspielraum im Rahmen eines Mandats des Kunden". Diese Definition der Portfolioverwaltung ist **wortidentisch** mit der Definition der Portfolioverwaltung in Art. 4 Abs. 1 Nr. 8 MiFID II, dessen Regelungsgehalt –in leicht verändertem Wortlaut – in § 2 Abs. 8 S. 1 Nr. 7 WpHG sowie § 1 Abs. 1a Nr. 3 KWG umgesetzt und daran anknüpfend im Merkblatt der BaFin zum Tatbestand der Finanzportfolioverwaltung konkretisiert worden ist.[282]

---

[279] Zur Personalisierung der Empfehlung nach § 2 Abs. 8 S. 1 Nr. 10 WpHG Schwark/Zimmer/Kumpan WpHG § 2 Rn. 155; vgl. zur Darstellung einer Empfehlung als für einen konkreten Kunden geeignet auch das – unionsrechtlich nicht bindende – BaFin Merkblatt zum Tatbestand der Anlageberatung vom 13.5.2011, zuletzt geändert am 18.2.2019, Abschnitt 4.

[280] Vgl. für die insoweit strukturell vergleichbare klassische Anlageberatung Art. 9 S. 3 DelVO (EU) 2017/565. Siehe dazu auch das – unionsrechtlich nicht bindende – BaFin Merkblatt Tatbestand der Anlageberatung vom 13.5.2011, zuletzt geändert am 18.2.2019, Abschnitt 5; zu § 2 Abs. 8 S. 1 Nr. 10 WpHG Schwark/Zimmer/Kumpan WpHG § 2 Rn. 159.

[281] Dazu im Rahmen von § 2 Abs. 8 S. 1 Nr. 10 WpHG Schwark/Zimmer/Kumpan WpHG § 2 Rn. 155; Assmann/Schneider/Mülbert/Assmann, 7. Aufl. 2019, WpHG § 2 Rn. 173.

[282] BaFin Merkblatt zum Tatbestand der Finanzportfolioverwaltung vom 3.1.2011, zuletzt geändert am 25.7.2018.

Anders als in Art. 4 Abs. 1 Nr. 8 MiFID II sind **Bezugsobjekte** der Portfolioverwaltung nach Art. 3 Abs. 1 Nr. 25 nicht Finanzinstrumente, sondern Kryptowerte im Sinne von Art. 3 Abs. 1 Nr. 5. Gerade im vergleichsweise jungen Kryptomarkt spielt die Portfolioverwaltung als eine über die Anlageberatung hinausgehende, mit einer vergleichsweise **größeren Dispositionsfreiheit des Dienstleisters** verbundene Tätigkeit eine maßgebende Rolle. Sie ermöglicht auch Anlegern eine Partizipation, die sich aufgrund der vergleichsweise größeren Unsicherheiten nicht in der Lage sehen, ihr eigenes Portfolio zu verwalten, sondern dafür fremde Dienstleister in Anspruch nehmen.[283] 176

Die Legaldefinition der „Portfolioverwaltung von Kryptowerten" in Art. 3 Abs. 1 Nr. 25 bezieht sich auf eine Form der Finanzdienstleistung, bei der ein Verwalter **die Verantwortung für die Verwaltung von Kundenportfolios** übernimmt, in denen jeweils mindestens ein Kryptowert enthalten sein muss. In der Sache handelt es sich um eine individualisierte Dienstleistung, die auf Einzelkundenbasis erbracht wird und dem Verwalter auf der Grundlage eines formellen Mandats des Kunden einen gewissen Ermessensspielraum einräumt. Von der Beratung zu Kryptowerten nach Art. 3 Abs. 1 Nr. 24 unterscheidet sich die Portfolioverwaltung vor allem dadurch, dass die Umsetzung der Empfehlung bei der Beratung zu Kryptowerten dem Kunden obliegt, während die Portfolioverwaltung auf der Grundlage des Mandats und **im Rahmen des eingeräumten Ermessensspielraums eigene Entscheidungen** treffen darf und trifft. 177

Eine Portfolioverwaltung von Kryptowerten liegt danach vor bei einer 178
– Verwaltung von Portfolios, die einen oder mehrere Kryptowerte enthalten,
– auf Einzelkundenbasis,
– im Rahmen eines Mandats des Kunden,
– mit Entscheidungsspielraum.

I. Portfolioverwaltung mit einem oder mehreren Kryptowerten

Zur Portfolioverwaltung zählen typischerweise die **Auswahl, Bewertung, Anpassung und Überwachung** der im Portfolio enthaltenen Vermögenswerte, wobei sich das Portfolio auf eine Sammlung von Vermögenswerten bezieht, die von einer natürlichen oder juristischen Person gehalten werden kann. Es reicht aus, wenn die Verwaltung über das Vermögen konkret disponieren kann; die rechtliche Inhaberschaft über die Vermögenswerte ist dafür nicht erforderlich.[284] Auch die Verwahrung nach Art. 3 Abs. 1 Nr. 16a) ist eine der Portfolioverwaltung getrennte Dienstleistung. 179

Da Verwaltung regelmäßig „eine auf eine laufende Überwachung und Anlage von Vermögensobjekten gerichtete Tätigkeit"[285] und damit nicht auf eine einzelne Entscheidung oder einen einzelnen Vorgang beschränkt ist, scheint der Begriff eine gewisse **Dauerhaftigkeit der Verwaltung** vorauszusetzen. Dem entspricht, dass 180

---

[283] Hermann/Aschenbeck, BB 2023, 2883 (2886).
[284] Für die Konkretisierung der Finanzportfolioverwaltung im deutschen Recht Schwark/Zimmer/Kumpan WpHG § 2 Rn. 128; Waclawik ZBB 2005, 401 (405).
[285] So BVerwGE 122, 29 (35); BVerwG ZIP 2010, 2491 (2493) für die Finanzportfolioverwaltung nach § 2 Abs. 8 S. 1 Nr. 7 WpHG.

Art. 3 Titel I Gegenstand, Anwendungsbereich und Begriffsbestimmungen

die Verwaltung vom Vermögensinhaber in der Regel für eine gewisse Dauer auf einen Dienstleister ausgelagert werden soll. Zählte man die Dauerhaftigkeit zur zwingenden Voraussetzung der „Verwaltung", wären einmalige Anlageentscheidungen davon nicht erfasst.[286] Dass die Verwaltung und die zugrundeliegenden Mandate in den meisten Fällen auf eine gewisse Dauer angelegt sind, schließt jedoch nicht aus, dass eine Verwaltungstätigkeit auch einmalig sein und gleichwohl den Tatbestand erfüllen kann.[287] Dies zeigt sich bereits daran, dass eine Verwaltungstätigkeit unter Umständen sehr kurzfristig aufgenommen und sehr kurzfristig auch wieder beendet werden kann, ohne den Charakter der Verwaltung zu verlieren. Darüber hinaus muss, um den Tatbestand der Portfolioverwaltung von Kryptowerten zu erfüllen, nicht schon ein angelegtes Vermögen mit Kryptowerten vorhanden sein. Es reicht aus, wenn erstmals ein oder mehrere Kryptowerte als Erstanlageentscheidung in das Portfolio aufgenommen werden.[288]

181 Zum Portfolio zählen müssen bei der Portfolioverwaltung von Kryptowerten zwingend ein oder mehrere Kryptowerte. Rein traditionelle Finanzinstrumente reichen als Bestandteile des Portfolios nicht aus. Der Begriff des Kryptowertes, der die Legaldefinition des Kryptowertes in Art. 3 Abs. 1 Nr. 5 in Bezug nimmt, konkretisiert damit maßgeblich die besondere Form der Portfolioverwaltung, die von Art. 3 Abs. 1 Nr. 25 adressiert wird. Der Wortlaut der Vorschrift setzt allerdings **nicht** voraus, dass sich das jeweilige Portfolio **ausschließlich aus Kryptowerten** zusammensetzt. Es genügt bereits, wenn es neben anderen Vermögensgegenständen auch einen oder mehrere Kryptowerte im Sinne von Art. 3 Abs. 1 Nr. 5 enthält.

II. Auf Einzelkundenbasis

182 Die Dienstleistungen, die im Rahmen der Portfolioverwaltung erbracht werden, müssen auf Einzelkundenbasis **individuell auf die einzelnen Kunden und ihr Vermögen** bezogen sein. Anders als bei kollektiven Investmentfonds oder ähnlichen Konstruktionen müssen spezifische Lösungen für die Vermögensverwaltung einzelner Kunden vorgesehen werden. Nicht erforderlich ist jedoch, dass jedes Kundenvermögen in einem eigenen Portfolio angelegt wird. Es können auch die Vermögen verschiedener Kunden in einem Portfolio zusammengefasst werden,[289] sofern nicht die Zuordnung zu einem anderen Rechtsträger vorgenommen wird

---

[286] So für den Begriff der Finanzportfolioverwaltung nach § 2 Abs. 8 S. 1 Nr. 7 WpHG Fuchs/Fuchs, WpHG, 2. Aufl. 2016, Rn. 102; Assmann/Schneider/Mülbert/Assmann, 7. Aufl. 2019, WpHG § 2 Rn. 150, 154; Kölner Kommentar zum WpHG/Baum, 2. Aufl. 2014, § 2 Rn. 173.

[287] Vgl. für die Konkretisierung der Finanzportfolioverwaltung im deutschen Recht BaFin Merkblatt zum Tatbestand der Finanzportfolioverwaltung vom 3.1.2011, zuletzt geändert am 25.7.2018, Abschnitt 1. a).

[288] Für die Finanzportfolioverwaltung nach § 2 Abs. 8 S. 1 Nr. 7 WpHG BVerwGE 122, 29 (35 f.); BVerwG ZIP 2010, 2491; BaFin Merkblatt zum Tatbestand der Finanzportfolioverwaltung vom 3.1.2011, zuletzt geändert am 25.7.2018, Abschnitt 1. a); Schwark/Zimmer/Kumpan WpHG § 2 Rn. 127; Assmann/Schneider/Mülbert/Assmann, 7. Aufl. 2019, WpHG § 2 Rn. 149.

[289] Vgl. für die Finanzportfolioverwaltung nach § 2 Abs. 8 S. 1 Nr. 7 WpHG BVerwGE 122, 29 (35); BVerwG ZIP 2009, 1898 (1901); 2010, 1170 (1172); 2010, 2491; BaFin Merkblatt zum Tatbestand der Finanzportfolioverwaltung vom 3.1.2011, zuletzt geändert am

und die Betreuung individualisiert sowie im Interesse des Kunden auf der Grundlage des erteilten Mandats erfolgt.

III. Im Rahmen eines Mandats des Kunden

Grundlage der Portfolioverwaltung muss eine **vertragliche Mandatsvereinbarung** zwischen dem Kunden und dem Portfolioverwalter sein, in der insbesondere die Befugnisse des Portfolioverwalters sowie die Ziele und Präferenzen des Kunden festgelegt sind. 183

Das Mandat des Kunden als Grundlage der Verwaltung **grenzt** die Portfolioverwaltung insbesondere auch von der **Verwaltung eigenen Vermögens** als einer Tätigkeit ab, die in eigenem Namen und auf eigene Rechnung erfolgt. Grundsätzlich setzt die Portfolioverwaltung voraus, dass die Verwaltung für fremde Rechnung und nicht im eigenen Namen erfolgt. Überträgt man die Rechtsprechung des BVerwG auch auf die Portfolioverwaltung zu Kryptowerten, liegt auch dann eine Portfolioverwaltung vor, wenn Gelder von Anlegern auf einem Konto des Dienstleisters zusammengelegt werden und dieser dann im eigenen Namen Geschäfte darüber abschließt. Insoweit kommt es letztlich darauf an, was im Rahmen des zugrundeliegenden Mandats vereinbart wurde.[290] 184

IV. Entscheidungsspielraum

Der gewährte Ermessensspielraum muss es dem Portfolioverwalter ermöglichen, innerhalb gewisser Grenzen **eigene Entscheidungen** zu treffen, die sich an der Anlagestrategie, den Zielen und der Risikobereitschaft des Kunden ausrichten. Dieser eigene Entscheidungsspielraum erweist sich als wesentliches Merkmal der Portfolioverwaltung[291] und unterscheidet sie sowohl von der Anlageberatung als auch der Anlage- bzw. Abschlussvermittlung.[292] 185

Der Verwalter kann seinen Entscheidungsspielraum dazu nutzen, **Dritte in die Verwaltung einzubinden.** Sofern gewisse Entscheidungsspielräume verbleiben, steht die Einbeziehung Dritter in die Verwaltung der Einordnung als Portfolioverwaltung nicht entgegen.[293] 186

25.7.2018, Abschnitt 1. a); Schwark/Zimmer/Kumpan WpHG § 2 Rn. 127; Assmann/Schneider/Mülbert/Assmann, 7. Aufl. 2019, WpHG § 2 Rn. 151.

[290] BVerwG ZIP 2010, 2491 (2493) zur Finanzportfolioverwaltung nach § 2 Abs. 8 S. 1 Nr. 7 WpHG.

[291] Näher dazu aus der Perspektive des § 2 Abs. 8 S. 1 Nr. 7 WpHG BVerwGE 122, 29 (43); BaFin Merkblatt zum Tatbestand der Finanzportfolioverwaltung vom 3.1.2011, zuletzt geändert am 25.7.2018, Abschnitt 1. c); Schwark/Zimmer/Kumpan WpHG § 2 Rn. 129; Assmann/Schneider/Mülbert/Assmann, 7. Aufl. 2019, WpHG § 2 Rn. 152; Fuchs/Fuchs, WpHG, 2. Aufl. 2016, Rn. 108.

[292] Zur entsprechenden Abgrenzung des Begriffs der Finanzportfolioverwaltung in § 2 Abs. 8 S. 1 Nr. 7 WpHG Schwark/Zimmer/Kumpan WpHG § 2 Rn. 129; Assmann/Schneider/Mülbert/Assmann, 7. Aufl. 2019, WpHG § 2 Rn. 152; Fuchs/Fuchs, WpHG, 2. Aufl. 2016, Rn. 108.

[293] Zur entsprechenden Abgrenzung des Begriff der Finanzportfolioverwaltung in § 2 Abs. 8 S. 1 Nr. 7 WpHG BVerwGE 122, 29 (44); Schwark/Zimmer/Kumpan WpHG § 2 Rn. 129.

Art. 3 Titel I Gegenstand, Anwendungsbereich und Begriffsbestimmungen

187 Ein Entscheidungsspielraum ist ausgeschlossen, wenn die Verwaltung **nur nach Weisung des Anlegers oder mit dessen Zustimmung handeln** bzw. Anlageentscheidungen erst nach Zustimmung umsetzen darf (Zustimmungsvorbehalt).[294] Mitentscheidungsbefugnisse des Vermögensinhabers führen jedoch nicht per se dazu, dass es an einem Entscheidungsspielraum fehlt. Selbst einzelne Vetorechte des Anlegers können im Rahmen einer Portfolioverwaltung vorgesehen werden, soweit sie nicht umfassend angelegt sind und der Verwaltung jede eigene Entscheidungsmöglichkeit nehmen. Maßgebend ist stets, wie eine Befugnis des Anlegers zur Mitentscheidung im Einzelfall ausgestaltet ist und ob der Verwaltung noch ein Spielraum verbleibt, nach eigenem Ermessen Entscheidungen zu treffen. Im Einzelfall kann ein solcher Spielraum auch dann noch gegeben sein, wenn der Anleger verbindliche allgemeine Weisungen erteilt, wie mit bestimmten Vermögensteilen umgegangen werden soll.[295] Selbst wenn allgemeine Anlagerichtlinien vorgegeben sind, die der Verwaltung aber Entscheidungsspielräume belassen, liegt im Regelfall ebenfalls eine Portfolioverwaltung vor.[296] Ausgeschlossen ist eine Portfolioverwaltung nur, wenn die Richtlinien – beispielsweise durch alleinige Abbildung eines bestimmten Indexes – der Verwaltung überhaupt keinen eigenen Handlungsspielraum mehr belassen.[297]

V. Abgrenzungsfälle

188 Bei **kollektiver Vermögensverwaltung** sowie Investment- und Verwaltungsgesellschaften fehlt es regelmäßig an der Einzelkundenbasis sowie einer entsprechenden Mandatsvereinbarung, so dass eine Portfolioverwaltung ausgeschlossen ist. Individuelle Verwaltungsverträge, die eine Kapitalverwaltungsgesellschaft mit Kunden schließt, können jedoch eine Portfolioverwaltung darstellen. **Testamentsvollstreckungen** werden in der Regel keine Portfolioverwaltung sein, weil sie in erster Linie der Verwirklichung des Willens des Erblassers und weniger der Vermögensverwaltung dienen. Bei **Family Offices,** die professionell private Großvermögen verwalten, liegt im Regelfall eine Portfolioverwaltung vor; im Einzelfall kommt es aber auf die jeweilige Ausgestaltung der Dienstleistungen an. Bei **Robo-Advisors,**[298] die automatisiert vorgehen, kommt es letztlich darauf an, ob der Anbieter

---

[294] Für die Finanzportfolioverwaltung nach § 2 Abs. 8 S. 1 Nr. 7 WpHG BVerwGE 122, 29 (43); BaFin Merkblatt zum Tatbestand der Finanzportfolioverwaltung vom 3.1.2011, zuletzt geändert am 25.7.2018, Abschnitt 1. d); Schwark/Zimmer/Kumpan WpHG § 2 Rn. 129; Assmann/Schneider/Mülbert/Assmann, 7. Aufl. 2019, WpHG § 2 Rn. 152; Fuchs/Fuchs, WpHG, 2. Aufl. 2016, Rn. 108.

[295] Für die Finanzportfolioverwaltung nach § 2 Abs. 8 S. 1 Nr. 7 WpHG Schwark/Zimmer/Kumpan WpHG § 2 Rn. 129; Assmann/Schneider/Mülbert/Assmann, 7. Aufl. 2019, WpHG § 2 Rn. 152; Fuchs/Fuchs, WpHG, 2. Aufl. 2016, Rn. 108; Sethe, Anlegerschutz im Recht der Vermögensverwaltung, 2005, S. 401, 405.

[296] Für die Finanzportfolioverwaltung nach § 2 Abs. 8 S. 1 Nr. 7 WpHG Schwark/Zimmer/Kumpan WpHG § 2 Rn. 129; Assmann/Schneider/Mülbert/Assmann, 7. Aufl. 2019, WpHG § 2 Rn. 153; zu Anlagerichtlinien Schäfer in Assmann/Schütze, Kapitalanlagerecht-Handbuch, 4. Aufl. 2015, § 23 Rn. 59 ff.

[297] Für die Finanzportfolioverwaltung nach § 2 Abs. 8 S. 1 Nr. 7 WpHG Schwark/Zimmer/Kumpan WpHG § 2 Rn. 129; Fuchs/Fuchs, WpHG, 2. Aufl. 2016, Rn. 108.

[298] Als Robo-Advice gilt die (vollständige oder teilweise) Erbringung von Anlageberatung oder Portfolioverwaltung durch ein automatisiertes oder halbautomatisiertes System, das

in Form automatisierter Vorgaben oder der Anleger die Anlageentscheidungen trifft. Abhängig davon handelt es sich um Portfolioverwaltung oder um Anlageberatung.

Es ist davon auszugehen, dass die ESMA nach und nach zu einzelnen Abgrenzungsfällen Stellung nehmen wird.[299] **189**

26. „Transferdienstleistungen für Kryptowerte für Kunden" das Erbringen von Dienstleistungen zur Übertragung von Kryptowerten von einer Distributed-Ledger-Adresse oder einem Distributed-Ledger-Konto auf eine andere solche Adresse oder ein anderes solches Konto für eine natürliche oder juristische Person;

Die Übertragung von Kryptowerten von einer Distributed-Ledger-Adresse oder **190** einem Distributed-Ledger-Konto auf eine andere solche Adresse oder ein anderes solches Konto für natürliche oder juristische Personen ist eine Kryptowerte-Dienstleistung gemäß Art. 3 Abs. 1 Nr. 26. Der Tatbestand ist denkbar weit gefasst und dem Finanztransfergeschäft nach Art. 4 Nr. 22 der Zahlungsdienste RL (EU) 2015/2366 nachgebildet.

Als **Distributed-Ledger-Adresse** ist eine einzelne öffentliche Adresse auf dem **191** jeweiligen Distributed-Ledger (on chain) zu verstehen. Im Gegensatz dazu bezieht sich der Begriff **Distributed-Ledger-Konto** auf ein Kryptowerte-Kundenkonto in den Büchern des jeweiligen Dienstleisters (off chain). In letzterem Fall werden die auf unterschiedlichen Distributed-Ledger-Konten verbuchten Kryptowerte unterschiedlicher Kunden auf derselben Distributed-Ledger-Adresse (Omnibus Adresse) gehalten.

Eine Übertragung zwischen Distributed-Ledger-Adressen liegt vor, wenn Kryp- **192** towerte (typischerweise unter Einsatz eines Private Keys zur Signatur der Transaktion) durch (im Fall von Public Blockchains öffentlich einsehbare) Eintragung einer **Transaktion auf dem Distributed-Ledger** von einer auf eine andere Distributed-Ledger-Adresse transferiert werden. Im Fall von Distributed-Ledger-Konten erfolgt die Übertragung von Kryptowerten durch schlichte **Umbuchung** in den Büchern des Dienstleisters.

Ausgenommen sind Einheiten, die als Validierer, Knoten oder Miner an der **193** technischen Umsetzung der Übertragung von Kryptowerten auf eine andere Distributed-Ledger-Adresse mitwirken, indem sie Teil der Bestätigung einer Transaktion und der Aktualisierung des Status des Distributed-Ledgers sind.[300] Der Beitrag dieser Einheiten zur Funktionsfähigkeit des Distributed-Ledgers begründet keine Kundenbeziehung zu Übertragendem oder Empfänger und soll keine Zulassungspflicht für die Erbringung von Transferdienstleistungen auslösen.

---

für den Kontakt mit den Kunden eingesetzt wird. Dazu nur BaFin Merkblatt Robo-Advice – Automatisierte Anlageberatung und Portfolioverwaltung vom 13.2.2017, zuletzt geändert am 19.2.2020; Möslein/Omlor FinTech-HdB/Kumpan § 15.
[299] Vgl. zu Abgrenzungsfällen aus der Perspektive der Finanzportfolioverwaltung nach § 2 Abs. 8 S. 1 Nr. 7 WpHG bzw. § 1 Abs. 1a Nr. 3 KWG nur BaFin Merkblatt zum Tatbestand der Finanzportfolioverwaltung vom 3.1.2011, zuletzt geändert am 25.7.2018, Abschnitt 2; Schwark/Zimmer/Kumpan WpHG § 2 Rn. 132ff. mwN.
[300] Erwgr. Nr. 93.

Art. 3 Titel I Gegenstand, Anwendungsbereich und Begriffsbestimmungen

194 Der weitgefasste Tatbestand führt dazu, dass die Anbieter verschiedener Kryptowerte-Dienstleistungen dem Wortlaut nach häufig auch bestimmte Arten von Transferdienstleistungen für Kryptowerte erbringen.[301] Diese Überschneidungen beschränken sich nicht auf Zahlungsdienste, sondern können insbesondere im Rahmen der **Verwahrung und Verwaltung von Kryptowerten** für Kunden, den **Tausch von Kryptowerten** gegen einen Geldbetrag oder gegen andere Kryptowerte oder die **Ausführung von Aufträgen über Kryptowerte** für Kunden auftreten. Während für das **Finanztransfergeschäft** nach Auffassung der BaFin ausdrücklich als **Auffangtatbestand** zu anderen Zahlungsdiensten („nur zum Transfer") normiert wurde[302], lässt die MiCAR Definition von Transferdienstleistungen diese Frage offen.[303] Ebenso wenig enthält die MiCAR Regelungen, die den Bestimmungen zu Nebendienstleistungen in MiFID II entsprächen. Dennoch sollte davon auszugehen sein, dass die Kryptowerte-Dienstleistung der Transferdienstleistung als **Auffangtatbestand** konzipiert wurde. Eine eigenständige Zulassungspflicht sollte entgegen der Auffasung der ESMA[304] nur angenommen werden, soweit die Übertragung von Kryptowerten der spezielleren Kryptowerte-Dienstleistung nicht immanent ist.[305] Die Auszahlung verwahrter Kryptowerte an eine andere Wallet des gleichen Kunden etwa bei einem anderen Verwahrer zB sollte demnach vom Tatbestand ausgenommen sein. Anbieter von Kryptowerte-Dienstleistungen, die im Rahmen ihrer Tätigkeit Kryptowerte ihrer Kunden in deren Auftrag an Dritte weiterleiten, werden dagegen regelmäßig eine Zulassung für die Erbringung von Transferdienstleitung benötigen, auch wenn sie darüber hinaus weitere Kryptowerte-Dienstleistungen anbieten. Transferdienstleitungen im Sinne von Art. 3 Abs. 1 Nr. 26 sollten demnach stets ein **Dreiecksverhältnis** aus Übertragendem, Transferdienstleister und Empfänger voraussetzen. Der Kryptowerte-Dienstleister kann dabei auf Seiten des Übertragenden, des Empfängers oder auf beiden Seiten auftreten. Auch die **BaFin** scheint in ihrer sich entwickelnden Verwaltungspraxis jedoch davon auszugehen, dass jeder Transfer zwischen Distributed-Ledger-Adressen bzw. -Konten tatbestandsmäßig erfasst sein kann und daher etwa Kryptoverwahrer regelmäßig auch eine Erlaubnis für die Erbringung von Transferdienstleistungen benötigen, wenn sie ihren Kunden die Übertragung von Kryptowerten ermöglichen.

195 Hat die Transferdienstleitung **E-Geld-Token** zum Gegenstand, können je nach den genauen Merkmalen der Übertragung auch **Zahlungsdienste** gemäß der RL (EU) 2015/2366 vorliegen. In diesen Fällen ist eine Zulassung nach dieser Richtlinie erforderlich.[306] E-Geld-Institute dürfen nach Notifizierung gemäß Art. 60 im Hinblick auf die von ihnen ausgegebenen E-Geld-Token sowohl das Verwahrgeschäft als auch Transferdienstleistungen für Kunden erbringen.

---

[301] Erwgr. Nr. 93.
[302] BT-Drs. 18/11495, 107; BaFin Merkblatt ZAG, Abschnitt B. V.
[303] Zum Meinungsstand beim Finanztransfergeschäft im Sinne von § 1 S. 2 Nr. 6 ZAG vgl. Casper/Terlau/Danwerth § 1 Rn. 128.
[304] ESMA QA 2071.
[305] Vgl. Art. 62 Abs. 2 lit. r, wonach in Anträgen auf Zulassung zur Erbringung von Kryptowerte-Dienstleistungen eine Beschreibung der Art und Weise der Ausführung dieser Transferdienstleistungen aufzunehmen sind, wenn der Antragsteller beabsichtigt im Rahmen der beantragten Tätigkeit auch Transferdienstleistungen auszuführen. Dies impliziert, dass Transferdienstleistungen als Bestandteil anderer (Haupt-)Dienstleistungen ohne gesonderte Zulassung erbracht werden können.
[306] Erwgr. Nr. 93.

Keiner Zulassungspflicht unterliegt gemäß Art. 4 Abs. 5 die Erbringung von 196
Transferdienstleistungen in Bezug auf Kryptowerte, für die in Bezug auf das öffentliche Angebot eine Ausnahme nach Art. 4 Abs. 3 greift, soweit nicht ein anderes öffentliches Angebot für denselben Kryptowert ohne Ausnahme oder eine Zulassung zum Handel besteht.

27. **„Leitungsorgan" das Organ – oder die Organe – eines Emittenten, eines Anbieters oder einer Person, die eine Zulassung zum Handel beantragt, oder eines Anbieters von Kryptowerte-Dienstleistungen, die nach nationalem Recht bestellt wurden, die befugt sind, Strategie, Ziele und Gesamtpolitik des Unternehmens festzulegen, und die die Entscheidungen der Geschäftsführung des Unternehmens kontrollieren und überwachen, und Personen umfasst, die die Geschäfte des Unternehmens tatsächlich führen;**

Der Begriff des Leitungsorgans ist **Art. 4 Abs. 1 Nr. 36 MiFID II nachgebildet**. Ersetzt wurden die MiFID-spezifischen „Wertpapierfirma", „Marktbetreiber" und „Datenbereitstellungsdienst" durch „Emittenten", „Anbieter", „Person, die eine Zulassung zum Handel beantragt" bzw. „Anbieter von Kryptowerte-Dienstleistungen". Er ist deutlich enger als die „Person, die Führungsaufgaben wahrnimmt" in Art. 3 Abs. 1 Nr. 25 MAR, die neben dem Leistungs- auch das Verwaltungs- sowie Aufsichtsorgan umfasst. Der Begriff hat **keine unmittelbare Entsprechung im deutschen Recht**, auch wenn er in § 2d und 6b KWG vorausgesetzt wird. 197

Definitionen des Unionsrechts müssen grundsätzlich **autonom** ausgelegt werden. Allerdings regelt das Unionsrecht die Zuständigkeiten innerhalb einer Gesellschaft nicht, dies ist alleine Sache des nationalen Gesellschaftsrechts. Dies erkennt Art. 3 Abs. 1 Nr. 27 auch an, indem er auf die Bestellung nach nationalem Recht abstellt. Aus diesem Grund beschreibt die Definition sehr genau, welche Funktionen innerhalb einer Gesellschaft erfasst sein sollen. Dies erlaubt die Einordnung in das **maßgebliche nationale Gesellschaftsrecht**. 198

Für die **Aktiengesellschaft** sind dies der Vorstand sowie der Aufsichtsrat. Bei der **GmbH** sind die Geschäftsführer sowie – soweit vorhanden – ebenfalls der Aufsichtsrat erfasst. Sollten per Satzung weitere Organe bestellt worden sein (zB ein **Beirat**), so kommt es darauf an, ob hier Kontroll- oder Überwachungsmechanismen für die Geschäftsführung bestehen. Zu beachten ist, dass auch **Personenhandelsgesellschaften** unter die MiCAR fallen können, zum Beispiel als Emittenten von Kryptowerten nach Titel II (→ Vor Art. 4 Rn. 20) bzw. vermögenswertereferenzierten Token (→ Art. 16 Rn. 15) oder CASP (→ Art. 59 Rn. 11). Zwar haben diese keine Organe im Sinne der Vorschrift. Dies kann aber keinen Unterschied machen, denn die Trennung nach juristischer Person und Personengesellschaft und damit das Bestehen von Organen ist eine dogmatische Frage des deutschen Rechts. Da die MiCAR die Erstreckung auf Personenhandelsgesellschaften ausdrücklich anerkennt (siehe zB Art. 16 Abs. 1 UAbs. 3 oder Art. 59 Abs. 3) und die entsprechenden Zulassungsvorschriften Anforderungen für Leitungsorgane aufstellen bzw. Leitungsorganen Pflichten zuordnen, muss ein funktionales Verständnis angelegt werden. Erfasst sind daher alle **persönlich haftenden Gesellschafter** in Personenhandelsgesellschaften, nicht hingegen Kommanditisten – sie sind von der Geschäftsführungsbefugnis ausgeschlossen 199

(§ 164 HGB) und es fehlt ihnen trotz gewisser Einsichtsrechte (§ 166 HGB) an einer echten Kontrollfunktion.

28. „Kreditinstitut" ein Kreditinstitut im Sinne von Art. 4 Abs. 1 Nummer 1 der VO (EU) Nr. 575/2013 und mit einer Zulassung gemäß der RL 2013/36/EU;

200 Für die Definition des **Kreditinstituts** verweist Abs. 1 Nr. 28 auf den europäischen Kreditinstitutsbegriff in Art. 4 Abs. 1 Nr. 1 CRR. Hiernach ist ein Kreditinstitut ein Unternehmen, dessen Tätigkeit in einer der folgenden Aktivitäten besteht:
- gem. Art. 4 Abs. 1 Nr. 1 lit. a CRR Einlagen entgegenzunehmen und Kredite zu gewähren oder
- gem. Art. 4 Abs. 1 Nr. 1 lit. b CRR bestimmte Wertpapierdienstleistungen und Anlagetätigkeiten iSd MiFID II zu erbringen bzw. auszuüben.

Kreditinstitute in diesem Sinne werden gem. § 1 Abs. 3d S. 1 KWG als CRR-Kreditinstitute bezeichnet. **Nicht** erfasst werden hingegen **Kreditinstitute iSd § 1 Abs. 1 KWG,** die nicht die Begriffsvoraussetzungen des Art. 4 Abs. 1 Nr. 1 CRR erfüllen. Dies gilt auch ungeachtet des Umstands, dass solche Kreditinstitute nach § 1a Abs. 1 KWG die Anforderungen der CRR entsprechend anzuwenden haben, da die entsprechende Anwendung nur im Anwendungsbereich der in § 1a Abs. 1 KWG explizit aufgeführten Rechtsakte gilt, wozu insbesondere das KWG zählt, nicht hingegen die MiCAR.

201 Die **Entgegennahme von Einlagen** oder anderer rückzahlbarer Gelder des Publikums[307] und die **Gewährung von Krediten** für eigene Rechnung[308] erfordert im Unterschied zur Definition eines Kreditinstituts iSd des § 1 Abs. 1 KWG die **kumulative Ausübung** dieser beiden Tätigkeiten, das Betreiben nur des Einlagen- oder des Kreditgeschäfts genügt nicht.[309]

202 Die zweite Alternative in Art. 4 Abs. 1 Nr. 1 lit. b CRR erfasst sog. Klasse 1a-Wertpapierfirmen, dh solche Unternehmen, die zwar bestimmte Tätigkeiten einer Wertpapierfirma (→ Rn. 206) ausüben, aber aufgrund ihrer Größe und der damit verbundenen Systemrelevanz als Kreditinstitute eingeordnet werden. Erforderlich ist, dass diese Wertpapierfirmen mit dem **Eigenhandel**[310] (Anhang I Abschnitt A Nr. 3 MiFID II) und dem **Emissionsgeschäft**[311] (Anhang I Abschnitt A Nr. 6 MiFID II) „bankähnliche"[312] Dienstleistungen erbringen und deshalb – wie Kreditinstitute iSd Art. 4 Abs. 1 Nr. 1 lit. a CRR – dem Kredit- und Marktrisiko ausgesetzt sind.[313]

---

[307] Dazu Beck/Samm/Kokemoor/Nemeczek/Pitz KWG KWG § 1 Rn. 867b f.; Lendermann/Nemeczek/Schroeter/Reschke WpIG § 2 Rn. 410.
[308] Dazu Beck/Samm/Kokemoor/Nemeczek/Pitz KWG KWG § 1 Rn. 867d; Lendermann/Nemeczek/Schroeter/Reschke WpIG § 2 Rn. 409.
[309] EuGH ECLI:EU:C:2023:877 Rn. 58 = BeckRS 2023, 31845 – Octroi de prêts sans autorisation; Nemeczek, Der Europäische Pass für Bankgeschäfte, S. 73.
[310] Anhang I Abschnitt A Nr. 3 MiFID II; zur Frage, ob davon auch das Eigengeschäft erfasst wird, siehe Schuster/Nemeczek ZBB 2021, 35 (38) Fn. 30.
[311] Anhang I Abschnitt A Nr. 6 MiFID II.
[312] Erwgr. Nr. 9 S. 5 IFR.
[313] Schuster/Nemeczek ZBB 2021, 35 (38); siehe auch Erwgr. Nr. 37 S. 2 IFR; Lendermann/Nemeczek/Schroeter/Reschke WpIG § 2 Rn. 413ff.

Begriffsbestimmungen **Art. 3**

Ausgenommen sind nach dem ausdrücklichen Wortlaut des Art. 4 Abs. 1 Nr. 1 lit. b CRR hingegen Waren- und Emissionszertifikatehändler, Organismen für gemeinsame Anlagen und Versicherungsunternehmen. Die Erheblichkeitsschwelle, ab der eine Wertpapierfirma als Kreditinstitut reguliert wird, liegt nach Art. 4 Abs. 1 Nr. 1 lit. b i)–iii) CRR bei einer **Bilanzsumme von 30 Mrd. EUR,** die entweder das (bei konsolidierter Betrachtung) das Unternehmen selbst erreicht oder überschreitet, oder die im Falle eines gruppenangehörigen Unternehmens mit einer Bilanzsumme von unter 30 Mrd. EUR von der Gruppe erreicht oder überschritten wird.[314] Nicht von Art. 4 Abs. 1 Nr. 1 lit. b CRR werden sog. Klasse 1b- und Klasse 1c-Wertpapierfirmen erfasst, die im Anwendungsbereich des WpIG als Große Wertpapierinstitute iSd § 2 Abs. 18 WpIG bezeichnet werden. Zwar wenden diese die Vorschriften der CRR und die in § 4 S. 1 WpIG adressierten Vorschriften des KWG an, doch handelt es sich dabei gerade nicht um systemrelevante Wertpapierinstitute, die nach Art. 4 Abs. 1 Nr. 1 lit. b CRR dem europäischen Kreditinstitutsbegriff unterfallen.[315]

Erforderlich ist weiterhin eine **Zulassung** nach Art. 8 CRD IV bzw. § 32 KWG. 203 Es genügt also nicht die bloße tatsächliche Ausübung der relevanten Tätigkeiten; erforderlich ist, dass diese Tätigkeiten zulässigerweise ausgeübt werden. Zur Einordnung als Kreditinstitute iSd Art. 4 Abs. 1 Nr. 1 CRR genügt es, wenn das Unternehmen über eine Vollbanklizenz verfügt, tatsächlich aber zB keine Einlagen entgegennimmt.[316]

Im Rahmen der MiCAR spielen Kreditinstitute in zwei Richtungen eine 204 Rolle: Als bereits beaufsichtigte und aufgrund der nach der CRR anwendbaren prudentiellen Aufsichtsanforderungen besonders streng regulierte Unternehmen sollen sie

- unter erleichterten Voraussetzungen als Emittenten von Kryptowerten oder als Kryptowerte-Dienstleister agieren dürfen[317]
- von Kryptowerte-Emittenten bzw. Anbietern von Kryptowerte-Dienstleistungen genutzt werden, um bspw. eine Vermögenswertreserve nach Art. 3 Abs. 1 Nr. 32 (→ Rn. 213) oder Kundengelder aufzubewahren[318].

Allerdings erscheint insbesondere die Gestattung der Hinterlegung von Geldern 205 bei Kreditinstituten, die lediglich als Klasse 1a-Wertpapierfirmen unter den Begriff des Kreditinstituts nach Art. 4 Abs. 1 Nr. 1 lit. b CRR fallen, rechtshistorisch sowie strukturell zumindest fragwürdig. Bis zum Erlass der IFR war im Anwendungsbereich der CRR sowie der CRD IV als Kreditinstitut nur ein Einlagenkreditinstitut iSd Art. 4 Abs. 1 Nr. 1 lit. a reguliert. Korrespondierend dazu war in Art. 9 CRD IV Personen oder Unternehmen, die keine solchen Kreditinstitute sind, verboten, Einlagen oder andere rückzahlbaren Gelder des Publikums gewerbsmäßig entgegenzunehmen. Die IFR hat zwar den Begriff des Kreditinstituts in der CRR im obigen Sinne (→ Rn. 200) erweitert, aber nicht korrespondierend dazu den Anwendungsbereich des Art. 9 CRD IV beschränkt. Ob dies als Redaktionsfehler des Gesetzgebers oder als bewusste Erweiterung des Kreises von Unterneh-

---

[314] Dazu näher Schuster/Nemeczek ZBB 2021, 35 (38 ff.).
[315] Lendermann/Nemeczek/Schroeter/Lendermann/Nemeczek WpIG § 4 Rn. 11 ff.
[316] Beck/Samm/Kokemoor/Nemeczek/Pitz KWG KWG § 1 Rn. 867 e.
[317] Art. 16 Abs. 1 UAbs. 1 lit. b, Art. 48 Abs. 1 UAbs. 1 lit. a bzgl. der Emission vermögenswertereferenzierter Token bzw. E-Geld-Token; Art. 59 Abs. 1 lit. b, Art. 60 Abs. 1 bzgl. Kryptowerte-Dienstleistungen.
[318] Siehe bspw. Art. 37 Abs. 3 lit. b und Abs. 6 lit. a, Art. 54 lit. a, Art. 70 Abs. 3.

men, die Einlagen entgegennehmen dürfen, gedeutet werden muss, ist zwar unklar.[319] Jedoch ist diese Unklarheit aufgrund des klaren Wortlauts des Art. 3 Abs. 1 Nr. 28 sowie der Anwendbarkeit der strengen prudentiellen Aufsichtsanforderungen nach der CRR grundsätzlich hinzunehmen, so dass auch Klasse 1a-Wertpapierfirmen iSd Art. 4 Abs. 1 Nr. 1 lit. b CRR von den Vorschriften, die Kreditinstitute adressieren, erfasst sind.

29. „Wertpapierfirma" eine Wertpapierfirma im Sinne von Art. 4 Abs. 1 Nummer 2 der VO (EU) Nr. 575/2013 und mit einer Zulassung gemäß der RL 2014/65/EU;

206 Ähnlich wie ein Kreditinstitut (→ Rn. 200) jedoch in reduziertem Umfang – darf auch eine Wertpapierfirma unter erleichterten Bedingungen Kryptowerte-Dienstleistungen erbringen oder zur Verwahrung von Vermögenswerten genutzt werden. Der für die Definition einer Wertpapierfirma nach Art. 3 Abs. 1 Nr. 29 relevante Art. 4 Abs. 1 Nr. 2 CRR verweist weiter auf Art. 4 Abs. 1 Nr. 1 MiFID II. Hiernach ist eine Wertpapierfirma jede juristische Person, die im Rahmen ihrer üblichen beruflichen oder gewerblichen Tätigkeit gewerbsmäßig eine oder mehrere **Wertpapierdienstleistungen** für Dritte erbringt und/oder eine oder mehrere **Anlagetätigkeiten** ausübt. Wertpapierdienstleistungen und Anlagetätigkeiten sind nach Art. 4 Abs. 1 Nr. 2 MiFID II jede alle in Anhang I Abschnitt A MiFID II genannten Dienstleistungen und Tätigkeiten, die sich auf **Finanzinstrumente** iSd Art. 3 Abs. 1 Nr. 49 (→ Rn. 322) beziehen. In Abgrenzung zu Klasse 1a-Wertpapierfirmen iSd Art. 4 Abs. 1 Nr. 1 lit. b CRR (→ Rn. 202) handelt es sich dabei um Klasse 1b-, Klasse 1c- sowie Klasse 2- und 3-Wertpapierfirmen, die im Anwendungsbereich des WpIG als Große[320], Mittlere[321] und kleine Wertpapierinstitute[322] bezeichnet werden.

207 Wie bei Kreditinstituten reicht die tatsächliche Tätigkeit nicht aus, sondern muss im Rahmen einer Zulassung nach Art. 5 MiFID II bzw. § 15 WpIG ausgeübt werden. Die Zulassung bezieht sich gem. § 15 Abs. 9 WpIG[323] in der Regel auf bestimmte Wertpapierdienstleistungen. Dies ist vor dem Hintergrund des Art. 60 Abs. 3 von Bedeutung, der die **Erbringung von Kryptowerte-Dienstleistungen ohne gesonderte Erlaubnis** auf solche Kryptowerte-Dienstleistungen beschränkt, die mit den Wertpapierdienstleistungen und Anlagetätigkeiten gleichwertig sind (→ Art. 60 Rn. 12).

---

[319] Auch EuGH ECLI:EU:C:2023:877 Rn. 66 Octroi de prêts sans autorisation = BeckRS 2023, 31845 trägt zu keiner abschließenden Klärung bei.
[320] § 2 Abs. 18 WpIG.
[321] § 2 Abs. 17 WpIG.
[322] § 2 Abs. 16 WpIG.
[323] Siehe Lendermann/Nemeczek/Schroeter/Steffen WpIG § 15 Rn. 78 ff.

30. „qualifizierte Anleger" Personen oder Einrichtungen, die in Anhang II Abschnitt I Nummern 1 bis 4 der Richtlinie 2014/65/EU aufgeführt sind;

Art. 3 Abs. 1 Nr. 30 verweist auf Anhang II Abschnitt I Nr. 1–4 MiFID II („professionelle Kunden"). Eine entsprechende Bezugnahme findet sich zB auch in Art. 2 lit. e ProspektVO. Relevant wird die Definition bei den **Ausnahmen zur Erstellung eines Kryptowerte-Whitepapers,** also nach Art. 16 Abs. 2 S. 1 lit. b (für vermögenswertereferenzierte Token) und nach Art. 4 Abs. 2 lit. c (für andere als vermögenswertereferenzierte Token und E-Geld-Token). Für E-Geld Token besteht keine entsprechende Ausnahme.

Qualifizierte Anleger sind (in verkürzter Darstellung):

- auf Basis des EU-Kapitalmarktrechts zugelassene Intermediäre, wie zB Kreditinstitute, Wertpapierfirmen, Pensionsfonds oder Organismen für gemeinsame Anlagen,
- Unternehmen mit hinreichender Bilanzsumme (20 Mio. EUR), Nettoumsatz (40 Mio. EUR) bzw. Eigenmitteln (2 Mio. EUR), wovon mindestens zwei vorliegen müssen
- Regierungen, Zentralbanken und supranationale Einrichtungen
- andere institutionelle Anleger, deren Haupttätigkeit in der Anlage in Finanzinstrumenten besteht.

Anhang II Abschnitt I S. 2 MiFID II ermöglicht es diesen Rechtspersönlichkeiten, eine **Behandlung als nichtprofessioneller Kunde** zu beantragen, bei der Wertpapierfirmen bereit sind, ein höheres Schutzniveau zu gewähren. Auf diesen Satz 2 verweist Art. 3 Abs. 1 Nr. 30 nicht, sondern nur auf die Auflistung (Abschnitt I Nummern 1 bis 4), was zunächst gegen dessen Anwendung spricht. Die Parallelvorschriften Art. 2 lit. e Prospekt-VO spricht hingegen im Verweis ausdrücklich die Möglichkeit der Behandlung als nichtprofessioneller Kunde mit an. Zudem fehlt in Art. 3 Abs. 1 Nr. 30 die in Art. 2 lit. e S. 2 Prospekt-VO geregelte Verpflichtung der Wertpapierfirmen und Kreditinstitute, auf Antrag des Kunden seine Einstufung mitzuteilen. Zwar fällt es angesichts der zahlreichen ungenauen Formulierungen und Verweisungen innerhalb der MiCAR schwer, ohne weiteres einen entsprechenden Differenzierungswillen des Gesetzgebers zu unterstellen. Wortlaut und Systematik sprechen hier aber **deutlich gegen eine entsprechende Anwendung von Anhang II Abschnitt I S. 2 MiFID II auf qualifizierte Anleger** iSd MiCAR. Es ist also für einen qualifizierten Anleger nicht möglich, durch Vereinbarung mit einem CASP zu einem (normalen) Anleger zu werden.

31. „enge Verbindungen" enge Verbindungen im Sinne von Art. 4 Abs. 1 Nummer 35 der RL 2014/65/EU;

Enge Verbindungen werden in Art. 3 Abs. 1 Nr. 31 durch Verweis auf Art. 4 Abs. 1 Nr. 35 MiFID II definiert. Danach bezeichnet eine enge Verbindung eine Situation, in der zwei oder mehr natürliche oder juristische Personen auf eine der folgenden Weisen miteinander verbunden sind:

- über eine Beteiligung in Form des direkten Haltens oder des Haltens im Wege der Kontrolle von mindestens **20% der Stimmrechte oder des Kapitals** an einem Unternehmen;

Art. 3 Titel I Gegenstand, Anwendungsbereich und Begriffsbestimmungen

- durch **Kontrolle,** dh das Verhältnis zwischen einem Mutter- und einem Tochterunternehmen in allen Fällen des Art. 22 Abs. 1 und 2 der Bilanz-RL[324] (vgl. § 290 Abs. 2 HGB) oder ein ähnliches Verhältnis zwischen einer natürlichen oder juristischen Person und einem Unternehmen; Tochterunternehmen von Tochterunternehmen gelten ebenfalls als Tochterunternehmen des Mutterunternehmens, das an der Spitze dieser Unternehmen steht;
- über ein **dauerhaftes Kontrollverhältnis** beider oder aller **mit ein und derselben dritten Person.**

212 Enge Verbindungen werden vom Gesetzgeber als tendenziell kritisch bewertet. Sie können die **Effektivität der Aufsicht beeinträchtigt,** was in Art. 63 Abs. 7, 8 adressiert wird (→ Art. 63 Rn. 37 ff.). Ebenso bergen sie im Verhältnis zu Kunden Potenzial für **Interessenkonflikte,** insbesondere wenn über Kryptowerte beraten wird, die ein gruppenangehöriges Unternehmen emittiert oder anbietet. Dieser Konflikt ist Gegenstand von Art. 81 Abs. 2 lit. b, Abs. 3 lit. a ii) (→ Art. 81 Rn. 20 f.).

32. „Vermögenswertreserve" den Korb mit Reservevermögen, mit dem die Forderung gegenüber dem Emittenten besichert wird;

213 Die Vermögenswertreserve ist ein **„europäisch harmonisiertes Sondervermögen"** für bestimmte Emittenten.[325] Sie besteht aus verschiedenen Vermögenswerten, die die Forderung der Inhaber vermögenswertereferenzierter Token auf Rücktausch ihrer Token nach Art. 39 Abs. 1 S. 1 Alt. 1 besichern (→ Art. 39 Rn. 5 ff.). Auf diese Vermögenswerte können die Tokeninhaber erst dann Zugriff nehmen, wenn der jeweilige Tokenemittent die Rücktauschforderungen aus dem operativen Vermögen nicht mehr bedienen kann; er sich mithin einer kritischen Finanzsituation gegenübergesetzt sieht. Zu den weiteren Details → Vor Art. 36 Rn. 1 ff.

33. „Herkunftsmitgliedstaat"
  a) bei Anbietern von anderen Kryptowerten als vermögenswertereferenzierten Token oder E-Geld-Token oder Personen, die die Zulassung solcher Kryptowerte zum Handel beantragen, die ihren Sitz in der Union haben, den Mitgliedstaat, in dem der Anbieter oder die Person seinen bzw. ihren Sitz hat;
  b) bei Anbietern von anderen Kryptowerten als vermögenswertereferenzierten Token oder E-Geld-Token oder Personen, die die Zulassung solcher Kryptowerte zum Handel beantragen, die zwar keinen Sitz, dafür aber eine oder mehrere Zweigniederlassungen in der Union haben, den Mitgliedstaat, den der Anbieter oder die Person aus den Mitgliedstaaten, in denen er bzw. sie Zweigniederlassungen hat, auswählt;
  c) bei Anbietern von anderen Kryptowerten als vermögenswertereferenzierten Token oder E-Geld-Token oder Personen, die die Zulassung solcher Kryptowerte zum Handel beantragen, die ihren Sitz in einem Drittland und keine Zweigniederlassung in der Union ha-

---

[324] RL 2013/34/EU.
[325] Skauradzun/Wrede RDi 2024, 56.

ben, entweder den Mitgliedstaat, in dem die Kryptowerte erstmals öffentlich angeboten werden sollen, oder je nach Wahl des Anbieters oder der Person, die eine Zulassung zum Handel beantragt, den Mitgliedstaat, in dem der erste Antrag auf Zulassung zum Handel mit diesen Kryptowerte gestellt wird;
d) bei Emittenten vermögenswertereferenzierter Token den Mitgliedstaat, in dem der Emittent vermögenswertereferenzierter Token seinen Sitz hat;
e) bei Emittenten von E-Geld-Token die Mitgliedstaaten, in denen der Emittent von E-Geld-Token als Kreditinstitut gemäß der Richtlinie 2013/36/EU oder als E-Geld-Institut gemäß der Richtlinie 2009/110/EG zugelassen ist;
f) bei Anbietern von Kryptowerte-Dienstleistungen den Mitgliedstaat, in dem der Anbieter von Kryptowerte-Dienstleistungen seinen Sitz hat;

I. Anbieter von anderen Kryptowerten als vermögenswertereferenzierten Token oder E-Geld-Token und Personen, die eine Zulassung solcher Kryptowerte zum Handel beantragen

Für Anbieter von anderen Kryptowerten als vermögenswertereferenzierten Token oder E-Geld-Token sowie für Personen, die eine Zulassung solcher Kryptowerte zum Handel beantragen, bestimmt sich der **Herkunftsmitgliedstaat** wie folgt: 214
- Besteht ein Sitz in einem Mitgliedstaat der EU, ist dieser der Herkunftsmitgliedstaat (Art. 3 Abs. 1 Nr. 33 lit. a MiCAR). 215
- Existiert kein Sitz in der EU aber eine oder mehrere Zweigniederlassungen, kann ein Mitgliedstaat als Herkunftsmitgliedstaat gewählt werden, vorausgesetzt in diesem besteht eine Zweigniederlassung (Art. 3 Abs. 1 Nr. 33 lit. b MiCAR).
- Liegen weder ein Sitz noch eine Zweigniederlassung in der EU vor, ist der Herkunftsmitgliedstaat entweder der Mitgliedstaat, in dem die Kryptowerte erstmals öffentlich angeboten werden sollen, oder je nach Wahl der Mitgliedstaat, in dem der erste Antrag auf Zulassung zum Handel mit diesen Kryptowerte gestellt wird (Art. 3 Abs. 1 Nr. 33 lit. c MiCAR).

II. Emittenten vermögenswertereferenzierter Token oder E-Geld-Token und Anbieter von Kryptowerte-Dienstleistungen

Für Emittenten vermögenswertereferenzierter Token und Anbieter von Kryptowerte-Dienstleistungen richtet sich der **Herkunftsmitgliedstaat** stets nach dem Sitz (Art. 3 Abs. 1 Nr. 33 lit. d, lit. f MiCAR). Für Emittenten von E-Geld-Token ist allein der Zulassungsort entscheidend, namentlich der Mitgliedstaat, in dem die Zulassung als Kreditinstitut oder als E-Geld-Institut erfolgte (Art. 3 Abs. 1 Nr. 33 lit. e MiCAR). 216

III. Regulatorischer Hintergrund

217 Auf den Begriff des **Herkunftsmitgliedstaat** rekurriert die MiCAR an verschiedenen Stellen, zumeist im Zusammenhang mit der zuständigen Behörde (→ Rn. 220). Zudem kann der Herkunftsmitgliedstaat für die Sprache des Kryptowerte-Whitepapers oder der Betriebsschriften einer Handelsplattform für Kryptowerte maßgebend sein. Diese Dokumente sind in einer **Amtssprache des Herkunftsmitgliedstaats** (oder alternativ in Englisch als die in der internationalen Finanzwelt gebräuchliche Sprache) abzufassen (Art. 6 Abs. 9 UAbs. 1, Art. 19 Abs. 8 UAbs. 1, Art. 51 Abs. 8 UAbs. 1, Art. 76 Abs. 4 UAbs. 1, Erwgr. Nr. 25 MiCAR). Weiter ist der Begriff etwa für die Zuständigkeit der Behörden im Rahmen der Beaufsichtigung signifikanter E-Geld Token von Relevanz, da die Zuständigkeit hier nicht der EBA übertragen wird, wenn mindestens 80 % der Anzahl der Inhaber und des Volumens der Geschäfte mit signifikanten E-Geld-Token, die auf eine andere amtliche Währung eines Mitgliedstaats als den Euro lauten, im Herkunftsmitgliedstaat konzentriert sind (Art. 56 Abs. 7 MiCAR; Art. 57 Abs. 5 MiCAR).

34. „**Aufnahmemitgliedstaat**" den Mitgliedstaat, in dem ein Anbieter oder die Person, die eine Zulassung zum Handel beantragt, Kryptowerte öffentlich anbietet oder deren Zulassung zum Handel beantragt oder in dem ein Anbieter von Kryptowerte-Dienstleistungen erbringt, wenn dies nicht der Herkunftsmitgliedstaat ist;

218 Der **Aufnahmemitgliedstaat** ist der Gegenbegriff zum Herkunftsmitgliedstaat (→ Rn. 217). Er kann qua Definition nicht mit dem Herkunftsmitgliedstaat identisch sein. Aufnahmemitgliedstaat ist der Mitgliedstaat, in dem Kryptowerte öffentlich angeboten oder deren Zulassung zum Handel beantragt oder Kryptowerte-Dienstleistungen erbracht werden, wenn dies nicht der Herkunftsmitgliedstaat ist. Mithin ist der Begriff in **grenzüberschreitenden Konstellationen** relevant.

219 Auf den Begriff des **Aufnahmemitgliedstaats** rekurriert die MiCAR an verschiedenen Stellen. Neben der EBA und der ESMA kann die zuständige Behörde eines Aufnahmemitgliedstaats etwa jederzeit verlangen, dass die zuständige Behörde des Herkunftsmitgliedstaats prüft, ob der Anbieter von Kryptowerte-Dienstleistungen die Bedingungen, unter denen die Zulassung erteilt wurde, noch erfüllt, wenn Grund zu dem Verdacht besteht, dass dies möglicherweise nicht mehr der Fall ist (Art. 64 Abs. 7 MiCAR). Daneben ist auch die zuständige Behörde eines Aufnahmemitgliedstaats zu verschiedenen vorsorglichen Maßnahmen berechtigt (Art. 102 MiCAR).

35. „zuständige Behörde" eine oder mehrere Behörden,
   a) **die von jedem Mitgliedstaat gemäß Artikel 93 bezüglich Anbietern von anderen Kryptowerten als vermögenswertereferenzierten Token und E-Geld-Token und Personen, die eine Zulassung zum Handel beantragen, Emittenten vermögenswertereferenzierter Token oder Anbietern von Kryptowerte-Dienstleistungen benannt wird bzw. werden;**
   b) **die von jedem Mitgliedstaat für die Zwecke der Anwendung der Richtlinie 2009/110/EG bezüglich Emittenten von E-Geld-Token benannt wird bzw. werden;**

Kernbegriff der Aufsichtsregimes der MiCAR ist die **zuständige Behörde**. Dabei handelt es sich um eine (oder auch mehrere) nationale Behörden eines Mitgliedstaats. Die MiCAR verortet die Aufsichtszuständigkeit über Akteure des Kryptomarkts regelmäßig bei der zuständigen Behörde und konkretisiert das Verhältnis der nationalen Behörden und der EBA und ESMA weiter in Titel VII MiCAR. Die ESMA wird auf ihrer Webseite eine Liste der zuständigen Behörden der Mitgliedstaaten veröffentlichen (→ Art. 93 Rn. 11). 220

Die zuständige Behörde bestimmt sich nach der **Benennung** durch die Mitgliedstaaten. Mit Ausnahme der zuständigen Behörde bezüglich Emittenten von E-Geld-Token hat der Mitgliedstaat die zuständige Behörde seines Landes gemäß Art. 93 MiCAR zu benennen (→ Art. 93 Rn. 1 ff.). Benennen die Mitgliedstaaten mehr als eine zuständige Behörde, so legen sie deren jeweilige Aufgaben fest und benennen eine zuständige Behörde als **zentrale Kontaktstelle** für die grenzüberschreitende Verwaltungszusammenarbeit zwischen den zuständigen Behörden sowie mit der EBA und der ESMA (Art. 93 Abs. 2 S. 1 MiCAR). Für Emittenten von E-Geld-Token steht die nationale zuständige Behörde in den Mitgliedstaaten bereits fest, da es sich um die Behörde handelt, die ein Mitgliedstaat für die Zwecke der Aufsicht über die Ausgabe von E-Geld (Anwendung der RL 2009/110/EG) benannt hat. 221

In Deutschland übt die **BaFin** die Aufsicht über E-Geld-Emittenten aus und arbeitet nach Maßgabe des ZAG mit der **deutschen Bundesbank** zusammen (§ 4 Abs. 1, Abs. 3 ZAG). Es dürfte mithin nahezu sicher sein, dass ebenfalls die BaFin als zuständige Behörde in Deutschland für die Aufsicht über die weiteren MiCAR-Adressaten gemäß Art. 93 MiCAR benannt wird. Dieser Befund deckt sich mit dem aktuellen Entwurf eines Gesetzes zur Aufsicht über Märkte für Kryptowerte (Kryptomärkteaufsichtsgesetz – KMAG), welches Teil des Referentenentwurf eines Gesetzes über die Digitalisierung des Finanzmarktes (Finanzmarktdigitalisierungsgesetz – FinmadiG) ist.[326] Denn nach diesem Entwurf soll die BaFin zuständige Behörde iSd Art. 93 Abs. 1 MiCAR sein, die auch teilweise mit der Deutschen Bundesbank zusammenzuarbeiten hat.[327] Dies erscheint vor allem vor dem Hintergrund sinnhaft, dass die BaFin bereits im Rahmen der Finanzaufsicht alle Bereiche des Finanzwesens in Deutschland beaufsichtigt, insbesondere Wertpapierdienstleistun- 222

---

[326] Art. 1 FinmadiG, abrufbar unter https://beck-link.de/tvw2b (zuletzt aufgerufen am 12.3.2024).
[327] § 3 und § 6 Kryptomärkteaufsichtsgesetz, abrufbar unter https://beck-link.de/tvw2b (zuletzt aufgerufen am 12.3.2024).

gen, Finanzdienstleistungen oder Bankgeschäfte in Bezug auf Kryptowerte. Weiter hat die BaFin bereits verschiedene Informationen zur MiCAR veröffentlicht[328] und sieht sich auch selbst als primärer Ansprechpartner für von der MiCAR betroffene Unternehmen in Deutschland.[329]

36. **„qualifizierte Beteiligung" das direkte oder indirekte Halten einer Beteiligung an einem Emittenten vermögenswertereferenzierter Token oder einem Anbieter von Kryptowerte-Dienstleistungen, die mindestens 10% des Kapitals oder der Stimmrechte gemäß den Artikeln 9 bzw. 10 der Richtlinie 2004/109/EG des Europäischen Parlaments und des Rates unter Berücksichtigung der Voraussetzungen für das Zusammenrechnen der Beteiligungen nach Artikel 12 Absätze 4 und 5 jener Richtlinie ausmacht oder die Ausübung eines maßgeblichen Einflusses auf die Geschäftsführung eines Emittenten vermögenswertereferenzierter Token oder die Geschäftsführung des Anbieters von Kryptowerte-Dienstleistungen, an der eine solche Beteiligung gehalten wird, ermöglicht;**

I. Einführung

223 Art. 3 Abs. 1 Nr. 36 enthält eine Legaldefinition der **„qualifizierten Beteiligung"**. Die Norm enthält zwei Alternativen: (1) „Das **direkte** oder **indirekte Halten** von mindestens 10% des Kapitals oder der Stimmrechte eines Unternehmens" oder (2) „eine andere Möglichkeit der Wahrnehmung eines maßgeblichen Einflusses auf die Geschäftsführung dieses Unternehmens". Diese oder eine vergleichbare Begriffsdefinition findet sich in zahlreichen Parallelvorschriften des nationalen und europäischen Aufsichtsrechts.

1. Normzweck und Parallelvorschriften

224 Wer eine **bedeutende Beteiligung** an einem unter der MiCAR regulierten Unternehmen hält, wird vom Gesetzgeber einer initialen Überprüfung (sog. Markteintrittskontrolle) und daran anschließend einer laufenden Aufsicht (sog. **Inhaberkontrolle**) unterzogen. Der Staat will sich darauf verlassen können, dass Inhaber **bedeutender Beteiligungen** die Macht, die ihnen die Anteile am Kapital oder an den Stimmrechten einräumen, nicht zum Schaden des Instituts oder des Finanzsektors missbrauchen.[330]

225 Zur Auslegung des Begriffs der **qualifizierten Beteiligung** in Art. 3 Abs. 1 Nr. 36 kann auf die Historie, Verwaltungspraxis und Literatur zu den folgenden Parallelvorschriften zurückgegriffen werden (vgl. dazu mit umfangreichen Nachweisen).[331]

---

[328] Etwa BaFin Europäische MiCAR-Verordnung: Regel-Fundament für Kryptowerte (FachArt.), abrufbar unter https://beck-link.de/5a42f (zuletzt aufgerufen am 12.3.2024).
[329] BaFin EBA empfiehlt Unternehmen frühzeitige Vorbereitung auf MiCAR (FachArt.), abrufbar unter https://beck-link.de/mfr7k (zuletzt aufgerufen am 12.3.2024).
[330] Beck/Samm/Kokemoor/Nemeczek/Pitz, Kreditwesengesetz mit CRR, § 2c) Allgemeines, Rn. 919.
[331] Fischer/Schulte-Mattler/Schäfer KWG § 1 Rn. 271 ff.

Begriffsbestimmungen **Art. 3**

Der Begriff der **qualifizierten Beteiligung** findet sich zunächst in **Art. 4 Abs. 1 Nr. 36 CRR**. Dort wird der Begriff definiert als das **direkte oder indirekte Halten** von mindestens 10% des Kapitals oder der Stimmrechte des Unternehmens oder eine andere Möglichkeit der Wahrnehmung eines maßgeblichen Einflusses auf die Geschäftsführung dieses Unternehmens. Hierzu hat die EZB im März 2023 einen Leitfaden zu Verfahren für **qualifizierte Beteiligungen** herausgegeben, der einige Begriffe grundsätzlich klärt.[332]   226

Während sich im (europäisch vorgeprägten) Aufsichtsrecht der Begriff der **qualifizierten Beteiligung** etabliert hat, ist der **äquivalente Begriff im deutschen Recht die bedeutende Beteiligung.** Der nationale Rechtsbegriff lehnt sich an die Richtlinie über die bei Erwerb und Veräußerung einer **bedeutenden Beteiligung** an einer börsennotierten Gesellschaft zu veröffentlichenden Informationen an.[333] Inhaltlich ergeben sich in diesem Zusammenhang allerdings keine Bedeutungsunterschiede. Dies ergibt sich insbesondere aus der Definition in § 1 Abs. 9 KWG, in welcher klargestellt wird, dass die **qualifizierte Beteiligung** im Sinne der CRR der Begriff der **bedeutenden Beteiligung** des KWG gleichsteht.   227

Auch in **§ 1 Abs. 9 KWG** findet sich die Definition des Begriffs **bedeutende Beteiligung.** Eine **bedeutende Beteiligung** im Sinne des KWG ist eine **qualifizierte Beteiligung** gemäß Art. 4 Abs. 1 Nr. 36 der CRR in der jeweils geltenden Fassung. Für die Berechnung des Anteils der Stimmrechte gelten § 33 Abs. 1 KWG mit einer Rechtsverordnung nach § 33 Abs. 5 KWG, § 34 Abs. 1 und 2 KWG, § 35 Abs. 1–3 KWG in Verbindung mit einer Rechtsverordnung nach § 33 Abs. 6 KWG und § 36 WpHG entsprechend. Hierzu hat die BaFin am 27.11.2012 ein Merkblatt zur **Inhaberkontrolle** herausgegeben.[334] In der Gesetzesbegründung zu § 25 KMAG-E[335] wird ausgeführt, dass auch wenn sich die Terminologie von § 25 KMAG-E, die auf dem Text der MiCAR beruht und den Begriff **qualifizierte Beteiligung** nutzt und nicht den Begriff des KWG der **bedeutenden Beteiligung,** auf die gefestigte Rechtsprechung[336] von § 2c KWG zurückgegriffen werden kann. Vor diesem Hintergrund kann auch davon ausgegangen werden, dass die BaFin bei der Beaufsichtigung der Institute im Sinne von § 1 Abs. 4 KMAG-E auf die Verwaltungspraxis zu § 2c KWG zurückgreifen wird.

In **§ 1 Abs. 7 ZAG** findet sich eine weitere Definition des Begriffs der **bedeutenden Beteiligung.** Eine **bedeutende Beteiligung** im Sinne des ZAG ist eine **qualifizierte Beteiligung** gemäß Art. 4 Abs. 1 Nr. 36 der CRR in der jeweils geltenden Fassung. Für das Bestehen und die Berechnung einer **bedeutenden Beteiligung** gilt § 1 Abs. 9 S. 2 und 3 KWG entsprechend.   228

In **§ 2 Abs. 23 WpIG** findet sich ebenso eine Definition des Begriffs **bedeutende Beteiligung.** Auch das Wertpapierinstitutsgesetz verweist insoweit auf die Definition gemäß Art. 4 Abs. 1 Nr. 36 der CRR. Für die Berechnung der Anteile der Stimmrechte gelten § 33 Abs. 1 in Verbindung mit einer Rechtsverordnung nach § 33 Abs. 3 WpIG, § 34 Abs. 1 und 2 WpIG, § 35 Abs. 1–3 WpIG in Verbindung mit einer Rechtsverordnung nach § 35 Abs. 6 und § 36 WpHG entsprechend.   229

---

[332] EZB, Leitfaden zu Verfahren für qualifizierte Beteiligungen, März 2023, Seite 9.
[333] RL 88/627/EWG v. 12.12.1988, ABl. 1988 L 348, 62ff., vgl. dazu Fischer/Schulte-Mattler/Schäfer KWG § 1 Rn. 271.
[334] BaFin, Merkblatt zur Inhaberkontrolle vom 27.11.2015 zu dem Verfahren nach § 2c KWG bzw. Inhaberkontrolle.
[335] BT-Drs. 20/10280, 145.
[336] BT-Drs. 20/10280, 145.

Art. 3 Titel I Gegenstand, Anwendungsbereich und Begriffsbestimmungen

Unberücksichtigt bleiben die Stimmrechte oder Kapitalanteile, die Kreditinstitute oder Wertpapierinstitute im Rahmen des Emissionsgeschäfts nach § 2 Abs. 2 Nr. 2 WpIG halten, vorausgesetzt diese Rechte werden nicht ausgeübt oder anderweitig genutzt, um in die Geschäftsführung der Emittenten einzugreifen, und sie werden innerhalb eines Jahres nach dem Zeitpunkt des Erwerbs veräußert.

230 Es sei ausdrücklich darauf hingewiesen, dass der **Begriff der bedeutenden Beteiligung auch im Versicherungsaufsichtsrecht** existiert. Die Historie dieses Begriffes kann für die Auslegung der MiCAR nicht fruchtbar gemacht werden, er unterscheidet sich nämlich erheblich vom sonstigen Aufsichtsrecht. Für das Versicherungsaufsichtsgesetz wird die **bedeutende Beteiligung** in § 7a Abs. 2 S. 3 VAG definiert. Dort heißt es: „*Eine bedeutende Beteiligung besteht, wenn, ob im Eigen- oder im Fremdinteresse, unmittelbar oder mittelbar über ein oder mehrere Tochterunternehmen oder ein gleichartiges Verhältnis oder durch Zusammenwirken mit anderen Personen oder Unternehmen mindestens 10% des Kapitals oder der Stimmrechte einer Versicherungsaktiengesellschaft gehalten oder des Gründungsstocks eines Versicherungsvereins auf Gegenseitigkeit gehalten werden oder wenn auf die Geschäftsführung eines anderen Unternehmens ein maßgeblicher Einfluss ausgeübt werden kann.*" Der Begriff des VAG ist von den sonstigen bisher genannten Begriffen strikt zu unterscheiden. Die **bedeutenden Beteiligungen** sind im Geltungsbereich des VAG anders zu berechnen als in allen anderen bisher genannten Rechtskreisen. Diese Auffassung teilt auch die BaFin.[337]

Die im Entwurf vorliegenden delegierten Rechtsakte zu Art. 42 (2) und zu Art. 84 (4) orientieren sich stark an Joint Guidelines on the prudential assessment of acquisitions and increases of qualifying holdings in the financial sector[338], so dass auch diese bei Auslegungsfragen herangezogen werden können[339].

2. Bedeutung

231 Der Begriff der **qualifizierten Beteiligung** hat zentrale Relevanz für die **Absichtsanzeige,** eine solche **qualifizierte Beteiligung** zu erwerben, zu erhöhen, zu verringern, zu verändern oder aufgeben. Alle **Anzeige- und Mitteilungspflichten** sind deshalb nicht nur von dem **direkt/unmittelbar Beteiligten,** dem mindestens 10% des Kapitals oder der Stimmrechte angerechnet werden, zu erfüllen, sondern auch von den natürlichen Personen, juristischen Personen, Personenhandelsgesellschaften, Gesellschaften anderer Rechtsformen und Zweckvermögen, denen im Ergebnis mindestens 10% des Kapitals oder der Stimmrechte des **Zielunternehmens** zugerechnet werden **(indirekt/mittelbar Beteiligte).** Durch die Absichtsanzeige wird das Inhaberkontrollverfahren ausgelöst.

232 Außerdem erfüllt der Begriff eine Kernfunktion im Rahmen des **Inhaberkontrollverfahrens.** Sinn und Zweck der Zurechnung von Kapital- und/oder Stimmrechtsanteilen ist es, eine **Inhaberkontrolle** auch über nicht **direkt/unmittelbar**

---

[337] BaFin, Merkblatt zur Inhaberkontrolle vom 27.11.2015 zu dem Verfahren nach § 2c KWG bzw. InhaberkontrollV.

[338] EBA, Joint Guidelines on the prudential assessment of acquisitions and increases of qualifying holdings in the banking, insurance and securities sectors vom 5.5.2017, JC/GL/2016/01.

[339] EBA, Final Report, Draft Regulatory Technical Standards on the detailed content of information necessary to carry out the assessment of a proposed acquisition of qualifying holdings in issuers of asset-referenced tokens under Artikel 42 (4) of Regulation (EU) 2023/1114, EBA/RTS/2024/04, S. 6.

Begriffsbestimmungen **Art. 3**

Beteiligte durchzuführen, weil diese die Möglichkeit haben, einen Einfluss auf das **Zielunternehmen** auszuüben. Für die Zurechnung kommt es daher nicht darauf an, ob der **indirekt/mittelbar Beteiligte** tatsächlich Einfluss auf das **Zielunternehmen** nimmt bzw. nehmen möchte.

II. Begriff der qualifizierten Beteiligung

Der Begriff der **Beteiligung** im Aufsichtsrecht entspricht auch nicht vollständig 233 dem gesellschaftsrechtlichen Verständnis einer Unternehmensbeteiligung und meint auch nicht allein den prozentual messbaren gesellschaftsrechtlichen Anteil am Kapital. Auch darf der Begriff nicht mit dem steuerrechtlichen Begriff der **Beteiligung** gleichgesetzt werden. Vielmehr handelt es sich um einen **aufsichtsrechtlich autonom auszulegenden Begriff.** Grund dafür ist vor allem, dass er auch die Möglichkeit erfasst, auf andere Art und Weise maßgeblichen Einfluss auf die Geschäftsführung auszuüben und dadurch eine „Beteiligung" im aufsichtsrechtlichen Sinne zu haben. Im Zusammenhang mit der Anforderungen an die zu übermittelnden Informationen im Rahmen einer der Inhaberkontrolle gilt das Prinzip der Verhältnismäßigkeit. Dabei spiegelt sich im Rahmen der zu übermittelnden Information wider, welcher Schwellenwert betroffen ist und welcher Größe das Zielunternehmen zuzuordnen ist.[340]

1. Beteiligung

Für den Begriff der **Beteiligung** kommt es darauf an, ob *tatsächlich* Einfluss auf 234 das Zielunternehmen genommen wird oder genommen werden kann.[341] Daraus folgt, dass mehrere Arten der **Beteiligung** nebeneinander bestehen können. Es bedarf insoweit einer ganzheitlichen Betrachtung des Einzelfalls. Insgesamt bestehen dementsprechend vier Möglichkeiten, wie der Tatbestand des Art. 3 Abs. 1 Nr. 36 erfüllt werden kann:
– das **direkte Halten** von mindestens 10% des Kapitals oder der Stimmrechte;
– das **indirekte Halten** von mindestens 10% des Kapitals oder der Stimmrechte;
– eine Kombination aus **direktem** und **indirektem Halten** von mindestens 10% des Kapitals oder der Stimmrechte **(Grundsatz der mehrfachen Anrechnung);**
– das Bestehen der Möglichkeit zur maßgeblichen Einflussnahme auf die Geschäftsführung des Zielunternehmens.

2. Halten von Kapital oder Stimmrechten

Der Begriff des „Haltens" umfasst sowohl das **direkte als auch das indirekte** 235 **Halten von Kapital oder Stimmrechten.** Es kommt aufsichtsrechtlich weder auf

---

[340] EBA, Final Report, Draft Regulatory Technical Standards on the detailed content of information necessary to carry out the assessment of a proposed acquisition of qualifying holdings in issuers of asset-referenced tokens under Artikel 42 (4) of Regulation (EU) 2023/1114, EBA/RTS/2024/04, Abschnitt 2, letzter Absatz; ESMA, Final Report, Draft-Technical Standards specifying certain requirements of the Markets in Crypto Assets Regulation (MiCAR), ESMA18-72330276-1634, S. 15.
[341] BaFin, Merkblatt zur Inhaberkontrolle vom 27.11.2015 zu dem Verfahren nach § 2c KWG bzw. InhaberkontrollV.

die Haltedauer noch auf das Bestehen einer Beteiligungsabsicht (iSd § 271 Abs. 1 HGB), den Bilanzausweis der Anteile oder darauf an, ob im Eigen- oder im Fremdinteresse gehalten wird.[342] Für die weitere Bestimmung dieses Begriffs muss ein taugliches Zielunternehmen vorliegen (1), es bedarf der Prüfung, ob **direkte oder indirekte Beteiligungsstrukturen** vorliegen (2) und die Schwellenwerte des Art. 3. Abs. 1 Nr. 36 müssen erfüllt sein (3).

236 a) **Zielunternehmen.** Die Legaldefinition der **qualifizierten Beteiligung** knüpft strukturell an bestimmte Zielunternehmen an. Nicht jedes **Halten** von **Beteiligungen** ist unter dem Regime der MiCAR relevant. Dies ergibt sich bereits aus dem Regelungszweck der Verordnung. Dementsprechend erfasst der Begriff der qualifizierten **Beteiligung** als Zielunternehmen ausschließlich (1) Emittenten vermögenswertereferenzierter Token oder (2) Anbieter von Kryptowerte-Dienstleistungen.

237 § 21 des KMAG-E[343] knüpft für die Anzeigepflichten an den dort unter § 2 Abs. 4 KMAG-E definierten Begriff des Instituts an. Adressaten der Anzeigepflichten sind nach § 2 Abs. 4 Nr. 1 KMAG-E Unternehmen, die vermögenswertereferenzierte Token öffentlich beantragen oder deren Zulassung zum Handel beantragen, nach § 2 Abs. 4 Nr. 2 KMAG-E E-Geld-Token öffentlich anbieten oder deren Zulassung zum Handel beantragen sowie nach § 2 Abs. 4 Nr. 3 Unternehmen die Kryptowerte-Dienstleistungen anbieten.

238 Beide Begriffe sind in der MiCAR legaldefiniert. „Emittent" ist gem. Art. 3 Abs. 1 Nr. 10 eine natürliche oder juristische Person oder ein anderes Unternehmen, die bzw. das Kryptowerte emittiert (→ Rn. 68). „Vermögenswertereferenzierter Token" ist gem. Art. 3 Abs. 1 Nr. 6 ein Kryptowert, der kein E-Geld-Token ist und dessen Wertstabilität durch Bezugnahme auf einen anderen Wert oder ein anderes Recht oder eine Kombination davon, einschließlich einer oder mehrerer amtlicher Währungen, gewahrt werden soll. Gemäß Art. 3 Abs. 1 Nr. 15 ist Anbieter von Kryptowerte-Dienstleistungen jede juristische Person oder jedes andere Unternehmen, deren bzw. dessen berufliche oder gewerbliche Tätigkeit darin besteht, eine oder mehrere Kryptowerte-Dienstleistungen gewerblich für Kunden zu erbringen, und der bzw. dem es gestattet ist, gemäß Art. 59 Kryptowerte-Dienstleistungen zu erbringen (→ Rn. 1, 14).

239 b) **Bestimmung der Beteiligungsstruktur.** Liegt ein unter die Bestimmung fallendes Zielunternehmen vor, bedarf es der Prüfung, ob **direkte** (a) oder **indirekte** (b) Beteiligungsstrukturen vorliegen. Inhaber einer **Beteiligung** können natürliche und juristische Personen, Personengesellschaften und sonstige Personenmehrheiten sein.

240 Das **direkte Halten** bestimmt sich in der MiCAR – wie auch bei der Parallelvorschrift des KWG oder der CRR – nach der zivilrechtlichen Eigentumszuordnung. Von einem **direkten Halten** spricht man, sofern die betreffenden Kapitalanteile und Stimmrechte zivilrechtlich **unmittelbar** im Eigentum des Geprüften stehen werden. Auf subjektive Elemente, wie beispielsweise eine Beteiligungsabsicht oder Absicht zur Ausübung von Rechten oder die Haltedauer, kommt es nicht an.[344]

---

[342] BaFin, Merkblatt zur Inhaberkontrolle vom 27.11.2015 zu dem Verfahren nach § 2c KWG bzw. InhaberkontrollV.

[343] BT-Drs. 20/10280.

[344] Vgl. zu den Parallelvorschriften Fischer/Schulte-Mattler/Schäfer KWG § 1 Rn. 272; Reschke in Beck/Samm/Kokemoor KWG § 1 Rn. 929ff.

Auch das **indirekte Halten** bestimmt sich nach der zivilrechtlichen Eigentums- 241
zuordnung. Von einem **indirekten Halten** spricht man, sofern Eigentum am Kapital oder Stimmrechten **mittelbar** über Eigentum an einer oder mehreren Tochtergesellschaften besteht. Dies schließt auch ein **mehrstufiges indirektes Halten** durch sog. Enkelgesellschaften ein. Wird die **Beteiligung** über eine Kette voneinander nachgeordneten Tochterunternehmen vermittelt, kommt es zu einer entsprechend mehrfachen Berücksichtigung innerhalb der Vermittlungskette.[345]

Die Zurechnung bzw. Anrechnung von Anteilen erfolgt dabei unabhängig von 242
der Zielsetzung, mit der ein Anteilsbesitz verbunden ist. Auf subjektive Elemente, wie beispielsweise eine Beteiligungsabsicht oder Absicht zur Ausübung von Rechten oder die Haltedauer, kommt es nicht an.[346] Wichtig ist auch, dass es keine Rolle spielen kann, ob das Tochter- oder Enkelunternehmen seinerseits dem Finanzsektor oder dem Realwirtschaftssektor zuzuordnen ist oder in irgendeiner Weise reguliert ist.[347] Für den Begriff der **Beteiligung** kommt es darauf an, ob *tatsächlich* Einfluss auf das Zielunternehmen genommen wird oder genommen werden kann. Insoweit macht es keinen Unterschied, welche Art von Unternehmen im Rahmen der Eigentümerstrukturen vorzufinden sind.

c) Die Schwellenwerte des Art. 3 Abs. 1 Nr. 36. Art. 3 Abs. 1 Nr. 36 ver- 243
langt das **Halten** von „mindestens 10%" des Kapitals oder der Stimmrechte eines Unternehmens. Zur Berechnung dieser Schwellenwerte muss aufbauend auf der Unterscheidung nach **direkten** und **indirekten** Beteiligungsstrukturen weiter differenziert werden. Zwar gilt für beide Formen des **Haltens** der sog. Grundsatz der mehrfachen Anrechnung (a), darüber hinaus bedarf es jedoch einer sauberen Berechnung innerhalb der jeweiligen Beteiligungsform (b und c).

aa) Grundsatz der mehrfachen Anrechnung. Die Berechnung der Schwel- 244
lenwerte einer **qualifizierten Beteiligung** unterliegt dem sog. **Grundsatz der mehrfachen Anrechnung.** Nach den Gemeinsamen Leitlinien zur aufsichtsrechtlichen Beurteilung des Erwerbs und der Erhöhung von **qualifizierten Beteiligungen** im Finanzsektor[348] sollen die zuständigen Aufsichtsbehörden die **Beteiligungen** derjenigen Personen zusammenfassen, die gemeinschaftlich handeln, um festzustellen, ob diese Personen eine **qualifizierte Beteiligung** erwerben oder irgendeinen relevanten, in den sektoralen Richtlinien und Verordnungen festgelegten Schwellenwert überschreiten.

Es erfolgt in der Regel eine **mehrfache Anrechnung** der Anteile; zum einen 245
bei dem jeweils **direkt** Beteiligten und zum anderen bei ein oder mehreren **indirekt** Beteiligten, die die Anteile zugerechnet erhalten. Jeder, dem im Ergebnis mindestens 10% des Kapitals oder der Stimmrechte **direkt/unmittelbar** an- bzw. zugerechnet werden, hält eine **bedeutende Beteiligung**.[349] Dem entspricht es, dass beide Varianten des Art. 3 Abs. 1 Nr. 36 gleich-

---

[345] Beck/Samm/Kokemoor/Nemeczek/Pitz, Kreditwesengesetz mit CRR, § 2c) Definition, Rn. 941.

[346] BaFin, Merkblatt zur Inhaberkontrolle vom 27.11.2015.

[347] Beck/Samm/Kokemoor/Nemeczek/Pitz, Kreditwesengesetz mit CRR 232. Lieferung, 8/2023, § 2c) Definition der bedeutenden Beteiligung, Rn. 935.

[348] EBA, Joint Guidelines on the prudential assessment of acquisitions and increases of qualifying holdings in the banking, insurance and securities sectors vom 5.5.2017, JC/GL/2016/01.

[349] BaFin, Merkblatt zur Inhaberkontrolle vom 27.11.2015.

Art. 3 Titel I Gegenstand, Anwendungsbereich und Begriffsbestimmungen

wertig nebeneinanderstehen. Sie schließen sich nicht gegenseitig aus. Wenn zusätzlich zu Anteilen oder Stimmrechten auch ein maßgeblicher Einfluss auf die Geschäftsleitung vorliegt, liegt erst recht eine **qualifizierte Beteiligung** vor.

246 Das Vorliegen einer Zusammenarbeit der Anteilsinhaber soll aber nicht allein dazu gereichen, dass abgeleitet würde, dass Personen gemeinsam handeln. Für die Annahme gemeinsamen Handelns sollen nach Ziffer 4.6 der Gemeinsamen Leitlinien insbesondere die folgenden Faktoren Bedeutung haben:
- Anteilsinhabervereinbarungen und Vereinbarungen zur Unternehmensführung (ausgeschlossen sind reine Kaufvereinbarungen, Tag-Along-Agreements und Drag-Along-Agreements sowie rein gesetzliche Bezugsrechte) und
- sonstige Nachweise einer Zusammenarbeit wie etwa
  o das Bestehen familiärer Beziehungen;
  o die Frage, ob der interessierte Erwerber im Zielunternehmen Mitglied der Geschäftsleitung oder Mitglied eines Leitungsorgans oder eines Leitungsorgans in seiner Aufsichtsfunktion ist oder eine solche Person ernennen kann;
  o die Beziehung zwischen Unternehmen innerhalb der gleichen Gruppe (davon ausgeschlossen sind allerdings Situationen, die die Unabhängigkeitskriterien erfüllen, die in Art. 12 Abs. 4 oder, je nachdem, Abs. 5 der Richtlinie 2004/109/EG zur Harmonisierung der Transparenzanforderungen in Bezug auf Informationen über Emittenten, deren Wertpapiere zum Handel auf einem geregelten Markt zugelassen sind, mit nachfolgenden Änderungen, genannt sind);
  o die Verwendung der gleichen Finanzierungsquelle durch verschiedene Personen zum Erwerb oder zur Erhöhung von **Beteiligungen** am Zielunternehmen; und
  o gleichbleibende Muster bei der Stimmabgabe der jeweiligen Anteilsinhaber.

247 Im deutschen Rechtsraum haben die Leitlinien dazu geführt, dass die BaFin ihre Verwaltungspraxis zu § 2c KWG bzw. zur InhaberkontrollV geändert hat.[350] Die BaFin geht nun davon aus, dass bei einem zeitgleichen Erwerb von Anteilen durch mehrere Investoren an einem Zielunternehmen, von denen jeder eine **Beteiligung** von knapp unter 10% erwirbt, ein faktisches Zusammenwirken mit anderen angenommen wird, so dass im Ergebnis alle Investoren zusammen als Erwerber einer **bedeutenden Beteiligung** anzusehen sind, weil ihnen die **Beteiligungen** der übrigen Investoren zugerechnet würde.[351]

248 Gleiches gilt nach der Verwaltungspraxis, wenn mehrere Investoren gemeinsam eine **Zweckgesellschaft** gründen, um gemeinsam eine **bedeutende Beteiligung** zu erwerben. In einem solchen Fall würde wieder von einem faktischen Zusammenwirken ausgegangen und die **Beteiligung** bei allen beteiligten Investoren zu einer **bedeutenden Beteiligung** führen.[352]

249 Das Merkblatt der BaFin wird von der BaFin zwar als in Überarbeitung gekennzeichnet, allerdings soll es weiterhin als Orientierungshilfe dienen (BaFin, Merkblatt zur **Inhaberkontrolle** vom 27.11.2015 zu dem Verfahren nach § 2c KWG bzw. InhaberkontrollV). Die Konkretisierung der unbestimmten Begriffe wird aber von der BaFin bei anderen Erlaubnistatbeständen nach wie vor zu Grunde ge-

---

[350] BaFin, Merkblatt zur Inhaberkontrolle vom 27.11.2015.
[351] BaFin, Merkblatt zur Inhaberkontrolle vom 27.11.2015 zu dem Verfahren nach § 2c KWG bzw. InhaberkontrollV.
[352] BaFin, Merkblatt zur Inhaberkontrolle vom 27.11.2015 zu dem Verfahren nach § 2c KWG bzw. InhaberkontrollV.

legt, so dass nicht davon ausgegangen wird, dass für die Zwecke der MiCAR oder nach der Überarbeitung des Merkblatts ein anderes Begriffsverständnis maßgeblich sein wird.

Unberücksichtigt bleiben die Stimmrechte oder Kapitalanteile, die Institute oder 250 Wertpapierinstitute im Rahmen des Emissionsgeschäfts § 1 Abs. 1 S. 2 Nr. 10 KWG oder nach § 2 Abs. 2 Nr. 2 WpIG halten, vorausgesetzt, diese Rechte werden nicht ausgeübt oder anderweitig benutzt, um in die Geschäftsführung des Emittenten einzugreifen, und sie werden innerhalb eines Jahres nach dem Zeitpunkt des Erwerbs veräußert.

bb) Berechnung der direkten bedeutenden Beteiligung. Die Bestimmung 251 eines **„direkten" Haltens** stellt den leichtesten Fall im praktischen Umgang mit Art. 3 Abs. 1 Nr. 36 dar. Es bedarf nämlich nur einer mathematischen Berechnung, ob 10% des Kapitals oder der Stimmrechte eines Zielunternehmens erfasst sind.

cc) Berechnung der indirekten bedeutenden Beteiligung. Eine **indirekt** 252 **bedeutende Beteiligung** kann erworben werden, indem eine natürliche oder juristische Person eine **direkte** oder **indirekte Beteiligung** an einem bereits vorhandenen Inhaber einer **qualifizierten Beteiligung** erwirbt oder eine natürliche oder juristische Person eine **direkte** oder **indirekte Beteiligung** an einer Person hält, die eine **direkte Beteiligung** an einem Zielunternehmen erwirbt oder erhöht.[353]

Nach den gemeinsamen Leitlinien der EBA erfolgt die Ermittlung **zweistufig.** 253 Zunächst muss ermittelt werden, ob ein Kontrollkriterium vorliegt, wenn dieses nicht zur Feststellung führt, dass durch die Person **indirekt** eine **bedeutende Beteiligung** erworben wird. In einem solchen Fall würde das **Multiplikationskriterium** angewandt.[354]

Nach dem Kontrollkriterium sind **indirekte** Erwerber einer **qualifizierten** 254 **Beteiligung** natürliche oder juristische Personen, die **direkt** oder **indirekt** die Kontrolle über einen vorhandenen Inhaber einer **qualifizierten Beteiligung** an einem Zielunternehmen erwerben, unabhängig davon, ob diese bereits vorhandene **Beteiligung direkt** oder **indirekt** ist oder ob diese Personen **direkt** oder **indirekt** den interessierten **direkten** Erwerber einer **qualifizierten Beteiligung** an einem Zielunternehmen kontrollieren.

Führt das Kontrollkriterium nicht zu einem Ergebnis, wird ermittelt, ob durch 255 Multiplikation der Anteile der **Beteiligung** in der Eigentümerkette beginnend mit dem Zielunternehmen 10% überschreiten. Eine **indirekte qualifizierte Beteiligung** wird nach den EBA-Guidelines von allen Personen erworben, bezüglich derer das Ergebnis der Multiplikation mindestens 10% beträgt sowie von allen Personen, die die **direkte** oder **indirekte** Kontrolle über die Person bzw. Personen innehaben, die gemäß der Anwendung des Multiplikationskriteriums identifiziert wurden.[355]

---

[353] EBA, Joint Guidelines on the prudential assessment of acquisitions and increases of qualifying holdings in the banking, insurance and securities sectors vom 5.5.2017, JC/GL/2016/01, Abschnitt 6.

[354] EBA, Joint Guidelines on the prudential assessment of acquisitions and increases of qualifying holdings in the banking, insurance and securities sectors vom 5.5.2017, JC/GL/2016/01, Abschnitt 6.

[355] EBA, Joint Guidelines on the prudential assessment of acquisitions and increases of qualifying holdings in the banking, insurance and securities sectors vom 5.5.2017, JC/GL/2016/01, Abschnitt 6.6.

Art. 3 Titel I Gegenstand, Anwendungsbereich und Begriffsbestimmungen

256 In welchem Umfang von einem Erwerber einer **indirekten bedeutenden Beteiligung** Informationen verlangt werden, wird nach dem **Prinzip der Verhältnismäßigkeit** beurteilt werden. Es soll nach dem Konsultationspapier während der Evaluationsphase noch ermittelt werden, welche Informationen von einem Erwerber einer **indirekten bedeutenden Beteiligung** verlangt werden bzw. wo es angezeigt ist, den Informationsumfang angemessen zu verringern.[356]

3. Die Ausübung eines maßgeblichen Einflusses auf die Geschäftsführung

257 a) **Begriff des maßgeblichen Einflusses.** Der Begriff des maßgeblichen Einflusses lässt sich nur vor dem Hintergrund der Entstehungsgeschichte der aufsichtsrechtlichen Parallelnormen zu Art. 3 Abs. 1 Nr. 36 erklären. Bis zum sog. **CRD IV-Umsetzungsgesetz** wurde im KWG zur Bestimmung der **Beteiligung** am Zielunternehmen der Begriff des gleichartigen Verhältnisses verwendet. Der Gesetzgeber stellte mit dem Begriff der Gleichartigkeit einen qualitativen Konnex zum **Halten** von Kapital oder Stimmrechten her, der in der Aufsichtspraxis letztlich als Notwendigkeit eines beherrschenden Einflusses, eines Strohmannverhältnisses oder einer vertraglichen Absprache verstanden wurde. Die Praxis zeigte aber, dass dieser Begriff nicht alle Konstellationen erfasste, in denen Hintermänner in aufsichtsrechtlich relevanter Art und Weise auf das Unternehmen einwirken können.[357] Vor diesem Hintergrund wurde der Begriff der Beteiligung neugefasst und erweitert durch das Wort **maßgebliche Einflussnahme.**

258 Vor diesem Hintergrund erklärt sich, dass die Frage nach der Maßgeblichkeit einer Einflussnahme nicht auf spezifische und formalisierte Formen verengt werden darf und auch nicht vom Kapitalanteil abhängt. Ein maßgeblicher Einfluss kann jedoch auch unabhängig von einem bestimmten Anteilsbesitz bestehen.[358] Der Leitfaden zu Verfahren für **qualifizierte Beteiligungen** der EZB geht davon aus, dass auch das **Halten** von weniger als 10% des Kapitals oder der Stimmrechte eine **qualifizierte Beteiligung** darstellt, wenn dem Inhaber, dem die Möglichkeit der **Beteiligung** eingeräumt wird, **maßgeblichen Einfluss auf die Geschäftsführung** wahrzunehmen.[359] Dies ist deshalb auch für Art. 3 Abs. 1 Nr. 36 zutreffend, weil der Tatbestand dieser Norm nur in der ersten Alternative auf einen Schwellenwert abstellt.

259 Es kommt aufsichtsrechtlich darauf an, ob tatsächlich auf das Unternehmen eingewirkt werden kann. Die Beurteilung, ob ein maßgeblicher Einfluss auf die Geschäftsführung wahrgenommen werden kann, beruht aus Sicht der EZB stets auf der Prüfung des Einzelfalls, bei dem alle relevanten Tatsachen und Umstände berücksichtigt werden sollen.[360]

---

[356] EBA, Final Report, Draft Regulatory Technical Standards on the detailed content of information necessary to carry out the assessment of a proposed acquisition of qualifying holdings in issuers of asset-referenced tokens under Artikel 42 (4) of Regulation (EU) 2023/1114, EBA/CP/2023/14, Abschnitt 2, letzter Absatz.

[357] Beck/Samm/Kokemoor/Nemezcek/Pitz, Kreditwesengesetz mit CRR, § 2c) Definition der bedeutenden Beteiligung, Rn. 941.

[358] BaFin, Merkblatt zur Inhaberkontrolle vom 27.11.2015 zu dem Verfahren nach § 2c KWG bzw. InhaberkontrollV.

[359] EZB, Leitfaden zu Verfahren für qualifizierte Beteiligungen vom März 2023, 4.2.2.

[360] EZB, Leitfaden zu Verfahren für qualifizierte Beteiligungen vom März 2023, 4.4.2.

Begriffsbestimmungen **Art. 3**

b) Kriterien zur Bestimmung der Maßgeblichkeit. Kriterien zur Bestim- 260
mung der Maßgeblichkeit kennt die MiCAR nicht. Der Gesetzgeber hat trotz der
zentralen Stellung dieses Begriffes im Aufsichtsregime darauf verzichtet, den Begriff
weiter zu präzisieren. Fest steht, dass bereits die Möglichkeit zur Ausübung eines
maßgeblichen Einflusses nach dem eindeutigen Wortlaut der Norm **(kann)** ausreicht. Es kam nach dem Verständnis der Aufsicht mit Blick auf Parallelregelungen
nicht auf eine erfolgreiche oder tatsächlich versuchte Einflussnahme an.[361]

Mögliche Kriterien sind laut BaFin[362]: 261
- Personelle Verflechtung;
- finanzielle oder technologische Abhängigkeit;
- vertragliche Einflussnahme;
- Verfügbarkeit von Informationen;
- bei einer AG oder KGaA: eine Vertretung im Vorstand oder Aufsichtsrat;
- bei einer GmbH: jeder Gesellschafter aufgrund der ihm zustehenden Informationsrechte;
- bei Personenhandelsgesellschaften: Klärung der faktischen Einflussmöglichkeiten anhand der wirtschaftlichen und gesellschaftsrechtlichen Lage des Beteiligten;
- Zugehörigkeit zum Geschäftsführungs- oder Aufsichtsorgan oder einem gleichartigen Leitungs- oder Kontrollgremium;
- Teilnahme an Entscheidungsprozessen;
- wesentliche Geschäftsvorfälle zwischen Anteilseignern und Beteiligungsunter-
 nehmen;
- Möglichkeit zum Austausch von Führungspersonal;
- Bereitstellung bedeutender technischer Informationen;
- das Vorliegen eines Beherrschungsvertrages oder Gewinnabführungsvertrages im
 Sinne von § 291 Abs. 1 AktG;
- beim Versicherungsverein auf Gegenseitigkeit (VVaG): Einräumung eines Rechts
 zur Teilnahme an der Vereinsverwaltung im Sinne von § 22 Abs. 1 S. 2 VAG.

Bei der vorstehenden Liste kann es sich nicht um eine abschließende Aufzäh- 262
lung, sondern allenfalls um Indizien handeln. Die aufgezählten Kriterien entfalten
auch keine „regelhafte Wirkung", sodass man bei deren Vorliegen ohne weitere
Prüfung von einer **qualifizierten Beteiligung** ausgehen könnte. Es bedarf immer
einer Einzelfallbetrachtung.

Mit Blick auf die Dogmatik im sonstigen Aufsichtsrecht ist davon auszugehen, 263
dass auch bei den anderen Möglichkeiten der Wahrnehmung eines maßgeblichen
Einflusses auf die Geschäftsführung eines Unternehmens die Einflussmöglichkeiten
zweier oder mehrerer Personen und/oder Unternehmen, die diese andere Möglichkeit durch ihr Zusammenwirken begründen, zusammenzurechnen sind.[363]
Auch wenn statt eines Anteilseigners formal mehrere Anteilseigner auftreten, die
ihr Verhalten zu Lasten eines Unternehmens abstimmen, kann dies für die Annahme einer maßgeblichen Einflussnahme genügen.[364]

---

[361] So im Rahmen des KWG auch Reschke in Beck/Samm/Kokemoor § 1 Abs. 9 Rn. 967.
[362] BaFin, Merkblatt zur Inhaberkontrolle vom 27.11.2015 zu dem Verfahren nach § 2c KWG
 bzw. InhaberkontrollV.
[363] Beck/Samm/Kokemoor/Nemeczek/Pitz, Kreditwesengesetz mit CRR, § 2c) Definition
 der bedeutenden Beteiligung, Rn. 943.
[364] Beck/Samm/Kokemoor/Nemeczek/Pitz, Kreditwesengesetz mit CRR, § 2c) Definition
 der bedeutenden Beteiligung, Rn. 940.

37. „Kleinanleger" jede natürliche Person, die zu Zwecken handelt, die außerhalb ihrer gewerblichen, geschäftlichen, handwerklichen oder beruflichen Tätigkeit liegen;

264 Der Kleinanleger ist in Art. 3 Abs. 1 Nr. 37 definiert als „jede natürliche Person, die zu Zwecken handelt, die außerhalb ihrer gewerblichen, geschäftlichen, handwerklichen oder beruflichen Tätigkeit liegen". Damit wird die MiCAR sprachlich an MiFID II und Prospekt-VO angenähert, die an verschiedenen Stellen ebenfalls vom Kleinanleger sprechen. Im MiCAR-E war hingegen in Art. 13 (bei identischer materieller Definition) vom **Verbraucher** die Rede gewesen.[365] Auch in zentralen Erwägungsgründen des MiCAR-E wurde mehrfach auf den Verbraucher abgestellt. Diese Begrifflichkeit wurde fast durchweg durch den Kleinanleger und dessen Schutz ersetzt (siehe zB Erwgr. Nr. 2, 5, 6, 24). Vermutlich sollte durch die sprachliche Abwandlung klargestellt werden, dass die MiCAR nicht durchweg verbraucherschützend, sondern anlegerschützend konzipiert ist.[366] Außerdem wird damit das Problem des anzulegenden Leitbilds im Rahmen der Bewertung des Whitepapers **(Verbraucher- oder Investorenleitbild)**[367] entschärft.

265 Bei dieser Umgestaltung blieb die Definition in Art. 3 Abs. 1 Nr. 37 aber **materiell unverändert**. Sie war und ist identisch mit dem Verbraucherbegriff, wie er zB in Art. 2 Nr. 1 Verbraucherrechte-RL oder Art. 6 Abs. 1 Rom I-VO verwendet wird.[368] Inhaltlich ist der **Erwerb von Kryptowerten zu privaten Zwecken** gemeint. Das Abstellen auf den Kleinanleger (und damit auf einen privaten Anleger) führt in Art. 13 Abs. 1 zu keinen logischen Brüchen. Denn auch im Verbraucherschutzrecht ist anerkannt, dass der Erwerb von Investmentobjekten zur „Pflege des eigenen Vermögens" (Wertpapiere, sonstige Unternehmensanteile, Rohstoffe, etc) keine gewerbliche oder geschäftliche Tätigkeit ist,[369] solange nicht die Schwelle zum gewerblichen Handeln überschritten wird (zB beim professionellen Vermögensmanagement).[370] Gleiches galt bereits für den Erwerb von Kryptowerten vor Inkrafttreten der MiCAR im Rahmen der §§ 312ff. BGB.[371] Somit ist die Abkehr vom Verbraucher hin zum Kleinanleger jedenfalls in Art. 13 eine reine Frage der Nomenklatur, ohne dass inhaltliche Änderungen vorgenommen wurden. Daher kann insbesondere in Grenzfällen und bei der Abgrenzung zur unternehmerischen Tätigkeit auf **Rechtsprechung und Literatur**

---

[365] Siehe auch Maume RDi 2023, 493 (495); Bosold ZdiW 2023, 292 (294).

[366] So auch Bosold ZdiW 2023, 292 (294).

[367] Maume RDi 2022, 461 (466f.); zur Trennung der Begrifflichkeiten auch Piwowarski WM 2023, 2215 (2218).

[368] Die Umsetzung in § 13 BGB spricht nur von „gewerblicher" und „selbständiger beruflicher" Tätigkeit. Die Vorschrift muss aber richtlinienkonform jeweils vor dem Hintergrund des jeweiligen EU-Rechtsakts ausgelegt werden, so dass zB für den unionsrechtlich geregelten Widerruf im Fernabsatz der EU-rechtliche Verbraucherbegriff gilt, siehe im Überblick BeckOK BGB/Martens BGB § 13 Rn. 14ff.

[369] Ständige BGH-Rechtsprechung, siehe BGHZ 149, 80 (86) = NJW 2002, 368; BGH NJW-RR 2011, 548; WM 2011, 548.

[370] Siehe zB Kainer ZBB 2018, 368 (374ff.) mwN.

[371] Im Überblick Maume/Maute Kryptowerte-HdB/Maume § 8 Rn. 14f.

zu § 13 BGB (bzw. die Äquivalente in den entsprechenden Richtlinien) zurückgegriffen werden.

38. „Online-Schnittstelle" eine Software, einschließlich einer Website, eines Teils einer Website oder einer Anwendung, die von einem Anbieter oder einem Anbieter von Kryptowerte-Dienstleistungen oder in seinem Namen betrieben wird und dazu dient, Inhabern von Kryptowerten Zugang zu ihren Kryptowerten und Kunden von Kryptowerte-Dienstleistungen Zugang zu ihren Kryptowerte-Dienstleistungen zu gewähren;

Die klobige Definition ist eine MiCAR-spezifische Modifikation von Art. 3 lit. m der VO (EU) 2022/2065 (Digital Services Act, DSA). Dort wird die Online-Schnittstelle definiert als „eine Software, darunter auch Websites oder Teile davon sowie Anwendungen, einschließlich Mobil-Apps". In der Literatur zum DSA wird der Begriff als konturlos kritisiert, es scheint sich jedoch das Verständnis als **Benutzeroberfläche** einzubürgern.[372] Es geht also im vorliegenden Kontext um Software iwS, mit der Inhaber Zugang zu ihren Kryptowerten und zu ihren Kryptowerte-Dienstleistungen nehmen können. Denkbare Beispiele sind Wallet-Apps oder CASP-Benutzeroberflächen, über die Kryptowerte erworben oder veräußert werden können. Ob es sich dabei um eine lokale Software/App handelt, die einen Onlinezugriff ermöglicht, oder ein Benutzerinterface auf einer Webseite, ist unerheblich. 266

Die Lösung muss aber von einem Anbieter (Art. 3 Abs. 1 Nr. 13), also im Regelfall Emittenten von Kryptowerten, oder einem Anbieter von Kryptowerte-Dienstleistungen (Art. 3 Abs. 1 Nr. 15) betrieben werden. Kompatible **Drittsoftware** wird somit nicht erfasst. 267

Der einzige MiCAR-Anwendungsfall der Definition sind die Befugnisse der zuständigen Behörden nach Art. 94 Abs. 1 lit. z aa) (→ Art. 94 Rn. 19). Hiernach sind diese befugt, den Zugang zu einer Online-Schnittstelle (also der Software) zu entfernen, zu sperren, zu beschränken oder einen ausdrücklichen Warnhinweis anzubringen. Eine vergleichbare Kompetenznorm ist in der MAR, die für Art. 94 Vorbild war, nicht enthalten. Die Umsetzung ins deutsche Recht erfolgt in § 4 Abs. 6 KMAG. 268

39. „Kunde" eine natürliche oder juristische Person, für die ein Anbieter von Kryptowerte-Dienstleistungen erbringt;

Ein Kunde ist nach Art. 3 Abs. 1 Nr. 39 eine natürliche oder juristische Person, für die ein Anbieter von Kryptowerte-Dienstleistungen erbringt. Dieser Begriff orientiert sich an Art. 4 Abs. 1 Nr. 9 MiFID II, der in § 67 Abs. 1 WpHG in deutsches Recht umgesetzt wurde. Insoweit kann im Wesentlichen auf die zu Art. 4 Abs. 1 Nr. 9 MiFID II entwickelten Kriterien zurückgegriffen werden. 269

Eine grundsätzliche systematische Abweichung gegenüber der MiFID II ergibt sich hingegen daraus, dass im Rahmen der MiFID II die Begriffe Kunde und Anleger nicht nebeneinanderstehen, sondern sich immer einheitlich auf Wertpapierdienstleistungen bzw. Anlagetätigkeiten iSd MiFID II beziehen. Demgegenüber 270

---

[372] Siehe BeckOK IT-Recht/Sesing-Wagenpfeil DSA Art. 3 Rn. 188–190 mwN.

Art. 3 Titel I Gegenstand, Anwendungsbereich und Begriffsbestimmungen

nutzt die MiCAR den Begriff des **Kunden** („Client") grundsätzlich nur in Bezug auf Kryptowerte-Dienstleistungen, während ein Token-Emittent einem **Anleger** („Holder") gegenübertritt, wobei die MiCAR nur den Begriff des Kleinanlegers definiert (→ Rn. 264 ff.). Allerdings wird der (Klein) Anleger in der MiCAR gelegentlich auch im Zusammenhang mit Kryptowerte-Dienstleistungen erwähnt.[373]

271 Ein Kunde kann eine **natürliche oder juristische Person** sein. Der Begriff der juristischen Person ist autonom auszulegen und umfasst nicht lediglich juristische Personen iSd deutschen Rechts, sondern jede Person, die als solche rechtsfähig ist und Träger von Rechten und Pflichten sein kann.[374] Hierzu gehören bspw. auch **rechtsfähige Personengesellschaften** oder eine **Wohnungseigentümergemeinschaft** nach § 9a Abs. 1 S. 1 WEG.

272 Vom Wortlaut des Art. 3 Abs. 1 Nr. 39 nicht ohne weiteres beantwortet wird, die Frage, ob der Begriff des Kunden auch einen **potenziellen Kunden** erfasst. Im WpHG werden potenzielle Kunden durch Verweis auf das Anbahnen von Wertpapierdienstleistungen oder -nebendienstleistungen in § 67 Abs. 1 WpHG erfasst,[375] wobei in § 64a WpHG der potenzielle Kunde sogar explizit adressiert wird. Jedoch erwähnt auch die MiCAR den potenziellen Kunden in Art. 61 UAbs. 2, Art. 66 Abs. 1, Art. 68 Abs. 9, Art. 72 Abs. 2, Art. 81 Abs. 1–4, 6, 8–10. Gerade die in Art. 81 vorgenommene Differenzierung, die in Abs. 5 lediglich den (aktuellen) Kunden erfasst, legt nahe, dass vom Begriff des Kunden ohne explizite Erwähnung nicht auch gleichzeitig der potenzielle Kunde erfasst. Dies kann allerdings im Rahmen des Interessenkonfliktmanagements nach Art. 72 Abs. 1 problematisch sein, weshalb dort ausnahmsweise auch potenzielle Kunden erfasst werden sollten (→ Art. 72 Rn. 7). Denn gerade bei Beratungsdienstleistungen ist der Beginn des Vertragsverhältnisses und damit der Übergang vom potenziellen zum aktuellen Kunden nicht immer trennscharf zu definieren. Zur Frage, wann eine Person zum potenziellen Kunden wird (→ Art. 66 Rn. 7).

273 Kunde ist nur eine solche Person, der gegenüber ein CASP eine **Kryptowerte-Dienstleistung** erbringt. Trotz der sprachlichen Unsauberkeit sind hiermit Kryptowerte-Dienstleistungen iSd Art. 3 Abs. 1 Nr. 16 gemeint (→ Rn. 102 ff.), wie sich aus der englischen Fassung, die gleichermaßen von „crypto-asset service(s)" spricht, ergibt.

274 Das **Erbringen** von Kryptowerte-Dienstleistungen meint ausschließlich den CASP in seiner Rolle als Anbieter einer solche Dienstleistung, nicht als deren Empfänger. Ein anderer CASP, der dem betreffenden CASP gegenüber einer Kryptowerte-Dienstleistung erbringt, ist kein Kunde des betreffenden CASP; umgekehrt ist dies aber der Fall.

40. „Zusammenführung sich deckender Kundenaufträge" die Zusammenführung sich deckender Kundenaufträge im Sinne von Artikel 4 Absatz 1 Nummer 38 der Richtlinie 2014/65/EU;

275 Gemäß Art. 3 Abs. 1 Nr. 40 meint die „Zusammenführung sich deckender Kundenaufträge" die Zusammenführung sich deckender Kundenaufträge im Sinne von

---

[373] Siehe zB Erwgr. Nr. 112 und Art. 94 Abs. 1 lit. d, f).
[374] Zu Art. 4 Abs. 1 Nr. 9 MiFID II siehe Assmann/Schneider/Mülbert/Beule WpHG § 67 Rn. 5.
[375] Assmann/Schneider/Mülbert/Beule WpHG § 67 Rn. 4.

Art. 4 Abs. 1 Nr. 38 MiFID II.[376] Bei der **Zusammenführung sich deckender Kundenaufträge** handelt es sich danach um ein Geschäft, bei dem (1.) zwischen Käufer und Verkäufer einer Transaktion ein Vermittler zwischengeschaltet ist, der während der gesamten Ausführung der Transaktion zu keiner Zeit einem Marktrisiko ausgesetzt ist, vorausgesetzt, dass (2.) sowohl Kaufgeschäft als auch Verkaufsgeschäft gleichzeitig ausgeführt werden und (3.) die Transaktion zu einem Preis abgeschlossen wird, bei dem der Vermittler abgesehen von einer vorab offengelegten Provision, Gebühr oder sonstigen Vergütung weder Gewinn noch Verlust macht. Die drei Voraussetzungen müssen kumulativ vorliegen, um von einem Geschäft über Kryptowerte auszugehen, das durch die Zusammenführung sich deckender Kundenaufträge iSd MiCAR zustande kommt. Hiervon erfasst ist das sog. **Matched-Principal-Trading10F**.[377]

41. „Zahlungsdienst" einen Zahlungsdienst im Sinne von Art. 4 Nummer 3 der RL (EU) 2015/2366;

Für die Definition des Zahlungsdienstes verweist Art. 3 Abs. 1 Nr. 41 auf Art. 4 Nr. 3 PSD II und damit auf die in Anhang I der PSD II aufgeführten Tätigkeiten. Hierzu gehören Dienste, mit denen Bareinzahlungen und -abhebungen auf ein bzw. von einem Zahlungskonto iSd Art. 4 Nr. 12 PSD II ermöglicht werden, die Ausführung von Zahlungsvorgängen iSd Art. 4 Nr. 5 PSD II, die Ausgabe von Zahlungsinstrumenten iSd Art. 4 Nr. 45 PSD II oder die Annahme und Abrechnung von Zahlungsvorgängen iSd Art. 4 Abs. 1 Nr. 44 PSD II, der Finanztransfer iSd Art. 4 Nr. 22 PSD II, Zahlungsauslösedienste iSd Art. 4 Nr. 15 PSD II und Kontoinformationsdienste iSd Art. 4 Nr. 16 PSD II.

Bedeutsam ist die Definition für die Befugnis eines CASP nach Art. 70 Abs. 4, Zahlungsdienste im Zusammenhang mit den von ihnen angebotenen Kryptowerte-Dienstleistungen zu erbringen (→ Art. 70 Rn. 42). Dies ist insoweit von praktischer Bedeutung, als sich ausweislich des Erwgr. Nr. 90 einige Kryptowerte-Dienstleistungen, insbesondere die Verwahrung und Verwaltung von Kryptowerten für Kunden, die Platzierung von Kryptowerten und Transferdienste für Kryptowerte für Kunden mit der Erbringung von Zahlungsdiensten überschneiden können. Ähnliches gilt nach Erwgr. Nr. 93 für mit der Übertragung von E-Geld-Token verbundene Dienstleistungen.

42. „Zahlungsdienstleister" einen Zahlungsdienstleiter im Sinne von Art. 4 Nummer 11 der RL (EU) 2015/2366;

Ein Zahlungsdienstleister iSd Art. 3 Abs. 1 Nr. 42 ist nach Art. 4 Nr. 1 PSD II eine Stelle iSd Art. 1 Abs. 1 PSD II oder eine natürliche oder juristische Person, für die die Ausnahme gemäß Art. 32 oder 33 PSD II gilt.

Stellen iSd Art. 1 Abs. 1 PSD II sind **Kreditinstitute** (→ Rn. 200), **E-Geld-Institute** (→ Rn. 282), **Postscheckämter, Zahlungsinstitute** (→ Rn. 315), die

---

[376] Fuchs/Zimmermann/Fuchs/Zimmermann WpHG § 2 Rn. 240; Schwark/Zimmer/Kumpan WpHG § 2 Rn. 219.
[377] Die Definition der MiFID II wurde als Begriffsbestimmung in § 2 Abs. 29 WpHG umgesetzt- dort auch mit Verweis auf den englischen Begriff des Matched Principal Trading.

Art. 3 Titel I Gegenstand, Anwendungsbereich und Begriffsbestimmungen

EZB und nationale **Zentralbanken,** wenn sie nicht in ihrer Eigenschaft als Währungsbehörden oder andere Behörden handeln, sowie die **Mitgliedstaaten** oder ihre regionalen oder lokalen **Gebietskörperschaften,** wenn sie nicht in ihrer Eigenschaft als Behörden handeln.

280 Natürliche oder juristische Person, für die die Ausnahme gemäß Art. 32 oder 33 PSD II gilt, sind entweder **kleine Zahlungsdienstleister,** deren Gesamtbetrag der Zahlungsvorgänge im Monatsdurchschnitt der vorangegangenen 12 Monate die von dem Mitgliedstaat festgesetzte Obergrenze, in jeden Fall aber höchstens 3 Mio. EUR nicht überschreitet und ein Mitgliedstaat eine entsprechende Ausnahme vorgesehen hat, oder **Kontoinformationsdienstleister.**

281 Die praktische Bedeutung dieser Definition beschränkt sich auf die Besetzung eines Aufsichtskollegiums bzgl. eines Emittenten eines gem. Art. 43, 44, 56 oder 57 als **signifikant eingestuften vermögenswertereferenzierten oder E-Geld-Tokens** nach Art. 119 Abs. 1, 2 lit. f, Informationsersuchen der EBA nach Art. 122 Abs. 1 lit. e und den Informationsaustausch zwischen den zuständigen Behörden und der EBA[378] nach Art. 125 Abs. 1 lit. e.

43. „E-Geld-Institut" ein E-Geld-Institut im Sinne von Artikel 2 Nummer 1 der Richtlinie 2009/110/EG;

282 Bei der Begriffsdefinition von „E-Geld-Institut" wird auf die Definition in Art. 2 Nr. 1 der E-Geld-Richtlinie verwiesen. Danach ist ein **„E-Geld-Institut"** eine juristische Person, die nach Titel II [der E-Geld-Richtlinie] eine Zulassung für die Ausgabe von E-Geld erhalten hat. Dabei handelt es sich um einen **formellen Institutsbegriff,** der rein formal an das Bestehen der Erlaubnis anknüpft.

283 Nach deutschem Verständnis ist die Eigenschaft als E-Geld-Institut dagegen materiell und unabhängig von der Erlaubnis nach § 11 ZAG. E-Geld-Institute sind in § 1 Abs. 2 Nr. 1 ZAG definiert als Unternehmen, die das E-Geld-Geschäft betreiben, ohne als Emittenten unter die § 1 Abs. 2 Nr. 1–4 ZAG[379] zu fallen. Neben den CRR-Kreditinstituten stellen die E-Geld-Institute die in der Praxis wichtigste Kategorie der E-Geld-Emittenten dar.[380] Es kommt für den deutschen Institutsbegriff lediglich darauf an, ob tatsächlich E-Geld ausgegeben wird oder nicht.[381] Insofern stellt sich systematisch die Frage, ob die MiCAR kraft Verweisung in die E-Geld-Richtlinie den formellen Institutsbegriff in Bezug nehmen möchte, oder den jeweiligen Institutsbegriff des nationalen Umsetzungsgesetzes, mit der Folge, dass für deutsche Unternehmen der **materielle Institutsbegriff** maßgebend wäre.

284 Der **Unterschied zwischen diesen Auffassungen** besteht also in der Gruppe an Personen oder Unternehmen, die ohne Erlaubnis das E-Geld-Geschäft betreiben. Diese Unternehmen werden aber schon durch Strafvorschriften adressiert, für die der materielle Institutsbegriff nicht relevant ist: Die Strafnorm in § 63 Abs. 1 Nr. 5 ZAG kommt auch gut ohne den Begriff des E-Geld-Instituts aus.[382] Insofern

---

[378] Siehe Erwgr. Nr. 7 S. 4.
[379] Dazu zählen insbesondere CRR-Kreditinstitute, Zentralbanken im EWR oder bestimmte hoheitliche Gebietskörperschaften.
[380] Ellenberger/Findeisen/Nobbe/Böger/Findeisen ZAG § 1 Rn. 530.
[381] Ellenberger/Findeisen/Nobbe/Böger/Findeisen ZAG § 1 Rn. 531.
[382] In § 11 Abs. 1 S. 1 ZAG wird der in § 1 Abs. 2 S. 1 Nr. 1 legaldefinierte Begriff des „E-Geld-Instituts" zwar nicht direkt verwendet, allerdings ist die Formulierung mit einer kleinen,

Begriffsbestimmungen **Art. 3**

sind **praktische Auswirkungen** dieser beiden Begriffsinterpretationen **nicht ersichtlich**.

Nach hier vertretener Auffassung ist im Kontext der europäischen MiCAR der 285
formelle Institutsbegriff indes vorzugswürdig, weil der Begriff „*Institut*" die Assoziation hervorruft, dass eine Erlaubnis erteilt wurde und dass das jeweilige Unternehmen tatsächlich beaufsichtigt wird. Darüber hinaus ist das formelle Verständnis klarer. Diejenigen Unternehmen, die tatsächlich E-Geld-Institut sind, lassen sich – abgesehen von Verzögerungen bei der Ein- und Austragung dieser Unternehmen – den entsprechenden Registern[383] entnehmen. Darüber steht das formelle Verständnis besser im Einklang mit der E-Geld-Richtlinie, die explizit an die entsprechende formelle Erlaubnis anknüpft. Schließlich vermeidet das formelle Verständnis auch, dass der Begriff in den EU-Mitgliedstaaten unterschiedlich ausgelegt wird. Entsprechende Zulassungen werden nach dem Recht der jeweiligen Mitgliedsstaaten von den national zuständigen Behörden erteilt, wenn nachgewiesen wird, dass die jeweiligen Anforderungen erfüllt werden.

E-Geld-Institute werden von den national zuständigen Aufsichtsbehörden 286
überwacht und müssen eine **Reihe von regulatorischen Anforderungen** erfüllen:

– E-Geld-Institute müssen ein anfängliches Eigenkapital von 350.000 EUR vorhalten und fortlaufend ein Kapital von mindestens 2% des durchschnittlichen E-Geld-Umlaufs.
– Die Inhaber einer bedeutenden Beteiligung an dem E-Geld-Institut (vereinfacht solche Gesellschafter mit 10% oder mehr der Kapital- oder Stimmrechtsanteile) und die Geschäftsführer müssen zuverlässig sein und zahlreiche Angaben gegenüber der Aufsicht machen.
– E-Geld-Institute müssen Eigenmittel vorhalten und Sicherungsanforderungen in Bezug auf die Ausgabe von E-Geld einhalten.
– Sie werden fortlaufend geprüft und müssen regelmäßig Meldungen zu ihrer finanziellen Entwicklung abgeben.
– Bei der Auslagerung sind rechtliche Vorgaben einzuhalten.
– Sie haben Verbraucherschutz-Vorschriften (insbesondere die §§ 675c ff. BGB) zu beachten.
– Als geldwäscherechtlich Verpflichtete (§ 2 Abs. 1 Nr. 3 GwG) müssen E-Geld-Institute die geldwäscherechtlichen Vorgaben einhalten.

Der deutsche Gesetzgeber hat anders als bei anderen regulierten Unternehmen 287
(wie bspw. Kreditinstituten oder Zahlungsinstituten) darauf verzichtet, die Erlaubnispflicht von einer **Gewerbsmäßigkeit** oder dem **Erfordernis eines in kaufmännischer Weise eingerichteten Geschäftsbetriebs** abhängig zu machen. Begründet wird dies damit, dass E-Geld- als Barzahlungsersatzmittel bzw. Buchgeldersatzmittel genutzt werden kann und ein hohes Fälschungsrisiko impliziert; nur so könne nach Ansicht des deutschen Gesetzgebers

---

entscheidenden Ausnahme auch die Formulierung, die der Legaldefinition zugrunde liegt. Nach der Legaldefinition sind E-Geld-Institute Unternehmen, die das E-Geld-Geschäft **betreiben**, ohne E-Geld-Emittenten im Sinne der Nummern 2–4 zu sein. In § 11 Abs. 1 S. 1 ZAG heißt es dagegen „wer im Inland das E-Geld-Geschäft **betreiben will**, ohne E-Geld-Emittent im Sinne des § 1 Absatz 2 Satz 1 Nummer 2 bis 4 zu sein, bedarf der schriftlichen Erlaubnis". Der Unterschied ist mithin ein rein zeitlicher. Einfacher hätte sich auch formulieren lassen: „E-Geld-Institute bedürfen der schriftlichen Erlaubnis".

[383] Art. 18 der E-Geld-Richtlinie; §§ 44 und 13 Abs. 4 ZAG.

Art. 3 Titel I Gegenstand, Anwendungsbereich und Begriffsbestimmungen

das Vertrauen des Publikums in das E-Geld entwickelt und geschützt werden.[384] Diese Begründung ist schwer nachvollziehbar, zumal auch bei anderen Institutstypen wie Kreditinstituten Buchgeld genutzt und transferiert wird. Auch hier ist es grundsätzlich nicht ausgeschlossen, dass Buchgeld „gefälscht" wird. Der Verzicht erscheint jedenfalls im deutschen Recht auch systemwidrig. Auf der anderen Seite sind die genannten Anforderungen auf europäischer Ebene auch nicht erforderlich.

44. „E-Geld" E-Geld im Sinne von Artikel 2 Nummer 2 der Richtlinie 2009/110/EG;

288 Bei der Definition von „E-Geld" wird ebenfalls auf die entsprechende Definition der E-Geld-Richtlinie verwiesen. Nach Art. 2 Nr. 2 der E-Geld-Richtlinie bezeichnet „E-Geld" jeden elektronisch – darunter auch magnetisch – gespeicherten monetären Wert in Form einer Forderung gegenüber dem Emittenten, der gegen Zahlung eines Geldbetrags ausgestellt wird, um damit Zahlungsvorgänge iSd Art. 4 Nr. 5 der PSD1/2 durchzuführen, und der auch von anderen natürlichen oder juristischen Personen als dem E-Geld-Emittenten angenommen wird. Diese Definition ist inhaltsgleich mit der (positiven) Definition in § 1 Abs. 2 S. 3 ZAG, steht jedoch unter dem Vorbehalt der (negativen) Bereichsausnahmen der Art. 1 Abs. 4 und 5 der E-Geld-Richtlinie bzw. § 1 Abs. 2 S. 4 ZAG. Positiv werden damit die sechs folgenden in den Abschnitten I. 1.–I. 6. (→ Rn. 289 ff.) dargestellten Tatbestandsvoraussetzungen beschrieben. Weiterhin ist allerdings auch erforderlich, dass keine der Bereichsausnahmen greift. Diese Ausnahmen sind unter Abschnitt II. (→ Rn. 296 ff.) beschrieben.

I. Tatbestandsmerkmale

1. Monetärer Wert

289 Zentrales Charakteristikum des E-Geldes ist, dass es sich dabei um einen **monetären Wert** handelt. Der monetäre Wert wird durch eine Forderung gegen den Emittenten repräsentiert. Monetäre Werte fungieren entsprechend als Geld und weisen damit die gleichen Funktionen auf wie Geld, dh sie fungieren als Tauschoder Zahlungsmittel[385], als Wertaufbewahrungsmittel[386] und als Recheneinheit[387], wobei es für die Einstufung als monetärer Wert nicht erforderlich ist, dass sie all-

---

[384] Gesetzesbegründung, BT-Drs. 17/3023, 39.
[385] Geld fungiert als allgemein akzeptiertes Tauschmittel für den Kauf von Gütern und Dienstleistungen sowie für die Begleichung von Schulden. Es erleichtert den Austausch von Waren und Dienstleistungen, indem es den Menschen ermöglicht, Transaktionen ohne die Notwendigkeit des direkten Tauschs von Waren durchzuführen.
[386] Geld dient auch als Mittel, um Kaufkraft über die Zeit zu speichern. Indem Geld gespart wird, können Menschen Vermögen aufbauen und es für zukünftige Ausgaben oder Investitionen verwenden. Geld sollte daher einen stabilen Wert behalten, damit es seine Funktion als Wertaufbewahrungsmittel erfüllen kann.
[387] Geld dient als Maßeinheit, um den Wert von Gütern und Dienstleistungen zu messen und zu vergleichen. Es ermöglicht es den Menschen, Preise auszudrücken und den Wert von Vermögenswerten wie Immobilien, Investitionen und Schulden zu bewerten. Diese Funktion erleichtert es, wirtschaftliche Entscheidungen zu treffen und Verträge abzuschließen.

Begriffsbestimmungen **Art. 3**

gemein akzeptiert werden müssen: Gemäß dem Merkblatt – Hinweise zum Zahlungsdiensteaufsichtsgesetz (ZAG) der BaFin v. 22.12.2011, geändert am 5.7.2024 (fortan **Merkblatt ZAG**), D.I.1. reicht es aus, wenn sie „in einem bestimmten soziokulturellen Umfeld oder auch nur von den Parteien einer **multilateralen Rahmenvereinbarung** als Bezahlung für bestimmte Waren oder Dienstleistungen akzeptiert werden". Unter die Parteien einer multilateralen Rahmenvereinbarung fallen bspw. Einzelhändler oder Tankstellenpächter, die auf Grundlage einer Vereinbarung mit dem Emittenten bestimmte Gutscheinkarten akzeptieren. Die Verträge können dabei aber auch **bilateral ausgestaltet** sein, sofern sie sich auf denselben monetären Wert beziehen und sichergestellt ist, dass dieser auch bei anderen Akzeptanten eingesetzt werden kann.

2. Forderung gegen den Emittenten

Der monetäre Wert muss in einer Forderung an den Emittenten bestehen. Dieser Anspruch beruht regelmäßig auf einer **Vereinbarung zwischen dem Emittenten und dem Kunden,** mit der ein Anspruch des Kunden gegen den Emittenten begründet und darüber hinaus festgelegt wird, dass der Kunde den Anspruch auf Dritte, die den monetären Wert als Zahlungsmittel akzeptieren, zur Durchführung von Zahlungsvorgängen im Sinne von § 675f Abs. 4 S. 1 BGB übertragen kann. In diesem Fall repräsentiert der monetäre Wert lediglich den Anspruch der Dritten gegen den Emittenten nachdem die Dritten den monetären Wert vom Kunden erhalten haben. 290

3. Ausstellung gegen Zahlung eines Geldbetrages

Darüber hinaus muss der monetäre Wert **gegen Zahlung eines Geldbetrags** ausgestellt werden. Geschenk- oder Umtauschgutscheine, die gratis oder aus Kulanzgründen ausgegeben werden, stellen somit kein E-Geld dar. Bei den bezahlten Geldern muss es sich auch zwingend um **gesetzliche Zahlungsmittel** handeln oder von privater Hand emittierte Zahlungsmittel, die ihrerseits als E-Geld iSd ZAG zu qualifizieren sind und gegen Zahlung eines gesetzlichen Zahlungsmittels ausgestellt wurden. E-Geld muss sich daher immer von den gesetzlichen Zahlungsmitteln oder anderem E-Geld ableiten.[388] Können allerdings monetäre Werte gegen Zahlung eines Geldbetrages hinzugekauft werden, sind auch die zuvor schenkweise ausgegebenen monetären Werte als E-Geld zu qualifizieren.[389] 291

4. Elektronische Speicherung

Die monetären Werte müssen **elektronisch gespeichert** werden. Dh es wird festgehalten, dass ein bestimmter Kunde oder der jeweilige Inhaber des monetären Werts einen Anspruch auf eine bestimmte Leistung gegen den Emittenten hat. Eine magnetische Speicherung wird als Unterfall der elektronischen Speicherung an- 292

---

[388] Merkblatt ZAG, D.I.1; Ellenberger/Findeisen/Nobbe/Böger/FindeisenZAG § 1 Rn. 555.

[389] Wenn der Kunde für das Ausstellen der monetären Werte erst bezahlen muss, nachdem er diese bereits erhalten hat und für Zahlungen verwenden konnte, handelt es sich ebenfalls nicht um E-Geld. In diesen Fällen könnte aber die Ausgabe eines Zahlungsinstruments (Issuing) iSd § 1 Abs. 1 S. 2 Nr. 5 ZAG oder das Kreditgeschäft iSd § 1 Abs. 1 S. 2 Nr. 2 KWG eine Erlaubnispflicht auslösen (Merkblatt ZAG, D.I.1).

Lösing

gesehen. **Art, Ort und Form** der Speicherung sind **nicht von Bedeutung.** Speichermedium kann grds. jeder elektronische Datenträger sein: Magnetstreifen- oder Chipkarten, die Festplatte in einem einzelnen Computer oder ein zentraler Server, eine Speicherkarte in einem Mobilfunkgerät. Die monetären Werte können bei dem Kunden gespeichert sein, der das elektronische Speichermedium in Händen hält, auf dem Rechner des Emittenten oder bei einem externen Dienstleister. Dabei ist nicht notwendig, dass jeder monetäre Wert einzeln gespeichert wird. Vielmehr ist ausreichend, dass gespeichert wird wie viele Werte insgesamt einem Kunden zustehen.[390]

5. Bestimmung für Zahlungsvorgänge iSd § 675f Abs. 4 S. 1 BGB

293 Zweck der monetären Werte muss es sein, Zahlungsvorgänge iSd Art. 4 Nr. 5 PSD2 durchzuführen. Danach ist ein **„Zahlungsvorgang"** definiert als die bzw. der vom Zahler, im Namen des Zahlers oder vom Zahlungsempfänger ausgelöste Bereitstellung, Transfer oder Abhebung eines Geldbetrags, unabhängig von etwaigen zugrunde liegenden Verpflichtungen im Verhältnis zwischen Zahler und Zahlungsempfänger. In Deutschland findet sich die entsprechende Definition mit leicht anderer Formulierung aber inhaltsgleicher Bedeutung in § 675f Abs. 4 S. 1 BGB. Danach ist ein Zahlungsvorgang jede Bereitstellung, Übermittlung oder Abhebung eines Geldbetrages, unabhängig von der zugrundeliegenden Rechtsbeziehung zwischen Zahler und Zahlungsempfänger.

294 Zahlungsvorgänge werden bereits dann **durchgeführt,** wenn die monetären Werte in irgendeiner Form vom Kunden auf den Akzeptanten übertragen werden.[391] Die zwischen ihnen begründete Rechtsbeziehung im Valutaverhältnis, aufgrund derer der Kunde gegenüber dem Dienstleister zur Zahlung in der Pflicht steht, ist dafür nicht relevant.

6. Von dem Emittenten verschiedene Akzeptanten

295 Weiterhin muss der monetäre Wert von anderen natürlichen oder juristischen Personen als dem Emittenten akzeptiert werden. Es muss sich also um ein **dreiseitiges System** handeln, bei dem Emittent, E-Geld-Inhaber und akzeptierende Person/akzeptierendes Unternehmen personenverschieden sind. Dabei kann es sich je nach gewählter Konstruktion bspw. um Konzernmütter und deren Tochterunternehmen oder um Franchisezentralen und deren Franchiseunternehmen handeln. Ein dreiseitiges System besteht auch dann, wenn zwei verschiedene Personen gemeinsam eine Karte herausgeben und beide als Leistungserbringer auftreten.[392]

II. Bereichsausnahmen

296 Die monetären Werte gelten nicht als E-Geld bzw. werden von der Anwendung der E-Geld-Richtlinie ausgenommen, wenn sie von unter eine der Bereichsausnah-

---

[390] Merkblatt ZAG, D.I.1.
[391] Damit liegt der Durchführung (§ 1 Abs. 2 S. 3 ZAG) – im Gegensatz zum Merkmal der Ausführung von Zahlungsvorgängen (§ 1 Abs. 2 S. 2 Nr. 2 u. 3 ZAG) – ein weites Begriffsverständnis zugrunde (Merkblatt ZAG, D.I.1).
[392] Vgl. BT-Drs. 13/7142, 64.

Begriffsbestimmungen **Art. 3**

men fallen, die auf Art. 1 Abs. 4 und Abs. 5 der E-Geld-Richtlinie basieren. Danach gilt die E-Geld-Richtlinie nicht für
- monetäre Werte, die auf Instrumenten gespeichert sind, die unter die Ausnahmeregelung nach Art. 3 Buchst. k der PSD1 fallen (**Begrenzte Netze/Produktpalette**) und nicht für
- solche monetären Werte, die für Zahlungsvorgänge verwendet werden, die unter die Ausnahmeregelung nach Art. 3 Buchst. l der PSD1 (nunmehr Art. 3 Buchst. k und l der PSD2) fallen (**Elektronische Kommunikationsnetze bzw. -dienste**).

1. Zahlungssysteme in limitierten Netzen oder mit limitierter Produktpalette und Instrumente zu sozialen oder steuerlichen Zwecken

Nach Art. 1 Abs. 4 der E-Geld-Richtlinie sind monetäre Werte **kein E-Geld** 297 (bzw. findet die E-Geld-Richtlinie keine Anwendung), wenn sie auf **Zahlungsinstrumenten** beruhen, die
i) für den Erwerb von Waren oder Dienstleistungen in den Geschäftsräumen des Emittenten oder innerhalb eines begrenzten Netzes von Dienstleistern im Rahmen einer Geschäftsvereinbarung mit einem professionellen Emittenten eingesetzt werden können,
ii) für den Erwerb eines sehr begrenzten Waren- oder Dienstleistungsspektrums eingesetzt werden können, oder
iii) beschränkt sind auf den Einsatz im Inland und auf Ersuchen eines Unternehmens oder einer öffentlichen Stelle für bestimmte soziale oder steuerliche Zwecke nach Maßgabe öffentlich-rechtlicher Bestimmungen für den Erwerb der darin bestimmten Waren oder Dienstleistungen von Anbietern, die eine gewerbliche Vereinbarung mit dem Emittenten geschlossen haben, bereitgestellt werden.

Beispiele für diese Bereichsausnahmen sind Hauskarten („Alles unter einem 298 Dach"), Stationskarten an Tankstellen für den Verkauf von Kommissionsware an dieser Tankstelle, Kundenkarten einer Ladenkette mit einheitlichem Marktauftritt, Karten für Universitäten, Werksgelände, Krankhaus- und Heimgelände, Strafvollzugsanstalten, Fußball- oder Eventstadien, Hallen und Bühnen und Kundenkarten von Shopping-Centern, Malls und Outlet-Villages sowie die von einer bestimmten Ferienanlage ausgegebenen Clubkarten für die Zahlung innerhalb der Anlage erworbenen Waren oder Dienstleistungen und City-Karten und Karten mit sehr begrenztem Produkt- oder Dienstleistungsspektrum (Tankkarten, Fashioncards, Beautycards, Fitnesscards, Streaming-, Kino- und Kantinenkarten, Karten für Tierbedarf und -nahrung).[393]

Die Inanspruchnahme dieser Bereichsausnahme setzt nach der Verwaltungspra- 299 xis der BaFin grundsätzlich voraus, dass der elektronisch gespeicherte Betrag je Zahlungsinstrument **250,00 Euro** nicht übersteigt. Bei wiederaufladbaren Zahlungsinstrumenten darf das Gesamtzahlungsvolumen 250,00 Euro je Kalendermonat nicht überschreiten.[394]

Nutzt ein Unternehmen diese Bereichsausnahme und überschreitet der Gesamt- 300 wert der Zahlungsvorgänge der vorangegangenen zwölf Monate den **Betrag von**

---

[393] Merkblatt ZAG, C.X.1.
[394] Merkblatt ZAG, C.X.2.

Lösing

Art. 3 Titel I Gegenstand, Anwendungsbereich und Begriffsbestimmungen

1 Million Euro, hat es diese Tätigkeit der **BaFin anzuzeigen.** Dabei sind die angebotenen Dienstleistung zu beschreiben und anzugeben, welche Ausnahme in Anspruch genommen wird. Die BaFin entscheidet, ob die Voraussetzungen für die Nutzung der Bereichsausnahmen vorliegen. Entspricht die Tätigkeit des Unternehmens nicht den Voraussetzungen informiert die BaFin das Unternehmen entsprechend.

2. Elektronische Kommunikationsnetze/-diensten

301   Ebenfalls kein E-Geld sind monetäre Werte, die nur für **Zahlungsvorgänge** eingesetzt werden, die **von einem Anbieter elektronischer Kommunikationsnetze oder -dienste** zusätzlich zu elektronischen Kommunikationsdiensten für einen Teilnehmer des Netzes oder Dienstes bereitgestellt werden, und die
i) im Zusammenhang stehen mit dem Erwerb von digitalen Inhalten und Sprachdiensten, ungeachtet des für den Erwerb oder Konsum des digitalen Inhalts verwendeten Geräts, und die auf der entsprechenden Rechnung abgerechnet werden, oder
ii) von einem elektronischen Gerät aus oder über dieses ausgeführt und auf der entsprechenden Rechnung im Rahmen einer gemeinnützigen Tätigkeit oder für den Erwerb von Tickets abgerechnet werden,
sofern der Wert einer Einzelzahlung 50 Euro nicht überschreitet und der kumulative Wert der Zahlungsvorgänge eines einzelnen Teilnehmers monatlich 300 Euro nicht überschreitet.[395]

302   a) **Anbieter bzw. Betreiber elektronischer Kommunikationsnetze oder elektronischer Kommunikationsdienste.** Diese Bereichsausnahme kann nur von einem **Anbieter bzw. Betreiber elektronischer Kommunikationsnetze oder elektronischer Kommunikationsdienste** in Anspruch genommen werden. Andere Unternehmen, die in diesem Sachzusammenhang Zahlungsdienste erbringen, können nicht von diesen Bereichsausnahmen profitieren.

303   **Elektronischen Kommunikationsnetze** sind Übertragungssysteme und Vermittlungs- und Leitwegeinrichtungen sowie anderweitige Ressourcen einschließlich der nicht aktiven Netzbestandteile, die die Übertragung von Signalen über Kabel, Funk, optische oder andere elektromagnetische Einrichtungen ermöglichen, einschließlich Satellitennetze, feste (leitungs- und paketvermittelte, einschließlich Internet) und mobile terrestrische Netze, Stromleitungssysteme, soweit sie zur Signalübertragung genutzt werden, Netze für Hör- und Fernsehfunk sowie Kabelfernsehnetze, unabhängig von der Art der übertragenen Informationen.[396] Es handelt sich um technische Einrichtungen, die in funktionaler Hinsicht die Signalübertragung über bestimmte elektronische Medien ermöglichen. Der Begriff der „Elektronischen Kommunikationsnetze" umfasst sämtliche Formen der Kontaktaufnahme zwischen der absendenden und der empfangenden Partei. Die Kontaktaufnahme wird dabei über technische Geräte oder Installationen ermöglicht wie bspw. Kabel, Funk, Satelliten, terrestrische Netze oder Stromleitungssysteme.[397]

304   **Elektronische Kommunikationsdienste** sind Dienste, die gewöhnlich gegen Entgelt erbracht werden und die ganz oder überwiegend in der Übertragung von

---

[395] § 1 Abs. 2 S. 4 ZAG iVm § 2 Abs. 1 Nr. 10 und 11 ZAG.
[396] Art. 4 Nr. 41 PSD2, vgl. § 1 Abs. 12 ZAG.
[397] Merkblatt ZAG, C.XI.

Signalen über elektronische Kommunikationsnetze bestehen, einschließlich von Telekommunikations- und Übertragungsdiensten in Rundfunknetzen, jedoch ausgenommen von Diensten, die Inhalte über elektronische Kommunikationsnetze und -dienste anbieten oder eine redaktionelle Kontrolle über sie ausüben. Keine elektronischen Kommunikationsdienste in diesem Sinne sind Dienste der Informationsgesellschaft iSd Art. 1 der Richtlinie (EU) 2015/1535 des Europäischen Parlaments und des Rates vom 9.9.2015 über ein Informationsverfahren auf dem Gebiet der technischen Vorschriften und der Vorschriften für die Dienste der Informationsgesellschaft (ABl. 2015 L 241, 1), die nicht ganz oder überwiegend in der Übertragung von Signalen über elektronische Kommunikationsnetze bestehen.[398] Die Dienstleistung hat also einen Schwerpunkt in der Transportleistung („ganz oder überwiegend"), nicht dagegen in einer inhaltlichen Leistung.

Erfasst werden damit die **Zahlungsvorgänge über das Telekommunikationsunternehmen,** mit denen Auskunftsdienste, telekommunikationsgestützte Dienste sowie Berechtigungscodes für die Teilnahme an Veranstaltungen abgerechnet werden. Weiterhin können Zahlungsvorgänge, die das Telekommunikationsunternehmen **für andere Anbieter** wegen deren Telekommunikationsdienstleistungen (reine Telefonie) abwickelt, von der Ausnahme profitieren.[399] 305

Für beide Bereichsausnahmen gelten die vom europäischen Gesetzgeber vorgegebenen Schwellenwerte von 50 Euro pro Zahlungsvorgang sowie einem kumulativen Wert von 300 Euro pro Teilnehmer und Monat. Dadurch soll die Bereichsausnahme auf **Zahlungen mit niedrigem Risikoprofil** beschränkt werden.[400] 306

b) Digitale Inhalte und Sprachdienste. Für die Inanspruchnahme der Ausnahme muss der Erwerb von digitalen Inhalten und Sprachdiensten mit der Inanspruchnahme des elektronischen Kommunikationsnetzes oder -dienstes zusammenfallen. Die Zahlungsvorgänge müssen im Zusammenhang mit dem Erwerb von digitalen Inhalten und Sprachdiensten bereitgestellt werden. 307

Digitale Inhalte sind gemäß Art. 4 Nr. 43 PSD2[401] Waren oder Dienstleistungen, die in digitaler Form hergestellt und bereitgestellt werden, deren Nutzung oder Verbrauch auf ein technisches Gerät beschränkt ist und die in keiner Weise die Nutzung oder den Verbrauch von Waren oder Dienstleistungen in physischer Form einschließen. Dazu zählen u. a. Software, Hintergrundbilder, Musik, Filme und Klingeltöne. 308

Zu den **Sprachdiensten** zählen u. a. anderem Unterhaltungen wie Chats; Auskunftsdienste wie Wetter- oder Börsenansagen, Weckrufe, gesprächstherapeutische Leistungen sowie die Teilnahme an Fernseh- und Radiosendungen wie Abstimmungen, Wettbewerbe und Live-Feedback. 309

---

[398] Art. 4 Nr. 42 PSD2, vgl. § 1 Abs. 13 ZAG.
[399] Die Durchführung von Zahlungen ausschließlich in eigenem Namen und auf eigene Rechnung von Telekommunikationsunternehmen für eigene Leistungen mit ihren Kunden (sog. Online-Billing) erfüllen bereits mangels Dreiseitigkeit nicht die Voraussetzungen der Erbringung eines Zahlungsdienstes und sind damit grundsätzlich nicht erfasst. Zahlungsvorgänge, die aus der Abrechnung und Einkassierung von Diensten des Telekommunikationsunternehmens für andere Anbieter hervorgehen und an die Anbieter weitergeleitet werden (sog. Offline Billing im Festnetz und Factoringmodell im Mobilfunk), stellen einen Zahlungsdient dar, der nur im Rahmen der Schwellenwerte des § 2 Abs. 1 Nr. 11 ZAG erlaubnisfrei erbracht werden kann (Merkblatt ZAG, C.XI).
[400] Erwgr. Nr. 15 PSD2.
[401] Inhaltsgleich mit § 1 Abs. 27 ZAG.

Art. 3 Titel I Gegenstand, Anwendungsbereich und Begriffsbestimmungen

310 c) **Gemeinnützigkeit der abgerechneten Tätigkeit oder Abrechnung von elektronischen Tickets.** Eine weitere Ausnahme gilt für Zahlungsvorgänge, die von einem elektronischen Gerät aus oder über dieses ausgeführt und für den Erwerb von Tickets oder auf der entsprechenden Rechnung im Rahmen einer gemeinnützigen Tätigkeit abgerechnet werden.

311 Der Ticketerwerb über Smartphones soll für Kunden und Betreiber kostengünstig bleiben, was durch die Privilegierung des **Erwerbs von Tickets** und die Schwellenwerte für Kleinstbetragszahlungen sichergestellt wird. Elektronische Tickets gelten in unterschiedlichen Bereichen – sei es Beförderung, Unterhaltung, Parken und Eintritt zu Veranstaltungen – jedoch nicht für körperliche Waren. Überdies soll durch die Bereichsausnahme die Belastung für Stellen, die **Spenden für gemeinnützige Zwecke** sammeln, verringert werden.[402]

312 Im Hinblick auf die geldbetragsmäßigen Grenzen der Bereichsausnahme verlangt die BaFin nicht zwingend eine Beachtung in jedem Einzelfall, sondern lässt auch „eine **allgemein-übergreifende Betrachtungsweise**" zu. Es genügt, wenn im Rahmen eines detailliert beschriebenen Verfahrens die Schwellenwerte auf Grundlage valide ermittelter historischer Abrechnungsdaten mit einem Konfidenzniveau von mindestens 99 % eingehalten werden.[403]

313 Nutzt ein Unternehmen die Bereichsausnahme für elektronische Netze/Dienste, hat es diese Tätigkeit der Bundesanstalt **anzuzeigen** und ihr in einem **jährlichen Bestätigungsvermerk** mitzuteilen, dass die Tätigkeit die festgelegten Obergrenzen nicht überschreitet.

45. „personenbezogene Daten" personenbezogene Daten im Sinne des Artikels 4 Nummer 1 der Verordnung (EU) 2016/679;

314 Die MiCAR definiert **personenbezogene Daten** unter Verweis auf die DSGVO. Für den sachlichen Anwendungsbereich ist damit Art. 4 Nr. 1 DSGVO maßgebend, vgl. Art. 2 Abs. 1 DSGVO[404] (siehe insofern die allgemeine DSGVO-Kommentarliteratur).

46. „Zahlungsinstitut" ein Zahlungsinstitut im Sinne von Artikel 4 Nummer 4 der Richtlinie (EU) 2015/2366;

315 Für die Begriffsbestimmung des **Zahlungsinstituts** rekurriert die Verordnung auf den Begriff des Art. 4 Nr. 4 der Zahlungsdiensterichtlinie (PSD II).[405] Nach der dortigen Definition ist eine juristische Person gemeint, welcher nach Art. 11 PSD II eine Zulassung für die unionsweite Erbringung und Ausführung von Zahlungsdiensten erteilt wurde. Erfasst sind mithin solche Zahlungsdienstleister, die zur Erbringung von namentlich der in Anhang I PSD II aufgeführten Tätigkeiten qua be-

---

[402] Vgl. Erwgr. Nr. 16 PSD2.
[403] Merkblatt ZAG, C.XI. mit weiteren Ausführungen.
[404] Eingehend BeckOK DatenschutzR/Schild DS-GVO Art. 4 Rn. 3ff.
[405] RL (EU) 2015/2366 des Europäischen Parlaments und des Rates v. 25.11.2015 über Zahlungsdienste im Binnenmarkt, zur Änderung der RL 2002/65/EG, 2009/110/EG und 2013/36/EU und der VO (EU) Nr. 1093/2010 sowie zur Aufhebung der RL 2007/64/EG.

Begriffsbestimmungen **Art. 3**

hördlicher Zulassung berechtigt sind. Der Begriff ist zu unterscheiden von dem des **Zahlungsdienstleisters** isd Art. 3 Abs. 1 Nr. 42 MiCAR (→ Art. 3 Abs. 1 Nr. 42 Rn. 1 ff.).

Der deutsche Gesetzgeber hat die Anforderungen der PSD II im Gesetz über die 316 Beaufsichtigung von **Zahlungsdiensten (ZAG)** umgesetzt.[406] Danach benötigen Zahlungsdienstleister, die nicht von § 1 Abs. 1 S. 1 Nr. 2–5 ZAG erfasst sind, eine Erlaubnis der BaFin zur Erbringung von Zahlungsdiensten (§ 10 ZAG).

47. „OGAW-Verwaltungsgesellschaft" eine Verwaltungsgesellschaft im Sinne von Artikel 2 Nummer 1 Buchstabe b der Richtlinie 2009/65/EG des Europäischen Parlaments und des Rates (33);

Für den Begriff der **OGAW-Verwaltungsgesellschaft** verweist die MiCAR 317 auf die Definition des Art. 2 Nr. 1 lit. b der OGAW Richtlinie. Danach ist eine Gesellschaft gemeint, deren reguläre Geschäftstätigkeit in der Verwaltung von in der Form eines Investmentfonds oder einer Investmentgesellschaft konstituierten OGAW besteht (gemeinsame Portfolioverwaltung von OGAW).

OGAW steht für Organismus für gemeinsame Anlagen in Wertpapieren (Wert- 318 papierfonds), wobei es sich um zulassungspflichtige Fonds handelt, die ihren Anlegern vor allem umfangreiche Informationen zur Verfügung stellen müssen. Im deutschen Recht sind Verwaltungsgesellschaften hauptsächlich durch das **KAGB** reguliert.

Im Rahmen der MiCAR kommen **OGAW-Verwaltungsgesellschaften** vor 319 allem in zweierlei Hinsicht Bedeutung zu: Der OGAW-Verwaltungsgesellschaft selbst kann es gemäß Art. 60 Abs. 5 MiCAR gestattet sein, Kryptowerte-Dienstleistungen zu erbringen, **ohne dass das Zulassungsverfahren** nach Art. 62 f. MiCAR durchlaufen werden muss (→ Art. 60 Rn. 22 ff.). Weiter können Emittenten vermögenswertreferenzierter Token die Vermögenswertreserve in bestimmten Anteilen an einem OGAW anlegen (Art. 38 Abs. 2, Abs. 5 MiCAR).

48. „Verwalter alternativer Investmentfonds" einen Verwalter alternativer Investmentfonds (AIFM) im Sinne von Artikel 4 Absatz 1 Buchstabe b der Richtlinie 2011/61/EU des Europäischen Parlaments und des Rates (34);

Der Begriff des **Verwalters alternativer Investmentfonds** entspricht der De- 320 finition des Art. 4 Abs. 1 lit. b der Richtlinie über die Verwalter alternativer Investmentfonds.[407] Gemeint ist damit jede juristische Person, deren reguläre Geschäftstätigkeit darin besteht, einen oder mehrere AIF zu verwalten. AIF oder Alternative Investmentfonds definiert die Richtlinie über die Verwalter alternativer Investmentfonds in Art. 4 Abs. 1 lit. a als jeder Organismus für gemeinsame Anlagen einschließlich seiner Teilfonds, der von einer Anzahl von Anlegern Kapital einsammelt, um es

---

[406] Näher dazu: BaFin Merkblatt – Hinweise zum Zahlungsdiensteaufsichtsgesetz (ZAG), 22.12.2011, Fassung v. 4.5.2023.
[407] RL 2011/61/EU des Europäischen Parlaments und des Rates v. 8.6.2011 über die Verwalter alternativer Investmentfonds und zur Änderung der RL 2003/41/EG und 2009/65/EG und der Verordnungen (EG) Nr. 1060/2009 und (EU) Nr. 1095/2010.

Art. 3   Titel I Gegenstand, Anwendungsbereich und Begriffsbestimmungen

gemäß einer festgelegten Anlagestrategie zum Nutzen dieser Anleger zu investieren und keine Genehmigung gem. Art. 5 der OGAW-Richtlinie[408] benötigt. Parallel zur OGAW-Verwaltungsgesellschaft werden Verwalter alternativer Investmentfonds im deutschen Recht durch das **KAGB**[409] reguliert.

321 Unter der MiCAR kann es Verwaltern alternativer Investmentfonds gemäß Art. 60 Abs. 5 MiCAR gestattet sein, Kryptowerte-Dienstleistungen **ohne Zulassungsverfahren** nach Art. 62 f. MiCAR zu erbringen (→ Art. 60 Rn. 22 ff.).

49. „Finanzinstrument" Finanzinstrument im Sinne des Artikels 4 Abs. 1 Nummer 15 der RL 2014/65/EU;

I. Überblick

322 Art. 3 Abs. 1 Nr. 49 definiert den Begriff des Finanzinstruments durch einen **Verweis** auf die entsprechende Definitionsnorm in **Art. 4 Abs. 1 Nr. 15 RL 2014/65/EU (MiFID II)**. Art. 4 Abs. 1 Nr. 15 MiFID II enthält seinerseits einen Verweis auf die in **Anhang I Abschnitt C MiFID II** genannten Instrumente (→ Rn. 323 ff.), wobei durch **Art. 18 Nr. 1 VO (EU) 2022/858** klargestellt worden ist, dass mittels **Distributed-Ledger-Technologie** emittierte Instrumente ebenfalls vom Begriff des Finanzinstruments iSd Art. 4 Abs. 1 Nr. 15 MiFID II umfasst sein können. Beim Begriff des Finanzinstruments handelt es sich um einen **Schlüsselbegriff der MiCAR** in negativer Hinsicht, da **Art. 2 Abs. 4 lit. a** Finanzinstrumente vom **sachlichen Anwendungsbereich** der MiCAR ausnimmt. Für Finanzinstrumente bleibt es damit bei der Anwendung des bestehenden kapitalmarktrechtlichen Rechtsrahmens, dh der VO (EU) 2017/1129 (ProspektVO) sowie der VO EU 596/2014 (MAR) (vgl. Art. 1 Abs. 1, Art. 2 Abs. 1 ProspektVO iVm Art. 4 Abs. 1 Nr. 44 MiFID II; Art. 2 Abs. 1, 3 Abs. 1 Nr. 1 MAR iVm Art. 4 Abs. 1 Nr. 15 MiFID II). Die MiCAR verwendet den Begriff des Finanzinstruments in ihren Bestimmungen jedoch nicht nur als negative Abgrenzung zum bestehenden kapitalmarktrechtlichen Rechtsrahmen (Art. 2 Abs. 4 lit. a), sondern an verschiedenen Stellen auch in positiver Hinsicht, insbesondere im Zusammenhang mit Warnhinweisen im Kryptowerte-Whitepaper (Art. 6 Abs. 7 UAbs. 2 lit. c, Art. 19 Abs. 6 UAbs. 2 lit. c), der Verwahrung und Anlage von Reservevermögen (Art. 37 Abs. 3 lit. c, Art. 38 Abs. 1, Art. 3–5) sowie der Anlage von im Tausch gegen E-Geld-Token (Art. 3 Abs. 1 Nr. 7) entgegengenommenen Geldbeträgen (Art. 54 lit. b).

II. Fallgruppenartige Kategorisierung

323 Der (Doppel-)Verweis aus Art. 3 Abs. 1 Nr. 49 iVm Art. 4 Abs. 1 Nr. 15 MiFID II führt für den Begriff des Finanzinstruments zu der **typologischen Auf-**

---

[408] RL 2009/65/EG des Europäischen Parlaments und des Rates v. 13.7.2009 zur Koordinierung der Rechts- und Verwaltungsvorschriften betreffend bestimmte Organismen für gemeinsame Anlagen in Wertpapieren (OGAW) (Neufassung).

[409] Zu den Begriffen § 1 Abs. 14–16 KAGB.

Begriffsbestimmungen **Art. 3**

zählung[410] in **Anhang I Abschnitt C MiFID II.** Ordnet man die aufgeführten Instrumente nach Kategorien[411], so ergibt sich das folgende Bild:
- Übertragbare Wertpapiere (Nr. 1);
- Geldmarktinstrumente (Nr. 2);
- Anteile an Organismen für gemeinsame Anlagen (Nr. 3);
- Derivatkontrakte (Nr. 4, 5, 6, 7, 10);
- Derivative Instrumente für den Transfer von Kreditrisiken (Nr. 8);
- Finanzielle Differenzgeschäfte (Nr. 9).

Diese fallgruppenartige Kategorisierung der Finanzinstrumente wird der weiteren Kommentierung zugrunde gelegt.[412]

1. Übertragbare Wertpapiere

Zur wichtigsten Kategorie der Finanzinstrumente zählen nach Anhang I Abschnitt C Nr. 1 MiFID II die **übertragbaren Wertpapiere** iSd **Art. 4 Abs. 1 Nr. 44 MiFID II.** Zu unterscheiden ist zwischen den **formellen** (→ Rn. 325 ff.) und den **materiellen Voraussetzungen** (→ Rn. 331 ff.) des Wertpapierbegriffs, die ein Instrument gleichermaßen erfüllen muss, damit es als übertragbares Wertpapier einzustufen ist (näher zu Kryptowerten → Rn. 336 ff.). 324

a) Formelle Anforderungen. Die Definitionsnorm des Art. 4 Abs. 1 Nr. 44 MiFID II umschreibt übertragbare Wertpapiere als die „Kategorien von Wertpapieren, die auf dem Kapitalmarkt gehandelt werden können". Hinsichtlich des betreffenden Instruments ist demzufolge eine **Handelbarkeit auf dem Kapitalmarkt** erforderlich, die ihrerseits dessen **Übertragbarkeit** (→ Rn. 326), **Standardisierung** (→ Rn. 327 f.) und **Handelbarkeit (ieS)** (→ Rn. 329 f.) voraussetzt.[413] 325

aa) Übertragbarkeit. Zwingende Grundvoraussetzung der Wertpapiereigenschaft eines Instruments ist dessen **Übertragbarkeit,** da nur unter dieser Voraussetzung eine Handelbarkeit des Instruments gegeben ist.[414] Die Übertragbarkeit liegt vor, wenn ein Instrument durch den jeweiligen Inhaber auf einen Dritten transferiert werden kann.[415] Vinkulierungen und rechtsgeschäftliche Veräußerungsver- 326

---

[410] Klöhn/Klöhn MAR Art. 2 Rn. 9.
[411] Siehe zur nachfolgenden Kategorisierung: Klöhn/Klöhn MAR Art. 2 Rn. 9; Schwark/Zimmer/Misterek MAR Art. 2 Rn. 3.
[412] Die Kommentierung folgt im Weiteren dieser u. a. auch von Schwark/Zimmer/Kumpan/Misterek MAR Art. 2 Rn. 3 ff. und Klöhn/Klöhn MAR Art. 2 Rn. 9 ff. zugrunde gelegten Struktur.
[413] BaFin Hinweisschreiben (WA) v. 20. 2. 2018 GZ: WA 11-QB 4100-2017/0010, S. 2. BaFin Zweites Hinweisschreiben zu Prospekt- und Erlaubnispflichten im Zusammenhang mit der Ausgabe sogenannter Krypto-Token v. 16. 8. 2019 GZ: WA 51-Wp 7100-2019/0011 und IF 1-AZB 1505-2019/0003, S. 7 f.; vgl. auch ESMA, Consultation Paper On the draft Guidelines on the conditions and criteria for the qualification of crypto-assets as financial instruments, 29. 1. 2024, ESMA75-453128700-52, S. 10 f., 28 f., 32, Rn. 30, 35, 97, 112.
[414] Hacker/Thomale ECFR 2018, 645 (663); Zickgraf AG 2018, 293 (299); Assmann/Schneider/Mülbert/Assmann WpHG § 2 Rn. 14; Schwark/Zimmer/Kumpan WpHG § 2 Rn. 11.
[415] BaFin Zweites Hinweisschreiben zu Prospekt- und Erlaubnispflichten im Zusammenhang mit der Ausgabe sogenannter Krypto-Token v. 16. 8. 2019 GZ: WA 51-Wp 7100-2019/0011 und IF 1-AZB 1505 – 2019/0003, S. 8; Schwark/Zimmer/Kumpan WpHG § 2 Rn. 11.

bote (zB Lock-up-Vereinbarungen) führen nicht zum Ausschluss der Übertragbarkeit, da die freie Handelbarkeit keine Voraussetzung des Wertpapierbegriffs iSd Art. 4 Abs. 1 Nr. 44 MiFID II darstellt (arg. Art. 51 Abs. 1 UAbs. 2 MiFID II).[416]

327 **bb) Standardisierung.** Das Erfordernis der Standardisierung der Instrumente ergibt sich aus dem Wortlaut des Art. 4 Abs. 1 Nr. 44 MiFID II („Kategorien von Wertpapieren").[417] Die Instrumente müssen daher einheitlich ausgestaltete Rechte vermitteln bzw. standardisierte Ausstattungsmerkmale aufweisen.[418] In teleologischer Hinsicht dient das Tatbestandsmerkmal der Standardisierung der Gewährleistung institutioneller und operationeler Effizienz des Kapitalmarkts, weil ein effizienter Handel mit möglichst geringen Transaktions- und Informationskosten die Standardisierung der gehandelten Instrumente voraussetzt.[419] Die erforderliche Standardisierung liegt vor, wenn die Instrumente aufgrund gemeinsamer Ausstattungsmerkmale (insbes. hinsichtlich der vermittelten Rechte) wechselseitig austauschbar sind, dh nach Art und Zahl der Stücke bestimmbar sind (Fungibilität bzw. Vertretbarkeit).[420] Im Falle einer individuellen Ausgestaltung der Wertpapiere fehlt es demgegenüber an der notwendigen Standardisierung.[421]

328 Dem Erfordernis der Standardisierung der Instrumente genügt eine **Standardisierung auf Emittentenebene**[422]; eine Einheitlichkeit der gesamten Anlageklasse

---

[416] ESMA, Questions and Answers on the Prospectus Regulation (12th updated version – February 2023), Q14.12, 68f.; Klöhn/Klöhn MAR Art. 2 Rn. 15; Assmann/Schneider/Mülbert/Assmann WpHG § 2 Rn. 13f.; Schwark/Zimmer/Kumpan WpHG § 2 Rn. 10; Kölner Komm. WpHG/Roth WpHG § 2 Rn. 32; Hacker/Thomale ECFR 2018, 645 (663); wohl auch ESMA, Consultation Paper On the draft Guidelines on the conditions and criteria for the qualification of crypto-assets as financial instruments, 29. 1. 2024, ESMA75-453128700-52, S. 31, Rn. 109; tendenziell strenger Just/Voß/Ritz/Zeising/Ritz ProspektVO Art. 2 Rn. 20.

[417] Hacker/Thomale ECFR 2018, 645 (666); Klöhn/Klöhn MAR Art. 2 Rn. 18; Kölner Komm. WpHG/Roth WpHG § 2 Rn. 23.

[418] Vgl. BaFin Zweites Hinweisschreiben zu Prospekt- und Erlaubnispflichten im Zusammenhang mit der Ausgabe sogenannter Krypto-Token v. 16. 8. 2019 GZ: WA 51-Wp 7100-2019/0011 und IF 1-AZB 1505-2019/0003, S. 8; Voß BKR 2007, 45 (50); ESMA, Consultation Paper On the draft Guidelines on the conditions and criteria for the qualification of crypto-assets as financial instruments, 29. 1. 2024, ESMA75-453128700-52, S. 10, 29, Rn. 32, 100; Just/Voß/Ritz/Zeising/Ritz ProspektVO Art. 2 Rn. 18f.; Kölner Komm WpHG/Roth WpHG § 2 Rn. 24f.

[419] Kölner Komm. WpHG/Roth WpHG § 2 Rn. 24; Hacker/Thomale ECFR 2018, 645 (664, 667); Veil ZHR 183 (2019), 346 (356); Zickgraf AG 2018, 293 (299).

[420] ESMA, Consultation Paper On the draft Guidelines on the conditions and criteria for the qualification of crypto-assets as financial instruments, 29. 1. 2024, ESMA75-453128700-52, S. 10, 29, Rn. 32, 100f.; Voß BKR 2007, 45 (50); Hacker/Thomale ECFR 2018, 645 (667); Veil ZHR 183 (2019), 346 (356); Zickgraf AG 2018, 293 (299); Schwark/Zimmer/Kumpan WpHG § 2 Rn. 7; Kölner Komm WpHG/Roth WpHG § 2 Rn. 25; Klöhn/Klöhn MAR Art. 2 Rn. 18.

[421] Klöhn/Klöhn MAR Art. 2 Rn. 18; Assmann/Schneider/Mülbert/Assmann WpHG § 2 Rn. 11; Maume/Maute Kryptowerte-HdB/Zickgraf § 11 Rn. 38 mwN.

[422] ESMA, Consultation Paper On the draft Guidelines on the conditions and criteria for the qualification of crypto-assets as financial instruments, 29. 1. 2024, ESMA75-453128700-52, S. 10, 29, Rn. 32 („In order to form a class, crypto-assets are generally viewed as (i) interchangeable, (ii) issued by the same issuer, (iii) having similarities, and (iv) providing access to equal rights."), 100; Hacker/Thomale ECFR 2018, 645 (667f.); Maume/Fromberger

Begriffsbestimmungen **Art. 3**

ist demgegenüber nicht erforderlich.[423] Der **Wortlaut** des Art. 4 Abs. 1 Nr. 44 MiFID II steht einer solche Interpretation nicht entgegen, da das Tatbestandsmerkmal der „Kategorien" lediglich das Erfordernis einer gattungsmäßigen Ausgestaltung der Wertpapiere umschreibt[424], die indes auch im Falle einer auf Emittentenebene einheitlichen Ausgestaltung der Rechte vorliegt.[425] Der **Rechtssicherheit** ist eine solche Auslegung jedenfalls zuträglich, da die Standardisierung durch einen Vergleich der durch die Instrumente vermittelten Rechte auf Emittentenebene vergleichsweise einfacher als die nach der Gegenauffassung erforderliche Überprüfung der Standardisierung am Maßstab einer einheitlichen Anlageklasse feststellbar ist.[426] Bestätigt wird die hiesige Sichtweise durch eine teleologische Auslegung, da die **Funktion** des Tatbestandsmerkmals darin besteht, einen **effizienten Handel mit niedrigen Transaktions- und Informationskosten** zu gewährleisten (→ Rn. 6), was jedoch ohne Weiteres bereits bei solchen Instrumenten sichergestellt ist, die auf Ebene der einzelnen Emittenten standardisiert sind, weil sie unter der Bezeichnung des Emittenten nach Art und Zahl der Stücke bestimmbar sind und gehandelt werden können.[427]

cc) Handelbarkeit ieS. Die Definitionsnorm des Art. 4 Abs. 1 Nr. 44 MiFID II **329** erfordert, dass die Wertpapiere auf dem Kapitalmarkt gehandelt werden können, wobei die abstrakte Möglichkeit der Handelbarkeit genügt (arg. Wortlaut: „können"), wohingegen das tatsächliche Bestehen eines Marktes für das betreffende Instrument nicht erforderlich ist.[428] Um einen Kapitalmarkt iSd Art. 4 Abs. 1 Nr. 44 MiFID II handelt es sich, sofern eine zentrale oder dezentrale Einrichtung vorliegt, die zu einem Zusammentreffen von Angebot und Nachfrage hinsichtlich der gehandelten Instrumente führen soll, und deren Einrichtung einer Vielzahl von möglichen Teilnehmern offen steht.[429] Der Begriff des Kapitalmarkts geht insofern über die in Art. 4 Abs. 1 Nr. 21–24 MiFID II genannten Handelsplätze hinaus.[430]

---

19 Chi. Journ. Int. L. (2019) 548 (580f.); Langenbucher RTDF 2018 N 2/3, 40 (45); Spindler WM 2018, 2109 (2112 mit Fn. 57); Veil ZHR 183 (2019), 346 (356); Zickgraf AG 2018, 293 (300); Klöhn/Klöhn MAR Art. 2 Rn. 18; Kölner Komm WpHG/Roth WpHG § 2 Rn. 25.

[423] AA Sester ZBB 2008, 369 (375, 378f.); Voß BKR 2007, 45 (51ff., 53).

[424] Assmann/Schneider/Mülbert/Assmann WpHG § 2 Rn. 41.

[425] Hacker/Thomale ECFR 2018, 645 (667); Veil ZHR 183 (2019), 346 (356); Zickgraf AG 2018, 293 (300).

[426] Näher Maume/Maute Kryptowerte-HdB/Zickgraf § 11 Rn. 41.

[427] Hacker/Thomale ECFR 2018, 645 (667f.); Veil ZHR 183 (2019), 346 (356); Zickgraf AG 2018, 293 (300).

[428] Vgl. ESMA, Consultation Paper On the draft Guidelines on the conditions and criteria for the qualification of crypto-assets as financial instruments, 29.1.2024, ESMA75-453128700-52, S. 11, 31, Rn. 33, 108; Klöhn/Klöhn MAR Art. 2 Rn. 14.

[429] ESMA, Consultation Paper On the draft Guidelines on the conditions and criteria for the qualification of crypto-assets as financial instruments, 29.1.2024, ESMA75-453128700-52, S. 11, 31, Rn. 33 Fn. 21, 34, 110; Klöhn/Klöhn MAR Art. 2 Rn. 13; Zickgraf AG 2018, 293 (300f.).

[430] ESMA, Consultation Paper On the draft Guidelines on the conditions and criteria for the qualification of crypto-assets as financial instruments, 29.1.2024, ESMA75-453128700-52, S. 11, Rn. 33 Fn. 21, Rn. 34; Zickgraf AG 2018, 293 (301); Klöhn/Klöhn MAR Art. 2 Rn. 13.

Art. 3 Titel I Gegenstand, Anwendungsbereich und Begriffsbestimmungen

330 Kontrovers diskutiert wird die Frage, ob eine Handelbarkeit (ieS) nur unter der Voraussetzung der Möglichkeit eines **gutgläubigen Erwerbs** des betreffenden Instruments zu bejahen ist.[431] Dagegen sprechen die folgenden Gründe: Erstens findet das Erfordernis eines gutgläubigen Erwerbs des Instruments im Wortlaut des Art. 4 Abs. 1 Nr. 44 MiFID II keinen Widerhall.[432] Zweitens hätte ein solches Erfordernis zur Folge, dass der Begriff des übertragbaren Wertpapiers durch die nationalen Regeln über den gutgläubigen Erwerb determiniert würde, was zu einer nationalen Aufspaltung der unionseinheitlichen Definitionsnorm führen würde.[433] Drittens spricht in teleologischer Hinsicht gegen das Erfordernis eines möglichen Gutglaubenserwerbs, dass das Kapitalmarktrecht der Regulierung der Finanzmarktprozesse und der Verhaltenssteuerung der Marktteilnehmer dient, wohingegen die Regelung der Begründung, Übertragung und Geltendmachung von Rechten nicht in dessen Regelungsbereich liegen.[434] Unabhängig von der Art und Weise der Übertragung eines Instruments sowie ungeachtet der Möglichkeit eines gutgläubigen Erwerbs besteht nämlich ein Anleger- und Marktschutzbedürfnis bereits im Falle eines tatsächlichen Handels auf dem Markt.[435] Viertens hatte der Unionsgesetzgeber bei der Implementierung der Definition tendenziell einen umfassenden (funktionalen) Begriff des übertragbaren Wertpapiers im Kopf, so dass auch der Gesetzgeberwille eher gegen das Erfordernis der Möglichkeit eines Gutglaubenserwerbs spricht.[436]

331 **b) Materielle Anforderungen. aa) Grundlagen.** Art. 4 Abs. 1 Nr. 44 MiFID II enthält keine allgemeine Definition der materiellen Anforderungen an ein übertragbares Wertpapier, sondern arbeitet in lit. a–c mit einem (nicht abschließenden)[437] **Katalog von Regelbeispielen.** Während die Regelbeispiele ohne Weiteres dem Wertpapierbegriff unterfallen (→ Rn. 332 ff.), muss für die nicht ausdrücklich erwähnten Instrumente geklärt werden, unter welchen Voraussetzungen diese als übertragbare Wertpapiere einzustufen sind. Um zu gewährleisten, dass die Definitionsnorm nicht auf den engen Katalog an Regelbeispielen beschränkt bleibt (underinclusiveness), ohne jedoch Art. 4 Abs. 1 Nr. 44 MiFID II kontur- und uferlos werden zu lassen (overinclusiveness), müssen für die nicht ausdrücklich im Tatbestand erwähnten Instrumente geeignete Abgrenzungskriterien erarbeitet werden.

---

[431] Dagegen die wohl überwiegende Auffassung: Chatard/Mann NZG 2019, 567 (572); Hacker/Thomale ECFR 2018, 645 (667f.); Hahn/Wilkens ZBB 2019, 10 (16); Klöhn/Parhofer/Resas ZBB 2018, 89 (100f.); Langenbucher FS Seibert, 2019, 525 (536); Veil ZHR 183 (2019), 346 (357); Zickgraf AG 2018, 293 (301f.); Klöhn/Klöhn MAR Art. 2 Rn. 17; Maume/Maute Kryptowerte-HdB/Zickgraf § 11 Rn. 45 ff. mwN; dafür: Bialluch-von Allwörden/von Allwörden WM 2018, 2118 (2120f.); Nathmann BKR 2019, 540 (543); Schwark/Zimmer/Kumpan WpHG § 2 Rn. 9 (mit Ausnahme für Blockchain-basierte Instrumente); Just/Voß/Ritz/Zeising/Ritz ProspektVO Art. 2 Rn. 33 ff., insbes. 37 ff. mwN.

[432] Zickgraf AG 2018, 293 (302).

[433] Klöhn/Klöhn MAR Art. 2 Rn. 17; Maume/Maute Kryptowerte-HdB/Zickgraf § 11 Rn. 49.

[434] Zickgraf AG 2018, 293 (301f.); siehe allgemein für diese Funktionsbeschreibung: Schwark/Zimmer/Kumpan WpHG § 2 Rn. 4.

[435] Maume/Maute Kryptowerte-HdB/Zickgraf § 11 Rn. 49.

[436] Zickgraf AG 2018, 293 (302).

[437] Arg. Wortlaut: „wie", engl. „such as", vgl. auch Veil ZHR 183 (2019), 346 (355); Misterek/Roth ZIP 2024, 385 (385).

Einen passenden Beurteilungsmaßstab liefert Art. 4 Abs. 1 Nr. 44 MiFID II selbst durch das Abstellen auf die Handelbarkeit der Instrumente **„auf dem Kapitalmarkt"**: Bei einem Instrument handelt es sich vor diesem Hintergrund nur dann um ein übertragbares Wertpapier, wenn es einen **spezifischen Bezug zu den Regelungszwecken des Kapitalmarkts** aufweist.[438] Ein solcher Bezug liegt vor, wenn bezüglich des Instruments bzw. hinsichtlich der durch das Instrument vermittelten Rechte **(kapitalmarktspezifische) Informationsasymmetrien** und **(kapitalmarkttypische) Agenturkonflikte** zwischen den Parteien vorliegen oder zu entstehen drohen.[439] Da diese Voraussetzungen bei den in Art. 4 Abs. 1 Nr. 44 lit. a–c genannten Wertpapieren typischerweise gegeben sind, besteht die Wertpapiereigenschaft eines (innovativen) Instruments im Falle einer **funktionalen Vergleichbarkeit** (der durch das Instrument vermittelten Rechte) mit den dort genannten Regelbeispielen (vgl. **Erwgr. Nr. 8 MiFID II**).[440]

bb) Regelbeispiele. Die in **Art. 4 Abs. 1 Nr. 44 lit. a MiFID II** genannten 332 Instrumente vermitteln eine **Eigenkapitalbeteiligung** am Emittenten des Wertpapiers.[441] Erforderlich ist mithin eine **Residualbeteiligung** an einem Unternehmensrechtsträger (Eigenkapitalinteresse). Für diese Kategorie von Wertpapieren ist es kennzeichnend, dass die Rendite der Investoren von den Anstrengungen und dem Erfolg der Bemühungen Dritter abhängt.[442] Häufig gewähren die von Art. 4 Abs. 1 Nr. 44 MiFID II erfassten Instrumente zugleich gesellschaftsrechtliche Mitbestimmungs- und Teilhaberechte, wenngleich dies nicht zwingend ist, wie die lit. a unterfallenden stimmrechtslosen Vorzugsaktien zeigen.[443] Art. 4 Abs. 1 Nr. 44 lit. a MiFID II nennt als Regelbeispiele solcher Eigenkapitalbeteiligungen **Aktien** und andere, **Aktien** oder **Anteilen an Gesellschaften, Personengesellschaften**

---

[438] Maume/Maute Kryptowerte-HdB/Zickgraf § 11 Rn. 49.
[439] Klöhn/Parhofer/Resas ZBB 2018, 89 (100); Zickgraf AG 2018, 293 (302 ff.); Maume/Maute Kryptowerte-HdB/Zickgraf § 11 Rn. 51; (wohl) auch Veil ZHR 183 (2019), 346 (360).
[440] Vgl. BaFin Zweites Hinweisschreiben zu Prospekt- und Erlaubnispflichten im Zusammenhang mit der Ausgabe sogenannter Krypto-Token v. 16.8.2019 GZ: WA 51-Wp 7100-2019/0011 und IF 1-AZB 1505-2019/0003, S. 7; ESMA, Consultation Paper On the draft Guidelines on the conditions and criteria for the qualification of crypto-assets as financial instruments, 29.1.2024, ESMA75-453128700-52, S. 10 f., 28 ff., 30 ff., Rn. 30, 35, 95, 102 ff., 106, 112; Hacker/Thomale ECFR 2018, 645 (669 f.); Klöhn/Parhofer/Resas ZBB 2018, 89 (100); Spindler WM 2018, 2109 (2112); Veil ZHR 183 (2019), 346 (357); Zickgraf AG 2018, 293 (302).
[441] ESMA, Consultation Paper On the draft Guidelines on the conditions and criteria for the qualification of crypto-assets as financial instruments, 29.1.2024, ESMA75-453128700-52, S. 29 f., Rn. 102; Klöhn/Parhofer/Resas ZBB 2018, 89 (101 f.); Veil ZHR 183 (2019), 346 (358 f.); Zickgraf AG 2018, 293 (303); Maume/Maute Kryptowerte-HdB/Zickgraf § 11 Rn. 53; Just/Voß/Ritz/Zeising/Ritz ProspektVO Art. 2 Rn. 13; Schwark/Zimmer/Kumpan WpHG § 2 Rn. 84.
[442] Klöhn/Klöhn MAR Art. 2 Rn. 29; Klöhn/Parhofer/Resas ZBB 2018, 89 (101 f.).
[443] Vgl. auch Klöhn/Parhofer/Resas ZBB 2018, 89 (101 f.) („typischerweise Stimm- und andere Herrschaftsrechte"); näher Maume/Maute Kryptowerte-HdB/Zickgraf § 11 Rn. 52 f.; tendenziell weitergehend ESMA, Consultation Paper On the draft Guidelines on the conditions and criteria for the qualification of crypto-assets as financial instruments, 29.1.2024, ESMA75-453128700-52, S. 29 f., Rn. 102.

oder **anderen Rechtspersönlichkeiten gleichzustellende Wertpapiere** sowie **Aktienzertifikate.**

333 Bei den in **Art. 4 Abs. 1 Nr. 44 lit. b MiFID II** genannten Wertpapieren handelt es sich um klassische **Fremdkapitalinstrumente** (Fremdkapitalinteresse).[444] Übertragbare Wertpapiere iSd Art. 4 Abs. 1 Nr. 44 lit. b MiFID II sind **Schuldverschreibungen** und **andere verbriefte Schuldtitel,** einschließlich Zertifikaten (Hinterlegungsscheinen) für solche Wertpapiere. Die typischerweise als Inhaberschuldverschreibung ausgestaltete Anleihe repräsentiert den prominentesten Anwendungsfall einer Schuldverschreibung iSd Art. 4 Abs. 1 Nr. 44 lit. b MiFID II.[445]

334 Die Instrumente iSd **Art. 4 Abs. 1 Nr. 44 lit. c MiFID II** stellen ausweislich Art. 4 Abs. 1 Nr. 49 MiFID II iVm Art. 2 Abs. 1 Nr. 29 VO (EU) Nr. 600/2014 (MiFIR) **Derivate** dar (näher → Rn. 346 f.). Hierbei werden Derivatkontrakte (→ Rn. 348 ff.) mit physischer Lieferung („zum Kauf oder Verkauf solcher Wertpapiere berechtigen") sowie mit Barausgleich („zu einer Barzahlung führen") gleichermaßen erfasst (näher zur Differenzierung → Rn. 347). Prägendes Kennzeichen der unter Art. 4 Abs. 1 Nr. 44 lit. c MiFID II fallenden übertragbaren Wertpapiere ist deren **Abhängigkeit** (insbes. im Hinblick auf die Wertentwicklung) von einem **Basiswert** (→ Rn. 346), die in lit. c näher differenziert werden. Erfüllen solche Derivate die formellen Voraussetzungen des Wertpapierbegriffs, handelt es sich nicht nur um derivative Finanzinstrumente iSd Anhang I Abschnitt C Nr. 4, 5, 6, 7, 10 MiFID II, sondern zugleich um übertragbare Wertpapiere gemäß Art. 4 Abs. 1 Nr. 44 lit. c MiFID II (sowie Anhang I Abschnitt C Nr. 1 MiFID II).

335 **cc) Ausschluss von Zahlungsinstrumenten.** Ausdrücklich vom Begriff des übertragbaren Wertpapiers iSd Art. 4 Abs. 1 Nr. 44 MiFID II ausgenommen sind „Zahlungsinstrumente". Hierbei handelt es sich um Bargeld, Schecks und andere liquide Mittel, die für gewöhnlich als Zahlungsmittel eingesetzt werden.[446] In jedem Fall sind Geldbeträge iSd Art. 4 Nr. 25 RL (EU) 2015/2366 (Art. 3 Abs. 1 Nr. 14) – dh Bargeld, Giralgeld und E-Geld – als Zahlungsinstrumente einzustufen.[447]

336 **c) Einordnung von Kryptowerten.** Die in der Praxis anzutreffenden Kryptowerte erfüllen die formellen Anforderungen des Wertpapierbegriffs weit überwiegend, wenngleich es insoweit auf eine Einzelfallbetrachtung ankommt.[448] Schwieri-

---

[444] Klöhn/Parhofer/Resas ZBB 2018, 89 (101 f.); Veil ZHR 183 (2019), 346 (358 ff.); Just/Voß/Ritz/Zeising/Ritz ProspektVO Art. 2 Rn. 13; Schwark/Zimmer/Kumpan WpHG § 2 Rn. 84; siehe auch ESMA, Consultation Paper On the draft Guidelines on the conditions and criteria for the qualification of crypto-assets as financial instruments, 29.1.2024, ESMA75-453128700-52, S. 30, Rn. 104.

[445] Klöhn/Klöhn MAR Art. 2 Rn. 32.

[446] Assmann/Schneider/Mülbert/Assmann WpHG § 2 Rn. 16; Klöhn/Klöhn MAR Art. 2 Rn. 22; siehe zur gebotenen weiten Auslegung ESMA, Consultation Paper On the draft Guidelines on the conditions and criteria for the qualification of crypto-assets as financial instruments, 29.1.2024, ESMA75-453128700-52, S. 10, 29, Rn. 31, 99.

[447] Klöhn/Klöhn MAR Art. 2 Rn. 21 f.

[448] Ausführlich dazu Maume/Maute Kryptowerte-HdB/Zickgraf § 11 Rn. 33 ff. mN; siehe zur Maßgeblichkeit der Einzelfallbetrachtung auch ESMA, Consultation Paper On the draft Guidelines on the conditions and criteria for the qualification of crypto-assets as financial instruments, 29.1.2024, ESMA75-453128700-52, S. 8 Rn. 20. Eine Ausnahme ergibt sich für echte Non-Fungible Tokens (NFTs), die angesichts ihrer individuellen Ausgestal-

ger zu beurteilen ist demgegenüber die Frage, ob im Falle von Kryptowerten eine funktionale Vergleichbarkeit mit den Regelbeispielen des Art. 4 Abs. 1 Nr. 44 MiFID II vorliegt und diese somit auch die materiellen Voraussetzungen eines übertragbaren Wertpapiers erfüllen. Insoweit kommt es auf die durch den Kryptowert vermittelten Rechte und damit auf dessen inhaltliche Ausgestaltung im jeweiligen Einzelfall an. Die nachfolgenden Aussagen beziehen sich auf bestimmte Fallgruppen von Token, die in der Praxis typischerweise vorkommen. Maßgeblich ist jedoch nicht die Bezeichnung des Kryptowerts durch den Emittenten, sondern dessen inhaltliche Ausgestaltung (vgl. allgemein Erwgr. Nr. 11 S. 7; substance over form-Ansatz).[449]

Ein **Investment-Token** oder **Security-Token** vermittelt seinem Inhaber wertpapierähnliche Ansprüche – entweder in Form eines Eigenkapitalinteresses oder in Form eines Fremdkapitalinteresses (dh sonstiger Zahlungsansprüche) –, so dass ein solcher Kryptowert eine Vergleichbarkeit mit den Art. 44 Abs. 1 Nr. 44 lit. a (Eigenkapitalbeteiligung) oder lit. b (Fremdkapitalbeteiligung) genannten klassischen Wertpapieren aufweist und daher als übertragbares Wertpapier einzustufen ist.[450] **337**

Utility-Token verschaffen ihrem jeweiligen Inhaber Zugang zu einer Ware oder Dienstleistung, die von seinem Emittenten bereitgestellt wird (Art. 3 Abs. 1 Nr. 9). Vor Inkrafttreten der MiCAR war die Wertpapiereigenschaft sog. Utility-Tokens mit Investment-Funktion umstritten.[451] Mit dem Inkrafttreten der MiCAR sprechen die besseren Argumente dafür, sämtliche Utility-Token nicht als übertragbare Wertpapiere iSd Art. 4 Abs. 1 Nr. 44 zu qualifizieren.[452] Dies hat zur Folge, dass **338**

---

tung nicht die für ein übertragbares Wertpapier erforderliche Standardisierung und Handelbarkeit aufweisen (vgl. → Vor Art. 4 ff. Rn. 10). Eine Rückausnahme ergibt sich für uneigentliche NFTs (→ Vor Art. 4 ff. Rn. 11 f.), die eine hinreichende Standardisierung aufweisen, sich für den Handel auf dem (Kapital-)Markt eignen und damit typischerweise die formellen Anforderungen des Wertpapierbegriffs erfüllen; als spezielle Unterart von Utility-Token sind sie seit Einführung der MiCAR gleichwohl nicht (mehr) als übertragbare Wertpapiere einzustufen (→ Rn. 338; → Vor Art. 4 ff. Rn. 15 f.).

[449] Ebenso ESMA, Consultation Paper On the draft Guidelines on the conditions and criteria for the qualification of crypto-assets as financial instruments, 29.1.2024, ESMA75-453128700-52, S. 8, 10, 28, 37 f., Rn. 20, 30, 96, 142.

[450] HM BaFin Zweites Hinweisschreiben zu Prospekt- und Erlaubnispflichten im Zusammenhang mit der Ausgabe sogenannter Krypto-Token v. 16.8.2019 GZ: WA 51-Wp 7100-2019/0011 und IF 1-AZB 1505-2019/0003, S. 8; Hacker/Thomale ECFR 2018, 645 (653, 671 ff.); Klöhn/Parhofer/Resas ZBB 2018, 89 (92, 102); Zickgraf AG 2018, 293 (295, 302 f.); Spindler WM 2018, 2109 (2109 f., 2112 f.); Weitnauer BKR 2018, 231 (232 f.); Hahn/Wilkens ZBB 2019, 10 (14, 16 f.); Veil ZHR 183 (2019), 346 (349, 360 f.); Maume 31 EBLR (2020), 185 (188, 192 f.); Zickgraf BKR 2021, 196 (198); Misterek/Roth ZIP 2024, 385 (385 f.); Klöhn/Klöhn MAR Art. 2 Rn. 81 f.; Schwark/Zimmer/Kumpan WpHG § 2 Rn. 84.

[451] Für die Wertpapiereigenschaft: Klöhn/Parhofer/Resas ZBB 2018, 89 (101 ff.); Zickgraf AG 2018, 293 (304 ff.); Chatard/Mann NZG 2019, 567 (573); Klöhn/Klöhn MAR Art. 2 Rn. 83 f.; Maume/Maute Kryptowerte-HdB/Zickgraf § 11 Rn. 55 ff., 64 ff. mwN; gegen die Wertpapiereigenschaft: Hacker/Thomale ECFR 2018, 645 (673 ff., 675, 681 ff.); Nathmann BKR 2019, 540 (543); Veil ZHR 183 (2019), 346 (363 f.); Schwark/Zimmer/Kumpan WpHG § 2 Rn. 86 (zumindest für „reine" Utility-Token).

[452] Klöhn/Klöhn MAR Art. 2 Rn. 85; ausführlich hierzu Zickgraf BKR 2021, 196 (198 f.); aA Misterek/Roth ZIP 2024, 385 (386). → Vor Art. 4 ff. Rn. 15 f.

Utility-Token nicht von der Bereichsausnahme des Art. 2 Abs. 4 lit. a erfasst werden und ausschließlich der Regulierung durch die MiCAR unterfallen (näher zum Ganzen → Vor Art. 4ff. Rn. 15f.).[453]

339 Der **Currency-Token** unterscheidet sich von den beiden vorgenannten Token-Kategorien insbes. durch seine Bezahlfunktion; ein Currency-Token kann zwar ebenfalls Zugang zu einer Ware oder Dienstleistung verschaffen, doch handelt es sich hierbei anders als im Falle des Utility-Token nicht notwendigerweise um eine Ware oder Dienstleistung des Emittenten.[454] Insofern sind diese Kryptowerte eher den Zahlungsinstrumenten vergleichbar, die Art. 4 Abs. 1 Nr. 44 MiFID II vom Begriff des übertragbaren Wertpapiers gerade ausnimmt, was bereits gegen die Wertpapiereigenschaft von Currency-Token spricht (vgl. Erwgr. Nr. 8 MiFID II).[455] Mangels der Einräumung von Ansprüchen gegen einen Emittenten bzw. der Vermittlung eines Eigenkapital- oder Fremdkapitalinteresses sowie wegen des daraus resultierenden Mangels kapitalmarktspezifischer Informationsasymmetrien und Agenturkonflikte fehlt es auch in positiver Hinsicht an einer funktionalen Vergleichbarkeit mit den Regelbeispielen des Art. 4 Abs. 1 Nr. 44 MiFID II, so dass es sich bei Currency-Token nicht um übertragbare Wertpapiere handelt.[456]

340 Im Falle **hybrider Token** mit einer Vereinigung der Rechte und Funktionalitäten der o. g. Token-Kategorien ist es für Einstufung als übertragbares Wertpapier maßgeblich, ob die durch den Token vermittelten Rechte bei isolierter Betrachtung zu dessen Einstufung als übertragbares Wertpapier führen würden.[457]

2. Geldmarktinstrumente

341 Bei den in Anhang I Abschnitt C Nr. 2 genannten Geldmarktinstrumenten handelt es sich gemäß Art. 4 Abs. 1 Nr. 17 MiFID II um üblicherweise auf dem Geldmarkt gehandelte Gattungen von Instrumenten, wie Schatzanweisungen, Einlagenzertifikate und Commercial Papers, mit Ausnahme von Zahlungsinstrumenten. Art. 11 DelVO (EU) 2017/565 konkretisiert dies dahingehend, dass Schatzanweisungen, Einlagenzertifikate, Commercial Papers und sonstige Instrumente mit im Wesentlichen den gleichen Merkmalen von Art. 4 Abs. 1 Nr. 17 MiFID II erfasst werden, soweit sie die folgenden (kumulativen) Eigenschaften aufweisen: ihr Wert kann jederzeit bestimmt werden (lit. a); es handelt sich nicht um Derivate (lit. b); ihre Fälligkeit bei der Emission beträgt maximal 397 Tage (lit. c). Der Geldmarkt repräsentiert somit denjenigen Markt, an dem Geldmarktpapiere sowie kurzfristige Finanzmittel (insbes. durch Finanzintermediäre) gehandelt werden.[458] Wie der Wortlaut zeigt („üblicherweise auf dem Geldmarkt gehandelte Gattungen"), ge-

---

[453] Zickgraf BKR 2021, 196 (199).
[454] Klöhn/Parhofer/Resas ZBB 2018, 89 (92); Hacker/Thomale ECFR 2018, 645 (652); Zickgraf AG 2018, 293 (296); Spindler WM 2018, 2109 (2110); Weitnauer BKR 2018, 231 (232); Veil ZHR 183 (2019), 346 (349); Chatard/Mann NZG 2019, 567; Misterek/Roth ZIP 2024, 385 (386f.).
[455] Hacker/Thomale ECFR 2018, 645 (676ff.); Zickgraf AG 2018, 293 (307).
[456] Näher zum Ganzen Maume/Maute Kryptowerte-HdB/Zickgraf § 11 Rn. 68f.; Klöhn/Klöhn MAR Art. 2 Rn. 86; Misterek/Roth ZIP 2024, 385 (386f.).
[457] Zickgraf AG 2018, 293 (307); ebenso ESMA, Consultation Paper On the draft Guidelines on the conditions and criteria for the qualification of crypto-assets as financial instruments, 29.1.2024, ESMA75-453128700-52, S. 22f., 37, Rn. 79ff., 141.
[458] Assmann/Schneider/Mülbert/Assmann WpHG § 2 Rn. 41; Schwark/Zimmer/Kumpan/Misterek MAR Art. 2 Rn. 13; Klöhn/Klöhn MAR Art. 2 Rn. 45.

nügt die bloße Handelbarkeit des Instruments nicht, um dem Begriff des Geldmarktinstruments zu unterfallen, sondern es ist ein tatsächlicher Handel der betreffenden Gattung auf einem bereits bestehenden Markt erforderlich, damit das jeweilige Instrument als Geldmarktinstrument iSd Anhang I Abschnitt C Nr. 2 iVm Art. 4 Abs. 1 Nr. 17 MiFID II einzustufen ist.[459] Das Tatbestandsmerkmal der „Gattung" impliziert zudem das Erfordernis einer gewissen Standardisierung der Instrumente.[460]

Dem Begriff des Geldmarktinstruments unterfallen beispielsweise kurzfristige 342 Schatzanweisungen eines Staates (Treasury Bills bzw. T-Bills), Einlagenzertifikate von Banken (Certificates of Deposit) sowie Commercial Papers zur Deckung eines kurzfristigen Liquiditätsbedarfs.[461] Auch Schatzwechsel sowie kurzfristige Schuldscheindarlehen unterfallen bei hinreichender Standardisierung dem Begriff des Geldmarktinstruments, wohingegen dies wegen fehlender Handelbarkeit für Sparbriefe und Termingelder nicht der Fall ist.[462] Ein Kryptowert kann als Geldmarktinstrument einzuordnen sein, wenn er ähnliche bzw. vergleichbare Merkmale wie ein traditionelles Geldmarktinstrument (zB eine Schatzanweisung, ein Einlagenzertifikat oder ein Commercial Paper) aufweist, dh eine Restlaufzeit entsprechend der Vorgaben der VO (EU) 2017/1131 sowie einen stabilen Wert mit minimaler Volatilität besitzt und durch eine Kopplung der (erzielbaren) Rendite an kurzfristige Zinssätze gekennzeichnet ist.[463]

3. Anteile an Organismen für gemeinsame Anlagen

Gemäß Anhang I Abschnitt C Nr. 3 MiFID II sind **Anteile an Organismen für** 343 **gemeinsame Anlagen** als Finanzinstrumente einzustufen.[464] Hierunter fallen zunächst Anteile an **Organismen für gemeinsame Anlagen in Wertpapiere** (vgl. Art. 1 Abs. 2 RL 2009/65/EG [zuletzt geändert durch RL 2014/91/EU], OGAW-RL) dem Begriff des Finanzinstruments.[465] Vereinfacht ausgedrückt handelt es sich bei OGAWs um eine **Teilklasse der Investmentfonds,** und zwar um diejenigen Investmentfonds, die keine Alternativen Investmentfonds (AIFs) sind (Art. 4 Abs. 1 lit. a ii RL 2011/61/EU, AIFM-RL).[466] Anteile an OGAWs unterfallen ungeachtet der rechtlichen Ausgestaltung des OGAW als (vertragliches) Sondervermögen, als Trust oder als Investmentgesellschaft (Art. 1 Abs. 3 OGAW-RL) dem Begriff des

---

[459] Assmann/Schneider/Mülbert/Assmann WpHG § 2 Rn. 41; Klöhn/Klöhn MAR Art. 2 Rn. 45; Schwark/Zimmer/Kumpan/Misterek MAR Art. 2 Rn. 13.

[460] Schwark/Zimmer/Kumpan/Misterek MAR Art. 2 Rn. 13; Klöhn/Klöhn MAR Art. 2 Rn. 47.

[461] Klöhn/Klöhn MAR Art. 2 Rn. 48.

[462] Assmann/Schneider/Mülbert/Assmann WpHG § 2 Rn. 43; Klöhn/Klöhn MAR Art. 2 Rn. 48f.; vgl. ferner Schwark/Zimmer/Kumpan/Misterek MAR Art. 2 Rn. 13 mit Hinweis auf den engen Restanwendungsbereich im Vergleich zu (übertragbaren) Wertpapieren.

[463] ESMA, Consultation Paper On the draft Guidelines on the conditions and criteria for the qualification of crypto-assets as financial instruments, 29.1.2024, ESMA75-453128700-52, S. 13, 32, Rn. 39ff., 113f.]

[464] Näher zu den Begriffsmerkmalen Schwark/Zimmer/Kumpan/Misterek MAR Art. 2 Rn. 14.

[465] Vgl. BeckOK WpHR/Harnos MAR Art. 2 Rn. 2.3; Klöhn/Klöhn MAR Art. 2 Rn. 50.

[466] Klöhn/Klöhn MAR Art. 2 Rn. 50; vgl. auch BeckOK WpHR/Harnos MAR Art. 2 Rn. 2.3.

Art. 3 Titel I Gegenstand, Anwendungsbereich und Begriffsbestimmungen

Finanzinstruments iSd Anhang I Abschnitt C Nr. 3 MiFID II.[467] Als **zulässige Anlagegenstände** eines OGAW kommen nur **Wertpapiere** (vgl. zur Begriffsdefinition Art. 2 Abs. 1 lit. n OGAW-RL) und/oder andere in Art. 50 genannte **liquide Finanzanlagen** in Betracht (Art. 1 Abs. 2 UAbs. 1 lit. a iVm Art. 50 OGAW-RL).

344 Von Anhang I Abschnitt C Nr. 3 MiFID II werden darüber hinaus auch **Anteile an alternativen Investmentfonds** (AIFs) erfasst, da es sich bei AIFs ebenfalls um Organismen für gemeinsame Anlagen handelt (vgl. Art. 4 Abs. 1 lit. a AIFM-RL; arg. Wortlaut Anhang I Abschnitt C Nr. 3 MiFID II).[468] Ein alternativer Investmentfonds ist jeder Organismus für gemeinsame Anlagen, der von einer Anzahl von Anlegern Kapital einsammelt, um es gemäß einer festgelegten Anlagestrategie zum Nutzen dieser Anleger zu investieren (Art. 4 Abs. 1 lit. a i AIFM-RL), und keine Genehmigung gemäß Art. 5 OGAW-RL benötigt (Art. 4 Abs. 1 lit. a ii AIFM-RL), dh nicht als OGAW zu qualifizieren ist.

345 Ein Kryptowert ist als Anteil an einem Organismus für gemeinsame Anlagen zu qualifizieren, wenn er einen **Anteil** an dem Organismus darstellt und der **Emittent dieses Kryptowerts** als **Organismus für gemeinsame Anlagen** einzustufen ist.[469] Organismen für gemeinsame Anlagen zeichnen sich im Allgemeinen dadurch aus, dass **Kapital** (zB Fiatwährung oder Kryptowerte) von einer **Vielzahl von Anlegern** mit dem Zweck der **Erzielung einer gemeinsamen Rendite** (pooled return) für diese Anleger eingesammelt wird.[470] Zudem darf das dem Organismus zugrunde liegende Rechtsgebilde **keinen allgemeinen kommerziellen Zweck** verfolgen und die **Anleger** dürfen **keine direkte Kontrolle** bzw. **Entscheidungsbefugnis** über die tagtägliche operationelle Tätigkeit des Organismus betreffend die **Verwaltung der Anlagegenstände** haben.[471] Um einen **Anteil an dem Organismus** handelt es sich bei dem Kryptowert, wenn er die **Rechte der Anleger an dem betreffenden Organismus** und damit den **Anteil des jeweiligen Anlegers am gemeinsamen Kapital** repräsentiert.[472]

4. Derivatkontrakte

346 **a) Allgemeines.** Die in Anhang I Abschnitt C Nr. 4, 5, 6, 7, 10 MiFID II genannten Finanzinstrumente sind als **Derivate** zu klassifizieren.[473] **Art. 4 Abs. 1 Nr. 49 MiFID II** definiert Derivate als die in **Art. 2 Abs. 1 Nr. 29 VO (EU) Nr. 600/2014 (MiFIR)** definierten Finanzinstrumente, wobei dort auf die in **Art. 4 Abs. 1 Nr. 44 lit. c iVm Anhang I Abschnitt C Nr. 4–10 MiFID II** definierten Finanzinstrumente verwiesen wird. Als allgemeine Definition kann somit festgehalten werden, dass **Derivate** als **Wertpapiere** einzustufen sind, die zum

---

[467] Klöhn/Klöhn MAR Art. 2 Rn. 51; Schwark/Zimmer/Kumpan/Misterek MAR Art. 2 Rn. 14.

[468] BaFin Emittentenleitfaden Modul C (Stand: 25.3.2020), S. 9; Schwark/Zimmer/Kumpan/Misterek MAR Art. 2 Rn. 15; vgl. auch Assmann/Schneider/Mülbert/Assmann MAR Art. 3 Rn. 5; BeckOK WpHR/Harnos MAR Art. 2 Rn. 2.3; (wohl) aA Habersack/Mülbert/Schlitt KapMarktInfo-HdB/Brellochs § 1 Rn. 19.

[469] ESMA, Consultation Paper On the draft Guidelines on the conditions and criteria for the qualification of crypto-assets as financial instruments, 29.1.2024, ESMA75-453128700-52, S. 13 Rn. 42.

[470] Ebd. ESMA, S. 14, 32f., Rn. 44f., 115, 117.

[471] Ebd. ESMA, S. 14, 33, Rn. 44, 46, 47, 116.

[472] Ebd. ESMA, S. 13f., Rn. 43, 45.

[473] Klöhn/Klöhn MAR Art. 2 Rn. 52.

Begriffsbestimmungen **Art. 3**

Kauf oder Verkauf von **Aktien** oder **Schuldverschreibungen** iSd Art. 4 Abs. 1 Nr. 44 lit. a, b MiFID II (Finanzderivate) oder **Waren** (Warenderivate) **berechtigen** (physische Erfüllung bzw. Lieferung) oder zu einer **Barzahlung** führen (Barausgleich), die anhand von **übertragbaren Wertpapieren, Währungen, Zinssätzen** oder **-erträgen, Waren** oder **anderen Indizes** oder **Messgrößen** bestimmt wird.[474] Das übereinstimmende Grundcharakteristikum sämtlicher Derivate bildet somit die **Abhängigkeit von einem Basiswert** (underlying).[475] Als tauglicher Basiswert kommen im Grundsatz auch ein **Kryptowert**, ein **Korb aus verschiedenen Kryptowerten** oder ein auf **Kryptowerte bezogener Index** in Betracht **(Kryptoderivat).**[476] Umgekehrt kann ein Kryptowert auch einen Derivatkontrakt repräsentieren **(derivativer Kryptowert),** der auf einen anderen Basiswert iSd Anhang I Abschnitt C Nr. 4–10 MiFID II bezogen ist, wobei in diesem Fall der betreffende **Kryptowert als derivatives Finanzinstrument** einzuordnen ist.[477]

In Bezug auf die Ausgestaltung des Derivatkontrakts kann zwischen **Festgeschäften** und **Optionsgeschäften** unterschieden werden.[478] Bei einem Festgeschäft verpflichten sich die Parteien zu einer im Zeitpunkt des Vertragsschlusses festgelegten zukünftigen Leistung.[479] Im Falle eines Optionsgeschäfts wird demgegenüber eine Partei das bloße Recht eingeräumt, von der anderen Partei die Lieferung (call option) oder Abnahme und Bezahlung (put option) fordern zu können (bedingtes Geschäft).[480] Bei Fest- und Optionsgeschäften kommt gleichermaßen entweder eine **effektive Lieferung** des Basiswerts (physical settlement, zB Anhang I Abschnitt C Nr. 6, 7 MiFID II) oder ein **Barausgleich** (cash settlement, zB Anhang I Abschnitt C Nr. 5 MiFID II) in Gestalt einer Zahlung der Differenz zwischen dem vereinbarten Kauf-/Verkaufspreis und dem tatsächlichen Kauf-/Verkaufspreis im maßgeblichen Zeitpunkt in Betracht.[481] Bei **Swaps** handelt es sich demgegenüber um Vereinbarungen, die einen Tausch verschiedener Zahlungsströme zu einem bestimmten Zeitpunkt in der Zukunft zum Gegenstand haben.[482]

347

---

[474] Klöhn/Klöhn MAR Art. 2 Rn. 53.
[475] ESMA, Consultation Paper On the draft Guidelines on the conditions and criteria for the qualification of crypto-assets as financial instruments, 29.1.2024, ESMA75-453128700-52, S. 15, Rn. 48; Assmann/Schneider/Mülbert/Assmann WpHG § 2 Rn. 48; Klöhn/Klöhn MAR Art. 2 Rn. 53.
[476] Vgl. ESMA, Consultation Paper On the draft Guidelines on the conditions and criteria for the qualification of crypto-assets as financial instruments, 29.1.2024, ESMA75-453128700-52, S. 15f., 33, Rn. 49f. mit Fn. 33 unter Verweis auf Anhang I Abschnitt C Nr. 10 MiFID II (Kryptowert als Vermögenswert), Rn. 20; BaFin Hinweisschreiben (WA) v.20.2.2018 GZ: WA 11-QB 4100-2017/0010, S. 2; ausführlich Misterek/Roth ZIP 2024, 385 (388); vgl. ferner Klöhn/Klöhn MAR Art. 2 Rn. 87; Maume/Fromberger 19 Chicago Journal of International Law (2019), 548 (583f.); Maume/Maute Kryptowerte-HdB/Zickgraf § 11 Rn. 73.
[477] ESMA, Consultation Paper On the draft Guidelines on the conditions and criteria for the qualification of crypto-assets as financial instruments, 29.1.2024, ESMA75-453128700-52, S. 16, 30, 34, Rn. 51f., 103, 121f.
[478] Näher Klöhn/Klöhn MAR Art. 2 Rn. 55f.
[479] Schwark/Zimmer/Kumpan/Misterek WpHG § 2 Rn. 40; Assmann/Schneider/Mülbert/Assmann WpHG § 2 Rn. 49; Klöhn/Klöhn MAR Art. 2 Rn. 55.
[480] Klöhn/Klöhn MAR Art. 2 Rn. 56f.; Schwark/Zimmer/Kumpan/Misterek WpHG § 2 Rn. 40; Assmann/Schneider/Mülbert/Assmann WpHG § 2 Rn. 49.
[481] Klöhn/Klöhn MAR Art. 2 Rn. 55f.
[482] Assmann/Schneider/Mülbert/Assmann WpHG § 2 Rn. 49.

Art. 3 Titel I Gegenstand, Anwendungsbereich und Begriffsbestimmungen

348 **b) Einzelne Derivatkontrakte. aa) Finanzderivate.** Zu den als Finanzinstrumente iSd Anhang I Abschnitt C Nr. 4 MiFID II einzustufenden sowie praktisch bedeutsamsten **Finanzderivatkontrakten**[483] zählen Optionen, Terminkontrakte (Futures), Swaps, außerbörsliche Zinstermingeschäfte (Forward Rate Agreements) und alle anderen Derivatkontrakte in Bezug auf **Wertpapiere** (zu übertragbaren Wertpapieren → Rn. 324 ff.), **Währungen, Zinssätze** oder **-erträge, Emissionszertifikate** oder andere **Derivat-Instrumente, finanzielle Indizes** oder **finanzielle Messgrößen,** die effektiv geliefert oder bar abgerechnet werden können.[484]

349 **bb) Warenderivate mit Barausgleich.** Den **Warenderivatkontrakten mit Barausgleich** iSd Anhang I Abschnitt C Nr. 5 MiFID II unterfallen Optionen, Terminkontrakte (Futures), Swaps, Termingeschäfte (Forwards) und alle anderen Derivatkontrakte in Bezug auf **Waren,** die bar abgerechnet werden müssen oder auf Wunsch einer der Parteien bar abgerechnet werden können, ohne dass ein Ausfall oder ein anderes Beendigungsereignis vorliegt. Der Begriff der Ware wird in Art. 2 Abs. 1 VO (EG) 1287/2006 sowie Art. 2 Nr. 6 DelVO (EU) 2017/565 als fungibles Gut definiert, das geliefert werden kann.[485] Die Fungibilität erfordert eine Handelbarkeit der Ware, die wiederum eine Vertretbarkeit, dh Bestimmbarkeit nach Gewicht, Maß oder Zahl, voraussetzt.[486] Zu den erfassten Waren gehören u. a. Energien wie Strom, landwirtschaftliche Produkte oder auch Metalle mitsamt ihrer Erze und Legierungen.[487]

350 **cc) Physische Warenderivate.** Zu den **Warenderivatkontrakten mit möglicher effektiver Lieferung** iSd Anhang I Abschnitt C Nr. 6 MiFID II gehören Optionen, Terminkontrakte (Futures), Swaps und alle anderen Derivatkontrakte in Bezug auf Waren (→ Rn. 349), die effektiv geliefert werden können, vorausgesetzt, sie werden an einem **geregelten Markt** (Art. 4 Abs. 1 Nr. 21 MiFID II), über ein **MTF** (Art. 4 Abs. 1 Nr. 22) oder über ein **OTF** (Art. 4 Abs. 1 Nr. 23) gehandelt, wobei davon über ein OTF gehandelte Energiegroßhandelsprodukte, die effektiv geliefert werden müssen, ausgenommen sind.

351 **dd) Physische Warenderivate im Falle des Handels auf Drittlandhandelsplätzen.** Finanzinstrumente iSd Anhang I Abschnitt C Nr. 7 MiFID II sind Optionen, Terminkontrakte (Futures), Swaps, Termingeschäfte (Forwards) und alle anderen Derivatkontrakte in Bezug auf Waren, die effektiv geliefert werden können, die sonst nicht in Nummer 6 dieses Abschnitts genannt sind und nicht kommerziellen Zwecken dienen, die die Merkmale anderer derivativer Finanzinstrumente aufweisen. Gemeint sind solche **Warenderivatkontrakte,** die weder bar abgerechnet werden (Nr. 5) noch auf MTF oder OTF (in der Union) gehandelt werden (Nr. 6).[488] Sie dürfen ausweislich der Definitionsnormen zudem **nicht kommerziellen Zwecken** und müssen die **Merkmale anderer derivativer Finanzinstrumente** aufweisen.[489] Konkretisierende Vorgaben enthält **Art. 7**

---

[483] Klöhn/Klöhn MAR Art. 2 Rn. 59.
[484] Näher zu Beispielen Klöhn/Klöhn MAR Art. 2 Rn. 60 ff.
[485] Klöhn/Klöhn MAR Art. 2 Rn. 66.
[486] Klöhn/Klöhn MAR Art. 2 Rn. 66.
[487] Klöhn/Klöhn MAR Art. 2 Rn. 66.
[488] Klöhn/Klöhn MAR Art. 2 Rn. 72.
[489] Klöhn/Klöhn MAR Art. 2 Rn. 72.

Begriffsbestimmungen **Art. 3**

DelVO (EU) 2017/565: Bei den Anhang I Abschnitt C Nr. 7 MiFID II unterfallenden Kontrakten darf es sich gemäß Art. 7 Abs. 1 DelVO zunächst nicht um Kassageschäfte iSd Art. 7 Abs. 2 DelVO (EU) 2017/565 handeln. Die **ausgeschlossenen kommerziellen Zwecke** werden in Art. 7 Abs. 4 DelVO (EU) 2017/565 näher definiert und betreffen **Kontrakte im Bereich der (Energie-)Versorgung.** Die **Merkmale anderer derivativer Finanzinstrumente** weist der **Kontrakt** auf, wenn er auf dem **Handelsplatz eines Drittlands** gehandelt wird, der eine einem geregelten Markt oder einem MTF ähnliche Aufgabe wahrnimmt oder er ausdrücklich für den Handel an einem geregelten Markt, über ein MTF, ein OTF oder an einem gleichwertigen Handelsplatz eines Drittlands bestimmt ist oder den Regeln eines solchen Marktes oder Systems unterliegt oder er einem Kontrakt, der an einem geregelten Markt, über ein MTF, ein OTF oder an einem gleichwertigen Handelsplatz eines Drittlands gehandelt wird, im Hinblick auf Preis, Handelseinheit, Liefertermin und andere vertragliche Bedingungen gleichwertig ist (Art. 7 Abs. 1 lit. a DelVO (EU) 2017/565) und er so **standardisiert** ist, dass der Preis, die Handelseinheit, der Liefertermin und andere Bedingungen hauptsächlich durch Bezugnahme auf regelmäßig veröffentlichte Preise, Standardhandelseinheiten oder Standardliefertermine bestimmt werden (Art. 7 Abs. 1 lit. b DelVO (EU) 2017/565). Im Ergebnis erfasst Anhang I Abschnitt C Nr. 7 MiFID II demnach **standardisierte physische Warenderivatkontrakte,** die auf **gleichwertigen Drittlandhandelsplätzen** gehandelt werden.[490]

ee) Derivate mit Bezug auf physikalische und volkswirtschaftliche 352
Variablen sowie Vermögenswerte, Rechte, Obligationen, Indizes und Messgrößen als Basiswert. Nach Anhang I Abschnitt C Nr. 10 MiFID II sind zudem Optionen, Terminkontrakte (Futures), Swaps, außerbörsliche Zinstermingeschäfte (Forward Rate Agreements) und alle anderen Derivatkontrakte in Bezug auf **Klimavariablen, Frachtsätze, Inflationsraten** oder **andere offizielle Wirtschaftsstatistiken,** die bar abgerechnet werden müssen oder auf Wunsch einer der Parteien bar abgerechnet werden können, ohne dass ein Ausfall oder ein anderes Beendigungsereignis vorliegt, sowie alle anderen Derivatkontrakte in Bezug auf **Vermögenswerte, Rechte, Obligationen, Indizes** und **Messgrößen,** die sonst nicht im Anhang I Abschnitt C MiFID II genannt sind und die die **Merkmale anderer derivativer Finanzinstrumente** aufweisen, wobei unter anderem berücksichtigt wird, ob sie auf einem geregelten Markt, einem OTF oder einem MTF gehandelt werden, als Finanzinstrumente anzusehen. **Art. 7 Abs. 3 DelVO (EU) 2017/565** konkretisiert die Anforderungen, die vorliegen müssen, damit ein Derivatkontrakt iSd Anhang I Abschnitt C Nr. 10 MiFID II gegeben ist, dahingehend, dass der Kontrakt entweder einen Barausgleich vorsehen muss oder an einem geregelten Markt, MTF, OTF oder einem Handelsplatz in einem Drittland gehandelt wird oder die in Art. 7 Abs. 1 DelVO (EU) 2017/565 genannten Bedingungen erfüllt (→ Rn. 29); **weitere Bezugsgrößen** für Kontrakte iSd Nr. 10 sind in **Art. 8 DelVO (EU) 2017/565** genannt.[491] Bei Klimavariablen handelt es sich um Messwerte in Bezug auf natürliche Parameter, wie zB die Luft- und Wassertemperatur, Niederschlagsmenge, Sonnenscheindauer und Windgeschwindigkeit.[492]

---

[490] Klöhn/Klöhn MAR Art. 2 Rn. 71 f.
[491] Siehe zum Ganzen Klöhn/Klöhn MAR Art. 2 Rn. 73 f.
[492] Klöhn/Klöhn MAR Art. 2 Rn. 74; Assmann/Schneider/Mülbert/Assmann WpHG § 2 Rn. 67; Schwark/Zimmer/Kumpan/Misterek WpHG § 2 Rn. 49.

Art. 3 Titel I Gegenstand, Anwendungsbereich und Begriffsbestimmungen

Frachtsätze stellen Entgelte im Güterverkehr im Hinblick auf bestimmte Frachtgewichte dar, wobei eine amtliche Festsetzung dieser Entgelte nicht erforderlich ist.[493] Neben den eigens genannten Inflationsraten zählen zu den Bezugsgrößen iSe anderen offiziellen Wirtschaftsstatistik beispielsweise die Arbeitslosenquote, das Bruttoinlandsprodukt sowie Harmonisierte Verbraucherpreisindizes.[494] **Kryptowerte** sind bei der gebotenen weiten Auslegung jedenfalls als (sonstige) **Vermögenswerte** iSd Anhang I Abschnitt C Nr. 10 MiFID II anzusehen und stellen daher einen tauglichen Basiswert dar.[495]

5. Derivative Instrumente für den Transfer von Kreditrisiken

353 Die in Anhang I Abschnitt C Nr. 8 MiFID II genannten derivativen Instrumente für den Transfer von Kreditrisiken haben die wirtschaftliche Funktion der **Übertragung von Kreditrisiken** aus dem **Vertrag bzw. Engagement des Sicherungsnehmers** (bzw. Schutzkäufers) **mit einem Dritten (Referenzschuldner) auf den Sicherungsgeber** (bzw. Schutzverkäufer), wobei hierfür typischerweise eine (Risiko-)Prämie zu zahlen ist, deren Höhe von der Kreditwürdigkeit des Referenzschuldners abhängig ist.[496] Die fehlende Standardisierung oder Handelbarkeit solcher Instrumente steht deren Einordnung als Finanzinstrument nicht entgegen, da diese Instrumente keine übertragbaren Wertpapiere darstellen.[497] Zu den Nr. 8 unterfallenden Instrumenten gehören beispielsweise **Credit Default Swaps, Total Return Swaps, Credit Spread Swaps** und **Risiko-Swaps**.[498]

6. Finanzielle Differenzgeschäfte

354 Die **finanziellen Differenzgeschäfte** (Contracts for Difference, CFD) iSd Anhang I Abschnitt C Nr. 9 MiFID II sind Geschäfte mit typischerweise unbegrenzter Laufzeit, die einen **Barausgleich der Differenz** zwischen dem Markt- bzw. Kurswert des Basiswerts im **Zeitpunkt** des **Kaufs** und des **Verkaufs** des CFD vorsehen.[499] Finanzielle Differenzgeschäfte können sich auf einen **beliebigen Referenzwert** beziehen; auch in Bezug auf den Handelsplatz enthält Anhang I Ab-

---

[493] Assmann/Schneider/Mülbert/Assmann WpHG § 2 Rn. 66; Klöhn/Klöhn MAR Art. 2 Rn. 74; Schwark/Zimmer/Kumpan/Misterek WpHG § 2 Rn. 49.
[494] Schwark/Zimmer/Kumpan/Misterek WpHG § 2 Rn. 49; Assmann/Schneider/Mülbert/Assmann WpHG § 2 Rn. 68; Klöhn/Klöhn MAR Art. 2 Rn. 74.
[495] ESMA, Consultation Paper On the draft Guidelines on the conditions and criteria for the qualification of crypto-assets as financial instruments, 29.1.2024, ESMA75-453128700-52, S. 15f., Rn. 49f. mit Fn. 33]
[496] Klöhn/Klöhn MAR Art. 2 Rn. 75; Schwark/Zimmer/Kumpan/Misterek MAR Art. 2 Rn. 18; vgl. auch Assmann/Schneider/Mülbert/Assmann WpHG § 2 Rn. 76; Habersack/Mülbert/Schlitt KapMarktInfo-HdB/Brellochs § 1 Rn. 22.
[497] Habersack/Mülbert/Schlitt KapMarktInfo-HdB/Brellochs § 1 Rn. 22; Klöhn/Klöhn MAR Art. 2 Rn. 75.
[498] Schwark/Zimmer/Kumpan/Misterek MAR Art. 2 Rn. 18, WpHG § 2 Rn. 58 (mit Erläuterungen zum Gegenstand der Swaps in Fn. 248ff.); Klöhn/Klöhn MAR Art. 2 Rn. 76.
[499] Schwark/Zimmer/Kumpan/Misterek WpHG § 2 Rn. 57; Klöhn/Klöhn MAR Art. 2 Rn. 77; vgl. auch Assmann/Schneider/Mülbert/Assmann WpHG § 2 Rn. 75; BeckOK WpHR/Harnos MAR Art. 2 Rn. 2.4.

schnitt C Nr. 9 MiFID II keine Vorgaben oder Einschränkungen.[500] Der Käufer eines CFD kann sowohl auf steigende Preise (Long-Position) als auch auf fallende Preise (Short-Position) des Referenzwerts setzen und damit von den Wertveränderungen des Referenzwerts profitieren, ohne diesen selbst kaufen oder verkaufen zu müssen.[501]

7. Emissionszertifikate

Unter den Begriff des Finanzinstruments fallen wegen Anhang I Abschnitt C 355 Nr. 11 MiFID II auch Emissionszertifikate, die aus Anteilen bestehen, deren Übereinstimmung mit den Anforderungen der RL 2003/87/EG (Emissionshandelssystem) anerkannt ist. Bei einem Emissionszertifikat handelt es sich gemäß Art. 3 lit. a RL 2003/87/EG um ein Zertifikat, das zur Emission von einer Tonne Kohlendioxidäquivalent in einem bestimmten Zeitraum berechtigt.[502] Auch ein **Kryptowert** kann theoretisch ein Emissionszertifikat iSd Anhang I Abschnitt C Nr. 11 MiFID II darstellen, sofern der Kryptowert ein Recht zur Emission einer bestimmten Menge von Kohlendioxodäquivalent vermittelt, handelbar ist und die Anforderungen der RL 2003/87/EG oder eines vergleichbaren Emissionszertifikatehandelssystems erfüllt.[503]

50. „Einlage" eine Einlage im Sinne des Artikels 2 Absatz 1 Nummer 3 der Richtlinie 2014/49/EU;

Zur Definition der Einlage wird in der MiCAR auf Art. 2 Abs. 1 der **Einlagen-** 356 **sicherungsrichtlinie** verwiesen, der diese definiert als ein „Guthaben, das sich aus auf einem Konto verbliebenen Beträgen oder aus Zwischenpositionen im Rahmen von normalen Bankgeschäften ergibt und vom Kreditinstitut nach den geltenden gesetzlichen und vertraglichen Bedingungen zurückzuzahlen ist."[504]

Damit erkennt MiCAR grundsätzlich auch **tokenisierte Einlagen** an und stellt 357 klar, dass diese weiterhin dem Rechtsrahmen von Einlagen unterfallen, und nicht der MiCAR. Allerdings setzt das voraus, dass das entsprechende Instrument auch in tokenisierter Form weiterhin alle Elemente der Definition einer Einlage erfüllt.

Abgrenzungsfragen dürften sich hier insbesondere **gegenüber E-Geld To-** 358 **ken** ergeben, die von Kreditinstituten ausgegeben werden. Von Kreditinstituten ausgegebene E-Geld-Token unterliegen nicht den Anforderungen nach Art. 7 der E-Geld-Richtlinie zur Sicherung, die nach der Systematik der Richtlinie als Teil nur auf E-Geld-Institute Anwendung finden. Gemäß MiCAR Erwgr. Nr. 71 un-

---

[500] Klöhn/Klöhn MAR Art. 2 Rn. 77; Schwark/Zimmer/Kumpan/Misterek WpHG § 2 Rn. 57.
[501] Assmann/Schneider/Mülbert/Assmann WpHG § 2 Rn. 75; Habersack/Mülbert/Schlitt KapMarktInfo-HdB/Brellochs § 1 Rn. 23; Klöhn/Klöhn MAR Art. 2 Rn. 77.
[502] BeckOK WpHR/Harnos MAR Art. 2 Rn. 2.5.
[503] ESMA, Consultation Paper On the draft Guidelines on the conditions and criteria for the qualification of crypto-assets as financial instruments, 29.1.2024, ESMA75-453128700-52, S. 17, 34, Rn. 55f., 125, 127f. mit Hinweis zur erforderlichen Anerkennung durch die EU oder die Mitgliedstaaten gemäß RL 2003/87/EG.]
[504] Siehe dazu EBA/OP/2020/15 18 September 2020 Opinion of the European Banking Authority on elements of the definition of credit institution under Article 4(1), point 1, letter (a) of Regulation (EU) No 575/2013 and on aspects of the scope of the authorisation.

Art. 3 Titel I Gegenstand, Anwendungsbereich und Begriffsbestimmungen

terliegen sie damit auch nicht den zusätzlichen Anforderungen der MiCAR für signifikante E-Geld-Token. Insofern handelt es sich bei diesen Tokens – ebenso wie bei Einlagen – um nicht gesondert gesicherte Forderungen gegenüber dem Kreditinstitut.

359 Schon nach der gegenwärtigen Rechtslage werden **E-Geld und Einlagen aber klar voneinander abgegrenzt,** und E-Geld ist nicht von der Einlagensicherung umfasst (siehe Erwgr. Nr. 29 RL 2009/110/EU). Dieses gegenseitige Ausschlussverhältnis wird in Erwgr. Nr. 9 klar bestätigt, wonach E-Geld-Token nicht als vom Anwendungsbereich dieser Verordnung ausgenommene Einlagen behandelt werden können.

360 Während die Einlage ein auf einem **Kontenverhältnis zwischen Bank und Halter** bestehende Forderung darstellt, sind E-Geld-Token **Kryptowerte, deren Wertstabilität unter Bezugnahme auf den Wert einer amtlichen Währung gewahrt werden** soll. E-Geld ist laut Legaldefinition eine zur Übertragung zu Zahlungsverkehrszwecken bestimmtes Instrument, was auch von anderen natürlichen oder juristischen Personen als dem E-Geld-Emittenten angenommen wird (siehe Art. 2 Nr. 2 RL 2009/110/EU).

361 Dabei wird die Zweckbestimmung alleine nicht in allen Fällen zur Abgrenzung ausreichen. Zum einen können Einlagen sowohl der **Wertaufbewahrung** als auch dem Zahlungsverkehr dienen. Auch für E-Geld-Token ist der Zahlungsverkehrszweck – anders als für E-Geld nicht konstitutiv, auch wenn der Gesetzgeber von einer Anwendung zu **Zahlungsverkehrszwecken** ausgeht (siehe MiCAR Erwgr. Nr. 68 und 103).

362 Zur Abgrenzung muss daher auch auf das der Einlage einerseits und dem E-Geld anderseits zugrundeliegenden **Rechtsverhältnis** abgestellt werden. Ein Gesichtspunkt dafür ist, dass bei der Einlage nach der Definition ein vertragliches **Kontenverhältnis** zwischen Kreditinstitut als Schuldner und Forderungshalter bestehen muss. Praktisch muss diese Vertragsbeziehung so gestaltet sein, dass die Bank jederzeit die Identität des Forderungsinhaber ihrer Einlagen feststellen kann (Art. 7 Abs. 6 der Einlagensicherungsrichtlinie), um eine effektive Auszahlung der Einlagensicherung im Entschädigungsfall innerhalb der in der Richtlinie festgestellten Fristen sicherstellen zu können.

363 Demgegenüber ist der E-Geld-Token als potenziell **weit umlaufendes Inhaberinstrument** ausgestaltet (siehe Art. 49 Abs. 2 und 4). Eine auch längerfristige Haltung der Forderung durch Dritte, die kein Kontenverhältnis mit dem E-Geld-Emittenten haben, ist für E-Geld Token vorgesehen, die Token können auf durch die MiCAR regulierten Handelsplattformen gehandelt und von entsprechenden Verwahrern verwahrt werden.

51. „strukturierte Einlage" eine strukturierte Einlage im Sinne des Artikels 4 Absatz 1 Nummer 43 der Richtlinie 2014/65/EU.

364 Zur Definition des Begriffs strukturierte Einlage wird auf Art. 4 Abs. 1 Nr. 43 der Richtlinie 2014/65/EU verwiesen. Da dieser die strukturierte Einlage wiederum als Einlage im Sinne von Art. 2 Abs. 1 der Einlagensicherungsrichtlinie definiert, ergeben sich aus Nr. 51 keine gesonderten Auslegungsfragen, der Begriff wird vielmehr in Art. 2 MiCAR nur klarstellend als vom Begriff der Einlage umfasst erwähnt und damit vom Anwendungsbereich der MiCAR ausgenommen.

Titel II Andere Kryptowerte als vermögenswertereferenzierte Token oder E-Geld-Token

Vorbemerkung vor Art. 4 ff.

Schrifttum: Akerlof, The Market for „Lemons": Quality Uncertainty and the Market Mechanism, 84 Quarterly Journal of Econonumics (1970), 488–500; Arlen/Carney, Vicarious Liability for Fraud on Securities Markets: Theory and Evidence, 1992 U. Ill. L. Rev. 691–740; Armour/Awrey/Davis/Enriques/Gordon/Mayer/Payne, Principles of Financial Regulation, 2016; Assmann, Prospekthaftung, 1985; Assmann, Neuemissionen von Wertpapieren über Internet, FS Schütze, 1999, 15 – 47; Assmann/Schlitt/von Kopp-Colomb, Prospektrecht, 4. Aufl. 2022; Aubrunner/Reder, MiCAR: Das Whitepaper bei sonstigen Kryptowerten, GesRZ 2023, 158–165; Bachmann, Der Grundsatz der Gleichbehandlung im Kapitalmarktrecht, ZHR 170 (2006), 144–177; Barsan, Legal Challenges of Initial Coin Offerings (ICO), RTDF 2017 N° 3, 54–65; Baums, Haftung wegen Falschinformation des Sekundärmarktes, ZHR 167 (2003), 139–192; Bebchuk/Ferrell, Rethinking Basic, 69 Bus. Law. (2014), 671–697; Behme/Zickgraf, Zivil- und gesellschaftsrechtliche Aspekte von Initial Coin Offerings (ICOs), ZfPW 2019, 66–93; Bialluch-von Allwörden/von Allwörden, Initial Coin Offerings: Kryptowährungen als Wertpapier oder Vermögensanlage?, WM 2018, 2118–2123; Black, The Legal and Institutional Preconditions for Strong Securities Markets, 48 U.C.L.A. Law Review (2001) 781–855; Buck-Heeb, Die Haftung für ein fehlerhaftes Basisinformationsblatt, WM 2018, 1197–1205; Buck-Heeb, Kapitalmarktrecht, 12. Aufl. 2022; Buck-Heeb, Whitepaper-Haftung nach MiCAR, BKR 2023, 689–696; Calabresi, The Costs of Accidents, 1970; Calfee/Craswell, Some Effects of Uncertainty on Compliance with Legal Standards, 70 Virg. L. Rev. (1984) 965 – 1003; Callies/Ruffert, EUV/AEUV, 6. Aufl. 2022; Chatard/Mann, Initial Coin Offerings und Token-Handel im funktionalen Rechtsvergleich – Entwicklung deutscher Leitlinien auf Grundlage des Diskussionsstands in der Schweiz, Frankreich und Deutschland, NZG 2019, 567–574; Choi, Behavioral Economics and the Regulation of Public Offerings, 10 Lewis & Clark L. Rev. (2006) 85–135; Choi/Guzman, National Laws, International Money: Regulation in a Global Capital Market, 65 Fordham L. Rev. (1997), 1855–1908; Coffee, Re-Engineering Corporate Disclosure: The Coming Debate over Company Registration, 52 Wash. & Lee L. Rev. (1995), 1143–1188; Coffee, Law and the Market: The Impact of Enforcement, 156 U. Penn. L. Rev. (2007), 229–312; Coffee/Sale/Henderson, Securities Regulation, 13th edition 2015; Craswell/Calfee, Deterrence and Uncertain Legal Standards, 2 Journ. L. Econ. & Org. (1986), 279–303; Darby/Karni, Free Competition and the Optimal Amount of Fraud, 16 Journal of Law & Economics (1973), 67–88; De Filippi/Wright, Blockchain and the Law, 2018; Denga, Non-Fungible Token im Bank- und Kapitalmarktrecht, BKR 2022, 288–296; Dutta, Die Haftung amerikanischer Ratingagenturen in Europa – Die Rolle des internationalen Privatrechts, IPrax 2014, 33–41; Easterbrook/Fischel, Optimal Damages in Securities Cases, 52 U. Chi. L. Rev. (1985) 611–652; Einsele, Internationales Prospekthaftungsrecht – Kollisionsrechtlicher Anlegerschutz nach der Rom-II-Verordnung –, ZEuP 2012, 23–46; Fischel, Use of Modern Finance Theory in Securities Fraud Cases Involving Actively Traded Securities, 38 Bus. Law. (1982), 1–20; Fleischer, Gutachten F für den 64. Deutschen Juristentag, 2002; Fleischer, Prospektpflicht und Prospekthaftung für Vermögensanlagen des Grauen Kapitalmarkts nach dem Anlegerschutzverbesserungsgesetz, BKR 2004, 339–347; Fleischer, Zur Haftung bei fehlendem Verkaufsprospekt im deutschen und US-amerikanischen Kapitalmarktrecht, WM 2004, 1897–1903; von Goldbeck/Nörenberg/Siedler, NFTs – Ausgewählte aufsichts- und schuldrechtliche Aspekte, ZdiW 2021, 470–475; Goshen/Parchomovsky, The Essential Role of Securities Regulation, 55 Duke

L. Journ. (2006), 711–782; Groß, Kapitalmarktrecht, 8. Aufl. 2022; Grundmann/Selbherr, Börsenhaftung in der Reform – Rechtsvergleichung, Europarecht, Interessenbewertung mit ökonomischer Analyse, WM 1996, 985–993; Guntermann, Non Fungible Token als Herausforderung für das Sachenrecht, RDi 2022, 200–208; Habersack/Mülbert/Schlitt, Handbuch der Kapitalmarktinformation, 3. Aufl. 2020; Habersack/Mülbert/Schlitt, Unternehmensfinanzierung am Kapitalmarkt, 4. Aufl. 2019; Habersack/Zickgraf, Sorgfaltspflichten und Haftung in der Lieferkette als Regelungsmodell, RabelsZ 87 (2023), 532–607; Hacker/Thomale, Crypto-Securities Regulation: ICOs, Token Sales and Cryptocurrencies under EU Financial Law, ECFR 2018, 645–696; Hahn/Wilkens, ICO vs. IPO – Prospektrechtliche Anforderungen bei Equity Token Offerings, ZBB 2019, 10–26; Hanten/Sacarcelik, Zivilrechtliche Einordnung von Kryptowährungen und ICO-Token und ihre Folgen, RdF 2019, 124–131; Heine/Stang, Weiterverkauf digitaler Werke mittels Non-Fungible-Token aus urheberrechtlicher Sicht, MMR 2021, 755–760; Heinze, Schadensersatz im Unionsprivatrecht, 2017; Hellgardt, Kapitalmarktdeliktsrecht, 2008; Herrmann/Aschenbeck, Die MiCAR ist da: Ausgewählte Abgrenzungs- fragen zum Anwendungsbereich – Welche Kryptowerte sind erfasst und was ist mit NFTs?, BB 2023, 1987–1993; Hirshleifer, Investor Psychology and Asset Pricing, 56 Journ. Fin. (2001) 1533–1597; Irwin, Stated expectations as functions of probability and desirability of outcomes, 21 Journ. Personality (1953), 329–335; Hopt, Der Kapitalanlegerschutz im Recht der Banken, 1975; Hopt, Grundsatz- und Praxisprobleme nach dem Wertpapierhandelsgesetz, ZHR 159 (1995), 135–163; Hopt/Voigt (Hrsg.), Prospekt- und Kapitalmarktinformationshaftung, 2005; Izzo-Wagner/Otto/Schultess, Die EU-Änderungsrichtlinie in Bezug auf im Fernabsatz geschlossene Finanzdienstleistungsverträge, BKR 2024, 81–87; Jensen/Meckling, Theory of the firm: Managerial behavior, agency costs and ownership structure, 3 Journal of Financial Economics (1976) 305–360; John/Patz, Verordnung über Märkte für Kryptowerte (MiCA) – Überblick über das neue EU-Regime für Kryptowerte und Kryptowerte-Dienstleister, DB 2023, 1906–1911; Jolls/Sunstein/Thaler, A Behavioral Approach to Law and Economics, 50 Stan. L. Rev. (1998), 1471–1550; Just/Voß/Ritz/Zeising, Wertpapierprospektrecht, 2. Aufl. 2023; Kaulartz/Hirzle/Ferri, Die Tokenisierung von Eigentumsbruchteilen, RDi 2023, 104–117; Kent/Hirshleifer/Subrahmanyam, Investor Psychology and Security Market Underand Overreactions, 53 Journ. Fin. (1998) 1839–1885; Kirsch/von Wieding/Höbener, Bilanzierungsfähigkeit von Krypto-Token aus einem Hard Fork und Airdrop nach IFRS, IRZ 2020, 495–500; Kirschbaum/Stepanova, Widerrufsrecht beim Handel mit Kryptowährungen, BKR 2019, 286–291; Klöhn, Kapitalmarkt, Spekulation und Behavioral Finance, 2006; Klöhn, Die Ausweitung der bürgerlich-rechtlichen Prospekthaftung durch das „Rupert Scholz"-Urteil des BGH, WM 2012, 97–106; Klöhn, Grund und Grenzen der Haftung wegen unterlassener Prospektveröffentlichung gem. § 24 WpPG, § 21 VermAnlG, DB 2012, 1854–1860; Klöhn, Prospekthaftung bei (scheinbarer) Ausnahme von der Prospektpflicht gemäß §§ 3 Abs. 1 WpPG, 6 VermAnlG, FS Hoffmann-Becking, 2013, S. 679–696; Klöhn, Marktbetrug (Fraud on the Market), ZHR 178 (2014), 671–714; Klöhn, Marktmissbrauchsverordnung: MAR, 2. Aufl. 2023; Klöhn/Parhofer/Resas, Initial Coin Offerings (ICOs), ZBB 2018, 89–106; Klöhn/Wimmer, Die „juristische Person" im europäischen Bank- und Kapitalmarktrecht, WM 2020, 761–765; Köndgen, Die Ad hoc-Publizität als Prüfstein informationsrechtlicher Prinzipien, FS Druey, 2002, 791–815; Koller, Die Abdingbarkeit des Anlegerschutzes durch Information im europäischen Kapitalmarktrecht, FS U. Huber, 2002, S. 821–840; Kornhauser, An Economic Analysis of the Choice between Enterprise and Personal Liability for Accidents, 70 California Law Review (1982), 1345–1392; Kraakman, Corporate Liability Strategies and the Costs of Legal Controls, 93 Yale L. Journ. (1984) 857–898; Kraakman, Gatekeepers: The Anatomy of a Third-Party Enforcement Strategy, 2 Journal of Law, Economics, and Organization (1986), 53–104; Kumpan, Der Interessenkonflikt im deutschen Privatrecht, 2014; Kunda, Motivated inference: Self-serving generation and evaluation of causal theories, 53 Journ. Pers. & Soc. Psychol. (1987), 636–647; Langenbucher, European Securities Law – Are we in need of a new definition? A thought inspired by initial coin offerings, RTDF 2018 N° 2/3, 40–48; Langenbucher (Hrsg.), Europäisches Privat- und Wirtschaftsrecht, 5. Aufl. 2022; Langenbucher,

Vorüberlegungen zur Reformbedürftigkeit des deutschen Wertpapierbegriffs aus Anlass von „initial coin offerings", FS Seibert, 2019, 525–542; Langevoort, Organized Illusions: A Behavioral Theory of Why Corporations Mislead Stock Market Investors (And Cause Other Socila Harms), 146 U. Pa. L. Rev. (1997), 101–172; Langevoort, Basic at Twenty: Rethinking Fraud on the Market, 2009 Wisc. L. Rev., 151–198; Lehmann, Vorschlag für eine Reform der Rom II-Verordnung im Bereich der Finanzmarktdelikte, IPRax 2012, 399–405; Lennartz, „Nonfungible Token" zwischen Autonomie und Regulierung, DNotZ 2022, 886–894; Lenz/Heine, Der Nachtrag zum Wertpapierprospekt unter der neuen Prospektverordnung, AG 2019, 451–460; Linardatos, Rechtshandbuch Kryptowerte – Blockchain, Tokenisierung, Initial Coin Offerings, BKR 2021, 58–59; Lord/Lepper/Preston, Considering the opposite: a corrective strategy for social judgment, 47 Journ. Pers. & Soc. Psychol. (1984), 1231–1243; Lord/Ross/Lepper, Biased Assimilation and Attitude Polarization: The Effects of Prior Theories on Subsequently Considered Evidence, 37 Journ. Pers. & Soc. Psychol. (1979) 2098–2109; Loss/Seligman/Paredes, Fundamentals of Securities Regulation, 7th Edition 2018; Machacek, Die Anwendung der neuen MiCA-Verordnung auf Dezentrale Finanzanwendungen, EuZW 2021, 923–931; Martin, Grundprinzipien des europäischen Schadensrechts, GPR 2022, 178–187; Maume, Der umgekehrte Verbrauchervertrag, NJW 2016, 1041–1045; Maume, Initial Coin Offerings an EU Prospectus Disclosure, 31 EBLR (2020), 185–208; Maume, Die Verordnung über Märkte für Kryptowerte – Zentrale Definitionen sowie Recht und Pflichten beim öffentlichen Angebot von Kryptowerten, RDi 2022, 461–469; Maume, Die Verordnung über Märkte für Kryptowerte – Stablecoins, Kryptodienstleistungen und Marktmissbrauchsrecht, RDi 2022, 497–505; Maume, Das Widerrufsrecht nach MiCAR, RDi 2023, 493–500; Maume, The Regulation on Markets in Crypto-Assets (MiCAR): Landmark Codification, or First Step of Many, or Both?, ECFR 2023, 243–275; Maume/Maute (Hrsg.), Rechtshandbuch Kryptowerte, 1. Aufl. 2020; Maume/Fromberger, Regulation of Initial Coin Offerings: Reconciling U.S. and E.U. Securities Laws, 19 Chicago Journal of International Law (2019) 548–585; Maume/Siadat, Struktur, Definitionen und Anwendungsfälle der Kryptoregulierung, NJW 2023, 1168–1173; Misterek/Roth, Insiderinformationen in Bezug auf Kryptowerte, ZIP 2024, 385–395; Möllers/Leisch, Schaden und Kausalität im Rahmen der neu geschaffenen §§ 37b und 37c WpHG, BKR 2002, 1071–1079; Möslein/Omlor (Hrsg.), Fintech-Handbuch, 3. Aufl. 2024; Moloney, EU Securities and Financial Markets Regulation, 4th Edition 2023; Nathmann, Token in der Unternehmensfinanzierung – Rechtliche Einordnung von Initial Coin Offerings (ICO), BKR 2019, 540–549; Oehler, „Anomalien", „Irrationalitäten" oder „Biases" der Erwartungsnutzentheorie und ihre Relevanz für Kapitalmärkte, ZBB 1992, 97–124; Omlor, Publizität auf Kryptomärkten: MiCAR-Prospektrecht für Zahlungstoken, ZdiW 2023, 131–135; Omlor/Franke, Europäische DeFi-Regulierungsperspektiven, BKR 2022, 679–686; Omlor/Link (Hrsg.), Kryptowährungen und Token, 2. Aufl. 2023; Panetta/Zessel, Prospekthaftung oder Haftung für fehlenden Prospekt?, NJOZ 2010, 418–420; Pitchford, How Liable Should a Lender Be? The Case of Judgment-Proof Firms and Environmental Risk, 85 Am. Econ. Rev. (1995), 1171–1186; Posner, Economic Analysis of Law, 9th Edition 2014; Rabin/Schrag, First Impressions Matter: A Model of Confirmatory Bias, 114 Quart. Journ. Econ. (1999), 37–82; Rauer/Bibi, Non-fungible Tokens – Was können sie wirklich?, ZUM 2022, 20–31; Reichert/Weller, Haftung von Kontrollorganen – Die Reform der aktienrechtlichen und kapitalmarktrechtlichen Haftung, ZRP 2002, 49–56; Richter, Blockchain statt Besitz – Erwerb von Rechten auf Basis von Non-Fungible Token, NJW 2022, 3469–3475; Ritz, Der Kommissionsvorschlag der MiCAR als „Testballon" für ein EU Single Rule Book, ZdiW 2021, 144–148; Ritz, Kryptowerte nach der MiCAR, ZdiW 2023, 151–159; Rohr/Wright, Blockchain-based Token Sales, Initial Coin Offerings, and the Democratization of Public Capital Markets, 70 Hastings L. Journ. (2019), 463–524; Schrader Das neue Recht des Prospektnachtrags, WM 2021, 471–478; Schäfer/Ott, Ökonomische Analyse des Zivilrechts, 6. Aufl. 2020; Schwark/Zimmer, Kapitalmarktrechts-Kommentar, 5. Aufl. 2020; Seibt/Buck-Heeb/Harnos, BeckOK Wertpapierhandelsrecht, 10. Edition 1.1.2024; Sester, Fallen Anteile an Geschlossenen Fonds unter den Wertpapierbegriff der MiFID bzw. des FRUG?,

ZBB 2008, 369–383; Shavell, Liability for Harm versus Regulation of Safety, 13 Journ. Leg. Stud. (1984), 357–374; Shavell, The Judgment Proof Problem, 6 Int'l Rev. L. & Econ. (1986), 45–58; Shavell, Economic Analysis of Accident Law, 1987; Shavell, Liability and the Incentive to Obtain Information about Risk, 21 Journ. Leg. Stud. (1992), 259–270; Shavell, The Optimal Structure of Law Enforcement, 36 Journ. Law & Econ. (1993), 255–288; Schneider, Beipackzettel mit Nebenwirkungen: Rechtliche Probleme der PRIIP-Verordnung, VersR 2017, 1429–1435; Siadat, Markets in Crypto Assets Regulation – erster Einblick mit Schwerpunktsetzung auf Finanzinstrumenten, RdF 2021, 12–19; Siadat, MiCAR – Regulierte Finanzinstrumente mit Schwerpunktsetzung auf NFT, RdF 2023, 4–11; Snyder/Cantor, Testing hypotheses about other people: The use of historical knowledge, 15 Journ. Exp. Soc. Psychol. (1979), 330–342; Spikowius/Rack, NFTs: Verwertung, Vertragspraxis, Rechtsdurchsetzung, MMR 2022, 256–261; Spindler, Emissionen im Internet: Kapitalmarktrecht und Kollisionsrecht, NZG 2000, 1058–1064; Spindler, Initial Coin Offerings und Prospektpflicht und -haftung, WM 2018, 2109–2118; Streinz, EUV/AEUV, 3. Aufl. 2018; Summers, Case of the Disappearing Defendant: An Economic Analysis, 132 U. Penn. L. Rev. (1983), 145–172; Sunstein, The Storrs Lectures: Behavioral Economics and Paternalism, 122 Yale L. Journ. (2013), 1826–1899; Sykes, The Economics of Vicarious Liability, 93 Yale L.J. (1984), 1231–1282; Sykes, The Boundaries of Vicarious Liability: An Economic Analysis of the Scope of Employment Rule and Related Legal Doctrines, 101 Harv. L. Rev. (1988) 563 – 609; Thaler, From Homo Economicus to Homo Sapiens, 14 Journ. Econ. Persp. (2000), 133–141; Tröger, Arbeitsteilung und Vertrag, 2012; Tversky/Kahneman, Availability: A Heuristic for Judging Frequency and Probability, 5 Cog. Psychol. (1973), 207–232; Tversky/Kahneman, Judgment under Uncertainty: Heuristics and Biases, 185 Science (1974), 1124–1131; Veil, Token-Emissionen im europäischen Kapitalmarktrecht, ZHR 183 (2019), 346–375; Voß, Geschlossene Fonds unter dem Rechtsregime der Finanzmarkt-Richtlinie (MiFID)?, BKR 2007, 45–84; Voß, Non-Fungible Token auf CO2-Zertifikate, BKR 2022, 620–627; Voß, Marktmissbrauchsrecht für Kryptowerte nach MAR und MiCAR, ZdiW 2023, 164–173; Wagner, Wissenszurechnung: Rechtsvergleichende und rechtsökonomische Grundlagen, ZHR 181 (2017), 203–272; Weber, Unterwegs zu einer europäischen Prospektkultur – Vorgaben der neuen Wertpapierprospektrichtlinie vom 4.11.2003, NZG 2004, 360–366; Weinstein, Unrealistic optimism about future life events, 39 Journ. Pers. & Soc. Psychol. (1980), 806–820; Weinstein/Klein, Unrealistic optimism: Present and future, 15 Journ. Soc. & Clin. Psychol. (1996), 1– 8; Weitnauer, Initial Coin Offerings (ICOs): Rechtliche Rahmenbedingungen und regulatorische Grenzen, BKR 2018, 231–236; Wellerdt, Non-Fungible Token Entstehung einer neuen Anlageklasse?, WM 2021, 2379–2384; Wilhelmi/Kuschnereit, Die zivilrechtliche Haftung für Basisinformationsblätter nach Art. 11 Abs. 2 PRIIP-VO als eigenständige Anspruchsgrundlage des EU-Rechts, ZBB 2018, 288–305; Wittig, Digitales Geld Gegenwärtige und künftige Regulierung von E-Geld und E-Geld-Token nach ZAG und MiCAR, WM 2023, 412–419; Zickgraf, Initial Coin Offerings – Ein Fall für das Kapitalmarktrecht?, AG 2018, 293–308; Zickgraf, Primärmarktpublizität in der Verordnung über die Märkte für Kryptowerte (MiCAR) – Teil 1, BKR 2021, 196–204; Zickgraf, Primärmarktpublizität in der Verordnung über die Märkte für Kryptowerte (MiCAR) – Teil 2, BKR 2021, 362–370; Zickgraf, Vertrauen im Privatrecht, ZfPW 2023, 35–61.

Übersicht

	Rn.
I. Entstehungsgeschichte	1
II. Überblick über Titel II	4
III. Anwendungsbereich des Titel II	7
1. Sachlicher Anwendungsbereich	7
a) Sachlicher Anwendungsbereich der MiCAR (Art. 2 Abs. 1)	8
aa) Kryptowert als Grundbegriff	9
bb) Nichtanwendbarkeit auf echte Non-Fungible Tokens (NFTs) (Art. 2 Abs. 3)	10

	Rn.
cc) Nichtanwendbarkeit auf Investment-Token (Art. 2 Abs. 4 lit. a)	13
b) Sachlicher Anwendungsbereich des Titel II	14
aa) Anwendbarkeit auf sämtliche Utility-Token	15
bb) Anwendbarkeit auf Currency-Token mit Ausnahme der vermögenswertreferenzierten Token und E-Geld-Token	17
c) Zusammenfassung	18
2. Persönlicher Anwendungsbereich	19
a) Persönlicher Anwendungsbereich der MiCAR	19
b) Persönlicher Anwendungsbereich des Titel II	20
3. Räumlicher Anwendungsbereich	21
a) Räumlicher Anwendungsbereich der MiCAR	21
b) Räumlicher Anwendungsbereich des Titel II	22
aa) Marktortprinzip	22
bb) Öffentliches Angebot in der Union	23
cc) Handelszulassung in der Union	24

I. Entstehungsgeschichte

Das Phänomen des Verkaufs Blockchain-basierter Token (sog. Initial Coin Offerings) kam erstmals im Jahr 2017 im Zusammenhang mit dem ICO von den The DAO auf und führte zu einem Einschreiten der SEC.[1] In den darauf folgenden Monaten und Jahren befasste sich eine Vielzahl von Aufsichtsbehörden mit der Frage, ob und unter welchen Voraussetzungen verschiedene Kategorien von Token als (übertragbare) Wertpapiere einzustufen waren und damit der bestehenden Kapitalmarktregulierung unterfielen.[2] Auch im Schrifttum wurde die Wertpapiereigenschaft sowie die hiermit zusammenhängende Pflicht zur Erstellung und Veröffentlichung eines Prospekts gemäß Art. 3 Abs. 1 ProspektVO intensiv diskutiert.[3] 1

In der Literatur bildete sich für Investment-Token und Currency-Token schnell eine herrschende Meinung zur Frage der **Wertpapiereigenschaft** heraus: Während für sog. Investment- oder Security-Token, die ihrem Inhaber Ansprüche gegen einen Emittenten in Form eines Eigen- oder Fremdkapitalinteresses verschaffen, die Wertpapiereigenschaft bejaht wird (→ Art. 3 Rn. 337), lehnt die herrschende Meinung für Currency-Token, die durch ihre Bezahlfunktion geprägt sind, eine solche Einstufung ab (→ Art. 3 Rn. 339). Die kapitalmarktrechtliche Behandlung von Utility-Token, die Zugang zu einer Ware oder Dienstleistung des Emittenten verschaffen (Art. 3 Rn. 338), war demgegenüber im Schrifttum stark umstritten (→ Rn. 15, → Art. 3 Rn. 338). Einerseits war bei zahlreichen Utility-Token (mit Investment-Funktion) ein kapitalmarktrechtliches Regulierungsbedürfnis angesichts ausgeprägter kapitalmarktspezifischer Informationsasymmetrien und 2

---

[1] Securities and Exchange Commission, Report of Investigation Pursuant to Section 21(a) of the Securities Exchange Act of 1934: The DAO, Release No. 81207.

[2] Siehe für eine rechtsvergleichende Umschau der kapitalmarktrechtlichen Beurteilung von ICOs durch verschiedene Kapitalmarktaufsichtsbehörden in Nordamerika, Europa und Asien in der Anfangszeit des Aufkommens von ICOs: Maume/Maute Kryptowerte-HdB/Zickgraf § 11 Rn. 14 ff. mN.

[3] Vgl. die Nachweise bei Maume/Maute Kryptowerte-HdB/Zickgraf § 11 Rn. 33 ff., Rn. 50 ff.

Vor Art. 4 ff.

drohender Agenturkonflikte nicht von der Hand zu weisen[4], andererseits bestanden bei ähnlich vielen Utility-Token – dh solchen ohne Investment-Funktion – lediglich produktspezifische Informationsasymmetrien, für die das Kapitalmarktrecht kein sachgerechtes Instrumentarium bereithielt.[5] Vor diesem Hintergrund ist im Schrifttum vorgeschlagen worden, ein spezielles sowie passgenaues Regime der Primärmarktpublizität für Utility-Token zu schaffen.[6] Mit Titel II der MiCAR hat der Unionsgesetzgeber diesen Regelungsvorschlag aufgegriffen und ein spezielles Regulierungsregime geschaffen, das insbesondere – aber nicht nur – Utility-Token erfasst (→ Rn. 14 ff., 18). Dabei hat der Unionsgesetzgeber Utility-Token ohne Investmentfunktion mangels bestehender kapitalmarktrechtlicher Informationsasymmetrien und Agenturkonflikte zu Recht von der Pflicht zur Erstellung und Veröffentlichung eines Kryptowerte-Whitepapers ausgenommen (Art. 4 Abs. 3 UAbs. 1 lit. c).[7]

3 Im Vergleich zum **ursprünglichen Kommissionsentwurf** v. 24. 9. 2020[8] weist der **finale Verordnungstext** des Titel II nur wenige Änderungen auf. Eine strukturelle, wenngleich mehr formale als inhaltliche Anpassung betrifft die im finalen Verordnungstext getrennte Behandlung von öffentlichem Angebot (Art. 4) und der (Beantragung einer) Handelszulassung (Art. 5), die im Kommissionsentwurf noch gemeinsam geregelt waren (Art. 4 MiCAR-E). Die Ausnahmen von der Kryptowerte-Whitepaper-Pflicht im Falle eines öffentlichen Angebots anderer Kryptowerte als vermögenswertereferenzierter Token und E-Geld-Token sind im Vergleich mit dem Kommissionsentwurf leicht abgeändert und näher ausdifferenziert worden. Nicht-fungible Kryptowerte sind nunmehr nicht mehr lediglich von der Kryptowerte-Whitepaperpflicht (Art. 4 Abs. 2 UAbs. 1 lit. c MiCAR-E), sondern insgesamt vom Anwendungsbereich der MiCAR ausgenommen (Art. 2 Abs. 3, → Rn. 9 ff.). Neue Ausnahmetatbestände sind für Utility-Token ohne Investmentfunktion (Art. 4 Abs. 3 UAbs. 1 lit. c, → Art. 4 Rn. 22) sowie für begrenzte Händlernetze (Art. 4 Abs. 3 UAbs. 1 lit. d, → Art. 4 Rn. 23 ff.) hinzugekommen. Erwähnenswert erscheint darüber hinaus die im finalen Verordnungstext enthaltene Rückausnahme aus Art. 4 Abs. 4 (→ Art. 4 Rn. 26 ff.) sowie die Anwendbarkeit des Titel II im Falle der freiwilligen Erstellung eines Kryptowerte-Whitepapers (Art. 4 Abs. 8, → Art. 4 Rn. 42). Überdies enthält die finale Fassung des Titel II – verglichen mit dem Kommissionsentwurf – bedeutsame Ergänzungen für Handelszulassungen (Art. 5 Abs. 2–4, → Art. 5 Rn. 12 ff., 15 ff., 18 ff.).

---

[4] Klöhn/Parhofer/Resas ZBB 2018, 89 (102 f.); Zickgraf AG 2018, 293 (304 ff.); Maume/Maute Kryptowerte-HdB/Zickgraf § 11 Rn. 58, 64 ff.

[5] Vgl. Hacker/Thomale ECFR 2018, 645 (675); Veil ZHR 183 (2019), 346 (364); siehe dazu auch Zickgraf AG 2018, 293 (304); Maume/Maute Kryptowerte-HdB/Zickgraf § 11 Rn. 58 f., 64.

[6] Veil ZHR 183 (2019), 346 (367 f.); iE ebenso Hacker/Thomale ECFR 2018, 645 (690 ff., 692 ff.).

[7] Für diese Lösung zuvor bereits Klöhn/Parhofer/Resas ZBB 2018, 89 (102 f.); Zickgraf AG 2018, 293 (304 ff.); Chatard/Mann NZG 2019, 567 (573); Klöhn MAR Art. 2 Rn. 83 f.; Habersack/Mülbert/Schlitt Unternehmensfinanzierung/Van Aubel § 20 Rn. 113 f.; Maume/Maute Kryptowerte-HdB/Zickgraf § 11 Rn. 64 ff.

[8] Proposal for a Regulation of the European Parliament and of the Council on Markets in Crypto-assets, and amending Directive (EU) 2019/1937, COM(2020), 593 final. Siehe im Einzelnen zu Titel II des Kommissionsentwurfs Zickgraf BKR 2021, 196 ff. und Zickgraf BKR 2021, 362 ff.

II. Überblick über Titel II

Titel II enthält für andere Kryptowerte (Art. 3 Abs. 1 Nr. 5) als vermögenswerte- 4
referenzierte Token (Art. 3 Abs. 1 Nr. 6) und E-Geld-Token (Art. 3 Abs. 1 Nr. 7) ein
spezielles Regime der Primärmarktpublizität (→ Rn. 2). So besteht bei einem
öffentlichen Angebot (Art. 4) sowie einer **(beantragten) Handelszulassung**
(Art. 5) eine **Pflicht zur Erstellung und Veröffentlichung eines Kryptowerte-Whitepapers** mit bestimmten gesetzlich vorgeschriebenen **Pflichtinhalten** (Art. 6
iVm Anhang I), die unter bestimmten Voraussetzungen durch eine **Pflicht zur
Aktualisierung** ergänzt wird (Art. 12). Einer recht **detaillierten** und **strengen
Regulierung** sind die äußerst praxisrelevanten **Marketingmitteilungen** unterworfen worden (Art. 7). Auf Verfahrensebene verzichtet die MiCAR – im Unterschied zu Art. 20 ProspektVO – auf ein behördliches Genehmigungsverfahren und
setzt stattdessen auf ein bloßes **Übermittlungsverfahren** (Art. 8), das vor **Veröffentlichung des Kryptowerte-Whitepapers** (Art. 9) durchlaufen werden
muss. Im Falle der Veröffentlichung eines Kryptowerte-Whitepapers können die anderen Kryptowerte in der gesamten Union angeboten und zum Handel zugelassen
werden (Art. 11, **Europäischer Pass**). Die Deregulierung auf Verfahrensebene hat
der Unionsgesetzgeber durch eine verhältnismäßig strenge **Haftung für Informationspflichtverletzungen** im Kryptowerte-Whitepaper kompensiert (Art. 15).

Im Übrigen enthält Titel II für öffentliche Angebote anderer Kryptowerte noch 5
besondere **Informations- und Sorgfaltspflichten** der Anbieter (Art. 10). Außerdem ist für Kleinanleger (Art. 3 Abs. 1 Nr. 37) ein spezielles **Widerrufsrecht** vorgesehen (Art. 13). Zu guter Letzt werden den Anbietern und Handelszulassungsantragstellern durch Titel II **weitere Sorgfalts-** und teils gar **fiduziarische
Treuepflichten** auferlegt (Art. 14).

Insgesamt lehnt sich das Regelungsregime des Titel II stark an die VO (EU) 6
2017/1229 (ProspektVO) an, wenngleich die Regulierungsdichte und -tiefe in
Art. 4 ff. doch auf die Besonderheiten des Marktes für Kryptowerte angepasst worden ist.

III. Anwendungsbereich des Titel II

1. Sachlicher Anwendungsbereich

Ausweislich seiner Titelüberschrift findet Titel II nur auf „andere Kryptowerte 7
als vermögenswertereferenzierte Token oder E-Geld-Token" Anwendung (näher
→ Rn. 14 ff.). Daher gilt es zunächst zu klären, auf welche Arten von Kryptowerten
die Bestimmungen des Titel II im Allgemeinen anwendbar sind, wobei die sachliche Anwendbarkeit der Art. 4 ff. notwendigerweise voraussetzt, dass überhaupt
der sachliche Anwendungsbereich der MiCAR eröffnet ist (→ Rn. 8 ff.).

a) Sachlicher Anwendungsbereich der MiCAR (Art. 2 Abs. 1). Art. 2 8
Abs. 1 knüpft als zentrale Anwendungsvoraussetzung zunächst an den umfassenden
Begriff des Kryptowerts an (Art. 3 Abs. 1 Nr. 5). Eingeschränkt wird der sachliche
Anwendungsbereich der MiCAR indes durch die Bereichsausnahmen aus Art. 2
Abs. 3 und Art. 2 Abs. 4, was sich unmittelbar auf den sachlichen Anwendungsbereich des Titel II (→ Rn. 10 ff.) auswirkt.

9 **aa) Kryptowert als Grundbegriff.** Die Anwendbarkeit der MiCAR erfordert zunächst das Vorliegen eines **Kryptowerts** (Art. 2 Abs. 1), dh eine digitale Darstellung eines Werts oder eines Rechts, der bzw. das unter Verwendung der Distributed-Ledger-Technologie (DLT) oder einer ähnlichen Technologie elektronisch übertragen und gespeichert werden kann (Art. 3 Abs. 1 Nr. 5). Aus dem Wortlaut des Art. 3 Abs. 1 Nr. 5 („übertragen werden [kann]") sowie aus ErwG 17 ist zu schließen, dass ein nicht übertragbarer Kryptowert von vornherein nicht dem sachlichen Anwendungsbereich der MiCAR unterfällt.[9] Ein Kryptowert kann einen **beliebigen Wert** oder ein **beliebiges Recht**[10] digital unter **Verwendung von DLT** oder **ähnlicher Technologie** abbilden. Diese weite Begriffsdefinition umfasst daher im Ausgangspunkt sämtliche Token-Kategorien, die bislang im Schrifttum als **Investment-Token**[11], **Utility-Token**[12], **Currency-Token**[13] und **Non-Fungible-Token (NFT)**[14] bezeichnet worden sind.[15] Während Investment-Token und Utility-Token ihrem Inhaber iSd Art. 3 Abs. 1 Nr. 15 bestimmte „Rechte" vermitteln, gewähren Currency-Token einen „Wert", dh einen „externen, nicht inhärenten Wert, der einem Kryptowert von den betroffenen Parteien oder Markt-

---

[9] IE wie hier ESMA, Consultation Paper On the draft Guidelines on the conditions and criteria for the qualification of crypto-assets as financial instruments, 29. 1. 2024, ESMA75-453128700-52, S. 19, 36, Rn. 64, 132

[10] Aubrunner/Reder GesRZ 2023, 158 (159); Ritz ZdiW 2023, 151 (154); Siadat RdF 2021, 12 (13) („sehr weitgehend").

[11] Ein Investment Token gewährt seinem Inhaber entweder Gewinnbezugsrechte oder sonstige Zahlungsansprüche, vgl. Hacker/Thomale ECFR 2018, 645 (653); Zickgraf AG 2018, 293 (295); Maume/Maute Kryptowerte-HdB/Zickgraf § 11 Rn. 51; siehe aber für ein weitergehendes Begriffsverständnis, Veil ZHR 183 (2019), 346 (349); Maume/Maute Rechtshandbuch Kryptowerte/Fromberger/Zimmermann, 2020, § 1 Rn. 71.

[12] Ein Utility Token vermittelt einen Anspruch auf Zugang zu einer Ware oder Dienstleistung des Emittenten, vgl. nunmehr die Definition in Art. 3 Abs. 1 Nr. 9; zuvor bereits in diesem Sinne Klöhn/Parhofer/Resas ZBB 2018, 89 (92); Hacker/Thomale ECFR 2018, 645 (652f.); Zickgraf AG 2018, 293 (296); Spindler WM 2018, 2109 (2110); Weitnauer BKR 2018, 231 (232); Veil ZHR 183 (2019), 346 (349); Chatard/Mann NZG 2019, 567.

[13] Für einen Currency Token ist dessen Bezahl- und Wertaufbewahrungsfunktion begriffsprägend, vgl. Klöhn/Parhofer/Resas ZBB 2018, 89 (92); Hacker/Thomale ECFR 2018, 645 (652); Zickgraf AG 2018, 293 (296f.); Spindler WM 2018, 2109 (2110); Weitnauer BKR 2018, 231 (232); Veil ZHR 183 (2019), 346 (349, 360); Chatard/Mann NZG 2019, 567.

[14] Bei einem Non-Fungible Token handelt es sich um eine einmalige digitale Information (Datum), die nicht durch den Tausch gegen einen anderen Token ersetzt werden kann, vgl. Denga BKR 2022, 288; Heine/Stang MMR 2021, 755 (756). Das maßgebliche Charakteristikum eines Non-Fungible Token besteht darin, dass dieser mit einem Symbol bzw. externen Inhalt (sog. Referenzobjekt, Paradebeispiel: digitale Kunstwerke) verbunden ist (zB durch Verlinkung) und zu Anlagezwecken dient, siehe hierzu Denga BKR 2022, 288 (288f., 292); Guntermann RDi 2022, 200 (201); Herrmann/Aschenbeck BB 2023, 1987 (1989f.); Heine/Stang MMR 2021, 755 (756f.); Lennartz DNotZ 2022, 886 (887f.); Misterek/Roth ZIP 2024, 385 (387); Rauer/Bibi ZUM 2022, 20 (23f.); Richter NJW 2022, 3469 (3470f.); Spikowius/Rack MMR 2022, 256 (256ff.); Voß BKR 2022, 620 (621f.); Wellerdt WM 2021, 2379 (2380f.).

[15] Zickgraf BKR 2021, 196 (198); Maume RDi 2022, 461 (464); Maume/Siadat NJW 2023, 1168 (1169); John/Patz DB 2023, 1906; Voß ZdiW 2023, 164 (165ff.); Wittig WM 2023, 412 (415).

Vorbemerkung vor Art. 4 ff. **Vor Art. 4 ff.**

teilnehmern zuerkannt wird" (vgl. Erwgr. Nr. 2 Satz 2). Bei NFTs erscheint wiederum die Gewährung eines „Werts" naheliegender, da ein NFT seine Wertschätzung durch die Marktteilnehmer aus dem mit ihm verbundenen Referenzobjekt ableitet und die (zivil-)rechtliche Qualität der Verknüpfung zwischen NFT und Referenzobjekt im Regelfall schwach ist.[16]

bb) Nichtanwendbarkeit auf echte Non-Fungible Tokens (NFTs) (Art. 2 **10** **Abs. 3).** Aufgrund des **Art. 2 Abs. 3** findet die MiCAR keine Anwendung auf (unvertretbare) Kryptowerte, die hinsichtlich ihrer Charakteristika und/oder der durch sie vermittelten Rechte einmalig sind und nicht mit anderen Kryptowerten fungibel sind, was **echte NFTs** vom sachlichen Anwendungsbereich der MiCAR ausnimmt (siehe Erwgr. Nr. 10).[17] Derartigen NFTs fehlt es an der für eine effiziente Handelbarkeit auf dem (Kapital-)Markt erforderlichen Standardisierung.[18]

Die in der Praxis anzutreffenden **Bruchteile von NFTs** (fraktionierte NFTs)[19] **11** werden ausweislich Erwgr. Nr. 11 Satz 1 nicht von der Bereichsausnahme des Art. 2 Abs. 3 erfasst und unterfallen daher der MiCAR.[20] Dasselbe gilt im Regelfall für NFTs, die in einer großen **Serie**[21] oder **Sammlung** ausgegeben werden, da eine solche Ausgabe gemäß Erwgr. Nr. 11 S. 2 ein Indikator für deren bestehende Fungibilität sein soll. Die in **Erwgr. Nr. 11 Satz 1 u. Satz 2** zum Ausdruck kommenden **Klarstellungen** sind insoweit verständlich, als bei fraktionierten NFTs ebenso wie bei Serien und Sammlungen die Austauschbarkeit sowie Standardisierung[22] und damit zugleich die Fungibilität – dh die **Handelbarkeit der Kryptowerte auf dem Markt** (negotiability)[23] – in größerem Maße gegeben ist[24], so dass die Verwendung derartiger Kryptowerte als **Handels- und Spekulationsobjekte**

---

[16] Insbesondere geht mit dem Erwerb des NFT kein Erwerb des in Bezug genommenen Referenzobjekts einher, vgl. Guntermann RDi 2022, 200 (202); Heine/Stang MMR 2021, 755 (757); Lennartz DNotZ 2022, 886 (888); Richter NJW 2022, 3469 (3471); Spikowius/Rack MMR 2022, 256 (257).

[17] Aubrunner/Reder GesRZ 2023, 158 (160); Maume ECFR 2023, 243 (260); Siadat RdF 2023, 4 (6); näher zu den Anforderungen ESMA, Consultation Paper On the draft Guidelines on the conditions and criteria for the qualification of crypto-assets as financial instruments, 29.1.2024, ESMA75-453128700-52, S. 36, Rn. 134; Herrmann/Aschenbeck BB 2023, 1987 (1992); Siadat RdF 2023, 4 (6).

[18] ESMA, Consultation Paper On the draft Guidelines on the conditions and criteria for the qualification of crypto-assets as financial instruments, 29.1.2024, ESMA75-453128700-52, S. 20, 36, Rn. 66, 132; Misterek/Roth ZIP 2024, 385 (387).

[19] Siehe hierzu Denga BKR 2022, 288 (291); Herrmann/Aschenbeck BB 2023, 1987 (1989); Kaulartz/Hirzle/Ferri RDi 2023, 104 (105 mit Fn. 2); Maume RDi 2022, 461 (465); Voß BKR 2022, 620 (622).

[20] ESMA, Consultation Paper On the draft Guidelines on the conditions and criteria for the qualification of crypto-assets as financial instruments, 29.1.2024, ESMA75-453128700-52, S. 21, 37, Rn. 73, 140; John/Patz DB 2023, 1906 (1908); Herrmann/Aschenbeck BB 2023, 1987 (1993); Maume ECFR 2023, 243 (260 f.); Voß ZdiW 2023, 164 (166, 171); Wittig WM 2023, 412 (415); vgl. auch Maume RDi 2022, 461 (465).

[21] In diesem Fall sind mehrere Non-Fungible Token mit demselben Symbol verbunden, vgl. Denga BKR 2022, 288; Maume RDi 2022, 461 (465).

[22] Damit ist eine Bestimmbarkeit nach Art und Zahl der Stücke gemeint (allgemein zur Standardisierung → Art. 3 Abs. 1 Nr. 49 Rn. 327 f., vgl. auch Erwgr. Nr. 10 Satz 4).

[23] Vgl. für diese überzeugende Interpretation des Begriffs der „Fungibilität" im Sinne von „Handelbarkeit" Maume RDi 2022, 461 (465).

[24] Maume RDi 2022, 461 (465).

viel stärker als bei echten NFTs im Vordergrund steht.[25] Den ausgegebenen **Teilanteilen an einem (fraktionierten) NFT** fehlt es bereits an der notwendigen „**Einmaligkeit**", so dass die Fungibilität bzw. Handelbarkeit der Bruchteile ohne Zweifel zu bejahen ist (vgl. Erwgr. Nr. 11 Satz 1).[26] Werden im Falle der Ausgabe einer **Serie oder Sammlung** mehrere NFTs mit **demselben Referenzobjekt** bzw. **Symbol** verknüpft[27], sollte die **Fungibilität der NFTs** ebenfalls ohne Weiteres bejaht werden, da angesichts der Identität des Referenzobjekts die einzelnen NFTs keine einzigartigen Rechte oder Werte repräsentieren[28], sondern diese vielmehr in ihrem wirtschaftlichen Substrat standardisiert sowie austauschbar sind[29] und zugleich ihre – vom Referenzobjekt abhängige – Wertschätzung auf dem Markt[30] einheitlich ausfallen wird.[31] Ob den einzelnen NFTs eine eindeutige Kennung zugewiesen ist, erweist sich für die Beurteilung der Fungibilität als unerheblich (Erwgr. Nr. 11 Satz 3). Im Falle von **NFTs**, die lediglich ein **ähnliches**, aber **nicht exakt dasselbe Referenzobjekt** in Bezug zu nehmen, kommt der Ausgabe in einer großen Serie oder Sammlung gemäß Erwgr. Nr. 11 Satz 2 indizielle Bedeutung für die bestehende Fungibilität zu. Bloß **unwesentliche Unterschiede der Referenzobjekte** (wie zB unterschiedliche Farbkombinationen oder [Farb-] Filter in Bezug auf ein im Übrigen einheitliches Motiv einer digitalen Abbildung[32]), die unter Berücksichtigung historischer Erfahrungen keine unterschiedlichen Wertschätzungen der einzelnen NFTs aus der Serie oder Sammlung am Markt erwarten lassen[33], führen daher nicht zum Wegfall der **Fungibilität der einzelnen**

---

[25] Vgl. von Goldbeck/Nörenberg/Siedler ZdiW 2021, 470 (470f.) („keine NFTs im eigentlichen Sinne"; „[hochspekulative] Assets"); ebenso Voß BKR 2022, 620 (622).

[26] Wie hier Siadat RdF 2023, 4 (7); Misterek/Roth ZIP 2024, 385 (387).

[27] Für dieses Verständnis der Serie Denga BKR 2022, 288; Maume RDi 2022, 461 (465).

[28] Siadat RdF 2023, 4 (7); zur Maßgeblichkeit des Referenzobjekts auch Misterek/Roth ZIP 2024, 385 (387).

[29] Zu dieser Erwägung auch Misterek/Roth ZIP 2024, 385 (387); vgl. ferner ESMA, Consultation Paper On the draft Guidelines on the conditions and criteria for the qualification of crypto-assets as financial instruments, 29.1.2024, ESMA75-453128700-52, S. 20f. Rn. 69ff.

[30] Vgl. hierzu ESMA, Consultation Paper On the draft Guidelines on the conditions and criteria for the qualification of crypto-assets as financial instruments, 29.1.2024, ESMA75-453128700-52, S. 20f. Rn. 69f.; unentschieden hinsichtlich der Relevanz der einheitlichen Wertschätzung am Markt: Siadat RdF 2023, 4 (7).

[31] IE ähnlich wie hier ESMA, Consultation Paper On the draft Guidelines on the conditions and criteria for the qualification of crypto-assets as financial instruments, 29.1.2024, ESMA75-453128700-52, S. 20f., 36, Rn. 69f., 136 (dort auch zum sog. „interdependent value test"). Bei funktionaler bzw. wirtschaftlicher Betrachtungsweise (vgl. Erwgr. Nr. 11 Satz 7) gleichen solche Serien- bzw. Sammlungs-NFTs mit Bezug auf dasselbe Referenzobjekt einem fraktionierten NFT. Der Unterschied in der (rechts-)technischen Inbezugnahme des identischen Referenzobjekts – durch einen fraktionierten NFT oder mehrere unfraktionierte NFTs – ist demgegenüber irrelevant. Siehe allgemein zur Irrelevanz der technischen Ausgestaltung sowie der Maßgeblichkeit der wirtschaftlichen Funktion im Rechtsverkehr: John/Patz DB 2023, 1906 (1907f.).

[32] Vgl. zu derartigen „Profile-Picture-Collections" Herrmann/Aschenbeck BB 2023, 1987 (1993).

[33] Für NFTs aus „Profile-Picture-Collections" von unterschiedlichen Wertschätzungen am Markt ausgehend und damit die Anwendbarkeit der MiCAR verneinend Herrmann/Aschenbeck BB 2023, 1987 (1993).

Vorbemerkung vor Art. 4 ff.

NFTs.[34] Im Ergebnis kommt es bei NFTs mit **ähnlichen, aber nicht identischen Referenzobjekten** darauf an, ob der Markt die einzelnen Kryptowerte aus der Serie oder Sammlung trotz ihrer **individuellen Besonderheiten** aufgrund ihrer **übereinstimmenden Grundcharakteristika** als einheitliche „Gattung" ansieht. Maßgeblich ist insoweit die objektive ex-ante-Erwartung, dass die Marktteilnehmer die einzelnen NFTs trotz ihrer (unwesentlichen) Unterschiede **de facto** wie **standardisierte** und damit **fungible Kryptowerte** behandeln werden (vgl. Erwgr. Nr. 11 Satz 6). Nur unter diesen Umständen kommt im Übrigen eine **standardisierte Aufklärung** einer **Vielzahl potenzieller Anleger** über sämtliche Kryptowerte aus der Serie oder Sammlung durch ein **einheitliches Informationsdokument** in Gestalt des Kryptowerte-Whitepapers sinnvollerweise überhaupt in Betracht, so dass die Erstellung eines Kryptowerte-Whitepapers unter **Kosten-Nutzen-Gesichtspunkten** gerechtfertigt erscheint.[35]

Festzuhalten bleibt, dass **Art. 2 Abs. 3** für **echte NFTs,** die wirklich einmalig und nicht fungibel sind, eine **Bereichsausnahme** enthält (→ Rn. 10). Solche NFTs, die nur vermeintlich und vordergründig einmalig und nicht fungibel sind, sich bei wirtschaftlicher Betrachtungsweise (Erwgr. Nr. 11 Satz 6) aber nicht als einmalig oder als fungibel erweisen (**uneigentliche NFTs,** → Rn. 11), unterfallen demgegenüber der **MiCAR** und dem sachlichen Anwendungsbereich des **Titel II.** Im Regelfall handelt es sich bei den **uneigentlichen NFTs** nämlich um eine **Unterkategorie fungibler Utility-Token** (näher zu Utility-Token → Rn. 15 f.; Art. 3 Abs. 1 Nr. 9).[36] 12

cc) Nichtanwendbarkeit auf Investment-Token (Art. 2 Abs. 4 lit. a). Auf **Investment-Token** findet die MiCAR wegen Art. 2 Abs. 4 lit. a keine Anwendung[37], da diese bei Zugrundelegung des hiesigen Begriffsverständnisses aufgrund ihrer funktionalen Vergleichbarkeit zu den Regelbeispielen des Art. 4 Abs. 1 Nr. 15 MiFID II stets als Finanzinstrumente (näher → Art. 3 Abs. 1 Nr. 49 Rn. 337) einzustufen sind.[38] 13

b) Sachlicher Anwendungsbereich des Titel II. Der sachliche Anwendungsbereich des Titel II (Art. 4–15 MiCAR) erstreckt sich alleine auf **andere Kryptowerte als vermögenswertereferenzierte Token oder E-Geld-Token.** 14

---

[34] IE ebenso wie hier ESMA, Consultation Paper On the draft Guidelines on the conditions and criteria for the qualification of crypto-assets as financial instruments, 29.1.2024, ESMA75-453128700-52, S. 20 f., 37, Rn. 69 ff., 138; Herrmann/Aschenbeck BB 2023, 1987 (1992): „Eine vollständige Gleichheit der repräsentierten Werte oder Rechte muss allerdings nicht vorliegen (...) Zu einem gewissen Grad können die repräsentierten Werte oder Rechte somit einzigartig sein und doch aufgrund ihrer Zugehörigkeit zu einer Serie als fungibel gelten.".

[35] Hierin liegt der Unterschied zu echten NFTs, vgl. dazu Zickgraf BKR 2021, 196 (200 f.); Wellerdt WM 2021, 2379 (2383).

[36] Voß BKR 2022, 620; Wellerdt WM 2021, 2379 (2380).

[37] Maume ECFR 2023, 243 (255); Zickgraf BKR 2021, 196 (198); Misterek/Roth ZIP 2024, 385 (385 f.); iE ebenso Aubrunner/Reder GesRZ 2023, 158 (159); John/Patz DB 2023, 1906 (1907); Ritz ZdiW 2023, 151 (155 f., 158 f., 171); Siadat RdF 2021, 12 (14); Wittig WM 2023, 412 (415).

[38] HM Hacker/Thomale ECFR 2018, 645 (671 ff.); Klöhn/Parhofer/Resas ZBB 2018, 89 (102); Maume 31 EBLR (2020), 185 (192 f.); Spindler WM 2018, 2019 (2112 f.); Veil ZHR 183 (2019), 346 (360); Zickgraf AG 2018, 293 (302 f.); Zickgraf BKR 2021, 196 (198) mwN; Misterek/Roth ZIP 2024, 385 (385 f.).

Vor Art. 4 ff. Titel II Andere Kryptowerte

In Anbetracht der Ausklammerung von NFTs aus dem sachlichen Anwendungsbereich der MiCAR durch Art. 2 Abs. 3 erfasst Titel II von vornherein nur fungible Kryptowerte (zu NFTs → Rn. 10 ff.). Wegen Art. 2 Abs. 4 lit. a unterfallen indes auch fungible Investment-Token nicht dem sachlichen Anwendungsbereich der MiCAR und des Titel II (→ Rn. 13). Als „andere Kryptowerte" erfasst Titel II daher nur die **sonstigen, fungiblen Kryptowerte** (insbes. **Utility-Token, uneigentliche NFTs** und **Currency-Token**), die nicht als vermögenswertereferenzierte Token oder E-Geld-Token einzustufen sind.

15   aa) **Anwendbarkeit auf sämtliche Utility-Token.** Die prominente Streitfrage, ob **Utility-Token** mit Investmentfunktion[39] als Finanzinstrumente iSd Art. 4 Abs. 1 Nr. 15 MiFID II anzusehen sind,[40] deren Beantwortung sich wegen Art. 2 Abs. 4 lit. a MiCAR unmittelbar auf die Anwendbarkeit der MiCAR auswirkt, muss nach Inkrafttreten der MiCAR unter neuen Vorzeichen beantwortet werden: Aus **Art. 4 Abs. 3 lit. c,** der Utility-Token ohne Investment-Funktion von der Whitepaper-Publizitätspflicht befreit, folgt im **Umkehrschluss,** dass der Unionsgesetzgeber **sämtliche Utility-Token** vom Anwendungsbereich der MiCAR erfasst sehen möchte. Schließlich verbleibt für Titel II nur dann ein sinnvoller Anwendungsbereich, wenn man Utility-Token mit Investmentfunktion **nicht** als **Finanzinstrumente** iSd Art. 4 Abs. 1 Nr. 15 MiFID II einordnet, da ansonsten Utility-Token mit Investment-Funktion wegen Art. 2 Abs. 4 lit. a (iVm Art. 3 Abs. 1 Nr. 49 MiCAR) aus dem allgemeinen Anwendungsbereich der MiCAR herausfielen und solche ohne Investmentfunktion aufgrund des Art. 4 Abs. 3 lit. c im Regelfall ebenfalls vom speziellen Anwendungsbereich des Titels II ausgenommen wären. Diese Sichtweise wird überdies durch **Art. 4 Abs. 6** (e.c.) untermauert, dessen Tatbestand Utility-Token adressiert, die Zugang zu Waren und Dienstleistungen bieten, die noch nicht gibt bzw. die noch nicht erbracht werden und damit spezifische Vorgaben für Utility-Token mit Investment-Funktion[41] enthält. In **subjektiv-teleologischer** Hinsicht ist daraus der Wille des Gesetzgebers abzuleiten, Utility-Token mit Investment-Funktion den Art. 4 ff. zu unterwerfen, womit zwangsläufig eine Ablehnung von deren Einstufung als Finanzinstrumente iSd Art. 2 Abs. 4 lit. a, Art. 3 Abs. 1 Nr. 49 iVm Art. 4 Abs. 1 Nr. 15, 44 MiFID II einhergehen muss. Zu guter Letzt ist in **objektiv-teleologischer Hinsicht** mit der Einführung der MiCAR zudem die Notwendigkeit entfallen, Utility-Token mit Investmentfunktion als Finanzinstrumente bzw. übertragbare Wertpapiere (Art. 4 Abs. 1 Nr. 15 iVm Anhang I Abschnitt C, Art. 4 Abs. 1 Nr. 44 MiFID II) zu qualifizieren, da das aus den ausgeprägten Informationsasymmetrien sowie den Agenturkonflikten zwischen Emittenten sowie Anlegern resultierende und im Vordergrund der (damaligen) Argumentation stehende Markt- und Anlegerschutzbedürfnis[42]

---

[39] Siehe zur Unterscheidung von Utility-Token mit bzw. ohne Investmentfunktion: Maume/Maute Kryptowerte-HdB/Zickgraf § 11 Rn. 64 ff. mwN; vgl. ferner für die maßgeblichen Abgrenzungskriterien: Klöhn/Parhofer/Resas ZBB 2018, 89 (102 f.); Zickgraf AG 2018, 293 (304 ff.).

[40] Dafür: Klöhn/Parhofer/Resas ZBB 2018, 89 (101 ff.); Zickgraf AG 2018, 293 (304 ff.) dagegen: Hacker/Thomale ECFR 2018, 645 (673 ff., 675, 681 ff.); Veil ZHR 183 (2019), 346 (363 f.). Vgl. auch → Rn. 2 f., → Art. 3 Abs. 1 Nr. 49 Rn. 17 mwN.

[41] Vgl. zur Abgrenzung Klöhn/Parhofer/Resas ZBB 2018, 89 (102 f.); Zickgraf AG 2018, 293 (304 ff.); Maume/Maute Kryptowerte-HdB/Zickgraf § 11 Rn. 64 ff.

[42] Vor Einführung der Art. 4 ff. MiCAR konnte der Markt- und Anlegerschutz nur mithilfe bestehender kapitalmarktrechtlicher Regeln (insbes. Art. 3 ProspektVO, Art. 14, 15 MAR)

Vorbemerkung vor Art. 4ff. Vor Art. 4ff.

nunmehr durch das passgenaue sowie speziellere Regulierungsregime der Art. 4ff. befriedigt wird.[43] Festzuhalten bleibt nach dem Gesagten, dass der sachliche Anwendungsbereich des **Titel II sämtliche Arten von Utility-Token** erfasst.[44]

Im Ergebnis hat sich der Unionsgesetzgeber mit der Einführung eines speziellen 16 Publizitätsregimes in Titel II der MiCAR implizit derjenigen Literaturauffassung angeschlossen, die (nur) für Utility-Token mit Investmentfunktion aus Markt- und Anlegerschutzgründen kapitalmarktrechtliche Publizitätspflichten für erforderlich und für Utility-Token ohne Investment-Funktion für entbehrlich gehalten hatte[45], wie nicht zuletzt die Befreiung der Utility-Token ohne Investment-Funktion von der Kryptowerte-Whitepaper-Pflicht durch Art. 4 Abs. 3 lit. c[46] zeigt.[47]

bb) Anwendbarkeit auf Currency-Token mit Ausnahme der ver- 17 **mögenswertreferenzierten Token und E-Geld-Token.** Titel II erfasst angesichts der Negativabgrenzungen sowohl in der Titelüberschrift als auch in den Einzelregelungen der Art. 4ff.[48] nur **andere Kryptowerte als vermögenswertreferenzierte Token oder E-Geld-Token.** Ein vermögenswertreferenzierter Token ist gemäß Art. 3 Abs. 1 Nr. 6 MiCAR ein Kryptowert, der kein E-Geld-Token ist und dessen Wertstabilität durch Bezugnahme auf einen anderen Wert oder ein anderes Recht oder eine Kombination davon, einschließlich eines oder mehrerer amtlicher Währungen, gewahrt werden soll (Art. 3 Abs. 1 Nr. 6). Davon zu unterscheiden ist der E-Geld-Token, bei dem es sich gemäß Art. 3 Abs. 1 Nr. 7 um einen Kryptowert handelt, dessen Wertstabilität unter Bezugnahme auf den Wert einer amtlichen Währung gewahrt werden soll (Art. 3 Abs. 1 Nr. 7). Ausweislich dieser Definitionen handelt es sich bei jenen Token-Kategorien, die mitunter auch als

---

gewährleistet werden, deren Anwendbarkeit jedoch von der Einstufung der Utility-Token mit Investmenteigenschaft als „Finanzinstrument" bzw. „übertragbares Wertpapier" abhing (vgl. Art. 1 Abs. 1, 3 Abs. 1 iVm Art. 2 lit. a ProspektVO; Art. 2 Abs. 1 iVm Art. 3 Abs. 1 Nr. 1 MAR). Siehe zur Argumentation: Klöhn/Parhofer/Resas ZBB 2018, 89 (101ff.); Zickgraf AG 2018, 293 (304ff.); Maume/Maute Kryptowerte-HdB/Zickgraf § 11 Rn. 55ff., 64ff.

[43] Vgl. Zickgraf BKR 2021, 196 (199); Klöhn/Klöhn MAR Art. 2 Rn. 85.

[44] Klöhn in Klöhn MAR Art. 2 Rn. 85; Aubrunner/Reder GesRZ 2023, 158 (160); Maume/Siadat NJW 2023, 1168 (1169); Siadat RdF 2021, 12 (14f.); Voß ZdiW 2023, 164 (167, 171); Zickgraf BKR 2021, 196 (198f.); tendenziell aA Misterek/Roth ZIP 2024, 385 (386); Ritz ZdiW 2023, 151 (158): „Sollten Utility Token im Einzelfall allerdings investorenähnliche Erwartungen abbilden und damit Anlagezwecken dienen (…), wäre eine Erfassung durch den Wertpapierbegriff der MiFID II sorgfältig zu prüfen.".

[45] Klöhn/Parhofer/Resas ZBB 2018, 89 (102f.); Zickgraf AG 2018, 293 (304ff.); Chatard/Mann NZG 2019, 567 (573); Klöhn MAR Art. 2 Rn. 83f.; Habersack/Mülbert/Schlitt Unternehmensfinanzierung/Van Aubel § 20 Rn. 113f.; Maume/Maute Kryptowerte-HdB/Zickgraf § 11 Rn. 64ff.

[46] In Art. 4 Abs. 3 lit. a MiCAR werden die u. a. bei Klöhn/Parhofer/Resas ZBB 2018, 89 (102f.); Zickgraf AG 2018, 293 (305) und Maume/Maute Kryptowerte-HdB/Zickgraf § 11 Rn. 66 aufgestellten Kriterien aufgegriffen, bei deren Vorliegen kapitalmarktrechtliche Offenlegungspflichten überflüssig erscheinen.

[47] Vgl. Zickgraf BKR 2021, 196 (199) mit Fn. 40.

[48] Expressis verbis findet sich die Negativabgrenzung im Wortlaut folgender Regelungen: Art. 4 Abs. 1, Abs. 2, Abs. 4, Abs. 6–8, Art. 5 Abs. 1 u.Abs. 3, Art. 7 Abs. 1, Art. 8 Abs. 1 u. Abs. 6, Art. 9 Abs. 1, Art. 10 Abs. 1–3, Art. 11, Art. 12 Abs. 1, Abs. 2 u.Abs. 6, Art. 13 Abs. 1, Art. 14.

sog. **Stablecoins** bezeichnet werden[49], um spezielle Unterarten von **Currency-Token,** die nicht durch Titel II, sondern durch Titel III u. IV reguliert werden.[50] Bei den **sonstigen Currency-Token** (zB **Bitcoin**) handelt es sich zwar um andere Kryptowerte als vermögenswertreferenzierte Token oder E-Geld-Token, die dem sachlichen Anwendungsbereich von Titel II unterfallen[51], doch werden diese Token oftmals von der Bereichsausnahme des Art. 4 Abs. 3 UAbs. 1 lit. b (→ Art. 4 Rn. 21) erfasst, die im Ergebnis eine Anwendung von Titel II ausschließt.

18   c) **Zusammenfassung.** Als „andere Kryptowerte" unterfallen dem sachlichen Anwendungsbereich des Titel II somit **alle nicht einmaligen** und **fungiblen Kryptowerte** (vgl. → Rn. 10 ff., Art. 2 Abs. 3), die **keine Finanzinstrumente** darstellen (→ Rn. 13, Art. 2 Abs. 4 lit. a), dh **Utility-Token** (→ Rn. 15 f., Art. 3 Abs. 1 Nr. 9) mitsamt **uneigentlicher „NFTs"**[52] (vgl. Erwgr. Nr. 11, → Rn. 12) sowie **sonstige fungible Kryptowerte** (zB Currency-Token, → Rn. 17), die **nicht** von **Titel III** oder **Titel IV** erfasst werden.[53] Im Ergebnis handelt es sich bei **Titel II** daher um einen **Auffangtatbestand.**[54]

2. Persönlicher Anwendungsbereich

19   a) **Persönlicher Anwendungsbereich der MiCAR.** Gemäß Art. 2 Abs. 1 erstreckt sich der persönliche Anwendungsbereich der MiCAR auf **natürliche Personen, juristische Personen** und **bestimmte andere Unternehmen,** was ohne Abweichungen dem persönlichen Anwendungsbereich des Titel II entspricht (näher → Rn. 20).

20   b) **Persönlicher Anwendungsbereich des Titel II.** Der persönliche Anwendungsbereich von Titel II erstreckt sich auf zunächst „Personen" (vgl. Art. 4 Abs. 1, Art. 5 Abs. 1), womit die in Art. 2 Abs. 1 genannten **natürlichen** und **juristischen Personen** und die **bestimmten anderen Unternehmen** gemeint sind (näher zu den Begriffen → Art. 3 Abs. 1 Nr. 10 Rn. 69).[55] Für die Einbeziehung der natürlichen Personen und der bestimmten anderen Unternehmen in den Anwendungsbereich des Titels II spricht, dass die präventiven Verbote aus Art. 4 Abs. 1, 5 Abs. 1 (→ Art. 4 Rn. 1, → Art. 5 Rn. 1) gerade auch dann ihre Anwendung gebieten, wenn entgegen der Vorgaben aus Art. 4 Abs. 1 lit. a, 5 Abs. 1 lit. a nicht von einer juristischen Person ein öffentliches Angebot abgegeben oder die Handelszulassung beantragt wird.[56] Eine Bestätigung findet diese Sichtweise in dem Umstand, dass

---

[49] Vgl. Proposal for a Regulation of the European Parliament and of the Council on Markets in Crypto-assets, and amending Directive (EU) 2019/1937, COM(2020), 593 final, S. 2; Maume RDi 2022, 461 (464); Maume ECFR 2023, 243 (258 f.); Maume/Siadat NJW 2023, 1168 (1169); Siadat RdF 2021, 12 (14); John/Patz DB 2023, 1906. Ausführlich zur Regulierung der Stablecoins durch MiCAR Maume RDi 2022, 497 (498 ff.).
[50] Zickgraf BKR 2021, 196 (199).
[51] Ebenso Misterek/Roth ZIP 2024, 385 (387).
[52] Unabhängig von der (Nicht-)Fungibilität handelt es sich bei echten und uneigentlichen NFTs um eine spezielle Form von Utility Token Voß BKR 2022, 620; Wellerdt WM 2021, 2379 (2380).
[53] Wie hier John/Patz DB 2023, 1906 (1907 f. mit Abb. 1); letztlich auch Maume RDi 2022, 461 (465); ambivalent Maume ECFR 2023, 243 (263); Voß ZdiW 2023, 164 (171).
[54] Aubrunner/Reder GesRZ 2023, 158 (160).
[55] Näher zu Art. 2 Abs. 1 Maume RDi 2022, 461 (462).
[56] Dies übersehen Aubrunner/Reder GesRZ 2023, 158 (160).

Vorbemerkung vor Art. 4 ff.　　　　　　　　　　　　　　　　**Vor Art. 4 ff.**

u. a. Art. 4 Abs. 1 u. Abs. 4, Art. 6 Abs. 1 lit. a, Art. 8 Abs. 1 u. Abs. 6, Art. 9 Abs. 1, Art. 10 Abs. 1–3, Art. 11, Art. 12 Abs. 1–3 u. Abs. 6, Art. 13 Abs. 1–3 u. Abs. 5, Art. 14, Art. 15 Abs. 1, Abs. 4 u. Abs. 5 an den Begriff des **Anbieters** anknüpfen, der nach Art. 3 Abs. 1 Nr. 13 natürliche Personen, juristische Personen und andere Unternehmen (ggf. in ihrer Eigenschaft als Emittenten, vgl. Art. 3 Abs. 1 Nr. 10) umfasst. In Bezug auf den Begriff der juristischen Person darf man sich durch Erwgr. Nr. 74 S. 2, nicht zu der Fehlvorstellung verleiten lassen, dass „Personenhandelsgesellschaften" nicht unter den Begriff der juristischen Person fallen würden. Vielmehr umfasst der Begriff der juristischen Person iSd Unionsrechts ohne Weiteres (rechtsfähige) Personen(handels)gesellschaften.[57] Aus der englischen Sprachfassung des Erwgr. Nr. 74 S. 2 wird ersichtlich, dass nur Personen(handels)gesellschaften ohne Rechtspersönlichkeit, wie zB „commercial partnerships" nach englischem Recht, vom Begriff der juristischen Person ausgenommen sind. Der Begriff der **juristischen Person** iSd MiCAR umfasst insofern jeden Rechtsträger, der keine natürliche Person ist und ist damit im Ergebnis mit dem Begriff der **Rechtspersönlichkeit** deckungsgleich.[58] Bei den **bestimmten anderen Unternehmen** handelt es sich demgegenüber um **Gebilde ohne eigene Rechtspersönlichkeit**.

3. Räumlicher Anwendungsbereich

a) Räumlicher Anwendungsbereich der MiCAR. Der räumliche Anwendungsbereich der MiCAR erfordert gemäß Art. 2 Abs. 1 ein öffentliches Angebot oder eine Handelszulassung eines Kryptowerts **in der Union**. In Bezug auf öffentliche Angebote und Handelszulassungen von (anderen) Kryptowerten deckt sich der räumliche Anwendungsbereich der MiCAR daher vollumfänglich mit dem räumlichen Anwendungsbereich von Titel II (näher zu den Anknüpfungspunkten → Rn. 22 ff.). 21

b) Räumlicher Anwendungsbereich des Titel II. aa) Marktortprinzip. Art. 4 Abs. 1 und Art. 5 Abs. 1 erfassen nur öffentliche Angebote sowie die Zulassung anderer Kryptowerte als vermögenswertereferenzierter Token oder E-Geld-Token zum Handel **in der Union**. Für die Regelungsvorbilder aus Art. 3 Abs. 1 u. Abs. 3 ProspektVO wird hinsichtlich des räumlichen Anwendungsbereichs die Maßgeblichkeit des **Marktortprinzips** befürwortet[59], welches an die wirtschaftlichen Auswirkungen einer Verhaltensweise am Ort des Marktplatzes anknüpft.[60] Angesichts der inhaltlichen Anlehnung der Art. 4 Abs. 1, 5 Abs. 1 MiCAR durch den Gesetzgeber an Art. 3 Abs. 1 u. Abs. 3 ProspektVO sowie der vergleichbaren Interessenlage zu diesen Regelungsvorbildern kann auf die dortigen Auslegungsgrundsätze zurückgegriffen werden. Die Anknüpfung an das Marktortprinzip liegt auch deshalb nahe, da das **Regelungsziel der MiCAR** im Allgemeinen sowie des Titels II im Besonderen im **Schutz des europäischen Marktes für (andere) Kryptowerte** liegt. 22

---

[57] Maume RDi 2022, 461 (466); allgemein hierzu Klöhn/Wimmer WM 2020, 761 (764 f.).
[58] Vgl. allgemein für diese Definition: Klöhn/Wimmer WM 2020, 761 (764 f.).
[59] BeckOGK/Dornis, 1.11.2022, Internationales und europäisches Finanzmarktrecht Rn. 226 ff.
[60] BeckOGK/Dornis, 1.11.2022, Internationales und europäisches Finanzmarktrecht Rn. 155.

23 **bb) Öffentliches Angebot in der Union.** Der räumliche Anwendungsbereich des Titel II sollte sich im Falle eines öffentlichen Angebots in Anbetracht des Regelungsgehalts des Art. 4 Abs. 1 (Regelungsvorbild: Art. 3 Abs. 1 ProspektVO) nur auf solche öffentlichen Angebote erstrecken, die **zielgerichtet** mögliche Anleger **in der Union ansprechen.**[61] Alleine in diesem Fall zeitigt das Angebot **Auswirkungen auf den europäischen Markt** für Kryptowerte, so dass Titel II zu dessen Schutz angewendet werden sollte. Ein zielgerichtetes Ansprechen von Anlegern in der Union liegt vor, wenn potentielle Anleger mit **gewöhnlichem Aufenthalt** oder **Sitz** in der Union adressiert werden.[62] Für die Bezugnahme dieser rechtstatsächlichen Anknüpfungspunkte spricht das Erfordernis der Vorhersehbarkeit des anwendbaren Rechts für den Anbieter (arg. **Rechtssicherheit**). Im Falle des – beim öffentlichen Angebot von Kryptowerten dem Regelfall entsprechenden und daher besonders praxiswichtigen – **Angebots über das Internet** besteht ein hinreichender territorialer Bezug zum Binnenmarkt, sofern das Angebot für potentielle Anleger in der Union (technisch) verfügbar und (sprachlich) verständlich ist.[63] Ferner kommt es darauf an, ob nach dem Gesamteindruck Anleger in der Union angesprochenen werden sollen, wobei Verfügbarkeit, sprachliche Darstellung sowie die sonstige Angebotsgestaltung als Indizien heranzuziehen sind.[64] Anbieter können die räumliche Anwendbarkeit jedoch rechtssicher durch technische Maßnahmen, die eine Aufrufbarkeit des Angebots beschränken (zB **Geoblocker**), ausschließen[65], da unter diesen Umständen eher das Gegenteil einer zielgerichteten Ansprache vorliegt. Einer erfolgreichen Verhinderung der Verfügbarkeit unter Ausschluss von Umgehungsstrategien der Anleger bedarf es hierzu

---

[61] Maume ECFR 2023, 243 (261 f.); BeckOGK/Dornis, 1.11.2022, Internationales und europäisches Finanzmarktrecht Rn. 226 f.; MüKoBGB/Lehmann, Internationales Finanzmarktaufsichtsrecht, 8. Aufl. 2021, Rn. 307; vgl. auch BaFin Zweites Hinweisschreiben zu Prospekt- und Erlaubnispflichten im Zusammenhang mit der Ausgabe sogenannter Krypto-Token v. 16.8.2019 GZ: WA 51-Wp 7100-2019/0011 und IF 1-AZB 1505-2019/0003, S. 9; Spindler NZG 2000, 1058 (1060).

[62] Assmann FS Schütze, 1999, 15 (28 ff.); Spindler NZG 2000, 1058 (1060 f.); weitergehend: BeckOGK/Dornis, 1.11.2022, Internationales und europäisches Finanzmarktrecht Rn. 227; Assmann/Schlitt/v. Kopp-Colomb/Poelzig ProspektVO Art. 3 Rn. 18 (stärkere Betonung der Auswirkungen auf den Marktplatz unabhängig vom Aufenthalt oder Sitz des Anlegers).

[63] In diesem Sinne auch BaFin Zweites Hinweisschreiben zu Prospekt- und Erlaubnispflichten im Zusammenhang mit der Ausgabe sogenannter Krypto-Token v. 16.8.2019 GZ: WA 51-Wp 7100-2019/0011 und IF 1-AZB 1505-2019/0003, S. 9; Maume RDi 2022, 461 (462 f.); vgl. ferner BeckOGK/Dornis, 1.11.2022, Internationales und europäisches Finanzmarktrecht Rn. 228.

[64] Assmann/Schlitt/v. Kopp-Colomb/Poelzig ProspektVO Art. 3 Rn. 19; ähnlich Maume ECFR 2023, 243 (261 f.); Maume RDi 2022, 461 (462 f.); zur erforderlichen „wertenden Gesamtschau" auch BaFin Zweites Hinweisschreiben zu Prospekt- und Erlaubnispflichten im Zusammenhang mit der Ausgabe sogenannter Krypto-Token v. 16.8.2019 GZ: WA 51-Wp 7100-2019/0011 und IF 1-AZB 1505-2019/0003, S. 9; Spindler NZG 2000, 1058 (1060 f.).

[65] Maume ECFR 2023, 243 (261); Assmann/Schlitt/v. Kopp-Colomb/Poelzig ProspektVO Art. 3 Rn. 19; BeckOGK/Dornis, 1.11.2022, Internationales und europäisches Finanzmarktrecht Rn. 228; vgl. auch MüKoBGB/Lehmann, Internationales Finanzmarktaufsichtsrecht, 8. Aufl. 2021, Rn. 308.

Vorbemerkung vor Art. 4 ff.

nicht.[66] Ob ein ausdrücklicher, deutlicher und sichtbarer Hinweis, dass ein Angebot nicht an Anleger in der Union gerichtet ist (sog. **Disclaimer**), die räumliche Anwendbarkeit ausschließt, wird unterschiedlich beurteilt.[67] Nach hier vertretener Auffassung kommt es darauf an, ob der Disclaimer tatsächlich ein (gezieltes) Ansprechen verhindert (vgl. auch Art. 10 Abs. 2 DelVO 2019/979).[68] Bloße **„Feigenblatt-Disclaimer"**, die lediglich auf dem Papier den Anschein eines zielgerichteten Ansprechens zu vermeiden suchen, genügen hierfür jedenfalls nicht, wenn aufgrund der **inhaltlichen Gestaltung** oder der **Vermarktung des konkreten Angebots** (zB aufgrund historischer Erfahrungswerte mit vergleichbaren Angeboten sowie insbes. wegen des Fehlens begleitender Kontrollmaßnahmen zur Verhinderung eines Verkaufs an die durch den Disclaimer ausgeschlossenen Anleger[69]) davon auszugehen ist, dass sich eine Vielzahl von Anlegern mit Sitz oder gewöhnlichem Aufenthalt in der Union angesprochen fühlen und den Disclaimer ignorieren wird.[70] Schließlich liegt dann ungeachtet des rechtlichen Disclaimers aufgrund der tatsächlichen Umstände des konkreten Angebots *de facto* eine gezielte Ansprache des EU-Anlegerpublikums vor. In diesen letztgenannten Fällen sind aus Markt- und Anlegerschutzgründen über den bloßen Disclaimer hinaus **technische Vorsorgemaßnahmen** (zB Geoblocker, Wohnortabfragen) erforderlich, um eine Verfügbarkeit des Angebots aus ex-ante-Sicht für europäische Anleger auszuschließen.[71] In den übrigen Fällen – dh bei Fehlen eines gezielten Ansprechens aufgrund der rechtstatsächlichen Umstände des Angebots – schließt ein ausdrücklicher, deutlicher und sichtbarer Disclaimer jedoch die räumliche Anwendbarkeit des Art. 4 Abs. 1 aus.

cc) Handelszulassung in der Union. Im Falle einer **Handelszulassung** 24 eines anderen Kryptowerts als eines vermögenswertereferenzierten Kryptowerts oder E-Geld-Token ist der räumliche Anwendungsbereich des Titel II gemäß Art. 5 Abs. 1 eröffnet, wenn der andere Kryptowert zum **Handel in der Union** zugelassen werden soll. In regulierungstheoretischer Hinsicht verfolgt die Anknüpfung an den Ort des Handelsplatzes das Ziel, die **Reputation der Handelsplätze** innerhalb der Union zu schützen.[72] Die Anwendung des Titel II setzt daher die Beantragung der Zulassung der anderen Kryptowerte auf einer **europäischen Handelsplattform für Kryptowerte** voraus, die der Regulierung durch die MiCAR

---

[66] Assmann/Schlitt/v. Kopp-Colomb/Poelzig ProspektVO Art. 3 Rn. 19.
[67] Für Ausschluss der räumlichen Anwendbarkeit: MüKoBGB/Lehmann, Internationales Finanzmarktaufsichtsrecht, 8. Aufl. 2021, Rn. 308; Assmann FS Schütze, 1999, 15 (30); Spindler NZG 2000, 1058 (1061f.); differenzierend: BeckOGK/Dornis, 1.11.2022, Internationales und europäisches Finanzmarktrecht Rn. 228.
[68] Ähnlich Assmann FS Schütze, 1999, 15 (30).
[69] Siehe zu diesem Erfordernis Assmann FS Schütze, 1999, 15 (30); Spindler NZG 2000, 1058 (1061f.).
[70] Ähnlich BeckOGK/Dornis, 1.11.2022, Internationales und europäisches Finanzmarktrecht Rn. 228; kritisch MüKoBGB/Lehmann, Internationales Finanzmarktaufsichtsrecht, 8. Aufl. 2021, Rn. 308 („allzu paternalistisch").
[71] Ähnlich BeckOGK/Dornis, 1.11.2022, Internationales und europäisches Finanzmarktrecht Rn. 229, 230; aA Assmann/Schlitt/v. Kopp-Colomb/Poelzig ProspektVO Art. 3 Rn. 20 (unter nicht hinreichender Würdigung einer gezielten Ansprache aufgrund der tatsächlichen Umstände).
[72] MüKoBGB/Lehmann, Internationales Finanzmarktaufsichtsrecht, 8. Aufl. 2021, Rn. 257, 302.

Zickgraf

Art. 4 Titel II Andere Kryptowerte

(dh Art. 76) unterliegt und deren Reputation (insbes. aufgrund einer Zulassung gemäß Art. 63 iVm Art. 59 Abs. 1 u. Abs. 2, Art. 76 Abs. 1, Art. 3 Abs. 1 Nr. 16 lit. b) daher schützenswert ist. Der räumliche Anwendungsbereich ist daher für eine (geplante) Handelszulassung auf solchen Handelsplattformen für Kryptowerte eröffnet, die sich in einem Mitgliedstaat befinden bzw. in einem Mitgliedstaat betrieben werden (ebenso Art. 1 Abs. 1 ProspektVO; siehe zum Erfordernis eines Sitzes des Handelsplattformbetreibers in einem Mitgliedstaat auch Art. 59 Abs. 2 iVm Art. 3 Abs. 1 Nr. 33 lit. f, 62 Abs. 1).

Artikel 4 Öffentliche Angebote von anderen Kryptowerten als vermögenswertereferenzierten Token oder E-Geld-Token

(1) Eine Person, darf in der Union andere Kryptowerte als vermögenswertereferenzierte Token oder E-Geld-Token nicht öffentlich anbieten, es sei denn, diese Person
a) ist eine juristische Person,
b) hat in Bezug auf diese Kryptowerte ein Kryptowerte-Whitepaper gemäß Artikel 6 erstellt,
c) hat das Kryptowerte-Whitepaper gemäß Artikel 8 übermittelt,
d) hat das Kryptowerte-Whitepaper gemäß Artikel 9 veröffentlicht,
e) hat in Bezug auf diesen Kryptowert die Marketingmitteilungen, sofern vorhanden, gemäß Artikel 7 erstellt,
f) hat in Bezug auf diesen Kryptowert die Marketingmitteilungen, sofern vorhanden, gemäß Artikel 9 veröffentlicht,
g) erfüllt die in Artikel 14 festgelegten Anforderungen für Anbieter.

(2) Absatz 1 Buchstaben b, c, d und f.gilt nicht für folgende öffentliche Angebote von anderen Kryptowerten als vermögenswertereferenzierten Token oder E-Geld-Token:
a) Ein Angebot an weniger als 150 natürliche oder juristische Personen je Mitgliedstaat, wenn diese Personen für eigene Rechnung handeln;
b) ein öffentliches Angebot eines Kryptowerts in der Union, dessen Gesamtgegenwert über einen Zeitraum von zwölf Monaten ab dem Beginn des Angebots 1 000 000 EUR oder den Gegenwert in einer anderen amtlichen Währung oder in Kryptowerten nicht übersteigt;
c) ein Angebot eines Kryptowerts, das sich ausschließlich an qualifizierte Anleger richtet, sofern der Kryptowert nur von diesen qualifizierten Anlegern gehalten werden kann.

(3) Dieser Titel findet keine Anwendung auf öffentliche Angebote von anderen Kryptowerten als vermögenswertereferenzierten Token oder E-Geld-Token, wenn einer oder mehrere der folgenden Fälle zutreffen:
a) der Kryptowert wird kostenlos angeboten;
b) der Kryptowert wird als Gegenleistung für die Pflege des Distributed Ledgers oder die Validierung von Transaktionen automatisch geschürft;
c) das Angebot betrifft einen Utility-Token, der Zugang zu einer Ware oder Dienstleistung bietet, die bereits besteht oder bereits erbracht wird;
d) der Inhaber des Kryptowerts ist berechtigt, diesen Kryptowert nur für den Tausch gegen Waren und Dienstleistungen in einem begrenzten Netz von Händlern mit vertraglichen Vereinbarungen mit dem Anbieter zu nutzen.

Für die Zwecke von Unterabsatz 1 Buchstabe a gilt ein Angebot eines Kryptowerts nicht als kostenlos, wenn der Käufer verpflichtet ist oder sich bereit erklären muss, dem Anbieter im Tausch gegen diesen Kryptowert personenbezogene Daten zur Verfügung zu stellen, oder wenn der Anbieter eines Kryptowerts von den potenziellen Inhabern dieses Kryptowerts im Tausch gegen diesen Kryptowert Gebühren, Provisionen, monetäre oder nicht monetäre Vorteile erhält.

Übersteigt der Gesamtgegenwert eines öffentlichen Angebots eines Kryptowerts unter den in Unterabsatz 1 Buchstabe d genannten Umständen in der Union in jedem Zwölfmonatszeitraum ab Beginn des ersten öffentlichen Angebots 1 000 000 EUR, so übermittelt der Anbieter der zuständigen Behörde eine Mitteilung mit einer Beschreibung des Angebots und einer Erläuterung, warum das Angebot gemäß Unterabsatz 1 Buchstabe d von diesem Titel ausgenommen ist.

Auf der Grundlage der in Unterabsatz 3 genannten Mitteilung trifft die zuständige Behörde eine ordnungsgemäß begründete Entscheidung, wenn sie der Auffassung ist, dass die Tätigkeit nicht für eine Ausnahme als begrenztes Netz gemäß Unterabsatz 1 Buchstabe d in Betracht kommt, und unterrichtet den Anbieter entsprechend.

(4) Die in den Absätzen 2 und 3 genannten Ausnahmen gelten nicht, wenn der Anbieter oder eine andere im Namen des Anbieters handelnde Person in einer Mitteilung seine bzw. ihre Absicht bekundet, die Zulassung zum Handel mit einem anderen Kryptowert als einem vermögenswertereferenzierten Token oder E-Geld-Token zu beantragen.

(5) Für die Verwahrung und Verwaltung von Kryptowerten für Kunden oder für Transferdienstleistungen für Kryptowerte im Zusammenhang mit Kryptowerten, für die in Bezug auf das öffentliche Angebot eine Ausnahme gemäß Absatz 3 des vorliegenden Artikels besteht, ist eine Zulassung als Anbieter von Kryptowerte-Dienstleistungen gemäß Artikel 59 nicht erforderlich, es sei denn,
a) es besteht ein anderes öffentliches Angebot für denselben Kryptowert und dieses Angebot fällt nicht unter die Ausnahme, oder
b) der angebotene Kryptowert ist zum Handel auf einer Handelsplattform zugelassen.

(6) Betrifft das öffentliche Angebot eines anderen Kryptowerts als einen vermögenswertereferenzierten Token oder E-Geld-Token einen Utility-Token für einen Dienst, der Zugang zu Waren und Dienstleistungen bietet, die es noch nicht gibt bzw. die noch nicht erbracht werden, so darf die Laufzeit des im Kryptowerte-Whitepaper beschriebenen öffentlichen Angebots zwölf Monate ab dem Tag der Veröffentlichung des Kryptowerte-Whitepapers nicht überschreiten.

(7) Jedes spätere öffentliche Angebot eines anderen Kryptowerts als eines vermögenswertereferenzierten Token oder E-Geld-Token gilt als gesondertes öffentliches Angebot, für das die Anforderungen des Absatzes 1 gelten, unbeschadet der möglichen Anwendung der Absätze 2 und 3 auf das spätere öffentliche Angebot.

Für ein späteres öffentliches Angebot eines anderen Kryptowerts als eines vermögenswertereferenzierten Token oder eines E-Geld-Token ist

Art. 4

kein zusätzliches Kryptowerte-Whitepaper erforderlich, sofern ein Kryptowerte-Whitepaper gemäß den Artikeln 9 und 12 veröffentlicht wurde und die für die Erstellung dieses Whitepapers verantwortliche Person seiner Verwendung schriftlich zustimmt.

(8) Ist ein öffentliches Angebot eines anderen Kryptowerts als eines vermögenswertereferenzierten Token oder eines E-Geld-Token von der Verpflichtung zur Veröffentlichung eines Kryptowerte-Whitepapers gemäß Absatz 2 oder 3 ausgenommen, wird aber dennoch freiwillig ein Whitepaper erstellt, so gilt dieser Titel.

Schrifttum: Siehe vor Art. 4 ff.

Übersicht

	Rn.
I. Grundlagen	1
1. Regelungsgegenstand	1
2. Regelungsvorbilder	4
3. Regelungszweck	5
II. Anwendungsbereich	8
III. Rechtsformzwang, Publizitäts-, Verfahrens- und Verhaltenspflichten (Abs. 1)	11
1. Anforderungen und Pflichten der Anbieter	11
2. Ausnahmen und Rückausnahme (Abs. 2–4)	14
a) Angebotsbezogene Ausnahmen von den Publizitäts- und Verfahrenspflichten (Abs. 2)	14
aa) Begrenzter Adressatenkreis (Abs. 2 lit. a)	15
bb) Begrenztes Emissionsvolumen (Abs. 2 lit. b)	16
cc) Qualifizierte Anleger (Abs. 2 lit. c)	17
b) Kryptowertbezogene Bereichsausnahmen (Abs. 3)	19
aa) Kostenlose Ausgabe von Kryptowerten (Abs. 3 UAbs. 1 lit. a)	20
bb) Mining und Staking (Art. 4 Abs. 3 UAbs. 1 lit. b)	21
cc) Utility-Token ohne Investmentfunktion (Art. 4 Abs. 3 UAbs. 1 lit. c)	22
dd) Erweiterte Utility-Token für ein begrenztes Netz von Händlern (Art. 4 Abs. 3 UAbs. 1 lit. d)	23
c) Rückausnahme (Abs. 4)	26
3. Rechtsfolgen bei Verletzung der Pflichten	30
a) Aufsichtsrecht	30
b) Zivilrecht	31
IV. Kryptowerte-Dienstleister (Abs. 5)	34
V. Höchstlaufzeit des öffentlichen Angebots bei Utility Token mit Unternehmensfinanzierungsfunktion (Abs. 6)	36
VI. Spätere öffentliche Angebote (Abs. 7)	39
VII. Freiwillige Erstellung eines Whitepapers (Abs. 8)	42

I. Grundlagen

1. Regelungsgegenstand

Art. 4 **Abs. 1** statuiert ein (präventives) **Verbot** für öffentliche Angebote anderer **1** Kryptowerte als vermögenswertreferenzierter Token oder E-Geld-Token, wenn nicht die in lit. a–g genannten Anforderungen erfüllt sind (→ Rn. 11 ff.).[1] Besonders hervorzuheben ist insoweit die **Kryptowerte-Whitepaper-Publizitätspflicht**, dh die **Pflicht** zur Erstellung (lit. b), Übermittlung (lit. c) und Veröffentlichung (lit. d) eines Kryptowerte-Whitepapers im Einklang mit Art. 6 (Erstellung), Art. 8 (Übermittlung) und Art. 9 (Veröffentlichung). Während Art. 4 **Abs. 2** **angebotsspezifische Ausnahmen** von den Whitepaper-Publizitätspflichten normiert, enthält Art. 4 **Abs. 3 kryptowertspezifische Bereichsausnahmen** von Titel II, wobei Art. 4 **Abs. 4** wiederum für beide Ausnahmetatbestände eine **Rückausnahme** vorsieht.

Art. 4 **Abs. 5** sieht für die Verwahrung und Verwaltung von Kryptowerten für **2** Kunden sowie für Transferdienstleistungen für Kryptowerte, die der Bereichsausnahme des Abs. 3 unterfallen, unter bestimmten Voraussetzungen eine **Ausnahme vom Zulassungserfordernis** als Anbieter von Kryptowertedienstleistungen gemäß Art. 59 vor. Sofern das öffentliche Angebot einen Utility-Token betrifft, der Zugang zu einer noch existierenden Ware oder noch nicht erbrachten Dienstleistung gewährt, ordnet Art. 4 **Abs. 6** (wie zuvor Erwgr. Nr. 17 MiCAR-E) an, dass die **Höchstlaufzeit** des Angebots **zwölf Monate** ab dem Tag der Veröffentlichung des Kryptowerte-Whitepapers nicht überschreiten darf. Art. 4 **Abs. 7** stellt klar, dass jedes **spätere öffentliche Angebot** als gesondertes Angebot gilt, für das – vorbehaltlich Art. 4 Abs. 2 u. 3 – erneut die Anforderungen aus Art. 4 Abs. 1 Anwendung finden, es sei denn es wurde bereits gemäß Art. 9, 12 ein Kryptowerte-Whitepaper veröffentlicht und die für die Erstellung verantwortliche Person stimmt seiner Verwendung schriftlich zu.

Art. 4 **Abs. 8** ordnet schließlich für **freiwillig erstellte Kryptowerte-White-** **3** **paper** solcher öffentlichen Angebote, die einer Ausnahme nach Art. 4 Abs. 2 oder 3 unterfallen, die Anwendung sämtlicher Vorschriften des Titels II an.

2. Regelungsvorbilder

Art. 4 Abs. 1 folgt in Bezug auf das präventive Verbot sowie die damit einher- **4** gehende Pflicht zur Erstellung und Veröffentlichung eines Whitepapers (lit. b u. d) dem Regelungsvorbild der **Art. 3 Abs. 1 VO 1129/2017 (ProspektVO).**[2] Die angebotsspezifischen Ausnahmetatbestände der Art. 4 Abs. 2 lit. a, lit. c ähneln den Ausnahmetatbeständen aus Art. 1 Abs. 4 lit. b, lit. a ProspektVO; die emissionsvolumenbezogene Ausnahme aus Art. 4 Abs. 2 lit. b entspricht im Wesentlichen Art. 1 Abs. 3 UAbs. 1 ProspektVO.[3] Art. 4 Abs. 3 UAbs. 1 lit. d hat ein vergleichbares Regelungsvorbild in Art. 3 lit. k RL (EU) 2015/2366 (PSD2). Während Art. 4 Abs. 7 in groben Zügen an Art. 5 Abs. 1 ProspektVO angelehnt ist, findet Art. 4 Abs. 8 sein Vorbild in Art. 24 ProspektVO. Soweit eine – im Regelfall zu bejahende – Ver-

---

[1] Zickgraf BKR 2021, 196 (199).
[2] Zickgraf BKR 2021, 196 (199); vgl. auch Maume RDi 2022, 461 (465 f.).
[3] Zickgraf BKR 2021, 196 (201).

gleichbarkeit der Interessenlagen vorliegt, kann bei Auslegungsfragen (hilfsweise) auf das Schrifttum und die Rechtsprechung zu den Regelungsvorbildern zurückgegriffen werden[4] (Gedanke der Einheit der Rechtsordnung).

3. Regelungszweck

5   Auf den Märkten für Kryptowerte[5] herrschen zwischen den **Anlegern** (Kapitalanbieter) und den **Anbietern** bzw. **Emittenten von Kryptowerten** (Kapitalnachfrager) **ausgeprägte Informationsasymmetrien,** da es sich bei den angebotenen Kryptowerten im Regelfall um **Vertrauensgüter**[6] handelt, deren zukünftiger Wert von der wirtschaftlichen Entwicklung des Emittenten sowie etwaigen (technischen) Weiterentwicklungen des Kryptowerts abhängig ist.[7] Die bestehenden (vorvertraglichen) Informationsasymmetrien führen dabei zur Entstehung von **Agenturkonflikten**[8]: Die Kapitalnachfrager (sowie deren Organmitglieder) haben vielfach nur unzureichende Anreize zur Veröffentlichung nachteilhafter Informationen und gleichzeitig große Anreize zu einer überpositiven Darstellung ihrer aktuellen Lage sowie ihrer zukünftigen Aussichten.[9] Weil und soweit die Anleger wegen der bestehenden Informationsasymmetrien den (Fundamental-)Wert der angebotenen Kryptowerte nicht (gut) einschätzen können, senken rational handelnde Anleger ihre (durchschnittliche) Zahlungsbereitschaft, so dass qualitativ hochwertige Anbieter bzw. Emittenten angesichts der unattraktiven Konditionen den Markt verlassen und alleine qualitativ minderwertige(re) Anbieter bzw. Emittenten auf dem Markt verbleiben (sog. **adverse Selektion**), woraufhin die Anleger ihre Zahlungsbereitschaft wiederum senken, so dass am Ende ein **Zusammenbruch des Primärmarktes** für Kryptowerte (sog. **market for lemons**[10]) droht.[11]

---

[4] Ebenso Maume RDi 2022, 461 (462).
[5] Dasselbe gilt für Kapitalmärkte im Allgemeinen, vgl. die Nachweise in den nachfolgenden Fn. 6 – 11.
[6] Vgl. hierzu Darby/Karni, 16 Journ. Law & Econ. (1973), 67 ff.
[7] Zickgraf BKR 2021, 196 (197); Maume/Maute Kryptowerte-HdB/Zickgraf § 11 Rn. 5; allgemein für klassische Finanzinstrumente: Armour et. al. Principles of Financial Regulation, 2016, 101; Coffee/Sale/Henderson, Securities Regulation, 13th Edition 2015 7; Moloney EU Securities and Financial Markets Regulation 4th Edition 2023 73f., 75; Black 48 U.C.L.A. L. Rev. (2001), 781 (786); Choi/Guzman, 65 Fordham L. Rev. 1855, 1859f. (1997); Fleischer Gutachten F für den 64. Deutschen Juristentag F 23; Hellgardt, Kapitalmarktdeliktsrecht, 2008, S. 371 f.; Klöhn WM 2012, 97 (98); Langenbucher EurPrivatR-/WirtschaftsR/Klöhn § 6 Rn. 64; BeckOGK/Dornis, 1.11.2022, Internationales und europäisches Finanzmarktrecht Rn. 49 ff.
[8] Grundlegend zur Principal-Agent-Theory: Jensen/Meckling 3 Journ. Fin. Econ. (1976), 305 ff.
[9] Black 48 U.C.L.A. L. Rev. (2001), 781 (786); Choi/Guzman, 65 Fordham L. Rev. 1855, 1859f. (1997); Coffee/Sale/Henderson Securities Regulation 7 f.; Fleischer Gutachten F für den 64. Deutschen Juristentag F 41 f.; Hellgardt, Kapitalmarktdeliktsrecht, 2008, S. 373 f.; Moloney EU Securities and Financial Markets Regulation 75.
[10] Grundlegend zum sog. market for lemons: Akerlof 84 Quart. Journ. Econ. (1970), 488 ff.
[11] Vgl. allgemein zum Kapitalmarkt: Black 48 U.C.L.A. L. Rev. (2001), 781 (784, 786 f.); Assmann, Prospekthaftung, 1985, 23 f., 275, 282, 288 f.; Hellgardt, Kapitalmarktdeliktsrecht, 2008, S. 374; Langenbucher EurPrivatR-/WirtschaftsR/Klöhn § 6 Rn. 64; speziell zu Märkten für Kryptowerte: Zickgraf BKR 2021, 196 (197); Maume/Maute Kryptowerte-

Die MiCAR reagiert auf dieses drohende informationsbedingte Marktversagen[12] **6** (→ Rn. 5) – ebenso wie die VO 1129/2017 (ProspektVO), vgl. Art. 3 ProspektVO – mit **gesetzlichen Offenlegungspflichten:** Mithilfe der **Kryptowerte-Whitepaper-Publizitätspflicht** (Art. 4 Abs. 1 lit. b–d) sowie der im Whitepaper zu veröffentlichenden Informationen (→ Art. 6) sollen die beschriebenen **Informationsasymmetrien** zwischen den Kapitalanbietern und Kapitalnachfragern **verringert** werden.[13] Dies versetzt die Anleger in die Lage, die Qualität und den (Fundamental-)Wert der angebotenen Kryptowerte besser beurteilen zu können.[14] Auf der Mikroebene dient dies unmittelbar dem **Schutz der Anleger**, da der einzelne Marktteilnehmer mithilfe der im Kryptowerte-Whitepaper enthaltenen Informationen eine **informierte Anlage-** bzw. **Kaufentscheidung** auf angemessener Informationsgrundlage treffen kann (vgl. Erwgr. Nr. 24 S. 1; Individualschutz).[15] Auf der Makroebene hat die durch die Whitepaper-Publizitätspflicht herbeigeführte Verbesserung der Informationsgrundlage sämtlicher Marktteilnehmer zugleich eine **Steigerung der Allokationseffizienz des Marktes** zur Folge (Marktschutz).[16] Die durch die veröffentlichten Informationen für die Anleger sowie den Markt[17] geschaffene Differenzierungsmöglichkeit zwischen attraktiven und weniger attraktiven Angeboten (= Senkung der Informationsasymmetrien) führt außerdem dazu, dass die Anleger keine pauschalen Risikoabschläge auf alle Angebote vornehmen müssen, was eine **adverse Selektion** sowie einen **Marktzusammenbruch (market for lemons)** im Regelfall **verhindert** (Marktschutz).[18] Zugleich nimmt infolge der offengelegten Informationen die Unsicherheit für die Anleger ab, die nunmehr die angebotenen Kryptowerte sowie deren (Fundamental-)Wert besser einschätzen können, was tendenziell eine Steigerung der Zahlungsbereitschaft der Kapitalanbieter sowie eine **Senkung der Kapitalkosten** der Kapitalnachfrager zur Folge hat.[19] Zu guter Letzt führt die Bereitstel-

---

HdB/Zickgraf § 11 Rn. 4f. Dieser Marktzusammenbruch ist auf dem Markt für Kryptowerte zwischenzeitlich lehrbuchartig geschehen, vgl. Zickgraf BKR 2021, 196 (197); s. zur Empirie: Maume/Maute Kryptowerte-HdB/Zickgraf § 11 Rn. 1 Fn. 6 mN.

[12] Siehe zur Primärmarktpublizität als Mittel zur Verhinderung eines solchen Marktversagens: Assmann, Prospekthaftung, 1985, 275 ff., 282.

[13] Fleischer, Gutachten F für den 64. Deutschen Juristentag, F 23, F 41; Klöhn WM 2012, 97 (98); Zickgraf BKR 2021, 196 (197); Maume/Maute Kryptowerte-HdB/Zickgraf § 11 Rn. 4 ff. mwN; Assmann Prospekthaftung, 1985, 292 ff.

[14] Klöhn WM 2012, 97 (98); Langenbucher EurPrivatR-/WirtschaftsR/Klöhn § 6 Rn. 64; Zickgraf BKR 2021, 196 (197); Maume/Maute Kryptowerte-HdB/Zickgraf § 11 Rn. 5.

[15] Maume/Maute Kryptowerte-HdB/Zickgraf § 11 Rn. 5; vgl. auch Moloney EU Securities and Financial Markets Regulation 77 f.

[16] Zickgraf BKR 2021, 196 (197); Maume/Maute Kryptowerte-HdB/Zickgraf § 11 Rn. 5; vgl. ferner für klassische Kapitalmärkte: Assmann, Prospekthaftung, 1985, 289; Klöhn WM 2012, 97 (98); Langenbucher EurPrivatR-/WirtschaftsR/Klöhn § 6 Rn. 64; allgemein zu diesem Regulierungsziel: Coffee/Sale/Henderson Securities Regulation 8; Moloney EU Securities and Financial Markets Regulation 75.

[17] Siehe zu dieser institutionellen Funktion der Primärmarktpublizität: Assmann Prospekthaftung, 1985, 292 f.

[18] Zickgraf BKR 2021, 196 (197); Maume/Maute Kryptowerte-HdB/Zickgraf § 11 Rn. 5 f.

[19] Coffee/Sale/Henderson Securities Regulation, 2015, 7 f., 11 f.; Moloney EU Securities and Financial Markets Regulation 76; Maume/Maute Kryptowerte-HdB/Zickgraf § 11 Rn. 5; zur Steigerung der durchschnittlichen Qualität der angebotenen (Finanz-) Instrumente: Black 48 U.C.L.A. L. Rev. (2001), 781 (784); zur Senkung der Kapitalkosten bei gesteiger-

lung der wertrelevanten Informationen in einem einheitlichen Publikationsdokument zu einer **Senkung von (Informations-)Kosten**[20], weil der **Anbieter** regelmäßig als **cheapest information provider** anzusehen sein dürfte[21] und zugleich **multiple Suchkosten** einer Vielzahl von Anlegern **vermieden** werden **(Steigerung der operationalen Effizienz),** die sich ohne die Offenlegung der wertrelevanten Informationen im Kryptowerte-Whitepaper selbst Informationen über das öffentliche Angebot beschaffen würden und müssten.[22]

7 Zusammenfassend bezweckt die **Kryptowerte-Whitepaper-Publizitätspflicht** eine **Verringerung der (vorvertraglichen) Informationsasymmetrien** zwischen den Parteien, wobei durch sie zugleich die folgenden **Regelungsziele** erreicht werden sollen:
- Verhinderung eines informationsbedingten Marktversagen infolge adverser Selektion (Marktschutz);
- Steigerung der Allokationseffizienz des Marktes (Marktschutz);
- Steigerung der operationalen Effizienz des Marktes durch Senkung der Such- und Informationskosten der Anleger (Markt- und Individualschutz)
- Senkung der Kapitalkosten der Anbieter bzw. Emittenten (Individualschutz); und
- Ermöglichung einer informierten Anlageentscheidung (Individualschutz)

Damit dient die Kryptowerte-Whitepaper-Publizitätspflicht sowohl dem Markt(funktions)schutz als auch dem Anleger- bzw. Individualschutz.

II. Anwendungsbereich

8 Die Regelungen des Art. 4 finden in sachlicher Hinsicht nur im Falle eines **öffentlichen Angebots** (Art. 3 Abs. 1 Nr. 12) **anderer Kryptowerte als vermögenswertereferenzierter Token** (Art. 3 Abs. 1 Nr. 6) **oder E-Geld-Token** (Art. 3 Abs. 1 Nr. 7) Anwendung. Erfasst sind dabei sämtliche Utility-Token sowie bestimmte Typen von Non-Fungible-Token (NFTs) und Currency-Token (näher → Vor Art. 4 ff. Rn. 8 ff., 14 ff.).

9 Der persönliche Anwendungsbereich erstreckt sich in erster Linie auf **Anbieter** (Art. 3 Abs. 1 Nr. 13, vgl. Art. 4 Abs. 1 u. 4), mitunter aber auch auf die **Anbieter von Kryptowerte-Dienstleistungen** (Art. 3 Abs. 1 Nr. 15, vgl. Art. 4 Abs. 5). Dem Begriff des Anbieters unterfallen gemäß der Definition aus Art. 3 Abs. 1 Nr. 13 natürliche Personen, juristische Personen und die bestimmten anderen Unternehmen (→ Vor Art. 4 ff. Rn. 20).

10 In räumlicher Hinsicht erstreckt sich der Anwendungsbereich des Art. 4 nur auf öffentliche Angebote **in der Union,** dh solche mit Auswirkungen auf den EU-Binnenmarkt (**Marktortprinzip,** näher → Vor Art. 4 ff. Rn. 21 ff.).

---

ter Durchsetzung der kapitalmarktrechtlichen Publizitätsvorschriften: Coffee 156 U. Penn. L. Rev. (2007), 229 ff.
[20] Fleischer Gutachten F für den 64. Deutschen Juristentag F 41; Zickgraf BKR 2021, 196 (197); Maume/Maute Kryptowerte-HdB/Zickgraf § 11 Rn. 6.
[21] Zickgraf ZfPW 2023, 35 (54 f.); iE ebenso Assmann Prospekthaftung, 1985, 286 f.; zum Begriff: Köndgen FS Druey, 2002, 791 (796).
[22] Langenbucher EurPrivatR-/WirtschaftsR/Klöhn § 6 Rn. 64; Zickgraf BKR 2021, 196 (197); Maume/Maute Kryptowerte-HdB/Zickgraf § 11 Rn. 6.

III. Rechtsformzwang, Publizitäts-, Verfahrens- und Verhaltenspflichten (Abs. 1)

1. Anforderungen und Pflichten der Anbieter

Gemäß Art. 4 Abs. 1 darf eine Person andere Kryptowerte als vermögenswertereferenzierte Token oder E-Geld-Token nicht öffentlich anbieten, es sei denn, diese Person ist als juristische Person verfasst **(lit. a)**, wodurch ein **Rechtsformzwang** für Anbieter begründet wird. Der in Art. 4 Abs. 1 lit. a festgelegte Rechtsformzwang soll sicherstellen, dass die zuständigen Behörden die öffentlichen Angebote ordnungsgemäß überwachen und beaufsichtigen können (Erwgr. Nr. 23).[23] Der Begriff der **juristischen Person** meint **sämtliche rechtsfähige Rechtsträger**, dh Rechtspersönlichkeiten, die Träger von Rechten und Pflichten sein können (→ Vor Art. 4 ff. Rn. 20).[24] Öffentliche Angebote dürfen daher sowohl von **juristischen Personen** (zB eV, AG, KGaA, GmbH, eG) als auch **rechtsfähigen Personengesellschaften** (zB rechtsfähige GbR, oHG, KG) abgegeben werden (näher zum Anwendungsbereich → Vor Art. 4 ff. Rn. 20).

Darüber hinaus statuiert Art. 4 Abs. 1 lit. b–d eine **Whitepaper-Publizitätspflicht**[25] der **Anbieter** mit den drei Einzelpflichten, ein Kryptowerte-Whitepaper gemäß Art. 6 zu erstellen (**lit. b;** → Art. 6 Rn. 1 ff.), gemäß Art. 8 zu übermitteln (**lit. c;** → Art. 8 Rn. 1 ff.) und gemäß Art. 9 zu veröffentlichen (**lit. d;** → Art. 9 Rn. 1 ff.).

Während der Unionsgesetzgeber für Marketing-Mitteilungen keine Pflicht zur Erstellung vorsieht, müssen im Falle von deren Verwendung die Marketing-Mitteilungen in Übereinstimmung mit Art. 7 erstellt (**lit. e,** → Art. 7 Rn. 1 ff.) und gemäß Art. 9 veröffentlicht werden (**lit. f,** → Art. 9 Rn. 1 ff.). Zu guter Letzt sind die Anbieter verpflichtet, die in Art. 14 festgelegten Anforderungen zu erfüllen (**lit. g,** → Art. 14 Rn. 1 ff.).

2. Ausnahmen und Rückausnahme (Abs. 2–4)

a) Angebotsbezogene Ausnahmen von den Publizitäts- und Verfahrenspflichten (Abs. 2). Art. 4 Abs. 2 enthält **drei angebotsbezogene Ausnahmetatbestände,** bei deren Vorliegen die Pflichten aus Art. 4 Abs. 1 lit. b (Pflicht zur Erstellung eines Kryptowerte-Whitepapers), lit. c (Pflicht zur Übermittlung des Kryptowerte-Whitepapers), lit. d (Pflicht zur Veröffentlichung des Kryptowerte-Whitepapers) und lit. f (Pflicht zur Veröffentlichung der Marketing-Mitteilungen) nicht bestehen. Werden jedoch Marketing-Mitteilungen seitens des von der Whitepaper-Publizitätspflicht befreiten Anbieters verwendet, bleibt die Pflicht zur Erstellung der Marketing-Mitteilungen in Übereinstimmung mit Art. 7 bestehen (lit. e).

aa) Begrenzter Adressatenkreis (Abs. 2 lit. a). Art. 4 Abs. 2 lit. a greift ein, sofern ein Angebot an weniger als 150 natürliche oder juristische Personen (→ Vor Art. 4 ff. Rn. 20) je Mitgliedstaat gerichtet ist (Vorbild: Art. 1 Abs. 4 lit. b Pros-

---

[23] Maume RDi 2022, 461 (466).
[24] Maume RDi 2022, 461 (466); vgl. allgemein für dieses Begriffsverständnis im Unionsrecht: Klöhn/Wimmer WM 2020, 761 (764 f.).
[25] Vgl. Zickgraf BKR 2021, 196 (199).

pektVO), wenn diese Personen für eigene Rechnung handeln. Die Grenze liegt demnach bei **149 nicht qualifizierten** (vgl. lit. c) Anlegern pro Mitgliedstaat. Teleologischer Hintergrund der Ausnahme ist der Umstand, dass die administrativen Kosten der Erstellung und Übermittlung eines Kryptowerte-Whitepapers (insbes. die [Kapital-]Kosten des Emittenten) den Nutzen dieser Bemühungen (dh die Senkung der Suchkosten der Anleger, den Abbau von Informationsasymmetrien und die Steigerung der Allokationseffizienz, → Rn. 6 f.) im Regelfall übersteigen werden (vgl. Erwgr. Nr. 27 S. 1).[26] Angesichts der Anlehnung an Art. 1 Abs. 4 ProspektVO sowie der vergleichbaren Interessenlage sollte ebenso wie im dortigen Zusammenhang für die Berechnung der Grenze darauf abgestellt werden, an wie viele nicht qualifizierte Anleger sich das öffentliche Angebot im jeweiligen Mitgliedstaat richtet, ohne dass es auf den späteren Emissionserfolg ankommt.[27] Um die Obergrenze sicher einzuhalten, muss entweder durch eine (individuelle) Ansprache einer beschränkten Zahl von Anlegern oder durch technische Vorkehrungen die faktische Verfügbarkeit des öffentlichen Angebots zahlenmäßig begrenzt werden.[28]

16   **bb) Begrenztes Emissionsvolumen (Abs. 2 lit. b).** Art. 4 Abs. 2 lit. b nimmt das öffentliche Angebot von den o. g. Pflichten (→ Rn. 14) aus, wenn dessen **Gesamtgegenwert** über einen **Zeitraum von zwölf Monaten** ab dem Beginn des Angebots **1.000.000 EUR** oder den **Gegenwert in einer anderen amtlichen Währung** oder in **Kryptowerten** nicht übersteigt (Vorbild: Art. 1 Abs. 3 ProspektVO). Hinter dem Ausnahmetatbestand stehen wiederum Kosten-Nutzen-Erwägungen, da bei derart kleinvolumigen Emissionen die administrativen Kosten der Erstellung eines Kryptowerte-Whitepapers einen umso größeren prozentualen Anteil des Emissionserlöses vereinnahmen.[29] Dies ist bei verständiger Lesart gemeint, wenn Erwgr. Nr. 27 S. 2 u. 3 von der Vermeidung einer übermäßigen und unverhältnismäßigen Belastung durch Bürokratie für KMU und Start-up-Unternehmen sprechen, handelt es sich doch um einen angebotsbezogenen – nicht: anbieterbezogenen – Ausnahmetatbestand. Der für die Fristberechnung maßgebliche Beginn des Angebots deckt sich mit der Mitteilung iSd Art. 3 Abs. 1 Nr. 12. Die Einhaltung des Schwellenwerts könnte angesichts der Volatilität von fremden Währungen und Kryptowerten, die bei Letzteren besonders ausgeprägt ist, im Falle länger laufender Angebote Schwierigkeiten bereiten.[30] Um den Normzweck Rechnung zu tragen und die Nutzung des Ausnahmetatbestands für die Anbieter rechtssicher zu ermöglichen, sollte für die Berechnung auf den Zeitpunkt abgestellt werden, zu dem das öffentliche Angebot beginnt und die Kryptowerte erstmalig gezeichnet werden können.[31]

---

[26] Zickgraf BKR 2021, 196 (199); ebenso für Art. 1 Abs. 4 lit. b ProspektVO: Erwgr. Nr. 15 ProspektVO; Assmann/Schlitt/v. Kopp-Colomb/Bauerschmidt ProspektVO Art. 3 Rn. 55.
[27] Näher dazu sowie zu Kettenemissionen und Vertriebsketten: Assmann/Schlitt/von Kopp-Colomb/Bauerschmidt ProspektVO Art. 3 Rn. 56 ff.; Groß KapMarktR ProspVO Art. 1 Rn. 15 ff.; vgl. ferner Habersack/Mülbert/Schlitt KapMArktInfo-HdB/Schlitt § 3 Rn. 47 ff.
[28] Assmann/Schlitt/v. Kopp-Colomb/Bauerschmidt ProspektVO Art. 3 Rn. 57.
[29] Zickgraf BKR 2021, 196 (201); ebenso für Art. 1 Abs. 3 ProspektVO: Erwgr. Nr. 12 ProspektVO.
[30] Siehe näher zu den drei möglichen Zeitpunkten: Maume EBLR 2020, 185 (197).
[31] Maume EBLR 2020, 185 (197); Zickgraf BKR 2021, 196 (201).

cc) Qualifizierte Anleger (Abs. 2 lit. c). Art. 4 Abs. 2 lit. c sieht eine Aus- 17
nahme von der Whitepaper-Publizitätspflicht vor, wenn das **Angebot** sich ausschließlich an **qualifizierte Anleger** (Art. 3 Abs. 1 Nr. 30 iVm Anhang II Abschnitt I Nr. 1–4 MiFID II) **richtet** (Vorbild: Art. 1 Abs. 4 lit. a ProspektVO), sofern der Kryptowert nur von diesen qualifizierten Anlegern gehalten werden kann. Der Ausnahmetatbestand wird durch das **geringere Schutzbedürfnis** dieser Anlegergruppe gerechtfertigt.[32] Die **Ausrichtung** ist anhand der vom Anbieter bestimmten Zielrichtung des Angebots zu beurteilen, wobei insoweit eine Gesamtbetrachtung des Angebots aus Perspektive der Anleger maßgeblich ist. Spricht der Anbieter gezielt nicht qualifizierte Anleger an, ist das Angebot nicht ausschließlich an qualifizierte Anleger gerichtet. Im Falle einer nicht gezielten Ansprache bestimmter Anlegertypen kann der Anbieter durch einen ausdrücklichen, deutlichen und sichtbaren **Disclaimer** das Angebot auf qualifizierte Anleger begrenzen und hierdurch die tatbestandlich geforderte ausschließliche Ausrichtung sicherstellen. Allerdings gilt dies nicht, wenn sich aus der inhaltlichen Ausgestaltung oder Vermarktung des Angebots oder anderen indiziellen Umständen ergibt, dass der Anbieter ungeachtet des Disclaimers eigentlich nicht-qualifizierte Anleger ansprechen möchte **(Feigenblatt-Disclaimer).** In diesen Fällen widerlegt der tatsächliche Geschehensablauf die mithilfe des Disclaimers bloß vorgeschobene Ausrichtung des Angebots.

Im Übrigen muss gewährleistet sein, dass die Kryptowerte nur von qualifizierten 18
Anlegern gehalten werden können, was der **Verhinderung von Umgehungskonstruktionen** dient, bei denen qualifizierte Anleger als **underwriter** eingesetzt werden und sodann die Kryptowerte an nicht-qualifizierte Anleger weiterveräußern.[33] Daher erfordert die Inanspruchnahme des Ausnahmetatbestands eine **rechtliche Beschränkung** (Vinkulierung, lock-up[34]) der Übertragbarkeit des Kryptowerts dahingehend, dass nur eine Übertragung an qualifizierte Anleger möglich ist.[35] Weiterhin möglich sind somit Transaktionen zwischen qualifizierten Anlegern, was unter Normzweckgesichtspunkten unproblematisch erscheint, da die Vinkulierung einen Erwerb der weniger kundigen nicht-qualifizierten Anleger effektiv verhindert. Bestätigt wird diese teleologisch begründete Sichtweise durch die englische und die französische Sprachfassung („where the crypto-asset can only be held by **such** qualified investors"; „lorsque le crypto-actif ne peut être détenu que par de **tels** investisseurs qualifiés"), die im Unterschied zur missverständlichen deutschen Sprachfassung („sofern der Kryptowert nur von **diesen** qualifizierten Anlegern gehalten werden kann") klar(er) zum Ausdruck bringen, dass der Tatbestand des Art. 4 Abs. 2 lit. c keine Verhinderung der Übertragbarkeit der Kryptowerte von den qualifizierten Zeichner-Anlegern an **andere qualifizierte Anleger** erfordert.

b) Kryptowertbezogene Bereichsausnahmen (Abs. 3). Art. 4 Abs. 3 19
UAbs. 1 enthält vier **kryptowertbezogene Bereichsausnahmen,** bei deren Vorliegen die Regelungen des Titels II keine Anwendung finden.

---

[32] Assmann/Schlitt/v. Kopp-Colomb/Bauerschmidt ProspektVO Art. 3 Rn. 51; Zickgraf BKR 2021, 196 (201).

[33] Zickgraf BKR 2021, 196 (201); vgl. auch Erwgr. Nr. 25 S. 2 ProspektVO.

[34] Gemeint sind Beschränkungen der dinglichen Übertragbarkeit iSd § 398 S. 1 iVm § 413 BGB.

[35] Strenger noch Zickgraf BKR 2021, 196 (201) (technischer lock-up).

Art. 4

20 **aa) Kostenlose Ausgabe von Kryptowerten (Abs. 3 UAbs. 1 lit. a).** Nach Art. 4 Abs. 3 UAbs. 1 lit. a ist Titel II auf öffentliche Angebote nicht anzuwenden, wenn der Kryptowert **kostenlos** angeboten wird (sog. **Airdrop**[36]). Aufgrund der fehlenden Gegenleistungspflicht besteht bei Airdrops, die hinsichtlich Zielsetzung und Risiken eher Marketingkampagnen ähneln (zB kostenlose Ausgabe von Proben), mit deren Hilfe Netzwerkeffekte erzeugt werden sollen,[37] ein geringeres Anleger- und Marktschutzbedürfnis.[38] **Keine Kostenlosigkeit** liegt wegen Art. 4 Abs. 3 UAbs. 2 Var. 1 vor, wenn der Käufer verpflichtet ist oder sich bereit erklären muss, dem Anbieter **personenbezogene Daten** zur Verfügung stellen, was insoweit konsequent erscheint, als in diesem Fall zwar keine finanzielle, aber ausweislich der auf solchen Daten aufbauenden Geschäftsmodelle doch eine werthaltige Gegenleistung[39] seitens der Käufer erbracht wird.[40] Wegen Art. 4 Abs. 3 UAbs. 2 Var. 2 ist ein Angebot ebenso wenig als kostenlos anzusehen, wenn der Anbieter von den potenziellen Inhabern des Kryptowerts **Gebühren, Provisionen, monetäre** oder **nicht monetäre Vorteile** erhält. Diese zweite Variante zielt ersichtlich auf **Konstruktionen zur Umgehung** der Anforderungen des Titels II mithilfe öffentlicher Angebote, die nur bei formaler Betrachtung vermeintlich als kostenlos anzusehen sind, bei materieller Betrachtung angesichts der Gebühren, Provisionen, monetären oder nicht monetären Vorteile jedoch durchaus als kostenpflichtig einzustufen sind.[41]

21 **bb) Mining und Staking (Art. 4 Abs. 3 UAbs. 1 lit. b).** Art. 4 Abs. 3 UAbs. 1 lit. b enthält eine weitere Bereichsausnahme von den Bestimmungen des Titels II, wenn der Kryptowert als **Gegenleistung für die Pflege des Distributed Ledgers** (Art. 3 Abs. 1 Nr. 2) oder die **Validierung von Transaktionen** automatisch geschürft wird. Die Bestimmung findet insbesondere für klassische (dezentrale) Kryptowährungen wie **Bitcoin** und **Ethereum** Anwendung[42], bei denen entweder derjenige DLT-Netzwerkknoten (Art. 3 Abs. 1 Nr. 4), der eine komplizierte sowie rechenintensive mathematische Aufgabe als erster Netzwerkknoten löst (sog. **Proof-of-Work-Verfahren;** Beispiel: Bitcoin-Blockchain) oder derjenige DLT-Netzwerkknoten, der seine Kryptowerte iSe (Wett-)Einsatzes hinterlegt hatte und sodann nach Art eines Lotterieverfahrens zur Validierung ausgewählt wurde (sog. **Proof-of-Stake-Verfahren;** Beispiel: Ethereum-Blockchain), den nächsten Eintrag mit einer Transaktion erstellen darf und für seine zur Verfügung gestellte Rechenleistung bzw. seinen Einsatz eine Gegenleistung bzw. Belohnung („reward") in Form von Kryptowerten erhält.[43] Dass sowohl Proof-of-Work-Verfahren als

---

[36] Vgl. Kirsch/von Wieding/Höbener IRZ 2020, 495f. (499f.); anderes Begriffsverständnis: Maume/Maute Kryptowerte-HdB/Fromberger/Zimmermann § 1 Rn. 84 (kostenlose Ausgabe von Kryptowerten nach öffentlichem Angebot an frühe Investoren zum Zwecke der Gewährung von Frühzeichnerrabatten).

[37] Kirsch/von Wieding/Höbener IRZ 2020, 495 (500); Zickgraf BKR 2021, 196 (200).

[38] Zickgraf BKR 2021, 196 (200).

[39] Vgl. Erwgr. Nr. 24, Art. 3 Abs. 1 UAbs. 2 RL (EU) 2019/770 des Europäischen Parlaments und des Rates v. 20.5.2019 über bestimmte vertragsrechtliche Aspekte der Bereitstellung digitaler Inhalte und digitaler Dienstleistungen, ABl. L 136, 5, 18.

[40] Zickgraf BKR 2021, 196 (200).

[41] Zickgraf BKR 2021, 196 (200).

[42] Zickgraf BKR 2021, 196 (200); vgl. auch Ritz ZdiW 2021, 144 (147).

[43] Näher zur Funktionsweise der beiden Verfahren: De Filippi/Wright Blockchain and the Law, 2018, S. 23 ff. (Proof-of-Work); Maume/Maute Kryptowerte-HdB/Fromberger/Zimmermann § 1 Rn. 37f. (Proof-of-Work), 58f. (Proof-of-Stake).

auch Proof-of-Stake-Verfahren von lit. b erfasst werden, folgt aus der **funktionalen Äquivalenz** der beiden Verfahren, die sich lediglich in technischer Hinsicht unterscheiden.[44] Diese Sichtweise dürfte zugleich der Regelungsabsicht des Unionsgesetzgebers entsprechen, der die tendenziell auf das Proof-of-Work-Verfahren bezogene Wortwahl („through mining"; „par minage"; „geschürft") des Art. 4 Abs. 2 UAbs. 1 lit. b MiCAR-E nach Kritik aus dem Schrifttum[45] in der englischen und der französischen Sprachfassung des Art. 4 Abs. 3 UAbs. 1 lit. b aufgegeben hat.[46] Teleologischer Hintergrund der Bereichsausnahme ist der Umstand, dass bei der Schaffung und Ausgabe von Kryptowerten an einen DLT-Netzwerkknoten als Belohnung für die Pflege des Distributed Ledgers oder die Validierung von Transaktionen kein kapitalmarktspezifisches Informationsbedürfnis der DLT-Netzwerkknoten besteht, dem durch entsprechende Offenlegungspflichten Rechnung getragen werden könnte oder müsste.[47] Angesichts Wortlaut und Normzweck findet die Bereichsausnahme des Art. 4 Abs. 3 UAbs. 1 lit. b keine Anwendung, wenn Kryptowerte einer Kryptowährung nicht als Gegenleistung für die Pflege des DLT oder die Validierung von Transaktionen ausgegeben werden, sondern zu einem **anderen Zweck** angeboten bzw. verkauft werden (zB um den Aufbau des zugrunde liegenden Distributed Ledger zu finanzieren bzw. zu ermöglichen).[48]

cc) Utility-Token ohne Investmentfunktion (Art. 4 Abs. 3 UAbs. 1 lit. c). 22
Gemäß Art. 4 Abs. 3 UAbs. 1 lit. c findet Titel II keine Anwendung, wenn das Angebot einen Utility-Token (Art. 3 Abs. 1 Nr. 9) betrifft, der Zugang zu einer Ware oder Dienstleistung bietet, die bereits besteht oder bereits erbracht wird.[49] In diesem Fall hängt der Wert der mit dem Utility-Token verbundenen Rechte nicht von den (zukünftigen) Anstrengungen des Emittenten ab, so dass weder **kapitalmarktspezifische Informationsasymmetrien** noch **Agenturkonflikte** zwischen dem Emittenten und den Anlegern entstehen können.[50] Angesichts der bereits bestehenden Verfügbarkeit der Ware oder Dienstleistung liegt die durch den Token versprochene Leistung überdies nicht in der Zukunft, so dass dem Utility-Token keine **Unternehmensfinanzierungsfunktion** beizumessen ist und wiederum weder kapitalmarktspezifische Informationsasymmetrien noch Agenturkonflikte nach Vertragsschluss (sog. **moral hazard**) zu besorgen sind.[51] Bei Lichte betrachtet

---

[44] Zickgraf BKR 2021, 196 (200).
[45] Vgl. zB Zickgraf BKR 2021, 196 (200).
[46] Die deutsche Sprachfassung ist im Vergleich zum Kommissionsentwurf leider unverändert geblieben und spricht weiterhin von „geschürft", was jedoch der hiesigen Auslegung unter Wortlautgesichtspunkten mangels einheitlichen Sprachgebrauchs bzw. abweichender Begriffsdefinition nicht entgegensteht (so bereits Zickgraf BKR 2021, 196 (200)).
[47] Zickgraf BKR 2021, 196 (200).
[48] Näher zu diesen Fällen: Klöhn MAR Art. 2 Rn. 86; Habersack/Mülbert/Schlitt Unternehmensfinanzierung/van Aubel § 20 Rn. 121 f.; Maume/Maute Kryptowerte-HdB/Zickgraf § 11 Rn. 70. Allerdings ist unter MiCAR nicht daran festzuhalten, dass solche Kryptowerte als übertragbare Wertpapiere einzustufen sind (näher → Vor Art. 4 ff. Rn. 15 f.).
[49] Art. 4 Abs. 3 UAbs. 1 lit. c dürfte nicht zuletzt im Falle eines öffentlichen Angebots uneigentlicher NFTs große Bedeutung (→ Vor Art. 4 ff. Rn. 11 f.) zukommen.
[50] Klöhn/Parhofer/Resas ZBB 2018, 89 (101 ff.); Langenbucher RTDF 2018 No 2/3, 40 (41); Zickgraf AG 2018, 293 (304 f.); Maume/Maute Kryptowerte-HdB/Zickgraf § 11 Rn. 64 ff.
[51] Klöhn/Parhofer/Resas ZBB 2018, 89 (103); Zickgraf AG 2018, 293 (304 f.); Maume/Maute Kryptowerte-HdB/Zickgraf § 11 Rn. 64 ff.; iE ebenso John/Patz DB 2023, 1906 (1908).

handelt es sich bei den Art. 4 Abs. 1 UAbs. 1 lit. c unterfallenden Kryptowerten um **Utility-Token ohne Investmentfunktion,** bei denen eine Whitepaper-Publizitätspflicht aus Markt- und Anlegerschutzgründen (→ Rn. 5 ff.) nicht angezeigt ist.[52] Angesichts des allgemeinen Anwendungsbereichs des Titels II, der auf sämtliche Utility-Token Anwendung findet (→ Vor Art. 4 ff. Rn. 14 ff.), sowie der speziellen Bereichsausnahme des Art. 4 Abs. 1 UAbs. 1 lit. c für Utility-Token ohne Investment-Funktion kann im Rahmen einer Zusammenschau festgehalten werden, dass der Gesetzgeber sich im Ergebnis derjenigen Literaturauffassung angeschlossen hat, die bereits vor der Geltung der MiCAR für Utility-Token mit Investment-Funktion aus Anleger- und Marktschutzgründen ein Publizitätsbedürfnis bejaht und für solche ohne Investment-Funktion ein derartiges Regulierungsbedürfnis verneint hatte.[53] Bei den Art. 4 Abs. 1 UAbs. 1 lit. c unterfallenden Utility Token handelt es sich im Ergebnis um **digitale Gutscheine,** die auf DLT (Art. 3 Abs. 1 Nr. 1) beruhen und **alleine beim Emittenten** eingelöst werden können.[54] Für diese Sichtweise spricht auch, dass der Gesetzgeber ausweislich des Erwgr. Nr. 26 S. 3 Art. 4 Abs. 1 UAbs. 1 lit. c nicht auf **Kryptowert-Warenterminkontrakte** mit **finanziellem Settlement** angewendet sehen möchte, wenn der Kryptowert sich also auf gelagerte Waren bezieht, die nach dem Kauf nicht vom Käufer abgeholt werden sollen. In jenen Fällen stehen nämlich die Erzielung einer finanziellen Rendite (Investmentfunktion) sowie kapitalmarktspezifische Informationsasymmetrien im Raum.

23 **dd) Erweiterte Utility-Token für ein begrenztes Netz von Händlern (Art. 4 Abs. 3 UAbs. 1 lit. d).** Der Ausnahmetatbestand des Art. 4 Abs. 3 UAbs. 1 lit. d sieht eine Nichtanwendbarkeit von Titel II vor, wenn der Inhaber des Kryptowerts berechtigt ist, den Kryptowert nur für den **Tausch gegen Waren und Dienstleistungen** in einem **begrenzten Netz von Händlern mit vertraglichen Vereinbarungen mit dem Anbieter** zu nutzen. Als Anwendungsbeispiele aus der analogen Welt, die bei der Umstellung auf DLT unter die Bereichsausnahme fallen würden, sind Treuepunktsysteme mit Waren- oder Dienstleitungsprämien (zB Payback)[55] sowie die Anbieter von Wertgutscheinen für die Inanspruchnahme von Waren und Dienstleistungen eines begrenzten Netzes vertraglich verbundener Händler (zB Jochen Schweizer) zu nennen. Sofern es sich um ein bloß **begrenztes Netzwerk** von Händlern handelt, bei denen der Inhaber den Kryptowert gegen Waren oder Dienstleistungen eintauschen kann, liegt im Ergebnis ein **„erweiterter"**[56] **Utility-Token ohne Investment-Funktion** für eine bereits bestehende

---

[52] Vgl. Klöhn MAR Art. 2 Rn. 83 f.; Maume/Maute Kryptowerte-HdB/Zickgraf § 11 Rn. 59, 64 ff. mwN; iE ebenso Hacker/Thomale ECFR 2018, 645 (681 ff., 684).

[53] Klöhn/Parhofer/Resas ZBB 2018, 89 (102 f.); Zickgraf AG 2018, 293 (304 ff.); Chatard/Mann NZG 2019, 567 (573); Klöhn MAR Art. 2 Rn. 83 f.; Habersack/Mülbert/Schlitt Unternehmensfinanzierung/van Aubel § 20 Rn. 113 f.; Maume/Maute Kryptowerte-HdB/Zickgraf § 11 Rn. 64 ff. (Rn. 59 ff. zu den Gegenauffassungen); vgl. auch den zutreffenden Hinweis bei Maume RDi 2022, 461 (462 mit Fn. 29).

[54] Siadat RdF 2021, 12 (15).

[55] Sofern die Treuepunkte im Rahmen von Treueprogrammen nicht übertragen werden können, fallen diese nach Erwgr. Nr. 17 bereits nicht unter die Begriffsbestimmung des Kryptowerts bzw. sollen diese vom Anwendungsbereich der MiCAR von vornherein ausgenommen sein.

[56] Als „erweitert" werden Utility-Token iSd lit. d hier deshalb bezeichnet, da diese entgegen der Definition des Utility-Token aus Art. 3 Abs. 1 Nr. 9 nicht lediglich für die Inanspruch-

Ware oder angebotene Dienstleistung vor, bei dem in teleologischer Hinsicht ebenso wie im Falle der lit. c **keine kapitalmarktspezifischen Informationsasymmetrien** oder **Agenturkonflikte** zwischen den Anbietern und Anlegern existieren, die eine Whitepaper-Publizität aus Anleger- und Marktschutzgründen rechtfertigen würden (→ Rn. 5 ff.); der **Normzweck** besteht demnach darin, Utility-Token ohne Investmentfunktion von den Bestimmungen des Titels II auszunehmen. Dieses Normzweckverständnis findet eine Entsprechung in Erwgr. Nr. 26 S. 4, der den Ausnahmetatbestand nicht auf solche Kryptowerte angewendet sehen möchte, die für ein **ständig wachsendes Netz von Dienstleistern** konzipiert sind: Kann der Kryptowert nicht lediglich bei einem begrenzten Netz von Händlern, sondern bei einem ständig wachsenden Netz eingetauscht werden, stehen nämlich die **Gegenleistung** des Anbieters sowie der **Wert** des Kryptowerts im Zeitpunkt des öffentlichen Angebots nicht abschließend fest. Schließlich kann der Wert bzw. der Nutzen des Kryptowerts ansteigen, wenn infolge einer Erweiterung des Netzes das durch den Eintausch des Kryptowerts zugängliche Angebot an Waren und Dienstleistungen vielfältiger wird oder sich qualitativ verbessert. Die hinter manchen Utility-Token (mit Investmentfunktion) stehenden Geschäftsmodelle (Beispiel: Munchee Inc.)[57] zielen denn auch gerade auf eine Beteiligung der Inhaber der Utility-Token an der Wertsteigerung wachsender Netz(werk)e ab.[58] In Fällen anwachsender Netze von Händlern hängen somit der Inhalt der Gegenleistung sowie der Wert des Kryptowerts maßgeblich von den **zukünftigen Anstrengungen des Anbieters** ab, was zu (möglichen) Agenturkonflikten sowie **kapitalmarktspezifischen Informationsasymmetrien** zwischen den Inhabern der Kryptowerte und dem Anbieter führt, so dass ein **Utility-Token mit (eingeschränkter) Investmentfunktion** vorliegt, was wiederum das Eingreifen einer Whitepaper-Publizitätspflicht rechtfertigt. Vor dem Hintergrund des hier entwickelten Normzweckverständnisses erscheint es daher konsequent, wenn Erwgr. Nr. 26 S. 4 solche ständig wachsenden Netze von Händlern bzw. Dienstleistern nicht als Anwendungsfall des Art. 4 Abs. 1 UAbs. 1 lit. d begreift.

Als **Ware** sind alle Erzeugnisse zu verstehen, die einen Geldwert haben und Gegenstand von Handel sein können.[59] Der Begriff der **Dienstleistung** meint jede (selbstständige) Leistung bzw. Tätigkeit, die üblicherweise gegen Entgelt erbracht wird.[60] Die Anbieter der Waren oder Dienstleistungen werden übereinstim- 24

---

nahme einer vom Emittenten bereitgestellten Ware oder Dienstleistung genutzt werden können. Art. 4 Abs. 1 UAbs. 1 lit. d hat insofern im Vergleich zu Art. 4 Abs. 1 UAbs. 1 lit. c einen erweiterten Anwendungsbereich. Im Übrigen ähneln sich die beiden Ausnahmetatbestände jedoch stark, was auch durch deren gemeinsame Erwähnung in Erwgr. Nr. 26 S. 2 unterstrichen wird.

[57] Vgl. Securities and Exchange Commission, In the Matter of Munchee Inc., Securities Act of 1933 Release No. 10445, 11.12.2017, https://beck-link.de/yd3ne, S. 4 (zuletzt abgerufen am 26.2.2024).

[58] Zickgraf AG 2018, 293 (305).

[59] Vgl. für die Warenverkehrsfreiheit: EuGH 7/68 Rn. 1 – Kommission/Italien; EuGH C-2/90 Rn. 23 – Kommission/Belgien; ähnlich Streinz/Kamann AEUV Art. 28 Rn. 14 mwN („körperliche Gegenstände"); Callies/Ruffert/Waldhoff, 6. Aufl. 2022, AEUV Art. 28 Rn. 16 („alle beweglichen Güter").

[60] Vgl. für die Dienstleistungsfreiheit: EuGH C 51/96 u. 191/97 Rn. 55 – Deliège; EuGH (Plenum) C-243/01 Rn. 51 – Gambelli; ferner Streinz/Müller-Graff AEUV Art. 56 Rn. 15 ff.

Art. 4

mend als **Händler** (engl. merchants) bezeichnet. Ein **Netz von Händlern** liegt nur vor, wenn die einzelnen Händler im Innenverhältnis über **vertragliche Vereinbarungen** mit dem Anbieter des Kryptowerts verbunden sind. Das Erfordernis eines **begrenzten** Netzes von Händlern steht in enger Verbindung mit dem Normzweck (s. oben) und ist daher nicht absolut, sondern **relativ** zu interpretieren. Damit unterfällt auch ein Netz mit einer absolut großen Anzahl von Händlern der Ausnahme, sofern dieses Netz relativ stabil ist und nicht ständig und schnell anwächst, da unter diesen Umständen die Gegenleistung sowie der Wert des Kryptowerts im Zeitpunkt des Angebots feststehen, der Utility-Token keinerlei Investment-Funktion aufweist und keine kapitalmarktspezifischen Informationsasymmetrien sowie Agenturkonflikte zwischen den Inhabern und dem Anbieter bestehen. Damit steht zugleich fest, dass ein begrenztes Netz von Händlern auch im Falle des **Austauschs einzelner Händler** sowie der **Aufnahme neuer Händler** in das Netz vorliegt. Insoweit kommt es entscheidend darauf an, ob die **Funktion des Kryptowerts** im Rahmen einer **wertenden Gesamtbetrachtung** schwerpunktmäßig im Güter- bzw. Dienstleistungsbezug (Kryptowert ohne Investment-Funktion, Anwendbarkeit des Art. 4 Abs. 3 UAbs. 1 lit. d) oder in der Erzielung einer Wertsteigerung liegt (Kryptowert mit Investment-Funktion, keine Anwendbarkeit des Art. 4 Abs. 3 UAbs. 1 lit. d). Für eine Investment-Funktion des Kryptowerts spricht insbesondere ein **schnelles sowie erhebliches Anwachsen** des Händler-Netzes; im Übrigen ist auf das dem Kryptowert bzw. Utility-Token zugrunde liegende **Geschäftsmodell** zu blicken. Auf eine Verbesserung oder Vergrößerung des Angebots an Waren und Dienstleistungen kommt es demgegenüber für die Anwendbarkeit des Art. 4 Abs. 3 UAbs. 1 lit. d nicht an, obgleich in solchen Fällen ebenfalls eine Investment-Funktion des Kryptowerts zu bejahen sein kann. Der Gesetzgeber hat nämlich zugunsten der Rechtssicherheit alleine auf das objektiv leichter bestimmbare Abgrenzungskriterium des begrenzten Netzes von Händlern sowie dessen (Nicht-)Anwachsen (vgl. Erwgr. Nr. 27 S. 4) Bezug genommen.

25 Angesichts der schwierigen Abgrenzungsfragen iRd Art. 4 Abs. 3 UAbs. 1 lit. d sowie der im Einzelfall **fließenden Grenzen** zwischen Kryptowerten bzw. Utility-Token mit und ohne Investmentfunktion hat der Gesetzgeber in **Art. 4 Abs. 3 UAbs. 3** für größere öffentliche Angebote, deren Gesamtgegenwert innerhalb eines **Zwölfmonatszeitraums** ab Beginn des ersten öffentlichen Angebots **1.000.000 EUR** überschreitet, eine **Selbstevaluierungs-** sowie **Mitteilungspflicht der Anbieter** normiert, die der zuständigen Behörde (Art. 3 Abs. 1 Nr. 35) eine Mitteilung unter einer näheren Beschreibung des Angebots sowie eine Erläuterung zu den Gründen für die Inanspruchnahme der Bereichsausnahme zu übermitteln haben; für das Überschreiten der Schwelle von 1.000.000 EUR kommt es nicht auf ein einzelnes Angebot, sondern den Gesamtwert aller öffentlichen Angebote des Anbieters innerhalb eines Zwölfmonatszeitraums an (Erwgr. Nr. 26 S. 5). Auf Grundlage dieser Mitteilung hat sodann **die zuständige Behörde** gemäß **Art. 4 Abs. 3 UAbs. 4** eine **ordnungsgemäß begründete Entscheidung** zu treffen und den Anbieter darüber zu unterrichten, wenn sie der Ansicht ist, dass das Angebot nicht Art. 4 Abs. 3 UAbs. 1 lit. d unterfällt. Die Entscheidung der Behörde hat sich dabei am Normzweck der Bereichsausnahme des Art. 4 Abs. 3 UAbs. 1 lit. d zu orientieren, der darin besteht, Kryptowerte bzw. erweiterte Utility-Token ohne Investmentfunktion angesichts des Fehlens kapitalmarktspezifischer Informationsasymmetrien und Agenturkonflikte von den Bestimmungen des Titels II auszunehmen (s. oben).

c) Rückausnahme (Abs. 4). Art. 4 Abs. 4 enthält eine Rückausnahme zu den 26
Ausnahmetatbeständen aus Art. 4 Abs. 2 u. 3, die keine Anwendung finden sollen,
wenn der Anbieter (Art. 3 Abs. 1 Nr. 13) oder eine andere im Namen des Anbieters
handelnde Person in einer Mitteilung die Absicht bekundet, eine Handelszulassung
für einen anderen Kryptowert als einen vermögenswertereferenzierten Token oder
E-Geld-Token zu beantragen.

Die *ratio legis* erscheint für die Rückausnahme zu den Ausnahmetatbeständen des 27
Abs. 2 unklar: Schließlich ändert die bloße Bekundung der Absicht einer Handelszulassung des Kryptowerts nichts daran, dass bei Emissionen mit beschränktem
Adressatenkreis (Abs. 2 lit. a) sowie bei kleinvolumigen Emissionen (Abs. 2 lit. b)
die Kosten der Whitepaper-Publizitätspflichten unverhältnismäßig hoch sind und
qualifizierte Investoren (Abs. 2 lit. c) angesichts ihrer Sachkunde nicht zwingend
ein Kryptowerte-Whitepaper benötigen (→ Rn. 15 ff.). Die tatbestandlichen Voraussetzungen des Art. 4 Abs. 4 rechtfertigen im Hinblick auf die Ausnahmetatbestände des Art. 4 Abs. 2 in teleologischer Hinsicht keine Rückausnahme, da deren
normative Begründungen bzw. Normzwecke nicht aufgrund einer bekundeten
Absicht einer Handelszulassung entfallen. Angesichts des Umstands, dass Erwgr.
Nr. 26 nur auf die Ausnahmetatbestände des Art. 4 Abs. 3 Bezug nimmt und die
Rückausnahme des Art. 4 Abs. 4 alleine in diesem Kontext in Erwgr. Nr. 26 S. 6
(„Diese Ausnahmen …") angesprochen wird, erscheint es zumindest denkbar, dass
es sich bei der **Bezugnahme der Ausnahmetatbestände des Art. 4 Abs. 2** in
Art. 4 Abs. 4 um ein **Redaktionsversehen** handelt. Dies erscheint angesichts des
Umstands, dass im Falle einer tatsächlichen Umsetzung der Absichtsbekundung
ohnehin wegen Art. 5 eine Whitepaper-Publizitätspflicht besteht (→ Art. 5
Rn. 11), umso naheliegender.

Hinsichtlich der Bereichsausnahmen aus **Art. 4 Abs. 3** ist eine ansatzweise nach- 28
vollziehbare *ratio legis* der Rückausnahme immerhin mit Mühe identifizierbar: *Erstens* trägt hinsichtlich sämtlicher Bereichsausnahmen aus Art. 4 Abs. 3 lit. a–d die
Überlegung, dass eine spätere Handelszulassung als tatsächliche Verwirklichung der
Absichtsbekundung wegen der sich mit Art. 4 Abs. 1 deckenden Anforderungen
des Art. 5 Abs. 1 nicht beantragt werden kann bzw. darf, wenn es sich beim Anbieter
der anderen Kryptowerte nicht um eine juristische Person handelt (vgl. Art. 5
Abs. 1 lit. a), weshalb in solchen Fällen bereits beim öffentlichen Angebot eine
Rückausnahme angeordnet worden ist, die sodann zur Anwendbarkeit des Titels II
sowie des Art. 4 führt, durch die aufgrund der parallelen Anforderungen aus Art. 4
Abs. 1 und Art. 5 Abs. 1 die **Erlangung der späteren Handelszulassung** (dh die
Einhaltung des Versprechens des Anbieters) zumindest **offengehalten** wird. Indes
hätte es zur Erreichung dieser normativen Zielsetzung keiner generellen Rückausnahme bedurft; vielmehr wäre hierfür eine singuläre Rückausnahme im Hinblick
auf den Rechtsformzwang (vgl. Art. 4 Abs. 1 lit. a, Art. 5 Abs. 1 lit. a) hinreichend
gewesen. Für die Rückausnahme zu den Ausnahmetatbeständen des Abs. 2 liefert
dieses Normzweckverständnis ohnehin keine teleologische Rechtfertigung, da mit
diesen Ausnahmetatbeständen kein Dispens vom Rechtsformzwang des Art. 4
Abs. 1 lit. a verbunden ist. *Zweitens* könnte die normative Rechtfertigung der
Norm vor dem Hintergrund zu erschließen sein, dass die Inhaber im Falle einer
Handelbarkeit der Kryptowerte auf einer Handelsplattform potentiell erhebliche
(Veräußerungs-)Gewinne erzielen können.[61] Beruhen die Gewinnaussichten in

---

[61] Vgl. nur Hacker/Thomale ECFR 2018, 645 (681).

rechtstatsächlicher Hinsicht maßgeblich auf der **Handelszulassung,** hängen diese zugleich von den **Anstrengungen des Anbieters** im Rahmen der Beantragung der Handelszulassung ab, so dass insoweit wiederum **Agenturkonflikte** sowie **kapitalmarktspezifische Informationsasymmetrien** auftreten können.[62] Überdies ist zu vermuten, dass zahlreiche potenzielle Inhaber den Kryptowert gerade aufgrund der zukünftigen Handelszulassung die Pflege des Distributed Ledger übernehmen bzw. sich als Validatoren beteiligen (Abs. 3 UAbs. 1 lit. b) oder den Kryptowert kaufen (Abs. 3 UAbs. 1 lit. c, d). Angesichts dessen erscheint es sinnvoll, dass die potenziellen Inhaber der Kryptowerte durch eine Kryptowerte-Whitepaper-Publizitätspflicht Informationen über den Anbieter, das Kryptowert-Projekt, den Kryptowert sowie die mit dem Kryptowert verknüpften Rechte und Pflichten (Art. 6 Abs. 1) erhalten und etwaige Informationspflichtverletzungen zu einer Haftung aus Art. 15 führen können. Die **ratio legis** der Rückausnahme beruht demnach auf dem Umstand, dass im Falle einer mitgeteilten Absichtsbeurkundung zur Beantragung einer Handelszulassung **kapitalmarktspezifische Informationsasymmetrien** (zB im Hinblick auf die Expertise der Anbieter sowie deren Fähigkeit zur Erlangung der Handelszulassung) zwischen den Parteien vorliegen und zugleich **Agenturkonflikte** (ex-post-Opportunismus) entstehen können (zB die fehlende Umsetzung der Absichtsbeurkundung), weshalb eine **Kryptowerte-Whitepaper-Publizität** nach deren Regelungszwecken (→ Rn. 5 ff.) geboten erscheint. Jedoch liefert diese Normzweckinterpretation keine überzeugende Begründung für die Rückausnahme zu der in Art. 4 Abs. 3 UAbs. 1 lit. a genannten kostenlosen Ausgabe von Kryptowerten, bei der kein Anleger- oder Marktschutzbedürfnis besteht.

29 Tatbestandlich setzt Abs. 4 eine **Mitteilung,** dh eine **öffentliche Erklärung,** seitens des **Anbieters** (Art. 3 Abs. 1 Nr. 13) voraus. Schließlich ist nur im Falle einer äußerlich hervorgetretenen Erklärung davon auszugehen, dass die potenziellen Inhaber den Kryptowert gerade wegen der Aussicht auf die Handelszulassung erwerben und nur in diesem Fall besteht in Übereinstimmung mit dem Normzweck (→ Rn. 5 ff.) ein relevantes Informationsbedürfnis der Erwerber. Rein intern bekundete Planungsabsichten des Anbieters genügen nicht. Der Anbieter muss zudem die **Absicht der Beantragung einer Handelszulassung** erklären, dh den **subjektiven Willen** einer in der Zukunft liegenden Antragstellung. Die tatbestandlich ebenfalls erfasste Mitteilung einer **anderen im Namen des Anbieters handelnden Person** muss, um die Rückausnahme des Abs. 4 auszulösen, dem **Anbieter zurechenbar** sein. Erforderlich ist somit eine **wirksame Bevollmächtigung,** Beauftragung oder Anweisung dieser anderen Person durch den Anbieter.

3. Rechtsfolgen bei Verletzung der Pflichten

30 a) **Aufsichtsrecht.** Ein Verstoß gegen die in Art. 4 Abs. 1 genannten Pflichten kann dazu führen, dass die zuständige Behörde (Art. 93 Abs. 1 S. 1), d. h. in Deutschland die BaFin (vgl. § 3 S. 1 KMAG) gemäß Art. 94 Abs. 1 lit. l (§ 15

---

[62] In diesem Sinne bereits Hacker/Thomale ECFR 2018, 645 (681 f., insbes. 684): „[...] the speculative aspect thus has to clearly dominate the consumptive aspect, in an objective perspective (e. g., by being touted as the key selling point of the token) [...] Only in these cases, information asymmetries, and principal-agent conflicts, with respect to truly financial and not consumptive/functional risks take precedence."

Abs. 1 KMAG) das **öffentliche Angebot für 30 aufeinanderfolgende Arbeitstage aussetzt** oder das öffentliche Angebot gemäß Art. 94 Abs. 1 lit. m (§ 15 Abs. 3 KMAG) **untersagt**, wenn ein hinreichend begründeter Verdacht besteht, dass gegen die Bestimmungen der Verordnung (dh Art. 4) verstoßen wurde. Für die in Art. 4 Abs. 1 lit. b genannte Pflicht zur Erstellung eines Kryptowerte-Whitepapers sieht Art. 94 Abs. 1 lit. i Var. 1 (§ 16 Abs. 1 KMAG) vor, dass die zuständige Behörde eine **Änderung des Kryptowerte-Whitepapers** verlangen kann, wenn sie feststellt, dass es nicht die nach Art. 6 erforderlichen Informationen enthält. Für die in Art. 4 Abs. 1 lit. e aufgeführte Pflicht zur Einhaltung der Bestimmungen des Art. 7 schreibt Art. 94 Abs. 1 lit. j Var. 1 (§ 17 Abs. 1 KMAG) eine entsprechende Befugnis der zuständigen Behörde vor, eine **Änderung der Marketing-Mitteilungen** verlangen zu können, wenn sie feststellt, dass diese nicht den Anforderungen des Art. 7 entsprechen. Aus Gründen der **Finanzstabilität** oder zum **Schutz der Interessen der Inhaber von Kryptowerten** kann die zuständige Behörde gemäß Art. 94 Abs. 1 lit. k (§ 16 Abs. 2 KMAG) zudem eine **Aufnahme zusätzlicher Informationen** in das Kryptowerte-Whitepaper verlangen.

b) Zivilrecht. Ein Verstoß gegen die Pflicht aus Art. 4 Abs. 1 lit. b zur Erstellung eines Kryptowerte-Whitepapers **(fehlendes Kryptowerte-Whitepaper)** hat keine haftungsrechtlichen Folgen im Rahmen des Art. 15 Abs. 1 (→ Art. 15 Rn. 14, 28), kann aber über die Öffnungsklausel des Art. 15 Abs. 6 zu einer Haftung nach dem nationalen Zivilrecht führen (→ Art. 15 Rn. 66 f.; im Falle der Anwendbarkeit deutschen Rechts: § 19 KMAG-E). Entspricht das Kryptowerte-Whitepaper inhaltlich nicht den Anforderungen des Art. 6 **(fehlerhaftes Kryptowerte-Whitepaper)**, kommt eine Haftung des Anbieters (Art. 3 Abs. 1 Nr. 13) sowie der Mitglieder des Verwaltungs-, Leitungs- (Art. 3 Abs. 1 Nr. 27) oder Aufsichtsorgans aus Art. 15 Abs. 1 in Betracht **(Whitepaper-Informationshaftung,** → Art. 15 Rn. 23 ff.). 31

Die zivilrechtlichen **Verträge** über den Kauf bzw. Erwerb der anderen Kryptowerte als vermögenswertereferenzierter Token oder E-Geld-Token bleiben im Falle eines Verstoßes gegen die Kryptowerte-Whitepaper-Publizitätspflichten des Art. 4 Abs. 1 **wirksam**, da der Unionsgesetzgeber die zivilrechtlichen Rechtsfolgen in Art. 15 auf Schadensersatzansprüche beschränkt hat.[63] 32

Erwgr. Nr. 29 weist ausdrücklich auf die Anwendbarkeit der (nationalen) Bestimmungen (infolge der Umsetzung) der **UGP-Richtlinie** (RL 2005/29/EG) hin, so dass ein Verstoß gegen die Pflichten aus Art. 4 Abs. 1 **lauterkeitsrechtliche Rechtsfolgen** haben kann. Angesichts des Umstands, dass die Kryptowerte-Whitepaper der Absatzförderung bzw. dem Verkauf von Kryptowerten dienen, handelt es sich um Geschäftspraktiken gemäß Art. 2 lit. d UGP-RL (bzw. geschäftliche Handlungen gemäß § 2 Abs. 1 Nr. 2 UWG im deutschen Recht[64]). Kommt ein Anbieter seinen Verpflichtungen aus Art. 4 Abs. 1 nicht nach, kann es sich zugleich um Verstöße gegen die mitgliedstaatlichen Regelungen zur Umsetzung von Art. 5 ff. UGP-RL (§§ 3 ff. UWG im deutschen Recht) handeln, was Ansprüche 33

---

[63] Ebenso im Rahmen von Art. 3 ProspektVO: Assmann/Schlitt/v. Kopp-Colomb/Bauerschmidt ProspektVO Art. 3 Rn. 41.

[64] Vgl. für Art. 3 ProspektVO: Assmann/Schlitt/v. Kopp-Colomb/Poelzig ProspektVO Art. 3 Rn. 42.

nach Maßgabe der mitgliedstaatlichen Umsetzungen von Art. 11, 11a[65] UGP-RL (zB §§ 8ff., 9 Abs. 2 UWG im deutschen Recht) zur Entstehung bringen kann.

IV. Kryptowerte-Dienstleister (Abs. 5)

34   Art. 4 Abs. 5 enthält für öffentliche Angebote, bei denen aufgrund einer **kryptowertbezogenen Bereichsausnahme nach Art. 4 Abs. 3** keine Kryptowerte-Whitepaper-Pflicht besteht (→ Rn. 19ff.), eine Erleichterung dahingehend, dass im Zusammenhang mit den angebotenen anderen Kryptowerten eine Verwahrung und Verwaltung von Kryptowerten für Kunden oder für Transferdienstleistungen für Kryptowerte eine Zulassung als Anbieter von Kryptowerte-Dienstleistungen gemäß Art. 59 nicht erforderlich ist. Der Dispens vom Zulassungserfordernis wird im Wesentlichen im Interesse der Anbieter zum Zwecke der Vermeidung von (Zulassungs-)Kosten gewährt, da bei den in Abs. 3 genannten Ausnahmetatbeständen nur ein geringes (Anlage-)Risiko für die Inhaber der Kryptowerte besteht, so dass eine Verwahrung durch die Anbieter selbst ohne eine entsprechende Zulassung als Anbieter von Kryptowerte-Dienstleistungen unter Anlegerschutzgesichtspunkten vertretbar erscheint.

35   Die vorstehende *ratio* (= geringes Anlegerschutzbedürfnis, → Rn. 34) trägt jedoch nicht, wenn für denselben Kryptowert zugleich ein **anderes öffentliches Angebot** besteht, das nicht unter „die Ausnahme" (dh einen Ausnahmetatbestand gemäß Art. 4 Abs. 3) fällt. In diesem Fall müssen zum **Schutz der Anleger** für jenes weitere Angebot die Bestimmungen zum Zulassungserfordernis gemäß Art. 59 für die Verwahrung und Verwaltung von Kryptowerten uneingeschränkt zur Anwendung gelangen. Ohnehin kann der Zweck des Art. 4 Abs. 5, Kosten auf Seiten des Anbieters einzusparen (→ Rn. 33), nicht mehr erreicht werden, weshalb **Art. 4 Abs. 5 lit. a** in diesem Fall konsequenterweise eine **Rückausnahme** anordnet, so dass das Zulassungserfordernis des Art. 59 im Zusammenhang mit der Verwahrung und Verwaltung der Kryptowerte beider öffentlicher Angebote Anwendung findet. Dasselbe gilt wegen **Art. 4 Abs. 5 lit. b** im Falle einer **Zulassung des Kryptowerts auf einer Handelsplattform für Kryptowerte,** was ebenfalls zutreffend erscheint, da in diesem Fall ein **geordneter Sekundärmarkthandel** durch eine ordnungsgemäße Verwahrung, Verwaltung und Übertragung der Kryptowerte von einer DLT-Adresse oder einem DLT-Konto zu einer anderen Adresse oder einem anderen Konto gewährleistet sein muss, wobei dies nach der Wertung des Gesetzgebers am besten durch die Zulassung der ausführenden Person als Anbieter von Kryptowerte-Dienstleistungen gemäß Art. 59 gewährleistet wird.

V. Höchstlaufzeit des öffentlichen Angebots bei Utility Token mit Unternehmensfinanzierungsfunktion (Abs. 6)

36   Art. 4 Abs. 6 sieht im Falle eines öffentlichen Angebots eines Utility-Token, der Zugang zu noch bestehenden Waren oder noch nicht erbrachten Dienstleistungen

---

[65] Vgl. Art. 3 RL (EU) 2019/2161, ABl. L 328, 20.

(sog. **Utility-Token mit Investmentfunktion**[66]) eine Höchstlaufzeit des öffentlichen Angebots ab dem Tag der Veröffentlichung des Kryptowerte-Whitepapers von zwölf Monaten vor. Die Frist endet somit mit **Ablauf desjenigen Tages** im Folgejahr, der nach seiner **kalendarischen Bezeichnung** mit dem Tag der Veröffentlichung im Vorjahresmonat übereinstimmt. Fehlt in dem für den Fristablauf maßgeblichen Monat der letzte Tag (relevant im Falle einer erstmaligen Veröffentlichung am 29.2. eines Schaltjahres), endet die Frist mit dem letzten Tag des entsprechenden Monats im Folgejahr (dh am 28.2.), da hierdurch ebenfalls ein Fristlauf von **365 Tagen** gewährleistet ist.

Bei der in Art. 4 Abs. 6 normierten Höchstlaufzeit eines öffentlichen Angebots für Utility-Token mit Investmentfunktion handelt es sich in teleologischer Hinsicht primär um eine **Schutzvorschrift zugunsten der potenziellen Inhaber der Utility-Token.** Schließlich kommt einem öffentlichen Angebot für Utility-Token, die Zugang zu noch nicht verfügbaren Waren bzw. Dienstleistungen gewähren, insoweit eine **Unternehmensfinanzierungsfunktion** zu, als zumeist die künftige Entwicklung der Ware oder Dienstleistung aus den Erlösen des öffentlichen Angebots finanziert werden soll. Die Laufzeitbegrenzung des Art. 4 Abs. 6 soll in diesem Zusammenhang verhindern, dass derartige Kryptowert-Projekte schlichtweg über – in der Vergangenheit auf dem Markt beobachtbare und zu Recht kritisierte[67] – **Dauerangebote** mit fortlaufenden Emissionserlösen langfristig am Leben gehalten werden, ohne jemals wieder über den Entwicklungsstand sowie die Erfolgsaussichten des Projekts informieren zu müssen. Die Höchstlaufzeit des Art. 4 Abs. 6 erreicht dieses Regelungsziel, indem sie im Ergebnis dazu führt, dass bei fortlaufendem Finanzierungsbedarf nach Ablauf von zwölf Monaten ein neues öffentliches Angebot abgegeben werden und damit ein neues Kryptowerte-Whitepaper veröffentlicht werden muss, in dem die potenziellen Inhaber der Utility-Token über den Entwicklungsstand sowie die Erfolgsaussichten einer Fertigentwicklung aufgeklärt werden müssen, wodurch die potenziellen Anleger zugleich vor einem Utility-Token-Erwerb eines **Kryptowerte-Projekts ohne nennenswerte Erfolgsaussichten** geschützt werden (sollen). Das Erfordernis eines zweiten öffentlichen Angebots nach dem Ablauf der Höchstfrist vermittelt den Anbietern zugleich einen **ex-ante-Anreiz,** beim ersten öffentlichen Angebot redlich zu handeln, die gegebenen Versprechen einzuhalten und bei der Fertigentwicklung der Ware oder Dienstleistung größtmöglichen Einsatz zu zeigen, um im Rahmen einer etwaigen zweiten Finanzierungsrunde[68] auf dem Markt eine weitere Finanzierung zu möglichst guten Konditionen zu erhalten. Auch insoweit dient die Höchstlaufzeit aus Art. 4 Abs. 6 dem **präventiven Schutz der Anleger.**

Ein Verstoß gegen Art. 4 Abs. 6 kann zu einer Aussetzung des öffentlichen Angebots für 30 aufeinanderfolgende Arbeitstage gemäß Art. 94 Abs. 1 lit. l führen, dürfte und sollte bei Überschreitung der Höchstlaufzeit jedoch typischerweise die Untersagung der Fortführung des öffentlichen Angebots durch die zuständige Behörde gemäß Art. 94 Abs. 1 lit. m zur Folge haben.

---

[66] Vgl. zu diesen Token: Klöhn/Parhofer/Resas ZBB 2018, 89 (102f.); Chatard/Mann NZG 2019, 567 (573); im Detail zu den relevanten Abgrenzungskriterien: Maume/Maute Kryptowerte-HdB/Zickgraf § 11 Rn. 66.
[67] Vgl. Klöhn/Parhofer/Resas ZBB 2018, 89 (95 f.).
[68] Siehe zu den Problemen einer einzigen Finanzierungsrunde: Klöhn/Parhofer/Resas ZBB 2018, 89 (95).

VI. Spätere öffentliche Angebote (Abs. 7)

39 Nach Art. 4 Abs. 7 UAbs. 1 (grobes Regelungsvorbild: Art. 5 Abs. 1 UAbs. 1 ProspektVO) gilt jedes **spätere** öffentliche Angebot als **gesondertes** Angebot, für das die Anforderungen des Art. 4 Abs. 1 Anwendung finden, wenn nicht ein Ausnahmetatbestand aus Art. 4 Abs. 2 oder Abs. 3 auf das spätere öffentliche Angebot anwendbar ist. Der **Normzweck** von Art. 4 Abs. 7 UAbs. 1 besteht in der **Sicherstellung der Einhaltung der Anforderungen aus Art. 4 Abs. 1** bei jedem **öffentlichen Angebot** (Art. 3 Abs. 1 Nr. 12,) durch die **Klarstellung,** dass jedes spätere Angebot als gesondertes Angebot gilt. Dieser Normzweck folgt aus der Gesetzgebungshistorie: Die klarstellende Regelung des Art. 4 Abs. 7 UAbs. 1, die im Kommissionsentwurf noch nicht zu finden war, wurde im Trilogverfahren als Reaktion auf den sich nunmehr in Art. 4 Abs. 7 UAbs. 2 befindlichen Vorschlag des Europäischen Parlaments[69] eingefügt, der vorsieht, dass für ein späteres öffentliches Angebot unter den dort genannten Voraussetzungen kein zusätzliches Kryptowerte-Whitepaper erforderlich ist. Angesichts dessen muss die *ratio legis* im Zusammenhang mit UAbs. 2 erschlossen werden: Art. 4 Abs. 7 UAbs. 1 soll verhindern, dass aus dem Umstand der Entbehrlichkeit eines weiteren Kryptowerte-Whitepapers unter den Voraussetzungen des Art. 4 Abs. 7 UAbs. 2 im Umkehrschluss (fälschlicherweise) gefolgert wird, es liege kein weiteres öffentliches Angebot vor, welches im Übrigen den Anforderungen des Art. 4 Abs. 1 unterliegt. Bei Art. 4 Abs. 7 UAbs. 1 handelt es sich – ebenso wie beim groben Regelungsvorbild Art. 5 Abs. 1 UAbs. 1 ProspektVO – demnach um eine rein **klarstellende Regelung.**[70] Damit kann ein Erstangebot einem Ausnahmetatbestand aus Art. 4 Abs. 2 oder Abs. 3 unterfallen, ohne dass dies zwingend auch für das Zweitangebot gelten muss und umgekehrt.

40 Das vorstehende Normzweckverständnis (→ Rn. 39) hat Auswirkungen für die Beurteilung sog. **Kettenangebote** desselben Anbieters, bei denen formal mehrere öffentliche Angebote vorliegen, während materiell betrachtet bloß eine künstliche Aufteilung desselben öffentlichen Angebots gegeben ist: Der Wortlaut („Jedes spätere öffentliche Angebot […] gilt als gesondertes öffentliches Angebot") verleitet auf den ersten Blick zwar zu dem (iE abzulehnenden) Fehlschluss, dass bei derartigen Kettenangeboten, weil das spätere Angebot qua **gesetzgeberischer Fiktion** als gesondertes Angebot **gilt,** zugleich die Ausnahmetatbestände aus Art. 4 Abs. 2 u. Abs. 3 erneut **separate Anwendung** finden müssten. Überzeugend ist diese Auslegung indes nicht, da sie letztlich zu einem Leerlaufen der tatbestandlichen Begrenzungen der Art. 4 Abs. 2 lit. a u. lit. b führen würde. Überdies erscheint diese Wortlautinterpretation nicht zwingend, da Art. 4 Abs. 7 UAbs. 1 lediglich von der **„möglichen"** Anwendung der Abs. 2 u. 3 auf das spätere Angebot spricht. Die teleologische Auslegung streitet vielmehr eindeutig dafür, im Falle von Kettenangeboten die Ausnahmetatbestände der Art. 4 Abs. 2 lit. a u. b **nicht separat** anzuwenden und im Falle des Art. 4 Abs. 3 UAbs. 3 den Gesamtgegenwert der gesamten Kette an Angeboten **zusammenzurechnen,** weil Art. 4 Abs. 7 UAbs. 1 als klarstellende Regelung nach seinem Normzweck alleine die Einhaltung der Anfor-

---

[69] Vgl. European Parliament, Committee on Economic and Monetary Affairs, Amendment 302, 2020/0265(COD), S. 68 f.
[70] Vgl. Assmann/Schlitt/v. Kopp-Colomb/Bauerschmidt ProspektVO Art. 5 Rn. 3.

derungen des Art. 4 Abs. 1 gewährleisten möchte, ausweislich der Gesetzgebungshistorie jedoch nicht zu einer (ungerechtfertigten) Erweiterung der Ausnahmetatbestände aus Art. 4 Abs. 2 u. Abs. 3 im Falle von Kettenangeboten führen sollte. Sofern kein Kettenangebot vorliegt oder das spätere öffentliche Angebot von einem anderen Anbieter (zB einem Intermediär im Rahmen einer Zweitplatzierung) abgegeben wird – wovon ersichtlich UAbs. 2 ausgeht – finden die Ausnahmetatbestände aus Art. 4 Abs. 2 u. Abs. 3 jedoch auf das spätere Angebot ohne Einschränkungen Anwendung.

Art. 4 Abs. 7 **UAbs. 2** (grobes Regelungsvorbild: Art. 5 Abs. 1 UAbs. 2 ProspektVO) entbindet einen Anbieter im Falle eines späteren Angebots von der Pflicht zur Erstellung und Veröffentlichung eines weiteren Kryptowerte-Whitepapers, wenn für **denselben anderen Kryptowert** als einen vermögenswertereferenzierten Token oder E-Geld-Token bereits ein **Kryptowerte-Whitepaper** gemäß Art. 9 **veröffentlicht** (→ Art. 9 Rn. 1 ff.) und gemäß Art. 12 (fortlaufend) **aktualisiert** (→ Art. 12 Rn. 1 ff.) worden ist und die für die Erstellung **verantwortliche Person** seiner **Verwendung schriftlich zustimmt**. Mithilfe der Vorschrift sollen die **Kosten der Erstellung** eines zusätzlichen Kryptowerte-Whitepapers, dessen Erstellung aus Anleger- und Marktschutzgründen angesichts des bereits veröffentlichten und aktualisierten Whitepapers überflüssig erscheint, im **Interesse des Zweitanbieters** vermieden werden; im Falle von geplanten **Zweitplatzierungen** durch Intermediäre liegt dies zugleich im **Interesse des Erstanbieters**. Das Erfordernis der **schriftlichen Zustimmung,** dh der einseitigen Zustimmungserklärung (arg. e.c. Art. 5 Abs. 1 UAbs. 2 ProspektVO) der für die Erstellung des Kryptowerte-Whitepapers verantwortlichen Person **(Erstanbieter),** dient deren Schutz vor einer ungewollten Verwendung des Whitepapers durch dritte Personen. Die für die Erstellung **verantwortliche Person** ist nicht diejenige Person iSd Art. 6 Abs. 1 UAbs. 2, die das Kryptowerte-Whitepaper tatsächlich erstellt hat, sondern diejenige Person, die nach Art. 6 Abs. 3 die Übernahme der (rechtlichen) **Verantwortung für den Inhalt** des (ursprünglichen) Kryptowerte-Whitepapers erklären muss. Inwieweit das Erfordernis der schriftlichen Zustimmung die verantwortliche Person zugleich vor **Haftungsrisiken** schützen soll, hängt davon ab, ob die verantwortliche Person durch ihre Zustimmung im Rahmen des späteren Angebots eine Haftungsverantwortlichkeit für die im Kryptowerte-Whitepaper enthaltenen Informationen trifft. Das Fehlen einer Erwgr. Nr. 26 S. 5 ProspektVO entsprechenden Aussage des Gesetzgebers der MiCAR spricht auf den ersten Blick dagegen; umgekehrt könnte eine solche Haftung jedoch mithilfe eines Verweises auf die bestehende Haftung im Rahmen des Regelungsvorbilds Art. 5 Abs. 1 ProspektVO[71] begründet werden. Angesichts dieser Unsicherheit sollten die Parteien im Rahmen der Verhandlungen über die Erteilung der schriftlichen Zustimmung zugleich die interne Verteilung der (Haftungs-)Verantwortlichkeit für inhaltliche Fehler des Kryptowerte-Whitepapers sowie etwaige Vergütungs- und/oder Regressansprüche vertraglich regeln. Fehlt es an der schriftlichen Zustimmung des Erstanbieters, muss der Zweitanbieter wegen Art. 4 Abs. 7 UAbs. 1, sofern nicht ein Ausnahmetatbestand aus Art. 4 Abs. 2 oder Abs. 3 einschlägig ist, zwingend ein eigenes Kryptowerte-Whitepaper erstellen.

---

[71] Vgl. Assmann/Schlitt/v. Kopp-Colomb/Bauerschmidt ProspektVO Art. 5 Rn. 13.

VII. Freiwillige Erstellung eines Whitepapers (Abs. 8)

42 Sofern ein öffentliches Angebot eines anderen Kryptowerts als eines vermögenswertereferenzierten Token oder E-Geld-Token gemäß Art. 4 Abs. 2 oder Abs. 3 von der Verpflichtung zur Veröffentlichung (sowie der vorherigen Erstellung) eines Kryptowerte-Whitepapers ausgenommen ist, aber gleichwohl auf freiwilliger Basis ein solches Whitepaper erstellt wird **(freiwilliges Kryptowerte-Whitepaper)**, ordnet Art. 4 Abs. 8 die Geltung des Titels II einschließlich sämtlicher Verpflichtungen an (Regelungsvorbild: Art. 4 ProspektVO). Der Zweck der Vorschrift besteht darin, dass den Anbietern durch die freiwillige Erstellung eines Kryptowerte-Whitepapers die Möglichkeit der Nutzung des **europäischen Passes** gemäß Art. 11 (Regelungsvorbild: Art. 24 ProspektVO) eingeräumt wird[72], mithin die Anbieter den Kryptowert nach der Veröffentlichung des (abgeänderten) Kryptowerte-Whitepapers gemäß Art. 9, 12 **in der gesamten Union** öffentlich anbieten dürfen (Art. 11 Abs. 1) und unter diesen Voraussetzungen in Bezug auf das öffentliche Angebot **keinen weiteren Informationspflichten** unterliegen (Art. 11 Abs. 2).[73]

Artikel 5 Zulassung von anderen Kryptowerten als vermögenswertereferenzierten Token oder E-Geld-Token zum Handel

(1) Eine Person, darf die Zulassung eines anderen Kryptowerts als eines vermögenswertereferenzierten Token oder eines E-Geld-Token, zum Handel in der Union nicht beantragen, sofern diese Person nicht
a) eine juristische Person ist,
b) für diesen Kryptowert ein Kryptowerte-Whitepaper gemäß Artikel 6 erstellt hat,
c) das Kryptowerte-Whitepaper gemäß Artikel 8 übermittelt hat,
d) das Kryptowerte-Whitepaper gemäß Artikel 9 veröffentlicht hat,
e) die Marketingmitteilungen, sofern vorhanden, zu diesem Kryptowert gemäß Artikel 7 erstellt hat,
f) die Marketingmitteilungen, sofern vorhanden, zu diesem Kryptowert gemäß Artikel 9 veröffentlicht hat,
g) die Anforderungen an Personen, die die Zulassung zum Handel beantragen, gemäß Artikel 14 erfüllt.

(2) Wird ein Kryptowert auf Initiative des Betreibers der Handelsplattform zugelassen und wurde in den in dieser Verordnung vorgeschriebenen Fällen kein Kryptowerte-Whitepaper gemäß Artikel 9 veröffentlicht, so trägt der Betreiber der jeweiligen Handelsplattform den in Absatz 1 des vorliegenden Artikels festgelegten Anforderungen Rechnung.

(3) Abweichend von Absatz 1 können eine Person, die die Zulassung eines anderen Kryptowerts als eines vermögenswertereferenzierten Token oder eines E-Geld-Token zum Handel beantragt, und der jeweilige Betreiber der Handelsplattform schriftlich vereinbaren, dass der Betreiber der

---

[72] Ebenso für Art. 4 ProspektVO: Assmann/Schlitt/v. Kopp-Colomb/Bauerschmidt ProspektVO Art. 4 Rn. 4.
[73] Vgl. auch Zickgraf BKR 2021, 196 (199 f.) mit Ausführungen zur Bedeutung für den Binnenmarkt und die Kapitalmarktunion.

Handelszulassung von anderen Kryptowerten Art. 5

Handelsplattform alle oder einen Teil der in Absatz 1 Buchstaben b bis g genannten Anforderungen erfüllen muss.

Schrifttum: Siehe vor Art. 4 ff.

Übersicht

	Rn.
I. Grundlagen	1
1. Regelungsgegenstand	1
2. Regelungsvorbild	5
3. Regelungszweck	6
II. Anwendungsbereich	7
III. Rechtsformzwang, Publizitäts-, Verfahrens- und Verhaltenspflichten der Zulassungsantragsteller (Abs. 1)	10
III. Pflichten der Betreiber von Handelsplattformen (Abs. 2)	12
IV. Vertragliche Pflichtendelegation zwischen Zulassungsantragstellern und Betreibern von Handelsplattformen (Abs. 3)	15
V. Ausnahmen von der Kryptowerte-Whitepaper-Publizitätspflicht (Abs. 4)	18
VI. Rechtsfolgen	22
1. Aufsichtsrecht	22
2. Zivilrecht	24

I. Grundlagen

1. Regelungsgegenstand

Art. 5 **Abs. 1** statuiert ein (präventives) **Verbot** für die Beantragung der Handelszulassung anderer Kryptowerte als vermögenswertreferenzierter Token oder E-Geld-Token, sofern die in lit. a–g aufgeführten Anforderungen nicht eingehalten werden (→ Rn. 10 f.).[1] Die wichtigste Anforderung stellt insoweit die **Kryptowerte-Whitepaper-Publizitätspflicht** dar (näher → Art. 4 Rn. 12). 1

Art. 5 **Abs. 2** regelt die Handelszulassung auf **Initiative des Betreibers der Handelsplattform** (vgl. Art. 3 Abs. 1 Nr. 18), der die Kryptowerte-Whitepaper-Publizitätspflicht sowie die weiteren Anforderungen aus Art. 5 Abs. 1 zu beachten hat, wenn kein Kryptowerte-Whitepaper nach Art. 9 veröffentlicht worden ist, obwohl eine Whitepaper-Publizitätspflicht nach Art. 4 bestand (→ Rn. 12 f.). 2

Art. 5 **Abs. 3** behandelt Situationen, in denen der Zulassungsantragsteller und der Betreiber der Handelsplattform vertraglich vereinbaren, dass der Betreiber alle oder einen Teil der in Art. 5 Abs. 1 lit. b–g genannten Anforderungen erfüllen muss (**Aufgabendelegation,** → Rn. 14 ff.). 3

Art. 5 Abs. 4 sieht eine **Ausnahme** von der Kryptowerte-Whitepaper-Publizitätspflicht (Art. 5 Abs. 1 lit. b, c, d) vor, wenn der Kryptowert bereits auf einer anderen Handelsplattform in der Union zum Handel zugelassen ist und ein gemäß Art. 6 erstelltes sowie gemäß Art. 12 aktualisiertes Whitepaper vorliegt und der Ersteller der Verwendung schriftlich zustimmt (→ Rn. 17 ff.). 4

---

[1] Zickgraf BKR 2021, 196 (199).

2. Regelungsvorbild

5 Das **präventive Verbot der Beantragung einer Handelszulassung** für einen anderen Kryptowert als einen vermögenswertereferenzierten Token oder einen E-Geld-Token aus **Art. 5 Abs.** 1 und die sich hieraus (mittelbar) ergebende **Pflicht zur Erstellung und Veröffentlichung eines Kryptowerte-Whitepapers** (lit. b u. d) entspricht im Wesentlichen dem Regelungsgehalt des **Art. 3 Abs. 3 ProspektVO**.[2] Die **Ausnahme** von der Kryptowerte-Whitepaper-Publizitätspflicht aus **Art. 5 Abs. 4** findet ein grobes Vorbild in der Regelung des **Art. 12 Abs. 1 ProspektVO**.

3. Regelungszweck

6 Die **Kryptowerte-Whitepaper-Publizitätspflicht** im Falle eines Handelszulassungsantrags eines anderen Kryptowerts dient denselben Regelungszwecken wie die korrespondierende Publizitätspflicht im Rahmen des öffentlichen Angebots (näher → Art. 4 Rn. 5 ff. mN): Durch die Kryptowerte-Whitepaper-Publizitätspflicht sollen die bestehenden **Informationsasymmetrien** zwischen den Parteien **abgebaut** werden, um ein **informationsbedingtes Marktversagen zu verhindern,** die **Allokationseffizienz** des Marktes zu **verbessern,** die **Such- und Informationskosten** der Anleger zu **verringern** (dh die **operationale Effizienz** des Marktes zu steigern), die **Kapitalkosten** der Emittenten zu **senken** und eine **informierte Anlageentscheidung** der Anleger zu **ermöglichen.** Damit dient die Kryptowerte-Whitepaper-Publizitätspflicht im Falle eines Antrags zur Handelszulassung dem **Markt- und Anlegerschutz.**

II. Anwendungsbereich

7 Der sachliche Anwendungsbereich der Regelungen des Art. 5 Abs. 1 erfasst die **Beantragung der Zulassung anderer Kryptowerte** (näher → Vor Art. 4 ff. Rn. 14 ff.) als vermögenswertereferenzierter Token (Art. 3 Abs. 1 Nr. 6) oder E-Geld-Token (Art. 3 Abs. 1 Nr. 7) **zum Handel** auf einer **Handelsplattform** (vgl. Art. 3 Abs. 1 Nr. 18). Die Beantragung der Zulassung setzt eine **Erklärung des Antragstellers** gegenüber dem Betreiber der Handelsplattform voraus, aus der sich ergibt, dass der Antragsteller die Einbeziehung des Kryptowerts in den Handel eines multilateralen Systems des Betreibers wünscht. Art. 5 **Abs. 2** betrifft die **Zulassung zum Handel** auf Initiative des Betreibers. Art. 5 **Abs. 3** sieht eine Sonderregelung für den Fall vor, dass der Zulassungsantragsteller und der Betreiber der Handelsplattform im Rahmen einer schriftlichen Vereinbarung alle oder einen Teil der Pflichten auf den Betreiber delegieren. Art. 5 **Abs. 4** enthält unter bestimmten Voraussetzungen eine **Ausnahme** von den Anforderungen aus Art. 5 Abs. 1 lit. b, c und d (ggf. iVm Art. 5 Abs. 2, Abs. 3).

8 In persönlicher Hinsicht findet Art. 5 **Abs. 1** auf die **Zulassungsantragsteller,** Art. 5 **Abs. 2** auf die **Betreiber einer Handelsplattform** (Art. 3 Abs. 1 Nr. 18), Art. 5 **Abs. 3** auf die vertragliche Verbindung von **Zulassungsantragsteller und Betreiber der Handelsplattform** und Art. 5 **Abs. 4** sowohl auf **Zulassungsantragsteller** als auch auf **Betreiber einer Handelsplattform** Anwendung.

---

[2] Zickgraf BKR 2021, 196 (199).

Der räumliche Anwendungsbereich des Art. 5 erfasst nur die Zulassung zum 9
Handel **in der Union**. Art. 5 findet demnach nur bei Anträgen (Abs. 1, 3) bzw. Zulassungen (Abs. 2) zum Handel auf **Handelsplattformen** mit **Sitz in der Europäischen Union** Anwendung (→ Vor Art. 4 ff. Rn. 24).

III. Rechtsformzwang, Publizitäts-, Verfahrens- und Verhaltenspflichten der Zulassungsantragsteller (Abs. 1)

Art. 5 Abs. 1 enthält bestimmte Anforderungen und Pflichten für einen **Zulas-** 10
sungsantragsteller, der die Zulassung eines anderen Kryptowerts als eines vermögenswertereferenzierten Token oder eines E-Geld-Token **zum Handel** (auf einer Handelsplattform für Kryptowerte, arg. Art. 5 Abs. 4 lit. a e.c.) **in der Union** beantragt (→ Rn. 9; → Vor Art. 4 ff. Rn. 24).

Die Anforderungen und Pflichten eines **Zulassungsantragstellers** aus Art. 5 11
Abs. 1 entsprechen vollumfänglich den Anforderungen und Pflichten eines Anbieters von anderen Kryptowerten als vermögenswertereferenzierten Token oder E-Geld-Token aus Art. 4 Abs. 1 (→ Art. 4 Rn. 11 ff.): Im Einzelnen muss es sich beim Zulassungsantragsteller um eine juristische Person handeln (lit. a), ferner muss der Antragsteller vor dem Zulassungsantrag ein Kryptowerte-Whitepaper gemäß Art. 6 erstellt (lit. b), gemäß Art. 8 übermittelt (lit. c) und gemäß Art. 9 veröffentlicht (lit. d) haben. Überdies hat der Zulassungsantragsteller im Falle des Vorhandenseins von Marketingmitteilungen die Anforderungen des Art. 7 zu beachten (lit. e) und diese nach Art. 9 zu veröffentlichen (lit. f). Ebenso müssen die Verhaltenspflichten aus Art. 14 beachtet werden (lit. g).

III. Pflichten der Betreiber von Handelsplattformen (Abs. 2)

Um einen angemessenen **Markt- und Anlegerschutz** auch in solchen Fällen 12
zu gewährleisten (→ Rn. 6), in denen ein Betreiber einer Handelsplattform (Art. 3 Abs. 1 Nr. 18) einen Kryptowert auf eigene Initiative zum Handel zulässt, sieht Art. 5 Abs. 2 vor, dass der **Betreiber** den Anforderungen des Art. 5 Abs. 1 Rechnung tragen muss.

Entgegen des missverständlichen Wortlauts ("Kryptowert") meint Abs. 2 mit 13
dem Begriff des "Kryptowerts" angesichts der systematischen Stellung des Art. 5 in Titel II sowie der tatbestandlichen Bezugnahme auf die Veröffentlichung nach Art. 9 und sowie die Anforderungen aus Art. 5 Abs. 1 nur **andere Kryptowerte als vermögenswertereferenzierte Token oder E-Geld-Token**. Auf **eigene Initiative** erfolgt die **Handelszulassung** durch den Betreiber der Handelsplattform im Umkehrschluss zu Art. 5 Abs. 1 MiCAR, wenn **kein Zulassungsantragsteller** diese beantragt. Art. 5 Abs. 2 setzt weiter voraus, dass in den in dieser Verordnung vorgeschriebenen Fällen kein Kryptowerte-Whitepaper gemäß Art. 9 veröffentlicht worden ist. Diese Formulierung ("in den in dieser Verordnung vorgeschriebenen Fällen") knüpft zunächst daran an, ob eine (primäre) Kryptowerte-Whitepaper-Publizitätspflicht eines Anbieters aufgrund eines **öffentlichen Angebots** (Art. 4) oder eines Antragstellers aufgrund eines Zulassungsantrags bei einer **anderen Handelsplattform** (Art. 5 Abs. 1) bestanden hat, wobei hierbei zugleich etwaige Ausnahmetatbestände sowie Rückausnahmen zu berücksichtigen sind (→ Art. 4 Rn. 14 ff., 19 ff., 26 ff.; Art. 5 Abs. 2 ist demnach nicht einschlägig, wenn

Zickgraf

vor der Handelszulassung keine Publizitätspflicht einer anderen Person gegeben war. Im Übrigen unterfällt der Betreiber der Handelsplattform nur dann Art. 5 Abs. 2, wenn die bestehende **Pflicht zur Veröffentlichung** bzw. **Aktualisierung** (arg. systematischer Wertungsgleichlauf mit Art. 4 Abs. 7 UAbs. 2 und Art. 5 Abs. 4 lit. b[3]) eines Kryptowerte-Whitepapers durch die andere Person in Übereinstimmung mit Art. 9[4] **nicht erfüllt** worden ist. Liegen die Voraussetzungen des Art. 5 Abs. 2 vor, hat der Betreiber der Handelsplattform den Anforderungen des Art. 5 Abs. 1 „Rechnung zu tragen" bzw. diese einzuhalten (engl. „comply"). Dies bedeutet, dass der Betreiber im Grundsatz anstelle des Zulassungsantragstellers die Pflichten des **Art. 5 Abs. 1** (→ Rn. 10 f.) zu erfüllen hat.

14 Jedoch stellt sich die Frage, ob dies auch für den **Rechtsformzwang** aus Art. 5 Abs. 1 lit. a (**juristische Person** als Zulassungsantragsteller; → Rn. 11, → Vor Art. 4 ff. Rn. 20) gilt. Der Zweck des Rechtsformzwangs für **Zulassungsantragsteller** besteht ausweislich Erwgr. Nr. 23 darin, eine ordnungsgemäße Überwachung und Beaufsichtigung der Handelszulassungen durch die zuständigen Behörden zu gewährleisten. Für **Betreiber von Handelsplattformen für Kryptowerte,** bei denen es sich in Anbetracht von Art. 3 Abs. 1 Nr. 15, 16 lit. b im Regelfall um Anbieter von Kryptowerte-Dienstleistungen handeln wird, enthält **Art. 59 Abs. 1 iVm Abs. 3** hinsichtlich der zulässigen Rechtsformen **speziellere** sowie **großzügigere Vorschriften.** Insbesondere Art. 59 Abs. 3 stellt sicher, dass die Rechtsform der **„anderen Unternehmen"** ein mit der Rechtsform der juristischen Person **gleichwertiges Schutzniveau** für die Interessen Dritter gewährleistet und diese Unternehmen einer gleichwertigen Aufsicht unterliegen. Damit wird die Verwirklichung des Normzwecks des Art. 5 Abs. 1 lit. a (vgl. Erwgr. Nr. 23) in den Fällen des Art. 5 Abs. 2 durch die spezielleren Vorschriften der Art. 59 Abs. 1, Abs. 3 sowie das dortige Zulassungsverfahren sichergestellt, weshalb der Verweis in Art. 5 Abs. 2 insoweit einer **teleologischen Reduktion** zu unterziehen ist und ein (anderer) Kryptowert auch dann auf Initiative des Betreibers zugelassen werden kann, wenn der Betreiber der Handelsplattform nicht als juristische Person verfasst ist.

IV. Vertragliche Pflichtendelegation zwischen Zulassungsantragstellern und Betreibern von Handelsplattformen (Abs. 3)

15 Art. 5 Abs. 3 UAbs. 1 ermöglicht es dem **Zulassungsantragsteller** durch schriftliche **Vereinbarung** mit dem **Betreiber einer Handelsplattform,** die Einhaltung der in Art. 5 Abs. 1 lit. b–g genannten Anforderungen im Wege einer **Aufgaben- bzw. Pflichtendelegation** auf den Betreiber zu übertragen. Durch diese

---

[3] Der (ungenaue) Wortlaut spricht zwar nicht von einer Aktualisierungspflicht gemäß Art. 12, doch sind unter Anleger- und Marktschutzgesichtspunkten keine Gründe ersichtlich, die ein Abweichen von der Regelungssituation im Rahmen der Art. 4 Abs. 7 UAbs. 2 sowie Art. 5 Abs. 4 lit. b rechtfertigen würden. Somit findet Art. 5 Abs. 2 auch dann Anwendung, wenn ein Kryptowerte-Whitepaper zwar gemäß Art. 9 veröffentlicht, danach aber nicht mehr gemäß Art. 12 aktualisiert worden ist.

[4] Durch den Verweis auf Art. 9 wird denknotwendig zugleich auf die vorherige Erstellung des Kryptowerte-Whitepapers gemäß Art. 6 Bezug genommen, ohne dass es für Art. 5 Abs. 2 jedoch im Einzelnen auf die Einhaltung der inhaltlichen Vorgaben des Art. 6 ankäme.

Möglichkeit sollen die Parteien etwaige **komparative Kostenvorteile** der Betreiber von Handelsplattformen nutzen können: Im Unterschied zu einem Zulassungsantragsteller, der typischerweise nur einmal oder wenige Male einen Zulassungsantrag stellen und das diesbezügliche Handelszulassungsverfahren durchlaufen wird, sind die Betreiber fortlaufend mit solchen Anträgen befasst und werden über die Zeit aufgrund der in Art. 5 Abs. 3 UAbs. 1 eingeräumten Option **spezifische Expertise** im Hinblick auf eine schnelle sowie effiziente Handelszulassung durch Beachtung der Vorgaben aus Art. 5 Abs. 1 lit. b–g entwickeln. Aufgrund der sich ständig wiederholenden und einander ähnelnden Prozesse entstehen hierdurch **Skaleneffekte** bei den Handelsplattformbetreibern.

Tatbestandlich setzt Art. 5 Abs. 3 UAbs. 1 einen Zulassungsantragsteller (→ Rn. 8) voraus, der die Zulassung anderer Kryptowerte als vermögenswerterefenzierter Token oder E-Geld-Token (→ Rn. 7) zum Handel auf einer Handelsplattform für Kryptowerte (vgl. Art. 3 Abs. 1 Nr. 18 MiCAR) beantragt. Der Zulassungsantragsteller muss dabei eine schriftliche Vereinbarung mit dem Betreiber der Handelsplattform iSd Art. 3 Abs. 1 Nr. 15, 16 lit. b, 18 schließen, derzufolge der Betreiber für alle oder einen Teil der in Art. 5 Abs. 1 lit. b–g genannten Anforderungen erfüllen muss. Um den Betreiber der Handelsplattform im Nachgang der Aufgabendelegation die Erfüllung der übertragenen (Pflicht-)Anforderungen aus Art. 5 Abs. 1 lit. b–g zu ermöglichen, schreibt Art. 5 Abs. 3 UAbs. 2 vor, dass die schriftliche (Vertrags-)Vereinbarung der Parteien eine eindeutige Verpflichtung des Zulassungsantragstellers enthalten muss, dem Betreiber der Handelsplattform alle hierfür erforderlichen Informationen zur Verfügung zu stellen. 16

Soweit die Aufgabendelegation hinsichtlich der Anforderungen aus Art. 5 Abs. 1 lit. b–g reicht, ist der Betreiber der Handelsplattform für die Einhaltung der Anforderungen verantwortlich, im Übrigen verbleibt die **Verantwortung** für die nicht delegierten Anforderungen beim Zulassungsantragsteller (Erwgr. Nr. 32 S. 4). Die Verantwortung für die Einhaltung des Rechtsformzwangs aus Art. 5 Abs. 1 lit. a verbleibt naturgemäß stets beim Zulassungsantragsteller und kann nicht auf den Betreiber delegiert werden. Außerdem bleibt der **Zulassungsantragsteller** (haftungsrechtlich) für die Einhaltung auch der übertragenen Anforderungen **verantwortlich,** wenn er dem Betreiber **irreführende Informationen** zur Verfügung gestellt hat (Erwgr. Nr. 32 S. 3), wobei dies insbesondere für die Inhalte des Kryptowerte-Whitepapers (Art. 5 Abs. 1 lit. b iVm Art. 6) und der Marketing-Mitteilungen (Art. 5 Abs. 1 lit. e iVm Art. 7) Bedeutung erlangt. Vor diesem Hintergrund sollten die Parteien auf eine **eindeutige Aufgabenzuweisung** bzw. **Pflichtendelegation** sowie eine möglichst **klare Dokumentation** der übermittelten Informationen achten. 17

V. Ausnahmen von der Kryptowerte-Whitepaper-Publizitätspflicht (Abs. 4)

Art. 5 Abs. 4 enthält eine **Ausnahme** von der Kryptowerte-Whitepaper-Publizitätspflicht aus Art. 5 Abs. 1 lit. b, c und d, wenn der Kryptowert bereits zum **Handel auf einer anderen Handelsplattform** für Kryptowerte in der Union **zugelassen** ist (lit. a) und das **Kryptowerte-Whitepaper** gemäß Art. 6 **erstellt** wird, gemäß Art. 12 **aktualisiert** wird, und die für die Erstellung des Whitepapers **verantwortliche Person** seiner Verwendung **schriftlich zustimmt** (lit. b). 18

19 Durch die **Ausnahmevorschrift** des Art. 5 Abs. 4 sollen die **Kosten** einer erneuten Kryptowerte-Whitepaper-Erstellung vermieden werden, deren Aufwendung unter Anleger- und Marktschutzgesichtspunkten **unnötig** erscheint, wenn der Kryptowert bereits auf einer anderen Handelsplattform für Kryptowerte zugelassen ist und im Rahmen des dortigen Zulassungsantragsverfahrens ein Kryptowerte-Whitepaper veröffentlicht und aktualisiert worden ist. Die Ausnahmebestimmung wirkt sich nicht nur auf Art. 5 **Abs. 1** aus, sondern begrenzt angesichts der Verweisungen in Art. 5 **Abs. 3** auch die dortigen Anforderungen (→ Rn. 15 ff.). Auf Art. 5 **Abs. 2** ist die Ausnahme des Art. 5 Abs. 4 **nicht anwendbar,** weil Art. 5 Abs. 2 tatbestandlich die Nichtveröffentlichung eines Kryptowerte-Whitepapers voraussetzt, während die Anwendung des Art. 5 Abs. 4 lit. b genau umgekehrt eine solche Veröffentlichung erfordert.

20 Art. 5 Abs. 4 setzt zunächst eine **bestehende Handelszulassung** des Kryptowerts auf einer anderen Handelsplattform für Kryptowerte (vgl. Art. 3 Abs. 1 Nr. 18 MiCAR) **in der Union** (→ Rn. 9, näher → Vor Art. 4 ff. Rn. 24) voraus **(lit. a).** Unter Markt- und Anlegerschutzgesichtspunkten erscheint eine bestehende Handelszulassung auf einer anderen Handelsplattform jedoch **weder hinreichend noch geboten,** um eine Ausnahme von der Whitepaper-Publizitätspflicht aus Art. 5 Abs. 1 lit. b, c und d zuzulassen: **Nicht hinreichend** ist das Abstellen auf die **Handelszulassung,** weil bei der ersten Handelszulassung womöglich kein Kryptowerte-Whitepaper erstellt und veröffentlicht worden ist (zB bei Nichtbeachtung des Art. 5 Abs. 1 oder im Falle des Art. 5 Abs. 2 bei Fehlen einer primären Publizitätspflicht einer anderen Person, → Rn. 10 f., 12 f.). Insofern – und nur insoweit – überzeugt es, dass Art. 5 Abs. 4 zusätzlich ("und") eine **vorherige**[5] **Erstellung** (Art. 6), **Veröffentlichung** (Art. 9)[6] und **Aktualisierung** (Art. 12) eines Kryptowerte-Whitepapers verlangt **(lit. b),** da alleine unter den zusätzlichen Voraussetzungen von lit. b der **Markt- und Anlegerschutz** (→ Rn. 6) gewährleistet ist. **Nicht geboten** erscheint unter diesem Blickwinkel jedoch das Erfordernis einer bestehenden Handelszulassung aus lit. a, da der Markt- und Anlegerschutz immer schon dann sichergestellt ist, wenn ein erstelltes, veröffentlichtes und aktualisiertes Kryptowerte-Whitepaper vorhanden ist. In teleologischer Hinsicht erweist sich die **Tatbestandsvoraussetzung** einer **bestehenden Handelszulassung** somit als **überflüssig.** Im Ergebnis sollte es für das Eingreifen der Ausnahme entscheidend auf das Vorliegen eines Kryptowerte-Whitepapers iSd Art. 5 Abs. 4 lit. b ankommen und im Wege der **teleologischen Reduktion** vom Erfordernis einer bestehenden Handelszulassung abgesehen werden. Ein stures Festhalten am Wortlaut würde im Übrigen zu dem wenig überzeugenden Ergebnis führen, dass zwar ein im Zuge einer (erfolgreichen) Handelszulassung veröffentlichtes und aktualisiertes Kryptowerte-Whitepaper im Rahmen eines nachfolgenden Antrags auf Handelszulassung die Kryptowerte-Whitepaper-Publizitätspflicht aus Art. 5 Abs. 1 lit. b, c und d entfallen lassen könnte, wohingegen ein im Zuge eines öffentlichen Angebots veröffentlichtes sowie aktualisiertes Kryptowerte-Whitepaper trotz **identischer Informations-**

---

[5] Der Wortlaut formuliert die Anforderungen zwar im Präsens, doch ergibt sich bei teleologischer Auslegung (zum Normzweck → Rn. 6), dass das Perfekt gemeint ist.

[6] Wiederum nennt der Wortlaut diese Voraussetzung nicht, doch knüpft die Aktualisierungspflicht aus Art. 12 an ein gemäß Art. 9 veröffentlichtes Kryptowerte-Whitepaper an, so dass sich die Anforderung mittelbar aus dem Verweis auf Art. 12 ergibt.

Handelszulassung von anderen Kryptowerten **Art. 5**

vermittlung (vgl. Anhang I) diese Rechtsfolge nicht herbeiführen könnte, was wertungswidersprüchlich wäre.

Art. 5 Abs. 4 lit. b erfordert neben der **vorherigen Erstellung, Veröffent-** 21 **lichung** und **Aktualisierung** (→ Rn. 11) eines (bestehenden) **Kryptowerte-Whitepapers** (näher → Rn. 20) die **schriftliche Zustimmung** iSe einseitigen Zustimmung (arg. Art. 5 Abs. 3 e.c.) der für die Erstellung **verantwortlichen Person,** dh derjenigen Person, die gemäß Art. 6 Abs. 3 die Verantwortung für den Inhalt des Kryptowerte-Whitepapers übernehmen muss. Das Erfordernis der schriftlichen Zustimmung dient dem **Schutz der für die Erstellung verantwortlichen Person** vor einer **ungewollten Verwendung** des Whitepapers, tendenziell aber auch vor möglichen **Haftungsrisiken** im Außenverhältnis (→ Art. 4 Rn. 31; → Art. 6 Rn. 27, 29 → Art. 15 Rn. 23), die von den Parteien im Innenverhältnis angesichts der bestehenden Rechtsunsicherheit nach Möglichkeit einer vertraglichen Regelung zugeführt werden sollten.

VI. Rechtsfolgen

1. Aufsichtsrecht

Verstößt der **Zulassungsantragsteller** gegen seine Verpflichtungen aus Art. 5 22 Abs. 1 lit. b, e, kann die zuständige Behörde (in Deutschland: BaFin, § 3 S. 1 KMAG-E) verlangen, dass das Kryptowerte-Whitepaper geändert wird, wenn es nicht die nach Art. 6 erforderlichen Informationen enthält (Art. 94 Abs. 1 lit. i; § 16 Abs. 1 KMAG); dasselbe gilt für Marketingmitteilungen, die den Anforderungen des Art. 7 nicht gerecht werden (Art. 94 Abs. 1 lit. j; § 17 Abs. 1 KMAG). Die genannten Vorschriften adressieren jedoch nicht den **Betreiber einer Handelsplattform,** der in den Fällen des **Art. 5 Abs. 2 u. Abs. 3** für die Einhaltung (aller oder eines Teils) der Anforderungen des Art. 5 Abs. 1 verantwortlich ist. Abhilfe schafft insoweit ein Rückgriff auf die generalklauselartige Befugnis aus Art. 94 Abs. 1 lit. v, welche gegenüber dem Betreiber der Handelsplattform entsprechende Anordnungen wie gegenüber dem Zulassungsantragsteller erlauben sollte (ausdrücklich und richtigerweise berücksichtigt in § 16 Abs. 3 KMAG). Dabei gilt es jedoch zu bedenken, dass der Betreiber im Falle des Art. 5 Abs. 3 (→ Rn. 15 ff.) nur in dem Umfang verantwortlich ist, wie die Aufgabendelegation reicht (Erwgr. Nr. 32 S. 2 u. 4).

Ein Verstoß gegen die Anforderungen des Art. 5 Abs. 1 (ggf. iVm Art. 5 Abs. 2 23 oder Abs. 3) kann ferner dazu führen, dass die zuständige Behörde die **Handelszulassung** für **30 Tage aussetzt** (Art. 94 Abs. 1 lit. l; § 15 Abs. 1 KMAG) oder **dauerhaft untersagt** (Art. 94 Abs. 1 lit. m; § 15 Abs. 3 KMAG). Darüber hinaus kann bei einem Verstoß gegen Art. 5 Abs. 1 (iVm Art. 5 Abs. 2 oder Abs. 3) der **Handel** mit den Kryptowerten auf der Handelsplattform für **30 Tage ausgesetzt** (Art. 94 Abs. 1 lit. n; § 34 Abs. 4 S. 1 KMAG) oder **dauerhaft untersagt** (Art. 94 Abs. 1 lit. o; § 34 Abs. 4 S. 2 KMAG) werden.

2. Zivilrecht

Ein Verstoß gegen **Art. 5 Abs. 1** lit. b iVm Art. 6 **(fehlerhaftes Kryptowerte-** 24 **Whitepaper)** führt zu einer potentiellen Haftung des **Zulassungsantragstellers** sowie der Mitglieder des Verwaltungs-, Leitungs- (Art. 3 Abs. 1 Nr. 27) und/oder

Aufsichtsorgans des Zulassungsantragstellers aus **Art. 15** (→ Art. 15 Rn. 23 ff.); dasselbe gilt für den **Betreiber einer Handelsplattform** und die Mitglieder von dessen Verwaltungs-, Leitungs- und/oder Aufsichtsorgans, wenn der Betreiber aufgrund des **Art. 5 Abs. 2** für die Einhaltung der Vorgaben aus Art. 5 Abs. 1 lit. b iVm Art. 6 verantwortlich ist und gegen diese Vorgaben verstößt (zum fehlenden Kryptowerte-Whitepaper → Art. 4 Rn. 31, → Art. 15 Rn. 14, 28, 67).

25 Im **Umfang der Aufgabendelegation** gemäß **Art. 5 Abs. 3** (→ Rn. 15 ff.) geht die Verantwortung für die Einhaltung der Anforderungen aus Art. 5 Abs. 1 vom Zulassungsantragsteller auf den **Betreiber der Handelsplattform** über, der sodann gemeinsam mit seinen Organmitgliedern einer möglichen Haftung aus **Art. 15** unterliegt, sofern die Pflicht aus Art. 5 Abs. 1 lit. b iVm Art. 6 übertragen und verletzt worden ist (Erwgr. Nr. 32 S. 2; → Rn. 24). Für **nicht übertragene Aufgaben** verbleibt die **Verantwortung** für die Einhaltung der Vorgaben aus Art. 5 mitsamt einer möglichen Haftung aus Art. 15 demgegenüber beim **Zulassungsantragsteller** (Erwgr. Nr. 32 S. 4). Eine **fortbestehende haftungsrechtliche Verantwortlichkeit** des **Zulassungsantragstellers** ist im Übrigen gemäß Art. 15 Abs. 3 iVm Art. 5 Abs. 1 lit. b, Art. 6 zu verzeichnen, wenn dieser dem Betreiber der Handelsplattform zum Zwecke der Erstellung des Kryptowerte-Whitepapers (vgl. Art. 5 Abs. 1 lit. b, Abs. 3 iVm Art. 6) **unvollständige, unredliche, unverständliche** oder **irreführende Informationen** zur Verfügung stellt (siehe auch Erwgr. Nr. 32 S. 3); in diesem Fall erscheint es zudem naheliegend, dem Betreiber der Handelsplattform angesichts seiner im Außenverhältnis fortbestehenden Haftungsverantwortlichkeit gegenüber den Inhabern der Kryptowerte (→ Art. 15 Rn. 24 f.) einen internen Ausgleichsanspruch gegen den Handelszulassungsantragsteller zuzugestehen.

Artikel 6 Inhalt und Form des Kryptowerte-Whitepapers

(1) **Ein Kryptowerte-Whitepaper muss alle folgenden Informationen, wie in Anhang I näher festgelegt, enthalten:**
a) **Informationen über den Anbieter oder die Person, die die Zulassung zum Handel beantragt;**
b) **Informationen über den Emittenten, wenn es sich hierbei nicht um den Anbieter oder die Person handelt, die die Zulassung zum Handel beantragt;**
c) **Informationen über den Betreiber der Handelsplattform in den Fällen, in denen er das Kryptowerte-Whitepaper erstellt;**
d) **Informationen über das Kryptowert-Projekt;**
e) **Informationen über das öffentliche Angebot des Kryptowerts oder dessen Zulassung zum Handel;**
f) **Informationen über den Kryptowert;**
g) **Informationen über die mit dem Kryptowert verknüpften Rechte und Pflichten;**
h) **Informationen über die zugrunde liegenden Technologien;**
i) **Informationen über die Risiken;**
j) **Informationen über die wichtigsten nachteiligen Auswirkungen des für die Ausgabe des Kryptowerts verwendeten Konsensmechanismus auf das Klima sowie sonstige entsprechende umweltbezogene nachteilige Auswirkungen.**

Wird das Kryptowerte-Whitepaper nicht von den in Unterabsatz 1 Buchstaben a, b und c genannten Personen erstellt, so muss das Kryptowerte-Whitepaper auch die Identität der Person enthalten, die das Kryptowerte-Whitepaper erstellt hat, sowie den Grund, warum diese Person Kryptowerte-Whitepaper erstellt hat.

(2) Alle in Absatz 1 aufgeführten Informationen müssen redlich und eindeutig und dürfen nicht irreführend sein. Das Kryptowerte-Whitepaper darf keine wesentlichen Auslassungen enthalten und ist in knapper und verständlicher Form vorzulegen.

(3) Das Kryptowerte-Whitepaper muss auf der ersten Seite die folgende eindeutige und deutlich erkennbare Erklärung enthalten:

„Dieses Kryptowerte-Whitepaper wurde von keiner zuständigen Behörde eines Mitgliedstaats der Europäischen Union genehmigt. Der Anbieter des Kryptowerts trägt die alleinige Verantwortung für den Inhalt dieses Kryptowerte-Whitepapers."

Wird das Kryptowerte-Whitepaper von der Person, die die Zulassung zum Handel beantragt, oder von einem Betreiber einer Handelsplattform erstellt, so wird in die Erklärung gemäß Unterabsatz 1 anstelle von „Anbieter" auf die „Person, die die Zulassung zum Handel beantragt" oder den „Betreiber der Handelsplattform" Bezug genommen.

(4) Das Kryptowerte-Whitepaper darf außer der in Absatz 5 genannten Erklärung keine Aussagen über den künftigen Wert des Kryptowerts enthalten.

(5) Das Kryptowerte-Whitepaper muss eine klare und eindeutige Erklärung enthalten, dass

a) der Kryptowert seinen Wert ganz oder teilweise verlieren können,
b) der Kryptowert möglicherweise nicht immer übertragbar ist,
c) der Kryptowert möglicherweise nicht liquide ist,
d) beim öffentlichen Angebot eines Utility-Token dieser Utility-Token, insbesondere im Fall eines Ausfalls oder der Einstellung des Kryptowert-Projekts, möglicherweise nicht gegen die im Kryptowerte-Whitepaper zugesagte Ware oder Dienstleistung getauscht werden kann,
e) der Kryptowert je nach Sachlage nicht unter die Systeme für die Entschädigung der Anleger gemäß der Richtlinie 97/9/EG des Europäischen Parlaments und des Rates fällt,
f) der Kryptowert nicht unter die Einlagensicherungssysteme gemäß der Richtlinie 2014/49/EU fällt.

(6) Das Kryptowerte-Whitepaper muss eine Erklärung des Leitungsorgans des Anbieters der Kryptowerte, der Person, die die Zulassung zum Handel beantragt, oder des Betreibers der Handelsplattform enthalten. In dieser Erklärung, die nach der in Absatz 3 genannten Erklärung einzufügen ist, wird bestätigt, dass das Kryptowerte-Whitepaper diesem Titel Rechnung trägt, dass die in ihm enthaltenen Informationen nach bestem Wissen des Leitungsorgans redlich, eindeutig und nicht irreführend sind und das Kryptowerte-Whitepaper keine Auslassungen aufweist, die seine Aussagekraft beeinträchtigen könnten.

(7) Das Kryptowerte-Whitepaper muss eine Zusammenfassung enthalten, die nach der in Abs. 6 genannten Erklärung eingefügt wird und in

Art. 6

knapper und nicht fachsprachlicher Ausdrucksweise wesentliche Informationen über das öffentliche Angebot des Kryptowerts oder über die beabsichtigte Zulassung zum Handel liefert. Die Zusammenfassung muss leicht verständlich und in Darstellung und Gestaltung verständlich und vollständig sein; es ist eine leserliche Schriftgröße zu verwenden. Die Zusammenfassung des Kryptowerte-Whitepapers muss geeignete Informationen über die Merkmale des betreffenden Kryptowerts bieten, um den potenziellen Inhabern des Kryptowerts dabei zu helfen, eine fundierte Entscheidung zu treffen.

Die Zusammenfassung muss einen Warnhinweis enthalten, dass
a) sie als Einführung in das Kryptowerte-Whitepaper zu lesen ist,
b) potenzielle Inhaber jede Entscheidung über den Kauf des Kryptowerts auf der Grundlage des Inhalts des gesamten Kryptowerte-Whitepapers und nicht allein auf der Grundlage der Zusammenfassung treffen sollten,
c) das öffentliche Angebot des Kryptowerts kein Angebot und keine Aufforderung zum Kauf von Finanzinstrumenten darstellt und dass ein solches Angebot oder eine solche Aufforderung nur mittels eines Prospekts oder anderer im geltenden nationalen Recht vorgesehener Angebotsunterlagen erfolgen kann,
d) dass das Kryptowerte-Whitepaper keinen Prospekt im Sinne der Verordnung (EU) 2017/1129 des Europäischen Parlaments und des Rates und kein anderes Angebotsdokument im Sinne von Unionsrecht oder nationalem Recht darstellt.

(8) Das Kryptowerte-Whitepaper muss das Datum seiner Übermittlung und ein Inhaltsverzeichnis enthalten.

(9) Das Kryptowerte-Whitepaper ist in einer Amtssprache des Herkunftsmitgliedstaats oder in einer in der internationalen Finanzwelt gebräuchlichen Sprache abzufassen.

Werden die Kryptowerte auch in einem anderen Mitgliedstaat als dem Herkunftsmitgliedstaat angeboten, so ist das Kryptowerte-Whitepaper auch in einer Amtssprache des Aufnahmemitgliedstaats oder in einer in der internationalen Finanzwelt gebräuchlichen Sprache abzufassen.

(10) Das Kryptowerte-Whitepaper ist in einem maschinenlesbaren Format zur Verfügung zu stellen.

(11) Die ESMA arbeitet in Zusammenarbeit mit der EBA Entwürfe technischer Durchführungsstandards zur Festlegung von Standardformularen, Standardformaten und Mustertexten für die Zwecke des Absatzes 10 aus.

Die ESMA übermittelt der Kommission die in Unterabsatz 1 genannten Entwürfe technischer Durchführungsstandards spätestens am 30. Juni 2024.

Der Kommission wird die Befugnis übertragen, die in Unterabsatz 1 genannten technischen Durchführungsstandards nach Artikel 15 der Verordnung (EU) Nr. 1095/2010 zu erlassen.

(12) Die ESMA arbeitet in Zusammenarbeit mit der EBAEntwürfe technischer Regulierungsstandards für den Inhalt, die Methoden und die

Darstellung der in Absatz 1 Unterabsatz 1 Buchstabe j genannten Informationen über die Nachhaltigkeitsindikatoren in Bezug auf nachteilige Auswirkungen auf das Klima und sonstige umweltbezogene nachteilige Auswirkungen aus.

Bei der Ausarbeitung der in Unterabsatz 1 genannten Entwürfe technischer Regulierungsstandards berücksichtigt die ESMA die verschiedenen Arten von Konsensmechanismen, die bei der Validierung von Transaktionen mit Kryptowerten zum Einsatz kommen, deren Anreizstrukturen und die Nutzung von Energie, Energie aus erneuerbaren Quellen und natürlichen Ressourcen, die Erzeugung von Abfällen und Treibhausgasemissionen. Die ESMA aktualisiert diese technischen Regulierungsstandards unter Berücksichtigung rechtlicher und technischer Entwicklungen.

Die ESMA übermittelt der Kommission die in Unterabsatz 1 genannten Entwürfe technischer Regulierungsstandards spätestens am 30. Juni 2024.

Der Kommission wird die Befugnis übertragen, diese Verordnung durch den Erlass der in Unterabsatz 1 genannten technischen Regulierungsstandards gemäß den Artikeln 10 bis 14 der Verordnung (EU) Nr. 1095/2010 zu ergänzen.

Schrifttum: Siehe vor Art. 4 ff.

Übersicht

	Rn.
I. Grundlagen	1
1. Regelungsgegenstand	1
2. Regelungsvorbilder	2
3. Regelungszweck	3
II. Anwendungsbereich	5
III. Inhalt des Kryptowerte-Whitepapers (Abs. 1–8)	6
1. Allgemeine Grundsätze	6
a) Richtigkeit	7
b) Vollständigkeit	10
c) Klarheit	12
d) Aktualität	16
e) Beurteilungsmaßstab	17
2. Angebots- und handelszulassungsspezifische Informationen (Abs. 1)	19
3. Allgemeine Anforderungen an die offenzulegenden Informationen (Abs. 2)	23
a) Redlichkeit und Verbot der Irreführung	24
b) Vollständigkeit	25
c) Eindeutigkeit, Knappheit und Verständlichkeit	26
4. Verantwortungsübernahme (Art. 6 Abs. 3 u. Abs. 6)	27
5. Warnhinweise und wertbezogene Zukunftsaussagen (Abs. 3, Abs. 4 u. Abs. 5)	30
6. Kryptowerte-Whitepaper-Zusammenfassung (Art. 6 Abs. 7)	33
7. Übermittlungsdatum und Inhaltsverzeichnis (Abs. 8)	38
V. Form des Kryptowerte-Whitepapers (Abs. 9 u. 10)	39
1. Sprache des Kryptowerte-Whitepapers (Abs. 9)	39
2. Maschinenlesbarkeit (Art. 6 Abs. 10)	42

	Rn.
VI. Technische Durchführungs- und Regulierungsstandards (Abs. 11 u. Abs. 12)	43
VII. Rechtsfolgen	44
1. Aufsichtsrecht	44
2. Zivilrecht	45

I. Grundlagen

1. Regelungsgegenstand

1   Art. 6 enthält Vorgaben zu Inhalt und Form des Krytowerte-Whitepapers. Der notwendige **Inhalt** des Kryptowerte-Whitepapers wird durch **Art. 6 Abs. 1–8** festgelegt, wobei **Art. 6 Abs. 1 iVm Anhang I** die aufzunehmenden **angebots- bzw. handelszulassungsspezifischen Informationen** umreißt, wohingegen **Art. 6 Abs. 2–8** die für das Kryptowerte-Whitepaper erforderlichen **angebots- bzw. handelszulassungsunabhängigen Informationen** benennt. Zu letztgenannter Kategorie aufzunehmender Informationen zählen die Verantwortungsübernahme des Anbieters, Zulassungsantragstellers oder Betreibers der Handelsplattform (Art. 6 Abs. 3) und der jeweiligen Mitglieder von deren Leitungsorganen (Art. 6 Abs. 6), bestimmte Warnhinweise (Art. 6 Abs. 3 u. Abs. 5), die Kryptowerte-Whitepaper-Zusammenfassung (Art. 6 Abs. 7) sowie das Übermittlungsdatum und Inhaltsverzeichnis des Kryptowerte-Whitepapers (Art. 6 Abs. 8); Aussagen über den künftigen Wert des Kryptowerts müssen im Kryptowerte-Whitepaper im Allgemeinen unterbleiben (Art. 6 Abs. 4). Regelungen zur **Form** finden sich in **Art. 6 Abs. 9 u. Abs. 10,** die Vorgaben zur **Sprache** (Art. 6 Abs. 9) und **Maschinenlesbarkeit** (Art. 6 Abs. 10) des Kryptowerte-Whitepapers enthalten. **Art. 6 Abs. 11 u. Abs. 12** regeln die Erarbeitung und den Erlass **technischer Durchführung- und Regulierungsstandards.**

2. Regelungsvorbilder

2   Art. 6 Abs. 1 ist in groben Zügen an **Art. 6 iVm Art. 13 ProspektVO** angelehnt, wobei sich **deutliche Unterschiede im Detail** ergeben.[1] Der auffälligste strukturelle Unterschied besteht darin, dass Art. 6 Abs. 1 bereits im Verordnungstext verhältnismäßig detaillierte Vorgaben zu den erforderlichen Informationen macht, wohingegen Art. 6 ProspektVO eine generalklauselartige Anordnung („[erforderliche] Informationen, die für den Anleger wesentlich sind") enthält, die erst durch Art. 13 ProspektVO iVm DelVO (EU) 2019/980 näher konkretisiert wird. Art. 6 Abs. 2 entspricht in seinem Regelungsgehalt Art. 6 ProspektVO. Die durch Art. 6 Abs. 7 vorgeschriebene Zusammenfassung des Kryptowerte-Whitepapers ist aus Art. 7 ProspektVO bekannt, wenngleich sie dort viel detaillierter als im Rahmen der MiCAR geregelt wird. Die Sprachenregelung des Art. 6 Abs. 9 ist in groben Zügen an Art. 27 ProspektVO angelehnt.

---

[1] Wie hier Aubrunner/Reder GesRZ 2023, 158 (161).

3. Regelungszweck

Der Normzweck des Art. 6 besteht im Hinblick auf die Festlegung der inhaltlichen (Abs. 1–8) und teils auch der formalen Anforderungen (Abs. 9) an das Kryptowerte-Whitepaper darin, den **übergeordneten Regelungszielen der Whitepaper-Publizitätspflicht** – dh der Steigerung der Allokationseffizienz des Marktes, der Senkung der Such- und Informationskosten der Kapitalanbieter sowie der Kapitalkosten der Kapitalnachfrager und der Verhinderung eines Marktzusammenbruchs infolge adverser Selektion (näher → Art. 4 Rn. 5ff., → Art. 5 Rn. 6) – zur **konkreten Verwirklichung** zu verhelfen (**dienende Funktion** des Art. 6 gegenüber der Whitepaper-Publizitätspflicht aus Art. 4 u. Art. 5). Dies geschieht, indem Art. 6 Abs. 1–8 das Ausmaß sowie die Art und Weise der Vermittlung derjenigen Informationen normiert, die nach Auffassung des Unionsgesetzgebers zum Abbau der Informationsasymmetrien zwischen den Anbietern/Emittenten/Handelszulassungsantragstellern sowie den (Klein-)Anlegern in Bezug auf die betreffenden Kryptowerte erforderlich sind[2], um nicht zuletzt den Eintritt eines *lemon market* zu verhindern (**Marktschutz**).[3] Mithilfe des durch Art. 6 Abs. 1–8 festgelegten **Informationsniveaus** soll überdies den (Klein-)Anlegern eine fundierte bzw. informierte Anlageentscheidung ermöglicht werden (**Anlegerschutz**).[4] Insofern hat die durch Art. 6 inhaltlich konkretisierte Whitepaper-Publizitätspflicht sowohl eine **markt-** als auch **anlegerschützende Funktion** (vgl. Erwgr. Nr. 24 S. 1).[5] Die **Breite** und **Tiefe** der gemäß Art. 6 Abs. 1 iVm Anhang I im Kryptowerte-Whitepaper offenzulegenden Informationen stellt dabei das **Ergebnis einer gesetzgeberischen Abwägung** zwischen den **Kapitalkosten** der Kapitalnachfrager, die ihrerseits durch die Qualität und Quantität der den Anlegern offengelegten Informationen beeinflusst werden, und den (**Transaktions-)Kosten der Erstellung des Kryptowerte-Whitepapers** aufseiten der Kapitalnachfrager dar.[6]

Das in Art. 6 Abs. 4 normierte Verbot wertbezogener Zukunftsaussagen sowie die in Art. 6 Abs. 5 geregelten Warnhinweise dienen gleichfalls dem **Anleger-**

---

[2] Vgl. allgemein zur Prospektpflicht: Assmann, Prospekthaftung, 1985, 292ff.; Fleischer, Gutachten F für den 64. Deutschen Juristentag, F 23, F 41; Klöhn WM 2012, 97 (98); Just/Voß/Ritz/Zeising/Ritz/Just ProspektVO Art. 6 Rn. 6; speziell für Kryptowerte: Zickgraf BKR 2021, 196 (197); Maume/Maute Kryptowerte-HdB/Zickgraf § 11 Rn. 4ff. mwN Für Art. 6 Abs. 9 (Sprache) gilt im Ergebnis dasselbe, da die Verwendung einer für die (Klein-)Anleger verständlichen Sprache eine notwendige Grundbedingung zur Erreichung des übergeordneten Regelungsziels (Abbau von Informationsasymmetrien) darstellt.

[3] Vgl. Maume/Maute Kryptowerte-HdB/Zickgraf § 11 Rn. 5f. mwN; Zickgraf BKR 2021, 196 (197); siehe allgemein zum market for lemons: Akerlof 84 Quart. Journ. Econ. (1970), 488ff.

[4] Ebenso für Art. 6 ProspektVO: Just/Voß/Ritz/Zeising/Ritz/Just ProspektVO Art. 6 Rn. 6; vgl. ferner allgemein: Moloney EU Securities and Financial Markets Regulation 77f.; Maume/Maute Kryptowerte-HdB/Zickgraf § 11 Rn. 5.

[5] Vgl. allgemein zum Regelungsziel sowie den rechtsökonomischen Hintergründen der kapitalmarktrechtlichen Primärmarktpublizität: Maume/Maute Kryptowerte-HdB/Zickgraf § 11 Rn. 4ff. mwN.

[6] Allgemein zu diesem „trade-off" der kapitalmarktrechtlichen Regulierung: Choi/Guzman, 65 Fordham L. Rev. 1855, 1860ff., insbes. 1864f. (1997); Coffee/Sale/Henderson Securities Regulation, 2015, 11; ferner BeckOGK/Dornis, 1.11.2022, Internationales und europäisches Finanzmarktrecht Rn. 44ff.; Maume/Maute Kryptowerte-HdB/Zickgraf § 11 Rn. 6.

und **Marktschutz.** Allerdings beruhen diese (Informations- und Hinweis-)Pflichten und Verbote nicht alleine auf dem klassischen kapitalmarktrechtlichen Informationsmodell, das mithilfe von Offenlegungspflichten kapitalmarktspezifische Agenturkonflikte zu lösen versucht, sondern insbesondere auch auf den Erkenntnissen der **Behavioral-Finance-Forschung;** durch sie soll **spezifischen Rationalitätsdefiziten** der (Klein-)Anleger Rechnung getragen werden (→ Rn. 31 f.).

II. Anwendungsbereich

5   Der Anwendungsbereich des Art. 6 ist eröffnet, sobald eine Kryptowerte-Whitepaper-Publizitätspflicht auf Grundlage des Art. 4 Abs. 1 lit. b oder Art. 5 Abs. 1 lit. b besteht. Sachlicher, persönlicher und räumlicher Anwendungsbereich des Art. 6 hängen somit unmittelbar vom sachlichen, persönlichen und räumlichen Anwendungsbereich des Art. 4 (→ Art. 4 Rn. 7 ff., → Vor Art. 4 ff. Rn. Rn. 7 ff., 19 f., 21 ff.) und Art. 5 (→ Art. 5 Rn. 7 ff., → Vor Art. 4 ff. Rn. 7 ff., 19 f., 21 ff.) ab. Ungeachtet der unsauberen Formulierungen in Art. 6, die wiederkehrend lediglich verkürzt von „Kryptowert" sprechen (vgl. Abs. 1 lit. e, f, g, j, Abs. 3 UAbs. 2 S. 2, Abs. 4, Abs. 5 Abs. 6 S. 1, Abs. 7 UAbs. 1 S. 1 u. 3, UAbs. 2 lit. b, c, Abs. 9 UAbs. 2, Abs. 12 UAbs. 2 S. 1), findet Art. 6 ausweislich seines systematischen Regelungsstandorts in Titel II nur im Zusammenhang mit öffentlichen Angeboten (Art. 4 Abs. 1) und Anträgen auf Handelszulassung (Art. 5 Abs. 1) bzw. Handelszulassungen (vgl. Art. 5 Abs. 2) von anderen Kryptowerten als vermögenswertereferenzierten Token oder E-Geld-Token Anwendung (→ Vor Art. 4 ff. Rn. 14 ff.).

III. Inhalt des Kryptowerte-Whitepapers (Abs. 1–8)

1. Allgemeine Grundsätze

6   Für die Inhalte des Kryptowerte-Whitepapers im Allgemeinen und die aufzunehmen Informationen iSd Art. 6 Abs. 1 im Besonderen gelten bestimmte **allgemeine Grundsätze,** die zugleich die Auslegung der in Art. 6 Abs. 1–8 enthaltenen Einzelregelungen bei Zweifelsfragen leiten. Hierbei handelt es sich um die Grundsätze der **Richtigkeit** (→ Rn. 7 ff.), **Vollständigkeit** (→ Rn. 10 f.), **Klarheit** (→ Rn. 12 ff.) und **Aktualität** (→ Rn. 16) der im Kryptowerte-Whitepaper enthaltenen Informationen (zum Anlegerleitbild/zur Beurteilungsperspektive → Rn. 17 f.).

7   **a) Richtigkeit.** Die im Kryptowerte-Whitepaper enthaltenen Informationen müssen den zugrundeliegenden **Tatsachen** des jeweils mitgeteilten Sachverhalts entsprechen. Dieser **Grundsatz der Kryptowerte-Whitepaper-Richtigkeit** bzw. **-Wahrheit** folgt unmittelbar aus **Art. 6 Abs. 2 S. 1,** demzufolge die Informationen „redlich"[7] und „nicht irreführend" sein dürfen (Regelungsvorbild: Art. 7 Abs. 2 S. 1 ProspektVO; → Rn. 8) sowie mittelbar aus den Pflichten der publizitätspflichtigen Personen zum „ehrlich[en]" Handeln sowie zur „redliche[n]" Kommunikation aus **Art. 14 Abs. 1 UAbs. 1 lit. a u. b** und **Erwgr. Nr. 38 S. 1.** Darüber

---

[7] Die italienische Sprachfassung spricht von „corretto".

hinaus ergibt sich der **Grundsatz der Richtigkeit** der Whitepaper-Angaben aus dem anleger- und marktschützenden **Normzweck des Art. 6**: Erstens erfordert ein tatsächlicher **Abbau der Informationsasymmetrien** zwischen den Parteien, infolge dessen die Anleger eine fundierte Anlageentscheidung treffen können (Erwgr. Nr. 24 S. 1), eine wahrheitsgemäße Informationsvermittlung. Zweitens können auch die **übergeordneten Regelungsziele** des Art. 6 (dh die Senkung der Kosten der Marktteilnehmer, die Steigerung der Allokationseffizienz und die Verhinderung eines Marktzusammenbruchs, → Rn. 3) zwangsläufig nur erreicht werden, wenn die dem Markt offengelegten Informationen der Wahrheit entsprechen. Der Grundsatz der Kryptowerte-Whitepaper-Wahrheit kommt im Übrigen in **Art. 15 Abs. 1** zum Ausdruck, der „unredliche" und „irreführende Informationen" als Verstoß gegen Art. 6 einordnet („und damit gegen Art. 6 verstoßen") und mit einer zivilrechtlichen Haftung sanktioniert. Zu guter Letzt ist der Grundsatz der Wahrheit auch für das **Regelungsvorbild des Art. 6 ProspektVO** anerkannt[8], bei dem in teleologischer Hinsicht dieselbe Problem- und Interessenlage wie im vorliegenden Regelungskontext besteht.

Eine Unwahrheit bzw. Unrichtigkeit der im Kryptowerte-Whitepaper enthaltenen Angaben und Informationen liegt immer dann vor, wenn ein **Widerspruch** zu den zugrundeliegenden **Tatsachen** besteht, dh die Angabe mit den tatsächlichen Verhältnissen nicht übereinstimmt.[9] Überdies erfordert die **Redlichkeit** iSd Art. 6 Abs. 2 S. 1, dass die tatsächlichen Angaben **objektiv zutreffen**.[10] In Bezug auf **Prognosen** und **Werturteile**, bei denen eine objektive Richtigkeit weniger leicht als bei Tatsachenangaben festzustellen ist und die daher besser am Maßstab der (objektiven) Vertretbarkeit gemessen werden sollten[11], ergibt sich eine Unrichtigkeit, wenn es an der **kaufmännischen Vertretbarkeit** oder einer **hinreichenden (aktuellen) Tatsachenbasis** fehlt[12], wobei die **Redlichkeit** iSd Art. 6 Abs. 2 S. 1 im vorliegenden Zusammenhang verlangt, dass die betreffenden Prognosen und Werturteile mit der **Sorgfalt eines redlichen Kaufmanns** erstellt und abgeleitet worden sind, **transparent** als solche dargestellt werden und **positive wie negative Prognosen und Werturteile gleichermaßen** offengelegt und nicht verschwiegen werden.[13] Eine (inhaltliche) Unrichtigkeit liegt ferner auch dann vor, wenn das Kryptowerte-Whitepaper einen **unzutreffenden Gesamteindruck** vermittelt, obwohl die jeweiligen Einzelangaben in tatsächlicher Hinsicht zutreffend sind.[14]

8

---

[8] Assmann/Schlitt/v. Kopp-Colomb/Schlitt/Ries ProspektVO Art. 6 Rn. 16; Just/Voß/ Ritz/Zeising/Ritz/Just ProspektVO Art. 6 Rn. 16.

[9] Vgl. für Art. 6 ProspektVO: Assmann/Schlitt/v. Kopp-Colomb/Schlitt/Ries ProspektVO Art. 6 Rn. 16; Just/Voß/Ritz/Zeising/Ritz/Just ProspektVO Art. 6 Rn. 16f.; ebenso für §§ 9, 10 WpPG: Assmann/Schlitt/v. Kopp-Colomb/Assmann WpPG § 9 Rn. 48.

[10] Vgl. für Art. 7 Abs. 2 ProspektVO: Just/Voß/Ritz/Zeising/Ritz/Just ProspektVO Art. 7 Rn. 14.

[11] In diesem Sinne: BGH NJW 1982, 2323 (2326); NZG 2021, 1020 Rn. 53, 57; 2021, 1169 Rn. 40, 44.

[12] Vgl. allgemein für die Primärmarktpublizität: BGH NJW 1982, 2323 (2326); NZG 2021, 1020 Rn. 53; 2021, 1169 Rn. 40; Assmann/Schlitt/von Kopp-Colomb/Schlitt/Ries ProspektVO Art. 6 Rn. 16; Just/Voß/Ritz/Zeising/Ritz/Just ProspektVO Art. 6 Rn. 17.

[13] Vgl. für Art. 7 Abs. 2 ProspektVO: Just/Voß/Ritz/Zeising/Ritz/Just ProspektVO Art. 7 Rn. 14.

[14] BGHZ 203, 1 Rn. 74, 77 = NJW 2015, 236 (241 f.); BGHZ 195, 1 Rn. 23 = NZG 2012, 1262 (1264); BGH NJW 1982, 2323 (2324); NJW-RR 2016, 567 Rn. 19, 21; NZG 2017,

Art. 6

Die Unrichtigkeit des Whitepapers folgt im letztgenannten Fall bereits aus dem Verstoß gegen das **Irreführungsverbot** des Art. 6 Abs. 2 S. 1.[15]

9 Maßgeblicher **Zeitpunkt** für die Beurteilung der Wahrhaftigkeit der im Kryptowerte-Whitepaper enthaltenen Angaben und Informationen ist im Ausgangspunkt der **Zeitpunkt der Veröffentlichung** iSd Art. 9 Abs. 1 Nr. 1.[16] Tritt indes ein wesentlicher neuer Faktor auf, der die Bewertung der Kryptowerte beeinflussen kann, besteht gemäß Art. 12 Abs. 1 S. 1 eine **Änderungs- bzw. Aktualisierungspflicht,** die nach Art. 12 Abs. 1 S. 2 für die **Dauer des öffentlichen Angebots** bzw. **bis zur Eröffnung des Handels** des Kryptowerts gilt (zur teleologischen Reduktion des Art. 12 Abs. 1 S. 2 Var. 2 → Art. 12 Rn. 14).

10 b) **Vollständigkeit.** Die im Kryptowerte-Whitepaper enthaltenen Angaben und Informationen müssen vollständig sein.[17] Dieser Grundsatz der Vollständigkeit, der einen Unterfall des Grundsatzes der Richtigkeit darstellt,[18] ergibt sich zunächst aus **Art. 6 Abs. 2 S. 2** („keine wesentlichen Auslassungen"), **Art. 6 Abs. 6 S. 2** („keine Auslassungen aufweist") und **Art. 15 Abs. 1** („unvollständige […] Informationen"). Im Übrigen legt der wiederholt verwendete **Wortlaut** („muss enthalten") nahe, dass die jeweils genannten Angaben und Informationen vollständig in das Kryptowerte-Whitepaper aufzunehmen sind. Diese Sichtweise entspricht zu guter Letzt auch dem **Regelungszweck des Art. 6,** der mithilfe der **Gesamtheit** der in Art. 6 Abs. 1 iVm Anhang I, Abs. 2–8 festgelegten Angaben und Informationen auf einen Abbau der Informationsasymmetrien zwischen den Kapitalnachfragern und -anbietern abzielt, um sowohl dem Anlegerpublikum eine fundierte Anlageentscheidung zu ermöglichen **(Anlegerschutz)** als auch den Markt vor einem Zusammenbruch zu schützen **(Marktschutz)** (zum Normzweck → Rn. 3).

11 Im Kontext der Vollständigkeit kommt der Bestimmung des **Art. 6 Abs. 2 S. 2,** derzufolge das Kryptowerte-Whitepaper **keine wesentlichen Auslassungen** enthalten darf, besondere Bedeutung zu. Denn hierbei handelt es sich letzten Endes um eine **Generalklausel** für **fundamentalwertrelevante Angaben** bzw. **Informationen über die wertbildenden Faktoren** (näher → Rn. 25). Daraus folgt, dass ein Kryptowerte-Whitepaper auch dann unvollständig sein **kann,** wenn sämtliche Pflichtangaben aus Art. 6 Abs. 1 iVm Anhang I in ihm enthalten sind.[19] Umgekehrt ist ein Kryptowerte-Whitepaper nicht bereits dann **unvollständig,** wenn einzelne **Pflichtangaben** aus Art. 6 Abs. 1 iVm Anhang I **fehlen.**[20] Für jene Sichtweise, die der Interpretation der hM zu Art. 6 Abs. 1 Pros-

---

858 Rn. 17, 19; Assmann/Schlitt/v. Kopp-Colomb/Schlitt/Ries ProspektVO Art. 6 Rn. 16.

[15] Vgl. für Art. 7 Abs. 2 ProspektVO: Just/Voß/Ritz/Zeising/Ritz/Just ProspektVO Art. 7 Rn. 16.

[16] Vgl. für Art. 6 ProspektVO: Just/Voß/Ritz/Zeising/Ritz/Just ProspektVO Art. 6 Rn. 16.

[17] Ebenso für Art. 6 ProspektVO: Assmann/Schlitt/v. Kopp-Colomb/Schlitt/Ries ProspektVO Art. 6 Rn. 7; Just/Voß/Ritz/Zeising/Ritz/Just ProspektVO Art. 6 Rn. 12.

[18] Wie hier: Assmann/Schlitt/von Kopp-Colomb/Assmann WpPG Art. 9 Rn. 53; aA Assmann/Schlitt/v. Kopp-Colomb/Schlitt/Ries ProspektVO Art. 6 Rn. 16 (Richtigkeit als Unterfall der Vollständigkeit); Just/Voß/Ritz/Zeising/Ritz/Just ProspektVO Art. 6 Rn. 15.

[19] Vgl. für Art. 6 ProspektVO: Just/Voß/Ritz/Zeising/Ritz/Just ProspektVO Art. 6 Rn. 14.

[20] Vgl. Buck-Heeb BKR 2023, 689 (692); ebenso für Art. 6 ProspektVO: Assmann/Schlitt/v. Kopp-Colomb/Schlitt/Ries ProspektVO Art. 6 Rn. 17; Assmann/Schlitt/v. Kopp-Co-

pektVO entspricht[21], streitet der Wortlaut des Art. 6 Abs. 2 S. 2, der nur von „**wesentlichen** Auslassungen" (engl. „**material** omissions") spricht und damit zu erkennen gibt, dass es für die Unvollständigkeit auf die Fundamentalwertrelevanz der (fehlenden) Information (näher → Rn. 25) ankommt.

c) Klarheit. Der **Grundsatz der Klarheit** des Kryptowerte-Whitepapers folgt unmittelbar aus **Art. 6 Abs. 2,** der verlangt, dass die offengelegten Informationen „eindeutig" sein müssen (S. 1) und das Kryptowerte-Whitepaper in „knapper und verständlicher Form" vorgelegt werden muss (S. 2). Darüber hinaus entspricht der Grundsatz dem **Regelungsziel und Normzweck des Art. 6,** da lediglich ein klares, (möglichst) knappes und verständliches Informationsdokument die bestehenden Informationsasymmetrien effektiv abbaut und die Informationskosten der Anleger bei der Lektüre des Kryptowerte-Whitepapers möglichst gering hält, so dass in der Folge die Allokationseffizienz des Marktes steigt und die Kapitalkosten der Kapitalnachfrager niedrig ausfallen (→ Rn. 3).

Als **eindeutig** erweisen sich die Informationen, wenn sie **nicht mehrdeutig** sind, sondern ihr Aussagegehalt klar verständlich und nicht vage ist.[22] Sowohl ein Gebot der **Eindeutigkeit** als auch der **Verständlichkeit** stellt es dar, dass die Angaben des Kryptowerte-Whitepapers aus sich heraus – ggf. mit Hilfe eines präzisen Verweises – nachvollziehbar sind und die relevanten Informationen nicht erst durch Zusammenschau mehrerer Passagen oder durch Lektüre einer Vielzahl von Kettenverweisen verständlich werden oder von den Anlegern durch einen Abgleich verschiedener Angaben selbst abgeleitet werden müssen.[23]

Eine Anforderung der **Verständlichkeit** stellt es dar, dass weder übermäßig sowie über das erforderliche Maß hinaus Fachterminologie verwendet wird[24] noch eine zu komplexe Syntax (zB überlange Satzkonstruktionen und Passivformulierungen) gewählt wird.[25] Darüber hinaus hängt die Verständlichkeit nicht nur von der **sprachlichen Darbietung** der Inhalte, sondern ebenso von der (äußeren) **Form der Darstellung** ab (Art. 6 Abs. 2 S. 2: „verständlicher Form"). Zu solchen formalen Darstellungsanforderungen, die sich ganz erheblich (positiv) auf die Verständlichkeit des Dokuments auswirken, zählen u. a. das Erfordernis eines Inhaltsverzeichnisses (Art. 6 Abs. 8 Var. 2) und die Anforderungen an die zu verwendende Sprache (Art. 6 Abs. 9). Soweit der Aufbau nicht bereits durch Art. 6 Abs. 1 iVm Anhang I zwingend vorgegeben ist, sollte dieser möglichst übersichtlich gestaltet sein, wobei einem detaillierten Inhaltsverzeichnis in diesem Zusammenhang besondere Bedeutung zukommt.[26]

Das Erfordernis einer **knappen Form** des Kryptowerte-Whitepapers bedingt, dass das Dokument **keine für die Anlageentscheidung irrelevanten Informationen** enthält, weil solche Angaben die Aufmerksamkeit der Anleger von den ei-

---

lomb/Assmann WpPG Art. 9 Rn. 46, 53; Just/Voß/Ritz/Zeising/Ritz/Just ProspektVO Art. 6 Rn. 13.

[21] S. die Nachweise aus voriger Fn. 20
[22] Vgl. für Art. 7 Abs. 2 ProspektVO: Just/Voß/Ritz/Zeising/Ritz/Just ProspektVO Art. 7 Rn. 15.
[23] Vgl. Just/Voß/Ritz/Zeising/Ritz/Just ProspektVO Art. 6 Rn. 25.
[24] Andere Einordnung bei Just/Voß/Ritz/Zeising/Ritz/Just ProspektVO Art. 7 Rn. 15 (Gesichtspunkt der Eindeutigkeit).
[25] Vgl. auch Just/Voß/Ritz/Zeising/Ritz/Just ProspektVO Art. 7 Rn. 15.
[26] Just/Voß/Ritz/Zeising/Ritz/Just ProspektVO Art. 6 Rn. 23.

gentlich wesentlichen Informationen ablenken *(information overload)*[27], was den Regelungszielen des Art. 6 widerspricht. Aus demselben Grund sind **unnötige Redundanzen zu vermeiden**.[28] Insofern ergänzt das Gebot der Knappheit in negativer Hinsicht zugleich das Gebot der Vollständigkeit, indem es die Aufnahme unwesentlicher Informationen in das Kryptowerte-Whitepaper verbietet. Allerdings gilt es insoweit das Spannungsverhältnis zum Erfordernis der Verständlichkeit zu bedenken: Letzteres kann zum Zwecke der besseren Nachvollziehbarkeit der Angaben des Kryptowerte-Whitepapers anstelle sehr komplexer Verweise eine Wiederholung bestimmter Passagen erfordern[29], ohne dass hierdurch das Gebot der Knappheit verletzt würde. Nach hiesiger Auffassung handelt es sich beim **Gebot der Knappheit** (neben der negativen Ergänzung des Grundsatzes der Vollständigkeit) um die **äußere** bzw. **formale Fortsetzung des Grundsatzes der Richtigkeit** mit seinen Einzelausprägungen in Gestalt der Redlichkeit und des Irreführungsverbots. Daraus folgt, dass es immer dann verletzt ist, wenn durch (gänzlich) irrelevante oder unnötig repetitive Angaben die Verständlichkeit des Kryptowerte-Whitepapers abnimmt. Steigern zusätzliche Informationen die Verständlichkeit oder den Informationswert des Kryptowerte-Whitepapers, wird das Gebot der knappen Form demgegenüber nicht verletzt.

16 **d) Aktualität.** Der Grundsatz der **Aktualität** des Kryptowerte-Whitepapers, wie er durch **Art. 12 Abs. 1** zum Ausdruck kommt (→ Art. 12 Rn. 1 ff.), ist als **Unterfall** der Grundsätze der **Vollständigkeit**[30] und **Richtigkeit** einzustufen. Er steht im Übrigen im Einklang mit dem Normzweck des Art. 6, da dessen Regelungsziele – dh die Verbesserung der Allokationseffizienz (Marktschutz) sowie die Ermöglichung einer fundierten Anlageentscheidung (Anlegerschutz) (→ Rn. 3) – nur mithilfe aktueller Informationen erreicht werden können, die im **Zeitpunkt der Investitionsentscheidung** ein vollständiges (aktuelle Vollständigkeit) und zutreffendes Bild (aktuelle Richtigkeit) des betreffenden Kryptowerts zeichnen.

17 **e) Beurteilungsmaßstab.** Auf welchen Maßstab für die Beurteilung der Vollständigkeit und Klarheit des Kryptowerte-Whitepapers unter der MiCAR abzustellen ist, stellt derzeit eine offene und ungeklärte Frage dar. Für die Primärmarktpublizität klassischer Finanzinstrumente hat der BGH im Jahr 1982 zunächst auf den **durchschnittlichen Anleger** abgestellt, der „eine Bilanz zu lesen versteht, aber nicht unbedingt mit der in den eingeweihten Kreisen gebräuchlichen Schlüsselsprache vertraut zu sein braucht".[31] Im Jahr 2012 hat der BGH diesen Beurteilungsmaßstab lediglich für **Börsenzulassungsprospekte** aufrechterhalten und für **sonstige Prospekte** auf das **angesprochene Zielpublikum** abgestellt.[32] Spricht

---

[27] Ebenso für die ProspektVO: Erwgr. Nr. 27 S. 4 ProspektVO.
[28] Just/Voß/Ritz/Zeising/Ritz/Just ProspektVO Art. 6 Rn. 25.
[29] Ebenso für Art. 6 Abs. 2 ProspektVO: Just/Voß/Ritz/Zeising/Ritz/Just ProspektVO Art. 6 Rn. 23.
[30] Alleine hierauf abstellend für Art. 6 ProspektVO: Just/Voß/Ritz/Zeising/Ritz/Just ProspektVO Art. 6 Rn. 20.
[31] BGH NJW 1982, 2823 (2824) (Beton und Monierbau); siehe auch BGH NZG 2017, 858 Rn. 19; ähnlich unter Verwendung des Begriffs des verständigen Anlegers: BGH NJW-RR 2016, 567 Rn. 19, insbes. 21: „der durchschnittlich gebildete, gehörig aufmerksame und verständige Anleger".
[32] BGHZ 195, 1 Rn. 25 = NZG 2012, 1262 (1265) (Wohnungsbau Leipzig-West).

ein Emittent u. a. auch das börsenunkundige und unerfahrene Anlegerpublikum an, soll der Beurteilungsmaßstab anhand der Kenntnisse und Fähigkeiten des **durchschnittlichen (Klein-)Anlegers** zu bemessen sein, der sich über die Kapitalanlage lediglich mithilfe des Prospekts informiert und keine Spezialkenntnisse hat.[33] Dass die zum innerstaatlichen Recht ergangene Rechtsprechung des BGH für die Beurteilung der Rechtslage unter der MiCAR keine normative Bedeutung beizumessen ist, versteht sich von selbst; gleichwohl illustriert die Rechtsprechung des BGH die zugrundeliegende Problematik sowie die unterschiedlichen Lösungsmöglichkeiten.

Für die MiCAR wird man von folgenden Grundsätzen auszugehen haben: **18** *Erstens* erscheint es naheliegend, dass ein **einheitlicher Beurteilungsmaßstab** anzulegen ist, der nicht anhand der **Grundlage der Kryptowerte-Whitepaper-Pflicht** (Art. 4: öffentliches Angebot; Art. 5: Handelszulassung[santrag]) die Anforderungen an das Kryptowerte-Whitepaper differenziert. Denn Art. 6 Abs. 1 unterscheidet – jenseits der für jeden Empfängerhorizont verständlichen Angaben aus Art. 6 Abs. 1 lit. a–c iVm Anhang I Teil A – C – nicht zwischen einem Angebots-Kryptowerte-Whitepaper und einem Handelszulassungs-Kryptowerte-Whitepaper. Vielmehr statuiert Art. 6 Abs. 2 einheitliche Vorgaben für sämtliche Kryptowerte-Whitepaper.

Zweitens stellt sich daran anknüpfend die Frage, ob für sämtliche Kryptowerte-Whitepaper auf einen **abstrakten Maßstab** (= durchschnittlicher Anleger) oder das **konkret angesprochene Zielpublikum** abzustellen ist: Für die **Maßgeblichkeit eines abstrakten Maßstabs** sprechen die **administrativen Kosten der Whitepaper-Erstellung,** die bei einem stets gleichbleibenden, abstrakten Maßstab tendenziell geringer ausfallen dürften. Überdies verschafft ein abstrakter Maßstab den Whitepaper-Pflichtigen tendenziell größere **Rechtssicherheit** in Bezug auf die Einhaltung der gesetzlichen Offenlegungspflichten. Für einen auf den durchschnittlichen Anleger abstellenden, abstrakten Maßstab spricht zu guter Letzt, dass ein auf das Zielpublikum zugeschnittener Beurteilungsmaßstab dazu führen kann, dass bestimmte **Kryptowerte unerfahrenen (Klein-)Anlegern** aufgrund des damit verbundenen **Mehraufwands** sowie der **größeren Haftungsrisiken** von vornherein **nicht angeboten werden.**[34] Für die **Maßgeblichkeit des konkreten Zielpublikums** sprechen indes der **Normzweck des Art. 6** sowie die **Regelungsziele der Whitepaper-Pflicht,** da die bestehenden Informationsasymmetrien eher abgebaut werden[35] und in der Folge der intendierte **Markt- und Anlegerschutz** (→ Rn. 3) tendenziell besser verwirklicht wird, wenn die Informationsanforderungen an das angesprochene Anlegerpublikum angepasst sind. Dieser Gesichtspunkt hat im vorliegenden Kontext umso mehr Gewicht, als unerfahrene (Klein-)Anleger auf dem Kryptomarkt **nicht** notwendigerweise bereits durch eine **Teilnahme professioneller Anleger** und **Intermediäre** an den Transaktionen sowie eine damit einhergehende **effiziente Marktpreisbildung** geschützt werden.[36]

---

[33] BGHZ 195, 1 Rn. 25 = NZG 2012, 1262 (1265) (Wohnungsbau Leipzig-West).
[34] Dies gilt natürlich nur unter der Voraussetzung, dass der abstrakte Maßstab des durchschnittlichen Anlegers nicht mit dem Maßstab eines (unerfahrenen) Kleinanlegers übereinstimmt.
[35] Siehe zu letztgenanntem Aspekt: Linardatos BKR 2021, 58 (60).
[36] Vgl. Behme/Zickgraf ZfPW 2019, 66 (71); Chatard/Mann NZG 2019, 567 (568); Klöhn/Parhofer/Resas ZBB 2018, 89 (96); Maume/Maute Kryptowerte-HdB/Zickgraf § 11 Rn. 11.

Sollte nicht auf das konkrete Zielpublikum abzustellen, sondern ein **abstrakter Maßstab** maßgeblich sein, muss *drittens* der „durchschnittliche Anleger" in Bezug auf die vorauszusetzenden Kenntnisse und Fähigkeiten (normativ) konkretisiert werden. Hierfür spielen die Vorgaben des **Art. 6 Abs. 2** (insbes. Eindeutigkeit Redlichkeit, Verständlichkeit → Rn. 24 ff.) eine entscheidende Rolle, wobei insoweit eine Wechselwirkung zu dem zugrunde gelegten Anlegerleitbild besteht: Während das Anlegerleitbild als übergeordnetes Prinzip auf die Auslegung der Anforderungen des Art. 6 Abs. 2 einwirkt, wird das Anlegerleitbild in seiner prinzipiellen Ausformung seinerseits durch die konkrete Handhabung der Vorgaben des Art. 6 Abs. 2 beeinflusst. Die zukünftige Konkretisierung der (Einzel-)Vorgaben des Art. 6 Abs. 2 durch Schrifttum und Rechtsprechung wird diesbezüglich Anhaltspunkte zur Konkretisierung des durchschnittlichen Anlegers liefern. Nicht zu übersehen ist bereits jetzt jedoch eine gewisse **normative Tendenz** der MiCAR, die als typischen Anleger in erster Linie wohl den „Kleinanleger" (vgl. Art. 3 Abs. 1 Nr. 37)[37] im Blick hat: Dies kommt zunächst in Erwgr. Nr. 24 S. 1 zum Ausdruck, der die Offenlegungspflichten ausdrücklich mit dem Schutz der „potenziellen Kryptowerte-Kleinanleger" begründet. Auch die Hinweis-, Warn- und Unterlassungspflichten aus Art. 6 Abs. 3–5, Abs. 7 UAbs. 2 (→ Rn. 30 ff., 37) deuten in die Richtung, dass der Verordnungsgeber sich am Maßstab des (unerfahrenen) Kleinanlegers orientiert hat, wobei sich dies in besonderem Maße in den Warnhinweisen des Art. 6 Abs. 5 lit. a–d widerspiegelt. In der Zusammenfassung ist gemäß Art. 6 Abs. 7 UAbs. 1 S. 1 ausdrücklich eine nicht fachsprachliche Ausdrucksweise zu verwenden. Ferner sind auch manche aufsichtsrechtliche Befugnisse der zuständigen nationalen Behörden, die von den Mitgliedstaaten geschaffen werden müssen, ausdrücklich an den Interessen der Kleinanleger ausgerichtet (vgl. Art. 94 Abs. 1 lit. k, lit. s). Angesichts des rechtstatsächlichen Umstands, dass die anderen Kryptowerte als vermögenswertereferenzierten Token und E-Geld-Token in der Vergangenheit in besonderem Maße (auch) von Kleinanlegern erworben sind, die zuvor gezielt über Werbung bzw. Marketing-Mitteilungen (→ Art. 7 Rn. 1, 3) in den sozialen Medien angesprochen worden sind[38], erscheint das besondere Augenmerk des Unionsgesetzgebers auf den Schutz der Kleinanleger nachvollziehbar und naheliegend. Indes werden die Kleinanleger im Titel II nur im Rahmen des Widerrufsrechts aus Art. 13 (→ Art. 13) ausdrücklich adressiert, woraus der Schluss gezogen werden könnte, dass im Übrigen nicht notwendigerweise der Maßstab des Kleinanlegers maßgeblich sein muss.

2. Angebots- und handelszulassungsspezifische Informationen (Abs. 1)

19   Art. 6 Abs. 1 UAbs. 1 enthält detaillierte Vorgaben zu den in das Kryptowerte-Whitepaper aufzunehmenden Informationen, wobei es sich durchgehend um **angebots-** bzw. **handelszulassungsspezifische Informationen** handelt. Eine **Konkretisierung** der inhaltlichen Vorgaben des Art. 6 Abs. 1 UAbs. 1 findet sich in **Anhang I**. Die in Art. 6 Abs. 1 genannten Informationen sind im Einklang mit

---

[37] Der „Kleinanleger" ist jedoch klar vom „Verbraucher" zu unterscheiden, worauf Maume RDi 2022, 461 (466 f.) zu Recht aufmerksam gemacht hat; (wohl) anders Siadat RdF 2021, 12 (16) („Verbraucherschutz").
[38] Vgl. Rohr/Wright 70 Hastings L. Journ. 463 (478) (2019); Zickgraf AG 2018, 293 (294); Zickgraf BKR 2021, 196 (203); Maume/Maute Kryptowerte-HdB/Zickgraf § 11 Rn. 89.

Inhalt und Form des Kryptowerte-Whitepapers **Art. 6**

den **allgemeinen Grundsätzen** (→ Rn. 6 ff.) sowie den Vorgaben des **Art. 6 Abs. 2** (→ Rn. 24 ff.) im Kryptowerte-Whitepaper darzustellen.

Im Einzelnen müssen folgende Informationen in das Kryptowerte-Whitepaper 20 aufgenommen werden:

- lit. a: Informationen über den **Anbieter** oder die **Person,** die die **Zulassung zum Handel beantragt;** Konkretisierung: **Anhang I Teil A;**
- lit. b: Informationen über den **Emittenten,** wenn es sich hierbei nicht um den Anbieter oder die Person handelt, die die Zulassung zum Handel beantragt; Konkretisierung: **Anhang I Teil B;**
- lit. c: Informationen über den **Betreiber der Handelsplattform** in den Fällen, in denen er das Kryptowerte-Whitepaper erstellt; Konkretisierung: **Anhang I Teil C;**
- lit. d: Informationen über das **Kryptowert-Projekt;** Konkretisierung: **Anhang I Teil D;**
- lit. e: Informationen über das **öffentliche Angebot** des Kryptowerts oder dessen **Zulassung zum Handel;** Konkretisierung: **Anhang I Teil E;**
- lit. f: **Informationen über den Kryptowert;** Konkretisierung: **Anhang I Teil F;**
- lit. g: Informationen über die mit dem Kryptowert verknüpften **Rechte und Pflichten;** Konkretisierung: **Anhang I Teil G;**
- lit. h: Informationen über die **zugrunde liegenden Technologien;** Konkretisierung: **Anhang I Teil H;**
- lit. i: Informationen über die **Risiken;** Konkretisierung: **Anhang I Teil H;**
- lit. j: Informationen über die **wichtigsten nachteiligen Auswirkungen** des für die Ausgabe des Kryptowerts verwendeten **Konsensmechanismus** auf das **Klima** sowie sonstige entsprechende **umweltbezogene nachteilige Auswirkungen;** Konkretisierung von Inhalt, Methoden und Darstellung der Nachhaltigkeitsindikatoren: **technische Regulierungsstandards** gemäß **Art. 6 Abs. 12 MiCAR.**

Die in Art. 6 Abs. 1 UAbs. 1 genannten Informationen müssen, soweit die tat- 21 bestandlichen Voraussetzungen von lit. a–j vorliegen, **allesamt** im Kryptowerte-Whitepaper aufgeführt werden (**Grundsatz der Vollständigkeit,** → Rn. 10 f.). Ob eine Aufnahme der in Art. 6 Abs. 1 UAbs. 1 lit. a–c genannten Informationen zwingend ist, hängt jedoch von den tatsächlichen Umständen des jeweiligen Einzelfalles ab: Beispielsweise kann in den Fällen des Art. 5 Abs. 2 (→ Art. 5 Rn. 12 ff.) auf die Informationen aus Art. 6 Abs. 1 UAbs. 1 lit. a verzichtet werden. Umgekehrt erübrigen sich Informationen über den Emittenten (Art. 3 Abs. 1 Nr. 10) gemäß Art. 6 Abs. 1 UAbs. 1 lit. b, wenn es sich bei diesem zugleich um den Anbieter oder Zulassungsantragsteller iSd Art. 6 Abs. 1 UAbs. 1 lit. a handelt. Jenseits des Anwendungsbereichs von Art. 5 Abs. 2 u. Abs. 3 (→ Art. 5 Rn. 12 ff., 15 ff.) kann von einer Aufnahme der in Art. 6 Abs. 1 UAbs. 1 lit. c genannten Informationen abgesehen werden.

Wird das Kryptowerte-Whitepaper in den Fällen der Art. 6 Abs. 1 UAbs. 1 lit. a, 22 b, c nicht vom Anbieter (Art. 3 Abs. 1 Nr. 13), Zulassungsantragsteller oder Betreiber der Handelsplattform (vgl. Art. 3 Abs. 1 Nr. 18 iVm Abs. 1 Nr. 16 lit. b) erstellt, sind wegen **Art. 6 Abs. 1 UAbs. 2**[39] im Kryptowerte-Whitepaper zugleich die

---

[39] Der Unterabsatz beruht auf Ergänzungsantrag 318 des Ausschusses für Wirtschaft und Währung (ECON) des Europäischen Parlaments, vgl. European Parliament, Committee on Economic and Monetary Affairs, Amendment 302, 2020/0265(COD), S. 76.

Identität der erstellenden Person sowie die Gründe der Erstellung durch diese Person aufzunehmen. Im Unterschied zu Art. 6 Abs. 3 u. Abs. 6, welche die (rechtliche) Verantwortungsübernahme im Kontext der Whitepaper-Publizitätshaftung aus Art. 15 regeln (→ Art. 15), meint Art. 6 Abs. 1 UAbs. 2 den **tatsächlichen Urheber** des Kryptowerte-Whitepapers, der nicht nach außen erkennbar die Verantwortung übernommen hat.[40] Der Begriff des Urhebers bzw. der erstellenden Person erfasst jedoch nicht solche Personen, die lediglich in physisch-intellektueller Hinsicht an der Erstellung des Kryptowerte-Whitepapers beteiligt waren (zB Anwälte), wie es der Wortlaut auf den ersten Blick nahezulegen scheint („erstellt", „prepared", „rédigé"). Gemeint sind vielmehr diejenigen Personen, in deren **wirtschaftlichem (Eigen-)Interesse** und auf deren **Veranlassung** das Kryptowerte-Whitepaper erstellt wird. Die Kategorie dieser Personen entspricht insoweit der aus dem deutschen Prospekthaftungsrecht bekannten Kategorie der **Prospektveranlasser.**[41] Hierdurch sollen insbesondere Strohmann-Konstellationen erfasst werden, in denen der formal Verantwortliche (dh der scheinbare Anbieter oder Zulassungsantragsteller) vom materiell Verantwortlichen (dh dem wirtschaftlich betroffenen Hintermann) abweicht.[42] Eine Erfüllung der Vorgabe aus Art. 6 Abs. 1 UAbs. 2 erscheint in Strohmannkonstellationen zwar fernliegend, doch ist die Regelung im Zusammenhang mit der Haftung aus Art. 15 zu sehen, da ein Verstoß gegen Art. 6 Abs. 1 UAbs. 2 zugleich eine Informationspflichtverletzung iSd Art. 15 Abs. 1 darstellt, die den (geschädigten) Anlegern potentielle Schadensersatzansprüche eröffnet (wenngleich nicht gegen die eigentlichen Hintermänner, → Art. 15 Rn. 16, 23ff., 66f.).

3. Allgemeine Anforderungen an die offenzulegenden Informationen (Abs. 2)

23 Art. 6 Abs. 2 enthält allgemeine Anforderungen an die offenzulegenden Informationen und ist als positiv-rechtliche Ausprägung der allgemeinen Grundsätze (→ Rn. 6ff.) aufzufassen. Während das Gebot der Redlichkeit der Informationen (Art. 6 Abs. 2 S. 1 Var. 1), das Irreführungsverbot (Art. 6 Abs. 2 S. 1 Var. 3) sowie das Verbot wesentlicher Auslassungen (Art. 6 Abs. 2 S. 2 Var. 1) Vorgaben für die **Inhalte** des Kryptowerte-Whitepapers aufstellen, betreffen die Gebote der Eindeutigkeit (Art. 6 Abs. 2 S. 1 Var. 2), Knappheit (Art. 6 Abs. 2 S. 2 Var. 2) und Verständlichkeit (Art. 6 S. 2 S. 2 Var. 3) die **Art und Weise der Vermittlung** der Inhalte des Kryptowerte-Whitepapers.

24 **a) Redlichkeit und Verbot der Irreführung.** Das Erfordernis der **Redlichkeit** der (Pflicht-)Informationen aus Art. 6 Abs. 2 S. 1 Var. 1 stellt eine Ausprägung des **Grundsatzes der Richtigkeit** dar. Ganz in diesem Sinne verlangt die Redlich-

---

[40] Vgl. für den Prospektveranlasserbegriff iSd § 9 Abs. 1 Nr. 2 WpPG: Just/Voß/Ritz/Zeising/Pankoke WpPG §§ 9, 10, 11 Rn. 22.

[41] BGHZ 79, 337 (340f.) = NJW 1981, 1449 (1450); BGHZ 115, 213 (217f., 220) = NJW 1992, 228 (229f.); BGHZ 145, 121 (127) = NJW 2001, 436 (437); BGHZ 191, 310 (315) = NJW 2012, 758 Rn. 17; BGHZ 195, 1 (16f.) = NZG 2012, 1262 Rn. 36f.; näher Habersack/Mülbert/Schlitt KapMarktInfo-HdB/Habersack § 28 Rn. 29, Maume/Maute Kryptowerte-HdB/Zickgraf § 11 Rn. 96ff., jeweils mwN.

[42] Vgl. für ein Beispiel aus der Gerichtspraxis: LG Berlin BKR 2021, 170ff. = BeckRS 2020, 32005 Rn. 9ff. (Envion); dazu bereits Maume/Maute Kryptowerte-HdB/Zickgraf § 11 Rn. 99.

keit der abgegebenen Informationen, dass Tatsachenangaben der Wahrheit entsprechen und Prognosen sowie Werturteile kaufmännisch vertretbar sind und auf einer hinreichende Tatsachengrundlage beruhen (näher → Rn. 8). Zu guter Letzt gebietet die Redlichkeit iSd Art. 6 Abs. 2 S. 1 Var. 1, dass positive wie negative Prognosen und Werturteile gleichermaßen dargestellt werden.[43] Ansonsten könnte nämlich ein unzutreffender Gesamteindruck entstehen, der wiederum als Verstoß gegen das **Verbot der Irreführung** aus Art. 6 Abs. 2 S. 1 Var. 3 aufzufassen wäre[44], das seinerseits eine Ausprägung der Grundsätze der Richtigkeit (→ Rn. 7 ff.) und Klarheit (→ Rn. 12 ff.) des Kryptowerte-Whitepapers darstellt.

b) Vollständigkeit. Der **Grundsatz der Vollständigkeit** findet eine positivrechtliche Grundlage in der Vorgabe des **Art. 6 Abs. 2 S. 2 Var. 2** (auch → Rn. 10 f.), derzufolge das Kryptowerte-Whitepaper **keine wesentlichen Auslassungen** enthalten darf; er wird als Haftungsvoraussetzung in negativer Formulierung auch durch Art. 15 Abs. 1 aufgegriffen („unvollständige Informationen"). Der Begriff der **wesentlichen** (engl. material) Auslassungen meint das Fehlen von **Informationen über die wertbildenden Faktoren** bzw. das Fehlen **fundamentalwertrelevanter Angaben** in Bezug auf den anderen Kryptowert als einen vermögenswertereferenzierten Token oder E-Geld-Token.[45] Für dieses Verständnis des Begriffs der **Wesentlichkeit** streitet zunächst der Normzweck des Art. 6, da die **Markteffizienz** sowie der **Markt- und Anlegerschutz** (→ Rn. 3) die Offenlegung **aller fundamentalwertrelevanten Informationen** über den anderen Kryptowert erfordern. Ferner werden im Rahmen des **Regelungsvorbilds aus Art. 6 ProspektVO** unter den „wesentlich[en]" Informationen ebenfalls Angaben über die **objektiv wertbildenden Faktoren** – iSd für die Anlageentscheidung maßgeblichen Informationen – verstanden.[46] Schließlich spricht für die hiesige Interpretation der **Wortlaut** der englischen Sprachfassung („material") iVm **rechtsvergleichenden Überlegungen,** denn im US-amerikanischen Kapitalmarktrecht wird der Begriff der **„materiality"** bzw. des **„material fact"** gleichfalls im Sinne einer aus Sicht eines verständigen Anlegers für die (Anlage-)Entscheidung maßgeblichen Information interpretiert.[47] Für die Anlageentscheidung maßgebliche Informationen stellen wiederum **Informationen über die wertbildenden Faktoren mit Fundamentalwertrelevanz** dar.[48] Insofern streiten Wortlaut („material"),

25

---

[43] Just/Voß/Ritz/Zeising/Ritz/Just ProspektVO Art. 7 Rn. 14.
[44] In diese Richtung: Assmann/Schlitt/v. Kopp-Colomb/Scholl/Döhl ProspektVO Art. 7 Rn. 15 f.
[45] In diesem Sinne auch Art. 94 Abs. 1 lit. s („alle wesentlichen Informationen, die die Bewertung der öffentlich angebotenen oder zum Handel zugelassenen Kryptowerte beeinflussen könnten").
[46] Assmann/Schlitt/v. Kopp-Colomb/Assmann WpPG Art. 9 Rn. 45 f., 53.
[47] Vgl. TSC Industries, Inc. v. Northway, Inc., 426 U.S. 438, 449 (1976) („[…] an omitted fact is material if there is a substantial likelihood that a reasonable shareholder would consider it important in deciding […]"); Basic, Inc. v. Levinson, 485 U.S. 224, 231 („fact is material if there is a substantial likelihood that a reasonable shareholder would consider it important in deciding how to vote"), 236 („[information] […] considered significant to the trading decision of a reasonable investor"), 240 („materiality depends on the significance the reasonable investor would place on the withheld or misrepresented information") (1988).
[48] Ähnlich wie hier: Schwark/Zimmer/Heidelbach WpPG § 9 Rn. 12 („Wesentlich ist, was den Preis beeinflussen kann"); vgl. zum Konzept des Fundamentalwerts im Allgemeinen: Klöhn/Klöhn MMVO Vor Art. 7 Rn. 72 ff.

Systematik (Parallele zur Auslegung des Art. 6 ProspektVO) und Teleologie (Normzweck des Art. 6) für eine Auslegung des Begriffs der Wesentlichkeit iSv Fundamentalwertrelevanz. Wesentliche Informationen sind demnach solche Informationen, die ein Anleger – insbes. wegen ihrer Fundamentalwertrelevanz – „eher als nicht" bei seiner Anlageentscheidung berücksichtigt.[49] Dazu gehören nicht zuletzt solche (zukunftsbezogene) Informationen, „von denen zwar noch nicht feststeht, die es aber wahrscheinlich machen, dass sie den vom Anleger verfolgten Zweck gefährden."[50] Praktisch handhabbar(er) und konkret(er) werden diese abstrakten Maßstäbe, wenn man die Wesentlichkeit einer (zukunftsbezogenen) Information – iS e. *probability-magnitude*-Betrachtung – nach Maßgabe der Wahrscheinlichkeit und der Bedeutung des offenzulegenden Sachverhalts beurteilt (ebenso Art. 16 Abs. 1 UAbs. 2 ProspektVO).[51] Folgt man diesem Begriffsverständnis, führt dies notwendigerweise zu einer Interpretation des Art. 6 Abs. 2 S. 2 Var. 1 iS e. **Generalklausel** für **fundamentalwertrelevante Angaben** bzw. **Informationen über die wertbildenden Faktoren,** was zur Folge hat, dass ein Kryptowerte-Whitepaper auch dann unvollständig sein kann, wenn es sämtliche (Pflicht-)Angaben aus Art. 6 Abs. 1 iVm Anhang I beinhaltet (→ Rn. 11). Für die Interpretation des Art. 6 Abs. 2 S. 2 Var. 1 als **generalklauselartiger Publizitätsvorgabe** spricht neben den o. g. teleologischen Erwägungen der Wortlaut des Art. 6 Abs. 2 S. 2, der nicht auf Art. 6 Abs. 2 S. 1 sowie dessen dortige Referenz auf die (Pflicht-)Angaben aus Art. 6 Abs. 1 Bezug nimmt. Im Regelfall dürfte indes die Aufnahme der in Art. 6 Abs. 1 iVm Anhang I genannten Angaben dazu führen, dass das Kryptowerte-Whitepaper keine wesentlichen Auslassungen aufweist.[52]

26 c) **Eindeutigkeit, Knappheit und Verständlichkeit.** Die Erfordernisse der Eindeutigkeit, Knappheit und Verständlichkeit aus Art. 6 Abs. 2 S. 1 Var. 2, S. 2 Var. 2 u. 3 stellen **Ausprägungen des Grundsatzes der Klarheit** dar und betreffen im Wesentlichen die (äußere) Art und Weise der Vermittlung der Inhalte des Kryptowerte-Whitepapers (→ Rn. 12 ff.). Die **Eindeutigkeit** verlangt, dass die im Kryptowerte-Whitepaper enthaltenen Informationen nicht mehrdeutig, sondern vielmehr klar verständlich sind (näher → Rn. 13). Das Erfordernis der **Verständlichkeit** gebietet einen Verzicht auf eine übermäßig komplexe sprachliche Darstellung der Inhalte des Kryptowerte-Whitepapers und verlangt neben einem nachvollziehbaren Aufbau ein Mindestmaß an Übersichtlichkeit, wobei in diesem Zusammenhang dem Inhaltsverzeichnis besondere Bedeutung zukommt. Das Gebot der **Knappheit** verlangt demgegenüber, dass das Kryptowerte-Whitepaper weder für die Entscheidung der Anleger irrelevante – dh unwesentliche – Angaben noch unnötige Wiederholungen enthält (näher → Rn. 15).

---

[49] BGHZ 203, 1 Rn. 74 = NJW 2015, 236 (241); BGHZ 195, 1 Rn. 24 = NZG 2012, 1262 (1264); BGH NZG 2021, 1169 Rn. 34; ebenfalls auf diesen Maßstab Bezug nehmend: Buck-Heeb BKR 2023, 689 (692).

[50] BGHZ 203, 1 Rn. 74= NJW 2015, 236 (241); BGHZ 195, 1 Rn. 23 = NZG 2012, 1262 (1264); BGH NZG 2021, 1169 Rn. 34.

[51] Selbst äußerst bedeutsame zukünftige Ereignisse bzw. Risiken sollen jedoch nicht im Kryptowerte-Whitepaper aufgeführt werden, wenn sie unvorhersehbar sind oder höchstwahrscheinlich nicht eintreten werden, vgl. Erwgr. Nr. 24 S. 4.

[52] Vgl. für Art. 6 ProspektVO: Assmann/Schlitt/v. Kopp-Colomb/Schlitt/Ries ProspektVO Art. 6 Rn. 17.

Inhalt und Form des Kryptowerte-Whitepapers **Art. 6**

4. Verantwortungsübernahme (Art. 6 Abs. 3 u. Abs. 6)

Auf der **ersten Seite** muss das Kryptowerte-Whitepaper neben einem Warnhinweis (→ Rn. 30) gemäß Art. 6 Abs. 3 UAbs. 1 S. 2 eine **Erklärung zur Verantwortungsübernahme** durch die publizitätspflichtige Person enthalten (Regelungsvorbild: Art. 11 Abs. 1 S. 2 Hs. 1 ProspektVO). In den Fällen des Art. 4 ist folgende Erklärung zwingend vorgegeben: „Der **Anbieter** des Kryptowerts trägt die alleinige Verantwortung für den Inhalt dieses Kryptowerte-Whitepapers." In den Fällen des Art. 5 Abs. 1, in denen der Zulassungsantragsteller das Kryptowerte-Whitepaper zu erstellen hat, muss gemäß Art. 6 Abs. 3 UAbs. 1 iVm UAbs. 2 Var. 1 anstelle des Anbieters der **Zulassungsantragsteller** die Verantwortung entsprechend obiger Formulierung übernehmen; erstellt in den Fällen von Art. 5 Abs. 2 u. Abs. 3 der **Betreiber der Handelsplattform** das Kryptowerte-Whitepaper, muss dieser wegen Art. 6 Abs. 3 UAbs. 1 iVm UAbs. 2 Var. 2 die o. g. Verantwortungsübernahmeerklärung abgeben. Der in Art. 6 Abs. 3 UAbs. 1 u. 2 adressierte Personenkreis entspricht damit der aus dem Primärmarktrecht für klassische Wertpapiere (vgl. Art. 4 Abs. 1 Nr. 44 MiFID II) bekannten Figur des **Prospekterlassers.** 27

Direkt im **Anschluss** an die Verantwortungsübernahmeerklärung gemäß Art. 6 Abs. 3 (vgl. Art. 6 Abs. 6 S. 2: „nach der in Abs. 3 genannten Erklärung einzufügen") muss dem Kryptowerte-Whitepaper zusätzlich eine Verantwortungsübernahmeerklärung des **Leitungsorgans** (Art. 3 Abs. 1 Nr. 27) des Anbieters, Zulassungsantragstellers oder Betreibers der Handelsplattform beigefügt werden (grobes Regelungsvorbild: Art. 11 Abs. 1 S. 2 Hs. 2 ProspektVO). In dieser **Verantwortungsübernahmeerklärung** muss durch das jeweilige Leitungsorgan bzw. dessen Mitglieder bestätigt werden, dass das Kryptowerte-Whitepaper Titel II Rechnung trägt, dass die in ihm enthaltenen Informationen nach bestem Wissen des Leitungsorgans redlich, eindeutig und nicht irreführend sind (→ Art. 14 Rn. 1 ff.) und das Kryptowerte-Whitepaper keine Auslassungen aufweist, die seine Aussagekraft beeinträchtigen könnten. 28

Der Kreis derjenigen Personen, die gemäß Art. 6 Abs. 3 u. Abs. 6 die Verantwortung für das Kryptowerte-Whitepaper zu übernehmen haben, deckt sich mit dem Kreis der **Haftungsadressaten des Art. 15** (→ Art. 15 Rn. 23 ff.).[53] Art. 15 sieht nämlich eine unmittelbare unionsrechtliche Haftung der nach Art. 4 oder Art. 5 **veröffentlichungspflichtigen Person(en)** (dh Anbieter, Zulassungsantragsteller oder Betreiber der Handelsplattform) sowie der jeweiligen **Mitglieder von deren Leitungsorgan** (Art. 3 Abs. 1 Nr. 27; vgl. Art. 6 Abs. 6) vor. Aus diesem Grund muss die Verantwortungsübernahmeerklärung gemäß Art. 6 Abs. 6 zugleich von den **Mitgliedern** des Leitungsorgans persönlich abgegeben werden (→ Rn. 28). Fehlt es entgegen Art. 6 Abs. 3 u. Abs. 6 an einer Verantwortungsübernahmeerklärung der angesprochenen Regelungs- und Haftungsadressaten, lässt dies ihre Haftung aus Art. 15 unberührt (→ Art. 15 Rn. 16). 29

5. Warnhinweise und wertbezogene Zukunftsaussagen (Abs. 3, Abs. 4 u. Abs. 5)

Gemäß **Art. 6 Abs. 3 UAbs. 1 iVm UAbs. 2 S. 1** ist auf der ersten Seite des Kryptowerte-Whitepapers eine eindeutige und deutlich erkennbare Erklärung aufzunehmen, dass das Kryptowerte-Whitepaper von **keiner zuständigen Behörde** 30

---

[53] Vgl. Zickgraf BKR 2021, 196 (203).

Art. 6

eines Mitgliedstaats der Europäischen Union **genehmigt** wurde. Dieser **Warnhinweis** steht im Zusammenhang mit dem Systemwechsel der MiCAR auf Verfahrensebene[54]: Während Art. 20 ProspektVO nämlich eine behördliche Billigung des Prospekts vor dessen Veröffentlichung zwingend vorschreibt, verzichtet die MiCAR in Art. 8 Abs. 3 explizit auf ein derartiges ex-ante-Genehmigungserfordernis in Bezug auf das Kryptowerte-Whitepaper und statuiert stattdessen in Art. 8 Abs. 1 vielmehr eine bloße **Übermittlungspflicht** (→ Art. 8 Rn. 2f., 7). Der (Warn-)Hinweis hat in diesem Zusammenhang die Funktion, etwaigen Markt- und Anlegererwartungen entgegenzuwirken, denen die unzutreffende Vorstellung eines Gleichlaufs zwischen MiCAR und ProspektVO auf Verfahrensebene zugrunde liegt.

31   Wegen **Art. 6 Abs. 4** darf ein Kryptowerte-Whitepaper außer der in Art. 6 Abs. 5 genannten Erklärung (→ Rn. 32) keine Aussagen über den **künftigen Wert des Kryptowerts** enthalten. Dieses Verbot wertbezogener Zukunftsaussagen erscheint im Lichte der Erkenntnisse der **Behavioral Finance-Forschung** sowie **empirischer Erfahrungen** mit Initial Coin Offerings wohlbegründet: Schließlich zeichneten sich öffentliche Angebote von Kryptowerten in der Vergangenheit regelmäßig durch eine große Beliebtheit bei nicht professionellen Privatanlegern aus, die in besonderem Maße für **Überoptimismus** und **Wunschdenken** anfällig sind.[55] Im Übrigen waren die Angebote vielfach durch Frühzeichnerrabatte, überlange Angebotszeiträume, take-it-or-leave-Verfahren sowie einen Verzicht auf funding caps geprägt, wobei diese Charakteristika die Wahrscheinlichkeit eines **Herdenverhaltens** der Anleger begünstigt haben.[56] Wertbezogene Zukunftsaussagen im Kryptowerte-Whitepaper würden diese Urteilsverzerrungen tendenziell verstärken, was das Verbot solcher Aussagen durch Art. 6 Abs. 4 erklärt und zugleich rechtfertigt. Mit dem **künftigen Wert** des Kryptowerts ist dessen **zukünftige Wertschätzung am Markt** gemeint. Unzulässig sind daher beispielsweise Aussagen, dass sich der Marktwert des Kryptowerts in der Zukunft erhöhen oder gar vervielfachen wird (arg. Art. 6 Abs. 5 lit. a e.c.). Demgegenüber bleiben zukunftsbezogene Aussagen über die **künftigen Eigenschaften des Kryptowerts** zulässig; schließlich sind solche Informationen über die wertbildenden Faktoren wegen Art. 6 Abs. 1 lit. d iVm Anhang I Teil D Nr. 4, 5 ausdrücklich in das Kryptowerte-Whitepaper aufzunehmen. Praktisch bedeutsam werden derartige Aussagen über die zukünftigen Eigenschaften des Kryptowerts im Falle von Utility-Token (Art. 3 Abs. 1 Nr. 9), die Zugang zu einer Ware oder Dienstleistung bieten, welche erst noch entwickelt werden sollen. Jedoch darf das Kryptowerte-Whitepaper diesbezüglich keine Erfolgszusicherung dergestalt enthalten, dass dieser Zugang in der Zukunft sicher bestehen wird (arg. Art. 6 Abs. 5 lit. d e.c.); denn eine solche Aussage betrifft nicht die künftigen Eigenschaften des Utility-Token, sondern enthält eine implizite Aussage über die zukünftige Wertschätzung des Utility-Token am Markt, die ganz entscheidend von der erfolgreichen Umsetzung des Kryptowert-Projekts, dh der (Fertig-)Entwicklung der Ware oder Dienstleistung, abhängt.

---

[54] Zickgraf BKR 2021, 196 (203).
[55] Vgl. Klöhn/Parhofer/Resas ZBB 2018, 89 (95); Zickgraf BKR 2021, 196 (203); näher zu den genannten Effekten: Klöhn, Kapitalmarkt, Spekulation und Behavioral Finance, 2006, S. 90ff., 116ff. mwN.
[56] Klöhn/Parhofer/Resas ZBB 2018, 89 (95); Zickgraf BKR 2021, 196 (202); siehe ferner zu den Angebotsverfahren: Spindler WM 2018, 2109 (2110); Behme/Zickgraf ZfPW 2019, 66 (71f.).

Die in das Kryptowerte-Whitepaper aufzunehmenden **Warnhinweise** aus 32
Art. 6 Abs. 5 dienen gleichfalls dem **Markt-** und insbes. **Anlegerschutz,** wobei
die Warnhinweise aus lit. a–d im Besonderen wiederum einem möglichen **Überoptimismus** und **Wunschdenken** auf Seiten der (Privat-)Anleger (→ Rn. 31
mwN) Einhalt gebieten sollen.[57] Die Warnhinweise aus lit. e u. f. sollen demgegenüber etwaige **Fehlvorstellungen** der Anleger und des Marktes hinsichtlich des
Bestehens von Sicherungs- oder Entschädigungsmechanismen bei Kryptowerten
beseitigen. Im Einzelnen muss das Kryptowerte-Whitepaper die **klare und eindeutige Erklärung** enthalten, dass

- der Kryptowert seinen Wert ganz oder teilweise verlieren kann (lit. a),
- der Kryptowert möglicherweise nicht immer übertragbar ist (lit. b),
- der Kryptowert möglicherweise nicht liquide ist (lit. c),
- beim öffentlichen Angebot eines Utility-Token dieser Utility-Token, insbesondere im Fall eines Ausfalls (dh eines Scheiterns, vgl. engl. „failure") oder der Einstellung des Kryptowert-Projekts, möglicherweise nicht gegen die im Kryptowerte-Whitepaper zugesagte Ware oder Dienstleistung getauscht werden kann (lit. d),
- der Kryptowert je nach Sachlage nicht unter die Systeme für die Entschädigung der Anleger gemäß der RL 97/9/EG des Europäischen Parlaments und des Rates fällt (lit. e), und
- der Kryptowert nicht unter die Einlagensicherungssysteme gemäß der RL 2014/49/EU fällt (lit. f).

Aus dem Wortlaut des Art. 6 Abs. 5, der trotz der zahlreichen anzugebenden
Hinweise im Singular von einer (einheitlichen) „Erklärung" spricht, ist zu folgern,
dass den Anforderungen des Art. 6 Abs. 5 im Grundsatz nur dann Genüge getan
wird, wenn **sämtliche Warnhinweise** aus lit. a–f. im Kryptowerte-Whitepaper
aufgeführt werden; eine **Ausnahme** ergibt sich lediglich für Art. 6 Abs. 5 **lit. d,**
der ausweislich seines Wortlauts nur im Falle eines **öffentlichen Angebots** (Art. 3
Abs. 1 Nr. 12) **eines Utility-Tokens** (Art. 3 Abs. 1 Nr. 9) anwendbar ist.

6. Kryptowerte-Whitepaper-Zusammenfassung (Art. 6 Abs. 7)

Nach Art. 6 Abs. 7 UAbs. 1 S. 1 muss das Kryptowerte-Whitepaper direkt im An- 33
schluss an die Erklärung aus Art. 6 Abs. 6 eine Zusammenfassung enthalten, die in
knapper und nicht fachsprachlicher Ausdrucksweise wesentliche Informationen
über das öffentliche Angebot des Kryptowerts (Art. 3 Abs. 1 Nr. 12) oder über die
beabsichtigte Zulassung zum Handel (vgl. Art. 3 Abs. 1 Nr. 18), dh eine Zusammenfassung der Informationen iSd Art. 6 Abs. 1 lit. e iVm Anhang I Teil E liefert. Der Begriff der **„wesentlichen Informationen"** (engl. **„key information"**) iSd Art. 6
Abs. 7 UAbs. 1 S. 2 meint – im Unterschied zur Wesentlichkeit iSd Art. 6 Abs. 2
S. 2 – lediglich „Basisinformationen" (vgl. das Regelungsvorbild des Art. 7 Abs. 1
ProspektVO: „key information", „Basisinformation"). Hierbei handelt es sich um
die für die Anlageentscheidung (arg. e. Art. 6 Abs. 7 S. 3 aE) bedeutsamsten Angaben
(vgl. auch Erwgr. Nr. 28 ProspektVO).[58] Keineswegs müssen in der Zusammenfassung sämtliche wesentliche Informationen iSd Art. 6 Abs. 2 dargestellt werden, viel-

---

[57] Zickgraf BKR 2021, 196 (203).
[58] Im Ausgangspunkt ebenso Assmann/Schlitt/von Kopp-Colomb/Scholl/Döhl ProspektVO Art. 7 Rn. 8 („Quintessenz der im Prospekt enthaltenen Informationen"; „die wichtigsten Informationen des Prospekts").

mehr ist im Rahmen des Art. 6 Abs. 7 UAbs. 1 S. 1 eine stark verknappte Darstellung der **bedeutsamsten Informationen** ausreichend (arg. e. Art. 6 Abs. 7 UAbs. 2 lit. a u. b, Art. 15 Abs. 5 lit. b) und zugleich geboten („in knapper Ausdrucksweise"); gleichwohl dürfen angesichts der weiterhin zu gewährleistenden Verständlichkeit (→ Rn. 34) neben den bedeutsamsten Informationen weitere „[sinnvolle] [abrundende] Informationen" aufgenommen werden, so dass dem Anleger durch deren Kombination eine zutreffende Kurzübersicht über die Transaktion vermittelt wird.[59] In jedem Fall müssen sämtliche Informationen in **knapper** und **nicht fachsprachlicher Ausdrucksweise** dargestellt werden müssen. Die beiden Anforderungen dürften über die allgemein für das Kryptowerte-Whitepaper geltenden Grundsätze der Knappheit (→ Rn. 15, 26) und Verständlichkeit (→ Rn. 12 ff., 26) noch hinausgehen: In Bezug auf die gebotene Knappheit ist eine Zusammenfassung nämlich, soll sie die ihr zugedachte Funktion erfüllen, auf eine stärkere Verkürzung der Darstellung angewiesen, was im Wortlaut der englischen Sprachfassung ansatzweise dadurch zum Ausdruck kommt, dass in Art. 6 Abs. 7 S. 1 von „brief" (iSv kurz bzw. knapp) gesprochen wird, wohingegen für die übrigen Teile des Kryptowerte-Whitepapers in Art. 6 Abs. 2 S. 2 von „concise" (iSv kurz und gleichzeitig vollständig) die Rede ist. Darüber hinaus muss im Unterschied zu den restlichen Teilen des Kryptowerte-Whitepapers nicht lediglich eine übermäßige Verwendung von Fachsprache vermieden werden (→ Rn. 14), vielmehr scheint ausweislich des Wortlauts von Art. 6 Abs. 7 S. 1 eine fachsprachliche Ausdrucksweise insgesamt untersagt zu sein.

34 Eine Ausprägung sowie (erneute) Verschärfung des Grundsatzes der Klarheit (→ Rn. 12 ff.) stellt es dar, dass gemäß Art. 6 Abs. 7 UAbs. 1 S. 2 die Zusammenfassung inhaltlich **leicht verständlich** sein muss; als Konkretisierung der Grundsätze der Klarheit und Richtigkeit ist die Anforderung anzusehen, dass die Zusammenfassung auch hinsichtlich **Darstellung und Gestaltung verständlich** sowie **vollständig** sein muss, wozu insbesondere die **Verwendung einer leserlichen Schriftgröße** gehört. Mit der „vollständigen" Darstellung ist vorliegend jedoch nicht gemeint, dass sämtliche für die Anlageentscheidung wesentliche Informationen (iSd Art. 6 Abs. 2) oder auch nur die bedeutsamsten Informationen (iSd Art. 6 Abs. 7 UAbs. 1 S. 1) in voller Länge wiedergegeben werden müssten (→ Rn. 33), da dies dem Zweck der Zusammenfassung zuwiderliefe, dem Anleger für seine Anlageentscheidung einen Kurzüberblick zu geben (vgl. auch Art. 6 Abs. 7 UAbs. 2 lit. a u. b). Bei der Vorgabe handelt es sich somit nicht um eine Ausprägung des Grundsatzes der Vollständigkeit, sondern vielmehr der Richtigkeit: Die „vollständige" Darstellung meint daher im Rahmen des Art. 6 Abs. 7 UAbs. 1 S. 2, dass die Zusammenfassung keine einseitige, verknappte Darstellung der Angaben des Kryptowerte-Whitepapers enthalten darf, die zu einem unzutreffenden Gesamteindruck (zB durch einseitige Kürzung negativer Angaben und Risiken) führt oder Widersprüche zu den übrigen Teilen Kryptowerte-Whitepapers hervorruft (arg. e. Art. 15 Abs. 5 lit. a; Grundsätze der Richtigkeit und Klarheit). Die übrigen Vorgaben des Art. 6 Abs. 7 S. 2 betreffen primär formale Gesichtspunkte der Klarheit der Zusammenfassung (leichte Verständlichkeit, insbesondere hinsichtlich Darstellung und Gestaltung). Das Vorliegen einer leserlichen Schriftgröße dürfte jedenfalls dann zweifelhaft werden, wenn eine Schriftgröße von weniger 8 Punkten verwendet wird.[60]

---

[59] Assmann/Schlitt/v. Kopp-Colomb/Scholl/Döhl ProspektVO Art. 7 Rn. 8.
[60] Vgl. für Art. 7 Abs. 3 S. 2 lit. ProspektVO: Assmann/Schlitt/v. Kopp-Colomb/Scholl/Döhl ProspektVO Art. 7 Rn. 20.

Nach Art. 6 Abs. 7 UAbs. 1 S. 3 muss die Zusammenfassung des Kryptowerte-Whitepapers **geeignete Informationen** (engl. appropriate information) über die Merkmale des betreffenden Kryptowerts bieten, um den potenziellen Inhabern des Kryptowerts dabei zu helfen, eine fundierte bzw. informierte (engl. informed) (Anlage-)Entscheidung zu treffen. Der Begriff der „geeigneten" (engl. appropriate) Information meint ausweislich des Bezugs auf die informierte Entscheidung (engl. informed decision) nur solche Angaben, die für die Anlageentscheidung maßgeblich sind. Trotz des im Vergleich zu S. 1 (wesentliche Informationen, engl. key information) abweichenden Wortlauts des S. 3 (geeignete Informationen, engl. appropriate information) können angesichts des **Zwecks** der Zusammenfassung, den Anlegern einen ersten Kurzüberblick zu verschaffen, wie im Falle von S. 1 auch im Rahmen des S. 3 nur die **bedeutsamsten Informationen** gemeint sein (→ Rn. 33). In **systematischer Hinsicht** wird diese Interpretation durch einen Blick auf das Regelungsvorbild des Art. 6 Abs. 7 UAbs. 1 S. 3 bestätigt, das in Art. 7 Abs. 4 lit. c ProspektVO von „key information" spricht, damit denselben Wortlaut wie Art. 6 Abs. 7 UAbs. 1 S. 1 verwendet („key information") und auch nach identischen Maßstäben bemessen wird.[61] Die geeignete Information (engl. appropriate information) ist somit wie die wesentliche Information (engl. key information) iSd Art. 6 Abs. 7 UAbs. 1 S. 1 zu interpretieren. Sachlich haben sich die Informationen auf die **Merkmale** des betreffenden Kryptowerts zu beziehen, wobei der Begriff des „Merkmals" unklar ist. Gemeint sein dürften wohl Informationen iSd **Art. 6 Abs. 1 lit. f, g iVm Anhang I Teil F, G.** Für diese Sichtweise spricht wiederum das Regelungsvorbild des Art. 7 Abs. 4 ProspektVO, das für die Zusammenfassung neben Basisinformationen über das öffentliche Angebot oder die Handelszulassung (Art. 7 Abs. 4 lit. d ProspektVO ≙ Art. 6 Abs. 7 UAbs. 1 S. 1) gleichfalls die Aufnahme von Basisinformationen über die Wertpapiere (Art. 7 Abs. 4 lit. c ProspektVO ≙ Art. 6 Abs. 7 UAbs. 1 S. 3) vorschreibt. 35

Festzuhalten bleibt damit, dass im Vergleich zu den restlichen Teilen des Kryptowerte-Whitepapers für die Zusammenfassung der Grundsatz der Richtigkeit („geeignete Informationen"; arg. e. Art. 15 Abs. 5 lit. a) in demselben Maße, der Grundsatz der Klarheit in gesteigertem Maße und der Grundsatz der Vollständigkeit in abgeschwächtem Maße Anwendung findet. 36

Im Übrigen muss die Zusammenfassung gemäß Art. 6 Abs. 7 UAbs. 2 einen Warnhinweis enthalten, dass 37
- sie als Einführung in das Kryptowerte-Whitepaper zu lesen ist (lit. a),
- potenzielle Inhaber jede Entscheidung über den Kauf des Kryptowerts auf der Grundlage des Inhalts des gesamten Kryptowerte-Whitepapers und nicht allein auf der Grundlage der Zusammenfassung treffen sollten (lit. b),
- das öffentliche Angebot des Kryptowerts kein Angebot und keine Aufforderung zum Kauf von Finanzinstrumenten darstellt und dass ein solches Angebot oder eine solche Aufforderung nur mittels eines Prospekts oder anderer im geltenden nationalen Recht vorgesehener Angebotsunterlagen erfolgen kann (lit. c),
- das Kryptowerte-Whitepaper keinen Prospekt im Sinne der VO (EU) 2017/1129 des Europäischen Parlaments und des Rates und kein anderes Angebotsdokument im Sinne von Unionsrecht oder nationalem Recht darstellt (lit. d).

---

[61] Vgl. Assmann/Schlitt/v. Kopp-Colomb/Scholl/Döhl ProspektVO Art. 7 Rn. 8.

Der im Singular formulierte Wortlaut des Art. 6 Abs. 7 UAbs. 2 („einen Warnhinweis") verdeutlicht, dass der Verordnungsgeber von einer einheitlichen Erklärung ausgeht, die sämtliche Warnhinweise der lit. a–d enthält.

7. Übermittlungsdatum und Inhaltsverzeichnis (Abs. 8)

38 Nach Art. 6 Abs. 8 muss jedes Kryptowerte-Whitepaper schließlich noch das **Datum seiner Übermittlung** an die zuständige Behörde des Herkunftsmitgliedstaats (vgl. Art. 8 Abs. 1, → Art. 8 Rn. 8) sowie ein **Inhaltsverzeichnis** enthalten.

V. Form des Kryptowerte-Whitepapers (Abs. 9 u. 10)

1. Sprache des Kryptowerte-Whitepapers (Abs. 9)

39 Nach Art. 6 Abs. 9 UAbs. 1 ist das Kryptowerte-Whitepaper ist in einer **Amtssprache des Herkunftsmitgliedstaats** (Art. 3 Abs. 1 Nr. 33 lit. a–c) oder in einer in der **internationalen Finanzwelt gebräuchlichen Sprache** abzufassen (grobes Regelungsvorbild: Art. 27 Abs. 1 ProspektVO mit Erweiterung der zulässigen Sprachen). **Erwgr. Nr. 25 S. 2** stellt klar, dass derzeit die **englische Sprache** die in der internationalen Finanzwelt gebräuchliche Sprache darstellt. UAbs. 1 findet nur Anwendung für Angebote und Handelszulassungen, die **ausschließlich im Herkunftsmitgliedstaat** stattfinden (arg. UAbs. 2 [„auch"] e.c.).

40 Art. 6 Abs. 9 UAbs. 2 (grobes Regelungsvorbild: Art. 27 Abs. 3 ProspektVO) schreibt vor, dass im Falle eines Angebots des Kryptowerts **auch in einem anderen Mitgliedstaat als dem Herkunftsmitgliedstaat** das Kryptowerte-Whitepaper **auch** in einer **Amtssprache des Aufnahmemitgliedstaats** (Art. 3 Abs. 1 Nr. 34) oder in einer in der **internationalen Finanzwelt gebräuchlichen Sprache** abzufassen ist. Damit dürfte sich in Fällen eines grenzüberschreitenden Angebots oder einer Handelszulassung in mehreren Mitgliedstaaten aus Kostengründen von vornherein die Abfassung des Kryptowerte-Whitepapers in englischer Sprache anbieten, um nicht **mehrere Sprachfassungen** anfertigen zu müssen. Wenngleich **UAbs. 2** nur vom Anbieten („werden [...] angeboten") spricht, so ist damit nicht nur das **öffentliche Angebot** iSd Art. 3 Abs. 1 Nr. 12, sondern zugleich eine **Handelszulassung** bzw. ein entsprechender Antrag in einem anderen Mitgliedstaat als dem Herkunftsmitgliedstaat gemeint, wie nicht zuletzt die Definitionsnorm des Aufnahmemitgliedstaats in Art. 3 Abs. 1 Nr. 34 belegt, die sowohl das öffentliche Angebot als auch die Handelszulassung erfasst. Auch vor dem Hintergrund des **Normzwecks des Art. 6 Abs. 9,** der die **Verständlichkeit der Kryptowerte-Whitepaper** gewährleisten möchte, erscheint eine solche Auslegung sachgerecht, da auch im Falle einer Handelszulassung in einem Aufnahmemitgliedstaat (im Regelfall) ein anderssprachiges Anlegerpublikum als im Herkunftsmitgliedstaat angesprochen wird.

41 Fraglich ist, welche Sprache zu wählen ist, wenn der Anbieter oder Zulassungsantragsteller den anderen Kryptowert nicht „auch", sondern „nur" in einem anderen Mitgliedstaat als dem Herkunftsmitgliedstaat **anbietet.** Zu diesem Fall könnte es in der Praxis verhältnismäßig oft kommen, da Art. 3 Abs. 1 Nr. 33 lit. a für die Bestimmung des Herkunftsmitgliedstaates auf den Sitz des Anbieters bzw. Zulassungsantragsteller abstellt. Insoweit ist festzuhalten, dass Art. 6 Abs. 9 UAbs. 2 immer dann Anwendung findet, wenn das Angebot oder die Handelszulassung nicht auf den Herkunftsmitgliedstaat begrenzt ist (→ Rn. 40), wobei dies auch dann gilt, wenn das öffentliche Angebot oder die (beantragte) Handelszulassung „nur" im Aufnahmemitgliedstaat stattfindet. Hierfür spricht der Normzweck des Art. 6 Abs. 9, da in diesem Fall das Anlegerpublikum des Aufnahmemitgliedstaats angesprochen wird, zugunsten dessen daher eine Verständlichkeit des Kryptowerte-Whitepapers zu gewährleisten ist. Hieran anschließend stellt sich die Folgefrage, ob aus dem Wortlaut des UAbs. 2, wonach das Kryptowerte-Whitepaper „**auch** in einer Amtssprache des Aufnahmemitgliedstaats oder in einer in der internationalen Finanzwelt gebräuchlichen Sprache abzufassen [ist]", folgt, dass im Falle einer auf den Aufnahmemitgliedstaat begrenzten Transaktion zugleich die Regelung des Art. 6 Abs. 9 UAbs. 1 zu beachten ist, dh ob das Kryptowerte-Whitepaper zusätzlich in der Amtssprache des Herkunftsmitgliedstaats zu erstellen ist.[62] Die Antwort hierauf fällt zweigeteilt aus: Da im Falle eines auf den Aufnahmemitgliedstaat begrenzten öffentlichen Angebots bzw. einer nur dort stattfindenden Handelszulassung das Anlegerpublikum im Herkunftsmitgliedstaat überhaupt nicht angesprochen wird[63], gebietet der Normzweck des Art. 6 Abs. 9 die zusätzliche Anwendung des Art. 6 Abs. 9 UAbs. 1 nicht. Zu demselben Ergebnis gelangt im Übrigen das Regelungsvorbild des Art. 27 ProspektVO in dessen Abs. 2 UAbs. 1. Die Wendung „auch (…) zu erstellen" ist im Falle eines auf den Aufnahmemitgliedstaat begrenzten öffentlichen Angebots oder einer alleine dort stattfindenden Handelszulassung somit als „**nur** (…) zu erstellen" zu lesen. Hierdurch erwächst jedoch im Falle der Verwendung einer vom Herkunftsmitgliedstaat abweichenden Amtssprache des Aufnahmemitgliedstaats das Verfahrensproblem, dass das Kryptowerte-Whitepaper gemäß Art. 8 Abs. 1 der Behörde des Herkunftsmitgliedstaats zu übermitteln ist, die das Kryptowerte-Whitepaper vor dessen Veröffentlichung zwar nicht billigen muss (anders: Art. 20 ProspekVO), aber zum Zwecke der Wahrnehmung der in Art. 94 aufgeführten Verwaltungsbefugnisse gleichwohl verstehen können sollte. Für die Zwecke des Notifizierungsverfahrens sollte daher Art. 27 Abs. 2 UAbs. 3 ProspektVO analog angewendet werden, so dass in einem solchen Fall für die zuständige Behörde des Herkunftsmitgliedstaats ein in der Amtssprache des Herkunftsmitgliedstaats oder ein in englischer Sprache (vgl. Erwgr. Nr. 25 S. 3) verfasstes Kryptowerte-Whitepaper zu erstellen ist. Sämtliche der soeben diskutierten Zweifelsfragen lösen sich von vornherein in Luft auf, wenn die publizitätspflichtigen Personen das Kryptowerte-Whitepaper in der in der internationalen Finanzwelt gebräuchlichen (dh der englischen) Sprache verfassen, da dies sowohl den Anforderungen des Art. 6 Abs. 9 UAbs. 1 als auch des UAbs. 2 genügt.

2. Maschinenlesbarkeit (Art. 6 Abs. 10)

In formaler Hinsicht muss das Kryptowerte-Whitepaper wegen Art. 6 Abs. 10 in **42** einem maschinenlesbaren Format zur Verfügung gestellt werden. Die Vorgabe dient

---

[62] Das Problem stellt sich nicht, wenn das Kryptowerte-Whitepaper in einer in der internationalen Finanzwelt gebräuchlichen Sprache (dh der englischen Sprache, Erwgr. Nr. 25 S. 2) erstellt wird, da hierdurch die Anforderungen von UAbs. 1 u. UAbs. 2 gleichzeitig eingehalten werden. Die hier besprochene Fallkonstellation wird insoweit nur dann virulent, wenn das Kryptowerte-Whitepaper alleine in der Amtssprache des Aufnahmemitgliedstaats erstellt wird, die nicht zugleich die englische Sprache ist.

[63] Ebenso für Art. 27 Abs. 2 ProspektVO: Just/Voß/Ritz/Zeising/Ritz ProspektVO Art. 27 Rn. 12.

der **schnelleren und effizienteren Nutz-** sowie **Analysierbarkeit** der im Kryptowerte-Whitepaper enthaltenen Informationen.[64]

VI. Technische Durchführungs- und Regulierungsstandards (Abs. 11 u. Abs. 12)

43 Die ESMA hat in Zusammenarbeit mit der EBA bis zum 30.6.2024 Entwürfe technischer Durchführungsstandards zur Festlegung von Standardformularen, Standardformaten und Mustertexten für die Zwecke des Absatzes 10 (Art. 6 Abs. 11 UAbs. 1) sowie Entwürfe technischer Regulierungsstandards für den Inhalt, die Methoden und die Darstellung der in Art. 6 Abs. 1 UAbs. 1 lit. j genannten Informationen über die Nachhaltigkeitsindikatoren in Bezug auf nachteilige Auswirkungen auf das Klima und sonstige umweltbezogene nachteilige Auswirkungen (Art. 6 Abs. 12 UAbs. 1) auszuarbeiten, wobei jeweils der Kommission die Befugnis zum Erlass betreffenden Standards übertragen wird (Art. 6 Abs. 11 UAbs. 3, Abs. 12 UAbs. 4).[65] Bei der Ausarbeitung der Nachhaltigkeitsindikatoren hat die ESMA die verschiedenen Konsensmechanismen, die bei der Validierung von Transaktionen mit Kryptowerten zum Einsatz kommen, deren Anreizstrukturen und die Nutzung von Energie, Energie aus erneuerbaren Quellen und natürlichen Ressourcen, die Erzeugung von Abfällen sowie die Erzeugung von Treibhausgasemissionen zu berücksichtigen (Art. 6 Abs. 12 UAbs. 2).

VII. Rechtsfolgen

1. Aufsichtsrecht

44 Enthält das Kryptowerte-Whitepaper nicht die nach Art. 6 erforderlichen Informationen, können die zuständigen nationalen Behörden (§ 93 Abs. 1 S. 1; in Deutschland: BaFin, § 3 S. 1 KMAG) von den publizitätspflichtigen Personen (→ Art. 4 Rn. 9, 12, → Art. 5 Rn. 8, 10 f., 12 ff., 15 ff.) verlangen, ihr Kryptowerte-Whitepaper zu ändern bzw. das geänderte Kryptowerte-Whitepaper weiter zu ändern (vgl. Art. 94 Abs. 1 lit. i; § 16 Abs. 1 KMAG). Darüber hinaus kann aufgrund eines Verstoßes gegen die Vorgaben des Art. 6 ein öffentliches Angebot oder eine Handelszulassung für 30 Tage ausgesetzt (vgl. Art. 94 Abs. 1 lit. l; § 15 Abs. 1 KMAG oder gänzlich untersagt (vgl. Art. 94 Abs. 1 lit. m; § 15 Abs. 3 KMAG) werden.

2. Zivilrecht

45 Ein Verstoß gegen die Vorgaben des Art. 6 hat, sofern das Kryptowerte-Whitepaper „unvollständige, unredliche, unverständliche oder irreführende Informationen" (vgl. Art. 15 Abs. 1) enthält, eine **Whitepaper-Informationshaftung** des Anbieters (Art. 3 Abs. 1 Nr. 13) oder Zulassungsantragstellers (Art. 5 Abs. 1) bzw. Betreibers der Handelsplattform (Art. 5 Abs. 2 oder Abs. 3) sowie der jeweiligen Mitglieder ihres Verwaltungs-, Leitungs- oder Aufsichtsorgans (Art. 3 Abs. 1

---

[64] Vgl. Erwgr. Nr. 63 S. 3 ProspektVO.
[65] Näher hierzu Aubrunner/Reder GesRZ 2023, 158 (163).

Nr. 27) gemäß **Art. 15** zur Folge (→ Art. 15; zur Wirksamkeit der zivilrechtlichen Verträge sowie zum Lauterkeitsrecht → Art. 4 Rn. 32f.). Für Fehler in der Kryptowerte-Whitepaper-**Zusammenfassung** aus Art. 6 Abs. 7 (→ Rn. 33ff.) enthält Art. 15 Abs. 5 spezielle Vorgaben für die Haftung (Regelungsvorbild: Art. 11 Abs. 2 ProspektVO; → Art. 15 Rn. 34ff.). Fehlt die **Verantwortungsübernahmeerklärung** aus Art. 6 Abs. 3 UAbs. 2 S. 2 (iVm UAbs. 3), lässt dies die Haftung der publizitätspflichtigen Personen aus Art. 15 unberührt (→ Art. 15 Rn. 16). Besonderheiten ergeben sich im Falle eines **fehlenden Kryptowerte-Whitepapers** (→ Art. 15 Rn. 14, 28, 67).

Artikel 7 Marketingmitteilungen

(1) Marketingmitteilungen zu einem öffentlichen Angebot eines anderen Kryptowerts als vermögenswertereferenzierten Token oder E-Geld-Token oder zur Zulassung eines solchen Kryptowerts zum Handel müssen alle folgenden Anforderungen erfüllen:
a) Die Marketingmitteilungen sind eindeutig als solche erkennbar;
b) die Informationen in den Marketingmitteilungen sind redlich und eindeutig und nicht irreführend;
c) die Informationen in den Marketingmitteilungen stimmen mit den Informationen im Kryptowerte-Whitepaper über ein, sofern ein solches Kryptowerte-Whitepaper gemäß Artikel 4 oder 5 erforderlich ist;
d) in den Marketingmitteilungen wird eindeutig darauf hingewiesen, dass ein Kryptowerte-Whitepaper veröffentlicht wurde, und sie enthalten die Adresse der Website des Anbieters der betreffenden Kryptowerte, der Person, die die Zulassung solcher Kryptowerte zum Handel beantragt oder des Betreibers der Handelsplattform für den betreffenden Kryptowert sowie eine Telefonnummer und eine E-Mail-Adresse, über die diese Person kontaktiert werden kann;
e) die Marketingmitteilungen enthalten die folgende eindeutige und deutlich erkennbare Erklärung:
„Diese Kryptowert-Marketingmitteilung wurde von keiner zuständigen Behörde eines Mitgliedstaats der Europäischen Union geprüft oder genehmigt. Der Anbieter des Kryptowerts trägt die alleinige Verantwortung für den Inhalt dieser Kryptowert-Marketingmitteilung."
Wird die Marketingmitteilung von der Person, die die Zulassung zum Handel beantragt, oder von dem Betreiber einer Handelsplattform erstellt, so wird in die Erklärung gemäß Unterabsatz 1 Buchstabe e anstelle von „Anbieter" auf die „Person, die die Zulassung zum Handel beantragt" oder den „Betreiber der Handelsplattform" Bezug genommen.

(2) Ist ein Kryptowerte-Whitepaper gemäß Artikel 4 oder 5 erforderlich, so dürfen vor der Veröffentlichung des Kryptowerte-Whitepapers keine Marketingmitteilungen verbreitet werden. Die Möglichkeit des Anbieters, der Person, die die Zulassung zum Handel beantragt, oder des Betreibers einer Handelsplattform, Marktsondierungen durchzuführen, bleibt hiervon unberührt.

Art. 7

(3) Die zuständige Behörde des Mitgliedstaats, indem die Marketingmitteilungen verbreitet werden, ist befugt, die Einhaltung von Absatz 1 in Bezug auf diese Marketingmitteilungen zu prüfen.

Erforderlichenfalls unterstützt die zuständige Behörde des Herkunftsmitgliedstaats die zuständige Behörde des Mitgliedstaats, in dem die Marketingmitteilungen verbreitet werden, bei der Beurteilung der Frage, ob die Marketingmitteilungen mit den Informationen im Kryptowerte-Whitepaper übereinstimmen.

(4) Nutzt die zuständige Behörde eines Aufnahmemitgliedstaats zur Durchsetzung dieses Artikels eine der Aufsichts- und Ermittlungsbefugnisse gemäß Artikel 94, so ist dies unverzüglich der zuständigen Behörde des Herkunftsmitgliedstaats des Anbieters, der Person, die die Zulassung zum Handel beantragt, oder dem Betreiber der Handelsplattform für die Kryptowerte mitzuteilen.

Schrifttum: Siehe vor Art. 4 ff.

Übersicht

	Rn.
I. Grundlagen	1
1. Regelungsgegenstand	1
2. Regelungsvorbild	2
3. Regelungszweck(e)	3
a) Abs. 1 u. Abs. 2	3
b) Abs. 3 u. Abs. 4	7
II. Anwendungsbereich	8
III. Inhalt der Marketingmitteilungen (Art. 7 Abs. 1)	11
1. Begriff der Marketingmitteilung	12
2. Allgemeine Anforderungen (lit. a, b, c)	16
a) Transparenzgebot: Eindeutige Erkennbarkeit der Marketingmitteilung	16
b) Gebot der Richtigkeit und Klarheit: Redlichkeit, Eindeutigkeit und Verbot der Irreführung	17
c) Konsistenzgebot: Übereinstimmung mit den Informationen des Kryptowerte-Whitepapers	18
3. Hinweis auf Veröffentlichung des Kryptowerte-Whitepapers und Angabe von Kontaktinformationen (lit. d)	20
4. Warnhinweis und Verantwortungsübernahmeerklärung (lit. e)	22
IV. Vorveröffentlichungen und Marktsondierungen (Abs. 2)	24
a) Vorveröffentlichung einer Marketingmitteilung (S. 1)	24
b) Marktsondierung (S. 2)	26
V. Behördliche Zuständigkeiten und Befugnisse (Abs. 3 u. Abs. 4)	27
VI. Rechtsfolgen	30
1. Aufsichtsrecht	30
2. Zivilrecht	31

I. Grundlagen

1. Regelungsgegenstand

Art. 7 reguliert die praktisch höchst bedeutsamen **Marketingmitteilungen**. Derartige Marketingmitteilungen, die insbesondere über **digitale Plattformen** und **soziale Medien** verbreitet werden (Erwgr. Nr. 24 S. 5), stellen integrale Bestandteile öffentlicher Angebote von Kryptowerten dar.[1] **Abs. 1** enthält vor diesem Hintergrund Anforderungen an den Inhalt der Marketingmitteilungen, wobei sowohl Vorgaben zur (inhaltlichen) **Gestaltung der Marketingmitteilung** im Allgemeinen (Abs. 1 lit. a–c) als auch zur **Aufnahme bestimmter (Warn-)Hinweise und Informationen** im Besonderen (Abs. 1 lit. d u. e) gemacht werden. **Abs. 2** verbietet die **vorzeitige Veröffentlichung** von Marketingmitteilungen vor der Veröffentlichung eines gemäß Art. 4, 5 erforderlichen Kryptowerte-Whitepapers (S. 1), wobei **Marktsondierungen** durch die Anbieter bzw. Zulassungsantragsteller weiterhin möglich bleiben sollen (S. 2). **Abs. 3 u. 4** enthalten Regelungen zum **Verfahren** im Falle der Wahrnehmung von Aufsichts- und/oder Ermittlungsbefugnissen sowie zur (grenzüberschreitenden) **Koordination** der zuständigen Behörden des Herkunfts- und Aufnahmemitgliedstaats.

1

2. Regelungsvorbild

Art. 7 entspricht zu weiten Teilen dem Regelungsvorbild aus **Art. 22 ProspektVO**, wenngleich das Verbot aus Art. 7 Abs. 2 S. 1 in Art. 22 ProspektVO keine Entsprechung findet.[2] Die Anforderungen aus Art. 7 Abs. 1 lit. a und b im Besonderen sind an **Art. 24 Abs. 3 MiFID II** angelehnt.

2

3. Regelungszweck(e)

a) Abs. 1 u. Abs. 2. Die Regulierung der Marketingmitteilungen durch Art. 7 Abs. 1 dient zunächst der **Sicherstellung der Effektivität des Offenlegungsregimes** der Art. 4 ff.[3] Mittelbar unterstützt Art. 7 nämlich die Erreichung der Regelungsziele der Kryptowerte-Whitepaper-Publizität (→ Art. 4 Rn. 5 ff., → Art. 5 Rn. 6, → Art. 6 Rn. 3): In diesem Zusammenhang gilt es zunächst zu bedenken, dass Marketingmitteilungen im Falle von öffentlichen Angeboten und Handelszulassungen von Kryptowerten nahezu immer verbreitet werden und ihnen für den Erfolg der Transaktionen entscheidende Bedeutung zukommt (→ Rn. 1), was nicht zuletzt daran liegt, dass die Angebote und Handelszulassungen in der überwiegenden Zahl der Fälle primär private (Klein-)Anleger ansprechen. Hinzu kommt der entscheidende Umstand, dass in der Praxis eine große Mehrheit der Anleger das Kryptowerte-Whitepaper nicht liest, sondern die Anlageentscheidung in einer Vielzahl von Fällen alleine auf Grundlage der Marketingmitteilung getroffen

3

---

[1] Rohr/Wright 70 Hastings L. Journ. 463 (478) (2019); Zickgraf AG 2018, 293 (294); Zickgraf BKR 2021, 196 (203); Maume/Maute Kryptowerte-HdB/Zickgraf § 11 Rn. 89; Omlor ZdiW 2023, 131 (133).

[2] Ganz im Gegenteil gilt bei Art. 22 Abs. 2 ProspektVO, dass „Werbung" vor Prospektveröffentlichung zulässig ist („In jeder Werbung ist darauf hinzuweisen, dass ein Prospekt […] zur Veröffentlichung ansteht.").

[3] Vgl. Zickgraf BKR 2021, 196 (203 f.).

wird.[4] Eine theoretische Erklärung hierfür liefert die Verhaltensökonomik: Kleinanleger überschätzen vielfach ihre Beurteilungsfähigkeiten in Bezug auf die angebotenen Anlageprodukte *(overoptimism)*[5] und zielen bei der Informationssuche nicht auf ein optimales, sondern lediglich ein befriedigendes Informationsniveau *(satisficing)*, was zu einer systematisch unzureichenden informationellen Basis ihrer Anlageentscheidungen führt.[6] Verstärkt werden diese Effekte durch den sog. *availability bias,* der besagt, dass Menschen bei Entscheidungen unter Unsicherheit in gesteigertem Maße auf leicht verfügbare und auffallende bzw. herausstechende Informationen zurückgreifen.[7] Die leichtere Verfügbarkeit und Verständlichkeit der Marketingmitteilungen führt dabei in Kombination mit der ohnehin unzureichenden Informationssuche der (Klein-)Anleger *(satisficing)* dazu, dass in der Praxis nicht das Kryptowerte-Whitepaper, sondern die Marketingmitteilung das zentrale Informationsmedium für die Anlageentscheidung der (Klein-)Anleger darstellt.[8] Diejenigen Funktionen, die eigentlich dem Kryptowerte-Whitepaper zukommen, müssen daher hinsichtlich Informationsvermittlung und Gestaltung (zumindest ansatzweise) auch durch die Marketingmitteilungen erfüllt werden, um die übergeordneten Regelungsziele des Offenlegungsregimes der Art. 4 ff. – dh Steigerung der (Allokations-)Effizienz des Marktes, Verhinderung eines *lemon market,* Senkung der Such- und Informationskosten der Anleger sowie der Kapitalkosten der Kapitalnachfrager, Gewährleistung angemessenen Anlegerschutzes (→ Art. 4 Rn. 5 ff., → Art. 6 Rn. 3) – tatsächlich zu erreichen. Das hier zugrunde gelegte Normzweckverständnis berücksichtigt insoweit die rechtstatsächliche Bedeutung der Marketingmitteilungen in der Praxis. In der gesetzgeberischen Regelungskonzeption kommt das Ziel der Sicherstellung der praktischen Effektivität des Offenlegungsregimes insbesondere in Art. 7 Abs. 1 UAbs. 1 lit. b u. c zum Ausdruck, wonach die Marketingmitteilungen redlich, eindeutig sowie nicht irreführend sein dürfen und mit den Informationen im Kryptowerte-Whitepaper übereinstimmen müssen (Konsistenzgebot).

4 Ein weiterer Regelungszweck des Art. 7 Abs. 1 (u. Abs. 2 S. 1) liegt in der (versuchten) **Aufrechterhaltung** bzw. **Aufwertung der rechtstatsächlichen Bedeutung des Kryptowerte-Whitepapers als vorrangiger Informations-**

---

[4] Zickgraf BKR 2021, 196 (204).
[5] Allgemein hierzu: Irwin, 21 Journ. Personality 329 ff. (1953); Weinstein 39 Journ. Pers. & Soc. Psychol. 806 ff. (1980); Kunda 53 Journ. Pers. & Soc. Psychol. 636 ff. (1987); Weinstein/Klein 15 Journ. Soc. & Clin. Psychol. 1 ff. (1996); Thaler 14 Journ. Econ. Persp. 133 ff. (2000); im Kapitalmarktkontext: Langevoort 146 U. Pa. L. Rev. 101, 139 ff. (1997); Kent/Hirshleifer/Subrahmanyam 53 Journ. Fin. 1839, 1841, 1844 ff. (1998); Hirshleifer 56 Journ. Fin. 1533, 1543, 1548 f. (2001); Sunstein 122 Yale L. Journ. 1826, 1848 ff. (2013); Klöhn, Kapitalmarkt, Spekulation und Behavioral Finance, 2006, S. 90 ff., 116 ff.
[6] Klöhn WM 2012, 97 (98).
[7] Tversky/Kahneman 5 Cog. Psychol. 207 ff. (1973); Tversky/Kahneman 185 Science 1124 ff. (1974); Jolls/Sunstein/Thaler, 50 Stan. L. Rev. 1471, 1518 f. (1998); Hirshleifer 56 Journ. Fin. 1533, 1541 f. (2001); Sunstein 122 Yale L. Journ. 1826, 1851 f. (2013); speziell im hiesigen Zusammenhang: Klöhn WM 2012, 97 (98); Just/Voß/Ritz/Zeising/Voß ProspektVO Art. 22 Rn. 6 („Werbebroschüren [sind] […] leicht verständlich und optisch ansprechend aufbereitet"); vgl. ferner Oehler ZBB 1992, 97 (101); Koller FS U. Huber, 2002, 821 (826, 829).
[8] Vgl. allgemein für Werbung auf dem Kapitalmarkt: Klöhn WM 2012, 97 (98) („keinesfalls unrealistische Gefahr, dass Anleger nicht die Werbung, sondern im Gegenteil die Angaben des eigentlichen Emissionsprospekts weitgehend ignorieren.").

Marketingmitteilungen **Art. 7**

quelle der Entscheidung der Anleger[9], sofern im jeweiligen Fall eine Whitepaper-Publizitätspflicht besteht (→ Rn. 8). Positiv-rechtliche Ausprägungen dieser zweiten maßgeblichen *ratio legis* von Art. 7 sind im Transparenzgebot (Art. 7 Abs. 1 UAbs. 1 lit. a), dem Konsistenzgebot (Art. 7 Abs. 1 UAbs. 1 lit. c)[10], der Hinweispflicht auf das Kryptowerte-Whitepaper (Art. 7 Abs. 1 UAbs. 1 lit. d) sowie dem Verbot der Verbreitung von Marketingmitteilungen vor der Veröffentlichung des Kryptowerte-Whitepapers (Art. 7 Abs. 2 S. 1) zu erblicken. Insoweit akzeptiert der Unionsgesetzgeber nicht schlichtweg die rechtstatsächliche Bedeutung der Marketingmitteilungen (→ Rn. 3), sondern er unternimmt mithilfe der Regulierung der Marketingmitteilungen zumindest den Versuch einer Aufwertung der rechtstatsächlichen Bedeutung des Kryptowerte-Whitepapers.

Art. 7 Abs. 2 S. 1 im Besonderen verfolgt das mit dem vorgenannten Regelungszweck (→ Rn. 4) zusammenhängende Ziel, das Aufkommen einer „Anlagestimmung"[11] vor der Veröffentlichung des Kryptowerte-Whitepapers zu verhindern. Wäre die Verbreitung von Marketingmitteilungen vor Veröffentlichung des Kryptowerte-Whitepapers zulässig, stünde nämlich wegen des *avalailability bias*, der Tendenz zur Unterinvestition in eine weitere Informationssuche (*satisficing*; zu diesen Effekten → Rn. 4) sowie des *confirmation bias*[12] der (Klein-)Anleger zu befürchten, dass die (vor-)veröffentliche Marketingmitteilung die geplante Anlageentscheidung bereits auf bestimmte Art und Weise vorprägt und relevante (Zusatz-)Informationen des erst später veröffentlichten Kryptowerte-Whitepapers nicht mehr durch die (Klein-)Anleger wahrgenommen werden, was wiederum dem normativen Ziel der Aufrechterhaltung bzw. Aufwertung der Bedeutung des Kryptowerte-Whitepapers (→ Rn. 4) diametral zuwider liefe.[13] Um die aus Marktperspektive sinnvollen Marktsondierungen (→ Rn. 26) weiterhin zu ermöglichen, enthält Art. 7 Abs. 2 S. 2 eine Ausnahme vom Verbot des Art. 7 Abs. 2 S. 1.

Art. 7 Abs. 1 (u. Abs. 2 S. 1) liegen damit **zwei korrespondierende Normzwecke** zugrunde: Einerseits soll durch die Regulierung der Marketingmitteilungen in Anerkennung der rechtstatsächlichen Gegebenheiten die **Effektivität des Offenlegungsregimes der Art. 4 ff.** sowie die **Erreichung** der damit verbunde-

---

[9] Ähnlich für Art. 22 ProspektVO: Just/Voß/Ritz/Zeising/Voß ProspektVO Art. 22 Rn. 6, wobei nach hier vertretener Auffassung die Anhebung der rechtlichen Anforderungen an die Werbung bzw. die Marketingmitteilungen durch Art. 7 Abs. 1 UAbs. 1 lit. b nicht der Schwächung der Funktion der Marketingmitteilungen, sondern vielmehr (unter Anerkennung von dem rechtstatsächlichen Bedeutung) dem unter → Rn. 3 genannten Zweck dient. Siehe zum US-amerikanischen Kapitalmarktrecht: Coffee 52 Wash. & Lee L. Rev. 1143, 1150 ff. (1995); Choi 10 Lewis & Clark L. Rev. 85, 92 ff., 98 ff. (2006).

[10] Siehe zum Begriff im Rahmen des Regelungsvorbilds Art. 22 Abs. 4 ProspektVO: Assmann/Schlitt/v. Kopp-Colomb/Schlitt/Ries ProspektVO Art. 22 Rn. 2, 20.

[11] Siehe allgemein zu dieser Folge von Werbung auf dem Kapitalmarkt: Klöhn WM 2012, 97 (98).

[12] Lord/Ross/Lepper 37 Journ. Pers. & Soc. Psychol. 2098 ff. (1979); Snyder/Cantor 15 Journ. Exp. Soc. Psychol. 330 ff. (1979); Lord/Lepper/Preston 47 Journ. Pers. & Soc. Psychol. 1231 ff. (1984); Rabin/Schrag 114 Quart. Journ. Econ. 37 ff. (1999); Hirshleifer 56 Journ. Fin. 1533, 1549 (2001); vgl. hierzu auch Klöhn, Kapitalmarkt, Spekulation und Behavioral Finance, 2006, S. 107 mwN.

[13] Ähnlich wie hier Klöhn WM 2012, 97 (98): „Werbung kann die Anleger davon abhalten, die wertrelevanten Informationen zur Kenntnis zu nehmen. (...) Dies hemmt den Abbau von Informationsasymmetrien, was verheerende Folgen für die Kapitalallokation haben kann."; ähnlich auch Just/Voß/Ritz/Zeising/Voß ProspektVO Art. 22 Rn. 7.

Art. 7   Titel II Andere Kryptowerte

nen, **übergeordneten Regulierungsziele** abgesichert werden (→ Rn. 3). Andererseits soll das **Kryptowerte-Whitepaper** entgegen der gegenläufigen rechtstatsächlichen (Markt-)Tendenzen in seiner **Bedeutung als Informationsquelle** aufgewertet werden (→ Rn. 4), was unmittelbar den Funktionsmechanismus der Kryptowerte-Whitepaper-Publizität (→ Art. 4 Rn. 5 ff., → Art. 6 Rn. 3) effektuieren soll. Art. 7 Abs. 1 (u. Abs. 2 S. 1) liegt damit ein sinnvolles, komplementäres Regelungskonzept zugrunde, das sowohl die *empirischen* Gegebenheiten pragmatisch anerkennt (vgl. Art. Art. 7 Abs. 1 UAbs. 1 lit. b u. c) – wodurch die Effektivität des gesamten Offenlegungsregimes tatsächlich verbessert werden dürfte – als auch den *normativen* Anspruch einer Veränderung dieser Marktverhältnisse erhebt, indem es auf eine (theoretisch wünschenswerte) Stärkung der Bedeutung des Kryptowerte-Whitepapers abzielt (vgl. Art. 7 Abs. 1 UAbs. 1 lit. a, b, c, Abs. 2 S. 1).

7   **b) Abs. 3 u. Abs. 4.** Art. 7 Abs. 3 u. Abs. 4 betreffen demgegenüber die Zuständigkeiten sowie das Verfahren zwischen den zuständigen Behörden im Rahmen der Marktaufsicht betreffend die Einhaltung der Vorgaben aus Art. 7 Abs. 1 u. Abs. 2. Art. 7 Abs. 3 S. 1. räumt der Behörde des Aufnahmemitgliedstaats (→ Rn. 27) eine Befugnis zur Prüfung der Einhaltung der Vorgaben des Art. 7 Abs. 1 sowie in Art. 7 Abs. 4 die Befugnis zur Wahrnehmung der Aufsichts- und Ermittlungsbefugnisse aus Art. 94 ein. Die Gewährung dieser Befugnisse dient der **Effektivität der Marktaufsicht**, da die Behörde des Mitgliedstaates, in dem die Marketingmitteilungen verbreitet werden, im Regelfall als erste und in vielen Fällen als einzige Behörde von der Verbreitung Kenntnis erlangen dürfte.

II. Anwendungsbereich

8   Ausweislich seines Abs. 1 findet Art. 7 in **sachlicher Hinsicht** nur auf Marketingmitteilungen zu einem **öffentlichen Angebot** (Art. 3 Abs. 1 Nr. 14) eines **anderen Kryptowerts als eines vermögenswertereferenzierten Token oder E-Geld-Token** (näher → Vor Art. 4 ff. Rn. 14 ff.) oder zu einer **Handelszulassung** eines solchen Kryptowerts Anwendung. Fraglich ist, ob die Anwendbarkeit des Art. 7 nur im Falle einer bestehenden Kryptowerte-Whitepaper-Publizitätspflicht nach Art. 4 (öffentliches Angebot) oder Art. 5 (Handelszulassung) gegeben ist. Der einleitende Wortlaut des Art. 7 Abs. 1 sowie Art. 7 Abs. 1 lit. c Hs. 2, Abs. 2 S. 1 sprechen gegen ein solches Erfordernis, wohingegen Art. 7 Abs. 1 lit. d für ein solches Erfordernis spricht. Die Normzwecke des Art. 7 – Sicherstellung der Effektivität des Offenlegungsregimes der Art. 4 ff. sowie Aufwertung der Bedeutung des Kryptowerte-Whitepapers als Informationsquelle (→ Rn. 3 f., 6) – scheinen auf den ersten Blick eine bestehende Whitepaper-Pflicht als Anwendungsvoraussetzung zu fordern, da ohne bestehende Kryptowerte-Whitepaper-Pflicht weder eine primäre Publizitätspflicht besteht, deren Effektivität abgesichert werden könnte, noch ein Kryptowerte-Whitepaper veröffentlicht wird, dessen Bedeutung im Rahmen der Anlageentscheidung der Anleger aufgewertet werden könnte. Indes dürften der **Markt- und Anlegerschutz** bzw. die **übergreifenden Regelungsziele des Titels II** (→ Rn. 3, → Art. 4 Rn. 5 ff., → Art. 5 Rn. 6, → Art. 6 Rn. 3) durch unredliche oder irreführende Marketingmitteilungen **erst recht** und **umso stärker** beeinträchtigt werden, wenn die Marketingmitteilungen die einzig verfügbare Informationsquelle der (Klein-)Anleger darstellen, weil mangels Publizitätspflicht kein Kryptowerte-Whitepaper erstellt und veröffentlicht worden ist. Hinzu

Marketingmitteilungen **Art. 7**

kommt, dass in Art. 7 eine dem Art. 22 Abs. 1 S. 2 ProspektVO entsprechende Vorschrift fehlt (Umkehrschluss). Neben dem (einleitenden) **Wortlaut** von Art. 7 Abs. 1 iVm Abs. 1 lit. c Hs. 2, Abs. 2 S. 1 sprechen daher **systematische** und **prinzipielle Überlegungen** dafür, die Regularien des Art. 7 – mit Ausnahme von Art. 7 Abs. 1 lit. d Var. 1, Abs. 2 S. 1 – **unabhängig vom Bestehen einer Kryptowerte-Whitepaper-Pflicht gemäß Art. 4 oder Art. 5** anzuwenden.

Art. 7 erfasst in seinem **persönlichen Anwendungsbereich** nur den **Ersteller** 9 der Marketingmitteilung (arg. Art. 7 Abs. 1 UAbs. 2), wobei als mögliche Ersteller iSd Art. 7, wie sich aus Art. 7 Abs. 1 UAbs. 1 lit. e, UAbs. 2, Abs. 2 S. 2 folgern lässt, nur der **Anbieter,** der **Zulassungsantragsteller** sowie der **Betreiber der Handelsplattform** in Betracht kommen. Damit unterfallen selbstständige Werbetreibende, wie zB Social-Media-Influencer, die für den betreffenden Kryptowert Werbung machen, nicht dem persönlichen Anwendungsbereich des Art. 7 (arg. Art. 7 Abs. 1 UAbs. 1 lit. e, UAbs. 2, Abs. 2 S. 2 e.c.).

Der **räumliche Anwendungsbereich** des Art. 7 ist in Übereinstimmung mit 10 allgemeinen kollisionsrechtlichen Prinzipien der (Kapital-)Marktregulierung eröffnet, wenn die Marketingmitteilung Auswirkungen auf den Markt für Kryptowerte in der Union hat (**Marktortprinzip;** → Vor Art. 4 ff. Rn. 21 ff.). Ein hinreichender Marktortbezug liegt vor, wenn ein **öffentliches Angebot** für den betreffenden Kryptowert **in der Union** durchgeführt wird (→ Art. 4 Rn. 10, → Vor Art. 4 ff. Rn. 23) oder eine **Handelszulassung** für den betreffenden Kryptowert **in der Union** stattfinden soll (→ Art. 5 Rn. 9, → Vor Art. 4 ff. Rn. 24). Denn unter diesen Umständen kann sich die Marketingmitteilung – unabhängig vom Ort ihrer Verbreitung innerhalb oder außerhalb der Europäischen Union – auf die **Preisbildung** und/oder **Nachfrage** nach anderen Kryptowerten als vermögenswertereferenzierten Token oder E-Geld-Token **in der Union,** dh auf die **Integrität** sowie die **Reputation des Unionsmarktes,** auswirken. Der marktschützende Charakter der Art. 4 ff. gebietet es daher, Art. 7 zur Anwendung zu bringen.

III. Inhalt der Marketingmitteilungen (Art. 7 Abs. 1)

Art. 7 Abs. 1 macht dem **Ersteller** – dh dem Anbieter, dem Zulassungsantrag- 11 steller oder dem Betreiber der Handelsplattform für Kryptowerte (→ Rn. 9) – einer **Marketingmitteilung** (→ Rn. 12 ff.) bestimmte Vorgaben zu deren Inhalt, wozu allgemeine Anforderungen hinsichtlich der enthaltenen Informationen (→ Rn. 16 ff.), die Pflicht zur Aufnahme eines Hinweises auf das (veröffentlichte) Kryptowerte-Whitepaper (→ Rn. 20 f.) und die Pflicht zur Aufnahme eines Warnhinweises sowie einer Verantwortungsübernahmeerklärung (→ Rn. 22 f.) gehören.

1. Begriff der Marketingmitteilung

Der Begriff der **Marketingmitteilung** wird in der MiCAR (leider) nicht de- 12 finiert. Jedoch erscheint ein Rückgriff auf den teleologisch sinnverwandten Begriff der **„Werbung"** aus Art. 22 ProspektVO zum Zwecke der näheren Konturierung des Begriffs der Marketingmitteilung möglich, da der Unionsgesetzgeber beide Begriffe letztlich gleichbedeutend verwendet, wie **Erwgr. Nr. 24 S. 5 u. 6** zeigen, die als Marketingmitteilungen „Werbebotschaften" sowie „Marketingmaterialien" benennen. Für diese Herangehensweise spricht ferner, dass Art. 7 weitgehend an **Art. 22 ProspektVO als Regelungsvorbild** angelehnt ist (→ Rn. 2) und Art. 7

Art. 7 Titel II Andere Kryptowerte

sowie Art. 22 ProspektVO **dasselbe Regelungsproblem** adressieren (teleologischer Gleichlauf).

13 Gemäß Art. 2 lit. k ProspektVO handelt es sich bei „Werbung" um eine **Mitteilung, die sich auf ein spezifisches öffentliches Angebot von Wertpapieren oder deren Zulassung zum Handel** an einem geregelten Markt bezieht **und** (vgl. Art. 2 lit. k: „mit folgenden beiden Eigenschaften") die darauf abstellt (bzw. abzielt), die **potenzielle Zeichnung oder den potenziellen Erwerb von Wertpapieren gezielt zu fördern.** Diese Definition gilt es für die Zwecke des Art. 7 MiCAR jedoch dahingehend anzupassen, dass sich die Mitteilung nicht auf ein spezifisches öffentliches Angebot eines Wertpapiers, sondern eines **anderen Kryptowerts als eines vermögenswerterefenzierten Token oder eines E-Geld-Token** beziehen muss, da Art. 4 ff. lediglich auf solche anderen Kryptowerte Anwendung finden (→ Vor Art. 4 ff. Rn. 14 ff.). Zudem muss sich die Mitteilung nicht auf eine Handelszulassung an einem geregelten Markt (iSd Art. 2 lit. j ProspektVO iVm Art. 4 Abs. 1 Nr. 21 MiFID II), sondern vielmehr auf eine Handelszulassung auf einer **Handelsplattform für Kryptowerte** beziehen (arg. Art. 5).

14 Nach dem Gesagten ergibt sich für **Art. 7** folgende **Definition der Marketingmitteilung:** Eine Marketingmitteilung ist eine Mitteilung, die sich auf ein spezifisches öffentliches Angebot von anderen Kryptowerten als vermögenswerterefenzierten Token oder E-Geld-Token oder deren Zulassung auf einer Handelsplattform für Kryptowerte bezieht und die darauf abzielt (vgl. Art. 2 lit. k ProspektVO: „aiming"), die potenzielle Zeichnung oder den potenziellen Erwerb von anderen Kryptowerten als vermögenswerterefenzierten Token oder E-Geld-Token gezielt zu fördern.

15 Dem Begriff der **Mitteilung** unterfallen alle **Erklärungen** (iSd → Rn. 14) **mit Außenwirkung** unabhängig von ihrer Form und ihrem Ort. Erfasst sind demnach Marketingmaterialien, wie zB Broschüren, Präsentationen, (postalische) Werbeschreiben, sowie Werbebotschaften, wie zB Fernsehspots, persönliche Ansprachen, Presseanzeigen, Werbung im Internet (insbes. in sozialen Netzwerken und Medien[14], wie zB Facebook, Instagram, Telegram, TikTok, YouTube oÄ), per E-Mail, Telefon oder auf Seminaren.[15] Erforderlich und hinreichend zugleich ist jeweils der **spezifische Bezug der Mitteilung** auf ein bestimmtes öffentliches Angebot oder eine bestimmte Handelszulassung auf einer Handelsplattform für Kryptowerte in der Union (→ Rn. 10) sowie die **bezweckte Förderung** der Zeichnung oder des Erwerbs anderer Kryptowerte als vermögenswerterefenzierter Token oder E-Geld-Token.

2. Allgemeine Anforderungen (lit. a, b, c)

16 a) **Transparenzgebot: Eindeutige Erkennbarkeit der Marketingmitteilung.** Art. 7 Abs. 1 UAbs. 1 lit. a schreibt vor, dass die Marketingmitteilungen **eindeutig** als solche **erkennbar** sein müssen **(Transparenzgebot).** Die Eindeutigkeit erfordert als Ausprägung des **Grundsatzes der Klarheit** der Marketingmitteilung (näher → Rn. 17), dass sie **unzweifelhaft „als solche"** identifizierbar ist und insbesondere eine **Verwechslung** mit dem Kryptowerte-Whitepaper **aus-**

---

[14] Vgl. Erwgr. Nr. 24 S. 5.
[15] Vgl. für Art. 22 ProspektVO: Assmann/Schlitt/v. Kopp-Colomb/Schlitt/Ries ProspektVO Art. 22 Rn. 8; Just/Voß/Ritz/Zeising/Voß ProspektVO Art. 22 Rn. 12, 16.

Marketingmitteilungen **Art. 7**

geschlossen ist.[16] Sicher erfüllt werden diese Anforderungen durch eine entsprechende **Kennzeichnung** des jeweiligen Dokuments oder Mediums als „Marketingmitteilung".[17] Genügen sollte auch ein **Hinweis** in den Marketingmitteilungen, dass es sich hierbei **nicht** um das **Kryptowerte-Whitepaper** handelt, wobei dies jedenfalls dann gilt, wenn zugleich auf die **Veröffentlichung des Kryptowerte-Whitepapers** aufmerksam gemacht wird.[18] Angesichts des Umstands, dass die MiCAR tendenziell das Anlegerleitbild des Kleinanlegers zugrunde legt (→ Art. 6 Rn. 18), erscheint es naheliegend, dass die Aufsichtsbehörden und Gerichte sich im Rahmen der (konkretisierenden) Auslegung der Anforderungen des Art. 7 Abs. 1 UAbs. 1 lit. a an den Vorgaben des **Art. 14 DelVO 2019/979**[19] orientieren werden, sofern die betreffende Marketingmitteilung an Kleinanleger verbreitet wird. Zur konkretisierenden Auslegung des Art. 7 Abs. 1 UAbs. 1 lit. a können dabei sinnvollerweise jedoch nur Art. 14 Abs. 1 lit. a u. c, Abs. 2 DelVO 2019/979 entsprechend – unter Bezugnahme auf das (nicht gebilligte) Kryptowerte-Whitepaper – herangezogen werden, da Art. 14 Abs. 1 lit. b DelVO 2019/979 mangels behördlicher Billigung des Kryptowerte-Whitepapers (vgl. Art. 8 Abs. 3) seinen Regelungszweck (Warn- und Klarstellungsfunktion) vorliegend weder verwirklichen kann noch muss und Art. 14 lit. d DelVO 2019/979 speziell auf komplexe Wertpapiere zugeschnitten ist.

b) Gebot der Richtigkeit und Klarheit: Redlichkeit, Eindeutigkeit und 17
Verbot der Irreführung. Gemäß **Art. 7 Abs. 1 UAbs. 1 lit. b** müssen die Informationen in den Marketingmitteilungen **redlich, eindeutig** und **nicht irreführend** sein **(Qualitätsgebot)**. Bei der **Redlichkeit** und dem **Irreführungsverbot** handelt es sich um Ausprägungen des **Grundsatzes der Richtigkeit** der Marketingmitteilung (zum Kryptowerte-Whitepaper → Art. 6 Rn. 7 ff.), wobei dieser Grundsatz zugleich eine unmittelbare Verbindung zum **Normzweck** des Art. 7 Abs. 1 in Gestalt der **Wahrung der Effektivität des Offenlegungsregimes** aufweist. Schließlich bieten nur richtige Informationen in den Marketingmitteilungen die Gewähr, die Erreichung der übergeordneten Regelungsziele der Art. 4 ff. nicht zu beeinträchtigen, sondern im Gegenteil hierzu beizutragen (näher zum Vorstehenden → Rn. 3). Die Redlichkeit erfordert, dass die **tatsächlichen Angaben** mit der **Wirklichkeit übereinstimmen, Prognosen** sowie **Werturteile** in den Marketingmitteilungen **kaufmännisch vertretbar** sind und auf Grundlage einer **hinreichenden Tatsachenbasis** abgegeben werden und zugleich der **Gesamteindruck der Marketingmitteilung zutreffend** ist (vgl. Erwgr. Nr. 11 DelVO 2019/979)[20], wobei ein unzutreffender bzw. zu beschönigender Gesamteindruck zugleich einen Verstoß gegen das **Irreführungsverbot** begründet (zum Kryptowerte-Whitepaper → Art. 6 Rn. 8, 24 mN). Sofern eine Whitepaper-Publizitäts-

---

[16] Vgl. auch Erwgr. Nr. 9 DelVO 2019/979. Siehe zur besonderen Bedeutung der Vorschrift für die Einordnung der Informationen durch die Anleger, wenn selbstständige Werbetreibende im Namen des Erstellers die Marketingmitteilung verbreiten: Zickgraf BKR 2021, 196 (203).
[17] Vgl. für Art. 22 Abs. 2 ProspektVO: Assmann/Schlitt/v. Kopp-Colomb/Schlitt/Ries ProspektVO Art. 22 Rn. 17.
[18] Vgl. Assmann/Schlitt/v. Kopp-Colomb/Schlitt/Ries ProspektVO Art. 22 Rn. 17.
[19] Art. 14 DelVO 2019/979 dient der Konkretisierung des Regelungsvorbilds aus Art. 22 Abs. 3 S. 1 ProspektVO und ist auf Grundlage des Art. 22 Abs. 9 ProspektVO erlassen worden.
[20] Siehe zu Letzterem Just/Voß/Ritz/Zeising/Voß ProspektVO Art. 22 Rn. 24.

pflicht gemäß Art. 4 oder Art. 5 besteht, ist eine Überschneidung der vorstehenden Anforderungen mit dem Konsistenzgebot des Art. 7 Abs. 1 lit. c zu verzeichnen, weil und soweit die Informationen im Kryptowerte-Whitepaper ihrerseits dem Grundsatz der Richtigkeit unterliegen (→ Art. 6 Rn. 7ff., 24). Die gebotene **Eindeutigkeit** der Informationen stellt eine Ausprägung des **Grundsatzes der Klarheit** der Marketingmitteilungen dar. Die Wahrung der Eindeutigkeit erfordert, dass die mitgeteilten Informationen klar verständlich und nicht mehrdeutig sind (zum Kryptowerte-Whitepaper → Art. 6 Rn. 13, 26 mN); zudem dürfte auch eine verständliche (sowie nicht irreführende) Struktur der Marketingmitteilungen geboten sein (zur Verständlichkeit als Ausprägung des Grundsatzes der Klarheit → Art. 6 Rn. 14).

18 **c) Konsistenzgebot: Übereinstimmung mit den Informationen des Kryptowerte-Whitepapers.** Art. 7 Abs. 1 UAbs. 1 lit. c enthält die Vorgabe, dass die Informationen in den Marketingmitteilungen mit denjenigen im Kryptowerte-Whitepaper übereinstimmen müssen. Diesem **Konsistenzgebot**[21] kommt angesichts der Tatsache, dass die Anleger vielfach nur die Marketingmitteilung wahrnehmen, ohne das Kryptowerte-Whitepaper zu lesen, besondere praktische Bedeutung zu. Um die **Effektivität des Offenlegungsregimes** der Art. 4ff. sowie die **Erreichung der übergeordneten Regelungsziele der Whitepaper-Publizität** zu gewährleisten (→ Rn. 3), muss in Anbetracht dieser rechtstatsächlichen Ausgangslage nämlich sichergestellt werden, dass der Aussagegehalt der Marketingmitteilungen den Informationen im Kryptowerte-Whitepaper nicht widerspricht, sondern beide Informationsmedien inhaltlich übereinstimmen. Indem das Konsistenzgebot für die in die Marketingmitteilungen aufgenommenen Informationen eine zwingende Übereinstimmung mit den Informationen des Kryptowerte-Whitepapers anordnet, werden **mittels der Marketingmitteilungen** in abgewandelter (Darstellungs-)Form zumindest *idealiter* doch die **Informationen des Kryptowerte-Whitepapers** in den Markt gelenkt, wodurch zugleich dessen Bedeutung als **(mittelbare) Informationsquelle der Anlageentscheidung** gestärkt wird (→ Rn. 4). Insofern hängt das Konsistenzgebot aufs Engste mit den Regelungszwecken des Art. 7 Abs. 1 (u. Abs. 2) (→ Rn. 3 f.) zusammen. In prinzipieller Hinsicht handelt es sich beim Konsistenzgebot um eine Ausprägung des Grundsatzes der Richtigkeit sowie des Irreführungsverbots als Unterkategorie dieses Grundsatzes.

19 Im Unterschied zu den (meisten) anderen Bestimmungen des Art. 7 (→ Rn. 8) ist Art. 7 Abs. 1 UAbs. 1 lit. c in **sachlicher Hinsicht** nur dann anwendbar, wenn eine **Whitepaper-Publizitätspflicht** gemäß Art. 4 (→ Art. 4 Rn. 12, → Art. 4 Rn. 42) oder Art. 5 (→ Art. 5 Rn. 11 ff.) besteht. Anders als im Rahmen des Regelungsvorbilds aus Art. 22 Abs. 3 S. 2, Abs. 4[22] greift das Gebot des Art. 7 Abs. 1 UAbs. 1 lit. c in **zeitlicher Hinsicht** erst **ab Veröffentlichung des Kryptowerte-Whitepapers,** weil zuvor eine Veröffentlichung jeglicher Marketingmitteilung durch Art. 7 Abs. 2 S. 1 untersagt wird. Unabhängig von der inhaltlichen Konsistenz mit dem (später) veröffentlichten Kryptowerte-Whitepaper liegt daher im Falle einer Vorveröffentlichung (nur) ein Verstoß gegen Art. 7 Abs. 2 S. 1, nicht aber zusätzlich auch gegen Art. 7 Abs. 1 lit. c vor. Jedoch ist das Konsistenzgebot

---

[21] Siehe zum Begriff im Rahmen des Art. 22 Abs. 3 S. 2, Abs. 4 ProspektVO: Assmann/Schlitt/v. Kopp-Colomb/Schlitt/Ries ProspektVO Art. 22 Rn. 2, 20.

[22] Vgl. Assmann/Schlitt/v. Kopp-Colomb/Schlitt/Ries ProspektVO Art. 22 Rn. 21.

Marketingmitteilungen **Art. 7**

des Art. 7 Abs. 1 UAbs. 1 lit. c hinsichtlich der im Rahmen zulässiger Marktsondierungen (iSd Art. 7 Abs. 2 S. 2) offengelegten Informationen bereits vor Veröffentlichung des Kryptowerte-Whitepapers anwendbar (→ Rn. 26).[23]

3. Hinweis auf Veröffentlichung des Kryptowerte-Whitepapers und Angabe von Kontaktinformationen (lit. d)

20 Um die Bedeutung des Kryptowerte-Whitepapers als Informationsquelle der Anlageentscheidung zu stärken (→ Rn. 4), statuiert Art. 7 Abs. 1 UAbs. 1 lit. d eine **Hinweispflicht** betreffend die **Veröffentlichung des Kryptowerte-Whitepapers:** In die Marketingmitteilung ist ein **eindeutiger Hinweis** (zur Eindeutigkeit → Rn. 16) auf die Tatsache der Veröffentlichung als solcher aufzunehmen. Unter Berücksichtigung des soeben erwähnten Zwecks der Hinweispflicht (allgemein → Rn. 4) sowie der entsprechenden Regelung des Vorbilds aus Art. 22 Abs. 2 ProspektVO wird man jedoch zu fordern haben, dass darüber hinaus auch der **Ort,** an dem das **Kryptowerte-Whitepaper verfügbar** ist, im Rahmen dieses Hinweises angegeben wird. Hinsichtlich der genauen Modalitäten des Hinweises dürfte es sich für die Ersteller anbieten, sich an den Vorgaben von Art. 13 DelVO 2019/979 zur Konkretisierung des Art. 22 ProspektVO zu orientieren.

21 Darüber hinaus muss die Marketingmitteilung folgende **(Kontakt-)Informationen** der publizitätspflichtigen Person bzw. des Erstellers (→ Rn. 9) – dh des **Anbieters,** des **Handelszulassungsantragstellers** oder des **Betreibers der Handelsplattform für den betreffenden Kryptowert** – enthalten:
- Adresse der Website
- Telefonnummer
- E-Mail-Adresse

Die angegebene Telefonnummer und die E-Mail-Adresse müssen eine Kontaktierung des Erstellers ermöglichen.

4. Warnhinweis und Verantwortungsübernahmeerklärung (lit. e)

22 In die Marketingmitteilung ist wegen Art. 7 Abs. 1 UAbs. 1 lit. e UAbs. 1 die nachfolgende, **eindeutige** und **deutlich erkennbare Erklärung** (Warnhinweis) aufzunehmen: „Diese Kryptowert-Marketingmitteilung wurde von keiner zuständigen Behörde eines Mitgliedstaats der Europäischen Union geprüft oder genehmigt. Der Anbieter des Kryptowerts trägt die alleinige Verantwortung für den Inhalt dieser Kryptowert-Marketingmitteilung." Wird die Marketingmitteilung nicht vom Anbieter, sondern vom Handelszulassungsantragsteller oder dem Betreiber der Handelsplattform erstellt, sieht Art. 7 Abs. 1 UAbs. 1 lit. e S. 2 vor, dass in der Erklärung gemäß Art. 7 Abs. 1 UAbs. 1 lit. e S. 2 anstelle von „Anbieter" auf die „Person, die die Zulassung zum Handel beantragt" oder den „Betreiber der Handelsplattform" Bezug zu nehmen ist.

23 S. 1 der aufzunehmenden Erklärung soll etwaigen unberechtigten Markt- und Anlegererwartungen in Bezug auf eine staatliche ex-ante Prüfung und Genehmigung der Marketingmitteilungen entgegenwirken, die nach der MiCAR gerade nicht stattfindet. Insoweit dient der **Warnhinweis** dem **Markt-** und **Anlegerschutz.** Die Verantwortungsübernahmeerklärung aus Art. 7 Abs. 1 UAbs. 1 lit. e

---

[23] Ebenso für Art. 22 Abs. 4 ProspektVO: Assmann/Schlitt/v. Kopp-Colomb/Schlitt/Ries ProspektVO Art. 22 Rn. 35.

ähnelt der Verantwortungsübernahmeerklärung im Kryptowerte-Whitepaper aus Art. 6 Abs. 3, wobei die Verantwortungsübernahmeerklärung aus Art. 7 Abs. 1 UAbs. 1 lit. e im Unterschied zur Erklärung aus Art. 6 Abs. 3 (→ Art. 6 Rn. 29) nicht zugleich dem Kreis der Haftungsadressaten nach Art. 15 Abs. 1 entspricht, da in Art. 15 MiCAR keine aus dem Unionsrecht folgende Haftung für fehlerhafte Marketingmitteilungen vorgesehen ist (→ Rn. 31).

IV. Vorveröffentlichungen und Marktsondierungen (Abs. 2)

24 **a) Vorveröffentlichung einer Marketingmitteilung (S. 1).** Vor der Veröffentlichung eines gemäß Art. 4 oder Art. 5 erforderlichen **Kryptowerte-Whitepapers**, dh im Falle des **Bestehens einer Kryptowerte-Whitepaper-Pflicht** (→ Art. 4 Rn. 12, → Art. 5 Rn. 11 ff.) sowie der **freiwilligen Erstellung** eines Kryptowerte-Whitepapers (vgl. Art. 4 Abs. 8, → Art. 4 Rn. 42)[24], dürfen durch den Ersteller (→ Rn. 9) wegen Art. 7 Abs. 2 S. 1 keine Marketingmitteilungen (→ Rn. 12 ff.) verbreitet werden. Art. 7 Abs. 2 S. 1 enthält demnach ein **generelles Verbot der Vorveröffentlichung von Marketingmitteilungen**, um bei den potenziellen Anlegern infolge der werbenden (Vorab-)Informationen keine Anlagestimmung mit einhergehender Vorprägung der Anlageentscheidung entstehen zu lassen (sog. *confirmation bias,* näher → Rn. 5).

25 Der Begriff der Verbreitung meint eine Mitteilung, kommunikative Übermittlung oder Zugänglichmachung der Marketingmitteilung nach außen in den Verkehr, die **nicht** dem **ausschließlichen Zweck** dient, eine **Marktsondierung** (→ Rn. 26) durchzuführen (arg. Art. 7 Abs. 2 S. 2 e.c.).

26 **b) Marktsondierung (S. 2).** Abzugrenzen ist die Verbreitung (→ Rn. 25) einer Marketingmitteilung von der Marktsondierung, die Art. 7 Abs. 2 S. 2 vom Verbot des Art. 7 Abs. 2 S. 1 ausnimmt. **Marktsondierungen** zeichnen sich dadurch aus, dass sie im **Vorfeld einer Transaktion** stattfinden, um dem Initiator (dh dem Anbieter, Zulassungsantragsteller oder Betreiber der Handelsplattform) eine erste **Einschätzung des Interesses der möglichen Anleger** an dem **geplanten öffentlichen Angebot oder der Handelszulassung** (zB allgemeine Erfolgsaussichten, Vermarktbarkeit der Kryptowerte, Beurteilung des Geschäftsmodells durch die Investoren) sowie zu dessen **Bedingungen** (zB zum Umfang sowie zur preislichen Gestaltung) zu ermöglichen (vgl. auch Art. 11 Abs. 1 MAR, Erwgr. Nr. 32 S. 1 MAR).[25] Sie dienen damit sowohl **legitimen Interessen des Initiators** als auch den **Interessen des Marktes**, indem die typischerweise angesprochenen professionellen Anleger völlig unattraktive Transaktionen bereits mithilfe der Sondierungen vom Markt fernhalten und die Marktsondierungen vielfach überhaupt erst eine erfolgversprechende und marktgerechte Strukturierung der Transaktionen ermöglichen.[26] In begrifflicher Hinsicht zeichnen sich Marktsondierungen typischerweise

---

[24] Die Erfassung freiwillig erstellter Kryptowerte-Whitepaper entspricht dem Normzweck, → Rn. 4 f.

[25] Näher BeckOK WpHR/Seibt MAR Art. 11 Rn. 1 mwN; Klöhn/Brellochs MMVO Art. 11 Rn. 1, 39 f.; vgl. ferner Assmann/Schlitt/v. Kopp-Colomb/Schlitt/Ries ProspektVO Art. 22 Rn. 35.

[26] Vgl. Erwgr. Nr. 32 S. 3–5 MAR; BeckOK WpHR/Seibt MAR Art. 11 Rn. 1; Klöhn/Brellochs MMVO Art. 11 Rn. 1.

durch folgende Charakteristika aus: Sie zielen in ihrer **subjektiven Zielrichtung** nicht unmittelbar auf den Erwerb oder die Zeichnung von anderen Kryptowerten durch den angesprochenen Adressatenkreis der Marktsondierung; vielmehr sollen mithilfe der gewonnenen Marktinformationen zum Anlegerinteresse erst die Voraussetzungen einer etwaigen späteren Zeichnungsmöglichkeit geschaffen werden **(vorbereitender Charakter der Marktsondierung).**[27] Regelmäßig wird im Rahmen der Marktsondierungen nur ein **kleiner Kreis** ausgewählter (professioneller) Anleger angesprochen **(selektive Ansprache weniger Investoren).**[28] Erfolgt die Ansprache zum Zwecke der Führung von Vertragsverhandlungen oder bereits des Vertragsschlusses, liegt keine Marktsondierung mehr vor.[29] Im Übrigen wird man wie folgt abzugrenzen haben: Je mehr den angesprochenen Anlegern bereits eine konkrete Zeichnungsmöglichkeit in Aussicht gestellt wird und je mehr Anleger angesprochen werden, umso eher liegt keine Marktsondierung, sondern vielmehr bereits die Verbreitung einer Marketingmitteilung vor. Gleichwohl sollte aufgrund der legitimen Zwecke von Marktsondierungen bei der Abgrenzung zur Verbreitung einer Marketingmitteilung nicht zu streng verfahren werden.[30] Schließlich findet das Konsistenzgebot des Art. 7 Abs. 1 lit. c – bezogen auf das später noch zu veröffentlichende Kryptowerte-Whitepaper – ohnehin bereits im Rahmen der Marktsondierungen Anwendung (→ Rn. 19).[31] Durch dessen Anwendung (näher → Rn. 18f.) sowie die (tatbestandliche) Beschränkung einer (zulässigen) Marktsondierung auf die Ansprache einer stark begrenzten Zahl von Investoren zum Zwecke der Vorbereitung der Transaktionsstruktur, wird dem Normzweck des Art. 7 Abs. 2 S. 1, eine von den Informationen des Kryptowerte-Whitepapers losgelöste Anlagestimmung im Markt zu verhindern (→ Rn. 5), entsprechend Rechnung getragen.

V. Behördliche Zuständigkeiten und Befugnisse (Abs. 3 u. Abs. 4)

Art. 7 Abs. 3 (Regelungsvorbild: Art. 22 Abs. 6 ProspektVO) weist in seinem UAbs. 1 der **zuständigen Behörde des (Verbreitungs-)Mitgliedstaats,** in dem die Marketingmitteilungen verbreitet wurden **(Marktortprinzip),** die **Befugnis zur Prüfung** der Einhaltung der Vorgaben des Art. 7 Abs. 1 zu. Soweit die Marketingmitteilungen nicht im Herkunftsmitgliedstaat des Erstellers verbreitet werden, enthält Art. 7 Abs. 3 UAbs. 1 eine **Abweichung vom Prinzip der Allzuständigkeit der zuständigen Behörde des Herkunftsmitgliedstaats**[32], wobei dies zum

27

---

[27] Klöhn/Brellochs MMVO Art. 11 Rn. 1, 39f.
[28] Assmann/Schlitt/v. Kopp-Colomb/Schlitt/Ries ProspektVO Art. 22 Rn. 35.
[29] Assmann/Schneider/Mülbert/Assmann MAR Art. 11 Rn. 10; Klöhn/Brellochs MMVO Art. 11 Rn. 39; Schwark/Zimmer/Kumpan/Grütze MAR Art. 11 Rn. 10; BeckOK WpHR/Seibt MAR Art. 11 Rn. 43f.
[30] Ähnlich für Art. 11 MAR: Klöhn/Brellochs MMVO Art. 11 Rn. 40; Schwark/Zimmer/Kumpan/Grütze MAR Art. 11 Rn. 19; BeckOK WpHR/Seibt MAR Art. 11 Rn. 44.
[31] Ebenso für Art. 22 Abs. 4 ProspektVO: Assmann/Schlitt/v. Kopp-Colomb/Schlitt/Ries ProspektVO Art. 22 Rn. 35.
[32] Vgl. für Art. 22 Abs. 6 ProspektVO: Assmann/Schlitt/v. Kopp-Colomb/Schlitt/Ries ProspektVO Art. 22 Rn. 39; iE ebenso Just/Voß/Ritz/Zeising/Voß ProspektVO Art. 22 Rn. 40.

Zwecke einer effektiveren Marktaufsicht geschieht (→ Rn. 7). Entgegen des missglückten Wortlauts enthält Art. 7 Abs. 3 UAbs. 1 nicht nur eine Befugnis bzw. Zuständigkeit zur Prüfung der Einhaltung der Vorgaben des Art. 7 Abs. 1, sondern ebenso der Vorgaben des Art. 7 Abs. 2. Bei der **Nichterwähnung des Art. 7 Abs. 2** in Art. 7 Abs. 3 UAbs. 1 handelt es sich mithin um ein **Redaktionsversehen**.

28 Gemäß Art. 7 Abs. 3 UAbs. 2 hat die zuständige Behörde des Herkunftsmitgliedstaats im Wege der **Amtshilfe** die zuständige Behörde des Verbreitungsmitgliedstaats bei der Beurteilung der Frage zu unterstützen, ob die Marketingmitteilungen mit den Informationen im Kryptowerte-Whitepaper übereinstimmen (**Konsistenzgebot**, Art. 7 Abs. 1 lit. c). Eine derartige Kooperation der zuständigen Behörden erscheint insbesondere dann sinnvoll und geboten, wenn das Kryptowerte-Whitepaper und die Marketingmitteilungen in verschiedenen Sprachen abgefasst sind, wobei die zuständige Behörde des Verbreitungsmitgliedstaats die für das Kryptowerte-Whitepaper genutzte Sprache nicht beherrscht (siehe zur Sprachregelung Art. 6 Abs. 9, → Art. 6 Rn. 39 ff.). Für das Amtshilfeverfahren der Behörden bietet sich ein Rückgriff auf die zum Regelungsvorbild des Art. 22 Abs. 6 ProspektVO erlassenen technischen Regulierungsstandards aus Art. 17 DelVO 2019/979 an.

29 Art. 7 Abs. 4 stellt implizit klar, dass die Aufsichts- und Ermittlungsbefugnisse aus Art. 94 zur Durchsetzung des Art. 7 der zuständigen Behörde des „**Verbreitungsmitgliedstaats**" zustehen. Werden die Marketingmitteilungen nämlich nicht im Herkunftsmitgliedstaat (Art. 3 Abs. 1 Nr. 33), sondern in einem „**Aufnahmemitgliedstaat**" verbreitet, hat die zuständige **Behörde des Aufnahmemitgliedstaats** den Umstand der **Nutzung einer der Aufsichts- und Ermittlungsbefugnisse** aus Art. 94 der zuständigen **Behörde des Herkunftsmitgliedstaats** des Erstellers der Marketingmitteilung, dh des Anbieters, des Zulassungsantragstellers oder des Betreibers der Handelsplattform für die Kryptowerte (→ Rn. 9), **unverzüglich mitzuteilen**. Unter dem **Begriff des „Aufnahmemitgliedstaats" iSd Art. 7 Abs. 4** ist in entsprechender Anwendung des Art. 3 Abs. 1 Nr. 34 derjenige, vom Herkunftsmitgliedstaat abweichende Mitgliedstaat zu verstehen, in dem der Anbieter, Zulassungsantragsteller oder Betreiber der Handelsplattform (→ Rn. 9) die Marketingmitteilung verbreitet. Schließlich regelt Art. 7 nicht das öffentliche Angebot oder die Handelszulassung, sondern die hierzu verbreiteten Marketingmitteilungen, weshalb Art. 3 Abs. 1 Nr. 34 nur entsprechend zur Anwendung gebracht werden kann.

VI. Rechtsfolgen

1. Aufsichtsrecht

30 Im Falle eines Verstoßes gegen die Vorgaben aus Art. 7 Abs. 1 können die zuständigen Behörden (Art. 93 Abs. 1 S. 1; in Deutschland: BaFin, § 3 S. 1 KMAG-E) von den **Anbietern** bzw. **Zulassungsantragstellern** eine **Änderung** der Marketingmitteilung verlangen (Art. 94 Abs. 1 lit. j; § 17 Abs. 1 KMAG) dasselbe gilt im Falle der Erstellung der Marketingmitteilung durch den **Betreiber einer Handelsplattform für Kryptowerte**, wenngleich auf Grundlage einer anderen Befugnisnorm (Minusmaßnahme zu Art. 94 Abs. 1 lit. p). Hinzu kommt die Möglichkeit einer Aussetzung oder des Verbots der betreffenden Marketingmitteilung (Art. 94 Abs. 1

lit. p; § 17 Abs. 2 KMAG) wobei diese Maßnahmen insbesondere bei Verstößen gegen Art. 7 Abs. 2 S. 1 in Betracht kommen dürften.

2. Zivilrecht

Art. 15 enthält **keine unmittelbar unionsrechtliche Haftung** für fehlerhafte Marketingmitteilungen, welche die Vorgaben des Art. 7 Abs. 1 nicht einhalten.[33] Allerdings kann sich eine solche Haftung über die **Öffnungsklausel aus Art. 15 Abs. 6** ergeben (→ Art. 15 Rn. 67). Speziell in Deutschland können Marketingmitteilungen – abhängig von Umfang und Gestaltung – im Einzelfall die Anforderungen an den Prospektbegriff der **bürgerlich-rechtlichen Prospekthaftung**[34] erfüllen und bei inhaltlichen Fehlern eine korrespondierende Haftung begründen.

31

Im Übrigen können sich infolge eines Verstoßes gegen die Vorgaben des Art. 7 Abs. 1 im Einzelfall **lauterkeitsrechtliche Folgen** ergeben (Erwgr. Nr. 29), da angesichts der mit den Marketingmitteilungen unzweifelhaft bezweckten Absatzförderung[35] (→ Rn. 13f.) möglicherweise geschäftliche Praktiken iSd Art. 2 lit. d RL 2005/29/EG (UGP-RL) (in Deutschland: geschäftliche Handlungen iSd des § 2 Abs. 1 Nr. 2 UWG) vorliegen. Die Nichteinhaltung der Vorgaben aus Art. 7 Abs. 1 kann daher unter Umständen zu Verstößen gegen die mitgliedstaatlichen Umsetzungen der Bestimmungen aus Art. 5ff. UGP-RL (in Deutschland: §§ 3ff. UWG) sowie zu Ansprüchen iSv Art. 11, 11a UGP-RL (in Deutschland: §§ 8ff., 9 Abs. 2 UWG) führen.

32

Artikel 8 Übermittlung des Kryptowerte-Whitepapers und der Marketingmitteilungen

(1) **Anbieter von anderen Kryptowerten als vermögenswertereferenzierten Token oder E-Geld-Token, Personen, die die Zulassung solcher Kryptowerte zum Handel beantragen, oder Betreiber von Handelsplattformen für solche Kryptowerte müssen der zuständigen Behörde ihres Herkunftsmitgliedstaats ihr Kryptowerte-Whitepaper übermitteln.**

(2) **Marketingmitteilungen werden auf Verlangen der zuständigen Behörde des Herkunftsmitgliedstaats und der zuständigen Behörde des Aufnahmemitgliedstaats übermittelt, wenn sie sich an potenzielle Inhaber von anderen Kryptowerten als vermögenswertereferenzierten Token oder E-Geld-Token in diesen Mitgliedstaaten richten.**

(3) **Die zuständigen Behörden verlangen vor der Veröffentlichung weder eine vorherige Genehmigung eines Kryptowerte-Whitepapers noch eine vorherige Genehmigung damit im Zusammenhang stehender Marketingmitteilungen.**

(4) **Dem gemäß Absatz 1 übermittelten Kryptowerte-Whitepaper ist eine Erläuterung beizufügen, aus der hervorgeht, weshalb der im Kryptowerte-Whitepaper beschriebene Kryptowert nicht als Folgendes betrachtet werden sollte:**

---

[33] Kritisch zum Fehlen einer Haftungsregelung: Omlor ZdiW 2023, 131 (134) (für Art. 53); Zickgraf BKR 2021, 362 (370).
[34] Siehe hierzu BGHZ 191, 310 Rn. 21ff. = NJW 2012, 758 (759f.).
[35] Näher zur Thematik: Klöhn ZHR 172 (2008), 388ff. (insbes. 396ff., 416f.).

a) als ein Kryptowert, der gemäß Artikel 2 Absatz 4 vom Anwendungsbereich dieser Verordnung ausgenommen ist;
b) als ein E-Geld-Token oder
c) als ein vermögenswertereferenzierter Token.

(5) Die in den Absätzen 1 und 4 genannten Elemente müssen der zuständigen Behörde des Herkunftsmitgliedstaats spätestens 20 Arbeitstage vor dem Tag der Veröffentlichung des Kryptowerte-Whitepapers übermittelt werden.

(6) Anbieter von anderen Kryptowerten als vermögenswertereferenzierten Token oder E-Geld-Token und Personen, die die Zulassung solcher Kryptowerte zum Handel beantragen, müssen der zuständigen Behörde ihres Herkunftsmitgliedstaats zusammen mit der in Absatz 1 genannten Übermittlung eine Liste der etwaigen Aufnahmemitgliedstaaten, in denen sie beabsichtigen, ihre Kryptowerte öffentlich anzubieten oder deren Zulassung zum Handel zu beantragen, übermitteln. Sie müssen die zuständige Behörde ihres Herkunftsmitgliedstaats ferner über das Startdatum des geplanten öffentlichen Angebots oder das Startdatum der geplanten Zulassung zum Handel und jede etwaige Änderung dieses Datums unterrichten.

Die zuständige Behörde des Herkunftsmitgliedstaats unterrichtet die zentrale Kontaktstelle der Aufnahmemitgliedstaaten über das geplante öffentliche Angebot oder die geplante Zulassung zum Handel und übermittelt das entsprechende Kryptowerte-Whitepaper innerhalb von fünf Arbeitstagen nach Erhalt der in Unterabsatz 1 genannten Liste der Aufnahmemitgliedstaaten.

(7) Die zuständige Behörde des Herkunftsmitgliedstaats übermittelt der ESMA die in den Absätzen 1, 2 und 4 genannten Informationen sowie das Startdatum des geplanten öffentlichen Angebots oder der geplanten Zulassung zum Handel und jede etwaige Änderung dieses Datums. Sie übermittelt diese Informationen innerhalb von fünf Arbeitstagen nach Erhalt der Informationen vom Anbieter oder von der Person, die die Zulassung zum Handel beantragt.

Die ESMA stellt das Kryptowerte-Whitepaper gemäß Artikel 109 Absatz 2 ab dem Startdatum des öffentlichen Angebots oder der Zulassung zum Handel im Register zur Verfügung.

Schrifttum: Siehe vor Art. 4 ff.

Übersicht

	Rn.
I. Grundlagen	1
1. Regelungsgegenstand	1
2. Regelungszweck	2
II. Anwendungsbereich	4
III. Verzicht auf behördliche Prüfung und Genehmigung (Abs. 3)	7
IV. Pflicht zur Übermittlung des Kryptowerte-Whitepapers (Abs. 1)	8
V. Übermittlung der Marketingmitteilungen (Abs. 2)	9
VI. Pflicht zur Selbstevaluation (Abs. 4)	10
VII. Übermittlungsfrist (Abs. 5)	12

	Rn.
VIII. Übermittlung der Liste der Aufnahmemitgliedstaaten und Mitteilung des Startdatums (Abs. 6 UAbs. 1)	13
IX. Notifizierungsverfahren (Abs. 6 UAbs. 2, Abs. 7)	15
X. Rechtsfolgen	18

I. Grundlagen

1. Regelungsgegenstand

Art. 8 regelt die **Übermittlung** des Kryptowerte-Whitepapers (Art. 8 Abs. 1, → Rn. 8) sowie der Marketingmitteilungen (Art. 8 Abs. 2, → Rn. 9). Die Vorschrift markiert insoweit einen **Systemwechsel**, als im Rahmen der Primärmarktpublizität für **andere Kryptowerte** (→ Rn. 4) nach der MiCAR im **Unterschied zur ProspektVO** (vgl. Art. 20 ProspektVO) **kein Erfordernis** einer **behördlichen Prüfung und Billigung** des Offenlegungsdokuments vor Veröffentlichung besteht (Art. 8 Abs. 3).[1] Mit diesem Systemwechsel korrespondiert die **Pflicht zur Selbstevaluation** durch die Publizitätspflichtigen (→ Rn. 10 f.), die in einer dem Kryptowerte-Whitepaper beizufügenden Erläuterung darlegen müssen, weshalb der betreffende nicht bestimmten anderen Regulierungsregimen unterfällt (Art. 8 Abs. 4). Sodann enthält die Regelung noch Bestimmungen zur **Übermittlung** gegenüber der zuständigen Behörde des Mitgliedstaats (Art. 8 Abs. 5 u. Abs. 6 UAbs. 1) sowie zum **(Übermittlungs-)Verfahren der Behörden** (Art. 8 Abs. 6 UAbs. 2 u. Abs. 7).

1

2. Regelungszweck

Der Verzicht auf ein ex-ante Prüfungs- und Genehmigungserfordernis bezüglich des Kryptowerte-Whitepapers durch Art. 8 Abs. 3 bezweckt eine Entlastung der zuständigen Behörden und damit einhergehend eine Einsparung administrativer Kosten (Erwgr. Nr. 33 S. 1).[2] Dasselbe gilt für die Pflicht zur Selbstevaluation aus Art. 8 Abs. 4.

2

Um im Falle etwaiger Regelverstöße eine möglichst **effektive Marktaufsicht** zu ermöglichen (Erwgr. Nr. 31 S. 1), müssen die zuständigen Behörden von den Kryptowerte-Whitepapern und Marketingmitteilungen **rechtzeitig Kenntnis** erlangen, worin zugleich der Normzweck der Übermittlungspflicht der Publizitätspflichtigen aus Art. 8 Abs. 1 (Kryptowerte-Whitepaper, → Rn. 8) innerhalb der in Art. 8 Abs. 5 genannten Fristen (→ Rn. 12) sowie die Befugnis zum Übermittlungsverlangen der zuständigen Behörden aus Art. 8 Abs. 2 (Marketingmitteilungen, → Rn. 9) zu erblicken ist. Demselben Zweck dient auch die gemäß Art. 8 Abs. 6 UAbs. 1 zu übermittelnde Liste der etwaigen Aufnahmemitgliedstaaten, die von der zuständigen Behörde des Herkunftsmitgliedstaats gemäß Art. 8 Abs. 6 UAbs. 2 an die zentrale Kontaktstelle der Aufnahmemitgliedstaaten zu übermitteln ist.[3] Die in Art. 8 Abs. 7 vorgesehene Übermittlung der in Abs. 1, 2 und 4 genannten Informationen an die ESMA soll insbesondere die Veröffentlichung des Kryptowerte-

3

---

[1] Aubrunner/Reder GesRZ 2023, 158 (162); Zickgraf BKR 2021, 362.
[2] Näher Zickgraf BKR 2021, 362 (363); vgl. auch Aubrunner/Reder GesRZ 2023, 158 (162 f.).
[3] Näher Zickgraf BKR 2021, 362.

Whitepapers in dem von der ESMA geführten Kryptowerte-Whitepaper-Register gemäß Art. 109 Abs. 2 (→ Art. 109 Rn. 1 ff.) ermöglichen.

II. Anwendungsbereich

4 Der **sachliche Anwendungsbereich** von Art. 8 Abs. 1 u. Abs. 4–6 UAbs. 1 setzt eine **Kryptowerte-Whitepaper-Publizitätspflicht** aus Art. 4 (→ Art. 4 Rn. 12) oder Art. 5 (→ Art. 5 Rn. 11 ff.) oder ein **freiwillig erstelltes Kryptowerte** gemäß Art. 4 Abs. 8 (→ Art. 4 Rn. 42) für einen **anderen Kryptowert** als einen vermögenswertereferenzierten Token oder E-Geld-Token voraus (→ Vor Art. 4 ff. Rn. 14 ff.). Art. 8 Abs. 6 UAbs. 2 Hs. 2 u. Abs. 7 erfordern zusätzlich ein vom Publizitätspflichtigen **übermitteltes Kryptowerte-Whitepaper.** Art. 8 Abs. 2 findet dann Anwendung, wenn eine **Marketingmitteilung** iSd Art. 7 (→ Art. 7 Rn. 12 ff.) erstellt und verbreitet (→ Art. 7 Rn. 25) worden ist. Art. 8 Abs. 3 findet sowohl im Falle einer Kryptowerte-Whitepaper-Publizitätspflicht als auch im Falle der Erstellung und Verbreitung von Marketingmitteilungen Anwendung.

5 Der **persönliche Anwendungsbereich** von Art. 8 Abs. 1 u. Abs. 4–6 UAbs. 1 erstreckt sich auf die publizitätspflichtigen **Anbieter** (→ Art. 4 Rn. 12), **Zulassungsantragstelle** (→ Art. 5 Rn. 8, 10) oder **Betreiber einer Handelsplattform für Kryptowerte** (→ Art. 5 Rn. 8, 15) (vgl. Wortlaut Art. 8 Abs. 1). Art. 8 Abs. 3 ist auf den **vorgenannten Personenkreis** sowie die **Ersteller** einer Marketingmitteilung anwendbar. Art. 8 Abs. 6 UAbs. 2 u. Abs. 7 richten sich an die **zuständige Behörde des Herkunftsmitgliedstaats** (Art. 3 Abs. 1 Nr. 33).

6 Der **räumliche Anwendungsbereich** des Art. 8 korrespondiert mit den räumlichen Anwendungsbereichen von Art. 4 (→ Art. 4 Rn. 10), Art. 5 (→ Art. 5 Rn. 9) und Art. 7 (→ Art. 7 Rn. 10), da nur im Falle von deren Anwendbarkeit überhaupt der sachliche Anwendungsbereich der jeweiligen Absätze des Art. 8 eröffnet ist (→ Rn. 4). Vorausgesetzt ist damit ein **öffentliches Angebot** oder eine (beantragte) **Handelszulassung in der Union.**

III. Verzicht auf behördliche Prüfung und Genehmigung (Abs. 3)

7 Art. 8 Abs. 3 **untersagt** den zuständigen Behörden sowohl hinsichtlich des **Kryptowerte-Whitepapers** als auch bezüglich der **Marketingmitteilungen** (zum Anwendungsbereich → Rn. 4), ein **ex-ante-Genehmigungserfordernis** entsprechend Art. 20 ProspektVO aufzustellen. Art. 8 Abs. 3 weicht damit vom System der ProspektVO ab und verzichtet aus **administrativen Kostengründen** auf eine ex-ante-Regulierung (→ Rn. 2). Ausgeglichen wird die zurückgenommene ex-ante-Regulierung auf Verfahrensebene durch eine strengere ex-post-Whitepaper-Haftung im Rahmen des Art. 15, dessen Tatbestand die Mitglieder des Verwaltungs-, Leitungs- oder Aufsichtsorgans der Publizitätspflichtigen als Haftungssubjekte erfasst (näher → Art. 15 Rn. 5, 17, 26).[4]

---

[4] Siehe zum Zusammenhang zwischen der Liberalisierung der ex ante-Regulierung (Verfahren) und der Verschärfung der ex post-Regulierung: Zickgraf BKR 2021, 362 (363, 365 f.); ferner Aubrunner/Reder GesRZ 2023, 158 (163).

IV. Pflicht zur Übermittlung des Kryptowerte-Whitepapers (Abs. 1)

Art. 8 Abs. 1 verpflichtet die **Anbieter** anderer Kryptowerte als vermögenswer- 8
tereferenzierter Token oder E-Geld-Token, **Handelszulassungsantragsteller** für
solche Kryptowerte oder **Betreiber von Handelsplattformen** für solche Kryptowerte (zum sachlichen und persönlichen Anwendungsbereich → Rn. 4f.) zur
Übermittlung des Kryptowerte-Whitepapers an die zuständige Behörde ihres
Herkunftsmitgliedstaats (Art. 3 Abs. 1 Nr. 33) innerhalb der **Frist des Art. 8 Abs. 5**
(→ Rn. 12).

V. Übermittlung der Marketingmitteilungen (Abs. 2)

Sofern eine Marketingmitteilung (→ Art. 7 Rn. 13 ff.) erstellt und verbreitet 9
worden ist (→ Rn. 4), besteht eine **Pflicht zur Übermittlung** nur im Falle eines
Verlangens der zuständigen Behörde des **Herkunftsmitgliedstaats** (Art. 3 Abs. 1
Nr. 33) oder des **Aufnahmemitgliedstaats iSd Art. 7** (→ Art. 7 Rn. 29). Das
Recht zum Übermittlungsverlangen der zuständigen Behörde sowie die korrespondierende Pflicht zur Übermittlung setzen voraus, dass die Marketingmitteilung sich
an potentielle Inhaber der anderen Kryptowerte (→ Rn. 4) im jeweiligen Mitgliedstaat richtet, dh dort **verbreitet** (→ Art. 7 Rn. 25) wird (vgl. Wortlaut: „in diesen
Mitgliedstaaten richten"). Entgegen des missverständlichen, im Plural formulierten
Wortlauts („in diesen Mitgliedstaaten") setzt die Übermittlungspflicht weder eine
Verbreitung einer Marketingmitteilung im Herkunfts- und Aufnahmemitgliedstaat
noch ein kumulatives Verlangen von beiden zuständigen Behörden voraus. Der
Wortlaut ist vielmehr im systematischen Zusammenhang mit den Zuständigkeiten
zur Marktaufsicht aus Art. 7 Abs. 3 u. Abs. 4 (→ Art. 7 Rn. 27 ff.) zu interpretieren,
welche die Prüfungs-, Aufsichts- und Ermittlungsbefugnisse der Behörde des „Verbreitungsmitgliedstaats" (→ Art. 7 Rn. 29) zuweisen. Vor diesem Hintergrund ist
die zuständige Behörde des jeweiligen Verbreitungsmitgliedstaats berechtigt, die
Übermittlung zu verlangen; im Falle eines Übermittlungsverlangens entsteht eine
Übermittlungspflicht an die zuständige Behörde des Verbreitungsmitgliedstaats. Der Wortlaut des Art. 8 Abs. 2 („und") stellt damit lediglich klar, dass
eine Übermittlung an die zuständigen Behörden des Herkunfts- **und** Aufnahmemitgliedstaats nur dann zu erfolgen hat, wenn die Marketingmitteilung in **beiden
Mitgliedstaaten** verbreitet wird und beide zuständigen Behörden die Übermittlung verlangen.

VI. Pflicht zur Selbstevaluation (Abs. 4)

Sofern das Kryptowerte-Whitepaper gemäß Art. 8 Abs. 1 zu übermitteln ist 10
(„gemäß Abs. 1 übermittelten Kryptowerte-Whitepaper"; → Rn. 4, 8), muss im
Rahmen der Übermittlung durch die übermittlungspflichtige Person (→ Rn. 5, 8)
eine Erläuterung **(Selbstevaluation)** beigefügt werden, die darlegt, weshalb der
betreffende Kryptowert nicht
- als ein Kryptowert, der gemäß **Art. 2 Abs. 4** vom Anwendungsbereich dieser
  Verordnung ausgenommen ist (lit. a; Art. 2 Abs. 4, → Vor Art. 4 ff. Rn. 13),

Zickgraf

Art. 8

- als ein **E-Geld-Token** (lit. b, Art. 3 Abs. 1 Nr. 7, → Vor Art. 4 ff. Rn. 17) oder
- als ein **vermögenswertereferenzierter Token** (lit. c, Art. 3 Abs. 1 Nr. 6, → Vor Art. 4 ff. Rn. 17)

einzustufen ist.

11 Die Pflicht zur Selbstevaluation steht im **Einklang mit dem Systemwechsel der MiCAR**, die im Gegensatz zur ProspektVO keine ex-ante-Billigung des Offenlegungsdokuments vorsieht (→ Rn. 1).[5] Weil und soweit die Argumente betreffend die Einstufung des Kryptowerts durch den Publizitätspflichtigen selbst in der Erläuterung aufgeführt werden müssen, vermag die zuständige Behörde durch Wägung der dortigen Argumente ohne großen Aufwand zu erkennen, ob der Publizitätspflichtige das zutreffende Regelungsregime eingehalten hat. Hierdurch wird die zuständige Behörde im Idealfall ohne erheblichen (Nachforschungs-)Aufwand in die Lage versetzt, über die Ergreifung etwaiger Aufsichtsbefugnisse aus Art. 94 zu entscheiden. Mithilfe der Selbstevaluation soll mithin ungeachtet des Fehlens eines präventiven Billigungsverfahrens eine **möglichst weitgehende Regelbefolgung** (dh die [Nicht-]Anwendung der [nicht] einschlägigen MiCAR-Vorschriften) unter Aufwendung **möglichst niedriger administrativer (Aufsichts-)Kosten** gewährleistet werden.

VII. Übermittlungsfrist (Abs. 5)

12 Das Kryptowerte-Whitepapers gemäß Art. 8 Abs. 1 (→ Rn. 8) sowie die Selbstevaluierung gemäß Art. 8 Abs. 4 (→ Rn. 10 f.) müssen der zuständigen Behörde des Herkunftsmitgliedstaats gemäß Art. 8 Abs. 5 spätestens **20 Arbeitstage** vor dem Tag der Veröffentlichung des Kryptowerte-Whitepapers übermittelt werden. Für die Definition des Begriffs „Arbeitstag" bietet sich ein Rückgriff auf **Art. 2 lit. t ProspektVO** an. Die Fristberechnung richtet sich nach Art. 3 VO (EWG, Euratom) Nr. 1182/71.[6] Die Übermittlungsfrist soll der zuständigen Behörde die Möglichkeit geben, im Falle von Verstößen gegen die Vorgaben der Art. 4 ff. ihre (präventiven) **Aufsichtsbefugnisse** iSd Art. 94 (insbes. Art. 94 Abs. 1 lit. i, k, l, m) **vor dem Start** des öffentlichen Angebots oder der Handelszulassung ausüben zu können.

VIII. Übermittlung der Liste der Aufnahmemitgliedstaaten und Mitteilung des Startdatums (Abs. 6 UAbs. 1)

13 Der Anbieter, Zulassungsantragsteller oder Betreiber der Handelsplattform (→ Rn. 5) ist gemäß Art. 8 Abs. 6 UAbs. 1 S. 1 im Falle einer bestehenden Publizitätspflicht oder eines freiwillig erstellten Kryptowerte-Whitepapers („mit der in Abs. 1 genannten Übermittlung"; → Rn. 4) verpflichtet, der zuständigen Behörde (Art. 3 Abs. 1 Nr. 33) seines Herkunftsmitgliedstaats (Art. 3 Abs. 1 Nr. 35) gemeinsam mit der Übermittlung des Kryptowerte-Whitepapers gemäß Abs. 1 (→ Rn. 8) eine **Liste der etwaigen Aufnahmemitgliedstaaten** (Art. 3 Abs. 1 Nr. 34), in de-

---

[5] Zickgraf BKR 2021, 362.
[6] Vgl. für die ProspektVO: Just/Voß/Ritz/Zeising/Ritz ProspektVO Art. 2 Rn. 314 f.; aA Assmann/Schlitt/v. Kopp-Colomb/v.Lopp-Colomb ProspektVO Art. 20 Rn. 23 (nationales Recht, in Deutschland: § 31 VwVfG iVm §§ 187 ff. BGB).

nen er beabsichtigt, die Kryptowerte öffentlich anzubieten oder deren Zulassung zum Handel zu beantragen, zu **übermitteln**. Die entsprechende Pflicht zur Offenlegung der avisierten Aufnahmemitgliedstaaten hängt mit der Unterrichtung der Aufnahmemitgliedstaaten gemäß Art. 8 Abs. 6 UAbs. 2 sowie der Möglichkeit zur unionsweiten Nutzung des Kryptowerte-Whitepapers gemäß Art. 11 (Europäischer Pass; → Art. 11 Rn. 6f.) zusammen (näher → Rn. 15).[7]

Überdies schreibt Art. 8 Abs. 6 UAbs. 1 S. 2 vor, dass die zuständige Behörde des Herkunftsmitgliedstaats über das Startdatum des geplanten öffentlichen Angebots oder der geplanten Handelszulassung sowie jede etwaige Änderung dieses Datums zu unterrichten ist; das frühestmögliche Startdatum ist wegen Art. 11 Abs. 1 der Zeitpunkt der Veröffentlichung des Kryptowerte-Whitepapers iSd Art. 9 Abs. 1 (→ Art. 9 Rn. 8f.). Die Vorgabe aus UAbs. 1 S. 2 steht im Zusammenhang mit der (Überprüfung der) Einhaltung der Übermittlungsfrist aus Art. 8 Abs. 5 und soll zugleich die zuständige Behörde über ihren zeitlichen Spielraum für die Ergreifung etwaiger Aufsichtsmaßnahmen informieren (→ Rn. 12). 14

IX. Notifizierungsverfahren (Abs. 6 UAbs. 2, Abs. 7)

Da das Kryptowerte-Whitepaper nach der Veröffentlichung gemäß Art. 9 **in der gesamten Union** für öffentliche Angebote sowie Handelszulassungen genutzt werden kann (Art. 11 Abs. 1, näher → Art. 11 Rn. 6ff.), das Kryptowerte-Whitepaper gemäß Art. 8 Abs. 1 jedoch nur der zuständigen Behörde des Herkunftsmitgliedstaats (Art. 3 Abs. 1 Nr. 33, 35) zu übermitteln ist und das veröffentlichte Kryptowerte-Whitepaper gemäß Art. 9 Abs. 2 alleine mit diesem übermittelten Kryptowerte-Whitepaper übereinzustimmen hat, muss sichergestellt werden, dass die **zuständige Behörde des Aufnahmemitgliedstaats** von der Transaktion sowie dem **zuständigen Herkunftsmitgliedstaat erfährt**, damit sie **nicht fälschlicherweise** eine **eigene Zuständigkeit** annimmt und infolge der Verkennung des Herkunftsmitgliedstaats etwaige Aufsichtsmaßnahmen ergreift.[8] Dem vorstehenden Zweck dient das **Notifizierungsverfahren aus Art. 8 Abs. 6 UAbs. 2 S. 1,** welches vorsieht, dass die **zuständige Behörde des Herkunftsmitgliedstaats** die zuständige Behörde der jeweiligen Aufnahmemitgliedstaaten (Art. 3 Abs. 1 Nr. 34, 35) bzw. deren jeweilige zentrale Kontaktstelle (Art. 93 Abs. 2) über das geplante öffentliche Angebot (Art. 3 Abs. 1 Nr. 12) oder die geplante Handelszulassung im Aufnahmemitgliedstaat zu **unterrichten** hat (grobes Regelungsvorbild: Art. 25 ProspektVO). Gemäß **Art. 8 Abs. 6 UAbs. 2 S. 2** hat die zuständige Behörde des Herkunftsmitgliedstaats zudem **innerhalb von fünf Arbeitstagen** (vgl. Art. 2 lit. t ProspektVO; näher zur Fristberechnung → Rn. 12) nach Erhalt der Liste der Aufnahmemitgliedstaaten iSd UAbs. 1 S. 1 (→ Rn. 13) das Kryptowerte-Whitepaper **an die zuständigen Behörden der Aufnahmemitgliedstaaten** zu **übermitteln**. 15

Im Übrigen hat die zuständige Behörde des Herkunftsmitgliedstaats gemäß Art. 8 Abs. 7 UAbs. 1 der ESMA die in Art. 8 Abs. 1, Abs. 2 und Abs. 4 genannten Informationen sowie das Startdatum des geplanten öffentlichen Angebots oder der 16

---

[7] Siehe auch Aubrunner/Reder GesRZ 2023, 158 (162).
[8] Die Zuständigkeit für die Wahrnehmung der Aufsichtsbefugnisse in Bezug auf das Kryptowerte-Whitepaper liegt im Grundsatz (alleine) bei der zuständigen Behörde des Herkunftsmitgliedstaats (arg. Art. 7 Abs. 3 u. Abs. 4 e.c., Art. 8 Abs. 1, Abs. 5–7, Art. 9 Abs. 2).

Art. 9 Titel II Andere Kryptowerte

geplanten Handelszulassung sowie jede etwaige Änderung dieses Datums innerhalb von fünf Arbeitstagen (→ Rn. 12) nach Erhalt der Informationen vom Anbieter oder Handelszulassungsantragsteller zu übermitteln. Die Verpflichtung der zuständigen Behörde des Herkunftsmitgliedstaats aus Art. 8 Abs. 7 UAbs. 1 besteht hinsichtlich der Informationen aus Abs. 1 und Abs. 4 nur, wenn eine Kryptowerte-Whitepaper-Pflicht gegeben ist oder ein freiwilliges Kryptowerte-Whitepaper erstellt worden ist und das Kryptowerte-Whitepaper sowie die Erläuterung der zuständigen Behörde übermittelt worden sind („nach Erhalt der Informationen"; → Rn. 4, 8). Soweit die Pflichten aus Art. 8 Abs. 1, Abs. 4 nicht den Anbieter oder Zulassungsantragsteller, sondern den Betreiber der Handelsplattform für Kryptowerte treffen (→ Rn. 5, 8), ist für die Frist aus Art. 8 Abs. 7 UAbs. 1 S. 2 auf den Zeitpunkt des Erhalts der Informationen vom Betreiber der Handelsplattform abzustellen.

17 Im Nachgang der Übermittlung (→ Rn. 16) stellt die **ESMA** das Kryptowerte-Whitepaper in dem **Kryptowerte-Whitepaper-Register** gemäß **Art. 109 Abs. 2** (→ Art. 109 Rn. 1 ff.) ab dem Startdatum (→ Rn. 14) des öffentlichen Angebots oder der Handelszulassung zur Verfügung.

X. Rechtsfolgen

18 **Veröffentlicht** der Anbieter, Zulassungsantragsteller oder Betreiber der Handelsplattform für Kryptowerte (→ Rn. 5) das **Kryptowerte-Whitepaper ohne vorherige Übermittlung** (Art. 8 Abs. 1 iVm Abs. 4), im Falle **nicht rechtzeitiger Übermittlung** (Art. 8 Abs. 5) oder **ohne vorherige Mitteilung der beabsichtigten Aufnahmemitgliedstaaten** und des **Startdatums** (Art. 8 Abs. 6) oder veröffentlicht der genannte Personenkreis die **Marketingmitteilungen** im Falle eines entsprechenden Verlangens **ohne deren vorherige Übermittlung** (Art. 8 Abs. 2) gemäß **Art. 9**, kommt insbesondere eine Wahrnehmung der Aufsichtsbefugnisse iSd **Art. 94 Abs. 1 lit. l–r** (vgl. § 4 Abs. 1 KMAG, § 15 Abs. 1, Abs. 3, Abs. 5 KMAG, § 17 Abs. 2 KMAG) durch die zuständige Behörde (Art. 93 Abs. 1 S. 1; in Deutschland: BaFin, § 3 S. 1 KMAG) in Betracht (näher → Art. 9 Rn. 12), da ein Verstoß gegen Art. 8 (iVm Art. 4 Abs. 1 lit. c, Art. 5 Abs. 1 lit. c) vorliegt.

Artikel 9 Veröffentlichung des Kryptowerte-Whitepapers und der Marketingmitteilungen

(1) **Anbieter von anderen Kryptowerten als vermögenswertereferenzierten Token oder E-Geld-Token und Personen, die die Zulassung solcher Kryptowerte zum Handel beantragen, müssen ihre Kryptowerte-Whitepaper und ihre etwaigen Marketingmitteilungen auf ihrer öffentlich zugänglichen Website rechtzeitig und in jedem Fall vor dem Startdatum des öffentlichen Angebots dieser Kryptowerte bzw. zum Startdatum der Zulassung veröffentlichen. Die Kryptowerte-Whitepaper und die etwaigen Marketingmitteilungen müssen auf der Website der Anbieter oder der Personen, die die Zulassung zum Handel beantragen, so lange verfügbar bleiben, wie die Kryptowerte vom Publikum gehalten werden.**

Veröffentlichung des Kryptowerte-Whitepapers **Art. 9**

(2) **Die veröffentlichten Kryptowerte-Whitepaper und die etwaigen Marketingmitteilungen müssen mit der Fassung, die der zuständigen Behörde gemäß Artikel 8 übermittelt wurde, und mit der etwaigen gemäß Artikel 12 geänderten Fassung übereinstimmen.**

Schrifttum: Siehe vor Art. 4 ff.

Übersicht

	Rn.
I. Grundlagen	1
1. Regelungsgegenstand	1
2. Regelungsvorbild	2
3. Regelungszweck	3
II. Anwendungsbereich	5
III. Veröffentlichung des Kryptowerte-Whitepapers und der Marketingmitteilungen (Abs. 1)	8
IV. Konsistenzgebot (Abs. 2)	11
V. Rechtsfolgen	12

I. Grundlagen

1. Regelungsgegenstand

Art. 9 enthält eine **Pflicht zur Veröffentlichung** des **Kryptowerte-Whitepapers** und der **Marketingmitteilungen.** Die Regelung des Art. 9 Abs. 1 S. 1 steht im Zusammenhang mit **Art. 4 Abs. 1 lit. d, Art. 5 Abs. 1. lit. d,** die ein öffentliches Angebot (Art. 3 Abs. 1 Nr. 12) sowie einen Antrag auf Handelszulassung vor Veröffentlichung eines Kryptowerte-Whitepapers gemäß Art. 9 untersagen; sie ist somit auf Engste mit der **Kryptowerte-Whitepaper-Publizitätspflicht** aus Art. 4, Art. 5 (iVm Art. 11 Abs. 1) **verknüpft.**[1] Satz 2 enthält eine **Dauerpflicht** zur Bereitstellung des Kryptowerte-Whitepapers für den Zeitraum der Zirkulation der Kryptowerte beim Publikum. Art. 9 **Abs. 2** ordnet eine **Übereinstimmungspflicht (Konsistenzgebot)** zwischen den der zuständigen Behörde gemäß Art. 8 übermittelten und ggf. gemäß Art. 12 aktualisierten Kryptowerte-Whitepapern und Marketingmitteilungen an, was im Zusammenhang mit dem fehlenden Billigungsverfahren steht (→ Rn. 11). 1

2. Regelungsvorbild

Die Vorschrift des **Art. 9 Abs. 1 S. 1** findet ihr (grobes) Regelungsvorbild in **Art. 21 Abs. 1 UAbs. 1 ProspektVO. Abweichungen** ergeben sich daraus, dass Art. 9 im Gegensatz zu Art. 21 ProspektVO **nicht** an einen **behördlich gebilligten Prospekt** anknüpft, was insbesondere die Regelung des Art. 9 Abs. 2 erklärt (→ Rn. 11). Im **Unterschied** zu Art. 9 enthält **Art. 21 ProspektVO keine Verpflichtung zur Veröffentlichung von Werbung** (Art. 22 ProspektVO) bzw. Marketingmitteilungen. 2

---

[1] Ebenso für Art. 21 ProspektVO: Just/Voß/Ritz/Zeising/Ritz ProspektVO Art. 21 Rn. 5.

3. Regelungszweck

3 Die Regelung des Art. 9 Abs. 1 S. 1 soll sicherstellen, dass die **potentiellen Anleger** sich rechtzeitig vor dem öffentlichen Angebot oder der Handelszulassung über den betreffenden **Kryptowert** sowie dessen **Chancen und Risiken** mithilfe des Kryptowerte-Whitepapers **informieren können**.[2] Erst die Veröffentlichung sowie die Zugänglichkeit des Kryptowerte-Whitepapers für das Anlagepublikum führt dazu, dass die **Regelungsziele der Kryptowerte-Whitepaperpublizitätspflicht** – dh Steigerung der Allokationseffizienz des Marktes, Senkung der Such- und Informationskosten der Kapitalanbieter sowie der Kapitalkosten der Kapitalnachfrager, Abbau der Informationsasymmetrien zwischen den Parteien und Verhinderung eines Marktzusammenbruchs infolge adverser Selektion (→ Art. 4 Rn. 5 ff., → Art. 5 Rn. 6, → Art. 6 Rn. 3) – tatsächlich erreicht werden können (**dienende Funktion des Art. 9 Abs. 1 S. 1**). Die Marketingmitteilungen verfolgen zwar konzeptionell eigentlich nicht dieses Ziel, doch stellen sie rechtstatsächlich oftmals die primäre Informationsquelle der Anlageentscheidung der (Klein-)Anleger dar (→ Art. 7 Rn. 3). Weil und soweit die **Marketingmitteilungen** häufig die **Funktion** der Informationsvermittlung **anstelle des Kryptowerte-Whitepapers** übernehmen (→ Art. 7 Rn. 3), erscheint es einerseits nachvollziehbar und verständlich, dass der Unionsgesetzgeber ebenso wie im Falle des Whitepapers deren Veröffentlichung vorschreibt. Andererseits verstärkt die Pflicht zur Veröffentlichung und dauerhaften Verfügbarhaltung der Marketingmitteilungen die beschriebenen rechtstatsächlichen Tendenzen, was dem (gegenläufigen) gesetzgeberischen Ziel der Stärkung der Bedeutung des Kryptowerte-Whitepapers (→ Art. 7 Rn. 4) diametral zuwider läuft.

4 Die **dauerhafte Verfügbarkeit** der Kryptowerte-Whitepaper und Marketingmitteilungen, die wegen Art. 9 Abs. 1 S. 2 zu gewährleisten ist, soll den Anlegern im Falle fehlerhafter Informationen in diesen Dokumenten die **Anspruchsverfolgung** im Rahmen des Art. 15 (→ Art. 15 Rn. 1 ff.) bzw. auf der Grundlage nationalen Zivilrechts (→ Art. 7 Rn. 31, → Art. 15 Rn. 66 f.) erleichtern.

II. Anwendungsbereich

5 Der **sachliche Anwendungsbereich** von Art. 9 erfasst nur **andere Kryptowerte als vermögenswertereferenzierte Token oder E-Geld-Token** (arg. Wortlaut, systematische Stellung; näher → Vor Art. 4 ff. Rn. 14 ff.). Überdies erfordert die Anwendung von Art. 9 eine **Kryptowerte-Whitepaper-Publizitätspflicht** aus Art. 4 (vgl. Art. 4 Abs. 1 lit. d) oder Art. 5 (vgl. Art. 5 Abs. 1 lit. d) oder die freiwillige Erstellung eines Kryptowerte-Whitepapers (Art. 4 Abs. 8). Im Falle der Marketingmitteilungen kommt Art. 9 in Anbetracht seines **Wortlauts** („**etwaigen** Marketingmitteilungen"), seines **Normzwecks** (→ Rn. 3 f.) und wegen **systematischer Überlegungen** (vgl. Art. 4 Abs. 1 lit. f, Art. 5 Abs. 1 lit. f: „sofern vorhanden") unabhängig von einer Whitepaper-Publizitätspflicht immer dann zur Anwendung, **wenn** eine Marketingmitteilung **erstellt** und **verbreitet** worden ist (→ Art. 7 Rn. 25).

---

[2] Vgl. für Art. 21 ProspektVO: Assmann/Schlitt/v. Kopp-Colomb/Kunold ProspektVO Art. 21 Rn. 12.

Der persönliche Anwendungsbereich erstreckt sich auf die Anbieter, die Zulas- 6
sungsantragsteller sowie die Betreiber der Handelsplattform für Kryptowerte: Im
Falle des Kryptowerte-Whitepapers muss die publizitätspflichtige Person iSd Art. 4
oder Art. 5 die Vorgaben des Art. 9 erfüllen; im Falle von Marketingmitteilungen
adressiert die Regelung den jeweiligen Ersteller. Dass die Betreiber der Handelsplattform für Kryptowerte, die in den Fällen des Art. 5 Abs. 2 u. Abs. 3 zur Erstellung, Übermittlung und Veröffentlichung des Kryptowerte-Whitepapers bzw. zur
Veröffentlichung der Marketingmitteilungen verpflichtet sein können, nicht im
Wortlaut des Art. 9 genannt werden, stellt ein Redaktionsversehen dar. Dies ergibt
sich aus Art. 5 Abs. 1 lit. d, lit. f iVm Art. 5 Abs. 2 u. Abs. 3, die eine entsprechende
Veröffentlichungspflicht des Betreibers der Handelsplattform vorsehen.

Der **räumliche Anwendungsbereich** des Art. 9 deckt sich im Falle der Ver- 7
öffentlichung des Kryptowerte-Whitepapers mit dem räumlichen Anwendungsbereich des Art. 4 (→ Art. 4 Rn. 10) bzw. Art. 5 (→ Art. 5 Rn. 9) sowie im Falle der
Veröffentlichung der Marketingmitteilungen mit demjenigen des Art. 7 (→ Art. 7
Rn. 10), weil nur bei deren jeweiliger (räumlicher) Anwendbarkeit der jeweilige
sachliche Anwendungsbereich des Art. 9 eröffnet ist (→ Rn. 5). Vor diesem Hintergrund setzt der räumliche Anwendungsbereich des Art. 9 immer ein **öffentliches
Angebot** oder eine (beantragte) **Handelszulassung in der Union** voraus.

III. Veröffentlichung des Kryptowerte-Whitepapers und der Marketingmitteilungen (Abs. 1)

Im Falle einer Kryptowerte-Whitepaper-Publizitätspflicht sowie im Falle eines 8
freiwillig erstellen Kryptowerte-Whitepapers (→ Art. 4 Rn. 42) muss der Anbieter,
der Zulassungsantragsteller oder der Betreiber der Handelsplattform für Kryptowerte das Kryptowerte-Whitepaper gemäß Art. 9 Abs. 1 S. 1 auf seiner **öffentlich
zugänglichen Website veröffentlichen.** Auf die Einhaltung der Informationspflichten iSd Art. 6 kommt es für die Frage der regelkonformen Veröffentlichung
des Kryptowerte-Whitepapers gemäß Art. 9 Abs. 1 S. 1 nicht an; die Veröffentlichung eines inhaltlich fehlerhaften Kryptowerte-Whitepapers führt nicht nur Unzulässigkeit des Angebots oder der Handelszulassung, sondern nur zu einer Haftung
aus Art. 15 Abs. 1. Dieselbe Veröffentlichungspflicht besteht, wenn eine **Marketingmitteilung** (→ Art. 7 Rn. 12ff.) **erstellt** worden ist und (zukünftig) **verbreitet** (→ Art. 7 Rn. 25) werden soll für den jeweiligen Ersteller (→ Art. 7 Rn. 9). In
Anbetracht des Umstands, dass die Publizitätspflichten dem **Schutz des europäischen Marktes** sowie der dort handelnden **Marktteilnehmer** (→ Art. 4 Rn. 5ff.,
→ Art. 6 Rn. 3, → Art. 7 Rn. 3ff.) dienen, liegt eine **öffentliche Zugänglichkeit**
nur vor, wenn die Website zumindest **innerhalb der europäischen Union** aufgerufen werden kann. Wegen des Normzwecks des Art. 9 (= Schaffung einer Informationsmöglichkeit für die Anleger; → Rn. 3f.) wird man für die öffentliche Zugänglichkeit der Website in Anlehnung an Art. 21 Abs. 4 ProspektVO ferner zu
fordern haben, dass die Dokumente **ohne Registrierung** und **ohne Entrichtung
einer Gebühr** aufrufbar sind.

In zeitlicher Hinsicht müssen die Dokumente **rechtzeitig** und in jedem Fall **vor** 9
dem **Startdatum des öffentlichen Angebots** (Art. 3 Abs. 1 Nr. 14) oder dem
Startdatum der Handelszulassung veröffentlicht werden. Die Formulierung
„vor dem Startdatum" bedeutet, dass das Kryptowerte-Whitepaper oder die etwaige Marketingmitteilung mindestens **einen Arbeitstag** (vgl. für die Begriffsdefi-

Art. 9

nition Art. 2 lit. t ProspektVO) vor dem Startdatum zu veröffentlichen ist (ebenso § 14 Abs. 1 S. 1 Hs. 2, S. 2 WpPG aF; anders Art. 21 Abs. 1 UAbs. 1 ProspektVO [„mit Beginn"]). Sofern eine Kryptowerte-Whitepaper-Publizitätsplicht gemäß Art. 4 oder Art. 5 besteht, **dürfen** die **Marketingmitteilungen** wegen **Art. 7 Abs. 2 S. 1 nicht** vor der Veröffentlichung des Kryptowerte-Whitepapers verbreitet und damit auch nicht **veröffentlicht werden,** da die Veröffentlichung iSd Art. 9 Abs. 1 zugleich dem Begriff der Verbreitung iSd Art. 7 Abs. 2 S. 1 (→ Art. 7 Rn. 25) unterfällt.

10 Darüber sieht Art. 9 Abs. 1 S. 2 vor, dass die Kryptowerte-Whitepaper und (etwaige) Marketingmitteilungen **so lange** auf der Website **verfügbar** bleiben müssen, wie die Kryptowerte (→ Rn. 5) **vom Publikum gehalten** werden. Die Verfügbarkeit auf der Website iSd Art. 9 Abs. 1 S. 2 ist nur dann gewährleistet, wenn die Vorgaben des Art. 9 Abs. 1 S. 1 (dh öffentliche Zugänglichkeit sowie kostenlose und registrierungsfreie Abrufmöglichkeit, → Rn. 8) eingehalten werden. Der Begriff des Publikums wird in der MiCAR nicht näher definiert. In Anbetracht des Normzwecks (Erleichterung der Anspruchsverfolgung; → Rn. 4) genügt das Halten durch **einen Anleger.**

IV. Konsistenzgebot (Abs. 2)

11 Art. 9 Abs. 2 enthält ein **veröffentlichungsspezifisches Konsistenzgebot,** demzufolge die veröffentlichten Kryptowerte-Whitepaper und die etwaigen Marketingmitteilungen mit der gemäß Art. 8 an die zuständige Behörde übermittelten und ggf. gemäß Art. 12 aktualisierten Fassung übereinzustimmen haben. Die einzuhaltende Übereinstimmung erfordert eine vollständige inhaltliche Kongruenz zwischen den (ggf. aktualisierten, Art. 12 Abs. 2) Übermittlungs- und Veröffentlichungsversionen der Dokumente. Das Konsistenzgebot des Abs. 2 ist erforderlich, um trotz des Fehlens eines behördlichen Genehmigungsverfahrens die **Einhaltung der Vorgaben der Art. 4 ff.** zu gewährleisten: Nach der Konzeption der MiCAR soll eine **effektive Marktaufsicht** durch die zuständigen Behörden mithilfe der **Übermittlungspflicht aus Art. 8** gewährleistet werden (Erwgr. Nr. 31 S. 1), welche die zuständige Behörde in die Lage versetzt, die übermittelten Dokumente auf ihre Gesetzeskonformität zu prüfen und im Falle von Verstößen gegen Art. 6 oder Art. 7 eine Änderung der Kryptowerte-Whitepaper oder Marketingmitteilungen zu verlangen (Art. 94 Abs. 1 lit. i, lit. j; näher → Art. 8 Rn. 3). Das erfolgreiche Funktionieren dieses Regelungsmodells setzt indes voraus, dass die **übermittelten** und von der Behörde **geprüften Informationen** mit den **veröffentlichten Informationen übereinstimmen,** wie es Art. 9 Abs. 2 vorsieht, weil nur dann mithilfe der Übermittlungspflicht sowie der daran anknüpfenden Marktaufsicht sichergestellt werden kann, dass tatsächlich (nur) gesetzeskonforme Informationen in den Markt gelangen. Im Rahmen der ProspektVO fehlt eine entsprechende Parallelvorschrift, da angesichts der Pflicht zur Veröffentlichung des **gebilligten** (dh des behördlich geprüften) **Prospekts** (Art. 3 Abs. 1 iVm Art. 21 ProspektVO) bereits eine Übereinstimmung zwischen dem behördlich geprüften und dem später veröffentlichten Prospekt sowie eine (weitgehende) Gesetzeskonformität des Prospekts sichergestellt ist.

V. Rechtsfolgen

Ein **Verstoß** gegen die Veröffentlichungspflicht aus **Art. 9 Abs.** 1 oder das Konsistenzgebot aus **Art. 9 Abs.** 2 führt in Bezug auf das **Kryptowerte-Whitepaper** zur **Unzulässigkeit** eines **öffentlichen Angebots** sowie eines **Antrags auf Handelszulassung** (Art. 4 Abs. 1 lit. d, Art. 5 lit. d, Art. 11 Abs. 1). Die zuständige Behörde (Art. 93 Abs. 1 S. 1, in Deutschland: BaFin, § 3 S. 1 KMAG) kann in diesem Fall die Aufsichtsbefugnisse iSd **Art. 94 Abs. 1 lit. l–o, r** (§ 4 Abs. 1 S. 1 KMAG, § 15 Abs. 1, Abs. 3 KMAG, § 34 Abs. 4 S. 1 u. S. 2 KMAG) wahrnehmen. Die fehlende Veröffentlichung von (etwaigen) **Marketingmitteilungen** verstößt zwar ebenfalls gegen die Vorgaben Art. 9 Abs. 1 (sowie Art. 4 Abs. 1 lit. f; Art. 5 Abs. 1 lit. f), macht das öffentliche Angebot oder den Antrag auf Handelszulassung jedoch **nicht unzulässig** (arg. Art. 11 Abs. 1 e.c.). Insoweit kommt (zumindest) eine Ausübung der Aufsichtsbefugnisse iSd **Art. 94 Abs. 1 lit. p, q** (§ 17 Abs. 2 KMAG) durch die zuständige Behörde in Betracht.

12

Artikel 10 Ergebnis des öffentlichen Angebots und Sicherheitsvorkehrungen

(1) Anbieter von anderen Kryptowerten als vermögenswertereferenzierten Token oder E-Geld-Token, die für ihr öffentliches Angebot dieser Kryptowerte eine Frist setzen, müssen auf ihrer Website innerhalb von 20 Arbeitstagen nach Ablauf der Zeichnungsfrist das Ergebnis des öffentlichen Angebots veröffentlichen.

(2) Anbieter von anderen Kryptowerten als vermögenswertereferenzierten Token oder E-Geld-Token, die für ihr öffentliches Angebot dieser Kryptowerte keine Frist setzen, müssen auf ihrer Website fortlaufend, mindestens monatlich, die Zahl der im Umlauf befindlichen Anteile der Kryptowerte veröffentlichen.

(3) Anbieter von anderen Kryptowerten als vermögenswertereferenzierten Token oder E-Geld-Token, die für ihr öffentliches Angebot dieser Kryptowerte eine Frist setzen, müssen wirksame Vorkehrungen treffen, um die während des Angebots eingesammelten Geldbeträge oder anderen Kryptowerte zu überwachen und sicher aufzubewahren. Zu diesem Zweck müssen diese Anbieter sicherstellen, dass die während des öffentlichen Angebots gesammelten Geldbeträge oder Kryptowerte von einer oder beiden der folgenden Stellen verwahrt werden:
a) einem Kreditinstitut, wenn während des öffentlichen Angebots Geldbeträge eingesammelt werden;
b) einem Anbieter von Kryptowerte-Dienstleistungen, der Kryptowerte für Kunden verwahrt und verwaltet.

(4) Ist für das öffentliche Angebot keine Frist vorgesehen, so erfüllt der Anbieter die Anforderungen nach Absatz 3 des vorliegenden Artikels, bis das in Artikel 13 festgelegte Widerrufsrecht des Kleinanlegers erloschen ist.

Schrifttum: Siehe vor Art. 4 ff.

Art. 10

Übersicht

	Rn.
I. Grundlagen	1
1. Regelungsgegenstand	1
2. Regelungszwecke	2
a) Unterrichtung des Marktes und der Anleger (Abs. 1)	2
b) Ermöglichung einer informierten Anlageentscheidung durch fortlaufende Bereitstellung von Informationen über den Markt(miss)erfolg des öffentlichen Angebots (Abs. 2)	3
c) Verhinderung des (unfreiwilligen) Verlusts der Emissionserlöse (Abs. 3 u. Abs. 4)	4
II. Anwendungsbereich	7
III. Veröffentlichungspflicht bei befristeten öffentlichen Angeboten (Abs. 1)	8
IV. Veröffentlichungspflicht bei unbefristeten öffentlichen Angeboten (Abs. 2)	9
V. Sicherungsvorkehrungen zur Überwachung und sicheren Verwahrung der Emissionserlöse (Abs. 3 u. Abs. 4)	11
VI. Rechtsfolgen	14

I. Grundlagen

1. Regelungsgegenstand

1 Art. 10 Abs. 1 u. Abs. 2 normieren **Transparenzpflichten** der Anbieter, die im Falle eines befristeten Angebots das **Ergebnis** (Abs. 1) und im Falle eines unbefristeten Angebots fortlaufend die **Zahl der im Umlauf befindlichen Anteile** (Abs. 2) veröffentlichen müssen. Darüber hinaus statuiert **Art. 10 Abs. 3 Pflichten** der Anbieter zur **Überwachung** und **sicheren Aufbewahrung der eingesammelten Geldbeträge und Kryptowerte,** die wegen Art. 10 Abs. 4 im Falle eines unbefristeten Angebots **bis zum Erlöschen des in Art. 13 vorgesehenen Widerrufsrechts** des jeweiligen Kleinanlegers fortdauern.

2. Regelungszwecke

2 **a) Unterrichtung des Marktes und der Anleger (Abs. 1).** Die Pflicht zur Veröffentlichung des Ergebnisses eines **befristeten Angebots** aus **Art. 10 Abs. 1** dient der **Unterrichtung des Marktes** und der **teilnehmenden Anleger** über den Erfolg des öffentlichen Angebots. Bedeutsam ist dies für die Anleger insbesondere dann, wenn das öffentliche Angebot mit bestimmten Bedingungen versehen war (zB die Erreichung sog. Soft Caps[1]), deren Erreichen eine Voraussetzung für die endgültige Durchführung der Transaktion darstellt. Hierdurch sollen die Anleger Planungssicherheit bezüglich der (zeitnahen) Rückgewähr oder des (dauerhaften) Verbleibs ihrer Investitionssumme beim Anbieter erhalten.

3 **b) Ermöglichung einer informierten Anlageentscheidung durch fortlaufende Bereitstellung von Informationen über den Markt(miss)erfolg**

---

[1] Siehe zu Soft Caps: Maume/Maute Kryptowerte-HdB/Fromberger/Zimmermann § 1 Rn. 84; vgl. ferner Barsan RTDF 2017 N 3, 54 f.

Ergebnis des öffentlichen Angebots und Sicherheitsvorkehrungen **Art. 10**

des öffentlichen Angebots (Abs. 2). Bei **unbefristeten Angeboten** hat die Veröffentlichungspflicht aus **Art. 10 Abs. 2** nicht nur den Zweck einer bloßen Unterrichtung des Marktes und der Anleger. Vielmehr sollen die fortlaufenden Informationen den **potentiellen Anlegern** eine **informierte Anlageentscheidung ermöglichen:** In diesem Zusammenhang muss bedacht werden, dass eine zeitlich unbegrenzte Laufzeit des öffentlichen Angebots tendenziell gegen die **Qualität der angebotenen Kryptowerte** sowie die dahinter stehenden **Kryptowert-Projekts** spricht, da die Anbieter unter solchen Umständen keine Anreize zur Akzeptanz des fairen Marktpreises innerhalb einer vordefinierten Zeitspanne haben, sondern sie einfach den (langsamen) Abverkauf der Kryptowerte (an unerfahrene Anleger) im Rahmen des unbefristeten Angebots aussitzen können.[2] Die Pflicht zur fortlaufenden Veröffentlichung der Zahl der im Umlauf befindlichen Anteile der Kryptowerte soll die interessierten Anleger vor diesem Hintergrund in die Lage versetzen, die Geschwindigkeit des Verkaufs der Kryptowerte und den damit **implizierten (Miss-)Erfolg** des öffentlichen Angebots als **Marktsignal** wahrzunehmen. Während ein schleppender Verkauf der Kryptowerte auf eine mangelnde Marktakzeptanz (zB wegen eines überhöhten Verkaufspreises oder einer zu geringen Qualität des Kryptowert-Projekts) hindeutet, signalisiert ein schneller Abverkauf der Kryptowerte den interessierten Anlegern die positive Aufnahme des öffentlichen Angebots im Markt.

c) Verhinderung des (unfreiwilligen) Verlusts der Emissionserlöse 4 **(Abs. 3 u. Abs. 4).** Die den Anbietern durch **Art. 10 Abs. 3 u. Abs. 4** auferlegten Vorkehrungen zur Überwachung und sicheren Aufbewahrung der im Rahmen des öffentlichen Angebots eingesammelten Geldbeträge und Kryptowerte verfolgen den Zweck, einen **(unfreiwilligen) Verlust der Emissionserlöse** aufgrund von Hackerangriffen[3] oder infolge eines rechtswidrigen Verhaltens der Organmitglieder und/oder Mitarbeiter des Anbieters (dauerhaft) zu **verhindern**.[4] Bislang ungeklärt ist jedoch, ob der Zweck der genannten Vorschriften in einer **dauerhaften Verhinderung des Verlusts der Emissionserlöse** oder in einer **(zeitlich begrenzten) Verhinderung des Verlusts der Emissionserlöse zum Zwecke der Gewährleistung von deren ordnungsgemäßer Rückgabe** im Falle von dessen Stornierung zu erblicken ist (für die Relevanz dieses unterschiedlichen Normzweckverständnisses → Rn. 12 f.):

Für eine Identifizierung des Normzwecks mit einer **dauerhaften Verhin-** 5 **derung des Verlusts der Emissionserlöse** spricht, dass dieses Regelungsziel in **objektiv-teleologischer Hinsicht** ein sinnvolles Anliegen im Interesse der zeichnenden Anleger **(Anlegerschutz)** darstellt. Überdies deutet **Erwgr. Nr. 36 S. 3** auf das Ziel einer dauerhaften Sicherung der Emissionserlöse gegen unfreiwillige Verluste hin. Zu guter Letzt enthält der **Wortlaut des Art. 10 Abs. 3** keine zeitliche, sondern lediglich eine sachliche Begrenzung der Pflichten auf die „während des Angebots eingesammelten Gelbeträge oder (...) Kryptowerte".

---

[2] Klöhn/Parhofer/Resas ZBB 2018, 89 (96).
[3] Vgl. für einen Beispielsfall das Initial Coin Offering von The DAO: Securities and Exchange Commission, Report of Investigation Pursuant to Section 21(a) of the Securities Exchange Act of 1934: The DAO, Release No. 81207, verfügbar unter https://beck-link.de/43ke5 (zuletzt aufgerufen am 4.4.2024).
[4] Vgl. Zickgraf BKR 2021, 362 (363 f.).

6 Für ein Verständnis, das den Zweck von Art. 10 Abs. 3 u. Abs. 4 in erster Linie in der **Gewährleistung der reibungslosen Rückabwicklung des Angebots** bzw. der **ordnungsgemäßen Rückerstattung der Emissionserlöse** (gemäß Art. 14 Abs. 3, → Art. 14 Rn. 21 ff.) erblickt,[5] lässt sich **Erwgr. Nr. 36 S. 2** anführen, der dieses gesetzgeberische Regelungsanliegen zum Ausdruck bringt. In **systematischer Hinsicht** wird dieses Normzweckverständnis durch **Art. 10 Abs. 4** bestätigt, der den **zeitlichen Anwendungsbereich** der Pflichten in einen Zusammenhang mit dem Widerrufsrecht des (individuellen) Kleinanlegers aus Art. 13 – dh die **Rückabwicklung infolge der Ausübung des Widerrufsrechts** – stellt.[6] Zudem spricht die gesetzgeberische **Differenzierung zwischen befristeten und unbefristeten Angeboten** in Art. 10 Abs. 3 u. Abs. 4 für dieses Normzweckverständnis: Schließlich entspricht der **Ablauf der Widerrufsfrist** im Rahmen des **Art. 10 Abs. 4** exakt dem **Ablauf der Zeichnungsfrist** im Rahmen des **Art. 10 Abs. 3** (arg. Art. 13 Abs. 5). Bedenkt man diese systematischen Zusammenhänge, erscheint es naheliegend, dass durch Art. 10 Abs. 3 u. Abs. 4 die Sicherstellung einer ordnungsgemäßen Rückgabe der Emissionserlöse bezweckt wird, da deren **zeitliche Anwendungsbereiche** jeweils mit dem **Ablauf des Widerrufsrechts der Kleinanleger** aus Art. 13 korrespondieren. Zu guter Letzt kann allein diese Normzweckinterpretation die **gesetzgeberische Differenzierung** zwischen befristeten (Abs. 3) und unbefristeten (Abs. 4) Angeboten normativ erklären, da es im Falle der Identifizierung des Normzwecks mit einer dauerhaften Verhinderung des Verlusts der Emissionserlöse (→ Rn. 5) auf diese Unterscheidung in teleologischer Hinsicht überhaupt nicht ankäme.

II. Anwendungsbereich

7 Der sachliche Anwendungsbereich des Art. 10 ist im Falle eines öffentlichen Angebots (Art. 3 Abs. 1 Nr. 12) eines anderen Kryptowerts als eines vermögenswertereferenzierten Token oder E-Geld-Token (→ Vor Art. 4 ff. Rn. 1 ff.) eröffnet. Art. 10 findet – unabhängig vom Bestehen oder Nichtbestehen einer Kryptowerte-Whitepaper-Publizitätspflicht – auf jedes öffentliche Angebot Anwendung. Art. 10 erfasst in seinem persönlichen Anwendungsbereich nur die Anbieter (Art. 3 Abs. 1 Nr. 13). Der räumliche Anwendungsbereich des Art. 10 ist eröffnet, wenn das öffentliche Angebot in der Union stattfindet.

III. Veröffentlichungspflicht bei befristeten öffentlichen Angeboten (Abs. 1)

8 Im Falle eines **befristeten** (beachte Art. 4 Abs. 6, → Art. 4 Rn. 36 f.) **öffentlichen Angebots** (Art. 3 Abs. 1 Nr. 12; → Rn. 7) eines **anderen Kryptowerts** (→ Rn. 7; → Vor Art. 4 ff. Rn. 14 ff.) verpflichtet Art. 10 Abs. 1 die **Anbieter**

---

[5] Bei diesem Normzweckverständnis streben Art. 10 Abs. 3 u. Abs. 4 zwar ebenfalls eine Verhinderung des Verlusts der Emissionserlöse an, doch handelt es sich hierbei nur um ein notwendiges Zwischenziel zur Gewährleistung der ordnungsgemäßen Rückabwicklung des öffentlichen Angebots.

[6] Interpretiert man Art. 10 Abs. 4 allerdings ebenfalls in Richtung einer Dauerpflicht (→ Rn. 13), verliert dieses systematische Argument an Überzeugungskraft.

Ergebnis des öffentlichen Angebots und Sicherheitsvorkehrungen **Art. 10**

(Art. 3 Abs. 1 Nr. 13; → Rn. 7), auf ihrer Website innerhalb von 20 Arbeitstagen (vgl. Art. 2 lit. t ProspektVO) nach Ablauf der Zeichnungsfrist (siehe zur Fristberechnung: Art. 3 VO (EWG, Euratom) Nr. 1182/71; näher → Art. 8 Rn. 12) das **Ergebnis des öffentlichen Angebots** zu veröffentlichen. Die Veröffentlichung des „**Ergebnis[ses]**" iSd Art. 10 Abs. 1 hat Informationen zur **Erfüllung etwaiger Bedingungen** des öffentlichen Angebots (dh zum Erfolg der Transaktion als solcher; arg. Normzweck, → Rn. 2), zur **Zahl** der infolge des öffentlichen Angebots **im Umlauf befindlichen Kryptowerte** (arg. Systematik: Art. 10 Abs. 2) sowie zur **Höhe der eingesammelten Geldbeträge** oder **Kryptowerte** (arg. Systematik: Art. 10 Abs. 3) zu enthalten. Um nicht ein Unterlaufen des Normzwecks des Art. 10 Abs. 2 (→ Rn. 3) zu ermöglichen, wird man von einem **befristeten Angebot** („Frist setzen") im Unterschied zu einem unbefristeten Angebot („keine Frist") nur dann auszugehen haben, wenn die Frist des öffentlichen Angebots keine übermäßige Länge aufweist. In Anbetracht der **Wertung des Art. 4 Abs. 6** dürfte die Grenze wohl bei einer Länge des öffentlichen Angebots von **12 Monaten** erreicht sein. Öffentliche Angebote mit einer **Laufzeit von mehr als 12 Monaten** sind daher nie als befristete Angebote iSd Art. 10 Abs. 1, sondern stets als **unbefristete Angebote** iSd Art. 10 Abs. 2 einzustufen, wobei dieses Auslegungsergebnis mithilfe einer teleologischen Reduktion des Wortlauts („Frist setzen") erreicht werden kann.

IV. Veröffentlichungspflicht bei unbefristeten öffentlichen Angeboten (Abs. 2)

Art. 10 Abs. 2 verpflichtet die **Anbieter** (Art. 3 Abs. 1 Nr. 13; → Rn. 7) **anderer** 9 **Kryptowerte** (→ Rn. 7) im Rahmen eines **unbefristeten,** dh mehr als zwölf Monate (→ Rn. 8) laufenden, **Angebots** auf ihrer Website **fortlaufend,** mindestens monatlich, die **Zahl der im Umlauf befindlichen Anteile** der Kryptowerte zu **veröffentlichen**. **Im Umlauf** befinden sich die anderen Kryptowerte, wenn sie nicht vom Anbieter selbst, sondern vom **Publikum** (→ Art. 9 Rn. 10) gehalten werden.

Damit der **Zweck des Art. 10 Abs. 2,** den potentiellen Anlegern eine **infor-** 10 **mierte Anlageentscheidung** durch fortlaufende Information über den Verlauf bzw. Erfolg des Angebots zu ermöglichen (→ Rn. 3), nicht unterlaufen wird, ist es erforderlich, dass Anbieter die Veröffentlichungspflicht **nicht** durch ein überlanges, bei formaler Betrachtung befristetes Angebot **umgehen** können. Bedenkt man, dass ein (sehr) lange laufendes öffentliches Angebot tendenziell gegen dessen Qualität spricht und damit der Normzweck die Anwendung des Art. 10 Abs. 2 umso eher gebietet (→ Rn. 3), wird man eine **Laufzeit von mehr als 12 Monaten** (vgl. Art. 4 Abs. 6; auch → Rn. 8) so behandeln müssen, als sei „**keine Frist**" iSd Art. 10 Abs. 2 gesetzt worden. Der Wortlaut bedarf insoweit einer **teleologischen Reduktion**.

Zickgraf

V. Sicherungsvorkehrungen zur Überwachung und sicheren Verwahrung der Emissionserlöse (Abs. 3 u. Abs. 4)

11 Die Anbieter eines **befristeten** Angebots sind verpflichtet, **wirksame Vorkehrungen** zu treffen, um die **während des Angebots** eingesammelten Geldbeträge oder „anderen Kryptowerte" zu **überwachen** und **sicher aufzubewahren** (Art. 10 Abs. 3 S. 1). Die Eingrenzung auf „andere Kryptowerte" erscheint in Anbetracht des Normzwecks, einen unfreiwilligen Verlust der Emissionserlöse mit (mittelbar) negativen Konsequenzen für die Anleger nach Möglichkeit zu vermeiden (→ Rn. 4 ff.), nicht gerechtfertigt und gebietet eine teleologische Reduktion des Wortlauts bzw. eine Erweiterung des Tatbestands auf sämtliche „Kryptowerte" (Art. 3 Abs. 1 Nr. 5), wofür systematisch auch der Wortlaut des Art. 10 Abs. 3 S. 2 („Kryptowerte") spricht. Die geforderte **Überwachung** dürfte die **Einrichtung einer (technischen) Überwachungsmöglichkeit** sowie ein **tatsächliches Monitoring** (vgl. die englische Sprachfassung: „monitor") seitens des Anbieters erfordern. Die **wirksamen Vorkehrungen** hinsichtlich **Überwachung und sicherer Aufbewahrung** werden durch die Pflicht aus **Art. 10 Abs. 3 S. 2 konkretisiert,** wonach die Anbieter sicherstellen müssen, dass die während des öffentlichen Angebots gesammelten Geldbeträge und/oder Kryptowerte von

- einem **Kreditinstitut** (Art. 3 Abs. 1 Nr. 28), wenn während des öffentlichen Angebots Geldbeträge eingesammelt werden (lit. a) und/oder
- einem **Anbieter von Kryptowerte-Dienstleistungen, der Kryptowerte für Kunden verwahrt und verwaltet** (lit. b; Art. 3 Abs. 1 Nr. 15, 16 lit. a, 17),

verwahrt werden.

In Abhängigkeit von den eingesammelten Emissionserlösen („einer oder beiden der folgenden Stellen") müssen die jeweiligen Erlöse entweder nur von einem Kreditinstitut oder einem die Verwahrung und Verwaltung von Kryptowerten anbietenden Kryptowerte-Dienstleister (= ausschließlich Geld **oder** Kryptowerte als Emissionserlös) oder von beiden Stellen (= Geld **und** Kryptowerte als Emissionserlös) verwahrt werden.

12 Ob es sich bei den Pflichten aus **Art. 10 Abs. 3** um **Dauerpflichten** oder um auf den **Angebotszeitraum begrenzte Pflichten** handelt, hängt maßgeblich vom zugrunde gelegten Normzweckverständnis ab (→ Rn. 4 ff.): Identifiziert man den Normzweck aus Gründen des **Anlegerschutzes** mit einer **dauerhaften Verhinderung des Verlusts der Emissionserlöse** (= objektiv-teleologisch erschlossener Normzweck; → Rn. 5), folgt daraus unmittelbar, dass es sich bei den Pflichten des Art. 10 Abs. 3 um **Dauerpflichten** handelt. Auch **Erwgr. Nr. 36 S. 3** kann in diesem Sinne interpretiert werden. Zudem enthält der **Wortlaut** keine zeitliche Begrenzung der Pflichten, sondern nur eine sachliche Bezugnahme auf die „während des Angebots eingesammelten Gelbeträge oder (…) Kryptowerte", wobei dies mit dem Ziel eines dauerhaften Anlegerschutzes kompatibel erscheint. Erblickt man den Normzweck demgegenüber wegen **Erwgr. Nr. 36 S. 2** in der **Sicherstellung der ordnungsgemäßen Rückerstattung der Emissionserlöse** im Falle einer **Stornierung des öffentlichen Angebots** (subjektiv-teleologisch erschlossener Normzweck; → Rn. 6), wird man zu der Einschätzung gelangen, dass es sich um **zeitlich begrenzte Pflichten** handelt, da dieses Regelungsziel bereits durch auf den Angebotszeitraum bzw. auf das

Ende der Zeichnungsfrist begrenzte Pflichten erreicht wird. Für letztgenannte Interpretation spricht neben dem (subjektiv-teleologisch erschlossenen) Normzweck die **Gesetzessystematik,** die zwischen befristeten (Art. 10 Abs. 3) und unbefristeten öffentlichen Angeboten (Art. 10 Abs. 4) differenziert: Im Falle eines unbefristeten Angebots kommt eine Rückabwicklung mit dem jeweiligen Anleger bis zum Ablauf der Widerrufsfrist in Betracht, weshalb Art. 10 Abs. 4 die Pflichten aus Art. 10 Abs. 3 bis auf diesen Zeitpunkt erstreckt. Im Umkehrschluss spricht dies dafür, die Pflichten aus Art. 10 Abs. 3 in zeitlicher Hinsicht ebenfalls (nur) bis zum Ende des befristeten Angebots fortbestehen zu lassen, da im Falle befristeter Angebote das Widerrufsrecht des Kleinanlegers wegen Art. 13 Abs. 5 nach Ablauf der Zeichnungsfrist erlischt, so dass das Ende des befristeten Angebots (iSd Art. 10 Abs. 3) dem Zeitpunkt des Ablaufs der Widerrufsfrist beim unbefristeten Angebot (iSd Art. 10 Abs. 4) entspricht.

Im Falle eines **unbefristeten** Angebots sind die Pflichten aus Art. 10 Abs. 3 so **13** lange zu erfüllen, **bis das in Art. 13 festgelegte Widerrufsrecht des Kleinanlegers erloschen ist** (Art. 10 Abs. 4). Die Interpretation des **Art. 10 Abs. 4** hängt wiederum maßgeblich davon ab, welchen Normzweck man zugrunde legt: Wer den Normzweck von Art. 10 Abs. 3 u. Abs. 4 in einer dauerhaften Verhinderung des Verlusts der Emissionserlöse erblickt (→ Rn. 5), wird unter Betonung dieses Normzweckverständnisses auf das Widerrufsrecht eines **hypothetischen Kleinanlegers** (Art. 3 Abs. 1 Nr. 37) abstellen, so dass es darauf ankäme, ob theoretisch noch ein Kleinanleger den Kryptowert erwerben könnte, was bei unbefristeten Angeboten[7] **dauerhaft** der Fall ist. Nach dieser Lesart handelt es sich bei den Pflichten aus **Art. 10 Abs. 3 u. Abs. 4 gleichermaßen um Dauerpflichten.** Legt man dagegen die Sicherstellung der Rückgabe des Emissionserlöses im Rahmen einer Rückabwicklung mit einzelnen oder allen Anlegern als Normzweck zugrunde (→ Rn. 6), erscheint eine **wortlautgetreue Auslegung des Art. 10 Abs. 4** überzeugend und geboten, so dass die Pflichten aus Art. 10 Abs. 3 bezogen auf die Emissionserlöse aus dem Geschäft mit dem jeweiligen (Klein-)Anleger – (nur) bis zum Erlöschen der Widerrufsfrist des **einzelnen Kleinanlegers** zu erfüllen sind. Diese alternativ mögliche Interpretation nimmt für **Art. 10 Abs. 3 u. Abs. 4** jeweils **zeitlich begrenzte Pflichten** an.

VI. Rechtsfolgen

Im Falle eines Verstoßes gegen Art. 10 Abs. 1 oder Abs. 2 kommt eine Ergreifung **14** der **Aufsichtsbefugnisse** iSd Art. 94 Abs. 1 lit. r, v (§ 4 Abs. 1 S. 1 KMAG; lit. r nicht hinreichend umgesetzt in § 4 Abs. 4 KMAG) in Betracht, wobei speziell bei Verstößen gegen Art. 10 Abs. 2 zusätzlich die Wahrnehmung der Befugnis iSd Art. 94 Abs. 1 lit. s (§ 18 KMAG) möglich erscheint, da im Falle unbefristeter Angebote die Informationen iSd Art. 10 Abs. 2 die Bewertung der angebotenen (anderen) Kryptowerte durch die (potentiellen) Anleger beeinflussen können. Bei Verstößen gegen Art. 10 Abs. 3 u. Abs. 4 erscheint die Ergreifung der Aufsichtsbefugnisse iSd Art. 94 Abs. 1 lit. l, m, r, v (§ 4 Abs. 1 S. 1 KMAG, § 15 Abs. 1, Abs. 3

---

[7] Zu bedenken ist, dass sich die Auslegung des Tatbestandsmerkmals des unbefristeten Angebots in Art. 10 Abs. 4 und Art. 10 Abs. 2 (→ Rn. 10) trotz identischen Wortlauts („keine Frist") nicht deckt.

KMAG) möglich (lit. r, v; § 4 Abs. 1 S. 1 KMAG) bzw. naheliegend und geboten (lit. l, m; § 15 Abs. 1, Abs. 3 KMAG).

Artikel 11 Rechte von Anbietern anderer Kryptowerte als vermögenswertereferenzierter Token oder E-Geld-Token und von Personen, die die Zulassung solcher Kryptowerte zum Handel beantragen

(1) **Nach der Veröffentlichung des Kryptowerte-Whitepapers gemäß Artikel 9 und des etwaigen geänderten Krypto werte-Whitepapers gemäß Artikel 12 können Anbieter Kryptowerte, die keine vermögenswertereferenzierten Token oder E-Geld-Token sind, in der gesamten Union anbieten, und solche Kryptowerte können zum Handel auf einer Handelsplattform für Kryptowerte in der Union zugelassen werden.**

(2) **Anbieter von anderen Kryptowerten als vermögenswertereferenzierten Token oder E-Geld-Token und Personen, die die Zulassung solcher Kryptowerte zum Handel beantragen, die ein Kryptowerte-Whitepaper gemäß Artikel 9 und ein etwaiges geändertes Kryptowerte-Whitepaper gemäß Artikel 12 veröffentlicht haben, unterliegen in Bezug auf das öffentliche Angebot oder die Zulassung dieses Kryptowert zum Handel keinen weiteren Informationspflichten.**

Schrifttum: Siehe vor Art. 4 ff.

Übersicht

	Rn.
I. Grundlagen	1
1. Regelungsgegenstand	1
2. Regelungsvorbild	2
3. Regelungszweck	3
II. Anwendungsbereich	5
III. Europäischer Pass (Abs. 1)	6
IV. Grundsätze der Spezialität und Vollharmonisierung (Abs. 2)	9

I. Grundlagen

1. Regelungsgegenstand

1 Die Regelung des **Art. 11 Abs. 1** nimmt auf die Pflicht zur Veröffentlichung eines Kryptowerte-Whitepapers im Falle eines öffentlichen Angebots (Art. 4 Abs. 1 lit. d, → Art. 4 Rn. 12) sowie einer (beantragten) Handelszulassung (Art. 5 Abs. 1 lit. d → Art. 5 Rn. 11 f., 17) Bezug: Sowohl ein **öffentliches Angebot** als auch eine **Handelszulassung** dürfen erst nach **Veröffentlichung eines Kryptowerte-Whitepapers** gemäß Art. 9 (→ Art. 9 Rn. 1 ff.) erfolgen; sofern eine Pflicht zur Änderung des Kryptowerte-Whitepapers gemäß Art. 12 besteht (→ Art. 12), bedarf es überdies der **Veröffentlichung des geänderten Kryptowerte-Whitepapers** gemäß Art. 12 Abs. 6 (→ Art. 12 Rn. 24 f.). Werden die vorstehenden Anforderungen eingehalten, dürfen die anderen Kryptowerte als vermögenswertereferenzierte Token oder E-Geld-Token **in der gesamten Union** angeboten und

Rechte von Anbietern (Europäischer Pass) **Art. 11**

zum Handel zugelassen werden (→ Rn. 6 ff.). Art. 11 Abs. 1 enthält insofern einen **Europäischen Pass.**[1] **Art. 11 Abs. 2** normiert, dass die Anbieter und Zulassungsantragsteller in Bezug auf das öffentliche Angebot oder die (beantragte) Handelszulassung keinen weitergehenden Informationspflichten – insbes. nicht solchen nach mitgliedstaatlichem Recht – unterliegen und stellt insofern den **abschließenden** sowie **vollharmonisierenden Charakter** der Kryptowerte-Whitepaper-Publizitätspflicht(en) aus Art. 4 und Art. 5 klar (→ Rn. 9 f.).[2]

2. Regelungsvorbild

Art. 11 Abs. 1 ist in groben Zügen an die Regelung aus **Art. 24 ProspektVO** angelehnt, wobei das Notifizierungserfordernis (→ Rn. 8) im Unterschied zu Art. 24 Abs. 1 S. 1 nicht (ausdrücklich) geregelt ist. 2

3. Regelungszweck

Der durch Art. 11 Abs. 1 geschaffene **Europäische Pass** bezweckt im Rahmen 3 grenzüberschreitender Transaktionen eine **Senkung der (Transaktions-)Kosten** der Anbieter und Zulassungsantragsteller[3], die infolge des Europäischen Passes das Kryptowerte-Whitepaper nur **einmalig** an die zuständige Behörde des Herkunftsmitgliedstaats (Art. 3 Abs. 1 Nr. 33) **übermitteln** müssen und nachfolgend die anderen Kryptowerte als vermögenswertereferenzierte Token oder E-Geld-Token **in der gesamten Union** anbieten und deren Handelszulassung beantragen können. Konkret fördert der **Europäische Pass** für andere Kryptowerte als vermögenswertereferenzierte Token oder E-Geld-Token das **Entstehen** sowie das **Funktionieren eines EU-Binnenmarktes für andere Kryptowerte,** indem er grenzüberschreitende Angebote sowie unionsweite Handelszulassungen erleichtert und vergünstigt (vgl. auch Erwgr. Nr. 3 S. 2 ProspektVO)[4], so dass deren Durchführung wahrscheinlicher wird (**binnenmarktkonstituierende Funktion** des Europäischen Passes).

Art. 11 Abs. 2 dient ebenso wie Art. 11 Abs. 1 (→ Rn. 3) der **Verwirklichung** 4 **eines einheitlichen Binnenmarktes** für andere Kryptowerte als vermögenswertereferenzierte Token oder E-Geld-Token. Schließlich ordnet Art. 11 Abs. 2 an, dass die Anbieter keinen weiter(gehend)en Informationspflichten nach Unionsrecht oder mitgliedstaatlichem Recht unterliegen. Hierin kommen zwei Regelungsgrundsätze zum Ausdruck: Erstens normiert Art. 11 Abs. 2 den **Grundsatz der Spezialität** gegenüber sonstigen unionsrechtlichen Regelungen, die ähnliche (Schutz-)Zwecke wie die Art. 4 ff. verfolgen. Zweitens kommt der vollharmonisierende Regelungsansatz des Unionsgesetzgebers in Art. 11 Abs. 2 zum Ausdruck, wobei dieser **Grundsatz der Vollharmonisierung** abweichenden oder ergänzenden mitgliedstaatlichen Informationspflichten einen

---

[1] Zickgraf BKR 2021, 196 (199); Siadat RdF 2021, 12 (18); siehe zum Begriff sowie zum Regelungskonzept im Kontext des Art. 24 ProspektVO: Assmann/Schlitt/von Kopp-Colomb/von Kopp-Colomb ProspektVO Art. 24 Rn. 2 f.; Just/Voß/Ritz/Zeising/Ritz ProspektVO Art. 24 Rn. 1 ff., 5 ff., 9 ff.
[2] Zickgraf BKR 2021, 196 (200).
[3] Just/Voß/Ritz/Zeising/Ritz ProspektVO Art. 24 Rn. 8.
[4] Vgl. Just/Voß/Ritz/Zeising/Lenz/Ritz Prospekt-VO Art. 24 Rn. 9; siehe dazu und zur Entwicklung Weber NZG 2004, 360 (361).

Riegel vorschiebt.[5] Beide Grundsätze sollen in ihrem Zusammenwirken das Entstehen eines einheitlichen Binnenmarktes fördern: Der Grundsatz der Spezialität schafft für die Marktteilnehmer **Rechtssicherheit**, indem er in deren Anwendungsbereich einen Vorrang der Informationspflichten aus Art. 4ff. vor anderen unionsrechtlichen (Schutz-)Vorschriften anordnet und insoweit die **unionsrechtlichen Rahmenbedingungen** des (Primär-) Marktes für andere Kryptowerte **eindeutig** festlegt. Der Grundsatz der Vollharmonisierung vermeidet demgegenüber eine **Rechtszersplitterung** infolge divergierender mitgliedstaatlicher Regelungen, was der Etablierung eines einheitlichen Binnenmarktes gleichfalls abträglich wäre; im Übrigen werden durch den vollharmonisierenden Regelungsansatz zugleich die Möglichkeiten der Durchführung von **Rechtsarbitrage** verringert.[6]

II. Anwendungsbereich

5   Die **sachlichen Anwendungsbereiche** von Art. 11 Abs. 1 u.Abs. 2 knüpfen an die Veröffentlichung eines (ggf. aktualisierten) Kryptowerte-Whitepapers an und finden nur auf öffentliche Angebote (Art. 3 Abs. 1 Nr. 12) sowie (beantragte) Handelszulassungen **anderer Kryptowerte als vermögenswertereferenzierter Token oder E-Geld-Token** (→ Vor Art. 4ff. Rn. 14ff.) Anwendung. Der **persönliche Anwendungsbereich** des Art. 11 Abs. 1 erfasst die Anbieter (Art. 3 Abs. 1 Nr. 13) sowie die publizitätspflichtigen Personen iSd Art. 5 (dh in Abhängigkeit von der Fallgestaltung den Zulassungsantragsteller → Art. 5 Rn. 8, 10f. oder den Betreiber der Handelsplattform → Art. 5 Rn. 8, 12ff.), wohingegen Art. 11 Abs. 2 nur die Anbieter (Art. 3 Abs. 1 Nr. 13) und Zulassungsantragsteller adressiert. Der **räumliche Anwendungsbereich** des Art. 11 erfasst öffentliche Angebote sowie Handelszulassungen **in der (gesamten) Union**. Er entspricht damit den räumlichen Anwendungsbereichen von Art. 4 (→ Art. 5 Rn. 10) und Art. 5 (→ Art. 5 Rn. 9).

III. Europäischer Pass (Abs. 1)

6   Der **Europäische Pass** aus Art. 11 Abs. 1 setzt die **Veröffentlichung des Kryptowerte-Whitepapers** (iSd Art. 4 Abs. 1 lit. b, Art. 5 Abs. 1 lit. b, Art. 6) gemäß **Art. 9** (→ Art. 9 Rn. 8ff.) voraus, wobei im Falle eines geänderten Kryptowerte-Whitepapers zusätzlich eine Veröffentlichung gemäß **Art. 12 Abs. 6 iVm Art. 9** (→ Art. 12 Rn. 24f.) erforderlich ist. Nach Veröffentlichung des Kryptowerte-Whitepapers dürfen die anderen Kryptowerte als vermögenswertereferenzierten Token oder E-Geld-Token – vorbehaltlich des **Notifizierungsverfahrens** → Rn. 8 – **in der gesamten Union** öffentlich **angeboten** und zum Handel auf einer Handelsplattform für Kryptowerte **zugelassen** werden (= Regelungsgehalt des Europäischen Passes; vgl. auch Erwgr. Nr. 35 S. 2).

---

[5] Siehe hierzu bereits Zickgraf BKR 2021, 196 (200).
[6] Zickgraf BKR 2021, 196 (197f.). Siehe allgemein zur Bedeutung der MiCAR für die Kapitalmarktunion, den Binnenmarkt für Kryptowerte und die Beseitigung einer Marktfragmentierung: COM(2020), 593 final, 2020/0265 (COD), S. 4ff.

Der Wortlaut des Art. 11 Abs. 1 („können [...] zugelassen werden") wurde hinsichtlich der **Zulassung** von anderen Kryptowerten **zum Handel auf einer Handelsplattform für Kryptowerte** im Vergleich zum Kommissionsentwurf (Art. 10 Abs. 1 MiCAR-E: „Zulassung [...] beantragen") verändert. Hierdurch ist im Gesetzgebungsverfahren dem Umstand Rechnung getragen worden, dass in manchen Fällen **kein Handelszulassungsantragsteller** vorhanden ist, aber gleichwohl ein Kryptowerte-Whitepaper zu veröffentlichen ist (vgl. Art. 5 Abs. 2, → Art. 5 Rn. 12ff.) und in anderen Fällen das Kryptowerte-Whitepaper **nicht durch den Zulassungsantragsteller erstellt und veröffentlicht** wird (vgl. Art. 5 Abs. 4, → Art. 5 Rn. 18ff.).[7] Der nunmehr **angepasste Wortlaut** des Art. 11 Abs. 1 stellt vor diesem Hintergrund klar, dass der Europäische Pass auch in den genannten Fällen greift. Dies ändert jedoch nichts an dem Umstand, dass bei der Handelszulassung eines anderen Kryptowerts in einer Vielzahl von Fällen der **Zulassungsantragsteller** das Kryptowerte-Whitepaper zu erstellen und zu veröffentlichen hat (Art. 5 Abs. 1 lit. b, d), wobei die **Kryptowerte-Whitepaper-Pflicht** bereits im **Zeitpunkt der Beantragung einer Handelszulassung** (vgl. Art. 5 Abs. 1) greift. Um eine effektive **Verwirklichung des Normzwecks** des Art. 11 Abs. 1 (= Senkung der Kosten grenzüberschreitender Transaktionen, Förderung eines EU-Binnenmarktes für andere Kryptowerte → Rn. 3) zu gewährleisten, muss daher nicht nur die Handelszulassung als solche, sondern in **teleologischer Extension** des Wortlauts zugleich die notwendigerweise vorgelagerte **Beantragung einer Handelszulassung** bei Einhaltung der Vorgaben des Art. 11 Abs. 1 (einschließlich des Notifizierungserfordernisses → Rn. 8) in der gesamten Union zulässig sein. Die Abänderung des (insoweit zutreffenden) Wortlauts des Kommissionsentwurfs (Art. 10 Abs. 1 MiCAR-E: „Zulassung [...] beantragen") im weiteren Gesetzgebungsverfahren (Art. 11 Abs. 1: „können [...] zugelassen werden") führt angesichts der geschilderten (objektiv-teleologischen) Normzwecküberlegungen und des soeben erläuterten Hintergrunds der Wortlautanpassung zu keiner abweichenden Einschätzung.

Ob die Berechtigung zum unionsweiten Angebot und der Handelszulassung in 8 der Union auf Grundlage des Europäischen Passes aus Art. 11 Abs. 1 eine **Notifizierung** der Aufnahmemitgliedstaaten nach Maßgabe des in **Art. 8 Abs. 6 UAbs. 1 u. UAbs. 2** vorgesehenen Notifizierungsverfahrens voraussetzt, ist in Art. 11 Abs. 1 nicht geregelt. Für ein Notifizierungserfordernis spricht, dass Art. 11 Abs. 1 sein **Regelungsvorbild** in **Art. 24 ProspektVO** findet (arg. Systematik) und der dortige Europäische Pass die Durchführung eines entsprechenden Notifizierungsverfahrens auf Ersuchen des Anbieters oder Zulassungsantragstellers erfordert (Art. 24 Abs. 1 S. 1 iVm Art. 25 ProspektVO). Allerdings unterscheiden sich die Wortlaute der beiden Vorschriften erheblich: Während Art. 24 Abs. 1 S. 1 ProspektVO nämlich vom öffentlichen Angebot und der Handelszulassung „in einem oder mehreren Mitgliedstaaten oder in einem anderen Mitgliedstaat als dem Herkunftsmitgliedstaat" spricht, verweist Art. 11 Abs. 1 schlichtweg auf das öffentliche Angebot „in der gesamten Union" sowie die Handelszulassung „in der Union", was tendenziell gegen eine (Einzel-) Notifizierung der betreffenden (Aufnahme-) Mitgliedstaaten spricht. Zudem enthält der **Wortlaut** des Art. 11 Abs. 1 im Unterschied zu Art. 24 Abs. 1 S. 1 ProspektVO („sofern die ESMA und die zuständige

---

[7] Diese Fallkonstellationen konnten nach dem ursprünglichen Kommissionsentwurf nicht eintreten, da Art. 5 Abs. 2 u. Abs. 4 entsprechende Regelungen in Art. 4 MiCAR-E nicht vorgesehen waren.

Art. 11

Behörde jedes Aufnahmemitgliedstaats gemäß Art. 25 unterrichtet werden") gerade **kein ausdrückliches Erfordernis** eines Notifizierungsverfahrens und auch Erwgr. Nr. 35 S. 2 erwähnt ein derartiges Erfordernis nicht, sondern stellt alleine auf die Veröffentlichung ab („Nach einer solchen Veröffentlichung [...]"). Hierbei dürfte es sich jedoch eher um ein **redaktionelles Versehen** handeln, da Titel II mit Art. 8 Abs. 6, Abs. 7 ein Art. 24 Abs. 1 S. 1, Art. 25 ProspektVO **funktional vergleichbares Verfahren** bereithält (arg. Systematik). Unter **Normzweckgesichtspunkten** erscheint denn auch die Durchführung eines vorherigen Notifizierungsverfahrens für die **Gewährleistung einer effektiven Marktaufsicht** sowie zur **Vermeidung der irrtümlichen Annahme einer eigenen Zuständigkeit** seitens der Aufnahmemitgliedstaaten sinnvoll (Art. 8 Abs. 6, → Art. 8 Rn. 3, 13, 15). Der Regelungszweck des Art. 11 Abs. 1 wird hierdurch nicht berührt, da der Anbieter bzw. Zulassungsantragsteller das Kryptowerte-Whitepaper weiterhin nur einmal an die zuständige Behörde des Herkunftsmitgliedstaats übermitteln muss und sodann das behördeninterne Verfahren gemäß Art. 8 Abs. 6, Abs. 7 stattfindet. Umgekehrt entspricht es nicht der Zielsetzung des Europäischen Passes, die Durchführung unionsweiter Angebote oder Handelszulassungen ohne Kenntnis der zuständigen Behörden der betreffenden Aufnahmemitgliedstaaten zu ermöglichen (arg. Normzweck Art. 11 Abs. 1). Daher wird man entsprechend Art. 24 Abs. 1 S. 1 ProspektVO (iVm Art. 25 ProspektVO) wohl davon auszugehen haben, dass die Nutzung des Europäischen Passes aus Art. 11 Abs. 1 die **Durchführung eines Notifizierungsverfahrens** gemäß Art. 8 Abs. 6 u. Abs. 7 voraussetzt. Geht man vom Erfordernis eines vorherigen Notifizierungsverfahrens aus, hat der Anbieter oder Zulassungsantragsteller eine Liste derjenigen Aufnahmemitgliedstaaten, in denen ein öffentliches Angebot oder eine Handelszulassung beabsichtigt ist, gemäß Art. 8 Abs. 6 UAbs. 1 S. 1 zu übermitteln; das weitere Verfahren richtet sich sodann nach Art. 8 Abs. 6 UAbs. 2, Abs. 7. Bei Zugrundelegung dieses Verständnisses kann der Europäische Pass aus Art. 11 Abs. 1 nur insoweit genutzt werden, als die Liste der Aufnahmemitgliedstaaten (analog zum „Ersuchen" iSd Art. 25 Abs. 1 UAbs. 1 ProspektVO) gemäß Art. 8 Abs. 6 übermittelt worden ist und der betreffende Aufnahmemitgliedstaat in der übermittelten Liste genannt ist.

IV. Grundsätze der Spezialität und Vollharmonisierung (Abs. 2)

9   Gemäß Art. 11 Abs. 2 unterliegen Anbieter und Zulassungsantragsteller, die ein Kryptowerte-Whitepaper gemäß Art. 9 und ein etwaiges geändertes Kryptowerte-Whitepaper gemäß Art. 12 veröffentlicht haben, **keinen weiteren Informationspflichten.** Die Offenlegungs- und Verfahrensvorschriften der Art. 4 ff. sind damit in ihrem Anwendungsbereich in zweierlei Hinsicht **abschließend** (arg. Wortlaut, Normzweck → Rn. 4): Einerseits gehen die Informationspflichten der Art. 4 ff. sämtlichen anderen **unionsrechtlichen Regelungen** in Bezug auf die Regulierung des Primärmarktes – dh des öffentlichen Angebots und der (Beantragung der) Handelszulassung – für andere Kryptowerte als vermögenswertereferenzierte Token oder E-Geld-Token vor (**Grundsatz der Spezialität;** → Rn. 4).[8] Andererseits

---

[8] Im Falle einer Befreiung eines öffentlichen Angebots über Kryptowerte von der Kryptowerte-Whitepaper-Pflicht (Art. 4 Abs. 2 u. Abs. 3, → Art. 4 Rn. 14 ff., 19 ff.) können jedoch

schließen die Informationspflichten aus Art. 4 ff. abweichende oder ergänzende **mitgliedstaatliche Regelungen** aus (**Grundsatz der Vollharmonisierung;** → Rn. 4); gegenüber etwaigen mitgliedstaatlichen Regelungen besteht ein Anwendungsvorrang der Vorschriften des Titel II. Art. 11 Abs. 2 enthält demnach zum Zwecke der Verwirklichung eines einheitlichen Binnenmarktes für das Angebot und die Handelszulassung anderer Kryptowerte (→ Rn. 4) eine **doppelte Kollisionsregel** gegenüber konkurrierenden unionsrechtlichen und mitgliedstaatlichen Regelungen.

Bei Vorliegen einer **Ausnahme von der Kryptowerte-Whitepaper-Publizitätspflicht** (zB aufgrund von Art. 4 Abs. 2 u. Abs. 3, Art. 5 Abs. 4) wird regelmäßig kein Kryptowerte-Whitepaper gemäß Art. 9 durch den Anbieter oder Handelszulassungsantragsteller veröffentlicht werden, so dass Art. 11 Abs. 2 nach seinem Wortlaut nicht einschlägig zu sein scheint. Der Normzweck (→ Rn. 4: Verwirklichung eines einheitlichen Binnenmarktes, Verhinderung einer Rechtszersplitterung) gebietet jedoch eine **Anwendung des Art. 11 Abs. 2** auch in diesen Fällen. Erachtete man eigenständige Informationspflichten der Mitgliedstaaten in den genannten Fällen für zulässig, wären nämlich die betreffenden Ausnahmevorschriften (→ Art. 4 Rn. 14 ff., 19 ff., → Art. 5 Rn. 18 ff.) aus Sicht der Anbieter und Zulassungsantragsteller weitgehend wertlos. Eine **Kryptowerte-Whitepaper-Publizität** oder eine **vergleichbare (Prospekt-) Publizität** nach **mitgliedstaatlichem Recht** werden daher durch Art. 11 Abs. 2 **ausgeschlossen.** Hiervon **unberührt** bleiben allgemeine **zivilrechtliche Aufklärungs- und Offenlegungspflichten** nach dem nationalen (Zivil-)Recht der Mitgliedstaaten (arg. Art. 15 Abs. 6).

Artikel 12 Änderung veröffentlichter Kryptowerte-Whitepaper und veröffentlichter Marketingmitteilungen

(1) **Anbieter von anderen Kryptowerten als vermögenswertereferenzierten Token oder E-Geld-Token, Personen, die die Zulassung solcher Kryptowerte zum Handel beantragen, oder Betreiber einer Handelsplattform für Kryptowerte müssen ihre veröffentlichten Kryptowerte-Whitepaper und etwaige veröffentlichte Marketingmitteilungen immer dann ändern, wenn ein wesentlicher neuer Faktor, ein wesentlicher Fehler oder eine wesentliche Ungenauigkeit aufgetreten ist, der bzw. die die Bewertung der Kryptowerte beeinflussen kann. Diese Anforderung gilt für die Dauer des öffentlichen Angebots oder für die Dauer der Zulassung des Kryptowerts zum Handel.**

(2) **Anbieter von anderen Kryptowerten als vermögenswertereferenzierten Token oder E-Geld-Token, Personen, die die Zulassung solcher Kryptowerte zum Handel beantragen, oder Betreiber einer Handelsplattform für Kryptowerte müssen der zuständigen Behörde ihres Herkunftsmitgliedstaats ihre geänderten Kryptowerte-Whitepaper und etwaigen geänderten Marketingmitteilungen, einschließlich der Gründe für diese Änderung, und den geplanten Veröffentlichungsdatum spätestens sieben Arbeitstage vor ihrer Veröffentlichung übermitteln.**

---

die mitgliedstaatlichen Umsetzungsvorschriften der UGP-Richtlinie und der Klauselrichtlinie zur Anwendung gelangen (Erwgr. Nr. 29).

Art. 12

(3) Am Tag der Veröffentlichung – oder früher, falls die zuständige Behörde dies verlangt – muss der Anbieter, die Person, die die Zulassung zum Handel beantragt, oder der Betreiber der Handelsplattform die Öffentlichkeit auf seiner bzw. ihrer Website umgehend über die Übermittlung eines geänderten Kryptowerte-Whitepapers an die zuständige Behörde seines bzw. ihres Herkunftsmitgliedstaats informieren und eine Zusammenfassung der Gründe liefern, aus denen er bzw. sie ein geändertes Kryptowerte-Whitepaper übermittelt hat.

(4) Die Reihenfolge der Informationen in einem geänderten Kryptowerte-Whitepaper und in etwaigen geänderten Marketingmitteilungen muss mit der Reihenfolge der Informationen in dem gemäß Artikel 9 veröffentlichten Kryptowerte-Whitepaper bzw. in den Marketingmitteilungen übereinstimmen.

(5) Innerhalb von fünf Arbeitstagen nach Eingang des geänderten Kryptowerte-Whitepapers und etwaiger geänderter Marketingmitteilungen übermittelt die zuständige Behörde des Herkunftsmitgliedstaats der in Artikel 8 Absatz 6 genannten zuständigen Behörde der Aufnahmemitgliedstaaten das geänderte Kryptowerte-Whitepaper und die etwaigen geänderten Marketingmitteilungen und unterrichtet die ESMA über die Übermittlung und den Tag der Veröffentlichung.

Die ESMA stellt das geänderte Kryptowerte-Whitepaper bei der Veröffentlichung gemäß Artikel 109 Absatz 2 im Register zur Verfügung.

(6) Anbieter von anderen Kryptowerten als vermögenswertereferenzierten Token oder E-Geld-Token, Personen, die die Zulassung solcher Kryptowerte zum Handel beantragen, oder Betreiber von Handelsplattformen für solche Kryptowerte müssen das geänderte Kryptowerte-Whitepaper und die etwaigen geänderten Marketingmitteilungen, einschließlich der Gründe für diese Änderung, gemäß Artikel 9 auf ihrer Website veröffentlichen.

(7) Das geänderte Kryptowerte-Whitepaper und die etwaigen geänderten Marketingmitteilungen sind mit einem Zeitstempel zu versehen. Das zuletzt geänderte Kryptowerte-Whitepaper und die etwaigen zuletzt geänderten Marketingmitteilungen sind als gültige Fassung zu kennzeichnen. Alle geänderten Kryptowerte-Whitepaper und die etwaigen geänderten Marketingmitteilungen müssen so lange verfügbar bleiben, wie die Kryptowerte vom Publikum gehalten werden.

(8) Betrifft das öffentliche Angebot Utility-Token für einen Dienst, der Zugang zu Waren und Dienstleistungen bietet, die es noch nicht gibt bzw. die noch nicht erbracht werden, so bewirken Änderungen im geänderten Kryptowerte-Whitepaper und in den etwaigen geänderten Marketingmitteilungen keine Verlängerung der in Artikel 4 Absatz 6 genannten Frist von zwölf Monaten.

(9) Ältere Versionen des Kryptowerte-Whitepapers und der Marketingmitteilungen müssen nach dem Tag der Veröffentlichung dieser älteren Versionen mindestens zehn Jahre lang auf der Website der Anbieter, der Personen, die die Zulassung zum Handel beantragen, oder der Betreiber von Handelsplattformen öffentlich zugänglich bleiben, wobei ein deutlich erkennbarer Hinweis darauf anzubringen ist, dass sie nicht mehr gültig

Änderung veröffentlichter Kryptowerte-Whitepaper **Art. 12**

sind, dem ein Hyperlink zu dem gesonderten Bereich der Website, in dem die neueste Fassung dieser Dokumente veröffentlicht wird, beizufügen ist.

Schrifttum: Siehe Vor Art. 4 ff.

Übersicht

	Rn.
I. Grundlagen	1
1. Regelungsgegenstand	1
2. Regelungsvorbilder	2
3. Regelungszwecke	3
II. Anwendungsbereich	6
III. Änderungs- bzw. Nachtragspflicht (Abs. 1)	9
1. Veröffentlichung eines Kryptowerte-Whitepapers oder einer Marketingmitteilung (Abs. 1 S. 1)	10
2. Änderungspflichtige Person (Abs. 1 S. 1)	11
3. Wesentlichkeit (Abs. 1 S. 1)	12
4. Zeitraum der Änderungspflicht (Abs. 1 S. 2)	14
5. Inhalt der Änderungspflicht	15
6. Frist für die Erstellung, Übermittlung und Veröffentlichung der Änderungen	16
IV. Übermittlungspflicht (Abs. 2)	17
V. Information der Öffentlichkeit (Abs. 3)	18
VI. Gebot der Darstellungskontinuität (Abs. 4)	20
V. Notifizierungsverfahren und Veröffentlichung im Kryptowerte-Whitepaper-Register (Abs. 5)	22
VI. Veröffentlichungspflicht (Abs. 6)	24
VII. Kennzeichnungspflichten und Pflicht zur Gewährleistung der dauerhaften Verfügbarkeit der Dokumente (Abs. 7)	26
VIII. Öffentliche Angebote für Utility-Token mit Investment-Funktion: Ausschluss einer Fristverlängerung (Abs. 8)	29
IX. Archivierungs-, Hinweis- und Verlinkungspflichten (Abs. 9)	30
X. Rechtsfolgen	34
1. Aufsichtsrecht	34
a) Ungültigkeit des nicht geänderten Kryptowerte-Whitepapers?	34
b) Sonstige aufsichtsrechtliche Konsequenzen bei Verstoß gegen Art. 12	35
2. Zivilrecht	37
a) Fehlerhafter Nachtrag	37
b) Veröffentlichung eines Nachtrags	38
c) Unterlassen der Veröffentlichung eines Nachtrags	41

I. Grundlagen

1. Regelungsgegenstand

Art. 12 enthält Regelungen betreffend die Änderung veröffentlichter Krypto- 1 werte-Whitepaper und Marketingmitteilungen (Nachtragspflicht). Die eigentliche **Änderungspflicht** ist in Art. 12 **Abs. 1** geregelt, wohingegen Art. 12 **Abs. 2** eine **Übermittlungspflicht** der aktualisierten Dokumente ähnlich der Regelungen in Art. 8 Abs. 1 u. Abs. 2 vorsieht. Art. 12 **Abs. 3** enthält eine Pflicht der veröffentlichungspflichtigen Person zur **Information der Öffentlichkeit** über die Übermittlung des geänderten Kryptowerte-Whitepapers auf dessen Website sowie die Pflicht zur Lieferung einer Zusammenfassung der Gründe für die Übermittlung eines geänderten Kryptowerte-Whitepapers. In Bezug auf die Reihenfolge der Informationen normiert Art. 12 **Abs. 4** ein **Gebot der Darstellungskontinuität** zwischen den ursprünglichen Dokumenten und den geänderten Dokumenten. Art. 12 **Abs. 5** regelt in Anlehnung an Art. 8 Abs. 6 UAbs. 2, Abs. 7 UAbs. 1 das **Notifizierungsverfahren** (UAbs. 1) und die Bereitstellung des geänderten Kryptowerte-Whitepapers im **Kryptowerte-Whitepaper-Register** gemäß Art. 109 Abs. 2 (UAbs. 2). Eine **Veröffentlichungspflicht** für die geänderten Kryptowerte-Whitepaper und etwaigen Marketingmitteilungen wird durch Art. 12 **Abs. 6** (iVm Art. 9) angeordnet. Art. 12 **Abs. 7** enthält die **Pflicht zur Anbringung eines Zeitstempels** auf den geänderten Dokumenten, zur **Kennzeichnung der zuletzt geänderten Dokumente als gültige Fassung(en)** und zur **Verfügbarhaltung** für den Zeitraum des Haltens der anderen Kryptowerte durch das Publikum. Der klarstellenden Regelung des Art. 12 **Abs. 8** ist zu entnehmen, dass eine Änderung des Kryptowerte-Whitepapers im Falle eines öffentlichen Angebots eines Utility-Tokens mit Investmentfunktion zu **keiner Verlängerung der Zwölfmonatsfrist** für das öffentliche Angebot aus Art. 4 Abs. 6 führt. Art. 12 **Abs. 9** normiert für die veröffentlichungspflichtigen Personen in Bezug auf die **älteren Versionen** des Kryptowerte-Whitepapers und der Marketingmitteilungen eine **zehnjährige Archivierungspflicht** auf deren Website, eine **Hinweispflicht** auf die fehlende Gültigkeit der archivierten Dokumente sowie eine **Verlinkungspflicht** auf den Bereich der Veröffentlichung der neuesten Dokumente auf der jeweiligen Website.

2. Regelungsvorbilder

2   Die Regelung des Art. 12 über die Änderung veröffentlichter **Kryptowerte-Whitepaper** entspricht in seiner Grundstruktur dem Regelungsvorbild aus **Art. 23 Abs. 1 Prospekt-VO.**[1] Hinsichtlich der Pflicht zur Änderung bereits veröffentlichter **Marketingmitteilungen** besteht eine Anlehnung an die Regelung des **Art. 22 Abs. 3 S. 2 Prospekt-VO iVm Art. 15 DelVO (EU) 2019/979.** Im Unterschied zu Art. 23 Abs. 1 UAbs. 2 regelt Art. 12 die Modalitäten der Veröffentlichung jedoch nicht durch einen bloßen Verweis auf die Vorgaben für die ursprüngliche Veröffentlichung, sondern normiert selbst das einzuhaltende Prozedere im Detail. Als grobes Regelungsvorbild der **Informationspflicht aus Art. 12 Abs. 3** kann **Art. 23 Abs. 3 Prospekt-VO** identifiziert werden.

3. Regelungszwecke

3   Die Pflicht zur **Änderung** (Art. 12 Abs. 1) und **Veröffentlichung** (Art. 12 Abs. 6) der veröffentlichen Kryptowerte-Whitepaper und Marketingmitteilungen (Nachtragspflicht ieS) bezweckt ebenso wie das Regelungsvorbild aus Art. 23 Abs. 1 Prospekt-VO, den Anlegern eine **angemessene Bewertungsmöglichkeit** hinsichtlich der bewertungserheblichen Änderungen einzuräumen (vgl. **Erwgr. Nr. 65 Prospekt-VO**).[2] Insgesamt steht die Nachtragspflicht aus Art. 12 in engem

---

[1] Zickgraf BKR 2021, 362 (363).
[2] Ebenso für Art. 23 Abs. 1 Prospekt-VO: Just/Voß/Ritz/Zeising/Lenz Prospekt-VO Art. 23 Rn. 19; Lenz/Heine AG 2019, 451 (451f.).

Zusammenhang mit den **Regelungszielen der Kryptowerte-Whitepaper-Publizitätspflicht** (→ Art. 4 Rn. 5 ff., → Art. 5 Rn. 6, → Art. 6 Rn. 3, → Art. 9 Rn. 3), deren Verwirklichung die Aktualität, Richtigkeit und Vollständigkeit der offengelegten Informationen erfordert (Hilfsfunktion der Nachtragspflicht).[3] Der unmittelbare Regelungszweck der Nachtragspflicht ieS aus Art. 12 Abs. 1 u. Abs. 6 besteht daher in der **Gewährleistung** der **Aktualität**[4], **Richtigkeit**[5] und **Vollständigkeit** der Angaben, wodurch der mittelbare Regelungszweck – dh die **Erreichung der übergeordneten Regelungsziele der Kryptowerte-Whitepaper-Publizität** – sichergestellt werden soll. Die Erstreckung der Nachtragspflicht auf die Marketingmitteilungen (ebenso bereits hinsichtlich Werbung für Wertpapiere Art. 15 DelVO [EU] 2019/979) trägt deren rechtstatsächlicher Bedeutung für die Erreichung der Regelungsziele der Kryptowerte-Whitepaper-Publizität Rechnung (→ Art. 7 Rn. 3).

Die **Übermittlungspflicht** betreffend die geänderten Dokumente aus **Art. 12 Abs. 2** soll vergleichbar wie im Rahmen des Art. 8 (→ Art. 8 Rn. 3) der zuständigen Behörde durch **rechtzeitige Informierung** einen **angemessenen Prüfungszeitraum** (hinsichtlich der übermittelten Änderungen) einräumen, so dass eine **effektive Marktaufsicht** sichergestellt werden kann. Die aus **Art. 12 Abs. 3** resultierende **Pflicht zur Information der Öffentlichkeit** über die Übermittlung der geänderten Dokumente sowie der zugrundeliegenden Gründe verfolgt den Zweck, das **Anlagepublikum** über die Änderungen zu **unterrichten**, so dass ein etwaiger **Fehleindruck im Markt** korrigiert wird, den **interessierten Anlegern** vor Erwerb der anderen Kryptowerte eine **informierte Anlageentscheidung** im Lichte der geänderten Dokumente und den bereits **investierten Anlegern** eine **fundierte Entscheidung** über die **Wahrnehmung ihrer Rechte** (zB Ausübung des Widerrufsrechts aus Art. 13 oder Geltendmachung von Schadensersatzansprüchen gemäß Art. 15) **ermöglicht** wird. Das **Gebot der Darstellungskontinuität** aus **Art. 12 Abs. 4** dient der **leichteren Nachvollziehbarkeit** der Änderungen durch das Anlagepublikum, wobei die Wahrung der (Darstellungs-)Reihenfolge den Anlegern einen **schnellen Vergleich** der verschiedenen Versionen zu verhältnismäßig **niedrige(re)n Informations-** und **Suchkosten** ermöglicht[6], was wiederum den übergeordneten Regelungszielen der Kryptowerte-Whitepaper-Publizität (→ Art. 4 Rn. 5 ff., → Art. 5 Rn. 6, → Art. 6 Rn. 3) zuträglich ist. Vergleichbare Regelungsziele verfolgen auch **Art. 12 Abs. 7 S. 1 u. 2**: Die Pflicht zur **Anbringung eines Zeitstempels** auf den geänderten Kryptowerte-Whitepapern und geänderten Marketingmitteilungen (Art. 12 Abs. 7 S. 1) sowie die **Pflicht zur Kennzeichnung** der zuletzt geänderten Dokumente als **gültige Fassung(en)** (Art. 12 Abs. 7 S. 2) sollen den Anlegern das **Auffinden der aktuellen und zutreffenden** – dh der geänderten – **Dokumente erleichtern** und die hierbei anfallenden **Informations-** und **Suchkosten senken,** so dass die Anleger eine **informierte Anlageentscheidung** auf zutreffender Informationsgrundlage treffen können und die **übergeordneten Regelungsziele** der Kryptowerte-Whitepaper-Publizitätspflicht erreicht werden (= Verhinderung eines informations-

---

[3] Ähnlich auch Lenz/Heine AG 2019, 451 (451 f.).
[4] Just/Voß/Ritz/Zeising/Lenz Prospekt-VO Art. 23 Rn. 9.
[5] Genau genommen bezweckt die Nachtragspflicht die Richtigkeit und Vollständigkeit der Angaben im Zeitpunkt der Anlageentscheidung der Anleger, weshalb die Aktualität sowie die Richtigkeit und Vollständigkeit der Angaben miteinander zusammenhängen.
[6] Vgl. Zickgraf BKR 2021, 362 (363).

bedingten Marktversagens, Steigerung der Allokationseffizienz und der operationalen Effizienz, Ermöglichung einer informierten Anlageentscheidung, → Art. 4 Rn. 5 ff., insbes. → Rn. 7, → Art. 5 Rn. 6, → Art. 6 Rn. 3); dieselben Normzwecke verfolgen auch die **Hinweispflicht** auf die Ungültigkeit der alten Fassungen sowie die **Verlinkungspflicht** auf die aktuell gültigen Fassungen der Dokumente aus **Art. 12 Abs. 9 Hs. 2**. Demgegenüber soll die Pflicht zur **Gewährleistung der dauerhaften Verfügbarkeit der Dokumente** aus **Art. 12 Abs. 7 S. 2** den Anlegern die **Durchsetzung von Ansprüchen** aus Art. 15 wegen fehlerhafter Informationen in den betreffenden Dokumenten **erleichtern** (vgl. auch Art. 9 Abs. 4); gleichermaßen der Erleichterung der Anspruchsdurchsetzung dient die **zehnjährige Archivierungspflicht** für die Dokumente aus **Art. 12 Abs. 9 S. Hs. 1**.

5 Das in **Art. 12 Abs. 5** geregelte **Notifizierungsverfahren** verfolgt ähnliche Regelungszwecke wie das Notifizierungsverfahren aus Art. 8 Abs. 6 UAbs. 2 (→ Art. 8 Rn. 3), dh es soll die (fälschliche) Annahme einer (de iure nicht bestehenden) Zuständigkeit der Behörde des Aufnahmemitgliedstaats verhindert werden und zugleich soll deren Unterrichtung über die Änderung der Dokumente sichergestellt werden. Die **klarstellende Regelung** des **Art. 12 Abs. 8** dient der **Absicherung der ratio legis** der Höchstfrist aus **Art. 4 Abs. 6** für öffentliche Angebote von Utility-Token mit Investmentfunktion (→ Art. 4 Rn. 36 f.). Schließlich liegt ein unter Anlegerschutzgesichtspunkten problematisches Dauerangebot auch dann vor, wenn am Kryptowerte-Whitepaper bestimmte Änderungen vorgenommen werden, so dass nach Maßgabe des Normzwecks des Art. 4 Abs. 6 (→ Art. 4 Rn. 37) eine Verlängerung der (Höchst-)Frist nicht gerechtfertigt erscheint, was Art. 12 Abs. 8 ausdrücklich klarstellt.

II. Anwendungsbereich

6 Der **sachliche Anwendungsbereich** des Art. 12 erfasst nur die **Änderung von veröffentlichten Kryptowerte-Whitepapern und Marketingmitteilungen für andere Kryptowerte** als vermögenswertereferenzierte Token oder E-Geld-Token (→ Vor Art. 4 ff. Rn. 14 ff.). Art. 12 Abs. 1 im Speziellen setzt die Veröffentlichung eines Kryptowerte-Whitepapers (Art. 4, Art. 5) oder die Veröffentlichung einer Marketingmitteilung (Art. 7) voraus. Der sachliche Anwendungsbereich der Übermittlungspflicht aus Art. 12 Abs. 2 ist eröffnet, wenn eine Änderungspflicht gemäß Art. 12 Abs. 1 besteht. Die Pflicht zur Information der Öffentlichkeit gemäß Art. 12 Abs. 3 setzt ihrerseits eine Übermittlung an die zuständige Behörde gemäß Art. 12 Abs. 2 voraus. Das Gebot der Darstellungskontinuität aus Art. 12 Abs. 4 und die Vorgaben aus Art. 12 Abs. 7 sind im Falle einer Änderung der Kryptowerte-Whitepapers oder der Marketingmitteilung gemäß Art. 12 Abs. 1 anwendbar. Der sachliche Anwendungsbereich von Art. 12 Abs. 5 erfordert den Eingang der geänderten Dokumente bei der zuständigen Behörde des Mitgliedstaats. Die Veröffentlichungspflicht aus Art. 12 Abs. 6 besteht, wenn eine Änderungspflicht gemäß Art. 12 Abs. 1 besteht. Demgegenüber ist der sachliche Anwendungsbereich des Art. 12 Abs. 8 nur im Falle der Änderung des Kryptowerte-Whitepapers oder der Marketingmitteilungen für das öffentliche Angebot eines Utility-Token mit Investmentfunktion eröffnet. Die Anwendbarkeit des Art. 12 Abs. 9 setzt eine (mindestens einmalige) Änderung des Kryptowerte-Whitepapers oder der Marketingmitteilungen voraus, da nur in diesem Fall eine „ältere Version" und eine „neueste Fassung" der jeweiligen Dokumente bestehen kann.

Der **persönliche Anwendungsbereich** von Art. 12 Abs. 1–4, Abs. 6 u. Abs. 7, 7
Abs. 9 erfasst die jeweils **publizitätspflichtigen Anbieter** (→ Art. 4 Rn. 12), **Zulassungsantragsteller** (→ Art. 5 Rn. 8, 10) und **Betreiber einer Handelsplattform für Kryptowerte** (→ Art. 5 Rn. 8, 15). In Bezug auf die Änderung des Kryptowerte-Whitepapers knüpfen die Vorgaben aus Art. 12 Abs. 1–4, Abs. 6 u. Abs. 7, Abs. 9 an eine vorgelagerte Publizitätspflicht des vorgenannten Personenkreises gemäß Art. 4, Art. 5 bzw. die freiwillige Erstellung eines Kryptowerte-Whitepapers durch einen Anbieter gemäß Art. 4 Abs. 8 an. Im Hinblick auf die **Änderung der Marketingmitteilungen** treffen die Pflichten aus Art. 12 Abs. 1 u. Abs. 2, Abs. 4, Abs. 6 u. Abs. 7, Abs. 9 den **Ersteller der ursprünglichen Marketingmitteilung** (→ Art. 7 Rn. 9), dh die genannten Vorgaben knüpfen an die vorherige Erstellung der Marketingmitteilung durch den Anbieter (→ Art. 4 Rn. 12), Zulassungsantragsteller (→ Art. 5 Rn. 8, 10) oder Betreiber einer Handelsplattform für Kryptowerte (→ Art. 5 Rn. 8, 15) an. Die Vorgaben aus Art. 12 Abs. 5 richten sich nur an die zuständige Behörde des Herkunftsmitgliedstaats (UAbs. 1) sowie die ESMA (UAbs. 2). Die klarstellende Regelung des Art. 12 Abs. 8 ist alleine für die Anbieter von Utility-Token mit Investmentfunktion iSd Art. 4 Abs. 6 (→ Art. 4 Rn. 36) von Bedeutung.

Der **räumliche Anwendungsbereich** der Aktualisierungs- bzw. Nachtrags- 8
pflicht(en) aus Art. 12 ist eröffnet, wenn im Rahmen der **ursprünglichen Veröffentlichung** des Kryptowerte-Whitepapers die **räumlichen Anwendungsbereiche von Art. 4** (→ Art. 4 Rn. 10) **oder Art. 5** (→ Art. 5 Rn. 9) jeweils iVm Art. 9 (→ Art. 9 Rn. 7) eröffnet waren oder im Rahmen der ursprünglichen Veröffentlichung der Marketingmitteilung der **räumliche Anwendungsbereich von Art. 7** (→ Art. 7 Rn. 10) einschlägig war, dh ein **öffentliches Angebot oder eine (beantragte) Handelszulassung in der Union** stattgefunden hat. Alleine in diesen Fällen bedarf es nämlich zum Schutz des europäischen (Primär-)Marktes für andere Kryptowerte und der auf diesem Markt agierenden Anleger einer Änderung der veröffentlichen Dokumente (zum Normzweck → Rn. 3).

III. Änderungs- bzw. Nachtragspflicht (Abs. 1)

Art. 12 Abs. 1 S. 1 normiert für die Anbieter, Zulassungsantragsteller und Betrei- 9
ber einer Handelsplattform für Kryptowerte eine **Pflicht zur Änderung** ihrer veröffentlichten Kryptowerte-Whitepaper oder Marketingmitteilungen im Falle **bewertungserheblicher wesentlicher neuer Faktoren, wesentlicher Fehler** sowie **wesentlicher Ungenauigkeiten** (Änderungs- oder Nachtragspflicht). Gemäß Art. 12 Abs. 1 S. 2 gilt diese Anforderung für die **Dauer des öffentlichen Angebots** oder **bis zur Eröffnung des Handels** (→ Rn. 14).

1. Veröffentlichung eines Kryptowerte-Whitepapers oder einer Marketingmitteilung (Abs. 1 S. 1)

Die Änderungspflicht aus Art. 12 Abs. 1 S. 1 greift nur im Falle der **vorherigen** 10
Veröffentlichung (Art. 9) eines **Kryptowerte-Whitepapers** iSd Art. 4, Art. 5 oder einer **Marketingmitteilung** iSd Art. 7 für **andere Kryptowerte als vermögenswertereferenzierte Token oder E-Geld-Token** (zum sachlichen Anwendungsbereich → Rn. 6).

2. Änderungspflichtige Person (Abs. 1 S. 1)

11 Die Pflicht zur Änderung des veröffentlichten Kryptowerte-Whitepapers und der veröffentlichten Marketingmitteilungen **kann** den **Anbieter** (→ Art. 4 Rn. 12), den **Zulassungsantragsteller** (→ Art. 5 Rn. 8, 10) oder den **Betreiber einer Handelsplattform für Kryptowerte** (→ Art. 5 Rn. 8, 15) treffen. Aus dem Kreis dieser möglichen Regelungsadressaten richtet sich die **konkrete Änderungspflicht** dabei (nur) an **diejenige Person,** die das **ursprüngliche Kryptowerte-Whitepaper** oder die **ursprüngliche Marketingmitteilung veröffentlicht** hat. Insofern adressiert Art. 12 Abs. 1 S. 1 die Pflicht zur Änderung des Kryptowerte-Whitepapers und der Marketingmitteilungen an den **Ersteller der ursprünglichen Dokumente** (näher zum persönlichen Anwendungsbereich → Rn. 7). Im Fall der Zustimmung zur Nutzung eines Kryptowerte-Whitepapers durch eine dritte Person (vgl. Art. 4 Abs. 7 UAbs. 2, Art. 5 Abs. 4) muss folgerichtig der Ersteller bzw. der Zustimmende die Änderungspflicht aus Art. 12 Abs. 1 S. 1 erfüllen[7], wobei bereits der Wortlaut des Art. 4 Abs. 7 UAbs. 2 („gemäß den Artikeln 9 **und 12** veröffentlicht wurde" [Herv. d. Verf.]) diese Verantwortlichkeitsverteilung nahelegt.

3. Wesentlichkeit (Abs. 1 S. 1)

12 Eine Pflicht zur Änderung des Kryptowerte-Whitepapers und der Marketingmitteilungen besteht gemäß Art. 12 Abs. 1 S. 1 immer dann, wenn ein **wesentlicher neuer Faktor** (= Umstand), ein **wesentlicher Fehler** oder eine **wesentliche Ungenauigkeit** aufgetreten ist, der bzw. die die **Bewertung der Kryptowerte** beeinflussen kann. Der Begriff der **Wesentlichkeit** ist ebenso wie im Rahmen des Art. 6 Abs. 2 S. 2 (→ Art. 6 Rn. 11, 25) sowie beim Regelungsvorbild aus Art. 23 Prospekt-VO (→ Rn. 2) zu interpretieren[8] und erfasst **alle für die Anlageentscheidung relevanten Informationen, dh Tatsachen, Prognosen oder Werturteile**[9] über die wertbildenden Faktoren des Kryptowerts mit **Fundamentalwertrelevanz** (→ Art. 6 Rn. 8, 11, 25).[10] Die tatbestandliche Umschreibung in Art. 12 Abs. 1 S. 1, dass die wesentlichen neuen Faktoren, die wesentlichen Fehler oder die wesentlichen Ungenauigkeiten die „Bewertung der Kryptowerte beeinflussen [können]" müssen, ist daher lediglich klarstellender Natur, da das Erfordernis der Fundamentalwertrelevanz bereits aus dem Tatbestandsmerkmal der „Wesentlichkeit" folgt.[11]

---

[7] Ebenso für die Prospekt-VO: Assmann/Schlitt/v. Kopp-Colomb/Poelzig Prospekt-VO Art. 5 Rn. 13.

[8] Ebenso für Art. 23 und Art. 6 Prospekt-VO: Lenz/Heine AG 2019, 451 (454); Schrader WM 2021, 471 (472).

[9] Vgl. für Art. 23 Prospekt-VO: Just/Voß/Ritz/Zeising/Lenz Prospekt-VO Art. 23 Rn. 26.

[10] Ähnlich für Art. 23 Prospekt-VO: Just/Voß/Ritz/Zeising/Lenz Prospekt-VO Art. 23 Rn. 36, 38, 77 f.

[11] Ähnlich wie hier Schrader WM 2021, 471 (472); anders (wohl) Lenz/Heine AG 2019, 451 (454 f.) und Just/Voß/Ritz/Zeising/Lenz Prospekt-VO Art. 23 Rn. 35 ff., 42 ff.: Trennung beider Tatbestandsvoraussetzungen. Nach der hier vertretenen Auffassung erübrigt sich damit zugleich der Streit, ob bereits die Möglichkeit („kann") einer Beeinflussung der Bewertung die Nachtragspflicht auslöst (siehe hierzu für Art. 23 Prospekt-VO: Just/Voß/Ritz/Zeising/Lenz Prospekt-VO Art. 23 Rn. 42 ff.), da jedenfalls das Erfordernis der Wesentlichkeit eine tatsächliche Fundamentalwertrelevanz der zu ändernden Angabe erfordert.

Änderung veröffentlichter Kryptowerte-Whitepaper **Art. 12**

In struktureller Hinsicht unterscheidet Art. 12 Abs. 1 S. 1 für die Nachtrags- 13
pflicht zwischen **drei Fallgruppen:** Die erste Fallgruppe der **wesentlichen neuen
Faktoren** (bzw. Umstände) meint **Veränderungen** der zugrunde liegenden **Tatsachenbasis** nach Veröffentlichung der ursprünglichen Dokumente (= **fehlende
Aktualität**). Unter die erste Fallgruppe sind daher solche Sachverhalte zu fassen, in
denen die veröffentlichten Dokumente im Zeitpunkt der Veröffentlichung in Bezug auf die fundamentalwertrelevanten, wertbildenden Faktoren zutreffend waren
und die Informationen erst durch spätere Veränderungen der Tatsachen unrichtig
geworden sind. Die zweite Fallgruppe der **wesentlichen Fehler** adressiert **unrichtige Informationen** mit Fundamentalwertrelevanz in den ursprünglich veröffentlichten Dokumenten (= **Unrichtigkeit**). Die dritte Fallgruppe der **wesentlichen
Ungenauigkeit** erfasst demgegenüber **fehlende fundamentalwertrelevante
Informationen** in den ursprünglich veröffentlichten Dokumenten (= **Unvollständigkeit**). Vor diesem Hintergrund dient die Pflicht zur Änderung – zumindest
in Bezug auf veröffentlichte Kryptowerte-Whitepaper – der Absicherung und Verwirklichung der allgemeinen Grundsätze der **Aktualität** (→ Art. 6 Rn. 16), **Richtigkeit** (→ Art. 6 Rn. 7 ff.) und **Vollständigkeit** (→ Art. 6 Rn. 10 f.). Die hier zugrunde gelegte Interpretation der drei Fallgruppen wird somit nicht nur durch den
Wortlaut des Art. 12 Abs. 1 S. 1 nahegelegt, sondern fügt sich zugleich stimmig und
widerspruchsfrei in das gesetzliche System ein.

4. Zeitraum der Änderungspflicht (Abs. 1 S. 2)

Der **zeitliche Anwendungsbereich** der Änderungs- bzw. Nachtragspflicht be- 14
ginnt mit der Veröffentlichung der Dokumente (arg. Wortlaut: „veröffentlichte[n]"; arg. Systematik: Art. 6 iVm Art. 9 e.c.) und erstreckt sich nach dem
Wortlaut des Art. 12 Abs. 1 S. 2 auf die **Dauer des öffentlichen Angebots** oder
die **Dauer der Zulassung des Kryptowerts zum Handel.** Als unproblematisch
erweist sich die Nachtragspflicht während der **Dauer des öffentlichen Angebots**
gemäß Art. 12 Abs. 1 S. 2 Var. 1, die in vergleichbarer Weise im Regelungsvorbild
aus Art. 23 Abs. 1 UAbs. 1 enthalten ist. **Zweifelhaft** erscheint es demgegenüber,
ob sich die Änderungs- bzw. Nachtragspflicht in Übereinstimmung mit dem Wortlaut des Art. 12 Abs. 1 S. 2 Var. 2 auf den **Zeitraum der Handelszulassung** erstreckt. Im Ergebnis ist dies abzulehnen: Hierzu gilt es zu bedenken, dass eine auf
die gesamte Dauer der Handelszulassung bezogene Änderungspflicht aus Art. 12
Abs. 1 S. 2 Var. 2 iVm Art. 9 Abs. 1 S. 2 eine **weitere Form anlassbezogener
Publizität neben der Ad-hoc-Publizität** aus Art. 88 etablieren würde, die einen
Fremdkörper in Titel II darstellen würde. Schließlich regeln die Vorschriften des
Titel II im **Unterschied zu Titel VI (Art. 86 ff.)** ersichtlich **nicht den Sekundärmarkt**, sondern alleine den Primärmarkt, dh die Emission der anderen Kryptowerte (→ Art. 88 Rn. 24 f.). Im Übrigen würde im Falle der Bejahung einer
„Dauerpflicht" im Rahmen des Art. 12 Abs. 1 S. 2 Var. 2 (iVm Art. 9 Abs. 1 S. 2)
die **Aufschubmöglichkeit aus Art. 88 Abs. 2 unterlaufen**, was nicht folgerichtig erscheint und vom Unionsgesetzgeber nicht bedacht worden zu sein scheint. Ein
Blick auf die Regelung des **Art. 30 Abs. 3**, in der das Konkurrenzverhältnis ausdrücklich angesprochen wird, bestätigt im **Umkehrschluss** die hiesige Sichtweise.
Zu guter Letzt spricht für die hier vertretene Auffassung, dass im **Regelungsvorbild** aus **Art. 23 Abs. 1 UAbs. 1 Prospekt-VO** eine derartige „Dauerpflicht"
ebenso wenig normiert ist. Vor diesem Hintergrund ist davon auszugehen, dass es
sich bei der Erstreckung des zeitlichen Anwendungsbereichs des Art. 12 Abs. 1 S. 2

Var. 2 auf die „Dauer der Zulassung des Kryptowerts zum Handel" um ein **Redaktionsversehen** handelt (ebenso → Art. 88 Rn. 24f.). Die Kollision mit Art. 88 (insbes. Abs. 2) ist dahingehend aufzulösen, dass der zeitliche Anwendungsbereich der Nachtragspflicht in Art. 12 Abs. 1 S. 2 Var. 2 **einschränkend ausgelegt** wird und im Falle der (beantragten) Handelszulassung entsprechend Art. 23 Abs. 1 UAbs. 1 Prospekt-VO **„bis zur Eröffnung des Handels"** läuft. Diese Lösung erscheint interessengerecht, da angesichts des zeitlichen Anwendungsbereichs von Titel VI (vgl. Art. 86 Abs. 1) die Regelung über die Ad-hoc-Publizität (Art. 88) das Informationsbedürfnis der Anleger und des Marktes (spätestens) ab dem Zeitpunkt der Handelszulassung befriedigt, so dass keine Notwendigkeit einer darüber hinaus gehenden zeitlichen Ausdehnung der Nachtragspflicht aus Art. 12 Abs. 1 besteht.

5. Inhalt der Änderungspflicht

15   Nach Art. 12 Abs. 1 S. 1 sind die Kryptowerte-Whitepaper und etwaigen Marketingmitteilungen durch die änderungspflichtige Person (→ Rn. 11) im Falle eines wesentlichen neuen Faktors, eines wesentlichen Fehlers oder einer wesentlichen Ungenauigkeit zu **„ändern"**. Dies bedeutet, dass bei fehlender Aktualität die **geänderten und aus heutiger Sicht zutreffenden wesentlichen Informationen** (**Aktualisierungspflicht**), bei Unrichtigkeit die **zutreffenden wesentlichen Informationen** (**Berichtigungspflicht**) und bei Unvollständigkeit die **fehlenden wesentlichen Informationen** (**Vervollständigungspflicht**; näher zu den drei Fallgruppen → Rn. 13)[12] in das Kryptowerte-Whitepaper und die etwaigen Marketingmitteilungen **aufzunehmen** sind. Erfüllt wird die Änderungs- bzw. Nachtragspflicht seitens der zur Änderung verpflichteten Person (→ Rn. 11) durch Übermittlung der geänderten Dokumente an die zuständige Behörde des Herkunftsmitgliedstaats gemäß Art. 12 Abs. 2 (→ Rn. 17) sowie die anschließende Veröffentlichung gemäß Art. 12 Abs. 6 (→ Rn. 24f.).

6. Frist für die Erstellung, Übermittlung und Veröffentlichung der Änderungen

16   Im Unterschied zu Art. 23 Abs. 1 UAbs. 1 Prospekt-VO („unverzüglich") regelt Art. 12 Abs. 1 die Frist für die Erstellung und Übermittlung (und Veröffentlichung) des Nachtrags[13] allenfalls versteckt. Der Wortlaut des Art. 12 Abs. 1 S. 1 („immer dann [...], wenn") deutet auf eine **objektive Sichtweise** sowie die Pflicht zur **sofortigen Erstellung**, und **Übermittlung** der Änderungen nach Kenntniserlangung der für die Änderung maßgeblichen Informationen hin.[14] Für diese objektive und strenge Sichtweise spricht der Zweck der Nachtragspflicht, da der intendierte Markt- und Anlegerschutz (→ Rn. 3, → Art. 4 Rn. 5ff., → Art. 5 Rn. 6, → Art. 6 Rn. 3, → Art. 9 Rn. 3) nur durch eine zeitnahe Gewährleistung der Aktualität, Richtigkeit und Vollständigkeit der Angaben mithilfe der Änderungspflicht erreicht

---

[12] AA für Art. 23 Prospekt-VO: Lenz/Heine AG 2019, 451 (452f.); Just/Voß/Ritz/Zeising/Lenz Prospekt-VO Art. 23 Rn. 34, 76ff. (bloße Zweiteilung in Aktualisierungs- und Berichtigungspflicht).

[13] Ausführlich zum Meinungsstand im Rahmen des Art. 23 Abs. 1 UAbs. 1 Prospekt-VO: Just/Voß/Zeising/Lenz Prospekt-VO Art. 23 Rn. 81ff. mN.

[14] Vgl. zu Art. 16 ProspektRL: ESMA, Questions and Answers – Prospectuses, 30th updated version April 2019, Question 22 („as soon as practicable").

werden kann. Aus der in Art. 12 Abs. 2 genannten Sieben-Tages-Frist folgt nichts Abweichendes[15], da der Zweck der dort genannten Frist alleine darin besteht, der zuständigen Behörde einen angemessenen Zeitraum zur Prüfung der Änderungen vor deren Veröffentlichung einzuräumen (→ Rn. 4), wohingegen es nicht der *ratio legis* des Art. 12 Abs. 2 entspricht, der änderungspflichtigen Person einen beliebigen Zeitraum zur Erstellung, Übermittlung und Veröffentlichung zu gewähren. Wie bei Art. 23 Abs. 1 UAbs. 1 Prospekt-VO wird man der änderungspflichtigen Person jedoch einen – in objektiver Hinsicht – **angemessenen Zeitraum** zur Prüfung des Bestehens einer Änderungspflicht sowie zur Erstellung und Übermittlung der geänderten Dokumente einzuräumen haben.[16] Unter Berücksichtigung dieses angemessenen Prüfungs- und Erstellungszeitraums muss die Änderung jedoch **so bald wie möglich** erstellt, übermittelt und schließlich – unter Beachtung der Frist aus Art. 12 Abs. 2 – veröffentlicht werden.[17]

IV. Übermittlungspflicht (Abs. 2)

Die **änderungspflichtige Person** (→ Rn. 7, 11: Anbieter, Zulassungsantragsteller oder Betreiber der Handelsplattform für Kryptowerte) trifft gemäß Art. 12 Abs. 2 eine **Übermittlungspflicht** (zur Frist der Erstellung und Übermittlung → Rn. 16) in Bezug auf die geänderten Kryptowerte-Whitepaper und etwaigen Marketingmitteilungen. Im Einzelnen hat die änderungspflichtige Person das geänderte Kryptowerte-Whitepaper und die etwaigen geänderten Marketingmitteilungen mitsamt den **Gründen für die Änderung** sowie unter **Nennung des geplanten Veröffentlichungsdatums** spätestens **sieben Arbeitstage** (vgl. zum Begriff Art. 2 lit. t Prospekt-VO; näher zur Fristberechnung → Art. 8 Rn. 12) **vor ihrer Veröffentlichung** an die **zuständige Behörde des Herkunftsmitgliedstaats** (Art. 3 Abs. 1 Nr. 33, 35) zu übermitteln. In den zu benennenden Gründen für die Änderung sind die Umstände darzulegen, aus denen die Wesentlichkeit der nachzutragenden Information iSd Art. 12 Abs. 1 S. 1 (dh der Tatsache, der Prognose oder des Werturteils, → Rn. 12) folgt. 17

V. Information der Öffentlichkeit (Abs. 3)

Nach Art. 12 Abs. 3 muss die **änderungspflichtige Person** – dh der Anbieter, der Zulassungsantragsteller oder der Betreiber der Handelsplattform für Kryptowerte (→ Rn. 7, 11) – spätestens am Tag der Veröffentlichung des geänderten Kryptowerte-Whitepapers gemäß Art. 12 Abs. 6 die Öffentlichkeit auf der eigenen 18

---

[15] Insbesondere kann ausweislich des Normzwecks des Art. 12 Abs. 2 (Einräumung eines angemessenen Prüfzeitraums für die zuständige Behörde) nicht im Umkehrschluss gefolgert werden, dass für die Erstellung und Übermittlung ein beliebiger Zeitraum von der änderungspflichtigen Person gewählt werden kann, solange nur die Übermittlung sieben Tage vor der Veröffentlichung der Änderungen erfolgt.
[16] Lenz/Heine AG 2019, 451 (456 f.); Schrader WM 2021, 471 (472); Just/Voß/Ritz/Zeising/Lenz Prospekt-VO Art. 23 Rn. 88 f.; Assmann/Schlitt/v. Kopp-Colomb/Seitz Prospekt-VO Art. 23 Rn. 70.
[17] Assmann/Schlitt/v. Kopp-Colomb/Seitz Prospekt-VO Art. 23 Rn. 70; Lenz/Heine AG 2019, 451 (456); Schrader WM 2021, 471 (472, 474); vgl. auch ESMA, Questions and Answers – Prospectuses, 30th updated version April 2019, Question 22.

Website umgehend über die **Übermittlung eines geänderten Kryptowerte-Whitepapers** an die zuständige Behörde des Herkunftsmitgliedstaats **informieren** und eine **Zusammenfassung der Gründe** liefern, aus denen sie ein geändertes Kryptowerte-Whitepaper übermittelt hat.

19 Die **zuständige Behörde des Herkunftsmitgliedstaats kann** die Information der Öffentlichkeit **vor dem Tag der Veröffentlichung** des Kryptowerte-Whitepapers **verlangen** („oder früher, falls die zuständige Behörde dies verlangt"). Die Information der Öffentlichkeit gemäß Art. 12 Abs. 3 hat den **Umstand der Übermittlung** als solcher, die **zuständige Behörde des Herkunftsmitgliedstaats** und eine **Zusammenfassung der Gründe** der Übermittlung eines geänderten Kryptowerte-Whitepapers zu benennen. Die Zusammenfassung der Änderungsgründe muss die **wesentlichen neuen Faktoren**, die **wesentlichen Fehler** oder die **wesentlichen Ungenauigkeiten als solche** und die für die Änderung der betreffenden Informationen erforderliche **Wesentlichkeit der zugrundeliegenden Umstände** (→ Rn. 12) in **knapper und verständlicher Form** (vgl. zu den Anforderungen an eine Zusammenfassung → Art. 6 Rn. 33 ff.) herausstellen. Eine den Anforderungen des Art. 12 Abs. 3 genügende Information der Öffentlichkeit liegt nur dann vor, wenn sie auf der **eigenen Website** der änderungspflichtigen Person erfolgt, die Information **allgemein zugänglich** sowie mit **verhältnismäßigem (Such-)Aufwand auffindbar** ist (arg. Normzweck, → Rn. 4).

VI. Gebot der Darstellungskontinuität (Abs. 4)

20 Art. 12 Abs. 4 schreibt vor, dass die **Reihenfolge der Informationen** in einem geänderten Kryptowerte-Whitepaper und in etwaigen geänderten Marketingmitteilungen mit der Reihenfolge der Informationen in dem gemäß Art. 9 veröffentlichten Kryptowerte-Whitepaper bzw. in den Marketingmitteilungen übereinstimmen muss (Gebot der Darstellungskontinuität). Dies bedeutet, dass das Kryptowerte-Whitepaper und die etwaigen Marketingmitteilungen in ihrer jeweiligen **Darstellungsform und Struktur** unverändert bleiben müssen, aber nach Maßgabe des Art. 12 Abs. 1 S. 1 die einzufügenden Angaben (dh der inhaltliche Aussagegehalt) am **ursprünglichen Standort** der abzuändernden Angabe einzupflegen sind, wobei dies für die Fallgruppen der wesentlichen neuen Faktoren (Abs. 1 S. 1 Var. 1) und der wesentlichen Fehler (Abs. 1 S. 1 Var. 2) gilt. Bei den wesentlichen Ungenauigkeiten (Art. 12 Abs. 1 S. 1 Var. 3) kommt dieses Vorgehen demgegenüber nicht in Betracht, da sich das ursprüngliche Dokument im Falle der Ungenauigkeit als unvollständig erweist (→ Rn. 13). Im Falle der wesentlichen Ungenauigkeiten wird dem Gebot der Darstellungskontinuität daher Rechnung getragen, sofern die fehlende Angabe bzw. Information im **zutreffenden Sachzusammenhang** eingefügt wird.

21 Das Gebot der Darstellungskontinuität stellt, bezogen auf die Nachtragspflicht, eine Ausprägung des **Grundsatzes der Klarheit** (→ Art. 6 Rn. 12 ff.) dar. Art. 12 Abs. 4 dient der leichteren Nachvollziehbarkeit der Änderungen durch das Anlagepublikum und soll die Such- und Informationskosten der Anleger im Rahmen der Prüfung der geänderten Dokumente möglichst gering halten (→ Rn. 4, dort auch zur Verbindung zu den übergeordneten Regelungszielen der Kryptowerte-Whitepaper-Publizitätspflicht).

V. Notifizierungsverfahren und Veröffentlichung im Kryptowerte-Whitepaper-Register (Abs. 5)

In **Art. 12 Abs. 5 UAbs. 1** ist für die geänderten Kryptowerte-Whitepaper 22 sowie etwaige geänderte Marketingmitteilungen ein **Notifizierungsverfahren** in Anlehnung an Art. 8 Abs. 6 UAbs. 2, Abs. 7 UAbs. 1 geregelt. Im Rahmen des Notifizierungsverfahrens hat die **zuständige Behörde des Herkunftsmitgliedstaats** (Art. 3 Abs. 1 Nr. 33, 35) innerhalb von **fünf Arbeitstagen** (siehe für eine Definition des Arbeitstags: Art. 2 lit. t Prospekt-VO; vgl. für die Fristberechnung → Art. 8 Rn. 12) nach Eingang des geänderten Kryptowerte-Whitepapers und etwaiger geänderter Marketingmitteilungen den **zuständigen Behörden der Aufnahmemitgliedstaaten** (Art. 3 Abs. 1 Nr. 34, 35), die in der gemäß Art. 8 Abs. 6 UAbs. 1 S. 1 zu übermittelnden Liste aufgeführt worden waren (näher → Art. 8 Rn. 13), das geänderte Kryptowerte-Whitepaper und die etwaigen geänderten Marketingmitteilungen zu übermitteln sowie die **ESMA** über die Übermittlung und den Tag der Veröffentlichung (→ Rn. 17) zu **unterrichten**.

Ebenso wie im Rahmen der Erstveröffentlichung (Art. 8 Abs. 7 UAbs. 2, → Art. 8 23 Rn. 17) hat die ESMA gemäß **Art. 12 Abs. 5 UAbs. 2** das geänderte Kryptowerte-Whitepaper im **Kryptowerte-Whitepaper-Register** gemäß Art. 109 Abs. 2 zur Verfügung zu stellen.

VI. Veröffentlichungspflicht (Abs. 6)

Zur praktischen Wirksamkeit gelangt die Änderungs- bzw. Nachtragspflicht aus 24 Art. 12 Abs. 1 erst durch die in **Art. 12 Abs. 6** normierte **Pflicht zur Veröffentlichung** des **geänderten Kryptowerte-Whitepapers** und der **etwaigen geänderten Marketingmitteilungen** (→ Rn. 9 ff.) einschließlich der **Gründe für diese Änderung** (näher → Rn. 17) gemäß Art. 9 (zum Regelungszweck → Rn. 3). Die Veröffentlichungspflicht trifft je nach Lage des Falles den Anbieter, den Zulassungsantragsteller oder den Betreiber der Handelsplattform für Kryptowerte (näher → Rn. 7).

Art. 12 Abs. 6 enthält für das Verfahren der Veröffentlichung einen **Verweis auf** 25 **Art. 9:** Dies bedeutet zunächst, dass die geänderten Dokumente gemäß Art. 12 Abs. 6 iVm Art. 9 Abs. 1 S. 1 auf der **öffentlich zugänglichen Website** (→ Art. 9 Rn. 8) der änderungspflichtigen Person veröffentlicht werden müssen. In zeitlicher Hinsicht hat die Veröffentlichung ausweislich des temporalen Anwendungsbereichs der Nachtragspflicht aus Art. 12 Abs. 1 (→ Rn. 14: erst ab Veröffentlichung des Kryptowerte-Whitepapers bzw. der Marketingmitteilungen) **anders als im unmittelbaren Anwendungsbereich des Art. 9 Abs. 1** selbstverständlich nicht „rechtzeitig und in jedem Fall vor dem Startdatum des öffentlichen Angebots dieser Kryptowerte bzw. zum Startdatum der Zulassung" zu erfolgen. Vielmehr sind im Rahmen der Veröffentlichung der Änderungen die **allgemeine Frist für die Erstellung und Übermittlung der geänderten Dokumente** (→ Rn. 16) sowie die **(Mindest-)Frist von sieben Arbeitstagen nach Übermittlung aus Art. 12 Abs. 2** zu beachten (→ Rn. 17). In jedem Fall muss bei der Veröffentlichung geänderter Kryptowerte-Whitepaper und etwaiger geänderter Marketingmitteilungen gemäß Art. 12 Abs. 6 iVm Art. 9 Abs. 2 die Übereinstimmung mit den gemäß Art. 12 Abs. 2 übermittelten Dokumenten gewahrt bleiben.

VII. Kennzeichnungspflichten und Pflicht zur Gewährleistung der dauerhaften Verfügbarkeit der Dokumente (Abs. 7)

26 Art. 12 Abs. 7 normiert eine Pflicht zur **Anbringung eines Zeitstempels** auf den geänderten Dokumenten **(S. 1)**, eine Pflicht zur **Kennzeichnung** der zuletzt geänderten Dokumente als **gültige Fassung(en) (S. 2)**, sowie eine Pflicht zur **Verfügbarhaltung** aller geänderten Dokumente für den Zeitraum des Haltens der anderen Kryptowerte durch das Publikum **(S. 3)** (zum Normzweck → Rn. 4).

27 Die Pflicht zur Anbringung eines Zeitstempels auf den geänderten Dokumenten aus **Art. 12 Abs. 7 S. 1** sowie die Pflicht zur Kennzeichnung der zuletzt geänderten Dokumente als gültige Fassung(en) aus **Art. 12 Abs. 7 S. 2** bezwecken durch **Erleichterung der Auffindbarkeit der aktuellen Dokumente** eine **Senkung der Informations- und Suchkosten** sowie die **Ermöglichung einer informierten Anlageentscheidung** auf aktueller (und damit im Zeitpunkt der Anlageentscheidung zutreffender) Informationsgrundlage (→ Rn. 4; zum Zusammenhang zwischen Richtigkeit und Aktualität → Rn. 3 Fn. 5).

28 Die Verfügbarkeit der Dokumente iSd Art. 12 Abs. 7 S. 3 setzt ebenso wie im Rahmen des Art. 9 Abs. 1 S. 2 die **öffentliche Zugänglichkeit** der Website sowie eine **kostenlose und registrierungsfreie Abrufmöglichkeit** der geänderten Dokumente voraus, wobei ein Halten durch das Publikum gegeben ist, wenn mindestens ein Anleger den anderen Kryptowert hält (arg. Normzweck → Rn. 4; näher zum Ganzen → Art. 9 Rn. 8, 10).

VIII. Öffentliche Angebote für Utility-Token mit Investment-Funktion: Ausschluss einer Fristverlängerung (Abs. 8)

29 Art. 12 Abs. 8 enthält für Utility-Token mit Investmentfunktion, dh für solche Utility-Token (Art. 3 Abs. 1 Nr. 9), die Zugang zu Waren und Dienstleistungen bieten, die es noch nicht gibt bzw. die noch nicht erbracht werden (→ Art. 4 Rn. 36), die **klarstellende Regelung, dass Änderungen der Kryptowerte-Whitepaper und etwaigen Marketingmitteilungen** gemäß Art. 12 **keine Verlängerung der in Art. 4 Abs. 6 genannten Frist von 12 Monaten** bewirken (→ Rn. 5, → Art. 4 Rn. 36f.). Die Regelung erscheint sinnvoll und wohlbegründet, da die mit Art. 4 Abs. 6 verfolgten Zwecke (= Schutz der Anleger vor wenig aussichtsreichen Dauerangeboten sowie ex-ante-Anreizvermittlung aufseiten der Anbieter zur Erfüllung der gemachten Zusagen sowie zur Fertigentwicklung der Waren und/oder Dienstleistungen durch das Erfordernis einer zweiten Finanzierungsrunde nach Ablauf von 12 Monaten, näher → Art. 4 Rn. 37) durch die Möglichkeit einer Verlängerung der Frist mithilfe von Änderungen der Dokumente konterkariert würden.

IX. Archivierungs-, Hinweis- und Verlinkungspflichten (Abs. 9)

Gemäß **Art. 12 Abs. 9** müssen ältere Versionen des Kryptowerte-Whitepapers 30 und der Marketingmitteilungen nach dem Tag der Veröffentlichung dieser älteren Versionen **mindestens zehn Jahre lang** (siehe zur Fristberechnung Art. 3 VO (EWG, Euratom) Nr. 1182/71) auf der **Website** der Anbieter, der Personen, die die Zulassung zum Handel beantragen, oder der Betreiber von Handelsplattformen **öffentlich zugänglich** bleiben, wobei ein **deutlich erkennbarer Hinweis** darauf anzubringen ist, dass sie nicht mehr gültig sind, dem ein **Hyperlink** zu dem gesonderten **Bereich der Website**, in dem die **neueste Fassung dieser Dokumente** veröffentlicht wird, beizufügen ist (zu den Normzwecken der Pflichten → Rn. 4). Die Pflichten aus Art. 12 Abs. 9 treffen den Anbieter, den Zulassungsantragsteller oder den Betreiber der Handelsplattform, dh die im konkreten Fall **änderungspflichtige Person** (→ Rn. 7, 11).

Die älteren Versionen des Kryptowerte-Whitepapers und Marketingmitteilun- 31 gen müssen für mindestens zehn Jahre auf der **Website öffentlich zugänglich** bleiben **(Archivierungspflicht)**, wobei Letzteres neben der **Aufrufbarkeit der Website aus der Europäischen Union** eine **kosten- und registrierungsfreie Abrufbarkeit** der Dokumente voraussetzt (→ Rn. 28, → Art. 9 Rn. 8, 10).

Außerdem müssen die älteren Versionen der Dokumente einen **deutlich er-** 32 **kennbaren** Hinweis auf ihre fehlende Gültigkeit enthalten **(Hinweispflicht)**. Beim Erfordernis der deutlichen Erkennbarkeit des Hinweises handelt es sich um eine **Ausprägung des Grundsatzes der Klarheit** (→ Art. 6 Rn. 12 ff.). Daraus folgt zweierlei: Erstens muss der Hinweis hinsichtlich seiner **äußeren Darstellung** für den unbefangenen Anleger **optisch leicht wahrnehmbar und gut erkennbar** sein. Zweitens muss der Hinweis auch **inhaltlich eindeutig** sein, dh für den unbefangenen Anleger muss aufgrund des Hinweises unzweifelhaft ersichtlich sein, dass die betreffende Version nicht mehr gültig ist. Zum Zwecke der Erfüllung der Hinweispflicht aus Art. 12 Abs. 9 dürfte sich jedenfalls ein deutlich erkennbarer Hinweis auf der ersten Seite des Dokuments anbieten. Anzuraten ist darüber hinaus ein Hinweis auf sämtlichen Seiten der älteren Versionen der betreffenden Dokumente.

Im Übrigen ist dem deutlich erkennbaren Hinweis ein **Hyperlink** zu dem ge- 33 sonderten Bereich der Website, in dem die neueste Fassung dieser Dokumente veröffentlicht wird, **beizufügen (Verlinkungspflicht)**. Der Hyperlink muss nicht direkt zu den neuesten Fassungen der Dokumente führen (dh direkt auf die Dokumente verlinken). Vielmehr genügt es ausweislich des Wortlauts, wenn der Hyperlink zu dem **Bereich der Website** führt, von dem aus die betreffenden Dokumente **unmittelbar verfügbar** sind (zB durch Anklicken der Oberfläche der Website). Nicht ausreichen dürfte die Verlinkung auf einen Bereich der Website, der nur mittelbar durch das eigenständige Öffnen weiterer (Unter-)Seiten oder infolge anderer, nicht unerheblicher Suchanstrengungen seitens des Anlegers zur Aufrufbarkeit der neuesten Fassungen der Dokumente führt. Schließlich besteht der Zweck der Verlinkungspflicht gerade darin, den Anlegern das Auffinden der neuesten Fassungen der Dokumente zu erleichtern und ihre diesbezüglichen Suchkosten zu verringern (→ Rn. 4).

X. Rechtsfolgen

1. Aufsichtsrecht

34 **a) Ungültigkeit des nicht geänderten Kryptowerte-Whitepapers?** Erfolgt entgegen den Bestimmungen aus Art. 12 Abs. 1 iVm Abs. 6 keine Änderung und Veröffentlichung des Kryptowerte-Whitepapers (= **Verletzung der Nachtragspflicht**), stellt sich die Frage nach der Wirksamkeit des Kryptowerte-Whitepapers bzw. des Fortbestehens der Rechte (Abs. 1) und Regelungen (Abs. 2) zugunsten des jeweiligen Erstellers aus Art. 11 (→ Art. 11 Rn. 6 ff., 9 f.). Auf den ersten Blick scheinen Art. 11 Abs. 1 („Nach der Veröffentlichung […] und des etwaigen geänderten Kryptowerte-Whitepapers gemäß Art. 12") u. Abs. 2 („und ein etwaiges geändertes Kryptowerte-Whitepaper gemäß Art. 12 veröffentlicht") die Gültigkeit von der Einhaltung der Änderungs- und Veröffentlichungspflichten aus Art. 12 abhängig zu machen. Im Ergebnis ist jedoch eine **differenzierende Beurteilung** geboten: Für **laufende Angebote** oder **bereits beantragte Handelszulassungen** behält das ursprüngliche Kryptowerte-Whitepaper seine **Wirksamkeit**. Denn die Erwähnung der Nachtragspflicht aus Art. 12 im Tatbestand des Art. 11 muss in systematischer Hinsicht im Zusammenhang mit den Bestimmungen aus Art. 4 Abs. 7 UAbs. 2 (→ Art. 4 Rn. 41) und Art. 5 Abs. 4 lit. b (→ Art. 5 Rn. 18 ff.) gelesen werden, die ebenfalls auf Art. 12 Bezug nehmen und für das öffentliche Angebot und die Beantragung einer Handelszulassung nur im Falle der Verwendung eines bereits erstellten und veröffentlichten Kryptowerte-Whitepapers die Einhaltung der Änderungs- und Veröffentlichungspflichten aus Art. 12 vorschreiben, damit der Dritte mithilfe des ggf. geänderten Kryptowerte-Whitepapers für das weitere Angebot oder den weiteren Handelszulassungsantrag die Rechte aus Art. 11 wahrnehmen kann. Bestätigt wird die hiesige Sichtweise durch eine rechtsaktübergreifende, systematische Interpretation, da das Schrifttum für Art. 23 Abs. 1 Prospekt-VO (→ Rn. 2) zu demselben Ergebnis gelangt.[18] Im Hinblick auf **zukünftige Angebote** oder **zukünftige Handelszulassungsbeantragungen** führt ein **Verstoß gegen die Änderungspflicht aus Art. 12** demgegenüber zur **Ungültigkeit des Kryptowerte-Whitepapers,** dh unter Verwendung des ungeänderten, ursprünglich veröffentlichten Kryptowerte-Whitepapers können weitere öffentliche Angebote und Handelszulassungen nicht vorgenommen werden, wie bereits dem Wortlaut von Art. 11 Abs. 1 u. Abs. 2 zu entnehmen ist. Darüber hinaus folgt in systematischer Hinsicht aus dem Regelungsgehalt von Art. 4 Abs. 7 UAbs. 2 und Art. 5 Abs. 4 lit. b, dass als **Grundlage einer rechtskonformen Durchführung** zukünftiger Angebote oder zukünftiger Handelszulassungen nur ein **geändertes und veröffentlichtes Kryptowerte-Whitepaper** in Betracht kommt.[19]

35 **b) Sonstige aufsichtsrechtliche Konsequenzen bei Verstoß gegen Art. 12.** Im Falle einer **Verletzung der Nachtragspflicht** aus Art. 12 Abs. 1 (iVm Abs. 6) kann die zuständige Behörde (Art. 93 Abs. 1 S. 1; in Deutschland:

---

[18] Assmann/Schlitt/v. Kopp-Colomb/Seitz Prospekt-VO Art. 23 Rn. 156; Just/Voß/Ritz/Zeising/Lenz Prospekt-VO Art. 23 Rn. 183.
[19] IE ebenso für die Prospekt-VO: Assmann/Schlitt/v. Kopp-Colomb/Seitz Prospekt-VO Art. 23 Rn. 156; Just/Voß/Ritz/Zeising/Lenz Prospekt-VO Art. 23 Rn. 183.

BaFin, § 3 S. 1 KMAG) u. a. aufgrund einer mitgliedstaatlichen Befugnis in Umsetzung des **Art. 94 Abs. 1 lit. i** (= § 16 Abs. 1 S. 1 KMAG) die **Änderung des Kryptowerte-Whitepapers** verlangen, weil die Nachtragspflicht aus Art. 12 als Ausprägung des allgemeinen **Grundsatzes der Aktualität** im Rahmen der Anforderungen an das Kryptowerte-Whitepaper gemäß Art. 6 zu berücksichtigen ist und im Kryptowerte-Whitepaper fehlende wesentliche neue Faktoren (fehlende Aktualität), wesentliche Fehler (fehlende Richtigkeit) oder wesentliche Ungenauigkeiten (Unvollständigkeit) zugleich einen Verstoß gegen den **Grundsatz der Aktualität** (→ Art. 6 Rn. 16), der **Richtigkeit** (→ Art. 6 Rn. 7 ff.) oder der **Vollständigkeit** (→ Art. 6 Rn. 10 f.) iSd Art. 6 begründen (→ Rn. 12 f.), so dass die tatbestandlichen Voraussetzungen vorliegen („nicht die nach den Artikeln 6 [...] erforderlichen Informationen enthält"). In Bezug auf etwaige Marketingmitteilungen kann die zuständige Behörde nach Maßgabe einer mitgliedstaatlichen Befugnis infolge der Umsetzung des **Art. 94 Abs. 1 lit. j** (= § 17 Abs. 1 KMAG) die Änderung der Marketingmitteilungen verlangen, wobei sich der tatbestandlich vorausgesetzte Verstoß gegen Art. 7 mithilfe des **Gebots der Richtigkeit** (→ Art. 7 Rn. 17) bzw. des **Konsistenzgebots** (→ Art. 7 Rn. 18) begründen lässt. In beiden Fällen kommt im Übrigen wegen des Verstoßes gegen Art. 12 Abs. 1 (iVm Abs. 6) ein Rückgriff auf **Art. 94 Abs. 1 lit. v** (§ 4 Abs. 1 S. 1 KMAG) in Betracht. Die Veröffentlichung der geänderten Dokumente kann sodann mithilfe einer Befugnis iSd **Art. 94 Abs. 1 lit. s** (§ 18 KMAG) im Rahmen einer Offenlegung durch die zuständige Behörde selbst bewirkt werden oder mithilfe eines Verlangens gegenüber der änderungspflichtigen Person (→ Rn. 7, 11) angeordnet werden.

Im Falle von Verstößen gegen die Pflichten aus Art. 12 Abs. 2–4, Abs. 6 u. 7, **36** Abs. 9 kommt eine Wahrnehmung der mitgliedstaatlichen Befugnisnormen in Umsetzung von **Art. 94 Abs. 1 lit. l–r, v** (§ 4 Abs. 1 S. 1 KMAG, § 15 Abs. 1, Abs. 3 KMAG, § 17 Abs. 2 KMAG, § 34 Abs. 1 S. 1 Nr. 1 u. S. 2 KMAG) in Betracht.

2. Zivilrecht

a) Fehlerhafter Nachtrag. Weil eine Änderung des Kryptowerte-Whitepapers **37** gemäß Art. 12 Abs. 1 zugleich die Angaben iSd Art. 6 ändert, kann ein fehlerhafter Nachtrag zugleich zu einer Haftung der änderungspflichtigen Person (→ Rn. 7, 11) aus Art. 15 (Art. 15) führen.[20]

b) Veröffentlichung eines Nachtrags. Im Falle der Veröffentlichung eines in- **38** haltliche zutreffenden Nachtrags gemäß Art. 12 Abs. 1 iVm Abs. 6 wird zugleich eine korrespondierende Unrichtigkeit, Unvollständigkeit oder fehlende Aktualität des Kryptowerte-Whitepapers und damit ein Verstoß gegen Art. 6 behoben (vgl. → Rn. 12 f.).

Daher steht solchen Anlegern, die **nach Veröffentlichung eines inhaltlich zu-** **39** **treffenden Nachtrags** ihre auf den Erwerb des anderen Kryptowerts (→ Rn. 6) gerichtete **Willenserklärung abgegeben** haben, kein Anspruch aus Art. 15 zu.[21]

---

[20] Assmann/Schlitt/v. Kopp-Colomb/Seitz Prospekt-VO Art. 23 Rn. 162.
[21] Vgl. für die Prospekt-VO und §§ 9, 10 WpPG: Lenz/Heine AG 2019, 451 (459); Assmann/Schlitt/v. Kopp-Colomb/Seitz Prospekt-VO Art. 23 Rn. 165; Assmann/Schlitt/v. Kopp-Colomb/Assmann WpPG § 9 Rn. 70; Groß KapMarktR (EU) 2017/1129 Art. 23 Rn. 30.

Art. 12 Titel II Andere Kryptowerte

Schließlich haben diese Anleger den anderen Kryptowert auf der Grundlage eines zutreffenden Kryptowerte-Whitepapers erworben haben, so dass im **Zeitpunkt der Kaufentscheidung** kein Verstoß gegen Art. 6 mehr vorlag[22]; in Bezug auf den zeitlich vorangehenden Verstoß gegen Art. 6 im Zeitpunkt der Veröffentlichung des ursprünglichen Kryptowerte-Whitepapers fehlt es angesichts des nachfolgend – aber vor der Abgabe der Willenserklärung des Anlegers – veröffentlichten Nachtrags an der (haftungsbegründenden) Kausalität. Dasselbe gilt im Regelfall bei der Durchführung eines **Bookbuilding-Verfahrens**, auch wenn die **Willenserklärung** auf Erwerb des anderen Kryptowerts **vor der Veröffentlichung des Nachtrags** abgegeben worden ist: Schließlich dürfte der Nachtrag im Regelfall in die **Preisbildung** im Rahmen des Bookbuilding-Verfahrens einfließen; abgesehen davon sind die Willenserklärungen der Anleger bis zum Ende des Bookbuilding-Verfahrens widerruflich, so dass auch insoweit ein gewisses Maß an Anlegerschutz gewährleistet ist.[23]

40 Anders verhält es sich bei Erwerbsvorgängen durch Anleger, die – außerhalb eines Bookbuilding-Verfahrens (→ Rn. 39) – ihre auf den Erwerb gerichtete **Willenserklärung vor der Veröffentlichung des Nachtrags** gemäß Art. 12 Abs. 1 iVm Abs. 6 abgegeben haben. Der nach der Anlageentscheidung veröffentlichte **Nachtrag lässt Schadensersatzansprüche** dieser Anleger im Ausgangspunkt **nicht entfallen.**[24] Insbesondere kommt **weder eine Anspruchskürzung noch ein Anspruchsausschluss** aufgrund eines (vermeintlichen) Mitverschuldens wegen der **Nichtausübung** eines im Zeitpunkt der Veröffentlichung des Nachtrags **bestehenden Widerrufsrechts** in Betracht[25]: Hierbei ist zunächst bedenken, dass die MiCAR im Unterschied zu Art. 23 Abs. 2 Prospekt-VO den Anlegern im Falle der Veröffentlichung eines Nachtrags **kein allgemeines Widerrufsrecht** einräumt, so dass es im Regelfall bereits an einem **Anknüpfungspunkt für ein Mitverschulden** im Rahmen des Art. 15 **fehlt**. Abzulehnen ist eine Anspruchskürzung aufgrund eines Mitverschuldens jedoch auch im Falle des Bestehens und der Nichtausübung eines Widerrufsrechts eines Kleinanlegers gemäß Art. 13: Schließlich handelt es sich beim **Widerrufsrecht aus Art. 13** um ein **Schutzinstrument zugunsten der Kleinanleger**. Würde man eine Anspruchskürzung oder einen Anspruchsausschluss aufgrund der Nichtausübung eines im Zeitpunkt der Veröffentlichung des Nachtrags (noch) bestehenden Widerrufsrechts aus Art. 13 bejahen, ergäbe sich jedoch eine **Schlechterstellung der Kleinanleger im Vergleich zu anderen Anlegern** (bei denen ein Mitverschulden mangels bestehenden Widerrufsrechts von vornherein nicht in Betracht

---

[22] Vgl. für Art. 23 Abs. 1 Prospekt-VO: Groß KapMarktR (EU) 2017/1129 Art. 23 Rn. 30; Assmann/Schlitt/v. Kopp-Colomb/Seitz Prospekt-VO Art. 23 Rn. 165; Lenz/Heine AG 2019, 451 (459); ebenso für die Berichtigung bei §§ 9, 10 WpPG: Assmann/Schlitt/v. Kopp-Colomb/Assmann WpPG § 9 Rn. 69.

[23] Vgl. zum Gesichtspunkt der Widerruflichkeit: Assmann/Schlitt/v. Kopp-Colomb/Seitz Prospekt-VO Art. 23 Rn. 166; Groß Kapitalmarktrecht Prospekt-VO Art. 23 Rn. 31; Just/Voß/Ritz/Zeising/Lenz Prospekt-VO Art. 23 Rn. 191.

[24] Vgl. Groß KapMarktR (EU) 2017/1129 Art. 23 Rn. 29; Just/Voß/Ritz/Zeising/Lenz Prospekt-VO Art. 23 Rn. 192.

[25] AA bei Art. 23 Prospekt-VO und §§ 9, 10 WpPG: Groß KapMarktR (EU) 2017/1129 Art. 23 Rn. 31 f.; Just/Voß/Ritz/Zeising/Lenz Prospekt-VO Art. 23 Rn. 193 ff.; Assmann/Schlitt/v. Kopp-Colomb/Seitz Prospekt-VO Art. 23 Rn. 166.

kommt), was der die Kleinanleger privilegierenden Zweckrichtung des Art. 13 diametral zuwider liefe.

c) Unterlassen der Veröffentlichung eines Nachtrags. Besteht eine Änderungspflicht gemäß Art. 12 Abs. 1 (iVm Abs. 6) aufgrund eines wesentlichen neuen Faktors oder wegen eines wesentlichen Fehlers oder einer wesentlichen Ungenauigkeit des ursprünglichen Kryptowerte-Whitepapers, liegt zugleich eine fehlende Aktualität (→ Art. 6 Rn. 16) bzw. eine Unrichtigkeit (→ Art. 6 Rn. 7 ff.) oder Unvollständigkeit (→ Art. 6 Rn. 10 f.) des Kryptowerte-Whitepapers vor (= Verstoß gegen Art. 6), so dass denjenigen Kleinanlegern, welche die anderen Kryptowerte **nach dem Entstehen der Änderungspflicht** bzw. **vor der Änderung und Veröffentlichung des geänderten Kryptowerte-Whitepapers** gekauft haben, ein Schadensersatzanspruch aus Art. 15 zustehen kann.[26] Die nachfolgende Veröffentlichung des Nachtrags lässt die entstandenen Schadensersatzansprüche nicht entfallen, da es für die Haftung auf die Fehlerhaftigkeit des Kryptowerte-Whitepapers bzw. die Nachtragspflicht im **Zeitpunkt der Kaufentscheidung** ankommt.[27] Umgekehrt scheidet ein Schadensersatzanspruch solcher Anleger aus, die **vor dem Entstehen der Änderungspflicht** den anderen Kryptowert gekauft haben, weil in diesem Fall das Kryptowerte-Whitepaper im Zeitpunkt der Anlageentscheidung fehlerfrei gewesen ist (= kein Verstoß gegen Art. 6)[28]; zudem fehlt es an der (haftungsbegründenden) Kausalität zwischen dem Verstoß gegen die Nachtragspflicht aus Art. 12 Abs. 1 u. Abs. 6 (einschließlich des damit einhergehenden Verstoßes gegen Art. 6) und dem Erwerb der anderen Kryptowerte.[29]

Artikel 13 Widerrufsrecht

(1) **Kleinanleger, die andere Kryptowerte als vermögenswertereferenzierte Token und E-Geld-Token entweder direkt von einem Anbieter oder von einem Anbieter von Kryptowerte-Dienstleistungen, der Kryptowerte für diesen Anbieter platziert, erwirbt, genießen ein Widerrufsrecht.**
Kleinanleger haben eine Frist von 14 Kalendertagen, um ihre Zustimmung zum Kauf von anderen Kryptowerten als vermögenswertereferenzierten Token und E-Geld-Token gebührenfrei und kostenlos sowie ohne Angabe von Gründen zu widerrufen. Die Widerrufsfrist läuft ab dem Tag der Zustimmung des Kleinanlegers zum Kauf dieser Kryptowerte.

(2) **Sämtliche von einem Kleinanleger erhaltene Zahlungen, einschließlich etwaiger Gebühren, werden unverzüglich und in jedem Fall spätestens 14 Tage nach dem Tag erstattet, an dem der Anbieter oder der Anbieter von Kryptowerte-Dienstleistungen, der Kryptowerte für diesen Anbieter platziert, über die Entscheidung des Kleinanlegers, von der Zustimmung zum Kauf dieser Kryptowerte zurückzutreten, unterrichtet wird.**
Solche Rückzahlungen erfolgen mittels desselben Zahlungsmittels, das der Kleinanleger beim ursprünglichen Geschäft verwendet hat, es sei

---

[26] Assmann/Schlitt/v. Kopp-Colomb/Seitz Prospekt-VO Art. 23 Rn. 169; Groß KapMarktR (EU) 2017/1129 Art. 23 Rn. 29.
[27] Groß KapMarktR (EU) 2017/1129 Art. 23 Rn. 29.
[28] Lenz/Heine AG 2019, 451 (459); Groß KapMarktR (EU) 2017/1129 Art. 23 Rn. 30.
[29] Just/Voß/Ritz/Zeising/Lenz Prospekt-VO Art. 23 Rn. 189.

Art. 13

denn, mit dem Kleinanleger wird ausdrücklich etwas anderes vereinbart, und vorausgesetzt, für den Kleinanleger fallen infolge einer solchen Rückzahlung keine Gebühren oder Kosten an.

(3) **Die Anbieter von Kryptowerten informieren in ihrem Kryptowerte-Whitepaper über das in Absatz 1 genannte Widerrufsrecht.**

(4) **Das in Absatz 1 genannte Widerrufsrecht gilt nicht, wenn die Kryptowerte bereits vor ihrem Kauf durch den Kleinanleger zum Handel zugelassen waren.**

(5) **Haben Anbieter für ihr öffentliches Angebot dieser Kryptowerte gemäß Artikel 10 eine Frist gesetzt, so kann das Widerrufsrecht nach Ablauf der Zeichnungsfrist nicht mehr ausgeübt werden.**

Schrifttum: Bosold, Gregor, Verbraucherschutzrecht und Kryptowerte – der Schutz des Kleinanlegers nach der MiCAR, ZdiW 2023, 292; Buck-Heeb, Whitepaper-Haftung nach MiCAR, BKR 2023, 689; Buck-Heeb, Kapitalmarktrecht, 13. Aufl. 2023; Hanten/Sacarcelik, Zivilrechtliche Einordnung von Kryptowährungen und ICO-Token und ihre Folgen, RdF 2019, 124; Izzo-Wagner/Otto/Schultess, Die EU-Änderungsrichtlinie in Bezug auf im Fernabsatz geschlossene Finanzdienstleistungsverträge, BKR 2024, 81; Kirschbaum/Stepanova, Widerrufsrecht beim Handel mit Kryptowährungen, BKR 2019, 286; Machacek, Die Anwendung der neuen MiCA-Verordnung auf Dezentrale Finanzanwendungen, EuZW 2021, 923; Maume, Der umgekehrte Verbrauchervertrag; Maume NJW 2016, 1041; Maume/Maute (Hrsg.), Rechtshandbuch Kryptowerte, 1. Aufl. 2020; Maume, Die Verordnung über Märkte für Kryptowerte (MiCAR) – Teil 1, RDi 2022, 461; Maume, Die Verordnung über Märkte für Kryptowerte (MiCAR) – Teil 2, RDi 2022, 497; Maume, Das Widerrufsrecht nach MiCAR, RDi 2023, 493; Maume/Siadat, Struktur, Definitionen und Anwendungsfälle der Kryptoregulierung, NJW 2023, 1168; Möslein/Omlor, Fintech-Handbuch, 3. Aufl. 2024; Omlor/Franke, Europäische DeFi-Regulierungsperspektiven, BKR 2022, 679; Omlor/Link, Kryptowährungen und Token, 2. Aufl. 2023; Schwark/Zimmer, Kapitalmarktrechts-Kommentar, 5. Aufl. 2020; Zickgraf, Primärmarktpublizität in der Verordnung über die Märkte für Kryptowerte (MiCAR) – Teil 1, BKR 2021, 196

Übersicht

	Rn.
I. Normzweck und Systematik	1
II. Voraussetzungen des Widerrufs	7
1. Widerrufsrecht (Abs. 1 UAbs. 1)	7
a) Kleinanleger und Anbieter	7
b) Kryptowerte	10
c) Erwerb	11
2. Ausnahme: vorherige Zulassung zum Handel (Abs. 4)	16
3. Ausübung des Widerrufsrechts	19
a) Widerrufsfrist (Abs. 1 UAbs. 2)	19
b) Widerrufserklärung (Abs. 1 UAbs. 1)	22
c) Ausschluss bei Fristsetzung (Abs. 5)	24
III. Rechtsfolgen	25
1. Kostenfreiheit des Widerrufs (Art. 13 Abs. 1 UAbs. 2)	25
2. Rückzahlung (Abs. 13 Abs. 2)	26
3. Frist	30
IV. Information über Widerrufsrecht (Abs. 3)	31
V. Konkurrenzen	33

Widerrufsrecht **Art. 13**

I. Normzweck und Systematik[1]

Art. 13 ergänzt den durch die Whitepaper-Haftung (Art. 15) gewährten Schutz bei Erwerb eines Kryptowerts durch ein **Widerrufsrecht**. Somit enthält die MiCAR auch Elemente des **klassischen Verbraucherschutzes**. Dass die Vorschrift nicht vom Verbraucher, sondern vom Kleinanleger spricht, ist aufgrund des materiellen Gleichlaufs der Definitionen (→ Art. 3 Rn. 265) nicht relevant. Abs. 1 regelt Widerrufsrecht und -frist (→ Rn. 7 ff.) und Abs. 2 die Pflicht zur Rückgewähr der vom Kleinanleger geleisteten Zahlung (→ Rn. 26). Abs. 3 ordnet an, dass der Erwerber über das Widerrufsrecht im Whitepaper informiert werden muss (→ Rn. 31). Kein Widerrufsrecht besteht nach Abs. 4, wenn die betreffenden Kryptowerte bereits vor ihrem Kauf durch den Kleinanleger zum Handel zugelassen waren (→ Rn. 16). Schließlich regelt Abs. 5, dass im Fall einer Fristsetzung bei einem öffentlichen Angebot gemäß Art. 10 das Widerrufsrecht nach Ablauf der Zeichnungsfrist nicht mehr ausgeübt werden kann (→ Rn. 43). 1

Man wird der MiCAR aber **keine generell verbraucherschützende Zielrichtung** zusprechen können, da abgesehen von Art. 13 keine weitere Regel des Verbraucherschutzrechts unmittelbaren Eingang in die Verordnung gefunden hat. Allerdings erwähnen die Erwgr., die Kryptowerte-Dienstleistungen betreffen, den Verbraucherschutz mehrfach, unter anderem als Regelungsziel neben der Marktintegrität und der Finanzstabilität (Erwgr. Nr. 79). Im Fokus steht der Schutz des (Klein-)Anlegers sowie die Integrität der Märkte für Kryptowerte (siehe zB Erwgr. Nr. 6, 19). 2

Regelungstechnisches Vorbild der Vorschrift ist die **Verbraucherrechte-RL**, und dort insbesondere Art. 6.[2] Zwar erwähnt Erwgr. Nr. 37 ausdrücklich RL 2002/65/EG (Finanzfernabsatz-RL). Dies erfolgt aber nur in Abgrenzung des Anwendungsbereichs des Widerrufsrechts. Vokabular und Regelungstechnik ähneln deutlich stärker den Art. 6 ff. Verbraucherrechte-RL. Somit stellt sich an verschiedenen Stellen die Frage, ob bzw. inwieweit auf Rechtsprechung, Literatur oder sogar weitere in der Verbraucherrechte-RL enthaltene Vorschriften ergänzend zurückgegriffen werden kann. Dies ist relevant, weil Art. 13 schon von der Länge nicht die Regelungsdichte der Vorbildvorschriften aufweist und es am nationalen zivilrechtlichen Unterbau fehlt. Bei einem **Rückgriff auf das Verbraucherschutzrecht** ist aber **Vorsicht** geboten. Denn der EU-Gesetzgeber hat sich bewusst für eine Übernahme nur bestimmter Regelungen aus der Verbraucherrechte-RL entschieden. Ein Grund ist, dass Art. 13 auf ein einheitliches, zeitlich begrenztes öffentliches Angebot abzielt. Die Verbraucherrechte-RL hingegen hat Einzeltransaktionen im Auge, die zeitlich zerstreut sind (also: Einzelbestellungen verschiedener Verbraucher). Die Interessenlage der Beteiligten ist daher nicht vergleichbar. Hinzu kommt, dass die MiCAR nicht auf dem im Verbraucherschutzrecht gedanklich vorausgesetzten Macht- bzw. Wissensgefälle zwischen Verbraucher und Unternehmer aufbaut. Dennoch überzeugt die Anwendung verbraucherschützender Mechanismen im Grundsatz.[3] 3

---

[1] Teile dieser Kommentierung basieren auf einer aktualisierten und erweiterten Version von Maume, „Das Widerrufsrecht nach MiCAR", RDi 2023, 493.

[2] Ähnlich Bosold ZdiW 2023, 292 (295).

[3] So iE auch Zickgraf BKR 2021, 362 (364).

Art. 13 Titel II Andere Kryptowerte

4 Unbekannt ist das Widerrufsrecht aber auch im Prospektrecht nicht. Denn Anleger haben nach Art. 23 Abs. 2 Prospekt-VO beim öffentlichen Angebot von Wertpapieren ein **Widerrufsrecht,** wenn ein **Nachtrag zum Prospekt** nach Art. 23 Abs. 1 Prospekt-VO erfolgt. Die MiCAR-Parallelregelung zum Prospekt findet sich in Art. 12 Abs. 1. Es ist konsequent, dass Art. 13 für das Bestehen des Widerrufsrechts kein geändertes Whitepaper voraussetzt, sondern unbeschränkt gilt. Denn die MiCAR verlangt in Titel II hinsichtlich des Publizitätsdokuments keine Prüfung und Billigung (vgl. Art. 20 Prospekt-VO), sondern nur eine Notifizierung. Trotz dieser Ähnlichkeit ist die tatbestandliche Ausgestaltung von Art. 13 aber von Art. 23 Abs. 2 Prospekt-VO grundverschieden. Letzterem fehlt es insbesondere an Regelungen zu Fristen und Rückgewähr, die konkrete Ausgestaltung ist vielmehr weitgehen dem Emittenten überlassen.

5 Art. 13 ist – vergleichbar mit den §§ 312 ff. BGB – **klassisches, horizontales Zivilrecht.** In der primär aufsichtsrechtlich ausgerichteten MiCAR ist die Vorschrift damit ein Fremdkörper. Dies führt zu Problemen, da für Tatbestandsmerkmale wie „Erwerb" (→ Rn. 10) der zivilrechtliche Unterbau fehlt. Dies darf aber nicht dazu führen, dass pauschal auf mitgliedsstaatliche Zivilrechtsdogmatik zurückgegriffen wird, da diese in wichtigen Fragen (zB bei Abstraktions- und Trennungsprinzip, aber auch bei der Frage der notwendigen Verkörperung von Eigentum[4] und den sich daraus sachenrechtlichen Konsequenzen) voneinander abweichen können. Das Ergebnis wäre ein potentielles Auseinanderfallen der Regulierung, so dass das Ziel einer Vollharmonisierung nicht erreicht werden würde. Notwendig ist daher eine **autonome Auslegung,**[5] die sich primär am Schutzzweck der MiCAR allgemein und der Vorschrift im Speziellen ausrichtet, ggf. unterfüttert durch in anderen Widerrufskonstellationen entwickelte Prinzipien.

6 Es wird abzuwarten sein, ob Art. 13 neben der Haftung aus Art. 15 **rechtstatsächlich bedeutsam** werden wird. Nach dem Platzen der ICO-Blase in 2018/2019 wurde vor deutschen Gerichten mehrfach von Klägern vorgebracht, dass der Token-Erwerb ein Fernabsatzvertrag sei und dass mangels Belehrung der Widerruf des Erwerbsvertrags weiterhin möglich sei. Auf diese Weise wäre jenseits einer etwaigen Prospekthaftung eine verschuldensunabhängige Form der Rückabwicklung geschaffen worden. Da in der Folge aber keinerlei Entscheidungen hierzu publik geworden sind, darf davon ausgegangen werden, dass die Argumentation nicht erfolgreich war. Da die Fristen des Art. 13 enger sind und weder „ewiges" noch einjähriges Widerrufsrecht kennen (→ Rn. 18, vgl. auch § 356 Abs. 3 S. 2 BGB für den Fernabsatz), erscheint eine ähnliche Vorgehensweise im Rahmen des Art. 13 nicht wahrscheinlich. Insgesamt scheint das Risiko für Emittenten überschaubarer (vgl. aber die Widersprüchlichkeiten gegenüber dem BGB-Verbraucherschutz, → Rn. 35).

---

[4] Speziell im Kontext von Kryptowerten Maume/Maute Kryptowerte-HdB/Maute § 4 Rn. 13 ff.
[5] Übersicht zur EuGH-Rechtsprechung zum Gebot autonomer Auslegung bei Calliess/Ruffert/Wegener, 6. Aufl. 2022, EUV Art. 19 Rn. 28 (Fn. 67); zum Parallelproblem in der MAR zB BeckOK WpHR/Buck-Heeb VO (EU) 596/2014 Art. 17 Rn. 5 ff. mwN.

II. Voraussetzungen des Widerrufs

1. Widerrufsrecht (Abs. 1 UAbs. 1)

a) Kleinanleger und Anbieter. Das Widerrufsrecht steht nur einem **Kleinanleger** gemäß Art. 3 Abs. 1 Nr. 37 zu (→ Art. 3 Rn. 264). Da die Definitionen materiell identisch sind, kann in Einzelfragen auf Literatur und Rechtsprechung zum Verbraucherbegriff zurückgegriffen werden. Anbieter können – wie online nicht unüblich – sich aber nicht wirksam von der Anwendung des Art. 13 freizeichnen, indem Bezieher in einer Onlineabfrage angeben, dass sie keine Kleinanleger sind.[6] Unwirksam ist, wie auch eine Abrede über geänderte Rückzahlungsmodalitäten (→ 28), ein Ausschluss durch Angebots-AGB. Will ein Anbieter erreichen, dass sein öffentliches Angebot sich nicht an Kleinanleger richtet, so muss er dies durch zusätzliche Maßnahmen (zB individuelle Prüfung) sicherstellen.[7]

Anders als beim Begriffspaar Verbraucher/Kleinanleger ist der EU-Gesetzgeber bei der vertraglichen Gegenseite deutlich vom regelungstechnischen Vorbild (dem Unternehmer) abgewichen. Dem Kleinanleger gegenüber steht nach Art. 13 ein **Anbieter**. Dies kann erstens nach Art. 13 Abs. 1 der Anbieter iSv Art. 3 Abs. 1 Nr. 13 selbst sein, also eine natürliche oder juristische Person oder ein anderes Unternehmen, die bzw. das Kryptowerte öffentlich anbietet, oder der Emittent, der Kryptowerte öffentlich anbietet. Zweitens ist auch ein **Anbieter von Kryptowerte-Dienstleistungen** nach Art. 3 Abs. 1 Nr. 15, der die Kryptowerte für den Anbieter nach Abs. 3 Abs. 1 Nr. 22 platziert, erfasst. Notwendig ist nach dem Wortlaut, dass in letzterem Fall der Kryptowerte-Dienstleister „für" den Anbieter handelt.

Auch in Art. 13 wurde damit wie an vielen anderen Stellen der MiCAR damit der Schwenk weg vom Emittenten und hin zum Anbieter vollzogen.[8] Hiermit können insbesondere Fälle erfasst werden, in denen es keinen Emittenten gibt (Decentralised Finance, DeFi),[9] oder bei denen der Emittent schlichtweg nicht greifbar ist.

b) Kryptowerte. Ausweislich des klaren Wortlauts sowie der systematischen Stellung in Titel II ist das Widerrufsrecht **nicht auf E-Geld-Token** (Art. 48ff.) und **vermögenswertereferenzierte Token** (Art. 16ff.) anwendbar. Parallelvorschriften in Titel III oder Titel IV existieren nicht. Vom Widerrufsrecht erfasst sind damit alle sonstigen Kryptowerte iSv Art. 3 Abs. 1 Nr. 5, vorbehaltlich des Bestehens einer Ausnahme nach Art. 2 (zB Finanzinstrumente/Security Token, oder auch NFT).

c) Erwerb. Der Kleinanleger muss die Kryptowerte erworben haben. Als Teil eines EU-Rechtsakts muss der Begriff **autonom ausgelegt** werden (→ Rn. 4), die deutsche vertrags- oder sachenrechtliche Terminologie bleibt außer Betracht. Insbesondere kommt es nicht darauf an, ob der Erwerbsvorgang abgeschlossen bzw. ein entsprechendes Verfügungsgeschäft vorliegt. Entscheidend ist allein, ob eine wie

---

[6] So auch im Widerruf nach Verbraucherschutzrecht, siehe Maume/Maute Kryptowerte-HdB/Maume § 8 Rn. 19f.
[7] OLG Hamm NJW-RR 2017, 617 (zu Informationspflichten nach § 312j BGB).
[8] Maume RDi 2022, 462 (465f.); siehe auch Buck-Heeb BKR 2023, 689.
[9] Siehe im Überblick Machacek EuZW 2021, 923 (noch zum Kommissionsentwurf); zu weiteren DeFi-Perspektiven Omlor/Franke BKR 2022, 679.

Art. 13 Titel II Andere Kryptowerte

auch immer geartete **Bindung des Kleinanlegers** vorliegt, von der er sich durch den Widerruf lösen kann. Irrelevant ist auch die typologische Einordnung des zugrunde liegenden Vertrags. Daher schließt der Wortlaut der Vorschrift eine Schenkung als Grundlage nicht aus. Allerdings ist Titel II gemäß Art. 4 Abs. 3 lit. a auf kostenlose Angebote von Kryptowerten (sog. Airdrops) nicht anwendbar. Relevant wird dies aber für die „Bezahlung" mit einem anderen Kryptowert, zB mit Bitcoin oder E-Geld-Token.[10] Denn hier würde nach deutschem Recht ein Tausch vorliegen.[11]

12 Nicht vom Widerrufsrecht erfasst sind planmäßige Rückübertragungen, zum Beispiel im Rahmen von **Staking** oder **Crypto-Lending**. Hier liegt in der Gesamtheit kein Erwerbstatbestand vor, es wird lediglich der status quo ante wiederhergestellt.

13 In Betracht kommt Art. 13 Abs. 1 nur für den **Ersterwerb** durch ein öffentliches Angebot (typischerweise im Rahmen eines ICO direkt vom Anbieter) oder durch Platzierung durch einen Kryptowerte-Dienstleister für den Anbieter. Nicht erfasst ist der Zweiterwerb bereits im Umlauf befindlicher Kryptowerte. Dies ist sachgerecht, denn andernfalls würde der Rechtsverkehr vor kaum überwindbare Abwicklungsprobleme gestellt.

14 Der Wortlaut von Art. 13 Abs. 1 erfasst sowohl Erwerbsvorgänge innerhalb als auch außerhalb geregelter **Handelsplätze** (over-the-counter, OTC). Allerdings ist das Widerrufsrecht für solche Kryptowerte ausgeschlossen, die zum Zeitpunkt des „Kaufs" bereits auf einem Handelsplatz zugelassen waren (→ Rn. 16). Dies führt dazu, dass das Widerrufsrecht praktisch nur für den Erwerb außerhalb MiCAR-regulierter Handelsplätze besteht.

15 Das Widerrufsrecht erfasst nur den Erwerb, nicht aber die **Veräußerung von Kryptowerten** durch Kleinanleger. Anders als in der alten Fassung der Verbraucherrechte-RL[12] können die Rollen innerhalb der Vorschrift nicht „umgekehrt" werden. Der Gesetzgeber legt Art. 13 daher gedanklich als typische Sachverhaltskonstellation **nach dem Erwerb sinkende Marktpreise** des betreffenden Kryptowerts zugrunde. Dies ist aber keine Tatbestandsvoraussetzung; das Widerrufsrecht besteht auch bei steigenden Preisen.

2. Ausnahme: vorherige Zulassung zum Handel (Abs. 4)

16 Nach Abs. 4 „gilt" (sic!) das in Abs. 1 genannte Widerrufsrecht nicht, wenn die Kryptowerte bereits vor ihrem Kauf durch den Kleinanleger zum Handel zugelassen waren. In Erwgr. Nr. 37 wird weiter erläutert, dass der Preis der betreffenden Kryptowerte in diesem Falle von den Schwankungen der Märkte für Kryptowerte abhängig wäre. Somit könnte durch den Widerruf das wirtschaftliche Risiko von Preisschwankungen zwischen Vertragsschluss und Ende der Widerrufsfrist (→ Rn. 18) auf den Käufer verlagert werden. Dies entspricht aber nicht dem Schutzzweck des Widerrufsrechts. Der gleiche Regelungsgedanke liegt Art. 16 lit. b Verbraucherrechte-RL (= § 312g Abs. 2 Nr. 8 BGB) zugrunde. Der Begriff „Kauf" ist dabei nicht im Sinne der deutschen Vertragstypologie zu sehen (→ Rn. 10). Es geht vielmehr um den **Erwerb** iSv Art. 13 Abs. 1.

---

[10] Von der Möglichkeit einer Zahlung mit Kryptowerten geht auch die MiCAR aus, siehe ausdrücklich Erwgr. Nr. 2: „Kryptowerte, die als Zahlungsmittel verwendet werden [...]".
[11] Maume/Maute Kryptowerte-HdB/Maute § 6 Rn. 140 ff.
[12] Dazu Maume NJW 2016, 1041. Die Verbraucherrechte-RL in ihrer aF stellte auf den Vertrag, nicht auf den Erwerbsvorgang ab.

Widerrufsrecht
Art. 13

Der Kryptowert muss **zum Handel zugelassen** sein. Dies ist nicht die „Zulassung" iSv § 32 BörsG, sondern die „Zulassung von Kryptowerten zum Handel auf einer Handelsplattform für Kryptowerte" iSv Art. 1 Abs. 2 lit. a. Damit ist nicht gemeint, dass die erworbenen Kryptowerte (also: die jeweiligen, individuellen Token, auf die sich der Erwerbsvorgang bezieht) auf einer solchen Handelsplattform erworben wurden. Vielmehr können die Kryptowerte nach Art. 13 Abs. 1 auch **außerhalb von Handelsplätzen** erworben worden sein, solange Kryptowerte der gleichen Machart bzw. Serie auf einer MiCAR-regulierten Handelsplattform zugelassen sind. Denn der **Schutzzweck der Norm** verlangt, dass für den jeweiligen Kryptowert ein Marktpreis besteht, der den erwerbenden Kleinanleger bei Schwankungen zum Widerruf motivieren könnte. Ein solcher Marktpreis schlägt auch auf Kryptowerte durch, die OTC gehandelt werden und begründet die in Erwgr. Nr. 37 erwähnte Abhängigkeit von Marktschwankungen. Dies ist zB für Gold oder andere Rohstoffe, die sowohl börslich als auch außerbörslich gehandelt werden, nicht anders. Im Kryptobereich ist es sogar besonders einfach, auf Onlineplattformen den Marktpreis verschiedener, global verstreuter Handelsplätze online zu verfolgen und so Arbitrage auszunutzen. 17

Nicht ausgeschlossen ist damit aber der Widerruf für Kryptowerte, die nur **auf nicht MiCAR-regulierten Handelsplätzen** zugelassen sind (zB außerhalb der EU) und entweder dort oder OTC erworben worden sind. Dies ist teilweise nachvollziehbar, denn hier würde ein erheblicher Graubereich bestehen. So wäre unklar, ab welcher Schwelle (zB Marktkapitalisierung, Handelsvolumina) ohne das klare Abgrenzungskriterium des Art. 1 Abs. 2 lit. a von einer „Zulassung zum Handel" gesprochen werden kann. Allerdings tut sich hiermit eine Regelungslücke zulasten der Anbieter auf: Erwirbt ein Kleinanleger innerhalb der EU im Rahmen eines öffentlichen Angebots Kryptowerte, die zwar nicht innerhalb der EU, aber an einer ausländischen Kryptobörse zum Handel zugelassen sind, so greift Art. 13 Abs. 4 nicht und das Widerrufsrecht bleibt bestehen. Der erwerbende Kleinanleger könnte nun die Entwicklung der Nicht-EU-Märkte verfolgen (was online problemlos möglich ist) und bei fallenden Kursen innerhalb der Frist des Abs. 1 UAbs. 2 widerrufen. Dies ist aber nur ein scheinbares Ungleichgewicht. Denn der Anbieter (der häufig der Emittent sein wird) hat es in der Hand, Kryptowerte nur innerhalb der EU zu listen, oder aber das Angebot zeitlich zu befristen und mit der Abwicklung bis zum Fristablauf zu warten. Auf diese Weise lassen sich das Widerrufsrisiko bzw. dessen Folgen minimieren. 18

3. Ausübung des Widerrufsrechts

a) Widerrufsfrist (Abs. 1 UAbs. 2). Die Frist zum Widerruf beträgt **14 Kalendertage.** Unerheblich ist, ob der Fristablauf auf einem Wochen-, Sonn- oder Feiertag liegt. Die Frage nach einer Anwendung von § 193 BGB stellt sich somit nicht. Heranziehen können wird man allerdings mangels entsprechender MiCAR-Regelung trotz grundsätzlich autonomer Auslegung (→ Rn. 4) den Rechtsgedanken des § 188 Abs. 1 BGB, so dass die Widerrufsfrist mit dem **Ablauf des betreffenden Tages endet.** 19

Nach Art. 13 Abs. 1 UAbs. 2 S. 2 **beginnt** die Widerrufsfrist ab dem Tag der Zustimmung des Kleinanlegers zum Kauf dieser Kryptowerte. Auch hier ist **Kauf** nicht im Sinne des deutschen Vertragsrechts zu verstehen, da der Erwerb auch durch einen Tausch herbeigeführt werden kann (→ Rn. 10). Die **Zustimmung** hingegen lässt sich unproblematisch mit einer Willenserklärung des deutschen Rechts gleich- 20 setzen. Entscheidend ist also nicht der Zeitpunkt des Vertragsschlusses. Auch dies ist konsistent mit deutschem Recht, da ein Angebot nach § 145 BGB grundsätzlich bindend ist.

21 Art. 13 Abs. 1 UAbs. 2 **kennt keine einjährige Höchstfrist**, wie sie in Art. 10 Abs. 1 Verbraucherrechte-RL vorgesehen ist. Dies ist systematisch schlüssig, da keine ausdrückliche Belehrung über das Widerrufsrecht vorliegt, sondern lediglich ein Hinweis im Whitepaper nach Art. 10 Abs. 3. Damit fehlt es am systematischen Ansatzpunkt für eine (de facto: pönalisierende) Verlängerung von 14 Tagen auf 12 Monate. Dies ist keine unangemessene Verkürzung des Kleinanlegerschutzes, sondern eine angemessene Reaktion auf die typische Abwicklung. Denn der Anbieter eines Kryptowerts hat ein legitimes Interesse daran, dass nach Ablauf der Frist von 14 Tagen **Klarheit über den Rechtszustand** herrscht. Dies kommt auch in Art. 13 Abs. 5 iVm Art. 10 Abs. 4 zum Ausdruck, wonach das Widerrufsrecht nach Ende der Zeichnungsfrist endet. Die Abweichung von der Verbraucherrechte-RL ist auch deshalb gerechtfertigt, weil bei dieser in den allermeisten Fällen individuelle Transaktionen vorliegen, die über einen weiten Zeitraum gestreut sind. Das Widerrufsrecht nach Art. 13 ist hingegen an einen festen Vorgang, nämlich das öffentliche Angebot, gekoppelt. Vor diesem Hintergrund ist es überzeugend, den Interessen des Anbieters an einem einheitlichen Stichtag den Vorrang einzuräumen.

22 **b) Widerrufserklärung (Abs. 1 UAbs. 1).** Der Widerruf ist eine **empfangsbedürftige Willenserklärung**. Art. 13 sieht – anders als Art. 11 Abs. 2 Verbraucherrechte-RL – nicht ausdrücklich vor, dass die Absendung innerhalb der Widerrufsfrist genügt. Nach dem Grundsatz der autonomen Auslegung ist hier aber dennoch nicht auf die BGB-Regeln zum Zugang von Willenserklärungen nach § 130 BGB zurückzugreifen. Vielmehr ist die **rechtzeitige Absendung** ausreichend. Denn der EU-Gesetzgeber scheint den Widerruf (also die Abgabe der Erklärung) nicht mit dem Zugang desselben gleichzusetzen. Art. 13 Abs. 2 UAbs. 1 nennt als Stichtag für den Beginn des Rückgewährszeitraums den Tag, an dem der Anbieter „von der Entscheidung des Kleinanlegers […] unterrichtet wird". Dies entspricht nach deutscher Terminologie dem Zugang der Willenserklärung. Die abweichende Formulierung in einem separaten Satz ergibt nur Sinn, wenn dieser Stichtag nicht mit dem Widerrufszeitpunkt (also dem Zeitpunkt der Abgabe der Erklärung) identisch ist. Dies ändert aber nichts daran, dass die Willenserklärung empfangsbedürftig ist und dem Anbieter (ggf. zeitlich versetzt) zugehen muss. Dies entspricht zudem der Verbraucherrechte-RL und der Finanzfernabsatz-RL. Es ist nicht erkennbar, dass der Schutz des Kleinanlegers gegenüber einem Verbraucher hier verkürzt sein soll, zumal der EU-Gesetzgeber in Erwgr. Nr. 37 die potentielle Überschneidung von Art. 13 und der Finanzfernabsatz-RL hervorhebt (→ Rn. 33).

23 Weitere Vorgaben für den Widerruf macht Art. 13 nicht. Der Widerruf ist damit **formfrei** möglich. Wie auch bei den anderen Widerrufsrechten des EU-Rechts ist **keine Angabe von Gründen** erforderlich (Art. 13 Abs. 1 UAbs. 2). Denkbar und auch wünschenswert wäre die Implementierung eines Widerrufsbuttons oder einer vergleichbaren automatisierten Schaltfläche in der gleichen Software, über die der Erwerb durchgeführt wurde.

24 **c) Ausschluss bei Fristsetzung (Abs. 5).** Das Widerrufsrecht kann nicht ausgeübt werden, wenn eine bei einem öffentlichen Angebot nach Art. 10 gesetzte Zeichnungsfrist abgelaufen ist. Dies soll den **reibungslosen Abschluss** eines öffentlichen Angebots gewährleisten (Erwgr. Nr. 37) und verschafft dem Anbieter **Planungssicherheit** hinsichtlich der Verkaufserlöse. Dies geht zwar zu Lasten des

Widerrufsrecht **Art. 13**

Schutzes des erwerbenden Kleinanlegers, ist aber aus rechtspolitischer Sicht vertretbar.[13] In der Praxis wird es bei einem öffentlichen Angebot üblicherweise zu keiner Übertragung des gezeichneten Tokens kommen, bevor diese Fristen ausgelaufen sind. Art. 13 Abs. 5 wird durch Art. 10 Abs. 4 ergänzt: Ist bei einem öffentlichen Angebot keine Frist vorgesehen, so muss der Anbieter die in Art. 10 Abs. 3 geregelten Pflichten zur Verwahrung der von den Anlegern geleisteten Geldbeträge und Kryptowerte bis zum Ende der Widerrufsfrist (Art. 13 Abs. 1 UAbs. 2) erfüllen.

III. Rechtsfolgen

1. Kostenfreiheit des Widerrufs (Art. 13 Abs. 1 UAbs. 2)

Der Widerruf muss für den Kleinanleger **gebührenfrei und kostenlos** 25 („without incurring any fees or costs") sein. Die Anknüpfung an den Widerruf macht klar, dass es hierbei um Zahlungen geht, die **nicht im ursprünglichen Erwerbsvorgang** enthalten waren. Dies bedeutet, dass der Anbieter gegenüber dem Kleinanleger weder eine eigene Bearbeitungsgebühr für seinen widerrufsbedingten Mehraufwand erheben noch für ihn anfallende Kosten (zB erneute Transaktionsgebühren auf dem Handelsplatz oder auf der Blockchain, sog. Network Fees oder Gas Fees) abrechnen darf. Denn der erwerbende Kleinanleger soll so gestellt werden, wie er ohne den Erwerb der Kryptowerte gestanden hätte. Die Verschiebung dieses Transaktionskostenrisikos auf den Anbieter ist hinzunehmen und ist auch nicht unangemessen. Denn der Anbieter kann das Risiko minimieren, indem der betreffende Kryptowert erst nach Ablauf der Widerrufsfrist an den Kleinanleger übertragen und die Zahlung erst dann fällig wird. Besteht der Anbieter auf Vorkasse oder will er die Transaktion bereits komplett ausführen, so ist es legitim, ihm etwaige Folgekosten aufzuerlegen. Nicht zu verwechseln ist der Begriff „gebührenfrei" mit der Rückzahlung etwaiger bereits angefallener Gebühren nach Art. 13 Abs. 2 UAbs. 2 (→ Rn. 26).

2. Rückzahlung (Abs. 13 Abs. 2)

Der Anbieter hat dem Kleinanleger im Widerrufsfall die von ihm erhaltenen 26 Zahlungen zu erstatten. Dies muss nach Art. 13 Abs. 2 UAbs. 2 mittels desselben Zahlungsmittels, das der Kleinanleger beim ursprünglichen Geschäft verwendet hat, erfolgen. Das Zahlungsmittel kann erstens auf einen **Geldbetrag** iSv Art. 3 Abs. 1 Nr. 14 lauten, oder aber alternativ auf einen anderen **Kryptowert**. Die MiCAR erkennt diesen Dualismus ausdrücklich in Art. 10 Abs. 3 an, der auf „die während des öffentlichen Angebots gesammelten Geldbeträge oder Kryptowerte" Bezug nimmt. Für Kleinanleger wünschenswert wäre, wenn bei Zahlung mit Kryptowerten eine automatisierte Rückübertragung beider Kryptowerte erfolgte. Dies ließe sich problemlos über einen Smart Contract abbilden.

Die Rückzahlung umfasst nach Art. 13 Abs. 2 UAbs. 2 etwaige **Gebühren.** 27 Hiermit sind Zahlungen gemeint, die der erwerbende Kleinanleger jenseits des Erwerbspreises ursprünglich zu tragen hatte (zB Transaktionskosten oder Provisionen). Dies ist nicht zu verwechseln mit der Kosten- und Gebührenfreiheit des Widerrufs nach Art. 13 Abs. 1 UAbs. 2, die sich auf durch den Widerruf oder nach dem

---

[13] So auch Zickgraf BKR 2021, 462 (464).

Widerruf anfallende Zahlungen bezieht. Die Verpflichtung zur Verwendung desselben Zahlungsmittels bezieht sich ebenfalls auf diese Gebühren. Sollten diese also auf eine andere Weise geleistet worden sein (zB Zahlung zu erwerbenden Kryptowerts durch einen anderen Kryptowert, oder Zahlung einer Provision in Fiatgeld), so muss auch die Rückzahlung entsprechend aufgeteilt werden.

28 Von der Verwendung desselben Zahlungsmittels kann nach Art. 13 Abs. 2 UAbs. 2 **vertraglich abgewichen** werden. Die Beweislast für die vertragliche Vereinbarung liegt ausweislich der Formulierung beim Anbieter. Eine solche Vereinbarung ist nur **ausdrücklich** möglich, eine generelle Abweichung per AGB ist ausgeschlossen. Nicht möglich ist damit insbesondere eine Regelung im Whitepaper, in dem auch über das Widerrufsrecht informiert wird (Art. 10 Abs. 3). Schranke ist wiederum, dass infolge einer solchen Rückzahlung **keine Gebühren oder Kosten** anfallen. Nach der Systematik der Vorschrift ist damit gemeint, dass der Kleinanleger im Vergleich zu einer Rückzahlung mittels desselben Zahlungsmittels nicht schlechter gestellt werden darf. Dieses **Verschlechterungsverbot** umfasst sowohl Zusatzkosten als auch eine sonstige Schlechterstellung durch Kursschwankungen eines sonstigen Zahlungsmittels.

29 Die Verwendung der Präsens-Formulierung „wird […] vereinbart" legt nahe, dass der EU-Gesetzgeber hierbei von einer Vereinbarung **nach Eintritt des Widerrufsfalls** ausgeht.[14] In diesem Fall bleiben die Interessen des Kleinanlegers gewahrt, denn er kann sich einem Änderungsverlangen des Anbieters verweigern. Gleichwohl ist es zulässig, bereits bei Erwerb der Kryptowerte eine entsprechende Vereinbarung zu schließen. Dies folgt schon aus der Vertragsfreiheit, zumal es in der MiCAR keine § 312m BGB entsprechende Regel gibt. Auch in diesem Fall wird der Kleinanleger durch das Verschlechterungsverbot geschützt, falls zB die Rückzahlung in Kryptowerten erfolgen soll, die zwischenzeitlich an Wert verloren haben.

3. Frist

30 Die Rückzahlung muss nach Art. 13 Abs. 2 UAbs. 1 unverzüglich und in jedem Fall **spätestens 14 Tage** nachdem der Anbieter über die Entscheidung des Kleinanlegers, von der „Zustimmung zum Kauf dieser Kryptowerte zurückzutreten", unterrichtet wird. Gemeint ist damit der **Zugang der Widerrufserklärung.** Auch wenn die Vorschrift autonom ausgelegt werden muss,[15] so bietet sich im Ergebnis der Rückgriff auf die Rechtsfolge des § 121 BGB an.[16] Die Rückzahlung muss also ohne schuldhaftes Zögern erfolgen. Gerade bei Transaktionen Kryptowert gegen Kryptowert, die im Prinzip automatisiert ausgeführt und rückabgewickelt werden, wird Unverzüglichkeit deutlich unterhalb der Höchstfrist von 14 Tagen liegen. Bei Verzögerung kommt ein **Schadensersatzanspruch** nach § 286 BGB in Betracht. Einer Mahnung bedarf es gemäß § 286 Abs. 2 Nr. 2 BGB nicht.

---

[14] Ähnlich die englische Sprachfassung („agrees").
[15] Zum Parallelproblem im Rahmen von Art. 17 MAR BeckOK WpHR/Buck-Heeb VO (EU) 596/2014 Art. 17 Rn. 188f. mwN.
[16] Diese inhaltliche Gleichstellung nimmt auch die BaFin zu Art. 17 MAR an, siehe BaFin, Emittentenleitfaden, Modul C, 2020, Ziff. I.3.4, S. 1; zurückhaltender aber Buck-Heeb KapMarktR Rn. 496; Schwark/Zimmer/Kumpan/Grütze VO (EU) 596/2014 Art. 17 Rn. 72.

IV. Information über Widerrufsrecht (Abs. 3)

Auf eine **ausdrückliche Belehrung** über das Widerrufsrecht, wie sie beispiels- 31 weise im Fernabsatz in § 356 Abs. 3 BGB iVm Art. 246a Abs. 1 EGBGB geregelt ist, wird in Art. 13 verzichtet. Stattdessen wird nach Art. 10 Abs. 4 im Whitepaper nach Art. 4 über das bestehende Informationsrecht informiert. Nicht erforderlich ist hingegen der Hinweis in Marketing-Mitteilung. Dies ist aufgrund der weitgehenden Gleichstellung mit dem Whitepaper systematisch angreifbar,[17] überzeugt aber im Ergebnis, denn auch Marketing-Mitteilungen sollten nicht überfrachtet werden.

Die MiCAR ersetzt damit die individuell ansetzende Informationsübermittlung 32 des Verbraucherschutzrechts durch eine tendenziell **kapitalmarkttypische, generelle Informationskundgabe.** Dies ist aus Gründen der Effizienz zu begrüßen. Es wird sich für die Zukunft aber die Frage stellen, ob diese Form der Verbraucherinformation vergleichbar effektiv ist wie die Belehrung iSv § 356 Abs. 3 BGB. Das Fehlen der Information über das Widerrufsrecht macht das Whitepaper **unvollständig,** so dass eine Haftung nach Art. 15 in Betracht kommt.

V. Konkurrenzen

Eine entscheidende Frage ist die Anwendbarkeit von Art. 13 neben anderen EU- 33 rechtlich verankerten Widerrufstatbeständen. Erwgr. Nr. 37 löst diese Konkurrenz nur teilweise auf. Zwar soll bei Bestehen eines Widerrufsrechts unter der MiCAR kein Widerrufsrecht gemäß der **Finanzfernabsatz-RL** gelten. Dies ist eine klare Abgrenzung, die allerdings nicht konsequent ist. Denn Finanz*instrumente* sind nach Art. 2 Abs. 4 lit. a vom Anwendungsbereich der MiCAR ausgenommen, was im Ergebnis einen Vorrang der Vorschriften über Finanzinstrumente statuiert. Liegt hingegen eine Finanz*dienstleistung* nach Art. 2 lit. b Finanzfernabsatz-RL[18] vor, so geht das MiCAR-Widerrufsrecht vor. Die **Neufassung** der Finanzfernabsatz-RL ((EU) 2023/2673) sieht keine weitere Abgrenzung vor, eine im Kommissionsentwurf enthaltene Ausnahme für Kryptowerte wurde im Gesetzgebungsverfahren gestrichen.

Schwieriger gestaltet sich die Abgrenzung zu den Regelungen der **Verbraucherrechte-RL,** im deutschen Recht umgesetzt in §§ 312c, 312g BGB. Grundlage ist, dass Kryptowerte online per Fernabsatzvertrag iSv § 312c BGB erworben werden.[19] Während sich in der Literatur weiterhin nur wenige Abhandlungen über das Widerrufsrecht bei Kryptowerten finden,[20] scheinen verschiedene Kommentatoren eine Anwendbarkeit des Widerrufsrechts vorauszusetzen.[21] 34

---

[17] Zickgraf BKR 2021, 362 (364).
[18] Namentlich „jede Bankdienstleistung sowie jede Dienstleistung im Zusammenhang mit einer Kreditgewährung, Versicherung, Altersversorgung von Einzelpersonen, Geldanlage oder Zahlung".
[19] Bosold ZdiW 2023, 292 (295).
[20] Maume/Maute Kryptowerte-HdB/Maume § 8 Rn. 46 ff.; Kirschbaum/Stepanova BKR 2019, 286; Bosold ZdiW 2023, 292.
[21] So zB Möslein/Omlor FinTech-HdB/Siedler, 3. Aufl. 2024, § 7 Rn. 109 zu verbraucherschützenden Vorschriften allgemein („bedarf besonderer Aufmerksamkeit") oder Hanten/

Art. 13

Die MiCAR regelt diesen Fall nicht. Im MiCAR-E war in Erwgr. Nr. 16 auf die weiterhin bestehende Anwendbarkeit anderer verbraucherschützender EU-Rechtsakte, wie etwa der UGP-Richtlinie, der Verbraucherrechte-RL, oder der Klauselrichtlinie, hingewiesen worden. Die Klarstellung war sinnvoll gewesen, da der MiCAR-E ebenfalls an den EU-rechtlichen Verbraucherbegriff angeknüpft hatte (→ Art. 3 Rn. 264). In Erwgr. Nr. 29 findet sich nunmehr nur der Hinweis, dass Gesetzgebungsakte der Union, mit denen der Verbraucherschutz sichergestellt wird, wie etwa die UGP-RL und die Klausel-RL, einschließlich der darin enthaltenen Informationspflichten, für öffentliche Angebote über Kryptowerte ihre Gültigkeit behalten, sofern sie Beziehungen zwischen Unternehmen und Verbrauchern (nicht: Kleinanlegern) betreffen. Doch dies betrifft erstens nicht explizit das Widerrufsrecht und zweitens wird gerade der Verbraucherrechte-RL nicht mehr erwähnt.

35 Die Auslegung deutet darauf hin, dass die in der Verbraucherrechte-RL vorgesehenen Widerrufsrechte neben Art. 13 anwendbar sind.[22] Im Ausgangspunkt enthält die MiCAR – anders als für die Finanzfernabsatz-RL – keine Vorrang- oder Subsidiaritätsregelung, so dass für eine ungeschriebene Unanwendbarkeit der Verbraucherrechte-RL hohe argumentative Hürden bestehen. Vom **Wortlaut** ist Art. 13 kein Verbraucherschutz-, sondern ein Kleinanlegertatbestand. Die skizzierte Änderung im Gesetzgebungsverfahren lässt sich **historisch** nur damit erklären, dass der EU-Gesetzgeber verdeutlichen wollte, dass es sich bei Verbraucherrechte-RL und MiCAR um verschiedene Regelungskreise handelt. Der **Schutzzweck** der Vorschriften deutet in die gleiche Richtung. Denn der EU-Gesetzgeber wollte mit der MiCAR Regelungslücken schließen, die sich durch die DLT-Technologie ergeben. Vereinfacht gesagt: es besteht nach Art. 13 ein Widerrufsrecht, weil der Erwerb Kryptowerte betrifft. Unter der Verbraucherrechte-RL besteht ein Widerrufsrecht, weil ein Vertrag im Fernabsatz abgeschlossen wird – und hier im Vergleich (!) zu einem normalen Erwerb im Ladengeschäft weniger Möglichkeiten der vollständigen Information über die Sache bestehen. Auch wenn sich die Anwendungsfälle überschneiden, so decken sich die Schutzrichtungen nicht. In Summe muss daher die Verbraucherrechte-RL (und mit ihr § 312g BGB) anwendbar bleiben.

36 Das Ergebnis sind **Inkonsistenzen** und Abgrenzungsfragen in der Praxis. Zwar führt § 312g Abs. 2 Nr. 8 BGB im Ergebnis zu einem Ausschluss des Widerrufsrechts für Kryptowerte, deren Preis von Schwankungen auf dem Finanzmarkt abhängt.[23] Dies wird in den allermeisten Fällen im Ergebnis mit Art. 13 Abs. 4 parallel laufen. Bei Primärmarkttransaktionen von (noch) nicht zum Handel zugelassen Kryptowerten sind jedoch beide Regime anwendbar. Daher müssten nach § 312d BGB verschiedene **Informationspflichten** beachtet werden. Will sich ein Anbieter bei einer Primärmarkttransaktion nicht einem nach § 356 Abs. 3 BGB einjährigen Widerrufsrecht aussetzen, so müsste er den Erwerber individuell **belehren.** Dies macht die durch Art. 13 Abs. 3 erzielten Effizienzgewinne zunichte. Auch

---

Sacarcelik RdF 2019, 124 (128) („Das Widerrufsrecht [...] stellt Tokenemittenten vor besondere praktische Herausforderungen").

[22] Anders Izzo-Wagner/Otto/Schultess BKR 2024, 81 (85): Vorrang des MiCAR-Widerrufsregimes mit Verweis auf das Gesetzgebungsverfahren zur novellierten Finanzfernabsatz-RL, sowie Bosold ZdiW 2023, 292 (296): MiCAR insbes. aus Gründen der Rechtssicherheit abschließend.

[23] Ausführlich Maume/Maute Kryptowerte-HdB/Maume § 8 Rn. 48 ff.

kennt § 312g BGB keinen mit Art. 4 Abs. 3 vergleichbaren **Ausschluss des Widerrufsrechts für bestimmte Utility Token**[24] und ist grundsätzlich (trotz aller praktischen Probleme) auch auf **Sekundärmarkttransaktionen** (also außerhalb öffentlicher Angebote und Platzierungen) anwendbar. Es bleibt zu hoffen, dass im Zuge des bereits in den Art. 140–142 vorgezeichneten MiCAR-Reviews hier nachjustiert wird.

Artikel 14 Pflichten von Anbietern anderer Kryptowerte als vermögenswertereferenzierter Token oder E-Geld-Token und von Personen, die die Zulassung solcher Kryptowerte zum Handel beantragen

(1) **Anbieter von anderen Kryptowerten als vermögenswertereferenzierten Token oder E-Geld-Token und Personen, die die Zulassung solcher Kryptowerte zum Handel beantragen, müssen**
a) ehrlich, redlich und professionell handeln,
b) mit den Inhabern und potenziellen Inhabern von Kryptowerten auf redliche, eindeutige und nicht irreführende Weise kommunizieren,
c) mögliche Interessenkonflikte ermitteln, vermeiden, handhaben und offenlegen,
d) ihre Systeme und Protokolle zur Gewährleistung der Zugriffssicherheit entsprechend den einschlägigen Standards der Union pflegen.

Für die Zwecke von Unterabsatz 1 Buchstabe d gibt die ESMA in Zusammenarbeit mit der EBA bis zum 30. Dezember 2024 Leitlinien gemäß Artikel 16 der Verordnung (EU) Nr. 1095/2010 heraus, in denen diese Standards der Union spezifiziert werden.

(2) **Anbieter von anderen Kryptowerten als vermögenswertereferenzierten Token oder E-Geld-Token und Personen, die die Zulassung solcher Kryptowerte zum Handel beantragen, handeln im besten Interesse der Inhaber solcher Kryptowerte und behandeln sie gleich**, es sei denn, im Kryptowerte-Whitepaper und in den etwaigen Marketingmitteilungen sind eine Vorzugsbehandlung bestimmter Inhaber und die Gründe für diese Vorzugsbehandlung ausgewiesen.

(3) Wird ein öffentliches Angebot eines anderen Kryptowerts als eines vermögenswertereferenzierten Token oder eines E-Geld-Token annulliert, so stellen die Anbieter solcher Kryptowerte sicher, dass alle von Inhabern oder potenziellen Inhabern gesammelten Geldbeträge diesen spätestens 25 Kalendertage nach dem Tag der Annullierung ordnungsgemäß zurückerstattet werden.

Schrifttum: Siehe vor Art. 4 ff.

Übersicht

	Rn.
I. Grundlagen	1
1. Regelungsgegenstand	1
2. Regelungsvorbilder	2

---

[24] Maume/Maute Kryptowerte-HdB/Maume § 8 Rn. 54.

Art. 14

	Rn.
3. Regelungszwecke	3
II. Anwendungsbereich	5
III. Allgemeine Verhaltensstandards und Sorgfaltspflichten (Abs. 1)	6
1. Allgemeine Grundsätze: Ehrlichkeit, Redlichkeit und Professionalität (UAbs. 1 lit. a)	7
2. Kommunikation mit (potenziellen) Inhabern der Kryptowerte: Grundsätze der Redlichkeit und Eindeutigkeit; Irreführungsverbot (UAbs. 1 lit. b)	9
3. Interessenkonflikte: Ermittlung, Vermeidung, Handhabung und Offenlegung (UAbs. 1 lit. c)	11
a) Begriff des Interessenkonflikts	12
b) Pflicht zur Ermittlung	13
c) (Vorrangige) Pflicht zur Vermeidung	14
d) (Subsidiäre) Pflicht zur Handhabung und Offenlegung	15
e) Gewährleistung der Zugriffssicherheit (UAbs. 1 lit. d, UAbs. 2)	17
IV. Interessenwahrungspflicht und Gebot der Inhabergleichbehandlung (Abs. 2)	18
1. Interessenwahrungspflicht (Abs. 2 Var. 1)	18
2. Gebot der Inhabergleichbehandlung (Abs. 2 Var. 2)	21
V. Pflicht zu zeitnaher Rückerstattung der Emissionserlöse im Falle einer Annullierung des öffentlichen Angebots (Abs. 3)	22
VI. Rechtsfolgen	27
1. Aufsichtsrecht	27
2. Zivilrecht	28

I. Grundlagen

1. Regelungsgegenstand

1   Art. 14 Abs. 1 enthält **allgemeine Verhaltenspflichten und -standards** für das Handeln der Anbieter und Zulassungsantragsteller. Demgegenüber wird demselben Personenkreis durch **Art. 14 Abs. 2** eine **Interessenwahrungspflicht** sowie ein **Anlegergleichbehandlungsgebot** auferlegt. Art. 14 Abs. 3 normiert spezielle **(Sorgfalts-)Pflichten im Falle der Annullierung eines öffentlichen Angebots** eines anderen Kryptowerts als eines vermögenswertereferenzierten Tokens oder eines E-Geld-Token.

2. Regelungsvorbilder

2   Die Verhaltensmaximen aus **Art. 14 Abs. 1 UAbs. 1 lit. a** sowie die Interessenwahrungspflicht aus **Art. 14 Abs. 2 Var. 1** decken sich mit dem Regelungsgehalt des **Art. 24 Abs. 1 MiFID II**. Regelungsvorbild des **Art. 14 Abs. 1 UAbs. 1 lit. b** ist **Art. 24 Abs. 3 S. 1 MiFID II**. Zudem entsprechen die Verhaltensstandards aus Art. 14 Abs. 1 UAbs. 1 lit. b den in **Art. 6 Abs. 2 S. 1** für den Inhalt des Kryptowerte-Whitepapers normierten **Grundsätzen der Richtigkeit und Klarheit** sowie dem **Verbot der Irreführung** (→ Art. 6 Rn. 24, 26), wobei die dortigen Vorgaben an **Art. 7 Abs. 2 S. 1 ProspektVO** angelehnt sind (→ Art. 6 Rn. 7), der seinerseits an das Regelungsvorbild aus **Art. 6 Abs. 1 S. 2 PRIIP-VO** anknüpft. Die Pflichten betreffend Umgang mit Interessenkonflikten aus **Art. 14**

Abs. 1 UAbs. 1 lit. c decken sich strukturell mit den Vorgaben aus **Art. 23 Abs. 1 u. Abs. 2 MiFID II.**[1]

3. Regelungszwecke

Die Vorschrift des **Art. 14** dient zunächst dem institutionellen und individuellen **Anlegerschutz**[2]: Die allgemeinen Verhaltensmaximen des **Art. 14 Abs. 1 UAbs. 1 lit. a** sollen die Anleger generell vor **unseriösen Akteuren** schützen[3], wohingegen **Art. 14 Abs. 1 UAbs. 1 lit. b** die Anleger speziell vor der **Gefahr der Vermittlung von Fehlinformationen** durch die Anbieter und Zulassungsantragsteller im Rahmen der Kommunikation bzw. Informationsvermittlung außerhalb der regulierten Bahnen des Kryptowerte-Whitepapers und der Marketingmitteilungen schützen soll. **Art. 14 Abs. 1 lit. c** verfolgt das Ziel, die Anleger vor den **aus Interessenkonflikten resultierenden Gefahren** durch Ermittlungs-, Vermeidungs-, Handhabungs- und Offenlegungspflichten (in institutioneller Hinsicht) zu schützen. Die Pflicht zur Gewährleistung der Zugriffssicherheit in den Systemen und Protokollen in Übereinstimmung mit Unionsstandards gemäß **Art. 14 Abs. 1 UAbs. 1 lit. d (iVm UAbs. 2)** möchte die Anleger vor dem **Zugriff unberechtigter Dritter** auf ihre Kryptowerte bewahren. Gleichfalls eine anlegerschützende Funktion haben die in **Art. 14 Abs. 2** normierte **Interessenwahrungspflicht** und das **Gebot der Anlegergleichbehandlung. Art. 14 Abs. 3** will eine **zeitnahe Rückerstattung** an die (potenziellen) Inhaber der anderen Kryptowerte im Falle der Annullierung eines öffentlichen Angebots sicherstellen, was wiederum dem Schutz der Anleger (zB vor Insolvenzrisiken der Anbieter und Zulassungsantragsteller) dient. Selbstverständlich wird der intendierte Anlegerschutz nicht bereits durch die tatbestandliche Normierung entsprechender Verhaltenspflichten der Anbieter und Handelszulassungsantragsteller, sondern erst im Zusammenspiel mit der **Ergreifung von Aufsichtsmaßnahmen** (→ Rn. 27) durch die zuständigen Behörden sowie der **Durchsetzung etwaiger zivilrechtlicher (Schadens-)Ersatzansprüche** (→ Rn. 28) tatsächlich verwirklicht. Der durch Art. 14 vermittelte Schutz der Inhaber der anderen Kryptowerte trägt zugleich zur **Entstehung und Stärkung des Anlegervertrauens in den Markt für andere Kryptowerte** bei (vgl. auch Erwgr. Nr. 5 S. 1, 95 S. 1).[4]

Darüber hinaus dienen sämtliche Regelungen aus Art. 14 zugleich dem **Marktschutz,** indem die (Wohlverhaltens-)Pflichten **unseriösen** sowie **unsorgfältig handelnden Marktteilnehmern** eine **dauerhafte Etablierung auf dem Markt erschweren**[5]; schließlich werden Verstöße gegen die Bestimmungen des Art. 14 zur Ergreifung von Aufsichtsmaßnahmen durch die zuständigen Behörden führen (→ Rn. 27). Das durch die anleger- und marktschützenden Bestimmungen des

---

[1] Allgemein zur Anlehnung an Art. 23, 24 MiFID II: Maume RDi 2022, 461 (467 mit Fn. 54).
[2] Vgl. Zickgraf BKR 2021, 362 (364); ebenso für §§ 63 ff. WpHG (= deutsche Umsetzung der Wohlverhaltenspflichten aus MiFID II): Assmann/Schneider/Mülbert/Beule WpHR II WpHG § 63 Rn. 2; BeckOK/Poelzig § 63 Rn. 11 ff.
[3] Zickgraf BKR 2021, 362 (364); vgl. allgemein zur Problematik unseriöser Marktteilnehmer: Klöhn/Parhofer/Resas ZBB 2018, 89 (95 f.); Veil ZHR 183 (2019), 346, (347 Fn. 5, 354).
[4] Ebenso für §§ 63 ff. WpHG: Assmann/Schneider/Mülbert/Beule WpHR II WpHG § 63 Rn. 2; BeckOK WpHR/Poelzig § 63 Rn. 11 ff.
[5] Vgl. zum bezweckten Marktschutz: Zickgraf BKR 2021, 362 (364).

Art. 14

Art. 14 gestärkte **Vertrauen der Inhaber** (→ Rn. 3) stellt eine **Grundbedingung** für die **Entstehung** und **Funktionsfähigkeit eines (Kapital-)Marktes für andere Kryptowerte** dar (= Gewährleistung und Schutz der institutionellen Funktionsfähigkeit des Marktes).[6]

II. Anwendungsbereich

5 Der Anwendungsbereich des Art. 14 ist für **Anbieter** (Art. 3 Abs. 1 Nr. 13) von **anderen Kryptowerten als vermögenswertereferenzierten Token oder E-Geld-Token** (→ Vor Art. 4 ff. Rn. 14 ff.) und **Handelszulassungsantragsteller**, dh Personen, die die Zulassung **solcher Kryptowerte** zum Handel beantragen, **stets eröffnet** (= sachlicher Anwendungsbereich und persönlicher Anwendungsbereich). Vorausgesetzt ist jedoch, dass ein (zukünftiges) öffentliches Angebot oder eine (zukünftige) Handelszulassung **in der Union** stattfinden soll (= räumlicher Anwendungsbereich, → Vor Art. 4 ff. Rn. 23 f.).

III. Allgemeine Verhaltensstandards und Sorgfaltspflichten (Abs. 1)

6 Art. 14 Abs. 1 normiert **allgemeine Verhaltensstandards** und **Sorgfaltspflichten** für die Anbieter und Handelszulassungsantragsteller anderer Kryptowerte als vermögenswertereferenzierter Token oder E-Geld-Token (→ Rn. 5).

1. Allgemeine Grundsätze: Ehrlichkeit, Redlichkeit und Professionalität (UAbs. 1 lit. a)

7 Art. 14 Abs. 1 UAbs. 1 lit. a enthält eine **allgemeine Sorgfaltspflicht**[7] für das Verhalten der Anbieter und Zulassungsantragsteller (Regelungsvorbild: Art. 24 Abs. 1 MiFID II). Diese allgemeine Sorgfaltspflicht erfordert, dass die Anbieter und Zulassungsantragsteller in ihrem allgemeinen Geschäftsgebaren (insbes. im Zusammenhang mit dem öffentlichen Angebot oder der beantragten Handelszulassung) elementare **rechtsethische** sowie **kaufmännische Mindeststandards** des Ge-

---

[6] Ähnlich für §§ 63 ff. WpHG: Assmann/Schneider/Mülbert/Beule WpHR II WpHG § 63 Rn. 2 und BeckOK WpHR/Poelzig § 63 Rn. 8, 11 f., die jedoch zugleich die operationale und allokative Funktionsfähigkeit als Normzweck der §§ 63 ff. WpHG ansehen. Nach hier vertretener Auffassung verfolgt Art. 14 jedoch allenfalls am Rande – dh alleine im Rahmen des Art. 14 Abs. 1 UAbs. 1 lit. b, den Ziel der Gewährleistung der operationalen und allokativen Funktionsfähigkeit des Marktes für andere Kryptowerte; die Gewährleistung operationaler und allokativer Effizienz übernehmen im Kontext der Art. 4 ff. in erster Linie das Kryptowerte-Whitepaper (→ Art. 6 Rn. 3) sowie die Whitepaper-Pflichten (→ Art. 4 Rn. 5 ff., → Art. 5 Rn. 6) und die Regulierung der Marketingmitteilungen (→ Art. 7 Rn. 3, 6). Siehe allgemein und grundlegend zur Wechselwirkung von Anleger- und Marktschutz: Hopt, Der Kapitalanlegerschutz im Recht der Banken, 1975, S. 334 ff.; Hopt ZHR 159 (1995), 135 (159).

[7] Vgl. für § 63 Abs. 1 WpHG (= deutsche Umsetzungsnorm des Art. 24 Abs. 1 MiFID II): BeckOK WpHR/Poelzig § 63 Rn. 49; Schwark/Zimmer/Rothenhöfer WpHG § 63 Rn. 12.

schäftsverkehrs einhalten.[8] Die Pflicht zum **ehrlichen Handeln** gebietet, dass keine (bewusste) Täuschungen durchgeführt werden.[9] Umgekehrt verbietet die Pflicht zum **redlichen Handeln** jedenfalls rechtswidrige Drohungen, die Begehung von (transaktionsbezogenen) Straftaten (zB Betrug, Erpressung, Untreue)[10] sowie die Durchführung von Marktmanipulationen iSd Art. 91. Außerdem erfordert ein redliches Handeln, dass die (potenziellen) Inhaber nicht durch Ausübung finanziellen oder wirtschaftlichen Drucks geschädigt oder zu einer Selbstschädigung verleitet werden.[11] Hinsichtlich des Inhalts der Kommunikation mit (potenziellen) Inhabern der Kryptowerte enthält Art. 14 Abs. 1 UAbs. 1 lit. b indes eine speziellere sowie konkretere Regelung. Die Pflicht zum **professionellen Handeln** gebietet die **Einhaltung grundlegender kaufmännischer, rechtlicher und technischer Mindeststandards** in Bezug auf die **Organisation und Führung der Geschäfte**, was zugleich das Vorhandensein eines **Mindestmaßes an Sachkunde** bei den für die Anbieter und Handelszulassungsantragsteller handelnden Personen erfordert.[12] Hierzu gehören jedenfalls die (grundsätzliche) Einhaltung derjenigen Anforderungen sowie das Vorhandensein derjenigen (kaufmännischen, rechtlichen und technischen) (Grund-)Kenntnisse, die allgemein für eine ordnungsgemäße Geschäftsführung (zB ordnungsgemäße Buchführung und Bilanzierung) und speziell für ein öffentliches Angebot oder eine Handelszulassung des betreffenden anderen Kryptowerts als eines vermögenswertereferenzierten Token oder E-Geld-Token erforderlich sind. Maßstab sämtlicher Verhaltenspflichten aus Art. 14 Abs. 1 UAbs. 1 lit. a ist die **verkehrsübliche Sorgfalt.**[13]

Bei der Auslegung der Verhaltensmaximen des Art. 14 Abs. 1 UAbs. 1 lit. a muss berücksichtigt werden, dass Titel II nicht ein System behördlicher Selektion aussichtsreicher und nicht aussichtsreicher Transaktionen zugrunde liegt (sog. merit standard), sondern vielmehr mithilfe eines klassischen (kapitalmarktrechtlichen) Informationsmodells eine Offenlegung der Chancen und Risiken der betreffenden Transaktion sichergestellt werden soll, so dass das Anlagepublikum eine fundierte Anlageentscheidung treffen kann und die zu finanzierende Unternehmung einem **Markttest** unterzogen wird.[14] Diesem Markttest sollte nicht vorschnell durch eine übermäßig strenge Interpretation der Vorgaben aus Art. 14 Abs. 1 UAbs. 1 lit. a vorgegriffen werden, da dies der Konzeption von Titel II widerspräche. Nur eine **Verletzung elementarer Mindeststandards** sollte daher als Verstoß gegen Art. 14 Abs. 1 UAbs. 1 lit. a gewertet werden und zur Ergreifung von behördlichen Aufsichtsmaßnahmen führen. 8

---

[8] AA Schwark/Zimmer/Rothenhöfer WpHG § 63 Rn. 10(„[moralische] Bewertung").
[9] Ebenso für § 63 Abs. 1 WpHG:Assmann/Schneider/Mülbert/Beule WpHR II WpHG § 63 Rn. 16; BeckOK WpHR/Poelzig § 63 Rn. 49.
[10] BeckOK WpHR/Poelzig § 63 Rn. 50; Schwark/Zimmer/Rothenhöfer WpHG § 63 Rn. 11.
[11] Assmann/Schneider/Mülbert/Beule WpHR II WpHG § 63 Rn. 17; BeckOK WpHR/Poelzig § 63 Rn. 50; Schwark/Zimmer/Rothenhöfer WpHG § 63 Rn. 10.
[12] Ähnlich Assmann/Schneider/Mülbert/Beule WpHR II WpHG § 63 Rn. 18; Schwark/Zimmer/Rothenhöfer WpHG § 63 Rn. 14; (tendenziell) enger BeckOK WpHR/Poelzig § 63 Rn. 51(bloßes Sachkundeerfordernis).
[13] BeckOK WpHR/Poelzig § 63 Rn. 49; Schwark/Zimmer/Rothenhöfer WpHG § 63 Rn. 13.
[14] Siehe zu den beiden abweichenden Regelungsmodellen: Loss/Seligman/Paredes, Fundamentals of Securities Regulation Vol. I, 2018, S. 50 ff.

Art. 14

2. Kommunikation mit (potenziellen) Inhabern der Kryptowerte: Grundsätze der Redlichkeit und Eindeutigkeit; Irreführungsverbot (UAbs. 1 lit. b)

9 Die Pflicht der Anbieter und Handelszulassungsantragsteller zur **redlichen, eindeutigen und nicht irreführenden Kommunikation** ähnelt **Art. 24 Abs. 3 S. 1 MiFID II.** Die Maßstäbe des Art. 14 Abs. 1 UAbs. 1 lit. b entsprechen zugleich den rechtlichen Vorgaben für die Darstellung von Informationen im Kryptowerte-Whitepaper aus **Art. 6 Abs. 2 S. 1** sowie in den Marketingmitteilungen aus **Art. 7 Abs. 1 lit. b** (→ Rn. 2, → Art. 6 Rn. 24, 26) und **erstrecken** die dortigen Maßstäbe auf die **(direkte) Kommunikation** mit den (potenziellen) Inhabern der anderen Kryptowerte. Der Begriff des „Kommunizierens" erfasst **jeden (geistigen) Kontakt** zwischen dem Anbieter oder Handelszulassungsantragsteller und einem (potenziellen) Inhaber eines anderen Kryptowerts **jenseits einer Informationsvermittlung über ein Kryptowerte-Whitepaper oder eine Marketingmitteilung.** Durch die Vorgabe des Art. 14 Abs. 1 UAbs. 1 lit. b soll verhindert werden, dass im Rahmen einer Informationsvermittlung **außerhalb der durch Art. 6 und Art. 7 regulierten Informationsmedien** dem Anlagepublikum unzutreffende Informationen mitgeteilt werden. Damit dient Art. 14 Abs. 1 UAbs. 1 lit. b zugleich der **Absicherung der mit Art. 6 Abs. 2 S. 1 und Art. 7 Abs. 1 lit. b verfolgten Normzwecke** (→ Art. 6 Rn. 3; → Art. 7 Rn. 3). Eine Vielzahl praxisrelevanter Sachverhaltsgestaltungen dürfte jedoch bereits von Art. 7 Abs. 1 lit. b erfasst sein, weil der Begriff der Marketingmitteilung verhältnismäßig breit gefasst ist (→ Art. 7 Rn. 12ff.). Ungeachtet dessen sorgt Art. 14 Abs. 1 UAbs. 1 lit. b für Rechtssicherheit aufseiten der Anbieter und Handelszulassungsantragsteller sowie für Anlegerschutz aufseiten der (potenziellen) Inhaber der anderen Kryptowerte, da unabhängig von der Einstufung einer bestimmten Aussage als Marketingmitteilung im Rahmen sämtlicher Kommunikation die inhaltlich übereinstimmenden Maßstäbe aus Art. 7 Abs. 1 lit. b oder Art. Art. 14 Abs. 1 UAbs. 1 lit. b zu beachten sind.

10 Der Grundsatz der **Redlichkeit** stellt eine Ausprägung des Grundsatzes der **Richtigkeit** bzw. des Grundsatzes der **Wahrheit** dar. Bei der Kommunikation mit den (potenziellen) Inhabern der anderen Kryptowerte müssen daher die gemachten Angaben mit den tatsächlichen Verhältnissen übereinstimmen, Prognosen und Werturteile müssen auf einer hinreichenden Tatsachenbasis beruhen sowie kaufmännisch vertretbar sein und zudem muss ein unzutreffender Gesamteindruck vermieden werden (näher → Art. 6 Rn. 8 mN). Bei der gebotenen **Eindeutigkeit** der Kommunikation handelt es sich um einen Ausfluss des Grundsatzes der **Klarheit,** der gebietet, dass die kommunizierten Informationen nicht mehrdeutig sind (→ Art. 6 Rn. 13). Das **Verbot der Irreführung** stellt seinerseits eine **Konkretisierung der Grundsätze der Richtigkeit und Klarheit** dar, wobei es im Besonderen die Herbeiführung eines **unzutreffenden Gesamteindrucks** verbietet (→ Art. 6 Rn. 24). Für die Konkretisierung der Vorgaben des Art. 14 Abs. 1 UAbs. 1 lit. b erscheint eine sinngemäße Orientierung an Art. 44 DelVO (EU) 2017/565 möglich, der seinerseits die Vorgaben des Regelungsvorbilds aus Art. 24 Abs. 3 S. 1 MiFID II konkretisiert.

3. Interessenkonflikte: Ermittlung, Vermeidung, Handhabung und Offenlegung (UAbs. 1 lit. c)

Art. 14 Abs. 1 UAbs. 1 lit. c statuiert Pflichten zur Ermittlung, Vermeidung, 11
Handhabung und Offenlegung **möglicher Interessenkonflikte** (Regelungsvorbild: Art. 23 Abs. 1 u. Abs. 2 MiFID II; Konkretisierung in Art. 33 ff. DelVO (EU) 2017/565). Hierbei handelt es sich um spezielle Sorgfaltspflichten der Anbieter und Handelszulassungsantragsteller, die eine präventive Funktion haben, da ausweislich des Wortlauts („mögliche") bereits potenzielle Interessenkonflikte zu ermitteln sind und deren Eintritt im Idealfall von vornherein „vermieden" werden soll (→ Rn. 13 f.).

a) Begriff des Interessenkonflikts. Der Begriff des Interessenkonflikts ist weit 12
auszulegen.[15] Gemeint sind Situationen, in denen ein **Widerstreit** zwischen den **Interessen** des **Anbieters oder Handelszulassungsantragstellers** und den **Interessen** der **(potenziellen) Inhaber** der anderen Kryptowerte besteht oder ein Konflikt zwischen den **divergierenden Interessen mehrerer (potenzieller) Inhaber** untereinander auftritt und sich das Verhalten des Anbieters oder Handelszulassungsantragstellers auf die divergierenden Interessen auswirken kann.[16] Darüber hinaus setzt der Begriff des Interessenkonflikts voraus, dass dem (potenziellen) Inhaber des anderen Kryptowerts ein **möglicher Nachteil** oder eine **mögliche Interessenbeeinträchtigung** droht, ohne dass es umgekehrt auf die Höhe des Vorteils des Anbieters oder Handelszulassungsantragstellers oder des anderen (potenziellen) Inhabers ankommt.[17] Regelbeispiele für Situationen mit inhärenten Interessenkonflikten sind für das Regelungsvorbild aus Art. 23 MiFID II in Art. 33 DelVO (EU) 2017/565 aufgeführt, dessen Beispiele als Orientierungshilfe für die Interpretation des Art. 14 Abs. 1 UAbs. 1 lit. c entsprechend herangezogen werden können.

b) Pflicht zur Ermittlung. Aus dem Umstand, dass auftretende Interessen- 13
konflikte zu „vermeiden", zu „handhaben" und „offen[zu]legen" sind, folgt unmittelbar, dass die **Pflicht zur Ermittlung möglicher Interessenkonflikte (Informationspflicht)** stets als Organisationspflicht besteht.[18] Deren Erfüllung erfordert die Einrichtung eines angemessenen Compliance-Systems zur Aufdeckung drohender sowie bestehender Interessenkonflikte sowie die fortlaufende Analyse des geschäftlichen Kontakts zu den (potenziellen) Inhabern der anderen Kryptowerte auf etwaige Interessenkonflikte.[19]

---

[15] Vgl. für § 80 Abs. 1 S. 2 Nr. 2 WpHG (= deutsche Umsetzungsnorm des Art. 23 MiFID II) und Art. 33 DelVO (EU) 2017/565:Assmann/Schlitt/v. Kopp-Colomb/Sajnovits WpHR II WpHG § 80 Rn. 14; umfassend zum Begriff des Interessenkonflikts: Kumpan, Der Interessenkonflikt im deutschen Privatrecht, 2014, S. 11 ff., 21 ff., insbes. 27 f. mwN.

[16] Vgl. für das Regelungsvorbild aus Art. 23 MiFID II und dessen Konkretisierungen (Art. 33 ff. DelVO (EU) 2017/565): Erwgr. Nr. 45 S. 1 DelVO (EU) 2017/565; vgl. für eine ähnliche Systematisierung des Interessenkonflikts: Kumpan, Der Interessenkonflikt im deutschen Privatrecht, 2014, S. 38 f.

[17] Vgl. für das Regelungsvorbild aus Art. 23 MiFID II: Art. 33 Hs. 1, Erwgr. Nr. 45 S. 2 DelVO (EU) 2017/565.

[18] IE ebenso für Art. 33 DelVO (EU) 2017/565: Assmann/Schneider/Mülbert/Sajnovits WpHR II WpHG § 80 Rn. 19.

[19] Vgl. für § 80 Abs. 1 S. 2 Nr. 2 WpHG: Schwark/Zimmer/Fett WpHG § 80 Rn. 81.

Art. 14   Titel II Andere Kryptowerte

14   **c) (Vorrangige) Pflicht zur Vermeidung.** Aus der Systematik des Art. 14 Abs. 1 UAbs. 1 lit. c, der die Vermeidung von der Handhabung und Offenlegung eines Interessenkonflikts unterscheidet, ist zu schlossfolgern, dass das Auftreten von Interessenkonflikten vorrangig und nach Möglichkeit zu vermeiden ist (ebenso Art. 23 Abs. 2 MiFID II iVm Erwgr. Nr. 48 S. 2 DelVO (EU) 2017/565). Nur im Falle eines bei angemessenem Aufwand[20] unvermeidbaren Interessenkonflikts kommt es auf die nachgelagerten Pflichten zur Handhabung und Offenlegung des Interessenkonflikts an (→ Rn. 15f.). Die Angemessenheit von Präventionsmaßnahmen zur (vollständigen) Vermeidung eines Interessenkonflikts bemisst sich einerseits nach Maßgabe des Aufwands der Anbieter und Handelszulassungsantragsteller und andererseits anhand der Bedeutung der Interessen der (potenziellen) Inhaber der anderen Kryptowerte, der Wahrscheinlichkeit einer Beeinträchtigung von deren Interessen sowie der (erwarteten) Höhe der (finanziellen) Nachteile andererseits: Auf Seiten der Anbieter und Handelszulassungsantragsteller sind deren Größe und Organisation sowie die Art, der Umfang und die Komplexität der Transaktion (vgl. Art. 34 Abs. 1 UAbs. 1 DelVO (EU) 2017/565) sowie der (Sorgfalts-)Aufwand bzw. die (Sorgfalts-)Kosten zur Vermeidung des Interessenkonflikts zu berücksichtigen.[21] Auf Seiten der (potenziellen) Inhaber der anderen Kryptowerte muss die Bedeutung von deren Interesse (einschließlich der Höhe etwaiger Nachteile) sowie die Wahrscheinlichkeit einer Beeinträchtigung des Interesses (vgl. Art. 34 Abs. 3 UAbs. 1 DelVO (EU) 2017/565) berücksichtigt werden.[22] Eine Vermeidung des Interessenkonflikts liegt vor, wenn der Widerstreit der konfligierenden Interessen durch die gewählten organisatorischen und administrativen Maßnahmen dahingehend bewältigt wird, dass eine Schädigung der Interessen der (potenziellen) Inhaber der anderen Kryptowerte mit hinreichender Wahrscheinlichkeit vermieden wird. Diese Auslegung entspricht der Rechtslage beim Regelungsvorbild aus Art. 23 Abs. 2 MiFID II mitsamt dessen Konkretisierung in Art. 34 Abs. 4 UAbs. 1 DelVO (EU) 2017/565, die im Wege der systematischen Auslegung auf Art. 14 Abs. 1 UAbs. 1 lit. c zu übertragen ist: Art. 23 Abs. 2 MiFID II und Art. 34 Abs. 4 UAbs. 1 DelVO (EU) 2017/565 legen fest, dass eine Offenlegungspflicht hinsichtlich eines Interessenkonflikts nur besteht, wenn der betreffende Interessenkonflikt nicht vermieden werden kann (ebenso Art. 14 Abs. 1 UAbs. 1 lit. c → Rn. 16), wobei für die Frage der Vermeidung des Interessenkonflikts auf die Vermeidung einer Beeinträchtigung bzw. Schädigung der Interessen „nach vernünftigem Ermessen" (Art. 23 Abs. 2 MiFID II) bzw. „mit hinreichender Sicherheit" (Art. 34 Abs. 4 UAbs. 1 DelVO (EU) 2017/565) abgestellt wird. Mittelbar normiert Art. 23 Abs. 2 MiFID II iVm Art. 34 Abs. 4 UAbs. 1 DelVO (EU) 2017/565 damit einen allgemeinen Beurteilungsmaßstab für die Frage der Vermeidung eines Interessenkonflikts. Dieser Maßstab ist auf Art. 14 Abs. 1 UAbs. 1 lit. c zu übertragen, da jener auf das Regelungsvorbild aus Art. 23 Abs. 2 (iVm Art. 34 Abs. 4 UAbs. 1 DelVO (EU) 2017/565) zurückgeht (arg. Systematik; → Rn. 2). Eine Unvermeidbarkeit des Interessenkonflikts liegt nach demnach vor, wenn die (Grenz-)Kosten einer Steigerung der Sorgfalts- und Organisationsmaßnahmen dem (Grenz-)Nutzen einer Intensivierung der Sorgfaltsmaßnahmen (in Form einer Minimierung des Interessenkonflikts) mindestens entsprechen (näher zu den maßgeblichen Kosten-Nutzen-

---

[20] Wie hier zur Begrenzung durch das Kriterium der Angemessenheit: Assmann/Schneider/Mülbert/Sajnovits WpHR II WpHG § 80 Rn. 23, 25f.
[21] Assmann/Schneider/Mülbert/Sajnovits WpHR II WpHG § 80 Rn. 26.
[22] Assmann/Schneider/Mülbert/Sajnovits WpHR II WpHG § 80 Rn. 25.

Überlegungen → Rn. 14), aber trotz dieses betriebenen Sorgfaltsaufwands eine Schädigung der Interessen der (potenziellen) Inhaber der anderen Kryptowerte nicht mit hinreichender Wahrscheinlichkeit vermieden werden kann. Im Falle der Vermeidung des Interessenkonflikts entfällt die Möglichkeit sowie die Pflicht zur Handhabung und Offenlegung des (nicht mehr bestehenden) Interessenkonflikts (ultra posse nemo obligatur).

d) (Subsidiäre) Pflicht zur Handhabung und Offenlegung. Erweist sich 15 ein **Interessenkonflikt bei angemessenem Aufwand** als **unvermeidbar** (→ Rn. 14), muss der Interessenkonflikt „**gehandhabt**" und **offengelegt** werden. Der Begriff der **Handhabung** meint eine **sorgfältige Bewältigung und Abschwächung** des Interessenkonflikts, die mit **angemessenem Aufwand** durch den Anbieter oder Handelszulassungsantragsteller erreicht werden kann. Die Frage der sorgfältigen Abschwächung bzw. Handhabung ist mithilfe eines Vergleichs der (Grenz-)Kosten eines gesteigerten Sorgfaltsaufwands sowie des (Grenz-)Nutzen einer weiteren Abschwächung des Interessenkonflikts zu beurteilen. Eine **sorgfältige Handhabung** des Interessenkonflikts liegt danach vor, wenn ein solches **Maß an Sorgfalt** erbracht wird, dass die **(Grenz-)Kosten einer weiteren Steigerung des Sorgfaltsaufwands** dessen **(Grenz-)Nutzen in Form einer weiteren Minimierung des Interessenkonflikts** (dh einer Verringerung von dessen Eintrittswahrscheinlichkeit oder einer Abschwächung von dessen Intensität iSd der Höhe der Nachteile für das betroffene Interesse) **mindestens entsprechen.**[23] Den Anbietern und Handelszulassungsantragstellern ist im Übrigen entsprechend Art. 34 Abs. 1 DelVO (EU) 2017/565 die schriftliche Festlegung und dauerhafte Umsetzung von Grundsätzen für den Umgang mit Interessenkonflikten anzuraten, wobei für die Ausgestaltung der Grundsätze eine partielle Orientierung an Art. 34 Abs. 2 u. Abs. 3 DelVO möglich erscheint.

Einen effektiven Anlegerschutz sucht der Unionsgesetzgeber im Falle einer 16 nicht gegebenen Vermeidbarkeit des Interessenkonflikts durch eine **Pflicht zur Offenlegung** des (verbleibenden) Interessenkonflikts zu erreichen. Die Offenlegung des Interessenkonflikts muss dabei in Übereinstimmung mit den Grundsätzen aus Art. 14 Abs. 1 UAbs. 1 lit. b erfolgen; in inhaltlicher Hinsicht muss in Anlehnung an das Regelungsvorbild aus Art. 23 Abs. 2 MiFID II über die allgemeine Art und/oder die Quellen der Interessenkonflikte sowie die zur Begrenzung dieser Risiken ergriffenen Maßnahmen informiert werden.[24] Die Offenlegungspflicht aus Art. 14 Abs. 1 UAbs. 1 lit. c besteht immer und nur dann, wenn der Interessenkonflikt nicht vermieden (→ Rn. 14) werden kann (arg. Wortlaut, arg. Normzweck: effektiver Anleger- und Marktschutz, arg. Systematik: Regelungsgehalt des Regelungsvorbilds Art. 23 Abs. 2 MiFID II iVm Art. 34 Abs. 4 UAbs. 1 u. Erwgr. Nr. 48 S. 2 DelVO (EU) 2017/565).

e) Gewährleistung der Zugriffssicherheit (UAbs. 1 lit. d, UAbs. 2). Ge- 17 mäß Art. 14 Abs. 1 UAbs. 1 lit. d müssen die Anbieter und Zulassungsantragsteller

---

[23] Hierbei handelt es sich um das effiziente Sorgfaltsniveau nach Maßgabe der sog. marginalisierten Learned-Hand-Formel: United States v. Carroll Towing Co., 159 F.2d 169, 173 (2d. Cir. 1947) (dort ohne Marginalbetrachtung); Posner, Economic Analysis of Law, 9th Edition 2014, S. 192 mit Fn. 2; Shavell, Economic Analysis of Accident Law, 1987, S. 34.

[24] Darüber hinaus kommt eine entsprechende Heranziehung der konkretisierenden Vorgaben aus Art. 34 Abs. 4 UAbs. 2 DelVO (EU) 2017/565 in Betracht.

ihre Systeme und Protokolle zur **Gewährleistung der Zugriffsicherheit** entsprechend den einschlägigen Standards der Union zu pflegen. Die Vorschrift dient dem Schutz der Anleger vor einem Zugriff auf ihre anderen Kryptowerte durch unberechtigte Dritte (→ Rn. 3). Nach Art. 14 Abs. 1 UAbs. 2 werden die maßgeblichen **Standards der Union** durch eine von der **ESMA in Zusammenarbeit mit der EBA** gemäß Art. 16 ESMA-VO bis zum 30.12.2024 herauszugebende **Leitlinie** spezifiziert werden.

IV. Interessenwahrungspflicht und Gebot der Inhabergleichbehandlung (Abs. 2)

1. Interessenwahrungspflicht (Abs. 2 Var. 1)

18 Art. 14 Abs. 2 Var. 1 statuiert die Pflicht der Anbieter und Zulassungsantragsteller, **im besten Interesse** der Inhaber der anderen Kryptowerte zu handeln (Regelungsvorbild: Art. 24 Abs. 1 MiFID II). Diese **fiduziarische Interessenwahrungspflicht** erscheint wertungsmäßig für das Rechtsverhältnis zwischen den Anbietern und Handelszulassungsantragstellern sowie den Inhabern der Kryptowerte nur in begrenztem Maße sachgerecht, nehmen doch die Anbieter und Handelszulassungsantragsteller nicht in erster Linie die Besorgung fremder Vermögensinteressen der Inhaber der anderen Kryptowerte wahr, wie dies bei Wertpapierfirmen im Rahmen der MiFID II im Vordergrund steht. Gleichwohl werden die (Vermögens-)Interessen der Inhaber der anderen Kryptowerte im Regelungskontext der Art. 4 ff. in manchen Fallkonstellationen maßgeblich durch das Handeln der Anbieter und Handelszulassungsantragsteller beeinflusst: Beispielsweise hängen der Wert der erworbenen Kryptowerte sowie die Gewinnaussichten der Inhaber im Falle von **Utility-Token mit Investmentfunktion** entscheidend vom **Erfolg** und der **Qualität der (Weiter-)Entwicklung** der Ware oder Dienstleistung ab, zu welcher der andere Kryptowert dem jeweiligen Inhaber Zugang verschafft.[25] Im Falle einer **in Aussicht gestellten Handelszulassungsbeantragung** sind die potentiellen (Veräußerungs-)Gewinne der Inhaber vom **Erfolg der Handelszulassung** abhängig.[26] In beiden Fallgruppen hängen die (Vermögens-)Interessen der Inhaber der Kryptowerte unmittelbar von der Intensität und dem Erfolg der Anstrengungen der Anbieter und Handelszulassungsantragsteller ab und insoweit erscheint die Statuierung einer Interessenwahrungspflicht durch den Unionsgesetzgeber vertretbar.[27] Zumindest in diesen beiden Fallgruppen müssen die Anbieter und Handelszulassungsantragsteller daher auch als fremdnützige Wahrer der (Vermögens-)Interessen[28] der Inhaber der

---

[25] Vgl. Hacker/Thomale ECFR 2018, 645 (681); Klöhn/Parhofer/Resas ZBB 2018, 89 (102f.); Zickgraf AG 2018, 293 (304f.); Maume/Maute Kryptowerte-HdB/Zickgraf § 11 Rn. 64f.

[26] Näher hierzu im Kontext des Art. 4 Abs. 4 → Art. 4 Rn. 28.

[27] Da eine Kryptowerte-Whitepaper-Pflicht im Falle des öffentlichen Angebots von Utility-Token ohnehin nur bei solchen mit Investmentfunktion (vgl. Art. 4 Abs. 3 UAbs. 1 lit. c. e.c.) sowie stets im Falle der Mitteilung einer Absicht zur Handelszulassung des anderen Kryptowerts (Art. 4 Abs. 4) besteht, dürfte die Interessenwahrungspflicht bei verhältnismäßig vielen Transaktionen relevant werden.

[28] In diesem Sinne für § 63 Abs. 1 WpHG bzw. Art. 24 Abs. 1 MiFID II: Assmann/Schneider/Mülbert/Beule WpHR II WpHG § 63 Rn. 20; BeckOK WpHR/Poelzig § 63 Rn. 57.

Kryptowerte auftreten. In theoretischer Hinsicht adressiert Art. 14 Abs. 2 Var. 1 nach der hier zugrunde gelegten Konzeption somit einen **Agenturkonflikt**[29] zwischen den Inhabern der anderen Kryptowerte (Prinzipale) und den Anbietern bzw. Handelszulassungsantragstellern (Agenten). Dass der Unionsgesetzgeber bei der Statuierung der Interessenwahrungspflicht (wohl) primär diese beiden Fallgruppen und die dort bestehenden Agenturkonflikte im Blick hatte, wird durch den Umstand bestätigt, dass die Betreiber einer Handelsplattform für Kryptowerte, die im Falle einer Erstellung des Kryptowerte-Whitepapers zahlreichen Regelungen des Titels II unterfallen (vgl. Art. 5 Abs. 2 u. Abs. 3; Art. 6 Abs. 1 lit. c, Abs. 3 u. Abs. 6; Art. 7 Abs. 1 UAbs. 1 lit. c, d, UAbs. 2, Abs. 2 u. Abs. 4; Art. 8 Abs. 1; Art. 12 Abs. 1–3, Abs. 6 u. Abs. 9; Art. 15 Abs. 1, Abs. 3–5), nicht zu den Regelungsadressaten der Interessenwahrungspflicht aus Art. 14 Abs. 2 Var. 1 zählen, was nach der hier zugrunde gelegten Konzeption sachgerecht erscheint, da sie weder mit der (Weiter-)Entwicklung der anderen Kryptowerte – bzw. mit der (Weiter-)Entwicklung der Waren und Dienstleistungen, zu denen der andere Kryptowert Zugang bietet – noch mit der Beantragung der Handelszulassung befasst sind und daher die (Vermögens-)Interessen der Inhaber nicht ebenso wie bei Anbietern von Utility-Token mit Investmentfunktion oder Handelszulassungsantragstellern von deren (zukünftigem) Handeln abhängen.

Inhaltlich bezieht sich die Interessenwahrungspflicht aus Art. 14 Abs. 2 Var. 1 auf **19** die (**subjektiven**) **Interessen der Gesamtheit der Inhaber** der anderen Kryptowerte. Auf die individuellen Interessen eines einzelnen Inhabers kann es im Unterschied zum Regelungsvorbild aus Art. 24 Abs. 1 MiFID II[30] nicht ankommen: *Erstens* wirkt sich das Handeln der Anbieter und Handelszulassungsantragsteller im Rahmen der (Weiter-)Entwicklung der Waren oder Dienstleistung oder der Beantragung der Handelszulassung zwangsläufig nicht nur auf einzelne Inhaber, sondern stets auf die Gesamtheit der Inhaber der anderen Kryptowerte aus. *Zweitens* legen die im Kryptowerte-Whitepaper enthaltenen Informationen über das Kryptowert-Projekt, das öffentliche Angebot oder die (geplante) Handelszulassung, den Kryptowert und die mit dem Kryptowert verknüpften Rechte und Pflichten objektiv einzuhaltende Rahmenbedingungen für die jeweilige Transaktion fest, mit denen sich die Inhaber der anderen Kryptowerte durch den Erwerb der anderen Kryptowerte auf der Grundlage des Kryptowerte-Whitepapers implizit einverstanden erklären. *Drittens* dürften im typischen Regelfall die Interessen der Inhaber der anderen Kryptowerte ohnehin gleichförmig sein und auf eine erfolgreiche (Weiter-)Entwicklung der durch den Kryptowert zugänglichen Ware oder Dienstleistung oder eine erfolgreiche Zulassung des anderen Kryptowerts auf einer Handelsplattform für Kryptowerte gerichtet sein. *Viertens* erscheint es unter unter (Transaktions-)Kostengesichtspunkten unzumutbar, die Anbieter und Handelszulassungsantragsteller dazu zu verpflichten, auf die (vielfach unbekannten) individuellen Interessen einzelner Inhaber der anderen Kryptowerte einzugehen. Die Anbieter und Handelszulassungsantragsteller müssen daher im **bestmöglichen**

---

[29] Siehe zur Principal-Agent-Theorie: Jensen/Meckling, 3 Journ. Fin. Econ. 305 ff. (1976); speziell zu Interessenwahrungspflichten als Mittel der Bewältigung von Agenturkonflikten: Kumpan, Der Interessenkonflikt im deutschen Privatrecht, 2014, S. 65 f., 90.

[30] Vgl. für § 63 Abs. 1 WpHG: Assmann/Schneider/Mülbert/Beule WpHR II WpHG § 63 Rn. 19; BeckOK WpHR/Poelzig § 63 Rn. 53; Schwark/Zimmer/Rothenhöfer WpHG § 63 Rn. 25.

Art. 14 Titel II Andere Kryptowerte

(subjektiven) **Interesse der Gesamtheit der Inhaber** der anderen Kryptowerte handeln.

20 Die Pflicht zum **Handeln im bestmöglichen Interesse** der Inhaber der anderen Kryptowerte verlangt von den Anbietern und Handelszulassungsantragstellern jedenfalls die **Einhaltung** der im Kryptowerte-Whitepaper oder an anderer Stelle (vgl. Art. 4 Abs. 4 für die Absicht zur Beantragung einer Handelszulassung) **abgegebenen (zukunftsgerichteten) (Handlungs-)Versprechen**[31] sowie eine Einhaltung der Vorgaben aus **Art. 14 Abs. 1**. Allgemein erfordert die Interessenwahrungspflicht ein **loyales Verhalten** gegenüber den Inhabern der anderen Kryptowerte.[32] Als systematische Konkretisierung der Interessenwahrungspflicht bietet sich die Unterteilung in eine **Interessenförderungspflicht** (positive Ausprägung) und ein **Interessenschädigungsverbot** (negative Ausprägung) an.

2. Gebot der Inhabergleichbehandlung (Abs. 2 Var. 2)

21 Art. 14 Abs. 2 Var. 2 verpflichtet die Anbieter und Handelszulassungsantragsteller dazu, die **Inhaber gleich zu behandeln**, es sei denn, im Kryptowerte-Whitepaper und in den etwaigen Marketingmitteilungen sind eine **Vorzugsbehandlung** bestimmter Inhaber und die **Gründe** für diese Vorzugsbehandlung **ausgewiesen**. Das **Gebot der Anlegergleichbehandlung**[33] besteht in persönlicher Hinsicht nur gegenüber „Inhabern", wobei hiermit nur die **aktuellen Inhaber** (= Anleger), nicht jedoch bloß potenzielle Inhaber (arg. Wortlaut; arg. Art. 3 Abs. 1 Nr. 12 e.c.: „potenzielle Inhaber") gemeint sind. In sachlicher Hinsicht enthält Art. 14 Abs. 2 Var. 2 ein **umfassendes Gebot der Inhabergleichbehandlung.** In Bezug auf öffentliche Angebote folgt aus dem Gebot der Anlegergleichbehandlung u. a., dass der **Verkauf** der anderen Kryptowerte als vermögenswertereferenzierten Token oder E-Geld-Token an die Anleger **zu denselben Konditionen** durchzuführen ist. Allerdings normiert Art. 14 Abs. 2 Var. 2 **keine Pflicht zu strikter Gleichbehandlung** in allen Fällen. **Ungleichbehandlungen** der Inhaber bleiben vielmehr bei Vorliegen eines **sachlichen Grundes** möglich, sofern sowohl die **Vorzugsbehandlung** als auch die **sachlichen Gründe** für die Vorzugsbehandlung im Kryptowerte-Whitepaper und in den etwaigen Marketingmitteilungen **ausgewiesen** sind (arg. Wortlaut). Eine **rechtmäßige Ungleichbehandlung** der Inhaber hat insofern folgende (kumulative) Voraussetzungen: **Vorliegen eines sachlichen Grundes** für die Vorzugsbehandlung[34], **Offenlegung der Vorzugsbehandlung**

---

[31] Aus der Interessenwahrungspflicht folgt im Falle solcher Zusagen keine Erfolgsgarantie, so dass das Scheitern einer erfolgreichen (Weiter-)Entwicklung einer Ware oder Dienstleistung oder der Handelszulassung nicht automatisch einen Verstoß gegen Art. 14 Abs. 2 Var. 1 darstellt (= keine Erfolgspflicht). Vielmehr verpflichtet die Interessenwahrungspflicht die Anbieter und Handelszulassungsantragsteller zu einem ernsthaften sowie sorgfältigen Bemühen um die Einhaltung der abgegebenen Versprechen (= Sorgfalts- bzw. Bemühenspflicht). Allerdings kann sich die erfolglose (Weiter-)Entwicklung oder gescheiterte Handelszulassung als Verletzung einer Vertragspflicht erweisen.

[32] Schwark/Zimmer/Rothenhöfer WpHG § 63 Rn. 28.

[33] Umfassend zur Anlegergleichbehandlung im Kapitalmarktrecht: Bachmann ZHR 170 (2006), 144 ff. (insbes. 165 ff.).

[34] Einerseits folgt das Erfordernis des Vorliegens eines sachlichen Grundes für die Vorzugsbehandlung aus allgemeinen Prinzipien des rechtlichen Umgangs mit Gleichbehandlungsgeboten (speziell zur Gleichbehandlung im Kapitalmarktrecht: Bachmann ZHR 170 (2006), 144 (173) mwN). Andererseits ergibt sich das Erfordernis (mittelbar) aus der Pflicht

und **Offenlegung des sachlichen Grundes** im Kryptowerte-Whitepaper und den etwaigen Marketingmitteilungen. Das Gebot der Inhabergleichbehandlung aus Art. 14 Abs. 2 Var. 2 begegnet im Besonderen den **Gefahren** der teils verbreiteten Praxis der **Gewährung von Frühzeichnerrabatten**[35]: Die Gewährung zeitlich begrenzter Frühzeichnerrabatte verleitet die frühen Anleger dazu, weniger Zeit und Aufwand in die Erwerbsentscheidung zu investieren, um durch eine schnellen Erwerb von den Rabatten zu profitieren; sofern die gewährten Frühzeichnerrabatte nicht offengelegt werden, interpretieren später investierende Anleger den durch die Rabatte ausgelösten schnellen und erfolgreichen Abverkauf einer großen Anzahl an Kryptowerten womöglich als (vermeintliches) Signal einer hohen Qualität der angebotenen Kryptowerte. In Anbetracht dessen haben Frühzeichnerrabatte jedenfalls das Potenzial dazu und sie wurden teilweise wohl auch bewusst mit dem Ziel eingesetzt, ein **Herdenverhalten** unter den Anlegern zu erzeugen.[36] Indem das Gebot der Anlegergleichbehandlung aus Art. 14 Abs. 2 Var. 2 die Gewährung von Frühzeichnerrabatten unter das Erfordernis eines sachlichen Grundes stellt und eine **Offenlegungspflicht** im Kryptowerte-Whitepaper und den etwaigen Marketingmitteilungen anordnet, wird die Frühzeichnerrabatten innewohnende **Gefahr einer Aussendung von Fehlsignalen** über die Qualität der angebotenen Kryptowerte **vermindert.** Schließlich können die später investierenden Anleger den zügigen sowie erfolgreichen Abverkauf der Kryptowerte infolge der Offenlegung der gewährten Frühzeichnerrabatte besser einordnen[37] und mithilfe dieser vollständigeren Informationsgrundlage eine von etwaigen Fehlsignalen unbeeinflusste Anlageentscheidung treffen.[38]

V. Pflicht zu zeitnaher Rückerstattung der Emissionserlöse im Falle einer Annullierung des öffentlichen Angebots (Abs. 3)

Gemäß Art. 14 Abs. 3 müssen die Anbieter (Art. 3 Abs. 1 Nr. 13) anderer Kryptowerte als vermögenswertereferenzierter Token oder E-Geld-Token (→ Rn. 5) im Rahmen eines öffentlichen Angebots (Art. 3 Abs. 1 Nr. 12) sicherstellen, dass alle von **den Inhabern oder potenziellen Inhabern eingesammelten Geldbeträge** diesen **spätestens 25 Kalendertage nach dem Tag der Annullierung ordnungsgemäß zurückerstattet** werden. 22

Art. 14 Abs. 3 enthält eine **Pflicht zur Rückerstattung** der eingesammelten Geldbeträge im Falle einer Annullierung des öffentlichen Angebots. Eine **Annullierung des öffentlichen Angebots** liegt vor, wenn es aus einem beliebigen Grund (Erwgr. Nr. 36 S. 2) **nicht zu einer dauerhaften und endgültigen Zu- 23

---

zur Offenlegung der Gründe für die Vorzugsbehandlung, da eine solche Offenlegung notwendigerweise das Vorhandensein eines (Sach-)Grunds voraussetzt.

[35] Vgl. Zickgraf BKR 2021, 362 (365); siehe ausführlich zu Frühzeichnerrabatten: Klöhn/Parhofer/Resas ZBB 2018, 89 (95); vgl. ferner zu dieser Praxis Maume/Maute/Fromberger/Zimmermann Kryptowerte-HdB § 1 Rn. 84.

[36] Klöhn/Parhofer/Resas ZBB 2018, 89 (95); vgl. ferner Behme/Zickgraf ZfPW 2019, 66 (71).

[37] Siehe allgemein zur Gewährleistung einer informierten Anlageentscheidung und der Verhinderung eines Marktversagens als Funktion und Legitimationsgrund kapitalmarktrechtlicher Gleichbehandlungsgebote: Bachmann ZHR 170 (2006), 144 (168).

[38] Zickgraf BKR 2021, 362 (365).

Art. 14

teilung der angebotenen anderen Kryptowerte durch den Anbieter an die (potenziellen) Inhaber kommt. Als möglicher Grund für eine Annullierung des öffentlichen Angebots dürfte in der Praxis insbesondere das Nichterreichen der im Kryptowerte-Whitepaper genannten Bedingungen für die (endgültige) Durchführung des Angebots in Betracht kommen (zB das Nichterreichen einer Mindestverkaufszahl, sog. soft cap[39]). In diesem Fall müssen die **Anbieter** sicherstellen, dass die eingesammelten Geldbeträge an die **Inhaber** oder **potenziellen Inhaber** zurückerstattet werden. Der Begriff des **(Ein-)Sammelns** („gesammelten Geldbeträge"; engl. „funds collected") meint, dass der betreffende Geldbetrag (bzw. der Kryptowert, näher → Rn. 24) als Gegenleistung für den (zukünftigen) Erwerb des anderen Kryptowerts als einen vermögenswertereferenzierten Token oder E-Geld-Token seitens des (potenziellen) Inhabers des anderen Kryptowerts an den Anbieter geleistet worden ist. Rückerstattungsberechtigt sind daher nur diejenigen Inhaber, die ihre (Gegen-)Leistung für den Erwerb des angebotenen anderen Kryptowerts erbracht haben.

24 Die Rückerstattungspflicht aus Art. 14 Abs. 3 erfasst nicht nur eingesammelte **amtliche Währung,** sondern zugleich eingesammelte **(andere) Kryptowerte:** Gegen diese Auslegung spricht zwar auf den ersten Blick der Wortlaut des Art. 14 Abs. 3 („Geldbeträge", vgl. aber auch den offeneren englischen Wortlaut: „funds") sowie ein (vermeintlicher) Umkehrschluss zu Art. 10 Abs. 3, der ausdrücklich zwischen beiden Kategorien unterscheidet („eingesammelten Geldbeträge oder anderen Kryptowerten"). Für eine **erweiternde Auslegung** des Art. 14 Abs. 3, der zufolge die Rückerstattungspflicht sowohl **amtliche Währung** als auch **Kryptowerte** umfasst (= teleologische Extension), spricht indes der (objektive) **Normzweck** des Art. 14 Abs. 3 (= **effektiver Anlegerschutz**). Außerdem zeigt **Erwgr. Nr. 36 S. 2,** dass der Unionsgesetzgeber eine Rückerstattung der eingesammelten Geldbeträge und der eingesammelten (anderen) Kryptowerte im Falle der Stornierung eines öffentlichen Angebots gewollt hat. Zu guter Letzt streitet für diese Auslegung auch der **systematische Zusammenhang mit Art. 10 Abs. 3,** der in Bezug auf die eingesammelten Geldbeträge und anderen Kryptowerte spezifische Überwachungs- und Aufbewahrungspflichten statuiert, um die spätere Rückerstattung der eingesammelten Gegenleistung sicherzustellen (→ Art. 10 Rn. 6, 11f.; siehe vgl. für den systematischen und teleologischen Zusammenhang von Art. 10 Abs. 3 und Art. 14 Abs. 3 ferner Erwgr. Nr. 36 S. 2). Würde sich die Rückerstattungspflicht aus Art. 14 Abs. 3 nur auf die eingesammelte amtliche Währung beziehen, wäre die Etablierung von Überwachungs- und Aufbewahrungspflichten zur Sicherung einer späteren Rückerstattung in Bezug auf eingesammelte (andere) Kryptowerte durch Art. 10 Abs. 3 indes sinnwidrig, so dass eine Erstreckung der Rückerstattungspflicht in Art. 14 Abs. 3 auf eingesammelte Kryptowerte aufgrund systematischer Überlegungen überzeugender erscheint. Die **singuläre Nennung** der **(ein-)gesammelten Geldbeträge** im Tatbestand des Art. 14 Abs. 3 stellt insofern ein **Redaktionsversehen** dar; diesem Umstand ist durch **eine teleologische Extension** des Art. 14 Abs. 3 abzuhelfen.

25 Im Übrigen müssen die Anbieter eine **ordnungsgemäße Rückerstattung** sicherstellen. Vor dem Hintergrund des mit Art. 14 Abs. 3 bezweckten Anlegerschutzes erfordert dies eine gattungs- und höhenmäßige Übereinstimmung der rückerstatten Geldbeträge oder (anderen) Kryptowerte mit den von den Inhabern geleisteten Geldbeträgen, dh es muss dieselbe Summe in der derselben amtlichen

---

[39] Siehe hierzu Maume/Maute//Fromberger/Zimmermann Kryptowerte-HdB § 1 Rn. 84.

Währung oder dieselbe Anzahl desjenigen Kryptowerts (zB Bitcoin, Ether, Ripple o.ä) rückerstattet werden, die zuvor vom einzelnen Anleger bzw. Inhaber geleistet worden ist.

Art. 14 Abs. 3 sieht eine **Rückerstattungsfrist** von **25 Kalendertagen nach** **dem Tag der Annullierung** vor und rekurriert damit nicht auf den Begriff des Arbeitstags (so zB Art. 8 Abs. 5 u. Abs. 6 UAbs. 2, Art. 10 Abs. 1, Art. 12 Abs. 2 u. Abs. 5). Der Begriff des Kalendertags meint jeden Wochentag einschließlich Samstagen, Sonntagen und gesetzlichen Feiertagen (vgl. Art. 3 Abs. 3 VO (EWG, Euratom) Nr. 1182/71). Die Berechnung der Frist erfolgt nach Maßgabe von Art. 3 VO (EWG, Euratom) Nr. 1182/71. In jedem Fall gewahrt ist die Frist, wenn die **Rückerstattung** den (potenziellen) Inhabern **innerhalb von 25 Kalendertagen** nach dem Tag der Annullierung **gutgeschrieben** wird. Ob auch die (Rück-)Überweisung der Geldbeträge und/oder (anderen) Kryptowerte innerhalb von 25 Kalendertagen genügt, erscheint demgegenüber zweifelhaft. Der Wortlaut („stellen […] sicher") sowie der Normzweck (= effektiver Anlegerschutz und Sicherstellung einer zeitnahen Rückerstattung, → Rn. 3) sprechen tendenziell gegen eine solche Auslegung. 26

VI. Rechtsfolgen

1. Aufsichtsrecht

Im Falle von Verstößen gegen die Vorgaben des Art. 14 kommt insbesondere eine Wahrnehmung der Aufsichtsbefugnisse iSd **Art. 93 Abs. 1 lit. l–o, v** (§ 4 Abs. 1 S. 1 KMAG, § 15 Abs. 1, Abs. 3 KMAG, § 34 Abs. 4 S. 1 Nr. 1 u. S. 2 KMAG) durch die zuständige Behörde in Betracht, wenngleich die Ergreifung der in Art. 93 Abs. 1 lit. n, o (§ 34 Abs. 4 S. 1 Nr. 1 u. S. 2 KMAG) genannten Maßnahmen im Regelfall den Interessen der Inhaber der anderen Kryptowerte, die in erster Linie durch Art. 14 geschützt werden sollen (→ Rn. 3), widersprechen dürfte. 27

2. Zivilrecht

Im Falle einer Verletzung einzelner Pflichten aus Art. 14 erscheinen zivilrechtliche (Schadensersatz-)Ansprüche nach dem mitgliedstaatlichen Recht (vgl. Art. 15 Abs. 6) im Einzelfall – abhängig von der Bestimmtheit und Schutzrichtung der Pflichten – zumindest denkbar.[40] Mangels einer unionsrechtlichen Regelung dieser Frage in der MiCAR ist es im Ausgangspunkt Sache der innerstaatlichen Rechtsordnungen der einzelnen Mitgliedstaaten, über die zivilrechtlichen Folgen eines Verstoßes gegen die Bestimmungen des Art. 14 zu befinden, wobei in diesem Zusammenhang die Grundsätze der **Äquivalenz** und **Effektivität** beachtet werden müssen.[41] Bei der Frage der unionsrechtlichen Gebotenheit eines zivilrechtlichen (Schadensersatz-)Anspruchs im Falle der Verletzung des Art. 14 ist der Gesichtspunkt des Vorliegens einer **individuell anlegerschützenden Funktion** der kon- 28

---

[40] Zurückhaltend Maume RDi 2022, 461 (468).
[41] Vgl. für Wohlverhaltenspflichten im Rahmen der MiFID I: EuGH 30.5.2013 – C-604/11 Rn. 57f. – Genil 48 SL u. a.; vgl. ferner für das Wettbewerbsrecht: EuGH 20.9.2001 – C-453/99 Rn. 25ff., 29 – Courage; siehe auch EuGH 17.9.2002 – C-253/00 Rn. 28ff. – Muñoz.

kret verletzten Regelung zu berücksichtigen.[42] Unter Rechtsdurchsetzungsgesichtspunkten erscheint eine Ergänzung der öffentlich-rechtlichen Durchsetzung des Art. 14 (→ Rn. 26) durch eine privatrechtliche Durchsetzung der konkret-individualschützenden Regelungen aus Art. 14 im Allgemeinen sinnvoll, da die (potenziellen) Inhaber der anderen Kryptowerte im Einzelfall einen Informationsvorteil[43] bei der Aufdeckung eines ihre Interessen beeinträchtigenden Fehlverhaltens der Anbieter oder Handelszulassungsantragsteller haben können. In Bezug auf etwaige **Informationspflichtverletzungen** (vgl. Art. 14 Abs. 1 UAbs. 1 lit. a und insbesondere lit. b) enthält allerdings **Art. 15** eine **speziellere und abschließende Regelung** der zivilrechtlichen Rechtsfolgen.

Artikel 15 Haftung für die in einem Kryptowerte-Whitepaper enthaltenen Informationen

(1) Hat ein Anbieter, eine Person, die die Zulassung zum Handel beantragt, oder der Betreiber einer Handelsplattform in einem Kryptowerte-Whitepaper oder einem geänderten Kryptowerte-Whitepaper unvollständige, unredliche, unverständliche oder irreführende Informationen zur Verfügung gestellt und damit gegen Art. 6 verstoßen, so sind der Anbieter, die Person, die die Zulassung zum Handel beantragt, oder der Betreiber einer Handelsplattform und die Mitglieder ihres Verwaltungs-,Leitungs- oder Aufsichtsorgans gegenüber dem Inhaber des Kryptowerts für aufgrund dieses Verstoßes erlittene Schäden haftbar.

(2) Ein vertraglicher Ausschluss oder eine vertragliche Beschränkung der zivilrechtlichen Haftung gemäß Abs. 1 hat keine Rechtswirkung.

(3) Werden das Kryptowerte-Whitepaper und die Marketingmitteilungen vom Betreiber der Handelsplattform gemäß Art. 5 Abs. 3 erstellt, so ist die Person, die die Zulassung zum Handel beantragt, auch verantwortlich, wenn sie dem Betreiber der Handelsplattform unvollständige, unredliche, unverständliche oder irreführende Informationen zur Verfügung stellt.

(4) Es obliegt dem Inhaber des Kryptowerts, den Nachweis dafür zu erbringen, dass der Anbieter von anderen Kryptowerten als vermögenswertereferenzierten Token oder E-Geld-Token, die Person, die die Zulassung zum Handel von Kryptowerten beantragt, oder der Betreiber der Handelsplattform für solche Kryptowerte gegen Art. 6 verstoßen hat, indem er bzw. sie unvollständige, unredliche, unverständliche oder irreführende Informationen zur Verfügung gestellt hat und dass sich das Verlassen auf diese Informationen auf die Entscheidung des Inhabers, diesen Kryptowert zu kaufen, zu verkaufen oder zu tauschen, ausgewirkt hat.

---

[42] Siehe zur Bedeutung des Normzwecks der Unionsnorm: GA Geelhoed Schlussanträge v. 13.12.2001 – C-C-253/00 Rn. 26, 29 ff., 47 ff. – Muñoz.

[43] Vgl. allgemein zum Gesichtspunkt komparativer Informationsvorteile im Rahmen der Beurteilung der komparativen Vorzugswürdigkeit von public und private enforcement: Shavell, 13 Journ. Leg. Stud. 357, 373 (1984); Shavell, 36 Journ. Law & Econ. 255, 266ff., 273 (1993).

(5) Der Anbieter, die Person, die die Zulassung zum Handel beantragt, oder der Betreiber der Handelsplattform und die Mitglieder ihres Verwaltungs-,Leitungs- oder Aufsichtsorgans haften einem Inhaber eines Kryptowerts nicht für Verluste, die durch den Verlass auf Informationen entstehen, die in einer Zusammenfassung gemäß Art. 6 Abs. 7, einschließlich deren Übersetzung, zur Verfügung gestellt werden, es sei denn, die Zusammenfassung

a) ist, wenn sie zusammen mit den anderen Teilen des Kryptowerte-Whitepapers gelesen wird, irreführend, unrichtig oder widersprüchlich oder

b) enthält, wenn sie zusammen mit den anderen Teilen des Kryptowerte-Whitepapers gelesen wird, nicht die wesentlichen Informationen, die potenziellen Inhabern von des Kryptowerts bei der Entscheidung über den Kauf solcher Kryptowerte helfen sollen.

(6) Dieser Artikel lässt jede sonstige zivilrechtliche Haftung gemäß dem nationalen Recht unberührt.

Schrifttum: Siehe Vor Art. 4 ff.

Übersicht

	Rn.
I. Grundlagen	1
1. Regelungsgegenstand	1
2. Regelungsvorbilder	2
3. Regelungszweck	4
4. Qualifizierung des Art. 15 Abs. 1 als deliktsrechtliche Haftung	6
5. Verschuldenshaftung oder Haftung für objektive Sorgfaltspflichtverletzung?	7
6. Unternehmenshaftung: Strikte Verhaltens- und Verschuldenszurechnung	11
II. Anwendungsbereich	12
1. Sachlicher Anwendungsbereich	12
2. Persönlicher Anwendungsbereich	16
3. Räumlicher Anwendungsbereich	19
4. Zeitlicher Anwendungsbereich	21
III. Anspruchsberechtigte	22
IV. Haftungsadressaten	23
1. Anbieter, Handelszulassungsantragsteller, Handelsplattformbetreiber	23
2. Mitglieder des Verwaltungs-, Leitungs- oder Aufsichtsorgans	26
3. Gesamtschuldnerische Haftung der Haftungsadressaten	27
V. Informationspflichtverletzung: Verstoß gegen Art. 6	28
1. Fehlerhaftigkeit des Kryptowerte-Whitepapers	28
a) Grundlagen	28
b) Unvollständige Informationen	30
c) Unredliche Informationen	31
d) Unverständliche Informationen	32
e) Irreführende Informationen	33
2. Fehlerhafte Zusammenfassung des Kryptowerte-Whitepapers (Abs. 5)	34
VI. Verschulden	39
VII. Schaden und Kausalität	41

Art. 15 Titel II Andere Kryptowerte

	Rn.
1. Ersatzfähiger Schaden	41
a) Grundlagen	41
b) Vertragsabschlussschaden	44
aa) Ersatzfähigkeit	44
bb) Berechnung	47
c) Kursdifferenzschaden	50
aa) Ersatzfähigkeit	50
bb) Berechnung	51
2. Kausalität	52
a) Haftungsbegründende Kausalität	53
aa) Vertragsabschlussschaden	54
bb) Kursdifferenzschaden	55
b) Haftungsausfüllende Kausalität	57
aa) Vertragsabschlussschaden	58
bb) Kursdifferenzschaden	59
3. Mitverschulden	61
VIII. Unwirksamkeit vertraglicher Haftungsausschlüsse und -beschränkungen (Abs. 2)	63
IX. Verjährung	65
X. Zivilrechtliche Haftung nach nationalem Recht (Abs. 6)	66

I. Grundlagen

1. Regelungsgegenstand

1 Art. 15 Abs. 1 normiert eine (Informations-)Haftung der publizitätspflichtigen Anbieter, Handelszulassungsantragsteller und der Betreiber einer Handelsplattform für Kryptowerte sowie der Mitglieder des jeweiligen Verwaltungs-, Leitungs- oder Aufsichtsorgans für unwahre oder unvollständige Informationen im Kryptowerte-Whitepaper (= Verstoß gegen Art. 6; Informationspflichtverletzung → Art. 15 Rn. 28 ff.) gegenüber dem Inhaber des (anderen) Kryptowerts für aufgrund des Verstoßes gegen Art. 6 erlittene Schäden (→ Art. 15 Rn. 41 ff.). Die Regelung des Art. 15 Abs. 2 sieht eine Unwirksamkeit vertraglicher Haftungsausschlüsse sowie -beschränkungen vor (→ Art. 15 Rn. 63 f.). Im Falle einer Erstellung des Kryptowerte-Whitepapers durch den Betreiber einer Handelsplattform für Kryptowerte ordnet Art. 15 Abs. 3 das Fortbestehen der haftungsrechtlichen Verantwortlichkeit des Handelszulassungsantragstellers an, wenn dieser dem als Kryptowerte-Whitepaper erstellenden Handelsplattformbetreiber unwahre oder unvollständige Informationen zur Verfügung gestellt hat (→ Art. 15 Rn. 25; → Art. 5 Rn. 25). Art. 15 Abs. 4 erlegt dem Inhaber des (anderen) Kryptowerts die Beweislast für das Vorliegen einer Informationspflichtverletzung im Kryptowerte-Whitepaper (dh das Vorliegen eines Verstoßes gegen Art. 6, → Art. 15 Rn. 29) sowie die haftungsbegründende Kausalität dieser Informationspflichtverletzung für die Kauf-, Verkaufs- oder Tauschentscheidung des Inhabers des Kryptowerts auf (→ Art. 15 Rn. 53). Die einschränkenden Voraussetzungen des Art. 15 Abs. 5 (→ Art. 15 Rn. 34 ff.) enthalten eine Milderung des Haftungsmaßstabs für Angaben in der Zusammenfassung des Kryptowerte-Whitepapers gemäß Art. 6 Abs. 7. Art. 15 Abs. 6 enthält eine Öffnungsklausel für weitergehende Ansprüche nach dem nationalen Recht der Mitgliedstaaten (→ Art. 15 Rn. 66 f.), die durch Art. 15 unberührt bleiben.

2. Regelungsvorbilder

Der Haftungstatbestand des Art. 15 findet seine groben **Regelungsvorbilder** in erster Linie in **Art. 11** PRIIP-VO **(PRIIPs-VO)** sowie zu Teilen in **Art. 35a Rating-VO (RatingVO).** Im Einklang mit diesen Regelungsvorbildern aus Art. 11 PRIIPs-VO und Art. 35a RatingVO hat der Gesetzgeber mit Art. 15 einen unmittelbar im Unionsrecht verankerten zivilrechtlichen Haftungstatbestand[1] geschaffen, der jedoch im **Unterschied** zu seinen Regelungsvorbildern für die in der Verordnung nicht näher definierten Begriffe **keinen Verweis auf das nationale Recht** der Mitgliedstaaten enthält (so aber Art. 11 Abs. 3 PRIIPs-VO, Art. 35a Abs. 4 RatingVO). Bei Art. 15 handelt es sich insoweit um einen (weitestgehend) **durch das Unionsrecht determinierten zivilrechtlichen (Informations-)Haftungstatbestand,** was ein **Novum im europäischen Kapitalmarktrecht** sowie eine **diametrale Abkehr** von dem (minimal-harmonisierenden) **Regelungsansatz des Art. 11 ProspektVO** darstellt, der in Bezug auf die zivilrechtliche Haftung lediglich einen richtlinienartigen Regelungsauftrag an die Mitgliedstaaten richtet.[2] Tatbestandsvoraussetzungen und Rechtsfolgen des Art. 15 ergeben sich vor diesem Hintergrund (nahezu) vollständig aus einer **autonomen Auslegung** des Unionsrechts (zur Ausnahme der Verjährung → Rn. 65)[3]; sie sind überdies in Übereinstimmung mit den **allgemeinen Prinzipien des Unionsrechts** zu entwickeln. 2

In Übereinstimmung mit **Art. 11 Abs. 1 PRIIPs-VO** verlangt Art. 15 Abs. 1 eine **Informationspflichtverletzung** des (jeweiligen) Haftungsadressaten. Die durch Art. 15 Abs. 2 angeordnete **Unwirksamkeit vertraglicher Haftungsausschlüsse und -beschränkungen** ist aus **Art. 11 Abs. 5 PRIIPs-VO** bekannt; Art. 35a Abs. 3 RatingVO enthält insoweit eine weniger strenge Regelung. Die **Beweislast** für das Vorliegen einer **(Informations-)Pflichtverletzung** sowie der **haftungsbegründenden Kausalität,** die Art. 15 Abs. 4 beim Inhaber des Kryptowerts (= Anspruchsteller) verortet, weisen **Art. 11 Abs. 2 PRIIPs-VO, Art. 35a Abs. 1 UAbs. 2, Abs. 2 RatingVO** in vergleichbarer Weise dem (Klein-) Anleger (= Anspruchsteller) zu. Die **Haftungserleichterung** für Informationen in der **Kryptowerte-Whitepaper-Zusammenfassung** (Art. 6 Abs. 7) durch Art. 15 Abs. 5 entspricht dem Regelungsgehalt des **Art. 11 Abs. 2 UAbs. 2 ProspektVO.** Die **Öffnungsklausel** für sonstige zivilrechtlich Haftungsansprüche gemäß dem nationalen Recht der Mitgliedstaaten aus Art. 15 Abs. 6 folgt den Regelungsvorbildern aus **Art. 11 Abs. 4 PRIIPs-VO, Art. 35a Abs. 5 RatingVO.** 3

3. Regelungszweck

Die Kryptowerte-Whitepaper-Haftung aus Art. 15 möchte in erster Linie die **Einhaltung der Kryptowerte-Whitepaper-Publizität** – dh der Publizitätspflichten aus **Art. 6 iVm Art. 4, 5** – sicherstellen (**dienende Funktion** des Art. 15 gegenüber der Kryptowerte-Whitepaper-Pflicht, arg.: Art. 15 Abs. 1 [„gegen Art. 6 verstoßen"]). Der unmittelbare Regelungszweck der Kryptowerte-Whitepaper-Haftung aus Art. 15 besteht daher darin, den Regelungsadressaten durch eine dro- 4

---

[1] Maume RDi 2022, 461 (466); ebenso für den strukturell vergleichbaren Art. 52 Abs. 1 Omlor ZdiW 2023, 131 (132).
[2] Vgl. Maume ECFR 2023, 243 (264); Omlor ZdiW 2023, 131 (132).
[3] Vgl. für dieselbe grundsätzliche Stoßrichtung im Rahmen des Art. 52 Abs. 1 bei Rückgriff auf das nationale Privatrecht für die Frage der Verjährung: Omlor ZdiW 2023, 131 (132f.).

Art. 15

hende zivilrechtliche Schadensersatzhaftung im Falle einer Informationspflichtverletzung einen **haftungsrechtlichen Anreiz** zur **Wahrung** der **Kryptowerte-Whitepaper-Publizitätspflicht** sowie der **Publizitätspflichten aus Art. 6** (iVm Art. 4, 5) und **Art. 12** zu vermitteln **(Präventionsfunktion).** Indem Art. 15 auf die **Einhaltung** der Kryptowerte-Whitepaper-Publizitätspflicht sowie der korrespondierenden Informationspflichten (bzw. die **Verhinderung** von Verletzungen der Kryptowerte-Whitepaper-Publizitätspflicht) abzielt, dient die Haftungsnorm mittelbar zugleich der **Verwirklichung der übergeordneten Regelungsziele der Kryptowerte-Whitepaper-Publizität,** dh Art. 15 verfolgt insoweit **dieselben Regelungszwecke** wie die Kryptowerte-Whitepaper-Publizitätspflicht[4]: Mittelbar bezweckt Art. 15 erstens die Absicherung einer informierten Anlageentscheidung der (potenziellen) Inhaber der anderen Kryptowerte, zweitens die Verhinderung eines informationsbedingten Marktversagens, drittens die Steigerung der allokativen und operationalen Effizienz des Marktes sowie viertens die Senkung der (Kapital-)Kosten der Emittenten der anderen Kryptowerte (**anleger- und marktschützende Funktion,** näher zu den [übergeordneten] Regelungszielen der Kryptowerte-Whitepaper-Publizität → Art. 4 Rn. 5ff., → Art. 5 Rn. 6, → Art. 6 Rn. 3). Ein weiterer anleger- bzw. individualschützender Regelungszweck der Kryptowerte-Whitepaper-Haftung aus Art. 15 besteht darin, den einzelnen Inhabern der anderen Kryptowerte im Falle von Informationspflichtverletzungen der publizitätspflichtigen Personen im Kryptowerte-Whitepaper ihre erlittenen Schäden zu ersetzen (**Kompensationsfunktion;** arg. Art. 15 Abs. 1: „für aufgrund dieses Verstoßes erlittene Schäden haftbar."; vgl. auch **Erwgr. Nr. 39**).[5]

5 Die **Haftung der Mitglieder des Verwaltungs-, Leitungs- oder Aufsichtsorgans** der publizitätspflichtigen Anbieter, Handelszulassungsantragsteller oder Handelsplattformbetreiber dient im Ausgangspunkt ebenfalls der **Einhaltung der Kryptowerte-Whitepaper-Publizitätspflicht** bzw. der **Prävention von Verstößen gegen die Publizitätspflicht** sowie der **Kompensation geschädigter Anleger** im obigen Sinne (näher zu diesen Funktionen → Rn. 4). Ihre normative Rechtfertigung findet die Organmitgliederhaftung in den folgenden Erwägungen: Die Erstreckung der Kryptowerte-Whitepaper-Haftung auf die Organmitglieder liegt darin begründet, dass es sich bei den publizitätspflichtigen Personen (insbes. den Anbietern und Handelszulassungsantragstellern) in vielen Fällen um verhältnismäßig **junge Unternehmen** mit einer tendenziell **geringen (Eigen-)Kapitalausstattung** handelt, so dass die an diese Unternehmen gerichteten haftungsrechtlichen Anreize der Kryptowerte-Whitepaper-Haftung aufgrund einer unzureichenden Vermögensausstattung oftmals leerzulaufen drohen (sog. **judgment proof problem**).[6]

---

[4] Ebenso für die Prospekthaftung gemäß §§ 9ff. WpPG: HMS Kapitalmarktinf-HdB/Habersack § 28 Rn. 1; allgemein für das Kapitalmarkthaftungsrecht im Verhältnis zum Kapitalmarktinformationsrecht: HMS Kapitalmarktinf-HdB/Paschos § 29 Rn. 1; vgl. auch Einsele ZEuP 2012, 23 (29f.).

[5] Siehe für die Prospekthaftung gemäß §§ 9ff. WpPG: HMS Kapitalmarktinf-HdB/Habersack § 28 Rn. 1.

[6] Maume RDi 2022, 461 (467); Zickgraf BKR 2021, 362 (365); in diesem Sinne für Art. 52 Abs. 1: Omlor ZdiW 2023, 131 (133); ähnlich auch Maume ECFR 2023, 243 (264) und Wittig WM 2023, 412 (418f.), die indes das drohende Versagen der Präventionsfunktion der Haftung als Rechtfertigung der Haftungserstreckung auf die Organmitglieder vernachlässigen und stattdessen alleine auf die (ebenfalls relevante) Aufrechterhaltung der Kompensationsfunktion abstellen; allgemein zum judgment proof problem: Summers, 132 U. Penn.

Unter solchen Umständen erscheint die Heranziehung weiterer Haftungsadressaten zum **Ausgleich der (drohenden) Unterabschreckung** sinnvoll und geboten,[7] wobei hierfür in besonderem Maße die (risikoaversen) Organmitglieder der Leitungsorgane in Betracht kommen[8], da diese das Unternehmen leiten und zugleich das (Publizitäts-)Verhalten der Unternehmen im Rahmen der betreffenden Transaktionen steuern (können).[9] Die mit der Erstreckung der Haftung auf die Organmitglieder einhergehende **Verschärfung der ex-post-Haftung** durch Art. 15 stellt zugleich einen **Ausgleich für die gelockerte ex-ante-Regulierung auf Verfahrensebene** dar und hängt in regulierungstheoretischer Hinsicht mit der verfahrensmäßigen Konzeption von Titel II zusammen[10], der im Unterschied zur ProspektVO (vgl. Art. 20 ProspektVO) kein behördliches Genehmigungsverfahren, sondern lediglich ein Übermittlungsverfahren (vgl. Art. 8 Abs. 1, Abs. 3) für das Kryptowerte-Whitepaper vorsieht.[11]

4. Qualifizierung des Art. 15 Abs. 1 als deliktsrechtliche Haftung

Für die Haftung eines Emittenten im Rahmen der Prospekthaftung hat der 6 EuGH im Rahmen einer Streitigkeit über die internationale Zuständigkeit entschieden, dass es sich bei Prospekthaftungsansprüchen um Ansprüche aus unerlaubter Handlung handelt.[12] Es erscheint naheliegend, dass der EuGH auch Art. 15 **Abs. 1** als **deliktsrechtlichen Haftungstatbestand** qualifizieren wird, da es sich um eine **Haftung für Informationspflichtverletzungen auf dem Primärmarkt** handelt, die der **Prospekthaftung vergleichbar ist**.[13] Eine solche Einordnung – und die damit verbundene Ablehnung der Einordnung als (vor-)vertragliche Haftung – erscheint auch insofern naheliegend, als zwischen den in Art. 15 Abs. 1 als Haftungsadressaten aufgeführten **Organmitgliedern** und den **Inhabern der anderen Kryptowerte kein Vertragsverhältnis** zustande kommt. Im Übrigen erfordert die Anspruchsberechtigung (→ Rn. 18, 22) im Rahmen des Art. 15 Abs. 1 auch nicht das Vorliegen eines vertraglichen Schuldverhältnisses zu den anderen Haftungsadressaten (dh Anbieter, Handelszulassungsantragsteller, Handelsplattformbetreiber, → Rn. 16f., 23ff.). Die Annahme einer Vertrauenshaftung (culpa in contrahendo) erscheint demgegenüber nicht überzeugend, da die Befürworter dieser Auffassung auf ein abstraktes bzw. typisiertes Vertrauen der geschädigten Anleger

---

L. Rev. 145ff. (1983); Shavell, 6 Int'l Rev. L. & Econ. 45ff. (1986); Pitchford, 85 Am. Econ. Rev. 1171ff. (1995).

[7] Shavell, 6 Int'l Rev. L. & Econ. 45, 54 (1986).
[8] Allgemein zur Erstreckung der Haftung auf die Organmitglieder als Regulierungsstrategie: Kraakman, 93 Yale L. Journ. 857, 869ff., 876ff., 885f. (1984); speziell zum Sekundärmarkt: Arlen/Carney, 1992 U. Ill. L. Rev. 691, 692, 700ff., 704ff.; vgl. ferner Tröger, Arbeitsteilung und Vertrag, 2012, S. 210.
[9] Näher Zickgraf BKR 2021, 362 (365f.) mit Ausführungen zu den Grenzen dieses Regelungsansatzes; kritisch Maume RDi 2022, 461 (467): „systemfremde Außenhaftung".
[10] Siehe allgemein zum Verhältnis und Zusammenspiel von ex-ante und ex-post-Regulierung: Shavell, Economic Analysis of Accident Law, 1987, S. 279ff.
[11] Zickgraf BKR 2021, 362 (363, 365 mit Fn. 23).
[12] EuGH 28.1.2015 – C-375/13 Rn. 44 – Kolassa; EuGH 12.9.2018 – C-304/17 Rn. 20f. – Löber.
[13] Bei Art. 15 Abs. 1 handelt es sich um eine spezialgesetzliche Prospekthaftung, ebenso für Art. 52 Abs. 1: Omlor ZdiW 2023, 131 (132).

abstellen.[14] Die Annahme eines solchen abstrakten bzw. typisierten Vertrauens stellt jedoch vielfach eine bloße Fiktion dar und gleicht im Regelfall einem Verzicht auf das Erfordernis eines (individuellen) Vertrauens des Anspruchstellers. Zumindest für die Ersatzfähigkeit des Kursdifferenzschadens bedarf es keiner Wahrnehmung der veröffentlichten (Fehl-)Informationen (→ Rn. 55 f.), so dass ein individuelles Vertrauen nicht erforderlich ist und in zahlreichen Fällen bei den Inhabern auch nicht vorhanden gewesen sein wird (→ Rn. 46). Man sollte derartige Fälle eines bloß typisierten Vertrauens daher nicht dem Vertrauensprinzip, sondern dem **Verkehrsschutzprinzip** zuordnen.[15] Bei den Informationspflichten aus Art. 6 iVm Art. 4, 5, von deren Verletzung Art. 15 Abs. 1 die Haftung abhängig macht, handelt es sich mithin um **marktbezogene Verkehrspflichten,** welche die Marktteilnehmer schützen. **Art. 15 Abs. 1** statuiert insofern eine **deliktische Haftung** für die Verletzung dieser als Verkehrspflichten zu qualifizierenden markt(teilnehmer)schützenden Informationspflichten.[16]

5. Verschuldenshaftung oder Haftung für objektive Sorgfaltspflichtverletzung?

7 Klärungsbedürftig erscheint die Frage, ob es sich bei der Haftung aus Art. 15 Abs. 1 um eine **Verschuldenshaftung** oder lediglich um eine **Haftung für eine objektive Sorgfaltspflichtverletzung** handelt. Die Literatur befürwortet überwiegend ein Verschuldenserfordernis[17], was jedoch nicht mithilfe der bisher überwiegend vorgebrachten Argumente begründet werden kann (näher → Rn. 8). Die Beantwortung der Frage wirkt sich insbesondere in Irrtumskonstellationen[18] aus: Irrt sich der Haftungsadressat schuldlos über die Reichweite oder den Inhalt seiner Informationspflichten oder die Richtigkeit der im Kryptowerte-Whitepaper zur Verfügung gestellten Informationen, wäre dessen Haftung im Falle einer Qualifizierung des Art. 15 Abs. 1 als Haftung für eine objektive Sorgfaltspflichtverletzung zu bejahen, wohingegen sie bei Einordnung als Verschuldenshaftung mangels Verschuldens ausgeschlossen wäre.[19]

8 Im Ausgangspunkt erscheint eine Einordnung des Art. 15 Abs. 1 als **Haftung für eine objektive Sorgfaltspflichtverletzung** vertretbar[20]: Schließlich enthält der **Wortlaut** des Art. 15 Abs. 1 **kein subjektives Verschuldenserfordernis.**[21] Im Übrigen hätte eine Haftung für ein bloß objektiv pflichtwidriges Verhalten den

---

[14] BGHZ 190, 7 Rn. 17 = NZG 2011, 829 (831); BGH WM 2022, 1679 Rn. 18 mwN.

[15] Allgemein Zickgraf ZfPW 2023, 35 (41).

[16] Ebenso für die Prospekthaftung: HMS Kapitalmarktinf-HdB/Habersack/Habersack § 28 Rn. 3 mwN zum Streitstand.

[17] Buck-Heeb BKR 2023, 689 (693f.); Maume RDi 2022, 461 (467); ebenso für Art. 52 Abs. 1 Omlor ZdiW 2023, 131 (133); offengelassen von Siadat RdF 2021, 12 (19).

[18] Siehe zur Relevanz des Verschuldens bei Irrtumskonstellationen: Heinze, Schadensersatz im Unionsprivatrecht, 2017, S. 578.

[19] Siehe allgemein zur haftungsbegrenzenden Funktion des Verschuldens (innere Sorgfalt) im Zusammenhang mit Irrtümern: BGHZ 80, 186 (199) = NJW 1981, 1603 (1606); BGH NJW 1994, 2232 (2233).

[20] Tendenziell für eine solche Interpretation des Kommissionsentwurfs Zickgraf BKR 2021, 362 (368).

[21] Buck-Heeb BKR 2023, 689 (693); Zickgraf BKR 2021, 362 (368).

Vorzug, dass eine solche objektive Haftung[22] den Haftungsadressaten **optimale Anreize zur Beschaffung von Informationen** über die Rechtslage sowie die Richtigkeit der im Kryptowerte-Whitepaper mitgeteilten Informationen vermitteln würde.[23] In systematischer sowie regulierungstheoretischer Hinsicht ließe sich zudem anführen, dass eine verschuldensunabhängige Haftung aus Art. 15 (ex post) den **Ausgleich für den Verzicht auf ein behördliches Genehmigungsverfahren** (ex ante) darstellen würde (→ Art. 8 Rn. 2, 7). Gegen die Interpretation des Art. 15 Abs. 1 als Haftungstatbestand für eine objektive Sorgfaltspflichtverletzung kann auch nicht eingewandt werden, dass es sich um eine systemfremde Haftung handeln würde, weil die in Umsetzung des Art. 11 ProspektVO erlassenen Haftungsregelungen der Mitgliedstaaten eine verschuldensunabhängige Haftung nicht kannten.[24] Zwar ist es zutreffend, dass die Mitgliedstaaten weit überwiegend eine verschuldensabhängige Prospekthaftung normiert haben,[25] doch muss bedacht werden, dass es Ausnahmen in einzelnen Mitgliedstaaten zu geben scheint[26] und eine verschuldensunabhängige Haftung mit Blick auf die verschuldensunabhängige Emittentenhaftung aus sec. 11(a) Securities Act of 1933[27] auch im internationalen Vergleich keineswegs ohne Vorbild wäre. Unabhängig davon erscheint jedoch bereits die normative Relevanz dieses Befunds, dh die Ausgestaltung der mitgliedstaatlichen Regelungen in Umsetzung von Art. 11 ProspektVO, für die Beantwortung der vorliegenden Fragestellung zweifelhaft, was nicht zuletzt daran liegt, dass Art. 11 ProspektVO ein Verschuldenserfordernis nicht entnommen werden kann. Eine unmittelbare Anknüpfung an Art. 11 ProspektVO mit der Folge eines auf das nationale Recht gestützten Verschuldenserfordernisses kommt angesichts der strukturellen Unterschiede zwischen Art. 11 ProspektVO und Art. 15 von vornherein nicht in Betracht[28], da Art. 15 Abs. 1 einen unmittelbar sowie abschließend im Unionsrecht verankerten Schadensersatzanspruch enthält, der anders als Art. 11 ProspektVO nicht lediglich einen Regelungsauftrag an die Mitgliedstaaten richtet. Für das unter systematischen Auslegungsgesichtspunkten relevante **Regelungsvorbild aus Art. 11 PRIIPs-VO** ist die **Rechtslage** demgegenüber **umstritten**[29], so dass systematische Erwägungen weder für noch gegen ein Verschuldenserfordernis sprechen. Angesichts der wechselnden Ausgestaltung der verschiedenen unionsprivatrechtlichen Schadensersatznormen hat sich auch kein allgemeines Prinzip der Ver-

---

[22] Selbst bei dieser Lesart würde es sich indes bei funktionaler Betrachtung aufgrund des Erfordernisses einer Informationspflichtverletzung nicht um eine Garantiehaftung handeln, siehe dazu Zickgraf BKR 2021, 362 (368).
[23] Vgl. Shavell, 21 Journ. Leg. Stud. 259, 260f., insbes. 263ff. (1992).
[24] So aber Maume RDi 2022, 461 (467); ebenso Buck-Heeb BKR 2023, 689 (693).
[25] Vgl. Fleischer Gutachten F für den 64. Deutschen Juristentag F 60f.; Zickgraf BKR 2021, 362 (368f.).
[26] Vgl. Hopt/Voigt in Hopt/Voigt (Hrsg.), Prospekt- und Kapitalmarktinformationshaftung, 2005, S. 83 unter Verweis auf die Prospekthaftung in Portugal, vgl. dazu wiederum Böckel/Grünewald in Hopt/Voigt (Hrsg.), Prospekt- und Kapitalmarktinformationshaftung, 2005, S. 909.
[27] Siehe hierzu Kulms in Hopt/Voigt (Hrsg.), Prospekt- und Kapitalmarktinformationshaftung, 2005, S. 1123; Grundmann/Selbherr WM 1996, 985 (986).
[28] AA für Art. 52 Omlor ZdiW 2023, 131 (133).
[29] Für Verschuldenserfordernis: Buck-Heeb WM 2018, 1197 (1203); gegen Verschuldenserfordernis: Wilhelmi/Kuschnereit ZBB 2018, 288 (299f.) unter Verweis auf den Wortlaut und das Fehlen eines allgemeinen Prinzips der Verschuldenshaftung.

Art. 15

schuldensabhängigkeit oder Verschuldensunabhängigkeit der Haftungstatbestände im Unionsprivatrecht herausgebildet.[30] Zu guter Letzt kann auch nicht aus dem Regelungsgehalt des Art. 15 Abs. 6 ein Argument gegen die Einordnung des Art. 15 Abs. 1 als Haftung für eine objektive Sorgfaltspflichtverletzung hergeleitet werden.[31] Wenngleich es zwar zutrifft, dass die Regelung des Art. 15 Abs. 6 den Inhabern der anderen Kryptowerte andere und weitergehende nationale Anspruchsgrundlagen offenhalten will (→ Rn. 66), würde eine Einordnung des Art. 15 Abs. 1 als verschuldensunabhängige Haftung ungeachtet der weit überwiegend verschuldensabhängigen nationalen Anspruchsgrundlagen nämlich keineswegs zu einem Leerlaufen des Art. 15 Abs. 6 führen.[32] Schließlich könnten die mitgliedstaatlichen Anspruchsgrundlagen hinsichtlich der Haftungsadressaten (zB Garanten), des Haftungsgrunds (zB fehlerhafte Marketingmitteilungen), des ersatzfähigen Schadensumfangs und des zu erbringenden Kausalitätsnachweises durchaus über Art. 15 Abs. 1 hinausgehen, so dass selbst bei Qualifizierung des Art. 15 Abs. 1 als verschuldensunabhängige Haftung ein sinnvoller Anwendungsbereich für Art. 15 Abs. 6 verbliebe.

9   Gleichwohl sprechen die **besseren Argumente** für die Einordnung des Art. 15 Abs. 1 als **Verschuldenshaftungstatbestand**[33]: Zunächst enthält das **Regelungsvorbild des Art. 35a Abs. 1 RatingVO** ein (qualifiziertes) Verschuldenserfordernis, was es nahe legt, dass der Unionsgesetzgeber im Falle eines bewussten Verzichts auf ein Verschuldenserfordernis die Abweichung als solche sowie deren Hintergründe in den Erwägungsgründen kurz erwähnt hätte, was indes nicht geschehen ist.[34] Mangels eines solchen Hinweises kann nicht davon ausgegangen werden, dass sich der Unionsgesetzgeber bewusst für eine verschuldensunabhängige Haftung entschieden hat. Im Übrigen ist **kein Sachgrund für die Etablierung** einer im Vergleich zur Prospekthaftung tendenziell **strengeren Haftung** ersichtlich, bei der die Mitgliedstaaten aufgrund der offenen Vorgaben des Art. 11 ProspektVO jedenfalls nicht zwingend eine verschuldensunabhängige Haftung vorhalten müssen, sondern ohne Weiteres eine Verschuldenshaftung im nationalen Recht normieren können.[35] Eine verschuldensunabhängige Kryptowerte-Whitepaper-Haftung brächte darüber hinaus die **Gefahr einer Überabschreckung** mit sich, die zu einem Marktrückzug oder zum Unterlassen des Markteintritts auf der Anbieterseite führen könnte. Diese Gefahr erscheint keineswegs bloß theoretischer Natur, da die **Organmitglieder** der Anbieter, Handelszulassungsantragsteller und Handelsplattformbetreiber zu den Haftungsadressaten des Art. 15 Abs. 1 zählen (→ Rn. 17, 26) und diese aufgrund der typischerweise vorhandenen **Risikoaversion** umso eher einem **Marktrückzug** oder gar einem **Verzicht auf den Markteintritt** zugeneigt sein könnten[36], wenn ihnen nicht nur eine persönliche, sondern zugleich eine verschuldensunabhängige Haftung drohen sollte. Die **Folgen einer verschuldensunabhängigen Haftung** stünden insofern im Widerspruch zu dem Ziel einer För-

---

[30] Vgl. Heinze, Schadensersatz im Unionsprivatrecht, 2017, S. 573 ff.
[31] AA Buck-Heeb BKR 2023, 689 (694); Maume RDi 2022, 461 (467).
[32] AA Buck-Heeb BKR 2023, 689 (694); Maume RDi 2022, 461 (467).
[33] Buck-Heeb BKR 2023, 689 (693 f.); Maume RDi 2022, 461 (467); ebenso de lege ferenda auf Grundlage des Kommissionsentwurfs: Zickgraf BKR 2021, 362 (368 f.); iE auch für Art. 52 Abs. 1 Omlor ZdiW 2023, 131 (133).
[34] Maume RDi 2022, 461 (467); ebenso für Art. 52 Abs. 1 Omlor ZdiW 2023, 131 (133).
[35] In diesem Sinne Buck-Heeb BKR 2023, 689 (694).
[36] Vgl. hierzu auch Maume ECFR 2023, 243 (264).

derung von Innovation und Wettbewerb (vgl. Erwgr. Nr. 6)[37], da dieses Ziel die Etablierung eines europäischen Marktes für Kryptowerte voraussetzt, was durch eine übermäßig abschreckende Haftung verhindert zu werden droht. Eine zu strenge Haftung würde dem bezweckten Marktschutz insofern zuwiderlaufen, als hierdurch die Bereitschaft der Anbieter, Handelszulassungsantragsteller und Handelsplattformbetreiber zur Marktteilnahme gefährdet würde. Hinzu kommt, dass sich eine Emission anderer Kryptowerte bei Zugrundelegung einer verschuldensunabhängigen Kryptowerte-Whitepaper-Haftung nicht unbedingt als kostengünstigere Finanzierungsalternative für KMU erweist und insoweit dem gesetzgeberischen Regelungsziel aus Erwgr. Nr. 2 S. 2 widerspricht.[38] Außerdem besteht angesichts der Neuartigkeit des Haftungstatbestands sowie der fehlenden Rechtsprechung zu Art. 15 eine nicht zu unterschätzende **Rechtsunsicherheit** für die Haftungsadressaten[39], was die Gefahr mit sich bringt, dass Haftungsadressaten ein **überhöhtes Sorgfaltsniveau** wählen, dh aus gesamtgesellschaftlicher Sicht exzessive Sorgfalts- und Schadensvermeidungsmaßnahmen erbringen,[40] wobei diese Gefahr im kapitalmarktrechtlichen Kontext angesichts der durch Informationspflichtverletzungen hervorgerufenen Umverteilungsschäden in besonderem Maße besteht.[41] Ein tatbestandliches **Verschuldenserfordernis** verspricht demgegenüber, die Sorgfalts- und Schadensvermeidungsmaßnahmen der Regelungsadressaten zu begrenzen, da im Falle von (Rechts-)Irrtümern, die bei Anwendung der im Verkehr erforderlichen Sorgfalt unvermeidlich gewesen sind, das tatbestandlich vorausgesetzte Verschulden der Haftungsadressaten nicht gegeben ist, wodurch im Ergebnis die für die Verhaltensanreize der Haftungsadressaten maßgeblichen, **haftungsrechtlichen Konsequenzen der bestehenden Rechtsunsicherheit abgemildert** werden.

In methodischer Hinsicht ist das Verschuldenserfordernis durch **teleologische Reduktion des Art. 15 Abs. 1**[42] umzusetzen. Um eine Reduktion des Tatbestands handelt es sich insofern, als das Verschuldenserfordernis eine weitere Haftungsvoraussetzung statuiert und hierdurch den zu weit geratenen Haftungstatbestand begrenzt. 10

6. Unternehmenshaftung: Strikte Verhaltens- und Verschuldenszurechnung

Im Hinblick auf Anbieter, Handelszulassungsantragsteller und Handelsplattformbetreiber als tatbestandliche Haftungsadressaten enthält Art. 15 Abs. 1 einen 11

---

[37] Hierauf abstellend Buck-Heeb BKR 2023, 689 (694).
[38] Buck-Heeb BKR 2023, 689 (694).
[39] Ebenso Buck-Heeb BKR 2023, 689 (696).
[40] Vgl. allgemein zum Einfluss von Rechtsunsicherheit auf das Sorgfaltsniveau: Calfee/Craswell, 70 Virg. L. Rev. 965 ff., 976 ff. (1984); Craswell/Calfee, 2 Journ. L. Econ. & Org. 279 ff. (1986).
[41] Näher zu den Implikationen der Umverteilungsschäden im vorliegenden Kontext: Zickgraf BKR 2021, 362 (368 f.) mwN.
[42] AA Buck-Heeb BKR 2023, 689 (694) und Omlor ZdiW 2023, 131 (133), die beide von einer Verortung des Verschuldenserfordernisses im mitgliedstaatlichen Recht ausgehen, was jedoch dem Grundsatz der einheitlichen Auslegung sowie dem Grundanliegen der Schaffung eines level playing field durch die Normierung eines unmittelbar anwendbaren und im Unionsrecht verankerten Schadensersatzanspruchs widerspricht.

Unternehmenshaftungstatbestand.[43] Schließlich handelt es sich bei diesen **Haftungsadressaten** – jedenfalls weil und soweit die in Titel II vorgesehenen Rechtsformanforderungen eingehalten werden (vgl. Art. 4 Abs. 1 lit. a, Art. 5 Abs. 1 lit. a) eingehalten werden – nicht um natürliche, sondern im Regelfall um **juristische Personen.** Aus rechtsökonomischer Sicht sollte diesen Haftungsadressaten das Handeln und Verschulden sämtlicher Organmitglieder und sonstiger unternehmensangehöriger Gehilfen strikt (dh verschuldensunabhängig) nach Maßgabe des Rechtsprinzips des **respondeat superior** zugerechnet werden. Nur eine solche **strikte Handlungs- und Verschuldenszurechnung** führt nämlich zu einer vollständigen Internalisierung der Kosten der arbeitsteiligen (Güter-)Produktion und Organisation der Unternehmensrechtsträger sowie zur Wahl eines effizienten Sorgfalts- und Aktivitätsniveaus.[44] Außerdem entbindet eine strikte Zurechnung des Verhaltens aller Unternehmensangehörigen einen klagenden Inhaber vom Erfordernis des Nachweises eines objektiv sorgfaltspflichtwidrigen oder subjektiv schuldhaften Handelns eines bestimmten Organmitglieds oder Gehilfen, was einerseits die administrativen Kosten etwaiger Haftungsprozesse verringert und andererseits die praktischen Erfolgsaussichten etwaiger Schadensersatzklagen steigert, was wiederum zu einer effektiveren privaten Rechtsdurchsetzung mit positiven (Anreiz-)Wirkungen auf das Sorgfalts- und Aktivitätsniveaus führt.[45] Die strikte Zurechnung des Verhaltens und Verschuldens von Mitarbeitern wird man in Anbetracht der kartellrechtlichen Rechtsprechung des EuGH zu Art. 101, 102 AEUV, der Regelungskonzeption des Art. 82 DSGVO sowie der entsprechenden Rechtslage bei Art. 29 CSDDD[46] als **allgemeines Prinzip des Unionsrechts** bezeichnen dürfen. Das Prinzip der strikten Verhaltens- und Verschuldenszurechnung sollte daher ebenso für Art. 15 Abs. 1 Geltung beanspruchen.

II. Anwendungsbereich

1. Sachlicher Anwendungsbereich

12 Der sachliche Anwendungsbereich des Art. 15 ist ausweislich seiner **systematischen Stellung in Titel II** nur für **andere Kryptowerte als vermögenswertereferenzierte Token oder E-Geld-Token** eröffnet. Bei dem in Art. 15 wiederholt in Bezug genommenen, allgemeinen Begriff des **„Kryptowerts"** (Art. 3 Abs. 1 Nr. 5) handelt es sich ersichtlich um ein **Redaktionsversehen** des Unionsgesetzgebers. Der Wortlaut bedarf insoweit einer **teleologischen Reduktion.**

13 Darüber hinaus bedarf es der **Erstellung** und **Veröffentlichung eines Kryptowerte-Whitepapers,** was einerseits unmittelbar aus dem Wortlaut des Art. 15 Abs. 1 (arg. Wortlaut: „zur Verfügung gestellt") sowie andererseits aus der systemati-

---

[43] In Bezug auf die Haftungsadressatenstellung der Organmitglieder enthält Art. 15 Abs. 1 zugleich eine Individualhaftung, die jedoch keine Besonderheiten gegenüber einer gewöhnlichen privatrechtlichen (Individual-)Haftung aufwirft und daher im Folgenden nicht eigens erörtert wird.

[44] Sykes, 93 Yale L.J. 1231, 1246 (1984); Sykes 101 Harv. L. Rev. 563, 567, 569, 576 f. (1988); Wagner ZHR 181 (2017), 203 (255 ff.); Habersack/Zickgraf RabelsZ 87 (2023), 532 (597).

[45] Kornhauser 70 California Law Review 1345, 1350 (1370) (1982); Wagner ZHR 181 (2017), 203 (258 f.); Habersack/Zickgraf RabelsZ 87 (2023), 532 (597 f.).

[46] Siehe zum Ganzen Habersack/Zickgraf RabelsZ 87 (2023), 532 (605 mwN).

schen Erwägung folgt, dass sich die im Kryptowerte-Whitepaper enthaltenen Informationen nur in diesem Fall kausal auf die Transaktionsentscheidung des Inhabers des anderen Kryptowerts ausgewirkt haben können (arg. Systematik: Art. 15 Abs. 4 e.c.).

Aus dem Erfordernis eines veröffentlichen Kryptowerte-Whitepapers (→ Rn. 14) folgt zugleich, dass **Art. 15** im Falle des schwerstmöglichen Verstoßes gegen die Kryptowerte-Whitepaper-Pflicht, dh im Falle der **Nichtveröffentlichung** eines Kryptowerte-Whitepapers **trotz bestehender Veröffentlichungspflicht (fehlendes Kryptowerte-Whitepaper), keine taugliche Anspruchsgrundlage** darstellt.[47] Wertungsmäßig vermag die Inexistenz einer Haftungsregel für den Fall des fehlenden Kryptowerte-Whitepapers in Art. 15 zwar nicht zu überzeugen[48], doch muss diese Entscheidung des Unionsgesetzgebers, die im Wortlaut des Art. 15 Abs. 1 u. Abs. 4 („irreführende Informationen zur Verfügung gestellt")[49] sowie in der Systematik des Art. 15 (vgl. die Regelung der haftungsbegründenden Kausalität durch Art. 15 Abs. 4, → Rn. 53) zum Ausdruck kommt, hingenommen werden. Eine Haftung für ein fehlendes Kryptowerte-Whitepaper kann sich insofern nur auf Grundlage einer zivilrechtlichen Haftung nach nationalem Recht (→ Rn. 67) ergeben. Besonderheiten bestehen bei dem – auf den ersten Blick vergleichbaren – Fall der **Nichtveröffentlichung eines aktualisierten Kryptowerte-Whitepapers** trotz bestehender **Aktualisierungspflicht** entgegen Art. 12 iVm Art. 9: Insoweit kann nämlich an das ursprünglich veröffentlichte Kryptowerte-Whitepaper als Grundlage der Haftung angeknüpft werden. Schließlich führt der Verstoß gegen Art. 12 (iVm Art. 9) dazu, dass das ursprünglich veröffentlichte Kryptowerte-Whitepaper seine Aktualität verliert. Da es sich bei dem **Grundsatz der Aktualität** um einen **Unterfall der Grundsätze der Richtigkeit und Vollständigkeit** des Kryptowerte-Whitepapers handelt (→ Art. 6 Rn. 16), führt die **Verletzung der Aktualisierungspflicht** zugleich zu einem **Verstoß gegen Art. 6**, dh die publizitätspflichtige Person stellt in diesem Fall iSd Art. 15 Abs. 1 „unvollständige" bzw. „unredliche Informationen" (→ Rn. 29, zu den Grundsätzen der Richtigkeit und Vollständigkeit → Art. 6 Rn. 7 ff., 10 f.) in Bezug auf das **ursprünglich veröffentlichte Kryptowerte-Whitepaper** zur Verfügung. Alleine diese – vom Wortlaut des Art. 15 Abs. 1 durchaus gedeckte – Auslegung wird dem Regelungszweck des Art. 15 (→ Rn. 4) gerecht, da die zivilrechtliche Haftung im Falle eines Verstoßes gegen die Aktualisierungspflicht die präventiven Anreize zu deren Wahrung stärkt und nur bei Einhaltung der Aktualisierungspflicht sowie der hierdurch gewährleisteten Anlageentscheidung auf aktueller Inforationsgrundlage die

---

[47] AA für Art. 52 Abs. 1: Omlor ZdiW 2023, 131 (133).
[48] Kritisch bereits zum Kommissionsentwurf: Zickgraf BKR 2021, 362 (370). In rechtspolitischer Hinsicht überzeugt daher die Auffassung von Omlor ZdiW 2023, 131 (133).
[49] Vgl. Zickgraf BKR 2021, 362 (370); aA Omlor ZdiW 2023, 131 (133), der isoliert an den Verstoß gegen Art. 6 (für Art. 15 Abs. 1) bzw. Art. 51 (für Art. 52 Abs. 1) anknüpfen will, was jedoch dem Wortlaut von Art. 15 Abs. 1 bzw. Art. 52 Abs. 1 widerspricht, der nicht isoliert den Verstoß gegen die Kryptowerte-Whitepaper-Pflicht als solche, sondern die Informationspflichtverletzung im Kryptowerte-Whitepaper („indem") sanktioniert. Auch das zweite Argument, dass Art. 6 Abs. 1 bzw. Art. 51 Abs. 1 nur die Pflicht zur Veröffentlichung des Whitepapers enthalte („ob", vgl. Omlor ZdiW 2023, 131 (133)), vermag nicht recht zu überzeugen, da sowohl Art. 6 Abs. 1 als auch Art. 51 Abs. 1 bereits den Inhalt des Kryptowerte-Whitepapers in struktureller Hinsicht vorgeben („muss alle folgenden Informationen [enthalten]").

Art. 15 Titel II Andere Kryptowerte

übergeordneten Regelungsziele der Kryptowerte-Whitepaper-Publizität (= Absicherung einer informierten Anlageentscheidung und Steigerung der Markteffizienz, → Rn. 4, → Art. 6 Rn. 16) erreicht werden.

15 Ausweislich seines Wortlauts enthält Art. 15 Abs. 1 („in einem Kryptowerte-Whitepaper oder einem geänderten Kryptowerte-Whitepaper") überdies **keinen Haftungstatbestand für fehlerhafte Marketingmitteilungen** (zur möglichen Haftung auf der Grundlage des nationalen Zivilrechts → Rn. 67).

2. Persönlicher Anwendungsbereich

16 Als **mögliche** und **originäre Haftungsadressaten** der Kryptowerte-Whitepaper-Haftung aus Art. 15 kommen die Anbieter, die Handelszulassungsantragsteller oder die Betreiber einer Handelsplattform für Kryptowerte in Betracht. Im **konkreten Einzelfall** trifft die Haftung aus dem Kreis der möglichen Haftungsadressaten indes nur denjenigen, der ein Kryptowerte-Whitepaper **erstellt** und dabei gegen Art. 6 verstoßen hat (arg. Wortlaut: „oder"; arg. Normzweck: Präventionsfunktion), dh den **Anbieter** im Falle eines **öffentlichen Angebots** (Art. 3 Abs. 1 Nr. 12), den **Handelszulassungsantragsteller** im Falle der **Beantragung der Handelszulassung** sowie den **Betreiber der Handelsplattform** (nur) in den Fällen der **Art. 5 Abs. 2 u. Abs. 3**. Die Haftung aus Art. 15 trifft damit aus dem Kreis der möglichen Haftungsadressaten letzten Endes den (tatsächlichen) **Ersteller** bzw. **Urheber des Kryptowerte-Whitepapers,** der wegen Art. 6 Abs. 3 (→ Art. 6 Rn. 27) zugleich die Verantwortung für den Inhalt des Kryptowerte-Whitepapers übernehmen muss.[50]

17 Neben den originären Haftungsadressaten (dh Anbieter, Handelszulassungsantragsteller, Betreiber einer Handelsplattform für Kryptowerte) kommen als **derivative Haftungsadressaten** stets auch die **Mitglieder des Verwaltungs-, Leitungs- oder Aufsichtsorgans** des Kryptowerte-Whitepaper-Erstellers in Betracht. Taugliche Haftungssubjekte iSd Art. 15 Abs. 1 sind dabei die **Organmitglieder derjenigen juristischen Person** (vgl. Art. 4 Abs. 1 lit. a, Art. 5 Abs. 1 lit. a), auf die Art. 15 als **originäre Haftungsadressatin** im konkreten Einzelfall anwendbar ist (→ Rn. 16). Art. 15 Abs. 1 unterscheidet insofern zwischen dem **Verwaltungs-, Leitungs-** und **Aufsichtsorgan,** was auf eine Unterteilung in juristische Personen mit **monistischer** (Verwaltungsorgan) und **dualistischer Organisationsverfassung** (Leitungs- und Aufsichtsorgan) hinausläuft.[51] Durch die Differenzierung der verschiedenen in Art. 3 Abs. 1 Nr. 27 genannten Organfunktionen weicht Art. 15 Abs. 1 von der Terminologie des **Erwgr. Nr. 39** („Leitungsorgane") sowie dem Gehalt der **Definitionsnorm** des **Art. 3 Abs. 1 Nr. 27,** die sowohl Organe mit Leitungs-/Geschäftsführungsaufgaben als auch solche mit Überwachungsaufgaben erfasst und diese übereinstimmend als „Leitungsorgan[e]" bezeichnet, ab. Diese tatbestandliche Ausdifferenzierung ändert jedoch nichts an dem Umstand, dass **sämtliche bestellte Mitglieder der in Art. 3 Abs. 1 Nr. 27 genannten Organe** – sofern diese Organe in der (monistischen oder dualistischen) **Organisationsverfassung** der originär verantwortlichen juristischen Person nach

---

[50] Für die Haftung aus Art. 15 kommt es jedoch nicht darauf an, ob die Verantwortungsübernahmeerklärung tatsächlich in Übereinstimmung mit Art. 6 Abs. 3 erfolgt ist, da der Tatbestand des Art. 15 Abs. 1 nicht an diesen Umstand anknüpft (anders §§ 9 Abs. 1 S. 1 Nr. 1, 10 WpPG iVm § 8 WpPG).
[51] Ebenso Buck-Heeb BKR 2023, 689 (691).

nationalem Recht vorgesehen sind – zu den tauglichen (derivativen) Haftungsadressaten iSd Art. 15 zählen.[52]

Anspruchsberechtigte Gläubiger des Anspruchs aus Art. 15 sind zweifellos die **aktuellen Inhaber** der anderen Kryptowerte (arg. Wortlaut Art. 15 Abs. 1: „Inhaber des Kryptowerts"). Wie die Verkaufs- bzw. Tauschvariante innerhalb des Art. 15 Abs. 4 zeigt, kommen auch die **früheren Inhaber** der anderen Kryptowerte als Anspruchsberechtigte in Betracht, die aufgrund der Informationspflichtverletzung den anderen Kryptowert verkauft oder getauscht haben (arg. Art. 15 Abs. 4 e.c.: „das Verlassen auf diese Informationen [hat sich] auf die Entscheidung des Inhabers, diesen Kryptowert (…) zu verkaufen oder zu tauschen, ausgewirkt"). Dies kann ohne Weiteres mit dem offen formulierten Wortlaut des Art. 15 Abs. 1 in Einklang gebracht werden, der keine Vorgaben zum Zeitpunkt der Inhaberschaft macht. 18

3. Räumlicher Anwendungsbereich

Der Informationshaftungsanspruch aus Art. 15 knüpft an einen **Verstoß gegen Art. 6** (Informationspflichtverletzung) an. Der räumliche Anwendungsbereich des Art. 15 ist insofern aufs Engste mit dem räumlichen Anwendungsbereich der Kryptowerte-Whitepaper-Publizität (→ Art. 6 Rn. 5) verbunden und immer dann eröffnet, wenn ein **öffentliches Angebot** eines anderen Kryptowerts **in der Union** durchgeführt (→ Vor Art. 4 ff. Rn. 23, → Art. 4 Rn. 10,) oder eine **Handelszulassung** für den anderen Kryptowert **in der Union** beantragt bzw. durchgeführt worden ist (→ Vor Art. 4 ff. Rn. 24, → Art. 5 Rn. 9).[53] 19

Angesichts des Verordnungscharakters der MiCAR sowie der damit einhergehenden allgemeinen und unmittelbaren Geltung (vgl. Art. 288 Abs. 2 AEUV) der Haftungsnorm des Art. 15 erübrigt sich innerhalb der Europäischen Union von vornherein die Frage nach dem anwendbaren (Haftungs-)Recht.[54] MaW entfällt aufgrund des **Einheitsrechtscharakters der MiCAR** die Notwendigkeit der Bestimmung des anwendbaren Rechts nach Maßgabe des Internationalen Privatrechts.[55] Dasselbe gilt bei Rechtsverhältnissen mit **Bezug zu Drittstaaten,** zB im Falle von Inhabern der anderen Kryptowerte mit Sitz oder gewöhnlichem Aufent- 20

---

[52] Wohl anders in Bezug auf die Mitglieder des Aufsichtsorgans iSd dualistischen Systems (zB Mitglieder des Aufsichtsrats einer deutschen oder österreichischen AG): Buck-Heeb BKR 2023, 689 (691). Gegen diese Auffassung spricht im Hinblick auf Art. 3 Abs. 1 Nr. 27 dessen Wortlaut, der vor dem Hintergrund des dualistischen Systems im Plural von den „Organe[n]" spricht. In Art. 15 Abs. 1 differenziert der Gesetzgeber ausdrücklich zwischen dem Verwaltungs- (monistisches System) sowie dem Leitungs- und Aufsichtsorgan (dualistisches System), was wiederum für eine Erfassung der Mitglieder des Aufsichtsorgans einer Gesellschaft mit dualistischer Organisationsverfassung spricht.

[53] Konzeptionell ähnlich EuGH 12.5.2021 – C-709/19 Rn. 34 f. – Vereniging van Effectenbezitters.

[54] Im Ausgangspunkt ebenso für Art. 35a RatingVO: MüKoBGB/Lehmann, Internationales Finanzmarktaufsichtsrecht, 8. Aufl. 2021, Rn. 535. Eine Ausnahme bilden zivilrechtliche Ansprüche gemäß dem nationalen Recht iSd Art. 15 Abs. 6 (→ Rn. 66 f.), bei denen das anwendbare Sachrecht anhand der Rom I- und insbes. der Rom II-VO zu ermitteln ist (ebenso BeckOGK/Dornis, Internationales und europäisches Finanzmarktrecht Internationales und europäisches Finanzmarktrecht, Stand: 1.11.2022, Rn. 747).

[55] Wie hier für Art. 35a RatingVO: Dutta IPrax 2014, 33 (40); aA für Art. 1 RatingVO: MüKoBGB/Lehmann, Internationales Finanzmarktaufsichtsrecht, 8. Aufl. 2021, Rn. 537.

Art. 15

halt in Drittstaaten. Auch insoweit bedarf es keines Rückgriffs auf die VO (EG) 864/2007 (Rom II-VO)[56], da Art. 15 als Marktnorm den eigenen räumlichen Anwendungsbereich selbst festlegt (vgl. auch Art. 27 Rom II-VO): Indem Art. 15 (unmittelbar) auf die Wahrung der Kryptowerte-Whitepaper-Pflicht abzielt (Präventionsfunktion), die ihrerseits den **Schutz des Europäischen Marktes für (andere) Kryptowerte** bezweckt, umfasst der **Normzweck des Art. 15** (mittelbar) zugleich den Schutz dieses Marktes (ausführlich zum Ganzen → Rn. 4). Der **marktschützenden Funktion** des Art. 15 ist dadurch Rechnung zu tragen, dass der Haftungstatbestand des Art. 15 bei öffentlichen Angeboten sowie (beantragten) Handelszulassungen **in der Union (Marktortprinzip)** stets zur Anwendung gelangt. Dies entspricht im Übrigen der allgemeinen Festlegung des räumlichen Anwendungsbereichs der MiCAR durch **Art. 2 Abs. 1**, was ebenfalls für eine „Kollisionsrechtsunabhängigkeit" der Haftung aus Art. 15 streitet.[57] Auf den gewöhnlichen Aufenthalt, den Sitz oder die Herkunft der Anspruchsberechtigten oder Haftungsadressaten, den Ort des Schadenseintritts (Erfolgsort) oder der Informationspflichtverletzung als Verletzungshandlung (Handlungsort) kommt es demgegenüber auch in Sachverhalten mit Drittstaatenbezug nicht an. Vielmehr gelangt Art. 15 immer dann zur Anwendung, wenn der stets erforderliche und zugleich hinreichende **Bezug zum Binnenmarkt** aufgrund eines **öffentlichen Angebots** oder einer (beantragten) **Handelszulassung in der Union** gegeben ist (genuine link).[58] Schließlich besteht in diesen Fällen ein **öffentliches Interesse** an der Anwendung des Art. 15 zum (präventiven) **Schutz des europäischen Marktes für andere Kryptowerte**. Nach hier vertretener Auffassung legt Art. 15 demnach als Markt(schutz)norm den eigenen räumlichen Anwendungsbereich selbst und abschließend fest. Aus Sicht der Marktteilnehmer führt diese Lösung im Vergleich zu einer Anwendung von Art. 4 Abs. 1 Rom II-VO im Übrigen zu einer besseren **Vorhersehbarkeit des anwendbaren Rechts** und damit zu erhöhter **Rechtssicherheit**. Für eine Heranziehung des Internationalen Privatrechts (insbes. der Rom II-VO) gibt es demgegenüber aus unionaler Perspektive weder eine Notwendigkeit noch eine sachliche Rechtfertigung. Vielmehr erschiene in Lebenssachverhalten mit Drittstaatenbezug eine Anwendung der Rom II-VO in Anbetracht der marktschützenden Funktion des Art. 15 vielfach nicht angemessen[59]: Die Anwendung des Art. 4 Abs. 1 Rom II-VO würde nämlich in Kombination mit dem Umstand, dass der Schaden in den hier in Frage stehenden (Drittstaaten-)Sachverhalten

---

[56] Vgl. zur deliktischen Qualifikation von Informationshaftungsansprüchen auf dem Primärmarkt: EuGH 28.1.2015 – C-375/13 Rn. 44 – Kolassa (in Bezug auf die internationale Zuständigkeit, wobei die Erwägungen zur internationalen Zuständigkeit wegen Erwgr. Nr. 7 Rom II-VO auf die international-privatrechtliche Qualifikation zu übertragen sind).
[57] Vgl. für eine entsprechende Argumentation mithilfe des Art. 2 Abs. 1 RatingVO für Art. 35a RatingVO: Dutta IPrax 2014, 33 (40).
[58] In diese Richtung nunmehr auch EuGH 12.5.2021 – C-709/19 Rn. 34f. – Vereiniging van Effectenbezitters durch Anknüpfung an den räumlichen Anwendungsbereich der (primären) Offenlegungspflichten und das Bestehen eines „Anlagemarktes".
[59] Aufgrund der marktschützenden Funktion des Finanzmarktrechts allgemein kritisch zur Anknüpfung an den Ort des Schadenseintritts: Einsele ZEuP 2012, 23 (29f.); Lehmann IPRax 2012, 399 (400); BeckOGK/Dornis, Internationales und europäisches Finanzmarktrecht Internationales und europäisches Finanzmarktrecht, Stand: 1.11.2022, Rn. 638 mwN.

typischerweise im Drittstaat eintritt[60], im Regelfall zur Versagung von Ansprüchen aus Art. 15 gegenüber Anlegern aus Drittstaaten führen. Eine solche **Ungleichbehandlung in Bezug auf den Anlegerschutz** hätte jedoch potentiell zur Folge, dass sich Anleger aus Drittstaaten vom EU-Kapitalmarkt für andere Kryptowerte zurückziehen oder bereits gar nicht an diesem teilnehmen würden, was im Widerspruch zum **öffentlichen Interesse** an einem möglichst **liquiden (Kapital-) Markt für andere Kryptowerte** in der Union stünde. Ein weiterer Nachteil der Anknüpfung an den Schadensort iSd Art. 4 Abs. 1 Rom II-VO bestünde in der mangelnden Vorhersehbarkeit des anwendbaren (Haftungs-)Rechts aus Sicht der Haftungsadressaten.[61] Darüber hinaus erscheint der Ort des Schadenseintritts unter Marktschutzgesichtspunkten weitgehend irrelevant, da sich Informationspflichtverletzungen im Rahmen öffentlicher Angebote und Handelszulassungen in der Union unabhängig vom (kaum vorhersehbaren) Ort des Schadenseintritts bei den betroffenen Inhabern der anderen Kryptowerte nachteilig auf das **Ansehen des europäischen (Kapital-)Markts** für andere Kryptowerte auswirken (können). Die **marktschützende Funktion** des Art. 15 gebietet daher dessen Anwendung im Falle eines **öffentlichen Angebots** oder einer **Handelszulassung** eines anderen Kryptowerts als eines vermögenswertereferenzierten Token **in der Union** (→ Rn. 19, → Vor Art. 4 ff. Rn. 23 f.).[62]

4. Zeitlicher Anwendungsbereich

Der Haftungstatbestand aus Art. 15 Abs. 1 statuiert eine **zeitlich unbegrenzte Haftung**.[63] Ob aus diesem Grund mit Art. 15 Abs. 1 eine allgemeine (Kapitalmarkt-)Informationshaftung für andere Kryptowerte verbunden ist, hängt davon ab, wie weit man den zeitlichen Anwendungsbereich der Aktualisierungspflicht aus

---

[60] Nach der Rechtsprechung des EuGH zu Art. 5 Nr. 3 Brüssel I-VO bzw. Art. 7 Nr. 2 Brüssel Ia-VO (vgl. zur Übertragbarkeit: Erwgr. Nr. 7 Rom II-VO) tritt der Schaden im Wohnsitzstaat des geschädigten Anlegers ein, wenn dort das Bankkonto des Klägers belegen ist, mit welchem das betreffende Finanzinstrument erworben worden ist, vgl. EuGH 28.1.2015 – C-375/13 Rn. 54 ff. – Kolassa; die Anknüpfung an den Belegenheitsort des Bankkontos relativierend EuGH 16.6.2016 – C-12/15 Rn. 32, 35 ff. – Universal Music; konzeptionelle Neuausrichtung durch EuGH 12.5.2021 – C-709/19 Rn. 34 f. – Vereniging van Effectenbezitters: Anknüpfung an den räumlichen Anwendungsbereich der Offenlegungspflichten.

[61] So im Kontext des Art. 35a RatingVO Dutta IPrax 2014, 33 (38): „Die Ratingagentur müsste mithin bei einer Anknüpfung an ein persönliches Merkmal des Geschädigten mit einer Haftung potentiell nach sämtlichen Haftungsrechten der Welt rechnen.".

[62] Das hier befürwortete Ergebnis könnte auf abweichender dogmatischer Grundlage ebenso durch Bestimmung des anwendbaren Rechts mithilfe von Art. 4 Abs. 1 Rom II-VO (für die Gleichsetzung von Markt- und Schadens- bzw. Erfolgsort: BeckOGK/Dornis, Internationales und europäisches Finanzmarktrecht Internationales und europäisches Finanzmarktrecht, Stand: 1.11.2022, Rn. 660, 660.1) oder Art. 4 Abs. 3 S. 1 Rom II-VO (vgl. für diese Möglichkeit im Kontext des Art. 35a RatingVO: Dutta IPrax 2014, 33 (38); kritisch hierzu: MüKoBGB/Lehmann, Internationales Finanzmarktaufsichtsrecht, 8. Aufl. 2021, Rn. 582 mwN) durch Anwendung des Marktortprinzips erreicht werden. Nach hier vertretener Auffassung kommt eine Anwendung der Rom II-VO jedoch von vornherein nicht in Betracht, da Art. 15 (iVm Art. 2 Abs. 1) seinen räumlichen Anwendungsbereich selbst festlegt (arg. Art. 27 Rom II-VO; siehe zur dortigen Vorrangregel: MüKoBGB/Junker, Rom II-VO, 8. Aufl. 2021, Art. 27 Rn. 13).

[63] Buck-Heeb BKR 2023, 689 (691); vgl. auch Wittig WM 2023, 412 (418).

Art. 15

Art. 12 Abs. 1 S. 2 Var. 2 bei Zulassung des anderen Kryptowerts zum Handel zieht (→ Art. 12 Rn. 13). Bei wortlautgetreuer Anwendung des Art. 12 Abs. 1 S. 2 Var. 2 ergäbe sich bei anderen Krytowerten, die zum Handel zugelassen sind, eine allgemeine (Kapitalmarkt-)Informationshaftung, die im Ergebnis auch Verstöße gegen die ad-hoc-Publizität aus Art. 88 (dh Informationspflichtverletzungen auf dem Sekundärmarkt) erfassen würde, da eine kursrelevante Insiderinformation iSd Art. 87 stets zugleich eine „wesentliche Information" iSd Art. 12 Abs. 1 S. 1 (→ Art. 12 Rn. 12) darstellt, deren Nichtaufnahme in das Kryptowerte-Whitepaper eine Informationspflichtverletzung iSd Art. 15 Abs. 1 begründen würde (→ Rn. 14, → Rn. 29). Diese Sichtweise kann für sich anführen, dass dem (früheren) Inhaber im Falle des Verkaufs des anderen Kryptowerts (vgl. Art. 15 Abs. 4 Hs. 2 Var. 2) in rechtstatsächlicher Hinsicht wohl am ehesten aufgrund einer Verletzung der Adhoc-Pflicht aus Art. 88 ein Schaden entstehen können dürfte. Zudem ergäbe sich bei Annahme einer zeitlich unbegrenzten Aktualisierungspflicht gemäß Art. 12 Abs. 1 S. 2 Var. 2 eine gewisse systematische Stimmigkeit mit dem zeitlich unbegrenzten Anwendungsbereich des Art. 15 Abs. 1. Im Ergebnis erscheint es jedoch überzeugender, den zeitlichen Anwendungsbereich des Art. 12 Abs. 1 S. 2 Var. 2 einzuschränken und die Aktualisierungspflicht nur **bis zur Eröffnung des Handels** fortbestehen zu lassen (näher → Art. 12 Rn. 14). Begrenzt man den zeitlichen Anwendungsbereich des Art. 12 Abs. 1 S. 2 Var. 2 mit der hier vertretenen Auffassung, ergibt sich aus Art. 15 Abs. 1 **keine allgemeine (Kapitalmarkt-)Informationshaftung.** Vielmehr begründet Art. 15 Abs. 1 nach der hiesigen Konzeption nur Schadensersatzansprüche wegen **Informationspflichtverletzungen auf dem Primärmarkt.**

III. Anspruchsberechtigte

22 **Gläubiger** des Schadensersatzanspruchs aus Art. 15 Abs. 1 sind die **aktuellen und früheren Inhaber** (→ Rn. 18) der anderen Kryptowerte (→ Rn. 12), die **nach Veröffentlichung des Kryptowerte-Whitepapers** (arg. Wortlaut: „zur Verfügung gestellt") infolge der Informationspflichtverletzung (näher → Rn. 28 ff.) den betreffenden anderen Kryptowert gekauft, verkauft oder getauscht haben (vgl. Art. 15 Abs. 4). Als **Anspruchsberechtigte** kommen damit nur diejenigen in Betracht, die zu einem **bestimmten Zeitpunkt Inhaber** der Kryptowerte geworden sind und während der **Desinformationsphase** – dh kausal aufgrund der Informationspflichtverletzung – eine **Transaktion** durchgeführt haben (arg. Art. 15 Abs. 4: „und dass sich das Verlassen auf diese Informationen auf die Entscheidung des Inhabers, diesen Kryptowert zu kaufen, zu verkaufen oder zu tauschen, ausgewirkt hat."; zur haftungsbegründenden Kausalität → Rn. 53 ff.).[64] Während sich die Anspruchsberechtigung der aktuellen Inhaber ohne Weiteres aus dem **Wortlaut des Art. 15 Abs. 1** („Inhaber") ergibt, folgt die Anspruchsberechtigung der früheren

---

[64] Vgl. Zickgraf BKR 2021, 362 (365 mit Fn. 22). Im Falle der Kaufvariante des Art. 15 Abs. 4 („zu kaufen") fällt der Erwerb der Inhaberschaft des anderen Kryptowerts mit dem Erfordernis einer Transaktion in der Desinformationsphase zusammen. Bei den Verkaufs- und Tauschvarianten des Art. 15 Abs. 4 fallen die Erwerbshandlung und die Transaktion innerhalb der Desinformationsphase demgegenüber auseinander. Siehe allgemein zum Transaktionserfordernis bei Kapitalmarktinformationshaftungsansprüchen: Hellgardt, Kapitalmarktdeliktsrecht, 2008, S. 349 ff.

Inhaber der anderen Kryptowerte aus einem **Umkehrschluss zu Art. 15 Abs. 4**, der ausweislich der Bezugnahme auf den Verkauf sowie den Tausch des anderen Kryptowerts aufgrund der Informationspflichtverletzung von einer Anspruchsberechtigung der früheren Inhaber der anderen Kryptowerte ausgeht.

IV. Haftungsadressaten

1. Anbieter, Handelszulassungsantragsteller, Handelsplattformbetreiber

Der Schadensersatzanspruch aus Art. 15 Abs. 1 kann sich gegen den **Anbieter** (Art. 3 Abs. 1 Nr. 13), den **Handelszulassungsantragsteller** oder den **Betreiber der Handelsplattform** richten. Jedoch haften diese drei potentiellen Haftungsadressaten keineswegs in jedem Fall (arg. Wortlaut: „oder"). Vielmehr setzt die Passivlegitimation die **Erstellung** und **Veröffentlichung eines Kryptowerte-Whitepapers** durch den Anbieter, Handelszulassungsantragsteller oder Betreiber einer Handelsplattform voraus (→ Rn. 16). Schließlich erfordert die **Präventionsfunktion des Art. 15,** dass den (tatsächlichen) Ersteller die Haftung trifft, damit diesem ein haftungsrechtlicher Anreiz zur Vermeidung von Informationspflichtverletzungen im Kryptowerte-Whitepaper vermittelt wird (arg. Normzweck, → Rn. 4). Der Schadensersatzanspruch aus Art. 15 Abs. 1 richtet sich demnach gegen den jeweiligen (tatsächlichen) **Ersteller** des betreffenden Kryptowerte-Whitepapers (→ Rn. 16).

Bei der Haftung der **Betreiber einer Handelsplattform** für Kryptowerte handelt es sich nicht etwa um eine Gatekeeper-Haftung[65], sondern um eine **gewöhnliche Informationshaftung**, die an die **Erstellung des Kryptowerte-Whitepapers** infolge einer bestehenden **Kryptowerte-Whitepaper-Pflicht** gemäß **Art. 5 Abs. 2** oder einer **vertraglichen Übernahme** der Erfüllung der Pflicht aus Art. 5 Abs. 1 lit. b gemäß **Art. 5 Abs. 3** anknüpft. Mithin unterliegen auch die Betreiber einer Handelsplattform für Kryptowerte nur dann der Haftung aus Art. 15 Abs. 1, wenn und soweit sie das Kryptowerte-Whitepaper erstellt haben.

Aus **Art. 15 Abs. 3** ist im **Umkehrschluss** zu folgern, dass ein Handelszulassungsantragsteller im Falle einer **Delegation** der Pflicht zur Erstellung eines Kryptowerte-Whitepapers (Art. 5 Abs. 1 lit. b) auf den Betreiber einer Handelsplattform gemäß **Art. 5 Abs. 3** im Ausgangspunkt nicht für den Inhalt des Kryptowerte-Whitepapers haftet. Dies entspricht dem allgemeinen Grundsatz der Haftung des Erstellers des Kryptowerte-Whitepapers (→ Rn. 23). Eine **Ausnahme** von diesem Grundsatz macht Art. 15 Abs. 3, wenn der **Handelszulassungsantragsteller** dem Betreiber der Handelsplattform **unvollständige, unredliche, unverständliche oder irreführende Informationen zur Verfügung stellt.** Aufgrund des Ursprungs der Fehlinformation im **Verantwortungsbereich des Handelszulassungsantragstellers** erachtet der Unionsgesetzgeber ungeachtet der Aufgabendelegation gemäß Art. 5 Abs. 3 eine Haftung des Handelszulassungsantragstellers **neben** dem Betreiber der Handelsplattform (arg. Wortlaut Art. 15 Abs. 3: „ist […] auch verantwortlich", engl. „shall also be held responsible"; arg. Erwgr. Nr. 32 S. 3) für angemessen. Unter Normzweckgesichtspunkten erscheint dies überzeugend,

---

[65] Siehe allgemein zur Gatekeeper-Haftung als Regulierungsstrategie: Kraakman, 2 Journal of Law, Economics, and Organization 53 ff. (1986).

soll doch Art. 15 einen haftungsrechtlichen **Anreiz zur Einhaltung der Publizitätspflichten aus Titel II** im Allgemeinen sowie der **inhaltlichen Anforderungen des Art. 6** im Besonderen vermitteln (→ Rn. 4). Zur Verwirklichung dieses Normzwecks bedarf es jedoch einer Haftung der für die Informationspflichtverletzung **verantwortlichen Person.** In den Fällen des Art. 15 Abs. 3 ist die **Informationspflichtverletzung** dem **Handelszulassungsantragsteller** ungeachtet der Erstellung des Kryptowerte-Whitepapers durch den Betreiber der Handelsplattform **zuzurechnen,** da dieser durch die Übermittlung der unvollständigen, unredlichen, unverständlichen oder irreführenden Informationen überhaupt erst die Grundlage für die (spätere) Informationspflichtverletzung im Kryptowerte-Whitepaper geschaffen hat. Die fortbestehende Haftungsverantwortlichkeit des Handelszulassungsantragstellers gemäß Art. 15 Abs. 3 steht insofern im Einklang mit der Präventionsfunktion des Art. 15 und wird durch dessen Verantwortung für die Informationspflichtverletzung gerechtfertigt.

2. Mitglieder des Verwaltungs-, Leitungs- oder Aufsichtsorgans

26   Bei der Haftung der **Mitglieder des Verwaltungs-, Leitungs- oder Aufsichtsorgans** (zur Relevanz der Organisationsverfassung → Rn. 17) des Anbieters, Handelszulassungsantragstellers oder Betreibers der Handelsplattform[66] handelt es sich um eine **abgeleitete Haftung** (→ Rn. 5), die davon abhängt, dass die juristische Person (→ Vor Art. 4 ff. Rn. 20), für welche die Organmitglieder ihre Organtätigkeit ausüben, als Anbieter (Art. 4 Abs. 1 lit. a), Handelszulassungsantragsteller (Art. 5 Abs. 1 lit. a) oder Betreiber einer Handelsplattform aufgrund der Erstellung des Kryptowerte-Whitepapers als **originärer Haftungsadressat** feststeht. Schließlich können nur die Organmitglieder derjenigen juristischen Person, die das Kryptowerte-Whitepaper erstellt, den Inhalt des Kryptowerte-Whitepapers beeinflussen, weshalb alleine deren Haftung einen unter Normzweckgesichtspunkten (Präventionsfunktion) sinnvollen, haftungsrechtlichen Anreiz zur Vermeidung von Informationspflichtverletzungen vermittelt (arg. Normzweck, → Rn. 4).[67] Vor diesem Hintergrund handelt es sich bei den **Organmitgliedern** um lediglich **derivative Haftungsadressaten.**[68]

3. Gesamtschuldnerische Haftung der Haftungsadressaten

27   In welchem Verhältnis die Haftungsverbindlichkeiten der verschiedenen Haftungsadressaten zueinander stehen, wird durch Art. 15 nur ansatzweise geregelt: Der **Wortlaut** des Art. 15 Abs. 1 („und") streitet für eine **kumulative**[69] bzw. **gesamtschuldnerische Haftung** der verschiedenen Haftungsadressaten. Die **Kompensationsfunktion** der Haftung (→ Rn. 4) spricht gleichfalls dafür, dass ein geschädigter Inhaber die Leistung des Schadensersatzes vom Anbieter, Handels-

---

[66] Ungeachtet des unglücklich formulierten Wortlauts haften nicht alleine die Organmitglieder des Betreibers der Handelsplattform, sondern die Organmitglieder des jeweiligen originären Haftungsadressaten, vgl. Maume RDi 2022, 461 (467); Buck-Heeb BKR 2023, 689 (691).

[67] Siehe zu diesem Steuerungsargument bereits Zickgraf BKR 2021, 362 (365).

[68] Kritisch zur Haftung der Organmitglieder: Buck-Heeb BKR 2023, 689 (691 f.); Maume RDi 2022, 461 (467) („systemfremde Außenhaftung"); vgl. ferner Wittig WM 2023, 412 (418) („unübliche Form der Außenhaftung").

[69] Buck-Heeb BKR 2023, 689 (691).

zulassungsantragsteller oder Betreiber der Handelsplattform (originäre Haftungsadressaten) **oder** von deren Organmitgliedern (derivative Haftungsadressaten) in voller Höhe einmal fordern kann **(Gesamtschuld).** Die Ausgestaltung des **Innenausgleichs** unter den Gesamtschuldnern bleibt demgegenüber dem **nationalen Recht** überlassen, da die Kompensations- und Präventionsfunktion (→ Rn. 4) der Haftung aus Art. 15 Abs. 1 bereits durch Anordnung einer gesamtschuldnerischen Haftung im Außenverhältnis effektiv verwirklicht wird.[70]

V. Informationspflichtverletzung: Verstoß gegen Art. 6

1. Fehlerhaftigkeit des Kryptowerte-Whitepapers

a) Grundlagen. Die Haftung aus Art. 15 Abs. 1 setzt die **Veröffentlichung** 28 (arg. Wortlaut: „zur Verfügung gestellt") eines inhaltlich fehlerhaften Kryptowerte-Whitepapers (näher zur Informationspflichtverletzung → Rn. 29 ff.) voraus. Ein entgegen den Publizitätspflichten aus Art. 4 ff. nicht veröffentlichtes Kryptowerte-Whitepaper (fehlendes Kryptowerte-Whitepaper) löst daher keine Haftung nach Art. 15 Abs. 1 aus (→ Rn. 14).[71] Im Schrifttum ist bislang die Frage unerörtert geblieben, welche Maßstäbe an ein Kryptowerte-Whitepaper anzulegen sind: Einerseits erscheint es denkbar, für die Beurteilung des Vorliegens eines den Anforderungen des Art. 15 Abs. 1 genügenden Kryptowerte-Whitepapers darauf abzustellen ist, ob das Dokument erkennbar zur Erfüllung der gesetzlichen Vorgaben aus Art. 6 erstellt worden ist[72] oder das Anlegerpublikum das veröffentlichte Schriftstück aufgrund objektiver Kriterien (zB seiner Konzeption und Informationsdichte) als Kryptowerte-Whitepaper und nicht etwa als sonstiges Dokument (wie zB bloßes Werbematerial) ansehen durfte[73] **(materielle Betrachtungsweise).**[74] Andererseits erscheint es ebenso möglich, (nur) ein solches Dokument als haftungsrelevantes Kryptowerte-Whitepaper anzusehen, das gemäß Art. 8 Abs. 1 an die zuständige Behörde des Herkunftsmitgliedstaats übermittelt wurde und sodann in Übereinstimmung mit Art. 9 Abs. 1 veröffentlicht wurde **(formale Betrachtungsweise).**[75] In Anbetracht des Normzwecks (→ Rn. 4: Vermittlung haftungsrechtlicher Anreize zur Wahrung der Publizitätspflichten bei den publizitätspflichtigen Personen, Absicherung einer informierten Anlageentscheidung der [potenziellen] Inhaber der anderen Kryptowerte, Verhinderung eines informationsbedingten Marktversagens, Steigerung der allokativen und operationalen Effizienz des Marktes) erscheint eine weite Auslegung geboten: Danach unterfällt zunächst jedes gemäß Art. 8 Abs. 1 übermittelte und in Übereinstimmung mit Art. 9 Abs. 1 veröffentliche Dokument dem Anwendungsbereich des Art. 15 Abs. 1 (formale Betrachtungsweise). Darüber hinaus erfasst Art. 15 Abs. 1 auch solche Dokumente, die zwar nicht formal gemäß

---

[70] Ebenso für die Kartellgeldbuße: EuGH 10. 4. 2014 – C-231/11 P bis C-233/11 P Rn. 59 f., 62, 72 (dort zur Ausgestaltung) – Siemens Österreich.

[71] AA für Art. 52 Abs. 1 Omlor ZdiW 2023, 131 (133); näher zur Argumentation → Rn. 14.

[72] Vgl. für Wertpapierprospekte: Fleischer WM 2004, 1897 (1902 f.); Fleischer BKR 2004, 339 (347).

[73] Vgl. für Wertpapierprospekte: Panetta/Zessel NJOZ 2010, 418 (419 f.).

[74] Siehe für die Anforderungen an einen Wertpapierprospekt im deutschen Recht: BGHZ 191, 310 Rn. 21 = NJW 2012, 758 (759).

[75] Siehe für diese Lösung in anderem Zusammenhang: OLG München BeckRS 2011, 25505; Klöhn DB 2012, 1854 (1858).

Art. 8 Abs. 1 übermittelt worden sind, die aber erkennbar zur Erfüllung der Vorgaben aus Art. 6 erstellt worden sind oder bei denen der Markt aufgrund objektiver Kriterien davon ausgehen durfte, dass es sich angesichts ihrer Konzeption und Informationsdichte um ein Kryptowerte-Whitepaper handelt (materielle Betrachtungsweise). In jedem Fall kommt es für den Begriff des Kryptowerte-Whitepapers selbstverständlich nicht darauf an, ob sämtliche Informationspflichten iSd Art. 6 (iVm Art. 15 Abs. 1) ordnungsgemäß erfüllt worden sind.[76]

29 Der Haftungstatbestand des Art. 15 Abs. 1 knüpft an die **Verletzung der Informationspflichten aus Art. 6** an und statuiert damit eine Haftung für eine **Informationspflichtverletzung** durch einen Haftungsadressaten[77], wobei **Art. 15 Abs. 4 Hs. 1** dem **Anspruchsteller** die **Beweislast** für den diesbezüglichen Nachweis auferlegt. Eine Informationspflichtverletzung liegt im Einzelnen vor, wenn im Kryptowerte-Whitepaper oder im geänderten Kryptowerte-Whitepaper (→ Rn. 14) **unvollständige, unredliche, unverständliche** oder **irreführende Informationen** zur Verfügung gestellt worden sind und damit **gegen Art. 6 verstoßen** worden ist (zum maßgeblichen Anlegerleitbild und Beurteilungsmaßstab → Art. 6 Rn. 17 f.). Wie der Wortlaut zeigt, begründet somit nicht jeder Verstoß gegen Art. 6, sondern nur die Veröffentlichung unvollständiger, unredlicher, unverständlicher oder irreführender Informationen iSd Art. 6 („und damit") eine haftungsrelevante Informationspflichtverletzung. Da es sich bei der Vollständigkeit, Redlichkeit, Verständlichkeit und fehlenden Irreführung um Ausprägungen der für den Inhalt des Kryptowerte-Whitepapers allgemeingültigen Grundsätze der **Richtigkeit, Vollständigkeit** und **Klarheit** handelt (näher → Art. 6 Rn. 6 ff.), macht der Tatbestand des Art. 15 Abs. 1 die Haftung ausweislich der negativen Inbezugnahme (unvollständig, unredlich, unverständlich, irreführend) der genannten Grundsätze zugleich von der **Verletzung dieser allgemeinen Grundsätze** abhängig. Indem Art. 15 Abs. 1 auch einen Verstoß gegen die vorgenannten Grundsätze in einem **geänderten Kryptowerte-Whitepaper** erfasst, nimmt der Unionsgesetzgeber mittelbar auf die Aktualisierungspflicht aus Art. 12 Bezug (→ Art. 12 Rn. 1 ff.), so dass ein Verstoß gegen den Grundsatz der **Aktualität** (→ Art. 6 Rn. 16) ebenfalls eine Informationspflichtverletzung iSd Art. 15 Abs. 1 begründet.

30 b) **Unvollständige Informationen.** Eine Informationspflichtverletzung iSd **Art. 15 Abs. 1 Var. 1** liegt im Falle einer **Verletzung des Grundsatzes der Vollständigkeit** vor („unvollständige Informationen"). Ein Verstoß gegen den Grundsatz der Vollständigkeit (zur Herleitung des Grundsatzes → Art. 6 Rn. 10) ist gegeben, wenn nicht **alle fundamentalwertrelevanten Informationen** im Kryptowerte-Whitepaper enthalten sind. Gemeint sind alle wesentlichen[78], dh sämtliche **für die Anlageentscheidung maßgeblichen Informationen über die objektiv wertbildenden Faktoren mit Fundamentalwertrelevanz** (→ Art. 6 Rn. 11, 25). Der Grundsatz hat damit **generalklauselartigen Charakter** (zur Begründung → Art. 6 Rn. 11, 25), was dazu führt, dass ein Kryptowerte-Whitepaper auch dann „unvollständig" iSd Art. 15 Abs. 1 Var. 1 (iVm Art. 6) ist, wenn es zwar sämtliche Pflichtinformationen iSd Art. 6 iVm Anhang I, aber nicht sämtliche fundamentalwertrelevante Informationen enthält; umgekehrt führt das

---

[76] Ebenso für §§ 9 ff. WpPG: HMS Kapitalmarktinf-HdB/Habersack/Habersack § 28 Rn. 10.
[77] IE ebenso für Art. 52 Abs. 1 Omlor ZdiW 2023, 131 (133).
[78] Wie hier Buck-Heeb BKR 2023, 689 (692).

etwaige Fehlen von Pflichtangaben nicht zu einem „unvollständigen" Kryptowerte-Whitepaper iSd Art. 15 Abs. 1 Var. 1 (iVm Art. 6), wenn es sich bei den fehlenden Informationen um keine wesentlichen bzw. fundamentalwertrelevanten Informationen handelt (→ Art. 6 Rn. 10f., 25).[79]

c) Unredliche Informationen. Die Unredlichkeit iSd **Art. 15 Abs. 1 Var. 2** („unredliche Informationen") bezieht sich auf einen **Verstoß gegen den Grundsatz der Richtigkeit** (näher zu dessen Begründung → Art. 6 Rn. 7). Eine Informationspflichtverletzung aufgrund unredlicher Informationen liegt daher vor, wenn die im Kryptowerte-Whitepaper enthaltenen **Tatsachenangaben** nicht der Wahrheit entsprechen, etwaige **Prognosen und Werturteile** kaufmännisch nicht vertretbar sind[80] oder auf keiner hinreichenden Tatsachengrundlage beruhen oder die Angaben einen unzutreffenden **Gesamteindruck**[81] hervorrufen (im Detail → Art. 6 Rn. 8, 24).[82] In formaler Hinsicht wird der Grundsatz der Richtigkeit darüber hinaus durch das **Gebot der Knappheit** (vgl. Art. 6 Abs. 2 S. 2) ergänzt (→ Art. 6 Rn. 12, 15). Unrichtige sowie unverständliche (→ Rn. 32) Informationen liegen daher aufgrund eines Verstoßes gegen das Gebot der Knappheit vor, wenn infolge der Aufnahme **unwesentlicher Informationen,** die sich für die **Anlageentscheidung** als **irrelevant** erweisen *(information overload),* der Informationswert des Kryptowerte-Whitepapers abnimmt (→ Art. 6 Rn. 15). 31

d) Unverständliche Informationen. Die Aufnahme unverständlicher Informationen iSd **Art. 15 Abs. 1 Var. 3** in das Kryptowerte-Whitepaper führt zu einer Informationspflichtverletzung infolge des Verstoßes gegen den **Grundsatz der Klarheit** (→ Art. 6 Rn. 12ff.). Um unverständliche bzw. nicht eindeutige Informationen[83] handelt es sich bei **mehrdeutigen Informationen** (→ Art. 6 Rn. 13), die **Spielraum für verschiedene Interpretationen** lassen.[84] Eine Unverständlichkeit bzw. Uneindeutigkeit liegt darüber hinaus vor, wenn die zur Verfügung gestellten Informationen nicht aus sich selbst heraus, sondern erst durch eine Zusammenschau verschiedener Teile des Kryptowerte-Whitepapers oder die Nachvollziehung zahlreicher (Ketten-)Verweise verständlich sind; ebenso handelt es sich um uneindeutige bzw. unverständliche Informationen, wenn die relevante Informationen erst durch einen Abgleich verschiedener Angaben seitens des Inhaber eigenständig abgeleitet werden muss (→ Art. 6 Rn. 13). Allgemein muss ferner darauf geachtet werden, dass die **äußere Form der Darstellung** sowie die **Art der sprachlichen Vermittlung** der Informationen im Kryptowerte-Whitepaper nicht zu einer Unverständlichkeit des Kryptowerte-Whitepapers führen (näher → Art. 6 Rn. 13). Im Übrigen liegen unverständliche sowie unrichtige Informationen im Falle **unnötiger Wiederholungen** sowie der **Aufnahme unwesentlicher, für die Anlageentscheidung unerheblicher Informationen** vor (→ Art. 6 Rn. 15, 26). 32

---

[79] Ebenso Buck-Heeb BKR 2023, 689 (692).
[80] Vgl. für Wertpapierprospekte: BGH NJW 1982, 2323 (2326); NZG 2021, 1020 Rn. 53, 57; 2021, 1169 Rn. 40, 44.
[81] Vgl. BGHZ 203, 1 Rn. 74, 77 = NJW 2015, 236 (241f.); BGHZ 195, 1 Rn. 23 = NZG 2012, 1262 (1264); BGH NJW 1982, 2323 (2324).
[82] Ähnlich Buck-Heeb BKR 2023, 689 (692f.).
[83] Für eine Gleichsetzung beider Begriffe unter Verweis auf die einheitliche Terminologie der englischen Sprachfassung Buck-Heeb BKR 2023, 689 (693).
[84] Buck-Heeb BKR 2023, 689 (693).

Art. 15

33 **e) Irreführende Informationen.** Die Informationspflichtverletzung aufgrund irreführender Informationen iSd **Art. 15 Abs. 1 Var. 4** („irreführende Informationen") knüpft an einen Verstoß gegen die **Grundsätze der Richtigkeit und Klarheit** an, die durch das Irreführungsverbot konkretisiert werden (→ Art. 6 Rn. 7, 24). Die wesentlichen Anwendungsfälle einer Informationspflichtverletzung wegen irreführender Informationen dürften die Herbeiführung eines **unzutreffenden Gesamteindrucks**[85] sowie die **Widersprüchlichkeit** der im Kryptowerte-Whitepaper enthaltenen Informationen betreffen (→ Art. 6 Rn. 8, 24). Vor diesem Hintergrund können irreführende Informationen auch dann vorliegen, wenn die einzelnen Informationen für sich genommen zutreffen.[86]

2. Fehlerhafte Zusammenfassung des Kryptowerte-Whitepapers (Abs. 5)

34 Art. 15 Abs. 5 enthält eine **Haftungserleichterung** für Fehler in der Kryptowerte-Whitepaper-Zusammenfassung gemäß Art. 6 Abs. 7. Die **Gegenauffassung** geht dagegen von einem **eigenständigen Haftungsanspruch** aus Art. 15 Abs. 5 aus.[87] Für die hier vertretene Auffassung spricht allerdings bereits der **Wortlaut** des Art. 15 Abs. 5 („haften [...] nicht [...], es sei denn [...]"). Darüber hinaus sieht sich die Gegenauffassung mit dem (vermeidbaren) Problem konfrontiert, dass Art. 15 Abs. 2 die Unwirksamkeit vertraglicher Haftungsausschlüsse und -beschränkungen ausdrücklich nur auf die zivilrechtliche Haftung aus Art. 15 Abs. 1 bezieht, so dass die Gegenauffassung vor der Schwierigkeit steht, die Anwendung des Art. 15 Abs. 2 auf den angeblichen Anspruch aus Art. 15 Abs. 5 zu begründen, die nach dem Normzweck des Art. 15 Abs. 2 (→ Rn. 63 f.) geboten ist. Ordnet man Art. 15 Abs. 5 demgegenüber mit der hier vertretenen Auffassung als gesetzliche Begrenzung des Anspruchs aus Art. 15 Abs. 1 ein, ergibt sich die normzweckgerechte Anwendung des Art. 15 Abs. 2 auf Haftungsansprüche wegen Informationspflichtverletzungen in der Zusammenfassung ohne weiteren Begründungsaufwand. In systematischer Hinsicht erscheint daher eine Einordnung des Art. 15 Abs. 5 als Haftungsbegrenzungsnorm naheliegender **(arg. e. Art. 15 Abs. 2)**.

35 Die Haftungsadressaten (→ Rn. 23 ff.) haften nach Art. 15 Abs. 5 nicht für etwaige Verluste bzw. Schäden (näher zur Bedeutung des Begriffs → Rn. 42, 45), die durch den Verlass (zur haftungsbegründenden Kausalität → Rn. 53 ff.) auf Informationen entstehen, die in einer Zusammenfassung gemäß Art. 6 Abs. 7, einschließlich deren Übersetzung, zur Verfügung gestellt werden, es sei denn, die Zusammenfassung ist, wenn sie zusammen mit den anderen Teilen des Kryptowerte-Whitepapers gelesen wird, irreführend, unrichtig oder widersprüchlich (lit. a) oder enthält, wenn sie zusammen mit den anderen Teilen des Kryptowerte-Whitepapers gelesen wird, nicht die wesentlichen Informationen, die potenziellen Inhabern des Kryptowerts bei der Entscheidung über den Kauf solcher Kryptowerte helfen sollen (lit. b).

36 **Art. 15 Abs. 5 lit. a** begrenzt die Haftung für fehlerhafte Informationen in der Zusammenfassung dahingehend, dass eine Informationspflichtverletzung in Bezug auf die Zusammenfassung nur im Falle irreführender, unrichtiger oder widersprüchlicher Informationen gegeben ist. Der Begriff der **Unrichtigkeit** entspricht

---

[85] Buck-Heeb BKR 2023, 689 (693).
[86] Buck-Heeb BKR 2023, 689 (693).
[87] Buck-Heeb BKR 2023, 689 (693) („separate Haftung").

dem Begriff der **Unredlichkeit iSd Art. 15 Abs. 1** (→ Rn. 31). Eine **Irreführung** liegt ebenso wie im Rahmen des Art. 15 Abs. 1 bei Vermittlung eines **unzutreffenden Gesamteindrucks** sowie im Falle **widersprüchlicher Angaben** vor (→ Rn. 33). Vor diesem Hintergrund fällt die **Abgrenzung der Irreführung von der Widersprüchlichkeit** iSd Art. 15 Abs. 5 lit. a indes nicht leicht: Man kann die **Irreführung durch widersprüchliche Informationen** von der Widersprüchlichkeit iSd Art. 15 Abs. 5 lit. a jedoch dahingehend abgrenzen, dass Erstere zu bejahen ist, wenn die **Zusammenfassung bei isolierter Betrachtung** widersprüchliche Informationen enthält. Unter den Begriff der **Widersprüchlichkeit** fallen demgegenüber nach der hier vertretenen Auffassung solche Angaben in der Zusammenfassung, die von den diesbezüglichen Informationen aus den **übrigen Teilen des Kryptowerte-Whitepapers** abweichen. Unabhängig von der Abgrenzungsfrage liegt eine haftungsrelevante Informationspflichtverletzung iSd Art. 15 Abs. 5 lit. a (nur) vor, wenn die Zusammenfassung **unzutreffende Informationen** (= unrichtige Informationen) enthält, unter Zusammenschau mit den anderen Teilen des Kryptowerte-Whitepapers einen **unzutreffenden Gesamteindruck** vermittelt, die Zusammenfassung bei **isolierter Betrachtung widersprüchliche Informationen** (= irreführende Informationen) beinhaltet oder die Informationen in der Zusammenfassung eine **Abweichung von den Informationen aus den anderen Teilen des Kryptowerte-Whitepapers** (= widersprüchliche Informationen). Dass eine Zusammenfassung angesichts ihrer Funktion nicht alle Pflichtangaben sowie alle wesentlichen Informationen enthalten kann, erscheint demgegenüber selbstverständlich, weshalb Art. 15 Abs. 5 lit. a die Haftung nicht an eine „Unvollständigkeit" der Zusammenfassung (siehe zum vorliegend maßgeblichen und von der Wesentlichkeit iSd Art. 6 Abs. 2 S. 2 sowie der [Un-]Vollständigkeit iSd Art. 15 Abs. 1 abweichenden Begriff der [Un-]Vollständigkeit iSd Art. 6 Abs. 7: → Art. 6 Rn. 34) knüpft.[88]

Nach **Art. 15 Abs. 5 lit. b** liegt eine Informationspflichtverletzung vor, wenn die Zusammenfassung nicht alle für die Anlageentscheidung **wesentlichen Informationen** enthält. Der **Begriff der Wesentlichkeit** iSd Art. 15 Abs. 5 lit. b meint jedoch **nicht alle fundamentalwertrelevanten Informationen** (zu diesem Verständnis der Vollständigkeit → Art. 6 Rn. 33, → Rn. 30). Gemeint sind ausweislich der übereinstimmenden Terminologie der englischen Sprachfassung des Art. 15 Abs. 5 lit. b und des Regelungsvorbilds aus Art. 11 Abs. 2 UAbs. 2 lit. b ProspektVO („key information") die in der deutschen Sprachfassung des Art. 11 Abs. 2 UAbs. 2 lit. b ProspektVO genannten **„Basisinformationen"** (auch → Art. 6 Rn. 33). Bei den Basisinformationen handelt es sich lediglich um die **für die Anlageentscheidung bedeutsamsten Informationen** (ebenso Erwgr. Nr. 28 ProspektVO; näher → Art. 6 Rn. 33). 37

Die **Beweislast** für das Vorliegen einer **Informationspflichtverletzung** iSd Art. 15 Abs. 5 in Bezug auf die Kryptowerte-Whitepaper-Zusammenfassung trägt ausweislich des Wortlauts („es sei denn") der Anspruchsteller. 38

---

[88] Buck-Heeb BKR 2023, 689 (693).

VI. Verschulden

39 Der Anspruch aus Art. 15 Abs. 1 setzt ein Verschulden auf Seiten des jeweiligen Haftungsadressaten voraus (→ Rn. 7 ff.). Der einschlägige Verschuldensmaßstab ist in Art. 15 Abs. 1 jedoch nicht geregelt. Er muss daher im Wege der Auslegung unter Berücksichtigung des historischen Gesetzgeberwillens, des (objektiven) Normzwecks, der Systematik (einschließlich etwaiger Regelungsvorbilder sowie anderer unionsrechtlicher Kapitalmarkthaftungstatbestände) sowie rechtsvergleichender Überlegungen entwickelt werden[89]: Das Regelungsvorbild aus Art. 11 PRIIPs-VO enthält keinen ausdrücklichen Verschuldensmaßstab und im Schrifttum ist der einschlägige Maßstab[90] umstritten[91], so dass aus Art. 11 PRIIPs-VO kein verlässlicher Maßstab abgeleitet werden kann, der im Wege der systematischen Auslegung übertragen werden könnte. Art. 35a Abs. 1 RatingVO sieht eine Haftung der Ratingagentur nur im Falle vorsätzlichen oder grob fahrlässigen Zuwiderhandlung vor. Die Implikationen des Art. 35a Abs. 1 RatingVO für Art. 15 Abs. 1 erscheinen jedoch unklar: So ließe sich argumentieren, dass der Verschuldensmaßstab des Art. 35a Abs. 1 RatingVO angesichts des Regelungsvorbildcharakters (arg. Systematik) auf Art. 15 Abs. 1 übertragen werden sollte; umgekehrt könnte aus dem Fehlen eines qualifizierten Verschuldenserfordernisses in Art. 15 Abs. 1 (dh aus der Abweichung) ebenso gut ein Umkehrschluss gezogen und die Übertragung abgelehnt werden. Aus dem Normzweck des Art. 15 in Gestalt der Präventionsfunktion sowie unter Berücksichtigung rechtsökonomischer Erwägungen (Ziel: effiziente Prävention) kann ein eindeutig vorzugswürdiger Verschuldensmaßstab gleichfalls nicht abgeleitet werden.[92] Geht man von einer weitgehenden Deckung des sozialen und privaten Schadens bei Informationspflichtverletzungen auf dem Primärmarkt aus[93], spricht dies ohne Weiteres für eine Haftung bereits bei einfacher Fahrlässigkeit.[94] Betont man stärker die Besonderheiten von Schädigungen auf dem Kapitalmarkt und hebt ihren (teilweise) lediglich umverteilenden Charakter hervor (Umverteilungsschäden), sollte die Haftung zum Zwecke der Vermeidung sozial überhöhter Sorgfalts- und Schadensvermeidungsmaßnahmen der Haftungsadressaten auf grob fahrlässige oder vorsätzliche Informationspflichtverletzungen beschränkt werden.[95] Die Abhängigkeit der Haftung von qualifizierten subjektiven Voraussetzungen entspricht in rechtsvergleichender Hinsicht jedoch nicht dem internationalen Standard der Prospekthaftung: Während nämlich das deutsche Recht eine entsprechende Beschränkung auf Vorsatz und grobe Fahrlässigkeit kennt (§§ 9, 10 iVm § 12 Abs. 1 WpPG), sehen u. a. das italienische (Art. 94 Abs. 5 Testo Unico della Finanza), das österreichische (§ 22 Abs. 1 S. 3 Nr. 1 u. 2 Kapitalmarktgesetz), das englische (sec. 90 Abs. 1 u. 2 iVm Schedule 10 sec. 1 Abs. 2 Financial Services and Markets Act 2000) und das US-

---

[89] Ähnlich Buck-Heeb BKR 2023, 689 (694 f.).
[90] Für eine Beschränkung auf grobe Fahrlässigkeit und Vorsatz: Buck-Heeb WM 2018, 1197 (1203).
[91] Vgl. Buck-Heeb BKR 2023, 689 (695); ferner die Nachweise bei → Rn. 8.
[92] Fleischer Gutachten F für den 64. Deutschen Juristentag F 61 f.
[93] So Easterbrook/Fischel, 52 U. Chi. L. Rev. 611, 637 (1985).
[94] Für die Haftung bei einfacher Fahrlässigkeit: Grundmann/Selbherr WM 1996, 985 (989).
[95] Für die Haftung bei grober Fahrlässigkeit und Vorsatz: Hellgardt, Kapitalmarktdeliktsrecht, 2008, S. 457 ff.; näher zu den rechtsökonomischen Zusammenhängen Zickgraf BKR 2021, 362 (368 f.) mwN.

amerikanische Recht (sec. 11(a) iVm Sec. 11(b) (3) Securities Act of 1933) eine Haftung für einfache Fahrlässigkeit vor.[96] In Anbetracht des Umstands, dass der Gesetzgeber keine Art. 35a Abs. 1 RatingVO entsprechende Regelung des Verschuldensmaßstabs vorgesehen hat, erscheint es jedoch eher fernliegend, dass der Unionsgesetzgeber eine Abweichung von dem rechtsvergleichend überwiegend vorfindlichen Verschuldensmaßstab gewollt hat. Im Ergebnis wird man die Klärung der Frage durch den EuGH abzuwarten haben.[97]

Unabhängig vom einschlägigen Verschuldensmaßstab bezieht sich das (subjektive) Verschulden auf die (objektive) Informationspflichtverletzung. An einem Verschulden des Haftungsadressaten in Form von (einfacher) Fahrlässigkeit fehlt es, wenn die Unwahrheit oder Unvollständigkeit der dem Verstoß gegen Art. 6 zugrunde liegenden Tatsachen und Prognosen für den Haftungsadressaten bei Anwendung der im Verkehr erforderlichen Sorgfalt nicht erkennbar war. Dasselbe gilt für den Fall, dass für den Haftungsadressaten bei Anwendung der im Verkehr erforderlichen Sorgfalt (trotz Einholung sachkundigen Rechtsrats) der Inhalt oder die Reichweite der Informationspflichten aus Art. 6 nicht vorhersehbar waren. **40**

VII. Schaden und Kausalität

1. Ersatzfähiger Schaden

a) Grundlagen. Bislang nicht geklärt ist, ob der ersatzfähige Schaden sich unmittelbar aus dem **Unionsrecht**[98] ergibt oder ob insoweit auf das **nationale Recht** (in Deutschland: §§ 249 ff. BGB) zurückzugreifen ist. Teils wird in Anbetracht des Umstands, dass in Art. 15 **keine ausdrückliche Regelung** zur Schadensberechnung enthalten ist, die Heranziehung nationalen (Schadens-)Rechts befürwortet.[99] Für eine solche Sichtweise spricht der Umstand, dass der **EuGH** im Rahmen des strukturell vergleichbaren, unionalen Schadensersatzanspruchs aus **Art. 82 DSGVO** entsprechend verfahren ist.[100] Zwingend erscheint eine solche Sichtweise jedoch keineswegs: Schließlich ordnet Art. 15 Abs. 1 eine Haftung für „erlittene Schäden" bzw. „Verluste" (näher zur Begrifflichkeit → Rn. 45) an, so dass die **Höhe des ersatzfähigen Schadens** in erster Linie die **Frage der Auslegung des Art. 15 Abs. 1** darstellt[101], wobei die verwendeten Begriffe einer unionsrechtsautonomen Auslegung durchaus zugänglich sind. Ferner gilt es zu bedenken, dass **41**

---

[96] Siehe für einen kurzen rechtsvergleichenden Überblick Grundmann/Selbherr WM 1996, 985 (986 f.); Fleischer, Gutachten F für den 64. Deutschen Juristentag F 60 f.; ausführlich zur Rechtsvergleichung: Hopt/Voigt (Hrsg.), Prospekt- und Kapitalmarktinformationshaftung, 2005, passim.

[97] Vgl. auch Buck-Heeb BKR 2023, 689 (695).

[98] Hierfür Heinze, Schadensersatz im Unionsprivatrecht, 2017, S. 580 ff. mit näherer Ausdifferenzierung.

[99] Buck-Heeb BKR 2023, 689 (695); ebenso für Art. 52 Abs. 1: Omlor ZdiW 2023, 131 (132 f.).

[100] Vgl. EuGH 4.5.2023 – C 300/21 Rn. 52 ff., insbes. 54, 59 – Österreichische Post AG, was jedoch in einem gewissen Spannungsverhältnis zu den Ausführungen in → Rn. 30 steht; vgl. ferner für das Unionskartellrecht EuGH 13.7.2006 – C-295/04 bis C-298/04 Rn. 92, 98 – Manfredi.

[101] Wie hier für Art. 82 DSGVO: EuGH 4.5.2023 – C 300/21 Rn. 29 f. – Österreichische Post AG. Die Ausführungen des EuGH in EuGH 4.5.2023 – C 300/21 in Rn. 54, 59 –

Art. 15

der Unionsgesetzgeber im Unterschied zu **Art. 11 Abs. 3 PRIIPs-VO** und **Art. 35a Abs. 4 RatingVO** auf eine Verweisung in das nationale Recht gerade verzichtet hat, was im **Umkehrschluss** eher den Willen des Gesetzgebers nahelegt, bei Art. 15 Abs. 1 anders als bei den genannten Regelungsvorbildern eine einheitliche Schadensbestimmung im Unionsrecht zu verankern.[102] Für eine **unionsrechtsautonome sowie einheitliche Auslegung** des ersatzfähigen Schadens spricht denn auch das **konzeptionelle Grundanliegen der Schaffung eines unionalen Schadensersatzanspruchs**, das auf die **Gewährleistung eines level playing field** im Bereich der zivilrechtlichen Haftung abzielt, da dieses Regelungsanliegen durch einen Rückgriff auf das nationale Schadensrecht konterkariert würde. Der ersatzfähige Schaden im Sinne der abstrakt-generell ersatzfähigen Schadensposten ergibt sich daher unmittelbar aus dem Unionsrecht selbst.[103] Erst bei der Bestimmung der konkreten Höhe des individuellen Schadensersatzanspruchs sind die nationalen Vorschriften unter Beachtung des Äquivalenz- und Effektivitätsgrundsatzes zur Anwendung zu bringen.[104]

42 In Bezug auf die Rechtsfolgen ordnet Art. 15 Abs. 1 an, dass die Haftungsadressaten (→ Rn. 23ff.) gegenüber dem Inhaber des Kryptowerts für aufgrund der Informationspflichtverletzung (→ Rn. 28ff.) **erlittene Schäden** haftbar sind. Nach der Rechtsprechung des EuGH konstituiert **jede Beeinträchtigung eines rechtlich geschützten Gutes oder Interesses** einen **Schaden** im Sinne des Unionsrechts.[105] Die deliktsrechtliche Qualifikation des Informationshaftungsanspruchs aus Art. 15 (→ Rn. 6) spricht jedenfalls für eine Begrenzung des Anspruchs auf das negative Interesse.[106] Daher ist der geschädigte Inhaber der anderen Kryptowerte im Rahmen des Anspruchs aus Art. 15 Abs. 1 so zu stellen, wie er **ohne Informationspflichtverletzung** (dh ohne die schadenskausale Handlung = Verstoß gegen Art. 6) stünde, wenn also die im Kryptowerte-Whitepaper enthaltenen Informationen richtig und vollständig gewesen wären.[107] MaW muss der geschädigte Inhaber durch den Schadensausgleich so gestellt werden, wie er bei „pflichtgemäßen Publizitätsverhalten"[108] gestanden hätte.

43 Als Bezugspunkte des negativen Interesses kommen für die Schadensberechnung theoretisch zwei Anknüpfungspunkte in Betracht: Erstens erscheint es denkbar, dass der Inhaber des anderen Kryptowerts „aufgrund dieses Verstoßes" das Kauf-, Ver-

---

Österreichische Post AG beziehen sich alleine auf die verfahrensrechtliche Bestimmung der Höhe des Schadensersatzes im konkreten Rechtsstreit.

[102] Siehe zu dieser Überlegung im Rahmen des Art. 82 DSGVO auch EuGH 4.5.2023 – C 300/21 Rn. 29f. – Österreichische Post AG.

[103] Selbst bei Zugrundelegung der auf das nationale (Schadens-)Recht rekurrierenden Gegenauffassung wären der Äquivalenz- und Effektivitätsgrundsatz bei der Bestimmung des ersatzfähigen Schadens zu beachten, so dass jedenfalls insoweit das Unionsrecht berücksichtigt werden müsste, vgl. hierzu EuGH 4.5.2023 – C 300/21 Rn. 53 – Österreichische Post AG; EuGH 13.7.2006 – C-295/04 bis C-298/04 Rn. 92, 98 – Manfredi.

[104] So für Art. 82 DSGVO: EuGH 4.5.2023 – C 300/21 Rn. 52ff., insbes. 54, 59 – Österreichische Post AG.

[105] Vgl. Streinz/Gellermann, EUV/AEUV, 3. Aufl. 2018, AEUV Art. 340 Rn. 26; siehe ferner Martin GPR 2022, 178 (180) unter Verweis auf EuGH 19.5.1992 – C-104/89 und C-37/90, Slg. 1992, I-3061 Rn. 23ff. – Mulder; näher zum ersatzfähigen Schadensumfang Heinze, Schadensersatz im Unionsprivatrecht, 2017, S. 585ff.

[106] Vgl. allgemein Hellgardt, Kapitalmarktdeliktsrecht, 2008, S. 492.

[107] Vgl. Hellgardt, Kapitalmarktdeliktsrecht, 2008, S. 492.

[108] Vgl. für diese Formulierung BGH NJW 2005, 2450 (2451).

kaufs- oder Tauschgeschäft überhaupt erst getätigt hat (= Beeinträchtigung der Willensfreiheit); maW hätte der Inhaber ohne die Informationspflichtverletzung (dh den Verstoß gegen Art. 6) als schädigendes Ereignis die konkrete Transaktion nicht durchgeführt. In diesem Fall liegt der **Schaden** im **Abschluss des Vertrags** über den Kauf, Verkauf oder Tausch des anderen Kryptowerts (sog. **Vertragsabschlussschaden**) und der (frühere) Inhaber ist im Rahmen des Schadensausgleichs so zu stellen, als hätte er die betreffende Transaktion nicht durchgeführt.[109] Bei einer solchen Schadensbestimmung richtet sich der Schadensersatzanspruch mithin auf die **Rückabwicklung des Geschäfts** (näher zur Berechnung → Rn. 47 ff.).[110] Zweitens erscheint es möglich, dass sich die Informationspflichtverletzung im Kryptowerte-Whitepaper auf den **Preisbildungsmechanismus** am Markt ausgewirkt hat (= Beeinträchtigung des Preisbildungsmechanismus), so dass der (frühere) Inhaber den anderen Kryptowert zum „falschen Preis" gekauft, verkauft oder getauscht hat. In diesem Fall liegt der ersatzfähige Schaden in der **Transaktion zum falschen Preis** und dem Inhaber ist die **Differenz** zwischen dem **tatsächlichen,** infolge der Informationspflichtverletzung **verfälschten Markt- bzw. Transaktionspreis** und dem **hypothetischen,** bei ordnungsgemäßer Erfüllung der Informationspflichten **fundamentalwertangemessenen Markt- bzw. Transaktionspreis** zu ersetzen (sog. **Kursdifferenzschaden**).[111] Ob und unter welchen Voraussetzungen der Vertragsabschluss- und/oder der Kursdifferenzschaden ersatzfähig sind, hängt insbesondere vom (Schutz-)Zweck des Informationshaftungsanspruchs aus Art. 15 sowie der vorgelagerten Kryptowerte-Whitepaper-Publizitätspflicht ab (→ Rn. 44 f., 50).[112] Im Übrigen hängen die Anforderungen an den Nachweis der (haftungsbegründenden) Kausalität im Rahmen des Art. 15 Abs. 4 auf Engste mit dem geltend gemachten Schaden zusammen (näher → Rn. 53 ff.).

b) Vertragsabschlussschaden. aa) Ersatzfähigkeit. Für die **Ersatzfähigkeit des Vertragsabschlussschadens**[113] spricht zunächst in teleologischer Hinsicht, dass die Kryptowerte-Whitepaper-Publizität aus Art. 4 ff. im Allgemeinen und der Haftungstatbestand des Art. 15 im Besonderen nicht lediglich die Integrität des Preisbildungsmechanismus und den Schutz des Vermögens der Inhaber der anderen Kryptowerte, sondern zugleich die **Ermöglichung einer informierten Anlageentscheidung** (arg. Art. 6 Abs. 7 UAbs. 1 S. 3; näher → Rn. 4, → Art. 4 Rn. 6 f., → Art. 5 Rn. 6, → Art. 6 Rn. 3) bezwecken.[114] Die Ersatzfähigkeit des Ver- 44

---

[109] Siehe allgemein zum Vertragsabschlussschaden auf dem Primärmarkt: BGHZ 115, 213 (220 ff.) = NJW 1992, 228 (230) mwN; zum Sekundärmarkt: BGHZ 160, 149 (153) = NJW 2004, 2971 Rn. 52; BGH NJW 1982, 2815 (2816); 2005, 2450 (2451); Baums ZHR 167 (2003), 139 (185); Hopt/Voigt in Hopt/Voigt (Hrsg.), Prospekt- und Kapitalmarktinformationshaftung, 2005, S. 129.

[110] Vgl. für § 9 WpPG: HMS Kapitalmarktinf-HdB/Habersack § 28 Rn. 45.

[111] Allgemein zu dieser Berechnung Baums ZHR 167 (2003), 139 (185 f.); Hellgardt, Kapitalmarktdeliktsrecht, 2008, S. 494; Hopt/Voigt in Hopt/Voigt (Hrsg.), Prospekt- und Kapitalmarktinformationshaftung, 2005, S. 128 f.

[112] Vgl. BGHZ 192, 90 Rn. 52 = NJW 2012, 1800 (1805 f.); ferner Hopt/Voigt in Hopt/Voigt (Hrsg.), Prospekt- und Kapitalmarktinformationshaftung, 2005, S. 130; Hellgardt, Kapitalmarktdeliktsrecht, 2008, S. 493 ff.; Möllers/Leisch BKR 2002, 1071 (1074) (zu §§ 37 b, 37 c und § 15 WpHG aF).

[113] AA Buck-Heeb BKR 2023, 689 (695).

[114] Vgl. für den Zusammenhang zwischen der Willensfreiheit der Anleger sowie der Gewährleistung einer informierten Anlageentscheidung als Schutzgut und der Ersatzfähigkeit des

tragsabschlussschadens wird ferner durch **Art. 15 Abs. 4** bestätigt, der eine (haftungsbegründende) Kausalitätsbeziehung zwischen der Informationspflichtverletzung und der Transaktionsentscheidung des Inhabers des anderen Kryptowerts verlangt. Ein solches Kausalitätserfordernis wäre nämlich überflüssig, wenn nur der Kursdifferenzschaden ersatzfähig wäre.[115] Mit dem (offenen) **Wortlaut** des Art. 15 Abs. 1 („für aufgrund dieses Verstoßes erlittene Schäden") ist die Ersatzfähigkeit des Vertragsabschlussschadens jedenfalls vereinbar.[116] Für die Ersatzfähigkeit des Vertragsabschlussschadens spricht ferner das (öffentliche) **Interesse an einem allokations- und informationseffizienten Markt**[117]: Berücksichtigt man nämlich die strengen Anforderungen an die haftungsbegründende Kausalität, werden im Regelfall nur **Informationshändler** den Vertragsabschlussschaden erfolgreich geltend machen können (→ Rn. 54). Vor diesem Hintergrund privilegiert der Vertragsschlussschaden, indem durch ihn das Marktrisiko auf den Haftungsadressaten abgewälzt wird[118], in besonderem Maße die Informationshändler, wodurch deren Marktteilnahme befördert wird, die sich wiederum positiv auf die Allokations- und Informationseffizienz des Marktes auswirkt.

45 Gegen die Ersatzfähigkeit des Rückabwicklungsschadens ist vorgetragen worden, dass im Rahmen des Anspruchs aus Art. 15 Abs. 1 entgegen dem Wortlaut der deutschen Sprachfassung nicht „Schäden", sondern lediglich „eingetretene Verluste" zu ersetzen seien.[119] Gestützt wird diese Auffassung auf die englische Sprachfassung, die in Art. 15 Abs. 1 sowie in Art. 26 Abs. 1, Art. 52 Abs. 1 übereinstimmend verwendete Formulierung „any loss", die Art. 26 Abs. 1, Art. 52 Abs. 1 in der deutschen Sprachfassung mit „erlittene Verluste" umschreiben, weshalb die deutsche Formulierung des Art. 15 Abs. 1 („Schäden") einen Übersetzungsfehler darstelle.[120] Eine gewisse Plausibilität hat die Annahme eines Übersetzungsfehler insofern, als das Regelungsvorbild aus Art. 11 PRIIPs-VO zwischen den Begriffen „Schaden" (engl. „damage") und Verlust (engl. „loss") unterscheidet. Das eigentliche Sachargument besteht vor diesem Hintergrund indes erst in der Annahme, dass der Begriff des „Verlusts" im Gegensatz zum Begriff des „Schadens" enger ist (und insbesondere die Belastung mit einer Verbindlichkeit nicht erfasst), so dass die Ersatzfähigkeit des Rückabwicklungsschadens aus begrifflichen Gründen ausscheiden muss.[121] Bereits in semantischer Hinsicht erscheint es jedoch nicht zwingend,

---

Vertragsabschlussschadens: Hopt/Voigt in Hopt/Voigt (Hrsg.), Prospekt- und Kapitalmarktinformationshaftung, 2005, S. 89; Möllers/Leisch BKR 2002, 1071 (1073ff.). Die individuelle Anlageentscheidung als Schutzgut kapitalmarktrechtlicher Informationspflichten ablehnend und die Integrität des Preisbildungsmechanismus als primäres Schutzgut befürwortend: Hellgardt, Kapitalmarktdeliktsrecht, 2008, S. 173ff., 493f.

[115] Vgl. BGHZ 192, 90 Rn. 53 = NJW 2012, 1800 (1806); Möllers/Leisch BKR 2002, 1071 (1073, 1079) (zu §§ 37b, 37c WpHG aF); ferner Hellgardt, Kapitalmarktdeliktsrecht, 2008, S. 520.
[116] Zickgraf BKR 2021, 362 (369); aA Buck-Heeb BKR 2023, 689 (695). Näher zum Wortlaut → Rn. 45.
[117] Vgl. hierzu Hopt/Voigt in Hopt/Voigt (Hrsg.), Prospekt- und Kapitalmarktinformationshaftung, 2005, S. 90 wenngleich mit anderer Schlussfolgerung.
[118] Allgemein zu dieser Überwälzung und insoweit zu Recht kritisch zum Rückabwicklungsschaden: Hopt/Voigt in Hopt/Voigt (Hrsg.), Prospekt- und Kapitalmarktinformationshaftung, 2005, S. 90f., 132, 139; Baums ZHR 167 (2003), 139 (185f., 187).
[119] Buck-Heeb BKR 2023, 689 (695).
[120] Buck-Heeb BKR 2023, 689 (695).
[121] Buck-Heeb BKR 2023, 689 (695).

den Abschluss eines (ungewollten) Vertrags nicht als „Verlust" bzw. „loss" anzusehen. Dies gilt umso mehr, wenn man bedenkt, dass im Falle Informationspflichtverletzungen bei nicht liquiden Anlageinstrumenten – wie zB im Falle mancher packaged retail and insurance-based investment products – neben der Minderung der Renditeaussichten ein weiterer Verlust in Form gebundener Liquidität (Liquiditätsverlust) vorliegt, der eine Rückabwicklung umso mehr nahelegt.[122] Aus dem Regelungsvorbild des Art. 11 PRIIPs-VO kann ein systematisches Argument jedenfalls nicht hergeleitet werden, da die Ersatzfähigkeit des Rückabwicklungsschadens im dortigen Regelungszusammenhang umstritten ist.[123] Erweist sich damit der Wortlaut des Art. 15 Abs. 1 als offen, liegt die Bejahung der Ersatzfähigkeit des Rückabwicklungsschadens im Ergebnis doch näher, da hierfür sowohl der (Schutz-)Zweck des Art. 15 als auch der in Art. 15 Abs. 4 vorausgesetzte Kausalitätszusammenhang sprechen (→ Rn. 54).

Ungeachtet der bestehenden Rechtsunsicherheit über die Ersatzfähigkeit des Vertragsabschlussschadens wird jedenfalls dessen **erfolgreiche Geltendmachung in der Praxis** die **absolute Ausnahme** bleiben. Schließlich trägt der (frühere) Inhaber des anderen Kryptowerts die Beweislast dafür, dass sich das Verlassen auf die unzutreffenden Informationen im Kryptowerte-Whitepaper (= Informationspflichtverletzung) auf die Entscheidung, diesen Kryptowert zu kaufen, zu verkaufen oder zu tauschen, ausgewirkt hat. Eben jene Darlegung der (haftungsbegründenden) Kausalität der Informationspflichtverletzung für die Transaktionsentscheidung des (früheren) Inhabers des anderen Kryptowerts (Transaktionskausalität), für die keine Beweiserleichterungen anzuerkennen sind (→ Rn. 54), dürfte nämlich nur äußerst selten gelingen.[124] 46

bb) Berechnung. Kauf- und Verkaufsvariante. Im Rahmen des Rückabwicklungsschadens kann der Inhaber des anderen Kryptowerts im Falle eines Erwerbs infolge der Informationspflichtverletzung die **Übernahme der anderen Kryptowerte Zug um Zug gegen Erstattung des Erwerbspreises** einschließlich etwaiger **Transaktionskosten** verlangen **(Kaufvariante)**.[125] Hat der Inhaber den anderen Kryptowert infolge einer Informationspflichtverletzung verkauft **(Verkaufsvariante),** kann er die **Rückgewähr des anderen Kryptowerts einschließlich etwaiger Transaktionskosten Zug um Zug gegen Erstattung des Veräußerungspreises** verlangen.[126] 47

---

[122] Hellgardt, Kapitalmarktdeliktsrecht, 2008, S. 502f.

[123] Für die Ersatzfähigkeit bei Art. 11 PRIIPs-VO: Schneider VersR 2017, 1429 (1434); gegen die Ersatzfähigkeit: Buck-Heeb WM 2018, 1197 (1203f.); Wilhelmi/Kuschnereit ZBB 2018, 288 (300).

[124] In der Verkaufsvariante sowie der Veräußerungstauschvariante (näher → Rn. 47ff.) dürfte die Geltendmachung des Rückabwicklungsschadens nahezu immer scheitern, vgl. auch Möllers/Leisch BKR 2002, 1071 (1077).

[125] Vgl. allgemein zur Berechnung des Rückabwicklungsschadens: BGH NJW 2005, 2450 (2451); Hopt/Voigt in Hopt/Voigt (Hrsg.), Prospekt- und Kapitalmarktinformationshaftung, 2005, S. 129; speziell zu § 9 WpPG: HMS Kapitalmarktinf-HdB/Habersack § 28 Rn. 45.

[126] Wie hier für §§ 37b, 37c WpHG aF: Möllers/Leisch BKR 2002, 1071 (1076f.); aA Reichert/Weller ZRP 2002, 49 (55). Dies gilt jedenfalls für Fall, dass der Haftungsadressat selbst Inhaber einer hinreichenden Anzahl des anderen Kryptowerts ist oder ihm ein Erwerb des anderen Kryptowerts über den freien Markt möglich ist. Lohnenswert erscheint eine Geltendmachung des Rückabwicklungsschadens durch den (früheren) Inhaber des

48 **(ii) Tauschvariante.** Besonderheiten ergeben sich bei der Berechnung des Vertragsabschlussschadens in den Fällen des **Tauschs (Tauschvariante)** des anderen Kryptowerts infolge einer Informationspflichtverletzung, die sowohl den Erwerb als auch die Veräußerung eines anderen Kryptowerts als eines vermögenswertereferenzierten Token oder E-Geld-Token unter Einsatz von **Kryptowerten** oder **anderen Tauschgegenständen** (nicht: amtlicher Währung) als **Gegenleistung** erfasst. Als **praktisch bedeutsamster Tauschgegenstand** dürften **Kryptowerte** in Betracht kommen. Dass die Tauschvariante zumindest Tauschgeschäfte mit Kryptowerten als Gegenleistung erfasst, folgt ohne Weiteres aus der systematischen Erwägung, dass die MiCAR an einer Vielzahl von Stellen den Tausch von Kryptowerten gegen andere Kryptowerte erwähnt (vgl. Art. 3 Abs. 1 Nr. 16 lit. d, Erwgr. Nr. 4 S. 2, 21 S. 2, 85, 87).[127] Hat ein Inhaber einen anderen Kryptowert als einen vermögenswertereferenzierten Token oder E-Geld-Token nicht mit amtlicher Währung, sondern im Tausch durch Hingabe von Kryptowerten (zB Bitcoin, Ether, Ripple, Solana oÄ) oder durch Hingabe eines beliebigen anderen Tauschgegenstands erworben **(Erwerbstauschvariante),** kann dieser Inhaber im Rahmen des Rückabwicklungsschadens die **Übernahme der erworbenen anderen Kryptowerte** Zug um Zug gegen **Erstattung des Marktwerts des Tauschgegenstands in amtlicher Währung im Transaktionszeitpunkt** einschließlich etwaiger Transaktionskosten verlangen. Hat ein Inhaber einen anderen Kryptowert als einen vermögenswertereferenzierten Token oder E-Geld-Token im Tausch gegen einen anderen Gegenstand aufgrund der Informationspflichtverletzung veräußert **(Veräußerungstauschvariante),** kann der Inhaber demgegenüber die **Rückgewähr des anderen Kryptowerts** einschließlich etwaiger Transaktionskosten Zug um Zug gegen **Erstattung des Marktwerts des erworbenen Tauschgegenstands in amtlicher Währung im Transaktionszeitpunkt** verlangen.

49 Die Bemessung und Durchführung des Rückabwicklungsschadens in der Tauschvariante auf der Grundlage des **Marktwerts des (hingegebenen oder erhaltenen) Tauschgegenstands in amtlicher Währung zum Transaktionszeitpunkt** sowie der **Ausschluss einer sachlich-gegenständlichen Rückgewähr der Gegenleistung des Tauschgeschäfts**[128] erscheint geboten, um eine Abwälzung des Marktrisikos des als Gegenleistung eingesetzten Tauschgegenstands von den Inhabern auf die Haftungsadressaten auszuschließen, wobei diese Problematik insbesondere in den praktisch bedeutsamen Fällen des Einsatzes von Kryptowerten als Gegenleistung virulent wird. Während die Abwälzung des Marktrisikos der anderen Kryptowerte als vermögenswertereferenzierten Token oder E-Geld-Token von den Inhabern auf die Haftungsadressaten im Rahmen des Vertrags-

---

Kryptowerts in diesen Fallkonstellationen indes nur, wenn der Kurs des anderen Kryptowerts sich nach dem Verkauf positiv entwickelt hat (ebenso Möllers/Leisch BKR 2002, 1071 (1077 Fn. 58) mit zutreffendem Hinweis auf die erheblichen Beweisschwierigkeiten). Erfasst sind demnach Konstellationen, in denen der Verstoß gegen Art. 6 aus unzutreffend negativen Informationen über den anderen Kryptowert im Kryptowerte-Whitepaper resultiert, dessen Fundamentalwert in Wahrheit also höher liegt.

[127] Der Tausch von Kryptowerten gegen amtliche Währung unterfällt bereits der Kaufs- bzw. Verkaufsvariante.

[128] Vgl. für ähnliche Erwägungen wie hier Baums ZHR 167 (2003), 139 (186f.).

abschlussschadens bzw. Rückabwicklungsschadens unvermeidlich[129] und daher hinzunehmen ist, würde eine zusätzliche **Überwälzung des Marktrisikos** der als Gegenleistung eingesetzten Kryptowerte oder des sonstigen Tauschgegenstands in Tauschfällen zu **unkalkulierbaren Haftungsrisiken** für die Haftungsadressaten führen. Eine solches Risikoüberwälzung sollte jedoch in Anbetracht der zu erwartenden Folgen tunlichst vermieden werden: Würde im Rahmen des Rückabwicklungsschadens stets die sachlich-gegenständliche Rückgewähr des geleisteten Kryptowerts bzw. sonstigen Tauschgegenstands geschuldet, stünde nämlich zu befürchten, dass andere Kryptowerte von den Anbietern nur noch zum Erwerb gegen amtliche Währung angeboten würden, um die angesprochenen Marktrisiken von vornherein zu vermeiden, was nicht im Interesse der (potenziellen) Inhaber der anderen Kryptowerte läge. Bedenkt man zudem, dass die Tauschvariante auch die „Veräußerung" des anderen Kryptowerts als eines vermögenswertereferenzierten Token oder E-Geld-Token durch den Inhaber im Tausch gegen einen Kryptowert oder einen sonstigen Tauschgegenstand erfasst (Veräußerungstauschvariante), die von den Anbietern, Handelszulassungsantragstellern und Handelsplattformbetreibern von vornherein nicht verhindert werden kann, bestünde bei der Verpflichtung zur sachlich-gegenständlichen Rückgewähr der als Gegenleistung eingesetzten Kryptowerte oder sonstigen Tauschgegenstände im Rahmen des Rückabwicklungsschadens die weitere Gefahr, dass infolge der immensen Haftungsrisiken sowohl öffentliche Angebote als auch Handelszulassungen von anderen Kryptowerten auf dem europäischen Markt zurückgehen oder sich gar nicht erst etablieren würden. Darüber hinaus würde eine Pflicht zur **sachlich-gegenständlichen Rückgewähr** des geleisteten Kryptowerts oder sonstigen Tauschgegenstands einem Inhaber der anderen Kryptowerte in Abhängigkeit von der Marktentwicklung des Tauschgegenstands (zB des Kryptowerts) die Erzielung eines **windfall profit** ermöglichen, was nicht gerechtfertigt erscheint, da der Inhaber durch die Veräußerung bzw. den Erwerb des anderen Kryptowerts als eines vermögenswertereferenzierten Token oder E-Geld-Token im Tausch gegen einen Kryptowert oder einen sonstigen Tauschgegenstand mit einem bestimmten Gegenwert zu erkennen gegeben hat, zu dem Austauschgeschäft nach Maßgabe des betreffenden Äquivalenzverhältnisses im Transaktionszeitpunkt bereit gewesen zu sein. An dieser **(Investitions-)Entscheidung** muss sich der Inhaber daher bei wertender Betrachtung festhalten lassen: Denn infolge des Eintauschs eines Kryptowerts oder eines sonstigen Tauschgegenstands gegen einen anderen Kryptowert als einen vermögenswertereferenzierten Token oder E-Geld-Token wären im Falle einer ordnungsgemäßen Erfüllung der Informationspflichten nur die **Marktchancen und -risiken** des Kryptowerts bzw. sonstigen Tauschgegenstands **oder** des anderen Kryptowerts als eines vermögenswertereferenzierten Token oder E-Geld-Token – nicht dagegen die Chancen (und Risiken) beider Kryptowerte – bei dem (früheren) Inhaber verortet gewesen wären. Während die Ersatzfähigkeit des Rückabwicklungsschadens dem (früheren) Inhaber ohnehin bereits das Marktrisiko in Bezug auf den anderen Kryptowert als einen vermögenswertereferenzierten Token oder E-Geld-Token abnimmt, erscheint es nicht angängig, dem Haftungsadressaten auch noch das **Marktrisiko in Bezug auf den eingetauschten Kryptowert** bzw. **Gegenstand** aufzuerlegen, worauf die Verpflichtung zur sachlich-gegenständ-

---

[129] Siehe allgemein zur Überwälzung des Marktrisiko bei Ersatzfähigkeit des Rückabwicklungsschadens: Hopt/Voigt in Hopt/Voigt (Hrsg.), Prospekt- und Kapitalmarktinformationshaftung, 2005, S. 90f., 132, 139; Baums ZHR 167 (2003), 139 (185f., 187).

lichen Rückgewähr bei Tauschgeschäften im Rahmen des Rückabwicklungsschadens im praktischen Ergebnis jedoch hinausliefe, da der (frühere) Inhaber die Rückabwicklung nur im Falle einer positiven Entwicklung des als Gegenleistung hingegebenen oder im Falle einer negativen Entwicklung des als Gegenleistung erhaltenen Kryptowerts oder sonstigen Tauschgegenstands geltend machen würde. Hierdurch könnte der **(frühere) Inhaber** über die Geltendmachung des Rückabwicklungsschadens sowohl an den Marktchancen des Kryptowerts oder sonstigen Tauschgegenstands als auch den Marktchancen des anderen Kryptowerts als eines vermögenswertereferenzierten Token oder E-Geld-Token partizipieren und **stünde damit besser als bei ordnungsgemäßer Erfüllung der Informationspflichten**, was **wertungswidersprüchlich** erscheint. Aus den genannten Gründen bedarf es im Rahmen des Rückabwicklungsschadens eines Ausschlusses der sachlich-gegenständlichen Rückgewähr in Tauschfällen. Vielmehr ist für die Zwecke der Rückabwicklung der **geleistete oder empfangene Tauschgegenstand** (bei dem es sich nicht um den anderen Kryptowert handelt) stets durch seinen in amtlicher Währung ausgedrückten **Marktwert im Transaktionszeitpunkt** zu substituieren.

50 c) **Kursdifferenzschaden. aa) Ersatzfähigkeit.** Die **Ersatzfähigkeit des Kursdifferenzschadens**[130] folgt im **Umkehrschluss** aus der **Verkaufsvariante** innerhalb des **Art. 15 Abs. 4:** Hat der frühere Inhaber des Kryptowerts den anderen Kryptowert verkauft, kommt eine Rückzahlung des Kaufpreises durch den Haftungsadressaten gegen Rückgewähr der anderen Kryptowerte durch den (früheren) Inhaber (= Kaufvariante) nicht mehr in Betracht, wohingegen ein Anspruch auf Verschaffung der veräußerten anderen Kryptowerte durch den Haftungsadressaten Zug um Zug gegen Herausgabe des vom Inhaber erzielten Veräußerungserlöses in praktischer Hinsicht typischerweise an der fehlenden Beweisbarkeit der haftungsbegründenden Kausalität scheitern wird.[131] Im praktischen Regelfall kann daher nur die Vermögenseinbuße des früheren Inhabers des Kryptowerts durch Ersatz des Kursdifferenzschadens kompensiert werden. Jedoch ist auch in den anderen Fallkonstellationen **kein Grund ersichtlich,** den **Inhaber** eines anderen Kryptowerts **stets auf die Rückabwicklung des Geschäfts zu verweisen,** wenn dieser an der ursprünglichen Transaktionsentscheidung festhalten will. Schließlich wird die **informationsbedingte Fehlallokation** des eingesetzten Kapitals in der Kaufvariante bereits durch den **Ersatz des Kursdifferenzschadens** behoben, so dass die Ersatzfähigkeit des Kursdifferenzschadens ohne Weiteres vom **Normzweck des Art. 15** gedeckt ist. Zudem erscheint eine **effektive Prävention von Informationspflichtverletzungen** durch die verhaltenssteuernde Wirkung der Haftung aus Art. 15 Abs. 1 (= **Marktschutz**) nur im Falle einer Ersatzfähigkeit des Kursdifferenzschadens gewährleistet, da die erfolgreiche Geltendmachung des Rückabwicklungsschadens häufig an der fehlenden Beweisbarkeit des haftungsbegründenden Kausalzusammenhangs zwischen der Informationspflichtverletzung und der Transaktionsentscheidung scheitern dürfte (→ Rn. 46, 54). Der offene **Wort-**

---

[130] Für die Ersatzfähigkeit des Kursdifferenzschadens: Buck-Heeb BKR 2023, 689 (695); Zickgraf BKR 2021, 362 (369).

[131] Möllers/Leisch BKR 2002, 1071 (1076f.). Hierin liegt zugleich der systematische Zusammenhang zwischen der Anspruchsberechtigung der früheren Inhaber des anderen Kryptowerts und der Ersatzfähigkeit der Kursdifferenzschadens begründet (dazu → Rn. 22).

laut des Art. 15 Abs. 1 legt die Ersatzfähigkeit des Kursdifferenzschadens ebenfalls nahe.[132]

bb) Berechnung. Der **Kursdifferenzschaden** berechnet sich als **Differenz** zwischen dem **tatsächlichen Markt-** bzw. **Transaktionspreis,** der aufgrund der Informationspflichtverletzung verfälscht gewesen ist und dem **hypothetischen Markt-** bzw. **Transaktionspreis,** der sich bei pflichtgemäßen Publizitätsverhalten gebildet hätte, wobei für den tatsächlichen und den hypothetischen Preis jeweils auf den **Transaktionszeitpunkt** abzustellen ist.[133] 51

2. Kausalität

Der Anspruch aus Art. 15 Abs. 1 erfordert einerseits das Vorliegen eines Kausalzusammenhangs zwischen der Informationspflichtverletzung und der Transaktionsentscheidung des (früheren) Inhabers der Kryptowerte (haftungsbegründende Kausalität, arg. Wortlaut Art. 15 Abs. 1: „für aufgrund dieses Verstoßes erlittene Schäden"; arg. Art. 15 Abs. 4 Hs. 2 e.c.) und andererseits das Bestehen eines Kausalzusammenhangs zwischen der Informationspflichtverletzung und dem eingetretenen Schaden (haftungsausfüllende Kausalität, arg. Wortlaut Art. 15 Abs. 1: „für aufgrund dieses Verstoßes erlittene Schäden"). 52

a) Haftungsbegründende Kausalität. Indem **Art. 15 Abs. 4 Hs. 2** bestimmt, dass es dem Inhaber des Kryptowerts obliegt, den Nachweis dafür zu erbringen, dass sich das Verlassen auf diese Informationen auf die Entscheidung des Inhabers, diesen Kryptowert zu kaufen, zu verkaufen oder zu tauschen, ausgewirkt hat, weist die Regelung im Ergebnis dem Inhaber des Kryptowerts als Anspruchsteller die **Beweislast** für das Vorliegen eines **haftungsbegründenden Kausalzusammenhangs** zwischen der **Informationspflichtverletzung** und der **Transaktionsentscheidung** zu. Ein solcher Kausalitätszusammenhang setzt zunächst die **Veröffentlichung eines Kryptowerte-Whitepapers** voraus, da sich alleine unter dieser Voraussetzung die (Fehl-) Information auf die Transaktionsentscheidung des Inhabers des Kryptowerts ausgewirkt haben kann.[134] Im Übrigen ist hinsichtlich der Anforderungen an den Nachweis der haftungsbegründenden Kausalität zwischen dem Vertragsabschluss- und dem Kursdifferenzschaden zu unterscheiden. 53

aa) Vertragsabschlussschaden. Im Hinblick auf den Vertragsabschlussschaden sind im Rahmen der Darlegung der haftungsbegründenden Kausalität im Ausgangspunkt **keine Beweiserleichterungen** anzuerkennen.[135] Vielmehr hat der (frühere) Inhaber des anderen Kryptowerts gemäß Art. 15 Abs. 4 Hs. 2 nachzuweisen, dass die Informationspflichtverletzung für die konkrete Kauf-, Verkaufs- oder Tauschentscheidung kausal war **(Transaktionskausalität).** Liegt die Ersatzfähigkeit des Vertragsabschlussschadens in teleologischer Hinsicht nämlich in der **Ermöglichung** 54

---

[132] Zickgraf BKR 2021, 362 (369).
[133] IE ebenso Buck-Heeb BKR 2023, 689 (695); siehe allgemein zur Berechnung des Kursdifferenzschadens: BGH NJW 2005, 2450 (2451); Hopt/Voigt in Hopt/Voigt (Hrsg.), Prospekt- und Kapitalmarktinformationshaftung, 2005, S. 128 f.; Hellgardt, Kapitalmarktdeliktsrecht, 2008, S. 494; Möllers/Leisch BKR 2002, 1071 (1077 f.).
[134] HMS Kapitalmarktinf-HdB/Habersack § 28 Rn. 36.
[135] Ebenso für §§ 37b, 37c WpHG aF: BGHZ 192, 90 Rn. 61 ff. = NJW 2012, 1800 (1807); vgl. auch Klöhn ZHR 178 (2014), 671 (695).

einer informierten Anlageentscheidung begründet (→ Rn. 4), können konsequenterweise nur diejenigen Inhaber der anderen Kryptowerte den Vertragsabschlussschaden ersetzt verlangen, die ihre **Transaktionsentscheidung** tatsächlich **auf Grundlage der veröffentlichten (Fehl-)Informationen** getroffen haben. Anspruchsberechtigt sind damit im Regelfall nur **Informationshändler**[136], weil die Informationspflichtverletzung alleine bei **Auswertung der veröffentlichten Information** für die konkrete Transaktionsentscheidung kausal geworden sein kann.[137] Der Umstand, dass den Informationshändlern durch den Ersatz des Vertragsabschlussschadens im Ergebnis das Marktrisiko abgenommen wird[138], stellt eine haftungsrechtliche Privilegierung dieses Anlegertyps dar. Sie rechtfertigt sich in teleologischer Hinsicht durch das (öffentliche) Interesse an der Gewährleistung von Allokations- und Informationseffizienz des Marktes, die beide durch die Marktteilnahme von Informationshändlern in erheblichem Maße positiv beeinflusst werden.

55 **bb) Kursdifferenzschaden.** Für den Kursdifferenzschaden ist es kennzeichnend, dass der (frühere) Inhaber des anderen Kryptowerts diesen Schaden ungeachtet seiner Transaktionsentscheidung oder seiner individuellen Vorstellungen aufgrund der Beeinflussung des Markt- bzw. Transaktionspreises durch die Informationspflichtverletzung erleidet.[139] Der Eintritt des Kursdifferenzschadens hängt somit entscheidend davon ab, dass der (frühere) Inhaber den anderen Kryptowert **zum falschen Preis** gekauft, verkauft oder getauscht hat.[140] Nach der sog. **fraud-on-the-market-Theorie (FOTM)** ist es für den Nachweis des erforderlichen Kausalzusammenhang vor diesem Hintergrund erforderlich und zugleich ausreichend, dass der Anspruchsteller eine Beeinflussung des Markt- bzw. Transaktionspreises durch die Informationspflichtverletzung darlegt.[141] Der FOTM liegt insoweit die (zutreffende) Überlegung zugrunde, dass zwischen der Fehlinformation (= Informationspflichtverletzung) und dem Marktpreis aufgrund der Informations-

---

[136] Siehe zum konkret-individuellen Vertrauen eines Informationshändlers auf die Richtigkeit der mitgeteilten Informationen: Klöhn ZHR 178 (2014), 671 (677, 699).

[137] Die auf Märkten für Kryptowerte vielfach anzutreffenden Kleinanleger lesen demgegenüber regelmäßig die Kryptowerte-Whitepaper nicht (Zickgraf BKR 2021, 196 (204); Zickgraf BKR 2021, 362 (367)), so dass ihnen im Regelfall eine erfolgreiche Geltendmachung des Vertragsabschlussschadens nicht gelingen wird.

[138] Allgemein zu dieser Folge bei Ersatzfähigkeit des Vertragsabschlussschadens: Baums ZHR 167 (2003), 139 (185f.).

[139] Hopt/Voigt in Hopt/Voigt (Hrsg.), Prospekt- und Kapitalmarktinformationshaftung, 2005, S. 8, 134; Baums ZHR 167 (2003), 139 (182); Möllers/Leisch BKR 2002, 1071 (1079); Hellgardt, Kapitalmarktdeliktsrecht, 2008, S. 520.

[140] Vgl. BGHZ 192, 90 Rn. 67 = NJW 2012, 1800 (1807); Hopt/Voigt in Hopt/Voigt (Hrsg.), Prospekt- und Kapitalmarktinformationshaftung, 2005, S. 8, 134; Baums ZHR 167 (2003), 139 (180ff.); Zickgraf BKR 2021, 362 (366).

[141] Halliburton Co. v. Erica P. John Fund Inc., 573 U.S. 258 (2014); Basic v. Levinson, 485 U.S. 224, 241ff. (1988); BGHZ 192, 90 Rn. 67 = NJW 2012, 1800 (1807); Fischel, 38 Bus. Law. 1, 3ff., 7f., 9ff. (1982); Bebchuk/Ferrell, 69 Bus. Law. (2014), 671, 672ff.; Goshen/Parchomovsky, 55 Duke L. Journ. 711, 766ff. (2006); Baums ZHR 167 (2003), 139 (180ff.); Klöhn ZHR 178 (2014), 671ff.; Hellgardt, Kapitalmarktdeliktsrecht, 2008, S. 94ff.; vgl. auch Sanders v. John Nuveen & Co., 619 F.2d 1222, 1225ff. (7th Circuit 1980); ablehnend Buck-Heeb BKR 2023, 689 (694).

verarbeitung durch den Markt[142] eine Kausalitätsbeziehung besteht (Preiskausalität).[143] Für den Verzicht auf den Nachweis einer Transaktionskausalität der Informationspflichtverletzung und das alternative Abstellen auf die die Preiskausalität der Fehlinformation spricht der **Gedanke des Marktschutzes,** der sowohl der Haftungsnorm des Art. 15 Abs. 1 (→ Rn. 4) als auch den Regelungen zur Kryptowerte-Whitepaper-Publizität (→ Art. 4 Rn. 5 ff., → Art. 5 Rn. 6, → Art. 6 Rn. 3) zugrunde liegt: Wären nur diejenigen Marktteilnehmer zur Geltendmachung des Kursdifferenzschadens berechtigt, die durch das Verlassen auf die (Fehl-)Information zum Handel bewegt worden sind, ergäbe sich nämlich in Anbetracht der sozialen Schäden der Informationspflichtverletzungen (insbes. der Beeinträchtigung der Allokationseffizienz des Marktes) ein zu niedriges Haftungsniveau, was wiederum zur Folge hätte, dass die publizitätspflichtigen Haftungsadressaten im Hinblick auf die Vorbereitung und Veröffentlichung der für die Marktteilnehmer relevanten Informationen ein zu niedriges Sorgfaltsniveau wählen würden. Hierbei gilt es zu bedenken, dass diejenigen (potenziellen) Inhaber der anderen Kryptowerte, die während der Desinformationsphase keine Transaktionen vornehmen, im Falle des Festhaltens am Erfordernis der Transaktionskausalität keine Haftungsansprüche geltend machen könnten, auch wenn sie die Fehlinformationen durchaus verarbeitet haben und insoweit die Allokationseffizienz durch die Fehlinformation beeinträchtigt worden ist; dieselbe Vorenthaltung von Haftungsansprüchen ergäbe sich im Übrigen für solche Anleger, die aufgrund verzerrter Anlageempfehlungen von Informationsintermediären (zB Analysten) Handelsgeschäfte getätigt haben, was in jedem Fall die Allokationseffizienz des Marktes beeinträchtigt.[144] Verschärft wird das Problem des zu niedrigen Haftungsniveaus durch den Umstand, dass selbst diejenigen Marktteilnehmer, die infolge der (Fehl-)Information ihre Transaktion durchgeführt haben, vor Beweisschwierigkeiten in Bezug auf den Nachweis der haftungsbegründenden Kausalität stehen.[145] In allen genannten Fällen hat die Informationspflichtverletzung zu einer Beeinträchtigung des Preisbildungsmechanismus sowie der Markteffizienz geführt, weshalb in diesen Fällen durch den Ersatz des Kursdifferenzschadens ein haftungsrechtlicher Anreiz für die Haftungsadressaten zur Wahrung der Publizitätspflichten mit dem Ziel des Marktschutzes vermittelt werden sollte. Ein für den Marktschutz hinreichendes Haftungsniveau wird indes nur bei Ausrichtung der haftungsbegründenden Kausalität auf das Konzept der

---

[142] Dieser Zusammenhang besteht in jedem Fall auf Märkten im Sinne der semistrengen Efficient Capital Markets Hypothesis ECMH), wobei die Annahme der Preiskausalität nicht zwingend von der (Informations-)Effizienz des zugrunde liegenden Markts abhängt, vgl. Halliburton Co. v. Erica P. John Fund Inc., 573 U.S. 258 (2014); Goshen/Parchomovsky 55 Duke L. Journ. (2006), 711 (768 ff., insbes. 770 f.); Langevoort, 2009 Wisc. L. Rev. 151, 161 f., 178, 191; Bebchuk/Ferrell, 69 Bus. Law. (2014), 671 (673 ff., 676 ff., 685 ff.); Klöhn ZHR 178 (2014), 671 (685 f., 688); vgl. für einen konzisen Überblick zur Preisbildung Hellgardt, Kapitalmarktdeliktsrecht, 2008, S. 521 ff.
[143] Fischel, 38 Bus. Law. 1, 3 ff., 9 ff. (1982); Goshen/Parchomovsky, 55 Duke L. Journ. 711, 766 ff. (2006); Langevoort, 2009 Wisc. L. Rev. 151, 161 f.; Klöhn ZHR 178 (2014), 671 (674 ff., 682 ff.).
[144] Vgl. zum Ganzen: Goshen/Parchomovsky, 55 Duke L. Journ. 711, 775 (2006); Klöhn ZHR 178 (2014), 671 (700).
[145] Basic v. Levinson, 485 U.S. 224, 245 (1988); Klöhn ZHR 178 (2014), 671 (683 f.).

Preiskausalität nach Maßgabe der FOTM-Theorie gewährleistet.[146] Dieses Konzept sollte auch bei Fehlen eines Bookbuilding-Verfahrens im Rahmen eines öffentlichen Angebots zugrunde gelegt werden.[147]

56 Dogmatisch kann das Konzept der Preiskausalität über eine **teleologische Reduktion** des Wortlauts des Art. 15 Abs. 4 Hs. 2 bei Geltendmachung des Kursdifferenzschadens umgesetzt werden, indem der Kausalitätsnachweis nicht auf die „Entscheidung", sondern auf den „Transaktionspreis" bezogen wird.[148] Danach muss der Inhaber des Kryptowerts im Rahmen der haftungsbegründenden Kausalität gemäß Art. 15 Abs. 4 Hs. 2 alleine nachweisen, dass die Informationspflichtverletzung (dh die Fehlinformation) sich auf den Marktpreis ausgewirkt hat und damit der Inhaber den anderen Kryptowert **zum falschen Preis** gekauft, verkauft oder getauscht hat.[149] Gerechtfertigt wird die teleologische Korrektur des Wortlauts durch die sich überschneidenden **Normzwecke** des Art. 15 sowie der Publizitätsvorschriften aus Art. 4–6 (Gewährleistung von Allokationseffizienz/Marktschutz, → Rn. 4).

57 **b) Haftungsausfüllende Kausalität.** Das Erfordernis eines (haftungsausfüllenden) Kausalzusammenhangs zwischen der Informationspflichtverletzung und dem eingetretenen Schaden ergibt sich unmittelbar aus dem Wortlaut des Art. 15 Abs. 1 („für aufgrund dieses Verstoßes erlittene Schäden"). Wiederum muss zwischen dem Vertragsabschluss- und dem Kursdifferenzschaden unterschieden werden.

58 **aa) Vertragsabschlussschaden.** Im Rahmen der haftungsausfüllenden Kausalität bedarf es eines Kausalzusammenhangs zwischen der Informationspflichtverletzung und dem Schaden. Identifiziert man diesen Schaden mit der Durchführung der Transaktion (dh im Kauf/Verkauf/Tausch des anderen Kryptowerts) unter Erbringung (Kauf) oder Empfang (Verkauf) einer synallagmatischen Gegenleistung (Vertragsabschlussschaden), muss demnach die Informationspflichtverletzung für den Abschluss des Vertrags kausal gewesen sein. Dieser Kausalzusammenhang entspricht indes demjenigen Kausalzusammenhang, der gemäß Art. 15 Abs. 4 Hs. 2 bei Geltendmachung des Vertragsschlussschadens bereits im Rahmen der haftungsbegründenden Kausalität nachzuweisen ist. Insofern kann auf die dortigen Ausführungen verwiesen werden (→ Rn. 54).

59 **bb) Kursdifferenzschaden.** Während im Rahmen des Kursdifferenzschadens das Vorliegen einer Preisbeeinflussung als solcher eine Frage der haftungsbegründenden Kausalität darstellt, handelt es sich bei der konkreten **Höhe der Preisbeeinflussung** um eine Frage der haftungsausfüllenden Kausalität.[150] Der maßgebliche Kausalitätszusammenhang bei der haftungsausfüllenden Kausalität ist nach der hier vertretenen Konzeption (Preiskausalität, → Rn. 55 f.) jedoch letztlich derselbe wie im Rahmen der haftungsbegründenden Kausalität: Erforderlich ist eine kausale Beeinflussung des tatsächlichen Marktpreises durch die Informationspflichtverlet-

---

[146] Vgl. zum Gedanken der Förderung privater Haftungsklagen zur Erreichung des gesetzgeberischen Regelungsanliegens (dienende Funktion, Rn. 4): Basic v. Levinson, 485 U.S. 224, 245 (1988); Klöhn ZHR 178 (2014), 671 (684).

[147] Näher Zickgraf BKR 2021, 362 (367).

[148] AA Buck-Heeb BKR 2023, 689 (694).

[149] Vgl. für §§ 37b, 37 WpHG aF: BGHZ 192, 90 Rn. 67 = NJW 2012, 1800 (1807).

[150] Hellgardt, Kapitalmarktdeliktsrecht, 2008, S. 521, 529 f.; vgl. auch Klöhn ZHR 178 (2014), 671 (706); Möllers/Leisch BKR 2002, 1071 (1079).

zung. Im Unterschied zur haftungsbegründenden Kausalität hat der Inhaber des anderen Kryptowerts im Rahmen der haftungsausfüllenden Kausalität indes nachzuweisen, **inwieweit** die Informationspflichtverletzung den tatsächlichen Marktpreis beeinflusst und hierdurch eine Abweichung vom hypothetischen Marktpreis bei pflichtgemäßem Publizitätsverhalten im Transaktionszeitpunkt erzeugt hat.

An einem ersatzfähigen Schaden eines (früheren) Inhabers von anderen Kryptowerten fehlt es jedoch, wenn sowohl die Kauf- als auch die Verkaufstransaktion während der Desinformationsphase, dh vor Bekanntwerden der Informationspflichtverletzung und der damit einhergehenden Fehlbewertung, durchgeführt worden sind.[151] In diesem Fall kauft und verkauft der Inhaber nämlich gleichermaßen zum falschen, durch die Informationspflichtverletzung beeinflussten Marktpreis, so dass ihm bei der gebotenen Gesamtbetrachtung beider Transaktionen kein Schaden entstanden ist. 60

3. Mitverschulden

Art. 15 Abs. 1 enthält keine ausdrückliche Regelung über die Minderung oder den Ausschluss des Anspruchs wegen eines Mitverschuldens des Anspruchstellers. Im Ergebnis kann ein Mitverschulden aufseiten des Geschädigten den Anspruch dennoch mindern oder ausschließen. Dies ergibt sich indes nicht aufgrund eines Rückgriffs auf das nationale (Schadens-)Recht.[152] Vielmehr handelt es sich bei der **Berücksichtigung des Mitverschuldens** des Geschädigten um einen **allgemeinen Rechtsgrundsatz des Unionsrechts**.[153] Der Mitverschuldenseinwand im Sinne des Unionsrechts hat eine Kausalität zwischen dem Verhalten des Geschädigten und dem Schadenseintritt sowie ein schuldhaftes Verhalten des Geschädigten zur Voraussetzung.[154] 61

Im Hinblick auf die Kürzung oder den Ausschluss des Anspruchs aus Art. 15 Abs. 1 wegen eines Mitverschuldens des Anspruchstellers gilt es im Ausgangspunkt zu beachten, dass der infolge fehlerhafter Kryptowerte-Whitepaper eintretende Schaden sowohl durch den jeweiligen Haftungsadressaten (Anbieter, Handelszulassungsantragsteller, Betreiber der Handelsplattform) als auch durch den Anspruchsteller (Inhaber des anderen Kryptowerts) vermieden werden kann: Die Haftungsadressaten können die für die Schädigung kausale Informationspflichtverletzung durch sorgfältige Erstellung des Kryptowerte-Whitepapers unter Aufnahme aller für die Anlageentscheidung wesentlichen Informationen vermeiden, wohingegen die Anspruchsteller den Schadenseintritt (theoretisch) durch eine eigenständige Informationssuche (Sorgfaltsmaßnahme) vermeiden können. Bei der Haftung für fehlerhafte Kryptowerte-Whitepaper handelt es sich insofern um einen bilateralen Schadensfall des Typs alternativer Sorgfalt, bei dem die Verantwortlichkeit dem 62

---

[151] Hellgardt, Kapitalmarktdeliktsrecht, 2008, S. 359 f., 494, 530; vgl. auch Baums ZHR 167 (2003), 139 (189); Klöhn ZHR 178 (2014), 671 (706).

[152] AA Buck-Heeb BKR 2023, 689 (695 f.).

[153] EuGH 5.3.1996 – C-46/93 und C-48/93 Rn. 84 f. – Brasserie du Pêcheur und Factortame; EuGH 24.3.2009 – C-445/06 Rn. 60 f. – Danske Slagterier; EuGH 18.3.2010 – C-419/08 P Rn. 61 – Trubowest; vgl. auch Heinze, Schadensersatz im Unionsprivatrecht, 2017, S. 609 ff.; Martin GPR 2022, 178 (185 f.) unter Hinweis auf Art. 8 Abs. 2 RL 85/374/EWG, Art. 14 Abs. 3 lit. a RL (EU) 2015/2302.

[154] EuGH 27.3.1990 – C-308/87 Rn. 17 – Grifoni; Martin GPR 2022, 178 (186).

cheapest cost avoider zugewiesen werden sollte.[155] Die Kryptowerte-Whitepaper-Publizität weist den publizitätspflichtigen Haftungsadressaten die Pflicht zur Erstellung eines Kryptowerte-Whitepapers zu, weil und soweit die publizitätspflichtigen Regelungsadressaten (Anbieter, Handelszulassungsantragsteller, Betreiber der Handelsplattform für Kryptowerte) die für die Anlageentscheidung relevanten Informationen typischerweise kostengünstiger als die einzelnen Anleger zur Verfügung stellen können (cheapest information provider; → Art. 4 Rn. 6).[156] In Anbetracht des Umstands, dass der Verstoß gegen die Pflicht zur Bereitstellung richtiger und vollständiger Informationen durch die Kryptowerte-Whitepaper-Haftung aus Art. 15 Abs. 1 zivilrechtlich sanktioniert wird (dienende Funktion der Haftung → Rn. 4), liegt auch dem Haftungstatbestand des Art. 15 Abs. 1 mittelbar die zutreffende Vorstellung zugrunde, dass die Haftungsadressaten den Schadenseintritt im Regelfall kostengünstiger vermeiden können (cheapest cost avoider). Sollte dies ausnahmsweise nicht der Fall sein, muss der Schaden dem Anspruchsteller durch Kürzung oder Ausschluss des Anspruchs infolge eines Mitverschuldens zugewiesen werden. Ein vollständiger Anspruchsausschluss aufgrund der kostengünstigeren Schadensvermeidungsmöglichkeiten des Anspruchstellers ist beispielsweise angezeigt, wenn der (frühere) Inhaber des anderen Kryptowerts **Kenntnis von der Unrichtigkeit oder Fehlerhaftigkeit des Kryptowerte-Whitepapers** hatte (ebenso § 12 Abs. 2 Nr. 3 WpPG).[157] Ein Mitverschulden des Anspruchstellers kann jedoch nicht bereits daraus abgeleitet werden, dass dieser bei sinkenden Kursen den Kryptowert nicht sofort verkauft hat, weil der zukünftige Kursverlauf nicht vorhersehbar ist, so dass ein Halten der anderen Kryptowerte aufgrund der Hoffnung auf eine Kurserholung keine Obliegenheitsverletzung darstellt.[158]

VIII. Unwirksamkeit vertraglicher Haftungsausschlüsse und -beschränkungen (Abs. 2)

63 Gemäß Art. 15 Abs. 2 haben ein vertraglicher Ausschluss oder eine vertragliche Beschränkung der zivilrechtlichen Haftung gemäß Abs. 1 keine Rechtswirkung (Regelungsvorbild: Art. 11 Abs. 5 PRIIPs-VO). Art. 15 Abs. 2 ordnet die **Unwirksamkeit vertraglicher Haftungsausschlüsse und Haftungsbeschränkungen** an, damit die Kompensations- und Präventionsfunktion der Haftung aus Art. 15 Abs. 1 (→ Rn. 4) nicht durch derartige Vereinbarungen unterlaufen wird (= Normzweck des Art. 15 Abs. 2).

---

[155] Calabresi The Costs of Accidents, 1970, S. 135 ff.; Schäfer/Ott, Ökonomische Analyse des Zivilrechts, 6. Aufl. 2020, S. 269 f.

[156] Vgl. Assmann, Prospekthaftung, 1985, 286 f.; Zickgraf ZfPW 2023, 35 (54 f.).

[157] IE auch Buck-Heeb BKR 2023, 689 (695 f.). Jedoch sollte die Nichtvornahme eigener Nachforschungsmaßnahmen nicht als Obliegenheitsverletzung eingestuft werden und zu einer Anspruchskürzung wegen Mitverschuldens des Inhabers führen, da es dem Zweck von Art. 4 ff. und Art. 15 entspricht, dass der Inhaber der anderen Kryptowerte von derartigen Informationsbeschaffungsaufwand entlastet wird (→ Rn. 4, → Art. 4 Rn. 6; ebenso für die Informationspflichten im Verbrauchervertragsrecht Heinze, Schadensersatz im Unionsprivatrecht, 2017, S. 611).

[158] Allgemein und mit weiteren Argumenten Fleischer Gutachten F für den 64. Deutschen Juristentag F 71 f.

In Anbetracht des vorgenannten Normzwecks (→ Rn. 63) steht Art. 15 Abs. 2 **64** der **Wirksamkeit von Vergleichen** nach Anspruchsentstehung nicht entgegen, da hierdurch weder die Präventions- noch die Kompensationsfunktion der Kryptowerte-Whitepaper-Haftung beeinträchtigt werden: Vielmehr kann der Abschluss eines (Prozess-)Vergleichs durchaus im Kompensationsinteresse des geschädigten Inhabers der anderen Kryptowerte liegen.[159] Und auch die Präventionsfunktion bleibt ungeachtet der Wirksamkeit und Zulässigkeit von Vergleichen unberührt, da die Vergleichssumme sich im Regelfall an den erwarteten Erfolgsaussichten einer Klage ausrichten wird, so dass die Aussicht auf die Zahlung der Vergleichssumme den Haftungsadressaten aus ex-ante-Perspektive zutreffende Verhaltensanreize zur Einhaltung der Publizitätspflichten aus Titel II vermittelt.

IX. Verjährung

Der Anspruch aus Art. 15 Abs. 1 enthält keine Regelungen über die Verjährung **65** des Anspruchs. Da es auch bei den Regelungsvorbildern aus Art. 11 PRIIPs-VO sowie Art. 35a RatingVO an entsprechend heranziehbaren Regelungen fehlt, erscheint es unvermeidbar, die Verjährung des Anspruchs aus Art. 15 Abs. 1 nach Maßgabe des anwendbaren nationalen Rechts (dh nach Maßgabe des Art. 4 Abs. 1 Rom II-VO, vgl. zum Schadensort die Nachweise bei → Rn. 20) zu beurteilen[160], wenn man nicht von einer Unverjährbarkeit des Anspruchs ausgeht, was jedoch im Ergebnis abzulehnen ist.[161]

X. Zivilrechtliche Haftung nach nationalem Recht (Abs. 6)

Nach Art. 15 Abs. 6 lässt Art. 15 jede sonstige zivilrechtliche Haftung gemäß **66** dem nationalen Recht unberührt. Der Zweck des Art. 15 Abs. 6 besteht darin, den geschädigten Inhabern der anderen Kryptowerte günstigere zivilrechtliche Ansprüche auf Grundlage des nationalen Rechts offen zu halten (vgl. auch Erwgr. Nr. 35 S. 2 VO (EU) 462/2013 in Bezug auf Art. 35a Abs. 5 RatingVO).[162] Art. 15 Abs. 6 bringt daher zum Ausdruck, dass es sich bei Art. 15 lediglich um eine **Mindestregelung** in Bezug auf die zivilrechtliche Haftung handelt. Art. 15 hat also keinen abschließenden Charakter.[163] Vielmehr lässt die Regelung des Art. 15 Abs. 6 weitergehende **vertragliche und deliktsrechtliche Ansprüche** auf der Grundlage des nationalen Zivilrechts zu.[164]

Die vertraglichen Erfüllungsansprüche aus Kaufverträgen beim öffentlichen An- **67** gebot von anderen Kryptowerten beurteilen sich alleine nach dem nationalen Zivilrecht. Besondere Bedeutung kommt der Öffnungsklausel des Art. 15 Abs. 6 ferner im Zusammenhang mit einer etwaigen **Haftung für ein fehlendes Kryp-**

---

[159] IE ebenso für Art. 11 Abs. 5 PRIIPs-VO: Buck-Heeb WM 2018, 1197 (1205).
[160] Ebenso für Art. 52 Abs. 1: Omlor ZdiW 2023, 131 (133).
[161] Buck-Heeb BKR 2023, 689 (694).
[162] Buck-Heeb BKR 2023, 689 (694).
[163] Wie hier für Art. 52 Abs. 5: Omlor ZdiW 2023, 131 (133).
[164] Vgl. für Art. 11 Abs. 5 PRIIPs-VO: Assmann/Schneider/Mülbert/Buck-Heeb, Wertpapierhandelsrecht, PRIIPs-VO Art. 11 Rn. 39ff.; vgl. für Art. 35a Abs. 5 RatingVO: Dutta WM 2013, 1729 (1735); HMS Kapitalmarktinf-HdB/Foerster § 31 Rn. 40f.

Art. 15   Titel II Andere Kryptowerte

towerte-Whitepaper (zu den Anforderungen an ein Kryptowerte-Whitepaper → Rn. 28) zu, welches nicht vom Haftungstatbestand des Art. 15 Abs. 1 erfasst wird (→ Rn. 14). Der **deutsche Gesetzgeber** hat, für den Fall des fehlenden (dh entgegen Art. 9 nicht veröffentlichten) Kryptowerte-Whitepapers mit **§ 19 KMAG** einen **eigenen Haftungstatbestand** geschaffen, der in seinen tatbestandlichen Voraussetzungen weitestgehend an das **Regelungsvorbild** aus **§ 14 WpPG** angelehnt ist. Hierdurch soll der offensichtliche **Wertungswiderspruch** (→ Rn. 14) ausgeglichen werden, den der Unionsgesetzgeber dadurch erzeugt hat, dass er (nur) in Bezug auf das veröffentlichte, aber inhaltlich fehlerhafte Kryptowerte-Whitepaper, nicht aber (auch) für den **schwerwiegenderen Verstoß gegen die Kryptowerte-Whitepaper-Publizitätspflicht**, dh für den Fall der Nichtveröffentlichung eines Kryptowerte-Whitepapers, eine Haftung vorgesehen hat.[165] Die Haftung für **fehlerhafte Marketingmitteilungen** kann ebenfalls nur aus dem nationalen Recht folgen (zur diesbezüglichen Nichtanwendbarkeit des Art. 15 Abs. 1 → Rn. 15). Im Falle der international-privatrechtlichen Anwendbarkeit deutschen (Zivil-)Rechts kommt hinsichtlich fehlerhafter Marketingmitteilungen eine Haftung auf Grundlage der **bürgerlich-rechtlichen Prospekthaftung** (culpa in contrahendo, §§ 280 Abs. 1, 311 Abs. 2, 241 Abs. 2 BGB)[166] in Betracht, sofern die **veröffentlichen Dokumente** den Anforderungen an einen Prospekt im Sinne der bürgerlich-rechtlichen Prospekthaftung[167] gerecht werden.[168] Darüber hinaus können auf Grundlage des nationalen Zivilrechts Ansprüche gegen zusätzliche Haftungsadressaten begründet sein (u. a. berufsmäßige Sachkenner, wie zB Rechtsanwälte, Steuerberater, Wirtschaftsprüfer), die nicht zu den Haftungsadressaten des Art. 15 Abs. 1 zählen. Schließlich kann das nationale Zivilrecht in Bezug auf den ersatzfähigen Schadensumfang bzw. die hiermit in Zusammenhang stehenden Beweisanforderungen günstigere Ansprüche bereithalten.

---

[165] Siehe hierzu auch BT-Drs. 20/10280, 142; insoweit bereits kritisch zum Kommissionsentwurf Zickgraf BKR 2021, 362 (370).

[166] Siehe zum Konkurrenzverhältnis zwischen bürgerlich-rechtlicher und spezialgesetzlicher Prospekthaftung: BGHZ 228, 237 Rn. 22 ff., insbes. Rn. 26 aE = NJW 2021, 1318 (1320 f.); BGHZ 220, 100 Rn. 55 ff., insbes. 57 aE = NJW-RR 2019, 301 (305 f.). Siehe in jüngster Vergangenheit: BGH NZG 2024, 24 Rn. 15 ff.; 2023, 1134 (1134 f.).

[167] Siehe dazu BGHZ 191, 310 Rn. 21 = NJW 2012, 758 (759) („Prospekt in diesem Sinne ist eine marktbezogene schriftliche Erklärung, die für die Beurteilung der angebotenen Anlage erhebliche Angaben enthält oder den Anschein eines solchen Inhalts erweckt (…) Sie muss dabei tatsächlich oder zumindest dem von ihr vermittelten Eindruck nach den Anspruch erheben, eine das Publikum umfassend informierende Beschreibung der Anlage zu sein"); BGHZ 160, 134 Rn. 13 = NJW 2004, 2663 (2664).

[168] Gleichsinnig für Art. 52 Abs. 5: Omlor ZdiW 2023, 131 (133). Vgl. zur Haftung für fehlerhafte Werbung auf Grundlage der bürgerlich-rechtlichen Prospekthaftung: Klöhn FS Hoffmann-Becking, 2013, 679 (689 f., 695); gegen eine solche Haftung neben §§ 9 ff. WpPG: Assmann/Schlitt/von Kopp-Colomb/Assmann, Prospektrecht, WpPG § 9 Rn. 20 mwN.

Titel III Vermögenswertereferenzierte Token

Kapitel 1 Zulassungspflicht für ein öffentliches Angebot vermögenswertereferenzierter Token und für die Beantragung von deren Zulassung zum Handel

Artikel 16 Zulassung

(1) Eine Person darf einen vermögenswertereferenzierten Token in der Union nicht öffentlich anbieten oder die Zulassung vermögenswertereferenzierter Token zum Handel beantragen, sofern sie nicht Emittent dieses vermögenswertereferenzierten Token ist und
a) eine juristische Person oder ein anderes Unternehmen ist, die bzw. das in der Union niedergelassen ist und von der zuständigen Behörde ihres bzw. seines Herkunftsmitgliedstaats gemäß Artikel 21 hierzu eine Zulassung erhalten hat, oder
b) ein Kreditinstitut ist, das Artikel 17 einhält.

Ungeachtet des Unterabsatzes 1 können mit schriftlicher Zustimmung des Emittenten eines vermögenswertereferenzierten Token andere Personen diesen vermögenswertereferenzierten Token öffentlich anbieten oder dessen Zulassung zum Handel beantragen. Diese Personen müssen die Artikel 27, 29 und 40 einhalten.

Für die Zwecke von Unterabsatz 1 Buchstabe a dürfen andere Unternehmen vermögenswertereferenzierte Token nur dann ausgeben, wenn ihre Rechtsform ein Schutzniveau in Bezug auf die Interessen Dritter sicherstellt, das dem durch juristische Personen gewährten Schutzniveau gleichwertig ist, und wenn sie einer gleichwertigen, ihrer Rechtsform entsprechenden Aufsicht unterliegen.

(2) Absatz 1 findet keine Anwendung, wenn
a) über einen Zeitraum von zwölf Monaten, berechnet am Ende jedes Kalendertags, der durchschnittliche ausstehende Wert des vermögenswertereferenzierten Token, der von einem Emittenten ausgegeben wurde, 5 000 000 EUR oder den Gegenwert in einer anderen amtlichen Währung niemals überstiegen hat und der Emittent nicht mit einem Netzwerk anderer ausgenommener Emittenten in Verbindung steht oder
b) sich das öffentliche Angebot des vermögenswertereferenzierten Token ausschließlich an qualifizierte Anleger richtet, und der vermögenswertereferenzierten Token nur von solchen qualifizierten Anlegern gehalten werden kann.

Findet dieser Absatz Anwendung, so erstellen die Emittenten vermögenswertereferenzierter Token ein Kryptowerte-Whitepaper gemäß Artikel 19 und übermitteln dieses Kryptowerte-Whitepaper und, auf Antrag, sämtliche Marketingmitteilungen der zuständigen Behörde ihres Herkunftsmitgliedstaats.

Art. 16

(3) Die einer in Absatz 1 Unterabsatz 1 Buchstabe a genannten Person von der zuständigen Behörde erteilte Zulassung gilt für die gesamte Union und erlaubt es einem Emittenten eines vermögenswertereferenzierten Token, den vermögenswertereferenzierten Token, für den er die Zulassung erhalten hat, in der gesamten Union öffentlich anzubieten oder eine Zulassung des vermögenswertereferenzierten Token zum Handel zu beantragen.

(4) Die von der zuständigen Behörde gemäß Artikel 17 Absatz 1 oder Artikel 21 Absatz 1 erteilte Genehmigung des Kryptowerte-Whitepapers eines Emittenten oder gemäß Artikel 25 erteilte Genehmigung eines geänderten Kryptowerte-Whitepapers gilt für die gesamte Union.

Schrifttum: Andres/Hötzel/Kranz, Private Veräußerungsgeschäfte mit „virtuellen Währungen" – Des Kaisers neue Kleider? – Grundlagen (Teil I), DStR 2022, 2177; Assmann/Schlitt/v. Kopp-Colomb, Prospektrecht Kommentar, 4. Auflage 2022; Assmann/Schneider/Mülbert, Wertpapierhandelsrecht, 8. Auflage 2023; Beck/Samm/Kokemoor (Hrsg.), KWG/CRR, 236. EL, 4/2024; Berrar/Meyer/Schnorbus/Singhof/Wolf, EU-ProspektVO 2017 und WpPG; 3. Auflage 2024; Buck-Heeb, Whitepaper-Haftung nach MiCAR, BKR 2023, 689; Casper/Terlau, Zahlungsdiensteaufsichtsgesetz (ZAG), 3. Auflage 2023; EBA, Final Report, EBA/RTS/2024/13, 19. Juni 2024; EBA/ESMA, Final Report, JC/GL/2016/01, 20. Dezember 2016; EBA/ESMA, Final Report, EBA/GL/2024/09 bzw. ESMA75-453128700-10, 27. Juni 2024; Ebers, Stichwort Kommentar Legal Tech, 2023; Ellenberger/Bunte, Bankrechts-Handbuch, 6. Auflage 2022; Fischer/Schulte-Mattler (Hrsg.), KWG/CRR, 6. Aufl. 2023; Fritz, Anbieter von Kryptowerte-Dienstleistungen nach der MiCAR BKR 2023, 747; Grimm/Kreuter, Kryptowerte und Marktmissbrauch AG 2023, 177; Groß, Kapitalmarktrecht, 8. Auflage 2022; Haneke, Aussonderung von verwahrten Kryptowerten de lege ferenda – Stellungnahme zu § 46i KWG-RefE, NZI 2023, 529; Just/Voß/Ritz/Becker, Wertpapierprospektrecht; 2. Auflage 2023; Maume, Die Verordnung über Märkte für Kryptowerte (MiCAR) – Stablecoins, Kryptodienstleistungen und Marktmissbrauchsrecht, RDi 2022, 497; Maume/Siadat, Struktur, Definitionen und Anwendungs-fälle der Kryptoregulierung, NJW 2023, 1168; Maume/Tollenaar, Die aufsichtsrechtliche Einordnung von Giralgeldtoken, BKR 2024, 312; Misterek/Roth, Insiderinformationen in Bezug auf Kryptowerte – Verhältnis und Reichweite von Art. 7 MAR und Art. 87 MiCAR, ZIP 2024, 385; Müller-Lankow/Liebscher, Rechtliche Unterschiede zwischen E-Geld- und vermögenswertereferenzierten Token, WM 2024, 1152; Möslein/Omlor (Hrsg.), FinTech-Handbuch, 3. Aufl. 2024; Omlor, Stablecoins unter MiCAR: EU-Zahlungsverkehrsrecht für vermögenswertereferenzierte und E-Geld-Token, ZHR (187) 2023, 635; Oppenheim/Pfaf, MiCAR als Chance für Euro-Stablecoins, RDi 2024, 102;; Raschauer et al. (Hrsg.), MiCAR-Kommentar, 2024; Schwark/Zimmer, Kapitalmarktrechts-Kommentar, 5. Auflage 2020; Siadat, Markets in Crypto Assets Regulation – erster Einblick mit Schwerpunktsetzung auf Finanzinstrumente, RdF 2021, 12; Schäfer/Omlor/Mimberg, ZAG, 1. Auflage 2022; Schwennicke/Auerbach, Kreditwesengesetz (KWG) mit Zahlungsdiensteaufsichtsgesetz (ZAG), 4. Auflage 2021; Skauradszun, Zur Aussonderung von (gemeinschaftlich) verwahrten Kryptowerten nach dem Zukunftsfinanzierungsgesetz RDi 2023, 269; Zentes/Glaab, Frankfurter Kommentar GwG, 3. Aufl. 2022; Terlau, MiCAR-Stablecoins, BKR 2023, 809; Zerwas/Hanten, Zulassung zum Geschäftsbetrieb für Kredit- und Finanzdienstleistungsinstitute, BB 1998, 2484.

Übersicht

	Rn.
I. Normzweck und Systematik	1
II. Zulassung	4
1. Zulassungsvorbehalt	4
a) Regulierte Tätigkeit	6

	Rn.
aa) Vermögenswertreferenzierte Token	7
bb) Öffentliches Angebot	8
cc) Beantragung der Handelszulassung	13
b) Emittentenstatus und Organisationsform	15
aa) Emittentenstatus und Emittentenpflichten	15
bb) Sitz und Organisationsform	17
c) Andere Personen mit schriftlicher Zustimmung des Emittenten	22
2. Ausnahmen	24
a) Schwellenwertunterschreitung	25
b) Qualifizierte Anleger	27
3. Passporting für die Zulassung und das Whitepaper	29

I. Normzweck und Systematik

Art. 16 Abs. 1 UAbs. 1 beschreibt als Grundsatz ein weitreichendes Verbot für das **1** öffentliche Angebot vermögenswertereferenzierter Token (**Asset-Referenced Token, „ART"**) und für die Beantragung von deren Zulassung zum Handel und stellt damit gleichzeitig – negativ – dar, dass diese zulassungs- bzw. erlaubnispflichtige Tätigkeit (*regulierte Tätigkeit* → Art. 16 Rn. 6) nur unter der Voraussetzung des Emittentenstatus und der organisatorischen Vorgaben als über eine Zulassung nach Art. 21 verfügende juristische Person bzw. als – insofern erlaubnisfreies – Kreditinstitut (*Emittentenstatus und Organisation* → Rn. 15) zulässig ist.

Art. 16 Abs. 1 UAbs. 2 sieht zum grundsätzlichen Erfordernis des Emittentenstatus **2** die Ausnahme vor, dass auch Nicht-Emittenten mit schriftlicher Zustimmung des Emittenten ART öffentlich anbieten oder dessen Zulassung zum Handel beantragen können.

Art. 16 Abs. 2 sieht unter qualitativen (Angebot nur an qualifizierte Anleger) und **3** quantitativen (Angebot unter Schwellenwert) Maßstäben des öffentlichen Angebots weitreichende Vorgaben von der Zulassungs- oder Erlaubnispflicht vor, Art. 16 Abs. 3 und Art. 16 Abs. 4 regeln das Passporting der Zulassung und des Whitepapers.

II. Zulassung

1. Zulassungsvorbehalt

Art. 16 Abs. 1 UAbs. 1 stellt – mit sprachlich etwas missglückter Regelungstech- **4** nik – als Grundsatz klar, dass ART nur durch denjenigen öffentlich angeboten werden dürfen bzw. nur derjenige ihre Zulassung zum Handel beantragen darf, der als ihr Emittent entweder als juristische Person bzw. „anderes Unternehmen" organisiert *(Nicht-Kreditinstitute)* ist und über eine Erlaubnis nach Art. 21 verfügt oder – ohne konkreten Rechtsformbezug – bereits als Kreditinstitut zugelassen ist.

Damit ist differenzierend klargestellt: Nicht-Kreditinstitute bedürfen für das öf- **5** fentliche Angebot bzw. die Beantragung der Handelszulassung einer Zulassung nach Art. 16, 21. Kreditinstitute bedürfen keiner gesonderten Zulassung.[1] Nach Art. 17 Abs. 4 unterliegen sie ausdrücklich nicht der Zulassungspflicht nach Art. 21.

---

[1] Vgl. Omlor ZHR (187) 2023, 635 (663); Terlau BKR 2023, 809 (817).

Sie müssen jedoch ein **Whitepaper** erstellen und einzelne Mitteilungspflichten gegenüber der beaufsichtigenden Behörde erfüllen.[2] Diese an der Zulassungspflicht zu Tage tretende Unterscheidung zwischen Kreditinstitut und Nicht-Kreditinstitut ist insofern nachvollziehbar, als das Regime der Art. 16 ff. eine grundsätzlich „**Token-basierte**" Zulassung – keine „**Emittenten-basierte**" Zulassung vorgibt[3] und emittierende Kreditinstitute ohnehin schon einer dichten Regulierung, insbesondere nach der VO (EU) Nr. 575/2013 (CRR), unterliegen.[4]

6 **a) Regulierte Tätigkeit.** Zulassungs- bzw. Erlaubnispflichtig ist das *öffentliche Angebot* bzw. die *Beantragung der Handelszulassung* von ART. Für die reine Emission bedarf es keiner Zulassung.[5]

7 **aa) Vermögenswertreferenzierte Token.** Art. 3 Abs. 1 Nr. 6 definiert den ART als einen Kryptowert, der kein E-Geld-Token ist und dessen Wertstabilität durch Bezugnahme auf einen anderen Wert (zB Gold) oder ein anderes Recht oder eine Kombination davon (zB ein Korb verschiedener Referenzwerte), einschließlich einer oder mehrerer amtlicher Währungen, gewahrt werden soll (→ Art. 3 Rn. 14 ff.).[6] Die Einordnung als ART schließt die gleichzeitige Einordnung als E-Geld-Token (E-Money Token, „*EMT*") aus. Nicht-Kreditinstitute müssen als Teil des Zulassungsantrags ein **Rechtsgutachten** vorlegen, dem zufolge der ART nicht als EMT einzustufen ist (Art. 18 Abs. 2 lit. e. Entsprechendes gilt für Kreditinstitute im Rahmen der aufsichtsbehördlichen Benachrichtigung (Art. 17 Abs. 1 lit. b ii)).

8 **bb) Öffentliches Angebot.** Zentraler Anknüpfungspunkt der Zulassungspflicht ist das (beabsichtigte) öffentliche Angebot der ART. Art. 3 Abs. 1 Nr. 12 definiert das „**öffentliche Angebot**" als eine Mitteilung an Personen in jedweder Form und auf jedwede Art und Weise, die ausreichende Informationen über die Angebotsbedingungen und die anzubietenden Kryptowerte enthält, um potenzielle Inhaber in die Lage zu versetzen, über den Kauf dieser Kryptowerte zu entscheiden. Die beiden Begriffsbestandteile – „öffentlich" und „Angebot" – werden dagegen nicht weiter spezifiziert.

9 Insofern lässt sich auf die praktisch deckungsgleiche Definition des öffentlichen Angebots in Art. 2 lit. d VO (EU) 2017/1129 (die „**Prospekt-VO**") und die Begriffskonturierung zurückzugreifen, die sich zu diesem Begriffspaar herausgebildet haben.[7]

10 Ausweislich der Definition des Art. 3 Abs. 1 Nr. 12 offeriert der Anbieter (vgl. Art. 3 Abs. 1 Nr. 13: Person oder Unternehmen, die bzw. das Kryptowerte öffentlich anbietet) den Kauf von Kryptowerten, sodass ein grundsätzlich zulassungspflichtiges Angebot nur ein **Verkaufs-, kein Kaufangebot** sein kann.[8] Der auf

---

[2] Möslein/Omlor FinTech-HdB/Terlau, 3. Aufl. 2024, § 36 Rn. 69; Maume RDi 2022, 497 (499).
[3] Treffend Möslein/Omlor FinTech-HdB/Terlau, 3. Aufl. 2024, § 36 Rn. 69 mit Verweis auf Art. 18 Abs. 3.
[4] Vgl. Maume RDi 2022, 497 (499); Müller-Lankow/Liebscher WM 2024, 1152 (1158).
[5] Beck/Samm/Kokemoor/Alfes MiCAR Rn. 75; Bauerfeind/Hille/Loff RdF 2023, 84 (8).
[6] Müller-Lankow/Liebscher WM 2024, 1152 (1158).
[7] Eingehend Möslein/Omlor FinTech-HdB/Terlau, 3. Aufl. 2024, § 36 Rn. 61 ff.; ders. BKR 2023, 809 (813 f.).
[8] Möslein/Omlor FinTech-HdB/Terlau, 3. Aufl. 2024, § 36 Rn. 61 unter Verweis auf die Art. 2 lit. d Prospekt-VO.

das Verkaufsangebot zugeschnittene Angebotsbegriff ist dennoch weit – die Abgabe einer invitatio ad offerendum soll hierfür ebenso ausreichen, wie ein Angebot zum Tausch gegen andere Kryptowerte (Tausch gleich Kauf).[9] Werden ART kostenlos angeboten, sollte dies grundsätzlich nicht als Angebot iSd MiCAR gelten.[10] Kein Angebot – weil noch unter der Schwelle zur invitatio ad offerendum liegend – stellt **allgemein gehaltene Werbung** dar; ebenso wenig kann als Angebot die reine Informationsaufbereitung gelten (vgl. Erwgr. Nr. 28: „die Veröffentlichung von Geld- und Briefkursen sollte als solche nicht als öffentliches Angebot über Kryptowerte eingestuft werden").[11] Naheliegend ist auch hier der Rückgriff auf die gesetzgeberische Differenzierung im Wertpapierprospekt-Kontext: Da ein Angebot bei der für eine Kaufentscheidung erforderlichen Mitteilung von „ausreichenden Informationen" vorliegen, stellen – qualitativ eben noch nicht „ausreichend" – „allgemeine Werbemaßnahmen, Veröffentlichungen und Informationen […], in denen auf die Möglichkeit zum Erwerb von Wertpapieren hingewiesen wird und bei denen noch keine Erwerbs- oder Zeichnungsmöglichkeit besteht" noch kein Angebot dar.[12]

Auch für den Angebotsbegriff der MiCAR wird es – wie schon in Erwgr. Nr. 22 der Prospekt-VO ausgedrückt – darauf ankommen, ob dem Empfänger des etwaigen Angebots schon eine individuelle (Kauf-)Entscheidung oder nur Mitteilungen mit allgemeinem Werbe- bzw. Informationsgehalt angetragen wird.

„Öffentlich" ist das Angebot, wenn es an eine unbestimmte Vielzahl von Personen gerichtet ist.[13] Unerheblich soll dabei sein, wie groß der Adressatenkreis bzw. ob er in seiner Reichweite begrenzt ist; maßgeblich ist vielmehr, ob das Publikum als in seiner Einzelheit unbestimmter Personenkreis angesprochen wird, und nicht nur einzelne, ausgewählte Personen.[14]

cc) Beantragung der Handelszulassung. Neben dem öffentlichen Angebot ist auch die Zulassung von ART zum Handel grundsätzlich unter Erlaubnisvorbehalt gestellt. Mit der „Zulassung zum Handel" ist stets die Zulassung zum Handel auf einer Handelsplattform für Kryptowerte gemeint (Art. 1 Abs. 2 lit. a),[15] also der Handel über ein oder mehrere multilaterale Systeme, die die Interessen einer Vielzahl Dritter am Kauf und Verkauf von Kryptowerten – im System und gemäß dessen Regeln – auf eine Weise zusammenführen oder deren Zusammenführung erleichtern, dass ein Vertrag über den Tausch von Kryptowerten entweder gegen einen Geldbetrag oder den Tausch von Kryptowerten gegen andere Kryptowerte zustande kommt (vgl. Art. 3 Abs. 1 Nr. 18).[16] Adressiert werden damit die plastisch als **„Kryptobörsen"** bezeichneten Handelsplätze.[17] Die Bezeichnung ist aber tatsächlich irreführend, da derzeit die allermeisten „Kryptobörsen" keine multilateralen Systeme betreiben und damit keine Handelsplattform darstellen. Der Betrieb

---

[9] Möslein/Omlor FinTech-HdB/Terlau § 36 Rn. 61 mwN.
[10] Möslein/Omlor FinTech-HdB/Terlau § 36 Rn. 62 mwN; tendenziell aA aber Omlor ZHR (187) 2023, 635, 664: „Selbst ein unentgeltlicher Erwerb unterfiele den Vorgaben aus Titel III MiCAR".
[11] Möslein/Omlor FinTech-HdB/Terlau, 3. Aufl. 2024, § 36 Rn. 63.
[12] BT-Drs. 15/4999 (Gesetzesentwurf zum Prospektrichtlinie-Umsetzungsgesetz), 28.
[13] Möslein/Omlor FinTech-HdB/Terlau, 3. Aufl. 2024, § 36 Rn. 64.
[14] Statt vieler Ebenroth/Boujong/Joost/Groß, 5. Aufl. 2024, WpPG § 2 Rn. 21 f.
[15] Siehe auch Erwgr. Nr. 23.
[16] Ebenso Möslein/Omlor FinTech-HdB/Terlau, 3. Aufl. 2024, § 36 Rn. 66.
[17] Grimm/Kreuter AG 2023, 177 (187); ihnen folgend Misterek/Roth ZIP 2024, 385 (389).

einer solchen Handelsplattform für Kryptowerte ist als **Kryptowerte-Dienstleistung** iSd Art. 3 Abs. 1 Nr. 16 lit. b wiederum erlaubnispflichtig (Art. 62).

14 Art. 16 geht implizit davon aus (grundsätzliches Verbot des öffentlichen Angebots bzw. der Handelszulassungsbeantragung für jede Person, „sofern sie nicht Emittent […] ist"), dass ART iSd MiCAR durch einen Emittenten ausgegeben werden.[18] Fehlt es am Emittenten – und damit an der nach dem Regulierungsanspruch der MiCAR gerade zu adressierenden Adressaten – fehlt es zugleich an einer wesentlichen Tatbestandsvoraussetzung der Zulassungserteilung, sodass entsprechende **emittentenlose ART** in der Union nicht öffentlich angeboten bzw. ihre Zulassung zum Handel auf einer Handelsplattform für Kryptowerte nicht beantragt werden darf.[19] Zu Recht wird darauf hingewiesen, dass dadurch dezentral/DLT-basiert begebende ART, die per se keinen Emittenten als vermeintlich zentral ausgebende Entität haben, tatbestandlich ausgeschlossen werden.[20]

15 **b) Emittentenstatus und Organisationsform. aa) Emittentenstatus und Emittentenpflichten.** Emittent ist nach Art. 3 Abs. 1 Nr. 10 „eine natürliche oder juristische Person oder ein anderes Unternehmen, die bzw. das Kryptowerte emittiert", also ausgibt **("Issuing"),**[21] und damit die Kontrolle über die Schaffung von Kryptowerten ausübt.[22]

16 Der europäische Verordnungsgeber geht davon aus, dass ART von ihren Inhabern in großem Umfang verwendet werden und daher im Hinblick auf den **Schutz der Inhaber von Kryptowerten,** insbesondere Kleinanlegern, und im Hinblick auf die Marktintegrität höhere Risiken als andere Kryptowerte bergen können – weshalb für ART-Emittenten strengere Anforderungen gelten sollen als für Emittenten anderer Kryptowerte.[23] Dementsprechend knüpfen an den ART-Emittentenstatus eine Reihe von Folgepflichten an, etwa im Hinblick auf Informations- und Offenlegungspflichten die Vorgaben zur Veröffentlichung des entsprechenden ART-Whitepapers auf der Emittenten-Website (Art. 28), zur laufenden Information der ART-Inhaber über den Betrag der in Umlauf befindlichen ART sowie den Wert und die Zusammensetzung der nach Art. 36 zu bildenden Vermögensreserve (Art. 30 Abs. 1) und zur Veröffentlichung entsprechender Prüfberichte (Art. 30 Abs. 2).[24] Die European Banking Authority („EBA") und die European Securities and Markets Authority („ESMA") haben gemeinsame Leitlinien erarbeitet, die unter anderem die Eignungsbeurteilung von Mitgliedern des Leitungsorgans von ART-Emittenten näher ausgestalten.[25]

---

[18] Möslein/Omlor FinTech-HdB/Terlau, 3. Aufl. 2024, § 36 Rn. 67.

[19] Maume RDi 2022, 497 (49).

[20] Bauerfeind/Hille/Loff RdF 2023, 84 (88); Maume RDi 2022, 497 (499); vgl. auch Omlor ZHR 2023, 635 (642) aus der Zahlungsperspektive.

[21] Zu Recht kritisch zur deutschen Sprachfassung vgl. Terlau BKR 2023, 809 (812); ähnlich Bauerfeind/Hille/Loff RdF 2023, 84 (87 f.).

[22] Erwgr. Nr. 20.

[23] Erwgr. Nr. 40.

[24] Ausführlich Beck/Samm/Kokemoor/Alfes MiCAR Rn. 84 ff.

[25] EBA/GL/2024/09 7 ESMA75-453128700-10 (27.6.2024), Final report on joint EBA and ESMA Guidelines on the suitability assessment of members of management body of issuers of asset-referenced tokens and of crypto-asset service providers, and on Joint EBA and ESMA Guidelines on the suitability assessment of shareholders and members, whether direct or indirect, with qualifying holdings in issuers of asset-referenced tokens and in crypto-asset service providers.

bb) Sitz und Organisationsform. ART-Emittenten müssen einen satzungs- 17
gemäßen **Sitz in der EU** haben. So soll eine ordnungsgemäße Beaufsichtigung
und Überwachung der öffentlichen Angebote sichergestellt werden.[26]

ART-Emittenten sind entweder nach der RL 2013/36/EU (CRD IV) zugelas- 18
sene Kreditinstitute iSd Art. 4 Abs. 1 CRR oder – ohne Kreditinstitut zu sein – andere juristische Personen oder „andere Unternehmen", deren Rechtsform ein
Schutzniveau in Bezug auf die Interessen Dritter sicherstellt, das dem durch juristische Personen gewährten Schutzniveau gleichwertig ist, und wenn sie einer gleichwertigen, ihrer Rechtsform entsprechenden Aufsicht unterliegen.

Personenhandelsgesellschaften (KG, OHG) werden nach deutscher Dog- 19
matik grundsätzlich nicht als juristische Personen eingeordnet; nach der für Art. 16
aber allein maßgeblichen unionsrechtskonformen Auslegung des weit auszulegenden Begriffs der juristischen Person dürften Personenhandelsgesellschaften hiervon
bereits umfasst sein.[27]

Eine **GbR** scheidet schon in Abgrenzung zur OHG als in Frage kommender 20
Rechtsträger des ART-Emittenten aus: Personengesellschaften, deren Gesellschaftszweck (auch) die Ausgabe von ART umfassen, betreiben ein Handelsgewerbe und
sind – wenn bei keinem der Gesellschafter die Haftung gegenüber den Gesellschaftsgläubigern beschränkt ist – jedenfalls als OHG einzuordnen.[28]

Einzelkaufleute kommen nicht als „andere Unternehmen" in Betracht. Der in 21
Art. 2 Abs. 1 umrissene Anwendungsbereich der MiCAR erstreckt sich in personeller Hinsicht auf „natürliche und juristische Personen und bestimmte andere Unternehmen", geht also von einem grundsätzlichen Nebeneinander dieser drei möglichen Normadressatenformen aus. Art. 16 UAbs. 2 lit. a greift als möglicher
Emittenten wiederum nur juristische Personen oder „andere Unternehmen", nicht
aber natürliche Personen auf. Mit Blick auf Art. 2 Abs. 1 muss damit gelten, dass natürliche Personen – eben Einzelkaufleute – jedenfalls für den Anwendungsbereich
des Art. 16 UAbs. 2 lit. a keine „anderen Unternehmen" sein können.[29] Einzelkaufleute dürften zudem nicht das von Art. 16 UAbs. 3 geforderte, mit juristischen Personen gleichwertige Schutzniveau aufweisen; dies gilt insbesondere für die nicht
umzusetzende Trennung von Betriebs- und Privatvermögen und der nach Art. 36
zu bildenden Vermögenswertreserve.[30] Dies korrespondiert schließlich mit der Parallelwertung, dass der Emittentenstatus des Einzelkaufmanns auch nicht durch Zulassung als Kreditinstitut erlangt werden kann. Denn erlaubnispflichtige Kreditinstitute dürfen nicht in der Rechtsform des Einzelkaufmanns betrieben werden.[31]

c) Andere Personen mit schriftlicher Zustimmung des Emittenten. 22
Art. 16 Abs. 1 UAbs. 3 sieht zum grundsätzlichen Erfordernis des Angebots bzw.
des Antrags zur Handelszulassung durch den Emittenten die Ausnahme vor, dass
auch andere Personen als Nicht-Emittenten mit schriftlicher Zustimmung des
Emittenten ART öffentlich anbieten oder deren Zulassung zum Handel beantragen
können.

---

[26] Erwgr. Nr. 42.
[27] Vgl. ausführlich Fritz BKR 2023, 747 (748ff.) für die entsprechende Einordnung im Kontext der CASP.
[28] IdS Fritz BKR 2023, 747 (748) aE.
[29] IdS überzeugend Fritz BKR 2023, 747 (749).
[30] Vgl. auch Fischer/Schulte-Mattler/Schäfer KWG § 2b Rn. 2.
[31] § 2b KWG.

Art. 16

23 Diese Personen haben dennoch die **Kernpflichten des Emittenten** gegenüber den Inhabern von ART einzuhalten. Das umfasst nach Art. 27 zum einen die Pflicht zu ehrlichem, redlichem und professionellem Handeln und Kommunizieren im besten Interesse der (potenziellen) ART-Inhaber und zudem das Gebot (potenzielle) ART-Inhaber gleich zu behandeln (Wohlverhaltensregeln). Auch die umfassenden Vorgaben für Marketingmitteilungen müssen eingehalten werden (Art. 29). Außerdem ist es den Nicht-Emittenten nach Art. 40 verboten, Zinsen im Zusammenhang mit ART bzw. bei der Erbringung von Kryptowerte-Dienstleistungen im Zusammenhang mit ART zu gewähren. Nach Art. 40 Abs. 3 gilt dabei ein **weiter Zinsbegriff,** der nicht nur den klassischen Darlehenszins umfasst, sondern alle Vergütungen oder sonstige Vorteile, die mit der Zeitspanne zusammenhängen, in der ein ART-Inhaber ART hält. Dazu gehören Nettovergütungen oder -abschläge, die einer vom ART-Inhaber erhaltenen Verzinsung gleichkommen, unabhängig davon, ob sie unmittelbar vom Emittenten stammen oder durch Dritte gewährt werden, und unabhängig davon, ob sie unmittelbar im Zusammenhang mit den ART stehen oder durch die Vergütung oder Preisgestaltung anderer Produkte gewährt werden.

2. Ausnahmen

24 Art. 16 Abs. 2 sieht unter qualitativen **(Angebot nur an qualifizierte Anleger)** und quantitativen **(Angebot unter Schwellenwert)** Maßstäben des öffentlichen Angebots weitreichende Ausnahmen von der Zulassungs- bzw. Erlaubnispflicht vor. Natürliche Personen können allein im Anwendungsbereich dieser Ausnahmen ART-Emittenten sein, schließlich gilt das grundsätzliche Zulassungserfordernis für juristische Person oder andere Unternehmen mit vergleichbarem Schutzniveau bzw. Kreditinstitute, die wiederum nicht in der Form des Einzelkaufmanns organisiert sein können (→ Rn. 21).[32]

25 **a) Schwellenwertunterschreitung.** Das grundsätzliche Zulassungserfordernis nach Abs. 1 besteht bei solchen (Klein-)Emissionen nicht, bei denen, vereinfacht dargestellt, der durchschnittliche ausstehende Wert eines ART über einen Zeitraum von zwölf Monaten 5 Mio. EUR niemals überstiegen hat.[33]

26 Diese Form der quantitativen Ausnahmefindung ist kein Novum; zutreffend wird auf entsprechende Obergrenzen als parallele Ausnahmen zur grundsätzlichen Wertpapierprospektpflicht (Art. 1 Abs. 3 Prospekt-VO) verwiesen.[34]

27 **b) Qualifizierte Anleger.** Das grundsätzliche Zulassungserfordernis nach Abs. 1 besteht auch dann nicht, wenn sich das öffentliche Angebot des ART ausschließlich an qualifizierte Anleger richtet, und der ART nur von solchen qualifizierten Anlegern gehalten werden kann.

28 Qualifizierte Anleger sind nach Art. 3 Abs. 1 Nr. 30 Personen oder Einrichtungen, die in Anh. II Abschn. I Nr. 1–4 MiFID II aufgeführt sind – also solche Personen und Einrichtungen, die schon nach der MiFID II als sog. geborene **„professionelle Kunden"** gelten (etwa Kreditinstitute, Wertpapierfirmen, Versicherungsunternehmen etc). Gekorene professionelle Kunden/qualifizierte Anleger, also fakultativ als solche eingestufte Privatanleger, dürften angesichts des klaren Ver-

---

[32] Raschauer et al. (Hrsg.), MiCAR/Raschauer Art. 16 Rn. 4.
[33] Müller-Lankow/Liebscher WM 2024, 1152 (1159).
[34] Müller-Lankow/Liebscher WM 2024, 1152 (1159).

weises allein auf die geborenen professionellen Kunden iSd MiFID II von der qualitativen Ausnahme des Art. 16 Abs. 2 UAbs. 1 lit. b nicht erfasst sein.[35]

3. Passporting für die Zulassung und das Whitepaper

Art. 16 Abs. 3 und Art. 16 Abs. 4 regeln das **Passporting der Zulassung und** 29 **des Whitepapers.** Insofern gelten für die grenzüberschreitende Tätigkeit bekannte Grundsätze. Die einem Nicht-Kreditinstitut erteilte Zulassung gilt für die gesamte Union und erlaubt es einem Emittenten, den ART, für den er die Zulassung erhalten hat, in der gesamten Union öffentlich anzubieten oder eine Zulassung des ART zum Handel zu beantragen (Abs. 3). Ist der Emittent ein Kreditinstitut, gelten insofern keine eigentlichen Neuerungen. Schließlich bedarf ein Kreditinstitut keiner Zulassung nach Art. 16 Abs. 1, die es zu „passporten" gälte. Vielmehr richtet sich das grundsätzliche Passportingregime für Kreditinstitute nach den bisherigen, im jeweiligen nationalen Recht umgesetzen Vorschriften (in Deutschland zB § 53b KWG – *inbound,* bzw. § 24a KWG – *outbound*).[36]

In Parallele zur Wertpapierprospektpflicht ist es die Kernpflicht des ART-Emit- 30 tenten ein **Kryptowerte-Whitepaper** entsprechend den Vorgaben des Art. 19 zu erstellen (→ Art. 19 Rn. 14ff.) und – für Nicht-Kreditinstitute als Zeil des Zulassungsantrags (Art. 18 Abs. 2 lit. k – von der zuständigen Behörde genehmigen zu lassen.[37] Ist das Kryptowerte-Whitepaper eines Emittenten einmal von der zuständigen Behörde des Herkunftsstaats genehmigt (nach Art. 17 Abs. oder Art. 21 Abs. 1), gilt diese Genehmigung des Krypto-Whitepapers für die gesamte Union (Abs. 4).

Artikel 17 Anforderungen an Kreditinstitute

(1) Ein von einem Kreditinstitut ausgegebener vermögenswertereferenzierter Token kann öffentlich angeboten oder zum Handel zugelassen werden, wenn das Kreditinstitut
a) für den vermögenswertereferenzierten Token ein Kryptowerte-Whitepaper gemäß Artikel 19 erstellt und dieses Kryptowerte-Whitepaper der zuständigen Behörde seines Herkunftsmitgliedstaats gemäß dem Verfahren, das in den nach Absatz 8 des vorliegenden Artikels angenommenen technischen Regulierungsstandards festgelegt ist, zur Genehmigung vorlegen und das Kryptowerte-Whitepaper von der zuständigen Behörde genehmigt wird;
b) die jeweils zuständige Behörde mindestens 90 Arbeitstage vor der erstmaligen Ausgabe des vermögenswertereferenzierten Token benachrichtigt, indem es folgende Informationen übermittelt:
   i)   einen Geschäftsplan mit Angabe des Geschäftsmodells, das das Kreditinstitut zu befolgen beabsichtigt;
   ii) ein Rechtsgutachten, dem zufolge der vermögenswertereferenzierte Token nicht als eines der Folgenden einzustufen ist:

---

[35] Müller-Lankow/Liebscher WM 2024, 1152 (1159) mit ausführlicher Begründung.
[36] Vgl. Raschauer et al. (Hrsg.), MiCAR/Raschauer Art. 16 Rn. 7.
[37] Ausführlich Möslein/Omlor FinTech-HdB/Terlau, 3. Aufl. 2024, § 36 Rn. 73.

Art. 17

- ein Kryptowert, der gemäß Artikel 2 Absatz 4 vom Anwendungsbereich dieser Verordnung ausgenommen ist
- ein E-Geld-Token;
iii) eine detaillierte Beschreibung der Regelungen zur Unternehmensführung nach Artikel 34 Absatz 1;
iv) die in Artikel 34 Absatz 5 Unterabsatz 1 aufgeführten Strategien und Verfahren;
v) eine Beschreibung der in Artikel 34 Absatz 5 Unterabsatz 2 genannten vertraglichen Vereinbarungen mit Drittunternehmen;
vi) eine Beschreibung der in Artikel 34 Absatz 9 genannten Strategie zur Fortführung des Geschäftsbetriebs;
vii) eine Beschreibung der in Artikel 34 Absatz 10 genannten Mechanismen für die interne Kontrolle und Risikomanagementverfahren;
viii) eine Beschreibung der in Artikel 34 Absatz 11 genannten Systeme und Verfahren zum Schutz der Verfügbarkeit, Authentizität, Integrität und Vertraulichkeit von Daten.

(2) Ein Kreditinstitut, das die zuständigen Behörden im Einklang mit Abs. 1 Buchstabe b zuvor bei der Ausgabe anderer vermögenswertereferenzierter Token benachrichtigt hat, ist nicht verpflichtet, der zuständigen Behörde die zuvor von ihr übermittelten Informationen erneut zu übermitteln, wenn diese Informationen identisch wären. Bei der Übermittlung der in Abs. 1 Buchstabe b aufgeführten Informationen bestätigt das Kreditinstitut ausdrücklich, dass alle nicht erneut übermittelten Informationen noch aktuell sind.

(3) Die zuständige Behörde, bei der eine Übermittlung nach Absatz 1 Buchstabe b eingeht, prüft innerhalb von 20 Arbeitstagen nach Eingang der darin aufgeführten Informationen, ob alle gemäß diesem Buchstaben erforderlichen Informationen bereitgestellt wurden. Gelangt die zuständige Behörde zu dem Schluss, dass eine Mitteilung aufgrund fehlender Informationen nicht vollständig ist, so teilt sie dies dem übermittelnden Kreditinstitut sofort mit und legt eine Frist fest, innerhalb deren das Kreditinstitut die fehlenden Informationen bereitstellen muss.

Die Frist für die Bereitstellung der fehlenden Informationen darf 20 Arbeitstage ab dem Tag des Antrags nicht überschreiten. Bis zum Ablauf dieser Frist wird der in Absatz 1 Buchstabe b festgelegte Zeitraum ausgesetzt. Die Anforderung weiterer Ergänzungen oder Klarstellungen zu den Informationen liegt im Ermessen der zuständigen Behörde, führt jedoch nicht zu einer Aussetzung des in Absatz 1 Buchstabe b festgelegten Zeitraums.

Das Kreditinstitut darf der vermögenswertereferenzierte Token nicht öffentlich anbieten oder die Zulassung zum Handel beantragen, solange die Übermittlung unvollständig ist.

(4) Ein Kreditinstitut, das vermögenswertereferenzierte Token, einschließlich signifikanter vermögenswertereferenzierter Token, ausgibt, unterliegt den Artikeln 16, 18, 20, 21, 24, 35, 41 und 42.

(5) Die zuständige Behörde übermittelt die vollständigen erhaltenen Informationen nach Absatz 1 unverzüglich der EZB und, wenn das Kreditinstitut in einem Mitgliedstaat niedergelassen ist, dessen amtliche Währung nicht der Euro ist, oder wenn eine amtliche Währung eines Mit-

gliedstaats, die nicht der Euro ist, als Bezugsgröße für den vermögenswertereferenzierte Token gilt, auch der Zentralbank des betreffenden Mitgliedstaats.

Die EZB und gegebenenfalls die Zentralbank des Mitgliedstaats gemäß Unterabsatz 1 geben innerhalb von 20 Arbeitstagen nach Erhalt der vollständigen Informationen eine Stellungnahme zu diesen Informationen ab und übermitteln diese Stellungnahme der zuständigen Behörde.

Die zuständige Behörde verpflichtet das Kreditinstitut, den vermögenswertereferenzierten Token nicht öffentlich anzubieten oder die Zulassung zum Handel nicht zu beantragen, wenn die EZB oder gegebenenfalls die Zentralbank des Mitgliedstaats gemäß Unterabsatz 1 aus Gründen eines Risikos für das reibungslose Funktionieren der Zahlungssysteme, der geldpolitischen Transmission oder der Währungshoheit eine ablehnende Stellungnahme abgibt.

(6) Die zuständige Behörde teilt der ESMA die in Artikel 109 Absatz 3 genannten Informationen mit, nachdem sie die Vollständigkeit der gemäß Absatz 1 des vorliegenden Artikels eingegangenen Informationen überprüft hat.

Die ESMA stellt diese Informationen ab dem Startdatum des öffentlichen Angebots oder der Zulassung zum Handel gemäß Artikel 109 Absatz 3 in dem Register zur Verfügung.

(7) Die jeweils zuständige Behörde unterrichtet die ESMA innerhalb von zwei Arbeitstagen ab dem Entzug der Zulassung über den Entzug der Zulassung eines Kreditinstituts, der vermögenswertereferenzierte Token ausgibt. Die ESMA stellt die Informationen über den Entzug gemäß Artikel 109 Absatz 3 unverzüglich in dem Register zur Verfügung.

(8) Die EBA arbeitet in enger Zusammenarbeit mit der ESMA und der EZB Entwürfe technischer Regulierungsstandards zur näheren Spezifizierung des Verfahrens für die Genehmigung eines Kryptowerte-Whitepapers nach Absatz 1 Buchstabe a aus.

Die EBA übermittelt der Kommission die in Unterabsatz 1 genannten Entwürfe technischer Regulierungsstandards spätestens am 30. Juni 2024.

Der Kommission wird die Befugnis übertragen, diese Verordnung durch die Annahme der in Unterabsatz 1 dieses Absatzes genannten technischen Regulierungsstandards gemäß den Artikeln 10 bis 14 der Verordnung (EU) Nr. 1093/2010 zu ergänzen.

Schrifttum: (Siehe Art. 16)

Übersicht

	Rn.
I. Normzweck und Systematik	1
II. Vorgaben für Kreditinstitute	3
1. Angebot und Zulassung von ART durch Kreditinstitute	3
2. Voraussetzungen für das Angebot und die Zulassung von ART durch Kreditinstitute	4
a) Whitepaper	5
b) Informationsübermittlung	6
aa) Zeitlicher Vorlauf von mindestens 90 Tagen	6

	Rn.
bb) Geschäftsplan	11
cc) Rechtsgutachten	13
cc) Unternehmensführung	14
dd) Strategien und Verfahren	15
ee) Kooperations- und Auslagerungsverträge	16
ff) Strategie zur Fortführung des Geschäftsbetriebs	17
gg) Mechanismen für die interne Kontrolle und Risikomanagementverfahren	18
hh) Datenschutz	19
3. Befreiung von erneuter Informationsbereitstellung	20
4. Prüfungszeitraum	21
5. Ausnahmen für (signifikante) vermögenswertereferenzierte Token	25
6. Übermittlung an die EZB bzw. zuständige(n) Zentralbank sowie Vetorechte	28
7. Mitteilung an die ESMA (ESMA-Register)	31
8. Entwürfe technischer Regulierungsstandards	33

I. Normzweck und Systematik

1 Die Norm stellt eine Spezialvorschrift für Kreditinstitute dar, welche vermögenswertereferenzierte Token (**Asset-Referenced Token, „ART"**) öffentlich anbieten wollen und umfasst für diese einige Erleichterungen (Erwgr. Nr. 44).[1] Art. 17 stellt weder eine Zulassungs- bzw. Erlaubnisvorschrift dar, noch wird ein „Antragserfordernis" statuiert. Es handelt sich hierbei vielmehr um Vorgaben für die Notifikation und Informationsbereitstellung, die NCA das Whitepaper und die Informationen auf Vollständigkeit prüft, ohne das Kreditinstitut in irgendeiner Weise zuzulassen oder einen Antrag zu bescheiden. Daher umfasst Art. 17 in erster Linie **Token-bezogene Notifikationspflichten.** Somit gelten für Kreditinstitute, die ART öffentlich anbieten oder zum Handel zulassen wollen, primär Token-bezogene (abzugrenzen von Emittenten-bezogene) Pflichten. Kreditinstitute benötigen für das öffentliche Angebot von ART bzw. für die Zulassung zum Handel auf einem Kryptohandelsplatz keine Erlaubnis der NCA. Kreditinstitute müssen allerdings ein Whitepaper erstellen und die NCA 90 Arbeitstage vor der erstmaligen Ausgabe des ART notifizieren. In diesem Zusammenhang haben Kreditinstitute umfangreiche Informationen zu ihrem Geschäftsplan einschließlich ihres Geschäftsmodells, eine detaillierte Beschreibung ihrer Corporate Governance (Art. 34), vielfältige Informationen über ihre Strategie und ihre Geschäftstätigkeit sowie zum Datenschutz zu übermitteln (Art. 17 Abs. 2). Auch diese Pflichten sind Token-bezogen und nicht Emittenten-bezogen (Art. 17 Abs. 3). Die NCA soll nicht über die Zulassung des Whitepapers entscheiden, denn sie stellt nur die Vollständigkeit der übermittelten Informationen fest. Erst nach Vollständigkeit darf das ART öffentlich angeboten oder zum Handel zugelassen werden.

2 Nach der RL 2013/36/EU (**CRD IV**) zugelassene Kreditinstitute sind nicht verpflichtet, eine weitere Zulassung nach der MiCAR zu beantragen, um ART anzubieten oder deren Zulassung zum Handel beantragen zu können. Die im Rahmen der CRD IV festgelegten nationalen Verfahren sollten zwar Anwendung fin-

---

[1] Vgl. Maume RDi 2022, 497 (499); Möslein/Omlor FinTech-HdB/Terlau, 3. Aufl. 2024, § 36 Rn. 69 ff.

den, jedoch um eine Pflicht zur Notifikation der gemäß der MiCAR benannten NCA ergänzt werden. Diese Notifikation erstreckt sich auf die Elemente, die die Behörde in die Lage versetzen, zu prüfen, ob der Emittent ART anbieten oder deren Zulassung zum Handel beantragen kann. Kreditinstitute, die ART anbieten oder deren Zulassung zum Handel beantragen, sollten allen Anforderungen unterliegen, die für Emittenten von ART gelten, mit Ausnahme der Zulassungsanforderungen, der Eigenmittelanforderungen und des Inhaberkontrollverfahrens. Diesbezüglich sei angemerkt, dass die Aspekte des Zulassungsverfahrens für qualifizierte Anteilseigner in der CRD IV sowie in der VO (EU) Nr. 575/2013 (CRR) des Europäischen Parlaments und des Rates geregelt sind. Kreditinstitute, die ART anbieten oder deren Zulassung zum Handel beantragen, sollten den Verwaltungsbefugnissen nach Maßgabe der CRD IV und der CRR unterliegen. Dies umfasst unter anderem eine Eingrenzung oder Beschränkung der Geschäftstätigkeit eines Kreditinstituts und eine Aussetzung oder ein Verbot eines öffentlichen Angebots von ART. Sofern sich die für diese Kreditinstitute gemäß den geltenden Verpflichtungen der MiCAR mit denen der CRD IV überschneiden, sind die Kreditinstitute dazu verpflichtet, die detaillierteren oder die strengeren Anforderungen zu erfüllen, um sicherzustellen, dass beide Regelwerke eingehalten werden. Das Notifikationsverfahren für Kreditinstitute, die beabsichtigen, ART anzubieten oder ihre Zulassung zum Handel zu beantragen, sollte die **Bestimmungen des nationalen Rechts** zur Umsetzung der CRD IV, in denen die Verfahren für die Zulassung von Kreditinstituten für die Erbringung der in Anhang I CRD IV aufgeführten Dienstleistungen festgelegt sind, unberührt lassen.

II. Vorgaben für Kreditinstitute

1. Angebot und Zulassung von ART durch Kreditinstitute

Kreditinstitute können im Gegensatz zu Nicht-Kreditinstituten unter **vereinfachten Voraussetzungen** ART (→ Art. 3 Abs. 1 Nr. 6 Rn. 14 ff.)[2] anbieten (→ Art. 3 Abs. 1 Nr. 12 Rn. 73 ff.) und ihre Zulassung zum Handel (→ Art. 3 Abs. 1 Nr. 11 Rn. 71 ff.) beantragen. 3

Von diesen vereinfachten Vorgaben dürfen jedoch nur zugelassene Kreditinstitute nach Art. 3 Abs. 1 Nr. 28 iSv Art. 3 Abs. 1 Nr. 1 CRD IV iVm Art. 4 Abs. 1 Nr. 1 CRR, mithin Unternehmen, deren Tätigkeit darin besteht, Einlagen oder andere rückzahlbare Gelder des Publikums entgegenzunehmen und Kredite für eigene Rechnung zu gewähren **(CRR-Einlagen-Kreditinstitute)** Gebrauch machen. Andere Institute, die nicht als CRR-Einlagen-Kreditinstitute gelten, haben gem. Art. 18 Abs. 1 (→ Art. 18 Rn. 2) die Zulassung nach Art. 16 (→ Art. 16 Rn. 4 ff.) zu beantragen, wenn sie beabsichtigen, ART anzubieten oder ihre Zulassung zum Handel zu beantragen. Dies gilt auch für Kreditinstitute, also Zweigstellen die nach § 53 Abs. 1 KWG wie Kreditinstitute behandelt werden. Denn von Art. 17 sollen nur Kreditinstitute Gebrauch machen können, wenn sie im jeweiligen Herkunftsstaat als CRR-Einlagen-Kreditinstitut gelten.[3]

---

[2] Zu ART vgl. Müller-Lankow/Liebscher WM 2024, 1152 (1158).
[3] So wohl auch Reschauer MiCAR-Komm/Reschauer, 2024, Art. 17, Rn. 2.

Art. 17

2. Voraussetzungen für das Angebot und die Zulassung von ART durch Kreditinstitute

4 Für Kreditinstitute gelten bestimmte vereinfachte Voraussetzungen für das Angebot und die Zulassung von ART.

5 **a) Whitepaper.** Für ART ist ein **Whitepaper** (→ Art. 19 Rn. 5 ff.) zu erstellen. Dieses basiert auf dem Whitepaper für sonstige Kryptowerte (→ Art. 6 Rn. 5 ff.), weist jedoch inhaltlich einige Besonderheiten auf. Zu beachten gilt aber insbesondere, dass im Gegensatz zu Whitepaper für sonstige Kryptowerte[4] das Whitepaper für ART (genauso wie das Whitepaper für E-Money-Token, „**EMT**") der NCA im Rahmen der Zulassung vorgelegt und von der NCA genehmigt werden muss. Die NCA prüft -wenn auch nicht inhaltlich, sondern auf Vollständigkeit- nämlich das Whitepaper im Rahmen der entsprechenden Zulassung (→ Art. 20 Rn. 10).

6 **b) Informationsübermittlung. aa) Zeitlicher Vorlauf von mindestens 90 Tagen.** Das Kreditinstitut hat mindestens **90 Arbeitstage** vor der erstmaligen „Ausgabe" des ART die NCA zu benachrichtigen und dabei eine Vielzahl von Informationen offenzulegen.

7 Die Norm verweist auf die erstmalige „Ausgabe", was vermutlich ein redaktioneller Fehler des Verordnungsgebers sein dürfte (auch die englischsprachige Textfassung weist diese Ungereimtheit auf).[5] Denn anders als die Parallelvorschrift für EMT (Art. 48 Abs. 6) und entgegen dem Normzweck wird nicht auf das – eigentlich relevante, vgl. Art. 16 Abs. 1 – **erstmalige öffentliche Angebot** oder die **Zulassung vom Handel** abgestellt. Es wäre aufsichtsrechtlich auch falsch und wohl nicht gerechtfertigt auf die erstmalige Ausgabe des ART abzustellen und hierfür Voraussetzungen an das Kreditinstitut zu stellen, wenn es keinen Bezug zur Öffentlichkeit gibt.

8 Die Frist von 90 Arbeitstagen sollte als absolute Mindestfrist gesehen werden, da das öffentliche Angebot oder die Zulassung des ART zum Handel nicht erfolgen darf, bis die Prüfung der NCA abgeschlossen ist. Gemessen an der Vielzahl der angefragten Unterlagen, sollten die Kreditinstitute eher 120 Arbeitstage vor dem öffentlichen Angebot oder der Zulassung zum Handel des ART auf die NCA zugehen.

9 Die Norm listet eine Vielzahl von Informationen auf, wobei die Auflistung nicht als abschließend gelten dürfte. Es ist zu erwarten, dass die NCA bei Bedarf weitere Informationen anfragen darf (vgl. Art. 17 Abs. 3 UAbs. 2 S. 3).

10 Kernstück der Informationen dürfte – neben dem Rechtsgutachten – der regulatorische Geschäftsplan sein. Die unten aufgeführten Informationen können bereits Bestandteil des regulatorischen Geschäftsplans sein. Bei Bedarf wären solche Informationen neben dem regulatorischen Geschäftsplan auch zusätzlich dokumentiert (Richtlinien, Handbücher, Vertragsentwürfe) vorzulegen.

11 **bb) Geschäftsplan.** Ein wesentlicher Inhalt der Informationen, welches das Kreditinstitut offenzulegen hat, ist der regulatorische Geschäftsplan mit Angabe des Geschäftsmodells, welches das Kreditinstitut zu befolgen beabsichtigt.

---

[4] Vgl. Siadat RdF 2021, 12 (15 ff.).
[5] Möslein/Omlor FinTech-HdB/Terlau § 36 Rn. 69.

Der Inhalt des Geschäftsplans wird von der MiCAR und den ESAs noch nicht **12** hinreichend konkretisiert.[6] Es bleibt abzuwarten, wie sich die Praxis der NCAs diesbezüglich entwickelt. Der regulatorische Geschäftsplan sollte jedoch im Aufbau und Inhalt eines **regulatorischen Geschäftsplans** eines KWG-Instituts nicht wesentlich abweichen.[7] Dementsprechend sollte er einen möglichst tragfähigen Geschäftsplan darstellen, aus dem die Art der geplanten Geschäfte, die Organisationsstruktur, die Geldwäsche- und Compliance-Vorkehrungen, die IT-Risikostrategie (mit Fokus auf DLT-basierte Risiken) und das interne Kontrollverfahren des Instituts klar erkennbar sind. Die geplanten Geschäfte mit dem ART sind konkret zu beschreiben, zB nach Geschäftsgegenstand, Kundenstruktur und konkreter Geschäftsabwicklung. Wichtig dürften hierbei auch geplante Auslagerungen sowie Subauslagerungen sein. Der regulatorische Geschäftsplan soll die erwartete zukünftige Entwicklung darstellen. Hierzu sind die **Planzahlen,** insbesondere die Planbilanzen und Plan-Gewinn- und Verlustrechnungen für die ersten (drei) Geschäftsjahre vorzulegen. Soweit das Geschäft innerhalb von drei Jahren nicht gewinnträchtig sein sollte, könnten auch die Planzahlen der ersten fünf Geschäftsjahre erforderlich sein. Insbesondere sind Angaben zur Eigenmittelausstattung und deren voraussichtlicher Entwicklung sowie gegebenenfalls zur Einhaltung der Solvabilitäts- und Liquiditätsanforderungen im Hinblick auf die Änderungen, welche mit dem öffentlichen Angebot bzw. der Zulassung des ART einhergehen, zu machen. Die **Organisationsstruktur** des Instituts (bildhaft durch ein Organigramm), aus der sich ggf. Änderungen in der Geschäftsverteilung ergeben, sind darzustellen, insbesondere wenn auf der Geschäftsleiterebene oder im Aufbau- und Ablauforganisation personelle Veränderungen aufgrund des Neugeschäfts mit einhergehen. Ferner sind die vorgesehenen internen Kontrollverfahren zu erläutern. Dies gilt insbesondere für die Bereiche Interne Revision, Geldwäscheprävention, Mindestanforderungen an das Risikomanagement, (Sub-) Auslagerungen sowie Datenschutz. Aus dem Geschäftsmodell muss die NCA in der Lage sein beurteilen zu können, ob durch das öffentliche Angebot oder der Zulassung zum Handel des ART eine ernsthafte Bedrohung für die Marktintegrität, die Finanzstabilität oder das reibungslose Funktionieren der Zahlungssysteme bestehen könnte (Erwgr. Nr. 45). Daher sollte die Darstellung des Geschäftsmodells auf die Marktintegrität, die Finanzstabilität oder das reibungslose Funktionieren der Zahlungssysteme eingehen.

cc) **Rechtsgutachten.** Bevor jedoch Unterlagen im großen Umfang erstellt **13** und der NCA offengelegt werden, dürfte es ratsam sein, zunächst das erforderliche Rechtsgutachten der NCA im Rahmen einer **Voranfrage** zur Prüfung und Bestätigung vorzulegen. Aus diesem sollte eindeutig zu entnehmen sein, dass der ART ein **Kryptowert im Sinne der MiCAR** darstellt und nicht als MiFID-Instrument

---

[6] Man kann sich allerdings an ESMA, Final Report Draft technical Standards specifying certain requirements of the Markets in Crypto Assets Regulation (MiCAR) – first package orientieren. Dort werden konkrete Vorgaben an den Geschäftsplan im Rahmen der Notifikation gem. Art. 61 Abs. 7 lit. a MiCAR gemacht. Abrufbar unter: https://www.esma.europa.eu/sites/default/files/2024-03/ESMA18-72330276-1634_Final_Report_on_certain_technical_standards_under_MiCA_First_Package.pdf.

[7] Bei der Erstellung des Geschäftsplans kann man sich daher an den Erlaubnisantrag nach § 32 KWG orientieren, wenn auch kein Erlaubnisverfahren vorliegt; vgl. zu einem solchen Geschäftsplan FSM-KWG/Fischer/Krolop KWG § 32 Rn. 48–50; Zerwas/Hanten BB 1998, 2484 ff.; § 14 Abs. 7 Anzeigenverordnung (AnzV).

einzuordnen ist.[8] Zudem muss klarstellt werden, dass auch tatsächlich ein ART iSv Art. 3 Abs. 1 Nr. 6 (→ Art. 3 Abs. 1 Nr. 6 Rn. 14ff.) und nicht ein Kryptowert, der gemäß Art. 2 Abs. 4 vom Anwendungsbereich der MiCAR ausgenommen ist, oder ein **EMT** iSv Art. 3 Abs. 1 Nr. 7 (→ Art. 3 Abs. 1 Nr. 7 Rn. 32ff.) vorliegt.[9] Im Rahmen der Einstufung des entsprechenden Tokens sollten neben nationalen Handreichungen[10] zur Einstufung des Tokens insbesondere die Veröffentlichungen der ESAs[11] mitberücksichtigt werden.

14 **cc) Unternehmensführung.** Die Informationen haben eine detaillierte Beschreibung der Regelungen zur Unternehmensführung zu enthalten. Diese Informationen sollten solide Regelungen zur Unternehmensführung umfassen, einschließlich einer klaren Organisationsstruktur mit genau abgegrenzten, transparenten und kohärenten Verantwortungsbereichen, wirksamer Verfahren für die Ermittlung, Regelung, Überwachung und Meldung der Risiken, denen sie ausgesetzt sind oder ausgesetzt sein könnten, sowie angemessener Mechanismen interner Kontrollen mit soliden Verwaltungs- und Rechnungslegungsverfahren (→ Art. 34 Abs. 1 Rn. 11).

15 **dd) Strategien und Verfahren.** Daneben sind die Strategien und Verfahren zu folgenden Themen näher darzustellen (Art. 34 Abs. 5 UAbs. 1; → Art. 34 Abs. 5 Rn. 39):
- die Vermögenswertreserve (Art. 36);
- die Verwahrung des Reservevermögens, einschließlich der Trennung der Vermögenswerte (Art. 37);
- die Rechte, die Inhabern vermögenswertereferenzierter Token gemäß Art. 39 gewährt werden;
- den Mechanismus für die Ausgabe und den Rücktausch ART;
- die Protokolle für die Validierung von Geschäften mit ART;
- die Funktionsweise der (unternehmenseigenen) DLT des Emittenten, wenn die ART mittels einer solchen von Emittenten oder von einem für sie handelnden Dritten betriebene DLT oder vergleichbare Technologie ausgegeben, übertragen und gespeichert werden;
- (soweit einschlägig) die Mechanismen zur Gewährleistung der Liquidität der ART, einschließlich der Strategien und Verfahren (Art. 45) für das Liquiditätsmanagement für Emittenten signifikanter ART;
- (soweit einschlägig) Vereinbarungen mit Drittunternehmen über die Verwaltung der Vermögenswertreserve, die Anlage und Verwahrung des Reservevermögens und, falls vorhanden, den öffentlichen Vertrieb der ART;

---

[8] Vgl. hinsichtlich der Abgrenzung der MiCAR-Instrumente zu MiFID-Instrumente Siadat RdF 2021, 12ff.; Maume/Siadat NJW 2023, 1168ff.

[9] Zur Unterscheidung zwischen ART und EMT vgl. Müller-Lankow/Liebscher WM 2024, 1152 (1158).

[10] So in etwa BaFin, Tokenisierung, 15.4.2019, abrufbar unter: https://beck-link.de/tbsf7 (zuletzt abgerufen 2.7.2024); BaFin, Merkblatt zu ICOs, 16.8.2019 abrufbar unter: https://beck-link.de/4d27t (zuletzt abgerufen am 2.7.2024).

[11] ESA 2024 12, 12 July 2024, Draft Guidelines on templates for explanations and opinions, and the standardised test for the classification of crypto-assets, under Article 97(1) of Regulation (EU) 2023/1114; außerdem ESMA, Consultation paper on guidelines on conditions and criteria for the classification of crypto-assets as financial instruments, abrufbar unter https://beck-link.de/wn6r2 (zuletzt abgerufen 2.7.2024).

Anforderungen an Kreditinstitute **Art. 17**

- (soweit einschlägig) die schriftliche Zustimmung, die Emittenten von ART anderen Personen erteilt haben, die die ART öffentlich anbieten oder deren Zulassung zum Handel beantragen;
- Bearbeitung von Beschwerden (Art. 31);
- Interessenkonflikte gemäß Art. 32.

ee) Kooperations- und Auslagerungsverträge. Soweit Vereinbarungen mit 16 Drittunternehmen über die Verwaltung der Vermögenswertreserve, die Anlage und Verwahrung des Reservevermögens und – falls vorhanden – den öffentlichen Vertrieb der ART (Art. 34 Abs. 5 UAbs. 2) bestehen sollten, müssen diese beschrieben werden. Neben einer solchen überblicksartigen Beschreibung ist es ratsam die Verträge (zumindest als Entwürfe) mit offen zu legen.

ff) Strategie zur Fortführung des Geschäftsbetriebs. Die Informationen 17 sollten eine Beschreibung der Strategie zur Fortführung des Geschäftsbetriebs enthalten. Diese Beschreibung sollte eine Strategie zur Fortführung des Geschäftsbetriebs und Pläne umfassen, mit denen im Falle der Unterbrechung ihrer IKT-Systeme und Verfahren die Bewahrung wesentlicher Daten und Funktionen und die Aufrechterhaltung ihrer Tätigkeiten oder, wenn dies nicht möglich ist, zeitnah die Wiederherstellung dieser Daten und Funktionen und die Wiederaufnahme ihrer Tätigkeiten sichergestellt werden (→ Art. 34 Abs. 9 Rn. 46).

gg) Mechanismen für die interne Kontrolle und Risikomanagementverfahren. Das Kreditinstitut sollte auch eine Beschreibung der Mechanismen für die 18 **interne Kontrolle und Risikomanagementverfahren** offenlegen. Die Informationen sollten über interne Kontrollmechanismen und wirksame Verfahren für das Risikomanagement, einschließlich wirksamer Kontroll- und Schutzvorkehrungen für das Management von IKT-Systemen verfügen. Darin sollte auch eine umfassende Bewertung der Inanspruchnahme von Kooperations- und Auslagerungsunternehmen vorgenommen werden. Die Beschreibung sollte darlegen, wie das Kreditinstitut die Angemessenheit und Wirksamkeit der Mechanismen der internen Kontrolle und der Verfahren für die Risikobewertung überwacht sowie regelmäßig bewertet und wie geeignete Maßnahmen zur Behebung etwaiger diesbezüglicher Mängel vom Institut ergriffen werden (→ Art. 34 Abs. 10 Rn. 51).

hh) Datenschutz. Im Rahmen des Datenschutzes hat das Institut eine Be- 19 schreibung der Systeme und Verfahren zum Schutz der Verfügbarkeit, Authentizität, Integrität und Vertraulichkeit von Daten offenzulegen. Dies sollte gemäß den entsprechenden europäischen Datenschutzvorschriften erfolgen. Über diese Systeme sollte das Kreditinstitut relevante Daten und Informationen, die im Rahmen ihrer Tätigkeit erhoben und generiert werden, erfassen und sichern (→ Art. 34 Abs. 11 Rn. 53).

3. Befreiung von erneuter Informationsbereitstellung

Das Kreditinstitut muss die oben aufgeführten Informationen nicht erneut ein- 20 reichen, wenn es zuvor bei anderen ART die NCA im Sinne von Art. 17 Abs. 1 lit. b bereits informiert hat und diese Informationen identisch sind. In der Praxis dürfte es sich dabei darum handeln, dass im Rahmen des Rechtsgutachtens zunächst festgestellt wird, dass ein „anderer" ART vorliegt. Bei einem (weitgehend) identischen ART dürften auch die bereitzustellenden Information weitestgehend identisch sein. Fraglich dürfte allerdings sein, wie lange diese Befreiung für bereits eingereichte

Informationen gilt. In der **deutschen Aufsichtspraxis** werden etwa bestimmte öffentliche Urkunden nur akzeptiert, wenn sie nicht älter als drei Monate sind.[12] Es ist allerdings nicht absehbar, dass bei der Zulassung nach Art. 17 ähnliche Formalien zur Geltung kommen. Vielmehr dürfte es genügen, wenn die Informationen noch immer aktuell sind. Bei der Übermittlung der oben aufgeführten Informationen sollte daher das Kreditinstitut ausdrücklich bestätigen, dass alle nicht erneut übermittelten Informationen noch aktuell sind.

4. Prüfungszeitraum

21 Die NCA prüft innerhalb von **20 Arbeitstagen** nach Eingang der darin aufgeführten Informationen, ob alle oben genannten Informationen bereitgestellt wurden. Diese Frist ist vergleichsweise kurz.[13] Wenn man allerdings berücksichtigt, dass das Kreditinstitut wohlmöglich bereits nach 90 Arbeitstagen nach Einreichung der Informationen den ART öffentlich anbieten oder zum Handel zulassen möchte und die Prüfung idR mehrere Runden Austausch mit der NCA erfordern, dürften 20 Arbeitstage angemessen sein. Zudem bringt eine solche Regelung stringente Vorgaben für die NCAs, damit diese zügig handeln und keine Aufsichtsarbitrage aufgrund zögerlicher NCAs zu befürchten ist. Gelangt die NCA zu dem Schluss, dass eine Mitteilung aufgrund fehlender Informationen nicht vollständig ist, so teilt sie dies dem übermittelnden Kreditinstitut sofort mit und legt eine Frist fest, innerhalb derer das Kreditinstitut die fehlenden Informationen bereitstellen muss. Es ist zu erwarten, dass die jeweilige NCA tagglich (spätestens nach zwei Arbeitstagen, gemessen an der Bearbeitungszeit des Art. 18 Abs. 4) mit der Feststellung fehlerhafter Informationen das entsprechende Kreditinstitut mit der Nachforderung in Kenntnis setzt.

22 Die Frist für die Bereitstellung der fehlenden Informationen darf „20 Arbeitstage ab dem Tag des Antrags" nicht überschreiten. Diese Vorgabe erscheint sprachlich, denklogisch und rechnerisch falsch. Es ist bereits unklar, was mit „Antrag" gemeint ist. Beim Lesen der Norm ist es zunächst naheliegend, dass man auf den „Antrag" des Kreditinstituts abstellt. Nach Art. 17 wird jedoch kein Antrag eingereicht. Es handelt sich hierbei vielmehr um eine Notifikation und um eine Informationsbereitstellung. Soweit hier tatsächlich auf den „Antrag" des Kreditinstituts –mithin Übermittlung der Informationen an die NCA- abgestellt werden sollte, dürfte die Prüfung der Unterlagen nie länger als 20 Arbeitstage ab Bereitstellung der Informationen dauern.[14] Selbst wenn am 19. Arbeitstag nach Bereitstellung der Informationen festgestellt werden sollte, dass noch Informationen fehlen, hätte das Kreditinstitut nur noch einen Arbeitstag für die Bereitstellung der fehlenden Informationen, genauso wie auch die NCA nur noch einen Arbeitstag für die Prüfung hätte. So würde aber weder das Kreditinstitut noch die NCA die 90 Arbeitstage ausreizen (können). Mit Blick auf die englischsprachige Textfassung der MiCAR lässt sich eindeutig erkennen, dass bei der Übersetzung (abermals) ungenau gearbeitet wurde. Dort heißt es nämlich: „The deadline for providing any missing information shall not exceed 20 working days from the date of the request." Wenn man nun

---

[12] Siehe § 5c Abs. 2 AnzV und § 5d Abs. 2 AnzV.
[13] Vgl. In etwa 60 bzw. 90 Tage als Prüfungszeitraum der Aufsicht für ein Inhaberkontrollverfahren nach § 2c KWG oder gar 6 bzw. 12 Monate für ein Erlaubnisverfahren nach § 33 Abs. 4 KWG.
[14] So Reschauer MiCAR-Kommentar/Reschauer Art. 17 Rn. 6.

Anforderungen an Kreditinstitute **Art. 17**

zwei Sätze weiter in der englischsprachigen Textfassung der MiCAR liest „Any further requests by the competent authority for completion or clarification of the information (...)" wird schnell deutlich, dass der Verordnungsgeber auf die „request" bzw. Nachforderung der NCA und gerade nicht auf einen „Antrag" des Kreditinstituts abstellt. Somit kann die NCA stets eine maximale Frist von 20 Arbeitstagen, gemessen ab dem Zeitpunkt der Zustellung der Nachforderung beim Kreditinstitut, stellen.[15]

Bis zum Ablauf dieser Frist wird der festgelegte Zeitraum von mindestens 90 Arbeitstagen ausgesetzt. Die NCA darf weitere Ergänzungen oder Klarstellungen vom Kreditinstitut anfordern, selbst wenn diese nicht in Art. 17 Abs. 1 lit. b aufgeführt sind. Die Anforderung weiterer Ergänzungen oder Klarstellungen zu den Informationen liegt im Ermessen der zuständigen Behörde, führt jedoch nicht zu einer Aussetzung des festgelegten Zeitraums von mindestens 90 Arbeitstagen. 23

Das Kreditinstitut darf den ART nicht öffentlich anbieten oder die Zulassung zum Handel beantragen, solange die Übermittlung unvollständig ist. 24

5. Ausnahmen für (signifikante) vermögenswertereferenzierte Token

Ein Kreditinstitut das ART, die öffentlich angeboten oder zum Handel zugelassen werden sollen, einschließlich signifikanter ART (→ Vor Art. 43–45 Rn. 1 ff.), ausgibt, unterliegt nicht den Artikeln 16, 18, 20, 21, 24, 35, 41 und 42. 25

Hieran erkennt man, dass für Kreditinstitute vereinfachte Vorgaben für das öffentliche Angebot oder die Zulassung zum Handel von ART gelten. Folgende Vorgaben bzw. Pflichten sind somit ausgenommen: 26

Norm MiCAR	Ausgenommene Vorgaben/Pflichten für Kreditinstitute
16	Besondere Pflichten (insbesondere Zulassung nach Art. 21), die keine Kreditinstitute sind (→ Art. 16 Rn. 4)
18	Vorgaben für die Beantragung der Zulassung (→ Art. 18 Rn. 2 ff.)
20	Prüfungsvorgaben für die NCA für den Antrag nach Art. 18 (→ Art. 20 Rn. 13 ff.)
21	Vorgaben für die Erteilung oder Verweigerung der Zulassung (→ Art. 21 Rn. 8 ff.)
24	Vorgaben für den Entzug der Zulassung (→ Art. 21 Rn. 11 ff.)
35	Eigenmittelanforderungen an den Emittenten von ART (→ Art. 35 Rn. 8 ff.)
41	Prüfung der geplanten Übernahme eines Emittenten von ART (Inhaberkontrollverfahren) (→ Art. 41 Rn. 7 ff.)
42	Inhalt der Prüfung der geplanten Übernahme eines Emittenten von ART (Inhaberkontrollverfahren) (→ Art. 42 Rn. 2 ff.)

Dennoch sind einige wichtige Vorgaben bzw. Pflichten (neben Art. 17) auf Kreditinstitute, welche ART, die öffentlich angeboten oder zum Handel zugelassen 27

---

[15] Anders Reschauer MiCAR-Kommentar/Reschauer Art. 17 Rn. 6.

Siadat / Schultess

werden, einschließlich signifikanter ART, anwendbar. Diese werden wie folgt tabellarisch zusammengefasst:

Norm MiCAR	Anwendbare Vorgaben/Pflichten für Kreditinstitute
19	Vorgaben zu Inhalt und Form des Kryptowerte-Whitepapers für ART (→ Art. 19 Rn. 12 ff.)
22	Berichterstattungspflichten über ART (→ Art. 22 Rn. 8 ff.)
23	Vorgaben für die Beschränkungen der Ausgabe vermögenswertereferenzierter Token, die gemeinhin als Tauschmittel verwendet werden (→ Art. 23 Rn. 7 ff.)
25	Pflichten bei Änderungen veröffentlichter Kryptowerte-Whitepaper für ART (→ Art. 25 Rn. 3 ff.)
26	Haftung von Emittenten von ART für die in einem Kryptowerte-Whitepaper enthaltenen Informationen (→ Art. 26 Rn. 21 f.)
27	Pflicht zu ehrlichem, redlichem und professionellem Handeln im besten Interesse der Inhaber von ART (→ Art. 27 Rn. 5 ff.)
28	Veröffentlichungspflichten des Kryptowerte-Whitepapers (→ Art. 28 Rn. 3 ff.)
29	Pflichten in Bezug zu Marketingmitteilungen (→ Art. 29 Rn. 6 ff.)
30	Vorgaben zu kontinuierlicher Unterrichtung der Inhaber von ART (→ Art. 30 Rn. 5 ff.)
31	Pflicht zur Einrichtung eines Beschwerdeverfahrens (→ Art. 31 Rn. 7 ff.)
32	Vorgaben zur Ermittlung, Vermeidung, Regelung und Offenlegung von Interessenkonflikten (→ Art. 32 Rn. 21 ff.)
33	Mitteilungspflichten bzgl. Änderungen im Leitungsorgan (→ Art. 33 Rn. 8)
34	Vorgaben zur Unternehmensführung (→ Art. 34 Rn. 8 ff.)
36	Pflicht zum Halten einer Vermögenswertreserve sowie Zusammensetzung und Verwaltung dieser Vermögenswertreserve (→ Art. 36 Rn. 2 ff.)
37	Vorgaben für die Verwahrung des Reservevermögens (→ Art. 37 Rn. 2 ff.)
38	Vorgaben für die Anlage der Vermögenswertreserve (→ Art. 38 Rn. 4 ff.)
39	Vorgaben für das Recht auf Rücktausch (→ Art. 39 Rn. 2 ff.)
40	Verbot der Gewährung von Zinsen (→ Art. 40 Rn. 2 ff.)
43–45	Besondere Pflichten bei signifikanten ART (→ Art. 45 Rn. 3 ff.)

6. Übermittlung an die EZB bzw. zuständige(n) Zentralbank sowie Vetorechte

Die EZB bzw. die zuständige Zentralbank haben ein **Vetorecht** gegen das öffentliche Angebot bzw. die Zulassung des ART. Hierzu übermittelt die NCA zunächst die vollständigen oa Informationen unverzüglich der EZB. Zusätzlich ist an die Zentralbank des betreffenden Mitgliedstaats (Art. 17 Abs. 5) zu übermitteln, wenn das Kreditinstitut in einem Mitgliedstaat niedergelassen ist, dessen amtliche Währung nicht der Euro ist (wie in etwa Polen), oder wenn eine amtliche Währung eines Mitgliedstaats, die nicht der Euro ist, als Bezugsgröße für den ART gilt. 28

Die EZB und gegebenenfalls die Zentralbank des Mitgliedstaats geben innerhalb von 20 Arbeitstagen nach Erhalt der vollständigen Informationen eine Stellungnahme zu diesen Informationen ab und übermitteln diese Stellungnahme der NCA. 29

Die NCA verpflichtet das Kreditinstitut, den ART nicht öffentlich anzubieten oder die Zulassung zum Handel nicht zu beantragen, wenn die EZB oder gegebenenfalls die Zentralbank des Mitgliedstaats aus Gründen eines Risikos für das reibungslose Funktionieren der Zahlungssysteme, der geldpolitischen Transmission oder der Währungshoheit eine ablehnende Stellungnahme abgibt. Es ist unklar und bleibt abzuwarten, welche Risiken hiermit konkret gemeint sein könnten. Es sollten sich aber wie bei der **Ablehnung des Zulassungsantrags** nach Art. 18 um objektive und nachweisbare Gründe handeln, wenn beispielsweise das Geschäftsmodell des antragstellenden Emittenten vermögenswertereferenzierter Token eine ernsthafte Bedrohung für die Marktintegrität, die Finanzstabilität oder das reibungslose Funktionieren der Zahlungssysteme darstellen könnte (Erwgr. Nr. 45). 30

7. Mitteilung an die ESMA (ESMA-Register)

Nach Feststellung der Vollständigkeit der oa Informationen teilt die NCA der ESMA spezifische Informationen zum ART gem. Art. 109 Abs. 3 mit, damit diese die Informationen umgehend ab dem Startdatum des öffentlichen Angebots oder der Zulassung zum Handel ins ESMA-Register aufnehmen kann (Art. 17 Abs. 5). 31

Die NCA unterrichtet die ESMA innerhalb von zwei Arbeitstagen ab dem Entzug der Zulassung über den Entzug der Zulassung eines Kreditinstituts, der ART ausgibt, damit die ESMA auch diese Informationen unverzüglich im ESMA-Register veröffentlichen kann. 32

8. Entwürfe technischer Regulierungsstandards

Die EBA, die ESMA und die EZB haben Entwürfe technischer Regulierungsstandards zur näheren Spezifizierung des Verfahrens für die Genehmigung eines Kryptowerte-Whitepapers gemeinsam entworfen (Art. 17 Abs. 6).[16] 33

---

[16] EBA/RTS/2024/05, Final Report Draft Regulatory Technical Standards on the approval process for white papers for ARTs issued by credit institutions under Article 17(8) of Regulation (EU) 2023/1114 on Markets in Crypto-Assets, abrufbar unter: https://www.eba.europa.eu/sites/default/files/2024-05/1f78ca69-f9b1-4fe8-bd63-12754e76d3d5/Final%20report%20on%20draft%20RTS%20white%20paper%20approval%20process%20under%20MiCAR.pdf.

Art. 18 Titel III Vermögenswertereferenzierte Token

34 Diese technischen Regulierungsstandards wurden an die Europäische Kommission übermittelt, damit sie diese gemäß den Artikeln 10–14 der VO (EU) Nr. 1093/2010 ergänzt.

Artikel 18 Beantragung der Zulassung

(1) Juristische Personen oder andere Unternehmen, die beabsichtigen, vermögenswertereferenzierte Token öffentlich anzubieten oder deren Zulassung zum Handel zu beantragen, stellen ihren Antrag auf Zulassung nach Artikel 16 bei der zuständigen Behörde ihres Herkunftsmitgliedstaats.

(2) Der in Absatz 1 genannte Antrag muss alle folgenden Informationen enthalten:
a) Anschrift des antragstellenden Emittenten;
b) Rechtsträgerkennung des antragstellenden Emittenten;
c) Satzung des antragstellenden Emittenten, sofern zutreffend;
d) Geschäftsplan mit Angabe des Geschäftsmodells, das der antragstellende Emittent zu befolgen beabsichtigt;
e) Rechtsgutachten, dem zufolge der vermögenswertereferenzierte Token nicht als eines der Folgenden einzustufen ist:
   i) ein Kryptowert, der gemäß Artikel 2 Absatz 4 vom Anwendungsbereich dieser Verordnung ausgenommen ist, oder
   ii) ein E-Geld-Token;
f) detaillierte Beschreibung der Regelungen des antragstellenden Emittenten zur Unternehmensführung nach Artikel 34 Absatz 1;
g) wenn Kooperationsvereinbarungen mit konkreten Anbietern von Kryptowerte-Dienstleistungen bestehen, eine Beschreibung der Mechanismen und Verfahren für die interne Kontrolle, mit denen die Einhaltung der Verpflichtungen im Zusammenhang mit der Verhinderung von Geldwäsche und Terrorismusfinanzierung gemäß der Richtlinie (EU) 2015/849 sichergestellt wird;
h) Identität der Mitglieder des Leitungsorgans des antragstellenden Emittenten;
i) Nachweis, dass die unter Buchstabe h genannten Personen ausreichend gut beleumundet sind und über die angemessenen Kenntnisse, Fähigkeiten und Erfahrungen verfügen, um den antragstellenden Emittenten zu führen;
j) Nachweis, dass Anteilseigner oder Gesellschafter, die direkt oder indirekt qualifizierte Beteiligungen an dem antragstellenden Emittenten halten, ausreichend gut beleumundet sind;
k) das in Artikel 19 genannte Kryptowerte-Whitepaper;
l) die in Artikel 34 Absatz 5 Unterabsatz 1 genannten Strategien und Verfahren;
m) Beschreibung der in Artikel 34 Absatz 5 Unterabsatz 2 genannten vertraglichen Vereinbarungen mit Drittunternehmen;
n) Beschreibung der in Artikel 34 Absatz 9 genannten Strategie zur Fortführung des Geschäftsbetriebs des antragstellenden Emittenten;
o) Beschreibung der in Artikel 34 Absawtz 10 genannten Mechanismen für die interne Kontrolle und Risikomanagementverfahren;

p) Beschreibung der in Artikel 34 Absatz 11 genannten Systeme und Verfahren zum Schutz der Verfügbarkeit, Authentizität, Integrität und Vertraulichkeit von Daten;
q) Beschreibung der in Artikel 31 genannten Beschwerdeverfahren des antragstellenden Emittenten;
r) gegebenenfalls eine Liste der Aufnahmemitgliedstaaten, in denen der antragstellende Emittent beabsichtigt, den vermögenswertereferenzierten Token öffentlich anzubieten oder die Zulassung des vermögenswertereferenzierten Token zum Handel zu beantragen.

(3) Emittenten, die bereits eine Zulassung zur Ausgabe eines vermögenswertreferenzierten Token erhalten haben, sind nicht verpflichtet, der zuständigen Behörde bereits von ihnen übermittelte Informationen zur Zulassung eines anderen vermögenswertreferenzierten Token erneut zu übermitteln, wenn diese Informationen identisch wären. Bei der Übermittlung der in Absatz 2 aufgeführten Informationen bestätigt der Emittent ausdrücklich, dass alle nicht erneut übermittelten Informationen noch aktuell sind.

(4) Die zuständige Behörde bestätigt dem antragstellenden Emittenten den Eingang des Antrags gemäß Absatz 1 umgehend, in jedem Fall aber innerhalb von zwei Arbeitstagen schriftlich.

(5) Für die Zwecke von Absatz 2 Buchstaben i und j liefert der antragstellende Emittent des vermögenswertreferenzierten Token Nachweise dafür,

a) dass es für Mitglieder des Leitungsorgans keine Einträge im Strafregister in Bezug auf Verurteilungen oder Strafen nach dem geltenden Handelsrecht, Insolvenzrecht und Finanzdienstleistungsrecht, oder im Zusammenhang mit der Bekämpfung von Geldwäsche und Terrorismusfinanzierung, Betrug oder Berufshaftpflicht gibt;
b) dass die Mitglieder des Leitungsorgans des antragstellenden Emittenten vermögenswertreferenzierter Token kollektiv über die angemessene Kenntnisse, Fähigkeiten und Erfahrungen verfügen, um den Emittenten des vermögenswertreferenzierten Token zu verwalten, und dass diese Personen verpflichtet sind, ausreichend Zeit für die Wahrnehmung ihrer Aufgaben aufzuwenden.
c) dass es für keine Anteilseigner oder Gesellschafter, die direkt oder indirekt qualifizierte Beteiligungen an dem antragstellenden Emittenten halten, Einträge im Strafregister in Bezug auf Verurteilungen oder Strafen nach dem geltenden Handelsrecht, dem Insolvenzrecht und dem Finanzdienstleistungsrecht, oder im Zusammenhang mit der Bekämpfung von Geldwäsche und Terrorismusfinanzierung, Betrug oder Berufshaftpflicht gibt.

(6) Die EBA arbeitet in enger Zusammenarbeit mit der ESMA und der EZB Entwürfe technischer Regulierungsstandards aus, um die in Absatz 2 genannten Informationen näher zu präzisieren.

Die EBA übermittelt der Kommission die in Unterabsatz 1 genannten Entwürfe technischer Regulierungsstandards spätestens am 30. Juni 2024.

Der Kommission wird die Befugnis übertragen, diese Verordnung durch die Annahme der in Unterabsatz 1 dieses Absatzes genannten technischen

Regulierungsstandards gemäß den Artikeln 10 bis 14 der Verordnung (EU) Nr. 1093/2010 zu ergänzen.

(7) **Die EBA arbeitet in enger Zusammenarbeit mit der ESMA Entwürfe technischer Durchführungsstandards zur Festlegung von Standardformularen, Mustertexten und Verfahren für die in den Antrag aufzunehmenden Informationen aus, um im Gebiet der Union für Einheitlichkeit zu sorgen.**

Die EBA übermittelt der Kommission die in Unterabsatz 1 genannten Entwürfe technischer Durchführungsstandards spätestens am 30. Juni 2024.

Der Kommission wird die Befugnis übertragen, die in Unterabsatz 1 genannten technischen Durchführungsstandards gemäß Artikel 15 der Verordnung (EU) Nr. 1093/2010 zu erlassen.

Schrifttum: (siehe Art. 16)

Übersicht

	Rn.
I. Normzweck und Systematik	1
II. Zulassungsantrag	2
III. Antragsinhalt	3
1. Anschrift	6
2. Rechtsträgerkennung	7
3. Satzung	8
4. Geschäftsplan	9
5. Rechtsgutachten	16
6. Beschreibung der Unternehmensführung	17
7. Mechanismen und Verfahren für die interne Kontrolle von Kooperationen	20
8. Identität der Mitglieder des Leitungsorgans	21
9. Geeignetheit und Zuverlässigkeit bzw. Fit & Proper-Nachweise der Leitungsorgane	22
10. Zuverlässigkeit der bedeutend Beteiligten	27
11. Whitepaper	30
12. Strategien und Verfahren	31
13. Vertragliche Vereinbarungen mit Drittunternehmen	32
14. Strategie zur Fortführung des Geschäftsbetriebs	33
15. Mechanismen für die interne Kontrolle und Risikomanagementverfahren	34
16. Datenschutz	35
17. Beschwerdeverfahren	36
18. Liste der Aufnahmemitgliedstaaten	37
IV. Befreiung von erneuter Informationsbereitstellung	38
V. Prüfungszeitraum	39

I. Normzweck und Systematik

1 Art. 18 regelt die Modalitäten für den Antrag von Nicht-Kreditinstituten nach Art. 16 (→ Art. 16 Rn. 4). Für Kreditinstitute, die nach Art. 17 **vermögenswerte-**

Beantragung der Zulassung **Art. 18**

referenzierte Token (Asset-referenced Token, „*ART*") öffentlich anbieten oder zum Handel zulassen wollen (→ Art. 17 Rn. 3), gilt Art. 18 nicht.

Die Norm regelt zunächst, wer einen Zulassungsantrag stellen kann (Art. 18 Abs. 1), bevor nähere Vorgaben zum Antragsinhalt (Art. 18 Abs. 2) gemacht werden. Der Zulassungsantrag soll so schlank und effizient wie möglich sein. Daher sollen bei erneuten Anträgen nach Art. 18 der zuständigen Behörde (**National Competent Authority, „NCA"**) nur solche Informationen zur Verfügung gestellt werden, welche der NCA nicht bereits bei einem vorigen Zulassungsantrag nach Art. 18 vorgelegt wurden (Art. 18 Abs. 3). Zum **Zwecke der Effizienz und Schnelligkeit** bestätigt die NCA den Emittenten innerhalb von **zwei Arbeitstagen** den Eingang des Antrags (Art. 18 Abs. 4). Die Antragsunterlagen sind mit Angaben zur fachlichen Eignung und Zuverlässigkeit der Mitglieder des Leitungsorgans des antragsstellenden Emittenten sowie Angaben zur Zuverlässigkeit der Anteilseignern oder Gesellschaftern, die direkt oder indirekt qualifizierte Beteiligungen an dem antragstellenden Emittenten halten, zu vervollständigen (Art. 18 Abs. 5). Hilfreich für den Zulassungsantrag dürfte sein, dass die **EBA** in enger Zusammenarbeit mit der **ESMA** und der **EZB** Entwürfe technischer Regulierungsstandards (Art. 18 Abs. 6) sowie mit der ESMA Entwürfe technischer Durchführungsstandards zur Festlegung von Standardformularen, Mustertexten und Verfahren für den Antrag erstellt hat (Art. 18 Abs. 7).[1]

II. Zulassungsantrag

Juristische Personen oder andere Unternehmen, die beabsichtigen, ART öffentlich anzubieten oder deren Zulassung zum Handel zu beantragen, müssen einen Zulassungsantrag nach Art. 16 bei der NCA ihres Herkunftsmitgliedstaats stellen. Bevor der Antrag gestellt werden kann, muss der Antragsteller (bzw. sein Rechtsträger) als solcher bestehen, bzw. zumindest **im Register eingetragen** sein. Es ist nicht möglich, den Antrag nach Art. 18 zu stellen und erst bei Erteilung der Zulassung die jeweilige Gesellschaft als Rechtsträger zu registrieren, da für den Antrag stets ein **Antragsteller** (juristische Person oder anderes Unternehmen (→ Art. 16 Rn. 4) **erforderlich** ist. Für die Phase der Antragstellung kann aber die Gesellschaft wohl mit der **Mindestzahl an Personal** (idR nur die Geschäftsleitung der Gesellschaft) ausgestattet werden.

Zu **Form und Inhalt** des Antrags ist auf die Handreichungen der ESAs zu achten. Es ist aber davon auszugehen, dass der Antrag selbst in mehrfacher Ausfertigung

2

---

[1] EBA, EBA/RTS/2024/03, EBA/ITS/2024/03, Final Report on Draft Regulatory Technical Standards on information for application for authorisation to offer to the public and to seek admission to trading of asset-referenced tokens and Draft Implementing Technical Standards on standard forms, templates and procedures for the information to be included in the application, under Article 18(6) and (7) of Regulation (EU) 2023/1114 („Final Report"), 7.5.2024, abrufbar unter: https://beck-link.de/e7wvy; Joint EBA and ESMA Guidelines on the suitability assessment of shareholders and members with qualifying holdings in issuers of ARTs and in CASPs sowie Annex I, welches ein Muster-Excel-Dokument umfasst, 27.6.2024, abrufbar unter: https://beck-link.de/ymt8n; vgl. auch BaFin, Dienstleistungen und Tätigkeiten im Zusammenhang mit Kryptowerten gemäß MiCAR, 5.7.2024, abrufbar unter https://beck-link.de/8zv3b.

Siadat / Schultess

(vier Exemplare), vom Antragsteller unterzeichnet, sowie die Anlagen in selbiger Anzahl an Abschriften/Kopien einzureichen sind.

III. Antragsinhalt

3   Die in einem Antrag auf Zulassung eines ART zum öffentlichen Angebot oder zur Zulassung zum Handel **vorzulegenden Informationen** sollten so **detailliert und umfassend** sein, dass die NCA beurteilen kann, ob der antragstellende Emittent die Anforderungen erfüllt.[2] Die Angaben sollten vom Zeitpunkt der Antragstellung bis zur Zulassung **wahrheitsgemäß, genau, vollständig und aktuell** sein.

4   Zu diesem Zweck sollten die NCA über alle Änderungen an den im Erstantrag gemachten Angaben informiert werden, und die NCA sollten in der Lage sein, sich zu erkundigen, ob vor dem öffentlichen Angebot oder der Zulassung der ART zum Handel Änderungen oder Aktualisierungen vorgenommen wurden.

5   Der Antrag sollte Informationen über den antragstellenden **Emittenten**, einschließlich seiner **Identität**, über die **Eignung** der Mitglieder des Leitungsorgans und die hinreichende **Zuverlässigkeit** der direkten oder indirekten Aktionäre oder Gesellschafter mit qualifizierten Beteiligungen enthalten. Damit umfasst er per se **personenbezogene Daten.** Im Einklang mit dem in der Art. 5 Abs. 1 lit. c der Verordnung (EU) 2016/6795 (Datenschutz-Grundverordnung, „DS-GVO") verankerten Grundsatz der **Datenminimierung** sollten diese personenbezogenen Daten **notwendig und ausreichend** sein, um die NCA in die Lage zu versetzen, eine **umfassende Bewertung** des antragstellenden Emittenten und seiner Fähigkeit gem. der MiCAR vorzunehmen. Zudem sollte kein **Grund für die Verweigerung** der Zulassung gemäß Art. 21 Abs. 2 lit. a–e vorliegen. Bei der Prüfung des Antrags und der Verarbeitung der darin enthaltenen personenbezogenen Daten sollten die NCA die einschlägigen Bestimmungen der DS-GVO einhalten. Auch die EZB, die ESMA und die EBA sollten die Vorgaben zum Schutz natürlicher Personen bei der Verarbeitung personenbezogener Daten (Verordnung (EU) 2018/1725) beachten. Im Einklang mit den Grundsätzen des Datenschutzes sollten diese personenbezogenen Daten von der NCA nicht länger aufbewahrt werden, als es für die Erfüllung ihrer Aufsichtsaufgaben erforderlich ist.[3]

6   Der Antrag hat mindestens folgenden Inhalt aufzuweisen:

1. Anschrift

Der antragstellende Emittent hat im Antrag seine **Anschrift** zu nennen. Hierzu dürften neben den Angaben, die sich bereits dem Handelsregisterauszug entnehmen lassen, außerdem gehören[4]:
a) den vollständigen Namen und die Kontaktdaten, einschließlich Telefonnummer und E-Mail-Adresse der Person, die beim antragstellenden Emittenten für den Antrag zuständig ist;
b) den vollständigen Namen und die Kontaktdaten, einschließlich Telefonnummer und E-Mail-Adresse, des verantwortlichen externen Beraters (zB externer

---

[2] EBA, Final Report (o. Fn. 1), S. 11 ff., abrufbar unter: https://beck-link.de/e7wvy.
[3] EBA, Final Report (o. Fn. 1), S. 12 ff., abrufbar unter: https://beck-link.de/e7wvy.
[4] EBA, Final Report (o. Fn. 1), S. 16, abrufbar unter: https://beck-link.de/e7wvy.

Beantragung der Zulassung **Art. 18**

Rechtsanwalt), der gegebenenfalls für die Erstellung des Antrags herangezogen wurde;
c) den aktuellen vollständigen rechtlichen Namen des antragstellenden Emittenten, seinen Handelsnamen, sein Logo, die Internetadressen aller Kommunikations- und Marketingkanäle einschließlich der Konten in den sozialen Medien und, ggf. beabsichtigte Änderungen dieser Namen, Konten oder Adressen;
d) die Rechtsform des antragstellenden Emittenten sowie
e) Mitgliedstaat und Anschrift des eingetragenen Sitzes des antragstellenden Emittenten und, falls abweichend, seiner Hauptverwaltung und seiner Hauptniederlassung.

2. Rechtsträgerkennung

Im Antrag ist die Rechtsträgerkennung (**Legal Entity Identifier, „LEI"**) des 7 antragsstellenden Emittenten zu nennen. Dies entspricht der validierten, erteilten und ordnungsgemäß erneuerten **ISO 17442-Kennung** des antragstellenden Emittenten, die gemäß den Bedingungen einer der akkreditierten lokalen Betriebseinheiten des **Global Legal Entity Identifier (GLEI)** System freigegeben wurde.[5]

3. Satzung

Dem Antrag sind, soweit nach jeweiliger Rechtsform einschlägig, die **Grün-** 8 **dungsunterlagen** bzw. **Satzung** des antragstellenden Emittenten, beizulegen. Hierzu zählen[6]:
a) die Gründungsurkunde des antragstellenden Emittenten und die Satzung, wenn sie in einem gesonderten Dokument enthalten ist, das gemäß Art. 16 der Richtlinie (EU) 2017/11329 zu bestimmten Aspekten des Gesellschaftsrechts in dem nach dem Recht des betreffenden Mitgliedstaats vorgesehenen Register hinterlegt ist;
b) ist der antragstellende Emittent in einem Zentralregister, Handelsregister, Unternehmensregister oder einem ähnlichen öffentlichen Register eingetragen, das sich von dem unter lit. a genannten Register unterscheidet, so sind die Bezeichnung dieses Registers und die Eintragungsnummer des antragstellenden Emittenten oder ein gleichwertiges Identifizierungsmittel in diesem Register sowie eine Kopie der Eintragungsbescheinigung anzugeben sowie
c) – falls es sich bei dem antragstellenden Emittenten um ein Unternehmen handelt, das keine juristische Person ist – ein **Rechtsgutachten,** in dem bescheinigt wird, dass das **Niveau des Schutzes der Interessen Dritter,** zB der Rechte der Inhaber eines ART, dem von juristischen Personen gewährleisteten Schutz gleichwertig ist und dass der antragstellende Emittent einer gleichwertigen, seiner Rechtsform entsprechenden Beaufsichtigung unterliegt (→ Art. 16 Rn. 18).

4. Geschäftsplan

Das Kernstück des Antrags ist der **regulatorische Geschäftsplan** mit Angabe 9 des **Geschäftsmodells,** das der antragstellende Emittent zu verfolgen beabsichtigt.

---

[5] EBA, Final Report (o. Fn. 1), S. 16, abrufbar unter: https://beck-link.de/e7wvy.
[6] Vgl. Vorschläge der EBA, Final Report (o. Fn. 1), S. 16, abrufbar unter: https://beck-link.de/e7wvy.

Art. 18   Titel III Vermögenswertereferenzierte Token

Der regulatorische Geschäftsplan sollte für die **ersten drei Geschäftsjahre nach** der **Zulassung** die wichtigsten Merkmale und Mechanismen in Bezug auf die ART, für die die Zulassung beantragt wird, das (Gesamt-)Geschäftsmodell des antragstellenden Emittenten, einschließlich etwaiger anderer Emissionen oder finanzieller oder nicht finanzieller Tätigkeiten, die Geschäftsstrategie und die Risikobewertung enthalten, um der NCA einen umfassenden Überblick über die laufenden und geplanten Geschäfte des antragstellenden Emittenten und die damit verbundene Organisation zu geben.

10   Ein wesentlicher Teil des Geschäftsplans umfasst eine **quantitative Beschreibung** des Geschäftsplans einschließlich der **Finanzprognosen,** in denen die Wirtschaftlichkeit, die dauerhafte Tragfähigkeit und die Fähigkeit des antragstellenden Emittenten und die aufsichtsrechtlichen Anforderungen in den ersten drei (ggf. auch mehr) Geschäftsjahren in (mindestens) einem **Basis- und** einem **Stressszenario** dargestellt sind.

Unbeschadet aller im Whitepaper enthaltenen Informationen sollte der Geschäftsplan folgende Punkte umfassen[7]:

a) Informationen über die **Geschäftstätigkeit** des antragstellenden Emittenten, nämlich

  (i) **Hauptmerkmale des ART,** für das die Zulassung beantragt wird, einschließlich aller folgenden Punkte

   (1) Name und Art des ART, die der antragstellende Emittent auszugeben beabsichtigt und für das öffentliche Angebot oder die Zulassung zum Handel beantragt wird;

   (2) Angabe, ob die Zulassung für ein öffentliches Angebot oder eine Zulassung zum Handel mit einem solchen ART beantragt wird;

   (3) Beschreibung des Mechanismus, über den der ART ausgegeben wird, einschließlich der **Smart Contracts** zusammen mit einem erläuternden Dokument zu deren **Funktionsweise,** der **Zahlungsmethode** für den Kauf des ART und der Vertriebskanäle, insbesondere der **CASP,** die Verkaufsaufträge ausführen, oder der **Kryptohandelsplattformen.** Beabsichtigt der antragstellende Emittent, nach Erteilung der Zulassung **andere Stellen** mit der Durchführung des öffentlichen Angebots oder der Zulassung des ART zum Handel zu beauftragen, muss der Antrag Strategien und Verfahren enthalten, die unter anderem klarstellen, dass die Verantwortung für die Einhaltung der in Titel III der MiCAR festgelegten Anforderungen beim Emittenten eines ART verbleibt, dem eine Zulassung erteilt wurde, und dass solche anderen Stellen, die mit schriftlicher Zustimmung des zugelassenen Emittenten eines ART bestellt werden, den in Art. 16 Abs. 1 UAbs. 2 festgelegten **Verhaltens- und Vertriebsanforderungen** (→ Art. 16 Rn. 21) unterliegen;

   (4) wird eine **Vereinbarung** über den **Vertrieb der ART** getroffen, so sind im Antrag der Name und die Kontaktdaten der Vertriebsstellen anzugeben und die Aufgaben, Zuständigkeiten, Rechte und Pflichten sowohl des Emittenten der ART als auch der Vertriebsstelle(n), einschließlich des auf den Vertrag anwendbaren Rechts, darzulegen;

   (5) Beschreibung des Mechanismus, über den der ART zurückgenommen wird, gegebenenfalls einschließlich der Angabe, ob CASP an der Ausführung der Rücknahme beteiligt sind;

---

[7] EBA, Final Report (o. Fn. 1), S. 17 ff., abrufbar unter: https://beck-link.de/e7wvy.

Beantragung der Zulassung **Art. 18**

(6) das Protokoll oder den **Konsensmechanismus,** das bzw. der für die Validierung von Transaktionen verwendet wird, einschließlich einer Beschreibung der Merkmale der Finalität der Transaktion sowie

(7) die **DLT/DLTs,** bei der/denen der ART ausgegeben wird, und die sogenannten **Bridges** zwischen diesen verschiedenen DLTs, die zum Zeitpunkt der Antragstellung verfügbar sind, wie im Whitepaper angegeben.

(ii) alle vom antragstellenden Emittenten ausgegebenen ART, EMT, Kryptowerte oder sonstigen digitalen Vermögenswerte mit Angabe der entsprechenden ausstehenden Beträge; die Netzwerke und Märkte, in denen sie vertrieben und gehandelt werden; die Höhe, die Zusammensetzung, die Verwahrungsmodalitäten und die Verwahrer der entsprechenden Reserve von Vermögenswerten oder gegebenenfalls die Sicherungsanforderungen für EMT.

(iii) alle sonstigen finanziellen und nichtfinanziellen Tätigkeiten, die der Antragsteller ausübt und die er im Falle der Erteilung der Zulassung weiterhin ausüben will, sowie die Wechselwirkungen zwischen diesen Tätigkeiten. In Bezug auf die vom antragstellenden Emittenten erbrachten Dienstleistungen, die nicht unter die MiCAR fallen, muss der Antrag einen Verweis auf das geltende **Unionsrecht** oder das nationale Recht enthalten;

(iv) gehört der antragstellende Emittent einer Gruppe an, so ist ein Überblick über die Organisation und Struktur der Gruppe **(Organigramm)** zu geben, der der antragstellende Emittent angehört, wobei die Tätigkeiten der Unternehmen der Gruppe zu beschreiben sind und die Mutterunternehmen, Finanzholdinggesellschaften, gemischten Finanzholdinggesellschaften und Investmentholdinggesellschaften innerhalb der Gruppe anzugeben sind, sowie alle von einer zuständigen Behörde im Finanzsektor erteilten Zulassungen, Registrierungen oder sonstigen Genehmigungen, über die ein solches Unternehmen der Gruppe oder der antragstellende Emittent verfügt;

b) Beschreibung des geschäftlichen Umfelds, in dem der antragstellende Emittent tätig sein wird, mit Schwerpunkt auf den Sektoren Kryptowerte und Zahlungsverkehr, einschließlich

(i) die wichtigsten bestehenden Marktteilnehmer und die wichtigsten Wettbewerber;

(ii) die voraussichtliche Entwicklung des Geschäftsumfelds und die damit verbundenen potenziellen Risiken sowie

(iii) eine Analyse der Wettbewerbsposition des antragstellenden Emittenten auf dem Markt.

c) Beschreibung der allgemeinen **Geschäftsstrategie** des antragstellenden Emittenten und, falls der antragstellende Emittent zu einer Gruppe gehört, der allgemeinen **Gruppenstrategie,** einschließlich

(i) Darstellung der strategischen Ziele;

(ii) Angabe der wichtigsten Geschäftsfaktoren;

(iii) Angabe etwaiger Wettbewerbsvorteile, zB frühere Erfahrungen im digitalen Sektor, Größe und Skalierbarkeit des Unternehmens, DLT-Besonderheiten wie erlaubnispflichtiger oder erlaubnisfreier Zugang, entsprechende Validierungsprotokolle und Konsensmechanismen oder die geplante Anzahl von Transaktionen pro Sekunde;

Art. 18   Titel III Vermögenswertereferenzierte Token

- (iv) Beschreibung der **Zielkunden,** zB Privatkunden, Firmenkunden, institutionelle Kunden, kleine und mittlere Unternehmen, öffentliche Einrichtungen, der Zielmärkte und der geografischen Verteilung, einschließlich der Liste der Aufnahmemitgliedstaaten gemäß Art. 18 Abs. 2 lit. r;
- (v) eine **Risikobewertung** der tatsächlichen oder potenziellen Risiken, denen das geplante Unternehmen ausgesetzt sein kann, einschließlich
  - (1) **geschäftliche Risikofaktoren,** wie zB das Nichterreichen des Mindestziels (Soft-Cap) für die Zeichnung der Ausgabe von ART, sofern dies beabsichtigt ist;
  - (2) **operationelle Risiken,** Betrug, IKT- und Cybersicherheitsrisiken;
  - (3) **finanzielle Risiken,** einschließlich Liquiditätsrisiko, Markt- und Kreditrisiko;
  - (4) Risiken im Zusammenhang mit den wichtigsten Drittanbietern sowie
  - (5) inhärente und verbleibende Risiken der **Geldwäsche und** der **Terrorismusfinanzierung,** auch im Hinblick auf die Mechanismen und Vorkehrungen im Zusammenhang mit der Ausgabe, der Rücknahme und dem Vertrieb der ART.
- (vi) **Matrix,** die sich aus dem Zusammenspiel der Stärken, Schwächen, Chancen und Risiken der Unternehmensstrategie (**„SWOT"-Analyse**) ergibt.

11   Der regulatorische Geschäftsplan hat zudem Planzahlen für die ersten drei Geschäftsjahre zu enthalten. Der Antrag sollte daher einen Geschäftsplan enthalten, in dem die anfängliche Tragfähigkeit und die dauerhafte Nachhaltigkeit des Geschäftsmodells des antragstellenden Emittenten sowie die Fähigkeit des antragstellenden Emittenten, die aufsichtsrechtlichen Anforderungen über einen Zeitraum von drei Jahren ab Erteilung der Zulassung zu erfüllen, unter Zugrundelegung (mindestens) eines Basis- und eines Stressszenarios erläutert werden. Das Stressszenario des Geschäftsplans stützt sich auf schwerwiegende, aber plausible **Stresssituationen,** die denen ähneln, die gemäß der delegierten Verordnung der Kommission über die **Eigenmittelanforderungen gemäß Art. 35 Abs. 6 lit. d** (→ Art. 35 Rn. 36) genannt werden. Bei antragstellenden Emittenten wird bei dem Stressszenario besonders auf **Liquiditätsstresssituationen** geachtet.

12   Die Annahmen des Geschäftsplans müssen glaubwürdig und realistisch sein und sich auf offizielle **makroökonomische Prognosen** stützen, die von einer öffentlichen EU- oder nationalen Institution erstellt wurden.

13   Soweit sich der Antrag auf das öffentliche Angebot oder die Zulassung zum Handel eines ART bezieht, für die eine freiwillige Einstufung als **„signifikant"** angestrebt wird, muss aus dem Geschäftsplan klar hervorgehen, dass die vorgeschlagene Emission die Anforderungen von Art. 44 erfüllt (→ Art. 44 Rn. 4f.), und der Antrag muss der **höheren Komplexität** und dem **höheren Risikoprofil** des antragstellenden Emittenten angemessen Rechnung tragen.

14   Unbeschadet der Informationen, die im Whitepaper enthalten sein müssen, sollte der regulatorische Geschäftsplan die **prognostizierten Finanzinformationen** über den antragstellenden Emittenten auf individueller und gegebenenfalls auf konsolidierter Ebene enthalten, die die Erläuterung der Rentabilität des Unternehmens und seiner Glaubwürdigkeit unterstützen, einschließlich

- (i) voraussichtlicher **Planzahlen** für die ersten drei Geschäftsjahre nach Erteilung der Zulassung, einschließlich
  - (1) prognostizierte **Bilanzen;**
  - (2) voraussichtliche **Gewinn- und Verlustrechnungen** oder Gewinn- und Verlustrechnungen, in denen die geplanten Einnahmequellen (zB Gebüh-

Beantragung der Zulassung **Art. 18**

ren oder Neubewertung der Rücklage für Vermögenswerte) sowie die festen und variablen Kosten (insbesondere Arbeits-, Verwaltungs-, Distributed-Ledger-Technologie, IKT, Verwahrung und Verwaltung der Rücklage für Vermögenswerte oder Vereinbarungen mit Dritten) aufgeführt sind;
(3) ggf. prognostizierte Kapitalflussrechnungen sowie
(4) prognostizierte Wachstumsraten mit einer Erläuterung der damit verbundenen Risikoannahmen, einschließlich der Risikomanagementfähigkeiten des antragstellenden Emittenten
(ii) eine Erläuterung des Zusammenhangs zwischen den unter 4. a) genannten Punkte des Geschäftsplans und den unter lit. d i genannten **prognostizierten Finanzinformationen;**
(iii) Planungsannahmen für die unter lit. d i **prognostizierten Finanzinformationen,** einschließlich der erwarteten Zahl der Token-Inhaber, der erwarteten Zahl und des erwarteten Werts der Transaktionen pro Tag und der erwarteten durchschnittlichen Zahl und des durchschnittlichen Gesamtwerts der Transaktionen pro Tag für den Zeithorizont des Geschäftsplans, der Rentabilitätsfaktoren sowie Erläuterungen zu den im Plan enthaltenen quantitativen Angaben;
(iv) Berechnungen der Eigenmittelanforderungen des antragstellenden Emittenten gemäß Art. 35 Abs. 1 (→ Art. 35 Rn. 18 ff.) für den Dreijahreszeitraum des Geschäftsplans, unbeschadet der Befugnis der NCA, zusätzliche Eigenmittelanforderungen gemäß Art. 35 Abs. 3 d (→ Art. 35 Rn. 29) aufzuerlegen, wie in der delegierten Verordnung der Kommission über die Eigenmittelanforderungen gem. Art. 35 Abs. 6 d (→ Art. 35 Rn. 36) erläutert, sowie
(1) Nachweise (zB geprüfter Jahresabschluss oder Auszug aus dem Handelsregister) über das gezeichnete Kapital, das eingezahlte Kapital und das noch nicht eingezahlte Kapital. Für Kapital, das den berechneten Eigenmitteln entspricht und noch nicht eingezahlt wurde, ein Nachweis über die Hinterlegung dieses Betrags auf einem Treuhandkonto bei einem (europäischen) Kreditinstitut und
(2) Informationen über die rechtmäßige Herkunft der Mittel (Eigenmittelnachweis), die zur Einzahlung des Kapitals verwendet werden oder verwendet werden sollen, gemäß der delegierten Verordnung der Kommission über die Mitteilung von Informationen über qualifizierte Beteiligungen gemäß Art. 42 Abs. 4 (→ Art. 42 Rn. 7).
(v) Prognoseberechnungen über die Höhe und Zusammensetzung der Vermögensrücklage und deren Angemessenheit, um die dauerhafte Ausübung der Rückzahlungsrechte während des gesamten Zeitraums des Geschäftsplans zu gewährleisten.

Der Geschäftsplan sollte auch die bisherigen Finanzinformationen des antragstellenden Emittenten enthalten, und zwar **15**
(i) Jahresabschlüsse des antragstellenden Emittenten auf Einzel- und gegebenenfalls auf konsolidierter und unterkonsolidierter Ebene, die vom Abschlussprüfer (falls zutreffend) oder einer externen Prüfungsgesellschaft testiert wurden und mindestens die letzten drei dem Antrag vorausgehenden Geschäftsjahre abdecken, einschließlich
(1) die Bilanz auf der Ebene des Einzelabschlusses und gegebenenfalls auf konsolidierter oder teilkonsolidierter Ebene;

(2) die Gewinn- und Verlustrechnungen bzw. Erfolgsrechnungen auf der Ebene des Einzelabschlusses, des Konzerns und gegebenenfalls der Teilkonzerne sowie

(3) **Kapitalflussrechnung** auf Einzel-, konsolidierter und ggf. unterkonsolidierter Ebene.

(ii) eine Übersicht über etwaige Verbindlichkeiten, die der antragstellende Emittent vor dem öffentlichen Angebot oder der Zulassung der Wertmarke zum Handel aufgenommen hat oder voraussichtlich aufnehmen wird, gegebenenfalls einschließlich der Namen der Kreditgeber, der Fälligkeiten und Bedingungen dieser Schulden, der Verwendung der Erlöse und – falls der Kreditgeber kein beaufsichtigtes Finanzinstitut ist – Angaben zur **Herkunft** der aufgenommenen Mittel oder zu den Mitteln, die voraussichtlich aufgenommen werden;

(iii) einen Überblick über **etwaige Sicherheitsinteressen, Garantien oder Entschädigungen,** die der Antragsteller vor dem öffentlichen Angebot oder der Zulassung der ART zum Handel gewährt hat oder voraussichtlich gewähren wird;

(iv) soweit verfügbar, Informationen über das **Kreditrating** des antragstellenden Emittenten und gegebenenfalls das **Gesamtrating** seiner Gruppe sowie

(v) für den Fall, dass der antragstellende Emittent seit weniger als drei Jahren besteht, für die nicht durch Abschlüsse abgedeckten Jahre eine möglichst zeitnahe aktualisierte Zusammenfassung der Finanzlage des antragstellenden Emittenten sowie die Abschlüsse der letzten drei Jahre der Aktionäre oder Gesellschafter mit qualifizierten Beteiligungen, die eine juristische Person sind, oder die Steuererklärung der Aktionäre oder Gesellschafter mit qualifizierten Beteiligungen, die eine natürliche Person sind.

5. Rechtsgutachten

16   Dem Antrag ist ein Rechtsgutachten beizulegen, dem zufolge die ART weder als sonstiger Kryptowert, noch als EMT einzustufen ist (→ Art. 17 Rn. 13). Die ESAs haben hierzu **Leitlinien** mit Mustern für Erklärungen und Rechtsgutachten und zum standardisierten Test für die Einstufung von Kryptowerten entworfen.[8]

6. Beschreibung der Unternehmensführung

17   Der Antrag sollte zudem eine detaillierte Beschreibung der Regelungen des antragstellenden Emittenten zur Unternehmensführung nach Art. 34 Abs. 1 (→ Art. 34 Rn. 8 ff.) enthalten. ART-Emittenten sollen demnach solide Regelungen zur Unternehmensführung festlegen, einschließlich einer klaren **Organisationsstruktur** mit genau abgegrenzten, transparenten und kohärenten Verantwortungsbereichen, wirksamer Verfahren für die Ermittlung, Regelung, Überwachung und Meldung der Risiken, denen sie ausgesetzt sind oder ausgesetzt sein könnten, sowie angemessener Mechanismen interner Kontrollen mit soliden **Verwaltungs- und Rechnungslegungsverfahren.**

---

[8] ESA 2024 12 12 July 2024, Draft Guidelines on templates for explanations and opinions, and the standardised test for the classification of crypto-assets, under Article 97(1) of Regulation (EU) 2023/1114.

Um eine solide und umsichtige Geschäftsführung des antragstellenden Emitten- 18
ten zu gewährleisten, sollte der Antrag folgende Punkte enthalten[9]:
(i) Ein Organigramm, in dem die betriebliche Struktur in Form von Geschäftsbereichen und -einheiten und die damit verbundene Aufteilung des Personals, die Wechselwirkungen zwischen den verschiedenen Funktionen des antragstellenden Emittenten, die Angabe klarer und wirksamer Berichtslinien und die Zuweisung von Zuständigkeiten, die die Geschäftstätigkeiten des antragstellenden Emittenten widerspiegeln, festgelegt sind;
(ii) der **Geschäftsverteilungsplan** der Geschäftsleitung (sowie der leitenden Angestellten) mit einer Übersicht über die Rollen, Aufgaben und Berichtslinien der einzelnen Mitarbeiter;
(iii) eine detaillierte und umfassende Beschreibung der vorgesehenen **Anzahl** und des **Profils der Mitarbeiter** – zB Angabe des Dienstalters, der Qualifikationen, des Fachwissens – und der technischen Ressourcen – zB spezifische Merkmale und Funktionen, Aktualität, innovativer Charakter –, die allen geplanten Tätigkeiten und Funktionen zugewiesen sind, sowie des entsprechenden Budgets mit einer Erläuterung ihrer Eignung für die Durchführung des Geschäftsplans. Der Antrag muss auch den aktuellen Stand der Umsetzung der geplanten Betriebsstruktur, einschließlich des Einstellungsplans für die Mitarbeiter, sowie die Beschaffung und den Einsatz der technischen Ressourcen darlegen;
(iv) eine ausführliche Beschreibung der Verfahren und Vorkehrungen, die die genaue und rechtzeitige **Meldung** von Daten im Zusammenhang mit dem ART gewährleisten;
(v) eine Beschreibung des **Verhaltenskodexes**, in dem die ethischen und professionellen Unternehmenswerte des Emittenten und die Risikokultur festgelegt sind;
(vi) eine Beschreibung der **Vorgehensweise** bei der Bearbeitung von **Beschwerden** gemäß den in Art. 31 festgelegten Anforderungen, welche gem. der delegierten Verordnung über die Bearbeitung von Beschwerden gem. Artikel 31 Abs. 5 (→ Art. 31 Rn. 30) näher definiert werden;
(vii) eine Beschreibung der Grundsätze für den Umgang mit **Interessenkonflikten** gem. den Anforderungen von Art. 32, welche gemäß der delegierten Verordnung über Interessenkonflikte gemäß Art. 32 Abs. 5 (→ Art. 32 Rn. 34) näher definiert werden;
(viii) eine Beschreibung der Richtlinien zum **Marktmissbrauch,** die sicherstellen, dass der Emittent angemessene Standards zur Verhinderung von Marktmissbrauch einhält;
(ix) eine Beschreibung der **Whistleblowing- Richtlinien,** die sicherstellen, dass die Mitarbeiter tatsächliche oder potenzielle Verstöße gegen gesetzliche oder interne Vorschriften sicher melden können sowie
(x) eine Beschreibung der Verfahren, mit denen sichergestellt wird, dass der ART-Emittent alle in Art. 30 (→ Art. 30 Rn. 5) festgelegten Offenlegungspflichten gegenüber den Inhabern der ART erfüllt.

Der Antrag muss die Namen und Kontaktdaten aller Drittdienstleister, die kriti- 19
sche oder wichtige Funktionen wahrnehmen, sowie eine Beschreibung der Vereinbarungen mit diesen enthalten, einschließlich aller folgenden Angaben[10]:

---

[9] EBA, Final Report (o. Fn. 1), S. 22f., abrufbar unter: https://beck-link.de/e7wvy.
[10] EBA, Final Report (o. Fn. 1), S. 23., abrufbar unter: https://beck-link.de/e7wvy.

(i) den Standort des Drittdienstleisters und gegebenenfalls den Ort, an dem die Daten gespeichert oder verarbeitet werden;
(ii) die Gründe für die Inanspruchnahme eines Drittdienstleisters zur Unterstützung oder Durchführung kritischer oder wichtiger Funktionen;
(iii) die personellen, finanziellen und technischen Ressourcen des Drittdienstleisters im Zusammenhang mit der kritischen oder wichtigen Funktion;
(iv) das interne Kontrollsystem des antragstellenden Emittenten zur Überwachung und Verwaltung der Vereinbarung mit dem Drittdienstleister;
(v) die Pläne zur Fortführung des Geschäftsbetriebs für den Fall, dass der Drittdienstleister die Kontinuität des Dienstes nicht gewährleisten kann;
(vi) den Inhalt der vertraglichen Vereinbarungen über die Verpflichtung, sowohl dem antragstellenden Emittenten als auch der zuständigen Behörde Zugang zu Informationen sowie Einsichts- und Prüfungsrechte zu gewähren sowie
(vii) die Berichtslinie an das Leitungsorgan.

7. Mechanismen und Verfahren für die interne Kontrolle von Kooperationen

20   Soweit Kooperationsvereinbarungen mit konkreten Anbietern von Kryptowerte-Dienstleistungen bestehen, sollte eine Beschreibung der Mechanismen und Verfahren für die interne Kontrolle offengelegt werden, mit denen insbesondere die Einhaltung der Verpflichtungen im Zusammenhang mit der Verhinderung von Geldwäsche und Terrorismusfinanzierung gemäß der 5. EU-Geldwäscherichtlinie (Richtlinie (EU) 2015/849) – bzw. ab dem 10.7.2027 gemäß der EU-Geldwäscheverordnung (Verordnung (EU) 2024/1624) bzw. der 6. EU-Geldwäscherichtlinie (Richtlinie (EU) 2024/1640) – sichergestellt werden. Hierzu sollte man die Verträge (zumindest als Entwürfe) vorlegen und sicherstellen, dass sowohl das eigene Vertragswerk als auch die **Kooperations- und Auslagerungsverträge** wie auch die Richtlinien des Kooperation- und (Sub-) Auslagerungsdienstleisters entsprechende Regelungen umfassen.

8. Identität der Mitglieder des Leitungsorgans

21   Der Antrag sollte für jedes Mitglied des Leitungsorgans die folgenden persönlichen Angaben und Informationen enthalten[11]:
(a) den vollständigen Namen der Person und, falls abweichend, ihren Geburtsnamen sowie
(b) Geburtsort und -datum der Person, Anschrift und Kontaktdaten des derzeitigen Wohnorts und jedes anderen Wohnorts in den letzten zehn Jahren, Staatsangehörigkeit(en) und persönliche Identifikationsnummer oder Kopie eines Personalausweises oder eines gleichwertigen Dokuments.

9. Geeignetheit und Zuverlässigkeit bzw. Fit & Proper-Nachweise der Leitungsorgane

22   Dem Antrag sind Nachweise beizulegen, die belegen, dass die Leitungsorgane ausreichend gut beleumundet sind und über die angemessenen Kenntnisse, Fähig-

---

[11] EBA, Final Report (o. Fn. 1), S. 27f., abrufbar unter: https://beck-link.de/e7wvy.

keiten und Erfahrungen verfügen, um den antragstellenden Emittenten zu führen (sog. **Fit & Proper-Nachweise**).

In Art. 18 Abs. 5 werden zur Zuverlässigkeit und Geeignetheit der Leitungsorgane (ebenso zur Zuverlässigkeit der bedeutenden Beteiligungen) konkretisiert: 23
- dass es für Mitglieder des Leitungsorgans keine Einträge im Strafregister in Bezug auf Verurteilungen oder Strafen nach dem geltenden Handelsrecht, Insolvenzrecht und Finanzdienstleistungsrecht, oder im Zusammenhang mit der Bekämpfung von Geldwäsche und Terrorismusfinanzierung, Betrug oder Berufshaftpflicht gibt (sog. **Zuverlässigkeit**) sowie
- dass die Mitglieder des Leitungsorgans des antragstellenden Emittenten vermögenswertereferenzierter Token kollektiv über die angemessenen Kenntnisse, Fähigkeiten und Erfahrungen verfügen, um den Emittenten des ART zu verwalten, und dass diese Personen verpflichtet sind, ausreichend Zeit für die Wahrnehmung ihrer Aufgaben aufzuwenden (sog. **fachliche Eignung**).

Damit sollte der Antrag für jedes Mitglied des Leitungsorgans die folgenden Informationen über die Zuverlässigkeit und die fachliche Eignung enthalten:[12] 24
(a) Einzelheiten zu der Position, die die Person innehat oder innehaben wird, einschließlich der Angabe, ob es sich um eine geschäftsführende oder nicht geschäftsführende Position handelt, des Anfangsdatums oder des geplanten Anfangsdatums und gegebenenfalls der Dauer des Mandats, sowie eine Beschreibung der wichtigsten Aufgaben und Zuständigkeiten der Person;
(b) einen lückenlosen Lebenslauf mit Einzelheiten zu Ausbildung und Erfahrung (einschließlich Berufserfahrung, akademische Qualifikationen, sonstige einschlägige Ausbildung), einschließlich Name und Art aller Organisationen/Unternehmen, für die die Person gearbeitet hat, sowie Art und Dauer der ausgeübten Funktionen, wobei insbesondere alle Tätigkeiten hervorzuheben sind, die im Rahmen der angestrebten Position für Finanzdienstleistungen, Kryptowerte oder andere digitale Vermögenswerte, **Distributed-Ledger-Technologie,** Informationstechnologie, Cybersicherheit, digitale Innovation oder Managementerfahrung relevant sind;
(c) eine Zuverlässigkeitserklärung, einschließlich aller folgenden Angaben zu der/den Staatsangehörigkeit(en), die die Person besitzt, und zu den Wohnorten der letzten zehn Jahre, wenn diese nicht mit dem Land der Staatsangehörigkeit(en) übereinstimmen:
  (i) Strafregisterauszüge/Führungszeugnisse (in der Bundesrepublik Deutschland ist der *Nachweis Belegart 0* anzufodern)/Criminal Records, einschließlich strafrechtlicher Verurteilungen und etwaiger Nebenstrafen, sowie einschlägige Informationen über anhängige oder abgeschlossene Straf- oder Ermittlungsverfahren (einschließlich Geldwäsche, Terrorismusfinanzierung, Betrug oder Berufshaftung), einschlägige Zivil- und Verwaltungsverfahren und Disziplinarmaßnahmen, einschließlich des Ausschlusses von der Tätigkeit als Unternehmensleiter, Konkurs-, Insolvenz- und ähnliche Verfahren, durch eine amtliche Bescheinigung oder ein gleichwertiges Doku-

---

[12] EBA, Final Report (o. Fn. 1), S. 27f., abrufbar unter: https://beck-link.de/e7wvy; vgl. auch Joint EBA and ESMA Guidelines on the suitability assessment of shareholders and members with qualifying holdings in issuers of ARTs and in CASPs sowie Annex I, welches ein Muster-Exel-Dokument umfasst, 27.6.2024, abrufbar unter: https://beck-link.de/ymt8n; vgl. auch BaFin, Dienstleistungen und Tätigkeiten im Zusammenhang mit Kryptowerten gemäß MiCAR, 5.7.2024, abrufbar unter https://beck-link.de/sf6xp.

ment oder, falls eine solche Bescheinigung nicht existiert, durch eine andere zuverlässige Informationsquelle über das Nichtvorliegen strafrechtlicher Verurteilungen, Ermittlungen und Verfahren. In einigen Ländern (wie den USA) muss auf Bundesstaaten-Ebene ein jeweiliger Nachweis (in den USA der sog. FBI-Finger-Print-Criminal Record) erbracht werden. Die öffentlichen Unterlagen, Bescheinigungen und Dokumente dürfen **nicht älter als drei Monate** zum Zeitpunkt der Einreichung des Antrags sein. Daher empfiehlt es sich, diese Unterlagen erst kurz vor der Einreichung des Antrags anzufordern;
(ii) eine Erklärung darüber, ob die Person oder eine von ihr geleitete Organisation als Schuldner in ein Insolvenzverfahren oder ein vergleichbares Verfahren verwickelt war. In einigen Ländern (wie zum Beispiel in der Bundesrepublik Deutschland) ist ein Gewerbezentralregisterauszug anzufordern;
(iii) Informationen über Untersuchungen, Durchsetzungsverfahren oder Sanktionen einer Aufsichtsbehörde, an denen die Person direkt oder indirekt beteiligt ist oder war;
(iv) Informationen über die Verweigerung der Eintragung, Zulassung, Mitgliedschaft oder Lizenz zur Ausübung eines Gewerbes, Geschäfts oder Berufs oder über die Rücknahme, den Widerruf oder die Beendigung der Eintragung, Zulassung, Mitgliedschaft oder Lizenz oder den Ausschluss durch eine Regulierungs- oder Regierungsbehörde oder durch eine Berufsorganisation oder einen Berufsverband;
(v) Informationen über einschlägige Entlassungen aus einem Arbeitsverhältnis oder einer Vertrauensstellung, einem Treuhandverhältnis oder einer ähnlichen Situation oder die Tatsache, dass die Person aufgefordert wurde, ihr Arbeitsverhältnis in einer solchen Position zu kündigen, ausgenommen Entlassungen;
(vi) Informationen darüber, ob eine andere zuständige Behörde den Leumund der Person bewertet hat, einschließlich der Identität dieser Behörde, des Datums der Bewertung und der Nachweise für das Ergebnis dieser Bewertung;
(vii) Informationen darüber, ob eine Behörde eines anderen, nicht finanziellen Sektors die Person bewertet hat, einschließlich der Identität dieser Behörde, des Datums der Bewertung und des Nachweises des Ergebnisses dieser Bewertung;
(d) eine Beschreibung aller finanziellen und nichtfinanziellen Interessen, die zu potenziellen wesentlichen Interessenkonflikten führen könnten, die seine oder ihre wahrgenommene Vertrauenswürdigkeit bei der Ausübung des Mandats als Mitglied des Leitungsorgans des Emittenten beeinträchtigen könnten, einschließlich, aber nicht beschränkt auf:
(i) alle finanziellen Interessen, einschließlich Kryptowerten, anderen digitalen Vermögenswerten, Darlehen, Beteiligungen, Garantien oder Sicherungsrechten, unabhängig davon, ob sie gewährt oder erhalten wurden, sowie nichtfinanzielle Interessen oder Beziehungen, einschließlich enger Beziehungen wie Ehepartner, eingetragener Partner, Lebensgefährte, Kind, Elternteil oder andere Verwandte, mit denen die Person zusammenlebt, zwischen der Person oder ihren nahen Verwandten oder einem Unternehmen, mit dem die Person eng verbunden ist, und dem antragstellenden Emittenten des Referenztokens, seinem Mutterunternehmen oder seinen Tochter-

gesellschaften, einschließlich aller Mitglieder des Leitungsorgans oder aller Personen, die eine qualifizierte Beteiligung an dem antragstellenden Emittenten halten sowie

(ii) ob die Person mit einer oben aufgeführten Person Geschäfte tätigt oder geschäftliche Beziehungen unterhält oder in den letzten zwei Jahren unterhalten hat oder ob sie in ein Gerichtsverfahren mit einer dieser Personen verwickelt ist;

(iii) ob die Person und ihre nahen Verwandten irgendwelche konkurrierenden Interessen mit dem Antragsteller, seinem Mutterunternehmen oder seinen Tochtergesellschaften haben oder nicht;

(iv) etwaige finanzielle Verpflichtungen gegenüber dem antragstellenden Emittenten von Wertmünzen, seiner Muttergesellschaft oder seinen Tochtergesellschaften;

(v) ob die Person in den letzten zwei Jahren eine **politisch exponierte Person** im Sinne von Art. 3 Nr. 9 der 4. EU-Geldwäscherichtlinie (Richtlinie (EU) 2015/849) war;[13]

(vi) wenn ein wesentlicher Interessenkonflikt festgestellt wird, eine Erklärung, wie dieser Konflikt in zufriedenstellender Weise gemildert oder behoben wird, einschließlich eines Verweises auf die Grundzüge der Politik zu Interessenkonflikten;

(e) Informationen, aus denen hervorgeht, dass die Person über genügend Zeit verfügt, um sich dem Mandat zu widmen, einschließlich:

(i) die geschätzte Mindestzeit pro Jahr und pro Monat, die die Person für die Wahrnehmung ihrer Aufgaben beim antragstellenden Emittenten aufwenden wird;

(ii) eine Liste der überwiegend gewerblichen Mandate, die die Person innehat;

(iii) eine Liste der Mandate, die überwiegend nichtkommerzielle Tätigkeiten ausüben oder ausschließlich zum Zwecke der Verwaltung der wirtschaftlichen Interessen der betreffenden Person eingerichtet wurden sowie

(iv) die Größe der Unternehmen oder Organisationen, in denen die unter Ziffer (iii) genannten Mandate wahrgenommen werden, einschließlich der Bilanzsumme, die Angabe, ob das Unternehmen börsennotiert ist oder nicht, und die Zahl der Beschäftigten in diesen Unternehmen oder Organisationen;

(v) eine Liste etwaiger zusätzlicher Verantwortlichkeiten im Zusammenhang mit den unter Ziffer (iv) genannten Mandaten, einschließlich des Vorsitzes in einem Ausschuss;

(vi) die geschätzte Zeit in Tagen pro Jahr, die für jedes Mandat aufgewendet wird und

(vii) die Anzahl der Sitzungen pro Jahr, die für jedes Mandat vorgesehen sind.

Dem Antrag sind die Ergebnisse der vom antragstellenden Emittenten durchgeführten Eignungsbeurteilungen jeder Person, einschließlich folgender Angaben beizulegen[14]:

(a) die entsprechenden Sitzungsprotokolle;

---

[13] Welches öffentliche Amt die PeP-Eigenschaft begründet, ergibt sich für die einzelnen EU-Mitgliedsstaaten aus der von EU-Kommission konsolidierten Liste v. 23.11.203 – Wichtige öffentliche Ämter auf nationaler Ebene, auf Ebene internationaler Organisationen und auf Ebene der Organe und Einrichtungen der Europäischen Union (C/2023/724).

[14] EBA, Final Report (o. Fn. 1), S. 29f., abrufbar unter: https://beck-link.de/e7wvy.

(b) das Dokument über das Ergebnis der Eignungsbeurteilung sowie
(c) eine Erklärung darüber, ob die betreffende Person über die erforderliche Erfahrung verfügt, und, falls dies nicht der Fall ist, aber die erforderliche Mindesterfahrung vorhanden ist, Einzelheiten zu dem auferlegten Ausbildungsplan, einschließlich des Inhalts, des Anbieters und des Datums, bis zu dem der Ausbildungsplan abgeschlossen sein wird.

26 Der Antrag sollte zudem eine Erklärung über die Gesamtbeurteilung der kollektiven Eignung des Leitungsorgans durch den antragstellenden Emittenten umfassen, aus der hervorgeht, dass das Leitungsorgan insgesamt über die geeigneten Kenntnisse, Fähigkeiten und Erfahrungen verfügt, um den Emittenten zu leiten, einschließlich einschlägiger Protokolle des Leitungsorgans oder Berichte oder Dokumente zur Beurteilung der Eignung.

10. Zuverlässigkeit der bedeutend Beteiligten

27 Der Antragsteller hat entsprechende Nachweise vorzulegen, aus denen hervorgeht, dass Anteilseigner oder Gesellschafter, die direkt oder indirekt qualifizierte Beteiligungen an dem antragstellenden Emittenten halten (**sog. bedeutende Beteiligte**), ausreichend gut beleumundet sind.

28 In Art. 18 Abs. 5 werden zur Zuverlässigkeit bedeutenden Beteiligungen konkretisiert:
- dass es für keinen Anteilseigner oder Gesellschafter, die direkt oder indirekt qualifizierte Beteiligungen an dem antragstellenden Emittenten halten, Einträge im Strafregister in Bezug auf Verurteilungen oder Strafen nach dem geltenden Handelsrecht, dem Insolvenzrecht und dem Finanzdienstleistungsrecht, oder im Zusammenhang mit der Bekämpfung von Geldwäsche und Terrorismusfinanzierung, Betrug oder Berufshaftpflicht gibt.

29 Zum Nachweis der Zuverlässigkeit gehören[15]:
(a) ein Organigramm, aus dem die Beteiligungsstruktur des antragstellenden Emittenten hervorgeht, einschließlich der Aufschlüsselung seines Kapitals und seiner Stimmrechte sowie der Namen der Aktionäre oder Gesellschafter mit qualifizierten Beteiligungen;
(b) für jeden **Aktionär** oder jedes Mitglied, der/das eine direkte oder indirekte qualifizierte Beteiligung an dem Antragsteller hält, die Informationen und Unterlagen den Informationen zur Mitteilung des Erwerbs oder der Erhöhung von qualifizierten Beteiligungen gemäß Artikel 42 Abs. 4 (→ Art. 42 Rn. 7) zu seiner/ihrer Identität und seinem/ihrem Leumund;
(c) Angabe der Identität jedes Mitglieds des Leitungsorgans des antragstellenden Emittenten, das von einer solchen Person mit qualifizierten Beteiligungen oder auf deren Vorschlag hin bestellt wurde oder bestellt werden soll, sowie die in → Art. 18 Rn. 2 ff. genannten Angaben, soweit sie nicht bereits vorgelegt wurden;
(d) zu jedem Aktionär oder Gesellschafter, der eine unmittelbare qualifizierte Beteiligung hält, folgende Angaben zu seiner Beteiligung:
  (i) **Anzahl und Art** der gezeichneten Aktien oder sonstigen Beteiligungen;
  (ii) den **Nennwert** dieser Aktien oder sonstigen Anteile;
  (iii) jede gezahlte oder zu zahlende **Prämie** sowie

---

[15] EBA, Final Report (o. Fn. 1), S. 30 f., abrufbar unter: https://beck-link.de/e7wvy.

Beantragung der Zulassung **Art. 18**

(iv) alle **Sicherungsrechte** oder **Belastungen,** die an diesen Aktien oder anderen Beteiligungen bestehen, einschließlich der Identität der gesicherten Parteien;
(e) Angaben gem. Art. 6 lit. b, d und e sowie Art. 8 der delegierten Verordnung über Angaben zur Mitteilung des Erwerbs oder der Erhöhung von qualifizierten Beteiligungen gemäß Art. 42 Abs. 4 (→ Art. 42 Rn. 7).

11. Whitepaper

Dem Antrag ist das Kryptowerte-Whitepaper (→ Art. 19 Rn. 3 ff.) beizulegen. **30**

12. Strategien und Verfahren

Im Antrag sind die in Art. 34 Abs. 5 UAbs. 1 (→ Art. 34 Rn. 40) genannten Strategien und Verfahren darzulegen. **31**

13. Vertragliche Vereinbarungen mit Drittunternehmen

Der Antragsteller hat dem Antrag eine Beschreibung der in Art. 34 Abs. 5 UAbs. 2 (→ Art. 34 Rn. 41) genannten vertraglichen Vereinbarungen mit Drittunternehmen beizulegen. **32**

14. Strategie zur Fortführung des Geschäftsbetriebs

Der Antrag soll auch eine Beschreibung der in Art. 34 Abs. 9 (→ Art. 34 Rn. 46) genannten Strategie zur Fortführung des Geschäftsbetriebs des antragstellenden Emittenten enthalten. **33**

15. Mechanismen für die interne Kontrolle und Risikomanagementverfahren

Dem Antrag ist auch eine Beschreibung der in Art. 34 Abs. 10 (→ Art. 34 Rn. 48 ff.) genannten Mechanismen für die interne Kontrolle und Risikomanagementverfahren beizulegen. **34**

16. Datenschutz

Der Emittent muss dem Antrag eine Beschreibung der in Art. 34 Abs. 11 (→ Art. 34 Rn. 52 f.) genannten Systeme und Verfahren zum Schutz der **Verfügbarkeit, Authentizität, Integrität und Vertraulichkeit** von Daten, beifügen. **35**

17. Beschwerdeverfahren

Der Antrag soll zudem eine Beschreibung der in Art. 31 (→ Art. 31 Rn. 7 ff.) genannten Beschwerdeverfahren des antragstellenden Emittenten enthalten. **36**

18. Liste der Aufnahmemitgliedstaaten

Soweit einschlägig sollte der antragstellende Emittent eine Liste der Aufnahmemitgliedstaaten, in denen er beabsichtigt, den ART öffentlich anzubieten oder die Zulassung des ART zum Handel zu beantragen, dem Antrag beifügen. **37**

Siadat / Schultess

Art. 19 Titel III Vermögenswertereferenzierte Token

IV. Befreiung von erneuter Informationsbereitstellung

38 Emittenten, die bereits eine Zulassung zur Ausgabe von ART erhalten haben, sind nicht verpflichtet, der zuständigen Behörde bereits von ihnen übermittelte Informationen zur Zulassung eines anderen ART erneut zu übermitteln, wenn diese Informationen ansonsten identisch wären, wobei der Emittent ausdrücklich bestätigen muss, dass alle nicht erneut übermittelten Informationen noch aktuell sind. Dies trägt dem **Datenminimierungsgrundsatz** Rechnung.

V. Prüfungszeitraum

39 Die NCA bestätigt dem antragstellenden Emittenten den Eingang des Antrags umgehend, in jedem Fall aber innerhalb von zwei Arbeitstagen schriftlich. Ab diesem Zeitpunkt beginnt der Prüfungszeitraum, der in Art. 18 nicht näher bestimmt wird. Dieser sollte aber nicht länger dauern als die Zulassung von CASPs.

Artikel 19 Inhalt und Form des Kryptowerte-Whitepapers für vermögenswertereferenzierte Token

(1) Ein Kryptowerte-Whitepaper für einen vermögenswertereferenzierten Token muss alle folgenden Informationen enthalten, die in Anhang II näher präzisiert sind:
a) Informationen über den Emittenten des vermögenswertreferenzierten Token,
b) Informationen über den vermögenswertereferenzierten Token,
c) Informationen über das öffentliche Angebot des vermögenswertreferenzierten Token oder dessen Zulassung zum Handel,
d) Informationen über die mit dem vermögenswertereferenzierten Token verbundenen Rechte und Pflichten,
e) Informationen über die zugrunde liegende Technologie,
f) Informationen über die Risiken,
g) Informationen über die Vermögenswertreserve,
h) Informationen über die wichtigsten nachteiligen Auswirkungen des für die Ausgabe des vermögenswertereferenzierten Token verwendeten Konsensmechanismus auf das Klima sowie andere umweltbezogene nachteilige Auswirkungen.

Das Kryptowerte-Whitepaper enthält auch die Identität der Person, bei der es sich nicht um den Emittenten handelt und die gemäß Artikel 16 Absatz 1 Unterabsatz 2 vermögenswertereferenzierte Token öffentlich anbietet oder deren Zulassung zum Handel beantragt, sowie den Grund, warum diese bestimmte Person diesen vermögenswertereferenzierten Token anbietet oder dessen Zulassung zum Handel beantragt. Wird das Kryptowerte-Whitepaper nicht vom Emittenten erstellt, enthält das Kryptowerte-Whitepaper auch die Identität der Person, die das Kryptowerte-Whitepaper erstellt hat, und den Grund, warum diese Person dieses erstellt hat.

(2) Die in Absatz 1 aufgeführten Informationen müssen redlich und eindeutig sein und dürfen nicht irreführend sein. Das Kryptowerte-White-

paper darf keine wesentlichen Auslassungen enthalten und ist in knapper und verständlicher Form vorzulegen.

(3) Das Kryptowerte-Whitepaper darf außer der in Absatz 4 genannten Erklärung keine Aussagen über den künftigen Wert der Kryptowerte enthalten.

(4) Das Kryptowerte-Whitepaper muss eine klare und eindeutige Erklärung enthalten, dass
a) der vermögenswertereferenzierte Token seinen Wert ganz oder teilweise verlieren kann;
b) der vermögenswertereferenzierte Token möglicherweise nicht immer übertragbar ist;
c) der vermögenswertereferenzierte Token möglicherweise nicht liquide ist;
d) der vermögenswertereferenzierte Token nicht unter die Systeme für die Entschädigung der Anleger gemäß der Richtlinie 97/9/EG fällt;
e) dass der vermögenswertereferenzierte Token nicht unter die Einlagensicherungssysteme gemäß der Richtlinie 2014/49/EU fällt.

(5) Das Kryptowerte-Whitepaper enthält eine Erklärung des Leitungsorgans des Emittenten des vermögenswertereferenzierten Token. In dieser Erklärung wird bestätigt, dass das Kryptowerte-Whitepaper diesem Titel entspricht, dass die in ihm enthaltenen Informationen nach bestem Wissen des Leitungsorgans redlich, eindeutig und nicht irreführend sind und dass das Kryptowerte-Whitepaper keine Auslassungen aufweist, die seine Aussagekraft beeinträchtigen könnten.

(6) Das Kryptowerte-Whitepaper enthält eine Zusammenfassung, die nach der Erklärung gemäß Absatz 5 eingefügt wird und in knapper und nicht fachsprachlicher Ausdrucksweise wesentliche Informationen über das öffentliche Angebot des vermögenswertereferenzierten Token oder über die beabsichtigte Zulassung des vermögenswertreferenzierten Token zum Handel liefert. Die Zusammenfassung muss in leicht verständlicher Sprache und in klarer und verständlicher Form dargestellt und gestaltet sein, wobei eine leserliche Schriftgröße zu verwenden ist. Die Zusammenfassung des Kryptowerte-Whitepapers bietet geeignete Informationen über die Merkmale der betreffenden vermögenswertereferenzierten Token, um potenziellen Inhabern des vermögenswertereferenzierten Token beim Treffen einer fundierten Entscheidung zu helfen.

Die Zusammenfassung muss einen Warnhinweis darauf enthalten, dass
a) sie als Einführung in das Kryptowerte-Whitepaper zu lesen ist;
b) potenzielle Inhaber ihre Entscheidung zum Kauf des vermögenswertereferenzierten Token auf der Grundlage des Inhalts des gesamten Kryptowerte-Whitepapers und nicht allein auf der Grundlage der Zusammenfassung treffen sollten;
c) das öffentliche Angebot des vermögenswertreferenzierten Token kein Angebot und keine Aufforderung zum Kauf von Finanzinstrumenten darstellt und dass ein solches Angebot oder eine solche Aufforderung nur mittels eines Prospekts oder anderer Angebotsunterlagen gemäß den nationalen Rechtsvorschriften erfolgen kann;

Art. 19

d) das Kryptowerte-Whitepaper keinen Prospekt im Sinne der Verordnung (EU) 2017/1129 und kein anderes Angebotsdokument im Sinne von Unionsrecht oder nationalem Recht darstellt.

In der Zusammenfassung wird darauf hingewiesen, dass die Inhaber vermögenswertereferenzierter Token jederzeit ein Recht auf Rücktausch haben, und die Bedingungen für einen solchen Rücktausch werden dargelegt.

(7) Das Kryptowerte-Whitepaper enthält das Datum seiner Übermittlung und ein Inhaltsverzeichnis.

(8) Das Kryptowerte-Whitepaper ist in einer Amtssprache des Herkunftsmitgliedstaats oder in einer in der internationalen Finanzwelt gebräuchlichen Sprache abzufassen.

Wird der vermögenswertereferenzierte Token auch in einem anderen Mitgliedstaat als dem Herkunftsmitgliedstaat angeboten, ist das Kryptowerte-Whitepaper auch in einer Amtssprache des Aufnahmemitgliedstaats des Emittenten oder in einer in der internationalen Finanzwelt gebräuchlichen Sprache abzufassen.

(9) Das Kryptowerte-Whitepaper wird in einem maschinenlesbaren Format zur Verfügung gestellt.

(10) Die ESMA arbeitet in Zusammenarbeit mit der EBA Entwürfe technischer Durchführungsstandards zur Festlegung von Standardformularen, Standardformaten und Mustertexten für die Zwecke des Absatzes 9 aus.

Die ESMA übermittelt der Kommission die in Unterabsatz 1 genannten Entwürfe technischer Durchführungsstandards spätestens am 30. Juni 2024.

Der Kommission wird die Befugnis übertragen, die in Unterabsatz 1 genannten technischen Durchführungsstandards gemäß Artikel 15 der Verordnung (EU) Nr. 1095/2010 zu erlassen.

(11) Die ESMA arbeitet in Zusammenarbeit mit der EBA Entwürfe technischer Regulierungsstandards für den Inhalt, die Methoden und die Darstellung der in Absatz 1 Unterabsatz 1 Buchstabe h genannten Informationen über die Nachhaltigkeitsindikatoren in Bezug auf nachteilige Auswirkungen auf das Klima und andere umweltbezogene nachteilige Auswirkungen aus.

Bei der Ausarbeitung der in Unterabsatz 1 genannten Entwürfe technischer Regulierungsstandards berücksichtigt die ESMA die verschiedenen Arten von Konsensmechanismen, die bei der Validierung von Transaktionen mit Kryptowerten zum Einsatz kommen, deren Anreizstrukturen und die Nutzung von Energie, Energie aus erneuerbaren Quellen und natürlichen Ressourcen, die Erzeugung von Abfällen und Treibhausgasemissionen. Die ESMA aktualisiert diese technischen Regulierungsstandards unter Berücksichtigung rechtlicher und technischer Entwicklungen.

Die ESMA übermittelt der Kommission die in Unterabsatz 1 genannten Entwürfe technischer Regulierungsstandards spätestens am 30. Juni 2024.

Der Kommission wird die Befugnis übertragen, diese Verordnung durch Annahme der in Unterabsatz 1 dieses Absatzes genannten technischen

Inhalt und Form des Kryptowerte-Whitepapers **Art. 19**

Regulierungsstandards gemäß den Artikeln 10 bis 14 der Verordnung (EU) Nr. 1095/2010 zu ergänzen.

Schrifttum: (siehe Art. 16)

Übersicht

	Rn.
I. Allgemeines	1
1. Genese	1
2. Überblick	3
3. Grundlagen	5
II. Inhaltliche Vorgaben für das Kryptowerte-Whitepaper (Abs. 1–6, Abs. 11)	12
1. Verpflichtend aufzunehmende Informationen (Abs. 1 iVm Anhang II u. Abs. 11)	12
2. Redlich, eindeutig und nicht irreführend (Abs. 2 S. 1)	20
3. Knapp, verständlich und keine wesentlichen Auslassungen (Abs. 2 S. 2); Anlegerleitbild	24
4. Aussagen über die künftige Wertentwicklung und Warnhinweise (Abs. 3, 4)	28
5. Erklärung des Leitungsorgans des Emittenten (Abs. 5)	30
6. Zusammenfassung (Abs. 6)	31
III. Formvorgaben für das Kryptowerte-Whitepaper (Abs. 7–10)	33
1. Datum und Inhaltsverzeichnis (Abs. 7)	33
2. Sprache des Kryptowerte-Whitepapers (Abs. 8)	34
3. Maschinenlesbares Format (Abs. 9, 10)	35

I. Allgemeines[1]

1. Genese

Im Vergleich zum **Kommissionsentwurf** (dort noch als Art. 17 MiCAR KOM-E) hat die Norm eine Vielzahl von Änderungen erfahren. Herausgegriffen sei die Normstruktur. Hinsichtlich der in das Kryptowerte-Whitepaper aufzunehmenden Informationen verwies die Regelung des Art. 17 Abs. 1 S. 1 MiCAR KOM-E zunächst auf die entsprechende Regelung zu den anderen Kryptowerten als vermögenswertereferenzierte Token oder E-Geld-Token in Art. 4 MiCAR KOM-E. Darauf aufbauend wurden sodann in Art. 17 Abs. 1 S. 2 lit. a–h MiCAR KOM-E lediglich diejenigen Inhalte ergänzt, die spezifisch für vermögenswertereferenzierte Token in das Kryptowerte-Whitepaper aufzunehmen waren. In der Sache ging es dabei vor allem um die Informationen zur Vermögensreserve. Diese partielle Verweisung ist hingegen im geltenden Verordnungstext nicht mehr anzutreffen (→ Rn. 3f.), da Art. 19 iVm Anhang II alle Inhalts- und Formvorgaben für Kryptowerte-Whitepaper für vermögenswertereferenzierte Token enthält. Neu im Vergleich zum Kommissionsentwurf ist auch die in Abs. 11 enthaltene Kompetenz der ESMA zum Erlass von technischen Regulierungsstandards zu den Nachhaltigkeitsindikatoren in Bezug auf nachteilige Auswirkungen des vermögenswertereferenzierten Tokens auf das Klima (→ Rn. 16f.). **1**

---

[1] Dieser Beitrag gibt die persönliche Meinung des Autors wieder und entspricht nicht notwendigerweise der Auffassung der Deutschen Bundesbank.

Art. 19 Titel III Vermögenswertereferenzierte Token

2   Die Regelungen der **Abs. 1–9** traten am **30.6.2024 in Kraft** (Art. 149 Abs. 3), diejenigen der **Abs. 10–11** bereits am **29.6.2023** (Art. 149 Abs. 4).

2. Überblick

3   Art. 19 enthält die Vorgaben zu Inhalt und Form von Kryptowerte-Whitepapern für vermögenswertereferenzierte Token. Abs. 1 beginnt mit einem **Katalog verpflichtend aufzunehmender Mindestangaben** (→ Rn. 12 ff.), während Abs. 2 darauf aufbauend Vorgaben u. a. für die Art und Weise der Darstellung dieser Informationen macht (→ Rn. 20, ff, 24 ff.). Abs. 3 beschränkt Angaben zur **künftigen Wertentwicklung** des vermögenswertereferenzierten Tokens (→ Rn. 28) und Abs. 4 enthält obligatorisch aufzunehmende **Warnhinweise** (→ Rn. 29). Zudem ist eine **Erklärung des Leitungsorgans des Emittenten** (Abs. 5) (→ Rn. 30) sowie eine **Zusammenfassung** (Abs. 6) (→ Rn. 31 f.) in das Kryptowerte-Whitepaper aufzunehmen. Zu den **formalen Anforderungen** gehören die Aufnahme des Datums seiner Übermittlung sowie die Erstellung eines Inhaltsverzeichnisses (Abs. 7) (→ Rn. 33), die Vorgaben hinsichtlich der zu verwendenden **Sprache** (Abs. 8) (→ Rn. 34) sowie die Einreichung des Kryptowerte-Whitepapers in einem **maschinenlesbaren Format** (Abs. 9) (→ Rn. 35 ff.).

4   Zusätzlich zum Normtext des Art. 19 ergeben sich die Anforderungen an Kryptowerte-Whitepaper auch aus dem **Anhang II MiCAR** über „Im Kryptowerte-Whitepaper für einen vermögenswertereferenzierten Token offenzulegende Angaben", welcher die Anforderungen aus Abs. 1 konkretisiert (→ Rn. 12 ff.). Zudem sollen sowohl **technische Durchführungsstandards** zur Festlegung von Standardformularen, Standardformaten und Mustertexten (Abs. 10) (→ Rn. 36 f.) als auch **technische Regulierungsstandards** für den Inhalt, die Methoden und die Darstellung der in Abs. 1 UAbs. 1 lit. h genannten Informationen über die Nachhaltigkeitsindikatoren erlassen werden (Abs. 11) (→ Rn. 16 f.).

3. Grundlagen

5   Art. 19 ist nur auf **vermögenswertereferenzierte Token** anwendbar **(sachlicher Anwendungsbereich).** Die Parallelvorschriften für die Kryptowerte-Whitepaper von anderen Kryptowerten als vermögenswertereferenzierten Token oder E-Geld-Token finden sich in Art. 6, diejenigen für E-Geld-Token in Art. 51. Trotz aller Unterschiede zwischen den einzelnen Arten der Kryptowerte sowie zwischen den Verfahren zur Genehmigung der zugehörigen Kryptowerte-Whitepaper[2] bestehen hinsichtlich der Anforderungen an Inhalt und Form Bereiche großer Ähnlichkeiten,[3] so dass die Auslegung der jeweiligen Partnervorschriften häufig zu gleichen Ergebnissen kommen sollte. Häufig kann daher für die Auslegung von Art. 19 auf die Ausführungen zu Art. 6 verwiesen werden. Die in Art. 6, 19, 51 enthalten Dopplungen im Wortlaut sind freilich Folge der Abkehr von der noch im Kommissionsentwurf verfolgten Verweisungsstruktur, wo zunächst auf den Anfor-

---

[2] So unterliegen Kryptowerte-Whitepaper für E-Geld-Token zB keinem Genehmigungserfordernis (Art. 51 Abs. 3), während Kryptowerte-Whitepaper für vermögenswertereferenzierte Token gem. Art. 17 Abs. 1 lit. a bzw. Art. 21 Abs. 1 S. 2 zu genehmigen sind.

[3] Vgl. zB die Ähnlichkeiten des Wortlautes von in Art. 6 Abs. 2, Art. 19 Abs. 2 und Art. 51 Abs. 2 zur Redlichkeit und Eindeutigkeit oder in Art. 6 Abs. 2, 3 und Art. 19 Abs. 3, 4 betreffend die Angaben zur Wertentwicklung und zu den Warnhinweisen.

derungskatalog in Art. 4 als einer Art „allgemeiner Teil" verwiesen wurde und sodann lediglich die nur für vermögenswertereferenzierte Token geltenden Anforderungen (als „besonderer Teil") separat normiert wurden (→ Rn. 1).

Art. 19 gilt sowohl für **Emissionen von juristischen Personen oder anderen Unternehmen** iSv Art. 16 Abs. 1 lit. a als auch für Emissionen von **Kreditinstituten** iSv Art. 16 Abs. 1 lit. b iVm Art. 3 Abs. 1 Nr. 28 **(persönlicher Anwendungsbereich).** Allerdings enthält nicht Art. 19 die Pflicht zur Erstellung eines Kryptowerte-Whitepapers, sondern ist lediglich dann anwendbar, wenn eine solche Verpflichtung an anderer Stelle aufgegeben wird. So reichen juristische Personen oder andere Unternehmen gem. Art. 18 Abs. 1 iVm Art. 18 Abs. 2 lit. k ein nach den Vorgaben des Art. 19 erstelltes Kryptowerte-Whitepaper bei der zuständigen Behörde ihres Herkunftsmitgliedstaats ein, wenn sie die Erlaubnis beantragen, vermögenswertereferenzierte Token öffentlich anzubieten oder aber deren Zulassung zum Handel zu beantragen. Kreditinstitute legen das Kryptowerte-Whitepaper hingegen vor dem öffentlichen Angebot oder der Zulassung zum Handel vorab zur Genehmigung vor (Art. 17 Abs. 1 lit. a).

Der mit der Pflicht zur Erstellung eines Kryptowerte-Whitepapers verfolgte Schutzzweck besteht sowohl im Schutz der Anleger **(Anlegerschutz),** dh der Kryptowerte-Inhaber einschließlich der Kleinanleger (iSd Art. 3 Abs. 1 Nr. 37) als auch im Schutz der Marktintegrität **(Marktschutz).**[4] Zu den weiteren Einzelheiten hinsichtlich des Schutzzweckes sei verwiesen auf die auf vermögenswertereferenzierte Token übertragbaren Ausführungen zu → Art. 6 Rn. 3f.

Das **MiCAR-Regelungsregime** für Kryptowerte-Whitepaper orientiert sich im Grundsatz an der **ProspektVO,** auch wenn die Regelungen im Detail deutlich voneinander abweichen. So finden sich zB die Vorgaben für Kryptowerte-Whitepaper für vermögenswertereferenzierte Token in Art. 19 iVm Anhang II, während diese für Wertpapierprospekte noch sehr allgemein in Art. 6 ProspektVO, sodann aber in größerem Detailgrad in Art. 13 ProspektVO („Mindestangaben und Aufmachung") iVm DelVO (EU) 2019/980 enthalten sind. Auch die gem. Art. 19 Abs. 6 zu erstellende Zusammenfassung hat ihre Patenregelung in Art. 7 ProspektVO.

Art. 19 regelt zwar den Inhalt und Form von Kryptowerte-Whitepapern, aber Vorschriften zur Art und Weise der **Veröffentlichung** des genehmigten Kryptowerte-Whitepapers sind in dieser Norm nicht enthalten. Die Veröffentlichung ist vielmehr Gegenstand von Art. 28 und erfolgt auf der Website des Emittenten (→ Art. 28 Rn. 3). Hinzu tritt die Aufnahme in das Register der ESMA auf deren Website gem. Art. 109 Abs. 3 lit. c Alt. 1 (iVm Art. 17 Abs. 6 bzw. Art. 21 Abs. 5).

Ebenfalls nicht Regelungsgegenstand von Art. 19 sind die **zivilrechtlichen Rechtsfolgen bei Verstößen** gegen die Vorgaben aus Art. 19. Enthält ein Kryptowerte-Whitepaper unvollständige, unredliche, nicht eindeutige oder irreführende Informationen, so kann dies eine Haftung nach Art. 26 auslösen (vergleichbar mit der Prospekthaftung nach §§ 9f. WpPG), während bei gänzlichem Fehlen des Kryptowerte-Whitepapers (genauer: bei pflichtwidriger Nicht-Veröffentlichung) eine Haftung nach § 19 KMAG (ähnlich § 14 WpPG) vorgesehen ist.

Ein **nicht den Anforderungen des Art. 19 genügendes Kryptowerte-Whitepaper** hat darüber hinaus auf Ebene des **Aufsichtsrechts** zur Folge, dass ein Antrag einer juristischen Person oder eines anderen Unternehmens iSv Art. 16 Abs. 1 lit. a auf Zulassung eines öffentlichen Angebotes oder der Beantragung der

---

[4] Erwgr. Nr. 40.

Art. 19 Titel III Vermögenswertereferenzierte Token

Handelszulassung abgelehnt[5] oder eine – dem zuwider – bereits erteilte Zulassung gem. Art. 24 Abs. 1 lit. b entzogen werden kann. Ist der Emittent des vermögenswertereferenzierten Tokens ein Kreditinstitut, so wird eine beantragte Genehmigung des Kryptowerte-Whitepapers gem. Art. 17 Abs. 1 lit. a nicht erteilt. Nach § 15 Abs. 2 KMAG hat die BaFin zudem jedes öffentliche Angebot eines vermögenswertereferenzierten Tokens zu untersagen, wenn dieser ohne genehmigtes Kryptowerte-Whitepaper öffentlich angeboten werden. Schließlich kann die BaFin nach § 16 Abs. 1 KMAG auch die Änderung des Kryptowerte-Whitepapers verlangen, soweit dieses nicht den inhaltlichen oder formalen Anforderungen aus Art. 19 entspricht.

II. Inhaltliche Vorgaben für das Kryptowerte-Whitepaper (Abs. 1–6, Abs. 11)

1. Verpflichtend aufzunehmende Informationen (Abs. 1 iVm Anhang II u. Abs. 11)

12 Abs. 1 UAbs. 1 enthält in lit. a–h einen **Katalog von Themenbereichen,** zu denen zwingend Informationen in ein Kryptowerte-Whitepaper für vermögenswertereferenzierte Token aufzunehmen sind (**„Mindestangaben"**). Lit. a–g werden durch jeweils separate Abschnitte („Teile") in Anhang II über die „Im Kryptowerte-Whitepaper für einen vermögenswertereferenzierten Token offenzulegende Angaben" konkretisiert. Für lit. h geschieht dies durch technische Regulierungsstandards auf Grundlage von Abs. 11 (→ Rn. 16f.). Die Zuordnung verläuft dabei wie folgt:

- **Lit. a iVm Teil A Anhang II:** Informationen über den **Emittenten** des vermögenswertereferenzierten Tokens
- **Lit. b iVm Teil B Anhang II:** Informationen über den **vermögenswertereferenzierten Token**
- **Lit. c iVm Teil C Anhang II:** Informationen über das **öffentliche Angebot** des vermögenswertereferenzierten Tokens oder dessen **Zulassung zum Handel**
- **Lit. d iVm Teil D Anhang II:** Informationen über die mit dem vermögenswertereferenzierten Token verbundenen **Rechte und Pflichten**
- **Lit. e iVm Teil E Anhang II:** Informationen über die zugrundeliegende Technologie
- **Lit. f iVm Teil F Anhang II:** Informationen über die Risiken
- **Lit. g iVm Teil G Anhang II:** Informationen über die **Vermögenswertreserve**
- **Lit. h iVm Abs. 11:** Informationen über die wichtigsten nachteiligen Auswirkungen des für die Ausgabe des vermögenswertereferenzierten Tokens verwendeten Konsensmechanismus auf das **Klima** sowie andere **umweltbezogene nachteilige Auswirkungen**

13 Aufgrund der strukturellen Unterschiede zu den anderen Kryptowerten als vermögenswertereferenzierte Token oder E-Geld-Token enthalten Kryptowerte-Whitepaper für vermögenswertereferenzierte Token mit lit. g iVm Teil G Anhang II **einen eigenen Abschnitt über die Vermögenswertreserve gem. Art. 36,** der für die Tokeninhaber von besonderem wirtschaftlichen Interesse ist.

---

[5] Maume RDi 2022, 497 Rn. 13.

Gleiches gilt für die ebenfalls im Kryptowerte-Whitepaper zu adressierenden Themen wie zB **Insolvenz des Emittenten sowie dessen Sanierungs- und Abwicklungsplan** (vgl. Teil D Nr. 12–14 Anhang II).

Die in UAbs. 1 aufgeführten **Themenbereiche** sind **grundsätzlich in jedem Kryptowerte-Whitepaper** für vermögenswertereferenzierte Token zu adressieren. Lediglich im Einzelfall sind bestimmte im Anhang II enthaltene Aspekte zB **von der Art des Emittenten** („Kreditinstitut oder Unternehmen", vgl. Teil A Nr. 11 Anhang II) oder von den konkreten **Umständen des Einzelfalls abhängig** (so zB in Teil A Nr. 12 Anhang II, falls der Emittent weitere Kryptowerte ausgibt oder Teil C Nr. 7 Anhang II, falls das öffentliche Angebot befristet ist). **14**

Der **Katalog** von Abs. 1 UAbs. 1 ist **nicht abschließend**. Zwar werden konkrete inhaltliche Themenbereiche nur in Abs. 1 UAbs. 1 vorgegeben. Allerdings darf das Kryptowerte-Whitepaper zB nach Abs. 2 S. 2 keine wesentlichen Auslassungen enthalten. Handelt es sich aber um einen vom gesetzgeberischen Leitbild stark abweichenden vermögenswertereferenzierten Token, so ist nicht auszuschließen, dass wesentliche Auslassungen eben nur dann vermieden werden können, wenn auch zusätzliche Informationen in das Kryptowerte-Whitepaper aufgenommen werden. Diese zusätzlichen Informationen sind daher auch dann verpflichtend in das Kryptowerte-Whitepaper aufzunehmen, wenn sie nicht im Katalog von Abs. 1 UAbs. 1 enthalten sind. **15**

Gem. Abs. 11 war die **ESMA** in Zusammenarbeit mit der EBA beauftragt, bis zum 30.6.2024 Entwürfe **technischer Regulierungsstandards** an die Kommission zu übermitteln, die den Inhalt, die Methoden und die Darstellung der in Abs. 1 UAbs. 1 lit. h genannten Informationen über die Nachhaltigkeitsindikatoren in Bezug auf nachteilige Auswirkungen auf das Klima und andere umweltbezogene nachteilige Auswirkungen betreffen. Zu berücksichtigen sind dabei u. a. die verschiedenen Arten von Konsensmechanismen, die bei der Validierung von Transaktionen mit Kryptowerten zum Einsatz kommen (u. a. „proof of work" und „proof of stake")[6] sowie deren Anreizstrukturen und die Nutzung von (erneuerbaren) Energien. **16**

Die **ESMA** hat dazu am 5.10.2023 ein **Consultation Paper**[7] sowie am 3.7.2024 den zugehörigen **Final Report**[8] veröffentlicht. Der Final Report enthält unter Nr. 8.4 einen 18-seitigen Entwurf eines entsprechenden technischen Regulierungsstandards. Von besonderer praktischer Bedeutung sind die im Anhang zum Entwurf enthaltenen Dokumentvorlagen in Tabellenform, welche – neben den Definitionen in Tabelle 1 – die „Obligatorischen Informationen über die wichtigsten nachteiligen Auswirkungen auf das Klima und andere umweltbedingte nachteilige Auswirkungen des Konsensmechanismus" (Tabelle 2), die „Ergänzende Informationen über die wichtigsten nachteiligen Auswirkungen auf das Klima und andere umweltbezogene nachteilige Auswirkungen des Konsensmechanismus" (Tabelle 3) sowie „Fakultative Angaben zu den wichtigsten nachteiligen Auswirkungen auf das Klima und zu anderen umweltbezogenen nachteiligen Auswirkungen des Konsensmechanismus" (Tabelle 4) betreffen. **17**

---

[6] SWK-Legal Tech/Steinrötter/Stamenov Blockchain Rn. 16.
[7] ESMA, Technical Standards specifying certain requirements of Markets in Crypto Assets Regulation (MiCA) – second consultation paper, (ESMA75-453128700-438).
[8] ESMA, Final Report – Draft Technical Standards specifying certain requirements of the Markets in Crypto Assets Regulation (MiCA) – second package (ESMA75-453128700-1229).

18 Soll der vermögenswertereferenzierte Token nicht vom Emittenten selbst, sondern – mit der gem. Art. 16 Abs. 1 UAbs. 2 erforderlichen schriftlichen Zustimmung des Emittenten – von einem Dritten öffentlich angeboten oder von einem Dritten die Zulassung zum Handel beantragt werden (**Auseinanderfallen von Emittent und öffentlichem Anbieter bzw. Antragssteller der Handelszulassung**), so ist nach **Abs. 1 UAbs. 2 S. 1** die Identität des Dritten sowie der Grund seines Tätigwerdens in das Kryptowerte-Whitepaper aufzunehmen.

19 Wird das Kryptowerte-Whitepaper nicht vom Emittenten, sondern einem Dritten erstellt (**Auseinanderfallen von Emittent und Ersteller des Kryptowerte-Whitepapers**), so muss das Kryptowerte-Whitepaper gem. **Abs. 1 UAbs. 2 S. 2** auch die Identität derjenigen Person enthalten, die das Kryptowerte-Whitepaper erstellt hat, und den Grund, warum diese Person mit der Erstellung beauftragt wurde. Damit sind nicht die beteiligten Rechtsanwälte, Wirtschaftsprüfer oder Steuerberater gemeint, sondern zB diejenigen, die in Anlehnung an den Begriff des Prospektveranlassers iSv § 9 Abs. 1 S. 1 Nr. 2 WpPG zwar nicht nach außen erkennbar Verantwortung für das Kryptowerte-Whitepaper übernommen haben, aber dennoch ein eigenes wirtschaftliches Interesse an der Emission haben (wie zB Organmitglieder des Emittenten). Zu den weiteren Einzelheiten sei verwiesen auf die auf vermögenswertereferenzierte Token übertragbaren Ausführungen unter → Art. 6 Rn. 22.[9]

2. Redlich, eindeutig und nicht irreführend (Abs. 2 S. 1)

20 Gem. Abs. 2 S. 1 müssen die in Abs. 1 aufgeführten Informationen redlich, eindeutig und nicht irreführend sein. Über den Wortlaut von Abs. 2 S. 1 hinaus hat das freilich **für alle im Kryptowerte-Whitepaper enthaltenen Angaben** zu gelten, also nicht nur für diejenigen des Abs. 1.

21 Der Begriff der **Redlichkeit** („All information in paragraph 1 shall be fair …") wird in anderem Zusammenhang bereits Art. 7 Abs. 2 S. 1 ProspektVO (im Hinblick auf die in einen Prospekt aufzunehmende Zusammenfassung), in § 4 Abs. 7 S. 3 WpPG (zum Wertpapierinformationsblatt) sowie in § 63 Abs. 6 S. 1 WpHG (auf Grundlage von Art. 24 Abs. 3 S. 1 MiFID II[10] in Bezug auf die Kundeninformation) verwendet. Inhaltlich beschreibt er eine auch **am Anlegerinteresse ausgerichtete Information,**[11] welche deren Interessen angemessen im Auge behält[12]. Daraus folgt, dass das Chance-Risiko-Profil einer Anlage ausgewogen dargestellt werden muss. Risiken – einschließlich der Risiken der den vermögenswertereferenzierten Token zugrundeliegenden Vermögenswerten (zB Währungen, Rohstoffe, etc) dürfen nicht verharmlost werden.[13] Chancen („Gewinne") sind hingegen nicht

---

[9] Zur vergleichbaren Rechtslage unter dem WpPG s Groß KapMarktR WpPG § 9 Rn. 47 und Just/Voß/Ritz/Zeising/Pankoke WpPG §§ 9, 10, 11 Rn. 22f.

[10] RL 2014/65/EU des Europäischen Parlaments und des Rates v. 15.5.2014 über Märkte für Finanzinstrumente.

[11] Vgl. Assmann/Schlitt/v. Kopp-Colomb/Scholl/Döhl ProspektVO Art. 7 Rn. 15.

[12] Vgl. Assmann/Schneider/Mülbert/Beule WpHG § 63 Rn. 63.

[13] Vgl. Assmann/Schlitt/v. Kopp-Colomb/Scholl/Döhl ProspektVO Art. 7 Rn. 15; zur Redlichkeit in Bezug auf Kryptowerte s Buck-Heeb Whitepaper-Haftung nach MiCAR BKR 2023, 689 (692).

zu optimistisch oder mit übertriebener Zuversicht darzustellen.[14] Zu den weiteren Einzelheiten hinsichtlich des Begriffes der Redlichkeit sei verwiesen auf die auf vermögenswertereferenzierte Token übertragbaren Ausführungen unter → Art. 6 Rn. 27 u. → Rn. 7.

Die **Eindeutigkeit** (begrifflich bekannt aus § 4 Abs. 7 S. 3 WpPG, § 63 Abs. 6 S. 1 WpHG und Art. 24 Abs. 3 S. 1 MiFID II) einer Darstellung in Kryptowerte-Whitepaper ist gegeben, wenn die Formulierung klar ist und eine abweichende („zweite") Deutung der Information eher fernliegt.[15] Zu den weiteren Einzelheiten hinsichtlich des Begriffes der Eindeutigkeit sei verwiesen auf die auf vermögenswertereferenzierte Token übertragbaren Ausführungen unter → Art. 6 Rn. 26 u. → Rn. 12 ff. **22**

Gemäß dem **Verbot der Irreführung** (vgl. dazu Art. 7 Abs. 2 S. 1 ProspektVO, § 4 Abs. 7 S. 3 WpPG, § 63 Abs. 6 S. 1 WpHG und Art. 24 Abs. 3 S. 1 MiFID II) sind in Kryptowerte-Whitepaper nur objektiv richtige Informationen zu verwenden. Darüber hinaus soll auch verhindert werden, dass bei einem verständigen Durchschnittsanleger (→ Rn. 26) aufgrund der Gesamtheit der im Kryptowerte-Whitepaper enthaltenen Informationen ein unrichtiger Eindruck erweckt wird, auch wenn nur objektiv richtige Informationen in das Kryptowerte-Whitepaper aufgenommen wurde.[16] Im Hinblick auf Kryptowerte-Whitepaper für vermögenswertereferenzierte Token könnten zB dann irreführend sein, wenn – entgegen der tatsächlichen Rechtslage – suggeriert würde, dass die einzelnen zur Vermögenswertreserve gehörenden Vermögensgegenstände im Eigentum der Tokeninhaber stünden. Zu den weiteren Einzelheiten hinsichtlich des Verbots der Irreführung sei verwiesen auf die auf vermögenswertereferenzierte Token übertragbaren Ausführungen unter → Art. 6 Rn. 24. u. → Rn. 7 f. **23**

3. Knapp, verständlich und keine wesentlichen Auslassungen (Abs. 2 S. 2); Anlegerleitbild

Das Kryptowerte-Whitepaper ist gem. Abs. 2 S. 2 in knapper und verständlicher Form zu erstellen. Zudem darf es keine wesentlichen Auslassungen enthalten. Eine **knappe Form** wird auch von Art. 6 Abs. 2 ProspektVO verlangt. Damit ist aufgrund des Wortlauts („Form") jedenfalls eine kompakte Art der Darstellung gemeint.[17] Ob darüber hinaus auch inhaltliche Restriktionen umfasst sind (zB nur die für eine Anlageentscheidung relevante Informationen, keine Wiederholungen; idS → Art. 6 Rn. 15, 27) wird im Anwendungsbereich der ProspektVO zwar mehrheitlich verneint,[18] erscheint mit Blick auf die englische Fassung der MiCAR aber gut **24**

---

[14] Vgl. Assmann/Schlitt/v. Kopp-Colomb/Scholl/Döhl ProspektVO Art. 7 Rn. 15; zur Redlichkeit in Bezug auf Kryptowerte s Buck-Heeb Whitepaper-Haftung nach MiCAR BKR 2023, 689 (692).

[15] Vgl. Assmann/Schneider/Mülbert/Beule WpHG § 63 Rn. 61; zur Eindeutigkeit in Bezug auf Kryptowerte s Buck-Heeb Whitepaper-Haftung nach MiCAR BKR 2023, 689 (693).

[16] Vgl. Assmann/Schlitt/v. Kopp-Colomb/Scholl/Döhl ProspektVO Art. 7 Rn. 16; Assmann/Schneider/Mülbert/Beule WpHG § 63 Rn. 62; zum Verbot der Irreführung in Bezug auf Kryptowerte s Buck-Heeb Whitepaper-Haftung nach MiCAR BKR 2023, 689 (693).

[17] Vgl. FK-WpPG/Meyer/Singhof ProspektVO Art. 6 Rn. 62.

[18] Assmann/Schlitt/v. Kopp-Colomb/Schlitt/Ries ProspektVO Art. 6 Rn. 25; FK-WpPG/Meyer/Singhof ProspektVO Art. 6 Rn. 62.

Art. 19

vertreterbar („shall be presented in a concise and comprehensible form", wenn man „form" hier eher als „Gestalt" auffasst). Dies kann aber wohl in den meisten Fällen dahinstehen, da ein „information overload" durch irrelevante oder sich wiederholende Informationen idR jedenfalls gegen die Grundsätze der Redlichkeit und der Verständlichkeit verstoßen würde.

25 Eine **verständliche Form** (vgl. auch § 4 Abs. 7 S. 3 WpPG, Art. 6 Abs. 2 ProspektVO, § 63 Abs. 7 S. 1 WpHG, Art. 24 Abs. 5 S. 1 MiFID II) des Kryptowerte-Whitepapers bezieht sich auf eine nachvollziehbare Gliederung, eine nicht ohne Not[19] komplexe Sprache sowie einen erkenntnisfördernden Stil und Satzbau.[20]

26 Hinsichtlich des Maßstabs für die Beurteilung der Verständlichkeit sowie der Irreführung (→ Rn. 23), aber auch grundsätzlich zu der Frage, welches **Anlegerleitbild** der MiCAR zugrunde liegt, spricht einiges dafür das Verständnis eines verständigen Durchschnittsanlegers iSe „Kleinanlegers" gem. Art. 3 Abs. 1 Nr. 37 zugrunde zu legen. Insbesondere können keine tiefergehenden technischen Vorkenntnisse in Bezug auf die Distributed-Ledger-Technologie vorausgesetzt werden. Zu den weiteren Einzelheiten bezüglich des Anlegerleitbildes sei verwiesen auf die auf vermögenswertereferenzierte Token übertragbaren ausführlichen Ausführungen unter → Art. 6 Rn. 17.

27 Das Kryptowerte-Whitepaper darf schließlich **keine wesentlichen Auslassungen** enthalten, muss also **vollständig** sein. In Anlehnung an Art. 94 Abs. 1 lit. s sind **wesentliche Informationen** solche, die die Bewertung der öffentlich angebotenen oder zum Handel zugelassenen Kryptowerte beeinflussen könnten bzw. nach Art. 6 Abs. 1 S. 1 ProspektVO solche, die dem Anleger ein fundiertes Urteil über seine Anlage erlauben. Zu den weiteren Einzelheiten des Begriffs der Wesentlichkeit sei auf die ausführliche Darstellung unter → Art. 6 Rn. 25 verwiesen. Mit Blick auf den umfangreichen Katalog von Mindestangaben in Abs. 1 UAbs. 1 iVm Anhang II (→ Rn. 12) sollten im Regelfall zwar alle wesentlichen Informationen bereits angesprochen sein, abschließend ist dieser Katalog jedoch gerade nicht (→ Rn. 15). Im Übrigen können wesentliche Auslassungen oftmals auch zusätzlich vom Verbot der Irreführung (→ Rn. 23) erfasst sein.

4. Aussagen über die künftige Wertentwicklung und Warnhinweise (Abs. 3, 4)

28 Die Regelungen über das **Verbot von Aussagen über die künftige Wertentwicklung (Abs. 3)** und der **Katalog von verpflichtend aufzunehmenden Warnhinweisen (Abs. 4)** entsprechen den Regelungen in Art. 6 Abs. 4 und Abs. 5.[21] Auf die diesbezüglichen Ausführungen zu den anderen Kryptowerten als vermögenswertereferenzierten Token oder E-Geld-Token kann daher verwiesen werden (→ Art. 6 Rn. 31 f.).

29 Mit Blick auf die spezifischen Belange von Anlegern in vermögenswertereferenzierten Token ist zwar zuzugeben, dass ein Teil der Anleger einer Aufklärung durch

---

[19] Gerade bei der von Teil E Nr. 4 Anhang II geforderten „ausführlichen Beschreibung der Funktionsweise" der verwendeten Distributed-Ledger-Technologie wird wohl auf die Verwendung von IT-Fachbegriffen nicht verzichtet werden können.
[20] Vgl. Assmann/Schlitt/v. Kopp-Colomb/Schlitt/Ries ProspektVO Art. 6 Rn. 24.
[21] Lediglich die Regelung des Art. 6 Abs. 5 lit. d über Utility-Token wurde zu Recht nicht übernommen, da diese Art von Kryptowerten im Bereich der vermögenswertereferenzierten Token nicht vorkommt.

die **Warnhinweise** des Abs. 4 nicht bedarf. Bezieht sich ein vermögenswertereferenzierter Token aber auf einen **Währungskorb** und erscheint er damit „geldnah", so dürfte der Hinweis auf die Möglichkeit eines Wertverlustes (Abs. 4 lit. a) oder auf das Nicht-Eingreifen eines Sicherungssystems (Abs. 4 lit. d und lit. e) dennoch für einen nicht zu unterschätzenden Teil der Anleger eine erst durch den Warnhinweis erlangte Information darstellen.

5. Erklärung des Leitungsorgans des Emittenten (Abs. 5)

Das Kryptowerte-Whitepaper muss zudem eine **Erklärung des Leitungs-** 30 **organs** (iSv Art. 3 Abs. 1 Nr. 27) des Emittenten des vermögenswertereferenzierten Tokens enthalten, worin dieses bestätigt, dass das Kryptowerte-Whitepaper den Regelungen von Titel III MiCAR über vermögenswertereferenzierte Token entspricht und dass die in Kryptowerte-Whitepaper enthaltenen Informationen nach bestem Wissen des Leitungsorgans redlich (→ Rn. 21), eindeutig (→ Rn. 22) und nicht irreführend (→ Rn. 23) sind (jeweils iSv Abs. 2 S. 1). Zudem ist vom Leitungsorgan zu bestätigen, dass das Kryptowerte-Whitepaper keine Auslassungen aufweist (→ Rn. 27), die seine Aussagekraft beeinträchtigen könnten (Abs. 2 S. 2). Für die weiteren Einzelheiten hinsichtlich der Erklärung des Leitungsorgans sei verwiesen auf die auf vermögenswertereferenzierte Token übertragbaren Ausführungen unter → Art. 6 Rn. 27 ff.

6. Zusammenfassung (Abs. 6)

Die Regelungen in Abs. 6 enthalten detaillierte Anforderungen an die in das 31 Kryptowerte-Whitepaper aufzunehmende **Zusammenfassung der wesentlichen Informationen** über das öffentliche Angebot oder über die beabsichtigte Zulassung zum Handel. Sie entsprechen – trotz kleinerer redaktionellen Abweichungen und mit Ausnahme von Abs. 6 UAbs. 3 (→ Rn. 32) den Regelungen des Art. 6 Abs. 7. Zu den weiteren Einzelheiten sei daher verwiesen auf die auf vermögenswertereferenzierte Token übertragbaren Ausführungen unter → Art. 6 Rn. 33.

Art. 19 Abs. 6 und Art. 6 Abs. 7 unterscheiden sich dahingehend, dass in die Zu- 32 sammenfassung für vermögenswertereferenzierte Token zusätzlich ein **Hinweis auf das jederzeitige Rücktauschrecht** (einschließlich der Bedingungen für dessen Ausübung) für die Inhaber vermögenswertereferenzierter Token aufzunehmen ist, welches in Art. 39 näher geregelt ist.

III. Formvorgaben für das Kryptowerte-Whitepaper (Abs. 7–10)

1. Datum und Inhaltsverzeichnis (Abs. 7)

Das Kryptowerte-Whitepaper für vermögenswertereferenzierte Token muss das 33 **Datum** seiner Übermittlung an die zuständige Behörde und sowie ein **Inhaltsverzeichnis** enthalten.

Art. 20   Titel III Vermögenswertereferenzierte Token

2. Sprache des Kryptowerte-Whitepapers (Abs. 8)

34   Die Regelungen von Abs. 8 über die im **Kryptowerte-Whitepaper zu verwendende Sprache** entsprechen den Regelungen des Art. 6 Abs. 9. Zu den weiteren Einzelheiten sei daher verwiesen auf die auf vermögenswertereferenzierte Token übertragbaren Ausführungen unter → Art. 6 Rn. 39 ff.

3. Maschinenlesbares Format (Abs. 9, 10)

35   Nach Abs. 9 ist das Kryptowerte-Whitepaper im Rahmen der Einreichung bei der zuständigen Behörde in einem **maschinenlesbaren Format** zur Verfügung zu stellen.

36   Gem. Abs. 10 war die ESMA in Zusammenarbeit mit der EBA beauftragt, bis zum 30.6.2024 Entwürfe **technischer Durchführungsstandards** an die Kommission zu übermitteln, die **Standardformulare, Standardformate und Mustertexte** für die Zwecke des Abs. 9 festlegen.

37   Die **ESMA** hat dazu am 5.10.2023 ein **Consultation Paper**[22] sowie am 3.7.2024 den zugehörigen **Final Report**[23] veröffentlicht. Der Final Report enthält unter Nr. 8.9 einen 89-seitigen Entwurf entsprechender technischer Durchführungsstandards enthält. Dabei umfasst der Haupttext der technischen Durchführungsstandards lediglich 4 Seiten und der Hauptteil entfällt auf die jeweiligen Tabellen in den Anhängen für die einzelnen Arten von Kryptowerten. Für vermögenswertereferenzierte Token ist neben Tabelle 1 über die Definitionen **Tabelle 3** einschlägig, die nach den aus Abs. 1 UAbs. 1 iVm Anhang II bekannten Themenblöcken gegliedert ist und alle Informationen separat „Feld-für-Feld" abfragt, die in ein Kryptowerte-Whitepaper aufzunehmen sind.

Artikel 20   Prüfung des Zulassungsantrags

(1) **Zuständige Behörden, bei denen gemäß Artikel 18 eine Zulassung beantragt wird, prüfen innerhalb von 25 Arbeitstagen nach Eingang des Antrags, ob dieser, einschließlich des in Artikel 19 genannten Kryptowerte-Whitepapers, alle erforderlichen Informationen enthält. Sie teilen dem antragstellenden Emittenten umgehend mit, ob im Antrag, einschließlich des Kryptowerte-Whitepapers, erforderliche Informationen fehlen. Ist der Antrag, einschließlich des Kryptowerte-Whitepapers, nicht vollständig, setzen die zuständigen Behörden dem antragstellenden Emittenten eine Frist, bis zu der er etwaige fehlende Informationen vorlegen muss.**

(2) **Die zuständigen Behörden prüfen innerhalb von 60 Arbeitstagen nach Eingang eines vollständigen Antrags, ob der antragstellende Emittent die Anforderungen dieses Titels erfüllt, und erstellen einen umfassend begründeten Entwurf einer Entscheidung über die Erteilung oder Ablehnung der Zulassung. Innerhalb dieser 60 Arbeitstage kann die zuständige**

---

[22] ESMA, Technical Standards specifying certain requirements of Markets in Crypto Assets Regulation (MiCA) – second consultation paper, (ESMA75-453128700-438).

[23] ESMA, Final Report – Draft Technical Standards specifying certain requirements of the Markets in Crypto Assets Regulation (MiCA) – second package (ESMA75-453128700-1229).

Art. 20

Behörde vom antragstellenden Emittenten weitere Informationen über den Antrag anfordern, einschließlich Informationen über das in Artikel 19 genannte Kryptowerte-Whitepaper. Während des Prüfungsverfahrens können die zuständigen Behörden mit den für die Bekämpfung von Geldwäsche und Terrorismusfinanzierung zuständigen Behörden, den Zentralstellen für Geldwäsche-Verdachtsanzeigen oder anderen öffentlichen Stellen zusammenarbeiten.

(3) Die Prüfungsfrist gemäß den Absätzen 1 und 2 ist für den Zeitraum zwischen dem Tag der Anforderung der fehlenden Information durch die zuständigen Behörden und dem Eingang einer Antwort des antragstellenden Emittenten bei diesen ausgesetzt. Die Aussetzung darf 20 Arbeitstage nicht überschreiten. Es liegt im Ermessen der zuständigen Behörden, weitere Ergänzungen oder Klarstellungen zu den Informationen anzufordern, doch dies führt Die Anforderung weiterer Ergänzungen oder Klarstellungen zu den Informationen liegt im Ermessen der zuständigen Behörde, führt jedoch nicht zu einer Aussetzung der Prüfungsfrist gemäß den Absätzen 1 und 2.

(4) Die zuständigen Behörden übermitteln nach Ablauf des in Absatz 2 genannten Zeitraums von 60 Arbeitstagen ihren Entwurf einer Entscheidung zusammen mit dem Antrag an die EBA, ESMA und EZB. Ist der antragstellende Emittent in einem Mitgliedstaat niedergelassen, dessen amtliche Währung nicht der Euro ist, oder wenn eine amtliche Währung eines Mitgliedstaats, die nicht der Euro ist, als Bezugsgröße für die vermögenswertereferenzierten Token, so übermitteln die zuständigen Behörden ihren Entwurf einer Entscheidung und den Antrag auch der Zentralbank des betreffenden Mitgliedstaats.

(5) Die EBA und die ESMA geben auf Ersuchen der zuständigen Behörde innerhalb von 20 Arbeitstagen nach Eingang des Entwurfs der Entscheidung und des Antrags eine Stellungnahme zu ihrer Bewertung des in Artikel 18 Absatz 2 Buchstabe e genannten Rechtsgutachtens ab und übermitteln ihre jeweiligen Stellungnahmen der betroffenen zuständigen Behörde.

Die EZB oder gegebenenfalls die in Absatz 4 genannte Zentralbank gibt innerhalb von 20 Arbeitstagen nach Eingang des Entwurfs einer Entscheidung und des Antrags eine Stellungnahme zu ihrer Bewertung der Risiken, die die Ausgabe dieses vermögenswertereferenzierten Token für die Finanzstabilität, das reibungslose Funktionieren der Zahlungssysteme, die geldpolitische Transmission und die Währungshoheit mit sich bringen könnte, ab und übermittelt ihre Stellungnahme der betroffenen zuständigen Behörde.

Unbeschadet von Artikel 21 Absatz 4 sind die in den Unterabsätzen 1 und 2 des vorliegenden Absatzes genannten Stellungnahmen nicht verbindlich.

Die in den Unterabsätzen 1 und 2 des vorliegenden Absatzes genannten Stellungnahmen müssen von der zuständigen Behörde jedoch gebührend berücksichtigt werden.

Schrifttum: (siehe Art. 16)

Übersicht

	Rn.
I. Grundlagen	1
1. Genese	1
2. Regelungszweck	4
II. Auslegung der Norm	7
1. Allgemeines	7
2. Dauer des Verfahrens	8
3. Vollständigkeitsprüfung	10
4. Materielle Prüfung	13
5. Aussetzung der Prüfungsfrist	15
6. Entwurf einer Entscheidung und Einbeziehung europäischer Aufsichtsbehörden	16

I. Grundlagen

1. Genese

1 Der Kommissionsentwurf (damals noch Artikel 18) sah ursprünglich kürzere Fristen für die Prüfung der Zulassungsanträge vor. Die zuständigen Behörden hatten 20 Arbeitstage für die Vollständigkeitsprüfung und 3 Monate für die inhaltliche Prüfung Zeit. In dem finalen Verordnungstext wurden diese Fristen auf 25 Arbeitstage für die Vollständigkeitsprüfung (Abs. 1) und 60 Arbeitstage für die inhaltliche Prüfung (Abs. 2) verlängert.

2 Geändert wurde der Wortlaut in Abs. 1 S. 2 von „unverzüglich" zu „umgehend". Neu hinzugekommen ist in Abs. 2 UAbs. 2 die Möglichkeit der Behörden, während des Prüfverfahrens mit den Behörden zur Geldwäschebekämpfung und Terrorismusfinanzierung zusammenzuarbeiten. In Abs. 3 wurde die Frist für eine mögliche Aussetzung des Verfahrens bei Nachforderungen von Informationen nun als Ermessensvorschrift der zuständigen Aufsichtsbehörden geregelt und auf maximal 20 Tage begrenzt. Die Formulierung des finalen Verordnungstexts in Art. 20 Abs. 3 enthielt zunächst in der deutschen Sprachfassung einen redaktionellen Fehler, der durch eine Korrektur im Oktober 2024 behoben wurde. Abs. 4 enthält nun die Pflicht der Aufsichtsbehörden, ihren Entscheidungsentwurf nach den 60 Arbeitstagen an die EBA, ESMA, EZB und ggf. nationale Zentralbanken zu übermitteln. Dies war im Kommissionsentwurf nicht vorgesehen. Neu hinzugefügt wurde Abs. 5, der eine Frist für die nicht-bindenden Stellungnahmen der EBA, ESMA und EZB/Zentralbanken innerhalb von 20 Arbeitstagen enthält, die von den Behörden zu berücksichtigen sind.

3 Insgesamt hat sich die Vorschrift inhaltlich, bis auf Änderungen der Fristen und dem nun geregelten Aussetzungsverfahren und Ermessen der Behörde, nicht wesentlich verändert.

2. Regelungszweck

4 Art. 20 regelt das Verfahren der zuständigen nationalen Behörde zur Prüfung der Voraussetzungen von nach Art. 18 gestellten Zulassungsanträgen für ein öffentliches Angebot vermögenswertereferenzierter Token (asset-referenced tokens – ARTs[1]),

---

[1] Zur Bedeutung des Begriffs im Kontext Stablecoins vgl. Oppenheim/Pfaf RDi 2024, 103 (104).

Prüfung des Zulassungsantrags **Art. 20**

sowie die Beantragung deren Zulassung zum Handel. Die bloße technische Herstellung von ARTs ist (noch) erlaubnisfrei möglich.[2] Auch eine bloße Privatplatzierung ist ohne Erlaubnis zulässig. ARTs dürfen nur von Emittenten oder von Dritten mit schriftlicher Zustimmung des Emittenten öffentlich angeboten oder zum Handel zugelassen werden. Der Emittent ist entweder ein Kreditinstitut oder ein Unternehmen mit einer MiCAR-Zulassung nach Art. 21 (vgl. Art. 16 Abs. 1). Das schließt die Emission von ARTs ohne Emittenten über dezentrale Protokolle (DeFi) faktisch aus.[3]

Das Prüfverfahren nach Art. 20 verfolgt den Zweck, sicherzustellen, dass der Zulassungsantrag die erforderlichen Informationen **vollständig** enthält. Außerdem soll die Zusammenarbeit sowie der Informationsaustausch zwischen den zuständigen Behörden, EBA, ESMA und EZB/Zentralbanken gestärkt werden.[4] Während des Prüfverfahrens kann zudem mit den für die Bekämpfung von Geldwäsche und Terrorismusfinanzierung zuständigen Behörden, den Zentralstellen für Geldwäsche-Verdachtsanzeigen oder anderen öffentlichen Stellen zusammengearbeitet werden. Es handelt sich hierbei um eine Prüfung des Vorliegens der formellen und materiellen Voraussetzungen des Antrags. Gesondert hervorgehoben wurde, dass das in Art. 19 genannte Kryptowerte-Whitepaper Teil der Prüfung des Zulassungsantrags ist, welches ebenfalls alle erforderlichen Informationen enthalten muss. Das bedeutet, Unternehmen, die einen entsprechenden Zulassungsantrag für die Ausgabe von ARTs vorbereiten, müssen dem Antrag auch ein Kryptowerte-Whitepaper entsprechend den Anforderungen in Art. 19 beifügen. 5

Art. 20 gilt gemäß Art. 17 Abs. 4 nicht für Kreditinstitute, die vermögenswertereferenzierte Token ausgeben. Kreditinstitute brauchen keine gesonderte Zulassung nach MiCAR für das öffentliche Angebot von ART bzw. die Zulassung zum Handel, müssen aber die Anforderungen in Art. 17 beachten. 6

II. Auslegung der Norm

1. Allgemeines

Art. 20 regelt das Verfahren zur Prüfung von Zulassungsanträgen von Emittenten, die ART öffentlich anbieten oder zum Handel zulassen wollen (Art. 16 Abs. 1 lit. a). Die für solche Zulassungsanträge zuständige Behörde ist in Deutschland gemäß § 3 Abs. 1 S. 1 KMAG-E[5] die Bundesanstalt für Finanzdienstleistungsaufsicht (BaFin). § 11 KMAG-E enthält für Deutschland ergänzende Bestimmungen zum Zulassungsverfahren sowie Verordnungsermächtigungen. Der Entwurf dieser 7

---

[2] Vgl. Beck/Samm/Kokemoor/Alfes, 239. Lieferung, 10/2024, Kreditwesengesetz mit CRR, Verordnung über Märkte für Kryptowerte (MiCAR) Einführung Rn. 75, der missverständlich von „Emission" spricht, die erlaubnisfrei sei. Tatsächlich meint „Emission" aber die Ausgabe von Token, die – wenn sie im Rahmen eines öffentlichen Angebots oder über die Zulassung zum Handel erfolgt, eben doch erlaubnispflichtig ist.
[3] Beck/Samm/Kokemoor/Alfes, 239. Lieferung, 10/2024, Kreditwesengesetz mit CRR, Verordnung über Märkte für Kryptowerte (MiCAR) Einführung Rn. 76.
[4] Vgl. Erwgr. Nr. 15 S. 5f. und Nr. 111 MiCAR.
[5] Entwurf des Gesetzes zur Aufsicht über Märkte für Kryptowerte (Kryptomärkteaufsichtsgesetz – MAG) enthalten in dem Entwurf eines Gesetzes über die Digitalisierung des Finanzmarktes (Finanzmarktdigitalisierungsgesetz – FinmadiG), BT-Drs. 20/10280.

Norm wurde durch die Beschlussempfehlung und den Bericht des Finanzausschusses vom 24.4.2024[6] noch einmal um einen Absatz ergänzt. Darin wird der Bundesanstalt die Möglichkeit eingeräumt, die Zulassung unter Auflagen zu erteilen, solange diese sich im Rahmen der von der MiCAR und des KMAG verfolgten Zwecke bewegen.[7] Mit dem KMAG soll durch ein eigenständiges „Stammgesetz" den Besonderheiten der Kryptowerte Rechnung getragen werden.[8] Es handelt sich bei dem Erlaubnisverfahren um ein behördliches Verwaltungsverfahren iSd § 9 VwVfG.[9] Der zu ergehende Erlaubnisbescheid ist ein begünstigender Verwaltungsakt iSv § 35 S. 1, 48 Abs. 1 S. 2 VwVfG.[10] Sofern keine Versagungsgründe nach Art. 21 vorliegen, handelt es sich um eine gebundene Entscheidung der BaFin. Der Antragsteller hat somit einen Anspruch auf Erteilung der beantragten Erlaubnis (sog. gebundener Verwaltungsakt).[11]

2. Dauer des Verfahrens

8   Das Erlaubnisverfahren beginnt erst nach Einreichen der vollständigen Informationen und Unterlagen. Nach Abs. 1 muss die zuständige Behörde innerhalb von 25 Arbeitstagen nach Eingang des Antrags prüfen, ob diese, einschließlich des Kryptowerte-Whitepapers alle erforderlichen Informationen enthält **(Vollständigkeitsprüfung).** Erst nach Abschluss der Prüfung des Vorliegens dieser formellen Voraussetzungen beginnt die materielle (inhaltliche) Prüfung des Zulassungsantrags mit der geltenden Frist von 60 Arbeitstagen. In der Praxis kommt es im Rahmen der Vollständigkeitsprüfung von Erlaubnisanträgen regelmäßig zu erheblichen Verzögerungen. Solange nämlich nach Einschätzung der Aufsicht kein vollständiger Antrag vorliegt, müssen die Antragsteller nachbessern, um die Vollständigkeit zu erreichen. Offenbar um dem entgegenzuwirken, soll nach Art. 20 Abs. 3 S. 2 der Zeitraum der Aussetzung des Verfahrens, in dem Nachforderungen verlangt werden dürfen, 20 Arbeitstage nicht überschreiten.

9   Sollte die zuständige nationale Behörde die Prüffrist für das Vorliegen der Vollständigkeit überschreiten, resultiert hieraus **keine Genehmigungsfiktion** der Erlaubnis.[12] Für eine solche Genehmigungsfunktion hätte es einer ausdrücklichen gesetzlichen Regelung bedurft, die es in der MiCAR nicht gibt.

3. Vollständigkeitsprüfung

10   Der Antrag ist vollständig, wenn er alle in Art. 19 Abs. 1 genannten erforderlichen Informationen mit dem entsprechenden Inhalt und Detaillierungsgrad ent-

---

[6] Beschlussempfehlung und Bericht des Finanzausschusses (7. Ausschuss) BT-Drs. 20/11178 zu dem Gesetzesentwurf der Bundesregierung (BT-Drs. 20/10280).
[7] Beschlussempfehlung des Finanzausschusses vom 24.4.2024, BT-Drs. 20/11178, 31.
[8] Vgl. BT-Drs. 20/10280, 133.
[9] Vgl. zu § 10 ZAG: Casper/Terlau/Walter, 3. Aufl. 2023, ZAG § 10 Rn. 84.
[10] Vgl. zu § 10 ZAG: Casper/Terlau/Walter, 3. Aufl. 2023, ZAG § 10 Rn. 84; Schäfer/Omlor/Mimberg/Eckhold, 1. Aufl. 2022, ZAG § 11 Rn. 65.
[11] Vgl. zu § 10 ZAG: Casper/Terlau/Walter, 3. Aufl. 2023, ZAG § 10 Rn. 84; Ellenberger/Findeisen/Nobbe/Böger/Walz § 10 Rn. 39; Schäfer/Omlor/Mimberg/Eckhold, 1. Aufl. 2022, ZAG § 11 Rn. 65, 115; Vgl. zu § 32 KWG: Schwennicke/Auerbach/Schwennicke KWG § 32 Rn. 2.
[12] Vgl. zu § 11 ZAG: Schäfer/Omlor/Mimberg/Eckhold, 1. Aufl. 2022, ZAG § 11 Rn. 65.

hält (→ Art 19 Rn. 12 ff.). Dies ermöglicht der zuständigen Behörde die Bewertung des Antrags. Wenn die zuständige Behörde einen Teil der Informationen in Papierform verlangt, gilt der Antrag erst nach Eingang der Informationen in Papierform als vollständig.[13]

Wenn die zuständige Behörde die im Antrag enthaltenen Informationen als unvollständig bewertet, unterrichtet sie den Antragssteller unverzüglich und gibt die fehlenden Informationen an (**Nachforderungspflicht** der BaFin). Diese Unterrichtung kann in Papierform oder auf elektronischem Wege erfolgen. In dieser sollen die Kontaktdaten, Modalitäten für die Übermittlung (ob über das Internetportal, auf elektronischem Wege oder in Papierform) und die Fristen für die Übermittlung gem. Art. 20 Abs. 3 enthalten sein.[14] Wenn ein unvollständiger Antrag nicht innerhalb der durch die zuständige Behörde gesetzten Frist vervollständigt wird, kann er abgelehnt werden.[15] Eine Versagung der Erlaubnis wegen Unvollständigkeit des Erlaubnisantrags ist nach allgemeinen Grundsätzen nur zulässig, wenn die BaFin den Antragssteller zuvor auf die Unvollständigkeit hingewiesen hat.[16] 11

Sobald die zuständige Behörde den Antrag als vollständig bewertet, unterrichtet sie den Antragssteller darüber sowie über das Datum des Eingangs des vollständigen Antrags und gegebenenfalls über das Datum des Eingangs der fehlenden Informationen, mit denen der Antrag vervollständigt wurde **(Vollständigkeitserklärung).**[17] 12

4. Materielle Prüfung

Sofern der Erlaubnisantrag vollständig ist, beginnt die materielle Prüfung. Innerhalb von 60 Arbeitstagen prüfen die zuständigen Behörden, ob die Anforderungen an den Erlaubnisantrag und das Kryptowerte-Whitepaper erfüllt sind, und erstellen einen umfassend begründeten Entwurf einer Entscheidung über die Erteilung oder Ablehnung der Zulassung (Art. 20 Abs. 2 S. 1). Die 60-Tagesfrist beginnt mit Eingang des vollständigen Antrags. Maßgeblich ist das in der Vollständigkeitserklärung angegebene Datum zum Eingang des vollständigen Antrags.[18] 13

---

[13] Siehe Art. 2 Ziff. 1 S. 2 EBA Final Report on „Draft implementing technical standards on information to be included in an application for authorisation to offer to the public or to seek admission to trading of asset-referenced tokens under Article 18 (7) of Regulation (EU) 2023/1114".

[14] Siehe Art. 2 Ziff. 2 EBA Final Report on „Draft implementing technical standards on information to be included in an application for authorisation to offer to the public or to seek admission to trading of asset-referenced tokens under Article 18 (7) of Regulation (EU) 2023/1114".

[15] Art. 20 Abs. 1 S. 3 MiCAR.

[16] Vgl. zu § 33 KWG: Schwennicke/Auerbach/Schwennicke KWG § 33 Rn. 77; Vgl. zu § 12 ZAG: Casper/Terlau/Walter, 3. Aufl. 2023, ZAG § 12 Rn. 3.

[17] Siehe Art. 2 Ziff. 3 EBA Final Report on „Draft implementing technical standards on information to be included in an application for authorisation to offer to the public or to seek admission to trading of asset-referenced tokens under Article 18 (7) of Regulation (EU) 2023/1114".

[18] Siehe Art. 2 Ziff. 3 EBA Final Report on „Draft implementing technical standards on information to be included in an application for authorisation to offer to the public or to seek admission to trading of asset-referenced tokens under Article 18 (7) of Regulation (EU) 2023/1114".

Art. 20   Titel III Vermögenswertereferenzierte Token

14   Innerhalb der Prüfungsfrist kann die Behörde weitere Informationen über den Antrag anfordern, einschließlich Informationen über das Kryptowerte-Whitepaper (Art. 20 Abs. 2 S. 2). Zudem können die zuständigen Behörden innerhalb des Prüfungsverfahrens mit den für die Geldwäschebekämpfung zuständigen Behörden, der Zentralstellen für Geldwäsche-Verdachtsanzeigen (FIU) oder anderen öffentlichen Stellen zusammenarbeiten.

5. Aussetzung der Prüfungsfrist

15   Die Prüfungsfrist sowohl für die Vollständigkeitsprüfung als auch die materielle Prüfung ist für den Zeitraum zwischen dem Tag der Anforderung der fehlenden Information durch die zuständige Behörde und dem Eingang einer Antwort des antragstellenden Emittenten ausgesetzt (Art. 20 Abs. 3 S. 1). Jedoch darf die Aussetzung **20 Arbeitstage nicht überschreiten** (Art. 20 Abs. 3 S. 1). Die Regelung soll verhindern, dass Erlaubnisverfahren unnötig in die Länge gezogen werden. Der zuständigen Behörde wird ein Ermessen eingeräumt, innerhalb dessen sie die Entscheidungsgewalt hat, weitere Ergänzungen oder Klarstellungen zu den Informationen anzufordern. Eine Aussetzung der Prüfungsfrist ist damit aber nicht verbunden (Art. 20 Abs. 3 S. 3). Ob diese Regelung praktische Relevanz erlangt, bleibt abzuwarten. Üblicherweise verlangen die Aufsichtsbehörden im Rahmen von Erlaubnisverfahren gerade nur solche Informationen bzw. Unterlagen, die gesetzlich vorgeschrieben sind und damit für die Beurteilung des Zulassungsantrags relevant sind.

6. Entwurf einer Entscheidung und Einbeziehung europäischer Aufsichtsbehörden

16   Das Ergebnis des Prüfungsverfahrens ist der **Entwurf einer Entscheidung** der zuständigen Behörde über die Zulassung des Antragstellers für das öffentliche Angebot von ARTs bzw. deren Zulassung zum Handel. Die Entscheidung kann die Erteilung oder Verweigerung der Zulassung sein (Art. 21 → Rn. 8, 11 ff.).

17   Bevor die Entscheidung jedoch getroffen wird, hat die zuständige Behörde nach Ablauf der Prüfungsfrist ihren Entscheidungsentwurf zusammen mit dem Antrag an die europäischen Aufsichtsbehörden EBA, ESMA und EZB zu übermitteln (Art. 20 Abs. 4 S. 1). Wenn der antragstellende Emittent in einem Nicht-Euro-Mitgliedstaat ansässig ist oder eine andere Währung als der Euro als Referenzwert für die ART dient, muss der Entscheidungsentwurf zusätzlich an die jeweilige nationale Zentralbank übermittelt werden (Art. 20 Abs. 4 S. 2).

18   Die EBA und ESMA geben innerhalb von 20 Arbeitstagen nach Eingang des Entscheidungsentwurfs und des Antrags eine **Stellungnahme** zu ihrer Bewertung des in Art. 18 Abs. 2 lit. e genannten und vom Antragsteller beizubringenden Rechtsgutachtens ab und übermitteln ihre jeweiligen Stellungnahmen der zuständigen Behörde (Art. 20 Abs. 5 UAbs. 1). Das Rechtsgutachten enthält eine Bewertung, wonach die ART weder ein vom Anwendungsbereich der MiCAR ausgenommener Kryptowert noch ein E-Geld-Token ist (vgl. die Kommentierung zu Art. 18 → Rn. 16).

19   Die EZB bzw. die nationale Zentralbank (soweit diese nach Art. 20 Abs. 4 S. 2 einzubeziehen ist) hat ebenfalls innerhalb von 20 Arbeitstagen nach Eingang des Entscheidungsentwurfs und des Antrags eine Stellungnahme zu ihrer Bewertung der Risiken, die die Ausgabe des ART für die Finanzstabilität, das Funktionieren

Erteilung oder Verweigerung der Zulassung **Art. 21**

der Zahlungssysteme, die geldpolitische Transmission und die Währungshoheit mit sich bringen könnte, abzugeben. Auch diese Stellungnahme ist der zuständigen Behörde zu übermitteln (Art. 20 Abs. 5 UAbs. 2).

Diese Stellungnahmen sind grundsätzlich nicht bindend. Sie müssen jedoch von der zuständigen Behörde gebührend berücksichtigt werden. Dies stellt sicher, dass die EU-Aufsichtsbehörden und Zentralbanken in den Entscheidungsprozess einbezogen und mögliche Risiken angemessen berücksichtigt werden. Die zuständige Behörde müssen die Zulassung ablehnen, wenn die EZB oder die jeweilige Zentralbank eines Nicht-Euro-Staats aufgrund eines ARTs Risiken für das reibungslose Funktionieren der Zahlungssysteme, der geldpolitischen Transmission oder der Währungshoheit feststellen (vgl. die Kommentierung zu Art. 21 Abs. 4 → Rn. 29 ff.). 20

Artikel 21 Erteilung oder Verweigerung der Zulassung

(1) Die zuständigen Behörden treffen innerhalb von 25 Arbeitstagen nach Eingang der in Artikel 20 Absatz 5 genannten Stellungnahmen eine umfassend begründete Entscheidung über die Erteilung oder Verweigerung der Zulassung an den antragstellenden Emittenten und teilen sie dem antragstellenden Emittenten innerhalb von fünf Arbeitstagen, nachdem die Entscheidung getroffen wurde, mit. Wird ein antragstellender Emittent zugelassen, so gilt sein Kryptowerte-Whitepaper als genehmigt.

(2) Die zuständigen Behörden verweigern die Zulassung, wenn objektive und Anhaltspunkte dafür vorliegen, dass
a) das Leitungsorgan des antragstellenden Emittenten eine Gefahr für die wirksame, solide und umsichtige Führung und Fortführung des Geschäftsbetriebs sowie die angemessene Berücksichtigung der Interessen seiner Kunden und die Integrität des Marktes darstellen könnte;
b) die Mitglieder des Leitungsorgans die in Artikel 34 Absatz 2 festgelegten Kriterien nicht erfüllen;
c) Anteilseigner oder Gesellschafter, die qualifizierte Beteiligungen halten, die Kriterien des ausreichend guten Leumunds nach Artikel 34 Absatz 4 nicht erfüllen;
d) der antragstellende Emittent eine der Anforderungen dieses Titels nicht erfüllt oder wahrscheinlich nicht erfüllt;
e) das Geschäftsmodell des antragstellenden Emittenten eine ernsthafte Bedrohung für die Marktintegrität, die Finanzstabilität und das reibungslose Funktionieren der Zahlungssysteme darstellen könnte oder den Emittenten oder den Sektor ernsten Risiken der Geldwäsche und Terrorismusfinanzierung aussetzt.

(3) Die EBA und die ESMA geben bis zum 30. Juni 2024 gemäß Artikel 16 der Verordnung (EU) Nr. 1093/2010 beziehungsweise Artikel 16 der Verordnung (EU) Nr. 1095/2010 gemeinsam Leitlinien heraus für die Bewertung der Eignung der Mitglieder des Leitungsorgans von Emittenten vermögenswertereferenzierter Token und der Anteilseigner oder Gesellschafter, die direkt oder indirekt qualifizierte Beteiligungen an Emittenten vermögenswertereferenzierter Token halten.

Art. 21 Titel III Vermögenswertereferenzierte Token

(4) Die zuständigen Behörden lehnen die Zulassung ab, wenn die EZB oder gegebenenfalls die Zentralbank im Einklang mit Artikel 20 Absatz 5 eine ablehnende Stellungnahme aufgrund eines Risikos für das reibungslose Funktionieren der Zahlungssysteme, der geldpolitischen Transmission oder der Währungshoheit abgibt.

(5) Die zuständigen Behörden übermitteln der zentralen Kontaktstelle der Aufnahmemitgliedstaaten, der ESMA, der EBA, der EZB und gegebenenfalls den in Artikel 20 Absatz 4 genannten Zentralbanken innerhalb von zwei Arbeitstagen nach Erteilung der Zulassung die in Artikel 109 Absatz 3 genannten Informationen.

Die ESMA stellt diese Informationen ab dem Startdatum des öffentlichen Angebots oder der Zulassung zum Handel gemäß Artikel 109 Absatz 3 in dem genannten Register zur Verfügung.

(6) Die zuständigen Behörden unterrichten die EBA, die ESMA und die EZB sowie gegebenenfalls die in Artikel 20 Absatz 4 genannte Zentralbank über alle abgelehnten Anträge auf Zulassung und legen die Gründe für die Entscheidung und gegebenenfalls eine Begründung für Abweichungen von den in Artikel 20 Absatz 5 genannten Stellungnahmen vor.

Schrifttum: Siehe Art. 16

Übersicht

	Rn.
I. Grundlagen	1
1. Genese	1
2. Regelungszweck	4
3. Systematische Einordnung der Regelung	7
II. Auslegung der Norm	8
1. Entscheidung über den Zulassungsantrag	8
2. Verweigerungsgründe	11
a) Leitungsorgan als Gefahr (lit. a)	11
b) Nichterfüllen der Kriterien in Art. 34 Abs. 2 durch die Mitglieder des Leitungsorgans (lit. b)	14
c) Nichterfüllen der Kriterien in Art. 34 Abs. 4 durch Anteilseigner oder Gesellschafter (lit. c)	20
d) Anforderungen des Titels III werden nicht erfüllt (lit. d)	23
e) Geschäftsmodell als ernsthafte Bedrohung für die Marktintegrität, die Finanzstabilität und das reibungslose Funktionieren der Zahlungssysteme (lit. e)	24
f) Weitere Verweigerungsgründe (§ 11 KMAG-E)	27
4. Versagung bei ablehnender Stellungnahme von EZB (Art. 21 Abs. 4)	29
5. Verfahren bei Zulassung	32

Erteilung oder Verweigerung der Zulassung **Art. 21**

I. Grundlagen

1. Genese

Im Vergleich zu dem initialen Kommissionsentwurf (Artikel 19) enthält die 1
finale Fassung des Art. 21 einige wesentliche Änderungen. Die Fristen für die zuständigen Behörden zur Entscheidung über Erteilung oder Ablehnung der Zulassung wurden von einem Monat auf 25 Arbeitstage nach Eingang der Stellungnahme von EBA, ESMA und EZB/Zentralbanken verkürzt.

Die Versagungsgründe in Abs. 2 wurden deutlich ausgeweitet: Neben einer Ge- 2
fahr durch das Leitungsorgan (lit. a) und Nichterfüllung der Anforderungen (lit. b) wie im Kommissionsentwurf, kamen die Nichteignung von Leitungsorganen und qualifizierten Anteilseignern nach Art. 34 (lit. b und c) sowie Risiken für Marktintegrität, Finanzstabilität, Zahlungsverkehr und Geldwäsche/der Verhinderung von Terrorismusfinanzierung (lit. e) als neue Versagungsgründe hinzu. Neu eingefügt wurde Abs. 3, der die EBA und ESMA verpflichtet, bis zum 30.6.2024 gemeinsame Leitlinien zur Bewertung der Eignung von Leitungsorganen und qualifizierten Anteilseignern herauszugeben. EBA und ESMA konkretisieren in einem sehr umfangreichen Final Report[1] in gemeinsamen Leitlinien (Guidelines) die Anforderungen an das Leitungsorgan und die Anteilseigner. Ebenfalls neu ist Abs. 4, der den Behörden eine zwingende Versagung der Zulassung auferlegt, wenn die EZB oder Zentralbanken Risiken für Zahlungsverkehr, Geldpolitik oder Währungshoheit geltend machen. Die Informationspflichten der Behörden gegenüber EBA, ESMA, EZB/Zentralbanken bei Zulassungserteilung (Abs. 5) und -ablehnung (Abs. 6) wurden im Vergleich zum Kommissionsentwurf präzisiert und ausgeweitet.

§ 11 Abs. 1 des KMAG-E enthält zusätzliche Fälle, in denen die BaFin die Zulas- 3
sung verweigern kann. Hierzu zählt in § 11 Abs. 1 Nr. 1 KMAG-E der Fall, dass der Antragsteller Tochterunternehmen eines ausländischen Kreditinstituts ist und die für dieses Kreditinstitut zuständige ausländische Aufsichtsbehörde der Gründung des Tochterunternehmens nicht zugestimmt hat. § 11 Abs. 1 Nr. 2 KMAG-E regelt den Fall, dass der Antrag nach Ablauf der nach Art. 20 Abs. 1 iVm Abs. 3 S. 2 gesetzten Frist weiterhin unvollständig ist.

2. Regelungszweck

Art. 21 regelt die **Erteilung oder Verweigerung** der Zulassung für das be- 4
absichtigte öffentliche Angebot von ARTs bzw. deren Zulassung zum Handel durch die zuständigen Behörden nach Abschluss des in Art. 20 geregelten Prüfverfahrens. Während in Art. 20 das Antragsverfahren im Einzelnen geregelt wird, schließt Art. 21 mit der Regelung über die Entscheidung der Zulassung hieran an. Art. 21 Abs. 2 enthält Ermächtigungsgrundlagen, aufgrund derer die zuständige Behörde den Antrag auf Zulassung ablehnen muss. Ein Ermessensspielraum bei Vorliegen der gesetzlich genannten Verweigerungsgründe steht der Aufsichtsbehörde nicht zu.[2] Liegt einer der gesetzlich genannten Gründe vor, hat die zuständige Be-

---

[1] EBA/ESMA, Final Report, EBA/GL/2024/09 bzw. ESMA75-453128700-10 vom 27.6.2024.
[2] Vgl. zu § 33 KWG: Fischer/Schulte-Mattler/Fischer/Krolop, KWG, CRR-VO, 6. Aufl. 2023, § 33 Rn. 2; Vgl. zu § 12 ZAG: Casper/Terlau/Walter, 3. Aufl. 2023, ZAG § 12 Rn. 1.

hörde die Erlaubnis zwingend zu versagen. Die Versagungsgründe können sowohl formeller als auch materieller Natur sein. Umgekehrt gilt: Liegen keine Versagungsgründe vor, ist die Erlaubnis zu erteilen.

5 Art. 21 ähnelt in der Struktur bekannten aufsichtsrechtlichen Regelungen zur Erteilung bzw. Versagung von aufsichtsrechtlichen Erlaubnissen nach beispielsweise § 33 KWG, § 18 WpIG oder § 12 ZAG. Im Unterschied zu diesen Regelungen enthält Art. 21 (schon der Überschrift zufolge) nicht nur Regelungen zur Verweigerung der Zulassung, sondern auch (positiv gesprochen) Regelungen für die Zulassung. Dabei werden durch die MiCAR vergleichbare Maßstäbe angelegt und es wird der prägende aufsichtsrechtliche Charakter der MiCAR deutlich.[3] Die Ähnlichkeit mit diesen Regelungen erlaubt es, Art. 21 im Lichte dieser Regelungen und der diesbezüglich bereits bestehenden Rechtspraxis auszulegen. Allerdings ist der Wortlaut in der MiCAR nicht immer mit den anderen Regelungen identisch und zum Teil gibt es Abweichungen von den anderen Regelungen. Deshalb sollte die Rechtspraxis insbesondere auf die Delegierten Rechtsakte und behördlichen Konkretisierungen zur MiCAR achten.

6 Art. 21 gilt gemäß Art. 17 Abs. 4 nicht für Kreditinstitute, die ARTs ausgeben. Dies ergibt sich auch schon daraus, dass Kreditinstitute keinen Zulassungsantrag für das Angebot von ARTs stellen müssen, ist aber gleichwohl gesetzlich noch einmal explizit hervorgehoben worden.

3. Systematische Einordnung der Regelung

7 Die Erlaubniserteilung und die Erlaubnisverweigerung stehen in unmittelbarem Zusammenhang.[4] Wenn die Versagungsgründe des Art. 21 Abs. 2 vorliegen, ist die Aufsichtsbehörde verpflichtet, die Erlaubnis zu versagen, da sie andernfalls eine erteilte Erlaubnis wieder entziehen müsste (→ Art. 24 Abs. 1 S. 1 lit. c Rn. 20ff.).[5] Umgekehrt gilt: Liegen Verweigerungsgründe nicht vor, ist die Zulassung bei einem vollständigen Erlaubnisantrag zu erteilen. Insofern ist eine gemeinsame Regelung in Art. 21 über die Erteilung oder Versagung der Zulassung systematisch sinnvoll.

II. Auslegung der Norm

1. Entscheidung über den Zulassungsantrag

8 Nachdem die über den Zulassungsantrag zu entscheidende zuständige Behörde die Stellungnahmen der europäischen Aufsichtsbehörden erhalten hat, entscheidet sie innerhalb von **25 Arbeitstagen** nach Eingang der Stellungnahmen der einbezogenen (europäischen) Aufsichtsbehörden über den Zulassungsantrag. Dies erfolgt mittels einer umfassend begründeten Entscheidung in Form der Erteilung oder Verweigerung der Zulassung. Die Entscheidung ist dem Emittenten innerhalb von weiteren fünf Arbeitstagen nach Entscheidungsfindung zu übermitteln. Das ein-

---

[3] Omlor ZHR 187 (2023), 635 (662).
[4] Vgl. zu § 11 ZAG: Schäfer/Omlor/Mimberg/Eckhold, 1. Aufl. 2022, ZAG § 11 Rn. 11 sog. „untrennbarer Sachzusammenhang".
[5] Vgl. zu § 11 ZAG: Schäfer/Omlor/Mimberg/Eckhold, 1. Aufl. 2022, ZAG § 11 Rn. 11; Vgl. zu § 33 KWG: Schwennicke/Auerbach/Schwennicke KWG § 33 Rn. 4.

gereichte Kryptowerte-Whitepaper gilt im Falle der Zulassung des Emittenten als genehmigt (Art. 21 Abs. 1).

Sollte die zuständige nationale Behörde die Prüffrist überschreiten, resultiert hieraus **keine Genehmigungsfiktion** iSd § 42a VwVfG. Die Vorschrift in § 42a VwVfG dient der Umsetzung von Art. 13 Abs. 4 der DienstleistungsRL[6], nach deren Erwägungsgründe Bankgeschäfte und Finanzdienstleistungen explizit ausgenommen sind.[7] Die MiCAR sieht auch keine materiell-rechtlichen Wirkungen bei einem Überschreiten des Entscheidungszeitraums vor. Der Antragssteller erhält lediglich die Möglichkeit, eine Untätigkeitsklage gem. § 75 VwGO zu erheben. Rechtsmittel zur Verfahrensbeschleunigung stehen ihm nicht zur Verfügung. 9

Sowohl der Erlaubnisbescheid als auch der Bescheid, mit dem eine beantragte Erlaubnis versagt wird, sind begünstigende bzw. belastende Verwaltungsakte im Sinne von § 35 VwVfG.[8] Die Entscheidung der BaFin stellt eine gebundene Entscheidung ohne Ermessen dar. Sofern keine Verweigerungsgründe nach Art. 21 Abs. 2 vorliegen, hat der Antragsteller zwingend einen Anspruch auf Erteilung der beantragten Zulassung.[9] 10

2. Verweigerungsgründe

a) Leitungsorgan als Gefahr (lit. a). Der Erlaubnisantrag ist zu verweigern, wenn das Leitungsorgan des antragstellenden Emittenten eine Gefahr für die wirksame, solide und umsichtige Führung und Fortführung des Geschäftsbetriebs sowie die angemessene Berücksichtigung der Interessen seiner Kunden und die Integrität des Marktes darstellen könnte. 11

Das Leitungsorgan ist gem. Art. 3 Abs. 1 Nr. 27 definiert als das Organ bzw. die Organe, die befugt sind, Strategie, Ziele und Gesamtpolitik des Unternehmens festzulegen, und die Entscheidungen der Geschäftsführung des Unternehmens kontrolliert und überwacht, und umfasst Personen, die die Geschäfte des Unternehmens tatsächlich führen (→ Art. 3 Rn. 197 ff.). Die Norm richtet sich somit an die Geschäftsleiter, mithin auch Verwaltungs- und Aufsichtsorgane, die berufen sind, die Entscheidungen der Geschäftsführung zu kontrollieren und überwachen. 12

Ein Versagungsgrund, weil das Leitungsorgan eine Gefahr darstellt, dürfte auf Extremfälle beschränkt sein. In der Praxis dürften in diesen Fällen die Mitglieder des Leitungsorgans auch immer die an sie gestellten Anforderungen nach Art. 34 Abs. 2 nicht erfüllen (dazu sogleich → Rn. 14). 13

b) Nichterfüllen der Kriterien in Art. 34 Abs. 2 durch die Mitglieder des Leitungsorgans (lit. b). Der Erlaubnisantrag ist zu versagen, wenn die Mitglieder des Leitungsorgans die in Art. 34 Abs. 2 festgelegten Kriterien nicht erfüllen. Die in Art. 34 Abs. 2 genannten Kriterien legen die Beurteilung der persönlichen und fachlichen Eignung der Leitungsorgane fest. Danach müssen Mitglieder des Leitungsorgans von Emittenten von ART **hinreichend gut beleumundet** (mit ande- 14

---

[6] RL 2006/123/EG.
[7] Vgl. zu § 33 KWG: Schwennicke/Auerbach/Schwennicke KWG § 33 Rn. 84.
[8] Vgl. zu § 33 KWG: Fischer/Schulte-Mattler/Fischer/Krolop, KWG, CRR-VO, 6. Aufl. 2023, § 33 Rn. 78.
[9] Vgl. zu § 33 KWG: Fischer/Schulte-Mattler/Fischer/Krolop, KWG, CRR-VO, 6. Aufl. 2023, § 33 Rn. 78; Schwennicke/Auerbach/Schwennicke KWG § 33 Rn. 1; Vgl. zu § 12 ZAG: Schäfer/Omlor/Mimberg/Eckhold, 1. Aufl. 2022, ZAG § 12 Rn. 14.

ren Worten zuverlässig) sein und sowohl **einzeln** als auch **gemeinsam** (kollektiv) über angemessene **Kenntnisse, Fähigkeiten** und **Erfahrung** verfügen, um ihre Aufgaben wahrnehmen zu können. Insbesondere dürfen sie nicht wegen Straftaten im Zusammenhang mit Geldwäsche oder Terrorismusfinanzierung oder anderen Straftaten verurteilt worden sein, die ihren guten Leumund beeinträchtigen würden. Sie müssen ferner nachweisen, dass sie in der Lage sind, ausreichend Zeit für die wirksame Wahrnehmung ihrer Aufgaben aufzuwenden (sog. zeitliche Verfügbarkeit).

15 Art. 34 Abs. 2 enthält zahlreiche unbestimmte Rechtsbegriffe, die durch die Aufsichtsbehörden konkretisiert werden. Im Final Report von EBA und ESMA über gemeinsame Leitlinien für die Bewertung der Geeignetheit der Mitglieder des Leitungsorgans von Emittenten von ARTs[10] finden sich umfangreiche Anforderungen und Hinweise zur Bewertung. Bei der Beurteilung der Frage, ob die Mitglieder des Leitungsorgans eines Emittenten von ARTs über einen guten Leumund („Zuverlässigkeit") verfügen, sollten gemäß Art. 18 Abs. 5 lit. a MiCAR Verurteilungen bzw. Sanktionen wegen Wirtschaftsstraftaten oder -delikten oder im Zusammenhang mit Rechtsvorschriften zur Bekämpfung von Geldwäsche und Terrorismusfinanzierung, Betrug oder der Berufshaftpflicht herangezogen werden. Die Bewertung sollte darüber hinaus alle anderen bekannten Fakten umfassen, die zu der Einschätzung führen könnten, dass das Mitglied nicht über einen ausreichend guten Leumund verfügt.[11]

16 Neben der Zuverlässigkeit müssen Mitglieder des Leitungsorgans bei **individueller** Betrachtung hinreichende **Kenntnisse, Fähigkeiten** und **Erfahrungen** haben. Hierbei kann auf die Liste der relevanten Fähigkeiten in Anhang II der Leitlinien von EBA und ESMA zurückgegriffen werden.[12] Es gilt der Grundsatz der Verhältnismäßigkeit, dh die Anforderungen sind stets am konkreten Unternehmen und ihren Tätigkeiten auszurichten. Insgesamt dürfte vor allem bei den Erfahrungen zu berücksichtigen sein, dass es sich um eine neue Technologie und neue Geschäftsfelder handelt und Unternehmen in diesem Bereich häufig noch nicht lange am Markt tätig sind. Die Möglichkeit entsprechende Erfahrungen in Unternehmen zu sammeln, dürfte daher häufig überschaubar sein.

17 Relevante Parameter für die Bewertung der praktischen und beruflichen Erfahrung, die ein Geschäftsleiter in früheren Positionen erworben hat, sind: (i) die Art der Position und ihre Hierarchieebene; (ii) die Dauer der Betriebszugehörigkeit innerhalb einer Position; (iii) die Anzahl der unterstellten Mitarbeiter; (iv) die Art und Komplexität des Unternehmens, in dem die Position bekleidet wurde, einschließlich seiner Organisationsstruktur; (v) der Umfang der Kompetenzen, Entscheidungsbefugnisse und Verantwortlichkeiten des Mitglieds; (vi) die in der Position erworbenen Fachkenntnisse und (vii) etwaige zusätzliche Kenntnisse aus akademischen Tätigkeiten. Insbesondere eine Ausbildung in den Bereichen Finanzen, einschließlich Krypto-Assets, Wirtschaft, Recht, Rechnungslegung, Wirtschaftsprüfung, Verwaltung, Finanzregulierung, Informationstechnologie und quantitative Methoden kann im Allgemeinen als relevant angesehen werden. Erforderlich ist

---

[10] EBA/ESMA, Final Report, EBA/GL/2024/09 bzw. ESMA75-453128700-10 vom 27.6.2024.
[11] EBA/ESMA, Final Report, EBA/GL/2024/09 bzw. ESMA75-453128700-10 vom 27.6.2024, C.2.1 Rn. 13.
[12] EBA/ESMA, Final Report, EBA/GL/2024/09 bzw. ESMA75-453128700-10 vom 27.6.2024, C.2.2 Rn. 23.

Erteilung oder Verweigerung der Zulassung **Art. 21**

eine gründliche Analyse der praktischen Erfahrungen in Bezug auf die Tätigkeiten der Emittenten von ARTs, da das in früheren Tätigkeiten erworbene Wissen von der Art, dem Umfang und der Komplexität des Unternehmens sowie von der Funktion abhängt, die das Mitglied in diesem Unternehmen ausgeübt hat.[13]

Neben der individuellen Eignung soll die Zusammensetzung des Leitungsorgans **18** gewährleisten, dass es insgesamt **(kollektiv)** über die angemessenen Kenntnisse, Fähigkeiten und Erfahrungen verfügt, die erforderlich sind, um alle Geschäftstätigkeiten des Emittenten von ARTs zu leiten und die gesamten Aufgaben zu erfüllen. Dazu gehört auch, dass das Leitungsorgan insgesamt über ein angemessenes Verständnis aller Geschäftsbereiche und Tätigkeiten des Emittenten von ARTs verfügt. Das Leitungsorgan als Ganzes muss über angemessene Kenntnisse, Fähigkeiten und Erfahrungen verfügen.[14] Der Emittent von ARTs sollte eine Bewertung der kollektiven Eignung des Leitungsorgans für die Wahrnehmung seiner Aufgaben im Rahmen der MiCAR vornehmen und die Ergebnisse dokumentieren, indem er entweder a) die in Anhang I der gemeinsamen Leitlinien von EBA und ESMA enthaltene Vorlage für eine Eignungsmatrix als Grundlage verwendet und diese unter Berücksichtigung der in den Leitlinien beschriebenen Kriterien anpasst oder b) seine eigene geeignete Methode im Einklang mit den in den Leitlinien dargelegten Kriterien anwendet.[15]

Schließlich müssen die Mitglieder des Leitungsorgans ausreichend zeitlich ver- **19** fügbar sein, um ihre Tätigkeiten ordnungsgemäß ausüben zu können. Die BaFin verlangt in ihrer Verwaltungspraxis schon heute von Krypto-Dienstleistern, dass zumindest ein Geschäftsleiter ausschließlich zu 100% sich den Geschäften der Gesellschaft widmet. Die gemeinsamen Leitlinien von EBA und ESMA enthalten auch hier Konkretisierungen zu den Anforderungen an die zeitliche Verfügbarkeit.[16]

c) Nichterfüllen der Kriterien in Art. 34 Abs. 4 durch Anteilseigner oder **20**
Gesellschafter (lit. c). Ferner führt das Nichterfüllen der Kriterien des ausreichend guten Leumunds nach Art. 34 Abs. 4 durch Anteilseigner oder Gesellschafter, die qualifizierte Beteiligungen halten, zur Verweigerung der Zulassung.

Eine qualifizierte Beteiligung liegt nach Art. 3 Abs. 1 Nr. 36 vor, wenn eine na- **21** türliche oder juristische Person direkt oder indirekt mindestens 10% des Kapitals oder der Stimmrechte an einem Emittenten von ARTs hält. Dabei sind die Regeln über das Zusammenrechnen von Beteiligungen gemäß Art. 12 Abs. 4 und 5 der Transparenzrichtlinie 2004/109/EG zu berücksichtigen. Alternativ liegt eine qualifizierte Beteiligung vor, wenn die Möglichkeit besteht, einen maßgeblichen Einfluss auf die Geschäftsführung des Emittenten oder Dienstleisters auszuüben, an dem die Beteiligung gehalten wird.

Anteilseigner oder Gesellschafter, die vorgenannten Schwellen erreichen, müs- **22** sen **gut beleumundet** (zuverlässig) sein und insbesondere nicht für Straftaten im Zusammenhang mit Geldwäsche oder Terrorismusfinanzierung oder für andere

---

[13] EBA/ESMA, Final Report, EBA/GL/2024/09 bzw. ESMA75-453128700-10 vom 27.6.2024, C.2.2 Rn. 16 ff.
[14] EBA/ESMA, Final Report, EBA/GL/2024/09 bzw. ESMA75-453128700-10 vom 27.6.2024, C.2.3 Rn. 28.
[15] EBA/ESMA, Final Report, EBA/GL/2024/09 bzw. ESMA75-453128700-10 vom 27.6.2024, C.3.2 Rn. 56.
[16] EBA/ESMA, Final Report, EBA/GL/2024/09 bzw. ESMA75-453128700-10 vom 27.6.2024, C.2.4 Rn. 29 ff.

Oppenheim

Art. 21

Straftaten, die ihren guten Leumund schaden würden, verurteilt worden sein (näher Art. 34 → Rn. 37).[17] Die gemeinsamen Leitlinien von EBA und ESMA enthalten auch insofern Konkretisierungen.[18] Sie nehmen schließlich auch Bezug auf den Final Report von EBA und ESMA über Gemeinsame Leitlinien zur aufsichtsrechtlichen Beurteilung des Erwerbs und der Erhöhung von qualifizierten Beteiligungen im Finanzsektor[19], die ebenfalls beachtet werden sollen.

23 **d) Anforderungen des Titels III werden nicht erfüllt (lit. d).** Zudem liegt ein Verweigerungsgrund vor, wenn der antragstellende Emittent eine der Anforderungen des Titels III nicht erfüllt oder wahrscheinlich nicht erfüllt. Titel III enthält die Anforderungen an Emittenten von ARTs u. a. für die Zulassung (Art. 16), die Beantragung der Zulassung (Art. 18) und das Kryptowerte-Whitepaper (Art. 19).

24 **e) Geschäftsmodell als ernsthafte Bedrohung für die Marktintegrität, die Finanzstabilität und das reibungslose Funktionieren der Zahlungssysteme (lit. e).** Ein Auslöser der Regelung über die Aufsicht von ARTs war sicher die Ankündigung von Diem (ehemals Libra) durch Facebook im Jahr 2019 zur Einführung einer eigenen Digitalwährung. Die geplante Emission (einer letztlich eingestellten) globalen Kryptowährung mit potenziell Milliarden Nutzern löste bei Regulierern und Zentralbanken die Befürchtung aus, dass ein solches Projekt ihre Aufsicht untergraben und die Finanzstabilität sowie die Geldpolitik gefährden könnte.[20] Die Regelungen für ARTs erfolgten also mit dem Blick auf die Stabilität der Finanzmärkte und der Währungssysteme. Dahinter dürfte die Sorge vor einem nicht ausreichend regulierten und damit riskanten Zahlungsmittel gestanden haben.[21]

25 Emittenten von ARTs, die eine ernsthafte Bedrohung für das reibungslose Funktionieren von Zahlungssystemen, die geldpolitischen Transmission oder die Währungshoheit darstellen, sollen die Zulassung nicht erhalten.

26 Wurde die Zulassung bereits erteilt, kann sie auf Grundlage derselben Bedrohungen wieder entzogen werden (vgl. die Kommentierung zu Art. 24 Abs. 1 lit. g) → Rn. 36 ff.).[22] Anstelle des Entzugs der Zulassung kann die zuständige Behörde die Menge der auszugebenden ARTs begrenzen oder eine Mindeststückelung festlegen (vgl. die Kommentierung zu Art. 24 Abs. 3 → Rn. 40). Auch dies ist Ausdruck des Grundsatzes der Verhältnismäßigkeit behördlichen Handelns.

27 **f) Weitere Verweigerungsgründe (§ 11 KMAG-E).** Nach § 11 Abs. 1 KMAG-E kann die BaFin die Zulassung nicht nur in den in Art. 21 Abs. 2 MiCAR genannten Fällen verweigern, sondern der nationale Gesetzgeber hat weitere Verweigerungsgründe festgelegt. Das ist zum einen dann der Fall, wenn der Antragsteller Tochterunternehmen eines ausländischen Kreditinstituts ist und die für dieses Kreditinstitut zuständige ausländische Aufsichtsbehörde der Gründung des Tochterunternehmens nicht zugestimmt hat (§ 11 Abs. 1 Nr. 1 KMAG-E) oder der Antrag auch nach Fristsetzung weiterhin unvollständig ist (§ 11 Abs. 1 Nr. 2 KMAG-

---

[17] Erwgr. Nr. 51 S. 3 MiCAR.
[18] EBA/ESMA, Final Report, EBA/GL/2024/09 bzw. ESMA75-453128700-10 vom 27.6.2024, F.2.
[19] EBA/ESMA, Final Report, JC/GL/2016/01 vom 20.12.2016.
[20] Maume RDi 2022, 497 (498); Maume/Tollenaar BKR 2024, 312 (313).
[21] Vgl. Möslein/Omlor FinTech-HdB/Siedler, 3. Auflage 2024, § 7 Rn. 83 f.
[22] Erwgr. Nr. 62 S. 1 MiCAR.

Erteilung oder Verweigerung der Zulassung **Art. 21**

E). Der BaFin wird durch die Formulierung „kann" ein Ermessensspielraum eingeräumt, in dem sie über die Verweigerung der Zulassung entscheiden kann. Darin unterscheidet sich die Regelung von Art. 21 Abs. 2 MiCAR, die im Falle des Vorliegens der dort genannten Versagungsgründe zwingend die Verweigerung der Zulassung vorsieht.

§ 11 Abs. 2 KMAG-E enthält eine Verordnungsermächtigung zur ergänzenden Ausgestaltung des Zulassungsverfahrens aufgrund nationaler Besonderheiten oder zur Erhöhung der Effizienz des Verwaltungsverfahrens. **28**

4. Versagung bei ablehnender Stellungnahme von EZB (Art. 21 Abs. 4)

Die zuständigen Behörden lehnen die Zulassung in jedem Fall auch dann ab, wenn die EZB bzw. die ggf. involvierte nationale Zentralbank eine ablehnende Stellungnahme (Art. 20 Abs. 5) aufgrund eines Risikos für das reibungslose Funktionieren der Zahlungssysteme, der geldpolitischen Transmission oder der Währungshoheit abgibt. Insofern sind die Stellungnahmen für die nationalen Aufsichtsbehörden zwingend. **29**

Eine vergleichbare Regelung findet sich nicht in Art. 63, in dem die Verweigerung der Zulassung eines Kryptowerte-Dienstleisters geregelt ist. Auch in den anderen aufsichtsrechtlichen Regelungsregimen sind solche Regelungen als Tatbestand für den Entzug einer Zulassung nicht enthalten. Wie auch schon an anderen Stellen in den Bestimmungen zu ARTs dürfte hinter diesem Entzugstatbestand die Sorge vor einem nicht ausreichend regulierten und damit riskanten Zahlungsmittel gestanden haben.[23] **30**

Die MiCAR enthält keine Definition der einzelnen Tatbestandsmerkmale. Die MiCAR enthält auch keine Aufträge zum Erstellen technischer Regulierungsstandards oder Leitlinien diesbezüglich. Mangels vergleichbarer Regelungen in anderen aufsichtsrechtlichen Regelungsregimen ist deshalb abzuwarten, in welchen Fällen die Behörden von einem Vorliegen der Tatbestandsmerkmale ausgehen. Um davon ausgehen zu können, dass ein ART eine ernsthafte Bedrohung für das reibungslose Funktionieren der Zahlungssysteme, die geldpolitische Transmission oder die Währungshoheit darstellt, muss es sich aber sicherlich um gravierende Fälle handeln. **31**

5. Verfahren bei Zulassung

Im Falle der Zulassung übermitteln die zuständigen Behörden der zentralen Kontaktstelle der Aufnahmemitgliedstaaten, in denen die ARTs angeboten werden sollen, der ESMA, der EBA, der EZB und gegebenenfalls den in Art. 20 Abs. 4 genannten Zentralbanken innerhalb von zwei Arbeitstagen nach Erteilung der Zulassung die nach Art. 109 Abs. 3 erforderlichen Informationen (Art. 21 Abs. 5). Die ESMA stellt diese Informationen ab dem Startdatum in ihr Register (sog. ESMA-Register) ein. **32**

Die zuständigen Behörden unterrichten EBA, ESMA und EZB sowie gegebenenfalls die in Art. 20 Abs. 4 genannte Zentralbank eines Nicht-Euro-Staats über alle abgelehnten Anträge auf Zulassung und legen die Gründe für die Entscheidung und ggf. eine Begründung für Abweichungen von den in Art. 20 Abs. 5 genannten Stellungnahmen vor (Art. 21 Abs. 6). **33**

---

[23] Vgl. Möslein/Omlor FinTech-HdB/Siedler, 3. Auflage 2024, § 7 Rn. 83 f.

Artikel 22 Berichterstattung über vermögenswertereferenzierte Token

(1) Bei jedem vermögenswertereferenzierten Token mit einem Ausgabewert von mehr als 100 000 000 EUR berichtet der Emittent der zuständigen Behörde vierteljährlich folgende Informationen:
a) die Zahl der Inhaber;
b) den Wert des ausgegebenen vermögenswertereferenzierten Token und den Umfang der Vermögenswertreserve;
c) die durchschnittliche Zahl und den durchschnittlichen aggregierten Wert der Transaktionen pro Tag im entsprechenden Quartal;
d) eine Schätzung der durchschnittlichen Zahl und des durchschnittlichen aggregierten Werts der Transaktionen pro Tag im entsprechenden Quartal, die mit ihrer Verwendung als Tauschmittel innerhalb eines einheitlichen Währungsraums zusammenhängen.

Für die Zwecke von Unterabsatz 1 Buchstaben c und d ist unter „Transaktion" eine Änderung der natürlichen oder juristischen Person zu verstehen, die infolge der Übertragung des vermögenswertereferenzierten Token von einer Distributed-Ledger-Adresse auf eine andere oder von einem Distributed-Ledger-Konto auf ein anderes Anspruch auf der vermögenswertereferenzierte Token hat.

Transaktionen, die mit dem Tausch gegen einen Geldbetrag oder andere Kryptowerte bei dem Emittenten oder bei einem Anbieter von Kryptowerte-Dienstleistungen zusammenhängen, gelten nicht als mit der Verwendung des vermögenswertereferenzierten Token als Tauschmittel in Zusammenhang stehend, es sei denn, es gibt Belege dafür, dass der vermögenswertereferenzierte Token für die Abwicklung von Transaktionen mit anderen Kryptowerten verwendet wird.

(2) Die zuständige Behörde kann von Emittenten vermögenswertereferenzierter Token verlangen, der Berichterstattungspflicht nach Absatz 1 in Bezug auf vermögenswertereferenzierte Token nachzukommen, die mit einem Wert von weniger als 100 000 000 EUR ausgegeben wurden.

(3) Anbieter von Kryptowerte-Dienstleistungen, die Dienstleistungen im Zusammenhang mit vermögenswertereferenzierten Token anbieten, stellen dem Emittenten des vermögenswertreferenzierten Token die für die Vorbereitung der Meldung gemäß Absatz 1 erforderlichen Informationen zur Verfügung, unter anderem durch die Meldung von Transaktionen außerhalb des Distributed Ledgers.

(4) Die zuständige Behörde leitet die erhaltenen Informationen an die EZB und gegebenenfalls an die Zentralbank nach Artikel 20 Absatz 4 sowie an die zuständigen Behörden der Aufnahmemitgliedstaaten weiter.

(5) Die EZB und gegebenenfalls die Zentralbank nach Artikel 20 Absatz 4 können der zuständigen Behörde für ein Quartal ihre eigenen Schätzungen der durchschnittlichen Zahl und des durchschnittlichen aggregierten Wertes der Transaktionen pro Tag im Zusammenhang mit der Verwendung vermögenswertereferenzierter Token als Tauschmittel in ihrem jeweiligen Währungsraum vorlegen.

(6) Die EBA erarbeitet in enger Zusammenarbeit mit der EZB Entwürfe technischer Regulierungsstandards zur Spezifizierung der Methodik für die Schätzung für ein Quartal der durchschnittlichen Zahl und des durchschnittlichen aggregierten Werts der Transaktionen pro Tag im Zusammenhang mit der Verwendung des wertereferenzierten Token als Tauschmittel in einem einzelnen einheitlichen Währungsraum.

Die EBA übermittelt der Kommission die in Unterabsatz 1 genannten Entwürfe technischer Regulierungsstandards spätestens am 30. Juni 2024.

Der Kommission wird die Befugnis übertragen, diese Verordnung durch die Annahme der in Unterabsatz 1 dieses Absatzes genannten technischen Regulierungsstandards gemäß den Artikeln 10 bis 14 der Verordnung (EU) Nr. 1093/2010 zu ergänzen.

(7) Die EBA arbeitet Entwürfe technischer Durchführungsstandards aus, um Standardformulare, Standardformate und Mustertexte für die Zwecke der Berichterstattung gemäß Absatz 1 und das Zurverfügungstellen der Information gemäß Absatz 3 festzulegen.

Die EBA übermittelt der Kommission die in Unterabsatz 1 genannten Entwürfe technischer Durchführungsstandards spätestens am 30. Juni 2024.

Der Kommission wird die Befugnis übertragen, die in Unterabsatz 1 dieses Absatzes genannten technischen Durchführungsstandards gemäß Artikel 15 der Verordnung (EU) Nr. 1093/2010 zu erlassen.

Schrifttum: Siehe Art. 16

Übersicht

	Rn.
I. Allgemeines	1
1. Genese	1
2. Überblick	3
3. Grundlagen	4
II. Meldepflichten des Emittenten (Abs. 1, Abs. 6–7)	8
III. Erweiterung des Anwendungsbereiches (Abs. 2)	19
IV. Mitwirkungspflicht von Kryptowerte-Dienstleistern (Abs. 3, Abs. 7)	21
V. Behördlicher Informationsaustausch (Abs. 4, 5)	25

I. Allgemeines[1]

1. Genese

Eine dem Art. 22 entsprechende Regelung war noch nicht im MiCAR-**Kommissionsentwurf** enthalten, wurde aber bereits zu Beginn des **Trilogverfahrens** vom Rat der Europäischen Union (noch als Art. 19a) in die Verhandlungen eingebracht[2] und erlangte ohne wesentliche Änderungen in dieser Form Gesetzeskraft.

---

[1] Dieser Beitrag gibt die persönliche Meinung des Autors wieder und entspricht nicht notwendigerweise der Auffassung der Deutschen Bundesbank.
[2] Council of the European Union, MiCA: Proposal for a regulation on Markets in crypto-assets – Three-column table to commence trilogues, 2020/0265 (COD) EF 97 ECOFIN 279 CODEC 391, 1. April 2022.

2 Die Regelungen der **Abs. 1–5 traten am 30. Juni 2024 in Kraft** (Art. 149 Abs. 3), diejenigen der **Abs. 6–7** bereits am **29. Juni 2023** (Art. 149 Abs. 4).

2. Überblick

3 Der Emittent eines vermögenswertereferenzierten Tokens mit einem Ausgabewert von mehr als 100 Mio. EUR ist zur quartalsweisen Meldung bestimmter Kennzahlen verpflichtet (Abs. 1). Dazu gehören zB die Anzahl der Inhaber des vermögenswertereferenzierten Tokens sowie der Wert der ausgegebenen vermögenswertereferenzierten Token (→ Rn. 8 ff.). Auf eine Entscheidung der zuständigen Behörde hin kann die Berichtspflicht auch auf vermögenswertereferenzierte Token mit einem Ausgabewert unterhalb des vorgenannten Schwellenwerts ausgeweitet werden (Abs. 2) (→ Rn. 19 f.). Kryptowerte-Dienstleister, die Dienstleistungen im Zusammenhang mit dem vermögenswertereferenzierten Token anbieten, sind gem. Abs. 3 verpflichtet, dem Emittenten die für dessen Meldung erforderlichen Informationen zur Verfügung zu stellen (→ Rn. 21 ff.). Die zuständige Behörde leitet diese Informationen sodann ua an die EZB sowie an die zuständigen Behörden der Aufnahmemitgliedstaaten weiter (Abs. 4) (→ Rn. 25 f.). Daraufhin besteht ua für die EZB die Möglichkeit, der zuständigen Behörde ihre eigenen Schätzungen über die Verwendung vermögenswertereferenzierter Token als Tauschmittel vorzulegen (Abs. 5) (→ Rn. 27). Die Methodik zur Schätzung der Verwendung als Tauschmittel ist Gegenstand eines von der EBA in Zusammenarbeit mit der EZB auszuarbeitenden technischen Regulierungsstandards (Abs. 6) (→ Rn. 13 f.). Für die Zwecke von Abs. 1 und Abs. 3 sind die von der EBA erarbeiteten Standardformulare, Standardformate und Mustertexte nach Maßgabe der darauf beruhenden technischen Durchführungsverordnung (EU) 2024/2902 zu verwenden (Abs. 7) (→ Rn. 17 f., 24).

3. Grundlagen

4 Art. 22 ist unmittelbar lediglich auf **vermögenswertereferenzierte Token** anwendbar **(sachlicher Anwendungsbereich).** Parallelvorschriften für andere Kryptowerte als vermögenswertereferenzierte Token oder E-Geld-Token oder für E-Geld-Token existieren nicht. Gem. Art. 58 Abs. 3 sind die Regelungen des Art. 22 allerdings für signifikante E-Geld-Token anzuwenden, wenn diese auf eine Währung lauten, die keine amtliche Währung eines Mitgliedstaats ist (→ Art. 58 Rn. 9).

5 Die nach Abs. 1 übermittelten Informationen finden zunächst im Rahmen von Art. 23 Anwendung. Danach können Beschränkungen für die Ausgabe vermögenswertereferenzierter Token eingeführt werden, wenn Anzahl und Wert der Transaktionen, die in Zusammenhang mit der Verwendung als Tauschmittel stehen, die in Art. 23 festgelegten Grenzen überschreiten **(Verwendungszweck der erhobenen Informationen).** Zudem werden die Daten nach Abs. 1 gem. Art. 43 Abs. 4[3] und Abs. 8 (→ Art. 43 Rn. 30 ff.) auch für die Einstufung als signifikante vermögenswertereferenzierte Token verwendet. Schließlich beruht auch die Qualifi-

---

[3] Bei dem in der deutschen Fassung Art. 43 Abs. 4 enthaltenen Verweis auf „Absatz 22" handelt es sich um ein Redaktionsversehen, da ein Abs. 22 nicht existiert und zudem die englische Sprachfassung zurecht auf „Article 22" verweist.

Berichterstattung über vermögenswertereferenzierte Token **Art. 22**

kation als signifikanter E-Geld-Token gem. Art. 56 Abs. 3, 8 auf den nach Abs. 1 erhobenen Daten (→ Art. 56 Rn. 3 f.).

Art. 19 gilt sowohl für Emissionen von juristischen Personen oder anderen Unternehmen iSv Art. 16 Abs. 1 lit. a als auch für Emissionen von Kreditinstituten iSv Art. 16 Abs. 1 lit. b (**persönlicher Anwendungsbereich**). Eine Privilegierung von Kreditinstituten iS einer Ausnahme von der Meldeverpflichtung ist in Abs. 17 Abs. 4 gerade nicht vorgesehen. **6**

Liegt ein **Verstoß gegen die Meldepflichten** aus Abs. 1 vor, so kann die EBA gegenüber einem Emittenten eines signifikanten vermögenswertereferenzierten Tokens eine Maßnahme aus dem Katalog des Art. 130 Abs. 1 iVm Anhang V Nr. 1 ergreifen, wozu zB Geldbußen gem. Art. 131 und Zwangsgelder nach Art. 132 gehören. Im Übrigen kann die zuständige Behörde Maßnahmen nach nationalem Recht auf Grundlage von § 15 Abs. 1, 3 KMAG erlassen. **7**

II. Meldepflichten des Emittenten (Abs. 1, Abs. 6–7)

Nach Abs. 1 UAbs. 1 muss der Emittent eines vermögenswertereferenzierten Tokens mit einem Ausgabewert von mehr als 100 Mio. EUR der zuständigen Behörde vierteljährlich folgende Informationen übermitteln: **8**
- die **Anzahl der Inhaber** der vermögenswertereferenzierten Token (lit. a)
- den **Wert des ausgegebenen vermögenswertereferenzierten Token** und den **Umfang der Vermögenswertreserve** (lit. b)
- die durchschnittliche **Zahl** und den durchschnittlichen aggregierten **Wert der Transaktionen** pro Tag im entsprechenden Quartal (lit. c)
- eine **Schätzung** der durchschnittlichen **Zahl** und des durchschnittlichen aggregierten **Werts der Transaktionen** pro Tag im entsprechenden Quartal, die mit ihrer **Verwendung als Tauschmittel** innerhalb eines einheitlichen Währungsraums zusammenhängen (lit. d)

Die vorstehenden Informationen sind zum Stand der durch Art. 2 Durchführungsverordnung (EU) 2024/2902 bestimmten **Meldestichtage** an den durch Art. 3 Durchführungsverordnung (EU) 2024/2902 festgelegten **Einreichungsterminen** zu übermitteln. **9**

Der Begriff der **Transaktion** ist gem. Abs. 1 UAbs. 2 als eine Änderung der natürlichen oder juristischen Person zu verstehen, die – infolge der Übertragung des vermögenswertereferenzierten Tokens von einer Distributed-Ledger-Adresse auf eine andere (oder von einem Distributed-Ledger-Konto auf ein anderes) – Anspruch auf den vermögenswertereferenzierten Token hat. **10**

Die verwendete Beschreibung „Änderung des Rechtssubjektes, welches Anspruch auf den vermögenswertereferenzierten Token hat", scheint auf den ersten Blick zivilrechtlich eindeutig, deckt aber nur die Variante des „Distributed-Ledger-Kontos" ab (zu diesen Transaktionen „außerhalb des Registers" – so ausdrücklich Abs. 3 – s. → Rn. 23). Da aber in Bezug auf das Privatrecht der Kryptowerte in vielen Rechtsordnungen noch kein ausdrückliches Regelungsregime geschaffen wurde, sollte nicht nur die Übertragung eines kontobasierenden **„Anspruches auf den Kryptowert"**, sondern auch die Übertragung einer möglicherweise bestehenden eigentumsähnlichen absoluten Rechtsposition von der Meldepflicht umfasst sein (**„Übertragung des Rechtes am Kryptowert"**). **11**

Die in **Abs. 1 UAbs. 1 lit. d** genannte **Verwendung als Tauschmittel** („means of exchange") ist – bei allen bestehenden sonstigen fundamentalen Unterschieden – **12**

Alfes

vergleichbar mit der Zahlungsfunktion des Geldes.[4] Meldepflichtig ist hier also die Teilmenge derjenigen Transaktionen, in denen der vermögenswertereferenzierte Token zB eine Gegenleistung für Waren oder Dienstleistungen darstellt[5].

13 Gem. Abs. 6 war die **EBA** – in Zusammenarbeit mit der EZB – beauftragt, bis zum 30. Juni 2024 Entwürfe **technischer Regulierungsstandards** an die Kommission zu übermitteln, die die Methodik für die Schätzung der durchschnittlichen Zahl und des durchschnittlichen aggregierten Werts der Transaktionen pro Tag im Zusammenhang mit der Verwendung des vermögenswertereferenzierten Tokens als Tauschmittel im einheitlichen Währungsraum zu spezifizieren.

14 Die **EBA** hat dazu am 8. November 2023 ein **Consultation Paper**[6] und am 19. Juni 2024 den zugehörigen **Final Report**[7] veröffentlicht. Der Final Report enthält unter Nr. 4 einen 6-seitigen Entwurf entsprechender technischer Regulierungsstandards enthält. Über die bloße Meldeverpflichtung des Art. 22 Abs. 1 hinaus sind dort in Art. 3 des Entwurfes des technischen Regulierungsstandards Konkretisierungen zum Umfang der Meldepflicht im Zusammenhang mit der Verwendung eines wertreferenzierten Tokens als Tauschmittel enthalten (z. B. zur Verwendung des vermögenswertereferenzierten Tokens als Sicherheit oder zur Erfüllung von Derivateverträgen). Art. 5 Abs. 1 des Entwurfes des technischen Regulierungsstandards sieht darüber hinaus vor, dass Emittenten zudem auch Systeme und Verfahren („systems and procedures") vorhalten müssen, um die nach Abs. 1 zu meldenden Informationen zutreffend, vollständig und rechtzeitig zu übermitteln.

15 Nach **Abs. 1 UAbs. 3** gelten Transaktionen als **nicht mit der Verwendung des vermögenswertereferenzierten Tokens als Tauschmittel** in Zusammenhang stehend, wenn diese in einem Tausch gegen einen Geldbetrag (iSv Art. 3 Abs. 1 Nr. 14) oder gegen andere Kryptowerte bei dem Emittenten oder bei einem Anbieter von Kryptowerte-Dienstleistungen bestehen. Damit scheinen Fälle hier die Fälle der „erstmaligen Beschaffung" der jeweiligen vermögenswertereferenzierten Token gemeint zu sein.

16 Als **Rückausnahme** (Abs. 1 UAbs. 3 aE) soll dies dann nicht gegeben sein, wenn es Belege dafür gibt, dass der vermögenswertereferenzierte Token für die Abwicklung von Transaktionen mit anderen Kryptowerten verwendet wird. Nach ErwG 61 soll diese Rückausnahme dann verwirklicht sein, wenn eine Transaktion mit zwei Komponenten von Kryptowerten („involving 2 legs of crypto-assets"), bei denen es sich nicht um die vermögenswertereferenzierten Token handelt, mit den vermögenswertereferenzierten Token abgewickelt wird. Das EBA Consultation Paper enthält dazu keine weiteren Erläuterungen, sondern stellt lediglich die Frage,

---

[4] Zu den Funktionen des Geldes vgl. Ellenberger/Bunte BankR-HdB/Schefold, 6. Aufl. 2022, § 89 Rn. 17.

[5] IdS auch ErwG 61: „Geschäfte mit Händlern".

[6] EBA Consultation Paper, Draft Regulatory Technical Standards on the methodology to estimate the number and value of transactions associated to uses of asset-referenced tokens as a means of exchange under Article 22(6) of Regulation (EU) No 2023/1114 (MiCAR) and of e-money tokens denominated in a currency that is not an official currency of a Member State pursuant to Article 58(3) of that Regulation (EBA/CP/2023/31) 8. Nov. 2023.

[7] EBA Final Report, Draft Regulatory Technical Standards on the methodology to estimate the number and value of transactions associated to uses of asset-referenced tokens as a means of exchange under Article 22(6) of Regulation (EU) No 2023/1114 (MiCAR) and of e-money tokens denominated in a currency that is not an official currency of a Member State under Article 58(3) of that Regulation (EBA/RTS/2024/13), 19. Juni 2024

welche „use cases" hier erwartet werden.[8] Möglicherweise könnte es sich hier um Geschäfte handeln, die zwar zunächst Lieferungen in bestimmten Kryptowerten vorsehen, die aber auch durch eine Zahlung in (anderen) vermögenswertereferenzierten Token bedient werden können. Eine vergleichbare Gestaltung wäre aus Derivateverträgen bekannt, in denen zwar unmittelbar eine Verpflichtung zur Lieferung von bestimmten Wertpapieren vorgesehen ist, die aber auch durch Zahlung eines entsprechenden Geldbetrages erfüllt werden kann („cash settlement" statt „physical settlement").

Gem. **Abs. 7** war die **EBA** beauftragt, bis zum 30. Juni 2024 Entwürfe **technischer Durchführungsstandards** an die Kommission zu übermitteln, um Standardformulare, Standardformate und Mustertexte für die Zwecke der Berichterstattung gemäß Abs. 1 festlegen. Die **EBA** hat dazu am 8. November 2023 ein **Consultation Paper**[9] sowie am 19. Juni 2024 den zugehörigen **Final Report**[10] veröffentlicht. 17

Die daraufhin erlassene **Durchführungsverordnung (EU) 2024/2902 der Kommission vom 20. November 2024** zur Festlegung technischer Durchführungsstandards für die Anwendung der Verordnung (EU) 2023/1114 des Europäischen Parlaments und des Rates in Bezug auf Meldungen im Zusammenhang mit vermögenswertereferenzierten Token und E-Geld-Token, die auf eine Währung lauten, die keine amtliche Währung eines Mitgliedstaats ist (Amtsblatt L vom 28.11.2024) enthält 5 **Anhänge,** von denen für die Emittenten von vermögenswertereferenzierten Token zunächst die Tabelle in Anhang I („**Meldebögen** für Emittenten vermögenswertereferenzierter Token") einschlägig ist, in die alle nach Abs. 1 zu meldenden Informationen „Feld-für-Feld" eingetragen werden können. Ebenfalls von Belang sind die zugehörigen **Erläuterungen** in Anhang II sowie Anhang V über das „Einheitliche Datenpunktmodell" und die „Validierungsregeln". 18

III. Erweiterung des Anwendungsbereiches (Abs. 2)

Die zuständige Behörde kann die Informationspflicht des Abs. 1 ausweiten und auch von Emittenten vermögenswertereferenzierter Token mit einem **unter 100 Mio. EUR liegenden Ausgabewert** verlangen, den Meldepflichten nach Abs. 1 nachzukommen. Regelungszweck ist der erweiterte Schutz des reibungslosen Funktionierens von Zahlungssystemen, der geldpolitischen Transmission und der Währungshoheit.[11] 19

---

[8] EBA/CP/2023/31, S. 10: „Question 2: Please describe any observed or foreseen use cases where transactions involving two legs of crypto-assets, that are different from an ART, are settled in the ART, as referred to in recital 61 of MiCAR".

[9] EBA Consultation Paper, Consultation Paper Draft Implementing Technical Standards on the reporting on asset-referenced tokens under Article 22(7) of Regulation (EU) No 2023/1114 (MiCAR) and on e-money tokens denominated in a currency that is not an official currency of a Member State pursuant to Article 58(3) of that Regulation (EBA/CP/2023/32) 8. Nov. 2023.

[10] EBA Final Report, Draft Implementing Technical Standards on the reporting on asset-referenced tokens under Article 22(7) of Regulation (EU) No 2023/1114 (MiCAR) and on e-money tokens denominated in a currency that is not an official currency of a Member State pursuant to Article 58(3) of that Regulation (EBA/ITS/2024/04), 19. Juni 2024.

[11] Vgl. ErwG 62; pointierter Maume RDi 2022, 497 Rn. 24: „die Befürchtung des EU-Gesetzgebers, dass Kryptowerte sich zu einer Ersatzwährung entwickeln".

20 In Betracht käme dies zB bei vermögenswertereferenzierten Token, deren Ausgabewert regelmäßig **um die 100 Mio. EUR-Grenze schwankt,** bei einer fast alleinigen Verwendung des vermögenswertereferenzierten Tokens in einem bestimmten Marktsegment, im Falle einer hohen **Umlaufgeschwindigkeit** des vermögenswertereferenzierte Token iSv einer großen Anzahl von Transaktionen (vielleicht in Anlehnung an Art. 23 Abs. 1 in Höhe von 1 Mio. Transaktionen pro Tag), ohne dass dabei der Ausgabewert von 100 Mio. EUR überschritten werden würde.

IV. Mitwirkungspflicht von Kryptowerte-Dienstleistern (Abs. 3, Abs. 7)

21 **Anbieter von Kryptowerte-Dienstleistungen** (iSv Art. 3 Abs. 1 Nr. 15), deren Dienstleistungen sich auf vermögenswertereferenzierte Token beziehen, sind verpflichtet, dem Emittenten die für dessen Meldung nach Abs. 1 **erforderlichen Informationen** zur Verfügung zu stellen. Die originäre Verpflichtung zur Meldung gegenüber der Behörde verbleibt jedoch beim Emittenten, während die Verpflichtung der Anbieter von Kryptowerte-Dienstleistungen nur zur Lieferung gegenüber dem Emittenten des vermögenswertereferenzierten Tokens besteht.

22 Die obligatorische Beteiligung der Kryptowerte-Dienstleister bei der Informationsbeschaffung liegt darin begründet, dass der **Emittenten** idR **nicht** über die für seine Meldung nach Abs. 1 **erforderlichen Information verfügt.** Der Wissensstand des Kryptowerte-Emittenten kann insoweit vergleichbar sein mit demjenigen eines Wertpapier-Emittenten. Werden Wertpapiere von einem Zentralverwahrer iSv. Art. 2 Abs. 1 Nr. 1 CSDR[12] verwahrt, der das betreffende Wertpapier dem Depot eines Kreditinstitutes gutschreibt, welches sodann wiederum in den eigenen Büchern ein Depot für die tatsächliche Inhaberin des Wertpapieres führt, so kennt auch hier der Emittent weder die Inhaberin des Wertpapiers, noch vermag er zu erkennen, welchen wirtschaftlichen Hintergrund die Übertragung des Wertpapiers hat. Auch in der traditionellen Wertpapierverwahrung müsste sich der Emittent für diese Informationen an die beteiligten Intermediäre wenden.

23 Die Meldungen der Anbieter von Kryptowerte-Dienstleistungen betreffen insbesondere auch solche **Transaktionen, die außerhalb des Distributed Ledgers** erfolgen. Erfasst sind damit diejenigen Fälle, in denen die vermögenswertereferenzierten Token entweder auf („eigenen") Wallets der Anbieter von Kryptowerte-Dienstleistungen verbucht sind oder aber wenn die Kunden-Token auf einer Sammel-Kunden-Wallet gehalten werden (sog. „Omnibus Client Wallet").[13] In beiden Fällen kommt es bei Transaktionen nicht zwingend zu einer Übertragung im Distributed Ledger, wenn es sich zB um eine Transaktion zwischen zwei Kunden einer Omnibus Client Wallet handelt und sich daher lediglich die Zuordnung der in der

---

[12] VO (EU) Nr. 909/2014 des Europäischen Parlaments und des Rates v. 23. Juli 2014 zur Verbesserung der Wertpapierlieferungen und -abrechnungen in der Europäischen Union und über Zentralverwahrer sowie zur Änderung der RL 98/26/EG und 2014/65/EU und der VO (EU) Nr. 236/2012 (Zentralverwahrerverordnung).

[13] Zu Segregated Wallets und Omnibus Wallets s Skauradszun RDi 2023, 269 oder Haneke NZI 2023, 529 (530).

Wallet gehaltenen – und im Distributed Ledger nicht bewegten – vermögenswertereferenzierten Token von der Übertragenden auf die Erwerberin ändert.[14]

Die **Durchführungsverordnung (EU) 2024/2902** (→ Rn. 17 f.) enthält auch 24 Standardformulare, Standardformate und Mustertexte, die von den Anbietern von Kryptowerte-Dienstleistungen für deren Berichterstattung gemäß Abs. 3 zu verwenden sind. Einschlägig sind hier die Tabelle in Anhang III (**„Meldebögen für Anbieter von Kryptowerte-Dienstleistungen"**), die zugehörigen **Erläuterungen** in Anhang IV sowie der Anhang V über das „Einheitliche Datenpunktmodell" und die „Validierungsregeln".

V. Behördlicher Informationsaustausch (Abs. 4, 5)

Nach **Abs. 4** leitet die zuständige Behörde die nach den Abs. 1, 3 erhaltenen 25 Informationen an die **EZB** sowie an die **zuständigen Behörden der Aufnahmemitgliedstaaten** (iSv Art. 3 Abs. 1 Nr. 34 lit. d) weiter.

Zudem sind die Informationen in den Fällen des **Art. 20 Abs. 4 S. 2** auch an die 26 dort näher bezeichnete **Zentralbank** zu übermitteln. Dies ist dann der Fall, wenn der Emittent in einem Mitgliedstaat niedergelassen ist, dessen amtliche Währung nicht der Euro ist (zB im Falle eines in Dänemark niedergelassenen Emittenten, wobei es auf die in Bezug genommene Währung nicht ankommt) oder wenn eine amtliche Währung eines Mitgliedstaats, die nicht der Euro ist, als Bezugsgröße für den vermögenswertereferenzierten Token verwendet wird (zB bei Bezugnahme auf die Dänische Krone,[15] wobei in diesen Fällen der Mitgliedstaat der Niederlassung des Emittenten nicht von Belang ist). Werden mehrere Nicht-Euro-Währungen in Bezug genommen, so sind alle betroffenen Zentralbanken zu informieren.

Abs. 5 regelt schließlich den Informationsfluss in die entgegengesetzte Richtung. Die EZB – und gegebenenfalls auch die Zentralbank nach Art. 20 Abs. 4 S. 2 27 (vgl. (→ Rn. 26) können der zuständigen Behörde ihre **eigenen Schätzungen** der durchschnittlichen Zahl und des durchschnittlichen aggregierten Wertes der Transaktionen pro Tag im Zusammenhang mit der **Verwendung vermögenswertereferenzierter Token als Tauschmittel** in ihrem jeweiligen Währungsraum übermitteln. Die Schätzungen können gem. Art. 23 Abs. 2 verwendet werden, um ein Überschreiten der Schwellenwerte nach Art. 23 Abs. 1 zu überprüfen.

Artikel 23 Beschränkungen der Ausgabe vermögenswertereferenzierter Token, die gemeinhin als Tauschmittel verwendet werden

(1) **Übersteigen bei einem bestimmten vermögenswertereferenzierten Token die geschätzte durchschnittliche Zahl und der geschätzte durchschnittliche aggregierte Wert der Transaktionen pro Tag im Zusammenhang mit der Verwendung als Tauschmittel für ein Quartal innerhalb**

---

[14] Nicht erfasst sind also diejenigen Fälle, in denen die vermögenswertereferenzierten Token für jeden Kunden in einer separaten Wallet gehalten werden (sog. „Segregated Client Wallet"), da dann eine Transaktion auch stets Änderungen im Distributed Ledger auslöst.

[15] Es kann sich bei der Dänischen Krone freilich nicht um die einzige in Bezug genommene Größe handeln, da es sich sonst um einen E-Geld-Token handeln würde.

Art. 23

eines einheitlichen Währungsraums eine Million Transaktionen bzw. 200 000 000 EUR, so muss der Emittent

(a) die Ausgabe dieses vermögenswertereferenzierten Token einstellen und

(b) der zuständigen Behörde innerhalb von 40 Arbeitstagen nach Erreichen dieses Schwellenwerts einen Plan vorlegen, um sicherzustellen, dass die geschätzte durchschnittliche Zahl und der durchschnittliche aggregierte Wert dieser Transaktionen pro Tag unter einer Million Transaktionen bzw. 200 000 000 EUR gehalten werden.

(2) Um zu beurteilen, ob der in Absatz 1 genannte Schwellenwert erreicht wird, verwendet die zuständige Behörde die vom Emittenten bereitgestellten Informationen, ihre eigenen Schätzungen oder die Schätzungen der EZB oder gegebenenfalls der in Artikel 20 Absatz 4 genannten Zentralbank, je nachdem, welcher Wert höher ist.

(3) Geben mehrere Emittenten denselben vermögenswertereferenzierten Token aus, so werden die in Absatz 1 genannten Kriterien nach Aggregation der Daten aller Emittenten von der zuständigen Behörde bewertet.

(4) Der Emittent legt der zuständigen Behörde den in Absatz 1 Buchstabe b genannten Plan zur Genehmigung vor. Die zuständige Behörde verlangt erforderlichenfalls Änderungen, etwa die Festlegung einer Mindeststückelung, um einen zügigen Rückgang der Verwendung des vermögenswertereferenzierten Token als Tauschmittel sicherzustellen.

(5) Die zuständige Behörde darf es dem Emittenten nur dann gestatten, den vermögenswertereferenzierten Token erneut auszugeben, wenn sie über Belege verfügt, dass die geschätzte durchschnittliche Zahl und der durchschnittliche aggregierte Wert der Transaktionen pro Tag im Zusammenhang mit seiner Verwendung als Tauschmittel innerhalb eines einheitlichen Währungsraums weniger als eine Million Transaktionen bzw. 200 000 000 EUR betragen.

Schrifttum: Siehe Art. 16

Übersicht

	Rn.
I. Grundlagen	1
1. Genese	1
2. Regelungszweck	2
II. Auslegung der Norm	7
1. Überschreiten bestimmter Schwellen als Tatbestandsvoraussetzung	7
a) Verwendung als Tauschmittel	7
b) Innerhalb eines einheitlichen Währungsraums	11
c) Durchschnittswerte für ein Quartal	12
d) Eine Million Transaktionen bzw. 200 Millionen Euro pro Tag	13
2. Pflichten des Emittenten als Rechtsfolge	16
a) Einstellen der Ausgabe	18
b) Vorlegen eines Plans	20
3. Datengrundlage	24
4. Ausgabe durch mehrere Emittenten	25
5. Genehmigung durch die zuständige Behörde	27
6. Gestattung der erneuten Ausgabe, Art. 23 Abs. 5	30

I. Grundlagen

1. Genese

Die Regelung war nicht im Kommissionsentwurf vorgesehen. Sie war zum ersten Mal nach den Trilog-Verhandlungen in der Kompromissfassung vom 5.10.2022 als Art. 19b enthalten. Für die finale durch das Europäische Parlament abgestimmte Fassung in Art. 23 wurde der Wortlaut an manchen Stellen noch angepasst, es blieb aber inhaltlich bei denselben Regelungen.

2. Regelungszweck

Hintergrund der Regelung ist ausweislich des Erwgr. Nr. 61, dass Emittenten vermögenswertereferenzierter Token (asset-referenced tokens – ARTs) dazu verpflichtet sein sollen, das Ausmaß ihrer Aktivität zu verringern, wenn der ART gemeinhin als **Tauschmittel** innerhalb eines einheitlichen Währungsraums verwendet wird. Dabei solle der Umstand, dass ein ART gemeinhin als Tauschmittel verwendet wird, gegeben sein, wenn die durchschnittliche Zahl bzw. der durchschnittliche aggregierte Wert der täglichen Transaktionen, die mit der Verwendung als Tauschmittel zusammenhängen, 1 Mio. Transaktionen bzw. 200.000.000 EUR in einem einheitlichen Währungsraum übersteigen. In Art. 58 Abs. 3 wird Art. 23 für E-Geld-Token, die auf eine Währung lauten, die keine amtliche Währung eines Mitliedstaats ist, ebenfalls für anwendbar erklärt.

Eine solche Regelung zur Begrenzung des emittierten Volumens eines einzelnen Finanzinstruments erscheint als ein neuer Mechanismus in den aufsichtsrechtlichen Regelwerken der EU. Zwar gibt es Ausnahmeregelungen unterhalb bestimmter Schwellenwerte, wie dies zum Beispiel die E-Geld-Richtlinie[1] oder die Prospektverordnung[2] den Mitgliedstaaten ermöglichen.

Art. 23 verpflichtet den Emittenten des ART zum aktiven Gegensteuern durch die Einstellung der Ausgabe weiterer ARTs bei einer Emission im regulierten Anwendungsbereich der MiCAR (Abs. 1 lit. a). Solche Pflichten haben die Emittenten von Wertpapieren wie Aktien oder Anleihen nicht.

ARTs haben beim Einsatz zu Zahlungszwecken eine vergleichbare Funktion wie E-Geld und insbesondere E-Geld-Token, da sie als alternatives Zahlungsmittel dienen sollen.[3] Daher wäre es vorstellbar, dass die Regelung in Art. 23 der E-Geld-Regulierung entstammt. Allerdings enthält die E-Geld-Richtlinie keine Vorschrift, der zufolge die Mitgliedstaaten einem E-Geld-Emittenten vorschreiben müssen, ab einem gewissen E-Geld-Umlauf die Ausgabe des E-Geldes einzustellen.

Daher scheinen die Regelungen des Art. 23 tatsächlich eine europarechtliche Neuheit zu sein. Art. 23 steht in Zusammenhang mit Art. 22, der bestimmte Berichtspflichten des Emittenten enthält, die zur Überwachung der Einhaltung der Schwellen des Art. 23 dienen. Es erscheint naheliegend, dass diese beiden Vorschriften sicherstellen sollen, dass kein einzelner ART, der gemeinhin als Tausch- und damit als Zahlungsmittel eingesetzt wird, eine bestimmte wirtschaftliche Relevanz überschreitet. Es dürfte darum gehen, die Effektivität der Währungspolitik zu wah-

---

[1] Art. 9 Abs. 1 lit. a RL 2009/110/EG.
[2] Art. 3 Abs. 2 lit. b VO (EU) 2017/1129.
[3] Möslein/Omlor FinTech-HdB/Siedler, 3. Auflage 2024, § 7 Rn. 84.

ren.[4] Außerdem besteht so eine abgestufte Regulierungsdichte. Denn für besonders bedeutende ARTs gilt wiederum das besondere Regime für signifikante vermögenswertereferenzierte Token mit zusätzlichen Pflichten des Emittenten (vgl. die Kommentierung zu Art. 43 ff. → Rn. 1 ff.). Möchte ein Emittent also wirtschaftlich wesentlich bedeutendere ARTs emittieren, ist dies möglich. Er unterliegt dann aber einer dichteren Regulierung und Beaufsichtigung.

II. Auslegung der Norm

1. Überschreiten bestimmter Schwellen als Tatbestandsvoraussetzung

7 a) **Verwendung als Tauschmittel.** Art. 23 gilt nicht für alle ARTs, die eine der in Abs. 1 aufgeführten Schwellen überschreiten. Grundvoraussetzung für die Anwendbarkeit des Art. 23 ist, dass der jeweilige vermögenswertereferenzierte Token als Tauschmittel verwendet wird. Hinter diesem Tatbestandsmerkmal steht die Nutzung des ART als **Zahlungsmittel**.[5] Eine solche Nutzung erscheint auf den ersten Blick naheliegend, da die rechtliche Kategorie der ARTs geschaffen wurde, um sog. Stablecoins zu regulieren, die häufig als wertstabiles Zahlungsmittel in Krypto-Ökosystemen genutzt werden.[6] Allerdings geht die MiCAR offenbar davon aus, dass ARTs nicht zwingend eine Zahlungsfunktion haben müssen und bringt die Pflichten des Art. 23 nur dann zur Anwendung, wenn eben eine solche Zahlungsfunktion besteht.

8 Art. 3 Abs. 1 enthält keine Definition zu den Anforderungen eines ART als Tauschmittel. Erwgr. Nr. 61 ist aber zu entnehmen, dass die Verwendung als Tauschmittel gegeben ist, wenn die Schwellenwerte des Art. 23 Abs. 1 überschritten werden.

9 Art. 22, der die Berichterstattungspflichten über ARTs regelt, trifft zudem eine negative Abgrenzung. Nach Art. 22 Abs. 1 UAbs. 3 steht eine Transaktion mit einem ART nicht im Zusammenhang mit der Verwendung als Tauschmittel, wenn der Tausch gegen einen Geldbetrag oder andere Kryptowerte bei dem Emittenten oder bei einem Kryptowerte-Dienstleister erfolgt (→ Art. 22 Rn. 15). Ausgeschlossen sind grundsätzlich also solche Transaktionen, bei denen ein ART von dem Emittenten ausgegeben oder zurückgetauscht wird. Zudem sind danach solche Transaktionen ausgeschlossen, die als Kryptowerte-Dienstleistungen in Form von Tauschgeschäften iSd Art. 3 Abs. 1 Ziff. 16 lit. c und d iVm Ziff. 19 und 20 durch Kryptowerte-Dienstleister erbracht werden.

10 Dieser Ausschluss gilt gemäß Art. 22 Abs. 1 UAbs. 3 jedoch nur, wenn es keine Belege dafür gibt, dass der ART für die Abwicklung von Transaktionen mit anderen Kryptowerten verwendet wird. Laut Erwgr. Nr. 61 ist das der Fall, wenn mit dem ART eine Transaktion mit zwei Komponenten von Kryptowerten abgewickelt wird, bei denen es sich nicht um den ART handelt. Der ART tritt dabei also als zusätzlicher Token zur Abwicklung eines Tauschs zweier unterschiedlicher Kryptowerte hinzu (zB Tausch von BTC in ETH unter Verwendung eines ART).

---

[4] Omlor ZHR 187 (2023), 635 (667).
[5] Omlor ZHR 187 (2023), 635 (667).
[6] Möslein/Omlor FinTech-HdB/Siedler, 3. Auflage 2024, § 7 Rn. 84; Oppenheim/Pfaf RDi 2024, 102 (104).

b) Innerhalb eines einheitlichen Währungsraums. Die Pflichten des Art. 23 **11** gelten zudem nur dann, wenn der ART in einem einheitlichen Währungsraum als Tauschmittel verwendet wird.

Hier wird im Zusammenspiel mit Art. 22 der währungspolitische Charakter der Regelung deutlich. Die zusätzlichen Pflichten gelten nur dann, wenn das Überschreiten der Schwellenwerte dazu führt, dass der ART als bedeutendes Zahlungsmittel in einem einheitlichen Währungsraum eingesetzt wird. Es soll also verhindert werden, dass sich ein ART, der nicht die strengeren Anforderungen für signifikante vermögenswertereferenzierte Token erfüllt (→ Art. 43 Rn. 1 ff.), in einem Währungsraum als bedeutendes Zahlungsmittel etabliert.

Im Hinblick auf den Währungsraum ist relevant, dass nicht alle Staaten, in denen die MiCAR gilt, auch den Euro als gesetzliche Währung haben. In diesen Staaten wird also eine rein nationale Betrachtung erfolgen. Das kann dazu führen, dass der ART zwar über alle Währungsräume hinweg die Schwellenwerte überschreitet, nicht jedoch in dem jeweiligen Währungsraum, sodass Art. 23 nicht zur Anwendung kommt. Allerdings kann die isolierte Betrachtung von Währungsräumen auch dazu führen, dass ein Emittent, dessen ART in verschiedenen Währungsräumen eingesetzt wird, die Ausgabe des ART einstellen muss, auch wenn der ART nicht in allen Währungsräumen, in denen er verwendet wird, die Schwellenwerte überschreitet.

c) Durchschnittswerte für ein Quartal. Die in Art. 22 und 23 herangezogenen Schwellenwerte sind durchschnittliche Tageswerte innerhalb eines Quartals **12** (Art. 22 Abs. 1 UAbs. 1 lit. d, Art. 23 Abs. 1). Dabei sind Schätzungen anzustellen, die der Emittent gemäß Art. 22 Abs. 1 an die zuständige Behörde berichten muss, auf deren Grundlage er aber auch die Einhaltung des Art. 23 sicherstellen muss. Zu den Anforderungen an diese Schätzungen wird es eine **Delegierte Verordnung** geben, für die zum Redaktionsschluss bereits der finale Bericht der EBA veröffentlicht war (→ Art. 22 Rn. 18).[7] Eine besondere Herausforderung dürfte jedoch darin bestehen, zwischen solchen Transaktionen zu unterscheiden, die nicht zu Tauschzwecken dienen und solchen, die zu Tauschzwecken dienen.

d) Eine Million Transaktionen bzw. 200 Millionen Euro pro Tag. Die **13** Schwellenwerte gelten **kumulativ.** Das heißt, erst wenn sowohl die Anzahl der durchschnittlichen Transaktionen pro Tag eine Millionen Transaktionen als auch einen durchschnittlichen aggregierten Wert pro Tag von 200 Millionen Euro überschreiten, gelten für den Emittenten die Pflichten des Art. 23.

Der Emittent ist gemäß Art. 22 Abs. 1 lit. d ab einem Ausgabewert von mehr als **14** 100 Millionen Euro bereits dazu verpflichtet, der zuständigen Behörde eine Schätzung über die durchschnittliche Zahl und den durchschnittlich aggregierten Wert der Transaktionen pro Tag im entsprechenden Quartal, die mit ihrer Verwendung als Tauschmittel innerhalb eines einheitlichen Währungsraums zusammenhängen, zur Verfügung zu stellen. Auf Grundlage dieser Schätzungen sollte der Emittent also auch die Einhaltung der Schwellenwerte des Art. 23 Abs. 1 überwachen.

Die MiCAR bestimmt die betragsmäßige Schwelle in Euro. Wenn der ART **15** auch außerhalb des Euro-Raums als Tauschmittel verwendet wird, muss zur Überwachung der Schwellenwerte eine Umrechnung anhand des jeweils geltenden Wechselkurses in Euro erfolgen.

---

[7] EBA, Final Report, EBA/RTS/2024/13 vom 19.6.2024.

Art. 23 Titel III Vermögenswertereferenzierte Token

2. Pflichten des Emittenten als Rechtsfolge

16 Sobald nach seiner Schätzung die Anzahl der durchschnittlichen Transaktionen pro Tag eine Millionen Transaktionen und einen durchschnittlich aggregierten Wert pro Tag von 200 Millionen Euro überschreiten, muss der Emittent die Pflichten des Art. 23 erfüllen.

17 Dies umfasst das **Einstellen der Ausgabe ART** und die **Vorlage eines Plans**, um sicherzustellen, dass die geschätzte durchschnittliche Zahl und der durchschnittliche aggregierte Wert dieser Transaktionen pro Tag unter einer Million Transaktionen bzw. 200 Millionen Euro gehalten werden.

18 a) **Einstellen der Ausgabe.** Das Einstellen der Ausgabe bedeutet, dass der Emittent keine weiteren ARTs an andere natürliche oder juristische Personen übertragen darf. Anders als das hinsichtlich vieler anderer Pflichten bezüglich ARTs der Fall ist (insbesondere hinsichtlich der Zulassung → Art. 16 Rn. 8 ff.), stellt die MiCAR hier nicht auf ein öffentliches Angebot ab. Daher dürften auch sogenannte Privatplatzierungen, die kein öffentliches Angebot gemäß Art. 3 Abs. 1 Ziff. 12 (→ Art. 3 Rn. 73 ff.) darstellen, verboten sein. Die Regelung soll sicherstellen, dass keine weiteren ARTs aus der Hand des Emittenten in den Markt gelangen. Dabei dürfte es zudem unerheblich sein, ob diese ARTs erst erstellt (geminted) werden müssten oder ob diese ARTs bereits erstellt (geminted) wurden und sich noch im Vermögen des Emittenten befinden.

19 Die Vorschrift präzisiert nicht, ob das Einstellen der Ausgabe nur in dem Währungsraum erfolgen muss, in dem die Schwelle überschritten wurde. Der Wortlaut scheint hier jedoch eindeutig. Der Emittent darf keine weiteren ARTs dieser Art ausgeben. Das gilt für jeden Währungsraum, auch wenn in diesem Währungsraum die Schwelle nicht überschritten wurde. Vor dem Hintergrund der technisch leichten Übertragbarkeit kryptografischer Token über Staatsgrenzen hinweg, hätte der Emittent nach erfolgter Ausgabe ohnehin keine Kontrolle mehr darüber, dass die neu ausgegebenen ARTs nicht doch in den Währungsraum gelangen, in dem die Schwellen überschritten wurden.

20 b) **Vorlegen eines Plans.** Der Emittent muss der zuständigen Behörde, in Deutschland der Bundesanstalt für Finanzdienstleistungsaufsicht (BaFin) (§ 3 Abs. 1 S. 1 KMAG-E[8]), innerhalb von 40 Arbeitstagen nach Erreichen des Schwellenwerts einen Plan vorlegen, um sicherzustellen, dass die geschätzte durchschnittliche Zahl und der geschätzte durchschnittliche aggregierte Wert der Transaktionen pro Tag unter einer Million Transaktionen bzw. 200 Millionen Euro gehalten werden.

21 Weitere Anforderungen an den Inhalt des Plans nennt die MiCAR nicht. In Art. 23 Abs. 4 (→ Rn. 28) wird aber als beispielhafte Maßnahme, die eine Behörde verlangen kann, die Festlegung einer Mindeststückelung genannt. Dies bleibt jedoch die einzige Konkretisierung. Art. 23 enthält auch keinen Auftrag an die EBA, die ESMA oder die EZB, diesbezüglich technische Regulierungsstandards oder Leitlinien zu erarbeiten. Zum Zeitpunkt des Redaktionsschlusses lagen zudem keine Q&A der ESMA zu diesen Aspekten vor.

22 Diese fehlenden Präzisierungen lassen dem Emittenten einerseits die Freiheit, Maßnahmen vorzuschlagen, die aus seiner Sicht geeignet sind, die Schwellenwerte

---

[8] Entwurf des Gesetzes zur Aufsicht über Märkte für Kryptowerte (Kryptomärkteaufsichtsgesetz – MAG) enthalten in dem Entwurf eines Gesetzes über die Digitalisierung des Finanzmarktes (Finanzmarktdigitalisierungsgesetz – FinmadiG), BT-Drs. 20/10280.

wieder zu unterschreiten. Andererseits ist die zuständige Behörde ebenfalls nicht an konkretere Vorgaben gebunden. § 27 Abs. 1 KMAG-E sieht lediglich vor, dass die BaFin Änderungen an dem Plan verlangen kann, sofern der Plan nicht die Voraussetzung des Art. 23 Abs. 1 erfüllt, um einen zügigen Rückgang der Verwendung als Tauschmittel sicherzustellen. Um also die gemäß Art. 23 Abs. 4 erforderliche Genehmigung zu erhalten, wird der Emittent die Behörde von der Wirksamkeit der vorgeschlagenen Maßnahmen überzeugen müssen.

Das Beispiel der Einführung einer Mindeststückelung gilt durch den Verweis in Art. 58 Abs. 3 zudem für solche E-Geld-Token, die auf eine Währung lauten, die keine amtliche Währung eines Mitgliedstaats ist (→ Art. 58 Rn. 9). Warum sich der Verordnungsgeber gerade für dieses Beispiel als geeignete Maßnahme entschieden hat, ist nicht ersichtlich. Häufig dürften Emittenten eines sog. Stablecoins anstreben, dass dieser einen relativ niedrigen, dafür aber stabilen Wert hat, damit er für eine Vielzahl an Transaktionen geeignet ist. Kryptografische Token können häufig auch in Bruchteilen übertragen werden, wie es etwa bei Bitcoin der Fall ist, wobei ein Bitcoin aus 100 Mio. Satoshi besteht.[9] Sicher dürfte eine hohe Mindeststückelung dazu führen, dass der ART für eine geringere Anzahl an kleineren Transaktionen geeignet ist. Dazu müsste aber auch eine Übertragung von Bruchteilen dieses ART ausgeschlossen sein. Zudem stellt sich die Frage, wie sich eine solche Mindeststückelung auf die bereits ausgegebenen ART auswirken kann. Ist der ART erst einmal ausgegeben und womöglich sogar in Bruchteilen übertragbar, müsste durch eine technische Anpassung der Blockchain des ART eine nachträgliche Mindeststückelung einführbar sein. Das erscheint problematisch. 23

3. Datengrundlage

Art. 23 Abs. 2 schreibt der Behörde vor, welche Datengrundlage sie zu verwenden hat, um zu beurteilen, ob die Schwellenwerte des Art. 23 Abs. 1 erreicht werden. Dabei kann die zuständige Behörde sowohl die vom Emittenten gemäß Art. 22 Abs. 1 bereitgestellten Informationen, als auch ihre eigenen oder die Schätzungen der EZB oder der Zentralbank eines Nicht-Euro-Staates, verwenden. Dabei kommt es auf den höchsten dieser verschiedenen Werte an. 24

4. Ausgabe durch mehrere Emittenten

Art. 23 Abs. 3 erfasst den Fall, dass ein ART von mehreren Emittenten herausgegeben wird. Dann wird eine Aggregation der Daten aller Emittenten vorgenommen, um die in Abs. 1 genannten Kriterien für die Anwendbarkeit des Art. 23 zu bewerten. 25

Die Ausgabe durch mehrere Emittenten könnte etwa erfolgen, wenn in einer Unternehmensgruppe verschiedene Landesgesellschaften denselben ART ausgeben oder sich mehrere Emittenten auf einen gemeinsamen Standard einigen. Diese Konstellation wird auch in anderen Regelungen zu ART und E-Geld-Token relevant (vgl. die Kommentierungen zu Art. 43, Art. 45 und Art. 56.). 26

5. Genehmigung durch die zuständige Behörde

Gemäß Art. 23 Abs. 4 S. 1 muss der Emittent den nach Abs. 1 lit. b aufgestellten Plan in der dort genannten Frist von 40 Arbeitstagen der zuständigen Behörde, in 27

---

[9] Andres/Hötzel/Kranz DStR 2022, 2177 (2179).

Deutschland der BaFin (§ 3 Abs. 1 S. 1 KMAG-E), zur Genehmigung vorlegen. Darin ist also ein Genehmigungserfordernis durch die zuständige Behörde zu sehen.

28 Die Behörde kann gemäß Art. 23 Abs. 4 S. 2 erforderlichenfalls Änderungen verlangen, um einen zügigen Rückgang der Verwendung des ART als Tauschmittel sicherzustellen. Hier wird beispielhaft auf die Festlegung einer Mindeststückelung verwiesen. Diese Befugnis wird der BaFin noch einmal ausdrücklich durch § 27 Abs. 1 KMAG-E erteilt.

29 Wie dies auch schon hinsichtlich des Inhalts des Plans festgestellt wurde, werden hinsichtlich der Maßnahmen bzw. Änderungen, die die Behörde verlangen kann, keine weiteren Konkretisierungen gemacht (→ Rn. 21). Hier wird der Behörde also ein Ermessensspielraum zukommen und der Emittent wird die Behörde von seinen vorgeschlagenen Maßnahmen überzeugen müssen.

6. Gestattung der erneuten Ausgabe, Art. 23 Abs. 5

30 Gemäß Art. 23 Abs. 5 darf die zuständige Behörde dem Emittenten die erneute Ausgabe des ART nur gestatten, wenn sie über Belege verfügt, dass die Schwellenwerte des Abs. 1 wieder unterschritten werden. Diesbezüglich dürften durch den Emittenten dieselben Anforderungen und Belege zu verwenden sein, die laut Art. 22 Abs. 1 für die Berichterstattung verwendet werden. Zu diesen Anforderungen wird es eine Delegierte Verordnung geben, für die zum Redaktionsschluss bereits der finale Bericht der EBA veröffentlicht war (→ Art. 22 Rn. 14).[10]

Artikel 24 Entzug der Zulassung

(1) **In folgenden Situationen entziehen die zuständigen Behörden dem Emittenten eines vermögenswertreferenzierten Token die Zulassung:**
a) **der Emittent hat seine Geschäftstätigkeit sechs aufeinanderfolgende Monate lang eingestellt oder von seiner Zulassung binnen zwölf aufeinanderfolgenden Monaten keinen Gebrauch gemacht;**
b) **der Emittent hat seine Zulassung auf unrechtmäßige Weise erhalten, z. B. durch Falschangaben in dem in Artikel 18 genannten Zulassungsantrag oder in einem gemäß Artikel 25 geänderten Kryptowerte-Whitepaper;**
c) **der Emittent erfüllt nicht mehr die Voraussetzungen, unter denen die Zulassung erteilt wurde;**
d) **der Emittent hat in schwerwiegender Weise gegen die Bestimmungen dieses Titels verstoßen;**
e) **der Emittent befand sich in einem Insolvenzverfahren;**
f) **der Emittent hat ausdrücklich auf seine Zulassung verzichtet oder beschlossen, seine Tätigkeit einzustellen;**
g) **die Tätigkeit des Emittenten stellt eine ernsthafte Bedrohung für die Marktintegrität, die Finanzstabilität und das reibungslose Funktionieren der Zahlungssysteme dar oder setzt den Emittenten oder den Sektor ernsten Risiken der Geldwäsche und Terrorismusfinanzierung aus.**

---

[10] EBA, Final Report, EBA/RTS/2024/13 vom 19.6.2024.

Entzug der Zulassung   Art. 24

Der Emittent des vermögenswertreferenzierten Token melden der für ihn zuständigen Behörde jede der in Unterabsatz 1 Buchstaben e und f genannten Situationen.

(2) Die zuständigen Behörden entziehen einem Emittenten eines vermögenswertreferenzierten Token ebenfalls die Zulassung, wenn die EZB oder gegebenenfalls die Zentralbank nach Artikel 20 Absatz 4 eine Stellungnahme abgibt, wonach der vermögenswertereferenzierte Token eine ernsthafte Bedrohung für das reibungslose Funktionieren der Zahlungssysteme, die geldpolitische Transmission oder die Währungshoheit darstellt.

(3) Die zuständigen Behörden begrenzen die Menge eines auszugebenden vermögenswertreferenzierten Token oder schreiben eine Mindeststückelung des vermögenswertreferenzierten Token vor, wenn die EZB oder gegebenenfalls die Zentralbank nach Artikel 20 Absatz 4 eine Stellungnahme abgibt, wonach der vermögenswertereferenzierte Token eine Bedrohung für das reibungslose Funktionieren der Zahlungssysteme, die geldpolitische Transmission oder die Währungshoheit darstellt, und legen die anzuwendende Obergrenze oder Mindeststückelung fest.

(4) Die jeweils zuständigen Behörden informieren die zuständige Behörde eines Emittenten eines vermögenswertreferenzierten Token unverzüglich über folgende Situationen:
(a) ein in Artikel 34 Absatz 5 Unterabsatz 1 Buchstabe h dieser Verordnung. genanntes Drittunternehmen hat seine Zulassung als Kreditinstitut gemäß Artikel 8 der Richtlinie 2013/36/EU, als Anbieter von Kryptowerte-Dienstleistungen gemäß Artikel 59 dieser Verordnung, als Zahlungsinstitut oder als E-Geld-Institut verloren;
(b) die Mitglieder des Leitungsorgans des Emittenten oder Anteilseigner oder Gesellschafter, die qualifizierte Beteiligungen an dem Emittenten halten, haben gegen nationale Vorschriften zur Umsetzung der Richtlinie (EU) 2015/849 verstoßen.

(5) Die zuständigen Behörden entziehen einem Emittenten eines vermögenswertreferenzierten Token die Zulassung, wenn sie der Auffassung sind, dass die in Absatz 4 genannten Situationen den guten Leumund der Mitglieder des Leitungsorgans dieses Emittenten oder eines Anteilseigners oder Gesellschafters, der eine qualifizierte Beteiligung an dem Emittenten hält beeinträchtigen oder auf ein Versagen der in Artikel 34 genannten Regelungen zur Unternehmensführung oder Mechanismen für die interne Kontrolle hindeuten.

Wird die Zulassung entzogen, führt der Emittent des vermögenswertreferenzierten Token das Verfahren nach Artikel 47 durch.

(6) Die zuständigen Behörden unterrichten die ESMA innerhalb von zwei Arbeitstagen nach dem Entzug der Zulassung über den Entzug der Zulassung des Emittenten des vermögenswertreferenzierten Token. Die ESMA stellt die Informationen über den Entzug gemäß Artikel 109 unverzüglich in dem Register zur Verfügung.

Schrifttum: Siehe Art. 16

Art. 24 Titel III Vermögenswertereferenzierte Token

Übersicht

	Rn.
I. Grundlagen	1
1. Genese	1
2. Regelungszweck	3
II. Auslegung der Norm	7
1. Fälle des Entzugs der Zulassung	7
a) Einstellen der Geschäftstätigkeit oder kein Gebrauchmachen von der Zulassung	9
b) Unrechtmäßige Erlangung der Zulassung	17
c) Wegfall der Zulassungsvoraussetzungen	20
d) Schwerwiegender Verstoß gegen die Bestimmungen des Titel III	24
e) Insolvenzverfahren des Emittenten bzw. Durchlaufen des Rücktauschplans	28
f) Ausdrücklicher Verzicht auf Zulassung oder Einstellung der Tätigkeit des Emittenten	33
g) Tätigkeit des Emittenten als ernsthafte Bedrohung für die Marktintegrität, die Finanzstabilität und das reibungslose Funktionieren der Zahlungssysteme oder Aussetzen des Emittenten oder Sektors von ernsten Risiken der Geldwäsche oder Terrorismusfinanzierung	36
h) Ernsthafte Bedrohung für das reibungslose Funktionieren der Zahlungssysteme, der geldpolitischen Transmission oder der Währungshoheit, Art. 24 Abs. 2, Abs. 3	39
i) Beeinträchtigung des guten Leumunds der Mitglieder des Leitungsorgans oder Versagen der Regelungen zur Unternehmensführung oder Mechanismen für die interne Kontrolle	44
2. Weitere Entzugsgründe und Erlöschensgründe im KMAG-E	53
3. Umsetzung des Rücktauschplans	57
4. Befugnisse der BaFin nach Entzug oder Erlöschen der Zulassung	58
5. Unterrichtung der ESMA und Veröffentlichung im Register	61

I. Grundlagen

1. Genese

1 Die Vorschrift wurde im Vergleich zum Kommissionsentwurf um zusätzliche Gründe zum Entzug einer Zulassung eines Emittenten eines vermögenswertereferenzierten Token (asset-referenced token – ART) erweitert. Dabei geht es insbesondere um solche Fälle, in denen die Tätigkeit des Emittenten, allgemein formuliert, eine ernsthafte Bedrohung für die Finanzmärkte oder die Währungssysteme darstellt (→ Rn. 36).

2 Auch an anderen Stellen wurden im Laufe des Gesetzgebungsverfahrens zusätzliche Regelungen in die MiCAR aufgenommen, die dafür Sorge tragen sollen, dass ARTs nicht zu einer Gefahr für die Stabilität der Finanzmärkte oder der Währungssysteme werden. So wurde etwa Art. 23, der die Pflicht zur Beschränkung der Ausgabe bei Erreichen bestimmter Schwellenwerte vorsieht, ebenfalls erst im Laufe des Gesetzgebungsverfahrens aufgenommen (→ Art. 23 Rn. 1). Die Regelungen für ARTs wurden also mit dem Blick auf die Stabilität der Finanzmärkte und der Währungssysteme ergänzt. Dahinter dürfte die Sorge vor einem nicht ausreichend regu-

lierten und damit riskantem Zahlungsmittel gestanden haben.[1] Vor diesem Hintergrund scheinen auch die Ergänzungen in Art. 24 zu stehen. Mit den zusätzlichen Gründen für den Entzug einer Zulassung erhalten die zuständigen Behörden weitere Kompetenzen.

2. Regelungszweck

Die in Art. 24 enthaltenen Regelungen zum Entzug einer Zulassung eines Emittenten von ARTs ähneln zum einen der Vorschrift zum Entzug der Zulassung eines Anbieters von Kryptowerte-Dienstleistungen in der MiCAR (vgl. die Kommentierung zu Art. 64). Zum anderen ähnelt Art. 24 vergleichbaren Regelungen zum Entzug einer Erlaubnis bzw. Zulassung in anderen aufsichtsrechtlichen Regelungsregimen. Dabei fasst Art. 24 Sachverhalte zusammen, die im Rahmen anderer Aufsichtsgesetze in Aufhebungs- und Erlöschensgründe geteilt werden.[2] 3

Vergleichbare Regelungen finden sich auf europarechtlicher Ebene insbesondere in Art. 8 MiFID II[3] und Art. 13 PSD II[4]. Im deutschen Recht finden sich vergleichbare Regelungen insbesondere in § 19 WpIG, § 35 KWG und § 13 ZAG, die in weiten Teilen zudem der Umsetzung europäischen Rechts dienen. 4

Dabei werden durch die MiCAR vergleichbare Maßstäbe angelegt und es wird abermals der prägende aufsichtsrechtliche Charakter der MiCAR deutlich.[5] Die Ähnlichkeit mit diesen Regelungen erlaubt es, Art. 24 im Lichte dieser Regelungen und der diesbezüglich bereits bestehenden Rechtspraxis auszulegen. Allerdings ist der Wortlaut in der MiCAR nicht immer mit den anderen Regelungen identisch und zum Teil gibt es Abweichungen von den anderen Regelungen. Deshalb sollte die Rechtspraxis insbesondere auf die Delegierten Rechtsakte und behördliche Konkretisierungen zur MiCAR achten. 5

Art. 24 gilt gemäß Art. 17 Abs. 4 nicht für Kreditinstitute, die ARTs ausgeben. 6

II. Auslegung der Norm

1. Fälle des Entzugs der Zulassung

Art. 24 enthält sowohl in Abs. 1 als auch in Abs. 2 die Tatbestände, in denen die zuständigen Behörden dem Emittenten eines ART die gemäß Art. 21 (vgl. die Kommentierung zu Art. 21) erteilte Zulassung entziehen können. Konkretisierende und weiterführende Regelungen hinsichtlich des Entzugs einer Zulassung finden sich in § 12, § 13 und § 14 KMAG-E[6]. 7

Die MiCAR sieht keine milderen Mittel anstelle des Entzugs der Zulassung vor. Der deutsche Gesetzgeber ermöglicht deshalb in § 23 Abs. 2 KMAG-E in bestimmten Fällen als milderes Mittel statt dem Entzug der Zulassung die Abberufung des verantwortlichen Mitglieds des Leitungsorgans. So möchte der deutsche Gesetz- 8

---

[1] Vgl. Möslein/Omlor FinTech-HdB/Siedler, 3. Auflage 2024, § 7 Rn. 83f.
[2] Vgl. Begründung zu § 12 KMAG-E, BT-Drs. 20/10280, 138f.
[3] RL 2014/65/EU.
[4] RL (EU) 2015/2366.
[5] Omlor ZHR 187 (2023), 635 (662).
[6] Entwurf des Gesetzes zur Aufsicht über Märkte für Kryptowerte (Kryptomärkteaufsichtsgesetz – MAG) enthalten in dem Entwurf eines Gesetzes über die Digitalisierung des Finanzmarktes (Finanzmarktdigitalisierungsgesetz – FinmadiG), BT-Drs. 20/10280.

Art. 24

geber ein flexibles und risikoadäquates Aufsichtshandeln gewährleisten, da aufgrund der möglicherweise weitreichenden Folgen für die Kunden der Entzug der Zulassung nicht stets ein angemessenes Mittel ist.[7] Damit werden im Wesentlichen die gleichen Ergebnisse erzielt wie durch die entsprechenden Regelungen im KWG, WpIG und ZAG.[8]

9   **a) Einstellen der Geschäftstätigkeit oder kein Gebrauchmachen von der Zulassung.** Die Behörde entzieht dem Emittenten die Zulassung, wenn er seine Geschäftstätigkeit sechs aufeinanderfolgende Monate lang eingestellt hat (Art. 24 Abs. 1 lit. a Alt. 1). Die Behörde entzieht dem Emittenten zudem die Zulassung, wenn er von seiner Zulassung binnen zwölf aufeinanderfolgenden Monaten keinen Gebrauch gemacht hat (Art. 24 Abs. 1 lit. a Alt. 2).

10 Vergleichbare Regelungen finden sich in Art. 64 Abs. 1 lit. a, lit. c MiCAR (→ Art. 64 Rn. 2 ff., 7 ff.), Art. 8 lit. a MiFID II, § 19 Abs. 1 S. 1 Ziff. 1, Abs. 2 Ziff. 1 WpIG, § 35 Abs. 1 S. 1, Abs. 2 Ziff. 1 KWG, Art. 13 Abs. 1 lit. a PSD II, § 13 Abs. 1 S. 1, Abs. 2 Ziff. 1 ZAG. Dabei führt in den deutschen Regelungen das fehlende Gebrauchtmachen nicht zur Aufhebung durch die Behörde, sondern unmittelbar zum Erlöschen der Erlaubnis. Diese Systematik wird durch das KMAG-E auch für das fehlende Gebrauchtmachen der Zulassung gemäß Art. 24 Abs. 1 lit. a Alt. 2 MiCAR in das deutsche Recht überführt. Denn gemäß § 12 Abs. 4 Ziff. 1 KMAG-E führt das fehlende Gebrauchtmachen der Erlaubnis nicht zum Entzug durch die Bundesanstalt für Finanzdienstleistungsaufsicht (BaFin), sondern zum Erlöschen der Zulassung.

11 Die oben aufgezählten deutschen Regelungen sehen eine logische und zeitliche Abfolge zwischen fehlendem Gebrauchmachen von der Erlaubnis und dem Einstellen der Geschäftstätigkeit vor. In dieser zeitlichen Abfolge wird zunächst das fehlende Gebrauchmachen von der Zulassung (Alt. 2) relevant. Die oben genannten deutschen Regelungen stellen dabei allesamt auf den Zeitraum seit Erteilung der jeweiligen Erlaubnis ab. Dies ist auch in Art. 64 Abs. 1 lit. a der Fall (→ Art. 64 Rn. 2). Im Anwendungsbereich dieser Regelungen kann dieser Tatbestand also nur innerhalb des ersten Jahres nach Erlaubniserteilung relevant werden.[9] In den oben genannten europäischen Richtlinien wird dies nicht so ausdrücklich formuliert. Der Wortlaut in Art. 24 Abs. 1 lit. a Alt. 2 lässt abweichend von den deutschen Regelungen auch ein Verständnis der Norm dahingehend zu, dass das fehlende Gebrauchmachen von der Zulassung auch zu einem späteren Zeitpunkt relevant werden kann, nachdem der Emittent schon vorher von der Zulassung Gebrauch gemacht hatte. Damit wäre der Tatbestand zum Entzug bzw. zum Erlöschen der Zulassung für Emittenten von ARTs weiter zu verstehen als der Tatbestand zum Entzug einer Zulassung von Anbietern für Kryptowerte-Dienstleistungen.

12 Das Gebrauchmachen erfordert, dass der Emittent **zumindest eine der Tätigkeiten** erbringt, für die er die Zulassung erhalten hat.[10] Sofern also der Emittent zwölf Monate lang keine ARTs öffentlich angeboten oder deren Zulassung zum Handel beantragt hat, kann ihm die zuständige Behörde die Zulassung wieder entziehen. Dies sind jedoch nicht zwingend dauerhafte Tätigkeiten, die nach einer einmaligen Emission und der Ausgabe des gesamten Token-Bestandes theoretisch ab-

---

[7] Vgl. Begründung zu § 23 Abs. 2 KMAG-E, BT-Drs. 20/10280, 144.
[8] Vgl. Begründung zu § 23 Abs. 2 KMAG-E, BT-Drs. 20/10280, 144.
[9] Vgl. zu § 35 KWG: Fischer/Schulte-Mattler/Fischer/Krolop, 6. Aufl. 2023, KWG § 35 Rn. 16 und Schwennicke/Auerbach/Schwennicke KWG § 35 Rn. 21.
[10] Vgl. zu § 35 KWG: Schwennicke/Auerbach/Schwennicke KWG § 35 Rn. 5 mwN.

Entzug der Zulassung **Art. 24**

geschlossen sind. Anbietern von ARTs, die nicht laufend ihre ARTs öffentlich anbieten oder deren Zulassung zum Handel beantragen, könnten also ihre Zulassung auch wieder verlieren. Dafür spricht, dass für die vergleichbare Tätigkeit der Ausgabe von E-Geld angenommen wird, dass innerhalb von zwölf Monaten mindestens einmal E-Geld ausgegeben werden muss, damit ein Gebrauchmachen der Erlaubnis vorliegt.[11] Ob das durch den Verordnungsgeber tatsächlich beabsichtigt war, erscheint fraglich. Denn solange sich die ARTs noch im Umlauf befinden, erscheint es nicht zielführend, die Zulassung zu entziehen, auch wenn kein öffentliches Angebot mehr stattfindet oder keine Zulassung zum Handel mehr erfolgt. Bietet der Emittent jedoch auch weiterhin öffentlich die ARTs an oder beantragt an weiteren Handelsplattformen für Kryptowerte eine Zulassung zum Handel, tritt dieser Tatbestand zum Entzug der Zulassung nicht ein.

Das Einstellen der Geschäftstätigkeit bezieht sich im **Wortlaut** des Art. 24 Abs. 1 **13** lit. a nicht spezifisch auf die zulassungsspezifische Geschäftstätigkeit. Das ist in den oben genannten deutschen Regelungen anders. Dort wird jeweils konkretisiert, dass es um den Geschäftsbetrieb geht, auf den sich die Erlaubnis bezieht. In Art. 8 lit. a MiFID II geht es ebenfalls ausdrücklich um das Erbringen von Wertpapierdienstleistungen. Und auch in Art. 64 Abs. 1 lit. c (→ Art. 64 Rn. 7 ff.) geht es ausdrücklich um Kryptowerte-Dienstleistungen. Nur in Art. 13 Abs. 1 lit. a PSD II bezieht sich die Regelung auf allgemein auf das Einstellen von Tätigkeiten, was aber in der Umsetzung in § 13 ZAG nicht so übernommen wurde.

Nun stellt sich die Frage, ob sich aus diesen Unterschieden ein unterschiedliches **14** Ergebnis in der Anwendung des Art. 24 Abs. 1 lit. a ergibt. Nach dem Wortlaut der MiCAR kann die zuständige Behörde dem Emittenten die Zulassung entziehen, wenn der Emittent seine Geschäftstätigkeit sechs aufeinanderfolgende Monate lang eingestellt hat. Aufgrund des ebenfalls geregelten fehlenden Gebrauchtmachens von der Zulassung und mangels anderer Präzisierungen, ist nach dem Wortlaut jede Geschäftstätigkeit gemeint. Vor dem Hintergrund der abweichenden Regelungen in Art. 64 dürfte von einem bewussten Auseinanderfallen des Wortlauts auszugehen sein und eine teleologische Einschränkung des Wortlauts auf Geschäftstätigkeiten, die einer Zulassung bedürfen, nicht geboten sein.

Hinsichtlich beider Alternativen des lit. a ist daher von einer bewussten Entschei- **15** dung des europäischen Gesetzgebers auszugehen. Art. 24 Abs. 1 lit. a Alt. 1 ist demnach so zu verstehen, dass das **Einstellen der Geschäftstätigkeit** jegliche Geschäftstätigkeit erfassen muss, um zum Entzug der Erlaubnis zu führen. Die zuständige Behörde kann die Zulassung nach Art. 24 Abs. 1 lit. a Alt. 2 jederzeit entziehen, wenn der Emittent zwar Geschäftstätigkeiten erbringt, jedoch nicht von seiner Zulassung Gebrauch macht, indem er ARTs öffentlich anbietet oder deren Zulassung zum Handel beantragt. Damit unterscheidet sich die Regelung von den vergleichbaren Regelungen in der MiCAR aber auch in anderen aufsichtsrechtlichen Gesetzen.

Zur Berechnung der Fristen des lit. a dürften für in Deutschland niedergelassene **16** und beaufsichtigte Emittenten die Regelungen der §§ 187 Abs. 1, 188 Abs. 2 BGB entsprechend gelten.[12]

---

[11] Schwennicke/Auerbach/Schwennicke ZAG § 13 Rn. 3; Casper/Terlau/Walter, 3. Aufl. 2023, ZAG § 13 Rn. 4.
[12] Vgl. zu § 35 KWG: Fischer/Schulte-Mattler/Fischer/Krolop, 6. Aufl. 2023, KWG § 35 Rn. 17; Schwennicke/Auerbach/Schwennicke KWG § 35 Rn. 7.

Oppenheim 429

17 **b) Unrechtmäßige Erlangung der Zulassung.** Die Behörde entzieht dem Emittenten die Zulassung, wenn er seine Zulassung auf unrechtmäßige Weise erhalten hat (Art. 24 Abs. 1 lit. b). Als Beispiele solcher unrechtmäßigen Sachverhalte nennt die Regelung Falschangaben in dem in Art. 18 genannten Zulassungsantrag oder in einem gemäß Art. 25 geänderten Kryptowerte-Whitepaper.

18 Fast identische Regelungen finden sich in Art. 64 Abs. 1 lit. d MiCAR (→ Art. 64 Rn. 12 f.), Art. 8 lit. b MiFID II, Art. 13 Abs. 1 lit. b PSD II, § 13 Abs. 2 Ziff. 2 ZAG. Weder in § 19 WpIG noch in § 35 KWG findet sich allerdings eine vergleichbare Regelung. Im deutschsprachigen Wortlaut der MiCAR findet sich eine Unterscheidung zwischen Art. 64 und Art. 24, da in Art. 24 das Wort unrechtmäßig und in Art. 64 das Wort rechtswidrig verwendet wird. Das ist jedoch auf eine uneinheitliche Übersetzung zurückzuführen, da im englischsprachigen Wortlaut an dieser Stelle der gleiche Ausdruck – irregular means – verwendet wird.

19 Neben den in der Regelung bereits genannten Beispielen der unrechtmäßigen Erlangung zählen dazu auch Drohung, Bestechung oder Vorteilsgewährung.[13]

20 **c) Wegfall der Zulassungsvoraussetzungen.** Die Behörde entzieht dem Emittenten die Zulassung, wenn der Emittent nicht mehr die Voraussetzungen erfüllt, unter denen die Zulassung erteilt wurde (Art. 24 Abs. 1 lit. c). Damit stellt die MiCAR hier inhaltlich einen Bezug zu den Voraussetzungen der Zulassung her, die insbesondere in Art. 18 Abs. 2, Abs. 5 und in Art. 21 Abs. 2 geregelt sind (vgl. die Kommentierung zu Art. 18 und 21).

21 Vergleichbare Regelungen finden sich in Art. 64 Abs. 1 lit. e MiCAR (→ Art. 64 Rn. 14 f.), Art. 8 lit. c MiFID II, § 19 Abs. 2 Ziff. 2 WpIG, § 35 Abs. 2 Ziff. 3 KWG, Art. 13 Abs. 1 lit. c PSD II, § 13 Abs. 2 Ziff. 3 ZAG.

22 Mit dem Blick auf diese anderen Regelungen fallen aber auch gewisse Unterschiede auf. So sollen Kryptowerte-Dienstleister vor dem Entzug der Zulassung gemäß Art. 64 Abs. 1 lit. e noch die Möglichkeit zur Umsetzung von durch die Behörde vorgegebene Abhilfemaßnahmen haben. Und die Regelungen im WpIG, KWG und ZAG beziehen sich ausdrücklich auf die Versagungsgründe und nicht allgemein auf sämtliche Zulassungsvoraussetzungen. Unter deutschem Recht ist die Entscheidung der BaFin dabei in ihr pflichtgemäßes Ermessen gestellt.[14] Zudem kann die BaFin in einigen Fällen als milderes Mittel die Abberufung der Geschäftsleiter verlangen.[15]

23 Um auch im Anwendungsbereich des Art. 24 Abs. 1 lit. c **mildere Mittel** einsetzen zu können, sieht § 23 Abs. 2 KMAG-E deshalb statt dem Entzug der Zulassung auch die Abberufung des verantwortlichen Mitglieds des Leitungsorgans vor.[16]

24 **d) Schwerwiegender Verstoß gegen die Bestimmungen des Titel III.** Die Behörde entzieht dem Emittenten die Zulassung, wenn er in schwerwiegender Weise gegen die Bestimmungen des Titels III verstößt (Art. 24 Abs. 1 lit. d).

25 Vergleichbare Regelungen finden sich in Art. 64 Abs. 1 lit. g MiCAR (→ Art. 64 Rn. 18 f.), Art. 8 lit. d MiFID II, § 19 Abs. 2 Ziff. 5 WpIG, § 35 Abs. 2 Ziff. 6 KWG, § 13 Abs. 2 Ziff. 5 ZAG. Dabei unterscheiden sich nur die Vorschriften, bei deren Verstoß ein Entzug der Zulassung erfolgen kann. Es fällt auf, dass in Art. 24 nur der Verstoß gegen Bestimmungen des Titels III zum Entzug der Zulassung führen kann.

---

[13] Vgl. zu § 13 ZAG: Schäfer/Omlor/Mimberg/Schäfer, 1. Aufl. 2022, ZAG § 13 Rn. 9.
[14] Vgl. zu § 35 KWG: Schwennicke/Auerbach/Schwennicke KWG § 35 Rn. 36.
[15] Vgl. § 36 Abs. 1 S. 1 KWG, § 22 Abs. 1 WpIG, § 20 Abs. 1 S. 1 ZAG.
[16] Vgl. Begründung zu § 23 Abs. 2 KMAG-E, BT-Drs. 20/10280, 144.

Unter Art. 64 Abs. 1 lit. g können schwerwiegende Verstöße gegen die gesamte MiCAR zum Entzug der Zulassung führen.

Ein Verstoß setzt voraus, dass der Emittent in schwerwiegender Weise gegen die 26 Bestimmungen des Titels III verstoßen hat. Titel III enthält die Anforderungen an Emittenten von ARTs u. a. für die Zulassung (Art. 16), die Beantragung der Zulassung (Art. 18) und das Krypto-Whitepaper (Art. 19). Die Durchsetzbarkeit von Anordnungen der Aufsichtsbehörden nach Art. 94 Abs. 1 lit. c (→ Art. 94 Rn. 9) wird damit verstärkt.[17] Der unbestimmte Rechtsbegriff „schwerwiegend" wird in der MiCAR nicht definiert. Da der Begriff „schwerwiegend" normübergreifend von dem europäischen Gesetzgeber verwendet wird, liegt es nahe, den Begriff einheitlich auszulegen.[18] Abgeleitet aus dem Versagungsgrund in § 13 Abs. 2 Ziff. 5 ZAG ist ein Verstoß schwerwiegend, wenn eine zentrale Norm des Aufsichtsrechts verletzt wird oder eine Norm in besonders schwerwiegender Weise verletzt wird.[19] Im KWG, WpIG und in der MiFID II ist hingegen ein „nachhaltiger Verstoß" erforderlich. Ein solcher liegt vor, wenn der Verstoß einen erheblichen Umfang besitzt und sich über einen längeren Zeitraum erstreckt.[20]

Als **milderes Mittel** sieht § 23 Abs. 2 KMAG-E statt dem Entzug der Zulassung 27 die **Abberufung des verantwortlichen Mitglieds** des Leitungsorgans vor.

e) Insolvenzverfahren des Emittenten bzw. Durchlaufen des Rück- 28 **tauschplans.** Die Behörde entzieht dem Emittenten die Zulassung, wenn er sich in einem Insolvenzverfahren befand (Art. 24 Abs. 1 lit. e). Dabei trifft den Emittenten im Falle eines Insolvenzverfahrens eine vorgelagerte Pflicht zur Meldung an die Behörde (Art. 24 Abs. 1 UAbs. 2).

Dieser Entzugstatbestand scheint ein **redaktionelles Versehen** zu sein.[21] Denn 29 in anderen Sprachfassungen ist unter lit. e der Fall geregelt, dass der Emittent einen Rücktauschplan nach Art. 47 durchlaufen hat (vgl. die Kommentierung zu Art. 47). So heißt es in der englischen Sprachfassung „has been subject to a redemption plan" und in der französischen Sprachfassung „a fait l'objet d'un plan de remboursement".

Vor diesem Hintergrund hat sich der deutsche Gesetzgeber im KMAG-E dazu 30 entschieden, dieses Redaktionsversehen **im nationalen Recht zu korrigieren.**[22] So wird in § 12 Abs. 2 S. 1 Var. 1 KMAG-E nun praktisch noch einmal geregelt, dass die BaFin dem Emittenten die Zulassung entziehen soll, wenn über sein Vermögen das Insolvenzverfahren eröffnet wurde. Dadurch wird ein Gleichklang zu § 35 Abs. 2a KWG geschaffen.[23] Es wird in § 12 Abs. 2 S. 2 KMAG-E auch bestimmt, dass der Wegfall der Zulassung die für die Insolvenz zuständigen Personen nicht daran hindert, bestimmte Tätigkeiten des Emittenten weiter zu betreiben, soweit dies für die Zwecke des Insolvenzverfahrens erforderlich oder angezeigt ist. Eine entsprechende Regelung findet sich in § 19 Abs. 3 S. 2 WpIG.[24] Zudem wird der

---

[17] Vgl. zu 35 KWG: Schwennicke/Auerbach/Schwennicke KWG § 35 Rn. 45.
[18] Vgl. zu § 13 ZAG: Zentes/Glaab/Izzo-Wagner/Otto, 3. Aufl. 2022, ZAG § 13 Rn. 10.
[19] Vgl. zu „schwerwiegend" in § 13 Abs. 2 Ziff. 5 ZAG: Casper/Terlau/Walter, 3. Aufl. 2023, ZAG § 13 Rn. 34.
[20] Vgl. zu § 35 KWG: Schwennicke/Auerbach/Schwennicke KWG § 35 Rn. 47, zum Vorliegen eines „nachhaltigen" Verstoßes.
[21] Vgl. Begründung zu § 12 Abs. 2 KMAG-E, BT-Drs. 20/10280, 138.
[22] Vgl. Begründung zu § 12 Abs. 2 KMAG-E, BT-Drs. 20/10280, 138.
[23] Vgl. Begründung zu § 12 Abs. 2 KMAG-E, BT-Drs. 20/10280, 138.
[24] Vgl. Begründung zu § 12 Abs. 2 KMAG-E, BT-Drs. 20/10280, 138.

Art. 24 Titel III Vermögenswertereferenzierte Token

Fall der Anordnung der Durchführung des Rücktauschplans als eigenständiger Erlöschensgrund in § 12 Abs. 4 Ziff. 3 KMAG-E geregelt.

31 Durch § 23 Abs. 2 KMAG-E kann als **milderes Mittel** statt dem Entzug der Zulassung die **Abberufung des verantwortlichen Mitglieds des Leitungsorgans** erfolgen.

32 Für den Fall der Insolvenz eines Emittenten trifft § 44 KMAG-E weiterführende Regelungen. Die Vorschrift ist an § 46b KWG angelehnt und dient der Einbindung der BaFin in die Durchführung des Insolvenzverfahrens.[25]

33 **f) Ausdrücklicher Verzicht auf Zulassung oder Einstellung der Tätigkeit des Emittenten.** Die Behörde entzieht dem Emittenten die Zulassung, wenn er ausdrücklich auf seine Zulassung verzichtet oder beschlossen hat, seine Tätigkeit einzustellen (Art. 24 Abs. 1 lit. f). Dabei trifft den Emittenten in diesen Fällen eine vorgelagerte Pflicht zur Meldung an die Behörde gemäß Art. 24 Abs. 1 UAbs. 2.

34 Vergleichbare Regelungen finden sich in Art. 64 Abs. 1 lit. b MiCAR (→ Art. 64 Rn. 6), § 19 Abs. 3 S. 1 Var. 1 WpIG, Art. 8 lit. a MiFID II, Art. 13 Abs. 1 lit. a PSD II, § 13 Abs. 1 S. 1 ZAG.

35 Im KMAG-E regelt der deutsche Gesetzgeber zusätzlich einen vergleichbaren Entzugsgrund. Gemäß § 12 Abs. 2 S. 1 Var. 2 KMAG-E soll die BaFin dem Emittenten die Zulassung entziehen, wenn die Einstellung des Geschäftsbetriebs beschlossen wurde.

36 **g) Tätigkeit des Emittenten als ernsthafte Bedrohung für die Marktintegrität, die Finanzstabilität und das reibungslose Funktionieren der Zahlungssysteme oder Aussetzen des Emittenten oder Sektors von ernsten Risiken der Geldwäsche oder Terrorismusfinanzierung.** Die Behörde entzieht dem Emittenten die Zulassung, wenn seine Tätigkeit eine ernsthafte Bedrohung für die Marktintegrität, die Finanzstabilität und das reibungslose Funktionieren der Zahlungssysteme darstellt oder den Emittenten oder den Sektor ernsten Risiken der Geldwäsche oder der Terrorismusfinanzierung aussetzt (Art. 24 Abs. 1 lit. g).

37 Hier ist derselbe Tatbestand geregelt, der auch schon einen Grund für die Verweigerung der Zulassung gemäß Art. 21 Abs. 2 lit. e darstellt (→ Art. 21 Rn. 24ff.). Eine vergleichbare Regelung findet sich nicht in Art. 64. Und auch in den anderen aufsichtsrechtlichen Regelungsregimen sind solche Regelungen als Tatbestand für den Entzug einer Zulassung nicht enthalten. Wie auch schon an anderen Stellen in den Bestimmungen zu ARTs dürfte hinter diesem Entzugstatbestand die Sorge vor einem nicht ausreichend regulierten und damit riskanten Zahlungsmittel gestanden haben.[26]

38 Die MiCAR enthält **keine Definition** der einzelnen Tatbestandsmerkmale. Die MiCAR enthält auch keine Aufträge zum Erstellen technischer Regulierungsstandards oder Leitlinien diesbezüglich. Mangels vergleichbarer Regelungen in anderen aufsichtsrechtlichen Regelungsregimen ist deshalb abzuwarten, in welchen Fällen die Behörden von einem Vorliegen der Tatbestandsmerkmale ausgehen. Um davon ausgehen zu können, dass die Tätigkeit des Emittenten eine ernsthafte Bedrohung für die Marktintegrität, die Finanzstabilität und das reibungslose Funktionieren der Zahlungssysteme darstellt oder den Emittenten oder den Sektor ernsten Risiken der

---

[25] Vgl. Begründung zu § 44 KMAG-E, BT-Drs. 20/10280, 153f.
[26] Vgl. Möslein/Omlor FinTech-Handbuch/Siedler, 3. Auflage 2024, § 7 Rn. 83f.

Entzug der Zulassung **Art. 24**

Geldwäsche und Terrorismusfinanzierung aussetzt, muss es sich aber sicherlich um gravierende Fälle handeln.

h) Ernsthafte Bedrohung für das reibungslose Funktionieren der Zah- 39
lungssysteme, der geldpolitischen Transmission oder der Währungshoheit,
Art. 24 Abs. 2, Abs. 3. Die Behörde entzieht dem Emittenten die Zulassung, wenn die EZB oder die zuständige Zentralbank in Nicht-Euro-Staaten eine Stellungnahme abgibt, wonach der ART eine ernsthafte Bedrohung für das reibungslose Funktionieren der Zahlungssysteme, die geldpolitische Transmission oder die Währungshoheit darstellt (Art. 24 Abs. 2).

Anstatt die Zulassung zu entziehen, kann die Behörde als milderes Mittel gemäß 40
Art. 24 Abs. 3 die Menge eines noch auszugebenden ART begrenzen oder eine Mindeststückelung vorschreiben.

Hier ist derselbe Tatbestand geregelt, der auch schon einen Grund für die Ableh- 41
nung der Zulassung gemäß Art. 21 Abs. 4 darstellt (→ Art. 21 Rn. 29 ff.) und der in jedem Zulassungsverfahren gemäß Art. 20 Abs. 5 UAbs. 2 durch die EZB bzw. die zuständige Zentralbank in Nicht-Euro-Staaten geprüft wird (→ Art. 20 Rn. 19).

Eine vergleichbare Regelung findet sich nicht in Art. 64. Und auch in den ande- 42
ren aufsichtsrechtlichen Regelungsregimen sind solche Regelungen als Tatbestand für den Entzug einer Zulassung nicht enthalten. Wie auch schon an anderen Stellen in den Bestimmungen zu vermögenswertereferenzierten Token dürfte hinter diesem Entzugstatbestand die Sorge vor einem nicht ausreichend regulierten und damit riskanten Zahlungsmittel gestanden haben.[27]

Die MiCAR enthält keine Definition der einzelnen Tatbestandsmerkmale. Die 43
MiCAR enthält auch keine Aufträge zum Erstellen technischer Regulierungsstandards oder Leitlinien diesbezüglich. Mangels vergleichbarer Regelungen in anderen aufsichtsrechtlichen Regelungsregimen ist deshalb abzuwarten, in welchen Fällen die Behörden von einem Vorliegen der Tatbestandsmerkmale ausgehen. Um davon ausgehen zu können, dass ein vermögenswertereferenzierter Token eine ernsthafte Bedrohung für das reibungslose Funktionieren der Zahlungssysteme, die geldpolitische Transmission oder die Währungshoheit darstellt, muss es sich aber sicherlich um gravierende Fälle handeln.

i) Beeinträchtigung des guten Leumunds der Mitglieder des Leitungs- 44
organs oder Versagen der Regelungen zur Unternehmensführung oder
Mechanismen für die interne Kontrolle. Die Behörde entzieht dem Emittenten die Zulassung, wenn sie der Auffassung ist, dass der gute Leumund der Mitglieder des Leitungsorgans des Emittenten, eines Anteilseigners oder eines Gesellschafters, der eine qualifizierte Beteiligung an dem Emittenten hält, beeinträchtigt ist (Art. 24 Abs. 5 UAbs. 1 Var. 1). Zudem entzieht sie dem Emittenten die Zulassung, wenn sie der Auffassung ist, dass die in Art. 34 genannten Regelungen zur Unternehmensführung oder Mechanismen für die interne Kontrolle versagen (Art. 24 Abs. 5 U Abs. 1 Var. 2).

Dabei sind nicht sämtliche Umstände heranzuziehen, die den guten Leumund 45
beeinträchtigen bzw. auf Mängel in der Unternehmensführung hindeuten. Es sind nur die in Art. 24 Abs. 4 geregelten Situationen relevant.

Dabei regelt Art. 24 Abs. 4 vordergründig **Informationspflichten** zwischen 46
Behörden in bestimmten Situationen. Es handelt sich dabei jedoch um Situationen,

---

[27] Vgl. Möslein/Omlor FinTech-Handbuch/Siedler, 3. Auflage 2024, § 7 Rn. 83 f.

in denen Zweifel an der ordnungsgemäßen Leistungserbringung durch den Emittenten bestehen können. Art. 24 Abs. 4 nennt die folgenden zwei Situationen:
a) ein in Art. 34 Abs. 5 UAbs. 1 lit. h genanntes Drittunternehmen hat seine Zulassung als Kreditinstitut gemäß Artikel 8 der Richtlinie 2013/36/EU, als Anbieter von Kryptowerte-Dienstleistungen gemäß Art. 59, als Zahlungsinstitut oder als E-Geld-Institut verloren;
b) die Mitglieder des Leitungsorgans des Emittenten oder Anteilseigner oder Gesellschafter, die qualifizierte Beteiligungen an dem Emittenten halten, haben gegen nationale Vorschriften zur Umsetzung der Geldwäscherichtlinie[28] verstoßen.

47 Die MiCAR scheint davon auszugehen, dass die Behörde, die den Emittenten beaufsichtigt, von diesen Situationen ggf. nicht selbst erfährt, da die beschriebenen Vorgänge in den Zuständigkeitsbereich anderer Behörden oder anderer Jurisdiktionen fallen. Deshalb sieht Art. 24 Abs. 4 Informationspflichten zwischen Behörden vor, die sicherstellen sollen, dass die den Emittenten beaufsichtigende Behörde über diese Situationen informiert wird.

48 Sofern also zB die BaFin einen in Deutschland zugelassenen Emittenten von ARTs beaufsichtigt und nicht ohnehin schon über diese Informationen verfügt, sind die jeweils zuständigen Behörden aus anderen Staaten dazu verpflichtet, der BaFin diese Informationen zur Verfügung zu stellen.

49 Auf Grundlage dieser Informationen kann die BaFin dann entscheiden, ob die Zulassung des Emittenten zu entziehen ist.

50 Dabei geht es im Fall des lit. a um den Entzug der **Zulassung des Drittunternehmens,** das durch den Emittenten ggf. mit der Verwaltung der Vermögenswertreserve, der Anlage und Verwahrung des Reservevermögens und, falls vorhanden, dem öffentlichen Vertrieb der ARTs, beauftragt wurde. Sollte der Entzug der Zulassung dieses Dienstleisters also auch beim Emittenten zu einem Versagen der in Art. 34 genannten Regelungen zur Unternehmensführung oder Mechanismen für die interne Kontrolle führen, kann die Behörde dem Emittenten die Zulassung entziehen.

51 Im Fall des lit. b kann die Behörde dem Emittenten die Zulassung entziehen, wenn der **Verstoß gegen das Geldwäscherecht** durch ein Mitglied des Leitungsorgans, einen Anteilseigner oder einen Gesellschafter, der eine qualifizierte Beteiligung an dem Emittenten hält, den guten Leumund dieser Person beeinträchtigen.

52 Durch § 23 Abs. 2 KMAG-E kann als **milderes Mittel** statt dem Entzug der Zulassung die Abberufung des verantwortlichen Mitglieds des Leitungsorgans erfolgen.

2. Weitere Entzugsgründe und Erlöschensgründe im KMAG-E

53 Das KMAG-E sieht über die Bestimmungen des Art. 24 hinaus weitere Gründe für den Entzug der Zulassung des Emittenten vor. Zudem regelt das KMAG-E Gründe, die unmittelbar zum Erlöschen der Zulassung führen.

54 Gemäß § 12 Abs. 1 KMAG-E kann die BaFin die Zulassung des Emittenten entziehen, wenn er gegen die in Art. 111 Abs. 1 lit. b–e genannten Vorschriften oder gegen diesbezügliche Anordnungen der BaFin verstoßen hat. Die Vorschrift setzt

---

[28] RL (EU) 2015/849.

Entzug der Zulassung **Art. 24**

die Vorgaben des Art. 111 Abs. 5 lit. d um.[29] Die Entzugsgründe betreffen insbesondere Verstöße gegen die Vorschriften zum **Marktmissbrauch**.[30] Außerdem werden dadurch Fälle erfasst, in denen der Emittent **keine ordnungsgemäße Geschäftsorganisation** nach Art. 34 schafft oder aufrechterhält.[31]

Gemäß § 12 Abs. 3 KMAG-E kann die BaFin dem Emittenten die Zulassung 55 entziehen, wenn Tatsachen die Annahme rechtfertigen, dass eine **wirksame Aufsicht über das Institut beeinträchtigt** ist. Die Regelung entspricht § 33 Abs. 2 KWG und soll so sicherstellen, dass die BaFin die Zulassung auch entziehen darf, wenn eine wirksame Aufsicht beeinträchtigt ist.[32]

Die Fälle des Erlöschens der Zulassung des Emittenten sind in § 12 Abs. 4 56 KMAG-E geregelt. Das betrifft zum einen das fehlende Gebrauchtmachen von der Erlaubnis gemäß Art. 24 Abs. 1 lit. a Alt. 2 (→ Rn. 9 ff.). Zudem erlischt die Zulassung, wenn der Emittent im Zuge einer Umwandlung seinen juristischen Sitz ins Ausland verlegt. Schließlich erlischt die Zulassung, wenn die BaFin die Durchführung des Rücktauschplans nach Art. 47 anordnet.

3. Umsetzung des Rücktauschplans

Wenn die Behörde dem Emittenten die Zulassung entzieht, ist der Emittent ge- 57 mäß Art. 24 Abs. 5 UAbs. 2 dazu verpflichtet, den in Art. 47 geregelten Rücktauschplan für die ARTs umzusetzen. Auch wenn diese Regelung keinen eigenen Absatz erhalten hat, dürfte sie sich doch nicht nur auf den Entzugstatbestand des Abs. 5 UAbs. 1 beziehen, sondern **für alle Fälle des Entzugs** gelten. Dafür spricht zum einen der Wortlaut des Art. 47 Abs. 1, der die Umsetzung des Rücktauschplans unter anderem für den Fall des Entzugs der Zulassung des Emittenten vorsieht. Zum anderen ist nicht ersichtlich, warum der Rücktauschplan nicht umgesetzt werden sollte, wenn die Zulassung des Emittenten aufgrund eines der anderen in Art. 24 geregelten Tatbestände entzogen wird.

4. Befugnisse der BaFin nach Entzug oder Erlöschen der Zulassung

In § 13 KMAG-E werden der BaFin bestimmte Befugnisse in der Folge des Ent- 58 zugs oder des Erlöschens der Zulassung des Emittenten eingeräumt. Die Vorschrift ist § 38 KWG nachgebildet.[33]

Die BaFin kann gem. § 13 Abs. 1 S. 1 KMAG-E bestimmen, dass der Emittent 59 abzuwickeln ist. Für die Abwicklung kann die BaFin gem. § 13 Abs. 2 KMAG-E Weisungen erlassen und es kann ein von der BaFin ausgewählter Abwickler bestellt werden. Der Abwickler hat insbesondere die Befugnis der Anordnung der Durchführung des Rücktauschplans gemäß Art. 47.

Die BaFin hat den Entzug oder das Erlöschen der Zulassung gemäß § 14 Abs. 1 60 KMAG-E im Bundesanzeiger bekannt zu machen.

---

[29] Vgl. Begründung zu § 12 Abs. 1 KMAG-E, BT-Drs. 20/10280, 138.
[30] Vgl. Begründung zu § 12 Abs. 1 KMAG-E, BT-Drs. 20/10280, 138.
[31] Vgl. Begründung zu § 12 Abs. 1 KMAG-E, BT-Drs. 20/10280, 138.
[32] Vgl. Begründung zu § 12 Abs. 3 KMAG-E, BT-Drs. 20/10280, 138.
[33] Vgl. Begründung zu § 13 KMAG-E, BT-Drs. 20/10280, 139.

Art. 25 Titel III Vermögenswertereferenzierte Token

5. Unterrichtung der ESMA und Veröffentlichung im Register

61 Nach dem Entzug der Zulassung unterrichtet die Behörde die ESMA innerhalb von zwei Arbeitstagen über den Entzug (Art. 24 Abs. 6). Die ESMA nimmt die Information über den Entzug der Zulassung gemäß Art. 109 Abs. 3 lit. g unverzüglich in das Register über Emittenten von ARTs auf.

Artikel 25 Änderung veröffentlichter Kryptowerte-Whitepaper für vermögenswertereferenzierte Token

(1) Emittenten vermögenswertereferenzierter Token unterrichten die zuständige Behörde ihres Herkunftsmitgliedstaats über jede beabsichtigte Änderung ihres Geschäftsmodells, die nach der Erteilung der in Artikel 21 genannten Zulassung oder nach der Genehmigung des Kryptowerte-Whitepapers gemäß Artikel 17 sowie im Zusammenhang mit Artikel 23 erfolgt und geeignet ist, die Kaufentscheidung eines Inhabers oder eines potenziellen Inhabers vermögenswertereferenzierter Token signifikant zu beeinflussen. Zu solchen Änderungen gehören unter anderem alle wesentlichen Änderungen in Bezug auf

a) die Regelungen zur Unternehmensführung, einschließlich der Berichterstattungspflichten gegenüber dem Leitungsorgan und des Rahmens für das Risikomanagement;

b) das Reservevermögen und die Verwahrung des Reservevermögens;

c) die Rechte, die den Inhabern vermögenswertereferenzierter Token gewährt werden;

d) den Mechanismus für die Ausgabe und den Rücktausch eines vermögenswertreferenzierten Token;

e) die Protokolle für die Validierung der Transaktionen mit vermögenswertereferenzierten Token;

f) die Funktionsweise der unternehmenseigenen Distributed-Ledger-Technologie der Emittenten, wenn die vermögenswertereferenzierten Token mittels einer solchen Distributed-Ledger-Technologie ausgegeben, übertragen und gespeichert werden;

g) die Mechanismen zur Gewährleistung der Liquidität vermögenswertereferenzierter Token, einschließlich der in Artikel 45 genannten Strategien und Verfahren für das Liquiditätsmanagement für Emittenten signifikanter vermögenswertereferenzierter Token;

h) die Vereinbarungen mit Drittunternehmen, einschließlich Vereinbarungen über Verwaltung und Anlage des Reservevermögens, Verwahrung des Reservevermögens und gegebenenfalls den Vertrieb der vermögenswertereferenzierten Token an die Öffentlichkeit;

i) die Beschwerdeverfahren;

j) die Risikobewertung in Bezug auf Geldwäsche und Terrorismusfinanzierung sowie die damit verbundenen allgemeinen Strategien und Verfahren.

Die Emittenten vermögenswertereferenzierter Token unterrichten die zuständige Behörde ihres Herkunftsmitgliedstaats mindestens 30 Arbeitstage vor dem Wirksamwerden der beabsichtigten Änderungen entsprechend.

Art. 25

(2) Wurde der zuständigen Behörde eine beabsichtigte Änderung nach Absatz 1 mitgeteilt, so erstellt der Emittent eines vermögenswertreferenzierten Token den Entwurf eines geänderten Kryptowerte-Whitepapers und stellt dabei sicher, dass die Reihenfolge der dort erscheinenden Informationen mit der des ursprünglichen Kryptowerte-Whitepapers übereinstimmt.

Der Emittent des vermögenswertereferenzierten Token übermittelt den Entwurf des geänderten Kryptowerte-Whitepapers der zuständigen Behörde des Herkunftsmitgliedstaats.

Die zuständige Behörde bestätigt den Eingang des Entwurfs eines geänderten Kryptowerte-Whitepapers umgehend, spätestens jedoch innerhalb von fünf Arbeitstagen nach Erhalt, auf elektronischem Weg.

Die zuständige Behörde erteilt innerhalb von 30 Arbeitstagen nach der Bestätigung des Eingangs die Genehmigung des Entwurfs des geänderten Kryptowerte-Whitepapers oder lehnt die Genehmigung ab. Die zuständige Behörde kann im Laufe der Prüfung des Entwurfs des geänderten Kryptowerte-Whitepapers zusätzliche Informationen, Erläuterungen oder Begründungen zum Entwurf des geänderten Kryptowerte-Whitepapers anfordern. Stellt die zuständige Behörde einen solchen Antrag, so läuft die Frist von 30 Arbeitstagen erst, wenn die zuständige Behörde die angeforderten zusätzlichen Informationen erhalten hat.

(3) Ist die zuständige Behörde der Auffassung, dass die Änderungen an einem Kryptowerte-Whitepaper möglicherweise für das reibungslose Funktionieren der Zahlungssysteme, die geldpolitische Transmission oder die Währungshoheit relevant sind, konsultiert sie die EZB und gegebenenfalls die Zentralbank gemäß Artikel 20 Absatz 4. Die zuständige Behörde kann in solchen Fällen auch die EBA und die ESMA konsultieren.

Die EZB oder die betreffende Zentralbank und gegebenenfalls die EBA und die ESMA geben innerhalb von 20 Arbeitstagen nach Eingang der in Unterabsatz1 genannten Konsultation eine Stellungnahme ab.

(4) Genehmigt die zuständige Behörde das geänderte Kryptowerte-Whitepaper, so kann sie den Emittenten des vermögenswertreferenzierten Token auffordern,

a) Mechanismen einzuführen, die den Schutz der Inhaber des vermögenswertreferenzierten Token sicherstellen, wenn eine potenzielle Änderung der Geschäftstätigkeit des Emittenten signifikante Auswirkungen auf Wert, Stabilität oder Risiken des vermögenswertereferenzierten Token oder des Reservevermögens haben kann;

b) geeignete Korrekturmaßnahmen zu ergreifen, um Bedenken hinsichtlich der Marktintegrität, der Finanzstabilität oder des reibungslosen Funktionierens der Zahlungssysteme auszuräumen.

Die zuständige Behörde fordert den Emittenten des vermögenswertreferenzierten Token auf, geeignete Korrekturmaßnahmen zu ergreifen, um Bedenken hinsichtlich des reibungslosen Funktionierens der Zahlungssysteme, der geldpolitischen Transmission oder der Währungshoheit auszuräumen, wenn solche Korrekturmaßnahmen von der EZB oder gegebenenfalls von der in Artikel 20 Absatz 4 genannten Zentralbank im Rahmen von Konsultationen nach Absatz 3 dieses Artikels vorgeschlagen werden.

– **Art. 25** Titel III Vermögenswertereferenzierte Token

Haben die EZB oder die in Artikel 20 Absatz 4 in Bezug genommene Zentralbank andere Maßnahmen als die von der zuständigen Behörde geforderten vorgeschlagen, so werden die vorgeschlagenen Maßnahmen kombiniert oder, falls dies nicht möglich ist, wird die strengste Maßnahme vorgeschrieben.

(5) Die zuständige Behörde übermittelt das geänderte Kryptowerte-Whitepaper innerhalb von zwei Arbeitstagen nach Erteilung der Genehmigung an die ESMA, die zentralen Kontaktstellen des Aufnahmemitgliedstaats, die EBA, die EZB und gegebenenfalls die Zentralbank des betreffenden Mitgliedstaats.

Die ESMA stellt das geänderte Kryptowerte-Whitepaper in dem in Artikel 109 genannten Register unverzüglich zur Verfügung.

Schrifttum: siehe Art. 16

Übersicht

	Rn.
I. Allgemeines	1
1. Genese	1
2. Überblick	3
3. Grundlagen	6
II. Unterrichtungspflicht des Emittenten (Abs. 1)	14
III. Erstellung eines geänderten Kryptowerte-Whitepapers (Abs. 2 UAbs. 1)	20
IV. Genehmigungsverfahren (Abs. 2 UAbs. 2–4, Abs. 3)	25
V. Zusätzliche Anforderungen an Emittenten (Abs. 4)	31
VI. Übermittlung des genehmigten Kryptowerte-Whitepapers zwischen den Behörden (Abs. 5)	34

I. Allgemeines[1]

1. Genese

1 Im Vergleich zum **Kommissionsentwurf** (dort noch als Art. 21 MiCAR KOM-E) ist der Regelungstext von Art. 25 vielfach umgestaltet worden. So wurde der persönliche Anwendungsbereich der Unterrichtungspflicht nach Abs. 1 erweitert und umfasst nunmehr auch emittierende Kreditinstitute. Gänzlich neu aufgenommen wurde Abs. 1 UAbs. 1 S. 2 lit. j über die Risikobewertung in Bezug auf Geldwäsche und Terrorismusfinanzierung. Zudem wurde die Bearbeitungsfrist des Abs. 1 UAbs. 2 von 20 Arbeitstage auf 30 Arbeitstage verlängert. Ebenfalls im Kommissionsentwurf noch nicht enthalten waren die Beteiligung der EZB und ggf. der Zentralbank gem. Art. 20 Abs. 4 (nunmehr in Abs. 3) sowie die Befugnis zum Erlass von Korrekturmaßnahmen (nunmehr in Abs. 4 UAbs. 2 und UAbs. 3).

2 Alle Regelungen des Art. 25 **traten am 30. 6. 2024 in Kraft** (Art. 149 Abs. 3).

---

[1] Dieser Beitrag gibt die persönliche Meinung des Autors wieder und entspricht nicht notwendigerweise der Auffassung der Deutschen Bundesbank.

2. Überblick

Nach Abs. 1 UAbs. 1 S. 1 sind **Emittenten** von vermögenswertereferenzierten 3
Token **verpflichtet, die zuständige Behörde** ihres Herkunftsmitgliedstaats über
jede beabsichtigte **Änderung ihres Geschäftsmodells zu unterrichten,** wenn
diese geeignet ist, die Kaufentscheidung von (potentiellen) Inhabern vermögenswertereferenzierter Token signifikant zu beeinflussen (→ Rn. 14 ff.). In Abs. 1
UAbs. 1 S. 2 lit. a–j ist diesbezüglich ein nicht abschließender[2] Katalog von Regelbeispielen enthalten (→ Rn. 17). Die zuständige Behörde ist dabei mindestens
30 Arbeitstage vor dem Wirksamwerden der beabsichtigten Änderungen zu unterrichten (Abs. 1 UAbs. 2) (→ Rn. 19).

Darauf aufbauend enthält Abs. 2 UAbs. 1 die **Pflicht zur Einreichung eines** 4
aktualisierten Kryptowerte-Whitepapers im Entwurf bei der zuständigen Behörde des Herkunftsmitgliedstaats (→ Rn. 20 ff.).

Das **Verfahren zur Genehmigung des geänderten Kryptowerte-Whitepa-** 5
pers sowie die erforderliche Beteiligung weiterer Stellen ist in Abs. 1 UAbs. 2–4
sowie in Abs. 3 geregelt (→ Rn. 25 ff.). Nach Abs. 4 kann die Genehmigung des
Kryptowerte-Whitepapers schließlich mit **zusätzlichen Anforderungen an den**
Emittenten verbunden werden (→ Rn. 31). Die zuständige Behörde übermittelt
das geänderte Kryptowerte-Whitepaper schließlich innerhalb von zwei Arbeitstagen nach der Genehmigung u. a. an die ESMA, welche das Kryptowerte-Whitepaper gem. Art. 109 Abs. 3 lit. c Alt. 2 in ein **öffentliches Register** auf ihrer Website aufnimmt (Abs. 5) (→ Rn. 34).

3. Grundlagen

Art. 25 ist nur auf **vermögenswertereferenzierte Token** anwendbar **(sach-** 6
licher Anwendungsbereich). Parallelvorschriften finden sich in Art. 12 für andere Kryptowerte als vermögenswertereferenzierte Token oder E-Geld-Token
sowie für E-Geld-Token – wenngleich weitaus weniger ausdifferenziert – in der
Regelung des Art. 51 Abs. 12 (→ Art. 51 Rn. 68 f.).

Art. 25 gilt aufgrund seiner Bezugnahme auf die Regelungen der Art. 17 und 7
Art. 21 sowohl für Emissionen von **juristischen Personen oder anderen Unter-**
nehmen iSv Art. 16 Abs. 1 lit. a als auch für Emissionen von **Kreditinstituten** iSv
Art. 16 Abs. 1 lit. b **(persönlicher Anwendungsbereich).**

Art. 25 erinnert an die Regelung des **Art. 23 Abs. 1 ProspektVO** über Nach- 8
träge bei Wertpapierprospekten. Zwischen beiden Regelungen bestehen jedoch
viele bedeutsame Unterschiede. Dies ergibt sich bereits aus dem Umfang beider
Regelungsregime, da die Regelung der ProspektVO lediglich aus einem Abs. umfasst
und zB keinen Katalog von Regelbeispielen wie Abs. 1 UAbs. 1 S. 2 lit. a–j aufweist. Aber auch strukturell bestehen Unterschiede, da die Pflicht zur Änderung
von Kryptowerte-Whitepapern keine ausdrückliche zeitliche Beschränkung im
Wortlaut der Norm erfährt (dazu → Rn. 23), wohingegen Art. 23 Abs. 1 UAbs. 1
ProspektVO lediglich den Zeitraum zwischen der Billigung des Prospekts und dem
Auslaufen der Angebotsfrist oder – falls später – der Eröffnung des Handels an
einem geregelten Markt umfasst.

---

[2] Vgl. den Wortlaut von Abs. 1 UAbs. 1 S. 1 „Zu solchen Änderungen gehören unter anderem [...]" (Unterstreichung durch den Verfasser).

Art. 25   Titel III Vermögenswertereferenzierte Token

9   Aufgrund der fortbestehenden Aktualisierungspflicht können sich auch Überschneidungen mit der Pflicht zur Offenlegung von Insiderinformationen **(Ad-hoc-Publizität)** ergeben,[3] wenn zB Änderungen in Bezug auf das Reservevermögen oder dessen Verwahrung (vgl. Abs. 1 UAbs. 1 S. 2 lit. b) oder hinsichtlich der die Rechte, die den Inhabern vermögenswertereferenzierter Token gewährt werden (vgl. Abs. 1 UAbs. 1 S. 2 lit. c) zugleich auch offenlegungspflichtige Insiderinformationen iSv Art. 87 darstellen (zum Begriff der Insiderinformation → Art. 87 Rn. 2 ff.).

10   Die Art und Weise der **Veröffentlichung des genehmigten geänderten Kryptowerte-Whitepapers** bestimmt sich nach Art. 28 und erfolgt durch Veröffentlichung auf der **Website des Emittenten** (→ Art. 28 Rn. 3). Hinzu kommt die Veröffentlichung im Register der ESMA nach Abs. 5 S. 2 iVm Art. 109 Abs. 3 lit. c Alt. 2.

11   Die **aufsichtsrechtlichen Rechtsfolgen** eines pflichtwidrigen Unterlassens der Aktualisierung eines Kryptowerte-Whitepapers oder aber eines (sachlich) fehlerhaften aktualisierten Kryptowerte-Whitepapers sind an unterschiedlichen Stellen in der Verordnung geregelt. So kann die EBA bei einem Verstoß gegen die Unterrichtungspflicht nach Abs. 1 oder bei einem Verstoß gegen die Pflicht zur Erstellung eines geänderten Kryptowerte-Whitepapers nach Abs. 2 UAbs. 1 gegenüber einem Emittenten signifikanter vermögenswertereferenzierter Token eine Maßnahme aus dem Katalog des Art. 130 Abs. 1 iVm Anhang V Nr. 4 ergreifen, wozu u. a. Geldbußen gem. Art. 131 oder Zwangsgeldern gem. Art. 132 gehören. Bei Falschangaben in einem geänderten Kryptowerte-Whitepaper können Emittenten in Form von juristischen Personen oder sonstigen Unternehmen (iSv Art. 16 Abs. 1 lit. a) darüber hinaus nach Art. 24 Abs. 1 lit. b die zuvor gem. Art. 21 erteilte Zulassung entzogen werden. Zusätzlich sieht Art. 94 Abs. 1 vor, dass die zuständigen Behörden auf die Änderung des Kryptowerte-Whitepapers hinwirken können, wenn das geänderte Kryptowertpapiere nicht die nach Art. 19 erforderlichen Informationen erhält (Art. 94 Abs. 1 lit. i). Schließlich kann die Behörde das öffentliche Angebot eines vermögenswertereferenzierten Tokens oder dessen Zulassung zum Handel untersagen, wenn ein MiCAR-Verstoß – oder ein dahingehender hinreichend begründeter Verdacht – vorliegt, wozu auch ein pflichtwidriges Unterlassen der Aktualisierung eines Kryptowerte-Whitepapers zählen kann. Die beiden letztgenannten Befugnisse der zuständigen Behörden sind in Art. 94 Abs. 1 lit. l, m angelegt und im deutschen Recht in § 15 Abs. 1, 3, § 16 Abs. 1 KMAG umgesetzt.

12   Für die Frage, ob ein **pflichtwidrig nicht erstelltes geändertes Kryptowerte-Whitepaper** zu einem **Wegfall der Erteilung der Zulassung nach Art. 21 oder der Genehmigung nach Art. 17** führt, lässt sich aus einer Gesamtschau der zuvor dargestellten Einzelbefugnisse schließen, dass diese Rechtsfolge jedenfalls nicht ipso iure eintritt. Bei von juristischen Personen oder anderen Unternehmen iSv Art. 16 Abs. 1 lit. a emittierten vermögenswertereferenzierten Token sollte der Entzug der der Zulassung in entsprechender Anwendung der Regelung des Art. 24 Abs. 1 lit. b durch behördliche Entscheidung möglich sein. Denn ist der Entzug der Genehmigung schon bei bloßen Unrichtigkeiten im aktualisierten Kryptowerte-Whitepaper durchsetzbar, dann sollte dies erst recht beim gänzlichen Fehlens eines aktualisierten Kryptowerte-Whitepapers möglich sein. Eine mit Art. 24 Abs. 1 lit. b vergleichbare Vorschrift für Kreditinstitute hinsichtlich der

---

[3] Im Unterschied zu anderen Kryptowerten als vermögenswertereferenzierte Token oder E-Geld-Token, vgl. → Art. 88 Rn. 23 f.).

Änderung veröffentlichter Kryptowerte-Whitepaper **Art. 25**

Rücknahme der Genehmigung des Kryptowerte-Whitepapers nach Art. 17 existiert nicht. Auch eine (doppelt)[4] analoge Anwendung von Art. 24 Abs. 1 lit. b auf Kreditinstitute ist aufgrund des ausdrücklichen Nicht-Anwendungs-Befehls in Art. 17 Abs. 4 nicht möglich. Insoweit verbleibt der zuständigen Behörde lediglich die Möglichkeit, dem Emittenten die Abänderung des Kryptowerte-Whitepapers zur Erreichung des gesetzmäßigen Zustands aufzugeben (Art. 94 Abs. 1 lit. i; Art. 16 Abs. 1 KMAG) und bis dahin das öffentliche Angebot und dessen Zulassung zum Handel gem. Art. 94 Abs. 1 lit. l, m zu untersagen (→ Rn. 11 aE)

Enthält ein geändertes Kryptowerte-Whitepaper unvollständige, unredliche, 13 nicht eindeutige oder irreführende Informationen, so kommt eine **zivilrechtliche Haftung** gem. Art. 26 Abs. 1 in Betracht (**„fehlerhafte Aktualisierung"**). Wurde ein Kryptowerte-Whitepaper entgegen Art. 25 nicht abgeändert (**„fehlende Aktualisierung"**), so beruht die Haftung ebenfalls auf Art. 26 Abs. 1, da das noch nicht geänderte („ursprüngliche") Kryptowerte-Whitepaper aufgrund der pflichtwidrig nicht vorgenommen Änderung jedenfalls unvollständig, wenn nicht gar irreführend ist. Zu den weiteren Einzelheiten hinsichtlich sei verwiesen auf die auf vermögenswertereferenzierte Token übertragbaren Ausführungen unter → Art. 12 Rn. 41.

II. Unterrichtungspflicht des Emittenten (Abs. 1)

Emittenten vermögenswertereferenzierter Token sind verpflichtet, die zustän- 14 dige Behörde ihres Herkunftsmitgliedstaats über jede beabsichtigte **Änderung ihres Geschäftsmodells zu unterrichten,** die geeignet ist, die **Kaufentscheidung** eines Inhabers oder eines potenziellen Inhabers vermögenswertereferenzierter Token **signifikant zu beeinflussen.**

Die Verpflichtung zur Information der Behörde betrifft alle Änderungen, die im 15 Nachgang zur Erteilung der Zulassung gem. Art. 21 (im Falle von juristischen Personen oder anderen Unternehmen iSv. 16 Abs. 1 lit. a) bzw. im Nachgang einer Genehmigung nach Art. 17 (im Falle von Kreditinstituten) eingetreten sind. Eine ausdrückliche Begrenzung des **Zeitraums der Unterrichtungsverpflichtung** iSe zeitlichen Endes der Verpflichtung ist im Wortlaut des Art. 25 nicht enthalten (aber → Rn. 23).

Die Änderung des Geschäftsmodells muss geeignet sein, die **Kaufentscheidung** 16 eines (potenziellen) Inhabers eines vermögenswertereferenzierten Tokens **signifikant zu beeinflussen** (engl. „significant influence"). Diese „signifikante Beeinflussung einer Kaufentscheidung" setzt natürlich an einer anderen Stelle an als das in Art. 19 Abs. 2 S. 2 enthaltene Verbot der Auslassung von „wesentlichen Informationen" („material omissions"), worunter – in Anlehnung an Art. 94 Abs. 1 lit. s – kurserhebliche Informationen zu verstehen sind, die die Bewertung der öffentlich angebotenen und zum Handel zugelassenen Kryptowerte beeinflussen könnten (→ Art. 19 Rn. 27). Für eine erste Annäherung des hier nicht weiter detaillierten Signifikanz-Begriffs wird man allerdings folgern können, dass jedenfalls alle wesentlichen iSv kurserheblichen Änderungen des Geschäftsmodells geeignet sind, die Kaufentscheidung (potenzieller) Tokeninhaber signifikant zu beeinflussen. Änderungen des Geschäftsmodells, die demgegenüber nicht kurserheblich sind, sollten

---

[4] Doppelt analog, weil entsprechende Anwendung sowohl bei fehlendem Kryptowerte-Whitepaper als auch im Hinblick auf Kreditinstitute.

im Regelfall auch nicht zu einer signifikanten Beeinflussung der Kaufentscheidung (potenzieller) Tokeninhaber führen. Zu den weiteren Einzelheiten hinsichtlich des Begriffs der Wesentlichkeit sei verwiesen auf die auf vermögenswertereferenzierte Token übertragbaren Ausführungen unter → Art. 6 Rn. 24. → Rn. 25.[5]

17 Abs. 1 UAbs. 1 S. 2 lit. a–j enthält einen nicht abschließenden **Katalog von Beispielsfällen**, in denen die Behörde über die künftigen Änderungen des Geschäftsmodells (engl. „change of their business model") zu unterrichten ist. Dazu zählen zB wesentliche Änderungen in Bezug auf die **Unternehmensführung** (lit. a), die (Verwahrung) des **Reservevermögens** (lit. b), die **Rechte der Tokeninhaber** (lit. c), die Funktionsweise der **Distributed-Ledger-Technologie** (lit. f) oder die Mechanismen zur Gewährleistung der **Liquidität** der vermögenswertereferenzierten Token (lit. g).

18 Die **Änderung des Geschäftsmodells** wird im Regelfall auf eine **Entscheidung des Leitungsgremiums des Emittenten** zurückzuführen sein. Die Unterrichtungsverpflichtung besteht jedoch gem. Abs. 1 UAbs. 1 auch dann, wenn die Änderung des Geschäftsmodells auf einer behördlichen Maßnahme nach Art. 23 beruht und in der Beschränkung der Ausgabe von als Tauschmittel verwendeter vermögenswertereferenzierter Token besteht.

19 Gem. Abs. 1 UAbs. 2 ist die zuständige Behörde des Herkunftsmitgliedstaats des Emittenten mindestens **30 Arbeitstage** vor dem Wirksamwerden der beabsichtigten Änderung des Geschäftsmodells zu unterrichten.

III. Erstellung eines geänderten Kryptowerte-Whitepapers (Abs. 2 UAbs. 1)

20 Alle Änderungen des Geschäftsmodells begründen – zusätzlich zur Unterrichtungspflicht nach Abs. 1 – auch die Verpflichtung des Emittenten, einen **Entwurf eines geänderten Kryptowerte-Whitepapers** an die zuständige Behörde zu übermitteln. Der einleitende Hs. von Abs. 2 UAbs. 1 („Wurde der zuständigen Behörde eine beabsichtigte Änderung nach Abs. 1 mitgeteilt, […]") legt aber weder eine verbindliche Reihenfolge iSv „erst Unterrichtung, dann Entwurfsübermittlung" fest, noch soll die Verpflichtung zur Entwurfsübermittlung nur dann entstehen, wenn zuvor der Pflicht zur Unterrichtung nach Abs. 1 nachgekommen wurde.

21 Die im Kryptowerte-Whitepaper vorzunehmenden **inhaltlichen Änderungen** werden in erster Linie auf denjenigen Änderungen des Geschäftsmodells iSv Abs. 1 beruhen, die ja gerade die Verpflichtung zur Änderung des Kryptowerte-Whitepapers ausgelöst haben **(„Aktualisierungspflicht")**. Darüber hinaus sind aber auch Fehler zu berichtigen **(„Berichtigungspflicht")**.[6] Sind im Nachgang zur Genehmigung des bisherigen Kryptowerte-Whitepapers zusätzlich sonstige Änderungen – dh unterhalb der Schwelle von Abs. 1, weil es sich zB nicht um „wesentliche Änderungen" gehandelt hat – eingetreten,[7] so sind diese ebenfalls im geänderten Kryptowerte-Whitepaper zu berücksichtigen, so dass nunmehr alle Vorgaben von

---

[5] Vgl. zum Maßstab der Wesentlichkeit Just/Voß/Ritz/Zeising/Ritz/Just ProspektVO Art. 23 Rn. 38f.

[6] Vgl. Groß/Groß KapMarktR (EU) 2017/1129 Art. 23 Rn. 3.

[7] Vgl. zu unwesentlichen neuen Umständen oder unwesentlichen Unrichtigkeiten FK-EU-ProspektVO 2017 und WpPG/Berrar/Hieronymi ProspektVO Art. 23 Rn. 31.

Art. 19 wieder eingehalten werden. Ein zu aktualisierendes Kryptowerte-Whitepaper ist daher nicht nur in Bezug auf die auslösenden Umstände des Abs. 1 anzupassen, sondern vollumfänglich mit den Vorgaben von Art. 19 in Einklang zu bringen.

Um einen einfacheren Abgleich des geänderten Kryptowerte-Whitepaper mit 22 seiner vorherigen Fassung zu ermöglichen, muss die **Reihenfolge der Informationen** im geänderten Kryptowerte-Whitepaper mit derjenigen des vorherigen Kryptowerte-Whitepapers übereinstimmen (Abs. 2 UAbs. 1 S. 1 aE).

Eine ausdrückliche **zeitliche Beschränkung der Verpflichtung zur Aktua-** 23 **lisierung des Kryptowerte-Whitepapers** ist im Wortlaut von Art. 25 nicht enthalten. Dies stellt einen Unterschied zu zB Art. 12 Abs. 1 S. 2 dar, wo für andere Kryptowerte als vermögenswertereferenzierte Token oder E-Geld-Token der Zeitraum der Verpflichtung zur Aktualisierung des Kryptowerte-Whitepapers auf die Dauer des öffentlichen Angebots bzw. auf die Dauer der Zulassung des Kryptowerts zum Handel beschränkt ist. Allerdings kann die Pflicht zur Aktualisierung eines Kryptowerte-Whitepapers für vermögenswertereferenzierte Token auch nur in dem Zeitraum bestehen, in dem ein Kryptowerte-Whitepaper überhaupt erforderlich ist,[8] und dies ist gem. Art. 16 Abs. 1 auch hier derjenige Zeitraum, in dem der vermögenswertereferenzierte Token öffentlich angeboten oder zum Handel zugelassen ist.

Auch wenn eine ausdrückliche dahingehende Anordnung in Art. 25 fehlt, so 24 spricht dennoch viel dafür, die Regelungen der Art. 19 Abs. 9, 10 hier analog anzuwenden, so dass die **technischen Durchführungsstandards** über Standardformulare, Standardformate und Mustertexte auch auf die Einreichung eines geänderten Kryptowerte-Whitepapers zur Anwendung gelangen sollten (→ Art. 19 Rn. 35 ff.).

IV. Genehmigungsverfahren (Abs. 2 UAbs. 2–4, Abs. 3)

Nach **Übermittlung** des Entwurfs des geänderten Kryptowerte-Whitepapers 25 durch den Emittenten an die zuständige **Behörde des Herkunftsmitgliedstaats** (Abs. 2 UAbs. 2) bestätigt diese nach Abs. 2 UAbs. 3 den Erhalt des Kryptowerte-Whitepapers spätestens fünf Arbeitstage nach dessen Zugang auf elektronischem Wege (zB per E-Mail).

Die zuständige Behörde entscheidet sodann über die **Genehmigung des** 26 **Kryptowerte-Whitepapers** oder dessen **Ablehnung,** und zwar „innerhalb von 30 Arbeitstagen nach der Bestätigung des Eingangs" (Abs. 2 UAbs. 4 S. 1). Gemeint ist hier wohl nicht ein Fristbeginn erst mit Absendung der Bestätigung durch die Behörde (oder aber mit Zugang der Bestätigung beim Emittenten), sondern mit dem in der Bestätigung genannten Zeitpunkt des Zugangs des geänderten Kryptowerte-Whitepapers bei der Behörde.

Fordert die zuständige Behörde vom Emittenten im Laufe des Genehmigungs- 27 verfahrens **zusätzliche Informationen, Erläuterungen oder Begründungen** an, so beginnt die vorgenannte Frist erst mit Erhalt der angeforderten Informationen (Abs. 2 UAbs. 4 S. 2, 3).

---

[8] Vgl. Assmann/Schlitt/v. Kopp-Colomb/Seitz ProspektVO Art. 23 Rn. 9, „keine Pflicht zur Aktualisierung des Prospekts unabhängig vom Eintritt eines prospektpflichtigen Ereignisses".

Art. 25   Titel III Vermögenswertereferenzierte Token

28   Sind die Änderungen an einem Kryptowerte-Whitepaper nach Auffassung der zuständigen Behörde möglicherweise für das reibungslose Funktionieren der Zahlungssysteme, die geldpolitische Transmission oder die Währungshoheit relevant, ist sie gem. Abs. 3 UAbs. 1 S. 1 verpflichtet (iSe gebundenen Entscheidung), die **EZB** und gegebenenfalls die **Zentralbank** gemäß Art. 20 Abs. 4 (→ Art. 22 Rn. 26) zu **konsultieren.** Die zuständige Behörde „kann" (iSe Ermessensentscheidung) gem. Abs. 3 UAbs. 1 S. 2 in solchen Fällen auch die **EBA** und die **ESMA** konsultieren. Die konsultierten Stellen können sodann bis spätestens 20 Arbeitstage nach Erhalt der Konsultation ihre Stellungnahme gegenüber der Behörde abgeben (Art. 3 UAbs. 2).

29   Nimmt man den **Ablauf des Genehmigungsverfahrens** in Gänze in den Blick, so spiegelt die Frist von 30 Arbeitstagen (ab Zugang bei der Behörde) die berechtigte Erwartung des Emittenten an einer zeitnahen behördlichen Entscheidung wieder. Um diese Frist auch im Falle der Konsultation anderer Stellen einhalten zu können, muss die Behörde daher ein Konsultationsverfahren zeitnah nach Erhalt des geänderten Kryptowerte-Whitepapers in die Wege leiten, um die vielleicht erst nach 20 Arbeitstagen (ab Zugang bei den konsultierten Stellen) bei ihr eingehenden Stellungnahmen im Rahmen der eigenen Entscheidung noch berücksichtigen zu können. Auch wenn eine ausdrückliche Frist zur Einreichung des geänderten Kryptowerte-Whitepapers nicht normiert ist und sich die Frist von 30 Arbeitstagen in Abs. 1 UAbs. 2 nur auf die Unterrichtung der Behörde bezieht, legt der Wortlaut von Abs. 2 UAbs. 1 nahe, dass der Verordnungsgeber von einem fristmäßigen Gleichlauf beider Pflichten ausgegangen ist.[9] Um den Erlass aufsichtlicher Maßnahmen (→ Rn. 11 f.) sowie die Haftung wegen pflichtwidrig unterlassener Aktualisierung des Kryptowerte-Whitepapers (→ Rn. 13) zu vermeiden, sollte in der Praxis die Einreichung des Entwurfs des geänderten Kryptowerte-Whitepapers (gem. Abs. 2) also zusammen mit der Unterrichtung der Behörde (gem. Abs. 1) erfolgen. Zudem ist auch zu einer Einreichung nicht deutlich vor dem geforderten „30 Arbeitstagen vor Änderung des Geschäftsmodells" zu raten, da stets die Möglichkeit besteht, dass die eingereichten Antragsunterlagen unvollständig sind und die Behörde zusätzliche Informationen gem. Abs. 2 UAbs. 4 S. 2 anfordert.

30   Losgelöst vom zuvor beschrieben Genehmigungsverfahren können die **Kollegien für Emittenten signifikanter vermögenswertereferenzierter Token** (iSv Art. 119) **unverbindliche Stellungnahmen** zu jeder Veränderung des Geschäftsmodells (Art. 120 Abs. 1 lit. d) sowie zum Entwurf eines geänderten Kryptowerte-Whitepapers (Art. 120 Abs. 1 lit. e) abgeben. Folgt die zuständige Behörde der Stellungnahme des Kollegiums – insbesondere hinsichtlich enthaltener Empfehlungen für die Behebung von Mängeln – nicht, so muss die zuständige Behörde dies bei signifikanten Abweichungen begründen (Art. 120 Abs. 4).

---

[9] Art. 25 Abs. 2 UAbs. 1: „Wurde der zuständigen Behörde eine beabsichtigte Änderung nach Absatz 1 mitgeteilt, so erstellt der Emittent eines vermögenswertreferenzierten Tokens den Entwurf eines geänderten Kryptowerte-Whitepapers" (Unterstreichungen durch den Verfasser).

Änderung veröffentlichter Kryptowerte-Whitepaper **Art. 25**

V. Zusätzliche Anforderungen an Emittenten (Abs. 4)

Zusammen mit der Genehmigung des geänderten Kryptowerte-Whitepapers 31
kann die zuständige Behörde dem Emittenten auch die **Erfüllung zusätzlicher Anforderungen** aufgeben. Zielrichtung kann entweder der **Schutz der Tokeninhaber** sein, wenn die Änderung des Geschäftsmodells signifikante Auswirkungen auf Wert, Stabilität oder Risiken des vermögenswertereferenzierten Tokens oder des Reservevermögens haben kann (Abs. 4 UAbs. 1 lit. a) oder aber der **Schutz der Marktintegrität, der Finanzstabilität oder des reibungslosen Funktionierens der Zahlungssysteme** (Abs. 4 UAbs. 1 lit. b). Der Erlass dieser zusätzlichen Anforderungen liegt im Ermessen der Behörde.

Sind **zusätzliche Anforderungen** („Korrekturmaßnahmen") hingegen von 32
der **EZB oder von einer Zentralbank** iSv Art. 20 Abs. 4 (→ Art. 22 Rn. 26) im Rahmen von Konsultationen nach Abs. 3 (→ Rn. 28) vorgeschlagen worden, so hat die zuständige Behörde – im Sinne einer gebundenen Entscheidung – geeignete Maßnahmen zu ergreifen, um Bedenken hinsichtlich des reibungslosen Funktionierens der Zahlungssysteme, der geldpolitischen Transmission oder der Währungshoheit auszuräumen (Abs. 4 UAbs. 3). Werden von den beteiligten Stellen unterschiedliche Maßnahmen vorgeschlagen, so werden die Maßnahmen entweder kombiniert oder, falls dies nicht möglich ist, die strengste Maßnahme angewendet (Abs. 4 UAbs. 4).

Kommt ein Emittent **signifikanter vermögenswertereferenzierter Token** 33
den von der EBA aufgegebenen zusätzlichen Anforderungen nicht nach, so kann die EBA eine Maßnahme aus dem Katalog des Art. 130 Abs. 1 iVm Anhang V Nr. 5 ergreifen, wozu u. a. Geldbußen gem. Art. 131 und Zwangsgelder nach Art. 132 gehören.

VI. Übermittlung des genehmigten Kryptowerte-Whitepapers zwischen den Behörden (Abs. 5)

Die **zuständige Behörde übermittelt das geänderte Kryptowerte-White-** 34
paper innerhalb von zwei Arbeitstagen nach Erteilung der Genehmigung an die **ESMA**, die **zentralen Kontaktstellen des Aufnahmemitgliedstaats**, die **EBA**, die **EZB** und gegebenenfalls die **Zentralbank des betreffenden Mitgliedstaats** (iSv Art. 20 Abs. 4, → Art. 22 Rn. 26). Die zentrale Kontaktstelle des Aufnahmemitgliedstaats wird nach Art. 93 Abs. 2 durch die Mitgliedstaaten benannt. Im nationalen Recht ist dies gem. § 3 Abs. 1 S. 1 KMAG die BaFin.

Die **ESMA** stellt das geänderte Kryptowerte-Whitepaper sodann unverzüglich 35
auf ihrer **Website** öffentlich zur Verfügung. Gem. Art. 109 Abs. 3 lit. c enthält das Register nicht nur das aktuelle (also das geänderte) Kryptowerte-Whitepaper, sondern auch die veralteten Versionen des Kryptowerte-Whitepapers. Diese werden in einem gesonderten Archiv aufbewahrt und als veraltet gekennzeichnet. Dies ermöglicht eine lückenlose Nachvollziehbarkeit der unterschiedlichen Fassungen des Kryptowerte-Whitepapers einschließlich der jeweiligen Geltungszeiträume.

Alfes

Artikel 26 Haftung von Emittenten vermögenswertereferenzierter Token für die in einem Kryptowerte-Whitepaper enthaltenen Informationen

(1) Hat ein Emittent in einem Kryptowerte-Whitepaper oder in einem geänderten Kryptowerte-Whitepaper unvollständige, unredliche, nicht eindeutige oder irreführende Informationen zur Verfügung gestellt und damit gegen Artikel 19 verstoßen, so sind der Emittent und die Mitglieder von dessen Verwaltungs-, Leitungs- oder Aufsichtsorgan gegenüber einem Inhaber eines solchen vermögenswertereferenzierten Token für aufgrund dieses Verstoßes erlittene Verluste haftbar.

(2) Ein vertraglicher Ausschluss oder eine vertragliche Beschränkung der zivilrechtlichen Haftung gemäß Absatz 1 hat keine Rechtswirkung.

(3) Es obliegt dem Inhaber des vermögenswertereferenzierten Token, den Nachweis dafür zu erbringen, dass der Emittent dieses vermögenswertereferenzierten Token gegen Artikel 19 verstoßen hat, indem er in seinem Kryptowerte-Whitepaper oder in einem geänderten Kryptowerte-Whitepaper unvollständige, unredliche, nicht eindeutige oder irreführende Informationen zur Verfügung gestellt hat, und sich das Verlassen auf diese Informationen auf die Entscheidung des Inhabers, diesen vermögenswertereferenzierten Token zu kaufen, zu verkaufen oder zu tauschen, ausgewirkt hat.

(4) Der Emittent und die Mitglieder seines Verwaltungs-, Leitungs- oder Aufsichtsorgans haften nicht für Verluste, die durch den Verlass auf Informationen entstehen, die in einer Zusammenfassung gemäß Artikel 19, einschließlich deren Übersetzung, zur Verfügung gestellt werden, es sei denn, die Zusammenfassung
a) ist, wenn sie zusammen mit den anderen Teilen des Kryptowerte-Whitepapers gelesen wird, irreführend, unrichtig oder widersprüchlich oder
b) enthält, wenn sie zusammen mit den anderen Teilen des Kryptowerte-Whitepapers gelesen wird, nicht die wesentlichen Informationen, die potenziellen Inhabern bei der Entscheidung über den Kauf des vermögenswertereferenzierten Token helfen sollen.

(5) Dieser Artikel lässt jede sonstige zivilrechtliche Haftung gemäß dem nationalen Recht unberührt.

Schrifttum: Assmann/Wallach/Zetzsche (Hrsg.), Kapitalanlagegesetz, 2. Auflage 2022; Buck-Heeb, Whitepaper-Haftung nach MiCAR, BKR 2023, 689; Fleischer/Merkt, Verhandlungen des 64. Deutschen Juristentages Berlin 2002 Band I: Gutachten/Teile F und G – Abteilung Wirtschaftsrecht: Empfiehlt es sich, im Interesse des Anlegerschutzes und zur Förderung des Finanzplatzes Deutschland das Kapitalmarkt- und Börsenrecht neu zu regeln?, 2002; Groß, Kapitalmarktrecht, 8. Auflage 2022; Guckelberger, Verjährung von Staatshaftungsansprüchen wegen Unionsrechtsverstößen, EuR 2011, 75; Hüßtege/Mansel, Nomos Kommentar BGB Rom-Verordnungen Band 6, 3. Auflage 2019; Klöhn, Kapitalmarkt, Spekulation und Behavioral Finance, 2006; ders., Zum Ersatz des Vertragsabschlussschadens wegen fehlerhafter Ad-hoc-Publizität („EM.TV"), ZIP 2018, 1638; Leuering, Die Neuordnung der gesetzlichen Prospekthaftung, NJW 2012, 1905; Leyens, Informationsintermediäre des Kapitalmarkts, 2017; Linardatos/Raschner, Crowdfunding und Plattformregulierung, 2023; Maume, Die Verordnung über Märkte für Kryptowerte (MiCAR) Zentrale Definitionen sowie Rechte und Pflichten beim öffentlichen Angebot von Kryptowerten, RDi 2022, 461; ders., The Regulation on Markets in Crypto-Assets (MiCAR): Landmark Codification, or First Step of Many, or Both?, ECFR 2023, 243; Omlor, Publizität auf Kryptomärkten: MiCAR-Prospektrecht für Zahlungstoken, ZdiW 2023, 131; Park (Hrsg.), Kapitalmarktstrafrecht, 5. Auflage 2019; Renner/Seidel, Prospekthaftung nach dem Schwarmfinanzierung-Begleitgesetz, BKR 2022, 176; Siadat, Markets in Crypto Assets Regulation – erster Einblick mit Schwerpunktsetzung auf Finanzinstrumente, RdF 2021, 12; Wendt/Wendt (Hrsg.), PRIIP-Verordnung, 2021; Wittig, Digitales Geld – Gegenwärtige und künftige Regulierung von E-Geld und E-Geld-Token nach ZAG und MiCAR, WM 2023, 412; Zickgraf, Primärmarktpublizität in der Verordnung über die Märkte für Kryptowerte (MiCAR) – Teil 2, BKR 2021, 362.

Übersicht

	Rn.
A. Grundlagen	1
I. Genese	1
II. Regelungszweck	2
III. Anwendungsbereich und Abgrenzung	7
B. Auslegung der Norm	10
I. Haftungsbegründung (Abs. 1)	10
1. Haftungsadressaten und Anspruchsberechtigte	10
2. Informationspflichtverletzung	13
a) Fehlerhaftes oder unvollständiges Kryptowerte-Whitepaper	15
aa) Unvollständige Informationen	16
bb) Fehlerhafte Informationen	18
b) Fehlendes Kryptowerte-Whitepaper	21
c) Unterlassene Aktualisierung	24
d) Beurteilungsmaßstab (maßgeblicher Anlegerhorizont)	25
3. Haftungsbegründende Kausalität und Schaden	26
a) Kausalität	27
b) Schaden	31
4. Verschulden?	34
5. Verjährung	37
6. Gesamtschuldnerische Haftung	38
II. Zwingender Regelungscharakter (Abs. 2)	39
III. Beweislastregelung (Abs. 3, 4)	42
IV. Haftungsmilderung für eine fehlerhafte oder unvollständige Zusammenfassung (Abs. 4)	44
V. Residualhaftung nach nationalem Recht (Abs. 5)	47

A. Grundlagen

I. Genese

Die Haftungsnorm geht auf Art. 22 KOM-E zurück und ist im Gesetzgebungsverfahren im Ergebnis unverändert geblieben. Der Vorschlag des Rates, eine (Verantwortungs-) Erklärung der Haftungsadressaten vorzusehen mit dem Inhalt, die Angaben im (aktualisierten) Kryptowerte-Whitepaper seien ihres Wissens vollständig und wahr – eine ähnliche Regelung sehen Art. 23 Abs. 9, 24 Abs. 4 ECSP-VO[1] 1

---

[1] VO (EU) 2020/1503 des Europäischen Parlaments und des Rates v. 7.10.2020 über Europäische Schwarmfinanzierungsdienstleister für Unternehmen und zur Änderung der VO (EU) 2017/1129 und der RL (EU) 2019/1937.

Art. 26

vor[2] –, ist vom Regelungszusammenhang her richtig[3] in die inhaltlichen Anforderungen an das Kryptowerte-Whitepaper in Art. 19 Abs. 5 gewandert. Nicht durchgesetzt hat sich der im Ratsmandat formulierte Vorschlag, die bestehende Beweislastregelung, welche zulasten des Kryptowerte-Inhabers geht (→ Rn. 42), vollständig zu streichen.

II. Regelungszweck

2 Art. 26 reiht sich in die Riege der kapitalmarktrechtlichen Haftungstatbestände wegen Informationspflichtverletzung ein, allerdings mit der Besonderheit, dass hier der **deliktsrechtliche Haftungstatbestand**[4] vollständiger als in anderen Unionsrechtsakten ausbuchstabiert wird und somit in weitergehenden Teilen **autonom unionsrechtlich** ist:[5] Der Unionsgeber beschränkte sich bisher darauf, das „Ob" der Haftung abschließend zu regeln, während er es den Mitgliedstaaten überließ, den gesetzten Rahmen unter Beachtung der unionsrechtlichen Vorgaben näher auszufüllen („Wie"). Dieser etwa aus Art. 11 ProspVO oder Art. 23 f. ECSP-VO bekannte Regelungsansatz wird nun zugunsten eines **unionsrechtlichen Haftungstatbestands** aufgegeben.[6] Welche Gründe den Unionsgesetzgeber zu diesem Schritt veranlasst haben, kann nur spekuliert werden. Eine Rolle mag gespielt haben, dass Kryptowerte ein recht junges Phänomen sind, denen gegenüber sich die Mitgliedstaaten in der Vergangenheit unterschiedlich aufgeschlossen gezeigt hatten. Folglich stand eine (ggf. erheblich) divergierende Regelungs- und Anwendungspraxis in den Mitgliedstaaten zu erwarten. Art. 26 wirkt einer solchen Rechtszersplitterung entgegen. Richtig wird deshalb in praktischer Hinsicht u. a. konstatiert, durch die einheitlich auf europäischer Ebene festgelegte Zivilrechtshaftung wegen Informationspflichtverletzungen werde die private Rechtsdurchsetzung sowie die abschreckende Wirkung verstärkt und komplizierte kollisionsrechtliche Probleme werden vermieden.[7]

3 Seinem **Zweck** nach ist Art. 26 – wie Art. 15 – vielgestaltig.[8] Im Zentrum steht einesteils die **anlegerschützende Kompensationsfunktion,** indem kausal durch die Informationspflichtverletzung verursachte Nachteile ausgeglichen werden. Anderntheils der **Funktionenschutz durch die Steuerungswirkung des Haftungsrechts:** Die Emittenten sollen zur Erteilung hinreichender bzw. der gesetzlich vorgeschriebenen Informationen motiviert werden.[9] Kryptowerte-Whitepaper

---

[2] Dazu Linardatos/Raschner, Crowdfunding und Plattformregulierung, 2023, S. 129, 131.
[3] Die Verantwortungsübernahme hat für sich genommen nach richtiger Auffassung nämlich noch keine haftungsauslösende Wirkung; vgl. Buck-Heeb BKR 2023, 689 (690).
[4] Zur deliktsrechtlichen Einordnung von Prospekthaftungsansprüchen und Ansprüchen wegen Verletzung sonstiger gesetzlicher Informationspflichten s. EuGH 28.1.2015 – C-375/13 Rn. 44 – Kolassa; EuGH 12.9.2018 – C-304/17 Rn. 20 f. – Löber; s. auch NK-BGB/Knöfel, Rom-Verordnungen, 3. Aufl. 2019, Rom II-VO Art. 1 Rn. 44, 46; allgemeiner Omlor ZdiW 2023, 131 (132) („zivilrechtliche Haftung").
[5] Näher → Art. 15 Rn. 2 ff.; sinngemäß auch Buck-Heeb BKR 2023, 689 (690).
[6] Maume ECFR 2023, 243 (264); anders Omlor ZdiW 2023, 131 (133) (zu Art. 52): weiterhin nur das „Ob".
[7] Vgl. Lehmann ÖBA 2024, 248 (253), der noch die Vermeidung einer Diskriminierung zwischen Investoren aus verschiedenen Ländern nennt.
[8] → Art. 15 Rn. 4.
[9] Habersack/Mülbert/Schlitt KapMarktInfo-HdB/Habersack, 3. Aufl. 2020, § 28 Rn. 1.

Haftung von Emittenten **Art. 26**

werden dadurch zu echten Haftungsdokumenten erhoben,[10] während sie in den ersten Jahren der Krypto-Entwicklung wegen der fehlenden inhaltlichen Regulierung des Dokuments als bloße „PR-Maßnahme(n) und Kommunikationsmittel" angesehen wurden.[11]

Hinsichtlich der Erstreckung der Haftung auf Verwaltungs-, Leitungs- und Aufsichtsorgane wird im Schrifttum überwiegend die **judgment-proof-Problematik** ins Spiel gebracht:[12] Gerade neue technologische Phänomene würden von verhältnismäßig jungen Unternehmen mit einer tendenziell geringen Eigenkapitalausstattung vertrieben,[13] so dass die an das Unternehmen gerichteten haftungsrechtlichen Anreize aufgrund einer unzureichenden Vermögensausstattung leerlaufen könnten und die Heranziehung weiterer Haftungsadressaten zum **Ausgleich der (drohenden) Unterabschreckung** sinnvoll sowie die Anknüpfung an die (risikoaversen) Organmitglieder der Leitungsorgane besonders effektiv erscheine. Problematisch an dieser Argumentation ist indes, dass sie von einer begrenzten Halbwertzeit ist. Denn jedes Unternehmen ist irgendwann nicht mehr „verhältnismäßig jung" und die Eigenkapitalausstattung verbessert sich bei funktionierendem Geschäftsmodell laufend. Hinzu kommt, dass für die vermögenswertereferenzierten Kryptowerte substanzielle Kapitalanforderungen gelten (vgl. Art. 35 ff.), welche typischerweise zu einer höheren Liquidität der Gesellschaft im Vergleich zu seinen Organen führen. Es kann somit von einer „tendenziell geringen Eigenkapitalausstattung" nicht die Rede sein.[14] Weiterhin hat dieser Ansatz keinen Erklärungswert, wenn der Emittent als Personengesellschaft geführt wird, denn eine persönliche Einstandspflicht besteht dann ohnehin qua Rechtsform (vgl. § 126 HGB oder § 721 BGB). 4

Tatsächlicher Grund für die aktivierte **Steuerungswirkung der kumulativen Organhaftung** dürfte demnach eine gewisse **Skepsis** des Verordnungsgebers gegenüber den kryptowertefokussierten Geschäftsmodellen sein.[15] Zudem soll eine **„Seriositätshürde"** errichtet werden, insbesondere damit es den branchenfremden BigTech-Unternehmen nicht möglich ist, das Emissionsgeschäft mit geringer Aufmerksamkeit als bloße „Nebentätigkeit" zu betreiben.[16] 5

Bei Kryptowerte-Whitepaper für vermögenswertereferenzierte Token nicht durchgreifend ist das Argument,[17] die Haftungsverschärfung bei Informations- 6

---

[10] Buck-Heeb BKR 2023, 689.

[11] BaFin, Merkblatt: Zweites Hinweisschreiben zu Prospekt- und Erlaubnispflichten im Zusammenhang mit der Ausgabe sogenannter Krypto-Token, GZ: WA 51-Wp 7100-2019/0011 und IF 1-AZB 1505-2019/0003, S. 1.

[12] → Art. 15 Rn. 5.

[13] So auch Maume RDi 2022, 461 Rn. 35; Wittig WM 2023, 412 (418 f.); Omlor ZdiW 2023, 131 (133).

[14] Es sei denn, man empfindet die in den Art. 35 ff. aufgestellten Anforderungen als zu gering, was angesichts ihrer Anknüpfung an die CRR-VO (→ Art. 35 Rn. 13 ff.) wenig überzeugend wäre.

[15] Das steht freilich in einem Spannungsverhältnis zu den Regulierungserwägungen des Unionsgesetzgebers, soweit dieser anerkennt, Kryptowerte könnten einen „erheblichen Nutzen" für Kleinanleger mit sich bringen und seien „für kleine und mittlere Unternehmen (KMU) eine innovative und inklusive Finanzierungsalternative" (vgl. Erwgr. Nr. 2 S. 2, 4).

[16] → Vor Art. 27 ff. Rn. 3.

[17] → Art. 15 Rn. 5.

Art. 26   Titel III Vermögenswertereferenzierte Token

pflichtverletzungen stelle einen Ausgleich für die weniger strenge ex-ante-Regulierung auf Verfahrensebene dar, welche damit zusammenhänge, dass für „gewöhnliche" Kryptowerte-Whitepaper im Unterschied zum Prospektrecht (vgl. Art. 20 ProspektVO) kein behördliches Genehmigungsverfahren, sondern lediglich ein Übermittlungsverfahren (Art. 8) vorgesehen sei. Denn bei der Emission von vermögenswertereferenzierten Token besteht sowohl für den Emittenten vermögenswertereferenzierter Token als auch hinsichtlich des Kryptowerte-Whitepapers ein Genehmigungsverfahren (vgl. Art. 16 Abs. 4, 17 Abs. 1, 21 Abs. 1); das Whitepaper zählt gemäß Art. 18 Abs. 2 lit. k zu den Informationen, die der zuständigen Behörde zusammen mit dem Antrag auf Zulassung der vermögenswertereferenzierten Token zu übermitteln sind. Damit bleiben hinsichtlich der Kryptowerte-spezifischen Haftungsverschärfung – trotz der angemessenen ex-ante-Regulierung – im Wesentlichen nur eine diffuse Skepsis des Gesetzgebers und die Etablierung einer „Seriositätshürde" als (materiellrechtlich fragwürdige) Erklärungsansätze.

III. Anwendungsbereich und Abgrenzung

7   Art. 26 regelt die Haftung für Informationspflichtverletzungen bei der Emission von **vermögenswertereferenzierten Token.** Für andere Tokenemission enthält die MiCAR eigenständige Haftungstatbestände (vgl. Art. 15, 52). Prinzipiell folgen alle drei Normen ähnlichen Grundsätzen. Es sind allerdings bei der Auslegung der Haftungsnormen stets die Besonderheiten des jeweiligen Tokens zu berücksichtigen. Für vermögenswertereferenzierte Token ist insbesondere zu beachten, dass sie keiner unmittelbaren nachfrageabhängigen Preisvolatilität unterliegen,[18] mithin der Grundsatz der Informationseffizienz von untergeordneter Bedeutung ist, während hingegen der Schutz der Entschlussfreiheit im Vordergrund steht (→ Rn. 33).

8   Geregelt wird allein die Haftung des Emittenten vermögenswertereferenzierter Token und seiner Organmitglieder (→ Rn. 11). Dritte und etwaige Dienstleister haften entweder nach Titel V der MiCAR (Art. 59 ff.) oder nach nationalem Zivilrecht (→ Rn. 47 ff.). In Deutschland wird eine Haftung bei fehlendem Kryptowerte-Whitepaper durch **§ 19 KMAG** ergänzt.[19]

9   **Räumlich** knüpft der Anwendungsbereich des Art. 26 an die Kryptowerte-Whitepaper-Publizität an, die gemäß Art. 16 Abs. 1, 18 Abs. 1, 2 stets besteht, wenn vermögenswertereferenzierte Token öffentlich in der Union angeboten werden sollen oder eine Handelszulassung in der Union beantragt wird.[20]

B. Auslegung der Norm

I. Haftungsbegründung (Abs. 1)

10   **1. Haftungsadressaten und Anspruchsberechtigte.** Haftungsverantwortlich ist primär der **Emittent** iSd Art. 3 Abs. 1 Nr. 10.[21] Emittenten können natürliche oder juristischer Personen (AG, GmbH etc) sowie „andere Unternehmen" sein – eine im deutschen Recht unbekannte Kategorie, die letztlich darauf

---

[18] → Art. 3 Rn. 23.
[19] Dazu Skauradszun/Linardatos/Linardatos KMAG § 19 Rn. 1 ff.
[20] Näher zu IPR-Fragen → Art. 20 Rn. 1 ff.
[21] Näher zum Begriff → Art. 3 Rn. 68 ff.

abzielt, Personengesellschaften und andere Rechtsträger des nationalen Rechts zu erfassen.[22]

In die Verantwortung genommen werden darüber hinaus die **Mitglieder** des **Verwaltungs-, Leitungs-** oder **Aufsichtsorgans** (Art. 3 Abs. 1 Nr. 27) des Emittenten.[23] Damit sind die Organmitglieder kraft Gesetzes informationsverantwortlich. Die zwingende (→ Rn. 39) Durchgriffshaftung ist ein Novum im Recht der Prospekt- und Informationsblatthaftung und wird im Schrifttum kritisch gesehen.[24] In anderen Bereichen ist die Haftungserweiterung auf Organmitglieder unionsrechtlich lediglich optional (vgl. Art. 11 Abs. 1 ProspektVO, Art. 23 Abs. 9, 24 Abs. 4 ECSP-VO[25]). Durch die weite Formulierung (Verwaltungs-, Leitungs-, Aufsichtsorgan) soll sichergestellt werden, dass die monistischen sowie die dualistischen Gesellschaftssysteme erfasst werden. Statuiert wird eine **kumulative Einstandspflicht** der Organmitglieder,[26] die gemeinsam mit dem Emittenten auf Rechtsfolgenseite zu einer **gesamtschuldnerischen Haftung** (→ Rn. 38) führt. 11

Aktivlegitimiert sind aktuelle und frühere Inhaber des Kryptowerts,[27] die nach entsprechender Vertrauensinvestition in die Angaben des Kryptowerte-Whitepapers (zur Kausalität → Rn. 27 ff.) einen oder mehrere vermögenswertereferenzierte Token erworben haben. 12

2. Informationspflichtverletzung. Die qualitativen und quantitativen Anforderungen an die Angaben der verschiedenen Kryptowerte-Whitepapers werden in der deutschen Sprachfassung mit minimalen Variationen formuliert,[28] die bloß einer uneinheitlichen Übersetzung geschuldet sind.[29] Es kann insoweit auch auf die parallelen Kommentierungen in diesem Werk verwiesen werden,[30] so dass sich die nachfolgenden Ausführungen – auch zur Vermeidung von Wiederholungen – auf wesentliche Eckpunkte konzentrieren. Darüber hinaus werden Besonderheiten berücksichtigt, die sich aus den Merkmalen der vermögenswertereferenzierten Token ergeben. Eine Orientierung an die Auslegungsgrundsätze, welche iZm anderen Unionsrechtsakten (Art. 7 Abs. 2 ProspektVO, Art. 6 Abs. 1 S. 2 PRIIPs-VO, Art. 23 Abs. 7 S. 1, 24 Abs. 3 S. 1 ECSP-VO usw) entwickelt wurden, ist prinzipiell möglich, obgleich zu beachten ist, dass sich auch diesbzgl. Formulierungsvarianzen finden lassen und insoweit noch offen ist, ob die Abweichungen in der MiCAR absichtsvoll sind. 13

Eine Haftung des Emittenten für eine fehlerhafte oder fehlende Informationsversorgung iSd Art. 26 kann aus verschiedenen Gründen eingreifen: Erstens wegen fehlerhaften oder unvollständigen Angaben im Kryptowerte-Whitepaper 14

---

[22] Vgl. Maume RDi 2022, 461 Rn. 30, der wohl aber schon an „juristische Person" anknüpft und diesen Begriff weit auslegt.
[23] Näher dazu → Art. 3 Rn. 197 ff.
[24] Vgl. Maume RDi 2022, 461 Rn. 35: „systemfremd"; Wittig WM 2023, 412 (418): „unüblich"; Buck-Heeb BKR 2023, 689 (691 f.).
[25] Entgegen der verbreiteten Annahme hat der nationale Gesetzgeber mit §§ 32c, 32d WpHG aF nicht von der Option Gebrauch gemacht, eine Durchgriffshaftung zu statuieren (näher Linardatos/Raschner S. 134 ff.; s. auch Renner/Seidel BKR 2022, 176 (180 f.)).
[26] Buck-Heeb BKR 2023, 689 (691).
[27] Näher → Art. 15 Rn. 18.
[28] Art. 15: „unvollständige, unredliche, unverständliche oder irreführende Informationen"; Art. 26 Abs. 1 und Art. 52 Abs. 1: „unvollständige, unredliche, nicht eindeutige oder irreführende Informationen"; s. auch → Art. 52 Rn. 7 (Tabelle 1).
[29] Ebenso Buck-Heeb BKR 2023, 689 (692).
[30] → Art. 15 Rn. 28 ff.; → Art. 52 Rn. 9 ff.

Art. 26 Titel III Vermögenswertereferenzierte Token

(→ Rn. 15 ff.), zweitens wegen fehlender Aktualisierung des Kryptowerte-Whitepapers (→ Rn. 24) und drittens wegen einer fehlerhaften Zusammenfassung (→ Rn. 44 ff.). Hingegen keine Haftung greift bei fehlendem Kryptowerte-Whitepaper (→ Rn. 21 ff.). Von welchem Anlegerhorizont jeweils auszugehen ist, teilt die MiCAR nicht mit (→ Rn. 25).

15 **a) Fehlerhaftes oder unvollständiges Kryptowerte-Whitepaper.** Der Tatbestand des Art. 26 Abs. 1 wird regelungstechnisch etwas nebulös auf zwei Wegen eingeschränkt: Das **Vollständigkeitsmerkmal** (→ Rn. 16 f.) ist erfolgsbezogen und somit strikt, eine Einschränkung greift aber bei teleologischer Auslegung insoweit ein, als dass lediglich **wesentliche** (→ Rn. 17) Auslassungen oder Lücken in den Angaben haftungsbegründend sind. Die **Fehlerhaftigkeit** (→ Rn. 18 ff.) von Angaben im Kryptowerte-Whitepaper ist typischerweise verhaltensbezogenen Umständen geschuldet (Redlichkeit, Irreführung, Eindeutigkeit); deshalb spielen **subjektive Sorgfaltsmomente** eine haftungsbegrenzende Rolle. Beide Kategorien können bei der Aktualisierung (→ Rn. 24) der Kryptowerte-Whitepaper-Angaben relevant werden.

16 **aa) Unvollständige Informationen.** Nach Art. 26 Abs. 1 Var. 1 sind **unvollständige Informationen** („not complete") pflichtwidrig. Es handelt sich dabei richtigerweise um einen Unterfall der Fehlerhaftigkeit.[31] Das Merkmal ist nicht rein quantitativ, sondern auch qualitativ auszulegen: Im Kryptowerte-Whitepaper müssen alle **„wesentlichen"** oder „fundamentalwertrelevanten Informationen"[32] enthalten sein, also die für die Anlageentscheidung maßgeblichen **Angaben** über objektiv wert- und vor allem risikobildende Faktoren (vgl. auch Erwgr. Nr. 69 S. 1, dort zu E-Geld-Token). Das Fehlen irgendeiner (untergeordneten) Information ist somit nicht bereits tatbestandsmäßig. Diese einschränkende Auslegung ist vor dem Hintergrund der strikt ausgestalteten Haftung (→ Rn. 39 ff.) angezeigt.

17 Ausgangspunkt für die Bestimmung, ob ein Kryptowerte-Whitepaper vollständig ist, sind die **Pflichtangaben gemäß Art. 19**. Wie dies auch im übrigen Prospektrecht der Fall ist, führt jedoch nicht jede fehlende Pflichtangabe zur Unvollständigkeit des Dokuments.[33] Maßgeblich ist vielmehr auch hier, ob die fehlende Information **wesentlich** ist. Wie schon richtig an anderer Stelle ausgearbeitet wurde, sind die gesetzlichen Anforderungskataloge notgedrungen generalisierend und sie können somit Punkte enthalten, die im Einzelfall nicht relevant sind.[34] Anhand von Art. 19 Abs. 1 lit. e lässt sich dies veranschaulichen: Nicht jede Auslassung bzgl. der „Informationen über die zugrunde liegende Technologie" kann haftungsbegründend sein, weil der Anleger nicht jedes technische Detail in seine Anlageentscheidung aufnimmt.[35] Umgekehrt führt die Einhaltung der Pflichtangaben nicht automatisch zur Vollständigkeit des Kryptowerte-Whitepapers. So kann trotz Auf-

---

[31] Vgl. Groß KapMarktR WpPG § 9 Rn. 58.
[32] → Art. 6 Rn. 11, 25 und Art. 15 Rn. 30; Buck-Heeb BKR 2023, 689 (692); s. allgemein Assmann/Schlitt/von Kopp-Colomb/Assmann WpPG § 9 Rn. 53.
[33] Vgl. Schwark/Zimmer/Heidelbach WpPG § 9 Rn. 17, u. a. mit Verweis auf BT-Drs. 13/8933, 76 zu § 45 BörsG; Groß KapMarktR WpPG § 9 Rn. 58 f.
[34] Groß KapMarktR WpPG § 9 Rn. 59 mit weiterführenden Hinweisen.
[35] Nach Anhang II Teil E Nr. 1 sind von Angaben zu den verwendeten technischen Standards, „die Halten, Speichern und Übertragung der wertereferenzierten Token ermöglichen", geschuldet. Dass ein Anleger gerade wegen einer insoweit unvollständigen Angabe pflichtwidrig zum Erwerb eines Kryptowerts veranlasst wird, erscheint wenig naheliegend.

nahme aller Pflichtangaben ein insgesamt **unzutreffender Gesamteindruck** entstehen, den die Informationsverantwortlichen durch weitere Angaben hätten „geraderücken" müssen.[36]

bb) Fehlerhafte Informationen. Informationen sind iSd Art. 26 Abs. 1 Var. 2 **18** unredlich („not … fair"), wenn sie **objektiv unzutreffend** sind oder **nicht mit der Sorgfalt eines ordentlichen Kaufmanns ermittelt** und **weitergegeben** wurden.[37] Zur Redlichkeit gehört es, dass nicht nur positive, sondern auch negative Aspekte der Anlagemöglichkeit – insbesondere die damit verbundenen Risiken – dargestellt werden. Der potenzielle Token-Inhaber muss nämlich abschätzen können, ob der vermögenswertereferenzierte Token für seine Anlageziele geeignet ist. Weiterhin muss er abmessen können, ob die Investition nach eigener Einschätzung sich innerhalb der persönlichen Risikotragfähigkeit und -bereitschaft bewegt. Unzutreffend sind nachweislich unwahre **Tatsachenangaben,** aber auch **Prognosen** und **Werturteile,** die auf Basis der maßgeblichen Tatsachen *ex ante* **kaufmännisch unvertretbar** sind.[38]

Eine Pflichtverletzung lösen gemäß Art. 26 Abs. 1 Var. 3 **nicht eindeutig** („not **19** … clear") oder – wie in Art. 15 Abs. 1 formuliert – „unverständliche" Informationen aus. Die Abgrenzung zur Irreführung erscheint schwierig; die Merkmale dürften einen sich stark überschneidenden Anwendungsbereich haben.[39] Erfasst werden **mehrdeutige Informationen,** die einen nicht ausräumbaren Spielraum für verschiedene Interpretationen lassen.[40] Komplexe Sachverhalte bedürfen der **Erläuterung** für durchschnittliche Anleger (zum maßgeblichen Adressatenhorizont → Rn. 25).[41] Auch **Gestaltungsmängel** fallen unter diese Variante.[42] Entsprechend können zu komplexe Formulierungen oder Sätze sowie finanzmathematische Angaben schädlich sein.[43] Wo dies möglich und sinnvoll ist, sollten deutsche statt englische Begriffe verwendet werden.[44]

Irreführend („misleading") iSd Art. 26 Abs. 1 Var. 4 sind Informationen, die **20** beim Erwerber einen falschen Eindruck über Chancen und Risiken des Produkts hervorrufen.[45] Entscheidend ist die objektive **Eignung** zur Irreführung.[46] Ein wichtiger Anwendungsfall ist die Vermittlung eines **unzutreffenden Gesamteindrucks.**[47] Dieser kann sich auch bei im Übrigen zutreffenden Angaben ergeben

---

[36] Sinngemäß Schwark/Zimmer/Heidelbach WpPG § 9 Rn. 17; Assmann/Schlitt/von Kopp-Colomb/Assmann WpPG § 9 Rn. 57 iVm 66; → Art. 15 Rn. 31 geht wohl von einem Fall der Unredlichkeit aus.
[37] Assmann/Wallach/Zetzsche/Wilhelmi Art. 6 Rn. 4.
[38] NK-PRIIP-VO/Kumpan/Schmidt PRIIP-VO Art. 11 Rn. 34.
[39] Ähnlich Buck-Heeb BKR 2023, 689 (693).
[40] → Art. 15 Rn. 32; s. auch Assmann/Schütze/Buck-Heeb KapAnlR-HdB/Assmann/Kumpan § 5 Rn. 148.
[41] Assmann/Schütze/Buck-Heeb KapAnlR-HdB/Kumpan § 5 Rn. 148.
[42] Vgl. Groß KapMarktR WpPG § 9 Rn. 86; Assmann/Schütze/Buck-Heeb KapAnlR-HdB/Kumpan § 5 Rn. 148; für Beispiele → Art. 15 Rn. 32.
[43] NK-PRIIP-VO/von Livonius/Molinari PRIIP-VO Art. 6 Rn. 13.
[44] NK-PRIIP-VO/von Livonius/Molinari PRIIP-VO Art. 6 Rn. 13.
[45] Buck-Heeb BKR 2023, 689 (693).
[46] Assmann/Schneider/Mülbert/Beule WpHG § 63 Rn. 62.
[47] → Art. 15 Rn. 33; s. allgemein Assmann/Schlitt/von Kopp-Colomb/Assmann WpPG § 9 Rn. 66 ff.; NK-PRIIP-VO/von Livonius/Molinari PRIIP-VO Art. 6 Rn. 14.

Art. 26

("window dressing"). Weiterhin kann eine Irreführung aus einem Gestaltungsmangel folgen,[48] selbst wenn insoweit kein Fall der Unverständlichkeit vorliegt.

21 **b) Fehlendes Kryptowerte-Whitepaper.** Bemerkenswert an Art. 26 ist, dass die Norm – ebenso wie Art. 15 und Art. 52 – keine Haftungsanordnung für die schwerste Form der Informationspflichtverletzung enthält, nämlich für die fehlende Erstellung eines Kryptowerte-Whitepapers.[49] Teils wird erwogen, das fehlende Whitepaper dem fehlerhaften gleichzustellen.[50] Nach anderer Auffassung ist der eindeutige Wortlaut der Haftungsnorm zu akzeptieren, doch es greife eine Auffanghaftung nach nationalem Recht ein.[51] Der deutsche Gesetzgeber hat sich mit § 19 KMAG für eine Klarstellung entschieden (→ Rn. 23).

22 Die Gleichstellung von fehlendem und fehlerhaftem Kryptowerte-Whitepaper ist eine ergebnisorientierte Überstrapazierung des Normwortlauts ("zur Verfügung gestellt") und abzulehnen. Die eindeutige **gesetzgeberische Entscheidung** des Unionsgesetzgebers, eine **Haftung aufgrund fehlenden Kryptowerte-Whitepapers** im Harmonisierungsrechtsakt nicht vorzusehen, muss prinzipiell akzeptiert werden. Bei Börsenzulassungsprospekten ist ein ähnlicher Verzicht auf eine Haftungsnorm in der Vergangenheit kritisiert worden mit der Begründung, die Ausnahmetatbestände des Prospektrechts seien komplex, wodurch eine Fehleinschätzung durch die Börsengeschäftsführung zu befürchten stünde.[52] Hier bei den vermögenswertereferenzierten Token ist die Aufsichtsbehörde durch ein auch das Whitepaper betreffendes Genehmigungsverfahren engmaschig involviert (→ Rn. 6), so dass praktisch gesehen kein **legitimes** öffentliches Angebot und kein Handel mit vermögenswertereferenzierten Token existieren dürfte, ohne dass zuvor von Amts wegen die Erstellung und Veröffentlichung eines Kryptowerte-Whitepapers sichergestellt wurde. Allerdings ist gerade bei **illegitimen** öffentlichen Angeboten oder Handelsaktivitäten ein berechtigtes Interesse der Anleger entgegenzuhalten, etwaige Vermögensschäden zu liquidieren. Rechtspolitisch ist daher die Entscheidung des Verordnungsgebers, sich auf das behördliche Verfahren zu verlassen, kritisch zu sehen.

23 Denkbar erscheint es, die unionsrechtliche Haftungslücke über das **nationale Recht** zu kitten. Freilich nicht möglich ist es, mit den Vertretern dieser Ansicht[53] die Haftung wegen Informationspflichtverletzung dem Deliktsrecht zuordnen, sodann aber zur „Lückenschließung" auf die quasi-vertraglichen §§ 280 Abs. 1, 311 Abs. 2, 241 Abs. 2 BGB (cic) zurückgreift,[54] obwohl der Anknüpfungspunkt für die Whitepaper*pflicht* derselbe bleibt, sie also wegen der MiCAR-Vorgabe gesetzlicher Natur ist. Konsequent ist vor diesem Hintergrund die Entscheidung des deutschen Gesetzgebers, mit **§ 19 KMAG** einen neuen **gesetzlichen Haftungstatbestand** zu schaffen. Zur Begründung wird angeführt, es könne wertungsmäßig nicht überzeugen, dass ein erstelltes, aber inhaltlich fehlerhaftes Kryptowerte-Whitepaper einer zivilrechtlichen Haftung unterworfen wird, ein fehlendes Whitepaper hin-

---

[48] Vgl. Assmann/Schneider/Mülbert/Beule WpHG § 63 Rn. 62.
[49] Kritisch → Art. 15 Rn. 14 und bereits Zickgraf BKR 2021, 362 (370).
[50] So etwa Omlor ZdiW 2023, 131 (133) zu Art. 52.
[51] → Art. 15 Rn. 14.
[52] Leuering NJW 2012, 1905 (1907); s. auch Groß KapMarktRWpPG § 14 Rn. 1.
[53] → Art. 15 Rn. 6.
[54] → Art. 15 Rn. 67.

Haftung von Emittenten   **Art. 26**

gegen nicht.[55] Die innerstaatliche Lückenschließung mit dem auf der Hand liegenden Argument wird vom deutschen Gesetzgeber unausgesprochen auf Art. 26 Abs. 5 gestützt (→ Rn. 47 ff.). Ob diese Öffnungsklausel tatsächlich die Schaffung neuer Haftungstatbestände ermöglicht, erscheint mit Blick auf den Wortlaut zweifelhaft („lässt ... unberührt"). Eine dahingehende Auslegung ist allerdings angesichts des weitergehenden Wortlauts anderer Sprachfassungen („without prejudice") möglich. Gewichtig bleiben hingegen die teleologischen Zweifel: Dass die Verordnung ausgerechnet an so zentraler Stelle auf ein „level playing field" verzichten und ungleiche Wettbewerbsbedingungen eröffnen soll, ist wenig nachvollziehbar. Freilich lassen sich die Argumente hören, die Öffnung im Hinblick auf eine „sonstige zivilrechtliche Haftung" schaffe ohnehin Rechtszersplitterung und durch das behördliche Genehmigungsverfahren betreffe eine Haftung nach § 19 KMAG die eher seltenen Ausnahmefälle, wodurch das Binnenmarktkonzept kaum spürbar aufgestört werde.

c) Unterlassene Aktualisierung. Eine Aktualisierungspflicht des Emittenten 24 ergibt sich hinsichtlich des bereits veröffentlichten Kryptowerte-Whitepapers aus Art. 25. Dass das Whitepaper bei Veröffentlichung aktuell sein muss, folgt hingegen aus Art. 19 und dem Redlichkeitsgrundsatz. Die haftungsbegründenden Tatbestandsvarianten des Art. 26 Abs. 1 gelten für das geänderte Kryptowerte-Whitepaper unverändert, so dass auf die Ausführungen oben verwiesen werden kann. Für den Emittenten bringt die **Aktualisierungspflicht** ein **erhebliches Haftungsrisiko** mit sich, weil sie zeitlich unbeschränkt besteht.[56] Etwaigen Bestrebungen, die Aktualisierungspflicht auf den Zeitpunkt der Handelseinführung und somit auf die Information der Primärmarktteilnehmer zu begrenzen,[57] ist nicht beizupflichten. Richtig wäre eine solche einschränkende Auslegung des Art. 26, wenn im Zusammenhang mit vermögenswertereferenzierten Token adäquate **Ad-hoc-Mitteilungspflichten** bestünden, da diese im **Sekundärmarktrecht** an die Stelle der prospektbasierten Anlegerinformation treten. Eine geeignete Ad-hoc-Pflicht der Emittenten vermögenswertereferenzierter Token existiert indes nicht. Zwar ist auch für die Emittenten vermögenswertereferenzierter Token der nach MAR-Vorbild geschaffene Art. 88 einschlägig. Die Insiderinformation gemäß Art. 87 Abs. 2 S. 1 ist allerdings ähnlich wie Art. 7 Abs. 2 MAR von einem Kursbeeinflussungspotential abhängig. Diese Anknüpfung an die informationsbasierte Nachfrage führt bei vermögenswertereferenzierten Token ins Leere, weil wertbildend hier allein die referenzierten Werte sind (→ Art. 3 Rn. 23). Damit weisen die Art. 87f. eine Anwendungslücke auf, die angesichts des klaren Wortlauts nicht durch eine teleologische Auslegung geschlossen werden kann. Die laufende Information des Anlegerpublikums kann mithin Token-spezifisch allein über die Aktualisierungen des Kryptowerte-Whitepapers gewährleistet werden. Das Kryptowerte-Whitepaper ist somit – **ausnahmsweise** – zugleich ein **Informationsdokument des Sekundärmarktes.**

d) Beurteilungsmaßstab (maßgeblicher Anlegerhorizont). Die Frage 25 nach dem für die Informationsgestaltung maßgeblichen Anlegerhorizont und dem sich daraus ergebenden Beurteilungsmaßstab für die Fehlerhaftigkeit oder Unvollständigkeit des Kryptowerte-Whitepapers ist – so wie im tradierten Prospektrecht –

---

[55] BT-Drs. 20/10280, 142 (Regierungsentwurf).
[56] Näher → Art. 25 Rn. 20 ff.
[57] So etwa → Art. 15 Rn. 21.

nicht spezifisch geregelt. Richtig ist eine **typisierende Betrachtungsweise**, die sich nach dem **Verständnishorizont** des durch das Whitepaper **adressierten Publikums** richtet.[58] Maßgeblich ist insoweit ein **verständiger** Anleger.[59] Einen vergleichbaren Horizont legt Art. 87 Abs. 4 bei der Bestimmung von Insiderinformationen an.[60] Es kommt also nicht allein auf professionelle bzw. – im hiesigen Zusammenhang besonders relevant – technisch vertraute Anleger an.[61] Insbesondere muss der Anleger nicht mit der Schlüsselsprache[62] der Kryptomärkte vertraut sein.

26 **3. Haftungsbegründende Kausalität und Schaden.** Aus der Beweislastregel des Art. 26 Abs. 3 (→ Rn. 42) folgt mittelbar, dass zu den anspruchsbegründenden Tatbestandsmerkmalen die haftungsbegründende Kausalität (→ Rn. 27 ff.) und ein Schaden (→ Rn. 31 ff.) zählen.

27 **a) Kausalität.** Das Kausalitätserfordernis hat zwei Bezugspunkte. Haftungsvoraussetzung ist *erstens* die Veröffentlichung eines die **Anlagestimmung**[63] **erzeugenden** Kryptowerte-Whitepapers. **Ohne Whitepaper** besteht kein Anknüpfungspunkt für eine Haftung wegen einer fehlerhaften Anlegerinformation (→ Rn. 18 ff.). *Zweitens* muss die **konkrete Informationspflichtverletzung ursächlich für die Dispositionsentscheidung** sein; ob diese Entscheidung in einem Kauf, Verkauf oder Tausch besteht, ist gleichgültig (Art. 26 Abs. 3 aE). Praktisch ist kaum denkbar, dass ein vermögenswertereferenzierter Token *allein* aufgrund des Kryptowerte-Whitepapers erworben wird. Daher genügt – wie im Prospektrecht – **Mitursächlichkeit** der Informationspflichtverletzung.[64]

28 Eine haftungsrelevante **Anlagestimmung** können Ergänzungen, Korrekturen und Aktualisierungen **beseitigen**, sofern sie zeitlich vor der Dispositionsentscheidung umgesetzt worden sind. Im Prospektrecht ist zudem anerkannt, dass negative Berichterstattungen über den Emittenten oder gar ein Börsencrash ausreichen können, um eine Anlagestimmung zu beseitigen.[65] Diese Grundsätze lassen sich hierher übertragen. Praktische Anwendungsbeispiele fehlen freilich noch.

29 Abzustellen ist auf den **Abschluss des Kaufvertrages.**[66] Etwaige Änderungen des Kryptowerte-Whitepapers zwischen dem schuldrechtlichen Vertrag und dem dinglichen Erfüllungsgeschäft sind somit unbeachtlich und beseitigen die Anlagestimmung nicht. Im Gegensatz zu §§ 9 Abs. 1, 10 WpPG kennt Art. 26 keine zeit-

---

[58] BGHZ 195, 1 Rn. 25 = NZG 2012, 1262 mwN; zustimmend Habersack/Mülbert/Schlitt KapMarktInfo-HdB/Habersack, 3. Aufl. 2020, § 28 Rn. 14.

[59] Vgl. Groß KapMarktR WpPG § 9 Rn. 53 u. a. mit Bezug auf Fleischer, Gutachten F zum 64. Deutschen Juristentag 2002, F 44 f., jeweils mwN.

[60] Dazu näher Raschner, HdB MiCAR, 2024, Kap. 11 Rn. 50 ff. (im Erscheinen).

[61] Wohl etwas strenger als hier iZm Insiderinformationen Misterek/Roth ZIP 2024, 385 (391): tokenbezogene Informationen „sachkundig" einschätzen können.

[62] Siehe iZm Börsenzulassungsprospekten BGH NJW 1982, 2823 (2824); wN bei. Groß KapMarktR WpPG § 9 Rn. 53.

[63] Näher Habersack/Mülbert/Schlitt KapMarktInfo-HdB/Habersack, 3. Aufl. 2020, § 28 Rn. 35.

[64] Vgl. Schwark/Zimmer/Heidelbach WpPG § 9 Rn. 16.

[65] Schwark/Zimmer/Heidelbach WpPG § 9 Rn. 15; Habersack/Mülbert/Schlitt KapMarktInfo-HdB/Habersack, 3. Aufl. 2020, § 28 Rn. 37 mwN.

[66] So auch beim Prospekt, vgl. Habersack/Mülbert/Schlitt KapMarktInfo-HdB/Habersack, 3. Aufl. 2020, § 28 Rn. 36.

liche Eingrenzung, bis zu welchem Zeitraum ab Veröffentlichung des Kryptowerte-Whitepapers der Kauf stattgefunden haben muss, damit von einer kausalen Beeinflussung der Anlagestimmung durch das Informationsdokument ausgegangen werden kann. Dieser Umstand ist nicht dahingehend zu deuten, das Whitepaper bleibe *in aeternum* ursächlich. Die Rechtsprechung des XI. Zivilsenats, nach der innerhalb der ersten sechs Monate die (mittelbare) Erwerbskausalität des Prospekts schlechthin vermutet wird,[67] ist nicht hierher mit der Maßgabe zu erstrecken, eine Erwerbskausalität des ursprünglichen Kryptowerte-Whitepapers sei dauerhaft anzunehmen. Vielmehr wird man *in praxi* einzelfallabhängig zu bestimmen haben, inwieweit andere Außenumstände (→ Rn. 28) die Anlagestimmung beseitigt bzw. neu geformt haben, wodurch die Bedeutung des Kryptowerte-Whitepapers mit der Zeit verblassen kann. Freilich ist zu beachten, dass der Emittent das Kryptowerte-Whitepaper aktuell zu halten hat und die MiCAR insoweit keine zeitliche Einschränkung kennt. Eine fehlerhafte Sekundärmarktinformation (→ Rn. 24) wird demnach stets Mitursächlichkeit aufweisen.

Hat der Token-Inhaber **in Kenntnis eines Informationsfehlers** die Dispositionsentscheidung getroffen, so **unterbricht** dies die **haftungsbegründende Kausalität**; auf einen Mitverschuldenseinwand kommt es nicht an und eine anteilige Haftung des Emittenten scheidet aus (→ Rn. 36). 30

b) Schaden. Dem Token-Inhaber muss ein Schaden entstanden sein. Unter den Schadensbegriff fällt auch aus unionsrechtlicher Sicht jede Beeinträchtigung eines rechtlich geschützten Gutes oder Interesses.[68] Da Haftungsgrund des Art. 26 eine Informationspflichtverletzung ist, wird es im Ergebnis stets nur um den Ausgleich eines **Vermögensschadens** gehen. 31

Auszugleichen ist prinzipiell der **transaktionsbedingte Verlust** – ganz gleich, ob dieser durch einen Kauf, Verkauf oder Tausch der vermögenswertereferenzierten Token entstanden ist (vgl. Art. 26 Abs. 4 aE). Ist der Anleger noch Inhaber der vermögenswertereferenzierten Token, dann kann er die **Differenz** verlangen zwischen dem (hypothetischen) Transaktionspreis, der bei pflichtgemäßer Information des Publikums zum Transaktionszeitpunkt bestanden hätte und jenem, der sich infolge der Informationspflichtverletzung eingestellt hat (zT als **Kursdifferenzschaden** bezeichnet).[69] Hat der Token-Inhaber die vermögenswertereferenzierte Token infolge einer Informationspflichtverletzung verkauft oder getauscht – insoweit kann eine Whitepaper-Änderung kausal sein –, dann kann er letztlich einen Mindererlös liquidieren. Problematisch insoweit erscheint es allerdings, dass ein „Kursdifferenzschaden" wegen einer Informationspflichtverletzung bei den vermögenswertereferenzierten Token konzeptionell schwerlich denkbar ist, da diese ihren Erwerbspreis über die referenzierten Vermögenswerte erlangen, nicht über die informationsbasierte Nachfrage der Anleger.[70] 32

Vor diesem Hintergrund relevanter ist der **Vertragsabschlussschaden**. Dieser ist darauf gerichtet, die Rückzahlung des entrichteten Kaufpreises gegen Übertragung der erworbenen Token zu beanspruchen; sind die Token zwischenzeitlich veräußert oder getauscht worden, wird der Veräußerungspreis oder der Tauschwert an- 33

---

[67] BGHZ 228, 133 Rn. 95 = BeckRS 2020, 42399; s. auch Assmann/Schütze/Buck-Heeb KapAnlR-HdB/Assmann/Kumpan, 6. Aufl. 2024, § 5 Rn. 179.
[68] Streinz/Gellermann EUV/AEUV AEUV Art. 340 Rn. 26 mwN.
[69] Siehe zur Schadensbestimmung auch → Art. 15 Rn. 50 f.
[70] Ausführlich dazu → Art. 3 Rn. 23.

Art. 26

gerechnet.[71] Der Wortlaut steht einem Vertragsabschlussschaden nicht entgegen, obgleich in Art. 26 Abs. 1 von „Verlust" die Rede ist und dieser Begriff enger scheint als der nach deutschem Recht gewohnte Schadensbegriff.[72] Für eine enge Auslegung verschlägt insbesondere nicht die durchgehend in der englischen Sprachfassung verwendete Formulierung „loss", obgleich dieser Begriff auch in anderen Fassungen der MiCAR überwiegt.[73] Dass allein der englische Begriff „damages" etwaige Schäden nach deutschem Verständnis meint, lässt sich dem Unionsrecht nirgendwo entnehmen.[74] In der deutschen Version ist die Begriffswahl uneinheitlich[75] und die MiCAR strotzt ohnehin vor sprachlichen Ungenauigkeiten, weshalb letztlich eine teleologische Auslegung maßgeblich sein muss, die hier durch den Zweck der Informationspflichten bestimmt wird: Ermöglicht werden soll eine informierte Anlageentscheidung des Interessenten. Art. 26 Abs. 3 unterstreicht diese Zwecksetzung, da andernfalls der geforderte haftungsbegründende Ursachenzusammenhang zwischen Informationspflichtverletzung und Transaktionsentscheidung des Inhabers unerklärlich wäre. Zwar mag das Prospektrecht (auch) der Informationseffizienz dienen. Damit ist der Schutz der Entschluss- und Dispositionsfreiheit jedoch nicht suspendiert. Im Gegenteil: Die Prospekthaftung knüpft an dem Umstand an, dass der Prospekt für den Interessenten oftmals die wichtigste oder einzige Informationsquelle darstellt, weil das Dokument insoweit an die Stelle einer individuellen Aufklärung durch den Emittenten oder durch Informationsintermediäre tritt.[76] Informationspflichten haben ihren zentralen Sinn darin, informierte Entscheidungen zu ermöglichen. Vertraut der Erwerber auf fehlerhafte Angaben, ist er zu einem Entschluss veranlasst worden, den er auf diese Weise mit den richtigen Informationen womöglich nicht gefasst hätte. Ausgleichsbedürftig ist deshalb der Vertrauensschaden, der hier im Abschluss eines ungewollten Vertrages besteht. Für den spezifisch auf vermögenswertereferenzierte Token bezogenen Art. 26 Abs. 1 gilt dies im Besonderen, denn hier spielt die transaktionsbezogene Effizienz – wie bereits erwähnt (→ Rn. 24) – eine untergeordnete Rolle. Übermäßige Belastungen des Emittenten drohen durch die hiesige Auslegung nicht, weil durch die Beweislast aufseiten des Token-Inhabers (→ Rn. 42) erhebliche Anspruchshürden bestehen bleiben.

34   **4. Verschulden?.** Ein Verschuldenserfordernis stellt der **Wortlaut** des Art. 26 **nicht auf.** Umstritten ist, ob dies im Sinne einer strikten Garantiehaftung zu deuten ist,[77] oder ob insoweit der Weg in das nationale Recht offensteht, mithin sich das

---

[71] Vgl. allgemein Fuchs/Zimmermann/Schmolke/D. Meier, 3. Aufl. 2024, WpHG § 29 Rn. 173.

[72] Überzeugend und ausführlich → Art. 15 Rn. 44 f.; aA Buck-Heeb BKR 2023, 689 (695) zu Art. 15 Abs. 1 mit Blick auf „loss" in der englischen Fassung.

[73] Vgl. etwa perte (FR), verlies (NL), aber ζημία (EL).

[74] Beispielsweise verwenden auch die Art. 73 f. PSD II im Englischen „loss", ohne dass jemals in Zweifel gezogen wurde, dass damit „Schäden" gemeint sind (vgl. §§ 675 u, v BGB).

[75] Vgl. Art. 15 Abs. 1, der von „Schäden" spricht, während es in Art. 52 Abs. 1 wieder „Verlust" heißt.

[76] So explizit Assmann/Schütze/Buck-Heeb KapAnlR-HdB/Assmann/Kumpan § 5 Rn. 2 mwN aus der deutschen Rechtsprechung; s. allgemein auch Klöhn, Kapitalmarkt, Spekulation und Behavioral Finance, 2006, S. 173 f.

[77] Siadat RdF 2021, 12 (19); einschränkend Zickgraf BKR 2021, 362 (368 f.): „in funktionaler Hinsicht einer Verschuldens- bzw. Fahrlässigkeitshaftung". Demgegenüber Lehmann ÖBA 2024, 248 (253): „verschuldensunabhängig".

Verschulden nach allgemeinen zivilrechtlichen Anforderungen (§ 276 BGB) richtet.[78] Für die letztgenannte Sichtweise lässt sich der **rechtspolitisch berechtigte Wunsch** anführen, **überhöhte Schadensvermeidungsanreize zu verhindern.**[79] Allerdings kann man nicht leichthin von der Hand weisen, dass der Gesetzestext gerade keine Öffnungsklausel zugunsten des nationalen Rechts enthält. Allein die weitergehende Imperfektion der Haftungsnorm, indem etwa die Verjährungsfrist gar nicht und die schadensrechtlichen Folgen unzureichend geregelt bleiben,[80] kann nicht als Argument dienen, um (auch) hinsichtlich des Verschuldenserfordernisses an das nationale Recht anzuknüpfen. Es wäre auch ein Novum, von einem nationalen Verschuldensmaßstab auszugehen, ohne dem Harmonisierungsakt eine entsprechende Öffnung entnehmen zu können: So verweisen Art. 11 ProspektVO, Art. 23 Abs. 9, 24 Abs. 4 ECSP-VO hinsichtlich des „Wie" allgemein („Die Mitgliedstaaten stellen sicher ...") und Art. 11 Abs. 2 PRIIPs-VO ganz spezifisch („gemäß nationalem Recht") auf die mitgliedstaatliche Rechtsordnung. Art. 35a RatingVO hat hingegen den entscheidenden Maßstab selbst vorgegeben („vorsätzlich oder grob fahrlässig").[81] Der Unionsgesetzgeber versteht es demnach sehr gut, konkrete Verschuldensvorgaben zu machen. Gegen beide bewährten Gestaltungsvarianten hat er sich bei der MiCAR entschlossen. Dieser Entscheidung kann nicht pauschal jegliche Bedeutung abgesprochen werden, auch nicht mit dem tautologischen Verweis auf das allgemeine Regelungsziel gemäß Erwgr. Nr. 6, Innovation und effiziente Refinanzierungsformen zu fördern. Denn es ist ja gerade die beantwortungsbedürftige Frage, in welchem Umfang die MiCAR ein innovationsfreundliches Regelungsumfeld schafft. Auch hier gilt: Rechtspolitische und dogmatische Argumente dürfen nicht miteinander vermengt werden. Eine strenge Haftung darf zudem nicht einseitig in einem negativen Sinne mit einer übermäßigen Aktivitätssteuerung gleichgesetzt werden. Denn die Fahrlässigkeitshaftung mit Mitverschuldenseinwand – so die von der hM befürwortete Lösung – kann zu einer unzureichenden Absenkung der Gefahrenlage führen,[82] die mit einer verminderten Investitionsbereitschaft einher geht; auch diese Gestaltung hat somit ihre Nachteile. Gestärktes Anlegervertrauen wegen eines strikten Haftungsrechts bedeutet hingegen höhere Erwerbsbereitschaft, wodurch sich wiederum die Haftungsvermeidungsrisiken auf Emittentenseite durch einen verbesserten Absatz der Token amortisieren können.

Aus Gesagtem folgt, dass Art. 26 Abs. 1 beim Worte zu nehmen und die Haftung **35 verschulden*un*abhängig** ist.[83] Da – wie gezeigt (→ Rn. 5) – die Regulierung des Kryptowertemarktes durch die MiCAR von einer gewissen Skepsis begleitet ist, ist es offensichtlich eine in Kauf genommene Konsequenz, dass die Risikoaversion der

---

[78] Buck-Heeb BKR 2023, 689 (693 f.); Maume RDi 2022, 461 (467); zu Art. 52 Abs. 1: Omlor ZdiW 2023, 131 (133); → Art. 15 Rn. 9.

[79] In diesem Sinne Zickgraf BKR 2021, 362 (369); → Art. 15 Rn. 9: „Gefahr einer Überabschreckung"; s. allgemein Leyens, Informationsintermediäre des Kapitalmarkts, 2017, S. 415 mwN.

[80] So aber Buck-Heeb BKR 2023, 689 (694).

[81] Aus welchem Grund → Art. 15 Rn. 9 meint, Art. 35a RatingVO sei Regelungsvorbild, bleibt offen; jedenfalls für das Kryptowerte-Whitepaper des Emittenten für vermögenswertereferenzierte Token kann dies nicht angenommen werden.

[82] In diesem Sinne Leyens, Informationsintermediäre des Kapitalmarkts, 2017, S. 418.

[83] Zutreffend Lehmann ÖBA 2024, 248 (253), demzufolge die Haftungsregeln „besonders streng ausgestaltet" sind.

Organmitglieder bei einigen Akteuren zu einem Marktrückzug und bei anderen zu einem Verzicht auf einen Markteintritt führt.[84] Angesichts der hohen Eigenmittel- und Reserveanforderungen, die für Emittenten vermögenswertereferenzierter Emittenten existieren (zB → Art. 35 Rn. 13ff.) und die eine recht hohe Eintrittsschwelle schaffen, ist ohnehin fraglich, ob letztlich das Haftungsniveau des Art. 26 Abs. 1 bei den regelmäßig versicherten (!) Organmitgliedern die entscheidenden hemmenden Anreize setzt. Im Übrigen ist es gar nicht erforderlich, in den Art. 26 Abs. 1 mit Gewalt ein Verschuldenserfordernis hineinzulesen, um eine haftungsrechtliche Übersteuerung zu verhindern. Vielmehr kann an die Informationsanforderungen angeknüpft werden: Diese sind als eingehalten zu bewerten, wenn der Emittent mit angemessener Sorgfalt das Kryptowerte-Whitepaper erstellt hat. Insbesondere das Merkmal der Redlichkeit zeigt (→ Rn. 18), dass es nicht um rein objektive, sondern auch um **subjektive Anforderungen** geht, die an den Emittenten gerichtet werden.

36 Damit besteht auch **kein Raum für einen Mitverschuldenseinwand.** Die an den Emittenten gerichteten Informationspflichten betreffen typischerweise Informationsgegenstände und -umstände, die der Anleger durch eine eigene Informationssuche nicht aufdecken kann, da diese sich in einer fremden Verantwortungs- und Kontrollsphäre befinden.[85] Hat der Anleger in Kenntnis der Fehlerhaftigkeit einer wesentlichen Angabe investiert, dann scheidet eine Haftung des Emittenten auf Kausalitätsebene aus (→ Rn. 27f.); mit einem Mitverschuldenseinwand hat dies nichts zu tun.[86] Indem nach hiesiger Ansicht ein anspruchskürzendes Mitverschulden auszuscheiden hat, kann der Emittent auch nicht anteilig in Anspruch genommen werden. Diese „alles-oder-nichts-Lösung" ist konsequent, weil Art. 26 Abs. 1 keine Sanktions-, sondern eine Kompensationshaftung für enttäuschtes Vertrauen statuieren soll (→ Rn. 33).

37 **5. Verjährung.** Von der MiCAR nicht geregelt wird die Verjährung der zivilrechtlichen Haftungsansprüche. Von einer Unverjährbarkeit des Anspruchs auszugehen, wäre eigentümlich. Dass längere Zeit unverfolgte Ansprüche aus Gründen der Rechtssicherheit und des Rechtsfriedens einer Verjährung unterliegen sollten,[87] dürfte als allgemeiner zivilrechtlicher Grundsatz angesehen werden können, der auch im Unionsrecht Platz greift: Für Amtshaftungsansprüche hat der EuGH „Ausschlussfristen für die Rechtsverfolgung im Interesse der Rechtssicherheit" als mit dem Gemeinschaftsrecht vereinbar angesehen.[88] Diesbezügliche nationale Verjährungsfristen von drei Jahren wurden unionsrechtlich akzeptiert.[89] Folglich dürfte hier nichts anderes gelten. Der Anspruch des Art. 26 Abs. 1 unterliegt der **regelmäßigen Verjährung** gemäß §§ 195, 199 BGB.

---

[84] Zu diesem Argument Maume ECFR 2023, 243 (264).

[85] Ökonomische Auslegungen (→ Art. 15 Rn. 62) helfen insoweit nicht weiter.

[86] Wie hier zum parallel gelegenen § 12 Abs. 2 Nr. 3 WpPG HBS/Habersack, Handbuch der Kapitalmarktinformation, 3. Aufl. 2020, § 28 Rn. 50; aA Schwark/Zimmer/Heidelbach WpPG § 12 Rn. 20; Buck-Heeb BKR 2023, 689 (695); → Art. 15 Rn. 62; offen Assmann/Schütze/Buck-Heeb KapAnlR-HdB/Assmann/Kumpan § 5 Rn. 180.

[87] Vgl. zum deutschen Recht BGHZ 128, 74 (82f.) = NJW 1995, 252 (253); BGH NJW 2017, 2755 Rn. 9.

[88] EuGH NVwZ 2009, 771 Rn. 19 – Danske Slagterier; näher zu diesem Problemkreis Guckelberger EuR 2011, 75.

[89] EuGH IStR 2002, 565 Rn. 35 – Marks & Spencer (mwN).

6. Gesamtschuldnerische Haftung.

Der **Emittent** und die verantwortlichen **Organmitglieder** haften **gesamtschuldnerisch**.[90] Da Personen- und Kapitalgesellschaften nur durch ihre Organe handeln können, statuiert Art. 26 Abs. 1 eine normzweckbezogene strikte Verhaltenszurechnung, ohne dass es auf mitgliedstaatliche Zurechnungsregeln (etwa § 31 BGB analog) ankommt. Diese autonom unionsrechtliche Anknüpfung verhindert divergierende Auslegungsergebnisse nach nationalem Recht. Der Regress des Organmitglieds im Innenverhältnis zur Gesellschaft richtet sich hingegen nach den gesellschaftsrechtlichen (und teils arbeitsrechtlichen) Grundsätzen des innerstaatlichen Rechts, weil dem Innenausgleich – im Gegensatz zu Art. 26 – keine anlegerschützende Dimension beikommt, so dass eine unionsrechtlich einheitliche Regressabwicklung nicht angezeigt ist. 38

II. Zwingender Regelungscharakter (Abs. 2)

Art. 26 Abs. 1 ist dem klaren Gesetzeswortlaut nach (Abs. 2) **zwingendes Recht**. Ziel ist es, ein **„level playing field"** zu schaffen. Abweichende Vertragsklauseln sind demnach nicht zulässig. Da sich Abs. 2 lediglich auf Abs. 1 bezieht, kann eine abweichende Beweislastregelung (Abs. 3) vereinbart werden. Zudem scheint die Haftungsmilderung hinsichtlich der Zusammenfassung (Abs. 4) nicht zwingend zu sein. Während es überzeugend ist, Abs. 3 als dispositiv zu qualifizieren, weil abweichende Vereinbarungen insoweit nur zugunsten des Anspruchstellers, also des Tokeninhabers, denkbar sind, ist es wenig nachvollziehbar, Abs. 4 dem dispositiven Recht zuzuschlagen. Eine abweichende Vereinbarung würde sich aus Sicht der Haftungsadressaten auf die Rückausnahmen in lit. a und b des Abs. 4 beziehen mit der Folge, dass eine Haftung selbst bei vorsätzlich fehlerhaften, unwahren oder unvollständigen wesentlichen Angaben in der Zusammenfassung ausgeschlossen werden könnte. Damit wäre allerdings die Zusammenfassung ihrer informatorischen Funktion beraubt – tatsächlich ist sie oftmals die Hauptinformationsquelle[91] –, weil sich schließlich kein rational agierender Anleger auf die dortigen Angaben verlassen könnte. 39

Korrigieren lässt sich ein solches sachwidriges Ergebnis auf zwei Wegen: Entweder man sieht Abs. 2 als Redaktionsversehen an oder man qualifiziert Abs. 4 nicht als eigenständige Anspruchsgrundlage, sondern als Haftungserweiterung des Art. 26 Abs. 1,[92] wodurch die Haftungsregelung für die Zusammenfassung mittelbar dem zwingenden Recht unterworfen wäre. Für den erstgenannten Lösungsweg gibt die Gesetzesgenese nichts her. Richtig ist es, Abs. 4 als Ausnahme zu Abs. 1 („haften nicht") auszulegen, weil die Zusammenfassung integraler Bestandteil des Kryptowerte-Whitepapers gemäß Art. 19 ist und Art. 26 Abs. 1 insgesamt auf eine Verletzung der dortigen Informationsvorgaben abstellt. 40

Abweichende Vereinbarungen haben nach Art. 26 Abs. 2 keine **Rechtswirkung**.[93] Auf § 134 BGB kommt es nicht an. Es handelt sich nämlich bei Art. 26 41

---

[90] Ebenso → Art. 52 Rn. 27.
[91] Buck-Heeb BKR 2023, 689 (693).
[92] Dafür → Art. 15 Rn. 34; anders als Zickgraf meint, lässt sich den Ausführungen von Buck-Heeb in BKR 2023, 689 (693) wegen der Wendung „separate Haftung" nicht entnehmen, sie gehe hinsichtlich der Zusammenfassung von einer eigenständigen Anspruchsgrundlage in Art. 15 Abs. 5, Art. 26 Abs. 4 oder Art. 52 Abs. 4 aus, da sie sodann von einem „Ersatz nach Art. 15 Abs. 1 MiCAR (bzw. Art. 26 Abs. 1, Art. 52 Abs. 1 MiCAR)" spricht.
[93] Buck-Heeb BKR 2023, 689 (690).

Abs. 2 um eine *lex perfecta,* da sie eine eigene Rechtsfolgenanordnung enthält, wodurch es einer weiteren zivilrechtlichen Umsetzung nicht bedarf.[94]

III. Beweislastregelung (Abs. 3, 4)

42 Gemäß **Art. 26 Abs. 3** trägt der (ehemalige) Token-Inhaber die Beweislast für die anspruchsbegründenden Umstände. Es greifen weder Vermutungsregeln noch Beweiserleichterungen zu seinen Gunsten ein. Dadurch unterliegt die Emittentenhaftung durchaus substanziellen Durchsetzungshürden. Dem (ehemaligen) Tokeninhaber obliegt es, *erstens* einen **Verstoß gegen Art. 19**, *zweitens* eine **Entschlusskausalität** und *drittens* – dies macht das Gesetz unzureichend deutlich – einen entsprechenden Schaden (→ Rn. 31 ff.) nachzuweisen. Da nach hier vertretener Ansicht ein Kursdifferenzschaden wegen einer Informationspflichtverletzung bei vermögenswertereferenzierten Token praktisch nie einschlägig sein wird (→ Rn. 32), wird es *in praxi* um den Nachweis eines kausal verursachten Vertragsabschlussschadens gehen. Der Inhaber muss also beweisen, dass er bei pflichtgemäßer Veröffentlichung die Token gar nicht erst erworben hätte. Im Schrifttum ist wiederholt behauptet worden, das würde dem Anleger faktisch selten gelingen.[95] Tatsächlich zeigt die kapitalmarktrechtliche Rechtsprechungspraxis der jüngeren Vergangenheit, dass die Gerichte durchaus bereit sind, dem beweisbelasteten Anleger entgegenzukommen.[96] Es bleibt abzuwarten, welche Linie die Gerichte bei Auslegung der MiCAR verfolgen werden.

43 Für eine Informationspflichtverletzung iSd Art. 26 Abs. 4 in der **Zusammenfassung** und hinsichtlich der **Transaktionskausalität** sowie des Schadens ist ebenfalls der Tokeninhaber beweispflichtig („es sei denn"). Auch insoweit kommt vor allem ein Vertragsabschlussschaden in Betracht.

IV. Haftungsmilderung für eine fehlerhafte oder unvollständige Zusammenfassung (Abs. 4)

44 Eine Haftung des Emittenten für eine **fehlerhafte Zusammenfassung** wird **durch Art. 26 Abs. 4 eingeschränkt.** Angeknüpft wird an den Grundtatbestand des Art. 26 Abs. 1; Abs. 4 enthält demnach keine eigenständige Anspruchsgrundlage (→ Rn. 40). Der Wortlaut macht diese Haftungsgestaltung deutlich, indem er stets eine Bewertung der Zusammenfassung „zusammen mit anderen Teilen des Kryptowerte-Whitepapers" verlangt. Nur so ausgelegt ist es auch stimmig, in Abs. 4 eine **Haftungsprivilegierung** zu sehen.[97]

45 Nach **Art. 26 Abs. 4 lit. a** haftet der Emittent für irreführende, unrichtige und widersprüchliche Angaben. Da die Zusammenfassung stets zusammen mit dem Kryptowerte-Whitepaper zu bewerten ist, wirkt sich dies auf die Auslegung der Tatbestandsvarianten aus. **Irreführend** sind die Angaben in der Zusammenfassung insbesondere dann, wenn sie im Vergleich zu den Angaben des Kryptowerte-Whitepapers ein **unzutreffendes Gesamtbild** – insbesondere hinsichtlich der An-

---

[94] Vgl. BGHZ 143, 283 = NJW 2000, 1186 (1187); PWW/Ahrens, 18. Aufl. 2023, § 134 Rn. 1.
[95] BeckOK WpHR/Buck-Heeb, 1.1.2024, WpHG § 97 Rn. 91.
[96] Deutlich Klöhn ZIP 2018, 1638 ff. in seiner Bespr. von OLG Frankfurt a. M. ZIP 2018, 1632 ff.
[97] In diesem Sinne → Art. 15 Rn. 34.

lagechancen und -risiken – vermitteln. **Unrichtig** sind die Informationen der Zusammenfassung, wenn sie zum einen isoliert betrachtet nicht den Tatsachen entsprechen; zum anderen auch dann, wenn sie Angaben des Kryptowerte-Whitepapers fehlerhaft wiedergeben. Insoweit sind die Grenzen zwischen unrichtigen und widersprüchlichen Angaben fließend. Denn **widersprüchlich** sind die Angaben in der Zusammenfassung, wenn sie von den Informationen aus dem Kryptowerte-Whitepaper abweichen. Die Zusammenfassung kann jedoch auch für sich genommen widersprüchliche Angaben enthalten.

Weiterhin haftet der Emittent gemäß **Art. 25 Abs. 4 lit. b** für das **Fehlen wesentlicher Informationen.** Der Gesetzgeber vermeidet den Begriff der Unvollständigkeit, weil eine Zusammenfassung mit Blick auf das Hauptinformationsdokument per se nicht vollständig sein kann.[98] Eine Zusammenfassung enthält die wesentlichen Informationen, wenn sie die Vorgaben des **Art. 19 Abs. 6** (inkl. des Warnhinweises) einhält.[99] 46

V. Residualhaftung nach nationalem Recht (Abs. 5)

Eine **sonstige zivilrechtliche Haftung** nach nationalem Recht ist gemäß Art. 26 Abs. 5 möglich. Teilweise wird daraus abgeleitet, dass es sich bei Art. 26 Abs. 1 um eine Mindestregelung handelt und günstigere zivilrechtliche Ansprüche nach nationalem Recht zulässig sind.[100] Diese Einordnung ist unzutreffend. Sie deckt sich auch nicht mit dem Schrifttum zu parallel gelegenen Normen; dort geht es nämlich jeweils um die Haftung wegen **sonstiger fehlerhafter Informationsversorgung** oder um die Haftung einer **anderen** als nach dem harmonisierten Recht verantwortlichen **Person.**[101] Demnach haftet der Emittent nach nationalem Recht – sei es vertraglich oder deliktisch –, wenn keine Informationspflichtverletzung des Art. 26 Abs. 1 einschlägig ist; bei Informationsfehlern ist der MiCAR nämlich abschließend. Insbesondere eine **bürgerlich-rechtliche Prospekthaftung**[102] nach §§ 280 Abs. 1, 311 Abs. 2, 241 Abs. 2 BGB **scheidet im Anwendungsbereich des Art. 26 aus.**[103] 47

Wie oben gesehen (→ Rn. 23), ist auf die Öffnungsklausel des Art. 26 Abs. 5 die innerstaatlich gemäß § 19 KMAG geltende Haftung bei **fehlendem Kryptowerte-Whitepaper** gestützt. Relevant wird die Öffnungsklausel darüber hinaus vor allem bei **unrichtigen Unternehmensdarstellungen** (etwa gemäß § 400 AktG), welche zu einer zivilrechtlichen Haftung nach **§ 823 Abs. 2 BGB** führen können.[104] Solche und ähnliche Tatbestände bleiben in der Debatte über die Bedeutung der Öffnungsklausel oftmals unterbelichtet. Art. 26 Abs. 5 stellt diesbzgl. letztlich deklaratorisch klar, dass Haftungstatbestände, die anderen Rechtsgütern 48

---

[98] Buck-Heeb BKR 2023, 689 (693).
[99] Näher → Art. 19 Rn. 31 f.
[100] Omlor ZdiW 2023, 131 (133); → Art. 15 Rn. 66.
[101] Zu Art. 11 Abs. 4 PRIIPs-VO vgl. Assmann/Schneider/Mülbert/Buck-Heeb PRIIPs-VO Art. 11 Rn. 39 ff.; allgemein s. Habersack/Mülbert/Schlitt KapMarktInfo-HdB/Foerster § 31 Rn. 10 ff. (Haftung für fehlerhafte Finanzanalysen, fehlerhafte Ratings, iZm Directors' Dealings und Marktmanipulationen).
[102] Grundsätzlich dazu BeckOGKBGB/Herresthal, 15.2.2024, § 311 Rn. 618 ff.; Linardatos/Raschner, Crowdfunding und Plattformregulierung, 2023, S. 141 ff.
[103] Im Ergebnis wohl auch Buck-Heeb BKR 2023, 689 (696).
[104] HK-KapMarktStrafR/Eidam AktG § 400 Rn. 4 f.

Vor Art. 27 ff. Titel III Vermögenswertereferenzierte Token

dienen als Art. 26 Abs. 1,[105] nicht durch das Unionsrecht verdrängt werden. Weiterhin können Ansprüche aus **§ 823 Abs. 2 BGB iVm einem Schutzgesetz** entstehen, etwa im Zusammenhang mit **Marktmanipulationen** durch den Emittenten.[106] Eine Haftung von **Dritten** ist etwa nach § 311 Abs. 3 BGB oder § 823 Abs. 2 BGB denkbar, sofern die MiCAR – insbesondere im Abschnitt über Kryptowerte-Dienstleistungen (Art. 59 ff.) – keine abschließenden Regeln enthält. Stets anwendbar bleibt zudem **§ 826 BGB.**

49 Eine Haftung wegen einer Informationspflichtverletzung mit ähnlicher Schutzrichtung wie das Kryptowerte-Whitepaper kommt darüber hinaus **bei unredlichen oder fehlerhaften Marketingmitteilungen** in Betracht.[107]

Kapitel 2 Pflichten von Emittenten vermögenswertereferenzierter Token

Schrifttum: Annunziata, An Overview of the Markets in Crypto-Assets Regulation (MiCAR), EBI Working Paper 2023 – no. 158; Arnold, Verantwortung und Zusammenwirken des Vorstands und Aufsichtsrats bei Compliance-Untersuchungen, ZGR 2014, 76; Asatiani/Siadat, Das vereinfachte Zulassungsverfahren im Rahmen der MiCAR, RDi 2023, 98; Assmann/Schneider/Mülbert, Wertpapierhandelsrecht, 8. Auflage 2023; Balzer, Anlegerschutz bei Verstößen gegen die Verhaltenspflichten nach §§ 31 ff. Wertpapierhandelsgesetz (WpHG), ZBB 1997, 260; Bauerfeind/Hille/Loff, Aufsichtsregime nach MiCAR aus Instituts- und Produktperspektive – Widerstreit oder Homogenität?, RdF 2023, 84; Beck/Samm/Kokemoor, Kreditwesengesetz mit CRR, 231. Lieferung 6/2023; Bieg/Krämer/Waschbusch/Igl, Bankenaufsicht in Theorie und Praxis, 6. Auflage 2023; Bitter, Rechtsperson und Kapitalerhaltung, ZHR 168 (2004), 302; Bitter/Baschnagel, Haftung von Geschäftsführern und Gesellschaftern in der Insolvenz ihrer GmbH – Teil 1, ZInsO 2018, 557; Busch, VO (EU) 2019/1150 zur Förderung von Fairness und Transparenz für gewerbliche Nutzer von Online-Vermittlungsdiensten (P2B-VO), 2022; Dauses/Ludwigs, Handbuch des EU-Wirtschaftsrechts, 58. Auflage 2023; Denga, Digitale Manipulation und Privatautonomie, ZfDR 2022, 229; Dreher, Die Gesamtqualifikation des Aufsichtsrats – Die Rechtslage in der Normal-AG und bei beaufsichtigten Versicherungsunternehmen sowie Kreditinstituten, in: Festschrift Hoffmann-Becking, 2013, S. 313; Ebers, StichwortKommentar Legal Tech, 2023; Ellenberger/Bunte, Bankrechts-Handbuch, 6. Auflage 2022; Feger/Gollasch, MiCAR – Ein erster Überblick für Compliance-Beauftragte zur Krypto-Regulierung, CB 2022, 248; Fleischer, Aktienrechtliche Compliance-Pflichten im Praxistest: Das Siemens/Neubürger-Urteil des LG München I, NZG 2014, 321; Fleischer, Investor Relations und informationelle Gleichbehandlung im Aktien-, Konzern- und Kapitalmarktrecht, ZGR 2009, 505; Gärditz, Europäisches Planungsrecht – Grundstrukturen eines Referenzgebiets des europäischen Verwaltungsrechts, 2009; Heinsius, Anlageberatung durch Kreditinstitute, ZHR 145 (1981), 177; Hofmann/Raue, Digital Services Act: DSA, 2023; Hopt, Die Verantwortlichkeit von Vorstand und Aufsichtsrat: Grundsatz und Praxisprobleme – unter besonderer Berücksichtigung der Banken, ZIP 2013, 1793; Just/Voß/Ritz/Becker, Wertpapierhandelsgesetz, 2015; Klöhn, Kapitalmarkt, Spekulation und Behavioral Finance, 2006; Koch, Aktiengesetz: AktG, 17. Auflage 2023; Köhler/Bornkamm/Feddersen,

---

[105] Zu den Rechtsgütern des § 400 AktG vgl. HK-KapMarktStrafR/Eidam AktG § 400 Rn. 3: Gesellschaft, Gläubiger, Aktionäre und Arbeitnehmer.
[106] Für eine deliktische Haftung nach § 823 Abs. 2 BGB wegen Marktmanipulationen Habersack/Mülbert/Schlitt KapMarktInfo-HdB/Foerster § 31 Rn. 58 ff.; dagegen Raschner BKR 2022, 217 (224 f.).
[107] Insoweit wie hier → Art. 15 Rn. 67.

Gesetz gegen den unlauteren Wettbewerb: UWG, 41. Auflage 2023; Kühling/Sauerborn, „Dark patterns" unter der DSGVO und dem DSA – Neue Herausforderung für die digitale Rechtsordnung, CR 2022, 226; dies., Vertrags- und lauterkeitsrechtliche Rahmenbedingungen für „Dark patterns" – Neue Herausforderung für die digitale Rechtsordnung, CR 2022, 295; Kümpel/Mülbert/Früh/Seyfried, Bankrecht und Kapitalmarktrecht, 6. Auflage 2022; Kumpan/Leyens, Conflicts of Interest of Financial Intermediaries – Towards a Global Common Core in Conflicts of Interest Regulation, ECFR 2008, 72; Langenbucher, Bausteine eines Bankgesellschaftsrechts, ZHR 176 (2012), 652; Lehmann/Kumpan, European Financial Services Law – Article-by-Article Commentary, 2019; Leyens/Schmidt, Corporate Governance durch Aktien-, Bankaufsichts- und Versicherungsaufsichtsrecht: Ausgewählte Einflüsse, Impulse und Brüche, AG 2013, 533; Linardatos, Autonome und vernetzte Aktanten im Zivilrecht – Grundlinien zivilrechtlicher Zurechnung und Strukturmerkmale einer elektronischen Person, 2021; ders., Dark Patterns und Vertragsbindung, LRZ 2023, Rn. 448; ders. (Hrsg.), Rechtshandbuch Robo Advice, 2020; ders./Raschner, Crowdfunding und Plattformregulierung – Grundzüge des europäischen Rechts für Schwarmfinanzierungsdienstleistungen, 2022; Martini/Drews/Seeliger/Weinzierl, Dark Patterns, ZfDR 2021, 47; Martino, Regulating Stablecoins as Private Money between Liquidity and Safety. The Case of the EU ‚Market in Crypto Asset' (MiCAR) Regulation, Amsterdam Law School Legal Studies Research Paper No. 2022-27; Miege, Compliance Audits im Unternehmensalltag, CCZ 2022, 370; Maume, Die Verordnung über Märkte für Kryptowerte (MiCAR) – Zentrale Definitionen sowie Rechte und Pflichten beim öffentlichen Angebot von Kryptowerten, RDi 2022, 461; ders., Regulation of ARTs and EMTs, and Their Issuers, in: Haentjens/Gullifer/Kokorin (Hrsg.), Markets in Crypto-Assets Regulation: Law and Technology, 2024; Moosmayer, Compliance, 4. Auflage 2021; Müller-Terpitz/Köhler, Digital Services Act: DSA, 2023; Plagemann, Die zeitliche Verfügbarkeit von Organmitgliedern von Banken und Finanzdienstleistungsinstituten, WM 2014, 2345; Schäfer/Omlor/Mimberg, ZAG, 2021; Schopper/Raschner, Kryptowährungen in der Bankbilanz, LJZ 2021, 209; Waschbusch/Schlenker/Kiszka, IKT-Risiken und Bankenaufsichtsrecht, 2023; Wedemann, Teilzeit im Vorstand der AG: Rechtsdogmatik und Rechtspolitik, NZG 2023, 965; Zetzsche/Veidt, Die Markets in Cryptoassets Regulation (MiCA) und die EU Digital Finance-Strategie, in: Festschrift Grunewaldt, 2022, S. 1391; Zickgraf, Primärmarktpublizität in der Verordnung über die Märkte für Kryptowerte (MiCAR) – Teil 1, BKR 2021, 196.

Vor Art. 27 ff.

Die in Kapitel 2, Titel III der MiCAR niedergelegten Pflichten der Emittenten vermögenswertereferenzierter Token schnüren ein enges und strenges Verhaltenskorsett mit heterogenen[1] Aknüpfungsebenen. Denn während manche der gesetzlichen Regelungen im Finanzmarktrecht typischerweise den Emittenten eines Vermögenswertes treffen und insoweit ihre Anwendung auf Tokenemittenten passt – dies gilt etwa für die Pflicht, ein Whitepaper zu erstellen (Art. 19, 28) –, haben andere Pflichten nach bisherigem Verständnis vornehmlich einen Dienstleister vor Augen und sind somit aus Sicht des Emittenten artfremd.[2] Ein Beispiel ist etwa die in Art. 27, 32 niedergelegte Rolle des Emittenten als Fremdinteressenwahrer (→ Art. 27 Rn. 2, 15 ff.). Diese gesetzliche Ausrichtung der eigenwirtschaftlichen

1

---

[1] Ähnlich Annunziata EBI Working Paper 2023 – no. 158, S. 11: mix of macro- and microprudential objectives.
[2] In einem ähnlichen Sinne Annunziata EBI Working Paper 2023 – no. 158, S. 45.

Aktivitäten ist im tradierten Finanzmarktrecht beispielsweise von den Wertpapierdienstleistungsunternehmen bekannt (vgl. § 63 WpHG bzw. Art. 24 Abs. 1 MiFID II); Adressaten sind also nach hergebrachter Konzeption die Intermediäre des Finanzmarktes. Nach dem Regelungsansatz der MiCAR hingegen sind Fremdinteressenwahrer gemäß Art. 27 nicht nur die Anbieter von Kryptowerte-Dienstleistungen, sondern über diese Intermediäre hinaus auch die Emittenten vermögenswertereferenzierter Token. Die Emittenten werden somit in eine **Doppelrolle** gedrängt; Ergebnis dessen ist eine **mäßig gelungene Adaption der MiFID II-Vorgaben** (→ Art. 32 Rn. 4).[3] Zwar ist die beschriebene strenge Doppelrolle u. a. von der Regulierung der Kapitalverwaltungsgesellschaften bekannt, die gemäß § 1 Abs. 1 KAGB einer fremdnützigen kollektiven Vermögensverwaltung verpflichtet sind. Anlass der von der MiCAR angeordneten Doppelrolle dürfte indes weniger ein normativer Vergleich mit dem Investmentgeschäft, sondern eher die wirtschafts- und währungspolitische Skepsis gegenüber den Kryptomärkten gewesen sein, die überhaupt erst den Anstoß zur spezifischen Regulierung durch die MiCAR gegeben hat (→ Art. 3 Rn. 17). Denn anders als bei Kapitalverwaltungsgesellschaften wird von Token-Emittenten kein Vermögen mit dem Ziel verwaltet, eine Gesamtrendite zum Nutzen aller Anleger zu erzielen (→ Art. 3 Rn. 20).[4]

2 Art. 27 ff. stellen ein Pflichtengebäude auf, das auf **drei Säulen** fußt: Es werden *erstens* investorenbezogene Wohlverhaltenspflichten definiert, die eine stark **individualschützende Funktion** haben. *Zweitens* werden verschiedentliche Governance- und Compliance-Anforderungen formuliert; diese Pflichten haben typischerweise neben dem Individualschutz in besonderer Weise die Marktintegrität und Finanzstabilität im Fokus. *Drittens* werden Eigenmittelanforderungen aufgestellt, um Risiken für die Finanzstabilität des Finanzsystems einzudämmen. Primäres Ziel ist hier der **Funktionenschutz,** sekundärer Zweck der Gläubigerschutz bei Zahlungsschwierigkeiten des jeweiligen Emittenten.

3 Der durch die MiCAR für Emittenten vermögenswertereferenzierter Token breit aufgestellte Verantwortungs- und Pflichtenkanon ist als **„Seriositätshürde"** zu lesen: Wer Zugang zum Emissionsmarkt begehrt, muss erhebliche Organisations- und Verhaltenspflichten erfüllen. Dadurch soll es BigTech-Unternehmen offensichtlich nicht möglich sein, das Emissionsgeschäft mit geringer Aufmerksamkeit als bloße „Nebentätigkeit" zu betreiben. Insbesondere werden gesetzlich erhebliche Geschäftsaufnahmekosten geschaffen, etwa in Form der Eigenmittelanforderungen, welche sich in einem nicht unerheblichen Umfang an den CRR-Standards orientieren (→ Art. 35 Rn. 13 ff.).

4 Weil sich der Verordnungsgeber sehr stark an dem klassischen Instrumentarium des segmentären Finanzmarkrechts orientiert hat, ohne dabei die Trennung der Segmente aufrecht zu erhalten, hat er einen Rechtsrahmen fabriziert, der nur bedingt den Geschäftsgegebenheiten entspricht. Dies zeigt etwa Art. 32, welcher den Umgang mit Interessenkonflikten regelt. Die von der MiCAR in den Blick genommenen Emittenten erwarten weniger einen Profit unmittelbar aus der Emission selbst, sondern zielen vielmehr (langfristig) auf die Ertragschancen eines **Ökosystems** ab, das sie mit Hilfe der vermögenswertereferenzierten Token und ihrer existierenden (Plattform-)Dienste aufbauen können. Dieses Ziel kann freilich Quell von Interessenkonflikten sein. Indes ist Art. 32 zu stark durch die finanzmarktrecht-

---

[3] Maume, Regulation of ARTs and EMTs, and Their Issuers, Kap. 6.4.2.
[4] Annunziata EBI Working Paper 2023 – no. 158, S. 51.

liche Brille geschrieben worden, wodurch Tatbestandsalternativen formuliert werden, für die sich kein konkretes Beispiel ausmachen lässt (→ Art. 32 Rn. 7). Dieser Befund gilt für verschiedene Tatbestände im gesamte Kapitel 2. Dadurch fallen die Art. 27 ff. bisweilen holzschnittartig aus. Sie sind **in Teilen** – Stand jetzt – **Rechtssätze ohne tatbestandliches Pendant.** Für Emittenten vermögenswertereferenzierter Token geht damit eine gewisse Rechtsunsicherheit einher, da sie sich mühen werden, den Geboten der Art. 27 ff. durch geeignete Maßnahmen zu entsprechen, während diese schwerlich ausfindig zu machen sind.

Der Verordnungsgeber war bei Fassung der Art. 27 ff. darauf bedacht, den Besonderheiten des technischen Umfelds, in das die Emittenten vermögenswertereferenzierter Token eingebettet sind, hinsichtlich der eigentümlichen Risikoexpositionen entsprechend Rechnung zu tragen. Zu diesem Zweck werden die allgemeingültigen gesellschaftsrechtlichen Anforderungen an die **Corporate Governance** und Compliance **sektor- und branchenspezifisch konkretisiert** (→ Art. 34 Rn. 4 ff.). 5

Vertragsrechtlich macht die MiCAR – ihrer aufsichtsrechtlichen Regelungsausrichtung entsprechend – keine Angaben. Aus dem Pflichtenkatalog der Art. 27 ff. lassen sich gleichwohl Schlussfolgerungen ableiten. So wird der Erwerb von vermögenswertereferenzierten Token typologisch nicht kaufähnlich einzuordnen sein, sondern es liegt – ähnlich wie im Investmentgeschäft – ein **Vertrag sui generis** mit **starken geschäftsbesorgungsrechtlichen Elementen** vor.[5] 6

Artikel 27 Pflicht zu ehrlichem, redlichem und professionellem Handeln im besten Interesse der Inhaber vermögenswertereferenzierter Token

(1) **Die Emittenten vermögenswertereferenzierter Token handeln ehrlich, redlich und professionell und kommunizieren mit den Inhabern und potenziellen Inhabern vermögenswertereferenzierter Token auf redliche, eindeutige und nicht irreführende Weise.**

(2) **Emittenten vermögenswertereferenzierter Token handeln im besten Interesse der Inhaber solcher Token und behandeln sie gleich, es sei denn, im Kryptowerte-Whitepaper und, falls relevant, in den Marketingmitteilungen ist eine Vorzugsbehandlung vorgesehen.**

Übersicht

	Rn.
I. Grundlagen	1
1. Genese	1
2. Regelungszweck	2
II. Auslegung der Norm	5
1. Wohlverhaltenspflichten (Abs. 1)	6
a) Vorbemerkungen	6
b) Ehrliches und redliches Verhalten	7
c) Professionelles Verhalten	10
d) Kommunikationsanforderungen	12
2. Fremdinteressenwahrungspflicht und Gleichbehandlungsgebot (Abs. 2)	15

---

[5] Ellenberger/Bunte BankR-HdB/Köndgen/Schmies § 93 Rn. 222; Linardatos ZBB 2024, 277 (sub II 1).

I. Grundlagen

1. Genese

1 Seit dem Kommissionsentwurf ist Art. 27 – von Neuzählungen abgesehen – im Wesentlichen unverändert geblieben. Es sind lediglich auf Vorschlag des Rates in den Kommunikationsgrundsätzen (Abs. 1 lit. b) ergänzend auch die „potenziellen Inhaber" eines vermögenswertereferenzierten Tokens einbezogen worden.

2. Regelungszweck

2 Ausweislich Erwgr. Nr. 40 sollen für Emittenten von vermögenswertereferenzierten Token strenge Wohlverhaltensregeln gelten: Solche Token könnten von den Inhabern als Transfer- oder Zahlungsmittel (→ Art. 3 Rn. 20) in großem Umfang eingesetzt werden und Folge dieses potenziell höheren Zuspruchs sei es, dass vermögenswertereferenzierte Token im Hinblick auf den **Schutz von Kleinanlegern**, den Verbraucherschutz[1] und die **Marktintegrität** höhere Risiken bergen können als andere Kryptowerte. Deshalb sei es wichtig, adäquate Verhaltensstandards für die Emittenten vermögenswertereferenzierter Token festzulegen. Dem Ziel des Kleinanlegerschutzes seien nach Erwgr. Nr. 47 S. 1 klare, faire und nicht irreführende Informationen dienlich. Hierfür notwendig sei vor allem das fremdorientierte Verhalten (ehrlich, fair, professionell sowie im besten Interesse der Tokeninhaber) der Emittenten vermögenswertereferenzierter Token (vgl. Erwgr. Nr. 49 S. 1); es gilt mithin eine **Fremdinteressenwahrungspflicht** (→ Vor Art. 27 ff. Rn. 1 und → Rn. 15 ff.). Die Aufgabe des Emittenten als Fremdinteressenwahrer ist insbesondere eine gesetzgeberische Reaktion auf die der zahlreichen Urteilsverzerrungen, denen Anleger unterliegen:[2] Sie urteilen zu selbstbewusst, überoptimistisch und werden von Wunschdenken geleitet. Weil sich solche „schlecht kalibrierten Anleger"[3] nicht ausreichend selbst schützen können, wird der Transaktionsgegenseite eine gesteigerte Verantwortung für die Interessen des Investors überantwortet.

3 Die in Art. 27 ausbuchstabierten Standards entsprechen materiell-rechtlich der jedem Kaufmann obliegenden **zivilrechtlichen Sorgfaltspflicht.**[4] Die Besonderheit des Art. 27 besteht darin, dass dieser aus dem allgemeinen Zivilrecht bekannte Sorgfaltsmaßstab **in eine öffentlich-rechtliche Pflicht übersetzt** wird, mit der Folge, dass dadurch (i) die BaFin eine hoheitliche Kontrolle ihrer Einhaltung ausüben kann und (ii) eine zivilrechtliche Abbedingung verhindert wird.[5]

4 Der Verordnungsgeber erschafft mit Art. 27 zulasten des Emittenten einen **Standard für das Marktverhalten,** der im übrigen Finanzmarktrecht primär für Intermediäre bekannt ist. Offen bleibt, ob die von Art. 27 aufgestellten Wohlverhaltenspflichten der Emittenten im Sinne eines Institutionenschutzes zu verstehen sind – hierfür spricht die Bezugnahme in den Erwägungsgründen auf die Marktintegri-

---

[1] Vgl. Annunziata EBI Working Paper 2023 – no. 158, S. 6.
[2] Näher Klöhn, Kapitalmarkt, Spekulation und Behavioral Finance, 2006, S. 116 ff.
[3] Klöhn, Kapitalmarkt, Spekulation und Behavioral Finance, 2006, S. 116 ff.
[4] Balzer ZBB 1997, 260 (264).
[5] So treffend zu § 63 WpHG Schwark/Zimmer/Rothenhöfer WpHG § 63 Rn. 8; Fuchs/Fuchs/Dietenberger WpHG § 63 Rn. 20.

tät –, oder darüber hinausgehend – aufgrund der expliziten Erwähnung des Verbraucherschutzes – entgegen der sonstigen Usance im Finanzmarktrecht auch ein Individualschutz angestrebt ist. Bleibt man im Bild, die MiCAR sei ein Regelungshybrid aus MiFID II[6] und MAR[7], dann müsste man mit der bisher im Finanzmarktrecht vorherrschenden Auffassung die individualschützende Bedeutung verneinen.[8] Hiergegen spricht allerdings die besondere Betonung des Kleinanlegerschutzes durch die MiCAR.[9]

II. Auslegung der Norm

Die Aufteilung der verschiedenen Anforderungen durch den Gesetzgeber in zwei Absätze ist nicht dahingehend zu verstehen, Art. 27 würde völlig verschiedenartig geprägte Pflichten statuieren. Beide Absätze sind im Gegenteil stark von der Fremdinteressenwahrungspflicht (→ Rn. 2, 15 ff.) geprägt, welche auch vom Titel der Norm indiziert wird: „Pflicht zu ehrlichem, redlichem und professionellem Handeln im besten Interesse der Inhaber (…)". Vorbild ist Art. 24 Abs. 1 MiFID II[10], welcher regelt, dass eine Wertpapierfirma „ehrlich, redlich und professionell im bestmöglichen Interesse ihrer Kunden" agieren muss.[11] 5

1 Wohlverhaltenspflichten (Abs. 1)

a) **Vorbemerkungen.** In Abs. 1 des Art. 27 werden zwei verschiedene Wohlverhaltensstandards für den Emittenten aufgestellt. Der Emittent handelt mit der notwendigen **Sorgfalt** (→ Rn. 3) im Rechtsverkehr, wenn er seine Aktivitäten ehrlich, redlich und professionell austrägt. Bekannt sind die Termini aus der MiFID II[12] und, im nationalen Recht, aus § 63 Abs. 1 WpHG. Die dort entwickelten Auslegungsleitlinien sind auch hier berücksichtigungsfähig,[13] obgleich das Verhältnis zwischen dem Normadressaten und der geschützten Partei nicht gänzlich vergleichbar ist: Während bei den in § 63 WpHG angesprochenen Wertpapierdienstleistungen eine besondere (vertragliche) Nähebeziehung zwischen dem Wertpapierdienstleistungsunternehmen und dem Kunden existiert, die zwangsläufig eine „vertrauensvolle Zusammenarbeit"[14] verlangt, wird im Verhält- 6

---

[6] Richtlinie 2014/65/EU des Europäischen Parlaments und des Rates vom 15.5.2014 über Märkte für Finanzinstrumente.
[7] Verordnung (EU) Nr. 596/2014 des Europäischen Parlaments und des Rates vom 16.4.2014 über Marktmissbrauch (Marktmissbrauchsverordnung).
[8] Näher zum Meinungsstand BeckOGK/Buck-Heeb/Lang, 15.4.2024, BGB § 675 Rn. 269 ff.
[9] Ähnlich wie hier Asatiani/Siadat RDi 2023, 98 Rn. 9: Verbraucherschutz, Marktintegrität und Finanzstabilität.
[10] Richtlinie 2014/65/EU des Europäischen Parlaments und des Rates vom 15.5.2014 über Märkte für Finanzinstrumente.
[11] Im Schrifttum ist auch von einer „Best Interest Pflicht" die Rede; näher Lehmann/Kumpan/Brenncke, European Financial Services Law, 2019, MiFID II Art. 24 Rn. 5 ff.
[12] Richtlinie 2014/65/EU des Europäischen Parlaments und des Rates vom 15.5.2014 über Märkte für Finanzinstrumente.
[13] Statt aller Schwark/Zimmer/Rothenhöfer WpHG § 63 Rn. 8 ff.
[14] Schwark/Zimmer/Rothenhöfer WpHG § 63 Rn. 10.

Art. 27

nis zwischen dem Emittent und dem Tokeninhaber die Nähe- und Loyalitätsbeziehung überhaupt erst kraft Gesetzes hergestellt, um sie dann sogleich öffentlich-rechtlich abzusichern (→ Rn. 4). Diese Neuakzentuierung der finanzmarktrechtlichen Wohlverhaltenspflichten liegt beim Unionsgesetzgeber „im Trend" und konnte schon bei der CrowdfundingVO beobachtet werden.[15] Da mit den Adjektiven *ehrlich* und *redlich* eine Art **moralische Bewertung**[16] des kaufmännischen Verhaltens verbunden ist, ist ihre Übertragung auf das Verhältnis zwischen dem Emittenten und dem Tokeninhaber trotz systematischer Zweifel im Ergebnis möglich.

7   **b) Ehrliches und redliches Verhalten.** Ehrlich ist das Verhalten des Emittenten vor allem dann, wenn er den Tokeninhaber **nicht bewusst irreführt**.[17] Maßgeblich ist bereits die **Eignung** des Verhaltens zur Irreführung; die Absichten des Emittenten sind somit unerheblich. Das Verhalten der Emittenten darf insbesondere nicht die Kompetenzen der aktuellen oder potenziellen Tokeninhaber übersteigen, etwaige Rationalitätsasymmetrien ausnutzen, zu einem irrationalen oder selbstüberschätzenden Verhalten verleiten etc.[18] Aus dem Zivilrecht sind vergleichbare Anforderungen als Gebote des fairen und klaren Verhandelns bekannt.[19] Das Tatbestandsmerkmal der Ehrlichkeit hat somit als wesentlichen Bezugspunkt die Kommunikation mit der Gegenseite, so dass insoweit auf die näheren Ausführungen unten verwiesen sei (→ Rn. 12ff.).

8   **Redlich** ist der Emittent, wenn er etwaige Tokeninhaber loyal behandelt und seine Interessen mit angemessenen Mitteln verfolgt.[20] Er muss ausgewogen und konsistent vorgehen, mit aktueller Datenbasis operieren und die Entscheidungsautonomie des aktuellen und potenziellen Tokeninhabers respektieren. Teil des Redlichkeitserfordernisses ist auch das **Gebot der informationellen Gleichbehandlung**.[21]

9   Der einschlägige **Maßstab** ist anhand der konkreten Verkehrsumstände zu bestimmen. Eine wichtige Rolle spielt somit die Komplexität des emittierten Tokens und die damit für die Gegenseite, aber auch für die Marktintegrität einhergehenden Risiken (vgl. insoweit → Rn. 4). Da der Verordnungsgeber vermögenswertereferenzierte Token mit erheblichen Risiken in Verbindung bringt, sind die Standards hoch. Auf einen in der Branche bisher nicht so stark ausgebildeten Maßstab kann sich der Emittent mithin nicht berufen.

10 **c) Professionelles Verhalten.** Mit dem Professionalitätsmerkmal wird insbesondere das **Sachkenntniserfordernis** statuiert. Sachkenntnis wird nicht bloß in einem abstrakten Sinne gefordert, sondern ganz konkret müssen die vom Emittenten beschäftigten Mitarbeiter (und Organe → Art. 34 Rn. 13ff.) hinsichtlich der von der MiCAR aufgestellten Standards und Pflichten sachkundig

---

[15] Näher dazu Linardatos/Raschner, Crowdfunding und Plattformregulierung, 2022, passim.
[16] Treffend Schwark/Zimmer/Rothenhöfer, 5. Aufl. 2020, WpHG § 63 Rn. 10.
[17] Vgl. Assmann/Schneider/Mülbert/Beule WpHG § 63 Rn. 16 iVm Rn. 62f.
[18] Vgl. Schwark/Zimmer/Rothenhöfer WpHG § 63 Rn. 10; Assmann/Schneider/Mülbert/Beule WpHG § 63 Rn. 62.
[19] Ausführlich MüKoBGB/Bachmann BGB § 241 Rn. 86ff.; Linardatos LRZ 2023 Rn. 479ff.
[20] Näher Assmann/Schneider/Mülbert/Beule WpHG § 63 Rn. 17.
[21] Vgl. Fleischer ZGR 2009, 505 (515).

Wohlverhaltenspflicht **Art. 27**

sein,[22] sofern sie damit in Berührung kommen. Die Mitarbeiter wie auch der Emittent müssen insbesondere Kenntnis von der Funktionsweise der vermögenswertereferenzierten Token und den damit einhergehenden Chancen und Risiken für Tokeninhaber haben **(know your product)**. Darüber hinaus spielen in den Grundzügen auch die verschiedenen einflussnehmenden Rahmenbedingungen (Rechtsrahmen, Konjunkturdaten, Marktstimmung etc) eine Rolle.[23]

Durch Art. 27 Abs. 1 wird ein **Mindeststandard** aufgestellt. Dieser besagt im Ergebnis, dass der Umfang der notwendigen Sachkenntnis nicht von der Größe des jeweiligen Emittenten oder von seinem Spezialisierungsgrad abhängt.[24] Etwaige Erfahrungs- oder Wissenslücken müssen dementsprechend durch Erkundigungen und Nachforschungen geschlossen werden.[25] 11

d) Kommunikationsanforderungen. Unnötig repetierend stellt Art. 27 Abs. 1 auch Anforderungen an das Kommunikationsverhalten des Emittenten auf. Er hat sich auch hier redlich und ehrlich zu verhalten. Das Gesetz spricht zwar abweichend von „redlich, eindeutig und nicht irreführend"; mit diesen Adjektiven ist allerdings materiell nichts anderes gemeint als nach den allgemeinen Wohlverhaltensregeln. Es soll letztlich betont werden, dass der Emittent die **Entscheidungsautonomie** des Tokeninhabers zu respektieren hat und er insoweit weder irreführend noch unverständlich kommunizieren darf (schon → Rn. 7). Wichtig ist dies vor allem gegenüber potenziellen Tokeninhabern, die noch keine Dispositionsentscheidung getroffen haben: Chancen dürfen nicht überzeichnet, Risiken nicht über Gebühr heruntergespielt werden. Somit dürfen wichtige Punkte des Tokenerwerbs oder der Tokeneigenschaften nicht abgeschwächt und verschleiert werden, wichtige Aussagen müssen für den **durchschnittlichen Adressaten** ausreichend **verständlich** formuliert sein usw. 12

Der (potenzielle) Tokeninhaber soll nicht zu einer Dispositionsentscheidung gedrängt oder verleitet werden, die seinen Eigeninteressen zuwiderläuft. Hier kommt nochmals die Fremdinteressenwahrungspflicht (→ Rn. 2, 15 ff.) des Emittenten zum Ausdruck. In Konsequenz dieser Anforderungen darf der Emittent auf seiner Internetpräsenz keine Entscheidungsarchitekturen oder Designmuster mit dem Ziel verwenden, den Kunden zu unerwünschten Verhaltensweisen oder ungewollten Entscheidungen zu bewegen. Dieses Problem ist jüngst unter dem Stichwort **Dark Patterns** vermehrt diskutiert worden.[26] Wie Erwgr. Nr. 67 und Art. 25 DSA[27] deutlich machen, beeinträchtigen Dark Patterns die Fähigkeit der Nutzer, eine autonome und informierte Entscheidung oder Auswahl zu treffen. Da ein zentrales Regelungsziel des Art. 27 Abs. 1 darin besteht, informierte Entscheidungen sicherzustellen, dürfen entsprechende Designmuster nicht verwendet werden. Von Vorbildfunktion ist insoweit der von der BaFin in Bezug auf Trading Apps und Tradingportalen bekanntgegebene und auf das **Gebot der Redlichkeit** des § 63 Abs. 6 13

---

[22] Siehe allgemein Just/Voß/Ritz/Becker/Voß WpHG § 31 Rn. 45.
[23] Vgl. Fuchs/Fuchs/Dietenberger WpHG § 63 Rn. 24.
[24] Vgl. Fuchs/Fuchs/Dietenberger WpHG § 63 Rn. 25.
[25] Im Detail zu den WpHG-Grundsätzen Fuchs/Fuchs/Dietenberger WpHG § 63 Rn. 28 ff.
[26] Vgl. Denga ZfDR 2022, 229; Kühling/Sauerborn CR 2022, 226 ff. und 295 ff.; Martini/Drews/Seeliger/Weinzierl ZfDR 2021, 47.
[27] Verordnung (EU) 2022/2065 des Europäischen Parlaments und des Rates vom 19.10.2022 über einen Binnenmarkt für digitale Dienste und zur Änderung der Richtlinie 2000/31/EG (Gesetz über digitale Dienste).

S. 1 WpHG gestützte Auslegungshinweis.[28] Danach sind solche Gestaltungsmuster unzulässig, die bewirken, dass einzelne Schaltflächen auf der Webseite oder in der App im Vergleich zu anderen schlechter wahrnehmbar sind; gleiches gelte, wenn Schaltflächen für relevante und wichtige Entscheidungsalternativen weggelassen werden. Bei solchen Designgestaltungen bestünde nämlich die Gefahr, dass Handlungsoptionen von einem Nutzer nicht umfassend wahrgenommen oder abgewogen und dadurch Eigeninteressen zuwiderlaufende Entscheidungen getroffen werden.

14 Mittelbar haben die Kommunikationsanforderungen des Art. 27 Abs. 1 auch Einfluss darauf, welche **Daten- und Informationsbasis** zulässig ist. So dürfen Emittenten nur **plausible** Informationen von **vertrauenswürdigen Quellen** verwenden und sie müssen auf **Aktualität** achten.[29]

2. Fremdinteressenwahrungspflicht und Gleichbehandlungsgebot (Abs. 2)

15 Die dem Emittenten auferlegte Rolle als Fremdinteressenwahrer bedeutet nicht, er müsse Eigeninteressen gänzlich hintenanstellen oder ignorieren. Eine solche weitreichende Konsequenz des Art. 27 Abs. 2 wäre gesellschaftsrechtlich für die Geschäftsleitung des Emittenten unzulässig, handelt sie doch als Treuhänder fremder Vermögensinteressen, nämlich der Anteilseigner.[30] Vielmehr geht es um einen **bestmöglichen Interessenausgleich.** Die Fremdinteressenwahrungspflicht gilt grundsätzlich unabhängig von dem erforderlichen Aufwand, doch wird man mit Blick auf den angesprochenen Interessenausgleich ein **Verhältnismäßigkeitsprinzip** anerkennen müssen.[31]

16 Konkretisierungen der Generalklausel des Art. 27 Abs. 2 sind in der MiCAR verstreut (zB Art. 29f.). Darüber hinaus ist in der finanzmarktrechtlichen Debatte bisher offen geblieben, ob lediglich legitime, objektiv anerkennenswerte Fremdinteressen oder auch (subjektiv gefärbte) Individualinteressen zu wahren sind.[32] Da Emittenten im Gegensatz zu Finanzdienstleistern in einem stärker standardisierten Umfeld aktiv sind – dies ist ja ein Kernaspekt der untereinander austauschbaren vermögenswertereferenzierten Token –, wird man ihn nur zur Wahrung **objektiv anerkennenswerter Fremdinteressen** der betreffenden Tokeninhaber-**Gruppe** anzuhalten haben.

17 Weiterhin statuiert Abs. 2 ein **Gleichbehandlungsgebot,** von dem der Emittent erst abweichen darf, wenn er etwaige Vorzugsbehandlungen zuvor kommuniziert hat – sei es anhand des Kryptowerte-Whitepapers oder der Marketingmitteilungen. Dieses Gebot ist im Ergebnis irreführend, denn offensichtlich setzt die Verordnung ein Recht zur Ungleichbehandlung voraus. Tatsächlich geht es vielmehr um eine **Ausprägung des Gebots klarer Kommunikation.** Der wesentliche Aspekt ist hier nämlich – insbesondere aus Sicht potenzieller Tokeninhaber –

---

[28] BaFin, Dark Patterns in Trading Apps unzulässig, 21.11.2022 und FAQ zu MiFID II-Wohlverhaltensregeln nach §§ 63ff. WpHG, WA 31-Wp 2002-2018, 4.5.2018, geändert am 21.11.2022, Ziff. K 1 und 2.
[29] Vgl. parallel Assmann/Schneider/Mülbert/Beule WpHG § 63 Rn. 62 mwN.
[30] Exemplarisch BGHZ 129, 30 (34) = DStR 1995, 1033; Bitter ZInsO 2018, 557 (559).
[31] Vgl. allgemein Just/Voß/Ritz/Becker/Voß WpHG § 31 Rn. 42.
[32] Näher dazu Assmann/Schneider/Mülbert/Beule WpHG § 63 Rn. 19ff.

die notwendige Transparenz hinsichtlich der Erwerbsbedingungen. Erfährt ein vermögenswertereferenzierter Token einen regen Zulauf wegen Vorzugsbedingungen, die etwaigen Neuerwerbern nicht offenstehen, dann muss dies zur Sicherstellung einer informierten Dispositionsentscheidung ersichtlich sein. Auf diese Weise werden mithin insbesondere Lockvogelgestaltungen verhindert.

Artikel 28 Veröffentlichung des Kryptowerte-Whitepapers

Ein Emittent eines vermögenswertreferenzierten Token veröffentlicht auf seiner Website das in Artikel 17 Absatz 1 oder Artikel 21 Absatz 1 genannte, genehmigte Kryptowerte-Whitepaper und, falls vorhanden, das in Artikel 25 genannte, geänderte Kryptowerte-Whitepaper. Das genehmigte Kryptowerte-Whitepaper wird bis zum Startdatum des öffentlichen Angebots des vermögenswertereferenzierten Token bzw. zum Startdatum der Zulassung dieser Token zum Handel öffentlich zugänglich gemacht. Das genehmigte Kryptowerte-Whitepaper und, falls vorhanden, das geänderte Kryptowerte-Whitepaper bleibt auf der Website des Emittenten solange verfügbar, wie die vermögenswertereferenzierten Token vom Publikum gehalten werden.

Übersicht

	Rn.
I. Grundlagen	1
II. Auslegung der Norm	3
1. Veröffentlichungsform und Identitätserfordernis (S. 1)	3
2. Veröffentlichungsfrist und -zeitpunkt (S. 2, 3)	6

I. Grundlagen

Die seit der Kommissionsfassung im Ergebnis unverändert gebliebene Vorschrift statuiert letztlich die **Prospektveröffentlichungspflicht** des Emittenten vermögenswertereferenzierter Token in Form des Kryptowerte-Whitepapers. Der **Zweck** der Publizitätspflicht bei Markteinführung des Token besteht darin, Anlegerschutz durch den Abbau von Informationsasymmetrien zwischen dem Emittenten und dem (potenziellen) Anleger zu verwirklichen. Relevant ist diese Pflicht – ähnlich wie im Investmentgeschäft –,[1] weil den Tokeninhabern etwaige Kontrollbefugnisse weitgehend entzogen sind. Darüber hinaus soll die Markteinführungspublizität die Gefahr von Betrugsfällen verringern, die in der Vergangenheit bei ICOs häufig zu beobachten waren.[2] Art. 28 stellt klar, zu welchem Zeitpunkt, über welches Medium und für welche Dauer der Emittent vermögenswertereferenzierter Token dieser Pflicht durch Veröffentlichung nachzukommen hat. Regelungssystematisch ist die Vorschrift ungeschickt positioniert, indem sie den Normen zu Inhalt und Form des Kryptowerte-Whitepapers für vermögenswertereferenzierte Token (Art. 19, 21 Abs. 1) sowie zur Mitteilungspflicht gegenüber der zuständigen Behörde bei etwaigen Änderungen des Whitepapers (Art. 25) nachfolgt.

---

[1] Vgl. Ellenberger/Bunte BankR-HdB/Köndgen/Schmies § 93 Rn. 148.
[2] Zetzsche/Veidt FS Grunewaldt, 2022, 1391 (1397).

Art. 28

2   Art. 28 adaptiert das kapitalmarktrechtliche Informationsmodell.[3] Die durch das Kryptowerte-Whitepaper hergestellte Emissionspublizität hat eine Befähigungs- und Präventionsfunktion; das Whitepaper ist also zugleich Vertriebs- und Haftungsdokument.[4] Mit Art. 28 lehnt sich der Verordnungsgeber an Art. 3, 21 Prospekt-VO an, indem in den Vorschriften jeweils der **Veröffentlichungszwang** statuiert wird.[5] Die vor die Klammer gezogene **Pflicht zur Erstellung des Whitepapers (Prospektpflicht)** sowie die inhaltlichen Anforderungen folgen aus Art. 16 Abs. 2 UAbs. 2, 19. Ähnlich wie dies bei Art. 21 Prospekt-VO der Fall ist, wird durch Art. 3 klargestellt, dass eine Hinterlegung des Prospekts, anders als dies noch unter Art. 14 Prospekt-RL bekannt war, nicht möglich ist.

II. Auslegung der Norm

1. Veröffentlichungsform und Identitätserfordernis (S. 1)

3   Die für das Kryptowerte-Whitepaper vorgesehene Veröffentlichungsform ist das Einstellen auf der **Website des Emittenten.** Der Verordnungsgeber verlässt sich somit gänzlich auf das Internet als Informationsmedium. Logische Konsequenz daraus ist, dass das Kryptowerte-Whitepaper in elektronischer Form bereitzustellen ist; dies dürfte mit „maschinenlesbare Form" gemäß Art. 19 Abs. 9 gemeint sein. Auf nähere Spezifikationen verzichtet Art. 28. Eine Orientierung an den Anforderungen des Art. 21 Abs. 3 Prospekt-VO (herunterladbare, druckbare, mit Suchfunktion ausgestattete, nicht editierbare Datei) erscheint sinnvoll. Ein Papierausdruck kann nicht gefordert werden.

4   Vermissen lässt Art. 28 Vorgaben über den **ungestörten Zugang** zum Kryptowerte-Whitepaper.[6] Als Vorbild kann insoweit Art. 21 Abs. 4 S. 1 Prospekt-VO dienen, der allgemeingültige Grundsätze aufstellt und eine elektronische Abrufbarkeit des Dokuments ohne Registrierung, ohne „Gebühren" und ohne Vorbedingungen (zB Akzeptanz einer Haftungsbegrenzungsklausel) fordert. Etwas anderes kann für das hiesige Dokument nicht gelten, denn das Kryptowerte-Whitepaper ist das zentrale Informationsdokument des Publikums und eine ungestörte Informationsbeschaffung ist essenziell, um den vom Verordnungsgeber in Erwgr. Nr. 40 betonten Risiken, die mit vermögenswertereferenzierten Token einhergehen, durch die Sicherstellung informierter Entscheidungen zu begegnen.

5   In verklausulierter Form bringt Art. 28 S. 1 weiterhin zum Ausdruck, dass die auf der Website des Emittenten bereitgestellte Fassung identisch sein muss mit der behördlich gebilligten Version. Dieses **Identitätserfordernis** ist logisch, denn das Publikum verlässt sich darauf, dass es sich anhand aufsichtsrechtlich abgesegneter Angaben informieren kann. Aufgrund des sprachlich missglückten Gesetzestextes bleibt unklar, ob der Emittent sowohl das ursprüngliche als auch ein iSd Art. 25 verändertes Kryptowerte-Whitepaper zu veröffentlichen hat. Da für das Publikum der genaue Inhalt einer Änderung von erheblichem Informationswert sein kann, sind im Zweifel stets alle Whitepaper-Versionen bereitzustellen. Dem Emittenten obliegt es, seine Website auf eine Weise zu gestalten, die eine klare Nachvollziehbar-

---

[3] Bauerfeind/Hille/Loff RdF 2023, 84 (90).
[4] Vgl. allgemein MüKoHGB/Singhof Bankvertragsrecht Rn. L 32.
[5] Vgl. Just/Voß/Ritz/Zeising/Ritz Art. 21 Rn. 5.
[6] Siehe dazu Just/Voß/Ritz/Zeising/Ritz Art. 21 Rn. 10 ff.

keit der Dokumentenversionen und ein leichtes Auffinden der aktuellen Fassung gewährleistet.

2. Veröffentlichungsfrist und -zeitpunkt (S. 2, 3)

Art. 28 regelt in seinem zweiten Satz, ab welchem Augenblick das Kryptowerte- 6 Whitepaper auf der Website des Emittenten bereitzustellen ist und bis zu welchem Zeitpunkt eine Abrufbarkeit gewährleistet sein muss. Als maßgeblicher **Veröffentlichungszeitpunkt** wird hinsichtlich des genehmigten Whitepapers das Startdatum des öffentlichen Angebots bzw. das Startdatum der Zulassung der vermögenswertereferenzierten Token zum Handel bestimmt. Vereinfacht gesagt: Token dürfen ohne mindestens zugleich verfügbarem Kryptowerte-Whitepaper nicht öffentlich angeboten werden und nicht handelbar sein.

Eine **Höchstfrist** für die Veröffentlichung des Kryptowerte-Whitepapers wird 7 **nicht bestimmt.** Vielmehr muss nach S. 3 die Abrufbarkeit so lange gewährleistet sein, wie sich noch mindestens ein betroffener vermögensreferenzierter Token im Umlauf befindet, dh von einem Inhaber gehalten wird. Anders als dies bei Art. 21 Abs. 7 Prospekt-VO der Fall ist, gilt insoweit auch keine Mindestfrist (dort zehn Jahre ab Veröffentlichung). Die Frist dort ist gewählt worden, um einen Gleichlauf mit den Jahres- und Halbjahresfinanzberichten herzustellen.[7] Für Kryptowerte-Whitepaper wurde somit eine strengere Regel gewählt. Hierfür dürften zwei Gründe sprechen: Erstens ist dem Verordnungsgeber die Etablierung einer Seriositätsstelle wichtig (→ Vor Art. 27 ff. Rn. 3), welche hier in Form von Aufwand besteht. Zweitens – und entscheidender – ist der Charakter der vermögenswertereferenzierten Token nicht zwingend mit tradierten Finanzinstrumenten vergleichbar, da dort die Bedeutung der Prospektinformationen für die Bewertung des Instruments zunehmend verblasst, während hier, angesichts der bezweckten Wertstabilität der Token, die Informationen des Kryptowerte-Whitepapers weiterhin dispositionsentscheidend sind bzw. sein können.

Artikel 29 Marketingmitteilungen

(1) **Marketingmitteilungen zu einem öffentlichen Angebot eines vermögenswertereferenzierten Token oder zur Zulassung eines solchen vermögenswertereferenzierter Token zum Handel müssen jede der folgenden Anforderungen erfüllen:**
a) **Die Marketingmitteilungen sind eindeutig als solche erkennbar;**
b) **die Informationen in den Marketingmitteilungen sind redlich, eindeutig und nicht irreführend;**
c) **die Informationen in den Marketingmitteilungen stimmen mit den Angaben im Kryptowerte-Whitepaper überein;**
d) **in den Marketingmitteilungen wird eindeutig darauf hingewiesen, dass ein Kryptowerte-Whitepaper veröffentlicht wurde, und es wird eindeutig die Adresse der Website des Emittenten des vermögenswertereferenzierten Token angegeben, sowie eine Telefonnummer und E-Mail-Adresse des Emittenten für die Kontaktaufnahme.**

---

[7] Vgl. Erwgr. Nr. 63 S. 4 Prospekt-VO; siehe auch Just/Voß/Ritz/Zeising/Ritz Art. 21 Rn. 24.

Art. 29 Titel III Vermögenswertereferenzierte Token

(2) In den Marketingmitteilungen wird klar und eindeutig angegeben, dass Inhaber des vermögenswertreferenzierten Token beim Emittenten jederzeit ein Recht auf Rücktausch haben.

(3) Marketingmitteilungen und jegliche sie betreffende Änderungen werden auf der Website des Emittenten veröffentlicht.

(4) Die zuständigen Behörden verlangen keine Vorabgenehmigung von Marketingmitteilungen vor ihrer Veröffentlichung.

(5) Marketingmitteilungen werden den zuständigen Behörden auf Anfrage übermittelt.

(6) Vor der Veröffentlichung des Kryptowerte-Whitepapers dürfen keine Marketingmitteilungen verbreitet werden. Diese Beschränkung hindert den Emittenten des vermögenswertreferenzierten Token nicht daran, Marktsondierungen durchzuführen.

Übersicht

	Rn.
I. Grundlagen	1
1. Genese	1
2. Regelungszweck	3
II. Auslegung der Norm	5
1. Definition: Marketingmitteilungen	5
2. Grundlegende Anforderungen (Abs. 1, 2)	6
a) Kennzeichnung und Erkennbarkeit (lit. a)	6
b) Redlich, eindeutig und nicht irreführend (lit. b)	7
c) Konsistenz zwischen Marketingmitteilung und Kryptowerte-Whitepaper (lit. c)	8
d) Hinweis auf das Kryptowerte-Whitepaper (lit. d)	9
e) Emittentenangaben (lit. d)	12
f) Hinweis auf das Rücktauschrecht (Abs. 2)	14
3. Veröffentlichungspflicht (Abs. 3)	15
4. Behördenbeteiligung (Abs. 4, 5)	16
5. Marketingsperre vor Whitepaperveröffentlichung (Abs. 6)	18

I. Grundlagen

1. Genese

1 Im Vergleich zur Kommissionsfassung (Art. 25 KOM-E) hat der die Marketingmitteilungen betreffende Art. 29 erhebliche Änderungen erfahren. So ist auf Betreiben des EP in Art. 29 Abs. 1 lit. d hinsichtlich der obligatorischen Kontaktinformationen des Emittenten die Pflicht zur Angabe einer Telefonnummer und einer E-Mail-Adresse ergänzt worden. Zudem ist, wie vom Rat vorgeschlagen, in Abs. 3 eine Veröffentlichungspflicht (→ Rn. 15) sowie in Abs. 4 die Klarstellung (→ Rn. 16) eingefügt worden, dass Marketingmitteilungen vor ihrer Veröffentlichung keine Genehmigung durch die zuständige Behörde benötigen. Ebenfalls auf Vorschlag des Rates wurde in Abs. 5 das Anfragerecht der zuständigen Behörde ergänzt, und in Abs. 6 das Verbot, Marketingmitteilungen vor Veröffentlichung des Kryptowerte-Whitepapers zu verbreiten (→ Rn. 18 f.).

Nicht durchsetzen konnte sich der Rat hingegen mit dem Vorschlag, die in Art. 29 Abs. 2 enthaltene Pflicht, auf ein Rücktauschrecht in den Marketingmitteilungen hinzuweisen (→ Rn. 14), aus der Norm zu streichen. In der Finanzbranche ist oft genug zu beobachten, dass die Regelungsadressaten statuierte Pflichten als „exklusives" Merkmal des eigenen Produkts oder der eigenen Dienstleistung hervorheben und auf diese Weise als Marketing zweckentfremdet einsetzen. Diese Gefahr mag der Rat auch hinsichtlich des Rücktauschrechts gesehen haben, doch wäre es in der Tat verfehlt gewesen, diese Information zu streichen. Es folgt nämlich schon aus Abs. 1 lit. a und b, dass Emittenten vermögenswertereferenzierter Token gesetzliche Pflichten nicht irreführend als exklusive „Eigenleistung" vermarkten dürfen.

2. Regelungszweck

Marketingmitteilungen spielen in der Kommunikation zwischen dem Emittenten und dem Anlegerpublikum eine zentrale Rolle. Ihre Bedeutung als Entscheidungsbasis dürfte bei (potenziellen) Kleinanlegern in der Regel sogar höher sein als die von ordentlichen Informationsdokumenten wie dem Kryptowerte-Whitepaper.[1] Während insbesondere Werbung über soziale Netzwerke oftmals erhebliche Beachtung findet, bleiben Whitepaper oftmals ungelesen. Die zwischen Emittenten und Anleger existierenden Informationsasymmetrien drohen verstärkt zu werden, wenn die Marketingmitteilungen keiner Kontrolle unterliegen. Folglich ist es richtig, Marketingmitteilungen als eine Untergruppe des finanzmarktrechtlich weiten Informationsbegriffs[2] und somit als ein wesentliches Kommunikationsinstrument des Emittenten zu behandeln, das nach finanzmarktrechtlichen Kriterien gesteuert werden muss. Mit Blick hierauf konsequent erstreckt Art. 29 das Gebot der Redlichkeit und das Irreführungsverbot des Art. 27 (→ Art. 27 Rn. 8, 13) auf Marketingmitteilungen. Auf diese Weise erfährt zum einen die individuelle Entscheidungsautonomie der Anleger einen Schutz. Zum anderen sind redliche und konsistente Marketingmitteilungen zur Sicherstellung der Marktintegrität notwendig.

Von diesem finanzmarktrechtlichen Kerninhalt des Art. 29 abgesehen enthält die Norm in Form des Abs. 1 lit. a auch eine **lauterkeitsrechtliche Dimension,** da sie insoweit parallelgelegen ist zum Verbot des § 3 Abs. 3 UWG (iVm Nr. 11 des Anhangs), der es im Verbraucherverkehr untersagt, zwecks Absatzförderung etwaige Werbung als Information zu tarnen.[3] Dem Anleger muss also deutlich werden, dass der Emittent mit den jeweiligen Mitteilungen eigene Interessen verfolgt. Ziel ist es, die **wirtschaftlichen Interessen** des Anlegers zu schützen, wofür letztlich eine freie und informierte geschäftliche Entscheidung notwendig ist.[4]

---

[1] Zickgraf BKR 2021, 196 (203).
[2] Treffend Krimphove MaComp/Walz BT 3 Rn. 28.
[3] Vgl. zur Parallelsituation im WpHG Schwark/Zimmer/Rothenhöfer WpHG § 63 Rn. 150.
[4] Siehe aus Perspektive des UWG Köhler/Bornkamm/Feddersen UWG § 3 Rn. 3.1.

II. Auslegung der Norm

1. Definition: Marketingmitteilungen

5   An einer Definition des Begriffs „Marketingmitteilungen" fehlt es in Art. 3; Erwgr. Nr. 24 S. 5 deutet seinen Inhalt nur an. In einem systematisch anderweitigen Umfeld findet sich in Art. 2 Abs. 1 lit. o ECSP-VO[5] die weite Definition von „Marketingkommunikation", die jede Information oder Mitteilung eines Dienstleistungsanbieters an einen potenziellen Anleger über die Dienstleistungen meint. Angesichts des von der MiCAR bezweckten Individual- und Marktschutzes (→ Vor Art. 27 ff. Rn. 2) ist auch hier von einem weiten Begriffsverständnis auszugehen. Erfasst sind sämtliche nach außen gerichteten Informationen, die den Kunden veranlassen sollen, sich für den Erwerb eines vermögenswertereferenzierten Tokens zu entscheiden.[6] Marketingmitteilungen ist mithin die Absicht der **Nachfrageförderung** beigelegt.[7] Verkürzt kann man von Werbung sprechen. Auf das eingesetzte Verbreitungsmedium kommt es nicht an.[8] Auch ist es unerheblich, ob sich die Werbemitteilung an einen bestimmten oder unbestimmten Adressatenkreis richtet.[9] Ausgeschieden werden damit die reine Imagewerbung[10] und andere allgemeine Angaben ohne Bezug zu den vermögenswertereferenzierten Token.

2. Grundlegende Anforderungen (Abs. 1, 2)

6   **a) Kennzeichnung und Erkennbarkeit (lit. a).** Marketingmitteilungen müssen für den Adressaten gemäß Abs. 1 lit. a als solche erkennbar sein (**Erkennbarkeitsgebot**), damit dieser die entsprechenden Informationen mit Blick auf das Nachfrageförderungsinteresse des Emittenten relativierend in seine Abwägungsentscheidung einstellen kann. Daneben bleibt „getarnte Werbung" lauterkeitsrechtlich unzulässig.[11] Ist der werbende Charakter der Mitteilung aufgrund der Art und Form der Darstellung für das Publikum ersichtlich, so bestehen keine zusätzlichen Anforderungen.[12] Sind die Informationen hingegen nicht als Marketingmitteilungen erkennbar, etwa aufgrund ihrer redaktionellen Aufmachung, verdichtet sich das Kriterium der Erkennbarkeit zu einem **Kennzeichnungserfordernis**.[13]

---

[5] Verordnung (EU) 2020/1503 des Europäischen Parlaments und des Rates vom 7.10.2020 über Europäische Schwarmfinanzierungsdienstleister für Unternehmen und zur Änderung der Verordnung (EU) 2017/1129 und der Richtlinie (EU) 2019/1937.
[6] Vgl. zum tradierten Verständnis im Anwendungsbereich des § 63 WpHG BaFin, Rundschreiben 05/2018 (WA), MaComp v. 19.4.2018 (Stand 30.6.2023), BT 3.1.1, Nr. 1.
[7] Treffend Krimphove MaComp/Walz BT 3 Rn. 28.
[8] Schwark/Zimmer/Rothenhöfer WpHG § 63 Rn. 149.
[9] Siehe wiederum statt aller Schwark/Zimmer/Rothenhöfer WpHG § 63 Rn. 149.
[10] Krimphove MaComp/Walz BT 3 Rn. 28; BeckOK WpHR/Poelzig, 1.4.2024, WpHG § 63 Rn. 151.
[11] Vgl. Schwark/Zimmer/Rothenhöfer WpHG § 63 Rn. 150.
[12] Ähnlich BeckOK WpHR/Poelzig, 1.4.2024, WpHG § 63 Rn. 152.
[13] Assmann/Schneider/Mülbert/Beule WpHG § 63 Rn. 59; Fuchs/Fuchs/Dietenberger WpHG § 63 Rn. 147; tendenziell für eine generelle Kennzeichnungspflicht Fuchs/Fuchs, 2. Aufl. 2016, WpHG § 31 Rn. 108.

Marketingmitteilungen **Art. 29**

b) Redlich, eindeutig und nicht irreführend (lit. b). Da es sich bei den 7
Marketingmitteilungen, wie gesehen (→ Rn. 5), um einen Unterfall der Information handelt, ist es konsequent, auch insoweit gemäß Abs. 1 lit. b den Wohlverhaltensstandard „redlich, eindeutig und nicht irreführend" anzusetzen. Es gelten hier prinzipiell dieselben Anforderungen wie nach der Grundregel des Art. 27, so dass insoweit auf die dortigen Ausführungen zur Vermeidung unnötiger Wiederholungen verwiesen sei (→ Art. 27 Rn. 6ff.). Spezifika gelten freilich – insbesondere hinsichtlich des Umfangs – in Abhängigkeit vom jeweiligen Kommunikationsmittel.[14] Zudem haben Werbemitteilungen offensichtlich keinen Aufklärungszweck, weshalb sie zwangsläufig nicht den gleichen Inhalt wie ausführliche Produktbeschreibungen haben sollen oder können.

c) Konsistenz zwischen Marketingmitteilung und Kryptowerte-White- 8
paper (lit. c). Wichtig und deswegen streng zu handhaben ist das von Abs. 1 lit. c statuierte **Konsistenzgebot** als besondere Ausprägung des allgemeinen Wohlverhaltensstandards (lit. b). Marketingmitteilungen sind in der Regel ansprechend gestaltet und haben ein hohes Beeinflussungspotential, weil sie Emotions- und Entscheidungsheuristiken der Anleger adressieren. Die werbenden Darstellungen können Angaben in den Kryptowerte-Whitepaper erheblich relativen, insbesondere Warnsignale ausschalten. Dies wiegt insbesondere dann schwer, wenn etwaige (beschönigende) Informationen in den Marketingmitteilungen im Widerspruch zu den (Risiko-) Darstellungen stehen. Solchen Folgen wirkt die Wohlverhaltenspflicht mit der Forderung nach konsistenter Kommunikation entgegen. Lit. c stellt somit die **Effizienz des Offenlegungsregimes** der Verordnung sicher.[15]

d) Hinweis auf das Kryptowerte-Whitepaper (lit. d). In Abs. 1 lit. d ist u. a. 9
eine Aufklärungs- und **Hinweispflicht** niedergelegt: Der Emittent muss in den Marketingmitteilungen das Anlegerpublikum eindeutig darauf hinweisen, dass ein Kryptowerte-Whitepaper bereits veröffentlicht ist (→ Rn. 18f.). Der unerfahrene potenzielle Anleger erfährt auf diese Weise, dass ein spezifisches Informationsdokument existiert und er sich nicht allein auf die werbenden Angaben verlassen sollte. Damit die Hinweispflicht nicht völlig zahnlos erscheint, sollte Abs. 1 lit. d nicht dahingehend verstanden werden, es genüge ein schlichter Verweis auf das Kryptowerte-Whitepaper, sondern dem Publikum sollte klar vor Augen stehen, dass es sich dabei – insbesondere hinsichtlich etwaiger Risiken – inhaltlich um das zentrale Informationsdokument handelt. Funktional lässt sich hier der Vergleich zur Pflichtangabe bei Heilmittelwerbungen nach § 4 Abs. 3 HWG ziehen.

Konsequenterweise ist dem (potenziellen) Anlegerpublikum auch mitzuteilen, 10
wo das Kryptowerte-Whitepaper abrufbar ist; bestenfalls enthält die Marketingmitteilung einen funktionierenden **Hyperlink** zum Dokument.[16]

Der Hinweis auf das Kryptowerte-Whitepaper sollte **gut lesbar** platziert sein.[17] 11
Weitere Details wie Größe und Darstellungsform hängen vom jeweiligen Verbreitungsmedium ab. Eine besondere Hervorhebung, welche die werbenden Mitteilungen gänzlich unterordnet, ist weder erforderlich noch angemessen.

---

[14] Krimphove MaComp/Walz BT 3 Rn. 28.
[15] Treffend Zickgraf BKR 2021, 196 (204).
[16] Näher im Detail Schwark/Zimmer/Prescher WpPG § 7 Rn. 13 ff.
[17] Vgl. parallel Schwark/Zimmer/Prescher WpPG § 7 Rn. 12.

Art. 29 Titel III Vermögenswertereferenzierte Token

12 e) **Emittentenangaben (lit. d).** Die nach Abs. 1 lit. d obligatorischen Angaben sind aus sich selbst heraus verständlich. Nach bisheriger Diktion waren Informationen, welche die Firma, das Logo, die Kontaktadresse etc betrafen, als Unterfall der Marketingmitteilungen anzusehen.[18] Dies könnte im hiesigen Zusammenhang anders gelesen werden, da in lit. d von Informationen „in den" Marketingmitteilungen und nicht als „Teil" der Marketingmitteilungen die Rede ist. Dadurch erhebt sich die Frage, ob die Anforderungen von lit. b für diese Informationsteile relevant sind. Materiellrechtlich kann eine Antwort dahingestellt bleiben, denn jedenfalls gilt die Generalklausel des Art. 27 und es sind zusätzlich die allgemeinen lauterkeitsrechtlichen Regeln des UWG zu beachten.

13 Aus der Pflicht, eine Telefonnummer anzugeben, folgt mittelbar das Erfordernis, eine zu angemessenen Tageszeiten erreichbare **Servicehotline** zu unterhalten. Inwieweit diese auch für Beschwerden iSd Art. 31 offenstehen muss, hängt vom implementierten Beschwerdeverfahren ab. Emittenten müssen jedenfalls beachten, dass etwaige Beschwerden bzw. etwaige Hinweise auf irreguläres Verhalten, die über die Servicehotline eingegangen sind, nach den Grundsätzen der **Wissenszurechnung** im unternehmerischen Verkehr[19] ein Verantwortungsrisiko begründen. Insoweit hat der Emittent eine geeignete unternehmensinterne Informationsweiterleitung sicherzustellen.

14 f) **Hinweis auf das Rücktauschrecht (Abs. 2).** Die Marketingmitteilungen müssen einen Hinweis auf das Rücktauschrecht gemäß Art. 37 enthalten. Diese Angaben müssen „klar und eindeutig" sein. Es muss demnach insbesondere klar sein, dass es sich um eine Information über eine gesetzliche Eigenschaft des vermögenswertereferenzierten Tokens handelt. Eine solche Information ist gerade keine Marketingmitteilung. Der Emittent darf nämlich diese Angabe nicht zum Zwecke der Absatzförderung (→ Rn. 5) verwenden, indem er beispielhaft irreführend suggeriert, das Rücktauschrecht sei eine exklusive Ausgestaltung seines Tokens (vgl. auch → Rn. 2).

3. Veröffentlichungspflicht (Abs. 3)

15 Der Emittent hat die Marketingmitteilungen und deren Änderungen gemäß Abs. 3 auf seiner Website zu veröffentlichen. Da Marketingmitteilungen in der Regel nach außen gerichtete Informationen mit dem Ziel der Absatzförderung sind (→ Rn. 5), hat diese Klarstellung im Wesentlichen zwei Funktionen: Zum einen soll für das gesamte Publikum ein Mindestmaß an Transparenz hergestellt werden, wenn sich Marketingmitteilungen primär an einen bestimmten Adressatenkreis richten. Zum anderen soll es dem Emittenten durch die Nachvollziehbarkeit der Änderungen beispielsweise nicht möglich sein, etwaige Falschangaben, Informationslücken etc durch nicht näher kommunizierte Änderungen zu verschleiern.

4. Behördenbeteiligung (Abs. 4, 5)

16 Gemäß **Abs. 4** ist es der zuständigen Behörde untersagt, die Verbreitung der Marketingmitteilungen dem Erfordernis einer Vorabgenehmigung zu unterstellen. Es fällt nicht in die Kompetenz der zuständigen Behörde, über die Art der Nachfra-

---

[18] Vgl. Habersack/Mülbert/Schlitt KapMarktInfo-HdB/Foerster, 3. Aufl. 2020, § 23 Rn. 57.
[19] Vgl. BGH WM 1964, 87 (88); OLG München BeckRS 2019, 50362.

geförderung zu befinden. Mithin ist der Emittent grundsätzlich in seiner Gestaltung frei, sofern er in den gesetzlichen Grenzen agiert.

Auf Anfrage der zuständigen Behörde hat der Emittent gemäß **Abs. 5** die Marketingmitteilungen zu übermitteln. Hierdurch wird der Aufsicht die **Marktüberwachung** erleichtert – und auf diese Weise die Effizienz von aufsichtsrechtlichen Anordnungen gesteigert. Denn die zuständige Aufsichtsbehörde ist gemäß Art. 94 Abs. 1 lit. p (→ Art. 94 Rn. 13) befugt, Marketingmitteilungen auszusetzen oder zu verbieten, wenn ein hinreichend begründeter Verdacht besteht, dass sie „gegen diese Verordnung verstoßen". Demnach ist die zuständige Behörde nur bei Verstößen gegen die MiCAR unmittelbar befugt, verwaltungsrechtliche Maßnahmen zu ergreifen (vgl. § 17 KMAG), nicht etwa auch bei Verletzungen des UWG etc. Freilich wird eine unlautere geschäftliche Handlung im Zusammenhang mit Marketingmitteilungen regelmäßig zugleich gegen Art. 27 (→ Art. 27 Rn. 8) verstoßen.

5. Marketingsperre vor Whitepaperveröffentlichung (Abs. 6)

Emittenten dürfen gemäß Abs. 6 S. 1 ihre nachfragefördernden Werbemitteilungen erst nach Veröffentlichung des Kryptowerte-Whitepapers verbreiten. Hierdurch wird die zentrale Bedeutung des Whitepapers als Informationsgrundlage unterstrichen. Durch das Verbot der Vorabverbreitung von Werbemitteilungen werden insbesondere **Wahrnehmungsverzerrungen unterbunden:** Der (potenzielle) Anleger könnte sich aufgrund der Marketingmitteilungen als ausreichend informiert fühlen und das Kryptowerte-Whitepaper ignorieren, oder er könnte die Bedeutung des anschließend veröffentlichten Whitepapers unterschätzen.

Von **S. 2** explizit zugelassen werden hingegen **Marktsondierungen.** Darunter ist ähnlich wie nach Art. 11 MAR die Übermittlung von Informationen vor der Ankündigung eines Geschäfts an einen oder mehrere potenzielle Anleger zu verstehen, um das **Interesse von potenziellen** Anlegern an das Geschäft, seinen Umfang und seine preisliche Gestaltung (besser) abzuschätzen. Solche **Markttests**[20] sind insbesondere bei fehlenden Marktreferenzen und bei einem neuen regulatorischen, politischen oder gesellschaftlichen Umfeld sinnvoll.[21] Dies ist offensichtlich für das noch junge Phänomen der vermögenswertereferenzierten Token von Relevanz. Marktsondierungen verbessern nicht nur die Handlungsfähigkeit des Emittenten, sondern auch die Funktionsfähigkeit des Marktes und die Preisintegrität.[22] Sie sorgen für bessere Anlegerinformationen aufseiten des Emittenten, die in die Informationsdokumente einfließen können; dadurch ist u. a. dem allgemeinen Ziel des Art. 29 Abs. 1 lit. b gedient.

Artikel 30 Kontinuierliche Unterrichtung der Inhaber vermögenswertereferenzierter Token

(1) **Emittenten vermögenswertereferenzierter Token legen auf ihrer Website an einer öffentlich und leicht zugänglichen Stelle auf klare, präzise und transparente Weise den Betrag der in Umlauf befindlichen vermögenswertereferenzierten Token sowie den Wert und die Zusammenset-**

---

[20] Fleischer ZGR 2009, 505 (522).
[21] Vgl. BeckOK WpHR/Seibt, 1.10.2023, MAR Art. 11 Rn. 1 mwN.
[22] Vgl. Erwgr. Nr. 32 S. 5 MAR; BeckOK WpHR/Seibt, 1.10.2023, MAR Art. 11 Rn. 1.

Art. 30

zung der in Artikel 36 genannten Vermögenswertreserve offen. Diese Informationen müssen mindestens monatlich aktualisiert werden.

(2) Emittenten vermögenswertereferenzierter Token veröffentlichen auf ihrer Website an einer öffentlich und leicht zugänglichen Stelle schnellstmöglich eine kurze, klare, präzise und transparente Zusammenfassung des Prüfberichts und den vollständigen und unbearbeiteten Prüfbericht in Bezug auf die in Artikel 36 genannte Vermögenswertreserve.

(3) Unbeschadet des Artikels 88 legen Emittenten vermögenswertereferenzierter Token auf ihrer Website an einer öffentlich und leicht zugänglichen Stelle so schnell wie möglich und in klarer, präziser und transparenter Weise alle Ereignisse offen, die signifikante Auswirkungen auf den Wert der vermögenswertereferenzierten Token oder auf die in Artikel 36 genannte Vermögenswertreserve haben oder wahrscheinlich haben werden.

Übersicht

	Rn.
I. Grundlagen	1
1. Genese	1
2. Regelungszweck	4
II. Auslegung der Norm	5
1. Klarstellungen: Inhalt der Pflichten und Adressaten	5
2. Im Umlauf befindliche Token und Vermögenswertereserven (Abs. 1)	7
3. Prüfbericht und Zusammenfassung (Abs. 2)	11
4. Ad-hoc-Informationen (Abs. 3)	15

I. Grundlagen

1. Genese

1   Im Vergleich zu Art. 26 KOM-E weist Art. 30 verschiedene Veränderungen auf. In Abs. 1 S. 1 wurde klargestellt, dass der Betrag der in Umlauf befindlichen vermögenswertereferenzierten Token nebst Informationen über die in Art. 36 genannten Vermögenswertreserven nicht bloß irgendwo auf der Website des Emittenten, sondern „an einer öffentlich und leicht zugänglichen Stelle" zu veröffentlichen ist. Hinsichtlich des Aktualisierungsturnus (Abs. 1 S. 2) gingen die Ansichten zwischen den Institutionen im Gesetzgebungsverfahren erheblich auseinander: Während bereits der Kommissionsentwurf eine „mindestens monatliche" Aktualisierung vorsah, schlug – ohne Erfolg – das EP ein Intervall von drei Monaten vor, wohingegen der Rat eine Pflicht zur wöchentlichen Aktualisierung für angemessen hielt, die sich wegen der damit verbundenen Belastung der Emittenten nicht durchsetzte.

2   Auch hinsichtlich der Transparenzanforderungen des Abs. 2 waren sich die Institutionen über den Umfang der Veröffentlichungspflicht uneinig. Der Kommissionsvorschlag sah noch die Emittentenpflicht vor, das Ergebnis des Prüfberichts in Bezug auf die in Art. 36 genannten Vermögenswertereserven zu veröffentlichen. Das EP sprach sich hingegen in seinem Mandat für die Veröffentlichung einer kurzen Zusammenfassung sowie des gesamten Prüfberichts aus. Demgegenüber verlangte der Rat weitergehend die Veröffentlichung des gesamten und unredigierten Prüfberichts. Die Gesetz gewordene Veröffentlichungspflicht besteht in einem

Kontinuierliche Unterrichtung **Art. 30**

Kompromiss zwischen dem Vorschlag des EP und der vom Rat vorgelegten Fassung.

Abs. 3 ist in materieller Hinsicht seit dem Kommissionsvorschlag unverändert 3 geblieben. Die Vorschrift ist abstrakt gefasst, weil es an praktischen Erfahrungen fehlt, die für eine konkrete Formulierung hätten fruchtbar gemacht werden können (→ Rn. 17).

2. Regelungszweck

Der Zweck der **Offenlegungspflichten** (→ Rn. 7 ff.) des Art. 30 besteht im Er- 4 gebnis darin, dem Anlegerpublikum eine einfache und klare Möglichkeit zu verschaffen, sich laufend **über die Risikolage** ihrer Investition zu **informieren**. Die durch die verschiedenen Offenlegungspflichten entstehende Transparenz erlaubt es dem Anleger, sich insbesondere über die **Realisierbarkeit seines Rücktauschanspruchs** (→ Art. 39 Rn. 1 ff.) bewusst zu werden. Insbesondere kann sich der Anleger bei Bedarf ein Bild über den **(Vermögens-) Zustand des Emittenten** verschaffen. Die Informationen über etwaige signifikante Auswirkungen auf den Wert der vermögenswertereferenzierten Token verbessert zudem das Gesamtverständnis des Anlegerpublikums über die Wirtschaft- und Marktlage und sie zeigen auf, inwieweit die betreffenden Token von der bezweckten Wertstabilität (vgl. Art. 3 Abs. 1 Nr. 6) tatsächlich gekennzeichnet sind. Denn ein Token, der nicht jederzeit und ohne Ausfallrisiken gemäß Art. 39 Abs. 2 in einen Geldbetrag gewechselt werden kann, der dem „Marktwert der Vermögenswerte, auf die die vermögenswertereferenzierten Token Bezug" nehmen, entspricht, ist faktisch stark volatil.

II. Auslegung der Norm

1. Klarstellungen: Inhalt der Pflichten und Adressaten

Sprachlich ist die Überschrift des Art. 30 unpräzise, soweit von „Unterrichtung" 5 die Rede ist. Denn durch diese Formulierung wird der Eindruck erweckt, der Emittent habe aktiv den Anlegern die in Art. 30 angesprochenen Informationen zu übermitteln. Tatsächlich schuldet der Emittent lediglich die **Bereitstellung** der betreffenden Informationen. Demnach statuiert Art. 30 **Offenlegungspflichten**, keine Mitteilungspflichten.

Als Informationsadressaten werden in der Überschrift der Norm die Tokeninha- 6 ber genannt. Dies ist offensichtlich zu eng geraten. Denn die von Art. 30 aufgegriffenen Angaben haben auch für **potenzielle Tokeninhaber** einen Informationswert. Für diese Auslegung spricht die Anforderung der Absätze 1 und 2, wonach die betreffenden Informationen **öffentlich** zugänglich sein müssen. Folglich darf die Abrufbarkeit der Angaben und Dokumente nicht von einer Registrierung auf der Website oder einer Erfassung als Tokeninhaber abhängig sein.

2. Im Umlauf befindliche Token und Vermögenswertereserven (Abs. 1)

Informationsgegenstände nach Abs. 1 sind (i) der Betrag der in Umlauf be- 7 findlichen vermögenswertereferenzierten Token sowie (ii) der Wert und die Zusammensetzung der Vermögenswertereserve iSd Art. 36.

Linardatos 483

8 Hinsichtlich des Veröffentlichungsorts auf der Website des Emittenten regelt Art. 30 im Ergebnis eine Selbstverständlichkeit zwecks **Auffindbarkeit**. Die intendierte Transparenz lässt sich schwerlich erreichen, wenn der **durchschnittlich verständige Anleger** die Informationen nicht zügig und leicht auffinden kann. Zu unterlassen ist somit eine mehrfach verschachtelte Internetseitengestaltung. Auch irreführende Menübezeichnungen sind schädlich. Ähnlich wie dies von börsennotierten Gesellschaften bekannt ist, die eine auf der Startseite ihrer Internetpräsenz auffindbare **Investor Relations**-Seite unterhalten, ist auch vom Emittenten vermögenswertereferenzierter Token eine entsprechende Unterseite mit einem sofort ins Auge springenden Hyperlink einzurichten. Damit wird der Emittent auch dem Öffentlichkeitskriterium (→ Rn. 6) gerecht.

9 Die bereitgestellten Informationen müssen **klar** und **transparent** sein. Im Ergebnis heißt dies, dass die numerischen Informationen nicht beschönigt, unvollständig oder relativierend dargestellt werden dürfen. Der durchschnittlich verständige Anleger soll sich möglichst auf einen Blick informieren können. Unterordnende Gestaltungen sind ebenso zu unterlassen wie ein Umnebeln der Informationen durch überflüssige Textabschnitte etc. Bestenfalls verwenden die Emittenten einfach überschaubare, nachvollziehbare tabellarische Darstellungen. Darüber hinaus müssen die Informationen **präzise** sein, so dass **Schätzungen** und reine Näherungswerte untersagt sind.

10 Das von Abs. 1 S. 2 bestimmte **Aktualisierungsintervall** ist als **Mindestpflicht** zu verstehen. Es steht dem Emittenten frei, die Informationen in kürzeren Zeitabständen aktualisiert zu veröffentlichen.

3. Prüfbericht und Zusammenfassung (Abs. 2)

11 Nach Abs. 2 ist zum einen der Prüfbericht in Bezug auf die in Art. 36 genannten Vermögenswertreserven und zum anderen eine Zusammenfassung dieses Berichts zu veröffentlichen. Offen bleibt, ob der Emittent die Zusammenfassung selbst verfassen muss. Zweckmäßig erscheint es, Abs. 2 als Aufforderung an den Emittenten zu sehen, den Ersteller des Prüfberichts zugleich zu beauftragen, eine geeignete Zusammenfassung auszuarbeiten. Dem Emittenten obliegt es, die Zusammenfassung vor Veröffentlichung dahingehend zu überprüfen, ob sie plausibel ist und den gesetzlichen Anforderungen entspricht.

12 Für die Zusammenfassung stellt Abs. 2 verschiedene Anforderungen auf. Verwendet werden ausfüllungsbedürftige Allgemeinbegriffe. Erstens muss die Zusammenfassung **kurz** und **präzise** sein. Demnach sind die Ausführungen auf die wesentlichen Angaben des Prüfberichts zu beschränken. Ausufernde Formulierungen sind zu unterlassen. Weiterhin müssen die Angaben **klar** und **transparent** sein. Die Zusammenfassung muss somit insbesondere eine für den durchschnittlichen Anleger verständliche Sprache aufweisen. Unnötige Fachtermini sind zu unterlassen. Der Aufbau der Zusammenfassung muss nachvollziehbar und eingängig sein.

13 Zu veröffentlichen ist die Zusammenfassung **schnellstmöglich**. Daraus folgt zunächst einmal, dass der Prüfbericht ab Verfügbarkeit vorerst ohne begleitende Zusammenfassung veröffentlicht werden darf und soll. Hinsichtlich der Zusammenfassung soll demgegenüber ein zeitlicher Spielraum bestehen, u. a. damit diese **anforderungsgerecht** verfasst werden kann. Wie „schnellstmöglich" zeitlich näher zu präzisieren ist, bleibt offen. Eine Orientierung an den wohlbekannten Standards zum Begriff „unverzüglich", der **ohne schuldhaftes Zögern** (vgl. § 121 Abs. 1 BGB) bedeutet, ist – trotz der autonomen Auslegung des Unionsrechts – angezeigt, weil dies sachgemäß erscheint: Dem Normadressaten ist richtigerweise eine Überlegungs-, Abwägungs- und Formulierungsfrist einzuräumen. Gerade für wichtige Dokumente ist es sinnvoll, Sorgfalt über Schnelligkeit walten zu lassen. Diesen Spielraum darf der Emittent allerdings nicht überreizen. Da die Zusammenfassung typischerweise der Ersteller des Prüfberichts verfassen wird, besteht der zusätzliche zeitliche Spielraum für den Emittenten letztlich aus dem Grund, ihm die Prüfung der erhaltenen Zusammenfassung hinsichtlich Kohärenz, Plausibilität und Rechtmäßigkeit zu ermöglichen.

Den Prüfbericht hat der Emittent **vollständig** und – so die deutsche Übersetzung – unbearbeitet zu veröffentlichen. Dass er einen gefälschten Prüfbericht nicht veröffentlichen darf, liegt auf der Hand. In der englischen Sprachfassung ist treffender von „unredacted" die Rede, worunter ungeschwärzt oder **uneditiert** zu verstehen ist. 14

4. Ad-hoc-Informationen (Abs. 3)

Über seine Offenlegungspflichten gemäß Abs. 1 und 2 und den Ad-hoc-Mitteilungen nach Maßgabe des Art. 88 hinaus hat der Emittent vermögenswertereferenzierter Token auch anderweitige Informationen **ad hoc** zu veröffentlichen, soweit Ereignisse gegeben sind, die entweder die **Wertstabilität** des Token **oder die Vermögenswertreserven nachteilig tangieren** und insoweit das Rücktauschrecht beeinträchtigt sein kann. 15

Um übermäßige Belastungen der Emittenten zu verhindern, entsteht die Veröffentlichungspflicht lediglich bei **signifikanten Auswirkungen.** Demnach sind alle Wertschwankungen aufseiten des Token wie auch der Vermögenswertreserven, die sich innerhalb der Marktüblichkeit bewegen, von der Pflicht des Abs. 3 nicht umfasst. Es ist vielmehr bei der Auslegung des Tatbestands von der Zwecksetzung der vermögenswertereferenzierten Token auszugehen: Diese besteht darin, dem Anleger ein Instrument der Wertaufbewahrung zu verschaffen. Deswegen schließt die Publizitätspflicht des Abs. 3 vor allem jene höheren Wertbewegungen ein, die mit dauerhaften oder zumindest langandauernden Negativveränderungen verbunden sind. Allerdings müssen sich diese Negativauswirkungen ausweislich des Normtextes noch nicht realisiert haben; ausreichend ist vielmehr bereits, dass solche Auswirkungen wahrscheinlich sind. Vom Emittenten ist somit (laufend) eine **Prognose** zu erstellen. 16

Genauere Kriterien, insbesondere betraglicher oder prozentualer Art, sind an dieser Stelle nicht formulierbar, weil es bisher an entsprechenden Markterfahrung sowie an Marktstandards fehlt. Entsprechend abstrakt ist der Normtext ausgefallen. Die Praxis wird demnach mit der Zeit zeigen, wo genau die Grenze zwischen signifikanten und nicht-signifikanten Auswirkungen verläuft. 17

Veröffentlicht werden die Informationen auf der Website des Emittenten an einer öffentlichen, leicht zugänglichen Stelle in klarer, präziser und transparenter Weise. Insoweit sei auf die Ausführungen zu den gleichgelagerten Anforderungen der Abs. 1 und 2 verwiesen (→ Rn. 7 ff.). 18

Art. 31 Titel III Vermögenswertereferenzierte Token

Artikel 31 Beschwerdeverfahren

(1) Emittenten vermögenswertereferenzierter Token führen wirksame und transparente Verfahren für eine umgehende, redliche und einheitliche Bearbeitung von Beschwerden von Inhabern vermögenswertereferenzierter Token und von anderen interessierten Parteien, einschließlich Verbraucherverbänden, die Inhaber von vermögenswertereferenzierten Token vertreten, ein und erhalten sie aufrecht; außerdem veröffentlichen sie Erläuterungen dieser Verfahren. Werden die vermögenswertereferenzierten Token ganz oder teilweise von in Artikel 34 Absatz 5 Unterabsatz 1 Buchstabe h genannten Drittunternehmen vertrieben, so legen die Emittenten des vermögenswertereferenzierten Token Verfahren fest, um auch die Bearbeitung von Beschwerden zwischen Inhabern des vermögenswertereferenzierten Token und solchen Drittunternehmen zu erleichtern.

(2) Die Inhaber vermögenswertereferenzierter Token haben die Möglichkeit, bei den Emittenten ihrer vermögenswertereferenzierten Token oder gegebenenfalls bei den in Absatz 1 genannten Drittunternehmen unentgeltlich Beschwerde einzureichen.

(3) Emittenten vermögenswertereferenzierter Token und gegebenenfalls die in Absatz 1 genannten Drittunternehmen erstellen ein Muster für die Einreichung von Beschwerden, das sie den Inhabern vermögenswertereferenzierter Token zur Verfügung stellen, und führen Aufzeichnungen über alle eingegangenen Beschwerden und daraufhin getroffene Maßnahmen.

(4) Emittenten vermögenswertereferenzierter Token sorgen für eine zeitnahe und redliche Behandlung sämtlicher Beschwerden und teilen den Inhabern ihrer vermögenswertereferenzierten Token die Ergebnisse ihrer Untersuchungen innerhalb eines angemessenen Zeitraums mit.

(5) Die EBA arbeitet in enger Abstimmung mit der ESMA Entwürfe technischer Regulierungsstandards zur Präzisierung der Anforderungen, Standardformate und Beschwerdeverfahren aus.

Die EBA übermittelt der Kommission die in Unterabsatz 1 genannten Entwürfe technischer Regulierungsstandards spätestens am 30. Juni 2024.

Der Kommission wird die Befugnis übertragen, diese Verordnung durch die Annahme der in Unterabsatz 1 genannten technischen Regulierungsstandards gemäß den Artikeln 10 bis 14 der Verordnung (EU) Nr. 1093/2010 zu ergänzen.

Übersicht

	Rn.
I. Grundlagen	1
1. Genese	1
2. Regelungszweck	3
II. Auslegung der Norm	7
1. Ausgangspunkt: Organisationspflicht	7
2. Definition, Berechtigte und Adressaten (Abs. 1)	8
a) Beschwerde und Verfahrensberechtigte	8
b) Adressaten	10

Beschwerdeverfahren **Art. 31**

	Rn.
c) Sprache	11
3. Verfahrensgrundsätze (Abs. 1)	12
a) Wirksamkeit	12
b) Transparenz	14
c) Redlichkeit	16
d) Diskriminierungsverbot und Gleichbehandlungsgebot	17
4. Unentgeltliche Beschwerde (Abs. 2)	18
5. Musterdokumente und Aufzeichnungspflichten (Abs. 3)	22
6. Prüfungs- und Mitteilungsfrist (Abs. 4)	26
7. Form der Ergebnismitteilung	29
8. Technische Regulierungsstandards (Abs. 5)	30

I. Grundlagen

1. Genese

Art. 31 hat seit Art. 27 KOM-E nur geringe, freilich nicht unwichtige Veränderungen erfahren. So ist in Abs. 1 S. 1, in der Sache dem Vorschlag des EP-Mandats folgend, geregelt worden, dass das Beschwerdeverfahren nicht zur Tokeninhabern offensteht, sondern auch „anderen interessierten Parteien, einschließlich Verbraucherverbänden, die Inhaber von vermögenswertereferenzierten Token vertreten". Im letzten Gesetzgebungsschritt ist zudem in Abs. 1 S. 1 Hs. 2 die Pflicht ergänzt worden, Erläuterungen zu den verschiedenen Beschwerdeverfahren zu veröffentlichen. 1

Weiterhin hatte das EP vorgeschlagen, die technischen Regulierungsstandards iSd Abs. 5 allein von der ESMA ausarbeiten zu lassen. Dies hat sich nicht durchgesetzt. Die Hauptverantwortung ist bei der EBA geblieben, die zur Kooperation mit der ESMA angehalten ist. 2

2. Regelungszweck

Vereinfachte Beschwerdeverfahren durch Einbindung der Marktteilnehmer vorzusehen, liegt im Trend der unionsrechtlichen Gesetzgebung.[1] Bekannt sind entsprechende Pflichten von Art. 11 P2B-VO[2], Art. 20 DSA[3] und von Art. 7 ECSP-VO[4]. Auch im Banken- und Finanzmarktsektor ist ein internes Beschwerdemanagement nichts Ungewöhnliches (vgl. § 80 Abs. 1 S. 3 iVm DelVO (EU) 2017/565, § 62 ZAG).[5] Unabhängig von etwaigen gesetzlichen Anordnungen exis- 3

---

[1] Näher Busch/Busch VO (EU) 2019/1150 Art. 11 Rn. 2.
[2] Verordnung (EU) 2019/1150 des Europäischen Parlaments und des Rates vom 20.6.2019 zur Förderung von Fairness und Transparenz für gewerbliche Nutzer von Online-Vermittlungsdiensten.
[3] Verordnung (EU) 2022/2065 des Europäischen Parlaments und des Rates vom 19.10.2022 über einen Binnenmarkt für digitale Dienste und zur Änderung der Richtlinie 2000/31/EG (Gesetz über digitale Dienste).
[4] Verordnung (EU) 2020/1503 des Europäischen Parlaments und des Rates vom 7.10.2020 über Europäische Schwarmfinanzierungsdienstleister für Unternehmen und zur Änderung der Verordnung (EU) 2017/1129 und der Richtlinie (EU) 2019/1937.
[5] Vgl. auch EBA/CP/2023/13, Ziff. 6.

Art. 31

tieren bei fast allen größeren Banken entsprechende Verfahren.[6] Entsprechend konsequent haben ESMA und EBA gemeinsame Leitlinien zur Beschwerdeabwicklung für den Wertpapierhandel und das Bankwesen entwickelt.[7]

4 Mit Art. 31 werden **verschiedene Regelungsziele** verfolgt:[8] Anleger sollen niedrigschwellig und nach vereinheitlichten Regeln den Zugang zu geeigneten und wirksamen Abhilfemöglichkeiten bezüglich eines als unrechtmäßig erkannten oder empfundenen Emittentenverhaltens erhalten. Auf diese Weise wird die Beilegung von Streitigkeiten und die **Rechtsdurchsetzung vereinfacht und beschleunigt.** Die direkte Beschwerde ist das Instrument außergerichtlicher Konfliktbeilegung. Dabei dient ein einfaches und klar zugängliches Beschwerdeverfahren vor allem dem **Anlegerschutz,** indem eine unkomplizierte Möglichkeit geschaffen ist, Unzufriedenheit über bestimmte Tatsachen zu bekunden, Abhilfe zu begehren oder schlicht auf Missstände hinzuweisen. Aufseiten des **Emittenten** entsteht durch etwaige Beschwerden zwar ein Kosten- und Verfahrensaufwand.[9] Zugleich wird der Emittent aber in die Lage versetzt, etwaige Defizite schnell zu erkennen, zu beseitigen – ermöglicht wird mithin **Selbstkontrolle** – und hierdurch das **Vertrauen des Anlegerpublikums zu stärken.**[10]

5 Darüber hinaus hat Art. 31 eine erhebliche Relevanz für das übergeordnete Ziel der **Marktintegrität.** Dies gilt insbesondere angesichts der Möglichkeit für Verbraucherverbände, das Beschwerdeverfahren zu betreiben. Der Emittent sieht sich dadurch einem „Wiederholungsspieler" *(repeat player)* mit entsprechendem Erfahrungswissen gegenüber, der etwaige Defizite klarer auf den Punkt bringen und zwecks Abhilfe effizienter als ein einzelner Anleger einen gewissen Druck ausüben kann. Auf diese Weise können Verbraucherverbände einen willkommenen Beitrag zur langfristigen Erreichung der **Akzeptanz und Wertstabilität** vermögenswertereferenzierter Token leisten. Indes obliegt es in erster Linie der zuständigen Behörde, etwaige Missstände bei den Emittenten zu beseitigen (vgl. allgemein § 4 KMAG). Deswegen kann Art. 31 in diesem Punkt rechtspolitisch als kritisch gesehen werden. Aus aufsichtsrechtlicher Sicht wird jedoch davon ausgegangen, dass harmonisierte Beschwerdeverfahren zu Effizienzgewinnen für die zuständigen Behörden führen, da sie nur einen Standard für alle Sektoren des Finanzmarktes beaufsichtigen müssen.[11]

6 Grundsätzlich kann sich die Pflicht zur Bearbeitung von Beschwerden auch aus dem Vertragsrecht ergeben.[12] Art. 31 geht jedoch über solche Vertragsbeziehungen offensichtlich hinaus, indem beispielsweise auch etwaige Verbraucherverbände den beschwerdeberechtigten Parteien zugeschlagen werden (→ Rn. 8).

---

[6] Vgl. Ellenberger/Bunte BankR-HdB/Höche § 4 Rn. 119.
[7] Vgl. Leitlinien zur Beschwerdeabwicklung für den Wertpapierhandel und das Bankwesen, 4.10.2018, JC 2018 35.
[8] Vgl. EBA Draft RTS under Art. 31, EBA/RTS/2024/02 (Final report), Erwgr. Nr. 1 ff.
[9] Anders hingegen EBA/CP/2023/13, Ziff. 9.
[10] Feger/Gollasch CB 2022, 248 (250): Abwendung von Reputationsschäden.
[11] Vgl. EBA/CP/2023/13, Ziff. 9.
[12] Busch/Busch VO (EU) 2019/1150 Art. 11 Rn. 3 mit Verweis auf § 241 Abs. 2 BGB.

II. Auslegung der Norm

1. Ausgangspunkt: Organisationspflicht

Art. 31 ist im Ausgangspunkt als Organisationspflicht der Geschäftsleitung des **7** Emittenten zu verstehen: Sie muss sicherstellen, dass ein Beschwerdemanagementsystem implementiert ist, damit Beschwerden eingereicht, geprüft und beschieden werden können. Das Beschwerdemanagementsystem muss intern sein, womit gemeint ist, dass es der Verantwortungssphäre des Emittenten zugeordnet sein muss, während die Inanspruchnahme externer Dienstleister zulässig bleibt.[13] Der Emittent hat für das Beschwerdemanagementsystem sachliche und personelle Mittel vorzuhalten und zu unterhalten, die in einem angemessenen Verhältnis zur erwarteten Anzahl an Beschwerden stehen und die insbesondere geeignet sind, die Grundsätze zur Verfahrensdauer zu erfüllen (→ Rn. 26 ff.).

2. Definition, Berechtigte und Adressaten (Abs. 1)

a) Beschwerde und Verfahrensberechtigte. Das Beschwerdeverfahren nach **8** Art. 31 in Anspruch nehmen dürfen, wenig verwunderlich, **Inhaber vermögenswertereferenzierter Token**. Darüber hinaus werden „andere interessierte Parteien" als Berechtigte genannt. Wie der Satzeinschub verdeutlicht, wird dabei in erster Linie an **Verbraucherverbände** gedacht.[14] Einschränkend wird gefordert, der betreffende Verband müsse „Inhaber von vermögenswertereferenzierten Token vertreten", wobei unklar bleibt, ob dabei eine konkrete Beauftragung, eine Mitgliedschaft in einem Interessensverband nach dem Vorbild der Aktionärsvereinigungen oder ein allgemeines Tätigwerden iSd Tokeninhaber ähnlich wie bei **§ 4 UKlaG** ausreichend ist. Die unspezifische Wendung „andere interessierte Parteien" dürfte im Zweifel und im Sinne eines effektiven Anlegerschutz (→ Vor Art. 27 ff. Rn. 2) alle Varianten umfassen.

Die MiCAR enthält keine eigene Definition des Beschwerdebegriffs. Da er auch **9** in den RTS (→ Rn. 30) als „Unzufriedenheit" nur vage benannt wird,[15] ist er nach allgemeinen Grundsätzen näher zu bestimmen. Mit **Beschwerde** ist die Bekundung eines als unrechtmäßig erkannten oder empfundenen Zustands gemeint. Es werden keine hohen inhaltlichen Anforderungen gestellt. Laienmäßig formulierte Unzufriedenheitsbekundungen genügen. Soweit dem Emittenten im Einzelfall unklar sein sollte, auf welche tatsächlichen oder rechtlichen Umstände der Beschwerdeführer sich bezieht, obliegt es ihm, durch geeignete Rückfragen für Klarheit zu sorgen. Eingrenzungen des Beschwerdegegenstands enthält Art. 31, anders als etwa Art. 11 Abs. 1 P2B-VO[16], keine.

b) Adressaten. Adressat der Pflicht, ein Beschwerdeverfahren einzurichten und **10** vorzuhalten, ist stets der Emittent. Freilich müssen Emittenten den Vertrieb der ver-

---

[13] Köhler/Bornkamm/Feddersen/Alexander P2B-VO Art. 11 Rn. 14.
[14] Siehe auch EBA Draft RTS under Art. 31, EBA/RTS/2024/02 (Final report), Art. 1 Ziff. 2 lit. b.
[15] Vgl. EBA Draft RTS under Art. 31, EBA/RTS/2024/02 (Final report), Art. 1 Ziff. 1.
[16] Verordnung (EU) 2019/1150 des Europäischen Parlaments und des Rates vom 20.6.2019 zur Förderung von Fairness und Transparenz für gewerbliche Nutzer von Online-Vermittlungsdiensten.

Art. 31 Titel III Vermögenswertereferenzierte Token

mögenswertereferenzierten Token nicht zwingend selbst besorgen, sondern sie können auch oder primär Drittunternehmen (vgl. Art. 34 Abs. 5 UAbs. 1 lit. h) einschalten. Dem Emittenten obliegt es dann, diese Unternehmen in das Beschwerdeverfahren einzubinden und Prozesse festzuschreiben, welche „die Bearbeitung von Beschwerden zwischen Inhabern vermögenswertereferenzierter Token und solchen Drittunternehmen" erleichtern. Mithin befreit die Auslagerung des Vertriebs den Emittenten nicht von seiner Verantwortung, sondern er bleibt primärzuständig für das Beschwerdeverfahren. Er hat das Drittunternehmen vertraglich in die Pflicht zu nehmen und das Beschwerdeverfahren auf die durch Einschaltung des Drittunternehmens veränderten Kommunikationswege anzupassen bzw. auszurichten.[17]

11 c) **Sprache.** Aus den **Art. 4 RTS** (→ Rn. 30) zum Beschwerdeverfahren folgt, dass die Emittenten und ggf. die Drittunternehmen (→ Rn. 10) für die Verfahrensbeschreibung und für die Bearbeitung der Beschwerden die **Sprache** zu verwenden haben, die sie auch in der Vermarktung ihrer Token bzw. in der Kommunikation mit den Tokeninhabern verwenden; darüber hinaus ist die Amtssprache des Heimatstaates oder des Aufnahmemitgliedstaats (Art. 3 Abs. 1 Nr. 34) zu berücksichtigen.

3. Verfahrensgrundsätze (Abs. 1)

12 a) **Wirksamkeit.** Das von den Emittenten betriebene Beschwerdeverfahren muss **wirksam** sein. Diese Anforderung hat zwei Dimensionen: *Erstens* ist eine professionelle Handhabung der Beschwerde und eine effiziente interne Weiterleitung an die geeignete (Fach-) Abteilung des Emittenten notwendig. Dafür müssen interne Verfahrensregeln und Steuerungsfunktionen eingerichtet werden.[18] *Zweitens* muss die Kommunikationsstrecke zum Inhaber des vermögenswertereferenzierten Token sachdienlich gestaltet sein. So sind hinderliche Gestaltungsmuster (Dark Patterns, → Art. 27 Rn. 13), zB umständliche Klickpfade, zu unterlassen, da diese den Tokeninhaber davon abhalten, seine Interessen wahrzunehmen.[19] Solche Hemmnisse wären mit einem zentralen Regelungsziel der Vorschrift (→ Rn. 4f.), den Tokeninhabern einen niedrigschwelligen Zugang zu geeigneter und effektiver Abhilfe gegen einen als unrechtmäßig erkannten oder empfundenen Zustand sicherzustellen, nicht vereinbar.

13 Mit Zugang ist **umgehend die Prüfung** der Unmutsbekundung **aufzunehmen.** Dem Emittenten ist es also nicht überlassen, die weitere Entwicklung abzuwarten, etwa ob gleichartige Beschwerden eingehen, sich die Rahmenbedingungen verändern, der Verfahrensführer das Interesse verliert etc. Mithin sind dem Emittenten Hinhalte- und **Verzögerungstaktiken untersagt.**

14 b) **Transparenz.** Das Beschwerdeverfahren muss **transparent** ausgestaltet sein.[20] Dies gilt für die gesamte Dauer des Verfahrens. Die Anforderung hat verschiedene Dimensionen. So muss den verfahrensberechtigten Personen nicht nur deutlich sein, wie sie das Verfahren aufnehmen können und welche Informationen

---

[17] Spezifisch dazu EBA Draft RTS under Art. 31, EBA/RTS/2024/02 (Final report), Art. 6.
[18] Vgl. EBA Draft RTS under Art. 31, EBA/RTS/2024/02 (Final report), Art. 1 Ziff. 2 lit. a, b: *compliance management policy and function.*
[19] Linardatos/Raschner, Crowdfunding und Plattformregulierung, 2022, S. 85; allgemein zu Dark Patterns Denga ZfDR 2022, 229; Martini et al. ZfDR 2021, 47.
[20] Siehe dazu u. a. EBA Draft RTS under Art. 31, EBA/RTS/2024/02 (Final report), Art. 2.

Beschwerdeverfahren **Art. 31**

der Emittent für die Prüfung benötigt, sondern sie müssen auch etwaige Zwischenschritte kennen und abmessen können, wann und wie das Verfahren zu einem Abschluss gebracht wird. Darüber hinaus muss deutlich sein, welche Entscheidungsmöglichkeiten überhaupt bestehen.[21] Vor diesem Hintergrund sind auch die Erläuterungsanforderungen des Abs. 1 S. 1 Hs. 2 zu lesen bzw. auszugestalten. Diese sind einer **Standardisierung** zugänglich.

Zu einem transparenten Verfahren gehört es, dass dem Beschwerdeführer im laufenden Verfahren ersichtlich ist, bei welchem Bearbeitungsschritt sich die Prüfung aktuell befindet. Hierdurch soll sichergestellt sein, dass der Betroffene überprüfen kann, ob seine Interessen und Rechte ausreichend gewahrt werden. Der wichtigste Aspekt des Transparenzerfordernisses ist allerdings die **Ergebnisbegründung**. Es genügt mithin nicht, dem Beschwerdeführer bloß das Verfahrensergebnis mitzuteilen. Insbesondere bei negativ beschiedener Beschwerde ist eine ausreichend klare und umfangreiche Begründung notwendig, damit der Beschwerdeführer abmessen kann, ob er weitere, die Eigeninteressen schützende Abhilfeschritte einleiten sollte. 15

c) Redlichkeit. Die Beschwerden sind **redlich** zu bearbeiten. Der Emittent hat also nicht nur eigene Interessen zu berücksichtigen und zu wahren, sondern er muss insbesondere auch seiner **Fremdinteressenwahrungspflicht** (→ Art. 27 Rn. 2, 15 ff.) gerecht werden und insoweit bemüht sein, die Beschwerde einem Ergebnis zuzuführen, das bestmöglich den Interessen und Rechten des Beschwerdeführers entspricht. Da das Redlichkeitserfordernis einen personalen Einschlag hat, dürften rein automatisierte Bearbeitungen von Beschwerden nicht möglich sein.[22] 16

d) Diskriminierungsverbot und Gleichbehandlungsgebot. Begrifflich blass wird vom Gesetz die **einheitliche** Bearbeitung von Beschwerden verlangt. Dahinter verbergen sich zwei verschiedene Anforderungen: *Erstens* sind **Diskriminierungen** und Vorzugsbehandlungen **zu unterlassen.** Alle Inhaber vermögenswertereferenzierter Token haben dieselben Rechte und sind gleichermaßen berechtigt, das Beschwerdeverfahren in Anspruch zu nehmen. Unerheblich ist insbesondere, wie viele Token sie halten. *Zweitens* gilt ein **Gleichbehandlungsgebot:** im wesentlichen gleiche Sachverhalte sind nicht ohne sachlich rechtfertigenden Grund ungleich zu behandeln.[23] 17

4. Unentgeltliche Beschwerde (Abs. 2)

In Abs. 2 ist die allgemeine und **grundsätzlich voraussetzungslose Beschwerdeberechtigung** (zur Einschränkung sogleich → Rn. 19, 21) der Inhaber vermögenswertereferenzierter Token normiert. Die Tokeninhaber haben die „Möglichkeit", das Beschwerdeverfahren zu nutzen. Ihnen ist also das Verfahren nicht aufgezwungen. Insbesondere ist die Erschöpfung des Beschwerdeverfahrens keine Vorbedingung, um etwaige Rechte und Ansprüche auf gerichtlichem Wege geltend zu machen. 18

---

[21] Vgl. zu den parallelen Anforderungen der P2B-VO Köhler/Bornkamm/Feddersen/Alexander P2B-VO Art. 11 Rn. 19.
[22] Im Ergebnis ebenso Busch/Busch VO (EU) 2019/1150 Art. 11 Rn. 10, wenn auch aus wohl anderen Gründen.
[23] Vgl. wiederum die parallelen Anforderung in der P2B-VO Köhler/Bornkamm/Feddersen/Alexander P2B-VO Art. 11 Rn. 20.

19 Expressis verbis ist nach Abs. 2 lediglich den Inhabern vermögenswertereferenzierter Token die Möglichkeit zur Beschwerde einzuräumen. Potenzielle Tokeninhaber können somit vom Beschwerdeverfahren ausgeschlossen bleiben. Dahinter steht der Gedanke, dass sich rein potenzielle Tokeninhaber nicht zu den Sachwaltern fremder Rechte und Interessen aufschwingen können sollen. Dies ist insbesondere vor dem Hintergrund zu sehen, dass der daraus resultierende Aufwand des Emittenten zu Lasten der tatsächlichen Tokeninhaber gehen könnte, wodurch die Regelungsziele des Art. 31 (→ Rn. 4 f.) beeinträchtigt wären. **Redaktionell** muss Abs. 2 gleichwohl korrigierend gelesen werden, denn nach Abs. 1 sind auch „andere interessierte Parteien, einschließlich **Verbraucherverbände**" **beschwerdeberechtigt.** Demnach ist eine **Interessenbetroffenheit** notwendig, die freilich bereits besteht, wenn die sich beschwerende Partei bzw. der die Beschwerde einreichende Verbraucherverband von **mindestens einem aktuellen Tokeninhaber bevollmächtigt** ist. Ohne diese korrigierte Lesart wäre die pauschale Einschränkung der Unentgeltlichkeit auf Tokeninhaber inkonsequent.[24]

20 Zentraler Regelungsinhalt des Abs. 2 ist letztlich die Klarstellung, dass die Beschwerdemöglichkeit **unentgeltlich** sein muss. Anders als der Wortlaut suggeriert, gilt der Entgeltausschluss nicht nur für die Einreichung der Beschwerde, sondern auch für die Bearbeitung und die Antwort des Emittenten. Unentgeltlichkeit ist weit zu verstehen. Jede Art der Gegenleistung, gleichviel ob monetär oder nichtmonetär (zB Daten), ist ausgeschlossen.

21 Aus Sicht des Emittenten sind unentgeltliche Beschwerdeverfahren nicht ganz unproblematisch, da sie von den Tokeninhabern als „Ventil" frustrierter Anlageentscheidungen genutzt werden könnten. Solche Missbrauchsmöglichkeiten werden indes durch die Einbeziehung von Verbraucherverbänden eingedämmt, da diese Verbände mit der Zeit die individuellen Beschwerden in großen Teilen verdrängen dürften, weil der rational agierende Tokeninhaber einen solchen *repeat player* für sich sprechen lassen wird, um seine Interessen bestmöglich vertreten zu wissen. Etwaige verbleibende Missbrauchspotentiale können über den vertraglichen Pflichtenkanon abgewehrt bzw. schadensersatzbewehrt gestellt werden (§§ 280, 241 Abs. 2 BGB).

5. Musterdokumente und Aufzeichnungspflichten (Abs. 3)

22 Emittenten vermögenswertereferenzierter Token und ggf. die Drittunternehmen iSd Abs. 1 erstellen ein Muster für die Einreichung von Beschwerden (Art. 3 RTS, → Rn. 30). Dieses Muster sei den Tokeninhabern „zur Verfügung [zu] stellen", was sprachlich unglücklich übersetzt ist, denn mit „zur Verfügung stellen" ist im Unionsrecht regelmäßig die aktive Übermittlung gemeint.[25] Hier erscheint indes nur ein **„Bereitstellen"**, etwa als Download, sinnvoll. Schließlich soll das Beschwerdeverfahren für den Tokeninhaber mit **möglichst wenigen Hindernissen** verbunden sein. Ein solches überflüssiges Hindernis entstünde indes, wenn er zuwarten müsste, das Muster vom Emittenten zugeschickt zu bekommen.

23 Der **Begriff des Musters** sollte **weit verstanden** werden, da die wenigsten Beschwerdeführer papierhaft Beschwerde einreichen wollen. Art. 31 enthält keine Vorgaben hinsichtlich der Form der Beschwerde. Es sind deshalb verschiedene technologische Varianten der Beschwerdeeinreichung möglich (Onlineformular,

---

[24] AA aber Feger/Gollasch CB 2022, 248 (250).
[25] Vgl. paradigmatisch BT-Drs. 17/12637, 55 zu § 312f BGB; siehe auch Linardatos/Raschner, Crowdfunding und Plattformregulierung, 2022, S. 73.

Beschwerdeverfahren **Art. 31**

E-Mail, Chatbot, Telefon etc). Dies ist auch sinnvoll, denn durch diese Verfahrensoffenheit ist eine **leichte Zugänglichkeit** der Beschwerde sichergestellt. Das „Muster" für die Beschwerde ergibt sich bei einer Einreichung über das Internet oder per Telefon aus den technischen und tatsächlichen Rahmenbedingungen. Dem Gedanken des Musters entspricht es, **fakultative Angaben** vorzusehen. Diese sind idR schon deswegen notwendig, damit der Beschwerdeführer und der Beschwerdegegenstand im Verlauf des weiteren Prozesses zweifelsfrei identifiziert bzw. zugeordnet werden können.

Ein vom Emittenten in jeder Hinsicht selbst entworfenes Beschwerdemuster 24 wird (mittelfristig) nicht erforderlich sein, da die EBA in Zusammenarbeit mit der ESMA in den technischen Regulierungsstandards gemäß Abs. 5 zu einer Praxisvereinheitlichung durch ein amtliches Muster beitragen wird.[26]

Weiterhin besteht aufseiten der Emittenten eine **Aufzeichnungspflicht**. Diese 25 dient zwei Zwecken: *Erstens* wird der zuständigen Behörde die **Wahrnehmung der Aufsichtsaufgaben** erleichtert, indem Einsicht in entsprechende Aufzeichnungsdokumente genommen werden kann. *Zweitens* kann der betroffene Tokeninhaber überprüfen, ob das Beschwerdeverfahren ordnungsgemäß war, insbesondere ob der Emittent seinen Interessen und Rechten ausreichend Rechnung getragen hat. Im Prozessfall sind deswegen die Aufzeichnungsdokumente nach den **Regeln der sekundären Darlegungslast** ggf. vorzulegen.

6. Prüfungs- und Mitteilungsfrist (Abs. 4)

Abs. 4 regelt zum einen das Zeitfenster für die Prüfung einer Beschwerde und 26 zum anderen für die Mitteilung des Bearbeitungsergebnisses. Das Gesetz spricht unglücklich von „Behandlung", doch ist ausweislich der englischen Sprachfassung die Prüfung gemeint („investigate"). In redundanter Weise wird zudem nochmals (vgl. Abs. 1) die Pflicht aufgestellt, die Prüfung „redlich" durchzuführen.

Die **Prüfungsfrist** ist **unbestimmt;** die Verordnung nennt also keine Höchst- 27 frist für die Bearbeitung. Es wird vom Gesetz lediglich eine **zeitnahe** Behandlung verlangt. Da die Prüfung umgehend aufzunehmen ist (→ Rn. 13), ist hier die **Durchführung** bis zur Erlangung des Prüfergebnisses gemeint. Hinter dem unbestimmten Zeitrahmen steht der Gedanke, dass eine feste Vorgabe nicht tunlich ist, weil sich die Rechts- und Tatsachenfragen, die mit der Beschwerde zusammenhängen, in ihrer Komplexität von Sachlage zu Sachlage stark unterscheiden können. Folglich sind einzelfallabhängig die erforderliche Prüfungstiefe und der Prüfungsumfang zu bestimmen. Korreliert die Prüfungsdauer mit dem so bestimmten Aufwand, dann ist das Erfordernis der zeitnahen Behandlung erfüllt. Im Ergebnis geht es mithin darum, das Prüfverfahren nicht schuldhaft zu verzögern. Vom Emittenten wird kaufmännische Sorgfalt erwartet. Er hat insbesondere etwaige nachteilige Folgen für die Tokeninhaber im Auge zu behalten, sollte er mit einer Abhilfeentscheidung zu lange zuwarten.

Das Ergebnis der Beschwerdeprüfung ist den Inhabern vermögenswertereferen- 28 zierter Token innerhalb eines angemessenen Zeitraums mitzuteilen. Erforderlich ist **ein aktiver Kommunikationsakt;** eine Bereitstellung der Ergebnisses zum Eigenabruf genügt nicht. Im Übrigen ist die **Mitteilungsfrist** sprachlich wenig geglückt umrissen. Es ist wenig sinnvoll, einen vergleichsweise flexibel weiten „angemessenen Zeitraum" vorzusehen. Ist die Entscheidung getroffen und liegt somit das Prüf-

---

[26] EBA Draft RTS under Art. 31, EBA/RTS/2024/02 (Final report), dort der Annex.

ergebnis vor, so besteht kein Grund, mit der Mitteilung zuzuwarten; das Ergebnis sollte „umgehend" mitgeteilt werden.[27]

7. Form der Ergebnismitteilung

29 Weder Art. 31 noch die RTS (→ Rn. 30) enthalten Vorgaben hinsichtlich der Mitteilungsform. Ausreichend ist es, das Verfahrensergebnis nebst der zwingenden Begründung (Art. 5 Ziff. 3 lit. c RTS, → Rn. 30) in elektronischer Form (zB E-Mail) mitzuteilen. Eine rein telefonische Mitteilung genügt hingegen nicht. Der Beschwerdeführer muss das Prüfergebnis und die Begründung dauerhaft zur Verfügung haben, um in Ruhe abmessen zu können, ob das Ergebnis seinem Ansinnen entspricht, ob seine Interessen ausreichend gewahrt wurden oder ob er weitere Abhilfeschritte einleiten sollte.

8. Technische Regulierungsstandards (Abs. 5)

30 In Abs. 5 ist der **Auftrag** an die EBA enthalten, in Abstimmung mit der ESMA technische Regulierungsstandards **(RTS)** zu entwickeln. Die finale Entwurfsfassung dieser RTS liegt vor.[28] Sie präzisieren die Anforderungen, Muster und Verfahren für die Bearbeitung von Beschwerden. Dies dient verschiedenen Zwecken: *Erstens* wird dadurch die Beschwerdeerhebung für Inhaber vermögenswertereferenzierter Token erleichtert; *Zweitens* wird den Emittenten die Durchführung der Prüfung vereinfacht; insbesondere spart die Standardisierung Zeit und Geld. *Drittens* ist einer effizienten Aufsicht gedient.

Artikel 32 Ermittlung, Vermeidung, Regelung und Offenlegung von Interessenkonflikten

(1) **Emittenten vermögenswertereferenzierter Token führen wirksame Strategien und Verfahren zur Ermittlung, Vermeidung, Regelung und Offenlegung von Interessenkonflikten ein und erhalten diese aufrecht, und zwar in Bezug auf Interessenkonflikte zwischen ihnen und**
a) ihren Anteilseignern oder Gesellschaftern;
b) jedem Anteilseigner oder Gesellschafter, der direkt oder indirekt eine qualifizierte Beteiligung an ihnen hält;
c) den Mitgliedern ihres Leitungsorgans;
d) ihren Beschäftigten;
e) den Inhabern vermögenswertereferenzierter Token, oder

---

[27] Siehe in anderem Zusammenhang Linardatos/Raschner, Crowdfunding und Plattformregulierung, 2022, S. 86; anders freilich auch der Wortlaut in EBA Draft RTS under Art. 31, EBA/RTS/2024/02 (Final report), Art. 5 Ziff. 3 lit. b.

[28] EBA Draft RTS under Art. 31, EBA/RTS/2024/02 (Final report); zuvor Consultation on draft RTS on the requirements, templates and procedures for handling complaints under MiCAR (EBA/CP/2023/13), Dokument abrufbar unter https://www.eba.europa.eu/site s/default/documents/files/document_library/Publications/Consultations/2023/Consulta tion%20paper%20on%20draft%20Technical%20Standards%20on%20information%20for% 20authorisation/1057529/MiCAR%20CP%20RTS-ITS%20information%20for%20autho risation.pdf.

Vermeidung und Regelung von Interessenkonflikten **Art. 32**

f) Dritten, die eine der in Artikel 34 Absatz 5 Unterabsatz 1 Buchstabe h genannten Aufgaben wahrnehmen.

(2) Die Emittenten vermögenswertereferenzierter Token ergreifen insbesondere alle geeigneten Maßnahmen zur Ermittlung, Vermeidung, Regelung und Offenlegung von Interessenkonflikten, die sich aus der Verwaltung und Anlage des in Artikel 36 genannten Reservevermögens ergeben.

(3) Die Emittenten vermögenswertereferenzierter Token legen den Inhabern ihrer vermögenswertereferenzierten Token an gut sichtbarer Stelle auf ihrer Website die allgemeine Art und die Quellen von den in Absatz 1 genannten Interessenkonflikten sowie die zur Begrenzung dieser Risiken getroffenen Vorkehrungen offen.

(4) Die Offenlegung nach Absatz 3 muss so präzise sein, dass die potenziellen Inhaber der vermögenswertereferenzierten Token eine fundierte Entscheidung über den Kauf vermögenswertereferenzierter Token treffen können.

(5) Die EBA arbeitet Entwürfe technischer Regulierungsstandards aus, in denen Folgendes präzisiert wird:
a) die Anforderungen bezüglich der in Absatz 1 genannten Strategien und Verfahren;
b) die Einzelheiten und das Verfahren betreffend den Inhalt der Offenlegung nach Absatz 3.

Die EBA übermittelt der Kommission die in Unterabsatz 1 genannten Entwürfe technischer Regulierungsstandards spätestens am 30. Juni 2024.

Der Kommission wird die Befugnis übertragen, diese Verordnung durch die Annahme der in Unterabsatz 1 des vorliegenden Absatzes genannten technischen Regulierungsstandards gemäß den Artikeln 10 bis 14 der Verordnung (EU) Nr. 1093/2010 zu ergänzen.

Übersicht

	Rn.
I. Grundlagen	1
1. Genese	1
2. Regelungszweck	2
II. Auslegung der Norm	5
1. Interessenkonflikte	5
a) Begriff	5
b) Konfliktquellen (Abs. 1)	9
aa) Anteilseigner und Gesellschafter (lit. a und b)	11
bb) Leitungs-, Aufsichts- und Verwaltungsorgane (lit. c)	12
cc) Beschäftigte (lit. d)	14
dd) Tokeninhaber (lit. e)	16
ee) Drittunternehmen (lit. f)	18
2. Organisationspflichten (Abs. 1 und 2)	21
a) Ermittlung	23
b) Vermeidung	24
c) Regelung	25
3. Offenlegungspflicht (Abs. 3 und 4)	27
a) Grundlagen	27
b) Ort der Offenlegung	32
4. Technische Regulierungsstandards (Abs. 5)	34

Art. 32

I. Grundlagen

1. Genese

1   Seit Art. 28 KOM-E hat der Art. 32 materiell-rechtlich keine Änderungen erfahren, sondern nur geringfügige sprachliche Anpassungen. So ist auf Vorschlag des EP-Mandats die Reihenfolge der Organisationselemente in Abs. 1 der Norm verändert und die Ermittlung etwaiger Interessenskonflikte an den Anfang gestellt worden. Diese Anpassung ist letztlich nur logisch, denn ein Emittent kann nur ihm bekannte Interessenskonflikte organisatorisch abwenden oder offenlegen. Weitere minimale, für die Auslegung der Norm aber nicht wesentliche Veränderungen finden sich in der Aufzählung der Personen, die nach Abs. 1 Beteiligte eines Interessenkonflikts sein können. Zudem hatte das EP-Mandat vorgeschlagen, die Ausarbeitung der technischen Regulierungsstandards dem Aufgabenbereich der ESMA zuzuschlagen, während Abs. 5 – dem KOM-E folgend – die EBA in der Pflicht sieht.

2. Regelungszweck

2   Es zählt zu den Kernaufgaben der Emittenten, etwaige Interessenkonflikte zu identifizieren (→ Rn. 23 ff.) und abzustellen (→ Rn. 25 f.) oder, sofern die Beseitigung nicht möglich ist, den Konflikt gegenüber den Inhabern vermögenswertereferenzierter Token offenzulegen (→ Rn. 27 ff.). Die Vorschrift ist Art. 23 der MiFID II[1] nachgebildet, indes hier mit einem divergierenden Regelungsadressaten. Konzeptionell sind gemäß Art. 32 vom Emittenten im ersten Schritt abstellende **präventive Organisationspflichten** zu ergreifen, und erst im zweiten Schritt entsteht bei wirkungslosen Organisationsmaßnahmen die **subsidiäre Offenlegungspflicht**. Art. 32 bezweckt möglichst umfassend alle Arten von Interessenskonflikten zu erfassen – sei es in der Vertikalen (Emittent und Inhaber vermögenswertereferenzierter Token), sei es in der Horizontalen (etwa Emittent und Anteilseigner oder Beschäftigte). Den aktuellen wie auch den potenziellen Inhabern vermögenswertereferenzierter Token soll die unbeeinflusste, jedenfalls informierte Wahrnehmung von Geschäftschancen möglich sein. Hinter dem Art. 32 steht somit der **Gedanke der Priorität der Interessen des Tokeninhabers**.[2] Die EBA spricht sogar von der Erwartung, dass der Emittent unparteiische und objektive Entscheidungen trifft.[3] Dies ist im Ergebnis eine sehr strenge Leseweise der Fremdinteressenwahrungspflicht der Emittenten (→ Art. 27 Rn. 2, 15 ff.).

3   Eine wichtige Funktion hat die Offenlegungspflicht. Jeder Marktteilnehmer kann sich gewissen Interessenkonflikten nicht entziehen, ganz gleich, wie sehr er sich bemüht, präventive oder vermeidende Organisationsmaßnahmen zu ergreifen. Wohlfahrtsökonomisch ist es oftmals mit Blick auf die vernachlässigbaren Nachteile der Gegenseite auch gar nicht sinnvoll, das Gebot der Konfliktbewältigung absolut zu erfüllen. Bei strikter Handhabung der Organisationspflichten hätten die **Residualkonflikte** zur Folge, dass das Geschäft bzw. die Platzierung gänzlich ausbleiben

---

[1] Richtlinie 2014/65/EU des Europäischen Parlaments und des Rates vom 15.5.2014 über Märkte für Finanzinstrumente.
[2] Allg. Heinsius ZHR 145 (1981), 177 (193).
[3] Vgl. EBA Draft RTS under Art. 32, EBA/RTS/2024/07 (Final report), S. 3 und Erwgr. Nr. 4.

müsste. Für den Markt hätte dies mehr Nachteile als Vorteile. Deshalb gilt ein „planerisches Abwägungsgebot"[4], an dessen Ende die **Offenlegung als Ermöglichungsinstrument** steht.

Kritisch bewertet ist Art. 32 eine substanzielle Marktzutrittshürde. Emittenten 4 unterliegen üblicherweise nicht denselben Interessenkonflikten wie Finanzdienstleister, gleichwohl sind die Organisations- und Offenlegungspflichten des Art. 32 an diese Dienstleister ausgerichtet; die Absatz- und Vertriebsaktivitäten der Emittenten erhalten dadurch enge Leitplanken. Hintergrund dürften u. a. die Eindrücke durch das mittlerweile aufgegebene Diem-Projekt sein ($\rightarrow$ Art. 3 Rn. 17), welche auf wirtschaftspolitischer Ebene zu nervösen Reaktionen geführt haben. Die relativ strengen Pflichten stellen nach dem Willen des Verordnungsgebers sicher, dass Technologieunternehmen nicht ohne Hürden auf den Markt für Tokenemissionen allein dank ihrer „tiefen Taschen" vordringen können. Bedauerlich ist, dass dieser zweifelhafte Regelungsansatz durch eine wenig gelungene Adaption der MiFID II-Vorgaben verwirklicht wird.[5]

II. Auslegung der Norm

1. Interessenkonflikte

a) Begriff. Der Begriff des Interessenkonflikts ist konturenarm und ausweislich 5 der Aufzählung in Abs. 1 weit gefasst. Interessenkonflikte entstehen durch sich **gegenüberliegende Ziele** – insbesondere Geschäftschancen –, deren Realisierung durch eine Partei spiegelbildlich die Realisierung des Interessen der anderen Partei erschwert oder verhindert.[6] Wesensprägend sind also **korrelierende Vor- und Nachteile,** indem die Realisierung eines Ziels von der Entscheidung der gegenüberstehenden Person abhängig ist.

Offensichtlich nicht ausreichend für einen aufsichtsrechtlich relevanten Interes- 6 senkonflikt sind sich **transaktionstypisch** entgegenstehende Interessen, wie sie für einen Austauschvertrag wesensprägend sind.[7] Das langfristige Vertriebs- und Absatzinteresse des Emittenten,[8] welches dem Renditeinteresse des Tokenerwerbers zwangsläufig gegenübersteht, ist zwar eine bedeutende, für sich genommen jedoch nicht per se problematische Quelle von Interessenkonflikten. Einem Unternehmen muss die Verfolgung eigener Geschäftsziele gestattet sein, und zugleich hat das Unternehmen ein berechtigtes Interesse, die Marktgegenseite nicht vor jeder nur erdenklichen Gefahr in ihrem Einflussbereich warnen oder bewahren zu müssen.[9] Es ist somit selbstverständlich, dass der Emittent **simultan Eigen- und Drittenteressen** bedienen muss[10] und insoweit bei der Auslegung des Art. 32 nicht allein die Interessen der Tokeninhaber in den Blick zu nehmen sind.

---

[4] Begriff entlehnt aus Gärditz, Europäisches Planungsrecht, 2009, S. 74.
[5] Näher Maume, Regulation of ARTs and EMTs, and Their Issuers, Kap. 6.4.2.
[6] Vgl. Schwark/Zimmer/Rothenhöfer WpHG § 63 Rn. 42; Assmann/Schneider/Mülbert/Sajnovits WpHG § 80 Rn. 14; ausführlich Kumpan/Leyens ECFR 2008, 72ff.
[7] Kumpan/Leyens ECFR 2008, 72 (76).
[8] Heinsius ZHR 145 (1981), 177 (193).
[9] Vgl. MüKoHGB/Ekkenga Bankvertragsrecht Rn. P 471.
[10] Siehe wiederum im Allgemeinen MüKoHGB/Ekkenga Bankvertragsrecht Rn. P 471.

Art. 32

7 Im hiesigen Kontext kommt für eine Konkretisierung des Begriffs erschwerend hinzu, dass die Emittenten vermögenswertereferenzierter Token den Aufbau eines Ökosystems vor Augen haben (→ Vor Art. 27 ff. Rn. 4), mithin die Situation a priori anders beschaffen ist als bei der eigenkapitalbeschaffenden Emission von Wertpapieren und insbesondere ganz inkomparabel mit klassischen Wertpapierdiensten. Vor diesem Hintergrund erhebt sich die Frage, ob es praktisch tatsächlich vorstellbar ist, dass Interessenkonflikte mit Blick auf Anteilseigner oder Gesellschafter (Abs. 1 lit. a) oder den Inhabern vermögenswertereferenzierter Token (Abs. 1 lit. e) entstehen können. Es ließe sich auch die Position vertreten, Art. 32 falle in vielen Fällen schlicht tatbestandlich aus. Was im Ergebnis richtig ist, wird die gelebte Praxis zeigen müssen.

8 Wie im finanzmarktrechtlichen Schrifttum schon richtig betont wurde, genügt es für die Entstehung eines rechtlich relevanten Interessenkonflikts – ist aber auch erforderlich –, dass eine Partei vertraglich oder gesetzlich verpflichtet ist, im Interesse einer anderen Partei zu handeln, während konfligierende Faktoren ihre Fähigkeit beeinträchtigen, pflichtgemäß im Sinne der Marktgegenseite zu entscheiden.[11] Zwingende **Vorbedingung** eines Interessenkonflikts auf Emittentenseite ist somit eine **vertraglich oder gesetzlich bestimmte Rolle als Fremdinteressenwahrer**. Wie hier schon mehrfach angesprochene, gibt die MiCAR diese Rolle den Emittenten im Hinblick auf Tokeninhaber explizit auf (→ Art. 27 Rn. 2, 15 ff.). Somit handelt der Gesetzgeber konzeptionell schlüssig, wenn er mit Art. 32 eine Vorschrift über den Umgang mit (potenziellen) Interessenkonflikten schafft. Bei der Normauslegung ist indes gleichwohl Zurückhaltung geboten. Interessenkonflikte sind nicht pauschal zu unterstellen, sondern sie müssen realiter drohen; erst dann greifen die Organisations- und Verhaltenspflichten des Art. 32 ein. Mithin besteht der Zweck des Art. 32 nicht darin, auf Unternehmensseite rein begriffsexegetisch einen unnötigen (prohibitiven) Aufwand zu schaffen.

9 **b) Konfliktquellen (Abs. 1).** Interessenkonflikte können einen unterschiedlichen Ursprung haben. Das Gesetz zählt eine Reihe von Personengruppen auf, mit denen der Emittent in einen Interessenkonflikt geraten kann. Im Zentrum stehen hierbei **vertikale Interessenkonflikte** (vgl. lit. a–d, f). Grundsätzlich können aber auch zwischen den Personen der jeweiligen Gruppe im Zusammenhang mit dem Erwerb oder der Veräußerung vermögenswertereferenzierter Token auflösungsbedürftige Interessenkonflikte entstehen **(horizontale Interessenkonflikte)** – wie im Falle von lit. e.

10 Bisweilen treffen den Emittenten kollidierende Pflichten. So muss er zB auf der einen Seite die Interessen der Inhaber vermögenswertereferenzierter Token wahren (→ Rn. 8), und auf der anderen Seite hat der Emittent im Interesse der Anteilseigner – und je nach Gesellschaftsform – auch im Interesse der Gläubiger zu agieren.[12] Auch andere Aspekte hat er zu berücksichtigen, so zB die Pflichten, die aus dem Bankgeheimnis folgen. Der Emittent ist somit die Stelle, auf die sich verschiedene Sachbelange konzentrieren. Er ist es dementsprechend, der die verschiedenen Interessen in einen Ausgleich bringen muss (→ Rn. 8). Vor diesem Hintergrund spricht das Gesetz von Interessenkonflikten „zwischen" dem Emittenten und den

---

[11] Siehe statt aller Kumpan/Leyens ECFR 2008, 72 (84).
[12] Zu den unterschiedlichen Ausrichtungen der Pflichtenbindung in AG und GmbH s. etwa Bitter ZHR 168 (2004), 302 (308 ff.), 344, 351; Linardatos, Autonome und vernetzte Aktanten, 2021, S. 551 f.

Angehörigen der in den Buchstaben a–f genannten Personen. Materiellrechtlicher Ausgangspunkt sind allerdings die jeweiligen gesetzlichen oder vertraglichen Pflichten, die der Emittent auf verschiedenen Seiten einzuhalten hat.

aa) Anteilseigner und Gesellschafter (lit. a und b). Nach lit. a besteht die 11 erste relevante Personengruppe aus den **Anteilseignern** und **Gesellschaftern** des Emittenten. Erfasst werden somit einesteils Mitglieder einer Genossenschaft, Inhaber von Investmentzertifikaten, Anteilsscheinen etc („Anteilseigner") und anderenteils Aktionäre, GmbH-Gesellschafter, Mitunternehmer etc („Gesellschafter"). Diese Personen agieren vornehmlich mit einem Renditeinteresse, welches letztlich die Antriebsfeder des Absatz- und Vertriebsinteresses beim Emittenten auf Geschäftsleiterseite ist. Die Geschäftsleiter des Emittenten sind verpflichtet, das treuhänderisch verwaltete Vermögen der Gesellschafter nutzenstiftend zu verwenden und nach Möglichkeiten mindestens zu erhalten, wenn nicht zu vermehren. Diese gesellschaftsrechtlichen Pflichten dürfen nicht grundsätzlich über die Pflicht zur Wahrung der Tokeninhaberinteressen gestellt werden. Nichts anderes gilt für Anteilseigner und Gesellschafter mit **qualifizierten Beteiligungen** iSd Art. 3 Abs. 1 Nr. 36; dies unterstreicht das Gesetz, indem diese Personen in **lit. b** eine eigenständige Erwähnung erfahren.

bb) Leitungs-, Aufsichts- und Verwaltungsorgane (lit. c). Weiterhin zu 12 den relevanten Personen zählt **lit. c** die Mitglieder des „Leitungsorgans". Wie für das Unionsrecht üblich, ist der **Begriff des Leitungsorgans** iSd **Art. 3 Abs. 1 Nr. 27 weit** zu verstehen. Es sind demnach nicht nur die Personen erfasst, die „Strategie, Ziele und Gesamtpolitik des Unternehmens" festlegen – und somit Leitungsorgan ieS sind –, sondern auch jene, „die die Entscheidungen der Geschäftsführung des Unternehmens kontrollieren und überwachen". Erfasst sind demnach dieselben Organpersonen wie nach Art. 3 Abs. 1 Nr. 7 Eigenkapitalanforderungen-RL[13] oder Art. 4 Abs. 1 Nr. 36 MiFID II.[14] In dualistischen Unternehmensverfassungen umfasst der Begriff demnach **auch die Verwaltungs- und Aufsichtsorgane**.

Das Verhalten der angesprochenen Organe wird zum einen beeinflusst von eige- 13 nen Ertrags- und Renditeinteressen. Zum anderen spielen, wie gesehen, die Interessen der Anteilseigner und Gesellschafter, die letztlich auch das Verhalten der Geschäftsleiter beeinflussen, eine Rolle. Konfligierendes Verhalten kann in **verschiedenen Ausprägungsformen** in Erscheinung treten:[15] So ist es marktmanipulatives Verhalten (→ Art. 86ff.) konfliktrelevant, also zB wenn die Leitungsorgane etwaige Marktchancen erst im Eigeninteresse abschöpfen, bevor die Tokeninhaber informiert werden oder einen entsprechenden Zugang erhalten *(frontrunning)*. Dasselbe gilt, wenn Empfehlungen abgegeben werden, die Preisbewegungen in die eine oder andere Richtung bezwecken *(scalping)* oder Transaktionen zum Zwecke der Transaktionsschinderei veranlasst oder befördert werden *(churning)*. Konfliktrelevant kann es auch sein, wenn die Leitungsorgane ihren Legalitätspflichten nicht genügen und beispielsweise die Zahlung von Bestechungsgeldern veranlassen. Dar-

---

[13] Richtlinie 2013/36/EU des Europäischen Parlaments und des Rates vom 26.6.2013 über den Zugang zur Tätigkeit von Kreditinstituten und die Beaufsichtigung von Kreditinstituten und Wertpapierfirmen, zur Änderung der Richtlinie 2002/87/EG und zur Aufhebung der Richtlinien 2006/48/EG und 2006/49/EG.
[14] Richtlinie 2014/65/EU des Europäischen Parlaments und des Rates vom 15.5.2014 über Märkte für Finanzinstrumente.
[15] Für eine ähnliche Aufzählung siehe MüKoHGB/Ekkenga Bankvertragsrecht Rn. P 473.

Art. 32

über hinaus können variable Vergütungsbestandteile, Bonusregelungen usw typischerweise zu Interessenkonflikten führen (unschlüssig insoweit, dass Art. 45 Abs. 1 dieses allgemeine Problem „spezifisch" für signifikante vermögensreferenzierte Token adressiert). **Einschränkend gilt hierbei allerdings, dass eine Beeinträchtigung der Interessen der Tokeninhaber tatsächlich denkbar sein muss.** So ist zB bei den hier relevanten vermögenswertereferenzierten Token, welche aufgrund ihrer spezifischen Strukturierung volatilarm und wertstabil sind, eine Interessenbeeinträchtigung nicht bei jeder Legalitätspflichtverletzung der Leitungsorgane zu erwarten. Ein Leitungsorgan also, das zum Beispiel Bestechungsgelder annimmt, macht sich strafbar und verletzt seine gesellschaftsrechtlichen Pflichten, befindet sich aber nicht per se in einem Interessenkonflikt mit den Tokeninhabern. Entscheidend ist deshalb der Einzelfall. Und auch *scalping* dürfte nach der hier vertretenen Einordnung, wonach eine unmittelbare nachfragebedingte Wertbeeinflussung des vermögenswertereferenzierten Token ausgeschlossen ist (→ Art. 3 Rn. 23), kein praktisch häufig relevanter Anwendungsfall von lit. c sein.

14 **cc) Beschäftigte (lit. d).** Aus Sicht eines Unternehmers ist es sinnvoll, die Arbeit der Mitarbeiter zu incentivieren, etwa durch **variable Vergütungsbestimmungen** oder durch Zuschussprogramme. Die eigenen Einkommensinteressen können allerdings dazu führen, dass die Beschäftigten nicht stets im Sinne der Marktgegenseite agieren. Dies ist ein Problem, denn ein Emittent kann seine Pflicht, fremdinteressenwahrend zu agieren, nur geeignet erfüllen, wenn die Mitarbeiter entsprechend „mitziehen". Von den Leitungsorganen wird der Führungston gesetzt, die Unternehmenskultur vorgelebt und durch sachgerechte Kommunikation wird diese Haltung in die nachgeordneten Unternehmensebenen hineingetragen („tone from the top");[16] die Mitarbeiter sind aber die maßgeblichen Tore des Unternehmens, die den Kontakt zur Umwelt herstellen. Deswegen können etwaige Interessenskonflikte auf dieser Ebene besonders weitreichend sein. Insbesondere die Mitglieder des Mittelmanagements sind breitenwirksame Multiplikatoren („tone from the middle").[17] Folglich gilt es für Emittenten, etwaigen Interessenkonflikten auf dieser Ebene besonders sorgsam vorzubeugen. Es ist auf eine geeignete Überwachung als auch auf entsprechende Sensibilisierungen zu achten. **Detailvorgaben** hierzu macht **Art. 7 RTS** (→ Rn. 34).

15 Quelle etwaiger Interessenkonflikte zwischen dem Tokeninhaber und den Beschäftigten können nicht nur variable Vergütungen sein (→ Rn. 14).[18] Darüber hinaus können Beschäftigte aufgrund eines erlangten Sonderwissens zu einem *frontrunning* (→ Rn. 13) veranlasst sein. Eine Beeinträchtigung der Interessen anderer Tokeninhaber droht zudem, wenn Beschäftigte die eigenen Tokentransaktionen oder die Transaktionen von Kollegen gegenüber den Transaktionen anderer Tokeninhaber vorrangig behandeln. Auch bei diesen und ähnlichen Beispielen gilt es allerdings einschränkend zu beachten, dass nicht jedes Verhalten automatisch zu einem Interessenkonflikt führt, sondern dies wiederum von den Einzelumständen abhängt. **Regulierungsdetails** enthält für diesen Problemkreis **Art. 6 RTS** (→ Rn. 34).

16 **dd) Tokeninhaber (lit. e).** Bei den tradierten Wertpapierdienstleistungen können Interessenkonflikte zwischen verschiedenen Kunden insbesondere im Hinblick

---

[16] Vgl. dazu MüKoGmbHG/Fleischer GmbHG § 43 Rn. 190 ff.
[17] Siehe dazu etwa Moosmayer Compliance, 4. Aufl. 2021, § 4 Rn. 149.
[18] Vgl. allgemein auch Schwark/Zimmer/Rothenhöfer WpHG § 63 Rn. 50.

auf die **Orderausführung** bestehen.[19] Jeder Kunde hat nämlich das Interesse an einer Transaktion zu dem für ihn günstigsten Kurs. Werden die vermögenswertereferenzierten Token ihrem Funktionszweck gerecht, möglichst volatilfrei zu sein, dann spielt diese Konfliktquelle faktisch gesehen allerdings keine wesentliche Rolle.

Ein anderer Aspekt ist in der Praxis die **Zuteilung bei Neuemissionen**.[20] Prinzipiell gilt hier die Regel der **Gleichbehandlung**. Inwieweit insoweit auch bei vermögenswertereferenzierten Token tatbestandseinschlägige Interessenkonflikte drohen, muss die Praxis zeigen. Ein gesetzlich vorgegebene Einstellung der Emissionen, beispielsweise nach Maßgabe des Art. 23 Abs. 1 lit. a (→ Art. 23 Rn. 18f.), ist zu beachten. 17

ee) Drittunternehmen (lit. f). Gemäß Art. 34 Abs. 5 S. 2 lit. h können Emittenten mit Drittunternehmen Vereinbarungen über die Verwaltung der Vermögenswertreserve, über die Anlage und Verwahrung des Reservevermögens und, falls vorhanden, über den öffentlichen Vertrieb der vermögenswertereferenzierten Token treffen. Zur Folge haben solche Beteiligungen und Auslagerungen, dass die Drittunternehmen in den Aufgabenkreis der Emittenten miteintreten. Die Drittunternehmen unterliegen zwar keiner eigenen Fremdinteressenwahrungspflicht gegenüber den Tokeninhabern, sie verfolgen jedoch vergleichbare Eigeninteressen wie die Emittenten. Dadurch entstehen in ähnlicher Weise gegenüberstehende Interessen und Geschäftsabsichten, wie dies im Verhältnis zwischen dem Emittenten und dem Tokeninhaber der Fall ist. Der Verordnungsgeber stellt mit **lit. f** klar, dass die Emittenten ihrer Verantwortung nach Art. 32 nicht entledigt sind, sondern sie – im Gegenteil – für die einbezogenen Drittunternehmen entsprechende Mitverantwortung tragen.[21] Sie sind insbesondere für **Anleitung** und **Überwachung** verantwortlich. Näher Anforderungen stellt **Art. 8 RTS** (→ Rn. 34) auf. 18

Darüber hinaus haben die Emittenten ein besonderes Augenmerk auf den Umstand zu legen, dass – je nach Vergütungsvereinbarung – vor allem im Hinblick auf den **Vertrieb die Interessen** zwischen dem Emittenten und dem Drittunternehmen **auseinanderlaufen können:** Während der Dritte womöglich darauf bedacht ist, möglichst alle Token schnell zu platzieren, kann der Emittent ein Interesse an ein hohes Preisniveau oder an der Versorgung bestimmter Abnehmer haben.[22] Dieses Problem greift Art. 8 Ziff. 1 lit. c der RTS (→ Rn. 34) auf. 19

Die Beteiligung der Drittunternehmen bzw. die Auslagerung darf keine (Negativ-)Auswirkungen auf die Qualität der internen Kontrolle des Emittenten haben. Dies wird klare **Service Level Agreements** (SLA) erfordern (s. auch → Art. 34 Rn. 40).[23] 20

2. Organisationspflichten (Abs. 1 und 2)

Die grundlegenden Organisationsanforderungen definiert Art. 32 **Abs. 1**. Danach führen die Emittenten wirksame Strategien und Verfahren zur Ermittlung, Vermeidung sowie Regelung von Interessenkonflikten ein und erhalten diese aufrecht. Statuiert wird also einerseits die Pflicht zur **Implementierung einer Com-** 21

---

[19] Vgl. allgemein Schwark/Zimmer/Rothenhöfer WpHG § 63 Rn. 51.
[20] Vgl. wiederum Schwark/Zimmer/Rothenhöfer WpHG § 63 Rn. 51 mwN.
[21] EBA Draft RTS under Art. 32, EBA/RTS/2024/07 (Final report), Erwgr. Nr. 5.
[22] Für einen ähnlichen Aspekt beim Platzierungsgeschäft siehe Schwark/Zimmer/Fett WpHG § 80 Rn. 83.
[23] Vgl. Linardatos/Raschner, Crowdfunding und Plattformregulierung, 2022, S. 80.

Art. 32 Titel III Vermögenswertereferenzierte Token

pliance-Funktion und interner Prozessregeln sowie andererseits zur **Aufrechterhaltung** derselbigen. Im Ergebnis bedeutet dies, die Ermittlung, Vermeidung und Regelung von Interessenkonflikten ist eine **Daueraufgabe** der Geschäftsleitung des Emittenten. Für die sich aus der Verwaltung und Anlage des in Art. 36 genannten Reservevermögens drohenden oder ergebenden Interessenkonflikte wird vom Gesetz in Art. 32 **Abs. 2** der Maßnahmenkatalog nochmals gesondert hervorgehoben. Relevante Spezifizierungen enthalten die Art. 2 Ziff. 2, 3 RTS (→ Rn. 34). Materiell-rechtliche Besonderheiten ergeben sich hierdurch nicht, denn für die Organisationspflichten und den damit zusammenhängenden Maßnahmen gilt – von der EBA betont – ohnehin stets der **Proportionalitätsgrundsatz,**[24] der selbstverständlich u. a. Risikoadäquanz bedeutet.[25] Zu adressieren sind lediglich jene Konfliktlagen, die mit **Benachteiligungspotential** für den (potenziellen) Tokeninhaber einhergehen. Bloße Vorteile aufseiten des Emittenten ohne korrelierende Nachteile sind demnach – wie auch sonst im Finanzmarktrecht – nach richtiger Ansicht unkritisch.[26]

22 Damit eine effektive Organisation sichergestellt ist, muss der Emittent gemäß Art. 9 RTS (→ Rn. 34) eine Person benennen, die für die Ermittlung, Verhütung, Bewältigung und Offenlegung von Interessenkonflikten zuständig ist (CoI-Officer). Diese Person muss mit ausreichenden Ressourcen und Befugnissen ausgestattet sein, um seiner Aufgabe nachkommen zu können. Zudem werden Mindestanforderung an Eignung, Fähigkeiten und Kenntnisse aufgestellt; es muss ein direkter Berichtsweg zur Geschäftsleitung bestehen (Art. 9 Ziff. 1 S. 4, 5 und Ziff. 2 RTS, → Rn. 34).

23 **a) Ermittlung.** Damit etwaige Abwehrmaßnahmen sachgerecht getroffen werden können, muss der Emittent **ermitteln** und erkennen, welche Interessenkonflikte angesichts der Art, des Umfangs und der Komplexität seiner Geschäftstätigkeit überhaupt in Frage kommen. Dem Emittenten obliegt es mithin, aktuelle und potenzielle Interessenkonflikte **tatsächlich und inhaltlich nachzuvollziehen.** Es sind insoweit anhaltende Analysen erforderlich.[27] Hierfür muss er sich vorab bewusst machen, welche Interessenkonflikte im Einzelnen für seine Aktivitäten virulent werden können, wobei ihm die beispielhafte Nennung der Konfliktquellen in Art. 32 Abs. 1 entgegen kommt. Die besonders anfälligen Bereiche im Unternehmen sind schwerpunktmäßig zu analysieren und zu beobachten. Wie dies auch gemäß Art. 34 Abs. 2 lit. a DelVO 2017/565 für Wertpapierdienstleistungsunternehmen vorgesehen ist, müssen Emittenten **in schriftlicher Form** festhalten, welche Interessenkonflikte entstehen könnten, die für Tokeninhaber schädlich wären (vgl. Art. 4 RTS, → Rn. 34).

24 **b) Vermeidung.** Idealerweise kann der Emittent die Entstehung von drohenden Interessenkonflikten **vermeiden.** Zu den Daueraufgaben des Emittenten zählt somit die **Prävention.** Welche organisatorischen Kontroll- und Abwehrmaßnahmen sachgerecht sind, hängt wiederum von der Art, dem Umfang und der Komplexität der Geschäftsaktivitäten ab.[28] Es sind auch insoweit in **schriftlicher Form**

---

[24] EBA Draft RTS under Art. 32, EBA/RTS/2024/07 (Final report), Erwgr. Nr. 2 und Art. 4 Ziff. 1; vgl. allgemein BeckOK WpHR/Harnos, 1.4.2024, WpHG § 85 Rn. 26.
[25] Istruktiv Templer, Proportionale Rechtssetzung, 2024, S. 57 ff.
[26] Assmann/Schütze/Buck-Heeb KapAnlR-HdB/U. Schäfer § 23 Rn. 87; so auch zu Wealth-Tech-Diensten Linardatos Robo Advice-HdB/Herresthal, 2020, § 9 Rn. 50 f.
[27] Schwark/Zimmer/Fett, 5. Aufl. 2020, WpHG § 80 Rn. 81.
[28] Vgl. wiederum EBA Draft RTS under Art. 32, EBA/RTS/2024/07 (Final report), Art. 4.

angemessene **Grundätze für den Umgang mit Interessenkonflikten** festzulegen (vgl. Art. 4 Ziff. 1 RTS, → Rn. 34, der ua Art. 34 Abs. 1, 2 lit. b DelVO 2017/565 zum Vorbild hat). Zweck dieser Dokumentationspflicht ist es, die beim Emittenten mit bestimmten Tätigkeiten betrauten Personen zu befähigen, den Präventionsanforderungen gerecht werden zu können. Es sind dafür geeignete Kommunikationswege innerhalb der Verantwortungsstrukturen des Verpflichteten einzurichten.[29] Welche Abwehrverfahren und -maßnahmen sinnvoll sind und sich in der Praxis als sachgerecht erwiesen haben, ergibt sich im Detail aus den RTS-Vorgaben (→ Rn. 34).[30]

c) **Regelung.** Zuletzt hat der Emittent hinsichtlich auftretender Interessenkonflikte geeignete **Regelungen** zu ergreifen. Sprachlich ist die Gesetzesformulierung äußerst unglücklich gewählt, denn sie spricht nicht an, worum es im Kern geht: soweit möglich sind zu Tage getretene Konflikte in erster Linie **abzustellen.** Die hierfür getroffene Maßnahme sollte nach Möglichkeiten jetzt und für die Zukunft wirksam sein. Ist es nicht möglich, den Interessenkonflikt abschließend auszuschalten, dann ist jedenfalls **Risikominimierung** zu betreiben. Insbesondere sind alle geeigneten Maßnahmen zu ergreifen, um die Negativfolgen für Tokeninhaber möglichst gering zu halten. Ergänzend greift die Offenlegungspflicht (→ Rn. 27 ff.).

Die schriftlich festgehaltenen Betriebsgrundsätze und -richtlinien (→ Rn. 23, 24) sind anhand etwaiger Erkenntnisse zu aktualisieren und zu überarbeiten. Es sind also bei den turnusmäßig anfallenden Überprüfungen der Compliancefunktion allfällige Revisionen vorzusehen und bei Bedarf tatsächlich durchzuführen. Sollten etwaige Interessenkonflikte nicht vollständig abgestellt werden können, so ist zu dokumentieren, aus welchen Gründen dieses Unvermögen existiert. Bei jeder Überprüfung ist von Neuem zu bestimmen, ob dieses Unvermögen fortbesteht.

3. Offenlegungspflicht (Abs. 3 und 4)

a) **Grundlagen.** Reichen die oben beschriebenen Abwehr- und Kontrollmaßnahmen mit hinreichender Sicherheit zur Konfliktbewältigung aus, so besteht aufseiten des Emittenten keine Offenlegungspflicht. Umgekehrt bedeutet dies, die **Offenlegungspflicht** greift **subsidiär** ein und **betrifft residuale Interessenskonflikte,** die auch nach Ergreifung der angemessenen Organisationsmaßnahmen fortbestehen.[31] Einschränkungen folgen aus dem Sinn und Zweck der Offenlegungspflicht:[32] Wie Abs. 4 deutlich macht, soll die Marktgegenseite in die Lage versetzt werden, eine fundierte Entscheidung über den Kauf vermögenswertereferenzierter Token zu treffen. Etwaige Interessenkonflikte, die gleichsam branchen- oder geschäftsspezifisch sind und für den Erwerber auf der Hand liegen, müssen nicht zusätzlich offengelegt werden.[33] Betreibt beispielsweise der Emittent des vermögenswertereferenzierten Tokens um dieses Produkt herum ein Ökosystem

---

[29] EBA Draft RTS under Art. 32, EBA/RTS/2024/07 (Final report), Art. 4 Ziff. 1 UAbs. 2.
[30] In praxi kann ergänzend auch auf den Katalog des Art. 34 Abs. 3 UAbs. 2 lit. a–e DelVO 2017/565 zurückgegriffen werden.
[31] Wohl auch EBA Draft RTS under Art. 32, EBA/RTS/2024/07 (Final report), Erwgr. Nr. 7; detailliert zu den Parallelregeln des WpHG Assmann/Schneider/Mülbert/Beule WpHG § 63 Rn. 37 f.
[32] Vgl. etwa MüKoHGB/Ekkenga Bankvertragsrecht Rn. P 476.
[33] In einem ähnlichen Sinne zum WpHG Assmann/Schneider/Mülbert/Beule WpHG § 63 Rn. 45.

(→ Vor Art. 27 ff. Rn. 4), dann liegt die Verfolgung von finanziellen Eigeninteressen auf der Hand und der Emittent muss nicht gesondert darüber aufklären.

28 Grundsätzlich kommen **zwei Formen der Aufklärung** in Betracht: abstrakt durch Angabe allgemeinumrissener Konfliktgründe oder konkret durch Angabe der Hintergründe und Umstände des jeweiligen Interessenkonflikts. Welche der beiden Formen für den Emittenten einschlägig ist, lässt sich nicht allgemeingültig beantworten. Gemäß Abs. 4 muss die Konfliktoffenlegung so **präzise** sein, dass die (potenziellen) Inhaber der vermögenswertereferenzierten Token eine fundierte Entscheidung über den Kauf (oder Verkauf) vermögenswertereferenzierter Token treffen können. Dies spricht in der Regel für eine **konkrete Aufklärung**. Gleichzeitig bestimmt allerdings Abs. 3, dass die Offenlegung auf der Website des Emittenten „die allgemeine Art und die Quellen" der Konfliktlage enthalten muss. Demnach muss **auch eine abstrakte Aufklärung** möglich sein. Wie das Stufenverhältnis ist, bleibt nach Lektüre der Absätze 3 und 4 unklar. Sachdienlich dürfte es sein, **graduell zu differenzieren** und abstrakte Informationen hinsichtlich solcher Konfliktlagen ausreichen zu lassen, die nicht sonderlich komplex sind und sich dem Tokeninhaber auch nach Lektüre rein allgemeiner Angaben erschließen. Denn solange der Tokeninhaber eine fundierte Entscheidung treffen kann, ist dem Regelungsanliegen der Absätze 3 und 4 genüge getan und der Emittent muss keinen überobligatorischen Pflichten unterworfen werden. Konkret muss die Aufklärung sein bei komplexen Themen wie zB die technikbedingten Grenzen bei der Wahrung von Fremdinteressen.

29 Welchen **Inhalt** die Angaben im Einzelnen haben, ist im Rahmen einer **Interessenabwägung** zu bestimmen, die der Beachtung anderweitiger Schutzbelange wie dem Bankgeheimnisschutz dient.[34] Es ist also keine Offenlegung „um jeden Preis" geschuldet. Wie Abs. 3 hinsichtlich des statuierten **Mindestinhalts** deutlich macht, genügt es nicht, die residualen Interessenkonflikte offenzulegen. Vielmehr sind auch die zur Begrenzung dieser Konflikte getroffenen Vorkehrungen mitzuteilen. Damit ist gesagt, dass die abstrakte Aussage, es seien Risikominimierungsmaßnahmen getroffen worden, nicht genügt. Vielmehr müssen diese mit sachdienlicher Präzision (→ Rn. 28) beschrieben sein. Denn der Investor selbst muss bewerten können, wie vertrauenswürdig die Aussage ist. Sprachlich ist Abs. 3 zu eng geraten, denn mit Blick auf den maßgeblichen Informationszeitpunkt (→ Rn. 30) ist nicht nur über die bereits implementierten, sondern auch über die geplanten Begrenzungsmaßnahmen zu informieren. Weitere **Einzelheiten** hinsichtlich der **inhaltlichen Anforderungen** enthält **Art. 10 RTS** (→ Rn. 34).

30 Was den **Zeitpunkt** der Offenlegung anbelangt, darf Abs. 3 nicht dahingehend fehlinterpretiert werden, die Angaben seien erst zu veröffentlichen, nachdem Maßnahmen für eine Risikobegrenzung getroffen wurden. Da Art. 32 eine Daueraufgabe (→ Rn. 21) des Emittenten statuiert, unterliegen die Angaben auf der Emittentenseite ohnehin einer dauernden Aktualisierungspflicht. Ausweislich des Abs. 4 muss der Tokeninhaber *vor* der Dispositionsentscheidung informiert sein. Dementsprechend sind etwaige Konfliktlagen zu veröffentlichen, selbst wenn die Begrenzungsmaßnahmen noch nicht implementiert sind. Es ist dann offenzulegen, welche Maßnahmen geplant sind und anstehen. Auch etwaige (Plan-) Änderungen sind mitzuteilen.

31 Die Offenlegung hat in einer **Sprache** zu erfolgen, mit der (potenzielle) Inhaber der Token „vertraut" sind (Erwgr. Nr. 13 RTS, → Rn. 34). Maßgeblich sei nach

---

[34] MüKoHGB/Ekkenga Bankvertragsrecht Rn. P 484.

den Erwägungsgründen der RTS die Amtssprache des Herkunftsmitgliedstaats und eine in der internationalen Finanzwelt gebräuchliche Sprache; letztere sei Englisch. Art. 10 Ziff. 5 RTS (→ Rn. 34) nennt darüber hinaus die Sprache des Aufnahmemitgliedstaats (Art. 3 Abs. 1 Nr. 34).

b) Ort der Offenlegung. Gemäß Abs. 3 (iVm Art. 10 Ziff. 4 RTS, → Rn. 34) **32** legen die Emittenten den Inhabern vermögenswertereferenzierter Token an gut sichtbarer Stelle auf ihrer **Website** die „allgemeine" (→ Rn. 28) Art und die Quellen von den in Abs. 1 genannten Interessenkonflikten sowie die zur Begrenzung dieser Risiken getroffenen (und geplanten → Rn. 29) Vorkehrungen offen. Geschuldet ist demnach die Information in **elektronischer Form**. Das Dateiformat muss einen plattformunabhängigen Informationsabruf ermöglichen (zB in Form einer PDF).

Der Tatbestand enthält keine Pflicht, den Tokeninhaber aktiv zu informieren, **33** sondern es genügt, wenn die Möglichkeit eines eigenständigen Informationsabrufs geschaffen wird. Dafür müssen die Informationen an einer „gut auffindbaren Stelle" der Internetseite angebracht sein. Erforderlich dafür ist u. a., dass ein klar beschrifteter Link zu der entsprechenden Unterseite der Internetpräsenz führt und die Onlinestrecke nicht mit Abrufschwellen versehen ist.

4. Technische Regulierungsstandards (Abs. 5)

Mandatiert wurde die EBA zur Ausarbeitung der technischen Regulierungsstan- **34** dards (RTS), in denen (a) die Anforderungen bzgl. der in Abs. 1 genannten Strategien und Verfahren und (b) die Einzelheiten und das Verfahren betreffend den Inhalt der Offenlegung nach Abs. 3 präzisiert werden. Der finale Entwurf dieser RTS liegt mittlerweile vor,[35] mit dem Ziel, die Standards zu vereinheitlichen und die Emittenten bei Aufrechterhalt eines effizienten Anlegerschutzes zu entlasten.

Artikel 33 Mitteilung von Änderungen im Leitungsorgan

Die Emittenten vermögenswertereferenzierter Token unterrichten ihre zuständige Behörde sofort über jede Änderung in ihrem Leitungsorgan und stellen ihr alle Informationen zur Verfügung, die erforderlich sind, um die Einhaltung von Artikel 34 Absatz 2 zu bewerten.

Übersicht

	Rn.
I. Grundlagen	1
II. Auslegung der Norm	4
1. Leitungsorgan	4
2. Personelle und sachliche Änderungen	5
3. Mitteilung	8

I. Grundlagen

Der Normtext ist seit der Kommissionsfassung nur marginal verändert worden. **1** Die Vorschrift stützt sich auf vertraute Praktiken im Finanzsektor. So ist die Pflicht

---

[35] EBA Draft RTS under Art. 32, EBA/RTS/2024/07 (Final report).

zur Mitteilung jeder Veränderung in der Zusammensetzung des Leitungsorgans etwa aus ex-Art. 63 Abs. 3 MiFID II[1],[2] Art. 27f Abs. 2 MiFIR[3] oder aus Art. 93 Abs. 1 SSM-Rahmenverordnung[4] bekannt. Für die Meldung verwendet werden in der Praxis typischerweise standardisierte Verfahren mittels der durch die Aufsicht bereitgestellten **Formblätter,** wie dies etwa nach Art. 5 iVm Anhang III der DurchführungsVO (EU) 2017/1110 der Fall ist.

2   Die Meldepflicht dient *erstens* der **Umgehungsprävention:** Durch die Unterrichtung der Aufsichtsbehörde wird sichergestellt, dass mit der Leitung des Emittenten kein Mitglied (nachträglich) betraut ist, welches bei Antragstellung die Voraussetzungen für Zuverlässigkeit und angemessene Kenntnisse iSd Art. 18 Abs. 2 lit. i iVm Art. 34 Abs. 2 ff. nicht erfüllt hätte und insoweit abzulehnen wäre. Darüber hinaus stellt Art. 33 *zweitens* die Anforderungen des Art. 34 Abs. 1 an eine **solide und angemessene Unternehmensführung** sicher. An den Voraussetzungen kann es beispielsweise bereits dann fehlen, wenn das Leitungsorgan durch den Verlust eines Mitglieds nicht mehr über ausreichende Kapazitäten verfügt, um den Aktivitäten mit kaufmännischer Sorgfalt gerecht zu werden. Auch ist denkbar, dass ein Mitglied wegen eines veränderten Marktumfelds nicht mehr über die erforderlichen Kenntnisse verfügt oder nicht mehr ausreichend gut beleumundet ist. Zuletzt gewährleistet die Meldepflicht **drittens** – der Normtext macht dies deutlich – eine **effektive Aufsicht.** Wäre die zuständige Behörde allein auf eigene Aufsichtsbemühungen verwiesen, bestünde zwangsläufig das Risiko von Beobachtungslücken.

3   Während eine Negativfeststellung bei Antragstellung die Verweigerung der Zulassung nach sich zieht, schafft eine Mitteilung nach Art. 33 die Voraussetzungen für die Aufsichtsbehörde, im Bedarfsfall geeignete Maßnahmen iSd Art. 94 zu ergreifen, sollte ein neues Mitglied des Leitungsorgans nicht zuverlässig sein oder nicht über angemessene Kenntnisse iSd Art. 18 Abs. 2 lit. i iVm Art. 34 Abs. 2 ff. verfügen bzw. eine solide und geeignete Unternehmensführung nicht mehr gewährleistet sein. **Ultima ratio** ist die Aufsichtsbehörde befugt, die erteilte Zulassung wieder zu entziehen, sollten Maßnahmen auf Organebene unzureichend sein. Ergänzende Bestimmung werden im deutschen Recht durch die **§§ 12, 23f. KMAG** geschaffen.

II. Auslegung der Norm

1. Leitungsorgan

4   Der **Begriff** des Leitungsorgans ist nach Art. 3 Abs. 1 Nr. 27 (→ Art. 3 Rn. 197ff.) zu bestimmen und **weit gefasst.** Es gilt das autonome unionsrechtliche Verständnis, so dass Körperschaften und Personengesellschaften gleichermaßen um-

---

[1] Richtlinie 2014/65/EU des Europäischen Parlaments und des Rates vom 15.5.2014 über Märkte für Finanzinstrumente.
[2] Gestrichen durch RL (EU) 2019/2177 v. 18.12.2019.
[3] Verordnung (EU) Nr. 600/2014 des Europäischen Parlaments und des Rates vom 15.5.2014 über Märkte für Finanzinstrumente; vgl. die konsolidierte Fassung v. 1.1.2022.
[4] Verordnung (EU) Nr. 468/2014 der Europäischen Zentralbank vom 16.4.2014 zur Einrichtung eines Rahmenwerks für die Zusammenarbeit zwischen der Europäischen Zentralbank und den nationalen zuständigen Behörden und den nationalen benannten Behörden innerhalb des einheitlichen Aufsichtsmechanismus (SSM-Rahmenverordnung).

fasst sind (s. auch → Art. 32 Rn. 12).[5] Weiterhin erfasst sind – so wie auch sonst im Finanzmarktrecht[6] – nicht nur diejenigen Organmitglieder, die **Geschäftsleitungsaufgaben** wahrnehmen, sondern auch jene, denen die Aufsicht der Geschäftsleitung obliegt. Unter Art. 33 fallen somit auch **Aufsichts- und Verwaltungsorgane.**

2. Personelle und sachliche Änderungen

Weit auszulegen ist auch der Begriff der **Veränderung.** Eine Orientierungshilfe bietet Art. 93 Abs. 1 S. 1 SSM-Rahmenverordnung (VO (EU) 468/2014) an: Neben allen Tatbeständen des Ausscheidens, der Abberufung und des Wechsels sind auch etwaige Verlängerungen der Amtszeit von der Meldepflicht mitumfasst. 5

Dem Gesetzeswortlaut nach ist nur die Änderung im Leitungsorgan zu melden. Teleologisch greift dies zu kurz: Da die Aufsichtsbehörde in der Lage sein soll, zweifelsfrei festzustellen, ob die Zulassungsvoraussetzungen weiterhin bestehen (→ Rn. 2), sind der Meldung bei einem Personenwechsel gleichzeitig jene Erklärungen und Dokumente beizufügen, die mit dem Zulassungsantrag gemäß Art. 18 Abs. 2 lit. i iVm Art. 34 Abs. 2ff. einzureichen sind. 6

Durch die Inbezugnahme des Art. 34 Abs. 2 wird deutlich, dass Art. 33 nicht nur **personelle Änderungen** betrifft, sondern **auch das Leumund-Kriterium.** Demnach muss der Emittent auch die festgestellten Straftaten der Mitglieder des Leitungsorgans im Zusammenhang mit Geldwäsche oder Terrorismusfinanzierung oder andere Verurteilungen, die ihren guten Leumund beeinträchtigen, melden. Ähnlich verhält es sich bei Übernahme unternehmensexterner Aufgaben, durch die nicht mehr sichergestellt ist, dass das Mitglied des Leitungsorgans iSd Art. 34 Abs. 2 S. 2, Art. 3 Abs. 1 Nr. 27 ausreichend Zeit für sein Amt aufwenden kann. 7

3. Mitteilung

Über etwaige Änderungen ist die zuständige Behörde proaktiv zu unterrichten. Die entsprechende Mitteilung muss sofort erfolgen. Der Begriff ist in der MiCAR nicht näher definiert. Er findet sich auch ansonsten selten im Recht. Ein Beispiel ist die Fälligkeitsbestimmung des § 271 Abs. 1 BGB. Verbreiteter ist „unverzüglich", womit im nationalen Recht gemeint ist, die Erklärung habe ohne schuldhaftes Zögern zu erfolgen. Während das Merkmal „sofort" objektiv zu verstehen ist, gilt bei „unverzüglich" idR ein subjektiver Maßstab;[7] denn inwieweit etwas „schuldhaft" ist, hängt typischerweise von individuellen Umständen ab. Zieht man diese Grundsätze auch für Art. 33 heran, dann muss der Emittent die Mitteilung so schnell erstellen und übermitteln, wie ihm dies nach objektiven Maßstäben – eingedenk notwendiger Vorbereitungen – möglich ist. In der Regel gilt eine taggleiche Mitteilungspflicht. Das Risiko einer Übermittlungsverzögerung und des Erklärungsverlustes trägt der Emittent. Er hat sich also zu vergewissern, dass die Mitteilung bei der zuständigen Behörde angelangt ist. 8

---

[5] Maume RDi 2022, 461 Rn. 30.
[6] Vgl. EBA/GL/2017/12, Ziff. 11.
[7] MüKoBGB/Krüger BGB § 271 Rn. 33.

Artikel 34 Regelungen zur Unternehmensführung

(1) Die Emittenten vermögenswertereferenzierter Token legen solide Regelungen zur Unternehmensführung fest, einschließlich einer klaren Organisationsstruktur mit genau abgegrenzten, transparenten und kohärenten Verantwortungsbereichen, wirksamer Verfahren für die Ermittlung, Regelung, Überwachung und Meldung der Risiken, denen sie ausgesetzt sind oder ausgesetzt sein könnten, sowie angemessener Mechanismen interner Kontrollen mit soliden Verwaltungs- und Rechnungslegungsverfahren.

(2) Die Mitglieder des Leitungsorgans von Emittenten vermögenswertereferenzierter Token müssen hinreichend gut beleumundet sein und sowohl einzeln als auch gemeinsam über die angemessenen Kenntnisse, Fähigkeiten und Erfahrung verfügen, um ihre Aufgaben wahrnehmen zu können. Insbesondere dürfen sie nicht wegen Straftaten im Zusammenhang mit Geldwäsche oder Terrorismusfinanzierung oder anderen Straftaten verurteilt worden sein, die ihren guten Leumund beeinträchtigen würden. Sie müssen ferner nachweisen, dass sie in der Lage sind, ausreichend Zeit für die wirksame Wahrnehmung ihrer Aufgaben aufzuwenden.

(3) Das Leitungsorgan der Emittenten vermögenswertereferenzierter Token bewertet und überprüft regelmäßig die Wirksamkeit der Strategien und Verfahren, die zur Erfüllung der Kapitel 2, 3, 5 und 6 dieses Titels eingeführt wurden, und ergreift geeignete Maßnahmen zur Behebung etwaiger diesbezüglicher Mängel.

(4) Anteilseigner oder Gesellschafter, die direkt oder indirekt qualifizierte Beteiligungen an Emittenten vermögenswertereferenzierter Token halten, müssen hinreichend gut beleumundet sein und dürfen insbesondere nicht für Straftaten im Zusammenhang mit Geldwäsche oder Terrorismusfinanzierung oder für andere Straftaten, die ihrem guten Leumund schaden würden, verurteilt worden sein.

(5) Die Emittenten vermögenswertereferenzierter Token legen Strategien und Verfahren fest, die hinreichend wirksam sind, um die Einhaltung dieser Verordnung sicherzustellen. Die Emittenten vermögenswertereferenzierter Token müssen insbesondere Strategien und Verfahren festlegen, aufrechterhalten und umsetzen in Bezug auf:

a) die in Artikel 36 genannte Vermögenswertreserve;
b) die Verwahrung des Reservevermögens, einschließlich der Trennung der Vermögenswerte, gemäß Artikel 37;
c) die Rechte, die Inhabern vermögenswertereferenzierter Token gemäß Artikel 39 gewährt werden;
d) den Mechanismus für die Ausgabe und den Rücktausch vermögenswertereferenzierter Token;
e) die Protokolle für die Validierung von Geschäften mit vermögenswertereferenzierten Token;
f) die Funktionsweise der unternehmenseigenen Distributed-Ledger-Technologie des Emittenten, wenn die vermögenswertereferenzierten Token mittels einer solchen von Emittenten oder von einem für sie handelnden Dritten betriebene Distributed-Ledger-Technologie oder

vergleichbare Technologie ausgegeben, übertragen und gespeichert werden;
g) die Mechanismen zur Gewährleistung der Liquidität vermögenswertereferenzierter Token, einschließlich der in Artikel 45 genannten Strategien und Verfahren für das Liquiditätsmanagement für Emittenten signifikanter vermögenswertereferenzierter Token;
h) Vereinbarungen mit Drittunternehmen über die Verwaltung der Vermögenswertreserve, die Anlage und Verwahrung des Reservevermögens und, falls vorhanden, den öffentlichen Vertrieb der vermögenswertereferenzierten Token;
i) die schriftliche Zustimmung, die Emittenten vermögenswertereferenzierter Token anderen Personen erteilt haben, die die vermögenswertereferenzierten Token öffentlich anbieten oder deren Zulassung zum Handel beantragen;
j) die Bearbeitung von Beschwerden gemäß Artikel 31;
k) Interessenkonflikte gemäß Artikel 32.

Schließen Emittenten vermögenswertereferenzierter Token Vereinbarungen gemäß Unterabsatz 1 Buchstabe h ab, so werden diese Vereinbarungen in einem Vertrag mit den Drittunternehmen festgelegt. In diesen vertraglichen Vereinbarungen werden die Aufgaben, Zuständigkeiten, Rechte und Pflichten sowohl der Emittenten vermögenswertereferenzierter Token als auch der Drittunternehmen festgelegt. Bei vertraglichen Vereinbarungen mit rechtsordnungsübergreifenden Auswirkungen ist eine eindeutige Auswahl des anzuwendenden Rechts zu treffen.

(6) Sofern die Emittenten vermögenswertereferenzierter Token keinen Rücktauschplan gemäß Artikel 47 aufgestellt haben, wenden sie geeignete und verhältnismäßige Systeme, Ressourcen und Verfahren zur Sicherstellung einer kontinuierlichen und regelmäßigen Erbringung ihrer Dienstleistungen und Tätigkeiten an. Zu diesem Zweck führen die Emittenten vermögenswertereferenzierter Token all ihre Systeme und Protokolle zur Wahrung der Zugriffssicherheit im Einklang mit den einschlägigen Standards der Union.

(7) Beschließt der Emittent eines vermögenswertreferenzierten Token, die Erbringung seiner verbundener Dienstleistungen und Tätigkeiten einzustellen, auch indem er die Ausgabe dieses vermögenswertereferenzierten Token einstellt, so legt er der zuständigen Behörde einen Plan zur Genehmigung dieser Einstellung vor.

(8) Die Emittenten vermögenswertereferenzierter Token ermitteln Quellen operationeller Risiken und minimieren diese Risiken durch Entwicklung geeigneter Systeme, Kontrollen und Verfahren.

(9) Die Emittenten vermögenswertereferenzierter Token legen eine Strategie zur Fortführung des Geschäftsbetriebs und Pläne fest, mit denen im Falle der Unterbrechung ihrer IKT-Systeme und Verfahren die Bewahrung wesentlicher Daten und Funktionen und die Aufrechterhaltung ihrer Tätigkeiten oder, wenn dies nicht möglich ist, zeitnah die Wiederherstellung dieser Daten und Funktionen und die Wiederaufnahme ihrer Tätigkeiten sichergestellt werden.

(10) Die Emittenten vermögenswertereferenzierter Token müssen über interne Kontrollmechanismen und wirksame Verfahren für Risikomanagement, einschließlich wirksamer Kontroll- und Schutzvorkehrungen für das Management von IKT-Systemen gemäß der Verordnung (EU) 2022/2554 des Europäischen Parlaments und des Rates verfügen. In diesen Verfahren ist eine umfassende Bewertung der Inanspruchnahme von Drittunternehmen gemäß Absatz 5 Unterabsatz1 Buchstabe h des vorliegenden Artikels vorzusehen. Emittenten vermögenswertereferenzierter Token überwachen und bewerten regelmäßig die Angemessenheit und Wirksamkeit der Mechanismen der internen Kontrolle und der Verfahren für die Risikobewertung und ergreifen geeignete Maßnahmen zur Behebung etwaiger diesbezüglicher Mängel.

(11) Die Emittenten vermögenswertereferenzierter Token richten angemessene Systeme und Verfahren ein, um die Verfügbarkeit, Authentizität, Integrität und Vertraulichkeit der Daten gemäß der Verordnung (EU) 2022/2554 und der Verordnung (EU) 2016/679 zu schützen. Über diese Systeme werden relevante Daten und Informationen, die im Rahmen der Tätigkeiten der Emittenten erhoben und generiert werden, erfasst und gesichert.

(12) Die Emittenten vermögenswertereferenzierter Token stellen sicher, dass sie regelmäßig von unabhängigen Prüfern geprüft werden. Die Ergebnisse dieser Prüfungen werden dem Leitungsorgan des betreffenden Emittenten mitgeteilt und der zuständigen Behörde zur Verfügung gestellt.

(13) Bis zum 30. Juni 2024 gibt die EBA in enger Zusammenarbeit mit der ESMA und der EZB Leitlinien gemäß Artikel 16 der Verordnung (EU) Nr. 1093/2010 heraus, in denen die inhaltlichen Mindestanforderungen an die Regelungen zur Unternehmensführung im Hinblick auf folgende Elemente spezifiziert werden:
a) die Instrumente zur Überwachung der Risiken nach Absatz 8;
b) den in Absatz 9 genannten Plan zur Fortführung des Geschäftsbetriebs;
c) den in Absatz 10 genannten internen Kontrollmechanismus;
d) die in Absatz 12 genannten Prüfungen, einschließlich der Unterlagen, die mindestens bei der Prüfung zu verwenden sind.

Beim Herausgeben der in Unterabsatz 1 genannten Leitlinien berücksichtigt die EBA die Bestimmungen über die Anforderungen an die Unternehmensführung aus anderen Gesetzgebungsakten der Union über Finanzdienstleistungen, einschließlich der Richtlinie 2014/65/EU.

Übersicht

	Rn.
I. Grundlagen	1
1. Genese	1
2. Regelungszweck	4
II. Auslegung der Norm	7
1. Solide Regelungen zur Unternehmensführung (Abs. 1)	8
a) Grundlagen	8
b) Rechtsfolgen und nationale Durchsetzungsebene	12
2. Anforderungen an die Mitglieder des Leitungsorgans (Abs. 2)	13

	Rn.
a) Persönliche Zuverlässigkeit	16
aa) Grundlagen	16
bb) Einzelfälle	18
b) Fachliche Eignung	23
aa) Theoretische Eignung	24
bb) Praktische Eignung	25
cc) Leitungserfahrung und Leitungseignung	26
c) Zeitliche Verfügbarkeit und tatsächlicher Zeiteinsatz	29
d) Rechtsfolgen bei Bestellung ungeeigneter Organe	34
3. Bewertung und Überprüfung verwendeter Strategien und implementierter Verfahren (Abs. 3)	36
4. Anforderungen an Anteilseigner und Gesellschafter mit qualifizierten Beteiligungen (Abs. 4)	37
5. Angewandte Strategien und Verfahren (Abs. 5)	38
6. Maßnahmen bei fehlendem Rücktauschplan (Abs. 6)	42
7. Genehmigungsvorbehalt bei Einstellungsentschluss (Abs. 7)	43
8. Ermittlung und Minimierung operationeller Risiken (Abs. 8)	44
9. Sicherstellung der Betriebsfortführung bei IKT-Störungen (Abs. 9)	46
a) Grundlagen	46
b) Meldepflichten	47
10. Digitale operationelle Resilienz (Abs. 10)	48
11. Datenschutzkonzepte (Abs. 11)	52
12. Unabhängige Prüfungen (Abs. 12)	54
13. Leitlinien (Abs. 13)	56

I. Grundlagen

1. Genese

Der Vorschrift liegt Art. 30 KOM-E zugrunde. Dem Ratsvorschlag folgend ist in Art. 34 Abs. 3 ergänzend die (selbstverständliche) Pflicht des Leitungsorgans aufgenommen worden, regelmäßig die Wirksamkeit der Strategien und Verfahren, die zur Einhaltung der Pflichten der Kapitel 2, 3, 5 und 6 des III. Titels der MiCAR implementiert worden **(Legalitätsstrategien und -verfahren),** zu bewerten, zu überprüfen und bei Negativattest geeignete Maßnahmen zur Behebung etwaiger Mängel zu ergreifen. 1

Inhaltlich verändert wurde Art. 30 Abs. 3 KOM-E, nun Art. 34 Abs. 4: Während die Leumundanforderungen für Anteilseigner und Gesellschafter bei einer Beteiligung von mind. 20% relevant sein sollte, ist nun maßgeblich, ob eine qualifizierte Beteiligung iSd Art. 3 Abs. 1 Nr. 36 besteht, mithin die direkte oder indirekte Beteiligung mind. 10% des Kapitals oder der Stimmrechte an einem Emittenten vermögenswertereferenzierter Token ausmacht. Auch diese Veränderung geht auf einen Ratsvorschlag zurück. 2

Darüber hinaus hat die Norm verschiedene Veränderungen technischer Art erfahren, indem u. a. die dem Emittenten obliegenden Legalitätsstrategien und -verfahren näher bestimmt wurden. Hinsichtlich der Ausarbeitung der Leitlinien iSd Abs. 13 soll zudem, anders als ursprünglich im KOM-E vorgesehen, auch die EZB von der EBA neben der ESMA beteiligt werden. 3

2. Regelungszweck

4 Aus Rechtsanwendersicht ist die Vorschrift unglücklich verfasst. Sie besteht aus zahlreichen unbestimmten Rechtsbegriffen und ist in ihrer Struktur unübersichtlich. Als übergeordneten Regelungsbereich lässt sich die **Corporate Governance** ausmachen. Ihr gehört die Compliance als Unterfall an.[1] Diese gesellschaftsrechtlichen Anforderungen werden **mit aufsichtsrechtlichen (Durchsetzungs-)Instrumentarien** verbunden, um ihre Effektivität und Zuverlässigkeit zu steigern.[2] Im Ergebnis bedeutet dies für die Geschäftsleitungsorgane eine Einschränkung des durch die gesellschaftsrechtliche Business Judgment Rule begründeten organisatorischen Freiraums[3] und eine **Erhöhung des Sorgfaltsmaßstabs.** Zudem werden Organisationsentscheidungen der Leitungsorgane durch die detaillierten Bestimmungen in stärkerem Maße aufsichtsrechtlich und gerichtlich voll überprüfbar gestellt.

5 Historisch gesehen sind Hintergrund der mittlerweile detaillierten Corporate-Governance-Vorgaben im Finanzmarktrecht die Lehren aus der Finanzkrise.[4] Die Aufarbeitung der Finanzkrise hatte in diesen Bereichen verschiedene Defizite offenbart, welche zwar nicht alleinige Ursache, aber verstärkende Faktoren des damaligen Dominoeffekts waren.[5] Da der Finanzmarkt ein **Sektor mit hoher Vertrauensempfindlichkeit** ist,[6] insbesondere weil fremde Gelder in einem stark fremdfinanzierten Geschäftsumfeld verwaltet werden, soll durch die strengen Anforderungen an die Unternehmensführung und an die Geschäftsleiter dieses Vertrauen gestärkt werden.[7] Vermögenswertereferenzierte Token stehen diesem Sektor insbesondere wegen ihrer Wertaufbewahrungsfunktion (→ Art. 3 Rn. 20) nahe. Deshalb erstreckt Art. 34 die Lehren der Finanzkrise auf die Emittenten solcher Token. Eine stabile Corporate Governance stellt die Existenz und den Fortbestand der Verbandsperson sicher. Dies kommt den übrigen Marktteilnehmern zugute, insbesondere den Gläubigern (Anlegern).

6 Da das Finanzmarktrecht vornehmlich marktschützend, nicht individualschützend ist, bezwecken grundsätzlich auch die nachfolgend beschriebenen Anforderungen in erster Linie den Schutz des öffentlichen Interesses an die **Finanzstabilität.** Wie aber bereits verschiedentlich gezeigt wurde (→ Art. 27 Rn. 2, 15 ff.), kommt dem Emittenten von vermögenswertereferenzierten Token eine Rolle als Fremdinteressenwahrer zu. Deshalb hat Art. 34 auch das Ziel, sicherzustellen, dass der Emittent durch eine geeignete Unternehmensführung und Leitungsorgane dieser individuelleren Rolle gerecht werden kann; es wird mithin auch Individualschutz bezweckt. Dies lässt sich bei Art. 34 beispielhaft an Abs. 11 aufzeigen. Weil es sich indes hier um eine Vorschrift gesellschaftsrechtlicher Provenienz handelt, ist – gerade im Hinblick auf das Ziel der Finanzstabilität – konkreter von einem **Gläubigerschutz** zu sprechen, der durch eine funktionierende Governance be-

---

[1] Näher Koch AktG § 76 Rn. 37.
[2] Plagemann WM 2014, 2345 (2349).
[3] Vgl. Hopt ZIP 2013, 1793 (1798); Langenbucher ZHR 176 (2012), 652 (664).
[4] Beck/Samm/Kokemoor/Kleinert, 6/2023, KWG § 25c Rn. 2.
[5] Siehe grundlegend High-level Expert Group on reforming the structure of the EU banking sector – Liikanen report, 2.10.2012.
[6] Treffend Beck/Samm/Kokemoor/Kleinert, 6/2023, KWG § 25c Rn. 17.
[7] Kritisch hinsichtlich hoher Aufsichtsanforderungen Hopt ZIP 2013, 1793 (1795): Risikoscheu, Ausweichen, Vertuschen um jeden Preis.

wirkt werden soll. Positive Auswirkungen gehen damit insbesondere für das Rücktauschrecht des Tokeninhabers einher (Art. 34 Abs. 5 lit. a, c).

II. Auslegung der Norm

Für die Auslegung der zahlreichen unbestimmten Rechtsbegriffe des Art. 34 kann auf vertraute gewerbe-, handels- und finanzmarktrechtliche Grundsätze sinnverwandter Normen zurückgegriffen werden (vgl. zB → Rn. 8, 13). Auch etwaige Regeln zur Cybersecurity sowie datenschutzrechtliche Bestimmungen sind zu berücksichtigen (vgl. → Rn. 45 ff. zu den Absätzen 9 ff.). Aus gesellschaftsrechtlicher Warte ist unternehmensspezifisch zu differenzieren, welche Risikomanagement- und Compliancemaßnahmen zu ergreifen sind.[8] In Ausnahme dazu stellt Art. 34 branchen- und sektorspezifisch allgemeine Regeln auf, die stets zu beachten sind, und die eine unternehmensspezifische Ausgestaltung lediglich über den Proportionalitätsgrundsatz erfahren.

1. Solide Regelungen zur Unternehmensführung (Abs. 1)

a) Grundlagen. In Abs. 1 wird die **allgemeine Verantwortung** der Emittenten und die **spezifische Verantwortung der Leitungsorgane** für die **Einrichtung einer ordnungsgemäßen Geschäftsorganisation** niedergelegt, welche durch spezifische Anforderungen (beispielhaft) ergänzt wird. Soweit der Wortlaut des Abs. 1 allein vom „Emittenten" spricht, der die Regeln der Unternehmensführung festzulegen hat, ist dies unpräzise. Eine Auslegung der Norm nach dem Vorbild des § 25a Abs. 1 S. 1 und 2 KWG ist insoweit sachdienlich: Die Emittenten „verfügen" über eine ordnungsgemäße Geschäftsorganisation, die Geschäftsleiter sind hierfür „verantwortlich". Tatsächlich ist die Unternehmensorganisation ein **Kern der Leitungsverantwortung** der Geschäftsleiter.[9]

In der **Umsetzungsverantwortung** stehen also – auch im rechtstechnischen Sinne – die **Geschäftsleiter.** Denn die Aufsichtsorgane führen das Unternehmen nicht. Deshalb sind sie insoweit nicht von Abs. 1 direkt angesprochen. Sie tragen freilich mit ihrer Aufsichtsarbeit dazu bei, dass die Geschäftsleiter den gesetzlichen Anforderungen genügen. Um auch insoweit Effektivität zu gewährleisten, sind die **Verwaltungs- und Aufsichtsorgane aktiv einzubinden.**[10]

Jeder einzelne Geschäftsleiter ist verantwortlich und kann nicht auf die Fachverantwortlichkeit eines anderen Geschäftsleiters verweisen.[11] Es gilt mithin eine **ressortunabhängige Gesamtverantwortung** mit dem Ergebnis, dass der ressortmäßig nicht zuständige Geschäftsleiter eine allgemeine Überwachungspflicht über die Geschäftsbereiche der anderen Geschäftsleiter hat.[12] Den nicht ressortzuständigen Geschäftsleiter trifft eine Eingriffspflicht, falls der zuständige Geschäftsleiter greifbar seinen wesentlichen Pflichten nicht nachkommt.[13] Im Ergebnis kann sich also ein Leitungsorgan nicht mit dem Hinweis freizeichnen, für das betreffende

---

[8] Vgl. OLG Celle BeckRS 2008, 12159 Rn. 37.
[9] Zur AG vgl. Leyens/Schmidt AG 2013, 533 (538).
[10] Näher Schwennicke/Auerbach/Langen/Donner KWG § 25a Rn. 115 ff.
[11] Fischer/Schulte-Mattler/Braun KWG § 25c Rn. 53.
[12] Schwennicke/Auerbach/Langen/Donner KWG § 25a Rn. 23.
[13] Vgl. grundlegend LG München I NZG 2014, 345 (347 f.).

Art. 34

Ressort sei ein anderes Organmitglied zuständig oder fachkundiger gewesen. Umgekehrt wirkt die eigene Sachkunde pflichtenschärfend.[14] Im hier betroffenen Sektor kann dies besonders relevant werden, weil in der Regel nicht jedes Organmitglied dieselben (technischen) Kenntnisse und Erfahrungen iZm Kryptowerten haben wird.

11 Die Geschäftsleiter müssen solide **Regelungen zur Unternehmensführung** und klare Organisationsstrukturen mit genau abgegrenzten, transparenten und kohärenten Verantwortungsbereichen festlegen. Diese Regelungen müssen **schriftlich dokumentiert** sein.[15] Ein wesentlicher Zweck dieser Anforderungen besteht darin, auch bei großen Unternehmen klare organisatorische Zuordnungen sicherzustellen.[16] Weiterhin haben die Geschäftsleiter wirksame Verfahren für die Ermittlung, Regelung, Überwachung und Meldung der Risiken, denen sie ausgesetzt sind oder ausgesetzt sein könnten, sowie angemessene Mechanismen interner Kontrollen mit soliden Verwaltungs- und Rechnungslegungsverfahren zu implementieren. In weiten Teilen geht es demnach um **Transparenz**, welche ein effektives **Risikomanagement** sicherstellen soll. Die Richtigkeit des Rechnungswesens ist für eine wirksame und **effektive Aufsicht** unabdinglich.[17]

12 **b) Rechtsfolgen und nationale Durchsetzungsebene.** Die Maßnahmen- und Anordnungsbefugnisse der zuständigen Aufsichtsbehörde bei Verletzung des Abs. 1 und den zugehörigen Spezifizierungen folgt aus Art. 94 Abs. 1, insbes. aus lit. m und v (näher dazu → Art. 94 Rn. 20) nebst den zugehörigen Untersuchungs- und Ermittlungsrechten (dort lit. w, x, → Art. 94 Rn. 6) und dem Recht der öffentlichen Bekanntmachung (lit. r) zum Schutze des Rechtsverkehrs. Auf nationaler Ebene entsprechende Ermächtigungsgrundlagen für Durchsetzungsmaßnahmen sind u. a. in den §§ 4, 22 ff., 42 KMAG niedergelegt. Soweit Maßnahmen gegenüber einzelne Mitgliedern der Leitungsorgane ergriffen werden, gilt der Vorrang der Verwarnung als milderes Mittel (vgl. § 23 Abs. 1 KMAG[18]).

2. Anforderungen an die Mitglieder des Leitungsorgans (Abs. 2)

13 Abs. 2 erinnert normativ an die **persönlichen Mindestanforderungen** und an die **Bestellungshindernisse**, wie sie gesellschaftsrechtlich aus § 76 Abs. 3 AktG, aber insbesondere finanzmarktrechtlich (partiell) aus Art. 9 MiFID II[19], § 25c KWG oder § 24 VAG bekannt sind. Die unzureichende Durchführung von „fit and proper tests" bei der Rekrutierung von Leitungsorganen ist seit der Finanzkrise ein zentrales Regulierungsthema,[20] dem sich der Verordnungsgeber hier in ähnlicher Weise annimmt wie im übrigen Bank- und Finanzsektor.

14 Anders als im Bankenbereich existiert für Emittenten vermögenswertereferenzierter Token noch keine (umfassende) Verwaltungspraxis. Erste Spezifizierungen für die Märkte der Kryptowerte liegen erst seit kurzer Zeit ohne Anwendungs-

---

[14] Vgl. grundsätzlich BGH NZG 2011, 1271 – 3. Ls.
[15] Zum Paralleltatbestand s. Fischer/Schulte-Mattler/Braun KWG § 25c Rn. 55.
[16] Vgl. LG München I NZG 2014, 345 (347).
[17] Siehe allgemein Fischer/Schulte-Mattler/Braun KWG § 25c Rn. 65.
[18] Dazu Skauradszun/Linardatos KMAG/Linardatos § 23 Rn. 6 ff.
[19] Richtlinie 2014/65/EU des Europäischen Parlaments und des Rates vom 15.5.2014 über Märkte für Finanzinstrumente.
[20] High-level Expert Group on reforming the structure of the EU banking sector – Liikanen report, 2.10.2012, S. 51; Langenbucher ZHR 176 (2012), 652 (654).

Regelungen zur Unternehmensführung **Art. 34**

erfahrung vor (**EBA/GL/2024/09** bzw. ESMA75-453128700-10 und **EBA-Leitlinien** → Rn. 55).[21] Weitere Anforderungen finden sich teilweise verstreut auf Level-2 (vgl. die RTS zum Stresstesting, → Art. 35 Rn. 33). Diese Aufsichtsregeln gelten vorrangig, eine Orientierung an die im Bankensektor über Jahrzehnte entwickelten Grundsätze ist allerdings weiterhin möglich und angezeigt; selbiges hat schließlich auch der deutsche Gesetzgeber auf Durchsetzungsebene mit dem KMAG getan. Abhängig von den jeweiligen Geschäftsaktivitäten des Emittenten bleiben die tradierten Regeln ohnehin unberührt. Insoweit ist auch das Merkblatt der BaFin zu den Geschäftsleitern gemäß KWG, ZAG und KAGB v. 4.1.2016, geändert am 24.6.2021 (fortan Merkblatt Geschäftsleiter), zu beachten. Darüber hinaus waren und sind die allgemeinen gemeinsamen **Guidelines der ESMA und der EBA** über die Beurteilung der Eignung der Mitglieder des Leitungsorgans und der Inhaber von Schlüsselfunktionen zu berücksichtigen (**EBA/GL/2017/12**).[22]

Maßgeblich ist Art. 34 Abs. 2 für das „Leitungsorgan", worunter zum einen gemäß Art. 3 Abs. 1 Nr. 27 (→ Art. 3 Rn. 197 ff.) ein Organ des Emittenten zu verstehen ist, das befugt ist, „Strategie, Ziele und Gesamtpolitik des Unternehmens festzulegen", mithin die Geschäfte des Unternehmens letztlich tatsächlich führt. Folglich gilt Abs. 2 für Geschäftsleiter. Darüber hinaus erfasst sind auch die Organe, die berufen sind die Entscheidungen der **Geschäftsführung des Unternehmens** zu kontrollieren und zu überwachen, mithin Verwaltungs- und **Aufsichtsorgane.** Denn Verwaltungs- und Aufsichtsorgane können ihren Aufgaben gegenüber dem Leitungsorgan nicht adäquat nachkommen, wenn es substanzielles Erfahrungs- und Wissensgefälle zwischen ihnen gibt – insbesondere, wenn es um die Frage geht, ob die Leitungsorgane den MiCAR-Anforderungen gerecht werden. Es gelten somit insgesamt auf Organebene spezifische Eignungsanforderungen. Die allgemeinen **gesellschaftsrechtlichen Regeln** bleiben hiervon unberührt, auch auf Aufsichtsratsebene.[23]

a) Persönliche Zuverlässigkeit. aa) Grundlagen. Den Grundtatbestand der Inkompatibilität bildet generalklauselartig Satz 1. Danach müssen die Mitglieder des Leitungsorgans „hinreichend gut **beleumundet**" sein. Gemeint ist hiermit ausweislich Erwgr. Nr. 51 S. 2 die persönliche Zuverlässigkeit,[24] so wie dies auch sonst aus dem Finanzmarktrecht bekannt ist (vgl. § 25c KWG, § 24 VAG). Das Zuverlässigkeitskriterium ist unabhängig von der Größe des betreffenden Unternehmens und unbesehen der Art oder Komplexität der geschäftlichen Aktivitäten zu beachten; es

---

[21] Final Report On joint EBA and ESMA Guidelines on the suitability assessment of members of management body of issuers of asset-referenced tokens and of crypto-asset service providers and on the suitability assessment of shareholders and members, whether direct or indirect, with qualifying holdings in issuers of asset-referenced tokens and in crypto-asset service providers.
[22] Joint ESMA and EBA Guidelines on the assessment of the suitability of members of the management body and key function holders under Directive 2013/36/EU and Directive 2014/65/EU. Zuvor Leitlinien der EBA zur Beurteilung der Eignung von Mitgliedern des Leitungsorgans und von Inhabern von Schlüsselfunktionen (EBA/GL/2012/06).
[23] Vgl. BGHZ 85, 293 (295) = NJW 1983, 991 – Hertie: persönliche und eigenverantwortlicher Amtsausübung setzt voraus, dass „ein Aufsichtsratsmitglied diejenigen Mindestkenntnisse und -fähigkeiten besitzen oder sich aneignen muss, die es braucht, um alle normalerweise anfallenden Geschäftsvorgänge auch ohne fremde Hilfe verstehen und sachgerecht beurteilen zu können"; näher Dreher FS Hoffmann-Becking, 2013, 313 ff.
[24] Das bestätigt § 2 Abs. 14 KMAG.

gilt freilich ein Proportionalitätsgrundsatz.[25] Der Begriff des Leitungsorgans ist, wie auch an anderen Stellen der MiCAR, weit auszulegen (→ Rn. 15). Die Anforderungen des Art. 34 können nur **natürliche, voll geschäftsfähige Personen** erfüllen. Nachgewiesen wird die Erfüllung der Anforderungen prinzipiell dokumentenbasiert.[26] Die Anforderung des Abs. 2 müssen nicht nur zum Zeitpunkt der Bestellung erfüllt sein, sondern dauerhaft während der gesamten Dauer der Tätigkeit als Organmitglied. **Primärverantwortlich** für die Erst- und etwaige Folgebewertungen ist **der Emittent** selbst; es sind dafür geeignete Verfahrensgrundsätze aufzustellen.[27] Von der Aufsicht wird die Erfüllung der Anforderungen anhand der Berichterstattung des Jahresabschlussprüfers und anhand ggf. ergänzend eingeforderter Unterlagen und Informationen geprüft.[28] Auch Aufsichtsgespräche und Sonderprüfungen können eine Rolle spielen. Die Leitungsorgane haben für ihren Leumund keinen positiven **Nachweis** zu erbringen, denn dazu sind sie regelmäßig kaum ausreichend in der Lage;[29] mehr als die notwendigen Unterlagen vorlegen können sie idR nicht. Soweit es somit um entsprechende hoheitliche Maßnahmen geht, hat die Aufsicht etwaige Gründe nachzuweisen, die gegen einen guten Leumund sprechen.

17 Für die Bewertung nach Art. 34 **maßgeblich sind allein Tatsachen**.[30] Dem guten Leumund können also nicht bloß Meinungen oder Vermutungen entgegenstehen. Bestehen etwaige Verdachtsmomente, dann müssen diese aufgeklärt werden, bevor etwaige Maßnahmen ergriffen werden; dies gilt auf Emittenten- wie auf Behördenseite.

18 bb) **Einzelfälle.** Paradigmatisch konkretisiert wird die Generalklausel durch Satz 2. Danach ist die wichtigste Fallgruppe fehlender persönlicher Zuverlässigkeit **die rechtskräftige Verurteilung** wegen einer **Straftat** mit Bezug zur Geschäftstätigkeit des Emittenten.[31] Als Beispiele nennt das Gesetz Geldwäsche und Terrorismusfinanzierung. Darüber hinaus sind auch andere Delikte mit Bezug zum Unternehmensgegenstand relevant, insbesondere Vermögenstaten wie Betrug, Untreue, Verstoß gegen die Insolvenzantragspflicht etc. Je nach den Umständen kann eine Unzuverlässigkeit auch bei fehlender Verurteilung angenommen werden. Bei einer solchen Annahme ist allerdings Zurückhaltung geboten, denn die Aufsicht kann sich beispielsweise nicht über die Unschuldsvermutung bei eingestellten Verfahren (zB gemäß §§ 153, 153a StPO) hinwegsetzen.[32] Allgemein gilt, dass **keine schematischen Schlussfolgerungen** zu ziehen sind. Entsprechend betonen die Guidelines der ESMA und der EBA, es seien „Art einer Verurteilung oder Anklage, die Rechtsmittelinstanz, das Strafmaß, die erreichte Phase des Strafverfahrens und die Wirkung eventueller Rehabilitierungsmaßnahmen" zu berücksichtigen.[33] Ebenfalls seien die Begleitumstände relevant, darunter auch mildernde Umstände und das Verhalten des Mitglieds seit der Straftat (zB Kooperationsbereitschaft).

---

[25] Abschnitt C.1. Ziff. 11f. EBA/GL/2024/09, → Rn. 14.
[26] Vgl. Merkblatt Geschäftsleiter v. 4.1.2016 Rn. 92.
[27] Abschnitt C.3. EBA/GL/2024/09, → Rn. 14; s. auch Merkblatt Geschäftsleiter v. 4.1.2016 Rn. 92.
[28] Näher Abschnitt C.5. EBA/GL/2024/09, → Rn. 14.
[29] Vgl. Schwennicke/Auerbach/Schwennicke KWG § 25c Rn. 5.
[30] Siehe parallel Beck/Samm/Kokemoor/Kleinert, 6/2023, KWG § 25c Rn. 22.
[31] Siehe auch Abschnitt C.2.1. Ziff. 13f. EBA/GL/2024/09, → Rn. 14.
[32] Fischer/Schulte-Mattler/Fischer/Krolop KWG § 33 Rn. 41; großzügiger Schwennicke/Auerbach/Schwennicke KWG § 25c Rn. 8a: Verurteilung nicht erforderlich.
[33] EBA/GL/2017/12, Ziff. 74.

Ordnungswidrigkeiten widersprechen der Zuverlässigkeit, wenn sie unmittelbar den Geschäftsbetrieb des Emittenten betreffen oder in Form wiederholter Verstöße eine Neigung zur Missachtung geltender Vorschriften offenbaren.[34] Steuerrückstände und **Steuerdelikte** können ebenfalls auf die Unzuverlässigkeit schließen lassen.[35] Die Bewertung von Verstößen anderer öffentlich-rechtlicher Pflichten ist eine einzelfallabhängige Tatfrage.[36]

Von der BaFin berücksichtigt werden auch **aufsichtliche Maßnahmen**, „die gegen den Geschäftsleiter oder ein Unternehmen, in dem der Geschäftsleiter tätig war oder ist, gerichtet sind oder waren".[37] Die Aufsicht kann mithin Vorerfahrungen mit dem betreffenden Leitungsorgan in ihre Bewertung einfließen lassen.[38]

Eine weitere wichtige Fallgruppe bilden die **persönlichen Mängel** und krankhaften Störungen, die verschuldeter oder unverschuldeter Art sein können.[39] Angesichts der naturgegebenen menschlichen Unvollkommenheit kann man hier nur schwerwiegende Umstände berücksichtigen.

Aus Sicht der Aufsichtsbehörde sind auch **Interessenkonflikte** problematisch, sofern diese geeignet erscheinen, den Geschäftsleiter in der Unabhängigkeit seiner Tätigkeit und seiner Verpflichtung, zum „Wohle des Instituts" tätig zu sein, zu beeinträchtigen.[40] Es geht hierbei also um eigene Interessenkonflikte, die das betreffende Organ in Bezug auf den Emittenten hat. Da Emittenten vermögenswertereferenzierter Token – wie mehrfach gesehen – eine Fremdinteressenwahrungspflicht trifft (→ Art. 27 Rn. 2, 15 ff.), sind darüber hinaus auch andauernde, vom Leitungsorgan entgegen Art. 32 nicht zufriedenstellend abgestellte Interessenkonflikte problematisch.

b) Fachliche Eignung. Leitungsorgane müssen für ihre Tätigkeit fachlich geeignet sein. Die Eignung muss einesteils in **theoretischer** (→ Rn. 24) und anderenteils in **praktischer Hinsicht** (→ Rn. 25) hinsichtlich des betreffenden Geschäftsfelds nachgewiesen sein. Darüber hinaus müssen sie über ausreichend **Leitungserfahrung** und -eignung (→ Rn. 26 ff.) verfügen. Für die Anforderungen gilt einzelfallorientiert der **Proportionalitätsgrundsatz** (Abschnitt C.1. Ziff. 9 EBA/GL/2024/09, → Rn. 14). Mithin bestimmt sich die erforderliche Eignung in Abhängigkeit von der Größe und der Struktur des Emittenten sowie von der genauen Art der vermögenswertereferenzierten Token und der zusammenhängenden Geschäfte. Die fachliche Eignung muss **aktuell** bestehen; es genügt also nicht, wenn sie einst in der Vergangenheit, bspw. in Form einer geeigneten Tätigkeit, vorhanden war.[41]

---

[34] Beck/Samm/Kokemoor/Kleinert, 6/2023, KWG § 25c Rn. 30; Schwennicke/Auerbach/Schwennicke KWG § 25c Rn. 9.
[35] EBA/GL/2017/12, Ziff. 75a. iii.; einschränkend Schwennicke/Auerbach/Schwennicke KWG § 25c Rn. 10 mwN.
[36] Näher Schwennicke/Auerbach/Schwennicke KWG § 25c Rn. 14.
[37] Merkblatt Geschäftsleiter v. 4.1.2016 Rn. 107.
[38] In diese Richtung Fischer/Schulte-Mattler/Fischer/Krolop KWG § 33 Rn. 45.
[39] Ausführlich zu den Parallelbestimmungen Fischer/Schulte-Mattler/Fischer/Krolop KWG § 33 Rn. 45 f.
[40] Merkblatt Geschäftsleiter v. 4.1.2016 Rn. 110.
[41] Vgl. Abschnitt C.2.2. Ziff. 16 EBA/GL/2024/09, → Rn. 14; ebenso allgemein schon Merkblatt Geschäftsleiter v. 4.1.2016 Rn. 95; Fischer/Schulte-Mattler/Braun KWG § 25c Rn. 14.

24 **aa) Theoretische Eignung.** Grundlage der Befähigung zur Unternehmensführung ist die **theoretische Eignung.** Sie ergibt sich beispielsweise aus einem einschlägigen Studium oder einer einschlägigen Berufsausbildung, aus Fort- und Weiterbildungslehrgängen etc. Das Spektrum der geeigneten Studienfächer und Ausbildungsberufe in der Bank- und Finanzbranche ist breit (Rechtswissenschaften, Wirtschaftswissenschaften, Wirtschaftsinformatik, Mathematik, Physik, Bankkaufmann etc).[42] Das Aufsichtsrecht bevorzugt keinen bestimmten Ausbildungsweg, obgleich bei der EBA und der ESMA die Tendenz besteht, einzelnen Ausbildungsbereichen eine Regelvermutung zuzusprechen.[43]

25 **bb) Praktische Eignung.** Über ausreichend **praktische Eignung** verfügt ein Leitungsorgan, wenn es mit Geschäftsaktivitäten aus dem Bereich des Unternehmens in herausgehobener Stellung[44] bereits betraut war. Typischerweise werden aktuell noch relativ wenige Personen nachweisen können, im Geschäftsfeld der Emittenten vermögenswertereferenzierter Token mit organisatorisch hoch angesiedelten Tätigkeiten betraut gewesen zu sein. Schließlich handelt es sich hierbei um ein recht junges Geschäftsfeld. Da allerdings die gesamte MiCAR regulatorisch in die Nähe der Bankgeschäfte, Finanzdienstleistungen, Zahlungsdienste und E-Geld-Geschäfte gerückt hat, wird man Berufserfahrungen bei entsprechenden Wertpapierdienstleistern, Finanz- und Kreditinstituten ausreichen lassen können. Entscheidend ist nämlich, dass die Leitungsorgane mit den Aspekten des aufsichtsrechtlich determinierten Risikomanagements[45] in einer vertrauensempfindlichen (Kapital-)Branche (→ Rn. 5) vertraut sind. Diese Sichtweise spiegeln auch die Guidelines wider.[46]

26 **cc) Leitungserfahrung und Leitungseignung. Leitungserfahrung** besteht, wenn das Leitungsorgan in seinem bisherigen Berufsleben entweder ein Gesamtunternehmen geleitet hat oder ihm die Leitung von Organisationseinheiten, in denen ihm Mitarbeiter unterstellt waren, überantwortet war mit Eigenverantwortung und Entscheidungskompetenzen.[47] Weitere Spezifizierungen enthalten die Guidelines.[48]

27 Wichtig zu beachten ist, dass die Eignung **nicht nur individuell** bestimmt werden darf, sondern dass das Leitungsorgan **auch in seiner Gesamtheit** alle notwendigen Kenntnisse, Fähigkeiten und Erfahrungen mitbringen muss,[49] denn es gilt – wie aus dem Gesellschaftsrecht bestens bekannt[50] – der **Grundsatz der Gesamtverantwortung** (→ Rn. 10). Jedes Leitungsorgan treffen die Leitungspflichten im Ganzen (Allzuständigkeit), so dass eine umfassende Verantwortung für die Belange

---

[42] Vgl. zB Merkblatt Geschäftsleiter v. 4.1.2016 Rn. 100.
[43] Abschnitt C.2.2. Ziff. 21 EBA/GL/2024/09, → Rn. 14; freilich wird den praktischen Erfahrungen ein besonderes Gewicht beigemessen (aaO Ziff. 22), wodurch die Bewertung des Ausbildungswegs relativ an Bedeutung verliert.
[44] Vgl. zB Merkblatt Geschäftsleiter v. 4.1.2016 Rn. 101.
[45] Vgl. zB Merkblatt Geschäftsleiter v. 4.1.2016 Rn. 101.
[46] Vgl. Abschnitt C.2.2. Ziff. 24 EBA/GL/2024/09, → Rn. 14.
[47] Abschnitt C.2.2. Ziff. 20 lit. c EBA/GL/2024/09, → Rn. 14; s. auch Merkblatt Geschäftsleiter v. 4.1.2016 Rn. 102.
[48] Vgl. etwa Abschnitt C.2.2. Ziff. 26 EBA/GL/2024/09, → Rn. 14.
[49] Siehe Abschnitt C.2.3. Ziff. 28 und C.3. Ziff. 37 und insbes. C.3.2. EBA/GL/2024/09, → Rn. 14.
[50] BGH NJW 1990, 2560 (2564 f.).

Regelungen zur Unternehmensführung

des Emittenten besteht. Typischerweise kann ein Organmitglied dieser Allzuständigkeit nur in Kooperation mit den anderen Organmitgliedern nachkommen, weshalb die Kenntnisse, Fähigkeiten und Erfahrungen eines einzelnen Mitglieds uU nicht ausreichen können, wenn etwaige Defizite das Gesamtorgan nicht aufzufangen vermag.

Regelmäßig bewertet die Aufsicht auch die **Leitungseignung:** Relevant hierfür ist, ob sich die Mitglieder des Leitungsorgans über die Interessenkonflikte bewusst sind, die den Emittenten betreffen können, und ob sie befähigt erscheinen, zur Umsetzung einer angemessenen Unternehmens- und Risikokultur, von Unternehmenswerten und Verhaltensweisen innerhalb des Leitungsorgans beizutragen, damit die Geschäfte in verantwortungsvoller Weise geführt werden können.[51]

c) Zeitliche Verfügbarkeit und tatsächlicher Zeiteinsatz. Denklogische Voraussetzung für eine **solide Corporate Governance** ist die zeitliche Verfügbarkeit der Mitglieder der Leitungsorgane des Emittenten.[52] Dementsprechend müssen die Mitglieder der Leitungsorgane nachweisen, dass sie zeitlich ausreichend verfügbar sind, um ihre Aufgaben im Unternehmen wahrzunehmen. Bei der Bewertung sind berufliche und gesellschaftliche Verpflichtungen des jeweiligen Organmitglieds zu berücksichtigen.[53] Dies gilt unabhängig davon, ob es sich um haupt- oder nebenamtliche Tätigkeiten handelt. Auch Beiratstätigkeiten sind zu berücksichtigen.[54] Nur geringfügige Ehrenämter, die dem Privatleben zuzuordnen sind (zB lokaler Sportverein), bleiben unberücksichtigt.[55] Der Emittent stellt die zeitliche Verfügbarkeit in praxi mittels **Assessment-Fragebögen** fest.[56] Die entsprechenden Dokumente sind auch für die **Eignungsprüfung** durch die Aufsicht relevant.

Welcher Zeiteinsatz notwendig ist, hängt von verschiedenen Faktoren ab und kann nicht pauschal beantwortet werden.[57] Deshalb ist Abs. 2 S. 3 als offene **Generalklausel** formuliert. In concreto zu berücksichtigen sind Faktoren wie Größe des Emittenten; Art, Umfang und die Komplexität der Geschäfte; Vorerfahrung, Aufgabe und Ressortzuständigkeit des jeweiligen Organmitglieds; anfallende Ausschusstätigkeiten etc. Darüber hinaus wirken sich organisatorische (zB Sitzungsfrequenz, Effizienz des internen Berichtssystems) und situative Faktoren aus (zB wirtschaftlich schwieriges Marktumfeld, Stresssituation für das Unternehmen). Die zunehmend bedeutsamen **Teilzeitmodelle** sind hier ebenso beachtlich[58] wie etwa § 84 Abs. 3 AktG hinsichtlich der **Auszeit** für Mutterschutz, Elternzeit, die Pflege eines Familienangehörigen oder wegen Krankheit.[59]

Sprachlich ist der Tatbestand des Abs. 2 S. 3 vor dem beschriebenen Hintergrund zu kurz gefasst: Es genügt nicht lediglich der Nachweis der Befähigung, ausreichend Zeit aufwenden zu können, sondern die Leitungsorgane müssen auch **tatsächlich**

---

[51] Abschnitt C.2.2. Ziff. 18 ff. EBA/GL/2024/09, → Rn. 14.
[52] Näher Abschnitt C.2.4. Ziff. 29 ff. EBA/GL/2024/09, → Rn. 14.
[53] Abschnitt C.2.4. Ziff. 31 lit. b, g und h EBA/GL/2024/09, → Rn. 14; s. auch Merkblatt Geschäftsleiter v. 4.1.2016 Rn. 121.
[54] Mit Einschränkungen etwa Merkblatt Geschäftsleiter v. 4.1.2016 Rn. 122.
[55] Merkblatt Geschäftsleiter v. 4.1.2016 Rn. 123.
[56] Plagemann WM 2014, 2345 (2347); Leyens/Schmidt AG 2013, 533 (537).
[57] Näher Abschnitt C.2.4. Ziff. 29 ff. EBA/GL/2024/09, → Rn. 14.
[58] Näher im Allgemeinen Wedemann NZG 2023, 965.
[59] Unklar vor diesem Hintergrund Abschnitt C.2.4. Ziff. 35 EBA/GL/2024/09, → Rn. 14, wo verlangt wird, die Auswirkungen einer längeren Abwesenheit seien zu bewerten und zu berücksichtigen.

Art. 34   Titel III Vermögenswertereferenzierte Token

ausreichend Zeit aufbringen.[60] Hierauf richtet die Aufsichtsbehörde während der laufenden Eignungsprüfung ein besonderes Augenmerk. Denn gerade in Sondersituationen muss sichergestellt sein, dass die Leitungsorgane dem anfallenden Aufwand gerecht *werden*, nicht nur gerecht werden könnten.

32   Eine **Inkompatibilität** erwächst typischerweise aus einer **Ämterhäufung.**[61] Teilweise wird deswegen von Gesetzes wegen die Anzahl der zulässigen Mandate begrenzt (vgl. zB § 25 Abs. 2 KWG). Art. 34 verzichtet auf einen solchen Konkretisierungstatbestand, ohne dass damit ein Freibrief für Ämterhäufungen eingeräumt sein soll. Eine Orientierung an den existierenden Entscheidungsgrundsätzen[62] ist nicht ausgeschlossen, es muss allerdings berücksichtigt werden, dass die Guidelines eigene **ausdifferenzierte Kriterien zur Bewertung des Einzelfalls** aufstellen.[63] Die Inkompatibilität wegen Ämterhäufungen ergibt sich nicht allein aus dem reinen Zeitfaktor, sondern auch aus der Gefahr von (unlösbaren) **Interessenkonflikten** beim Zusammentreffen von mehreren gleichrangigen Pflichten.[64]

33   Aufsichtsrechtlich haben die Anforderungen an zeitliche Verfügbarkeit und Zeiteinsatz erhebliche Auswirkungen. Unabhängig davon, ob das betreffende Organ seine (gesellschaftsrechtlichen) Sorgfaltspflichten verletzt hat, kann die Aufsicht **präventive Maßnahmen** ergreifen.[65] Dies kann gemäß § 23 Abs. 3 Nr. 1 KMAG (iVm Art. 111 Abs. 1 lit. b) bis zum Abberufungsverlangen der Bundesanstalt hinsichtlich des betreffenden Organmitglieds reichen, sofern mildere (informelle)[66] Mittel erfolglos bleiben. Nicht nur mit dem Ziel, eine geeignete Unternehmensführung sicherzustellen, sondern auch im Sinne einer effektiven Aufsicht unterliegen die Emittenten weitreichenden **Dokumentationspflichten.**[67] Diese Dokumente können gemäß § 4 Abs. 3 KMAG herausverlangt werden, weil sie Auskünfte über Geschäftsangelegenheiten betreffen.

34   **d) Rechtsfolgen bei Bestellung ungeeigneter Organe.** Die Aufsichtsbefugnisse zur Abstellung oder Vermeidung von Missständen sind **Versagung der Zulassung,** Maßnahmen gegen Mitglieder der Leitungsorgane (insbes. **Abberufung**) gemäß §§ 23 f. KMAG oder **Zulassungsentziehung** (§ 12 KMAG). Die Anweisung an die Mitgliedstaat, diese Ermächtigungsgrundlagen für etwaige Abberufungen zu schaffen, enthält die MiCAR in Art. 94 Abs. 1 lit. y (→ Art. 94 Rn. 17). Steht ein Verstoß gegen Art. 34 fest, unterliegt die Aufsichtsbehörde einer **gebundenen Entscheidung.**[68] Darüber hinaus ist die zuständige Behörde befugt, wie aus § 25c Abs. 5 S. 1 KWG bekannt, in Ausnahmefällen eine andere mit der Führung der Geschäfte betraute und zur Vertretung ermächtigte Person widerruflich als Geschäftsleiter einzusetzen **(gekorene Geschäftsleiter).** Auch die Entsendung einer Sonderbeauftragten gemäß § 23 Abs. 6 KMAG ist möglich.[69] Diese Befugnisse fol-

---

[60] Merkblatt Geschäftsleiter v. 4.1.2016 Rn. 122; Fischer/Schulte-Mattler/Braun KWG § 25c Rn. 23.
[61] Abschnitt C.2.4. Ziff. 31 lit. a EBA/GL/2024/09, → Rn. 14.
[62] Siehe etwa Merkblatt Geschäftsleiter v. 4.1.2016 Rn. 126 ff.
[63] Abschnitt C.2.4. Ziff. 31 f. EBA/GL/2024/09, → Rn. 14.
[64] Dazu Plagemann WM 2014, 2345 (2348).
[65] Plagemann WM 2014, 2345 (2348).
[66] Siehe zu dieser Möglichkeit Skauradszun/Linardatos KMAG/Linardatos § 23 Rn. 15.
[67] Abschnitt C.2.4. Ziff. 32, 36 EBA/GL/2024/09, → Rn. 14.
[68] Vgl. Fischer/Schulte-Mattler/Braun KWG § 25c Rn. 97.
[69] Skauradszun/Linardatos KMAG/Linardatos § 23 Rn. 44 ff.

Regelungen zur Unternehmensführung **Art. 34**

gen zwar nicht aus Art. 94 Abs. 1 lit. y, sind aber vom Grundtatbestand des lit. v gedeckt (→ Art. 94 Rn. 20).

Ist eine nach den Standards des Art. 34 ungeeignete Person als Organ bestellt worden, so wird die Eignung regelmäßig auch in gesellschaftsrechtlicher Hinsicht fehlen (zB nach § 76 Abs. 3 AktG). In solchen Fällen ist die Bestellung gemäß § 134 BGB nichtig.[70]   35

3. Bewertung und Überprüfung verwendeter Strategien und implementierter Verfahren (Abs. 3)

In Abs. 3 ist letztlich eine Selbstverständlichkeit geregelt. Offensichtlich kann es nicht genügen, Strategien und Verfahren zur Erfüllung der Kapitel 2, 3, 5 und 6 des III. Titels der MiCAR einst eingeführt zu haben, ohne ihre **fortbestehende Wirksamkeit** sicherzustellen. Corporate Governance und Risikomanagement sind Daueraufgaben (→ Art. 34 Rn. 10). Deshalb muss die Geschäftsleitung die eingeführten Strategien und Verfahren laufend überprüfen und bei festgestellten Defiziten geeignete Maßnahmen zur Behebung der Mängel ergreifen. Es handelt sich um erfolgsbezogene Pflichten. Der Geschäftsleitung obliegt es, innerhalb des Unternehmens für diese Aufgaben ausreichend Ressourcen vorzuhalten.   36

4. Anforderungen an Anteilseigner und Gesellschafter mit qualifizierten Beteiligungen (Abs. 4)

Besondere Anforderungen werden von Abs. 4 an Anteilseigner und Gesellschafter gestellt, die direkt oder indirekt qualifizierte Beteiligungen an Emittenten vermögenswertereferenzierter Token halten.[71] Gemäß Art. 3 Abs. 1 Nr. 36 besteht eine qualifizierte Beteiligung bei demjenigen, der entweder (a) mindestens 10% des Kapitals oder der Stimmrechte gemäß den Art. 9, 10 der Transparenz-RL[72] unter Berücksichtigung der Voraussetzungen für das Zusammenrechnen der Beteiligungen nach Art. 12 Abs. 4, 5 der Transparenz-RL innehat oder (b) die Beteiligung die Ausübung eines maßgeblichen Einflusses auf die Geschäftsführung eines Emittenten vermögenswertereferenzierter Token ermöglicht. Solche Anteilseigner oder Gesellschafter müssen **hinreichend gut beleumundet** sein und dürfen insbesondere nicht für Straftaten im Zusammenhang mit Geldwäsche oder Terrorismusfinanzierung oder für andere Straftaten, die einem guten Leumund entgegenstehen, verurteilt worden sein. Die Vorschrift betrifft somit **natürliche Personen.** Verhindert wird dadurch, dass die für Leitungsorgane geltenden Anforderungen umgangen werden, indem diese dem bestimmenden Einfluss etwaiger, nicht hinreichend gut beleumundeter „Hintermänner" unterworfen sind.   37

---

[70] Vgl. allgemein dazu Koch AktG § 76 Rn. 62c; kritisch hinsichtlich eines „overspill" vom Aufsichtsrecht in das Aktienrecht Hopt ZIP 2013, 1793 (1804).

[71] Auf nationaler Durchsetzungsebene ist u. a. § 25 KMAG relevant; dazu Skauradszun/Linardatos KMAG/Linardatos § 25 Rn. 7 ff.

[72] Richtlinie 2004/109/EG des Europäischen Parlaments und des Rates vom 15.12.2004 zur Harmonisierung der Transparenzanforderungen in Bezug auf Informationen über Emittenten, deren Wertpapiere zum Handel auf einem geregelten Markt zugelassen sind, und zur Änderung der Richtlinie 2001/34/EG.

Linardatos

Art. 34

5. Angewandte Strategien und Verfahren (Abs. 5)

38 Von Abs. 5 wird an die gesellschaftsrechtliche **Legalitätspflicht** erinnert. Demnach hat der Emittenten vermögenswertereferenzierter Token hinreichend wirksame Strategien und Verfahren festzulegen, um die Einhaltung der MiCAR sicherzustellen. Freilich ist der Emittent nicht nur an die MiCAR gebunden, sondern er wird von einer Vielzahl von Rechtsvorschriften angesprochen. Deshalb ist Abs. 5 dahingehend zu lesen, der Emittent sei **insbesondere** den Vorschriften der MiCAR verpflichtet.

39 Zwar spricht Abs. 5 vom „Emittenten", indes sind es die Mitglieder der Leitungsorgane, die der Compliance-Verantwortung unterworfen sind.[73] Das Leitungsorgan ist dabei nicht nur der eigenen Rechtstreue verpflichtet (Legalitätspflicht ieS),[74] sondern es hat mittels geeigneter Maßnahmen für regeltreues Verhalten auch auf den nachgeordneten Unternehmensebenen zu sorgen (Legalitätskontrollpflicht).[75] Hierfür hat es die in der Vorschrift angesprochenen Strategien und Verfahren festzulegen, die hinreichend wirksam sind, um eine **gesamtheitliche Compliance** zu gewährleisten.

40 S. 2 zählt verschiedene Bereiche und Aufgabengebiete auf, denen die Geschäftsleitung besondere Aufmerksamkeit zu schenken hat. In weiten Teilen enthält S. 2 lediglich eine Wiederholung der Pflicht, die schon aus der in Bezug genommenen Vorschrift folgt, denn wenn bspw. der Emittent gemäß Art. 36 Abs. 1 eine Vermögenswertreserve zu bilden und jederzeit zu halten hat, dann ist es selbstverständlich, dass diesbzgl. Strategien und Verfahren (S. 2 lit. a) bestehen müssen. In beschränktem Umfang einen eigenständigen Charakter mag man lit. e hinsichtlich des Validierungsverfahrens und lit. f bezüglich einer ggf. verwendeten Distributed-Ledger-Technologie (Art. 3 Abs. 1 Nr. 1) beimessen.

41 Von besonderer Bedeutung ist zudem **lit. h,** der **Vereinbarungen mit Drittunternehmen** über die Verwaltung der Vermögenswertreserve, die Anlage und Verwahrung des Reservevermögens und, falls vorhanden, über den öffentlichen Vertrieb der vermögenswertereferenzierten Token betrifft. Ausweislich des Erwgr. Nr. 52 stehen Emittenten vermögenswertereferenzierter Token „in aller Regel im Zentrum eines Netzwerks von Rechtsträgern, die die Ausgabe solcher Kryptowerte sowie deren Übertragung und den Vertrieb an die Inhaber sicherstellen", wodurch ein besonderes Bedürfnis entsteht, die Emittenten zu verpflichten, „angemessene vertragliche Vereinbarungen mit Drittunternehmen zu schließen und aufrechtzuerhalten, sodass für den Stabilisierungsmechanismus und die Anlage des Reservevermögens, mit dem der Wert der Token unterlegt ist, sowie für die Verwahrung dieses Reservevermögens und gegebenenfalls den Vertrieb der vermögenswertereferenzierten Token an die Öffentlichkeit Sorge getragen wird". Klare **Service Level Agreements** (SLA) sind somit von eminenter Bedeutung (s. schon → Art. 32 Rn. 20). **S. 3** betont, dass die Vereinbarungen iSv lit. h „in einem Vertrag mit dem Drittunternehmen festgelegt" werden müssen. Die Formulierung kann angesichts ihrer „Scharfsinnigkeit" nur unverständiges Kopfschütteln hervorrufen (wo soll der Unterschied zwischen Vereinbarung und Vertrag sein?). Gemeint dürfte sein, dass die Vereinbarungen **schriftlich** festzuhalten sind. In diesen „vertraglichen Vereinbarungen" sind nach **S. 4** die Aufgaben, Zuständigkeiten,

---

[73] Vgl. allgemein BeckOGK/Fleischer, 1.2.2024, AktG § 91 Rn. 62 mwN.
[74] BGH NJW 2012, 3439.
[75] Dazu Arnold ZGR 2014, 76 (79); Fleischer NZG 2014, 321 (322).

Rechte und Pflichten sowohl der Emittenten vermögenswertereferenzierter Token als auch der Drittunternehmen festgelegt. Es müssen mithin die **Verantwortlichkeiten klar zugeteilt** sein, damit Risiken vermieden werden, die entstünden, wenn sich die Parteien gegenseitig aufeinander verlassen würden, ohne selbst zu handeln. Bei vertraglichen Vereinbarungen mit rechtsordnungsübergreifenden Auswirkungen muss zudem nach **S. 5** die zur Anwendung berufene Rechtsordnung von den Vertragsparteien gewählt werden. Damit macht der Gesetzgeber deutlich, dass er es auf die Auslegungsunsicherheiten des IPR nicht ankommen lassen will.

6. Maßnahmen bei fehlendem Rücktauschplan (Abs. 6)

Gemäß Art. 47 Abs. 1 hat der Emittent eines vermögenswertereferenzierten Token einen operativen Plan zur Unterstützung des geordneten Rücktauschs jedes vermögenswertereferenzierten Tokens zu erstellen und aufrechtzuerhalten, der umzusetzen ist, wenn die zuständige Behörde feststellt, dass der Emittent seine Verpflichtungen nicht oder wahrscheinlich nicht erfüllen kann. Der Zweck des Rücktauschplans besteht im Schutz der Rechte der Tokeninhaber in Krisensituationen wie Insolvenz, Abwicklung oder Entzug der Zulassung (vgl. Erwgr. Nr. 65). Fehlt es an einem Rücktauschplan, so hat der Emittent durch geeignete und verhältnismäßige Systeme, Ressourcen und Verfahren die Fortsetzung der Geschäftsaktivitäten sicherzustellen. Die Vorschrift ist hinsichtlich ihres Anwendungsbereichs und Regelungszwecks beim ersten Lesen kryptisch. Denn *erstens* ist der Rücktauschplan nach Art. 47 nicht optional („muss"); eine Erleichterung gilt nur für einen begrenzten Zeitraum nach Art. 47 Abs. 3 (näher → Art. 47 Rn. 56ff.). *Zweitens* soll der Rücktauschplan gerade in Krisensituationen greifen, die sich typischerweise nicht durch „Systeme, Ressourcen und Verfahren" abwenden lassen. Mit Blick auf die englische Sprachfassung[76] könnte Abs. 6 deshalb lediglich die Selbstverständlichkeit nennen, dass ein Emittent die Fortsetzung seiner Geschäftsaktivitäten sicherzustellen hat, solange ein Rücktauschplan nicht eingeleitet wurde.

7. Genehmigungsvorbehalt bei Einstellungsentschluss (Abs. 7)

In Einschränkung der unternehmerischen Handlungsfreiheit steht es dem Emittenten eines vermögenswertereferenzierten Token nicht uneingeschränkt frei, die Erbringung von „verbundenen Dienstleistungen und Tätigkeiten" einzustellen. Vielmehr hat er der zuständigen Aufsichtsbehörde einen Plan zur Genehmigung dieser Einstellung vorzulegen. Dies soll die Interessen der investierten Tokeninhaber schützen. Vor diesem Hintergrund nicht sonderlich verständlich ist, weshalb dies bei der Entscheidung, die Ausgabe vermögenswerter Token einzustellen, auch gelten soll. Ein etwaiges Vertrauen potenzieller Erwerber erscheint mangels irreversibler Dispositionsentscheidung typischerweise nicht sonderlich schutzwürdig. Der Regelungszweck der Bestimmung bleibt insoweit im Dunkeln.

8. Ermittlung und Minimierung operationeller Risiken (Abs. 8)

Teil der internen Governance und des Risikomanagements ist die **Ermittlung** operationeller Risiken und die Herstellung operationeller **Resilienz**. Von der

---

[76] „Unless they have initiated a redemption plan referred to in Article 47, issuers of asset-referenced tokens shall employ…".

Art. 34

MiCAR werden diese nicht näher definiert; es ist insoweit auf die Titel V Ziff. 12 der **EBA-Leitlinien** (→ Rn. 56) zurückzugreifen. Operationelle Risiken stehen in einem engen Zusammenhang mit Sicherheitsrisiken. Eine weiterführende Definition enthält die CRR in Art. 4 Abs. 1 Nr. 52: „das Risiko von Verlusten, die durch die Unangemessenheit oder das Versagen von internen Verfahren, Menschen und Systemen oder durch externe Ereignisse verursacht werden, einschließlich Rechtsrisiken". Ebenfalls weiterführend sind die **EBA Guidelines on ICT and security risk management:**[77] Es handele sich um ein einzelnes Ereignis oder eine Reihe miteinander verbundener, vom Unternehmen nicht geplanter Ereignisse, die eine negative Auswirkung auf die Integrität, Verfügbarkeit, Vertraulichkeit oder Authentizität der Geschäftsaktivitäten haben oder wahrscheinlich haben werden.

45 Die so ermittelten Risiken sind durch entsprechende Systeme, Kontrollen und Verfahren zu **minimieren** und es sind Maßnahmen zu ergreifen, damit eine operationelle Resilienz hergestellt wird. Es gilt dabei der **Grundsatz der Proportionalität.**[78] Risiken können und sollen nicht um jeden Preis auf null reduziert werden. Bei jeder Geschäftsaktivität verbleibt ein Restrisiko. „Geeignete" Systeme, Kontrollen und Verfahren ist daher als **angemessene** Maßnahmen zur Risikominimierung zu lesen. Hierbei sind zu berücksichtigen: Größe, Art, Umfang, Komplexität und Risikogehalt der Aktivitäten des Emittenten sowie des vertriebenen Produkts. Für die Geschäftsleiter gilt auch hier die Regel der Gesamtverantwortung (→ Rn. 10). Bei Emittenten vermögenswertereferenzierter Token bestehen zentrale operationelle Risiken insbesondere in technischer Hinsicht, weshalb sie von Abs. 10 des Art. 34 nochmals gesondert angesprochen werden (→ Rn. 48 ff.).

9. Sicherstellung der Betriebsfortführung bei IKT-Störungen (Abs. 9)

46 a) **Grundlagen.** Teil der operationellen Risiken sind die IKT-Störungen. Es liegt in der Natur der Sache, dass solche Störungen nie vollends verhindert werden können – ganz gleich, wie ausgeprägt die digitale operationale Resilienz (→ Rn. 48 ff.) im betreffenden Unternehmen sein mag. Deshalb haben die Geschäftsleiter für den Emittenten eine **Strategie zur Fortführung** des Geschäftsbetriebs und Pläne festzulegen, mit denen im Falle der Unterbrechung ihrer IKT-Systeme und Verfahren der Bewahrung wesentlicher Daten und Funktionen und die **Aufrechterhaltung ihrer Tätigkeiten** oder, wenn dies nicht möglich ist, zeitnah die Wiederherstellung dieser Daten und Funktionen und die Wiederaufnahme ihrer Tätigkeiten sichergestellt ist. Solchen Strategien und Maßnahmen sind zwingenderweise umfangreiche **Analysen** vorgeschaltet, die mit der Erstellung eines Verzeichnisses der IKT-Assets und der Bewertung der Kritikalität der verschiedenen Geschäftsfunktionen beginnen und mit der Erstellung von **Eskalations-, Notfall- und Betriebsfortführungsplänen** für verschiedene Szenarien enden. Die Pläne müssen dokumentiert und den potenziell betroffenen Abteilungen dauerhaft zugänglich sein. Weitere Regelungsdetails enthält Titel VI der **EBA-Leitlinien** (→ Rn. 56).

---

[77] EBA/GL/2019/04, Ziff. 10.
[78] Vgl. zB auch Rz. 88 der EBA-Leitlinien (→ Rn. 56).

Regelungen zur Unternehmensführung **Art. 34**

b) Meldepflichten. Überraschenderweise wird von Art. 34 keine Pflicht statuiert, eine Meldung an die Aufsicht über jedenfalls schwerwiegende Betriebs- oder Sicherheitsvorfälle zu erstellen. Anders ist dies beispielsweise von § 54 ZAG (zurückgehend auf Art. 96 ZDRL II[79]) bekannt. Freilich hat die zuständige Behörde gemäß Art. 94 Abs. 3 umfassende Untersuchungsbefugnisse. Teil davon ist das Recht der Aufsichtsbehörde, Auskunft über etwaige Betriebs- oder Sicherheitsvorfälle verlangen zu können. Die Emittenten scheinen aber nach Art. 34 in einer passiven Rolle verbleiben zu können. Das steht in einem regulatorischen Widerspruch zu der Bedeutung, die den Emittenten vermögenswertereferenzierter Token für das Finanzsystem von der MiCAR zugesprochen wird. Die Lücke schließt erst Art. 2 Abs. 1 lit. f, Abs. 2 iVm Art. 19 **DORA**.[80] 47

10. Digitale operationale Resilienz (Abs. 10)

Ein Unterfall operationaler Risiken iSd Abs. 8 sind die in Abs. 10 adressierten Risiken der IKT. Die Emittenten vermögenswertereferenzierter Token bzw. die Leitungsorgane haben als Teil ihrer unternehmerischen Sorgfaltspflicht im Rahmen ihrer IT-Strategie über interne Kontrollmechanismen und wirksame Verfahren für Risikomanagement, einschließlich wirksamer Kontroll- und Schutzvorkehrungen für das **Management von IKT-Systemen**, nach Maßgabe der **DORA** zu verfügen.[81] In diesen Verfahren ist nach S. 2 auch eine umfassende Bewertung der Inanspruchnahme von Drittunternehmen gemäß Art. 34 Abs. 5 UAbs. 1 lit. h vorzusehen. Es existiert insoweit ein weitgezogener Überwachungsrahmen. Die DORA ist sektorspezifisch lex specialis gegenüber der Richtlinie für Netzwerk- und Informationssicherheit (NIS-2-RL, s. dort Art. 4 Abs. 1).[82] Sie adressiert im Vergleich zur NIS-2-RL konkretere und strengere Anforderungen an die Widerstandsfähigkeit der Informationstechnik im Finanzsektor. Freilich ist bei der konkreten Anwendung der Vorschriften das **Proportionalitätsprinzip** des Art. 4 DORA zu beachten:[83] Welche Anforderungen konkret gelten, richtet sich nach der Größe und dem Gesamtrisikoprofil des betreffenden Unternehmens sowie nach der Art, dem Umfang und der Komplexität der ausgetragenen Dienstleistungen, Tätigkeiten und Geschäfte. Auf Emittentenseite ist dieser die qualitativen und quantitativen Anforderungen eingrenzender Grundsatz von entscheidender Bedeutung, damit die operativen Kosten in einem unternehmerisch sinnvollen Rahmen bleiben. 48

Vorbeugende technisch-organisatorische Maßnahmen sind aus rechtlichen sowie aus wirtschaftlichen Gesichtspunkten essenziell für den Emittenten, um eine Haftung und damit einhergehend einen Reputationsverlust zu vermei- 49

---

[79] Richtlinie (EU) 2015/2366 des Europäischen Parlaments und des Rates vom 25.11.2015 über Zahlungsdienste im Binnenmarkt, zur Änderung der Richtlinien 2002/65/EG, 2009/110/EG und 2013/36/EU und der Verordnung (EU) Nr. 1093/2010 sowie zur Aufhebung der Richtlinie 2007/64/EG.
[80] Verordnung (EU) 2022/2554 des Europäischen Parlaments und des Rates vom 14.12.2022 über die digitale operationale Resilienz im Finanzsektor.
[81] Vgl. allgemein zur IT-Sicherheit im Finanzsektor Möslein/Omlor FinTech-HdB/Kipker § 17. Im Überblick zur DORA Waschbusch/Schlenker/Kiszka, 2023, Ziff. 4.2. (S. 121 ff.).
[82] Richtlinie (EU) 2022/2555 des Europäischen Parlaments und des Rates vom 14.12.2022 über Maßnahmen für ein hohes gemeinsames Cybersicherheitsniveau in der Union.
[83] Dazu in Kurzfassung Waschbusch/Schlenker/Kiszka, 2023, Ziff. 4.2.2. (S. 125 f.) mwN.

den.[84] Cybersicherheit ist hierbei mehr als effektiver Datenschutz (dazu → Rn. 52f.). Es geht nämlich einerseits um den **Schutz der Unternehmensinfrastruktur** vor digitalen Einwirkungen (zB Hacking-Risiko). Andererseits muss auch der **Schutz des digitalen Produkts,** das vom Emittenten vertrieben wird, gewährleistet bleiben – gerade auch nach Erreichen des Tokeninhabers, damit dieser vor etwaigen Nachteilen bewahrt wird.[85] Hintergrund hierbei ist u. a., dass der Tokeninhaber etwaige technische Kompromittierungen nur in einem eingeschränkten Umfang verhindern kann und dementsprechend der Emittent überlegener Risikoträger ist. Zudem sind Emittenten vermögenswertereferenzierter Token für das Finanzsystem relevant und somit Teil der **Kritischen Infrastrukturen.**

50 Die Leitungsorgane des Emittenten haben IT-Ressourcen risikoproportional (→ Rn. 10) und sowohl angemessene **Risikominderungsmaßnahmen** sowie Kontrollmechanismen zur **Beherrschung** etwaiger operationeller Digitalrisiken als Teil ihrer **Organisationspflicht** zu ergreifen. Relevante Vorgaben enthalten diesbzgl. die **EBA-Guidelines** (→ Rn. 56). Darüber hinaus kann auf die **EBA Guidelines on ICT and security risk management** (EBA/GL/2019/04, → Rn. 43) zurückgegriffen werden, die jedoch angesichts der DORA noch zahlreichen Anpassungen unterfallen dürften. Weiterhin sind die von der EZB und den G-7 herausgegebenen „Fundamental Elements for Threat-Led Penetration Testing" zu berücksichtigen.[86] – Auf nationaler Ebene für die Praxis noch immer von Bedeutung ist das Rundschreiben 10/2017 (BA) der BaFin zu den Bankaufsichtlichen Anforderungen an die IT **(BAIT),** welches spezifisch das Management der IT-Ressourcen, das Informationsrisikomanagement und das Informationssicherheitsmanagement neben den allgemeineren Mindestanforderungen an das Risikomanagement **(MaRisk)** konkretisiert (ähnlich auch im Zahlungsdiensterecht, wo die MaRisk ebenfalls nicht unmittelbar anwendbar ist, aber zur Orientierung herangezogen wird[87]). MaRisk und BAIT helfen vor allem bei der Auslegung unbestimmter Rechtsbegriffe[88] und sie sind nützlich, soweit Unklarheiten bei der konkreten Anwendung der (qualitativen) DORA-Anforderungen bestehen.

51 Emittenten vermögenswertereferenzierter Token **überwachen und bewerten** gemäß S. 3 regelmäßig die Angemessenheit und Wirksamkeit der Mechanismen der internen Kontrolle und der Verfahren für die Risikobewertung und ergreifen geeignete Maßnahmen zur Behebung festgestellter Mängel. Hierfür haben sie als Teil des **laufenden Risikomanagements** unabhängige Kontrollfunktionen innerhalb des Unternehmens einzurichten, die mit ausreichenden Ressourcen und ausreichend geschultem Personal ausgestattet sind. Klare Berichts- und Eskalationsregeln stellen sicher, dass Defizite frühzeitig aufgedeckt und adressiert werden. Empfehlenswert ist es in diesem Zusammenhang, einen direkt der Geschäftsleitung berichtenden Informationssicherheitsbeauftragten **(ISB)** zu implementieren.[89] Auf nationaler Durchsetzungsebene erfolgt die **aufsichtsrechtliche Überwachung** nach den Regeln des **§ 26 KMAG.**

---

[84] SWK-Legal Tech/Kipker Kap. 18 Rn. 2.
[85] SWK-Legal Tech/Kipker Kap. 18 Rn. 2.
[86] Abrufbar über https://beck-link.de/73xm8 (zuletzt abgerufen am 23.07.2024).
[87] Vgl. Schäfer/Omlor/Mimberg/Glos/Hildner § 53 Rn. 10.
[88] So zum KWG Waschbusch/Schlenker/Kiszka, 2023, Ziff. 3.5.2.1. (S. 60).
[89] Näher Waschbusch/Schlenker/Kiszka, 2023, Ziff. 3.5.3.5. (S. 79ff.).

Regelungen zur Unternehmensführung **Art. 34**

11. Datenschutzkonzepte (Abs. 11)

Von den Emittenten vermögenswertereferenzierter Token muss als Teil der 52
Compliance[90] **technisch-organisatorisch Datenschutz** gewährleistet werden.
Insbesondere gewährleistet sein muss die Verfügbarkeit, Authentizität, Integrität
und Vertraulichkeit der Daten. Konkretisierend verweist Abs. 11 auf die Bestimmungen der **DORA** und der **DSGVO**. Relevant ist bspw. Art. 32 DSGVO zur Sicherheit der Verarbeitung.[91] Eine wichtige Orientierungshilfe bieten auch hier das BAIT-Rundschreiben, die MaRisk und die EBA Guidelines on ICT and security risk management (→ Rn. 44). Zudem ist in Deutschland das **BSIG** zu beachten.

Das Datenschutzkonzept soll lediglich die Vertraulichkeit und Integrität 53
personenbezogener Daten iSd Art. 4 Nr. 1 DSGVO schützen. Es geht mithin nicht
allein um Individualschutz.[92] Vielmehr ist die Vertraulichkeit, Integrität und insbesondere auch Verfügbarkeit aller betriebs- und geschäftsbezogener Daten sicherzustellen, da Emittenten vermögenswertereferenzierter Token ein (ausschließlich)
datenbasiertes Geschäftsmodell verfolgen. Die notwendigen Datenschutzkonzepte
sind damit Teil des betriebsbezogenen Risikomanagements. Dadurch bezweckt
Abs. 11 auch den Schutz des zusammenhängenden Wirtschaftssystems, da Emittenten vermögenswertereferenzierter Token – das beweisen die Eigenmittelanforderungen (→ Art. 35 Rn. 9ff.) – als potenziell relevant für die Finanzstabilität angesehen werden **(Kritische Infrastruktur)**.

12. Unabhängige Prüfungen (Abs. 12)

Von den Geschäftsleitern sind „regelmäßig" unabhängige Prüfungen des Emit- 54
tenten zu veranlassen **(Audits)**. Unabhängig sind jedenfalls **externe Prüfer** und
Auditoren; als solche in Betracht kommen zum Beispiel Wirtschaftsprüfer, Rechtsanwälte oder IT-Forensiker.[93] Davon unberührt bleibt die Pflicht, ein **internes Audit** zu etablieren: Das zeigt nicht nur Art. 24 Abs. 4 DORA, sondern insbesondere
Titel V Ziff. 16 der **EBA-Leitlinien** (→ Rn. 56), der nähere Anforderungen an die
Audit-Organisation aufstellt. Es hängt in concreto von der Unternehmensstruktur
und der Aufbauorganisation ab, ob interne Abteilungen gegenüber der Geschäftsleitung tatsächlich die notwendige Unabhängigkeit aufweisen. Art. 24 Abs. 4 S. 2
DORA umschreibt diese Problematik etwas ungenau dahingehend, es müsse die
Verhinderung von Interessenkonflikten sichergestellt sein. Da in der gelebten Gesellschaftsstruktur eine entsprechende Organisation nicht stets gewährleistet ist, hat
sich beispielsweise der DSA[94] mit Art. 37, 41 Abs. 3 lit. c von vornherein für externe
Prüfungen ausgesprochen.[95]

Ziel der Audits ist es, die Einhaltung interner wie externer Richtlinien und 55
(Rechts-) Anweisungen sicherzustellen sowie etwaige Optimierungspotentiale fest-

---

[90] SWK-Legal Tech/Schultze-Melling Kap. 24 Rn. 3.
[91] Näher zum Maßnahmenkatalog BeckOK IT-Recht/Borges, 1.7.2021, DSGVO Art. 21 Rn. 9ff.
[92] Dahingehend SWK-Legal Tech/Schultze-Melling Kap. 24 Rn. 34.
[93] Vgl. allgemein Miege CCZ 2022, 370 (371).
[94] Verordnung (EU) 2022/2065 des Europäischen Parlaments und des Rates vom 19.10.2022 über einen Binnenmarkt für digitale Dienste und zur Änderung der Richtlinie 2000/31/EG (Gesetz über digitale Dienste).
[95] Dazu Müller-Terpitz/Köhler/Linardatos DSA Art. 41 Rn. 22; Hofmann/Raue/Kaesling DSA Art. 41 Rn. 7.

zustellen. Die Ergebnisse der externen Prüfung sind für eine wirksame Aufsicht von großer Bedeutung, so dass die Leitungsorgane gegenüber der zuständigen Behörde eine Mitteilungspflicht haben. Die Prüfergebnisse sind schriftlich bzw. – nach den Regeln des innerstaatlichen Verwaltungsrechts – elektronisch mitzuteilen. Inhaltliche Konkretisierungen sind gemäß Abs. 13 lit. d den Leitlinien der EBA vorbehalten.

13. Leitlinien (Abs. 13)

56 Mandatiert wurde nach Abs. 13 die EBA, um in enger Zusammenarbeit mit der ESMA und der EZB Leitlinien gemäß Art. 16 der VO (EU) Nr. 1093/2010 herauszugeben, in denen die inhaltlichen Mindestanforderungen an die Regelungen zur Unternehmensführung spezifiziert werden. Die Spezifizierungen sollen betreffen: die Instrumente zur Überwachung der Risiken nach Art. 34 Abs. 8 (lit. a); den in Art. 34 Abs. 9 genannten Plan zur Fortführung des Geschäftsbetriebs (lit. b); die internen Kontrollmechanismus iSd Art. 34 Abs. 10 (lit. c); die in Art. 34 Abs. 12 genannten Prüfungen, einschließlich der Unterlagen, die mindestens bei der Prüfung zu verwenden sind (lit. d). Die Veröffentlichung der **EBA-Leitlinien** ist bis spätestens zum 30.6.2024 aufgegeben gewesen; der finale Entwurf stammt vom 6.6.2024.[96]

57 Neben den EBA-Leitlinien zu berücksichtigen sind die Bestimmungen über die Anforderungen an die Unternehmensführung aus anderen Gesetzgebungsakten der Union über Finanzdienstleistungen, einschließlich der MiFID II,[97] sofern der Emittent in einem entsprechenden Bereich tätig sein sollte.

Artikel 35 Eigenmittelanforderungen

(1) **Die Emittenten vermögenswertereferenzierter Token verfügen jederzeit über Eigenmittel in Höhe eines Betrags, der mindestens dem höchsten der folgenden Beträge entspricht:**
a) EUR 350 000;
b) 2 % des Durchschnittsbetrags des in Artikel 36 genannten Reservevermögens;
c) einem Viertel der fixen Gemeinkosten des Vorjahres.

Für die Zwecke von Unterabsatz 1 Buchstabe b gilt als Durchschnittsbetrag des Reservevermögens der über die vorangegangenen sechs Monate berechnete Durchschnittsbetrag des Reservevermögens am Ende jeden Kalendertages.

Bietet ein Emittent mehr als einen vermögenswertreferenzierten Token an, so entspricht der unter Unterabsatz 1 Buchstabe b genannte Betrag der Summe des Durchschnittsbetrags des Reservevermögens für jeden vermögenswertreferenzierten Token.

Der in Unterabsatz 1 Buchstabe c genannte Betrag wird jährlich überprüft und gemäß Artikel 67 Absatz 3 berechnet.

---

[96] EBA Guidelines on the minimum content of the governance arrangements for issuers of asset-referenced tokens, EBA/GL/2024/06.
[97] Richtlinie 2014/65/EU des Europäischen Parlaments und des Rates vom 15.5.2014 über Märkte für Finanzinstrumente.

Eigenmittelanforderungen **Art. 35**

(2) Die in Absatz 1 dieses Artikels genannten Eigenmittel bestehen aus den in den Artikeln 26 bis 30 der Verordnung (EU) Nr. 575/2013 genannten Posten und Instrumenten des harten Kernkapitals nach den vollständig erfolgten Abzügen gemäß Artikel 36 der genannten Verordnung und ohne Anwendung der Schwellenwerte für Ausnahmen nach Artikel 46 Absatz 4 und Artikel 48 der genannten Verordnung.

(3) Die zuständige Behörde des Herkunftsmitgliedstaats kann einem Emittenten eines vermögenswertreferenzierten Token vorschreiben, Eigenmittel in einer Höhe vorzuhalten, die um bis zu 20 % über dem Betrag liegen, der sich aus der Anwendung von Absatz 1 Unterabsatz 1 Buchstabe b ergibt, wenn aufgrund einer Bewertung eines der folgenden Faktoren auf ein höheres Risiko zu schließen ist:

a) Evaluierung der in Artikel 34 Absätze 1, 8 und 10 genannten Verfahren des Risikomanagements und der Mechanismen der internen Kontrolle des Emittenten des vermögenswertreferenzierten Token;
b) Qualität und Volatilität des in Artikel 36 genannten Reservevermögens;
c) Arten von Rechten, die der Emittent des vermögenswertreferenzierten Token Inhabern vermögenswertreferenzierter Token gemäß Artikel 39 gewährt;
d) falls die Vermögenswertreserve Anlagen umfasst, Risiken, die sich aus der Anlagepolitik für die Vermögenswertreserve ergeben;
e) Gesamtwert und Gesamtzahl der Transaktionen, die mit dem vermögenswertreferenzierten Token getätigt wurden;
f) Bedeutung der Märkte, auf denen der vermögenswertreferenzierten Token angeboten und vertrieben werden;
g) falls vorhanden, Marktkapitalisierung des vermögenswertreferenzierten Token.

(4) Die zuständige Behörde des Herkunftsmitgliedstaats kann einem Emittenten eines nicht signifikanten vermögenswertreferenzierten Token verpflichten, die in Artikel 45 festgelegten Anforderungen zu erfüllen, wenn dies zur Bewältigung des gemäß Absatz 3 des vorliegenden Artikels ermittelten höheren Risikos oder anderer gemäß Artikel 45 berücksichtigter Risiken – etwa Liquiditätsrisiken – erforderlich ist.

(5) Unbeschadet Absatz 3 führen Emittenten vermögenswertreferenzierter Token regelmäßig Stresstests durch, bei denen schwere, aber plausible finanzielle Stressszenarien wie Zinsschocks und nichtfinanzielle Stressszenarien wie operationelle Risiken berücksichtigt werden. Auf der Grundlage der Ergebnisse solcher Stresstests schreibt die zuständige Behörde des Herkunftsmitgliedstaats den Emittenten vermögenswertreferenzierter Token vor, dass sie unter bestimmten Umständen hinsichtlich der Risikoprognose und der Stresstestergebnisse einen Betrag an Eigenmitteln halten, der zwischen 20 % und 40 % höher ist als der Betrag, der sich aus der Anwendung von Absatz 1 Unterabsatz 1 Buchstabe b ergibt.

(6) Die EBA arbeitet in enger Zusammenarbeit mit der ESMA und der EZB Entwürfe technischer Regulierungsstandards aus, in denen Folgendes präzisiert wird:
a) das Verfahren und die Fristen für die Anpassung eines Emittenten eines signifikanten vermögenswertreferenzierten Token an höhere Eigenmittelanforderungen gemäß Absatz 3;

Art. 35 Titel III Vermögenswertereferenzierte Token

b) die Kriterien für die Forderung eines höheren Eigenmittelbetrags gemäß Absatz 3;
c) die Mindestanforderungen an die Gestaltung von Stresstests unter Berücksichtigung des Volumens, der Komplexität und Art des vermögenswertereferenzierten Token, einschließlich, aber nicht beschränkt auf:
  i) die Arten von Stresstests und ihre wichtigsten Ziele und Anwendungen;
  ii) die Häufigkeit der verschiedenen Stresstests;
  iii) die internen Regelungen zur Unternehmensführung;
  iv) die entsprechende Dateninfrastruktur;
  v) die Methodik und Plausibilität der Annahmen;
  vi) die Anwendung des Grundsatzes der Verhältnismäßigkeit auf alle quantitativen oder qualitativen Mindestanforderungen und
  vii) die Mindesthäufigkeit der Stresstests und die gemeinsamen Referenzparameter der Stresstestszenarien.

Die EBA übermittelt der Kommission die in Unterabsatz 1 genannten Entwürfe technischer Regulierungsstandards spätestens am 30. Juni 2024.

Der Kommission wird die Befugnis übertragen, diese Verordnung durch die Annahme der in Unterabsatz 1 des vorliegenden Absatzes genannten technischen Regulierungsstandards gemäß den Artikeln 10 bis 14 der Verordnung (EU) Nr. 1093/2010 zu ergänzen.

Übersicht

	Rn.
I. Grundlagen	1
1. Genese	1
2. Regelungszweck	4
II. Auslegung der Norm	8
1. Eigenmittelbegriff und Überblick	8
2. Gesetzlicher Mindestbetrag (Abs. 1)	9
3. Anrechenbare Posten und Instrumente sowie Abzugsposten (Abs. 2)	13
a) Anrechenbare Posten	14
b) Kriterien für die Anerkennung	20
c) Abzugsposten	23
4. Risikobedingte Eigenmittelerhöhung (Abs. 3)	24
a) Grundlagen	24
b) Risikofaktoren	26
5. Anforderungen für nicht signifikante vermögenswertereferenzierte Token (Abs. 4)	31
6. Stresstestbedingte Eigenmittelerhöhung (Abs. 5)	32
7. Technische Regulierungsstandards (Abs. 6)	36
8. Behördenmaßnahmen	37

I. Grundlagen

1. Genese

1 Über Art. 31 KOM-E hinaus sieht Art. 35 Abs. 1 lit. c die Möglichkeit vor, die Eigenmittel über den Grundbetrag des lit. a anzuheben auf ein „Viertel der fixen Gemeinkosten des Vorjahres". Ein entsprechender Vorschlag war schon im EP-

Mandat enthalten. Abgesehen davon waren sich das EP und der Rat darin einig, dass – so wie nun in Abs. 5 vorgesehen (→ Rn. 32 ff.) – Stresstests notwendig sein können, deren Ergebnisse einen Einfluss auf die erforderlichen Eigenmittel haben sollten. Rund um diese Stresstests hat Art. 35 im Vergleich zum Kommissionsvorschlag verschiedene Ergänzungen und Änderungen erfahren, auch hinsichtlich der technischen Regulierungsstandards iSd Abs. 6.

Während Art. 31 Abs. 3 KOM-E noch die Option enthielt, dass die zuständige Behörde nach einer entsprechenden Risikoanalyse dem Emittenten eines vermögenswertereferenzierten Token es erlässt, Eigenmittel iHv mindestens 350.000 EUR vorzuhalten, ist dieser Ausnahmetatbestand auf Betreiben des Rates hin gestrichen worden. Demnach schreibt Art. 35 Abs. 1 lit. a eine streng verbindliche Mindestsumme vor, von der nur Abweichungen nach oben, nicht nach unten möglich sind. Dadurch besteht kein Raum mehr für eine Prüfung, ob die Risiken für das Finanzsystem (näher dazu → Rn. 9 ff.) angesichts des Emissionsvolumens so gering ausfallen, dass auch bei dünnerer Eigenmitteldecke des Emittenten eine Beeinträchtigung der Finanzstabilität nicht droht. 2

Eine Überarbeitung hat Art. 31 KOM-E weiterhin durch den auf Vorschlag des Rates eingefügten Abs. 4b erfahren, der auch bei nicht signifikanten vermögenswertereferenzierten Token die Anordnung ermöglicht, Anforderungen nach Art. 45 zur Risikobewältigung zu erfüllen. Zuletzt sind die Zuständigkeiten bzgl. der Ausarbeitung der technischen Regulierungsstandards geändert worden: Während Art. 31 Abs. 4 KOM-E ursprünglich primär die EBA in der Pflicht sah mit der ESMA als Kooperationspartnerin und im EP-Mandat eine Alleinzuständigkeit der ESMA befürwortet wurde, ist jetzt gemäß Abs. 6 – so wie vom Rat vorgeschlagen – die EBA primär zuständig; sie muss allerdings mit der ESMA und mit der EZB zusammenarbeiten. 3

2. Regelungszweck

Als Emittent vermögenswertereferenzierter Token darf gemäß Art. 35 nur ein Unternehmen auftreten, das über eine gewisse finanzielle Ausstattung verfügt. Die MiCAR tritt damit der im frühen Kryptowertemarkt beobachteten Praxis entgegen, wo das Emissionsgeschäft ohne substanzielle Eigenmittel betrieben wurde. Durch die statuierten Eigenmittelanforderungen werden – wie aus dem Bankensektor bekannt – **Risiken für die Finanzstabilität des Finanzsystems eingedämmt (Funktionenschutz;** vgl. Erwgr. Nr. 53).[1] Das Stabilitätsrisiko besteht insbesondere bei den stark fremdfinanzierten Finanzinstituten,[2] kann aber auch bei den hier adressierten Emittenten virulent werden – dies insbesondere vor dem Hintergrund sich stetig verändernder Marktbedingungen und Liquiditätsrisiken[3] in dem noch jungen Kryptowertesektor, wodurch nicht unerhebliche Unsicherheiten darüber bestehen, wie sich die Aktiva des Unternehmens verändern (werden). Deswegen kann es für den Zweck der Finanzstabilität nicht genügen, wenn der Emittent vermögenswertereferenzierter Token bei Gründung mit dem ausreichenden, bei juristischen Personen gesetzlich vorgeschriebenen Kapital ausgestattet ist (Gründungskapital). Vielmehr muss das Unternehmen beständig über entsprechende Mittel ver- 4

---

[1] Siehe auch Maume RDi 2022, 497 Rn. 21.
[2] Vgl. grundlegend Bieg/Krämer/Waschbusch/Igl Bankenaufsicht in Theorie und Praxis S. 239 f.; Kümpel/Mülbert/Früh/Seyfried Bank-/KapMarktR/Freis-Janik Rn. 2.202.
[3] Allg. zu diesem Problem Martino Amsterdam Law School Legal Studies Research Paper No. 2022-27 (Ziff. 2.1).

Art. 35   Titel III Vermögenswertereferenzierte Token

fügen, um etwaige Risiken oder Verluste bei Unternehmensfortführung auch in einem veränderten Marktumfeld decken zu können. Das Eigenkapital soll mithin dauerhaft die Interessen der Gläubiger (**Gläubigerschutz** oder *going concern*-Fall) und die anvertrauten Vermögenswerte durch eine entsprechende Haftungsmasse absichern. Hierdurch wird das Vertrauen der Marktteilnehmer in den Emittenten gestärkt. Art. 35 regelt für diese Zwecke konsequent **dauernde Anforderungen**.

5   Eigenmittelanforderungen dienen im Bankensektor neben den erwähnten Zwecken der Gläubiger- und Funktionensicherung verschiedenen Zielen.[4] Ein wichtiger Aspekt im hiesigen Kontext ist die **Ingangsetzungsfunktion:** Durch die Eigenmittel soll die Ingangsetzung eines ordentlichen Geschäftsbetriebs gewährleistet sein; neu gegründete Institute sollen über ein ausreichendes Haftungspotenzial verfügen, damit die üblicherweise anfallenden Anfangsverluste aufgefangen werden können. Den Markt sollen letztlich nur Emittenten betreten, die von vornherein überlebensfähig erscheinen.[5] Relevant ist dies für die hier adressierten Emittenten deswegen, weil sie – wie gesehen (→ Vor Art. 27 ff. Rn. 4) – ihre Wurzeln oftmals in einer ganz anderen Branche haben und ihre primären ökonomischen Ziele einem Onlineökosystem geschuldet sind, das mit dem Bank- und Finanzsektor wenig gemein hat. Etwaige „Internetgiganten" sollen mithin nicht leichter Hand eine Branche in Angriff nehmen können, die Auswirkungen auf das Finanzsystem und auf das allgemeine Anlegervertrauen haben kann.

6   Die Eigenmittelanforderungen sind in Stufen aufgeteilt: Es wird auf der ersten Stufe ein gesetzlicher Mindestbetrag statuiert (Abs. 1 lit. a, → Rn. 9), dessen Erhöhung von der zuständigen Behörde auf der zweiten Stufe risikoabhängig (Abs. 3, → Rn. 24 ff.) oder stresstestbedingt (Abs. 5, → Rn. 32 ff.) angeordnet werden kann. Damit ist sichergestellt, dass das dauerhaft gebundene Eigenkapital, welches aus Sicht des Unternehmens ein erheblicher Kostenfaktor ist, mit den Kredit- und Marktrisiken sowie dem operationellen Risiko, dem das Unternehmen ausgesetzt ist, korreliert. Hierfür wird vom Gesetz ein **prinzipienbasierter** und **rechtsformneutraler Ansatz** gewählt, was deutlich wird durch den Verweis in Abs. 2 auf die VO (EU) 575/2013.

7   **Abzugrenzen** sind die Eigenmittel **vom Reservevermögen** (→ Art. 36 Rn. 5 ff.). Diese Kapitalklasse soll ähnlich wie das von der CRR bekannte Ergänzungskapital in erster Linie sicherstellen, dass der Emittent etwaige Haftsummen gegenüber Kunden – insbesondere im Insolvenzfall (*gone concern*-Fall) – abzudecken vermag (Erwgr. Nr. 54 S. 1, 2).[6] Dem Reservevermögen kommt damit primär eine **Haftungsfunktion** zu.[7]

II. Auslegung der Norm

1. Eigenmittelbegriff und Überblick

8   Gebildet wird das Eigenkapital anhand des dem Unternehmen von den Eigentümern zugeführten und dem vom Unternehmen erwirtschafteten, dort belassenen

---

[4] Im Überblick Bieg/Krämer/Waschbusch/Igl Bankenaufsicht in Theorie und Praxis S. 239 ff.
[5] Bieg/Krämer/Waschbusch/Igl Bankenaufsicht in Theorie und Praxis S. 240.
[6] Siehe auch Maume RDi 2022, 497 Rn. 18.
[7] Bieg/Krämer/Waschbusch/Igl Bankenaufsicht in Theorie und Praxis/Burr S. 250.

Kapitals. Es existiert indes kein allgemeingültiger Eigenmittelbegriff, da dieses Kapital typischerweise verschiedenen Funktionen dient.[8] Der für den Finanzmarkt wesentliche Grundgedanke des Eigenkapitals ist bereits 1989 in den Erwägungen zur Eigenmittelrichtlinie[9] formuliert worden. Danach haben Eigenmittel den Zweck, Verluste aufzufangen, die nicht durch ausreichend hohe Gewinne ausgeglichen werden können. Zudem sind sie für die zuständige Behörde „ein wichtiger Maßstab, insbesondere für die Beurteilung der Solvabilität […] und für andere Aufsichtszwecke." Um ihrer Verlustdeckungsfunktion sinnvoll gerecht werden zu können, müssen Eigenmittel so bemessen sein und dem Unternehmen so zur Verfügung stehen, dass sie nicht nur längerfristige, strukturbezogene Verlust decken, sondern auch kurzfristige, die in Stressphasen entstehen.[10] Diese Gedanken spiegelt Art. 35 wider, indem zum einen ein gesetzlicher Mindestbetrag definiert wird, zum anderen behördliche Erhöhungstatbestände abhängig von der ermittelten Risikostruktur und der Stressresilienz des betreffenden Emittenten vorgegeben sind:

Abs. 1: *Gesetzlicher* Mindestbetrag	lit. a: 350.000 EUR *oder* lit. b: 2% des Durchschnittsbetrags des Reservevermögens iSd Art. 36 *oder* lit. c: ¼ der fixen Gemeinkosten des Vorjahres
Abs. 3: *Behördlich* angeordnete, *risikenbezogene* Erhöhung	20% über des gemäß Abs. 1 lit. b ermittelten Betrages
Abs. 5: *Behördlich* angeordnete, *stresstestbezogene* Erhöhung	20% bis 40% über des gemäß Abs. 1 lit. b ermittelten Betrages

2. Gesetzlicher Mindestbetrag (Abs. 1)

Der gesetzlich vorgeschriebene Mindestbetrag ist nach lit. a auf 350.000 EUR festgesetzt. Diese Summe ist indes nicht allgemeingültig, sondern sie kann sich emittentenabhängig ändern. So kann der Mindestbetrag nach lit. b bei 2% des Durchschnittsbetrags des in Art. 36 genannten Reservevermögens oder nach lit. c bei einem Viertel der fixen Gemeinkosten des Vorjahres liegen. Maßgeblich ist der jeweils höhere Betrag. Dies bedeutet, dass der Emittent laufend neu feststellen muss, ob er über die gesetzlich geforderten Eigenmittel verfügt. 9

Die Eigenmittel des Emittenten sind u. a. für die Risikobegrenzung (→ Rn. 4, 8) maßgeblich.[11] Ihre zentrale Funktion erfüllen sie lediglich, wenn sie dem Emittenten **uneingeschränkt, unmittelbar** und **dauerhaft zur sofortigen Deckung von Verlusten** und Risiken zur Verfügung stehen.[12] Deshalb fordert Abs. 1 richtig, dass die Emittenten vermögenswertereferenzierter Token „jederzeit" über die erforderlichen Eigenmittel verfügen. 10

---

[8] Im Überblick Ellenberger/Bunte BankR-HdB/Fischer/Boegl § 114 Rn. 1.
[9] Richtlinie 89/299/EWG des Rates vom 17.4.1989 über die Eigenmittel von Kreditinstituten.
[10] Vgl. Ellenberger/Bunte BankR-HdB/Haug § 119 Rn. 55.
[11] Ähnlich Dauses/Ludwigs EU-WirtschaftsR-HdB/Follak, 58. EL April 2023, Kap. F. II. Rn. 51.
[12] Dauses/Ludwigs EU-WirtschaftsR-HdB/Follak, 58. EL April 2023, Kap. F. II. Rn. 54; vgl. auch Bieg/Krämer/Waschbusch/Igl Bankenaufsicht in Theorie und Praxis S. 245 ff.; Ellenberger/Bunte BankR-HdB/Fischer/Boegl § 114 Rn. 3.

11 In Abs. 1 UAbs. 2 wird konkretisiert, wie der Durchschnittsbetrag des Reservevermögens, auf den sich lit. b bezieht, zu bestimmen ist. In **UAbs. 3** ist die Erhöhung des Betrages geregelt, sollte der Emittent mehr als einen vermögenswertereferenzierten Token anbieten.

12 Von **UAbs. 4** wird die jährliche Überprüfung des gemäß Abs. 1 lit. c bestimmten Betrages vorgeschrieben. Für seine Berechnung ist auf Art. 67 Abs. 3 zurückzugreifen: Die Emittenten legen bei der Berechnung ihrer fixen Gemeinkosten des Vorjahres die Zahlen des geltenden Rechnungslegungsrahmens zugrunde und ziehen von den Gesamtaufwendungen nach Ausschüttung von Gewinnen an die Anteileigner in ihrem jüngsten geprüften Jahresabschluss oder, falls nicht vorhanden, in dem von der nationalen Aufsichtsbehörde geprüften Jahresabschluss die vom Gesetz genannten Abzugsposten ab (Art. 67 Abs. 3 lit. a–d).

3. Anrechenbare Posten und Instrumente sowie Abzugsposten (Abs. 2)

13 Welche Bilanzposten und Instrumente als Eigenkapital anrechenbar und welche Abzugsposten zu berücksichtigen sind, regelt Abs. 2 durch einen **Verweis auf die Kapitaladäquanzverordnung** (CRR), dort insbesondere auf die Posten und Instrumente des harten Kernkapitals gemäß Art. 26–30, also auf das regulatorische Kapital der höchsten Qualitätsstufe.[13] Die Abzugsposten bestimmen sich nach Art. 36 CRR. Nicht anzuwenden sind die Schwellenwerte für die Ausnahmen nach Art. 46 Abs. 4, 48 CRR.

Eigenmittel			
Anrechenbare Posten Art. 26 ff. CRR			Abzüge Art. 36 CRR
Kapitalinstrumente	Art. 28 CRR	Art. 30 CRR	
	Art. 29 CRR		
Agio			
einbehaltene Gewinne			
kumulierte sonstige Ergebnisse			
sonstige Rücklagen			
Fonds für allgemeine Bankrisiken			

14 a) **Anrechenbare Posten.** Art. 26 CRR listet abschließend[14] die verschiedenen Posten des harten Kernkapitals auf. Zentral sind zunächst die in Art. 26 Abs. 1 lit. a CRR genannten **Kapitalinstrumente,** welche die in Art. 28 CRR – ggf. modifiziert durch Art. 29 CRR – genannten Kriterien erfüllen müssen (sog. **Anerkennungskriterien**). Der CRR unterliegt ein **prinzipienbasierter und rechtsformneutraler Ansatz,** denn unabhängig von der Bezeichnung oder Klassifizierung des Instruments sind allein die in Art. 28 f. CRR genannten Kriterien für die Anerkennung als hartes Kernkapital maßgeblich *(substance over form).*[15] Trotz dieses prinzipienbasierten Regelungsansatzes sind Vorbild für Art. 26 Abs. 1 lit. a CRR

---

[13] Bieg/Krämer/Waschbusch/Igl Bankenaufsicht in Theorie und Praxis/Burr S. 250 f.
[14] Fischer/Schulte-Mattler/Glaser VO (EU) 575/2013 Art. 26 Rn. 1, 2.
[15] Fischer/Schulte-Mattler/Glaser VO (EU) 575/2013 Art. 26 Rn. 3.

Eigenmittelanforderungen **Art. 35**

Aktien,[16] weil große internationale Institute in der Regel als Aktiengesellschaft verfasst sind. Vor diesem Hintergrund erweitert Art. 27 CRR die Anerkennungsmöglichkeit für eingezahltes Kapital bei Unternehmen, die nicht in der Rechtsform der Aktiengesellschaft betrieben werden. Hierauf verweist auch Art. 35 Abs. 2. Dadurch wird es überhaupt erst ermöglicht, dass Emittenten vermögenswertereferenzierter Token nicht zwingend als Aktiengesellschaften zu betreiben sind.

Weiterhin anrechenbar ist gemäß Art. 26 Abs. 1 lit. b CRR das mit den Kapital- 15 instrumenten verbundene **Agio** iSd Art. 4 Abs. 1 Nr. 124 CRR, also das Aufgeld, um den der Ausgabepreis den Nennwert eines Wertpapiers übersteigt. Bei Aktiengesellschaften wird gemäß § 272 Abs. 2 HGB das Agio in die Kapitalrücklage eingestellt; es ist somit Bestandteil des bilanziellen Eigenkapitals und unterliegt der gläubigerschützenden Kapitalbindung.[17] Hingegen ist das Agio bei der GmbH zwar nicht Teil der gläubigerschützenden Einlagepflicht;[18] bilanziell wird es gleichwohl in der Kapitalrücklage nach § 272 Abs. 2 Nr. 1 oder Nr. 4 HGB abgebildet[19] und es unterliegt somit einer ausreichenden Permanenz, weil die Auflösung dieser Rücklagen regelmäßig einen Gesellschafterbeschluss voraussetzt.[20]

Art. 26 Abs. 1 lit. c CRR nennt des Weiteren die **einbehaltenen Gewinne** iSd 16 Art. 4 Abs. 1 Nr. 123 CRR, die nach Zuweisung des endgültigen Ergebnisses gemäß dem geltenden Rechnungslegungsrahmen aus den fortgeschriebenen Gewinnen und Verlusten entstehen. Es handelt sich dabei um Gewinne der Vorjahre bestehend einesteils aus dem Gewinnvortrag iSd § 266 Abs. 3 A.IV. HGB – also dem Posten, der weder in die Gewinnrücklagen eingestellt noch an die Gesellschafter ausgeschüttet wurde[21] –, andernteils aus den Gewinnrücklagen.[22] Zeitpunkt der Anrechnung zum harten Kernkapital ist der Beschluss der zuständigen Haupt- oder Gesellschafterversammlung über die Gewinnverwendung (§§ 174 AktG, 46 Abs. 1 GmbHG).[23]

Der Posten „**kumuliertes sonstiges Ergebnis**" iSd Art. 26 Abs. 1 lit. d, 4 17 Abs. 1 Nr. 100 CRR – der im Einzelfall erheblich sein kann[24] – ist nur für Unternehmen einschlägig, die nach IFRS bilanzieren.[25] Relevant werden hier u. a. Neubewertungen von Vermögenswerten, Währungsumrechnungsdifferenzen usw.

Als anrechenbaren Posten nennt Art. 26 Abs. 1 lit. e CRR weiterhin **sonstige** 18 **Rücklagen** iSd Art. 4 Abs. 1 Nr. 117 CRR, die definiert werden als „Rücklagen im Sinne des geltenden Rechnungslegungsrahmens, die gemäß dem geltenden Rechnungslegungsstandard offengelegt werden müssen, ausschließlich aller Be-

---

[16] Fischer/Schulte-Mattler/Glaser VO (EU) 575/2013 Art. 27 Rn. 1.
[17] Fischer/Schulte-Mattler/Dürselen VO (EU) 575/2013 Art. 4 Rn. 437.
[18] BGH NZG 2008, 73 Tz. 13; Henssler/Strohn/Verse GmbHG § 14 Rn. 8.
[19] Henssler/Strohn/Verse GmbHG § 14 Rn. 8 mNw zum Meinungsstand.
[20] In diese Richtung wohl Beck/Samm/Kokemoor/Böhringer/Ihme Kreditwesengesetz mit CRR, 237. Lieferung 7/2024, CRR Art. 26 Rn. 24.
[21] MüKoHGB/Reiner HGB § 266 Rn. 93.
[22] Beck/Samm/Kokemoor/Böhringer/Ihme Kreditwesengesetz mit CRR, 237. Lieferung 7/2024, CRR Art. 26 Rn. 29.
[23] Beck/Samm/Kokemoor/Böhringer/Ihme Kreditwesengesetz mit CRR, 237. Lieferung 7/2024, CRR Art. 26 Rn. 30.
[24] Beck/Samm/Kokemoor/Böhringer/Ihme Kreditwesengesetz mit CRR, 237. Lieferung 7/2024, CRR Art. 26 Rn. 34.
[25] Fischer/Schulte-Mattler/Glaser VO (EU) 575/2013 Art. 26 Rn. 6; Bieg/Krämer/Waschbusch/Igl Bankenaufsicht in Theorie und Praxis/Burr S. 254.

Art. 35

träge, die bereits im kumulierten sonstigen Ergebnis oder in den einbehaltenen Gewinnen ausgewiesen sind".[26]

19 Zuletzt anzurechnen sind gemäß Art. 26 Abs. 1 lit. f CRR **„Fonds für allgemeine Bankrisiken"** iSd Art. 4 Abs. 1 Nr. 112 CRR, welcher wiederum die Definition von Art. 38 der Bankbilanzrichtlinie[27] aufgreift. Gemeint sind Rückstellungen für allgemeine Bankrisiken, also solche Beträge, die ein Kreditinstitut zur Deckung von Risiken einzusetzen beschließt, weil Gründe der kaufmännischen Vorsicht in Anbetracht der besonderen bankgeschäftlichen Risiken dies erforderlich erscheinen lassen. Im Handelsrecht ist dieser Sonderposten in § 340g HGB abgebildet.[28] Da Emittenten vermögenswertreferenzierter Token keinen Bankrisiken im engen Wortsinne ausgesetzt sind, muss der Tatbestand sachbereichsspezifisch analog gelesen werden.

20 **b) Kriterien für die Anerkennung.** Zentral für das Eigenkapital ist das harte Kernkapital des Art. 26 iVm Art. 35 Abs. 2 CRR. Welche Kriterien für die Anerkennung von Kapitalinstrumenten als hartes Kernkapital erfüllt sein müssen, bestimmt **Art. 28 CRR**. Angelehnt sind die Kriterien an die Charakteristika von Aktien (→ Rn. 14); leitende Prinzipien sind: **effektive Kapitaleinzahlung, Dauerhaftigkeit** der Kapitalüberlassung, **uneingeschränkte Verlustteilnahme** sowie **Flexibilität bei den Ausschüttungen.**[29] Zu den Kriterien im Einzelnen sei hier auf die einschlägigen CRR-Kommentierungen verwiesen.[30]

21 Der von Art. 35 Abs. 2 einbezogene **Art. 29 CRR modifiziert** die Anforderungen des Art. 28 CRR für Unternehmen, die nicht in der Rechtsform der Aktiengesellschaft betrieben werden (→ Rn. 14). Dies bedeutet also, die Vorgaben des Art. 28 CRR sind stets zu erfüllen, es sei denn, die spezielle Rechtsform des Unternehmens steht dem entgegen; dann kommt es auf die Modifizierungen an. Art. 28 und 29 CRR sind folglich in solchen Fällen stets gemeinsam zu beachten. Im Übrigen sei auch hier hinsichtlich der Kriterien auf die einschlägigen CRR-Kommentierungen verwiesen.[31]

22 Zuletzt wichtig ist der in **Art. 30 CRR** geregelte Grundsatz über das **Entfallen der Anrechenbarkeit.** Als Konsequenz des prinzipienbasierten Ansatzes der CRR entfällt die Anrechenbarkeit eines Instruments **mit unmittelbarer Wirkung,** sobald ein Kriterium des Art. 28 und ggf. Art. 29 CRR nicht länger erfüllt ist.[32]

23 **c) Abzugsposten.** Hinsichtlich der einschlägigen **Abzugstatbestände** verweist Art. 35 Abs. 2 auf den zentralen **Katalog des Art. 36 CRR.** Ratio der Statuierung von Abzugspositionen ist es, diejenigen Vermögenswerte aus dem harten Kernkapital auszuscheiden, die im Haftungsfall oder im Krisenfall keinen oder nur einen unzureichenden Liquiditätszufluss herbeiführen.[33] In der CRR aufgezählt werden – hier angesichts des umfassenden Katalogs nur beispielhaft ge-

---

[26] Näher zu den Posten Beck/Samm/Kokemoor/Böhringer/Ihme Kreditwesengesetz mit CRR, 237. Lieferung 7/2024, CRR Art. 26 Rn. 36 ff.
[27] Richtlinie 86/635/EWG des Rates vom 8.12.1986 über den Jahresabschluß und den konsolidierten Abschluß von Banken und anderen Finanzinstituten.
[28] Bieg/Krämer/Waschbusch/Igl Bankenaufsicht in Theorie und Praxis/Burr S. 255.
[29] Vgl. Fischer/Schulte-Mattler/Glaser VO (EU) 575/2013 Art. 28 Rn. 2.
[30] Vgl. zB Fischer/Schulte-Mattler/Glaser VO (EU) 575/2013 Art. 28 Rn. 3 ff.
[31] Fischer/Schulte-Mattler/Glaser VO (EU) 575/2013 Art. 29 Rn. 2 ff.
[32] Fischer/Schulte-Mattler/Glaser VO (EU) 575/2013 Art. 30 Rn. 1.
[33] Bieg/Krämer/Waschbusch/Igl Bankenaufsicht in Theorie und Praxis/Burr S. 271.

Eigenmittelanforderungen **Art. 35**

nannt – unterjährige Verluste, immaterielle Vermögenswerte und von der künftigen Rentabilität abhängige latente Steueransprüche.[34] Insbesondere sind etwaige in der Bilanz aktivierte „Currency Token", die als immaterielle Vermögenswerte zu klassifizieren sind, abzuziehen.[35] Weitere Konkretisierungen enthält die DelVO (EU) Nr. 241/2014. Für Emittenten vermögenswertereferenzierter Token **nicht anzuwenden** sind die Schwellenwerte für die Ausnahmen nach Art. 46 Abs. 4 und Art. 48 CRR.

4. Risikobedingte Eigenmittelerhöhung (Abs. 3)

a) **Grundlagen.** Auf Basis der in Abs. 3 enumerativ genannten Risikofaktoren 24 kann die zuständige Behörde des Herkunftsmitgliedstaats dem Emittenten eines vermögenswertereferenzierten Token vorschreiben, Eigenmittel vorzuhalten, die in der Summe um bis zu 20 % über dem nach Abs. 1 lit. b ermittelten Betrag liegen. Das Gesetz zählt dabei in einem **abschließenden Katalog** eine Reihe an **Risikofaktoren** auf (→ Rn. 26 ff.), die dafür entscheidungserheblich sind. Der zuständigen Aufsichtsbehörde werden auf diese Weise substanzielle Kompetenzen zur Absicherung der Finanzstabilität eingeräumt.[36]

Gemäß Art. 1 Ziff. 1, 2 RTS (→ Rn. 36) stellt die zuständige Behörde dem 25 Emittenten vor der endgültigen Festlegung der Eigenmittelerhöhung einen **Entwurf der Anordnung** mit entsprechender Begründung zur Verfügung. Die Anordnung muss die Kriterien des Art. 3 RTS (→ Rn. 36) beachten. Der Emittent kann gemäß Art. 1 Ziff. 3 RTS (→ Rn. 36) innerhalb von 25 Arbeitstagen diesbzgl. Stellung beziehen, die von der Aufsichtsbehörde gebührend zu berücksichtigen ist. Nach Zustellung der abschließenden **Behördenentscheidung** hat der Emittent wiederum 25 Arbeitstage, um einen detaillierten Plan mit den regulatorischen Anforderungen vorzulegen mit Erläuterungen, wie die angeordnete Eigenmittelerhöhung innerhalb der von der zuständigen Behörde festgelegten Zeitrahmens (Art. 2 RTS, → Rn. 36) umgesetzt werden soll (Art. 1 Ziff. 4–6 RTS, → Rn. 36).

b) **Risikofaktoren.** Nach **lit. a** kann eine Erhöhung angezeigt sein nach einer 26 Evaluierung der in Art. 34 Abs. 1, 8 und 10 genannten Verfahren des Risikomanagements und der Mechanismen der internen Kontrolle des Emittenten. Dazu zählen: ungeeignete Unternehmensführung, Organisationsstruktur und fehlende Mechanismen interner Kontrollen sowie solider Verwaltungs- und Rechnungslegungsverfahren (Art. 34 Abs. 1); Quellen operationeller Risiken werden nicht ausreichend ermittelt oder adressiert (Art. 34 Abs. 8); Mängel bestehen bei den internen Kontrollmechanismen und Risikomanagementverfahren (Art. 34 Abs. 10). Es geht zusammengefasst somit um eine Eigenmittelerhöhung abhängig von **organisatorischen** und **operationellen Risiken**.

Lit. b sieht eine Erhöhung der Eigenmittel abhängig von der Qualität und Vo- 27 latilität des in Art. 36 genannten Reservevermögens vor. Im Ergebnis bedeutet dies: geringe Qualität und hohe Volatilität führen zu einem erhöhten Eigenmittelbedarf. Letztlich ist dies eine Konsequenz der Grundregel, Eigenmittel müssen dauerhaft und zur sofortigen Deckung verfügbar sein (→ Rn. 8).

---

[34] Im Detail zu den Posten Beck/Samm/Kokemoor/Böhringer/Ihme Kreditwesengesetz mit CRR, 237. Lieferung 7/2024, CRR Art. 36 Rn. 5 ff.
[35] Vgl. Schopper/Raschner LJZ 2021, 209 (219).
[36] Skeptisch Martino, Amsterdam Law School Legal Studies Research Paper No. 2022-27 (Ziff. 5.1.3), dass diese bei Liquiditätsschocks ausreichen.

Art. 35   Titel III Vermögenswertereferenzierte Token

28   Mit **lit. c** werden die **Lasten aus etwaigen Verbindlichkeiten** adressiert, die durch das **Rücktauschrecht** etwaiger Tokeninhaber gemäß Art. 39 entstehen können.

29   Für eine Erhöhung relevant werden können nach **lit. d** auch etwaige **Anlagen iSd Art. 38** – abhängig von den **Markt-, Gegenpartei-** und **Konzentrationsrisiken**, die mit der vom Emittenten gewählten Anlagepolitik konkret und typischerweise einhergehen.

30   Von **lit. e** aufgegriffen werden weiterhin die **Risiken der Handelsaktivität**, die sich aus dem Gesamtwert und der Gesamtzahl der Transaktionen ergeben, die mit dem vermögenswertereferenzierten Token getätigt wurden. Eine Nähe hierzu weisen auch **lit. f und g** auf, indem zum einen die „Bedeutung" der Vertriebsmärkte und zum anderen die Marktkapitalisierung des vermögenswertereferenzierten Token berücksichtigt werden.

5. Anforderungen für nicht signifikante vermögenswertereferenzierte Token (Abs. 4)

31   Aus dem Regelungszusammenhang des Art. 35 hinaus fällt Abs. 4, der die Befugnis der zuständigen Behörde statuiert, dem Emittenten eines nicht signifikanten vermögenswertereferenzierten Token die erhöhten Anforderungen des Art. 45 aufzuerlegen, wenn dies zur Bewältigung des gemäß Abs. 3 ermittelten höheren Risikos oder anderer gemäß Art. 45 berücksichtigter Risiken – etwa Liquiditätsrisiken – erforderlich ist. Art. 45 enthält spezifische zusätzliche Pflichten in organisatorischer und operativer Hinsicht für Emittenten signifikanter Token, die etwa die Vergütungspolitik, die Durchführung von Liquiditätsstresstests und die Verwahrstandards bei der Einbindung von Kryptowerte-Dienstleistern betreffen. Grundsätzlich ergibt sich damit im Umkehrschluss zu Art. 45 die Regel, dass Emittenten von nicht signifikanten vermögenswertereferenzierten Token keinen erhöhten organisatorischen und operativen Anforderungen unterliegen. Zu dieser Regel statuiert Abs. 4 die Ausnahme.

6. Stresstestbedingte Eigenmittelerhöhung (Abs. 5)

32   Emittenten vermögenswertereferenzierter Token haben nach Abs. 5 S. 1 regelmäßig **Stresstests** durchzuführen; dies ist Teil des **internen Risikomanagements** (Art. 7 Ziff. 6 RTS, → Rn. 36). Es ist also kein behördlich unterzogener Stresstest vorgesehen. Der jeweilige Emittent gestaltet den Stresstest vielmehr in Eigenregie aus, jedoch nach aufsichtsrechtlichen Vorgaben. Dem Stresstest müssen plausible finanzielle Stressszenarien wie Zinsschocks und nichtfinanzielle Stressszenarien wie operationelle Risiken zugrunde liegen. Nähere Spezifizierungen enthält **Art. 4 RTS** (→ Rn. 36). Von Art. 5 RTS (→ Rn. 36) werden zwei Testtypen vorgeschrieben: ein **Solvenz-Stresstest** und einen **Liquiditäts-Stresstest**. Der Solvenztest ist von Emittenten signifikanter vermögenswertereferenzierter Token mindestens ein Mal im Quartal durchzuführen, bei nicht-signifikanten Token hingegen halbjährig; der Liquiditätstest ist monatlich zu veranlassen (Art. 6 RTS, → Rn. 36).

33   Die RTS stellen – systematisch etwas deplatziert (vgl. → Art. 34 Rn. 13 ff.) – Anforderungen an die Geeignetheit der Mitglieder des Leitungsorgans: Im Rahmen eines **Assessments** ist zu bewerten, ob und inwieweit die Geschäftsleitung als Kollektiv ausreichend Kenntnisse, Fähigkeiten und Erfahrungen hat, um den Stresstest rechtskonform durchzuführen sowie die Testergebnisse entsprechend bewerten zu

Eigenmittelanforderungen **Art. 35**

können (Art. 7 RTS, → Rn. 36). Darüber hinaus sind spezifische Anforderungen an die **Dateninfrastruktur** und die **Methodologie** zu erfüllen (Art. 8f. RTS, → Rn. 36).

Auf Grundlage der **Ergebnisse** des oder der **Stresstests** kann die **zuständige** 34 **Behörde** des Herkunftsmitgliedstaats gemäß Abs. 5 S. 2 dem Emittenten vorgeben, „unter bestimmten Umständen hinsichtlich der Risikoprognose und der Stresstestergebnisse" einen Betrag an Eigenmitteln vorzuhalten, der zwischen 20% und 40% höher ist als der Betrag, der sich aus Abs. 1 lit. b ergibt. Die relevanten „Umstände" folgen aus den RTS. Darüber hinaus hat auch der **Emittent** aus den Testergebnissen **Konsequenzen** zu ziehen (Art. 7 Ziff. 7 RTS, → Rn. 36): Die Ergebnisse werden bei der Festlegung der Risikobereitschaft und der Risikolimits herangezogen und dienen als Planungsinstrument, um die Effektivität neuer und bestehender Geschäftsstrategien zu ermitteln sowie um mögliche Auswirkungen auf die Eigenmittel und die Liquidität zu bewerten.

Abs. 5 enthält keine explizite Pflicht, die Daten und Ergebnisse des Stresstests an 35 die zuständige Behörde zu übermitteln. Eine **Mitteilungspflicht** folgt nur mittelbar aus S. 2 der Norm, denn die Behörde kann schwerlich eine stresstestbedingte Eigenmittelerhöhung anordnen, wenn die Daten und Ergebnisse des Stresstests unbekannt sind.

7. Technische Regulierungsstandards (Abs. 6)

Die EBA wurde nach Abs. 6 mandatiert, um in enger Zusammenarbeit mit der 36 ESMA und der EZB die technischen Regulierungsstandards zu entwickeln, die eine Reihe von Präzisierungen des Art. 35 enthalten. Dies betrifft zum einen die Erhöhung der Eigenmittelanforderungen und des Eigenmittelbetrages gemäß Abs. 3 sowie zum anderen die Anforderungen der Stresstestgestaltung iSd Abs. 5. Nach Übermittlung des Entwurfes technischer Regulierungsstandards durch die EBA an die Kommission kann letztere auf Grundlage ihrer Ermächtigung gemäß Abs. 6 UAbs. 3 die MiCAR durch Annahme des Entwurfs ergänzen. Das Konsultationsverfahren hat die EBA am 8.11.2023 mit einer Laufzeit bis zum 8.2.2024 gestartet.[37] Der **finale Entwurf** der RTS wurde am 13.6.2024 veröffentlicht.[38]

8. Behördenmaßnahmen

Auf nationaler Durchsetzungsebene schafft § 41 **KMAG** die notwendige 37 Ermächtigungsgrundlage für verwaltungsrechtliche Maßnahmen der BaFin zur Verbesserung der Eigenmittelausstattung.[39]

---

[37] Consultation on on the adjustment of own funds requirements and design of stress testing programmes for issuers under MiCAR (EBA/CP/2023/28); für weitere Informationen siehe https://www.eba.europa.eu/calendar/consultation-adjustment-own-funds-requirements-and-design-stress-testing-programmes-issuers.
[38] EBA/RTS/2024/08, Draft Regulatory Technical Standards on adjustment of own funds requirements and stress testing of issuers of asset-referenced tokens and of e-money tokens subject to such requirements.
[39] Im Detail Skauradszun/Linardatos KMAG/Linardatos § 41 Rn. 16 ff.

Linardatos

Vor Art. 36 ff. Titel III Vermögenswertereferenzierte Token

Kapitel 3 Vermögenswertreserve

Vorbemerkung vor Art. 36 ff.

Schrifttum: Braun, Insolvenzordnung; 10. Aufl. 2024; Ganter, Betrachtungen zum Absonderungsrecht in der Insolvenz, NZI 2023, 441–448; Haentjens/Gullifer/Kokorin, Markets in Crypto-Assets Regulation: Law and Technology, 2025; Lehmann, MiCAR – Gold Standard or Regulatory Poison for the Crypto Industry, EBI Working Paper Series 2024 – no. 160; Jauernig, Bürgerliches Gesetzbuch, 19. Aufl. 2023; Jauernig/Berger/Thole, Insolvenzrecht, 24. Aufl. 2022; Martino, Regulating Stablecoins as Private Money between Liquidity and Safety. The Case of the EU ‚Market in Crypto Asset' (MiCA) Regulation, Amsterdam Law School Legal Studies Research Paper No. 2022-27; Maume/Maute/Fromberger, Rechtshandbuch Kryptowerte. Blockchain, Tokenisierung, Initial Coin Offerings, 2020; Miernicki, Das Sonderinsolvenzrecht der Kryptowerte, LRZ 2024, 389–414; Raschauer/Ficulovic/Knobl et al., MiCAR. Märkte für Kryptowerte, 2024; Skauradszun/Wrede, Forderungen auf die MiCAR-Vermögenswertreserve im deutschen Insolvenzrecht. Aussonderungs- oder Absonderungsrecht?, RDI 2024, 56–61; Stern, Die Vermögenswertreserve – Liquiditätsregulierung für Token-Emittenten in der MiCAR, ZFR 2023, 282–285; Stürner/Eidenmüller/Schoppmeyer, Münchener Kommentar zur Insolvenzordnung. Band 1, 4. Aufl. 2019; Tobler, MiCAR – Höhenflug oder unsanfte Landung für Schweizer Krypto-Anbieter?, EuZ 2023, E2-E44; Zetzsche/Annunziata/Arner/Buckley, The Markets in Crypto-Assets Regulation (MICA) and the EU Digital Finance Strategy, EBI Working Paper Series 2020 – no. 77.

Übersicht

	Rn.
I. Zielsetzung und Inhalt	1
II. Systematik	4
III. Dogmatische Einordnung der Vermögenswertreserve	7

I. Zielsetzung und Inhalt

1   Die MiCAR knüpft die Emission von **Stablecoins** an enge, von den jeweiligen Emittenten zu erfüllende Voraussetzungen. Die Art. 36 ff. MiCAR sind dabei ein Eckpfeiler der Regulierung. Eine der Grundvoraussetzungen, um Stablecoins in der Europäischen Union zu emittieren, ist das Bilden und Halten einer Vermögenswertreserve.[1] Diese sichert Ansprüche der Tokeninhaber auf Rücktausch ihrer Token durch ein **subsidiäres und insolvenzfestes Zugriffsrecht auf die Vermögenswerte** des Reservevermögens. Zur Gewährleistung der Insolvenzfestigkeit hat der Verordnungsgeber die Vermögenswertreserve als „europäisch harmonisierte Sondervermögen" ausgestaltet (→ Rn. 8).[2]

2   Durch die Pflicht der Emittenten zur Schaffung einer Vermögenswertreserve sollen (Ausfall-)Risiken für Tokeninhaber mitigiert,[3] die Tokenstabilität und das Vertrauen der Tokeninhaber hierauf gefördert werden.[4] Dies dürfte zu einer Min-

---
[1] Skauradszun/Wrede RDI 2024, 56.
[2] Skauradszun/Wrede RDI 2024, 56.
[3] Vgl. Erwgr. Nr. 54; Miernicki LRZ 2024, 389 (399).
[4] Vgl. hierzu und im Folgenden Haentjens/Gullifer/Kokorin Markets in Crypto-Assets Regulation/Maume, 6.2.9.1.

derung der Preisvolatilität führen. Abstrahiert betrachtet sollen damit durch die Regelung in Kapitel 3 das Vertrauen des Marktes in Stablecoins und ihre Verbreitung als Tausch- und Zahlungsmittels gefördert werden.[5]

Die Art. 36 ff. gelten dabei für **synthetische/algorithmische Stablecoins** gleichermaßen wie für **physische Stablecoins,** also für Einheiten, für die Emittenten die in Bezug genommenen Vermögenswerte tatsächlich beschaffen.[6]

II. Systematik

Ausgangspunkt der Systematik des Kapitel 3 ist Art. 39 Abs. 1 S. 1 Alt. 1. Diese Bestimmung gibt den Inhabern vermögenswertereferenzierter Token gegenüber dem jeweiligen Tokenemittenten das **Recht zu einem jederzeitigen Rücktausch.** Token können auf diese Weise in den in Bezug genommenen Vermögenswert oder in einen seinem Marktwert entsprechenden Geldbetrag getauscht werden.

Die Vermögenswertreserve dient dazu, die Werthaltigkeit dieses Rücktauschanspruchs zu sichern.[7] Dazu sollen Emittenten angehalten werden, einen bedeutenden Teil der bei der Tokenausgabe vereinnahmten Vermögenswerte, als Vermögenswertreserve getrennt von ihrem übrigen Vermögen anzulegen.[8] Die Vermögenswertreserve ist ein streng reguliertes **Haftungs- und Reservevermögen,** das dem operativen Zugriff des Emittenten – jedenfalls nach dem Willen des Verordnungsgebers – entzogen ist.

Auf dieses Reservevermögen kann der Tokeninhaber nach Art. 39 Abs. 1 S. 1 Alt. 2 erst dann zugreifen, wenn der Emittent – vereinfacht ausgedrückt – nicht mehr in der Lage ist, die gegen ihn geltend gemachten Rücktauschansprüche aus dem operativen (Nichtsreserve-)Vermögen zu bedienen. Dh eine Zugriffsmöglichkeit auf die Vermögenswertreserve erfordert erhebliche wirtschaftliche Schwierigkeiten auf Seiten des Emittenten.

III. Dogmatische Einordnung der Vermögenswertreserve

Insbesondere aus dem Trennungsgrundsatz (→ § 36 Rn. 16 ff.), ergibt sich die Bestrebung des Verordnungsgebers, die Vermögenswertreserve insolvenzfest auszugestalten. Tokeninhaber sollen außerhalb des sog. „common pools" auch nach Eröffnung des Insolvenzverfahrens über das Vermögen des Emittenten noch **individuellen Zugriff** auf die Vermögenswerte des Reservevermögens nehmen können. Diese Zugriffsmöglichkeit soll dabei ausschließlich den Tokeninhabern und keinen anderweitigen Gläubigern offenstehen, Art. 36 Abs. 2.[9]

Mit dieser Zielvorgabe wirkt der Verordnungsgeberwille in das nationale Insolvenzrecht hinein. Er hat durch die konkrete Ausgestaltung der Vermögenswertreserve ein **„europäisch harmonisiertes Sondervermögen"** geschaffen, das Tokeninhabern eben diesen insolvenzfesten Anspruch an die Hand gibt. Sofern die jeweiligen nationalen insolvenzrechtlichen Regelungen bereits ausreichen, die ge-

---

[5] Lehmann EBI Working Paper 2024 – no. 160, S. 38.
[6] Vgl. Haentjens/Gullifer/Kokorin Markets in Crypto-Assets Regulation/Maume, 6.2.9.1.
[7] Skauradszun/Wrede RDI 2024, 55 (56).
[8] Haentjens/Gullifer/Kokorin Markets in Crypto-Assets Regulation/Maume, 6.2.9.1.
[9] Skauradszun/Wrede RDI 2024, 55 (57 f.).

forderte rechtliche Trennung zu bewirken, ist für nationale Gesetzgeber kein Handlungsbedarf angezeigt. Sollten die nationalen Regeln jedoch nicht ausreichen, ist mit dem Trennungsgrundsatz und dem darauf aufbauenden Sondervermögen ein **bindender Regelungsauftrag** für nationale Gesetzgeber verbunden. Die nationalen Regeln des Insolvenzrechts werden von den Bestimmungen zur Vermögenswertreserve (und zu Sanierungs- und Rücktauschplan (Art. 46 f.)) dabei nicht verdrängt.[10] Sie müssen auf nationaler Ebene aber gegebenenfalls angepasst werden, um die Zielvorgabe des Verordnungsgebers zu erfüllen.

Artikel 36 Pflicht zum Halten einer Vermögenswertreserve sowie Zusammensetzung und Verwaltung dieser Vermögenswertreserve

(1)[1] Die Emittenten vermögenswertereferenzierter Token bilden und halten jederzeit eine Vermögenswertreserve.

[2] Die Vermögenswertreserve sollte so zusammengesetzt sein und verwaltet werden, dass
a) die Risiken im Zusammenhang mit den Vermögenswerten, auf die sich die vermögenswertereferenzierten Token beziehen, abgedeckt sind und
b) die Liquiditätsrisiken, die mit den dauerhaften Rücktauschrechten der Inhaber verbunden sind, beachtet werden.

(2) Die Vermögenswertreserve wird im Interesse der Inhaber vermögenswertereferenzierter Token nach geltendem Recht vom Vermögen des Emittenten und von der Vermögenswertreserve anderer vermögenswertereferenzierter Token in einer Weise rechtlich getrennt, dass die Gläubiger des Emittenten – insbesondere bei Insolvenz – keinen Zugriff auf die Vermögenswertreserve haben.

(3) Die Emittenten vermögenswertereferenzierter Token stellen sicher, dass die Vermögenswertreserve operativ von ihrem Vermögen und von der Vermögenswertreserve anderer Token getrennt ist.

(4) [1] ¹Die EBA arbeitet in enger Zusammenarbeit mit der ESMA und der EZB Entwürfe technischer Regulierungsstandards aus, in denen die Liquiditätsanforderungen unter Berücksichtigung des Umfangs, der Komplexität und der Art der Vermögenswertreserve und des vermögenswertereferenzierten Token weiter präzisiert werden. ²In dem technischen Regulierungsstandard wird insbesondere Folgendes festgelegt:
a) der jeweilige Prozentsatz der Vermögenswertreserve aus täglich fällig werdenden Vermögenswerten, einschließlich umgekehrten Rückkaufsvereinbarungen, die mit einer Frist von einem Arbeitstag gekündigt werden können, oder der Prozentsatz der Barmittel, der unter Einhaltung einer Frist von einem Arbeitstag abgehoben werden kann;
b) der jeweilige Prozentsatz der Vermögenswertreserve aus wöchentlich fällig werdenden Vermögenswerten, einschließlich umgekehrten Rückkaufsvereinbarungen, die mit einer Frist von fünf Arbeitstagen gekündigt werden können, oder der Prozentsatz der Barmittel, der unter Einhaltung einer Frist von fünf Arbeitstagen abgehoben werden kann;

---

[10] Skauradszun/Wrede RDI 2024, 55 (58).

Pflicht zur Vermögenswertreserve | **Art. 36**

c) sonstige relevante Fälligkeiten und allgemeine Techniken für das Liquiditätsmanagement;
d) **die Mindestbeträge in jeder referenzierten amtlichen Währung, die als Einlagen bei Kreditinstituten gehalten werden sollen, die nicht unter 30% des in den einzelnen amtlichen Währungen referenzierten Betrags liegen dürfen.**

³Für die Zwecke von Unterabsatz 2 Buchstaben a, b und c berücksichtigt die EBA unter anderem die in Artikel 52 der Richtlinie 2009/65/EG festgelegten einschlägigen Schwellenwerte.

[2] Die EBA übermittelt der Kommission die in Unterabsatz 1 genannten Entwürfe technischer Regulierungsstandards spätestens am 30. Juni 2024.

[3] Der Kommission wird die Befugnis übertragen, diese Verordnung durch die Annahme der in Unterabsatz 1 des vorliegenden Absatzes genannten technischen Regulierungsstandards gemäß den Artikeln 10 bis 14 der Verordnung (EU) Nr. 1093/2010 zu ergänzen.

(5)[1] ¹Emittenten, die zwei oder mehr vermögenswertereferenzierter Token öffentlich anbieten, bilden und halten getrennt für jeden vermögenswertreferenzierten Token Vermögenswertreserven. ²Jede dieser Vermögenswertreserven wird getrennt verwaltet.

[2] Bieten verschiedene Emittenten vermögenswertereferenzierter Token denselben vermögenswertreferenzierten Token öffentlich an, so bilden und halten diese Emittenten nur eine Vermögenswertreserve für diesen vermögenswertreferenzierten Token.

(6) ¹Die Leitungsorgane von Emittenten vermögenswertereferenzierter Token gewährleisten die wirksame und umsichtige Verwaltung der Vermögenswertreserve. ²Die Emittenten stellen sicher, dass der Ausgabe und dem Rücktausch vermögenswertreferenzierter Token stets eine entsprechende Erhöhung oder Verminderung der Vermögenswertreserve gegenübersteht.

(7) ¹Der Emittent eines vermögenswertreferenzierten Token ermittelt den aggregierten Wert der Vermögenswertreserve anhand von Marktpreisen. ²Ihr aggregierter Wert entspricht mindestens dem aggregierten Wert der Ansprüche der Inhaber des im Umlauf befindlichen vermögenswertereferenzierten Tokens gegen den Emittenten.

(8) ¹Die Emittenten vermögenswertereferenzierter Token verfügen über eine klare und detaillierte Strategie und beschreiben darin den Stabilisierungsmechanismus für diese Token. ²Diese Strategie umfasst insbesondere Folgendes:
a) eine Liste der Vermögenswerte, auf die sich die vermögenswertereferenzierten Token beziehen, und die Zusammensetzung dieser Vermögenswerte;
b) eine Beschreibung der Art der Vermögenswerte und die genaue Zuordnung der Vermögenswerte, die Teil der Vermögenswertreserve sind;
c) eine detaillierte Bewertung der Risiken, einschließlich des Kreditrisikos, Marktrisikos, Konzentrationsrisikos und Liquiditätsrisikos, die sich aus dem Reservevermögen ergeben;

d) eine Beschreibung des Verfahrens für die Emission und den Rücktausch der vermögenswertereferenzierten Token sowie des Verfahrens, nach dem eine solche Emission oder ein solcher Rücktausch zu einer entsprechenden Erhöhung oder Verminderung der Vermögenswertreserve führt;
e) die Angabe, ob ein Teil der Vermögenswertreserve gemäß Artikel 38 angelegt ist;
f) wenn Emittenten vermögenswertereferenzierter Token einen Teil der Vermögenswertreserve gemäß Artikel 38 anlegen, eine ausführliche Beschreibung der Anlagepolitik und eine Bewertung möglicher Auswirkungen dieser Anlagepolitik auf den Wert der Vermögenswertreserve;
g) eine Beschreibung des Verfahrens für den Kauf vermögenswertereferenzierter Token und den Rücktausch dieser Token gegen die Vermögenswertreserve und eine Liste der dazu berechtigten Personen oder Kategorien von Personen.

(9) Unbeschadet des Artikels 34 Absatz 12, müssen Emittenten vermögenswertereferenzierter Token ab dem Tag ihrer Zulassung gemäß Artikel 21 oder ab dem Tag der Genehmigung des Kryptowerte-Whitepapers gemäß Artikel 17 alle sechs Monate eine unabhängige Prüfung der Vermögenswertreserve in Auftrag geben, in der die Einhaltung dieses Kapitels geprüft wird.

(10) [1]Der Emittent teilt der zuständigen Behörde das Ergebnis der in Absatz 9 genannten Prüfung der zuständigen Behörde unverzüglich, spätestens jedoch sechs Wochen nach dem Referenzdatum der Bewertung mit. [2]Der Emittent veröffentlicht das Ergebnis der Prüfung binnen zweier Wochen nach der Benachrichtigung der zuständigen Behörde. [3]Die zuständige Behörde kann den Emittenten anweisen, die Veröffentlichung der Ergebnisse der Prüfung aufzuschieben, wenn
a) der Emittent aufgefordert wurde, eine oder mehrere Sanierungsmaßnahmen gemäß Artikel 46 Absatz 3 umzusetzen;
b) der Emittent aufgefordert wurde, einen Rücktauschplan gemäß Artikel 47 umzusetzen;
c) es für notwendig erachtet wird, um die wirtschaftlichen Interessen der Inhaber der vermögenswertereferenzierten Token zu schützen;
d) es für notwendig erachtet wird, um erhebliche nachteilige Auswirkungen auf das Finanzsystem des Herkunftsmitgliedstaats oder eines anderen Mitgliedstaats zu verhindern.

(11)[1] Die Bewertung zu Marktpreisen gemäß Absatz 7 des vorliegenden Artikels erfolgt nach Möglichkeit im Sinne von Artikel 2 Nummer 8 der Verordnung (EU) 2017/1131 des Europäischen Parlaments und des Rates.

[2] [1]Bei der Bewertung zu Marktpreisen wird das Reservevermögen auf der vorsichtigen Seite des Geld-/Briefkurses bewertet, es sei denn, das Reservevermögen kann zum Mittelkurs glattgestellt werden. [2]Für die Bewertung zu Marktpreisen werden nur Marktdaten von guter Qualität verwendet, und diese Daten werden auf der Grundlage aller folgenden Faktoren bewertet:
a) Anzahl und Qualität der Gegenparteien;

Pflicht zur Vermögenswertreserve   **Art. 36**

b) Marktvolumen des Reservevermögenswerts und damit erzielter Marktumsatz;
c) Umfang der Vermögenswertreserve.

(12)[1] Ist die Bewertung zu Marktpreisen gemäß Absatz 11 des vorliegenden Artikels nicht möglich oder sind die Marktdaten nicht von ausreichender Qualität, so wird das Reservevermögen konservativ zu Modellpreisen im Sinne von Artikel 2 Nummer 9 der Verordnung (EU) 2017/1131 bewertet.

[2] ¹Das Modell muss eine präzise Schätzung des dem Reservevermögen inhärenten Wertes liefern und sich auf alle folgenden aktuellen Schlüsselfaktoren stützen:
a) Marktvolumen des Reservevermögens und damit erzielter Marktumsatz;
b) Umfang der Vermögenswertreserve;
c) Marktrisiko, Zinsrisiko und mit dem Reservevermögen verbundenes Kreditrisiko.

²Bei der Bewertung zu Modellpreisen wird nicht die Methode der Bewertung zu fortgeführten Anschaffungskosten gemäß Artikel 2 Nummer 10 der Verordnung (EU) 2017/1131 angewandt.

Schrifttum: Siehe vor § 36

Übersicht

	Rn.
I. Verpflichtete	1
II. Regelungsinhalt	2
1. Zusammensetzung und Bewertung des Reservevermögens	5
2. Mehrere und geteilte Reservevermögen	12
3. Stabilisierungsmechanismus	14
4. Trennungsgrundsatz	16
a) Rechtliche Trennung	17
aa) Regelungsauftrag an Mitgliedsstaaten	22
bb) Rechtslage in Deutschland	32
b) Operative Trennung	36
5. Externes Audit	38
III. Sanktionen	45

I. Verpflichtete

Normadressat des Art. 36 sind **Emittenten**[1] vermögenswertereferenzierter 1 **Token.** Verpflichtet, die Bestimmungen der Art. 36 ff. zu erfüllen, sind zudem gem. Art. 17 Abs. 4 **Kreditinstitute** und gem. Art. 58 Abs. 1 lit. a **E-Geld-Institute,** sofern diese signifikante E-Geld-Token ausgeben. Art. 36 gilt für synthetische/algorithmische gleichermaßen wie für physische Stablecoins (hierzu → vor § 36 Rn. 3).

---

[1] Zum Emittentenbegriff siehe Art. 3 Abs. 1 Ziff. 10.

II. Regelungsinhalt

2 Art. 36 verpflichtet zum **Bilden und Halten einer Vermögenswertreserve.** Die Definition der Vermögenswertreserve findet sich in Art. 3 Abs. 1 Nr. 32 MiCAR (→ Art. 3 Rn. 213). Danach bezeichnet die Vermögenswertreserve den Korb mit Reservevermögen, mit dem die Forderung gegenüber dem Emittenten besichert wird. Dabei bezieht sich die Definition auf die Forderung eines Tokeninhabers, den Token jederzeit bei dem Emittenten in den jeweiligen Vermögenswert, auf den sich der Token bezieht oder in den entsprechenden Marktwert zurückzutauschen, Art. 39 Abs. 1 S. 1 Alt. 1.

3 Art. 36 Abs. 4 verpflichtet die EBA in Zusammenarbeit mit ESMA und EZB, **technische Regulierungsstandards** zu erarbeiten, die die Liquiditätsanforderungen an die Vermögenswertreserve weiter präzisieren. Einen entsprechenden „Final Report" hierzu veröffentlichte die EBA am 13.6.2024.[2]

4 Art. 35 Abs. 1 lit. b verknüpft die Vermögenswertreserve mit den Eigenmittelanforderungen für Emittenten vermögenswertereferenzierter Token. Hiernach ist eine mögliche Messgröße für die Berechnung der Eigenmittelanforderungen 2% des Durchschnittsbetrags des Reservevermögens.

1. Zusammensetzung und Bewertung des Reservevermögens

5 Die Vermögenswertreserve muss mit Blick auf ihre Zusammensetzung und Verwaltung zweierlei leisten: Nach Art. 36 Abs. 1 lit. a müssen Risiken im Zusammenhang mit den Vermögenswerten, auf die sich die Token beziehen, Berücksichtigung finden. Dabei dürfte es sich vornehmlich um **Volatilitäts- und Illiquiditätsrisiken** der entsprechenden Vermögenswerte handeln.[3] Nach Art. 36 Abs. 1 lit. b müssen zudem den **Liquiditätsrisiken** des vermögenswertereferenzierten Tokens Rechnung getragen werden, die sich daraus ergeben, dass Emittenten ihre Token dauerhaft und jederzeit nach Art. 39 Abs. 1 zurücktauschen können.[4]

6 Das Reservevermögen ist dabei in seiner Zusammensetzung und Höhe **keine fixe Größe.** Vielmehr haben die Leitungsorgane von Emittenten nach Art. 36 Abs. 6 im Rahmen einer wirksamen und umsichtigen Verwaltung sicherzustellen, dass Anpassungen und Korrekturen vorgenommen werden.[5] Sie haben die Vermögenswertreserve hierzu nach Art. 34 Abs. 5 lit. a in das interne Kontrollsystem einzubinden. Sofern sich die Anzahl der ausgegebenen Token erhöht oder vermindert, hat dies auf die Höhe des Reservevermögens durchzuschlagen, Art. 36 Abs. 6.

7 Das Reservevermögen muss der Höhe nach mindestens, und damit als Soll-Wert, den Wert sämtlicher Rücktauschansprüche von Tokeninhabern gegen den Emittenten nach Art. 39 Abs. 1 Alt. 1 erreichen, Art. 36 Abs. 7.[6] Hierauf aufbauend sieht der finale EBA Report zu den technischen Regulierungsstandards in Art. 6

---

[2] EBA, Final Report. Draft Regulatory Technical Standards to further specify the liquidity requirements of the reserve of assets under Article 36(4) of Regulation (EU) 2023/1114, 13.202, EBA/RTS/2024/10.
[3] Raschauer/Ficulovic/Knobl et al./*Stern* MiCAR Art. 36 Rn. 5.
[4] Hierzu → Art. 39 Rn. 1 ff.
[5] Raschauer/Ficulovic/Knobl et al./*Stern* MiCAR Art. 36 Rn. 5.
[6] Raschauer/Ficulovic/Knobl et al./*Stern* MiCAR Art. 36 Rn. 8.

Pflicht zur Vermögenswertreserve **Art. 36**

EBA/RTS/2024/10 eine verpflichtende **Übersicherung** vor, um Volatilitäts- und Liquiditätsrisiken adäquat zu begegnen.

Der Soll-Wert des Reservevermögens ist gem. Art. 36 Abs. 7 iVm Abs. 11 und Art. 2 Nr. 8 Geldmarktfondsverordnung[7] nach Marktpreisen zu ermitteln; subsidiär ist auf eine Bewertung zu Modellpreisen zurückzugreifen, Art. 36 Abs. 12 iVm Art. 2 Nr. 9 Geldmarktfondsverordnung. Hierbei ist jedoch nach Art. 36 Abs. 12 aE eine Bewertung zu fortgeführten Anschaffungskosten gem. Art. 2 Nr. 10 Geldmarktfondsverordnung nicht möglich.

Gibt ein Emittent einen vermögenswertereferenzierten Token aus, der auf eine **9** amtliche Währung im Sinne von Art. 3 Nr. 8 Bezug nimmt, ist er nach Art. 1 Abs. 1 EBA/RTS/2024/10 verpflichtet, dafür zu sorgen, dass das Reservevermögen zu mindestens 20 % seines Marktwerts aus Vermögenswerten mit einer maximalen Restlaufzeit von höchstens einem Werktag besteht. Für weitere 30 % der Vermögenswerte darf die Restlaufzeit maximal fünf Werktage betragen. Für signifikante vermögenswertereferenzierte Token sind diese Schwellen auf 40 % (ein Werktag Restlaufzeit) und 60 % (fünf Werktage Restlaufzeit) erhöht. Umgekehrte Pensionsgeschäfte, die mit einer Frist von einem bzw. fünf Werktagen gekündigt werden können, sowie Bargeld, das innerhalb entsprechender Frist verfügbar ist, werden den oben genannten Aktiva gleichgestellt. Für nicht auf amtliche Währungen Bezug nehmende, vermögenswertereferenzierte Token, finden sich entsprechende Laufzeiterfordernisse in Art. 2 EBA/RTS/2024/10.

Art. 36 Abs. 4 lit. d fordert für jede amtliche Währung, auf die ein Token Bezug **10** nimmt, einen bei Kreditinstituten einzulegenden Mindestbetrag. Diesen Mindestbetrag konkretisiert Art. 3 EBA/RTS/2024/10 auf 30 % für nicht-signifikante und 60 % für signifikante vermögenswertereferenzierte Token sowie E-Geld-Token. Im Hinblick auf die von den Emittenten auszuwählenden Kreditinstitute enthält Art. 4 EBA/RTS/2024/10 lediglich die Vorgabe, dass für Emittenten kein Grund für einen zu erwartenden Ausfall („non-performance") ersichtlich sein darf. Notwendig ist insofern eine Evaluation in qualitativer Hinsicht; ein Mindestrating ist nicht vorgesehen.[8]

Dabei statuiert Art. 5 EBA/RTS/2024/10 die Pflicht, die Einlagen bei Kredit- **11** instituten auf mehreren Institute zu verteilen, und benennt hierzu prozentuale Höchstgrenzen.

2. Mehrere und geteilte Reservevermögen

Sofern ein Emittent mehr als einen vermögenswertereferenzierten Token aus- **12** gibt, ist **für jeden Token ein eigenes Reservevermögen** zu bilden, das für sich genommen den Anforderungen des Art. 36 zu genügen hat, Art. 36 Abs. 5 UAbs. 1. Insbesondere sind die verschiedenen Reservevermögen untereinander und von dem übrigen Vermögen des Emittenten rechtlich (Abs. 2) und operativ (Abs. 3) zu trennen (→ Rn. 16 ff.).

Für den Fall, dass mehrere Emittenten denselben vermögenswertereferenzierten **13** Token ausgeben, ist es nach der Bestimmung des Art. 36 Abs. 5 UAbs. 2 ausreichend, wenn diese Emittenten für den Token lediglich **eine (gemeinsame) Vermögenswertreserve** bilden und halten. Der Verordnungstext bedarf insofern der

---

[7] Verordnung (EU) 2017/1131 des Europäischen Parlaments und des Rates vom 14.6.2017 über Geldmarktfonds (ABl. 2017 L 169, 8).
[8] Raschauer/Ficulovic/Knobl et al./Stern MiCAR Art. 36 Rn. 11.

Fromberger

Konkretisierung, dass mehrere Token nicht bereits dann „dieselben" im Sinne von Art. 36 Abs. 5 UAbs. 2 sind, wenn sie auf einen identischen Vermögenswert referenzieren. Die Bestimmung in Art. 36 Abs. 5 UAbs. 2 kann nur so zu verstehen sein, dass mehrere Emittenten einen exakt identischen Token, dh einen Token der auf identischem Code basiert, begeben. Ausschließlich für diesen Fall ist ein gemeinsames Reservevermögen für die ausgebenden Emittenten ausreichend. Mag diese seitens des Verordnungsgebers vorgesehene Erleichterung für Emittenten auch inhaltlich nachvollziehbar und sinnvoll sein, so unterliegt die praktische und operative Umsetzbarkeit diesseits doch nicht unerheblichen Zweifeln und Bedenken.[9] Auch ergeben sich aus der gemeinschaftlichen Verantwortlichkeit mehrerer Emittenten für ein Reservevermögen in (haftungs-)rechtlicher Hinsicht zahlreiche Folgeprobleme. Denkbar und möglich erscheint allenfalls eine gemeinschaftliche Verwaltung des Reservevermögens über eine smart-contract-basierte DLT-Lösung.[10]

3. Stabilisierungsmechanismus

14 Art. 36 Abs. 8 legt Emittenten vermögenswertereferenzierter Token die Pflicht auf, über eine klare und detaillierte Strategie für einen Stabilisierungsmechanismus zu verfügen.[11] Dabei nennt Art. 36 Abs. 8 verschiedene Inhalte, die zwingend Teil der zu erarbeitenden Strategie sein müssen. So sind insbesondere die von den Token referenzierten Vermögenswerte aufzulisten und zu beschreiben, die mit dem Reservevermögen verknüpften Risiken zu bewerten sowie das Verfahren für Emission und Rücktausch der Token – unter anderem gegen die Vermögenswertreserve – darzulegen.

15 Richtigerweise sollte die Strategie zum Stabilisierungsmechanismus in die Regelungen zur Unternehmensführung nach Art. 34 aufgenommen werden.[12]

4. Trennungsgrundsatz

16 Den Absätzen 2 und 3 des Art. 36 ist ein Trennungsgrundsatz zu entnehmen: Die Vermögenswertreserve muss auf eine Weise unterhalten werden, die eine Trennung von dem (übrigen) Vermögen des Emittenten gleichermaßen sicherstellt, wie eine Trennung von anderen Reservevermögen, die für andere vermögenswertreferenzierte Token des Emittenten vorzuhalten sind. Art. 36 Abs. 2 gebietet dabei die Trennung in rechtlicher, Abs. 3 die Trennung in operativer Hinsicht.

17 **a) Rechtliche Trennung.** Nach Art. 36 Abs. 2 hat die rechtliche Trennung nach geltendem Recht auf eine Weise zu erfolgen, die sicherstellt, dass die Gläubiger des Emittenten[13] nicht auf die Vermögenswertreserve zugreifen können – insbesondere nicht im Fall der Insolvenz des Emittenten. Ausschließlicher Zweck der Vermögenswertreserve – auch und gerade in der Insolvenz des Emittenten – soll die

---

[9] Kritisch auch Raschauer/Ficulovic/Knobl et al./Stern MiCAR Art. 36 Rn. 7.
[10] Raschauer/Ficulovic/Knobl et al./Stern MiCAR Art. 36 Rn. 7.
[11] Die deutsche Formulierung des Verordnungstexts ist insofern missglückt und missverständlich. Deutlich wird der Inhalt der Bestimmung bei einem Blick in die englische Sprachfassung: „Issuers of asset-referenced tokens shall have a clear and detailed policy describing the stabilisation mechanism of such tokens."
[12] So auch Raschauer/Ficulovic/Knobl et al./Stern MiCAR Art. 36 Rn. 13.
[13] Gemeint sind die übrigen Gläubiger, dh jene die einen anderen Anspruch als den Rücktauschanspruch nach Art. 39 Abs. 1 Alt. 1 MiCAR gegen den Emittenten haben.

Sicherung des Rücktauschanspruchs der Tokeninhaber nach Art. 39 Abs. 1 Alt. 1 sein. Der Trennungsgrundsatz soll damit zu einer Insolvenzfestigkeit dieses Anspruchs führen. Der Verweis auf das „geltende" Recht ist dabei als ein Verweis in das geltende **nationale** Recht zu verstehen.[14] Dies folgt aus der Tatsache, dass sich die (fehlende) Zugriffsmöglichkeit von Gläubigern in der Insolvenz des Emittenten insbesondere nach Insolvenzrecht bestimmt. Das Insolvenzrecht ist jedoch nicht europaweit harmonisiert,[15] sodass der Verordnungsgeber konsequenterweise in die nationalen Insolvenzrechtsordnungen verweist.

Es zeigt sich insofern ein Gleichlauf mit der Bestimmung des Art. 75 Abs. 7 MiCAR (→ Art. 75 Rn. 30 ff.).[16] Dieser Regelung dürfte ebenfalls der Auftrag an die Mitgliedstaaten innewohnen, auf nationaler Ebene sicherzustellen, dass die Tokeninhaber bei Insolvenz des Emittenten mit ihren jeweiligen Ansprüchen abgesichert sind.[17] Die Mitgliedstaaten müssen also auch hier mit den Mitteln nationaler (Insolvenz-)gesetzgebung für die Insolvenzfestigkeit der Ansprüche sorgen.[18]

19

Dabei ist der Verweis in das geltende nationale Recht in Art. 36 Abs. 2 nicht so zu verstehen, dass das „Ob" der rechtlichen Trennung zur Disposition der nationalen Gesetzgeber gestellt und anhand des jeweils einschlägigen nationalen Rechts zu entscheiden ist.[19] Vielmehr folgt aus Art. 36 Abs. 2 ein **zwingendes Gebot der rechtlichen Trennung,** das nicht durch nationale Bestimmungen konterkariert werden darf.[20] Der Verordnungsgeber überlässt jedoch Fragen des „Wie" der rechtlichen Trennung dem nationalen (Insolvenz-)Recht. Dabei sind jedoch ebenfalls zwingende Mindestvorgaben zu beachten, die der Eigenschaft der Vermögenswertreserve als europäisch harmonisiertes Sondervermögen zum Durchbruch verhelfen.[21]

20

Vorab festzuhalten ist dabei, dass die Bestimmungen der Art. 36 ff. neben die Regelungen der nationalen Insolvenzrechtsregime treten; es findet insofern **keine Verdrängung** statt (→ Vor Art. 36 ff. Rn. 8).[22] Festzuhalten ist auch, dass die Verordnung den Rang der Forderungen der Tokeninhaber nach Art. 39 Abs. 1 S. 1 in der Insolvenz des Emittenten offen lässt.[23] Auch das ist konsequent. Denn das anwendbare Recht im Falle der Insolvenz eines Emittenten richtet sich nach dem Ort des zuständigen Insolvenzgerichts, dem sog. *lex fori concursus.* Nach diesem, jeweils im Einzelfall anzuwendenden, Recht bestimmt sich auch der insolvenzrechtliche Rang einer Forderung.[24]

21

aa) Regelungsauftrag an Mitgliedstaaten. Hinsichtlich dieser Mindestvorgaben fragt sich, welcher konkrete Auftrag an die Mitgliedstaaten der MiCAR hinsichtlich des Trennungsgebots zu entnehmen ist. Im Mittelpunkt der Betrachtung steht dabei erneut der Anspruch der Inhaber wertereferenzierter Token nach Art. 39 Abs. 1 S. 1 Alt. 1 auf Rücktausch ihrer Token. Im Fall der Insolvenz des

22

---

[14] Miernicki LRZ 2024, 389 (397).
[15] Skauradszun/Wrede RDI 2024, 55 (57).
[16] Miernicki LRZ 2024, 389 (397).
[17] Miernicki LRZ 2024, 389 (397).
[18] Miernicki LRZ 2024, 389 (397).
[19] Skauradszun/Wrede RDI 2024, 55 (58).
[20] Skauradszun/Wrede RDI 2024, 55 (58).
[21] Skauradszun/Wrede RDI 2024, 55 (58).
[22] Skauradszun/Wrede RDI 2024, 55 (58).
[23] Skauradszun/Wrede RDI 2024, 55 (57).
[24] Skauradszun/Wrede RDI 2024, 55 (57).

Emittenten kommt die mit den Art. 36ff. bezweckte Sicherung dieses Anspruchs zum Tragen. Der Verordnungsgeber verlangt nun von den nationalen Insolvenzrechtsordnungen für die **Insolvenzfestigkeit der Rücktauschforderung** zu sorgen. Der Verordnungstext lässt dabei jedoch die konkrete Ausgestaltung der Insolvenzfestigkeit offen. Dies wirft die Frage auf, ob auf nationaler Ebene das Gebot (rechtlicher) Trennung des Reservevermögens vom übrigen Vermögen eines Emittenten durch eine Schaffung von Aussonderungsrechten oder von Absonderungsrechten – jeweils nach nationalem Verständnis – zu verwirklichen ist.

23 Denkbar wäre es dabei **auf nationaler Ebene Absonderungsrechte ausreichen zu lassen.** Absonderungsrechte gewähren Gläubigern in der Insolvenz des Schuldners ein Vorzugsrecht an einem bestimmten Gegenstand, obwohl dieser haftungsrechtlich eigentlich der Insolvenzmasse zuzuordnen wäre. Ein zur Masse gehöriger Gegenstand wird also einem Absonderungsberechtigten vorrangig zugeordnet.[25]

24 Für von dem Verordnungsgeber vorgesehene Aussonderungsrechte könnte sprechen, dass Inhaber der Vermögenswertreserve der Emittent ist und nicht die Inhaber der besicherten Token.[26] Diese Rechtszuständigkeit des Emittenten hinsichtlich des Reservevermögens zeigt sich insbesondere anhand der Regelung in Art. 37 Abs. 6 UAbs. 1 S. 1 lit. d: Sofern Kreditinstitute als Verwahrstelle das Reservevermögen eines Emittenten verwahren, haben sie mit Blick auf Vermögenswerte, die nicht Geldbeträge, verwahrbare Finanzinstrumente oder verwahrbare Kryptowerte sind, die Eigentümerstellung des Emittenten zu überprüfen und entsprechende Aufzeichnungen zu führen, falls die Eigentumsprüfung positiv ausfällt. Für den Fall, dass Gold Teil der Vermögenswertreserve ist, ist Eigentümer zB der jeweilige Emittent.[27] Insofern ergibt sich ein Unterschied zu dem Konzept der Vermögenstrennung in Art. 75 Abs. 7. Hier sind die Kunden Inhaber der verwahrten Token. (→ Rn. 19 und → § 75 Rn. 28 ff.)

25 Es darf jedoch nicht übersehen werden, dass im Kontext von Ab- und Aussonderungsrechten (hierzu sogleich → Rn. 27 ff.) nicht ausschließlich die dingliche Eigentumszuweisung von Bedeutung ist. Entscheidend ist vielmehr die haftungsrechtliche Zuordnung von Vermögensbestandteilen.[28] Da das Reservevermögen haftungsrechtlich per Definition ausschließlich den Tokeninhabern zugeordnet ist, lässt obiges Argument offen, ob von den mitgliedsstaatlichen Rechtsordnungen die Schaffung von Aussonderungsrechten zu fordern ist.

26 Allerdings könnte der Telos der Vermögenswertreserve dafür sprechen, bloße Absonderungsrechte als ausreichend zu erachten. Sinn und Zweck des Reservevermögens ist es gemäß der Definition in Art. 3 Abs. 1 Nr. 32, die Forderungen der Tokeninhaber zu „besichern".[29] Hinter dem Konzept der Vermögenswertreserve steht somit ein Sicherungsinteresse der Tokeninhaber.[30] **Gesichert wird dabei der Wert (!) der Ansprüche der Tokeninhaber.** Der jeweilige Tokeninhaber hat indes keinen Anspruch auf Herausgabe eines bestimmten Assets der Vermögenswertreserve. Dies zeigt sich auch daran, dass die Zusammensetzung der Vermögenswertreserve durchaus heterogen ist und durch technische Regulierungsstandards (siehe

---

[25] Vgl. MüKoInsO/Ganter § 47 Rn. 12; Ganter NZI 2023, 44 (45).
[26] Miernicki LRZ 2024, 389 (398); Skauradszun/Wrede RDI 2024, 55 (60).
[27] Skauradszun/Wrede RDI 2024, 55 (60).
[28] Braun/Bäuerle InsO § 47 Rn. 1.
[29] Miernicki LRZ 2024, 389 (399); Skauradszun/Wrede RDI 2024, 55 (60).
[30] Miernicki LRZ 2024, 389 (399); Skauradszun/Wrede RDI 2024, 55 (60).

Abs. 6) und damit gerade nicht durch die betroffenen Tokeninhaber beeinflusst wird.[31] Bei der Kryptoverwahrung (hierzu → Art. 75 Rn. 1 ff.) ist die Interessenlage eine andere: hier beeinflussen die Tokeninhaber durch ihr Handeln explizit, welche Kryptowerte sie auf den Verwahrer transferieren oder über ihn beschaffen.[32] Sofern es im weiteren Verlauf um die Ansprüche der Tokeninhaber gegen den Kryptoverwahrer geht, steht dann das konkrete Sachinteresse, dh das Interesse auf Herausgabe bzw. Übertragung spezifischer Token im Vordergrund. Bereits die Schaffung von Absonderungsrechten würde dem beschriebenen Wertsicherungsinteresse der Tokeninhaber Genüge tun.

Richtig dürfte es jedoch sein, dass Art. 36 Abs. 2 **auf nationaler Ebene Aussonderungsrechte** erfordert.[33] Aussonderungsrechten kommt kein Rang zu.[34] Sie gehören nicht zur Insolvenzmasse.[35]

Gegen ein Ausreichen von Absonderungsrecht spricht, dass gem. Art. 47 Abs. 2 UAbs. 2 MiCAR die Kompetenz, den Rücktauschplan durchzuführen, bei den „vorläufigen Verwalter" liegt. Sie ist damit explizit nicht dem Insolvenzverwalter zugewiesen,[36] der für die Befriedigung von Absonderungsgläubigern zuständig ist.

Zudem ergibt sich aus der Zusammenschau von Trennungsgrundsatz (Art. 36 Abs. 2, 3; → Rn. 16 ff.) und dem Rücktauschrecht nach Art. 39 Abs. 1 S. 1 Alt. 2, dass **die Vermögenswertreserve außerhalb der Insolvenzmasse liegt**.[37] Dieses Ergebnis wird jedoch nur dann erzielt, wenn die nationalen Rechtsordnungen Aussonderungsrechte vorsehen.

Schließlich sorgt die Schaffung von Aussonderungsrechten für eine **größtmögliche Sicherung** der Rücktauschforderung der Tokeninhaber und ist damit dem Telos des Reservevermögens in größtmöglichem Umfang dienlich.

Damit lässt sich festhalten, dass Art. 36 Abs. 2 und das Gebot der rechtlichen Trennung durch die mitgliedsstaatlichen Insolvenzordnungen nur beim Vorhandensein von Aussonderungsrechten erfüllt ist. Sofern in einem Mitgliedstaat die Rücktauschforderung von Tokeninhabern bei Insolvenz des Emittenten nicht zur Aussonderung berechtigt, ist der jeweilige Mitgliedstaat gehalten, die nationalen Bestimmungen entsprechend anzupassen.

bb) Rechtslage in Deutschland. Sofern über das Vermögen eines Emittenten vermögenswertereferenzierter Token in Deutschland ein Insolvenzverfahren eröffnet wird, kommt Tokeninhabern bezogen auf die Vermögenswertreserve – wie vom Verordnungsgeber vorgesehen – ein **Aussonderungsrecht** zu. Dies bedeutet, dass Tokeninhaber nicht auf eine Geltendmachung ihrer Ansprüche im Zuge des Insolvenzverfahrens verwiesen sind.[38]

---

[31] Miernicki LRZ 2024, 389 (399).
[32] Miernicki LRZ 2024, 389 (399).
[33] So auch Skauradszun/Wrede RDI 2024, 55 (60 f.); Miernicki LRZ 2024, 389 (399) hält Absonderungsrechte für ausreichend, hält Aussonderungsrechte aber dennoch vom eröffneten Spielraum des Verordnungsgebers umfasst.
[34] Skauradszun/Wrede RDI 2024, 55 (60) unter Verweis auf Jauernig/Berger/Thole, Insolvenzrecht, § 8 Rn. 5.
[35] Braun/Bäuerle InsO § 47 Rn. 1.
[36] Argument wird auch angeführt von Miernicki LRZ 2024, 389 (397); Skauradszun/Wrede RDI 2024, 55 (60).
[37] Skauradszun/Wrede RDI 2024, 55 (61); Argument wird auch angeführt von Miernicki LRZ 2024, 389 (397).
[38] Skauradszun/Wrede RDI 2024, 55 (60).

Art. 36

33 Die Rücktauschforderung gem. Art. 39 Abs. 1 S. 1 Alt. 1 ist keine einfache Insolvenzforderung nach § 38 InsO. Etwas anderes gilt nur für den Fall, dass eine Befriedigung des Tokeninhabers über die Vermögenswertreserve rein faktisch nicht möglich ist. Für diesen Fall ist der Tokeninhaber mit seiner (Rest-)Forderung als einfacher Insolvenzgläubiger anzusehen.[39] Aufgrund fehlender gesetzlicher Anordnung handelt es sich bei der Rücktauschforderung um keine nachrangige Insolvenzforderung nach § 39 InsO.[40] Selbiges gilt auch für Masseverbindlichkeiten nach § 55 InsO.[41] Gegen ein bestehendes Absonderungsrecht nach §§ 49ff. InsO spricht wiederum, dass die Befriedigung der Tokeninhaber nicht Aufgabe des Insolvenzverwalters, sondern nach der § 27 Abs. 3–8 KMAG-RegE dem „Abwickler" zugewiesen ist.

34 § 27 Abs. 8 KMAG-RegE ordnet schließlich an, dass das Reservevermögen nicht in die Insolvenzmasse des Emittenten fällt. Damit ist auch der Tokeninhaber mit seiner Rücktauschforderung nicht auf die Insolvenzmasse verwiesen. Nach deutschem Insolvenzrecht kommen den Inhabern vermögenswertereferenzierter Token damit Aussonderungsrechte nach §§ 47f. InsO zu. Sie haben damit die Möglichkeit, ihre Forderung außerhalb des Insolvenzverfahrens geltend zu machen.

35 Damit erfüllt das deutsche Recht mit Blick auf die Insolvenzfestigkeit des Rücktauschanspruchs von Tokeninhabern die europarechtlichen Vorgaben. Ein diesbezügliches Handeln des deutschen Gesetzgebers ist nicht angezeigt.

36 **b) Operative Trennung.** Die von Art. 36 Abs. 3 geforderte operative Trennung der Vermögenswertreserve von dem übrigen Vermögen des Emittenten sowie von anderen Vermögenswertreserven verlangt von dem Emittenten, dass das **operative Geschäft des Emittenten nicht aus Mitteln des Reservevermögens** bedient und bestritten wird. Im Konkreten bedeutet dies beispielsweise, dass im Regelfall die von Tokeninhabern angemeldeten Rücktauschansprüche nach Art. 39 Abs. 1 S. 1 aus dem operativen Vermögen zu bedienen sind (→ Art. 39 Rn. 2ff.). Der Emittent hat daher dafür Sorge zu tragen, dass er über ausreichende finanzielle Mittel außerhalb des Reservevermögens verfügt.

37 Aus dem Grundsatz der operativen Trennung verschiedener Vermögenswertreserven ergibt sich, dass aus dem Reservevermögen zu bedienende Rücktauschansprüche auch lediglich aus dem dem jeweiligen Token zugeordneten Reservevermögen bedient werden dürfen.

5. Externes Audit

38 Ab dem Tag ihrer Zulassung nach Art. 21 oder ab dem Tag der Genehmigung des Kryptowerte-Whitepapers nach Art. 17 müssen Emittenten vermögenswertereferenzierter Token im Sechsmonatsturnus **eine unabhängige, externe Prüfung des Reservevermögens** in Auftrag geben, Art. 36 Abs. 9. Diese Prüfungspflicht tritt neben die externe Prüfung nach Art. 34 Abs. 12 (Verweis → Art. 34 Rn. 54f.). Der Prüfungsauftrag umfasst die Einhaltung sämtlicher Bestimmungen der Art. 36–40.

39 Aus dem vorgegeben Sechsmonatsturnus und dem in Art. 36 Abs. 10 genannten „Referenzdatum der Bewertung" folgt, dass die Prüfungen **jeweils zu einem**

---

[39] Skauradszun/Wrede RDI 2024, 55 (59).
[40] Skauradszun/Wrede RDI 2024, 55 (59).
[41] Skauradszun/Wrede RDI 2024, 55 (59).

Stichtag zu erfolgen haben und die Prüfungsstichtage maximal sechs Monate auseinander liegen dürfen. Die Prüfung der fortwährenden Einhaltung der Vorgaben der Art. 36–40 innerhalb des Sechsmonatsturnus dürfte hingegen nicht gefordert sein.[42]

Der Verordnungstext lässt offen, durch welche externen Personen die Prüfung nach Art. 39 Abs. 9 durchzuführen ist. Voraussetzung für das Durchführen der Prüfung muss zwingend das Vorliegen der notwendigen **Sachkunde** sein. Vorliegende Interessenskonflikte dürften wiederum eine Prüfungstätigkeit von vornherein ausschließen. Sofern sie diesen Vorgaben entsprechen, dürften **Wirtschaftsprüfer, Steuerberater,** aber auch spezialisierte **Rechtsanwälte** berufen sein, die Prüfung nach Art. 39 Abs. 9 vorzunehmen. 40

Mangels vorliegender Prüfungsstandards und Best-Practice-Ansätze sollten sich Prüfer bei der Prüfung an den aus der internen Revision und/oder der Wirtschaftsprüfung bekannten Grundsätzen orientieren. Die Einhaltung der Vorgaben zur Zusammensetzung der Vermögenswertreserve kann beispielhaft durch die Vorlage von Bankbestätigungen und/oder Bestätigungen von Kryptoverwahrern überprüft werden. 41

Nach Abschluss der Prüfung hat der Emittent das **Prüfungsergebnis** nach Art. 36 Abs. 10 unverzüglich, spätestens jedoch sechs Wochen nach dem „Referenzdatum der Bewertung", gemeint ist hier wohl der Prüfungsstichtag, der zuständigen Behörde mitzuteilen. Sodann hat der Emittent binnen weiterer zwei Wochen das Prüfungsergebnis zu veröffentlichen. 42

Der Verordnungstext lässt offen, auf welche Weise diese Veröffentlichung durch den Emittenten zu erfolgen hat. Hier dürfte eine Veröffentlichung auf der Unternehmenswebsite des Emittenten zweckmäßig und hinreichend sein. 43

Die zuständige Behörde kann nach der Bestimmung in Art. 36 Abs. 10 den Emittenten beim Vorliegen enumerativer Tatbestände auffordern, die Veröffentlichung der Prüfungsergebnisse zeitlich aufzuschieben. Ob die Behörde eine Veröffentlichung qua Bescheid auch dauerhaft suspendieren kann, ist dem Verordnungstext nicht zu entnehmen.[43] Jedenfalls für den Fall des Art. 36 Abs. 10 lit. d, dass von der Veröffentlichung ausgehende, erheblich nachteilige Auswirkungen auf das Finanzsystem eines Mitgliedsstaats zu befürchten sind, dürfte auch ein dauerhafter Aufschub der Veröffentlichung zulässig sein. 44

III. Sanktionen

Verstöße gegen die Anforderungen an das Reservevermögen nach Art. 36 unterliegen gem. Art. 111 Abs. 1 lit. b verwaltungsrechtlichen Sanktionen. 45

---

[42] Auch Raschauer/Ficulovic/Knobl et al./Stern MiCAR Art. 36 Rn. 15 hält eine Prüfung der „jederzeitigen Einhaltung von Kapitel 3 im vergangenen halben Jahr" für unverhältnismäßig.
[43] Vgl. hierzu auch Raschauer/Ficulovic/Knobl et al./Stern MiCAR Art. 36 Rn. 16.

Art. 37 Titel III Vermögenswertereferenzierte Token

Artikel 37 Verwahrung des Reservevermögens

(1) Die Emittenten vermögenswertereferenzierter Token müssen Strategien und Verfahren sowie vertragliche Vereinbarungen für die Verwahrung festlegen, aufrechterhalten und umsetzen, um jederzeit sicherzustellen, dass
a) das Reservevermögen weder belastet noch als „Finanzsicherheit" im Sinne von Artikel 2 Absatz 1 Buchstabe a der Richtlinie 2002/47/EG des Europäischen Parlaments und des Rates verpfändet wird;
b) das Reservevermögen gemäß Absatz 6 des vorliegenden Artikels verwahrt wird;
c) die Emittenten vermögenswertereferenzierter Token umgehend Zugang zum Reservevermögen haben, um etwaige Rücktauschforderungen der Inhaber vermögenswertereferenzierter Token bedienen zu können;
d) Konzentrationen hinsichtlich der Verwahrstellen des Reservevermögens vermieden werden;
e) das Risiko einer Konzentration des Reservevermögens vermieden wird.

(2) [1]Emittenten vermögenswertereferenzierter Token, die in der Union zwei oder mehr vermögenswertereferenzierte Token ausgeben, legen für jede Vermögenswertreserve eine eigene Strategie für deren Verwahrung fest. [2]Verschiedene Emittenten vermögenswertereferenzierter Token, die den gleichen vermögenswertereferenzierten Token ausgeben, legen nur eine Verwahrstrategie fest und erhalten diese aufrecht.

(3) Das Reservevermögen wird bis höchstens fünf Arbeitstage nach Emission des vermögenswertereferenzierten Token von einer oder mehreren der folgenden Stellen verwahrt:
a) einem Anbieter von Kryptowerte-Dienstleistungen, der Kryptowerte für Kunden verwahrt oder verwaltet, sofern es sich bei dem Reservevermögen um Kryptowerte handelt;
b) einem Kreditinstitut bei allen Arten von Reservevermögen;
c) einer Wertpapierfirma, die die Nebendienstleistung der Verwahrung und Verwaltung von Finanzinstrumenten für Rechnung von Kunden gemäß Anhang I Abschnitt B Nummer 1 der Richtlinie 2014/65/EU erbringt, wenn das Reservevermögen die Form von Finanzinstrumenten hat.

(4)[1] [1]Die Emittenten vermögenswertereferenzierter Token gehen bei der Auswahl, Bestellung und Überprüfung der gemäß Absatz 3 als Verwahrstelle für das Reservevermögen bestellten Anbieter von Kryptowerte-Dienstleistungen, Kreditinstitute und Wertpapierfirmen mit der erforderlichen Sachkenntnis, Sorgfalt und Gewissenhaftigkeit vor. [2]Die Verwahrstelle muss eine vom Emittenten verschiedene juristische Person sein.

[2] [1]Die Emittenten vermögenswertereferenzierter Token stellen sicher, dass die als Verwahrstelle für das Reservevermögen gemäß Absatz 3 bestellten Anbieter von Kryptowerte-Dienstleistungen, Kreditinstitute und Wertpapierfirmen über die erforderliche Sachkenntnis und Marktreputation verfügen, um als Verwahrstelle für ein solches Reservevermögen zu fungieren, wobei die Rechnungslegungsverfahren, die Verfahren für die sichere Aufbewahrung und die internen Kontrollmechanismen dieser An-

bieter von Kryptowerte-Dienstleistungen, Kreditinstitute und Wertpapierfirmen zu berücksichtigen sind. ²Durch die vertraglichen Vereinbarungen zwischen den Emittenten vermögenswertereferenzierter Token und den Verwahrstellen wird sichergestellt, dass das verwahrte Reservevermögen gegen Forderungen der Gläubiger der Verwahrstellen geschützt ist.

(5)[1] In den Strategien und Verfahren für die Verwahrung nach Absatz 1 werden die Auswahlkriterien für die Bestellung von Anbietern von Kryptowerte-Dienstleistungen, Kreditinstituten oder Wertpapierfirmen als Verwahrstellen für das Reservevermögen und das Verfahren zur Überprüfung einer solcher Bestellung festgelegt.

[2] Die Emittenten vermögenswertereferenzierter Token überprüfen regelmäßig die Bestellung von Anbietern von Kryptowerte-Dienstleistungen, Kreditinstituten oder Wertpapierfirmen als Verwahrstellen für das Reservevermögen, für die Zwecke dieser Bewertung bewerten die Emittenten vermögenswertereferenzierter Token ihre Risikopositionen gegenüber solchen Verwahrstellen unter Berücksichtigung ihrer gesamten Beziehungen zu ihnen und überwachen fortlaufend die finanzielle Lage dieser Verwahrstellen.

(6)[1] ¹Die Verwahrstellen für das Reservevermögen gemäß Absatz 4 stellen sicher, dass die Verwahrung dieses Reservevermögens folgendermaßen erfolgt:
a) Kreditinstitute verwahren Geldbeträge auf einem Konto, das in den Büchern des Kreditinstituts eröffnet wurde;
b) im Falle verwahrbarer Finanzinstrumente nehmen die Kreditinstitute oder Wertpapierfirmen alle Finanzinstrumente, die auf einem in den Büchern der Kreditinstitute oder Wertpapierfirmen eröffneten Konto für Finanzinstrumente verbucht werden können, sowie alle Finanzinstrumente, die physisch an diese Kreditinstitute oder Wertpapierfirmen geliefert werden können, in Verwahrung;
c) im Fall verwahrbarer Kryptowerte nehmen die Anbieter von Kryptowerte-Dienstleistungen die Kryptowerte, die Teil des Reservevermögens sind, oder die Mittel für den Zugang zu solchen Kryptowerten, gegebenenfalls in Form privater kryptografischer Schlüssel, in Verwahrung;
d) im Fall anderer Vermögenswerte überprüfen die Kreditinstitute die Eigentumsverhältnisse der Emittenten der vermögenswertereferenzierten Token und führen Aufzeichnungen über das Reservevermögen, bei dem sie sich davon überzeugt haben, dass sein Eigentümer die Emittenten der vermögenswertereferenzierten Token sind.

²Für die Zwecke von Unterabsatz 1 Buchstabe a stellen die Kreditinstitute sicher, dass Geldbeträge in den Büchern der Kreditinstitute gemäß den nationalen Rechtsvorschriften zur Umsetzung des Artikels 16 der Richtlinie 2006/73/EG der Kommission auf getrennten Konten verbucht werden. ³Dieses Konto wird für die Zwecke der Verwaltung des Reservevermögens jeden vermögenswertereferenzierten Token auf den Namen des Emittenten der vermögenswertereferenzierten Token eröffnet, sodass die verwahrten Geldbeträge eindeutig als Teil jeder Vermögenswertreserve identifiziert werden können. ⁴Für die Zwecke von Unterabsatz 1 Buchstabe b stellen die Kreditinstitute und Wertpapierfirmen sicher, dass alle

Art. 37

Finanzinstrumente, die auf einem in den Büchern des Kreditinstituts und Wertpapierfirmen eröffneten Konto für Finanzinstrumente verbucht werden können, in den Büchern der Kreditinstitute und Wertpapierfirmen gemäß den nationalen Rechtsvorschriften zur Umsetzung des Artikels 16 der Richtlinie 2006/73/EG auf getrennten Konten verbucht werden.

[2] Die Konten für Finanzinstrumente werden für die Zwecke der Verwaltung des Reservevermögens jedes vermögenswertereferenzierten Token auf den Namen der Emittenten der vermögenswertereferenzierten Token eröffnet, sodass die verwahrten Finanzinstrumente eindeutig als Teil jeder Vermögenswertreserve identifiziert werden können.

[3] Für die Zwecke von Unterabsatz 1 Buchstabe c öffnen die Anbieter von Kryptowerte-Dienstleistungen zur Verwaltung des Reservevermögens jedes vermögenswertereferenzierten Token ein Register der Risikopositionen auf den Namen der Emittenten der vermögenswertereferenzierten Token, sodass die verwahrten Kryptowerte eindeutig als Teil jeder Vermögenswertreserve identifiziert werden können

[4] Für die Zwecke von Unterabsatz 1 Buchstabe d stützt sich die Bewertung, ob Emittenten vermögenswertereferenzierter Token Eigentümer des Reservevermögens sind, auf Informationen oder Unterlagen, die die Emittenten der vermögenswertereferenzierten Token zur Verfügung stellen, und, soweit verfügbar, auf externe Nachweise.

(7) [1]Die Bestellung von Anbietern von Kryptowerte-Dienstleistungen, Kreditinstituten oder Wertpapierfirmen als Verwahrstellen für das Reservevermögen gemäß Absatz 4 des vorliegenden Artikels wird durch den in Artikel 34 Absatz 5 Unterabsatz 2 genannten schriftlichen Vertrag belegt. [2]In diesen vertraglichen Vereinbarungen wird unter anderem geregelt, welcher Informationsfluss als notwendig erachtet wird, damit die Emittenten vermögenswertereferenzierter Token sowie die Anbieter von Kryptowerte-Dienstleistungen, die Kreditinstitute und die Wertpapierfirmen ihre Aufgaben als Verwahrstellen erfüllen können.

(8) Anbieter von Kryptowerte-Dienstleistungen, Kreditinstitute und Wertpapierfirmen, die gemäß Absatz 4 als Verwahrstellen bestellt werden, handeln ehrlich, redlich, professionell, unabhängig und im Interesse der Emittenten und der Inhaber der vermögenswertereferenzierten Token.

(9) Anbieter von Kryptowerte-Dienstleistungen, Kreditinstitute und Wertpapierfirmen, die gemäß Absatz 4 als Verwahrstellen bestellt werden, unterlassen im Umgang mit Emittenten vermögenswertereferenzierter Token jede Tätigkeit, die zu Interessenkonflikten zwischen diesen Emittenten, den Inhabern der vermögenswertereferenzierten Token und ihnen selbst führen könnte, es sei denn, alle folgenden Bedingungen sind erfüllt:
a) Die Anbieter von Kryptowerte-Dienstleistungen, Kreditinstitute oder Wertpapierfirmen haben die Wahrnehmung ihrer Verwahraufgaben in funktionaler und hierarchischer Hinsicht von potenziell kollidierenden Aufgaben getrennt;
b) die potenziellen Interessenkonflikte werden von den Emittenten der vermögenswertereferenzierten Token gemäß Artikel 32 ordnungsgemäß ermittelt, überwacht, geregelt und den Inhabern der vermögenswertereferenzierten Token offengelegt.

Verwahrung des Reservevermögens **Art. 37**

(10) ¹Im Falle des Verlusts eines nach Absatz 6 verwahrten Finanzinstruments oder Kryptowerts sorgen der Anbieter von Kryptowerte-Dienstleistungen, das Kreditinstitut oder die Wertpapierfirma, die das Finanzinstrument oder den Kryptowert verloren haben, unverzüglich für die Entschädigung oder Rückerstattung durch ein Finanzinstrument oder einen Kryptowert derselben Art oder des entsprechenden Wertes an den Emittenten des vermögenswertereferenzierten Token. ²Die betreffenden Anbieter von Kryptowerte-Dienstleistungen, Kreditinstitute oder Wertpapierfirmen müssen keine Entschädigung oder Rückerstattung leisten, wenn sie nachweisen können, dass der Verlust auf ein äußeres Ereignis zurückzuführen ist, das sich nach vernünftigem Ermessen ihrer Kontrolle entzieht und dessen Folgen trotz aller zumutbaren Anstrengungen nicht vermieden werden konnten.

Schrifttum: Siehe vor § 36

Übersicht

	Rn.
I. Inhalt	1
II. Verwahrordnung und Verwahrverträge	2
III. Verwahrstellen	5
1. Arten zulässiger Verwahrstellen	6
2. Auswahl und fortlaufende Überprüfung	8
3. Anforderungen an den Verwahrvertrag	12
4. Grundsätze für Verwahrung und Verwahrstellen	15
5. Haftung der Verwahrstellen	20
IV. Sanktionen	23

I. Inhalt

Art. 37 behandelt die **Art und Weise der Verwahrung des Reservevermögens.** Grundprinzip ist dabei eine **externe Verwahrung** über externe Dienstleister bzw. Verwahrstellen.¹ Dies soll gleichzeitig das Schutzniveau der Tokeninhaber sowie die finanzielle Stabilität der Emittenten durch entsprechende Risikoverminderung erhöhen.² Es zeigt sich, dass der Verordnungsgeber den Emittenten einen **engen Rahmen** vorgibt, innerhalb dessen das Reservevermögen zu verwalten ist. Mit Blick auf die Natur des Reservevermögens als den Tokeninhabern zur Verfügung stehende Sicherheit, ist dies folgerichtig und begrüßenswert. 1

II. Verwahrordnung und Verwahrverträge

Art. 37 Abs. 1 verpflichtet Emittenten die Grundprinzipien der Verwahrung der Vermögenswertreserve (Strategien und Verfahren) in einer Art Verwahrordnung zunächst **schriftlich zu fixieren,** sodann **aufrechtzuerhalten** und insbesondere **umzusetzen.** Auf diese Weise soll sichergestellt werden, dass das Reservevermögen nicht als Sicherheit für Schulden des Emittenten oder Dritte zweckentfrem- 2

---

[1] Siehe hierzu auch Art. 37 Abs. 4 UAbs. 1.
[2] Martino Amsterdam Law School Legal Studies Research Paper No. 2022-27, S. 41.

Art. 37

det wird, die gesetzlichen Anforderungen an die Verwahrung eingehalten werden (hierzu sogleich → Rn. 5 ff.), dem Emittent der **umgehende Zugang** zum Reservevermögen offensteht sowie Konzentrationen hinsichtlich Verwahrstellen und der Bestandteile des Vermögens selbst vermieden werden. Die Verwahrordnung ist dabei Teil der **Regelungen zur Unternehmensführung** nach Art. 34 Abs. 5.

3   Bestandteil der von Art. 37 Abs. 1 geforderten Verwahrordnung müssen zwingend auch die **Auswahl- und Überprüfungskriterien** sein, nach denen Emittenten Verwahrstellen (→ Rn. 15 ff.) (fortlaufend) evaluieren und bestellen, Art. 37 Abs. 5. Nach Art. 37 Abs. 1 sollen diese internen Grundprinzipien extern durch den Abschluss **korrespondierender Vereinbarungen** flankiert werden. Damit dürften insbesondere Verträge entsprechenden Inhalts mit den Verwahrstellen (→ Rn. 12 ff.) gemeint sein.

4   Sofern ein Emittent mehrere vermögenswertereferenzierte Token begibt und als folge mehrere Reservevermögen zu bilden hat (→ Art. 36 Rn. 12), muss er auch **für jede Reserve eine eigene Strategie** definieren, Art. 37 Abs. 2. Sofern mehrere Emittenten einen (technisch) identische Token ausgeben (hierzu → Art. 36 Rn. 13), genügt hingegen eine **gemeinsame Strategie**. Wie diese gemeinsame Strategie in formeller Hinsicht umzusetzen ist, lässt der Verordnungsgeber offen. Das Erfordernis einer hinreichend textlich fixierten Verwahrordnung wird wohl bereits dann erfüllt sein, wenn mehrere Emittenten ein gemeinsames Dokument erstellen. Ausreichend wird es auch sein, wenn ein Emittent eine Verwahrordnung erstellt und ein anderer sich diese – mit Zustimmung des anderen Emittenten – zu eigen macht. Sofern sich aus einer unzulänglichen Verwahrordnung ein öffentlich-rechtlicher oder zivilrechtlicher Haftungsfall ergibt, dürfte eine gesamtschuldnerische Haftung aller Emittenten, die sich auf diese Verwahrordnung beziehen, bestehen.[3] Im Innenverhältnis zwischen den Emittenten sind dabei – je nach Verteilung der Verantwortlichkeiten – durchaus Regressansprüche denkbar. Auch wenn es der Verordnungstext in Art. 37 Abs. 2 nicht explizit erwähnt: begeben mehrere Emittenten einen identischen vermögenswertereferenzierten Token, so schließt Art. 37 Abs. 2 nicht die Möglichkeit aus, dass **jeder Emittent eine eigene Verwahrordnung** erarbeitet. Eine gesetzlich erzwungene Kooperation wäre den beteiligten Emittenten weder zumutbar, noch ist sie mit Blick auf Sinn und Zweck der Regelung sinnvoll.

III. Verwahrstellen

5   Nach der Emission vermögenswertereferenzierter Token hat ein Emittent fünf Arbeitstage Zeit, die Vermögenswerte des Reservevermögens einer Verwahrstelle zu übertragen, Art. 37 Abs. 3. Entscheidend ist dabei, wie bereits dargestellt (→ Rn. 1), die **Externalität** der Verwahrung. Art. 37 Abs. 4 UAbs. 1 sieht zwingend vor, dass die Verwahrstelle eine von dem jeweiligen Emittenten **verschiedene juristische Person** ist.

1. Arten zulässiger Verwahrstellen

6   In der Wahl der Verwahrstellen ist der Emittent dabei nicht frei. Art. 37 Abs. 3 definiert abschließend, welche Vermögenswerte durch welche Verwahrstellen ver-

---

[3] Vgl. hierzu auch Raschauer/Ficulovic/Knobl et al./Stern MiCAR Art. 37 Rn. 16.

waltet werden dürfen. Gemeinsame Grundvoraussetzung aller Verwahrstellen ist dabei, dass sie **selbst nach MiCAR, MiFID II oder CRR reguliert** sind. Dies stellt sicher, dass die Verwahrstellen selbst gewisse Regulierungsstandards erfüllen, unter Aufsicht stehen und schließlich innerhalb der Europäischen Union registriert sind.[4]

Jedwede Asset-Kategorie des Reservevermögens kann von **Kreditinstituten**[5] 7 verwahrt werden (Art. 37 Abs. 3 lit. b).[6] Sofern das Reservevermögen aus Kryptowerten besteht, können diese zudem von einem Anbieter von **Kryptowerte-Dienstleistungen**[7], der Kryptowerte für Kunden verwahrt und[8] verwaltet, verwahrt werden (Art. 37 Abs. 3 lit. a). Sofern ein Teil des Reservevermögens aus **Finanzinstrumenten** besteht, können diese neben Kreditinstituten von einer Wertpapierfirma[9], die die Nebendienstleistung der Verwahrung und Verwaltung von Finanzinstrumenten für Rechnung von Kunden erbringt, verwahrt werden. Aufgrund der **enumerativen Aufzählung** zulässiger Verwahrstellen, dürfen die Assets des Reservevermögens nicht durch eine nicht genannte Entität oder Person verwahrt werden. Ausgeschlossen ist damit eine treuhänderische Verwahrung des Reservevermögens beispielsweise durch Rechtsanwälte.[10]

2. Auswahl und fortlaufende Überprüfung

Art. 37 Abs. 4, 5 verpflichten Emittenten bei Auswahl, Bestellung und Überprü- 8 fung der Verwahrstellen mit der erforderlichen **Sachkenntnis, Sorgfalt und Gewissenhaftigkeit** vorzugehen. Rein praktisch dürfte dies bedeuten, dass Emittenten vor der Erteilung eines Verwahrmandats, die entsprechende Stelle **eingehend zu überprüfen** haben. Eine Genehmigung der emittentenseits ausgewählten Verwahrstelle durch die jeweils zuständige Aufsichtsbehörde, wie bei Fonds bisweilen vorgeschrieben, ist gesetzlich nicht vorgesehen.[11]

Die Prüfpflichten des Emittenten enden nicht mit der Mandatserteilung. Auch 9 nach der Bestellung müssen Emittenten die **Verwahrstellen regelmäßig überprüfen** und dabei ihre jeweilige Risikoexposition gegenüber der Verwahrstelle bewerten. Zu überwachen ist fernerhin die (allgemeine) finanzielle Lage der Verwahrstellen. Sollte sich dabei ergeben, dass sich die Verwahrstelle kritischer Finanzereignisse gegenübergesetzt sieht und eine Insolvenz nicht auszuschließen ist, gebietet der Sicherungszweck der Vermögenswertreserve, das dort verwahrte Reservevermögen abzuziehen und andernorts in Verwahrung zu geben.[12]

Teil des Prüfungsprogramms ist dabei nach Art. 37 Abs. 4 UAbs. 2 insbesondere 10 das Vorliegen **erforderlicher Sachkenntnis und Marktreputation bei den Verwahrstellen**. Dies wird der Emittent unter anderem über das Einholen entsprechender Informationen über die für die Verwahrstelle tätigen Personen sowie über

---

[4] Vgl. Haentjens/Gullifer/Kokorin Markets in Crypto-Assets Regulation/Maume 6.2.9.3.
[5] Siehe zur Definition Art. 3 Abs. 1 Nr. 28.
[6] Grundvoraussetzung ist hier, dass das Kreditinstitut über die gesetzlich notwendige Erlaubnis verfügt.
[7] Siehe zur Definition Art. 3 Abs. 1 Nr. 15.
[8] Der Verordnungstext enthält an dieser Stelle ein „oder". Hierbei dürfte es sich aber mit Blick auf die Definition in Art. 3 Abs. 1 Nr. 16 lit. a um ein Redaktionsversehen handeln.
[9] Siehe zur Definition Art. 3 Abs. 1 Nr. 29.
[10] Vgl. Raschauer/Ficulovic/Knobl et al./Stern MiCAR Art. 37 Rn. 4.
[11] Vgl. Raschauer/Ficulovic/Knobl et al./Stern MiCAR Art. 37 Rn. 4.
[12] Vgl. Raschauer/Ficulovic/Knobl et al./Stern MiCAR Art. 37 Rn. 8.

Referenzen umsetzen können.[13] Weiterhin sind die von den Verwahrstellen angewandten Rechnungslegungsverfahren, die Verfahren für eine sichere Aufbewahrung und die vorhandenen internen Kontrollmechanismen zu berücksichtigen.

Für Kreditinstitute enthalten Art. 4 und 5 EBA/RTS/2024/10 weitere Vorgaben (→ Art. 36 Rn. 10 f.).

3. Anforderungen an den Verwahrvertrag

Den gesetzlichen Prüfpflichten können Emittenten jedoch nur dann auf gebührende Weise nachkommen, wenn ihnen entsprechende **Informationsrechte** eingeräumt und spiegelbildlich die Verwahrstellen **Berichtspflichten** unterworfen werden. Derartige Regelungen sind daher zwingend in den schriftlichen Verwahrvertrag nach Art. 37 Abs. 7 iVm Art. 34 Abs. 5 UAbs. 2 zwischen Emittent und Verwahrstelle aufzunehmen. Die Berichtspflichten der Verwahrstellen sollten dabei sowohl turnusmäßig als auch anlassbezogen ausgestaltet werden.

Art. 37 Abs. 4 UAbs. 2 aE legt Emittenten zudem die Pflicht auf, qua Verwahrvertrag dafür Sorgen zu tragen, dass das bei den Verwahrstellen verwahrte Reservevermögen dem **Zugriff der Gläubiger der Verwahrstellen entzogen** ist. Dies bedeutet, dass auch Verwahrstellen die Vermögenswerte der Emittenten rechtlich und operativ zu trennen haben: zum einen von ihrem eigenen Vermögen; zum anderen von dem Vermögen anderer Kunden (→ Rn. 16 ff.).

Zu regeln sind nach Art. 34 Abs. 5 UAbs. 2 zudem **die wechselseitigen Aufgaben, Zuständigkeiten, Rechte und Pflichten** von Emittent und Verwahrstelle. Sofern die Zusammenarbeit zwischen Emittent und Verwahrstelle transnational erfolgt, ist eine **Rechtswahl** zu treffen.

In den Verwahrvertrag sollten schließlich Bestimmungen zur **Vergütung** der Verwahrtätigkeit, der **Geheimhaltung** sowie eine Konkretisierung der **Haftung** der Verwahrstelle nach Art. 37 Abs. 10 (→ Rn. 20 ff.) aufgenommen werden.[14]

4. Grundsätze für Verwahrung und Verwahrstellen

Art. 37 Abs. 8 stellt eine Art **Handlungskodex für Verwahrstellen** auf. Hiernach haben diese ehrlich, redlich professionell und unabhängig zu handeln. Dabei haben Sie nicht nur den Interessen der Emittenten, sondern ausdrücklich auch den Interessen der Inhaber vermögenswertereferenzierter Token zu dienen.

Nach Art. 37 Abs. 9 sind die Verwahrstellen zudem gehalten, **Interessenkonflikte** bezogen auf Verwahrstellen, Emittenten und Tokeninhaber zu vermeiden. Bereits potenziell konfliktauslösende Handlungen sind zu vermeiden. Eine Ausnahme gilt nur für den Fall, dass die Verwahrstellen die Verwahraufgaben in funktionaler und hierarchischer Hinsicht von den Aufgaben mit potenziell kollidierenden Interessen getrennt haben und die potenziellen Interessenkonflikte von den Emittenten gem. Art. 32 ermittelt, überwacht, geregelt und den Tokeninhabern offengelegt werden.

Art. 37 Abs. 6 **stellt Grundsätze für die Verwahrung** des Reservevermögens auf. Kreditinstitute haben Geldbeträge auf **getrennten**[15] **Konten** zu verwahren,

---

[13] Vgl. Raschauer/Ficulovic/Knobl et al./Stern MiCAR Art. 37 Rn. 6.
[14] Raschauer/Ficulovic/Knobl et al./Stern MiCAR Art. 37 Rn. 7.
[15] Siehe den Verweis der Verordnung auf die jeweiligen nationalen Umsetzungsbestimmungen zu Art. 16 der Richtlinie 2006/73/EG.

die in ihren Büchern angelegt wurden, Art. 37 Abs. 6 lit. a. Diese Konten haben auf den Namen des Emittenten zu lauten. Sie sind von den Konten anderer Kunden des Kreditinstituts sowie von anderen Konten des Emittenten für weitere Reservevermögen zu trennen. Auf diese Weise soll jedes Konto unmittelbar dem Reservevermögen für einen vermögenswertereferenzierten Token zugeordnet werden können, Art. 37 Abs. 6 UAbs. 2.

Sofern Kreditinstitute oder Wertpapierfirmen für Emittenten Finanzinstrumente 17 verwahren, sind diese nach Art. 37 Abs. 6 lit. b auf einem in den Büchern der Verwahrstelle angelegten getrennten Konto für Finanzinstrumente, also auf **getrennten Depots,**[16] zu verbuchen. Die Grundsätze zur Kontenführung bei der Verwahrung von Geldbeträgen gelten auch für die Verbuchung von Finanzinstrumenten auf Konten (→ Rn. 16). Sofern Finanzinstrumente physisch verkörpert sind, sind sie physisch in Verwahrung zu nehmen.

Für den Fall, dass das Reservevermögen aus Kryptowerten besteht, sind diese 18 gem. Art. 37 Abs. 6 lit. c dadurch in Verwahrung zu nehmen, dass dem Verwahrer die Mittel für den Zugang zu den Token zur Verfügung gestellt werden. Dabei wird es sich insbesondere um private kryptografische Schlüssel, dh **Private Keys,** handeln. Art. 37 Abs. 6 lit. c nennt ferner die Möglichkeit, dass die Kryptowerte selbst verwahrt werden. Aktuell ist indes nicht ersichtlich, wie dies technisch umzusetzen sein sollte. Da nach aktuellem Verständnis Kryptowerte stets digitale Darstellungen eines Werts oder eines Rechts sind, ist nicht ersichtlich, wie eine derartige Verwahrung technisch auszusehen hätte.[17] Zum Zwecke der Verwahrung von Kryptowerten ist für das Reservevermögen jedes vermögenswertereferenzierten Tokens ein auf den Namen des Emittenten lautendes **Register der Risikopositionen** zu führen. Die in dem jeweiligen Register bezeichneten Kryptowerte können auf diese Weise der Vermögenswertreserve eines bestimmten Tokens zugeordnet werden.

Sofern „andere Vermögenswerte" Teil des Reservevermögens sind, gebietet 19 Art. 37 Abs. 6 lit. d die Feststellung der Eigentümerstellung des Emittenten und das **Führen von Aufzeichnungen zu diesen Vermögenswerten.** Für die zu führenden Aufzeichnungen dürfte sich nach dem Sinn und Zweck des Art. 37 Abs. 6 das Erfordernis ergeben, dass die Aufzeichnungen eine eindeutige Zuordnung der Vermögenswerte zu dem Reservevermögen eines bestimmten Tokens ermöglichen. Der Nachweis der Eigentümerstellung hat aufgrund von Informationen und Unterlagen zu erfolgen, die die Emittenten zu diesem Zwecke zur Verfügung stellen. Soweit möglich, haben die Verwahrstellen zudem externe Eigentumsnachweise heranzuziehen. Als andere Vermögenswerte iSd Art. 37 Abs. 6 lit. d sind beispielsweise Edelmetalle denkbar.[18] Auch diese Vermögenswerte sind von den Verwahrstellen vor dem Zugriff Dritter zu schützen und sicher, zB in entsprechenden Tresoranlagen, zu verwahren.

---

[16] Raschauer/Ficulovic/Knobl et al./Stern MiCAR Art. 37 Rn. 9.
[17] Siehe hierzu Art. 3 Abs. 1 Nr. 5 sowie Maume/Maute Kryptowerte-HdB/Fromberger/Zimmermann § 1 Rn. 19.
[18] Vgl. dazu und im Folgenden Raschauer/Ficulovic/Knobl et al./Stern MiCAR Art. 37 Rn. 9.

Art. 38   Titel III Vermögenswertereferenzierte Token

5. Haftung der Verwahrstellen

20   Sofern Verwahrstellen ein verwahrtes Finanzinstrument oder einen verwahrten Kryptowert verlieren, haften sie nach Art. 37 Abs. 10 **gegenüber dem Emittenten.** Der Verlust ist durch das Zurverfügungstellen eines Finanzinstruments oder Kryptowerts derselben Art oder durch entsprechenden Wertersatz zu kompensieren.

21   Dabei sieht Art. 37 Abs. 10 eine **Exkulpationsmöglichkeit** für den Fall vor, dass die Verwahrstelle nachweisen kann, dass der Verlust durch ein äußeres Ereignis bedingt war, das sich nach vernünftigem Ermessen der Kontrolle der Verwahrstelle entzieht und dessen Folgen trotz aller zumutbaren Anstrengungen nicht vermieden werden konnten. Der seitens des Verordnungsgebers gewählte Regelungsmodus zeigt, dass im Fall des Verlusts von Kryptowerten zunächst eine **Verantwortlichkeit der Verwahrstelle vermutet** wird. Dieser steht sodann (nur) der **Entlastungsbeweis** offen.[19]

22   Art. 37 Abs. 10 dürfte als Antwort des Verordnungsgebers auf verschiedene Zwischenfälle bei Handelsplattformen für Kryptowerte zu verstehen sein, bei denen Token von Kunden durch Dritte entwendet wurden oder anderweitig abhandengekommen sind. Die Vorschrift soll dazu führen, dass Verwahrstellen technische Sicherungsmaßnahmen ergreifen, die Hackerangriffen, Betrugsfällen, Funktionsstörungen und anderen Ereignissen dieser Art bestmöglich vorbeugen.[20]

IV. Sanktionen

23   Verstößen gegen die Bestimmungen des Art. 37 werden gem. Art. 111 Abs. 1 lit. b iVm Abs. 3 lit. a, d verwaltungsrechtlich sanktioniert. Adressat der Sanktionen können dabei sowohl der Emittent als auch die jeweilige Verwahrstelle sein.[21]

Artikel 38   Anlage der Vermögenswertreserve

(1) ¹**Emittenten vermögenswertereferenzierter Token, die einen Teil der Vermögenswertreserve anlegen, investieren diese Vermögenswerte nur in hochliquide Finanzinstrumente mit minimalem Marktrisiko, Kreditrisiko und Konzentrationsrisiko.** ²**Die Anlagen müssen schnell und mit minimalem negativen Preiseffekt liquidierbar sein.**

(2) **Anteile an einem Organismus für gemeinsame Anlagen in Wertpapieren (OGAW) gelten für die Zwecke des Absatzes 1 als Vermögenswerte mit minimalem Markt-, Kredit- und Konzentrationsrisiko, wenn dieser OGAW ausschließlich in von der EBA gemäß Absatz 5 näher spezifizierte Vermögenswerte investiert und wenn der Emittent des vermögenswertereferenzierten Token sicherstellt, dass die Vermögenswertreserve so angelegt wird, dass das Konzentrationsrisiko minimiert wird.**

---

[19] Raschauer/Ficulovic/Knobl et al./Stern MiCAR Art. 37 Rn. 9.
[20] Raschauer/Ficulovic/Knobl et al./Stern MiCAR Art. 37 Rn. 14; siehe auch Tobler EuZ 2023, E 42.
[21] Raschauer/Ficulovic/Knobl et al./Stern MiCAR Art. 37 Rn. 15.

Anlage der Vermögenswertreserve **Art. 38**

(3) Die Finanzinstrumente, in die die Vermögenswertreserve investiert wird, werden gemäß Artikel 37 verwahrt.

(4) Alle Gewinne oder Verluste, einschließlich der Wertschwankungen der in Absatz 1 genannten Finanzinstrumente, sowie etwaige Gegenparteirisiken oder operationelle Risiken, die sich aus der Anlage der Vermögenswertreserve ergeben, werden vom Emittenten des vermögenswertereferenzierten Token getragen.

(5) [1] ¹Die EBA arbeitet gemeinsam mit der ESMA und der EZB Entwürfe technischer Regulierungsstandards zur Spezifizierung der Finanzinstrumente aus, die als hochliquide betrachtet werden können und mit minimalem Markt-, Kredit- und Konzentrationsrisiko nach Absatz 1 verbunden sind. ²Bei Spezifizierung dieser Finanzinstrumente berücksichtigt die EBA:

a) die verschiedenen Arten von Vermögenswerten, auf die sich ein vermögenswertereferenzierter Token beziehen kann;
b) die Korrelation zwischen den Vermögenswerten, auf die sich der vermögenswertereferenzierte Token bezieht, und den hochliquiden Finanzinstrumenten, in die der Emittent investieren könnte;
c) die Liquiditätsdeckungsanforderung gemäß Artikel 412 der Verordnung (EU) Nr. 575/2013 und nach Maßgabe der Delegierten Verordnung (EU) 2015/61 der Kommission;
d) Konzentrationsbeschränkungen, die den Emittenten daran hindern,
   i) mehr als einen bestimmten Prozentsatz des Reservevermögens in hochliquide Finanzinstrumente mit minimalem Marktrisiko, Kreditrisiko und Konzentrationsrisiko, die von einem einzigen Unternehmen begeben werden, anzulegen;
   ii) mehr als einen bestimmten Prozentsatz von Kryptowerten oder Vermögenswerten befindlich bei Anbietern von Kryptowerte-Dienstleistungen oder Kreditinstituten, die derselben Gruppe im Sinne von Artikel 2 Absatz 11 der Richtlinie 2013/34/EU des Europäischen Parlaments und des Rates angehören, oder Wertpapierfirmen zu verwahren.

³Für die Zwecke von Unterabsatz 1 Buchstabe d Ziffer i legt die EBA geeignete Grenzwerte zur Festlegung der Konzentrationsanforderungen fest. ⁴Diese Grenzwerte tragen unter anderem den in Artikel 52 der Richtlinie 2009/65/EG festgelegten einschlägigen Schwellenwerten Rechnung.

[2] Die EBA übermittelt der Kommission die in Unterabsatz 1 des vorliegenden Absatzes genannten Entwürfe technischer Regulierungsstandards bis zum 30. Juni 2024.

[3] Der Kommission wird die Befugnis übertragen, diese Verordnung durch die Annahme der in Unterabsatz 1 des vorliegenden Absatzes genannten technischen Regulierungsstandards gemäß den Artikeln 10 bis 14 der Verordnung (EU) Nr. 1093/2010 zu ergänzen.

Schrifttum: Siehe vor § 36

Art. 38

Übersicht

	Rn.
I. Sinn und Zweck	1
II. Beschränkungen der Investitionsmöglichkeiten	4
III. Sanktionen	6
IV. Kritik	7

I. Sinn und Zweck

1 Art. 38 eröffnet den Emittenten vermögenswertereferenzierter Token innerhalb des Rahmens, den Art. 36 und Art. 37 vorgeben, die Möglichkeit, **Teile des Reservevermögens in Finanzinstrumente zu investieren.** Mit Blick auf den Sinn und Zweck der Vermögenswertreserve, den Rücktauschanspruch der Tokeninhaber zu besichern, darf diese Anlage jedoch nicht auf eine (hoch) spekulative Art und Weise erfolgen. Vielmehr erfordern die Bestimmungen in Art. 38 eine **sichere Anlage.** Bei Bedarf, dh konkret bei Eintritt des Sicherungsfalls, muss das angelegte Reservevermögen **schnell und bei minimalen Preisabschlägen liquidierbar** sein.

2 Hinter Art. 38 und der gesetzgeberischen Gestattung der Anlage von Teilen des Reservevermögens dürfte der Gedanke stehen, **Einbußen des Realwerts der Vermögenswertreserve auszugleichen.**[1] Ein kompletter Ausschluss der Investition des Reservevermögens würde die Vermögenswertreserve zudem zum „toten Kapital" werden lassen.[2] Eine Anlagemöglichkeit bringt neben wirtschaftlichen Vorteilen für den Emittenten zudem gesamtvolkswirtschaftliche Nutzeffekte mit sich.

3 Das **Investitionsrisiko** bei der Anlage von Teilen der Vermögenswertreserve legt Art. 38 Abs. 4 dem Emittenten auf. Dies bedeutet, dass etwaige Gewinne oder Verluste, die aus der Anlage des Reservevermögens resultieren, zu Gunsten oder zu Lasten des operativen (Nicht-Reserve-)Vermögens gehen.

II. Beschränkungen der Investitionsmöglichkeiten

4 Sofern Emittenten Teile des Reservevermögens in Finanzinstrumente zu investieren beabsichtigen, haben sie die **Schranken des Art. 38** zu wahren. Ergänzt werden diese nach Art. 38 Abs. 5 durch **technische Regulierungsstandards,** die EBA, ESMA und EZB zu erarbeiten haben. Der „Final Report" (EBA/RTS/2024/11) des Entwurfs hierzu wurde am 13.6.2024 von der EBA veröffentlicht.[3]

5 Möglich ist hiernach lediglich ein Investment in Finanzinstrumente hochliquider Natur bei größtmöglichem **Ausschluss** von **Markt-,** also Kurs- und Fremdwährungs-, **Kredit-,** dh insbesondere Ausfall-, und **Konzentrationsrisiko.**[4] Im Konkreten steht damit (lediglich) eine Anlage in gewisse **Schuldverschreibungen** und einzelne, von der EBA spezifizierte Anteile an Organismen für gemeinsame An-

---

[1] Siehe hierzu auch Erwgr. Nr. 56.
[2] Vgl. Haentjens/Gullifer/Kokorin Markets in Crypto-Assets Regulation/Maume 6.2.9.4.
[3] EBA, Final Report. Draft Regulatory Technical Standards to specify the highly liquid financial instruments with minimal market risk, credit risk and concentration risk under Article 38 (5) of Regulation (EU) 2023/1114, 13.202 EBA/RTS/2024/10.
[4] Vgl. Stern ZFR 2023, 282 (284).

lagen in Wertpapiere (**OGAW**) offen. Bei der Anlage in Finanzinstrumente sind hinsichtlich der Verwahrung zwingend die **Vorgaben nach Art. 37** zu beachten. Insbesondere haben Kreditinstitute oder Wertpapierfirmen die Finanzinstrumente auf von ihrem und dem übrigen Vermögen des Emittenten **getrennten Depots** (→ Art. 37 Rn. 17) zu führen.

III. Sanktionen

Sofern Emittenten die Regeln des Art. 38 missachten, kann dies gem. Art. 111 Abs. 1 lit. b iVm Abs. 3 lit. a und d zu **verwaltungsrechtlichen Sanktionen** führen.

IV. Kritik

Kritisch anzumerken ist, dass die Eröffnung der Möglichkeit, Teile des Reservevermögens zu investieren, nicht zwingend zu dem Sinn und Zweck des Reservevermögens als Sicherungsmittel für Tokeninhaber passt. Es sind zwar durchaus Szenarien denkbar, in denen durch eine Investition des Reservevermögens ein Delta zwischen dem Wert der Rücktauschansprüche und dem tatsächlichen Wert des Reservevermögens verringert werden kann.[5] Allerdings eröffnet die Möglichkeit der Investition eine **Zugriffsmöglichkeit auf die Vermögenswerte des Reservevermögens**. Die Vergangenheit hat indes gezeigt, dass diese Möglichkeit mitunter auch missbräuchlich genutzt werden kann. Es bleibt abzuwarten, ob die gesetzlich vorgesehenen Prüfungen und Sanktionsregime hier ein ausreichend adäquates Mittel sind, um einem entsprechenden Missbrauch wirksam vorzubeugen.

Artikel 39 Recht auf Rücktausch

(1) ¹**Die Inhaber vermögenswertereferenzierter Token haben jederzeit das Recht auf Rücktausch gegenüber den Emittenten der vermögenswertereferenzierten Token und in Bezug auf das Reservevermögen, wenn die Emittenten ihren in Kapitel 6 dieses Titels genannten Verpflichtungen nicht nachkommen können.** ²**Die Emittenten legen klare und detaillierte Strategien und Verfahren in Bezug auf solche dauerhaften Rücktauschrechte fest, halten diese aufrecht und setzen sie um.**

(2) ¹**Auf Wunsch eines Inhabers eines vermögenswertereferenzierten Token muss ein Emittent eines solchen Token den Rücktausch entweder im Wege der Zahlung eines dem Marktwert der Vermögenswerte, auf die die vermögenswertereferenzierten Token Bezug nehmen, entsprechenden Geldbetrags, wobei es sich nicht um elektronisches Geld handelt, oder im Wege der Bereitstellung der Vermögenswerte, auf die den Token Bezug nehmen, vornehmen.** ²**Emittenten legen eine Strategie für ein solches dauerhaftes Recht auf Rücktausch fest, in der Folgendes geregelt ist:**

---

[5] Siehe hierzu auch Haentjens/Gullifer/Kokorin Markets in Crypto-Assets Regulation/Maume 6.2.9.4.

Fromberger

Art. 39   Titel III Vermögenswertereferenzierte Token

a) die Modalitäten, einschließlich einschlägiger Schwellenwerte, Fristen und Zeitrahmen, nach denen Inhaber vermögenswertereferenzierter Token ein solches Recht auf Rücktausch ausüben können;
b) die Mechanismen und Verfahren, durch die der Rücktausch der vermögenswertereferenzierten Token gewährleistet wird, auch unter angespannten Marktbedingungen sowie im Zusammenhang mit der Durchführung des Sanierungsplans gemäß Artikel 46 oder im Falle eines geordneten Rücktausches vermögenswertereferenzierter Token gemäß Artikel 47;
c) die Bewertung oder die Grundsätze für die Bewertung der vermögenswertereferenzierten Token und des Reservevermögens bei Ausübung des Rechts auf Rücktausch durch den Inhaber vermögenswertereferenzierter Token, auch unter Anwendung der Bewertungsmethode gemäß Artikel 36 Absatz Absatz 11;
d) die Bedingungen für die Abwicklung des Rücktausches und
e) Maßnahmen, die die Emittenten ergreifen, um Erhöhungen oder Rückgänge der Reserve angemessen zu verwalten, damit nachteilige Auswirkungen der in der Reserve enthaltenen Vermögenswerte auf den Markt der Reservevermögen vermieden werden.

[3]Akzeptieren Emittenten beim Verkauf eines vermögenswertereferenzierten Token eine Zahlung eines Geldbetrags, bei dem es sich nicht um elektronisches Geld handelt und der auf eine bestimmte amtliche Währung eines Landes lautet, so müssen sie stets die Möglichkeit einräumen, den Token in einen Geldbetrag, bei dem es sich nicht um elektronisches Geld handelt und der auf dieselbe amtliche Währung lautet, zurückzutauschen.

(3) Unbeschadet des Artikels 46 ist der Rücktausch von vermögenswertereferenzierten Token nicht gebührenpflichtig.

Schrifttum: Siehe vor § 36

Übersicht

	Rn.
I. Rücktauschrechte	1
1. Primäres Recht auf Rücktausch	2
2. Sekundäres Zugriffsrecht auf Vermögenswertreserve	5
3. (Un-)Beschränktheit des Rücktauschrechts	8
II. Rücktauschordnung	12
III. Information der Tokeninhaber	14
IV. Sanktionen	15
V. Kritik	16

I. Rücktauschrechte

1   Art. 39 Abs. 1 S. 1 enthält ein gegen den Emittenten gerichtetes Rücktauschrecht für die Inhaber vermögenswertereferenzierter Token. In seinen beiden Alternativen unterscheidet Abs. 1 S. 1 zwei Ebenen dieses Rechts – eine **Primär- sowie eine Sekundärebene.** Während die Geltendmachung des Rechts auf der Primärebene jederzeit möglich und aus dem operativen Vermögen zu befriedigen ist (→ Rn. 2 ff.) erfordert der Übergang zur Sekundärebene und damit eine gegen das

Reservevermögen gerichtete Geltendmachung den Eintritt einer kritischen Finanzlage beim Emittenten (→ Rn 5 ff.).

1. Primäres Recht auf Rücktausch

Art. 39 Abs. 1 S. 1 Alt. 1 MiCAR gibt den Inhabern vermögenswertereferenzierter Token das **unbeschränkbare Recht** zu einem Rücktausch ihrer Token. Damit schafft die Regelung ein **allgemeines Recht auf Liquidität**; während seiner Inhaberschaft des Tokens kann der Tokeninhaber den in dem jeweiligen Token verkörperten Wert **jederzeit** realisieren.[1] In gewissen Grenzen kann der Emittent jedoch über das Statuieren von Fristenläufen das Recht des jederzeitigen Abrufs und damit sein **Abrufrisiko relativieren**.[2] Eine Ausnahme von dem Grundsatz der jederzeitigen Rücktauschmöglichkeit besteht lediglich für den Fall, dass der Rücktausch qua Bestimmungen des Sanierungsplans nach Art. 46 vorübergehend suspendiert ist (→ Art. 46 Rn. 73 ff.).[3]

Gegner des Anspruchs auf Rücktausch ist der jeweilige Tokenemittent. Dieser kann den Anspruch grundsätzlich gem. Art. 39 Abs. 2 **nach seiner Wahl**[4] durch Zahlung eines dem **Marktwert der Vermögenswerte**, auf die der jeweilige Token Bezug nimmt, entsprechenden Fiat-Geldbetrags[5] oder durch Bereitstellung der dem Token zugrunde liegenden **Vermögenswerte selbst**, befriedigen. Das Wahlrecht des Emittenten besteht dann nicht, wenn dieser bei dem Verkauf des Token einen auf eine bestimmte amtliche Währung eines Landes lautenden Geldbetrag akzeptiert hat. In diesem Fall müssen Emittenten Tokeninhabern stets die Möglichkeit des Rücktauschs in die jeweilige amtliche Währung bieten, Art. 39. Abs. 2 UAbs. 2. Maßgeblich für die Bestimmung des Rückzahlungsbetrags ist der Marktwert des in Bezug genommenen Vermögenswerts im **Zeitpunkt der Erfüllung des Rücktauschanspruchs**.[6]

Dieses primäre Rücktauschrecht ist bei einer Ausübung durch die Tokeninhaber aus dem **operativen Vermögen** des Emittenten zeitnah zu bedienen. Ein Rückgriff auf die Vermögenswertreserve verbietet sich rechtlich. Aufgrund dessen, dass die Vermögenswertreserve bei Verwahrstellen extern verwahrt wird, wäre ein Rücktausch auch tatsächlich nicht ohne Weiteres möglich.

2. Sekundäres Zugriffsrecht auf Vermögenswertreserve

Das primäre Rücktauschrecht sichert Art. 39 Abs. 1 S. 1 Alt. 2 MiCAR durch ein sekundäres Zugriffsrecht auf die Vermögenswertreserve.[7] Dieses subsidiäre Rücktauschrecht für Inhaber vermögenswertereferenzierter Token ist von dem Emittenten aus dem Reservevermögen zu bedienen.

Gesetzliche Voraussetzung für das Zugriffsrecht des Tokeninhabers auf das Reservevermögen ist, dass „Emittenten ihren in Kapitel 6 dieses Titels genannten Ver-

---

[1] Martino Amsterdam Law School Legal Studies Research Paper No. 2022-27, S. 42.
[2] Siehe zu den entsprechenden Möglichkeiten für Emittenten Rn. 13; vgl. zudem Stern ZFR 2023, 282 f.
[3] Vgl. Raschauer/Ficulovic/Knobl et al./Stern MiCAR Art. 39 Rn. 1.
[4] So auch Stern ZFR 2023, 282 f.
[5] Hierbei handelt es sich ausweislich des Gesetzeswortlauts nicht um elektronisches Geld.
[6] Vgl. auch Raschauer/Ficulovic/Knobl et al./Stern MiCAR Art. 39 Rn. 4.
[7] Vgl. hierzu und im Folgenden Skauradszun/Wrede RDI 2024, 55 f.; Miernicki LRZ 2024, 389 (397); Raschauer/Ficulovic/Knobl et al./Stern MiCAR Art. 39 Rn. 1.

pflichtungen nicht nachkommen können." Kapitel 6 des III. Titels enthält die Verpflichtung von Emittenten vermögenswertereferenzierter Token, einen Sanierungsplan (Art. 46) sowie einen Rücktauschplan (Art. 47) zu erstellen und aufrechtzuerhalten. Die Formulierung in Art. 39 Abs. 1 S. 1 Alt. 2 MiCAR ist insofern missverständlich. Der Telos der Vermögenswertreserve als Sicherungsmittel der Tokeninhaber gebietet es, dass die Tokeninhaber (nur) dann auf das Reservevermögen zugreifen können, wenn der **Sicherungsfall eingetreten**, mithin Sanierungsplan und Rücktauschplan zur Anwendung kommen, und im weiteren Verlauf nicht von Erfolg sind.[8] Konkret bedeutet dies, dass der Emittent die für die Vermögenswertreserve geltenden Anforderungen nicht erfüllen kann oder es zu befürchten steht, dass diese Anforderungen aufgrund einer sich rasch verschlechternden Finanzlage in naher Zukunft wahrscheinlich nicht mehr erfüllt werden können, vgl. Art. 46 Abs. 2. Führt in einem derartigen Fall auch die Umsetzung des Sanierungsplans nicht zu einer erfolgreichen Wiedererfüllung der Anforderungen an die Vermögenswertreserve, greift nach entsprechender behördlicher Feststellung der Rücktauschplan, vgl. Art. 47 Abs. 1. Kann der Emittent diesen nicht aus dem „regulären", also dem operativen Vermögen erfüllen, steht den Tokeninhabern der Zugriff auf die Vermögenswertreserve offen.[9] Für ein derartiges Verständnis spricht auch Erwgr. Nr. 54, wonach die Vermögenswertreserve verwendet werden soll, wenn der Emittent zB **bei vorliegender Insolvenz, nicht in der Lage ist, seine (Rücktausch-)Verpflichtungen gegenüber den Tokeninhabern zu erfüllen.**

7 Die Regelung in Art. 39 Abs. 1 S. 1 Alt. 2 MiCAR kann dagegen nicht so verstanden werden, dass Tokeninhabern bereits dann eine Zugriffsmöglichkeit auf das Reservevermögen eröffnet ist, wenn die formalen Verpflichtungen zu Sanierungs- und Rücktauschplan vom Emittenten nicht eingehalten werden.[10]

3. (Un-)Beschränktheit des Rücktauschrechts

8 Wie bereits dargestellt (→ Rn. 2) können Tokeninhaber von ihrem regulären Rücktauschrecht nach Art. 39 Abs. 1 S. 1 Alt. 1 grundsätzlich jederzeit Gebrauch machen.

9 Nutzen sie dieses Recht, darf der Emittent den Rücktausch nach der Bestimmung in Art. 39 Abs. 3 **nicht mit Gebühren belegen**. In teleologisch extensiver Auslegung dieser Regelung ist es Emittenten zudem nicht erlaubt, andere Bedingungen für die Erfüllung des Rücktauschanspruchs zu statuieren, die dem Telos des Art. 39, Tokeninhabern auf **einfache Art und Weise** den Rücktausch zu ermöglichen, zuwider laufen.[11] Derartige Klauseln wären unzulässig und nichtig.[12]

10 Dies schließt jedoch nicht aus, dass Emittenten das Verfahren des Rücktauschs in **Allgemeinen Geschäftsbedingungen** regeln. Hierin kann Tokeninhabern ein konkretes, aber einfaches (!) Verfahren vorgegeben werden, mittels dem der Rücktausch zu erfolgen hat. Hieran haben Tokenemittenten ein berechtigtes und schützenswertes Interesse.

11 Zulässig (und ggf. gesetzlich geboten) wird es dabei insbesondere sein, den Rücktausch von einer **Identifikation des Tokeninhabers** abhängig zu machen

---

[8] Skauradszun/Wrede RDI 2024, 55 f.
[9] Vgl. Stern ZFR 2023, 282 f.; zum ganzen Absatz auch Skauradszun/Wrede RDI 2024, 55 f.
[10] Skauradszun/Wrede RDI 2024, 55 f.
[11] Vgl. hierzu auch Raschauer/Ficulovic/Knobl et al./Stern MiCAR Art. 39 Rn. 1, 3.
[12] Vgl. Raschauer/Ficulovic/Knobl et al./Stern MiCAR Art. 39 Rn. 6.

Recht auf Rücktausch **Art. 39**

oder einen entsprechenden **Berechtigungsnachweis** zu fordern.[13] Auch andere formelle und einfach zu erfüllende Voraussetzungen für den Rücktausch sind denkbar.

II. Rücktauschordnung

Nach Art. 39 Abs. 2 UAbs. 1 S. 1 haben Emittenten hinsichtlich des dauerhaft bestehenden Rücktauschrechts nach Art. 39 Abs. 1 Alt. 1 eine **Rücktauschstrategie,** mithin eine Art „Rücktauschordnung" schriftlich festzulegen. Hierin wird der jeweilige Emittent insbesondere der jederzeitigen Liquidationsmöglichkeit der Tokeninhaber gebührend Rechnung tragen und Strategien im Bereich des **Liquiditäts- und Risikomanagements** festlegen müssen, die dafür sorgen, dass die für den Rücktausch benötigte Liquidität jederzeit zur Verfügung steht.[14] Dabei sind insbesondere auch die Szenarien eines „runs" der Tokeninhaber hinsichtlich des Rücktauschs gebührend zu berücksichtigen. 12

Notwendiger Inhalt der Rücktauschordnung sind die **Rücktauschmodalitäten,** insbesondere Schwellenwerte, Fristen und Zeitrahmen, (Art. 39 Abs. 2 UAbs. 1 S. 2 lit. a), sowie die **Rücktauschmechanismen und -verfahren,** (Art. 39 Abs. 2 UAbs. 1 S. 2 lit. b). Die Mechanismen und Verfahren haben dabei auch dem Fall eines Rücktauschs unter angespannten Marktbedingungen und dem Fall eines geordneten Rücktauschs nach Art. 47 in gebührenderweise Rechnung zu tragen. Zu regeln sind nach Art. 39 Abs. 2 UAbs. 1 S. 2 lit. c auch **Methoden und Grundsätze der Bewertung** sowie die **Bedingungen für die Abwicklung des Rücktauschs** (Art. 39 Abs. 2 UAbs. 1 S. 2 lit. d). Nach Art. 39 Abs. 2 UAbs. 1 S. 2 lit. e sind schließlich diejenigen Maßnahmen mit in die Rücktauschordnung aufzunehmen, die die Emittenten ergreifen, um Erhöhungen und Rückgänge der Reserve auf eine Weise zu begegnen, die nachteilige Auswirkungen auf den jeweiligen Markt der in dem Reservevermögen enthaltenen Vermögenswerte vermeiden. Diese Bestimmung dürfte so zu verstehen sein, dass Emittenten geeignete Maßnahmen zu ergreifen haben, um beispielsweise bei einem Abverkauf von Kryptowerten den Kurs des jeweiligen Kryptowerts nicht negativ zu beeinflussen. 13

III. Information der Tokeninhaber

Nach Erwgr. Nr. 57 hat der Emittent zudem hinreichend **detaillierte und leicht verständliche Informationen** über die verschiedenen zur Verfügung stehenden Arten des Rücktauschs bereitzustellen. Kanal für die Vermittlung dieser Informationen dürfte insbesondere das **Kryptowerte-Whitepaper** sein. Denn gem. Art. 19 Abs. 6 UAbs. 3 sind in der dortigen obligatorischen Zusammenfassung Hinweise auf das Rücktauschrecht und deren Bedingungen zu setzen. Zudem dürfte eine Information über die **Website des Emittenten** angezeigt sein.[15] Kryptowerte-Whitepaper und Website einerseits sowie etwaige Allgemeine Geschäftsbedingungen des Emittenten andererseits, die ebenfalls Regelungen zum Rück- 14

---

[13] Vgl. hierzu und im Folgenden auch Raschauer/Ficulovic/Knobl et al./Stern MiCAR Art. 39 Rn. 3.
[14] Martino Amsterdam Law School Legal Studies Research Paper No. 2022-27, S. 42.
[15] Vgl. Raschauer/Ficulovic/Knobl et al./Stern MiCAR Art. 39 Rn. 5.

tausch beinhalten können (→ Rn. 10), müssen aufeinander abgestimmt sein. Sofern die AGBs auf nicht zu erwartende Art und Weise von den übrigen Verlautbarungen des Emittenten abweichen sollten, dürften die entsprechenden Klauseln überraschend und damit jedenfalls nach deutschem Recht nichtig nach § 305c Abs. 1 BGB sein.[16]

IV. Sanktionen

15   Gemäß Art. 111 Abs. 1 lit. b unterliegen Verstöße des Emittenten gegen Art. 39 MiCAR **verwaltungsrechtlichen Sanktionen.**

V. Kritik

16   Das Recht, vermögenswertereferenzierte Token jederzeit zurückzutauschen, nach Art. 39 Abs. 1 S. 1 Alt. 1 dürfte rein faktisch dazu führen, dass in der Europäischen Union die **Ausgabe von synthetischen/algorithmischen Stablecoins nicht mehr möglich** sein wird.[17] Dies stößt in der Literatur auf Kritik und wird als Hindernis technologischen Fortschritts gesehen.[18]

Artikel 40 Verbot der Gewährung von Zinsen

(1) **Emittenten vermögenswertereferenzierter Token gewähren keine Zinsen im Zusammenhang mit vermögenswertereferenzierten Token.**

(2) **Bei der Erbringung von Kryptowerte-Dienstleistungen im Zusammenhang mit vermögenswertereferenzierten Token gewähren die Anbieter von Kryptowerte-Dienstleistungen keine Zinsen.**

(3) ¹**Für die Zwecke der Absätze 1 und 2 gelten alle Vergütungen oder sonstigen Vorteile, die mit der Zeitspanne zusammenhängen, in der ein Inhaber vermögenswertereferenzierter Token diese vermögenswertereferenzierten Token hält, als Zinsen.** ²**Dazu gehören Nettovergütungen oder -abschläge, die einer vom Inhaber vermögenswertereferenzierter Token erhaltenen Verzinsung gleichkommen, unabhängig davon, ob sie unmittelbar vom Emittenten stammen oder durch Dritte gewährt werden, und unabhängig davon, ob sie unmittelbar im Zusammenhang mit den vermögenswertereferenzierten Token stehen oder durch die Vergütung oder Preisgestaltung anderer Produkte gewährt werden.**

Schrifttum: Siehe vor § 36

---

[16] Vgl. hierzu Jauernig/Stadler BGB § 305c Rn. 2.
[17] So auch Haentjens/Gullifer/Kokorin Markets in Crypto-Assets Regulation/Maume 6.2.9.1; Lehmann EBI Working Paper 2024 – no. 160, S. 18.
[18] Lehmann EBI Working Paper 2024 – no. 160, S. 18.

Übersicht

	Rn.
I. Sinn und Zweck	1
II. Verbot wirtschaftlicher Vorteile	2
III. Sanktionen	4

I. Sinn und Zweck

Nach dem Willen des Verordnungsgebers sollen vermögenswertereferenzierte 1
Token von den jeweiligen Inhabern nicht als Wertaufbewahrungsmittel verwendet werden, Erwgr. Nr. 58. Tokeninhaber sollen vermögenswertereferenzierte Token vielmehr als **Zahlungs- und Tauschmittel** einsetzen.[1] Insofern kommt hier eine Parallele mit E-Geld-Token zum Ausdruck, für die sich in Art. 50 eine dem Art. 40 entsprechende Vorschrift findet (→ Art. 50 Rn. 1 ff.).

II. Verbot wirtschaftlicher Vorteile

Um das Risiko der (primären) Verwendung als Wertaufbewahrungsmittel zu 2
verringern, statuiert Art. 40 ein umfassendes Verbot für Emittenten vermögenswertereferenzierter Token (Abs. 1) und Anbieter von Kryptowerte-Dienstleistungen (Abs. 2), die die Dienstleistungen im Zusammenhang mit vermögenswertereferenzierte Token erbringen, Zinsen zu gewähren. Art. 40 Abs. 3 definiert dabei **sämtliche Nettovergütungen oder andere Vorteile** von wirtschaftlichem Wert als Zinsen, die in Zusammenhang mit der Laufzeit stehen, in der ein Tokeninhaber den jeweiligen Token hält. Dabei ist der Zinsbegriff unabhängig davon, ob die Vorteile von dem Emittenten oder von Dritten gewährt werden. Gleichgültig ist auch, ob ein unmittelbarer oder lediglich mittelbarer Zusammenhang mit dem Token besteht. Ein bloß **mittelbarer Zusammenhang** wäre unter anderem dann anzunehmen, wenn die Vorteile durch die Vergütung oder Preisgestaltung anderer Produkte (als den Token selbst) gewährt werden. Für den Fall, dass jedenfalls ein funktionaler Zusammenhang mit dem vermögenswertereferenzierten Token besteht, greift das Zinsverbot.

Würden Emittenten vermögenswertereferenzierter Token den Tokeninhabern 3
Zinsen oder andere Vermögensvorteile gewähren, stünde zudem eine Umgehung des EU Wertpapierrechts im Raum. Denn in einem derartigen Szenario würden die ausgegebenen Token starke Ähnlichkeiten zu Anleihen aufweisen.[2]

III. Sanktionen

Sollten Emittenten oder Anbieter von Kryptowerte-Dienstleistungen Vereinbarungen mit Kunden treffen, die im Widerspruch zu Art. 40 stehen, sind diese unzulässig und damit nichtig.[3] Gemäß Art. 111 Abs. 1 lit. b, Abs. 3 lit. a und d greift zudem das verwaltungsrechtliche Sanktionsregime.

---

[1] Siehe hierzu auch Erwägungsgrund (56).
[2] Vgl. Zetzsche/Annunziata/Arner/Buckley EBI Working Paper Series 2020 – no. 77, S. 17.
[3] Vlg. Raschauer/Ficulovic/Knobl et al./Stern MiCAR Art. 40 Rn. 6.

Art. 41 Titel III Vermögenswertereferenzierte Token

Kapitel 4 Übernahme von Emittenten vermögenswertereferenzierter Token

Artikel 41 Prüfung der geplanten Übernahme eines Emittenten vermögenswertreferenzierter Token

(1) Natürliche oder juristische Personen oder gemeinsam handelnde natürliche oder juristische Personen, die direkt oder indirekt eine qualifizierte Beteiligung an einem Emittenten eines vermögenswertreferenzierten Token zu erwerben oder eine solche qualifizierte Beteiligung direkt oder indirekt weiter zu erhöhen beabsichtigen (im Folgenden „interessierter Erwerber"), sodass ihr Anteil an den Stimmrechten oder dem Kapital 20%, 30% oder 50% erreichen oder überschreiten oder der Emittent des vermögenswertreferenzierten Tokens ihr Tochterunternehmen würde, teilen dies der für den betreffenden Emittenten zuständigen Behörde schriftlich unter Angabe des Umfangs der geplanten Beteiligung und zusammen mit den Informationen, die nach den von der Kommission gemäß Artikel 42 Absatz 4 verabschiedeten technischen Regulierungsstandards erforderlich sind, mit.

(2) Eine natürliche oder juristische Person, die entschieden hat, ihre an einem Emittenten eines vermögenswertreferenzierten Tokens gehaltene qualifizierte Beteiligung direkt oder indirekt zu veräußern, übermittelt vor der Veräußerung dieser Beteiligung unter Angabe des Umfangs der betreffenden Beteiligung der zuständigen Behörde ihre Entscheidung schriftlich. Die betreffende natürliche oder juristische Person übermittelt der zuständigen Behörde auch ihre Entscheidung, ihre an einem Emittenten vermögenswertreferenzierter Token gehaltene qualifizierte Beteiligung so zu verringern, dass ihr Anteil an den Stimmrechten oder am Kapital 10%, 20%, 30% oder 50% unterschreiten würde oder der Emittent des vermögenswertreferenzierten Tokens nicht mehr ihr Tochterunternehmen wäre.

(3) Die zuständige Behörde bestätigt umgehend, in jedem Fall aber innerhalb von zwei Arbeitstagen nach Eingang einer Mitteilung gemäß Absatz 1, schriftlich deren Eingang.

(4) Die zuständige Behörde prüft die in Absatz 1 des vorliegenden Artikels genannte geplante Übernahme und die Informationen, die nach den von der Kommission gemäß Artikel 42 Absatz 4 verabschiedeten technischen Regulierungsstandards erforderlich sind, innerhalb von 60 Arbeitstagen ab dem Tag der schriftlichen Empfangsbestätigung nach Absatz 3 des vorliegenden Artikels. Bei Bestätigung des Eingangs der Mitteilung teilt die zuständige Behörde dem interessierten Erwerber mit, an welchem Tag die Prüfungsfrist abläuft.

(5) Bei der Prüfung nach Absatz 4 kann die zuständige Behörde den interessierten Erwerber um zusätzliche Informationen ersuchen, die für den Abschluss dieser Prüfung erforderlich sind. Ein solches Ersuchen muss vor Abschluss der Prüfung, spätestens jedoch am 50. Arbeitstag nach dem Tag der schriftlichen Empfangsbestätigung nach Absatz 3 ergehen. Diese Ersuchen ergehen schriftlich unter Angabe der zusätzlich benötigten Informationen.

Die zuständige Behörde setzt die in Absatz 4 genannte Prüfungsfrist aus, bis sie die in Unterabsatz 1 des vorliegenden Absatzes genannten zusätzlichen Informationen erhalten hat. Die Aussetzung darf 20 Arbeitstage nicht überschreiten. Weitere Ersuchen der zuständigen Behörde um zusätzliche Informationen oder um Klarstellung der erhaltenen Informationen bewirken keine erneute Aussetzung der Prüfungsfrist.

Die zuständige Behörde kann die Aussetzung nach Unterabsatz 2 des vorliegenden Absatzes auf bis zu 30 Arbeitstage ausdehnen, wenn der interessierte Erwerber außerhalb der Union ansässig ist oder nach dem Recht eines Drittstaats reguliert wird.

(6) **Eine zuständige Behörde, die nach Abschluss der Prüfung gemäß Absatz 4 entscheidet, Einspruch gegen die geplante Übernahme nach Absatz 1 zu erheben, teilt dies dem interessierten Erwerber innerhalb von zwei Arbeitstagen, und in jedem Fall vor dem in Absatz 4 genannten Tag, mit, wobei etwaige Fristverlängerungen gemäß Absatz 5 Unterabsätze 2 und 3 zu berücksichtigen sind. In dieser Mitteilung sind die Gründe für die getroffene Entscheidung anzugeben.**

(7) **Erhebt die zuständige Behörde bis zu dem in Absatz 4 genannten Tag unter Berücksichtigung etwaiger Fristverlängerungen gemäß Absatz 5 Unterabsätze 2 und 3 keine Einwände gegen die geplante Übernahme nach Absatz 1, so gilt die geplante Übernahme als genehmigt.**

(8) **Die zuständige Behörde kann für den Abschluss der in Absatz 1 genannten geplanten Übernahme eine Maximalfrist festlegen, die unter Umständen verlängert werden kann.**

Schrifttum: Beck/Samm/Kokemoor, Kreditwesengesetz mit CRR, 232. Lieferung, 8/2023; EBA, Final Report, Draft Regulatory Technical Standards on the detailed content of information necessary to carry out the assessment of a proposed acquisition of qualifying holdings in issuers of asset-referenced tokens under Article 42(4) of Regulation (EU) 2023/1114, EBA/RTS/2024/04; ESMA, Final Report, Draft technical Standards specifying certain requirements of the Markets in Crypto Assets Regulation (MiCA) -first package vom 25.03.2024, ESMA18-72330276-1634; EZB, Leitfaden zur Beurteilung der fachlichen Qualifikation und persönlichen Zuverlässigkeit, Dezember 2021; Joint ESMA and EBA Guidelines on the assessment of the suitability of members of the management body (EBA/GL/2020/19-ESMA35-43-2464); Fischer/Schulte-Mattler, KWG mit CRR, 6. Auflage 2023; Reischauer/Kleinhans, Kreditwesengesetz, 7. Ergänzungslieferung 2023; Schwennicke/Auerbach, Kreditwesengesetz 2. Auflage 2013.

Übersicht

	Rn.
I. Einführung	1
1. Normzweck	3
2. Parallelvorschriften	6
II. Anzeigepflicht bei Erwerb einer qualifizierten Beteiligung (Abs. 1)	8
1. Anwendungsbereich	10
a) Begriff des Erwerbs	11
b) Kreis tauglicher „Erwerber"	12
2. Qualifizierte Beteiligung	14
3. Zielunternehmen	15
a) Emittenten vermögenswertereferenzierter Token	18
b) Anbieter von Kryptowerte-Dienstleistungen	19

	Rn.
4. Absicht des Erwerbs	20
III. Anzeigepflicht bei Aufgabe einer qualifizierten Beteiligung (Abs. 2)	23
IV. Inhalt der Anzeige und Prüfungsumfang der zuständigen Behörde (Abs. 4)	24
1. Die Anforderungen des Art. 42	24
2. Zusätzliche Informationen im Einzelfall (Abs. 5)	25
V. Anforderungen an das Anzeigeverfahren	26
1. Eingangsbestätigung durch die Behörde (Abs. 3)	26
2. Prüfungsfrist für die Anzeige (Abs. 4 S. 1 und Abs. 5)	27
3. Aussetzung der Prüfung (Abs. 5 UAbs. 2 und 3)	28
4. Anforderungen im Falle eines Einspruchs gegen die Übernahme (Abs. 6)	30
VI. Fiktion der Genehmigung (Abs. 7)	31
VII. Festlegung einer Maximalfrist (Abs. 8)	32

I. Einführung

1 Art. 41 regelt die Inhaberkontrolle für Emittenten vermögenswertreferenzierter Token. Die Norm lässt sich grob unterteilen in die Anzeigepflicht bei Erwerb einer **qualifizierten Beteiligung** (Abs. 1), die Anzeigepflicht bei Aufgabe einer **qualifizierten Beteiligung** (Abs. 2), die Anforderungen an das Anzeigeverfahren sowie die Anforderungen an den Inhalt der Anzeige und den Prüfungsumfang der zuständigen Behörde (Abs. 3–8). Die Anforderungen entsprechen in etwa denen des Art. 83 Prüfung der geplanten Übernahme eines Emittenten vermögenswertreferenzierter Token. Unterschiede im Text ergeben sich zum einen aus Übersetzungsunterschieden sowie aus dem Umstand, dass es sich bei Art. 41 um eine **Absichtsanzeige** handelt. Dies ist bei Art. 83 nicht der Fall.

2 Die Anforderungen an die Inhaberkontrolle lassen sich nur vor dem Hintergrund des Zwecks der Inhaberkontrolle und der geschichtlichen Entwicklung der Aufsicht am Finanzmarkt erklären. Außerdem finden sich in zahlreichen Parallelvorschriften des nationalen und europäischen Aufsichtsrechts ebenfalls Anforderungen an die Inhaberkontrolle, die mit den Regelungen der MiCAR vergleichbar sind.

1. Normzweck

3 Wer eine **bedeutende Beteiligung** an einem unter der MiCAR regulierten Unternehmen hält, wird vom Gesetzgeber einer initialen Überprüfung (sog. **Markteintrittskontrolle**) und daran anschließend einer laufenden Aufsicht (sog. **Inhaberkontrolle**) unterzogen. Der Staat will sich darauf verlassen können, dass Inhaber **bedeutender Beteiligungen** die Macht, die ihnen die Anteile am Kapital oder an den Stimmrechten einräumen, nicht zum Schaden des Instituts oder des Finanzsektors missbrauchen.[1] Die Regelungen des Art. 41 betreffen die sog. Markteintrittskontrolle, sie unterziehen den Erwerber einer **qualifizierten Beteiligung** an einem Emittenten vermögenswertreferenzierter Token der staatlichen Kontrolle.

4 Der Zweck dieser Regelung besteht darin, die Aufsichtsbehörde über jede relevante Veränderung der Inhaberstruktur zu informieren. Die Anzeige soll die Aufsicht in die Lage versetzen, eine Übernahme mit Hinblick auf eine Gefährdung des

---

[1] Beck/Samm/Kokemoor/Nemeczek/Pitz a) Allgemeines § 2c Rn. 919.

Prüfung der geplanten Übernahme eines Emittenten **Art. 41**

Instituts oder seiner Kunden zu überprüfen. Hintergrund dessen sind die charakteristischen Eigenschaften des Finanzmarktes. Diese bestehen vor allem darin, dass Fehlentwicklungen nicht nur das einzelne Unternehmen, sondern in besonderem Maße den Markt insgesamt betreffen. Es handelt sich um ein vernetztes Marktsystem wechselseitiger Abhängigkeiten, das in besonderem Maß vom Vertrauen der Marktteilnehmer und in die Marktteilnehmer abhängig ist. Der Finanzmarkt hat wie kaum ein anderer Wirtschaftszweig für seine Tätigkeit das uneingeschränkte **Vertrauen der Öffentlichkeit** in die Sicherheit und das solide Geschäftsgebaren des gesamten Gewerbes zur Voraussetzung. Führen Schwierigkeiten eines Instituts zu Verlusten der Einleger, kann dadurch leicht das Vertrauen in die anderen Institute beeinträchtigt werden. Außerdem wirken sich ernstere Schwierigkeiten im Finanzmarkt wegen dessen **volkswirtschaftlich zentraler Stellung** erfahrungsgemäß auch auf andere Wirtschaftszweige aus. Der Zusammenbruch eines Großinstituts kann das Wirtschaftsgefüge eines ganzen Landes in schwere Gefahr bringen. Die Aufsicht dient der Bewältigung dieser marktspezifischen Risiken und bildet eine wesentliche Rahmenbedingung desjenigen Marktes, auf dem die in Anspruch genommenen Unternehmen tätig sind.[2]

Vor diesem Hintergrund dient die Inhaberkontrolle mehreren Zwecken, nämlich dem Schutz des Instituts selbst, dem **Schutz** anderer Marktteilnehmer, der Geldwäscheprävention, dem Schutz der Kunden und Gläubiger **des Instituts und der Allgemeinheit.** Insgesamt kann die Inhaberkontrolle sogar als Ausdruck des Schutzes der Funktionsfähigkeit des Finanzmarkts und mittelbar, als Schutz des gesamten Wirtschaftsstandorts bezeichnet werden. 5

2. Parallelvorschriften

Der Begriff der Inhaberkontrolle wird nicht näher erklärt, sondern eher als selbstverständliches und grundlegendes Vokabular behandelt. Dies beruht wohl maßgeblich darauf, dass das Aufsichtsrecht des Finanzsektors das Instrument der Inhaberkontrolle schon lange kennt. Es existieren zahlreiche Parallelvorschriften zu Art. 41, die teilweise in ihrem Wortlaut nahezu identisch sind. Vor diesem Hintergrund kann zur Auslegung des Art. 41 auf die Historie, Verwaltungspraxis und Literatur zu den folgenden Parallelvorschriften zurückgegriffen werden. Dabei muss (besonders für den Inhalt der Kontrolle) stets den Besonderheiten des jeweiligen Rechtskreises Rechnung getragen werden. So können beispielsweise die materiellen Anforderungen der Inhaberkontrolle eines Zahlungsdienstleisters nicht mit den Anforderungen des Art. 41 MiCAR gleichgesetzt werden, wohl aber mit Blick auf Funktion und Verfahren zur Auslegung herangezogen werden. 6

Anforderungen an die **Inhaberkontrolle** finden sich insbesondere in § 2c KWG, § 24 Abs. 1 WpIG, § 10 ZAG und der Delegierten Verordnung (EU) 2017/1946[3]. In der Gesetzesbegründung zu § 25 KMAG-E[4] greift der deutsche Gesetzgeber zur Begründung von zusätzlichen Anzeigepflichten auf § 2c KWG zu- 7

---

[2] BVerfG (2. Kammer des Zweiten Senats) 24.11.2015 – 2 BvR 355/12, NVwZ 2016, 606.
[3] Delegierte Verordnung (EU) 2017/1946 der Kommission vom 11.7.2017 zur Ergänzung der Richtlinien 2004/39/EG und 2014/65/EU des Europäischen Parlaments und des Rates durch technische Regulierungsstandards für eine erschöpfende Liste der Informationen, die interessierte Erwerber in die Anzeige des beabsichtigten Erwerbs einer **qualifizierten Beteiligung** an einer Wertpapierfirma aufnehmen müssen.
[4] BT-Drs. 20/10280, 145.

Art. 41   Titel III Vermögenswertereferenzierte Token

rück und begründet diesen Rückgriff damit, dass auf die gefestigte Rechtsprechung zu § 2c KWG weiter zurückgegriffen werden soll. § 21 Abs. 7 KMAG-E[5] enthält eine Verordnungsermächtigung für das Bundesfinanzministerium, welche auf die BaFin übertragen werden kann und die sowohl Fristen als auch Form und Inhaltsanforderungen regeln soll[6]. Es ist davon auszugehen, dass die die BaFin in diesem Zusammenhang von der Verordnungsermächtigung Gebrauch machen wird und auf die Verwaltungspraxis zu § 2c KWG[7] und die Inhaberkontrollverordnung zurückgreifen wird.

II. Anzeigepflicht bei Erwerb einer qualifizierten Beteiligung (Abs. 1)

8   Nach Art. 41 Abs. 1 unterliegt jede natürliche oder juristische Person einer Anzeigepflicht, die beabsichtigt, direkt oder indirekt eine **qualifizierte Beteiligung** an einem Emittenten eines vermögenswertreferenzierten Tokens zu **erwerben oder** eine solche **qualifizierte Beteiligung** direkt oder indirekt weiter zu **erhöhen**. Spiegelbildlich zu den Anzeigepflichten des interessierten Erwerbers ist die Veräußerung der **qualifizierten Beteiligung** nach Art. 41 Abs. 2 anzuzeigen.

9   Traditionell wird eine solche Person als sog. interessierter Erwerber bezeichnet. Dieser Begriff wird in Art. 41 Abs. 1 nun legaldefiniert. Mit diesem Begriff legt der Gesetzgeber den Anwendungsbereich der Inhaberkontrolle fest.

1. Anwendungsbereich

10   Art. 41 Abs. 1 ist auf interessierte Erwerber anwendbar. Die Legaldefinition baut strukturell auf dem Begriff des Erwerbs auf und legt den Kreis tauglicher Erwerber fest. Der Kreis der interessierten Erwerber umfasst dabei denjenigen, der entschieden hat, direkt oder indirekt eine **qualifizierte Beteiligung** an einem Emittenten vermögensreferenzierter Token zu erwerben als auch denjenigen, der eine solche **qualifizierte Beteiligung** direkt oder indirekt erhöht. § 21 KMAG-E[8] regelt die Anzeigepflichten für Institute im Sinne von § 2 Abs. 4 KMAG-E nach deutschem Recht und sieht neben der Anzeigepflicht aus Art. 41 Abs. 1, die sich an den interessierten Erwerber richtet, auch eine Anzeigepflicht für die Institute selbst vor.

11   **a) Begriff des Erwerbs.** Erwerb ist jeder derivative (zB Kauf) oder originäre (zB Teilnahmen an Kapitalerhöhung) Vorgang, der bei seinem Abschluss eine **Beteiligung** des Erwerbers an einem Institut zur Folge hat.[9]

12   **b) Kreis tauglicher „Erwerber".** Art. 41 Abs. 1 MiCAR adressiert sowohl natürliche als auch juristische Personen. Daneben nutzt der Gesetzgeber den Begriff der gemeinsam handelnden natürlichen oder juristischen Personen. Dieser Begriff

---

[5] BT-Drs. 20/10280.
[6] BT-Drs. 20/10280, 143.
[7] Merkblatt zu dem Verfahren sowie den Anzeigen nach § 2c KWG und § 104 VAG, jeweils in Verbindung mit der Verordnung über die Anzeigen nach § 2c des Kreditwesengesetzes und § 104 des Versicherungsaufsichtsgesetzes (Inhaberkontrollverordnung – InhKontrollV) vom 27.11.2015.
[8] BT-Drs. 20/10280.
[9] Fischer/Schulte-Mattler/Schäfer KWG § 2c Rn. 6.

Prüfung der geplanten Übernahme eines Emittenten **Art. 41**

wird in der MiCAR zwar nicht legaldefiniert, ist dem Aufsichtsrecht bereits aber bekannt. Er findet sich in § 2 Abs. 5 WpÜG und wird dort legaldefiniert. Dort heißt es:

„Gemeinsam handelnde Personen sind natürliche oder juristische Personen, die ihr Verhalten im Hinblick auf ihren Erwerb von Wertpapieren der Zielgesellschaft oder ihre Ausübung von Stimmrechten aus Aktien der Zielgesellschaft mit dem Bieter auf Grund einer Vereinbarung oder in sonstiger Weise abstimmen. Mit der Zielgesellschaft gemeinsam handelnde Personen sind natürliche oder juristische Personen, die Handlungen zur Verhinderung eines Übernahme- oder Pflichtangebots mit der Zielgesellschaft auf Grund einer Vereinbarung oder in sonstiger Weise abstimmen. Tochterunternehmen gelten mit der sie kontrollierenden Person und untereinander als gemeinsam handelnde Personen."

Aufgrund der Tatsache, dass auch das WpÜG auf europäische Rechtssetzung zurückzuführen ist und dass der Gesetzgeber diesen Begriff quasi als bekannt voraussetzt, kann dieser Begriff zur Konturierung der MiCAR im Rahmen der Auslegung herangezogen werden. 13

2. Qualifizierte Beteiligung

Die Anzeigepflicht knüpft an den Begriff der **qualifizierten Beteiligung** an. Für die Zwecke der MiCAR bezeichnet der Ausdruck (→ Art. 3 Rn. 223) „das direkte oder indirekte Halten einer Beteiligung an einem Emittenten vermögenswertereferenzierter Token oder einem Anbieter von Kryptowerte-Dienstleistungen, die mindestens 10% des Kapitals oder der Stimmrechte gemäß den Artikeln 9 bzw. 10 der Richtlinie 2004/109/EG des Europäischen Parlaments und des Rates unter Berücksichtigung der Voraussetzungen für das Zusammenrechnen der **Beteiligungen** nach Artikel 12 Absätze 4 und 5 jener Richtlinie ausmacht oder die Ausübung eines maßgeblichen Einflusses auf die Geschäftsführung eines Emittenten vermögenswertereferenzierter Token oder die Geschäftsführung des Anbieters von Kryptowerte-Dienstleistungen, an der eine solche **Beteiligung** gehalten wird, ermöglicht". 14

3. Zielunternehmen

Art. 41 Abs. 1 knüpft strukturell an bestimmte Zielunternehmen an. Nicht jedes Halten von **Beteiligungen** ist unter dem Regime der MiCAR relevant. Dies ergibt sich bereits aus dem Regelungszweck der Verordnung, die Märkte für Kryptowerte adressiert und setzt sich an dieser Stelle konsequent fort. Dementsprechend erfasst der Begriff der **qualifizierten Beteiligung** in Art. 3 Abs. 36 als Zielunternehmen ausschließlich (a) Emittenten vermögenswertereferenzierter Token oder (b) Anbieter von Kryptowerte-Dienstleistungen. Die Beteiligung an einem Anbieter von Kryptowertetoken wird anders als die Beteiligung an einem Emittenten von vermögenswertereferenzierten Token, welche in Art. 41 geregelt wird, in Art. 83 geregelt. Beide Begriffe sind in der MiCAR legaldefiniert. 15

In Erwägungsgrund 19 wird dargelegt, dass vermögenswertereferenzierte Token, anders als E-Geld, nicht immer einen Forderungsanspruch gegenüber dem Emittenten haben. Nachdem Emittenten von E-Geld-Token nach Art. 48 Abs. 1a nur Kreditinstitute und E-Geld-Institute sein können, ist eine Regelung, die eine Inhaberkontrolle vorsieht nicht erforderlich. Bei Kreditinstituten richtet sich die Inhaberkontrolle nach § 2c KWG und der Inhaberkontrollverordnung. Durch den Ver- 16

Art. 41

weis in § 14 ZAG richtet die Inhaberkontrolle bei E-Geld-Instituten ebenso nach § 2c KAG und der Inhaberkontrollverordnung.

17 Der Begriff des Instituts in § 2 Abs. 4 Nr. 2 KMAG-E umfasst auch Unternehmen die E-Geld-Token öffentlich anbieten oder deren Zulassung zum Handel beantragen. Das hat aber in Bezug auf die in § 21 Abs. 1 Nr. 7 KMAG-E vorgesehene Anzeigepflicht für den Erwerb oder die Aufgabe einer qualifizierten Beteiligung oder das Erreichen bestimmter Schwellen keine weitere Relevanz, nachdem CRR-Kreditinstitute und E-Geld-Institute nach § 21 Abs. 6 KMAG-E von der Anzeigepflicht zur Vermeidung einer regulatorischen Dopplung ausgenommen sind.

18 **a) Emittenten vermögenswertereferenzierter Token.** „Emittent" ist gem. Art. 3 Abs. 1 Nr. 10 eine natürliche oder juristische Person oder ein anderes Unternehmen, die bzw. das Kryptowerte emittieren bzw. emittiert (ausf. → Art. 3 Rn. 68) Ein „vermögenswertereferenzierter Token" ist gem. Art. 3 Abs. 1 Nr. 6 ein Kryptowert, der kein E-Geld-Token ist und dessen Wertstabilität durch Bezugnahme auf einen anderen Wert oder ein anderes Recht oder eine Kombination davon, einschließlich einer oder mehrerer amtlicher Währungen, gewahrt werden soll (ausf. → Art. 3 Rn. 14).

19 **b) Anbieter von Kryptowerte-Dienstleistungen.** Gemäß Art. 3 Abs. 1 Nr. 15 ist Anbieter von Kryptowerte-Dienstleistungen jede juristische Person oder jedes andere Unternehmen, deren bzw. dessen berufliche oder gewerbliche Tätigkeit darin besteht, eine oder mehrere Kryptowerte-Dienstleistungen gewerblich für Kunden zu erbringen, und der bzw. dem es gestattet ist, gemäß Art. 59 Kryptowerte-Dienstleistungen zu erbringen (ausf. → Art. 3 Rn. 83ff.). Die Inhaberkontrolle von Kryptowerte-Dienstleistern wird in Art. 83 und Art. 84 geregelt. Die ESMA hat einen Entwurf für eine delegierte Verordnung nach Art. 84 Abs. 4 erlassen.[10]

4. Absicht des Erwerbs

20 Anders als in Art. 83 Abs. 1 muss nach Art. 41 Abs. 1 bereits die Absicht der Übernahme eines Anteils an einem Emittenten vermögenswertereferenzierter Token angezeigt werden. Dies ergibt sich aus der englischen Fassung der Vorschriften. In Art. 41 wird von „who intent" gesprochen. In Art. 83 Abs. 1 von „who have taken the decision". Die Anzeigepflicht wird – wie auch ansonsten im Aufsichtsrecht – ausgelöst, sofern und sobald die Absicht besteht, eine **Beteiligung direkt oder indirekt** zu erwerben. **Die bloße Absicht reicht** dabei in der Konzeption des Gesetzgebers **aus**. Die Aufsicht soll nämlich nicht vor vollendete Tatsachen gestellt werden.[11]

21 Die Erwerbsabsicht ist unverzüglich, also ohne schuldhaftes Zögern, anzuzeigen. Es wird davon ausgegangen, dass dies der Fall ist, wenn eine Beschlussfassung der Geschäftsleitung bzw. soweit erforderlich die Zustimmung des Aufsichtsrats vorliegt.[12]

---

[10] Final Report, Draft technical Standards specifying certain requirements oft he Markets in Crypto Assets Regulation (MiCA) -first package as of 25 March 2024, Annex VIII, ESMA 18–72330276

[11] Fischer/Schulte-Mattler/Schäfer KWG § 2c Rn. 6.

[12] Reischauer/Kleinhans/Becker § 2c KWG; Fischer/Schulte-Mattler/Schäfer KWG § 2c Rn. 9, Süßmann: in Schwennicke/Auerbach Kreditwesengesetz § 2c Rn. 6.

Die Inhaberkontrolle knüpft auch unter der MiCAR strukturell an das Vorfeld 22
des Erwerbs an, um die Aufsicht in die Lage zu versetzen, eine **effektive Markteingangskontrolle** durchzuführen und (notfalls) den Erwerb zu untersagen oder unter Auflagen zu stellen. Es ist damit zu rechnen, dass auch unter dem Regime der MiCAR **rechtspraktische Probleme** im Umgang mit der Bestimmung des Zeitpunkts der Absichtsanzeige auftreten werden. Der Gesetzgeber hat diese Problematik trotz anhaltender Komplikationen in der Aufsichtspraxis nicht näher geregelt.

III. Anzeigepflicht bei Aufgabe einer qualifizierten Beteiligung (Abs. 2)

Mit Art. 41 Abs. 2 hat der Gesetzgeber die spiegelbildliche Anzeigepflicht zu 23
Abs. 1 normiert. Eine Anzeige muss abgegeben werden, sofern und sobald eine **bedeutende Beteiligung** aufgegeben oder in relevantem Umfang reduziert werden soll. Insoweit sind drei Fallgruppen denkbar:
- eine **bedeutende Beteiligung** wird aufgegeben,
- eine **Beteiligung** wird durch teilweise Aufgabe unter die Schwellenwerte von 20%, 30% oder 50% abgesenkt oder
- die **Beteiligung** wird durch teilweise Aufgabe so stark verringert, dass es nicht mehr kontrollierendes Unternehmen ist.

IV. Inhalt der Anzeige und Prüfungsumfang der zuständigen Behörde (Abs. 4)

1. Die Anforderungen des Art. 42

Die Anzeige soll nicht nur die Beteiligten und den Umfang der **Beteiligung** be- 24
inhalten, sondern auch die Informationen, die nach den technischen Regulierungsstandards nach Art. 42 Abs. 4 erforderlich sind. Die technischen Regulierungsstandards nach Art. 42 Abs. 4 schreiben die Informationen vor, die für die Prüfung einer Übernahme erforderlich sind. (→ Art. 42 Rn. 2).[13]

2. Zusätzliche Informationen im Einzelfall (Abs. 5)

Bei den in Abs. 5 genannten Informationen sind zusätzliche Informationen zu 25
den Informationen nach Abs. 1 gemeint, also Informationen, die nicht bereits nach Abs. 1 iVm den technischen Regulierungsstandards im Rahmen der Anzeige abzugeben sind. Es wird vorausgesetzt, dass diese Informationen, welche unter Abs. 1 iVm den technischen Regulierungsstandards bereits Berücksichtigung fanden, vollständig mit dem Antrag eingereicht werden.

---

[13] Final Report, Draft Regulatory Technical Standards on the detailed content of information necessary to carry out the assessment of a proposed acquisition of qualifying holdings in issuers of asset-referenced tokens under Article 42 (4) of Regulation (EU) 2023/1114, EBA/RTS/2024/04.

Art. 41 Titel III Vermögenswertereferenzierte Token

V. Anforderungen an das Anzeigeverfahren

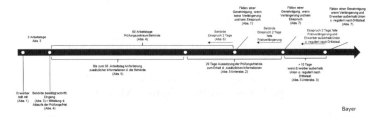

1. Eingangsbestätigung durch die Behörde (Abs. 3)

26 Die Behörde soll den Erhalt der Mitteilung über den Erwerb, also die Anzeige, umgehend, in jedem Fall aber innerhalb von zwei Arbeitstagen nach dem Eingang schriftlich bestätigen. Im Wortlaut der Vorschrift wird auf die Mitteilung nach Abs. 1 verwiesen. Zu beachten ist, dass es sich um eine Eingangsbestätigung handeln soll und nicht, wie bei anderen Verfahren üblich, um eine Vollständigkeitsmitteilung. Das hat zwar den Vorteil, dass die Mitteilung unabhängig vom Verständnis der Vollständigkeit erfolgt, aber eben auch den Nachteil, dass im Zweifel nicht klar ist, ob der Antrag von der Behörde auch als vollständiger Antrag angesehen wird. Die Eingangsbestätigung soll nach Abs. 4 bereits die Information enthalten, an welchem Tag die Prüfungsfrist ausläuft.

2. Prüfungsfrist für die Anzeige (Abs. 4 S. 1 und Abs. 5)

27 Die Prüfungsfrist für die Anzeige bei der Behörde beträgt nach Abs. 4 Satz 1 60 Arbeitstage nach dem Tag des Bestätigungsschreibens der Behörde nach Abs. 3. Stellt die Behörde fest, dass weitere Informationen erforderlich sind, müssen diese in den ersten 50 Tagen der Prüfungsfrist angefordert werden.

3. Aussetzung der Prüfung (Abs. 5 UAbs. 2 und 3)

28 Die Prüfungsfrist kann bis zum Erhalt der von der Behörde zusätzlich angeforderten Informationen ausgesetzt werden, wobei die Frist **nicht länger als 20 Tage** ausgesetzt werden kann. Eine Verlängerung dieser Frist ist nicht vorgesehen, auch wenn weitere Fragen nach dem Übersenden der zusätzlichen Informationen bestehen. Dies setzt die Behörde unter Druck, das Verfahren in der in der Vorschrift genannten Zeitspanne abzuschließen und kann damit praktisch dazu führen, dass die Behörde schneller geneigt ist, einen Widerspruch zu formulieren, um nicht Gefahr zu laufen, die Genehmigungsfiktion auszulösen, ohne den Fall vollständig geprüft zu haben.

29 § 25 Abs. 1 Satz 2 KMAG-E sieht vor, dass die BaFin von den Vorlagepflichtigen, also dem Erwerber der Beteiligung und dem Institut, verlangen kann, die einzureichenden Unterlagen nach Art. 41 iVm den Informationen die nach den RTS auf Grundlage von Art. 42 Abs. 4 vorzulegen sind, von einem Wirtschaftsprüfer prüfen zu lassen. Wie sich dies auf dem strengen Zeitplan auswirkt, wird in der Praxis zu sehen sein.

4. Anforderungen im Falle eines Einspruchs gegen die Übernahme (Abs. 6)

Will die Behörde Einspruch gegen die Übernahme erheben, muss sie dies innerhalb von **zwei Tagen** und spätestens zum Ende der Prüfungsfrist (Frist nach Abs. 4) tun. Unklar ist das **Ereignis,** welches die Zwei-Tages-Frist auslöst. Es kann aber nur davon ausgegangen werden, dass die Kenntnis von dem zum Einspruch führenden Grund gemeint ist. Folgen der Überschreitung der Frist sind keine dargelegt. Eine Folge aber kann der Eintritt der Fiktion der Genehmigung sein, wenn die Behörde am Ende der Prüfungsfrist, unter Berücksichtigung der Verlängerungen der Prüfungsfrist, keine Einwände erhoben hat.

VI. Fiktion der Genehmigung (Abs. 7)

Wenn die Behörde bis zum Ablauf der Prüfungsfrist keine Einwände erhoben hat, gilt der geplante Erwerb bzw. die Veräußerung als genehmigt. Dabei wird der Stand zu Grunde gelegt, der in der Anzeige beschrieben wurde.

VII. Festlegung einer Maximalfrist (Abs. 8)

Die zuständige Behörde kann für den Abschluss der in Abs. 1 genannten geplanten Übernahme eine Maximalfrist festlegen, die unter Umständen verlängert werden kann. Eine einmal genehmigte Übernahme kann nach Ablauf einer solchen Frist ggf. einer erneuten Überprüfung unterzogen werden.

Artikel 42 Inhalt der Prüfung der geplanten Übernahme eines Emittenten vermögenswertereferenzierter Token

(1) **Bei der in Artikel 41 Absatz 4 genannten Prüfung beurteilt die zuständige Behörde die Eignung des interessierten Erwerbers und die finanzielle Solidität der geplanten Übernahme gemäß Artikel 41 Absatz 1 anhand aller folgenden Kriterien:**
a) **des Leumunds des interessierten Erwerbers,**
b) **des Leumunds, der Kenntnisse, der Fähigkeiten und der Erfahrung der Personen, die die Geschäfte des Emittenten des vermögenswertreferenzierten Tokens infolge der geplanten Übernahme leiten sollen,**
c) **der finanziellen Solidität des interessierten Erwerbers, insbesondere in Bezug auf die Art der geplanten und tatsächlichen Geschäfte des Emittenten des vermögenswertreferenzierten Tokens, dessen Übernahme geplant ist,**
d) **der Fähigkeit des Emittenten des vermögenswertreferenzierten Tokens, die Bestimmungen dieses Titels dauerhaft einzuhalten,**
e) **der Frage, ob ein hinreichend begründeter Verdacht besteht, dass im Zusammenhang mit der geplanten Übernahme Geldwäsche oder Terrorismusfinanzierung im Sinne von Artikel 1 Absatz 3 bzw. Absatz 5 der Richtlinie (EU) 2015/849 stattfinden oder stattgefunden haben könnten oder ob diese Straftaten versucht wurden und ob die geplante Übernahme das Risiko eines solchen Verhaltens erhöhen könnte.**

Art. 42

(2) Die zuständige Behörde kann gegen die geplante Übernahme nur dann Einspruch erheben, wenn dies auf der Grundlage der in Absatz 1 des vorliegenden Artikels genannten Kriterien hinreichend begründet ist oder wenn die gemäß Artikel 41 Absatz 4 beigebrachten Informationen unvollständig oder falsch sind.

(3) Die Mitgliedstaaten dürfen weder Vorbedingungen an die Höhe der gemäß dieser Verordnung für den Erwerb erforderliche qualifizierte Beteiligung knüpfen noch den für sie zuständigen Behörden gestatten, bei der Prüfung der geplanten Übernahme auf die wirtschaftlichen Bedürfnisse des Marktes abzustellen.

(4) Die EBA arbeitet in enger Zusammenarbeit mit der ESMA-Entwürfe technischer Regulierungsstandards aus, in denen ausführlich der Inhalt der Informationen festgelegt wird, die für die Durchführung der in Artikel 41 Absatz 4 Unterabsatz 1 genannten Prüfung erforderlich sind. Die beizubringenden Informationen müssen für eine aufsichtsrechtliche Beurteilung relevant und ihrem Umfang nach der Art des interessierten Erwerbers und der geplanten Übernahme nach Artikel 41 Absatz 1 angemessen und angepasst sein.

Die EBA übermittelt der Kommission die in Unterabsatz 1 genannten Entwürfe technischer Regulierungsstandards spätestens am 30. Juni 2024.

Der Kommission wird die Befugnis übertragen, diese Verordnung durch die Annahme der in Unterabsatz 1 des vorliegenden Absatzes genannten technischen Regulierungsstandards gemäß den Artikeln 10 bis 14 der Verordnung (EU) Nr. 1093/2010 zu ergänzen.

Schrifttum: Siehe Art. 41

Übersicht

	Rn.
I. Einführung	1
II. Inhalt der Prüfung der geplanten Übernahme (Abs. 1)	2
1. Begriff der Übernahme	2
2. Leumund des interessierten Erwerbers	3
a) Begriff des Leumunds	3
b) Anwendbarkeit auf juristische Personen	9
3. Leumund und Erfahrung des Geschäftsleiters	11
a) Leumund des Geschäftsleiters	12
b) Begriffliche Unterschiede zwischen Führung (Art. 84) und Leitung (Art. 42)	14
c) Erfahrung	15
4. Finanzielle Solidität	17
5. Fähigkeit zur Einhaltung der MiCAR	26
6. Kein Verdacht auf Geldwäsche oder Terrorismusfinanzierung	30
III. Einspruch gegen die geplante Übernahme (Abs. 2)	36
1. Voraussetzungen	36
2. Rechtsmittel	39
IV. Vorbedingungen durch die Mitgliedstaaten	40
V. Ermächtigungsgrundlage zum Erlass technischer Regulierungsstandards (Abs. 4)	41

I. Einführung

Art. 42 befasst sich mit der Prüfung der Eignung eines interessierten Erwerbers **1** eines Emittenten von vermögenswertereferenzierten Token. Dabei stellt er auf drei verschiedene Personen ab. Zum einen den Erwerber eines Anteils von Emittenten vermögenswertereferenzierter Token und zum anderen auf den Geschäftsleiter eines Emittenten vermögenswertereferenzierter Token und zuletzt auf die Emittenten vermögenswertereferenzierter Token selbst.

II. Inhalt der Prüfung der geplanten Übernahme (Abs. 1)

1. Begriff der Übernahme

Der Begriff der Übernahme ist im Zusammenhang mit einem Inhaberkontroll- **2** verfahren nicht ganz treffend. Im englischen Originaltext wird der Begriff der Akquisition benutzt. Regelungsgegenstand ist aber tatsächlich der Erwerb einer **qualifizierten Beteiligung** im Sinne von Art. 3 Abs. 1 Nr. 36 (→ Art. 3 Rn. 223 ff.). Dies ergibt sich auch aus dem Verweis in Art. 42 Abs. 4 auf Art. 41 Abs. 1, in welchem auf die verschiedenen Schwellenwerte eingegangen wird. Auch die RTS der EBA zu Art. 42 Abs. 4 gehen vom Erwerb einer **qualifizierten Beteiligung** und damit der Übernahme eines Anteils und nicht des Zielunternehmens im Ganzen aus.

2. Leumund des interessierten Erwerbers

a) Begriff des Leumunds. Der Begriff des Leumunds wird im Finanzmarkt- **3** aufsichtsrecht seit der Umsetzung der RI 2014/64/EU des Europäischen Parlamentes und des Rates dort in Art. 13 Abs. 1 lit. a im Beurteilungsverfahren des interessierten Erwerbers verwendet, wird aber nicht definiert. Auch in der Del-VO (EU) 2017/1946,[1] an welcher sich die EBA zur Erstellung der **Draft Regulatory Technical Standards** der EBA zu Art. 42 Abs. 4 orientiert hat und welches in weiten Teilen identisch ist mit den Draft Regulatory Technical Standards der ESMA zu Art. 84 Abs. 4, findet sich hierzu keine Beschreibung. In beiden Draft RTS wird auf den Begriff der Reputation abgestellt.[2] Mit Blick auf die Anforderungen, die im Zusammenhang mit den Begriffen gestellt werden, kann davon ausgegangen werden, dass die Begriffe synonym verwendet werden, zumal in der englischen Originalfassung in beiden Fällen von Reputation gesprochen wird. In der deut-

---

[1] Del-VO (EU) 2017/1946 vom 11.7.2017 zur Ergänzung der Richtlinien 2004/39/EG und 2014/65/EU des Europäischen Parlaments und des Rates durch technische Regulierungsstandards für eine erschöpfende Liste der Informationen, die interessierte Erwerber in die Anzeige des beabsichtigten Erwerbs einer qualifizierten Beteiligung an einer Wertpapierfirma aufnehmen müssen.

[2] EBA Final Report, Draft Regulatory Technical Standards on the detailed content of information necessary to carry out the assessment of a proposed acquisition of qualifying holdings in issuers of asset-referenced tokens under Article 42(4) of Regulation (EU) 2023/1114, EBA/RTS2024/04, Seite 11; ESMA, Final Report, Draft technical echnical Standards specifying certain requirements of the Markets in Crypro Assets Regulation (MiCA) – first package vom 25.03.2024, ESMA18-72330276-163, Annex 8, S. 126.

Art. 42 Titel III Vermögenswertereferenzierte Token

schen aufsichtsrechtlichen Literatur und nach Verwaltungspraxis der BaFin wurde im Zusammenhang mit **Inhaberkontrollen** und den Anforderungen an die Integrität von Erwerbern und Geschäftsleitern der Begriff der Zuverlässigkeit geprägt.[3] Konsequent wird in § 2 Abs. 14 KMAG-E deshalb auch klargestellt, dass Leumund im Sinne der Vorschrift für den deutschen Rechtskreis die Zuverlässigkeit ist. Nach § 25 Abs. 2 KMAG-E sollen Bundesbank und BaFin das Recht erhalten, Maßnahmen nach § 20 Abs. KMAG-E zu ergreifen, wenn Anhaltspunkte dafür erforderlich sind, dass der Erwerber aufgrund Art. 42 Abs. 1 nicht geeignet ist. Maßnahmen nach § 20 Abs. 2 KMAG sind Prüfungen in den Geschäftsräumen des Instituts und des Auslagerungsunternehmens der Draft RTS der EBA zu Art. 42 Abs. 4. Die Maßnahmen können gem. § 25 Abs. 2 KMAG-E gegenüber Personen ergriffen werden, die nach § 25 Abs. 1 eine Beteiligungsabsicht nach Art. 41 anzeigen, als Inhaber einer qualifizierten Beteiligung angegeben werden oder Inhaber einer qualifizierten Beteiligung an einem Institut oder den von ihr kontrollierenden Unternehmen sind.

4   Der in § 2 Abs. 14 KMAG-E als der Zuverlässigkeit definierte Begriff des Leumunds wird in § 25 Abs. 3 KMAG-E relevant. Demnach gilt eine natürliche oder juristische Person als unzuverlässig, wenn diese Person sanktioniert ist. Zudem gilt eine natürliche Person als unzuverlässig, wenn sie als Mitglied eines Leitungsorgans oder in vergleichbarer Position für eine sanktionierte Person tätig ist. Dies gilt auch für Mitglieder von Verwaltungsräten oder Aufsichtsräten einer sanktionierten Person.

5   In Erwgr. Nr. 4 zur Del-VO (EU) 2017/1946[4] wird beschrieben, dass für die **Beurteilung der Reputation** detaillierte Angaben zu abgeschlossenen oder anhängigen Strafverfahren sowie zu Zivil- bzw. Verwaltungssachen herangezogen werden sollen. Vorgelegt werden sollen deshalb Informationen zu allen laufenden Untersuchungen und Verfahren, Sanktionen oder sonstigen Durchsetzungsmaßnahmen gegen den interessierten Erwerber sowie für die weitere Beurteilung der Reputation des interessierten Erwerbers als relevant angesehenen Informationen, wie etwa die Verweigerung der Registrierung oder die Entlassung aus einem Arbeitsverhältnis oder einer Vertrauensstellung.

6   Nach Erwgr. Nr. 9 der Draft RTS zu Art. 42 Abs. 4 sollen Einzelheiten zu früheren und laufenden Strafverfahren sowie zum Zivil- oder Verwaltungsverfahren für die Beurteilung der Reputation herangezogen werden können. Darüber hinaus Informationen über alle offenen Ermittlungen und Verfahren, Sanktionen oder andere Vollstreckungsentscheidungen gegen den interessierten Erwerber sowie alle anderen relevanten Informationen, wie Verweigerung der Eintragung oder die Entlassung aus dem Arbeitsverhältnis oder aus einer Vertrauensstellung, die für die Beurteilung der Reputation des interessierten Erwerbers als relevant erachtet werden. Die Anforderungen aus der Del-VO (EU) 2017/1946 gleichen sich in diesem Punkt.[5] In der Praxis wurden diese Anforderungen in der Vergangenheit mit der Übersendung eines polizeilichen Führungszeugnisses, eines Gewerbezentralregisterauszuges, Arbeitszeugnissen und der Abgabe einer persönlichen Erklärung belegt.

7   In Art. 2 der Draft RTS der EBA zu Art. 42 Abs. 4 findet sich für den Fall, dass der **interessierte Erwerber eine natürliche Person** ist, die Anforderung einer

---

[3] Fischer/Schulte-Mattler/Schäfer, KWG § 2c Rn. 11c.
[4] Del-VO (EU) 2017/1946, Erwgr. Nr. 4.
[5] Del-VO (EU) 2017/1946, Erwgr. Nr. 4.

Erklärung, in welcher die Unternehmen aufgeführt werden, welche der interessierte Erwerber in den letzten zehn Jahren geleitet oder kontrolliert hat sowie die Offenlegung von rechtskräftigen Verurteilungen, Informationen über strafrechtliche Verurteilungen oder Verfahren, in denen er für schuldig befunden wurde, gegen die kein Rechtsmittel eingelegt werden kann und die nicht eingestellt worden sind.[6] Ebenso wie zivile oder verwaltungsrechtliche Entscheidungen, die für die Bewertung des Erwerbs der **qualifizierten Beteiligung** relevant sind, sowie über verwaltungsrechtliche Sanktionen oder Maßnahmen, die in Folge eines Verstoßes gegen Rechts- oder Verwaltungsvorschriften verhängt wurden, einschließlich der Versagung einer Qualifikation als Geschäftsleiter, welche nicht aufgehoben wurde und gegen die kein Rechtsmittel eingelegt werden kann, sowie über Konkurs, Insolvenz oÄ Verfahren.[7] Darüber hinaus über alle anhängigen strafrechtlichen Ermittlungen oder Verfahren auch im Zusammenhang mit einstweiligen Maßnahmen, zivilrechtliche, behördliche Ermittlungen und Vollstreckungsverfahren gegen den interessierten Erwerber in Bezug auf alle Angelegenheiten, von denen vernünftigerweise angenommen werden kann, dass sie für die Bewertung der **qualifizierten Beteiligung** relevant sind. Verlangt wird zudem eine amtliche Bescheinigung oder ein anderes gleichwertiges Dokument oder eine zuverlässige Informationsquelle über das Nichtvorhandensein von Verfahren, Entscheidungen und Urteilen.[8]

Es kann damit davon ausgegangen werden, dass in den überwiegenden Fällen der Leumund, wie die Zuverlässigkeit oder die Reputation, mit Übersendung eines polizeilichen Führungszeugnisses oder vergleichbaren Dokumenten aus dem Ausland, eines Gewerbezentralregisterauszuges, eines monatsgenauen Lebenslaufes samt Arbeitszeugnissen und der Abgabe einer persönlichen Erklärung erfüllt werden kann. 8

b) Anwendbarkeit auf juristische Personen. Wie bereits in der Vergangenheit wird die Frage nach dem Leumund einer natürlichen Person auch auf juristische Personen als interessierter Erwerber anzuwenden sein. Nach der Del-VO 2017/1946 waren bereits Informationen über die Identität der wirtschaftlichen Eigentümer und über die Reputation und Erfahrung der Personen, die die Geschäfte des interessierten Erwerbers tatsächlich leiten, auch dann vorzulegen, wenn der interessierte Erwerber eine juristische Person ist.[9] 9

---

[6] EBA Final Report, Draft Regulatory Technical Standards on the detailed content of information necessary to carry out the assessment of a proposed acquisition of qualifying holdings in issuers of asset-referenced tokens under Article 42(4) of Regulation (EU) 2023/1114, EBA/RTS2024/04, Seite 16.

[7] EBA Final Report, Draft Regulatory Technical Standards on the detailed content of information necessary to carry out the assessment of a proposed acquisition of qualifying holdings in issuers of asset-referenced tokens under Article 42(4) of Regulation (EU) 2023/1114, EBA/RTS2024/04, Seite 16.

[8] EBA Final Report, Draft Regulatory Technical Standards on the detailed content of information necessary to carry out the assessment of a proposed acquisition of qualifying holdings in issuers of asset-referenced tokens under Article 42(4) of Regulation (EU) 2023/1114, EBA/RTS2024/04, Seite 16.

[9] Erwgr. Nr. 2 der Del-VO (EU) 2017/1946 vom 11.7.2017 zur Ergänzung der Richtlinien 2004/39/EG und 2014/65/EU des Europäischen Parlaments und des Rates durch technische Regulierungsstandards für eine erschöpfende Liste der Informationen, die interessierte Erwerber in die Anzeige des beabsichtigten Erwerbs einer qualifizierten Beteiligung an einer Wertpapierfirma aufnehmen müssen.

10 Nach Erwgr. Nr. 4 der Draft RTS der EBA zu Art. 42 Abs. 4 der EBA[10] muss die Reputation nicht nur dann geprüft werden, wenn der interessierte Erwerber eine natürliche Person ist, sondern **auch dann, wenn der interessierte Erwerber eine juristische Person ist,** dann wird auch auf die dahinterstehenden natürlichen Personen abgestellt. Handelt es sich bei dem interessierten Erwerber um eine juristische Person, wird auf die Personen und Unternehmen, die unter der Kontrolle des vorgeschlagenen Erwerbers stehen, sowie über alle Anteilseigner, die eine **qualifizierte Beteiligung** an dem vorgeschlagenen Erwerber halten, abgestellt. Das heißt, die vorstehenden Informationen müssen über diese natürlichen Personen eingeholt werden, um der zuständigen Behörde alle für die Beurteilung der Zuverlässigkeit relevanten Informationen zu liefern.

3. Leumund und Erfahrung des Geschäftsleiters

11 Die Anforderungen an den Leumund und die Erfahrung des Geschäftsleiters sind nach Art. 5 der Draft RTS der EBA zu Art. 42 Abs. 4 im Zusammenhang mit dem Erwerb eines Anteils nur dann zu prüfen, wenn der interessierte Erwerber ein oder mehrere Mitglieder des Leitungsorgans bestellt.[11] Die Anforderungen an den Geschäftsleiter sind in diesem Zusammenhang die gleichen Anforderungen wie bei der Beantragung einer neuen Erlaubnis, so dass die Anforderungen aus Art. 8 der Draft RTS der EBA zu Art. 18 Abs. 6 und 7[12] herangezogen werden können, auf die im Konsultationspapier der EBA zu Art. 84 Abs. 4 unter Art. 5 hingewiesen wird.[13]

12 **a) Leumund des Geschäftsleiters.** Eine nähere Beschreibung des Begriffs des Leumunds findet sich im **Leitfaden zur Beurteilung der fachlichen Qualifikation und persönlichen Zuverlässigkeit der EZB** vom Dezember 2021, welches sich mit der Qualifikation von Mitgliedern des Leitungsorgans befasst. Demnach gelten bestellte Mitglieder als gut beleumundet, wenn es keine objektiven und nachweislichen Gründe gibt, etwas anderes anzunehmen, insbesondere unter Berücksichtigung einschlägiger verfügbarer Informationen.[14] Als nicht gut beleumun-

---

[10] EBA Final Report, Draft Regulatory Technical Standards on the detailed content of information necessary to carry out the assessment of a proposed acquisition of qualifying holdings in issuers of asset-referenced tokens under Article 42(4) of Regulation (EU) 2023/1114, EBA/RTS2024/04, Seite 11.

[11] EBA Final Report, Draft Regulatory Technical Standards on the detailed content of information necessary to carry out the assessment of a proposed acquisition of qualifying holdings in issuers of asset-referenced tokens under Article 42(4) of Regulation (EU) 2023/1114, EBA/RTS2024/04, S. 22.

[12] EBA Final Report, Draft Regulatory Technical Standards on the detailed content of information necessary to carry out the assessment of a proposed acquisition of qualifying holdings in issuers of asset-referenced tokens under Article 42(4) of Regulation (EU) 2023/1114, EBA/RTS2024/04, ESMA74-449133380-425, Abschnitt 9.2.7, Seite 152, included in the application, under Article 18(6) and (7) of Regulation (EU) 2023/1114, EBA/CP/2023/15.

[13] EBA Final Report, Draft Regulatory Technical Standards on the detailed content of information necessary to carry out the assessment of a proposed acquisition of qualifying holdings in issuers of asset-referenced tokens under Article 42(4) of Regulation (EU) 2023/1114, EBA/RTS2024/04, Seite 23.

[14] EZB, Leitfaden zur Beurteilung der fachlichen Qualifikation und persönlichen Zuverlässigkeit, Dezember 2021, Seite 18.

Inhalt der Prüfung der geplanten Übernahme eines Emittenten **Art. 42**

det gelten Mitglieder, wenn ihr persönliches Verhalten oder Geschäftsgebaren erhebliche Zweifel an der Fähigkeit aufkommen lassen, die **solide und umsichtige Leitung des Instituts** sicherzustellen.[15] Demnach sollen unbeschadet jeglicher Grundrechte einschlägige Straf- oder Verwaltungsgerichtsakten bei der Beurteilung des **Leumunds, der Redlichkeit und Integrität** nicht nur nach der bisherigen Verwaltungspraxis der BaFin sondern auch nach Art. 2 der Draft RTS der EBA zu Art. 42 Abs. 4 herangezogen werden.[16] Dabei werden die Art der Verurteilung oder Klage, die Rolle der involvierten Personen, die angeordnete Strafe, der aktuelle Stand des Verfahrens, die Beweiskraft der Feststellungen und jegliche Rehabilitierungsmaßnahmen, die eingeleitet wurden, berücksichtigt.[17] Herangezogen werden auch die Begleitumstände, einschließlich der mildernden Faktoren, die Schwere einer relevanten Straftat oder verwaltungsrechtlichen oder aufsichtlichen Maßnahme, die seit der Straftat vergangene Zeit, das Verhalten des bestellten Mitglieds seit der Straftat oder der Maßnahme sowie die Relevanz der Straftat oder Maßnahme für die Rolle des bestellten Mitglieds.[18] Nach Auffassung der EZB, nach der eine Person entweder über einen guten oder schlechten Leumund verfügt, kann der Grundsatz der Verhältnismäßigkeit weder auf die Anforderungen an den Leumund noch auf dessen Beurteilung herangezogen werden.[19] Ähnliche Anforderungen stellt auch die BaFin in ihrem Merkblatt zu den Geschäftsleitern gem. KWG, ZAG und KAGB,[20] wobei hier anstelle des Begriffs des Leumunds auf den Begriff der Zuverlässigkeit abgestellt wird. Zum Verständnis des Begriffs im deutschen Recht → Begriff des Leumunds. Im Rahmen der Angaben zur Zuverlässigkeit muss der Geschäftsleiter ebenso Angaben machen über etwaige Straf- und Ordnungswidrigkeitenverfahren, gewerberechtliche Entscheidungen sowie vermögensrechtliche Verfahren.[21] Nach der Verwaltungspraxis der BaFin im Merkblatt können **anhängig gewesene Strafverfahren unberücksichtigt** bleiben, die mangels hinreichenden Tatverdachts eingestellt wurden, die wegen eines dauerhaften Verfahrenshindernisses eingestellt wurden, die mit einem Freispruch beendet worden sind, bei denen einer ergangene Eintragungen im Bundeszentralregister entfernt oder getätigt wurden oder die gemäß § 53 Bundeszentralregistergesetz nicht angegeben werden müssen.[22] Eintragungen, die gemäß § 153 Gewer-

---

[15] EZB, Leitfaden zur Beurteilung der fachlichen Qualifikation und persönlichen Zuverlässigkeit, Dezember 2021, Seite 18.
[16] EZB, Leitfaden zur Beurteilung der fachlichen Qualifikation und persönlichen Zuverlässigkeit, Dezember 2021, Seite 18.
[17] EZB, Leitfaden zur Beurteilung der fachlichen Qualifikation und persönlichen Zuverlässigkeit, Dezember 2021, Seite 18.
[18] EZB, Leitfaden zur Beurteilung der fachlichen Qualifikation und persönlichen Zuverlässigkeit, Dezember 2021, Seite 18.
[19] EZB, Leitfaden zur Beurteilung der fachlichen Qualifikation und persönlichen Zuverlässigkeit, Dezember 2021, Seite 18.
[20] BaFin, Merkblatt zu den Geschäftsleitern gemäß KWG, ZAG und KAGB vom 29.12.2020.
[21] BaFin, Merkblatt zu den Geschäftsleitern gemäß KWG, ZAG und KAGB vom 29.12.2020, Seite 16, EBA Final Report, Draft Regulatory Technical Standards on the detailed content of information necessary to carry out the assessment of a proposed acquisition of qualifying holdings in issuers of asset-referenced tokens under Article 42(4) of Regulation (EU) 2023/1114, EBA/RTS2024/04, S. 22.
[22] BaFin, Merkblatt zu den Geschäftsleitern gemäß KWG, ZAG und KAGB vom 29.12.2020, Seite 16.

Bayer

beordnung aus dem Gewerbezentralregister zu tilgen sind, dürfen unerwähnt bleiben.[23] Anzugeben sind nach Art. 2 der Draft RTS der EBA zu Art. 42 Abs. 4 als auch der bisherigen Verwaltungspraxis der BaFin auch Gerichtsverfahren zwischen dem Geschäftsleiter und einem von ihm geleiteten Unternehmen und dem in Rede stehenden Erlaubnisträger sowie eines Mutter- und Tochterunternehmens.[24] Dies dient der Information über potentielle Interessenkonflikte, die sich zum Nachteil des Erlaubnisträgers auswirken könnten.

13 Es kann damit davon ausgegangen werden, dass in den überwiegenden Fällen der Leumund, wie die Zuverlässigkeit oder die Reputation, auch mit Übersendung eines polizeilichen Führungszeugnisses oder vergleichbaren Dokumenten aus dem Ausland, eines Gewerbezentralregisterauszuges, eines monatsgenauen Lebenslaufes samt Arbeitszeugnissen und der Abgabe einer persönlichen Erklärung erfüllt werden kann.

14 **b) Begriffliche Unterschiede zwischen Führung (Art. 84) und Leitung (Art. 42).** Der begriffliche Unterschied zwischen Führung, wie er in Art. 84 verwendet wird und dem Begriff der Leitung, wie er in Art. 42 verwendet wird, sind lediglich der Verwendung verschiedener Begriffe bei der Übersetzung des Begriffs direct the business geschuldet und haben demnach keine weitere Bewandtnis.

15 **c) Erfahrung.** Unter dem Begriff der Erfahrung wird im nationalen Finanzmarktaufsichtsrecht regelmäßig die fachliche Eignung und einschlägige **Berufserfahrung** gemeint.[25] Unter dem Begriff der fachlichen Eignung sind sowohl **theoretische Kenntnis, praktische Kenntnis und Leitungserfahrung** zusammengefasst.[26]

16 Im Rahmen der Joint ESMA and EBA-Guidelines on the assessment of the suitability of members of the management body (EBA/GL/2020/19-ESMA35-43-2464) soll bei der Bewertung der Kenntnisse, Fähigkeiten und Erfahrungen eines Mitglieds des Leitungsorgans theoretische und praktische Erfahrungen in den Bereichen Banken und Finanzmärkte, Kenntnisse der rechtlichen und regulatorischen Anforderungen, der strategische Planung haben[27]. Es müssen Kenntnisse und Erfahrungen in Bezug auf das Risikomanagement vorhanden sein sowie über die Rechnungslegung und Prüfung.[28] Das Mitglied des Leitungsorgans soll in der Leitungsfunktion über ausreichend langen Zeitraum praktische und berufliche Erfahrungen einer leitenden Position gesammelt haben.[29] Im Detail soll aus früheren Tä-

---

[23] BaFin, Merkblatt zu den Geschäftsleitern gemäß KWG, ZAG und KAGB vom 29.12.2020, Seite 16.

[24] BaFin, Merkblatt zu den Geschäftsleitern gemäß KWG, ZAG und KAGB vom 29.12.2020, Seite 17, EBA Final Report, Draft Regulatory Technical Standards on the detailed content of information necessary to carry out the assessment of a proposed acquisition of qualifying holdings in issuers of asset-referenced tokens under Article 42(4) of Regulation (EU) 2023/1114, EBA/RTS2024/04, S. 16.

[25] Fischer/Schulte-Mattler/Braun KWG § 25c Rn. 5.

[26] Fischer/Schulte-Mattler/Braun KWG § 25c Rn. 5.

[27] Joint ESMA and EBA Guidelines on the assessment of the suitability of members of the management body (EBA/GL/2020/19-ESMA35-43-2464), Seite 36.

[28] Joint ESMA and EBA Guidelines on the assessment of the suitability of members of the management body (EBA/GL/2020/19-ESMA35-43-2464), Seite 36.

[29] Joint ESMA and EBA Guidelines on the assessment of the suitability of members of the management body (EBA/GL/2020/19-ESMA35-43-2464), Seite 12.

tigkeiten die Art der ausgeübten Führungsposition, die hierarchische Ebene, die Dauer des Dienstes, die Art und Komplexität des Unternehmens berücksichtigt werden, ebenso wie die Organisationsstruktur des Unternehmens, den Umfang der Zuständigkeiten, die Entscheidungsbefugnisse und Verantwortlichkeiten des Mitglieds der Leitungsebene, die durch die Stelle erworbenen technischen Kenntnisse und die Anzahl der unterstellten Mitarbeiter.[30] In diesem Zusammenhang gleichen sich die Anforderungen der Joint Guidelines,[31] des BaFin-Merkblatts[32] und des Leitfadens der EZB.[33] Auf diese Anforderung ist vor dem Hintergrund der Einbeziehung des Geschäftsmodells des Zielunternehmen auch das Proportionalitätsprinzip angewendet werden.

4. Finanzielle Solidität

Die finanzielle Solidität von Erwerbern von Erlaubnisträgern ist ein zentraler Prüfungsbestandteil im Rahmen der **Inhaberkontrolle.** Bei der Beurteilung der finanziellen Solidität wird berücksichtigt, ob der interessierte Erwerber eine beaufsichtigte oder nicht beaufsichtigte juristische Person oder eine natürliche Person ist.[34] Dabei geht es zum einen um die Fähigkeit, den Erwerb zu finanzieren und zum anderen um die Fähigkeit, auf absehbare Zeit hinsichtlich des interessierten Erwerbers und des Zielunternehmens eine solide Finanzstruktur aufrechtzuerhalten.[35] In jedem Fall muss die finanzielle Verfassung des interessierten Erwerbers einwandfrei sein.[36] Es kommt dabei nicht nur auf die Möglichkeiten an, den Erlaubnisträger zu unterstützen, sondern auch auf den Willen, dies zu tun.[37] 17

Um die finanzielle Solidität des interessierten Erwerbers beurteilen zu können, müssen die ihn betreffenden Finanzinformationen vorgelegt werden.[38] In Art. 8 der Draft RTS der EBA zu Art. 42 Abs. 4 wird verlangt, dass der interessierte Erwerber der zuständigen Behörde eine detaillierte Erläuterung der spezifischen Finanzierungsquellen für den vorgeschlagenen Erwerb vorzulegen hat.[39] Diese ermöglicht auch, zeitgleich im Sinne des Abs. 1 lit. e die rechtmäßige Herkunft, Sicherheit und 18

---

[30] Joint ESMA and EBA Guidelines on the assessment of the suitability of members of the management body (EBA/GL/2020/19-ESMA35-43-2464), Seite 13.
[31] Joint ESMA and EBA Guidelines on the assessment of the suitability of members of the management body (EBA/GL/2020/19-ESMA35-43-2464), Seite 13.
[32] BaFin, Merkblatt zu den Geschäftsleitern gemäß KWG, ZAG und KAGB vom 29.12.2020, Seite 17.
[33] EZB, Leitfaden zur Beurteilung der fachlichen Qualifikation und persönlichen Zuverlässigkeit, Dezember 2021, Seite 18.
[34] EZB, Leitfaden zu Verfahren für qualifizierte Beteiligungen, März 2023, Seite 28.
[35] EZB, Leitfaden zu Verfahren für qualifizierte Beteiligungen, März 2023, Seite 21.
[36] EZB, Leitfaden zu Verfahren für qualifizierte Beteiligungen, März 2023, Seite 28.
[37] EuG Celex-Nr. 62019TJ0330.
[38] Del-VO (EU) 2017/1946 der Kommission vom 11.7.2017 zur Ergänzung der Richtlinien 2004/39/EG und 2014/65/EU des Europäischen Parlaments und des Rates durch technische Regulierungsstandards für eine erschöpfende Liste der Informationen, die interessierte Erwerber in der Anzeige des beabsichtigten Erwerbs einer qualifizierten Beteiligung an einer Wertpapierfirma aufnehmen müssen Erwgr. Nr. 6.
[39] EBA Final Report, Draft Regulatory Technical Standards on the detailed content of information necessary to carry out the assessment of a proposed acquisition of qualifying holdings in issuers of asset-referenced tokens under Article 42(4) of Regulation (EU) 2023/1114, EBA/RTS2024/04, Seite 24.

Hinlänglichkeit des Vermögens darzulegen. Verlangt wird nach dem Draft RTS der EBA zu Art. 42 Abs. 4 Finanzausweise, Bankerklärungen, Steuererklärungen oder sonstige Unterlagen oder Informationen sowie Einzelheiten zu etwaigen Vermögenswerten (einschließlich Kryptovermögenswerten), die zur Finanzierung des vorgeschlagenen Erwerbs verkauft werden sollen sowie Verkaufspreise, Preisschätzungen und Einzelheiten zu den Merkmalen der Vermögenswerte und Informationen darüber, wann und wie sie erworben wurden. Darüber hinaus auch Einzelheiten zum Zugang zu Kapitalquellen und Finanzmärkten einschließlich Einzelheiten zu den emittierten Finanzinstrumenten. Angaben zur Finanzierung des beabsichtigten Erwerbs müssen auch nach Art. 9 der Del-VO (EU) 2017/1946 gemacht werden.[40]

19 Es ist regelmäßig erforderlich, dass Jahresabschlüsse des Erwerbers auf Einzelebene und gegebenenfalls auf konsolidierter und unterkonsolidierter Ebene für die letzten drei Geschäftsjahre vorgelegt werden. Bilanz, Gewinn- und Verlustrechnung oder Erfolgsrechnung sowie Jahresberichte und Finanzanhänge sollen jeweils vom Abschlussprüfer oder einer Prüfungsgesellschaft im Sinne von Art. 2 Nr. 2 und 3 der RI 2006/43/EG des Europäischen Parlaments und Rates gebilligt worden sein. Darüber hinaus kann die BaFin von dem jeweiligen Vorlagepflichtigen, also dem Erwerber der Beteiligung und dem Institut verlangen, dass die einzureichenden Unterlagen nach Art. 41 sowie der EBA Draft-RTS zu Art. 42 Abs. 2 von einem Wirtschaftsprüfer zu prüfen sind.

20 Besonderes Augenmerk wird auf die Verwendung von **Fremdkapital** zur Finanzierung des Kaufpreises gelegt. Schließlich soll ermittelt werden, ob sich durch diese Art der Finanzierung das Risiko auf das Zielunternehmen auswirkt.[41] Nach Art. 8 des Konsultationspapiers der EBA wird gefordert, dass Angaben zu den geliehenen Mitteln, einschließlich der Namen der betreffenden Kreditgeber und Einzelheiten zu den Faszilitäten gemacht werden, einschließlich Laufzeiten, Bedingungen, Verpfändungen, Garantien oder sonstigen Sicherungsrechten sowie Angaben zur Quelle der Einnahmen, die zur Rückzahlung der Kredite verwendet werden sollen und der Herkunft der geliehenen Mittel, falls der Kreditgeber kein beaufsichtigtes Finanzinstitut ist, wenn die für den Erwerb benötigten Mittel aus Fremdkapital generiert werden.[42]

21 Die Fähigkeit, auf absehbare Zeit hinsichtlich des interessierten Erwerbers und des Zielunternehmens eine solide Finanzstruktur aufrechtzuerhalten, wird in einer Zusammenschau des interessierten Erwerbers und des Zielunternehmens geprüft.

---

[40] Del-VO (EU) 2017/1946 der Kommission vom 11.7.2017 zur Ergänzung der Richtlinien 2004/39/EG und 2014/65/EU des Europäischen Parlaments und des Rates durch technische Regulierungsstandards für eine erschöpfende Liste der Informationen, die interessierte Erwerber in die Anzeige des beabsichtigten Erwerbs einer qualifizierten Beteiligung an einer Wertpapierfirma aufnehmen müssen Erwgr. Nr. 6.

[41] EZB, Leitfaden zu Verfahren für qualifizierte Beteiligungen, März 2023, Seite 28; EBA Final Report, Draft Regulatory Technical Standards on the detailed content of information necessary to carry out the assessment of a proposed acquisition of qualifying holdings in issuers of asset-referenced tokens under Article 42(4) of Regulation (EU) 2023/1114, EBA/RTS2024/04, Seite 24.

[42] EBA Final Report, Draft Regulatory Technical Standards on the detailed content of information necessary to carry out the assessment of a proposed acquisition of qualifying holdings in issuers of asset-referenced tokens under Article 42(4) of Regulation (EU) 2023/1114, EBA/RTS2024/04, Seite 24.

Hierzu muss, neben den Finanzinformationen, sofern in Bezug auf die Kontrolle des Zielunternehmens eine Änderung geplant ist, der interessierte Erwerber einen vollständigen Geschäftsplan vorlegen.[43] Hierdurch kann dann auch beurteilt werden, ob Synergien zwischen den Geschäftstätigkeiten des Erwerbers und des Zielunternehmens vorliegen.

Die Verantwortlichkeit für den Geschäftsplan obliegt ausschließlich dem interessierten Erwerber.[44] Aus diesem Geschäftsplan soll ersichtlich sein, ob das Zielunternehmen nach Abschluss der Transaktion auf absehbare Zeit in der Lage sein und bleiben wird, die Aufsichtsanforderungen zu erfüllen.[45] Die Aufsichtsbehörden verschaffen sich einen Überblick über den vorgelegten **Geschäftsplan** und die Fähigkeit des Zielunternehmens, die geplanten Ziele zu erreichen. 22

Ist keine Änderung in Bezug auf die Kontrolle des Zielunternehmens geplant, reichen nach Erwgr. Nr. 14 der Del-VO 2017/1946, nach der sich die **Inhaberkontrolle** im Rahmen der MiCAR richtet, ausreichend bestimmte Informationen über die künftige Strategie des Unternehmens und die Absicht des interessierten Erwerbers einzureichen, damit beurteilt werden kann, ob die finanzielle Solidität des interessierten Erwerbers durch den beabsichtigten Erwerb möglicherweise beeinträchtigt wird. 23

Ist der interessierte Erwerber **Teil einer Gruppe** oder an der Spitze einer Gruppe, sind regelmäßig auch Unterlagen über die Kapitalausstattung von anderen gruppenpflichtigen Unternehmen einzureichen, um zu prüfen, ob Wechselwirkungen bestehen und welche zusätzlichen Risiken für den Erlaubnisträger hierdurch bestehen. Über Szenarien soll ermittelt werden, ob sich durch den Erwerb des Anteils bestimmte weitere Risikoszenarien für das Zielunternehmen ergeben oder sich durch den Erwerb Risiken ergeben, die sich auf die Risikotragfähigkeit auswirken. 24

In diesem Zusammenhang müssen auch Informationen über **Stimmrechte, Interessenkonflikte und nicht finanzielle Interessen** vorgelegt werden. Es muss auch ein detailliertes Organigramm der Gruppenstruktur und Angaben zu den gegenwärtigen, von den Unternehmen der Gruppe ausgeübten, Tätigkeiten sowie Angaben zu den Kapitalanteilen und Stimmrechten der Anteilseigner mit maßgeblichem Einfluss auf die Unternehmen der Gruppe und Angaben zu den Kapitalanteilen und Stimmrechten der Anteilseigner mit Einfluss auf die Unternehmen der Gruppe sowie zu den gegenwärtig von Unternehmen der Gruppe ausgeübten Tätigkeiten und deren regulatorischer Status vorgelegt werden.[46] 25

---

[43] Del-VO (EU) 2017/1946 der Kommission vom 11.7.2017 zur Ergänzung der Richtlinien 2004/39/EG und 2014/65/EU des Europäischen Parlaments und des Rates durch technische Regulierungsstandards für eine erschöpfende Liste der Informationen, die interessierte Erwerber in die Anzeige des beabsichtigten Erwerbs einer qualifizierten Beteiligung an einer Wertpapierfirma aufnehmen müssen Erwgr. Nr. 6; ESMA, Consultation Paper, Technical Standards specifying certain requirements of the Markets in Crypro Assets Regulation (MiCA) vom 12.7.2023, ESMA74-449133380-42, Abschnitt 9.2.7, Seite 152.
[44] EZB, Leitfaden zu Verfahren für qualifizierte Beteiligungen, März 2023, Seite 25.
[45] EZB, Leitfaden zu Verfahren für qualifizierte Beteiligungen, März 2023, Seite 25.
[46] EBA Final Report, Draft Regulatory Technical Standards on the detailed content of information necessary to carry out the assessment of a proposed acquisition of qualifying holdings in issuers of asset-referenced tokens under Article 42(4) of Regulation (EU) 2023/1114, EBA/RTS2024/04, Seite 20.

5. Fähigkeit zur Einhaltung der MiCAR

26 Gerade in dem Fall, in dem der interessierte Erwerber Teil einer Gruppe ist, könnten Interessenkonflikte, die sich negativ auf das Zielunternehmen auswirken, entstehen. Es muss daher eine Leitlinie zum Umgang mit solchen Interessenkonflikten bestehen, welche regelt, wie Interessenkonflikte in Gruppen identifiziert werden und auch, wie damit umzugehen ist.[47] Die Anforderung an die Übermittlung von Informationen über die Anteilseigner und die Struktur der Gruppe des interessierten Erwerbers unter Darlegung deren Geschäftsinteressen und deren Tätigkeit ist daher erforderlich, um zu verstehen, wie sich das Zielunternehmen weiterentwickeln wird. Darüber hinaus bedarf es der Identifikation von Interessenkonflikten und Leitlinien zum Umgang, um die Risikoexposition zu verstehen.

27 Art. 3 der Draft RTS der EBA zu Art. 42 Abs. 4 verlangt daher ein detailliertes Organigramm mit Gruppenstruktur und Angaben zu den Tätigkeiten der gruppenangehörigen Unternehmen, Informationen über die Tätigkeiten des interessierten Erwerbers, der Eigentümerstruktur unter Angabe der maßgeblichen Anteilseigner, Informationen zu Interessenkonflikten, Angaben zu finanziellen und nichtfinanziellen Interessen der Gruppe, Angaben darüber, ob Gruppengesellschaften Erlaubnisträger sind, sowie die Jahresabschlüsse auf Einzel- und Gruppenebene.[48] Nach dem Erwgr. Nr. 13 des Konsultationspapiers der EBA soll sichergestellt werden, dass die Aufsichtsbehörde weiterhin zeitgenaue und genaue Informationen erhält.[49]

28 Hierbei geht es im Wesentlichen darum, ob durch die engen Verbindungen mit dem interessierten Erwerber die Fähigkeit des Zielunternehmens beeinträchtigt wird, die aufsichtlichen Anforderungen nach der MiCAR einzuhalten. Sind andere Erlaubnisträger in der Gruppe, muss nachvollzogen werden können, wie die Organisation der internen Kontrollfunktionen auf Gruppenebene nach dem Erwerb ineinandergreifen wird.[50]

29 Vor dem Hintergrund des Verhältnismäßigkeitsgrundsatzes ist mit Blick auf die abzufordernden Informationen bei der Tiefe zu berücksichtigen, ob es sich bei der **qualifizierten Beteiligung** um eine **Beteiligung** bis 20%, in einem Bereich von zwischen 20 und 50% oder um eine **Beteiligung** über 50% an dem Zielunternehmen verhält. Je nachdem, wie hoch die **Beteiligung** ist, und damit der Einfluss auf das Zielunternehmen vergrößert, wird es erforderlich sein, mehr Informationen über den interessierten Erwerber bzw. die Strategie, die Konzernstruktur und das Bestehen von Aktionärsvereinbarungen preiszugeben.[51]

---

[47] EZB, Leitfaden zu Verfahren für qualifizierte Beteiligungen, März 2023, Seite 25.
[48] EBA Final Report, Draft Regulatory Technical Standards on the detailed content of information necessary to carry out the assessment of a proposed acquisition of qualifying holdings in issuers of asset-referenced tokens under Article 42(4) of Regulation (EU) 2023/1114, EBA/RTS2024/04, Seite 19–21.
[49] EBA Final Report, Draft Regulatory Technical Standards on the detailed content of information necessary to carry out the assessment of a proposed acquisition of qualifying holdings in issuers of asset-referenced tokens under Article 42(4) of Regulation (EU) 2023/1114, EBA/RTS2024/04, Seite 11.
[50] EZB, Leitfaden zu Verfahren für qualifizierte Beteiligungen, März 2023, Seite 27.
[51] EBA Final Report, Draft Regulatory Technical Standards on the detailed content of information necessary to carry out the assessment of a proposed acquisition of qualifying holdings in issuers of asset-referenced tokens under Article 42(4) of Regulation (EU) 2023/1114, EBA/RTS2024/04, Seite 33.

6. Kein Verdacht auf Geldwäsche oder Terrorismusfinanzierung

Im Rahmen der Bewertung ist ebenso Kriterium die Frage, ob ein hinreichen- 30
der Verdacht besteht, dass im Zusammenhang mit der geplanten Übernahme Geldwäsche oder Terrorismusfinanzierung stattfinden oder stattgefunden haben könnte, oder ob diese Straftaten versucht wurden und ob die geplante Übernahme das Risiko eines solchen Verhaltens erhöhen könnte. In diesem Zusammenhang werden die Informationen über die Finanzierung des geplanten Erwerbs erhoben. Es wird verlangt, dass die Finanzierungsquellen für den Erwerb klargestellt werden. Es muss ermöglicht werden, die rechtmäßige Herkunft der Vermögenswerte zu ermitteln. Aus Sicht der EZB soll dieser Prüfungspunkt die Identitätsprüfung ergänzen und vollständig unabhängig vom Wert oder sonstigen Merkmale des beabsichtigten Erwerbs durchgeführt werden.[52]

Art. 8 der Draft RTS der EBA zu Art. 42 Abs. 4 verlangt deshalb, dass Finanzaus- 31
weise, Bankerklärungen, Steuererklärungen und sonstige Unterlagen oder Informationen, die den Nachweis erbringen, dass mit dem vorgeschlagenen Erwerb keine Geldwäsche oder Terrorismusfinanzierung versucht wird und dass Überweisungen im Zusammenhang mit der Übertragung der **Beteiligung** nachvollzogen werden können, unabhängig davon, ob die Überweisung über Kreditinstitute oder Zahlungsinstitute oder ein anderes Netz ausgeführt wird.[53]

Bereits in Erwgr. Nr. 12 der Del-VO 2017/1946 war vorausgesetzt, dass der in- 32
teressierte Erwerber Informationen über die Finanzierung des beabsichtigten Erwerbs, darunter auch Informationen über alle Finanzierungsarten und Quellen vorlegt und die Herkunft aller Mittel und Vermögenswerte nachweisen kann, damit die für das Zielunternehmen zuständige Behörde beurteilen kann, ob die Gefahr von Geldwäsche besteht.[54]

Im Rahmen der Informationen, die zu übermitteln sind, wenn der interessierte 33
Erwerber eine juristische Person und Verpflichteter im Sinne der Geldwäsche-RI ist, sind auch die geltenden Strategien und Verfahren zur Bekämpfung von Geldwäsche und Terrorismusfinanzierung zu übermitteln. Mit Blick auf natürliche Personen, die interessierte Erwerber sind, sind zivil- oder verwaltungsrechtliche Maßnahmen, die auf der Basis von Fehlverhalten einschließlich Betrug, Unehrlichkeit, Korruption, Geldwäsche, Terrorismusfinanzierung oder sonstiger Finanzkriminalität oder eines Versäumnisses, angemessene Strategien oder Verfahren zur Verhinderung derartiger Vorfälle einzuführen, mit Informationen über Einzelheiten zu diesen Vorkommnissen und der **Beteiligung** zu übermitteln. Ist der interessierte Erwerber in einem Drittland ansässig, so hat er nach dem der Draft RTS der EBA zu Art. 42 Abs. 4 eine ausführliche Beschreibung des geltenden Rechtsrahmens zur Bekämpfung von Geldwäsche und Terrorismusfinanzierung einschließlich seiner

---

[52] EZB, Leitfaden zu Verfahren für qualifizierten Beteiligungen, März 2023, Seite 28.
[53] EBA Final Report, Draft Regulatory Technical Standards on the detailed content of information necessary to carry out the assessment of a proposed acquisition of qualifying holdings in issuers of asset-referenced tokens under Article 42(4) of Regulation (EU) 2023/1114, EBA/RTS2024/04, Seite 224.
[54] Del-VO (EU) 2017/1946 der Kommission vom 11.7.2017 zur Ergänzung der Richtlinien 2004/39/EG und 2014/65/EU des Europäischen Parlaments und des Rates durch technische Regulierungsstandards für eine erschöpfende Liste der Informationen, die interessierte Erwerber in der Anzeige des beabsichtigten Erwerbs einer qualifizierten Beteiligung an einer Wertpapierfirma aufnehmen müssen Erwgr. Nr. 12.

Art. 42

Übereinstimmung mit den Empfehlungen der Arbeitsgruppe finanzielle Maßnahmen gegen Geldwäsche sowie der für diese Person geltenden Verfahren zu übermitteln.[55]

34 Das Informationsbedürfnis erhöht sich zudem, wenn **qualifizierte Beteiligungen** von 50% oder mehr angestrebt werden. In diesem Fall muss dann dargelegt werden, ob und wie die Bekämpfung von Geldwäsche und Terrorismusfinanzierung und Risikomanagement künftig stattfinden soll, so unter Benennung der Inhaber der Schlüsselfunktionen in den Bereichen Innenrevision, Compliance-Beauftragter und Risikomanager.[56]

35 In Art. 9a) der Del-VO (EU) 2017/1946 waren bereits detaillierte Angaben zum Einsatz privater Finanzierungsquellen sowie zur Herkunft und Verfügbarkeit von Mitteln einschließlich dokumentarischer Nachweise gegenüber den zuständigen Behörden, dass die zusätzliche Anforderung bei **Beteiligungen** von 50% und mehr, darlegen zu müssen, ob die Änderungen der Verfahren und Systeme in den Bereichen Rechnungsführung, interne Audits, Einhaltung der Vorschriften für die Bekämpfung von Geldwäsche und für das Risikomanagement sowie die Schlüsselfunktionen interner Prüfer, Compliance-Beauftragter und Risikomanager verändert werden.

III. Einspruch gegen die geplante Übernahme (Abs. 2)

1. Voraussetzungen

36 Nach Abs. 2 kann Einspruch gegen die geplante Übernahme eines Anteils an einem Emittenten vermögenswertereferenzierter Token durch die zuständige Behörde dann erfolgen, wenn die nach Art. 42 Abs. 4 beizubringenden Informationen unvollständig oder falsch sind. Dabei handelt es sich insbesondere um die Informationen, die in den technischen Regulierungsstandards, die gegenwärtig als der Draft RTS der EBA zu Art. 42 Abs. 4 vorliegen, enthalten sein werden.

37 Darüber hinaus soll ein Einspruch durch die Behörde dann möglich sein, wenn es dafür vernünftige Gründe auf Grundlage der Eignung des interessierten Erwerbers nach Art. 42 Abs. 1 gibt. Eine Definition des Begriffs oder ein Begriffsverständnis von vernünftigen Gründen besteht gegenwärtig nicht, es versteht sich aber von selbst, dass diese in engem Zusammenhang mit der Reputation, der wirtschaftlichen Leistungsfähigkeit des interessierten Erwerbers oder der Eignung des interessierten Erwerbers des Emittenten vermögenswertereferenzierter Token stehen müssen.

38 Nach § 25 Abs. 4 KMAG-E kann die BaFin in Fällen von Art. 42 Abs. 4 anstelle einer Untersagung innerhalb des Beurteilungsspielraums des Art. 41 Abs. 4 und 5

---

[55] EBA Final Report, Draft Regulatory Technical Standards on the detailed content of information necessary to carry out the assessment of a proposed acquisition of qualifying holdings in issuers of asset-referenced tokens under Article 42(4) of Regulation (EU) 2023/1114, EBA/RTS2024/04, Seite 11.

[56] EBA Final Report, Draft Regulatory Technical Standards on the detailed content of information necessary to carry out the assessment of a proposed acquisition of qualifying holdings in issuers of asset-referenced tokens under Article 42(4) of Regulation (EU) 2023/1114, EBA/RTS2024/04, Seite 26.

Inhalt der Prüfung der geplanten Übernahme eines Emittenten **Art. 42**

auch Anordnungen gegenüber dem interessierten Erwerber treffen, die geeignet und erforderlich sind, um das Eintreten der in Art. 42 Abs. 1 genannten Untersagungsgründe auszuschließen.

2. Rechtsmittel

Das Rechtsmittelrecht ist dem jeweils geltenden nationalen Recht unterworfen. **39** Die Regelung zum Einspruch muss daher im Lichte des geltenden Verfahrensrechts ausgelegt werden. Der Einspruch der Aufsichtsbehörde wird als belastender Verwaltungsakt im Sinne von § 35 VwVfG ergehen. Als Rechtsmittel gegen einen Verwaltungsakt kommen Widerspruch und Anfechtungsklage in Betracht.

IV. Vorbedingungen durch die Mitgliedsstaaten

Nach Art. 42 Abs. 3 dürfen die Mitgliedstaaten weder Vorbedingungen an die **40** Höhe der **qualifizierten Beteiligung** knüpfen noch den Behörden gestatten, bei der Prüfung der geplanten **Beteiligung** auf die wirtschaftlichen Bedürfnisse des Marktes abzustellen. Diese Regelung findet ihren Sinn in dem Wunsch des europäischen Gesetzgebers nach Harmonisierung und der Abschaffung von unnötigen Markteintrittsbehinderungen in den einzelnen Mitgliedstaaten.

V. Ermächtigungsgrundlage zum Erlass technischer Regulierungsstandards (Abs. 4)

Die EBA Draft-RTS nach Art. 42 Abs. 4 werden federführend von der EBA er- **41** stellt, während die RTS nach Art. 84 Abs. 4 federführend von der ESMA erstellt werden. Die Texte in den gegenwärtigen Konsultationsfassungen sind bewusst ähnlich gehalten und orientieren sich an der Del-VO (EU) 2017/1946 der Kommission.

Kapitel 5 Signifikante vermögenswertereferenzierte Token

Schrifttum: Bernau/Lutterbach, Digital Operational Resilience Act (DORA), BKR 2023, 506; Binder/Gortsos/Lackhoff/Ohler (Hrsg.), Brussels Commentary European Banking Union, 1. Auflage 2022; Brauneck, die verfehlte Rolle der EZB bei der EU-Regulierung von Kryptowerten durch MiCAR, RDi 2022, 10; Claussen/Erne, Bank- und Kapitalmarktrecht, 6. Auflage 2023; Hirzle/Hugendubel, Die Entwicklung des Kryptorechts im Jahr 2022, BKR 2022, 821; Izzo-Wagner/Weisser, BaFin-Hinweise zum Erlaubnisverfahren zur Kryptowertpapierregisterführung, RDi 2022, 417; Litten, Mit dem DLT-Piloten in die Zukunft des digitalen Kapitalmarktaufsichtsrechts, BKR 2022, 551; Machacek, Die Antwort auf DeFi, RDi 2021, 572; Maume/Maute (Hrsg.), Rechtshandbuch Kryptowerte, 1. Aufl. 2020; Maume, The Regulation on Markets in Crypto-Assets (MiCAR): Landmark Codification, or First Step of Many, or Both?, 20 (2023) European Company and Financial Law Review 243; Michel/Schmitt: MiCAR – Marktzugang für Kryptodienstleister, BB 2023, 905; Möslein/Omlor, FinTech-Handbuch, 2. Auflage 2021; Omlor: Kryptowährungen im Geldrecht, ZHR 187 (2023), 294; Omlor/Link, Kryptowährungen und Token, 2. Aufl. 2023; Patz Überblick über die Regulierung von Kryptowerten und Kryptowertedienstleistern, BKR 2021, 725; Schulze/Janssen/Kadelbach, Europarecht, 4. Auflage 2020; Skauradszun, Das Internationale Privatrecht der Kryptowerte, elektronischen Wertpapiere und Kryptowertpapiere, ZfPW 2022, 56; Siadat, Markets in Crypto Assets Regulation – Vertrieb von Kryptofinanzinstrumenten, RdF 2021, 172; Siadat/Asatiani, Vereinfachtes Verfahren vs. Äquivalenzverfahren nach MiCAR, BKR 2023, 221.

Vorbemerkung vor Art. 43–45

1 Das Konzept der Signifikanz vermögenswertereferenzierter Token entstammt den Bemühungen auf die **Grenzenlosigkeit und Barrierefreiheit** von digitalen Inhalten im Bereich der Finanzdienstleistungen, -produkte und Kryptowährungen[1] zu reagieren. Vorhaben, wie das durch das Unternehmen Meta (ehemals Facebook) angestoßene Währungsprojekt „Diem" (vormals „Libra"), schlugen große Wellen in den Reihen der Aufsichtsbehörden.[2] Aber auch der Token „Bitcoin", ist ein Beweis für die heutige Offenheit der Verbraucher gegenüber dezentralen oder anderen nicht-staatlichen, alternativen, digitalen Zahlungsmitteln[3] oder Wertaufbewahrungsmitteln. „Bitcoin" ist eine dezentrale Kryptowährung, die bereits von Händlern vielerorts als Zahlungsmittel akzeptiert wird.[4] Einer der größten Zahlungsdienstleister (Paypal) ermöglicht es seinen Kunden in den Vereinigten Staaten und dem Vereinigten Königreich direkt über seine webbasierte Applikation (App) Kryptowährungen wie Bitcoin zu erwerben.[5] Eine weitgreifende Integration und der Einfluss dieser Kryptowährung als pars pro toto sind evident. Es wird bereits von einer **Tokenwirtschaft**[6] gesprochen. Bereits seit über zehn Jahren sind die Entwicklungen DLT basierter Anwendungen zu beobachten gewesen.[7]

2 Angestoßen durch den **FinTech-Aktionsplan** der Kommission, welcher die „rasante" Entwicklung der Technologien und die Integration in den Finanzsektor erkannte, sollen vor allem Barrieren innerhalb der Grenzen der Europäischen Union abgebaut werden, um eine Expansion von Geschäftsmodellen zu ermöglichen.[8] Nicht von der Hand weisen lassen sich die Risiken, die ein unregulierter und unbeaufsichtigter Markt einer solchen Größenordnung mit sich brächte.

3 Auf Basis früher Konsultationen des Finanzstabilitätsrates (FSB) zu Risiken der „global stablecoins", „GSCs", weist auch die Kommission in ihrer Folgenabschät-

---

[1] Zur Einordnung von Kryptowährungen als „Währung" siehe mwN Omlor ZHR 187 (2023), 294 (307); BaFin, „Virtuelle Währungen/Virtual Currency (VC)" idF v. 28.4.2016.
[2] Ein Beispiel aus der Presse im Handelsblatt „Warnruf vor Libra: Wie gefährlich ist Facebooks Kryptowährung", https://beck-link.de/vsd4t (zuletzt abgerufen am 25.8.2024) oder im FOCUS online „Nach der Bundesbank warnt auch die Finanzaufsicht vor Facebooks Libra", https://beck-link.de/p43wx (zuletzt abgerufen am 25.8.2024); Patz BKR 2021, 734ff.; Maume ECFR 2023, 25ff.
[3] So auch erkannt von deutschen Behörden in der Finanzaufsicht. Siehe zB der Gastbeitrag auf der Website der Bundesbank „Parallelwährungen jenseits der Finanzaufischt – Haben Bitcoin und Libra eine Zukunft?", https://beck-link.de/68fw5 (zuletzt abgerufen am 6.10.2023).
[4] Maume/Maute Kryptowerte-HdB § 2 Rn. 32ff.
[5] Siehe Bericht der Zeitschrift Forbes, https://beck-link.de/kfk7a (zuletzt abgerufen am 6.10.2023).
[6] Omlor/Link, Kryptowährungen und Token, 2. Aufl. 2023, Kapitel II.
[7] Hirzle/Hugendubel BKR 2022, 726.
[8] Abrufbar in Englisch unter https://beck-link.de/c6vew (zuletzt abgerufen am 25.8.2024).

zung[9] zur Vorbereitung des Entwurfs der MiCAR darauf hin, dass ein vermögenswertereferenzierter Token (damals „stablecoin"), der eine globale Dimension erlangt hat, große Risiken berge.[10] Das **Risikopotenzial** beruhe insbesondere auf den strukturellen Schwachstellen der Token[11] (zB aufgrund von Interessenkonflikten, Betrug, Cybervorfällen[12] und möglichen Liquiditätsengpässen) und durch die zunehmende Verflechtung mit dem traditionellen Finanzsystem.[13] Unter anderem bestehen Risiken ausdrücklich für die Finanzstabilität und die Durchsetzung der Geldpolitik.

Ein Überblick der Schwachstellen und Risiken[14]: **4**
- Es bestehe das Risiko, dass die referenzierten Werte, die den Marktwert des Tokens „stabilisieren" sollen, an Wert verlieren und folglich die Reserven des Tokens abfallen, sodass Wertstabilität nicht gewährleistet werden könnte[15].
- Sollte mit einem Mal ein Vertrauensverlust in den Emittenten eintreten, zB durch unvorhergesehene tatsächliche oder sonstige Markt-Ereignisse und alle Tokeninhaber gleichzeitig ihre Token abstoßen (ein sog. „run on the bank"), herrsche große Gefahr für die Liquidität des Emittenten.
- Mangels staatlicher Kontrolle und Sicherheitsnetze, könnten Liquiditätsengpässe zu einem marktwirtschaftlichen Eklat führen. Der Zusammenbruch eines solchen Token könnte für alle Halter einen empfindlichen Vermögensverlust bedeuten.
- Sollten außerdem Verbraucher dazu übergehen einen signifikanten Token als Anlage zu nutzen, würden weniger Einlagen in die realen Banken vorgenommen. Den Banken würde Kapitalzufluss entgehen und sie müssten sich potentiell auf risikoreichere Refinanzierungsstrategien einlassen, um ihr Tagesgeschäft zu stemmen.
- Das politische Gefüge könnte ins Schwanken geraten, wenn ein signifikanter Token das Wertaufbewahrungsmittel der Wahl würde und folglich der Großteil der momentan als Bankeinlagen aufbewahrten Werte in sich bündeln würde. Durch diese Verlagerung auf andere Intermediäre könnte die Übertragung der Geldpolitik[16] und finanzpolitischen Anreize auf die Realwirtschaft über die Banken als traditionelle Intermediäre (zB durch den Leitzins) untergraben werden. Das Angebot eines signifikanten Token könnte folglich die Einlagen- und Kre-

---

[9] Impact Assessment (SWD(2020) 380 final) v. 24.9.2020. Nur auf Englisch verfügbar unter https://beck-link.de/ncdc6 (zuletzt abgerufen am 25.8.2024) (nachfolgend „Impact Assessment SWD(2020) 380 final v. 24.9.2020").
[10] Impact Assessment (SWD(2020) 380 final) v. 24.9.2020, S. 19ff.
[11] Impact Assessment SWD(2020) 380 final v. 24.9.2020, Annex 4 Zif. 2.1.
[12] Zu operationellen Risiken siehe International Monetary Fund, Fintech Notes, Regulating the Crypto Ecosystem Note 2022/008, S. 37.
[13] FSB High-level Recommendations for the Regulation, Supervision and Oversight of Crypto-Asset Activities and Markets, S. 2 aE (nachfolgend „FSB Recommendations").
[14] Impact Assessment SWD(2020) 380 final v. 24.9.2020 S. 19ff., FSB Recommendations S. 2 aE, siehe auch Stellungnahme der EZB Nr. 247/September 2020, Ziff. 4, https://beck-link.de/se2bw (zuletzt abgerufen am 5.10.2023).
[15] Aus diesem Grund gab die Kommission im Rahmen der MiCAR auch den befürchtet irreführenden Begriff „stablecoin" auf.
[16] Zur Gefährdung der Umsetzung geldpolitischer Ziele auch in der Stellungnahme der Europäischen Zentralbank v. 19.2.2021, Ziff. 2.2.4, https://beck-link.de/y8vmy (zuletzt abgerufen am 8.10.2023).

ditzinsen im Finanzsystem der inländischen Währung beeinflussen, und damit die Wirksamkeit des Zinskanals der Geldpolitik verwässern.[17] In einem „worst-case" Szenario bedeutete dies den Kontrollverlust der leitenden, politischen Organe und eine Destabilisierung der Finanzpolitik mit ungeahnten Folgen; überspitzt formuliert, einen Schritt Richtung „währungspolitischer Anarchie".

Neben den identifizierten systemischen Risiken, wurde auch die Notwendigkeit des Schutzes von Anlegern und Verbrauchern, die sich auf eine Kryptowährung, trotz fehlender staatlicher Sicherheitsnetze, im selben Maße wie auf eine staatliche Währung verlassen würden, identifiziert. Doch soll die Risiko-Mitigation nicht den innovationsfördernden Gedanke hinter der MiCAR überschatten (zu den berücksichtigten Risiken vgl. Erwgr. Nr. 70 ff., 101–110).

Die durch die MiCAR erreichte Regulierung in spezifisch für GSCs geschaffenen Normen[18], greift die so lautende Empfehlung des FSB Reports zu GSCs auf und auch inhaltlich hat sich die Kommission in einiger Hinsicht von den Handlungsempfehlungen des Reports leiten lassen.[19]

5 Im Fokus dieser Art. 43–45 der MiCAR stehen vorrangig i) die Festsetzung angemessener Schwellenwerte für eine sinnvolle Einordnung als „signifikant", ii) ein informiertes Einordnungsverfahren und iii) eine angemessene, handlungsfähige Aufsichtsstruktur, die auf Basis der Prinzipien der Kooperation, Koordination und Information agiert. In Anbetracht der erwarteten Dimensionen und per se grenzüberschreitenden Bedeutung[20] eines signifikanten Tokens ist eine Regulierung und Aufsicht auf Unionsebene, die effektivste Möglichkeit das Ziel einer einheitlichen Behandlung und Aufsicht umzusetzen und entspricht auch dem Ziel der Vereinheitlichung der Finanzaufsicht im Raum der europäischen Union[21].

6 In diesem Abschnitt wird in der MiCAR ein neues Konzept und das Auftreten einer eigenständigen, neuartigen Kategorie eines Finanzmarktproduktes entwickelt. Es wird berücksichtigt, dass ein Emittent, durch sein angebotenes „Instrument" eine bis dato staatliche, hoheitliche Funktion übernehmen oder erheblich beeinflussen könnte. Einer durch die Möglichkeiten der Digitalwirtschaft neuen Grenzenlosigkeit, aber auch der potenziellen Auswirkung auf das Währungsgefüge kann auf einzelstaatlicher Ebene nicht ausreichend begegnet werden, sodass der Schritt auf die Ebene europäischer Behörden eine Notwendigkeit ist. Ausweislich des Erwgr. Nr. 102 werden bei diesem Schritt die sehr speziellen Risiken wertreferenzierter Token aufgegriffen, ohne dass dies ein „Präzedenzfall" für zukünftige Regulierung werden soll.

7 Die Umsetzung der Regelungen der MiCAR in Deutschland erfolgt im Rahmen des FinMaDiG und insbesondere des KMAG.

---

[17] FSB Konsultation „A proposed framework – questions for consultation", https://beck-link.de/dzhs2 (zuletzt abgerufen am 25.8.2024), finaler Report unter https://beck-link.de/as37n (zuletzt abgerufen am 25.8.2024).

[18] Dabei ist frühen Überlegungen die Regulierung des E-Geld für Stablecoins anzuwenden nicht gefolgt worden, da diese für nicht passend befunden wurde. Impact Assessment (SWD(2020) 380 final) v. 24.9.2020, 5.2.3.

[19] Finaler Report unter https://beck-link.de/as37n (zuletzt abgerufen am 25.8.2024).

[20] Michel/Schmitt BB 2023, 905.

[21] Vgl. Erwgr. Nr. 11, 12 VO (EU) 1024/2013, Zusammenfassung der Ziele des Einheitlichen Aufsichtsmechanismus unter https://beck-link.de/y66wk (zuletzt abgerufen am 6.10.2023).

Artikel 43 Einstufung vermögenswertereferenzierter Token als signifikante vermögenswertereferenzierte Token

(1) Für die Einstufung vermögenswertereferenzierter Token als signifikante vermögenswertereferenzierte Token gelten folgende Kriterien, die in den gemäß Absatz 11 erlassenen delegierten Rechtsakten näher ausgeführt werden:
a) die Anzahl der Inhaber des vermögenswertereferenzierten Token übersteigt 10 Mio.,
b) der Wert der ausgegebenen vermögenswertereferenzierten Token, deren Marktkapitalisierung oder der Umfang der Vermögenswertreserve des Emittenten der vermögenswertereferenzierten Token beträgt mehr als 5 000 000 000 EUR,
c) die durchschnittliche Zahl und der geschätzte aggregierte Wert der Geschäfte mit diesen vermögenswertereferenzierten Token pro Tag im relevanten Zeitraum liegen über 2,5 Mio. Transaktionen bzw. 500 000 000 EUR,
d) der Emittent des vermögenswertereferenzierten Token ist ein Betreiber zentraler Plattformdienste, der gemäß der Verordnung (EU) 2022/1925 des Europäischen Parlaments und des Rates als Torwächter benannt wurde,
e) Bedeutung der Tätigkeiten des Emittenten des vermögenswertereferenzierten Token auf internationaler Ebene, einschließlich der Verwendung der vermögenswertereferenzierten Token für Zahlungen und Überweisungen,
f) Verflechtung des vermögenswertereferenzierten Token oder seines Emittenten mit dem Finanzsystem,
g) derselbe Emittent gibt mindestens einen zusätzlichen vermögenswertereferenzierten Token oder E-Geld-Token aus und erbringt mindestens eine Kryptowerte-Dienstleistung.

(2) Die EBA stuft vermögenswertereferenzierte Token als signifikante vermögenswertereferenzierte Token ein, sofern zumindest drei der in Absatz 1 des vorliegenden Artikels festgelegten Kriterien erfüllt sind:
a) in dem vom ersten Bericht mit Informationen gemäß Absatz 4 des vorliegenden Artikels abgedeckten Zeitraum nach der Zulassung gemäß Artikel 21 oder nach Genehmigung des Kryptowerte-Whitepapers gemäß Artikel 17 oder
b) in dem Zeitraum, der von mindestens zwei aufeinanderfolgenden Berichten mit Informationen abgedeckt ist.

(3) Geben mehrere Emittenten dasselbe vermögenswertereferenzierte Token aus, so wird die Erfüllung der in Absatz 1 festgelegten Kriterien nach Aggregation der Daten dieser Emittenten bewertet.

(4) Die zuständigen Behörden des Herkunftsmitgliedstaats des Emittenten berichten der EBA und der EZB mindestens zweimal jährlich die Informationen, die zur Bewertung der Erfüllung der in Absatz 1 des vorliegenden Artikels genannten Kriterien dienlich sind, einschließlich einschlägigen falls der gemäß Absatz 22 eingegangenen Informationen.

Art. 43

Ist der Emittent in einem Mitgliedstaat niedergelassen, dessen amtliche Währung nicht der Euro ist, oder gilt eine andere amtliche Währung als der Euro in einem Mitgliedstaat als Bezugsgröße für die vermögenswertereferenzierten Token, so übermitteln die zuständigen Behörden die Informationen gemäß Unterabsatz 1 auch der Zentralbank des betreffenden Mitgliedstaats.

(5) Gelangt die EBA zu der Auffassung, dass ein vermögenswertereferenzierter Token die in Absatz 1 genannten Kriterien gemäß Absatz 2 erfüllt, so erstellt sie einen entsprechenden Entwurf eines Beschlusses zur Einstufung vermögenswertereferenzierter Token als signifikante vermögenswertereferenzierte Token und übermittelt diesen Entwurf eines Beschlusses dem Emittenten dieses vermögenswertereferenzierten Token und der zuständigen Behörde des Herkunftsmitgliedstaats des Emittenten, der EZB und in den in Absatz 4 Unterabsatz 2 genannten Fällen der Zentralbank des betreffenden Mitgliedstaats.

Die Emittenten dieser vermögenswertereferenzierten Token, die für sie zuständigen Behörden, die EZB und gegebenenfalls die Zentralbank des betreffenden Mitgliedstaats haben ab dem Tag der Übermittlung des Entwurfs des Beschlusses der EBA 20 Arbeitstage Zeit, um schriftlich Stellung zu nehmen und Bemerkungen vorzubringen. Die EBA trägt diesen Stellungnahmen und Bemerkungen vor der Annahme eines endgültigen Beschlusses gebührend Rechnung.

(6) Die EBA fasst innerhalb von 60 Arbeitstagen nach dem Tag der in Absatz 5 genannten Übermittlung, ihren endgültigen Beschluss darüber, ob sie den vermögenswertereferenzierten Token als signifikanten vermögenswertereferenzierten Token einstuft, und übermittelt diesen Beschluss umgehend den Emittenten dieses vermögenswertereferenzierten Token und der für diesen zuständigen Behörde.

(7) Wurde ein vermögenswertereferenzierter Token gemäß einem Beschluss der EBA nach Absatz 6 als signifikant eingestuft, so wird die Zuständigkeit für die Beaufsichtigung in Bezug auf einen Emittenten dieses signifikanten vermögenswertereferenzierten Token innerhalb von 20 Arbeitstagen ab dem Tag der Übermittlung dieses Beschlusses von der zuständigen Behörde des Herkunftsmitgliedstaats des Emittenten auf die EBA übertragen.

Die EBA und die zuständige Behörde arbeiten zusammen, um einen reibungslosen Übergang der Aufsichtsbefugnisse sicherzustellen.

(8) Die EBA bewertet jährlich erneut die Einstufung der signifikanten vermögenswertereferenzierten Token auf der Grundlage der zur Verfügung stehenden Informationen einschließlich der in Absatz 4 genannten Berichte oder der gemäß Artikel 22 erhaltenen Informationen.

Gelangt die EBA der Auffassung, dass gewisse vermögenswertereferenzierte Token die in Absatz 1 festgelegten Kriterien gemäß Absatz 2 nicht mehr erfüllen, so erstellt sie einen Entwurf eines Beschlusses, die vermögenswertereferenzierte Token nicht länger als signifikant einzustufen, und übermittelt diesen Entwurf eines Beschlusses den Emittenten dieser vermögenswertereferenzierten Token und der zuständigen Behörde des Herkunftsmitgliedstaats des Emittenten, der EZB oder in den in Absatz 4

Unterabsatz 2 genannten Fällen der Zentralbank des betreffenden Mitgliedstaats.

Die Emittenten dieser vermögenswertereferenzierten Token, die für sie zuständigen Behörden, die EZB und die in Absatz 4 genannte Zentralbank haben ab dem Tag der Übermittlung dieses Entwurfs eines Beschlusses 20 Arbeitstage Zeit, um schriftlich Stellung zu nehmen und Bemerkungen vorzubringen. Die EBA trägt diesen Stellungnahmen und Bemerkungen vor der Annahme eines endgültigen Beschlusses gebührend Rechnung.

(9) Die EBA fasst innerhalb von 60 Arbeitstagen nach der in Absatz 8 genannten Übermittlung ihren endgültigen Beschluss darüber, ob ein vermögenswertereferenzierter Token nicht mehr als signifikant eingestuft wird, und übermittelt diesen Beschluss sofort den Emittenten dieser vermögenswertereferenzierten Token und den für sie zuständigen Behörden.

(10) Ist ein vermögenswertereferenzierter Token gemäß einem Beschluss der EBA gemäß Absatz 9 nicht mehr als signifikant eingestuft, so wird die Zuständigkeit für die Beaufsichtigung in Bezug auf einen Emittenten dieses vermögenswertereferenzierten Token innerhalb von 20 Arbeitstagen nach dem Tag der Übermittlung dieses Beschlusses von der EBA auf die zuständige Behörde des Herkunftsmitgliedstaats des Emittenten übertragen. Die EBA und die zuständige Behörde arbeiten zusammen, um einen reibungslosen Übergang der Aufsichtsbefugnisse sicherzustellen.

(11) Die Kommission erlässt gemäß Artikel 139 delegierte Rechtsakte zur Ergänzung dieser Verordnung, indem sie die in Absatz 1 genannten Kriterien für die Einstufung als signifikanter vermögenswertereferenzierter Token spezifiziert und Folgendes festlegt:
a) die Umstände, unter denen die Tätigkeiten des Emittenten des vermögenswertereferenzierten Token auf internationaler Ebene außerhalb der Union als signifikant gelten,
b) die Umstände, unter denen vermögenswertereferenzierte Token und ihre Emittenten als mit dem Finanzsystem verflochten zu betrachten sind,
c) Inhalt und Format der Informationen, die die zuständigen Behörden der EBA und der EZB gemäß Absatz 4 des vorliegenden Artikels und Artikel 56 Absatz 3 übermitteln.

Übersicht

	Rn.
I. Normzweck und Systematik	1
II. Einstufung signifikanter Token (Abs. 1–6, 8, 9)	5
1. Die Einstufungskriterien im Einzelnen	11
a) Anzahl der Inhaber 10 Mio.	13
b) der Wert der ausgegebenen vermögenswertereferenzierten Token, deren Marktkapitalisierung oder der Umfang der Vermögenswertreserve des Emittenten beträgt mehr als 5 Mrd. EUR	16
c) die durchschnittliche Zahl von Transaktionen über 2,5 Mio. und der (geschätzte) aggregierte Wert der Geschäfte über 500 Mio. EUR	19
d) der Emittent des vermögenswertereferenzierten Tokens als Betreiber zentraler Plattformdienste	21

		Rn.
	e) Bedeutung der Tätigkeiten des Emittenten auf internationaler Ebene	23
	f) Verflechtung des Tokens oder Emittenten mit dem Finanzsystem	27
	g) Mindestens ein zusätzlicher Token oder mindestens eine Kryptowerte-Dienstleistung	31
	2. Einstufungsverfahren	32
	a) Einordnungsbeschluss durch die EBA, Heraufstufung (Abs. 4–6)	32
	b) Fortlaufende Überprüfung (Abs. 8), Herabstufung (Abs. 9)	36
II.	Aufsichtsstruktur und Rolle der EBA	38
	1. Rolle der EBA, Übertragung der Aufsicht (Abs. 7, 10)	38
	a) Kompetenz der EBA	41
	b) Übertragung der Aufsicht	44
	2. Zusammenarbeit mit den nationalen Behörden, Informationsaustausch	46
III.	Delegierte Rechtsakte (Abs. 11)	48

I. Normzweck und Systematik

1 Art. 43 gibt die Kriterien der Einstufung als signifikant, sowie das Verfahren der Einstufung (sowohl als signifikant, wie auch nicht mehr- signifikant) vor. Dazu wird die Rolle der EBA als zuständige Behörde auf Unionsebene eingeführt. Diese Vorschrift ist damit die zentrale Norm im Rahmen des Komplexes der signifikanten Token.

2 Das Konzept der Einordnung als signifikant ist dabei nicht gänzlich neu. Im Rahmen des „Single Supervisory Mechanisms", eingesetzt durch die VO (EU) Nr. 468/2014 „zur Einrichtung eines Rahmenwerks für die Zusammenarbeit zwischen der Europäischen Zentralbank und den nationalen zuständigen Behörden […]" und VO (EU) 1024/2013 („SSM-Verordnungen"), werden beispielsweise Kreditinstitute als „bedeutend" (engl. significant) eingestuft, sofern gewisse Kriterien der Größe, Relevanz für die Union eines Mitgliedstaat oder Bedeutung der grenzüberschreitenden Tätigkeiten erfüllt sind. Auch im Rahmen der SSM-Verordnungen liegt das Hauptaugenmerk für die Einschätzung als systemrelevant auf der Marktkraft und Integration im Rahmen europäischer Regulierung. Die Regelungssubjekte der SSM-Verordnungen und der MiCAR sind nicht gänzlich vergleichbar, es gibt jedoch konzeptionelle Übereinstimmungen, die sich vor allem innerhalb der Einstufungskriterien ergeben (zB → Rn. 16).

3 Die Einstufung als „signifikant" erfolgt anhand der Kriterien des Art. 43 Abs. 1. Durch einen delegierten Rechtsakt (Art. 43 Abs. 1 iVm Abs. 11) sollen die Kriterien des Abs. 1 durch die Kommission, insbesondere anhand der Informationen, die diese in der Zeit ab Inkrafttreten der Verordnung (entsprechend der vielfachen Regelungen zur Berichterstattung) sammeln wird, näher konkretisiert werden.

4 Die Kommission hat zusätzlich die Aufgabe die Geschehnisse des Marktes fortlaufend zu überprüfen und zu überwachen, und die Erkenntnisse entsprechend in die Weiterentwicklung des regulatorischen Rahmens einzubeziehen.[1]

---

[1] Vgl. Erwgr. Nr. 59 „Die Angemessenheit der Schwellenwerte für die Einstufung eines vermögenswertereferenzierten Token oder E-Geld-Token als signifikant sollte von der Kom-

II. Einstufung signifikanter Token (Abs. 1–6, 8, 9)

Für den Fall, dass kumulativ mindestens drei der Kriterien des Abs. 1, im Zeitrahmen des Abs. 2 erfüllt sind, wird der Token durch die EBA gemäß Abs. 9 per Beschluss als signifikant eingestuft. Die Folge der **Einstufung** ist die Übertragung der Aufsicht von den nationalen zuständigen Behörden auf die EBA (Abs. 10). 5

Dabei wurde in der Literatur bereits Kritik daran geäußert, die Kriterien im Haupttext der Verordnung festzuschreiben und nicht gänzlich in einem delegierten Akt. Dies könne dazu führen, dass die Kriterien nicht schnell oder flexibel genug angepasst werden können.[2] Im Lichte des Erwgr. Nr. 59 kann diese Kritik nicht einschränkungslos geteilt werden. Insbesondere sind gerade die Kriterien Abs. 1 lit. e und f offen formuliert (**„Bedeutung", „Verflechtung"**), so dass auch weitere Gestaltungen, die bisher nicht vorhergesehen worden sind, aufgefangen werden könnten. Diese Kriterien lit. e und f sind in den delegierten Rechtsakten nach Abs. 11 auch zu konkretisieren (lit. a, b). Weiterhin ist es förderlich für die **Vorhersehbarkeit,** wenn die Kriterien feststehen und die Emittenten nicht befürchten müssen, dass sich diese jederzeit wieder ändern könnten. Es muss eine gewisse Kontinuität und Planbarkeit in der Aufsicht herrschen. 6

Die Kriterien müssen ohnehin mit **Augenmaß** angewendet werden, da das Aufsichtsregime der signifikanten Token unter Federführung der EBA nicht zu übergriffig zur Anwendung gelangen sollte. Es handelt sich hier um ein an die speziellen Risiken vermögenswertereferenzierter Token angepasstes Konzept[3], das nicht dazu führen soll, dass eine generelle, vorschnelle Verlagerung der Aufsichtstätigkeiten von den nationalen zuständigen Behörden weg, sondern nur in **Ausnahmefällen** der besonderen systemischen Bedeutung eine Verschiebung auf die Unionsaufsicht geschieht. 7

Die Daten, die zur **Beurteilung** herangezogen werden, sollen durch die gemäß Abs. 4 erhaltenen Informationen und Berichte erlangt werden. Drei der in Abs. 1 aufgeführten Kriterien müssen jeweils in dem anwendbaren **Zeitraum** (Abs. 2 lit. a oder b) erfüllt sein. Gemäß lit. a entweder in dem ersten Zeitraum ab Zulassung oder Genehmigung des Whitepapers bis zum ersten Bericht oder gemäß lit. b für einen Zeitraum zwischen zwei aufeinanderfolgenden Berichten nach dem ersten Zeitraum. 8

Die einzige Möglichkeit, wie ein Token direkt bei Zulassung als signifikant eingestuft werden könnte, wäre die **freiwillige Unterwerfung** (→ Art. 44 Rn. 1 ff.). 9

Sollten **mehrere Emittenten** gemeinsam einen vermögenswertereferenzierten Token ausgeben, so sind die Daten der jeweiligen Berichte gemäß Abs. 3 zusammenzunehmen und aggregiert zu beurteilen. Im Fokus dieser Art. 43–45 steht der spezifische Token und seine systemische Relevanz, nicht der einzelne Emittent. 10

1. Die Einstufungskriterien im Einzelnen

Die Kriterien dienen dazu den (potenziellen) **Verbreitungsgrad** der Nutzung des Tokens festzustellen, da dies darauf hinweisen könnte, dass Auswirkungen auf 11

---

mission im Zuge der Überprüfung der Anwendung dieser Verordnung analysiert werden. Dieser Analyse sollte gegebenenfalls ein Gesetzgebungsvorschlag beigefügt werden."
[2] Maume ECFR 2023, 25.
[3] Vgl. Erwgr. Nr. 102.

Art. 43

„die Finanzstabilität, die geldpolitische Transmission oder die Währungshoheit" zu erwarten seien[4].

12 Das FSB merkt an, dass es aufgrund der vielseitigen Nutzungsarten, durch die ein Token Bedeutung erlangen könnte, zB als Zahlungs- oder Wertaufbewahrungsmittel, notwendig ist solche potenziellen Verwendungsmöglichkeiten über verschiedene Rechtsordnungen hinweg, durch **vielseitige Kriterien** zu berücksichtigen.[5] Die Konsultation des FSB enthält daher konkrete Empfehlungen, welche Kriterien heranzuziehen sind, wie zB die Anzahl an Nutzern[6].

13 **a) Anzahl der Inhaber 10 Mio.** Um die Marktakzeptanz und Verbreitung festzustellen, ist im Rahmen des Kriteriums unter lit. a die Anzahl der tatsächlich investierten **Inhaber** oder Halter (engl. Holder) zu ermitteln. Sie müssen einen Schwellenwert von 10 Mio. überschreiten. Eine „große Anzahl an Nutzern" solle Indiz für eine Marktakzeptanz und Verbreitung sein, die die identifizierten Risiken bergen könnte.[7] Für das Kriterium unter lit. a wurde allerdings der Begriff „Inhaber" gewählt, nicht „Nutzer".

Der Begriff des Inhabers stellt, auf die Personen ab, die in dem Moment der Erhebung einen Token tatsächlich „besitzen" bzw. die **Verfügungsmacht** über ihn haben – also den Schlüssel (Private Key)[8] besitzen, denn dieser wird mit dem Token an sich gleichgesetzt[9].Dieses Kriterium erfasst vor allem solche Nutzer, die einen Token als **Wertaufbewahrungsmittel** nutzen und Werte „parken". Für dieses Kriterium ist es nicht erforderlich, dass mit dem Token agiert wird. Transaktionen erfasst das Kriterium unter lit. c → Rn. 19ff.).

14 Ungeklärt ist jedoch, wie es zu beurteilen wäre, wenn ein Token in der Regel nur kurzfristig gehalten wird, weil er zB nur für die Zahlung einer Gebühr erworben werden muss. Der Wortlaut des Kriteriums unter lit. a erfordert nicht, dass die Anzahl der Nutzer im Zeitraum des Abs. 2 konstant die Schwelle überschreitet, oder der Durchschnitt darüber liegt. Es könnte daher genügen, wenn zu einem beliebigen Zeitpunkt im Zeitraum des Abs. 2 eine Spitze an Nutzern, die Schwelle übersteigt. Ob jedoch kurzfristige, einmalige Spitzen bei der bekannten **Volatilität** im Rahmen der Krypto-währungen genügen sollten, ist zu hinterfragen. Ein Bezug auf den Durchschnitt könnte zielführender sein.

15 Erwgr. Nr. 79 der RL 2011/65/EU („AIFMD") adressiert die Situation, dass **Schwellenwerte** innerhalb eines Kalenderjahres unter Umständen nur gelegentlich überschritten werden. Die Lösung wurde auf einen delegierten Rechtsakt verschoben. Aufgrund der potenziellen Geschwindigkeit der Geschäfte auf Basis der Distributed Ledger Technologie, könnte es auch in der Tokenwirtschaft bereits innerhalb kürzester Zeiträume zu Spitzen kommen.[10] Darauf wird jedoch nicht ge-

---

[4] Vgl. Erwgr. Nr. 59.
[5] FSB Report v. 17.7.2023, https://beck-link.de/zf2kf, S. 16 (zuletzt abgerufen am 25.9.2023) (nachfolgend „FSB Report v. 17. Juli 2023").
[6] FSB Report v. 17.7.2023, S. 16.
[7] Vgl. Erwgr. Nr. 59 und FSB Report v. 17.7.2023.
[8] Erläuterungen zum Public/Private Key Konzept in Maume/Maute Kryptowerte-HdB/Fromberger/Zimmermann § 1 Rn. 15ff.
[9] Skauradszun ZfPW 2022, 61.
[10] Der Verlauf der Wertentwicklung von Bitcoin zeigt die potentielle Volatilität eines Tokens exemplarisch auf. Beispielsweise, https://beck-link.de/mmv2e (zuletzt abgerufen am 8.10.2023).

sondert eingegangen. Somit wird es der EBA im Einzelfall überlassen sein, dieses Kriterium angemessen anzuwenden.

b) der Wert der ausgegebenen vermögenswertereferenzierten Token, 16 **deren Marktkapitalisierung oder der Umfang der Vermögenswertreserve des Emittenten beträgt mehr als 5 Mrd. EUR.** Dieses Kriterium zielt darauf ab, den Umfang an Werten, die bereits auf dem Markt verfügbar sind, oder auch das Handelsvolumen, die Marktliquidität oder die **„Marktkraft"** des Tokens festzustellen. Der Wert der ausgegeben Token, deren Marktkapitalisierung oder der Umfang der Vermögensreserve des Emittent muss einen Wert von 5 Mrd. EUR überschreiten. Die Marktkapitalisierung wird errechnet indem die Anzahl aller ausgegebenen Token mit dem aktuellen Marktpreis eines Tokens multipliziert wird. Eine hohe Marktkapitalisierung[11] weist drauf hin, dass eine große Zahl von Inhabern den Token nutzen, was wiederum Auswirkungen auf die identifizierten Risiken haben könnte.[12] Der Schwellenwert 5 Mrd. EUR wird bereits in Art. 6 Abs. 4 lit. ii aE der SSM-VO (EU) Nr. 1024/2013 als Mindestwert der Aktiva eines Kreditinstituts, also das dem Kreditinstitut aktiv zur Verfügung stehende Vermögen, im Rahmen grenzüberschreitender Tätigkeiten herangezogen. Da im Rahmen der Krypto-Währungen von **grenzüberschreitender Tätigkeit** mangels Barrieren ausgegangen werden muss[13], ist dies nicht gesondert und ausdrücklich gefordert.

Auch scheint damit die Kritik aus den frühen Verhandlungsrunden der Mitgliedstaaten berücksichtigt worden zu sein, wonach eine grenzüberschreitende Tätigkeit nicht ausschlaggebend sein sollte, denn bereits ein nationaler Token kann Auswirkungen auf die Währungsstabilität des gesamten Euro- Raumes haben.

Der Wert der ausgegebenen Token bzw. der Marktkapitalisierung, spiegelt zu- 17 gleich den Ausgabe- Erlös des Emittenten wieder und lässt ein Schluss auf die Höhe der Vermögenswertreserve zu. Letztere stellt das **„Sicherungsvermögen"** des Emittenten dar (Art. 3 Abs. 1 Nr. 32, Art. 36) und weist damit auf den Rahmen seiner tatsächlichen Handlungsfähigkeit und Involvierung am Markt hin. Die Aktiva eines Kreditinstituts haben ähnlich indikative Bedeutung. Die Ermittlung des Wertes erfolgt nach Art. 36 und Informationen über die Vermögenswertreserve sind gemäß Art. 19 Abs. 1 lit. g auch im Kryptowerte-Whitepaper mitzuteilen.

Die Kommission ging in ihrer Folgenabschätzung bei allen bereits 2019 be- 18 stehenden **Stablecoins** insgesamt von einer Marktkapitalisierung von 4,3 Mrd. EUR aus.[14] Unter diesem Kriterium unter lit. b müsste also ein einzelner vermögenswertereferenzierter Token mehr systemische „Schlagkraft" haben als alle 2019 bekannten Stablecoins gemeinsam. Die zehn größten Kryptowährungen befinden sich in einem Rahmen von 6,5 Mrd. USD bis 514,8 Mrd. USD (Bitcoin).[15] Die hohe Schwelle spricht auch dafür, dass das Aufsichtsregime der Art. 43ff. nur in Ausnahmefällen und nicht vorschnell zur Anwendung kommen soll.

c) die durchschnittliche Zahl von Transaktionen über 2,5 Mio. und der 19 **(geschätzte) aggregierte Wert der Geschäfte über 500 Mio. EUR.** Erforder-

---

[11] Vgl. Maume/Maute Kryptowerte-HdB/Gschnaidtner § 2 Rn. 17 „Die Marktkapitalisierung ergibt sich aus der im Umlauf befindlichen Anzahl von Token multipliziert mit dem aktuellen Marktpreis des Token".
[12] Vgl. Erwgr. Nr. 59.
[13] Vgl. Erwgr. Nr. 100.
[14] Impact Assessment SWD(2020) 380 final v. 24.9.2020, Ziff. 2.2.5.
[15] Stand 18.8.2023, https://beck-link.de/fsk2h (zuletzt abgerufen am 6.10.2023).

Art. 43 Titel III Vermögenswertereferenzierte Token

lich unter lit. c ist, dass durchschnittlich 2,5 Mio. **Transaktionen** mit („und") einem **aggregierten Wert** von 500 Mio. EUR mit dem Token ausgeführt werden. Referenziert wird der geschätzte aggregierte Wert der täglichen Geschäfte (engl. transactions). Zur Ermittlung des Durchschnitts, können lediglich die Berichte über die vermögenswertereferenzierten Token gemäß Art. 22, wie in Abs. 2 lit. a und b indiziert, herangezogen werden. Gemäß Art. 22 Abs. 1 lit. c und d müssen auch durchschnittliche Anzahl und Wert der täglichen Transaktionen berichtet werden. Dieses Kriterium verlangt in der deutschen Fassung allerdings nur einen **geschätzten** Wert, insoweit bleibt unklar, inwieweit die Zahlen der Berichte herangezogen werden müssen, oder, ob der EBA ein Spielraum verbleiben soll, selbst eine Schätzung vorzunehmen. Die englische Fassung enthält den Zusatz „geschätzt" nicht, sodass abzuwarten bleibt, ob es sich hier um einen Übersetzungsfehler handelt oder, ob dies einen Aufschluss über die Ermittlung des aggregierten Wertes der Geschäfte geben soll. Um die hier angebrachten Schwellenwerte in Relation zu setzen: für die Kryptowährung Bitcoin, werden in Spitzenzeiten lediglich bis zu 500.000 Transaktionen pro Tag verzeichnet.[16]

20   Fraglich ist, ob es eine Bedeutung haben soll, dass an dieser Stelle im Kriterium unter lit. c in der deutschen Übersetzung nicht das Wort **„Transaktion"**[17], sondern **„Geschäft"** genutzt wurde, während im Englischen an beiden Stellen „transactions" steht. Durch die Verordnung hinweg, werden die englischen Begriffe „operations", „transactions", „dealings" oder „business" benutzt und jeweils als zB „Geschäft", „Handel" oder „Transaktion" übersetzt.[18] Da sich hier keine klare Linie erkennen lässt, sollte aus rein praktischen Gründen der Informationsbeschaffung, davon ausgegangen werden, dass zumindest die „Transaktion" des Art. 22 als Geschäft des Art. 43 Abs. 1 gelten muss. In Anbetracht dessen, dass mit diesem Kriterium vor allem auch die Nutzung als Zahlungsmittel indiziert wird, ist ein Bezug durchaus naheliegend. Ob, jedoch noch weitere geschäftliche Handlungen in Bezug auf die Token darunter gefasst werden sollen, muss beobachtet werden. Hier bleibt zudem bisher unklar, wie es sich mit Token verhalten würde, die keine eigene Bedeutung haben und nur typisches „Zwischenmedium" darstellen. Solche könnten trotz potenziell hohem **Transaktionsvolumen** dennoch systemisch wenig Bedeutung haben.

21   **d) der Emittent des vermögenswertereferenzierten Token als Betreiber zentraler Plattformdienste.** Sobald ein Emittent **„Torwächter"** gemäß der VO (EU) 2022/1925 („DMA") ist, ist davon auszugehen, dass er eine erhebliche Reichweite besitzt. Eine Lektüre der Kriterien für einen Torwächter aus Art. 3 DMA unterstreicht diese Einschätzung, denn nach dessen Abs. 2 lit. b muss ein Torwächter beispielsweise in einem Geschäftsjahr 45 Mio. Nutzer gehabt haben. Ein Emittent, der in solcher Weise Zugriff auf eine Vielzahl an Daten und Nutzern hat, wird in kürzester Zeit eine beachtliche Marktkapitalisierung erreichen können,

---

[16] Maume/Maute Kryptowerte-HdB/Fromberger/Zimmermann § 1 Rn. 20 Fn. 36.
[17] Eine „Transaktion" (engl. transaction) soll zum Zwecke des Art. 22 (Abs. 1 aE) als „eine Änderung der natürlichen oder juristischen Person zu verstehen [sein], die infolge der Übertragung des vermögenswertereferenzierten Token von einer Distributed-Ledger-Adresse auf eine andere oder von einem Distributed-Ledger-Konto auf ein anderes, Anspruch auf den vermögenswertereferenzierten Token hat."
[18] Siehe zB Erwgr. Nr. 61, 63.

oder sich allein aufgrund seines **Plattformeffektes** bei den Nutzern durchsetzen[19]. In Erwgr. Nr. 3 DMA heißt es dazu „Einige dieser Unternehmen kontrollieren ganze Plattformökosysteme in der digitalen Wirtschaft, und angesichts dieses **strukturellen Vorteils** ist es selbst für sehr innovative und effiziente bestehende oder neue Marktteilnehmer extrem schwierig, mit diesen Unternehmen in Wettbewerb zu treten oder ihnen ihre Position streitig zu machen.".

Im Falle eines Torwächters „können die Marktprozesse im Bereich der zentralen Plattformdienste oft keine fairen wirtschaftlichen Ergebnisse gewährleisten."[20] Es wird von einer **Marktmacht** gesprochen, die einer beherrschenden Stellung gleicht. Der Schluss liegt nicht fern, dass sich diese beherrschende Stellung und das besondere **Vertrauen,** dass durch die Plattformdienste bei Endnutzern bereits aufgebaut worden ist, auch derart auf einen ausgegebenen wertreferenzierten Token überträgt. Im Falle eines solchen Emittenten liegen auch kartellrechtliche Überlegungen nicht fern und die potenzielle Konzentration auf einige wenige Marktakteure, bündelt auch das Risiko für die Nutzer der entsprechenden Plattformen. Dieses Kriterium hat eine eindeutige Verbindung zu dem Vorhaben „Diem"/„Libra". Allein aufgrund der enormen Nutzeranzahl des sozialen Netzwerks „Facebook" und der damit verbundenen Reichweite für das Produkt, ging die EZB in einem Papier 2020 von einem potenziellen Gesamtwert der „Diem"/„Libra" Reserven von 153 Mrd. bis 3 Mrd. EUR aus.[21] 22

e) Bedeutung der Tätigkeiten des Emittenten auf internationaler Ebene. Der Begriff **„Bedeutung"** (engl. significance) dieses Kriteriums muss mit Leben gefüllt werden. An dieser Stellschraube ist es der EBA in Zusammenarbeit mit der ESMA möglich durch einen delegierten Akt gemäß Abs. 11 zu drehen und notwendige Feinheiten vorzunehmen, sollte sich herausstellen, dass die Kriterien unter lit. a–d eine wichtige Konstellation nicht erfassen. 23

Die Formulierung „Tätigkeiten des Emittenten" (engl. activities) ist sehr weit. Anders als in anderen Kriterien des Abs. 1, die Schwellenwerte für die Nutzung und den Auftritt auf dem Markt heranziehen, kann hier jegliche Tätigkeit des Emittenten genügen, wenn sie international Bedeutung erlangt. Durch den Zusatz „einschließlich der **Verwendung der vermögenswertereferenzierten Token für Zahlungen und Überweisungen**" könnte es beispielhaft also als „Tätigkeit" genügen, wenn der Emittent einen wertreferenzierten Token ausgibt, der sich durch geschickte Marketingtätigkeiten die Verwendung des Tokens als Zahlungsmittel etabliert. Die Tätigkeit des Emittenten hätte so mittelbar Bedeutung erlangt. 24

Obwohl bewusst darauf verzichtet wurde die grenzüberschreitende Nutzung als notwendiges Kriterium aufzunehmen, soll die Bedeutung „auf **internationaler Ebene**" erlangt werden. Dies indiziert sogar eine Beurteilung über die Unionsgrenzen hinaus. In jedem Fall muss unter diesem Kriterium in mehr als einem Land Bedeutung erlangt worden sein. Die Formulierung lässt sogar anmuten, dass 25

---

[19] Vgl. Erwgr. Nr. 3 VO (EU) 2022/1925:„Sie können durch ihre Dienste in der Regel viele gewerbliche Nutzer mit vielen Endnutzern in Verbindung bringen, was es ihnen ermöglicht, ihre in einem Tätigkeitsbereich erworbenen Vorteile, zB ihren Zugang zu großen Datenmengen, in anderen Tätigkeitsbereichen für sich zu nutzen."
[20] Erwgr. Nr. 5 VO (EU) 2022/1925.
[21] Papier der EZB Nr. 247/September 2020, S. 18 Fn. 35, https://beck-link.de/se2bw (zuletzt abgerufen am 5.10.2023).

Art. 43

es genügt, dass die Tätigkeiten des Emittenten international bedeutend sind, aber nicht innerhalb der Unionsgrenzen. Diese Umstände bleibt es zu spezifizieren.

26 Zu diesem Zweck veröffentlichte die EBA bereits einen technischen Leitfaden.[22] In diesem empfiehlt sie einige Kriterien zur Bestimmung des Vorliegens der Einordnungskriterien des Artikel 43. Für das Kriterium unter lit. e) sollen als relevante Indikatoren i) der Marktanteil an grenzüberschreitenden Token- Geschäften, die in die EU hinein, oder aus der EU heraus getätigt werden, sowie ii) solche Geschäfte wie unter i), in denen die Token zudem als Tauschmittel dienen („einschließlich der **Verwendung der vermögenswertereferenzierten Token für Zahlungen und Überweisungen**"). Als Hilfsindikation soll laut EBA herangezogen werden, wie das Verhältnis zwischen dem Gesamtwert der grenzüberschreitenden Transaktionen, bei denen ein Token als Tauschmittel verwendet wird, und dem Gesamtwert des grenzüberschreitenden Zahlungsverkehrs in und aus der EU, ist. Damit scheint sich die EBA in ihrem Leitfaden zunächst vormerklich auf den Einsatz als Tauschmittel und Zahlungsmittel und das daraus resultierende Risiko für die Finanzstabilität fokussiert zu haben. Dies ist jedoch nur eine Möglichkeit an Aktivitäten („einschließlich") und kann keine abschließende Aufzählung an Indikatoren darstellen.

27 **f) Verflechtung des Tokens oder Emittenten mit dem Finanzsystem.** Das Kriterium unter lit. f erfordert eine Verflechtung des Token selbst oder aber des Emittenten mit dem Finanzsystem. Auch dieses Kriterium soll durch einen delegierten Akt gemäß Abs. 11 konkretisiert werden. Der Begriff der „Verflechtung" lässt viele Bedeutungsebenen zu. Der englische Begriff „Interconnectedness" ist dabei wortgleich mit der FSB Empfehlung für Kriterien zur Bestimmung von GSCs[23]. Aus der Problembeschreibung der FSB Konsultation lässt sich für den Begriff „Interconnectedness"[24] folgern, dass dieser die Integration mit traditionellen Anbietern betrifft. Die Empfehlung 8 spricht in diesem Kontext zudem von Vernetzung und Abhängigkeiten, bzw. engl. „interlinkages and interdependencies"[25].

28 Damit ist für dieses Kriterium zu betrachten, ob der Token auch von traditionellen Akteuren angeboten, gehandelt oder verwahrt wird. Gerade die Elemente die zur „Stabilisierung des Wertes des Tokens integriert werden führen zu einer höheren **Verflechtung** mit dem traditionellen Finanzsystem".[26] Ein Element dessen wäre folglich auch die technische Interoperabilität, bzgl. der für signifikante Token erhöhte Anforderungen gelten sollen.[27] Der FSB Report wies schon 2019 darauf hin, dass bereits ein hohes Level an Integration der traditionellen Akteure mit dem Krypto-Markt besteht.[28] Je einfacher und effizienter ein vermögenswertereferen-

---

[22] EBA, EBA's Technical Advice in response to the European Commission's December 2022 Call for Advice on two delegated acts under MiCAR concerning certain criteria for the classification of ARTs and EMTs as significant and the fees that are to be charged by EBA to issuers of significant ARTs and EMTs (29.9.2023), abrufbar unter https://beck-link.de/a32sp (zuletzt abgerufen am 25.8.2024).

[23] Empfehlungen der FSB, https://beck-link.de/zf2kf, S. 16 (zuletzt abgerufen am 25.8.2024).

[24] Konsultation der FSB, https://beck-link.de/dzhs2, S. 1 (zuletzt abgerufen am 25.8.2024).

[25] Empfehlungen der FSB, https://beck-link.de/zf2kf, S. 10f. (zuletzt abgerufen am 25.8.2024).

[26] Impact Assessment SWD(2020) 380 final v. 24.9.2020, Ziff. 2.2.5.

[27] Vgl. Erwgr. Nr. 42.

[28] Empfehlungen der FSB, https://beck-link.de/zf2kf, S. 2 (zuletzt abgerufen am 25.8.2024).

zierter Token in das Finanzsystem eingebettet ist, je zugänglicher er damit für den Endnutzer wird, desto größer ist sein Potenzial und seine Reichweite. Hohe **technische Interoperabilität** begünstigt und treibt eine weitergehende Integration voran. In den letzten Jahren ist bereits großer Fortschritt bei der Schaffung einer technologisch geeigneten Infrastruktur gemacht worden.

Im Gegensatz zu dem Begriff der **„Bedeutung"** des Kriteriums unter lit. e, das auf die Verwendung und den Zweck des Tokens abzielt, beschreibt das Kriterium unter lit. f die (auch technische) Zugänglichkeit und Einbettung in das bereits bestehende System. Dabei werden die Risiken adressiert die für traditionelle Akteure (zB Kreditinstitute) entstehen, wenn sie einem Token umfassend ausgesetzt sind. Auf welchen Tatsachen basierend die Einschätzung dieses Kriteriums beabsichtigt ist, wird in einem delegierten Akt aufgeklärt werden müssen. 29

Vorab hat die EBA sich auch zu diesem Kriterium bereits in ihrem **technischen Leitfaden**[29] geäußert. Ein Kriterium, das herangezogen werden soll, soll der Anteil des Nicht-Einlage Reservevermögens, das aus von Finanzinstituten ausgegebenen Finanzinstrumenten oder Derivaten besteht, sein. Dies könnte anhand der Daten, die von den Emittenten über ihre Vermögensreserven bereitgestellt werden, festgestellt werden. Weiterhin soll auch der Anteil der wertreferenzierten Token, die von Finanzinstituten gehalten werden, ein zu betrachtender Faktor sein. Durch diese Betrachtung soll es möglich sein, die Effekte, die sämtliche z. B. Wert-änderungen eines wertreferenzierten Token auf traditionelle Finanzinstitute haben könnten, einzuschätzen. Als Hilfsfaktor sollen dabei zusätzlich eine Betrachtung der Eigentumsverhältnisse eines Emittenten und weitere Überschneidungen zwischen den Reserven z. B. mehrerer Emittenten herangezogen werden. So wird vor allem auch das Drängen der großen, traditionellen Finanzinstitute und anderer Anbieter in den Markt der digitalen Vermögenswerte und Finanzprodukte (z. B. durch den Bitcoin basierten ETF von Blackrock) sich in diesem Kriterium bemerkbar machen. 30

g) Mindestens ein zusätzlicher Token oder mindestens eine Kryptowerte-Dienstleistung. Unter diesem Kriterium unter lit. g muss ein Emittent mindestens einen weiteren Token oder eine Kryptowerte-Dienstleistung anbieten. Ein solcher Emittent ist bereits etablierter **Akteur der Digitalwirtschaft** und hat Zugang zu Nutzern. Er könnte zB bereits integraler Bestandteil eines Kryptowerte-Handelsplatzes sein oder selbst eine andere wichtige Dienstleistung anbieten. Ein **typisches Modell** wäre das Betreiben einer Plattform, die eine Dienstleistung anbietet (siehe Art. 3 Abs. 1 Nr. 16 MiCAR), für diese Dienstleistung muss mit einem Plattform-eigenen Token gezahlt werden und zusätzlich gäbe der Emittent einen weiteren vermögenswertereferenzierten Token aus. Durch den einen oder anderen Token werden zwei Kriterien dieses Abs. 1 nun erfüllt. Der Emittent hat in dieser Situation die Möglichkeit sowohl durch seine Dienstleistung, wie auch die Token selbst, Nutzer zu gewinnen, oder Transaktionen anzustoßen oÄ. In dieser Hinsicht kann er Nutzer durch seine anderen Angebote „locken" und so die Nutzung seines Tokens beeinflussen. 31

---

[29] EBA, EBA's Technical Advice in response to the European Commission's December 2022 Call for Advice on two delegated acts under MiCAR concerning certain criteria for the classification of ARTs and EMTs as significant and the fees that are to be charged by EBA to issuers of significant ARTs and EMTs (29.9.2023), abrufbar unter https://beck-link.de/a32sp (zuletzt abgerufen am 25.8.2024).

Art. 43 Titel III Vermögenswertereferenzierte Token

2. Einstufungsverfahren

32 **a) Einordnungsbeschluss durch die EBA, Heraufstufung (Abs. 4–6).** Die EBA beurteilt auf Basis der gemäß Abs. 4 erhaltenen Informationen, sowie der gegebenenfalls relevanten Informationen aus den Berichten gem. Art. 22[30] in Bezug auf einen vermögenswertereferenzierten Token das Vorliegen oder Nicht-Vorliegen der Kriterien des Abs. 1 in einem Zeitraum des Abs. 2. Bei der Beurteilung kommt der EBA die **Entscheidungshoheit** zu. Im Rahmen der Informationsermittlung ist die EBA nicht nur auf den guten Willen der Emittenten angewiesen, sondern kann gemäß Art. 130 Abs. 1 iVm Anhang V Nr. 1 auch gewisse aufsichtliche Maßnahmen ergreifen. Die EBA agiert auf Basis der Informationen, die sie vor allem von den nationalen Aufsichtsbehörden erhält, eine **enge Zusammenarbeit** wird angestrebt.

33 Ein erster Entwurf des „Heraufstufungs"-Beschlusses der EBA ist vor der endgültigen Beschlussfassung zunächst zur Konsultation an den Emittenten des betroffenen Token, die betroffene nationale Aufsichtsbehörde, die EZB und respektive die Zentralbank eines nicht- Euro Mitgliedsstaates zu zirkulieren. So ist den entsprechenden Akteuren die Möglichkeit zur **Stellungnahme** (rechtliches Gehör) zu gewähren.

34 Ab dem Tag der Übermittlung des Entwurfes haben die benannten, notifizierten Parteien 20 Arbeitstage zur Verfügung um zu der Einschätzung der EBA schriftlich Stellung zu nehmen. Diesen Anmerkungen muss die EBA ausdrücklich „gebührend Rechnung tragen" (engl. duly consider). Dies bedeutet, dass die Anmerkungen soweit erforderlich in dem endgültigen Beschluss aufgegriffen werden müssen. Die EBA kann diese Kommentare nicht bloß still zur Kenntnis nehmen (Abs. 5). Damit ist auch die Stellungnahme der EZB, als Hüterin des Euros, zumindest nicht explizit unverbindlich wie in Art. 20 Abs. 5, jedoch auch nicht zwingend zu befolgen, wie in Art. 21 Abs. 4.

Bis 60 Arbeitstage nach Übermittlung des Entwurfes an die betroffenen Akteure (etwa 40 Arbeitstage nach Ende der **Konsultationsphase**, Abs. 6), hat die EBA Zeit ihren endgültigen Beschluss zu fassen. Dieser endgültige Beschluss ist umgehend an den Emittenten und die zuständige nationale Behörde zu übermitteln.

35 Außerhalb der 20-tägigen Konsultationsphase sieht der Art. 43 keine weitere, spezifische Möglichkeit vor auf die Entscheidung der EBA einzuwirken oder gegen diese vorzugehen. Die Emittenten sind auf die allgemeinen Regelungen verwiesen.[31]

36 **b) Fortlaufende Überprüfung (Abs. 8), Herabstufung (Abs. 9).** Die Entscheidung zu Einstufung und Beurteilung der Kriterien ist jährlich neu zu treffen (Abs. 8). Zu diesem Zweck hat die EBA fortlaufend neu erlangte Informationen zu beurteilen und in die Bewertung einzubeziehen. Sobald die EBA für einen Zeitraum des Abs. 2 zu dem Ergebnis kommt, dass keine drei Kriterien des Abs. 1 mehr erfüllt seien, erstellt sie einen entsprechenden Entwurf eines Beschlusses.

37 Auch zu dem Entwurf eines solchen **„Herabstufungs-"Beschlusses** ist wiederum zunächst den entsprechenden Akteuren die Möglichkeit zu Stellungnahme

---

[30] In der deutschen Fassung hat sich ein (iE zu vernachlässigender) Übersetzungsfehler eingeschlichen, wenn auf die „gemäß **Absatz 22** eingegangen Informationen" verwiesen wird. Hier ist der Art. 22 gemeint und in der englischen Fassung korrekt benannt.

[31] Die allgemeinen Befugnisse der EBA sind geregelt in der VO (EU) Nr. 1093/2010, Der Rechtsbehelf ist unter Kapitel 5 zu finden.

Einstufung vermögenswertereferenzierter Token **Art. 43**

zu gewähren. Zu diesem Zweck ist er an den Emittenten des betroffenen Token, die betroffene nationale Aufsichtsbehörde, die EZB und respektive die **Zentralbank** eines nicht- Euro Mitgliedstaates zu übermitteln. Der Übermittlung des Beschlusses folgt eine Konsultationsphase (Vgl. Verfahren zur „Heraufstufung" → Rn. 31). Innerhalb von 60 Arbeitstagen ab Übermittlung des ersten Entwurfs, hat die EBA ihren finalen Beschluss zu fassen und ihn sofort an den Emittenten und die nationalen Aufsichtsbehörden zu übermitteln (Abs. 9). Die **Folge** der Herabstufung ist eine Rückübertragung der Aufsicht auf die zuständige Behörde des Herkunftsmitgliedstaates (Abs. 10).

II. Aufsichtsstruktur und Rolle der EBA

1. Rolle der EBA, Übertragung der Aufsicht (Abs. 7, 10)

Die Folge der Einstufung als signifikant ist eine Übertragung der Aufsichtsbefugnisse und -pflichten auf die EBA als supranationale, europäische Finanzaufsichtsbehörde, als Teil der European Supervisory Authorities, oder „ESAs"[32]. Die Rollen **der EBA** und ESMA, sowie erweiterte Befugnisse im Rahmen der MiCAR werden im Titel VII ausgeführt. Insbesondere im Kapitel 4, Artikel 117 finden sich dabei die Aufsichtsaufgaben der EBA in Bezug auf Emittenten signifikanter vermögenswertereferenzierter Token und Emittenten signifikanter E-Geld-Token. Auch das im Rahmen der Umsetzung der MiCAR geschaffene KMAG lässt die Aufgaben und Befugnisse der EBA im Bezug auf signifikante wertreferenzierte Token und signifikante E-Geld Token unberührt und es werden keine zusätzlichen Zuständigkeiten geschaffen.[33] 38

Bereits bekannt und bewährt ist es die Aufsicht besonders bedeutender Akteure im Unionsraum auf **supranationale Ebene** zu verlagern. Im Rahmen des „Single Supervisory Mechanisms" (SSM)[34], wird die Aufsicht für „bedeutende" Banken (engl. significant) auf die EZB übertragen. Diese SSM-VO[35] sind gemeinsam mit dem einheitlichen Abwicklungsmechanismus (Single Resolution Mechanism, „SRM") einer der Grundpfeiler der europäischen Bankenunion.[36] Gemäß Art. 6 Abs. 4 VO (EU) 468/2014 werden für die Einordnung als „bedeutend" oder „weniger bedeutend" ebenso Kriterien wie Größe, Wichtigkeit für die Wirtschaft der Union oder eines Mitgliedstaates oder bedeutende grenzüberschreitende Tätigkeiten herangezogen. Wobei in diesem Zusammenhang die EZB als federführende europäische Aufsichtsbehörde betraut ist.[37] 39

Grundsätzlich ist die EZB unter den ESAs die zuständige Behörde für die unmittelbare Aufsicht auf mikroprudenzieller Ebene.[38] So wurde im Vorfeld der MiCAR, eine womöglich zu **karge Einbindung der EZB** in die Aufsichtsstruktur der 40

---

[32] Eine Übersicht der Europäischen Aufsichtsbehörden in Claussen/Erne Bank- und KapitalmarktR/Kirchhartz § 1 Rn. 126–132.
[33] § 1 Abs. 3 KMAG-E; siehe auch BT-Drs. 20/10280, S. 133.
[34] Erwgr. Nr. 1 VO (EU) 468/2014; Der Single Supervisory Mechanism (SSM) wurde eingesetzt durch die VO (EU) Nr. 468/2014 und VO (EU) 1024/2013.
[35] VO (EU) Nr. 468/2014 und VO (EU) 1024/2013.
[36] Eine Übersicht zu dem einheitlichen Aufsichtsmechanismus der Bankenunion: https://beck-link.de/r3p5y (zuletzt abgerufen am 5.10.2023).
[37] Vgl. VO (EU) Nr. 468/2014.
[38] Claussen/Erne Bank- und KapitalmarktR/Kirchhartz § 1 Rn. 129.

signifikanten Token diskutiert.[39] Da sie als Hüterin der Währung insbesondere auch im Rahmen der Wahrung der Währungsstabilität eine wichtige Funktion erfüllt, wäre zu erwarten gewesen, dass ihr mehr Bedeutung zukäme, als nur unverbindliche Stellungnahmen abzugeben, wie auch unter diesem Art.[40] In einer Stellungnahme übt die EZB auch selbst Kritik und führt aus, dass sie in die Einstufung, Aufsicht und auch folgende delegierte Akte eingebunden werden sollte, da signifikante Token die emittierende Zentralbank behindern könne, ihre geldpolitischen Ziele umzusetzen.[41]

41 **a) Kompetenz der EBA.** Auch im Rahmen der vermögenswertereferenzierten Token hätte es sich angeboten, die EZB statt der EBA als Aufsichtsbehörde, als Trägerin des **geldpolitischen Mandats** und somit „Hüterin des Euros", einzusetzen. In dieser Funktion verfügt sie über umfassende Expertise bei der Gewährleistung der Finanzstabilität.[42] Unter der Rollenverteilung der MiCAR müssten die Aufsichtsbefugnisse zwischen EBA und EZB nun erst abgesprochen werden, sollte zB ein bedeutendes Kreditinstitut einen signifikanten Token ausgeben[43]. Ein Zusammenlaufen der Befugnisse in der EZB, insbesondere in Anbetracht der bereits bestehenden Strukturen, hätte an dieser Stelle vorteilhaft sein können (Art. 127).

42 Die Funktion der EBA ist es das „Funktionieren des Binnenmarktes durch eine geeignete, wirksame und harmonisierte Aufsicht und Regulierung auf europäischer Ebene zu verbessern."[44] Dabei fällt es der EBA vor allem zu **technische Standards** zu etablieren und „Leitlinien zur Erarbeitung des Einheitlichen Europäischen Regelwerks für den Finanzsektor" zu entwickeln.[45] In Anbetracht der großen technischen Komponente (Interoperabilität) der signifikanten wertreferenzierten Token auf Basis der Distributed Ledger Technologie, wird auch die Expertise der EBA sinnvoll eingesetzt werden.

43 Auch mit Blick in die Zukunft könnte es sich als effizient erweisen, die EBA an dieser Stelle einzusetzen. So kann sie die erlangten Erkenntnisse für **die Entwicklung** künftiger technischer Standards im Rahmen dieser Verordnung (zB Art. 45 Abs. 7 gemeinsam mit der ESMA) und auch zur Integration der Kryptomärkte und Digitalwirtschaft in die bestehenden Strukturen des Finanzmarkts, sowie eine technisch adäquate Aufsicht umsetzen.[46]

---

[39] Brauneck RDi 2022, 10 ff.
[40] Brauneck RDi 2022, 13 f.
[41] Stellungnahme der Europäischen Zentralbank v. 19.2.2021, Siehe zB 2.2.4, https://beck-link.de/y8vmy (zuletzt abgerufen am 8.10.2023).
[42] Brauneck RDi 2022, 17.
[43] Brauneck RDi 2022, 14.
[44] Insbesondere für Fragen der Interoperabilität und technische Harmonisierung ist die EBA erste Anlaufstelle. Ihre Aufgabe ist die Integration und die Risikoanalyse durch das Durchführen von Stresstests. Zu den Aufgaben der EBA siehe https://beck-link.de/t2f8k (zuletzt abgerufen am 5.10.2023).
[45] Zu den Aufgaben der EBA siehe https://beck-link.de/t2f8k (zuletzt abgerufen am 5.10.2023).
[46] Insbesondere für die Entwicklung gemeinsamer Datenstandards („Data Act") für den Austausch unter den Behörden und mögliche „embedded regulation" werden auch die Daten, die unter der MiCAR gesammelt werden, maßgebend sein. Zusammenfassend siehe Machacek RDi 2021, 573.

b) Übertragung der Aufsicht. Signifikante vermögenswertereferenzierte Token sind gemäß Abs. 7 durch die EBA direkt zu beaufsichtigen. Die **Übertragung der Aufsicht** auf die EBA stellt einen Eingriff in die Kompetenzen der nationalen zuständigen Aufsichtsbehörden dar. Da auch ein rein lokaler Token als signifikant der Aufsicht durch die EBA unterstellt werden könnte, ist diese Aufsplittung der Aufsicht nicht ohne Kritik der Mitgliedstaaten aufgenommen worden. Geäußerte Kritik im Rahmen der ersten Verhandlungen mit den Mitgliedstaaten zum Entwurf der Verordnung warf auf, dass es durch diese weitere Komplexität in der Aufsichtsstruktur eher zu einer Zerstückelung der Aufsicht kommen könnte und dies gerade den ganzheitlichen Charakter einer einheitlichen Bankenaufsicht gefährden würde. Diese Ansicht hat sich jedoch im weiteren Verlauf nicht durchgesetzt und die Rolle der EBA wurde beibehalten. Ausweislich Erwgr. Nr. 66 des Entwurfs[47] soll so aufsichtliche Willkür unter den Mitgliedstaaten verhindert werden und die Aufsicht in der EBA konzentriert. Eine einheitliche Aufsicht muss hinsichtlich der systemischen Relevanz gelten. Die Risiken auf dieser übergeordneten Ebene kann die EBA als Unionsbehörde besser aufgreifen und umsetzen. 44

In den Erwägungsgründen wird darauf hingewiesen, dass die EBA für ihre Rolle gewisse Befugnisse erhalten muss und gewisse **organisatorische Voraussetzungen** geschaffen werden müssen.[48] Umgesetzt sind die Befugnisse der EBA im Titel VII. 45

2. Zusammenarbeit mit den nationalen Behörden, Informationsaustausch

Gemäß Abs. 4 sollen die nationalen Aufsichtsbehörden alle Informationen, die für die Beurteilung der Kriterien des Abs. 1 relevant sind, mindestens zwei Mal im Jahr **an die EBA und die EZB berichten.** Dies hat zusätzlich zu der Übermittlung der Informationen, die durch die Berichte gemäß Art. 22 erlangt werden, zu geschehen. Gemäß Abs. 7 sollen die nationalen Behörden und die EBA zusammen arbeiten um einen reibungslosen Übergang der Aufsichtsbefugnisse sicherzustellen.[49] Die Zusammenarbeit der Behörden wird in Art. 95 der MiCAR detailliert geregelt. Diese Verpflichtungen zum Informationsaustausch und zur Zusammenarbeit stellen ein qualitatives Element in der Beziehung zwischen den nationalen Aufsichtsbehörden und der EBA dar, die traditionell nur zögerlich zusammenarbeiten und Informationen über inländische Sachverhalte austauschen.[50] 46

In Erwgr. Nr. 60 heißt es „Um die tatsächliche **Größe und Wirkung vermögenswertereferenzierter Token zu bestimmen, bedarf es einer umfassenden Überwachung des gesamten Ökosystems der Emittenten solcher Token.**" Die gute Zusammenarbeit aller Behörden ist also unerlässlich, um diese Mammutaufgabe zu stemmen und auch Datenlücken[51] gemeinsam zuschließen.

---

[47] Vorschlag für eine Verordnung des Europäischen Parlaments und des Rates über Märkte für Kryptowerte und zur Änderung der RL (EU) 2019/1937, COM(2020) 593 final (/2 Corrigendum Version), 2020/0265 (COD) v. 24.9.2020.
[48] ZB Erwgr. Nr. 105, 106, 116.
[49] Erwgr. Nr. 100; Allgemein gilt für die Zusammenarbeit auf EU-Ebene auch das Prinzip der loyalen Zusammenarbeit Art. 4 Abs. 3 S. 1 EUV.
[50] So schon im Rahmen des SSM, siehe Binder/Gortsos/Lackhoff/Ohler European Banking Union/Ohler, 1. Auflage 2022, SSM Art. 6, Rn. 8.
[51] Konsultation der FSB, https://beck-link.de/dzhs2, S. 2 aE (zuletzt abgerufen am 25.8.2024).

Art. 44 Titel III Vermögenswertereferenzierte Token

Ein grenzüberschreitender Markt[52], kann nur durch grenzüberschreitende Zusammenarbeit effizient beaufsichtigt werden

47 Sollte ein Emittent in einem Mitgliedstaat ansässig sein[53], der nicht zur Eurozone gehört, ist jegliche Information auch an die Zentralbank dieses Staates weiterzuleiten (Abs. 4 aE). Da es bei der Einordnung als signifikant um systemische Risiken und Implikationen für die Währungsstabilität geht, müssen auch die jeweils zuständigen Zentralbanken, die die jeweilige Währungspolitik steuern, vollständig informiert sein.

III. Delegierte Rechtsakte (Abs. 11)

48 Gemäß Abs. 11 ist die Kommission ermächtigt delegierte Rechtsakte (Art. 139) zu erlassen um die Kriterien gemäß Abs. 1 zu spezifizieren. Insbesondere im Rahmen des Kriteriums unter e) soll konkretisiert werden welche **Umstände im internationalen Kontext** als signifikant gelten sollen, sowie, im Rahmen des Kriteriums unter lit. f welche Umstände eine „Verflechtung" bedeuten sollen. Weiterhin um die Zusammenarbeit zu fördern und der EBA und EZB die Wahrnehmung ihrer Aufgaben zu ermöglichen, soll gemäß lit. c nachgeschärft werden können, bezüglich des Umfangs und Inhalts der Berichterstattung. Auch im Hinblick auf die mögliche Nachjustierung unter Abs. 11 lit. a und b muss es den Behörden möglich sein die dann durch die Anpassung notwendigen Informationen zu verlangen und zu erhalten, sodass wohl immer zugleich eine Anpassung unter lit. c notwendig werden könnte.

Artikel 44 Freiwillige Einstufung vermögenswertereferenzierter Token als signifikante vermögenswertereferenzierte Token

(1) **Antragstellende Emittenten vermögenswertereferenzierter Token können in ihrem Zulassungsantrag gemäß Artikel 18 oder in ihrer Übermittlung gemäß Artikel 17 angeben, dass sie ihre vermögenswertereferenzierten Token als signifikante vermögenswertereferenzierte Token einstufen lassen möchten. In diesem Fall übermittelt die zuständige Behörde der EBA, der EZB und in den in Artikel 43 Absatz 4 genannten Fällen der Zentralbank des betreffenden Mitgliedstaats sofort den Antrag des antragstellenden Emittenten Damit ein vermögenswertereferenzierter Token gemäß dem vorliegenden Artikel als signifikant eingestuft werden kann, muss der antragstellende Emittent des vermögenswertereferenzierten Token durch einen detaillierten Geschäftsplan gemäß Artikel 17 Absatz 1 Buchstaben b und i und Artikel 18 Absatz 2 Buchstabe d nachweisen, dass er voraussichtlich mindestens drei der in Artikel 43 Absatz 1 festgelegten Kriterien erfüllt.**

(2) **Die EBA erstellt innerhalb von 20 Arbeitstagen nach Übermittlung gemäß Absatz 1 des vorliegenden Artikels einen Entwurf eines Beschlus-**

---

[52] Erwgr. Nr. 100.
[53] Hier wird es wohl auf den Hauptsitz bzw. Staat, in dem die Tätigkeiten hauptsächlich stattfinden ankommen. Dies könnte bei zunehmend dezentralen Strukturen jedoch schwer zu bestimmen sein.

ses, der ihre auf dem Geschäftsplan des potenziellen Emittenten beruhende Stellungnahme dazu enthält, ob der vermögenswertereferenzierte Token tatsächlich oder voraussichtlich zumindest drei der in Artikel 43 Absatz 1 festgelegten Kriterien erfüllt, und übermittelt der zuständigen Behörde des Herkunftsmitgliedstaats des antragstellenden Emittenten, der EZB und in den in Artikel 43 Absatz 4 Unterabsatz 2 genannten Fällen der Zentralbank des betreffenden Mitgliedstaats diesen Entwurf eines Beschlusses.

Die für die Emittenten dieser vermögenswertereferenzierten Token zuständigen Behörden, die EZB und gegebenenfalls die Zentralbank des betreffenden Mitgliedstaats haben ab dem Tag der Übermittlung des Entwurfs eines Beschlusses 20 Arbeitstage Zeit, um schriftlich Stellung zu nehmen und Bemerkungen vorzubringen. Die EBA trägt diesen Stellungnahmen und Bemerkungen vor der Annahme eines endgültigen Beschlusses gebührend Rechnung.

(3) Die EBA fasst innerhalb von 60 Arbeitstagen nach der in Absatz 1 genannten Übermittlung ihren endgültigen Beschluss darüber, ob es sich bei einem vermögenswertereferenzierten Token um einen signifikanten vermögenswertereferenzierten Token handelt, und übermittelt diesen Beschluss sofort dem antragstellenden Emittenten dieses vermögenswertereferenzierten Token und seiner zuständigen Behörde.

(4) Wurden vermögenswertereferenzierte Token gemäß einem Beschluss der EBA nach Absatz 3 des vorliegenden Artikels als signifikant eingestuft, so wird die Zuständigkeit für die Beaufsichtigung der Emittenten dieser vermögenswertereferenzierten Token zu dem Zeitpunkt des Beschlusses der zuständigen Behörde, die in Artikel 21 Absatz 1 genannte Zulassung zu erteilen, oder zu dem Zeitpunkt der Genehmigung des Kryptowerte-Whitepapers gemäß Artikel 17 von der zuständigen Behörde auf die EBA übertragen.

Schrifttum: siehe Vor Art. 43

Übersicht

	Rn.
I. Normzweck und Systematik	1
II. Antrag (Abs. 1)	4
III. Beschlussfassung (Abs. 2,3)	6
IV. Übertragung der Aufsicht (Abs. 4)	8

I. Normzweck und Systematik

Ein Leitmotiv der MiCAR ist die **enge Zusammenarbeit** mit den Marktteilnehmern. So ist sie im selben Atemzug, wie die regulatorische Sandkasteninitiative des „DLT Pilotregimes"[1] entstanden. 1

Aufgrund mangelnder IT-spezifischer Standards und schier rasenden Geschwindigkeit der Geschäfte im Bereich der Distributed Ledger Technologien, ist es den 2

---

[1] VO (EU) 2022/858 über eine Pilotregelung für auf Distributed-Ledger-Technologie basierende Marktinfrastrukturen v. 30.5.2022, dazu eingehend Litten BKR 2022, 551.

Behörden kaum möglich selbst belastbare **Daten**[2] zu erheben. Folglich sind sie auf die Berichte (Art. 22) der Emittenten maßgeblich angewiesen. Um eine einheitliche Aufsicht (und Kontinuität) zu gewährleisten, kann ein Emittent (Abs. 1) umgehend mit Zulassungsantrag[3] nach Art. 18 oder Übermittlung des Krypto-whitepapers gem. Art. 17, zusätzlich direkt beantragen, dass er unter das Aufsichtsregime der signifikanten wertereferenzierten Token eingeordnet werden möchte, wenn er selbst bereits absehen kann, dass die Kriterien erfüllt werden.

3 Diese Möglichkeit wird insbesondere für solche Token relevant, die zum Zeitpunkt des Inkrafttretens der MiCAR schon in solcher Weise etabliert sind, dass sie die entsprechenden Schwellenwerte bereits erreichen und nun bei **erstmaliger Unterwerfung** unter die MiCAR auch die Erfüllung der Art. 43 Abs. 1 Kriterien vorweisen können. Schließlich gibt es den Handel mit Token auf Blockchain-Basis nun bereits seit über 10 Jahren.[4]

II. Antrag (Abs. 1)

4 Der Emittent eines Tokens kann selbst initiativ einen **Antrag stellen,** seinen Token als „signifikant" einordnen zu lassen (gemeinsam mit Zulassungsantrag nach Art. 18 oder Übermittlung des Krypto-whitepapers gem. Art. 17). Der entsprechende Antrag ist bei der zuständigen nationalen Behörde einzureichen, welche diesen der EBA, EZB und ggf. der Zentralbank des betroffenen Mitgliedstaates sofort weiterleitet. Der Antrag muss einen detaillierten Geschäftsplan[5] enthalten, der erkennen lässt, ob, welche und in welcher Art die Kriterien des Art. 43 Abs. 1 voraussichtlich erfüllt werden. Das **Erfordernis eines Geschäftsplanes** ist bereits bekannt und bewährt aus anderen Genehmigungsverfahren, wie zB unter dem KWG.[6]

5 Die MiCAR bietet dabei kaum weitere Hilfestellung zu der Erstellung des Geschäftsplanes, als dass dieser das Geschäftsmodell angeben solle (Art. 17 Abs. 1 lit. b i) oder Art. 60 Abs. 7 lit. a[7]). Der Art. 17 wendet sich an Kreditinstitute, sodass es im Interesse der Aufsichtsbehörden sein wird, dass die bisherige Praxis zu Geschäftsplänen[8] beibehalten wird. Etwas Hilfestellung bietet der Entwurf einer delegierten

---

[2] Zu der „Data gap" siehe Konsultation der FSB, https://beck-link.de/dzhs2, S. 2 aE, (zuletzt aufgerufen am 4.10.2023).

[3] Eine Übersicht zu dem Zulassungsantrag bei Siadat RdF 2021, 175.

[4] Patz BKR 2021, 725.

[5] Ein solcher ist bereits für den Zulassungsantrag zu erstellen, siehe Michel/Schmitt BB 2023, 907.

[6] Izzo-Wagner/Weisser RDi 2022, 422.

[7] „Ein Geschäftsplan, aus dem hervorgeht, welche Arten von Kryptowerte-Dienstleistungen der antragstellende Anbieter von Kryptowerte-Dienstleistungen zu erbringen beabsichtigt, einschließlich Ort und Art der Vermarktung dieser Dienstleistungen".

[8] Aus § 32 Abs. 1 Nr. 5 KWG, AnzVO, wobei auch entsprechend IT-spezifische Angaben zu erwarten sein werden um das Risikoprofil umfassend zu beschreiben. Zur Praxis der BaFin unter dem KWG „Die BaFin prüft dabei, ob der Antragsteller auf Basis der vorgelegten Geschäftsplanung in der Lage sein wird, die aufsichtlichen Anforderungen einzuhalten. Dies umfasst sowohl die (Mindest-)Anforderungen an die Kapital- und Liquiditätsausstattung als auch die erforderlichen organisatorischen Vorkehrungen, um die geplanten Geschäfte ordnungsgemäß betreiben zu können." Abrufbar unter https://beck-link.de/6ydvt (zuletzt aufgerufen am 10.10.2023).

Verordnung der EBA in seinem Artikel 4.[9] In den von der EBA vorgeschlagenen technischen Regulierungsstandards wird zusätzlich darauf eingegangen, dass z. B. ein Antrag, der zusätzlich die Klassifizierung als signifikant beantragt ein höheres Maß an Information erfordert um das Risikoprofil adäquat abzubilden.[10] Der Entwurf der delegierten Verordnung enthält daher beispielsweise in seinem Artikel 7 Abs. 1 (i) Anforderungen an die bereitgestellte Information, sowie in Annex 1 ein Formular, auf dem der Antrag auf Klassifizierung als signifikant explizit abgefragt würde.[11]

III. Beschlussfassung (Abs. 2,3)

Auf Basis des Antrags des Emittenten tritt die EBA in das **Beschlussverfahren** ein. (→ Art. 43 Rn. 30–33). 20 Arbeitstage nach Übermittlung des Antrags übermittelt sie einen Beschlussentwurf, der ihre auf dem Geschäftsplan des potenziellen Emittenten beruhende Stellungnahme enthält. In der Stellungnahme ist zu erörtern, ob und welche der Signifikanz-Kriterien erfüllt werden könnten. Nach erfolgter Konsultationsphase (→ Art. 43 Rn. 30–33) und nach insgesamt 60 Arbeitstagen ab Übermittlung des Antrags verfasst die EBA ihren endgültigen Beschluss, der sogleich dem Antragsteller und seiner zuständigen Behörde zu übermitteln ist. (Abs. 2, 3). 6

Ein Einstufungsverfahren nach Art. 44 ist nur für die Heraufstufung möglich, die Herabstufung zu nicht-signifikant kann nur originär im Rahmen der **fortlaufenden Überprüfung** durch die EBA selbst initiiert und beschlossen werden (→ Art. 43 Rn. 33). Ein gesonderter Antrag dafür ist nicht vorgesehen. 7

IV. Übertragung der Aufsicht (Abs. 4)

Teilt die EBA die Auffassung des Emittenten und nimmt eine Einordnung als signifikant vor, so geht ab Zulassung oder Übermittlung des Beschlusses die Aufsicht sofort auf die EBA über. Wird im Rahmen der fortlaufenden Überprüfung (→ Art. 43 Rn. 33) der Beschluss gefasst, dass der betroffene Token wieder herabzustufen ist, so wird die Aufsicht wieder auf die nationalen zuständigen Behörden übertragen (für die behördliche Zusammenarbeit → Art. 43 Rn. 42, 43). 8

Artikel 45 Spezifische zusätzliche Pflichten von Emittenten signifikanter vermögenswertereferenzierter Token

(1) **Die Emittenten signifikanter vermögenswertereferenzierter Token legen eine Vergütungspolitik fest, die dem soliden und wirksamen Risikomanagement dieser Emittenten förderlich ist und mit der keine Anreize**

---

[9] EBA, Draft Regulatory Technical Standards on information for application for authorisation to offer to the public and to seek admission to trading of asset-referenced tokens and Draft Implementing Technical Standards on standard forms, templates and procedures for the information to be in-cluded in the application, under Article 18(6) and (7) of Regulation (EU) 2023/1114 (EBA/RTS/2024/03, 7.5.2024), S. 19
[10] Ebenda, S. 7, 10.
[11] Ebenda, S. 36.

Art. 45

Titel III Vermögenswertereferenzierte Token

für eine Lockerung der Risikostandards geschaffen werden, setzen diese Vergütungspolitik um und erhalten sie aufrecht.

(2) Die Emittenten signifikanter vermögenswertereferenzierter Token stellen sicher, dass diese Token von verschiedenen Anbietern von Kryptowerte-Dienstleistungen, die für die Verwahrung und Verwaltung von Kryptowerten für Kunden zugelassen sind, einschließlich Anbietern von Kryptowerte-Dienstleistungen, die nicht derselben Gruppe im Sinne von Artikel 2 Nummer 11 der Richtlinie 2013/34/EU angehören, auf redliche, angemessene und nichtdiskriminierende Weise verwahrt werden können.

(3) Die Emittenten signifikanter vermögenswertereferenzierter Token bewerten und überwachen den Liquiditätsbedarf für die Erfüllung von Rücktauschforderungen durch Inhaber vermögenswertereferenzierter Token. Die Emittenten signifikanter vermögenswertereferenzierter Token führen zu diesem Zweck Strategien und Verfahren für das Liquiditätsmanagement ein, erhalten sie aufrecht und setzen sie um. Mit diesen Strategien und Verfahren wird ein robustes Liquiditätsprofil des Reservevermögens sichergestellt, das es Emittenten signifikanter vermögenswertereferenzierter Token ermöglicht, auch bei Liquiditätsengpässen den normalen Betrieb fortzusetzen.

(4) Emittenten signifikanter vermögenswertereferenzierter Token führen regelmäßig Liquiditätsstresstests durch. Je nach Ergebnis dieser Tests kann die EBA beschließen, die in Absatz 7 Unterabsatz 1 Buchstabe b des vorliegenden Artikels und in Artikel 36 Absatz 6 genannten Liquiditätsanforderungen zu verschärfen.

Bieten Emittenten signifikanter vermögenswertereferenzierter Token zwei oder mehr vermögenswertereferenzierten Token an oder erbringen sie Kryptowerte-Dienstleistungen, so müssen die Stresstests all diese Tätigkeiten vollständig und allumfassend abdecken.

(5) Der in Artikel 35 Absatz 1 Unterabsatz 1 Buchstabe b genannte Prozentsatz wird für Emittenten signifikanter vermögenswertereferenzierter Token auf 3 % des durchschnittlichen Betrags des Reservevermögens festgelegt.

(6) Bieten mehrere Emittenten denselben als signifikant eingestuften vermögenswertereferenzierten Token an, so gelten die Absätze 1 bis 5 für jeden Emittenten Bietet ein Emittent in der Union zwei oder mehr vermögenswertereferenzierter Token an und ist mindestens einer dieser vermögenswertereferenzierten Token als signifikant eingestuft, so gelten für diesen Emittenten die Absätze 1 bis 5.

(7) Die EBA arbeitet in enger Zusammenarbeit mit der ESMA Entwürfe technischer Regulierungsstandards aus, in denen Folgendes präzisiert wird:
a) die in den Regelungen für die Unternehmensführung festzulegenden Mindestvorgaben hinsichtlich der in Absatz 1 genannten Vergütungspolitik,
b) der Mindestinhalt der Strategien und Verfahren für das in Absatz 3 festgelegte Liquiditätsmanagement sowie Liquiditätsanforderungen, einschließlich durch Klarstellung des Mindestbetrags der Einlagen in jeder

genannten amtlichen Währung, der nicht unter 60% des in den einzelnen amtlichen Währungen genannten Betrags liegen darf,
c) das Verfahren und die Fristen für einen Emittenten eines signifikanten vermögenswertereferenzierten Token, die Höhe seiner Eigenmittel gemäß Absatz 5 anzupassen.

Im Fall von Kreditinstituten kalibriert die EBA die technischen Standards unter Berücksichtigung etwaiger Wechselwirkungen zwischen den durch diese Verordnung festgelegten regulatorischen Anforderungen und den durch andere Gesetzgebungsakte der Union festgelegten regulatorischen Anforderungen.

Die EBA übermittelt der Kommission die in Unterabsatz 1 genannten Entwürfe technischer Regulierungsstandards spätestens am 30. Juni 2024.

Der Kommission wird die Befugnis übertragen, diese Verordnung durch die Annahme der in Unterabsatz 1 des vorliegenden Absatzes genannten technischen Regulierungsstandards gemäß den Artikeln 10 bis 14 der Verordnung (EU) Nr. 1093/2010 zu ergänzen.

(8) Die EBA gibt in enger Zusammenarbeit mit der ESMA und der EZB Leitlinien zur Festlegung der gemeinsamen Referenzparameter der Stresstestszenarien gemäß Artikel 16 der Verordnung (EU) Nr. 1093/2010 heraus, die in die in Absatz 4 des vorliegenden Artikels genannten Stresstests einzubeziehen sind. Diese Leitlinien werden unter Berücksichtigung der jüngsten Marktentwicklungen regelmäßig aktualisiert.

Schrifttum: Siehe Vor Art. 43

Übersicht

	Rn.
I. Normzweck	1
II. Zusätzliche Emittenten-Pflichten	3
1. Vergütungspolitik (Abs. 1)	3
2. Redliche, angemessene und nichtdiskriminierende Verwahrung (Abs. 2)	7
3. Bewertung und Überwachung des Liquiditätsbedarfs (Abs. 3)	11
4. Liquiditätsstresstests (Abs. 4)	14
5. Eigenmittelanforderungen (Abs. 5)	17
III. Mehrere Emittenten (Abs. 6)	18
IV. Weitere Leitlinien und technische Regulierungsstandards (Abs. 7, 8)	19

I. Normzweck

Emittenten signifikanter vermögenswertereferenzierter Token sind potenziell **verflochtener** mit – und **exponierter** auf dem Markt als **Emittenten** nicht-signifikanter Token.[1] Folglich kommt ihnen eine besondere Bedeutung für das Risikoprofil eines Tokens zu und sie müssen höheren Anforderungen genügen als „gewöhnliche" Emittenten. So sollen zum Beispiel höhere Eigenmittelanforderungen gelten, sowie Interoperabilitäts- und Liquiditätsmanagement-Erfordernisse zu erfüllen sein.[2]

---

[1] Dies folgt bereits ganz generell aus der Wertung der Kriterien des Art. 43 Abs. 1.
[2] Vgl. Erwgr. Nr. 59.

Art. 45   Titel III Vermögenswertereferenzierte Token

2   In Art. 45 werden gewisse **zusätzliche Pflichten** insbesondere für das **Risikomanagement** festgesetzt. Dabei werden vor allem auch Maßstäbe angesetzt, wie sie aus der RL 2013/36/EU („CRD") und der VO (EU) 575/2013 („CRR") für Kreditinstitute und aus der RL (EU) 2019/2034 für Wertpapierfirmen bekannt sind, sowie Konzepte aus der RL 2014/65/EU („MiFiD II") – welche in vielerlei Hinsicht als regelungstechnisches Vorbild diente. Die Erkenntnisse aus den Geschehnissen auf dem traditionellen Markt, werden übertragen und der Emittent in seinen Pflichten an die klassischen Akteure angenähert. Schließlich können signifikante Token (früher „global stablecoins") ähnliche Strukturen und Risiken aufweisen, wie andere regulierte Wertpapiere und Finanzinstrumente.[3]

II. Zusätzliche Emittenten-Pflichten

1. Vergütungspolitik (Abs. 1)

3   In Folge der Finanzkrise der Jahre 2007/8 erkannten Aufsicht und Regulierungsbehörden die Rolle der Vergütungssysteme der großen Finanzinstitute, die **Anreize** gesetzt hatten, besonders risikoreich zu handeln.[4] Aufgrund der Bedeutung für das Risikoprofil eines Instituts wurden umfangreiche Leitlinien für Anforderungen an **Vergütungssysteme** entwickelt. Ausführliche Ausführungen enthält bereits die RL 2010/76/EU in ihren Erwägungsgründen[5] und auch in allen darauffolgenden Regelwerken insbesondere für Finanzdienstleister und Kreditinstitute, finden sich Anforderungen an die Vergütungspolitik der beaufsichtigten Institutionen[6]. In RL 2010/76/EU wird der Begriff des „soliden und wirksamen Risikomanagements" bereits aufgebracht.[7] Auch in der Nachfolger-RL 2013/36/EU wird der Begriff weitergeführt[8] und so zu einem festen Bestandteil des regulatorischen Rahmens für die beaufsichtigten Institute, welcher auch als regelungstechnisches Vorbild dieses Absatzes fungiert.

4   Auch Emittenten signifikanter Token sollen eine Vergütungspolitik festlegen, die einem **„soliden und wirksamen Risikomanagement"** förderlich ist und mit der „keine Anreize für die Lockerung der Risikostandards" gesetzt werden (Abs. 1). Die Vergütungspolitik im Rahmen des Abs. 1 ist durch den Emittenten festzusetzen, umzusetzen und fortlaufend aufrechtzuerhalten.

5   Eine **ähnliche Formulierung** findet sich bereits in Art. 30 Abs. 1 lit. c RL (EU) 2019/2034 für Wertpapierfirmen und wird in der zugehörigen Leitlinie der EBA aufgegriffen. Denn schon in Erwgr. Nr. 3 der RL 2010/76 wird darauf hingewiesen, dass für Wertpapierfirmen Regelungen zur Vergütungspolitik getroffen werden

---

[3] Vgl. IOSCO Report on Global stablecoin initiatives OR01/2020 vom März 2020, https://beck-link.de/7vbss, S. 1 (zuletzt aufgerufen am 8.10.2023).

[4] Vgl. Erwgr. Nr. 1 RL 2010/76/EU, genauere Hintergründe und mwN Schulze/Janssen/Kadelbach/Tröger EuropaR-HdB, 4. Auflage 2020, § 21 Finanzdienstleistungsrecht, Rn. 114.

[5] Erwgr. Nr. 1 RL 2010/76/EU.

[6] ZB in Art. 9 Abs. 3 lit. c MiFiD II, in Art. 450 der CRD, Art. 30 der RL (EU) 2019/2034 für Wertpapierfirmen wobei die Anforderungen in Leitlinien EBA/GL/2021/13 für eine solide Vergütungspolitik gemäß RL (EU) 2019/2034 der EBA konkretisiert werden.

[7] Erwgr. Nr. 3 RL 2010/76. Dort wird auch ausgeführt, dass insbesondere für Wertpapierfirmen Regelungen zur Vergütungspolitik getroffen werden müssen.

[8] Erwgr. Nr. 62 RL 2013/36/EU.

Spezifische zusätzliche Pflichten von Emittenten **Art. 45**

müssen.[9] In den Leitlinien der EBA[10] wird beispielhaft aufgeführt, dass „**potenzielle Interessenkonflikte**, die durch die Auszahlung eines Teils der variablen oder festen Vergütung in Instrumenten entstehen […]"können, ermittelt und gesteuert werden sollen.[11] Ähnliche Überlegungen werden sich auch für Emittenten signifikanter wertreferenzierter Token anbieten. Auch die Lektüre der ESMA Leitlinien zu den Anforderungen an die Vergütungspolitik unter der MiFiD[12] und MiFiD II[13], sowie die frühen FSB Richtlinien zu Vergütungssystemen[14] können aufschlussreich sein, für eine Prognose in welche Richtung die EBA zum Zwecke dieses Art. 45 Standards entwickeln wird.

Gemäß Abs. 7 wird die EBA in Zusammenarbeit mit der ESMA auch zu den **6** Anforderungen im Rahmen dieses Abs. 1 einen technischen Regulierungsstandard entwickeln. Dabei wird sie für Emittenten, die auch Kreditinstitute sind, mögliche **Wechselwirkungen** mit anderen regulatorischen Anforderungen einpreisen und berücksichtigen.

2. Redliche, angemessene und nichtdiskriminierende Verwahrung (Abs. 2)

Gemäß Abs. 2 haben die Emittenten die Voraussetzungen dafür zu schaffen, dass **7** die signifikanten Token von verschiedenen Kryptowerte-Dienstleistern (Art. 3), i) die für die Verwahrung und Verwaltung von Kryprowerten zugelassen sind, und ii) nicht zu der Gruppe (iSd Art. 2 Nr. 11 der RL 2013/34/EU) des Emittenten zugehörig sind, verwahrt und verwaltet werden können. Dies erfordert, dass die Emittenten eine **Interoperabilität** mit anderen Krypto-Dienstleistern herstellen und ist damit zumindest auch ein technisches Erfordernis.

Die Kryptowerte-Dienstleister sollen die Verwahrung und Verwaltung auf „red- **8** liche, angemessene und nichtdiskriminierende Weise" (engl. „fair, reasonable and non-discriminatory") durchführen (können). Ähnliche Dreiklänge für Handlungsstatuten sind aus der MiFiD II bekannt. Dort heißt es „transparent, gerecht und nichtdiskriminierend" („transparent, fair and non-discriminatory") in Art. 48 Abs. 8 MiFiD II oder „redliche, eindeutige und nicht irreführende Weise" (engl. „fair, clear and not misleading") in Art. 30 Abs. 1 aE MiFiD II. Diese wenden sich

---

[9] Zur Vergleichbarkeit von Token und Wertpapieren: Weitnauer Venture Capital-HdB/Weitnauer Rn. 119–121, sowie IOSCO report OR01/2020 vom März 2020.
[10] Leitlinien EBA/GL/2021/13.
[11] Leitlinien EBA/GL/2021/13, 4., Teil I Nr. 1 Rn. 21.
[12] ZB Rn. 14: „Bei der Konzeption von Vergütungsgrundsätzen und -verfahren sollte darauf geachtet werden, dass keine Anreize entstehen, die relevante Personen veranlassen können, ihre persönlichen Interessen oder die Interessen der Wertpapierfirma zum potenziellen Nachteil von Kunden über die Kundeninteressen zu stellen (zB beim Verkauf von Eigenemissionen[1] oder wenn eine Wertpapierfirma den Verkauf von Produkten fördert, die lukrativer für sie sind)." ESMA Leitlinien Vergütungsgrundsätze und -verfahren (MiFiD) v. 3.6.2013.
[13] ZB Rn. 33:„Die Firmen sollten sicherstellen, dass die organisatorischen Maßnahmen, die sie im Rahmen der Einführung neuer Produkte und Dienstleistungen ergreifen, ihre Vergütungsgrundsätze und -verfahren sowie die Risiken, die diese Produkte oder Dienstleistungen verursachen können, angemessen berücksichtigen. […]", ESMA Leitlinien zu einigen Aspekten der MiFiD II Vergütungsanforderungen v. 3.4.2023, https://beck-link.de/w6cm8 (zuletzt aufgerufen am 4.10.2023).
[14] FSB Principles for Sound Compensation Practices, 2003.

Art. 45

in diesen Fällen jedoch an den Dienstleister also den Normadressaten selbst. Im Falle der MiCAR handelt es sich ebenso um **allgemeine Handlungsgrundsätze**[15], die Einhaltung welcher die Emittenten jedoch nur mittelbar zu verantworten. Sie müssen gegenüber den entsprechenden Kryptowerte-Dienstleistern sicherstellen, dass diese Grundsätze Anwendung finden können.

9 „Nicht-diskriminierend" muss dabei darüber hinausgehen, die Verwahrung und Verwaltung auch außerhalb der Gruppe des Emittenten zu ermöglichen, denn dies ist bereits explizit in Abs. 2 ausgeführt und eine Dopplung scheint hier nicht sinnvoll. Vielmehr könnte hier der **technische Regulierungsstandard** zu gerechten und nichtdiskriminierenden Market-Making Systemen nach Art. 48 Abs. 12 lit. f MiFiD II herangezogen werden.[16] Demnach dürften zB Teilnehmerzahlen nicht willkürlich begrenzt werden und es muss kontinuierlich kontrolliert werden, dass die Bestimmungen des Systems eingehalten wird.

10 Der Emittent darf zumindest bei der Strukturierung des Tokens keine willkürlichen Hindernisse einbauen. Möglicherweise muss er sogar auch auf die entsprechenden Dienstleister in einer Weise einwirken, wie es unter der zur selben Zeit entstandenen VO (EU) 2022/2554 („DORA")[17] erforderlich ist, um so durch „eine Hintertür" auch auf die **Verwahrung und Verwaltung** signifikanter Token regulatorisch einzuwirken.

3. Bewertung und Überwachung des Liquiditätsbedarfs (Abs. 3)

11 Gemäß Abs. 3 obliegt es einem Emittenten durch geeignete Strategien und Verfahren des Liquiditätsmanagements für ein **robustes Liquiditätsprofil** des Reservevermögens zu sorgen, dies bedeutet, dass es dem Emittenten jederzeit möglich sein soll, Rücktauschforderungen erfüllen zu können. Bezüglich der zu entwickelnden Strategien scheint zunächst viel Spielraum zu bestehen. Aus Abs. 7 lit. b ergibt sich jedoch, dass der Mindestbetrag der Einlagen in jeder amtlichen Währung nicht unter 60% des in den jeweiligen Währungen genannten Betrages liegen darf. Konkretere Angaben stehen den Emittenten bisher nicht zur Verfügung. Fraglich ist zudem, inwieweit etwaige **Cyberrisiken**[18] für ein robustes Liquiditätsprofil eingepreist werden müssen.

12 Die EBA wird in Zusammenarbeit mit der ESMA auch die Anforderungen hierfür weiter präzisieren. Ihre Aufgabe ist es daher den „Mindestinhalt der Strategien und Verfahren für das in Abs. 3 festgelegte **Liquiditätsmanagement** sowie Liquiditätsanforderungen, einschließlich durch Klarstellung des Mindestbetrags der Einlagen in jeder genannten amtlichen Währung, der nicht unter 60% des in den einzelnen amtlichen Währungen genannten Betrags liegen darf" in technischen Regulierungsstandards zu konkretisieren.

Die EBA wird in Zusammenarbeit mit der ESMA und der EZB gemäß Art. 36 Abs. 4 lit. c weitere technische Regulierungsstandards bezüglich der **Verwaltung der Vermögensreserve** erlassen, insbes. zu „allgemeine Techniken für das Liquidi-

---

[15] Zu den allgemeinen Pflichten und Handlungsgrundsätzen die für Kryptoverwahrer unter der MiCAR gelten, siehe Siadat/Asatiani BKR 2023, 222f.

[16] Art. 4 DelVO (EU) 2017/573 (siehe auch den Kommissionsentwurf C(2016) 3523 final v. 13.6.2016, Art. 7).

[17] Ein Überblick zur DORA bei Bernau/Lutterbach BKR 2023, 506.

[18] Zu operationellen Risiken siehe IMF (International Monetary Fund) Fintech Notes, Regulating the Crypto Ecosystem Note 2022/008, S. 37.

tätsmanagement" (unter Berücksichtigung bereits geltender Regelungen für Emittenten die Kreditinstitute sind). Auch diese Standards werden für die unter diesem Abs. 3 zu entwickelnden Strategien und Verfahren relevant sein.

Die Anforderung des Abs. 3 greift das Risiko eines „run on the bank" bei **Ver-** 13 **trauensverlust** in den Emittenten auf (→ Art. 43 Rn. 2). Insbesondere wenn die Mehrzahl der Nutzer einen signifikanten Token als Wertaufbewahrungsmittel nutzt, und da es im Bereich der Kryptowährungen keine staatliche Einlagensicherung gibt, könnte es zu einem enormen Wertverlust kommen und das Vertrauen in den Markt erheblich erschüttern, wenn eine „run on the bank" Situation aufträte und der Emittent die Forderungen nicht bedienen könnte. Zwar schränkt ihn dieses Kriterium in seiner Handlungs- und Investitionsfähigkeit ein, ist jedoch potenziell Vertrauen-fördernd. Letzteres ist ebenso ein erklärtes Ziel der MiCAR.[19]

4. Liquiditätsstresstests (Abs. 4)

Nach Abs. 4 sind die Emittenten verpflichtet regelmäßige Liquiditätsstresstests 14 durchzuführen und somit die **Robustheit des Liquiditätsprofils,** nach ihren Maßnahmen aus Abs. 3 auf die Probe zu stellen. Aus diesen Ergebnissen behält sich die EBA vor in den technischen Regulierungsstandards nach Abs. 7 lit. b oder bei den Anforderungen nach Art. 36 Abs. 6 nachzufassen und die Anforderungen schärfer zu gestalten.

Sofern ein Emittent **mehrere** Token und/oder zusätzlich Kryptowerte-Dienst- 15 leistungen anbietet, müssten Stresstests auch diese zusätzlichen Angebote „vollständig und allumfassend" berücksichtigen und abdecken.

Gemäß Abs. 8 wird die EBA zudem in enger Zusammenarbeit mit der ESMA 16 und der EZB Leitlinien (siehe aus Art. 16 VO (EU) Nr. 1093/2010) zur Festlegung der gemeinsamen Referenzparameter der Stresstestszenarien herausgeben, die zudem jeweils an die jüngsten Marktereignisse angepasst werden.

5. Eigenmittelanforderungen (Abs. 5)

Gemäß Art. 35 Abs. 1 UAbs. 1 lit. b genügt bei „normalen" vermögenswertrefe- 17 renzierten Token eine Eigenmittelquote von 2%. Für Emittenten signifikanter Token, wird diese auf 3% erhöht. Gemeinsam mit der Pflicht des Abs. 3 dient diese Anforderung dazu das Vertrauen zu erhöhen und den Nutzern eine größere Sicherheit geben, wenn sie in den entsprechenden Token investiert sind. Dass keine signifikantere Erhöhung der **Eigenmittelanforderung** beschlossen wurde, wie zB vorgeschlagene 25%[20], ist in dieser Hinsicht überraschend.

Für eine etwaige Anpassung der Eigenmittelanforderungen eines Emittenten, wird die EBA in Zusammenarbeit mit der ESMA gemäß Abs. 7 lit. c technische Regulierungsstandards entwerfen.

Das zur Umsetzung entworfene KMAG enthält in § 41 KMAG-E eine Regelung, die der zuständigen Behörde Maßnahmen zur Verbesserung der Eigenmittelausstattung ermöglichen soll.[21]

---

[19] Möslein/Omlor FinTech-HdB/Kindermann, 2. Auflage 2021, § 26 Rn. 80.
[20] Draft Report on the proposal for a regulation of the European Parliament and of Council on markets in crypto-assets and amending Directive (EU) 2019/1937 (COM(2020) 0593 – C9-0306/2020 – 2020/0265.
[21] Siehe auch BT-Drs. 20/10280, S. 153.

III. Mehrere Emittenten (Abs. 6)

18 Für den Fall, dass mehrere Emittenten gemeinsam einen signifikanten Token anbieten, so treffen die Pflichten des Art. 45 Abs. 1–5 **jeden einzelnen** der Emittenten. Zudem treffen diese zusätzlichen Pflichten auch einen Emittenten, der innerhalb der Unionsgrenzen **mehrere** wertreferenzierte Token anbietet, auch wenn nur einer der Token als signifikant eingestuft ist.

IV. Weitere Leitlinien und technische Regulierungsstandards (Abs. 7, 8)

19 Bis spätestens 30.6.2024 wird die EBA in enger Zusammenarbeit mit der ESMA Entwürfe technischer Regulierungsstandards ausarbeiten, in denen die Pflichten der Abs. 1, 3 und 5 entsprechend konkretisiert werden. Dabei wird die EBA die **regulatorischen Wechselwirkungen** mit anderen Rechtsakten berücksichtigen, sollte es sich bei den Emittenten um Kreditinstitute handeln.[22]

20 Der Entwurf wird zunächst an die Kommission weitergeleitet werden, welche selbst Ergänzungen vornehmen kann (siehe allgemeine Regelungen dazu in Art. 10–14 VO (EU) Nr. 1093/2010). Gemäß Art. 8 wird die EBA gemeinsam mit der ESMA und der EZB auch **Leitlinien** zu den Stresstestszenarien nach Abs. 4 (→ Rn. 14–16) herausgeben (Vgl. Art. 16 VO (EU) Nr. 1093/2010).

Kapitel 6 Sanierungs- und Rücktauschpläne

Artikel 46 Sanierungsplan

(1) **Ein Emittent eines vermögenswertreferenzierten Token muss einen Sanierungsplan erstellen und aufrechterhalten, der Maßnahmen vorsieht, die der Emittent zu ergreifen hat, um die Einhaltung der für die Vermögenswertreserve geltenden Anforderungen wiederherzustellen, wenn der Emittent diese Anforderungen nicht einhält.**

Der Sanierungsplan muss auch die Aufrechterhaltung der Dienstleistungen des Emittenten im Zusammenhang mit dem vermögenswertereferenzierten Token, die rasche Sanierung des Geschäftsbetriebs und die Erfüllung der Pflichten des Emittenten im Fall von Ereignissen, die ein beträchtliches Risiko einer Störung des Geschäftsbetriebs bergen, umfassen.

Der Sanierungsplan muss geeignete Voraussetzungen und Verfahren enthalten mit denen sichergestellt wird, dass die Sanierungsmaßnahmen rasch durchgeführt werden können, und eine breite Palette von Sanierungsoptionen umfassen, darunter
a) Liquiditätsgebühren bei Rücktausch,
b) Begrenzungen der Menge der an einem Arbeitstag rücktauschbaren vermögenswertereferenzierten Token,

---

[22] Kreditinstitute unterliegen zB bereits eigenen Eigenmittelanforderungen (CRR, CRD).

c) Aussetzung des Rücktauschs.

(2) Der Emittent des vermögenswertreferenzierten Token muss der zuständigen Behörde den Sanierungsplan innerhalb von sechs Monaten ab dem Tag der Zulassung gemäß Art. 21 oder innerhalb von sechs Monaten ab dem Tag der Genehmigung des Kryptowerte-Whitepapers gemäß Art. 17 übermitteln. Die zuständige Behörde verlangt erforderlichenfalls Änderungen am Sanierungsplan, um für dessen ordnungsgemäße Umsetzung zu sorgen, und übermittelt dem Emittenten ihre Entscheidung, mit der diese Änderungen verlangt werden, innerhalb von 40 Arbeitstagen ab dem Tag der Übermittlung des Sanierungsplans. Diese Entscheidung ist vom Emittenten innerhalb von 40 Arbeitstagen ab dem Tag der Übermittlung dieser Entscheidung umzusetzen. Der Emittent muss den Sanierungsplan regelmäßig überprüfen und aktualisieren.

Der Emittent muss den Sanierungsplan neben der zuständigen Behörde auch den etwaigen für ihn zuständigen Abwicklungs- und Aufsichtsbehörden übermitteln.

(3) Erfüllt der Emittent die für die in Kapitel 3 des vorliegenden Titels genannte Vermögenswertreserve geltenden Anforderungen nicht oder aufgrund einer sich rasch verschlechternden Finanzlage in naher Zukunft wahrscheinlich nicht, so ist die zuständige Behörde zur Sicherstellung der Erfüllung der geltenden Anforderungen befugt, von dem Emittenten zu verlangen, eine oder mehrere der im Sanierungsplan festgelegten Vorkehrungen oder Maßnahmen zu treffen oder den Sanierungsplan zu aktualisieren, wenn sich die Umstände von den im ursprünglichen Sanierungsplan festgelegten Annahmen unterscheiden, und eine oder mehrere der im Sanierungsplan festgelegten Vorkehrungen oder Maßnahmen innerhalb einer bestimmten Frist umzusetzen.

(4) Unter den in Abs. 3 genannten Umständen ist die zuständige Behörde befugt, den Rücktausch vermögenswertereferenzierter Token vorübergehend auszusetzen, sofern die Aussetzung unter Berücksichtigung der Interessen der Inhaber vermögenswertereferenzierter Token und der Finanzstabilität gerechtfertigt ist.

(5) Die zuständige Behörde benachrichtigt die für den Emittenten zuständigen Abwicklungs- und Aufsichtsbehörden über alle etwaigen gemäß den Absätzen 3 und 4 ergriffenen Maßnahmen.

(6) Die EBA gibt nach Konsultation mit der ESMA Leitlinien gemäß Art. 16 der VO (EU) Nr. 1093/2010 zur Spezifizierung des Formats des Sanierungsplans und der Informationen, die in ihm gegeben werden müssen, heraus.

Übersicht

	Rn.
I. Entstehungsgeschichte, Grundlagen und Anwendungsbereich	1
1. Entstehungsgeschichte	1
2. Grundlagen sowie Sinn und Zweck der Vorschrift	4
3. Anwendungsbereich	9
a) Vermögenswertereferenzierte Token	10
b) Emittent	18
c) Verhältnis und Abgrenzung zu anderen Regelungen	19

	Rn.
aa) SRM-VO und BRRD	20
bb) Gesetz zur Sanierung und Abwicklung von Instituten und Finanzgruppen (SAG)	23
cc) §§ 45 ff. KWG	25
dd) EuInsVO, RestruktRL, InsO und StaRUG	27
II. Sanierungsplan (Abs. 1)	32
1. Ziel des Sanierungsplans	32
2. Dogmatik und Rechtsnatur des Sanierungsplans	34
3. Anforderungen an den Sanierungsplan	37
a) Durchführungsgrundsätze (Abs. 1 UAbs. 3)	37
b) Maßnahmen zur Wiederherstellung der für die Vermögenswertreserve geltenden Anforderungen (Abs. 1 S. 1)	38
aa) Anforderungen an die Vermögenswertreserve	39
bb) Geeignete Voraussetzungen und Verfahren	43
c) Aufrechterhaltung spezifischer Dienstleistungen (Abs. 1 UAbs. 2 S. 1 Fall 1)	45
d) Rasche Sanierung des Geschäftsbetriebs (Abs. 1 UAbs. 2 S. 1 Fall 2)	47
e) Erfüllung spezifischer Pflichten des Emittenten (Abs. 1 UAbs. 2 S. 1 Fall 3)	49
f) Ausdrückliche und weitere Sanierungsmaßnahmen (Abs. 1 UAbs. 3)	51
III. Übermittlung an die zuständige Behörde, Überprüfung und Aktualisierung (Abs. 2)	52
1. Zuständige Behörden	53
2. Übermittlungspflicht und Frist (Abs. 2 UAbs. 1 S. 1 und UAbs. 2)	56
3. Änderungsanordnung, erneute Übermittlung und Umsetzungspflicht (Abs. 2 UAbs. 1 S. 2 und 3)	59
4. Überprüfungs- und Aktualisierungspflichten des Emittenten (Abs. 2 UAbs. 1 S. 4)	63
IV. Nichterfüllung der für die Vermögenswertreserve geltenden Anforderungen (Abs. 3)	64
1. Voraussetzungen der Ermächtigungsgrundlage	64
2. Kompetenzen der zuständigen Behörde	68
V. Aussetzung des Rücktauschs von vermögenswertereferenzierten Token (Abs. 4)	73
VI. Benachrichtigung der zuständigen Abwicklungs- und Aufsichtsbehörden (Abs. 5)	77
1. Sinn und Zweck	77
2. Zuständige Aufsichts- und Abwicklungsbehörden	78
VII. Konsolidierte Leitlinien der EBA (Abs. 6)	82
1. Rollen der EBA und ESMA	82
2. Rechtsnatur und Verbindlichkeit der Leitlinien	84

Sanierungsplan **Art. 46**

I. Entstehungsgeschichte, Grundlagen und Anwendungsbereich

1. Entstehungsgeschichte

Art. 46 gehört zu den kontrovers diskutierten Vorschriften, die während der Entstehung der Verordnung mehrfach Gegenstand von grundlegenden Änderungen waren, weshalb für ihre **Auslegung** die Entstehungsgeschichte hilfreich ist. Die wesentliche Erkenntnis aus der Entstehungsgeschichte der Vorschrift ist, dass sich **nur der Rat** für einen Sanierungsplan eingesetzt hatte, jedoch weder die Europäische Kommission noch das Europäische Parlament den Bedarf für einen (sehr aufwendigen und ggf. wenig praxistauglichen) Sanierungsplan gesehen hatten (vgl. ebenso zum Rücktauschplan → Art. 47 Rn. 1). 1

Der Vorschlag der **Kommission** wurde im Zuge der Digital Finance Strategy der Europäischen Union am 24.9.2020 veröffentlicht.[1] In diesem Entwurf gab es keinen Artikel zu einem Sanierungsplan und auch keine Vorschrift, die dem heutigen Art. 46 entspricht. Kapital 6 betreffend die „Geordnete Abwicklung", zu dem Art. 46 heute systematisch gehört, enthielt nur eine Vorschrift, nämlich Art. 42, der in drei schlanken Absätzen vorsah, dass Emittenten wertreferenzierter Token einen Plan zur geordneten Abwicklung aufstellen müssen. Wie die Begriffe aber deutlich machen, hatte die Kommission primär einen Abwicklungsplan vor Augen, während der Rat eigenständige Vorgaben für einen Sanierungsplan forcierte.[2] Daher enthielt (erst) der **Ratsvorschlag**[3] v. 19.11.2021 mit Art. 41a eine Vorschrift, auf welche der heutige Art. 46 zurückgeht, und die mit sechs Absätzen schon den Detaillierungsgrad aufwies wie der letztlich beschlossene Art. 46. Im **Parlamentsvorschlag** v. 17.3.2022 war der damalige Art. 41a des Rats sodann jedoch wieder gestrichen.[4] Das Parlament war offenbar – wie die Kommission – der Auffassung, dass es nur einen Abwicklungs- jedoch keinen Sanierungsplan bedürfe. 2

In den **Trilogverhandlungen** setzte sich sodann der Rat durch. Die Fassung v. 5.10.2022[5] sah in Kapitel 6 Vorschriften über die Sanierung und den geordneten Rücktausch vor (recovery and orderly redemption). Der Kleinbuchstabe bei Art. 41a machte erneut deutlich, dass die Regelung zum Sanierungsplan wieder 3

---

[1] Mitteilung der Kommission an das Europäische Parlament, den Rat, den Europäischen Wirtschafts- und Sozialausschuss und den Ausschuss der Regionen über eine Strategie für ein digitales Finanzwesen in der EU v. 24.9.2020, COM/2020/591 final.
[2] Sowohl Kommission als auch Parlament verwendeten innerhalb der Vorschrift für den Abwicklungsplan auch die Wendung „including continuity or recovery", was aber noch nicht den Stellenwert und die Bedeutung hatte wie die vom Rat forcierte Sanierungsplanung.
[3] Rat der Europäischen Union, Proposal for a Regulation of the European Parliament and of the Council on Markets in Crypto-assets, and amending Directive (EU) 2019/1937 – Mandate for negotiations with the European Parliament, 2020/0265 (COD), 19.11.2021.
[4] Europäisches Parlament, Draft European Parliament Legislative Resolution on the proposal for a regulation of the European Parliament and of the Council on markets in crypto-assets and amending Directive (EU) 2019/1937 (COM(2020) 0593 – C9-0306/2020 – 2020/0265(COD)), 17.3.2022.
[5] Rat der Europäischen Union, Proposal for a Regulation of the European Parliament and of the Council on Markets in Crypto-assets, and amending Directive (EU) 2019/1937, 2020/0265 (COD), 5.10.2022.

Art. 46 Titel III Vermögenswertereferenzierte Token

Einzug in den Entwurf fand. In der **finalen Beschlussfassung** v. 20.4.2023[6] wurde nur noch die Nummerierung der Absätze geändert und der zentrale Begriff der „vermögenswertereferenzierte Token" an die finale Terminologie angepasst. Inhaltliche Änderungen waren damit nicht verbunden.

2. Grundlagen sowie Sinn und Zweck der Vorschrift

4 Art. 46 gehört zu **Titel III,** der sich mit vermögenswertereferenzierten Token iSv Art. 3 Abs. 1 Nr. 6 befasst (→ Rn. 10). Titel III fasst spezielle, konzeptionell neu entwickelte[7] Vorschriften zusammen, die die Regelungen betreffend allgemeine Kryptowerte iSv Art. 3 Abs. 1 Nr. 5 verschärfen. Innerhalb von Titel III gehört Kapitel 6 zu den drei kleineren Kapiteln; Kapitel 6 fasst nur zwei Artikel, die hier kommentierte Vorschrift zum Sanierungsplan und Art. 47 zum Rücktauschplan.

5 Art. 46 stellt eine **aufsichtsrechtliche Vorschrift** mit **Ermächtigungsgrundlagen** für die zuständige Behörde dar. Die Vorschrift ist so aufgebaut, dass sie zunächst die Pflichten des Normadressaten erörtert (insb. Abs. 1, → Rn. 38 ff.), sodann Ermächtigungsgrundlagen auf Änderung (Abs. 2, → Rn. 52 ff.), Anordnung der Planmaßnahmen (Abs. 3, → Rn. 64 ff.) und Aussetzung des Rücktauschs (Abs. 4, → Rn. 73 ff.) schafft und schließlich Übermittlungs- und Informationsrechte normiert (Abs. 5, → Rn. 77 ff.). Für einzelne Detailregelungen ermächtigt die Vorschrift schließlich die European Banking Authority (EBA) zur Herausgabe von Leitlinien (Abs. 6, → Rn. 82 ff.), eine Gesetzestechnik, die die praktische Durchführung der Exekutive überantwortet. Der Aufbau ähnelt der Nachbarvorschrift des Art. 47 (dort → Rn. 5).

6 Die Regelung gehört zum **Sondersanierungsrecht** für bestimmte Unternehmen, nämlich solche, die vermögenswertereferenzierte Token emittieren. Die wirtschaftliche Lage des Emittenten, die eintreten muss, um die Sanierungsmaßnahmen umsetzen zu müssen, wird jedoch nicht definiert (ausf. → Rn. 66 f.). Es fehlt damit ein Pendant zu Eröffnungsgründen, wie sie die Mitgliedstaaten typischerweise im Restrukturierungs- und Insolvenzrecht definieren, beispielsweise das deutsche Recht in § 29 Abs. 1 StaRUG und den §§ 17–19 InsO. Es gibt ferner keinen Leitbegriff zur wirtschaftlichen Lage des Emittenten, vergleichbar zur **Insolvenz** und **wahrscheinlichen Insolvenz** nach Art. 2 Abs. 2 lit. a und b der Richtlinie über Restrukturierung und Insolvenz (**RestruktRL**[8]). In dieser Richtlinie werden immerhin einheitliche Leitbegriffe verwendet, wenngleich deren Ausprägung den Mitgliedstaaten überlassen wird. Die wirtschaftliche Lage des Emittenten vermögenswertereferenzierter Token lässt sich jedoch aus den **Zielen** des Art. 46 erschließen, wonach nämlich der Emittent die Erhaltung der Vermögenswertreserve und die Dienstleistungen im Zusammenhang mit dieser speziellen Art Kryptowert nicht mehr vermag oder der Geschäftsbetrieb gestört ist (ausf. → Rn. 32). Das Son-

---

[6] Europäisches Parlament, Entwurf einer Verordnung des Europäischen Parlaments und des Rates über Märkte für Kryptowerte und zur Änderung der RL (EU) 2019/1937, 2020/0265 (COD), 20.4.2023.
[7] Maume ECFR 2/2023, 243 (266).
[8] RL (EU) 2019/1023 des Europäischen Parlaments und des Rates v. 20.6.2019 über präventive Restrukturierungsrahmen, über Entschuldung und über Tätigkeitsverbote sowie über Maßnahmen zur Steigerung der Effizienz von Restrukturierungs-, Insolvenz- und Entschuldungsverfahren und zur Änderung der RL (EU) 2017/1132 (Richtlinie über Restrukturierung und Insolvenz).

Sanierungsplan **Art. 46**

dersanierungsrecht nach der MiCAR ähnelt damit dem Sondersanierungsrecht für Institute, wie es auf Unionsebene in den Rechtsakten SanierungsRL[9], BRRD[10], SRM-VO[11] und auf deutscher Ebene in den §§ 46ff. KWG, dem StaRUG und der InsO geregelt ist (zur Abgrenzung → Rn. 19ff.).[12]

Sinn und Zweck der Vorschrift besteht darin, einem **Risiko** zu begegnen, welches im Zeitpunkt des ordentlichen Gesetzgebungsverfahrens zur MiCAR im europäischen Markt betreffend vermögenswertereferenzierte Token noch nicht in nennenswerter Form bestand (ErwG 5 S. 4).[13] Es ist bislang nicht bekanntgeworden, dass im Zeitpunkt der Veröffentlichung der MiCAR in einer nennenswerten Anzahl von Fällen Schutzlücken betreffend vermögenswertereferenzierte Token virulent geworden wären.[14] Der Rat aber hat am Horizont solche Risiken schon erkannt oder vermutet diese jedenfalls.[15] In den Trilogverhandlungen wurden diese Risiken von Kommission und Parlament offenbar als plausibel eingeschätzt, die beide zuvor den Bedarf für Pflichten zu einem Sanierungsplan nicht gesehen hatten. Der Unionsgesetzgeber scheint die Emission von vermögenswertereferenzierten Token (eine Gruppe der sog. **extrinsischen Kryptowerte**[16] oder **Stablecoins,** vgl. ErwG 41 S. 2) für die Inhaber, insbesondere für Kleinanleger, also als gefährlicher einzuschätzen als die Ausgabe von **intrinsischen Kryptowerten**[17], die einen Wert in sich selbst tragen, wie dies bei Währungstoken der Fall ist. In ErwG 40 begründet er die „strengere[n] Anforderungen" daher mit den „höheren Risiken" „auf die Marktintegrität" als bei „andere[n] Kryptowerte[n]". Sowohl in Art. 46 Abs. 4 als auch in Art. 47 Abs. 2 wird die Finanzstabilität bzw. die Stabilität 7

---

[9] RL 2001/24/EG des Europäischen Parlaments und des Rates v. 4.4.2001 über die Sanierung und Liquidation von Kreditinstituten. Zuletzt geändert durch die BRRD.

[10] RL 2014/59/EU des Europäischen Parlaments und des Rates v. 15.5.2014 zur Festlegung eines Rahmens für die Sanierung und Abwicklung von Kreditinstituten und Wertpapierfirmen und zur Änderung der RL 82/891/EWG des Rates, der RL 2001/24/EG, 2002/47/EG, 2004/25/EG, 2005/56/EG, 2007/36/EG, 2011/35/EU, 2012/30/EU und 2013/36/EU sowie der VO (EU) Nr. 1093/2010 und (EU) Nr. 648/2012 des Europäischen Parlaments und des Rates (BRRD). Geändert durch die RL (EU) 2019/879 des Europäischen Parlaments und des Rates v. 20.5.2019 (BRRD II) und zuletzt durch die VO (EU) 2021/23 des Europäischen Parlaments und des Rates v. 16.12.2020.

[11] VO (EU) 806/2014 des Europäischen Parlaments und des Rates v. 15.7.2014 zur Festlegung einheitlicher Vorschriften und eines einheitlichen Verfahrens für die Abwicklung von Kreditinstituten und bestimmten Wertpapierfirmen im Rahmen eines einheitlichen Abwicklungsmechanismus und eines einheitlichen Abwicklungsfonds sowie zur Änderung der VO (EU) Nr. 1093/2019. Zuletzt geändert durch RL (EU) 2024/1174 des Europäischen Parlaments und des Rates v. 11.4.2024.

[12] Zu diesem System grundlegend Skauradszun/Wrede, Tokenized Finance (Hrsg. Omlor/Lübke), 105 ff.

[13] Zu diesem Risiko siehe Maume ECFR 2/2023, 243 (251).

[14] Vgl. aber zu bedeutenden Einzelfällen in der Zeit der Entstehung der MiCAR Read/Diefenbach CF 2022, 319 (321) (betreffend USDTerra) und Kokorin Capital Markets Law Journal 2023, 1.

[15] Vgl. aber die Fn. zuvor und https://beck-link.de/mfr2h (zuletzt abgerufen am 31.10.2024).

[16] Exemplarisch zu einer Definition MüKoBGB/Wendehorst, 8. Aufl. 2021, EGBGB Art. 43 Rn. 310.

[17] Exemplarisch zu einer Definition MüKoBGB/Wendehorst, 8. Aufl. 2021, EGBGB Art. 43 Rn. 309.

Art. 46 Titel III Vermögenswertereferenzierte Token

der Märkte des Reservevermögens[18] angesprochen und offenbar für diese Stabilität in diesen Kryptowerten ein Gefährdungspotential gesehen (vgl. aber auch ErwG 5 S. 4: „derzeit keine Bedrohung für die Finanzstabilität"). Mehr als eine schlagwortartige Wiederholung dieses Gefährdungspotentials (insbesondere in ErwG 5, 45, 53, für E-Geld-Token vergleichbar in ErwG 71 und 103), sieht die MiCAR jedoch nicht vor. Ein empirischer Nachweis steht also noch aus.

8 Historisch ist dieser Trend bemerkenswert: Kryptowerten in Form von Währungstoken wird seit ihrer Entwicklung vorgeworfen, (zu) volatil zu sein.[19] Vermögenswertereferenzierte Token versuchen gerade dieser Kritik beizukommen und bezwecken durch die Bezugnahme auf andere Vermögenswerte die Verbesserung der Stabilität des Kryptowerts.[20] Gerade dieser – eigentlich gewünschte – Aspekt begründet aber die strengeren Anforderungen und **könnte** damit **ökonomisch falsche Anreize setzen**. Ob vermögenswertereferenzierte Token tatsächlich den „großen Anklang" am Markt finden (vgl. ErwG 5 letzter Satz), ist derzeit noch nicht bekannt, ein steigender Trend ist aber erkennbar.[21] Ob die höhere Komplexität, die extrinsischen Kryptowerten innewohnt, tatsächlich ein Sondersanierungsrecht rechtfertigt, ist daher ebenfalls unklar. Sinn und Zweck des Art. 46 ist es gleichwohl, frühzeitig der etwaigen Gefahr zu begegnen („Wehret den Anfängen!").[22] Emittenten dieser vermögenswertereferenzierten Token müssen daher einen erheblichen Aufwand in Kauf nehmen, wenn sie auf diesem Markt tätig werden wollen.

3. Anwendungsbereich

9 Art. 46 ist nur anwendbar, wenn **zwei Grundvoraussetzungen** gegeben sind: Es muss sich erstens um vermögenswertereferenzierte Token iSv Art. 3 Abs. 1 Nr. 6 handeln (→ Rn. 10). Art. 46 findet also keine Anwendung, wenn Kryptowerte iSv Art. 3 Abs. 1 Nr. 5 betroffen sind, ohne dass diese zugleich unter Art. 3 Abs. 1 Nr. 6 fallen. Zweitens adressiert die Vorschrift Emittenten iSv Art. 3 Abs. 1 Nr. 10, nicht aber Anbieter von Kryptowerte-Dienstleistungen (→ Rn. 18). Die Vorschrift findet also keine Anwendung auf Personen, die vermögenswertereferenzierte Token nicht emittieren, sondern beispielsweise lediglich verwahren, für diese eine Handelsplattform betreiben, tauschen, am Markt platzieren, hierzu beraten oder in einem Port-

---

[18] Sowohl der Begriff „Vermögenswertreserve" als auch „Reservevermögen" werden in der MiCAR gebraucht. Art. 3 Abs. 1 Nr. 32 definiert die „Vermögenswertreserve" als „den Korb mit Reservevermögen, mit dem die Forderung gegenüber dem Emittenten besichert wird". Auch im deutschen Durchführungsgesetz, dem Kryptomärkteaufsichtsgesetz (KMAG), welches derzeit in Form der Beschlussempfehlung des Finanzausschusses (7. Ausschuss) vorliegt, BT-Drs. 20/11178, werden die Begriffe als Synonyme verstanden, vgl. BT-Drs. 20/10280, 146. Das KMAG wurde durch Art. 1 Finanzmarktdigitalisierungsgesetz (FinmadiG) geschaffen. Wenn im Rahmen der Kommentierung auf das KMAG oder das FinmadiG verwiesen wird, dann bezieht sich der Verweis auf die Beschlussempfehlung (BT-Drs. 20/11178).
[19] Vgl. die Warnung der BaFin v. 13.1.2021 „Hype um Kryptowerte – BaFin warnt Verbraucher vor Risiken bei Investments".
[20] Vgl. Omlor/Franke BKR 2022, 679 (680). Allerdings ist genau dieser Mechanismus der Grund gewesen, warum der Unionsgesetzgeber für diese Token ein umfangreiches Regelungsregime entworfen hat, vgl. Maume ECFR 2/2023, 243 (247).
[21] Vgl. Omlor/Franke BKR 2022, 679; Heidbüchel CF 2023, 197.
[22] Vgl. Kokorin Capital Markets Law Journal 2023, 1 (12ff.).

Sanierungsplan **Art. 46**

folio verwahren (vgl. die Kryptowerte-Dienstleistungen nach Art. 3 Abs. 1 Nr. 16). Für diese kann jedoch Art. 74 und das Sanierungs- und Insolvenzrecht Anwendung finden, das für nahezu alle Schuldner (wie nach der EuInsVO und InsO), für die meisten Unternehmen (wie nach der RestruktRL und dem StaRUG)[23] oder Institute (wie nach der SRM-VO und BRRD sowie den §§ 43ff. KMAG bzw. §§ 46ff. KWG und dem SAG[24]) entwickelt wurde (→ Rn. 19ff.).

a) Vermögenswertereferenzierte Token. Vermögenswertereferenzierte Token meint nach Art. 3 Abs. 1 Nr. 6 „einen Kryptowert, der kein E-Geld Token ist und dessen Wertstabilität durch Bezugnahme auf einen anderen Wert oder ein anderes Recht oder eine Kombination davon, einschließlich einer oder mehrerer amtlicher Währungen, gewahrt werden soll".[25] Vermögenswertereferenzierte Token **sind zugleich Kryptowerte** iSv Art. 3 Abs. 1 Nr. 5. Kryptowert nach Nr. 5 meint „eine digitale Darstellung eines Werts oder eines Rechts, der bzw. das unter Verwendung der Distributed-Ledger-Technologie oder einer ähnlichen Technologie elektronisch übertragen und gespeichert werden kann". Art. 46 ist ausweislich der systematischen Verortung in Kapitel 6 und des eindeutigen Wortlauts der Vorschrift nur auf bestimmte extrinsische Kryptowerte iSv Art. 3 Abs. 1 Nr. 6 anwendbar, die vermögenswertereferenzierte Token genannt werden.[26] 10

Art. 55 Abs. 1 **erweitert** den **Anwendungsbereich** von Art. 46 auf die Emittenten von **E-Geld-Token.** Ein E-Geld-Token ist nach Art. 3 Abs. 1 Nr. 7 ein „Kryptowert, dessen Wertstabilität unter Bezugnahme auf den Wert einer amtlichen Währung gewahrt werden soll". Beiden Unterkategorien ist gemein, dass der Kryptowert mit mindestens einem anderen Wert verknüpft ist – die sog. **Bezugnahme** – und daher zu den extrinsischen Kryptowerten gehört. Die Unterkategorien lassen sich so abgrenzen, dass E-Geld-Token nur auf **eine amtliche Währung** Bezug nehmen können – etwa Euro oder Schweizer Franken –, während vermögenswertereferenzierte Token auf **mehrere andere Werte** Bezug nehmen können, beispielsweise auf die amtliche Währung Euro und zugleich Erdöl. 11

Die Komplexität im Vergleich zu intrinsischen Kryptowerten besteht in der Bezugnahme auf andere Werte oder amtliche Währungen.[27] Gelingt die Wertstabilität und werden vermögenswertereferenzierte Token oder E-Geld-Token zunehmend mehr eingesetzt, kann das in Rn. 7 erörterte und vom Unionsgesetzgeber offenbar 12

---

[23] Siehe dann zum Ausschluss von bestimmten Finanzunternehmen § 30 Abs. 2 StaRUG und BeckOK StaRUG/Kramer, 14. Ed. 1.10.2024, StaRUG § 30 Rn. 64; MüKoStaRUG/Skauradszun, 2023, StaRUG § 30 Rn. 33 ff.

[24] Zur Abgrenzung dieser Rechtsakte voneinander Beck/Samm/Kokemoor/Skauradszun KWG § 46b Rn. 10.

[25] Zu den rechtlichen Unterschieden zwischen E-Geld- und vermögenswertereferenzierten Token siehe Müller-Lankow/Liebscher WM 2024, 1152.

[26] Vgl. zur Unterscheidung gegenüber Kryptowährungen Müller-Lankow/Liebscher WM 2024, 1152.

[27] Die UNIDROIT Principles on Digital Assets and Private Law (DAPL), 2023, erfassen im Vergleich dazu in Principle 4 sog. „linked assets". Es handelt sich hierbei um digitale Vermögenswerte iSv Principle 2 Abs. 2, die auf andere Vermögenswerte Bezug nehmen. In Ziff. 4.24 der UNIDROIT-eigenen Kommentierung wird beschrieben, dass sich solche „linked assets" auch auf eine staatliche Währung beziehen können. Im Gegensatz zur MiCAR, die zwischen vermögenswertereferenzierten Token und E-Geld-Token unterscheidet, unterscheidet Principle 4 nicht danach, ob auf lediglich eine staatliche Währung oder mehrere staatliche Währungen Bezug genommen wird.

gesehene Risiko virulent werden. Einer der vielen Gründe dafür, warum das vom Unionsgesetzgeber gesehene Risiko schwer einzuschätzen ist, ist, dass derzeit nicht geklärt ist, **welche Vermögenswerte** in Bezug genommen werden können und wie sich diese besonderen Token in das bestehende Rechtssystem, etwa in das **Zivilrecht,** integrieren lassen. Beispielsweise ist derzeit noch nicht geklärt, wie diese Token zivilrechtlich **übertragen** werden können und was die Terminologie **Eigentumsrechte** iSv Art. 70 Abs. 1 umfasst.[28]

13 Art. 46 ist anwendbar, unabhängig davon wie der Emittent das Protokoll der Blockchain oder den bzw. die Smart Contracts programmiert hat (ErwG 41 S. 1).[29] Es ist ferner irrelevant, ob von dem in Bezug genommenen Wert in irgendeiner Form ein Risiko ausgeht oder der Wert besonderen Schutzvorschriften unterliegt, wie etwa Immaterialgüterrechte oder bestimmte gesellschaftsrechtliche Beteiligungen speziellen Form- und Registererfordernissen unterliegen können.[30] Schließlich ist irrelevant, wie der Emittent die Wertstabilität wahren will. Möglich wäre dies beispielsweise durch einen **Algorithmus,** der die Wertstabilität dadurch wahren soll, dass – ausgehend von einer steigenden oder sinkenden Nachfrage nach diesem vermögenswertereferenzierten Token – die Menge an in Bezug genommenen Werten wächst oder reduziert wird.

14 Solch algorithmische vermögenswertereferenzierte Token fallen ausweislich **ErwG 41 S. 2** in den Anwendungsbereich von Art. 46. In **ErwG 26** des **Vorschlags** der Kommission war hingegen noch vorgesehen, dass algorithmische Stablecoins „mit Wertstabilisierung über Protokolle, die das Angebot an den entsprechenden Kryptowerten auf Nachfrageveränderungen hin erhöhen oder vermindern" nicht als (vermögens-)wertreferenzierte Token betrachtet werden sollten, „sofern die Wertstabilisierung nicht durch Bezugnahme auf eine oder mehrere andere Vermögenswerte erfolgt".

15 Beispiele für **einfachere algorithmische Stablecoins** sind Kryptowerte, deren Protokoll der Blockchain einen Zielwert – etwa den Schweizer Franken – und einen Zielpreis für den Kryptowert definiert, beispielsweise 1.000 Schweizer Franken entsprechen 1 Kryptowert mit dem fiktiven Namen X. Steigt der Schweizer Franken, verringert das Protokoll der Blockchain das Angebot an X, in der Annahme, dass bei weniger Angebot an X dessen Wert steigt. Sinkt der Schweizer Franken, kann das Protokoll der Blockchain vorsehen, dass neue Kryptowerte zu einem geringeren Preis ausgegeben werden, in der Annahme, dass Spekulanten diese kaufen und der Wert des Kryptowerts – analog zum Schweizer Franken – sinkt. Dieser Mechanismus zur Wertstabilisierung ist deshalb einfach, da er ausschließlich über Nachfrageveränderungen arbeitet, der Kryptowert jedoch nicht auf andere Werte oder andere Rechte, die nicht amtliche Währungen sind, Bezug nimmt. Auch bei diesen einfacheren algorithmischen Stablecoins sind allerdings Kursabstürze bekanntgeworden, bei denen der Algorithmus die Wertstabilität nicht gewährleisten konnte.

16 Die Bezugnahme des vermögenswertereferenzierten Token auf einen anderen Wert kann im Übrigen so vorgesehen werden, dass der Emittent für eine im Proto-

---

[28] Dazu Skauradszun/Nguyen ZVglRWiss 123 (2024), 261. Vgl. als Anhaltspunkt die Diskussion in Deutschland zu den möglichen Übertragungsmechanismen Skauradszun AcP 221 (2021), 353 (371 ff.).
[29] Ähnlich Lösing/John BKR 2023, 273 (274).
[30] Ob Immobilien in Bezug genommen werden können, hängt davon ab, wie ErwG 10 S. 3 auszulegen ist. Die dortige Einschränkung für Immobilien taucht im Normtext nicht auf.

Sanierungsplan **Art. 46**

koll definierte Menge an Kryptowerten stabilisierende Werte **hinterlegen** muss, beispielsweise pro Kryptowert die Hälfte des definierten Wertes in US-Dollar und die andere Hälfte in Schweizer Franken.

Vermögenswertereferenzierte Token und E-Geld-Token können als **signifikant** 17 geltend, „wenn sie bestimmte Kriterien erfüllen oder wahrscheinlich erfüllen, zu denen beispielsweise ein großer Kundenstamm, eine hohe Marktkapitalisierung oder eine hohe Zahl von Transaktionen gehören" (ErwG 59 S. 1, 71, 102 ff., Art. 25 Abs. 1 S. 2 lit. g, 34 Abs. 5 S. 2 lit. g, 43 ff.).[31] Diese unterliegen dann strengeren Anforderungen (→ Art. 3 Rn. 18), fallen jedenfalls auch in den Anwendungsbereich von Art. 46.[32]

b) Emittent. Emittent ist nach Art. 3 Abs. 1 Nr. 10 „eine natürliche oder juris- 18 tische Person oder ein anderes Unternehmen, die bzw. das Kryptowerte emittiert". Im Vorschlag der Kommission war der Begriff des Emittenten noch auf juristische Personen beschränkt (Art. 3 Abs. 1 Nr. 6 MiCAR-E). In der beschlossenen Fassung der MiCAR wird unter dem Emittenten derjenige Rechtsträger verstanden, der „die **Kontrolle** über die Schaffung von Kryptowerten" ausübt (ErwG 20 S. 2). Die Emission von vermögenswertereferenzierten Token in der Union ist im Regelfall **zulassungspflichtig** nach Art. 16.[33] Wer als Emittent zugelassen werden kann, bestimmt ebenfalls ua Art. 16. Beabsichtigen Kreditinstitute die Ausgabe von vermögenswertereferenzierten Token, bestimmen sich die Anforderungen an das Kreditinstitut nach Art. 17. **Allgemeiner Maßstab,** der auch für das Verhalten des Emittenten unter Art. 46 relevant sein kann, ist ErwG 49 S. 1, wonach „Emittenten vermögenswertereferenzierter Token stets ehrlich, redlich und professionell und im besten Interesse der Inhaber der vermögenswertereferenzierten Token handeln [sollen]". Diese Anforderungen an das persönliche Verhalten bzw. Verhalten im Geschäftsverkehr werden in Art. 27 fast wortlautgleich wiederholt. Aus der Gesetzessystematik ist ersichtlich, dass sich der Emittent auch bei der Erstellung und Aufrechterhaltung des Sanierungsplans oder **bei Durchführung von Sanierungsmaßnahmen** im Konflikt- und Krisenfall (→ Rn. 64 ff.) **entsprechend verhalten muss.** Die in ErwG 49 S. 2 (Einrichtung eines klaren Verfahrens bei Beschwerden) und ErwG 50 (Strategien betreffend Interessenkonflikte) niedergelegten Maßstäbe sind operativer Natur und können ebenfalls bei der Umsetzung von Art. 46 als Leitlinien relevant sein.

---

[31] Vgl. dazu auch die Delegierte Verordnung (EU) 2024/1506 der Kommission v. 22.2.2024 zur Ergänzung der Verordnung (EU) 2023/1114 des Europäischen Parlaments und des Rates durch Spezifizierung bestimmter Kriterien für die Einstufung vermögenswertereferenzierter Token und E-Geld-Token als signifikant.

[32] Dabei sind zu beachten die Delegierte Verordnung (EU) 2024/1503 der Kommission v. 22.2.2024 zur Ergänzung der Verordnung (EU) 2023/1114 des Europäischen Parlaments und des Rates durch Präzisierung der Gebühren, die die Europäische Bankaufsichtsbehörde Emittenten signifikanter vermögenswertereferenzierter Token und Emittenten signifikanter E-Geld-Token in Rechnung stellt und die Delegierte Verordnung (EU) 2024/1504 der Kommission v. 22.2.2024 zur Ergänzung der Verordnung (EU) 2023/1114 des Europäischen Parlaments und des Rates durch Festlegung der Verfahrensvorschriften für die Ausübung der Befugnis zur Verhängung von Geldbußen oder Zwangsgeldern gegen Emittenten signifikanter vermögenswertereferenzierter Token und Emittenten signifikanter E-Geld-Token durch die Europäische Bankenaufsichtsbehörde.

[33] Zu Ausnahmen vgl. ErwG 43 S. 2 und 3 und Art. 16 Abs. 2. Für diese Emittenten gilt Art. 46 gleichwohl.

Art. 46

19 **c) Verhältnis und Abgrenzung zu anderen Regelungen.** Das Verhältnis von Art. 46 zu anderen, ähnlich gelagerten Regelungen ist in zweierlei Hinsicht bedeutsam: Erstens gibt es zu Art. 46 derzeit keine Erfahrungen, weshalb ein **Vergleich** mit ähnlichen Regelungen aus anderen Rechtsakten der Union für die Auslegung hilfreich sein kann. Die Aufsichtsbehörden werden bei der Anwendung von Art. 46 ihre Erfahrungen mit ähnlich gelagerten Vorgaben einfließen lassen, insbesondere Erfahrungen mit dem in Rn. 20f. dargestellten Sanierungsplan der BRRD. Zweitens ist **Art. 46 nicht abschließend** zu verstehen, sondern steht neben anderen Regelungen, die teils auf Unionsebene, teils auf nationaler Ebene erlassen wurden (vgl. ErwG 9 S. 1 und 2). Es gibt daher Emittenten, die sowohl einen Sanierungs- und Rücktauschplan nach MiCAR als auch einen Sanierungsplan nach dem Regelungsregime des SRM aufstellen müssen (→ Rn. 20ff.) bzw. in der finanziellen Krise einen Restrukturierungs- oder Insolvenzplan (→ Rn. 27ff.) erstellen. Davon zu unterscheiden ist aber die Frage, ob Sanierungsmaßnahmen nach Art. 46 auch in anderen Plänen enthalten sein können oder insoweit Art. 46 abschließend ist.

20 **aa) SRM-VO und BRRD.** Auf Unionsebene widmen sich die **BRRD**[34] und die **SRM-VO**[35] einem **Sondersanierungs- und -abwicklungsrecht** für bestimmte Unternehmen.[36] Art. 5 BRRD regelt den **Sanierungsplan**. Die Mitgliedstaaten stellen nach Art. 5 Abs. 1 S. 1 BRRD sicher, dass jedes Institut, das nicht Teil einer Gruppe ist, die einer Beaufsichtigung auf konsolidierter Basis gemäß den Art. 111 und 112 der RL 2013/36/EU (CRD IV) unterliegt, einen Sanierungsplan erstellt und laufend aktualisiert. In diesem Sanierungsplan wird dargelegt, mit welchen von dem Institut zu treffenden Maßnahmen im Fall einer erheblichen Verschlechterung der Finanzlage des Instituts dessen finanzielle Stabilität wiederhergestellt werden soll. Der Inhalt des Sanierungsplans nach der BRRD wird im Abschnitt A des Anhangs der BRRD näher beschrieben. Ähnlich wie im Sanierungsplan iSv Art. 46 sollen auch im Sanierungsplan iSv Art. 5 BRRD Regelungen und Maßnahmen zur Restrukturierung der Geschäftsbereiche des Instituts vorgesehen werden (vgl. Nr. 14 Abschnitt A des Anhangs der BRRD). Insbesondere müssen Regelungen und Maßnahmen enthalten sein, die zur Fortführung des Geschäftsbetriebs, einschließlich der gemäß der VO (EU) 2022/2554 eingerichteten und verwalteten Netzwerk- und Informationssysteme, erforderlich sind (vgl. Nr. 16 Abschnitt A des Anhangs der BRRD). Diese Maßnahmen hat die EBA in ihren Leitlinien näher (wenngleich immer noch abstrakt) ausgeführt.[37] Letztere Maßnahmen können sich mit den Sanierungsmaßnahmen nach Art. 46 Abs. 1 UAbs. 2 überschneiden, da auch hier das Aufrechterhalten von Dienstleistungen des Emittenten und eine rasche Sanierung des Geschäftsbetriebs als Sanierungsmaßnahmen vorgesehen sind. **Art. 46 lehnt sich** auch im Übrigen hinsichtlich vieler Pflichten und Präzisierungen **an Art. 5 BRRD an**, etwa hinsichtlich der Aktualisierungspflicht (Art. 5 Abs. 2 BRRD) und der Herausgabe von Leitlinien durch die EBA (Art. 5 Abs. 7 BRRD). Die Sanierungspläne ähneln sich ferner insoweit als es sich um Pläne handelt, durch die im Wege aufsichtsrechtlicher Vorgaben und

---

[34] Vgl. Fn. 10.
[35] Vgl. Fn. 11.
[36] Vgl. zum Anwendungsbereich der SRM-VO Beck/Samm/Kokemoor/Skauradszun KWG § 46b Rn. 10.
[37] Vgl. https://beck-link.de/d7wpt, dort. S. 15ff., zuletzt abgerufen am 31.10.2024.

Sanierungsplan **Art. 46**

Ermächtigungsgrundlagen in die Rechte des Instituts bzw. des Emittenten und in die Rechte der betroffenen Anleger bzw. der Inhaber vermögenswertereferenzierter Token eingegriffen wird. Zweck des Sanierungsplans iSv Art. 5 BRRD ist allerdings die Verhinderung der Insolvenz des beaufsichtigten Instituts (vgl. ErwG 1, Art. 6 Abs. 2 lit. a BRRD). Diesen Zweck verfolgt der Sanierungsplan iSv Art. 46 wohl nicht primär (vgl. → Rn. 32). Die EBA hat den Fall, dass Emittenten auch „anderen Sanierungsplanungsverpflichtungen nach branchenspezifischen EU-Rechtsvorschriften unterliegen", explizit in ihren Leitlinien adressiert. Danach haben Emittenten, die einerseits Kreditinstitute oder Wertpapierfirmen sind und andererseits keine signifikanten vermögenswertereferenzierten Token ausgeben, die Möglichkeit, im BRRD-Sanierungsplan einen Anhang aufzunehmen, der alle in den EBA-Leitlinien zum Sanierungsplan nach Art. 46 und Art. 55 aufgeführten Informationen enthält, indem Querverweise auf die relevanten Abschnitte des BRRD-Sanierungsplans, die sich mit den Leitlinien überschneiden, aufgenommen werden. Entscheiden sich Emittenten für diese Option, dann übermitteln sie den Sanierungsplan gemäß den Anforderungen der MiCAR, der als Anhang zum BRRD-Sanierungsplan erstellt wurde, an die nach der MiCAR zuständige Behörde. Der Emittent muss außerdem in einer Erklärung/einem Index die spezifischen Abschnitte und Seiten des BRRD-Sanierungsplans angeben, in denen die in den EBA-Leitlinien zum Sanierungsplan nach Art. 46 und Art. 55 festgelegten Informationen enthalten sind.[38]

Die SRM-VO kennt zwar ebenfalls einen **Sanierungsplan** (Art. 10 Abs. 2 SRM-VO), meint damit aber einen Plan, den die EZB oder die relevante nationale zuständige Behörde dem Single Resolution Board (SRB) zur Verfügung stellt. Die SRM-VO widmet sich primär den Abwicklungsplänen.[39] Die SRM-VO harmonisiert im Wesentlichen das Abwicklungsverfahren von Unternehmen iSv Art. 2 Abs. 1 SRM-VO.[40] Eine Parallele gibt es insoweit, als dass diese Abwicklungspläne die Stabilität des Finanzmarkts bezwecken (vgl. ErwG 2 SRM-VO und → Rn. 7), die insbesondere auch bei **signifikanten** vermögenswertereferenzierten Token gefährdet sein könnte (→ Rn. 17). 21

In der Nachbarvorschrift des Art. 47 zum Rücktauschplan nimmt die MiCAR ausdrücklich auf mehrere Artikel der BRRD Bezug (→ Art. 47 Rn. 31 ff.). Da der Sanierungsplan nach der MiCAR an den Sanierungsplan nach der BRRD angelehnt ist und der Unionsgesetzgeber durch Normverweise auf die BRRD die Parallele deutlich macht, ist zu erwarten, dass sich die **EBA** an diesen Detailregelungen aus dem Nachbarrechtsakt orientieren wird. Ob die Sanierungspläne nach Art. 46 im Ernstfall aber mehr Bedeutung haben werden als die Sanierungspläne nach der BRRD, muss sich erst noch zeigen. Für das Jahr 2017 wurde jedenfalls anhand von drei konkreten Abwicklungsfällen nachgezeichnet, dass die Pläne im Ernstfall nicht umgesetzt, sondern andere Maßnahmen ergriffen wurden.[41] 22

bb) Gesetz zur Sanierung und Abwicklung von Instituten und Finanzgruppen (SAG). Die in Rn. 20 genannte BRRD wurde im deutschen Recht mit dem Sanierungs- und Abwicklungsgesetz **(SAG)** umgesetzt. Die §§ 12–21a SAG regeln die Sanierungsplanung. Im Grundsatz haben Institute im Anwendungs- 23

---

[38] EBA/GL/2024/07 v. 13.6.2024, 18.
[39] Hübner/Leunert ZIP 2015, 2259 (2264).
[40] Hübner/Leunert ZIP 2015, 2259 (2264).
[41] Skauradszun/Beermann WM 2018, 1041.

Art. 46 Titel III Vermögenswertereferenzierte Token

bereich des SAG (§ 2 Abs. 1 iVm § 1 SAG) nach § 12 einen **Sanierungsplan** zu erstellen. Dieser wird für den in § 12 Abs. 1 S. 2 SAG legaldefinierten **Krisenfall** vorbereitet. Der Krisenfall meint diejenige Situation, in der sich die Vermögens-, Finanz- oder Ertragsentwicklung wesentlich verschlechtert und diese Verschlechterung zu einer Bestandsgefährdung führen kann. Sanierungspläne nach dem SAG sind der BaFin und der Deutschen Bundesbank vorzulegen, fortan zu aktualisieren sowie ggf. zu überarbeiten (§§ 12 Abs. 3 und 4, 16 SAG). Hinsichtlich der Übermittlung des Sanierungsplans unterscheiden sich die MiCAR und das SAG: Art. 46 verpflichtet den Emittenten zur Übermittlung des Sanierungsplans qua Gesetz, während in § 12 Abs. 3 S. 1 SAG die Vorlagepflicht an die Aufforderung der BaFin geknüpft wird. Die Regelungen zum Inhalt der Sanierungspläne in Art. 6 BRRD bzw. § 13 SAG sind **detaillierter,** als der Sanierungsplan in Art. 46 geregelt ist. Aufgrund der Nähe des Sanierungsplans nach Art. 46 zum Sanierungsplan nach § 12 SAG empfiehlt es sich, die **Praxis der BaFin** in den Blick zu nehmen, da sich diese – zumindest bei manchen Abläufen – an dem Pendant aus dem SAG orientieren könnte.

24   Die SRM-VO, die BRRD und das SAG enthalten keine Vorschriften zum **Verhältnis** dieser Sanierungspläne zu dem Sanierungsplan nach Art. 46. Es gibt Unternehmen, die – etwa als Kreditinstitut, welches das Einlagengeschäft betreibt (§§ 2 Abs. 1 iVm 1 Abs. 1 S. 1 Nr. 1 SAG, § 1 Abs. 3 d S. 1 KWG, Art. 4 Abs. 1 Nr. 1 Kapitaladäquanz-VO (CRR)) und zudem vermögenswertereferenzierte Token emittiert (Art. 17) – einen Sanierungsplan nach § 12 SAG als auch einen solchen nach Art. 46 erstellen müssen (→ Rn. 19). Diese Pläne können sich **inhaltlich teilweise decken** (→ Rn. 20).

25   cc) **§§ 45 ff. KWG.** In § 45 Abs. 2 Nr. 13 KWG wird geregelt, dass die BaFin anordnen kann, dass das Institut eine oder mehrere Handlungsoptionen aus einem **Sanierungsplan** nach § 13 SAG umsetzen muss. Voraussetzung für eine solche Anordnung ist, dass das Institut bestimmte Anforderungen und Verpflichtungen iSv § 45 Abs. 1 nicht oder zukünftig voraussichtlich nicht mehr erfüllen wird. Einen eigenen Sanierungsplan kennt das KWG allerdings nicht. In § 45 Abs. 2 Nr. 12, Abs. 3 KWG wird allerdings der KWG eigene **Restrukturierungsplan**[42] geregelt, den das Institut – nach entsprechender Anordnung der BaFin – erstellen und vorlegen muss. Dieser verfolgt einen anderen Zweck als der Sanierungsplan iSv Art. 46. Der Restrukturierungsplan zielt darauf ab, dass die aufsichtlichen Anforderungen iSv § 45 Abs. 1 KWG wiedereingehalten werden.[43] Der Restrukturierungsplan ähnelt dem Sanierungsplan iSd BRRD bzw. des SAG. Aufgrund dieser Ähnlichkeit wird vertreten, dass – falls ein Sanierungsplan iSd SAG bereits erstellt worden ist – § 45 Abs. 2 Nr. 13 KWG Vorrang gegenüber § 45 Abs. 2 Nr. 12 KWG habe.[44]

26   Emittenten vermögenswertereferenzierter Token sind kein **Institut** iSv § 2 Abs. 4 Nr. 1 KMAG und fallen dann in den Anwendungsbereich des § 43 KMAG fallen. Diese Ermächtigungsgrundlage für die **BaFin** gehört zum **Sondersanierungsrecht** für Institute. Besteht eine Gefahr für die Erfüllung der Verpflichtungen eines Instituts gegenüber seinen Gläubigern, insbesondere für die Sicherheit der ihm anvertrauten Vermögenswerte, oder besteht der begründete Verdacht, dass eine wirksame Aufsicht über das Institut nicht möglich ist, kann die Aufsichtsbehörde zur Ab-

---

[42] Fischer/Schulte-Mattler/Lindemann KWG § 45 Rn. 127.
[43] Näher dazu Fischer/Schulte-Mattler/Lindemann KWG § 45 Rn. 128.
[44] Fischer/Schulte-Mattler/Lindemann KWG § 45 Rn. 129.

Sanierungsplan **Art. 46**

wendung dieser Gefahr einstweilige Maßnahmen treffen (§ 43 Abs. 1 S. 1 KMAG). Die Ermächtigungsgrundlage des § 43 KMAG weist eine gewisse Ähnlichkeit zur Ermächtigungsgrundlage des Art. 46 Abs. 3 auf. Sollten diese Emittenten im Übrigen einen der **Eröffnungsgründe** nach §§ 17–19 InsO erfüllen,[45] gilt zudem das **Sonderinsolvenzrecht** der Institute (§ 44 KMAG).[46] Die ähnliche Ermächtigungsgrundlage des § 46 KWG ist auf Anbieter des **qualifizierten** Kryptoverwahrgeschäfts anwendbar.[47]

dd) EuInsVO, RestruktRL, InsO und StaRUG. Sanierungspläne kennt 27 im Übrigen auch die Europäische Insolvenzordnung (**EuInsVO**[48]), vgl. ErwG 11 S. 2, 44 ff., Art. 41 Abs. 2 lit. b, 47, 56 Abs. 2 lit. c, 60 Abs. 1 lit. b Var. i EuInsVO. Diese Verordnung ist jedoch nicht auf alle Schuldner anwendbar. Vielmehr sieht sie in Art. 1 Abs. 2 EuInsVO eine **Bereichsausnahme** vor, insbesondere für Kreditinstitute, Wertpapierfirmen und andere Firmen, Einrichtungen und Unternehmen iSd RL 2001/24/EG (Sanierungs-RL). Ist ein Kreditinstitut iSv Art. 17 Emittent eines vermögenswertereferenzierten Tokens, dann wird es aufgrund der Bereichsausnahme der EuInsVO von dieser Verordnung nicht erfasst. Emittenten vermögenswertereferenzierter Token müssen aber nicht von der Bereichsausnahme erfasst sein und können durchaus in den Anwendungsbereich der EuInsVO fallen. Der Sanierungsplan iSv Art. 46 unterscheidet sich aber von einem solchen nach der EuInsVO. Während der Sanierungsplan nach Art. 46 im Ausgangspunkt einen präventiven Charakter hat (→ Rn. 34), ist der Sanierungsplan nach der EuInsVO eine Reaktion des Schuldners auf den konkreten Eintritt der (wahrscheinlichen) Insolvenz (vgl. Art. 1 Abs. 1 EuInsVO). Anders als der Sanierungsplan nach Art. 46 und Art. 5 BRRD regelt die EuInsVO nicht, wie die Sanierungspläne materiell-rechtlich gestaltet sein soll, und nur wenig zu deren verfahrensrechtlicher Behandlung, da die EuInsVO – im Unterschied zur RestruktRL (→ Rn. 28) – primär Fragen des Internationalen Zivilverfahrensrechts (vgl. etwa Art. 3–6 EuInsVO) und des Internationalen Privatrechts adressiert (vgl. etwa Art. 7–18 EuInsVO) (zur fehlenden Harmonisierung des (materiellen) Insolvenzbegriffs vgl. auch → Art. 47 Rn. 25).

Umfangreiche Regelungen zu einem **Restrukturierungsplan** kennt die 28 Richtlinie über Restrukturierung und Insolvenz (**RestruktRL**, → Rn. 6). Da dieser EU-Rechtsakt das Ziel verfolgt, das Restrukturierungsrecht in der Europäischen Union zu harmonisieren (ErwG 8 S. 2 RestruktRL), werden nicht nur Regelungen zum Inhalt des Restrukturierungsplans vorgegeben (Art. 2 Abs. 1 Nr. 1, Art. 8 RestruktRL), sondern auch zum Verfahren (Art. 9 ff. RestruktRL). Der Restrukturierungsplan nach der RestruktRL wird nicht rein präventiv erstellt und resultiert auch

---

[45] Beck/Samm/Kokemoor/Skauradszun KWG § 46b Rn. 17 ff.
[46] Die Unterscheidung zwischen Kryptowerten iSv § 1 Abs. 11 S. 4 KWG (vgl. Art. 3 Nr. 2 lit. b FinmadiG) iVm Art. 3 Abs. 1 Nr. 5 MiCAR und kryptografischen Instrumenten iSv § 1 Abs. 1a S. 2 Nr. 6 lit. a und lit. b KWG (vgl. Art. 3 Nr. 2 lit. a FinmadiG) hat zur Folge, dass für Institute iSv § 2 Abs. 4 KMAG im Anwendungsbereich der MiCAR nicht auf § 46b KWG, sondern § 44 KMAG abzustellen ist.
[47] Die Unterscheidung zwischen Kryptowerten iSv § 1 Abs. 11 S. 4 KWG (vgl. Art. 3 Nr. 2 lit. b FinmadiG) iVm Art. 3 Abs. 1 Nr. 5 MiCAR und kryptografischen Instrumenten iSv § 1 Abs. 1a S. 9 KWG (vgl. Art. 3 Nr. 2 lit. a FinmadiG) hat zur Folge, dass für Institute iSv § 2 Abs. 4 KMAG im Anwendungsbereich der MiCAR nicht auf § 46 KWG, sondern § 43 KMAG abzustellen ist.
[48] VO (EU) 2015/848 des Europäischen Parlaments und des Rates v. 20.5.2015 über Insolvenzverfahren, zuletzt geändert durch VO (EU) 2021/2260 v. 15.12.2021.

Art. 46

nicht aus einer aufsichtsrechtlichen Pflicht, sondern wird vom Schuldner als Reaktion darauf erstellt, dass sich dieser aktuell in finanziellen Schwierigkeiten befindet und die Insolvenz wahrscheinlich ist (Art. 1 Abs. 1 lit. a, Art. 4 Abs. 1 RestruktRL).

29 Die EuInsVO und die RestruktRL enthalten keine Vorschriften zum **Verhältnis** dieser Sanierungs- bzw. Restrukturierungspläne zu dem Sanierungsplan nach Art. 46.[49] Es ist möglich, dass ein Unternehmen im Anwendungsbereich des Art. 1 EuInsVO bzw. Art. 1 RestruktRL sowohl einen Sanierungsplan nach Art. 46 erstellen und aktuell halten muss als auch einen Sanierungs- bzw. Restrukturierungsplan nach insolvenz- bzw. restrukturierungsrechtlichen Gesichtspunkten erstellt (→ Rn. 19 und → Rn. 27; beachte aber im Anwendungsbereich des KMAG die deutsche Bereichsausnahme in § 30 Abs. 2 StaRUG iVm § 1 Abs. 19 KWG). Fraglich ist, ob Teile des Sanierungsplans nach Art. 46 in einem Sanierungs- bzw. Restrukturierungsplan nach insolvenz- bzw. restrukturierungsrechtlichen Vorgaben umgesetzt werden können und ob dafür überhaupt ein Bedürfnis besteht. Bei dem Sanierungsplan nach Art. 46 handelt es sich um ein aufsichtsrechtliches Instrument, das insbesondere den Schutz der Vermögenswertreserve bezwecken soll. Zu diesem Zwecke soll auch der Geschäftsbetrieb des Emittenten – falls erforderlich – rasch saniert werden. Der Begriff „rasche Sanierung" ist zwar unbestimmt und somit einer Auslegung zugänglich (vgl. näher zu den Durchführungsgrundsätzen → Rn. 37), da sich aber in vielen Mitgliedstaaten die Restrukturierungs-, Insolvenz- und Entschuldungsverfahren durch ihre übermäßig lange Dauer auszeichnen (vgl. ErwG 6 RestruktRL), könnten solche Verfahren bereits nicht geeignet sein, um eine rasche Sanierung iSd Gesetzgebers der MiCAR zu ermöglichen. Die Dauer dieser Verfahren erklärt sich dadurch, dass solche zivilrechtlichen Pläne nicht durch das schuldnerische Unternehmen allein oder aufgrund öffentlich-rechtlicher Anordnung umgesetzt werden können. Die Mitwirkung der vom Plan betroffenen Gläubiger ist erforderlich. Die Mitwirkung besteht in der Teilnahme an **Abstimmungsprozessen** (→ Rn. 31). Der Sanierungsplan iSv Art. 46 erwähnt die Mitwirkung der Inhaber vermögenswertereferenzierter Token bei Erstellung und Umsetzung des Sanierungsplans nicht – der Plan legitimiert qua Gesetz und behördlicher Anordnung Eingriffe in deren Rechte unter der MiCAR (→ Rn. 34). Zivilrechtliche Sanierungspläne sind hingegen auf die Sanierung des Unternehmens ausgerichtet. Die Regelungen wurden nicht für die Sanierung von **Sondervermögen** und die Gestaltung von gesetzlich angeordneten Ansprüchen gegen dieses Sondervermögen konzipiert (→ Rn. 41). Der Sanierungsplan nach Art. 46 könnte vorrangiges Sondersanierungsrecht im Sinne einer **lex specialis** in Bezug auf die Vermögenswertreserve und die dadurch geschützten Rücktauschansprüche iSv Art. 39 Abs. 1 darstellen, hinter welchem das allgemeine (zivilrechtliche) Sanierungsrecht in Bezug auf diese Ansprüche zurücktritt (→ Rn. 41). Die Restrukturierung von Forderungen sonstiger Gläubiger oder gesellschaftsrechtliche Gestaltungen sind unter der EuInsVO und der RestruktRL hingegen weiter möglich (→ Rn. 31). Es ist auch nicht von vornherein ausgeschlossen, dass solche Gestaltungen unter der EuInsVO und der RestruktRL zugleich Sanierungsmaßnahmen iSv Art. 46 darstellen können. Aufgrund der voraussichtlichen Dauer der Verfahren und aufgrund der Unsicherheit, ob die Gestaltungen und Maßnahmen von den zur Abstimmung berechtigten Gläubigern überhaupt angenommen werden, eignen sich solche Sanierungspläne allerdings regelmäßig nicht als Sanierungsmaßnahmen für den Plan nach Art. 46.

---

[49] Grundlegend zur Abgrenzung Skauradszun/Wrede, Tokenized Finance (Hrsg. Omlor/Lübke), 105 ff.

Die deutsche Insolvenzordnung **(InsO)** regelt den **Insolvenzplan** umfangreich 30
in den §§ 217 ff. InsO. Dieser Plan kann – ist er auf den Erhalt des Unternehmens
gerichtet (vgl. § 1 S. 1 InsO) – inhaltlich einen Sanierungsplan darstellen. Aufgrund
der umfassenden Gestaltungsmöglichkeiten (§§ 221 ff. InsO) ist zwar grundsätzlich
denkbar, dass Teile des Sanierungsplans nach Art. 46 – wie zur Sanierung des
Geschäftsbetriebs – in einem Insolvenzplan umgesetzt werden. Allerdings sind Gestaltungen
in einem Sanierungsplan iSv §§ 217 ff. InsO regelmäßig zeitaufwendiger
und wegen der erforderlichen Mitwirkung der vom Plan betroffenen Beteiligten
unsicherer (→ Rn. 29, 31). Maßgebliches Ziel des Insolvenzplans ist dabei die
gemeinschaftliche, bestmögliche Befriedigung der Gläubiger (vgl. § 1 S. 1 InsO).[50]
Die Stabilität des Finanzmarkts ist kein gesetzliches Ziel des Insolvenzplans. Damit
verfolgen der Insolvenzplan nach der InsO und der Sanierungsplan nach der
MiCAR teilweise unterschiedliche Ziele. Auf Emittenten von vermögenswertereferenzierten
Token ist die InsO im Regelfall anwendbar, da diese regelmäßig
nach § 11 InsO insolvenzfähig sind. Es spricht nichts dagegen, dass dieser – sind die
insolvenzrechtlichen Voraussetzungen gegeben – durch einen Insolvenzplan saniert
wird. Dabei ist aber das deutsche Sonderinsolvenzrecht in § 44 KMAG für Emittenten
vermögenswertereferenzierter Token, die Institute iSv § 2 Abs. 4 Nr. 1 KMAG
sind, zu beachten. Maßnahmen in einem Insolvenzplan werden aber möglicherweise
keine geeigneten Sanierungsmaßnahmen iSv Art. 46 darstellen (→ Rn. 29).

Die RestruktRL (→ Rn. 28) wurde in Deutschland durch das Unternehmens- 31
stabilisierungs- und -restrukturierungsgesetz **(StaRUG)** umgesetzt. Der dortige
Restrukturierungsplan hat zwar etwas weniger Gestaltungsmöglichkeiten als der
Insolvenzplan (vgl. § 4 StaRUG und → Rn. 30), sieht gleichwohl aber zahlreiche
Gestaltungsmöglichkeiten vor (§§ 2, 5 ff. StaRUG). Vorrangiges Ziel des Restrukturierungsplans
ist jedoch, mit Mehrheits- und Gruppenerfordernissen sowie einem
gerichtlichen Planbestätigungsverfahren, strategische Holdout-Positionen einzelner
Planbetroffener zu überwinden,[51] um die Insolvenz abzuwenden und die Bestandsfähigkeit
des Schuldnerunternehmens sicherzustellen (vgl. § 29 Abs. 1 StaRUG).
Anders als die InsO (→ Rn. 30), ist der Anwendungsbereich für die Instrumente
des Stabilisierungs- und Restrukturierungsrahmens enger, da gem. § 30 Abs. 2
StaRUG, die Bestimmungen der §§ 29–72 StaRUG auf Unternehmen der Finanzbranche
iSv § 1 Abs. 19 KWG nicht anzuwenden sind. **Ausgenommen** ist damit
jeder Emittent von vermögenswertereferenzierten Token, da es sich um ein Institut
iSv § 2 Abs. 4 Nr. 1 KMAG handelt und Institute iSv § 2 Abs. 4 KMAG Unternehmen
der Finanzbranche iSv § 1 Abs. 19 Nr. 1 KWG sind (vgl. Art. 3 Nr. 2 lit. c FinmadiG).
In der Folge findet Kapitel 2 StaRUG auf solche Emittenten gem. § 30
Abs. 2 StaRUG keine Anwendung.

II. Sanierungsplan (Abs. 1)

1. Ziel des Sanierungsplans

Der Sanierungsplan soll dem Emittenten vermögenswertereferenzierter Token 32
helfen, die geltenden Anforderungen für die **Vermögenswertreserve** iSv Art. 3
Abs. 1 Nr. 32, Art. 36 ff. **wieder einzuhalten** (Art. 46 Abs. 1 UAbs. 1, ErwG 64).

---

[50] BeckOK InsO/Geiwitz/von Danckelmann, 36. Ed. 15.1.2023, InsO § 217 Rn. 1.
[51] BeckOK StaRUG/Skauradszun, 14. Ed. 1.10.2024, Einleitung Rn. 12.

Art. 46 Titel III Vermögenswertereferenzierte Token

Die Vermögenswertreserve[52] muss vom Emittenten gebildet und gehalten werden, um das in Art. 39 Abs. 1 geregelte Recht auf Rücktausch der Inhaber vermögenswertereferenzierter Token jederzeit erfüllen zu können. Dieses besteht nach Art. 39 Abs. 1 S. 1 gegenüber dem Emittenten jederzeit „und in Bezug auf das Reservevermögen, wenn die Emittenten ihren in Kapitel 6 des Titels III genannten Verpflichtungen nicht nachkommen können" (vgl. näher dazu → Art. 47 Rn. 15, 19).[53] Die Vermögenswertreserve ist regelmäßig gefährdet und damit der Emittent zur Ergreifung von (Sanierungs-)Maßnahmen verpflichtet, wenn – wie ErwG 64 S. 1 konkret ausführt – durch die Erfüllung von Rücktauschanträgen vorübergehende Ungleichgewichte in der Vermögenswertreserve verursacht werden. Um die Anforderungen an die Vermögenswertreserve wiederherzustellen, soll das Unternehmen des Emittenten saniert werden (arg. Art. 46 Abs. 1 UAbs. 2: „Sanierung des Geschäftsbetriebs"). Dazu nennt Art. 46 Abs. 1 UAbs. 2 drei Teilziele, nämlich (1) die Aufrechterhaltung der **Dienstleistungen** des Emittenten im Zusammenhang mit dem vermögenswertereferenzierten Token, (2) die rasche Sanierung des **Geschäftsbetriebs** und (3) die Erfüllung der **Pflichten** des Emittenten im Fall von Ereignissen, die ein beträchtliches Risiko einer Störung des Geschäftsbetriebs bergen. Dieser **Zielpluralismus** ist **nicht sinnvoll geordnet** und sprachlich nicht klar gefasst. Die drei Teilziele sind nicht isoliert zu sehen, sondern stets unter dem Dach des **Hauptziels** des Art. 46 Abs. 1 UAbs. 1, wonach die Vermögenswertreserve bei vermögenswertereferenzierten Token eine maßgebliche Rolle spielt (ausf. → Rn. 38ff.). Die „Sanierung des Geschäftsbetriebs" ist offenbar das umfassendste Teilziel, um das in Art. 46 Abs. 1 UAbs. 1 genannte Hauptziel des Sanierungsplans zu erreichen. Die „Dienstleistungen" und „Pflichten", die sich auf die Tätigkeit als Emittent vermögenswertereferenzierter Token beziehen, sind die spezielleren Teilziele. Der Sanierungsplan gehört damit betriebswirtschaftlich zu den Werkzeugen der Frühwarnung bzw. **Krisenfrüherkennung** und enthält Maßnahmen für das **Krisenmanagement** (vgl. in ähnlicher Form → Art. 3 RestruktRL und § 1 Abs. 1 StaRUG, → Rn. 28). Der Sanierungsplan enthält Maßnahmen für den Fall einer Krise. Diese Phase wird in der Betriebswirtschaftslehre auch **Risikomanagement** genannt. Art. 46 konkretisiert damit die allgemeinen Regelungen zur Unternehmensführung nach Art. 34, der in Abs. 10 das Risikomanagement adressiert.

33 Der Sanierungsplan verfolgt mehrere **Schutzrichtungen:** Der Sanierungsplan ist auf den Schutz der Inhaber vermögenswertereferenzierter Token und der Finanzstabilität gerichtet und zielt damit auf den **Schutz der Kunden** ab. Diesbezüglich ist die Vorschrift gläubigerbezogen. Mit Blick auf die drei Teilziele (→ Rn. 32) dient der Sanierungsplan weiter dem **Schutz des Emittenten,** insbesondere seines Geschäftsbetriebs. Die Vorschrift ist also auch schuldnerbezogen. Hierbei handelt es sich weniger um eine finanzielle Restrukturierung als um eine leistungswirtschaftliche Sanierung (→ Rn. 35 und Fn. 54). Art. 46 enthält allerdings grundsätzlich keine konkreten Vorgaben, wie die Sanierung des Geschäftsbetriebs des Emittenten erfolgen soll. Durch Art. 46 werden die Vorgaben der RestruktRL oder EuInsVO (und den nationalen (Umsetzungs-)Gesetze) nicht modifiziert. Um in die Rechte von (sonstigen) Gläubigern einzugreifen, muss der Emittent grundsätzlich die Werkzeuge nach dem Restrukturierungs- oder Insolvenzrecht nutzen

---

[52] Beispiele zum Aufbau der Vermögenswertreserve bei Kokorin Capital Markets Law Journal 2023, 1 (12); vgl. zur Vermögenswertreserve außerdem Skauradszun/Wrede BKR 2024, 19 (20f.).
[53] Maume ECFR 2/2023, 243 (267).

(→ Rn. 31). Im Fall eines Zielkonflikts wird das Hauptziel (Schutz der Inhaber) dem Schutz des Emittenten vorgehen. Allerdings deutet der Wortlaut von Art. 46 darauf hin, dass der Gesetzgeber keinen Zielkonflikt vor Augen hatte. Vielmehr scheint der Schutz des Schuldners Teilziel bzw. Zwischenschritt zu sein (→ Rn. 32), um den Schutz der Kunden und der Finanzstabilität zu gewährleisten. Die tragende Rolle des Unternehmens des Emittenten hat der Gesetzgeber in ErwG 52 beschrieben. Danach steht der Emittent vermögensreferenzierter Token „in der Regel im Zentrum eines Netzwerks von Rechtsträgern, die die Ausgabe solcher Kryptowerte sowie deren Übertragung und deren Vertrieb an die Inhaber sicherstellen". Wird der Emittent nicht saniert, dann wird wohl dieses Netzwerk in seinem Dreh- und Angelpunkt gestört. Darüber hinaus dient die Vorschrift dem Schutz der Allgemeinheit durch den Schutz der Finanzstabilität (vgl. ErwG 5 S. 4f.).

2. Dogmatik und Rechtsnatur des Sanierungsplans

Der Sanierungsplan nach Art. 46 Abs. 1 stellt ein **unternehmensinternes Dokument** dar, welches der Emittent selbst und eigenverantwortlich erstellt. Es muss allerdings **öffentlich-rechtlichen Vorgaben** entsprechen und wird von der zuständigen Behörde überprüft. Innerhalb des Risikomanagements gehört der Sanierungsplan zu den rein **präventiven** Maßnahmen. Der Sanierungsplan enthält Darstellungen zur Krisenfrüherkennung (→ Rn. 32) und konkret auf diesen Emittenten abgestimmte Maßnahmen des Krisenmanagements (→ Rn. 32).[54] Jedoch hat der Sanierungsplan – anders als der Insolvenzplan (→ Rn. 30) oder der Restrukturierungsplan (→ Rn. 31) – keinen rechtsgeschäftlichen Kern. Der Sanierungsplan stellt also kein Angebot an betroffene Inhaber vermögenswertereferenzierter Token oder an weitere Stakeholder dar, sondern wird zeitlich vor und unabhängig von einer konkreten Krise erstellt. Er dient auch nicht dazu, dass die von dem Plan Betroffenen über den Sanierungsplan abstimmen dürfen. Allerdings soll der Sanierungsplan einen Kommunikations- und Informationsplan beinhalten, „aus dem hervorgeht, wie [die Emittenten] beabsichtigen, die Inhaber der Token und andere Interessenträger – darunter die Öffentlichkeit – über die Umsetzung der Sanierungsoptionen zu informieren".[55] 34

Anders als der Insolvenzplan (→ Rn. 30) und der Restrukturierungsplan (→ Rn. 31) ist der Sanierungsplan nach Art. 46 Abs. 1 **nicht** auf eine Sanierung der **Passivseite** der Bilanz des Emittenten ausgerichtet, sondern auf **operative Maßnahmen,** da es im weitesten Sinne um den Geschäftsbetrieb geht, mit dem Dienstleistungen und Pflichten betreffend vermögenswertereferenzierte Token erfüllt werden müssen. Insbesondere müssen die Vorschriften zur Vermögenswertreserve nach Art. 36 ff. eingehalten werden. Letzteres ist damit begründet, dass die Inhaber vermögenswertereferenzierter Token ein Recht auf Rücktausch haben (vgl. ErwG 64, Art. 39 Abs. 1 S. 1). Denn die Inhaber vermögenswertereferenzierter Token fallen mit ihren Ansprüchen auf Rücktausch nicht unter die Systeme für die Entschädigung der Anleger und nicht unter die Einlagensicherungssysteme (vgl. Art. 19 35

---

[54] Bei der Erstellung und Aufrechterhaltung des Sanierungsplans sind die Leitlinien der EBA zu beachten, die die Sanierungsplanindikatoren und Überwachungsschwellenwerte näher konkretisieren, vgl. EBA/GL/2024/07 v. 13.6.2024, 9ff., siehe dort auch Anhang I – Liste der Mindestkategorien von Sanierungsplanindikatoren und die Liste der Sanierungsplanindikatoren.
[55] Siehe dazu EBA/GL/2024/07 v. 13.6.2024, 16.

Art. 46

Abs. 4 lit. d und e). Welchen Rang die Ansprüche auf Rücktausch in einem Insolvenzverfahren über das Vermögen des Emittenten hätten, regelt das nationale Insolvenzrecht (vgl. Art. 7 Abs. 1 und 2 S. 1, 2 lit. i EuInsVO, sofern die Bereichsausnahme aus Art. 1 Abs. 2 EuInsVO nicht einschlägig ist, vgl. → Rn. 27; Art. 10 Abs. 2 lit. h Sanierungs-RL).[56] Eine Berücksichtigung der Ansprüche der Inhaber von vermögenswertereferenzierten Token in einem Insolvenzverfahren könnte dann notwendig werden, wenn trotz Umsetzung des Rücktauschplans nach Art. 47 die Rückzahlungsansprüche der Inhaber vermögenswertereferenzierter Token nicht vollständig befriedigt werden.

36 Die Erfüllung der öffentlich-rechtlichen Vorgaben in Art. 46 betreffend den Sanierungsplan führt bei dem Emittenten zu **Kosten** für Mitarbeiter, die den Sanierungsplan erstellen und kontinuierlich aktualisieren müssen, regelmäßig unterstützt durch externe Berater und ggf. Gutachter. Art. 46 schafft damit für die beratenden und prüfenden Berufe ein neues Geschäftsfeld.

3. Anforderungen an den Sanierungsplan

37 **a) Durchführungsgrundsätze (Abs. 1 UAbs. 3).** Der Sanierungsplan hat nur Sanierungsmaßnahmen zu nennen, die „rasch" durchgeführt werden können. Diese Vorgabe verdeutlicht den **Eilcharakter** der Sanierungsmaßnahmen. Liegen die Voraussetzungen des Rechts auf Rücktausch nach Art. 39 vor, besteht bei einer gewissen Anzahl an Rücktauschverlangen das Risiko eines Liquiditätsmangels, insbesondere da sich die Ansprüche der Inhaber vermögenswertereferenzierter Token nicht nur auf das Reservevermögen beziehen, sondern auf das **gesamte Vermögen des Emittenten** (vgl. auch → Rn. 35). Sanierungsmaßnahmen, die erheblich Zeit in Anspruch nehmen würden, sind daher ungeeignet und werden dem Eilcharakter nicht gerecht. Die inhaltlichen Vorgaben des Sanierungsplans werden durch die Leitlinien der EBA (vgl. → Rn. 82f.) näher konkretisiert.[57]

38 **b) Maßnahmen zur Wiederherstellung der für die Vermögenswertreserve geltenden Anforderungen (Abs. 1 S. 1).** Der Sanierungsplan muss geeignete Voraussetzungen und Verfahren enthalten, um die geltenden Anforderungen für die **Vermögenswertreserve** iSv Art. 3 Abs. 1 Nr. 32, Art. 36ff. wiederherzustellen.[58] Bei der Vermögenswertreserve handelt es sich gem. Art. 3 Abs. 1 Nr. 32 um „den Korb mit Reservevermögen, mit dem die Forderung gegenüber dem Emittenten besichert wird". Art. 46 Abs. 1 UAbs. 3 nennt hierzu drei mögliche Sanierungsmaßnahmen[59]. Diese sind systematisch in Art. 46 Abs. 1 so angeordnet, dass diese auch die drei Teilziele aus UAbs. 2 betreffen (→ Rn. 32), inhaltlich beziehen sich die genannten Sanierungsmaßnahmen aber primär auf die Vermögenswertreserve. Der Begriff „darunter" in Art. 46 Abs. 1 UAbs. 3 macht deutlich, dass die drei genannten **Sanierungsmaßnahmen exemplarisch** und **nicht ab-**

---

[56] Nach deutschem Insolvenzrecht wären solche ab der Emission kraft Gesetzes bestehenden Ansprüche zur Zeit der Eröffnung des Insolvenzverfahrens begründete Vermögensansprüche gegen den Schuldner, die unter § 38 InsO fallen und damit zu den **ungesicherten Insolvenzforderungen** gehören.
[57] Siehe EBA/GL/2024/07 v. 13.6.2024, 7ff.
[58] Siehe dazu auch Skauradszun/Wrede BKR 2024, 19 (20f.).
[59] Der Unionsgesetzgeber verwendet offenbar synonym zum Begriff der Sanierungsmaßnahme den Begriff der Sanierungsoption. Weitere mögliche Sanierungsoptionen sind auch den EBA-Leitlinien zu entnehmen, vgl. EBA/GL/2024/07 v. 13.6.2024, 23 (Anhang III).

Sanierungsplan **Art. 46**

schließend zu verstehen sind. Zu diesen Sanierungsmaßnahmen gehören solche zu den Liquiditätsgebühren beim Rücktausch nach Art. 39 (lit. a), Begrenzungen der Menge[60] der an einem Arbeitstag rücktauschbaren vermögenswertereferenzierten Token (lit. b) und die gänzliche Aussetzung des Rücktauschs (lit. c), wobei dies so zu verstehen ist, dass die Aussetzung nicht dauerhaft sein darf, sondern nur zeitweilig (vgl. Art. 39 Abs. 1 S. 2, hier wird von „dauerhaften Rücktauschrechte[n]" gesprochen). Die Variante der **Liquiditätsgebühren bei Rücktausch** wird in der MiCAR an keiner anderen Stelle erklärt. Sie ist offenbar so zu verstehen, dass es als Sanierungsmaßnahme gesetzlich zugelassen ist – entgegen den allgemeinen Regelungen –, im Falle einer Sanierung von den Inhabern vermögenswertereferenzierter Token für den Rücktausch Liquiditätsgebühren zu verlangen. Denn Art. 39 Abs. 3 und Art. 49 Abs. 6 regeln als Grundsatz, dass der Rücktausch von vermögenswertreferenzierten Token bzw. E-Geld-Token, unbeschadet des Art. 46, nicht gebührenpflichtig ist. Der Emittent hat bei der Festlegung der Sanierungsmaßnahmen die Leitlinien der EBA zu beachten, die die Vorgaben des Art. 46 näher konkretisieren.[61] Unter anderem sehen die Leitlinien vor, dass die Emittenten vermögenswertereferenzierter Token zusätzlich zu den in Art. 46 aufgeführten Sanierungsoptionen mindestens eine Sanierungsoption zur Stärkung ihrer Kapitalposition und eine Sanierungsoption zur Verbesserung ihrer Liquiditätsposition vorsehen.[62]

aa) Anforderungen an die Vermögenswertreserve. Die Anforderungen an **39** die Vermögenswertreserve werden in Kapitel 3 geregelt (Art. 36–40, vgl. die dortige Kommentierung). Der Sanierungsplan muss daher Sanierungsmaßnahmen vorsehen, die sich auf die Wiederherstellung der verpflichtend zu haltenden Vermögenswertreserve (Art. 36), deren Verwahrung (Art. 37) und Anlage beziehen (Art. 38).

Die Vermögenswertreserve korreliert mit dem aggregierten **Wert** der Ansprüche **40** der Inhaber vermögenswertereferenzierter Token nach Art. 39 Abs. 1 S. 1 (Art. 36 Abs. 7), kann also größeren Schwankungen unterworfen sein, da die Vermögenswertreserve davon abhängt, wie umfangreich der Emittent die vermögenswertereferenzierten Token am Markt platzieren konnte. Die Vermögenswertreserve kann im Übrigen aus **verschiedenen Vermögenswerten** bestehen, beispielsweise aus amtlichen Währungen, aber auch aus Kryptowerten (Art. 37 Abs. 3 lit. a).

Die Vermögenswertreserve iSv Art. 3 Abs. 1 Nr. 32 stellt ein **Sondervermögen** **41** des Emittenten dar, dessen Vermögensgegenstände zwar dem Emittenten gehören dürfen, welches aber **von seinem übrigen Vermögen rechtlich getrennt ist und operativ getrennt** gehalten werden muss (ErwG 55 S. 2, Art. 36 Abs. 2 und 3), da dieses wirtschaftlich den Inhabern vermögenswertereferenzierter Token zusteht.[63] Aus der MiCAR geht nicht zweifelsfrei hervor, ob durch diese Vermögens-

---

[60] Vgl. zu einem ähnlichen Mechanismus die deutsche Durchführungsvorschrift § 27 Abs. 2 S. 1 KMAG.
[61] Siehe EBA/GL/2024/07 v. 13.6.2024, 13 ff.; siehe in den Leitlinien auch Anhang II (Liste der Elemente, die in die Beschreibung der einzelnen Sanierungsoptionen aufzunehmen sind) und Anhang III (Nicht abschließende Liste möglicher Sanierungsoptionen, die die Emittenten in ihren Sanierungsplänen verwenden können).
[62] Vgl. EBA/GL/2024/07 v. 13.6.2024, 14.
[63] Ein ähnliches Modell zu den Art. 36 ff. haben auch die UNIDROIT Principles on Digital Assets and Private Law (DAPL), 2023, vor Augen. Denn bei der Ausgabe von „linked assets" (vgl. Fn. 27) bzw. stable coins, die auf einen anderen Vermögenswert Bezug nehmen, soll der Emittent eine „1:1 reserve of liquid assets" anlegen, die getrennt vom Vermögen des

trennung nach nationalem Insolvenzrecht **Aussonderungsrechte** auf die Vermögenswertreserve ermöglicht werden sollen (vgl. näher → Art. 47 Rn. 30).[64] Die (übrigen) Gläubiger des Emittenten dürfen auf die Vermögenswertreserve nicht zugreifen (Art. 36 Abs. 2). Daher darf die Vermögenswertreserve nicht belastet werden, beispielsweise durch Pfandrechte (ErwG 55 S. 2, Art. 37 Abs. 1 lit. a). Die Vermögenswertreserve stellt also keinen Vermögenswert dar, der zur Insolvenzmasse gehört (vgl. auch § 28 Abs. 8 S. 1 KMAG). Insoweit geht die Vorgabe der MiCAR Regelungen der lex fori concursus vor (vgl. Art. 1 Abs. 1, 7 Abs. 1 und 2 S. 2 lit. b EuInsVO; Art. 10 Abs. 2 lit. h SanierungsRL). Erreicht wird dies beispielsweise durch die Bildung von Vermögenswerten auf einem **Treuhandkonto,** welches in den Büchern eines Kreditinstituts eröffnet wurden (Art. 37 Abs. 6 UAbs. 1 S. 1 lit. a). Ferner dürfen Anbieter von Kryptowerte-Dienstleistungen und zugelassene Kreditinstitute bzw. Wertpapierfirmen die Vermögenswertreserve (treuhänderisch) verwahren (vgl. ErwG 55 S. 3). Sie müssen dieses Vermögen für Emittenten auf getrennten Konten verbuchen (vgl. Art. 37 Abs. 6 UAbs. 1 S. 2, 3). Eine Sanierungsmaßnahme könnte daher das Problem adressieren, dass eine Vermögensvermischung droht oder gar eingetreten ist und damit gegen Art. 36 Abs. 3 verstoßen wird. Ein Verstoß könnte beispielsweise vorliegen, wenn auf eine Blockchain-Adresse mit Kryptowerten als Reservevermögen (vgl. Art. 37 Abs. 3 lit. a) auch Eigenvermögen gepoolt wurde.

42 Der Aufbau der Vermögenswertreserve ähnelt den Vorgaben der KapitaladäquanzVO **(CRR),** die unter anderem bestimmten Institute die Bestandteile der Eigenmittel vorschreibt, etwa durch Vorschriften zum harten und zusätzlichen Kernkapital (Art. 25 CRR). Die Vermögenswertreserve ist vom gezeichneten Kapital – dem sog. Stamm- oder Grundkapital – abzugrenzen und unterfällt **nicht** automatisch den gesellschaftsrechtlichen **Kapitalerhaltungsvorschriften,** wenn ein Emittent in der Rechtsform einer Kapitalgesellschaft operiert. Vgl. im Übrigen zu Eigenmittelanforderungen Art. 35 und im Zuständigkeitsbereich der BaFin die deutsche Durchführungsvorschrift des § 41 **KMAG** betreffend Maßnahmen zur Verbesserung der Eigenmittelausstattung.[65]

43 **bb) Geeignete Voraussetzungen und Verfahren.** Allgemeiner Maßstab für die Sanierungsmaßnahmen, die sich auf das Wiedereinhalten der Anforderungen für die Vermögenswertreserve beziehen, ist deren **Geeignetheit** (Art. 46 Abs. 1 UAbs. 3) für die Erreichung der Ziele (→ Rn. 32). Dabei bezieht sich die Sanie-

---

Emittenten gehalten wird, siehe Ziff. 4.24 zu Principle 4. Ausf. dazu auch Skauradszun/Wrede BKR 2024, 19 (20); Skauradszun/Wrede RDi 2024, 55 (57); Skauradszun/Wrede WM 2024, 669 (670).

[64] Vgl. exemplarisch zu einem solchen Aussonderungsrecht bei einem in Deutschland eröffneten Insolvenzverfahren Art. 7 Abs. 1 und 2 S. 2 lit. b und i EuInsVO bzw. § 335 InsO und § 47 InsO. Siehe dazu Skauradszun/Wrede RDi 2024, 55.

[65] Wollte man § 41 Abs. 2 Nr. 3 KMAG so verstehen, dass der Sanierungsplan nicht nur der Einhaltung der für die Vermögenswertreserve geltenden Anforderungen dient, sondern auch der Verbesserung der Eigenmittelausstattung, dann würde man zwei unterschiedliche Systeme – Vermögenswertreserve und Eigenmittelanforderungen – vermengen, was so vom Unionsgesetzgeber ausweislich Art. 46 nicht bezweckt war. Denn Art. 46 betrifft nach seinem Wortlaut die Vermögenswertreserve (→ Rn. 32) und nicht die Eigenmittelausstattung. Eigenmittelausstattung (Kapitel 2) und Vermögenswertreserve (Kapitel 3) sind systematisch getrennte Regelungsbereiche. Ob der deutsche Gesetzgeber für eine solche Verknüpfung rechtssetzungsbefugt ist, ist kritisch zu hinterfragen.

Sanierungsplan **Art. 46**

rungsmaßnahme nicht auf den vom vermögenswertereferenzierten Token in Bezug genommenen Wert. Es geht also nicht darum, dass dieser Wert – etwa eine amtliche Währung oder ein wertbeständiger Vermögensgegenstand, wie ein Rohstoff – geschützt wird, sondern der Inhaber eines vermögenswertereferenzierten Tokens seinen **Anspruch auf Rücktausch** faktisch durchsetzen kann (vgl. Art. 39 Abs. 1 S. 1), ohne dass der Stabilität der Märkte des Reservevermögens unangemessen wirtschaftlicher Schaden zugefügt wird (Art. 47 Abs. 2 UAbs. 1).

Geeignete Voraussetzungen und Verfahren wären **beispielsweise** Sanierungs- 44 maßnahmen, die den Umtausch von Bestandteilen des Reservevermögens vorsehen – etwa verwahrte Ether in die amtliche Währung Euro –, um damit die Ansprüche auf Rücktausch erfüllen zu können. Besteht das Reservevermögen **beispielsweise** zu einem gewissen Teil aus Aktienfonds, würde eine Sanierungsmaßnahme geeignet sein, wenn diese darstellt, wie die Anteile am Aktienfonds schnell und mit minimalem negativem Preiseffekt liquidiert werden würden (vgl. Art. 38 Abs. 1 S. 2).

c) Aufrechterhaltung spezifischer Dienstleistungen (Abs. 1 UAbs. 2 S. 1 45 **Fall 1).** Der Emittent kann sich zu Dienstleistungen im Zusammenhang mit dem vermögenswertereferenzierten Token verpflichtet haben. Dies sind jedenfalls diejenigen Dienstleistungen, die wesensimmanent mit einem vermögenswertereferenzierten Token zusammenhängen, also die **Wertstabilität** erreichen sollen (→ Rn. 10 ff.). Dies können beispielsweise die **algorithmischen Anpassungen** von Angebot und Nachfrage sein (→ Rn. 13 ff.). Weitere Dienstleistungen folgen aus den Pflichten zur **Verwahrung** oder **Anlage** der Vermögenswertreserve (Art. 37 und 38). In den Leitlinien der EBA finden sich weitere Konkretisierungen, die bei der Erstellung und Aufrechterhaltung des Sanierungsplans zu beachten sind.[66]

Eine Sanierungsmaßnahme könnte **beispielsweise** vorsehen, die Dienstleistung 46 betreffend die Unterrichtung der Inhaber vermögenswertereferenzierter Token über den Betrag der im Umlauf befindlichen Token, den Wert und die Zusammensetzung der Vermögenswertreserve im Falle einer Störung des Geschäftsbetriebs durch einen Kryptowerte-Dienstleister erfüllen zu lassen.

d) Rasche Sanierung des Geschäftsbetriebs (Abs. 1 UAbs. 2 S. 1 Fall 2). 47 Die „Sanierung des Geschäftsbetriebs" ist aufgrund der weiten Formulierung das umfassendste Teilziel des Sanierungsplans (→ Rn. 32). Durch den Begriff des „Geschäftsbetriebs" wird deutlich, dass der Sanierungsplan diesbezüglich primär die operative Sanierung meint. Ob der Begriff so weit verstanden werden kann, dass dieser Teil des Sanierungsplans auch mit den Gestaltungsmöglichkeiten eines **Restrukturierungsplans** (→ Rn. 28, 31) oder eines **Insolvenzplans** (→ Rn. 30) verzahnt werden kann, ist fraglich (→ Rn. 27 ff.). Es ist dabei stets zu bedenken, dass die Sanierung des Geschäftsbetriebs zwar als Teilziel unter dem Dach des in Art. 46 Abs. 1 UAbs. 1 vorgegebenen Ziels steht (→ Rn. 32). Gestaltungen durch einen Restrukturierungs- bzw. Insolvenzplan, die die Passivseite des Emittenten betreffen, können allerdings nicht dabei helfen, die Einhaltung der Anforderungen für die Vermögenswertreserve wiederherzustellen. Wird der Sanierungsplan nach der MiCAR mit Gestaltungsmöglichkeiten in einem Restrukturierungs- bzw. Insolvenzplan verzahnt, dann würde es bei dieser Verzahnung um eine ganzheitliche Sa-

---

[66] Siehe EBA/GL/2024/07 v. 13.6.2024, 15.

nierung des Geschäftsbetriebs gehen, also bezogen auf die Vermögenswertreserve und die finanzielle Situation des Emittenten.

48 Eine Sanierungsmaßnahme könnte **beispielsweise** vorsehen, wie der Geschäftsbetrieb aufrechterhalten wird, wenn diejenigen Mitarbeiter, die für die in → Rn. 45 f. genannten Dienstleistungen benötigt werden, nicht mehr verfügbar wären. Eine geeignete Sanierungsmaßnahme könnte auch sein, entweder als Generalbevollmächtigten oder auf Organebene eine sachverständige Person hinzuzunehmen, die über besondere Erfahrungen in der Sanierung eines Geschäftsbetriebs verfügt (sog. Chief Restructuring Officer – **CRO**). Es könnte ferner beispielsweise dargestellt werden, welche technischen Dienstleistungen kurzfristig auf **externe Dienstleister ausgelagert** werden können. Hinsichtlich der Zusammenarbeit des Emittenten mit einer Verwahrstelle, welche die Verwahrung und ggf. die Anlage des Reservevermögens übernimmt, könnte beispielsweise dargestellt werden, wann der zugrunde liegende Vertrag gekündigt werden könnte und ob die Kündigungsfristen lang genug wären, um die Verwahrung des Reservevermögens kurzfristig bei einem **anderen Kreditinstitut** zu organisieren. Eine solche Kündigung kann beispielsweise eine taugliche Sanierungsmaßnahme darstellen, wenn sich die finanzielle Lage der bisherigen Verwahrstelle verschlechtert und sich das Risiko des Verlusts der dort gelagerten Vermögenswertreserve im konkreten Fall vergrößert hat. Insoweit sind nach Art. 37 Abs. 5 UAbs. 2 Emittenten vermögenswertereferenzierter Token hinsichtlich dieses Risikos zur laufenden Überprüfung ihrer Verwahrstellen verpflichtet.

49 **e) Erfüllung spezifischer Pflichten des Emittenten (Abs. 1 UAbs. 2 S. 1 Fall 3).** Der Sanierungsplan muss schließlich die Pflichten des Emittenten im Fall von Ereignissen adressieren, die ein beträchtliches Risiko einer Störung des Geschäftsbetriebs bergen. Dies bedingt, dass der Emittent, als Teil des **Risikomanagements** (→ Rn. 32), das „beträchtliche Risiko" einer Störung des Geschäftsbetriebs identifiziert und geeignete Sanierungsmaßnahmen prüft. **Allgemeine Risiken** für den Geschäftsbetrieb genügen nicht, denn solch allgemeinen Risiken ist jeder Geschäftsbetrieb ausgesetzt.

50 Zu dem beträchtlichen Risiko kann **beispielsweise** eine **technische Störung** des Mechanismus für die **Wertstabilität** oder eine Insolvenz einer vom Emittenten beauftragten Verwahrstelle gehören. Weiterhin kann ein beträchtliches Risiko darin liegen, dass der für die Wertstabilisierung in Bezug genommene Wert selbst erheblich an Wert verliert. Ferner kann ein beträchtliches Risiko darin bestehen, dass zu viele Inhaber vermögenswertereferenzierter Token an einem Arbeitstag den Rücktausch nach Art. 39 Abs. 1 S. 1 verlangen und die Bestandteile der Vermögenswertreserve nicht schnell genug liquidiert werden können. Eine Sanierungsmaßnahme könnte darin bestehen, die Menge an rücktauschbaren Token zu begrenzen (Art. 46 Abs. 1 UAbs. 3 lit. b). Besteht der in Bezug genommene Vermögenswert aus Kryptowerten, kann die Sanierungsmaßnahme beispielsweise beschreiben, wie diese – wird der Anspruch auf Rücktausch geltend gemacht – für die Inhaber vermögenswertereferenzierter Token bereitgestellt werden (vgl. ErwG 57 S. 2). Hierzu könnte etwa dargestellt werden, bei welchem Kryptoverwahrer die für die Wertstabilität in Bezug genommenen Kryptowerte verwahrt werden und wie berechnet wird, welcher Anteil an diesen Kryptowerten auf Blockchain-Adressen der Inhaber transferiert wird.

51 **f) Ausdrückliche und weitere Sanierungsmaßnahmen (Abs. 1 UAbs. 3).** Art. 46 Abs. 1 UAbs. 3 nennt drei Sanierungsmaßnahmen ausdrücklich: Liquiditäts-

Sanierungsplan **Art. 46**

gebühren bei Rücktausch – was offenbar meinen soll, dass für den Rücktausch, entgegen des Grundsatzes, eine Liquiditätsgebühr für den Inhaber vermögenswertreferenzieterter Token anfällt (→ Rn. 38) –, Mengenbegrenzungen und eine Aussetzung des Rücktauschs. Neben den nicht abschließend genannten Sanierungsmaßnahmen (→ Rn. 38) kann der Sanierungsplan weitere Voraussetzungen und Verfahren nennen, sofern sie den allgemeinen Maßstab der Geeignetheit erfüllen (→ Rn. 43) und dem Eilcharakter einer Sanierungsmaßnahme gerecht werden (→ Rn. 37). Wie dies auch die Begrenzung der Menge an rücktauschbaren vermögenswertereferenzierten Token an einem Arbeitstag (lit. b) und die Aussetzung des Rücktauschs (lit. c) deutlich machen, dürfen zwar die Rechte auf Rücktausch nach Art. 39 Abs. 1 S. 1 nicht ausgeschlossen werden, aber eine zeitweilige Stundung ist möglich. Art. 46 Abs. 1 UAbs. 3 lit. b und c weichen damit von Art. 39 Abs. 1 S. 1 ab, wonach der Rücktausch vom Emittenten jederzeit verlangt werden kann und in Bezug auf das Reservevermögen, wenn der Emittent seinen in Kapitel 6 des Titels III genannten Verpflichtungen nicht nachkommen kann. Denn der Sanierungsplan will nicht nur die Rechte der Inhaber vermögenswertreferenzierter Token schützen, sondern auch den Emittenten als Unternehmen sanieren (→ Rn. 33). Ferner machen die Varianten in lit. b und c ein **Stufenverhältnis** deutlich, sodass auch weitere Sanierungsmaßnahmen gestuft vorgesehen werden sollten. So wäre eine **beispielhafte** Reihenfolge, zunächst im Sanierungsplan zu berechnen, wie viele der rücktauschbaren vermögenswertereferenzierten Token maximal an einem Arbeitstag rücktauschbar sind, ohne den Geschäftsbetrieb weiter zu stören. Als erste Sanierungsmaßnahme könnte die Einsetzung eines CRO vorgesehen werden, der dann die im Sanierungsplan enthaltenen Vorgaben an die rasche Sanierung des Geschäftsbetriebs konkret umsetzt. Als zweite Sanierungsmaßnahme könnte die Einführung von moderaten Liquiditätsgebühren bei Rücktausch der Token vorgesehen werden. Als dritte, massivere Sanierungsmaßnahme könnte dann die Aussetzung des Rücktauschs von fünf Arbeitstagen vorgesehen werden, um Bestandteile des Reservevermögens zu liquidieren. Die MiCAR enthält im Übrigen für die weiteren Sanierungsmaßnahmen keine Konkretisierung, auch nicht in Form von Beispielen, sodass für den **individuellen Sanierungsplan** eine **Einzelfallbetrachtung** des Emittenten der vermögenswertereferenzierten Token notwendig ist.

III. Übermittlung an die zuständige Behörde, Überprüfung und Aktualisierung (Abs. 2)

Art. 46 Abs. 2 enthält die **aufsichtsrechtliche** Regelung zur Übermittlung des 52 zuvor vom Emittenten erstellten Sanierungsplans. Zu diesem aufsichtsrechtlichen Kern gibt es **keine Erwägungsgründe.** Der einzige Erwägungsgrund, der den Sanierungsplan überhaupt erwähnt (ErwG 64), besteht nur aus zwei Sätzen, die nicht die Themen des Absatzes 2 betreffen. Auch zur regelmäßigen Überprüfung und etwaigen Aktualisierungen gibt es keine Erwägungsgründe. Abs. 2 ist von den Absätzen 3 und 4 so abzugrenzen, dass Abs. 2 den aufsichtsrechtlichen Regel- und Routinefall betrifft – denn nach der erstmaligen Übermittlung stellen die routinemäßige Überprüfung, die etwaige Aktualisierung und die erneute Übermittlung an die zuständige Behörde und die zuständigen Abwicklungs- und Aufsichtsbehörden den Regelfall dar –, während die Absätze 3 und 4 den Konflikt- oder Krisenfall betreffen (→ Rn. 64 ff.).

Art. 46

1. Zuständige Behörden

53 Die "zuständige Behörde" meint nach **Art. 3 Abs. 1 Nr. 35** "eine oder mehrere Behörden, a) die von jedem Mitgliedstaat gemäß Art. 93 bezüglich Anbietern von anderen Kryptowerten als vermögenswertereferenzierten Token und E-Geld-Token und Personen, die eine Zulassung zum Handel beantragen, Emittenten vermögenswertereferenzierter Token oder Anbietern von Kryptowerte-Dienstleistungen benannt wird bzw. werden; b) die von jedem Mitgliedstaat für die Zwecke der Anwendung der RL 2009/110/EG (E-Geld-RL) bezüglich Emittenten von E-Geld-Token benannt wird bzw. werden". Titel VII der MiCAR befasst sich mit den zuständigen Behörden, der EBA (European Banking Authority) und der ESMA (European Securities and Markets Authority). Nach Art. 93 Abs. 1 benennen die Mitgliedstaaten die zuständigen Behörden. Die Liste der benannten zuständigen Behörden wird von der **ESMA** auf deren **Website** veröffentlicht (vgl. Art. 93 Abs. 3; näher dazu → Art. 93 Rn. 11). Für die Bundesrepublik Deutschland ist die Bundesanstalt für Finanzdienstleistungsaufsicht **(BaFin)** "zuständige Behörde" (vgl. § 3 S. 1 **KMAG**). Dies hat den Vorteil, dass Emittenten vermögenswertereferenzierter Token in Deutschland mit der Übermittlung des Sanierungsplans an die BaFin zugleich die Übermittlungspflicht nach Art. 46 Abs. 2 UAbs. 2 erfüllen, wonach der Sanierungsplan auch an die **Abwicklungs- und Aufsichtsbehörde** zu übermitteln ist. Denn in Deutschland ist die **BaFin** Aufsichtsbehörde, soweit nicht die EZB Aufsichtsbehörde ist (vgl. § 1 Abs. 5 Nr. 2, § 6 KWG), und zugleich die Abwicklungsbehörde (§ 3 Abs. 1 SAG, → Rn. 23). Die Emittenten signifikanter vermögenswertereferenzierter Token werden durch die EBA beaufsichtigt (vgl. Art. 117 Abs. 1 UAbs. 1 und ErwG 102, 103 S. 2, 3). In Deutschland ist im Übrigen zu sehen, dass § 6 Abs. 1 S. 2 **KMAG** vorsieht, dass die Zusammenarbeit der BaFin mit der Deutschen Bundesbank auch die laufende Überwachung der Institute umfasst.[67] Die Deutsche Bundesbank ist nach § 3 S. 3 KMAG insoweit die zuständige Stelle.[68]

54 Die Zuständigkeit der Behörde bestimmt sich nach dem **Herkunftsmitgliedstaatsprinzip,** wie dies auch der RL 2001/24/EG (Sanierungs-RL) zugrunde liegt (dort ErwG 6, Art. 3 Abs. 1). Herkunftsmitgliedstaat bei Emittenten vermögenswertereferenzierten Token ist der Mitgliedstaat, in dem der Emittent des vermögenswertereferenzierten Tokens seinen Sitz hat (Art. 3 Abs. 1 Nr. 33 lit. d). Bei Emittenten von E-Geld-Token, für die Art. 46 wegen Art. 55 relevant ist (→ Rn. 11), ist Herkunftsmitgliedstaat derjenige, in denen der Emittent von E-Geld-Token als Kreditinstitut gemäß der RL 2013/36/EU oder als E-Geld-Institut gemäß der RL 2009/110/EG zugelassen ist (Art. 3 Abs. 1 Nr. 33 lit. e).

55 Art. 94 listet die **Befugnisse** der zuständigen Behörden auf, die gemäß dem nationalen Recht den zuständigen Behörden eingeräumt werden müssen. Obgleich Art. 94 Bestandteil einer Verordnung ist, folgen diese Befugnisse nicht direkt aus dieser, sondern aus dem nationalen Recht. Allerdings verpflichtet Art. 94 die Mitgliedstaaten, den zuständigen Behörden sehr weitreichende Befugnisse einzuräumen.[69]

---

[67] Vgl. BT-Drs. 20/10280, 136, wonach dies an § 7 KWG angelehnt sei.
[68] Vgl. BT-Drs. 20/10280, 134, wonach § 3 S. 3 KMAG an § 6 KWG angelehnt sei.
[69] Weitere Konkretisierungen finden sich in der Delegierte Verordnung (EU) 2024/1507 der Kommission v. 22.2.2024 zur Ergänzung der Verordnung (EU) 2023/1114 des Europäischen Parlaments und des Rates durch Festlegung der Kriterien und Faktoren, die von der Europäischen Wertpapier- und Marktaufsichtsbehörde, der Europäischen Bankenaufsichts-

2. Übermittlungspflicht und Frist (Abs. 2 UAbs. 1 S. 1 und UAbs. 2)

Der Emittent des vermögenswertereferenzierten Tokens muss der zuständigen 56
Behörde den Sanierungsplan entweder innerhalb von **sechs Monaten** ab dem Tag
der Zulassung gemäß Art. 21 oder innerhalb von sechs Monaten ab dem Tag der Genehmigung des Kryptowerte-Whitepapers gemäß Art. 17 übermitteln. Diese relativ
lange Frist bedeutet nicht, dass der Emittent nicht schon früher mit der Erstellung des
Sanierungsplans beginnen müsste. Die **Erstellungspflicht** setzt nach dem Wortlaut
des Art. 46 Abs. 1 vielmehr **unmittelbar mit der Emission** eines vermögenswertereferenzierten Tokens ein. Die Übermittlungspflicht ist als **Höchstfrist** zu verstehen, die nicht verlängert werden kann.

Wie der Emittent den Sanierungsplan technisch übermittelt, beispielsweise über 57
einen gesicherten elektronischen **Übermittlungsweg**, regelt die MiCAR nicht.
Dies gibt daher die zuständige Behörde vor. Die Übermittlungspflicht besteht nach
ihrem Sinn und Zweck im Übrigen auch nach einer Aktualisierung durch den
Emittenten iSv Art. 46 Abs. 2 UAbs. 1 S. 4, da es nicht verständlich wäre, warum
der Ursprungssanierungsplan zu übermitteln ist, nicht aber der – womöglich sogar
grundlegend – aktualisierte Sanierungsplan. Daher stellt sich nicht die Frage, ab
welchem Aktualisierungsumfang eine **erneute Übermittlungspflicht** besteht.
Diese besteht nach der Aktualisierung grundsätzlich.

Benennt ein Mitgliedstaat eine zuständige Behörde, die zugleich Abwicklungs- 58
und/oder Aufsichtsbehörde ist, genügt eine Übermittlung an diese Behörde, um
die Übermittlungspflichten nach Abs. 2 UAbs. 1 S. 1 und Abs. 2 UAbs. 2 zu erfüllen.
Innerhalb dieser Behörde sind dann ggf. mehrere Abteilungen zuständig und haben
sich intern zu koordinieren.[70]

3. Änderungsanordnung, erneute Übermittlung und Umsetzungspflicht (Abs. 2 UAbs. 1 S. 2 und 3)

Die zuständige Behörde verlangt nach Art. 46 Abs. 2 UAbs. 1 S. 2 erforderlichen- 59
falls **Änderungen** am Sanierungsplan, um für dessen ordnungsgemäße Umsetzung
zu sorgen, und übermittelt dem Emittenten ihre Entscheidung, mit der diese Änderungen verlangt werden, innerhalb von 40 Arbeitstagen ab dem Tag der Übermittlung des Sanierungsplans. Die Änderungsanordnung der zuständigen Behörde stellt
einen **Verwaltungsakt** dar. Es handelt sich nämlich nach dem Wortlaut um eine
„Entscheidung" eines Einzelfalls. Der Verwaltungsakt muss **begründet** werden
(Art. 113 Abs. 1 S. 1). Grundvoraussetzung für eine Änderungsanordnung ist die
Erforderlichkeit derselben. Änderungen sind beispielsweise erforderlich, wenn
- die im Sanierungsplan vorgesehenen Sanierungsmaßnahmen nicht „rasch" iSv Art. 46 Abs. 1 UAbs. 2 umgesetzt werden können,
- die Sanierungsmaßnahmen in einer Gesamtschau unzureichend sind, um das Hauptziel der Norm zu erreichen (→ Rn. 32),

---

behörde und den zuständigen Behörden in Bezug auf ihre Interventionsbefugnisse zu berücksichtigen sind.

[70] Dabei erfasst § 47 Abs. 3 Nr. 4 lit. b KMAG als Bußgeldtatbestand, dass ein Sanierungsplan nicht, nicht richtig, nicht vollständig oder nicht rechtzeitig übermittelt wird. Gleiches gilt grundsätzlich für den Sanierungsplan, wenn Art. 46 über Art. 55 anwendbar ist, wobei § 47 Abs. 3 Nr. 4 lit. b KMAG insoweit auf Art. 55 Abs. 2 verweist.

Art. 46

- die gewählte Begrenzung der Menge der an einem Arbeitstag rücktauschbaren vermögenswertereferenzierten Token nicht plausibel berechnet und begründet wurde,
- die Länge der Aussetzung des Rücktauschs nicht plausibel berechnet und begründet wurde (→ Rn. 38).

60 Da die Änderungsanordnung belastender Natur ist, muss gegen sie die Möglichkeit des **Rechtsschutzes** bestehen. Die Mitgliedstaaten müssen nach Art. 113 Abs. 1 sicherstellen, dass die Entscheidung der zuständigen Behörde, hier also die Änderungsanordnung, mit einem Rechtsmittel vor einem **Gericht** überprüft werden kann. Art. 113 steht dem nicht entgegen, dass ein Mitgliedstaat vor der gerichtlichen Überprüfung ein verwaltungsgerichtliches Vorverfahren vorsieht. Sinn und Zweck der 40-Arbeitstage-Frist ist, dass nicht nur die zuständige Behörde planen kann, wann spätestens der Sanierungsplan vorgelegt wird, sondern auch der Emittent planen kann, wann sich dieser auf den übermittelten und akzeptierten Sanierungsplan verlassen kann. Allerdings wird Abs. 2 UAbs. 1 S. 2 nicht so zu verstehen sein, dass Änderungsanordnungen nach Ablauf der 40 Arbeitstage nicht mehr zulässig sind. **Änderungen** können **auch noch später verlangt** werden, etwa wenn der zuständigen Behörde aufgrund von Veränderungen am Markt oder beim konkreten Geschäftsbetrieb Modifikationen noch erforderlich scheinen.

61 Die Änderungsanordnung ist vom Emittenten innerhalb von 40 Arbeitstagen ab dem Tag der Übermittlung dieser Entscheidung umzusetzen. Dies ist erneut relativ lang. Der Emittent muss schließlich schon mit der Emission der vermögenswertereferenzierten Token den Sanierungsplan aufstellen (→ Rn. 56), erhält sechs Monate für die Übermittlung an die zuständige Behörde, mithin sechs Monate für eigene Anpassungen an den realen Markt vermögenswertereferenzierter Token und nach Übermittlung der Änderungsanordnung noch einmal 40 Arbeitstage. Aufgrund dieser relativ langen Fristen ist auch die Umsetzungsfrist als **Höchstfrist** zu verstehen, die nicht verlängert werden kann.

62 **Verstöße** gegen eine Änderungsanordnung nach Art. 46 Abs. 2 können zu verwaltungsrechtlichen Sanktionen und anderen verwaltungsrechtlichen Maßnahmen führen (Art. 111 Abs. 1 lit. b). Dazu können etwa Verwaltungsgeldbußen gegen natürliche und juristische Personen gehören. § 47 Abs. 3 Nr. 2 lit. b (ggf. iVm Abs. 5 Nr. 3, Abs. 6 Nr. 3 lit. b, Abs. 7 Nr. 4 oder Abs. 9) KMAG soll als Bußgeldtatbestand erfassen, dass einer vollziehbaren Anordnung nach Art. 46 Abs. 2 UAbs. 1 S. 2, Abs. 3 oder Abs. 4 zuwidergehandelt wird. § 5 Abs. 1 KMAG sieht vor, dass Maßnahmen auf Grundlage des Art. 46 Abs. 2 UAbs. 1 S. 2, Abs. 3 und Abs. 4 keine aufschiebende Wirkung und mithin sofort vollziehbar sind.

4. Überprüfungs- und Aktualisierungspflichten des Emittenten (Abs. 2 UAbs. 1 S. 4)

63 Der Emittent muss den Sanierungsplan nach Art. 46 Abs. 2 UAbs. 1 S. 4 regelmäßig überprüfen und aktualisieren. Die Überprüfungs- und Aktualisierungspflicht fußt auf der Überlegung, dass der Markt für Kryptowerte agil ist und sich technisch schnell weiterentwickelt. Zudem ist der Markt für vermögenswertereferenzierte Token vergleichsweise neu und daher schwer einzuschätzen. Daher macht ein Sanierungsplan nur dann Sinn, wenn er in regelmäßigen Abständen überprüft und im Bedarfsfall aktualisiert wird. Beispielsweise kann der Emittent im **Monatsrhythmus** eine Person aus dem Geschäftsbetrieb die Veränderungen am Markt mit dem Sanierungsplan abgleichen lassen, die hierzu verschiedene Szenarien mit unterschied-

Sanierungsplan **Art. 46**

lichem Liquiditätsbedarf berechnet. Aus den Leitlinien der EBA ist zu entnehmen, dass die Emittenten im Sanierungsplan „eine klare und detaillierte Beschreibung der Steuerungsprozesse im Zusammenhang mit der Erstellung, Aktualisierung und Umsetzung des Sanierungsplans" aufnehmen müssen (sog. Informationen zur Governance).[71] Darüber hinaus finden sich in den Leitlinien nähere Bestimmungen hinsichtlich des Formats und der Aktualisierung des Sanierungsplans.[72] Um die Erfüllung der Überprüfungspflicht zu dokumentieren, wird die zuständige Behörde voraussichtlich **Dokumentationen** über die vorgenommene Überprüfung und etwaige Aktualisierung verlangen (Art. 94 Abs. 1 lit. a). Diese Berichte können Auslöser für Änderungsanordnungen sein (→ Rn. 59). Die Aktualisierungspflicht ist daher die proaktive Änderung des Sanierungsplans, die andernfalls durch eine Änderungsanordnung auferlegt wird. Im Übrigen kann die Aktualisierung nach Art. 46 Abs. 3 von der zuständigen Behörde auch verlangt werden (→ Rn. 64).

IV. Nichterfüllung der für die Vermögenswertreserve geltenden Anforderungen (Abs. 3)

1. Voraussetzungen der Ermächtigungsgrundlage

Erfüllt der Emittent die für die Vermögenswertreserve geltenden Anforderungen 64 nicht oder aufgrund einer sich **rasch verschlechternden Finanzlage** in naher Zukunft wahrscheinlich nicht, so ist die zuständige Behörde zur Sicherstellung der Erfüllung der geltenden Anforderungen befugt, von dem Emittenten zu verlangen, eine oder mehrere der im Sanierungsplan festgelegten Vorkehrungen oder **Maßnahmen zu treffen** oder den Sanierungsplan zu **aktualisieren,** wenn sich die Umstände von den im ursprünglichen Sanierungsplan festgelegten Annahmen unterscheiden, und eine oder mehrere der im Sanierungsplan festgelegten Vorkehrungen oder Maßnahmen innerhalb einer bestimmten Frist umzusetzen. Während Abs. 2 also den aufsichtsrechtlichen Regel- und Routinefall (→ Rn. 52) betrifft, adressiert Abs. 3 mit einer Ermächtigungsgrundlage den **Konflikt- oder Krisenfall.**

Prüfungsmaßstab sind die in → Rn. 39 dargestellten Anforderungen an die 65 Vermögenswertreserve. Die **erste Variante** des Art. 46 Abs. 3 betrifft die **Nichterfüllung** der geltenden Anforderungen an die Vermögenswertreserve. Werden diese Anforderungen nicht erfüllt, kann eine im Sanierungsplan genannte Sanierungsmaßnahme deshalb zur Problemlösung geeignet sein, da mit diesen Maßnahmen definitionsgemäß die Einhaltung der für die Vermögenswertreserve geltenden Anforderungen wiederhergestellt werden sollen (→ Art. 46 Abs. 1, → Rn. 38 ff.). Gleichwohl entbindet dies die zuständige Behörde nicht von der Prüfung, ob die Sanierungsmaßnahme im konkreten Fall geeignet ist, den Grund dafür zu beseitigen, warum der Emittent die Anforderungen an die Vermögenswertreserve nicht erfüllt. Liegt dies daran, dass der Emittent nicht willens ist, die Anforderungen zu erfüllen, können auch Befugnisse nach Art. 94 geeignet sein.

Die zweite Variante des Art. 46 Abs. 3 betrifft die sich „**rasch verschlech-** 66 **ternd[e] Finanzlage".** Diese Variante macht deutlich, dass das Teilziel des Sanierungsplans auch die Sanierung des Geschäftsbetriebs des Emittenten sein kann, was

---

[71] Siehe EBA/GL/2024/07 v. 13.6.2024, 7 f.
[72] Siehe EBA/GL/2024/07 v. 13.6.2024, 16 f.

jedoch stets unter dem Dach des Hauptziels des Art. 46 Abs. 1 UAbs. 1 zu sehen ist (→ Rn. 32). Die finanzielle Krise muss dazu führen, dass die Anforderungen an die Vermögenswertreserve in naher Zukunft „wahrscheinlich" nicht erfüllt werden. Die Verschlechterung der Finanzlage wird in der MiCAR nicht definiert und der Maßstab der Wahrscheinlichkeit nicht konkretisiert. Setzt man den Sanierungsplan nach der MiCAR mit dem allgemeinen Restrukturierungs- und Insolvenzrecht ins Verhältnis (→ Rn. 19ff.), dann wird deutlich, dass die sich rasch verschlechternde Finanzlage auch den **Anwendungsbereich der RestruktRL** betreffen kann, der die wahrscheinliche Insolvenz erfasst (→ Rn. 27). Auch der **Anwendungsbereich der EuInsVO** kann eröffnet sein, da auch die EuInsVO Verfahren zur Rettung und Reorganisation erfasst, welche schon dann eingeleitet werden können, wenn „lediglich die Wahrscheinlichkeit einer Insolvenz besteht" (ErwG 10 S. 2, Art. 1 Abs. 1 UAbs. 2 EuInsVO). Art. 46 Abs. 3 setzt jedoch nicht voraus, dass eine wahrscheinliche Insolvenz vorliegt oder die Insolvenz eingetreten ist. Die Norm kann daher **zeitlich schon früher** zur Anwendung gelangen. Dabei sieht die deutsche Durchführungsvorschrift des § 41 Abs. 1 und Abs. 2 Nr. 3 **KMAG** eine Ermächtigungsgrundlage für die BaFin zu einer Anordnung vor, Maßnahmen aus dem Sanierungsplan umzusetzen. § 41 Abs. 1 und Abs. 2 Nr. 3 KMAG setzen dabei voraus, dass die Anforderungen an die **Eigenmittel** nach Art. 35 nicht erfüllt oder voraussichtlich nicht mehr erfüllt werden. Die Einhaltung der Eigenmittelanforderungen stellt aus Sicht des BMF wohl das Kriterium zur Einschätzung dar, ob eine sich „rasch verschlechternd[e] Finanzlage" vorliegt.

67 Es ist nicht unüblich, dass der Unionsgesetzgeber als Eingangs- bzw. Eintrittsvoraussetzung eine Wahrscheinlichkeit ausreichen lässt, diese Wahrscheinlichkeit jedoch nicht weiter konkretisiert (→ Rn. 6 zur wahrscheinlichen Insolvenz nach Art. 2 Abs. 2 lit. b RestruktRL; auch die in Art. 1 Abs. 1 UAbs. 2 EuInsVO erwähnte Wahrscheinlichkeit einer Insolvenz wurde in der EuInsVO nicht konkretisiert). Der Wortlaut „wahrscheinlich" erfasst sowohl niedrige Wahrscheinlichkeiten (stochastisch beispielsweise unter 10%) als auch eine als nahezu sicher geltende Wahrscheinlichkeit (stochastisch 90% oder mehr). Daher wäre eine Konkretisierung durch den Unionsgesetzgeber sinnvoll gewesen. Nach dem Sinn und Zweck der Vorschrift kann nur eine **überwiegende Wahrscheinlichkeit** gemeint sein, bei der es **mehr als 50%** wahrscheinlich ist, dass die Anforderungen an die Vermögenswertreserve nicht mehr eingehalten werden. Denn es handelt sich um eine Ermächtigungsgrundlage, die nicht gerechtfertigt werden könnte, wenn es unter 50% wahrscheinlich ist, dass es zur Nichteinhaltung der für die Vermögenswertreserve geltenden Anforderungen kommen wird, es also weniger wahrscheinlich ist, dass eine Anforderung verletzt wird als es wahrscheinlich ist, dass sie erfüllt wird.

2. Kompetenzen der zuständigen Behörde

68 Liegen die tatbestandlichen Voraussetzungen von Art. 46 Abs. 3 Hs. 1 vor, so ist die zuständige Behörde iSv Art. 3 Abs. 1 Nr. 35 (→ Rn. 53f.) auf Rechtsfolgenseite befugt, Maßnahmen gegenüber dem Emittenten anzuordnen. Die zuständige Behörde bestimmt sich nach **Art. 3 Abs. 1 Nr. 35** (→ Rn. 53f.). Sie kann in ihrer Anordnung sowohl die Umsetzung von einer oder mehreren Sanierungsmaßnahmen des Sanierungsplans als auch die Aktualisierung des Sanierungsplans verlangen, wenn sich die Umstände von den im ursprünglichen Sanierungsplan festgelegten Annahmen unterscheiden. Vgl. daher auch § 41 Abs. 2 Nr. 3 **KMAG** zur Befugnis der BaFin, die Umsetzung einer oder mehrerer Handlungsoptionen aus dem Sanie-

Sanierungsplan **Art. 46**

rungsplan anordnen zu können, wenn nach § 41 Abs. 1 KMAG die Vermögens-, Finanz- oder Ertragsentwicklung eines Instituts oder andere Umstände die Annahme rechtfertigen, dass das Institut die Anforderungen des Art. 35 nicht erfüllt oder zukünftig voraussichtlich nicht erfüllen wird (zu **Bedenken** siehe → Fn. 60). Sie kann jedoch nicht verlangen, eine Sanierungsmaßnahme zu treffen, die **nicht im Sanierungsplan vorgesehen** ist. Nur die Ermächtigungsgrundlage nach Art. 46 Abs. 4 ist unabhängig vom konkreten Inhalt des Sanierungsplans (→ Rn. 74). Umso wichtiger ist es, dass die zuständige Behörde bei der Prüfung nach Art. 46 Abs. 2 kontrolliert, ob die Palette an Sanierungsmaßnahmen breit genug ist (vgl. Art. 46 Abs. 1 UAbs. 3). Bei der Auswahl der Entscheidung steht der zuständigen Behörde **Ermessen** zu. Dieses ist am Zweck des Art. 46 Abs. 3 auszurichten, die Maßnahmen dürfen (nur) „zur Sicherstellung der Erfüllung der geltenden Anforderungen [an die Vermögensreserve]" getroffen werden. Die zuständige Behörde muss sich bei Ausübung ihrer Befugnisse bewusst sein, über ein solches Ermessen zu verfügen, beispielsweise statt der Anordnung einer einschneidenden Sanierungsmaßnahme nur eine Aktualisierung des Sanierungsplans in einem bestimmten Teilbereich anordnen zu können. Zur ordnungsgemäßen **Begründung** der Entscheidung iSv Art. 113 Abs. 1 S. 1 gehört auch auszuführen, welche Gesichtspunkte bei der Ausübung des Ermessens leitend waren. Im Grundsatz gilt, dass eine weniger einschneidende Sanierungsmaßnahme anzuordnen ist, wenn diese das Ziel ebenfalls erreichen kann, und die Anordnung einer einschneidenderen Sanierungsmaßnahme in diesem Fall zu unterlassen ist, da diese dann ermessensfehlerhaft wäre. Das ausgeübte Ermessen ist nach Art. 113 Abs. 1 **gerichtlich überprüfbar.** Bei einem Verwaltungsakt einer deutschen zuständigen Behörde würden die Verwaltungsgerichte diese Überprüfung vornehmen (§ 114 S. 1 VwGO). Die Anordnung einer Aktualisierung kann ermessensfehlerfrei etwa dann in Betracht kommen, wenn gegenwärtig die Anforderungen an die genannte Vermögenswertreserve erfüllt werden und genügend Zeit besteht, den Sanierungsplan zu aktualisieren, sodann erneut vorzulegen und innerhalb der bestimmten Frist umzusetzen. Zu beachten ist im Übrigen § 5 **KMAG**, wonach Widerspruch und Anfechtungsklage gegen entsprechende Maßnahmen der zuständigen Behörde keine aufschiebende Wirkung haben, also sofort vollziehbar sind.

Zu den Kompetenzen der zuständigen Behörde gehört es auch, für die im Sanierungsplan festgelegten Vorkehrungen oder Maßnahmen eine **Umsetzungsfrist** zu bestimmen (Art. 46 Abs. 3 aE). Auch bei dieser Fristbestimmung hat die zuständige Behörde ein gerichtlich überprüfbares **Ermessen.** Beispielsweise kann eine 5-tägige Umsetzungsfrist ermessensfehlerfrei sein, wenn sich die Finanzlage sehr rasch verschlechtert und der Emittent in nächster Zukunft die für die Vermögenswertreserve geltenden Anforderungen wahrscheinlich nicht mehr erfüllen kann. Genauso kann es ermessensfehlerfrei sein, wenn für eine Aktualisierung eine Umsetzungsfrist von 20 Arbeitstagen, und damit nur halb so viel Zeit wie nach Art. 46 Abs. 2 UAbs. 1 S. 3, festgesetzt wird, da entweder gegenwärtig die Anforderungen an die Vermögenswertreserve nicht erfüllt werden oder sich eine rasch verschlechternde Finanzlage eingestellt hat. Ob die zuständige Behörde die **sofortige Vollziehung** ihrer Entscheidung anordnen kann, ist fraglich, da dann keine Frist zur Umsetzung bestehen würde, Art. 46 Abs. 3 aE eine solche Fristsetzung aber vorsieht. Es ist jedenfalls vom Wortlaut der Ermächtigungsgrundlage gedeckt, dass die Umsetzungsfrist sehr kurz ist, mitunter nur **wenige Stunden.**

69

Die Sanierungsmaßnahmen nach dem Sanierungsplan (→ Rn. 38 ff.) müssen nicht zwingend erst angeordnet werden, bevor sie umgesetzt werden können. Der

70

Emittent kann die Sanierungsmaßnahmen auch eigeninitiativ **noch vor der Anordnung umsetzen,** soweit dies mit dem allgemeinen Zivilrecht vereinbar ist. Denn ausweislich Art. 46 Abs. 1 UAbs. 1 „hat" der Emittent die vorgesehenen Maßnahmen „zu ergreifen", wenn die genannten Trigger ausgelöst werden. Daher ist Art. 46 Abs. 3 wohl nicht so zu verstehen, dass nur die behördliche Anordnung die Umsetzung einer Sanierungsmaßnahme rechtfertigen könnte. Dies ergibt sich auch im Umkehrschluss aus Art. 47 Abs. 1, denn der Rücktauschplan ist erst nach der Feststellung des wahrscheinlichen Ausfalls umzusetzen. Ob eine eigenmächtige Umsetzung von Sanierungsmaßnahmen auch möglich sein soll, wenn dadurch die Rechte der Inhaber vermögenswertereferenzierter Token beeinträchtigt werden, wie beispielsweise durch die Einführung von Liquiditätsgebühren bei Rücktausch, ist hingegen fraglich. Ein solcher Eingriff setzt möglicherweise die behördliche Anordnung nach Abs. 3 als Legitimationsgrundlage im Einzelfall voraus, insbesondere die in Abs. 1 UAbs. 3 lit. a-c aufgeführten Sanierungsmaßnahmen stellen grundlegende Abweichungen von Art. 39 Abs. 1 dar. Da sich diese Maßnahmen und deren etwaige Umsetzung allerdings bereits im Wesentlichen aus der die Inhaber vermögenswertereferenzierter Token selbst betreffenden Verordnung ergeben, werden die Inhaber wohl nicht grundsätzlich einwenden können, dass die Umsetzung einer Sanierungsmaßnahme durch den Emittenten überraschend sei.

71 Die Aussetzung des Rücktauschs gehört zu den Regelbeispielen einer Sanierungsmaßnahme (Art. 46 Abs. 1 UAbs. 3 lit. c). Die zuständige Behörde kann entweder – sofern als Sanierungsmaßnahme im Sanierungsplan vorgesehen – die Umsetzung dieser Sanierungsmaßnahme nach Art. 46 Abs. 3 anordnen oder aber auch – ohne Bezugnahme auf die vom Emittenten im Sanierungsplan vorgesehene Sanierungsmaßnahme einer Aussetzung des Rücktauschs – die Aussetzung des Rücktauschs direkt anordnen (→ Art. 46 Abs. 4, → Rn. 68 ff.).

72 **Verstöße** gegen eine Anordnung der zuständigen Behörde nach Art. 46 Abs. 3 können zu verwaltungsrechtlichen Sanktionen und anderen verwaltungsrechtlichen Maßnahmen führen (Art. 111 Abs. 1 UAbs. 1 lit. b). Art. 111 UAbs. 1 Abs. 1 lit. b verweist auf den gesamten Art. 46, daher können auch Verstöße des Emittenten gegen Anordnungen, die die Umsetzung von Sanierungsmaßnahmen oder die Verpflichtung zur Aktualisierung des Plans iSv Art. 46 Abs. 3 betreffen, zu verwaltungsrechtlichen Sanktionen bzw. anderen verwaltungsrechtlichen Maßnahmen führen. Dazu können etwa Verwaltungsgeldbußen gegen natürliche und juristische Personen gehören (vgl. Art. 111 Abs. 2 lit. c, d, Abs. 3). § 47 Abs. 3 Nr. 2 lit. b (ggf. iVm Abs. 5 Nr. 3, Abs. 6 Nr. 3 lit. b, Abs. 7 Nr. 4 oder Abs. 9) KMAG sieht einen Bußgeldtatbestand vor, wenn einer vollziehbaren Anordnung nach Art. 46 Abs. 2 UAbs. 1 S. 2, Abs. 3 und Abs. 4 zuwidergehandelt wird.

V. Aussetzung des Rücktauschs von vermögenswertereferenzierten Token (Abs. 4)

73 Nach Art. 46 Abs. 4 ist die zuständige Behörde (**Art. 3 Abs. 1 Nr. 35,** → Rn. 53) unter den in Abs. 3 genannten Voraussetzungen befugt, den Rücktausch vermögenswertereferenzierter Token vorübergehend auszusetzen, sofern die Aussetzung unter Berücksichtigung der Interessen der Inhaber von vermögenswertereferenzierten Token und der Finanzstabilität gerechtfertigt ist.

74 Es handelt sich um eine Ermächtigungsgrundlage, die in mehrerer Hinsicht **speziell** ist: Erstens ist die Anordnung dieser Sanierungsmaßnahme **unabhängig vom**

Sanierungsplan (→ Rn. 68) und daher auch dann zulässig, wenn der Sanierungsplan die konkrete Sanierungsmaßnahme einer Aussetzung des Rücktauschs nicht vorsieht. Zweitens kann die **direkte** Anordnung nach Abs. 4 schneller als die Anordnung nach Abs. 3 umgesetzt werden. Bei einer Anordnung nach Abs. 3 wird dem Emittenten eine Frist zur Umsetzung der Sanierungsmaßnahme gesetzt, wonach der Rücktausch vom Emittenten selbst ausgesetzt wird. Allerdings kann die Umsetzungsfrist sehr kurz sein (→ Rn. 69). Bei einer Anordnung nach Abs. 4 bedarf es deshalb **keiner Umsetzungsfrist,** da der Rücktausch kraft behördlicher Anordnung ausgesetzt wird. Bei einer Anordnung nach Abs. 4 kann der sofortige Vollzug vorgesehen werden.

Eine Anordnung nach Abs. 4 ist nur in einer **qualifizierten Krise** zulässig. 75 Dazu müssen kumulativ in die **Interessenabwägung** die Interessen der Inhaber vermögenswertereferenzierter Token und das Interesse an der Finanzstabilität einbezogen werden. Für eine direkte Anordnung kann sprechen, wenn zu befürchten ist, dass der Emittent die Anordnung nach Art. 46 Abs. 3 nicht fristgerecht umsetzen wird. Derzeit ist noch kein Fall bekanntgeworden, in dem die Emission oder der Rücktausch vermögenswertereferenzierter Token für die Finanzstabilität Relevanz gehabt hätte.

Ab Bekanntgabe der Direktanordnung nach Art. 46 Abs. 4 unterliegt der Emit- 76 tent einem **behördlichen Verbot,** emittierte vermögenswertereferenzierte Token zurückzutauschen. **Verstöße** gegen eine Änderungsanordnung nach Art. 46 Abs. 2 können zu verwaltungsrechtlichen Sanktionen und anderen verwaltungsrechtlichen Maßnahmen führen (Art. 111 Abs. 1 lit. b). Dazu können etwa Verwaltungsgeldbußen gegen natürliche und juristische Personen gehören (→ Rn. 72 aE). Welche **zivilrechtlichen Rechtsfolgen** das behördliche Verbot hat, wurde in der MiCAR nicht geregelt. Bei dem Verbot nach § 46 Abs. 1 S. 2 Nr. 4 KWG ist streitig geworden, welche zivilrechtlichen Rechtsfolgen eintreten, beispielsweise, ob die Rücktauschansprüche unmöglich oder gestundet werden.[73] Richtig erscheint, dass das Recht auf Rücktausch nicht untergeht, sondern durch die öffentlich-rechtliche Anordnung überlagert wird. Der Emittent begeht damit zivilrechtlich keine Pflichtverletzung, wenn er während der Aussetzungsphase nicht mehr leistet.

VI. Benachrichtigung der zuständigen Abwicklungs- und Aufsichtsbehörden (Abs. 5)

1. Sinn und Zweck

Die zuständige Behörde benachrichtigt die für den Emittenten zuständigen Ab- 77 wicklungs- und Aufsichtsbehörden über alle etwaigen gemäß den Absätzen 3 und 4 ergriffenen Maßnahmen. In den Mitgliedstaaten, in denen die zuständige Behörde (**Art. 3 Abs. 1 Nr. 35,** → Rn. 53) nicht zugleich die Abwicklungs- und Aufsichtsbehörde ist, soll die Benachrichtigungspflicht der zuständigen Behörde diesen anderen Behörden diejenige Informationsgrundlage verschaffen, die sie benötigen, um entscheiden zu können, ob eigene Maßnahmen ergriffen werden müssen. Beispielsweise kann die Aufsichtsbehörde dann entscheiden, ob Maßnahmen bei Gefahr zu ergreifen sind, wie dies das deutsche Recht in § 43 KMAG kennt.

---

[73] Ausführlich dazu Beck/Samm/Kokemoor/Skauradszun KWG § 46 Rn. 59 ff.

Art. 46 Titel III Vermögenswertereferenzierte Token

2. Zuständige Aufsichts- und Abwicklungsbehörden

78 Im Einheitlichen Abwicklungsmechanismus nach der SRM-VO, der BRRD und dem SAG sind die **Abwicklungsbehörden** zuständig (→ Rn. 20 ff.). Jeder Mitgliedstaat benennt eine oder in Ausnahmefällen mehrere Abwicklungsbehörden, die ermächtigt sind, die Abwicklungsinstrumente anzuwenden und die Abwicklungsbefugnisse auszuüben (Art. 3 Abs. 1 BRRD). Es handelt sich um öffentliche Verwaltungsbehörden, wozu auch nationale Zentralbanken sowie Ministerien gehören können (Art. 3 Abs. 2 und 3 BRRD).

79 Der Einheitliche Abwicklungsausschuss (Single Resolution Board – **SRB**) ist für alle Befugnisse zuständig, die die SRM-VO dem „Ausschuss" übertragen hat (vgl. Art. 42 ff. SRM-VO). Das SRB ist derzeit für rund 110 Unternehmen direkt zuständig. Nationale Abwicklungsbehörde in Deutschland ist die **BaFin** (§ 3 Abs. 1 SAG).

80 Im Einheitlichen Aufsichtsmechanismus nach der SSM-VO[74] ist die Europäische Zentralbank **Aufsichtsbehörde** (vgl. Art. 4 SSM-VO). Im Anwendungsbereich des KWG ist die **BaFin** deutsche Aufsichtsbehörde (vgl. § 3 Abs. 2 SAG).

81 Ein **Beispiel** für die Benachrichtigungspflicht ist, dass ein bedeutendes Kreditinstitut (Significant Institution), für welches das SRB und die EZB zuständig sind, vermögenswertereferenzierte Token emittiert und zu einem späteren Zeitpunkt die zuständige Behörde eine Anordnung nach Art. 46 Abs. 3 erlässt. Von dieser Anordnung ist das SRB, die EZB sowie die nationale Abwicklungsbehörde und die nationale Aufsichtsbehörde zu benachrichtigen.

VII. Konsolidierte Leitlinien der EBA (Abs. 6)

1. Rollen der EBA und ESMA

82 Rechtsgrundlage der Europäischen Bankenaufsichtsbehörde **(EBA)** ist die Europäische Bankenaufsichtsbehörde-VO.[75] Die EBA verfolgt das Ziel, das öffentliche Interesse zu schützen, indem sie für die Wirtschaft der Union, ihre Bürger und Unternehmen zur kurz-, mittel- und langfristigen Stabilität und Effektivität des Finanzsystems beiträgt (Art. 1 Abs. 5 Europäische Bankenaufsichtsbehörde-VO). Die Behörde verfügt über eine eigene Rechtspersönlichkeit und ist rechtsfähig. Art. 144 überträgt der EBA die Aufgaben nach der MiCAR.

83 Rechtsgrundlage der Europäischen Wertpapier- und Marktaufsichtsbehörde **(ESMA)** ist die Wertpapier- und Marktaufsichtsbehörden-VO.[76] EBA, ESMA, die

---

[74] VO (EU) Nr. 1024/2013 des Rates v. 15.10.2013 zur Übertragung besonderer Aufgaben im Zusammenhang mit der Aufsicht über Kreditinstitute auf die Europäische Zentralbank.

[75] VO (EU) Nr. 1093/2010 des Europäischen Parlaments und des Rates v. 24.11.2010 zur Errichtung einer europäischen Aufsichtsbehörde (Europäische Bankenaufsichtsbehörde), zur Änderung des Beschlusses Nr. 716/2009/EG und zur Aufhebung des Beschlusses 2009/78/EG der Kommission, zuletzt geändert durch VO (EU) 2019/2175 des Europäischen Parlaments und des Rates v. 18.12.2019.

[76] VO (EU) Nr. 1095/2010 des Europäischen Parlaments und des Rates v. 24.11.2010 zur Errichtung einer Europäischen Aufsichtsbehörde (Europäische Wertpapier und Marktaufsichtsbehörde), zur Änderung des Beschlusses Nr. 716/2009/EG und zur Aufhebung des Beschlusses 2009/77/EG der Kommission, zuletzt geändert durch VO (EU) 2021/23 des Europäischen Parlaments und des Rates v. 16.12.2020.

Rücktauschplan **Art. 47**

Europäische Aufsichtsbehörde für das Versicherungswesen und die betriebliche Altersversorgung (EIOPA) sowie der Europäische Ausschuss für Systemrisiken (ESRB) bilden das Europäische System der Finanzaufsicht **(ESFS).** Dieses wird auf Art. 114, 127 Abs. 6 AEUV gestützt (vgl. ferner Art. 2 Europäische Bankenaufsichtsbehörde-VO, Art. 2 EIOPA-VO und Art. 2 ESMA-VO)[77]. Die in Art. 46 Abs. 6 vorgegebene Konsultation der ESMA entspricht dem Leitbild des Art. 2 Abs. 3 Wertpapier- und Marktaufsichtsbehörden-VO, wonach die ESMA regelmäßig und unter anderem eng mit der EBA zusammenarbeitet. Die Behörde verfügt über eine eigene Rechtspersönlichkeit und ist rechtsfähig. Art. 145 überträgt der ESMA die Aufgaben nach der MiCAR.

2. Rechtsnatur und Verbindlichkeit der Leitlinien

Nach Art. 46 Abs. 6 MiCAR gibt die EBA, nach Konsultation mit der ESMA gemäß Art. 16 Europäische Bankenaufsichtsbehörde-VO, Leitlinien zur Spezifizierung des Formats des Sanierungsplans und der Informationen, die in ihm enthalten sein müssen, heraus. Diese Leitlinien wurden am 13.6.2024 veröffentlicht und gelten ab dem 13.11.2024.[78] In den Leitlinien werden die Pflichten der Emittenten bezüglich der Erstellung und Aufrechterhaltung des Sanierungsplans konkretisiert. Diese Leitlinien haben erhebliche Bedeutung für die Aufsichtspraxis, binden die nach Art. 113 zuständigen Gerichte jedoch nicht. Es handelt sich um **Verwaltungsanweisungen,** die die Judikative nicht binden können. Die konkreten Leitlinien haben allerdings auch eher formelle Aufgaben. Die EBA verfügt aufgrund von Art. 46 Abs. 6 nicht über die Kompetenz, die in Art. 46 nicht weiter spezifizierten Tatbestandsmerkmale zu konkretisieren. 84

Artikel 47 Rücktauschplan

1. **Ein Emittent eines vermögenswertreferenzierten Token muss einen operativen Plan zur Unterstützung des geordneten Rücktauschs jedes vermögenswertereferenzierten Token erstellen und aufrechterhalten, der umzusetzen ist, wenn die zuständige Behörde feststellt, dass der Emittent seine Verpflichtungen nicht oder wahrscheinlich nicht erfüllen kann, auch im Fall einer Insolvenz oder einer etwaigen Abwicklung oder im Fall des Entzugs der Zulassung des Emittenten, unbeschadet der Ergreifung von Krisenpräventions- oder Krisenmanagementmaßnahmen im Sinne von Artikel 2 Absatz 1 Nummern 101 bzw. 102 der RL 2014/59/EU oder einer Abwicklungsmaßnahme im Sinne von Artikel 2 Nummer 11 der VO (EU) 2021/23 des Europäischen Parlaments und des Rates.**

2. **Im Rücktauschplan ist zu belegen, dass der Emittent des vermögenswertreferenzierten Token zum Rücktausch des ausstehenden ausgegebenen vermögenswertreferenzierten Token in der Lage ist, ohne seinen Inhabern oder der Stabilität der Märkte des Reservevermögens unangemessenen wirtschaftlichen Schaden zuzufügen.**

Der Rücktauschplan muss vertragliche Vereinbarungen, Verfahren und Systeme einschließlich der Benennung eines vorläufigen Verwalters gemäß

---

[77] BeckOK WpHR/Bauerschmidt, 12. Ed. 1.7.2024, VO (EU) 1095/2010 Art. 2 Rn. 1.
[78] Siehe EBA/GL/2024/07 v. 13.6.2024.

Art. 47

dem anwendbaren Recht enthalten, mit denen sichergestellt wird, dass alle Inhaber vermögenswertereferenzierter Token gerecht behandelt werden und dass die Erlöse aus dem Verkauf des verbleibenden Reservevermögens fristgerecht den Inhabern der vermögenswertereferenzierten Token ausgezahlt werden.

Im Rücktauschplan muss die Kontinuität kritischer Tätigkeiten sichergestellt werden, die für den geordneten Rücktausch erforderlich sind und die von Emittenten oder von Drittunternehmen durchgeführt werden.

3. Der Emittent des vermögenswertreferenzierten Token muss der zuständigen Behörde den Rücktauschplan innerhalb von sechs Monaten ab dem Tag der Zulassung gemäß Artikel 21 oder innerhalb von sechs Monaten ab dem Tag der Genehmigung des Kryptowerte-Whitepapers gemäß Artikel 17 übermitteln. Die zuständige Behörde verlangt erforderlichenfalls Änderungen am Rücktauschplan, um für dessen ordnungsgemäße Umsetzung zu sorgen, und teilt dem Emittenten ihre Entscheidung, mit der diese Änderungen verlangt werden, innerhalb von 40 Arbeitstagen ab dem Tag der Übermittlung dieses Plans mit. Diese Entscheidung ist vom Emittenten innerhalb von 40 Arbeitstagen ab dem Tag der Übermittlung dieser Entscheidung umzusetzen. Der Emittent muss den Rücktauschplan regelmäßig überprüfen und aktualisieren.

4. Die zuständige Behörde übermittelt den Rücktauschplan gegebenenfalls den für den Emittenten zuständigen Abwicklungs- und Aufsichtsbehörden.

Die Abwicklungsbehörde kann den Rücktauschplan prüfen, um Maßnahmen in dem Rücktauschplan zu ermitteln, die sich nachteilig auf die Abwicklungsfähigkeit des Emittenten auswirken können, und der zuständigen Behörde diesbezüglich Empfehlungen geben.

5. Die EBA gibt zu folgenden Sachverhalten Leitlinien gemäß Artikel 16 der VO (EU) Nr. 1093/2010 heraus:
a) zu dem Inhalt des Rücktauschplans und der Regelmäßigkeit der Überprüfung, wobei sie den Umfang, die Komplexität und die Art des vermögenswertereferenzierten Token und das damit verbundene Geschäftsmodell des Emittenten berücksichtigt, und
b) zu den Elementen, durch die die Umsetzung des Rücktauschplans ausgelöst

wird.

Schrifttum: Kokorin, The anatomy of crypto failures and investor protection under MiCAR, Capital Markets Law Journal 2023, 1; Maume, The Regulation on Markets in Crypto-Assets (MiCAR): Landmark Codification, or First Step of Many, or Both?, ECFR 2/2023, 243; Omlor/Franke, Europäische DeFi-Regulierungsperspektiven, BKR 2022, 679; Skauradszun/Nguyen, MiCAR, UNIDROIT Principles on Digital Assets and Private Law, and their Insolvency Principles, ZVglRWiss 123 (2024), 261; Skauradszun/Schweizer/Kümpel, Das Kryptoverwahrgeschäft und das insolvenzrechtliche Rang der Kunden – Aussonderung oder Insolvenzquote?, ZIP 2022, 2101; Skauradszun/Wrede, Forderungen auf die MiCAR-Vermögenswertreserve im deutschen Insolvenzrecht, RDi 2024, 55; Skauradszun/Wrede, Der Rücktauschplan nach Art. 55 Abs. 1 i.V.m. Art. 47 MiCAR bei Emittenten von E-Geld-Token, WM 2024, 669.

Übersicht

	Rn.
I. Entstehungsgeschichte, Grundlagen und Anwendungsbereich	1
1. Entstehungsgeschichte	1
2. Grundlagen sowie Sinn und Zweck der Vorschrift	4
3. Anwendungsbereich	10
II. Rücktauschplan (Abs. 1)	15
1. Ziel des Rücktauschplans	15
2. Dogmatik und Rechtsnatur des Rücktauschplans	17
3. Anwendungsgrund und -bereich des Rücktauschplans	19
a) Verpflichtungen und behördliche Feststellung	19
b) (Wahrscheinliche) Nichterfüllung der Verpflichtungen	24
c) Anwendungsbereich „Insolvenz"	25
d) Anwendungsbereich „Abwicklung"	31
e) Anwendungsbereich „Zulassungsentzug"	32
f) Anwendungsbereich der Krisenpräventions- oder Krisenmanagementmaßnahmen iSd Art. 2 Abs. 1 Nr. 101 und 102 RL 59/2014/EU	35
g) Anwendungsbereich der Abwicklungsmaßnahmen iSd Art. 2 Nr. 11 VO (EU) 2021/23	38
III. Gegenstand und Inhalt des Rücktauschplans (Abs. 2)	39
1. Durchführung des Rücktauschs (Abs. 2 UAbs. 1)	40
2. Vereinbarungen, Verwalter und Verteilungsgrundsätze (Abs. 2 UAbs. 2)	47
a) Behandlungs- und Verteilungsgrundsätze	47
b) Vereinbarungen, Verfahren und Systeme	49
c) Vorläufiger Verwalter	51
d) Kontinuität kritischer Tätigkeiten (Abs. 2 UAbs. 3)	55
IV. Übermittlung an die zuständige Behörde, Überprüfung und Aktualisierung (Abs. 3)	56
1. Zuständige Behörde	57
2. Übermittlungspflicht und Frist (Abs. 3 S. 1)	58
3. Änderungsbefugnis der zuständigen Behörde (Abs. 3 S. 2)	60
4. Überprüfungs- und Aktualisierungspflichten des Emittenten (Abs. 3 S. 3 und 4)	61
V. Übermittlung an die Aufsichts- und Abwicklungsbehörden (Abs. 4)	62
1. Sinn und Zweck	62
2. Zuständige Aufsichts- und Abwicklungsbehörden	64
3. Prüfungskompetenz der Abwicklungsbehörde (Abs. 4 UAbs. 2)	67
VI. Leitlinien der EBA (Abs. 5)	69
1. Rolle der EBA	69
2. Gegenstand der Leitlinien	70
3. Rechtsnatur und Verbindlichkeit der Leitlinien	71

I. Entstehungsgeschichte, Grundlagen und Anwendungsbereich

1. Entstehungsgeschichte

Art. 47 gehört wie Art. 46 zu denjenigen Vorschriften, die während der Entstehung der Verordnung mehrfach Gegenstand von grundlegenden Änderungen wa- **1**

Art. 47   Titel III Vermögenswertereferenzierte Token

ren. Die wesentliche Erkenntnis aus der Entstehungsgeschichte der Vorschrift ist, dass sich **nur der Rat** für einen Rücktauschplan eingesetzt hatte, jedoch weder die Europäische Kommission noch das Europäische Parlament den Bedarf für einen (sehr aufwendigen und womöglich wenig praxistauglichen) Rücktauschplan gesehen hatten (vgl. ebenso zum Sanierungsplan → Art. 46 Rn. 1).

2   Der Vorschlag der **Kommission**[1] wurde im Zuge der Digital Finance Strategy der Europäischen Union am 24.9.2020 veröffentlicht.[2] In diesem Entwurf gab es keinen Artikel zu einem Rücktauschplan und auch keine Vorschrift, die dem heutigen Art. 47 entspricht. Art. 42 des Vorschlags sah eine Regelung betreffend die „Geordnete Abwicklung" vor, die sich in der beschlossenen Fassung in Art. 74 befindet. Erst der **Ratsvorschlag**[3] v. 19.11.2021 enthielt mit Art. 42 eine Entwurfsvorschrift, auf die der heutige Art. 47 zurückgeht. Dieser Entwurf sah noch keinen Bezug auf die BRRD[4] vor. Im **Parlamentsvorschlag** v. 17.3.2022 war der damalige Art. 42 des Rats sodann jedoch wieder gestrichen.[5] Das Parlament war offenbar – wie die Kommission – der Auffassung, dass es nur einen Abwicklungs- jedoch keinen Rücktauschplan bedürfe. Stattdessen erhielt Art. 42 des Entwurfs wieder den Inhalt des heutigen Art. 74.

3   In den **Trilogverhandlungen** setzte sich der Rat sodann durch. Die Fassung v. 5.10.2022[6] sah in Kapitel 6 Vorschriften über die Sanierung und den geordneten Rücktausch vor (recovery and orderly redemption). Art. 42 dieser Fassung sah allerdings weiterhin keinen Bezug auf die BRRD vor. Erst in der **finalen Beschlussfassung** v. 20.4.2023[7] wurde der Bezug auf die BRRD aufgenommen.

---

[1] Europäische Kommission, Proposal for a Regulation of the European Parliament and of the Council on Markets in Crypto-assets, and amending Directive (EU) 2019/1937, 2020/0265 (COD), 24.9.2020.

[2] Mitteilung der Kommission an das Europäische Parlament, den Rat, den Europäischen Wirtschafts- und Sozialausschuss und den Ausschuss der Regionen über eine Strategie für ein digitales Finanzwesen in der EU v. 24.9.2020, COM/2020/591 final.

[3] Rat der Europäischen Union, Proposal for a Regulation of the European Parliament and of the Council on Markets in Crypto-assets, and amending Directive (EU) 2019/1937 – Mandate for negotiations with the European Parliament, 2020/0265 (COD), 19.11.2021.

[4] RL 2014/59/EU des Europäischen Parlaments und des Rates v. 15.5.2014 zur Festlegung eines Rahmens für die Sanierung und Abwicklung von Kreditinstituten und Wertpapierfirmen und zur Änderung der RL 82/891/EWG des Rates, der RL 2001/24/EG, 2002/47/EG, 2004/25/EG, 2005/56/EG, 2007/36/EG, 2011/35/EU, 2012/30/EU und 2013/36/EU sowie der VO (EU) Nr. 1093/2010 und (EU) Nr. 648/2012 des Europäischen Parlaments und des Rates (BRRD). Geändert durch die RL (EU) 2019/879 des Europäischen Parlaments und des Rates v. 20.5.2019 (BRRD II) und zuletzt durch die VO (EU) 2021/23 des Europäischen Parlaments und des Rates v. 16.12.2020.

[5] Europäisches Parlament, Draft European Parliament Legislative Resolution on the proposal for a regulation of the European Parliament and of the Council on markets in crypto-assets and amending Directive (EU) 2019/1937 (COM(2020) 0593 – C9-0306/2020 – 2020/0265 (COD)), 17.3.2022.

[6] Rat der Europäischen Union, Proposal for a Regulation of the European Parliament and of the Council on Markets in Crypto-assets, and amending Directive (EU) 2019/1937, 2020/0265 (COD), 5.10.2022.

[7] Europäisches Parlament, Entwurf einer Verordnung des Europäischen Parlaments und des Rates über Märkte für Kryptowerte und zur Änderung der RL (EU) 2019/1937, 2020/0265 (COD), 20.4.2023.

2. Grundlagen sowie Sinn und Zweck der Vorschrift

Art. 47 gehört zu **Titel III**, der sich mit vermögenswertereferenzierten Token 4
iSv Art. 3 Abs. 1 Nr. 6 befasst. Titel III fasst spezielle, konzeptionell neu entwickelte[8] Vorschriften zusammen, die die **regulatorischen Anforderungen** deutlich **verschärfen**, wenn es nicht nur um Kryptowerte iSv Art. 3 Abs. 1 Nr. 5 geht, sondern Kryptowerte ausgegeben werden, die zugleich vermögenswertereferenzierte Token sind (vgl. ausführlicher bei → Art. 46 Rn. 10).

Art. 47 stellt eine **aufsichtsrechtliche Vorschrift** mit **Ermächtigungsgrund-** 5 **lagen** für die zuständige Behörde dar. Die Vorschrift ist so aufgebaut, dass sie zunächst die Pflichten des Normadressaten erörtert und der zuständigen Behörde die Befugnis zur Anordnung einräumt, den Rücktauschplan entsprechend umzusetzen (insbesondere Abs. 1 und 2, → Rn. 15 ff.), sodann Ermächtigungsgrundlagen auf Änderung des Rücktauschplans (Abs. 3, → Rn. 60), und schließlich Übermittlungsrechte normiert (Abs. 4, → Rn. 62 ff.). Für einzelne Detailregelungen ermächtigt die Vorschrift schließlich die European Banking Authority (EBA) zur Herausgabe von Leitlinien (→ Rn. 69 ff.), eine Gesetzestechnik, die die praktische Durchführung der Exekutive überantwortet. Der Aufbau ähnelt der Nachbarvorschrift des Art. 46 (→ Art. 46 Rn. 5).

Die Regelung gehört zum **Sonderinsolvenzrecht** für bestimmte Unterneh- 6 men (vgl. Abs. 1 „im Fall einer Insolvenz"), nämlich für solche Unternehmen, die vermögenswertereferenzierte Token emittieren. Art. 47 ist daher im Zusammenhang mit Art. 46 zu sehen, der dem Sonder**sanierungs**recht zuzuordnen ist (vgl. → Art. 46 Rn. 6).[9] In beiden Artikeln wird jedoch die wirtschaftliche Lage des Emittenten, die dieser erreichen muss, um das Sonderrecht zur Anwendung zu bringen, nicht definiert (ausführlicher bei → Art. 46 Rn. 6).

Der **Sinn und Zweck** der Vorschrift besteht darin, einem **Risiko** betreffend 7 vermögenswertereferenzierte Token zu begegnen, welches im Zeitpunkt des ordentlichen Gesetzgebungsverfahrens zur MiCAR im europäischen Markt noch nicht in nennenswerter Form bestand[10] (vgl. ausführlicher → Art. 46 Rn. 6 f.). Der Unionsgesetzgeber vermutet bei vermögenswertereferenzierten Token ein Risiko, welches er **qualitativ mit (systemrelevanten) Kreditinstituten** hält.[11] Er bedient sich daher Werkzeugen wie sie aus der SRM-VO[12] und BRRD bekannt sind (vgl. zu diesen Rechtsakten → Art. 46 Rn. 20 ff.). Anders als in Art. 46 nimmt der Unionsgesetzgeber in Art. 47 ausdrücklich auf die BRRD Bezug. Auch durch Art. 47 könnten womöglich aus

---

[8] Maume ECFR 2/2023, 243 (266).
[9] Vgl. Skauradszun/Wrede WM 2024, 669 (670).
[10] Vgl. Bruce/Odinet/Tosato Arizona State Law Journal 2023, 34, die berichten dass 2023 noch kein Emittent von Stablecoins die Eröffnung eines Insolvenzverfahrens über sein Vermögen beantragt hat.
[11] Maume ECFR 2/2023, 243 (251).
[12] VO (EU) 806/2014 des Europäischen Parlaments und des Rates v. 15.7.2014 zur Festlegung einheitlicher Vorschriften und eines einheitlichen Verfahrens für die Abwicklung von Kreditinstituten und bestimmten Wertpapierfirmen im Rahmen eines einheitlichen Abwicklungsmechanismus und eines einheitlichen Abwicklungsfonds sowie zur Änderung der VO (EU) Nr. 1093/2019. Zuletzt geändert durch RL (EU) 2024/1174 des Europäischen Parlaments und des Rates v. 11.4.2024.

ökonomischer Sicht sinnvolle technische Entwicklungen[13] gebremst werden (→ Art. 46 Rn. 8).

8 Sinn und Zweck des Art. 47 ist es zudem, das **Recht auf Rücktausch** der Inhaber vermögenswertereferenzierter Token (vgl. ErwG 57, 65 S. 1, Art. 39 Abs. 1 S. 1) auch für den Fall der Insolvenz (→ Rn. 25 ff.), der Abwicklung (→ Rn. 31) oder des Zulassungsentzugs (→ Rn. 32 ff.) **abzusichern** (ausführlich → Rn. 15).[14] Dieses Recht auf Rücktausch versucht der Unionsgesetzgeber durch zahlreiche Sonderregelungen zu schützen, da die Inhaber vermögenswertereferenzierter Token mit ihren Ansprüchen auf Rücktausch nicht unter die Systeme für die Entschädigung der Anleger und nicht unter die Einlagensicherungssysteme fallen (vgl. Art. 19 Abs. 4 lit. d und e). Allerdings kann dieses Recht auf Rücktausch ein Grund dafür sein, warum die Emission von vermögenswertereferenzierten Token **unattraktiv** gemacht wird.

9 Damit das Recht auf Rücktausch auch im Fall der Insolvenz, Abwicklung oder eines Zulassungsentzugs durchgesetzt werden kann, soll der Emittent einen operativen Rücktauschplan aufstellen, der die geordnete Durchführung des Rücktauschs ermöglicht, ohne den Inhabern der vermögenswertereferenzierten Token oder der Stabilität der Märkte des Reservevermögens unangemessenen wirtschaftlichen Schaden zuzufügen (vgl. Art. 47 Abs. 2 UAbs. 1). Das für diesen Rücktausch erforderliche Vermögen muss in einer stark regulierten, zweckgebundenen Vermögenswertreserve gebildet und fortan verwahrt werden (ErwG 54, Art. 3 Abs. 1 Nr. 32, Art. 36 ff.). Die Vermögensreserve wird gem. Art. 3 Abs. 1 Nr. 32 als der „Korb mit Reservevermögen, mit dem die Forderung gegenüber dem Emittenten besichert wird" definiert. Dieses Vermögen wird in den Art. 36 ff. näher reguliert. Macht nämlich eine Vielzahl von Inhabern der vermögenswertereferenzierten Token gegenüber dem Emittenten ihr Recht auf Rücktausch geltend, so kann der Emittent gezwungen sein, Teile seiner Vermögenswertreserve (Art. 3 Abs. 1 Nr. 32, Art. 36 ff.) auf den entsprechenden Märkten zu veräußern. Dadurch kann es zu einem **Überangebot** der veräußerten Vermögenswerte kommen, was sich negativ auf den Preis und damit letztlich auf die **Stabilität** der Märkte und des Emittenten auswirken könnte.

3. Anwendungsbereich

10 Art. 47 ist nur anwendbar, wenn **zwei Grundvoraussetzungen** gegeben sind: Es muss sich erstens um vermögenswertereferenzierte Token iSv Art. 3 Abs. 1 Nr. 6 handeln (→ Art. 46 Rn. 10), diese definieren – neben den Extremlagen (→ Rn. 21) – den **sachlichen** Anwendungsbereich von Art. 47. Art. 47 findet also keine Anwendung, wenn lediglich Kryptowerte iSv Art. 3 Abs. 1 Nr. 5 betroffen sind, ohne dass diese zugleich unter Art. 3 Abs. 1 Nr. 6 fallen. Zweitens adressiert die Vorschrift Emittenten iSv Art. 3 Abs. 1 Nr. 10, nicht aber Anbieter von Kryptowerte-Dienstleistungen (→ Art. 46 Rn. 18) – bei dieser Voraussetzung handelt es sich um den **persönlichen** Anwendungsbereich des Art. 47. Die Vorschrift findet also keine Anwendung auf Personen, die vermögenswertereferenzierte Token nicht emittieren, sondern beispielsweise lediglich verwahren, für diese eine Handelsplattform betreiben, tauschen, am Markt platzieren, hierzu beraten oder in einem Port-

---

[13] Zu diesen sinnvollen Möglichkeiten von Decentralised Finance Omlor/Franke BKR 2022, 679 (682).
[14] Vgl. Skauradszun/Wrede WM 2024, 669 (670 f.).

folio verwahren (vgl. die Kryptowerte-Dienstleistungen nach Art. 3 Abs. 1 Nr. 16). Für diese kann jedoch Art. 74 und das Sondersanierungs- und -insolvenzrecht Anwendung finden, das für nahezu alle Schuldner (wie nach der InsO), für die meisten Unternehmen (wie nach dem StaRUG)[15] oder Institute (wie nach §§ 43 ff. KMAG bzw. §§ 46 ff. KWG und bzw. oder der SRM-VO und dem SAG[16]) entwickelt wurde (vgl. ausführlicher → Art. 46 Rn. 19 ff.).

Zu **vermögenswertereferenzierten Token** → Art. 46 Rn. 10 ff. und → Art. 3 Rn. 14 ff., vgl. ferner zu deren Komplexität → Art. 46 Rn. 12, zu verschiedenen algorithmischen Stablecoins → Art. 46 Rn. 13 ff. und zu signifikanten vermögenswertereferenzierten Token → Art. 46 Rn. 17.

Art. 55 Abs. 1 **erweitert** den **Anwendungsbereich** von Art. 47 auf die Emittenten von **E-Geld-Token.** Ein E-Geld-Token ist nach Art. 3 Abs. 1 Nr. 7 ein „Kryptowert, dessen Wertstabilität unter Bezugnahme auf den Wert einer amtlichen Währung gewahrt werden soll" (→ Art. 55 Rn. 7). Zur näheren Abgrenzung → Art. 46 Rn. 11.

Emittent ist nach Art. 3 Abs. 1 Nr. 10 „eine natürliche oder juristische Person oder ein anderes Unternehmen, die bzw. das Kryptowerte emittiert". Vgl. zur Zulassungspflicht und zum allgemeinen Maßstab für das Verhalten des Emittenten, auch bei der Erstellung und Aufrechterhaltung des Rücktauschplans und der Durchführung der im Rücktauschplan genannten Maßnahmen, → Art. 46 Rn. 18.

Art. 47 über den Rücktauschplan ist in das Verhältnis zu ähnlichen Regelungen aus der **BRRD** (→ Art. 46 Rn. 20 ff.) sowie zum **Insolvenzplan** zu setzen (→ Art. 46 Rn. 27 ff.), ferner kann für Emittenten mit Herkunftsmitgliedstaat Deutschland das **Sonderinsolvenzrecht** nach dem KWG einschlägig sein (vgl. → Art. 46 Rn. 25). **Art. 47 ist** daher grundsätzlich **nicht abschließend** zu verstehen, sondern steht neben anderen Regelungen, die teils auf Unionsebene, teils auf nationaler Ebene erlassen wurden. Der nicht abschließende Charakter wird ferner durch den Bezug auf Vorschriften der BRRD deutlich, die von Art. 47 „unbeschadet" bleiben (Art. 47 Abs. 1).

II. Rücktauschplan (Abs. 1)

1. Ziel des Rücktauschplans

Das Ziel des Art. 47 ist es, das **Recht auf Rücktausch** der Inhaber vermögenswertereferenzierter Token (vgl. ErwG 57, Art. 39 Abs. 1 S. 1) auch in Extremlagen (vgl. ErwG 65 S. 1) – Insolvenz, Abwicklung, Zulassungsentzug – des Emittenten **abzusichern.** Die Inhaber vermögenswertereferenzierter Token haben nach Art. 39 Abs. 1 **jederzeit** das Recht auf Rücktausch gegenüber den Emittenten der vermögenswertereferenzierten Token **und** in Bezug auf das Reservevermögen, **wenn** die Emittenten ihren in Kapitel 6 dieses Titels III genannten Verpflichtungen nicht nachkommen können (→ Rn. 19 ff.). Art. 39 und Art. 46 f. sind also wechselseitig verzahnt. Um dieses dauerhafte Rücktauschrecht erfüllen zu können – ins-

---

[15] Siehe dann zum Ausschluss von bestimmten Unternehmen der Finanzbranche § 30 Abs. 2 StaRUG und BeckOK StaRUG/Kramer, 14. Ed. 1.10.2024, StaRUG § 30 Rn. 64; MüKoStaRUG/Skauradszun StaRUG § 30 Rn. 33 ff.
[16] Zur Abgrenzung dieser Rechtsakte voneinander Beck/Samm/Kokemoor/Skauradszun KWG § 46b Rn. 10.

besondere wenn viele Inhaber vermögenswertereferenzierter Token das Rücktauschrecht geltend machen oder der Emittent in eine Extremlage gerät – muss nach den Vorgaben des Art. 36 eine Vermögenswertreserve gebildet und gehalten werden, deren Verwahrung nach Art. 37 besonderen Schutzvorschriften unterliegt und nur nach Maßgabe des Art. 38 angelegt werden darf. Aufgabe des Rücktauschplans ist es, **Chaos** bei umfangreichen Rücktauschverlangen **zu vermeiden** und für diese Extremlagen einen geordneten Rücktausch vorzubereiten. Darüber hinaus soll der Rücktauschplan die Stabilität der Märkte des Reservevermögens schützen (→ Rn. 9).

16 Art. 34 Abs. 6 regelt die Konstellation, in der Emittenten vermögenswertereferenzierter Token **keinen Rücktauschplan** iSv Art. 47 **aufgestellt** haben. Diese Emittenten haben geeignete und verhältnismäßige Systeme, Ressourcen und Verfahren zur Sicherstellung einer kontinuierlichen und regelmäßigen Erbringung ihrer Dienstleistungen und Tätigkeiten anzuwenden. Die Regelung kann nicht so interpretiert werden, dass es dem Emittenten vermögenswertereferenzierter Token freisteht, ob er einen Rücktauschplan erstellt und aufrechterhält. Art. 47 ist eindeutig als Muss-Vorschrift ausgestaltet (vgl. Abs. 1 S. 1). Ein Verstoß gegen Art. 47 muss gemäß Art. 111 Abs. 1 UAbs. 1 lit. b verwaltungsrechtlich sanktioniert werden können. § 47 Abs. 3 Nr. 4 lit. b **KMAG**[17] erfasst als Bußgeldtatbestand, dass ein Rücktauschplan nicht, nicht richtig, nicht vollständig oder nicht rechtzeitig übermittelt wird. Art. 47 Abs. 3 S. 1 räumt dem Emittenten eine sechsmonatige Frist ab dem Tag der Zulassung oder ab dem Tag der Genehmigung des Kryptowerte-Whitepapers ein, um der zuständigen Behörde den Plan zu übermitteln. Dem Emittenten vermögenswertereferenzierter Token wird also eine Frist zur Erstellung des Plans eingeräumt. Der Gesetzgeber hat berücksichtigt, dass in diesem Zeitraum **noch kein Rücktauschplan vorliegt**. Art. 34 Abs. 6 regelt Pflichten, die der Emittent in dieser Zeit zu beachten hat. Daher privilegiert Art. 34 Abs. 6 den Emittenten nicht, sondern trägt ihm vielmehr auf, auch im Zeitraum der Planerstellung über geeignete Systeme, Ressourcen und Verfahren zur Sicherstellung seiner Dienstleistungen und Tätigkeiten zu verfügen. Ein Verstoß gegen Art. 34 Abs. 6 muss nach Art. 111 Abs. 1 UAbs. 1 lit. b ebenfalls verwaltungsrechtlich sanktioniert werden können. § 47 Abs. 3 Nr. 30 KMAG erfasst als Bußgeldtatbestand, dass ab dem öffentlichen Angebot eines vermögenswertereferenzierten Tokens ein in Art. 34 Abs. 6 S. 1 genanntes System, eine dort genannte Ressource oder ein dort genanntes Verfahren nicht, nicht richtig oder nicht vollständig angewendet wird.

2. Dogmatik und Rechtsnatur des Rücktauschplans

17 Der Emittent erstellt den Rücktauschplan selbständig und eigenverantwortlich, was ihn vom Abwicklungsplan nach Art. 8 Abs. 1 SRM-VO/Art. 10 Abs. 1 BRRD unterscheidet, der direkt von der Abwicklungsbehörde erstellt wird. Es handelt sich vielmehr um ein **unternehmensinternes Dokument**. Er muss den öffentlich-rechtlichen Vorgaben des Art. 47 entsprechen und wird von der zuständigen Behörde überprüft. Der Rücktauschplan gehört zu den **präventiven** Maßnahmen

---

[17] Derzeit liegt das Kryptomärkteaufsichtsgesetz (KMAG), welches in Art. 1 Finanzmarktdigitalisierungsgesetz (FinmadiG) geregelt ist, in Form der Beschlussempfehlung des Finanzausschusses (7. Ausschuss) vor, BT-Drs. 20/11178. Wenn im Rahmen der Kommentierung auf das KMAG oder das FinmadiG verwiesen wird, dann bezieht sich der Verweis auf die Beschlussempfehlung (BT-Drs. 20/11178).

und gehört damit zu den Maßnahmen des **Krisenmanagements**. Anders als der Restrukturierungs- und Insolvenzplan (→ Art. 46 Rn. 30 f.) hat der Rücktauschplan keinen rechtsgeschäftlichen Kern. Anders als der Sanierungsplan (→ Art. 46 Rn. 34) muss der Rücktauschplan jedoch **vertragliche** Vereinbarungen enthalten, mit denen die in Art. 47 Abs. 2 UAbs. 2 genannten Grundsätze sichergestellt werden (→ Rn. 47).

Die Erstellung und Aufrechterhaltung eines Rücktauschplans sind aufgrund der 18 verschiedenen zu betrachtenden Szenarien, der zu gewährleistenden Grundsätze, dem Wechselspiel zwischen Übermittlung, etwaigen Änderungsanordnungen, Fristenmanagement und der – je nach Emittenten – großen Anzahl an zu beteiligenden Behörden **aufwendig** und daher für den Emittenten (und für den Steuerzahler mit Blick auf die Kosten bei und für die Behörden) mit **höheren Kosten** verbunden.[18] Aufgrund des gegenwärtig noch unüberschaubaren Markts für vermögenswertereferenzierte Token sind diese Kosten jedenfalls derzeit kaum verhältnismäßig. Insbesondere in den ersten Jahren werden sich Emittenten – ggf. auch die zuständigen Behörden – durch externe Berater unterstützen lassen müssen, da es für die Emittenten ggf. nicht effizient ist, das Wissen zu (Sanierungs- und) Rücktauschplänen zu einem so frühen Zeitpunkt aufzubauen und bereitzuhalten. Ob sich diese Kosten amortisieren, hängt davon ab, ob der Markt für vermögenswertereferenzierte Token deutlich wächst.

3. Anwendungsgrund und -bereich des Rücktauschplans

a) Verpflichtungen und behördliche Feststellung. Der Rücktauschplan 19 kommt zur Anwendung, wenn die zuständige Behörde feststellt, dass der Emittent seine Verpflichtungen nicht oder wahrscheinlich nicht erfüllen kann (→ Rn. 24 ff. und zu den Leitlinien der EBA betreffend die Auslöser[19]). Eine Zuwiderhandlung gegen die vollziehbare Anordnung auf der Grundlage des Art. 47 Abs. 1 ist – anders als noch im Referentenentwurf (dort in § 46 Abs. 3 Nr. 15 KMAG-RefE) – nach seinem dem KMAG nicht bußgeldbewehrt. Nach § 47 Abs. 3 Nr. 2 lit. b **KMAG** stellt lediglich eine Zuwiderhandlung gegen eine vollziehbare Anordnung nach Art. 47 Abs. 3 S. 2 eine Ordnungswidrigkeit dar. Welche **„Verpflichtungen"** nicht oder wahrscheinlich nicht erfüllt werden müssen, um den Rücktauschplan zur Anwendung zu bringen, definiert die MiCAR nicht. Daher kann der Begriff nicht allein nach dem Wortlaut ausgelegt werden. Systematisch könnte naheliegen, auf die in Art. 47 oder die in Kapitel 6 genannten Verpflichtungen abzustellen. Dann würde sich allerdings die Frage stellen, ob auch verletzte Fristen und Aktualisierungspflichten (Abs. 3, → Rn. 58 ff.) einen Grund für die Umsetzung des Rücktauschplans bildeten. Dies erscheint – jedenfalls regelmäßig – nicht verhältnismäßig, vielmehr erweist es sich als überzeugender, den Begriff der „Verpflichtungen" nach seinem Sinn und Zweck auszulegen und damit die **Verpflichtungen betreffend das Reservevermögen** zu erfassen. Denn dieses zu schützen und damit das Recht auf Rücktausch nach Art. 39 auch in Extremlagen des Emittenten zu ermöglichen, ist Ziel des Rücktauschplans (→ Rn. 15). Zur **geschützten Personengruppe** ge-

---

[18] Die EBA-Leitlinien enthalten eine Kosten-Nutzen Analyse, die sich oberflächlich mit den entstehenden Kosten für die Emittenten auseinandersetzt, vgl. EBA/GL/2024/13 v. 9.10.2024, 35 f.
[19] Siehe EBA/GL/2024/13 v. 9.10.2024, 27 ff.

hören daher die **Inhaber** vermögenswertereferenzierter Token (vgl. ErwG 65 S. 1), **nicht aber die Gläubiger in ihrer Gesamtheit.**

20 Zwischen dem Emittenten und den Inhabern vermögenswertereferenzierter Token stellt sich nicht die Frage, ob der Emittent diese Verpflichtungen nicht oder wahrscheinlich nicht erfüllen kann, denn Empfängerin und Auslöserin des Rücktauschplans ist die zuständige Behörde. Daher stellen sich in dem Verhältnis zwischen dem Emittenten und den Inhabern vermögenswertereferenzierter Token keine Fragen der Darlegungs- und Beweislast. Vielmehr muss die **zuständige Behörde** prüfen, ob ein Anwendungsgrund vorliegt und die entsprechenden Tatsachen dokumentieren, damit sie den Anwendungsgrund im Falle einer gerichtlichen Überprüfung nach Art. 113 **nachweisen** kann.

21 Sachlicher Anwendungsbereich des Rücktauschplans können drei, nicht abschließende,[20] **Extremlagen** sein, nämlich der Fall der Insolvenz (→ Rn. 25), der Abwicklung (→ Rn. 31) und des Zulassungsentzugs (→ Rn. 32). Liegt eine solche Extremlage vor, **muss aber nicht** in jedem Fall ein Grund für die Umsetzung des Rücktauschplans vorliegen. Denn es kann beispielsweise sein, dass der Emittent in einem Insolvenzverfahren saniert wird oder ein Abwicklungsinstrument angeordnet wird, die Verpflichtungen des Emittenten betreffend die Vermögenswertreserve (→ Rn. 19) jedoch kontinuierlich erfüllt werden können. Allerdings sind die genannten Extremlagen so zu verstehen, dass die Verpflichtungen in einem solchen Fall regelmäßig nicht oder wahrscheinlich nicht mehr erfüllt werden können.

22 ErwG 65 S. 1 erwähnt als Anwendungsbereich für den Rücktauschplan ferner die „Unterbrechung der Ausgabe der vermögenswertereferenzierten Token". Ein ungeschriebener Anwendungsbereich ist die Insolvenz oder Abwicklung einer **Verwahrstelle** iSv Art. 37 Abs. 3, die der Emittent einsetzt, um das Reservevermögen zu verwahren.[21] Wird beispielsweise ein Kryptoverwahrer insolvent und wird über sein Vermögen das Insolvenzverfahren eröffnet, kann es – je nach der anwendbaren lex fori concursus – sein, dass der Emittent nicht oder derzeit nicht auf das Reservevermögen zugreifen kann.[22] Dies ist etwa der Fall, wenn die Verwahrstelle ihre Verfügungsbefugnis an einen Insolvenzverwalter oder eine Abwicklungsbehörde verloren hat oder gegenseitige Verträge in solchen Verfahren nicht mehr durchsetzbar sind. Dies könnte einen Grund für die Umsetzung des Rücktauschplans darstellen. Dies gilt auch dann, wenn der Emittent das Reservevermögen entsprechend Art. 37 Abs. 1 lit. d auf mehrere Verwahrstellen verteilt hat und eine bedeutende Verwahrstelle ausfällt. Deshalb müssen die Emittenten fortlaufend die finanzielle Lage der Verwahrstellen überprüfen (vgl. Art. 37 Abs. 5 UAbs. 2).

23 Die Umsetzung des Rücktauschplans setzt in jedem Fall die behördliche **Feststellung** des (wahrscheinlichen) Ausfalls voraus (→ Rn. 19). Der Rücktauschplan wird daher – anders als teilweise der Sanierungsplan (→ Art. 46 Rn. 70) – nicht eigeninitiativ umgesetzt. Die deutsche Durchführungsvorschrift des § 28 Abs. 4 KMAG spricht daher zutreffend von einer erforderlichen Anordnung der BaFin. Die genannte Feststellung ähnelt Art. 18 Abs. 1 UAbs. 1 lit. a SRM-VO bzw.

---

[20] Siehe konkretisierend die EBA-Leitlinien zu den von der zuständigen Behörde zu berücksichtigenden Aspekten für der Beurteilung, ob der Emittent seine Verpflichtungen nicht oder wahrscheinlich nicht erfüllen wird, EBA/GL/2024/13 v. 9.10.2024, 28 f.
[21] Vgl. auch EBA/GL/2024/13 v. 9.10.2024, 29 (dort unter Nr. 85 lit. ii).
[22] Vgl. daher zur Vermögenstrennung beim Kryptoverwahrer Art. 75 Abs. 7 und etwa Kokorin Capital Markets Law Journal 2023, 1 (13 f.).

Art. 32 Abs. 1 lit. a, Abs. 4 BRRD („Das Unternehmen fällt aus oder fällt wahrscheinlich aus" – failing or likely to fail (**FOLTF**)).

b) (Wahrscheinliche) Nichterfüllung der Verpflichtungen. Allgemeiner **24 Maßstab** ist die Nichterfüllung oder die wahrscheinliche Nichterfüllung der in → Rn. 19 genannten Verpflichtungen. Der Wortlaut „wahrscheinlich" erfasst sowohl niedrige Wahrscheinlichkeiten (stochastisch beispielsweise unter 10%) als auch eine als nahezu sicher geltende Wahrscheinlichkeit (stochastisch 90% oder mehr). Daher wäre eine Konkretisierung durch den Unionsgesetzgeber sinnvoll gewesen. Nach dem Sinn und Zweck der Vorschrift kann nur eine **überwiegende Wahrscheinlichkeit** gemeint sein, die als **mehr als 50% wahrscheinlich** ist, dass die die Emittenten vermögenswertereferenzierter Token treffenden Verpflichtungen nicht mehr erfüllt werden (ebenso bei → Art. 46 Rn. 67). Denn es handelt sich um eine Ermächtigungsgrundlage, die keine Eingriffe rechtfertigen kann, wenn die Wahrscheinlichkeit einer Nichteinhaltung der für die Vermögenswertreserve geltenden Anforderungen unter 50% liegt, es also weniger wahrscheinlich ist, dass eine Anforderung verletzt wird als es wahrscheinlich ist, dass sie erfüllt wird.

c) Anwendungsbereich „Insolvenz". Der Rücktauschplan muss für Ex- **25** tremlagen des Emittenten aufgestellt werden, namentlich für den Fall der „Insolvenz". Die MiCAR verwendet den **Begriff** nicht nur in Art. 47 Abs. 1, sondern auch in Art. 36 Abs. 2, 70 Abs. 1 und 75 Abs. 7 UAbs. 2 sowie in ErwG 54 S. 2 und Anhang II, **definiert ihn** jedoch **nicht**. Der Begriff der Insolvenz wurde auch weder in der **EuInsVO**[23] noch der **RestruktRL**[24] definiert. Die 2019 beschlossene RestruktRL sieht vielmehr in Art. 2 Abs. 2 lit. a vor, dass der Begriff der Insolvenz im Sinne des nationalen Rechts zu verstehen ist. Im Übrigen enthält auch das Sondersanierungs- und -insolvenzrecht für die Finanzbranche (**SRM-VO, BRRD, SAG,** → Art. 46 Rn. 20ff.) keine Bestimmung des Begriffs der Insolvenz. Selbst der Vorschlag der Europäischen Kommission für eine Richtlinie zur Harmonisierung bestimmter Aspekte des Insolvenzrechts (**Insolvency III**[25]) enthält keine Definition des Leitbegriffs der Insolvenz. In all diesen europäischen Rechtsakten geht dies darauf zurück, dass die Mitgliedstaaten teils unterschiedliche Vorstellungen davon haben, was (materielle) Insolvenz bedeutet.[26] Beispielsweise verstehen einige Mitgliedstaaten darunter nur den Eintritt der Zahlungsunfähigkeit (cash flow insolvency), während andere auch die wahrscheinliche bzw. drohende Zahlungsunfähigkeit und/oder die Überschuldung kennen (balance sheet insolvency).[27] Was wiederum Zahlungsunfähigkeit meint, ob dort Prognoseelemente zu berücksichtigen,

---

[23] VO (EU) 2015/848, zuletzt geändert durch VO (EU) 2021/2260 v. 15.12.2021.
[24] RL (EU) 2019/1023 des Europäischen Parlaments und des Rates v. 20.6.2019 über präventive Restrukturierungsrahmen, über Entschuldung und über Tätigkeitsverbote sowie über Maßnahmen zur Steigerung der Effizienz von Restrukturierungs-,Insolvenz- und Entschuldungsverfahren und zur Änderung der RL (EU) 2017/1132 (Richtlinie über Restrukturierung und Insolvenz).
[25] Europäische Kommission, Vorschlag für eine Richtlinie des Europäischen Parlaments und des Rates zur Harmonisierung bestimmter Aspekte des Insolvenzrechts, 2022/0408 (COD), 7.12.2022.
[26] Bork/Veder Harmonisation of Transactions Avoidance Laws 2022/Bork/Veder, S. 89 Rn. 3.6.
[27] Bork/Veder Harmonisation of Transactions Avoidance Laws 2022/Bork/Veder, S. 89 Rn. 3.6.

Art. 47

geringe Unterdeckungen unschädlich sind und wann genau Vermögensgegenstände zu berücksichtigen und Verbindlichkeiten in der Nominalhöhe anzusetzen sind, ist derzeit ebenfalls nicht harmonisiert.

26 Der Begriff der Insolvenz hätte für die Zwecke der MiCAR in Art. 3 definiert werden sollen. Da es daran fehlt, ist der Begriff auszulegen.[28] Hierfür gelten folgende Grundsätze:

27 Insolvenz ist **nicht im Sinne des nationalen Rechts** zu verstehen, sondern autonom auszulegen, da der Unionsgesetzgeber in die MiCAR keine Öffnungsklausel, vergleichbar mit Art. 2 Abs. 2 lit. a RestruktRL, aufgenommen hat. Es ist unwahrscheinlich, dass der MiCAR nur versehentlich eine solche Öffnungsklausel nicht gegeben wurde, denn der Unionsgesetzgeber hat sich in der noch jungen RestruktRL ausdrücklich mit dieser Regelungstechnik befasst und wollte für die MiCAR offenbar keine Begriffsbestimmung nach nationalem Recht. Dies erscheint auch stimmig, da derzeit die Verhandlungen zu einer **Harmonisierung** bestimmter Aspekte des Insolvenzrechts laufen[29] und daher eine Fortführung des Flickenteppichs, wie ihn Art. 2 Abs. 2 lit. a RestruktRL ermöglicht, kaum mehr gewollt sein kann. Im Übrigen hat der Unionsgesetzgeber, wenn er auf nationales Recht verweisen wollte, dies auch in der MiCAR deutlich gemacht (vgl. etwa Art. 47 Abs. 2 UAbs. 2, 93 Abs. 1). Ohne Öffnungsklausel kann auf nationale Regelungen, wie etwa die §§ 17–19 InsO, nicht zurückgegriffen werden, da das in der Normenhierarchie höher stehende Unionsrecht nicht durch nationales Recht ausgelegt werden kann.

28 Insolvenz meint in Art. 47 **nicht die wahrscheinliche Insolvenz.** Der Unionsgesetzgeber hat in der MiCAR (Art. 46 und 47) genau zwischen der Nichterfüllung und der wahrscheinlichen Nichterfüllung von Pflichten unterschieden, sodass – hätte er auch die wahrscheinliche Insolvenz erfassen wollen – auch bei diesem Begriff die Variante der wahrscheinlichen Insolvenz genannt worden wäre. Zudem trennt der Unionsgesetzgeber in anderen Rechtsakten – etwa in Art. 2 Abs. 2 RestruktRL – präzise zwischen „Insolvenz" und „wahrscheinliche[r] Insolvenz". Ferner ist der Begriff der wahrscheinlichen Insolvenz in Art. 1 Abs. 1 EuInsVO und an zahlreichen Stellen der RestruktRL ein zentraler Fachbegriff, sodass an-

---

[28] Principle 2 Abs. 6 der UNIDROIT Principles on Digital Assets and Private Law (DAPL), 2023, kann zwar nicht für die Auslegung der MiCAR herangezogen werden, zeigt aber das Verständnis zahlreicher – auch europäischer – Staaten zu einem Zeitpunkt, zudem auch die MiCAR in Kraft getreten ist. Principle 2 Abs. 6 definiert den Begriff „Insolvency-related proceeding" (hier übersetzt) als ein kollektives gerichtliches oder Verwaltungsverfahren, welches ein Zwischenverfahren enthalten kann, in dem – zum Zwecke der Reorganisation oder Liquidation – die Vermögenswerte oder Angelegenheiten des Schuldners entweder (a) durch ein Gericht oder eine Behörde kontrolliert oder überwacht werden, (b) die Möglichkeit des Schuldners, diese zu verwalten oder darüber zu verfügen durch das Gesetz beschränkt wird, und/oder (c) die Möglichkeit der Gläubiger, in das Vermögen des Schuldners zu vollstrecken, durch Gesetz beschränkt wird. Im materiellen Sinne definieren die UNIDROIT Principles den Begriff der Insolvenz nicht. Für eine generelle Definition verweist Ziff. 2.28 stattdessen auf den UNCITRAL Legislative Guide on Insolvency Law. Siehe dort Part 1 (2004): „when a debtor is generally unable to pay its debts as they mature or when its liabilities exceed the value of its assets".

[29] Europäische Kommission, Vorschlag für eine Richtlinie des Europäischen Parlaments und des Rates zur Harmonisierung bestimmter Aspekte des Insolvenzrechts, 2022/0408 (COD), 7.12.2022.

zunehmen ist, dass der Unionsgesetzgeber ihn in Art. 47 Abs. 1 bewusst nicht verwendet hat.

Die Auslegung nach dem **Wortlaut** spricht dafür, dass die Wendung „auch im Fall einer Insolvenz" zum Ausdruck bringt, dass es gleichgültig ist, was der Grund für die materielle Insolvenz ist, also alle Fälle erfasst sind, in denen der Emittent (fällige) Verbindlichkeiten nicht mehr erfüllen kann. Der Begriff ist vor allem aber weit genug, um auch das **Insolvenzverfahren** zu erfassen, also diejenige Situation, in der nach nationalem Recht ein Gericht oder eine Behörde über das Vermögen des Emittenten ein Insolvenzverfahren eröffnet hat **(formelle Insolvenz).**[30] Dazu gehört auch ein **vorläufiges** Insolvenzverfahren. Gerade für diesen Fall soll der Rücktauschplan einen Anwendungsbereich haben und es dem vorläufigen Verwalter iSv Art. 47 Abs. 2 UAbs. 2 (nach der deutschen Durchführungsvorschrift § 28 Abs. 5 KMAG dem Abwickler) ermöglichen, vermögenswertereferenzierte Token auf Grundlage eines operativen Plans geordnet zurücktauschen zu können. 29

In einer solchen Insolvenz besteht oder entsteht ein Verteilungskampf um das zur Befriedigung aller Gläubiger nicht ausreichende Vermögen (sog. **Common-Pool-Problem**), welcher durch ein Insolvenzverfahren zugunsten einer geordneten Verteilung des Vermögens vermieden werden soll.[31] Dieses Common-Pool-Problem kann für die Inhaber von vermögenswertereferenzierten Token zu der Gefahr führen, mit ihren Rechten auf Rücktausch ganz oder teilweise auszufallen. Um dies zu verhindern, hat der Unionsgesetzgeber die Vermögenswertreserve rechtlich vom sonstigen Vermögen des Emittenten getrennt und den Emittenten verpflichtet, diese Vermögenstrennung auch operativ sicherzustellen (Art. 36 Abs. 2 und 3, **Vermögenstrennung**). Ob dies vom Emittenten bis zuletzt eingehalten wurde, ob die Inhaber vermögenswertereferenzierter Token im Falle eines Insolvenzverfahrens (→ Rn. 29) die Vermögenswertreserve aussondern können und das **Aussonderungsrecht** vom Insolvenzverwalter auch erfüllt wird bzw. erfüllt werden kann, ist im jeweiligen Einzelfall zu prüfen. Die einzelnen insolvenzrechtlichen Rechtsfolgen müssen nach der jeweiligen **lex fori concursus** ermittelt werden. Sie bleiben entsprechenden insolvenzrechtlichen Untersuchungen vorbehalten und sollen hier nur skizziert werden: 30

– Das Recht der Inhaber vermögenswertereferenzierter Token auf das Reservevermögen des Emittenten ergibt sich aus **Art. 39 Abs. 1** („Recht auf Rücktausch […] in Bezug auf das Reservevermögen"). Das Reservevermögen ist zwar nicht rechtsfähig, es ist aber vom übrigen Vermögen des Emittenten rechtlich getrennt (Art. 36 Abs. 2) und zweckgebunden für die Erfüllung des Rechts der Inhaber vermögenswertereferenzierter Token auf Rücktausch. Arreste und Zwangsvollstreckungen nach deutschem Recht finden in das Reservevermögen nur wegen der Ansprüche aus Art. 39 Abs. 1 statt (§ 28 Abs. 2 S. 1 **KMAG**). Im Übrigen fällt das Reservevermögen nicht in die Insolvenzmasse (§ 28 Abs. 8 S. 1 KMAG).

---

[30] Nach § 12 Abs. 2 KMAG soll die BaFin die Zulassung entziehen, wenn über das Vermögen des Instituts das Insolvenzverfahren eröffnet wurde. Dort ist Bezugspunkt also die formelle Insolvenz. Zur Kritik an § 12 Abs. 2 KMAG siehe Skauradszun, Stellungnahme v. 17.3.2024 zum Gesetzesentwurf der Bundesregierung „Entwurf eines Gesetzes über die Digitalisierung des Finanzmarktes (Finanzmarktdigitalisierungsgesetz – FinmadiG) (BT-Drucksache 20/10280)", S. 1 f.

[31] Skauradszun KTS 2021, 2 (4).

– Die Frage einer insolvenzrechtlichen Rechtsposition beantwortet sich im Grundsatz nach der **lex fori concursus** (vgl. etwa Art. 10 Abs. 2 lit. h Sanierungs-RL, Art. 7 Abs. 2 S. 2 lit. i EuInsVO)[32] und lässt sich daher nicht pauschal für jeden Mitgliedstaat beantworten. Nach deutscher Rechtslage spricht die in Art. 36 Abs. 2 und 3 angelegte Vermögenstrennung dafür, dass die Vermögenswertreserve aussonderungsfähig ist.[33] Ob ein Gegenstand nach deutschem Insolvenzrecht auszusondern ist, bestimmt sich nämlich maßgeblich danach, ob der Gegenstand „rechtlich nicht zur Insolvenzmasse [gehört]"[34]. Das Reservevermögen ist kein Bestandteil der Insolvenzmasse (so ausdrücklich die deutsche Durchführungsvorschrift § 28 Abs. 8 S. 1 KMAG). Gläubiger des Emittenten – gemeint sind in Art. 36 Abs. 2 die „übrigen" Gläubiger – haben keinen Zugriff auf dieses Vermögen (Art. 36 Abs. 2).[35] Anhaltspunkte dafür, dass Art. 36 Abs. 2 nur dazu führen soll, dass der Insolvenzverwalter in der Insolvenz des Emittenten das Reservevermögen verwerten soll und sodann das Recht auf Rücktausch aus dem Verwertungserlös zu erfüllen hat, sind in Art. 36 und Art. 47 nicht erkennbar. Ein solches Verständnis könnte auch mit Art. 39 Abs. 1 kollidieren, da die Inhaber vermögenswertereferenzierter Token ein direktes Recht „in Bezug auf das Reservevermögen" haben. Die lex fori concursus dürfte dieser vermögensrechtlichen Zuordnung zugunsten der Inhaber vermögenswertereferenzierter Token nicht entgegenstehen. Mit dem Verständnis einer aussonderungsfähigen Vermögenswertreserve scheint die **Begriffsbestimmung** der Vermögenswertreserve nach **Art. 3 Abs. 1 Nr. 32** zu **kollidieren.** Nach dieser Vorschrift wird die Vermögenswertreserve als der „Korb mit Reservevermögen, mit dem die Forderung gegenüber dem Emittenten besichert wird" definiert. Ähnliches formuliert ErwG 54 S. 1. Vermögenswerte, die lediglich zur **Besicherung** eines Anspruchs dienen, berechtigen die entsprechenden Gläubiger nach deutschem Insolvenzrecht nämlich regelmäßig nur zur **Absonderung** (vgl. §§ 49–51 InsO). Man könnte mit Blick auf die Vermögenswertreserve vertreten, dass die Inhaber vermögenswertereferenzierter Token lediglich ein Sicherungsinteresse und kein besonderes Sachinteresse an den Gegenständen haben, die sich in der Vermögenswertreserve befinden.[36] Dafür spricht, dass die Inhaber vermögenswertereferenzierter Token nicht über die Zusammensetzung der konkreten Ver-

---

[32] Skauradszun/Schweizer/Kümpel ZIP 2022, 2101 (2104); vgl. auch Skauradszun/Wrede RDi 2024, 55 (57).

[33] Vgl. zu einer Untersuchung hierzu auf Grundlage des US Bankruptcy Code Bruce/Odinet/Tosato Arizona State Law Journal 2023, 37.

[34] BT-Drs. 12/2443, 5 (124).

[35] Dies ähnelt dann der Diskussion um Aussonderungsrechte gegen Kryptoverwahrer. Solche Aussonderungsrechte werden für das **deutsche Recht** einhellig bei der **Einzelverwahrung** bejaht (Skauradszun/Schweizer/Kümpel ZIP 2022, 2101 (2109f.); d'Avoine/Hamacher ZIP 2022, 2214 (2218); Schröder/Triantafyllakis BKR 2023, 12 (17); Haneke NZI 2023, 529 (530); BeckOK InsR/Haneke, 36. Ed. 15.7.2024, InsO § 47 Rn. 92i). Für die **Sammelverwahrung** entspricht dies der hM (Skauradszun/Schweizer/Kümpel ZIP 2022, 2101 (2110f.); Vicente/Duarte/Granadeiro Fintech Regulation and the Licensing Principle/Skauradszun, S. 90, 102; ähnlich Schröder/Triantafyllakis BKR 2023, 12 (17f.); Meier/Schneider/Schinerl RDi 2023, 257 (260, 263f.); Haneke NZI 2023, 529 (530); BeckOK InsR/Haneke, 36. Ed. 15.7.2024, InsO § 47 Rn. 92i), wurde aber auch bestritten (d'Avoine/Hamacher ZIP 2022, 2214 (2218); ebenso für das niederländische Recht Haentjens/de Graaf/Kokorin Singapore Journal of Legal Studies 2020, 526 (559, 562)).

[36] Vgl. BeckOK InsR/Haneke, 36. Ed. 15.7.2024, InsO § 47 Rn. 3a.

Rücktauschplan **Art. 47**

mögenswertreserve entscheiden. Über den Rücktauschplan erhalten sie auch nicht die verbliebene Vermögenswertreserve, sondern nur die Erlöse aus dem Verkauf dieser. Die **Vermögenstrennung** nach Art. 36 Abs. 2 und 3 auf der einen und Art. 75 Abs. 7 auf der anderen Seite **unterscheidet sich** ferner dadurch, dass das **Reservevermögen vom Emittenten erworben** wurde oder wird und dieser daher dessen Inhaber ist, hinsichtlich eigentumsfähiger Vermögensgegenstände also **dessen Eigentümer.** Bei verwahrten Kryptowerten hingegen sind die Kunden Inhaber ihrer Kryptowerte (richtig daher § 45 Abs. 1 und 2 KMAG). Weder der Wortlaut von Art. 3 Abs. 1 Nr. 32 noch das Sicherungsinteresse der Inhaber vermögenswertereferenzierter Token ändern aber etwas daran, dass aus Art. 36 Abs. 2 unzweifelhaft hervorgeht, dass die übrigen Gläubiger des Emittenten keinen Zugriff auf die Vermögenswertreserve haben, diese nicht in die Insolvenzmasse des Emittenten fällt. Die Vermögenswertreserve soll gerade nicht über die Vorgaben der nationalen Insolvenzvorschriften verwertetet werden, sondern grundsätzlich nach den Bestimmungen des Rücktauschplans gem. Art. 47. Obgleich des zweifelhaften Wortlauts des Art. 3 Abs. 1 Nr. 32 **spricht daher mehr dafür,** dass die **Vermögenswertreserve aussonderungsfähig** ist. Allerdings ist zu betonen, dass die einzelnen Vorschriften nicht widerspruchsfrei zusammenpassen. Für deutsche Insolvenzverfahren ist daher zu erwarten, dass auch starke Argumente für ein Absonderungsrecht geltend gemacht werden. Neben der in Art. 3 Abs. 1 Nr. 32 genannten Besicherung und der Inhaberschaft des Emittenten (und nicht der Inhaber vermögenswertereferenzierter Token) wird voraussichtlich auch diskutiert werden müssen, ob die in Art. 47 genannte Verwertung des Reservevermögens Parallelen zu den §§ 165 f. InsO aufweist, mithin den Vorschriften zur Verwertung von belasteten Gegenständen.

– Sollte das Problem bestehen, dass nicht sämtliche zur Aussonderung berechtigenden Rücktauschrechte der Inhaber vermögenswertereferenzierter Token aus der Vermögenswertreserve erfüllt werden können, wäre im Rücktauschplan darzustellen, wie dann zu verfahren ist. Nach der hier vertretenen Auffassung wären die Aussonderungsrechte in so einem Fall anteilig zu kürzen **(pari-passu-Aussonderung).**[37] Nur dieses Verständnis vermittelt den Inhabern vermögenswertereferenzierter Token den Schutz, den der Unionsgesetzgeber erreichen wollte.

– Sollten die Inhaber vermögenswertereferenzierter Token mit ihren zur Aussonderung berechtigenden Rücktauschrechten teilweise **ausfallen,** wären sie hinsichtlich ihrer nicht erfüllten Rücktauschansprüche im nationalen Insolvenzrecht entsprechend einzugruppieren, beispielsweise als einfache Insolvenzgläubiger. Von einem solchen Verständnis scheint auch § 28 Abs. 8 S. 2 KMAG auszugehen. Danach können die Inhaber der vermögenswertereferenzierten Token ihre Forderungen aus Art. 39 nur in Höhe des Ausfalles geltend machen.[38]

---

[37] Dies ähnelt dem anteiligen Aussonderungsrecht bei Kryptowerten, die bei einem Kryptoverwahrer verwahrt werden. Im deutschen Recht wird die pari-passu-Aussonderung bejaht (Haneke NZI 2023, 529 (530)) oder zumindest für möglich eingeschätzt (d'Avoine/Hamacher ZIP 2022, 2214 (2219)). Sie entspricht auch Art. 26 der UNIDROIT Convention on Substantive Rules for Intermediated Securities von 2009 und Principle 13 Abs. 7 der UNIDROIT Principles on Digital Assets and Private Law von 2023. Ausf. dazu Skauradszun/Nguyen ZVglRWiss 123 (2024), 261 (277 ff.).

[38] BT-Drs. 20/10280, 147. Ausf. zu der Aussonderungsthematik siehe Skauradszun/Wrede RDi 2024, 55.

Art. 47

31 **d) Anwendungsbereich „Abwicklung".** Der Begriff der Abwicklung entspringt dem Einheitlichen Abwicklungsmechanismus (Single Resolution Mechanism – SRM), wie er in der SRM-VO und BRRD bzw. in Deutschland im SAG geregelt wurde (vgl. → Art. 46 Rn. 20 ff.). Es gibt Emittenten iSv Art. 3 Abs. 1 Nr. 10, die nicht unter den SRM fallen und für die dieses Regelbeispiel daher nicht einschlägig ist (vgl. Art. 2 Abs. 2 SRM-VO, § 1 SAG). Unter den Oberbegriff der Abwicklung sind zahlreiche verschiedene Abwicklungsinstrumente (Art. 24 ff. SRM-VO, §§ 89 ff. SAG) bzw. Abwicklungsbefugnisse zu subsumieren. Diese Abwicklungsinstrumente bzw. Abwicklungsbefugnisse führen nicht zwingend dazu, dass der Emittent seine Verpflichtungen (→ Rn. 19 f.) (wahrscheinlich) nicht mehr erfüllen kann. **Beispielsweise** das Instrument der Ausgliederung von Vermögenswerten, welches im konkreten Fall die Vermögenswertreserve nicht betrifft, muss nicht grundsätzlich zur Anwendung des Rücktauschplans führen (vgl. Art. 26 SRM-VO, § 107 Abs. 1 Nr. 2 SAG). Ob das bekannteste Abwicklungsinstrument – die Gläubigerbeteiligung **(Bail-in)** – tatsächlich einen Anwendungsfall des Rücktauschplans bilden kann, ist unklar. Zum einen ist zweifelhaft, ob das Recht der Inhaber auf Rücktausch iSv Art. 39 Abs. 1 beim Emittenten überhaupt eine bail-infähige Verbindlichkeit darstellt (vgl. für das deutsche Recht § 91 Abs. 1 SAG).[39] Zum anderen ist **unklar**, ob – sollte die **Bail-in-Fähigkeit** tatsächlich bestehen – der Rücktauschplan noch seinen Zweck erfüllen kann, wenn die entsprechenden Verbindlichkeiten in Anteile oder andere Instrumente des harten Kernkapitals umgewandelt wurden (vgl. § 90 Nr. 1 SAG). Denn nach diesem Passivtausch gäbe es bei den Inhabern vermögenswertereferenzierter Token keine Forderungen auf Rücktausch mehr. Die EBA-Leitlinien sehen vor, dass der Rücktauschplan, der von Emittenten, die der BRRD oder der VO (EU) 2021/23 unterfallen, auf ihre dort geregelten Sanierungspläne und Anforderungen an die Abwicklungsfähigkeit abgestimmt sein soll.[40]

32 **e) Anwendungsbereich „Zulassungsentzug".** Der Entzug der Zulassung bestimmt sich nach **Art. 24**. Im Zuständigkeitsbereich der BaFin als zuständige Behörde (vgl. § 3 S. 1 **KMAG**) ist zudem die Durchführungsvorschrift des § 12 KMAG zu beachten, die ergänzende Bestimmungen zum Entzug der Zulassung enthält.[41] Da für ein öffentliches Angebot vermögenswertereferenzierter Token und deren Handel nach Art. 16 eine Zulassungspflicht besteht, ist nach dem Entzug der Zulassung weder ein neues Angebot noch Handel mit diesen vermögenswertereferenzierten Token gestattet. Ein Verstoß gegen Art. 16 würde die **verwaltungsrechtlichen Sanktionen** nach Art. 111 auslösen (vgl. Art. 111 Abs. 1 UAbs. 1 lit. b; § 46 Abs. 1 Nr. 1 KMAG betreffend Unternehmen iSv Art. 16 Abs. 1 UAbs. 1 S. 1 lit. a und § 47 Abs. 3 Nr. 13 KMAG betreffend Kreditinstitute iSv Art. 16 Abs. 1 UAbs. 1 S. 1 lit. b iVm Art. 17). Im Zuständigkeitsbereich der

---

[39] Es dürfte kein direkter Ausschluss der Bail-in-Fähigkeit nach § 91 Abs. 2 Nr. 3 SAG vorliegen, da die Vermögenswertreserve rechtlich kein Kundenvermögen, sondern getrennt verwahrtes Vermögen des Emittenten ist, allerdings könnten beide Fälle vergleichbar sein.
[40] Vgl. EBA/GL/2024/13 v. 9.10.2024, 26.
[41] Nach § 12 Abs. 2 KMAG soll die BaFin die Zulassung entziehen, wenn über das Vermögen des Instituts das Insolvenzverfahren eröffnet wurde. Zur Kritik an § 12 Abs. 2 KMAG siehe Skauradszun, Stellungnahme v. 17.3.2024 zum Gesetzesentwurf der Bundesregierung „Entwurf eines Gesetzes über die Digitalisierung des Finanzmarktes (Finanzmarktdigitalisierungsgesetz – FinmadiG) (BT-Drucksache 20/10280)", S. 1 f.

Rücktauschplan **Art. 47**

BaFin sind ferner nach § 24 Abs. 1 KMAG Maßnahmen gegen Mitglieder des Leitungsorgans zu prüfen.

Der Entzug der Zulassung als solches ändert nichts daran, dass die vermögens- 33
werterefenzierten Token schon emittiert worden sein können und in diesem Fall von Inhabern gehalten werden. Der Rücktauschplan hat im Fall des Entzugs der Zulassung deshalb einen Anwendungsbereich, damit nun der Rücktausch geordnet vorgenommen werden kann. Dieser ist nämlich mit Entzug der Zulassung in **Gefahr,** da es sein kann, dass nun viele Inhaber vermögenswertereferenzierter Token ihr Recht auf Rücktausch umsetzen wollen.

Art. 24 Abs. 5 UAbs. 2 ordnet an, dass der Emittent bei Entzug der Zulassung 34
das Verfahren nach Art. 47 durchzuführen hat. Es wäre nämlich andernfalls inkonsequent, wenn die zuständige Behörde auf der einen Seite die Zulassung entzieht, auf der anderen Seite die schon emittierten vermögenswertereferenzierten Token im Markt belassen würde.

f) Anwendungsbereich der Krisenpräventions- oder Krisenmanage- 35
mentmaßnahmen iSd Art. 2 Abs. 1 Nr. 101 und 102 RL 59/2014/EU. Die Regelung zum Rücktauschplan ist **nicht abschließend** (→ Rn. 14) und verdrängt andere Regelungsregime nicht. Sie steht unabhängig neben dem Einheitlichen Abwicklungsmechanismus (vgl. auch → Rn. 31 und Art. 46 → Rn. 20 ff.). Ausdrücklich klargestellt wird dies für **Krisenpräventionsmaßnahmen** nach Art. 2 Abs. 1 Nr. 101 BRRD. Dies meint

– die Ausübung von Befugnissen zur Anweisung der Beseitigung von Unzulänglichkeiten oder Hindernissen für die Sanierungsfähigkeit nach Art. 6 Abs. 6 BRRD,
– die Ausübung von Befugnissen zum Abbau oder zur Beseitigung von Hindernissen für die Abwicklungsfähigkeit nach Art. 17 oder 18 BRRD,
– die Anwendung von Frühinterventionsmaßnahmen nach Art. 27 BRRD,
– die Bestellung eines vorläufigen Verwalters nach Art. 29 BRRD oder
– die Ausübung der Herabschreibungs- oder Umwandlungsbefugnisse nach Art. 59 BRRD.

Gleiches gilt für **Krisenmanagementmaßnahmen** nach Art. 2 Abs. 1 Nr. 102 36
BRRD. Dies meint
– eine Abwicklungsmaßnahme nach Art. 2 Abs. 1 Nr. 40 BRRD oder
– die Bestellung eines Sonderverwalters nach Art. 35 BRRD oder
– einer Person nach Art. 51 Abs. 2 oder Art. 72 Abs. 1 BRRD.

Die jeweiligen **Umsetzungsvorschriften** finden sich in Deutschland im **SAG,** 37
namentlich in
– § 2 Abs. 3 Nr. 37 lit. a, § 16 SAG (Ausübung von Befugnissen zur Beseitigung von Unzulänglichkeiten oder Hindernissen für die Sanierungsfähigkeit),
– § 2 Abs. 3 Nr. 37 lit. b, §§ 59, 60 SAG (Ausübung von Befugnissen zum Abbau oder zur Beseitigung von Hindernissen für die Abwicklungsfähigkeit),
– §§ 2 Abs. 3 Nr. 37 lit. c, 36 SAG (Frühinterventionsmaßnahmen),
– §§ 2 Abs. 3 Nr. 37 lit. c, 38 SAG (vorläufiger Verwalter),
– § 90 SAG (Instrument der Gläubigerbeteiligung),
– §§ 89 ff. SAG (Abwicklungsinstrumente und -befugnisse),
– § 87 SAG (Sonderverwaltung).

g) Anwendungsbereich der Abwicklungsmaßnahmen iSd Art. 2 Nr. 11 38
VO (EU) 2021/23. Da die Regelung zum Rücktauschplan **nicht abschließend** ist (→ Rn. 14, 35), steht sie unabhängig neben der Verordnung über einen Rahmen

Art. 47

für die Sanierung und Abwicklung **zentraler Gegenparteien** (Central Counter Party – CCP).[42] Siehe zur Abstimmung des Rücktauschplans auf die Vorgaben der VO (EU) 2021/23 → Rn. 31. Art. 2 Nr. 11 VO (EU) 2021/23 definiert die Abwicklungsmaßnahme und meint damit eine Entscheidung über die Abwicklung einer CCP nach Art. 22 der Verordnung, die Anwendung eines Abwicklungsinstruments oder die Ausübung einer oder mehrerer Abwicklungsbefugnisse. „CCP" meint nach Art. 2 Nr. 1 OTC-Derivate-VO[43] „eine juristische Person, die zwischen die Gegenparteien der auf einem oder mehreren Märkten gehandelten Kontrakte tritt und somit als Käufer für jeden Verkäufer bzw. als Verkäufer für jeden Käufer fungiert".

III. Gegenstand und Inhalt des Rücktauschplans (Abs. 2)

39 Art. 47 Abs. 2 konkretisiert den Gegenstand des Rücktauschplans und macht für dessen Inhalt verpflichtende Vorgaben („ist", „muss"). Praktisch werden die Leitlinien der EBA nach Art. 47 Abs. 5 den Inhalt der Rücktauschpläne maßgeblich konkretisieren (→ Rn. 70).[44] Bei allem ist zu bedenken, dass der Rücktauschplan ein **„operativer Plan"** ist (Abs. 1; ErwG 65), also den Rücktausch operativ selbst in Extremlagen ermöglichen soll.[45] Der konkrete Inhalt muss so konzipiert sein, dass die einzelnen Maßnahmen weder den Inhabern vermögenswertereferenzierter Token noch der Stabilität der Märkte des Reservevermögens unangemessenen wirtschaftlichen Schaden zufügen.[46] Ob der Unionsgesetzgeber den **Maßstab** in Abs. 2 (ohne unangemessenen Schaden) synonym zu dem in Art. 74 S. 2 verwendeten Maßstab (kein ungebührlicher wirtschaftlicher Schaden) verstanden haben will, ist nicht eindeutig. Es könnte sich um eine bloße sprachliche Variation handeln. Beide Formulierungen suggerieren jedenfalls, dass der Rücktausch bei den Inhabern oder am Markt durchaus einen gewissen wirtschaftlichen Schaden auslösen kann und rechtlich auch darf, ohne dass der Rücktauschplan unzureichend vorbereitet oder die Umsetzung der Maßnahme rechtswidrig wäre.

---

[42] VO (EU) 2021/23 des Europäischen Parlaments und des Rates v. 16.12.2020 über einen Rahmen für die Sanierung und Abwicklung zentraler Gegenparteien und zur Änderung der VO (EU) Nr. 1095/2010, (EU) Nr. 648/2012, (EU) Nr. 600/2014, (EU) Nr. 806/2014 und (EU) 2015/2365 sowie der RL 2002/47/EG, 2004/25/EG, 2007/36/EG, 2014/59/EU und (EU) 2017/1132.

[43] VO (EU) Nr. 648/2012 des Europäischen Parlaments und des Rates v. 4.7.2012 über OTC-Derivate, zentrale Gegenparteien und Transaktionsregister, zuletzt geändert durch VO (EU) 2021/168 des Europäischen Parlaments und des Rates v. 10.2.2021.

[44] Die Leitlinien konkretisieren die inhaltlichen Anforderungen an den Rücktauschplan; darunter fallen mitunter sog. „Governance principles", „Critical activities and contractual arrangements", „Process for the orderly redemption of token holders' claims", das Erfordernisses eines „Communication plan", nähere Ausführungen für den Fall „Issuance of the same ART or EMT by multiple issuers" und „Interaction of the redemption plan with other proceedings", EBA/GL/2024/13 v. 9.10.2024, 19 ff.

[45] Siehe auch EBA/GL/2024/13 v. 9.10.2024, 7: „The GL provide guidance to the issuer to set-up clear and operational arrangements and processes on the development, update and execution of the redemption plan".

[46] Die Prinzipien und Ziele des Rücktauschplans werden in den Leitlinien näher konkretisiert, s. EBA/GL/2024/13 v. 9.10.2024, 7, 15 ff.

Rücktauschplan **Art. 47**

1. Durchführung des Rücktauschs (Abs. 2 UAbs. 1)

Da die Inhaber vermögenswertereferenzierter Token nach Art. 39 Abs. 1 ein **40** Recht auf Rücktausch haben und sich dieser Anspruch sowohl gegen den Emittenten mit seinem sonstigen Vermögen als auch gegen das – nicht rechtsfähige (oben → Rn. 30) – Reservevermögen richtet, entstehen für die Durchführung des Rücktauschs je nach Extremlage – Insolvenz, Abwicklung, Zulassungsentzug oder Sonstiges (→ Rn. 21 f.) – andere Herausforderungen.[47]

Nicht alle Extremlagen erschweren den Rücktausch in gleicher Weise. Der Zu- **41** lassungsentzug beeinträchtigt beispielsweise die vertraglichen Beziehungen des Emittenten zu seinen Verwahrstellen iSv Art. 37 Abs. 3 und 4 nicht unmittelbar, während die Eröffnung eines Insolvenzverfahrens nach der lex fori concursus dazu führen könnte, dass **schwebende Verträge nicht mehr durchsetzbar** sind, ggf. die Verfahrenseröffnung eine wirksame Kündigung ermöglicht oder **Personal,** welches für den Rücktausch benötigt wird, **kündigt.**

Ferner sollte der Rücktauschplan ein Prozedere vorsehen, in welcher **Reihen-** **42** **folge** das Vermögen für den Rücktausch eingesetzt wird – **beispielsweise** der Verkauf von Reservevermögen über den Verkaufsweg A (etwa über eine Handelsplattform für Kryptowerte iSv Art. 3 Abs. 1 Nr. 16 lit. b, subsidiär über den Verkaufsweg B (etwa über Handelsmakler), notfalls über den Verkaufsweg C (etwa über Wettbewerber), sodann Einsatz des sonstigen Vermögens des Emittenten. Ferner sollte der Emittent im Regelfall im Rücktauschplan Varianten berücksichtigen, beispielsweise wenn nur ein kleiner Teil der Inhaber vermögenswertereferenzierter Token den Rücktausch verlangen sollte.[48] Denn die Inhaber der vermögenswertereferenzierten Token müssen ihr Recht auf Rücktausch nicht ausüben, sodass das Marktverhalten etwa aufgrund zurückliegender Fälle nur prognostiziert, aber nicht sicher vorhergesagt werden kann. Zudem sollte dargelegt werden, wie der Rücktausch durchgeführt werden sollte, wenn innerhalb kurzer Zeit **alle** Inhaber den Rücktausch verlangen (Varianten der **Rücktauschquote**).

Ist das Reservevermögen auf **mehrere Verwahrstellen** verteilt und auf ver- **43** schiedene Vermögenswerte aufgeteilt (vgl. Art. 37), kann der Rücktauschplan beispielsweise ein Modell vorsehen, wonach alle Verwahrstellen gleichmäßig für den Rücktausch herangezogen werden, um auch den Markt der Verwahrstellen gleichmäßig zu belasten und damit mittelbar die Märkte des Reservevermögens zu schützen.[49] Ferner kann das Modell vorsehen, dass die Menge an zu verkaufendem Reservevermögen gedrosselt wird, wenn der **Marktpreis** an einem Tag um mehr als 5 % sinkt bzw. die Menge gesteigert wird, wenn der Marktpreis vom Verkauf unbeeinflusst bleibt. Umgekehrt würde den Märkten des Reservevermögens ein unangemessener wirtschaftlicher Schaden zugefügt, wenn ein großer Emittent erhebliches Reservevermögen in kurzer Zeit verkauft und der Marktpreis für dieses

---

[47] Vgl. EBA/GL/2024/13 v. 9.10.2024, 18: „Redemption scenarios should reflect redemption in going concern, in case of normal insolvency proceedings under national law or in case of the application of the resolution strategy of the issuer would be subject to it (if applicable)."

[48] Aus den EBA-Leitlinien ist zu entnehmen, dass im Rücktauschplan verschiedene Rücktauschszenarien („redemption scenarios") dargestellt werden, die die Liquidation der verbleibenden Vermögenswertreserve betreffen, EBA/GL/2024/13 v. 9.10.2024, 17 f.

[49] Auch EBA/GL/2024/13 v. 9.10.2024, 17 sieht vor, dass der Rücktausch die Stabilität des oder der Märkte des Reservevermögens nicht beeinflussen soll.

Art. 47 Titel III Vermögenswertereferenzierte Token

Reservevermögen – beispielsweise an einem Arbeitstag um 30% und mehr – einbricht.

44 Der Rücktauschplan kann eine **Reihenfolge** für den Rücktausch vorsehen. Beispielsweise kann der Emittent vorsehen, dass die zuerst verkauften Token („most senior") als erstes zurückgetauscht werden, die zuletzt verkauften Token („most junior") hingegen zuletzt. Die Reihenfolge darf aber nicht dazu führen, dass einige Inhaber leer ausgehen, sollte das Reservevermögen für den Rücktausch aller vermögenswertereferenzierten Token nicht ausreichen (vgl. daher zur paripassu-Lösung → Rn. 30 und ferner → Rn. 48).

45 Im Rücktauschplan hat der Emittent zu belegen, dass er zum Rücktausch **„jedes"** ausgegebenen vermögenswertereferenzierten Tokens in der Lage ist. Im systematischen Vergleich zu Art. 46 Abs. 1 UAbs. 3 lit. b und c wird deutlich, dass es **nicht grundsätzlich Gegenstand des Rücktauschplans** ist, die Menge der an einem Arbeitstag rücktauschbaren vermögenswertereferenzierten Token **zu begrenzen** – etwa auf 5% pro Arbeitstag – oder für eine Zeit auszusetzen – etwa für fünf Werktage –, bis sich der Markt beruhigt hat. Ziel des Rücktauschplans ist nämlich nicht die Sanierung des Emittenten, sondern die Umsetzung des Rechts auf Rücktausch. Die mengenmäßige Begrenzung des Rücktauschs kommt daher nicht in Betracht, um das Reservevermögen wiederherzustellen und ggf. die Sanierung des Emittenten zu bezwecken. Eine Begrenzung kann aber in Betracht kommen, um die Märkte des Reservevermögens nicht zu schädigen (→ Rn. 43).

46 Der Emittent kann einen „minimalistischen Rücktauschplan" nicht damit begründen, dass ein sehr schneller vollständiger Rücktausch seine **Extremlage weiter verschlechtern** würde, beispielsweise dass der schnellere oder umfangreichere Rücktausch im Fall der Insolvenz verbleibende Liquidität weiter abschmelzen lassen würde. Aufgabe des Rücktauschplans ist es nicht, den Emittenten zu sanieren. Dies ist eine der Aufgaben des Sanierungsplans nach Art. 46 (→ Art. 46 Rn. 32). Zudem ist das **Reservevermögen kein freies Vermögen** des Emittenten und steht auch nicht den übrigen Gläubigern als Haftungsmasse zur Verfügung (→ Rn. 30).

2. Vereinbarungen, Verwalter und Verteilungsgrundsätze (Abs. 2 UAbs. 2)

47 **a) Behandlungs- und Verteilungsgrundsätze.** Ziel der im Rücktauschplan enthaltenen Vereinbarungen, Verfahren und Systeme ist sicherzustellen, dass alle Inhaber vermögenswertereferenzierter Token **gerecht behandelt** werden und die Erlöse aus dem Verkauf des verbleibenden Reservevermögens an alle Inhaber der vermögenswertereferenzierten Token **fristgerecht** ausbezahlt werden. Beide Grundsätze enthalten **unbestimmte Rechtsbegriffe,** führen damit zu einer Rechtsunsicherheit und werden daher – da sie zum Inhalt des Rücktauchplans gehören – durch **Leitlinien** der EBA[50] konkretisiert (Art. 47 Abs. 5 lit. a).

48 In den Extremlagen der Insolvenz und Abwicklung dürfte eine gerechte Behandlung der Inhaber vermögenswertereferenzierter Token gegeben sein, wenn sie bei gleichen Rechten auch gleichbehandelt werden (**Gläubigergleichbehandlungsgrundsatz** bzw. par conditio creditorum). Denn dies ist ein europäischen

---

[50] Siehe die Guidelines on redemption plans under Articles 47 and 55 of Regulation (EU) 2023/1114, EBA/GL/2024/13 v. 9.10.2024. Dort beschreibt die EBA auf S. 16 beispielsweise ihr Verständnis einer gerechten Behandlung („equitable treatment").

Insolvenzrecht anerkannter Grundsatz.[51] Reicht das Reservevermögen beispielsweise aufgrund dessen verlustträchtigen Verkaufs nur zur Befriedigung von 75% des Werts aller Ansprüche auf Rücktausch aus, dann erschiene es nicht gerecht, wenn einzelne Inhaber ihr Recht auf Rücktausch vollständig durchsetzen könnten, andere hingegen gar nicht.[52]

b) Vereinbarungen, Verfahren und Systeme. Der Rücktauschplan muss „**vertragliche Vereinbarungen**" enthalten. Gemeint dürfte nicht sein, dass im Rücktauschplan eine vertragliche Vereinbarung zwischen dem Emittenten und den Inhabern vermögenswertereferenzierter Token enthalten ist. Dies wäre in dieser Pauschalität nicht nur praxisfern, sondern würde auch zu der Dogmatik des Rücktauschplans als unternehmensinternes Dokument nicht passen (→ Rn. 17). Gemeint ist vielmehr, dass der Rücktauschplan die vertraglichen Vereinbarungen nennen und beschreiben muss, die den Emittenten in die Lage versetzen, die Rechte auf Rücktausch erfüllen zu können. Dazu können etwa vertragliche Vereinbarungen mit Verwahrstellen, Maklern und IT-Dienstleistern gehören. 49

Der Rücktauschplan muss „**Verfahren**" und „**Systeme**" enthalten. Beide Begriffe sind offenbar bewusst abstrakt und weit gehalten worden, um für den Einzelfall einschlägige Inhalte zu schaffen. Unter die Begriffe lassen sich etwa Berechnungsverfahren, Modellanalysen (→ Rn. 43) und KI-gestützte Smart Contracts für die Erfüllung der Rechte auf Rücktausch subsumieren. 50

c) Vorläufiger Verwalter. Der Rücktauschplan muss einen vorläufigen Verwalter gemäß dem anwendbaren Recht benennen, der sicherstellt, dass alle Anleger gerecht behandelt werden und dass die Erlöse fristgerecht ausgezahlt werden. Im Zuständigkeitsbereich der BaFin ist § 28 Abs. 3 **KMAG** zu beachten, wonach der Emittent im Rücktauschplan einen im Fall der Durchführung des Rücktauschplans zu bestellenden „Abwickler"[53] benennen muss. **Art. 2 Abs. 2 lit. b** nennt den Liquidator und Verwalter, nicht aber den vorläufigen Verwalter. Für Liquidatoren und Verwalter, die im Laufe eines Insolvenzverfahrens handeln, gilt die MiCAR im Grundsatz nicht. Diese Bereichsausnahme enthält für die Zwecke des Art. 47 wiederum eine Rückausnahme, die dazu führt, dass der Rücktauschplan für Liquidatoren und Verwalter gilt, die im Laufe eines Insolvenzverfahrens handeln. Dies ist aber nicht so zu verstehen, dass Liquidatoren und Verwalter die Vermögenswertreserve verwalten und über diese verfügen dürften. Siehe → Rn. 29. 51

---

[51] Bork/Veder Harmonisation of Transactions Avoidance Laws/Bork/Veder, 2022, S. 74 Rn. 2.94.

[52] Aus den Leitlinien ergibt sich mitunter, dass – soweit nicht etwas anders im Kryptowerte-Whitepaper oder bei Anwendbarkeit des nationalen Rechts vorgesehen ist – im Rücktauschplan vorgesehen sein soll, dass alle Inhaber des gleichen rücktauschbaren Token gleich behandelt werden und im Rang gleichgestellt werden sollen (pari passu), vgl. EBA/GL/2024/13 v. 9.10.2024, 16.

[53] Das dogmatische Fundament für die Figur des „Abwicklers" ist derzeit noch ungeklärt. Ob es sich – wie bei einem vom Insolvenzgericht bestellten Insolvenzverwalter – um eine Partei kraft Amtes handelt, ist deshalb nicht einfach zu beantworten, da nicht ein Gericht oder eine Behörde den Abwickler bestellt, sondern nach § 28 Abs. 4 S. 1 KMAG der Emittent selbst. Gleichwohl geht die Verwaltungs- und Verfügungsbefugnis nach § 28 Abs. 5 KMAG auf den Abwickler über, was eine Ähnlichkeit zu § 80 Abs. 1 InsO aufweist; der Insolvenzverwalter ist hinsichtlich des Reservevermögens bzw. der entgegengenommenen Geldbeträge nicht verwaltungs- und verfügungsbefugt (BT-Drs. 20/10280, 147).

52 Unklar ist, ob der Begriff des (vorläufigen) Verwalters den sich selbst verwaltenden Emittenten ausschließt, also dem Emittenten keine **Eigenverwaltung** des Rücktauschs ermöglicht. Dafür scheint der Wortlaut zu sprechen, der suggeriert, dass nicht der Emittent selbst den Rücktausch durchführt, sondern der vorläufige Verwalter. Dieses Verständnis liegt auch § 28 Abs. 5 KMAG zugrunde, wonach das Recht, das Reservevermögen zu verwalten und über die zum Reservevermögen gehörenden Gegenstände zu verfügen, auf den Abwickler übergeht.

53 Der in Art. 47 Abs. 2 UAbs. 2 genannte vorläufige Verwalter ähnelt begrifflich dem vorläufigen Verwalter nach **Art. 29 BRRD**. Die deutsche Umsetzungsvorschrift findet sich in § 38 SAG (zu beiden Rechtsakten siehe oben → Rn. 14). In Fällen, in denen nach Meinung der zuständigen Behörde die Neubesetzung der Geschäftsleitung bzw. des Leitungsorgans nach Art. 28 BRRD nicht ausreicht, um Abhilfe zu schaffen, stellen die Mitgliedstaaten sicher, dass die zuständigen Behörden einen oder mehrere vorläufige Verwalter für das Institut bestellen können (Art. 29 Abs. 1 S. 1 BRRD). Es ist denkbar, dass sich der Unionsgesetzgeber bei der Schaffung des Art. 47 Abs. 2 UAbs. 2 von Art. 29 BRRD inspirieren lassen hat. Allerdings begrenzt sich die Funktion des vorläufigen Verwalters iSv Art. 47 Abs. 2 UAbs. 2 auf die Umsetzung des Rücktauschplans zum Zeitpunkt einer wirtschaftlichen Extremlage des Emittenten (→ Rn. 21). Der vorläufige Verwalter iSv Art. 29 BRRD soll hingegen regelmäßig die finanzielle Stabilität des Instituts erhalten oder wiederherstellen (vgl. Art. 29 Abs. 3 BRRD). Er kann dabei die Geschäftsleitung des krisenbehafteten Instituts regelmäßig bis zu einem Jahr ergänzen (vgl. Art. 29 Abs. 7 S. 1 BRRD). Hier zeigt sich, dass die Zwecke des vorläufigen Verwalters nach Art. 47 und desjenigen nach der BRRD sehr verschieden sind.[54] Mithin eignet sich Art. 29 BRRD nur eingeschränkt als Auslegungshilfe für Art. 47.

54 Wer für die **Benennung** des vorläufigen Verwalters nach Art. 47 Abs. 2 UAbs. 2 im Anwendungsfall des Rücktauschplans **zuständig** ist, regelt die Vorschrift nicht. Es erscheint fernliegend, dass die MiCAR vom Emittenten verlangen wollte, eine konkrete Person zu benennen, da dieser (je nach nationalem Recht in manchen Extremlagen, wie der Insolvenz oder Abwicklung) womöglich keine Rechtsmacht zur Benennung des Verwalters hat. Ferner stellen die Rücktauschpläne präventive Maßnahmen dar und die Emittenten können nicht – mitunter Jahre – in die Zukunft schauen und wissen, welche konkrete Person im Anwendungsfall als Verwalter benannt werden soll. Es dürfte vielmehr genügen, dass der Emittent darstellt, welche Aufgaben der vorläufige Verwalter bei Umsetzung des Rücktauschplans erfüllen oder beaufsichtigen kann. Die deutsche Durchführungsvorschrift des § 28 Abs. 3 **KMAG** scheint hingegen vor Augen zu haben, dass der Emittent im Rücktauschplan eine konkrete Person für das Amt des Abwicklers zu benennen hat. Ob dies praktisch Sinn macht, ist aus den genannten Gründen zweifelhaft.

55 **d) Kontinuität kritischer Tätigkeiten (Abs. 2 UAbs. 3).** Im Übrigen soll der Plan die Kontinuität aller kritischen Tätigkeiten, die für den geordneten Rücktausch erforderlich sind und die von Emittenten oder von Drittunternehmen durchgeführt werden, sicherstellen. Insoweit unterscheidet sich der Rücktauschplan vom Sanierungsplan, der als Teilziel auch die rasche Sanierung des Geschäftsbetriebs des Emittenten vorsehen muss (→ Art. 46 Rn. 47 ff.). Beim Rücktausch-

---

[54] Zum vorläufigen Verwalter iSd deutschen Umsetzungsgesetzes nach § 38 SAG vgl. Binder/Glos/Riepe BankaufsichtsR-HdB/Bauer-Weiler/Struckmann, 2. Aufl. 2020, § 16 Rn. 203 ff.

plan geht es aber nur um die „kritischen Tätigkeiten", die „erforderlich" sind. Wichtige **Beispiele** sind die IT-Dienstleister, die für Server, Wallet-Lösungen oder auch Smart Contracts benötigt werden.

IV. Übermittlung an die zuständige Behörde, Überprüfung und Aktualisierung (Abs. 3)

Art. 47 Abs. 3 enthält eine inhaltlich zu Art. 46 Abs. 2 identische Regelung betreffend die Übermittlungs-, Überprüfungs- und Aktualisierungspflichten (siehe dazu zunächst → Art. 46 Rn. 52ff.). Auch zu Art. 47 Abs. 3 gibt es keine Erwägungsgründe; ErwG 65 betreffend den Rücktauschplan spart die Themen des Absatzes 3 aus. **56**

1. Zuständige Behörde

Art. 3 Abs. 1 Nr. 35 enthält eine Legaldefinition der zuständigen Behörde (vgl. → Art. 46 Rn. 53). Nach Art. 93 Abs. 1 benennen die Mitgliedstaaten die zuständigen Behörden. Die Liste der benannten zuständigen Behörden wird von der **ESMA** auf deren **Website** veröffentlicht (vgl. Art. 93 Abs. 3; näher dazu → Art. 93 Rn. 11). Für die Bundesrepublik Deutschland ist die Bundesanstalt für Finanzdienstleistungsaufsicht **(BaFin)** „zuständige Behörde" (vgl. § 3 S. 1 KMAG; → Art. 46 Rn. 53, zum Herkunftsmitgliedsstaatsprinzip → Art. 46 Rn. 54 und zu den Befugnissen der zuständige Behörde → Art. 46 Rn. 55). Bei **signifikanten** vermögenswertereferenzierten Token ist die **EBA** Aufsichtsbehörde (Art. 117 Abs. 1 UAbs. 1). **57**

2. Übermittlungspflicht und Frist (Abs. 3 S. 1)

Der Emittent des vermögenswertereferenzierten Tokens muss der zuständigen Behörde den Rücktauschplan nach Art. 47 Abs. 1 innerhalb von **sechs Monaten** ab dem Tag der Zulassung gemäß Art. 21 oder innerhalb von sechs Monaten ab dem Tag der Genehmigung des Kryptowerte-Whitepapers gemäß Art. 17 übermitteln. Fristbeginn und Fristlänge decken sich also mit der parallelen Vorgabe für den Sanierungsplan. Es handelt sich ebenfalls um eine **Höchstfrist** (vgl. dazu und zur Art und Weise der Übermittlung → Art. 46 Rn. 56ff.). § 47 Abs. 3 Nr. 4 lit. b KMAG erfasst als Bußgeldtatbestand, dass ein Rücktauschplan nicht, nicht richtig, nicht vollständig oder nicht rechtzeitig übermittelt wird. Nach der Übermittlung hat die zuständige Behörde 40 Arbeitstage Zeit, Änderungen des Rücktauschplans nach Abs. 1 zu verlangen und dem Emittenten ihre Entscheidung mitzuteilen. Die Emittenten sind gem. Art. 47 Abs. 3 S. 4 verpflichtet, den Rücktauschplan regelmäßig zu **überprüfen** und zu **aktualisieren,** da der Markt für Kryptowerte agil ist und durch ständige, technische Weiterentwicklung geprägt ist (→ Art. 46 Rn. 63).[55] **58**

Es kann sein, dass ein Emittent vermögenswertereferenzierte Token **emittiert, bevor der Rücktauschplan** an die zuständige Behörde **übermittelt** wurde. Dies gilt entsprechend für den Sanierungsplan (→ Art. 46 Rn. 56). In den ersten sechs **59**

---

[55] Aus den Leitlinien ergibt sich, dass der Rücktauschplan im Falle einer Änderung prompt und zeitig überprüft werden soll. Folglich sollte bei einer Änderung der Rücktauschplan der zuständigen Behörde erneut ermittelt werden, s. EBA/GL/2024/13 v. 9.10.2024, 27.

Art. 47 Titel III Vermögenswertereferenzierte Token

Monaten und während der Frist zur Anordnung von Änderungen kann daher das Problem auftreten, dass eine Extremlage eintritt – etwa die Insolvenz –, jedoch noch kein Rücktauschplan vorhanden ist oder zwar ein Rücktauschplan vorbereitet wurde, dieser aber noch nicht von der zuständigen Behörde geprüft wurde. Es kann sein, dass der Rücktauschplan noch unzureichend ist, sein Ziel daher nicht erreichen kann und die zuständige Behörde noch keine Änderungsanordnung erlassen konnte. Der Markt hat gleichwohl ein Interesse daran, dass der Rücktausch jedes vermögenswertereferenzierten Tokens geordnet möglich ist. Um die Inhaber von Token dennoch in dem Zeitraum vor Fertigstellung des Rücktauschplans zu schützen, hat der Gesetzgeber **Art. 34 Abs. 6** geschaffen (→ Rn. 16). Sofern die Emittenten vermögenswertereferenzierter Token nämlich keinen Rücktauschplan gem. Art. 47 aufgestellt haben, wenden sie gem. Art. 34 Abs. 6 geeignete und verhältnismäßige Systeme, Ressourcen und Verfahren zur Sicherstellung einer kontinuierlichen und regelmäßigen Erbringung ihrer Dienstleistungen und Tätigkeiten an. Zu diesem Zweck führen die Emittenten vermögenswertereferenzierter Token all ihre Systeme und Protokolle zur Wahrung der Zugriffssicherheit im Einklang mit den einschlägigen Standards der Union. Die **Schwäche dieser Regelung** besteht allerdings darin, dass in dieser Übergangsphase die zuständige Behörde noch keine Prüfungen angestellt hat und daher die von Art. 34 Abs. 6 verlangten Systeme nicht oder nicht wirksam vorhanden sein könnten.

3. Änderungsbefugnis der zuständigen Behörde (Abs. 3 S. 2)

60 Die zuständige Behörde verlangt nach Art. 47 Abs. 3 S. 2 erforderlichenfalls **Änderungen** am Rücktauschplan (Änderungsbefugnis bzw. Änderungsanordnungsbefugnis), um für dessen ordnungsmäßige Umsetzung zu sorgen, und übermittelt dem Emittenten ihre Entscheidung, mit der diese Änderungen verlangt werden, innerhalb von 40 Arbeitstagen ab dem Tag der Übermittlung des Rücktauschplans. Die Änderungsanordnung der zuständigen Behörde stellt eine hoheitliche Maßnahme – in deutschen Aufsichtsverfahren einen **Verwaltungsakt** – dar (→ Art. 46 Rn. 59). Es liegt im Ermessen der Behörde, ob und wann sie eine Änderungsanordnung für erforderlich hält. Zum **Rechtsschutz** → Art. 46 Rn. 60. Zu Sanktionen aufgrund Verstößen gegen die Änderungsanordnung → Art. 46 Rn. 62. § 47 Abs. 3 Nr. 2 lit. b (ggf. iVm Abs. 5 Nr. 3, Abs. 6 Nr. 3 lit. b, Abs. 7 Nr. 4 oder Abs. 9) **KMAG** erfasst als Bußgeldtatbestand, dass einer vollziehbaren Anordnung nach Art. 47 Abs. 3 S. 2 zuwidergehandelt wird. § 5 Abs. 1 KMAG sieht vor, dass Maßnahmen auf Grundlage des Art. 47 Abs. 1 oder Abs. 3 S. 2 keine aufschiebende Wirkung haben und mithin sofort vollziehbar sind.

4. Überprüfungs- und Aktualisierungspflichten des Emittenten (Abs. 3 S. 3 und 4)

61 Die Änderungsanordnung ist vom Emittenten innerhalb von 40 Arbeitstagen ab dem Tag der Übermittlung umzusetzen. Im Übrigen besteht eine Aktualisierungspflicht (zu einem Beispiel → Art. 46 Rn. 63). Verstößt ein Emittent gegen die Umsetzungspflicht, ist von der zuständigen Behörde Art. 111 Abs. 1 UAbs. 1 lit. b zu prüfen, der verwaltungsrechtliche Sanktionen regelt und Verstöße gegen Art. 47 erfasst. Nähere Konkretisierungen sind den Leitlinien zu entnehmen.[56]

---

[56] Siehe EBA/GL/2024/13 v. 9.10.2024, 27.

V. Übermittlung an die Aufsichts- und Abwicklungsbehörden (Abs. 4)

1. Sinn und Zweck

Anders als beim Sanierungsplan, den der Emittent den für ihn zuständigen Ab- 62
wicklungs- und Aufsichtsbehörden übermitteln muss (Art. 46 Abs. 2 UAbs. 2;
→ Art. 46 Rn. 58), übermittelt die **zuständige Behörde** den Rücktauschplan
gem. Art. 47 Abs. 4 UAbs. 1 nur gegebenenfalls den Abwicklungs- und Aufsichtsbehörden, die für den Emittenten zuständig sind. Warum diese Übermittlungswege nicht harmonisiert wurden, insbesondere warum nicht beide Pläne von der zuständigen Behörde übermittelt werden, erschließt sich nicht. Die Abwicklungsbehörde kann den Rücktauschplan jedenfalls nach Art. 47 Abs. 4 UAbs. 2 prüfen, um Maßnahmen im Plan zu ermitteln, die sich nachteilig auf die Abwicklungsfähigkeit des Emittenten auswirken können. Sie kann der zuständigen Behörde diesbezüglich **Empfehlungen** geben (vgl. ErwG 65 S. 3). Weisungen kann sie auch dann nicht erteilen, wenn die Abwicklungsbehörde eine unionale Behörde und die zuständige Behörde eine nationale Behörde ist.

Nach dem Wortlaut von Abs. 4 handelt es sich hierbei weder für die zuständige 63
Behörde noch für die zuständige Abwicklungsbehörde um Handlungspflichten. Insoweit unterscheidet sich Art. 47 Abs. 4 von Art. 46 Abs. 5. Letzterer verpflichtet die zuständige Behörde, die zuständigen Abwicklungs- und Aufsichtsbehörden zu benachrichtigen, wenn Maßnahmen aus dem Sanierungsplan bzw. die Aussetzung des Rücktauschs angeordnet wurde (Art. 46 Abs. 3 und Abs. 4). Da der Rücktauschplan auch die Extremlage einer **Abwicklung** behandeln muss, macht es im Regelfall Sinn, dass die zuständige Behörde den Rücktauschplan der Abwicklungsbehörde übermittelt. Daher geht ErwG 65 S. 2 zurecht davon aus, dass die zuständige Behörde die Abwicklungsbehörde konsultieren „sollte". Gleiches gilt für die Übermittlung an die Aufsichtsbehörde, da der **Zulassungsentzug** in deren Zuständigkeit fällt. Darüber hinaus sieht das nationale Recht teils vor, dass im Falle einer materiellen **Insolvenz** nur die Aufsichtsbehörde die Eröffnung eines Insolvenzverfahrens beantragen darf (vgl. etwa § 44 Abs. 1 S. 4 KMAG). Handelt es sich bei dem Emittenten um ein Kreditinstitut (Art. 3 Abs. 1 Nr. 28 MiCAR iVm Art. 4 Abs. 1 Nr. 1 CRR[57]), dann „soll" diese Konsultation stattfinden (ErwG 65 S. 2).

2. Zuständige Aufsichts- und Abwicklungsbehörden

Siehe zur zuständigen **Aufsichtsbehörde** → Rn. 57. Im Einheitlichen Auf- 64
sichtsmechanismus nach der SSM-VO[58] ist die **Europäische Zentralbank** Aufsichtsbehörde (vgl. Art. 4 SSM-VO). Im Anwendungsbereich des KWG ist die **BaFin** deutsche Aufsichtsbehörde (vgl. § 3 Abs. 2 SAG).

Im Einheitlichen Abwicklungsmechanismus nach der SRM-VO und der 65
BRRD, die in Deutschland durch das SAG umgesetzt wurde (→ Art. 46 Rn. 20 ff.),
sind die **Abwicklungsbehörden** zuständig. Jeder Mitgliedstaat benennt eine oder

---

[57] VO (EU) Nr. 575/2013 des Europäischen Parlaments und des Rates v. 26.6.2013 über Aufsichtsanforderungen an Kreditinstitute und zur Änderung der VO (EU) Nr. 648/2012.
[58] VO (EU) Nr. 1024/2013 des Rates v. 15.10.2013 zur Übertragung besonderer Aufgaben im Zusammenhang mit der Aufsicht über Kreditinstitute auf die Europäische Zentralbank.

in Ausnahmefällen mehrere Abwicklungsbehörden, die ermächtigt sind, die Abwicklungsinstrumente anzuwenden und die Abwicklungsbefugnisse auszuüben (Art. 3 Abs. 1 BRRD). Es handelt sich um öffentliche Verwaltungsbehörden, wozu auch nationale Zentralbanken sowie Ministerien gehören können (Art. 3 Abs. 2 und 3 BRRD).

66 Der Einheitliche Abwicklungsausschuss (Single Resolution Board – **SRB**) ist für alle Befugnisse zuständig, die die SRM-VO dem „Ausschuss" übertragen hat (vgl. Art. 42 ff. SRM-VO). Das SRB ist derzeit für rund 110 Unternehmen direkt zuständig. Nationale Abwicklungsbehörde in Deutschland ist die **BaFin** (§ 3 Abs. 1 SAG).

3. Prüfungskompetenz der Abwicklungsbehörde (Abs. 4 UAbs. 2)

67 Sind die Abwicklungsbehörde und die zuständige Behörde nicht identisch (→ Rn. 57 und → 65) und arbeiten deshalb die Abteilungen der gleichen Behörde nicht ohnehin zusammen, kann die Prüfungskompetenz der Abwicklungsbehörde Sinn machen, um Maßnahmen in dem Rücktauschplan zu ermitteln, die sich nachteilig auf die Abwicklungsfähigkeit des Emittenten auswirken können. Sodann kann die Abwicklungsbehörde der zuständigen Behörde Handlungsempfehlungen geben.

68 Ein **Beispiel** für die Konsultation der zuständigen Abwicklungs- und Aufsichtsbehörden nach Art. 47 Abs. 4 ist, dass ein bedeutendes Kreditinstitut (Significant Institution), für welches das SRB und die EZB zuständig sind, vermögenswertereferenzierte Token emittiert und der zuständigen Behörde einen Rücktauschplan gem. Art. 47 Abs. 3 S. 1 übermittelt. Diesen Plan sollte die zuständige Behörde dem SRB, der EZB sowie der nationalen Abwicklungsbehörde und der nationalen Aufsichtsbehörde übermitteln. Die Abwicklungsbehörden, also das SRB und die nationale Abwicklungsbehörde, können den Rücktauschplan sodann prüfen und Empfehlungen abgeben, falls sie der Meinung sind, dass Maßnahmen im Rücktauschplan die Abwicklungsfähigkeit des Emittenten beeinträchtigen könnten.

VI. Leitlinien der EBA (Abs. 5)

1. Rolle der EBA

69 Zur Rolle der Europäischen Bankenaufsichtsbehörde **(EBA)** und der Rechtsgrundlage → Art. 46 Rn. 82. Anders als bei den Leitlinien zum Sanierungsplan ist eine Konsultation der ESMA beim Rücktauschplan nicht vorgesehen (→ Art. 46 Rn. 83).

2. Gegenstand der Leitlinien

70 Die EBA hat nach Art. 47 Abs. 5 Leitlinien zu erlassen, die zum einen den Inhalt und die Regelmäßigkeit der Überprüfung und zum anderen die Elemente, durch die die Umsetzung des Rücktauschplans ausgelöst wird, behandeln sollen. Die Leitlinien wurden veröffentlicht.[59] Einsehbar sind zudem die im Rahmen der vorhergehenden Konsultation veröffentlichten Stellungnahmen („responses") verschiedener Verbände.

---

[59] Siehe EBA/GL/2024/13 v. 9.10.2024.

3. Rechtsnatur und Verbindlichkeit der Leitlinien

Nach Art. 16 Europäische Bankenaufsichtsbehörde-VO[60] gibt die EBA Leitlinien und Empfehlungen für die zuständigen Behörden und Finanzinstitute heraus, um eine kohärente, effiziente und wirksame Aufsichtspraxis zu schaffen. Dabei richten sich die Leitlinien an die Emittenten von vermögenswertereferenzierten Token (und die Emittenten von E-Geld-Token) und die zuständigen Behörden.[61] Nach Art. 16 Abs. 3 Europäische Bankenaufsichtsbehörde-VO unternehmen die zuständigen Behörden und Finanzinstitute alle erforderlichen Anstrengungen, um diese Leitlinien und Empfehlungen zu befolgen. Gleichwohl sind die Leitlinien **rechtlich unverbindlich** und binden die nach Art. 113 zuständigen Gerichte nicht. Übernimmt die zuständige Behörde die Leitlinien und macht sie zu ihrer Verwaltungspraxis, kann sich die Behörde allerdings binden und beim Emittenten einen Vertrauensschutz begründen.

71

---

[60] VO (EU) Nr. 1093/2010 des Europäischen Parlaments und des Rates v. 24.11.2010 zur Errichtung einer europäischen Aufsichtsbehörde (Europäische Bankenaufsichtsbehörde), zur Änderung des Beschlusses Nr. 716/2009/EG und zur Aufhebung des Beschlusses 2009/78/EG der Kommission, zuletzt geändert durch VO (EU) 2019/2175 des Europäischen Parlaments und des Rates v. 18.12.2019.

[61] Vgl. EBA/GL/2024/13 v. 9.10.2024, 13.

Titel IV E-Geld-Token

Kapitel 1 Anforderungen an alle Emittenten von E-Geld-Token

Artikel 48 Anforderungen für das öffentliche Angebot von E-Geld-Token und ihre Zulassung zum Handel

(1) Personen, darf E-Geld-Token in der Union nicht öffentlich anbieten oder die Zulassung von E-Geld-Token zum Handel beantragen, wenn es sich bei der Person nicht um einen Emittenten solcher E-Geld-Token und sie

a) als Kreditinstitut oder als E-Geld-Institut zugelassen ist und

b) der zuständigen Behörde ein Kryptowerte-Whitepaper übermittelt hat und dieses Kryptowerte-Whitepaper gemäß Artikel 51 veröffentlicht hat.

Ungeachtet des Unterabsatzes 1 können mit schriftlicher Zustimmung des Emittenten andere Personen E-Geld-Token öffentlich anbieten oder deren Zulassung zum Handel beantragen. Diese Personen müssen die Artikel 50 und 53 einhalten.

(2) E-Geld-Token gelten als E-Geld.

Beziehen sich E-Geld-Token auf eine amtliche Währung eines Mitgliedstaats, wird von einem öffentlichen Angebot dieser Token in der Union ausgegangen.

(3) Die Titel II und III der Richtlinie 2009/110/EG gelten für E-Geld-Token, sofern in dem vorliegenden Titel nichts anderes bestimmt ist.

(4) Absatz 1 des vorliegenden Artikels gilt nicht für Emittenten von E-Geld-Token, die gemäß Artikel 9 Absatz 1 der Richtlinie 2009/110/EG ausgenommen sind.

(5) Mit Ausnahme von Absatz 7 des vorliegenden Artikels und von Artikel 51 gilt dieser Titel nicht für Emittenten von E-Geld-Token, die gemäß Artikel 1 Absätze 4 und 5 der Richtlinie 2009/110/EG unter die Ausnahmeregelung fallen.

(6) Wenn Emittenten von E-Geld-Token beabsichtigen, diese E-Geld-Token öffentlich anzubieten oder ihre Zulassung zum Handel zu beantragen, müssen sie der für sie zuständigen Behörde diese Absicht mindestens 40 Arbeitstage vor dem betreffenden Tag mitteilen.

(7) In den Fällen, in denen Absatz 4 oder 5 Anwendung findet, müssen die Emittenten von E-Geld-Token ein Kryptowerte-Whitepaper erstellen und der zuständigen Behörde gemäß Artikel 51 übermitteln.

Schrifttum: Adachi u. a., Stablecoins' role in crypto and beyond: functions, risks and policy, 2022, abrufbar unter https://www.ecb.europa.eu/pub/financial-stability/macroprudential-bulletin/html/ecb.mpbu202207_2~836f682ed7.en.html (zuletzt abgerufen am: 27.03.2024) (zitiert als: „Adachi u. a. (EZB), Stablecoins"); Assmann, Verhältnis von spezialgesetzlich geregel-

Öffentliches Angebot und Zulassung **Art. 48**

ter Prospekthaftung, allgemein-zivilrechtlicher Prospekthaftung im engeren Sinne und Prospekthaftung im weiteren Sinne, Kommentar zu BGH v. 25.10.2022 – II ZR 22/22, AG 2023, 202 (BGH v. 25.10.2022 – II ZR 22/22, AG 2023, 202), AG 2023, 189–196; Assmann/Schütze/Buck-Heeb, Handbuch des Kapitalanlagerechts, 6. Aufl. 2024, Beck, Kapitel 5 (Prospekthaftung), Berrar/Meyer/Schnorbus/Singhof/Wolf (Hrsg.), EU-ProspektVO 2017 und WpPG, Kommentierung der VO (EU) 2017/1129, der darunter erlassenen Delegierten Verordnungen 2019/979 und 2019/980 sowie des Wertpapierprospektgesetzes; Brauneck, „MiCA im Zahlungsverkehr – Teil 1: Kollisionen bei Kryptowerten mit PSD2, EMD2 und MiFID II", in: Europäische Zeitschrift für Wirtschaftsrecht (EuZW) 2024, S. 13 – 21; Brauneck, „MiCA im Zahlungsverkehr – Teil 2: Krypto-Dienstleistungen und Zahlungsdienstleistungen", in: Europäische Zeitschrift für Wirtschaftsrecht (EuZW) 2024, S. 61 – 68; Frey, Kryptotoken als E-Geld?, RDi 2023,35;Groß, Kapitalmarktrecht, Kommentar zum Börsengesetz, zur Börsenzulassungs-Verordnung, zum Wertpapierprospektgesetz und zur Prospektverordnung, 8. Aufl. 2022; Habersack/Mülbert/Schlitt, Handbuch der Kapitalmarktinformation, Handbuch, C.H.BECK, 3. Aufl. 2020; Hanten/Stedler, Zahlungsverkehr im EWR unter Geltung der MiCAR, RdZ 2023, 76–83; Lösing/John, Die Regulierung von E-Geld Token, BKR 2023, 373; Maume, Die Verordnung über Märkte für Kryptowerte (MiCAR) – Stablecoins, Kryptodienstleistungen und Marktmissbrauchsrecht, RDi 2022, 497; Maume, Die Verordnung über Märkte für Kryptowerte (MiCAR) – Zentrale Definitionen sowie Rechte und Pflichten beim öffentlichen Angebot von Kryptowerten, RDi 2022, 461; Schwark/Zimmer, Kapitalmarktrechts-Kommentar, Börsengesetz mit Börsenzulassungsverordnung, Wertpapierprospektgesetz, Wertpapierhandelsgesetz, Wertpapiererwerbs- und Übernahmegesetz, Europäische Marktmissbrauchsverordnung, C.H.BECK, 5. Aufl. 2020; Schwennicke, Andreas, in: Omlor/Link, Kryptowährungen und Token; Terlau, MiCAR-Stablecoins, BKR 2023, 809; Wittek/Kutsarov, Stablecoins im DeFi-Zahlungsverkehr und Regulierungswirkung durch MiCAR, RdZ 2022, 156; Wilhelm, Alexander, Konkurrenzprobleme im Prospekthaftungsrecht, BKR 2023, 341, Wittig, Digitales Geld – Gegenwärtige und zukünftige Regulierung von E-Geld und E-Geld-Token nach ZAG und MiCAR, WM 2023, 412; Zickgraf, Primärmarktpublizität in der Verordnung über die Märkte für Kryptowerte (MiCAR) – Teil 1, BKR 2021, 196ff.; Zickgraf, Primärmarktpublizität in der Verordnung über die Märkte für Kryptowerte (MiCAR) – Teil 2, BKR 2021, 362ff.

Übersicht

	Rn.
I. Einleitung	1
1. Überblick über die Regelungen des Titel IV	1
2. Regelungssystematik der verschiedenen Arten von Kryptowerten	4
3. Mit E-Geld-Token verbundene Risiken	8
4. Sinn und Zweck der Regelungen für E-Geld-Token in Titel IV	9
5. Sinn und Zweck des Art. 48	12
II. Öffentliches Angebot oder Handelszulassung durch Kredit- und E-Geld-Institute sowie andere Personen (Abs. 1)	16
1. Überblick über die Regelungssystematik	16
2. Anwendungsbereich innerhalb der Union	22
a) Generell: Anwendungsbereich in den EU-Mitgliedsstaaten	23
b) Anwendung in den Ländern des Europäischen Wirtschaftsraums	26
c) Passive Dienstleistungsfreiheit	28
3. Angebot durch Kredit- und E-Geld-Institute (Abs. 1 S. 1)	30
a) Erforderlichkeit sprachlicher Korrekturen der deutschen Fassung	30
b) Tatbestandsvoraussetzungen	35

Art. 48 Titel IV E-Geld-Token

Rn.

aa) Erfordernis, dass der Emittent die Person ist, die das
Angebot macht oder die Zulassung beantragt 36
bb) Zulassung als Kreditinstitut oder E-Geld-Institut 38
cc) Übermittlung eines Kryptowerte-Whitepapers an die
zuständige Behörde und Veröffentlichung 44
4. Andere Personen (Abs. 1 S. 2) 45
   a) Schriftliche Zustimmung des Emittenten zum öffentlichen
Angebot oder zur Zulassung zum Handel durch andere
Personen 46
   b) Einhaltung der Art. 50 und 53 49
5. Rechtsfolgen.................................. 52
   a) Öffentliches Angebot 53
   b) Handelszulassung 54
6. Sanktionen bei Verstößen 55
III. E-Geld-Token als E-Geld (Abs. 2)...................... 56
IV. Anwendbarkeit der Titel II und III der Zweiten E-Geld-Richtlinie
(Abs. 3) 63
V. Ausnahme für kleine E-Geld-Institute (Abs. 4) 69
VI. Ausnahmeregelung für Emittenten von E-Geld-Token, die unter
Art. 1 Abs. 4 und 5 der E-Geld-Richtlinie fallen (Abs. 5) 74
  1. Art. 1 Abs. 4 der E-Geld-Richtlinie (begrenzte Netze) 76
  2. Art. 1 Abs. 5 der E-Geld-Richtlinie (Mehrwertdienste im Zusammenhang mit elektronischen Kommunikationsdiensten) 79
VII. Mitteilung der Absicht (Abs. 6)....................... 80
VIII. Erstellen und Übermittlung der Kryptowerte-Whitepaper an die
zuständigen Behörde (Abs. 7)......................... 81
IX. Zusammenfassender Überblick über die Anwendbarkeit einzelner
Vorgaben des Art. 48 82

I. Einleitung

1. Überblick über die Regelungen des Titel IV

1   Der Titel IV, dh die Art. 48–58, befassen sich mit den **Regelungen zu den E-Geld-Token** (zum Begriff Art. 3 Nr. 7). E-Geld-Token sind nach **vermögenswertereferenzierten Token** (Titel III → Art. 16–47 Rn. 1 ff.) **und sonstigen Kryptowerten** (Titel II → Art. 4–15 Rn. 1 ff.) die dritte, in der MiCAR geregelte Form von Kryptowerten. E-Geld-Token haben eine **ähnliche Funktion wie E-Geld** im Sinne der E-Geld-Richtlinie, weil sie ebenso wie E-Geld als elektronisches Surrogat für Münzen und Banknoten dienen und daher für Zahlungen verwendet werden können. Vermögenswertereferenzierte Token stabilisieren ihren Wert durch Bezugnahme auf einen anderen Wert oder ein anderes Recht oder eine Kombination hieraus einschließlich einer oder mehrerer amtlicher Währungen. Die Einführung dieser vermögenswertereferenzierten Token soll außer den E-Geld-Token alle anderen Kryptowerte umfassen, deren Wert durch Vermögenswerte gedeckt ist. Dies soll Umgehungen verhindern und die MiCAR zukunftssicher machen.[1] E-Geld-Token und vermögenswertereferenzierte Token können daher als zwei unterschiedlichen Typen von Kryptowerte unter dem **Oberbegriff**

---

[1] Erwgr. Nr. 9 MiCAR.

Öffentliches Angebot und Zulassung **Art. 48**

Stablecoins zusammengefasst werden.² Bei der dritten Art schließlich handelt es sich um andere Kryptowerte als vermögenswertereferenzierte Token und E-Geld-Token; sie umfasst eine große Bandbreite an Kryptowerten einschließlich Utility-Token (→ Art. 4 ff. Rn. 1 ff.).

In Titel IV, **Kapitel 1** werden Regelungen **für alle Arten von E-Geld-Token** 2 aufgestellt. Dabei handelt es sich zunächst um Anforderungen an ein öffentliches Angebot und die Zulassung zum Handel (→ Art. 48 Rn. 1 ff.). Nach der Intention des europäischen Gesetzgebers sollen nur Kreditinstitute und E-Geld-Institute E-Geld-Token ausgeben dürfen; diese müssen eine Lizenz nach der CRD IV oder der E-Geld-Richtlinie erlangt haben.³ Zusätzlich müssen diese Emittenten ein Kryptowerte-Whitepaper bei der Aufsicht einreichen und veröffentlichen. Andere Personen können E-Geld-Token nur öffentlich anbieten oder deren Zulassung zum Handel beantragen, wenn eine schriftliche Zustimmung des Emittenten vorliegt und sie weitere Anforderungen einhalten. Darüber hinaus wird festgelegt, dass E-Geld-Token als E-Geld gelten (Art. 48 Abs. 2) und Inhaber von E-Geld-Token jederzeit ein Recht auf Rücktausch zum Nennwert haben (→ Art. 49 Rn. 1 ff.). In Bezug auf E-Geld-Token dürfen keine Zinsen gewährt werden (→ Art. 50 Rn. 1 ff.). Inhalt und Form des Kryptowerte-Whitepapers und die Pflicht des Emittenten zur Übermittlung an die zuständige Aufsichtsbehörde sowie eine Pflicht zur Veröffentlichung auf der Webseite (→ Art. 51 Rn. 1 ff.) werden ebenso geregelt wie die Haftung für fehlerhafte Informationen in dem Kryptowerte-Whitepaper (→ Art. 52 Rn. 1 ff.). Marketingmitteilungen müssen redlich sein und Angaben zu dem Emittenten enthalten (→ Art. 53 Rn. 1 ff.). Darüber hinaus werden in Bezug auf E-Geld-Token zusätzlich zu den bereits bestehenden Sicherheitsanforderungen in Art. 7 der E-Geld-Richtlinie weitere Anforderungen an die Sicherung der getauschten Geldbeträge aufgestellt (→ Art. 54 Rn. 1 ff.) und die Pflicht zur Erstellung eines Sanierungs- und Rücktauschplans aufgestellt (→ Art. 55 Rn. 1 ff.).

In **Kapitel 2** werden dann besondere Regelungen für **signifikante E-Geld-** 3 **Token** aufgestellt. Dies umfasst zunächst einmal Regelungen dazu, wann ein E-Geld-Token als signifikant einzustufen ist (→ Art. 56 Rn. 1 ff.) und ermöglicht es einem E-Geld-Token-Emittenten – wenn nach seinem Geschäftsplan bestimmte Schwellenwerte überschritten sind – den E-Geld-Token freiwillig als signifikant einzustufen. Anders als Kreditinstitute müssen E-Geld-Institute bei der Ausgabe von signifikanten E-Geld-Token zusätzliche Anforderungen erfüllen (→ Art. 58 Rn. 1 ff.).

---

² Die MiCAR verwendet den Begriff „Stablecoins" hingegen nicht. Dennoch hat sich der Begriff für solche Kryptowerte etabliert, deren Wert bzw. Beständigkeit an einen oder mehrere Vermögenswerte gekoppelt ist (Fn. 1 des Vorschlags für eine Verordnung des Europäischen Parlaments und des Rates zur Einführung des digitalen Euro vom 28.6.2023 (COM(2023) 369 final – 2023/0212(COD), vgl. bspw. Terlau BKR 2023, 809 (811) oder Maume RDi 2022, 497 (498); zu den begrifflichen Grundlagen in Bezug auf Stablecoins, vgl. Lösing/John BKR 2023, 373 (374 f.).
³ Erwgr. Nr. 19 MiCAR, wobei die rechtliche Umsetzung dieses Ziel allerdings sehr unklar ist.

Art. 48

2. Regelungssystematik der verschiedenen Arten von Kryptowerten

4 Die in Titel IV geregelten E-Geld-Token stehen systematisch hinter dem Titel III, der sich mit den vermögenswertereferenzierten Token befasst[4]. Emittenten von **vermögenswertereferenzierten Token** dürfen diese Token nur öffentlich anbieten (bzw. ihre Zulassung zum Handel beantragen), wenn sie als Kreditinstitut zugelassen sind oder auf Grundlage des Verfahrens nach Art. 21 eine spezifische Zulassung dafür bekommen haben.[5] Andere Personen dürfen vermögenswertereferenzierte Token nur öffentlich anbieten, wenn der Emittent schriftlich zugestimmt hat, dass sie die Pflicht zu ehrlichem, redlichem und professionellen Handeln im besten Interesse der Tokeninhaber einhalten (→ Art. 27 Rn. 1ff.), die rechtlichen Anforderungen zu Marketingmitteilungen des Art. 29 erfüllen und keine Zinsen im Zusammenhang mit den vermögenswertereferenzierten Token gewährt werden (→ Art. 40 Rn. 1ff.). Damit ist der Kreis der Emittenten von vermögenswertereferenzierten Token nicht von vornherein auf Kreditinstitute und E-Geld-Institute beschränkt. Das Zulassungsverfahren für die Emittenten von vermögenswertereferenzierten Token ist aber ähnlich komplex und die Folgepflichten ähnlich umfangreich wie bei E-Geld-Instituten.

5 Demgegenüber dürfen **E-Geld-Token** nur von den Emittenten dieser Form von Token öffentlich angeboten werden, wenn sie ein **Kreditinstitut oder E-Geld-Institut** sind.[6] **Andere Personen** dürfen E-Geld-Token mit schriftlicher Zustimmung des Emittenten öffentlich anbieten oder deren Zulassung zum Handel beantragen, wenn sie die Art. 50 und 53 einhalten, dh keine Zinsen gewähren und die Marketingmitteilungen redlich sind und die anderen Anforderungen des Art. 53 einhalten. Auffällig ist, dass die MiCAR keine eigene Lizenzpflicht für die dem öffentlichen Angebot bzw. der Handelszulassung vorgelagerte Emission vorsieht, wie das die E-Geld-Richtlinie für die Emission von E-Geld verlangt. Über die Gleichstellung von E-Geld-Token mit E-Geld in Art. 48 Abs. 2 wird man rechtlich allerdings auch eine Lizenzpflicht für die Emission von E-Geld-Token konstatieren müssen.[7]

6 Augenscheinlicher Unterschied zwischen E-Geld-Token und den **vermögenswertereferenzierten Token** ist insofern, dass die Pflicht zu ehrlichem, redlichem und professionellem Handeln im besten Interesse der Inhaber vermögenswertereferenzierter Token für diese Personen im Hinblick auf E-Geld-Token nicht gelten. Offensichtlich hat der europäische Gesetzgeber die mit Art. 27 adressierten Gefahr nur für den Fall gesehen, dass die Wertereferenzierung nicht nur auf eine amtliche Währung, sondern nur auf eine Zusammenstellung *(basket)* von zwei oder mehr Werten rekurriert. Aus der unterschiedlichen Struktur der Token erklären sich

---

[4] Zu den Definitionen von E-Geld-Token und wertreferenzierten Token → Art. 3 Rn. 2, 8ff. und → Art. 3 Rn. 2.

[5] Da vermögenswertereferenzierte Token unter Umständen auch als E-Geld eingestuft werden können, stellt sich die Frage nach dem Verhältnis der Lizenzanforderungen in Art. 21 MiCAR und nach (§ 11 ZAG).

[6] Das bedeutet einen engen Kreis möglicher Emittenten. Insgesamt sind die Anforderungen für E-Geld-Token als strenger einzustufen, da sie näher an einer echten Währung angesiedelt sind als vermögenswertereferenzierte Kryptowerte (Maume RDi 2022, 497 (502)).

[7] Dazu auch unter → Rn. 40 f.

Öffentliches Angebot und Zulassung **Art. 48**

auch weitere Unterschiede wie bspw. bzgl. des Rücktauschwertes oder der Pflicht zur Bildung einer Vermögenswertreserve.

In Bezug auf das öffentliche Angebot von **anderen Kryptowerten** als vermögenswertereferenzierte Token oder E-Geld-Token werden keine vergleichbar hohen Anforderungen an den Anbieter gestellt. Diese müssen nicht als Kreditinstitut, E-Geld-Institut oder Unternehmen mit ähnlich hohen finanzaufsichtsrechtlichen Anforderungen zugelassen sein. Es bestehen bspw. keine laufenden aufsichtsrechtlichen Pflichten oder eine laufende Überwachung dieser Unternehmen durch eine finanzaufsichtsrechtliche Behörde. Diese Unternehmen müssen allerdings vor einem öffentlichen Angebot bzw. dem Antrag auf Handelszulassung Kryptowerte-Whitepaper erstellen, an die Aufsicht übermitteln und veröffentlichen und bei Verwendung von Marketing-Mitteilungen bestimmte Anforderungen einhalten (Art. 4 Abs. 1, Art. 5 Abs. 1 iVm Art. 6–14). 7

3. Mit E-Geld-Token verbundene Risiken

Mit E-Geld-Token sind potenziell folgende Risiken verbunden: 8
- Bei E-Geld-Token bestehen zunächst **Kreditrisiken**. Die Inhaber der E-Geld-Token haben eine Forderung gegenüber dem Emittenten der E-Geld-Token, die unter Umständen nicht werthaltig ist. Dies kann zu einem Vertrauensverlust in die Deckungswerte und im Ergebnis zu ungewollten Vermögensliquidationen führen. Mangelnde Transparenz kann zu einem Vertrauensverlust in die Sicherheit der E-Geld-Token und die Solvenz des Emittenten bzw. der Verwahrstelle führen und unbeabsichtigte Vermögensliquidationen zur Folge haben.[8] Die Zweifel können sich auf andere Unternehmen erstrecken (Spillover-Effekte) und einen **Run bzgl. von Umtauschverlangen** auslösen und damit für den Ausfall des E-Geld-Token sorgen.
- An Transaktionen mit E-Geld-Token können Gegenparteien wie Börsen, Wallets oder andere Dienstleistungsanbieter beteiligt sein. **Gegenparteirisiken** im Zusammenhang mit der Zuverlässigkeit, Zahlungsfähigkeit oder betrieblichen Integrität dieser Gegenparteien könnten die Sicherheit und Effizienz der E-Geld-Token-Transaktionen beeinträchtigen.
- Darüber hinaus bestehen potenzielle **Liquiditätsrisiken**. Übertragungen und Zahlungen im Zusammenhang mit den E-Geld-Token könnten möglicherweise verspätet ausgeführt werden, was wiederum Spill-Over-Effekte zur Folge haben kann, da andere Unternehmen dann nicht zahlungsfähig sein könnten.
- Soweit bei E-Geld-Token die Koppelung an die gesetzliche Währung nicht (wie behauptet) funktioniert, können **Markt-Risiken** bestehen. Wertverluste könnten dann erhebliche wirtschaftliche Auswirkungen auf Anleger und ihre wirtschaftlichen Aktivitäten haben.
- **Operativ-technische Risiken** der Blockchain oder Verzögerungen aufgrund hoher Transaktionsvolumina können auftreten, wenn E-Geld-Token in der Realwirtschaft akzeptiert werden. Mit zunehmender Nutzung und Akzeptanz von E-Geld-Token können Skalierbarkeitsprobleme innerhalb des zugrunde liegenden Blockchain-Netzwerks auftreten, die zu Überlastung, Verzögerungen oder erhöhten Transaktionsgebühren führen. Die Verwahrung von Kryptowerten

---

[8] Zur fehlenden Transparenz in Bezug auf die Vermögenswerte insbesondere in Bezug auf Tether und USD C und mangelnden Standards und Vergleichbarkeit, vgl. Siehe Adachi u. a. (EZB), Stablecoins, Nr. 4.

Art. 48
Titel IV E-Geld-Token

und privaten Schlüsseln können ebenfalls zu Problemen führen. Aufgrund von Forks wird die Endgültigkeit und Unumkehrbarkeit einer Transaktion erst nach Hinzufügen einer Mindestanzahl weiterer Blöcke nach dem betreffenden Transaktionsblock erreicht.

– E-Geld-Token und die zugrundeliegende Blockchain-Technologie können anfällig für **Datenschutz- und Cybersecurity-Risiken,** Cyberangriffe, Hacking-Versuche und Sicherheitsverletzungen sein. Diese können zum Diebstahl oder Verlust von Token sowie zur Unterbrechung von Dienstleistungen führen. Je nach Ausgestaltung des E-Geld-Token-Systems können Bedenken hinsichtlich des Datenschutzes und der Vertraulichkeit von Nutzertransaktionen und persönlichen Informationen bestehen, insbesondere wenn keine angemessenen Maßnahmen zum Schutz der Nutzerdaten ergriffen werden.

– Einige E-Geld-Token, insbesondere solche, die auf Proof-of-Work-Konsensmechanismen basieren, wurden aufgrund ihres hohen Energieverbrauchs für ihre **Umweltauswirkungen** kritisiert. Umweltbedenken könnten zu einer behördlichen Überprüfung oder zu Reputationsrisiken für Emittenten und Nutzer führen.

– Änderungen der Vorschriften oder unklare regulatorische Rahmenbedingungen in Bezug auf E-Geld-Token implizieren **regulatorische Risiken:** Diese führen zu rechtlichen Unsicherheiten und Compliance-Herausforderungen für Emittenten, Verwahrstellen und Nutzer der E-Geld-Token.

– Privatpersonen und Unternehmen könnten es vorziehen, E-Geld-Token zu halten und mit ihnen zu handeln, anstatt mit traditionellen, von Zentralbanken ausgegebenen Fiat-Währungen **(Währungssubstitution).** Die Nachfrage nach von Zentralbanken ausgegebenem Geld, wie Bargeld und von Geschäftsbanken gehaltenen Reserven könnte sich verringern. Dies kann die **Kontrollmöglichkeiten der Zentralbank** über die Geldpolitik untergraben, die Geldmenge und Zinssätze zu steuern. Traditionelle geldpolitische Instrumente wie Offenmarktgeschäfte könnten tangiert sein.[9]

4. Sinn und Zweck der Regelungen für E-Geld-Token in Titel IV

9   Nach **Ansicht des EU-Verordnungsgebers** unterscheiden sich E-Geld und auf eine amtliche Währung bezogene Kryptowerte derzeit in einigen wesentlichen Punkten.[10] Dazu wird darauf verwiesen, dass die Inhaber von E-Geld iSd E-Geld-Richtlinie stets einen Forderungsanspruch gegenüber dem E-Geld- Emittenten und das vertragliche Recht haben, dass ihnen der monetäre Wert des gehaltenen E-Geldes jederzeit zum Nennwert erstattet wird. Dies sei bei manchen Kryptowerten, die auf eine amtliche Währung Bezug nehmen nicht der Fall.[11] Es gäbe auch Kryptowerte, die nicht in den Anwendungsbereich der E-Geld-Richtlinie fielen. Damit die Vorschriften der E-Richtlinie nicht umgangen werden könnten, sollte

---

[9] Siehe Adachi u. a. (EZB), Stablecoins, Nr. 4.
[10] Erwgr. Nr. 19; das dies aber nicht der Fall ist, zeigt die Übersicht in → Art. 3 Rn. 20.
[11] Andere Kryptowerte, die auf eine amtliche Währung Bezug nehmen, beinhalten keinen nennwertgleichen Forderungsanspruch auf die Referenzwährung oder beschränken die Rücktauschfrist. Dass die Inhaber solcher Kryptowerte gegenüber deren Emittenten keinen Forderungsanspruch besitzen oder die Forderung mit der als Bezugsgrundlage der Kryptowerte dienenden Währung nicht nennwertgleich ist, könnte das Vertrauen der Inhaber der betreffenden Kryptowerte beeinträchtigen.

Öffentliches Angebot und Zulassung **Art. 48**

der Begriff des „E-Geld-Token" so weit wie möglich gefasst sein, damit alle Arten von Kryptowerten, die auf eine einzige amtliche Währung Bezug nehmen, erfasst werden. Außerdem sollten E-Geld-Token entweder von einem nach der CRD IV zugelassenen Kreditinstitut oder von einem nach der E-Geld-Richtlinie zugelassenen E-Geld-Institut ausgegeben werden dürfen. Schließlich verweist der EU-Verordnungsgeber darauf, dass E-Geld-Token Kryptowerte sind und sie im Hinblick neue kryptowertspezifische Herausforderungen mit sich bringen können, sollten sie auch den in dieser Verordnung niedergelegten Vorschriften unterliegen.

Diese **Begründung** ist aus verschiedenen Gründen **nicht tragfähig**. Sie weist 10 insbesondere nicht nachvollziehbar nach, warum es eine Regulierung von E-Geld-Token außerhalb der E-Geld-Richtlinie bedarf. Für Kryptowerte, die ohnehin schon unter die E-Geld-Richtlinie fallen, ist ein Regelungsbedarf selbst nach Ansicht des EU-Verordnungsgebers logischerweise nicht erforderlich. Der Regulierungszweck beschränkt sich somit auf andere **Kryptowerte**, die einerseits **auf eine amtliche Währung** Bezug nehmen müssen, aber andererseits **nicht in den Anwendungsbereich der E-Geld-Richtlinie** fallen. Da nach zutreffendem Verständnis ein Forderungsanspruch (soweit dieser als Anspruch auf Rückzahlung zum Nennwert verstanden wird) keine Tatbestandsvoraussetzung für das Vorliegen von E-Geld ist und der technologieneutrale Begriff des E-Geldes daher schon recht weit ist,[12] sind solche Kryptowerte allerdings schwer vorstellbar bzw. ist ihr Anwendungsbereich äußert gering: Erster denkbarer Anwendungsfall sind Kryptowerte, die zwar auf eine Währung Bezug nehmen, die aber dezentral organisiert sind, dh ohne einen Emittenten auskommen. Solche Kryptowerte werden aber auch von der MiCAR nicht reguliert. Damit verbleiben als zweiter und letzter denkbarer Anwendungsfall lediglich Kryptowerte, die zwar Bezug auf eine Währung nehmen und daher einen (intrinsischen) monetären Wert haben müssen, aber von dem notwendigen Emittenten nicht gegen Zahlung eines Geldbetrags ausgestellt werden.[13] Denkbar sind hier also nur Werte, die von einem Emittenten ausgegeben werden, wobei die Ausgabe nicht gegen Ausgabe eines Geldbetrags erfolgt. Das könnten bspw. Rabatt- oder Bonuswerte sein. Es wäre aber mehr als fraglich, ob die E-Geld-Token-Regulierung für diesen sehr engen eigenständigen Anwendungsbereich wirklich erforderlich ist. Besser wäre es gewesen man hätte E-Geld-Token unabhängig von der zugrundeliegenden Technologie von vornherein als E-Geld eingestuft und im Rahmen der E-Geld-Richtlinie reguliert. Das hätte auch die systematischen Verwerfungen vermieden.[14]

Zu kritisieren ist auch, dass ErwG 19 darauf abstellt, dass die „kryptowertspezifi- 11 schen Herausforderungen" als Grund für die Notwendigkeit der Regulierung von E-Geld-Token angeführt wird. Das steht im **Widerspruch zum „Grundsatz der Technologieneutralität"**[15].

5. Sinn und Zweck des Art. 48

Art. 48 legt die Anforderungen für das öffentliche Angebot von E-Geld-Token 12 und ihre Zulassung zum Handel fest. Der Zweck dieser Regelung ist es, das **Ver-**

---

[12] Siehe VG Frankfurt a. M. BeckRS 2021, 41164 Rn. 26; zustimmend Frey RDi 2023, 35 (38).
[13] Zu den emittentenlosen Kryptowerten, → Art. 3 Rn. 12.
[14] Zu den Verwerfungen, → Art. 3 Rn. 24 ff.
[15] Erwgr. Nr. 9.

Art. 48

trauen der E-Geld-Token-Inhaber in die Werthaltigkeit der E-Geld-Token zu schützen und eine Umgehung der Vorgaben der E-Geld-Richtlinie zu verhindern.[16]

13 Art. 48 besagt, dass Emittenten von E-Geld-Token diese nur dann in der Union öffentlich anbieten oder deren Zulassung zum Handel beantragen dürfen, wenn sie als Kreditinstitute oder E-Geld-Institute zugelassen sind und ein Kryptowerte-Whitepaper an die zuständige Behörde übermittelt und veröffentlicht haben. Dies stellt einerseits sicher, dass **nur aufsichtsrechtlich überwachte Unternehmen** in der Lage sind, solche Angebote zu machen. Anderseits werden potenzielle Investoren und Tokennutzer in die Lage versetzt, sich ein Bild von dem Angebot zu verschaffen. Dies soll das Risiko von Betrug und Marktmanipulation verringern. Die Übermittlung des Kryptowerte-Whitepapers an die Aufsichtsbehörden, das hohe regulatorische Anforderungen erfüllen muss, ermöglicht diesen einen Überblick über das Angebot zu bekommen. Das soll auch für eine Seriosität des Angebots sorgen.

14 Weiterhin klärt die Vorschrift, dass E-Geld-Token als E-Geld betrachtet werden und dass die **Bestimmungen** von Titel II und III **der E-Geld-Richtlinie** für E-Geld-Token gelten, sofern in diesem Titel nichts anderes festgelegt ist. Dies stellt sicher, dass E-Geld-Token grundsätzlich denselben regulatorischen Anforderungen wie herkömmliches E-Geld unterliegen, was die Rechtssicherheit erhöhen und einen fairen Wettbewerb zwischen den verschiedenen Formen von E-Geld gewährleisten soll. Abweichungen von diesem Grundsatz werden in der Kommentierung zu Abs. 2 dargestellt.

15 Schließlich legt die Regelung fest, dass Emittenten von E-Geld-Token, die beabsichtigen, diese öffentlich anzubieten oder ihre Zulassung zum Handel zu beantragen, diese Absicht mindestens 40 Arbeitstage vor dem betreffenden Tag der zuständigen Behörde **mitteilen** müssen. Dies gibt den Behörden Zeit, die Einhaltung der regulatorischen Anforderungen zu überprüfen und gegebenenfalls Maßnahmen zu ergreifen, um den Verbraucherschutz zu gewährleisten.

II. Öffentliches Angebot oder Handelszulassung durch Kredit- und E-Geld-Institute sowie andere Personen (Abs. 1)

1. Überblick über die Regelungssystematik

16 Abs. 1 legt **bestimmte Anforderungen** fest, die erfüllt sein müssen, bevor eine Person E-Geld-Token in der Union öffentlich anbieten oder die Zulassung von E-Geld-Token zum Handel beantragen kann. Die erste Rechtsfolge, das Verbot des öffentlichen Angebots, bedeutet, dass eine Person, die nicht die in Art. 48 Abs. 1 genannten Anforderungen erfüllt, E-Geld-Token nicht öffentlich anbieten darf. Dies dient dem Schutz der Anleger und der Integrität des Marktes, indem sichergestellt wird, dass nur qualifizierte und regulierte Einheiten E-Geld-Token anbieten können. Die zweite Rechtsfolge, das Verbot der Beantragung der Handelszulassung, bedeutet, dass eine Person, die nicht die in Art. 48 Abs. 1 genannten Anforderungen erfüllt, nicht die Zulassung von E-Geld-Token zum Handel auf einem geregelten Markt oder einem multilateralen Handelssystem beantragen darf. Dies dient ebenfalls dem Schutz der Anleger und der Integrität des Marktes.

---

[16] Erwgr. Nr. 19.

Öffentliches Angebot und Zulassung **Art. 48**

Abs. 1 knüpft zwar grundsätzlich an die **Erlaubnisvorbehalte** an (im deutschen 17 Finanzdienstleistungsaufsichtsrecht bspw. § 32 Abs. 1 KWG, § 15 Abs. 1 WpIG, § 10 Abs. 1 und § 11 Abs. 1 ZAG). Hierbei handelt es sich um Regelungen, die im Wesentlichen besagen, dass bestimmte Geschäftstätigkeiten, die unter die Aufsicht der national zuständigen Aufsichtsbehörden fallen, nur mit deren vorheriger schriftlicher Erlaubnis ausgeübt werden dürfen (präventives Verbot mit Erlaubnisvorbehalt).[17] Dies gilt zum Beispiel für Bankgeschäfte, Finanzdienstleistungen, Versicherungsgeschäfte, Investmentgeschäfte, Zahlungsdienste oder E-Geld-Geschäfte. Der Erlaubnisvorbehalt soll sicherstellen, dass die Anbieter dieser Geschäfte die rechtlichen Anforderungen erfüllen und die Stabilität des Finanzsystems nicht gefährden. Abs. 1 S. 1 stellt aber vom eigentlichen Regelungsgehalt prinzipiell **keine eigenständige Genehmigungspflicht** für die Emission von E-Geld-Token auf, die als solche an die Ausgabe der E-Geld-Token anknüpft. Indirekt ist aber über die Gleichstellung von E-Geld-Token mit E-Geld in Abs. 2 und dem damit einhergehenden Verweis auf die Regelungen der E-Geld-Richtlinie (insbes. Art. 5 und 11 der E-Geld-Richtlinie) klargestellt, dass schon für die Emission von E-Geld-Token die Qualifikation als E-Geld-Emittent nach nationalem Recht erforderlich ist (in Deutschland nach § 1 Abs. 2 S. 1 ZAG). Das bedeutet im Regelfall, dass eine **Lizenz als Kreditinstitut** (in Deutschland nach § 32 Abs. 1 KWG) oder als **E-Geld-Institut** (§ 11 ZAG) erforderlich ist. Das bedeutet, dass **emittentenlose E-Geld-Token** (ähnlich wie BitCoin und Ether, nur mit direktem **Währungsbezug**) praktisch zwar vorstellbar wären,[18] in Europa rechtlich aber mangels lizensiertem Emittenten unzulässig wären. Es wäre in dem Fall aber eine praktische Herausforderung, die Strafandrohungen gegen den Initiator/Programmierer durchzusetzen. Demgegenüber sind **emittentenlose Kryptowährungen ohne direkten Währungsbezug** (wie Bitcoin, Ether, XRP, Litecoin, IOTA oder Monero) weder als E-Geld, noch als E-Geld-Token, sondern (nach deutschem Verständnis) als Finanzinstrumente iSd KWG, WpIG und WPHG einzustufen.[19] Das hat zur Folge, dass zwar nicht die Emission oder das aktive Anbieten eine Lizenzpflicht auslöst, diese aber beim gewerblichen Handel bestehen kann.[20] Darüber hinaus sind in diesem Fall uU auch Prospektpflichten (grob vergleichbar mit der Kryptowerte-Whitepaper-Pflicht) zu beachten.

Die Vorschrift stellt in Abs. 1 Satz 1 zunächst auch fest, dass E-Geld-Token 18 grundsätzlich **nur vom Emittenten selbst** öffentlich angeboten werden und nur

---

[17] Schwennicke/Auerbach/Schwennicke KWG § 32 Rn. 2.
[18] So auch Hanten/Stedler RdZ 2023, 76 (81).
[19] BaFin, Kryptotoken, abrufbar unter https://www.bafin.de/DE/Aufsicht/FinTech/Ge schaeftsmodelle/DLT_Blockchain_Krypto/Kryptotoken/Kryptotoken_node.html; Brauneck EuZW 2024, 13 (18).
[20] Die der Emission nachgelagerten Token-Aktivitäten können Erlaubnispflichten auslösen, wenn sie gewerbsmäßig oder in einem Umfang betrieben werden, der objektiv einen in kaufmännischer Weise eingerichteten Geschäftsbetrieb erfordert. In Betracht kommen das Finanzkommissionsgeschäfts (§ 1 Abs. 1 S. 2 Nr. 4 KWG), das Emissionsgeschäft (§ 1 Abs. 1 S. 2 Nr. 10 KWG), die Anlagevermittlung (§ 1 Abs. 1a S. 2 Nr. 1 KWG), die Anlageberatung (§ 1 Abs. 1a S. 2 Nr. 1a KWG), der Betrieb eines multilateralen oder organisierten Handelssystems (§ 1 Abs. 1a S. 2 Nr. 1b und 1d KWG), das Platzierungsgeschäft (§ 1 Abs. 1a S. 2 Nr. 1c KWG), die Abschlussvermittlung (§ 1 Abs. 1a S. 2 Nr. 2 KWG), Finanzportfolioverwaltung (§ 1 Abs. 1a S. 2 Nr. 3 KWG), der Eigenhandel (§ 1 Abs. 1a S. 2 Nr. 4 KWG) oder die Anlageverwaltung (§ 1 Abs. 1a S. 2 Nr. 11 KWG).

Art. 48

die Emittenten einen Antrag auf Handelszulassung stellen dürfen und es sich bei den Emittenten um E-Geld- bzw. Kreditinstitute handeln muss.

19 Im Detail werden vier Tatbestandsvoraussetzungen aufgestellt:
1. Die Person, die intendiert E-Geld-Token öffentlich anzubieten oder deren Zulassung zum Handel zu beantragen, muss Emittent des E-Geld-Tokens sein.
2. Die Person muss als Kredit- oder E-Geld-Institut nach den anwendbaren Vorschriften des nationalen Rechts zugelassen sein.
3. Die Person muss ein Kryptowerte-Whitepaper erstellt und an die zuständige Behörde übermittelt haben.
4. Die Person muss das Kryptowerte-Whitepaper veröffentlicht haben.

20 Satz 2 ermöglicht es **anderen Personen** als Kredit- oder E-Geld-Instituten, E-Geld-Token öffentlich anzubieten oder deren Zulassung zum Handel zu beantragen, sofern sie
1. eine schriftliche Zustimmung des Emittenten haben,
2. die Voraussetzungen des Art. 50 und
3. die Voraussetzungen des Art. 53 (Marketingmitteilungen) einhalten.

Art. 50 verbietet es Emittenten von E-Geld-Token Zinsen in Bezug auf E-Geld-Token zu gewähren (→ Art. 50 Rn. 1 ff.). Art. 53 stellt Anforderungen an Marketingmitteilungen auf.

21 Soweit diese Tatbestandsvoraussetzungen erfüllt sind, dürfen die Personen (auf Rechtsfolgenseite) die E-Geld-Token öffentlich anbieten bzw. deren Zulassung zum Handel beantragen.

2. Anwendungsbereich innerhalb der Union

22 Hinsichtlich des geographischen Anwendungsbereichs in der Union soll im Folgenden die Anwendung in den **Mitgliedsstaaten der EU** und denjenigen des **Europäischen Wirtschaftsraums (EWR)** unterschieden werden. Liegt kein (EU/EWR-)Inlandsbezug vor, können im Hinblick auf die Regulierung des öffentlichen Angebots Anforderungen aufgrund außer-europäischer Gesetze bestehen, für die in diesem Fall die jeweiligen ausländischen Behörden zuständig sind.

23 **a) Generell: Anwendungsbereich in den EU-Mitgliedsstaaten.** Zu beachten ist, dass die oben genannten Lizenzanforderungen bzw. Verbote eines lizenzlosen öffentlichen Angebots/Zulassungsantrags aufgrund des **Territorialprinzips** nur innerhalb der EU gelten. Dies ist einheitlich mit dem allgemeinen territorialen Anwendungsbereich der MiCAR (Art. 2 Abs. 1) zu interpretieren: Als EU-Verordnung iSd Art. 288 UAbs. 2 AEUV hat die MiCAR allgemeine Geltung, ist in allen ihren Teilen verbindlich und gilt damit unmittelbar in allen 27 Mitgliedsstaaten der EU.

24 Wenn das öffentliche Angebot in einem Mitgliedsstaat erfolgt, ist die jeweilige **nationale Aufsichtsbehörde** zuständig. In Deutschland ist dies die BaFin. Diese nimmt einen Inlandsbezug an, wenn in der Bundesrepublik ansässige Anleger angesprochen werden sollen. Sie geht dabei grundsätzlich davon aus, dass E-Geld-Token im Inland angeboten werden, wenn das Angebot aus dem Inland heraus zugänglich ist. Der Bezug eines öffentlichen Angebots zum Inland leitet sie dabei aus Indizien im Einzelfall her, wobei sie stets eine **wertende Gesamtschau** des Sachverhaltes vornimmt.[21] Darüber hinaus wird ein Unionsbezug angenommen, wenn

---

[21] Siehe auch BaFin, Zweites Hinweisschreiben zu Prospekt- und Erlaubnispflichten im Zusammenhang mit der Ausgabe sogenannter Krypto-Token (GZ: WA 51-Wp 7100-

Öffentliches Angebot und Zulassung **Art. 48**

sich die E-Geld-Token auf eine **amtliche Währung eines Mitgliedstaats** beziehen (Abs. 2 Satz 2 → Rn. 62).

Für ein unbeschränkt zugängliches **öffentliches Angebot im Internet** bedeutet das, dass grundsätzlich Publikum auf der ganzen Welt angesprochen wird, sodass auch entsprechende Pflichten in Deutschland bestehen. 25

b) Anwendung in den Ländern des Europäischen Wirtschaftsraums. 26
Was die Anwendung im Europäischen Wirtschaftsraum (EWR) betrifft, so umfasst dieser neben den EU-Mitgliedstaaten auch **Island, Liechtenstein** und **Norwegen.** Diese Länder sind zwar nicht Mitglieder der EU, haben aber das EWR-Abkommen unterzeichnet, das sie verpflichtet, bestimmte EU-Rechtsvorschriften in nationales Recht umzusetzen, insbesondere in Bereichen, die für den Binnenmarkt relevant sind.

Aufgrund ihrer **Binnenmarktrelevanz** kommt die MiCAR für eine **Anwendung im europäischen Wirtschaftraum** grundsätzlich in Frage. Das bedeutet, dass die MiCAR auch für **Island, Liechtenstein und Norwegen** anwendbar werden wird. Die Umsetzung von EU-Rechtsvorschriften in den EWR/EFTA-Staaten nimmt jedoch Zeit in Anspruch. Derzeit wird die Verordnung durch die EWR/EFTA geprüft.[22] Nach Zustimmung der EU und der drei EWR/EFTA-Staaten würde die Verordnung sodann in das Verzeichnis der Protokolle und Anhänge zum EWR-Abkommen integriert (und in nationales Recht umgesetzt, sofern das nationale Recht dies erfordert) werden. 27

c) Passive Dienstleistungsfreiheit. Die passive Dienstleistungsfreiheit (sog. **reverse solicitation**), also die Möglichkeit lizenzfrei Dienstleistungen in der EU zu erbringen, wenn dies auf Initiative des nachfragenden EU-Kunden geschieht, ist anerkannt.[23] Als Ausnahme ist diese allerdings auch im Rahmen der MiCAR eng auszulegen.[24] Insbesondere ist erforderlich, dass sich das anbietende Unternehmen nicht selbst an den europäischen Markt wendet. Insofern wird der Begriff der Anwerbung zunächst einmal weit interpretiert: Demnach umfasst die **Anwerbung von Kunden** durch Firmen aus Drittländern explizit auch 28
- Internetwerbung,
- Broschüren,
- Telefonanrufe,
- persönliche Treffen,
- Pressemitteilungen oder andere physische oder elektronische Mittel, einschließlich Plattformen für soziale Medien und mobile Anwendungen,
- die Teilnahme an Roadshows und Messen,
- Einladungen zu Veranstaltungen,
- Zugehörigkeitskampagnen,
- Retargeting von Werbung,
- Einladungen zum Ausfüllen eines Antwortformulars,

2019/0011 und IF 1-AZB 1505-2019/0003). GZ: WA 5Wp 7100-2019/0011 und IF 1-AZB 1505-2019/0003.

[22] Siehe Veröffentlichung der EFTA, Stand 5.9.2023: https://beck-link.de/awaa6 (zuletzt abgerufen am 5.2.2024).
[23] → MiCAR Art. 61 Rn. 1 ff.
[24] ESMA, Draft Guidelines – On the draft guidelines on reverse solicitation under the Markets in Crypto Assets Regulation (MiCA) vom 29.1.2024, ESMA35-1872330276-1619 (fortan **ESMA Reverse Solicitation Guidelines**).

Lösing

- Teilnahme an einem Schulungskurs und
- Messaging-Plattformen sowie Werbeaktionen, Anzeigen und Angebote allgemeiner Art, die sich an die Öffentlichkeit richten (mit einer breiten und großen Reichweite), wie zB Markenwerbung im Rahmen von Sponsoring-Deals.[25]

29 Die Ausnahmeregelung für die umgekehrte Aufforderung beruht auf der Prämisse, dass das Krypto-Vermögensprodukt, die Dienstleistung oder die Tätigkeit auf **ausschließliche Initiative des Kunden** erbracht wird. Dies ist eine Tatsachenentscheidung, die nicht durch vertragliche Vereinbarungen oder Haftungsausschlüsse im Nachhinein geregelt werden kann.[26]

3. Angebot durch Kredit- und E-Geld-Institute (Abs. 1 S. 1)

30 **a) Erforderlichkeit sprachlicher Korrekturen der deutschen Fassung.** Die (deutsche) Fassung des Abs. 1 S. 1 ist in dreierlei Hinsicht **sprachlich verunglückt**[27]:

31 Zunächst ist die Übersetzung mit „Personen," im Plural fehlerhaft. Darüber hinaus fehlt – zweitens – in dem Ausdruck „wenn es sich bei der Person nicht um einen Emittenten solcher E-Geld-Token [handelt] und sie …" ein „handelt".

32 **Die englische Fassung bezieht sich auf den Singular „a person" und lautet wie folgt:**

> *A person shall not make an offer to the public or seek admission to trading of an e-money token, within the Union, unless that person is the issuer of such e-money token and:*
> *(a) is authorised as a credit institution or as an electronic money institution; and*
> *(b) has notified a crypto-asset white paper to the competent authority and has published that crypto-asset white paper in accordance with Article 51.*

33 Besser übersetzt könnte die deutsche Fassung entsprechend wie folgt lauten:

> *Eine Person darf E-Geld-Token in der Union nicht öffentlich anbieten oder deren Zulassung zum Handel beantragen, es sei denn diese Person ist der Emittent des E-Geld-Tokens und:*
> *(a) als Kreditinstitut oder als E-Geld-Institut zugelassen; und*
> *(b) hat der zuständigen Behörde ein Kryptowerte-Whitepaper zur Kenntnis gegeben und dieses Kryptowerte-Whitepaper gemäß Art. 51 veröffentlicht.*

34 Schließlich wird – drittens – durch die **Verwendung der doppelten Verneinung** jedenfalls grammatikalisch ein falscher Sinn vermittelt: Gemäß der ersten Anforderung darf die Person die E-Geld-Token nicht öffentlich anbieten oder deren Zulassung zum Handel beantragen, wenn sie nicht auch (zugleich) Emittent der E-Geld-Token ist. Bei der zweiten Anforderung, dem Erfordernis einer Qualifikation als Kredit- oder E-Geld-Institut, wird auf das „nicht" verzichtet. Das würde rein sprachlich bedeuten, dass Personen E-Geld-Token nicht öffentlich anbieten dürfen, wenn sie als Kredit- oder E-Geld-Institut zugelassen sind. Das ergibt allerdings rechtlich keinen Sinn und ist auch nicht intendiert. Gemeint ist vielmehr, dass

---

[25] ESMA Reverse Solicitation Guidelines, Annex II, Rn. 12.
[26] ESMA Reverse Solicitation Guidelines, Annex II, Rn. 17 ff.
[27] Das sprachliche Missgeschick in Art. 48 Abs. 1 stellt ein Beispiel für eine der Stellen dar, an denen man der MiCAR die „gesetzgeberische Eile" (Maume RDi 2022, 461 (462)) anmerkt.

die Person Kredit- oder E-Geld-Institut sein muss, um E-Geld-Token öffentlich anbieten zu können. Entsprechende Überlegungen gelten auch für die Notifizierung und Veröffentlichung des Kryptowerte-Whitepapers. Daher wäre ein vollständiger Verzicht auf die doppelte Verneinung sinnvoll. Auch eine bessere Trennung zwischen den vier Tatbestandsvoraussetzungen und den Rechtsfolgen würde die Verständlichkeit erhöhen. Die Fassung könnte dann bspw. wie folgt lauten:

Eine Person darf E-Geld-Token in der Union nur öffentlich anbieten oder deren Zulassung von E-Geld-Token zum Handel beantragen, wenn sie
a) die Emittentin dieses E-Geld-Token ist,
b) als Kreditinstitut oder als E-Geld-Institut zugelassen ist,
c) der zuständigen Behörde ein Kryptowerte-Whitepaper übermittelt hat und
d) dieses Kryptowerte-Whitepaper gemäß Art. 51 veröffentlicht hat.

Diese Änderungen müssten sich dann konsequenterweise in allen Sprachfassungen wiederfinden.

b) Tatbestandsvoraussetzungen. Damit E-Geld-Token öffentlich angeboten **35** werden können bzw. ein Antrag auf Zulassung zum Handel gestellt werden kann, müssen also die folgenden Tatbestandsvoraussetzungen eingehalten werden:

aa) Erfordernis, dass der Emittent die Person ist, die das Angebot 36 macht oder die Zulassung beantragt. Die Person, die das öffentliche Angebot machen bzw. die Handelszulassung der E-Geld-Token beantragen möchte, muss **auch der Emittent der E-Geld-Token** sein. Der Emittent wird in Art. 3 Abs. 1 Nr. 10 definiert, als die natürliche oder juristische Person oder ein anderes Unternehmen, die bzw. das Kryptowerte emittiert.[28]

Die Emission muss sich auf E-Geld-Token beziehen. Diese sollen **als „E-Geld"** **37** **gelten,** da dieser Begriff in der E-Geld-Richtlinie bestimmt ist, und ihre Emittenten sollten die einschlägigen Anforderungen der E-Geld-Richtlinie mit Blick auf die Aufnahme, Ausübung und Beaufsichtigung der Tätigkeit von E-Geld-Instituten und die Anforderungen mit Blick auf die Ausgabe und Rücktauschbarkeit von E-Geld-Token erfüllen.[29]

bb) Zulassung als Kreditinstitut oder E-Geld-Institut. Zum Schutz der **38** Tokeninhaber wird der Kreis derjenigen, die E-Geld-Token ausgeben dürfen oder deren Zulassung zum Handel beantragen dürfen, grundsätzlich auf bestimmte Personenkreise eingeschränkt. Dabei handelt es sich um Personen, die weil sie besondere Vorgaben erfüllen müssen, von der Finanzaufsicht bei Erlaubniserteilung geprüft und auch später **fortlaufend überwacht** werden, als besonders vertrauenswürdig eingestuft werden: namentlich Kredit- und E-Geld-Institute. Emittenten von E-Geld-Token sollen als Kreditinstitut im Sinne der CRD IV oder als E-Geld-Institut gemäß der E-Geld-Richtlinie zugelassen sein.[30] Die Bezugnahme auf die Richtlinien ist wie in vielen anderen Fällen des europäischen Rechts als vereinfachende Form auf die Zulassung nach den entsprechenden nationalen Umsetzungsakten zu verstehen.[31]

---

[28] Diese Definition ist zirkelschlüssig und wird deswegen zu Recht kritisiert, siehe Hanten/Stedler RdZ 2023, 76 (81).
[29] Erwgr. Nr. 66 MiCAR.
[30] Erwgr. Nr. 66 MiCAR.
[31] Hanten/Stedler RdZ 2023, 76 (81).

Art. 48 Titel IV E-Geld-Token

39 In Deutschland werden **Kreditinstitute** nach entsprechender Prüfung durch die Aufsicht gemäß § 32 KWG zugelassen. Dabei erfordert die Zulassung als Kreditinstitut eine europarechtlich geprägte Konturierung des Begriffs der Kreditinstitute. Sie müssen die Vorgaben in Art. 3 Abs. 1 Nr. 1 erfüllen, also ein Kreditinstitut iSd Art. 4 Abs. 1 Nr. 1 der CRR sein. Dies sind Unternehmen, deren Tätigkeit darin besteht, Einlagen oder andere rückzahlbare Gelder des Publikums entgegenzunehmen und Kredite für eigene Rechnung zu gewähren. In Deutschland ist das Einlagengeschäft in § 1 Abs. 1 S. 2 Nr. 1 KWG und das Kreditgeschäft in § 1 Abs. 1 S. 2 Nr. 2 KWG geregelt. Nach deutschem Verständnis sind also Kreditinstitute in diesem Sinne solche Unternehmen, die eine Zulassung nach § 1 Abs. 1 S. 2 Nr. 1 und Nr. 2 KWG aufweisen. Dass darüber hinaus ggf. noch andere Erlaubnistatbestände erfüllt werden, ist für die Einstufung als Kreditinstitut nicht schädlich. Nicht ausreichend ist es jedoch, wenn nur das Kreditgeschäft oder nur das Einlagengeschäft betrieben werden.

40 Die rechtlichen Vorgaben für den Erhalt einer Lizenz als **E-Geld-Institut** in der Europäischen Union sind auf europäischer Ebene in der RL 2009/110/EG über die Aufnahme, Ausübung und Beaufsichtigung der Tätigkeiten von E-Geld-Instituten (E-Geld-Richtlinie) festgelegt. Diese Richtlinie wurde in allen EU-Staaten in nationales Recht umgesetzt. Die spezifischen Anforderungen können jedoch von Mitgliedsstaat zu Mitgliedsstaat leicht variieren. In Deutschland ist eine Erlaubnis nach § 11 ZAG entscheidend für die Einstufung als E-Geld-Institut.

41 Gemäß Art. 7 der E-Geld-Richtlinie bzw. der nationalen Umsetzungsgesetze müssen Antragsteller für eine Lizenz als E-Geld-Institut unter anderem folgende **Anforderungen** erfüllen:

- Sie müssen einen Geschäftsplan vorlegen, der unter anderem die Art der geplanten E-Geld-Dienste enthält.
- Sie müssen über ausreichendes Anfangskapital iHv 350.000 EUR verfügen. Darüber hinaus müssen abhängig vom durchschnittlichen E-Geld-Umlauf weitere Eigenmittel[32] zur Verfügung stehen.
- Die Geschäftsleitung und die Eigentümer des Antragstellers müssen die erforderliche Zuverlässigkeit und fachliche Eignung nachweisen.
- Der Antragsteller muss über geeignete Risikomanagementverfahren und interne Kontrollmechanismen verfügen, einschließlich solcher für die Verwaltung von operationellen und sicherheitsrelevanten Risiken.

42 In **Deutschland** wurde Art. 7 der E-Geld-Richtlinie durch das Zahlungsdiensteaufsichtsgesetz (ZAG) umgesetzt, insbesondere durch § 11 ZAG[33], der die Anforderungen an die Zulassung als E-Geld-Institut regelt.

---

[32] Die Eigenmittel eines E-Geld-Instituts für die Ausgabe von E-Geld müssen sich mindestens auf 2% des durchschnittlichen E-Geld-Umlaufs belaufen (Art. 5 Abs. 3 E-Geld-Richtlinie).

[33] In **Frankreich** wurde Art. 7 der E-Geld-RL durch das „Code monétaire et financier" (Monetär- und Finanzgesetzbuch) umgesetzt, insbesondere durch die Art. L525-1 bis L525-17. **Italien** hat Art. 7 der E-Geld-RL durch das „Testo Unico Bancario" (Einheitliches Bankgesetz) umgesetzt, insbesondere durch die Art. 114–127. In **Spanien** wurde Art. 7 der E-Geld-RL durch das „Real Decreto-ley 19/2018, de 23 de noviembre, de servicios de pago y otras medidas urgentes en materia financiera" umgesetzt. Insbesondere regelt Titel III dieses Gesetzes die Anforderungen an die Zulassung als E-Geld-Institut. In **Irland** wurde Art. 7 der E-Geld-RL durch den „European Union (Electronic Money) Regulations

Die EBA führt ein Register, in der alle E-Geld-Institute recherchiert werden können.[34]   43

cc) Übermittlung eines Kryptowerte-Whitepapers an die zuständige Behörde und Veröffentlichung. Weitere Voraussetzung für das Anbieten von E-Geld-Token (bzw. für den Antrag auf Zulassung zum Handel) ist die Erstellung und Übermittlung eines **Kryptowerte-Whitepapers** an die zuständige Behörde sowie dessen Veröffentlichung. Inhalt und Form des Kryptowerte-Whitepapers müssen den Anforderungen des Art. 51 entsprechen (Art. 51 Abs. 1 bis 9). Der Emittent der E-Geld-Token muss das E-Geld-Token-Whitepaper 20 Arbeitstage vor der Veröffentlichung an die zuständige Behörde übermitteln. (Art. 51 Abs. 11). Die Person, die nach Art. 48 die E-Geld-Token öffentlich anbieten oder ihre Zulassung zum Handel beantragen möchte, ist als Emittent der E-Geld-Token personenidentisch mit der Person, die das E-Geld-Token-Whitepaper an die zuständige Aufsicht zu übermitteln und auf ihrer Webseite zu veröffentlichen hat (Art. 51 Abs. 13).   44

4. Andere Personen (Abs. 1 S. 2)

Neben dem Emittenten des E-Geld-Tokens, können auch **„andere Personen"** mit schriftlicher Zustimmung des Emittenten E-Geld-Token öffentlich anbieten oder deren Zulassung zum Handel beantragen, wenn diese Personen die Anforderungen der Art. 50 *(Verbot der Zinsgewährung)* und 53 *(Integrität der Marktmitteilungen)* einhalten.   45

a) Schriftliche Zustimmung des Emittenten zum öffentlichen Angebot oder zur Zulassung zum Handel durch andere Personen. Die andere Person bedarf für das öffentliche Angebot oder den Antrag zur Zulassung zum Handel des E-Geld-Tokens die **„schriftliche Zustimmung"** des Emittenten (Abs. 1 S. 2). Die Definition der Schriftform im EU-Recht ist nicht einheitlich und hängt vom jeweiligen Kontext ab. In vielen Fällen wird die **Schriftform** als eine Mitteilung verstanden, die in Schriftzeichen festgehalten und auf einem dauerhaften Medium gespeichert ist. Dies kann sowohl auf Papier als auch in elektronischer Form erfolgen.   46

Art. 23 Abs. 2 des Lugano-II-Übereinkommens bestimmt, dass **elektronische Übermittlungen,** die eine dauerhafte Aufzeichnung der Vereinbarung ermöglichen, der Schriftform gleichgestellt sind[35]. Damit die elektronische Übermittlung dieselben Garantien, insbesondere im Beweisbereich, bieten kann, genügt es, dass es „möglich" ist, die Informationen vor Vertragsschluss zu speichern und auszudrucken.[36]   47

Inhaltlich muss sich die Zustimmung des Emittenten auf das **öffentliche Anbieten** der E-Geld-Token bzw. die Beantragung einer Zulassung zum Handel dieser Token beziehen. Der Emittent kann seine Zustimmung an bestimmte Bedingungen knüpfen, mit Einschränkungen versehen oder befristen. In der Regel   48

2011" umgesetzt. Insbesondere regelt Teil 3 dieses Gesetzes die Anforderungen an die Zulassung als E-Geld-Institut.

[34] Dieses ist abrufbar unter: https://beck-link.de/86ndw (zuletzt abgerufen am 5.2.2024).
[35] Entsprechend auch Art. 23 (2) Brüssel I-VO und Art. 25 (2) Brüssel Ia-VO.
[36] EuGH (siebte Kammer) BeckRS 2022, 32700 Rn. 45 – Tilman SA/Unilever Supply Chain Company AG mVa EuGH BeckRS 2015, 80658 Rn. 36 – El Majdoub.

Art. 48 Titel IV E-Geld-Token

werden sich der Emittent der E-Geld-Token und der Anbieter vermutlich ohnehin über eine vertragliche Abrede über die Zusammenarbeit verständigen.

49 **b) Einhaltung der Art. 50 und 53.** Andere Personen müssen darüber hinaus die Art. 50 und 53 einhalten. Nachvollziehbarerweise werden die anderen Personen **nicht verpflichtet** die Emittenten-spezifischen Regelungen für die Ausgabe und die Rücktauschbarkeit von E-Geld-Token einzuhalten. Darüber hinaus sind auch die Regelungen zum Kryptowerte-Whitepaper logischerweise nach Art. 51 und die diesbezügliche Haftung nach Art. 52 nicht auf die anderen Personen anwendbar.

50 Von ihnen zu beachten ist dagegen Art. 50. Danach ist es Emittenten von E-Geld-Token **verboten, Zinsen** in Bezug auf die E-Geld-Token zu gewähren. Mit Art. 48 Abs. 1 S. 3 wird das Verbot auf diese anderen Personen erstreckt (Art. 50 Abs. 2).

51 Auch die Anforderungen an die **Marketingmitteilungen** nach Art. 53 müssen die anderen Personen beachten. Insbesondere müssen die Marketingmitteilungen redlich, eindeutig und nicht irreführend sein (Art. 53 Abs. 1 lit. b) und müssen mit den Informationen im Kryptowerte-Whitepaper übereinstimmen (Art. 53 Abs. 1 lit. b).

5. Rechtsfolgen

52 Soweit die Voraussetzungen des Abs. 1 erfüllt sind, besteht auf Rechtsfolgenseite die Möglichkeit, die E-Geld-Token **öffentlich anzubieten** bzw. deren **Zulassung zum Handel** zu beantragen.

53 **a) Öffentliches Angebot.** Das öffentliche Angebot von Kryptowerten liegt ausweislich der **Definition in Art. 3 Abs. 1 Nr. 12** bereits vor, wenn eine Mitteilung an Personen in jedweder Form und auf jedwede Art und Weise gerichtet wird und diese Mitteilung ausreichende Informationen über die Angebotsbedingungen und die anzubietenden Kryptowerte enthält, um potenzielle Inhaber in die Lage zu versetzen, über den Kauf dieser Kryptowerte zu entscheiden. Diese Definition ist angelehnt an die Definition in Art. 2 lit. d ProspektVO (auch iVm § 2 Nr. 2 WpPG), die das öffentliche Angebot als „Mitteilung an die Öffentlichkeit in jedweder Form und auf jedwede Art und Weise, die ausreichende Informationen über die Angebotsbedingungen und die anzubietenden Wertpapiere enthält, um einen Anleger in die Lage zu versetzen, sich für den Kauf oder die Zeichnung jener Wertpapiere zu entscheiden."[37] Für Einzelheiten Art. 3 Abs. 1 Nr. 12.

54 **b) Handelszulassung.** Die **Zulassung** der Token **zum Handel** bezieht sich auf den Prozess, bei dem ein bestimmter Kryptowert (Token) die Genehmigung erhält, auf einer Handelsplattform für Kryptowerte gehandelt zu werden. Dieser Prozess beinhaltet in der Regel die Überprüfung des Kryptowerts durch die Betreiber der Handelsplattform und/oder eine zuständige Behörde, um sicherzustellen, dass er bestimmte Standards und Anforderungen erfüllt. Darüber hinaus ist typischerweise eine Einordnung der Art des Kryptowerts erforderlich.

---

[37] Siehe auch BaFin, Zweites Hinweisschreiben zu Prospekt- und Erlaubnispflichten im Zusammenhang mit der Ausgabe sogenannter Krypto-Token (GZ: WA 51-Wp 7100-2019/0011 und IF 1-AZB 1505-2019/0003). GZ: WA 51-Wp 7100-2019/0011 und IF 1-AZB 1505-2019/0003.

Öffentliches Angebot und Zulassung **Art. 48**

6. Sanktionen bei Verstößen

Die Aufsichtsbehörden können Verstöße gegen Abs. 1 gemäß der ihnen in 55
Art. 94 zugewiesenen Befugnisse ahnden. Im Kontext von Abs. 1 ist insbesondere
die Befugnis nach Art. 94 Abs. 1 lit. u relevant, wonach die national zuständige Aufsichtsbehörde die **sofortige Einstellung der Tätigkeit** ohne vorherige Warnung
oder Fristsetzung anordnen kann, wenn Grund zu der Annahme besteht, dass
E-Geld-Token ohne Zulassung ausgegeben werden. Darüber hinaus kann die national zuständige Behörde jede Art von Maßnahme ergreifen, um sicherzustellen,
dass ein Anbieter, eine Person, die die Zulassung von Kryptowerten zum Handel
beantragt, ein Emittent von E-Geld-Token oder ein Anbieter von Kryptowerte-Dienstleistungen die MiCAR-Vorgaben einhält. Dazu zählt auch die Anordnung
zur **vorübergehenden Einstellung von Handlungen und Verhaltensweisen,**
die nach Auffassung der zuständigen Behörde gegen die MiCAR verstoßen (Art. 94
Abs. 1 lit. v). Diese Sanktionsmöglichkeiten werden in Deutschland durch § 9 und
§ 10 KMAG-E konkretisiert. Darin wird auch festgehalten, dass die BaFin die Weisungsrechte nicht nur gegenüber dem Emittenten hat, sondern bspw. auch Weisungsrechte bestehen gegenüber dem **Unternehmen, das in die Anbahnung,
den Abschluss oder die Abwicklung dieser Geschäfte einbezogen ist,** sowie
gegenüber seinen **Gesellschaftern** und den Mitgliedern seiner Organe.

III. E-Geld-Token als E-Geld (Abs. 2)

Weil E-Geld-Token und E-Geld **ähnliche Funktionen** erfüllen, werden sie als 56
gleichwertig betrachtet. Sie dienen als elektronische Surrogate für Münzen und
Banknoten und können für Zahlungen verwendet werden. Darüber hinaus haben
Inhaber von E-Geld-Token stets einen Forderungsanspruch gegenüber dem Emittenten und das vertragliche Recht, dass ihnen der monetäre Wert des gehaltenen
E-Geldes jederzeit zum Nennwert erstattet wird. Daher werden sie in der Verordnung als „E-Geld-Token" bezeichnet und unterliegen den gleichen Vorschriften
wie E-Geld im Sinne der E-Geld-Richtlinie.[38]

Abs. 2 bestimmt, dass E-Geld-Token als E-Geld iSd E-Geld-Richtlinie gelten. 57
Für E-Geld-Token folgt aus dem Verweis auf die E-Geld-Richtlinie und die Einordnung als E-Geld für die E-Geld-Token nicht nur eine **Anwendbarkeit** der
PSD2, sondern **des gesamten einschlägigen EU-Zahlungsdiensterechts.** Das
schließt zunächst die explizit in Bezug genommenen Vorgaben aus Titel II und III
der E-Geld-Richtlinie inkl. zahlreicher Weiterverweisungen auf die PSD2 ein
(→ Rn. 62). Genauer gesagt handelt es sich dabei nach vorzugswürdiger Ansicht
um einen Verweis auf die jeweils nationalen Umsetzungen der entsprechenden
Richtlinien-Vorgaben (anstelle einer autonomen Auslegung der jeweiligen Richtlinien-Vorschriften, die auch durch den Verweis in der unmittelbar geltenden
MiCAR nicht selbst zu direkt anwendbaren Rechtsvorschriften werden).[39]

---

[38] E-Geld in der MiCAR ist immer E-Geld iSd E-Geld-Richtlinie (zur Definition des
E-Geld-Token → Art. 3 Rn. 2. Dies verkennt Brauneck (EuZW 2024, 61 (62)) grundlegend, wenn er von „E-Geld iSd MiCAR" spricht oder davon, dass Art. 48 Abs. 2 E-Geld
ohne Bezugnahme zur E-Geld-Richtlinie regeln würde.
[39] Weitere Ausführungen dazu bei → Art. 3 Rn. 41 ff. und Hanten/Stedler RdZ 2023, 76 (79);
siehe dazu auch Lösing/John BKR 2023, 373 (377).

Lösing

Art. 48 Titel IV E-Geld-Token

58 Darüber hinaus sind allerdings insbesondere auch die **geldwäscherechtlichen Vorgaben** mit umfasst. So enthält bspw. die Geldtransferverordnung 3[40] in der Definition von „Geldbetrag" einen Verweis auf den Geldbetrag iSd Art. 4 Nr. 25 der PSD2 mit der Folge, dass auch Transfers von E-Geld-Token über die Gleichsetzung mit E-Geld unter den Begriff des „Geldbetrags" fallen. Allerdings enthält Art. 2 Abs. 3 der Geldtransferverordnung 3 eine Spezialregelung, wonach diese Verordnung nicht für Geldtransfers oder Transfers von E-Geld-Token gilt, die mit einer Zahlungskarte, einem E-Geld-Instrument oder einem Mobiltelefon oder einem anderen im Voraus oder im Nachhinein bezahlten digitalen oder IT-Gerät mit ähnlichen Merkmalen durchgeführt werden, sofern die Karte, das Instrument oder das Gerät ausschließlich zur Bezahlung von Waren oder Dienstleistungen verwendet wird, und die Nummer der Karte, des Instruments oder des Geräts bei allen im Zuge der Transaktion durchgeführten Transfers übermittelt wird. Umgekehrt gilt die Geldtransferordnung 3 dann, wenn eine Zahlungskarte, ein E-Geld-Instrument, ein Mobiltelefon oder ein anderes bezahltes digitales oder IT-Gerät mit ähnlichen Merkmalen verwendet wird, um einen Geldtransfer oder einen Transfer von E-Geld-Token zwischen natürlichen Personen, die als Verbraucher handeln, für andere Zwecke als gewerbliche, geschäftliche oder berufliche Tätigkeiten durchzuführen.

59 Die Regelungsmechanismen für E-Geld-Token sind im Hinblick auf die von der MiCAR selbst gestellten Ziele als **missglückt** zu bewerten: Die Gesetzgebungsakte der Union im Bereich der Finanzdienstleistungen sollten dem Grundsatz der Technologieneutralität folgen. Deshalb sollten Kryptowerte, die in den Anwendungsbereich bestehender Gesetzgebungsakte der Union zu Finanzdienstleistungen fallen, auch künftig nicht durch die MiCAR, sondern durch den bestehenden Rechtsrahmen geregelt werden, und zwar unabhängig davon, welche Technologie für ihre Ausgabe oder ihre Übertragung verwendet wird.[41] Dieses **Ziel der Technologieneutralität** wird für den Bereich E-Geld-Token bzw. E-Geld leider **nicht erreicht**. Es ergeben sich zahlreiche systematische Verwerfungen in Bezug auf Token, die als E-Geld-Token der strengeren MiCAR-Regulierung und der klassischen E-Geld-Regulierung (iSd E-Geld-Richtlinie und PSD2) unterliegen, während klassisches E-Geld nur der E-Geld-Regulierung unterliegt und damit bestimmte Vorgaben der MiCAR gerade nicht anzuwenden hat. Darüber hinaus sind die Verweisungsketten von MiCAR in die E-Geld-Richtlinie in die PSD1 über die Transformationstabelle in die PSD2 und dann in nationales Recht äußert komplex und rechtstechnisch unklar. Darüber steht zu befürchten, dass nicht nur E-Geld-Token als E-Geld einzustufen sind, wo Art. 48 Abs. 2 diese Vorgabe auch explizit anordnet, sondern auch bestimmte Formen von vermögenswertereferenzierten Kryptowerten.[42] Bei vermögenswertereferenzierten Token ordnet die MiCAR eine Anordnung der Vorgaben der E-Geld-Richtlinie aber gerade nicht an.

60 Während sich E-Geld-Token nur im Hinblick auf die zugrundeliegende Technologie, nicht aber – jedenfalls nicht grundlegend – im Hinblick auf ihre

---

[40] In der offiziellen deutschen Übersetzung fehlerhaft als „Richtlinie (EU) 2023/1113" bezeichnet; es handelt sich allerdings eindeutig um eine Verordnung.
[41] Erwgr. Nr. 18 der E-Geld-RL.
[42] Dies hat ein Urteil des VG Frankfurt a. M. (BeckRS 2021, 41164) gezeigt, dass sich mit Instrumenten befasst hat, die wegen ihrer Wertkoppelung an physisches Gold mit der Geltung der MiCAR als vermögenswertereferenzierte Kryptowerte einzustufen sein dürften) und dass diese Instrumente (im Endeffekt zu Recht) als E-Geld iSd § 1 Abs. 2 S. 3 ZAG ansah – siehe dazu auch die Anm. von Frey RDi 2023, 35.

Funktion unterscheiden, so müssen Emittenten von E-Geld-Token doch höhere Anforderungen erfüllen. Unter anderem müssen sie ein **Kryptowerte-Whitepaper** einreichen und veröffentlichen sowie in Bezug auf Marketingmitteilungen bestimmte Anforderungen erfüllen. Emittenten von E-Geld iSd E-Geld-Richtlinie müssen diese Anforderungen nicht erfüllen.

Auch hinsichtlich der Möglichkeit, **Gebühren für den Rücktausch** der Werteinheiten zu verlangen, unterscheiden sich die Regelungen für (klassisches) E-Geld und E-Geld-Token wesentlich: Gemäß der E-Geld-Richtlinie ist es möglich, „ein verhältnismäßiges und kostenbasiertes Entgelt zu verlangen"[43]. Ein Entgelt kann beim E-Geld also dann verlangt werden, wenn vor Vertragsablauf ein Rücktausch verlangt wird, vertraglich ein Ablaufdatum vereinbart wurde und der E-Geld-Inhaber den Vertrag vorher beendet hat oder wenn der Rücktausch mehr als ein Jahr nach Vertragsablauf verlangt wird und in all diesen Fällen das Entgelt in einem angemessenen Verhältnis zu den tatsächlich entstandenen Kosten des E-Geld-Emittenten steht (Art. 11 Abs. 4 der E-Geld-Richtlinie). Dies wird auch nicht durch die neuen Vorschläge für die PSD3 bzw. PSR geändert[44]. Im Rahmen der MiCAR sind E-Geld-Token aber jederzeit zum Nennwert zurückzutauschen, ohne dass derartige Entgeltmöglichkeiten geregelt werden. Begründet wird dies damit, dass die Bestimmungen der E-Geld-Richtlinie über die Möglichkeit, eine Gebühr im Zusammenhang mit dem Rücktausch zu erheben, im Zusammenhang mit E-Geld-Token nicht relevant sei.[45] Diese Begründung ist nicht ganz einfach nachzuvollziehen, insbesondere weil sich dann die Frage stellt, wieso dann trotzdem mit Art. 49 Abs. 6 ein explizites Gebührenverbot geregelt werden muss. Die Ungleichbehandlung ist damit evident.

Art. 48 Abs. 2 Satz 2 MiCAR definiert für den Fall, dass sich E-Geld Token auf 62 eine amtliche Währung eines Mitgliedstaats der Europäischen Union beziehen, von einem öffentlichen Angebot von E-Geld-Token in der Union auszugehen ist. Die Vorschrift hat dann zur Folge, dass für solche E-Geld-Token die regulatorischen Anforderungen und Verpflichtungen gelten, die für öffentliche Angebote in der Union vorgesehen sind. Dazu gehören insbesondere Transparenz- und Informationspflichten. Die Regelung dient dem Schutz der Anleger und der Sicherstellung von Transparenz auf den Märkten für Krypto-Assets, indem sie klarstellt, dass in diesem Fall ein öffentliches Angebot von E-Geld-Token vorliegt. Der Umkehrschluss ist in diesem Fall indes nicht zwingend: Wenn sich der E-Geld Token nicht auf die amtliche Währung eines Mitgliedstaats, sondern die eines Drittstaates bezieht, kann es trotzdem sein, dass die E-Geld-Token innerhalb der Union öffentlich angeboten werden. Dies richtet sich nach den allgemeinen Maßstäben, wobei die ESMA prüft, ob ein bestimmter Anbieter Kunden für die Token im deutschen oder im Gebiet eines anderen Mitgliedsstaats anwirbt (im englischen „*sollicit clients*")[46] oder wie es die BaFin ausdrückt sich (werbend) an diesen Markt wendet.[47]

---

[43] Art. 11 Abs. 4 der E-Geld-RL.
[44] Erwgr. Nr. 30 und Art. 30 Abs. 4 des Vorschlags für eine Verordnung des Europäischen Parlaments und des Rates über Zahlungsdienste im Binnenmarkt und zur Änderung der VO (EU) Nr. 1093/2010 der Payment Service Regulation E-Geld-RL (COM(2023) 367) final.
[45] ErwG. 67 MiCAR.
[46] ESMA Reverse Solicitation Guidelines, Ziff. 5.1. (Rn. 11–13); zu → Art. 61 Rn. 1 ff.
[47] BaFin, BaFin Merkblatt zur Erlaubnispflicht von grenzüberschreitend betriebenen Geschäften, 1.4.2005, Fassung v. 11.3.2019, (1), Abs. 1; VG Frankfurt a. M. BKR 2007, 341 (347)).

IV. Anwendbarkeit der Titel II und III der Zweiten E-Geld-Richtlinie (Abs. 3)

63 Gemäß Abs. 3 gelten die Titel II und III der E-Geld-Richtlinie für E-Geld-Token, sofern in dem Titel IV mit den Bestimmungen für E-Geld-Token nichts anderes bestimmt ist. E-Geld-Emittenten und Emittenten von E-Geld-Token sollen **gleichen Wettbewerbsbedingungen** unterliegen und daher gleichen Regeln unterliegen und in gleicher Form beaufsichtigt werden.[48]

64 **Titel II der E-Geld-Richtlinie** regelt die Voraussetzungen für die **Aufnahme, Ausübung und Beaufsichtigung** der Tätigkeiten von E-Geld-Instituten. Dies sind also die allgemeinen Regelungen für die Personen, die das E-Geld ausgeben. Geregelt wird hier zunächst die **Lizenzpflicht** für E-Geld-Institute. Es werden aber weitere Pflichten für E-Geld-Institute aufgestellt. Dazu zählen allgemeine Aufsichtsvorschriften, **Anfangskapital, Eigenmittel, erlaubte Tätigkeiten, Sicherungsanforderungen,** Beziehungen zu **Drittländern** und **Ausnahmen** von der Anwendung dieser Vorschriften für E-Geld-Institute, deren durchschnittlicher E-Geld-Umlauf 5 Mio. EUR nicht übersteigt. Abs. 3 spricht allerdings davon, dass diese Bestimmungen für die E-Geld-Token, also den Gegenstand, der herausgegeben werden soll, gelten sollen.

65 **Titel III der E-Geld-Richtlinie** ist demgegenüber überschaubar und enthält in seinen vier Artikeln:
– für nicht-lizensierte Personen und Unternehmen das **Verbot der Ausgabe von E-Geld** (Art. 10),
– Regelungen zur **Ausgabe und Rücktauschbarkeit von E-Geld** inkl. der Möglichkeit zu Entgelten bzgl. des Rücktauschs (Art. 11),
– ein **Verbot der Verzinsung** (Art. 12) und regelt
– durch Verweis auf die Vorgaben der Zahlungsdiensterichtlinie das **außergerichtliche Beschwerde- und Streitbeilegungsverfahren** (Art. 13).

66 Darüber hinaus gelten auch die relevanten **zahlungsdiensterechtlichen Vorschriften der PSD2** über den Verweis in der MiCAR auf die E-Geld-Richtlinie entsprechend. Zwar ist die Geltung der PSD2 für die Nutzung von E-Geld europarechtlich nicht ausdrücklich normiert. Wichtigstes Argument[49] für die Anwendung der PSD2-Vorgaben auf E-Geld ist aber, dass nach der Definition des Zahlungsvorgangs in Art. 4 Nr. 5 PSD2 die Regeln der PSD2 für jede Bereitstellung, Übermittlung und Abhebung eines „Geldbetrages" gelten und nach Art. 4 Nr. 25 PSD2 auch E-Geld einen „Geldbetrag" darstellt.[50] Deshalb gelten für die Nutzung von E-Geld, insbesondere für Zahlungsvorgänge mit E-Geld, europarechtlich die Vorgaben der PSD2.[51] Das bedeutet, dass E-Geld-Institute auch „Zahlungsinstitut" iSd PSD2

---

[48] Terlau BKR 2023, 809 (816), zu den systematischen Verwerfungen, → Art. 3 Rn. 24 ff.
[49] Darüber hinaus wird auch mit Erwgr. Nr. 25 der PSD2 argumentiert und damit, dass sich die Geltung der PSD2 für E-Geld im Umkehrschluss aus Art. 42 und 63 PSD2 als besondere Ausnahmen vom vorausgesetzten Anwendungsbereich ergibt (Wittig, WM 2023, 412 (414)).
[50] Wittig WM 2023, 412 (414).
[51] Langenbucher/Bliesener/Spindler/Borges/Sesing § 675c BGB Rn. 6.22; Wittig WM 2023, 412 (414); Auch der deutsche Gesetzgeber ist bei Umsetzung der PSD2 von einer Geltung der PSD2 für E-Geld ausgegangen; siehe insbesondere Regierungsbegründung zum Entwurf eines Gesetzes zur Umsetzung der Verbraucherkreditrichtlinie, des zivilrechtlichen Teils

sind, die Ausgabe von E-Geld auch als Zahlungsdienst anzusehen ist, E-Geld-Inhaber auch als Zahlungsdienstenutzer und verschiedene Vorschriften der PSD2 in die E-Geld-Richtlinie hineingelesen werden.[52] Art. 3 Abs. 1 der E-Geld-Richtlinie regelt entsprechend, dass die „Artikel 5 und 10 bis 15, Artikel 17 Absatz 7 und Artikel 18 bis 25 der Richtlinie 2007/64/EG [PSD1] für E-Geld-Institute entsprechend" gelten. Mit In-Krafttreten der PSD2 ist die Bezugnahme auf
- Art. 5 PSD1 als Bezugnahme auf Art. 5 Abs. 1 der PSD2 **(Inhalte des Zulassungsantrags),**
- Art. 10–15 PSD1 als Bezugnahme auf Art. 11–14 Abs. 2, 16 und 17 PSD2 **(Erteilung der Zulassung, Mitteilung des Bescheids binnen drei Monaten, Entzug der Zulassung, Eintragung im Register des Herkunftsmitgliedstaats, Fortbestand der Zulassung, Rechnungslegung** und **Abschlussprüfung)**
- Art. 17 Abs. 7 PSD1 als Bezugnahme auf Art. 19 Abs. 6 PSD **(Notifizierungs- und andere Pflichten** in Bezug auf **Auslagerungen);** und
- Art. 18–25 PSD1 als Bezugnahme auf Art. 20–26 Abs. 2, Art. 28 Abs. 1, Art. 29 Abs. 1 und Abs. 3 und Art. 31 Abs. 2 PSD2 **(Haftung für Agenten, Belegaufbewahrung von 5 Jahren, Benennung der zuständigen Aufsichtsbehörden, Angemessene Beaufsichtigung und Einsichtsrecht, Inspektionen, Geheimhaltungspflicht, Rechtsweggarantie, Informationsaustausch zwischen den Behörden, Passporting-Verfahren, behördliche Zusammenarbeit, Überwachung geldwäscherechtlicher Vorgaben)**
zu lesen.[53]

Die E-Geld-Richtlinie enthält in Bezug auf die von E-Geld-Instituten erbringbaren Zahlungsdienste auch keinen expliziten Verweis auf die **Verbrauchschutzvorschriften** in Titel III und IV der PSD1. Diese befassen sich mit der **Transparenz, den Vertragsbedingungen und Rechten und Pflichten bei der Erbringung und Nutzung von Zahlungsdiensten.** Die Anwendbarkeit dieser nunmehr in Titel III und IV der PSD2 geregelten Vorschriften auf E-Geld-Institute ergibt sich jedoch implizit aus dem Gesamtzusammenhang der relevanten EU-Richtlinien und den Zielen der PSD2.[54] Die E-Geld-Richtlinie legt den rechtlichen Rahmen für die Ausgabe von E-Geld fest. Nach deren Erwgr. Nr. 4 wird angestrebt, dass für alle Zahlungsdienstleister gleiche Wettbewerbsbedingungen herrschen. Da E-Geld-Institute gemäß der E-Geld-Richtlinie Zahlungsdienste erbringen können, die unter den Anwendungsbereich der PSD2 fallen, müssen sie auch bei der Erbringung von Zahlungsdiensten die Vorschriften von Titel III und IV der PSD2 beachten. Wesentliche Elemente sind hier die detaillierten Regelungen über die Möglichkeiten zur Vereinbarung von Entgelten, zur Autorisierung von Zahlungsvorgängen inkl. der Haftung für nicht autorisierte Zahlungsvorgänge, die Ausführung von Zahlungsvorgängen, inkl. von Ausführungsfristen und Wertstellungsdatum, Regeln zur Authentifizierung und über Verbraucherinformationen (vor Abschluss von Verträgen bzw. vor Durchführung von Transaktionen).

---

der Zahlungsdiensterichtlinie sowie zur Neuordnung der Vorschriften über das Widerrufs- und Rückgaberecht v. 21.10.2009, BT-Drs. 16/11643, zu § 675c Abs. 2 BGB S. 99.
[52] Vgl. die kompliziert ausgedrückte Rechtstechnik in Erwgr. Nr. 9 und 19 der E-Geld-Richtlinie.
[53] Siehe die Entsprechungstabelle in Annex II der PSD2.
[54] → Rn. 66.

Art. 48

68 Im Hinblick auf die Fiktion des Abs. 2, nach der E-Geld-Token als E-Geld iSd E-Geld-Richtlinie gelten, ist **unklar, was mit Abs. 3 noch zur Anwendung gebracht werden soll**.[55] Soweit sich dies darauf bezieht, dass E-Geld-Token genau wie E-Geld gemäß Art. 7 der E-Geld-Richtlinie gesichert werden soll, wird dies schon über den Abs. 2 sichergestellt. Auch die Regelungen in **Titel III** der E-Geld-Richtlinie, der sich mit der Ausgabe und der Rücktauschbarkeit von E-Geld, dem Verbot der Verzinsung und außergerichtlichen Beschwerde- und Streitbeilegungsverfahren befassen, gelten bereits kraft der Fiktion in Abs. 2. Allerdings werden in Titel IV der MiCAR ausweislich der expliziten Formulierungen durch Art. 49 Abs. 1 und Art. 50 Abs. 1 von den Vorgaben der E-Geld-Richtlinie abgewichen. Art. 49 Abs. 1 legt fest, dass für die **Ausgabe und den Rücktausch von E-Geld-Token** lediglich die in Art. 49 aufgeführten Anforderungen gelten; insbesondere bestimmt Art. 49 Abs. 6, dass der Rücktausch von E-Geld-Token nicht gebührenpflichtig ist. Art. 50 Abs. 1 konstituiert (abweichend von Art. 12 der E-Geld-Richtlinie) ein **Verzinsungsverbot**.

V. Ausnahme für kleine E-Geld-Institute (Abs. 4)

69 Abs. 1 gilt nicht für Emittenten von E-Geld-Token, die von der Ausnahme des Art. 9 Abs. 1 der E-Geld-Richtlinie umfasst sind. Art. 9 Abs. 1 der E-Geld-Richtlinie erlaubt es Mitgliedstaaten ganz oder teilweise von der Anwendung der Verfahren und Bedingungen der Art. 3, 4, 5 und 7 der E-Geld-Richtlinie abzusehen oder ihren zuständigen Behörden dies zu gestatten und die Eintragung juristischer Personen in das Register der E-Geld-Institute zuzulassen, wenn die folgenden beiden Voraussetzungen eingehalten werden:
1. Durch die gesamte Geschäftstätigkeit entsteht ein durchschnittlicher E-Geld-Umlauf, dessen Volumen einen von dem Mitgliedstaat **festgelegten Betrag** und auf jeden Fall **5.000.000 EUR nicht übersteigt.**
2. Keine der für die **Leitung** oder den Betrieb des Unternehmens verantwortlichen natürlichen Personen wurde wegen eines Verstoßes gegen Vorschriften zur Bekämpfung der **Geldwäsche oder Terrorismusfinanzierung oder wegen anderer Finanzstraftaten** verurteilt.

70 Die Ausnahmemöglichkeit erlaubt das Absehen von wesentlichen Vorgaben der E-Geld-Richtlinie: Die Art. 3, 4, 5 und 7 der E-Geld-Richtlinie regeln die allgemeinen Bedingungen für die Aufsicht von E-Geld-Instituten, das Anfangskapital, die Eigenmittel und die Sicherheitsanforderungen. Nicht abgesehen werden kann allerdings von den Vorgaben der Art. 22, 24, 25 und 26 der PSD2[56]. Diese umfassen die Generalklauseln für die Beaufsichtigung von Zahlungs- bzw. E-Geld-Instituten.

71 E-Geld-Institute und die Institute, die von der Ausnahme nach Art. 9 der E-Geld-Richtlinie Gebrauch gemacht haben sind (neben anderen Instituten) im Register der EBA aufgeführt.[57]

72 Rechtlich nicht klar geregelt ist, ob die Ausnahme kraft direkt anwendbarem Abs. 4 in entsprechender direkter Anwendung von Art. 9 Abs. 1 E-Geld-Richtlinie

---

[55] So auch Terlau BKR 2023, 809 (815) spricht sogar davon, dass Abs. 3 neben Abs. 2 „wohl redundant" sei.

[56] In Art. 9 der E-Geld-RL werden die Art. 20, 22, 23 und 24 der PSD1 referenziert. Diese sind aber mittlerweile in die genannten PSD2-Vorschriften überführt worden.

[57] Das Register ist online abrufbar unter https://beck-link.de/86ndw.

greifen soll oder unter dem Vorbehalt steht, dass der jeweils für den Emittenten zuständige Mitgliedstaat von der Ausnahmemöglichkeit Gebrauch gemacht hat.[58] Dabei ist zu beachten, dass bislang nur wenige Mitgliedstaaten von dieser Ausnahme für kleine E-Geld-Institute Gebrauch gemacht haben. Und auch in diesen Mitgliedstaaten haben Unternehmen von ihr nur **in geringem Umfang** Gebrauch gemacht.[59] Die Interpretation, dass Abs. 4 die Ausnahmemöglichkeit für direkt anwendbar erklärt, würde dazu führen, dass im Rahmen der Anwendbarkeit der MiCAR Emittenten von E-Geld-Token auch in solchen Mitgliedstaaten (wie Deutschland) von der Ausnahme profitieren könnten, in denen diese Ausnahme für klassisches E-Geld bislang nicht umgesetzt wurde. Nach der anderen Interpretation ist die Möglichkeit zur Nutzung der Ausnahme davon abhängig, dass die Mitgliedstaaten diese Ausnahme auf nationaler Ebene auch umgesetzt haben. Diese Interpretation verdient aus drei Gründen den Vorzug.[60] Zum einen vermeidet sie eine unterschiedliche rechtliche Behandlung der Emittenten von E-Geld und der Emittenten von E-Geld-Token. Zweitens entspricht sie dem generellen Prinzip, dass Verweise in Verordnungen auf Richtlinien als Verweisung auf den jeweils nationalen Umsetzungsakt zu verstehen sind (dazu → Rn. 57). Und schließlich vermeidet sie drittens eine Umgehung der Kompetenzen der nationalen Gesetzgeber im Hinblick auf den ihnen durch die Richtlinie eröffneten Kompetenz zur Umsetzung der Richtlinienvorgaben.

Insofern verwundert es nicht, wenn gefordert wird, dass die Schwellenwerte für **73** die Möglichkeit der Registrierung als kleine E-Geld-Institute maximal harmonisiert werden[61]. Dieser Empfehlung kommen aber auch die Vorschläge für die PSD3 nicht nach. Danach können die Mitgliedstaaten natürliche oder juristische Personen, die die in Anhang I Nummern 1–5 genannten Zahlungsdienste oder E-Geld-Dienste erbringen, weiterhin von wesentlichen Vorgaben der PSD2 ganz oder teilweise ausnehmen oder ihren zuständigen Behörden gestatten, sie ganz oder teilweise auszunehmen. Voraussetzung dafür soll in Bezug auf **Zahlungsdienste** sein, dass der Gesamtwert der Zahlungsvorgänge im Monatsdurchschnitt der vorangegangenen 12 Monate die von dem Mitgliedstaat **festgesetzte Obergrenze**, in jedem Fall aber **3 Mio. EUR** nicht überschreitet oder in Bezug auf **E-Geld-Dienste** durch die gesamte Geschäftstätigkeit ein durchschnittlicher Betrag des E-Geld-Umlaufs entsteht, der die von dem Mitgliedstaat festgesetzte **Obergrenze**, in jedem Fall aber **5 Mio. EUR** nicht überschreitet, und dass keine der für die Leitung oder den Betrieb des Unternehmens verantwortlichen natürlichen Personen

---

[58] Vgl. Lösing/John BKR 2023, 373 (378).
[59] In Finnland gab es 5, in Frankreich 9, in Litauen 6, in Lettland sowie in den Niederlanden 23 und in Schweden ein kleines E-Geld-Institut (Stand 2018) und damals noch dem Vereinigten Königreich 19 kleine E-Geld-Institute; in allen anderen Ländern ist die Ausnahme für kleine E-Geld-Institute nicht genutzt worden, siehe Anhang des Berichts der Kommission an das Europäische Parlament und den Rat über die Umsetzung und die Auswirkungen der RL 2009/110/EG und insbesondere über die Anwendung der aufsichtsrechtlichen Anforderungen an E-Geld-Institute, Brüssel, den 25.1.2018, COM(2018) 41 final.
[60] Siehe auch Wittig WM 2023, 412 (417).
[61] Bericht der Kommission an das Europäische Parlament und den Rat über die Umsetzung und die Auswirkungen der RL 2009/110/EG und insbesondere über die Anwendung der aufsichtsrechtlichen Anforderungen an E-Geld-Institute, Brüssel, den 25.1.2018, COM (2018) 41 final, Ziff. 6.

Art. 48 Titel IV E-Geld-Token

wegen Verstößen im Zusammenhang mit Geldwäsche oder mit Terrorismusfinanzierung oder wegen anderer Finanzstraftaten verurteilt wurden[62].

VI. Ausnahmeregelung für Emittenten von E-Geld-Token, die unter Art. 1 Abs. 4 und 5 der E-Geld-Richtlinie fallen (Abs. 5)

74 Abs. 5 schreibt die Anwendung von **zwei** auch im Bereich der E-Geld-Richtlinie geltenden **Ausnahmen** vor. Diese sind nicht über die allgemeinen Verweisungen in das E-Geld-Recht der E-Geld-Richtlinie in Abs. 2 und Abs. 3 erfasst, weil sich diese Ausnahmen nicht in Titel II und Titel III der E-Geld-Richtlinie finden, sondern in Titel I, der u. a. den Anwendungsbereich der E-Geld-Richtlinie beschreibt. Bei diesen Ausnahmen handelt es sich um die **Ausnahme für begrenzte Netze** und die Ausnahme für **Mehrwertdienste im Zusammenhang mit elektronischen Kommunikationsdiensten.** Insofern dient Abs. 5 dem Gleichlauf für die regulatorische Bewertung von E-Geld-Token und (klassischem) E-Geld iSd E-Geld-Richtlinie.

75 Der Ausdruck „Emittenten von E-Geld-Token, die gemäß Art. 1 Absätze 4 und 5 der RL 2009/110/EG unter die Ausnahmeregelung fallen" ist sprachlich unnötig sperrig formuliert. Art. 1 Abs. 4 und 5 der E-Geld-Richtlinie sind die gemeinten Ausnahmeregelungen für die jeweiligen monetären Werte (die E-Geld-Token). Einfacher, klarer und daher besser wäre die Formulierung „Emittenten von E-Geld-Token, die unter die Ausnahmeregelungen des Art. 1 Abs. 4 oder Abs. 5 der RL 2009/110/EG fallen". Es ist **nicht gemeint,** dass die Emittenten **beide Ausnahmeregelungen gleichzeitig** erfüllen müssen, um von Abs. 5 profitieren zu können.

1. Art. 1 Abs. 4 der E-Geld-Richtlinie (begrenzte Netze)

76 Die erste Ausnahme umfasst monetäre Werte, die auf Instrumenten gespeichert sind, die unter die Ausnahmeregelung nach Art. 3 lit. k PSD1 fallen. Das sind nach der ursprünglichen Formulierung in der PSD1 Instrumente, die für den Erwerb von Waren oder Dienstleistungen nur in den Geschäftsräumen des Ausstellers oder im Rahmen einer Geschäftsvereinbarung mit dem Aussteller entweder für den Erwerb innerhalb **eines begrenzten Netzes von Dienstleistern** oder für den Erwerb einer **begrenzten Auswahl von Waren oder Dienstleistungen** verwendet werden können. Unter der Geltung der PSD2 ist die Ausnahme neu gefasst worden und bezieht sich nunmehr

> „auf bestimmte[n] nur begrenzt verwendbaren Zahlungsinstrumente[n], die
> i) *ihrem Inhaber gestatten, Waren oder Dienstleistungen lediglich in den Geschäftsräumen des Emittenten oder innerhalb eines begrenzten Netzes von Dienstleistern im Rahmen einer Geschäftsvereinbarung mit einem professionellen Emittenten zu erwerben;*

---

[62] Art. 34 Abs. 1 PSD3 (Vorschlag für eine Richtlinie des Europäischen Parlaments und des Rates über Zahlungsdienste und E-Geld-Dienste im Binnenmarkt, zur Änderung der RL 98/26/EG und zur Aufhebung der RL (EU) 2015/2366 und 2009/110/EG, Brüssel, 28.6.2023, COM(2023) 366 final, (2023/0209(COD)).

Öffentliches Angebot und Zulassung **Art. 48**

> *ii) nur zum Erwerb eines sehr begrenzten Waren- oder Dienstleistungsspektrums verwendet werden können;*
>
> *iii) in einem Mitgliedstaat gültig sind, auf Ersuchen eines Unternehmens oder einer öffentlichen Stelle bereitgestellt werden, zu bestimmten sozialen oder steuerlichen Zwecken den Vorschriften einer nationalen oder regionalen öffentlichen Stelle unterliegen und dem Erwerb bestimmter Waren oder Dienstleistungen von Anbietern dienen, die eine gewerbliche Vereinbarung mit dem Emittenten geschlossen haben."*

Die Neufassung der PSD2 dient explizit dem Ziel die Verwendung dieser **Ausnahme einzuschränken.** Zuvor umfassten die unter diese Ausnahme fallenden Zahlungen nämlich beträchtliche Volumina und Werte und ein Angebot von tausenden verschiedenen Produkten.[63] **77**

Da die Ausnahmeregelungen in PSD1 und PSD2 voneinander abweichen, kommt es auf die Frage an, ob es sich um eine **statische Verweisung** (auf die PSD1) oder eine **dynamische Verweisung** (auf die PSD2) handelt. Dies regelt Art. 114 S. 2 PSD2, der klarstellt, dass Bezugnahmen auf die gemäß Art. 114 S. 1 aufgehobene PSD1 als Bezugnahmen auf die PSD2 gelten und nach Maßgabe der Entsprechungstabelle in Anhang II der vorliegenden Richtlinie zu lesen sind. Insofern sind die Verweise in der E-Geld-Richtlinie als Verweise auf die PSD2 zu verstehen. Die Vorschläge für die PSD3/PSR sehen insoweit keine inhaltliche Änderung vor. Allerdings werden die Ausnahmen insoweit in die PSR, also eine Verordnung mit unmittelbarer Wirkung überführt.[64] **78**

2. Art. 1 Abs. 5 der E-Geld-Richtlinie (Mehrwertdienste im Zusammenhang mit elektronischen Kommunikationsdiensten)

Die zweite relevante Ausnahme umfasst nach dem Verweis in Art. 1 Abs. 5 der E-Geld-Richtlinie auf Art. 3 lit. l PSD2 monetäre Werte, die für Zahlungsvorgänge verwendet werden, die von einem **Anbieter elektronischer Kommunikationsnetze oder -dienste** zusätzlich zu elektronischen Kommunikationsdiensten für einen Teilnehmer des Netzes oder Dienstes bereitgestellt werden **79**

i) im Zusammenhang mit dem Erwerb von digitalen Inhalten und Sprachdiensten, ungeachtet des für den Erwerb oder Konsum des digitalen Inhalts verwendeten Geräts, und die auf der entsprechenden Rechnung abgerechnet werden, oder

ii) die von einem elektronischen Gerät aus oder über dieses ausgeführt und auf der entsprechenden Rechnung im Rahmen einer gemeinnützigen Tätigkeit oder für den Erwerb von Tickets abgerechnet werden;

sofern der Wert einer Einzelzahlung nach den Ziff. n i) und ii) 50 EUR nicht überschreitet und

– der kumulative Wert der Zahlungsvorgänge eines einzelnen Teilnehmers monatlich 300 EUR nicht überschreitet oder

– der kumulative Wert der Zahlungsvorgänge innerhalb pro Monat 300 EUR nicht überschreitet, wenn ein Teilnehmer auf sein Konto bei einem Anbieter elektronischer Kommunikationsnetze oder -dienste Vorauszahlungen tätigt.

---

[63] Erwgr. Nr. 13 PSD2.
[64] Siehe Art. 2 Abs. 2 lit. (j) und (k) PSR (Vorschlag für eine Verordnung des Europäischen Parlaments und des Rates über Zahlungsdienste im Binnenmarkt und zur Änderung der VO (EU)Nr. 1093/2010 – 2023/0210 (COD)).

Lösing

Art. 48

VII. Mitteilung der Absicht (Abs. 6)

80 Emittenten, die beabsichtigen, die von ihnen herausgegebenen E-Geld-Token öffentlich anzubieten oder ihre Zulassung zum Handel zu beantragen, müssen diese Absicht der für sie zuständigen Behörde **mindestens 40 Arbeitstage** vor dem betreffenden Tag mitteilen. Dies soll die entsprechende Aufsicht der zuständigen Behörden ermöglichen.[65] Die zuständige Behörde kann von Anbietern, Personen, die die Zulassung von Kryptowerten zum Handel beantragen oder von Emittenten vermögenswertereferenzierter Token oder E-Geld-Token verlangen, ihr Kryptowerte-Whitepaper zu ändern oder ihr geändertes Kryptowerte-Whitepaper weiter zu ändern, wenn sie feststellen, dass das Kryptowerte-Whitepaper oder das geänderte Kryptowerte-Whitepaper nicht die nach den Artikeln 6, 19 oder 51 erforderlichen Informationen enthält (Art. 94 Abs. 1 lit. (i)) oder die Aufnahme zusätzlicher Informationen in ihre Kryptowerte-Whitepaper zu verlangen, wenn die Finanzstabilität oder der Schutz der Interessen der Inhaber von Kryptowerten, insbesondere der Kleinanleger, dies gebieten (Art. 94 Abs. 1 lit. (k)).

VIII. Erstellen und Übermittlung der Kryptowerte-Whitepaper an die zuständigen Behörde (Abs. 7)

81 Abs. 7 ist eine Rückausnahme für die E-Geld-Emittenten bzw. Emittenten von E-Geld-Token, die gemäß der Abs. 4 und 5 von bestimmten Vorgaben der MiCAR ausgenommen sind und stellt klar, dass die Emittenten von E-Geld-Token auch in diesen Fällen ein **Kryptowerte-Whitepaper erstellen** und der zuständigen Behörde **übermitteln** müssen. Die Übermittlung des Kryptowerte-Whitepapers folgt den Regeln des → Art. 51 Rn. 1 ff.

IX. Zusammenfassender Überblick über die Anwendbarkeit einzelner Vorgaben des Art. 48

82 Insgesamt weist Art. 48 eine **komplizierte** und nicht sehr **systematische Struktur** auf, so dass die nachfolgende Übersicht einen Überblick über die Anwendbarkeit der verschiedenen Vorgaben geben soll:

---

[65] Erwgr. Nr. 66 iVm Erwgr. Nr. 31 MiCAR.

	Kreditinsti-tute/E-Geld-Institute	Kleine E-Geld-Institute nach Art. 9 E-Geld-Richtlinie (Abs. 4)	Emittenten von E-Geld-Token, die unter die Ausnahmeregelungen von Art. 1 Abs. 4 und 5 der E-Geld-Richtlinie fallen
Anwendbarkeit des Abs. 1 (Angebot von E-Geld-Token oder deren Zulassung zum Handel nur durch oder mit Zustimmung des Emittenten und nach Übermittlung eines Kryptowerte-Whitepapers)	Ja	Nein	Nein
Anwendbarkeit des Abs. 6 (Notifizierung der Aufsicht 40 Arbeitstage vor dem intendierten öffentlichen Angebot bzw. der Handelszulassung)	Ja	Ja (nach dem Wortlaut von Abs. 4 ist nur Abs. 1 ausgenommen)	Nein
Abs. 7 (Pflicht zur Erstellung und Übermittlung eines Kryptowerte-Whitepapers an die zuständige Aufsichtsbehörde)	Ja	Ja (nach dem Wortlaut von Abs. 4 ist nur Abs. 1 ausgenommen)	Ja
Sonstige Vorgaben des Titel II der MiCAR inkl. bspw. der besonderen Anforderungen an Marketingmitteilungen nach Art. 53	Ja	Ja (nach dem Wortlaut von Abs. 4 ist nur Abs. 1 ausgenommen)	Nein

Überblick über Vorgaben des Art. 48

Artikel 49 Ausgabe und Rücktauschbarkeit von E-Geld-Token

(1) Abweichend von Artikel 11 der Richtlinie 2009/110/EG gelten für Emittenten von E-Geld-Token im Hinblick auf Ausgabe und Rücktauschbarkeit von E-Geld-Token lediglich die in dem vorliegenden Artikel aufgeführten Anforderungen.

Art. 49

(2) Den Inhabern von E-Geld-Token steht gegen den Emittenten der betreffenden E-Geld-Token ein Forderungsanspruch zu.

(3) Emittenten von E-Geld-Token geben E-Geld-Token zum Nennwert des entgegengenommenen Geldbetrags aus.

(4) Auf Verlangen des Inhabers eines E-Geld-Token zahlt der Emittent den monetären Wert dieses E-Geld-Token dem Inhaber dieses E-Geld-Token jederzeit und zum Nennwert zurück.

(5) Die Emittenten von E-Geld-Token geben in dem in Artikel 51 Unterabsatz 1 Absatz 1 Buchstabe d genannten Kryptowerte-Whitepaper an gut erkennbarer Stelle die Bedingungen für den Rücktausch an.

(6) Unbeschadet des Artikels 46 ist der Rücktausch von E-Geld-Token nicht gebührenpflichtig.

Übersicht

	Rn.
I. Überblick	1
II. Sinn und Zweck	3
III. Abweichungen bzgl. Ausgabe und Rücktauschbarkeit von E-Geld-Token von den Vorgaben der E-Geld-Richtlinie (Abs. 1)	4
IV. Forderungsanspruch des E-Geld-Token-Inhabers (Abs. 2)	6
V. Ausgabe zum Nennwert (Abs. 3)	12
VI. Rückzahlung des monetären Wertes zum Nennwert auf Verlangen des Inhabers (Abs. 4)	13
VIII. Angabe der Rücktauschbedingungen im Kryptowerte-Whitepaper (Abs. 5)	16
IX. Keine Gebührenpflichtigkeit (Abs. 6)	18

I. Überblick

1 Art. 49 legt **spezielle Regeln für die Ausgabe und Rücktauschbarkeit von E-Geld-Token** fest, die von Art. 11 der E-Geld-Richtlinie abweichen. Inhaber von E-Geld-Token sollen gemäß Abs. 2 einen **Forderungsanspruch** gegen den Emittenten der betreffenden E-Geld-Token haben. Darüber hinaus wird klargestellt, dass der Emittent verpflichtet ist, E-Geld-Token **zum Nennwert zu emittieren**. Der Emittent muss dem Inhaber des E-Geld-Token den monetären Wert dieses E-Geld-Token jederzeit zum Nennwert zurückzahlen, wenn der Tokeninhaber dies verlangt.[1] Da der E-Geld-Token zum Nennwert des entgegengenommenen Geldbetrags ausgegeben und zurückgetauscht werden kann, wird

---

[1] Bei **vermögenswertereferenzierten Token,** also solchen Kryptowerten, die sich auf mehrere amtliche Währungen beziehen können, besteht zwar auch ein jederzeitiges Rücktauschrecht (Art. 39 Abs. 1). Da in diesem Fall aber keine unmittelbare (1:1-) Wertereferenzierung mit einer amtlichen Währung besteht, bezieht sich das Rücktauschrecht bei vermögenswertereferenzierten Kryptowerten allerdings nicht auf den Nennwert der entsprechenden amtlichen Währung, sondern auf den „Marktwert der Vermögenswerte, auf die die vermögenswertereferenzierten Token Bezug nehmen" (Art. 39 Abs. 2 Var. 1). Dieser Marktwert ist als Geldbetrag (Fiat- oder Buchgeld) auszuzahlen. Alternativ kann der Rückzahlungsanspruch aber auch durch „Bereitstellung der Vermögenswerte, auf die der Token Bezug" nimmt, erfüllt werden (Art. 39 Abs. 2 Var. 2).

sichergestellt, dass der Wert des E-Geld-Token dem **Wert des eingezahlten Geldbetrags entspricht**. Darüber hinaus sind die Emittenten von E-Geld-Token verpflichtet, die **Bedingungen für den Rücktausch in dem Kryptowerte-Whitepaper** an gut erkennbarer Stelle anzugeben. Dies dient der Transparenz und soll es den Inhabern von E-Geld-Token ermöglichen, ihre Rechte in Bezug auf den Rücktausch ihrer Token zu verstehen. Schließlich stellt Art. 49 klar, dass der Rücktausch von E-Geld-Token, unabhängig von Art. 46, **nicht gebührenpflichtig** ist.

Art. 49 ist ein **Beispiel für die in Teilen voneinander abweichende Regulierung** von E-Geld iSd E-Geld-Richtlinie und E-Geld-Token iSd MiCAR. Die dazu vorgetragenen Bedenken führen regelmäßig zu der Forderung die Regulierung von E-Geld-Token und E-Geld zu harmonisieren.[2] Dazu könnten E-Geld-Token insgesamt als E-Geld eingestuft werden und unter der E-Geld-Richtlinie reguliert werden. Dadurch könnten einheitliche Standards geschaffen werden, die für alle Arten von E-Geld gelten. Dies würde dazu beitragen, die Transparenz und Sicherheit im Bereich der digitalen Währungen zu erhöhen und das Vertrauen der Verbraucher weiter zu stärken.[3]

II. Sinn und Zweck

Art. 49 soll dazu dienen, die **Wertäquivalenz mit den amtlichen Währungen** zu sichern und so den Währungsbezug der E-Geld-Token sicherzustellen. Insbesondere das in Art. 49 verankerte Recht, E-Geld-Token jederzeit zum Nennwert zurücktauschen zu können, spielt hierfür eine zentrale Rolle.[4]

III. Abweichungen bzgl. Ausgabe und Rücktauschbarkeit von E-Geld-Token von den Vorgaben der E-Geld-Richtlinie (Abs. 1)

Nach Abs. 1 gelten in Abweichung von **Art. 11 der E-Geld-Richtlinie** für Emittenten von E-Geld-Token im Hinblick auf Ausgabe und Rücktauschbarkeit von E-Geld-Token lediglich die in Art. 49 aufgeführten Anforderungen. Die klarstellende Einschränkung ist deshalb von Bedeutung, zumal E-Geld-Token grundsätzlich mit E-Geld gleichgesetzt werden (→ Art. 48. Abs. 2). In Bezug auf die Pflicht zur Ausgabe von E-Geld/E-Geld-Token zum Nennwert (Art. 11 Abs. 1 der

---

[2] Auch → Art. 3 Rn. 24 und → Art. 48 Rn. 10.

[3] Siehe dazu auch die Kommentierungen zu den Definitionen von E-Geld-Token in Art. 3 Nr. 7 und E-Geld in Art. 3 Nr. 44.

[4] ErwG. 19; der Anspruch wird zusätzlich dadurch gesichert, dass E Geld-Token nur von einem nach der CRD IV zugelassen Kreditinstitut oder von einem nach der E Geld-Richtlinie zugelassen E Geld-Institut ausgegeben werden dürfen. Sowohl Kredit- als auch E-Geld-Institute unterliegen besonderen Anforderungen an das Anfangs- und das fortlaufende Eigenkapital. Kundengelder werden über spezifische Regelungen geschützt und unterliegen einer besonderen Aufsicht, die die jederzeitige Bonität und Solvenz dieser Unternehmen sichern soll. Schließlich sind die Emittenten von E-Geld-Token verpflichtet, **Sanierungs- und Rücktauschpläne** aufzustellen, um sicherzustellen, dass die Rechte der Inhaber der E-Geld-Token auch geschützt sind, wenn die Emittenten selbst nicht in der Lage sein sollten, ihren Verpflichtungen nachzukommen (ErwG. 72).

Art. 49 Titel IV E-Geld-Token

E-Geld-Richtlinie) und den jederzeitigen Rücktauschanspruch zum Nennwert (Art. 11 Abs. 2 der E-Geld-Richtlinie) besteht zwar ein Gleichlauf mit der E-Geld-Richtlinie. Beim E-Geld iSd E-Geld-Richtlinie ist allerdings kein **Kryptowerte-Whitepaper** oder Prospekt zu veröffentlichen. Daher können beim E-Geld die **Bedingungen für den Rücktausch** auch nicht in einem solchen Dokument angegeben werden, wie es Abs. 5 für E-Geld-Token verlangt.[5] Allerdings müssen Emittenten von E-Geld die Rücktauschbedingungen (inkl. etwaiger diesbezüglicher Entgelte, in dem Vertrag mit dem E-Geld-Inhaber eindeutig und deutlich erkennbar angeben (Art. 11 Abs. 3, 1. Hs. E-Geld-Richtlinie). Darüber hinaus ist der E-Geld-Inhaber über die Gebühren zu informieren, bevor er durch einen Vertrag oder ein Angebot gebunden wird (Art. 11 Abs. 3, 2. Hs. E-Geld-Richtlinie).

5 Schließlich bestehen die Abweichungen auch darin, dass beim E-Geld innerhalb bestimmter Fristen und unter weiteren Voraussetzungen **Gebühren** im Zusammenhang mit dem Rücktausch von E-Geld verlangt werden können (Art. 11 Abs. 3–6 der E-Geld-Richtlinie). Diese Möglichkeit wird bei E-Geld-Token durch → Abs. 6 versperrt.

IV. Forderungsanspruch des E-Geld-Token-Inhabers (Abs. 2)

6 Gemäß Abs. 2 steht den Inhabern von E-Geld-Token gegen den Emittenten der betreffenden E-Geld-Token ein **Forderungsanspruch** zu.

7 Beim E-Geld ist anerkannt, dass die Forderung zunächst der **Inhaber** hat, an den der Emittent die Werteinheiten ausgibt. Es wäre jedenfalls nach deutschem Verständnis **auch ausreichend**, dass der Emittent sich nicht ggü. demjenigen verpflichtet, an den er die Werteinheiten ausgibt, sondern sich ggü. dritten Personen, den Akzeptanzstellen, verpflichtet.[6] Abs. 2 regelt insofern eindeutig, dass der Inhaber des E-Geld-Tokens auch Inhaber des Forderungsanspruchs ist. Das ist vor dem Hintergrund, dass die E-Geld-Token dann auf die Akzeptanzstellen übertragen werden auch konsequent und führt insofern nicht zu einer anderen Rechtslage.

8 Die Verordnung konkretisiert nicht weiter, worauf sich dieser Forderungsanspruch inhaltlich beziehen soll. Mit dem **Inhalt des Forderungsanspruchs** hängt auch die Frage zusammen, wie das **Verhältnis von Abs. 2 zu Abs. 4** ausgestaltet ist. Die MiCAR (wie auch die E-Geld-Richtlinie) konkretisiert nicht, worauf sich die Forderung inhaltlich beziehen muss.[7] Zwei Interpretationsmöglichkeiten sind denkbar:

9 Ein Interpretationsmöglichkeit wäre es **jeglichen Inhalt einer Forderung** gegen den Emittenten genügen zu lassen. Dafür spricht auch ein Vergleich mit der E-Geld-Richtlinie. Beim E-Geld ist zur Verwirklichung des Tatbestands (lediglich) erforderlich, dass sich der Emittent gegenüber dem Inhaber des E-Geld-Tokens bei Vertragsschluss zur Erfüllung (irgendwelcher) konkreter Rechtsansprüche verpflichtet.[8] Inhaltlich ist also nicht festgelegt, worauf sich der Forderungsanspruch beziehen muss. Das VG Frankfurt a. M. hat es in Bezug auf E-Geld für das Tatbe-

---

[5] Dazu → Rn. 16 f.
[6] Merkblatt ZAG, D.I.1.; Casper/Terlau/Terlau ZAG § 1 Rn. 22.
[7] ErwG. 67 gibt insofern auch keinen Hinweis, sondern stellt lediglich eine (unvollständige) Wiedergabe des Art. 49 dar.
[8] Vgl. VG Frankfurt a. M BeckRS 2021, 41164 Rn. 26 – (zu E-Geld); dazu Auffenberg RdZ 2022, 135; Frey RDi 2023, 35 (35–38).

standmerkmal „Forderung" genügen lassen, dass sich die Emittentin verpflichtet hat, die Werte in ein E-Wallet des Kunden zu übertragen. Auch ein Umtauschanspruch des Tokeninhabers in einen anderen Wertgegenstand würde demnach das Tatbestandmerkmal der Forderung erfüllen.[9] Dagegen spricht aber, dass Abs. 2 als Rechtsfolgen-Regelung dann anders als beim E-Geld, bei dem das Merkmal der Forderung eine Tatbestandsvoraussetzung der Definition ist, sinnentleert wäre.

Auf der anderen Seite könnte man Abs. 2 ggf. auch so interpretieren, dass es sich bei der Forderung gegen den Emittenten um den Anspruch des Inhabers des E-Geld-Tokens auf **Rückzahlung zum Nennwert** handelt. Dafür spricht, dass dies die naheliegende Assoziation bei dem Kriterium ist. Darüber hinaus stellt ErwGr 19 dar, dass es das Ziel des Verordnungsgebers ist, dem Inhaber einen „nennwertgleichen Forderungsanspruch auf die Referenzwährung" zu gewähren. Anderseits stellt sich dann die Frage in welchem Verhältnis der Forderungsanspruch gemäß Abs. 2 zu dem Rücktauschanspruch gemäß Abs. 4 steht. Dass es sich nicht nur um eine mit öffentlich-rechtlichen Mitteln überwachte Verpflichtung des Emittenten handelt, sondern, dass der Inhaber auch einen eigenen zivilrechtlichen Anspruch gegen den Emittenten hat (Doppelnatur des Anspruchs)[10], kommt in Abs. 4 schon ausreichend zum Ausdruck. 10

Soweit ersichtlich ist derzeit **kein wirklich eigenständiger Regelungsgehalt** von Abs. 2 erkennbar. Vor dem Hintergrund der unsicheren Interpretationsmöglichkeiten wäre es aber wichtig, dass der **Verordnungsgeber konkretisiert,** worauf sich die Forderung des Inhabers der E-Geld-Token beziehen soll und in dem Zusammenhang klarstellt, in welchem Verhältnis die Abs. 2 und 4 stehen. 11

V. Ausgabe zum Nennwert (Abs. 3)

Abs. 3 regelt für E-Geld-Token die **Pflicht des Emittenten zur Ausgabe des E-Geld-Token** zum Nennwert. Vom Regelungsgehalt entspricht Abs. 3 damit Art. 11 Abs. 1 der E-Geld-Richtlinie, die die entsprechende Verpflichtung für Emittenten von E-Geld aufstellt. In Verbindung mit Abs. 4 (Rücktausch zum Nennwert in amtliche Zahlungsmittel) soll so – wie beim E-Geld iSd E-Geld-Richtlinie – sichergestellt werden, dass kein notenbankunabhängiger Geldkreislauf entsteht.[11] Soweit ersichtlich bezieht sich die Ausgabe zum Nennwert auch auf die Referenzwährung des E-Geld-Token. Das bedeutet, dass die **Referenzwährung des E-Geld-Tokens** mit der **Währung, die für den Erwerb des E-Geld-Tokens** gezahlt wird, **übereinstimmen** müssen. Das schließt aber natürlich nicht aus, dass der Inhaber des E-Geld-Tokens die von ihm im Gegenzug für die Gewährung des E-Geld-Tokens gezahlte amtliche Währung unmittelbar vor dem Erwerb des E-Geld-Tokens durch Konvertierung aus einer anderen Währung erworben hat. 12

---

[9] Vgl. VG Frankfurt a. M. BeckRS 2021, 41164 Rn. 26 – (zu E-Geld); dazu Auffenberg RdZ 2022, 135; Frey RDi 2023, 35 (35–38).

[10] Auch beim E-Geld wird die zivil- und öffentlich-rechtliche Doppelnatur des Rückzahlungsanspruchs bzgl. des E-Geldes in der vergleichbaren Norm des § 23b ZAG aF (nunmehr § 33 Abs. 1 S. 2 ZAG) vom Gesetzgeber hervorgehoben, siehe BT-Drucks. 17/3023, 49f.

[11] Casper/Terlau/Koch ZAG § 33 Rn. 7.

Art. 49 — Titel IV E-Geld-Token

VI. Rückzahlung des monetären Wertes zum Nennwert auf Verlangen des Inhabers (Abs. 4)

13 Abs. 4 bestimmt als Hauptpflicht des E-Geld-Token-Emittenten, dass der monetäre Wert des E-Geld-Token dem Inhaber **jederzeit auf dessen Verlangen** des Inhabers **zum Nennwert zurückzuzahlen** ist. Eine Vereinbarung von Mindestgrenzen für eine solche Rückzahlung ist ebenso wenig zulässig wie die Vereinbarung einer Rücktauschfrist[12].

14 Das **Rückzahlungsverlangen** kann sich auf sämtliche von einem Emittenten herausgegebenen E-Geld-Token des Inhabers beziehen oder nur auf einen Teil seiner E-Geld-Token. Das Rückzahlungsverlangen muss klar und eindeutig formuliert sein. Eine Schrift- oder Textform ist nicht erforderlich, jedoch aus Sicht des Inhabers zu Beweiszwecken vermutlich empfehlenswert. Es müssen auch keine Gründe für das Rückzahlungsverlangen aufgeführt werden.

15 Der **Rücktausch** hat nach einer zum E-Geld vertretenen Ansicht in gesetzlichen Zahlungsmitteln (Münzen und Banknoten) zu erfolgen, kann aber auch in Form einer Überweisung verlangt werden.[13] Für die elektronischen Geschäftsmodelle rund um E-Geld-Token dürfte eine Übergabe physischen Geldes praktisch ausgeschlossen sein. Die Rückzahlung dürfte daher regelmäßig durch eine Überweisung von Giralgeld auf ein Referenz-Zahlungskonto des E-Geld-Token-Inhabers vollzogen werden. Der zurückgezahlte Betrag wird in der amtlichen Währung gutgeschrieben, auf die sich der E-Geld-Token bezieht. Eine **nachgelagerte Konvertierung** in eine andere amtliche Währung oder die Rückführung mit anderen Kryptowerten dürfte auf Basis einer gesonderten Vereinbarung (mit Zustimmung des Inhabers des E-Geld-Tokens) auch möglich sein.

VIII. Angabe der Rücktauschbedingungen im Kryptowerte-Whitepaper (Abs. 5)

16 Die Emittenten von E-Geld-Token müssen in dem Kryptowerte-Whitepaper **an gut erkennbarer Stelle** die Bedingungen für den Rücktausch angeben. Der Ausdruck *„an gut erkennbarer Stelle"* wird in der MiCAR nicht weiter konkretisiert. Die Formulierung indiziert allerdings einen Hinweis auf die Platzierung innerhalb des Kryptowerte-Whitepapers und keine allgemeinen Vorgaben zur *„Eindeutigkeit"* oder *„Erkennbarkeit"* hinsichtlich der Informationspflichten beim E-Geld wie sie bspw. in Art. 11 Abs. 3 E-Geld-Richtlinie bzw. im deutschen Recht in § 33 Abs. 2 ZAG geregelt sind. Diesbezüglich dürfte ohnehin davon ausgegangen werden, dass die Vorgaben der „Eindeutigkeit" und „Erkennbarkeit" der Rücktauschbedingungen nicht über die zivilrechtlichen Regelungen zur Einbeziehung von AGB gemäß §§ 305 ff. BGB hinausgehen.[14] Der Begriff der *„gut erkennbaren Stelle"* lässt sich durch Auslegung der MiCAR weiter konkretisieren. Zum einen deutet der Verweis

---

[12] ErwG. 19 stellt klar, dass Rücktauschfristen nicht gewollt sind.
[13] Ellenberger/Findeisen/Nobbe/Findeisen, ZAG § 33 Rn. 40.
[14] Casper/Terlau/Koch ZAG § 33 Rn. 16; Grüneberg/Grüneberg BGB § 305 Rn. 39 und § 307 Rn. 20 ff.

Ausgabe und Rücktauschbarkeit von E-Geld-Token **Art. 49**

auf Art. 51 UAbs. 1 Abs. 1 lit. d[15] darauf hin, dass die Rücktauschbedingungen in dem Abschnitt im Kryptowerte-Whitepaper zu behandeln sind, der sich mit den *„Informationen über die mit dem E-Geld-Token verbundenen Rechte und Pflichten"* befasst. Zum anderen stellt Art. 51 Abs. 6 UAbs. 3 klar, dass auch in der Zusammenfassung darauf hinzuweisen ist, dass der Inhaber des E-Geld-Token jederzeit ein Recht auf Rücktausch zum Nennwert hat und die Bedingungen für den Rücktausch auch in der Zusammenfassung anzugeben sind. Die Platzierung und Darstellung der Zusammenfassung ist in Art. 51 Abs. 6 UAbs. 1 näher beschrieben.[16]

Nach Art. 53 Abs. 2 ist auch in den Marketingmitteilungen **klar und eindeutig** 17 anzugeben, dass Inhaber eines E-Geld-Token beim Emittenten jederzeit ein Recht auf Rücktausch zum Nennwert haben. Das bedeutet im Umkehrschluss, dass keine Verpflichtung zur Darstellung der einzelnen Rücktausch-Bedingungen besteht.

IX. Keine Gebührenpflichtigkeit (Abs. 6)

Für den Rücktausch von E-Geld-Token dürfen keine Gebühren erhoben werden. 18 Dies stellt eine Abweichung von Art. 11 Abs. 3–6 der E-Geld-Richtlinie dar. Danach ist die Erhebung von Gebühren für den Rücktausch von E-Geld zulässig, wenn die folgenden Voraussetzungen eingehalten werden:
– Die Bedingungen für den Rücktausch, einschließlich etwaiger Gebühren müssen **im Vertrag** zwischen dem E-Geld-Emittenten und dem E-Geld-Inhaber **klar und deutlich angegeben** werden. Der E-Geld-Inhaber muss über diese Bedingungen informiert werden, bevor er durch einen Vertrag oder ein Angebot gebunden wird.
– **Gebühren für den Rücktausch** dürfen nur dann anfallen, wenn dies im Vertrag geregelt ist und einer der drei folgenden Fallkonstellationen vorliegt:
  a) wenn der E-Geld-Inhaber **vor Vertragsablauf** einen Rücktausch verlangt;
  b) wenn ein **Ablaufdatum im Vertrag** vereinbart wurde und der E-Geld-Inhaber den Vertrag **vorzeitig beendet** hat; oder
  c) wenn der Rücktausch **mehr als ein Jahr nach Vertragsablauf** verlangt wird.
– In jedem Fall muss das Entgelt in einem **angemessenen Verhältnis** zu den tatsächlich entstandenen Kosten des E-Geld-Emittenten stehen.
– Der E-Geld-Inhaber kann, wenn er vor Vertragsablauf einen Rücktausch verlangt, entweder **einen Teil** oder den **gesamten Betrag** des E-Geldes verlangen.
– Für den **Rücktausch zum oder bis zu einem Jahr nach Vertragsablauf** wird entweder der gesamte Nennwert des gehaltenen E-Geldes erstattet oder der Gesamtbetrag, den der E-Geld-Inhaber fordert, falls ein E-Geld-Institut eine oder mehrere der in Art. 6 Abs. 1 lit. e genannten Tätigkeiten ausübt und im Voraus nicht bekannt ist, welcher Anteil der Geldbeträge als E-Geld verwendet werden soll.

Die **Begründung** für die unterschiedliche Regelungsmechanik, dh der Mög- 19 lichkeit für den Rücktausch von E-Geld Gebühren zu erheben einerseits und dem entsprechenden Verbot für E-Geld-Token anderseits, bleibt **unklar**. Die MiCAR

---

[15] Typischerweise werden Absätze und Unterabsätze in der umgekehrten Reihenfolge dargestellt.
[16] Siehe Kommentierung zu Art. 51 (→ Art. 51 Rn. 53).

Lösing

Art. 50 Titel IV E-Geld-Token

beschränkt sich darauf die Bestimmungen der Regelungen zur Erhebung von Gebühren als „*nicht relevant*" zu bezeichnen.[17]

20 Das Verbot für die Erhebung von Gebühren in Abs. 6 bezieht sich nur auf den Rücktausch von E-Geld-Token. Nicht erfasst von diesem Verbot sind Gebührenmodelle, die für gesonderte Dienstleistungen Gebühren verlangen. Grundsätzlich denkbar wären bspw. **Verwahrentgelte** (bzw. Negativzinsen) oder sonstige im Zusammenhang mit der Verwaltung der E-Geld-Token stehende Services wie **Entgelte für Kontoauszüge am Jahresende**.[18]

Artikel 50 Verbot der Gewährung von Zinsen

(1) **Abweichend von Artikel 12 der Richtlinie 2009/110/EG gewähren Emittenten von EGeld-Token keine Zinsen in Bezug auf E-Geld-Token.**

(2) **Bei der Erbringung von Kryptowerte-Dienstleistungen im Zusammenhang mit E-Geld-Token dürfen die Anbieter von Kryptowerte-Dienstleistungen keine Zinsen gewähren.**

(3) **Für die Zwecke der Absätze 1 und 2 gelten alle Vergütungen oder sonstigen Vorteile, die mit der Zeitspanne zusammenhängen, in der ein Inhaber eines E-Geld-Token diesen E-Geld-Token hält, als Zinsen. Dazu gehören Nettovergütungen oder -abschläge, die einem Inhaber eines E-Geld-Token erhaltenen Verzinsung gleichkommen, unabhängig davon, ob sie unmittelbar vom Emittenten stammen oder durch Dritte gewährt werden, und unabhängig davon, ob sie unmittelbar im Zusammenhang mit dem E-Geld-Token stehen oder durch die Vergütung oder Preisgestaltung anderer Produkte gewährt werden.**

Schrifttum: Siehe Art. 48.

Übersicht

	Rn.
I. Einleitung/Hintergrund der Regelung	1
II. Verbot der Zinsgewährung für Emittenten (Abs. 1)	5
III. Verbot der Zinsgewährung für Anbieter von Kryptowerte-Dienstleistungen (Abs. 2)	11
IV. Zinsen, Vergütungen und sonstige Vorteile im Zusammenhang mit der Haltedauer (Abs. 3)	14
1. Bedeutung des Begriffs der Zinsen	14
2. Der Begriff der Zinsen und sonstigen Vorteile	15
3. Verbot der Zinsgewährung durch Dritte	20

---

[17] ErwG. 67.
[18] Entgelte für die Erstellung von Darlehenskontoauszugs am Jahresende, wie sie etwa für steuerliche Zwecke benötigt werden können sind nicht kontrollfähig. Es handelt sich um kontrollfreie Preishauptabreden, OLG Karlsruhe BeckRS 2013, 2139 und BeckRS 2021, 56503.

Verbot der Gewährung von Zinsen **Art. 50**

I. Einleitung/Hintergrund der Regelung

Art. 50 Abs. 1 MiCAR ergänzt Art. 12 der E-Geld-Richtlinie und enthält ein **1**
spezifisches **Verzinsungsverbot** in Bezug auf E-Geld-Token. Emittenten von
E-Geld-Token und Anbieter von Kryptowerte-Dienstleistungen sollen bei der Bereitstellung von Kryptowerte-Dienstleistungen im Zusammenhang mit E-Geld-Token den Inhabern der E-Geld-Token keine Zinsen gewähren.[1] Dies soll das Risiko verringern, dass E-Geld-Token nicht als Tauschmittel, sondern als Wertaufbewahrungsmittel bzw. Wertspeicher verwendet werden.[2]

Das Zinsverbot soll also sicherstellen, dass E-Geld und E-Geld-Token nur als **2**
Zahlungsmittel verwendet werden und **nicht als Sparinstrumente**. Der Verordnungsgeber konkretisiert aber nicht weiter, warum es ein Risiko ist, dass E-Geld-Token (wie auch vermögenswertereferenzierte Token) als Wertaufbewahrungsmittel genutzt werden. Allerdings dürften folgende Gründe eine maßgebliche Rolle für den Wunsch gespielt haben dürften, dass Stablecoins nicht als Wertaufbewahrungsmittel genutzt werden sollen:

Zunächst soll mit dem Verzinsungsverbot erreicht werden, dass E-Geld-Emit- **3**
tenten oder Kryptowerte-Anbieter **kein Einlagengeschäft** betreiben und hier in
Konkurrenz mit Banken treten, da für diese Form der Bankgeschäfte das höchste
Schutzniveau erforderlich ist. Auch in Bezug auf das klassische E-Geld haben bei
der Einführung des Zinsverbots in E-Geld gemäß Art. 12 der E-Geld-Richtlinie
ähnliche Erwägungen eine bedeutende Rolle gespielt[3]: Gemäß Art. 12 der
E-Geld-Richtlinie ist die Gewährung von Zinsen oder anderen Vorteilen, die im
Zusammenhang mit dem Zeitraum stehen, in dem ein E-Geld-Inhaber das E-Geld
hält, verboten. Dieses Verzinsungsverbot hat der deutsche Gesetzgeber in § 3 Abs. 3
S. 2 ZAG umgesetzt. Intention des Gesetzgebers und des Richtliniengebers ist es,
das Einlagengeschäft lediglich den als Banken/Kreditinstituten lizensierten Unternehmen vorzubehalten.[4] Das Einlagengeschäft iSd § 1 Abs. 1 S. 2 Nr. 1 KWG sei

---

[1] Für vermögenswertreferenzierten Token enthält Art. 40 die parallele Verbotsvorschrift in Bezug auf die Gewährung von Zinsen. Damit werden die beiden Formen vermögenswertreferenzierte Token und E-Geld-Token, auch bekannt als „Stablecoins" mit einem Verzinsungsverbot belegt. Beide Formen sind Kryptowerte, die eine Wertstabilität anstreben, indem sie auf andere Werte wie offizielle Währungen, Waren, Rechte oder andere Kryptowerte referenzieren.

[2] vgl. ErwGr 68: „Um das Risiko zu verringern, dass E-Geld-Token als Wertaufbewahrungsmittel verwendet werden, sollten Emittenten von E-Geld-Token und Anbieter von Kryptowerte-Dienstleistungen bei der Bereitstellung von Kryptowerte-Dienstleistungen im Zusammenhang mit E-Geld-Token den Inhabern der E-Geld-Token keine Zinsen gewähren; dies sollte Zinsen einschließen, die für die Zeitspanne gewährt werden, während der diese Inhaber die jeweiligen E-Geld-Token halten." Die Formulierung weicht leicht von der parallelen Formulierung in Bezug auf vermögenswertreferenzierte Token des ErwG. 58 ab. Sie ist sprachlich etwas verunglückt, weil sie impliziert, dass es neben „Zinsen, die für eine Zeitspanne gewährt werden" auch Zinsen existieren, die nicht für eine Zeitspanne gewährt werden. Das ist nach der Beschreibung von Zinsen aber gerade nicht der Fall.

[3] Die E-Geld-Richtlinie begründet dies damit, dass E-Geld grundsätzlich nicht zu Sparzwecken verwendet wird und als elektronischer Ersatz für Münzen und Banknoten lediglich eher kleinere Beträge umfasst (vgl. ErwGr 13 der E-Geld-Richtlinie). Im Gegenzug müssen jedoch die entgegengenommenen Gelder unverzüglich gesichert werden.

[4] Ellenberger/Findeisen/Nobbe/Böger/Findeisen ZAG § 3 Rn. 2–5.

Lösing 719

Art. 50

zwar weder durch die Bankenrichtlinie (nunmehr CRR/CRD IV) noch vom Kreditwesengesetz abschließend definiert. Die Frage, ob die Annahme fremder Gelder als Einlage zu qualifizieren ist, ist daher im Einklang mit der Auffassung des deutschen Gesetzgebers[5] auf Grund der Wertung aller Umstände des Einzelfalles unter Berücksichtigung der bankwirtschaftlichen Verkehrsauffassung zu entscheiden. Der Einlagentatbestand für Institute des ZAG solle nur so weit geöffnet werden, wie es für Zwecke der Abwicklung von Zahlungsdiensten oder E-Geld-Geschäften erforderlich sei.[6] Die Verzinsung sei in diesem Zusammenhang aber ein entscheidendes Indiz für eine Einlage.[7]

4   Damit dient das Verzinsungsverbot indirekt auch dazu, **systemische Risiken** für das Finanzsystem zu vermeiden. Soweit Anleger Werte bei Instituten aufbewahren und Zweifel an deren Solvenz aufkommt, besteht die Gefahr von sog. *„bank runs"*[8]. In so einer Situation wollen Ein-/Anleger sehr schnell ihre Werte/Gelder zurück. Wenn ungewöhnlich viele Bankkunden Bargeld abheben möchten, kann dies zu Liquiditätsengpässen und im schlimmsten Fall zur Insolvenz der Bank/des Unternehmens führen. Über die Verbreitung von Informationen und Gerüchten in sozialen Netzwerken hat sich dieses Risiko in letzter Zeit deutlich erhöht[9]. Gründe für einen Bank Run können eine Krisensituation des Finanzinstitutes, Hyperinflation oder der menschliche Herdentrieb sein. Durch die Verbundenheit der Finanz-Unternehmen untereinander, bei der Einlagen anderen Unternehmen über Kredite zur Verfügung gestellt werden, können sich Liquiditätsengpässe eines Unternehmens auf andere Finanzunternehmen auswirken und so zu einer Gefahr für das Gesamtsystem werden.

II. Verbot der Zinsgewährung für Emittenten (Abs. 1)

5   Abs. 1 regelt das **Verbot der Zinsgewährung** für Emittenten. Was unter den Zinsbegriff fällt, wird in Abs. 3 näher erläutert. *„Emittent"* ist eine natürliche oder juristische Person oder ein anderes Unternehmen, die bzw. das Kryptowerte emittiert (Art. 3 Abs. 1 Nr. 10).

6   Nicht einfach zu verstehen ist, warum es sich bei dem Zinsverbot um eine Abweichung von Art. 12 der E-Geld-Richtlinie handeln soll. Auch Art. 12 der E-Geld-Richtlinie verbietet in allgemeiner Form *„die Gewährung von Zinsen oder anderen Vorteilen, die im Zusammenhang mit dem Zeitraum stehen, in dem ein E-Geld-Inhaber das E-Geld hält"*. Insoweit handelt es sich eher um einen **Gleichlauf von Art. 50 und Art. 12 der E-Geld-Richtlinie**. Anderseits ist nicht ausgeschlossen, dass sich bei der Interpretation von Art. 12 der E-Geld-Richtlinie im Recht der Mitgliedsstaaten oder aufgrund der Verwaltungspraxis der zuständigen nationalen Aufsichtsbehörden in Randbereichen gewisse **Öffnungen bzw. Erleichterungen** ergeben.[10] Dabei ist

---

[5] BT-Drs. 16/11613, 36.
[6] Casper/Terlau ZAG § 3 Rn. 53–55.
[7] BT-Drs. 16/11613, 36.
[8] Zur Entwicklung der Bankenaufsicht in Deutschland, vgl. Fischer/Schulte-Mattler/Fischer/Krolop KWG Rn. 1 ff., insbesondere Rn. 4–6 zu Bankruns und der Bankenkrise nach dem Zusammenbruch der Darmstädter und Nationalbank (Danat-Bank) am 31.7.1931.
[9] Als Beispiel kann bspw. die Insolvenz der Silicon Valley Bank dienen.
[10] Vgl. bspw. die Ausnahme für treuhandverwahrte Gelder, bei denen die vom Kreditinstitut erhaltenen Zinsen vollständig an die Kunden weitergereicht werden unter → Rn. 10, 20.

nicht von vornherein ausgeschlossen, dass diese auf EU-Ebene auf Basis der direkt anwendbaren Verordnung und der insofern europäisch zu handhabenden Verwaltungspraxis nicht eingeräumt werden. Diese stellen dann zwar möglicherweise Abweichungen zwischen der MiCAR und den nationalen Umsetzungen der E-Geld-Richtlinie dar, sind anderseits aber methodisch fragwürdig, weil die Auslegung des Zinsverbots dann davon abhängig wäre, welche zugrundeliegende Technologie verwendet wird. Dies widerspricht der intendierten Technologie-Neutralität der MiCAR.

Nach Art. 111 Abs. 1 lit. c haben die Mitgliedstaaten **„angemessene verwal-** 7 **tungsrechtliche Sanktionen und andere Maßnahmen"** in Bezug auf einen Verstoß gegen Art. 50 zu ergreifen.

In Deutschland enthält der Entwurf des Finanzmarktdigitalisierungsgesetzes in 8 § 47 des Entwurfs des Kryptomärkteaufsichtsgesetz (KMAG-E) entsprechende Sanktionsnormen: § 47 Abs. 3 Nr. 43 KMAG-E enthält für vorsätzliche oder fahrlässige Verstöße gegen das Zinsverbot des Art. 50 bzw. der Parallelnorm des Art. 40 einen entsprechenden Ordnungswidrigkeitentatbestand. Vorsätzliche oder fahrlässige Verstöße gegen das Zinsverbot können somit im Grundsatz mit einer Geldbuße bis zu **siebenhunderttausend Euro** geahndet werden (§ 47 Abs. 5 Nr. 3 KMAG-E), die sich aber im Fall von juristischen Personen oder Personenvereinigungen auf bis zu **5 Mio. EUR** erhöhen kann (§ 47 Abs. 6 Nr. 3 lit. b KMAG-E). Ab einem jährlichen Gesamtumsatz von 40 Mio. EUR kann die BaFin zusätzlich eine Geldbuße von **12,5 Prozent des jährlichen Gesamtumsatzes** der juristischen Person oder Personenvereinigung verhängen (§ 47 Abs. 7 Nr. 4 KMAG-E). Soweit sich die infolge des Verstoßes gegen das Zinsverbot erzielten Gewinne oder vermiedenen Verluste beziffern lassen, besteht darüber hinaus die Möglichkeit zu einer **Geldbuße bis zur zweifachen Höhe Gewinne** oder vermiedenen Verluste (§ 47 Abs. 9 KMAG-E).

Darüber hinaus ist im Einzelfall zu prüfen, ob die Gelder bei einer Verzinsung 9 (entgegen Art. 50) als **Einlage zu qualifizieren** sind. Dies hätte zur Folge, dass das entsprechende Geschäft nach deutschem Verständnis als Bankgeschäft iSd § 1 Abs. 1 S. 2 Nr. 1 KWG zu werten ist und dass bei fehlender Erlaubnis nach § 32 Abs. 1 KWG die Sanktionsnorm des § 54 Abs. 1 KWG greifen kann: Diese sieht eine **Freiheitsstrafe von bis zu fünf Jahren oder eine Geldstrafe** vor.

Grundsätzlich dürfte sich das **Zinsverbot nicht nur auf die E-Geld-Token** be- 10 schränken, sondern **auch auf Fiatgelder** Anwendung finden, die für die Ausgabe der E-Geld-Token entgegengenommen wurden. Fraglich dürfte allerdings sein, ob von diesem Grundsatz entsprechend der BaFin-Verwaltungspraxis zu (klassischem) E-Geld abgewichen werden kann: Nach der anerkannten und verschriftlichten Verwaltungspraxis greift das Zinsverbot nicht für Fiat-Gelder, die ein Unternehmen für die Ausgabe von E-Geld entgegengenommen hat, in Treuhandsammelverwahrung an ein Kreditinstitut gibt, sich diese Gelder von diesem Kreditinstitut verzinsen lässt und diese Zinsen dann vollständig an seine Kunden weiterreicht.[11] Dafür dürfte sprechen, dass auch die MiCAR eine technologie-neutrale Regulierung anstrebt, die gegen eine unterschiedliche Behandlung von klassischem E-Geld und E-Geld-Token spricht. Auf der anderen Seite handelt es sich bei der MiCAR um eine Verordnung, die in allen Mitgliedsstaaten in gleicher Weise umgesetzt werden sollte und unklar ist, wie sich die EU-Aufsichtsbehörden zu dieser Frage positionieren.

---

[11] vgl. für E-Geld, BaFin, Merkblatt ZAG, E. III.; Casper/Terlau ZAG § 3 Rn. 53–55.

III. Verbot der Zinsgewährung für Anbieter von Kryptowerte-Dienstleistungen (Abs. 2)

11 Abs. 2 erweitert das Verbot auf die **Anbieter von Kryptowerte-Dienstleistungen:** Diese dürfen bei der Erbringung ihrer Dienstleistungen im Zusammenhang mit E-Geld-Token **ebenfalls keine Zinsen** gewähren. „Anbieter von Kryptowerte-Dienstleistungen" sind in Art. 3 Abs. 1 Nr. 15 definiert als jede juristische Person oder jedes andere Unternehmen, deren bzw. dessen berufliche oder gewerbliche Tätigkeit darin besteht, eine oder mehrere Kryptowerte-Dienstleistungen gewerblich für Kunden zu erbringen, und der bzw. dem es gestattet ist, gemäß Art. 59 Kryptowerte-Dienstleistungen zu erbringen. Bei den Kryptowerte-Dienstleistungen handelt es sich gemäß der Definition in Art. 3 Abs. 1 Nr. 16 um die zehn Dienstleistungen in Bezug auf Kryptowerte.

13 Dieses Zinsverbot greift bei der Erbringung nur dann, wenn sie im **Zusammenhang mit E-Geld-Token** stehen. Für Dienstleistungen im Zusammenhang mit vermögenswertereferenzierten Token greift allerdings die Parallelregelung in Art. 40 Abs. 2. Darüber hinaus ist für die Anwendung des Verbots erforderlich, dass dieses nur **bei der Erbringung der Dienstleistung** zum Tragen kommt. Die Ermittlung des Zusammenhangs erfolgt anhand einer wertenden Betrachtung aller Umstände des Einzelfalls.

IV. Zinsen, Vergütungen und sonstige Vorteile im Zusammenhang mit der Haltedauer (Abs. 3)

1. Bedeutung des Begriffs der Zinsen

14 Der **Begriff der Zinsen** wird zivilrechtlich vom BGB vorausgesetzt (bspw. in § 101 Nr. 2 oder in § 246 BGB) und vom BGH und BFH[12] auf Grundlage der von Canaris[13] in Auseinandersetzung mit der Rechtsprechung des Reichsgerichts entwickelten Definition nunmehr wie folgt verstanden: Zinsen sind demnach eine gewinn- und umsatzunabhängige, laufzeitabhängige, in Geld oder anderen vertretbaren Sachen zu entrichtende Vergütung für die Möglichkeit des Gebrauchs eines Kapitals. Abhängig davon, ob auch sonstige laufzeitabhängige (aber vom Kapitalstock unabhängige) Vorteile wie Gebühren oder Kosten mit umfasst sind, wird von einer engen bzw. weiten Definition gesprochen.[14] Bei der Definition in Abs. 3 handelt es sich aber um eine eigenständige Definition, die insofern innerhalb der MiCAR autonom zu interpretieren ist.

2. Der Begriff der Zinsen und sonstigen Vorteilen

15 Der Begriff „**Zinsen**" ist in Abs. 3 (und Art. 40 Abs. 3) sehr **weit gefasst.** Danach gelten alle Vergütungen oder sonstigen Vorteile, die mit der Zeitspanne zu-

---

[12] BGH NJW 1979, 805 (806); 1979, 540 (541); ebenso BFH BeckRS 1988, 22008541; BFH BeckRS 1987, 22008250; BFH BeckRS 1984, 22007017.
[13] Canaris NJW 1978, 1891 (1891 f.).
[14] MüKoBGB/Grundmann § 246 Rn. 4.

sammenhängen, in der ein Inhaber eines E-Geld-Token diesen E-Geld-Token hält, als Zinsen. Damit ist die Definition unabhängig von einem Kapitalstock und nimmt auch keinen Bezug zur Art der Vergütung.

Für die Zwecke der Absätze 1 und 2 gelten alle Vergütungen oder sonstigen Vorteile, die mit der Zeitspanne zusammenhängen, in der ein Inhaber eines E-Geld-Token diesen E-Geld-Token hält, als Zinsen. 16

Dazu gehören gemäß Abs. 3 S. 2 auch **Nettovergütungen oder -abschläge,** die einer vom Inhaber eines E-Geld-Token erhaltenen Verzinsung gleichkommen, unabhängig davon, ob sie unmittelbar vom Emittenten stammen oder durch Dritte gewährt werden, und unabhängig davon, ob sie unmittelbar im Zusammenhang mit dem E-Geld-Token stehen oder durch die Vergütung oder Preisgestaltung anderer Produkte gewährt werden. 17

Der Zinsbegriff umfasst also auch **mittelbare finanzielle Vorteile,** einschließlich Rabatten, die im Verhältnis zur Haltezeit stehen. Während der Zinsbegriff ieS ein laufzeitabhängiges Entgelt, das sich prozentual aus einem Kapitalstock berechnet, voraussetzt, erfasst der Zinsbegriff iwS auch sonstige laufzeitabhängige Vorteile.[15] 18

Nicht vom Zinsverbot umfasst sind **Negativzinsen.**[16] Dabei handelt es sich nicht um Zinsen im Rechtsinne. Weil die Anbieter E-Geld-Token aber immer zum Nennwert zurücktauschen müssen, greifen Negativzinsen nur, wenn sie in Gebührenvereinbarungen stehen, die rechtlich wirksam sein müssen. Oft werden Gebühren in Form von Verwahrentgelten vereinnahmt.[17] Solche Gebühren sind auch nicht zwingend durch Art. 49 Abs. 6 verboten. 19

3. Verbot der Zinsgewährung durch Dritte

Im Hinblick auf E-Geld erlaubt die BaFin es dem E-Geld-Institut Gelder, die es von seinen Zahlungsdienstnutzer-Kunden für die Ausführung von Zahlungsvorgängen annimmt, von dem lizenzierten Kreditinstitut, dem es sie in Treuhandsammelverwahrung gibt, **verzinsen zu lassen und den Zinsvorteil an seinen Kunden weiterzureichen.** Eigene Vorteile etwa in Gestalt eines offenen oder verdeckten Anteils an der Verzinsung darf das Institut nicht erzielen. Das E-Geld-Institut darf insoweit allerdings nur als durchleitende Stelle fungieren[18]. Nach dem Wortlaut von Art. 50 Abs. 3 wären solche Strukturen in Bezug auf E-Geld-Token nicht erlaubt. Dies wäre dann allerdings wieder eine Ungleichbehandlung zwischen E-Geld iSd E-Geld-Richtlinie und E-Geld-Token iSd MiCAR, die schwer erklärbar ist. 20

---

[15] Casper/Terlau ZAG § 3 Rn. 54.
[16] Zu Negativzinsen insbesondere BGH BeckRS 2023, 11882 Rn. 8; zum Urteil auch Kiehnle jurisPR-BKR 11/2023 Anm. 3; Jordans DZWiR 2024, 6 (8 f.).
[17] Zur Kontrollfähigkeit von in AGB vereinbarten Bankentgelten, vgl. auch Hofauer EWiR 2024, 101 (102).
[18] Merkblatt ZAG, E. III.4.

Artikel 51 Inhalt und Form des Kryptowerte-Whitepapers für E-Geld-Token

(1) Ein Kryptowerte-Whitepaper für einen E-Geld-Token muss alle folgenden Informationen enthalten, die in Anhang III näher präzisiert sind:
a) Informationen über den Emittenten des E-Geld-Token,
b) Informationen über den E-Geld-Token,
c) Informationen über das öffentliche Angebot des E-Geld-Token oder dessen Zulassung zum Handel,
d) Informationen über die mit dem E-Geld-Token verbundenen Rechte und Pflichten,
e) Informationen über die zugrunde liegende Technologie,
f) Informationen über die Risiken,
g) Informationen über die wichtigsten nachteiligen Auswirkungen des für die Ausgabe des E-Geld-Token verwendeten Konsensmechanismus auf das Klima und andere umweltbezogene nachteilige Auswirkungen des E-Geld-Token.

Das Kryptowerte-Whitepaper muss auch die Identität der Person enthalten, bei der es sich nicht um den Emittenten handelt, der gemäß Artikel 48 Absatz 1 Unterabsatz 2 den E-Geld-Token öffentlich anbietet oder seine Zulassung zum Handel beantragt, sowie den Grund, warum diese bestimmte Person diesen E-Geld-Token anbietet oder dessen Zulassung zum Handel beantragt.

(2) Alle in Absatz 1 aufgeführten Informationen müssen redlich und eindeutig und dürfen nicht irreführend sein. Das Kryptowerte-Whitepaper darf keine wesentlichen Auslassungen enthalten und ist in knapper und verständlicher Form vorzulegen.

(3) Das Kryptowerte-Whitepaper muss auf der ersten Seite die folgende eindeutige und deutlich erkennbare Erklärung enthalten:

„Dieses Kryptowerte-Whitepaper wurde von keiner zuständigen Behörde eines Mitgliedstaats der Europäischen Union genehmigt. Der Emittent des Kryptowerts trägt die alleinige Verantwortung für den Inhalt dieses Kryptowerte-Whitepapers."

(4) Das Kryptowerte-Whitepaper muss einen klaren Warnhinweis enthalten, dass
a) der E-Geld-Token nicht unter die Systeme für die Entschädigung der Anleger gemäß der Richtlinie 97/9/EG fällt,
b) der E-Geld-Token nicht unter die Einlagensicherungssysteme gemäß der Richtlinie 2014/49/EU fällt.

(5) Das Kryptowerte-Whitepaper enthält eine Erklärung des Leitungsorgans des Emittenten des E-Geld-Token. In dieser Erklärung, die nach der in Absatz 3 genannten Erklärung einzufügen ist, wird bestätigt, dass das Kryptowerte-Whitepaper die Anforderungen des vorliegenden Titels erfüllt, dass die in ihm enthaltenen Informationen nach bestem Wissen des Leitungsorgans vollständig, redlich, eindeutig und nicht irreführend sind und dass das Kryptowerte-Whitepaper keine Auslassungen aufweist, die seine Aussagekraft beeinträchtigen könnten.

(6) Das Kryptowerte-Whitepaper enthält eine Zusammenfassung, die nach der in Absatz 5 genannten Erklärung eingefügt wird und in knapper und nicht fachsprachlicher Ausdrucksweise wesentliche Informationen über das öffentliche Angebot des E-Geld-Token oder über die beabsichtigte Zulassung eines solchen E-Geld-Token zum Handel liefert. Die Zusammenfassung ist in leicht verständlicher Sprache und in eindeutiger und verständlicher Form darzustellen und zu gestalten, wobei eine leserliche Schriftgröße zu verwenden ist. Die Zusammenfassung des Kryptowerte-Whitepapers bietet geeignete Informationen über die Merkmale der betreffenden Kryptowerte, um potenziellen Inhabern der Kryptowerte beim Treffen einer fundierten Entscheidung zu helfen.

Die Zusammenfassung muss einen Warnhinweis enthalten,

a) dass sie als Einführung in das Kryptowerte-Whitepaper zu lesen ist,

b) dass potenzielle Inhaber ihre Entscheidung zum Kauf des E-Geld-Token auf der Grundlage des Inhalts des gesamten Kryptowerte-Whitepapers und nicht allein auf der Grundlage der Zusammenfassung treffen sollten,

c) dass das öffentliche Angebot des E-Geld-Token kein Angebot und keine Aufforderung zum Kauf von Finanzinstrumenten darstellt und dass ein solches Angebot oder eine solche Aufforderung nur mittels eines Prospekts oder anderer Angebotsunterlagen gemäß den nationalen Rechtsvorschriften erfolgen kann,

d) dass das Kryptowerte-Whitepaper keinen Prospekt im Sinne der Verordnung (EU) 2017/1129 und kein anderes Angebotsdokument im Sinne des Unionsrecht oder des nationalen Recht darstellt.

In der Zusammenfassung ist darauf hinzuweisen, dass der Inhaber des E-Geld-Token jederzeit ein Recht auf Rücktausch zum Nennwert hat, und es sind die Bedingungen für den Rücktausch anzugeben.

(7) Das Kryptowerte-Whitepaper muss das Datum seiner Übermittlung und ein Inhaltsverzeichnis enthalten.

(8) Das Kryptowerte-Whitepaper ist in einer Amtssprache des Herkunftsmitgliedstaats oder in einer in der internationalen Finanzwelt gebräuchlichen Sprache abzufassen.

Wird der E-Geld-Token auch in einem anderen Mitgliedstaat als dem Herkunftsmitgliedstaat angeboten, so ist das Kryptowerte-Whitepaper auch in einer Amtssprache des Aufnahmemitgliedstaats oder in einer in der internationalen Finanzwelt gebräuchlichen Sprache abzufassen.

(9) Das Kryptowerte-Whitepaper ist in einem maschinenlesbaren Format zur Verfügung zu stellen.

(10) Die ESMA arbeitet in Zusammenarbeit mit der EBA Entwürfe technischer Durchführungsstandards zur Festlegung von Standardformularen, Standardformaten und Mustertexten für die Zwecke des Absatzes 9 aus.

Die ESMA übermittelt der Kommission die in Unterabsatz 1 genannten Entwürfe technischer Durchführungsstandards spätestens am 30. Juni 2024.

Der Kommission wird die Befugnis übertragen, die in Unterabsatz 1 des vorliegenden Absatzes genannten technischen Durchführungsstandards gemäß Artikel 15 der Verordnung (EU) Nr. 1095/2010 zu erlassen.

Art. 51

(11) Die Emittenten von E-Geld-Token müssen ihr Kryptowerte-Whitepaper der für sie zuständigen Behörde spätestens 20 Arbeitstage vor der Veröffentlichung übermitteln.

Die zuständigen Behörden verlangen keine Vorabgenehmigung von Kryptowerte-Whitepapers vor ihrer Veröffentlichung.

(12) Jeder wesentliche neue Faktor, jeder wesentliche Fehler oder jede wesentliche Ungenauigkeit, der bzw. die die Bewertung des E-Geld-Token beeinträchtigen kann, ist in einem geänderten Kryptowerte-Whitepaper zu beschreiben, das die Emittenten erstellen, der zuständigen Behörde übermitteln und auf den Websites der Emittenten veröffentlichen.

(13) Bevor der E-Geld-Token in der Union öffentlich angeboten wird oder eine Zulassung des E-Geld-Token zum Handel beantragt wird, muss der Emittent des E-Geld-Token auf seiner Website ein Kryptowerte-Whitepaper veröffentlichen.

(14) Der Emittent des E-Geld-Token übermittelt der zuständigen Behörde zusammen mit der Übermittlung des Kryptowerte-Whitepapers gemäß Absatz 11 des vorliegenden Artikels die in Artikel 109 Absatz 4 genannten Informationen. Die zuständige Behörde übermittelt der ESMA innerhalb von fünf Arbeitstagen nach Eingang der Angaben des Emittenten die in Artikel 109 Absatz 4 genannten Informationen.

Die zuständige Behörde unterrichtet die ESMA ebenfalls über geänderte Kryptowerte-Whitepaper und den Entzug der Zulassung der Emittenten des E-Geld-Token.

Die ESMA stellt diese Informationen in dem Register gemäß Artikel 109 Absatz 4 ab dem Startdatum des öffentlichen Angebots oder der Zulassung zum Handel oder im Falle eines geänderten Kryptowerte-Whitepapers oder des Entzugs der Zulassung unverzüglich zur Verfügung.

(15) Die ESMA arbeitet in Zusammenarbeit mit der EBA Entwürfe technischer Regulierungsstandards für den Inhalt, die Methoden und die Darstellung der in Absatz 1 Buchstabe g genannten Informationen über die Nachhaltigkeitsindikatoren in Bezug auf nachteilige Auswirkungen auf das Klima und andere umweltbezogene nachteilige Auswirkungen aus.

Bei der Ausarbeitung der in Unterabsatz 1 genannten Entwürfe technischer Regulierungsstandards berücksichtigt die ESMA die verschiedenen Arten von Konsensmechanismen, die bei der Validierung von Transaktionen mit Kryptowerten zum Einsatz kommen, deren Anreizstrukturen und die Nutzung von Energie, Energie aus erneuerbaren Quellen und natürlichen Ressourcen, die Erzeugung von Abfällen und Treibhausgasemissionen. Die ESMA aktualisiert die technischen Regulierungsstandards unter Berücksichtigung rechtlicher und technischer Entwicklungen.a

Die ESMA übermittelt der Kommission die in Unterabsatz 1 genannten Entwürfe technischer Regulierungsstandards spätestens am 30. Juni 2024.

Der Kommission wird die Befugnis übertragen, diese Verordnung durch Erlass der in Unterabsatz 1 des vorliegenden Absatzes genannten technischen Regulierungsstandards gemäß den Artikeln 10 bis 14 der Verordnung (EU) Nr. 1095/2010 zu ergänzen.

Übersicht

	Rn.
I. Grundlagen	1
1. Regelungsgenstand und -zweck	1
2. Anwendungsbereiche	5
a) Sachlicher Anwendungsbereich	6
b) Persönlicher Anwendungsbereich	8
c) Räumlicher Anwendungsbereich	9
3. Parallelregelungen für Kryptowerte-Whitepaper gemäß Art. 6 und Art. 19	10
4. Prinzipien/Grundsätze	12
II. Inhalt des Kryptowerte-Whitepapers (Abs. 1)	13
1. Informationen über den Emittenten	13
2. Informationen über den E-Geld-Token	15
3. Informationen über das öffentliche Angebot des E-Geld-Token oder dessen Zulassung zum Handel	16
4. Informationen über die mit dem E-Geld-Token verbundenen Rechte und Pflichten	17
5. Informationen über die zugrunde liegende Technologie	19
6. Informationen über die Risiken	20
7. Klima und andere umweltbezogene Informationen	28
8. Information über andere Personen	32
III. Inhaltliche Prinzipien (Abs. 2)	33
IV. Hinweis auf Verantwortlichkeit (Abs. 3)	40
V. Warnhinweis auf fehlenden Anlagerschutz und fehlende Einlagensicherung (Abs. 4)	41
VI. Erklärung des Leitungsorgans (Abs. 5)	50
VII. Zusammenfassung (Abs. 6)	52
VIII. Datum der Übermittlung und Inhaltsverzeichnis	58
IX. Formelle Anforderungen	59
1. Sprache (Abs. 8)	59
2. Maschinenlesbare Form (Abs. 9)	61
3. Entwürfe technischer Durchführungsstandards zur Festlegung von Standardformularen, Standardformaten und Mustertexten (Abs. 10)	65
4. Übermittlung der Kryptowerte-Whitepaper an die Aufsicht (Abs. 11)	67
5. Anpassung des Kryptowerte-Whitepapers (Abs. 12)	68
6. Veröffentlichung des Kryptowerte-Whitepapers (Abs. 13)	70
7. Übermittlung von Registerdaten (Abs. 14)	71
X. Technische Regulierungsstandards der ESMA (Abs. 15)	74
XI. Rechtsfolgen	79
1. Aufsichtliche Befugnisse hinsichtlich dem Kryptowerte-Whitepaper	79
2. Zivilrecht	81

Lösing

Art. 51

I. Grundlagen

1. Regelungsgenstand und -zweck

1 Die Offenlegung der Inhalte eines **Kryptowerte-Whitepapers** ist ein zentrales Element der mit der MiCAR verbundenen Regulierung von Kryptowerten. Die MiCAR **orientiert** sich dabei an den bewährten Regelungen von **Art. 3 Abs. 1 u. 3 der Prospekt-VO** und unterscheidet zwischen der Veröffentlichung eines Whitepapers im Rahmen eines öffentlichen Angebots von Kryptowerten und der Beantragung der Zulassung von Kryptowerten zum Handel auf Kryptowährungsplattformen. In beiden Fällen besteht eine Verpflichtung zur Offenlegung des Whitepapers. Ohne ein solches Kryptowerte-Whitepaper können E-Geld-Token also weder öffentlich angeboten noch eine Zulassung zum Handel beantragt werden. Die Publizitätspflicht richtet sich an die Emittenten der E-Geld-Token.

2 Um Kryptowerte öffentlich innerhalb der Union anbieten zu können, müssen die Emittenten/Anbieter und Personen, die eine Zulassung zum Handel von Kryptowerten anstreben, das Kryptowerte-Whitepaper nicht nur **erstellen,** sondern es auch bei der zuständigen Aufsichtsbehörde **notifizieren** lassen und **veröffentlichen.** Es ist nicht erforderlich, dass die zuständigen Aufsichtsbehörden das Kryptowerte-Whitepaper vorab genehmigen.

3 Art. 51 stellt insbesondere **detaillierte inhaltliche,** aber auch **prozessuale Anforderungen** an das E-Geld-Token-Whitepaper und dessen Veröffentlichung auf. Ein Emittent von E-Geld-Token sollte in seinem Kryptowerte-Whitepaper alle Informationen bereitstellen, die für potenzielle Käufer notwendig sind, um eine fundierte Entscheidung zu treffen und die damit verbundenen Risiken zu verstehen. Hierzu zählen Informationen über den Emittenten, das Angebot von E-Geld-Token sowie deren Zulassung zum Handel. Das Whitepaper sollte außerdem klarstellen, dass Inhaber der E-Geld-Token jederzeit das Recht haben, ihre Token zum Nennwert gegen eine amtliche Währung zurückzutauschen.[1]

4 Generell ist es der **Zweck** der in Art. 51 verankerten Whitepaper-Publizitätspflicht die **Allokationseffizienz** des Marktes zu steigern, indem die Such- und Informationskosten der Kapitalanbieter sowie die Kapitalkosten der Kapitalnachfrager gesenkt werden (vgl. auch → Art. 6 Rn. 3). Darüber hinaus soll mit der Publizitätspflicht zwar grundsätzlich für Kryptowerte verhindert werden, dass aufgrund von Informationsasymmetrien eine adverse Selektion stattfindet mit der Folge, dass Anbieter qualitativ hochwertiger Produkte vom Markt verschwinden und nur noch vergleichsweise schlechte Produkte angeboten werden (sog. *lemon markets*).[2] Für E-Geld-Token wäre allerdings näher zu konkretisieren, warum die Grundannahme der adversen Selektion einer Produktdifferenzierung zwischen guten und schlechten Produkten auch auf E-Geld-Token Anwendung findet. Das ist **jedenfalls im Hinblick auf die sehr hohe Standardisierung der E-Geld-Token** und die engmaschig vorgegebenen, klaren Produktvorgaben **zweifelhaft.** Mithilfe des durch Art. 51 festgelegten Informationsniveaus soll den (Klein-)Anlegern eine fundierte bzw. informierte Anlageentscheidung ermöglicht werden (→ Art. 6 Rn. 3 und → Art. 19 Rn. 24 ff.). Insofern ist allerdings fraglich, ob im Hinblick auf prinzipiell sehr standardisierte Produkte ein derart aufwändiges Dokument erstellt wer-

---

[1] ErwGr. 69.
[2] Grundlegend Akerlof, 84 Quart. Journ. Econ (1970), 488.

Inhalt und Form des Kryptowerte-Whitepapers für E-Geld-Token **Art. 51**

den muss. Aus Sicht der Emittenten (und Verbraucher) wäre zu hoffen, dass der EU-Verordnungsgeber perspektivisch deutliche Erleichterungen vornimmt.

2. Anwendungsbereiche

Der sachliche, persönliche und räumliche Anwendungsbereich des Art. 51 können wie folgt beschrieben werden: 5

a) Sachlicher Anwendungsbereich. Der sachliche Anwendungsbereich von Art. 51 ist aus Art. 48 abzuleiten. Danach ist ein Prospekt erforderlich im Zusammenhang **mit öffentlichen Angeboten** und **Anträgen auf Handelszulassung** von E-Geld-Token. Für vermögenswertereferenzierte Token gilt Art. 19, während für andere Kryptowerte als vermögenswertereferenzierte Token und E-Geld-Token Art. 6 die relevanten Vorgaben macht. 6

Ausnahmen von der Publizitätspflicht, wie sie sich für andere Kryptowerte als vermögenswertereferenzierte Token oder E-Geld-Token aus Art. 4 Abs. 2 ergeben, sind für E-Geld-Token **nicht vorgesehen**. Die Kryptowerte-Whitepaper-Publizitätspflicht gilt im Hinblick auf E-Geld-Token also auch dann, wenn sich das Angebot an weniger als 150 natürliche oder juristische Personen je Mitgliedstaat richtet, das öffentliches Angebot der E-Geld-Token über einen Zeitraum von zwölf Monaten ab dem Beginn des Angebots 1.000.000 EUR oder den Gegenwert in einer anderen amtlichen Währung oder in Kryptowerten unterschreitet oder das Angebot der E-Geld-Token sich ausschließlich an qualifizierte Anleger richtet und diese nur von diesen qualifizierten Anlegern gehalten werden können. Die unterschiedliche Regelungsmechanik wird vom EU-Verordnungsgeber nicht begründet. 7

b) Persönlicher Anwendungsbereich. Art. 51 weist dem Emittenten keine explizite Verpflichtung zur Erstellung des Kryptowerte-Whitepapers zu. Allerdings ergibt sich aus Art. 48 und Abs. 3 S. 3, dass der **Emittent für die Erstellung** verantwortlich ist. Ohne ein solches Kryptowerte-Whitepaper kann auch keine Zulassung der E-Geld-Token zum Handel beantragt werden. Ohne ein Kryptowerte-Whitepaper ist ein öffentliches Angebot oder eine Zulassung zum Handel verordnungswidrig. Darüber hinaus richten sich die Vorgaben des Art. 51 indirekt über die zivilrechtlichen Haftungsregelungen (dazu → Rn. 81) an die **Mitglieder des Verwaltungs-, Leitungs- oder Aufsichtsorgans** (Art. 3 Abs. 1 Nr. 27)[3] des Emittenten. 8

c) Räumlicher Anwendungsbereich. Grundsätzlich gilt die MiCAR innerhalb der **Mitgliedsstaaten der Europäischen Union** und nach entsprechender Ratifizierung auch in den **weiteren Staaten des EWR**.[4] Nach Art. 2 Abs. 1 gilt die MiCAR für natürliche und juristische Personen und bestimmte andere Unternehmen, die in der Union mit der Ausgabe, dem öffentlichen Angebot und der Zulassung zum Handel von Kryptowerten befasst sind oder die Dienstleistungen im Zusammenhang mit Kryptowerten erbringen. Beziehen sich E-Geld-Token auf eine amtliche Währung eines Mitgliedstaats, wird von einem öffentlichen Angebot dieser Token in der Union ausgegangen (Art. 48 Abs. 2 S. 2). 9

---

[3] Dort wird zwar nur der Begriff des Leitungsorgans definiert. Aber auch das Verwaltungs- oder Aufsichtsorgan sind als solche Leitungsorgan einzustufen.
[4] Zum Ratifizierungsprozess, vgl. näher → Art. 48 Rn. 26f.

Lösing

3. Parallelregelungen für Kryptowerte-Whitepaper gemäß Art. 6 und Art. 19

10 Weitgehend ähnliche Regelungen finden sich für **andere Kryptowerte** als vermögenswertereferenzierte Token oder E-Geld-Token in Art. 6 und für **vermögenswertreferenzierte Kryptowerte** in Art. 19. Ein Vergleich dieser Vorschriften zeigt einzelne sprachliche Abweichungen auf, die keinen inhaltlichen Hintergrund haben. Bspw. wird der Begriff „Kryptowert" durch „E-Geld-Token" ersetzt, teilweise aber auch nicht. Ein inhaltlicher Grund für diese unterschiedliche Vorgehensweise ist dabei nicht ersichtlich. Hierbei handelt es sich vermutlich um mangelnde Sorgfalt bei der Übersetzung aus der englischen Fassung der MiCAR (wobei auch die englische Fassung einige Abweichungen zwischen Art. 6 und Art. 51 enthält).

11 Inhaltlich anders als in Art. 6 sind in Art. 51 sind vor allem die Absätze 11–14, bei denen es um die **Übermittlung des Kryptowerte-Whitepapers** geht. Weitere Änderungen ergeben sich zunächst daraus, dass bei den E-Geld-Token **grundsätzlich ein lizensierter Emittent** verfügbar und damit für die europäischen Aufsichtsbehörden greifbar ist. Ein weiterer Unterschied betrifft den Umstand, dass die **E-Geld-Token jederzeit zum Nennwert** zurückgetauscht werden können, so dass sich Warnhinweise auf die fehlende Wertstabilität beim E-Geld-Token erübrigen.

4. Prinzipien/Grundsätze

12 U. a. aus den in Abs. 2 positiv-rechtlich formulierten Anforderungen lassen sich **vier allgemeine Prinzipien** an ein Kryptowerte-Whitepaper formulieren, die konsistent, dh unabhängig von der jeweiligen Form des Kryptowerte-Whitepapers für alle der unter der MiCAR geregelten Whitepaper gelten. Dabei handelt es sich um die Grundsätze der **Richtigkeit** (bzw. Wahrheit), **Vollständigkeit, Klarheit** und **Aktualität des Kryptowerte-Whitepapers.** Insofern kann auf die entsprechenden Ausführungen zu den allgemeinen Grundsätzen bei Art. 6 verwiesen werden (→ Art. 6 Rn. 6 ff.).

II. Inhalt des Kryptowerte-Whitepapers (Abs. 1)

1. Informationen über den Emittenten

13 Ausweislich des Anhangs III sind folgende **Informationen über den Emittenten** anzugeben:
- sein Name,
- die Rechtsform,
- die eingetragene Anschrift und ein ggf. abweichender Sitz,
- der Tag der Registrierung (Eintragung);
- die Unternehmenskennung oder eine andere nach dem geltenden nationalen Recht erforderliche Kennung,
- eine Telefonnummer zur Kontaktaufnahme und eine E-Mail-Adresse des Emittenten sowie die Anzahl der Tage, innerhalb deren ein Anleger, der den Emittenten über diese Telefonnummer oder E-Mail-Adresse kontaktiert, eine Antwort erhält,
- gegebenenfalls Identität des Mutterunternehmens,

- Name, Geschäftsanschrift und Funktion der Mitglieder des Leitungsorgans des Emittenten,
- geschäftliche oder gewerbliche Tätigkeit des Emittenten und gegebenenfalls des Mutterunternehmens,
- potenzielle Interessenkonflikte,
- falls der Emittent des E-Geld-Token auch andere Kryptowerte ausgibt oder auch Tätigkeiten im Zusammenhang mit Kryptowerten ausübt, sollte dies eindeutig angegeben werden; der Emittent sollte auch angeben, ob zwischen dem Emittenten und dem Unternehmen, das die Distributed-Ledger-Technologie betreibt, die für die Ausgabe des Kryptowerts verwendet wird, eine Verbindung besteht, auch wenn die Protokolle von einer Person verwaltet oder kontrolliert werden, die eng mit den an dem Projekt beteiligten Akteuren verbunden ist,
- die Finanzlage des Emittenten in den vergangenen drei Jahren oder, falls der Emittent noch keine drei Jahre niedergelassen ist, seine Finanzlage seit dem Zeitpunkt seiner Registrierung;
- außer bei Emittenten von E-Geld-Token, die nach Art. 48 Abs. 4 und 5 von der Zulassungspflicht befreit sind: genaue Angaben zur Zulassung als Emittent des E-Geld-Token und Name der zuständigen Behörde, die die Zulassung erteilt hat.

Die **Finanzlage** wird auf der Grundlage eines redlichen Berichts über den Geschäftsverlauf und das Geschäftsergebnis des Emittenten und seine Lage für jedes Jahr und jeden Übergangszeitraum, für den historische Finanzinformationen benötigt werden, einschließlich der Gründe für wesentliche Änderungen, bewertet. Der entsprechende Bericht besteht aus einer **ausgewogenen und umfassenden Analyse des Geschäftsverlaufs,** des **Geschäftsergebnisses** und der **Lage des Emittenten,** die dem Umfang und der Komplexität der Geschäftstätigkeit angemessen sein soll. 14

2. Informationen über den E-Geld-Token

Die **Informationen über den E-Geld-Token** müssen nach Anhang III folgende Angaben umfassen: 15
- Name und Kürzel des E-Geld-Tokens,
- eine Beschreibung der Merkmale des E-Geld-Tokens[5], einschließlich der Daten, die für die Einstufung des Kryptowerte-Whitepapers im Register gemäß Art. 109 nach Maßgabe von dessen Abs. 8 notwendig sind,
- genaue Angaben zu allen natürlichen oder juristischen Personen (einschließlich Geschäftsanschrift und/oder Sitz des Unternehmens), die an der Gestaltung und Entwicklung beteiligt sind, wie Berater, Entwickler und Anbieter von Kryptowerte-Dienstleistungen.

3. Informationen über das öffentliche Angebot des E-Geld-Token oder dessen Zulassung zum Handel

Das Kryptowerte-Whitepaper muss nach Anhang III folgende Informationen über das öffentliche Angebot des E-Geld-Token oder dessen Zulassung zum Handel enthalten: 16

---

[5] Nach der deutschen Fassung sind hier nicht E-Geld-Token, sondern vermögenswertreferenzierte Token zu beschreiben. Dabei handelt es sich aber um einen Fehler.

Lösing

Art. 51

- Angabe, ob das Kryptowerte-Whitepaper ein öffentliches Angebot des E-Geld-Token oder dessen Zulassung zum Handel betrifft,
- gegebenenfalls Gesamtzahl der Anteile des E-Geld-Token, die öffentlich angeboten oder zum Handel zugelassen werden sollen,
- gegebenenfalls Name der Handelsplattformen für Kryptowerte, auf denen die Zulassung des E-Geld-Token zum Handel beantragt wird,
- für das öffentliche Angebot des E-Geld-Token geltendes Recht, sowie das zuständige Gericht.

4. Informationen über die mit dem E-Geld-Token verbundenen Rechte und Pflichten

17 Als Informationen über die **mit dem E-Geld-Token verbundenen Rechte und Pflichten** sind nach Anhang III folgende Angaben zu machen:
- eine genaue Beschreibung der Rechte und (etwaigen) Pflichten des Inhabers des E-Geld-Tokens, einschließlich des Rechts auf Rücktausch zum Nennwert sowie des Verfahrens und der Bedingungen für die Ausübung dieser Rechte,
- Beschreibung der Bedingungen, unter denen die Rechte und Pflichten geändert werden können,
- Beschreibung der Rechte der Inhaber, wenn der Emittent nicht in der Lage ist, seine Pflichten zu erfüllen, auch bei Insolvenz,
- Beschreibung der Rechte im Zusammenhang mit der Durchführung des Sanierungsplans,
- Beschreibung der Rechte im Zusammenhang mit der Durchführung des Rücktauschplans,
- Kontaktangaben für die Einreichung von Beschwerden und Beschreibung der Beschwerdeverfahren und etwaiger Streitbeilegungsmechanismen oder Rechtsbehelfsverfahren, die der Emittent des E-Geld-Tokens eingerichtet hat,
- gegebenenfalls eine Beschreibung der Sicherungssysteme zum Schutz des Werts des Kryptowerts und der Entschädigungssysteme,
- für den E-Geld-Token geltendes Recht, sowie
- das zuständige Gericht.

18 Im Zusammenhang mit den Rechten des Inhabers, wenn der Emittent nicht in der Lage ist, seine Pflichten zu erfüllen, bspw. bei Insolvenz, sollte auch dargestellt werden, wie und in welcher Höhe **Deckungswerte für die Ansprüche der Inhaber der E-Geld-Token** zur Verfügung stehen[6] und wie es um die **Insolvenzfestigkeit** der Ansprüche bestellt ist und wie in diesem Fall Ansprüche geltend gemacht werden können. Typischerweise brauchen die Emittenten ohnehin **juristische Gutachten** zur Insolvenzfestigkeit der E-Geld-Token, deren Ergebnisse dann in diesem Zusammenhang zusammengefasst und ausgewogen unter Darstellung ggf. bestehender Unsicherheiten im Kryptowerte-Whitepaper dargestellt werden sollten.

---

[6] Die dominierenden Stablecoins, die ca. 90% des Stablecoin-Markts ausmachen, sind durch Vermögenswerte besichert (Adachi u. a. (EZB), Stablecoins, Wittek/Kutsarov RdZ 2022, 156 (158)).

5. Informationen über die zugrunde liegende Technologie

Das Kryptowerte-Whitepaper soll **Informationen über die zugrundelie-** 19
gende Technologie aufführen. Dies umfasst nach Anhang III:
- Informationen über die eingesetzte Technologie, einschließlich Distributed-Ledger-Technologie, sowie Protokolle und verwendete technische Standards, die Halten, Speichern und Übertragung von E-Geld-Token ermöglichen,
- Informationen über die technischen Anforderungen, die der Käufer erfüllen muss, um die Kontrolle über den E-Geld-Token zu erlangen,
- den Konsensmechanismus, sofern anwendbar,
- die Anreizmechanismen zur Absicherung von Transaktionen und gegebenenfalls geltende Gebühren,
- eine ausführliche Beschreibung der Funktionsweise dieser Distributed-Ledger-Technologie (wenn der E-Geld-Token unter Verwendung eines Distributed-Ledgers ausgegeben, übertragen und gespeichert wird, der vom Emittenten, vom Anbieter oder von einem in ihrem Namen handelnden Dritten betrieben wird), und
- Angaben zum Ergebnis der Prüfung der eingesetzten Technologie (falls eine derartige Prüfung durchgeführt wurde).

6. Informationen über die Risiken

Die Darstellung der Risiken soll den Anlegern helfen, die **potenziellen negati-** 20
ven Auswirkungen einer Investition in die Kryptowerte **zu verstehen und zu**
bewerten. Daher sollte das Kryptowerte-Whitepaper keine Risiken beschreiben, die unvorhersehbar sind und höchstwahrscheinlich nicht eintreten werden[7]. Die Beschreibung der Risiken umfasst (zumindest) drei Punkte: Sie soll die Risiken beschreiben, die vom Emittenten ausgehen, diejenigen, die mit dem E-Geld-Token verbunden sind sowie diejenigen, die mit der eingesetzten Technologie verbunden sind. Die Maßnahmen zur Risikominderung sind ebenfalls darzustellen. Dies geschieht idealerweise im Zusammenhang mit der jeweils einschlägigen Risikoart, also im Zusammenhang mit dem Risiko, dass die entsprechende Maßnahme reduziert.

Zunächst sollten die Risiken dargestellt werden, die für den **Emittenten** spe- 21
zifisch und im Hinblick auf eine fundierte Anlageentscheidung von wesentlicher Bedeutung sind. Das bedeutet, dass die Risiken, die sich aus der Geschäftstätigkeit, der Finanzlage, der Rechtsform, der Organisationsstruktur, der Branche oder dem Markt des Emittenten ergeben in einem gesonderten Abschnitt des Prospekts beschrieben werden müssen. Die Risiken sollten in Kategorien eingeteilt und in absteigender Reihenfolge ihrer Bedeutung präsentiert werden. Außerdem sollte das Kryptowerte-Whitepaper eine Zusammenfassung enthalten, die die wichtigsten Risikofaktoren in kurzer und verständlicher Form wiedergibt.

Die Risiken, die in einem Kryptowerte-Whitepaper in Bezug auf **E-Geld-To-** 22
ken dargestellt werden müssen, sind unter anderem:

---

[7] Vgl. ErwGr. 24, der zwar für nur für andere Kryptowerte als vermögenswertereferenzierte Token oder E-Geld-Token (bei der tatsächlich verwendeten Formulierung „für Kryptowerte in der Union, mit Ausnahme von vermögenswertereferenzierten Token oder E-Geld-Token" handelt es sich um einen Übersetzungsfehler) gelten soll; es ist aber nicht einzusehen, warum diese Aussagen nicht auch allgemein für alle Kryptowerte-Whitepaper valide sein sollen.

Art. 51 Titel IV E-Geld-Token

- Das Risiko, dass der Emittent oder der Kryptowerte-Dienstleister, der die Verwahrung oder den Umtausch der E-Geld-Token anbietet, **insolvent** wird oder seine **Tätigkeit einstellt.** In diesem Fall kann es sein, dass die Anleger oder Nutzer ihre E-Geld-Token nicht mehr zurücktauschen oder verwenden können. E-Geld-Token unterliegen nicht dem Schutz der Einlagensicherung oder der Anlegerentschädigung.
- Das Risiko, dass die E-Geld-Token **gestohlen, verloren oder beschädigt** werden, zB durch Hackerangriffe, Betrug, technische Fehler oder menschliches Versagen. Die Sicherheit der E-Geld-Token hängt von der Zuverlässigkeit der verwendeten Blockchain-Technologie, der Qualität der verwendeten Software und Hardware, der Kompetenz und Integrität der beteiligten Parteien und der Sorgfalt der Anleger oder Nutzer ab. Die Wiederherstellung oder der Ersatz von E-Geld-Token kann schwierig oder unmöglich sein.
- Das Risiko, dass die E-Geld-Token **nicht oder nur eingeschränkt als Zahlungsmittel akzeptiert** werden, zB weil sie nicht rechtlich anerkannt sind, weil sie regulatorischen Beschränkungen unterliegen oder weil sie von den Empfängern abgelehnt werden. Die Verwendung von E-Geld-Token kann auch steuerliche oder rechtliche Konsequenzen haben, die von den Anlegern oder Nutzern zu beachten sind.
- Qua Definition des E-Geld-Tokens ist dieser notwendigerweise an eine gesetzliche Währung gebunden. Insofern ist ein Wechselkursrisiko dieses E-Geld-Tokens nicht größer als das Risiko der entsprechenden amtlichen Währung. Jede frei handelbare Währung unterliegt gegenüber anderen amtlichen Währungen **Wechselkursrisiken.** Für einen Anleger im Euroraum, der sein Einkommen in Euro erzielt und alle Ausgaben in Euro tätigt, ist die Anlage in einen auf den Euro bezogenen E-Geld-Token allerdings **nicht relevant.**

23   Die **eingesetzte Technologie** ist ein wichtiger Aspekt, der in einem Kryptowerte-Whitepaper gemäß MiCAR in Bezug auf E-Geld-Token dargestellt werden muss. Die Technologie bestimmt, wie die **E-Geld-Token erzeugt, übertragen, gespeichert und verwaltet** werden. Sie beeinflusst auch die Sicherheit, die Effizienz, die Skalierbarkeit und die Nachhaltigkeit der E-Geld-Token.

Die zu beschreibenden Risiken der eingesetzten Technologie umfassen u. a. die Art und die Funktionsweise der zugrunde liegenden Distributed-Ledger-Technologie (DLT), zB ob es sich um eine **öffentliche** oder **private,** eine **zulassungslose oder zulassungsbasierte, eine zentralisierte oder dezentralisierte Blockchain** handelt.

24   Die Emittenten müssen auch erklären, wie die Transaktionen validiert, verifiziert und aufgezeichnet werden, zB durch einen Proof-of-Work, einen Proof-of-Stake oder einen anderen **Konsensmechanismus.**

25   Die **technischen Anforderungen** und die **Kompatibilität** der E-Geld-Token mit anderen Systemen, Plattformen oder Protokollen sind ebenfalls darzustellen. Dazu zählt zB ob die E-Geld-Token auf einem bestehenden oder einem neuen DLT-Netzwerk basieren, ob sie interoperabel mit anderen Kryptowerten oder traditionellen Zahlungssystemen sind und ob sie einen eigenen oder einen fremden Wallet-Service benötigen.

26   Die technischen Risiken, die mit der eingesetzten Technologie verbunden sind wie bspw. das Risiko von Hackerangriffen, technischen Fehlern, Softwarefehlern, Netzwerkausfällen, Datenverlusten, Cyberangriffen, etc, und die **Maßnahmen zur Minderung dieser Risiken** sind ebenfalls im Kryptowerte-Whitepaper dazustellen. Zu diesen Risikoreduzierungsmaßnahmen zählen bspw. die von den

Emittenten eingesetzten Verfahren, wie sie die Sicherheit, die Zuverlässigkeit, die Verfügbarkeit und die Wartung der eingesetzten Technologie gewährleisten, zB durch Verschlüsselung, Authentifizierung, Backup und Updates.

Ein enger Zusammenhang zwischen der eingesetzten Technologie besteht auch mit den **Umweltauswirkungen,** die jedoch gesondert darzustellen sind. 27

7. Klima und andere umweltbezogene Informationen

Das Kryptowerte-Whitepaper muss darüber hinaus Informationen über die wichtigsten nachteiligen Auswirkungen des für die Ausgabe des E-Geld-Token verwendeten Konsensmechanismus auf das Klima und andere **umweltbezogene nachteilige Auswirkungen** des E-Geld-Token darstellen. 28

Die Umweltauswirkungen und die **Maßnahmen zur Verringerung dieser Auswirkungen,** die mit der eingesetzten Technologie verbunden sind, zB der Energieverbrauch, der CO_2-Fußabdruck, der Ressourcenverbrauch, die Abfallerzeugung sind hier darzustellen. Die Emittenten sollten auch angeben, wie sie die Nachhaltigkeit, die Effizienz und die Skalierbarkeit der eingesetzten Technologie verbessern, zB durch den Einsatz erneuerbarer Energien, die Reduzierung des Energiebedarfs oder die Optimierung der Algorithmen. 29

Die ESMA hat unter Einbeziehung der EBA einen Entwurf mit **technischen Regulierungsstandards** für den Inhalt, die Methoden und die Darstellung der darzustellenden Nachhaltigkeitsindikatoren in Bezug auf nachteilige Auswirkungen auf das Klima und andere umweltbezogene nachteilige Auswirkungen ausgearbeitet (→ Rn. 74 ff.) und am 4.7.2024 veröffentlicht. Nach dessen Fertigstellung wird dieser an die Kommission übermittelt. Die Kommission kann die MiCAR durch Erlass dieser Regulierungsstandards ergänzen. 30

Bei der Entwicklung der Regulierungsstandards hat die ESMA die verschiedenen Arten von **Konsensmechanismen** berücksichtigt, die bei der Validierung von Transaktionen mit Kryptowerten zum Einsatz kommen, deren Anreizstrukturen und die Nutzung von Energie, Energie aus erneuerbaren Quellen und natürlichen Ressourcen, die Erzeugung von Abfällen und Treibhausgasemissionen. Die ESMA hat die technischen Regulierungsstandards unter Berücksichtigung rechtlicher und technischer Entwicklungen aktualisiert. Die ESMA hat hierzu einen entsprechenden **Abschlussbericht** (2nd package) veröffentlicht.[8] Dieser veranschaulicht die Prinzipien in Bezug auf die Klima- und umweltbezogenen Angaben. Dazu wird es nur ein Packet an diesbezüglichen RTS für alle drei Formen von Kryptowerten geben, da sie identisch sind.[9] Statt Ausnahmen für bestimmte Emittenten von Kryptowerten und Anbieter von Kryptowerte-Dienstleistungen schlägt die ESMA die Berücksichtigung von Verhältnismäßigkeitselementen vor.[10] Der Fokus bleibt auf den Konsensmechanismen und nicht nur auf Proof of Work und Proof of Stake-Mechanismen, sondern umfasst alle gegenwärtigen und zukünftigen 31

---

[8] ESMA Final Report, Draft Technical Standards specifying certain requirements of the Markets in Crypto Assets Regulation (MiCA) – second package paper, 3 July 2024, ESMA75-453128700-1229, abrufbar unter https://www.esma.europa.eu/sites/default/files/2024-0 7/ESMA75-453128700-1229_Final_Report_MiCA_CP2.pdf (zuletzt aufgerufen am 30.7.2024) **("ESMA, MiCAR-Abschlussbericht").**
[9] ESMA, MiCAR-Abschlussbericht, Rn. 10 f.
[10] ESMA, MiCAR-Abschlussbericht, Rn. 11 und 23.

Art. 51

Konsensmechanismen.[11] Soweit Kryptowerte in mehrstufigen Strukturen verschiedene Konsensmechanismen verwenden, sollen nach dem Feedback der Teilnehmer nicht mehr alle Konsensmechanismen im Hinblick auf ihre Nachhaltigkeit bewertet werden, sondern nur noch das DLT System der ersten Ebene *(„layer 1")*.[12] Auch wenn die ESMA die Herausforderungen bzgl. der Datenverfügbarkeit von Nachhaltigkeitskriterien in Bezug auf die weltweite und dezentralisierte Natur der Aktivitäten im Zusammenhang mit Kryptowerten, insbesondere bei öffentlichen und erlaubnisfreien Konsensmechanismen anerkennt,[13] so wird doch der Fokus eher auf quantitative Kriterien gelegt werden.[14] Die ESMA ist der Ansicht, dass die Auswirkungen der Konsensmechanismen auf die Nachhaltigkeit in drei Hauptmerkmalen der DLT-Netzwerkknoten verankert werden können: 1) dem **Energieverbrauch,** 2) ihrem **geographischen Standort** und 3) in den **Geräten,** die jeder DLT-Netzwerkknoten verwendet, um am DLT-Netz teilzunehmen (zB anwendungsspezifische integrierte Schaltkreise (ASICs)), und um ein Replikat der Aufzeichnungen aller Transaktionen in dem Distributed Ledger zu halten (zB Server und Geräte, die zur Aufrechterhaltung ihrer Integrität verwendet werden).[15] Die ESMA erwartet, dass die Ersteller des Kryptowerte-Whitepapers diese Hauptmerkmale ermitteln und sie mit einschlägigen Datensätzen (zB zum Energiemix des Länder und zu Lebenszyklusanalysen für Hardware-Ausrüstung) kombinieren, um vergleichbare und zuverlässige Bewertungen der Auswirkungen von Konsensmechanismen zu erhalten.[16] Der Entwurf der RTS ist unter Ziffer 9.8 des 2. MiCAR-Abschlussberichts veröffentlicht. Der dazugehörige Anhang erfordert in der Tabelle 1 *(Obligatorische Informationen über die wichtigsten nachteiligen Auswirkungen des Konsensmechanismus auf das Klima und andere umweltbezogene nachteilige Auswirkungen)* und der Tabelle 2 *(Zusätzliche Klima- und andere umweltbezogene Indikatoren)* eine ganze Reihe von Angaben zum Energieverbrauch, zu Treibhausgasemissionen, zur Abfallproduktion und zu natürlichen Ressourcen. Die Beschaffung dieser Angaben dürfte im Regelfall einen hohen Aufwand erfordern.[17]

8. Information über andere Personen

32 Das Kryptowerte-Whitepaper muss die **Identität der Person** enthalten, bei der es sich nicht um den Emittenten handelt, der gemäß Art. 48 Abs. 1 UAbs. 2 den E-Geld-Token **öffentlich anbietet oder seine Zulassung zum Handel beantragt,** sowie den **Grund,** warum diese bestimmte Person diesen E-Geld-Token anbietet oder dessen Zulassung zum Handel beantragt.

---

[11] ESMA, MiCAR-Abschlussbericht, Rn. 12.
[12] ESMA, MiCAR-Abschlussbericht, Rn. 6; zunächst anders im ESMA, 2. MiCAR-Konsultationspapier, Rn. 13.
[13] ESMA, MiCAR-Abschlussbericht, Rn. 10ff. und 31f. wonach für einige wenige Informationen auch Schätzungen zulässig sind.
[14] ESMA, MiCAR-Abschlussbericht, Rn. 38.
[15] ESMA, MiCAR-Abschlussbericht, Rn. 4.
[16] ESMA, MiCAR-Abschlussbericht, Rn. 5.
[17] ESMA, MiCAR-Abschlussbericht, Rn. 10.

III. Inhaltliche Prinzipien (Abs. 2)

Alle in Abs. 1 aufgeführten Informationen müssen **redlich und eindeutig** und 33
dürfen **nicht irreführend** sein. Das Kryptowerte-Whitepaper darf keine wesentlichen Auslassungen enthalten und ist in knapper und verständlicher Form vorzulegen. Die Begriffe „redlich", „eindeutig" und „nicht irreführend" sind in der MiCAR nicht definiert, werden aber auch in anderen deutschen oder auch europäischen Rechtsquellen verwendet. So wird bspw. der Begriff der Redlichkeit in Art. 24 Abs. 1 MiFID II verwendet, wonach Wertpapierfirmen bei der Erbringung von Wertpapierdienstleistungen für ihre Kunden ehrlich, redlich und professionell im bestmöglichen Interesse ihrer Kunden handeln müssen. Es handelt sich dabei um ein allg. Prinzip mit dem Ziel des Anlegerschutzes für jede Art von Kunden.[18] Sehr gut vergleichbar ist die Regelung auch mit Art. 79 Abs. 1 S. 2 der OGAW-Richtlinie, wonach die vorvertraglichen Informationen redlich, eindeutig und nicht irreführend sein müssen. Auch verlangt § 165 Abs. 1 S. 2 KAGB, dass der dort referenzierte Verkaufsprospekt redlich und eindeutig sein muss und nicht irreführend sein darf.

Unter **Redlichkeit** versteht man im allgemeinen Sprachgebrauch seit jeher An- 34
ständigkeit, Ehrlichkeit, Rechtschaffenheit, als Voraussetzung für öffentliches Wirken (Bekleidung eines Amtes, Zeugenaussage); metonymisch auch Tugend (Mitte 14. Jh.), guter Leumund und den (guten) Ruf.[19] In neueren kapitalmarktorientierten Veröffentlichungen wird im Zusammenhang mit Verkaufsprospekten und Werbung darauf verwiesen, dass redlich **„ehrlich"** meine.[20] Werbung oder Verkaufsprospekte dürften **keine falsche Angaben** enthalten; auch müssten Prognosen oder Meinungen vertretbar dargestellt sein. Einschätzungen, die einer Anlageentscheidung abträglich sein könnten, dürfen nicht unterschlagen werden.[21] Diese Erläuterungen lassen sich gut als entsprechende Anforderung an Kryptowerte-Whitepaper übertragen.

Eindeutigkeit ist gegeben, sofern die Angaben klar und nicht auslegungs- 36
bedürftig sind.[22]

Das Erfordernis, dass die Angaben **„nicht irreführend"** sein dürfen, ist als Teil 37
der Redlichkeit der Angaben zu verstehen.[23]

Fraglich ist allerdings, ob aus diesen Geboten der Redlichkeit überhaupt unmit- 38
telbar verpflichtende Inhalte ableitbar sind oder ob sie nur das Motiv oder den Zweck darstellen, die für die Auslegung anderweitig normierter Pflichten nutzbar gemacht werden können.[24] Es sind zunächst unbestimmte Rechtsbegriffe, die im

---

[18] ErwGr. 68 MiFID II.
[19] Vgl. Heidelberger Akademie der Wissenschaften, Deutsches Rechtswörterbuch (DRW): Stichwort „Redlichkeit".
[20] Vgl. bspw. Weitnauer/Boxberger/Anders/Paul KAGB § 302 Rn. 9.
[21] Beckmann/Scholtz/Vollmer Investment-HdB/Kunschke/Bachmann KAGB § 165 Rn. 7; Moritz/Klebeck/Jesch/Patzner/Schneider-Deters KAGB § 165 Rn. 14; Weitnauer/Boxberger/Anders/Paul KAGB § 302 Rn. 9.
[22] Beckmann/Scholtz/Vollmer Investment-HdB Kunschke/Bachmann KAGB § 165 Rn. 7.
[23] Beckmann/Scholtz/Vollmer Investment-HdB Kunschke/Bachmann KAGB § 165 Rn. 7; Moritz/Klebeck/Jesch/Patzner/Schneider-Deters KAGB § 165 Rn. 14.
[24] Vgl. dazu für die anwaltlichen Grundsätze der §§ 43 ff. BRAO, Bohrer BerufsR der Notare Rn. 87 ff. und für die notarielle Grundsätze Frenz/Miermeister/Frenz BNotO § 14 Rn. 3.

Art. 51 Titel IV E-Geld-Token

Einzelfall mit Leben ausgefüllt werden müssen. Insofern bilden sie einen gewissen **Auffangtatbestand** oder ein „Sicherheitsnetz" für die bislang nicht weiter konkretisierten Fälle. Rechtsprechung und Vergleiche mit verwandten Rechtsgebieten (→ Rn. 33 f.) können aber zu weiteren Konkretisierungen führen.

39 Weitere Ausführungen zu den Prinzipien sind bei der **Kommentierung unter** → **Art. 6** Rn. 1 ff. dort unter den Stichworten Richtigkeit (→ § 6 Rn. 7 ff.), Vollständigkeit (→ § 6 Rn. 10 f.), Klarheit (→ § 6 Rn. 12 ff.) und Aktualität (→ § 6 Rn. 16) dargestellt.

IV. Hinweis auf Verantwortlichkeit (Abs. 3)

40 Das Kryptowerte-Whitepaper muss auf der ersten Seite die folgende eindeutige und deutlich erkennbare Erklärung enthalten:

„Dieses Kryptowerte-Whitepaper wurde von keiner zuständigen Behörde eines Mitgliedstaats der Europäischen Union genehmigt. Der Emittent des Kryptowerts trägt die alleinige Verantwortung für den Inhalt dieses Kryptowerte-Whitepapers."

V. Warnhinweis auf fehlenden Anlagerschutz und fehlende Einlagensicherung (Abs. 4)

41 Das Kryptowerte-Whitepaper muss einen klaren Warnhinweis enthalten, dass der E-Geld-Token **nicht unter die Systeme** für die **Entschädigung der Anleger** gemäß der RL 97/9/EG fällt, und der E-Geld-Token **nicht unter die Einlagensicherungssysteme** gemäß der RL 2014/49/EU fällt.

42 Die RL 97/9/EG über Systeme für die **Entschädigung der Anleger** soll gewährleisten, dass Anleger im Falle der Insolvenz einer Wertpapierfirma einen Teil ihrer Verluste erstattet bekommen. Die Höhe der Entschädigung beträgt für Wertpapiere 90 % des Wertes der Wertpapiere, jedoch höchstens 20.000 EUR pro Anleger. Die Entschädigung umfasst die Erstattung von Geldbeträgen, die Anleger bei der Wertpapierfirma angelegt haben, sowie von Wertpapieren, die Anleger von der Wertpapierfirma erworben haben. In Deutschland ist die RL 97/9/EG durch das Anlegerentschädigungsgesetz (AnEG) umgesetzt. Das Anlegerentschädigungssystem in Deutschland wird von der Entschädigungseinrichtung der Wertpapierhandelsunternehmen (EdW) betrieben. Die EdW ist eine Anstalt des öffentlichen Rechts, die von der Bundesanstalt für Finanzdienstleistungsaufsicht (BaFin) beaufsichtigt wird. Die EdW ist verpflichtet, Anleger im Falle der Insolvenz einer Wertpapierfirma zu entschädigen. Die EdW hat für den Fall der Insolvenz einer Wertpapierfirma einen Fonds eingerichtet, der die Entschädigungsleistungen finanziert. Der Fonds wird durch Beiträge der Wertpapierfirmen finanziert.

43 E-Geld-Token werden auch nicht von der **Einlagensicherung** geschützt, weil sie nicht als Einlagen im Sinne des Einlagensicherungsgesetzes (EinSiG) gelten. Das EinSiG schützt nur Einlagen bei Kreditinstituten, die in Deutschland zugelassen oder anerkannt sind. E-Geld-Token werden hingegen von E-Geld-Instituten ausgegeben, die nicht unter das EinSiG fallen.

45 **Kredite** sind hingegen schuldrechtliche Verpflichtungen, die von Kreditinstituten gegenüber ihren Kunden eingegangen werden. **Einlagen** sind dabei die Forde-

rungen von Kunden gegenüber Kreditinstituten aus Guthaben auf Girokonten, Sparbüchern und anderen Kontoformen.

E-Geld-Token sind deshalb **keine Einlagen,** weil sie keine schuldrechtlichen Verpflichtungen von E-Geld- bzw. Kreditinstituten gegenüber ihren Kunden sind. Sie sind vielmehr digitale **Zahlungsmittel,** die von E-Geld- bzw. Kreditinstituten ausgegeben werden. Die rechtliche Einordnung von Giralgeldtoken als Einlage bzw. E-Geld-Token ist derzeit unklar.[25]

46

Die Einlagensicherung ist ein **wichtiger Schutzmechanismus** für Bankkunden. Sie soll gewährleisten, dass Kunden im Falle einer Insolvenz ihrer Bank ihre Einlagen bis zu einer Höhe von **100.000 EUR** zurückerhalten. Da E-Geld-Token nicht von der Einlagensicherung geschützt sind, besteht für Kunden ein erhöhtes Risiko, im Falle einer Insolvenz eines E-Geld-Instituts ihr Guthaben zu verlieren.

47

Es gibt jedoch auch Argumente, die dafür sprechen, E-Geld-Token de lege ferenda **in die Einlagensicherung** einzubeziehen: E-Geld-Token werden zunehmend als Zahlungsmittel im Alltag genutzt. Sie sind daher für viele Menschen zu einem wichtigen Bestandteil ihrer finanziellen Mittel geworden. Durch den Einlagenschutz würden Kunden im Falle einer Insolvenz eines E-Geld-Instituts möglicherweise besser und klarer vor finanziellen Verlusten geschützt. Insofern wäre es aber aus Gründen der Technologieneutralität sinnvoll auch „klassisches" E-Geld in die Einlagensicherung mit einzubeziehen. Die E-Geld-Richtlinie sieht jedoch ebenfalls **keinen gesetzlichen Einlagenschutz für die Ausgabe von E-Geld** vor.[26] Dies liegt daran, dass E-Geld kein Bankguthaben ist, sondern eine elektronische Zahlungsmethode.

48

VI. Erklärung des Leitungsorgans (Abs. 5)

Das Kryptowerte-Whitepaper soll eine **Erklärung des Leitungsorgans** des Emittenten des E-Geld-Token enthalten. Sie soll bestätigen, dass
- das Kryptowerte-Whitepaper die Anforderungen des Titel IV der MiCAR zu den E-Geld-Token erfüllt,
- die in ihm enthaltenen Informationen nach bestem Wissen des Leitungsorgans vollständig, redlich, eindeutig und nicht irreführend sind und dass
- das Kryptowerte-Whitepaper keine Auslassungen aufweist, die seine Aussagekraft beeinträchtigen könnten.

50

Diese Erklärung ist nach der in Abs. 3 genannten Erklärung einzufügen.

51

VII. Zusammenfassung (Abs. 6)

Nach Abs. 6 soll das Kryptowerte-Whitepaper eine Zusammenfassung enthalten, die in knapper und nicht fachsprachlicher Ausdrucksweise **wesentliche Informationen** über das öffentliche Angebot des E-Geld-Token oder über die beabsichtigte Zulassung eines solchen E-Geld-Token zum Handel liefert. Die Zusam-

52

---

[25] Siehe dazu Maume BKR 2024, 312 ff.; Omlor ZBB 2023, 330 ff. und → Art. 3 Rn. 17 f.
[26] Die Gelder, die für die Ausgabe von E-Geld entgegengenommen werden, gelten nicht als Einlage (Art. 6 Abs. 3 S. 2 der E-Geld-Richtlinie, ErwGr. 13 und 18).

menfassung ist aus dem Prospektrecht[27] bekannt und soll möglichst standardisiert und va entsprechend dem einheitlichen Grundgedanken der Prospekt-VO als **nützliche Informationsquelle** einfach und verständlich sein.[28]

53 Daher ist die Zusammenfassung in **leicht verständlicher Sprache** und in **eindeutiger und verständlicher Form** darzustellen und zu gestalten, wobei eine leserliche Schriftgröße zu verwenden ist. Die Zusammenfassung des Kryptowerte-Whitepapers bietet geeignete Informationen über die Merkmale der betreffenden Kryptowerte, um potenziellen Inhabern der Kryptowerte beim Treffen einer fundierten Entscheidung zu helfen. Sie ist nach der in Abs. 5 genannten Erklärung einzufügen.

54 Die Zusammenfassung muss einen **Warnhinweis** enthalten,
a) dass sie als Einführung in das Kryptowerte-Whitepaper zu lesen ist,
b) dass potenzielle Inhaber ihre Entscheidung zum Kauf des E-Geld-Token auf der Grundlage des Inhalts des gesamten Kryptowerte-Whitepapers und nicht allein auf der Grundlage der Zusammenfassung treffen sollten,
c) dass das öffentliche Angebot des E-Geld-Token kein Angebot und keine Aufforderung zum Kauf von Finanzinstrumenten darstellt und dass ein solches Angebot oder eine solche Aufforderung nur mittels eines Prospekts oder anderer Angebotsunterlagen gemäß den nationalen Rechtsvorschriften erfolgen kann und
d) dass das Kryptowerte-Whitepaper keinen Prospekt im Sinne der VO (EU) 2017/1129 und kein anderes Angebotsdokument im Sinne des Unionsrecht oder des nationalen Recht darstellt.

55 Die Zusammenfassung soll eine **Entscheidungshilfe** für Anleger im Hinblick auf Anlagen in die betreffenden E-Geld-Token darstellen und **wesentliche Risiken** verdeutlichen, die mit deren Erwerb verbunden sind. Daher muss sie sowohl in einer leicht verständlichen Art und Weise präsentiert und aufgemacht werden als auch durch die Verwendung einer klaren und präzisen, für die Anleger allgemein verständlichen Sprache das Verständnis erleichtern.[29] Inhaltlich muss die Zusammenfassung die erforderlichen Informationen enthalten, die Anlegern Aufschluss über mögliche Kauf- oder Verkaufsentscheidungen geben.

VIII. Datum der Übermittlung und Inhaltsverzeichnis

58 Das Kryptowerte-Whitepaper muss das **Datum seiner Übermittlung** an die zuständige Aufsichtsbehörde und ein **Inhaltsverzeichnis** enthalten. Zur Gliederungstiefe macht Abs. 7 keine Vorgaben.

IX. Formelle Anforderungen

1. Sprache (Abs. 8)

59 Soweit die E-Geld-Token ausschließlich im Herkunftsmitgliedstaat (Art. 3 Abs. 1 Nr. 33 lit. a–c) angeboten werden und auch nur dort ein Antrag auf Zulas-

---

[27] Art. 7 Prospekt-VO, ergänzt durch Art. 27, 38 lit. c DelVO 2019/98012, Art. 1–9 iVm den entsprechend anwendbaren Anhängen zur DelVO 2019/97913.
[28] ErwGr. 28, 30 und 31 Prospekt-VO.
[29] Vgl. auch Art. 7 Abs. 3 S. 2 ProspektVO.

sung zum Handel gestellt wird, ist das Kryptowerte-Whitepaper in der Amtssprache des Herkunftsmitgliedstaats oder in einer in der internationalen Finanzwelt gebräuchlichen Sprache abzufassen. ErwGr. 25 S. 2 verdeutlicht, dass Englisch derzeit eine in der internationalen Finanzwelt gebräuchliche Sprache ist.

Wird der E-Geld-Token auch in einem anderen Mitgliedstaat als dem Herkunftsmitgliedstaat angeboten, so ist das Kryptowerte-Whitepaper *auch* in einer Amtssprache des Aufnahmemitgliedstaats (Art. 3 Abs. 1 Nr. 34) oder in einer in der internationalen Finanzwelt gebräuchlichen Sprache abzufassen. Insofern bietet sich bei grenzüberschreitenden Angeboten oder Handelszulassungen Englisch als Sprache an.[30]

2. Maschinenlesbare Form (Abs. 9)

Das Kryptowerte-Whitepaper ist in einem **maschinenlesbaren Format** zur Verfügung zu stellen. Diese Regelung soll sicherstellen, dass die Informationen im Kryptowerte-Whitepaper **einfach genutzt** und **schnell analysiert** werden können. Die ESMA lässt sich bei der Auswahl der Formate allerdings nicht nur davon leiten, dass das Kryptowerte-Whitepaper maschinenlesbar ist. Es soll darüber hinaus auch sichergestellt sein, dass das Dokument auch für Menschen lesbar, leicht nutzbar und zugänglich ist.

Der Begriff **„maschinenlesbar"** ist in der MiCAR selbst nicht definiert. Allerdings definieren Art. 2 Nr. 13 der Open Data RL (EU) 2019/1024 und darauf Bezug nehmend Art. 2 Nr. 4 VO (EU) 2023/2859 zur Einrichtung eines zentralen europäischen Zugangsportals *„Maschinenlesbarkeit"* wie folgt:

> *„maschinenlesbares Format"* [ist] ein Dateiformat, das so strukturiert ist, dass Softwareanwendungen konkrete Daten, einschließlich einzelner Sachverhaltsdarstellungen und deren interner Struktur, leicht identifizieren, erkennen und extrahieren können.

PDF und html-Dateien fallen nicht unter diese Definition und sind daher nicht als maschinenlesbar anzusehen. Die ESMA hat zwei Formate ermittelt, die die Anforderung der Maschinenlesbarkeit erfüllen, nämlich **xHTML mit Inline XBRL-Tags** (der Einfachheit halber iXBRL).[31] Dies sei ein Dateiformat, das so strukturiert ist, dass Softwareanwendungen bestimmte Daten, einschließlich einzelner Tatsachenbehauptungen, und ihre interne Struktur identifizieren, erkennen und extrahieren können. Dieses Format wird damit als maschinenlesbar eingestuft.[32]

Der Kommission hat die Befugnis auf Basis der von der EBA und der ESMA ausgearbeiteten **technischen Regulierungsstandards** die praktischen Vorkehrungen, mit denen sichergestellt wird, dass diese Daten maschinenlesbar sind, zu erlassen.[33]

---

[30] Zu der Wahl der Sprache in der Konstellation, dass der Emittent die E-Geld-Token nicht im Herkunftsmitgliedstaat, sondern nur in einem anderen Mitgliedstaat anbietet, vgl. → Art. 6 Rn. 41, wobei sich aus ErwGr. 25 und dem Umstand, dass die Behörde des Herkunftsmitgliedstaates das Kryptowerte-Whitepaper verstehen muss, auch Argumente für die Erstellung von Prospekten in mindestens einer Sprache des Herkunftsmitgliedstaates und der Sprache des Aufnahmemitgliedstaates ableiten lassen.
[31] ESMA, MiCAR-Abschlussbericht, Rn. 269 ff.
[32] ESMA, MiCAR-Abschlussbericht, Rn. 269 ff.
[33] ErwGr. 110.

Art. 51 Titel IV E-Geld-Token

3. Entwürfe technischer Durchführungsstandards zur Festlegung von Standardformularen, Standardformaten und Mustertexten (Abs. 10)

65 Abs. 10 regelt für die Zwecke des Abs. 9 das Verfahren zur Erstellung der technischen Durchführungsstandards zur Festlegung von **Standardformularen, Standardformaten und Mustertexten:** Die ESMA sollte diese Entwürfe in Kooperation mit der EBA ausarbeiten und der Kommission bis zum 30. Juni 2024 übermitteln. Die Kommission kann dann die Entwürfe in Form einer Verordnung als technische Durchführungsstandards gemäß Art. 15 der VO (EU) Nr. 1095/2010 erlassen. Dabei handelt es sich um technischen Durchführungsstandards (ITS), die im Wege eines Durchführungsrechtsakts auf Basis des Art. 291 AEUV erlassen werden, wenn einheitliche Bedingungen für die Durchführung von Basisrechtsakten erforderlich sind.[34]

66 Die ESMA hatte zunächst zu diesen technischen Standards ein **Konsultationspapier** veröffentlicht, das auch Angaben zu den technischen Durchführungsstandards zur Festlegung von Standardformularen, Standardformaten und Mustertexten für Abs. 10 enthält: der Entwurf der ITS ist dort unter 8.4 9.2.8 *(ITS on standard forms and templates for the crypto-asset white paper)* verfügbar konsultiert.[35] Die ESMA hat in dem **Abschlussbericht** nun einen Entwurf der ITS gemäß der Art. 6, 19 und 51 vorgelegt.[36] Aufgrund der Parallelität der Regelungen handelt es sich dabei um einen gemeinsamen Entwurf.

4. Übermittlung der Kryptowerte-Whitepaper an die Aufsicht (Abs. 11)

67 Die Emittenten von E-Geld-Token müssen ihr Kryptowerte-Whitepaper der für sie zuständigen Behörde spätestens 20 Arbeitstage vor der Veröffentlichung übermitteln.

Die zuständigen Behörden erteilen allerdings **keine Vorabgenehmigung** der Kryptowerte-Whitepaper vor ihrer Veröffentlichung.

5. Anpassung des Kryptowerte-Whitepapers (Abs. 12)

68 **Jeder wesentliche neue Faktor,** jeder wesentliche Fehler oder jede wesentliche Ungenauigkeit, der bzw. die die Bewertung des E-Geld-Token beeinträchtigen kann, ist in einem **geänderten Kryptowerte-Whitepaper** zu beschreiben, das die Emittenten erstellen, der zuständigen Behörde übermitteln und auf den Websites der Emittenten veröffentlichen.

69 Abs. 12 ist Ausdruck des Grundsatzes der **Aktualität des Kryptowerte-Whitepapers** und kann damit als ein Unterfall der Grundsätze der Vollständigkeit und Richtigkeit (→ Rn. 12 und 33 ff.) eingestuft werden (→ Art. 6 Rn. 16). Das Ziel einer effizienten Kapitalallokation und der Anlegerschutz erfordern, dass das

---

[34] Dagegen werden technischen Regulierungsstandards (RTS) als delegierter Rechtsakt auf Basis des Art. 290 AEUV zur Ergänzung oder Änderung bestimmt nicht wesentlicher Elemente eines Basisrechtsakts erlassen.

[35] ESMA, 2. MiCAR-Konsultationspapier, S. 227 ff.; mittlerweile als Durchführungsverordnung (EU) 2024/2984 verabschiedet.

[36] ESMA, MiCAR-Abschlussbericht, Annex IX.

Kryptowerte-Whitepaper in den relevanten Aspekten jederzeit aktuell ist und ein wahres Bild der für eine Anlageentscheidung relevanten Fakten liefert.

6. Veröffentlichung des Kryptowerte-Whitepapers (Abs. 13)

Bevor der E-Geld-Token in der Union öffentlich angeboten wird oder eine Zulassung des E-Geld-Token zum Handel beantragt wird, muss der Emittent des E-Geld-Token auf seiner **Webseite** ein Kryptowerte-Whitepaper **veröffentlichen**. 70

7. Übermittlung von Registerdaten (Abs. 14)

Der Emittent des E-Geld-Token übermittelt der zuständigen Behörde zusammen mit der Übermittlung des Kryptowerte-Whitepapers gemäß Abs. 11 des vorliegenden Artikels die in Art. 109 Abs. 4 genannten Informationen **(Registerdaten)**. Die Registerdaten umfassen (a) den Namen, die Rechtsform und die Unternehmenskennung des Emittenten, (b) den Handelsnamen, die Anschrift, die Telefonnummer, die E-Mail-Adresse und die Website des Emittenten, (c) die Kryptowerte-Whitepaper[37], (d) das Startdatum des öffentlichen Angebots oder der Zulassung zum Handel, (e) alle sonstigen vom Emittenten erbrachten Dienstleistungen, (f) das Datum der Zulassung als Kreditinstitut oder als E-Geld-Institut und gegebenenfalls des Entzugs dieser Zulassung. Die zuständige Behörde übermittelt der ESMA innerhalb von fünf Arbeitstagen nach Eingang der Angaben des Emittenten die in Art. 109 Abs. 4 genannten Informationen. 71

Die zuständige Behörde **unterrichtet die ESMA** ebenfalls über geänderte Kryptowerte-Whitepaper und den Entzug der Zulassung des Emittenten des E-Geld-Token. 72

Die ESMA stellt diese Informationen in **dem Register** gemäß Art. 109 Abs. 4 ab dem Startdatum des öffentlichen Angebots oder der Zulassung zum Handel oder im Falle eines geänderten Kryptowerte-Whitepapers oder des Entzugs der Zulassung **unverzüglich zur Verfügung**. 73

X. Technische Regulierungsstandards der ESMA (Abs. 15)

Gemäß Abs. 15 legt die ESMA den **Inhalt**, die **Methoden** und die **Darstellung** der Informationen in Bezug auf die **Nachhaltigkeitsindikatoren** in Bezug auf **negative Auswirkungen auf das Klima** und andere umweltbezogene negative Auswirkungen fest, wobei die ESMA die verschiedenen Arten von **Konsensmechanismen** berücksichtigt, die zur Validierung von Transaktionen mit Krypto-Vermögenswerten verwendet werden (einschließlich ihrer Merkmale und der Unterschiede zwischen ihnen und ihren Anreizstrukturen). Diese Nachhaltigkeitsindikatoren sollten sich auf den Verbrauch von Energie, erneuerbaren Energien und natürlichen Ressourcen, das Abfallaufkommen und die Treibhausgasemissionen beziehen. Die ESMA aktualisiert die technischen Regulierungsstandards unter Berücksichtigung rechtlicher und technischer Entwicklungen. 74

---

[37] Inkl. aller geänderten Kryptowerte-Whitepaper, wobei die veralteten Versionen des Kryptowerte-Whitepapers in einem gesonderten Archiv aufbewahrt und deutlich als veraltet gekennzeichnet werden.

Art. 51 Titel IV E-Geld-Token

75 Für die Bewertung der Nachhaltigkeitsauswirkungen der Konsensmechanismen ist es aus Sicht der ESMA angebracht, sich auf die Validierung von Transaktionen mit Krypto-Assets gemäß der Definition des Begriffs *„Konsensmechanismus"* in Art. 3 Abs. 1 Nr. 3 der MiCAR zu konzentrieren und davon auszugehen, dass diese **Validierung mit der Ausgabe eines Krypto-Assets** verbunden ist.[38]

76 Die politischen Diskussionen zum Zeitpunkt der politischen Einigung über MiCAR konzentrierten sich weitgehend auf die vergleichenden Auswirkungen der Anreizstrukturen im Zusammenhang mit Proof of Work- und Proof of Stake-Mechanismen. **Proof-of-Work-Konsensmechanismen,** die in der Regel mit Anreizen verbunden sind, die auf der Nutzung von Rechenleistung basieren, können unter Nachhaltigkeitsgesichtspunkten als wirkungsvoller angesehen werden. Die Offenlegungsanforderungen sollten jedoch nicht auf eine bestimmte Untergruppe von Konsensmechanismen beschränkt sein, sondern alle derzeitigen und künftigen Arten von Konsensmechanismen erfassen. Die Konsensmechanismen werden in dem Teil der Weißbücher genannt, der sich mit Informationen über die zugrunde liegende Technologie befasst, wie in den Anhängen I, II und III der MiCAR vorgeschrieben.

77 Die **Bewertung der Nachhaltigkeitsauswirkungen von Konsensmechanismen** ist zu verstehen als die Bewertung der kumulativen Nachhaltigkeitsauswirkungen der Menge der DLT-Netzknoten, die die eine Vereinbarung über die Validierung einer Transaktion treffen. Die Nachhaltigkeitsauswirkungen von Konsensmechanismen sind allerdings nicht nur mit der Validierung von Transaktionen, sondern auch mit dem Energie- und Ressourcenverbrauch, der für die die Integrität der im Hauptbuch gespeicherten Informationen aufrechtzuerhalten. Da bestimmte Krypto-Assets auf einer mehrschichtigen Struktur beruhen, die verschiedene Arten von Konsensmechanismen umfasst, sollten die Nachhaltigkeitsauswirkungen der einzelnen Konsensmechanismen, die in den verschiedenen Schichten verwendet werden, angemessen bewertet und entsprechend offengelegt werden.

78 Die ESMA sollte der Kommission die Entwürfe der **technischen Regulierungsstandards** spätestens am 30.6.2024 übermitteln. Mit Datum vom 3. Juli 2024 hat die ESMA den entsprechenden **Abschlussbericht** veröffentlicht.[39] Der Kommission wird die Befugnis übertragen, diese Verordnung durch Erlass der in UAbs. 1 des vorliegenden Absatzes genannten technischen Regulierungsstandards gemäß den Artikeln 10–14 der VO (EU) Nr. 1095/2010 zu ergänzen.

XI. Rechtsfolgen

1. Aufsichtliche Befugnisse hinsichtlich dem Kryptowerte-Whitepaper

79 Die zuständige Aufsichtsbehörde (in Deutschland die BaFin) kann von Anbietern und von Antragstellern verlangen, ihr Kryptowerte-Whitepaper oder ihr modifiziertes **Kryptowerte-Whitepaper zu ändern,** soweit dieses nicht die oben in den → Rn. 13 ff. vorgeschriebenen Informationen enthält oder nicht der vorgeschriebenen Form entspricht (vgl. Art. 94 Abs. 1 lit. i).[40] Darüber hinaus kann sie

---

[38] ESMA, MiCAR-Abschlussbericht, Rn. 1.
[39] ESMA, MiCAR-Abschlussbericht (ESMA75-453128700-1229).
[40] § 16 Abs. 1 KMAG-E.

von Anbietern und Antragsstellern die Aufnahme zusätzlicher Informationen in ihr Kryptowerte-Whitepaper verlangen, wenn dies aus Gründen der Finanzmarktstabilität oder zum Schutz des Publikums geboten erscheint.[41] Soweit eine schriftliche Vereinbarung zwischen demjenigen, der die Handelszulassung eines E-Geld-Token beantragt und dem Betreiber der Handelsplattform besteht, wonach der Betreiber alle oder einen Teil der in Art. 5 Abs. 1 lit. b–g) genannten Anforderungen erfüllen muss (Fall des Art. 5 Abs. 3), kann die BaFin diese **Maßnahmen auch gegenüber dem Betreiber der Handelsplattform für Kryptowerte** erlassen.[42]

Bei einem Verstoß gegen die Vorgaben des Art. 51 kann die zuständige Behörde ein öffentliches Angebot oder eine Handelszulassung für 30 Tage **aussetzen** (vgl. Art. 94 Abs. 1 lit. l) oder **gänzlich untersagen** (vgl. Art. 94 Abs. 1 lit. m). 80

2. Zivilrecht

Ein Verstoß gegen die Vorgaben des Art. 51 hat, sofern das Kryptowerte-Whitepaper *„unvollständige, unredliche, unverständliche oder irreführende Informationen"* enthält, eine **Whitepaper-Informationshaftung des Emittenten** sowie der jeweiligen Mitglieder ihres Verwaltungs-, Leitungs- oder Aufsichtsorgans (Art. 3 Nr. 27) gemäß Art. 52 zur Folge. 81

Für Fehler in der Kryptowerte-Whitepaper-Zusammenfassung aus Abs. 6 (→ Rn. 52 ff.) enthält Art. 52 Abs. 4 **spezifische Haftungserleichterungen**.[43] Besonderheiten ergeben sich im Falle eines fehlenden Kryptowerte-Whitepapers (→ Art. 15 Rn. 67 und → Art. 52 Rn. 3 ff.).

Artikel 52 Haftung von Emittenten von E-Geld-Token für die in einem Kryptowerte-Whitepaper enthaltenen Informationen

(1) **Hat ein Emittent eines E Geld-Token gegen Artikel 51 verstoßen, indem er in einem Kryptowerte-Whitepaper oder in einem geänderten Kryptowerte-Whitepaper unvollständige, unredliche, nicht eindeutige oder irreführende Informationen zur Verfügung gestellt hat, so sind der Emittent und die Mitglieder seines Verwaltungs-, Leitungs- oder Aufsichtsorgans einem Inhaber solcher E-Geld-Token für aufgrund dieses Verstoßes erlittene Verluste haftbar.**

(2) **Ein vertraglicher Ausschluss oder eine vertragliche Beschränkung der zivilrechtlichen Haftung gemäß Unterabsatz 1 hat keine Rechtswirkung.**

(3) **Es obliegt den Inhabern des E-Geld-Token, den Nachweis dafür zu erbringen, dass der Emittent dieses E-Geld-Token gegen Artikel 51 verstoßen hat, indem er in seinem Kryptowerte-Whitepaper oder in einem geänderten Kryptowerte-Whitepaper unvollständige, unredliche, nicht eindeutige oder irreführende Informationen zur Verfügung gestellt hat, und sich das Verlassen auf diese Informationen auf die Entscheidung des In-**

---

[41] § 16 Abs. 2 KMAG-E.
[42] § 16 Abs. 3 KMAG-E.
[43] Regelungsvorbild ist hier Art. 11 Abs. 2 Prospekt-VO. Fehlt die Erklärung des Leitungsorgans aus Abs. 5, lässt dies die Haftung der Mitglieder des Leitungsorgans unberührt.

Art. 52 Titel IV E-Geld-Token

habers, diesen E-Geld-Token zu kaufen, zu verkaufen oder zu tauschen, ausgewirkt hat.

(4) Der Emittent und die Mitglieder seines Verwaltungs-, Leitungs- oder Aufsichtsorgans haften nicht für Verluste, die durch den Verlass auf Informationen entstehen, die in einer Zusammenfassung gemäß Artikel 51 Absatz 6, einschließlich deren Übersetzung, zur Verfügung gestellt werden, es sei denn, die Zusammenfassung
a) ist, wenn sie zusammen mit den anderen Teilen des Kryptowerte-Whitepapers gelesen wird, irreführend, unrichtig oder widersprüchlich oder
b) enthält, wenn sie zusammen mit den anderen Teilen des Kryptowerte-Whitepapers gelesen wird, nicht die wesentlichen Informationen, die potenziellen Inhabern bei der Entscheidung über den Kauf solcher E-Geld-Token helfen sollen.

(5) Dieser Artikel lässt jede sonstige zivilrechtliche Haftung gemäß dem nationalen Recht unberührt.

Schrifttum: s. Art. 48

Übersicht

	Rn.
I. Einleitung	1
1. Hintergrund der Regelung	1
2. Vergleich mit der Haftung gemäß Art. 15 und 26 MiCAR	7
II. Haftung für fehlerhafte Angabe im Whitepaper (Abs. 1)	9
1. Tatbestandsvoraussetzungen	10
a) Verstoß gegen Pflicht des Art. 51	11
b) Haftungsbegründende Kausalität	16
c) Feststellung des Verlusts	18
d) Haftungsausfüllende Kausalität	20
2. Rechtsfolgen	21
a) Haftung des Emittenten	22
b) Persönliche Haftung der Mitglieder des Verwaltungs-, Leitungs- oder Aufsichtsorgan	23
c) Gesamtschuld	27
III. Zivilrechtliche Unwirksamkeit entgegenstehender Vertragsregelungen (Abs. 2)	28
IV. Beweislast (Abs. 3)	29
V. Ausschluss der Haftung für fehlerhafte Angaben in der Whitepaper-Zusammenfassung (Abs. 4)	32
VI. Verhältnis zur zivilrechtlichen Haftung (Abs. 5)	36

I. Einleitung

1. Hintergrund der Regelung

1 Art. 52 MiCAR sieht eine **spezielle Prospekthaftung** für die Angaben im Whitepaper vor. Die spezialgesetzliche Haftung für Fehler im Kryptowerte-Whitepaper hat ähnlich wie die Haftung für fehlerhafte Prospektangaben nach dem Prospektrecht den Zweck, Anleger vor Fehlinformationen zu schützen und das Vertrauen in den Kapitalmarkt zu stärken. Sie stellt sicher, dass die Informationen, die

Haftung von Emittenten von E-Geld-Token **Art. 52**

in einem Wertpapierprospekt enthalten sind, korrekt, vollständig und klar sind.[1] Ein Anleger oder vorliegend der Inhaber eines E-Geld-Tokens ist zur Bewertung einer potenziellen Anlage auf die Bereitstellung von Informationen angewiesen, auf deren Richtigkeit und Vollständigkeit er sich verlassen können muss. Soweit eine drohende Haftung dazu beiträgt, dass fehlerhafte Angaben unterbleiben bzw. *ex post* geahndet werden, steigert dies nicht nur die Bereitschaft der Investoren, ihr Kapital bereitzustellen. Vielmehr verbessert sich zugleich die allokative Effizienz des Markts in Gänze, so dass über den spezifischen Investor hinaus auch die sonstigen Marktteilnehmer profitieren.[2] Art. 52 ist also eine europarechtlich kodifizierte, spezielle Form einer zivilrechtlichen Haftung. Sie ermöglicht es Inhabern von E-Geld-Token, Schadensersatzansprüche geltend zu machen, wenn sie aufgrund von Fehlinformationen im Kryptowerte-Whitepaper einen Verlust erlitten haben.

Die Vorschrift ist ähnlich wie Art. 15 dem Vorbild von Art. 35a Ratingverordnung[3] nachgebildet und enthält dementsprechend – anders als Art. 11 ProspektVO – eine **unmittelbar geltende Anspruchsnorm**.[4] Art. 11 Prospekt-VO verpflichtet die Mitgliedstaaten, eine Prospekthaftung zu implementieren, dh das „Ob" wird angeordnet, nicht jedoch das „Wie".[5] Insbesondere wird nicht gesagt, ob die Haftung deliktisch oder schuldvertraglich oder verwaltungsrechtlich auszugestalten ist. Der deutsche Gesetzgeber ist dieser Verpflichtung mit den §§ 9ff. WpPG, §§ 20–22 VermAnlG und § 306 KAGB nachgekommen. 2

Haftungsnormen bei **fehlendem Kryptowerte-Whitepaper** sowie für **fehlerhafte Marketingmitteilungen** sind nicht vorhanden. Jedenfalls erscheint es eindeutig, dass man ein fehlendes Kryptowerte-Whitepaper nicht unter Abs. 1 subsumieren kann, weil dieser das Vorhandensein eines Kryptowerte-Whitepapers voraussetzt.[6] 3

Dies könnte unter Umständen als eine **de lege ferenda zu behebende Regelungslücke** angesehen werden.[7] **Dafür spricht,** dass es grundsätzlich solche Haftungsnormen gibt (vgl. im deutschen Recht bspw. § 14 WpPG und § 21 VermAnlG). Diese sind allerdings zeitlich eng umgrenzt. Die gesetzgeberische Entscheidung für eine spezialgesetzliche Haftung in diesen Fällen beruht darauf, dass die Erstellung eines Prospekts als elementar für Anlageentscheidungen und die entsprechenden Anleger/Investoren als schutzbedürftig angesehen werden. **Gegen** eine de lege ferenda zu erstellende Haftungsnorm spricht allerdings, dass bei einem fehlenden Kryptowerte-Whitepaper von vornherein kein Vertrauenstatbestand ge- 4

---

[1] Zu diesen Prinzipien, vgl. → Art. 6 Rn. 6ff., → Art. 19 Rn. 20ff. und → Art. 51 Rn. 12 und 33ff.
[2] Wilhelm BKR 2023, 341 (342) mVa die theoretischen Grundlagen bei Habersack/Mülbert/Schlitt Unternehmensfinanzierung/Mülbert/Steup, 4. Aufl. 2019, Rn. 41.1ff.; Doblinger, Prospekthaftung: Zum Verhältnis von Kodifikation und Richterrecht, 2019, S. 23ff. mwN.
[3] VO (EG) Nr. 1060/2009 des Europäischen Parlaments und des Rates v. 16.9.2009 über Ratingagenturen.
[4] Zickgraf BKR 2021, 362 (365ff.); Omlor/Link Kryptowährungen/Schwennicke Teil 3 (Aufsichtsrecht) IV. Folge der Einordnung als EU-Kryptowerte nach Art. 3 Abs. 1 Nr. 2 MiCAR-E Rn. 181.
[5] Groß KapMarktR, 8. Aufl. 2022, (EU) 2017/1129 Art. 11 Rn. 1.
[6] Zustimmend Zickgraf BKR 2021, 362 (370).
[7] So wohl Zickgraf BKR 2021, 362 (370); Omlor/Link Kryptowährungen/Schwennicke Teil 3 (Aufsichtsrecht) IV. Folge der Einordnung als EU-Kryptowerte nach Art. 3 Abs. 1 Nr. 2 MiCAR-E Rn. 181.

Lösing

Art. 52 Titel IV E-Geld-Token

schaffen wird, auf den sich der Haftungsanspruch gründen könnte. Sanktionierungen für Verstöße gegen die Pflicht zur Aufstellung eines Kryptowerte-Whitepapers können auch aufsichtsrechtlich geahndet werden.

5   Bei der Erstellung von spezialgesetzlichen Haftungsnormen bei fehlenden Informationsdokumenten handelt es sich um eine gesetzgeberische, politische Wertung.[8] Das bedeutet aber zunächst auch, dass die **Kaufverträge** auch bei fehlendem Informationsdokument als **grundsätzlich wirksam** anzusehen sind. Darüber hinaus kann eine zivilrechtliche Haftung jedenfalls nicht aus spezialgesetzlichen Regelungen abgeleitet werden. Das Bestehen eines Haftungsanspruchs **aufgrund allgemein zivilrechtlicher** Anspruchsgrundlagen (cic) hängt von der Erfüllung der entsprechenden Voraussetzungen ab.

6   Die Haftung für **fehlerhafte Werbung** richtet sich (nur) nach allgemeinen Grundsätzen. Außerhalb des Bereichs der Werbung für Arzneimittel und Medizinprodukte sind spezielle Haftungsnormen für fehlerhafte Marketing-Mitteilungen aber eher unüblich. Haftungsansprüche können sich auch aus den **allgemeinen zivilrechtlichen Regelungen** ergeben (→ Rn. 36).

2. Vergleich mit der Haftung gemäß Art. 15 und 26 MiCAR

7   Parallele Regelungen zu Art. 52 finden sich in Art. 15 MiCAR für sonstige Kryptowerte und Art. 26 MiCAR für vermögenswertereferenzierte Token. Die nachfolgende Synopse gibt einen Überblick über die Formulierung der drei parallelen Vorschriften:

Tabelle 1: Übersicht der MiCAR-Haftungsregeln für die drei Arten von Kryptowerten.

Art. 15 (sonstige Kryptowerte)	Art. 26 (vermögenswertereferenzierte Token)	Art. 52 (E-Geld-Token)
(1) Hat **ein Anbieter, eine Person, die die Zulassung zum Handel beantragt, oder der Betreiber einer Handelsplattform** in einem Kryptowerte-Whitepaper oder in einem geänderten Kryptowerte-Whitepaper unvollständige, unredliche, unverständliche oder irreführende Informationen zur Verfügung gestellt und damit gegen Artikel 6 verstoßen, so sind **der Anbie-	(1) Hat **ein Emittent** in einem Kryptowerte-Whitepaper oder in einem geänderten Kryptowerte-Whitepaper unvollständige, unredliche, nicht eindeutige oder irreführende Informationen zur Verfügung gestellt und damit gegen Artikel 19 verstoßen, so sind **der Emittent** und die Mitglieder **von dessen** Verwaltungs-, Leitungs- oder Aufsichtsorgan gegenüber einem	(1) Hat **ein Emittent eines E-Geld-Token gegen Artikel 51 verstoßen, indem er in einem Kryptowerte-Whitepaper oder in einem geänderten Kryptowerte-Whitepaper** unvollständige, unredliche, nicht eindeutige oder irreführende Informationen zur Verfügung gestellt hat, so sind **der Emittent** und die Mitglieder **seines** Verwaltungs-, Leitungs- oder

---

[8] Ebenroth/Boujong/Joost/Strohn/Groß WpPG § 14 Rn. 2; für eine Haftung bei fehlendem Prospekt, Assmann/Schlitt/v. Kopp-Colomb/Assmann WpPG § 14 Rn. 1.

Art. 15 (sonstige Kryptowerte)	Art. 26 (vermögenswerte- referenzierte Token)	Art. 52 (E-Geld-Token)
ter, die Person, die die Zulassung zum Handel beantragt, oder der Betreiber einer Handelsplattform und die Mitglieder ihres Verwaltungs-, Leitungs- oder Aufsichtsorgans gegenüber dem Inhaber des Kryptowerts für aufgrund dieses Verstoßes erlittene Schäden haftbar.	Inhaber **eines solchen vermögenswertreferenzierten Token** für aufgrund dieses Verstoßes erlittene Verluste haftbar.	Aufsichtsorgans einem Inhaber **solcher E-Geld-Token** für aufgrund dieses Verstoßes erlittene Verluste haftbar.
(2) Ein vertraglicher Ausschluss oder eine vertragliche Beschränkung der zivilrechtlichen Haftung gemäß **Absatz 1** hat keine Rechtswirkung.	(2) Ein vertraglicher Ausschluss oder eine vertragliche Beschränkung der zivilrechtlichen Haftung gemäß **Absatz 1** hat keine Rechtswirkung.	(2) Ein vertraglicher Ausschluss oder eine vertragliche Beschränkung der zivilrechtlichen Haftung gemäß **Unterabsatz 1** hat keine Rechtswirkung.
(3) Werden das Kryptowerte-Whitepaper und die Marketingmitteilungen vom Betreiber der Handelsplattform gemäß Artikel 5 Absatz 3 erstellt, so ist die Person, die die Zulassung zum Handel beantragt, auch verantwortlich, wenn sie dem Betreiber der Handelsplattform unvollständige, unredliche, unverständliche oder irreführende Informationen zur Verfügung stellt.		
(4) Es obliegt **dem Inhaber des Kryptowerts,** den Nachweis dafür zu erbringen, dass der **Anbieter von anderen Kryptowerten als vermögenswertreferenzierten Token** oder	(3) Es obliegt **dem Inhaber des vermögenswertreferenzierten Token,** den Nachweis dafür zu erbringen, dass der **Emittent** dieses **vermögenswertreferenzierten Token** gegen	(3) Es obliegt **den Inhabern des E-Geld-Token,** den Nachweis dafür zu erbringen, dass der **Emittent** dieses **E-Geld-Token** gegen **Artikel 51** verstoßen hat, indem **er in seinem**

Lösing

Art. 52

Titel IV E-Geld-Token

Art. 15 (sonstige Kryptowerte)	Art. 26 (vermögenswertereferenzierte Token)	Art. 52 (E-Geld-Token)
E-Geld-Token, die Person, die die Zulassung zum Handel von Kryptowerten beantragt, oder der Betreiber der Handelsplattform für solche Kryptowerte gegen **Artikel 6** verstoßen hat, indem **er bzw. sie** unvollständige, unredliche, unverständliche oder irreführende Informationen zur Verfügung gestellt hat und dass sich das Verlassen auf diese Informationen auf die Entscheidung des Inhabers, diesen **Kryptowert** zu kaufen, zu verkaufen oder zu tauschen, ausgewirkt hat.	**Artikel 19** verstoßen hat, indem **er in seinem Kryptowerte-Whitepaper oder in einem geänderten Kryptowerte-Whitepaper** unvollständige, unredliche, nicht eindeutige oder irreführende Informationen zur Verfügung gestellt hat, und sich das Verlassen auf diese Informationen auf die Entscheidung des Inhabers, diesen **vermögenswertereferenzierten Token** zu kaufen, zu verkaufen oder zu tauschen, ausgewirkt hat.	**Kryptowerte-Whitepaper oder in einem geänderten Kryptowerte-Whitepaper** unvollständige, unredliche, nicht eindeutige oder irreführende Informationen zur Verfügung gestellt hat, und sich das Verlassen auf diese Informationen auf die Entscheidung des Inhabers, diesen **E-Geld-Token** zu kaufen, zu verkaufen oder zu tauschen, ausgewirkt hat.
(5) Der **Anbieter, die Person, die die Zulassung zum Handel beantragt, oder der Betreiber der Handelsplattform** und die Mitglieder **ihres** Verwaltungs-, Leitungs- oder Aufsichtsorgans haften **einem Inhaber eines Kryptowerts** nicht für Verluste, die durch den Verlass auf Informationen entstehen, die in einer Zusammenfassung gemäß **Artikel 6 Absatz 7**, einschließlich deren Übersetzung, zur Verfügung gestellt werden, es sei denn, die Zusammenfassung a) ist, wenn sie zusammen mit den anderen Teilen des Krypto-	(4) Der **Emittent** und die Mitglieder **seines** Verwaltungs-, Leitungs- oder Aufsichtsorgans haften nicht für Verluste, die durch den Verlass auf Informationen entstehen, die in einer Zusammenfassung gemäß **Artikel 19,** einschließlich deren Übersetzung, zur Verfügung gestellt werden, es sei denn, die Zusammenfassung a) ist, wenn sie zusammen mit den anderen Teilen des Kryptowerte-Whitepapers gelesen wird, irreführend, unrichtig oder widersprüchlich oder b) enthält, wenn sie zusammen mit den an-	(4) Der **Emittent** und die Mitglieder **seines** Verwaltungs-, Leitungs- oder Aufsichtsorgans haften nicht für Verluste, die durch den Verlass auf Informationen entstehen, die in einer Zusammenfassung gemäß **Artikel 51 Absatz 6,** einschließlich deren Übersetzung, zur Verfügung gestellt werden, es sei denn, die Zusammenfassung a) ist, wenn sie zusammen mit den anderen Teilen des Kryptowerte-Whitepapers gelesen wird, irreführend, unrichtig oder widersprüchlich oder b) enthält, wenn sie zu-

Haftung von Emittenten von E-Geld-Token **Art. 52**

Art. 15 (sonstige Kryptowerte)	Art. 26 (vermögenswertereferenzierte Token)	Art. 52 (E-Geld-Token)
werte-Whitepapers gelesen wird, irreführend, unrichtig oder widersprüchlich oder b) enthält, wenn sie zusammen mit den anderen Teilen des Kryptowerte-Whitepapers gelesen wird, nicht die wesentlichen Informationen, die potenziellen Inhabern **von des Kryptowerts** bei der Entscheidung über den Kauf **solcher Kryptowerte** helfen sollen.	deren Teilen des Kryptowerte-Whitepapers gelesen wird, nicht die wesentlichen Informationen, die potenziellen Inhabern bei der Entscheidung über den Kauf **des vermögenswertereferenzierten Token** helfen sollen.	sammen mit den anderen Teilen des Kryptowerte-Whitepapers gelesen wird, nicht die wesentlichen Informationen, die potenziellen Inhabern bei der Entscheidung über den Kauf **solcher E-Geld-Token** helfen sollen.
(6) Dieser Artikel lässt jede sonstige zivilrechtliche Haftung gemäß dem nationalen Recht unberührt.	(5) Dieser Artikel lässt jede sonstige zivilrechtliche Haftung gemäß dem nationalen Recht unberührt.	(5) Dieser Artikel lässt jede sonstige zivilrechtliche Haftung gemäß dem nationalen Recht unberührt.

Der Vergleich zeigt, dass die drei Vorschriften **weitgehend inhaltsgleich** sind. 8
Sie unterscheiden sich nach der Art der Token, auf die sie Bezug nehmen, und in
Art. 15 wird nicht der Emittent, sondern der Anbieter, die Person, die die Zulassung zum Handel beantragt, oder der Betreiber einer Handelsplattform verpflichtet.
Zudem ist Art. 52 Abs. 1 etwas anders formuliert, aber inhaltsgleich, und Art. 15
Abs. 3 in den anderen Vorschriften ohne Entsprechung.

II. Haftung für fehlerhafte Angabe im Whitepaper (Abs. 1)

Hat ein Emittent eines E-Geld-Token gegen Art. 51 verstoßen, indem er in 9
einem Kryptowerte-Whitepaper oder in einem geänderten Kryptowerte-Whitepaper unvollständige, unredliche, nicht eindeutige oder irreführende Informationen zur Verfügung gestellt hat, so sind der Emittent und die Mitglieder seines Verwaltungs-, Leitungs- oder Aufsichtsorgans einem Inhaber solcher E-Geld-Token
für aufgrund dieses Verstoßes erlittene Verluste haftbar.

1. Tatbestandsvoraussetzungen

Die folgenden Tatbestandsvoraussetzungen lassen sich unterscheiden. 10

a) Verstoß gegen Pflicht des Art. 51. Erste Tatbestandsvoraussetzung ist ein 11
Verstoß gegen relevante Pflichten des Art. 51. Es kommt aber nicht jeder Verstoß
gegen Art. 51 in Betracht. So ist bspw. die fehlende oder verspätete Übermittlung

Lösing

Art. 52 Titel IV E-Geld-Token

des Kryptowerte-Whitepapers an die Aufsichtsbehörden zwar ein Verstoß gegen die Vorgabe nach Art. 51 Abs. 11, dieser begründet allerdings keine Tatbestandsverwirklichung iSd Abs. 1. Erforderlich ist, dass in dem Kryptowerte-Whitepaper (oder dem geänderten Kryptowerte-Whitepaper) unvollständige, unredliche, nicht eindeutige oder irreführende Informationen zur Verfügung gestellt werden. Damit wird auf **die nach Art. 51 Abs. 1 zur Verfügung zu stellenden Informationen** Bezug genommen. Nicht umfasst wären damit auch fehlende Warnhinweise nach Art. 51 Abs. 3. Für die Zusammenfassung nach Art. 51 Abs. 6 gelten ohnehin Sonderregeln (dazu → Rn. 32ff.).

12 Für die Beurteilung, ob ein Informationsdokument unrichtig oder unvollständig ist, ist der objektive Empfängerhorizont maßgeblich. Abzustellen ist hierbei auf die Kenntnisse und Erfahrungen **eines durchschnittlichen Anlegers,** der als Adressat des Informationsdokuments in Betracht kommt. Ursprünglich war damit jemand gemeint, der eine Bilanz zu lesen versteht, aber nicht unbedingt mit der in eingeweihten Kreisen gebräuchlichen Fachsprache vertraut zu sein brauchte.[9] Nach der neueren Rspr. gelten allerdings geringere Anforderungen, wenn sich der Emittent auch an das unkundige und börsenunerfahrene Publikum wendet. So könne von dem durchschnittlich angesprochenen (Klein-)Anleger gerade nicht erwartet werden, dass er eine Bilanz lesen kann.[10] Der Empfängerhorizont bestimmt sich daher in diesen Fällen nach den Fähigkeiten und Erkenntnismöglichkeiten eines **durchschnittlichen (Klein-)Anlegers,** der sich allein anhand der Angaben in dem jeweiligen Informationsdokument über die Kapitalanlage informiert und über keinerlei Spezialkenntnisse verfügt.[11] Auch die MiCAR geht davon aus, dass unerfahrene Kleinanleger (Art. 3 Abs. 1 Nr. 37) investieren,[12] so dass auch hier der Beurteilungsmaßstab eines durchschnittlichen Kleinanlegers anzuwenden ist.

13 Nicht in Art. 52 geregelt, ist die Frage, ob der Verstoß ein **Verschulden** (also typischerweise Vorsatz oder Fahrlässigkeit) des Emittenten bzw. der Mitglieder des Leitungsorgans voraussetzt. Im Kontext von Wertpapierprospekten sieht § 12 Abs. 1 WpPG vor, dass die spezialgesetzliche Prospekthaftung nach §§ 9, 10 WpPG nicht in Anspruch genommen werden kann, wenn nachzuweisen ist, dass die Unrichtigkeit oder Unvollständigkeit der Angaben des Prospekts nicht bekannt war und die Unkenntnis nicht auf grober Fahrlässigkeit beruht. Demnach ist in diesem Kontext einerseits Vorsatz und grobe Fahrlässigkeit Voraussetzung für eine Haftung. Zum anderen gilt eine Verschuldensvermutung, dh der **Prospektverantwortliche muss nachweisen,** dass ihn **kein Verschulden** an dem Prospektmangel trifft. Diese **Verschuldensvermutung** und die mit ihr einhergehende Beweislastumkehr wird mit der Überlegung begründet, die für die Beurteilung der Verschuldensfrage maßgeblichen Umstände ausschließlich in der Sphäre der Prospektverantwortlichen liegen und für den Anspruchsteller praktisch nicht nachweisbar sind.[13] Diese Überlegungen treffen auch für die Kryptowerte-Whitepaper zu. Ein Verschuldensregelung findet sich auf europäischer Ebene genauso wenig wie eine Beweislastregelung

---

[9] Koch PersGesR/Hoch-Loy Kap. 1 Rn. 341.
[10] Koch PersGesR/Hoch-Loy Kap. 1 Rn. 341.
[11] Koch PersGesR/Hoch-Loy Kap. 1 Rn. 341 mVa BGH ZIP 2012, 2199 Rn. 25; Heymann/Borges, 3. Aufl. 2019, HGB § 161 Rn. 507.
[12] Erwgr. Nr. 2, 5, 6, 19, 24, 37, 40, 47, 49, 51, 112.
[13] Assmann/Schlitt/v. Kopp-Colomb/Assmann WpPG § 9 Rn. 115 mVa RegE Drittes Finanzmarktförderungsgesetz, BT-Drucks. 13/8933, 80.

zu diesem Punkt. Die Beweislastregelung in Abs. 3 umfasst lediglich die haftungsbegründende Kausalität (→ Rn. 29 ff.). Es findet sich weder eine Beweispflicht für den Inhaber des E-Geld-Tokens, noch wird geregelt, ob sich der Emittent oder Mitglieder des Leitungsorgans entlasten können. Das spricht dafür, dass ein gesondertes Verschulden nicht erforderlich ist, um die Haftung zu begründen. Anscheinend geht der europäische Verordnungsgeber davon aus, dass der Emittent die volle Kontrolle darüber hat, dass die Informationen in dem Kryptowerte-Whitepaper vollständig, redlich, eindeutig und nicht irreführend sind und somit jeglicher Verstoß zumindest fahrlässig verschuldet ist.

Ansonsten kann grundsätzlich davon ausgegangen werden, dass Inhalte aus dem gesamten Teil des Kryptowerte-Whitepapers eine Haftung auslösen können: Im **Prospektrecht** gilt das **Prinzip der Gesamtverantwortlichkeit,** dh den verantwortlichen Personen ist es nicht möglich, ihre Verantwortung auf einzelne Teile des Prospekts zu beschränken. Auch wenn andere Personen für die übrigen Teile freiwillig die Verantwortung übernommen haben, ergibt sich die Verantwortung für den Prospekt aus der Formulierung „Inhalt des Prospekts"[14]. Nach den Vorgaben für die Verantwortungserklärungen in den einzelnen Anhängen der Del-VO (EU) 2019/980 wäre die Übernahme der Prospektverantwortung lediglich für einzelne Prospektbestandteile zwar konzeptionell ausdrücklich zulässig[15]. Der deutsche Gesetzgeber hat sich jedoch trotz entsprechender Forderungen in der Literatur[16] dazu entschieden, an dem schon vor Inkrafttreten des WpPG geltenden Prinzip der Gesamtverantwortlichkeit festzuhalten.[17]

Für das **Kryptowerte-Whitepaper** nach der MiCAR ist eine Verantwortlichkeit für den (gesamten) Inhalt des Prospekts wie in § 8 WpPG gesetzlich zwar nicht direkt geregelt. Jedoch stellt Art. 51 Abs. 3 indirekt über den aufzunehmenden Warnhinweis klar, dass der Emittent die (alleinige) Verantwortung für den Inhalt dieses Kryptowerte-Whitepapers trägt. Damit wird Bezug genommen auf den gesamten Inhalt des Kryptowerte-Whitepapers, so dass auch hier davon auszugehen ist, dass der **Emittent** und die **Mitglieder seines Leitungsorgans**/seiner Leitungsorgane die Verantwortung für das gesamte Kryptowerte-Whitepaper tragen. Die gesetzlich geregelte Ausnahme für die Zusammenfassung bestätigt diese Ansicht.

b) Haftungsbegründende Kausalität. Die haftungsbegründende Kausalität bezeichnet den **ursächlichen Zusammenhang** zwischen einem rechtswidrigen Verhalten und dem eingetretenen Schaden. Um einen Schadensersatzanspruch geltend machen zu können, muss der Geschädigte nachweisen, dass das rechtswidrige Verhalten des Schädigers (die sogenannte „Schadenshandlung") ursächlich für den eingetretenen Schaden war. Dieser Nachweis wird als haftungsbegründende Kausalität bezeichnet.

---

[14] Marsch-Barner/Schäfer Börsennotierte AG-HdB/Gillessen/Krämer Rn. 10.403.

[15] Auch die Zusammenfassung und etwaige Übersetzungen der Zusammenfassung gem. Art. 7 Abs. 5 lit. e EU-Prospektverordnung werden von einer eigenen Verantwortungserklärung erfasst und es wird in diesem Zusammenhang nicht auf die Verantwortungserklärung für den Prospekt Bezug genommen, was dafürspricht, dass nach der Konzeption der EU-Prospektverordnung (zumindest auch) andere Personen für die Zusammenfassung oder einzelne ihrer Übersetzungen die Haftung übernehmen könnten.

[16] Meyer WM 2003, 1301 (1311); Fleischer, Teilgutachten F für den 64. Deutschen Juristentag 2002, S. 67 f.; kritisch dazu Mülbert JZ 2002, 826 (83).

[17] Marsch-Barner/Schäfer Börsennotierte AG-HdB/Gillessen/Krämer Rn. 10.403.

Art. 52　　　　　　　　　　　　　　　　　　　　Titel IV E-Geld-Token

17　Die haftungsbegründende Kausalität wird in der Regel durch den sogenannten „conditio-sine-qua-non-Test" (auch bekannt als „Äquivalenztheorie" oder „But-for-Test") geprüft. Nach diesem Test ist ein Ereignis dann kausal für einen bestimmten Erfolg, **wenn der** Erfolg **(Schaden) bei Wegfall des Ereignisses nicht eingetreten wäre.**

18　　c) **Feststellung des Verlusts.** Bei E-Geld-Token, die kraft Definition an eine bestimmte Währung gekoppelt sind, stellt sich die Feststellung eines Verlusts aufgrund von Wertschwankungen anders als bei Wertpapieren dar. Aufgrund der Wertbindung des E-Geld-Tokens an die Referenzwährung können jedenfalls bei stabiler Wertreferenz im Vergleich zu der Referenzwährung **keine Kursverluste** auftreten. Daher treten für den Inhaber eines auf den Euro bezogenen E-Geld-Tokens mit Wohnsitz im Euroraum bei Erhalt der Wertstabilität im Grundsatz keine marktpreisbezogenen Risiken auf.

19　Anders stellt sich die Frage im Fall von aus Sicht des Inhabers ausländischen E-Geld-Token, die den normalen Wechselkursrisiken unterliegen. Verluste können auch dann eintreten, wenn das Kryptowerte-Whitepaper **unzutreffend den Eindruck einer stabilen Wertkoppelung** erweckt oder die Angaben zur **Solvabilität des Emittenten** fehlerhaft sind und der Rücktausch des E-Geld-Tokens daher nur mit Verlusten durchgeführt werden kann.

20　　d) **Haftungsausfüllende Kausalität.** Wenn festgestellt ist, dass der Emittent dem Geschädigten dem Grunde nach zum Schadenersatz verpflichtet ist, stellt sich die Frage, was konkret der Schaden des Geschädigten ist und wie dieser Schaden auszugleichen ist. Während die haftungsbegründende Kausalität den ursächlichen Zusammenhang zwischen der Schadenshandlung und dem grundsätzlichen Schadenseintritt betrachtet, geht es bei der haftungsausfüllenden Kausalität um die Frage, ob und inwieweit der tatsächlich eingetretene Schaden bzw. die Schadenshöhe auf die Schadenshandlung zurückzuführen ist. Die haftungsausfüllende Kausalität wird in der Regel durch den sogenannten **„Adäquanztest"** geprüft. Nach diesem Test ist ein Ereignis dann adäquat kausal für einen bestimmten Erfolg, wenn es **nach dem gewöhnlichen Lauf** der Dinge und **der allgemeinen Lebenserfahrung** geeignet ist, einen solchen Erfolg herbeizuführen. Mithilfe der Adäquanztheorie werden solche Kausalzusammenhänge herausgefiltert, die nur unter höchst ungewöhnlichen, selbst für den optimalen Beurteiler nicht vorhersehbaren Umständen geeignet sind, den missbilligten Erfolg herbeizuführen. Schließlich muss sich im Rahmen der haftungsbegründenden Kausalität gerade die Gefahr realisiert haben, vor der die vom Schädiger verletzte Verhaltenspflicht schützen sollte.

2. Rechtsfolgen

21　Art. 52 ordnet als Rechtsfolge sowohl eine **Haftung des Emittenten** als auch eine **Haftung der Mitglieder des Leitungsorgans** an.

22　　a) **Haftung des Emittenten.** Der Emittent eines E-Geld-Token haftet dem Inhaber bei dem unter II.1 dargestellten Verstoß neben den Mitgliedern der Leitungsorgane (→ Art. 3 Rn. 197 ff.) für aufgrund dieses Verstoßes erlittene Verluste. Emittenten von E-Geld-Token können gemäß Art. 48 Abs. 1 nur Kreditinstitute und E-Geld-Institute sein, die einer besonderen aufsichtsrechtlichen Überwachung unterliegen. Dabei überprüft die Aufsicht insbesondere die Solvabilität der Institute fortlaufend.

Haftung von Emittenten von E-Geld-Token **Art. 52**

b) Persönliche Haftung der Mitglieder des Verwaltungs-, Leitungs- oder 23
Aufsichtsorgan. Nach Abs. 1 sind neben dem Emittenten die Mitglieder seines Verwaltungs-, Leitungs- oder Aufsichtsorgans haftbar. In der MiCAR definiert ist lediglich der Begriff des „**Leitungsorgans**"[18]. Die Begriffe „Verwaltungsorgan" oder „Aufsichtsorgan" finden sich lediglich in den Vorschriften zur Prospekthaftung (Art. 15, 26 und 52). Da hier die Begriffe „Verwaltungsorgan", „Leitungsorgan" und „Aufsichtsorgan" nebeneinander verwendet werden, stellt sich die Frage, ob es sich bei den Begriffen „Verwaltungsorgan" oder „Aufsichtsorgan" um andere Organe als ein Leitungsorgan handelt oder ob die Begriffe Verwaltungsorgan und Aufsichtsorgan lediglich als Erläuterungen des an sich recht weit definierten Begriffs des „Leitungsorgans" (→ Art. 3 Rn. 197 ff.) dienen.

Nach der Definition des Begriffs „Leitungsorgan" in Art. 3 Abs. 1 Nr. 27 handelt 24
es sich dabei um „das Organ – oder die Organe – eines Emittenten, eines Anbieters oder einer Person, die eine Zulassung zum Handel beantragt, oder eines Anbieters von Kryptowerte-Dienstleistungen, die nach nationalem Recht bestellt wurden, die **befugt sind, Strategie, Ziele und Gesamtpolitik des Unternehmens festzulegen,** und die die **Entscheidungen der Geschäftsführung des Unternehmens kontrollieren und überwachen,** und Personen umfasst, die die Geschäfte des Unternehmens tatsächlich führen.".

Nach deutschem Recht würden dabei zum Beispiel bei einer Aktiengesellschaft 25
sowohl der Vorstand als auch der Aufsichtsrat umfasst sein. Mögliches Haftungssubjekt sind neben dem Emittenten als Unternehmen also auch unmittelbar dessen Verwaltungs-, Geschäftsführungs- oder Aufsichtsorganmitglieder. Die zweite Führungsebene unterhalb der Geschäftsführung ist damit grundsätzlich nicht erfasst, es sei denn diese Personen führen die Geschäfte des Unternehmens in tatsächlicher Hinsicht. Soweit Prokuristen die Geschäfte tatsächlich führen und zum Beispiel eine Einzelvertretungsvollmacht haben, können auch Prokuristen von dem Begriff umfasst sein.

Aufgrund der Weite der Definition des Begriffs „Leitungsorgan" erscheint es na- 26
heliegend, dass der Begriff „**Verwaltungsorgan**" neben dem Begriff „**Leitungsorgan**" **keine gesonderte Bedeutung** zukommt und über den Begriff „Leitungsorgan" hinausgehend nicht noch andere Organe oder weitere Personen umfasst sind. Vielmehr soll die Verwendung im Zusammenhang mit der Haftung nur klarstellen, dass neben dem klassischen Leitungsorgan auch Mitglieder eines Aufsichtsgremium oder bei der monistisch verfassten SE auch die nicht geschäftsführenden Mitglieder des Verwaltungsorgans (Board) erfasst sein sollen. Da sich die anderen Erwägungsgründe[19] und Regelungen[20] in der MiCAR auf den Begriff des „Leitungsorgans" beschränken, wäre es aus Gründen der Einheitlichkeit empfeh-

---

[18] Art. 3 Abs. 1 Nr. 27.
[19] Erwgr. Nr. 39, 50, 51 und 81.
[20] Art. 6 Abs. 6, 19 Abs. 5 u. Art. 51 Abs. 5 – Erklärung des Leitungsorgans im Kryptowerte-Whitepaper zur Redlichkeit, Eindeutigkeit und nicht irreführenden Darstellung; Art. 18 Abs. 2 lit. h – Angabe der Identität der Mitglieder im Zulassungsantrag; Art. 21 u. 24 – Eignung der Leitungsorganmitglieder; Art. 25 Abs. 1 lit. a Berichtspflichten ggf. dem Leitungsorgan; Art. 33 Mitteilungen von Änderungen im Leitungsorgan; Art. 44 Abs. 2 u. 3 – Regelungen zur Unternehmensführung; Art. 34 Abs. 12 – Vorlage der Prüfungsergebnisse; Art. 36 Abs. 6 – Pflicht der Leitungsorgane zur wirksamen und umsichtigen Verwaltung der Vermögenswertreserve; Art. 62 Abs. 2 lit. g – Nachweise über Kenntnisse und Fähigkeiten im Zulassungsantrag des Kryptowerte.

Lösing

Art. 52

lenswert auch im Zusammenhang mit den Regelungen zur Haftung für fehlerhafte Informationen im Kryptowerte-Whitepaper lediglich den Begriff der „Leitungsorgane" zu verwenden[21]. Die Begriffe „Verwaltungsorgan" oder „Aufsichtsorgan" sind mangels weitergehenden Anwendungsbereichs entbehrlich.

27 **c) Gesamtschuld.** Nicht explizit geregelt ist, ob der Emittent und die Organmitglieder jeweils **nur für ihren Verantwortungsbeitrag** haften **oder** ob sie **gesamtschuldnerisch auf den gesamten Schaden** haften. Die gleiche Frage stellt sich auch, wenn man nur das Verhältnis der Organmitglieder untereinander betrachtet. Auch hier ist nicht explizit geregelt, ob die Organmitglieder im Außenverhältnis gesamtschuldnerisch haften und im Einzelfall auf Rückgriffsansprüche im Innenverhältnis angewiesen sind. In anderen Regelungskontexten ist aber anerkannt, dass eine **Gesamtschuld** besteht. So regelt bspw. § 9 WpPG eine Gesamtschuldnerschaft, dh der Erwerber eines Wertpapiers kann sowohl von denjenigen, die für den Prospekt die Verantwortung übernommen haben als auch von denjenigen, von denen der Erlass des Prospekts ausgeht den gesamten Schaden verlangen. Die entsprechenden Personen haften im Prospektrecht also gesamtschuldnerisch für die Unrichtigkeit oder Unvollständigkeit des Prospekts[22]. Es spricht **aus Anlegerschutzgesichtspunkten** viel dafür, **diese Prinzipien auch auf die Haftung für Kryptowerte-Whitepaper** zu erstrecken.

III. Zivilrechtliche Unwirksamkeit entgegenstehender Vertragsregelungen (Abs. 2)

28 Nach Abs. 2 soll ein **vertraglicher Ausschluss** oder eine vertragliche Beschränkung der zivilrechtlichen Haftung gemäß UAbs. 1 **keine Rechtswirkung** haben. Gemeint ist hier allerdings die sich aus Abs. 1 ergebende Haftung. Entgegenstehende vertragliche Haftungsbeschränkungen oder -ausschlüsse sind daher unwirksam.

IV. Beweislast (Abs. 3)

29 Den **Inhabern des E-Geld-Token** obliegt es, den Nachweis dafür zu erbringen, dass der Emittent dieses E-Geld-Token **gegen Art. 51 verstoßen** hat, indem er in seinem Kryptowerte-Whitepaper oder in einem geänderten Kryptowerte-Whitepaper unvollständige, unredliche, nicht eindeutige oder irreführende Informationen zur Verfügung gestellt hat.

30 Darüber hinaus muss der Inhaber des E-Geld-Tokens nachweisen, dass sich das **Verlassen auf diese Informationen auf seine Entscheidung ausgewirkt** hat, diesen E-Geld-Token zu kaufen, zu verkaufen oder zu tauschen. Dazu ist anerkannt, dass diese haftungsbegründende Kausalität[23] für den Anleger schwer beweisbar ist, zumal er nachzuweisen hätte, dass er den fehlerhaften Prospekt gelesen hatte. Insofern ist fraglich, ob dem Inhaber in diesem Punkt gewisse Beweiserleichterungen zugutekommen. Im Fall des Prospektrechts hatte das Reichsgericht zu

---

[21] Vgl. auch Erwgr. Nr. 39.
[22] Marsch-Barner/Schäfer Börsennotierte AG-HdB/Gillessen/Krämer Rn. 10.403.
[23] Zum folgenden, siehe auch die Darstellung bei Wilhelm BKR 2023, 341 (348).

Gunsten des Anlegers eine solche Vermutungsregel aufgestellt, weil es unterstellt, dass der Emissionsprospekt die Einschätzung des Wertpapiers in den maßgeblichen Fachkreisen beeinflusst und somit für einen mehrmonatigen Zeitraum eine sog. *„Anlagestimmung"* erzeugt habe.[24] Es wurde daher vermutet, dass selbst wenn der Anleger den Prospekt nicht kannte, ein Zusammenhang zwischen dem Prospektfehler und seiner Investitionsentscheidung besteht. Auch der deutsche Gesetzgeber hat dies mit dem 3. FMFG aufgegriffen, indem er die Beweislast in puncto Kausalität auf die Anspruchsverpflichteten verlagert hatte. Diese „deutschen" Vermutungsregeln lassen sich aber nicht auf Art. 51 übertragen: Die Ausgestaltung dieser Haftungsnorm ist in weiten Teilen anders als entsprechende deutsche Normen mit kurzen Fristen. Auch ist es notwendig aufgrund der EU-weiten direkten Anwendung dieser Vorschrift für eine einheitliche Auslegung dieser Vorschrift in allen EU-Mitgliedsstaaten zu sorgen.

Da die Beweispflicht nach allgemeinen Grundsätzen beim Anspruchsteller liegt, 31 ist mit dieser Regelung **keine Beweislastumkehr** verbunden. Es stellt sich aber die Frage, ob aus der Regelung im Umkehrschluss abgeleitet werden kann, dass der Inhaber eines E-Geld-Tokens für die weiteren Tatbestandsvoraussetzungen wie beispielsweise den Eintritt eines Schadens nicht beweispflichtig ist. Dies erscheint allerdings wenig nachvollziehbar. Es ist allein der Anleger der Informationen zum Kauf, Verkauf oder Tausch der E-Geld-Token vorlegen kann.

V. Ausschluss der Haftung für fehlerhafte Angaben in der Whitepaper-Zusammenfassung (Abs. 4)

Die Haftungssubjekte **haften im Grundsatz nicht** für Verluste, die durch das 32 Vertrauen auf Informationen entstehen, die in einer Zusammenfassung gemäß Art. 51 Abs. 6 zur Verfügung gestellt werden.

Der Grundsatz des Haftungsausschlusses erklärt sich materiell aus der verkürzten 33 Darstellung der Zusammenfassung, der nicht fachsprachlichen, leicht verständlichen Sprache, der zu wählenden eindeutigen und verständlichen Form. Daraus ergibt sich, dass komplexe Sachverhalte verkürzt dargestellt werden müssen und insofern gewisse **pauschalierte Vereinfachungen** enthalten können.

Eine erste Ausnahme von dem Grundsatz des Haftungsausschlusses besteht dann, 34 wenn die Zusammenfassung (wenn sie zusammen mit den anderen Teilen des Kryptowerte-Whitepapers gelesen wird) entweder **irreführend, unrichtig oder widersprüchlich** ist oder sie **nicht die wesentlichen Informationen enthält**, die potenziellen Inhabern bei der Entscheidung über den Kauf solcher E-Geld-Token helfen sollen.

Eine weitere zweite Ausnahme greift dann, wenn das Kryptowerte-Whitepaper 35 zusammen mit anderen Passagen des Kryptowerte-Whitepapers irreführend, unrichtig, widersprüchlich oder im Hinblick auf die für Kaufentscheidung wesentlichen Informationen **unvollständig** ist. Denn in diesen Fällen erfüllt die Zusammenfassung ihre Funktion gerade nicht.

---

[24] Hier verweist Wilhelm BKR 2023, 341 (348) auf Nußbaum, Kommentar zum Börsengesetz, 1910, § 46 III (S. 195) mwN.

VI. Verhältnis zur zivilrechtlichen Haftung (Abs. 5)

36 Nach Abs. 5 bleibt eine etwaige zivilrechtliche Haftung gemäß dem nationalen Recht unberührt. Haftungsvorschriften in Deutschland können sich aus **allgemeinen Vorschriften des Bürgerlichen Rechts** ergeben. So können Inhaber von E-Geld-Token bspw. **Ansprüche wegen arglistiger Täuschung** gemäß § 123 BGB geltend machen oder im Fall **einer vorsätzlichen, sittenwidrigen Schädigung** auch eine Haftung nach § 826 BGB geltend machen. Diese Anspruchsgrundlagen stellen aber sehr hohe Anforderungen auf, so dass vornehmlich die Geltendmachung von Schadensersatz wegen **Verletzung vorvertraglicher Aufklärungspflichten** *(culpa in contrahendo)* gemäß § 311 Abs. 2 Nr. 2 BGB in Betracht kommt. Diese zivilrechtliche Haftung beruht auf einer Weiterführung des Grundgedankens der Vertrauenshaftung, wie sie für das Institut des Verschuldens bei Vertragsverhandlungen (cic) entwickelt wurde.[25] Sie kommt insbesondere dann in Betracht, wenn sich Personen zur Erfüllung eigener vorvertraglicher oder vertraglicher Aufklärungspflichten eines Prospekts (bzw. Kryptowerte-Whitepapers) bedienen (Prospekthaftung im weiteren Sinn).[26]

Artikel 53 Marketingmitteilungen

(1) **Marketingmitteilungen zu einem öffentlichen Angebot eines E-Geld-Token oder zur Zulassung eines E-Geld-Token zum Handel müssen alle folgenden Anforderungen erfüllen:**
a) die Marketingmitteilungen sind eindeutig als solche erkennbar,
b) die Informationen in den Marketingmitteilungen sind redlich, eindeutig und nicht irreführend,
c) die Informationen in den Marketingmitteilungen stimmen mit den Angaben im Kryptowerte-Whitepaper überein,
d) in den Marketingmitteilungen wird eindeutig darauf hingewiesen, dass ein Kryptowerte-Whitepaper veröffentlicht wurde, und es wird eindeutig die Adresse der Website des Emittenten des E-Geld-Token sowie eine Telefonnummer und E-Mail-Adresse des Emittenten für die Kontaktaufnahme angegeben.

(2) **In den Marketingmitteilungen ist klar und eindeutig anzugeben, dass Inhaber eines E-Geld-Token beim Emittenten jederzeit ein Recht auf Rücktausch zum Nennwert haben.**

(3) **Marketingmitteilungen und jegliche sie betreffende Änderungen sind auf der Website des Emittenten zu veröffentlichen.**

---

[25] Für den Fall von Wertpapierprospekten, BeckRA-HdB § 34. Anlegerschutz Rn. 54.
[26] Schwark/Zimmer/Heidelbach WpPG § 9 Rn. 40; vgl. auch zur Kontroversen zwischen dem II. und XI. Senat des BGH, Wilhelm BKR 2023, 341 ff. und Assmann AG 2023, 189 ff., wonach das Verhältnis zwischen der spezialgesetzlichen und der zivilrechtlichen Haftung im Fall von Verstößen gegen Prospektveröffentlichungspflichten viel diskutiert und aktuell in seinen Einzelheiten nicht vollständig geklärt ist. Insbesondere sind der II. und XI. Senat des BGH unterschiedlicher Auffassung in Bezug auf das Verhältnis von der spezialgesetzlichen (Prospekt-)Haftung zu der allgemeinen zivilrechtlichen Haftung iwS.

(4) Die zuständigen Behörden verlangen keine Vorabgenehmigung von Marketingmitteilungen vor ihrer Veröffentlichung.

(5) Marketingmitteilungen sind den zuständigen Behörden auf Aufforderung zu übermitteln.

(6) Vor der Veröffentlichung des Kryptowerte-Whitepapers dürfen keine Marketingmitteilungen verbreitet werden. Diese Beschränkung hindert den Emittenten eines E-Geld-Token nicht daran, Marktsondierungen durchzuführen.

Schrifttum: s. vor Art. 48

Übersicht

	Rn.
I. Einführung	1
1. Begriff der Marketingmitteilung	2
2. Struktur der Vorschrift/Überblick	3
3. Vergleich der MiCAR-Vorschriften zu Marketingmitteilungen	6
II. Verantwortlichkeit für die Einhaltung der Anforderungen	10
III. Inhaltliche Anforderungen an Marketingmitteilungen (Abs. 1 und 2)	15
1. Eindeutige Erkennbarkeit (lit. a)	16
2. Redliche, eindeutige und nicht irreführende Informationen (lit. b)	18
3. Konsistenz mit dem Kryptowerte-Whitepaper (lit. c)	20
4. Hinweis auf Kryptowerte-Whitepaper (lit. d)	22
IV. Hinweis auf Rücktauschrecht (Abs. 2)	23
V. Veröffentlichung von Marketingmitteilungen (Abs. 3)	24
VI. Keine Vorabgenehmigung (Abs. 4)	27
VII. Übermittlungspflicht in Bezug auf die Marketingmitteilungen (Abs. 5)	29
VIII. Verbot von Marketingmitteilungen vor Veröffentlichung des Whitepapers (Abs. 6)	31
1. Verbot von Marketingmitteilungen vor Veröffentlichung des Kryptowerte-Whitepapers (S. 1)	32
2. Ausnahme für Marktsondierungen (S. 2)	33
VIII. Sanktionen	38

I. Einführung

Art. 53 stellt bestimmte prinzipielle und konkret-spezifisch **materiell-inhalt-** 1
liche (Abs. 1 und 2) und **formal-prozedurale** (Abs. 3–6) Anforderungen für Marketingmitteilungen auf, die im Zusammenhang mit einem öffentlichen Angebot von E-Geld-Token oder dem Antrag auf deren Zulassung zum Handel bei einer Handelsplattform stehen. Zweck der Regelung ist der **Schutz von** potenziellen **Kryptowerte-Kleinanlegern.** Diese sollen über die Merkmale, Funktionen und Risiken der Kryptowerte, die sie zu kaufen beabsichtigen, informiert werden (ErwGr. 24).

1. Begriff der Marketingmitteilung

Der Begriff der Marketingmitteilung ist in der MiCAR nicht eigenständig de- 2
finiert. In anderen Regelungskontexten ist der Begriff aber näher konkretisiert.

Demnach lässt sich folgende Begriffsbestimmung ableiten: Marketingmitteilungen sind **Informationen,** welche die Adressaten zum Erwerb eines E-Geld-Tokens bewegen will, also eine **absatzfördernde Zielrichtung** aufweisen.[1] Eine Marketingmitteilung hat das Ziel, den Absatz zu steigern oder die Markenbekanntheit zu erhöhen. Dabei kann sie auch einen informativen Charakter haben, indem sie potenzielle Kunden über die Produkte oder Dienstleistungen eines Unternehmens unterrichtet. Eine Marketingmitteilung kann **verschiedene Kanäle** nutzen, wie bspw. Fernseh- oder Radiowerbung, Social Media, E-Mail oder Direktmarketing. Neben Flyern sind damit auch Imagebroschüren, Pressemitteilungen, der Internet-Auftritt und E-Mail-Kampagnen erfasst.[2] Die Verschriftlichung ist also keine Voraussetzung einer Marketingmitteilung.

2. Struktur der Vorschrift/Überblick

3   Art. 53 enthält prinzipielle und konkret-spezifisch **materiell-inhaltliche** (Abs. 1 und 2) und **formal-prozedurale** (Abs. 3–6) Anforderungen für Marketingmitteilungen.

4   Gemäß Abs. 1 müssen Marketingmitteilungen **als solche erkennbar** sein (→ Rn. 16 f.). Darüber hinaus müssen die enthaltenen Informationen **redlich, eindeutig und dürfen nicht irreführend** sein (→ Rn. 18 f.). Weiterhin ist es erforderlich, dass die Angaben in den Marketingmitteilungen, **mit** denen im **Kryptowerte-Whitepaper übereinstimmen** (→ Rn. 20 f.). Zusätzlich müssen die Mitteilungen auf das Kryptowerte-Whitepaper **verweisen** und Informationen zur **Webseite des Emittenten** sowie Möglichkeiten zur Kontaktaufnahme enthalten (→ Rn. 22). Abs. 2 beinhaltet die Pflicht des Emittenten darauf hinzuweisen, dass der Inhaber des E-Geld-Tokens jederzeit ein Recht auf Rücktausch zum Nennwert hat (→ Rn. 23).

5   Die **Absätze 3–6** enthalten **prozedurale Vorgaben:** Abs. 3 schreibt vor, dass Marketingmitteilungen und alle Änderungen auf der **Webseite des Emittenten zu veröffentlichen** sind (→ Rn. 24 ff.). Abs. 4 stellt dagegen klar, dass solche Mitteilungen **keiner vorherigen Genehmigung** durch die zuständigen Behörden bedürfen (→ Rn. 27 f.). Dennoch können die zuständigen Behörden die **Übermittelung solcher Mitteilungen anfordern.** In diesem Fall besteht eine Übermittlungspflicht (→ Rn. 29 f.). Abs. 6 enthält die Vorgabe, dass mit Ausnahme keine Marketingmitteilung vor Veröffentlichung des Kryptowerte-Whitepapers ausgegeben werden, wobei Marketingmitteilungen von Marktsondierungen zu unterscheiden sind (→ Rn. 31 ff.).

3. Vergleich der MiCAR-Vorschriften zu Marketingmitteilungen

6   Weitgehend **parallele Regelungen** zu Marketingmitteilungen finden sich in Art. 7 MiCAR für Kryptowerte, die keine vermögenswertereferenzierte Token und keine E-Geld-Token sind (Titel II MiCAR) und in Art. 29 MiCAR für vermögenswertereferenzierte Token (Titel III MiCAR). Dabei lassen sich die Unter-

---

[1] In diese Richtung gehend auch die Begriffsbestimmung in BT 3.1.1 Nr. 1 MaComp der BaFin in Bezug auf § 63 Abs. 6 WpHG, der wiederrum eine Umsetzung von Art. 24 Abs. 3 MiFID II ist.

[2] ErwGr. 24; vgl. auch Zeidler WM 2008, 238 (239) (zu den entsprechenden MiFID- bzw. WpHG-Vorgaben).

Marketingmitteilungen **Art. 53**

schiede zwischen diesen drei Regelungen (nur) zum Teil durch materielle Unterschiede bzgl. der Kryptowerte erklären. Der wesentlichste materielle Unterschied betrifft die Zulassungspflichtigkeit/**Beaufsichtigung der Personen,** die die jeweiligen Arten der Kryptowerte öffentlich anbieten bzw. deren Zulassung zum Handel beantragen.

Die nachfolgende Synopse gibt einen Überblick über die **Formulierung der** 7 **drei parallelen Vorschriften,** wobei bemerkenswerte Unterscheidungen durch Fettdruck hervorgehoben sind.

[Tabellenbeschriftung: Überblick über die MiCAR-Vorgaben zu Marketingmitteilungen]

Art. 7	Art. 29	Art. 53
(1) Marketingmitteilungen zu einem öffentlichen Angebot eines anderen Kryptowerts als vermögenswertereferenzierten Token oder E-Geld-Token oder zur Zulassung eines solchen Kryptowerts zum Handel müssen **alle** (englische Fassung „all of the") folgenden Anforderungen erfüllen:	(1) Marketingmitteilungen zu einem öffentlichen Angebot eines vermögenswertereferenzierten Token oder zur Zulassung eines solchen vermögenswertereferenzierter Token zum Handel müssen **jede der** (englische Fassung: „all the") folgenden Anforderungen erfüllen:	(1) Marketingmitteilungen zu einem öffentlichen Angebot eines E-Geld-Token oder zur Zulassung eines E-Geld-Token zum Handel müssen **alle** (englische Fassung: „all the") folgenden Anforderungen erfüllen:
Die Marketingmitteilungen sind eindeutig als solche erkennbar;	Die Marketingmitteilungen sind eindeutig als solche erkennbar;	die Marketingmitteilungen sind eindeutig als solche erkennbar,
die Informationen in den Marketingmitteilungen sind redlich und eindeutig und nicht irreführend;	die Informationen in den Marketingmitteilungen sind redlich, eindeutig und nicht irreführend;	die Informationen in den Marketingmitteilungen sind redlich, eindeutig und nicht irreführend,
die Informationen in den Marketingmitteilungen stimmen mit den Informationen im Kryptowerte-Whitepaper überein, **sofern ein solches Kryptowerte-Whitepaper gemäß Artikel 4 oder 5 erforderlich ist;**	die Informationen in den Marketingmitteilungen stimmen mit den Angaben im Kryptowerte-Whitepaper überein;	die Informationen in den Marketingmitteilungen stimmen mit den Angaben im Kryptowerte-Whitepaper überein,
in den Marketingmitteilungen wird eindeutig darauf hingewiesen, dass ein Kryptowerte-Whitepaper veröffentlicht wurde, und sie enthalten	in den Marketingmitteilungen wird eindeutig darauf hingewiesen, dass ein Kryptowerte-Whitepaper veröffentlicht wurde, und es wird ein-	in den Marketingmitteilungen wird eindeutig darauf hingewiesen, dass ein Kryptowerte-Whitepaper veröffentlicht wurde, und es wird ein-

Lösing

Art. 53 — Titel IV E-Geld-Token

Art. 7	Art. 29	Art. 53
die Adresse der Website des Anbieters der betreffenden Kryptowerte, der Person, die die Zulassung solcher Kryptowerte zum Handel beantragt oder des Betreibers der Handelsplattform für den betreffenden Kryptowert sowie eine Telefonnummer und eine E-Mail-Adresse, über die diese Person kontaktiert werden kann;	deutig die Adresse der Website des Emittenten des vermögenswertereferenzierten Token angegeben, sowie eine Telefonnummer und E-Mail-Adresse des Emittenten für die Kontaktaufnahme.	deutig die Adresse der Website des Emittenten des E-Geld-Token sowie eine Telefonnummer und E-Mail-Adresse des Emittenten für die Kontaktaufnahme **angegeben.**
die Marketingmitteilungen enthalten die folgende eindeutige und deutlich erkennbare Erklärung: „Diese Kryptowert-Marketingmitteilung wurde von keiner zuständigen Behörde eines Mitgliedstaats der Europäischen Union geprüft oder genehmigt. Der Anbieter des Kryptowerts trägt die alleinige Verantwortung für den Inhalt dieser Kryptowert-Marketingmitteilung."		
Wird die Marketingmitteilung von der Person, die die Zulassung zum Handel beantragt, oder von dem Betreiber einer Handelsplattform erstellt, so wird in die Erklärung gemäß Unterabsatz 1 Buchstabe e anstelle von „Anbieter" auf die „Person, die die Zulassung zum Handel beantragt" oder den „Betreiber der Handelsplattform" Bezug		

Marketingmitteilungen **Art. 53**

Art. 7	Art. 29	Art. 53
genommen.		
(2) Ist ein Kryptowerte-Whitepaper gemäß Artikel 4 oder 5 erforderlich, so dürfen vor der Veröffentlichung des Kryptowerte-Whitepapers keine Marketingmitteilungen verbreitet werden. Die Möglichkeit des Anbieters, der Person, die die Zulassung zum Handel beantragt, oder des Betreibers einer Handelsplattform, Marktsondierungen durchzuführen, bleibt hiervon unberührt.	(6) Vor der Veröffentlichung des Kryptowerte-Whitepapers dürfen keine Marketingmitteilungen verbreitet werden. Diese Beschränkung hindert den Emittenten des vermögenswertreferenzierten Token nicht daran, Marktsondierungen durchzuführen.	(6) Vor der Veröffentlichung des Kryptowerte-Whitepapers dürfen keine Marketingmitteilungen verbreitet werden. Diese Beschränkung hindert den Emittenten eines E-Geld-Token nicht daran, Marktsondierungen durchzuführen.
	(2) In den Marketingmitteilungen wird klar und eindeutig angegeben, dass Inhaber **des** vermögenswertreferenzierten Token beim Emittenten jederzeit ein Recht auf Rücktausch haben.	(2) In den Marketingmitteilungen ist klar und eindeutig anzugeben, dass Inhaber **eines** E-Geld-Token beim Emittenten jederzeit ein Recht auf Rücktausch zum Nennwert haben.
(3) Die zuständige Behörde des Mitgliedstaats, in dem die Marketingmitteilungen verbreitet werden, ist befugt, die Einhaltung von Absatz 1 in Bezug auf diese Marketingmitteilungen zu prüfen.		
	(3) Marketingmitteilungen und jegliche sie betreffende Änderungen **werden** auf der Website des Emittenten **veröffentlicht** (englische Fassung: „shall be published").	(3) Marketingmitteilungen und jegliche sie betreffende Änderungen **sind** auf der Website des Emittenten **zu veröffentlichen** (englische Fassung: „shall be published").
Erforderlichenfalls unterstützt die zuständige Behörde des Herkunftsmitgliedstaats die zuständige		

Lösing

Art. 53

Art. 7	Art. 29	Art. 53
Behörde des Mitgliedstaats, in dem die Marketingmitteilungen verbreitet werden, bei der Beurteilung der Frage, ob die Marketingmitteilungen mit den Informationen im Kryptowerte-Whitepaper übereinstimmen.		
	(4) Die zuständigen Behörden verlangen keine Vorabgenehmigung von Marketingmitteilungen vor ihrer Veröffentlichung.	(4) Die zuständigen Behörden verlangen keine Vorabgenehmigung von Marketingmitteilungen vor ihrer Veröffentlichung.
(4) Nutzt die zuständige Behörde eines Aufnahmemitgliedstaats zur Durchsetzung dieses Artikels eine der Aufsichts- und Ermittlungsbefugnisse gemäß Artikel 94, so ist dies unverzüglich der zuständigen Behörde des Herkunftsmitgliedstaats des Anbieters, der Person, die die Zulassung zum Handel beantragt, oder dem Betreiber der Handelsplattform für die Kryptowerte mitzuteilen.	(5) Marketingmitteilungen **werden** den zuständigen Behörden **auf Anfrage übermittelt** (englische Fassung: „shall be notified").	(5) Marketingmitteilungen **sind** den zuständigen Behörden **auf Aufforderung zu übermitteln** (englische Fassung: „shall be notified").

8   Einige der **Unterschiede lassen** sich jedoch aus der Natur des jeweiligen Kryptowerts und der damit verbundenen rechtlichen Unterschiede **logisch erklären.** So ist bei E-Geld-Token anders als bei Kryptowerten, die keine vermögenswertereferenzierte Token und keine E-Geld-Token sind (Titel II MiCAR), ein lizensierter und damit beaufsichtigter Emittent erforderlich (Art. 4 Abs. 1 MiCAR), so dass
- in den Marketingmitteilungen auf die **Webseite des Emittenten** verwiesen werden kann, auf der das Kryptowerte-Whitepaper veröffentlicht ist, und nicht auf einen Anbieter der betreffenden Kryptowerte, der Person, die die Zulassung solcher Kryptowerte zum Handel beantragt oder den Betreiber der Handelsplattform;
- **Marktsondierungen vom Emittenten** durchgeführt werden können (und nicht vom Anbieter, der Person, die die Zulassung zum Handel beantragt, oder dem Betreiber einer Handelsplattform);

- in den Marketingmitteilungen darauf hingewiesen werden kann, dass die Inhaber **beim Emittenten jederzeit ein Recht auf Rücktausch** haben; und
- die Marketingmitteilung auf **der Webseite des Emittenten veröffentlicht** werden kann.

Darüber hinaus ist bei dieser Art von Kryptowerten auch nicht zwingend ein Kryptowerte-Whitepaper vorhanden, sodass einige redaktionelle Unterschiede auf diesem Unterschied beruhen (siehe Art. 7 Abs. 1 lit. c, Abs. 2 MiCAR).

Abgesehen von diversen **redaktionellen Fehlern,** insbesondere in der deutschen Fassung (Art. 29 Abs. 2 MiCAR: „vermögenswertreferenzierten" anstatt vermögenswertereferenzierten)[3], und sprachlichen Divergenzen (Art. 29 Abs. 5 MiCAR: „übermittelt" im Vergleich zu Art. 53 Abs. 5 MiCAR: „zu übermitteln") sind allerdings auch **einige inhaltliche Abweichungen** auffällig. So ist bspw. nicht erklärlich, warum die Angabe nach Art. 7 Abs. 1 lit. e 9

„Diese Kryptowert-Marketingmitteilung wurde von keiner zuständigen Behörde eines Mitgliedstaats der Europäischen Union geprüft oder genehmigt. Der Anbieter des Kryptowerts trägt die alleinige Verantwortung für den Inhalt dieser Kryptowert-Marketingmitteilung."

nur bei Marketingmitteilungen in Bezug auf andere Kryptowerte als E-Geld-Token und vermögenswertereferenzierte Token (Titel II MiCAR) relevant sein soll, nicht dagegen bei E-Geld-Token oder vermögenswertreferenzierten Kryptowerten. Jedenfalls ist der erste **Warnhinweis für Marketingmitteilungen in Bezug auf alle drei Arten von Kryptowerten zutreffend,** da eine Vorabprüfung der Marketingmitteilung für keiner der drei Kryptowerte vorgesehen ist (Art. 7 Abs. 1 lit. e, Art. 29 Abs. 4 und Art. 53 Abs. 4 MiCAR). Zudem hätte man das Publikum ebenfalls bei auf E-Geld-Token und vermögenswertereferenzierte Token auf die alleinige Verantwortung des Emittenten für den Inhalt der Marketingmitteilung hinweisen können.

II. Verantwortlichkeit für die Einhaltung der Anforderungen

Verantwortlich für die Einhaltung der Vorgaben des Art. 53 MiCAR ist der **Emittent** der E-Geld-Token sowie die **Personen, die dieser berechtigt,** E-Geld-Token öffentlich anzubieten oder die Zulassung zum Handel zu beantragen (Art. 48 MiCAR). Diese Personen sind genauso, wie der Emittent, verpflichtet Art. 53 MiCAR einzuhalten (Art. 48 Abs. 1 UAbs. 2 S. 2 MiCAR). 10

Darüber hinaus dürften aber auch **dritte Personen, die weder Emittent noch von diesen iSd Art. 48 Abs. 1 UAbs. 2 S. 1 MiCAR berechtigt wurden,** verpflichtet sein, Art. 53 MiCAR einzuhalten. 11

Zwar könnte man **einerseits gegen eine Einbeziehung nicht berechtigter Dritter** argumentieren, dass eine besondere Gefahr für den Anlegerschutz primär nur von unredlichen, uneindeutigen Informationen des Emittenten selbst oder der direkt vom Emittenten berechtigten Personen iSd Art. 48 Abs. 1 UAbs. 2 S. 2 MiCAR ausgeht, da nur diese Personen eine besondere Vertrauensstellung aufgrund der Nähe zum beworbenen Kryptowert genießen. Diese Auslegung wird auch durch Art. 48 Abs. 1 UAbs. 1 S. 3 MiCAR gestützt, der zeigt, dass die Anwen- 12

---

[3] Wobei die Formulierung der „vermögenswertreferenzierten Token" (anstelle von „vermögenswertereferenzierte Token") sehr häufig verwendet wird.

Art. 53

dung des Art. 53 MiCAR sich nicht bereits aus seinem (offenen) Wortlaut ergibt, sondern diese für die vom Emittenten Berechtigten erst angeordnet werden muss. Eine rein deklarative Bedeutung ist dem Art. 48 Abs. 1 UAbs. 2 S. 2 MiCAR ja nicht zuzuschreiben.

13 **Anderseits** spricht für eine Einbeziehung Dritter, dass nach dem offenen Wortlaut des Art. 53 (insbesondere Abs. 1)(„Marketingmitteilungen zu einem öffentlichen Angebot eines E-Geld-Token oder zur Zulassung eines E-Geld-Token zum Handel[…]") auch andere Personen als die in Art. 48 Abs. 1 MiCAR genannten in den Anwendungsbereich fallen können. Eine solche weite Auslegung würde dem **Anliegen des Gesetzgebers, potenzielle Anleger u. a. vor falschen Informationen zu schützen,** besser gerecht werden, als wenn eine solche Verpflichtung Dritter fehlen würde.

14 Obwohl die Marketingmitteilungen für E-Geld-Token und vermögenswertereferenzierende Token nicht die Erklärung enthalten müssen, dass der Anbieter des Kryptowerts die alleinige Verantwortung für den Inhalt der Marketingmitteilung trägt (wie dies bei Art. 7 Abs. 1 lit. e S. 2 MiCAR der Fall ist), kann im **Umkehrschluss** daraus **nicht geschlossen** werden, dass der **Emittent von E-Geld-Token nicht für den Inhalt** verantwortlich ist. So kann aus dem Fehlen des Hinweises in Art. 53 MiCAR, dass die Marketingmitteilung von keiner zuständigen Behörde geprüft oder genehmigt wurde, wie dies in Art. 7 Abs. 1 lit. e S. 1 MiCAR vorgesehen ist, auch nicht abgeleitet werden, dass in Bezug auf Art. 53 MiCAR der umgekehrte Fall gelte und Marketingmitteilung geprüft und genehmigt werden. Die Bedeutung des Fehlens eines solchen Hinweises bei E Geld-Token, sollte nicht überschätzt werden. Möglicherweise könnte der Verordnungsgeber an dieser Stelle perspektivisch noch nachbessern und für mehr Konsistenz sorgen.

III. Inhaltliche Anforderungen an Marketingmitteilungen (Abs. 1 und 2)

15 Aus Anlegerschutzgesichtspunkten werden gemäß Art. 53 Abs. 1 und 2 MiCAR an Marketingmitteilungen folgende **inhaltliche, kumulativ zu erfüllende Anforderungen** gestellt:
– eindeutige Erkennbarkeit (Abs. 1 lit. a);
– redlich, eindeutig und nicht irreführend Informationen (Abs. 1 lit. b);
– übereinstimmende Angabe mit dem Kryptowerte-Whitepaper (Abs. 1 lit. c);
– Hinweis, dass ein Kryptowerte-Whitepaper veröffentlicht wurde (Abs. 1 lit. d Hs. 1);
– Angabe der Webseite und weitere Kontaktinformationen des Emittenten (Abs. 1 lit. d. Hs. 2) und
– Hinweis auf Rücktauschrecht des Inhabers (Abs. 2).

1. Eindeutige Erkennbarkeit (lit. a)

16 Die Vorgabe der eindeutigen Erkennbarkeit von Marketingmitteilung ist schon aus Art. 24 Abs. 3 S. 2 der MiFID II (dort: „Marketing-Mitteilungen müssen eindeutig als solche erkennbar sein.") bekannt. Trotz des leicht abweichenden Wortlauts in der MiFID II ist die Bedeutung in Art. 53 Abs. 1 lit. a MiCAR die gleiche: **Werbung muss für alle Anleger als Werbung erkennbar sein.**

Marketingmitteilungen **Art. 53**

Wann von der Erkennbarkeit als Marketingmitteilung ausgegangen werden 17
kann, ist eine Frage des Einzelfalls.[4] Die Erkennbarkeit als Werbung kann sich insbesondere aus **Art und Form der Darstellung** oder dem **Inhalt der Information** ergeben.[5] Daraus lässt sich ableiten, dass sich eine Pflicht zur **ausdrücklichen (inhaltlichen) Kennzeichnung** von Marketingmitteilungen als eine Form von Werbung nur dann ergibt, wenn der werbliche Charakter der Informationen ansonsten nicht deutlich hervortritt.[6] Im Umkehrschluss heißt das, dass Marketingmitteilungen dort nicht ausdrücklich zu kennzeichnen sind, wo sie (anhand der Form oder der Darstellung bzw. dem Zusammenhang) ohnehin als Marketingmitteilung bzw. Werbung erkennbar sind. Das Gebot der Erkennbarkeit der Werbung gebietet, dass redaktionelle Beiträge und Werbung getrennt werden – unabhängig vom Publikationsmedium. Wo eine Trennung nicht möglich ist oder sich nicht aus der Marketingmitteilung als solcher ihr Charakter ergibt, ist sie eindeutig als Werbung zu kennzeichnen.[7] Diese Vorgabe dürfte insbesondere für Influencer-Werbung wesentlich sein.

2. Redliche, eindeutige und nicht irreführende Informationen (lit. b)

Die im Kryptowerte-Whitepaper und in den einschlägigen Marketingmitteilungen 18
– darunter Werbebotschaften und Marketingmaterialien, die auch über neue Kanäle wie Plattformen der sozialen Medien verbreitet werden – enthaltenen Informationen müssen **redlich, eindeutig und nicht irreführend** sein. Die Informationen in Werbebotschaften und Marketingmaterialien sollten mit den im Kryptowerte-Whitepaper erteilten Angaben übereinstimmen.

Die Begriffe der „Redlichkeit", „Eindeutigkeit" und „Nicht-Irreführung" werden 19
auch im Zusammenhang mit Kryptowerte-Whitepaper verwendet. In Bezug auf Marketingmaterialien bedeutet die Anforderung, dass Werbung rechtlich redlich, eindeutig und nicht irreführend sein muss, dass Werbetreibende bestimmte Standards und ethische Grundsätze einhalten müssen, um Verbraucher nicht zu täuschen oder in die Irre zu führen. Folgende Grundsätze lassen sich beispielhaft anführen:
1. **Wahrheitsgehalt:** Werbung darf keine falschen oder irreführenden Aussagen enthalten. Die beworbenen Produkte oder Dienstleistungen sollten den in der Werbung gemachten Versprechungen entsprechen.
2. **Klarheit und Eindeutigkeit:** Die Werbebotschaft sollte klar und leicht verständlich sein, ohne Raum für Missverständnisse. Unklare Formulierungen oder versteckte Bedingungen können als irreführend angesehen werden.
3. **Vergleichende Werbung:** Wenn Werbung die E-Geld-Token mit anderen Produkten oder Dienstleistungen vergleicht, müssen die Vergleiche fair, objektiv und nachprüfbar sein. Unwahre oder irreführende Vergleiche sind unzulässig.
4. **Authentizität:** Die Authentizität von Testimonials, Kundenbewertungen und anderen Formen sozialer Beweismittel sollte gewährleistet sein. Fiktive oder gefälschte Empfehlungen können als irreführend betrachtet werden.

---

[4] BT 3.1.1 Nr. 1 MaRisk.
[5] Siehe Schwark/Zimmer/Rothenhöfer WpHG § 63 Rn. 150 (in Bezug auf § 63 Abs. 6 WpHG).
[6] So auch BT 3.1.1 Nr. 1 MaRisk.
[7] So auch für das WpHG, Schwark/Zimmer/Rothenhöfer WpHG § 63 Rn. 150.

5. **Redliche Darstellung von Auszeichnungen/Testergebnissen:** Die bisherige Rechtsprechung hierzu verlangt Hinweis darauf, wie viele Unternehmen besser abgeschnitten haben, dass die Testergebnisse/Auszeichnungen nicht überholt sind, einen Hinweis auf die mangelnde Vergleichbarkeit bei nicht repräsentativen Ergebnissen und eine Fundstellenangabe für eine Auszeichnung.[8]
6. **Verständlichkeit von Angeboten:** Bedingungen, Konditionen und Preise müssen klar und verständlich kommuniziert werden. Versteckte Gebühren oder undeutliche Bedingungen können als irreführend betrachtet werden.
7. **Korrekter Umgang mit Statistiken:** Falls in der Werbung Statistiken oder Forschungsergebnisse präsentiert werden, sollten diese korrekt und repräsentativ sein. Eine verzerrte oder irreführende Verwendung von Daten ist nicht zulässig.

Diese Grundsätze dienen dazu, sicherzustellen, dass Verbraucher auf der Grundlage von klaren und wahrheitsgemäßen Informationen informierte Entscheidungen treffen können.

3. Konsistenz mit dem Kryptowerte-Whitepaper (lit. c)

20 Die Informationen, die in den Marketingmitteilungen enthalten sind, müssen **mit den Angaben im Kryptowerte-Whitepaper übereinstimmen** (Art. 53 Abs. 1 lit. c MiCAR). Mitteilungen, die im Widerspruch zum Kryptowerte-Whitepaper stehen, sind demnach nicht zulässig. Maßgeblich für die Beurteilungen der Übereinstimmung dürfte das zum Zeitpunkt der Marketingmitteilung aktuelle Whitepaper sein. Eine Konsistenz der Marketingmitteilung zu einem Kryptowerte-Whitepaper, zu dem bereits eine Änderungsfassung vorliegt, ist demnach nicht mehr anzunehmen.

21 Die Anforderung der Konsistenz zwischen dem Kryptowerte-Whitepaper und den Marketingmitteilungen verlangt u. a.

1. **Keine übertriebenen Versprechungen:** Übertriebene oder unrealistische Versprechungen in der Marketingkommunikation, die nicht durch die im Whitepaper beschriebenen technischen Fakten gestützt werden, sind zu vermeiden.
2. **Deutliche Kennzeichnung von Spekulation:** Wenn Marketingmitteilungen auf zukünftige Entwicklungen oder Gewinne spekulieren, sollte dies klar als Spekulation gekennzeichnet sein. Investoren sollten darüber informiert sein, dass es Unsicherheiten gibt und dass zukünftige Ergebnisse nicht garantiert sind.
3. **Angemessener Umgang mit Risiken:** Die Marketingmitteilungen sollten nicht versuchen, die im Kryptowerte-Whitepaper dargestellten Risiken zu verschleiern oder zu bagatellisieren. Investoren sollten ein realistisches Bild der Risiken erhalten. Es ist aber auch nicht erforderlich die im Kryptowerte-Whitepaper beschriebenen Risiken zu wiederholen oder zusammenfassend darzustellen.

4. Hinweis auf Kryptowerte-Whitepaper (lit. d)

22 Alle Marketingmitteilung müssen darüber hinaus eindeutig darauf hinweisen, dass ein **Kryptowerte-Whitepaper** veröffentlicht wurde. Darüber hinaus hat der Emittent sicherzustellen, dass die Adresse seiner Webseite, seine Telefonnummer

---

[8] Vgl. dazu auch Zeidler WM 2008, 238 (239).

und seine E-Mail-Adresse zu den Zwecken der **Kontaktaufnahme** in der Mitteilung zur Verfügung stehen.

IV. Hinweis auf Rücktauschrecht (Abs. 2)

Auf das in Art. 49 Abs. 4 vorgesehene Rücktauschrecht (→ Art. 49 Rn. 13 ff.) der 23
Inhaber von E-Geld-Token muss in der Marketingmitteilung hingewiesen werden.
Diese Pflicht soll sicherstellen, dass Inhaber der E-Geld-Token, die sich nur anhand von Marketingmitteilungen über den Kryptowert informieren, über ihr Rücktauschrecht im Klaren sind. Die Angabe beinhaltet die Information (i) über das Rücktauschrecht sowie (ii) darüber, dass der Rücktausch zum Nennwert erfolgen muss (dh bspw. 1 EUR-E-Geld-Token entspricht dem Nennwert 1 EUR).

V. Veröffentlichung von Marketingmitteilungen (Abs. 3)

Nach der MiCAR müssen Emittenten von Krypto-Assets Marketingmitteilungen, 24
die sich auf ihre Krypto-Assets beziehen, auf ihrer Webseite veröffentlichen.
Diese Anforderung kann folgenden Zwecken dienen:
1. **Transparenz und Information:** Durch die Veröffentlichung von Marketingmitteilungen auf der Webseite werden potenzielle Investoren und die Öffentlichkeit besser informiert. Dies trägt zu mehr Transparenz bei und ermöglicht es Interessenten, leichter auf relevante Informationen zuzugreifen.
2. **Bessere Zugänglichkeit:** Die Veröffentlichung auf der eigenen Webseite stellt sicher, dass die Informationen direkt von der Quelle zugänglich sind. Investoren und Interessenten können somit direkt auf die offiziellen Materialien des Emittenten zugreifen, um genaue und zuverlässige Informationen zu erhalten.
3. **Vermeidung von Fehlinformationen:** Durch die Veröffentlichung von Marketingmitteilungen auf der Webseite des Emittenten wird vermieden, dass Informationen aus dem Kontext gerissen oder fehlerhaft wiedergegeben werden. Investoren können direkt auf die Originalquellen zugreifen, um sicherzustellen, dass die Informationen korrekt und aktuell sind.

Auch die die Marketingmitteilungen betreffenden **Änderungen** sind auf der 25
Webseite des Emittenten zu veröffentlichen.

Abs. 3 stellt **kein Verbot** dar die Marketingmitteilungen auf **anderen Kanälen** 26
als der Webseite des Emittenten zu verbreiten. Das ergibt sich schon aus ErwGr. 24, wonach **Marketingmitteilungen „auch über neue Kanäle wie Plattformen der sozialen Medien** verbreitet werden" dürfen.

VI. Keine Vorabgenehmigung (Abs. 4)

Art. 53 Abs. 4 MiCAR stellt klar, dass vor der Veröffentlichung durch die zuständige Behörde **keine Vorabgenehmigung von Marketingmitteilungen** erforderlich ist. Die Kontrollfunktion der Behörden beschränkt sich damit auf eine **ex-post-Kontrolle** (vgl. ErwGr. 33 und Art. 94 Abs. 1 lit. j, p und q MiCAR). Marketingmitteilungen sind nur auf Aufforderung den zuständigen Behörden zu übermitteln (vgl. hierzu auch Art. 53 Abs. 5 MiCAR, ErwGr. 31 MiCAR). Die zuständigen nationalen Behörden sollen allerdings befugt sein, u. a. Änderungen an etwaigen

Art. 53 Titel IV E-Geld-Token

Marketingmitteilungen zu verlangen (ErwGr. 33, Art. 94 Abs. 1 lit. j MiCAR) (hierzu und weiteren Sanktionen siehe Sanktionen → Rn. 38 ff.). Das Fehlen der Pflicht zur Einholung einer Vorabgenehmigung für Marketingmitteilungen dürfte der Verringerung der Bürokratie und Arbeitsbelastung der Behörden dienen (vgl. in dieser Hinsicht auch ErwGr. 33 MiCAR).

28 Anders als Art. 7 Abs. 1 lit. e MiCAR müssen Marketingmitteilungen für E-Geld-Token (sowie auch für vermögenswertereferenzierende Token) nicht die Erklärung enthalten, dass die Mitteilung nicht von einer zuständigen Behörde geprüft und genehmigt wurde.[9] Dies ist bemerkenswert, da Marketingmitteilungen von E-Geld-Token ebenfalls nicht vorabgeprüft oder genehmigt werden (Art. 58 Abs. 4 MiCAR). Die fehlende Hinweispflicht im Vergleich zu Art. 7 MiCAR ändert jedoch nichts an der Rechtslage, die durch Art. 53 Abs. 4 MiCAR deutlich hervortritt.

VII. Übermittlungspflicht in Bezug auf die Marketingmitteilungen (Abs. 5)

29 Marketingmitteilungen sind den zuständigen Behörden auf Aufforderung zu übermitteln. Die Übermittlungspflicht von Marketingmitteilungen dient der **Ermöglichung der Beaufsichtigung** (ErwGr. 31). Zuständige Behörden für die Übermittlung sind die jeweils national benannten Behörden, in Deutschland die BaFin (vgl. § 4 KMAG-E).

30 Die Aufforderung der national zuständigen Behörden zur Übermittlung von Marketingmitteilungen in Bezug auf E-Geld-Token nach MiCAR dürfte sich typischerweise an den **Emittenten der E-Geld-Token** richten. Die MiCAR schränkt den Kreis der Aufforderungsempfänger aber auch nicht ein. Insofern bleibt abzuwarten, ob die Aufforderung nur an Emittenten von E-Geld-Token gerichtet wird oder ob auch **andere relevante Akteure** adressiert werden könnten. Theoretisch denkbar wäre es, wenn die Aufsichtsbehörde Marketingmitteilungen auch bei Anbietern von Kryptowerte-Dienstleistungen wie Wallet-Providern, Handelsplätzen oder Personen, die die Werbung gestaltet oder veröffentlicht haben (Werbeagenturen, Medienunternehmen, Zeitungen oder Fernsehsender) anfordert. Dies dürfte aber zumindest vor dem Hintergrund des Grundsatzes effektiven Verwaltungshandelns eher ungewöhnlich sein. Rechtlich problematisch ist die Aufforderung bei Dritten aus verschiedenen Gründen: Zunächst ist die Befugnisnorm insofern nicht klar. Darüber hinaus haben sie selbst möglicherweise nicht den vollen Überblick über die Aktualität der Marketingmitteilungen. Schließlich unterliegen die Dritten aufsichtsrechtlich nicht der Regulierung und sind selbst möglicherweise datenschutzrechtlichen oder vertraglich vereinbarten Vertraulichkeitsklauseln verpflichtet.

---

[9] Art. 7 Abs. 1 lit. e MiCAR: „die Marketingmitteilungen enthalten die folgende eindeutige und deutlich erkennbare Erklärung: ‚Diese Kryptowert-Marketingmitteilung wurde von keiner zuständigen Behörde eines Mitgliedstaats der Europäischen Union geprüft oder genehmigt. Der Anbieter des Kryptowerts trägt die alleinige Verantwortung für den Inhalt dieser Kryptowert-Marketingmitteilung.".

VIII. Verbot von Marketingmitteilungen vor Veröffentlichung des Whitepapers (Abs. 6)

Abs. 6 enthält **in S. 1** einerseits ein **grundsätzliches Verbot von Marketing-** 31
mitteilungen vor Veröffentlichung des Kryptowerte-Whitepapers und andererseits
in S. 2 eine entsprechende Ausnahme für die von Marketingmitteilungen **abzugrenzenden Marktsondierungen**.

1. Verbot von Marketingmitteilungen vor Veröffentlichung des Kryptowerte-Whitepapers (S. 1)

Marketingmitteilungen dürfen erst verbreitet werden, wenn das Kryptowerte- 32
Whitepaper veröffentlicht wurde. Zweck dieser Regelung ist der **Anlegerschutz:**
Potenzielle Erwerber von E-Geld-Token sollen die Möglichkeit haben sich über das
Kryptowerte-Whitepaper zu informieren, sobald sie über Marketingmitteilungen
aktiv auf den Erwerb von E-Geld-Token angesprochen werden. Der angesprochene
Erwerber soll hier jedenfalls die Möglichkeit eines Zugriffs auf ein Informationsdokument haben, dessen qualitativer Anspruch über die materiellen und formalprozeduralen Anforderungen des → Art. 51 Rn. 1 ff. und die Haftungsregeln des
→ Art. 52 Rn. 1 ff. sichergestellt werden soll.

2. Ausnahme für Marktsondierungen (S. 2)

Ausgenommen aus dem Verbot der Veröffentlichung von Marketingmitteilun- 33
gen vor Veröffentlichung des Kryptowerte-Whitepapers und insofern von diesen
abzugrenzen sind **erlaubte „Marktsondierungen"**. Der Begriff der „Marktsondierung" wird in der MiCAR allerdings nicht näher definiert.

Allerdings enthält **Art. 11 Abs. 1 MAR** eine Beschreibung des Begriffs „Markt- 34
sondierungen". Dieser Begriff kann (mit den **kontextbezogenen notwendigen
Anpassungen**) zugrunde gelegt werden: Nach der Vorschrift handelt es sich bei
einer Marktsondierung um eine Übermittlung von Informationen vor der Ankündigung eines Geschäfts an einen oder mehrere potenzielle Anleger, um das Interesse
von potenziellen Anlegern an einem möglichen Geschäft und dessen Bedingungen
wie seinem Umfang und seiner preislichen Gestaltung abzuschätzen durch a) den
Emittenten; b) einen Zweitanbieter eines Finanzinstruments, das das betreffende
Finanzinstrument in einer Menge oder mit einem Wert anbietet, aufgrund derer
bzw. dessen sich das Geschäft vom üblichen Handel unterscheidet, wobei es außerdem auf einer Verkaufsmethode beruht, die auf der Vorabbewertung des potenziellen Interesses möglicher Anleger beruht; c) einen Teilnehmer am Markt für Emissionszertifikate oder d) einen Dritten, der im Auftrag oder für Rechnung einer der
unter Buchstabe a, b oder c genannten Personen agiert.

Sinn und Zweck der Privilegierung nach Art. 11 MAR ist, den Kapitalmarkt- 35
beteiligten die Möglichkeit zu erhalten, Marktsondierungen durchzuführen, auch
wenn der zugrundeliegende **Sachverhalt Insiderinformationen** enthält und die
Sondierung folglich auch zur Offenlegung von Insiderinformationen und somit zu
einem Verstoß gegen Art. 14 lit. c MAR führen würde.[10]

---

[10] BaFin, Emittentenleitfaden, Modul C, Marktsondierungen/Ausnahme vom Offenlegungsverbot (Modul 3, Kap. 6.1).

Art. 53

36 Marktsondierungen wiederum sind entsprechend der Erwägungsgründe der MAR **wichtig für das ordnungsgemäße Funktionieren der Finanzmärkte.** „Marktsondierungen können insbesondere dann nützlich sein, wenn das Vertrauen in die Märkte geschwächt ist, wenn relevante Marktreferenzwerte fehlen oder wenn die Märkte Schwankungen unterworfen sind.".[11]

37 In dem hier vorliegenden Kontext des Art. 53 wird insofern folgendes Verständnis des Begriffs „Marktsondierungen" **vorgeschlagen:**

Marktsondierung sind **Übermittlungen von Informationen** vor der Ankündigung eines Geschäfts an einen oder mehrere **potenzielle Inhaber von E-Geld-Token,** um das **Interesse** von potenziellen Käufern von E-Geld-Token an einem möglichen Geschäft und dessen Bedingungen wie seinem Umfang und seiner preislichen Gestaltung **abzuschätzen** durch a) den **Emittenten,** b) **einen anderen Anbieter von E-Geld-Token,** der diese in einer Menge oder mit einem Wert anbietet, aufgrund derer bzw. dessen sich das Geschäft vom üblichen Handel unterscheidet, wobei es außerdem auf einer Verkaufsmethode beruht, die auf der Vorabbewertung des potenziellen Interesses möglicher Anleger beruht; und c) **einen Dritten,** der **im Auftrag** oder für Rechnung einer der unter Buchstabe a oder b genannten Personen agiert.

VIII. Sanktionen

38 Die **zuständigen nationalen Behörden** haben nach Art. 94 **Befugnisse** gegen Marketingmitteilungen vorzugehen, die gegen die Vorgaben der MiCAR, insbesondere gegen Art. 53 MiCAR, verstoßen. Nationales Recht muss die Vorgaben des Art. 94 konkretisieren. Die Behörden können auf Basis des Art. 94 Abs. 1 MiCAR iVm der jeweiligen Vorschrift des nationalen Rechts etwa verlangen, dass Marketingmitteilungen geändert oder ausgesetzt werden, wenn diese gegen die MiCAR verstoßen oder verlangen, dass Marketingmitteilungen für maximal 30 Tage eingestellt oder ausgesetzt werden, wenn der begründete Verdacht eines Verstoßes vorliegt.

39 Im Detail umfassen die Befugnisse der zuständigen nationalen Behörde:
- von Anbietern, Personen, die die Zulassung von Kryptowerten zum Handel beantragen, oder von Emittenten der E-Geld-Token zu verlangen, ihre **Marketingmitteilungen zu ändern,** wenn sie feststellen, dass die Marketingmitteilungen nicht den Anforderungen des Art. 53 MiCAR entsprechen (Art. 94 Abs. 1 lit. j MiCAR);
- **Marketingmitteilungen auszusetzen oder zu verbieten,** wenn ein hinreichend begründeter Verdacht besteht, dass gegen die MiCAR verstoßen wurde (Art. 94 Abs. 1 lit. p MiCAR) oder
- Anbieter, Personen, die eine Zulassung von Kryptowerten zum Handel beantragen, Emittenten von vermögenswertereferenzierten Token oder E-Geld-Token oder entsprechende Anbieter von Kryptowerte-Dienstleistungen aufzufordern, die Marketingmitteilungen für maximal 30 aufeinanderfolgende Arbeitstage einzustellen oder auszusetzen, wenn der begründete Verdacht besteht, dass ein Verstoß gegen die MiCAR vorliegt (Art. 94 Abs. 1 lit. q MiCAR).

40 In Deutschland wurden diese Befugnisse durch § 17 KMAG-E dahingehend konkretisiert, dass die BaFin

---

[11] ErwGr. 32 MAR.

Anlage von Geldbeträgen **Art. 54**

1. eine **Änderung der Marketingmitteilung** verlangen kann, wenn diese nicht den Anforderungen des Art. 29 oder Art. 53 entspricht;
2. anordnen kann, Marketingmitteilungen **für maximal 30 Tage auszusetzen** sind oder Marketingmitteilungen untersagt werden können, wenn ein hinreichend begründeter Verdacht besteht, dass in diesem Zusammenhang ein Verstoß gegen die MiCAR oder das KMAG vorliegt; und
3. die **Übermittlung von Marketingmitteilungen auch ohne den konkreten Verdacht** eines Verstoßes gegen die VO (EU) 2023/1114 verlangen kann.

Nach den allgemeinen Grundsätzen muss vor Verhängung von Sanktionen eine **41** **Anhörung** stattfinden. Darüber hinaus ist die Aufsicht grundsätzlich daran gebunden den Grundsatz der **Verhältnismäßigkeit** im weiteren Sinne zu beachten. Dazu gehört auch, dass sie das jeweils mildeste, gleich geeignete Mittel zu wählen hat. Das dürfte im Hinblick auf Art. 53 dahingehend konkretisiert werden können, dass im Regelfall eine Aufforderung zur Änderung einer Marketingmitteilung grundsätzlich Vorrang vor einer Aussetzung der Veröffentlichung hat.

Die Maßnahmen können die Behörden **nicht nur an die Emittenten der** **42** **E-Geld-Token** richten, sondern ebenfalls an **alle anderen Personen, die** gemäß Art. 48 Abs. 1 UAbs. 1 S. 1 MiCAR **mit der Zustimmung der Emittenten** E-Geld-Token öffentlich anbieten oder deren Zulassung zum Handel beantragen. Diese Personen sind genauso, wie die Emittenten, verpflichtet Art. 53 MiCAR einzuhalten (Art. 48 Abs. 1 UAbs. 1 S. 2 MiCAR). Darüber hinaus dürfte der Kreis der Adressanten solcher Maßnahmen nach Art. 94 MiCAR nicht durch Art. 48 Abs. 1 UAbs. 1 S. 1 MiCAR oder anderweitig beschränkt sein. So dürfte nicht gewollt sein, dass **andere Personen, die nicht vom Emittenten berechtigt wurden,** die Vorschrift des Art. 53 MiCAR nicht anzuwenden haben, da ansonsten Umgehungskonstruktionen Vorschub geleistet werden würde.

Artikel 54 Anlage von im Tausch gegen E-Geld-Token entgegengenommenen Geldbeträgen

Geldbeträge, die Emittenten von E-Geld-Token im Tausch gegen E-Geld-Token entgegengenommen haben und die gemäß Artikel 7 Absatz 1 der Richtlinie 2009/110/EG besichert sind, müssen das Folgende einhalten:

a) Mindestens 30% der erhaltenen Geldbeträge sind stets auf gesonderten Konten bei Kreditinstituten zu hinterlegen.

b) Die übrigen Geldbeträge müssen in sichere Aktiva mit niedrigem Risiko investiert werden, die gemäß Artikel 38 Absatz 1 dieser Verordnung als hochliquide Finanzinstrumente mit minimalem Marktrisiko, Kreditrisiko und Konzentrationsrisiko gelten, die auf dieselbe amtliche Währung lauten, auf die sich der E-Geld-Token bezieht.

Schrifttum: s. Art. 48

Übersicht

	Rn.
I. Einführung und Zweck des Art. 54	1
II. Tatbestandsvoraussetzungen	5
1. Entgegennahme von Geldbeträgen durch Emittenten von E-Geld-Token	6

Lösing 773

	Rn.
2. Tausch gegen E-Geld-Token	9
3. Sicherung gemäß Art. 7 Abs. 1 der E-Geld-Richtlinie	11
a) Insolvenzfeste Separierung auf einem gesonderten Konto bei einem Kreditinstitut	15
b) Anlage in sicheren liquiden Aktiva mit niedrigem Risiko	18
c) Versicherung oder vergleichbare Garantie	21
III. Rechtsfolgen	22
1. Treuhandkonto bei Kreditinstitut	23
2. Anlage in sicheren Aktiva mit niedrigem Risiko	25
IV. Kritik	27

I. Einführung und Zweck des Art. 54

1 Stablecoins, zu denen auch E-Geld-Token gehören, werden **in großem Umfang verwendet:** das Handelsvolumen von Stablecoins erreichte im Laufe des Jahres 2021 ein durchschnittliches vierteljährliches Handelsvolumen von 2,96 Billionen Euro und lag damit **fast gleichauf mit dem von US-Aktien an der New Yorker Börse** (3,12 Billionen Euro).[1] Sie bergen daher im Hinblick auf den Schutz der Inhaber, insbesondere Kleinanlegern, und im Hinblick auf die Marktintegrität **hohe Risiken.**[2] Stablecoins machen zwar nur einen kleinen Teil des gesamten Kryptowerte-Marktes aus, aber die wichtigsten Stablecoins von ihnen haben eine entscheidende Rolle innerhalb des Kryptowerte-Ökosystems übernommen, da sie häufig für den Handel mit Kryptowerten und als Liquiditätsanbieter im DeFi verwendet werden.[3] Dies gilt insbesondere für Tether, USD Coin und Binance USD, die alle besicherte Stablecoins sind. Diese machen rund 90% des gesamten Stablecoin-Marktes aus.

2 Nach Ansicht der EZB[4] sind die **Angaben zu den Währungsreserven nicht ausreichend,** auch wenn die Transparenz der Zusammensetzung der Währungsreserven seit 2021 etwas zugenommen und eine Verlagerung hin zu liquideren Vermögenswerten stattgefunden habe. Allerdings hielten einige Stablecoins wie Tether immer noch große Investitionen in **Commercial Paper** sowie Positionen in **Geldmarktfonds** und **digitalen Token.** Der Mangel an detaillierten Informationen über die geografische Herkunft oder den genauen Umfang der Commercial-Paper-Bestände von Tether erschwere einen klaren Überblick über die Liquidität dieser Reserven und die **Ansteckungseffekte für die kurzfristigen Finanzierungsmärkte.** Darüber hinaus sei es schwierig, die Zusammensetzung der Währungsreserven der einzelnen Stablecoins zu vergleichen, da es **keine Offenlegungs- und Berichtsstandards** gäbe.

3 Dass die Art und Höhe der Deckungswerte und deren Offenlegung nicht klar geregelt waren, wird oft kritisiert.[5] Die mit Art. 54 MiCAR aufgestellten, spezifischen Anforderungen zielen nun spezifisch darauf ab im Interesse der Kunden die

---

[1] Adachi et al. (EZB), Stablecoins, Ziff. 2 mV darauf, dass die Daten für das Handelsvolumen von Tether von CryptoCompare stammen, während die Daten für US-Aktien von „Historical Market Volume Data", Cboe Exchange, Inc. Stammen.
[2] Vgl. ErwGr. 40 (für vermögenswertereferenzierte Token).
[3] Adachi et al. (EZB), Stablecoins, Ziff. 2.
[4] Zum Folgenden Adachi et al. (EZB), Stablecoins, Ziff. 4.
[5] Siehe bspw. Wittek/Kutsarov RdZ 2022, 156 (158).

Anlage von Geldbeträgen **Art. 54**

Sicherheit und Liquidität der von Emittenten von E-Geld-Token **entgegengenommenen Geldbeträge** zu gewährleisten.[6] Dabei gehen die Anforderungen des Art. 54 über das hinaus, was in Bezug auf E-Geld gemäß Art. 7 der E-Geld-Richtlinie gilt. Art. 54 setzt dabei auf Art. 7 der E-Geld-Richtlinie auf und stellt darüber hinausgehende, zusätzliche Anforderungen.

Auch die Anbieter von Kryptowerte-Dienstleistungen sind darauf angewiesen, dass die von den Emittenten der E-Geld-Token entgegengenommen Gelder ausreichend gedeckt sind. Sie sollen **angemessene Vorkehrungen** treffen, um die Eigentumsrechte der Kunden an den von ihnen gehaltenen Kryptowerten zu wahren und den Schutz ihrer Kunden sicherzustellen.[7] Wenn sie aufgrund ihres Geschäftsmodells Geldbeträge im Sinne der E-Geld-Richtlinie in Form von Banknoten, Münzen, Giralgeld oder E-Geld ihrer Kunden absichern müssen, müssen auch sie einen **Mindestsatz an Liquidität** bei einem Kreditinstitut vorhalten. Dies dient im Interesse der Kunden offensichtlich der schnellen Verfügbarkeit der gesicherten Gelder. 4

II. Tatbestandsvoraussetzungen

Art. 54 stellt **drei Tatbestandsvoraussetzungen** auf. Die Voraussetzungen von Art. 54 umfassen (1) die Entgegennahme von Geldbeträgen auf der Seite des Emittenten von E-Geld-Token, (2) den Erhalt von E-Geld-Token auf der Kundenseite als Tauschgeschäft und (3) eine Besicherung der erhaltenen Geldbeträge gemäß Art. 7 Abs. 1 der E-Geld-Richtlinie. 5

1. Entgegennahme von Geldbeträgen durch Emittenten von E-Geld-Token

Der Emittent muss Geldbeträge entgegennehmen. Mangels eigenständiger Definition in der MiCAR liegt es nahe für die Definition des Begriffs **„Geldbetrag"** auf die **Definition der PSD2** zurückzugreifen.[8] Nach Art. 4 Nr. 25 der PSD2 umfasst der Begriff „Geldbetrag" alle Banknoten und Münzen, Giralgeld oder E-Geld iSd Art. 2 Nr. 2 der E-Geld-Richtlinie. 6

Bargeldzahlungen sind zwar möglich, spielen aber in der Praxis des Geschäftsverkehrs, wenn überhaupt, nur eine untergeordnete Rolle. In der Regel dürften die Geldbeträge durch **Überweisungen von Giralgeld** (ggf. auch in Form von Lastschriften) transferiert und dementsprechend auf einem Konto des Emittenten des E-Geld-Token bei einem Kredit- oder Zahlungsinstitut entgegengenommen werden. Aber auch ein Transfer von **E-Geld** iSd Art. 2 Nr. 2 der E-Geld-Richtlinie erfüllt die Voraussetzungen von Art. 4 Nr. 25 PSD2 und dürfte damit genügen, um diese Tatbestandsvoraussetzung zu erfüllen. Da auf Basis der MiCAR auch **E-Geld-Token** iSd MiCAR als E-Geld gelten (Art. 48 Abs. 2 S. 1), dürfte mit Geltung der MiCAR auch die Entgegennahme von E-Geld-Token den Tatbestand erfüllen. 7

---

[6] ErwGr. 82.
[7] ErwGr. 82.
[8] Die Definition wird auch in Art. 3 Nr. 8 der VO (EU) 2015/847 des Europäischen Parlaments und des Rates v. 20.5.2015 über die Übermittlung von Angaben bei Geldtransfers und zur Aufhebung der VO (EU) Nr. 1781/2006 verwendet.

Lösing

Art. 54

8 Ein Geldbetrag gilt dann als vom Zahlungsempfänger entgegengenommen, wenn der Geldbetrag unter Angabe der korrekten Kontonummer des Zahlungsempfängers auf dem **Konto des Zahlungsinstituts** des Zahlungsempfängers **gutgeschrieben wurde**. Ab diesem Zeitpunkt hat der Zahlungsempfänger einen unmittelbaren Anspruch gegen seinen Zahlungsdienstleister auf Gutschrift des Betrags auf seinem Konto.[9]
E-Geld-Token sind entgegengenommen, sobald die entsprechende **Transaktion** zugunsten des Empfängers der E-Geld-Token **validiert** ist.

2. Tausch gegen E-Geld-Token

9 Die Geldbeträge müssen **im Tausch gegen E-Geld-Token** entgegengenommen werden. Vom Begriff des Tauschs sind auch Geschäfte umfasst, die auf Basis eines **Kaufvertrags** abgewickelt werden. Geldbeträge werden also von Emittenten von E-Geld-Token im Tausch gegen E-Geld-Token entgegengenommen, wenn ein Kunde oder Nutzer E-Geld-Token kauft oder gegen Geldbeträge tauscht. Klassischerweise wird man bei dem zugrundeliegenden Geschäft von einem Kauf ausgehen. Anstelle eines Kaufvertrags kann (nach deutschem Verständnis) auch ein **Tauschvertrag** nach § 480 iVm § 453 Abs. 1 Alt. 2 BGB stehen[10], nämlich dann, wenn anstelle einer Bezahlung in Geld andere Kryptowerte als Gegenleistung gewährt werden oder Kryptowerte als Zahlungsmittel für Waren oder Leistungen eingesetzt werden. Die schenkungsweise Entgegennahme von Geldbeträgen reicht dagegen nicht aus.[11]

10 Für die Voraussetzungen des Art. 54 muss es sich nicht um eine direkte Transaktion mit dem Emittenten handeln. Es ist **nicht nur die Erstemission** von E-Geld-Token durch den Emittenten erfasst; auch ein Dritter kann im Rahmen von **Sekundärmarkttransaktionen** Geldbeträge für Rechnung des Emittenten entgegennehmen.

3. Sicherung gemäß Art. 7 Abs. 1 der E-Geld-Richtlinie

11 Schließlich müssen die Gelder zusätzlich gemäß Art. 7 Abs. 1 der E-Geld-Richtlinie gesichert sein. Diese Vorschrift verweist auf die Sicherungsnorm in Art. 9 der PSD1, die nunmehr durch Art. 10 der PSD2 ersetzt wurde. Der nunmehr aktuelle Art. 10 PSD2 sieht vor, dass entgegengenommene Geldbeträge innerhalb bestimmter Fristen gemäß **eines der vier vorgegebenen Verfahren** gesichert werden müssen. Dies sind die folgenden:
1. Die Geldbeträge können separiert und insolvenzfest auf einem **gesonderten Konto bei einem Kreditinstitut** gesichert werden.
2. Sie können separiert und insolvenzfest in **sichere liquide Aktiva mit niedrigem Risiko** investiert werden.
3. Sie können über eine **Versicherung** einer Versicherungsgesellschaft gesichert werden.

---

[9] Vgl. ErwGr. 85 aE PSD2.
[10] Siehe auch Maume/Maute Kryptowerte-HdB/Maute § 6 Rn. 140–142.
[11] Auch in Bezug auf die Definition (klassischen) E-Gelds wird vorausgesetzt, dass das E-Geld gegen Zahlung eines Geldbetrags ausgegeben wird und eine Schenkung dafür nicht ausreichend ist (vgl. Ellenberger/Findeisen/Nobbe/Böger/Findeisen ZAG § 1 Rn. 553).

Anlage von Geldbeträgen **Art. 54**

4. Sie können über eine mit einer solchen Versicherung **vergleichbaren Garantie** einer Versicherungsgesellschaft oder eines Kreditinstituts abgesichert werden.
Die Versicherung nach Nr. 3 und die Garantie nach Nr. 4 sind sehr ähnlich und werden deshalb nachfolgend gemeinsam behandelt.

Die Mitgliedstaaten oder die jeweils **zuständigen Aufsichtsbehörden** oder anderweitig zuständigen Stellen können im Einklang mit den nationalen Rechtsvorschriften bestimmen, **nach welcher Methode die E-Geld-Institute Geldbeträge zu sichern haben.** Der deutsche Gesetzgeber hat von dieser Wahlmöglichkeit insofern keinen Gebrauch gemacht, als er den E-Geld-Instituten nicht generell eine bestimmte Sicherungsmethode vorschreibt. Allerdings ist die BaFin ermächtigt, einem E-Geld-Institut nach pflichtgemäßem Ermessen eine der beiden in § 17 Abs. 1 S. 2 ZAG beschriebenen Methoden vorzugeben (§ 17 Abs. 1 S. 3 ZAG). 12

Auf Basis des Art. 54 würde es aber jedenfalls **keinen Sinn** machen, wenn ein Mitgliedstaat seinen E-Geld-Instituten vorschriebe, dass alle entgegengenommen Gelder in sicheren liquiden Aktiva investiert oder über eine Versicherung oder Garantie abgesichert sein müssten. Denn dann entstünde jedenfalls bei E-Geld-Instituten, die E-Geld-Token ausgeben, ein **Widerspruch zu der Vorgabe, dass jedenfalls 30 Prozent der für die Ausgabe von E-Geld-Token** (die gemäß Art. 48 Abs. 2 als E-Geld gelten) entgegengenommen Gelder auf **gesonderten Konten** bei einem Kreditinstitut gesichert sein müssen. 13

Die Aufnahme dieses Tatbestandsmerkmals scheint auf den ersten Blick fraglich, zumal eine nicht rechtskonforme (entgegen Art. 10 PSD2) Nichtsicherung der Geldbeträge nicht dazu führen soll, dass die Anforderungen des Art. 54 nicht greifen. Ein Verstoß gegen die Sicherungspflicht soll also nicht noch zusätzlich zu einer Befreiung von den Vorgaben des Art. 54 führen. Der Grund, die Sicherungspflicht als Tatbestandsvoraussetzung aufzunehmen liegt aber darin begründet, dass nach den Vorgaben der E-Geld-Richtlinie bzw. PSD2 **nicht alle Gelder sofort/ unmittelbar gesichert werden müssen.** So brauchen Geldbeträge, die durch Zahlung mittels eines Zahlungsinstruments entgegengenommen werden, nicht gesichert zu werden, bis sie einem Zahlungskonto eines E-Geld-Instituts gutgeschrieben oder gegebenenfalls einem E-Geld-Institut gemäß den in der PSD2 festgelegten Anforderungen betreffend die Ausführungszeit in anderer Form zur Verfügung gestellt wurden. In jedem Falle sind diese Geldbeträge aber **spätestens fünf Geschäftstage**[12] nach der Ausgabe des E-Geldes zu sichern. 14

a) Insolvenzfeste Separierung auf einem gesonderten Konto bei einem Kreditinstitut. Im Regelfall werden die Geldbeträge auf einem **gesonderten Treuhandkonto** bei einem Kreditinstitut gesichert. Dann dürfen die Geldbeträge zu keinem Zeitpunkt mit den Geldbeträgen anderer natürlicher oder juristischer Personen als der Nutzer bzw. Inhaber der E-Geld-Token, für die die entsprechenden Geldbeträge gehalten werden, **vermischt** werden. 15

Der Transfer der Gelder muss **spätestens am Ende des auf den Tag** ihres Eingangs folgenden Geschäftstag stattfinden. 16

Sie sind gemäß dem nationalen Recht im Interesse dieser Nutzer gegen Ansprüche anderer Gläubiger des Zahlungsinstituts, insbesondere im Falle einer Insolvenz nach nationalem Recht zu schützen. In Deutschland erfolgt der Schutz in der Insolvenz des Kreditinstituts über **das Aussonderungsrecht nach § 47 InsO.** Dazu 17

---

[12] Im Sinne der Begriffsbestimmung in Art. 4 Nr. 27 PSD2.

Lösing 777

Art. 54
Titel IV E-Geld-Token

dienen das Vermischungsverbot, das Sicherungsgebot und das Trennungsgebot. Nach dem **Vermischungsverbot** sind die Gelder den Nutzern zivilrechtlich, banktechnisch bzw. buchhalterisch so zuzuordnen, dass sie nicht mit Geldern anderer Personen vermischt werden, während das **Trennungsgebot** bedeutet, dass die Geldbeträge von den Geldern des Emittenten bzw. Kreditinstituts zu separieren sind. Zu den **Sicherungspflichten** zählen (nach deutschem Verständnis) auch, dass die treuhänderische Verwaltung der Gelder für die E-Geld-Token-Inhaber **offengelegt** wird und das Kreditinstitut auf **Zurückbehaltungs-, Aufrechnungs- und Pfandrechte verzichtet.**[13]

18 b) **Anlage in sicheren liquiden Aktiva mit niedrigem Risiko.** Als sichere Aktiva gelten Aktiva, die unter eine der Kategorien gemäß Anhang I Nr. 14 Tabelle 1 der RL 2006/49/EG des Europäischen Parlaments und des Rates v. 14.6.2006 über die angemessene Eigenkapitalausstattung von Wertpapierfirmen und Kreditinstituten fallen, für die die Eigenkapitalanforderung für das spezifische Risiko nicht höher als 1,6 % ist, wobei jedoch andere qualifizierte Positionen gemäß Nummer 15 jenes Anhangs ausgeschlossen sind. Die Referenz ist jetzt als Bezug auf Art. 336 Abs. 1 CRR zu verstehen, für die die Eigenmittelanforderung für die spezifische Risiko nicht höher als 1,6 % ist, wobei jedoch andere qualifizierte Positionen gemäß Art. 336 Abs. 4 CRR ausgeschlossen sind.[14] Es handelt sich also um Schuldverschreibungen, bei denen gemäß dem Standardansatz für Kreditrisiken ein Risikogewicht von 0 %, 20 % oder 50 % anzusetzen ist. Das sind also im Wesentlichen **Schuldverschreibungen**
- **der EZB oder anderer Zentralbanken** (in der Landeswährung),
- von **Zentralstaaten** (mit einem anerkannten Rating bis **Bonitätsstufe 3**) sowie
- von öffentlichen Stellen, Instituten oder anderen Unternehmen (bis **Bonitätsstufe 2**).

19 Dazu zählen auch **Anteile an** einem Organismus für gemeinsame Anlagen in Wertpapieren **(OGAW), der ausschließlich in diese sicheren Aktiva** investiert. Dies sollte entsprechend in den Anlagebedingungen des OGAW festgeschrieben sein.

20 Die sicheren liquiden Aktiva sind individualisierbar, vom Vermögen des E-Geld- oder Kreditinstituts hinreichend **getrennt zu verwahren** und **buchhalterisch zu erfassen.** Die Aktiva sind in einem gesonderten Treuhand-Depot oder Treuhand-Wertpapierkonto zu verwahren.[15]

21 c) **Versicherung oder vergleichbare Garantie.** Die Geldbeträge können darüber hinaus auch generell durch eine **Versicherungspolice** oder eine **andere vergleichbare Garantie** abgesichert sein. Solche Versicherungen oder Garantien sind mittlerweile bei einigen Versicherungen oder Kreditinstituten erhältlich. Die Versicherung oder Garantie muss von einer Versicherungsgesellschaft oder einem Kreditinstitut ausgestellt sein, die bzw. das nicht zur selben Gruppe gehört wie das E-Geld- bzw. Kreditinstitut selbst. Sie muss der Aufsicht einer Finanzaufsichtsbehörde im Europäischen Wirtschaftsraum unterliegen (bzw. einer Aufsicht, die der EWR-Aufsicht entspricht). Die Versicherung und die Garantie müssen den Betrag abdecken, der demjenigen entspricht, der ohne die Versicherungspolice oder

---
[13] Vgl. dazu bspw. Ellenberger/Findeisen/Nobbe/Böger/Findeisen ZAG § 17 Rn. 36.
[14] Vgl. auch § 1 Abs. 31 ZAG.
[15] Vgl. zur entsprechenden Regelung für das E-Geld, Ellenberger/Findeisen/Nobbe/Böger/Findeisen ZAG § 17 Rn. 36.

Anlage von Geldbeträgen **Art. 54**

andere vergleichbare Garantie getrennt gehalten werden müsste und im Fall der Zahlungsunfähigkeit des E-Geld-Instituts auszuzahlen wäre.
Da auch hier die Beträge bestimmbar und den jeweiligen E-Geld-Token-Inhabern zuzuordnen sein müssen, muss der Emittent des E-Geld-Token entsprechende Aufzeichnungen führen.

III. Rechtsfolgen

Anschließend an die Tatbestandsvoraussetzungen gelten zwei Arten von Rechts- 22
folgen. Beide Rechtsfolgen sind gleichzeitig (dh **jederzeit im maßgeblichen Sicherungszeitraum**) einzuhalten, beziehen sich aber auf einen unterschiedlichen Teil der Geldbeträge.

1. Treuhandkonto bei Kreditinstitut

Mindestens **30 % der erhaltenen Geldbeträge** sind stets auf einem oder meh- 23
reren **gesonderten Konten bei Kreditinstituten** zu hinterlegen. Gemäß Art. 4 Abs. 1 Punkt 1 der CRR/CRD IV ist ein Kreditinstitut ein Unternehmen, das als Hauptgeschäft Einlagen oder andere rückzahlbare Gelder von der Öffentlichkeit annimmt und Kredite für eigene Rechnung vergibt. Diese Definition schließt verschiedene Arten von Unternehmen ein: Dazu zählen (Privat-)Banken, Sparkassen und Kreditgenossenschaften. Es gibt auch andere Unternehmen, die Einlagen annehmen und Kredite vergeben, die unter diese Definition fallen. Dabei gilt es zu beachten, dass alle Kreditinstitute mit Sitz im EWR in Betracht kommen, unabhängig von der Art des nationalen Einlagensicherungssystems. Ein Großteil dieser Institute (diejenigen Institute, die im Euroraum ansässig sind) kann auf der von der EZB geführten und regelmäßig aktualisierten Liste eingesehen werden.[16]

Die Anforderungen an ein solches Treuhandkonto sind in der Regel sehr spe- 24
zifisch und dienen dazu, die Sicherheit und Integrität des Kontos und das Vertrauen der Kunden zu gewährleisten. Zunächst ist es üblich, dass das Kreditinstitut **auf Pfandrechte und Aufrechnungsmöglichkeiten verzichtet**, um das Vermögen des Kontoinhabers zu schützen. Weiterhin besteht eine wichtige Anforderung in der **Offenlegung der Treuhandbeziehung** sowie der **Separierung der Gelder von anderen Vermögensmassen,** um sicherzustellen, dass das Vermögen des Kontoinhabers im Falle einer Insolvenz des Kreditinstituts geschützt ist. Insofern kann auf die ohnehin einschlägige Sicherungspflicht verwiesen werden (→ Rn. 11–14).

2. Anlage in sicheren Aktiva mit niedrigem Risiko

Die Geldbeträge, die Emittenten von E-Geld-Token im Tausch gegen E-Geld- 25
Token entgegengenommen haben und die gemäß Art. 7 Abs. 1 der E-Geld-Richtlinie besichert sind, aber nicht nach lit. a auf einem gesonderten Konto bei einem Kreditinstitut hinterlegt sind, müssen **in sichere Aktiva investiert** werden. Diese Aktiva dürfen nur ein niedriges Risiko aufweisen; sie müssen gemäß Art. 38 Abs. 1 als hochliquide Finanzinstrumente mit minimalem Marktrisiko, Kreditrisiko und

---

[16] Die Liste ist auf der Website der EZB unter folgendem Link abrufbar: https://beck-link.de/cebc6 (zuletzt aufgerufen am 11.2.2024).

Art. 54

Konzentrationsrisiko eingestuft werden und auf dieselbe amtliche Währung lauten, auf die sich der E-Geld-Token bezieht.

Dieser hier verwendete Begriff der sicheren, liquiden Aktiva mit niedrigem Risiko gemäß Art. 38 Abs. 1 ist **nicht deckungsgleich** mit dem Begriff der sicheren liquiden Aktiva mit niedrigem Risiko gemäß Art. 7 Abs. 1 der E-Geld-Richtlinie bzw. § 1 Abs. 31 ZAG. Die Konkretisierung erfolgt durch die technischen Regulierungsstandards, die gemäß dem in Art. 38 Abs. 5 beschriebenen Verfahren anzunehmen sind (dazu → Art. 38 Rn. 4ff.).

26 Die durch die Ausgabe (oder über einen sonstigen Tausch) von E-Geld-Token eingenommenen Geldbeträge sollen immer in Vermögenswerte investiert werden, die auf dieselbe amtliche Währung lauten wie die Bezugswährung der E-Geld-Token. Dies soll dazu dienen, **Währungsrisiken zu vermeiden.**[17]

IV. Kritik

27 Art. 54 ist grammatikalisch verbesserungswürdig. Subjekt sind die „Geldbeträge" (engl. *„funds"*). Ausweislich der Formulierung soll das Subjekt (also die Geldbeträge) die Pflichten in a) und b) einhalten. Die Pflichten sind indes vom Emittenten der E-Geld-Token einzuhalten.

28 Materiell stellt Art. 54 verglichen mit den Vorgaben der E-Geld-Richtlinie/PSD2 zusätzliche Anforderungen auf: Die Sicherungspflichten sind rigider und stellen weitere **Eingriffe in die unternehmerische Handlungsfreiheit** dar. Insofern handelt es sich um eine weitere **Abweichung von** dem von der MiCAR selbst propagierten **Grundsatz der Technologie-Neutralität**.[18] Emittenten von E-Geld-Token müssen damit restriktivere Vorgaben erfüllen als E-Geld-Institute (die keine E-Geld-Token, sondern nur E-Geld iSd E-Geld-Richtlinie emittieren). Dies betrifft zum einen die Einführung des 30%-Grenzwerts an solchem, als auch die (noch zu konkretisierende) abweichende Definition der sicheren, liquiden Aktiva gemäß Art. 38 Abs. 1. Warum hier für die Emittenten von E-Geld-Token höhere Anforderungen gelten sollen, ist **begründungsbedürftig.** Dennoch geht die MiCAR auf diese Abweichungen nicht spezifisch ein.

29 Auch die Grenze von 30% wird nicht weiter begründet und erscheint jedenfalls ohne weitere Angaben willkürlich gewählt. Zwar findet sich eine 30%-Grenze auch in Art. 36 MiCAR für die Vermögenswertreserve bei vermögenswertereferenzierten Token und ist insofern jedenfalls konsistent geregelt. Im Ausgangspunkt lässt sich dieser Mindest-Schwellenwert nur dann begründen, wenn man den Einlagen bei Kreditinstituten des lit. a eine besondere, **bessere Liquidität oder Verfügbarkeit als den hochliquiden Finanzinstrumenten** des lit. b zuschreibt. Für den Regelfall des solventen Kreditinstituts bzw. der solventen Depotbank hat man ggf. einen kleinen Abwicklungsvorteil von maximal wenigen Tagen. Für den Fall der Insolvenz des Kreditinstituts bzw. der Depotbank sind aber sowohl die Geldbeträge auf dem Treuhandkonto als auch die liquiden Aktiva nach § 47 InsO auszusondern. Diese Aussonderung braucht dabei allerdings in beiden Fällen Zeit. Die Aussonderung der Gelder auf dem Treuhandkonto ist damit **nicht zwangsläufig schneller als die der liquiden Aktiva.**

---

[17] ErwGr. 70.
[18] ErwGr. 9.

Zunächst sind bei regulierten E-Geld-Instituten soweit ersichtlich **keine Fälle** 30
bekannt, bei denen die in Art. 7 der E-Geld-Richtlinie genannten **Sicherheitsanforderungen nicht ausgereicht hätten.** Insofern stellt sich die Frage nach dem Bedürfnis und Zweck für die zusätzlichen Vorgaben. Anscheinend hält der europäische Gesetzgeber die Sicherungsanforderungen gemäß E-Geld-Richtlinie/PSD2 nicht für ausreichend und verlangt eine zusätzliche Diversifikation zwischen hochliquiden Finanzinstrumenten und Einlagen. Dies führt aber zu wesentlichem **bürokratischen Mehraufwand** in der Verwaltung der Anlagen. Es ist auch (noch) nicht ganz klar, wie mit Wertänderungen bei den Finanzinstrumenten umgegangen werden soll und in welcher Frequenz möglicherweise **Nachjustierungen** vorgenommen werden müssten, wenn ein Wertzuwachs bei den hochliquiden Finanzinstrumenten dazu führt, dass der Schwellenwert von mindestens 30% an Einlagen nicht (mehr) eingehalten wird.

Artikel 55 Sanierungs- und Rücktauschplan

Titel III Kapitel 6 gilt entsprechend für Emittenten von E-Geld-Token.

Abweichend von Artikel 46 Absatz 2 muss der Zeitpunkt, bis zu dem der Sanierungsplan der zuständigen Behörde mitzuteilen ist, in Bezug auf Emittenten von E-Geld-Token innerhalb von sechs Monaten nach dem öffentlichen Angebot oder der Zulassung zum Handel liegen.

Abweichend von Art. 47 Absatz 3 muss der Zeitpunkt, bis zu dem der Rücktauschplan der zuständigen Behörde mitzuteilen ist, in Bezug auf Emittenten von E-Geld-Token innerhalb von sechs Monaten nach dem Zeitpunkt des öffentlichen Angebots oder der Zulassung zum Handel liegen.

Schrifttum: Skauradszun/Schröder/Kümpel, Dürfen Institute unter Geltung des KWG Anträge auf Eigenverwaltung und Schutzschirm stellen?, ZInsO 2023, 1866; Skauradszun/Wrede, Der Sanierungsplan für Emittenten von E-Geld Token, BKR 2024, 19; Skauradszun/Wrede, Der Rücktauschplan nach Art. 55 Abs. 1 i. V. m. Art. 47 MiCAR bei Emittenten von E-Geld-Token, WM 2024, 669.

Übersicht

	Rn.
I. Entstehungsgeschichte, Grundlagen und Anwendungsbereich	1
1. Entstehungsgeschichte	1
2. Grundlagen	2
3. Anwendungsbereich	6
II. Sanierungsplan	12
1. Konzept des Sanierungsplans	12
a) Grundsatz und Fallgruppenbildung	14
b) E-Geld-Institute als Emittenten	18
c) Kreditinstitute als Emittenten	20
d) Emission signifikanter E-Geld-Token und Sonderfall des Art. 58 Abs. 2	25
2. Dogmatik und Rechtsnatur des Sanierungsplans	28
3. Anforderungen an den Sanierungsplan bei E-Geld-Token	30
4. Übermittlung an die zuständige Behörde, Überprüfung und Aktualisierung	35

	Rn.
5. Nichterfüllung von Pflichten	39
6. Benachrichtigung der zuständigen Abwicklungs- und Aufsichtsbehörden	42
7. Konsolidierte Leitlinien der EBA	45
III. Rücktauschplan	46
1. Konzept des Rücktauschplans und Fallgruppenbildung	46
2. Dogmatik und Rechtsnatur des Rücktauschplans	51
3. Anwendungsgrund des Rücktauschplans bei E-Geld-Token	52
4. Gegenstand des Rücktauschplans bei E-Geld-Token	56
a) Gegenstand des Rücktauschplans bei Kreditinstituten	59
b) Gegenstand des Rücktauschplans bei E-Geld-Instituten	66
5. Übermittlung an die zuständige Behörde, Überprüfung und Aktualisierung	71
6. Benachrichtigung der zuständigen Abwicklungs- und Absichtsbehörden	75
7. Konsolidierte Leitlinien der EBA	76

I. Entstehungsgeschichte, Grundlagen und Anwendungsbereich

1. Entstehungsgeschichte

1 Art. 55 verweist auf Art. 46 und Art. 47, die zu den kontrovers diskutierten Vorschriften der MiCAR gehören und während der Entstehung der Verordnung mehrfach Gegenstand von grundlegenden Änderungen waren (→ Art. 46 Rn. 1 und → Art. 47 Rn. 1). Die Vorschriften über den Sanierungsplan und Rücktauschplan wurden erstmals durch den Ratsvorschlag v. 19.11.2021 in den Gesetzgebungsprozess eingeführt (→ Art. 46 Rn. 2 und → Art. 47 Rn. 2). Der Vorschlag der **Europäischen Kommission**[1] wurde im Zuge der Digital Finance Strategy der Europäischen Union am 24.9.2020 veröffentlicht.[2] In diesem Entwurf gab es keine Artikel zu einem Sanierungsplan und Rücktauschplan, die den heutigen Art. 46 und Art. 47 entsprechen. Auch der heutige Art. 55, damals noch in Gestalt von Art. 49a MiCAR-E, fand erstmals durch den **Ratsvorschlag**[3] Einzug. Diese Vorschläge fanden zunächst aber keinen Anklang: Im Parlamentsvorschlag v. 17.3.2022 wurden die Vorschriften wieder gestrichen. Letztlich setzte sich aber der Rat in den Trilogverhandlungen durch. Die Vorschriften wurden wieder Teil der MiCAR (→ Art. 46 Rn. 2 f. und → Art. 47 Rn. 2 f.). Diese bewegte Geschichte und die nachträgliche Ergänzung der Norm in das System der MiCAR erklären möglicher-

---

[1] Europäische Kommission, Proposal for a Regulation of the European Parliament and of the Council on Markets in Crypto-assets, and amending Directive (EU) 2019/1937, 2020/0265 (COD), 24.9.2020.

[2] Mitteilung der Kommission an das Europäische Parlament, den Rat, den Europäischen Wirtschafts- und Sozialausschuss und den Ausschuss der Regionen über eine Strategie für ein digitales Finanzwesen in der EU v. 24.9.2020, COM/2020/591 final.

[3] Rat der Europäischen Union, Proposal for a Regulation of the European Parliament and of the Council on Markets in Crypto-assets, and amending Directive (EU) 2019/1937 – Mandate for negotiations with the European Parliament, 2020/0265 (COD), 19.11.2021.

Sanierungs- und Rücktauschplan **Art. 55**

weise, warum teilweise erhebliche Friktionen zu Tage treten und die Norm in der Rechtsanwendung defizitär ist (→ Rn. 20ff.).

2. Grundlagen

Art. 55 gehört zu Titel IV betreffend E-Geld-Token, welcher in Kapitel 1 die 2 Anforderungen an alle Emittenten von E-Geld-Token regelt. Dazu gehören aufgrund der Verweisvorschrift des Art. 55 Abs. 1 im Grundsatz auch die Anforderungen an einen Sanierungs- und Rücktauschplan. Die beiden maßgeblichen Vorschriften – Art. 46 und 47 – sind **entsprechend** und damit **im Lichte der Spezifika für E-Geld-Token anzuwenden** (→ Rn. 6). Mit der Verweisvorschrift des Art. 55 Abs. 1 schuf der Unionsgesetzgeber für die Emittenten von E-Geld-Token ebenfalls ein **Sondersanierungsrecht** (→ Art. 46 Rn. 6) bzw. **Sonderinsolvenzrecht** (→ Art. 47 Rn. 6). Das **dogmatische Fundament** für das Sondersanierungs- und -insolvenzrecht nach Art. 46 und 47 sind die Vorgaben zur Vermögenswertreserve (Art. 3 Abs. 1 Nr. 32, Art. 36ff.), die für die Emittenten von (einfachen) E-Geld-Token jedoch im Grundsatz keine Anwendung finden. Ohne ein vergleichbares Fundament ist **Art. 46 nicht sinnvoll** entsprechend **anwendbar** und Art. 55 Abs. 1 ist insoweit **teleologisch zu reduzieren** (→ Rn. 23f.). Dies gilt **teilweise auch** für die entsprechende Anwendbarkeit von **Art. 47** (→ Rn. 49f.). Lediglich für die E-Geld-Institute als Emittenten **signifikanter** E-Geld-Token ist die entsprechende Anwendung der Art. 46f. weitgehend nach Wortlaut und Telos dieser beiden Vorschriften möglich, da bei signifikanten E-Geld-Token auch die Vorschriften über die Vermögenswertreserve gelten (ErwG 71 S. 5, → Rn. 25). Für E-Geld-Institute als Emittenten einfacher E-Geld-Token siehe hingegen → Rn. 18ff. und zum Sonderfall der Anordnung nach Art. 58 Abs. 2 zudem → Rn. 25.

Die wirtschaftliche Lage, in die der Emittent von (signifikanten) E-Geld-Token 3 geraten muss, damit der **Sanierungs- und Rücktauschplan** zur Anwendung gelangt **(Anwendungsgrund),** wird in der MiCAR nicht definiert. Dieser Anwendungsgrund wird in ErwG 72 auch nur knapp beschrieben. Er soll vorliegen, „wenn die Emittenten nicht mehr in der Lage sind, ihren Verpflichtungen nachzukommen" (vgl. dazu auch → Rn. 13).

Art. 55 hat eine besondere Nähe zum **Sondersanierungs- bzw. -insolvenz-** 4 **recht der Institute,** wie es auf Unionsebene in der SRM-VO[4], BRRD[5] sowie

---

[4] VO (EU) Nr. 806/2014 des Europäischen Parlaments und des Rates v. 15.7.2014 zur Festlegung einheitlicher Vorschriften und eines einheitlichen Verfahrens für die Abwicklung von Kreditinstituten und bestimmten Wertpapierfirmen im Rahmen eines einheitlichen Abwicklungsmechanismus und eines einheitlichen Abwicklungsfonds sowie zur Änderung der VO (EU) Nr. 1093/2019. Zuletzt geändert durch die RL (EU) 2024/1174 des Europäischen Parlaments und des Rates v. 11.4.2024

[5] RL 2014/59/EU des Europäischen Parlaments und des Rates v. 15.5.2014 zur Festlegung eines Rahmens für die Sanierung und Abwicklung von Kreditinstituten und Wertpapierfirmen und zur Änderung der RL 82/891/EWG des Rates, der RL 2001/24/EG, 2002/47/EG, 2004/25/EG, 2005/56/EG, 2007/36/EG, 2011/35/EU, 2012/30/EU und 2013/36/EU sowie der VO (EU) Nr. 1093/2010 und (EU) Nr. 648/2012 des Europäischen Parlaments und des Rates (BRRD). Geändert durch die RL (EU) 2019/879 des Europäischen Parlaments und des Rates v. 20.5.2019 (BRRD II) und zuletzt durch die VO (EU) 2021/23 des Europäischen Parlaments und des Rates v. 16.12.2020.

Skauradszun

Art. 55

Sanierungs-RL[6] und auf deutscher Ebene in den §§ 43 ff. KMAG, §§ 46 ff. KWG, § 21 ZAG und der InsO geregelt ist (hierzu → Art. 46 Rn. 6 und → Art. 46 Rn. 19 ff.). Denn als Emittent von E-Geld-Token sind nur Kreditinstitute oder E-Geld-Institute zugelassen (Art. 48 Abs. 1 S. 1 lit. a; → Rn. 9). Diese für Institute entwickelten Regelungsregime können daher das Regelungsregime der MiCAR ergänzen.

5 Der Sinn und Zweck des Art. 55 besteht darin, die Rücktauschbarkeit bzw. Rückzahlbarkeit von E-Geld-Token (vgl. **Art. 49 Abs. 4)** auch in wirtschaftlichen Extremlagen des Emittenten zu gewährleisten und einem Risiko für die Finanzstabilität innerhalb der Union zu begegnen, welches in der Emission von (signifikanten) E-Geld-Token liegen könnte. Im Zeitpunkt des ordentlichen Gesetzgebungsverfahrens zur MiCAR bestand dieses Risiko allerdings noch nicht bzw. nicht in nennenswerter Form, da die Märkte für Kryptowerte gemessen an der Größe des Finanzmarkts insgesamt noch von bescheidener Größe sind (ErwG 5 S. 4).[7] Derzeit ist noch nicht bekannt, ob von Emittenten von (signifikanten) E-Geld-Token eine Gefahr für die **Finanzstabilität** bzw. die Stabilität der Märkte ausgeht (→ Art. 46 Rn. 7). Durch die aufwendige Regulatorik werden jedenfalls möglicherweise falsche ökonomische Anreize gesetzt (→ Art. 46 Rn. 8).

3. Anwendungsbereich

6 Art. 55 ist nach seinem sachlichen Anwendungsbereich nur auf **E-Geld-Token** iSv Art. 3 Abs. 1 Nr. 7 und nach seinem persönlichen Anwendungsbereich nur auf die **Emittenten** dieser speziellen Kryptowerte anwendbar.[8] Art. 46 und 47 sind hingegen auf diese Konstellation nicht direkt anwendbar, da diese Vorschriften nach ihrem Wortlaut Emittenten von vermögenswertereferenzierten Token iSv Art. 3 Abs. 1 Nr. 6 erfassen. Die Vorschriften sind aufgrund von Art. 55 Abs. 1 jedoch **entsprechend** anzuwenden. Der Unionsgesetzgeber hat aufgrund der Unterschiede[9] zwischen diesen Arten von Kryptowerten und den dazu erlassenen Vorgaben Raum für **spezifische Modifikationen** gelassen. Art. 46 und 47 sind also verständig im Lichte der Spezifika von E-Geld-Token anzuwenden. Diese Modifikationen sind indes umfangreich, da das dogmatische Fundament des Sanierungs- und Rücktauschplans, welches grundsätzlich die Vermögenswertreserve nach den Art. 3 Abs. 1 Nr. 32, Art. 36 ff. darstellt (→ Rn. 2), bei Emittenten von nicht signifikanten E-Geld-Token ein anderes ist. Die durch die entsprechende Anwendung ermöglichten spezifischen Modifikationen können aber keine grundlegenden Friktionen beheben, die während der Verhandlung des Art. 55 entstanden sind (→ Rn. 1 und näher → Rn. 20 ff.).

7 **E-Geld-Token** meint nach Art. 3 Abs. 1 Nr. 7 einen Kryptowert, dessen Wertstabilität unter Bezugnahme auf den Wert **einer amtlichen Währung** gewahrt werden soll (vgl. auch ErwG 19 S. 5, 6 zur Reichweite des Begriffs). Diese amtliche Währung muss nicht der Euro sein. Der Stablecoin Tether sieht beispielsweise eine

---

[6] RL 2001/24/EG des Europäischen Parlaments und des Rates v. 4.4.2001 über die Sanierung und Liquidation von Kreditinstituten. Zuletzt geändert durch die BRRD (vgl. Fn. 5).
[7] Vgl. auch ausführlicher Brauneck WM 2022, 1258.
[8] Zu den rechtlichen Unterschieden zwischen E-Geld- und vermögenswertereferenzierten Token siehe Müller-Lankow/Liebscher WM 2024, 1152.
[9] Diese Unterschiede können gering sein, wenn beide Token auf amtliche Währungen Bezug nehmen, der vermögenswertereferenzierte Token lediglich auch noch auf eine zweite amtliche Währung.

Bezugnahme auf den US-Dollar vor und ist als E-Geld-Token zu klassifizieren.[10] E-Geld-Token stellen gem. ErwG 18 S. 3 und 4 elektronische Surrogate für Münzen und Banknoten dar und können für Zahlungen verwendet werden. Zur Abgrenzung zu vermögenswertereferenzierten Token siehe → Art. 46 Rn. 11. E-Geld-Token fungieren heute insbesondere als Zahlungs- bzw. Tauschmittel für den Handel mit Kryptowerten und gewährleisten zum einen die Liquidität auf Kryptohandelsplätzen. Zum anderen dienen sie als Brückenmedium zwischen staatlichen Währungen und Kryptowährungen.[11] Die MiCAR sieht – anders als bei E-Geld nach dem bisherigen Verständnis – vor, dass E-Geld-Token als Zahlungs- oder Tauschmittel verwendet werden sollen, nicht aber als Wertaufbewahrungsmittel (vgl. ErwG 68).[12]

Emittent ist nach Art. 3 Abs. 1 Nr. 10 „eine natürliche oder juristische Person oder ein anderes Unternehmen, die bzw. das Kryptowerte emittiert" (vgl. hierzu → Art. 46 Rn. 18 und die Kommentierung zu Art. 3 Abs. 1 Nr. 10). Die Emission von E-Geld-Token ist in der Europäischen Union nur durch Personen zulässig, die die Anforderungen des Art. 48 erfüllen. E-Geld-Token können demnach nur von einem nach der RL 2013/36 EU (CRD IV)[13] zugelassenen **Kreditinstitut** oder von einem nach der **E-Geld-Richtlinie** (auch sog. **EMD2**)[14] zugelassenen **E-Geld-Institut** ausgegeben werden (vgl. ErwG 19 S. 7, ErwG 66 S. 1, Art. 3 Abs. 1 Nr. 28 und 43, 48 Abs. 1 S. 1 lit. a. Diese starke Begrenzung führt faktisch dazu, dass wenige Emittenten auf den Markt gelangen.[15] **8**

Art. 55 ist **nicht** in dem Sinne **abschließend** zu verstehen, dass nur nach der MiCAR Vorgaben zum Sondersanierungs- und -insolvenzrecht gemacht werden; auch Art. 46 und Art. 47 sind diesbezüglich nicht abschließend (→ Art. 46 Rn. 19, → Art. 47 Rn. 14). Die Emittenten von E-Geld-Token müssen Kreditinstitute oder E-Geld-Institute sein und stellen daher beaufsichtigungspflichtige Unternehmen dar (vgl. ErwG 66 S. 2: Emittenten von E-Geld-Token sollten, sofern in der MiCAR nichts anderes vorgesehen ist, „die einschlägigen Anforderungen der RL 2009/110/EG mit Blick auf die Aufnahme, Ausübung und Beaufsichtigung der Tätigkeit von E-Geld-Instituten und die Anforderungen mit Blick auf die Ausgabe und Rücktauschbarkeit von E-Geld-Token erfüllen"; vgl. ferner Art. 48 Abs. 3).[16] E-Geld-Token emittierende E-Geld-Institute unterfallen also nicht nur der MiCAR, sondern auch dem Umsetzungsrecht der E-Geld-Richtlinie, in Deutschland also dem ZAG.[17] Auf E-Geld-Token emittierende Kreditinstitute **9**

---

[10] Maume ECFR 2/2023, 243 (258); siehe dazu auch Müller-Lankow/Liebscher WM 2024, 1152 (1153).
[11] Lösing/John BKR 2023, 373 (374).
[12] Lösing/John BKR 2023, 373 (377).
[13] RL 2013/36/EU des Europäischen Parlaments und des Rates v. 26.6.2013 über den Zugang zur Tätigkeit von Kreditinstituten und die Beaufsichtigung von Kreditinstituten und Wertpapierfirmen, zur Änderung der RL 2002/87/EG und zur Aufhebung der RL 2006/48/EG und 2006/49/EG.
[14] RL 2009/110/EG des Europäischen Parlaments und des Rates v. 16.9.2009 über die Aufnahme, Ausübung und Beaufsichtigung der Tätigkeit von E-Geld-Instituten, zur Änderung der RL 2005/60/EG und 2006/48/EG sowie zur Aufhebung der RL 2000/46/EG.
[15] Maume ECFR 2/2023, 243 (268); ausf. auch Müller-Lankow/Liebscher WM 2024, 1152 (1155).
[16] Lösing/John BKR 2023, 373 (374).
[17] Wittig WM 2023, 412 (416).

kann wiederum das **Sondersanierungs- und -insolvenzrecht für die Institute** anwendbar sein (zur teleologischen Reduktion des Art. 55 bei solchen Emittenten von E-Geld-Token siehe → Rn. 20ff.).[18] Dies meint auf Unionsebene die SRM-VO, BRRD (→ Art. 46 Rn. 20ff.) und Sanierungs-RL bzw. auf deutscher Ebene das SAG (→ Art. 46 Rn. 23f.), die §§ 45ff. KWG (→ Art. 46 Rn. 25f.) und die InsO (→ Art. 46 Rn. 30). E-Geld-Token emittierende Kreditinstitute werden also häufig unter das Regelungsregime des Einheitlichen Abwicklungsmechanismus (Single Resolution Mechanism – **SRM**) und des nationalen Insolvenzrechts fallen. Für das Sondersanierungs- und - insolvenzrecht nach dem KMAG sind die Bereichsausnahmen in § 43 Abs. 4 und § 44 Abs. 5 KMAG zu beachten.

10 Anders als bei Emittenten vermögenswertereferenzierter Token, die keine Kreditinstitute sind, sind die EuInsVO und die RestruktRL betreffend E-Geld-Token emittierende Kreditinstitute nicht neben dem Sanierungsplan nach der MiCAR anwendbar (vgl. → Art. 46 Rn. 27ff.), da Kreditinstitute unter die entsprechenden Bereichsausnahmen der Art. 1 Abs. 2 lit. b EuInsVO und Art. 1 Abs. 2 lit. b RestruktRL fallen. E-Geld-Token emittierende Kreditinstitute fallen auch unter die Bereichsausnahme des § 30 Abs. 2 StaRUG iVm § 1 Abs. 19 Nr. 1 KWG, denn Kreditinstitute fallen einerseits unter die Definition des § 1 Abs. 1 KWG und sie stellen andererseits Institute iSv § 2 Abs. 4 KMAG dar, die ebenfalls von § 1 Abs. 19 KWG erfasst werden (Art. 3 Nr. 2 lit. c FinmadiG). Unter diese Bereichsausnahme fallen neben Kreditinstituten und E-Geld-Instituten damit auch alle anderen Emittenten, die vermögenswertereferenzierte oder E-Geld-Token ausgeben. In der Folge finden die Regelungen des StaRUG nur eingeschränkt Anwendung, insbesondere können solche Emittenten die Instrumente des StaRUG (vgl. § 29 Abs. 2 StaRUG) nicht in Anspruch nehmen.

11 Es ist fraglich, ob Teile des Sanierungsplans nach Art. 55 Abs. 1 iVm Art. 46 (sinnvoll) nach insolvenzrechtlichen Vorgaben umgesetzt werden können, ob also Emittenten von E-Geld-Token durch einen **Insolvenzplan** die Forderungen der Inhaber von E-Geld-Token nach Art. 49 Abs. 4 gestalten können (→ Art. 46 Rn. 29f.). In solchen Fällen könnte das Regelungsregime des Insolvenz(plan)rechts (vgl. §§ 217ff. InsO) betreffend diese Forderungen aufgrund der spezielleren Regelungen der MiCAR verdrängt sein. Aufgrund des Abstimmungsprozedere bei einem Insolvenzplan stellt dieser im Regelfall keine geeignete Sanierungsoption für einen MiCAR-Sanierungsplan dar.

II. Sanierungsplan

1. Konzept des Sanierungsplans

12 Der **originär** für Emittenten **vermögenswertereferenzierter** Token entwickelte Sanierungsplan nach Art. 46 soll diesen Emittenten dabei helfen, die geltenden Anforderungen für die **Vermögenswertreserve** iSv Art. 3 Abs. 1 Nr. 32, Art. 36ff. wiederherzustellen (Art. 46 Abs. 1 UAbs. 1, ErwG 64 S. 1, → Art. 46 Rn. 32).

---

[18] Grundlegend zur Abgrenzung Skauradszun/Wrede, Tokenized Finance (Hrsg. Omlor/Lübke), 105ff.

Sanierungs- und Rücktauschplan **Art. 55**

Ob dieses Ziel auch im Fall eines Sanierungsplans bei E-Geld-Token gem. **13**
Art. 55 Abs. 1 iVm Art. 46 verfolgt wird, ergibt sich aus der MiCAR mangels genauerer Erwägungsgründe und aufgrund des zu knappen Normtextes des Art. 55 Abs. 1 nicht zweifelsfrei. Aus **ErwG 72** geht zwar hervor, dass die Emittenten von E-Geld-Token über Sanierungs- und Rücktauschpläne verfügen sollten, „um sicherzustellen, dass die Rechte der Inhaber der E-Geld-Token geschützt sind, wenn die Emittenten nicht in der Lage sind, ihren Verpflichtungen nachzukommen". Diese Beschreibung ist allerdings sehr vage.

a) Grundsatz und Fallgruppenbildung. Nach Art. 3 Abs. 1 Nr. 32 handelt es **14** sich bei der Vermögenwertreserve um „den Korb mit Reservevermögen, mit dem die Forderung gegenüber dem Emittenten besichert wird". Die Vermögenswertreserve wird in den Art. 36ff. näher ausgestaltet.[19] Emittenten von (einfachen) E-Geld-Token **unterliegen** im Grundsatz **nicht** den **Anforderungen an die Vermögenswertreserve** (Art. 36ff.). Der Wortlaut von Art. 36 erfasst nämlich nur Emittenten vermögenswertereferenzierter Token. Auch aus dem Umkehrschluss zu ErwG 71 S. 4, 5 und Art. 58 Abs. 1 S. 1 lit. a ergibt sich, dass Emittenten von (einfachen) E-Geld-Token nicht erfasst sind. Art. 58 Abs. 1 S. 1 lit. a regelt, dass die in Art. 36, 37 und 38 und 45 Abs. 1–4 genannten Anforderungen anstelle von Art. 7 E-Geld-Richtlinie für E-Geld-Institute, die **signifikante** E-Geld-Token ausgeben, gelten sollen (vgl. auch ErwG 71 S. 5). Nur für diese – regelmäßig aber nicht für Emittenten einfacher E-Geld-Token (vgl. Art. 58 Abs. 2 und → Rn. 26) und nicht für Kreditinstitute – gelten die Anforderungen an die Vermögenswertreserve.[20]

Grundsätzlich gilt für **E-Geld-Institute** bei der Emission von E-Geld-Token **15** **Art. 7 Abs. 1 E-Geld-Richtlinie** in der jeweiligen Fassung des nationalen Umsetzungsgesetzes, vgl. Art. 48 Abs. 3 (→ Rn. 9).[21] Ähnlich wie bei der Vermögenswertreserve nach Art. 36ff. (→ Rn. 16) sieht Art. 7 E-Geld-Richtlinie vor, dass bezüglich der Geldbeträge, die der Emittent erlangt hat, ein **Verbot der Vermögensvermischung** gilt. Dies ergibt sich aus **Art. 10 Abs. 1 PSD2**[22].[23] Diese Vorgaben gelten nach Aufhebung der RL 2007/64/EG[24] aufgrund Art. 114 iVm

---

[19] Beispiele zum Aufbau der Vermögenswertreserve bei Kokorin Capital Markets Law Journal 2023, 1 (12); vgl. zur Vermögenswertreserve außerdem Skauradszun/Wrede BKR 2024, 19 (20f.).

[20] So wohl auch das Verständnis der EBA, vgl. in den Leitlinien zum Rücktauschplan gem. Art. 47 und Art. 55 MiCAR, EBA/GL/2024/13 v. 9.10.2024, 13.

[21] Vgl. auch Kalss/Krönke/Völkel/Omlor Crypto-Assets, im Erscheinen, MiCAR Art. 54 Rn. 3.

[22] RL (EU) 2015/2366 des Europäischen Parlaments und des Rates v. 25.11.2015 über Zahlungsdienste im Binnenmarkt, zur Änderung der RL 2002/65/EG, 2009/110/EG und 2013/36/EU und der VO (EU) Nr. 1093/2010 sowie zur Aufhebung der RL 2007/64/EG.

[23] Schäfer/Omlor/Mimberg/Janßen ZAG § 17 Rn. 2 begründet die Einführung von Sicherungsverpflichtungen nach Art. 10 PSD2 damit, dass Zahlungsdienste und die Ausgabe von E-Geld eine Nähe zu den der Einlagensicherung unterliegenden Einlagengeschäft von Kreditinstituten aufweisen und die Sicherung dem Schutz des Zahlungsdienstnutzers vor der Insolvenz des Instituts diene.

[24] RL 2007/64/EG des Europäischen Parlaments und des Rates v. 13.11.2007 über Zahlungsdienste im Binnenmarkt, zur Änderung der RL 97/7/EG, 2002/65/EG, 2005/60/EG und 2006/48/EG sowie zur Aufhebung der RL 97/5/EG.

Art. 55

Anhang II (Entsprechungstabelle) PSD2 anstelle von Art. 9 Abs. 1 RL 2007/64/EG, auf den der Text des Art. 7 Abs. 1 S. 1 E-Geld-Richtlinie nach seinem Wortlaut verweist.[25] Die dortigen Anforderungen an die Sicherung von Kundengeldern werden gem. Art. 54 modifiziert.[26] Dabei schränkt Art. 54 die Gestaltungsfreiheit des **Art. 10 Abs. 1 PSD2** ein. Die Sicherungsanforderungen nach Art. 10 Abs. 1 PSD2 sehen grundsätzlich vor, dass die Sicherung der Kundengelder entweder (1) mittels eines Treuhandkontos oder liquider Aktiva oder (2) mittels einer Versicherung oder vergleichbarer Garantien einer Versicherungsgesellschaft oder eines Kreditinstituts erfolgen kann. Durch Art. 54 wird die Sicherung durch eine Versicherung oder vergleichbare Garantien ausgeschlossen.[27] Die E-Geld-Institute sind bei der Ausgabe von E-Geld-Token gem. Art. 54 verpflichtet, mindestens 30% der erhaltenen Geldbeträge stets auf gesonderten Konten bei Kreditinstituten zu hinterlegen (Art. 54 lit. a). Die übrigen Geldbeträge müssen in sichere Aktiva mit niedrigem Risiko investiert werden, die gem. Art. 38 als hochliquide Finanzinstrumente mit minimalem Marktrisiko, Kreditrisiko und Konzentrationsrisiko gelten, die auf dieselbe amtliche Währung lauten, auf die sich der E-Geld-Token bezieht (Art. 54 lit. b). Eine andere Vorgehensweise hinsichtlich der Sicherung ist nicht vorgesehen. Bei der Emission **signifikanter** E-Geld-Token hingegen gelten für E-Geld-Institute die maßgeblichen Vorschriften betreffend die Vermögenswertreserve (vgl. Art. 58 Abs. 1 S. 1 lit. a, vgl. auch → Rn. 25). **Für Kreditinstitute, die E-Geld-Token emittieren, gelten diese Anforderungen jedoch nicht** (vgl. ErwG 71 S. 6, → Rn. 20 ff.).

16 Das wirft die Frage auf, welchem **Ziel** der – im Lichte der **Spezifika von E-Geld-Token** auszulegende (→ Rn. 6) – Sanierungsplan bei Emittenten von E-Geld-Token dient. Die Inhaber von E-Geld-Token haben ähnlich wie die Inhaber vermögenswertereferenzierter Token ein **Recht auf jederzeitige Rückzahlung** bzw. **Rücktausch**[28] (Art. 49 Abs. 4, vgl. auch Art. 51 Abs. 6 UAbs. 3 S. 2).[29] Bei Inhabern vermögenswertereferenzierter Token wird dieses Recht in Art. 39 Abs. 1 S. 1 durch die Vermögenswertreserve geschützt. Der Schutz des Rechts auf Rücktausch bei vermögenswertereferenzierten Token zeichnet sich insbesondere durch eine **rechtliche Vermögenstrennung** (vgl. Art. 36 Abs. 2, vgl. auch → Art. 47 Rn. 30), durch dezidierte **Anforderungen an die Verwahrung und Anlage** (vgl. Art. 37, 38) und durch engmaschige **Kontrollen dieses Reservevermögens** durch die Emittenten (vgl. Art. 36 Abs. 6, 7, 9), unabhängige Prüfungen (vgl. Art. 36 Abs. 9) und besondere Berichtspflichten (vgl. Art. 22, Art. 36 Abs. 10) aus. Die Anforderungen an die Vermögenswertreserve bei vermögenswertereferenzierten Token werden darüber hinaus durch die Vorschriften zum Sanierungsplan (Art. 46) und zum Rücktauschplan (Art. 47) abgesichert. Letztere Vorschriften bauen auf den Anforderungen an die Vermögenswertreserve weitest-

---

[25] Terlau BKR 2023, 19 (28 Fn. 3) hingegen ordnet den Verweis von Art. 7 Abs. 1 E-Geld-Richtlinie als dynamische Verweisung ein.

[26] Zu den Modifikationen siehe Kalss/Krönke/Völkel/Omlor Crypto-Assets, im Erscheinen, MiCAR Art. 54 Rn. 4f.

[27] Vgl. auch Kalss/Krönke/Völkel/Omlor Crypto-Assets, im Erscheinen, MiCAR Art. 54 Rn. 4.

[28] John/Patz DB 2023, 1906 (1909) kritisieren die Terminologie des „Rücktauschrechts" und ziehen es vor, von einem „Umtauschrecht" zu sprechen.

[29] Vgl. auch Kalss/Krönke/Völkel/Omlor Crypto-Assets, im Erscheinen, MiCAR Art. 55 Rn. 4.

Sanierungs- und Rücktauschplan **Art. 55**

gehend auf. Der **fundamentale Unterschied** zwischen Art. 49 Abs. 4 und Art. 39 Abs. 1 S. 1 ist allerdings der, dass das Recht auf Rückzahlung bzw. Rücktausch bei E-Geld-Token **unbedingt** besteht (Art. 49 Abs. 4[30]), bei vermögenswertereferenzierten Token **in Bezug auf das Reservevermögen** hingegen nur, wenn eine **Bedingung** eingetreten ist. Diese Bedingung ist nach dem Wortlaut des Art. 39 Abs. 1 S. 1 erst erfüllt, „wenn die Emittenten ihren in Kapitel 6 dieses Titels genannten Verpflichtungen nicht nachkommen können" (ErwG 54 S. 1 und 2). Nach dem Wortlaut von Art. 49 Abs. 4 besteht das Recht auf Rückzahlung bzw. Rücktausch sogar in Bezug auf das gesicherte Vermögen – funktional die „Vermögensreserve" (→ Rn. 19) – unbedingt.

Soweit Emittenten von E-Geld-Token den Anforderungen an eine Vermögens- 17 wertreserve **nicht** unterliegen, stellt sich daher die Frage, welches Ziel und welchen Inhalt Sanierungspläne nach Art. 55 Abs. 1 iVm Art. 46 haben. Dabei ist zwischen den beiden Emittentengruppen und der Art des E-Geld-Tokens **zu unterscheiden,** namentlich
– der Emission von **einfachen** E-Geld-Token durch **E-Geld-Institute** (→ Rn. 18 f.),
– der Emission von **einfachen** E-Geld-Token durch **Kreditinstitute** (→ Rn. 20 ff.),
– der Emission von **signifikanten** E-Geld-Token durch **E-Geld-Institute** (→ Rn. 25 f.) und
– der Emission von **signifikanten** E-Geld-Token durch **Kreditinstitute** (→ Rn. 27).[31]

b) E-Geld-Institute als Emittenten. Bei der Emission von **einfachen** 18 E-Geld-Token durch **E-Geld-Institute** wird das (unbedingte) Recht auf Rückzahlung bzw. Rücktausch (→ Rn. 16) durch die Sicherung der vom Emittenten entgegengenommenen Gelder gem. **Art. 7 E-Geld-Richtlinie** geschützt. Art. 7 Abs. 1 E-Geld-Richtlinie, auf den Art. 54 verweist, dient der Sicherung dieser Geldbeträge (→ Rn. 15).[32] Durch die über Art. 54 modifizierten Sicherungsanforderungen sollen die Gläubiger insbesondere vor den Risiken geschützt werden, die mit der **Insolvenz** des Emittenten einhergehen oder vor den Risiken einer Zwangsvollstreckung in das Vermögen des Emittenten.[33] Für deutsche Arrest-, Vollstreckungs- und Insolvenzverfahren muss § 28 Abs. 9 **KMAG**[34] beachtet wer-

---

[30] Die in Art. 49 Abs. 5 genannten „Bedingungen für den Rücktausch" im Kryptowerte-Whitepaper meinen das technische Prozedere für den Rücktausch, keine dem Art. 39 Abs. 1 S. 1 vergleichbare Bedingung.
[31] Während die Leitlinien der EBA zum Rücktauschplan gem. Art. 47 und Art. 55 MiCAR eine ähnliche Differenzierung vornehmen, vgl. EBA/GL/2024/13 v. 9.10.2024, 13, fehlt es an einer solchen in den früher veröffentlichten EBA-Leitlinien zum Sanierungsplan gem. Art. 46 und Art. 55 MiCAR, vgl. EBA/GL/2024/07 v. 13.6.2024, 3. Es scheint, dass die EBA im Laufe der Zeit ein nuancierteres Verständnis hinsichtlich Art. 55 entwickelt hat.
[32] Zur Auslegung von Art. 7 Abs. 1 E-Geld-Richtlinie im Sinne von Art. 10 Abs. 1 PSD2 Terlau BKR 2023, 19 (28 Fn. 3). Es handelt sich jedoch nicht um eine Auslegung, sondern eine gesetzlich angeordnete Entsprechung, vgl. → Rn. 15.
[33] Vgl. auch Kalss/Krönke/Völkel/Omlor Crypto-Assets, im Erscheinen, MiCAR Art. 54 Rn. 2; Schäfer/Omlor/Mimberg/Janßen ZAG § 17 Rn. 3.
[34] Derzeit liegt das Kryptomärkteaufsichtsgesetz (KMAG), welches in Art. 1 Finanzmarktdigitalisierungsgesetz (FinmadiG) geregelt ist, in Form der Beschlussempfehlung des Finanzaus-

Skauradszun

Art. 55   Titel IV E-Geld-Token

den.[35] Darüber hinaus soll durch diese modifizierten Sicherungsanforderungen das Vertrauen in die Stabilität der Kryptomärkte und des Finanzsystems insgesamt gewährt werden (vgl. auch zur Vermeidung von Währungsrisiken ErwG 70).[36] Diese Sicherungspflicht stellt deshalb eine besonders wichtige Pflicht von E-Geld-Emittenten dar.[37] Art. 7 Abs. 1 E-Geld-Richtlinie, der durch Art. 54 modifiziert wird, verfolgt damit einen ähnlichen Zweck wie die umfassenderen Art. 36 ff., nämlich die Sicherung des Anspruchs auf Rückzahlung bzw. auf Rücktausch.[38]

19   Aufgrund dieser **Parallelen**[39] ist es nachvollziehbar, weshalb der Gesetzgeber über die Verordnung hinweg an verschiedenen Stellen von einer **„Vermögenswertreserve" bei E-Geld-Token** spricht. So ist beispielsweise in Art. 140 Abs. 2 lit. i die Rede von „der Zusammensetzung und Höhe der gemäß Art. 54 hinterlegten und investierten Vermögenswertreserven". Hier wird erkennbar, dass der Gesetzgeber der MiCAR die im Zusammenhang mit E-Geld-Token gesicherten Gelder **funktional** als Vermögenswertreserve versteht.[40] Dies steht auch in Einklang mit der weiten Definition der Vermögenswertreserve nach Art. 3 Abs. 1 Nr. 32. Der Verweis des Art. 55 Abs. 1 auf Art. 46 (und Art. 47) ist daher im Lichte dieser Besonderheit bei E-Geld-Token zu verstehen (→ Rn. 6). **Ziel des Sanierungsplans bei E-Geld-Token,** die von E-Geld-Instituten emittiert wurden, ist die Wiederherstellung der Einhaltung der Anforderungen an die Anlage der entgegengenommen Geldbeträge gem. Art. 7 E-Geld-Richtlinie (iVm Art. 54).[41]

20   c) **Kreditinstitute als Emittenten.** Anders ist dies hingegen bei **Kreditinstituten,** die E-Geld-Token emittieren. Für Kreditinstitute gilt Art. 7 E-Geld-Richtlinie in der jeweiligen Fassung des nationalen Umsetzungsgesetzes nicht. Art. 1 Abs. 2 E-Geld-Richtlinie regelt, dass Titel II die Vorschriften für die Aufnahme, Ausübung und Beaufsichtigung von **E-Geld-Instituten** festlegt. Dieser Titel ist also auf E-Geld-Institute iSv Art. 1 Abs. 1 lit. b E-Geld-Richtlinie beschränkt. Art. 7 E-Geld-Richtlinie ist Bestandteil von Titel II und sieht vor, dass die Mitgliedstaaten E-Geld-Instituten bestimmte Vorgaben hinsichtlich der Sicherungs-

---

schusses (7. Ausschuss) vor, BT-Drs. 20/11178. Wenn im Rahmen der Kommentierung auf das KMAG oder das FinmadiG verwiesen wird, dann bezieht sich der Verweis auf die Beschlussempfehlung.

[35] Arreste und Zwangsvollstreckungen in diese Geldbeträge sollen nach § 28 Abs. 9 iVm Abs. 2 KMAG nur wegen der – wohl in entsprechender Anwendung auf E-Geld-Token – Ansprüche aus Art. 49 Abs. 4 stattfinden. Nach § 28 Abs. 9 iVm Abs. 8 KMAG sollen diese Geldbeträge nicht in die Insolvenzmasse fallen, wenn über das Vermögen des Emittenten das Insolvenzverfahren eröffnet wird. Vgl. Skauradszun/Linardatos KMAG/Skauradszun § 28 Rn. 35 ff., 69.

[36] Näher dazu Kalss/Krönke/Völkel/Omlor Crypto-Assets, im Erscheinen, MiCAR Art. 54 Rn. 2.

[37] Terlau BKR 2023, 19; Schäfer/Omlor/Mimberg/Janßen ZAG § 17 Rn. 3.

[38] Zum besonders ausgeprägten Schutz des Anspruchs auf Rücktausch Wittig WM 2023, 413 (416).

[39] Vgl. auch Kalss/Krönke/Völkel/Omlor Crypto-Assets, im Erscheinen, MiCAR Art. 55 Rn. 2.

[40] Siehe auch Skauradszun/Wrede BKR 2024, 19 (23).

[41] Ähnlich auch John/Patz DB 2023, 1906 (1909), die vertreten, dass das Rück- bzw. Umtauschrecht mit der Pflicht zur Aufrechterhaltung eines Reservevermögens korrespondiert.

Sanierungs- und Rücktauschplan **Art. 55**

anforderungen machen müssen[42]. Obgleich vermögenswertereferenzierte Token und E-Geld-Token ähnlich sein können (vgl. Fn. 8), löst die Emission von vermögenswertereferenzierten Token durch Kreditinstitute weitreichende Pflichten zur Vermögenswertreserve aus, während die mitunter recht ähnliche Emission von E-Geld-Token weder zu Pflichten betreffend eine Vermögenswertreserve noch zu Pflichten nach Art. 7 E-Geld-Richtlinie führt. Da der von Art. 54 in Bezug genommene Art. 7 E-Geld-Richtlinie für Kreditinstitute nicht gilt und die dortige Vermögenssicherung das Äquivalent zur Vermögenswertreserve nach den Art. 36 ff. darstellt, ist unklar, ob Art. 55 Abs. 1 iVm Art. 46 insgesamt für Kreditinstitute als Emittenten von E-Geld-Token nicht einschlägig ist (betreffend die Anwendbarkeit des Rücktauschplans, vgl. → Rn. 49 f.). Im Einzelnen:

Art. 54 scheint nach dem **Wortlaut** zunächst zwar auf (alle) Emittenten von E-Geld-Token anwendbar zu sein.[43] In der Literatur wird daher vertreten, dass die durch Art. 54 modifizierten Sicherungsanforderungen von Art. 7 E-Geld-Richtlinie auch Kreditinstitute erfassen sollen.[44] Allerdings regelt Art. 54 nur, dass zusätzliche Anforderungen an die Besicherung solcher Geldbeträge gestellt werden, „die gemäß Art. 7 Abs. 1 der RL 2009/110/EG besichert sind". Wenn Art. 7 Abs. 1 E-Geld-Richtlinie nicht auf emittierende Kreditinstitute anwendbar ist (→ Rn. 20),[45] dann ist ein solcher Emittent auch nicht von Art. 54 erfasst. Eine andere Auslegung würde den Wortlaut wohl überspannen. Zudem erklärt der Unionsgesetzgeber in **ErwG 71 S. 6,** dass „die Bestimmungen der RL 2009/110/EG [damit sind Art. 5 und 7 der E-Geld-Richtlinie gemeint, s. ErwG 71 S. 5] nicht für Kreditinstitute bei der Ausgabe von E-Geld gelten". Daher „sollten auch die zusätzlichen Anforderungen für signifikante E-Geld-Token gemäß der vorliegenden Verordnung nicht für Kreditinstitute bei der Ausgabe von E-Geld-Token gelten". Der Unionsgesetzgeber äußert sich an dieser Stelle eindeutig dazu, dass für Kreditinstitute bei der Ausgabe von signifikanten E-Geld-Token die Anforderungen der Art. 36 ff. nicht gelten sollen. Dies spiegelt auch Art. 58 wider, der lediglich E-Geld-Institute adressiert (näher dazu → Rn. 25). Wenn der Unionsgesetzgeber E-Geld-Token emittierenden Kreditinstituten selbst im Fall der Ausgabe von signifikanten E-Geld-Token, von denen **höhere Risiken** ausgehen, keine (weiteren) Anforderungen betreffend die Kundengeldsicherung auferlegen will, dann muss dies **erst recht** gelten, wenn ein Kreditinstitut nur einfache E-Geld-Token emittiert. Der – wohl unbeabsichtigt zu weit geratene – Wortlaut von Art. 54 („Geldbeträge, die Emittenten von E-Geld-Token [...] entgegengenommen haben [...]") ist daher **teleologisch zu reduzieren. Die Vorschrift findet nur auf E-Geld-Institute Anwendung.**[46] Eine solche teleologische Reduktion ist auch im Ergebnis angemessen:

21

---

[42] Auch §§ 17, 18 ZAG, die in Deutschland Art. 7 E-Geld-Richtlinie umsetzen, gelten nur für „Institute". „Institute" sind iSv § 1 Abs. 3 ZAG „Zahlungsinstitute und E-Geld-Institute", nicht aber CRR-Kreditinstitute, vgl. § 1 Abs. 1 Nr. 3 ZAG.

[43] So wohl auch Kalss/Krönke/Völkel/Omlor Crypto-Assets, im Erscheinen, MiCAR Art. 54 Rn. 3.

[44] Wittig WM 2023, 413 (417 f.), wobei es dem Autor nicht einleuchtet, „warum CRR-Kreditinstitute als Emittent von E-Geld-Token der Sicherungspflicht nach Art. 49 MiCAR [Entwurf – heute Art. 54] unterliegen sollen".

[45] Gemeint ist das jeweilige nationale Umsetzungsgesetz. Als Richtlinie ist die E-Geld-Richtlinie nicht direkt anwendbar.

[46] Ausf. auch Skauradszun/Wrede BKR 2024, 19 (23). Zu diesem Ergebnis kommt auch die Deutsche Bundesbank, allerdings ohne nähere Begründung. Im Monatsbericht Juli 2023,

Art. 55 Titel IV E-Geld-Token

22 In **ErwG 14 E-Geld-Richtlinie** werden die strengeren Anforderungen an die Sicherung der Geldbeträge der E-Geld-Inhaber durch E-Geld-Institute im Vergleich zu Kreditinstituten damit begründet, dass diese Regelungen einen Ausgleich dafür darstellen sollen, dass E-Geld-Institute regelmäßig weniger belastenden aufsichtsrechtlichen Regelungen unterliegen als Kreditinstitute.[47] ErwG 14 E-Geld-Richtlinie ist Ausdruck des Zweckes der E-Geld-Richtlinie, gleiche Wettbewerbsbedingungen für alle Zahlungsdienstleister zu schaffen, die E-Geld ausgeben.[48]

23 Der Unionsgesetzgeber hat bei der Schaffung der MiCAR die unterschiedliche Regulierung von E-Geld-Instituten und Kreditinstituten berücksichtigt und die bereits in der E-Geld-Richtlinie vorgesehenen Differenzierungen übernommen (→ Rn. 22). Wenn ein Kreditinstitut also **E-Geld-Token emittiert,** dann muss es **keine Vermögenswertreserve halten,** um die Rückzahlungsansprüche der Inhaber von E-Geld-Token abzusichern.[49] **Fehlt** damit das **dogmatische Fundament** des Sanierungsplans iSv Art. 46, dann bleibt nur, Art. 55 Abs. 1 um emittierende Kreditinstitute **teleologisch zu reduzieren.** Dieser Auslegung könnte entgegengehalten werden, dass aufgrund des **effet-utile-Grundsatzes**[50] und der ohnehin nur entsprechenden Anwendung zumindest solche Maßnahmen wie Liquiditätsgebühren bei Rücktausch, Begrenzungen der Menge der an einem Arbeitstag rücktauschbaren E-Geld-Token sowie die Aussetzung des Rücktauschs in einen Sanierungsplan für Kreditinstitute aufgenommen werden könnten und sollten, da diese das dogmatische Fundament eines Reservevermögens nicht zwingend erfordern. Ein solches „Herausschälen" des gerade noch sinnigen Inhalts aus Art. 46 kann aber nicht Aufgabe des Rechtsanwenders sein und würde bei den betroffenen Emittenten zu einer unerträglichen **Rechtsunsicherheit** führen. Denn diese wären ständig der Gefahr einer Sanktionierung ausgesetzt (→ Rn. 24).

24 Dieser teleologischen Reduktion kann darüber hinaus auch **ErwG 72** nicht entgegengehalten werden, wonach der Sanierungsplan die Rechte der Inhaber von E-Geld-Token schützen soll, wenn die Emittenten nicht in der Lage sind, ihren Verpflichtungen nachzukommen. Da ein Kreditinstitut keine Pflicht trifft, eine Vermögenswertreserve zu halten, kann der Sanierungsplan für einen solchen Emittenten keine Schritte vorsehen, die Anforderungen an ein Reservevermögen wiederherzustellen.[51] Folglich gehen bei emittierenden Kreditinstituten alle Vorgaben des Art. 46 hierzu ins Leere. Zwar können auch emittierende Kreditinstitute **Rückzahlungsansprüchen nach Art. 49 Abs. 4** ausgesetzt sein, ferner wurde in → Rn. 6 dargelegt, dass Art. 46 nicht entsprechend und damit im Lichte der Spezifika von E-Geld-Token angewandt wird. Doch ohne das den Art. 46 prägende dogmatische Fundament der Vermögenswertreserve wäre der Rechtsanwender gezwungen, ein gänzlich anderes System eines Sanierungsplans zu entwickeln. Daher

---

S. 23 wird beschrieben: „Banken können E-Geld-Token – das sind Stablecoins, die auf nur eine einzelne staatliche Währung wertreferenzieren – auch ohne gesondertes Reservevermögen begeben", vgl. https://beck-link.de/nh4my (zuletzt abgerufen am 31.10.2024).

[47] Dazu näher Terlau BKR 2023, 19 (20).
[48] Schäfer/Omlor/Mimberg/Janßen ZAG § 17 Rn. 88.
[49] So wohl auch EBA/GL/2024/13 v. 9.10.2024, 13.
[50] Zu effet utile als Auslegungsgrundsatz Potacs EuR 2009, 465.
[51] Logisch konsequent gelten die Leitlinien zum Sanierungsplan gem. Art. 46 und Art. 55 MiCAR nicht für solche Emittenten von E-Geld-Token, „die nicht der Pflicht zur Aufrechterhaltung einer Vermögenswertreserve gemäß der Verordnung (EU) 2023/1114 unterliegen", vgl. EBA/GL/2024/07 v. 13.6.2024, 3.

Sanierungs- und Rücktauschplan **Art. 55**

gilt, dass der Verweis von Art. 55 Abs. 1 auf Art. 46 für die Fallgruppe der emittierenden Kreditinstitute **zu unbestimmt** ist.[52] Nur der Unionsgesetzgeber ist in der Lage und dazu **legitimiert,** ein hinreichend bestimmtes System eines Sanierungsplans zu entwickeln. Erst wenn ein sicherer Rechtsrahmen besteht, kann der Normadressat verpflichtet werden, solche Anforderungen zu erfüllen. Erst dann besteht ferner eine Legitimationsgrundlage für verwaltungsrechtliche Sanktionen, wie sie von Art. 111 Abs. 1 UAbs. 1 lit. c bei Verstößen gegen Art. 55 vorgesehen sind. Im Folgenden wird daher in Bezug auf Art. 55 Abs. 1 iVm Art. 46 nur von E-Geld-Instituten als Emittenten iSd Vorschrift gesprochen.[53]

d) Emission signifikanter E-Geld-Token und Sonderfall des Art. 58 25 **Abs. 2.** E-Geld-Institute, die **signifikante** E-Geld-Token ausgeben, müssen gem. Art. 58 Abs. 1 S. 1 lit. a (vgl. auch ErwG 71 S. 4) eine **Vermögenswertreserve** iSv Art. 3 Abs. 1 Nr. 32, Art. 36 bilden und jederzeit halten. Für solche Emittenten gelten auch die Anforderungen an die Verwahrung (Art. 37) und an die Anlage (Art. 38) der Vermögenswertreserve (vgl. ErwG 71 S. 4). Diese Emittenten müssen zudem die spezifischen zusätzlichen Pflichten einhalten, die gem. Art. 45 Abs. 1–4 für Emittenten signifikanter vermögenswertereferenzierter Token gelten. **Diese Vorschriften gelten anstelle von Art. 7 E-Geld-Richtlinie** bzw. den entsprechenden nationalen Umsetzungsgesetzen. Damit findet auch Art. 54 keine Anwendung, da sich dieser auf Art. 7 E-Geld-Richtlinie bezieht (vgl. → Rn. 21).

Nach **Art. 58 Abs. 2** können die zuständigen Behörden der Herkunftsmitglied- 26 staaten **E-Geld-Institute, die nicht signifikante** E-Geld-Token ausgeben, dazu verpflichten, die in Art. 58 Abs. 1 genannten Anforderungen zu erfüllen. Voraussetzung für eine solche Verpflichtung ist, dass der durch die Vermögenswertreserve ermöglichte Schutz auch bei diesen E-Geld-Instituten erforderlich ist. Als typische Risiken nennt Art. 58 Abs. 2 **Liquiditätsrisiken, operationelle Risiken**[54] oder **Risiken aus der unterlassenen Einhaltung der Anforderungen an die Verwaltung von Vermögenswertreserven.** E-Geld-Institute, die über Art. 58 Abs. 2 verpflichtet werden, die Anforderungen an Art. 36 ff. einzuhalten, müssen ebenfalls gem. Art. 55 Abs. 1 iVm Art. 46 einen Sanierungsplan erstellen und aufrechterhalten. Die Anforderungen an einen solchen Sanierungsplan sind in der Kommentierung zu Art. 46 beschrieben.

Art. 58 Abs. 1 S. 1 lit. a und Abs. 2 gelten nicht für **Kreditinstitute,** die signifi- 27 kante E-Geld-Token ausgeben (vgl. auch ErwG 71 S. 6 und → Rn. 20 ff.). Damit bestehen unterschiedliche Schutzniveaus zwischen E-Geld-Instituten und Kreditinstituten. Dies bedeutet jedoch nicht, dass für Kreditinstitute Vorgaben für einen (weiteren) Sanierungsplan entwickelt werden sollten. Es gibt derzeit keine Erkenntnisse dazu, dass es bei Kreditinstituten, die E-Geld-Token emittieren, immer wieder

---

[52] Im Unionsrecht gilt der Grundsatz der Rechtssicherheit, wonach eine Gemeinschaftsregelung es den Betroffenen ermöglichen muss, „den Umfang der ihnen damit auferlegten Verpflichtungen genau zu erkennen", vgl. beispielhaft EuGH EuZW 2007, 438 (440 Rn. 25).
[53] Siehe zur der Thematik auch Skauradszun/Wrede BKR 2024, 19 (24 f.).
[54] Art. 4 Abs. 1 Nr. 52 CRR-VO definiert ein „operationelles Risiko" als „das Risiko von Verlusten, die durch die Unangemessenheit oder das Versagen von internen Verfahren, Menschen und Systemen oder durch externe Ereignisse verursacht werden, einschließlich Rechtsrisiken" – diese Definition kann zum Zwecke des Verständnisses von Art. 58 Abs. 2 vergleichend herangezogen werden.

Art. 55 Titel IV E-Geld-Token

zu Ausfällen bei den Rückzahlungsansprüchen der Kunden kommen wird.[55] Daher wären weitere Pflichten derzeit eine nicht gerechtfertigte Überregulierung. Solche empirischen Erkenntnisse fehlen derzeit zwar auch für E-Geld-Token emittierende E-Geld-Institute, bei den noch strenger regulierten Kreditinstituten könnte das Ausfallrisiko zumindest etwas geringer sein.[56]

2. Dogmatik und Rechtsnatur des Sanierungsplans

28   Der Sanierungsplan stellt für E-Geld-Institute, die (signifikante) E-Geld-Token emittieren, ein **unternehmensinternes Dokument** dar, das von diesen eigenverantwortlich zu erstellen ist. Der Plan muss allerdings öffentlich-rechtlichen Vorgaben entsprechen und wird von der zuständigen Behörde (→ Rn. 36) überprüft. Es handelt sich um eine rein präventive Maßnahme (vgl. dazu näher → Art. 46 Rn. 34). Der Sanierungsplan unterscheidet sich von einem Insolvenzplan oder einem Restrukturierungsplan. Letztere Pläne sehen die Mitwirkung der betroffenen Gläubiger durch die Teilnahme an Abstimmungsprozessen vor (→ Art. 46 Rn. 29). Anders als ein Insolvenzplan oder Restrukturierungsplan enthält der Sanierungsplan keinen rechtsgeschäftlichen Kern, der eine Abstimmung über Sanierungsmaßnahmen mit den Inhabern von E-Geld-Token oder weiteren Stakeholdern zulässt (vgl. dazu näher → Art. 46 Rn. 34). Der Sanierungsplan enthält regelmäßig nur operative Maßnahmen, die den Geschäftsbetrieb des E-Geld-Instituts betreffen, da die Dienstleistungen und Pflichten der E-Geld-Institute gegenüber den Inhabern der (signifikanten) E-Geld-Token erfüllt werden müssen. Insbesondere müssen die Vorschriften zu den Sicherungsanforderungen nach Art. 7 Abs. 1 E-Geld-Richtlinie bzw. die jeweiligen nationalen Umsetzungsgesetze eingehalten werden (→ Rn. 15 f.).

29   Die Erfüllung der öffentlich-rechtlichen Vorgaben von Art. 55 Abs. 1 iVm Art. 46 führt bei dem E-Geld-Institut zu einem erheblichen Aufwand (→ Art. 46 Rn. 36).

3. Anforderungen an den Sanierungsplan bei E-Geld-Token

30   Der Sanierungsplan muss geeignete Voraussetzungen und Verfahren enthalten, um die – bei der Emission von **signifikanten** E-Geld-Token durch E-Geld-Institute – geltenden Anforderungen an die Vermögenswertreserve gem. Art. 58 Abs. 1 S. 1 lit. a iVm Art. 36 ff. wiederherzustellen (ausf. → Art. 46 Rn. 38 ff.). Entsprechende Voraussetzungen muss ein Sanierungsplan beinhalten, der von E-Geld-Instituten, die **einfache** E-Geld-Token ausgeben, zu erstellen ist, um die Wiedereinhaltung der Anforderungen nach Art. 54 MiCAR iVm Art. 7 Abs. 1 E-Geld-Richtlinie gewährleisten zu können.

31   Art. 55 Abs. 1 verweist auf Art. 46 Abs. 1 UAbs. 3, der drei mögliche Sanierungsmaßnahmen enthält.[57] Die in Art. 46 Abs. 1 UAbs. 3 genannten Sanierungsmaßnahmen sind im Lichte der Spezifika von E-Geld-Token zu lesen (→ Rn. 6). Bei den

---

[55] Deutsche Bundesbank Monatsbericht Juli 2023, S. 23 f., hier werden Zweifel aufgeworfen, ob E-Geld-Token, denen kein Reservevermögen zugrunde liegt, „breite Akzeptanz und Anwendung" finden werden, vgl. https://beck-link.de/nh4my (zuletzt abgerufen am 21.10.2024).

[56] Siehe auch Skauradszun/Wrede BKR 2024, 19 (23).

[57] Der Unionsgesetzgeber verwendet den Begriff der Sanierungsoption offenbar synonym zum Begriff der Sanierungsmaßnahme. Weitere mögliche Sanierungsoptionen sind auch den EBA-Leitlinien zu entnehmen, vgl. EBA/GL/2024/07 v. 13.6.2024, 23 (Anhang III).

Sanierungs- und Rücktauschplan **Art. 55**

exemplarisch aufgeführten Sanierungsmaßnahmen handelt es sich um die Einführung von **Liquiditätsgebühren** bei der Rückzahlung nach Art. 49 Abs. 4 (Art. 55 Abs. 1 iVm Art. 46 Abs. 1 UAbs. 3 lit. a), die **Begrenzungen der Menge** der an einem Arbeitstag rücktauschbaren (einfachen oder signifikanten) E-Geld-Token (Art. 55 Abs. 1 iVm Art. 46 Abs. 1 UAbs. 3 lit. b) und die gänzliche **Aussetzung** der Rückzahlung bzw. des Rücktauschs (Art. 55 Abs. 1 iVm Art. 46 Abs. 1 UAbs. 3 lit. c). Dabei ist die Aussetzung so zu verstehen, dass die Rückzahlung bzw. der Rücktausch nicht dauerhaft ausgesetzt sein darf, sondern nur zeitweilig (ausführlicher dazu in entsprechender Anwendung für E-Geld-Token → Art. 46 Rn. 38).

Das E-Geld-Institut, das (einfache oder signifikante) E-Geld-Token emittiert, 32 kann sich zu **Dienstleistungen** im Zusammenhang mit E-Geld-Token verpflichtet haben. Dienstleistungen können hierbei mitunter aus den Pflichten zur Verwahrung oder Anlage der Kundengelder resultieren (Art. 54 MiCAR iVm Art. 7 Abs. 1 E-Geld-Richtlinie).

Neben Sanierungsmaßnahmen, die die Sanierung des E-Geld-Instituts anstre- 33 ben, muss der Sanierungsplan die Pflichten des E-Geld-Instituts, das (einfache oder signifikante) E-Geld-Token emittiert, im Fall von Ereignissen adressieren, die ein beträchtliches Risiko einer **Störung des Geschäftsbetriebs** bergen (→ Art. 46 Rn. 49). Ein beträchtliches Risiko kann beispielsweise darin bestehen, dass **zu viele** Inhaber von E-Geld-Token an einem Arbeitstag die **Rückzahlung** bzw. den Rücktausch nach Art. 49 Abs. 4 verlangen und die nach Art. 54 lit. a hinterlegten Gelder nicht ausreichen bzw. die nach Art. 54 lit. b angelegten Gelder nicht schnell genug liquidiert werden können.

Die im Sanierungsplan genannten Maßnahmen müssen schnell durchführbar 34 sein (vgl. zum **Eilcharakter** → Art. 46 Rn. 37). Hinsichtlich des für die Sanierungsmaßnahmen geltenden Maßstabs der Geeignetheit vgl. → Art. 46 Rn. 43.

4. Übermittlung an die zuständige Behörde, Überprüfung und Aktualisierung

Art. 55 Abs. 1 umfasst auch aufsichtsrechtliche Regelungen aus Art. 46 zur 35 **Übermittlung** des zuvor vom E-Geld-Institut, das (einfache oder signifikante) E-Geld-Token ausgibt, erstellten Sanierungsplans (entsprechend Art. 46 Abs. 2) (vgl. ausführlich → Art. 46 Rn. 52 in entsprechender Anwendung). Dabei regelt Art. 55 Abs. 2 eine Abweichung von Art. 46 Abs. 2 hinsichtlich des Beginns der Sechs-Monats-Frist und lässt diese nach dem öffentlichen Angebot oder der Zulassung zum Handel beginnen. Die **Erstellungsfrist** hingegen setzt – in entsprechender Anwendung des Art. 46 Abs. 1 – unmittelbar mit der Emission eines E-Geld-Token ein (vgl. näher dazu und in entsprechender Anwendung zur Art und Weise der Übermittlung → Art. 46 Rn. 56ff.).

Die „**zuständige Behörde**" ist in **Art. 3 Abs. 1 Nr. 35** geregelt (vgl. ausführ- 36 lich → Art. 46 Rn. 53ff. und für Deutschland § 3 S. 1 KMAG). Zu den Befugnissen der zuständigen Behörde vgl. → Art. 46 Rn. 55 entsprechend.

Falls die zuständige Behörde **Änderungen** für erforderlich hält, kann sie diese 37 gem. Art. 55 Abs. 1 iVm Art. 46 Abs. 2 UAbs. 1 S. 2 anordnen (vgl. dazu in entsprechender Anwendung ausführlich → Art. 46 Rn. 59ff.).

E-Geld-Institute sind gem. Art. 55 Abs. 1 iVm Art. 46 Abs. 2 UAbs. 1 S. 4 ver- 38 pflichtet, den Sanierungsplan regelmäßig zu **überprüfen** und zu **aktualisieren**, da der Markt für Kryptowerte agil ist und durch ständige, technische Weiterentwicklung geprägt ist. Vgl. dazu näher in entsprechender Anwendung → Art. 46 Rn. 63.

Skauradszun

Art. 55

5. Nichterfüllung von Pflichten

39 Ist das E-Geld-Institut, welches **signifikante** E-Geld-Token ausgibt oder eine Anordnung nach Art. 58 Abs. 2 erhalten hat, nicht in der Lage oder aufgrund einer sich **rasch verschlechternden Finanzlage** wahrscheinlich in naher Zukunft nicht in der Lage, seinen Verpflichtungen betreffend das geschützte Reservevermögen nachzukommen (vgl. → Rn. 25 f.), so ist die zuständige Behörde befugt, zur Sicherstellung der Erfüllung der geltenden Anforderungen, Anordnungen zu erlassen. Entsprechendes gilt, wenn ein E-Geld-Institut **einfache** E-Geld-Token emittiert hat und die Verpflichtungen betreffend die Sicherungsanforderungen (→ Rn. 18 f.) nicht oder wahrscheinlich nicht mehr erfüllen wird. Die zuständige Behörde kann daher von dem E-Geld-Institut gem. Art. 55 Abs. 1 iVm Art. 46 Abs. 3 verlangen, eine oder mehrere der im Sanierungsplan festgelegten Vorkehrungen oder **Maßnahmen zu treffen.** Die zuständige Behörde kann gegenüber dem E-Geld-Institut zudem anordnen, den Sanierungsplan zu **aktualisieren,** wenn sich die Umstände von den im ursprünglichen Sanierungsplan festgelegten Annahmen unterscheiden. Dabei kann die zuständige Behörde anordnen, eine oder mehrere der im Sanierungsplan festgelegten Vorkehrungen oder Maßnahmen innerhalb einer bestimmten Frist umzusetzen. Während Art. 55 Abs. 1 iVm Art. 46 Abs. 2 also den aufsichtsrechtlichen Regel- und Routinefall (→ Art. 46 Rn. 52) betrifft, adressiert Art. 55 Abs. 1 iVm Art. 46 Abs. 3 den **Konflikt- oder Krisenfall.** Zur Frage, was unter der sich „rasch verschlechternden Finanzlage" iSv Art. 55 Abs. 1 iVm Art. 46 Abs. 3 zu verstehen ist, vgl. in entsprechender Anwendung → Art. 46 Rn. 66 f.

40 Liegen die tatbestandlichen Voraussetzungen von Art. 55 Abs. 1 iVm Art. 46 Abs. 3 Hs. 1 vor, so ist die zuständige Behörde iSv Art. 3 Abs. 1 Nr. 35 (→ Rn. 36) auf **Rechtsfolgenseite** befugt, Maßnahmen gegenüber dem E-Geld-Institut anzuordnen. Die Behörde entscheidet nach ihrem **Ermessen** (→ Art. 46 Rn. 68), ob sie die Umsetzung einer oder mehrerer Sanierungsmaßnahmen oder die Aktualisierung des Sanierungsplans verlangt. Dabei ist das behördliche Ermessen am Zweck des Art. 55 Abs. 1 iVm 46 Abs. 3 auszurichten. Dieser Zweck ähnelt dem Zweck des Art. 46 (→ Rn. 12 ff.). Die Anordnung nach Art. 55 Abs. 1 iVm 46 Abs. 3 ist mit einer **Umsetzungsfrist** zu verbinden, da vom E-Geld-Institut regelmäßig keine sofortige Umsetzung verlangt werden kann (vgl. dazu näher → Art. 46 Rn. 69). Vgl. die deutsche Durchführungsvorschrift **§ 5 KMAG,** wonach Widerspruch und Anfechtungsklage gegen entsprechende Anordnungen der zuständigen Behörde keine aufschiebende Wirkung haben, also sofort vollziehbar sind. Es ist im Übrigen nicht ausgeschlossen, dass das E-Geld-Institut berechtigt ist, bestimmte Sanierungsmaßnahmen **eigeninitiativ** noch vor der Anordnung umzusetzen, soweit dies mit dem allgemeinen Zivilrecht vereinbar ist (vgl. dazu ausführlicher in entsprechender Anwendung auf Sanierungspläne bei E-Geld-Token → Art. 46 Rn. 70).

41 Art. 55 Abs. 1 erfasst mit seinem Verweis auch Art. 46 **Abs. 4.** Nach dieser Vorschrift ist die zuständige Behörde befugt, den **Rücktausch bzw. die Rückzahlung** von E-Geld-Token **vorübergehend auszusetzen,** sofern die Aussetzung unter Berücksichtigung der Interessen der Inhaber der E-Geld-Token und der Finanzstabilität gerechtfertigt ist. Eine Aussetzung kommt in Betracht, wenn die tatbestandlichen Voraussetzungen des Art. 55 Abs. 1 iVm Art. 46 **Abs. 3** (→ Art. 46 Rn. 64 ff.) vorliegen. Diese spezielle Ermächtigungsgrundlage, die insbesondere dem Schutz der Inhaber und der **Finanzstabilität** Rechnung tragen soll, findet auch im Fall von E-Geld-Token Anwendung, da die genannten Schutzziele auch

hier verfolgt werden (vgl. näher in entsprechender Anwendung auf Sanierungspläne bei E-Geld-Token → Art. 46 Rn. 73 ff.).

6. Benachrichtigung der zuständigen Abwicklungs- und Aufsichtsbehörden

Nach Art. 55 Abs. 1 iVm Art. 46 Abs. 5 muss die zuständige Behörde die zuständigen Abwicklungs- und Aufsichtsbehörden über alle gemäß Art. 55 Abs. 1 iVm Art. 46 Abs. 3 und 4 ergriffenen Maßnahmen benachrichtigen (näher dazu in entsprechender Anwendung auf Sanierungspläne bei E-Geld-Token → Art. 46 Rn. 77). Die entsprechende Anwendung ist nur hinsichtlich der Aufsichtsbehörden möglich, hinsichtlich der Abwicklungsbehörden geht sie hingegen ins Leere: 42

In Umsetzung der E-Geld-Richtlinie haben die Mitgliedstaaten **Aufsichtsbehörden** bestimmt, die E-Geld-Institute beaufsichtigen. In Deutschland ist die BaFin Aufsichtsbehörde (§ 4 Abs. 1 ZAG). Die Benachrichtigung nach Art. 55 Abs. 1 iVm Art. 46 Abs. 5 ist in Deutschland beispielsweise deshalb wichtig, da § 21 Abs. 4 S. 4 ZAG vorsieht, dass den Antrag auf Eröffnung eines Insolvenzverfahrens über das Vermögen des zugelassenen E-Geld-Instituts nur die BaFin stellen kann. 43

Der Einheitliche Abwicklungsmechanismus nach der SRM-VO, der BRRD und dem jeweiligen nationalen Umsetzungsgesetz regelt die Zuständigkeiten der **Abwicklungsbehörden.** Die genannten Rechtsakte gelten allerdings nicht für E-Geld-Institute, sondern regeln die Sanierung, Liquidation und Abwicklung von Kreditinstituten und Wertpapierfirmen. 44

7. Konsolidierte Leitlinien der EBA

Nach Art. 46 Abs. 6 gibt die EBA nach Konsultation mit der ESMA Leitlinien zur Spezifizierung des Formats des Sanierungsplans und der Informationen, die in ihm enthalten sein müssen, heraus (zu den Rollen der EBA und ESMA → Art. 46 Rn. 82 f.). Da Art. 55 Abs. 1 insgesamt auf Art. 46 verweist, müssen EBA und ESMA auch Leitlinien (→ Art. 46 Rn. 84) für den Fall des Sanierungsplans von E-Geld-Instituten als Emittenten von (einfachen und signifikanten) E-Geld-Token herausgeben. Diese Leitlinien sind hinsichtlich der E-Geld-Token emittierenden E-Geld-Institute im Lichte der Spezifika der E-Geld-Token zu verstehen. Art. 46 Abs. 6 gilt gem. Art. 149 Abs. 4 seit dem 29.6.2023. Allerdings gilt der Verweis von Art. 55 Abs. 1 auf Art. 46 Abs. 6 gem. Art. 149 Abs. 3 **erst seit dem 30.6.2024.** Die EBA hat Leitlinien hinsichtlich der Sanierungspläne gem. Art. 46 und Art. 55 veröffentlicht.[58] 45

III. Rücktauschplan

1. Konzept des Rücktauschplans und Fallgruppenbildung

Das Ziel des Rücktauschplans bei E-Geld-Token ist die **Absicherung des Rechts auf jederzeitige Rückzahlung bzw. Rücktausch,** welches den Inhabern von E-Geld Token zusteht (Art. 49 Abs. 4, vgl. auch Art. 51 Abs. 6 UAbs. 3 S. 2). Die Aufgabe des Rücktauschplans bei (einfachen und signifikanten) E-Geld-Token ist es, **Chaos** bei umfangreichem Rücktauschverlangen **zu vermeiden** und 46

---

[58] Siehe EBA/GL/2024/07 v. 13.6.2024.

Art. 55

für Konfliktlagen einen geordneten Rücktausch vorzubereiten (zur Auslegung des Verweises von Art. 55 Abs. 1 auf Art. 46 und Art. 47 im Lichte der Spezifika von E-Geld-Token vgl. → Rn. 6; näher zum Ziel des Rücktauschplans → Art. 47 Rn. 15).[59] Dabei ist zu berücksichtigen, dass bei Rücktauschplänen von Emittenten vermögenswertereferenzierter Token der Rücktausch nach Art. 47 auch durch die **Vermögenswertreserve** iSv Art. 3 Abs. 1 Nr. 32 vollzogen wird (vgl. den Wortlaut des Art. 47 Abs. 2 UAbs. 2 aE „[…] die Erlöse aus dem Verkauf des verbleibenden Reservevermögens fristgerecht den Inhabern der vermögenswertereferenzierten Token ausgezahlt werden.").

47 Nicht alle Emittenten von E-Geld-Token unterliegen den Anforderungen an eine Vermögenswertreserve. Emittenten von **signifikanten** E-Geld-Token müssen ebenfalls eine Vermögenswertreserve iSv Art. 3 Abs. 1 Nr. 32, Art. 36ff. halten (→ Rn. 25) – für solche Emittenten kann auf die Kommentierung zu Art. 47 verwiesen werden. E-Geld-Institute, die **einfache** E-Geld-Token ausgeben, unterliegen im Regelfall den Anforderungen an die Kundengeldsicherung, die **funktional** eine Vermögenswertreserve darstellt und daher den Art. 36ff. ähnelt (→ Rn. 19). Für diesen Fall ist Art. 55 Abs. 1 iVm Art. 47 im Lichte dieser Spezifika anzuwenden.[60]

48 **Kreditinstitute**, die E-Geld-Token ausgeben, unterliegen solchen Anforderungen an eine Vermögenswertreserve hingegen nicht. Im Gegensatz zu Art. 55 Abs. 1 iVm Art. 46, der in Hinblick auf Kreditinstitute umfassend teleologisch zu reduzieren ist, ist eine solche Verkürzung des persönlichen Anwendungsbereichs bei Art. 55 Abs. 1 iVm Art. 47 nicht vollumfänglich erforderlich und geboten. Anders als Art. 46 setzt der Rücktauschplan nach Art. 47 bereits in seinem originären Anwendungsbereich bei vermögenswertereferenzierten Token nach seinem Wortlaut und Telos nicht in jeglicher Hinsicht die Existenz einer Vermögenswertreserve als dogmatisches Fundament voraus. Daher ist zu **differenzieren:**[61]

49 Art. 47 **Abs. 1** kann **entsprechend** auf Kreditinstitute angewandt werden (→ Rn. 59ff.). Denn auch Kreditinstitute können ermitteln, wie sie mit einem operativen Plan in den wirtschaftlichen Extremlagen einer Insolvenz, Abwicklung oder eines Zulassungsentzugs Chaos beim Rücktausch bzw. bei der Rückzahlung verhindern können. Dieser Sinn und Zweck des Rücktauschplans ist unabhängig von der Existenz einer Vermögenswertreserve iSv Art. 3 Abs. 1 Nr. 32 erreichbar und nachvollziehbar. Dasselbe gilt für die entsprechende Anwendbarkeit von Art. 47 Abs. 3–5 (→ Rn. 63). Art. 47 **Abs. 2,** der auf dem Vorhandensein eines Reservevermögens aufbaut, ist hingegen auf E-Geld-Token emittierende Kreditinstitute **teilweise nicht entsprechend anwendbar** (→ Rn. 64). Die Rückzahlung bzw. der Rücktausch muss und kann nicht aus einem Reservevermögen erfüllt werden,

---

[59] Vgl. Skauradszun/Wrede WM 2024, 669 (670f.).
[60] Ein ähnliches Verständnis legt die EBA zugrunde: Die Leitlinien sollen auf Emittenten von E-Geld-Token, die keine Vermögenswertreserve bilden und halten müssen, entsprechend anwendbar sein, wenn dies in den Leitlinien explizit vorgesehen ist (mutatis mutandis), vgl. EBA/GL/2024/13 v. 9.10.2024, 13 (Nr. 7). Siehe hier beispielhaft S. 17 (Nr. 26): „Paragraphs 22–25 should apply mutatis mutandis to issuers which are not subject to the obligation to hold a reserve of assets, to the extent consistent with the applicable sectoral legislation."
[61] Dies unterscheidet die entsprechende Anwendung von Art. 47 von der oben dargestellten teleologischen Reduktion bei → Art. 46 Rn. 20ff., da der Sanierungsplan insgesamt auf dem dogmatischen Fundament einer Vermögenswertreserve aufbaut. Ausf. dazu auch Skauradszun/Wrede WM 2024, 669.

da ein solches von E-Geld-Token emittierenden Kreditinstituten nicht aufgebaut und gehalten werden muss. Mangels dieses dogmatischen Fundaments kann Art. 47 Abs. 2 – weitestgehend – nicht in sinnvoller Weise auf E-Geld-Token emittierende Kreditinstitute angewendet werden. Deshalb ist Art. 55 Abs. 1 – wie bereits mit Blick auf die entsprechende Anwendung des Art. 46 – auch bei Art. 47 Abs. 2 teilweise um emittierende Kreditinstitute **teleologisch zu reduzieren**. Hinsichtlich der Herleitung und Begründung siehe → Rn. 21 ff. entsprechend.

50 Bei Emittenten von vermögenswertereferenzierten Token ist **Art. 34 Abs. 6** zu beachten. Die Vorschrift stellt bereits zu einem Zeitpunkt bestimmte Anforderungen an die Emittenten vermögenswertereferenzierter Token, in dem ein Rücktauschplan noch nicht erstellt sein muss (→ Art. 47 Rn. 16). In Titel IV zu den E-Geld-Token wird jedoch nicht auf Art. 34 Abs. 6 verwiesen. Es dürfte sich hierbei um eine **unbeabsichtigte Regelungslücke** handeln, da keine Gründe ersichtlich sind, E-Geld-Institute als Emittenten von (einfachen oder signifikanten) E-Geld-Token gegenüber den Emittenten vermögenswertereferenzierter Token zu privilegieren und die Inhaber von E-Geld-Token insoweit stärkeren Risiken auszusetzen. Daher spricht viel dafür, Art. 34 Abs. 6 analog auf Emittenten von E-Geld-Token anzuwenden. Die Integration von Systemen, Ressourcen und Verfahren, die eine kontinuierliche und regelmäßige Erbringung der Dienstleistungen und Tätigkeiten sicherstellen, um einen geordneten Rücktausch auch ohne Rücktauschplan zu ermöglichen, ist **unabhängig von der Existenz einer Vermögenswertreserve** sinnvoll. Art. 34 Abs. 6 erfasst in seiner analogen Anwendung daher sowohl E-Geld-Institute als auch Kreditinstitute, die E-Geld-Token ausgeben.

2. Dogmatik und Rechtsnatur des Rücktauschplans

51 Emittenten von (einfachen und signifikanten) E-Geld-Token erstellen den Rücktauschplan selbständig und eigenverantwortlich. Es handelt sich daher um ein **unternehmensinternes Dokument**. Dieser Plan muss den öffentlich-rechtlichen Vorgaben von Art. 55 Abs. 1 iVm Art. 47 entsprechen und wird von der zuständigen Behörde überprüft. Der Rücktauschplan gehört zu den **präventiven** Maßnahmen und damit zu den Maßnahmen des **Krisenmanagements** (näher dazu → Art. 47 Rn. 17 f.). Die Pflicht zur Erstellung und Aktualisierung des Rücktauschplans begründet einen hohen Aufwand für die Emittenten von E-Geld-Token (→ Art. 47 Rn. 18).

3. Anwendungsgrund des Rücktauschplans bei E-Geld-Token

52 Der Rücktauschplan kommt zur Anwendung, wenn die zuständige Behörde feststellt, dass der Emittent seinen Verpflichtungen, insbesondere betreffend die Absicherung des Rechts auf Rückzahlung bzw. Rücktausch (→ Rn. 16), nicht oder wahrscheinlich nicht erfüllen kann (→ Art. 47 Rn. 19 f.). Ähnlich wie beim Rücktauschplan betreffend vermögenswertereferenzierte Token muss die zuständige Behörde prüfen, ob ein **Anwendungsgrund** vorliegt und die entsprechenden Tatsachen dokumentieren, sodass sie den Anwendungsgrund im Falle einer gerichtlichen Überprüfung nach Art. 113 nachweisen kann.

53 Grund für die Anwendung **können** drei, nicht abschließende wirtschaftliche **Extremlagen** sein, nämlich die Fälle der Insolvenz, der Abwicklung und des Zulassungsentzugs (ausführlich dazu → Art. 47 Rn. 21 ff.). Der Anwendungsgrund der **Abwicklung** iSd Einheitlichen Abwicklungsmechanismus kann **bei E-Geld-Instituten nicht** vorliegen, da diese nicht unter den Einheitlichen Abwicklungs-

Art. 55 Titel IV E-Geld-Token

mechanismus fallen. Dieser Anwendungsgrund kommt nur bei E-Geld-Token emittierenden Kreditinstituten in Frage. Liegt ein solches Regelbeispiel vor, dann kann grundsätzlich – **muss aber nicht** – ein Anwendungsgrund für den Rücktauschplan vorliegen (→ Art. 47 Rn. 21). Die Aktivierung des Rücktauschplans setzt in jedem Fall die **Feststellung** des (wahrscheinlichen) Ausfalls durch die zuständige Behörde voraus (→ Art. 47 Rn. 23). Der Rücktauschplan wird daher – anders als teilweise der Sanierungsplan bei (signifikanten) E-Geld-Token (→ Rn. 40) – **niemals eigeninitiativ** umgesetzt.

54 Die Regelung zum Rücktauschplan bei (einfachen und signifikanten) E-Geld-Token ist **nicht abschließend** (→ Rn. 9). Maßnahmen nach der BRRD kommen neben dem Rücktauschplan für E-Geld-Institute jedoch nicht in Betracht, sondern nur bei Kreditinstituten. Art. 55 Abs. 1 erklärt zwar Art. 47 insgesamt für entsprechend anwendbar, mithin auch den dort zitierten Art. 2 Abs. 1 Nr. 101 BRRD, der Krisenpräventionsmaßnahmen regelt (näher → Art. 47 Rn. 35). Gleiches gilt für die Krisenmanagementmaßnahmen nach Art. 2 Abs. 1 Nr. 102 BRRD (vgl. dazu → Art. 47 Rn. 36 und zu den Umsetzungsvorschriften im SAG → Art. 47 Rn. 37). Diese europäischen Rechtsakte finden nur auf **Kreditinstitute** als Emittenten von (einfachen oder signifikanten) E-Geld-Token Anwendung.

55 Der Rücktauschplan bei Emittenten von E-Geld-Token steht unabhängig neben den Vorgaben der Verordnung über einen Rahmen für die Sanierung und Abwicklung zentraler Gegenparteien (Central Counter Party – CCP) iSv Art. 2 Nr. 11 VO (EU) 2021/23 (vgl. näher → Art. 47 Rn. 38).

4. Gegenstand des Rücktauschplans bei E-Geld-Token

56 Entsprechend Art. 47 Abs. 1 handelt es sich bei dem Rücktauschplan bei E-Geld-Token um einen **„operativen Plan"**, der die Rückzahlung bzw. den Rücktausch selbst in wirtschaftlichen Extremlagen ermöglichen soll.

57 Bei der Durchführung des Rücktauschplans bei (einfachen und signifikanten) E-Geld Token (Art. 55 Abs. 1 iVm Art. 47 Abs. 1) können je nach Extremlage – Insolvenz, Abwicklung, Zulassungsentzug oder Sonstiges – andere Herausforderungen bestehen (→ Art. 47 Rn. 40). Zu möglichen Schwierigkeiten → Art. 47 Rn. 41. Zu Strategien betreffend die Durchführung eines geordneten Rücktauschs siehe ausführlich → Art. 47 Rn. 42 ff. entsprechend. Dabei ist zu beachten, dass das Ziel des Rücktauschplans bei E-Geld-Token nicht die Sanierung des Emittenten, sondern die Gewährleistung des Rechts der Inhaber der E-Geld-Token auf Rückzahlung bzw. auf Rücktausch ist (vgl. auch → Art. 47 Rn. 45).

58 Bei der Erstellung des Rücktauschplans bei (einfachen und signifikanten) E-Geld-Token ist danach zu differenzieren, ob es sich bei dem Emittenten um ein E-Geld-Institut oder um ein Kreditinstitut handelt (→ Rn. 46 ff.). Für emittierende Kreditinstitute ist Art. 47 nur insoweit anwendbar als die Existenz einer Vermögenswertreserve nicht erforderlich ist. Im Folgenden wird daher zunächst dargestellt, welche Regelungen des Art. 47 für E-Geld-Token emittierende **Kreditinstitute** entsprechend gelten.

59 **a) Gegenstand des Rücktauschplans bei Kreditinstituten.** Für Kreditinstitute, die E-Geld-Token ausgeben, muss Art. 55 Abs. 1 iVm Art. 47 teleologisch reduziert werden, soweit Art. 47 ein Reservevermögen voraussetzt. Bei Kreditinstituten fehlt es insoweit an einem solchen dogmatischen Fundament, da diese keine Vermögenswertreserve iSv Art. 3 Abs. 1 Nr. 32 aufstellen und halten müssen

Sanierungs- und Rücktauschplan **Art. 55**

(→ Rn. 20ff.). Art. 47 Abs. 1 ordnet die Erstellung, Aufrechterhaltung und Umsetzung eines operativen Plans zur Unterstützung des geordneten Rücktauschs allerdings ohne Bezugnahme auf ein Reservevermögen an. Unter Zugrundelegung des **effet-utile-Grundsatzes** (→ Rn. 23) und des in **ErwG 72** erkennbaren Willen des Unionsgesetzgebers, dass Rücktauschpläne grundsätzlich zu erstellen sind, ist es daher denkbar und geboten (→ Rn. 48f.), dass auch E-Geld-Token emittierende Kreditinstitute einen solchen Rücktauschplan aufstellen und aufrechterhalten.

Kreditinstitute haben für den wirtschaftlichen Extremfall der **Insolvenz** beispielsweise gem. Art. 55 Abs. 1 iVm Art. 47 Abs. 1 darzustellen, wie das Recht auf Rückzahlung bzw. Rücktausch erfüllt wird, wenn das **Vermögen des Kreditinstituts für alle Gläubiger nicht ausreicht.** Würde es sich bei dem Recht auf Rückzahlung bzw. Rücktausch gegen das ungetrennte Eigenvermögen des Kreditinstituts beispielsweise nur um eine ungesicherte **Insolvenzforderung** handeln – in deutschen Insolvenzverfahren iSv § 38 InsO – wäre zu ermitteln, wie dann das Recht auf Rückzahlung bzw. Rücktausch erfüllt wird. Womöglich bedarf es in deutschen Insolvenzverfahren einer **Umrechnung** nach § 45 InsO. Ggf. kommt eine **Forderungsanmeldung** nach §§ 87, 174ff. InsO in Betracht. 60

Für den Fall der **Insolvenz** kann bei einem E-Geld-Token emittierenden Kreditinstitut Art. 47 Abs. 1 außerdem sinnig entsprechend angewandt werden, indem dargestellt wird, wer im Falle eines vorläufigen bzw. eröffneten Insolvenzverfahrens für den Rücktausch **zuständig** sein wird. Beispielsweise kann für ein eröffnetes, deutsches Insolvenzverfahren auf die Verwaltungs- und Verfügungsbefugnis des **Insolvenzverwalters** nach § 80 Abs. 1 InsO abgestellt werden. Sollte ein Eigenverwaltungsverfahren in Betracht kommen[62], wäre dies das **eigenverwaltende Kreditinstitut.** Im Rücktauschplan kann dazu dargestellt werden, dass lediglich die BaFin den Eröffnungsantrag nach § 46b Abs. 1 S. 4 KWG stellen kann. 61

Für den Fall der **Abwicklung** wäre von einem Kreditinstitut zu prüfen und im Rücktauschplan darzustellen, ob Abwicklungsbefugnisse bzw. Abwicklungsmaßnahmen nach der SRM-VO bzw. BRRD (und dem jeweiligen nationalen Umsetzungsgesetz) in einen **Zielkonflikt** mit der MiCAR geraten können. So dienen die **Abwicklungsbefugnisse und Abwicklungsmaßnahmen** – wie etwa der Bailin, die Ausgliederung von Vermögenswerten oder die Unternehmensveräußerung – **primär der Sanierung des Instituts,** der Sicherstellung der Kontinuität kritischer Funktionen, der Vermeidung erheblicher negativer Auswirkungen auf die Finanzstabilität, dem Schutz öffentlicher Mittel und erst im weiteren Folge dem Individualschutz eines Kunden (vgl. die Reihung in Art. 14 Abs. 2 SRM-VO). Daher hat das Kreditinstitut zu prüfen, ob bestimmte Abwicklungsbefugnisse bzw. Abwicklungsmaßnahmen Auswirkungen auf die operative Abwicklung des Rücktauschs hätten. Beispielsweise könnte die **Ausgliederung von Vermögenswerten** nach Art. 26 SRM-VO/Art. 42 BRRD bzw. die Veräußerung von Vermögenswerten über das **Instrument der Unternehmensveräußerung** nach Art. 24 SRM-VO/Art. 38 BRRD, die das E-Geld-Token-Geschäft des Kreditinstituts betrifft, die Frage aufwerfen, gegen wen sich dann das Recht auf Rückzahlung bzw. Rücktausch nach Art. 49 Abs. 4 richtet und aus welchem bzw. wessen Vermögen dieses zu erfüllen ist. 62

---

[62] Vgl. Skauradszun/Schröder/Kümpel ZInsO 2023, 1866, wonach dies in deutschen Insolvenzverfahren auch bei Kredit- und Finanzdienstleistungsinstituten möglich ist. Siehe ferner zur Eigenverwaltung § 44 Abs. 2 S. 1 Nr. 2 KMAG und Skauradszun/Linardatos KMAG/Skauradszun § 44 Rn. 40ff.

Art. 55   Titel IV E-Geld-Token

63   Neben Art. 47 Abs. 1 ist auch die entsprechende Anwendung von **Art. 47 Abs. 3–5** auf E-Geld-Token emittierende Kreditinstitute denkbar. Art. 47 Abs. 3–5 regeln vornehmlich **formelle Aspekte** des Rücktauschplans, wie zum Beispiel die Übermittlung des Rücktauschplans an die zuständige Behörde. Diese Vorgaben können auch auf Kreditinstitute angewendet werden, da die Bestimmungen nicht von der Existenz eines Reservevermögens abhängig sind. Da auch bei Kreditinstituten, die E-Geld-Token ausgeben, ein materieller Regelungsbereich des Art. 47 verbleibt, verlieren die formelle Aspekte auch nicht an Bedeutung. So ist die Übermittlung an die zuständige Behörde sinnvoll und auch die Ermächtigungsgrundlagen zugunsten der zuständigen Behörde und die sie belastenden Verpflichtungen sind weiter geboten. Insoweit gelten die Ausführungen ab → Rn. 71.

64   **Art. 47 Abs. 2** hingegen knüpft teilweise an die Existenz einer Vermögenswertreserve iSv Art. 3 Abs. 1 Nr. 32 an. Daher ist innerhalb von Abs. 2 zu unterscheiden:
– Es ist erforderlich, dass auch Kreditinstitute entsprechend Art. 55 Abs. 1 iVm Art. 47 Abs. 2 **UAbs. 1 Alt. 1** belegen müssen, dass sie zum Rücktausch in der Lage sind, ohne den **Inhabern unangemessenen wirtschaftlichen Schaden** zuzufügen. Kreditinstitute müssen hingegen **nicht** darstellen, dass die Märkte des Reservevermögens nicht unangemessenen wirtschaftlich geschädigt werden **(Alt. 2)**, denn mangels Reservevermögens können solche Märkte nicht betroffen werden.
– Art. 47 Abs. 2 **UAbs. 2** knüpft ausdrücklich an die Existenz der Vermögenswertreserve an. Die Auszahlung der Inhaber von E-Geld-Token kann durch ein emittierendes Kreditinstitut nicht aus dem Verkauf des verbleibenden Reservevermögens vorgenommen werden, daher muss der Rücktauschplan solche Darstellungen auch nicht vorsehen. Es muss daher auch kein vorläufiger Verwalter benannt werden, denn die Funktion eines solchen Verwalters besteht im Wesentlichen darin, die Auszahlung des Erlöses aus dem Verkauf des Reservevermögens zu verwalten.
– Es ist hingegen möglich und nachvollziehbar, dass E-Geld-Token emittierende Kreditinstitute in entsprechender Anwendung des Art. 47 Abs. 2 **UAbs. 3** im Rücktauschplan die **Kontinuität kritischer Tätigkeiten** sicherstellen müssen, die für die Durchführung eines geordneten Rücktauschs erforderlich sind und die durch die Kreditinstitute selbst oder von Drittunternehmen durchgeführt werden sollen.

65   Da es noch keine Erfahrungswerte mit Rücktauschplänen unter der MiCAR gibt, gestaltet sich die Erstellung von Rücktauschplänen für den Rechtsanwender insgesamt als schwierig. Insbesondere E-Geld-Token emittierende Kreditinstitute werden bei der Erstellung des Rücktauschplans vor die herausfordernde Aufgabe gestellt sein, den Willen des Unionsgesetzgebers umzusetzen, der nur durch die kurze Vorschrift des Art. 55 ausdrücklich normiert ist. Der Rechtsanwender muss Art. 47 im Lichte der Spezifika von E-Geld-Token umsetzen, der aber für diese Fallgruppe gerade kein klares Programm enthält. Dies hat zur Folge, dass die **zuständigen Behörden** bei einer Entscheidung darüber, ob ein E-Geld-Token emittierendes Kreditinstitut bei fehlerhafter Erstellung eines Rücktauschplans nach **Art. 111 Abs. 1 UAbs. 1 lit. c** zu sanktionieren ist, diese **Schwierigkeiten berücksichtigen** müssen (vgl. dazu Art. 112 Abs. 1, hier werden die Maßstäbe für die Festlegung der Art und des Umfanges einer nach Art. 111 zu verhängenden verwaltungsrechtlichen Sanktionen geregelt). Bevor sich keine sichere Verwaltungspraxis gebildet hat, werden insbesondere **Verwaltungsgeldbußen unverhältnismäßig** sein, wenn erkennbar ist, dass das Kreditinstitut ernsthaft versucht hat,

Sanierungs- und Rücktauschplan **Art. 55**

einen Rücktauschplan zu erarbeiten, der mit Art. 55 Abs. 1 iVm Art. 47 im Einklang steht. Vgl. ferner die deutsche Durchführungsvorschrift des § 47 Abs. 3 Nr. 4 lit. b **KMAG**, die erfasst, dass entgegen Art. 46 Abs. 2 UAbs. 1 S. 1, auch in Verbindung mit Art. 55 Abs. 2, oder entgegen Art. 47 Abs. 3 S. 1, auch in Verbindung mit Art. 55 Abs. 3, die Übermittlung eines Sanierungs- bzw. Rücktauschplans vorsätzlich oder fahrlässig nicht, nicht richtig, nicht vollständig oder nicht rechtzeitig vorgenommen wurde.[63] Nach § 47 Abs. 3 Nr. 44 lit. a KMAG soll außerdem sanktioniert werden, wenn eine Mitteilung entgegen Art. 55 Abs. 2 und Abs. 3 nicht, nicht richtig, nicht vollständig oder nicht rechtzeitig gemacht wird.

b) Gegenstand des Rücktauschplans bei E-Geld-Instituten. E-Geld-Institute haben sowohl bei der Emission von einfachen als auch signifikanten E-Geld-Token, Anforderungen an eine Vermögenssicherung (funktional eine „Vermögenswertreserve" iSv Art. 3 Abs. 1 Nr. 32, → Rn. 19) oder ein Reservevermögen einzuhalten (ausführlich → Rn. 18 ff., → Rn. 25 f.). Eine entsprechende Anwendung von Art. 47 über den Verweis des Art. 55 Abs. 1 ist – unter Berücksichtigung der für E-Geld-Token geltenden Spezifika (→ Rn. 6) – möglich. Die im Plan enthaltenen Maßnahmen müssen gewährleisten, dass die geordnete Rückzahlung bzw. der Rücktausch weder den Inhabern der (einfachen oder signifikanten) E-Geld-Token noch den Märkten des Reservevermögens (entweder iSd der Vermögenswertreserve iSv Art. 58 iVm Art. 36 ff. oder iSd gesicherten Gelder nach Art. 54 MiCAR iVm Art. 7 Abs. 1 E-Geld-Richtlinie) unangemessenen wirtschaftlichen Schaden zufügt. Zur Bedeutung des unangemessenen wirtschaftlichen Schadens → Art. 47 Rn. 39. 66

Der Rücktauschplan bei (einfachen und signifikanten) E-Geld-Token ist unter der Maßgabe spezieller **Behandlungs- und Verteilungsgrundsätze** zu erstellen. Die im Plan enthaltenen Vereinbarungen, Verfahren und Systeme iSv Art. 55 Abs. 1 iVm Art. 47 Abs. 2 UAbs. 2 müssen darauf abzielen, dass bei der Rückzahlung bzw. beim Rücktausch alle Inhaber der (einfachen und signifikanten) E-Geld-Token **gerecht** behandelt werden. Im Falle von signifikanten E-Geld-Token bedeutet dies, dass die **Erlöse aus dem Verkauf des Reservevermögens** fristgerecht ausgezahlt werden müssen. Bei nach Art. 54 MiCAR iVm Art. 7 E-Geld-Richtlinie gesicherten Geldern muss die fristgerechte Verteilung an alle Inhaber der E-Geld-Token sichergestellt sein. Der im europäischen Insolvenzrecht anerkannte Grundsatz der **Gläubigergleichbehandlung** bzw. par conditio creditorum findet auch hier Anwendung (vgl. näher → Art. 47 Rn. 47 f.). 67

Im Rücktauschplan bei (einfachen und signifikanten) E-Geld-Token müssen ebenfalls „vertragliche Vereinbarungen", „Verfahren" und „Systeme" (Art. 55 Abs. 1 iVm Art. 47 Abs. 2 UAbs. 2) enthalten sein. Zur Bedeutung dieser abstrakten Rechtsbegriffe ausführlicher → Art. 47 Rn. 49 f. 68

Ähnlich wie auch im Rücktauschplan bei vermögenswertereferenzierten Token ist im Rücktauschplan bei (einfachen und signifikanten) E-Geld-Token durch die emittierenden E-Geld-Institute ein **vorläufiger Verwalter** zu benennen (Art. 55 Abs. 1 iVm Art. 47 Abs. 2 UAbs. 2). Vgl. zum vorläufigen Verwalter → Art. 47 69

---

[63] Zuwiderhandlungen gegen vollziehbare Anordnungen nach Art. 46 bzw. Art. 47 können darüber hinaus Ordnungswidrigkeiten nach § 47 Abs. 3 Nr. 2 lit. b KMAG darstellen. Art. 55 wird in der Vorschrift nicht genannt. Es handelt sich möglicherweise um ein Redaktionsversehen, da nicht nachvollziehbar wäre, warum Emittenten von vermögenswerterefenzierten Token bei Zuwiderhandlungen zu sanktionieren wären, Emittenten von E-Geld-Token bei entsprechendem Verhalten aber nicht.

Skauradszun

Rn. 29 und → Art. 47 Rn. 51 sowie § 28 Abs. 9 iVm Abs. 3 ff. KMAG.[64] Hinsichtlich der Benennung und möglichen Konkretisierung des vorläufigen Verwalters bei Erstellung des Plans → Art. 47 Rn. 54.

70 Auch das E-Geld-Institut als Emittent von (einfachen und signifikanten) E-Geld-Token muss im Rücktauschplan die **Kontinuität kritischer Tätigkeiten** vorsehen (Art. 55 Abs. 1 iVm 47 Abs. 2 UAbs. 3), dazu näher in entsprechender Anwendung bei E-Geld-Token → Art. 47 Rn. 55.

5. Übermittlung an die zuständige Behörde, Überprüfung und Aktualisierung

71 Art. 55 Abs. 1 umfasst auch die aufsichtsrechtlichen Regelungen aus Art. 47 zur **Übermittlung** des zuvor vom Emittenten des (signifikanten) E-Geld-Tokens erstellten Rücktauschplans (Art. 47 Abs. 3) (vgl. ausführlich → Art. 47 Rn. 56 ff.). Dabei regelt Art. 55 Abs. 3 eine Abweichung zu Art. 47 Abs. 3 hinsichtlich des Zeitpunkts, zu dem die Sechs-Monats-Frist zu laufen beginnt. Dies ist der Zeitpunkt des öffentlichen Angebots betreffend E-Geld-Token oder die Zulassung des (signifikanten) E-Geld-Token zum Handel.

72 Die **zuständige Behörde** ist in Art. 3 Abs. 1 Nr. 35 geregelt (vgl. → Rn. 36 und → Art. 47 Rn. 57).

73 Emittenten von (einfachen und signifikanten) E-Geld-Token sind gem. Art. 55 Abs. 1 iVm Art. 47 Abs. 3 S. 4 verpflichtet, den Rücktauschplan regelmäßig zu **überprüfen** und zu **aktualisieren** (vgl. → Art. 47 Rn. 61).

74 Die zuständige Behörde kann nach pflichtgemäßem Ermessen gem. Art. 55 Abs. 1 iVm Art. 47 Abs. 3 S. 2 erforderlichenfalls **Änderungen am Rücktauschplan verlangen,** um für dessen ordnungsgemäße Umsetzung zu sorgen (näher dazu und den Fristen vgl. → Art. 47 Rn. 60 f.). Der E-Geld-Token Emittent hat die Änderungsanordnung innerhalb von **40 Tagen ab dem Tag der Übermittlung** gem. Art. 55 Abs. 1 iVm Art. 47 Abs. 3 S. 3 umzusetzen.

6. Benachrichtigung der zuständigen Abwicklungs- und Absichtsbehörden

75 Die zuständige Behörde hat über den Verweis des Art. 55 Abs. 1 auf Art. 47 Abs. 4 die Möglichkeit, den Rücktauschplan gegebenenfalls den zuständigen Abwicklungs- und Aufsichtsbehörden zu übermitteln, die für den Emittenten zuständig sind. Näher dazu → Art. 47 Rn. 62 ff. Zu beachten ist, dass E-Geld-Institute lediglich der Kontrolle von Aufsichtsbehörden unterliegen (→ Rn. 42 ff.).

7. Konsolidierte Leitlinien der EBA

76 Nach Art. 55 Abs. 1 iVm 47 Abs. 5 gibt die EBA **Leitlinien** zum Inhalt und der Regelmäßigkeit der Überprüfung des Rücktauschplans und außerdem zu anderen Elementen, durch die die Umsetzung des Rücktauschplans ausgelöst wird, heraus (zur Rolle der EBA vgl. → Art. 46 Rn. 82). Art. 47 Abs. 5 gilt gem. Art. 149 Abs. 4 seit dem 29. 6. 2023. Allerdings gilt der Verweis von Art. 55 Abs. 1 auf Art. 47 Abs. 5 gem. Art. 149 Abs. 3 **erst seit dem 30. 6. 2024.** Die EBA hat die entsprechenden

---

[64] Zu den Problemen der deutschen Umsetzungsvorschrift Skauradszun/Linardatos KMAG/Skauradszun § 28 Rn. 23 ff. und 69.

Einstufung von E-Geld-Token als signifikante E-Geld-Token **Art. 56**

Leitlinien hinsichtlich der Rücktauschpläne nach Art. 47 und Art. 55 veröffentlicht.[65]

Zum Gegenstand und zur (fehlenden) Verbindlichkeit dieser Leitlinien **77** → Art. 47 Rn. 70 f.

Kapitel 2 Signifikante E-Geld-Token

Schrifttum: Rennig, FinTech-Aufsicht im künftigen EU Recht ZBB/JBB 2020, 393; Casper/Terlau, Zahlungsdiensteaufsichtsgesetz (ZAG), 3. Auflage 2023; Lösing/John, Die Regulierung von E-Geld Token, BKR 2023, 373.

Vorbemerkung vor Art. 56–58

E-Geld Token iSd Art. 3 Abs. 1 Nr. 7, sind solche Kryptowerte, deren Wert **1** durch die Bezugnahme auf eine **amtliche Währung** stabilisiert werden sollen[1]. Der Emittent hat die Pflicht den Token jederzeit zum Nennwert zurückzutauschen (Art. 49 Abs. 4). Unerheblich ist für die Definition der Einsatz solcher Token (anders als für E-Geld nach der E-Geld Richtlinie[2]). Es ist zB nicht erforderlich, dass der Token als Tauschmittel eingesetzt werden soll.[3]

Jedenfalls für signifikante E-Geld-Token wird in Erwgr. Nr. 103 von einer potenziell **weitverbreiteten Nutzung** als Zahlungsmittel ausgegangen. Damit seien möglicherweise Risiken für die Finanzstabilität verbunden (→ Art. 43 Rn. 2), sowie Risiken für die geldpolitische Transmission und die Währungshoheit. Die **Risiken** seien sogar bedeutender als solche durch traditionelles E-Geld.[4]

Auch E-Geld-Token sollen daher, sobald sie bestimmte Kriterien erfüllen oder **2** wahrscheinlich erfüllen,[5] als signifikant eingestuft werden.

Aufgrund der Wechselwirkung mit dem E-Geld, gelten beispielsweise für **E-Geldinstitute** als Emittenten signifikanter E-Geld-Token, zusätzlich besondere Regelungen.

Artikel 56 Einstufung von E-Geld-Token als signifikante E-Geld-Token

(1) **Die EBA stuft E-Geld-Token gemäß Artikel 43 Absatz 1 als signifikante E-Geld-Token ein, wenn mindestens drei der in Artikel 43 Absatz 1 festgelegten Kriterien erfüllt sind:**

---

[65] Siehe EBA/GL/13 v. 9.10.2024.
[1] Zur Einordnung und Definition von E-Geld-Token Casper/Terlau/Terlau, 3. Auflage 202, Rn. 261 f.
[2] Siehe RL 2009/110/EG, zu Beginn, war noch die Nutzung als Tauschmittel Teil der Definition. Dies wurde fallen gelassen. Anders noch bei Rennig ZBB/JBB 2020, 393 Ziff. 2.1.2.
[3] Lösing/John BKR 2023, 377.
[4] Vgl. Erwgr. Nr. 71.
[5] Vgl. Erwgr. Nr. 59.

Art. 56

a) in dem vom ersten Bericht mit Informationen gemäß Absatz 3 des vorliegenden Artikels abgedeckten Zeitraum nach dem öffentlichen Angebot oder dem Antrag auf Zulassung zum Handel dieser Token, oder
b) in dem Zeitraum, der von mindestens zwei aufeinanderfolgenden Berichten mit Informationen gemäß Absatz 3 des vorliegenden Artikels abgedeckt ist.

(2) Geben mehrere Emittenten denselben E-Geld-Token aus, so wird die Erfüllung der in Artikel 43 Absatz 1 festgelegten Kriterien nach Aggregation der Daten dieser Emittenten bewertet.

(3) Die zuständigen Behörden des Herkunftsmitgliedstaats des Emittenten übermitteln der EBA und der EZB mindestens zweimal im Jahr die Informationen, die für die Bewertung der Erfüllung der in Artikel 43 Absatz 1 genannten Kriterien erheblich sind, gegebenenfalls einschließlich der gemäß Artikel 22 eingegangenen Informationen.

Ist der Emittent in einem Mitgliedstaat niedergelassen, dessen amtliche Währung nicht der Euro ist, oder gilt eine andere amtliche Währung als der Euro in einem Mitgliedstaat als Bezugsgröße für die E-Geld-Token, so übermitteln die zuständigen Behörden die Informationen gemäß Unterabsatz 1 auch der Zentralbank des betreffenden Mitgliedstaats.

(4) Gelangt die EBA zu der Auffassung, dass ein E-Geld-Token gemäß Absatz 1 des vorliegenden Artikels die in Artikel 43 Absatz 1 genannten Kriterien gemäß Absatz 1 des vorliegenden Artikels erfüllt, so erstellt sie einen Entwurf eines Beschlusses zur Einstufung des E-Geld-Token als signifikanten E-Geld-Token und übermittelt diesen Entwurf eines Beschlusses dem Emittenten des E-Geld-Token und der zuständigen Behörde des Herkunftsmitgliedstaats des Emittenten, der EZB und in den in Absatz 3 Unterabsatz 2 des vorliegenden Artikels genannten Fällen der Zentralbank des betreffenden Mitgliedstaats.

Die Emittenten dieser E-Geld-Token, die für sie zuständigen Behörden, die EZB und gegebenenfalls die Zentralbank des betreffenden Mitgliedstaats haben ab dem Tag der Übermittlung des Entwurfs eines Beschlusses 20 Arbeitstage Zeit, um schriftlich Stellung zu nehmen und Bemerkungen vorzubringen. Die EBA trägt diesen Stellungnahmen und Bemerkungen vor der Annahme eines endgültigen Beschlusses gebührend Rechnung.

(5) Die EBA trifft innerhalb von 60 Arbeitstagen ab dem Tag der in Absatz 4 genannten Übermittlung ihren endgültigen Beschluss darüber, ob ein E-Geld-Token als signifikanter E-Geld-Token eingestuft wird, und übermittelt dem Emittenten dieses E-Geld-Token und der für ihn zuständigen Behörde umgehend diesen Beschluss.

(6) Wurde ein E-Geld-Token gemäß einem Beschluss der EBA nach Absatz 5 als signifikant eingestuft, so wird gemäß Artikel 117 Absatz 4 die Zuständigkeit für die Beaufsichtigung des Emittenten dieses E-Geld-Token innerhalb von 20 Arbeitstagen nach dem Tag der Übermittlung dieses Beschlusses von der zuständigen Behörde des Herkunftsmitgliedstaats des Emittenten auf die EBA übertragen.

Die EBA und die zuständige Behörde arbeiten zusammen, um einen reibungslosen Übergang der Aufsichtsbefugnisse sicherzustellen.

Einstufung von E-Geld-Token als signifikante E-Geld-Token **Art. 56**

(7) Abweichend von Absatz 6 wird die Zuständigkeit für die Beaufsichtigung der Emittenten von signifikanten E-Geld-Token, die auf eine andere amtliche Währung eines Mitgliedstaats als den Euro lauten, nicht der EBA übertragen, wenn mindestens 80% der Anzahl der Inhaber und des Volumens der Geschäfte mit diesen signifikanten E-Geld-Token im Herkunftsmitgliedstaat konzentriert sind.

Die zuständige Behörde des Herkunftsmitgliedstaats des Emittenten stellt der EBA jährlich Informationen über die Fälle zur Verfügung, in denen die in Unterabsatz 1 genannte Ausnahmeregelung angewendet wird.

Für die Zwecke von Unterabsatz 1 wird bei einer Transaktion davon ausgegangen, dass sie im Herkunftsmitgliedstaat stattfindet, wenn der Zahler oder der Zahlungsempfänger in diesem Mitgliedstaat niedergelassen sind.

(8) Die EBA bewertet jährlich erneut die Einstufung der signifikanten vermögenswertereferenzierten Token auf der Grundlage der zur Verfügung stehenden Information, einschließlich solcher aus den in Absatz 3 des vorliegenden Artikels genannten Berichten oder der gemäß Artikel 22 erhaltenen Informationen.

Gelangt die EBA zu der Auffassung, dass gewisse E-Geld-Token gemäß Absatz 1 des vorliegenden Artikels die in Artikel 43 Absatz 1 genannten Kriterien nicht mehr erfüllen, so erstellt sie einen entsprechenden Entwurf eines Beschlusses, den E-Geld-Token nicht länger als signifikant einzustufen und übermittelt diesen Entwurf eines Beschlusses den Emittenten dieser E-Geld-Token, der zuständigen Behörde des Herkunftsmitgliedstaats des Emittenten, der EZB und in den in Absatz 3 Unterabsatz 2 des vorliegenden Artikels genannten Fällen der Zentralbank des betreffenden Mitgliedstaats.

Die Emittenten dieser E-Geld-Token, die für sie zuständigen Behörden, die EZB und die Zentralbank des betreffenden Mitgliedstaats haben ab dem Tag der Übermittlung des Entwurfs eines Beschlusses 20 Arbeitstage Zeit, um schriftlich Stellung zu nehmen und Bemerkungen vorzubringen. Die EBA trägt diesen Stellungnahmen und Bemerkungen vor der Annahme eines endgültigen Beschlusses gebührend Rechnung.

(9) Die EBA trifft innerhalb von 60 Arbeitstagen nach dem Tag der Übermittlung der in Absatz 8 genannten Informationen liegt, ihren endgültigen Beschluss darüber, ob der E-Geld-Token nicht länger als signifikant eingestuft wird, und übermittelt diesen Beschluss unverzüglich dem Emittenten dieses E-Geld-Token und der für ihn zuständigen Behörde.

(10) Ist ein E-Geld-Token gemäß einem Beschluss der EBA nach Absatz 9 nicht mehr als signifikant eingestuft, so wird die Zuständigkeit für die Beaufsichtigung in Bezug auf einen Emittenten dieses E-Geld-Token innerhalb von 20 Arbeitstagen nach dem Tag der Übermittlung dieses Beschlusses von der EZB auf die zuständige Behörde des Herkunftsmitgliedstaats des Emittenten übertragen.

Die EBA und die zuständige Behörde arbeiten zusammen, um einen reibungslosen Übergang der Aufsichtsbefugnisse sicherzustellen.

Art. 56

Übersicht

	Rn.
I. Einstufung signifikanter E-Geld-Token (Abs. 1–5)	3
II. Aufsichtsstruktur (Abs. 6–7)	4
III. Fortlaufende Überprüfung und Herabstufung (Abs. 8–10), Informationsaustausch	7

I. Einstufung signifikanter E-Geld-Token (Abs. 1–5)

3 Für die Einstufung als „signifikant" sind gemäß Abs. 1 die Kriterien des Art. 43 Abs. 1 heranzuziehen (→ Art. 43 Rn. 14–29). Drei dieser Kriterien müssen **kumulativ** erfüllt sein in dem Zeitraum a) des ersten Berichts gemäß Abs. 3 über den E-Geld-Token ab dem Antrag auf Zulassung zum Handel oder dem öffentlichen Angebot, oder b) zwischen zwei Berichten gemäß Abs. 3. Geben mehrere Emittenten einen Token aus, werden die erlangten Daten gemäß Abs. 2 aggregiert und zusammen bewertet.

Die zuständigen nationalen Behörden **berichten** der EBA und der EZB mindestens zweimal im Jahr alle solche Informationen, die zur Einordnung des Tokens notwendig sind. Insbesondere die Informationen, die in den Berichten durch die Emittenten gemäß Art. 22 erlangt werden. Gemäß Abs. 3 UAbs. 2 sind die Informationen zusätzlich an die Zentralbank eines Nicht-Euro-Mitgliedsstaates zu übermitteln, wenn der betroffene E-Geld-Token dessen Währung referenziert. Da für E-Geld-Token nur **eine** amtliche Währung als Bezugsgröße gilt, können die Implikationen sich auf den Geltungsraum einer solchen Währung beschränken. Umso wichtiger ist es daher, dass die Zentralbank, die die Währungshoheit über solchen Raum innehat und für die Währungsstabilität zuständig ist, an dem **Informationsaustausch** beteiligt ist.

Die Einstufungsentscheidung und der Beschluss erfolgen durch die EBA. Für das Verfahren und den Ablauf → Art. 43 Rn. 30–33.

II. Aufsichtsstruktur (Abs. 6–7)

4 Gemäß Abs. 6 wird die Aufsicht für einen als signifikant eingestuften E-Geld-Token grundsätzlich auf die EBA übertragen (Art. 117 Abs. 4).[1] Abweichend zu Abs. 6 und anders als bei der Aufsicht vermögenswertereferenzierter signifikanter Token, wird die **Aufsicht** jedoch nicht auf die EBA übertragen, wenn:
i) der E-Geld Token auf eine andere Währung als Euro lautet, und
ii) sich mindestens 80% der Anzahl der Inhaber und des Volumens der Geschäfte in dem Herkunftsstaat konzentrieren.

Gemäß Abs. 7 UAbs. 3 gelten als Geschäfte, die für die Berechnung von ii) herangezogen werden sollen, solche bei denen Zahler oder Zahlungsempfänger in dem entsprechenden Staat niedergelassen sind. Ein Geschäft oder eine Transaktion im Sinne dieses Absatzes umfasst zumindest solche Transaktionen, über die gemäß Art. 22 Abs. 1 lit. c und d zu berichten ist (→ Art. 43 Rn. 20).

5 Sind die genannten Kriterien kumulativ erfüllt, verbleibt die Aufsicht bei den zuständigen nationalen Behörden. E-Geld-Token referenzieren nur **eine** Währung.

---

[1] Für den Ablauf vgl. Art. 43.

Freiwillige Einstufung von E-Geld-Token als signifikante E-Geld-Token **Art. 57**

Insbesondere, wenn sie als Tauschmittel und zur Abwicklung großvolumiger Transaktionen genutzt werden,[2] können sich die systemischen Risiken auf den Mitgliedstaat konzentrieren, dessen Währung **referenziert** wird, oder gar spezifische Risiken für diesen Mitgliedstaat bedeuten.[3] Wenn allein dessen (Nicht-Euro-)Währung dem Token zugrunde liegt und der Token weit überwiegend in diesem Mitgliedstaat eingesetzt wird, wird dieser Token für den Euro-Raum untergeordnete Bedeutung haben. In Anbetracht dessen, dass die **Kompetenzverlagerung** auf die EBA auf ein Minimum beschränkt werden sollte, um den Eingriff in die Souveränität der Mitgliedstaaten möglichst gering zu halten und um die Behörde nicht zu überlasten, ist es daher sinnvoll, die Aufsicht nicht auf Unionsebene zu übertragen.

Gemäß Abs. 7 UAbs. 2 sind die nationalen zuständigen Behörden verpflichtet 6 der EBA einmal jährlich alle **Informationen** zu allen solchen Fällen des UAbs. 1 zukommen zu lassen. Weitere aufsichtliche Kompetenzen der EBA im Bezug auf signifikante E-Geld-Token finden sich Art. 130 Abs. 2 iVm Anhang VI, sowie gewisse aufsichtliche Maßnahmen.

III. Fortlaufende Überprüfung und Herabstufung (Abs. 8–10), Informationsaustausch

Die Entscheidung durch die EBA ist **fortlaufend** einmal jährlich zu überprüfen 7 (Für den Ablauf → Art. 43 Rn. 33). Wird ein E-Geld-Token im Rahmen dieser Überprüfung nicht mehr als signifikant eingestuft, so ist die Aufsicht innerhalb von 20 Arbeitstagen nach dem Tag der Übermittlung eines solchen „**Herabstufungs**"-Beschlusses von der EBA zurück auf die nationalen zuständigen Behörden zu übertragen (Abs. 10).

An dieser Stelle enthält die deutsche Übersetzung des Abs. 10 einen Fehler. 8 Fälschlich heißt es, die Aufsicht würde „von der **EZB** auf die zuständige Behörde des Herkunftsmitgliedstaats des Emittenten" übertragen. Auch wenn es überraschen mag, dass die EBA statt der EZB im Rahmen der Aufsicht über signifikante Token eine solch führende Rolle erhalten hat, handelt es sich hier um eine reines Redaktionsversehen. In der englischen Fassung der Verordnung wird hier richtigerweise die EBA aufgeführt und auch in Zusammenschau mit den übrigen Regelungen zur **Aufsichtsstruktur,** ist eindeutig, dass die EBA hier als federführende europäische Behörde gemeint ist.

Artikel 57 Freiwillige Einstufung von E-Geld-Token als signifikante E-Geld-Token

(1) Ein Emittent eines E-Geld-Token, der als Kreditinstitut oder als E-Geld-Institut zugelassen ist oder eine solche Zulassung beantragt, kann mitteilen, dass er seinen E-Geld-Token als signifikanten E-Geld-Token einstufen möchten. In diesem Fall übermittelt die zuständige Behörde der EBA, der EZB und in den in Artikel 56 Absatz 3 Unterabsatz 2 genannten Fällen der Zentralbank des betreffenden Mitgliedstaats sofort den Antrag des potenziellen Emittenten.

---

[2] Vgl. Erwgr. Nr. 104.
[3] Vgl. Erwgr. Nr. 104.

Art. 57

Damit der E-Geld-Token gemäß dem vorliegenden Artikel als signifikant eingestuft werden kann, muss der potenzielle Emittent des E-Geld-Token durch einen detaillierten Geschäftsplan nachweisen, dass er voraussichtlich mindestens drei der in Artikel 43 Absatz 1 festgelegten Kriterien erfüllt.

(2) Die EBA erstellt innerhalb von 20 Tagen ab dem Tag der Übermittlung gemäß Absatz 1 des vorliegenden Artikels einen Entwurf eines Beschlusses, der ihre auf dem Geschäftsplan des Emittenten beruhende Stellungnahme dazu enthält, ob der E-Geld-Token tatsächlich oder voraussichtlich zumindest 3 der in Artikel 43 Absatz 1 festgelegten Kriterien erfüllt, und übermittelt der zuständigen Behörde des Herkunftsmitgliedstaats des Emittenten, der EZB und in den in Artikel 56 Absatz 3 Unterabsatz 2 genannten Fällen der Zentralbank des betreffenden Mitgliedstaats diesen Entwurf eines Beschlusses.

Die für die Emittenten dieser E-Geld-Token zuständigen Behörden, die EZB und gegebenenfalls die Zentralbank des betroffenen Mitgliedstaats haben ab dem Tag der Übermittlung dieses Entwurfs eines Beschlusses 20 Arbeitstage Zeit, um schriftlich Stellung zu nehmen und Bemerkungen vorzubringen. Die EBA trägt diesen Stellungnahmen und Bemerkungen vor der Annahme eines endgültigen Beschlusses gebührend Rechnung.

(3) Die EBA trifft innerhalb von 60 Arbeitstagen nach dem Tag der in Absatz 1 genannten Übermittlung ihren endgültigen Beschluss darüber, ob ein E-Geld-Token als signifikanter E-Geld-Token einzustufen ist, und übermittelt dem Emittenten dieses E-Geld-Token und der für ihn zuständigen Behörde sofort diesen Beschluss.

(4) Wurden ein E-Geld-Token gemäß einem Beschluss der EBA nach Absatz 3 als signifikant eingestuft, so wird gemäß Artikel 117 Absatz 4 die Zuständigkeit für die Beaufsichtigung der Emittenten dieser E-Geld-Token innerhalb von 20 Arbeitstagen ab dem Tag der Übermittlung dieses Beschlusses von der zuständigen Behörde auf die EBA übertragen.

Die EBA und die zuständigen Behörden arbeiten zusammen, um einen reibungslosen Übergang der Aufsichtsbefugnisse sicherzustellen.

(5) Abweichend von Absatz 4 wird die Zuständigkeit für die Beaufsichtigung der Emittenten von signifikanten E-Geld-Token, die auf eine andere amtliche Währung eines Mitgliedstaats als den Euro lauten, nicht auf die EBA übertragen, wenn davon ausgegangen wird, dass mindestens 80% der Anzahl der Inhaber und des Volumens der Geschäfte mit den signifikanten E-Geld-Token im Herkunftsmitgliedstaat konzentriert sind.

Die zuständige Behörde des Herkunftsmitgliedstaats des Emittenten stellt der EBA jährlich Informationen über die Anwendung der in Unterabsatz 1 genannten Ausnahme zur Verfügung.

Für die Zwecke von Unterabsatz 1 wird bei einer Transaktion davon ausgegangen, dass sie im Herkunftsmitgliedstaat stattfindet, der Zahler oder der Zahlungsempfänger in diesem Mitgliedstaat niedergelassen sind.

Übersicht

	Rn.
I. Freiwillige Einstufung für E-Geld- Institute und Kreditinstitute	1
II. Übertragung der Aufsicht	3

I. Freiwillige Einstufung für E-Geld- Institute und Kreditinstitute

Gemäß Art. 57 kann ein Emittent eines E-Geld-Token unmittelbar mit dem Antrag zur Zulassung (→ Art. 18 Rn. 1 ff.) mitteilen, dass der betroffene E-Geld-Token als **signifikant eingestuft** werden solle. E-Geld Emittenten können nur solche sein, die als Kreditinstitut (CRR) oder E-Geld-Institut (E-Geld Richtlinie) zugelassen sind oder solch eine Zulassung beantragen (→ Art. 48 Rn. 1 ff.).
Der Antrag wird in diesem Fall durch die zuständige Behörde an die EBA, EZB und im Bedarfsfall die Zentralbank eines (Nicht-Euro-)Mitgliedsstaates weitergeleitet. Es kann nur ein Antrag zur „Heraufstufung" eines Tokens gestellt werden, nicht zur Herabstufung. Das **Verfahren** des Art. 57 läuft exakt parallel zu dem des **Art. 44** (→ Art. 44 Rn. 1–5).
Ungenauigkeiten der Übersetzung, wie zB, dass im Rahmen des Art. 57 Abs. 2 nicht von Arbeitstagen, sondern von Tagen gesprochen und der „antragstellende" Emittent des Art. 44 zum „potenziellen" Emittenten (Abs. 1) wird, bleiben folgenlos. Auch fehlen die Verweise auf andere Art. der MiCAR anders als im Art. 44 MiCAR. Dennoch ist zB für den Geschäftsplan systematisch auf Art. 17 Abs. 1 zu blicken.

Insbesondere, da Normadressat dieses Artikels Kreditinstitute und E-Geld-Institute sind, ist davon auszugehen, dass sich für die Erstellung des Geschäftsplanes (Kern dieses Antrages) an der **bisherigen Praxis** orientiert werden kann (→ Art. 44 Rn. 4 aE).

II. Übertragung der Aufsicht

Ergeht ein Beschluss, in dem der betreffende E-Geld-Token als signifikant eingestuft wird, so wird die **Aufsicht** über diesen Token gemäß Abs. 4 innerhalb von 20 Arbeitstagen auf die EBA übertragen (Art. 117 Abs. 4). Eine **Ausnahme** besteht (gemäß Abs. 5) auch hier für den Fall, dass:
a) der E-Geld Token auf eine andere Währung als Euro lautet, und
b) sich mindestens 80% der Anzahl der Inhaber und des Volumens der Geschäfte in dem Herkunftsstaat konzentrieren.
Auf die Aufsichtsstruktur wird in Art. 56 eingegangen (→ Art. 56 Rn. 4 ff.).

Artikel 58 Spezifische zusätzliche Pflichten von Emittenten von E-Geld-Token

(1) **Für E-Geld-Institute, die signifikante E-Geld-Token ausgeben, gelten**
a) **die in Artikel 36, 37, 38 und 45 Absätze 1 bis 4 der vorliegenden Verordnung genannten Anforderungen anstelle von Artikel 7 der Richtlinie 2009/110/EG;**
b) **die in Artikel 35 Absätze 2, 3 und 5 und Artikel 45 Absatz 5 der vorliegenden Verordnung genannten Anforderungen anstelle von Artikel 5 der Richtlinie 2009/110/EG.**

Art. 58

Titel IV E-Geld-Token

Abweichend von Artikel 36 Absatz 9 wird die unabhängige Prüfung in Bezug auf Emittenten signifikanter E-Geld-Token alle sechs Monate ab dem Tag des vorgeschrieben, an dem der Beschluss gemäß Artikel 56 oder 57 angenommen wurde, einen Token als signifikant einzustufen.

(2) Die zuständigen Behörden der Herkunftsmitgliedstaaten können E-Geld-Institute, die nicht signifikante E-Geld- Token ausgeben, verpflichten, die in Absatz 1 genannten Anforderungen zu erfüllen, wenn dies erforderlich ist, um den Risiken entgegenzuwirken, die mit diesen Bestimmungen angegangen werden sollen, etwa Liquiditätsrisiken, operationelle Risiken oder Risiken aus der unterlassenen Einhaltung der Anforderungen an die Verwaltung von Vermögenswertreserven.

(3) Artikel 22, Artikel 23 und Artikel 24 Absatz 3 gelten für E-Geld-Token, die auf eine Währung lauten, die keine amtliche Währung eines Mitgliedstaats ist.

Schrifttum: Siehe vor Art. 56

Übersicht

	Rn.
I. Normzweck und Systematik	1
II. Anwendbare Vorschriften auf Emittenten von (signifikanten) E-Geld-Token (Abs. 1, 2)	6
III. E-Geld-Token, die auf eine andere Währung lauten (Abs. 3)	9

I. Normzweck und Systematik

1   Bereits in Erwgr. Nr. 71 heißt es E-Geld Institute, die Emittenten signifikanter E-Geld-Token sind, sollen **zusätzliche Anforderungen** erfüllen müssen. Insbesondere sollen höhere Eigenkapitalanforderungen gelten, Interoperabilitätsanforderungen und auch einige derselben Anforderungen, wie sie gemäß Art. 45 für Emittenten vermögenswertereferenzierter Token gelten, etwa diejenigen zur Verwahrung und Anlage der Vermögenswertreserve. Diese Anforderungen für Emittenten signifikanter E-Geld-Token sollen anstelle der Art. 5 und 7 der RL 2009/110/EG (E-Geld-Richtlinie) gelten. Vor allem bei E-Geld-Token und aufgrund der Referenzierung einer amtlichen Währung[1], ist erhöht mit der Erfüllung einer **Geld-gleichen Funktion** zu rechnen.[2] Auch wenn es bisher noch keiner digitalen „Währung" gelungen ist eine solch weitreichende Akzeptanz zu erzielen.

2   Bereits im Rahmen der Folgenabschätzung im Vorfeld der MiCAR[3] war debattiert worden, ob die **Anwendung der E-Geld-Richtlinie** auf Stablecoins sinnvoll wäre. Dieser Ansatz wurde jedoch verworfen, da die Regelungen der E-Geld-Richtlinie nicht für passend erachtet wurden, auch da sie keine Regelungen für solches E-Geld bereithält, das systemische Relevanz erlangt hat.[4]

---

[1] Auf den Begriff „Fiat-Währung" wurde bewusst verzichtet, da keine einheitliche Linie zu diesem Begriff gilt und es keine unbeabsichtigte Beschränkung geben sollte. Der springende Punkt ist die staatliche Kontrolle.
[2] Casper/Terlau/Terlau, 3. Auflage 2023, § 1 Rn. 261.
[3] Impact Assessment (SWD(2020) 380 final) v. 24.9.2020, Option 2.
[4] Impact Assessment (SWD(2020) 380 final) v. 24.9.2020, 5.2.3, Option 2.

Spezifische zusätzliche Pflichten von Emittenten von E-Geld-Token **Art. 58**

Aufgrund der Ähnlichkeiten zwischen E-Geld und E-Geld-Token[5] gibt es jedoch auch in der MiCAR Parallelen. So gelten die Pflichten des Art. 58 beispielsweise aus dem Grund nicht für Kreditinstitute, dass diese auch nicht der E-Geld Richtlinie unterfallen würden.[6] Auch sollen die Emittenten von E-Geld-Token von denselben Behörden **beaufsichtigt** werden wie nach der E-Geld-Richtlinie.[7] 3

Weiter handelt es sich nicht um ein Redaktionsversehen, dass in der Überschrift des Art. 58 nicht von Emittenten „signifikanter" Token gesprochen wird, denn obwohl Art. 58 im Titel über signifikante E-Geld-Token steht, können diese **zusätzlichen Anforderungen** des Abs. 1, aufgrund des besonderen Risikoprofils von E-Geld Token, gemäß Abs. 2 auch für alle Emittenten **nicht-signifikanter** E-Geld-Token Anwendung finden. 4

Zudem soll es eine **Doppelaufsicht** für E-Geld-Institute gelten, durch die EBA gemeinsam mit der zuständigen Behörde; dies sei aufgrund des Risikoprofils notwendig.[8] 5

II. Anwendbare Vorschriften auf Emittenten von (signifikanten) E-Geld-Token (Abs. 1, 2)

Abs. 1 enthält besondere Erfordernisse, die E-Geld-Institute, die signifikante E-Geld-Token ausgeben, zu beachten haben. Dabei wird insbesondere auf das **Spannungsverhältnis** zwischen der Anwendung der E-Geld-Richtlinie und der MiCAR eingegangen. Da E-Geld-Token nach der Einschätzung des Gesetzgebers stärkere systemische Auswirkungen haben können, als traditionelles E-Geld,[9] sollen entsprechend **strengere Sicherheitsanforderungen** gelten. 6

Gemäß Abs. 2 können die zuständigen Behörden der Herkunftsmitgliedstaaten der E-Geld-Institute auch bei der Ausgabe von lediglich nicht-signifikanten E-Geld-Token die **Anwendbarkeit** des hiesigen Abs. 1 bestimmen. Ausdrücklich, „um den Risiken entgegenzuwirken, die mit diesen Bestimmungen angegangen werden sollen, etwa Liquiditätsrisiken, operationelle Risiken oder Risiken aus der unterlassenen Einhaltung der Anforderungen an die Verwaltung von Vermögenswertreserven." 7

a) Für E-Geld-Institute, die signifikante E-Geld-Token ausgeben sollen die Anforderungen für die **Vermögenswertreserve** aus Art. 36, deren Verwahrung aus Art. 37, und dessen Investment aus Art. 38 gelten. Zusätzlich sollen die Pflichten für Emittenten signifikanter vermögenswertreferenzierter Token aus Art. 45 Abs. 1–4 (→ Art. 45 Rn. 3–16) Anwendung finden. Die E-Geld-Institute sollen all diese Anforderungen anstelle des Art. 7 der E-Geld-Richtlinie erfüllen. Art. 7 enthält bestimmte Sicherungsanforderungen in Bezug auf die für die Ausgabe von E-Geld erhaltenen Geldbeträge.

b) Die **Eigenmittelanforderungen,** die für die Emittenten gelten, sollen sich gemäß Abs. 1 lit. b nicht nach Art. 5 der E-Geld-Richtlinie richten, sondern nach Art. 35 Abs. 2, 3 und 5 sowie Art. 45 Abs. 5 MiCAR, der für Emittenten signifi-

---

[5] Wittig WM 2023, 416.
[6] Vgl. Erwgr. Nr. 71.
[7] Vgl. Erwgr. Nr. 103.
[8] Vgl. Erwgr. Nr. 103.
[9] Vgl. Erwgr. Nr. 71.

Art. 58 Titel IV E-Geld-Token

kanter vermögenswertereferenzierter Token eine Eigenkapitalquote von 3% des Betrags des Reservevermögens festlegt.
Die Prüfung der Erfüllung der Anforderungen der lit. a und b erfolgt in Abweichung zu Art. 36 Abs. 9 alle 6 Monate ab dem Beschluss zur Einstufung als signifikant (gemäß Art. 56, 57 MiCAR).

8   Ein Risiko, dass bei signifikanten E-Geld-Token besonders hoch eingeschätzt wird, ist das eines „run on the bank". Wenn ein E-Geld-Token eine **Währungsersatzfunktion** einnähme, ohne jedoch die entsprechende Sicherung, einer amtlichen Währung, kann ein solcher bei unzureichender Verwaltung der Vermögensreserven und Liquiditätsengpässen zu hohen Verlusten der Nutzer führen, sodass erhöhte Sicherungserfordernisse zum Schutz der Nutzer gelten müssen.

Da die Kriterien der **„Signifikanz"** durchaus hoch sind[10], soll es jedoch auch für „unwichtigere" E-Geld-Token erhöhte Sicherheitsanforderungen geben, wenn sich die Notwendigkeit dafür zeigt.

III. E-Geld-Token, die auf eine andere Währung lauten (Abs. 3)

9   Sollte ein E-Geld-Token eine **Währung** referenzieren, die keine amtliche Währung eines Mitgliedsstaates ist, so sollen die Art. 22, 23 und 24 Abs. 3 Anwendung finden. Dies bedeutet, dass umfassende Berichtspflichten durch die Emittenten zu erfüllen sein werden und die Möglichkeit besteht, einen sollen Token bei Bedarf **zu begrenzen oder zu untersagen.** Dies wird vor allem solche E-Geld-Token betreffen die fremde Währungen referenzieren. Ein bekanntes Beispiel ist der USD referenzierte Token „Tether".[11]

---

[10] Lösing/John BKR 2023, 379.
[11] Lösing/John BKR 2023, 374.

Titel V Zulassung und Bedingungen für die Ausübung der Tätigkeit eines Anbieters von Kryptowerte-Dienstleistungen

Kapitel 1 Zulassung von Anbietern von Kryptowerte-Dienstleistungen

Artikel 59 Zulassung

(1) Eine Person, darf in der Union Kryptowerte-Dienstleistungen nicht anbieten, sofern diese Person nicht
a) eine juristische Person oder ein anderes Unternehmen ist, die bzw. das gemäß Artikel 63 als Anbieter von Kryptowerte-Dienstleistungen zugelassen wurde, oder
b) ein Kreditinstitut, ein Zentralverwahrer, eine Wertpapierfirma, ein Marktteilnehmer, ein E-Geld-Institut, eine OGAW-Verwaltungsgesellschaft oder ein Verwalter alternativer Investmentfonds ist, dem bzw. der es gemäß Artikel 60 gestattet ist, Kryptowerte-Dienstleistungen zu erbringen.

(2) Anbieter von Kryptowerte-Dienstleistungen, die nach Artikel 63 zugelassen wurden, müssen einen Sitz in einem Mitgliedstaat haben, in dem sie zumindest einen Teil ihrer Kryptowerte-Dienstleistungsgeschäfte ausführen. Sie müssen ihren Ort der tatsächlichen Geschäftsführung in der Union haben, und mindestens einer der Geschäftsführer muss in der Union ansässig sein.

(3) Für die Zwecke von Absatz 1 Buchstabe a dürfen andere Unternehmen, bei denen es sich nicht um juristische Personen handelt, Kryptowerte-Dienstleistungen nur dann erbringen, wenn durch ihre Rechtsform ein Schutzniveau in Bezug auf die Interessen Dritter gewährleistet ist, das dem durch juristische Personen gewährten Schutzniveau gleichwertig ist, und wenn sie einer gleichwertigen, ihrer Rechtsform entsprechenden prudentiellen Aufsicht unterliegen.

(4) Nach Artikel 63 zugelassene Anbieter von Kryptowerte-Dienstleistungen müssen die Voraussetzungen für ihre Zulassung jederzeit erfüllen.

(5) Eine Person, die kein Anbieter von Kryptowerte-Dienstleistungen ist, darf keinen Namen oder Firmennamen verwenden bzw. keine Marketingmitteilungen veröffentlichen oder keine sonstigen Prozesse anwenden, die nahelegen, dass sie ein Anbieter von Kryptowerte-Dienstleistungen ist, oder die in dieser Hinsicht Verwirrung stiften könnten.

(6) Die zuständigen Behörden, die Zulassungen nach Artikel 63 erteilen, stellen sicher, dass in diesen Zulassungen genau angegeben ist, welche Kryptowerte-Dienstleistungen Anbieter von Kryptowerte-Dienstleistungen erbringen dürfen.

(7) Anbieter von Kryptowerte-Dienstleistungen dürfen Kryptowerte-Dienstleistungen in der gesamten Union erbringen; dies kann entweder

Art. 59 Titel V Kryptowerte-Dienstleistungen

im Rahmen der Niederlassungsfreiheit, einschließlich der Errichtung einer Zweigniederlassung, oder im Rahmen des freien Dienstleistungsverkehrs geschehen. Anbieter von Kryptowerte-Dienstleistungen, die Kryptowerte-Dienstleistungen grenzüberschreitend erbringen, brauchen im Hoheitsgebiet eines Aufnahmemitgliedstaats nicht physisch präsent zu sein.

(8) Anbieter von Kryptowerte-Dienstleistungen, die ihre Zulassung um weitere Kryptowerte-Dienstleistungen auf die in Artikel 63 genannte Art und Weise erweitern wollen, beantragen bei den zuständigen Behörden, die ihnen die Erstzulassung erteilt haben, eine Erweiterung ihrer Zulassung und ergänzen und aktualisieren zu diesem Zweck die in Artikel 62 genannten Informationen. Der Antrag auf Erweiterung der Zulassung wird gemäß Artikel 63 bearbeitet.

Schrifttum: Asatiani/Siadat, Das vereinfachte Zulassungsverfahren im Rahmen der MiCAR, RDi 2023, 98; BaFin, Merkblatt zur Erlaubnispflicht von grenzüberschreitend betriebenen Geschäften, 1. April 2005, Fassung v. 11.3.2019; Bauerfeind/Hille/Loff, Aufsichtsregime nach MiCAR aus Instituts- und Produktperspektive – Widerstreit oder Homogenität?, RdF 2023, 84; Binder/Glos/Riepe, Handbuch Bankenaufsichtsrecht, 2. Auflage 2020; Blassl, Das neue Aufsichtsregime für Wertpapierinstitute, WM 2021, 2413; Braegelmann/Kaulartz (Hrsg.), Rechtshandbuch Smart Contracts, 2019; Drescher/Fleischer/Karsten (Hrsg), Münchener Kommentar zum Handelsgesetzbuch, Band 1, 5. Aufl. 2021; ESMA, Consultation Paper Technical Standards specifying certain requirements of the Markets in Crypto Assets Regulation (MiCAR), 12.066.2023; ESMA, Consultation Paper Technical Standards specifying certain requirements of the Markets in Crypto Assets Regulation (MiCAR), 9.2.4 ITS on standard forms, templates and procedures for authorisation of crypto-asset service providers, S. 98 f.; ESMA, Reminder to firms of the MiFID II rules on ‚Reverse Solicitation' in the context of the recent end of the UK transition period, ESMA35-43-2509, 13. Januar 2021; Fezer/Büscher/Obergfell, Lauterkeitsrecht Kommentar zum Gesetz gegen den unlauteren Wettbewerb (UWG), Band 2, 3. Ufl. 2016; Fischer/Schulte-Mattler (Hrsg.), KWG CRR Kommentar zu Kreditwesengesetz, VO (EU) Nr. 575/2013 (CRR) und Ausführungsvorschriften, Band 1, 6. Auflage 2023; Fritz, Anbieter von Kryptowerte-Dienstleistungen nach der MiCAR, BKR 2023, 747; Fritzsche/Müncker/Stollwerck (Hrsg), BeckOK UWG, 21. Ed., Stand: 1.7.2023; Grimm/Kreuter, Kryptowerte und Marktmissbrauch, AG 2023, 177 f.; Henssler (GesamtHrsg), beck-online.GROSSKOMMENTAR HGB, Stand 1.1.2023; Machacek, Die Antwort auf DeFi – Was kann der MiCAR-VO-E leisten und gibt es Alternativen?, RDi 2022, 572; Maume, Die Verordnung über Märkte für Kryptowerte (MiCAR), RDi 2022, 497; Initial Coin Offerings and EU Prospectus Disclosure, European Business Law Review, Volume 31, Issue 2 (2929), 185; Maume, The Regulation on Markets in Crypto-Assets (MiCAR): Landmark Codification, or First Step of Many, or Both?, ECFR 2023, 243; Maume/Maute (Hrsg), Rechtshandbuch Kryptowerte, 2020; Maume/Siadat, Struktur, Definitionen und Anwendungsfälle der Kryptoregulierung, NJW 2023, 1168; Michel/Schmitt, MiCAR – Marktzugang für Kryptodienstleister, BB 2023, 905; Ohly/Sosnitza (Hrsg.), Gesetz gegen den unlauteren Wettbewerb mit Geschäftsgeheimnisgesetz (Auszug) und Preisangabenverordnung Kommentar, 8. Aufl. 2023; Mienert, Wyomings DAO-Gesetz – Blaupause für die Regulierung Blockchain-basierter dezentraler autonomer Organisationen?, RDi 2021, 384; Möslein/Kaulartz/Rennig, Decentralized Finance (DeFi), RDi 2021, 517; Omlor/Link, Kryptowährungen und Token, 2. Aufl. 2023; Rennig, FinTech-Aufsicht im künftigen EU-Recht ECSP-VO und MiCAR-VO-E als eigenständiges Aufsichtsregime, ZBB 2020, 385; Rögner, Zur „Auslegung" des Inlandsbegriffs des § 32 KWG durch die Verwaltungspraxis der Bundesanstalt für Finanzdienstleistungsaufsicht – zugleich Anmerkung zum Beschluss des VGH Kassel v. 21.1.2005, WM 2006, 745; Säcker/Rixecker/Oetker/Limperg (Hrsg.), Münchener

Kommentar zum Bürgerlichen Gesetzbuch, Band 13, Internationales Privatrecht II Internationales Wirtschaftsrecht Einführungsgesetz zum Bürgerlichen Gesetzbuche (Art. 50–253), 8. Auflage 2021; Siadat, Markets in Crypto Assets Regulation – Vertrieb von Kryptofinanzinstrumenten, RdF 2021, 172 f.; Siadat/Asatiani, Vereinfachtes Verfahren vs. Äquivalenzverfahren nach MiCAR, BKR 2023, 221; Wellerdt, FinTech Regulierung – Wie werden innovative Geschäftsmodelle beaufsichtigt? – Am Beispiel der EU-Regulierung von Kryptowerten und Kryptodienstleistungen, WM 2021, 1171 f.; Zetzsche, Neue Organisationsformen für die digitale Welt? Decentralized Autonomous Organizations and Beyond, ZGR 2022, 698.

Übersicht

	Rn.
I. Generelles Tätigkeitsverbot mit Erlaubnisvorbehalt (Abs. 1)	1
1. Allgemein	1
2. Angebot von Kryptowerte-Dienstleistungen innerhalb der Union	5
3. Zulassung nach Art. 63 MiCAR	10
a) Juristische Personen oder andere Unternehmen	11
b) Sitz- und Substanzerfordernis (Art. 59 Abs. 2)	14
c) Erfordernis der jederzeitigen Erfüllung der Zulassungsvoraussetzungen (Art. 59 Abs. 4)	17
4. Gestattung nach Art. 60 (Abs. 1 lit. b)	18
5. Folgen eines Verstoßes	19
II. Irreführungsverbot (Abs. 5)	21
1. Allgemein	21
2. Normzweck	23
3. Anforderungen an die Irreführung	25
a) Bezugspunkt der Irreführung	25
b) Irreführungs- bzw. Verwechslungsgefahr	27
c) Verkehrsauffassung und Gesamteindruck	30
d) Name oder Firmenname	32
e) Marketingmitteilungen	34
f) Sonstige Prozesse	36
4. Konkurrenzen	37
a) § 5 Abs. 2 Nr. 3, Nr. 4, Abs. 3 Nr. 1 UWG	37
b) § 18 Abs. 2 HGB	38
c) §§ 3, 4, 5 MarkenG	39
5. Folgen eines Verstoßes	40
III. Formale Anforderung an die Zulassung (Abs. 6)	41
IV. EU-Passporting: Grenzüberschreitende Zulassung (Abs. 7)	43
V. Zulassungserweiterung (Abs. 8)	45
VI. Marktzugang für Drittstaatenunternehmen	46

I. Generelles Tätigkeitsverbot mit Erlaubnisvorbehalt (Abs. 1)

1. Allgemein

Art. 59 Abs. 1 regelt durch ein **generelles Tätigkeitsverbot mit Erlaubnisvorbehalt,**[1] dass **Kryptowerte-Dienstleistungen** (Art. 3 Abs. 1 Nr. 15) innerhalb der EU nicht angeboten werden dürfen, es sei denn, die die Kryptowerte-Dienstleistungen anbietende Person wurde als Anbieter von Kryptowerte-Dienstleistun- 1

---

[1] Maume RDi 2022, 497 Rn. 40.

Art. 59 Titel V Kryptowerte-Dienstleistungen

gen (Art. 3 Abs. 1 Nr. 15) zugelassen oder es handelt es sich bei ihr um eine Institution, der die Erbringung von Kryptowerte-Dienstleistungen gestattet wurde.

2   Der Marktzugang für die Erbringung von Kryptowerte-Dienstleistungen ist damit im Wesentlichen nur mit einer **Zulassung** nach Art. 63 oder einer **Gestattung** nach Art. 60 möglich. Hintergrund sind die potenziellen Risiken, die Kryptowerte-Dienstleistungen für **Anlegerschutz, Marktintegrität und Finanzstabilität** darstellen und die durch operationelle, organisatorische und aufsichtsrechtliche Anforderungen für Anbieter von Kryptowerte-Dienstleistungen durch einheitliche Regelungen auf Unionsebene eingedämmt werden sollen.[2]

3   Anbieter von Kryptowerte-Dienstleistungen, die am 30.12.2024 über eine Zulassung für die Erbringung von Kryptowerte-Dienstleistungen nach nationalem Recht verfügen, können ihre Dienste bis für einen **Übergangszeitraum** bis zum 1.7.2026 oder bis zu dem Zeitpunkt, zu dem sie eine Zulassung oder Verweigerung nach Art. 63 erhalten, je nachdem, welcher Zeitpunkt zuerst eintritt (Art. 143 Abs. 3). In Deutschland dürfte hierunter das **Kryptoverwahrgeschäft nach KWG** fallen.[3] Darüber hinaus werden Anbieter von Kryptowerte-Dienstleistungen, die bereits über eine Zulassung für die Erbringung von Kryptowerte-Dienstleistungen nach nationalem Recht verfügen, zusätzlich privilegiert,[4] indem die Mitgliedsstaaten für den Übergangszeitraum vom 30.12.2024 bis zum 1.7.2026 ein **vereinfachtes Verfahren** anwenden können (Art. 143).[5]

4   Als **europäischer Pass** gilt die Zulassung EU-weit (EU-Passporting, Art. 59). Die ESMA erstellt ein **Register**, in das Anbieter von Kryptowerte-Dienstleistungen eingetragen werden (Art. 109 Abs. 1 d).

2. Angebot von Kryptowerte-Dienstleistungen innerhalb der Union

5   Das Tätigkeitsverbot des Art. 59 Abs. 1 stellt nicht auf das Erbringen einer Kryptowerte-Dienstleistung, sondern bereits auf ihr **Angebot innerhalb der Union** ab. Das deckt sich insoweit mit dem **Markt- oder Zielortprinzip** folgenden Ansatz des EU-Finanzmarktrechts, nach dem für den Anwendungsbereich einer Regulierung das Angebot und nicht die Herkunft einer Leistung entscheidend ist.[6]

6   Das „**öffentliche Angebot**" wird in Art. 3 Nr. 12 legaldefiniert als eine Mitteilung an Personen in jedweder Form und auf jedwede Art und Weise, die ausreichende Informationen über die Angebotsbedingungen und die anzubietenden Kryptowerte enthält, um potenzielle Inhaber in die Lage zu versetzen, über den Kauf dieser Kryptowerte zu entscheiden (Art. 3 Abs. 1 Nr. 12).[7] Diese denkbar **weite Definition** erfasst zunächst jegliche Angebote von Kryptowerten, das Tätigkeitsverbot in Art. 59 erfordert aber ein Angebot **innerhalb der EU.** Vor dem Hintergrund, dass Kryptowerte-Dienstleistungen in aller Regel online angeboten werden und global verfügbar sind, stellt sich aber die Frage, wann von einem Angebot von Kryptowerte-Dienstleistungen innerhalb der EU auszugehen ist.

---

[2] Erwgr. Nr. 73.
[3] Bauerfeind/Hille/Loff RdF 2023, 84 (88).
[4] Bauerfeind/Hille/Loff RdF 2023, 84 (88).
[5] Erwgr. Nr. 6; zum vereinfachten Zulassungsverfahren auch: Asatiani/Siadat RDi 2023, 98.
[6] so Art. 3 Abs. 1 Prospekt-VO; Maume/Maute Kryptowerte-HdB/Maume S. 343 Rn. 33.
[7] Zum öffentlichen Angebot iSd § 2 Nr. 4 WpPG bzw. Art. 2 Abs. 1 lit. d Prospekt-VO siehe auch: Hahn/Wilkens ZBB 2019, 10.

Im Rahmen des Anwendungsbereichs des KWG und WpPG erfordert die ständige Verwaltungspraxis der BaFin eine **„gezielte Ansprache"** des inländischen Marktes.[8] Entscheidend ist dabei vor allem der **Inhalt** einer Webseite, über die die Dienstleistungen angeboten werden. Eindeutig sind Fälle, in denen sich spezielle Informationen oder aktive Werbung auf der Webseite an den deutschen Markt richten.[9] In weniger eindeutigen Fällen müssen im Rahmen einer **Gesamtbetrachtung** alle Umstände und Anhaltspunkte des Einzelfalls herangezogen werden,[10] wie zB die verwendete Sprache, die Nennung von Adressen und Ansprechpartnern innerhalb der EU, die Domainbezeichnung (zB „.de" Top-Level-Domain), eine ausdrückliche Kommunikation mit Kunden in Deutschland, eine hohe Anzahl von Kunden aus Deutschland, eine Telefonnummer innerhalb Deutschlands, Kundenansprache in der deutschen Sprache, kundenbezogenes Personal in Deutschland, Sprache der Werbung, Marketing- und Informationsmaterial sowie Produktbeschreibung, Preisangaben (EUR) und Zahlungsbedingungen, Bankverbindung, Zahlstellen, Rechtswahl in Vertragsdokumenten, finanzielle oder andere länderspezifische Kundeninformationen zur Rechtslage wie zB Erläuterungen zur steuerlichen Behandlung in Deutschland oder zur Abwicklung und ob das Angebot tatsächlich an in Deutschland ansässige Kunden verkauft wird.[11] 7

Die auf den E-Commerce zugeschnittenen Kriterien sind auf Angebote von Kryptowerte-Dienstleistungen in meist englischer Sprache und unter Umständen mit Zahlung in Kryptowährungen aber nur bedingt übertragbar, weshalb darauf abgestellt werden soll, ob Anhaltspunkte dafür vorliegen, die ein solches global ausgerichtetes Angebot in der EU **faktisch ausschließen** (zB Disclaimer, Abfrage des Herkunftslandes durch eine Eingabemaske (Missbrauchspotenzial), Geoblocking).[12] 8

Die Ausnahme im Rahmen der **Reverse Solicitation,**[13] dem Recht von Personen innerhalb der EU auf eigene Initiative Dienstleistungen eines ausländischen Unternehmens in Anspruch zu nehmen,[14] ist in Art. 61 ausdrücklich normiert. 9

3. Zulassung nach Art. 63 MiCAR

Juristische Personen oder **andere Unternehmen,** die gemäß Art. 63 als Anbieter von Kryptowerte-Dienstleistungen zugelassen wurden, dürfen Kryptowerte-Dienstleistungen innerhalb der Union anbieten (Art. 59 Abs. 1 lit. a). 10

---

[8] BaFin, Merkblatt zur Erlaubnispflicht von grenzüberschreitend betriebenen Geschäften, 1.4.2005, Fassung v. 11.3.2019.
[9] Binder/Glos/Riepe BankenaufsichtsR-HdB/Binder, Erlaubnispflicht, Zulassungsvoraussetzungen und Zulassungsverfahren, II.3. Rn. 57.
[10] Maume/Maute Kryptowerte-HdB/Maume S. 344 Rn. 34.
[11] BaFin, Merkblatt zur Erlaubnispflicht von grenzüberschreitend betriebenen Geschäften, 1.4.2005, Fassung v. 11.3.2019.
[12] vgl. Maume/Maute Kryptowerte-HdB/Maume S. 344 Rn. 35, 9; zu § 2 Nr. 4 WpPG bzw. Art. 2 Abs. 1 lit. d Prospekt-VO: Maume European Business Law Review, 185; Hahn/Wilkens ZBB 2019, 10 (18).
[13] Fischer/Schulte-Mattler/Vahldiek § 53 Rn. 162f.; Rögner WM 2006, 745 (746); Binder/Glos/Riepe BankenaufsichtsR-HdB/Binder, Erlaubnispflicht, Zulassungsvoraussetzungen und Zulassungsverfahren, II.3. Rn. 57.
[14] BaFin, Merkblatt zur Erlaubnispflicht von grenzüberschreitend betriebenen Geschäften, 1.4.2005, Fassung v. 11.3.2019.

Art. 59

11 **a) Juristische Personen oder andere Unternehmen.** Juristische Personen sind insoweit **Gesellschaften mit eigener Rechtspersönlichkeit.**[15] Ausländische Gesellschaften, die lediglich Zweigniederlassungen in der EU haben, können damit keine Zulassung beantragen, sondern müssen eine eigenständige (Tochter-) Gesellschaft gründen.[16]

12 Andere Unternehmen, bei denen es nicht um juristische Personen handelt (→ Art. 2 Abs. 1 Nr. 1 Rn. 2; Art. 3 Abs. 1 Nr. 10 Rn. 69), dürfen Kryptowerte-Dienstleistungen nur dann erbringen, wenn durch ihre Rechtsform ein **Schutzniveau** in Bezug auf die Interessen Dritter gewährleistet ist, das dem durch juristische Personen gewährten Schutzniveau **gleichwertig** ist, und wenn sie einer gleichwertigen, ihrer Rechtsform entsprechenden **prudentiellen Aufsicht** unterliegen (Art. 59 Abs. 3). Ein Beispiel für solche anderen Unternehmen sind etwa Personenhandelsgesellschaften.[17]

13 Bei **dezentralen autonomen Organisationen** (DAOs) wird in der Regel keine eigene Rechtspersönlichkeit vorliegen[18] (wenn im engeren Sinne „dezentral" (→ Art. 3 Abs. 1 Nr. 15 Rn. 100), was praktisch nicht der Fall ist, wenn Projekte – wie teilweise im internationalen Markt zu beobachten – als Vereine oder Stiftungen agieren), so dass eine solche DAO ebenfalls keine Zulassung als juristische Person beantragen kann.[19] Als anderes Unternehmen iSd Art. 59 Abs. 3 kann eine DAO nicht eingestuft werden, wenn mangels zentraler Verwaltung **keine gleichwertige Aufsicht** möglich ist.[20] Insbesondere bei Geschäftsmodellen, bei denen die Transaktionen durch Smart Contracts oder vorabdefinierte automatisch ausführbare Protokolle ausgelöst werden,[21] wie etwa bei dezentralen Börsen (Decentralized Exchange – DEX), könnte es bereits an einer durch einen Rechtsbindungswillen verbundenen und/oder identifizierbare Personengruppe und damit einem verantwortlichen Haftungsadressaten fehlen. In solchen Fällen kann eine Zulassung weder als juristische Person noch als anderes Unternehmen beantragt werden und auch Art. 59 insoweit nicht anwendbar sein[22] (unterstellt natürlich, solche Gebilde sind nicht selbst rechtsfähig, etwa als GbR/OHG (→ Art. 3 Abs. 1 Nr. 15 Rn. 88).

14 **b) Sitz- und Substanzerfordernis (Art. 59 Abs. 2).** Art. 59 Abs. 2 erfordert neben der Zulassung, dass Anbieter von Kryptowerte-Dienstleistungen einen Sitz

---

[15] Vgl. Hüffer/Koch/Koch, 15. Aufl. 2021, AktG § 1 Rn. 4.
[16] Vgl. Siadat RdF 2021, 172 (174).
[17] Erwgr. Nr. 74; Fritz BKR 2023, 747 (748).
[18] Vgl. Braegelmann/Kaulartz Smart Contracts-HdB/Mann Kap. 17 Rn. 12-15. Zum DAO-Gesetz in Wyoming siehe: Mienert RDi 2021, 384. Zu einer im Ergebnis angelehnten Anwendung von Art. 59 auf die GbR, weil ein Anbieter von Kryptowerte-Dienstleistungen eine Gesellschaft ist, die ihren Zweck auf den Betrieb eines Handelsgewerbes ausgerichtet habe und deshalb als OHG iSd § 105 Abs. 1 HGB einzustufen ist: Fritz BKR 2023 748 (749).
[19] Zum variierenden Dezentralisierungsgrad von DAOs: Zetzsche ZGR 2022, 698f.; Können im Einzelfall, was in der Praxis aber äußerst schwierig wird, das anwendbare Recht, Teilnehmer und das auf diese anwendbare Recht identifiziert werden, kann eine DAO gegebenenfalls als eine Gesellschaft bürgerlichen Rechts (GbR) oder OHG qualifiziert werden: Zetzsche ZGR 2022, 698; Möslein/Kaulartz/Rennig RDi 2021, 517 (525).
[20] Vgl. Machacek RDi 2021, 572 (577): Der Grad der Kontrolle über ein Protokoll kann entscheidend sein.
[21] Vgl. zu Smart Contracts und automatisch ausführbare Protokolle: Braegelmann/Kaulartz Smart Contracts-HdB/Voshmgir Kap. 2.
[22] Vgl. Siadat RdF 2021, 172 (174); Möslein/Kaulartz/Rennig RDi 2021, 517 (525).

Zulassung **Art. 59**

in einem Mitgliedstaat haben, in dem sie zumindest einen Teil ihrer Kryptowerte-Dienstleistungen ausführen (**Sitzerfordernis**). Um einer Meidung oder Umgehung der Aufsicht vorzubeugen und eine effektive Beaufsichtigung mit regelmäßigen und engen Kontakten zu der zuständigen Geschäftsführung zu ermöglichen und zu gewährleisten, müssen die Anbieter von Kryptowerte-Dienstleistungen darüber hinaus den Ort der tatsächlichen Geschäftsführung in der Union haben (**Substanzerfordernis**[23]), und mindestens einer der Geschäftsführer sollte in der Union ansässig sein.[24]

Ort der **tatsächlichen Geschäftsführung** ist dabei der Ort, an dem die wichtigsten Leitungs- und Geschäftsentscheidungen getroffen werden, die für den Ablauf der Geschäftstätigkeit von Bedeutung sind.[25] Angesichts der Formulierung in Erwgr. Nr. 74 („zuständige Geschäftsführung") dürfte erforderlich sein, dass der in der EU ansässige Geschäftsführer auch tatsächlich mit Tätigkeiten im Zusammenhang mit der Kryptowerte-Dienstleistung betraut sein muss. Hintergrund von Sitz- und Substanzerfordernis ist, dass eine **wirksame Beaufsichtigung** nicht unterlaufen werden und regelmäßige und enge Kontakte zwischen Aufsichtsbehörde und der Geschäftsführung des Anbieters von Kryptowerte-Dienstleistungen als wesentlicher Bestandteil einer wirksamen Beaufsichtigung möglich sein sollen.[26]

15

Adressiert wird damit insbesondere das Unterlaufen einer wirksamen Beaufsichtigung durch die Einrichtung von **Briefkastenfirmen,** die entweder einen Sitz in Mitgliedstaaten mit „kryptofreundlicher" Regulierung ohne tatsächliche Geschäftstätigkeit in diesem Mitgliedstaat haben oder bei denen die eigentliche Geschäftstätigkeit außerhalb der EU stattfindet.[27]

16

c) Erfordernis der jederzeitigen Erfüllung der Zulassungsvoraussetzungen (Art. 59 Abs. 4). Für nach Art. 63 zugelassene Anbieter von Kryptowerte-Dienstleistungen erfordert Art. 59 Abs. 4 außerdem, dass sie, um Kryptowerte-Dienstleistungen erbringen zu dürfen, die Voraussetzungen für ihre Zulassung **jederzeit** erfüllen müssen.

17

4. Gestattung nach Art. 60 (Abs. 1 lit. b)

Bestimmte Unternehmen werden über die Gestattung nach Art. 60 **privilegiert:** Kreditinstitute (→ Art. 3 Abs. 1 Nr. 28 Rn. 200f.), Zentralverwahrer, Wertpapierfirmen (→ Art. 3 Abs. 1 Nr. 29 Rn. 206f.), Marktteilnehmer, E-Geld-Institute (→ Art. 3 Abs. 1 Nr. 43 Rn. 202f.), OGAW-Verwaltungsgesellschaften (→ Art. 3 Abs. 1 Nr. 47 Rn. 317f.) oder Verwalter alternativer Investmentfonds (→ Art. 3 Abs. 1 Nr. 48 Rn. 320) sind von der Verpflichtung befreit, eine Zulassung als Anbieter von Kryptowerte-Dienstleistungen nach Art. 63 zu erlangen, da sie im Hinblick auf die von ihnen erbrachten Finanzdienstleistungen bereits strengen Zulassungsverfahren unterliegen.[28] Stattdessen haben sie die Möglichkeit im Rahmen des **Anzeigeverfahrens des Art. 60** den für sie zuständigen Behörden bestimmte Informationen übermitteln, bevor sie erstmalig Kryptowerte-Dienstleis-

18

---

[23] Michel/Schmitt BB 2023, 905.
[24] Erwgr. Nr. 74.
[25] Erwgr. Nr. 74.
[26] Erwgr. Nr. 74.
[27] Maume RDi 2022, 497 Rn. 41.
[28] Erwgr. Nr. 78; vgl. Michel/Schmitt BB 2023, 905f. Zum Marktmissbrauch: Grimm/Kreuter AG 2023, 177f.

tungen erbringen und gelten damit als Anbieter von Kryptowerte-Dienstleistungen (→ Art. 60 Rn. 1 f.).

5. Folgen eines Verstoßes

19 Werden Kryptowerte-Dienstleistungen auf dem europäischen Markt **ohne Zulassung oder Gestattung** angeboten, können die Mitgliedstaaten **Verwaltungsgeldbußen** von bis zu 5.000.000 EUR oder 5% des jährlichen Gesamtumsatzes der juristischen Person gemäß dem letzten verfügbaren vom Leitungsorgan (→ Art. 3 Abs. 1 Nr. 27 Rn. 197 f.) gebilligten Abschlusses vorsehen (→ Art. 111 Abs. 1 d), Abs. 3 a), c) Rn. 1 f.). Darüber hinaus sollen die Mitgliedstaaten im Einklang mit dem nationalen Recht sicherstellen, dass die zuständigen Behörden die Befugnis haben, bei einem Verstoß ein vorübergehendes Verbot zu verhängen, das ein Mitglied des Leitungsorgans des Anbieters von Kryptowerte-Dienstleistungen oder jede andere natürliche Person, die für den Verstoß verantwortlich gemacht wird, daran hindert, bei einem Anbieter von Kryptowerte-Dienstleistungen Leitungsaufgaben wahrzunehmen.

20 Unternehmen, die unter Verstoß gegen Art. 59 verstoßen, werden außerdem in das ESMA-Register der nicht konformen Unternehmen, die Kryptowerte-Dienstleistungen erbringen (→ Art. 110 Rn. 1 f.) eingetragen.

II. Irreführungsverbot (Abs. 5)

1. Allgemein

21 Art. 59 Abs. 5 verbietet, dass eine Person, die kein Anbieter von Kryptowerte-Dienstleistungen ist, Namen oder Firmennamen verwendet bzw. Marketingmitteilungen veröffentlicht und sonstige Prozesse anwendet, die nahelegen, dass sie ein Anbieter von Kryptowerte-Dienstleistungen ist, oder die in dieser Hinsicht Verwirrung stiften könnten.

22 Art. 59 Abs. 5 kann aufgrund der strukturellen und terminologischen Annäherung an das lauterkeitsrechtliche Irreführungsverbot des Art. 6 UGP-RL, national umgesetzt in § 5 UWG, insoweit als **spezialgesetzliches Irreführungsverbot** aufgefasst werden (ausführlich zu den Anforderungen → Rn. 37).

2. Normzweck

23 In den Erwägungsgründen der MiCAR findet sich kein konkreter Hintergrund zu Art. 59 Abs. 2, vor dem Hintergrund der Gesamtzielsetzung der MiCAR hat Art. 59 Abs. 5 aber vorrangig den Zweck, das **Vertrauen von Nutzern von Kryptowerte-Dienstleistungen** dahingehend zu schützen, dass sie durch die Regulierung der Kryptowerte-Dienstleistungen und Anforderungen an deren Anbieter durch die MiCAR vor Risiken für die Marktintegrität und Finanzstabilität, insbesondere Marktmissbrauch und Finanzkriminalität, geschützt werden.[29] **Mittelbar** werden außerdem die tatsächlichen Anbieter von Kryptowerte-Dienstleistungen geschützt, die regulatorische Vorgaben einhalten, sowohl vor einem **Vertrauensverlust** der angesprochenen Marktteilnehmer als auch einer **marktverzerrenden Wirkung** solcher Täuschungen.

---

[29] Vgl. Erwgr. Nr. 4, 5.

Zulassung **Art. 59**

3. Anforderungen an die Irreführung

a) Bezugspunkt der Irreführung. Der Wortlaut des Art. 59 Abs. 5 erfordert 25
nicht ausdrücklich, dass über die Inhaberschaft einer Zulassung als Anbieter von
Kryptowerte-Dienstleistungen getäuscht wird und auch nicht, dass die Person tatsächlich Kryptowerte-Dienstleistungen anbietet.

Die Definition des Anbieters von Kryptowerte-Dienstleistungen in Art. 59 26
Abs. 1 Nr. 15 (→ Art. 3 Abs. 1 Nr. 15 Rn. 59) setzt allerdings die Zulassung bzw.
Gestattung nach Art. 59 voraus und auch der Zweck der Norm (→ Rn. 2, 23) lässt
darauf schließen, dass es in Art. 59 Abs. 5 vorrangig darum geht, dass kein Eindruck
erweckt wird, dass eine Person als Anbieter von Kryptowerte-Dienstleistungen auftritt und damit einhergehend eine **Zulassung** für das Erbringen von Kryptowerte-Dienstleistungen besitzt und entsprechende **regulatorische Vorgaben** einhält.

b) Irreführungs- bzw. Verwechslungsgefahr. Die **englischsprachige Fas-** 27
sung des Art. 59 Abs. 5 der MiCAR *("... that is likely to create confusion in that respect")* ist **terminologisch** dem **Irreführungsverbot des Art. 6 Abs. 2 lit. a der**
UGP-RL *("... which creates confusion")* **nachgebildet.** Der Begriff der **"Verwechslungsgefahr"** der **deutschsprachigen Fassung** des Art. 6 Abs. 2 lit. a UGB-RL
("die eine Verwechslungsgefahr ... begründet"), national umgesetzt in § 5 Abs. 3 Nr. 1
UWG, wurde in der deutschen Übersetzung des Art. 59 Abs. 5 *("oder die in dieser*
Hinsicht Verwirrung stiften könnten") **nicht übernommen.**

Soweit fraglich ist, inwieweit für die Anforderungen einer "Verwechslungs- 28
gefahr" iSd Art. 59 Abs. 5 auf die **lauterkeitsrechtlichen oder markenrecht-**
lichen Maßstäbe für das Vorliegen einer Verwechslungsgefahr zurückgegriffen
werden kann, dürfte im Ergebnis jedenfalls eine **abstrakte Verwechslungsgefahr**
ausreichen. Im Unterschied zur abstrakten markenrechtlichen Verwechslungsgefahr[30] ist lauterkeitsrechtlich eine konkrete Irreführungsgefahr erforderlich,
sprich, ob die durch die Kennzeichnung symbolisierte Qualitäts- oder Ruferwartung für die geschäftliche Entscheidung des angesprochenen Abnehmers relevant
ist.[31]

Sowohl nach dem Wortlaut der englischsprachigen Fassung des Art. 59 Abs. 5 29
("... that is likely to create confusion") als auch der deutschsprachigen Fassung *("oder*
die in dieser Hinsicht Verwirrung stiften könnten") sind aber im Unterschied zu Art. 6
Abs. 2 lit. a der UGP-RL *("... which creates confusion")* bzw. *("die eine Verwechslungs-*
gefahr ... begründet") weit **weniger hohe Anforderungen** an eine Konkretheit der
Verwechslungsgefahr zu stellen, da bereits die Möglichkeit einer Verwirrung oder
Verwechslung ausreicht. Für Art. 59 Abs. 5 dürfte daher für die Annahme einer Verwechslungsgefahr das **Vorliegen der abstrakten Gefahr** ausreichen, dass erhebliche Teile des Adressatenkreises anhand des Namens oder Firmennamens oder
Marketingmitteilungen den Eindruck gewinnen, dass es sich bei den dem fraglichen
Unternehmen um einen Anbieter von Kryptowerte-Dienstleistungen handelt.

---

[30] Fezer/Büscher/Obergfell/Peifer/Obergfell UWG § 5 Rn. 430: Ausreichend ist die abstrakte Gefahr der Verwechslung zweier Kennzeichnungen und auch die abstrakte Gefahr einer Rufausbeutung oder -beeinträchtigung.
[31] Fezer/Büscher/Obergfell/Peifer/Obergfell UWG § 5 Rn. 430. Teilweise wird die wettbewerbsrechtliche Relevanz auch als zusätzliches Kriterium aufgefasst (vgl. Ohly/Sosnitza/Sosnitza UWG § 5 Rn. 136).

Art. 59   Titel V Kryptowerte-Dienstleistungen

30   **c) Verkehrsauffassung und Gesamteindruck.** Unter entsprechender Heranziehung der für das Wettbewerbsrecht entwickelten Grundsätze ist für die Beurteilung der Frage, ob die Gefahr einer Irreführung dahingehend vorliegt, dass eine Person den Eindruck erweckt Anbieter von Kryptowerte-Dienstleistungen zu sein, obwohl dies nicht mit der Wirklichkeit übereinstimmt, die **Auffassung des angesprochenen Verkehrskreises** entscheidend.[32] Maßstab ist hierbei das **Verständnis des verständigen und angemessen aufmerksamen Durchschnittsverbrauchers**.[33]

31   Unerheblich ist insoweit, ob die Angaben an sich objektiv richtig sind, solange ein irreführender Eindruck erweckt wird, oder wie der Irreführende selbst etwa seine eigene Marketingmittleitung versteht.[34] Betrachtet werden muss stets der **objektive Gesamteindruck**,[35] insbesondere bei den von Art. 59 Abs. 5 ausdrücklich erfassten Marketingmitteilungen und den sonstigen Prozessen, da insoweit auch die Begleitumstände des konkreten Falles miteinbezogen werden müssen (→ Rn. 34 und → Rn. 36).[36]

32   **d) Name oder Firmenname.** Eine Täuschung durch den Namen oder Firmennamen kommt zunächst durch eine Kennzeichnung, die eine **Verwechslung mit einem bekannten und zugelassenen Anbieter** von Kryptowerte-Dienstleistungen begründet, in Betracht.[37] Weniger praxisrelevant dürften Fälle sein, in denen durch **entsprechende Zusätze oder Namens- bzw. Firmenbezeichnungen** eindeutig eine Irreführung über die Eigenschaft als zugelassener Anbieter von Kryptowerte-Dienstleistungen begründet wird (zB Zugelassene Krypto-Tauschbörse GmbH, Krypto-Tauschbörse mit Zulassung GmbH). Schwieriger zu beurteilen sind Fälle, in denen der Name oder ein Firmenname, der nur die **Erbringung von Kryptowerte-Dienstleistungen impliziert** (zB Krypto-Tauschbörse GmbH oder Exchange Your Crypto GmbH). Das Erbringen einer Kryptowerte-Dienstleistung suggeriert für einen angesprochenen Marktteilnehmer schließlich, dass der Täuschende über eine entsprechende Zulassung nach der MiCAR verfügt. Leistet der Täuschende die betreffende Kryptowerte-Dienstleistung tatsächlich, ohne Anbieter von Kryptowerte-Dienstleistungen mit entsprechender Zulassung zu sein, liegt neben einem Verstoß gegen Art. 59 Abs. 1 im Hinblick auf den Normzweck des Art. 59 Abs. 5 daher wohl ein Verstoß gegen das Irreführungsverbot vor.

33   Erbringt die „Exchange Your Crypto GmbH" aber tatsächlich weder den Tausch von Kryptowerten gegen andere Kryptowerte oder Nominalgeldwährungen noch eine sonstige Kryptowerte-Dienstleistung, ist fraglich, ob dies für einen Verstoß ausreicht. Lässt man hier nach dem Wortlaut eine abstrakte Gefahr Verwirrung zu begründen ausreichen, wären solche Fälle erfasst. Rein **faktisch** liegt aber **keine Gefahr** dahingehend vor, dass der Täuschende eine nicht zugelassene und

---

[32] Ausführlich zum Wettbewerbsrecht, hier aber entsprechend heranziehbar: Ohly/Sosnitza/Sosnitza UWG § 5 Rn. 122 ff. mwN.
[33] Das gilt sowohl für das Markenrecht als auch das Lauterkeitsrecht (vgl. Ohly/Sosnitza/Sosnitza UWG § 5 Rn. 734). Ausführlich für § 5 UWG: Ohly/Sosnitza/Sosnitza UWG § 5 Rn. 122 ff.
[34] Vgl. zu § 5 UWG: Ohly/Sosnitza/Sosnitza UWG § 5 Rn. 124.
[35] Vgl. zu § 5 UWG: Ohly/Sosnitza/Sosnitza UWG § 5 Rn. 138 ff.
[36] Vgl. zu § 5 UWG: Ohly/Sosnitza/Sosnitza UWG § 5 Rn. 140 ff.
[37] Zum markenrechtlichen Konkurrenzverhältnis → Rn. 28.

damit risikobegründende Kryptowerte-Dienstleistung erbringt, so dass eine einschränkende Auslegung der Norm denkbar ist. Im Hinblick auf den generell weit gefassten Anwendungsbereich des Art. 59 Abs. 5 („... sonstige Prozesse") dürfte davon auszugehen, dass nach dem Willen des Gesetzgebers auch solche Fälle zunächst erfasst sind. Auf Rechtsfolgenseite muss dies angesichts der nicht unerheblichen Sanktionen im Falle eines Verstoßes gegen Art. 59 (vgl. → Rn. 40, Art. 111 Abs. 3 lit. a, lit. c) berücksichtigt werden.

e) Marketingmitteilungen. Im Hinblick auf Marketingmitteilungen sind als 34 eindeutige Fälle Werbung oder Mitteilungen denkbar, in denen **konkret angegeben** wird, die betreffende Person sei nach der MiCAR zugelassener Anbieter von Kryptowerte-Dienstleistungen, besitzt tatsächlich aber keine Zulassung. Auch Fälle, in denen Personen **indirekt** damit **werben,** Anbieter von Kryptowerte-Dienstleistungen zu sein, etwa durch Slogans wie „Easy and fast crypto-exchange", werden erfasst, wenn die Person tatsächlich betreffende Kryptowerte-Dienstleistungen anbietet.

Hinsichtlich **klarstellender Zusätze oder Richtigstellungen** dürfte entsprechend den **lauterkeitsrechtlichen Grundsätzen** anzunehmen sein, dass diese an der Beurteilung eines täuschenden Blickfangs nichts ändern, was jedoch nicht für Sternchenhinweise oder sonstige nicht zu übersehende Einschränkungen gilt.[38] Wird also etwa durch einen entsprechend eindeutigen Sternchenhinweis klargestellt, dass die betreffende Kryptowerte-Dienstleistungen nicht von der Person selbst, sondern von einem zugelassenen Anbieter von Kryptowerte-Dienstleistungen als Partner erbracht werden, liegt kein Verstoß gegen Artikel Abs. 59 Abs. 5 vor.

f) Sonstige Prozesse. Daneben werden als Auffangtatbestand auch **sonstige** 36 **Prozesse erfasst,** die nahelegen, dass eine Person Anbieter von Kryptowerte-Dienstleistungen ist. Erfasst sein könnten insoweit zB Phishing-E-Mails oder andere technische Prozesse, die einen Nutzer bei der Ansteuerung eines Anbieters von Kryptowerte-Dienstleistungen abfangen und auf eigene Seiten oder Dienstleistungen weiterführen.

4. Konkurrenzen

a) § 5 Abs. 2 Nr. 3, Nr. 4, Abs. 3 Nr. 1 UWG. Zu dem Irreführungsverbot des 37 §§ 5 Abs. 2 Nr. 3, Nr. 4, Abs. 3 Nr. 1 UWG dürfte bei Überschneidungen insoweit aufgrund der spezialgesetzlichen Ausformung mit engerem Anwendungsbereich, aber weniger hohen Hürden des Art. 59 Abs. 5 **Anspruchskonkurrenz** bestehen.[39] § 5 UWG verkörpert den **Wahrheitsgrundsatzes** im Wettbewerb und dient dem Schutz der Verbraucher und der sonstigen Marktteilnehmer (auch der Mitbewerber) sowie der Allgemeinheit vor der unlauteren Beeinträchtigung ihrer wirtschaftlichen Entscheidungsfreiheit, mittelbar werden auch Mitbewerber vor der wettbewerbsverfälschenden Wirkung irreführender geschäftlicher Handlungen geschützt.[40] Art. 59 Abs. 5 zielt im Hinblick auf die allgemeine Zielsetzung der MiCAR und seiner Ausgestaltung darauf ab, einer Täuschung und Irreführung im Hinblick auf die Eigenschaft als zugelassener Anbieter von Kryptowerte-Dienstleistungen zu schützen, die im Hinblick auf die Anforderungen an die Zulassung ein

---

[38] Vgl. zu § 5 UWG: Ohly/Sosnitza/Sosnitza UWG § 5 Rn. 144 mwN.
[39] Fezer/Büscher/Obergfell/Peifer/Obergfell UWG § 5 Rn. 36.
[40] BeckOGK/Rehart/Ruhl/Isele UWG § 5 Rn. 27.

gewisses Vertrauen des Marktes in zugelassene Anbieter von Kryptowerte-Dienstleistungen begründen soll. Geschützt werden damit die mit dem Angebot von Kryptowerte-Dienstleistungen angesprochenen Marktteilnehmer, insbesondere Verbraucher, und ebenfalls mittelbar zugelassene Anbieter von Kryptowerte-Dienstleistungen durch eine potenziell marktverzerrende Wirkung einer solchen Täuschung.

38 **b) § 18 Abs. 2 HGB.** Neben den auf EU-Recht basierenden lauterkeitsrechtlichen Irreführungsverboten des § 5 UWG findet sich im deutschen Recht in § 18 Abs. 2 S. 1 HGB der sog. **Grundsatz der Firmenwahrheit**,[41] nach dem eine Firma keine Angaben enthalten darf, die geeignet sind, über geschäftliche Verhältnisse, die für die angesprochenen Verkehrskreise wesentlich sind, irrezuführen. § 18 Abs. 2 HGB basiert ebenfalls auf dem Irreführungsverbot des § 5 UWG.[42] Im Hinblick auf den unterschiedlichen Schutzzweck dürfte auch hier von **Anspruchskonkurrenz** auszugehen sein. Schutzzweck des § 18 Abs. 2 HGB ist der Schutz der Geschäftspartner und der Mitbewerber des Unternehmens und der Schutz vor unlauterem Wettbewerb im Firmenrecht.[43]

39 **c) §§ 3, 4, 5 MarkenG.** Nach §§ 3, 4 MarkenG werden Marken und nach § 5 MarkenG **geschäftliche Bezeichnungen** (Unternehmenskennzeichen, Werktitel) geschützt, da diese dazu dienen, ein bestimmtes Unternehmen zu individualisieren.[44] Grundsätzlich gilt im Verhältnis zum Lauterkeitsrecht der Vorrang markenrechtlicher Wertungen.[45] Stellen über die Eigenschaft als Anbieter von Kryptowerte-Dienstleistungen täuschende Namen oder Firmennamen zusätzlich eine Beeinträchtigung der Identifizierungsfunktion der Kennzeichnung dar, dürfte aber von einer **Erfüllung beider Tatbestände** auszugehen sein, da insoweit nicht nur eine Verwechslung mit einem bestimmten Unternehmen, sondern ein zusätzlicher Unlauterkeitstatbestand durch die Irreführung über die Eigenschaft als Anbieter von Kryptowerte-Dienstleistungen vorliegt.[46]

5. Folgen eines Verstoßes

40 Für einen Verstoß gegen Art. 59 und damit auch gegen das Irreführungsverbot des Art. 59 Abs. 5 können die Mitgliedsstaaten **Geldbußen von bis zu 5.000.000 EUR oder 5 %** des jährlichen Gesamtumsatzes der juristischen Person gemäß dem letzten verfügbaren vom Leitungsorgan gebilligten Abschluss vorsehen (Art. 111 Abs. 3 lit. a, lit. c).

---

[41] BeckOGK/Lücken/Grensemann HGB § 18 Rn. 85; MüKoHGB/Heidinger HGB § 18 Rn. 43.
[42] BeckOKG/Lücken/Grensemann HGB § 18 Rn. 86; MüKoHGB/Heidinger HGB § 18 Rn. 45.
[43] BeckOKG/Lücken/Grensemann HGB § 18 Rn. 86; MüKoHGB/Heidinger HGB § 18 Rn. 45.
[44] Vgl. Ohly/Sosnitza/Sosnitza UWG § 5 Rn. 37 mwN.
[45] Vgl. Ohly/Sosnitza/Sosnitza UWG § 5 Rn. 723 ff.
[46] Vgl. zu § 5 UWG: Vgl. Ohly/Sosnitza/Sosnitza UWG § 5 Rn. 726.

III. Formale Anforderung an die Zulassung (Abs. 6)

Die zuständigen Behörden, die Zulassungen nach Art. 63 erteilen, stellen sicher, **41** dass in den Zulassungen **genau angegeben** ist, welche Kryptowerte-Dienstleistungen Anbieter von Kryptowerte-Dienstleistungen erbringen dürfen.

Systematisch wäre diese Anforderung an die Form der Zulassungserteilung wohl **42** in Art. 63 zu verorten, es wird so aber jedenfalls deutlich, dass ohne eine **individuelle Zulassung für die einzelne Kryptowerte-Dienstleistungen** deren Angebot in der EU verboten ist. Im Hinblick auf das öffentlich einsehbare Register der ESMA für Anbieter von Kryptowerte-Dienstleistungen (Art. 109 Abs. 1 lit. d), dürfte die entsprechende Angabe ebenfalls erforderlich sein.

IV. EU-Passporting: Grenzüberschreitende Zulassung (Abs. 7)

Anbieter von Kryptowerte-Dienstleistungen dürfen Kryptowerte-Dienstleis- **43** tungen im Rahmen der Niederlassungsfreiheit, einschließlich der Errichtung einer Zweigniederlassung, oder im Rahmen des freien Dienstleistungsverkehrs in der gesamten EU erbringen *(EU-Passporting, europäischer Pass)* (Art. 59 Abs. 7). Damit wird das aus dem europäischen Finanzmarktrecht (Art. 33 ff. CRD V, national umgesetzt in §§ 24a (Outgoing) und 53b (Incoming) KWG; Art. 35 und 35 MiFID II übertragen in §§ 70–72 (Outgoing), 73 und 74 (Incoming) WpIG, Art. 11 und 28 ff. PSD II, national umgesetzt in §§ 38 ff. ZAG; Art. 16 und 18 ff. OGAW, national umgesetzt in §§ 21 ff. KAGB, Art. 33 ff. AIFMD, national umgesetzt in §§ 22, 53 KAGB. KAGB) bekannte Regelungsregime weitergeführt (zur **Niederlassungsfreiheit** und **Dienstleistungsfreiheit** → Art. 61 Rn. 1 f.), wenngleich handwerklich misslungen.

Anbieter von Kryptowerte-Dienstleistungen, die Kryptowerte-Dienstleistungen **44** **grenzüberschreitend** erbringen, müssen im Hoheitsgebiet eines Aufnahmemitgliedstaats (→ Art. 3 Abs. 1 Nr. 34 Rn. 218 f.) **nicht physisch präsent** sein. Ob es durch diese Regelung zu einem **Ausnutzen regulatorischer Standortvorteile** kommt, wenn einzelne EU-Mitgliedstaaten bei der Erteilung der Zulassung weniger streng sind, bleibt abzuwarten,[47] davon ist aber auszugehen (vgl. etwa die Niederlassung großer IT-Konzerne in Irland aus datenschutzrechtlichen Gründen).

V. Zulassungserweiterung (Abs. 8)

Möchte ein Anbieter von Kryptowerte-Dienstleistungen eine Zulassung um **45** weitere Kryptowerte-Dienstleistungen auf die in Art. 63 genannte Art und Weise erweitern, muss er bei der zuständigen Behörden, die ihm die Erstzulassung erteilt hat, eine **Erweiterung der Zulassung** beantragen, der gemäß Art. 63 durch die zuständige Behörde bearbeitet wird. Für den Erweiterungsantrag müssen die in Art. 62 genannten Informationen ergänzt und aktualisiert werden. Der Antrag auf Erweiterung der Zulassung wird gemäß Art. 63 bearbeitet (→ Art. 63 Rn. 1 f.). Aus

---

[47] So etwa: Siadat RdF 2021, 172 (175).

Art. 59

systematischer Sicht wäre eine Verortung in Art. 62 oder 63 zu befürworten gewesen.

VI. Marktzugang für Drittstaatenunternehmen

46 Für **Drittstaatenunternehmen** sind die Möglichkeiten des Zugangs zum EU-Kryptomarkt im Sinne einer eigenen Zulassung nicht ausdrücklich geregelt und unter den bestehenden Vorschriften der MiCAR begrenzt.

47 Die MiCAR sieht **keine speziellen Zugangsregeln** für Drittstaatenunternehmen vor, wie sie zB in der MiFID II und MiFIR für Finanz- und Wertpapierdienstleistungen vorgesehen bzw. für die Zukunft bereits angelegt wurden.[48] Die Kommission wird lediglich dazu verpflichtet, in ihrem Evaluationsbericht dazu Stellung zu nehmen, ob im Rahmen der MiCAR eine **Gleichwertigkeitsregelung** für Anbieter von Kryptowerte-Dienstleistungen aus Drittländern eingeführt werden sollte (Art. 122 Abs. 2 (k)), wofür ein Gesetzgebungsvorschlag angestoßen werden müsste.

48 Für einen Zugang zum EU-Kryptomarkt können Drittstaaten daher allenfalls erwägen, eine Gesellschaft in der EU gründen und für diese eine **eigene Erlaubnis** zu beantragen. Eine Zweigniederlassung reicht hingegen nicht aus (→ Rn. 11).

49 Eine weitere, aber wohl mit vergleichbarem Aufwand wie die Beantragung einer eigenen Erlaubnis verbundene Möglichkeit ist der **Erwerb** eines bereits über eine Erlaubnis verfügenden Kryptowerte-Dienstleister unter Beachtung des **Inhaberkontrollverfahrens** nach der MiCAR (Art. 74), oder Finanzmarktgesetzen, wenn es sich um ein bereits lizenziertes Institut handelt unter Beachtung des Inhaberkontrollverfahrens nach der MiCAR (Art. 41 ff. für die Übernahme von Emittenten vermögenswertereferenzierter Token und Art. 83 ff. für die Übernahme eines Anbieters von Kryptowerte-Dienstleistungen) oder den Finanzmarktgesetzen. Unternehmen müssen daher im Einzelfall entscheiden, ob der mit dem Erwerb eines zugelassenen Anbieters von Kryptowerte-Dienstleistungen einhergehende Aufwand (zB Sorgfaltsprüfung (Due Diligence)) der Gründung einer Gesellschaft in der EU und der Beantragung einer eigenen Zulassung vorzuziehen ist.[49]

50 Eine Erbringung von Kryptowerte-Dienstleistungen durch Drittstaatenunternehmen ohne eigene Erlaubnis im Rahmen der **Reverse Solicitation** wird hingegen nur vereinzelt in Betracht kommen.[50]

51 Hintergrund dieser eingeschränkten Möglichkeiten für einen EU-Marktzugang dürfte sein, globale oder Drittstaaten-Anbieter von Kryptogeschäftsmodellen zu einem Sitz, Substanz und Zulassung (mit *EU-Passporting*) durch eine **eigene EU-Tochter** zu motivieren, und deren Regulierung nach den für EU-Unternehmen geltenden Vorschriften **regulieren und überwachen** zu können.

---

[48] Wellerdt WM 2021, 1171 (1176); Michel/Schmitt BB 2023, 905. National umgesetzt wurde dies in § 2 KWG und § 3 WpIG.
[49] Vgl. Michel/Schmitt BB 2023, 905 (910).
[50] Vgl. Michel/Schmitt BB 2023, 905 (910); Bauerfeind/Hille/Loff RdF 2023, 84 (89).

Artikel 60 Erbringung von Kryptowerte-Dienstleistungen durch bestimmte Finanzunternehmen

(1) Ein Kreditinstitut darf Kryptowerte-Dienstleistungen erbringen, wenn es der zuständigen Behörde seines Herkunftsmitgliedstaats spätestens 40 Arbeitstage vor der erstmaligen Erbringung dieser Dienstleistungen die in Absatz 7 genannten Informationen übermittelt.

(2) Ein gemäß der Verordnung (EU) Nr. 909/2014 des Europäischen Parlaments und des Rates zugelassener Zentralverwahrer darf Kryptowerte für Kunden nur dann verwahren und verwalten, wenn er der zuständigen Behörde seines Herkunftsmitgliedstaats spätestens 40 Arbeitstage vor der erstmaligen Erbringung dieser Dienstleistungen die in Absatz 7 genannten Informationen übermittelt.

Für die Zwecke von Unterabsatz 1 gilt die Verwahrung und Verwaltung von Kryptowerten für Kunden als dem Angebot, der Führung oder dem Betrieb von Depotkonten in Bezug auf die in Abschnitt B Nummer 3 des Anhangs der Verordnung (EU) Nr. 909/2014 genannte Abwicklungsdienstleistung gleichwertig.

(3) Eine Wertpapierfirma darf in der Union Kryptowerte-Dienstleistungen, die den Wertpapierdienstleistungen und Anlagetätigkeiten gleichwertig sind, für die sie nach der Richtlinie 2014/65/EU eigens zugelassen ist, erbringen, wenn sie der zuständigen Behörde des Herkunftsmitgliedstaats spätestens 40 Arbeitstage vor der erstmaligen Erbringung dieser Dienstleistungen die in Absatz 7 des vorliegenden Artikels angegebenen Informationen übermittelt.

Für die Zwecke dieses Absatzes
a) gelten die Verwahrung und Verwaltung von Kryptowerten für Kunden als den in Anhang I Abschnitt B Nummer 1 der Richtlinie 2014/65/EU genannten verbundenen Dienstleistungen gleichwertig;
b) gilt der Betrieb einer Handelsplattform für Kryptowerte als dem in Anhang I Abschnitt A Nummern 8 und 9 der Richtlinie 2014/65/EU genannten Betrieb eines multilateralen Handelssystems bzw. Betrieb eines organisierten Handelssystems gleichwertig;
c) gilt der Tausch von Kryptowerten gegen einen Geldbetrag oder andere Kryptowerte als dem in Anhang I Abschnitt A Nummer 3 der Richtlinie 2014/65/EU genannten Handel für eigene Rechnung gleichwertig;
d) gilt die Ausführung von Aufträgen über Kryptowerte für Kunden als der in Anhang I Abschnitt A Nummer 2 der Richtlinie 2014/65/EU genannten Ausführung von Aufträgen im Namen von Kunden gleichwertig;
e) gilt die Platzierung von Kryptowerten als der in Anhang I Abschnitt A Nummern 6 und 7 der Richtlinie 2014/65/EU genannten Übernahme oder Platzierung von Finanzinstrumenten mit fester Übernahmeverpflichtung bzw. Platzierung von Finanzinstrumenten ohne feste Übernahmeverpflichtung gleichwertig;
f) gelten die Annahme und Übermittlung von Aufträgen über Kryptowerte für Kunden als der in Anhang I Abschnitt A Nummer 1 der

Art. 60

Richtlinie 2014/65/EU genannten Annahme und Übermittlung von Aufträgen über ein oder mehrere Finanzinstrumente gleichwertig;
g) gilt die Beratung zu Kryptowerten als der in Anhang I Abschnitt A Nummer 5 der Richtlinie 2014/65/EU genannten Anlageberatung gleichwertig;
h) gilt die Portfolioverwaltung von Kryptowerten als der in Anhang I Abschnitt A Nummer 4 der Richtlinie 2014/65/EU genannten Portfolioverwaltung gleichwertig.

(4) Ein gemäß der Richtlinie 2009/110/EG zugelassenes E-Geld-Institut darf im Hinblick auf die von ihm ausgegebenen E-Geld-Token die Verwahrung und Verwaltung von Kryptowerten im Namen von Kunden und Transferdienstleistungen für Kryptowerte im Namen von Kunden erbringen, wenn es der zuständigen Behörde des Herkunftsmitgliedstaats spätestens 40 Arbeitstage vor der erstmaligen Erbringung dieser Dienstleistungen die in Absatz 7 des vorliegenden Artikels genannten Informationen übermittelt.

(5) Eine OGAW-Verwaltungsgesellschaft oder ein Verwalter alternativer Investmentfonds darf Kryptowerte-Dienstleistungen, die der individuellen Verwaltung einzelner Portfolios und den Nebendienstleistungen gleichwertig sind, für die sie bzw. er nach der Richtlinie 2009/65/EG bzw. der Richtlinie 2011/61/EU zugelassen ist, erbringen, wenn sie bzw. er der zuständigen Behörde des Herkunftsmitgliedstaats spätestens 40 Arbeitstage vor der erstmaligen Erbringung dieser Dienstleistungen die in Absatz 7 des vorliegenden Artikels genannten Informationen übermittelt.

Für die Zwecke dieses Absatzes
a) gelten die Annahme und Übermittlung von Aufträgen über Kryptowerte für Kunden als der in Artikel 6 Absatz 4 Buchstabe b Ziffer iii der Richtlinie 2011/61/EU genannten Annahme und Übermittlung von Aufträgen über Finanzinstrumente gleichwertig;
b) gilt die Beratung zu Kryptowerten als der in Artikel 6 Absatz 4 Buchstabe b Ziffer i der Richtlinie 2011/61/EU und in Artikel 6 Absatz 3 Buchstabe b Ziffer i der Richtlinie 2009/65/EG genannten Anlageberatung gleichwertig;
c) gilt die Portfolioverwaltung von Kryptowerten als der in Artikel 6 Absatz 4 Buchstabe a der Richtlinie 2011/61/EU und in Artikel 6 Absatz 3 Buchstabe a der Richtlinie 2009/65/EG genannten Portfolioverwaltung gleichwertig.

(6) Ein gemäß der Richtlinie 2014/65/EU zugelassener Marktbetreiber darf eine Handelsplattform für Kryptowerte betreiben, wenn er der zuständigen Behörde des Herkunftsmitgliedstaats spätestens 40 Arbeitstage vor der erstmaligen Erbringung dieser Dienstleistung die in Absatz 7 des vorliegenden Artikels genannten Informationen übermittelt.

(7) Für die Zwecke der Absätze 1 bis 6 müssen folgende Informationen übermittelt werden:
a) Ein Geschäftsplan, aus dem hervorgeht, welche Arten von Kryptowerte-Dienstleistungen der antragstellende Anbieter von Kryptowerte-Dienstleistungen zu erbringen beabsichtigt, einschließlich Ort und Art der Vermarktung dieser Dienstleistungen;

b) eine Beschreibung
   i) der Mechanismen, Strategien und Verfahren für die interne Kontrolle, um die Einhaltung der Bestimmungen des nationalen Rechts über die Umsetzung der Richtlinie (EU) 2015/849 sicherzustellen;
   ii) der Risikobewertungsrahmen für die Eindämmung von Geldwäsche- und Terrorismusfinanzierungsrisiken; und
   iii) des Plans zur Aufrechterhaltung des Geschäftsbetriebs;
c) die technische Dokumentation der IKT-Systeme und der Sicherheitsvorkehrungen und deren nicht fachsprachliche Beschreibung;
d) eine Beschreibung des Verfahrens für die Trennung von Kryptowerten und Geldbeträgen der Kunden;
e) eine Beschreibung der Verwahrungs- und Verwaltungsgrundsätze sofern beabsichtigt ist, Kryptowerte für Kunden zu verwahren und zu verwalten;
f) eine Beschreibung der Betriebsvorschriften der Handelsplattform und der Verfahren und des Systems zur Aufdeckung von Marktmissbrauch sofern beabsichtigt ist, eine Handelsplattform für Kryptowerte zu betreiben;
g) eine Beschreibung der nichtdiskriminierenden Geschäftspolitik hinsichtlich der Beziehung zu den Kunden sowie eine Beschreibung der Methode für die Festlegung des Kurses der Kryptowerte, die für einen Tausch gegen einen Geldbetrag oder gegen andere Kryptowerte angeboten werden, sofern beabsichtigt ist, Kryptowerte gegen einen Geldbetrag oder gegen andere Kryptowerte zu tauschen;
h) eine Beschreibung der Grundsätze der Auftragsausführung, sofern beabsichtigt ist, Aufträge über Kryptowerte für Kunden auszuführen;
i) Belege dafür, dass die natürlichen Personen, die im Namen des antragstellenden Anbieters von Kryptowerte-Dienstleistungen Beratungsdienste leisten oder Portfolioverwaltung erbringen, über die erforderlichen Kenntnisse und die erforderliche Fachkompetenz verfügen, um ihren Verpflichtungen nachzukommen, sofern beabsichtigt ist, Beratungsdienste zu Kryptowerten zu leisten oder Portfolioverwaltung von Kryptowerten zu erbringen;
j) ob sich die Kryptowerte-Dienstleistung auf vermögenswertereferenzierte Token, E-Geld-Token oder andere Kryptowerte bezieht.
k) Informationen zur Art und Weise der Ausführung dieser Transferdienstleistungen, sofern beabsichtigt ist, Transferdienstleistungen für Kryptowerte für Kunden auszuführen;

(8) Eine zuständige Behörde, bei der eine in den Absätzen 1 bis 6 genannte Mitteilung eingeht, prüft innerhalb von 20 Arbeitstagen nach Eingang dieser Mitteilung, ob alle erforderlichen Informationen bereitgestellt wurden. Gelangt die zuständige Behörde zu dem Schluss, dass eine Mitteilung nicht vollständig ist, so teilt sie dies dem mitteilenden Rechtsträger sofort mit und legt eine Frist fest, bis zu deren Ablauf der Rechtsträger die fehlenden Informationen bereitstellen muss.

Die Frist für die Bereitstellung der fehlenden Informationen darf 20 Arbeitstage ab dem Tag der Anforderung nicht überschreiten. Bis zum Ablauf dieser Frist werden die jeweiligen in den Absätzen 1 bis 6 festgelegten Zeiträume ausgesetzt. Die Anforderung weiterer Ergänzungen oder Klarstellungen zu den Informationen liegt im Ermessen der zuständigen Behörde, führt jedoch nicht zu einer Aussetzung des in den Absätzen 1 bis 6 festgelegten Zeiträume.

Der Anbieter von Kryptowerte-Dienstleistungen darf die Erbringung der Kryptowerte-Dienstleistungen nicht beginnen, solange die Mitteilung unvollständig ist.

(9) Die in den Absätzen 1 bis 6 genannten Rechtsträger sind nicht verpflichtet, in Absatz 7 genannte Informationen, die sie der zuständigen Behörde bereits übermittelt haben, erneut zu übermitteln, sofern diese Informationen identisch sind. Bei der Übermittlung der in Absatz 7 genannten Informationen müssen die in den Absätzen 1 bis 6 genannten Rechtsträger ausdrücklich darauf hinweisen, dass alle bereits übermittelten Informationen noch aktuell sind.

(10) Erbringen die in den Absätzen 1 bis 6 des vorliegenden Artikels genannten Rechtsträger Kryptowerte-Dienstleistungen, so finden die Artikel 62, 63, 64, 67, 83 und 84 auf sie keine Anwendung.

(11) Das Recht zur Erbringung der in den Absätzen 1 bis 6 genannten Kryptowerte-Dienstleistungen erlischt mit dem Entzug der einschlägigen Zulassung, die es dem betreffenden Rechtsträger ermöglicht hat, die Kryptowerte-Dienstleistungen zu erbringen, ohne eine Zulassung gemäß Artikel 59 beantragen zu müssen.

(12) Die zuständigen Behörden teilen der ESMA die in Artikel 109 Absatz 5 genannten Informationen Kryptowerte-Dienstleistungen mit, nachdem sie die Vollständigkeit der in Absatz 7 des vorliegenden Artikels genannten Informationen überprüft haben.

Die ESMA stellt diese Informationen ab dem Startdatum der beabsichtigten Erbringung von Kryptowerte-Dienstleistungen in dem in Artikel 109 genannten Register zur Verfügung.

(13) Die ESMA arbeitet in enger Zusammenarbeit mit der EBA Entwürfe technischer Regulierungsstandards aus, um die in Absatz 7 genannten Informationen zu präzisieren.

Die ESMA übermittelt der Kommission die in Unterabsatz 1 genannten Entwürfe technischer Regulierungsstandards spätestens am 30. Juni 2024.

Der Kommission wird die Befugnis übertragen, diese Verordnung durch Erlass der in Unterabsatz 1 genannten technischen Regulierungsstandards gemäß den Artikeln 10 bis 14 der Verordnung (EU) Nr. 1095/2010 zu ergänzen.

(14) Die ESMA arbeitet in enger Zusammenarbeit mit der EBA Entwürfe technischer Durchführungsstandards zur Festlegung von Standardformularen, Mustertexten und Verfahren für die Mitteilung gemäß Absatz 7 aus.

Die ESMA übermittelt der Kommission die in Unterabsatz 1 genannten Entwürfe technischer Durchführungsstandards spätestens am 30. Juni 2024.

Der Kommission wird die Befugnis übertragen, die in Unterabsatz 1 genannten technischen Durchführungsstandards gemäß Artikel 15 der Verordnung (EU) Nr. 1095/2010 zu erlassen.

Schrifttum: s. vor Art. 59

Übersicht

	Rn.
I. Allgemein	1
II. Normsystematik, persönlicher Anwendungsbereich und praktische Auswirkungen	3
III. Kreditinstitute (Abs. 1)	6
IV. Zentralverwahrer (Abs. 2)	8
V. Wertpapierfirmen (Abs. 3)	9
1. Kryptowerte-Dienstleistungen	11
2. Gleichwertigkeit	12
VI. E-Geld-Institute (Abs. 4)	21
VI. OGAW-Verwaltungsgesellschaften und Verwaltern alternativer Investmentfonds (Abs. 5)	22
VII. Marktbetreiber (Abs. 6)	24
VIII. Inhalt und Umfang der Notifizierung (Abs. 7, Abs. 9, Abs. 13)	26
1. Erforderliche Informationen des Notifizierungsverfahren	28
2. Unterschiede zu Art. 62 Abs. 2	30
IX. Das Notifizierungsverfahren (Abs. 8)	31
1. Unvollständigkeitsprüfung	32
2. Weitere Ergänzungen oder Klarstellungen zu den Informationen	34
3. Folge der Notifizierung	36
X. Sonstige Privilegierung der Unternehmen iSv Abs. 1–6 (Abs. 10)	37
XI. Koppelung der Zulässigkeit der Erbringung von Kryptowerte-Dienstleistungen an die Erlaubnis des Unternehmens (Abs. 11)	39
XII. Anforderungen an die Behörden (Abs. 12–14)	40

I. Allgemein

Die Norm regelt eine Art eines vereinfachten Zulassungsverfahrens aufgrund 1 dessen es bestimmten privilegierten Unternehmen erlaubt ist, Kryptowerte-Dienstleistungen ohne Durchlaufen des regulären Zulassungsverfahrens (→ Art. 63 Rn. 1 ff.) erbringen zu können. Dieses **Notifizierungsverfahren** (zum Teil auch als Anzeige-[1] oder Äquivalenzverfahren[2] bezeichnet) soll sicherstellen, dass bestimmte Unternehmen, welche bereits nach anderen Rechtsvorschriften der Union reguliert sind, ihre bestehende Erlaubnis auch zur Erbringung von vergleichbaren Kryptowerte-Dienstleistungen unter der MiCAR nutzen können. Dies spiegelt wider, dass der Unionsgesetzgeber in Bezug auf Finanzdienstleistungsunternehmen verschiedener Sektoren jeweils ein eigenständiges Aufsichtsregime geschaffen hat.[3] Das Notifizierungsverfahren ist vom vereinfachten Zulassungsverfahren gemäß Art. 143 Abs. 6 zu unterscheiden, welches Mitgliedstaaten als Übergangsmaßnahme für solche Unternehmen vorsehen können, die bereits Kryptowerte-Dienstleistungen im Einklang mit dem nationalen Recht erbringen.[4]

Im Zuge des Notifizierungsverfahrens ist anstelle eines Zulassungsantrags ledig- 2 lich eine Notifizierung der zuständigen Behörden **durch Übermittlung der voll-**

---

[1] Michel/Schmitt BB 2023, 905 (907).
[2] Siadat/Asatiani BKR 2023, 221 (223 ff.).
[3] Fritz BKR 2023, 747 (747).
[4] Näher zum vereinfachten Zulassungsverfahren: Asatiani/Siadat RDi 2023, 98 (99 ff.).

ständigen Informationen gemäß Abs. 7 erforderlich, woraufhin die entsprechende Kryptowerte-Dienstleistung nach Ablauf von 40 Arbeitstagen erbracht werden kann. Eine gesonderte Erlaubniserteilung bedarf es nicht. Auch eine MiCAR-Erlaubnis nach Art. 63 ist damit zu keinem Zeitpunkt erforderlich, lediglich die Vollständigkeit der Unterlagen des Notifizierungsverfahrens wird vorausgesetzt.

II. Normsystematik, persönlicher Anwendungsbereich und praktische Auswirkungen

3   Der persönliche Anwendungsbereich des Art. 60 erfasst **bereits nach anderen europäischen Vorschriften regulierte Unternehmen.** Privilegiert sind namentlich Kreditinstitute, Zentralverwahrer, Wertpapierfirmen, E-Geld-Institute, Kapitalverwaltungsgesellschaften und Marktbetreiber.

4   Nach der **Normsystematik** benennen die Abs. 1–6 jeweils das regulierte Unternehmen und diejenigen Kryptowerte-Dienstleistungen, welche aufgrund der Notifizierung erbracht werden können, während die Abs. 7 ff. sodann für alle privilegierten Unternehmen gemeinsam gelten. Dort werden insbesondere die zur Notifizierung erforderlichen Informationen sowie die Besonderheiten des Verfahrens spezifiziert.

5   Hintergrund des Notifizierungsverfahrens ist, dass die in Frage kommenden Unternehmen bereits Gesetzgebungsakten der EU über Finanzdienstleistungen unterliegen (→ Rn. 1). Demnach haben die privilegierten Unternehmen bereits ein mit dem MiCAR-Zulassungsverfahren **vergleichbares Verfahren** durchlaufen, um Bankgeschäfte, Finanz- oder Wertpapierdienstleistungen erbringen zu können.[5] Im Ergebnis dürfte das Notifizierungsverfahren also vor allem den administrativen Aufwand eines erneuten Zulassungsverfahrens reduzieren. Darüber hinaus sind mit dem Notifizierungsverfahren nur wenige regulatorische Erleichterungen für die privilegierten Unternehmen verbunden (→ Rn. 36). Diese müssen die meisten Anforderungen der MiCAR an Anbieter von Kryptowerte-Dienstleistungen unterschiedslos erfüllen. Lediglich die Anforderung an die Zulassung und Eigenmittel sowie das Zulassungsverfahren für Anteilseigner oder Gesellschafter, die qualifizierte Beteiligungen halten, entfallen im Rahmen des Notifizierungsverfahrens. Jedoch sind diese Themenbereiche bereits in den jeweiligen Gesetzgebungsakten der EU geregelt, nach denen die privilegierten Unternehmen zugelassen wurden.[6] In der Folge sind die Unternehmen zur Erfüllung derartiger oder zumindest ähnlicher Anforderungen bereits nach anderen regulatorischen Vorgaben verpflichtet.

III. Kreditinstitute (Abs. 1)

6   Nach Abs. 1 ist es **Kreditinstituten** (→ Art. 3 Rn. 200 ff.) möglich, Kryptowerte-Dienstleistungen infolge des Notifizierungsverfahrens ohne MiCAR-Erlaubnis anzubieten. Für Kreditinstitute besteht die Besonderheit, dass diese Möglichkeit für **jede Kryptowerte-Dienstleistung** des Katalogs des Art. 3 Abs. 1 Nr. 16 MiCAR gilt (→ Art. 3 Rn. 102 ff.). Dabei ist insbesondere darauf zu achten, dass die Kreditinstitute eine entsprechende Geschäftsorganisation iSv § 25a KWG

---

[5] Michel/Schmitt BB 2023, 905 (907 f.).
[6] Erwgr. Nr. 78 MiCAR.

zu gewährleisten haben.[7] Die Anforderungen der MiCAR selbst an die Notifizierung müssen hinsichtlich jeder einzelnen Kryptowerte-Dienstleistung vorliegen, die das Kreditinstitut zu erbringen gedenkt. Ein einmal durchlaufenes Notifizierungsverfahren hinsichtlich einer bestimmten Kryptowerte-Dienstleistung berechtigt mithin noch nicht zur erlaubnisfreien Erbringung einer anderen Kryptowerte-Dienstleistung.

Mit Blick auf die derzeitige **nationale KWG-Regulierung** in Deutschland 7 folgt daraus, dass Kreditinstitute im Wege des Notifizierungsverfahrens auch die Verwahrung und Verwaltung von Kryptowerten für Kunden (→ Art. 3 Abs. 1 Nr. 17 Rn. 1 ff.) erlaubnisfrei anbieten können. Bislang kann das national regulierte Kryptoverwahrgeschäft (§ 1 Abs. 1a S. 2 Nr. 6 KWG) nur nach Erhalt einer zusätzlichen KWG-Erlaubnis von deutschen Kreditinstituten erbracht werden.[8] Ein mit der MiCAR vergleichbares Notifizierungsverfahren existiert im KWG nicht, sondern allenfalls Übergangsvorschriften für Unternehmen, die vor Inkrafttreten der entsprechenden Regulierung bereits das Kryptoverwahrgeschäft angeboten hatten (§ 64y KWG).[9]

IV. Zentralverwahrer (Abs. 2)

Nach UAbs. 1 ist die Nutzung des Notifizierungsverfahrens auch **zugelassenen** 8 **Zentralverwahrern** möglich. Infolge der Notifizierung können diese jedoch **ausschließlich die Kryptowerte-Dienstleistung der Verwahrung und Verwaltung von Kryptowerten für Kunden** (→ Art. 3 Rn. 108 ff.) aufgrund der Notifizierung anbieten. Dies betrifft in Deutschland die Clearstream Banking AG, die als nach der CSDR-Verordnung[10] zugelassener Zentralverwahrer die Verwahrung von Wertpapieren und die Abwicklung von Wertpapiergeschäften übernimmt. UAbs. 2 ordnet dabei die Gleichwertigkeit der Verwahrung und Verwaltung von Kryptowerten für Kunden mit dem Angebot, der Führung oder dem Betrieb von Depotkonten in Zusammenhang mit der Abwicklungsdienstleistung an (Abschnitt B Nr. 3 des Anhangs der CSDR-Verordnung).

V. Wertpapierfirmen (Abs. 3)

Für **Wertpapierfirmen** (→ Art. 3 Rn. 206 ff.) kommt es im Rahmen des Notifi- 9 zierungsverfahrens entscheidend darauf an, für welche Wertpapierdienstleistungen und Anlagetätigkeiten die Wertpapierfirma zugelassen ist. Denn eine Wertpapierfirma kann nur solche Kryptowerte-Dienstleistungen infolge der Notifizierung ohne MiCAR-Erlaubnis anbieten, die mit solchen Wertpapierdienstleistungen

---

[7] Siadat/Asatiani BKR 2023, 221 (224).
[8] Näher zum Verhältnis der nationalen Kryptoverwahrung zur Kryptoverwahrung unter der MiCAR: Rennig ZBB 2020, 385 (396 f.).
[9] Dazu auch Siadat/Asatiani BKR 2023, 221 (224).
[10] VO (EU) Nr. 909/2014 des Europäischen Parlaments und des Rates v. 23.7.2014 zur Verbesserung der Wertpapierlieferungen und -abrechnungen in der Europäischen Union und über Zentralverwahrer sowie zur Änderung der RL 98/26/EG und 2014/65/EU und der VO (EU) Nr. 236/2012.

gleichwertig sind, für deren Erbringung die Wertpapierfirma in der EU nach der MiFID II Richtlinie[11] zugelassen ist.

10 Die im Zuge der Notifizierung erforderliche **Gleichwertigkeitsprüfung** wird jedoch dadurch erschwert, dass manche Mitgliedstaaten – darunter auch Deutschland – die MiFID II Richtlinie überschießend umgesetzt haben und dabei die gleichen Begrifflichkeiten wie der EU-Gesetzgeber verwenden.[12] In Deutschland finden sich die Umsetzungen der Regelungen zu Erbringung von Wertpapierdienstleistungen und Wertpapiernebendienstleistungen der MiFID II Richtlinie im WpHG (siehe § 2 Abs. 8 und Abs. 9 WpHG) bzw. die Erlaubnispflichten von Wertpapierfirmen im WpIG, deren Regelung aus dem KWG herausgelöst und seit Juni 2021 in § 2 Abs. 2 und Abs. 3 WpIG verortet wurden.[13] Mithin sind Wertpapierinstitute iSd § 2 WpIG vom sachlichen Anwendungsbereich des Art. 60 Abs. 3 erfasst (→ Art. 3 Rn. 206 ff.).

1. Kryptowerte-Dienstleistungen

11 Mit Ausnahme von Transferdienstleistungen für Kryptowerte für Kunden (→ Art. 3 Rn. 190 ff.) können Wertpapierfirmen alle Kryptowerte-Dienstleistungen der MiCAR erbringen, vorausgesetzt sie sind zur **gleichwertigen Wertpapierdienstleistung** qua ihrer gehaltenen aufsichtsrechtlichen Erlaubnis berechtigt. Das Spektrum der Kryptowerte-Dienstleistungen der MiCAR selbst orientiert sich sowohl begrifflich als auch inhaltlich weitgehend an den aus der MiFID II Richtlinie bekannten Wertpapierdienstleistungen.[14] Das Fehlen eines Tatbestands für die Gleichwertigkeit von Transferdienstleistungen erklärt sich durch die Tatsache, dass für die Transferdienstleistung der MiCAR kein Pendant einer MiFID II Wertpapierdienstleistung existiert. Die Transferdienstleistung der MiCAR stellt somit eine Besonderheit der Krypto-Regulierung dar. MiIFD-Finanzinstrumente werden im Regelfall nicht selbst gehalten und damit auch nicht peer-to-peer ohne Intermediäre, wie etwa Depotbanken, übertragen. Erst die Distributed-Ledger-Technologie hatte eine eigene Verwahrung und das Innehaben eigener ausschließlicher Kontrolle und Herrschaft über Kryptowerte als selbst-verwaltete Assets ermöglicht.

2. Gleichwertigkeit

12 Das Notifizierungsverfahren ist nur hinsichtlich solcher Kryptowerte-Dienstleistung möglich, die den Wertpapierdienstleistungen und Anlagetätigkeiten **gleichwertig** sind, für deren Erbringung die Wertpapierfirma zugelassen ist. Die Gleichwertigkeit wird durch UAbs. 2 geregelt.

13 Für die **Verwahrung und Verwaltung von Kryptowerten** für Kunden gelten die mit den in Anhang I Abschnitt B Nr. 1 MiFID II genannten verbundenen Dienstleistungen als gleichwertig. Namentlich sind das die Nebendienstleistungen der Verwahrung und Verwaltung von Finanzinstrumenten für Rechnung von Kunden, einschließlich Depotverwaltung und verbundener Dienstleistungen wie

---

[11] RL 2014/65/EU des Europäischen Parlaments und des Rates v. 15.5.2014 über Märkte für Finanzinstrumente sowie zur Änderung der RL 2002/92/EG und 2011/61/EU.
[12] Maume/Siadat NJW 2023, 1168 (1169).
[13] Siadat/Asatiani BKR 2023, 221 (225); Blassl WM 2021, 2413 (2413 f.).
[14] Bauerfeind/Hille/Loff RdF 2023, 84 (88).

Cash-Management oder Sicherheitenverwaltung und mit Ausnahme der Bereitstellung und Führung von Wertpapierkonten auf oberster Ebene („zentrale Kontenführung") gemäß Abschnitt A Nr. 2 des Anhangs zur CSDR-VO (EU) Nr. 909/2014. Im deutschen Recht ist diese Verwahrungsleistung als Wertpapiernebendienstleistung kodifiziert[15] (§ 2 Abs. 3 Nr. 1 WpIG, § 2 Abs. 9 Nr. 1 WpHG), wobei zu beachten ist, dass mit Erlöschen oder Aufhebung der Erlaubnis für Wertpapierdienstleistungen automatisch auch die Erlaubnis für eine solche Wertpapiernebendienstleistung erlischt (§ 15 Abs. 2 Hs. 2 WpIG).

Der **Betrieb einer Handelsplattform für Kryptowerte** ist mit den in 14 Anhang I Abschnitt A Nr. 8 und 9 MiFID II genannten Dienstleistungen gleichwertig. Das erfasst den Betrieb eines multilateralen Handelssystems (MTF) und den Betrieb eines organisierten Handelssystems (OTF) (§ 2 Abs. 2 Nr. 6, Nr. 7 WpIG, § 2 Abs. 8 Nr. 8, Nr. 9 WpHG).[16]

Der **Tausch von Kryptowerten gegen einen Geldbetrag oder andere** 15 **Kryptowerte** ist dem in Anhang I Abschnitt A Nr. 3 MiFID II genannten Handel für eigene Rechnung gleichwertig. Die MiFID definiert dies als den Handel unter Einsatz des eigenen Kapitals, der zum Abschluss von Geschäften mit einem oder mehreren Finanzinstrumenten führt (Art. 4 Abs. 1 Nr. 6 MiFID II). In Deutschland ist damit die Notifizierung für Wertpapierfirmen möglich, die qua ihrer Erlaubnis zum Eigenhandel berechtigt sind (§ 2 Abs. 2 Nr. 10 lit. c WpIG sowie § 2 Abs. 8 Nr. 2 lit. c WpHG).[17]

Die **Ausführung von Aufträgen über Kryptowerte für Kunden** ist mit der 16 in Anhang I Abschnitt A Nr. 2 MiFID II genannten Ausführung von Aufträgen im Namen von Kunden gleichwertig. Das meint die Tätigkeit zum Abschluss von Vereinbarungen, ein oder mehrere Finanzinstrumente im Namen von Kunden zu kaufen oder zu verkaufen, und umfasst den Abschluss von Vereinbarungen über den Verkauf von Finanzinstrumenten, die von einer Wertpapierfirma oder einem Kreditinstitut zum Zeitpunkt ihrer Emission ausgegeben werden (Art. 4 Abs. 1 Nr. 5 MiFID II). Im deutschen Umsetzungsrecht meint dies die Abschlussvermittlung und das Finanzkommissionsgeschäft (§ 2 Abs. 2 Nr. 5 und Nr. 1 WpIG sowie § 2 Abs. 8 Nr. 1 und Nr. 3 WpHG).[18]

Die **Platzierung von Kryptowerten** ist mit der in Anhang I Abschnitt A Nr. 6 17 und Nr. 7 MiFID II genannten Übernahme oder Platzierung von Finanzinstrumenten mit fester Übernahmeverpflichtung bzw. Platzierung von Finanzinstrumenten ohne feste Übernahmeverpflichtung gleichwertig. In Deutschland sind damit Platzierungs- und Emissionsgeschäfte gemeint (§ 2 Abs. 2 Nr. 2, Nr. 8 WpIG, § 2 Abs. 8 Nr. 5, Nr. 6 WpHG).[19]

Die **Annahme und Übermittlung von Aufträgen über Kryptowerte für** 18 **Kunden** sind mit der in Anhang I Abschnitt A Nr. 1 MiFID II genannten Annahme und Übermittlung von Aufträgen über ein oder mehrere Finanzinstrumente gleichwertig. Im nationalen Umsetzungsrecht erfasst das die Anlagevermittlung (§ 2 Abs. 2 Nr. 3 WpIG, § 2 Abs. 8 Nr. 4 WpHG).[20]

---

[15] Vgl. die Übersicht bei: Bauerfeind/Hille/Loff RdF 2023, 84 (89).
[16] Vgl. die Übersicht bei: Bauerfeind/Hille/Loff RdF 2023, 84 (89).
[17] Vgl. die Übersicht bei: Bauerfeind/Hille/Loff RdF 2023, 84 (89).
[18] Vgl. die Übersicht bei: Bauerfeind/Hille/Loff RdF 2023, 84 (89).
[19] Vgl. die Übersicht bei: Bauerfeind/Hille/Loff RdF 2023, 84 (89).
[20] Vgl. die Übersicht bei: Bauerfeind/Hille/Loff RdF 2023, 84 (89).

Art. 60

19 Die **Beratung zu Kryptowerten** ist mit der in Anhang I Abschnitt A Nr. 5 MiFID II genannten Anlageberatung gleichwertig. In Deutschland meint dies die Anlageberatung (§ 2 Abs. 2 Nr. 4 WpIG, § 2 Abs. 8 Nr. 10 WpHG).[21]

20 Die **Portfolioverwaltung von Kryptowerten** ist mit der in Anhang I Abschnitt A Nr. 4 MiFID II genannten Portfolioverwaltung gleichwertig. Diese wurde im deutschen Recht als Finanzportfolioverwaltung umgesetzt (§ 2 Abs. 2 Nr. 9 WpIG, § 2 Abs. 8 Nr. 7 WpHG).[22]

VI. E-Geld-Institute (Abs. 4)

21 Für ein **zugelassenes E-Geld-Institut** (→ Art. 3 Rn. 282ff.) ist die Möglichkeit der Nutzung des Notifizierungsverfahrens in zweierlei Hinsicht beschränkt. Zum einen kann es lediglich die Verwahrung und Verwaltung von Kryptowerten im Namen von Kunden (→ Art. 3 Rn. 108ff.) sowie Transferdienstleistungen für Kryptowerte (→ Art. 3 Rn. 190ff.) im Namen von Kunden erbringen. Zum anderen dürfen diese Kryptowerte-Dienstleistungen infolge der Notifizierung nur im Hinblick auf von dem E-Geld-Institut selbst ausgegebenen E-Geld-Token (→ Art. 48 Rn. 1ff.) erbracht werden. Mithin kann das E-Geld-Institut infolge der Notifizierung lediglich Verwahrungs- und Übertragungsdienstleistungen hinsichtlich der selbst emittierten Stablecoins anbieten.

VI. OGAW-Verwaltungsgesellschaften und Verwaltern alternativer Investmentfonds (Abs. 5)

22 Abs. 5 regelt die Möglichkeiten von **OGAW-Verwaltungsgesellschaften** und **Verwaltern alternativer Investmentfonds** (→ Art. 3 Rn. 317ff. und → Art. 3 Rn. 320f.) zur Nutzung des Notifizierungsverfahrens. Nach Notifizierung können sie Kryptowerte-Dienstleistungen ohne eigene MiCAR-Erlaubnis erbringen, welche der individuellen Verwaltung einzelner Portfolios und den Nebendienstleistungen gleichwertig sind, für die eine Zulassung nach der OGAW-Richtlinie[23] oder der Richtlinie über Verwalter alternativer Investmentfonds[24] besteht. Das Notifizierungsverfahren von OGAW-Verwaltungsgesellschaften und Verwaltern alternativer Investmentfonds ist damit mit dem für Wertpapierfirmen (→ Rn. 9ff.) vergleichbar und erfordert die Gleichwertigkeit der Tätigkeit, die durch die bestehende Erlaubnis legitimiert wird, mit der Kryptowerte-Dienstleistung, die das Unternehmen zu erbringen gedenkt. Im nationalen Recht bestimmt sich die Erlaubnispflicht von OGAW-Verwaltungsgesellschaften und Verwaltern alternativer Investmentfonds nach § 20 KAGB.

23 Die **Gleichwertigkeit** wird durch UAbs. 2 geregelt:

---

[21] Vgl. die Übersicht bei: Bauerfeind/Hille/Loff RdF 2023, 84 (89).
[22] Vgl. die Übersicht bei: Bauerfeind/Hille/Loff RdF 2023, 84 (89).
[23] RL 2009/65/EG des Europäischen Parlaments und des Rates v. 13.7.2009 zur Koordinierung der Rechts- und Verwaltungsvorschriften betreffend bestimmte Organismen für gemeinsame Anlagen in Wertpapieren (OGAW) (Neufassung).
[24] RL 2011/61/EU des Europäischen Parlaments und des Rates v. 8.6.2011 über die Verwalter alternativer Investmentfonds und zur Änderung der RL 2003/41/EG und 2009/65/EG und der Verordnungen (EG) Nr. 1060/2009 und (EU) Nr. 1095/2010.

- Die Annahme und Übermittlung von Aufträgen über Kryptowerte für Kunden gelten als der in Art. 6 Abs. 4 lit. b Ziff. iii der RL 2011/61/EU genannten Annahme und Übermittlung von Aufträgen über Finanzinstrumente gleichwertig;
- Die Beratung zu Kryptowerten gilt als der in Art. 6 Abs. 4 lit. b Ziff. i der RL 2011/61/EU und in Art. 6 Abs. 3 lit. b Ziff. i der RL 2009/65/EG genannten Anlageberatung gleichwertig;
- Die Portfolioverwaltung von Kryptowerten gilt als der in Art. 6 Abs. 4 lit. a der RL 2011/61/EU und in Art. 6 Abs. 3 lit. a der RL 2009/65/EG genannten Portfolioverwaltung gleichwertig.

VII. Marktbetreiber (Abs. 6)

Ein gemäß der MiFID II Richtlinie[25] **zugelassener Marktbetreiber** kann nach Notifizierung die Kryptowerte-Dienstleistung des Betriebs einer Handelsplattform für Kryptowerte (→ Art. 3 Rn. 117ff.) ohne gesonderte MiCAR-Zulassung anbieten. Marktbetreiber meint nach der Definition des Art. 4 Nr. 18 MiFID II eine Person oder Personen, die das Geschäft eines geregelten Marktes verwaltet bzw. verwalten und/oder betreibt bzw. betreiben und die der geregelte Markt selbst sein kann. 24

Der geregelte Markt ist von multilateralen Handelssystemen und organisierten Handelssystemen zu unterscheiden (Art. 4 Nr. 22 und Nr. 23 MiFID II). Der geregelte Markt ist in Art. 4 Nr. 21 MiFID II als ein von einem Marktbetreiber betriebenes und/oder verwaltetes multilaterales System definiert, das die Interessen einer Vielzahl Dritter am Kauf und Verkauf von Finanzinstrumenten innerhalb des Systems und nach seinen nichtdiskretionären Regeln in einer Weise zusammenführt oder das Zusammenführen fördert, die zu einem Vertrag in Bezug auf Finanzinstrumente führt, die gemäß den Regeln und/oder den Systemen des Marktes zum Handel zugelassen wurden, sowie eine Zulassung erhalten hat und ordnungsgemäß und gemäß Titel III der MiFID II funktioniert. Marktbetreiber sind demnach vor allem die **traditionellen Börsen** in den Mitgliedstaaten der EU. Die Mitgliedstaaten haben eine Liste der regulierten Märkte zu erstellen und an die anderen Mitgliedstaaten und die ESMA zu übertragen, wobei letztere diese veröffentlicht und auch die EU-Kommission zumindest einmal jährlich ein aktualisiertes **Verzeichnis aller geregelten Märkte** im Amtsblatt der EU veröffentlicht (Art. 56 MiFID II).[26] 25

VIII. Inhalt und Umfang der Notifizierung (Abs. 7, Abs. 9, Abs. 13)

Systematisch bezieht sich der Abs. 7 auf **alle privilegierten Unternehmen,** die in den vorherigen Absätzen genannt werden. Er legt die Informationen fest, welche im Rahmen der Notifizierung übermittelt werden müssen. Eine Spezifizierung der erforderlichen Informationen wird voraussichtlich durch die ESMA erfolgen. Nach 26

---

[25] RL 2014/65/EU des Europäischen Parlaments und des Rats v. 15.5.2014 über Märkte für Finanzinstrumente sowie zur Änderung der RL 2002/92/EG und 2011/61/EU.
[26] Näher dazu: Boos/Fischer/Schulte-Mattler/Dürselen VO (EU) 575/2013 Art. 4 Rn. 312; siehe auch zum Begriff des geregelten Markts: MüKoBGB/Lehmann Teil 12. Internationales Finanzmarktrecht A. Rn. 147.

Abs. 13 hat die ESMA in enger Zusammenarbeit mit der EBA Entwürfe technischer Regulierungsstandards auszuarbeiten, um die in Abs. 7 genannten Informationen zu präzisieren und der Kommission die entsprechenden Entwürfe spätestens am 30.6.2024 zu übermitteln, welche die technischen Regulierungsstandards gemäß den Art. 10–14 der VO (EU) Nr. 1095/2010 ergänzen kann. Nach den bisherigen Entwürfen der ESMA soll die Notifizierung und auch eine Aktualisierung der Informationen durch das Ausfüllen und Übersenden eines **Standardformulars** erfolgen.[27] Die Notifizierung soll zudem in einer Form erfolgen, die die Speicherung der Informationen in einer Weise ermöglicht, die einer künftigen Bezugnahme zugänglich sind und die unveränderte Wiedergabe der gespeicherten Informationen ermöglicht.[28]

27 Abs. 9 stellt klar, dass die privilegierten Unternehmen der Abs. 1–6 nicht zu einer **erneuten Informationsübermittlung** verpflichtet sind, wenn die identischen und nach Abs. 7 erforderlichen Informationen bereits an die zuständige Behörde übermittelt wurden. Allerdings ist dies insoweit bei der Notifizierung durch **ausdrücklichen Hinweis** für die zuständige Behörde kenntlich zu machen. In diesem Zuge muss zudem darauf hingewiesen werden, dass alle bereits übermittelten Informationen noch aktuell sind.

1. Erforderliche Informationen des Notifizierungsverfahrens

28 Zumeist sind die Vorgaben an die Informationen in Abs. 7 **identisch formuliert,** wie in Art. 62 Abs. 2. Insoweit die Formulierungen in Abs. 7 abweichen, bestehen keine Anhaltspunkte dafür, dass eine unterschiedliche Regelung bezweckt war. Mithin dürften die jeweiligen Vorgaben an die Informationen ihrem Pendant zu den Vorgaben des regulären Erlaubnisverfahrens nach Art. 62 Abs. 2 entsprechen.

29 Erforderlich sind:
- Ein **Geschäftsplan,** aus dem hervorgeht, welche Arten von Kryptowerte-Dienstleistungen das notifizierende Unternehmen zu erbringen beabsichtigt, einschließlich Ort und Art der Vermarktung dieser Dienstleistungen; (→ Art. 62 Abs. 2 lit. d Rn. 20ff.)
- eine Beschreibung
  - der Mechanismen, Strategien und Verfahren für die **interne Kontrolle,** um die Einhaltung der Bestimmungen des nationalen Rechts über die Umsetzung der RL (EU) 2015/849 sicherzustellen (→ Art. 62 Abs. 2 lit. i Rn. 42ff.);
  - der **Risikobewertungsrahmen** für die Eindämmung von Geldwäsche- und Terrorismusfinanzierungsrisiken (→ Art. 62 Abs. 2 lit. i Rn. 42ff.);
  - des **Plans zur Aufrechterhaltung des Geschäftsbetriebs** (→ Art. 62 Abs. 2 lit. i Rn. 51ff.);
- eine **technische Dokumentation** der IKT-Systeme und der Sicherheitsvorkehrungen und deren nicht fachsprachliche Beschreibung (→ Art. 62 Abs. 2 lit. j Rn. 81ff.);

---

[27] ESMA, Consultation Paper Technical Standards specifying certain requirements of the Markets in Crypto Assets Regulation (MiCAR), 12.6.2023, S. 68, abrufbar unter https://becklink.de/dcef7 (zuletzt abgerufen am 5.12.2023).

[28] ESMA, Consultation Paper Technical Standards specifying certain requirements of the Markets in Crypto Assets Regulation (MiCAR), 12.6.2023, S. 68, abrufbar unter https://becklink.de/dcef7 (zuletzt abgerufen am 5.12.2023).

- eine Beschreibung des Verfahrens für die **Trennung von Kryptowerten und Geldbeträgen** der Kunden (→ Art. 62 Abs. 2 lit. k Rn. 85 ff.);
- eine Beschreibung der **Verwahrungs- und Verwaltungsgrundsätze** sofern beabsichtigt ist, Kryptowerte für Kunden zu verwahren und zu verwalten (→ Art. 62 Abs. 2 lit. m Rn. 97 ff.);
- eine Beschreibung der **Betriebsvorschriften der Handelsplattform** und der Verfahren und des Systems zur **Aufdeckung von Marktmissbrauch** sofern beabsichtigt ist, eine Handelsplattform für Kryptowerte zu betreiben (→ Art. 62 Abs. 2 lit. n Rn. 102 ff.);
- eine Beschreibung der **nichtdiskriminierenden Geschäftspolitik** hinsichtlich der Beziehung zu den Kunden sowie eine Beschreibung der **Methode für die Festlegung des Kurses** der Kryptowerte, die für einen Tausch gegen einen Geldbetrag oder gegen andere Kryptowerte angeboten werden, sofern beabsichtigt ist, Kryptowerte gegen einen Geldbetrag oder gegen andere Kryptowerte zu tauschen (→ Art. 62 Abs. 2 lit. o Rn. 110 ff.);
- eine Beschreibung der **Grundsätze der Auftragsausführung,** sofern beabsichtigt ist, Aufträge über Kryptowerte für Kunden auszuführen (→ Art. 62 Abs. 2 lit. p Rn. 112 ff.);
- Belege dafür, dass die natürlichen Personen, die im Namen des antragstellenden Anbieters von Kryptowerte-Dienstleistungen Beratungsdienste leisten oder Portfolioverwaltung erbringen, über die **erforderlichen Kenntnisse** und die **erforderliche Fachkompetenz** verfügen, um ihren Verpflichtungen nachzukommen, sofern beabsichtigt ist, Beratungsdienste zu Kryptowerten zu leisten oder Portfolioverwaltung von Kryptowerten zu erbringen (→ Art. 62 Abs. 2 lit. q Rn. 121);
- ob sich die Kryptowerte-Dienstleistung auf **vermögenswertereferenzierte Token, E-Geld-Token oder andere Kryptowerte** bezieht (hinsichtlich der Art der Kryptowerte → Art. 62 Abs. 2 lit. s Rn. 95);
- Informationen zur **Art und Weise der Ausführung** dieser Transferdienstleistungen, sofern beabsichtigt ist, Transferdienstleistungen für Kryptowerte für Kunden auszuführen (→ Art. 62 Abs. 2 lit. r Rn. 123 ff.).

2. Unterschiede zu Art. 62 Abs. 2

Im Rahmen des Notifizierungsverfahrens sind damit weniger Informationen einzureichen als im regulären Erlaubnisverfahren nach Art. 62 Abs. 2. Hintergrund dürfte vor allem sein, dass diese Informationen bereits im Erlaubnisverfahren nach einer anderen Finanzregulierung eingereicht worden sind. Jedenfalls ist die Übermittlung folgender Informationen im Notifizierungsverfahren **nicht erforderlich:** 30

- den **Namen** einschließlich des eingetragenen Namens und sonstiger zu verwendender **Firmennamen,** die **Rechtsträgerkennung** des antragstellenden Anbieters von Kryptowerte-Dienstleistungen, die von diesem Anbieter betriebene **Website,** eine **E-Mail-Adresse** und eine **Telefonnummer** zur Kontaktaufnahme sowie die **physische Adresse** des Anbieters (→ Art. 62 Abs. 2 lit. a Rn. 15);
- die **Rechtsform** des antragstellenden Anbieters von Kryptowerte-Dienstleistungen (→ Art. 62 Abs. 2 lit. b Rn. 16);
- die etwaige **Satzung** des antragstellenden Anbieters von Kryptowerte-Dienstleistungen (→ Art. 62 Abs. 2 lit. c Rn. 17);

- den Nachweis, dass der antragstellende Anbieter von Kryptowerte-Dienstleistungen die **aufsichtsrechtlichen Anforderungen gemäß Art. 67** einhält (→ Art. 62 Abs. 2 lit. 2 Rn. 38 ff.);
- die Beschreibung der **Regelungen für die Unternehmensführung** des antragstellenden Anbieters von Kryptowerte-Dienstleistungen (→ Art. 62 Abs. 2 lit. f Rn. 42 ff.);
- den Nachweis, dass die Mitglieder des Leitungsorgans des antragstellenden Anbieters von Kryptowerte-Dienstleistungen ausreichend gut beleumundet sind und über **angemessene Kenntnisse, Fähigkeiten und Berufserfahrung** verfügen, um diesen Anbieter zu leiten (→ Art. 62 Abs. 2 lit. g Rn. 58 ff.);
- die **Identität** aller Anteilseigner oder Gesellschafter, die direkt oder indirekt qualifizierte Beteiligungen an dem antragstellenden Anbieter von Kryptowerte-Dienstleistungen halten, und die Höhe dieser Beteiligungen sowie den Nachweis, dass diese Personen **ausreichend gut beleumundet** sind (→ Art. 62 Abs. 2 lit. g Rn. 75 ff.);
- eine Beschreibung der **Beschwerdeverfahren** des antragstellenden Anbieters von Kryptowerte-Dienstleistungen (→ Art. 62 Abs. 2 lit. l Rn. 89 ff.).

IX. Das Notifizierungsverfahren (Abs. 8)

31 Abs. 8 regelt den Ablauf des Notifizierungsverfahrens bei der zuständigen Behörde. Nach den bisherigen Entwürfen der ESMA soll die Behörde innerhalb von fünf Arbeitstagen eine schriftliche (das heißt elektronisch und/oder in Papierform) **Empfangsbestätigung** an das notifizierende Unternehmen versenden.[29]

1. Unvollständigkeitsprüfung

32 Gemäß Abs. 8 UAbs. 1 hat die zuständige Behörde nach Eingang der Notifizierung **die Vollständigkeit der Informationen innerhalb von 20 Arbeitstagen nach Eingang zu prüfen.** Dazu ist die Behörde verpflichtet, es wird ihr kein Ermessen eingeräumt. Hält die zuständige Behörde die Informationen für unvollständig, so hat sie dies dem notifizierenden Unternehmen sofort mitzuteilen und legt eine Frist fest, bis zu deren Ablauf die fehlenden Informationen bereitgestellt werden müssen.

33 Nach Abs. 8 UAbs. 2 darf diese von der zuständigen Behörde gesetzte Frist 20 Arbeitstage ab dem Tag der Anforderung der fehlenden Informationen **nicht überschreiten.** Zu beachten ist, dass bis zum Ablauf dieser Frist der Zeitraum von 40 Arbeitstagen, der zwischen Notifizierung und Beginn der Erbringung der Kryptowerte-Dienstleistung nach den jeweiligen Abs. 1–6 liegen muss, ausgesetzt wird.

2. Weitere Ergänzungen oder Klarstellungen zu den Informationen

34 Nach der Systematik des UAbs. 1 S. 2 und UAbs. 2 S. 2 ist **zwischen der Unvollständigkeit der Informationen und reinem Ergänzungs- oder Klarstel-**

---

[29] ESMA, Consultation Paper Technical Standards specifying certain requirements of the Markets in Crypto Assets Regulation (MiCAR), 12.6.2023, S. 68, abrufbar unter https://becklink.de/dcef7 (zuletzt abgerufen am 5.12.2023).

lungsbedarf zu den Informationen zu differenzieren. Denn nach Abs. 8 UAbs. 2 S. 2 liegt die Anforderung weiterer Ergänzungen oder Klarstellungen zu den Informationen anders als die Unvollständigkeitsprüfung und -mitteilung im Ermessen der zuständigen Behörde. Weiter führt eine solche Anforderung nicht zu einer Aussetzung der in den Abs. 1–6 festgelegten Zeiträume, wie die Mitteilung der Unvollständigkeit.

Einfach zu handhaben werden die Fälle sein, in denen eine Information des Abs. 7 **vollkommen fehlt.** Hier liegt unproblematisch eine Unvollständigkeit vor und es hat eine Aussetzung der Frist von 40 Arbeitstagen nach Unvollständigkeitsmitteilung zu erfolgen. In praxi schwieriger werden solche Fälle sein, in denen die erforderliche Information zwar übertragen wurde, aber der **Informationsgehalt von der Behörde als nicht ausreichend erachtet wird.** Anhaltspunkte für die Unterscheidung zwischen Unvollständigkeit und Ergänzungs- oder Klarstellungsbedarf könnten in Zukunft die Konkretisierungen der ESMA bieten (→ Art. 62 Rn. 2). Jedenfalls bietet sich vor allem eine Orientierung am Telos an. Mit Ausnahme der Zulassungsanforderungen, der Eigenmittelanforderungen und des Zulassungsverfahrens für Anteilseigner oder Gesellschafter, die qualifizierte Beteiligungen halten, sollen die regulierten Unternehmen ebenso sämtlichen Anforderungen unterliegen, die gemäß der MiCAR für andere Anbieter von Kryptowerte-Dienstleistungen gelten, da die genannten Themenbereiche in den jeweiligen Gesetzgebungsakten der Union, nach denen sie zugelassen wurden, geregelt sind.[30] Eignen sich die notifizierten Informationen objektiv zur Überprüfung dieser Anforderungen ist von der Vollständigkeit auszugehen. Jedoch wird es auch auf die gelebte Praxis der zuständigen Behörden ankommen, ob die Behörde in den meisten Fällen unvollständiger Informationen von einer Unvollständigkeit oder von Ergänzungsbedarf ausgehen wird. Es bleibt daher abzuwarten, ob das Notifizierungsverfahren zu ein „Zulassungsverfahren light"[31] wird oder ob dieses einen erheblichen Marktvorteil bereits regulierter Unternehmen bieten können wird.

3. Folge der Notifizierung

Das Unternehmen darf unabhängig vom Ablauf der 40 Arbeitstage nach Notifizierung (Art. 60 Abs. 1) nicht mit der Erbringung der Kryptowerte-Dienstleistungen beginnen, solange die Informationen der Notifizierung nicht vollständig sind. Aufgrund des Erfordernisses der Mitteilung der Unvollständigkeit durch die zuständige Behörde wird das notifizierende Unternehmen zwar zunächst von einer Vollständigkeit der Informationen ausgehen können, sollte es keine anderslautende Mitteilung der zuständigen Behörde erhalten. Dennoch dürfte das notifizierende Unternehmen selbst das Risiko tragen, **erst dann mit der Kryptowerte-Dienstleistung zu beginnen, wenn die Informationen vollständig notifiziert wurden.** Denn Abs. 8 und Art. 60 stellen allein auf die Unvollständigkeit ab und sehen etwa keine Fiktion der Vollständigkeit vor, sollte es zu keiner Mitteilung der Unvollständigkeit durch die zuständige Behörde kommen. Auch eine verwaltungsrechtliche Sanktion setzt lediglich einen Verstoß gegen Art. 60 voraus (Art. 11 Abs. 1 lit. d). Demnach liegt es in der Verantwortung des privilegierten Unternehmens die Vollständigkeit der notifizierten Unterlagen sicherzustellen, bevor nach

---

[30] Erwgr. Nr. 78 MiCAR.
[31] Maume ECFR 2023, 243 (270).

Art. 60 Titel V Kryptowerte-Dienstleistungen

Ablauf von 40 Arbeitstagen mit dem Erbringen der Kryptowerte-Dienstleistung begonnen wird.

X. Sonstige Privilegierung der Unternehmen iSv Abs. 1–6 (Abs. 10)

37 Die regulierten Unternehmen der Abs. 1–6 sind auch insoweit privilegiert, als dass die Art. 62, 63, 64, 67, 83 und 84 auf sie **keine Anwendung** finden. Abs. 10 stellt damit klar, dass die Unternehmen nach der Notifizierung zur Erbringung der entsprechenden Kryptowerte-Dienstleistung berechtigt sind, ohne dass sie einen Antrag auf Zulassung als Anbieter von Kryptowerte-Dienstleistungen bei der zuständigen Behörde stellen und das anschließende Zulassungsverfahren durchlaufen müssen (→ Art. 62 Rn. 1 ff., → Art. 63 Rn. 1 ff.). Dieser Regelung logisch folgend findet auch Art. 64, der den Entzug der Zulassung regelt, keine Anwendung auf die notifizierenden Unternehmen. Schließlich finden die prudentiellen aufsichtsrechtlichen Sicherheitsvorkehrungen des Art. 67 in Form von der Vorhaltung eines Mindestbetrags (→ Art. 67 Rn. 1 ff.) sowie die Regeln für die Übernahme von Anbietern von Kryptowerte-Dienstleistungen nach Art. 83 und Art. 84 keine Anwendung (→ Art. 83 Rn. 1 ff., → Art. 84 Rn. 1 ff.).

38 Da die privilegierten Unternehmen der Abs. 1–6 die **sonstigen Anforderungen der MiCAR an die Anbieter von Kryptowerte-Dienstleistungen einhalten müssen,** besteht darüber hinaus keine regulatorische Privilegierung (mit Ausnahme der Tatsache, dass das förmliche Erlaubnisverfahren des Art. 62 nicht durchlaufen werden muss und keine erteilte Erlaubnis der zuständigen Behörde erforderlich ist). Bei Verstößen gegen MiCAR-Vorgaben steht den Behörden regulär die Möglichkeit offen, verwaltungsrechtliche Sanktionen zu verhängen, wie etwa Anordnung an die verantwortliche natürliche oder juristische Person, das den Verstoß darstellende Verhalten einzustellen und von einer Wiederholung abzusehen (Art. 111 Abs. 2 lit. a MiCAR).

XI. Koppelung der Zulässigkeit der Erbringung von Kryptowerte-Dienstleistungen an die Erlaubnis des Unternehmens (Abs. 11)

39 Mangels Erteilung einer MiCAR-Zulassung kann diese auch nicht entzogen werden. Jedoch ist die Erlaubnis zum Erbringen von Kryptowerte-Dienstleistungen aufgrund der Notifizierung an das **Bestehen der sonstigen Zulassung des privilegierten Unternehmens gekoppelt.** Das Recht zur Erbringung der Kryptowerte-Dienstleistungen infolge der Notifizierung erlischt also mit dem Entzug der einschlägigen Zulassung, die es dem betreffenden Rechtsträger ermöglicht hatte, die Kryptowerte-Dienstleistungen ohne die Beantragung einer MiCAR-Erlaubnis nach bloßer Notifizierung zu erbringen.

XII. Anforderungen an die Behörden (Abs. 12–14)

Die Abs. 12–14 enthalten Regelungen, die die **zuständige Behörde, ESMA** 40
und EBA adressieren. Gemäß Abs. 12 hat die zuständige Behörde im Anschluss
an die Unvollständigkeitsprüfung der ESMA die in Art. 109 Abs. 5 genannten
Informationen (→ Art. 109 Rn. 5) mitzuteilen, welche für einen Eintrag in das
ESMA-Register erforderlich sind. Dies ESMA stellt diese Informationen sodann
ab dem Startdatum der beabsichtigten Erbringung von Kryptowerte-Dienstleistungen im ESMA-Register (→ Art. 109 Rn. 1) zur Verfügung. Die Regelung stellt somit sicher, dass das öffentlich auf der Webseite der ESMA zugängliche ESMA-Register hinsichtlich der registrierten Anbieter von Kryptowerte-Dienstleistungen stets aktuell gehalten werden kann.

Nach Abs. 13 hat die ESMA in enger Zusammenarbeit mit der EBA **Entwürfe** 41
technischer Regulierungsstandards auszuarbeiten, um die in Abs. 7 genannten
Informationen zu präzisieren. Die Entwürfe sind der Kommission spätestens am
30.6.2024 zu übermitteln, welche die technischen Regulierungsstandards gemäß
den Art. 10–14 der VO (EU) Nr. 1095/2010 ergänzen kann. Weiter hat die ESMA
nach Abs. 14 in enger Zusammenarbeit mit der EBA **Entwürfe technischer**
Durchführungsstandards zur Festlegung von Standardformularen, Mustertexten
und Verfahren für die Mitteilung gemäß Abs. 7 auszuarbeiten. Diese Entwürfe sind
der Kommission ebenfalls spätestens am 30.6.2024 zu übermitteln, die die technischen Durchführungsstandards gemäß Art. 15 der VO (EU) Nr. 1095/2010 erlassen kann. Die ESMA hat diesbezüglich bereits einen Entwurf zur Konsultation vorgelegt, woraufhin jedermann Feedback einreichen konnte, das die ESMA bei
Erstellung des finalen Reports berücksichtigen kann.[32]

Artikel 61 Erbringung von Kryptowerte-Dienstleistungen auf
ausschließlich eigenes Betreiben des Kunden

(1) **Beginnt ein Kunde, der in der Union ansässig oder niedergelassen**
ist, auf ausschließlich eigenes Betreiben durch ein Unternehmen aus einem
Drittland damit, eine Kryptowerte-Dienstleistung zu erbringen oder eine
Tätigkeit im Zusammenhang mit Kryptowerten auszuüben, so gilt die
Anforderung einer Zulassung nach Artikel 59 nicht für die Erbringung
dieser Kryptowerte-Dienstleistung oder die Ausübung dieser Tätigkeit für
diesen Kunden und auch nicht für Beziehungen, die in direktem Zusam-
menhang mit der Erbringung dieser Kryptowerte-Dienstleistung oder der
Ausübung dieser Tätigkeit stehen.

Unbeschadet konzerninterner Beziehungen gilt unabhängig von den für
die Akquise, die Absatzförderung oder die Werbung in der Union verwendeten Kommunikationsmitteln eine Dienstleistung nicht als auf ausschließlich eigenes Betreiben des Kunden erbrachte Dienstleistung, wenn
ein Unternehmen aus einem Drittland, auch über einen Rechtsträger, der
in seinem Namen handelt oder enge Beziehungen zu diesem Unterneh-

---

[32] ESMA, Consultation Paper Technical Standards specifying certain requirements of the Markets in Crypto Assets Regulation (MiCAR), 12.6.2023, S. 9 ff., 67 ff., abrufbar unter https://beck-link.de/dcef7, zuletzt abgerufen am 5.12.2023.

men aus einem Drittland oder einer anderen im Namen dieses Rechtsträgers handelnden Person unterhält, Kunden oder potenzielle Kunden in der Union akquiriert.

Unterabsatz 2 gilt unbeschadet etwaiger Vertrags- oder Ausschlussklauseln, die etwas anderes besagen, darunter auch etwaige Vertrags- oder Ausschlussklauseln, wonach die Erbringung von Dienstleistungen durch ein Unternehmen aus einem Drittland als auf ausschließlich eigenes Betreiben des Kunden erbrachte Dienstleistung gilt.

(2) Ein in Absatz 1 genanntes Ersuchen eines Kunden auf ausschließlich eigenes Betreiben berechtigt ein Unternehmen aus einem Drittland nicht, diesem Kunden neue Arten von Kryptowerten oder Kryptowerte-Dienstleistungen zu vermarkten.

(3) **Die ESMA gibt bis zum 30. Dezember 2024 Leitlinien gemäß Artikel 16 der Verordnung (EU) Nr. 1095/2010 heraus, in denen festgelegt wird, in welchen Fällen davon ausgegangen wird, dass ein Unternehmen aus einem Drittland in der Union niedergelassene oder ansässige Kunden akquiriert.**

Im Interesse der Angleichung und der kohärenten Beaufsichtigung bezüglich des Risikos von Verstößen gegen den vorliegenden Artikel gibt die ESMA auch Leitlinien gemäß Artikel 16 der Verordnung (EU) Nr. 1095/2010 für die Aufsichtspraxis im Hinblick auf die Aufdeckung und Verhinderung der Umgehung dieser Verordnung heraus.

Übersicht

	Rn.
I. Allgemein	1
II. Ausschließlich eigenes Betreiben des Kunden (Abs. 1)	3
III. Keine Vermarktung an Kunden (Abs. 2)	9
IV. ESMA-Leitlinien (Abs. 3)	11
V. Ausblick auf die Praxis	12

I. Allgemein

1 Art. 61 normiert positivgesetzlich das *Reverse Solicitation* bzw. die **passive Dienstleistungsfreiheit** für die Erbringung von Kryptowerte-Dienstleistungen. Die Norm setzt einem solchen *Reverse Solicitation* zwar **enge Grenzen,** jedoch kann ein Drittstaatenunternehmen, also ein Anbieter ohne Sitz in der EU (→ Art. 59 Rn. 14 ff.), aufgrund des *Reverse Solicitation* erlaubnisfrei Kryptowerte-Dienstleistungen in der EU erbringen. Das setzt aber voraus, dass dies ausschließlich auf Initiative bzw. Aufforderung eines in der EU ansässigen bzw. niedergelassenen Kunden erfolgt. Die Regelung entspricht dem Willen des Verordnungsgebers, dass die Möglichkeit in der Union niedergelassener Personen, auf eigenes Betreiben Kryptowerte-Dienstleistungen von einem Unternehmen aus einem Drittland in Anspruch zu nehmen, unberührt gelassen werden soll.[1]

---

[1] Erwgr. Nr. 75.

Reverse Solicitation existiert ebenfalls im europäischen Finanzmarktregulierungsrechts und gilt etwa auch für MiFID II Wertpapierdienstleistungen.[2] Solche unterliegen nur dann der inländischen Erlaubnispflicht, wenn sie auch im Inland erbracht werden (§ 32 Abs. 1 KWG, § 15 Abs. 1 WpIG). Nach dem **deutschen Rechtsverständnis** ist dies der Fall, wenn der Erbringer der Dienstleistung entweder seinen Sitz oder gewöhnlichen Aufenthalt im Inland hat oder aber der Sitz oder gewöhnliche Aufenthalt im Ausland liegen und sich der Erbringer im Inland **zielgerichtet an den Markt** wendet, um gegenüber Unternehmen und/oder Personen, die ihren Sitz oder gewöhnlichen Aufenthalt im Inland haben, wiederholt und geschäftsmäßig Bankgeschäfte oder Finanzdienstleistungen anzubieten.[3] Dies steht in engem Zusammenhang mit der passiven Dienstleistungsfreiheit.[4] Aus der passiven Dienstleistungsfreiheit folgt das Recht der im Inland ansässigen Personen und Unternehmen, aus eigener Initiative Dienstleistungen eines ausländischen Anbieters nachzufragen, sodass Geschäfte, die ausschließlich aufgrund der Initiative des Kunden zustande gekommen sind, nicht zu einer Erlaubnispflicht im Inland führen. Die ESMA orientiert sich in ihrem Entwurf zu den Leitlinien zum *Reverse Solicitation* im Rahmen der MiCAR weitgehend, wenn auch nicht vollständig, an der etablierten Praxis im Rahmen der MiFID-II.[5]

II. Ausschließlich eigenes Betreiben des Kunden (Abs. 1)

In Abs. 1 wird der Grundsatz des *Reverse Solicitation* für die Erbringung von Kryptowerte-Dienstleistungen durch Unternehmen aus einem Drittland normiert. Die deutsche Sprachfassung ist dabei missglückt. Danach beginnt ein Kunde „*auf ausschließlich eigenes Betreiben durch ein Unternehmen aus einem Drittland damit, eine Kryptowerte-Dienstleistung zu erbringen*". Wörtlich kann dies nicht gemeint sein. Denn das ausschließlich eigene Betreiben soll nicht durch das Unternehmen erfolgen und nicht der Kunde erbringt Kryptowerte-Dienstleistung oder übt eine Tätigkeit in Zusammenhang mit Kryptowerten aus. Gemeint ist der Fall, dass **ausschließlich der Kunde die Kryptowerte-Dienstleistung eines Kryptowerte-Dienstleisters aus einem Drittland durch seine Nachfrage initiiert,** die sodann durch diesen Kryptowerte-Dienstleister an den in der EU ansässigen oder niedergelassenen Kunden erbracht wird. Zwar ist jede Sprachfassung bei der Auslegung grundsätzlich gleichrangig zu bewerten, allerdings kommt diese Auslegung der deutschen Sprachfassung deutlich in den anderen Sprachfassungen der MiCAR[6] und auch Erwgr. Nr. 75 zum Ausdruck.

---

[2] Siehe dazu etwa: ESMA Reminder to firms of the MiFID II rules on ‚Reverse Solicitation' in the context of the recent end of the UK transition period ESMA35-43-2509.
[3] BaFin Merkblatt zur Erlaubnispflicht von grenzüberschreitend betriebenen Geschäften, 1.4.2005, Fassung v. 11.3.2019, (1); VG Frankfurt a. M. BKR 2007, 341 (347).
[4] Fischer/Schulte-Mattler/Fischer/Krolop KWG § 32 Rn. 22.
[5] ESMA Consultation Paper on the draft guidelines on reverse solicitation under the Markets in Crypto Assets Regulation (MiCA) (10), 29.1.2024, abrufbar unter https://www.esma.europa.eu/esmas-activities/digital-finance-and-innovation/markets-crypto-assets-regulation-mica.
[6] Vgl. Art. 61 der englischen MiCAR-Fassung „Where a client established or situated in the Union initiates at its own exclusive initiative the provision of a crypto-asset service or activity by a third-country firm […]" oder der französischen Sprachfassung „Lorsqu'un client établi

4 Folglich besteht die Erlaubnisfreiheit nur, wenn die Kryptowerte-Dienstleistung ausschließlich auf **eigenes Betreiben des europäischen Kunden** durch das Unternehmen aus dem Drittland erbracht wird. Gemäß der ESMA handelt es sich um eine sehr eng auszulegende Ausnahme, welche nicht zur Umgehung der Verordnung ausgenutzt werden soll.[7] Sie findet nur auf Unternehmen aus einem Drittland Anwendung und Unternehmen mit Sitz in der EU können sich nicht auf diese Ausnahme berufen, um den Anforderungen der MiCAR zu entgehen.[8] Die Initiative muss sodann allein vom europäischen Kunden herrühren. Akquiriert ein Unternehmen aus einem Drittland heraus Kunden oder potenzielle Kunden in der EU oder bewirbt oder inseriert es Kryptowerte-Dienstleistungen oder -Tätigkeiten in der EU, sind die entsprechenden Dienstleistungen mithin nicht als auf eigenes Betreiben des Kunden erbracht anzusehen.[9] In der Folge kann ein Unternehmen aus einem Drittstaat keine Werbung in der EU schalten oder gar individuelle Kunden in der EU persönlich ansprechen (wie beispielsweise mit einem Newsletter), wenn es sich auf das *Reverse Solicitation* berufen möchte. Auch die ESMA versteht die Ausnahme äußerst eng. Sie zieht etwa ein Ansprechen von Kunden insbesondere bei Internetwerbung, Broschüren, Anrufen, persönlicher Ansprache, Sponsorings, Influencerwerbung, Presseerklärungen, Messen, Roadshows, Einladungen zu Veranstaltungen, Schulungen und Angebote allgemeiner Art, die sich an die Öffentlichkeit richten, in Betracht.[10] Auch das Akquirieren von Kunden durch Dritte im Namen des Unternehmens (unabhängig von etwaigen vertraglichen Vereinbarung) soll eine Berufung auf *Reverse Solicitation* ausschließen.[11]

5 Schwierigkeiten hinsichtlich der Reichweite des *Reverse Solicitations* bestehen, parallel zu vergleichbaren Fällen im Aufsichtsrecht der MiFID-Regulierung, stets aufgrund der **Ubiquität digitaler Angebote.** Das gilt gerade für Kryptowerte-Dienstleistungen, da diese in der Regel digital, insbesondere über eine Internetseite, angeboten werden. Eine solche ist grundsätzlich auch von der EU aus zugänglich, auch wenn sie von einem Unternehmen aus einem Drittstaat betrieben wird. Insoweit keine technischen Hindernisse einen Zugriff aus der EU heraus blockieren (zB *geoblocking*), wird man mittels einer Auslegung **aller objektiven Indizien des Einzelfalls** ermitteln müssen, ob sich das Angebot an Europäische Kunden richtet oder

---

ou situé dans l'Union lance, sur son initiative exclusive, la fourniture d'un service ou d'une activité sur crypto-actifs par une entreprise d'un pays tiers […]".

[7] ESMA Consultation Paper on the draft guidelines on reverse solicitation under the Markets in Crypto Assets Regulation (MiCA) (10), 29.1.2024, abrufbar unter https://www.esma.europa.eu/esmas-activities/digital-finance-and-innovation/markets-crypto-assets-regulation-mica.

[8] ESMA Consultation Paper on the draft guidelines on reverse solicitation under the Markets in Crypto Assets Regulation (MiCA) (7), 29.1.2024, abrufbar unter https://www.esma.europa.eu/esmas-activities/digital-finance-and-innovation/markets-crypto-assets-regulation-mica.

[9] Vgl. auch Erwgr. Nr. 75 MiCAR.

[10] ESMA Consultation Paper on the draft guidelines on reverse solicitation under the Markets in Crypto Assets Regulation (MiCA) (18), 29.1.2024, abrufbar unter https://www.esma.europa.eu/esmas-activities/digital-finance-and-innovation/markets-crypto-assets-regulation-mica.

[11] ESMA Consultation Paper on the draft guidelines on reverse solicitation under the Markets in Crypto Assets Regulation (MiCA) (10, 18), 29.1.2024, abrufbar unter https://www.esma.europa.eu/esmas-activities/digital-finance-and-innovation/markets-crypto-assets-regulation-mica.

falls Europäische Kunden bestehen, diese aus ausschließlich eigener Initiative auf die Interseite stoßen und die Dienstleistung nachfragen.[12] Bei der Auslegung dürften etwa länderspezifische Top-Level-Domains, die auf einen europäischen Mitgliedstaat hindeuten (etwa .de oder .fr), als Indiz für ein gezieltes Ansprechen des europäischen Marktes dienen. Als weiteres Indiz für ein Anbieten in der EU könnte auch sprechen, dass ein Angebot in einer offiziellen EU-Sprache verfasst ist. Die Praxistauglichkeit eines Anknüpfens an der sprachlichen Fassung kann zwar bei Verwendung der englischen Sprache kritisch beurteilt werden, weil dies die in der internationalen Finanz- und auch sonstigen Geschäftswelt gebräuchliche Sprache ist. Wenngleich Englisch bekanntlich auch außerhalb der EU weitverbreitet und in großen Teilen der sonstigen Welt auch Amtssprache ist, stellt auch die englische Sprache eine offizielle EU-Sprache dar.[13] Vor diesem Hintergrund sollte die Verwendung von Englisch allenfalls als geringes bis gar kein Indiz im Wege der Gesamtbetrachtung aller Indizien gewertet werden. Die ESMA scheint dies ähnlich zu beurteilen und wertet die Verwendung einer Sprache eines Mitgliedstaates als starkes Indiz für eine Ansprache europäischer Kunden, wenn diese nicht im Bereich der internationalen Finanzwirtschaft gebräuchlich ist,[14] worunter die englische Sprache fällt.

UAbs. 2 sieht eine **Fiktion für ein nicht-ausschließlich auf die Kundeninitiative zurückzuführendes Handeln** des Anbieters vor, wenn dieser aus einem Drittland über einen anderen Rechtsträger, der im Namen des Anbieters handelt oder der enge Beziehungen zu diesem oder einer anderen im Namen dieses Anbieters handelnden Person unterhält, Kunden oder potenzielle Kunden in der EU akquiriert. Dies gilt unabhängig von den für die Akquise, die Absatzförderung oder die Werbung in der Union verwendeten Kommunikationsmitteln. Diese Regelung entspricht der Verwaltungspraxis der BaFin in Deutschland, die auch Vermittlungsleistungen durch inländische Institute oder freie Mitarbeiter im Inland als zielgerichtetes Adressieren des deutschen Marktes wertet.[15] Akquiriert ein Anbieter mithin Kunden in der EU im Sinne des UAbs. 2, wird für die gesamte Dienstleistung fingiert, dass diese nicht unter das *Reverse Solicitation* fällt. In der Folge unterliegt diese Dienstleistung auch in jedem Fall der Zulassungspflicht nach Art. 59.

UAbs. 3 ergänzt UAbs. 2 und stellt klar, dass die Fiktion auch **von Vertrags- oder Ausschlussklauseln unberührt** bleibt. Jede tatsächlich erfolgte Akquise in der EU löst damit die Zulassungspflicht des Anbieters nach Art. 59 aus. Insbesondere ist eine Umgehung der Fiktion also nicht durch die vertragliche Bestimmung möglich, dass Kryptowerte-Dienstleistungen eines Unternehmens in einem Drittstaat ausschließlich auf eigenes Betreiben durch den Kunden erbracht gelten.

---

[12] Ebenso ESMA Consultation Paper on the draft guidelines on reverse solicitation under the Markets in Crypto Assets Regulation (MiCA) (18), 29.1.2024, abrufbar unter https://www.esma.europa.eu/esmas-activities/digital-finance-and-innovation/markets-crypto-assets-regulation-mica.

[13] Maume ECFR 2023, 243 (263).

[14] Ebenso ESMA Consultation Paper on the draft guidelines on reverse solicitation under the Markets in Crypto Assets Regulation (MiCA) (18), 29.1.2024, abrufbar unter https://www.esma.europa.eu/esmas-activities/digital-finance-and-innovation/markets-crypto-assets-regulation-mica.

[15] BaFin Merkblatt zur Erlaubnispflicht von grenzüberschreitend betriebenen Geschäften, 1.4.2005, Fassung v. 11.3.2019, (1).

8 Inwiefern sich ein vertraglicher Ausschluss der Inanspruchnahme der Kryptowerte-Dienstleistung für EU-Kunden unabhängig von der Fiktion auf das *Reverse Solicitation* auswirkt, regelt die MiCAR nicht. Jedenfalls bezieht sich UAbs. 3 ausschließlich auf UAbs. 2. Demzufolge muss eine solche vertragliche Regelung des Anbieters zumindest als **Indiz** gewertet werden, dass er keine europäischen Kunden ansprechen möchte. Das Zulassungserfordernis per se kann jedoch nicht durch kautelarjuristische Konstruktionen ausgeschlossen werden.

III. Keine Vermarktung an Kunden (Abs. 2)

9 Abs. 2 stellt klar, dass ein in Abs. 1 genanntes Ersuchen eines Kunden auf ausschließlich eigenes Betreiben ein Unternehmen aus einem Drittland nicht dazu berechtigt, diesem Kunden **neue Arten von Kryptowerten oder Kryptowerte-Dienstleistungen zu vermarkten.** Demnach beschränkt sich die erlaubnisfreie Kryptowerte-Dienstleistung an europäische Kunden zunächst auf die Kryptowerte-Dienstleistung, die auch vom Kunden auf eigene Initiative hin nachgefragt wurde. Nach der ESMA können nicht-neue und mithin gleichwertige Arten von Kryptowerten oder Kryptowerte-Dienstleistungen ausschließlich im Kontext der originalen Transaktion angeboten werden und nicht zu einem späteren Zeitpunkt.[16] Dabei bleibt aber insbesondere unklar, wonach die Neuheit der Art eines Kryptowerts oder einer Kryptowerte-Dienstleistung in diesem Kontext zu bestimmen ist. Gemäß der ESMA sind alle Umstände des Einzelfalls zu beurteilen, insbesondere der angebotene Typ des Kryptowerts oder der Dienstleistung sowie dessen spezifische Risiken.[17] Die ESMA liefert jedoch eine nicht abschließende und allgemein gehaltene Liste von Kryptowerten, die nicht gleichwertig in diesem Sinne sind, wie etwa Utility Token und Stablecoins oder Kryptowerte, die sich hinsichtlich der Technologie unterscheiden, mittels derer sie gespeichert und übertragen werden.[18]

10 Es besteht das Risiko, dass ein Anbieter von Kryptowerte-Dienstleistung unter dem *Reverse Solicitation* das Zulassungserfordernis des Art. 59 auslöst, indem er **andere Kryptowerte oder Kryptowerte-Dienstleistungen an Bestandskunden aus der EU anbietet.** Dies könnte in praxi etwa durch eine Werbung erfolgen, die an alle Bestandskunden und damit auch an solche aus der EU ausgespielt wird, etwa für eine Kryptoverwahrung oder andere Kryptowerte-Dienstleistungen im Zuge eines Erwerbs von Kryptowährungen. Nach dem reinen Wortsinn würde es bereits ausreichen, wenn dem europäischen Kunden auf der Webseite des Anbieters oder

---

[16] ESMA Consultation Paper on the draft guidelines on reverse solicitation under the Markets in Crypto Assets Regulation (MiCA) (19), 29.1.2024, abrufbar unter https://www.esma.europa.eu/esmas-activities/digital-finance-and-innovation/markets-crypto-assets-regulation-mica.

[17] ESMA Consultation Paper on the draft guidelines on reverse solicitation under the Markets in Crypto Assets Regulation (MiCA) (20), 29.1.2024, abrufbar unter https://www.esma.europa.eu/esmas-activities/digital-finance-and-innovation/markets-crypto-assets-regulation-mica.

[18] ESMA Consultation Paper on the draft guidelines on reverse solicitation under the Markets in Crypto Assets Regulation (MiCA) (20), 29.1.2024, abrufbar unter https://www.esma.europa.eu/esmas-activities/digital-finance-and-innovation/markets-crypto-assets-regulation-mica.

im Rahmen des Prozesses der Inanspruchnahme der Kryptowerte-Dienstleistung mit der Vermarktung einer anderen Art von Kryptowerte-Dienstleistung konfrontiert werden würde.

IV. ESMA-Leitlinien (Abs. 3)

Mehr Rechtsklarheit werden voraussichtlich die **ESMA-Leitlinien** bringen. 11
Die ESMA hat bis zum 30.12.2024 Leitlinien gemäß Art. 16 der VO (EU) Nr. 1095/2010 herauszugeben. In diesen soll festgelegt werden, in welchen Fällen davon ausgegangen wird, dass ein Unternehmen aus einem Drittland in der Union niedergelassene oder ansässige Kunden akquiriert. Im Interesse der Angleichung und der kohärenten Beaufsichtigung bezüglich des Risikos von Verstößen gegen den vorliegenden Art. 61 hat die ESMA auch Leitlinien gemäß Art. 16 der VO (EU) Nr. 1095/2010 für die Aufsichtspraxis im Hinblick auf die Aufdeckung und Verhinderung der Umgehung der MiCAR herauszugeben.

V. Ausblick auf die Praxis

In der deutschen Fachliteratur wird der Vorschrift **klarstellender Charakter** at- 12
testiert, weil eine Tätigkeit eines Dienstleisters auch nach dem Auswirkungsprinzip und der ständigen Praxis der BaFin auf Deutschland ausgerichtet sein muss, um deutschem Recht zu unterliegen.[19] Zum Teil wird an der MiCAR-Regelung aber auch kritisiert, dass ein *Reverse Solicitation* nurmehr in einem **äußerst engen Korsett** möglich und damit als Geschäftsmodell von außerhalb der Union handelnden Unternehmen **untauglich** sei.[20] In der Folge der Regelung hätten sich Drittstaatsunternehmen nun dem Marktortprinzip der EU zu beugen und mit Gründung einer lokalen Gesellschaft eine Zulassung nach der MiCAR zu beantragen, womit die MiCAR einen Paradigmenwechsel zum *Reverse Solicitation* einläute.[21]

Auch wenn die Regelung sich erst in der gelebten Praxis, insbesondere nach der 13
Entwicklung einer jeweiligen Amtspraxis der zuständigen Behörde, hinreichend bewerten lassen werden wird, ist die Kritik inhaltlich nicht von der Hand zu weisen. Aufgrund der ausführlich und eng kodifizierten Voraussetzungen des *Reverse Solicitation* und der schwer fassbaren Grenze zwischen passiver Dienstleistungsfreiheit und einem Anbieten von Dienstleistungen in der Europäischen Union, ermöglichen die Regelungen der MiCAR zum *Reverse Solicitation* wohl jedenfalls nicht den Aufbau eines nachhaltigen Geschäftsmodells in der EU.[22] Insbesondere läuft ein Anbieter von Kryptowerte-Dienstleistungen aus einem Drittstaat dabei stets in **Gefahr, die Grenzen des *Reverse Solicitation* unwissentlich zu überschreiten** und einer Erlaubnispflicht nach der MiCAR zu unterliegen. Denkbar ist etwa der Fall, dass Dienstleistungen zulässig an europäische Kunden auf deren ausschließliche Eigeninitiative hin erbracht werden, sodann aber eine Werbemaßnahme, beispielsweise über die Webseite des Anbieters ausgespielt, an alle Bestandskunden adressiert ist. Diese Werbung würde sich dann auch an europäische Kunden richten und die

---

[19] Maume RDi 2022, 497 (504) mwN.
[20] Bauerfeind/Hille/Loff RdF 2023, 84 (89).
[21] Bauerfeind/Hille/Loff RdF 2023, 84 (89); ähnlich Michel/Schmitt BB 2023, 905 (910).
[22] Ebenso Michel/Schmitt BB 2023, 905 (910f.); Bauerfeind/Hille/Loff RdF 2023, 84 (89).

Grenzen des *Reverse Solicitation* überschreiten. Nichtsdestotrotz wird die Regelung wohl nicht dazu führen, dass jeder internationale Anbieter nach Art. 59 zulassungspflichtig wird. Es bedarf in jedem Einzelfall stets Indizien, die darauf hindeuten, dass europäische Kunden nicht nur aufgrund eigener Initiative die Kryptowerte-Dienstleistung aus dem europäischen Ausland nachfragen. Als ein solches Indiz käme aber etwa auch eine hohe Anzahl europäischer Kunden in Relation zu Kunden aus Drittstaaten in Betracht, zumindest insoweit das Ursprungsland der nachfragenden Personen erkennbar ist. In jedem Fall dürfte es für Anbieter von Kryptowerte-Dienstleistungen, die nicht den europäischen Markt adressieren, ratsame sein, Indizien zu schaffen, die gegen ein Anbieten im Europäischen Markt sprechen. Beispielsweise können europäische Kunden zumindest in den AGB von dem Angebot ausgeschlossen werden oder technische Maßnahmen wie das *geoblocking* ergriffen werden, um eine Ansprache des europäischen Markts zu vermeiden.

Artikel 62 **Antrag auf Zulassung als Anbieter von Kryptowerte-Dienstleistungen**

(1) **Juristische Personen oder andere Unternehmen, die beabsichtigen, Kryptowerte-Dienstleistungen zu erbringen, beantragen bei der zuständigen Behörde ihres Herkunftsmitgliedstaats eine Zulassung als Anbieter von Kryptowerte-Dienstleistungen.**

(2) **Der in Absatz 1 genannte Antrag muss alle folgenden Informationen enthalten:**
a) **den Namen einschließlich des eingetragenen Namens und sonstiger zu verwendender Firmennamen, die Rechtsträgerkennung des antragstellenden Anbieters von Kryptowerte-Dienstleistungen, die von diesem Anbieter betriebene Website, eine E-Mail-Adresse und eine Telefonnummer zur Kontaktaufnahme sowie die physische Adresse des Anbieters;**
b) **die Rechtsform des antragstellenden Anbieters von Kryptowerte-Dienstleistungen;**
c) **die etwaige Satzung des antragstellenden Anbieters von Kryptowerte-Dienstleistungen;**
d) **den Geschäftsplan, aus dem hervorgeht, welche Arten von Kryptowerte-Dienstleistungen der antragstellende Anbieter von Kryptowerte-Dienstleistungen zu erbringen beabsichtigt, einschließlich Ort und Art der Vermarktung dieser Dienstleistungen;**
e) **den Nachweis, dass der antragstellende Anbieter von Kryptowerte-Dienstleistungen die aufsichtsrechtlichen Anforderungen gemäß Artikel 67 einhält;**
f) **die Beschreibung der Regelungen für die Unternehmensführung des antragstellenden Anbieters von Kryptowerte-Dienstleistungen;**
g) **den Nachweis, dass die Mitglieder des Leitungsorgans des antragstellenden Anbieters von Kryptowerte-Dienstleistungen ausreichend gut beleumundet sind und über angemessene Kenntnisse, Fähigkeiten und Berufserfahrung verfügen, um diesen Anbieter zu leiten;**
h) **die Identität aller Anteilseigner oder Gesellschafter, die direkt oder indirekt qualifizierte Beteiligungen an dem antragstellenden Anbieter von Kryptowerte-Dienstleistungen halten, und die Höhe dieser Betei-**

ligungen sowie den Nachweis, dass diese Personen ausreichend gut beleumundet sind;

i) eine Beschreibung der Mechanismen für die interne Kontrolle und der Strategien und Verfahren des antragstellenden Anbieters von Kryptowerte-Dienstleistungen zur Ermittlung, Bewertung und Eindämmung von Risiken einschließlich Geldwäsche- und Terrorismusfinanzierungsrisiken und eine Beschreibung der Strategie zur Fortführung des Geschäftsbetriebs;

j) die technische Dokumentation der IKT-Systeme und der Sicherheitsvorkehrungen und deren nicht fachsprachliche Beschreibung;

k) eine Beschreibung des Verfahrens für die Trennung von Kryptowerten und Geldbeträgen der Kunden;

l) eine Beschreibung der Beschwerdeverfahren des antragstellenden Anbieters von Kryptowerte-Dienstleistungen;

m) falls der antragstellende Anbieter von Kryptowerte-Dienstleistungen beabsichtigt, Kryptowerte für Kunden zu verwahren und zu verwalten, eine Beschreibung der Verwahrungs- und Verwaltungsgrundsätze;

n) falls der antragstellende Anbieter von Kryptowerte-Dienstleistungen beabsichtigt, eine Handelsplattform für Kryptowerte zu betreiben, eine Beschreibung der Betriebsvorschriften der Handelsplattform und des Verfahrens und Systems zur Aufdeckung von Marktmissbrauch;

o) falls der antragstellende Anbieter von Kryptowerte-Dienstleistungen beabsichtigt, Kryptowerte gegen einen Geldbetrag oder gegen andere Kryptowerte zu tauschen, eine Beschreibung der Geschäftspolitik, die die Beziehung zu den Kunden regelt und nichtdiskriminierend ist, sowie eine Beschreibung der Methode für die Festlegung des Kurses der Kryptowerte, die der antragstellende Anbieter von Kryptowerte-Dienstleistungen für einen Tausch gegen einen Geldbetrag oder gegen andere Kryptowerte anbietet;

p) falls der antragstellende Anbieter von Kryptowerte-Dienstleistungen beabsichtigt, Aufträge über Kryptowerte für Kunden auszuführen, eine Beschreibung der Grundsätze der Auftragsausführung;

q) falls der antragstellende Anbieter von Kryptowerte-Dienstleistungen beabsichtigt, Beratungsdienste zu Kryptowerten zu leisten oder Portfolioverwaltung von Kryptowerten zu erbringen, den Nachweis, dass die natürlichen Personen, die im Namen des antragstellenden Anbieters von Kryptowerte-Dienstleistungen Beratungsdienste leisten oder Portfolioverwaltung erbringen, über die erforderlichen Kenntnisse und Fachkompetenz verfügen, um ihren Verpflichtungen nachzukommen;

r) falls der antragstellende Anbieter von Kryptowerte-Dienstleistungen beabsichtigt, Transferdienstleistungen für Kryptowerte für Kunden auszuführen, eine Beschreibung der Art und Weise der Ausführung dieser Transferdienstleistungen;

s) die Art der Kryptowerte, auf die sich die Kryptowerte-Dienstleistung bezieht;

(3) Für die Zwecke von Absatz 2 Buchstaben g und h liefert ein antragstellender Anbieter von Kryptowerte-Dienstleistungen Nachweise dafür,

a) dass es für Mitglieder des Leitungsorgans des antragstellenden Anbieters von Kryptowerte-Dienstleistungen keine Einträge im Strafregister in Bezug auf Verurteilungen oder Strafen nach dem geltenden Handelsrecht, dem Insolvenzrecht und der Rechtsvorschriften über Finanzdienstleistungen, oder im Zusammenhang mit der Bekämpfung von Geldwäsche und Terrorismusfinanzierung, Betrug oder Berufshaftpflicht gibt;
b) dass die Mitglieder des Leitungsorgans des antragstellenden Anbieters von Kryptowerte-Dienstleistungen kollektiv über die angemessenen Kenntnisse, Fähigkeiten und Erfahrung verfügen, um den Anbieter von Kryptowerte-Dienstleistungen zu leiten, und dass diese Personen verpflichtet sind, ausreichend Zeit für die Wahrnehmung ihrer Aufgaben aufzuwenden;
c) dass es für Anteilseigner oder Gesellschafter, die direkt oder indirekt qualifizierte Beteiligungen an dem antragstellenden Anbieter von Kryptowerte-Dienstleistungen halten, keine Einträge im Strafregister in Bezug auf Verurteilungen oder Strafen nach dem geltenden Handelsrecht, dem Insolvenzrecht und der Rechtsvorschriften über Finanzdienstleistungen, oder im Zusammenhang mit der Bekämpfung von Geldwäsche und Terrorismusfinanzierung, Betrug oder Berufshaftpflicht gibt.

(4) Die zuständigen Behörden verlangen von einem antragstellenden Anbieter von Kryptowerte-Dienstleistungen keine der in den Absätzen 2 und 3 des vorliegenden Artikels genannten Informationen, die sie bereits im Zuge des jeweiligen Zulassungsverfahrens gemäß der Richtlinie 2009/110/EG, 2014/65/EU, (EU) 2015/2366 oder gemäß den für Kryptowerte bis zum 29. Juni 2023 geltenden nationalen Recht erhalten haben, vorausgesetzt, die bereits übermittelten Informationen oder Unterlagen sind nach wie vor aktuell.

(5) Die ESMA arbeitet in enger Zusammenarbeit mit der EBA Entwürfe technischer Regulierungsstandards aus, um die in den Absätzen 2 und 3 genannten Informationen zu präzisieren.

Die ESMA übermittelt der Kommission die in Unterabsatz 1 genannten Entwürfe technischer Regulierungsstandards spätestens am 30. Juni 2024.

Der Kommission wird die Befugnis übertragen, diese Verordnung durch Erlass der in Unterabsatz 1 des vorliegenden Absatzes genannten technischen Regulierungsstandards gemäß den Artikeln 10 bis 14 der Verordnung (EU) Nr. 1095/2010 zu ergänzen.

(6) Die ESMA arbeitet in enger Zusammenarbeit mit der EBA Entwürfe technischer Durchführungsstandards zur Festlegung von Standardformularen, Mustertexten und Verfahren für die Informationen, die dem Antrag auf Zulassung als Anbieter von Kryptowerte-Dienstleistungen beizufügen sind, aus.

Die ESMA übermittelt der Kommission die in Unterabsatz 1 genannten Entwürfe technischer Durchführungsstandards spätestens am 30. Juni 2024.

Der Kommission wird die Befugnis übertragen, die in Unterabsatz 1 des vorliegenden Absatzes genannten technischen Durchführungsstandards gemäß Artikel 15 der Verordnung (EU) Nr. 1095/2010 zu erlassen.

Antrag auf Zulassung als Anbieter von Kryptowerte-Dienstleistungen **Art. 62**

Übersicht

	Rn.
I. Antragsstellung (Abs. 1)	1
1. Zuständige Behörde	4
2. Form des Zulassungsantrags und Antragsstellung	6
3. Eingangsbestätigung	7
4. Änderungen des Zulassungsantrags	8
II. Inhalt des Zulassungsantrags (Art. 62 Abs. 2, 3, 4)	10
1. Allgemeine, erforderliche Informationen (Abs. 2 lit. a–lit. l, lit. s)	14
a) Allgemeine Angaben (Abs. 2 lit. a–lit. c; Art. 1 TRS)	15
b) Geschäftsplan (Abs. 2 lit. d; Art. 2 TRS)	20
aa) Bei Gruppenzugehörigkeit des Antragstellers	22
bb) Angaben zu den geplanten Kryptowerte-Dienstleistungen	24
cc) Zugang der Kunden zu den Kryptowerte-Dienstleistungen	26
dd) Marketing- und Werbemaßnahmen	29
ee) Ressourcenverteilung und Standort	31
ff) Auslagerung *(outsourcing)*	32
gg) Finanzen	34
hh) Zusätzliche Informationen bei Annahme und Übermittlung von Aufträgen über Kryptowerte für Kunden	36
ii) Zusätzliche Informationen bei Platzierung von Kryptowerten	37
c) Aufsichtsrechtliche Anforderungen (Art. 62 Abs. 2 lit. e; Art. 3 TRS)	38
d) Beschreibung der Regelungen für die Unternehmensführung (Abs. 2 lit. f; Art. 4 TRS) und der internen Kontrollmechanismen und Risikomanagement (Abs. 2 lit. i; Art. 4 TRS)	42
aa) Interne Kontrollmechanismen (Art. 4 Abs. 1 TRS)	44
bb) Risikomanagement für Interessenkonflikte (Art. 4 (2) TRS)	49
cc) Fortführung des Geschäftsbetriebs (Art. 5 TRS)	51
dd) Geldwäsche- und Terrorismusfinanzierungsrisiken (Art. 6 TRS)	53
e) Nachweise für die Befähigung der Mitglieder des Leitungsorgans (Abs. 2 lit. g, Abs. 3 lit. a, lit. b; Art. 7 TRS)	58
aa) Persönliche Angaben	61
bb) Position innerhalb des Antragstellers	62
cc) Lebenslauf	63
dd) Ruf und Erfahrung	64
ee) Persönlicher Werdegang	65
ff) Interessenskonflikte	71
gg) Zeitlicher Umfang der Tätigkeit	73
hh) Beurteilung der Eignung	74
f) Nachweise für Anteilseigner und Gesellschafter mit qualifizierter Beteiligung (Abs. 2 lit. h, Abs. 3 lit. c; Art. 8 TRS)	75
g) IKT-Systeme und Sicherheitsvorkehrungen (Abs. 2 lit. j; Art. 9 TRS)	81
h) Beschreibung des Verfahrens für die Trennung von Kryptowerten und Geldbeträgen (Abs. 2 lit. k; Art. 10 TRS)	85
i) Beschreibung von Beschwerdeverfahren (Abs. 2 lit. l; Art. 11 TRS)	89
j) Art der Kryptowerte	95

Hirzle / Holl / Kaulartz

Art. 62   Titel V Kryptowerte-Dienstleistungen

		Rn.
2.	Spezielle Informationen für einzelne Kryptowerte-Dienstleistungen (Abs. 2 lit. m–lit. r)	96
	a) Verwahrung und Verwaltung (Abs. 2 lit. m; Art. 13 TRS)	97
	aa) Beschreibung der Verwahrungs- und Verwaltungsgrundsätze	98
	bb) Zusätzliche Angaben bei Übertragung der Verwahrung und Verwaltung auf einen Drittdienstleister	101
	b) Handelsplattform (Art. 62 Abs. 2 lit. n; Art. 12 TRS)	102
	aa) Zulassung von Kryptowerten zum Handel	103
	bb) Beschreibung der Durchführung von Transaktionen	106
	cc) Einhaltung struktureller Anforderungen an die Handelsplattform	108
	c) Tausch von Kryptowerten gegen Geldbetrag oder andere Kryptowerte (Abs. 2 lit. o; Art. 14 TRS)	110
	d) Auftragsausführung (Abs. 2 lit. p; Art. 15 TRS)	112
	e) Beratungsdienste und Portfolioverwaltung (Abs. 2 lit. q; Art. 16 TRS)	121
	f) Transferdienstleistungen (Abs. 2 lit. r; Art. 17 TRS)	123

I. Antragsstellung (Abs. 1)

1   Beabsichtigt eine juristische Person oder ein anderes Unternehmen (→ Art. 59 Rn. 11, 12) Kryptowerte-Dienstleistungen zu erbringen, muss bei der zuständigen Behörde ihres Herkunftsmitgliedstaats (Art. 3 Abs. 1 Nr. 33) ein **Antrag auf Zulassung** als Anbieter von Kryptowerte-Dienstleistungen gestellt werden. Der Antrag muss die nach Art. 62 Abs. 2 und Abs. 3 **erforderlichen Informationen** enthalten (→ Rn. 10 f.).

2   Die ESMA arbeitete in Zusammenarbeit mit der EBA bis zum 30.6.2024 **technische Regulierungsstandards** aus (siehe B), um die **Informationspflichten** zu präzisieren (Technische Regulierungsstandards, Art. 62 Abs. 5) und **technische Durchführungsstandards** zur Festlegung von Standardformularen, Mustertexten und Verfahren für die Informationen, die dem Antrag auf Zulassung als Anbieter von Kryptowerte-Dienstleistungen beizufügen sind (Durchführungsstandards, Art. 62 Abs. 6), einzuführen. Die ESMA hat am 12.7.2023 ihr „Consultation Paper Technical Standards specifying certain requirements of the Markets in Crypto Assets Regulation (MiCAR)" mit einem Vorschlag für die Technischen Regulierungsstandards nach Art. 62 Abs. 5 (bezeichnet als TRS-Entwurf)[1] und einem Vorschlag für die Technischen Durchführungsstandards nach Art. 62 Abs. 6 (bezeichnet als TDS-Entwurf) veröffentlicht.[2] Die Entwürfe des Consultation Paper wurden zur Beratung freigegeben, wobei sich die ESMA an alle interessierten Akteure richtet, insbesondere Emittenten von Kryptowerten, Anbieter von Kryptowerte-Dienst-

---

[1] ESMA, Consultation Paper Technical Standards specifying certain requirements of the Markets in Crypto Assets Regulation (MiCAR), 9.2.3 RTS on authorisation of crypto-asset service providers, S. 76 f.

[2] ESMA, Consultation Paper Technical Standards specifying certain requirements of the Markets in Crypto Assets Regulation (MiCAR), 9.2.4 ITS on standard forms, templates and procedures for authorisation of crypto-asset service providers, S. 98 f.

Antrag auf Zulassung als Anbieter von Kryptowerte-Dienstleistungen **Art. 62**

leistungen und Finanzinstitute.[3] Für Rückmeldungen wurde in dem Consultation Paper eine Frist bis zum 20.9.2023 gesetzt.
Am 3.7.2024 veröffentliche die ESMA ihren finalen Bericht.[4] Die Regulierungs- und Durchführungsstandards wurden der Kommission vorgelegt, die innherhalb von drei Monaten über ihre Annahme entscheidet.[5] Die Entwürfe können von der Kommission basierend auf den Art. 10–14 der ESMA-VO[6] (Technische Regulierungsstandards) und gemäß Art. 15 der ESMA-VO (Technische Durchführungsstandards) ergänzt werden (Art. 62 Abs. 5, Abs. 6). 3

1. Zuständige Behörde

Die Zuständigkeit für die Zulassung und Beaufsichtigung von Anbietern von Kryptowerte-Dienstleistungen wird den zuständigen **nationalen Behörden** (Art. 3 Abs. 1 Nr. 35 lit. a, Art. 93) übertragen. In Deutschland wird dies voraussichtlich die **BaFin** sein.[7] Hintergrund für die Zuständigkeit nationaler Behörden ist die bislang **geringe Größenordnung** der Anbieter von Kryptowerte-Dienstleistungen.[8] Der für die Bestimmung der jeweils zuständigen Behörde für die Antragstellung entscheidende Mitgliedsstaat ist der Mitgliedsstaat, in dem der **Antragsteller** seinen **satzungsmäßigen Sitz** hat.[9] 4

Nach den TDS soll die zuständige Behörde eine **Kontaktstelle** für die Entgegennahme der Zulassungsanträge nach Art. 62 benennen und deren aktuelle Kontaktdaten auf ihrer Webseite veröffentlichen, um die Kommunikation zwischen zuständiger Behörde und Antragsteller zu erleichtern (Art. 1 TDS-Entwurf). 5

2. Form des Zulassungsantrags und Antragsstellung

Der Antragsteller muss das **Musterformular** im Annex der TDS ausfüllen und bei der zuständigen Behörde in einer Weise einreichen, die die Aufbewahrung der Information für zukünftige Bezugnahmen erlaubt und die Vervielfältigung der gespeicherten Informationen in unveränderlicher Form ermöglicht (Art. 2 TDS-Entwurf). Eine **elektronische Versendung** (zB pdf-Datei) dürfte vor diesem Hintergrund ausreichen. 6

---

[3] ESMA, Consultation Paper Technical Standards specifying certain requirements of the Markets in Crypto Assets Regulation (MiCAR), S. 2.
[4] ESMA, Final Report Draft Technical Standards specifying certain requirements of the Markets in Crypto Assets Regulation (MiCA) – second package.
[5] MA, Final Report Draft Technical Standards specifying certain requirements of the Markets in Crypto Assets Regulation (MiCA) – second package, S. 6.
[6] VO (EU) Nr. 1095/2010 des Europäischen Parlaments und des Rates v. 24.11.2010 zur Errichtung einer Europäischen Aufsichtsbehörde (Europäische Wertpapier- und Marktaufsichtsbehörde), zur Änderung des Beschlusses Nr. 716/2009/EG und zur Aufhebung des Beschlusses 2009/77/EG der Kommission (ABl. 2010 L 331, 84).
[7] Omlor/Link Kryptowährungen/Schwennicke Kapitel 6 IV. Folge der Einordnung als EU-Kryptowerte nach Art. 3 Abs. 1 Nr. 2 MiCAR-E Rn. 182.
[8] Erwgr. Nr. 76.
[9] Erwgr. Nr. 76.

3. Eingangsbestätigung

7 Nach Eingang des Antrags muss die zuständige Behörde schriftlich, elektronisch oder in beiden Formen den **Eingang** des Antrags **bestätigen** und darüber hinaus ihre benannte Kontaktstelle angeben (Art. 3 TDS-Entwurf). Daraus lässt sich schließen, dass der Antrag nicht zwingend bei der benannten Kontaktstelle eingereicht werden muss, sondern der Eingang bei der zuständigen Behörde ausreicht.

4. Änderungen des Zulassungsantrags

8 **Ändern** sich bereits eingereichte **Informationen,** muss der Antragsteller die zuständige Behörde **unverzüglich informieren** und dafür die Form des **Musterformulars** der TDS für die Antragsstellung verwenden (Art. 4 Abs. 1 TDS-Entwurf).

9 Das Einreichen aktualisierter Informationen führt dazu, dass die **Bearbeitungsfrist** von 40 Tagen des Artikels 63 Abs. 9 ab dem Datum des Eingangs der aktualisierten Informationen bei der zuständigen Behörde **neu beginnt** (Art. 4 Abs. 2 TDS-Entwurf).

II. Inhalt des Zulassungsantrags (Art. 62 Abs. 2, 3, 4)

10 Vergleichbar mit dem MiFiD II-Verfahren (vgl. Art. 5 ff. MiFiD II, national umgesetzt in § 15 Abs. 1 WpIG und § 32 Abs. 1 KWG[10]) müssen einem Antrag auf Zulassung umfangreiche Informationen und Unterlagen beigefügt werden (Art. 62 Abs. 2). Neben **allgemeinen Informationen,** die in jedem Antrag enthalten sein müssen (Art. 62 Abs. 2 lit. a–lit. l, lit. s) (→ Rn. 14 f.), sind für bestimmte Kryptowerte-Dienstleistungen darüber hinaus weitere **spezifische Informationen** erforderlich (Art. 62 Abs. 2 lit. m–lit. r) (→ Rn. 96 f.).[11]

11 Die ESMA hat den Inhalt der jeweiligen Informationen in den TRS im Einzelnen konkretisiert. Zielsetzung der ESMA ist hierbei insbesondere, **Investorenschutz** durch möglichst präzise Antragsanforderungen zu gewährleisten, da diese Informationen Aufschluss über die Bereitschaft und Fähigkeit des Antragstellers die Anforderungen der MiCAR einzuhalten, geben.[12] Zusätzlich sollen die TRS das Vertrauen in den Kryptowertemarkt aufgrund eines **stabilen Zulassungsprozesses** für Anbieter von Kryptowerte-Dienstleistungen und eines dadurch **stabileren Kryptowertemarktes** stärken, wovon mittelbar auch die Anbieter von Kryptowerte-Dienstleistungen durch das sich dadurch ergebende **Wachstumspotenzial** des Marktes für Kryptowerte-Dienstleistungen profitieren.[13]

12 Die ESMA hat bei der Festlegung der erforderlichen Informationen insbesondere **vergangene Zusammenbrüche** von Kryptowerten[14] und Dienstleistern des

---

[10] Vgl. Siadat RdF 2021, 172 (175).
[11] Vgl. Siadat RdF 2021, 172 (175).
[12] Vgl. ESMA, Consultation Paper Technical Standards specifying certain requirements of the Markets in Crypto Assets Regulation (MiCAR), S. 15, Rn. 24.
[13] Vgl. ESMA, Consultation Paper Technical Standards specifying certain requirements of the Markets in Crypto Assets Regulation (MiCAR), S. 15 Rn. 26.
[14] Als Beispiel nennt die ESMA den Zusammenbruch des Stablecoin Terra's UST im May 2022. Zuvor war Terra's UST an vierter Stelle mit einer Marktkapitalisierung von 18 Mio. USD nach Tether (USDT), USD Coin (USDC) und Binance USD (BUSD).

Kryptowertemarktes[15] vor Augen, die sie zurückführen auf Fehlfunktionen einhergehend mit der **gesellschaftlichen Struktur** und **finanziellen Ressourcen, finanziellen Verbindungen und Verflechtungen** von verbundenen Unternehmen und dem Angebot von Dienstleistungen für Kryptowerte, die bislang nicht oder nur unzureichend reguliert waren.[16]

Liegen die Informationen nach Art. 62 Abs. 2 und 3 der zuständigen Behörde 13 aufgrund eines Zulassungsverfahrens gemäß der EGeld-Richtlinie, der MiFID II, der PSD II oder dem bis zum 29.6.2023 geltenden nationalen Recht **bereits vor,** verlangt sie diese Informationen **nicht mehr** von einem antragsstellenden Anbieter von Kryptowerte-Dienstleistungen, vorausgesetzt, diese Informationen und Unterlagen sind nach wie vor aktuell (Art. 62 Abs. 4). In Deutschland kommen in dieser Hinsicht die Erlaubnis für Finanzdienstleistungen nach dem KWG, insbesondere das **Kryptoverwahrungsgeschäft,** und **Wertpapierdienstleistungen nach dem WpIG** sowie die Erlaubnisse für **Zahlungsdienste nach dem ZAG** und **Wertpapierdienstleistungen nach dem WpHG** in Betracht.

1. Allgemeine, erforderliche Informationen (Abs. 2 lit. a–lit. l, lit. s)

In jedem Antrag auf Zulassung sind **Angaben allgemeiner Art zu dem An-** 14 **tragsteller** zu machen (→ Rn. 15), ein **Geschäftsplan** vorzulegen (→ Rn. 20 f.), zu beschreiben, wie **aufsichtsrechtliche Anforderungen eingehalten** werden (→ Rn. 38) und welche Regelungen für die **Unternehmensführung** gelten (→ Rn. 42 f.), Nachweise für die **Befähigung** der Mitglieder des **Leitungsorgans** (→ Rn. 58 f.) sowie der **Anteilseigner** und **Gesellschafter mit qualifizierter Beteiligung** (→ Rn. 75 f.) zu erbringen, die **internen Kontrollmechanismen** und das **Risikomanagement** (→ Rn. 42 f.), **IKT-Systeme und Sicherheitsvorkehrungen** (→ Rn. 81 f.), Verfahren zur **Trennung von Kryptowerten und Geldbeträgen** (→ Rn. 85 f.) und **Beschwerdeverfahren** (→ Rn. 89 f.) zu beschreiben sowie die **Art der Kryptowerte** anzugeben, für die die jeweilige Kryptowerte-Dienstleistungen erbracht werden sollen (→ Rn. 95 f.).

a) Allgemeine Angaben (Abs. 2 lit. a–lit. c; Art. 1 TRS). In dem Antrag 15 müssen der **Name,** einschließlich des eingetragenen Namen und sonstiger zu verwendender Firmennamen, die **Rechtsträgerkennung** (LEI), die **Unternehmenswebseite,** eine E-Mail-Adresse und eine Telefonnummer zur **Kontaktaufnahme** sowie eine **physische Adresse** (Art. 62 Abs. 2 lit. a) angegeben werden. Die TRS verlangen darüber hinaus die Angabe aller in der Vergangenheit vom Antragsteller verwendeten Handels- und Firmennamen (Art. 1 (b) TRS-Entwurf). Hinsichtlich der Kontaktaufnahme muss eine konkrete Ansprechstelle oder ein konkreter Ansprechpartner sowie deren oder dessen voller Name, Funktion, E-Mail-Adresse und Telefonnummer angegeben werden (Art. 1 (d) TRS-Entwurf).

Die Informationen zur Rechtsform des Antragstellers (Art. 62 Abs. 2 lit. b) kon- 16 kretisieren die TRS dahingehend, dass insbesondere Angaben dazu, ob es sich um

---

[15] Als Beispiel nennt die ESMA den Hedgefonds Three Arrows Capital, das Krypto-Lending Unternehmen Celius und FTX Trading Lt., die alle im Jahr 2022 Insolvenz anmeldeten.
[16] Vgl. ESMA, Consultation Paper Technical Standards specifying certain requirements of the Markets in Crypto Assets Regulation (MiCAR), S. 15 f., Rn. 26.

Art. 62

eine **juristische Person oder ein sonstiges Unternehmen** handelt, und, soweit einschlägig, zu **nationalen Identifizierungsnummern** gemacht werden müssen und der **Nachweis für eine Eintragung** in nationale Unternehmensregister (in Deutschland zB HRB und Handelsregisterauszug) (Art. 1 (e) TRS-Entwurf) erbracht werden muss.

17 Wenn vorhanden, sollen auch die **Satzung** des Antragstellers (Art. 62 Abs. 2 lit. c) sowie **Gründungsurkunde** und **Statuten** (Art. 1 (g) TRS-Entwurf) beigefügt werden.

18 Über Art. 62 Abs. 2 hinausgehend verlangen die TRS außerdem die Angabe von:

- Datum und Mitgliedstaat der **Eintragung** oder **Gründung** des Antragstellers (Art. 1 (f) TRS-Entwurf)
- **Anschrift der Hauptverwaltung** und, falls abweichend, des eingetragenen Sitzes des Antragstellers sowie bei **Zweigniederlassungen** des Antragstellers Angaben darüber, wo die Zweigniederlassungen tätig sein werden (Art. 1 (h) TRS-Entwurf)
- **Domainnamen** jeder vom Antragsteller betriebenen Website und **Social-Media-Accounts** des Antragstellers (Art. 1 (i) TRS-Entwurf).

Dadurch soll gewährleistet werden, dass der Antragsteller durch die zuständige nationale Behörde **eindeutig identifiziert** werden kann.[17]

19 Falls es sich bei dem Antragsteller nicht um eine juristische Person, sondern um ein **sonstiges Unternehmen** handelt, müssen Unterlagen vorgelegt werden zur Beurteilung, ob das **Schutzniveau** der Interessen Dritter und der Rechte der Inhaber von Kryptowerten, auch im Falle einer Insolvenz, dem durch juristische Personen gewährten Schutzniveau **gleichwertig** ist und ob der Antragsteller einer seiner Rechtsform entsprechenden **prudentiellen Aufsicht** unterliegt (Art. 1 (j) TRS-Entwurf).

20 **b) Geschäftsplan (Abs. 2 lit. d; Art. 2 TRS).** Aus dem einem Zulassungsantrag beizufügenden **Geschäftsplan** muss hervorgehen, **welche Arten** von Kryptowerte-Dienstleistungen der Antragsteller zu erbringen beabsichtigt, einschließlich **Ort und Art der Vermarktung** dieser Dienstleistungen (Art. 62 Abs. 2 lit. d).

21 Die TRS legen den **zeitlichen Umfang** des Geschäftsplans auf die der Antragstellung nachfolgenden **drei Jahre** fest (Art. 2 Abs. 1 TRS-Entwurf, Erwgr. Nr. 2 TRS-Entwurf). Inhaltlich müssen nach den TRS die folgenden Informationen enthalten sein:

22 **aa) Bei Gruppenzugehörigkeit des Antragstellers.** Bei einer **Gruppenzugehörigkeit** des Antragstellers muss erläutert werden, wie sich die Tätigkeiten des Antragstellers in die **Strategie der Gruppe** einfügen und mit den Tätigkeiten der anderen Unternehmen der Gruppe zusammenspielen, einschließlich eines Überblicks über die derzeitige und geplante Organisation und Struktur der Gruppe (Art. 2 Abs. 1 (a) TRS-Entwurf). Dazu muss angegeben werden, wie sich die Tätigkeiten der mit dem Antragsteller verbundenen Unternehmen, einschließlich etwaiger der Gruppe angehörenden beaufsichtigten Unternehmen, auf die Tätigkeiten des Antragstellers auswirken (Art. 2 Abs. 1 (b) TRS-Entwurf). Die Erläuterung muss eine **Liste** der mit dem Antragsteller **verbundenen Unternehmen** enthalten

---

[17] Vgl. ESMA, Consultation Paper Technical Standards specifying certain requirements of the Markets in Crypto Assets Regulation (MiCAR), S. 16 Rn. 28.

und **Informationen** über diese Unternehmen und, soweit es sich um **beaufsichtigte Unternehmen** handelt, Informationen über die von diesen Unternehmen erbrachten regulierten Dienstleistungen, Tätigkeiten und Arten von Kunden und die Domainnamen aller von diesen Unternehmen betriebenen Websites (Art. 2 Abs. 1 (b) TRS-Entwurf).

Dadurch soll den zuständigen Behörden vor dem Hintergrund vergangener Zusammenbrüche von Dienstleistern für Kryptowerte ermöglicht werden zu beurteilen, inwieweit **finanzielle und betriebliche Verflechtungen der Gruppenmitglieder** und deren **Verwaltung und Risikomanagementvorkehrungen** den **Anforderungen der MiCAR** genügen.[18]

bb) Angaben zu den geplanten Kryptowerte-Dienstleistungen. Im Hinblick auf die geplanten Kryptowerte-Dienstleistungen muss eine **Liste der Kryptowerte-Dienstleistunge**n, die der Antragsteller zu erbringen beabsichtigt, sowie der **Arten von Kryptowerten**, auf die sich die Kryptowerte-Dienstleistungen beziehen werden, bereitgestellt werden (Art. 2 Abs. 1 (c) TRS-Entwurf). Auch über **sonstige geplante regulierte und nicht regulierte Tätigkeiten** muss informiert werden, einschließlich der Angabe, ob der Antragsteller beabsichtigt, Kryptowerte öffentlich anzubieten oder die Zulassung zum Handel mit Kryptowerten zu beantragen und wenn ja, für welche Art von Kryptowerten (Art. 2 Abs. 1 (d) TRS-Entwurf).

Außerdem müssen die **geografische Verteilung** der Kryptowerte-Dienstleistungen, die der Antragsteller zu erbringen beabsichtigt, einschließlich Informationen über den **Wohnsitz der Zielkunden** (Art. 2 Abs. 1 (e) TRS-Entwurf), und die **Kategorien potenzieller Kunden,** an die sich die Dienstleistungen des Antragstellers richten (Art. 2 Abs. 1 (f) TRS-Entwurf), angegeben werden.

cc) Zugang der Kunden zu den Kryptowerte-Dienstleistungen. Besonderen Wert legen die TRS auf die Beschreibung der **Zugangsmöglichkeiten** der Kunden zu den Kryptowerte-Dienstleistungen des Antragstellers (Art. 2 Abs. 1 (f) TRS-Entwurf).

Enthalten sein müssen Informationen zu den **Domainnamen** für jede Website oder sonstige IKT-gestützte Anwendung, über die die Kryptowerte-Dienstleistungen vom Antragsteller erbracht werden, sowie Angaben zu den **Sprachen,** in denen die Websites verfügbar sind, den **Arten von Kryptowerte-Dienstleistungen,** die über die jeweilige Website **zugänglich** sind, und gegebenenfalls dazu, **von welchen Mitgliedstaaten aus** die Website zugänglich ist (Art. 2 Abs. 1 (f) (i) TRS-Entwurf).

Auch die IT-gestützten **Anwendungen** *(applications, Apps),* die den Kunden für den Zugang zu den Kryptowerte-Dienstleistungen zur Verfügung stehen, müssen angegeben werden, und in welchen **Sprachen** diese verfügbar sind und **welche Kryptowerte-Dienstleistungen** über sie **zugänglich** sind (Art. 2 Abs. 1 (f) (ii) TRS-Entwurf).

dd) Marketing- und Werbemaßnahmen. Angegeben werden müssen außerdem die g**eplanten Marketing- und Werbemaßnahmen und -vorkehrungen** für die Kryptowerte-Dienstleistungen, einschließlich aller **Marketingmittel,** die für die einzelnen Kryptowerte-Dienstleistungen eingesetzt werden sollen, die

---

[18] ESMA, Consultation Paper Technical Standards specifying certain requirements of the Markets in Crypto Assets Regulation (MiCAR), S. 16, 17 Rn. 30, 31.

Art. 62 Titel V Kryptowerte-Dienstleistungen

Mittel zur Identifikation, die der Antragsteller zu verwenden beabsichtigt, und **Informationen** über die **relevanten Kategorien von Kunden** und **Arten von Kryptowerte-Dienstleistungen** (Art. 2 Abs. 1 (h) (i) TRS-Entwurf) und die **Sprachen,** die für die Marketing- und Werbemaßnahmen verwendet werden sollen (Art. 2 Abs. 1 (h) (ii) TRS-Entwurf).

30 Marketingmittel erfassen hierbei etwa Websites, Smartphone-Applikationen, Kampagnen in Sozialen Medien, Internet- oder Bannerwerbung, Sponsoring, Influencer, Anrufe, Webinare, Gamification-Techniken, Testzugänge oder andere Informationsmaterialien (Erwgr. Nr. 4 TRS-Entwurf).

31 ee) **Ressourcenverteilung und Standort.** Der Geschäftsplan muss zudem eine **ausführliche Beschreibung der personellen, finanziellen und technischen Ressourcen,** die den jeweiligen geplanten Kryptowerte-Dienstleistungen zugewiesen sind, sowie die **Angabe des geografischen Standorts** der Kryptowerte-Dienstleistungen enthalten (Art. 2 Abs. 1 (i) TRS-Entwurf).

32 **ff) Auslagerung** *(outsourcing).* Im Hinblick auf **Auslagerungen** muss der Geschäftsplan die **Auslagerungspolitik** des Antragstellers enthalten sowie eine ausführliche Beschreibung der vom Antragsteller **geplanten Auslagerungsvereinbarungen,** einschließlich gruppeninterner Vereinbarungen, und eine Beschreibung, wie der Antragsteller beabsichtigt, die Anforderungen des Art. 73 einzuhalten (Art. 2 Abs. 1 (j) TRS-Entwurf). Der Antragsteller muss zudem Informationen über die **Funktionen** oder Personen, die für die Auslagerung verantwortlich sind, und über die (personellen und technischen) **Ressourcen,** die der Kontrolle der ausgelagerten Funktionen, Dienstleistungen oder Tätigkeiten im Rahmen der entsprechenden Vereinbarungen zugewiesen sind, sowie eine **Risikobewertung** im Zusammenhang mit der Auslagerung bereitstellen (Art. 2 Abs. 1 (j) TRS-Entwurf).

33 Die **Einrichtungen,** die ausgelagerte Dienstleistungen erbringen werden, müssen mitsamt ihrem **geografischen Standort** und den **jeweils** auf sie **ausgelagerten Dienstleistungen** aufgelistet werden (Art. 2 Abs. 1 (k) TRS-Entwurf).

34 **gg) Finanzen.** Im Hinblick auf die **Finanzprognose** muss ein Plan für die **voraussichtliche Rechnungslegung** auf **individueller** und gegebenenfalls auf **konsolidierter Gruppenebene** und **unterkonsolidierter Ebene** gemäß der RL 2013/34/EU (Bilanz-RL) erstellt werden. Die Finanzprognose soll alle vom Antragsteller **gewährten oder zu gewährenden gruppeninternen Darlehen** berücksichtigen (Art. 2 Abs. 1 (l) TRS-Entwurf).

35 Außerdem muss der Geschäftsplan Informationen zu jeglichem **Austausch von Kryptowerten gegen Gelder** und andere **Kryptowerte-Aktivitäten,** die der Antragsteller beabsichtigt, einschließlich dezentraler Finanz-Applikationen, mit denen der Antragsteller vorhat auf eigene Rechnung zu interagieren, enthalten (Art. 2 Abs. 1 (m) TRS-Entwurf).

36 **hh) Zusätzliche Informationen bei Annahme und Übermittlung von Aufträgen über Kryptowerte für Kunden.** Beabsichtigt der Antragsteller, die Kryptowerte-Dienstleistung der Annahme und Übermittlung von Aufträgen über Kryptowerte für Kunden (Art. 2 Nr. 23) zu erbringen, muss er der zuständigen Behörde mit dem Geschäftsplan eine **Kopie der Strategien und Verfahren** sowie eine **Beschreibung der Vorkehrungen,** die die **Einhaltung der Anforderungen des Art. 80** sicherstellen sollen, vorlegen (Art. 2 (2) TRS-Entwurf).

ii) Zusätzliche Informationen bei Platzierung von Kryptowerten. Beabsichtigt der Antragsteller, die Kryptowerte-Dienstleistung der Platzierung von Kryptowerten (Art. 22 Abs. 2) zu erbringen, muss der Geschäftsplan eine **Kopie der Strategien und Verfahren** sowie eine **Beschreibung der Vorkehrungen zur Einhaltung von Art. 79** sowie zur **Einhaltung von Art. 9 der Technischen Regulierungsstandards zu Interessenkonflikten von Anbietern von Kryptowerte-Dienstleistungen**[19] beinhalten (Art. 3 TRS-Entwurf). 37

c) Aufsichtsrechtliche Anforderungen (Art. 62 Abs. 2 lit. e; Art. 3 TRS). 38
Der Antrag auf Zulassung muss einen **Nachweis** darüber enthalten, dass der Antragsteller die **aufsichtsrechtlichen Anforderungen des Artikels 67** einhält (Art. 62 Abs. 2 lit. e TRS-Entwurf).

Die TRS konkretisieren diesen Nachweis dahingehend, dass zunächst eine **Beschreibung der aufsichtlichen Sicherheitsvorkehrungen** des Antragstellers gemäß Art. 67 erfolgen muss (Art. 3 (a) TRS-Entwurf), bestehend aus: 39

- der **Höhe des Betrages** der aufsichtlichen Sicherheitsvorkehrungen, die der Antragsteller zum Zeitpunkt des Zulassungsantrags getroffen hat, und einer Beschreibung der Annahmen, die der Festlegung des Betrages zugrunde gelegt wurden (Art. 62 Abs. 2 (e) (i) TRS-Entwurf).
- der **Höhe des Betrags** der aufsichtsrechtlichen Sicherheitsvorkehrungen, die durch die in Art. 67 Abs. 4a genannten **Eigenmittel gedeckt** ist, sofern zutreffend (Art. 3 (a) (ii) TRS-Entwurf); und
- der **Höhe des Betrages** mit dem die aufsichtsrechtlichen Sicherheitsvorkehrungen des Antragstellers durch eine in Art. 67 Abs. 4 lit. b genannte **Versicherungspolice** gedeckt sind, sofern zutreffend (Art. 3 (a) (iii) TRS-Entwurf).
- Zudem müssen **Prognoseberechnungen** und **Pläne zur Bestimmung der Eigenmittel** vorgelegt werden, die insbesondere enthalten müssen (Art. 3 TRS-Entwurf):
- die voraussichtliche **Berechnung der aufsichtsrechtlichen Sicherheitsvorkehrungen** des Antragstellers für die ersten drei Geschäftsjahre (Art. 3 (b) (i) TRS-Entwurf);
- die **prognostizierte Rechnungslegung** für die ersten drei Geschäftsjahre, die prognostizierte Bilanz und prognostizierte Gewinn- und Verlustrechnung, eine Ertrags- oder Erfolgsrechnung und eine Kapitalflussrechnung umfassen (Art. 3 (b) (ii) TRS-Entwurf);
- die **Planungsannahmen** für die vorstehende Prognose sowie Erläuterungen zu den Zahlen (Art. 3 (b) (iii) TRS-Entwurf); und
- die **erwartete Anzahl und Art der Kunden, Auftragsvolumen** und **Transaktionen** sowie **Volumen der verwahrten Kryptowerte** (Art. 3 (b) (iv) TRS-Entwurf).

Sind Unternehmen bereits tätig, müssen von externen Rechnungsprüfern geprüfte **Jahresabschlüsse** der letzten drei Jahre zur Verfügung gestellt werden (Art. 3 (c) TRS-Entwurf). 40

---

[19] Der TRS-Entwurf verweist an dieser Stelle über einen Platzhalter auf die „RTS on conflicts of interest of CASPs", verfügbar im Entwurfsstadium: ESMA, Consultation Paper Technical Standards specifying certain requirements of the Markets in Crypto Assets Regulation (MiCAR), 12.7.2023, ESMA74-449133380-425, 9.2.6 RTS on identification, prevention, management and disclosure of conflicts of interest, S. 123 ff.

Art. 62   Titel V Kryptowerte-Dienstleistungen

41   Der Antragsteller muss seine **Planungs- und Überwachungsverfahren** für die aufsichtsrechtlichen Sicherheitsvorkehrungen beschreiben (Art. 3 (d) TRS-Entwurf) und **nachweisen,** dass er die aufsichtsrechtlichen Anforderungen gemäß Art. 67 einhält (Art. 3 (e) TRS-Entwurf), indem er:

- in Bezug auf die Eigenmittel **Unterlagen,** aus denen hervorgeht, wie der Antragsteller den **Betrag gemäß Art. 67 berechnet** hat, zur Verfügung stellt. Bei Unternehmen, die bereits **tätig** sind und deren Abschlüsse nicht geprüft werden, muss eine **Bescheinigung der nationalen Aufsichtsbehörde über die Höhe der Eigenmittel** des Antragstellers vorgelegt werden, bei Unternehmen, die sich in der **Gründungsphase** befinden, eine **von einer Bank ausgestellte Erklärung,** aus der hervorgeht, dass die Mittel auf dem Bankkonto des Antragstellers eingezahlt sind (Art. 3 (d) (i) TRS-Entwurf).
- in Bezug auf die **Versicherungspolice** oder eine vergleichbare Garantie muss eine **Kopie** der gezeichneten Versicherungspolice, die alle für die Einhaltung von Art. 67 Abs. 5 und 6 erforderlichen Angaben enthält, sofern vorhanden, oder eine **Kopie eines Versicherungsvertrage**s, der alle für die Einhaltung von Art. 67 Abs. 5 und 6 erforderlichen Angaben enthält und von einem Unternehmen unterzeichnet wurde, das nach Unionsrecht oder nationalem Recht zur Erbringung von Versicherungen zugelassen ist, vorgelegt werden (Art. 3 (d) (ii) TRS-Entwurf).

42   **d) Beschreibung der Regelungen für die Unternehmensführung (Abs. 2 lit. f; Art. 4 TRS) und der internen Kontrollmechanismen und Risikomanagement (Abs. 2 lit. i; Art. 4 TRS).** In dem Antrag auf Zulassung müssen die **Regelungen für die Unternehmensführung** des antragstellenden Anbieters von Kryptowerte-Dienstleistungen (Art. 62 Abs. 2 lit. f) und die **Mechanismen für die interne Kontrolle** und der **Strategien und Verfahren** des antragstellenden Anbieters von Kryptowerte-Dienstleistungen zur **Ermittlung, Bewertung und Eindämmung von Risiken** einschließlich Geldwäsche- und Terrorismusfinanzierungsrisiken und eine **Beschreibung der Strategie zur Fortführung des Geschäftsbetriebs** enthalten sein (Art. 62 Abs. 2 lit. i).

43   Die TRS fassen die Konkretisierungen der erforderlichen Angaben im Hinblick auf Regelungen für die Unternehmensführung, interne Kontrollmechanismen und Risikomanagement zusammen (Art. 4 TRS-Entwurf).

44   **aa) Interne Kontrollmechanismen (Art. 4 Abs. 1 TRS). Angaben zu Unternehmensstruktur und Leistungsorganen.** Die TRS konkretisieren die Angaben zu den Regelungen für die Unternehmensführung und internen Kontrollmechanismen dahingehend, dass eine **ausführliche Beschreibung der Organisationsstruktur** des Antragstellers, soweit relevant der Unternehmensgruppe, einschließlich eines Organigramms, in dem die Verteilung der Aufgaben und Befugnisse und die entsprechenden Berichterstattungspflichten sowie die internen Kontrollvorkehrungen enthalten sein müssen (Art. 4 Abs. 1 (a) TRS-Entwurf). Angegeben werden müssen außerdem die **Personalien der Leiter** der internen Funktionen (Verwaltung, Aufsicht und interne Kontrollfunktionen), einschließlich ihres Standorts, und ein **Lebenslauf,** der die einschlägige Schul- und Berufsausbildung und Berufserfahrung beinhaltet sowie eine **Beschreibung der Fähigkeiten, Kenntnisse und Erfahrungen,** die für die Wahrnehmung der ihnen zugewiesenen Aufgaben erforderlich sind, muss zur Verfügung gestellt werden (Art. 4 Abs. 1 (b) TRS-Entwurf).

Antrag auf Zulassung als Anbieter von Kryptowerte-Dienstleistungen **Art. 62**

In diesem Zusammenhang müssen auch Informationen über die Verfahren und 45
eine ausführliche Beschreibung der Vorkehrungen, die getroffen wurden, um sicherzustellen um sicherzustellen, dass das betreffende Personal die Verfahren kennt, die für die ordnungsgemäße ihrer Zuständigkeiten einzuhalten sind (Art. 4 Abs. 1 (c) TRS-Entwurf) sowie Informationen über die Verfahren und eine ausführliche Beschreibung der Vorkehrungen, die getroffen wurden, um angemessene und ordnungsgemäße Aufzeichnungen über die Geschäftstätigkeit und die interne Organisation des Antragstellers im Einklang mit Art. 68 Abs. 9 sicherzustellen (Art. 4 Abs. 1 (d) TRS-Entwurf) zur Verfügung gestellt werden.

Angaben zu Strategien, Verfahren und Vorkehrungen zur Einhaltung 46
von Titel V Kapitel 2. Im Hinblick auf die Strategien, Verfahren und Vorkehrungen, die es dem Leitungsorgan (Art. 3 Abs. 1 Nr. 27) ermöglichen, regelmäßig die Wirksamkeit der Strategien und Verfahren nach Art. 68 Abs. 6 zu überprüfen, muss der Antragsteller folgende Informationen zur Verfügung stellen (Art. 4 Abs. 1 (e) TRS-Entwurf):

- Identifizierung der **internen Kontrollfunktionen,** die für die Überwachung der der Strategien und Verfahren, die zur Einhaltung von Titel V Kapitel 2 und 3 eingeführt wurden, zuständig sind sowie Angaben zu dem Umfang ihrer Zuständigkeit und ihre **Berichterstattungspflichten** an das Leitungsorgan des Antragstellers (Art. 4 Abs. 1 (e) (i) TRS-Entwurf);
- Angaben zu der **Regelmäßigkeit,** mit der die internen Kontrollfunktionen dem Leitungsorgan des Antragstellers über die Wirksamkeit der Strategien und Verfahren, die zur Einhaltung der Bestimmungen von Titel V Kapitel 2 und 3 eingerichtet wurden, berichten (Art. 4 Abs. 1 (e) (ii) TRS-Entwurf);
- Erklärung, wie der Antragsteller sicherstellt, dass die internen Kontrollfunktionen **unabhängig und getrennt** von den Funktionen, die sie kontrollieren, arbeiten, **Zugang zu den erforderlichen Ressourcen und Informationen** haben, und dass diese internen Kontrollfunktionen sowohl mindestens **einmal jährlich** als auch ad hoc direkt an das Leitungsorgan des Antragstellers **berichten** können, einschließlich dann, wenn sie ein erhebliches Risiko dahingehend feststellen, dass der Antragsteller seinen Verpflichtungen nicht nachkommt (Art. 4 Abs. 1 (e) (iii) TRS-Entwurf).
- **Beschreibung der IKT-Systeme, Sicherheitsvorkehrungen und Kontrollen,** die zur Überwachung die Tätigkeiten des Antragstellers und Einhaltung der Bestimmungen von Titel V Kapitel 2 und 3 der MiCAR eingesetzt werden, einschließlich der Back-up-Systeme, sowie die Systeme und Risikokontrollen nach Art. 9 der TRS (IKT-Systeme und Sicherheitsvorkehrungen) (Art. 4 Abs. 1 (e) (iv) TRS-Entwurf).

Ausführlich beschrieben werden müssen außerdem die **Verfahren, Strategien** 47
und die Vorkehrungen, die der Antragsteller getroffen hat, um die **Einhaltung seiner Verpflichtungen gemäß Titel V Kapitel 2 und 3** zu gewährleisten, insbesondere (Art. 5 Abs. 1 (f) TRS-Entwurf):

- die Vorkehrungen des Antragstellers zur **Aufbewahrung von Aufzeichnungen** gemäß der **TRS zur Aufbewahrung von Aufzeichnungen durch Anbieter von Kryptowerte-Dienstleistungen**[20] (Art. 4 Abs. 1 (f) (i) TRS-Entwurf); sowie

---

[20] Der TRS-Entwurf verweist an dieser Stelle über einen Platzhalter auf die „RTS on recordkeeping by CASP", verfügbar im Entwurfsstadium: ESMA, Consultation Paper Technical Standards specifying certain requirements of Markets in Crypto Assets Regulation

Art. 62

- die Verfahren, nach denen die Mitarbeiter des Antragstellers **potenzielle oder tatsächliche Verstöße** gegen die MiCAR in Übereinstimmung mit Art. 116 **melden** können (Art. 4 Abs. 1 (f) (ii) TRS-Entwurf).

48 Weitere Angaben. Gegebenenfalls muss außerdem eine Beschreibung der Vorkehrungen, die zur **Verhinderung und Aufdeckung von Marktmissbrauchs** gemäß Art. 92 getroffen wurden, beigefügt werden (Art. 4 Abs. 1 (g) TRS-Entwurf). In dem Zulassungsantrag muss angegeben werden, ob der Antragsteller **externe Rechnungsprüfer** bestellt hat oder bestellen wird, und, falls dies der Fall ist und soweit verfügbar, deren Namen und Kontaktdaten (Art. 4 Abs. 1 (h) TRS-Entwurf). Weitere erforderliche Informationen beziehen sich auf die **Buchführungsverfahren,** nach denen der Antragsteller seine Finanzdaten aufzeichnen und melden wird, einschließlich des Beginns und des Endes des angewandten Rechnungsjahres (Art. 4 Abs. 1 (i) TRS-Entwurf).

49 bb) Risikomanagement für Interessenkonflikte (Art. 4 (2) TRS). Im Hinblick auf den Umgang mit **Risiken** im Zusammenhang mit **Interessenkonflikten** muss der Zulassungsantrag eine Ausfertigung der **Strategie** des Antragstellers für den Umgang mit Interessenkonflikten enthalten und dabei beschrieben werden:

- wie die Strategie sicherstellt, dass der Antragsteller Interessenkonflikte nach Art. 72 Abs. 1 **erkennt** und nach Art. 72 Abs. 2 **verhindert und offenlegt** (Art. 4 (2) (i) TRS-Entwurf);
- ob die Strategie dem **Umfang, der Art und dem Spektrum** der Kryptowerte-Dienstleistungen, die der Antragsteller zu erbringen beabsichtigt, und den **anderen Tätigkeiten der Gruppe,** zu der er gehört, **entspricht** (Art. 4 (2) (ii) TRS-Entwurf); und
- wie die Strategie sicherstellt, dass die **Vergütungspolitik, -verfahren und -vereinbarungen** des Antragstellers keine Interessenkonflikte verursachen (Art. 4 (2) (a) (iii) TRS-Entwurf).

50 Zudem müssen Informationen dazu bereitgestellt werden, wie die Strategien des Antragstellers für Interessenkonflikte die **Einhaltung** von Art. 4 Abs. 9 der **TRS zu Interessenkonflikten von Anbietern von Kryptowerte-Dienstleistungen**[21] gewährleistet, insbesondere Informationen über die **Systeme und Vorkehrungen,** die der Antragsteller eingeführt hat, um:

- die **Wirksamkeit** seiner Strategien für Interessenkonflikte zu überwachen, **zu bewerten, zu überprüfen und etwaige Mängel zu beheben** (Art. 4 (2) (b) (i) TRS-Entwurf); und
- Fälle von Interessenkonflikten **aufzuzeichnen,** einschließlich der Identifizierung, der Bewertung, der Behebung und ob der Fall dem Kunden gegenüber offengelegt wurde (Art. 4 (2) (b) (ii) TRS-Entwurf).

(MiCAR) – second consultation paper, 5.10.2023, ESMA75-453128700-438, 9.2.6 RTS on record-keeping by crypto-asset service providers, S. 157.

[21] Der TRS-Entwurf verweist an dieser Stelle über einen Platzhalter auf die „RTS on identification, prevention, management and disclosure of conflicts of interest, S. 123 f.", verfügbar im Entwurfsstadium: ESMA, Consultation Paper Technical Standards specifying certain requirements of the Markets in Crypto Assets Regulation (MiCAR), 12.7.2023, ESMA74-449133380-425, 9.2.6 RTS on identification, prevention, management and disclosure of conflicts of interest, S. 123 ff.

cc) **Fortführung des Geschäftsbetriebs (Art. 5 TRS).** Der Antragsteller 51 muss eine ausführliche Beschreibung des **Plans zur Fortführung des Geschäftsbetriebs** zur Verfügung stellen, einschließlich der Maßnahmen, die ergriffen werden sollen, um Kontinuität und Regelmäßigkeit bei der Erbringung der Kryptowerte-Dienstleistungen des Antragstellers zu gewährleisten (Art. 5 Abs. 1 TRS-Entwurf).

Diese Beschreibung muss Einzelheiten enthalten, aus denen hervorgeht, dass der 52 festgelegte Plan zur Fortführung des Geschäftsbetriebs **angemessen** ist und dass Vorkehrungen getroffen werden, um ihn **aufrechtzuerhalten** und **regelmäßig zu testen,** vor allem in Bezug auf kritische oder wichtige Funktionen, die von Drittdienstleistern unterstützt werden, und auch den möglichen Fall abdecken, dass sich die Qualität der Bereitstellung solcher Funktionen auf ein inakzeptables Niveau verschlechtert oder ausfällt (Art. 5 (2) TRS-Entwurf). In diesen Plänen müssen auch die möglichen Auswirkungen der Insolvenz oder andere Ausfälle von Drittdienstleistern, den Tod einer Schlüsselperson und, gegebenenfalls politische Risiken im Herkunftsland des Drittdienstleisters, berücksichtigt werden.

dd) **Geldwäsche- und Terrorismusfinanzierungsrisiken (Art. 6 TRS).** 53 Die **Informationen zu den internen Kontrollmechanismen, -systemen und -verfahren** zur Bewertung und Steuerung von Risiken im Zusammenhang mit Geldwäsche und Terrorismusfinanzierung müssen eine vom Antragsteller vorgenommene Bewertung der **inhärenten und verbleibenden Risiken der Geldwäsche und Terrorismusfinanzierung,** die mit seiner Geschäftstätigkeit verbunden sind, enthalten, einschließlich der Risiken im Zusammenhang mit dem **Kundenstamm** des Antragstellers, den **erbrachten Dienstleistungen,** den genutzten **Vertriebskanälen** und den **geografischen Tätigkeitsgebieten** (Art. 6 (a) TRS-Entwurf).

Der Antragsteller muss dabei angeben, welche **Maßnahmen** er ergriffen hat 54 oder ergreifen wird, um den festgestellten Risiken **vorzubeugen** und die geltenden **Rechtsvorschriften** zur Bekämpfung von Geldwäsche und Terrorismusfinanzierung **einzuhalten,** einschließlich des **Risikobewertungsverfahrens** des Antragstellers, der Strategien und Verfahren zur Einhaltung der **Sorgfaltspflichten** gegenüber Kunden sowie der Strategien und Verfahren zur **Aufdeckung und Meldung** verdächtiger Transaktionen oder Aktivitäten (Art. 6 (b) TRS-Entwurf).

Der Antrag muss außerdem ausführlich darlegen, inwieweit diese **Mechanis-** 55 **men, Systeme und Verfahren** im Hinblick auf den Umfang, der Art, dem inhärenten Geldwäsche- und Terrorismusfinanzierungsrisiko, dem Spektrum der zu erbringenden Kryptowerte-Dienstleistungen und der Komplexität des Geschäftsmodells **angemessen und verhältnismäßig** sind und wie sie sicherstellen sollen, dass der Antragsteller die Vorgaben der AMLD und der MiCAR einhält (Art. 6 (c) TRS-Entwurf).

Angegeben werden muss auch die **Identität der Person,** die dafür **verant-** 56 **wortlich** ist, dass der Antragsteller die Verpflichtungen zur Bekämpfung von Geldwäsche und Terrorismusfinanzierung einhält, sowie **Nachweise für deren Fähigkeiten und Fachkenntnisse** vorgelegt werden (Art. 6 (d) TRS-Entwurf). Der Antragsteller muss darüber informieren, welche Vorkehrungen getroffen wurden und welche **personellen und finanziellen Ressourcen** verwendet werden, die sicherstellen sollen, dass das Personal des Antragstellers im Hinblick auf die Bekämpfung von Geldwäsche und Terrorismusfinanzierung angemessen geschult ist (jährliche Angaben) (Art. 6 (e) TRS-Entwurf).

Art. 62 Titel V Kryptowerte-Dienstleistungen

57 Dem Antrag muss eine Ausfertigung der **Verfahren und Systeme** des Antragstellers zur Bekämpfung von Geldwäsche und Terrorismusfinanzierung Systeme beigefügt werden (Art. 6 (f) TRS-Entwurf). Erforderlich sind außerdem Angaben dazu, mit welcher **Häufigkeit** eine **Bewertung der Angemessenheit und Wirksamkeit** der Mechanismen, Systeme und Verfahren erfolgt, sowie welche **Person oder Funktion** für diese Bewertung **verantwortlich** ist (Art. 6 (g) TRS-Entwurf).

58 **e) Nachweise für die Befähigung der Mitglieder des Leitungsorgans (Abs. 2 lit. g, Abs. 3 lit. a, lit. b; Art. 7 TRS).** Der Antrag muss den **Nachweis** enthalten, dass die Mitglieder des Leitungsorgans (Art. 3 Abs. 1 Nr. 27) des Antragstellers **ausreichend gut beleumundet** sind und über **angemessene Kenntnisse, Fähigkeiten und Berufserfahrung** verfügen, um den Antragsteller als Anbieter von Kryptowerte-Dienstleistungen zu leiten (Art. 62 Abs. 2 lit. g).

59 Nachgewiesen muss werden muss dabei vor allem, dass Mitglieder des Leitungsorgans des antragstellenden Anbieters von Kryptowerte-Dienstleistungen **keine Einträge** in ihrem Strafregister in Bezug auf Verurteilungen oder Strafen nach dem geltenden Handelsrecht, dem Insolvenzrecht und der Rechtsvorschriften über Finanzdienstleistungen, oder im Zusammenhang mit der Bekämpfung von Geldwäsche und Terrorismusfinanzierung, Betrug oder Berufshaftpflicht gibt (Art. 62 Abs. 3 lit. a) haben und dass die Mitglieder des Leitungsorgans des antragstellenden Anbieters von Kryptowerte-Dienstleistungen **kollektiv über angemessene Kenntnisse, Fähigkeiten und Erfahrung** verfügen, um einen Anbieter von Kryptowerte-Dienstleistungen zu leiten, und dass diese Personen **verpflichtet** sind, **ausreichend Zeit** für die Wahrnehmung ihrer Aufgaben **aufzuwenden** (Art. 62 Abs. 3 lit. b).

60 Die TRS **konkretisieren** in welcher Weise diese Nachweise im Einzelnen für jedes Mitglied des Leitungsorgans erbracht werden müssen (Art. 7 TRS-Entwurf).

61 **aa) Persönliche Angaben.** Im Hinblick auf die Person muss der **vollständige Name** und, falls abweichend, der Geburtsname (Art. 7 Abs. 1 (a) TRS-Entwurf) angegeben werden. Auch **Geburtsort und -datum, Anschrift und Kontaktangaben** des derzeitigen Wohnorts und jeder andere **Wohnsitz in den letzten zehn Jahren, Staatsangehörigkeit(en)** und persönliche nationale **Identifikationsnummer** müssen genannt werden und eine **Kopie eines amtlichen Ausweises** oder eines gleichwertigen Dokuments vorgelegt werden (Art. 7 Abs. 1 (b) TRS-Entwurf).

62 **bb) Position innerhalb des Antragstellers.** Außerdem müssen **Details zu der Position,** die die Person innehat oder innehaben wird, bereitgestellt werden, einschließlich der Angabe, ob es sich um eine geschäftsführende oder nicht geschäftsführende Position handelt, das Datum des Beginns oder des geplanten Beginns und gegebenenfalls die Dauer des Mandats und eine Beschreibung der wichtigsten Aufgaben und Verantwortlichkeiten der Person (Art. 7 Abs. 1 (c) TRS-Entwurf).

63 **cc) Lebenslauf.** In einem Lebenslauf müssen nach den TRS die **einschlägige Ausbildung, berufliche Fortbildungen und Berufserfahrung** sowie **Name und Art aller Organisationen,** für die die Person innerhalb der vorangehenden zehn Jahre tätig war, sowie **Art und Dauer der ausgeübten Funktionen** angegeben werden (Art. 7 Abs. 1 (d) TRS-Entwurf). In diesem Zusammenhang sind vor allem Tätigkeiten, die in den Bereich der angestrebten Position fallen, zu nennen,

einschließlich relevanter Berufserfahrung im Hinblick auf Finanzdienstleistungen, Kryptowerte oder andere digitale Vermögenswerte, Distributed-Ledger-Technologie, Informationstechnologie, Cybersicherheit oder digitale Innovation. Die Beschreibung der vorgenannten Tätigkeiten muss **Details zu allen übertragenen Befugnissen und internen Entscheidungsbefugnissen** sowie den **Tätigkeitsbereichen, die der Kontrolle unterlagen,** enthalten.

dd) Ruf und Erfahrung. Außerdem sind Unterlagen über den **Ruf und die** 64 **Erfahrung der Person,** insbesondere eine Liste von Referenzpersonen, einschließlich deren Kontaktinformationen, und Empfehlungsschreiben beizufügen (Art. 7 Abs. 1 (e) TRS-Entwurf).

ee) Persönlicher Werdegang. Im Hinblick auf Angaben zum **persönlichen** 65 **Werdegang** müssen ein **Strafregister,** das strafrechtlichen Verurteilungen und etwaige Nebenstrafen enthält, vorgelegt werden sowie **Informationen über anhängige Strafverfahren oder Ermittlungen oder Sanktionen** (einschließlich in Bezug auf Handelsrecht, Finanzdienstleistungsrecht, Geldwäsche und Terrorismusfinanzierung, Betrug oder berufliche Haftung), Informationen über **Vollstreckungsverfahren** oder Sanktionen, Informationen über **einschlägige Zivil- und Verwaltungssachen und Disziplinarmaßnahmen,** einschließlich der Disqualifikation als Unternehmensleiter, Konkurs, Insolvenz- und ähnliche Verfahren zur Verfügung gestellt werden (Art. 7 Abs. 1 (f) (i) TRS-Entwurf).

Erforderlich ist dafür jeweils eine **amtliche Bescheinigung** (wenn und soweit 66 sie von dem betreffenden Mitgliedstaat oder Drittland zur Verfügung gestellt wird) oder, falls eine solche Bescheinigung nicht vorhanden ist, ein anderes gleichwertiges Dokument. Bei **laufenden Untersuchungen** können die Informationen durch eine **eidesstattliche Erklärung** übermittelt werden.

Die amtlichen Aufzeichnungen, Bescheinigungen und Dokumente müssen **in-** 67 **nerhalb von drei Monate vor der Einreichung des Antrags** auf Erteilung einer Genehmigung ausgestellt worden sein.

Zum persönlichen Werdegang müssen außerdem **Informationen** über die **Ver-** 68 **weigerung der Eintragung, Zulassung, Mitgliedschaft oder Lizenz** für der Ausübung eines Gewerbes, einer Tätigkeit oder eines Berufs oder über die Rücknahme, den **Widerruf** oder die **Beendigung** einer solchen Eintragung, Zulassung, Mitgliedschaft oder Lizenz, oder der Ausschluss durch eine durch eine Aufsichtsbehörde oder eine staatliche Stelle oder durch eine Berufsorganisation oder einen Berufsverband bereitgestellt werden (Art. 7 Abs. 1 (f) (ii) TRS-Entwurf).

Angegeben werden muss auch, ob das Leitungsorgan aus einem Arbeitsverhältnis 69 oder einer Vertrauensstellung, einem Treuhandverhältnis oder einer ähnlichen Situation **entlassen** wurde (Art. 7 Abs. 1 (f) (iii) TRS-Entwurf).

Hat eine **andere zuständige Behörde** den Ruf der Person **bereits bewertet,** 70 muss darüber informiert werden, einschließlich über die Identität dieser Behörde, das Datum der Bewertung und deren Ergebnis (Art. 7 Abs. 1 (f) (iv) TRS-Entwurf). Der Antragsteller muss diese Informationen über die frühere Beurteilung nicht vorlegen, wenn die zuständige Behörde, bei der der Antrag auf Zulassung gestellt wird, bereits im Besitz dieser Informationen ist.

ff) Interessenskonflikte. Der Antrag auf Zulassung muss eine **Beschreibung** 71 **aller finanziellen und nichtfinanziellen Interessen** oder **Beziehungen** der **Person und ihrer engen Verwandten** zu Mitgliedern des Leitungsorgans und Inhabern von Schlüsselfunktionen desselben Instituts, des Mutterinstituts, der

Art. 62 Titel V Kryptowerte-Dienstleistungen

Tochterunternehmen und der Aktionäre beinhalten (Art. 7 Abs. 1 (g) TRS-Entwurf). Diese Beschreibung muss alle finanziellen Interessen erfassen, einschließlich Kryptowerte, andere digitale Vermögenswerte, Darlehen, Beteiligungen, Garantien oder Sicherungsrechte, gewährt oder erhalten, Geschäftsbeziehungen, Gerichtsverfahren und jede Position mit politischem Einfluss in den letzten zwei Jahren (Art. 7 Abs. 1 (g) TRS-Entwurf).

72 Wird ein wesentlicher Interessenkonflikt festgestellt, muss der Antragsteller außerdem erklären, wie dieser Konflikt in zufriedenstellender Weise **gemildert oder behoben wird,** einschließlich eines Verweises auf die Grundzüge der Interessenkonfliktstrategien (Art. 7 Abs. 1 (h) TRS-Entwurf).

73 **gg) Zeitlicher Umfang der Tätigkeit.** Die TRS fordern umfassende Angaben über die Zeit, die für die Wahrnehmung der Aufgaben der Person innerhalb des Antragstellers aufgewendet wird (Art. 7 Abs. 1 (i) TRS-Entwurf), bestehend aus:

- **konkreten Angaben zu der geschätzten Mindestzeit pro Jahr und pro Monat,** die die Person für die Wahrnehmung ihrer Aufgaben bei dem Antragsteller aufwendet gemacht werden (Art. 7 Abs. 1 (i) (i) TRS-Entwurf);
- einer **Liste aller anderen geschäftsführenden und nicht geschäftsführenden Mandate,** die die Person innehat, die sich auf kommerzielle und nichtkommerzielle Tätigkeiten beziehen oder die ausschließlich dem Zweck dienen, die wirtschaftlichen Interessen der betreffenden Person zu verwalten (Art. 7 Abs. 1 (i) (ii) TRS-Entwurf);
- Angaben über die **Größe und Komplexität der Unternehmen oder Organisationen,** in denen die genannten Mandate wahrgenommen werden, einschließlich der Gesamtaktiva auf der Grundlage der letzten verfügbaren Jahresabschlüsse, unabhängig davon, ob das Unternehmen börsennotiert ist oder nicht, und über die Zahl der der Beschäftigten dieser Unternehmen oder Organisationen (Art. 7 Abs. 1 (i) (iii) TRS-Entwurf);
- einer **Liste etwaiger zusätzlicher Verantwortlichkeiten** im Zusammenhang mit den genannten Mandaten, einschließlich des Vorsitzes in einem Ausschuss (Art. 7 Abs. 1 (i) (iv) TRS-Entwurf); und
- **Angaben zu dem geschätzten Zeitaufwand,** der in Tagen pro Jahr, für jedes der Mandate aufgewendet wird und die Anzahl der Sitzungen pro Jahr, die für jedes Mandat anfallen (Art. 7 Abs. 1 (i) (v) TRS-Entwurf).

74 **hh) Beurteilung der Eignung.** Im Hinblick auf die Beurteilung der Eignung der Leitungsorgane sind die **Richtlinien** zur Eignung sowie die **Ergebnisse** der vom Antragsteller durchgeführten **Beurteilung der Eignung der einzelnen Mitglieder** des Leitungsorgans sowie die **Ergebnisse der Bewertung der kollektiven Eignung** des Leitungsorgans vorzulegen, einschließlich der einschlägigen Protokolle des Leitungsorgans oder Berichte über die Beurteilung der Eignung oder Dokumente zu dem Ergebnis der Eignungsbeurteilung (Art. 7 (2) TRS-Entwurf).

75 **f) Nachweise für Anteilseigner und Gesellschafter mit qualifizierter Beteiligung (Abs. 2 lit. h, Abs. 3 lit. c; Art. 8 TRS).** Auch die **Identität aller Anteilseigner oder Gesellschafter,** die **direkt oder indirekt qualifizierte Beteiligungen** an dem antragstellenden Anbieter von Kryptowerte-Dienstleistungen halten, und die Höhe dieser Beteiligungen müssen in dem Zulassungsantrag an-

gegeben werden sowie ein Nachweis, dass diese Personen ausreichend **gut beleumundet** sind, beigefügt werden (Art. 62 Abs. 2 lit. h).

Nachgewiesen muss dabei, dass es für Anteilseigner oder Gesellschafter, die direkt oder indirekt qualifizierte Beteiligungen an dem antragstellenden Anbieter von Kryptowerte-Dienstleistungen halten, **keine Einträge im Strafregister** in Bezug auf Verurteilungen oder Strafen nach dem geltenden Handelsrecht, dem Insolvenzrecht und den Rechtsvorschriften über Finanzdienstleistungen, oder im Zusammenhang mit der Bekämpfung von Geldwäsche und Terrorismusfinanzierung, Betrug oder Berufshaftpflicht gibt (Art. 62 Abs. 3c)). 76

Die TRS erfordern in dieser Hinsicht ein **detailliertes Organigramm der Holdingstruktur** des Antragstellers, das auch die Aufschlüsselung des Kapitals, die Stimmrechte sowie die Namen der Aktionäre oder Gesellschafter mit qualifizierten Beteiligungen enthalten muss (Art. 8 (a) TRS-Entwurf). 77

Für **jeden Aktionär oder Gesellschafter,** der eine direkte oder indirekte qualifizierte Beteiligung an dem an dem Antragsteller hält, müssen die in den Art. 1–4 der TRS zum vorgeschlagenen Erwerb einer qualifizierten Beteiligung an einem Anbieter von Kryptowerte-Dienstleistungen[22] genannten Informationen und Unterlagen enthalten sein (Art. 8 (b) TRS-Entwurf). Außerdem sind **Angaben zur Identität jedes Mitglieds des Leitungsorgan**s, das die **Geschäfte** des Antragstellers **führen** wird und von dem betreffenden Aktionär oder Gesellschafter mit qualifizierten Beteiligungen **ernannt** oder auf dessen Vorschlag hin **bestellt werden wird,** zu machen (Art. 8 (c) TRS-Entwurf). 78

Für jeden Aktionär oder Gesellschafter, der eine direkte oder indirekte qualifizierte Beteiligung hält, müssen **Angaben über die Anzahl und die Art der gezeichneten Aktien oder sonstigen Beteiligungen,** ihren Nennwert, etwaige gezahlte oder zu zahlende Prämien, etwaige Sicherungsrechte oder Belastungen, einschließlich der Identität der gesicherten Parteien, gemacht werden (Art. 8 (d) TRS-Entwurf). 79

Darüber müssen die in Art. 6 lit. b, lit. d und lit. e und in Art. 8 der TRS zur Spezifizierung des Inhalts der Informationen, die für die Bewertung des vorgeschlagenen Erwerbs einer qualifizierten Beteiligung[23] genannten Informationen bereitgestellt werden (Art. 8 (e) TRS-Entwurf). 80

g) IKT-Systeme und Sicherheitsvorkehrungen (Abs. 2 lit. j; Art. 9 TRS). Im Hinblick auf IKT-Systeme und Sicherheitsvorkehrungen muss der Antrag sowohl deren **technische Dokumentation** als auch deren **nicht fachsprachliche Beschreibung** enthalten (Art. 62 Abs. 2 lit. j). 81

---

[22] Der TRS-Entwurf verweist an dieser Stelle über einen Platzhalter auf die „RTS on the proposed acquisition of a qualifying holding in a crypto-asset service provider", verfügbar im Entwurfsstadium: ESMA, Consultation Paper Technical Standards specifying certain requirements of the Markets in Crypto Assets Regulation (MiCAR), 12.7.2023, ESMA74-449133380-425, 9.2.6 RTS on identification, prevention, management and disclosure of conflicts of interest, S. 123 ff.

[23] Der TRS-Entwurf verweist an dieser Stelle über einen Platzhalter auf die „RTS specifying the content of the information necessary to carry out the assessment of the proposed acquisition of a qualifying holding", verfügbar im Entwurfsstadium: ESMA, Consultation Paper Technical Standards specifying certain requirements of Markets in Crypto Assets Regulation (MiCAR) – second consultation paper, 5.10.2023, ESMA75-453128700-438, 9.2.7 RTS on the proposed acquisition of a qualifying holding in a crypto-asset service provider, S. 136 ff.

82 Die TRS konkretisieren dies dahingehend, dass der Antragsteller **technische Unterlagen** zu den IKT-Systemen, zu einer gegebenenfalls verwendeten DLT-Infrastruktur und zu seinen Sicherheitsvorkehrungen bereitstellen muss (Art. 9 (a) TRS-Entwurf). Der Antragsteller muss hierfür die Vorkehrungen, die angewandten IKT-Strategien, -Verfahren, -Systeme, -Protokolle, -Instrumente und personelle Ressourcen beschreiben, die sicherstellen, dass der Antragsteller die Vorgaben der VO (EU) 2022/2554 (DORA) einhält.

83 Soweit vorhanden, müssen die **Ergebnisse von Audits oder Tests** der IKT-Systeme des Antragstellers, die **in den letzten drei Jahren** von externen, unabhängigen Stellen durchgeführt wurden, zur Verfügung gestellt werden, einschließlich einer Überprüfung des Quellcodes der vom Antragsteller verwendeten und/oder entwickelten intelligenten Verträge *(smart contracts)* (Art. 9 (b) TRS-Entwurf).

84 Zudem muss eine **Beschreibung** der nach Art. 9 (a) und (b) TRS gemachten Angaben **in nichttechnischer Sprache** erfolgen (Art. 9 (c) TRS).

85 **h) Beschreibung des Verfahrens für die Trennung von Kryptowerten und Geldbeträgen (Abs. 2 lit. k; Art. 10 TRS).** Der Antrag auf Zulassung muss eine Beschreibung des Verfahrens für die Trennung von Kryptowerten und Geldbeträgen der Kunden beinhalten (Art. 62 Abs. 2 lit. k).

86 Die TRS erfordern in dieser Hinsicht Angaben dazu, wie der Antragsteller sicherstellen will, dass die Gelder oder Kryptowerte der Kunden **nicht für eigene Rechnung des Antragstellers** verwendet werden und die **Adressen** der Krypto-Wallets der Kunden sich von der eigenen Wallet-Adresse des Antragstellers **unterscheiden** (Art. 10 (a) TRS-Entwurf). **Genehmigungssysteme** für kryptografische Schlüssel und deren Sicherung (zB *multi-signature wallets*) müssen detailliert beschrieben werden (Art. 10 (b) TRS-Entwurf). Außerdem muss der Antragsteller Angaben dazu machen, wie die **Kryptowerte** seiner Kunden **trennt** (Art. 10 (c) TRS-Entwurf).

87 Der Antrag muss eine Beschreibung des Verfahrens, mit dem sichergestellt wird, dass die **Gelder der Kunden** (mit Ausnahme von EGeld-Tokens) bis zum Ende des Geschäftstages, der auf den Tag ihres Eingangs folgt, bei einer Zentralbank oder einem Kreditinstitut **hinterlegt** werden, enthalten (Art. 10 (d) TRS-Entwurf). Beabsichtigt der Antragsteller nicht, Gelder bei der betreffenden Zentralbank zu hinterlegen, muss er angeben, welche Faktoren der Antragsteller bei der Auswahl der Kreditinstitute berücksichtigt, bei denen Kundengelder hinterlegt werden, einschließlich der **Diversifizierungspolitik** des Antragstellers, sofern vorhanden, und die **Häufigkeit der Überprüfung** der Auswahl der Kreditinstitute, bei denen die Kundengelder hinterlegt werden (Art. 10 (e) TRS-Entwurf).

88 Zudem sind Angaben über die Art und Weise, wie der Antragsteller sicherstellt, dass die **Kunden in klarer, prägnanter und nichttechnischer Sprache** über die wichtigsten Aspekte der Systeme, Strategien und Verfahren des Antragstellers **informiert** werden, um Art. 70 Abs. 1, 2 und 3 einzuhalten, zu machen (Art. 10 (f) TRS-Entwurf).

89 **i) Beschreibung von Beschwerdeverfahren (Abs. 2 lit. l; Art. 11 TRS).** Der Antrag auf Zulassung muss eine Beschreibung der Beschwerdeverfahren des antragstellenden Anbieters von Kryptowerte-Dienstleistungen enthalten (Art. 62 Abs. 2 lit. l).

90 Nach den TRS muss die Beschreibung Informationen über die für die **Bearbeitung von Beschwerden** bereitgestellten **personellen und technischen Ressourcen** enthalten (Art. 11 (a) TRS-Entwurf) sowie **Angaben zu der Person,**

die für die Ressourcen zur Bearbeitung von Beschwerden **zuständig** ist, machen, mitsamt einem Lebenslauf mit Angaben zur einschlägigen Ausbildung und Berufserfahrung, aus denen hervorgeht, dass sie über die erforderlichen Fähigkeiten, Kenntnisse und für die Wahrnehmung der ihr zugewiesenen Aufgaben verfügt (Art. 11 (b) TRS-Entwurf).

Außerdem muss beschrieben werden, wie der Antragsteller die **Einhaltung** 91 der in Art. 1 der TRS über die Bearbeitung von Beschwerden durch Anbieter von Kryptowerte-Dienstleistungen[24] festgelegten Anforderungen **gewährleistet** (Art. 11 (c) TRS-Entwurf).

Der Antragsteller muss angeben, wie er **Kunden oder potenziellen Kunden** 92 über die **Möglichkeit informiert,** kostenlos eine **Beschwerde einzureichen,** einschließlich der Angabe, wo und wie auf der Website des Antragstellers oder auf einem anderen einschlägigen digitalen Gerät, das von den Kunden für den Zugang zu den Kryptowerte-Dienstleistungen verwendet werden kann, eine solche Information verfügbar ist und welche Informationen im Einzelnen bereitgestellt werden (Art. 11 (d) TRS-Entwurf).

Weitere erforderliche Informationen betreffen die Vorkehrungen des Antragstel- 93 lers zur **Aufbewahrung von Aufzeichnungen in Bezug auf Beschwerden** (Art. 11 (e) TRS-Entwurf) sowie den für die Verfahren des Antragstellers zur **Bearbeitung von Beschwerden** vorgesehenen **Zeitrahmen** für Untersuchung, Beantwortung und gegebenenfalls Ergreifen von Maßnahmen als **Reaktion** auf eingegangene Beschwerden

(Art. 11 (f) TRS-Entwurf) sowie die **Art und Weise,** wie der Antragsteller die 94 Kunden oder potenziellen Kunden über die **verfügbaren Rechtsbehelfe informiert** (Art. 11 (g) TRS-Entwurf) sowie die **wichtigsten Verfahrensschritte** des Antragstellers bei der **Entscheidung** über eine Beschwerde und wie diese Entscheidung dem Kunden oder potenziellen Kunden, der die Beschwerde eingereicht hat, **mitgeteilt** wird (Art. 11 (h) TRS-Entwurf).

j) Art der Kryptowerte. Der Antrag auf Zulassung muss schließlich Angaben 95 zu der Art der Kryptowerte, auf die sich die Kryptowerte-Dienstleistung bezieht, enthalten (Art. 62 Abs. 2 lit. s).

2. Spezielle Informationen für einzelne Kryptowerte-Dienstleistungen (Abs. 2 lit. m–lit. r)

Art. 62 Abs. 2 lit. m–lit. r regelt über die allgemeinen in einem Antrag bereit- 96 zustellenden Informationen hinausgehende **spezielle Informationen** für einzelne Kryptowerte-Dienstleistungen, die durch die ESMA in den TRS im Einzelnen konkretisiert werden.

a) Verwahrung und Verwaltung (Abs. 2 lit. m; Art. 13 TRS). Beabsichtigt 97 der antragstellende Anbieter von Kryptowerte-Dienstleistungen, Kryptowerte für Kunden zu verwahren und zu verwalten (Art. 3 Abs. 1 Nr. 17), muss der Antrag

---

[24] Der TRS-Entwurf verweist an dieser Stelle über einen Platzhalter auf die „RTS on complaints handling by crypto-asset service providers", verfügbar im Entwurfsstadium: ESMA, Consultation Paper Technical Standards specifying certain requirements of the Markets in Crypto Assets Regulation (MiCAR), 12.7.2023, ESMA74-449133380-425, 9.2.5 RTS on complaints handling by crypto-asset service providers, S. 110ff.

Art. 62   Titel V Kryptowerte-Dienstleistungen

eine Beschreibung der Verwahrungs- und Verwaltungsgrundsätze enthalten (Art. 62 Abs. 2 lit. m).

98   **aa) Beschreibung der Verwahrungs- und Verwaltungsgrundsätze.** Die Informationen im Hinblick auf **Verwahrungs- und Verwaltungsgrundsätze** werden durch die TRS dahingehend konkretisiert, dass sie eine **Beschreibung der Vereinbarungen** im Zusammenhang mit der Art oder den Arten der Verwahrung, die den Kunden angeboten werden, beinhalten müssen, außerdem muss der Antragsteller eine **Kopie des Standardvertrags** des Antragstellers über die Verwahrung und Verwaltung von Kryptowerten mit den Kunden sowie eine Kopie der **Zusammenfassung der Verwahrstrategie,** die den Kunden gemäß Art. 75 Abs. 3 zur Verfügung gestellt werden muss, beifügen (Art. 13 (a) TRS-Entwurf).

99   Die Beschreibung der Verwahrungs- und Verwaltungsgrundsätze des Antragstellers muss die **identifizierten Quellen von operationellen und IT-Risiken** für die Verwahrung und Kontrolle der Kryptowerte oder der Zugangsmöglichkeit zu den Kryptowerten der Kunden enthalten, erörtern, zusammen mit einer Beschreibung
- der Verfahren und der Vorkehrungen zur Gewährleistung der Einhaltung von Art. 75 Abs. 8 (Art. 13 (b) (i) TRS-Entwurf);
- der Verfahren, Systeme und Kontrollen zur Steuerung dieser Risiken, insbesondere, wenn die Verwahrung und Verwaltung von Kryptowerten von dem Antragsteller im Namen des Kunden auf einen Drittdienstleister ausgelagert wird (Art. 13 (b) (ii) TRS-Entwurf);
- der Verfahren und Systeme, die die Ausübung der mit den Kryptowerten verbundenen Rechte durch den Kunden gewährleisten (Art. 13 (b) (iii) TRS-Entwurf); sowie
- der Verfahren und Systeme, die die Rückgabe der Kryptowerte oder die Zugangsmöglichkeiten für die Kunden sichern (Art. 13 (b) (vi) TRS-Entwurf).

100   Darüber hinaus müssen Angaben zu den Vorkehrungen, die gewährleisten sollen, dass die Kryptowerte oder die Zugangsmöglichkeiten zu den Kryptowerten der Kunden eindeutig als solche **gekennzeichnet** sind (Art. 13 (c) TRS-Entwurf) und Angaben zu Vorkehrungen zu **Minimierung des Risikos des Verlusts** von Kryptowerten oder Zugangsmöglichkeiten zu den Kryptowerten (Art. 13 (d) TRS-Entwurf) gemacht werden.

101   **bb) Zusätzliche Angaben bei Übertragung der Verwahrung und Verwaltung auf einen Drittdienstleister.** Wenn der Anbieter von Kryptowerte-Dienstleistungen die Verwahrung und Verwaltung von Kryptowerten im Namen des Kunden **an einen Drittdienstleister übertragen** hat, müssen zudem folgende Informationen in dem Zulassungsantrag enthalten sein:
- Angaben zu der **Identität des Drittdienstleisters,** der die Dienstleistung der Verwahrung und Verwaltung von Kryptowerten erbringt, sowie über seinen Status als zugelassener Anbieter von Kryptowerte-Dienstleistungen im Sinne von Art. 59 (Art. 13 (e) (i) TRS-Entwurf);
- eine **Beschreibung aller Funktionen** im Zusammenhang mit der Verwahrung und Verwaltung von Kryptowerten, die auf den Drittdienstleister übertragen werden, und eine **Liste aller Beauftragten und Unterbeauftragten** (soweit zutreffend) und etwaiger **Interessenkonflikte,** die sich aus einer solchen Beauftragung ergeben können (Art. 13 (e) (ii) TRS-Entwurf); sowie
- eine **Beschreibung der Aufsichtsverfahren** im Zusammenhang mit solchen Beauftragungen oder Unter-Beauftragungen (Art. 13 (e) (iii) TRS-Entwurf).

Antrag auf Zulassung als Anbieter von Kryptowerte-Dienstleistungen **Art. 62**

b) Handelsplattform (Art. 62 Abs. 2 lit. n; Art. 12 TRS). Für antragstellende Anbieter von Kryptowerte-Dienstleistungen, die beabsichtigen eine **Handelsplattform** für Kryptowerte zu betreiben (Art. 3 Abs. 1 Nr. 18), ist eine **Beschreibung der Betriebsvorschriften** der Handelsplattform und des **Verfahrens und Systems zur Aufdeckung von Marktmissbrauch** erforderlich (Art. 62 Abs. 2 lit. n). 102

aa) Zulassung von Kryptowerten zum Handel. Inhaltliche Anforderungen der TRS beziehen sich zunächst auf die **Zulassung von Kryptowerten zum Handel.** 103

Die Beschreibung der Betriebsvorschriften der Handelsplattform muss die Regeln für die Zulassung von Kryptowerten zum Handel enthalten (Art. 12 Abs. 1 (a) TRS-Entwurf). Der Antragsteller muss das **Verfahren für die Zulassung** von Kryptowerten zum Handel, einschließlich der Due-Diligence-Prüfung, die gemäß der AMLD durchgeführt wird, bevor der Kryptowert auf der Handelsplattform zugelassen wird, beschreiben (Art. 12 Abs. 1 (b) TRS-Entwurf). Außerdem muss eine **Liste der Kategorien von Kryptowerten,** die **nicht** zum Handel **zugelassen** werden, und die **Beschreibung der Gründe für einen solchen Ausschluss** beigefügt werden (Art. 12 Abs. 1 (c) TRS-Entwurf). 104

Die Beschreibung muss außerdem die **Grundsätze, Verfahren und Gebühren für die Zulassung zum Handel,** gegebenenfalls mit Angaben zu Mitgliedschaften, Rabatten und den damit verbundenen Bedingungen beinhalten (Art. 12 Abs. 1 (d) TRS-Entwurf). Darüber hinaus müssen die Verfahren, die zur **Bewertung der Eignung von Kryptowerten** im Einklang mit Art. 76 Abs. 2 eingerichtet wurden, dargelegt werden (Art. 12 Abs. 1 (f) TRS-Entwurf). 105

bb) Beschreibung der Durchführung von Transaktionen. Im Hinblick auf den Handel über die Plattform müssen nach den TRS außerdem die Regeln für die **Auftragsausführung,** einschließlich etwaiger **Stornierungsverfahren** für ausgeführte Aufträge und die **Bekanntmachung** solcher Informationen für Marktteilnehmer beschrieben werden (Art. 12 Abs. 1 (e) TRS-Entwurf). Außerdem müssen **Angaben zu den Systemen, Verfahren und Vorkehrungen zur Veröffentlichung von Geld- und Briefkursen und die Tiefe der Handelsinteressen** zu diesen Preisen, die über ihre Handelsplattformen veröffentlicht werden (Art. 12 Abs. 1 (h) TRS-Entwurf) und zu den **Gebührenstrukturen,** einschließlich einer **Begründung,** wie diese den Anforderungen in Art. 76 Abs. 13 genügen (Art. 12 Abs. 1 (i) TRS-Entwurf) gemacht werden. 106

Im Hinblick auf die **Abrechnung von Transaktionen** muss außerdem beschrieben werden (Art. 12 (k) Abs. 1 TRS-Entwurf): 107
- ob die endgültige Abrechnung von Geschäften über das verteilte Hauptbuch oder außerhalb des verteilten Hauptbuchs eingeleitet wird (Art. 12 (k) Abs. 1 (i) TRS-Entwurf);
- der Zeitrahmen, innerhalb dessen die endgültige Abrechnung von Krypto-Vermögenstransaktionen erfolgt (Art. 12 (k) Abs. 1 (ii) TRS-Entwurf);
- die Systeme und Verfahren, die zur Überprüfung der Verfügbarkeit von Geldmitteln und Kryptowerten eingerichtet wurden (Art. 12 Abs. 1 (k) (iii) TRS-Entwurf);
- die Verfahren zur Bestätigung der relevanten Details von Transaktionen (Art. 12 Abs. 1 (k) (iv) TRS-Entwurf);
- die vorgesehenen Maßnahmen zur Begrenzung von Abwicklungsfehlern (Art. 12 Abs. 1 (k) (v) TRS-Entwurf);

Hirzle / Holl / Kaulartz

Art. 62

- wie der Zeitpunkt der endgültigen Abrechnung und der Zeitpunkt, zu dem die endgültige Abrechnung im Anschluss an die Ausführung der Transaktion eingeleitet wird, festgelegt wird (Art. 12 Abs. 1 (k) (vi) TRS-Entwurf).

108 **cc) Einhaltung struktureller Anforderungen an die Handelsplattform.** Die TRS konkretisieren die Angaben, die zu der **Einhaltung struktureller Anforderungen die Handelsplattform** gemacht werden müssen. Der Antragsteller muss die Systeme, Verfahren und Vorkehrungen, die zur Einhaltung von Art. 76 Abs. 7 lit. a – lit. h eingerichtet wurden (Art. 12 Abs. 1 (g) TRS-Entwurf), die Systeme, Verfahren und Vorkehrungen, um die Daten zu allen Aufträgen für die für die zuständige Behörde verfügbar zu machen, oder der Mechanismus, der sicherstellt, dass die zuständige Behörde Zugang zum Auftragsbuch hat (Art. 12 Abs. 1 Abs. 1 (j) TRS-Entwurf) sowie die Verfahren und Systeme zur Aufdeckung und Verhinderung von Marktmissbrauch sein, einschließlich Informationen über die Mitteilung möglicher Fälle von Marktmissbrauch an die zuständige Behörde (Art. 12 Abs. 1 (l) TRS-Entwurf) beschreiben.

109 Darüber hinaus müssen Antragsteller, die beabsichtigen, eine Handelsplattform für Kryptowerte zu betreiben, der zuständigen Behörde ein Exemplar der **Betriebsvorschriften** für die Handelsplattform und **Richtlinien für alle Verfahren zur Aufdeckung und Verhinderung von Marktmissbrauch** vorlegen (Art. 12 Abs. 2 TRS-Entwurf).

110 **c) Tausch von Kryptowerten gegen Geldbetrag oder andere Kryptowerte (Abs. 2 lit. o; Art. 14 TRS).** Falls der antragstellende Anbieter von Kryptowerte-Dienstleistungen beabsichtigt, **Kryptowerte gegen einen Geldbetrag** (Art. 3 Abs. 1 Nr. 19) oder gegen andere Kryptowerte (Art. 3 Abs. 1 Nr. 20) zu **tauschen**, muss er die **Geschäftspolitik,** die die Beziehung zu den Kunden regelt und nichtdiskriminierend ist, sowie eine **Methode** für die **Festlegung des Kurses der Kryptowerte,** die der antragstellende Anbieter von Kryptowerte-Dienstleistungen für einen Tausch gegen einen Geldbetrag oder gegen andere Kryptowerte anbietet, beschreiben (Art. 62 Abs. 2 lit. o).

111 Die TRS konkretisieren die Beschreibung der Geschäftspolitik lediglich durch eine Bezugnahme auf Art. 77 Abs. 1 (Art. 14 (a) TRS-Entwurf), die Beschreibung der Methodik für die Festlegung des Kurses nach Art. 77 Abs. 2 muss enthalten, wie das **Volumen und die Volatilität** der Kryptowerte den **Preisbildungsmechanismus** beeinflussen (Art. 14 (b) TRS-Entwurf).

112 **d) Auftragsausführung (Abs. 2 lit. p; Art. 15 TRS).** Beabsichtigt der Antragsteller, **Aufträge** über Kryptowerte für Kunden **auszuführen** (Art. 3 Abs. 1 Nr. 21), muss der Antrag eine **Beschreibung der Grundsätze der Auftragsausführung** beinhalten (Art. 62 Abs. 2 lit. p).

113 Die Beschreibung der Grundsätze der Auftragsausführung muss nach den TRS Angaben zu den **Vorkehrungen,** mit denen sichergestellt werden soll, dass der Kunde vor der Ausführung des Auftrags seine **Zustimmung zu den Ausführungsgrundsätzen erteilt** hat, enthalten (Art. 15 (a) TRS-Entwurf).

114 Der Antragsteller muss eine **Liste der Handelsplattformen** für Kryptowerte, die er für die Ausführung von Aufträgen gemäß Art. 78 Abs. 6 nutzen wird, beilegen (Art. 15 (b) TRS-Entwurf). Außerdem muss er angeben, welche Handelsplattformen er für die einzelnen Arten von Kryptowerten zu nutzen beabsichtigt und eine Bestätigung, dass er für die Weiterleitung von Aufträgen, die bei ihm eingehen, an eine bestimmte Handelsplattform für Kryptowerte keine Vergütung, keinen Ra-

Antrag auf Zulassung als Anbieter von Kryptowerte-Dienstleistungen **Art. 62**

batt und keinen nichtmonetären Vorteil erhält, beilegen (Art. 15 (c) TRS-Entwurf).

In dem Antrag muss außerdem beschrieben werden, inwieweit durch die **Aus-** 115 **führungsfaktoren** Preis, Kosten, Geschwindigkeit, Wahrscheinlichkeit der Ausführung und Abrechnung, Umfang, Art, Bedingungen für die Verwahrung der Kryptowerte oder andere relevante Faktoren im Rahmen aller notwendigen Schritte zur Erzielung des bestmöglichen Ergebnisses für den Kunden berücksichtigt werden (Art. 15 (d) TRS-Entwurf).

Beabsichtigt der Antragsteller **Aufträge außerhalb einer Handelsplattform** 116 auszuführen, muss er angeben, welche **Vorkehrungen** er getroffen hat, um die **Kunden** hierüber zu **informieren** und wie er die **vorherige ausdrückliche Zustimmung** des Kunden einholt, bevor er solche Aufträge ausführt (Art. 15 (e) TRS-Entwurf).

Der Antragsteller muss darlegen, wie der Kunde **gewarnt** wird, dass **bestimmte** 117 **Anweisungen** eines Kunden den Antragsteller daran hindern können, die Maßnahmen zu ergreifen, die er in seinen Grundsätzen der Auftragsausführung vorgesehen und umgesetzt hat, um das **bestmögliche Ergebnis** bei der Ausführung dieser Aufträge zu erzielen, in Bezug auf die von diesen Anweisungen erfassten Elemente (Art. 15 (f) TRS-Entwurf).

Darüber hinaus muss in dem Antrag über das **Verfahren zur Auswahl von** 118 **Handelsplätzen** und die angewandten **Grundsätze zur Ausführung, die Verfahren und Prozesse,** die zur Analyse der Qualität der erzielten Ausführung verwendet werden, und darüber, wie der Antragsteller **überwacht** und **überprüft, dass die bestmöglichen Ergebnisse für die Kunden** erzielt wurden, informiert werden (Art. 15 (g) TRS-Entwurf).

Außerdem sind Angaben zu den Vorkehrungen, die der Antragsteller zur **Ver-** 119 **hinderung des Missbrauchs von Informationen über Kundenaufträgen** durch die Mitarbeiter des Antragstellers getroffen hat, erforderlich (Art. 15 (h) TRS-Entwurf).

Angegeben werden muss auch, welche Vorkehrungen und Verfahren eingerich- 120 tet wurden, mit denen der Antragsteller den Kunden Informationen über seine Grundsätze der Auftragsausführung **offenlegt** und sie über alle wesentlichen Änderungen dieser Grundsätze **informiert** (Art. 15 (i) TRS-Entwurf). Außerdem muss der Antragsteller darlegen, welche Vorkehrungen getroffen wurden, um der **zuständigen Behörde** auf deren Verlangen hin die Einhaltung von Art. 78 **nachzuweisen** (Art. 15 (j) TRS-Entwurf).

e) Beratungsdienste und Portfolioverwaltung (Abs. 2 lit. q; Art. 16 121 **TRS).** Für **Beratungsdienste** zu Kryptowerten (Art. 3 Abs. 1 Nr. 24) oder Portfolioverwaltung von Kryptowerten (Art. 3 Abs. 1 Nr. 25), ist erforderlich, dass der Antrag einen **Nachweis** enthält, dass die natürlichen Personen, die im Namen des antragstellenden Anbieters von Kryptowerte-Dienstleistungen Beratungsdienste leisten oder Portfolioverwaltung erbringen, über die **erforderlichen Kenntnisse und Fachkompetenz** verfügen, um ihren Verpflichtungen nachzukommen (Art. 62 Abs. 2 lit. q).

Nach den TRS wird der Nachweis dadurch erbracht, dass die Verfahren, Strate- 122 gien und Vorkehrungen, die der Antragsteller getroffen hat, um die **Einhaltung von Art. 81 Abs. 7** zu gewährleisten, ausführlich beschrieben werden, durch Informationen zu:

Art. 63

- den Mechanismen, mit denen die Kenntnisse und die Kompetenz der natürlichen Personen, die die Beratung oder Portfolioverwaltung in Bezug auf Kryptowerte erbringen, kontrolliert, bewertet und aufrechterhalten wird (Art. 16 (a) (i) TRS-Entwurf);
- den Vorkehrungen, mit denen der Antragsteller sicherstellt, dass die natürliche Personen, die an der Beratung oder Portfolioverwaltung beteiligt sind, die internen Strategien und Verfahren des Antragstellers zur Einhaltung der MiCAR, insbesondere Art. 81 Abs. 1 und der Verpflichtungen zur Bekämpfung von Geldwäsche und Terrorismusfinanzierung gemäß der AMLD kennen, verstehen und anwenden (Art. 16 (a) (ii) TRS-Entwurf); sowie
- dem Umfang, mit der Antragsteller plant, jährlich personelle und finanzielle Ressourcen für die berufliche Entwicklung und Schulung des Personals, das die Beratung oder das Portfolioverwaltung in Bezug auf Kryptowerte erbringt, zu verwenden (Art. 16 (a) (iii) TRS-Entwurf).

Außerdem müssen die Vorkehrungen beschrieben werden, die der Antragsteller getroffen hat, um sicherzustellen, dass die natürlichen **Personen,** die im Namen des Antragstellers beraten, über die erforderlichen Kenntnisse und Erfahrungen verfügen, um eine **Eignungsprüfung** nach Art. 81 Abs. 1 durchzuführen (Art. 16 (b) TRS-Entwurf).

123 f) **Transferdienstleistungen (Abs. 2 lit. r; Art. 17 TRS).** Soll der Antrag für die Ausführung von **Transferdienstleistungen** für Kryptowerte für Kunden gestellt werden (Art. 3 Abs. 1 Nr. 26), ist eine Beschreibung der **Art und Weise der Ausführung** dieser Transferdienstleistungen erforderlich (Art. 62 Abs. 2 lit. r).

124 Die Beschreibung der Art und Weise der Ausführung muss nach den TRS **Einzelheiten zu den Arten von Kryptowerten,** für die der Antragsteller beabsichtigt, Transferdienstleistungen zu erbringen, enthalten (Art. 17 (a) TRS-Entwurf).

125 Der Antragsteller muss außerdem die **Strategien, die Verfahren und Vorkehrungen,** die der Antragsteller getroffen hat, um die **Einhaltung von Art. 82** zu gewährleisten, ausführlich beschreiben, und dabei detailliert darüber informieren, mit welchen Vorkehrungen, verwendeten Sicherheitssysteme und personellen Ressourcen, Risiken während der Erbringung von Transferdienstleistungen für Kunden unverzüglich, effizient und gründlich und unter Berücksichtigung potenzieller Betriebsausfälle und Cybersicherheitsrisiken, angegangen werden (Art. 17 (b) TRS-Entwurf). In diesem Zusammenhang muss er außerdem angeben, welche Vorkehrungen er getroffen hat, um Kunden angemessen über diese Strategien, Verfahren und Vorkehrungen zu informieren (Art. 17 (d) TRS-Entwurf).

126 Gegebenenfalls muss der Antragsteller seine **Versicherungspolice** beschreiben, einschließlich eines Versicherungsschutzes für Beeinträchtigungen von Kryptowerten des Kunden, die sich aus Cybersicherheitsrisiken ergeben können (Art. 17 (c) TRS-Entwurf).

Artikel 63 Prüfung des Zulassungsantrags und Erteilung oder Verweigerung der Zulassung

(1) **Die zuständigen Behörden bestätigen dem antragstellenden Anbieter von Kryptowerte-Dienstleistungen den Eingang des Antrags nach Artikel 62 Absatz 1 umgehend, in jedem Fall aber innerhalb von fünf Arbeitstagen schriftlich.**

(2) Die zuständigen Behörden prüfen innerhalb von 25 Arbeitstagen nach Eingang eines Antrags gemäß Artikel 62 Absatz 1, ob er vollständig ist, und überprüfen zu diesem Zweck, ob die in Artikel 62 Absatz 2 aufgeführten Informationen übermittelt wurden.

Ist der Antrag unvollständig, so setzen die zuständigen Behörden dem antragstellenden Anbieter von Kryptowerte-Dienstleistungen eine Frist, bis zu deren Ablauf er sämtliche fehlenden Informationen vorlegen muss.

(3) Die zuständigen Behörden können die Bearbeitung von Anträgen ablehnen, wenn ein Antrag nach Ablauf der von ihnen gemäß Absatz 2 Unterabsatz 2 gesetzten Frist weiterhin unvollständig ist.

(4) Sobald ein Antrag vollständig ist, teilen die zuständigen Behörden dies dem antragstellenden Anbieter von Kryptowerte-Dienstleistungen umgehend mit.

(5) Vor Erteilung oder Verweigerung der Zulassung als Anbieter von Kryptowerte-Dienstleistungen konsultieren die zuständigen Behörden die zuständigen Behörden eines anderen Mitgliedstaats, wenn der antragstellende Anbieter von Kryptowerte-Dienstleistungen in einem der folgenden Verhältnisse zu einem Kreditinstitut, einer Wertpapierfirma, einem Marktbetreiber, einer OGAW-Verwaltungsgesellschaft, einem Verwalter alternativer Investmentfonds, einem Zahlungsinstitut, einem Versicherungsunternehmen, einem E-Geld-Institut oder einer Einrichtung der betrieblichen Altersversorgung mit Zulassung in diesem anderen Mitgliedstaat steht:
a) er ist ein Tochterunternehmen;
b) er ist ein Tochterunternehmen dieses Rechtsträgers oder
c) er wird durch die gleichen natürlichen oder juristischen Personen kontrolliert wie diese Rechtsträger.

(6) Vor der Erteilung oder Verweigerung der Zulassung als Anbieter von Kryptowerte-Dienstleistungen
a) können die zuständigen Behörden die für die Bekämpfung von Geldwäsche und Terrorismusfinanzierung zuständigen Behörden und die Zentralstellen für Geldwäsche-Verdachtsanzeigen konsultieren, um überprüfen zu lassen, ob gegen den antragstellenden Anbieter von Kryptowerte-Dienstleistungen keine Ermittlungen wegen Handlungen im Zusammenhang mit Geldwäsche oder Terrorismusfinanzierung eingeleitet wurden;
b) müssen die zuständigen Behörden sicherstellen, dass der antragstellende Anbieter von Kryptowerte-Dienstleistungen, der in gemäß Artikel 9 der Richtlinie (EU) 2015/849 ermittelten Drittländern mit hohem Risiko Niederlassungen betreibt oder sich auf dort niedergelassene Dritte stützt, die Bestimmungen des nationalen Rechts zur Umsetzung von Artikel 26 Absatz 2, Artikel 45 Absatz 3 und Artikel 45 Absatz 5 der genannten Richtlinie einhält;
c) müssen die zuständigen Behörden sicherstellen, dass der antragstellende Anbieter von Kryptowerte-Dienstleistungen zur Einhaltung etwaiger Bestimmungen des nationalen Rechts zur Umsetzung von Artikel 18a Absätze 1 und 3 der Richtlinie (EU) 2015/849 geeignete Verfahren eingeführt hat.

Art. 63

(7) Bestehen zwischen dem antragstellenden Anbieter von Kryptowerte-Dienstleistungen und anderen natürlichen oder juristischen Personen enge Verbindungen, so erteilen die zuständigen Behörden die Zulassung nur dann, wenn diese Verbindungen sie nicht an der ordnungsgemäßen Wahrnehmung ihrer Aufsichtsfunktionen hindern.

(8) Die zuständigen Behörden verweigern die Zulassung, wenn sie bei der ordnungsgemäßen Wahrnehmung ihrer Aufsichtsfunktionen durch die Rechts- oder Verwaltungsvorschriften eines Drittlands, denen eine oder mehrere natürliche oder juristische Personen unterliegen, zu denen der Anbieter von Kryptowerte-Dienstleistungen enge Verbindungen hat, oder durch Schwierigkeiten bei deren Anwendung behindert werden.

(9) Die zuständigen Behörden prüfen innerhalb von 40 Arbeitstagen nach dem Tag des Eingangs eines vollständigen Antrags, ob der antragstellende Anbieter von Kryptowerte-Dienstleistungen die Anforderungen dieses Titels erfüllt, und erlassen eine umfassend begründete Entscheidung über die Erteilung oder Verweigerung der Zulassung als Anbieter von Kryptowerte-Dienstleistungen. Die zuständigen Behörden teilen dem Antragsteller ihre Entscheidung innerhalb von fünf Arbeitstagen ab dem Tag der genannten Entscheidung mit. Bei dieser Prüfung ist zu berücksichtigen, welcher Art, wie umfangreich und wie komplex die Kryptowerte-Dienstleistungen, die der antragstellende Anbieter von Kryptowerte-Dienstleistungen zu erbringen beabsichtigt, sind.

(10) Die zuständigen Behörden verweigern die Zulassung als Anbieter von Kryptowerte-Dienstleistungen, wenn objektive und nachweisbare Anhaltspunkte dafür vorliegen, dass

a) das Leitungsorgan des antragstellenden Anbieters von Kryptowerte-Dienstleistungen eine Gefahr für die wirksame, solide und umsichtige Führung und Fortführung des Geschäftsbetriebs und die angemessene Berücksichtigung der Interessen seiner Kunden und die Integrität des Marktes darstellen kann oder den Anbieter von Kryptowerte-Dienstleistungen einem schwerwiegenden Risiko der Geldwäsche oder der Terrorismusfinanzierung aussetzt;

b) die Mitglieder des Leitungsorgans des Anbieters von Kryptowerte-Dienstleistungen die in Artikel 68 Absatz 1 festgelegten Kriterien nicht erfüllen;

c) die Anteilseigner oder Gesellschafter, die direkt oder indirekt qualifizierte Beteiligungen an dem Anbieter von Kryptowerte-Dienstleistungen halten, die in Artikel 68 Absatz 2 festgelegten Kriterien des ausreichend guten Leumunds nicht erfüllen;

d) der antragstellende Anbieter von Kryptowerte-Dienstleistungen eine der Anforderungen dieses Titels nicht erfüllt oder wahrscheinlich nicht erfüllt.

(11) Die ESMA und die EBA geben gemeinsam Leitlinien gemäß Artikel 16 der Verordnung (EU) Nr. 1095/2010 beziehungsweise Artikel 16 der Verordnung (EU) Nr. 1093/2010, für die Beurteilung der Eignung der Mitglieder des Leitungsorgans von Anbietern von Kryptowerte-Dienstleistungen und der Anteilseigner oder Gesellschafter, die direkt oder indirekt qualifizierte Beteiligungen an dem jeweiligen Anbieter von Kryptowerte-

Dienstleistungen halten, heraus. Die ESMA und die EBA geben die in Unterabsatz 1 genannten Leitlinien bis zum 30. Juni 2024 heraus.

(12) Die zuständigen Behörden können bis spätestens am 20. Arbeitstag der in Absatz 9 genannten Prüfungsfrist weitere Informationen anfordern, die für den Abschluss der Beurteilung notwendig sind. Solche Ersuchen werden dem antragstellenden Anbieter von Kryptowerte-Dienstleistungen unter Angabe der zusätzlich benötigten Informationen schriftlich übermittelt.

Die Prüfungsfrist gemäß Absatz 9 wird für den Zeitraum zwischen dem Tag der Anforderung der fehlenden Informationen durch die zuständigen Behörden und dem Eingang einer diesbezüglichen Antwort des antragstellenden Anbieters von Kryptowerte-Dienstleistungen ausgesetzt. Die Aussetzung darf 20 Arbeitstage nicht überschreiten. ³Die Anforderung weiterer Ergänzungen oder Klarstellungen zu den Informationen liegt im Ermessen der zuständigen Behörde, führt jedoch nicht zu einer Aussetzung der Prüfungsfrist gemäß Absatz 9.

(13) Die zuständigen Behörden teilen der ESMA innerhalb von zwei Arbeitstagen nach Erteilung der Zulassung die in Artikel 109 Absatz 5 genannten Informationen mit. Die zuständigen Behörden unterrichten die ESMA auch über alle verweigerten Zulassungen. Die ESMA stellt die in Artikel 109 Absatz 5 aufgeführten Informationen ab dem Startdatum der Erbringung von Kryptowerte-Dienstleistungen in dem dort genannten Register zur Verfügung.

Übersicht

	Rn.
I. Ablauf des Zulassungsverfahrens	1
1) Eingang des Antrags und Überprüfung auf Vollständigkeit (Abs. 1-4)	3
2) Prüfungsfrist	6
3) Konsultation weiterer Behörden (Art. 63 Abs. 5, Abs. 6)	8
a) Verbindung zu Anbietern von Kryptowerte-Dienstleistungen mit Zulassung in einem anderen Mitgliedstaat (Abs. 5)	9
b) Überprüfung der Geldwäsche-Compliance (Abs. 6)	11
4) Anforderung weiterer Informationen (Abs. 12)	15
5) Entscheidung und Entscheidungsmitteilung	17
6) Unterrichtung der ESMA über die Entscheidung (Abs. 13)	18
II. Entscheidung über die Zulassung	19
1) Prüfungsmaßstab	19
2) Verweigerung bei objektiven und nachweisbaren Anhaltspunkten	23
a) Gefahren und Risiken im Zusammenhang mit Leitungsorganen	24
b) Mitglieder des Leitungsorgans	26
c) Anteilseigner oder Gesellschafter mit direkten oder indirekten qualifizierten Beteiligungen	30
d) Verurteilungen für Straftaten	31
e) Anforderungen des Titels V	35
3) Verweigerung der Zulassung bei Behinderung der Wahrnehmung der Aufsichtsfunktion	37
a) Enge Verbindungen zu anderen natürlichen oder juristischen Personen	37

	Rn.
b) Enge Verbindungen zu anderen natürlichen oder juristischen Personen durch Drittland-Verbindungen	39
4) Inhalt der Entscheidung	41
5) Rechtsschutz	43

I. Ablauf des Zulassungsverfahrens

1 Nach Eingang des Antrags auf Zulassung bei der zuständigen Behörde wird dieser zunächst auf **Vollständigkeit überprüft** (→ Rn. 3). Ein vollständiger Zulassungsantrag wird von der zuständigen Behörde innerhalb der **Prüfungsfrist** (→ Rn. 6) geprüft. Während der Prüfung muss die zuständige Behörde **andere Behörden konsultieren** (→ Rn. 8f.) und kann **weitere Informationen** von dem Antragsteller **anfordern** (→ Rn. 15f.). Anschließend wird dem Antragsteller das **Ergebnis** der Entscheidung über den Zulassungsantrag **mitgeteilt** (→ Rn. 17), von dem auch die **ESMA unterrichtet** werden muss (→ Rn. 18f.).

2 In einem am 12.7.2023 veröffentlichten „Consultation Paper Technical Standards specifying certain requirements of the Markets in Crypto Assets Regulation (MiCAR)" der ESMA werden **Einzelheiten des Zulassungsverfahrens** in dem Vorschlag für die Technischen Durchführungsstandards zur Festlegung von Standardformularen, Mustertexten und Verfahren für die Informationen, die dem Antrag auf Zulassung als Anbieter von Kryptowerte-Dienstleistungen beizufügen sind nach Art. 62 Abs. 6 (bezeichnet als TDS-Entwurf)[1] geregelt.

1) Eingang des Antrags und Überprüfung auf Vollständigkeit (Abs. 1-4)

3 Nachdem der Antrag auf Zulassung bei der zuständigen nationalen Behörde, in Deutschland voraussichtlich der **BaFin,** gestellt wurde (→ Art. 62 Rn. 4)[2] **bestätigt** diese den antragstellenden Anbieter von Kryptowerten-Dienstleistungen den **Eingang des Antrags** nach Art. 62 Abs. **umgehend,** in jedem Fall aber **innerhalb von fünf Arbeitstagen schriftlich** (Art. 63 Abs. 1). Die Eingangsbestätigung muss **in elektronischer oder in Papierform,** oder **in beiden Formen,** versandt werden und die Kontaktdaten der von der zuständigen Behörde ernannten Kontaktstelle angegeben werden (Art. 3 DTS-Entwurf).

4 Anschließend wird **innerhalb von 25 Arbeitstagen** nach Eingang überprüft, ob der **Antrag vollständig** ist, insbesondere auch die Übermittlung der in Art. 62 Abs. 2 (→ Art. 62 Rn. 10f.) aufgeführten Informationen. Ist der Antrag **unvollständig,** so setzt die zuständige Behörde dem antragstellenden Anbieter von Kryptowerte-Dienstleistungen eine **Frist,** bis zu deren Ablauf er sämtliche fehlenden Informationen vorlegen muss (Art. 63 Abs. 2).

5 Die zuständige Behörde kann die Bearbeitung von Anträgen **ablehnen,** wenn ein Antrag **nach Ablauf der von ihr gesetzten Frist** weiterhin **unvollständig** ist (Art. 63 Abs. 3). Sobald ein Antrag vollständig ist, teilt die zuständige Behörde

---

[1] ESMA, Consultation Paper Technical Standards specifying certain requirements of the Markets in Crypto Assets Regulation (MiCAR), 9.2.4 ITS on standard forms, templates and procedures for authorisation of crypto-asset service providers, S. 98f.

[2] Erwgr. Nr. 76.

Prüfung, Erteilung, Verweigerung der Zulassung **Art. 63**

dies dem antragstellenden Anbieter von Kryptowerte-Dienstleistungen umgehend mit (Art. 63 Abs. 4).

2) Prüfungsfrist

Nach dem Eingang eines vollständigen Antrags wird von der zuständigen Behörde innerhalb einer **Prüfungsfrist von 40 Arbeitstagen** geprüft, ob der antragstellende Anbieter von Kryptowerte-Dienstleistungen die **Anforderungen des Titels V** (Zulassung und Bedingungen für die Ausübung der Tätigkeit eines Anbieters von Kryptowerte-Dienstleistungen) **erfüllt** (Art. 63 Abs. 9). 6

Im Vergleich zu der als großzügig bemessen angesehenen,[3] sechsmonatigen Prüfungsfrist des Art. 7 Abs. 3 der MiFID II ist die Prüfungsfrist unter der MiCAR deutlich **kürzer**. Aktualisiert der Antragsteller bereits eingereichte **Informationen** (→ Art. 62 Rn. 8), **beginnt** die Frist ab dem Datum des Eingangs bei der zuständigen Behörde **neu** zu laufen (Art. 4 Abs. 2 TDS-Entwurf). 7

3) Konsultation weiterer Behörden (Art. 63 Abs. 5, Abs. 6)

Während der Prüfung des Zulassungsantrags muss die zuständige Behörde die jeweiligen zuständigen **Behörden anderer Mitgliedsstaaten konsultieren,** wenn Verbindungen zu einem Anbieter von Kryptowerte-Dienstleistungen mit Zulassung in einem anderen Mitgliedsstaat bestehen oder um die Einhaltung geldwäscherechtlicher Anforderungen zu überprüfen. 8

a) Verbindung zu Anbietern von Kryptowerte-Dienstleistungen mit Zulassung in einem anderen Mitgliedstaat (Abs. 5). Vor Erteilung oder Verweigerung der Zulassung als Anbieter von Kryptowerte-Dienstleistungen müssen die zuständigen Behörden die **zuständigen Behörden eines anderen Mitgliedstaats konsultieren,** wenn der antragstellende Anbieter von Kryptowerte-Dienstleistungen in der folgenden Verhältnisse zu einem Kreditinstitut, einer Wertpapierfirma, einem Marktbetreiber, einer OGAW-Verwaltungsgesellschaft, einem Verwalter alternativer Investmentfonds, einem Zahlungsinstitut, einem Versicherungsunternehmen, einem EGeld-Instituts oder einer Einrichtung der betrieblichen Altersversorgung mit Zulassung in diesem anderen Mitgliedstaat steht: 9

- er ist ein Tochterunternehmen,
- er ist ein Tochterunternehmen dieses Rechtsträgers oder
- er wird durch die gleichen natürlichen oder juristischen Personen kontrolliert wie diese Rechtsträger (Art. 63 Abs. 5).

Die Konsultation der zuständigen Behörden des anderen Mitgliedsstaates kann der zuständigen Behörde Aufschluss sowohl darüber geben, inwieweit die **Aktivitäten** des Antragstellers und des bereits zugelassenen Anbieters von Kryptowerte-Dienstleistungen **sich gegenseitig beeinflussen** (→ Art. 62 Rn. 22) als auch über die **Regelungen zur Unternehmensführung** und **internen Kontrollmechanismen und Risikomanagement** innerhalb der Gruppe (→ Art. 62 Rn. 44). 10

b) Überprüfung der Geldwäsche-Compliance (Abs. 6). Vor der Erteilung oder Verweigerung der Zulassung als Anbieter von Kryptowerte-Dienstleistungen müssen die zuständigen Behörden die für die **Bekämpfung von Geldwäsche und Terrorismusfinanzierung zuständigen Behörden** und die **Zentralstel-** 11

---

[3] Vgl. Fischer/Schulte-Mattler/Fischer/Krolop KWG § 33 Rn. 77.

Art. 63

len für Geldwäsche-Verdachtsanzeigen konsultieren, um überprüfen zu lassen, ob gegen den antragstellenden Anbieter von Kryptowerte-Dienstleistungen keine Ermittlungen wegen Handlungen im Zusammenhang mit Geldwäsche oder Terrorismusfinanzierung eingeleitet wurden (Art. 63 Abs. 6 lit. a).

12 Darüber hinaus ist die zuständige Behörde verpflichtet, sicherzustellen, dass der antragstellende Anbieter von Kryptowerte-Dienstleistungen, der in gemäß Art. 9 der AMLD ermittelten **Drittländern mit hohem Risiko** Niederlassungen betreibt oder sich auf dort niedergelassene Dritte stützt, die **Bestimmungen des nationalen Rechts zur Umsetzung von Art. 26 Abs. 2, Art. 45 Abs. 3 und Art. 45 Abs. 5 der AMLD** einhält (Art. 63 Abs. 6 lit. b).

13 Zudem muss von der Behörde sichergestellt werden, dass der antragstellende Anbieter von Kryptowerte-Dienstleistungen zur **Einhaltung** etwaiger **Bestimmungen des nationalen Rechts zur Umsetzung von Art. 18a Abs. 1 und 3 der AMLD geeignete Verfahren** eingeführt hat (Art. 63 Abs. 6 lit. c).

14 Die zuständige Behörde wird insoweit **verpflichtet,** nicht nur die **Angaben des Antragstellers** (→ Art. 62 Rn. 53f.) **zu verifizieren,** sondern darüber hinaus die **Einhaltung geldwäscherechtlicher Anforderungen zu überprüfen.** Dadurch soll der kontinuierliche **Schutz des europäischen Finanzsystems** gewährleistet werden.[4]

4) Anforderung weiterer Informationen (Abs. 12)

15 Hält die zuständige Behörden **weitere Informationen** für den Abschluss der Beurteilung für notwendig, kann sie diese **bis spätestens am 20. Arbeitstag der Prüfungsfrist** anfordern. Solche Ersuchen werden dem antragstellenden Anbieter von Kryptowerte-Dienstleistungen unter Angabe der zusätzlich benötigten Informationen schriftlich übermittelt. Die **Prüfungsfrist** wird für den Zeitraum zwischen dem Tag der Anforderung der fehlenden Informationen durch die zuständigen Behörden und dem Eingang einer diesbezüglichen Antwort des antragstellenden Anbieters von Kryptowerte-Dienstleistungen **ausgesetzt,** die Aussetzung darf aber **20 Arbeitstage** nicht überschreiten.

16 Die Anforderung weiterer Ergänzungen oder Klarstellungen zu den Informationen liegt im **Ermessen** der zuständigen Behörde, sie führt im Gegensatz zu durch den Antragsteller aktualisierte Informationen **nicht** zu einem **Neubeginn** der Prüfungsfrist (Art. 4 Abs. 2 TDS-Entwurf). Die Behörde wird dadurch angehalten, bei Eingang des Antrags auf Zulassung zu überprüfen, ob der Antrag tatsächlich vollständig ist (→ Rn. 3).

5) Entscheidung und Entscheidungsmitteilung

17 Nach Ablauf der Prüfungsfrist erlässt die zuständige Behörde eine **umfassend begründete Entscheidung** über die Erteilung oder Verweigerung der Zulassung als Anbieter von Kryptowerte-Dienstleistungen und teilt dem Antragsteller ihre Entscheidung **innerhalb von fünf Arbeitstagen** ab dem Tag der Entscheidung mit (Art. 63 Abs. 9). Nach den TDS erfolgt die Information über die Entscheidung durch die zuständige Behörde **in Papierform, elektronischer Form, oder beiden Formen** (Art. 5 TDS-Entwurf).

---

[4] Erwgr. Nr. 77.

Prüfung, Erteilung, Verweigerung der Zulassung **Art. 63**

6) Unterrichtung der ESMA über die Entscheidung (Abs. 13)

Die zuständige Behörde teilt der **ESMA innerhalb von zwei Arbeitstagen** 18
nach Erteilung der Zulassung alle in Art. 109 Abs. 5 genannten Informationen mit und unterrichtet die ESMA auch über alle verweigerten Zulassungen. Die ESMA stellt die in Art. 109 Abs. 5 aufgeführten Informationen ab dem Startdatum der Erbringung von Kryptowerte-Dienstleistungen in dem dort genannten **Register** zur Verfügung.

II. Entscheidung über die Zulassung

1) Prüfungsmaßstab

Bei der Prüfung des Antrags auf Zulassung als Anbieter von Kryptowerte- 19
Dienstleistungen ist von der zuständigen Behörde zu berücksichtigen, **welcher Art, wie umfangreich und wie komplex** die Kryptowerte-Dienstleistungen, die der antragstellende Anbieter von Kryptowerte-Dienstleistungen zu erbringen beabsichtigt, sind (Art. 63 Abs. 9).

Der **Beurteilungsspielraum** der Behörde wird insoweit **eingeschränkt,** als 20
dass die MiCAR in Art. 64 Abs. 10 **zwingende Verweigerungsgründe** regelt (→ Rn. 1 f.) und insoweit kein Ermessen besteht. **Auslegungs- und Wertungsspielräume** werden allenfalls durch **unbestimmte Rechtsbegriffe** eröffnet (zB Ansprüche an die „wirksame, solide und umsichtige Führung" oder durch die Bezugnahme auf Art. 68 „angemessene Kenntnisse, Fähigkeiten und Erfahrung", „guter Leumund" und „ausreichend Zeit").[5] Abzuwarten bleibt, inwieweit die von der ESMA und EBA herauszugebenden **Leitlinien** gemäß Art. 16 der VO (EU) Nr. 1095/2010 beziehungsweise Art. 16 der VO (EU) Nr. 1093/2010, für die Beurteilung der Eignung der Mitglieder des Leitungsorgans (Art. 3 Abs. 1 Nr. 27) von Anbietern von Kryptowerte-Dienstleistungen und der Anteilseigner oder Gesellschafter, die direkt oder indirekt qualifizierte Beteiligungen an dem jeweiligen Anbieter von Kryptowerte-Dienstleistungen halten, den Auslegungs- und Wertungsspielraum **weiter einschränken.**

Ein – wenn auch **begrenzter**[6] – **Beurteilungsspielraum** besteht im Hinblick 21
auf **enge Verbindungen** zu anderen natürlichen oder juristischen Personen (→ Rn. 37 f.) oder bei **Drittland-Verbindungen** (→ Rn. 39 f.), bei denen die Zulassung nur dann erteilt werden darf, wenn die Behörde durch diese Verbindungen nicht in der ordnungsgemäßen Wahrnehmung der Aufsichtsfunktion behindert wird. Art. 63 Abs. 7 und Art. 63 Abs. 8 sind insoweit als **Kannbestimmungen** aufzufassen und lassen einen eingeschränkten Beurteilungsspiel der zuständigen Behörde zu.[7]

Dabei wird die zuständige Behörde vor dem Hintergrund des **Schutzzwecks** 22
der MiCAR, insbesondere des Schutzes von Verbrauchern und des Vertrauens in den Kryptowertemarkt, vor allem bei besonders risikoreichen Kryptowerte-Dienstleistungen wie die **Verwahrung und Verwaltung** von Kryptowerte-Dienstleistungen[8] oder **Beratung und Portfolioverwaltung**[9] **strengere Anfor**-

---

[5] Vgl. zu § 33 KWG: Fischer/Schulte-Mattler/Fischer/Krolop KWG § 33 Rn. 2.
[6] Vgl. zu § 33 Abs. 2 KWG: Fischer/Schulte-Mattler/Fischer/Krolop KWG § 33 Rn. 3.
[7] Vgl. zu § 33 Abs. 2 KWG: Fischer/Schulte-Mattler/Fischer/Krolop KWG § 33 Rn. 3.
[8] Erwgr. Nr. 83.
[9] Erwgr. Nr. 89.

derungen zu stellen haben. Die Verwahrung und Verwaltung von Kryptowerten eröffnen dem Anbieter von Kryptowerte-Dienstleistungen für einen gewissen Zeitraum andauernde, unmittelbare Einwirkungsmöglichkeiten auf die Vermögenswerte und damit Rechtsgüter der Kunden. Bei der Beratung und Portfolioverwaltung besteht ein unmittelbarer Kontakt zu den Kunden und das Risiko einer nachteilhaften Beeinflussung der Entscheidungsfreiheit der Kunden im Hinblick auf Anlagemöglichkeiten, so dass auch hier strengere Anforderungen gestellt werden müssen.

2) Verweigerung bei objektiven und nachweisbaren Anhaltspunkten

23   Die **zwingenden Verweigerungsgründe** des Art. 63 Abs. 10 erfordern jeweils das **Vorliegen objektiver und nachweisbarer Anhaltspunkte.** Im Rahmen einer **Einzelfallbeurteilung** müssen sich die objektiven und nachweisbaren Anhaltspunkte für die jeweiligen Versagungsgründe auf die **konkret** in Frage stehende Kryptowerte-Dienstleistungen beziehen, wobei je nach der Art der Kryptowerte-Dienstleistungen und Größe des Anbieters von Kryptowerte-Dienstleistungen **unterschiedliche Anforderungen** zu stellen sind.[10] Art. 63 Abs. 9 S. 2 regelt insoweit ausdrücklich, dass bei der Prüfung der Erteilung des Zulassungsantrags zu berücksichtigen ist, welcher **Art,** wie **umfangreich** und wie **komplex** die Kryptowerte-Dienstleistungen, die der antragstellende Anbieter von Kryptowerte-Dienstleistungen zu erbringen beabsichtigt, sind. Bei einem Anbieter der Kryptowerte-Dienstleistungen der **Verwahrung und Verwaltung** von Kryptowerten dürften daher durch die unmittelbare Einwirkungsmöglichkeit auf Vermögenswerte des Kunden weitaus **strengere Anforderungen** gestellt werden als die Erbringung von Transferdienstleistungen für Kryptowerte der Kunden (→ Rn. 22).

24   **a) Gefahren und Risiken im Zusammenhang mit Leitungsorganen.** Anhaltspunkte dafür, dass das **Leitungsorgan** des antragstellenden Anbieters von Kryptowerte-Dienstleistungen eine **Gefahr für die wirksame, solide und umsichtige Führung und Fortführung des Geschäftsbetriebs** und die **angemessene Berücksichtigung der Interessen seiner Kunden** und die **Integrität des Marktes** darstellen kann oder den Anbieter von Kryptowerte-Dienstleistungen einem **schwerwiegenden Risiko der Geldwäsche oder der Terrorismusfinanzierung** aussetzt, stellen einen Verweigerungsgrund dar (Art. 63 Abs. 10 lit. a).

25   Die **unbestimmten Rechtsbegriffe** der „Gefahr", „wirksame, solide und umsichtige Führung und Fortführung", „angemessene Berücksichtigung" und „schwerwiegendes Risiko" eröffnen der zuständigen zunächst einen **gewissen Auslegungs- und Wertungsspielraum,** abzuwarten bleibt insoweit, wie dieser durch die von der ESMA und EBA herauszugebenden **Leitlinien** für die Beurteilung der Eignung der Mitglieder des Leitungsorgans eingeschränkt wird (→ Rn. 20). Zudem wird sich die Verwaltungspraxis der zuständigen Behörden im Hinblick auf diesen Versagungsrund noch zeigen.[11]

---

[10] Vgl. zum Begriff der „Tatsachen" des § 33 Abs. 1 S. 1 Nr. 2 KWG: Fischer/Schulte-Mattler/Fischer/Krolop KWG § 33 Rn. 38.
[11] Vgl. Siadat RdF 2021, 172 (176).

Prüfung, Erteilung, Verweigerung der Zulassung **Art. 63**

b) Mitglieder des Leitungsorgans. Im Hinblick auf die **Mitglieder des Lei-** 26
tungsorgans hat die zuständige Behörde die Zulassung außerdem zu versagen,
wenn die Mitglieder des Leitungsorgans des Anbieters von Kryptowerte-Dienstleistungen die **in Art. 68 Abs. 1 festgelegten Kriterien nicht erfüllen** (Art. 63
Abs. 10b)). Art. 68 Abs. 1 erfordert, dass Mitglieder des Leitungsorgans **ausreichend gut beleumundet** sind, sowohl einzeln als auch gemeinsam über die **angemessenen Kenntnisse, Fähigkeiten, Erfahrung** verfügen müssen, um ihre
Aufgaben wahrnehmen zu können, nicht für **Straftaten** im Zusammenhang mit
Geldwäsche oder Terrorismusfinanzierung oder für andere Straftaten, die ihrem guten Leumund schaden würden, verurteilt wurden und nachweisbar in der Lage
sind, **ausreichend Zeit** für die wirksame Wahrnehmung ihrer Aufgaben aufzuwenden (Art. 68 Abs. 1).

Dieser Verweigerungsgrund spiegelt die Anforderungen der MiCAR an die 27
Geeignetheit und Zuverlässigkeit der Leistungsorgane des Antragstellers, insbesondere Geschäftsleiter, die einen bedeutenden Einfluss auf die jeweilige Kryptowerte-Dienstleistung haben.[12] Deutlich wird auch der Schwerpunkt der Zielsetzung der MiCAR auf **Schutz von Kundeninteressen und Marktintegrität**.[13]

Auch hier wird der zuständigen Behörde durch die **unbestimmten Rechts-** 28
begriffe „ausreichend guter Leumund", „angemessene Kenntnisse, Fähigkeiten
und Erfahrung" und „ausreichend Zeit" ein **Auslegungs- und Wertungsspielraum**, der durch die von der ESMA und EBA herauszugebenden **Leitlinien** für
die Beurteilung der Eignung der Mitglieder des Leitungsorgans konkretisiert werden wird (→ Rn. 20).

Eine schuldhafte Herbeiführung der einer Insolvenz, schwere oder nachhaltige 29
Nichtbeachtung von betrieblichen Anordnungen, „chaotische" Aufgabenwahrnehmung oder nachhaltige Nichtbeachtung gesetzlicher oder behördlicher Anordnungen[14] können als **Anzeichen für eine Unfähigkeit für eine wirtschaftliche**
Geschäftsführung einen Anhaltspunkt für **Zweifel an der fachlichen Eignung**
darstellen.

c) Anteilseigner oder Gesellschafter mit direkten oder indirekten quali- 30
fizierten Beteiligungen. Erfüllen Anteilseigner oder Gesellschafter, die **direkt**
oder indirekt qualifizierte Beteiligungen an dem Anbieter von Kryptowerte-Dienstleistungen halten, die **in Art. 68 Abs. 2 festgelegten Kriterien** des ausreichend guten Leumunds **nicht,** wird die Zulassung ebenfalls verweigert (Art. 63
Abs. 10 lit. c). Im Rahmen des Art. 68 Abs. 2 gilt auch hier, dass Anteilseigner oder
Gesellschafter insbesondere **nicht** für **Straftaten** im Zusammenhang mit Geldwäsche oder Terrorismusfinanzierung oder für andere Straftaten, die ihrem guten
Leumund schaden würden, verurteilt worden sein dürfen (Art. 68 Abs. 9f.). Im Interesse des Schutzes von Kundeninteressen und Marktintegrität werden durch diesen Verweigerungsgrund **auch sonstige Beteiligte** erfasst, die einen **Einfluss auf**
die Durchführung von Kryptowerte-Dienstleistungen haben können.[15]

d) Verurteilungen für Straftaten. Während Straftaten im Zusammenhang 31
mit Geldwäsche und Terrorismusfinanzierung hinreichend klar bestimmt sind, stellt
sich die Fragen, wann **Straftaten** vorliegen, **die dem guten Leumund schaden.**

---

[12] Vgl. Siadat RdF 2021, 172 (176).
[13] Vgl. Siadat RdF 2021, 172 (176).
[14] Vgl. zu § 33 Abs. 1 S. 1 Nr. 2: Fischer/Schulte-Mattler/Fischer/Krolop KWG § 33 Rn. 42.
[15] Vgl. Siadat RdF 2021, 172 (176).

Art. 63 Titel V Kryptowerte-Dienstleistungen

In Betracht kommen vor allem **Vermögensdelikte** wie Betrug, Unterschlagung, Untreue und Urkundenfälschung.[16] Insbesondere bei **Steuerstraftaten** wie Steuerhinterziehung wird es auf den Einzelfall und den Umstand ankommen, „ob eine persönliche Bereicherung des Geschäftsleiters Gegenstand des Schuldvorwurfs ist".[17]

32 Durch die Bezugnahme auf Art. 68 Abs. 1 in Art. 63 Abs. 10 lit. b bzw. Art. 68 Abs. 2 in Art. 63 Abs. 10 lit. c ist außerdem **erforderlich,** dass das Mitglied des Leitungsorgans bzw. den Anteilseigner oder Gesellschafter mit direkten oder indirekten qualifizierten Beteiligungen für die in Frage stehende Straftat **verurteilt** wurde, so dass mangels hinreichenden Tatverdachts, Verfahrenshindernissen eingestellte, mit einem Freispruch endende Verfahren oder bereits aus dem Bundeszentralregister getilgte (§ 45 BZRG) oder nicht einzutragende Straftaten (§ 53 BZRG) keinen Versagungsgrund darstellen können.

33 Problematischer ist die **Unschuldsvermutung,** die bei **nach §§ 153 oder 153 a StPO eingestellten Verfahren** auch bei einer Zustimmung zu gerichtlichen Auflagen gilt. Zumindest im Rahmen des § 33 Abs. 1 S. 1 Nr. 2 KWG vertritt die BaFin insoweit, dass sich aus Sachverhalt und etwaigen gerichtlichen Feststellungen **Anhaltspunkte für die Unzuverlässigkeit** ergeben können.[18] Die Forderung der MiCAR nach einer „**Verurteilung**" eröffnet insoweit aber weit **weniger Auslegungsspielraum** als die „**Tatsachen, aus denen sich die Unzuverlässigkeit**" ergibt des § 33 Abs. 1 S. 1 Nr. 2 KWG.

34 Zumindest im Hinblick auf Mitglieder des Leitungsorgans könnte die BaFin Erkenntnisse aus nach §§ 153 oder 153 a StPO eingestellten Verfahren – oder sogar mangels hinreichenden Tatverdachts oder Verfahrenshindernissen eingestellte, mit einem Freispruch endende Verfahren oder bereits aus dem Bundeszentralregister getilgte (§ 45 BZRG) oder nicht einzutragende Straftaten (§ 53 BZRG) – auch im Rahmen der Anforderung, dass Mitglieder des Leitungsorgans „ausreichend guten beleumundet sind" des Art. 68 Abs. 1 miteinbeziehen. Abzuwarten bleibt, ob die Leitlinien der ESMA in dieser Hinsicht eine Aussage treffen werden – zumindest der Umfang der nach Art. 62 Abs. 2 lit. g, Abs. 3 lit. a konkretisierende Art. 7 Abs. 1 lit. f TRS-Entwurf mit dem Zulassungsantrag zur Verfügung zu stellenden Informationen (→ Art. 62 Rn. 58 f.) sprechen dafür, dass sich aus den Unterlagen ergebende Informationen auch Anhaltspunkte für einen Verweigerungsgrund bieten können.

35 **e) Anforderungen des Titels V.** Als **Auffangtatbestand** ist die Zulassung außerdem zu verweigern, wenn der antragstellende Anbieter von Kryptowerte-Dienstleistungen eine der **Anforderungen des Titels V** (Zulassung und Bedingungen für die Ausübung der Tätigkeit eines Anbieters von Kryptowerte-Dienstleistungen) **nicht erfüllt oder wahrscheinlich nicht erfüllt** (Art. 63 Abs. 10 d)).

36 Erfasst werden die allgemeinen und spezifischen Anforderungen im Hinblick auf das Angebot und die Durchführung von Kryptowerte-Dienstleistungen.[19] Der unbestimmte Rechtsbegriff der „**Wahrscheinlichkeit**" der Nichterfüllung eröffnet den Behörden in dieser Hinsicht einen **Beurteilungsspielraum,** der durch das Er-

---

[16] Vgl. zu § 33 Abs. 1 S. 1 Nr. 2: Fischer/Schulte-Mattler/Fischer/Krolop KWG § 33 Rn. 41.
[17] Vgl. zu § 33 Abs. 1 S. 1 Nr. 2: Fischer/Schulte-Mattler/Fischer/Krolop KWG § 33 Rn. 41; BT-Drs. 10/5713, 3.
[18] Vgl. im Einzelnen ablehnend: Fischer/Schulte-Mattler/Fischer/Krolop KWG § 33 Rn. 41.
[19] Vgl. Siadat RdF 2021, 172 (176).

Prüfung, Erteilung, Verweigerung der Zulassung **Art. 63**

fordernis „**objektiver und nachweisbarer Anhaltspunkte**" eingeschränkt wird.[20] Im Hinblick auf die Möglichkeit der Behörde, nachträglich weitere Informationen anzufordern (→ Rn. 15) oder die Zulassung zu entziehen, wenn sich tatsächlich herausstellt, dass der Anbieter von Kryptowerte-Dienstleistungen die Anforderungen nicht einhält (→ Art. 64 Rn. 14), bleibt abzuwarten, welche **praktische Relevanz** dieser Versagungsgrund haben wird.[21]

3) Verweigerung der Zulassung bei Behinderung der Wahrnehmung der Aufsichtsfunktion

a) Enge Verbindungen zu anderen natürlichen oder juristischen Personen. Bestehen zwischen dem antragstellenden Anbieter von Kryptowerte-Dienstleistungen und anderen natürlichen oder juristischen Personen **enge Verbindungen** (Art. 3 Abs. 1 Nr. 31), darf die zuständige Behörden die Zulassung nur dann erteilen, wenn diese Verbindungen sie **nicht** an der **ordnungsgemäßen Wahrnehmung** ihrer Aufsichtsfunktionen **hindern** (Art. 63 Abs. 7). 37

Eine Behinderung der Wahrnehmung der Aufsichtsfunktion kann durch die **Struktur des Beteiligungsgeflechts** von verbundenen Unternehmen begründet sein oder wenn eine **mangelnde wirtschaftliche Transparenz** durch die engen Verbindungen vorliegt, zB wenn die Beteiligungsverhältnisse, Weisungs- und sonstige Einflussrechte von Unternehmen innerhalb des Verbundes nicht nachvollziehbar sind oder sonst eine mangelhafte wirtschaftliche Transparenz den Unternehmensverbund kennzeichnet.[22] 38

b) Enge Verbindungen zu anderen natürlichen oder juristischen Personen durch Drittland-Verbindungen. Die zuständigen Behörden müssen die Zulassung außerdem verweigern, wenn sie bei der ordnungsgemäßen Wahrnehmung ihrer Aufsichtsfunktionen durch die **Rechts- oder Verwaltungsvorschriften eines Drittlands,** denen eine oder mehrere natürliche oder juristische Personen unterliegen, zu denen der Anbieter von Kryptowerte-Dienstleistungen enge Verbindungen (Art. 3 Abs. 1 Nr. 31) hat, oder durch **Schwierigkeiten bei deren Anwendung** behindert werden (Art. 63 Abs. 8). 39

Eine Behinderung der Wahrnehmung der Aufsichtsfunktion durch Rechts- und Verwaltungsvorschriften eines Drittstaats kann vorliegen, wenn diese die **Weitergabe von Informationen,** zB über Einwirkungsmöglichkeiten, geschäftliche Verhältnisse usw, die auch für die Beaufsichtigung des Anbieters von Kryptowerte-Dienstleistungen von Bedeutung sein können, **verbieten**.[23] 40

4) Inhalt der Entscheidung

Die **Erlaubnis nach § 32 KWG** kann von der BaFin mit **Auflagen** erteilt werden (vgl. § 32 Abs. 2 KWG), etwa, wenn Zweifel an der fachlichen Eignung eines Vorstands bestehen, dahingehend, dass eine förmliche Bestellung erst zu einem späteren Zeitpunkt oder als zunächst nur stellvertretendes Vorstandsmitglied, bis nach einer „Lehrzeit" die erforderliche Qualifikation nachgewiesen wurde.[24] Gleiches 41

---

[20] Vgl. Siadat RdF 2021, 172 (176).
[21] Vgl. Siadat RdF 2021, 172 (176).
[22] Fischer/Schulte-Mattler/Fischer/Krolop KWG § 33 Rn. 73.
[23] Vgl. zu § 33 KWG: Fischer/Schulte-Mattler/Fischer/Krolop KWG § 33 Rn. 74.
[24] Vgl. zu § 33 KWG: Fischer/Schulte-Mattler/Fischer/Krolop KWG § 33 Rn. 55.

Art. 64 Titel V Kryptowerte-Dienstleistungen

dürfte für eine **Erlaubnis nach der MiCAR** gelten, der **Anwendungsbereich** dürfte allerdings **eingeschränkt** sein.

42 Denkbar ist auch, bei der Beantragung der Zulassung für mehrere Kryptowerte-Dienstleistungen, dass die Zulassung **nur für einzelne Kryptowerte-Dienstleistungen** erteilt wird, wenn im Übrigen etwa spezifische Voraussetzungen der einzelnen Kryptowerte-Dienstleistungen nicht vorliegen. In der Zulassung muss genau angegeben werden, auf welche Kryptowerte-Dienstleistungen sich die Zulassung bezieht (Art. 59 Abs. 6).

5) Rechtsschutz

43 Nach Art. 113 Abs. 1 S. 1 müssen die Mitgliedsstaaten sicherstellen, dass gegen Entscheidungen der zuständigen Behörden **Rechtsmittel** bei Gerichten eingelegt werden kann. In der Verweigerung der Zulassung liegt insoweit ein **belastender Verwaltungsakt** und statthafte Klageart ist nach Durchführung des **Widerspruchsverfahrens** eine **Verpflichtungsklage**, wobei die Erfüllung der Zulassungsvoraussetzungen **nur einer eingeschränkten gerichtlichen Kontrolle zugänglich** ist.[25]

44 Art. 113 Abs. 1 S. 2 regelt darüber hinaus, dass auch bei einer **Untätigkeit** der zuständigen Behörde dergestalt, dass über den vollständigen Zulassungsantrag nicht innerhalb der Prüfungsfrist entschieden wurde, Rechtsmittel eingelegt werden können müssen, wobei statthafte Klageart eine **Untätigkeitsklage** ist.

Artikel 64 Entzug der Zulassung eines Anbieters von Kryptowerte-Dienstleistungen

(1) **Die zuständigen Behörden entziehen einem Anbieter von Kryptowerte-Dienstleistungen die Zulassung, falls**
a) **seine Zulassung innerhalb von zwölf Monaten nach dem Tag ihrer Erteilung nicht in Anspruch genommen hat;**
b) **ausdrücklich auf seine Zulassung verzichtet;**
c) **neun aufeinanderfolgende Monate lang keine Kryptowerte-Dienstleistungen erbracht hat;**
d) **die Zulassung auf rechtswidrige Weise, etwa durch Falschangaben in seinem Zulassungsantrag, erlangt hat;**
e) **nicht mehr die Voraussetzungen erfüllt, unter denen die Zulassung erteilt wurde, und die von der zuständigen Behörde geforderten Abhilfemaßnahmen nicht innerhalb der gesetzten Frist getroffen hat;**
f) **nicht über Systeme, Verfahren und Vorkehrungen verfügt, mit denen Geldwäsche und Terrorismusfinanzierung gemäß der Richtlinie (EU) 2015/849 aufgedeckt und verhindert werden;**
g) **in schwerwiegender Weise gegen diese Verordnung verstoßen hat, etwa auch gegen die Bestimmungen über den Schutz der Inhaber von Kryptowerten, der Kunden von Anbietern von Kryptowerte-Dienstleistungen oder der Marktintegrität.**

---

[25] Vgl. zu § 33 KWG: Fischer/Schulte-Mattler/Fischer/Krolop KWG § 33 Rn. 78.

(2) Die zuständigen Behörden sind ferner befugt, in folgenden Fällen die Zulassung als Anbieter von Kryptowerte-Dienstleistungen zu entziehen:
a) Der Anbieter von Kryptowerte-Dienstleistungen hat gegen nationale Rechtsvorschriften zur Umsetzung der Richtlinie (EU) 2015/849 verstoßen;
b) der Anbieter von Kryptowerte-Dienstleistungen hat seine Zulassung als Zahlungsinstitut oder als E-Geld-Institut verloren und er hat es versäumt, innerhalb von 40 Kalendertagen Abhilfe zu schaffen.

(3) ¹Bei Entzug einer Zulassung als Anbieter von Kryptowerte-Dienstleistungen durch eine zuständige Behörde teilt diese Behörde dies der ESMA und den zentralen Kontaktstellen der Aufnahmemitgliedstaaten unverzüglich mit. ²Die ESMA stellt diese Informationen in dem in Artikel 109 genannten Register zur Verfügung.

(4) Die zuständigen Behörden können die Zulassung auch nur in Bezug auf eine bestimmte Kryptowerte-Dienstleistung entziehen.

(5) Vor dem Entzug einer Zulassung als Anbieter von Kryptowerte-Dienstleistungen konsultieren die zuständigen Behörden die zuständige Behörde eines anderen Mitgliedstaats, wenn der betreffende Anbieter von Kryptowerte-Dienstleistungen
a) ein Tochterunternehmen eines in diesem anderen Mitgliedstaat zugelassenen Anbieters von Kryptowerte-Dienstleistungen ist;
b) ein Tochterunternehmen des Mutterunternehmens eines in diesem anderen Mitgliedstaat zugelassenen Anbieters von Kryptowerte-Dienstleistungen ist;
c) durch die gleichen natürlichen oder juristischen Personen kontrolliert wird wie ein in diesem anderen Mitgliedstaat zugelassener Anbieter von Kryptowerte-Dienstleistungen.

(6) Vor dem Entzug einer Zulassung als Anbieter von Kryptowerte-Dienstleistungen können die zuständigen Behörden die für die Überwachung der Einhaltung der Vorschriften über die Bekämpfung von Geldwäsche und Terrorismusfinanzierung durch den Anbieter von Kryptowerte-Dienstleistungen zuständige Behörde konsultieren.

(7) Die EBA, die ESMA und jede zuständige Behörde eines Aufnahmemitgliedstaats können jederzeit verlangen, dass die zuständige Behörde des Herkunftsmitgliedstaats prüft, ob der Anbieter von Kryptowerte-Dienstleistungen die Bedingungen, unter denen die Zulassung erteilt wurde, noch erfüllt, wenn Grund zu dem Verdacht besteht, dass dies möglicherweise nicht mehr der Fall ist.

(8) Die Anbieter von Kryptowerte-Dienstleistungen müssen geeignete Verfahren einrichten, umsetzen und aufrechterhalten, mit denen sie sicherstellen, dass Kryptowerte und Geldbeträge ihrer Kunden bei Entzug einer Zulassung zeitnah und ordnungsgemäß auf einen anderen Anbieter von Kryptowerte-Dienstleistungen übertragen werden.

Übersicht

	Rn.
I. Zwingender Entzug der Zulassung (Abs. 1)	1
1. Keine Inanspruchnahme der Zulassung	2

	Rn.
2. Verzicht auf die Zulassung	6
3. Ruhen der Erbringung von Kryptowerte-Dienstleistungen	7
4. Rechtswidriges Erlangen der Zulassung	12
5. Nicht-Erfüllung der Zulassungsvoraussetzungen	14
6. Geldwäsche-Compliance	16
7. Schwerwiegender Verstoß gegen die MiCAR	18
II. Fakultativer Entzug der Zulassung (Abs. 2)	20
1. Verstöße gegen das Geldwäschegesetz (GwG)	21
2. Verlust der Zulassung als Zahlungsinstitut oder E-Geld-Institut	22
III. Mitteilung und Veröffentlichung im Register (Abs. 3)	23
IV. Umfang des Entzugs	24
V. Einbeziehung anderer Behörden	25
1. Behörden anderer Mitgliedsstaaten (Abs. 5)	25
2. Behörde für die Überwachung von Geldwäsche-Compliance (Abs. 6)	26
VI. Verdachtsfälle (Abs. 7)	27
VII. Übergang auf einen anderen Anbieter	28
VIII. Rechtsschutz	29

I. Zwingender Entzug der Zulassung (Abs. 1)

1 Art. 64 Abs. 1 a)-g) listet eine Reihe an Tatbeständen, als deren Rechtsfolge die Zulassung einem Anbieter von Kryptowerte-Dienstleistungen durch die zuständige Behörde zwingend entzogen werden muss. Insoweit besteht kein Entscheidungsspielraum der zuständigen Behörde.

1. Keine Inanspruchnahme der Zulassung

2 Hat ein Anbieter von Kryptowerte-Dienstleistungen seine Zulassung **innerhalb von zwölf Monaten**[1] nach dem Tag ihrer Erteilung **nicht in Anspruch** genommen, ist ihm die **Zulassung zu entziehen** (Art. 64 Abs. 1 a)). Der Anbieter von Kryptowerte-Dienstleistungen muss seinen **Geschäftsbetrieb** daher **innerhalb eines Jahres aufnehmen.** Im Vergleich dazu sieht § 35 Abs. 1 S. 1 KWG ebenfalls eine Jahresfrist für die Nutzung der Erlaubnis vor, nach deren Ablauf die Erlaubnis aber unmittelbar aufgrund Gesetzes erlischt und es keines Rechtsakts seitens der BaFin bedarf.[2]

3 Für die Fristberechnung ist ausweislich nach dem Wortlaut des Art. 64 Abs. 1 a) der **Tag der Erteilung der Zulassung** entscheidend. Für den Fristbeginn ist der **Zugang des Zulassungsbescheids** an den Antragsteller entscheidend, und berechnet sich nach §§ 187 Abs. 1, 188 Abs. 2 BGB.[3]

4 **Vorbereitende Handlungen** wie Anmietung von Geschäftsräumen, Anstellung von Personal etc dürften für eine Inanspruchnahme der Zulassung **nicht ausreichen** und erfordern, dass die fragliche Kryptowerte-Dienstleistung in einer

---

[1] Im Vorschlag der Kommission (Vorschlag für eine Verordnung des Europäischen Parlaments und des Rates über Märkte für Kryptowerte und zur Änderung der RL (EU) 2019/1937, COM/2020/593 final/2, Art. 56 Abs. 1 a)) waren dies noch 18 Monate.
[2] Vgl. zu § 35 Abs. 1 KWG: Fischer/Schulte-Mattler/Fischer/Krolop KWG § 35 Rn. 2.
[3] Vgl. zu § 35 Abs. 1 KWG: Fischer/Schulte-Mattler/Fischer/Krolop KWG § 35 Rn. 3.

Entzug der Zulassung eines Anbieters **Art. 64**

Weise betrieben wird, die einen **in kaufmännischer Weise eingerichteten Geschäftsbetrieb** erfordert.[4]

Werden bei einer sich auf mehrere Kryptowerte-Dienstleistungen beziehende Zulassung **nur einzelne Kryptowerte-Dienstleistungen** nicht aufgenommen, kann die Zulassung im Hinblick auf die betreffende Kryptowerte-Dienstleistung entzogen werden, der Inhalt der Zulassung muss insoweit abgeändert werden (vgl. Art. 59 Abs. 6, der für eine **getrennte Betrachtung** der einzelnen in einer Zulassung angegebenen Kryptowerte-Dienstleistungen spricht). 5

2. Verzicht auf die Zulassung

Die Zulassung wird außerdem bei einem **ausdrücklichen Verzicht** auf die Zulassung entzogen (Art. 64 Abs. 1 b)). Spezifische Formanforderungen an einen Verzicht werden nicht gestellt, es wird aber davon auszugehen sein, dass es sich um eine **schriftliche, eindeutige Erklärung** gegenüber der zuständigen Behörde handeln muss. 6

3. Ruhen der Erbringung von Kryptowerte-Dienstleistungen

Auch wenn für einen **Zeitraum von neun aufeinanderfolgenden Monaten** keine Kryptowerte-Dienstleistungen erbracht werden, **entzieht** die Behörde dem Anbieter von Kryptowerte-Dienstleistungen die **Zulassung** (Art. 64 Abs. 1 c)). In Abgrenzung zu Art. 64 Abs. 1 a) muss der Anbieter von Kryptowerte-Dienstleistungen **zunächst** Kryptowerte-Dienstleistungen **erbracht** und damit seine Zulassung in Anspruch genommen haben. 7

Für den **Fristbeginn** ist die **Beendigung der letzten von der Zulassung für die Kryptowerte-Dienstleistungen erfassten Geschäftsart** entscheidend, die Fristberechnung erfolgt nach §§ 187 Abs. 1, 188 Abs. 2 BGB.[5] Ausreichen dürfte es hier jedenfalls, wenn die Geschäfte **nicht mehr gewerbsmäßig** betrieben werden oder in ihrem Umfang **keinen in kaufmännischer Weise eingerichteten Geschäftsbetrieb** erfordern.[6] 8

Werden bei einer Zulassung für mehrere Kryptowerte-Dienstleistungen **nur einzelne Kryptowerte-Dienstleistungen** nicht erbracht, liegen die Voraussetzungen für einen insoweit Entzug im Hinblick auf die einzelne Kryptowerte-Dienstleistung vor (→ Rn. 5). 9

Objektive Tatsachen, aus denen sich ergibt, dass keine Kryptowerte-Dienstleistungen mehr erbracht werden, sind neben Finanzinformationen, Buchführung und Jahresabschlüssen[7] je nach Art der Kryptowerte-Dienstleistungen auch der Distributed Ledger (Art. 3 Abs. 1 Nr. 2). 10

Sobald Kryptowerte-Dienstleistungen **vor Ablauf der neun Monate** in einem einen kaufmännischen Geschäftsbetrieb erfordernden Umfang wieder aufgenom- 11

---

[4] Vgl. zu § 35 Abs. 1 KWG: Fischer/Schulte-Mattler/Fischer/Krolop KWG § 35 Rn. 5, 6.
[5] Vgl. zu § 35 Abs. 2 Nr. 1 KWG: Fischer/Schulte-Mattler/Fischer/Krolop KWG § 35 Rn. 17.
[6] Vgl. zu § 35 Abs. 2 Nr. 1 KWG: Fischer/Schulte-Mattler/Fischer/Krolop KWG § 35 Rn. 17.
[7] Vgl. zu § 35 Abs. 2 Nr. 1 KWG: Fischer/Schulte-Mattler/Fischer/Krolop KWG § 35 Rn. 18.

men werden, **erlischt** der **Entzugsgrund.**[8] Gleiches dürfte gelten, wenn die Zulassung wieder in Anspruch genommen wird, **bevor** die zuständige Behörde **durch einen Entzugsbescheid eingeschritten** ist.[9]

4. Rechtswidriges Erlangen der Zulassung

12   Die Zulassung wird entzogen, wenn sie **auf rechtswidrige Weise,** etwa durch **Falschangaben** in einem Zulassungsantrag, **erlangt** wurde (Art. 64 Abs. 1 d)). Im Rahmen des **Verhältnismäßigkeitsgrundsatzes** wird davon auszugehen sein, dass das nur bei solchen Falschangaben gilt, die im Rahmen der Zulassungsentscheidung **wesentlich** sind oder bei deren wahrer Angabe eine **andere Entscheidung über die Zulassung** getroffen worden wäre. Im Ergebnis der Entscheidungsfindung unerhebliche Falschangaben (zB falsche, aber irrelevante Datenangaben eines ansonsten zutreffenden Lebenslaufs, Tippfehler) rechtfertigen keinen Entzug der Zulassung.

13   Die Zulassung ist aber auch zu entziehen, wenn **Angaben** nicht falsch sind, sondern **unterdrückt und verschwiegen** werden (zB Umstände, die Zweifel an der fachlichen Eignung eines Leitungsorgans begründen würden).

5. Nicht-Erfüllung der Zulassungsvoraussetzungen

14   **Erfüllt** ein Anbieter von Kryptowerte-Dienstleistungen **nicht mehr** die **Voraussetzungen,** unter denen die Zulassung erteilt wurde, und trifft er die von der zuständigen Behörde geforderten Abhilfemaßnahmen nicht innerhalb der gesetzten Frist (Art. 64 Abs. 1 e)), wird die Zulassung entzogen.

15   Stellt sich nach Erteilung der Zulassung heraus, die **Annahmen,** die der Erteilung der Zulassung zu Grunde lagen, **nicht mehr gegeben** sind, hat die zuständige Behörde daher die Zulassung zu entziehen.

6. Geldwäsche-Compliance

16   Die Zulassung wird entzogen, wenn der Anbieter von Kryptowerte-Dienstleistungen **nicht über Systeme, Verfahren und Vorkehrungen verfügt,** mit denen **Geldwäsche und Terrorismusfinanzierung** gemäß der RL (EU) 2015/849[10] (AMLD4, Vierte EU-Geldwäscherichtlinie) aufgedeckt und verhindert werden (Art. 64 Abs. 1 f.)).

17   Der Verordnungsvorschlag der Kommission[11] wurde um diesen Zulassungsentzugstatbestand ergänzt und unterstützt noch einmal die Zielsetzung der MiCAR

---

[8] Vgl. zu § 35 Abs. 2 Nr. 1 KWG: Fischer/Schulte-Mattler/Fischer/Krolop KWG § 35 Rn. 19.

[9] Vgl. zu § 35 Abs. 2 Nr. 1 KWG: Fischer/Schulte-Mattler/Fischer/KrolopKWG § 35 Rn. 19.

[10] Verordnung v. 20.5.2015 zur Verhinderung der Nutzung des Finanzsystems zum Zwecke der Geldwäsche und der Terrorismusfinanzierung, zur Änderung der VO (EU) Nr. 648/2012 des Europäischen Parlaments und des Rates und zur Aufhebung der RL 2005/60/EG des Europäischen Parlaments und des Rates und der RL 2006/70/EG der Kommission.

[11] Vgl. Vorschlag für eine Verordnung des Europäischen Parlaments und des Rates über Märkte für Kryptowerte und zur Änderung der RL (EU) 2019/1937, COM/2020/593 final/2, Art. 56 Abs. 1.

der Bekämpfung der Geldwäsche und Vorbeugen von Marktmissbrauch und Finanzkriminalität.[12]

7. Schwerwiegender Verstoß gegen die MiCAR

Hat ein Anbieter von Kryptowerte-Dienstleistungen **in schwerwiegender Weise gegen die MiCAR verstoßen**, etwa auch gegen die Bestimmungen über den Schutz der Inhaber von Kryptowerten, der Kunden von Anbietern von Kryptowerte-Dienstleistungen oder der Marktintegrität, ist die Zulassung zu entziehen (Art. 64 Abs. 1 g)). 18

Durch das einschränkende Merkmal des **„schwerwiegenden"** Verstoßes ist von einer **restriktiven Auslegung** auszugehen. Es bleibt abzuwarten, welche Fallgruppen sich in der Verwaltungspraxis der zuständigen Behörden der Mitgliedstaaten herausbilden. 19

II. Fakultativer Entzug der Zulassung (Abs. 2)

Im Unterschied zu Art. 64 Abs. 1 beinhaltet Art. 64 Abs. 2 eine Befugnis der Behörde in bestimmten Fällen die Zulassung als Anbieter von Kryptowerte-Dienstleistungen und gesteht ihr insoweit einen **Ermessensspielraum** zu. 20

1. Verstöße gegen das Geldwäschegesetz (GwG)

Die Zulassung kann entzogen werden, wenn der Anbieter von Kryptowerte-Dienstleistungen **gegen nationale Rechtsvorschriften** zur Umsetzung der RL (EU) 2015/849[13] (AMLD, Vierte EU-Geldwäscherichtlinie) verstoßen hat (Art. 64 Abs. 2a)). Die RL (EU) 2055/849 wurde in Deutschland durch das Gesetz zur Umsetzung der Vierten EU-Geldwäscherichtlinie, zur Ausführung der EU-Geldtransferverordnung und zur Neuorganisation der Zentralstelle für Finanztransaktionsuntersuchungen v. 23.6.2017 (BGBl. I 1822) umgesetzt und hatte insbesondere einer grundlegenden Reform des **Geldwäschegesetzes** (GwG) geführt. In Betracht kommen damit etwa Verstöße gegen das **Risikomanagement** (§ 4 GwG), die **allgemeinen Sorgfaltspflichten** in Bezug auf Kunden (§ 10 GwG), **Identifizierung** (§ 11 GwG) oder die **Identitätsüberprüfung** (§ 12 GwG). 21

2. Verlust der Zulassung als Zahlungsinstitut oder E-Geld-Institut

Hat der Anbieter von Kryptowerte-Dienstleistungen seine **Zulassung als Zahlungsinstitut oder als EGeld-Institut verloren** und er hat es versäumt, innerhalb von 40 Kalendertagen Abhilfe zu schaffen, kann ihm auch die Zulassung als Anbieter von Kryptowerte-Dienstleistungen entzogen werden (Art. 64 Abs. 2b)). 22

---

[12] Erwgr. Nr. 4.
[13] Verordnung v. 20.5.2015 zur Verhinderung der Nutzung des Finanzsystems zum Zwecke der Geldwäsche und der Terrorismusfinanzierung, zur Änderung der VO (EU) Nr. 648/2012 des Europäischen Parlaments und des Rates und zur Aufhebung der RL 2005/60/EG des Europäischen Parlaments und des Rates und der RL 2006/70/EG der Kommission.

III. Mitteilung und Veröffentlichung im Register (Abs. 3)

23 Bei Entzug einer Zulassung als Anbieter von Kryptowerte-Dienstleistungen durch eine zuständige Behörde **teilt** diese Behörde dies der **ESMA** und den **zentralen Kontaktstellen der Aufnahmemitgliedstaaten** (Art. 3 Abs. 1 Nr. 34) unverzüglich **mit**. Die ESMA stellt diese Informationen in dem **ESMA-Register** (Art. 109) zur Verfügung.

IV. Umfang des Entzugs

24 Die zuständigen Behörden können die Zulassung auch nur in Bezug **auf eine bestimmte Kryptowerte-Dienstleistung** entziehen, wenn nur für diese die Entzugsvoraussetzungen vorliegen (hierzu → Rn. 5).[14]

V. Einbeziehung anderer Behörden

1. Behörden anderer Mitgliedsstaaten (Abs. 5)

25 Vor dem Entzug einer Zulassung als Anbieter von Kryptowerte-Dienstleistungen **konsultieren** die zuständigen Behörden die **zuständige Behörde eines anderen Mitgliedstaats,** wenn der betreffende Anbieter von Kryptowerte-Dienstleistungen
- ein Tochterunternehmen eines in diesem anderen Mitgliedstaat zugelassenen Anbieters von Kryptowerte-Dienstleistungen ist;
- ein Tochterunternehmen des Mutterunternehmens eines in diesem anderen Mitgliedstaat zugelassenen Anbieters von Kryptowerte-Dienstleistungen ist;
- durch die gleichen natürlichen oder juristischen Personen kontrolliert wird wie ein in diesem anderen Mitgliedstaat zugelassener Anbieter von Kryptowerte-Dienstleistungen.

Die Vorschrift dient durch die **enge Abstimmung** der jeweils zuständigen Behörden einer einheitlichen und innerhalb der EU konsistenten Aufsichtspraxis im Hinblick auf verbundene Unternehmen (Art. 64 Abs. 5).

2. Behörde für die Überwachung von Geldwäsche-Compliance (Abs. 6)

26 Vor dem Entzug einer Zulassung als Anbieter von Kryptowerte-Dienstleistungen **können** die zuständigen Behörden die **für die Überwachung der Einhaltung der Vorschriften über die Bekämpfung von Geldwäsche und Terrorismusfinanzierung** durch den Anbieter von Kryptowerte-Dienstleistungen **zuständige Behörde konsultieren** (Art. 64 Abs. 6).

---

[14] Vgl. auch Wellerdt WM 2021, 1171 (1176).

VI. Verdachtsfälle (Abs. 7)

Die **EBA, die ESMA und jede zuständige Behörde eines Aufnahmemit-** 27
gliedstaats können jederzeit verlangen, dass die zuständige Behörde des Herkunftsmitgliedstaats **prüft,** ob der Anbieter von Kryptowerte-Dienstleistungen die Bedingungen, unter denen die Zulassung erteilt wurde, noch erfüllt, wenn Grund zu dem **Verdacht** besteht, dass dies möglicherweise nicht mehr der Fall ist (Art. 64 Abs. 7).

VII. Übergang auf einen anderen Anbieter

Die Anbieter von Kryptowerte-Dienstleistungen müssen **geeignete Verfahren** 28
einrichten, umsetzen und aufrechterhalten, mit denen sie sicherstellen, dass **Kryptowerte und Geldbeträge ihrer Kunden** bei Entzug einer Zulassung **zeitnah und ordnungsgemäß** auf einen anderen Anbieter von Kryptowerte-Dienstleistungen **übertragen** werden (Art. 64 Abs. 8)

VIII. Rechtsschutz

Der Entzug der Zulassung stellt als *actus contrarius* zur Erteilung der Zulassung 29
einen belastenden **Verwaltungsakt** dar, gegen den **Widerspruch und Anfechtungsklage** zulässig sind.[15] Rechtsmittelberechtigt ist insoweit der betroffene Anbieter von Kryptowerte-Dienstleistungen selbst, lediglich in Fällen, wenn der Entzugsgrund in der Person eines Geschäftsleiters liegt, kann wohl auch dieser Widerspruch oder Anfechtungsklage erheben.[16]

Artikel 65 Grenzüberschreitende Erbringung von Kryptowerte-Dienstleistungen

(1) **Ein Anbieter von Kryptowerte-Dienstleistungen, der beabsichtigt, Kryptowerte-Dienstleistungen in mehr als einem Mitgliedstaat zu erbringen, übermitteln der zuständigen Behörde des Herkunftsmitgliedstaats die folgenden Informationen:**
a) eine Liste der Mitgliedstaaten, in denen der Anbieter von Kryptowerte-Dienstleistungen beabsichtigt, Kryptowerte-Dienstleistungen zu erbringen;
b) die Kryptowerte-Dienstleistungen, die der Anbieter von Kryptowerte-Dienstleistungen grenzüberschreitend zu erbringen beabsichtigt;
c) das Startdatum für die beabsichtigte Erbringung der Kryptowerte-Dienstleistungen;
d) eine Liste aller sonstigen Tätigkeiten des Anbieters von Kryptowerte-Dienstleistungen, die nicht unter diese Verordnung fallen.

---

[15] Vgl. zu § 35 KWG: Fischer/Schulte-Mattler/Fischer/Krolop KWG § 35 Rn. 65.
[16] Vgl. zu § 35 KWG: Fischer/Schulte-Mattler/Fischer/Krolop KWG § 35 Rn. 66.

(2) Die zuständige Behörde des Herkunftsmitgliedstaats teilt die in Absatz 1 genannten Informationen innerhalb von zehn Arbeitstagen nach deren Eingang den zentralen Kontaktstellen der Aufnahmemitgliedstaaten, der ESMA und der EBA mit.

(3) Die zuständige Behörde des Mitgliedstaats, der die Zulassung erteilt hat, unterrichtet den betreffenden Anbieter von Kryptowerte-Dienstleistungen unverzüglich über die in Absatz 2 genannte Mitteilung.

(4) Der Anbieter von Kryptowerte-Dienstleistungen kann ab dem Tag des Eingangs der in Absatz 3 genannten Mitteilung, spätestens aber ab dem 15. Kalendertag nach Vorlage der in Absatz 1 genannten Informationen mit der Erbringung von Kryptowerte-Dienstleistungen in einem anderen Mitgliedstaat als ihrem Herkunftsmitgliedstaat beginnen.

Übersicht

	Rn.
I. Allgemein	1
II. Information des Europäischen Passes (Abs. 1)	2
III. Behördliches Verfahren (Abs. 2 und Abs. 3)	3
IV. Beginn der Dienstleistungserbringung (Abs. 4)	4

I. Allgemein

1 Im Zuge der **Gewährleistung der Binnenmarktfreiheit** besteht für Anbieter von Kryptowerte-Dienstleistungen auch die Möglichkeit ihre Dienstleistungen in anderen europäischen Mitgliedstaaten erbringen zu können. Im Kapitalmarktrecht wird dies als **Europäischer Pass** bezeichnet. Diesbezüglich sieht die MiCAR aber ein eigenes Verfahren vor, das sich an den Verfahren der MiFID II und CRD IV[1] orientiert, aber effizienter und einfacher ausgestaltet ist.[2]

II. Information des Europäischen Passes (Abs. 1)

2 Für Anbieter von Kryptowerte-Dienstleistungen ist für die **Inanspruchnahme des Europäischen Passes** lediglich erforderlich, dass der Anbieter der zuständigen Behörde des Herkunftsmitgliedstaates (→ Art. 3 Rn. 214ff.) bestimmte Informationen übersendet. Damit kommuniziert er seiner heimischen Behörde, dass er eine grenzüberschreitende Tätigkeit im Binnenmarkt beabsichtigt. Nach Abs. 1 umfassen die erforderlichen Informationen:
- eine Liste der Mitgliedstaaten, in denen der Anbieter von Kryptowerte-Dienstleistungen beabsichtigt, Kryptowerte-Dienstleistungen zu erbringen;
- die Kryptowerte-Dienstleistungen, die der Anbieter von Kryptowerte-Dienstleistungen grenzüberschreitend zu erbringen beabsichtigt;
- das Startdatum für die beabsichtigte Erbringung der Kryptowerte-Dienstleistungen;

---

[1] RL 2013/36/EU des Europäischen Parlaments und des Rates v. 26.6.2013 über den Zugang zur Tätigkeit von Kreditinstituten und die Beaufsichtigung von Kreditinstituten und Wertpapierfirmen.
[2] Ebenso Michel/Schmitt BB 2023, 905 (909).

- eine Liste aller sonstigen Tätigkeiten des Anbieters von Kryptowerte-Dienstleistungen, die nicht unter die MiCAR fallen.

III. Behördliches Verfahren (Abs. 2 und Abs. 3)

Abs. 2 und Abs. 3 adressieren die **zuständige Behörde** des Herkunftsmitgliedstaats. Diese hat die erhaltenen Informationen innerhalb von zehn Arbeitstagen nach deren Eingang den zentralen Kontaktstellen der Aufnahmemitgliedstaaten, der ESMA und der EBA mitzuteilen. Zudem hat die zuständige Behörde des Mitgliedstaats, der die Zulassung erteilt hat, den betreffenden Anbieter von Kryptowerte-Dienstleistungen unverzüglich über diese Mitteilung zu unterrichten.

3

IV. Beginn der Dienstleistungserbringung (Abs. 4)

Nach Abs. 4 kann der Anbieter von Kryptowerte-Dienstleistungen ab dem Tag des Eingangs der Mitteilung nach Abs. 3, spätestens aber ab dem 15. Kalendertag nach Vorlage der in Abs. 1 genannten Informationen, mit der **Erbringung von Kryptowerte-Dienstleistungen in einem anderen Mitgliedstaat als seinem Herkunftsmitgliedstaat** beginnen. Er benötigt keine Zulassung nach Art. 59 in einem anderen Mitgliedstaat, in welchem er seine Kryptowerte-Dienstleistungen anbieten möchte.[3] Auch eine physische Präsenz des Anbieters im Hoheitsgebiet des Aufnahmemitgliedstaats ist nicht erforderlich.[4]

4

Der Anbieter der Kryptowerte-Dienstleistung trägt nach der Konzeption des Art. 65 das **volle Risiko** der Vollständigkeit und damit der Zulässigkeit seines Handels aufgrund des Europäischen Passes. Eine Fiktion eines rechtmäßigen Anbietens einer Kryptowerte-Dienstleistung in einem anderen Mitgliedstaat, etwa aufgrund der Unterrichtung des Anbieters durch die zuständige Behörde, dass die Mitteilung nach Abs. 2 an die zentrale Kontaktstelle, EBA und ESMA erfolgt ist, sieht die MiCAR nicht vor.

5

Kapitel 2 Pflichten aller Anbieter von Kryptowerte-Dienstleistungen

Artikel 66 Pflicht zu ehrlichem, redlichem und professionellem Handeln im besten Interesse der Kunden

(1) **Die Anbieter von Kryptowerte-Dienstleistungen müssen ehrlich, redlich und professionell und im besten Interesse ihrer Kunden und potenziellen Kunden handeln.**

(2) **Die Anbieter von Kryptowerte-Dienstleistungen müssen ihren Kunden Informationen zur Verfügung stellen, die redlich, eindeutig und nicht irreführend sind, auch in Marketingmitteilungen, die als solche zu kennzeichnen sind. Die Anbieter von Kryptowerte-Dienstleistungen dürfen**

---

[3] Ebenso Asatiani/Siadat RDi 2023, 98 (98).
[4] Ebenso Rennig ZBB 2020, 385 (395).

Kunden in Bezug auf die tatsächlichen oder vermeintlichen Vorteile von Kryptowerten nicht vorsätzlich oder fahrlässig irreführen.

(3) Die Anbieter von Kryptowerte-Dienstleistungen warnen die Kunden vor Risiken im Zusammenhang mit Transaktionen mit Kryptowerten. Beim Betrieb einer Handelsplattform für Kryptowerte, beim Tausch von Kryptowerten gegen einen Geldbetrag oder andere Kryptowerte, bei der Beratung zu Kryptowerten oder bei der Portfolioverwaltung von Kryptowerten stellen die Anbieter von Kryptowerte-Dienstleistungen ihren Kunden Hyperlinks zu allen Kryptowerte-Whitepapers für die Kryptowerte zur Verfügung, in Bezug auf die sie diese Dienstleistungen erbringen.

(4) Die Anbieter von Kryptowerte-Dienstleistungen machen ihre Preis-, Kosten- und Gebührenpolitik auf ihrer Website an gut erkennbarer Stelle öffentlich zugänglich.

(5) Die Anbieter von Kryptowerte-Dienstleistungen machen Informationen, die sich auf die wichtigsten nachteiligen Auswirkungen auf das Klima und andere umweltbezogene nachteilige Auswirkungen des Konsensmechanismus beziehen, der für die Ausgabe jedes Kryptowerts, in Bezug auf den sie Dienstleistungen erbringen, verwendet wird, auf ihrer Website an gut erkennbarer Stelle öffentlich zugänglich. Diese Informationen dürfen aus den Kryptowerte-Whitepapers stammen.

(6) Die ESMA arbeitet in Zusammenarbeit mit der EBA Entwürfe technischer Regulierungsstandards zu Inhalt, Methoden und Darstellung der in Absatz 5 genannten Informationen über die Nachhaltigkeitsindikatoren in Bezug auf nachteilige Auswirkungen auf das Klima und andere umweltbezogene nachteilige Auswirkungen aus.

Bei der Ausarbeitung der in Unterabsatz 1 genannten Entwürfe technischer Regulierungsstandards berücksichtigt die ESMA die verschiedenen Arten von Konsensmechanismen, die bei der Validierung von Transaktionen mit Kryptowerten verwendet werden, deren Anreizstrukturen und die Nutzung von Energie, Energie aus erneuerbaren Quellen und natürlichen Ressourcen, die Erzeugung von Abfällen und die Treibhausgasemissionen. Die ESMA aktualisiert die technischen Regulierungsstandards unter Berücksichtigung rechtlicher und technischer Entwicklungen.

Die ESMA übermittelt der Kommission die in Unterabsatz 1 genannten Entwürfe technischer Regulierungsstandards spätestens am 30. Juni 2024.

Der Kommission wird die Befugnis übertragen, diese Verordnung durch Erlass der in Unterabsatz 1 des vorliegenden Absatzes genannten technischen Regulierungsstandards gemäß den Artikeln 10 bis 14 der Verordnung (EU) Nr. 1095/2010 zu ergänzen.

Schrifttum: Asatiani/Siadat, Das vereinfachte Zulassungsverfahren im Rahmen der MiCAR, RDi 2023, 98; Assmann/Schneider/Mülbert (Hrsg.), Wertpapierhandelsrecht, 8. Aufl. 2023; Assmann/Wallach/Zetzsche (Hrsg.), Kapitalanlagegesetzbuch, 2. Aufl. 2023; Baums/Cahn, Die Zukunft des Clearing und Settlement, 2006; Buck-Heeb, Aufsichts- und zivilrechtliche Normen im Bank- und Kapitalmarktrecht: einheitliche oder gespaltene Auslegung?, WM 2020, 157; Beck/Samm/Kokemoor, KWG/CRR, 238. AL August 2024; Bultmann, Aussonderung von Daten in der Insolvenz, ZInsO 2011, 992; Einsele, Wertpapierrecht als Schuldrecht, 1995; Emde/Dornseifer/Dreibus, Kapitalanlagegesetzbuch, 3. Aufl. 2023;

Emde/Nemeczek/Pitz, Materielle Aspekte des Inhaberkontrollverfahrens bei Kredit- und Finanzdienstleistungsintituten – Titel 1, WM 2022, 1525; dies., Die Inhaberkontrolle bei Kredit- und Finanzdienstleistungsinstituten – Verfahren, Verlauf und Rechtsschutz, WM 2023, 1005; Fritz, Anbieter von Kryptowerte-Dienstleistungen nach der MiCAR, BKR 2023, 747; Gaess, IT-Governance, 2023; Grüneberg (Hrsg.), BGB, 23. Aufl. 2024; Grabitz/Hilfe/Nettesheim (Hrsg.), Das Recht der Europäischen Union, 82. EL Mai 2024; Hofmann/Raue (Hrsg.), Digital Services Act, 2023; Jülicher, Die Aussonderung von Cloud-Daten nach § 47 InsO, ZIP 2015, 2063; Klöhn, MAR, 2. Aufl. 2023; Kühling/Buchner, DS-GVO/BDSG, 4. Aufl. 2024; Krimphove/Schäfer, MaComp, 3. Aufl. 2021; Lendermann/Nemeczek/Schroeter, WpIG, 2024; Luz/Neus/Schaber/Schneider/Wagner/Weber (Hrsg.), KWG/CRR, 4. Aufl., 2023; Marperger, Beschreibung der Banquen, Halle und Leipzig 1717, unveränderter Nachdruck, Amsterdam 1963; Meng, Neuere Entwicklungen im Streit um Jurisdiktionshoheit der Staaten im Bereich der Wettbewerbsbeschränkungen, ZaöRV 41 (1981), 469; Michel/Schmitt, MiCAR – Governance- & Compliance-Anforderungen für Kryptodienstleister; CCZ 2023, 261; Noll, Limits to the Jurisdiction of States in Private Law Matters under International Law, ZaöRV 82 (2022), 333; Otto, Bankentätigkeit und Strafrecht, 1983; Rath, Risiken und Nebenwirkungen beim Software Escrow, CR 2013, 78; Rauhut, Aussonderung von Geld, 2020; Reuß/Pichon, The European Union's Exercise of Jurisdiction Over Classification Societies, ZaöRV 67 (2007), 119; Säcker/Rixecker/Oetker/Limperg (Hrsg.), Münchener Kommentar zum Bürgerlichen Gesetzbuch: BGB, Band 3: Schuldrecht – Allgemeiner Teil II, 9. Aufl. 2022; Schmidt/Ketzel/Prigge (Hrsg.), Wolfgang Stützel, Moderne Konzepte Für Finanzmärkte, Beschäftigung und Wirtschaftsverfassung, 2001; Schröter/Klotz/von Wendland (Hrsg.), Europäisches Wettbewerbsrecht, 3. Aufl. 2024; Scherer, DepotG, 2. Aufl. 2024; Schwark/Zimmer (Hrsg.), Kapitalmarktrechts-Kommentar, 5. Aufl. 2020; Skauradszun/Schweizer/Kümpel, Das Kryptoverwahrgeschäft und der insolvenzrechtliche Rang des Kunden – Aussonderung oder Insolvenzquote?, ZIP 2022, 2101; Taeger/Pohle (Hrsg.), Computerrechts-Handbuch, 39. EL April 2024.

Übersicht

	Rn.
I. Einleitung	1
1. Systematische Stellung	1
2. Normzweck	3
3. Rechtsnatur und unmittelbare zivilrechtliche Wirkung des Art. 66 Abs. 1–5	4
II. Pflicht zu ehrlichem, redlichem und professionellem Handeln im besten Interesse der Kunden (Art. 66 Abs. 1)	6
1. Anwendungsbereich	6
2. Kundenabhängiger Maßstab?	8
3. Ehrliches, redliches und professionelles Handeln	10
a) Einführung	10
b) Ehrlichkeit	11
c) Redlichkeit	12
d) Professionalität	13
4. Handeln im besten Interesse der Kunden	14
III. Irreführungsverbot (Art. 66 Abs. 2)	17
1. Rechtssystematische Einordnung	17
2. Art. 44 DelVO (EU) 2017/565 als Auslegungshilfe	18
3. Zurverfügungstellung von Informationen	19
a) Keine Pflicht zur Zurverfügungstellung von Informationen aus Art. 66 Abs. 2 S. 1	19
b) Informationen, insbes. Marketingmitteilungen	20
c) Redliche, eindeutige und nicht irreführende Informationen	21

Art. 66   Titel V Kryptowerte-Dienstleistungen

		Rn.
IV.	Risikowarnung, Hyperlinks zu Kryptowerte-Whitepapers (Art. 66 Abs. 3)	26
	1. Warnung vor Risiken im Zusammenhang mit Transaktionen mit Kryptowerten	26
	a) Relevantes Risiko	26
	b) Rückgriff auf Whitepaper	28
	2. Hyperlinks zu Kryptowerte-Whitepapers, S. 2	29
V.	Veröffentlichung der Preis-, Kosten- und Gebührenpolitik (Art. 66 Abs. 4)	30
VI.	Informationen über nachteilige Auswirkungen des Konsensmechanismus auf das Klima (Art. 66 Abs. 5, 6)	31
	1. Einleitung	31
	2. Offenlegungspflichtige Informationen	32
	3. Whitepapers als Informationsquelle	33
	4. Art der Offenlegung	34
	5. Regulierungsstandards	35

I. Einleitung

1. Systematische Stellung

1   Als grundlegende Vorschrift zur Aufstellung von (Wohl-)Verhaltenspflichten für CASPs (→ Art. 3 Rn. 83), insbesondere zu einem ehrlichen, redlichen und professionellen Handeln steht Art. 66 in einem doppelten Kontext: zum einen im Verhältnis zu vergleichbaren Pflichten von Anbietern vermögenswertereferenzierter und anderer Token nach Art. 14 und Art. 27, zum anderen im Verhältnis zu korrespondierenden Pflichten von Anbietern anderer regulierter Dienstleistungen in der Finanzbranche wie zB § 63 Abs. 1 WpHG für Wertpapierdienstleistungsunternehmen, § 26 Abs. 2 KAGB für Kapitalverwaltungsgesellschaften und § 1a VVG für die Vertriebstätigkeit von Versicherungsunternehmen.

2   Unverkennbar ist bei Art. 66 Abs. 1 und 2 die **inhaltliche Nähe zu Art. 24 Abs. 1, 3 MiFID II**, die in **§ 63 Abs. 1 und 6 WpHG**[1] in deutsches Recht umgesetzt wurden. Der Ursprung für diese zentrale Formulierung findet sich denn auch in Art. 11 Abs. 1 Wertpapierdienstleistungs-RL 93/22/EWG,[2] wobei es dort in der deutschen Fassung statt „ehrlich und redlich" noch „recht und billig" hieß.[3] Das mit dem 2. FMFG[4] erlassene WpHG hat diese Anforderung nicht in das deutsche Recht umgesetzt;[5] dies erfolgte erst mit dem 2. FiMaNoG.[6]

---

[1] Entsprechendes gilt für die Anforderungen an den Versicherungsvertrieb nach Art. 17 Abs. 1, 2 RL (EU) 2016/97, umgesetzt in § 1a Abs. 1 S. 1, Abs. 3 VVG.
[2] RL 93/22/EWG.
[3] Die deutsche Formulierung „recht und billig" fand sich ebenso noch in Art. 5h RL 85/611/EWG und wird heute noch in Art. 14 RL 2009/65/EG verwendet.
[4] BGBl. 1994 I 1749.
[5] Siehe BT-Drs. 12/7918, 103, wonach nur der zweite und dritte Spiegelstrich von Art. 11 Abs. 1 RL 93/22/EWG umgesetzt wurden.
[6] Siehe BT-Drs. 18/10936, 233 zu Nr. 62.

Pflichten gegenüber Kunden **Art. 66**

2. Normzweck

Zweck dieser Anforderungen ist gemäß Erwgr. Nr. 79 die Gewährleistung von 3
Verbraucherschutz, Marktintegrität und Finanzstabilität. Wenn auch der **Verbraucherschutz** auf Grund der Nennung der Kunden iSd Art. 3 Abs. 1 Nr. 39, nicht des Kleinanlegers gemäß Art. 3 Abs. 1 Nr. 37, als geschützter Personenkreis nicht das primäre Ziel der MiCAR darstellt (→ Art. 13 Rn. 2), zielten die für die Erbringung von Wertpapierdienstleistungen maßgeblichen Wohlverhaltenspflichten seit Beginn deren Regulierung auf den Verbraucherschutz ab.[7] Insoweit ist naheliegend, dass auch die Wohlverhaltensregeln für Kryptowerte-Dienstleistungen den an erster Stelle ihrer Zwecke genannten Verbraucherschutz ins Zentrum stellen. Der Begriff der **Marktintegrität** ist insbesondere mit Blick auf Marktmissbrauch und Finanzkriminalität beim Umgang mit Kryptowerten zu verstehen (Erwgr. Nr. 4). Die bestehende nationale Regulierung der Kryptoverwahrung als Finanzdienstleistung in § 1 Abs. 1a S. 2 Nr. 6 KWG hat daher vor allem einen geldwäscherechtlichen Hintergrund,[8] da aus Sicht des EU-Gesetzgebers die Anonymität virtueller Währungen deren potenziellen Missbrauch für kriminelle Zwecke ermöglicht.[9] **Finanzstabilität** kann sowohl als institutionelle als auch als operationale Funktionsfähigkeit der Kapitalmärkte verstanden werden.[10] Derzeit sieht der Richtliniengeber auf Grund der bescheidenen Größe der Märkte für Kryptowerte jedoch noch keine Bedrohung für die Finanzstabilität (Erwgr. Nr. 5).

3. Rechtsnatur und unmittelbare zivilrechtliche Wirkung des Art. 66 Abs. 1–5

Es stellt sich die Frage, ob auch der Kunde oder (nur) die Aufsichtsbehörde vom 4
Kryptowerte-Dienstleister die Einhaltung der in Art. 66 Abs. 1–5 geregelten Pflichten verlangen kann, was insbesondere auch die Frage einer zivilrechtlichen Haftung des Kryptowerte-Dienstleisters gemäß § 280 BGB für Verstöße gegen die Wohlverhaltensregeln gegenüber dem Kunden betrifft. Der Wortlaut der Vorschrift statuiert – anders als bspw. Art. 17 DSGVO – explizit nur die Pflichten des Kryptowerte-Dienstleisters, aber keine Rechte der Kunden. Anders als die oben (→ Rn. 1) genannten Vorschriften des WpHG, KAGB und VVG, die europäische Richtlinien in nationales Recht umgesetzt haben, ist Art. 66 unmittelbar geltendes europäisches Recht, was eine Einordnung in die Kategorien des nationalen Zivil- oder öffentlichen Rechts grundsätzlich verbietet und eine autonome Auslegung erfordert.[11] Die Antwort auf die Frage wird dadurch erschwert, dass der Gesetzgeber, soweit er eine entsprechende in EU-Richtlinien verortete Pflicht zu ehrlichem, redlichem und professionellem Handeln im besten Interesse des Kunden in nationales Gesetz umzusetzen hatte, diese mit der Verortung in § 63 WpHG[12] und § 26 Abs. 2 Nr. 1, 2 KAGB einerseits im öffentlichen Recht und mit der Verortung in § 1a VVG ande-

---

[7] Siehe Stellungnahme des Wirtschafts- und Sozialausschusses zu dem Vorschlag für eine Richtlinie des Rates über Wertpapierdienstleistungen (89/C 298/03) ABl. 1989 C 298, 6, 1.7.
[8] BT-Drs. 19/13827, 109.
[9] Erwgr. Nr. 9 RL (EU) 2018/843.
[10] Zur entsprechenden Funktion des § 63 WpHG siehe Assmann/Schneider/Mülbert/Beule WpHG § 63 Rn. 2.
[11] Buck-Heeb WM 2020, 157 (160 f.).
[12] Dazu BGH BKR 2012, 421 Rn. 25.

Art. 66 Titel V Kryptowerte-Dienstleistungen

rerseits im Zivilrecht angesiedelt hat.[13] Erwgr. Nr. 79, der als Zweckrichtungen dieser Vorschrift einerseits den Verbraucherschutz gewährleisten, andererseits die Marktintegrität und Finanzstabilität sicherstellen will, legt eine duale Wirkung nahe. Aus der Formulierung des Erwgr. Nr. 73, dass die MiCAR *„operationelle, organisatorische und aufsichtsrechtliche Anforderungen"* festlegt, dürfte ein rein aufsichtsrechtlicher Charakter der Norm nicht herauszudeuten sein, da die hier relevanten Verhaltensanforderungen nicht angesprochen werden und die MiCAR punktuell auch eine explizite zivilrechtliche Haftung des Kryptowerte-Dienstleisters regelt. Erwgr. Nr. 80, der von Aufsichtsanforderungen im Interesse des Verbraucherschutzes spricht, meint Kapitalanforderungen zum Schutz vor der Insolvenz des Kryptowerte-Dienstleisters iSd Art. 67; dass diese aufsichtsrechtlichen Anforderungen neben den Wohlverhaltensregeln stehen, spricht eher für einen mit den Pflichten korrespondierenden Anspruch der Kunden und damit für eine (auch) zivilrechtliche Einordnung der Wohlverhaltensregeln. Die in Art. 94 Abs. 1 lit. b und c bzw. § 29 Abs. 1 Nr. 1, Abs. 2 KMAG-E sowie in Art. 111 Abs. 1 UAbs. 1 lit. d vorgesehene Möglichkeit der Sanktionierung von Verstößen gegen Art. 66, die der deutsche Gesetzgeber in § 47 Abs. 3 Nr. 51–54 KMAG umgesetzt hat, stützen zwar eine (auch) öffentlich-rechtliche Sichtweise,[14] schließen aber ebensowenig eine unmittelbare Wirkung zwischen Kryptowerte-Dienstleister und Kunden aus.[15] Denn auch Art. 75, der in Abs. 8 eine zivilrechtliche Haftung des Kryptowerte-Dienstleisters für Verluste von Kryptowerten oder der Mittel für den Zugang zu diesen Kryptowerten vorsieht, ist vom Sanktionsregime des Art. 111 erfasst.

5   Es gibt sowohl Gründe, diese Vorschrift vergleichbar wie bei § 63 WpHG als öffentlich-rechtliche Vorschrift aufzufassen, die für Inhalt und Reichweite vertraglicher Pflichten von Bedeutung sein kann,[16] als auch Gründe dafür, dass die Wohlverhaltensregeln, die als europäische Regelungen ihre ursprüngliche Grundlage im privatrechtlichen Verbraucherschutz der Mitgliedsländer haben,[17] unmittelbare Wirkung zwischen Kryptowerte-Dienstleister und Kunden entfalten sollen. Vor dem Hintergrund der grundsätzlichen Anforderung an die Anwendung europäischen Rechts, von mehreren möglichen Auslegungen einer Gemeinschaftsvorschrift diejenige zu wählen, die allein geeignet ist, ihre praktische Wirksamkeit zu sichern,[18] liegt es näher, den Wohlverhaltensregeln (zumindest auch) eine unmittelbar zivilrechtliche Wirkung zuzuschreiben. Gerade der Zweck des Verbraucher-

---

[13] Diese Möglichkeit bietet Art. 288 Abs. 3 AEUV für die Umsetzung von Richtlinien, siehe EuGH ECLI:EU:C:2013:344 Rn. 57 – Genil 48 and Comercial Hostelera de Grandes Vino; EuGH ECLI:EU:C:2015:794 Rn. 79 – Banif Plus Bank.

[14] Siehe zur vergleichbaren Situation bei § 63 WpHG Assmann/Schneider/Mülbert/Beule WpHG § 63 Rn. 2 aE.

[15] Assmann/Wallach/Zetzsche/Stabenow KAGB § 26 Rn. 18.

[16] BGH BKR 2014, 32 Rn. 19 f.; 2013, 248 Rn. 26; NJW 2014, 2947 Rn. 35 f.

[17] Siehe Stellungnahme des Wirtschafts- und Sozialausschusses zu dem Vorschlag für eine zweite Richtlinie des Rates zur Koordinierung der Rechts- und Verwaltungsvorschriften über die Aufnahme und Ausübung der Tätigkeit der Kreditinstitute zur Änderung der RL 77/780/EWG (88/C 318/15) ABl. 1988 C 318, 42, 1.6.3., 1.6.4. Siehe auch BGH NJW 2009, 1416 Rn. 12, wonach in § 31 Abs. 1 Nr. 2 WpHG aF lediglich der auch zivilrechtlich allgemein anerkannte Grundsatz der Vermeidung von vertragswidrigen Interessenkonflikten für den Bereich des Wertpapierhandels aufsichtsrechtlich normiert worden ist.

[18] EuGH ECLI:EU:C:1999:500 Rn. 24 – Adidas.

schutzes kann effektiv nur durch eine unmittelbare zivilrechtliche Wirkung erreicht werden.[19] Praktische Folge ist, dass sich Kunden im Rahmen eines eventuellen Schadensersatzprozesses im Rahmen von § 280 BGB unmittelbar auf die Verletzung des Art. 66 Abs. 1–5 berufen können.

II. Pflicht zu ehrlichem, redlichem und professionellem Handeln im besten Interesse der Kunden (Art. 66 Abs. 1)

1. Anwendungsbereich

Der Wortlaut des Art. 66 Abs. 1 bezieht sich nicht auf bestimmte Aktivitäten oder Dienstleistungen, sondern sehr allgemein auf *„die Anbieter von Kryptowerte-Dienstleistungen"*. Die systematische Stellung der Vorschrift in Verbindung mit dem in Art. 1 Abs. 2 lit. d aufgeführten Regelungsgegenstand lassen jedoch nur den sinnvollen Schluss zu, dass sich die in Art. 66 Abs. 1 genannten grundsätzlichen Pflichten auf **Tätigkeiten im Rahmen der Erbringung von Kryptowerte- bzw. Kryptowerte-Dienstleistungen im Sinne von Art. 3 Abs. 1 Nr. 16 gegenüber Kunden im Sinne von Art. 3 Abs. 1 Nr. 39** bezieht und beschränkt. Insbesondere wenn Kreditinstitute, Wertpapierfirmen oder Kapitalverwaltungsgesellschaften im Rahmen von Art. 60 MiCAR auch Kryptowerte-Dienstleistungen anbieten, ergeben sich deren entsprechende Pflichten bei der Erbringung von Wertpapierdienstleistungen bzw. der kollektiven Vermögensverwaltung nicht (auch) aus Art. 66, sondern wie bisher ausschließlich aus § 63 WpHG bzw. § 26 KAGB. 6

Die Wohlverhaltensregeln sind nach dem expliziten Wortlaut des Art. 66 Abs. 1 auch gegenüber **potenziellen Kunden** zu beachten. Ab wann eine Person ein potenzieller Kunde ist, wird nicht definiert. Sachgerecht erscheint, grundsätzlich an die Aufnahme von Vertragsverhandlungen und die Anbahnung eines Vertrags im Sinne von § 311 Abs. 2 Nr. 1, 2 BGB anzuknüpfen. Diese Tatbestände sind weit auszulegen[20] und dienen der Abgrenzung zu unverbindlichen Gesprächen und bloßen sozialen Kontakten.[21] Insbesondere dürfte die Eröffnung von **Geschäftsräumen** und ein werblicher **Internetauftritt** zum Anbieten von Produkten und Dienstleistungen bereits in diesem Sinne verstanden werden, da dies gerade zur Geschäftsaufnahme auch mit potenziellen Kunden dient.[22] 7

2. Kundenabhängiger Maßstab?

Art. 66 Abs. 1 differenziert bei seinen Anforderungen nicht danach, ob der Kunde ein Kleinanleger im Sinne von Art. 3 Abs. 1 Nr. 37 oder ein sonstiger Kunde ist. Demgegenüber lassen mit Bezug auf Emittenten vermögenswertereferenzierter 8

---

[19] Für die deswegen duale Umsetzung der Kreditwürdigkeitsprüfung gemäß der Wohnimmobilienkreditrichtlinie 2014/17/EU im Zivil- und im öffentlichen Recht gerade zur Erreichung eines effektiven Verbraucherschutzes siehe BT-Drs. 18/5922, 96 zu Nr. 24. Jenseits dessen führt die Bank eine Bonitäts- und eine Sicherheitenprüfung aber ausschließlich im eigenen Interesse und im öffentlichen Interesse der Kreditwirtschaft durch, BGH NJW 2014, 2420 Rn. 60; BeckRS 2006, 8899 Rn. 44.
[20] MüKoBGB/Emmerich BGB § 311 Rn. 47.
[21] MüKoBGB/Emmerich BGB § 311 Rn. 44, 46.
[22] MüKoBGB/Emmerich BGB § 311 Rn. 48.

Art. 66   Titel V Kryptowerte-Dienstleistungen

Token Erwgr. Nr. 47, 49 eine besondere Schutzbedürftigkeit von Kleinanlegern erkennen, auch wenn Art. 27 diese Differenzierung im Wortlaut nicht zum Ausdruck bringt. Jedoch zeigen auch die Zielrichtung von bspw. Art. 94 Abs. 1 lit. d, f, Art. 102 Abs. 2, Art. 112 Abs. 1 lit. j das besondere Interesse des Verordnungsgebers am Schutz der Kleinanleger gegenüber CASPs. Dies steht auch im Einklang mit der Sicht der ESMA, dass mit Bezug auf diese grundsätzlichen Pflichten „die Latte höher liegt", wenn der Kunde ein Kleinanleger ist.[23] Es scheint daher sachgerecht, die Pflicht nach Art. 66 Abs. 1 kundengruppenspezifisch zu begreifen.[24]

9   Eine weitere Frage ist, ob innerhalb der verschiedenen Kundengruppen – Kleinanleger oder sonstige Kunden – für eine ordnungsgemäße Wahrnehmung der Pflichten nach Art. 66 Abs. 1 eine weitergehende Differenzierung erforderlich ist. Während es einerseits im Rahmen der Fondsverwaltung als kollektiver Vermögensverwaltung nur auf den typischen Anleger ankommen kann,[25] besteht bei einer Leistungserbringung gegenüber einem individuellen Kunden die Möglichkeit einer entsprechenden Differenzierung. Abgesehen von den besonderen Anforderungen des Art. 81 im Zusammenhang mit der Beratung zu Kryptowerten und der Portfolioverwaltung von Kryptowerten (siehe Erwgr. Nr. 89) scheint es aber überzogen, auf die individuellen Erfahrungen und Kenntnisse eines Kunden abstellen zu müssen. Insofern dürfte Art. 44 Abs. 2 lit. d und Art. 57 lit. f DelVO (EU) 2017/565 als Ausdruck eines allgemeinen Gedankens gelten, dass auch ein CASP auf den durchschnittlichen Angehörigen einer Gruppe abstellen darf. Inwieweit ein durchschnittlicher Kleinanleger gerade mit Bezug auf Kryptowerte als rational agierend betrachtet werden kann, ist allerdings unklar.[26]

3. Ehrliches, redliches und professionelles Handeln

10   **a) Einführung.** Die Pflicht zum ehrlichen, redlichen und professionellen Handeln ist eine Grundpflicht eines Kryptowerte-Dienstleisters, die durch umfangreiche weitere Bestimmungen sowohl in Art. 66 Abs. 2–4 insbesondere zur Ehrlichkeit und Redlichkeit als auch für spezifische Kryptowerte-Dienstleistungen in Art. 75 ff. insbesondere zur Professionalität konkretisiert wird. Dennoch kann man auch darüber hinaus den in Art. 66 Abs. 1 genannten Begriffen wie dies für die entsprechenden Begriffe in § 63 Abs. 1 WpHG schrittweise erfolgt ist, in gewissem Sinne eine eigenständige Bedeutung zumessen. Eine scharfe Grenze zwischen den Begriffen Ehrlichkeit und Redlichkeit zu ziehen, dürfte aber misslingen. Auf Grund der Parallelität von Art. 66 Abs. 1 und 2 zu Art. 24 Abs. 1 und 3 MiFID II bzw. § 63 Abs. 1, 6 WpHG (→ Rn. 2) liegt es nahe, dieselben Begriffe auch einheitlich auszulegen.

11   **b) Ehrlichkeit.** Ein Verstoß gegen die Pflicht zur Ehrlichkeit liegt vor, wenn die Kunden in ihrer Fähigkeit, eine unabhängige und informierte Auswahl oder Entscheidung zu treffen, maßgeblich beeinflusst oder beeinträchtigt werden.[27] Ir-

---

[23] Siehe zB ESMA, Public Statement, Highlighting the risks of securities lending in relation to retail client financial instruments and clarifying certain important MiFID II investor protection requirements, 12.7.2023, ESMA35-335435667-4342.
[24] Zweifelnd an der fehlenden Differenzierung Michel/Schmitt CCZ 2023, 261 (263).
[25] Assmann/Wallach/Zetzsche/Stabenow § 26 Rn. 40 f.
[26] Zur vergleichbaren Problematik in Bezug auf MiFID-Finanzinstrumente siehe ausführlich Assmann/Schneider/Mühlbert/Beule WpHG § 63 Rn. 3 ff.; 69.
[27] Erwgr. Nr. 41 und Art. 16e RL (EU) 2023/2673.

Pflichten gegenüber Kunden **Art. 66**

reführende Praktiken, die den durchschnittlichen Verbraucher täuschen oder zu täuschen geeignet sind, sind verboten.[28] Sämtliche Angaben und Informationen gegenüber dem Kunden müssen **wahrheitsgetreu, akkurat und aktuell** sein.[29] Daher dürfen Angaben gegenüber dem Kunden **nicht irreführend** sein, wobei hierfür die Sicht des Kunden, nicht die des Kryptowerte-Dienstleisters ausschlaggebend ist.[30] Jede Art von **Täuschung über Dienstleistungsinhalte, Kurse und Preise, die Rechtsstellung des Kunden** verstößt gegen die Pflicht zur Ehrlichkeit. Auch von § 5a UWG erfasste Irreführungen durch Unterlassen wie zB das **Weglassen, die unverständliche Darstellung oder das Verschleiern von Informationen, insbes. von Risiken**, ist unehrlich, wenn dies zu einer falschen Vorstellung beim Kunden führen kann. Ein Verschleiern von Informationen kann auch durch **Ablenkung von den wesentlichen Informationen** oder durch ein **Zuviel an Informationen** erfolgen. Ebenso ist der Einsatz von **Dark Patterns** auf Online-Benutzeroberflächen oder Trading Apps als Irreführung und damit als Verstoß gegen die Pflicht zur Ehrlichkeit zu bewerten.[31] Auch der Einsatz von **Influencern** kann irreführend und damit unehrlich sein, insbes. wenn diese Influencer nicht über die Risiken von Produkten und Dienstleistungen aufklären.[32]

c) **Redlichkeit.** Die Pflicht zu redlichem Handeln meint die angemessene Berücksichtigung der Interessen des jeweiligen Kunden.[33] Dies ist dann der Fall, wenn der Kryptowerte-Dienstleister **für den Kunden ungeeignete Produkte** vorstellt, wenn der **Kunde angelockt** oder zur Inanspruchnahme einer Dienstleistung mit sachfremden Gründen **überredet** wird. Auch das **verspätete Zurverfügungstellen von Informationen** oder das **übermäßige Drängen** zu einer Entscheidung kann unredlich sein.[34] Bei **Cross-Selling-Aktivitäten** ist es unredlich, wenn der Paketpreis höher ist als die Summe der Preise der einzelnen Produkte, wenn überhöhte Gebühren wegen vorzeitiger Kündigung verlangt werden, oder mit dem Paket vom Kunden nicht gewünschte Produkte verkauft werden.[35] 12

d) **Professionalität.** Die Pflicht zur Professionalität lässt sich am besten mit der hierdurch ersetzten Formulierung aus Art. 11 Abs. 2 Spiegelstrich 1 RL 93/22/EWG bzw. § 31 Abs. 1 WpHG aF beschreiben, wonach der Dienstleister seine Tätigkeit mit der gebotenen **Sachkenntnis, Sorgfalt und Gewissenhaftigkeit** ausüben muss. Geboten sind Sachkenntnis, Sorgfalt und Gewissenhaftigkeit eines ordentlichen Kaufmanns.[36] Während für den Maßstab die angebotene Dienstleistung eine Rolle spielt, ist dies bei der Unternehmensgröße nicht der Fall.[37] 13

---

[28] Erwgr. Nr. 42 RL (EU) 2023/2673.
[29] Siehe Art. 54 Abs. 7 UAbs. 1 S. 2 lit. a DelVO (EU) 2017/565.
[30] Erwgr. Nr. 68 DelVO (EU) 2017/565.
[31] Erwgr. Nr. 41 RL (EU) 2023/2673; BaFin, FAQ zu MiFID II-Wohlverhaltensregeln nach §§ 63ff. WpHG, 4.5.2018, geändert am 29.1.2024, Geschäftszeichen WA 31-Wp 2002-2018, K.1.
[32] Erwgr. Nr. 42 RL (EU) 2023/2673.
[33] Assmann/Schneider/Mülbert/Beule WpHG § 63 Rn. 63.
[34] Insofern kann man sich an § 4a Abs. 1 UWG orientieren.
[35] ESMA, Guidelines on cross-selling practices, 11.7.2016, ESMA/2016/574 Rn. 28.
[36] Schwark/Zimmer/Rothenhöfer WpHG § 63 Rn. 13 zu § 63 WpHG.
[37] Assmann/Schneider/Mülbert/Beule WpHG § 63 Rn. 18.

Art. 66   Titel V Kryptowerte-Dienstleistungen

4. Handeln im besten Interesse der Kunden

14   Die Pflicht zum Handeln im besten Interesse des Kunden stellt im Rahmen der europäischen Regulierung von Finanzdienstleistern eine übergeordnete Pflicht dar.[38] Sie drückt aus, dass das Interesse des Kunden wesentlich darüber entscheidet, ob eine **Kryptodienstleistung für den Kunden geeignet** ist und wie eine Kryptodienstleistung gegenüber einem Kunden erbracht wird. Ob das **Interesse eines individuellen Kunden** oder eines grundsätzlich **rational denkenden Durchschnittskunden** Bezugspunkt ist, dürfte davon abhängen, welche Dienstleistung auf welche Weise angeboten wird. Während einerseits für die personalisierte Beratung nach Art. 81 grundsätzlich das individuelle Kundeninteresse maßgeblich ist, dürfte für andere Kryptowerte-Dienstleistungen grundsätzlich ein standardisiertes Kundeninteresse als Bezugspunkt ausreichend sein (auch → Rn. 9). Bringt ein Kunde aber ein bestimmtes Interesse, zB durch Erteilung einer Weisung oder Darstellung seiner Lebenssituation zum Ausdruck, so ist dies bei der Ermittlung des Kundeninteresses auch für andere Dienstleistungen als Beratungsdienstleistungen, soweit möglich, zu berücksichtigen, zB im Rahmen des Art. 78 Abs. 1 UAbs. 2 bei der Ausführung von Aufträgen über Kryptowerte nach den spezifischen Anweisungen des Kunden.

15   Das Handeln im besten Interesse des Kunden bedeutet **keine völlige Unterordnung eigener Interessen** unter das Interesse des Kunden. Insbesondere ein **Gewinn- und Umsatzerzielungsinteresse** ist sowohl unter zivil-[39] als auch aufsichtsrechtlichen[40] Aspekten legitim. Dies beinhaltet auch die **Beschränkung der Dienstleistung auf (konzern-) eigene Produkte.**[41] Ebenso ist das Interesse an der **Rationalisierung des Geschäftsablaufs** im Massengeschäft als legitimes Eigeninteresse zu bewerten.[42] Vor diesem Hintergrund ist die Pflicht zur Interessewahrung als **Pflicht zur Interessenermittlung, -abwägung und zum Interessenausgleich einschl. der Offenlegung von Interessenkonflikten** mit der Maßgabe zu verstehen, dass hierbei das Interesse des Kunden bestmöglich berücksichtigt wird; siehe dazu Kommentierung zu (→ Art. 72 Rn. 1ff.).

16   Eine inhaltliche Konkretisierung der Pflicht zur Interessewahrung kann nur beispielhaft anhand von Fallgruppen erfolgen. Diese Konkretisierung ist abhängig von der **Art der angebotenen Dienstleistung,** ergibt sich für die jeweilige Dienstleistung weitgehend unmittelbar aus den einschlägigen Vorschriften, insbes. Art. 75ff., und kann oft auch nur in negativer Weise erfolgen. Bei **Beratungsdienstleistungen** steht insbesondere die Pflicht zur Eignungsprüfung sowie zur Aufklärung über Entgelte und Rückvergütungen im Vordergrund, bei **Kommissionsgeschäften** ergibt sich die Pflicht zur Interessewahrung auch bereits aus § 384 Abs. 1 Hs. 2 HGB. Als ein zentraler inhaltlicher Bestandteil der Pflicht zum Handeln im besten Interesse des Kunden dürfte jedoch die Pflicht zur **Offenlegung von Risiken** sein, die mit der Inanspruchnahme von Kryptowerte-Dienstleistungen verbunden sind,[43]

---

[38] Erwgr. Nr. 75, 76 DelVO (EU) 2017/656.
[39] BGH NJW 2013, 3574 Rn. 23; BeckRS 2012, 16899 Rn. 19; BKR 2012, 421 Rn. 19.
[40] Assmann/Schneider/Mülbert/Beule WpHG § 63 Rn. 20; Assmann/Wallach/Zetzsche/Stabenow § 26 Rn. 46.
[41] BGH NJW 2007, 1876 Rn. 21.
[42] BGH NJW 2014, 924 Rn. 46; 2014, 1441 Rn. 22.
[43] Siehe ESMA, Technical Standards specifying certain requirements of Markets in Crypto Assets Regulation (MiCAR) – second consultation paper, ESMA75-453128700-438, 5.10.2023, Rn. 73 zu erlaubnisfreien DLTs.

die in Art. 66 Abs. 3 konkretisiert wird und sich mit dem **Irreführungsverbot** nach Art. 66 Abs. 2 stark überschneidet.

III. Irreführungsverbot (Art. 66 Abs. 2)

1. Rechtssystematische Einordnung

Das Irreführungsverbot in S. 1 ist vergleichbaren Vorschriften aus Art. 24 Abs. 3 MiFID,[44] Art. 17 Abs. 2 IDD[45] entlehnt. Speziell für Kryptowerte gilt, dass die Kunden in Bezug auf die tatsächlichen oder vermeintlichen Vorteile von Kryptowerten nicht vorsätzlich oder fahrlässig irregeführt werden. Diese Vorschrift ergänzt mit Bezug auf Kryptowerte-Whitepaper, Art. 6 Abs. 2 Art. 7 Abs. 1 UAbs. 1 lit. b, Art. 19 Abs. 2, mit Bezug auf vermögenswertereferenzierende Token Art. 27 Abs. 1, 29 Abs. 1 lit. b, und mit Bezug auf Kryptowerte-Whitepapers für E-Geld-Token Art. 51 Abs. 2, Art. 53 Abs. 1 lit. b und schließt damit den Kreis für Kryptowerte-Dienstleister. 17

2. Art. 44 DelVO (EU) 2017/565 als Auslegungshilfe

Die eher allgemein gehaltenen Anforderungen an die Einhaltung des Irreführungsverbots können wie § 63 Abs. 6 WpHG für die Erbringung von Finanzdienstleistungen durch die Anforderungen des Art. 44 DelVO (EU) 2017/656 ausgefüllt werden, der diese Aufgabe für Art. 24 Abs. 3 MiFID II übernimmt. 18

3. Zurverfügungstellung von Informationen

a) Keine Pflicht zur Zurverfügungstellung von Informationen aus Art. 66 Abs. 2 S. 1. Art. 66 Abs. 2 S. 1 verpflichtet CASPs zur Zurverfügungstellung von Informationen, die redlich, eindeutig und nicht irreführend sind. Sprachlich nicht eindeutig ist, ob sich hieraus eine Pflicht zur Zurverfügungstellung von Informationen ableiten lässt, oder ob die Pflicht sich auf den Inhalt der Informationen bezieht, wenn Informationen zur Verfügung gestellt werden. Da sich Art. 66 Abs. 2 S. 1 jedoch nicht zum Inhalt der zur Verfügung zu stellenden Informationen verhält, ist davon auszugehen, dass sich die Pflicht lediglich darauf bezieht, dass zur Verfügung gestellte Informationen redlich, eindeutig und nicht irreführend sind, während die Vorschriften zu spezifischen Kryptowerte-Dienstleistungen vorschreiben, worüber der Kunde zu informieren ist. Diese Sichtweise entspricht auch dem Verständnis von § 63 Abs. 6 WpHG und § 1a Abs. 3 VVG. 19

b) Informationen, insbes. Marketingmitteilungen. Der Begriff der Informationen umfasst als Oberbegriff auch den Begriff der Marketingmitteilungen.[46] Zu Marketingmitteilungen zählen auch Werbebotschaften und Marketingmaterialien, die auch über neue Kanäle wie Plattformen der sozialen Medien verbreitet werden (Erwgr. Nr. 24 aE). Nicht nur Tatsachen, sondern auch Werturteile, sowohl solche, die auf Tatsachen beruhen, als auch solche, die als reine Werturteile der Ab- 20

---

[44] Umgesetzt in § 63 Abs. 6 WpHG.
[45] Umgesetzt in § 1a Abs. 3 VVG.
[46] Assmann/Schneider/Mülbert/Beule WpHG § 63 Rn. 58.

satzförderung dienen, werden vom Begriff der Informationen erfasst.[47] Erforderlich ist aber, dass sich die Information auf einen Kryptowert oder eine Kryptowerte-Dienstleistung bezieht. Reine **Imagewerbung** des CASPs ist dagegen nicht von Art. 66 Abs. 2 S. 1 erfasst.[48]

21 **c) Redliche, eindeutige und nicht irreführende Informationen.** Maßstab dafür, ob Informationen redlich, eindeutig und nicht irreführend sind, ist der aufmerksame Durchschnittskunde einer bestimmten Kundengruppe.[49] Bei einem Kleinanleger ist als Durchschnittskunde der situationsadäquat aufmerksame Verbraucher[50] zu betrachten. Jedoch ist auch zu berücksichtigen, dass die Kundengruppe der Verbraucher nicht homogen ist, sondern sich ein unerfahrener Verbraucher von einem Frequent oder Heavy Trader unterscheidet.[51]

22 Zur Redlichkeit (→ Rn. 2). Mit Bezug auf die Erteilung von Informationen gehört zur Redlichkeit insbesondere auch. deren Vollständigkeit. Gemäß Art. 44 Abs. 2 lit. d DelVO (EU) 2017/565 dürfen wichtige Punkte, Aussagen oder Warnungen nicht verschleiert, abgeschwächt oder unverständlich gemacht werden. Auch die nach Art. 81 Abs. 4 gebotene Aufklärung über Zahlungen durch Dritte dürfte hierher gehören.

23 Eindeutig ist eine Information, wenn sie klar und verständlich ist. Kann eine Information in naheliegender Weise verschieden interpretiert werden, ist sie nicht eindeutig.[52] Fernliegende Interpretationen bleiben außer Betracht.[53] Die Verständlichkeit einer Information richtet sich nach der Kundengruppe, an die die Information adressiert ist (→ Rn. 21). Eine Information kann auch durch **Zuviel-Information** (Information Overload)[54] unverständlich werden, wenn hierdurch der aufmerksame Durchschnittskunde außerstande gesetzt wird, die wichtigen Punkte, Aussagen oder Warnungen einer Kryptowerte-Dienstleistung mit angemessenem Aufwand zu erfassen.

24 Informationen sind irreführend, wenn der Gesamteindruck des maßgeblichen Adressatenkreises nicht der Realität entspricht, wobei davon auszugehen ist, dass der situationsadäquat aufmerksame Verbraucher aufklärende Hinweise wahrnimmt.[55] Die Eignung zur Irreführung genügt.[56] Irreführend ist unter anderem auch die Verwendung veralteter Daten, die unzutreffende Bewerbung kostenloser Dienstleistungen[57] oder die Verwendung von Dark Patterns (→ Rn. 11).

---

[47] Assmann/Schneider/Mülbert/Beule WpHG § 63 Rn. 58.
[48] Erwgr. Nr. 65 DelVO (EU) 2017/565; hierzu gehören Marketingmitteilungen, die nur eine oder mehrere der folgenden Angaben enthalten: Name der Firma, Logo oder ein anderes mit der Firma zusammenhängendes Bild, Kontaktadresse, Angaben zur Art der von der Firma erbrachten Wertpapierdienstleistungen.
[49] Art. 44 Abs. 2 lit. d DelVO (EU) 2017/565.
[50] BGH GRUR 2007, 981 Rn. 23–150% Zinsbonus.
[51] Assmann/Schneider/Mülbert//Beule WpHG § 63 Rn. 61 (Fn. 275).
[52] Schwark/Zimmer/Rothenhöfer WpHG § 63 Rn. 170 zu § 63 WpHG.
[53] Assmann/Schneider/Mülbert/Beule WpHG § 63 Rn. 61.
[54] Schwark/Zimmer/Rothenhöfer WpHG § 63 Rn. 173 zu § 63 WpHG.
[55] BGH GRUR 2007, 981 Rn. 20, 23 – 150% Zinsbonus. Siehe auch Assmann/Schneider/Mülbert/Beule WpHG § 63 Rn. 62; Schwark/Zimmer/Rothenhöfer WpHG § 63 Rn. 174 zu § 63 WpHG.
[56] Erwgr. Nr. 68 zur DelVO (EU) 2017/565.
[57] Dazu BaFin, FAQ zu MiFID II-Wohlverhaltensregeln nach §§ 63ff. WpHG, 4.5.2018, geändert am 29.1.2024, Geschäftszeichen WA 31-Wp 2002-201, H.2.

S. 2 befasst sich mit der Irreführung in Bezug auf die **tatsächlichen oder ver-** 25
meintlichen Vorteile von Kryptowerten. Kern dieser Anforderung ist, dass die
Vorteile der Wahrheit entsprechen müssen sowie dass gemäß Art. 44 Abs. 2 lit. b
DelVO (EU) 2017/565 korrespondierend auch auf die damit verbundenen Risiken
deutlich hingewiesen wird.[58] Risiken dürfen nicht durch Nennung von Vorteilen
relativiert oder heruntergespielt werden. Auch dürfen Risiken nicht im Kleingedruckten
(Fußnoten, Disclaimer etc) versteckt werden.[59]

IV. Risikowarnung, Hyperlinks zu Kryptowerte-Whitepapers (Art. 66 Abs. 3)

1. Warnung vor Risiken im Zusammenhang mit Transaktionen mit Kryptowerten

a) Relevantes Risiko. Der Wortlaut des Art. 66 Abs. 3 S. 1 bezieht sich auf 26
Risiken im Zusammenhang mit „Transaktionen mit Kryptowerten" (transactions
in crypto-assets). Der Kommissionsvorschlag bezog sich dagegen auf den „Erwerb
von Kryptowerten" (purchasing crypto-assets).[60] Ob die vom Rat im Rahmen des
Trilog-Verfahrens vorgenommene Änderung[61] der Formulierung als Ausweitung
intendiert war, weil der Begriff des Erwerbs als zu eng betrachtet wurde, oder ob
statt dessen eine Fokussierung auf den Transaktionsvorgang als solchem unter Außerachtlassung
der einem Kryptowert innewohnenden Risiken vorgenommen
werden sollte, ist unklar. Die Zielrichtung der MiCAR in Betracht nehmen dürfte
die Intention einer Einengung der Pflicht zur Risikoaufklärung kaum beabsichtigt
gewesen sein. Naheliegend scheint vielmehr, dass beide Arten von Risiken, also sowohl
**das einem Kryptowert innewohnende Risiko als auch das mit dem
Transaktionsvorgang eines Kryptowertes verbundene Risiko** erfasst werden
sollen.

Das mit einem Transaktionsvorgang verbundene Risiko erfasst die Risiken des 27
Übertragungsvorgangs, wozu insbesondere die technischen Aspekte des Konsensmechanismus,
der Funktionsweise der DLT und der „Aufbewahrung" gehören.
Die ESMA sieht **besondere Risiken bei erlaubnisfreien DLTs;**[62] der CASP hat
den Kunden daher darüber aufzuklären, dass sich die Haftung des CASPs nicht auf
die erlaubnisfreie DLT erstreckt.[63] Das einem Kryptowert innewohnende Risiko
bezieht sich dagegen auf das sonstige mit dem Kryptowert verbundene Risiko. Dieses
Risiko ist zunächst nicht prinzipiell anders als das eines Finanzinstruments. Eine
Besonderheit besteht insoweit dahingehend, dass dieser Wert, wenn er nicht als ver-

---

[58] Erwgr. Nr. 67 zur DelVO (EU) 2017/565.
[59] Assmann/Schneider/Mülbert/Beule WpHG § 63 Rn. 72.
[60] COM(2020) 593 final 2020/0265 (COD), 24.9.2020.
[61] 7694/22 EF 97 ECOFIN 279 CODEC 391, 1.4.2022.
[62] Zum Begriff siehe Art. 1 Nr. 1 lit. b Draft RTS (ESMA, Final Report, Draft Technical Standards specifying certain requirements of the Markets in Crypto Assets Regulation (MiCA) – second package, 3.7.2024, ESMA75-453128700-1229 S. 199): „a type of distributed ledger as defined under Article 3(1) point 2 of Regulation (EU) 2023/1114 in which no entity controls the distributed ledger and DLT network nodes can be set up by any persons complying with the technical requirements and the protocols".
[63] ESMA75-453128700-438 Rn. 73.

mögenswertereferenzierter, E-Geld- oder Utility-Token ausgestaltet ist, seinen Wert ausschließlich durch willkürliche Zumessung eines Wertes durch die Nutzer dieses Kryptoassets erhält. Allerdings ist auch dieses Merkmal bestimmten sonstigen Vermögenswerten eigen. Auf Grund des umfassenden Risikobegriffs in Art. 66 Abs. 3 S. 1 ist eine genaue Unterscheidung nur dahingehend relevant, dass solche Risiken ausgeschlossen sind, die nichts damit zu tun haben, dass der Gegenstand ein Kryptoasset ist. Eine Abgrenzung kann allerdings gerade bei vermögenswertereferenzierten Token im Einzelfalls schwierig sein.

28 **b) Rückgriff auf Whitepaper.** Für die Frage, welche Risiken im Einzelfall relevante Risiken sind, kann der CASP auf die Beschreibungen in den Whitepapern zurückgreifen. Gemäß Art. 6 Abs. 1 UAbs. 1 lit. i, Art. 19 Abs. 1 UAbs. 1 lit. f, Art. 51 Abs. 1 UAbs. 1 lit. f sind die Risiken im Whitepaper darzustellen. Hierzu gehören die in Anhang I Teil I, Anhang II Teil F und Anhang III Teil F aufgeführten Informationen.

2. Hyperlinks zu Kryptowerte-Whitepapers, S. 2

29 Für die Kryptowerte-Dienstleistungen
– Betrieb einer Handelsplattform für Kryptowerte (Art. 76),
– Tausch von Kryptowerten gegen einen Geldbetrag oder andere Kryptowerte (Art. 77),
– Beratung zu Kryptowerten (Art. 81) und
– Portfolioverwaltung von Kryptowerten (Art. 81)
sieht Art. 66 Abs. 3 S. 2 vor, dass die CASPs ihren Kunden **Hyperlinks zu allen Kryptowerte-Whitepapers** für die Kryptowerte zur Verfügung stellen, in Bezug auf die sie diese Dienstleistungen erbringen. Der Hyperlink erfolgt auf die in Art. 9 Abs. 1, Art. 28 bzw. Art. 51 Abs. 13 genannte Website des Anbieters bzw. Emittenten des Kryptowertes.

V. Veröffentlichung der Preis-, Kosten- und Gebührenpolitik (Art. 66 Abs. 4)

30 Art. 66 Abs. 4 verlangt die Offenlegung der Preis-, Kosten- und Gebührenpolitik des CASPs auf seiner Website an gut erkennbarer Stelle. Für die Anforderungen an den **Umfang der Offenlegung** kann sich der CASP an Art. 50 Abs. 2 iVm Anhang II DelVO (EU) 2017/565 orientieren. Neben dieser Anforderung besteht bei der Verwahrung und Verwaltung von Kryptowerten nach Art. 75 Abs. 1 S. 2 lit. f (in der Vereinbarung) und bei der Beratung zu Kryptowerten nach Art. 81 Abs. 4 spezifische Informations- und Offenlegungspflichten.

VI. Informationen über nachteilige Auswirkungen des Konsensmechanismus auf das Klima (Art. 66 Abs. 5, 6)

1. Einleitung

31 Die vom EU-Parlament eingebrachte Forderung nach Aufklärung über die Umweltschädlichkeit des Konsensmechanismus *proof-of-work* steht unter dem Eindruck, dass in der Zeit vom 1.1.2016 bis zum 30.6.2018 das Bitcoin-Netzwerk für eine

CO_2-Emission von 13 Millionen Tonnen verantwortlich war und jede Bitcoin-Transaktion zu einem Stromverbrauch von 707 kWh führt.[64]

2. Offenlegungspflichtige Informationen

Die offenzulegenden Informationen beziehen sich auf die wichtigsten nachteiligen Auswirkungen auf das Klima und andere umweltbezogene nachteilige **Auswirkungen des Konsensmechanismus,** der für die Ausgabe jedes Kryptowerts, in Bezug auf den ein CASP Dienstleistungen erbringt, verwendet wird. Diese Informationen beziehen sich nach den Vorstellungen des EU-Parlaments nicht nur auf die CO_2-Emissionen, sondern auch auf den Abbau natürlicher Ressourcen und auf anfallenden Elektroschrott für das Mining-Equipment. 32

3. Whitepapers als Informationsquelle

Art. 66 Abs. 5 S. 2 erlässt den CASPs eigene Ermittlungen und gestattet ihnen den Rückgriff auf die in den Kryptowerte-Whitepapers enthaltenen Informationen. Gemäß Art. 6 Abs. 1 UAbs. 1 lit. j, Art. 19 Abs. 1 UAbs. 1 lit. h und Art. 51 Abs. 1 UAbs. 1 lit. g sind Informationen über die wichtigsten nachteiligen Auswirkungen des für die Ausgabe des Kryptowerts verwendeten Konsensmechanismus auf das Klima sowie sonstige umweltbezogene nachteilige Auswirkungen in das Whitepaper aufzunehmen. 33

4. Art der Offenlegung

Art. 66 Abs. 5 verlangt die Offenlegung der Informationen auf der Website des CASPs an gut erkennbarer Stelle. Die genaue Ausgestaltung der Offenlegung bleibt einer delegierten Verordnung überlassen (→ Rn. 35 f.). 34

5. Regulierungsstandards

Art. 66 Abs. 6 sieht die Befugnis der Kommission zum Erlass einer delegierten Verordnung mit technischen Regulierungsstandards zu Inhalt, Methoden und Darstellung der in Art. 66 Abs. 5 genannten Informationen über die Nachhaltigkeitsindikatoren vor. Gemäß Erwgr. Nr. 7 sollte die ESMA bei der Ausarbeitung der Entwürfe für technische Regulierungsstandards den unterschiedlichen Arten der Konsensmechanismen, die bei der Validierung von Transaktionen mit Kryptowerten zum Einsatz kommen, ihren Merkmalen und den jeweiligen Unterschieden zwischen ihnen Rechnung tragen. Die ESMA sollte zudem bestehende Offenlegungspflichten berücksichtigen, für Komplementarität und Kohärenz Sorge tragen und verhindern, dass die Belastung von Unternehmen zunimmt. 35

Gemäß Art. 66 Abs. 6 UAbs. 1 hat die ESMA bereits einen Entwurf der Verordnung vorgelegt.[65] Art. 3 des Entwurfs sieht generelle Anforderungen (gebührenfrei, zum Downloaden, leicht lesbar mit nicht zu kleinen Buchstaben und in gut verständlichem Stil) vor. Art. 4 Abs. 2 des Entwurfes schreibt die Nutzung der Vorlagen gemäß den Tabellen 1 und 2 des Anhangs zum Verordnungsentwurf vor. 36

---

[64] Vorschlag des Europäischen Parlaments zu Erwgr. Nr. 5a zur MiCAR, 7694/22 EF 97 ECOFIN 279 CODEC 391, 1.4.2022.
[65] ESMA75-453128700-438 S. 85 ff.

Art. 67

Artikel 67 Aufsichtsrechtliche Anforderungen

(1) Die Anbieter von Kryptowerte-Dienstleistungen verfügen jederzeit über prudentielle aufsichtsrechtliche Sicherheitsvorkehrungen in Höhe eines Betrags, der mindestens dem höheren der folgenden Beträge entspricht:
a) dem Betrag der in Anhang IV aufgeführten permanenten Mindestkapitalanforderungen entsprechend der Art der erbrachten Kryptowerte-Dienstleistungen;
b) einem Viertel der jährlich neu berechneten fixen Gemeinkosten des Vorjahres.

(2) Anbieter von Kryptowerte-Dienstleistungen, die ab dem Datum, zu dem sie mit der Erbringung der Dienstleistungen begonnen haben, ein Jahr lang nicht tätig gewesen sind, verwenden für die Berechnung gemäß Absatz 1 Buchstabe b die projizierten fixen Gemeinkosten aus ihren Prognosen für die ersten zwölf Monate der Erbringung der Dienstleistungen, die sie mit ihrem Zulassungsantrag vorgelegt haben.

(3) Für die Zwecke von Absatz 1 Buchstabe b legen die Anbieter von Kryptowerte-Dienstleistungen bei der Berechnung ihrer fixen Gemeinkosten des Vorjahres die Zahlen des geltenden Rechnungslegungsrahmens zugrunde und ziehen von den Gesamtaufwendungen nach Ausschüttung von Gewinnen an die Aktionäre oder Gesellschafter in ihrem jüngsten geprüften Jahresabschluss oder, falls nicht vorhanden, in dem von nationalen Aufsichtsbehörden geprüften Jahresabschluss folgende Posten ab:
a) Boni für die Beschäftigten und sonstige Vergütungen, soweit sie von einem Nettogewinn des Anbieters von Kryptowerte-Dienstleistungen im betreffenden Jahr abhängen;
b) Gewinnbeteiligungen der Beschäftigten, Geschäftsführer und Gesellschafter;
c) sonstige Gewinnausschüttungen und variablen Vergütungen, soweit sie vollständig diskretionär sind;
d) einmalige Aufwendungen aus unüblichen Tätigkeiten.

(4) Die in Absatz 1 genannten prudentiellen aufsichtsrechtlichen Sicherheitsvorkehrungen können wie folgt oder in einer Kombination daraus getroffen werden:
a) in Form von Eigenmitteln, bestehend aus den in den Artikeln 26 bis 30 der Verordnung (EU) Nr. 575/2013 genannten Posten und Instrumenten des harten Kernkapitals nach vollständiger Anwendung der Abzüge gemäß Artikel 36 der genannten Verordnung und ohne Anwendung der Schwellenwerte für Ausnahmen gemäß den Artikeln 46 und 48 der genannten Verordnung;
b) in Form einer Versicherungspolice für die Gebiete der Union, in denen Kryptowerte-Dienstleistungen erbracht werden, oder in Form einer vergleichbaren Garantie.

(5) Die in Absatz 4 Buchstabe b genannte Versicherungspolice wird auf der Website des Anbieters von Kryptowerte-Dienstleistungen öffentlich zugänglich gemacht und muss mindestens die folgenden Merkmale aufweisen:

Aufsichtsrechtliche Anforderungen **Art. 67**

a) Die Anfangslaufzeit beträgt mindestens ein Jahr;
b) die Kündigungsfrist beträgt mindestens 90 Tage;
c) sie wird bei einem Unternehmen abgeschlossen, das gemäß dem Unionsrecht oder dem nationalen Recht zum Versicherungsgeschäft zugelassen ist;
d) sie wird von einem Drittunternehmen bereitgestellt.

(6) Die in Absatz 4 Buchstabe b genannte Versicherungspolice umfasst die Deckung aller folgenden Risiken
a) des Verlusts von Unterlagen;
b) von Fehldarstellungen oder irreführenden Aussagen;
c) von Handlungen, Fehlern oder Auslassungen, aufgrund deren gegen Folgendes verstoßen wird:
   i) gesetzliche Pflichten und Verwaltungsvorgaben;
   ii) die Pflicht zu ehrlichem, redlichem und professionellem Handeln gegenüber den Kunden;
   iii) die Pflicht zur Vertraulichkeit;
d) des Versäumnisses, angemessene Verfahren zur Prävention von Interessenkonflikten zu schaffen, umzusetzen und aufrechtzuerhalten;
e) von Verlusten aufgrund von Betriebsunterbrechungen oder Systemausfällen;
f) sofern für das Geschäftsmodell relevant, grober Fahrlässigkeit bei der sicheren Aufbewahrung der Kryptowerte und Geldbeträge der Kunden;
g) der Haftung des Anbieters von Kryptowerte-Dienstleistungen gegenüber Kunden gemäß Artikel 75 Absatz 8.

Schrifttum: Siehe Art. 66

Übersicht

	Rn.
I. Einleitung	1
1. Eigenkapital als Risikopuffer	1
2. Anwendungsbereich	4
3. Aufbau der Vorschrift	5
II. Höhe der prudentiellen aufsichtsrechtlichen Sicherheitsvorkehrungen (Art. 67 Abs. 1)	6
1. Einleitung	6
2. Absolute Mindestkapitalanforderungen nach Anhang IV	7
3. Gemeinkostenabhängige Mindestkapitalanforderungen	8
III. Berechnung der fixen Gemeinkosten (Abs. 2, 3)	10
1. Einleitung	10
2. Berechnung der fixen Gemeinkosten (Art. 67 Abs. 3)	11
a) Berechnungssystematik	11
b) Geltender Rechnungslegungsrahmen, Jahresabschluss	13
c) Gesamtaufwendungen	14
d) Abzugspositionen	15
3. Prognostizierung der fixen Gemeinkosten in der Anfangsphase (Art. 67 Abs. 2)	19
IV. Treffen der aufsichtsrechtlichen Sicherheitsvorkehrungen (Art. 67 Abs. 4)	21
1. Einleitung	21
2. Eigenmittel	22

	Rn.
3. Versicherungspolice und vergleichbare Garantie	23
V. Formelle Anforderungen an die Versicherungspolice (Art. 67 Abs. 5)	24
1. Veröffentlichung auf der Internetseite	24
2. Anfangslaufzeit und Kündigungsfrist	25
3. Versicherer/Garantiegeber mit Sitz in der Union	26
4. Drittunternehmen als Aussteller	28
VI. Von der Versicherung abgedeckte Risiken (Art. 67 Abs. 6)	29
VII. Sanktionen	30

I. Einleitung

1. Eigenkapital als Risikopuffer

1 Eigenmittelanforderungen gehörten von Anfang an zu den zentralen Regulierungsanforderungen in der Finanzbranche. **Eigenmittel** bilden einen Puffer für Verluste aus eingegangenen Risiken und stellen damit einen Schutz vor der Insolvenz dar. Insoweit dienen sie auch dem Schutz des Kunden des Kryptowerte-Dienstleisters vor einem Verlust seiner Ansprüche. Erwgr. Nr. 80 nennt denn auch den Verbraucherschutz als maßgebliche Motivation für die Einführung dieser Anforderungen. Für CASPs, deren Tätigkeit in der Dienstleistungserbringung und weniger darin besteht, die den Kryptowerten innewohnenden Risiken aufs eigene Buch zu nehmen, stehen wie bei Wertpapierinstituten operationelle Risiken im Vordergrund. Aus diesem Grunde lehnt sich die Systematik der Eigenmittelanforderungen für CASPs an diejenige für Wertpapierinstitute nach § 17 WpIG und Art. 13 IFR an. Welche operationellen Risiken aus Sicht des Verordnungsgebers praktisch relevant sind, ergibt sich für einen CASP anschaulich aus Art. 67 Abs. 6.

2 Inwieweit unter dem Gesichtspunkt einer Risikoadäquanz für absolute und damit unabhängig vom eingegangenen Risiko bestehende Mindestkapitalanforderungen eine Rechtfertigung besteht, kann durchaus hinterfragt werden. Als Erklärung wird oft die Kompensation von Anfangsausgaben in den ersten drei bis fünf Jahren genannt.[1] Zwar sind gerade zu Beginn der Tätigkeit die risikobezogenen Eigenmittel sehr gering,[2] was allerdings auch auf die geringen eingegangenen Risiken hinweist, und daher nicht rechtfertigt, dass ein CASP jederzeit über einen Betrag in Höhe der Mindestkapitalanforderungen verfügen muss. Nicht völlig zu Unrecht werden absolute Kapitalanforderungen daher als „*eher primitive Art der Bankenregulierung*" bezeichnet.[3] Für die fixen Gemeinkosten spricht dagegen als sachlicher Grund die Sicherstellung einer ordnungsgemäßen Abwicklung eines Unternehmens, um auch in dieser Phase die laufenden Verbindlichkeiten bedienen zu können.[4]

3 Der Sprachgebrauch der MiCAR weicht allerdings vom gebräuchlichen Sprachgebrauch ab, wenn nicht von Eigenmitteln, sondern von prudentiellen aufsichts-

---

[1] Stellungnahme des Wirtschafts- und Sozialausschusses zum Richtlinienvorschlag für eine zweite BankenkoordinierungsRL, ABl. 1988 C 318, 42, 2.2.3.; Luz/Neus/Schaber/Schneider/Wagner/Weber/Reiter/Methner/Schenkel KWG § 33 Rn. 38.
[2] Schmidt/Ketzel/Prigge, Wolfgang Stützel – Moderne Konzepte Für Finanzmärkte/Schmidt S. 54.
[3] Schmidt/Ketzel/Prigge, Wolfgang Stützel – Moderne Konzepte Für Finanzmärkte/Schmidt S. 55.
[4] Dazu näher Emde/Dornseifer/Dreibus/Stabenow KAGB § 25 Rn. 29 aE, 34.

rechtlichen Sicherheitsvorkehrungen die Rede ist. Grund hierfür ist die in Art. 67 Abs. 4 vorgesehene **Gleichwertigkeit von Eigenmitteln mit einer Versicherungspolice.** Die Möglichkeit des Eigenmittelersatzes durch eine Versicherungspolice war bis zur Einführung des WpIG auch für Finanzdienstleistungsinstitute vorgesehen. Denn die Aufbringung von Eigenmitteln kann *„in manchen Fällen eine unnötige Belastung darstellen".*[5] Jedoch wurde diese Möglichkeit mit der Begründung abgeschafft, dass diese Versicherungen *„regelmäßig nicht den mit dem erforderlichen Anfangskapital verfolgten Zweck* (erfüllen), *nämlich im Bedarfsfall bedingungslos zur Erfüllung von Verbindlichkeiten des betreffenden Unternehmens zur Verfügung zu stehen".*[6] Dass diese Möglichkeit CASPs dagegen eröffnet wurde, mag damit zu tun haben, dass der Verordnungsgeber auf Grund der bescheidenen Größe der Märkte für Kryptowerte in diesen noch keine Bedrohung für die Finanzstabilität sieht (Erwgr. Nr. 5). Jedoch hat dies mit dem für die aufsichtsrechtlichen Sicherheitsvorkehrungen vorgebrachten Grund, dem Verbraucherschutz (→ Rn. 1), nichts zu tun.

2. Anwendungsbereich

Die aufsichtsrechtlichen Anforderungen nach Art. 67 gelten nur für nach der 4 MiCAR zugelassene CASPs, nicht dagegen für bereits anderweitig regulierte Unternehmen, die gemäß Art. 60 Kryptowerte-Dienstleistungen erbringen und daher nach der anderweitigen Regulierung Eigenmittelanforderungen unterliegen. Dies ergibt sich trotz der irreführenden Überschrift zu Kapitel 2 des Titel V *(„Pflichten aller Anbieter von Kryptowerte-Dienstleistungen")* aus Erwgr. Nr. 78 S. 3, 80. Sofern allerdings eine **Kapitalverwaltungsgesellschaft** nach Art. 60 Abs. 5 Kryptowerte-Dienstleistungen erbringt, ohne bereits anderweitig Dienst- oder Nebendienstleistungen nach § 20 Abs. 2, 3 KAGB zu erbringen, dürften sich erhöhte Eigenmittelanforderungen aus § 5 Abs. 2 S. 2, 3 KAGB iVm Art. 60 Abs. 5 UAbs. 2 ergeben, obwohl nach dem Wortlaut des Art. 60 Abs. 5 UAbs. 2 die Gleichwertigkeit der Dienst- oder Nebendienstleistungen nur *„für Zwecke dieses Absatzes"* gilt. Die Erbringung von Kryptowerte-Dienstleistungen ohne erhöhte Eigenmittelanforderungen würde dem Zweck des § 5 Abs. 2 S. 2, 3 KAGB widerlaufen. Für **Emittenten vermögenswertereferenzierter Token** sieht Art. 35 systematisch vergleichbare Eigenmittelanforderungen vor, wobei dort als dritte Alternative ein Betrag in Höhe von 2% des Durchschnittsbetrags des Reservevermögens nicht unterschritten werden darf.

3. Aufbau der Vorschrift

Während sich Art. 67 Abs. 1–3 mit den beiden Alternativen des **Sicherheits-** 5 **vorkehrungen-Solls** – absolute Mindestkapitalanforderungen und ein Viertel der fixen Gemeinkosten – befasst, regelt Art. 67 Abs. 4–6 die beiden Alternativen zur **Erfüllung der Sicherheitsvorkehrungen** – Eigenmittel und eine Versicherungspolice.

---

[5] Gemeinsamer Standpunkt (EG) Nr. 23/2001 (2001/C 297/02), ABl. 2001 C 297, 30.
[6] BT-Drs. 19/26929, 135.

II. Höhe der prudentiellen aufsichtsrechtlichen Sicherheitsvorkehrungen (Art. 67 Abs. 1)

1. Einleitung

6   Art. 67 Abs. 1 mit alternativen Minimum-Kapitalanforderungen bzw. -Sicherheitsvorkehrungen folgt der für Wertpapierfirmen eingeführten und geltenden und für Kapitalverwaltungsgesellschaften übernommenen Systematik, siehe Art. 11 Abs. 1, Art. 13 IFR iVm § 17 Abs. 1 WpIG, § 25 Abs. 1, 4 KAGB. Nach dieser Systematik betragen die Minimum-Kapitalanforderungen ein Viertel der Gemeinkosten, jedoch mindestens einen von der Art der erbrachten Dienstleistungen abhängigen absoluten Betrag gemäß Anhang IV.

2. Absolute Mindestkapitalanforderungen nach Anhang IV

7   Die in Anhang IV aufgeführten Mindestkapitalanforderungen sind von der Art der erbrachten Kryptowerte-Dienstleistung abhängig. Hiermit wird, vergleichbar mit der Regulierung von Wertpapierinstituten in § 17 Abs. 1 WpIG, eine Staffelung nach der Risikogeneigtheit für den Kunden und für den CASP vorgenommen. Die Anforderungen werden wie folgt in drei Klassen aufgeteilt:
- **Klasse 1 (geringes Risiko): 50.000 EUR** für CASPs mit einer Zulassung für folgende Kryptowerte-Dienstleistungen:
  - Auftragsausführung für Kunden,
  - Platzierung von Kryptowerten,
  - Transferdienstleistungen für Kryptowerte für Kunden,
  - Annahme und Übermittlung von Aufträgen über Kryptowerte für Kunden
  - Beratung zu Kryptowerten und/oder
  - Portfolioverwaltung von Kryptowerten.
- **Klasse 2 (mittleres Risiko): 125.000 EUR** für CASPs mit einer Zulassung für die Kryptowerte-Dienstleistungen der Klasse 1 und für
  - Verwahrung und Verwaltung von Kryptowerten für Kunden,
  - Tausch von Kryptowerten gegen Geldbeträge und/oder
  - Tausch von Kryptowerten gegen andere Kryptowerte.
- **Klasse 3 (hohes Risiko): 150.000 EUR** für CASPs mit einer Zulassung für die Kryptowerte-Dienstleistungen der Klasse 2 und für
  - Betrieb einer Handelsplattform für Kryptowerte.

3. Gemeinkostenabhängige Mindestkapitalanforderungen

8   Als ggf. gegenüber den absoluten Sicherheitsvorkehrungen nach Art. 67 Abs. 1 lit. a höheren Betrag muss der CASP prudentielle aufsichtsrechtliche Sicherheitsvorkehrungen in Höhe von einem Viertel der jährlich neu berechneten fixen Gemeinkosten des Vorjahres vorhalten.

9   Die Berechnung der fixen Gemeinkosten erfolgt gemäß den Vorgaben des Art. 67 Abs. 2 und 3. Art. 67 Abs. 1 lit. b verlangt, dass der CASP die fixen Gemeinkosten **jährlich neu berechnet** werden.

III. Berechnung der fixen Gemeinkosten (Abs. 2, 3)

1. Einleitung

Art. 67 Abs. 2 und 3 sieht im Vergleich zur Berechnung der fixen Gemeinkosten 10
für Wertpapierinstitute und Kapitalverwaltungsgesellschaften gemäß Art. 13 IFR
und der DelVO (EU) 2022/1455 ein prinzipiell gleiches, aber stark vereinfachtes
Verfahren vor.

2. Berechnung der fixen Gemeinkosten (Art. 67 Abs. 3)

a) Berechnungssystematik. Die Berechnung der fixen Gemeinkosten folgt 11
der sogenannten **Subtraktionsmethode.** Dabei werden im Unterschied zur Additionsmethode nicht bestimmte fixe Aufwandsposten addiert, sondern von den Gesamtaufwendungen bestimmte variable Aufwandsposten abgezogen. Der Unterschied ist im Wesentlichen, dass bei der Additionsmethode festgelegt werden muss, welche fixen Aufwendungen in der Abwicklungsphase mit Sicherheit anfallen, während bei der Subtraktionsmethode lediglich bestimmt werden muss, welche variablen Aufwendungen in der Abwicklungsphase mit Sicherheit nicht anfallen. Tendenziell führt daher die Subtraktionsmethode zu höheren fixen Gemeinkosten und damit entsprechend auch zu höheren Eigenmittel- bzw. Sicherheitsanforderungen.

Für die Berechnung der maßgeblichen fixen Gemeinkosten bilden die **Gesamt-** 12
aufwendungen des Vorjahres nach Ausschüttung von Gewinnen an die Gesellschafter den Ausgangspunkt. Hiervon hat der CASP **die in Art. 67 Abs. 3 lit. a–d aufgeführten Posten abzuziehen.**

b) Geltender Rechnungslegungsrahmen, Jahresabschluss. Die MiCAR 13
stellt keinen eigenständigen Rechnungslegungsrahmen für CASPs auf. Soweit für anderweitig regulierte Unternehmen ein besonderer Rechnungslegungsrahmen gilt, ist dieser maßgeblich, zB für Kreditinstitute und Wertpapierinstitute § 340 HGB iVm der RechKredV, gemäß § 38 KAGB ebenso für externe Kapitalverwaltungsgesellschaften. Maßgebliche Grundlage für die Berechnung der fixen Gemeinkosten ist der **jüngste geprüfte Jahresabschluss.**

c) Gesamtaufwendungen. Die aus dem Jahresabschluss ersichtlichen Gesamt- 14
aufwendungen werden zunächst um die Gewinnausschüttungen an die Aktionäre oder sonstige Gesellschafter bereinigt.

d) Abzugspositionen. Von den danach maßgeblichen Gesamtaufwendungen 15
werden bestimmte Posten abgezogen. Diese Positionen entsprechen den in Art. 13 Abs. 4 lit. a–d, lit. f IFR genannten Positionen. Insofern kann für deren Auslegung auf Art. 1 Abs. 3, 4 DelVO (EU) 2022/1455 zurückgegriffen werden. Die maßgeblichen Posten sind:
- Boni für die Beschäftigten und sonstige Vergütungen, soweit sie von einem Nettogewinn des CASP im betreffenden Jahr abhängen;
- Gewinnbeteiligungen der Beschäftigten, Geschäftsführer und Gesellschafter;
- sonstige Gewinnausschüttungen und variablen Vergütungen, soweit sie vollständig diskretionär sind;
- einmalige Aufwendungen aus unüblichen Tätigkeiten.

Art. 67   Titel V Kryptowerte-Dienstleistungen

16 Für die Bestimmung der Abhängigkeit der **Boni für die Beschäftigten und sonstige Vergütungen** von einem Nettogewinn des CASP im betreffenden Jahr kann auf Art. 1 Abs. 4 DelVO (EU) 2022/1455 zurückgegriffen werden. Danach sind folgende Bedingungen maßgeblich:
- die abzuziehenden Prämien für Mitarbeiter oder sonstigen Vergütungen wurden bereits in dem Jahr vor dem Jahr der Zahlung an die Mitarbeiter gezahlt oder die Zahlung der Prämien oder sonstigen Vergütungen an Mitarbeiter hat keine Auswirkungen auf die Kapitalposition der Firma im Jahr der Zahlung;
- für das laufende Jahr und die Folgejahre ist die Firma nicht verpflichtet, weitere Prämien oder andere Zahlungen in Form einer Vergütung zu gewähren oder zuzuweisen, es sei denn, sie erzielt in diesem Jahr einen Nettogewinn.

17 Mit Bezug auf **Gewinnbeteiligungen der Beschäftigten, Geschäftsführer und Gesellschafter** ist nach Art. 1 Abs. 3 DelVO (EU) 2022/1455 ebenfalls der Nettogewinn (net profit im Gegensatz zum gross profit), also der Jahresüberschuss, maßgeblich.

18 Vor dem Hintergrund des Zwecks der Beschränkung des Abzugs auf variable Aufwendungen, die in der Abwicklungsphase nicht anfallen (→ Rn. 2 aE), können als **einmalige Aufwendungen aus unüblichen Tätigkeiten** nur solche Aufwendungen gewertet werden, bei denen nicht davon ausgegangen werden kann, dass diese in der Abwicklungsphase anfallen werden.

3. Prognostizierung der fixen Gemeinkosten in der Anfangsphase (Art. 67 Abs. 2)

19 In der Anfangsphase der Tätigkeit als CASP sind die prognostizierten fixen Gemeinkosten auf Basis des Nachweises für den Zulassungsantrag nach Art. 62 Abs. 2 lit. e zugrunde zu legen. Die ESMA hat auf Grundlage von Art. 62 Abs. 5, 6 Verordnungsentwürfe veröffentlicht.[7] Art. 3 des Entwurfs einer VO *„with regard to regulatory technical standards specifying the information to be included in an application for authorisation as crypto-asset service provider"*[8] sieht dazu die Erstellung eines Geschäftsplans für die ersten drei Jahre vor.

Der Wortlaut der deutschen Fassung *„Anbieter von Kryptowerte-Dienstleistungen, die ab dem Datum, zu dem sie mit der Erbringung der Dienstleistungen begonnen haben, ein Jahr lang nicht tätig gewesen sind,"* ist sprachlich verunglückt. Dieser Wortlaut hat seine Grundlage in Art. 21 Abs. 3 der inzwischen aufgehobenen RL 2006/49/EG und bezieht sich nicht auf ein Jahr der Untätigkeit, sondern auf den Beginn der Tätigkeit innerhalb des ersten Jahres ab Geschäftsaufnahme. Dies kommt in anderen Sprachfassungen klar zum Ausdruck.

20 Für den Fall, dass der **erste Jahresabschluss keinen vollen Zwölf-Monats-Zeitraum** abdeckt, fehlt eine spezifische Regelung. Für Wertpapierfirmen sieht Art. 1 Abs. 2 DelVO (EU) 2022/1455 eine Extrapolation der Kosten vor. Dies sollte sachgerechterweise auch für CASPs gelten, da insoweit eine verlässlichere Berechnungsgrundlage als der Geschäftsplan existiert.

---

[7] ESMA, Consultation Paper Technical Standards specifying certain requirements of the Markets in Crypto Assets Regulation (MiCA), 12.7.2023, ESMA74-449133380-425.
[8] ESMA74-449133380-425 S. 82f.

IV. Treffen der aufsichtsrechtlichen Sicherheitsvorkehrungen (Art. 67 Abs. 4)

1. Einleitung

Art. 67 Abs. 4 zeigt, auf welche Weise die in Abs. 1–3 aufgestellten Anforderungen erfüllt werden können. Dies kann auf dreifache Weise erfolgen: 21
- Vorhaltung von **Eigenmitteln;**
- Abschluss einer **Versicherungspolice** oder die Beibringung einer vergleichbaren **Garantie;**
- **Kombination** aus Eigenmitteln und Versicherungspolice bzw. Garantie.

Auch wenn die Versicherungspolice und die Garantie in einem Alternativverhältnis genannt werden, sollte genauso gut eine **Kombination aus Versicherungspolice und Garantie** und damit auch eine Kombination aller drei Formen der Sicherheitsvorkehrungen möglich sein.

2. Eigenmittel

Als Eigenmittel werden die in Art. 26–30 CRR aufgeführten Posten des harten Kernkapitals berücksichtigt. Das sind im Wesentlichen die **satzungsmäßigen Eigenkapitalinstrumente,** deren **Agio,** einbehaltene **Gewinne,** das kumulierte **sonstige Ergebnis,** sonstige **Rücklagen** und ggf. der Fonds für allgemeine Bankrisiken. Hiervon sind die Abzugspositionen des Art. 36 CRR wie zB Verluste, immaterielle Vermögensgegenstände oder Beteiligungen an anderen Unternehmen der Finanzbranche. Für den Abzug derartiger Beteiligungen können die in Art. 46 Abs. 4 und 48 CRR enthaltenen Schwellenwerte für Ausnahmen nicht angewandt werden. 22

3. Versicherungspolice und vergleichbare Garantie

Art. 67 Abs. 4 lit. b gestattet als Alternative zu Eigenmitteln eine Versicherungspolice oder eine vergleichbare Garantie. Die genauen Inhalte und Anforderungen an die Police bzw. ergeben sich aus Abs. 5 und 6 (→ Rn. 24 ff.). Art. 67 Abs. 4 lit. b enthält jedoch die Möglichkeit einer **geographische Einschränkung auf die Gebiete der Union, in denen Kryptowerte-Dienstleistungen erbracht werden.** 23

V. Formelle Anforderungen an die Versicherungspolice (Art. 67 Abs. 5)

1. Veröffentlichung auf der Internetseite

Art. 67 Abs. 5 verlangt zunächst, dass die Versicherungspolice wird auf der Website des CASPs öffentlich zugänglich gemacht wird. Im Unterschied zu bspw. Art. 67 Abs. 4 muss dies nicht *„an gut erkennbarer Stelle"* erfolgen. Jedoch dürfte dem Begriff der Veröffentlichung immanent sein, dass die Versicherungspolice ohne größeren Zeitaufwand auf der Website des CASPs auffindbar ist. 24

Art. 67

2. Anfangslaufzeit und Kündigungsfrist

25 Art. 67 Abs. 5 lit. a und b verlangt, dass die **Anfangslaufzeit mindestens ein Jahr** und die **Kündigungsfrist mindestens 90 Tage** beträgt. Angesichts des Umstandes, dass Eigenmittelbstandteile des Harten Kernkapitals nach Art. 28 Abs. 1 lit. e CRR zeitlich unbefristet sein müssen, sind die Anforderungen bemerkenswert gering. Es wäre sachgerecht, wenn gefordert würde, dass sich die Laufzeit der Versicherungspolice ohne Kündigung um mindestens ein weiteres Jahr verlängert und sich die Kündigungsfrist auf diese verlängerte Laufzeit bezieht. Hierdurch würde für den Kunden zumindest in gewisser Weise kalkulierbar, wie lange die Versicherungspolice noch mindestens läuft. Allerdings werden bei Garantien als Eigenmittelersatz auch solche anerkannt, die unbefristet erteilt werden, jedoch mit einer ex-nunc-Kündigungsmöglichkeit anerkannt.[9]

3. Versicherer/Garantiegeber mit Sitz in der Union

26 Die Versicherungspolice muss nach Art. 67 Abs. 5 lit. d bei einem Unternehmen abgeschlossen werden, das gemäß dem Unionsrecht oder dem nationalen Recht zum Versicherungsgeschäft zugelassen ist. Hiermit sind Versicherer gemeint, die nach § 8 VAG eine Erlaubnis besitzen oder die nach § 61 VAG grenzüberschreitend tätig sind. Der Wortlaut *„gemäß dem Unionsrecht oder dem nationalen Recht zugelassen"* ist dahingehend nicht eindeutig, ob auch EWR-Versicherer, die gemäß § 61 VAG in Deutschland tätig sind, hiervon erfasst werden. Dagegen spricht, dass andere Bestimmungen wie zB § 25 Abs. 2 KAGB EWR- und Drittstaat-Versicherer explizit als zulässige Versicherer aufzählen.

27 Im Falle einer Garantie dürfte dementsprechend ein Kreditinstitut mit einer Erlaubnis nach § 32 iVm § 1 Abs. 1 S. 2 Nr. 8 KWG oder nach § 53b KWG grenzüberschreitend tätiges EU-Kreditinstitut zulässiger Aussteller sein.

4. Drittunternehmen als Aussteller

28 Die Versicherungspolice bzw. muss von einem in der MiCAR nicht als solches definierten Drittunternehmen ausgestellt werden. Hiermit ist lediglich gemeint, dass sich der CASP die Versicherungspolice bzw. die Garantie nicht selbst ausstellen darf. Da ein Versicherer nicht als CASP tätig werden darf, dürfte diese Anforderung nur für Garantien praktisch relevant werden.

VI. Von der Versicherung abgedeckte Risiken (Art. 67 Abs. 6)

29 Art. 67 Abs. 6 zählt die Arten operationeller Risiken auf, die mit einer Versicherungspolice abgedeckt werden müssen. Hierbei werden in lit. a–e und lit. g solche Risiken aufgezählt, die unabhängig von der Art der Kryptowerte-Dienstleistung für alle CASPs von Bedeutung sein können und daher in jedem Fall von der Versicherung bzw. Garantie abgedeckt werden müssen. Art. 67 Abs. 6 lit. f befasst sich mit Risiken, die nur für bestimmte Geschäftsmodelle von Bedeutung sind. Erfasst werden müssen die Risiken:
- des Verlusts von Unterlagen;
- von Fehldarstellungen oder irreführenden Aussagen;

---

[9] Siehe dazu Emde/Dornseifer/Dreibus/Stabenow KAGB § 25 Rn. 25.

- von Handlungen, Fehlern oder Auslassungen, aufgrund deren gegen Folgendes verstoßen wird:
  - gesetzliche Pflichten und Verwaltungsvorgaben;
  - die Pflicht zu ehrlichem, redlichem und professionellem Handeln gegenüber den Kunden;
  - die Pflicht zur Vertraulichkeit;
- des Versäumnisses, angemessene Verfahren zur Prävention von Interessenkonflikten zu schaffen, umzusetzen und aufrechtzuerhalten;
- von Verlusten aufgrund von Betriebsunterbrechungen oder Systemausfällen;
- sofern für das Geschäftsmodell relevant, grober Fahrlässigkeit bei der sicheren Aufbewahrung der Kryptowerte und Geldbeträge der Kunden;
- der Haftung des Anbieters von Kryptowerte-Dienstleistungen gegenüber Kunden gemäß Art. 75 Abs. 8.

VII. Sanktionen

Gemäß Art. 111 Abs. 1 UAbs. 1 lit. d iVm § 47 Abs. 3 Nr. 55 KMAG-E stellt es 30 eine Ordnungswidrigkeit dar, wenn entgegen Art. 67 Abs. 5 eine **Versicherungspolice nicht öffentlich zugänglich** gemacht wird. § 47 Abs. 4 Nr. 13 lit. a KMAG-E ist es eine Ordnungswidrigkeit, wenn der CASP nicht sicherstellt, dass er ab dem Angebot einer Kryptowerte-Dienstleistung über eine in Art. 67 Abs. 1 genannte **Sicherheitsvorkehrung** verfügt.

Artikel 68 Regelungen zur Unternehmensführung

(1) Die Mitglieder des Leitungsorgans von Anbietern von Kryptowerte-Dienstleistungen müssen ausreichend gut beleumundet sein und sowohl einzeln als auch gemeinsam über die angemessenen Kenntnisse, Fähigkeiten, Erfahrung verfügen, um ihre Aufgaben wahrnehmen zu können. Insbesondere dürfen die Mitglieder des Leitungsorgans von Anbietern von Kryptowerte-Dienstleistungen nicht für Straftaten im Zusammenhang mit Geldwäsche oder Terrorismusfinanzierung oder für andere Straftaten, die ihrem guten Leumund schaden würden, verurteilt worden sein. Sie müssen ferner nachweisen, dass sie in der Lage sind, ausreichend Zeit für die wirksame Wahrnehmung ihrer Aufgaben aufzuwenden.

(2) Anteilseigner oder Gesellschafter, die direkt oder indirekt qualifizierte Beteiligungen an Anbietern von Kryptowerte-Dienstleistungen halten, müssen ausreichend gut beleumundet sein und dürfen insbesondere nicht für Straftaten im Zusammenhang mit Geldwäsche oder Terrorismusfinanzierung oder für andere Straftaten, die ihrem guten Leumund schaden würden, verurteilt worden sein.

(3) Ist der Einfluss, den Anteilseigner oder Gesellschafter, die qualifizierte Beteiligungen an Anbietern von Kryptowerte-Dienstleistungen halten, direkt oder indirekt ausüben, der soliden und umsichtigen Geschäftsführung dieses Anbieters von Kryptowerte-Dienstleistungen voraussichtlich abträglich, so ergreifen die zuständigen Behörden geeignete Maßnahmen, um diesem Risiko zu begegnen.

Art. 68

Diese Maßnahmen können Anträge auf richterliche Anordnungen, die Verhängung von Sanktionen gegen die Geschäftsführer und die Geschäftsführung oder die Aussetzung des Stimmrechts im Zusammenhang mit den Aktien und Anteilen umfassen, die von den Anteilseignern oder Gesellschaftern direkt oder indirekt gehalten werden, die qualifizierte Beteiligungen halten.

(4) Die Anbieter von Kryptowerte-Dienstleistungen führen Strategien und Verfahren ein, die hinreichend wirksam sind, um die Einhaltung dieser Verordnung sicherzustellen.

(5) Die Anbieter von Kryptowerte-Dienstleistungen beschäftigen Personal, das über die für die Wahrnehmung der ihnen übertragenen Aufgaben erforderlichen Kenntnisse, Fähigkeiten und Fachkenntnisse verfügt, wobei Umfang, Art und Bandbreite der erbrachten Kryptowerte-Dienstleistungen zu berücksichtigen sind.

(6) Das Leitungsorgan der Anbieter von Kryptowerte-Dienstleistungen bewertet und überprüft regelmäßig die Wirksamkeit der Strategien und Verfahren, die zur Erfüllung der Kapitel 2 und 3 dieses Titels eingeführt wurden, und ergreift geeignete Maßnahmen zur Behebung etwaiger diesbezüglicher Mängel.

(7) Die Anbieter von Kryptowerte-Dienstleistungen ergreifen alle angemessenen Maßnahmen, um für die Kontinuität und Regelmäßigkeit der Erbringung ihrer Kryptowerte-Dienstleistungen zu sorgen. Zu diesem Zweck setzen die Anbieter von Kryptowerte-Dienstleistungen angemessene und verhältnismäßige Ressourcen und Verfahren ein, einschließlich widerstandsfähiger und sicherer IKT-Systeme gemäß den Anforderungen der Verordnung (EU) 2022/2554.

Die Anbieter von Kryptowerte-Dienstleistungen legen eine Strategie für die Fortführung des Geschäftsbetriebs fest, die IKT-Geschäftsfortführungspläne sowie IKT-Reaktions- und Wiederherstellungspläne gemäß den Artikeln 11 und 12 der Verordnung (EU) 2022/2554 umfasst, mit denen im Falle einer Unterbrechung ihrer IKT-Systeme und -Verfahren die Bewahrung wesentlicher Daten und Funktionen und die Aufrechterhaltung der Kryptowerte-Dienstleistungen oder, wenn dies nicht möglich ist, zeitnah die Wiederherstellung dieser Daten und Funktionen und die Wiederaufnahme der Kryptowerte-Dienstleistungen sichergestellt werden soll.

(8) Die Anbieter von Kryptowerte-Dienstleistungen verfügen über Mechanismen, Systeme und Verfahren gemäß den Anforderungen der Verordnung (EU) 2022/2554 sowie über wirksame Verfahren und Vorkehrungen für die Risikobewertung, um den nationalen Rechtsvorschriften zur Umsetzung der Richtlinie (EU) 2015/849 nachzukommen. Sie überwachen und bewerten regelmäßig die Angemessenheit und Wirksamkeit dieser Mechanismen, Systeme und Verfahren, berücksichtigen dabei Umfang, Art und Bandbreite der erbrachten Kryptowerte-Dienstleistungen und ergreifen geeignete Maßnahmen zur Behebung etwaiger diesbezüglicher Mängel.

Die Anbieter von Kryptowerte-Dienstleistungen richten Systeme und Verfahren ein, um die Verfügbarkeit, Authentizität, Integrität und Ver-

Regelungen zur Unternehmensführung **Art. 68**

traulichkeit von Daten gemäß der Verordnung (EU) 2022/2554 zu schützen.

(9) Die Anbieter von Kryptowerte-Dienstleistungen sorgen dafür, dass Aufzeichnungen über ihre sämtlichen Kryptowerte-Dienstleistungen, Tätigkeiten, Aufträge und Geschäfte geführt werden. Diese Aufzeichnungen müssen ausreichen, um den zuständigen Behörden die Wahrnehmung ihrer Aufsichtsaufgaben und die Ergreifung von Durchsetzungsmaßnahmen zu ermöglichen und sie insbesondere in die Lage zu versetzen, festzustellen, ob die Anbieter von Kryptowerte-Dienstleistungen alle Verpflichtungen erfüllen, einschließlich der Pflichten gegenüber Kunden oder potenziellen Kunden und der Pflichten zur Erhaltung der Integrität des Markts.

Die im Einklang mit Unterabsatz 1 geführten Aufzeichnungen werden den Kunden auf Anfrage zur Verfügung gestellt und fünf Jahre lang aufbewahrt; wenn dies von der zuständigen Behörde vor Ablauf des Zeitraums von fünf Jahren verlangt wird, werden sie bis zu sieben Jahre lang aufbewahrt.

(10) Die ESMA arbeitet Entwürfe technischer Regulierungsstandards aus, in denen Folgendes präzisiert wird:
a) die in Absatz 7 genannten Maßnahmen zur Sicherstellung der Kontinuität und Regelmäßigkeit bei der Erbringung der Kryptowerte-Dienstleistungen,
b) die in Absatz 9 genannten Aufzeichnungen über alle Kryptowerte-Dienstleistungen, Tätigkeiten, Aufträge und Geschäfte.

Die ESMA übermittelt der Kommission die in Unterabsatz 1 genannten Entwürfe technischer Regulierungsstandards spätestens am 30. Juni 2024.

Der Kommission wird die Befugnis übertragen, diese Verordnung durch Annahme der in Unterabsatz 1 dieses Absatzes genannten technischen Regulierungsstandards gemäß den Artikeln 10 bis 14 der Verordnung (EU) Nr. 1095/2010 zu ergänzen.

Schrifttum: Siehe Vor Art. 66

Übersicht

	Rn.
I. Regelungsgegenstand	1
II. Anforderungen an die Mitglieder des Leitungsorgans (Art. 68 Abs. 1)	6
III. Anforderungen an die Anteilseigner oder Gesellschafter (Art. 68 Abs. 2 und 3)	9
IV. Strategien und Verfahren zur Einhaltung der MiCAR (Art. 68 Abs. 4)	16
1. Einführung	16
2. Regelungsgegenstand und -ziel	17
3. Compliance-Funktion	19
a) Einführung	19
b) Proportionalitätsprinzip	20
c) Ausgestaltung der Compliance-Funktion	21
d) Aufgaben der Compliance-Funktion	26
4. Organisationsrichtlinien	27
V. Qualifiziertes Personal (Art. 68 Abs. 5)	31
VI. Interne Revision (Art. 68 Abs. 6)	34
1. Regelungsgegenstand	34

Art. 68   Titel V Kryptowerte-Dienstleistungen

	Rn.
2. Aufgaben der Innenrevision	35
a) Abgrenzung zur Compliance-Funktion	35
b) Bewertung und Überprüfung der Wirksamkeit der Strategien und Verfahren	36
c) Maßnahmen zur Behebung der Mängel	40
VII. Kontinuität und Regelmäßigkeit der Erbringung der Kryptowerte-Dienstleistungen (Art. 68 Abs. 7)	41
1. Einführung und Regelungskontext	41
2. Angemessenen Maßnahmen zur Kontinuität und Regelmäßigkeit der Erbringung von Kryptowerte-Dienstleistungen (Art. 68 Abs. 7 UAbs. 1)	43
a) Relevanter Anwendungsbereich	43
b) Angemessene Maßnahmen	44
c) Insbesondere widerstandsfähige und sichere IKT-Systeme	45
3. Strategie für die Fortführung des Geschäftsbetriebs (Art. 68 Abs. 7 UAbs. 2)	46
VIII. Maßnahmen zur Sicherung der digitalen operationalen Resilienz, Risikobewertung zur Verhinderung von Geldwäsche und Terrorismusfinanzierung (Art. 68 Abs. 8)	51
IX. Aufzeichnungspflicht (Art. 68 Abs. 9)	53

I. Regelungsgegenstand

1   Art. 68 stellt die zentrale Vorschrift für die Anforderungen der CASPs an die **interne Unternehmensführung** – und damit an ihre ordnungsgemäße Geschäftsorganisation. Sie findet grundsätzlich Anwendung im Rahmen der laufenden Aufsicht der CASPs. Im Rahmen eines Zulassungsverfahrens wird die Vorschrift indes mittelbar relevant, indem die zuständige Aufsichtsbehörde gem. Art. 63 Abs. 10 Buchst. b und c die Erteilung einer Zulassung verweigern kann, wenn die Anforderungen des Art. 68 Abs. 1 oder des Abs. 2 nicht erfüllt werden. Die Anforderungen an die interne Unternehmensführung werden daneben durch speziellere Vorgaben konkretisiert, insbesondere durch die in den nachfolgenden Vorschriften adressierten Aufsichtsanforderungen, bspw. im Hinblick auf die Einrichtung von Beschwerdeverfahren (Art. 71) oder die Auslagerung (Art. 73).

2   Für **Emittenten vermögenswertereferenzierter Token** existiert mit Art. 34 die Parallelvorschrift zu Art. 68, die strukturell ähnlich aufgebaut ist. Sowohl Art. 34 als auch Art. 68 unterscheiden sich in ihrem Detaillierungsgrad von den Art. 9 MiFID II iVm Art. 88 und 91 CRD IV. So enthalten sich Art. 34 und 68 einer Regelung zur Einrichtung von Ausschüssen des Aufsichtsorgans.[1] Desgleichen enthält die MiCAR keine ausdrücklichen Mandatsbegrenzungen für Geschäftsleiter und Mitglieder des Aufsichtsorgan.[2]

3   Nach Art. 68 Abs. 10 UAbs. 1 sind von der ESMA Entwürfe **technischer Regulierungsstandards** zu erarbeiten, in denen a) die in Art. 68 Abs. 7 genannten Maßnahmen zur Sicherstellung der Kontinuität und Regelmäßigkeit bei der Erbringung der Kryptowerte-Dienstleistungen und b) die in Art. 68 Abs. 9 genannten

---

[1] Siehe demgegenüber Art. 5 Abs. 1 MiFID II iVm Art. 88 Abs. 2 CRD IV sowie Art. 76 Abs. 3 und 4 CRD IV.
[2] Siehe demgegenüber Art. 5 Abs. 1 MiFID II iVm Art. 91 Abs. 3 CRD IV.

Aufzeichnungen über alle Kryptowerte-Dienstleistungen, Tätigkeiten, Aufträge und Geschäfte. Entsprechende Entwürfe wurden von der ESMA im zweiten **„Consultation Package" vom 5.10.2023** konsultiert[3], anschließend am 3.7.2024 wurde der finale Report veröffentlicht.[4]

Daneben wurden am 20.10.2023 **Entwürfe Gemeinsamer Leitlinien der ESMA und EBA** im Hinblick auf die Eignungsbeurteilung der Mitglieder der Leitungsorgane von Emittenten vermögenswertereferenzierter Token und von CASPs sowie im Hinblick auf die Eignungsbeurteilung von Anteilseignern und Gesellschafter mit einer direkten oder indirekten qualifizierten Beteiligung an Emittenten vermögenswertereferenzierter Token und an CASPs veröffentlicht.[5] Die finalen Reports liegen dazu seit dem 27.6.2024 vor.[6]

Die Regelungen zur Unternehmensführung stehen in einem sachlichen Zusammenhang zur **Mitteilungspflicht nach Art. 69 für Änderungen** sowie zu den **Zulassungsanforderungen aus Art. 62f., die in Art. 63 Abs. 10** auf die entsprechenden aufsichtsrechtlichen Vorgaben abstellen.

II. Anforderungen an die Mitglieder des Leitungsorgans (Art. 68 Abs. 1)

Art. 68 Abs. 1 regelt eine der **zentralen Anforderungen an die Unternehmensführung der CASPs,** indem er subjektive Anforderungen an die Mitglieder des Leitungsorgans[7] vorsieht, welche gem. Art. 63 Abs. 10 lit. b für die Erteilung einer Zulassung erforderlich sind. Während das Gesellschaftsrecht grundsätzlich keine Vorgaben an die Personen der Leitungsorgane trifft,[8] sieht das Finanzaufsichtsrecht ganz generell vor, dass die Mitglieder des Leitungsorgan ein bestimmtes Mindestmaß an Kriterien erfüllen müssen, wobei die konkreten Kriterien insbesondere von der Art der vom regulierten Unternehmen betriebenen Geschäfte abhängen. Dies ist insoweit erforderlich, als geeignete Mitglieder des Leitungsorgans von zentraler Bedeutung für das Vertrauen der Marktteilnehmer in die Finanzmärkte ist.[9] Dies ist gerade aufgrund der Vertrauensempfindlichkeit der von den CASPs erbrachten Tätigkeiten relevant, da diese mit Vermögenswerten von

---

[3] ESMA, Consultation Paper, Technical Standards specifying certain requirements of Markets in Crypto Assets Regulation (MiCA) – second consultation paper", 5.10.2023, ESMA75-453128700-438.

[4] ESMA, Final Report, Draft Technical Standards specifying certain requirements of the Markets in Crypto Assets Regulation (MiCA) – second package, 3.7.2024, ESMA75-453128700-1229.

[5] EBA/ESMA, Draft joint EBA and ESMA Guidelines on the suitability assessment […], 20.10.2023, EBA/CP/2023/20 und ESMA75-453128700-506.

[6] ESMA/EBA, Joint EBA and ESMA guidelines on suitability of management body members and shareholders for entities under MiCA, 27.6.2024, EBA/GL/2024/09 und ESMA75-453128700-10.

[7] Zum Begriff → Art. 32 Rn. 12f.

[8] Entsprechende Ausnahmen knüpfen dabei nicht an die fachliche Eignung an, sondern im Einzelfall an das Alter oder an zuverlässigkeitsrelevante Umstände, wie dies etwa in § 76 Abs. 3 AktG und § 6 Abs. 2 GmbHG der Fall ist.

[9] EBA/GL/2024/09 und ESMA75-453128700-10 S. 8 Rn. 11.

Art. 68 Titel V Kryptowerte-Dienstleistungen

Kunden in Kontakt kommen oder deren Wertveränderungen beeinflussen.[10] Um die Eignung der betreffenden Mitglieder des Leitungsorgans fortlaufend überwachen zu können, sind **Änderungen** nach Art. 69 der zuständigen Aufsichtsbehörde vorab mitzuteilen.

7 Wie auch im Banken- und im Wertpapieraufsichtsrecht[11] setzt Art. 68 Abs. 1 S. 1 voraus, dass die Mitglieder des Leitungsorgans von CASPs **ausreichend gut beleumundet** und sowohl einzeln als auch gemeinsam über die **angemessenen Kenntnisse, Fähigkeiten und Erfahrung** verfügen, um ihre Aufgaben wahrnehmen zu können.[12] Die Anforderungen an den guten Leumund werden durch Art. 68 Abs. 1 S. 2 dahingehend konkretisiert, dass die Mitglieder insbesondere nicht für Straftaten im Zusammenhang mit Geldwäsche oder Terrorismusfinanzierung oder für andere Straftaten, die ihrem guten Leumund schaden würden, verurteilt worden sein dürfen. Die Kriterien werden durch die Gemeinsamen Leitlinien der ESMA und EBA im Hinblick auf die Eignungsbeurteilung der Mitglieder der Leitungsorgane von Emittenten vermögenswertereferenzierter Token und von CASPs vom 27.6.2024 konkretisiert.[13] Vielfach verweisen diese Leitlinien auf die Gemeinsamen Leitlinien der ESMA und EBA zur Bewertung der Eignung von Mitgliedern des Leitungsorgans und Inhabern von Schlüsselfunktionen[14]. So wird zur Beurteilung der relevanten Fähigkeiten der Mitglieder des Leitungsorgans unmittelbar auf den Katalog der Gemeinsamen Leitlinien der ESMA und EBA zur Bewertung der Eignung von Mitgliedern des Leitungsorgans und Inhabern von Schlüsselfunktionen verwiesen.[15] Im Vergleich zu den Gemeinsamen Leitlinien sind die Leitlinienentwürfe zur MiCAR dementsprechend auch deutlich weniger umfangreich. In Bezug auf die persönlichen Anforderungen gelten im Grundsatz dieselben Anforderungen wie an Emittenten vermögenswertereferenzierter Token nach Art. 34 Abs. 2, weshalb auf die dortige Kommentierung verwiesen werden kann.[16]

8 **Verstöße gegen Art. 68 Abs. 1** kann die zuständige Aufsichtsbehörde mit den ihr nach Art. 94 regulär zur Verfügung stehenden Aufsichtsbefugnisse adressieren, die bis zum Erlaubnisentzug nach Art. 64 Abs. 1 lit. e iVm Art. 63 Abs. 10 lit. b reichen können. Dagegen führt ein Verstoß gegen Art. 68 Abs. 1 nicht unmittelbar zur Nichtigkeit des zugrundeliegenden Bestellungsaktes, da weder das Gesellschaftsrecht noch das Finanzaufsichtsrecht regelmäßig die Nichtigkeit aufgrund eines Verstoßes gegen die subjektiven Aufsichtsanforderungen an Mitglieder des Leitungsorgans anordnen. Die Abberufung muss insoweit aufgrund eines gesonderten Abberufungsbeschlusses erfolgen und der zugrundeliegende Anstellungsvertrag muss unter Umständen (außerordentlich) gekündigt werden.[17] Erachtet die zuständige Aufsichtsbehörde ein Mitglied eines Leitungsorgans als nicht zuverlässig oder

---

[10] Beck/Samm/Kokemoor/Kleinert KWG § 25c Rn. 17.
[11] Art. 91 Abs. 1 S. 1 CRD IV; Art. 9 Abs. 4 MiFID II.
[12] Fritz BKR 2023, 747 (750f.); Asatiani/Siadat RDi 2023, 98 Rn. 13.
[13] EBA/GL/2024/09 und ESMA75-453128700-10.
[14] ESMA/EBA, Joint EBA and ESMA Guidelines on the assessment of the suitability of members of the management body and key function holders, 2.7.2021, EBA/GL/2021/06 und ESMA35-36-2319.
[15] EBA/GL/2024/09 und ESMA75-453128700-10 S. 22 Rn. 23.
[16] → Art. 34 Rn. 16ff. (zum Leumundkriterium), 23ff. (zur fachlichen Eignung) und 28ff. (zur zeitlichen Verfügbarkeit).
[17] Vgl. OLG Hamm BeckRS 2017, 135406 Rn. 35.

fachlich nicht geeignet, kann sie nach Art. 94 Abs. 1 lit. y dessen Abberufung verlangen.

III. Anforderungen an die Anteilseigner oder Gesellschafter (Art. 68 Abs. 2 und 3)

Art. 68 Abs. 2 und 3 statuieren Aufsichtsanforderungen an Anteilseigner und 9
Gesellschafter[18], die **qualifizierte Beteiligungen** an CASPs halten, wobei dies – ausgehend von der Legaldefinition des Art. 3 Abs. 1 Nr. 36 – sowohl natürliche als auch juristische Personen erfasst. Abs. 2 setzt dabei voraus, dass diese ausreichend gut beleumdet sein müssen, während Abs. 3 der zuständigen Aufsichtsbehörde die Befugnis gibt, Maßnahmen gegen solche Anteilseigner oder Gesellschafter zu ergreifen, deren Einfluss der soliden und umsichtigen Geschäftsführung des CASP abträglich ist. Die Absätze statuieren die materiellen Anforderungen an die sog. Inhaberkontrolle, welche auch für andere regulierte Unternehmen, etwa Kreditinstitute und Finanzdienstleistungsinstitute gem. § 2c KWG iVm InhKontrollV oder Wertpapierinstitute gem. §§ 24 ff. WpIG iVm WpI-InhKontrollV, existieren. Für Emittenten vermögenswertereferenzierter Token setzt Art. 34 Abs. 4 – insoweit parallel zu Art. 68 Abs. 2 – ebenfalls voraus, dass ihre Inhaber qualifizierter Beteiligungen ausreichend gut beleumdet sind, während eine Art. 68 Abs. 3 entsprechende Befugnisnorm nicht vorgesehen ist.

Der Hintergrund der Regelungen besteht darin, dass die Anteilseigner bzw. Ge- 10
sellschafter zwar nicht selbst unmittelbar von der Aufsichtsbehörde beaufsichtigt werden, jedoch aufgrund ihres **potentiellen Einflusses** auf die Geschäftstätigkeit des CASP von zentraler Bedeutung für die Aufsichtsbehörde sind.[19] Dies bedeutet zwar nicht, dass Anteilseigner bzw. Gesellschafter durch die Inhaberkontrolle selbst beaufsichtigt werden, doch wird die materiellen Anforderungen aus Art. 68 Abs. 2 und 3 zumindest ein gewisser äußerer Rahmen gesetzt, der ein Mindestmaß an ordnungsgemäßer Einflussnahme auf den CASP gewährleistet.

Art. 68 Abs. 2 und 3 stehen in einem sachlichen Zusammenhang zu Art. 62 11
Abs. 2 Buchst. h, der im Rahmen eines Zulassungsverfahrens verlangt, dass die Identität aller Inhaber qualifizierter Beteiligungen mitgeteilt wird. Entsprechend diese nicht den Anforderungen an einen ausreichend guten Leumund gem. Art. 68 Abs. 2, ist die Zulassung nach Art. 63 Abs. 10 Buchst. c zu verweigern. Beabsichtigt eine Person eine qualifizierte Beteiligung eines bereits zugelassenen CASP zu erwerben, ist vorab eine Anzeige gem. Art. 83 Abs. 1 bei der zuständigen Aufsichtsbehörde einzureichen und der Erwerb nach Maßgabe des Art. 84 zu bewerten.

Begrifflich wird anstelle des **guten Leumunds** in der Praxis die Verwendung 12
des Begriffs der **Zuverlässigkeit** *("reputation")* üblicherweise verwendet, ohne

---

[18] Die Begriffe Anteilseigner *("shareholder")* und Gesellschafter *("member")* sind als solche redundant, da es für die Zwecke des Art. 68 Abs. 2 und 3 darauf ankommt, ob es sich um Inhaber qualifizierter Beteiligungen iSd Art. 3 Abs. 1 Nr. 36 handelt. Entscheidend ist insoweit entweder das direkte oder indirekte Halten von mindestens 10% des Kapitals oder der Stimmrechte am CASP oder die Ausübung eines maßgeblichen Einflusses auf die Geschäftsführung. In letzterem Falle ist jedoch zumindest eine direkte oder indirekte Beteiligung am CASP erforderlich (vgl. EBA, Question ID 2018_3762).
[19] Vgl. VGH Kassel BeckRS 2010, 54766; Emde/Nemeczek/Pitz WM 2022, 1525 (1529).

dass sich daraus weitere inhaltliche Implikationen ergeben.[20] Der ausreichend gute Leumund bzw. die Zuverlässigkeit ist anhand der Informationen zu beurteilen, die aufgrund der von der ESMA nach Maßgabe des Art. 84 Abs. 4 iVm Art. 83 Abs. 4 ausgearbeiteten und von der Europäischen Kommission zu erlassenden RTS erforderlich sind. Zwar beinhalten diese Informationen zunächst nur formale Anforderungen, doch ergeben sich daraus zugleich auch materielle Kriterien. Nach allgemeinen Grundsätzen ist der ausreichend gute Leumund grundsätzlich zu vermuten und wird erst durch negative Umstände, wie insbesondere die Verhängung von Sanktionen im Rahmen von Strafverfahren, Ordnungswidrigkeitenverfahren, verwaltungsrechtlichen Verfahren – insbesondere solche im Rahmen der Finanzmarkt- oder allgemeinen Gewerbeaufsicht – oder die Durchführung von Insolvenz- oder vergleichbaren Verfahren, erschüttert.[21] Für CASPs gilt zwar insoweit nichts anderes,[22] doch werden sich die finalen Anforderungen erst aus den entsprechenden RTS ergeben. Diese dürften zugleich – wie Art. 4 DelVO (EU) 2017/1946, der entsprechende Unterlagen für die letzten zehn Jahre verlangt – den für die betreffenden Unterlagen relevanten Zeitraum festlegen. Es dürfte davon auszugehen sein, dass die BaFin entsprechende Formulare auf Grundlage der RTS erstellt, wie dies auch etwa für die Formulare nach Maßgabe der DelVO (EU) 2017/1946 der Fall ist.

13 Nach dem Wortlaut schließen insbesondere **Verurteilungen für Straftaten** im Zusammenhang mit Geldwäsche oder Terrorismusfinanzierung oder für andere Straftaten gegen den ausreichend guten Leumund des Inhabers einer qualifizierten Beteiligung. Als andere Straftaten kommen nach Sinn und Zweck jedoch grundsätzlich nur solche in Betracht, die im Zusammenhang mit aufsichtsrechtlichen Vorgaben stehen, oder Vermögens-, Insolvenz- oder Steuerdelikte betreffen.[23] Auch bereits die Beteiligung des Inhabers qualifizierter Beteiligung an Geldwäsche oder Terrorismusfinanzierung[24] sowie die Beteiligung an anderen Straftaten kann sich negativ auf die Zuverlässigkeit des Inhabers einer qualifizierten Beteiligung auswirken. Hierzu ist grundsätzlich nicht erforderlich, dass eine solche Beteiligung tatsächlich vorliegt; bereits berechtigte Gründe eines Verdachts können ausreichend sein.[25]

14 Ist der Einfluss eines Inhabers einer qualifizierten Beteiligung **der soliden und umsichtigen Geschäftsführung** des CASP voraussichtlich abträgt, ergreifen die zuständigen Aufsichtsbehörden gem. Art. 68 Abs. 3 UAbs. 1 geeignete Maßnahmen, um diesem Risiko zu begegnen. Die Ermächtigungsgrundlage ist Art. 10

---

[20] Vgl. ESAs, Final Report – Joint Guidelines on the prudential assessment of acquisitions and increases of qualifying holdings in the financial sector, 20.12.2016, JC/GL/2016/01, 20.12.2016 Rn. 10.1; siehe auch § 9 InhKontrollV und § 5 Abs. 2 WpI-InhKontrollV; Emde/Nemeczek/Pitz WM 2023, 1005 (1012).

[21] Siehe dazu insbesondere JC/GL/2016/01 Rn. 10.9f.; siehe auch Emde/Nemeczek/Pitz WM 2023, 1005 (1012).

[22] EBA/GL/2024/09 und ESMA75-453128700-10 S. 41 Rn. 17 (mit Verweis auf JC/GL/2016/01 Rn. 10.1ff.).

[23] Vgl. JC/GL/2016/01 Rn. 10.13 Buchst. a; siehe auch zur Zuverlässigkeit von Geschäftsleitern BaFin Merkblatt zu den Geschäftsleitern gemäß KWG, ZAG und KAGB, 29.12.2020, Rn. 38.

[24] Siehe auch EBA/GL/2024/09 und ESMA75-453128700-10 S. 41 Rn. 18.

[25] Siehe JC/GL/2016/01 Rn. 14.2, auf die EBA/CP/2023/20 und ESMA75-453128700-506 S. 41 Rn. 18 verweisen.

Abs. 3 UAbs. 1 MiFID II nachgebildet, der trotz seiner systematischen Stellung im Zusammenhang mit Erlaubnisverfahren von Wertpapierfirmen primär im Rahmen der laufenden Aufsicht zur Anwendung kommt.[26] Relevant können dabei grundsätzlich all diejenigen Umstände sein, die auch keinen einen ausreichend guten Leumund nach Art. 68 Abs. 2 sprechen, bspw. Beteiligungen an Straftaten im Zusammenhang mit Geldwäsche oder Terrorismusfinanzierung. Dass der Einfluss voraussichtlich abträglich ist, muss nicht feststehen. Jedoch müssen konkrete Anhaltspunkte dafür vorliegen, aufgrund derer die Aufsichtsbehörde vernünftigerweise zu dem Schluss kommt, dass der Einfluss der soliden und umsichtigen Geschäftsführung des CASP abträglich ist.

Als mögliche **Maßnahmen** nennt Art. 68 Abs. 3 UAbs. 2 beispielshaft Anträge 15 auf richterliche Anordnungen, die Verhängung von Sanktionen gegen die Geschäftsführer[27] oder die Aussetzung des Stimmrechts der Anteile von Inhabern qualifizierter Beteiligung umfassen. Dies ist nicht auf Inhaber direkter qualifizierter Beteiligungen beschränkt, sondern erstreckt sich auch auf indirekte Inhaber. Die in Art. 68 Abs. 3 UAbs. 2 genannten Maßnahmen sind nicht abschließend. In Betracht kommt daneben etwa die Anforderung von Informationen und Dokumenten von einem Inhaber einer qualifizierten Beteiligung.

IV. Strategien und Verfahren zur Einhaltung der MiCAR (Art. 68 Abs. 4)

1. Einführung

Art. 68 Abs. 4 verpflichtet den CASP zur Einführung von **Strategien und Ver-** 16 **fahren zur Einhaltung der MiCAR.** Diese Anforderung war im Unterschied zum gleichlautenden Art. 34 Abs. 5 S. 1 noch nicht im ursprünglichen Verordnungsentwurf der Kommission enthalten, sondern wurde im Laufe des Gesetzgebungsverfahrens auf Initiative des EU-Parlaments eingefügt. Während allerdings der Vorschlag des EU-Parlaments Art. 21 Abs. 1 UAbs. 1 lit. c DelVO (EU) 2017/565 nachempfunden war,[28] ist die geltende Vorschrift ein Abbild des Art. 16 Abs. 2 MiFID II, der die Basis für umfangreiche Organisationsanforderungen nach Art. 21 ff. DelVO (EU) 2017/565 bildet.

2. Regelungsgegenstand und -ziel

Berücksichtigt man, dass sich Art. 68 Abs. 4 nur auf den CASP als solchen be- 17 zieht (im Gegensatz zu Art. 16 Abs. 2 MiFID II, der sich daneben explizit auch auf die Geschäftsleitung, Beschäftigten und vertraglich gebundenen Vermittler bezieht) und dass die MiCAR einen großen Teil der auf Art. 16 Abs. 2 MiFID II basierenden Organisationsanforderungen der Art. 21–32 DelVO (EU) 2017/565 an anderer

---

[26] Daneben entspricht die Vorschrift inhaltlich im Wesentlichen auch Art. 26 Abs. 2 UAbs. 1 S. 1 CRD IV.
[27] Gemeint sind hier – aufgrund der Bezugnahme in Art. 68 Abs. 3 UAbs. 1 – die Geschäftsführer des Inhabers der qualifizierten Beteiligung.
[28] Siehe hierzu der „Three-column table" für die Trilog-Verhandlungen zur MiCAR, Document ST_7694_2022_INIT (verfügbar unter https://beck-link.de/rcb8k), Zeile 857a.

Art. 68

Stelle explizit regelt,[29] so stellt sich als Kern des Regelungsgegenstandes die Verpflichtung zur Errichtung und Aufrechterhaltung einer **Compliance-Funktion** iSd Art. 22 DelVO (EU) 2017/565 heraus, der nach seiner Überschrift ebenfalls auf die „Einhaltung der Vorschriften" gerichtet ist.[30] Wie in den ESMA Draft RTS im Zusammenhang mit dem Beschwerdemanagement erläutert wird, ist bei (bisher) unregulierten Unternehmen der „Compliance-Gap" zwischen dem Ist-Zustand und dem erstrebenswerten Zustand von Bedeutung, was im Unterschied zu regulierten Unternehmen am Fehlen interner Kontrollen, insbesondere einer Compliance-Funktion, liegt; Zusammenbrüche von Kryptofirmen hätten gezeigt, dass diese durchdachte interne Kontrollen missen lassen.[31]

18 Allerdings kann sich der Regelungsgegenstand dieses Absatzes nicht in der Errichtung einer Compliance-Funktion erschöpfen. Vielmehr ergibt sich aus einem Vergleich mit Art. 34 Abs. 5, dass auch die Erstellung des **Regelwerks an Unternehmensgrundsätzen, Policies, Arbeitsablaufbeschreibungen** etc, soweit es der Einhaltung der MiCAR dienen soll, zu den Strategien und Verfahren gehört.

3. Compliance-Funktion

19 a) **Einführung.** Für die Ausfüllung des Art. 68 Abs. 4 ist es aufgrund der Sachnähe von Kryptowerte- zu Wertpapierdienstleistungen sachgerecht, auf Art. 22 DelVO (EU) 2017/565, sowie ergänzend, soweit sinnvoll anwendbar, auf die MaComp zurückzugreifen. Nach Art. 22 Abs. 1 UAbs. 1 DelVO (EU) 2017/565 ist das Ziel der vorgeschriebenen Strategien und Verfahren, **jedes Risiko einer etwaigen Missachtung der in der MiCAR festgelegten Pflichten** sowie die damit verbundenen **Risiken aufzudecken.** Diese Strategien und Verfahren sind **dauerhaft aufrechtzuerhalten.** Weiter sind angemessene Maßnahmen und Verfahren einzuführen, um dieses Risiko auf ein Mindestmaß zu beschränken und die zuständigen Behörden in die Lage zu versetzen, ihre Befugnisse wirksam auszuüben. Diese Compliance-Grundsätze sind nach Art. 62 Abs. 2 lit. f Bestandteil des **Zulassungsantrags.**

20 b) **Proportionalitätsprinzip.** Entsprechend Art. 22 Abs. 1 UAbs. 2 DelVO (EU) 2017/565 gilt das **Proportionalitätsprinzip,** wonach (1.) die Art, der Umfang und die Komplexität der Geschäfte sowie (2.) die Art und das Spektrum der im Zuge dieser Geschäfte erbrachten Kryptowerte-Dienstleistungen zu berücksichtigen sind. Zum Proportionalitätsprinzip bei Aufgabentrennung und Vergütung (→ Rn. 24).

21 c) **Ausgestaltung der Compliance-Funktion.** In entsprechender Anwendung des Art. 22 Abs. 2 DelVO (EU) 2017/565 muss eine **Compliance-Funktion** eingerichtet werden. Diese muss **permanent vorhanden und wirksam** sein

---

[29] Bearbeitung von Beschwerden (Art. 71); Vergütungsgrundsätze und -praktiken (Art. 72 iVm Art. 5 Draft RTS über Interessenkonflikte, ESMA, Consultation Paper – Technical Standards specifying certain requirements of the Markets in Crypto Assets Regulation (MiCA), 12.7.2023, ESMA74-449133380-425 S. 130f.); persönliche Geschäfte (Art. 72 iVm Art. 6, 7 Draft RTS über Interessenkonflikte, ESMA74-449133380-425 S. 131ff.); Auslagerung (Art. 73).

[30] Michel/Schmitt CCZ 2023, 261 (263) gehen dagegen davon aus, dass in der MiCAR Regelungen über die Einrichtung einer Compliance-Funktion fehlen.

[31] ESMA74-449133380-425 Rn. 74.

Regelungen zur Unternehmensführung **Art. 68**

sowie **unabhängig** arbeiten. Zur Ausfüllung dieser Anforderungen kann auf BT 1.3 MaComp zurückgegriffen werden.

Die **Wirksamkeit** der Compliance-Funktion bezieht sich auf die **Ausstattung** 22 **und das Budget** sowie auf die **Befugnisse und Sachkunde** der Compliance-Mitarbeiter (siehe Art. 22 Abs. 3 lit. a DelVO (EU) 2017/565 und BT 1.3.1 MaComp).

Die **Dauerhaftigkeit** erfordert die Bestellung eines **Compliance-Beauftrag-** 23 **ten** und dessen **Vertreters** sowie regelmäßige, nicht nur anlassbezogene **Überwachungshandlungen** auf Basis eines **Überwachungsplanes** bzw. **-programms** (siehe MaComp, BT 1.3.2. und Art. 22 Abs. 2 UAbs. 2, Abs. 3 lit. b DelVO (EU) 2017/565).

Unabhängigkeit bedeutet vor allem, dass die die Sicherstellung, dass die Ge- 24 schäftsleitung oder andere Geschäftsbereiche **kein Weisungsrecht** gegenüber den Mitarbeitern der Compliance-Funktion besitzen und auf deren Tätigkeit auch sonst keinen Einfluss nehmen können, BT 1.3.3 MaComp. Dazu gehört ebenso das Erfordernis der **Aufgabentrennung** in der Weise, dass die Compliance-Mitarbeiter nicht an der Erbringung der von ihnen überwachten Dienstleistungen oder Tätigkeiten beteiligt sind und die **Vergütung** der Compliance-Mitarbeiter weder deren Objektivität beeinträchtigt noch eine solche Beeinträchtigung wahrscheinlich erscheinen lässt, Art. 22 Abs. 3 lit. d und e DelVO (EU) 2017/565.

Diese letzten beiden Anforderungen und die Aufgabentrennung und die Ver- 25 gütung von Compliance-Mitarbeitern müssen gem. Art. 22 Abs. 4 DelVO (EU) 2017/565 unter **Berücksichtigung des Proportionalitätsprinzips** nicht eingehalten werden. Dies gilt, wenn aufgrund der **Art, des Umfangs und der Komplexität der Geschäfte** sowie der **Art und des Spektrums ihrer Kryptowerte-Dienstleistungen** die Einhaltung der Anforderungen unverhältnismäßig ist, jedoch unter der Bedingung, dass Compliance-Funktion weiterhin einwandfrei ihre Aufgabe erfüllt. Gerade die Anforderung an die Aufgabentrennung dürfte bei kleinen CASPs mit wenigen Mitarbeitern kaum einzuhalten sein und die Anwendung des Proportionalitätsprinzips erfordern. Hierbei ist aber zu beachten, dass die anderen Tätigkeiten eine unterschiedliche Neigung zu Interessenkonflikten mit der Compliance-Funktion haben. Eine besondere praktische Problematik besteht darin, dass die Aufsicht erfahrungsgemäß eine **strikte Aufgabentrennung zwischen Compliance-Funktion und Innenrevision** fordert.

d) Aufgaben der Compliance-Funktion. Die Aufgaben der Compliance- 26 Funktion sind aus Art. 22 Abs. 2 UAbs. 1 DelVO (EU) 2017/565 abzuleiten. Hiernach gehören dazu
- ständige **Überwachung und** regelmäßige **Bewertung** der Angemessenheit und Wirksamkeit der Strategien und Verfahren der MiCAR sowie der Schritte zur Behebung etwaiger Defizite;
- **Beratung und Unterstützung** der für Kryptowerte-Dienstleistungen zuständigen relevanten Personen im Hinblick auf die Einhaltung der Pflichten aus der MiCAR;
- mindestens einmal jährlich **Berichterstattung** an das Leitungsorgan über die Umsetzung und Wirksamkeit des gesamten Kontrollumfelds, über die ermittelten Risiken sowie über die Berichterstattung bezüglich der Abwicklung von Beschwerden (→ Art. 71 Rn. 19 ff.) und über die ergriffenen oder zu ergreifenden Abhilfemaßnahmen;

Art. 68

- **Überwachung der Prozessabläufe für die Abwicklung von Beschwerden** und Berücksichtigung von Beschwerden als Quelle relevanter Informationen im Zusammenhang mit den allgemeinen Überwachungsaufgaben (→ Art. 71 Rn. 4).
- Ergänzend hierzu kann auf die Grundsätze von BT 1.2 MaComp zurückgegriffen werden.

4. Organisationsrichtlinien

27 Neben einer Compliance-Funktion umfassen Strategien und Verfahren Organisationsrichtlinien, die die Organisation und Abläufe bei der Erbringung von Kryptowerte-Dienstleistungen festlegen.[32] Neben den Strategien und Verfahren für die oben genannten gesondert geregelten Verpflichtungen (→ Rn. 26) gehören dazu auch dienstleistungsspezifische Regelwerke. Hierzu gehören insbesondere die in Art. 62 Abs. 2 genannten dienstleistungsspezifischen Beschreibungen:

- Beschreibung des Verfahrens für die **Trennung von Kryptowerten und Geldbeträgen** der Kunden (lit. k);
- Beschreibung der **Verwahrungs- und Verwaltungsgrundsätze** (lit. m);
- Beschreibung der **Betriebsvorschriften der Handelsplattform** und des Verfahrens und Systems zur Aufdeckung von Marktmissbrauch einschließlich der Strategien und Verfahren über Gebühren nach Art. 76 Abs. 1 UAbs. 1 lit. c (lit. n);
- Beschreibung der **Geschäftspolitik beim Tausch von Kryptowerten** gegen Geldbeträge oder andere Kryptowerte, die die Beziehung zu den Kunden regelt und nichtdiskriminierend ist, sowie eine Beschreibung der Methode für die Festlegung des Kurses der Kryptowerte (lit. o);
- Beschreibung der **Grundsätze der Auftragsausführung** (lit. p);
- Beschreibung der Art und Weise der **Ausführung von Transferdienstleistungen** (lit. r).

28 Ebenso gehören dazu die **Strategien und Verfahren zur Kundenbeurteilung** nach Art. 81 Abs. 10 bei Beratungsdienstleistungen und Portfolioverwaltung.

29 Darüber hinaus sind auch alle sonstigen Verpflichtungen aus der MiCAR von Art. 68 Abs. 4 erfasst. Dies gilt beispielsweise für die **Grundpflichten** nach Art. 66, die Einhaltung der **Eigenmittelanforderungen** nach Art. 67, **Informationspflichten** gegenüber den Anlegern und der Aufsichtsbehörde, die in Art. 72 Abs. 2 genannten Strategien und Verfahren im Umgang mit **Interessenkonflikten,** die **Auslagerungsstrategie** nach Art. 73 Abs. 2, oder die **Abwicklungspläne** nach Art. 74. Auch die **Regeln zur Unternehmensführung** (Compliance-Grundsätze) als solche sind als Bestandteil des Zulassungsantrags nach Art. 62 Abs. 2 lit. f Teil der Organisationsrichtlinien.

30 Art. 68 Abs. 4 bezieht sich nur auf die MiCAR selbst und erfasst daher nicht die Einhaltung sonstiger Verpflichtungen. Dies betrifft insbesondere die Verpflichtungen zur **Verhinderung von Geldwäsche und Terrorismusfinanzierung.** Jedoch sieht die MiCAR in besonderen Regelungen wie zB Art. 64 Abs. 1 lit. f oder § 6 GwG die Etablierung derartiger Maßnahmen vor.

---

[32] Siehe auch AT 5 Tz. 1 MaRisk.

V. Qualifiziertes Personal (Art. 68 Abs. 5)

Art. 68 Abs. 5 verlangt von CASPs, Personal zu beschäftigen, das über die für die Wahrnehmung der ihnen übertragenen Aufgaben erforderlichen **Kenntnisse, Fähigkeiten und Fachkenntnisse** verfügt, wobei Umfang, Art und Bandbreite der erbrachten Kryptowerte-Dienstleistungen zu berücksichtigen sind.[33] Eine entsprechende Verpflichtung ist auch in Art. 9 Abs. 3 UAbs. 2 lit. a MiFID II iVm Art. 21 Abs. 1 lit. d, 22 Abs. 1 lit. a DelVO (EU) 2017/565 und Art. 2 Abs. 1 S. 1 DelVO (EU) 2017/589[34] für Wertpapierfirmen vorgesehen – im Gegensatz zu Emittenten vermögenswertereferenzierter Token (oder CRR-Kreditinstitute nach der CRD IV). Gleichwohl folgt auch für diese eine entsprechende Pflicht bereits aus dem **Grundsatz einer soliden Unternehmensführung** nach Art. 34.[35] Um zu gewährleisten, dass das regulierte Unternehmen die Aufsichtsanforderungen im Zusammenhang mit ihren Dienstleistungen erfüllt, ist es erforderlich, dass nicht nur die Mitglieder des Leitungsorgans über ein Mindestmaß an Kenntnissen, Fähigkeiten und Fachkenntnissen verfügt, sondern gerade auch das Personal, das in das Tagesgeschäft häufig sehr viel stärker einbezogen ist. Dabei hängen Art und Umfang der Kenntnisse, Fähigkeiten und Fachkenntnisse von den jeweiligen Tätigkeiten ab, mit denen die Mitarbeiter betraut sind, oder von der Position. Im Einzelfall kann sogar auch ganz auf entsprechende Anforderungen verzichtet werden, wenn die entsprechende Tätigkeit keinen konkreten Bezug zur regulierten Tätigkeit hat, wie bspw. bei Tätigkeiten im „Office Management". Ob das Personal über die entsprechenden Anforderungen verfügt, muss der CASP grundsätzlich nach eigenem Ermessen bewerten. Dabei kann es etwa auch die bei bestimmten Mitarbeitern in einer Abteilung bereits bestehenden Kenntnisse und Fähigkeiten berücksichtigen, um ggf. geringere Anforderungen an potentielle neue Mitarbeiter zu stellen. 31

Nicht von Art. 68 Abs. 5 ausdrücklich gefordert wird, dass das Personal auch **zuverlässig** ist, doch sollte ein CASP diese nicht gänzlich ignorieren. Sollte bekannt sein, dass ein Mitarbeiter wegen der Begehung von Vermögensdelikten rechtskräftig verurteilt wurde, sollte eine Anstellung unterbleiben. Ob der CASP die Vorlage eines Führungszeugnisses oder äquivalenter Nachweise von (potentiellen) Mitarbeitern verlangt, liegt in seinem Ermessen, ist jedoch nicht verpflichtend. 32

Anders als für Mitglieder eines Leitungsorgans besteht keine Art. 69 entsprechende **Anzeigepflicht** für neues Personal. 33

VI. Interne Revision (Art. 68 Abs. 6)

1. Regelungsgegenstand

Art. 68 Abs. 6 verlangt die **Bewertung und Überprüfung der Wirksamkeit** der Strategien und Verfahren zur Erfüllung der Pflichten als CASP sowie ggf. eine geeignete **Mängelbehebung** durch die Geschäftsleitung. Erst aus einem Vergleich 34

---

[33] Fritz BKR 2023, 747 (752).
[34] Siehe auch § 87 Abs. 1–5 WpHG iVm WpHGMaAnzV; BT 11 MaComp.
[35] Kreditinstitute müssen dementsprechend nach AT 7.1 Ziff. 2 MaRisk über Mitarbeiter mit erforderlichen Kenntnissen und Erfahrungen verfügen, auch wenn die CRD IV ein solche Pflicht ausdrücklich nicht vorsieht.

Art. 68

mit Art. 24 lit. a DelVO (EU) 2017/565, der von Wertpapierfirmen die Erstellung und dauerhafte Umsetzung eines Revisionsprogramms mit dem Ziel, die Angemessenheit und Wirksamkeit der Systeme, internen Kontrollmechanismen und Vorkehrungen der Wertpapierfirma zu prüfen und zu bewerten, verlangt und dies als Aufgabe der Internen Revision betrachtet, ergibt sich, dass es sich bei Art. 68 Abs. 6 nicht lediglich um eine allgemeine Pflicht der Geschäftsleitung handelt, sondern von ihr die Erfüllung der Aufgaben einer **Internen Revision** verlangt.

35 Inwieweit Art. 68 Abs. 6 auch die Errichtung einer von anderen Aufgabenbereichen **getrennten und unabhängigen Innenrevisionsfunktion** im Sinne einer eigenständigen Abteilung verlangt, wird wie in Art. 24 DelVO (EU) 2017/565[36] im Lichte des **Proportionalitätsprinzips** zu beantworten sein. Ist bei einer geringen Betriebsgröße die Einrichtung einer separaten Innenrevision unverhältnismäßig, genügt es daher, dass die Aufgaben der Internen Revision von einem Geschäftsleiter wahrgenommen werden,[37] wobei dieser nicht seine eigenen Tätigkeiten prüfen sollte.[38] Die Beurteilung der Betriebsgröße hängt wesentlich von der Anzahl der Mitarbeiter, aber auch von dem Umfang der von der Innenrevision zu prüfenden (einschl. der ausgelagerten) Tätigkeiten ab.

2. Aufgaben der Innenrevision

35 **a) Abgrenzung zur Compliance-Funktion.** Während die Compliance-Funktion als Teil der Second Line of Defence die Aufgabe der kontinuierlichen und prozessbegleitenden Prüfung hat, erfolgen die Kontrollen der Internen Revision als **Third Line of Defence** auf nachträglicher Basis.[39] Die Interne Revision hat auch die Aufgabe der Überwachung der Compliance-Funktion; die Wahrnehmung beider Aufgaben durch dieselbe Stelle dürfte daher nur sehr ausnahmsweise zulässig sein.[40]

36 **b) Bewertung und Überprüfung der Wirksamkeit der Strategien und Verfahren.** Die zu bewertende und zu überprüfende Wirksamkeit der Strategien und Verfahren bezieht sich auf solche zur Erfüllung der Kapitel 2 und 3 von Titel V der MiCAR, also der allgemeinen **Pflichten aller CASPs** nach Art. 66 ff. und der **Pflichten in Bezug auf spezifische Kryptowerte-Dienstleistungen** nach Art. 75 ff. Insoweit ist von besonderer Bedeutung, dass auch die Regelungen zu den Pflichten aller Anbieter auch Pflichten mit Bezug auf die Einhaltung anderer Regelungen außerhalb der MiCAR enthalten. Dies gilt insbesondere für **Vorkehrungen gegen Geldwäsche** nach Art. 68 Abs. 8 und Art. 76 Abs. 1 lit. a sowie die Anforderungen aus der **DORA** nach Art. 68 Abs. 7, 8, insbes. zur **Verfügbarkeit, Authentizität, Integrität und Vertraulichkeit von Daten.**

37 Die Überprüfung hat auf Basis eines **Prüfungsplans** zu erfolgen, der gewährleistet, dass jedes zu prüfende Gebiet innerhalb eines angemessenen Zeitraums, in der Regel 3 Jahre, einmal geprüft wird.[41] Anlassbezogene oder **Sonderprüfungen** bei festgestellten wesentlichen Mängeln können erforderlich sein.

---

[36] Ebenso Art. 11 RL 2010/43/EU und Art. 62 AIFM-VO.
[37] Vgl. AT 4.4.3 Tz. 1 MaRisk.
[38] Fischer/Schulte-Mattler/Braun KWG § 25a Rn. 565.
[39] Siehe auch BT 1.2.1.2 Tz. 7 MaComp.
[40] Siehe BT 1.3.3.2 Tz. 2, 3 MaComp.
[41] Siehe BT 2.3 Tz. 1 MaRisk.

Regelungen zur Unternehmensführung **Art. 68**

Die Bewertung hat zum wesentlichen Inhalt den Vergleich eines in den Organisationsrichtlinien (→ Rn. 26 ff.) und gesetzlichen und aufsichtsbehördlichen Regelungen festgelegten Soll-Zustand mit dem Ist-Zustand unter Angabe der Ursache und möglichen Auswirkung einer Abweichung.[42] Die Beschreibung der Auswirkungen soll eine Analyse des Risikopotenzials der Aktivitäten und Prozesse unter Berücksichtigung absehbarer Veränderungen beinhalten.[43] Festgestellte Mängel sind schließlich nach Wesentlichkeit zu kategorisieren und ggf. zu priorisieren. 38

Aus der Bewertung der Wirksamkeit der Strategien und Verfahren folgt eine **Pflicht zur Berichterstattung** mit den notwendigen Empfehlungen zur Behebung etwaiger Mängel, da nur so auf Mängel reagiert werden kann. 39

c) **Maßnahmen zur Behebung der Mängel.** Als Maßnahmen zur Behebung der Mängel kommen grundsätzlich die folgenden Aktivitäten in Betracht: 40
- Abgabe von Empfehlungen auf der Grundlage der Prüfungsergebnisse;
- Anpassung der Strategien und Verfahren;
- Überprüfung der Einhaltung dieser Empfehlungen, ggf. Eskalation bei Nichteinhaltung.

Während der erste und dritte Punkt zur Aufgabe der Innenrevision gehört[44], ist der zweite Punkt Aufgabe der Geschäftsleitung selbst bzw. der zuständigen Mitarbeiter.

VII. Kontinuität und Regelmäßigkeit der Erbringung der Kryptowerte-Dienstleistungen (Art. 68 Abs. 7)

1. Einführung und Regelungskontext

Art. 68 Abs. 7 ist die zentrale Vorschrift für die **Sicherstellung der operationalen Resilienz** (Robustheit der Geschäftsprozesse gegenüber störenden Einflüssen) eines CASP. Art. 68 Abs. 7 UAbs. 1 hat als Vorbild vor allem Art. 16 Abs. 4 MiFID II, der in § 80 Abs. 1 S. 2 Nr. 1 WpHG in deutsches Recht umgesetzt wurde.[45] Hieraus abzuleiten ist mit Blick auf Art. 21 Abs. 3 DelVO (EU) 2017/565 eine **angemessene Notfallplanung** als ein zentrales Element der operationalen Resilienz, die in der MiCAR für eine CASP explizit nur in Art. 73 Abs. 2 im Fall einer Auslagerung von Dienstleistungen oder Tätigkeiten vorgesehen ist. Der in Art. 68 Abs. 7 bereits enthaltene Verweis auf sichere IKT-Systeme und die Anforderungen der DORA wird in Art. 16 Abs. 4 MiFID II allerdings erst durch die RL (EU) 2022/2556[46] eingefügt. Art. 68 Abs. 7 UAbs. 2 bezieht sich auf die Anforderungen an die Reaktion und Wiederherstellung von Daten im Notfall. Während also Art. 68 Abs. 7 UAbs. 1 insbesondere die Verhinderung eines Notfalls im Blick hat **(Business Continuity),** bezieht sich UAbs. 2 auf die Reaktion auf einen eingetretenen Notfall **(Business Recovery).** 41

---

[42] Siehe The Institute of Internal Auditors, Global Internal Audit Standards, v. 9.1.2024, Standard 14.3.
[43] Siehe BT 2.3 Tz. 2 MaRisk.
[44] Art. 24 lit. b DelVO (EU) 2017/565.
[45] Vergleichbare Anforderungen finden sich zB auch in Art. 41 Abs. 4 RL 2009/138/EG (Solvabilität II) bzw. § 23 Abs. 4 VAG für Versicherungsunternehmen.
[46] RL (EU) 2022/2556.

Art. 68 Titel V Kryptowerte-Dienstleistungen

42   Gem. Art. 68 Abs. 10 S. 1 lit. a arbeitet die ESMA Entwürfe **technischer Regulierungsstandards** aus, in denen die in Art. 68 Abs. 7 genannten Maßnahmen zur Sicherstellung der Kontinuität und Regelmäßigkeit bei der Erbringung der Kryptowerte-Dienstleistungen präzisiert werden. Nach Veröffentlichung eines Konsultationspapiers[47] hat die ESMA am 3.7.2024 den finalen Report hierzu veröffentlicht.[48]

2. Angemessenen Maßnahmen zur Kontinuität und Regelmäßigkeit der Erbringung von Kryptowerte-Dienstleistungen (Art. 68 Abs. 7 UAbs. 1)

43   a) **Relevanter Anwendungsbereich.** Die angemessenen Maßnahmen beziehen sich neben den explizit genannten **IKT-Systemen** auch auf alle sonstigen relevanten Geschäftsprozesse. Auch die Einhaltung von Rechtsvorschriften **(Compliance)**, das **Personal** und die **Auslagerung** von Tätigkeiten sind zu berücksichtigen.[49]

44   b) **Angemessene Maßnahmen.** Als angemessene Maßnahme verlangt Art. 2 Draft RTS,[50] dass ein CASP **angemessene Ressourcen** zur Festlegung und Anwendung der Business-Continuity-Pläne und -Verfahren zur Verfügung hat, und legt die **Verantwortung der Geschäftsleitung** für die Erstellung, Verabschiedung und Implementierung dieser Pläne und Verfahren fest. Schließlich wird die Errichtung von Verfahren einschließlich effektiver Kommunikationskanäle dafür verlangt, dass **Aktualisierungen** dieser Pläne und Maßnahmen **in der Belegschaft bekannt** werden.

45   c) **Insbesondere widerstandsfähige und sichere IKT-Systeme.** Zu den angemessenen und verhältnismäßige Ressourcen und Verfahren gehören insbesondere widerstandsfähige und sichere IKT-Systeme gem. den Anforderungen der DORA. CASPs unterliegen nach Art. 2 Abs. 1 lit. f DORA dieser Verordnung unmittelbar selbst. Die Erwähnung dieser Anforderungen in der MiCAR ist daher redundant. Der allgemeine Verweis dürfte sich, wie sich auch aus der Änderung des Art. 16 Abs. 4 MiFID II durch Art. 6 RL 2022/2556 ergibt, insbesondere auf **Art. 7 DORA** beziehen, wonach das verwendete IKT-System stets auf dem **neuesten Stand** zu halten ist, dem Umfang von Vorgängen, die die Ausübung der Geschäftstätigkeit unterstützen, angemessen ist, **zuverlässig** und mit **ausreichenden Kapazitäten** ausgestattet sowie **technologisch resilient** ist.

3. Strategie für die Fortführung des Geschäftsbetriebs (Art. 68 Abs. 7 UAbs. 2)

46   Art. 68 Abs. 7 UAbs. 2 verlangt die Festlegung einer Strategie für die Fortführung des Geschäftsbetriebs. Diese muss auch IKT-Geschäftsfortführungspläne sowie IKT-Reaktions- und Wiederherstellungspläne gem. den Art. 11 und 12 DORA umfassen. Nach Art. 3 Draft RTS[51] ist in dieser Strategie die **ausreichende Stabi-**

---

[47] ESMA75-453128700-438.
[48] ESMA75-453128700-1229.
[49] Erwgr. Nr. 1 Draft RTS (ESMA75-453128700-1229 S. 197).
[50] ESMA75-453128700-1229 S. 199.
[51] ESMA75-453128700-1229 S. 200.

lität der geschäftskritischen Systeme zu belegen und sind die **relevanten Störfälle zu beschreiben**. Diese Policy ist auf einem **dauerhaften Datenträger** zu dokumentieren und **regelmäßig zu aktualisieren**. Der vorgeschriebene Mindestinhalt umfasst den **Anwendungsbereich** der Notfallpläne und -maßnahmen, die Beschreibung der **Kriterien zur Aktivierung** der Notfallpläne, eine Beschreibung der **Notfallorganisation** einschließlich der Rollen und Verantwortlichkeiten und Eskalationsverfahren, Regelungen zur gegenseitigen **Abstimmung der allgemeinen Notfallpläne und der IKT-spezifischen Notfallpläne** sowie Regelungen zur Überprüfung der Effektivität der Notfallpläne im Einklang mit Art. 5 Draft RTS (→ Rn. 48).

Zur **Umsetzung** der Strategie verlangt Art. 4 Draft RTS[52] die Aufstellung von 47 Business-Continuity- bzw. Notfallplänen. Art. 4 Abs. 2 Draft RTS verlangt als Mindestinhalt:

- eine **Beschreibung möglicher Notfallszenarien** für kritische oder bedeutende Funktionen; **kritische oder bedeutende Funktionen** sind nach Art. 1 Nr. 1 lit. a Draft RTS iVm Art. 3 Punkt 22 DORA Funktionen, deren Ausfall die finanzielle Leistungsfähigkeit eines Finanzunternehmens oder die Solidität oder Fortführung seiner Geschäftstätigkeiten und Dienstleistungen erheblich beeinträchtigen würde oder deren unterbrochene, fehlerhafte oder unterbliebene Leistung die fortdauernde Einhaltung der Zulassungsbedingungen und -verpflichtungen eines Finanzunternehmens oder seiner sonstigen Verpflichtungen nach dem anwendbaren Finanzdienstleistungsrecht erheblich beeinträchtigen würde; die **relevanten Notfallszenarien** beziehen sich auf die **fehlende Verfügbarkeit von Geschäftsfunktionen, Mitarbeitern, Arbeitsplätzen, externer Dienstleister, Datenzentren** sowie auf den **Verlust oder die Änderung von kritischen Daten und Dokumenten**.[53]
- die zu befolgenden **Verfahren bei einem Störfall** einschließlich der Maßnahmen zur Wiederherstellung kritischer oder Bedeutender Funktionen;
- Verfahren zur Verlagerung von Funktionen auf **Ausweicharbeitsplätze;**
- Back-ups kritischer Geschäftsdaten einschließlich von **Kontaktinformationen** für die betriebsinterne Kommunikation und die Kommunikation mit Kunden und wichtigen Infrastrukturen;
- Verfahren für die **zeitnahe Kommunikation mit Kunden** und relevanten externen Dritten. Dies bezieht sich nach Art. 4 Abs. 3 Draft RTS insbesondere auf den Fall eines erlaubnisfreien Distributed Ledger im Sine von Art. 1 Abs. 1 lit. b Draft RTS. Die Kommunikation soll Informationen darüber enthalten, wann die Dienstleistung wieder aufgenommen wird, die Gründe und Auswirkungen des Störfalls sowie die Risiken für die Kundengelder und die für die Kunden gehaltenen Kryptowerte.

Die Notfallpläne sollen schließlich Verfahren zur Behandlung von **Störungen ausgelagerter kritischer oder bedeutender Funktionen** enthalten, insbesondere wenn diese nicht verfügbar sind.

Art. 5 Draft RTS[54] verlangt **regelmäßige Tests** der Notfallpläne auf mindestens 48 jährlicher Basis. Hierbei sind die Ergebnisse vergangener Tests, aktuelle Gefährdungsanalysen, „lessons learned" aus früheren Störfällen, Änderungen der Ziele für Wiederherstellungsmaßnahmen sowie Änderungen der Geschäftsfunktionen zu

---

[52] ESMA75-453128700-1229 S. 200f.
[53] Art. 4 Abs. 2 lit. a Draft RTS (ESMA75-453128700-1229 S. 201).
[54] ESMA75-453128700-1229 S. 201f.

berücksichtigen. Die Testergebnisse sind schriftlich zu dokumentieren und abzulegen sowie der Geschäftsleitung und den relevanten Abteilungen zur Kenntnis zu bringen.

49 Im Rahmen der Aufstellung der Business-Continuity-Policy und Notfallpläne verlangt Art. 6 Draft RTS[55] die **Berücksichtigung ggf. erhöhter Komplexität oder Risiken** einschließlich von Art und Umfang der angebotenen Kryptowerte-Dienstleistungen, ferner des Umfangs, in dem die Dienstleistungen auf erlaubnisfreien Distributed Ledgers im Sinne von Art. 1 Abs. 1 lit. b Draft RTS beruhen, sowie potenzieller Auswirkungen der Störfälle auf die Kontinuität der Tätigkeiten des CASPs. Hierfür ist einmal jährlich ein Self-Assessment durchzuführen. Hierfür stellt der Annex der Draft RTS **detaillierte Kriterien** auf; daneben hat der CASP auch weitere von ihm für relevant gehaltene Kriterien zu berücksichtigen.

50 Die Strategie muss die IKT-Geschäftsfortführungspläne sowie IKT-Reaktions- und Wiederherstellungspläne gem. Art. 11 und 12 DORA umfassen. Nach Art. 11 DORA ist die IKT-Geschäftsfortführungsleitlinie eine eigenständige spezielle Leitlinie als fester Bestandteil der allgemeinen Geschäftsfortführungsleitlinie des Finanzunternehmens. Insofern ist aus Art. 68 Abs. 7 UAbs. 2 keine darüber hinausgehende Regelung abzuleiten. Art. 12 DORA regelt die Anforderungen an die Richtlinien und Verfahren zum Backup sowie zur Wiedergewinnung und Wiederherstellung von Daten.

VIII. Maßnahmen zur Sicherung der digitalen operationalen Resilienz, Risikobewertung zur Verhinderung von Geldwäsche und Terrorismusfinanzierung (Art. 68 Abs. 8)

51 Art. 68 Abs. 8 ist systematisch nicht einheitlich zu fassen, sondern regelt sowohl Anforderungen aus der DORA und Anforderungen der AMLD. Während sich Art. 61 Abs. 7 des Kommissionsvorschlags[56] zur MiCAR noch ausschließlich auf die DORA bezog, wurde der Bezug zur AMLD erst im Laufe des Gesetzgebungsverfahrens durch das Europäische Parlament hergestellt.[57]

52 Art. 68 Abs. 8 dürfte kaum ein eigenständiger Regelungsgehalt zukommen. CASPs unterliegen nach Art. 2 Abs. 1 lit. f DORA dieser Verordnung bereits unmittelbar. Künftig gilt ein CASP auch als Finanzinstitut im Sinne von Art. 3 Nr. 2 lit. g AMLD[58] und unterliegt damit den Anforderungen dieser Richtlinie. Die in Satz 1 genannte Risikobewertung ist die Risikobewertung nach Art. 8 AMLD, die im nationalen Recht als **Risikoanalyse nach § 5 GwG** umgesetzt wurde. Die in Art. 68 Abs. 8 UAbs. 2 genannten Systeme und Verfahren zum Schutz der Verfügbarkeit, Authentizität, Integrität und Vertraulichkeit von Daten gem. der DORA bezieht sich auf die in Art. 9 Abs. 2 DORA genannten **IKT-Sicherheitsrichtlinien,** -verfahren, -protokolle und -Tools.

---

[55] ESMA75-453128700-1229 S. 202.
[56] COM(2020) 593 final.
[57] Siehe Three-column Table, 7694/22, EF 97 ECOFIN 279 CODEC 391, Zeile 862. Im weiteren Verlauf des Gesetzgebungsverfahrens wurde ein Erwgr. Nr. 53a zu Drittlandrisiken eingefügt (siehe Rat der Europäischen Union, Information Note v. 5.10.2022, EF 293 ECOFIN 965 CODEC 1428), der schließlich als Erwgr. Nr. 77 zur MiCAR final wurde.
[58] Eingefügt durch Art. 38 Nr. 2 lit. a VO (EU) 2023/1113 (Kryptowerte-TransferVO). Siehe dazu Erwgr. Nr. 14 aE und Erwgr. Nr. 59 zur Kryptowerte-TransferVO.

IX. Aufzeichnungspflicht (Art. 68 Abs. 9)

Nach Art. 68 Abs. 9 S. 1 müssen CASPs dafür sorgen, dass Aufzeichnungen über 53
ihre sämtlichen Kryptowerte-Dienstleistungen, Tätigkeiten, Aufträge und Geschäfte geführt werden. Die Aufzeichnungspflicht ist an Art. 16 Abs. 6 MiFID II angelehnt, welche eine entsprechende Pflicht auch für Wertpapierfirmen vorsieht und durch Art. 72–76 sowie Abschnitt 2 Anhang IV DelVO (EU) 2017/565 konkretisiert werden.[59] Für deutsche Wertpapierfirmen[60] gelten **ergänzend § 83 WpHG sowie AT 8 MaComp**. Der Sinn und Zweck der Aufzeichnungspflicht ergibt sich aus Art. 68 Abs. 9 UAbs. 1 S. 2, wonach die Aufzeichnungen die Aufzeichnungen ausreichen müssen, um der Aufsichtsbehörde die Wahrnehmung ihrer **Aufsichtsaufgaben und die Ergreifung von Durchsetzungsmaßnahmen zu ermöglichen** und sie insbesondere in die Lage zu versetzen, festzustellen, ob die CASPs alle Verpflichtungen erfüllen. Die Vorschrift beschränkt zugleich die Aufzeichnungspflicht insoweit, als nur vor diesem Hintergrund eine Aufzeichnung zu erfolgen hat. Ähnlich wie Art. 16 Abs. 6 MiFID II ist Art. 68 Abs. 9 S. 1 gleichwohl recht abstrakt formuliert, weshalb der konkrete Regelungsinhalt vor allem von den auf Grundlage des Art. 68 Abs. 10 erlassenen RTS bestimmt wird. Dies ist umso bedeutsamer, ob die Konsistenz und Vergleichbarkeit der aufgezeichneten Daten zu gewährleisten, damit die jeweiligen Aufsichtsbehörden die betreffenden Datensätze effektiv analysieren, miteinander vergleichen und ggf. untereinander austauschen können.[61] Die ESMA hat dazu nach Veröffentlichung eines Konsultationspapiers[62] am 3.7.2024 den finalen Report veröffentlicht.[63]

Die Draft RTS berücksichtigen zum einen den Umstand, dass Art. 68 Abs. 9 an 54
Art. 16 Abs. 6 MiFID II angelehnt ist, das Regulierungsregime der MiCAR jedoch verschiedentlich **hinter dem der MiFID II und MiFIR zurückbleibt**. So gibt es insbesondere kein Art. 26 MiFIR entsprechendes Transaktionsreporting unter der MiCAR.[64] Inhaltlich bedienen sie sich vor allem an den Inhalten der DelVO (EU) 2017/580 (RTS 24) sowie der DelVO (EU) 2017/590 (RTS 22).[65] Die ESMA hat dabei denselben Ansatz wie für Aufzeichnungen nach Art. 25 MiFIR iVm DelVO (EU) 2017/580 gewählt, wonach die CASPs die Flexibilität haben sollen, alle Transaktionsdaten in dem Format zu speichern, das sie für am besten geeignet halten, sofern einige dieser Daten in ein bestimmtes Format konvertiert werden können, wenn die Aufsichtsbehörden Informationen verlangen.[66]

Grundsätzlich unabhängig von den konkret erbrachten Dienstleistungen müssen 55
CASPs grundsätzlich **Aufzeichnungen zu allen Strategien und Verfahren** führen, zu denen sie nach der MiCAR und den auf ihrer Grundlage erlassenen Regulierungsstandards **verpflichtet** sind,[67] sowie zu Bewertung und regelmäßigen

---

[59] ESMA75-453128700-438 Rn. 150f.
[60] Diese werden im Anwendungsbereich des WpHG als Wertpapierdienstleistungsunternehmen (§ 2 Abs. 10 WpHG) bezeichnet.
[61] ESMA75-453128700-438 Rn. 155.
[62] ESMA75-453128700-438.
[63] ESMA75-453128700-1229.
[64] ESMA75-453128700-438 Rn. 152, 158.
[65] ESMA75-453128700-438 Rn. 152.
[66] ESMA75-453128700-438 Rn. 157 und Erwgr. Nr. 2 Draft RTS (S. 157).
[67] Art. 3 Abs. 1 Draft RTS (ESMA75-453128700-438 S. 161).

Art. 69 Titel V Kryptowerte-Dienstleistungen

Überprüfung der zur Einhaltung von Titel V Kapitel 2 und 3 MiCAR getroffenen Vorkehrungen, Strategien und Verfahren[68]. Zudem müssen die vertraglichen Kundendokumente und Zustimmungserklärungen grundsätzlich für einen Zeitraum von fünf Jahren aufbewahrt werden oder, sofern die zuständige Aufsichtsbehörde dies verlangt, für einen Zeitraum von sieben Jahren – jeweils ab dem Zeitpunkt der Beendigung der Vereinbarung.[69] Eine Übersicht zu den einschlägigen Dokumenten ist in aus Anhang I der Draft RTS aufgeführt.[70]

56 Art. 68 enthält zwar keine Art. 16 Abs. 7 MiFID II entsprechende ausdrückliche Vorschrift zur **Aufzeichnung von Telefongesprächen oder elektronischer Kommunikation,** doch sieht Anhang I der Draft RTS eine entsprechende Aufzeichnungspflicht hierzu auch für CASPs vor. Dies ist vom weiten Wortlaut des Art. 68 Abs. 9 gedeckt, so dass unschädlich ist, dass Art. 68 keine ausdrückliche Regelung zur Aufzeichnung von Telefongesprächen und zur elektronischen Kommunikation enthält.

57 Daneben bestimmt sich der **Inhalt der Aufzeichnungen** nach der **konkret erbrachten Dienstleistung.** In Bezug auf die Verwahrung von Kryptowerten und Geld müssen die CASPs Aufzeichnungen führen, die es ihnen ermöglichen, jederzeit und unverzüglich jeweils für Kunden gehaltene Kryptowerte und Gelder voneinander sowie von ihren eigenen Vermögenswerten zu unterscheiden[71], wozu unter anderem Aufzeichnungen zu den Guthaben oder den Konten gehören[72].

58 In Bezug auf die Ausführung von Aufträgen und Geschäften müssen die CASPs jeweils einschlägige Aufzeichnungen über die Aufträge[73] und ausgeführten Geschäfte[74] führen, wobei sich die Einzelheiten aus Anhang II der Draft RTS ergeben.[75] Dazu gehört u. a. die **Identifizierung der betreffenden Kunden** oder derjenigen Parteien, die betreffenden Entscheidungen für einen Kunden treffen.[76]

Artikel 69 Unterrichtung der zuständigen Behörden

Die Anbieter von Kryptowerte-Dienstleistungen unterrichten die für sie zuständige Behörde unverzüglich über jede Änderung in ihrem Leitungsorgan, bevor etwaige neue Mitglieder ihre Tätigkeit aufnehmen, und stellen ihr alle Informationen zur Verfügung, die erforderlich sind, um die Einhaltung von Art. 68 zu bewerten.

Schrifttum: Siehe Art. 66

Übersicht

	Rn.
I. Regelungsgegenstand	1
II. Tatbestandsvoraussetzungen	8

---

[68] Art. 3 Abs. 2 Draft RTS (ESMA75-453128700-438 S. 161).
[69] Art. 68 Abs. 9 UAbs. 2 und Art. 4 Draft RTS (ESMA75-453128700-438 S. 161).
[70] Anhang I Draft RTS (ESMA75-453128700-438 S. 169).
[71] Art. 5 Abs. 1 UAbs. 1 Draft RTS (ESMA75-453128700-438 S. 161).
[72] Art. 5 Abs. 2 lit. a und b Draft RTS (ESMA75-453128700-438 S. 162).
[73] Art. 6 Draft RTS (ESMA75-453128700-438 S. 162).
[74] Art. 7 Draft RTS (ESMA75-453128700-438 S. 163).
[75] Art. 6 Abs. 1 Draft RTS (ESMA75-453128700-438 Package S. 162).
[76] Art. 8 ff. Draft RTS (ESMA75-453128700-438 S. 163 ff.).

	Rn.
1. Änderungen von Leitungsorganen	8
2. Unterrichtungsfrist	12
a) Fristbeginn	12
b) Frist („unverzüglich")	15
III. Sanktionen	18

I. Regelungsgegenstand

Gegenstand des Art. 69 ist die **Unterrichtungspflicht**[1] zugelassener CASPs (Art. 3 Abs. 1 Nr. 15) über jede Änderung ihrer Leitungsorgane. Durch die Unterrichtung soll die zuständige Aufsichtsbehörde zeitnah über die beabsichtigten Änderungen im Leitungsorgan des Anbieters von Kryptowerte-Dienstleistungen informiert werden, um ein vollständiges Bild über die Zusammensetzung des Leitungsorgans zu erhalten und ggf. erforderliche Aufsichtsmaßnahmen zu ergreifen.[2]   1

Art. 62 des **Kommissionsvorschlags** v. 24.9.2020 sah eine entsprechende Unterrichtungspflicht bereits vor, beinhaltete jedoch ursprünglich weder eine Unterrichtungsfrist („unverzüglich") noch den Einschub „bevor etwaige neue Mitglieder ihre Tätigkeit aufnehmen". Die entsprechenden Änderungen wurden erst in Art. 62 der Ratsfassung v. 5.10.2022[3] eingeführt, dessen Entwurf schließlich mit leichten sprachlichen Anpassungen in die finale Fassung überführt wurde.   2

Von der Unterrichtungspflicht werden unmittelbar nur die **CASPs, nicht** hingegen ihre **Leitungsorgane** selbst erfasst. Eine Verletzung der Unterrichtungspflicht kann jedoch mittelbar für die Leitungsorgane relevant werden, da diese im Außenverhältnis gewährleisten müssen, dass die Unterrichtungspflicht erfüllt wird. Eine einmalige oder fortlaufende Verletzung der Unterrichtungspflicht kann deshalb im Einzelfall auch Aufsichtsmaßnahmen gegenüber einzelner Leitungsorgane rechtfertigen.   3

Art. 69 steht in einem **systematischen Zusammenhang** zu den materiellen Aufsichtsanforderungen an Leitungsorgane gemäß Art. 68 sowie an die Nachweisanforderungen gemäß Art. 62 Abs. 2 lit. g und Abs. 3 im Zusammenhang mit der Zulassung von Anbietern von Kryptowerte-Dienstleistungen. Die Unterrichtungspflicht ist erforderlich, um die zuständige Behörde in die Lage versetzen zu können, zu beurteilen, ob der CASP im Falle der vollzogenen Änderung weiterhin die Aufsichtsanforderungen an die Leitungsorgane erfüllen.   4

---

[1] Zwischen dem Begriff der Unterrichtung und dem iRd deutschen Aufsichtsrechts üblichen Begriff der Anzeige bestehen inhaltlich keine Unterschiede. So stellen etwa die englische sowie französische Sprachfassung sowohl des Art. 69 als auch beispielsweise des Art. 11 Abs. 1 MiFID II, der im Deutschen den Begriff der Anzeige verwendet, generell auf den Begriff der „notification" ab. Dementsprechend werden die Begriffe der Unterrichtung und der Anzeige vorliegend synonym verwendet.

[2] Vgl. Erwgr. Nr. 3 DurchführungsVO (EU) 2017/1945 zu Art. 5 DurchführungsVO (EU) 2017/1945.

[3] Rat der EU, 13198/22, Art. 62. Der Vorschlag des Rates sprach in der englischen Fassung noch von „without any delay", während die finale Fassung „without delay" lautet. Zudem lautete der Einschub im Vorschlag des Rates ursprünglich noch „before the new members exercise any kind of activity", während die finale Fassung diesen in „prior to the exercise of activities by any new members" abänderte.

Art. 69   Titel V Kryptowerte-Dienstleistungen

5   Eine Parallelvorschrift findet sich für **Emittenten vermögenswertereferenzierter Token** in Art. 33, die sich jedoch von Art. 69 im Hinblick auf den Zeitpunkt der erforderlichen Unterrichtung sowie die Frist unterscheidet. Eine entsprechende Unterrichtungspflicht gilt für Wertpapierfirmen (Art. 3 Abs. 1 Nr. 29) gemäß Art. 9 Abs. 5 MiFID II iVm Art. 5 DurchführungsVO (EU) 2017/1945, der es jedoch – im Unterschied zu Art. 69 – ausdrücklich erlaubt, die Unterrichtung in begründeten Fällen auch nachträglich vorzunehmen.[4]

6   Für Art. 69 besteht keine Regelung, die die Befugnis der Europäischen Kommission zum Erlass entsprechender **Tertiärrechtsakte** vorsieht, anders als dies nach Art. 7 Abs. 5 MiFID II der Fall ist. Zudem hat auch die ESMA bislang keine Standardformulare, Mustertexte und Verfahren entworfen. Entsprechende Entwürfe bestehen lediglich für Anzeigen nach Art. 60[5] sowie Erlaubnisanträge nach Art. 62[6]. Diese ITS-Entwürfe sehen in ihrem jeweiligen Art. 4[7] zwar die Pflicht des Unternehmens vor, Änderungen unverzüglich mitzuteilen (*„without undue delay"*), doch gelten diese Pflichten nur für Anzeigen nach Art. 60 bzw. Erlaubnisanträge nach Art. 62, nicht jedoch unmittelbar für Änderungsanzeigen nach Art. 69. Die Unterrichtung über Änderungen des Leitungsorgans steht indes in einem engen sachlichen Zusammenhang zu Erlaubnisanträgen nach Art. 62 stehen, weshalb mangels anderweitiger Formulare auf den entsprechenden Anhang zum ITS-Entwurf[8] zurückgegriffen werden kann, indem Änderungen zum Leitungsorgan als Änderung zur bereits erteilten Erlaubnis („Change to the authorisation already obtained")[9] angezeigt werden können. Anderes gilt demgegenüber für Unternehmen, die das Anzeigeverfahren nach Art. 60 erfolgreich abgeschlossen haben. Für diese gelten die in ihren jeweils anwendbaren Aufsichtsregimes adressierten Änderungsmitteilungen, etwa Art. 5 DurchführungsVO (EU) 2017/1945 für Wertpapierfirmen.

7   Es bleibt zu erwarten, dass die BaFin daneben entsprechende ausfüllbare **Formulare** zur Verfügung stellt, wie sie dies auch für Änderungsmitteilungen nach Art. 5 DurchführungsVO (EU) 2017/565 getan hat.[10]

II. Tatbestandsvoraussetzungen

1. Änderungen von Leitungsorganen

8   CASPs sind dazu verpflichtet, die zuständige Aufsichtsbehörde über jede Änderung des Leitungsorgans zu unterrichten. Die Unterrichtungspflicht besteht unabhängig davon, ob es sich um eine **wesentliche oder unwesentliche Änderung** handelt. Vielmehr besteht die Unterrichtungspflicht bei *jeder* Änderung.[11] Dies be-

---

[4] Entsprechende ITS sind auf der Basis der CRD IV bislang nicht ergangen, doch sehen die jeweils anwendbaren nationalen Rechtsakte regelmäßig ebenfalls eine Pflicht zur Mitteilung von Änderungen vor, wie zB § 24 Abs. 1 Nr. 1 und 15 KWG in Deutschland.
[5] ESMA, Consultation Paper, Technical Standards specifying certain requirements of the Markets in Crypto Assets Regulation (MiCA), 12.7.2023, ESMA74-449133380-425 S. 65.
[6] ESMA74-449133380-425 S. 98.
[7] ESMA74-449133380-425 S. 68 und 100.
[8] ESMA74-449133380-425 S. 102 ff.
[9] ESMA74-449133380-425 S. 104.
[10] Abrufbar unter: https://beck-link.de/f48py (zuletzt abgerufen am 25.8.2024).
[11] Anders ist dies etwa nach Art. 78 Abs. 3 S. 1 und Abs. 6, der auf wesentliche Änderungen abstellt.

trifft insoweit nicht nur die Zusammensetzung der Mitglieder des Leitungsorgans, sondern auch Änderungen bei bestehenden einzelnen Mitgliedern.[12] Allerdings ist eine Einschränkung insoweit vorzunehmen, als nur Änderungen solcher Umstände mitzuteilen sind, die auch die im Erlaubnisantrag nach Art. 62 Abs. 2 lit. g und Abs. 3 lit. a und b gemachten Angaben ändern würden. Entsprechendes gilt für Änderungen solcher Umstände, die wiederum iRe einer Änderungsanzeige nach Art. 69 mitgeteilt wurden. Nicht von Art. 69 erfasst werden hingegen Änderungen solcher Umstände, die lediglich nach dem KMAG anzeigepflichtig sind.

Erfasst werden nur **Änderungen des Leitungsorgans.**[13] Keine Unterrichtungspflicht nach Art. 69 besteht demnach für andere personelle Änderungen, etwa für die Einräumung einer Generalvollmacht oder Einzelprokura, wie sie demgegenüber in § 24 Abs. 1 Nr. 1 KWG für Institute iSd § 1 Abs. 1b KWG besteht. Die zuständige Aufsichtsbehörde ist zunächst über die Bestellung neuer sowie die Abberufung bestehender Mitglieder des Leitungsorgans zu unterrichten. 9

Hierzu kann auf den entsprechenden **Anhang zum ITS-Entwurf**[14] auf Grundlage des Art. 62 Abs. 6 zurückgegriffen werden, indem Änderungen zum Leitungsorgan als Änderung zur bereits erteilten Erlaubnis *(„Change to the authorisation already obtained")* anzuzeigen sind durch nähere Angaben im Abschnitt *„Identity and proof of good repute, knowledge, skills, and experience and of sufficient time commitment of the members of the management body".*[15] Die jeweils erforderlichen Angaben ergeben sich dabei aus Art. 7 RTS-Entwurf zu Art. 62 Abs. 5[16]. Mit diesen Angaben werden die in Art. 69 adressierten Informationen, die erforderlich sind, um die Einhaltung von Art. 68 zu bewerten, zur Verfügung gestellt. 10

Daneben sind auch solche Änderungen mitzuteilen, bei denen sich die **Zusammensetzung der Mitglieder des Leitungsorgans nicht ändert,** die jedoch einzelne Angaben zu Art. 7 RTS-Entwurf zu Art. 62 betreffen. Zwar wurde bereits konstatiert, dass grundsätzlich jede Änderung anzeigepflichtig ist. Um eine Änderungsmitteilung auf die für die Aufsicht tatsächlich relevanten Informationen zu beschränken, sind für die Prüfung der Geeignetheit der Mitglieder des Leitungsorgans offensichtlich unerhebliche Änderungen als Bagatelle außer Betracht zu lassen. Dies kann beispielsweise Änderungen zu einzelnen im Lebenslauf aufgeführten Tätigkeiten betreffen[17]. Aufgrund des Wortlauts des Art. 69 und um Missverständnisse dazu, was die Aufsicht als erforderlich erachtet, zu vermeiden, ist von dieser Ausnahme nur restriktiv Gebrauch zu machen. Ansonsten erforderliche Änderungsmitteilungen erfolgen, indem diese als Änderung zur bereits erteilten Erlaubnis *(„Change to the authorisation already obtained")* anzuzeigen sind und die neuen Angaben im Abschnitt *„Identity and proof of good repute, knowledge, skills, and experience* 11

---

[12] Art. 9 Abs. 5 MiFID II verweist zwar neben der Änderung in der Mitgliedschaft des Leitungsorgans einer Wertpapierfirma auf alle (anderen) Informationen, die erforderlich sind, um zu beurteilen, ob die Wertpapierfirma die Anforderungen an das Leitungsorgans erfüllt. Daraus lässt sich nicht im Umkehrschluss ableiten, dass für Art. 69 Änderungen in der Zusammensetzung des Leitungsorgans nicht relevant wären. Vielmehr werden solche Änderungen nicht nur vom Wortlaut des Art. 69 abgedeckt. Es widerspräche auch dem Zweck der Vorschrift, solche Änderungen als nicht erfasst anzusehen.
[13] Zum Begriff des Leitungsorgans → Art. 32 Rn. 12f.
[14] ESMA74-449133380-425 S. 102ff.
[15] ESMA74-449133380-425 S. 104 und 106.
[16] ESMA74-449133380-425 S. 87ff.
[17] Art. 7 Abs. 1 lit. d Draft RTS (ESMA74-449133380-425 S. 87).

and of sufficient time commitment of the members of the management body" zum Anhang zum ITS-Entwurf zu Art. 62 Abs. 6 gemacht werden.[18]

2. Unterrichtungsfrist

12 a) **Fristbeginn.** Zu welchem **Zeitpunkt** die Unterrichtungspflicht begründet wird, ist aufgrund des umständlich formulierten Wortlauts des Art. 69 nicht ohne weiteres zu bestimmen. Die Formulierung, wonach eine „über jede Änderung in ihrem Leitungsorgan" erforderlich ist, legt nahe, dass die Unterrichtung erst ab dem Zeitpunkt der vollzogenen Änderung begründet wird. Der nachfolgende Einschub zur Tätigkeitsaufnahme neuer Mitglieder („bevor etwaige neue Mitglieder ihre Tätigkeit aufnehmen") wäre insoweit eine Ausnahme und müsste demgegenüber vorher angezeigt werden. Die deutsche Fassung ist jedoch nicht eindeutig, da sie ebenfalls bedeuten kann, dass die Unterrichtung vor der vollzogenen Änderung erforderlich wäre. Dann wäre jedoch nicht verständlich, warum der Einschub lediglich die Tätigkeitsaufnahme neuer Mitglieder adressiert. Für die Lesart, wonach die Unterrichtung generell nach vollzogener Änderung, bei der Bestellung neuer Leitungsorganmitglieder hingegen zuvor erforderlich ist, sprechen hingegen etwa die englische oder die französische Sprachfassung, in der der Einschub nicht als Temporalsatz[19] formuliert ist und dementsprechend nicht den Hauptsatz zeitlich einordnet.[20] Dass die Formulierung bewusst so gewählt war, zeigt sich daran, dass die Ratsfassung, die den Einschub erst einführte, diesen noch als Temporalsatz formulierte[21], während die finale Fassung die Formulierung abänderte. Der Einschub konkretisiert den Hauptsatz somit nicht in zeitlicher Hinsicht, sondern stellt eine Ausnahme dazu da. Damit ist Art. 69 im Unterschied zu Art. 5 Abs. 1 UAbs. 1 DurchführungsVO (EU) 2017/1945 formuliert, der ausdrücklich eine Mitteilung vor Wirksamwerden der Änderung verlangt und in Art. 5 Abs. 1 UAbs. 2 DurchführungsVO (EU) 2017/1945. Somit beginnt die Frist zur Unterrichtung ab dem Zeitpunkt des Vollzugs der Änderung.

13 Bei der **Tätigkeitsaufnahme** neuer Leitungsorganmitglieder beginnt die Unterrichtungsfrist hingegen vor der Tätigkeitsaufnahme zu laufen. Im Unterschied zur Änderung des Geschäftsmodells durch Emittenten vermögenswertereferenzierter Token nach Art. 25 Abs. 1, zum Erwerb qualifizierter Beteiligungen an Emittenten vermögenswertereferenzierter Token nach Art. 41 Abs. 1 oder die grenzüberschreitende Erbringung von Kryptowerte-Dienstleistungen nach Art. 65 Abs. 1 besteht die Unterrichtungspflicht nach dem Wortlaut des Art. 69 zwar nicht bereits bei der beabsichtigten Tätigkeitsaufnahme. Allerdings wäre zum einen nicht klar,

---

[18] ESMA74-449133380-425 S. 104 und 106.
[19] Vgl. zur Verwendung des Temporalsatzes GA Mengozzi ECLI:EU:C:2017:1018 Rn. 35 – Hassan; OLG Köln GRUR-RR 2010, 251 (252); VG Frankfurt (Oder) BeckRS 2014, 57047.
[20] Die englische Sprachfassung des Einschubs lautet: „[...] *prior to the exercise of activities by any new members* [...]". Ein Temporalsatz müsste im Englischen beispielsweise wie folgt lauten: „*before the activities of any new members are exercised*". In der französischen Sprachfassung lautet: „[...] *avant tout exercice d'activités par un nouveau membre* [...]". Ein Temporalsatz müsste im Französischen beispielsweise wie folgt lauten: „[...] *avant que les nouveaux membres éventuels ne prennent leurs fonctions* [...]".
[21] Der Wortlaut des entsprechenden Einschubs in Art. 62 der Ratsfassung lautete „[...] *before the new members exercise any kind of activity* [...]" (Rat der EU, 13198/22).

wann die Unterrichtungsfrist zu laufen beginnt, und zum anderen hätte das Unverzüglichkeitskriterium in Bezug auf die Tätigkeitsaufnahme neuer Leitungsorganmitglieder keine Bedeutung, wenn eine Unterrichtung (irgendwann) zuvor ausreichend wäre. Da die Tätigkeitsaufnahme neuer Mitglieder die wohl wesentlichste Änderung des Leitungsorgans darstellt und die zuständige Aufsichtsbehörde möglichst frühzeitig ihre Eignung prüfen sollte, sollte eine entsprechende Unterrichtung rechtzeitig zuvor erfolgen. Auch wenn der Wortlaut des Art. 69 dies nicht ausdrücklich fordert, stellt die begründete Absicht zur Tätigkeitsaufnahme eine ausreichende Grundlage für den Beginn der Unterrichtungsfrist dar. Sie wird begründet, wenn das zuständige Organ des Anbieters der Kryptowerte-Dienstleistung[22] die Entscheidung über die Tätigkeitsaufnahme des Leitungsorganmitglied getroffen hat.[23] Mit der Tätigkeitsaufnahme ist zugleich der Zeitpunkt gemeint, zu dem das Mitglied bestellt wird.

Um zu vermeiden, dass die Aufsichtsbehörde nachträglich Einwände gegen das neue Mitglied erhebt, sollte die Bestellung unter einer entsprechenden **aufschiebenden Bedingung** erfolgen. Dies entspricht auch der Praxis zur Bestellung von Geschäftsleitern deutscher Institute. Anders als dies nach § 24 Abs. 1 Nr. 1 KWG der Fall wäre, ist der anschließende Vollzug der Bestellung nicht mehr anzuzeigen, doch empfiehlt es sich in der Praxis, die zuständige Aufsichtsbehörde gleichwohl zumindest informell darüber zu informieren. **14**

b) Frist („unverzüglich"). Die Unterrichtung muss **„unverzüglich"** erfolgen. Der Begriff ist unionsrechtsautonom auszulegen, weshalb ein Rückgriff auf die Legaldefinition des § 121 Abs. 1 S. 1 BGB unzulässig wäre.[24] Zumindest im deutschen Schrifttum wird jedoch mitunter unbesehen das deutsche Begriffsverständnis zugrunde gelegt.[25] Zwar ist das Unverzüglichkeitskriterium dem Unionsrecht nicht fremd und in verschiedenen anderen Rechtsakten ebenfalls zugrunde gelegt,[26] ohne jedoch weitere Kriterien aufzustellen. Insoweit hat sich auch in der Unionsgerichtsbarkeit bisher kein einheitliches Bild etabliert. Teilweise wird „unverzüglich" ebenfalls als „ohne schuldhaftes Zögern" verstanden[27], teilweise hingegen mit „sofort" gleichgesetzt[28]. In anderen Fällen wiederum werden abstraktgenerelle Kriterien gar nicht erst aufgestellt.[29] **15**

Der Hintergrund besteht darin, dass der Unionsgesetzgeber dem deutschen Begriff „unverzüglich" keine eindeutige Bedeutung zumisst, wie dies im deutschen Recht aufgrund der Legaldefinition in § 121 Abs. 1 S. 1 BGB der Fall ist. So lautet **16**

---

[22] In der Regel ist dies das Aufsichtsorgan oder die Gesellschafterversammlung des Anbieters der Kryptowerte-Dienstleistung.
[23] Vgl. zu § 24 Abs. 1 Nr. 1 KWG BaFin Merkblatt zu den Geschäftsleitern gemäß KWG, ZAG und KAGB Rn. 26.
[24] Zutreffend zu Art. 30 DSA Hofmann/Raue/Dregelies DSA Art. 30 Rn. 41.
[25] ZB Grabitz/Hilf/Nettesheim/Wenig VO (EG) Nr. 384/96 Art. 18 Rn. 8; Schröter/Klotz/von Wendland/Winterstein/Ceyssens/Wessely AEUV Art. 101 Rn. 407; Kühling/Buchner/Herbst DS-GVO Art. 17 Rn. 23.
[26] ZB Art. 54 Abs. 5 lit. a CRR; Art. 24 Abs. 2 S. 1, 41 Abs. 1 UAbs. 2 oder Art. 45 CRD IV; Art. 30 Abs. 3 UAbs. 1 DSA; Art. 4 Abs. 1 UAbs. 1, 16 Abs. 1 UAbs. 2 und Abs. 2 oder Art. 17 Abs. 1 MAR; Art. 18 Abs. 9 oder 31 Abs. 2 UAbs. 1 und Abs. 3 MiFID II.
[27] GA Laila Medina ECLI:EU:C:2022:688 Rn. 39 – FTI Touristik (Voyage à forfait aux Îles Canaries) (zu Art. 14 Abs. 2 RL (EU) 2015/2302).
[28] GA Kokott ECLI:EU:C:2015:729 Rn. 100 – Parlament/Rat (zu Art. 218 Abs. 10 AEUV).
[29] ZB EuGH ECLI:EU:C:2020:586 Rn. 140ff. – YouTube und Cyando.

etwa die englische Übersetzung für „unverzüglich" in Art. 69 „without delay", wie dies etwa auch in Art. 30 Abs. 3 VO (EU) 2022/2065 der Fall ist[30], während „unverzüglich" in Art. 218 Abs. 10 AEUV mit „immediately" übersetzt wird. Vielmehr bestimmen sich die Kriterien an die Unverzüglichkeit nach ihrem Zweck und Regelungszusammenhang. Durch die Unterrichtung soll die zuständige Aufsichtsbehörde zeitnah über die beabsichtigten Änderungen im Leitungsorgan des Anbieters von Kryptowerte-Dienstleistungen informiert werden, um ein vollständiges Bild über die Zusammensetzung des Leitungsorgans zu erhalten und ggf. erforderliche Aufsichtsmaßnahmen zu ergreifen.[31] Zugleich müssen diese Informationen möglichst umfassend durch den betreffenden Anbieter aufbereitet und an die Aufsichtsbehörde übermittelt werden, damit diese auf dieser Grundlage die Änderungen bewerten kann. Die bloße Beschreibung der Änderungen ohne entsprechende Unterlagen nützt der Aufsichtsbehörde insoweit wenig. Vor diesem Hintergrund ist dem CASP so viel Zeit einzuräumen, wie er für die Vorbereitung der Unterlagen im Rahmen des ihm Möglichen benötigt, doch ist dies auf ein angemessenes Mindestmaß zu beschränken, um die Aufsichtsbehörde zeitnah über die Änderung zu unterrichten. Demesntsprechend ist „unverzüglich" iRd Art. 69 nicht mit „sofort" gleichzusetzen, sondern entspricht dem aus dem deutschen Recht bekannten „ohne schuldhaftes Zögern". Hierfür spricht auch beispielsweise die englische („*without delay*"), französische („*sans retard*") und die italienische Sprachfassung („*senza indugio*") sprechen. Ihnen fehlt zwar das Merkmal „schuldhaft",[32] doch lässt sich daraus nicht im Umkehrschluss ableiten, dass der Unionsgesetzgeber bewusst auf ein Verschuldenselement darauf verzichtet hätte. Eine am Zweck des Art. 69 orientierte Auslegung verlangt vielmehr, eine dem CASP unvermeidliche Verzögerung für unbeachtlich zu erachten.[33] Gegen eine strenge Auslegung ohne Verschuldenselement spricht zudem, dass die Ratsfassung[34] noch von „without any delay" sprach, während die finale Fassung die Unterrichtungsfrist in „without delay" abschwächte.

17 Das Merkmal der Unverzüglichkeit ist zwar gesetzlich vorgeschrieben und insoweit von **keinem behördlichen Ermessen** abhängig, doch wird es in der Praxis darauf ankommen, welche Maßstäbe die jeweils zuständige Aufsichtsbehörde an das Unverzüglichkeitskriterium stellen. Für deutsche CASPs ist davon auszugehen, dass – entsprechend der zu § 24 Abs. 1 Nr. 1 und 15 KWG entwickelten Verwal-

---

[30] Dazu Hofmann/Raue//Dregelies DSA Art. 30 Rn. 39 ff.
[31] Vgl. Erwgr. Nr. 3 DurchführungsVO (EU) 2017/1945 zu Art. 5 DurchführungsVO (EU) 2017/1945.
[32] Dies entspricht allerdings nicht der durchgängig der sonst verwendeten Gesetzessprache. Ein Verschuldenselement („without undue delay") wird zB ausdrücklich in Art. 7 Abs. 4 oder Art. 13 Abs. 2 UAbs. 1, daneben in Art. 4 der zu Art. 60 Abs. 14 und Art. 62 Abs. 6 ergangenen ITS-Entwürfe zu entsprechenden Änderungsmitteilungen im Rahmen des betreffenden Anzeige- bzw. Erlaubnisverfahrens (ESMA74-449133380-425 S. 68 und 100).
[33] So auch zu Art. 17 Abs. 1 MAR BaFin Emittentenleitfaden Modul C S. 42; Klöhn/Klöhn MAR. Art. 17 Rn. 105; Schwark/Zimmer/Kumpan/Grütze MAR Art. 17 Rn. 72; s. auch EuGH ECLI:EU:C:2020:586 Rn. 141 – YouTube und Cyando, der zur Bestimmung der Unverzüglichkeit differenzierend darauf abstellt, ob „die tatsächliche Beendigung einer Urheberrechtsverletzung oder eines verwandten Schutzrechts derart verzögert wird, dass dem Rechtsinhaber unverhältnismäßige Schäden entstehen".
[34] Rat der EU, 13198/22, Art. 62.

III. Sanktionen

Ein Verstoß gegen die Unterrichtungspflicht begründet gemäß § 46 Abs. 3 **18**
Nr. 68 KMAG-E eine **Ordnungswidrigkeit** und kann gemäß § 46 Abs. 5 Nr. 3
KMAG-E mit einer Geldbuße bis zu 700.000 EUR geahndet werden. Bei juristischen Personen und Personenvereinigungen kann diese Geldbuße nach § 46 Abs. 6
Nr. 3 lit. c KMAG-E sogar bis zu fünf Millionen EUR betragen und nach Maßgabe
des § 46 Abs. 7 Nr. 1 lit. b KMAG-E auf 5 % des jährlichen Gesamtumsatzes erhöht
werden, wenn die juristische Person oder Personenvereinigung über einen jährlichen Gesamtumsatz von mehr als 100 Millionen EUR verfügt. Daneben kann
mit einer Geldbuße bis zur zweifachen Höhe der infolge des Verstoßes erzielten
Gewinne oder vermiedenen Verluste nach § 46 Abs. 9 KMAG-E geahndet werden.
Letzteres dürfte bei einem Verstoß gegen die Unterrichtungspflicht praktisch kaum
relevant sein.

Außerdem kann die Aufsichtsbehörde Verstöße mit den ihr allgemein zustehen- **19**
den **Aufsichtsbefugnissen** ahnden, insbesondere nach Art. 94. Aufgrund des Verhältnismäßigkeitsgrundsatzes wäre eine Abberufung nach Art. 94 Abs. 1 lit. y jedoch
grundsätzlich nicht bei einer bloßen Verletzung der Unterrichtungspflicht gerechtfertigt.

Artikel 70 Sichere Aufbewahrung der Kryptowerte und Geldbeträge
von Kunden

(1) **Anbieter von Kryptowerte-Dienstleistungen, die Kryptowerte von Kunden oder die Mittel für den Zugang zu solchen Kryptowerten halten, treffen angemessene Vorkehrungen, um insbesondere im Falle der Insolvenz des Anbieters von Kryptowerte-Dienstleistungen die Eigentumsrechte der Kunden zu schützen und zu verhindern, dass die Kryptowerte von Kunden für eigene Rechnung verwendet werden.**

(2) **Erfordern das Geschäftsmodell oder die Kryptowerte-Dienstleistungen das Halten von Geldbeträgen von Kunden, bei denen es sich nicht um E-Geld-Token handelt, so treffen die Anbieter von Kryptowerte-Dienstleistungen angemessene Vorkehrungen, um die Eigentumsrechte der Kunden zu schützen und zu verhindern, dass Geldbeträge von Kunden für eigene Rechnung verwendet werden.**

(3) **Die Anbieter von Kryptowerte-Dienstleistungen zahlen diese Geldbeträge bis zum Ende des Werktags, der auf den Tag folgt, an dem die Geldbeträge der Kunden, bei denen es sich nicht um E-Geld-Token handelt, eingegangen sind, bei einem Kreditinstitut oder einer Zentralbank ein.**

---

[35] Vgl. BaFin Merkblatt zu den Mitgliedern von Verwaltungs- oder Aufsichtsorganen gemäß
KWG und KAGB Rn. 13; BaFin Merkblatt zu den Geschäftsleitern gemäß KWG, ZAG
und KAGB Rn. 13.

Art. 70 — Titel V Kryptowerte-Dienstleistungen

Die Anbieter von Kryptowerte-Dienstleistungen treffen alle erforderlichen Maßnahmen, um sicherzustellen, dass die einem Kreditinstitut oder bei einer Zentralbank gehaltenen Geldbeträge von Kunden, bei denen es sich nicht um E-Geld-Token handelt, auf Konten geführt werden, die separat von Konten identifizierbar sind, auf denen Geldbeträge der Anbieter von Kryptowerte-Dienstleistungen geführt werden.

(4) Die Anbieter von Kryptowerte-Dienstleistungen können selbst oder über einen Dritten Zahlungsdienste im Zusammenhang mit den von ihnen angebotenen Kryptowerte-Dienstleistungen erbringen, sofern der Anbieter von Kryptowerte-Dienstleistungen selbst oder der Dritte im Einklang mit der Richtlinie (EU) 2015/2366 für die Erbringung dieser Dienstleistungen zugelassen ist.

Werden Zahlungsdienste erbracht, unterrichten die Anbieter von Kryptowerte-Dienstleistungen ihre Kunden über Folgendes:
a) die Art dieser Dienste und die dafür geltenden Geschäftsbedingungen, einschließlich Verweisen auf das geltende nationale Recht und die Rechte der Kunden;
b) darüber, ob diese Dienste unmittelbar von ihnen oder von einem Dritten erbracht werden.

(5) Die Absätze 2 und 3 gelten nicht für Anbieter von Kryptowerte-Dienstleistungen, bei denen es sich um E-Geld-Institute, Zahlungsinstitute oder Kreditinstitute handelt.

Schrifttum: Siehe Art. 66

Übersicht

	Rn.
I. Einleitung	1
II. Regulierungskontext	6
III. Sichere Aufbewahrung der Kryptowerte (Art. 70 Abs. 1)	9
1. Anwendungsbereich	9
2. Halten von Kryptowerten von Kunden oder Mittel für den Zugang	12
3. Angemessene Vorkehrungen zum Kundenschutz	16
a) Schutz der Eigentumsrechte, insbes. in der Insolvenz des CASPs	17
b) Verhinderung der Verwendung von Kunden-Kryptowerten für eigene Rechnung	23
c) Sonstige Maßnahmen zum Schutz der Eigentumsrechte der Kunden	26
IV. Sichere Aufbewahrung der Geldbeträge (Art. 70 Abs. 2, 3, 5)	29
1. Einführung	29
2. Anwendungsbereich (Art. 70 Abs. 5)	30
3. Begriff des Geldbetrags	31
3. Geldbeträge von Kunden	32
4. Erforderlichkeit des Haltens vom Geldbeträgen	34
5. Angemessene Vorkehrungen zum Eigentumsschutz	35
a) Zuordnung der Kundengelder durch korrekte Buchführung	36
b) Reconciliation mit Beständen an bei Dritten gehaltenen Geldern	37
c) Sonstige organisatorische Vorkehrungen	38

		Rn.
d)	Verhinderung der Verwendung von Kundengeldern für eigene Rechnung	39
e)	Einzahlung von Geldbeträgen bei Kreditinstituten oder Zentralbanken (Art. 70 Abs. 3 UAbs. 1)	40
f)	Separate Konten bei Kreditinstituten oder Zentralbanken (Art. 70 Abs. 3 UAbs. 2)	41
V.	Erbringung von Zahlungsdiensten (Art. 70 Abs. 4)	42
1.	Zahlungsdienste durch den CASP oder Dritte (Art. 70 Abs. 4 UAbs. 1)	42
2.	Informationspflichten bei Zahlungsdiensten (Art. 70 Abs. 4 UAbs. 2)	44

I. Einleitung

Art. 70 dient gemäß Erwgr. Nr. 82 dem Schutz der Kunden des CASPs. Art. 70 **1** Abs. 1 spricht die Schutzrichtung spezifiziert an: geschützt werden soll vor der **Insolvenz des CASPs** und vor der **Verwendung der Kryptowerte von Kunden für eigene Rechnung** des CASPs. Das in Art. 70 Abs. 1 verwendete Wort „insbesondere" drückt aber aus, dass hiermit lediglich die beiden von Verordnungsgeber als praktisch relevanteste Risiken für den Bestand und die Ausübung von Eigentumsrechten genannt werden. Der Schutz der Kunden kann darüber hinaus bspw. auch durch **fehlende oder unzutreffende Positionsführung**, ungeeignete **interne Prozesse**, durch **mangelhafte IT** oder durch **kriminelle Zugriffe Dritter** bedroht werden. Diese Risiken werden in Art. 75 Abs. 2, 3, 6 und 7 UAbs. 1 für die Verwahrung und Verwaltung von Kryptowerten als Kryptowerte-Dienstleistung noch einmal gesondert adressiert.

Der Schutz der (im weiteren Sinne) finanziellen Vermögenswerte eines Kunden **2** im Falle der **Insolvenz des Verwahrers oder des Missbrauchs durch den Verwahrer** für dessen eigene Zwecke ist seit langer Zeit das zentrale Anliegen diesbezüglicher gesetzlicher Bestimmungen. Wenn es um die professionelle Verwahrung von Bargeld oder Kostbarkeiten durch einen professionellen Dritten geht, war dieses Anliegen von Anfang an zentral.[1] Für Wertpapiere brachte der Berliner Bankenskandal 1891 die Anfälligkeit des Bankenwesens für Missbrauch der Vermögenswerte der Kunden für bankeigene Zwecke und der Schutzlosigkeit der Kunden im Falle der Insolvenz der Bank ans Licht, worauf u. a. mit dem Erlass des DepotG 1896 reagiert wurde. Auch in den 50er und 60er Jahre des 20. Jahrhunderts kam es bei Banken zu Unterschlagungen von Kundenwertpapieren durch Banken gerade im Vorfeld von Insolvenzen, um auf diese Weise als letzten Ausweg die Insolvenz noch zu vermeiden.[2]

Der Gesetzgeber verfolgt zum Schutz der Vermögenswerte der Kunden grund- **3** sätzlich **zwei unterschiedliche Ansätze,** und zwar abhängig davon, ob der Kunde als Gläubiger auf eine Insolvenzquote verwiesen werden muss oder ob eine vollstreckungs- und insolvenzrechtlich wirksame Vermögenstrennung mit der Folge von Aussonderungsrechten möglich ist. Einlagen sind in der Regel als *depositum irregu-*

---

[1] Siehe schon Marperger Beschreibung der Banquen S. 103 f.: „... *heiliges Depositum, dessen Violation nicht anders als ein Sacrilegium und ein Eingriff in des Landes-Herrn seines Landes und seiner Unterthanen Aug-Apffel kann angesehen werden*".
[2] Otto Bankentätigkeit S. 29.

Art. 70

lare[3] ausgestaltet mit der Folge, dass, der Kunde nur eine schuldrechtliche Auszahlungsforderung gegenüber der Bank hat.[4] Die Problematik einer **Vermischung eigenen Vermögens mit Kundenvermögen** stellt sich insoweit von vornherein nicht. Eine Insolvenzsicherung durch Vermögenstrennung ist dadurch aber unmöglich. Statt durch eine Vermögenstrennung wird der Rückzahlungsanspruch durch entsprechend hohe Eigenmittelanforderungen an das Kreditinstitut geschützt. Daher hat sich der Gesetzgeber entschieden, dessen Verwahrung nur als Kreditinstitute regulierten Unternehmen zu gestatten.[5] Mit Bezug auf Bargeld mag der Grund darin liegen, dass dieses nicht wie eine Kapitalanlage in immobilisierter oder dematerialisierter Form existieren, jedoch vom jeweiligen Inhaber[6] als gesetzliches Zahlungsmittel genutzt werden kann, die Entwendungsgefahr aufbewahrten Bargeldes daher besonders hoch ist.[7] Die Bank verwahrt denn auch regelmäßig nicht Bargeld der Kunden in Form eines *depositum regulare* getrennt vom eigenen Bargeldbestand auf, sondern eignet sich dieses an und bucht dagegen eine Kundeneinlage.

4   Bei im depotrechtlichen Sinne verwahrfähigen Vermögenswerten ist die die **Vermögenstrennung** als Mittel der Wahl möglich und – soweit der Kunde mit der Verwendung seiner Vermögensgegenstände für bankeigene Zwecke nicht einverstanden ist – in der Regel auch vorgeschrieben. Die Aufbewahrung von Kapitalanlagen erfolgt regelmäßig nicht in Form eines *depositum irregulare*.[8] Dies macht die getrennte Verwahrung vom eigenen Vermögen durch jeweils dafür zugelassene Unternehmen, die keine Kreditinstitute sind, möglich.[9] Eine Zwischenstellung nehmen solche Vermögensgegenstände ein, die von einem Unternehmen nicht physisch getrennt vom eigenen Vermögen verwahrt werden können, weil der Vermögensgegenstand physisch nicht in Besitz genommen werden kann. Dies betrifft entweder im Ausland gelegene Vermögensgegenstände oder solche, die (nur) als Registereintrag existieren. In diesem Fall nimmt das Unternehmen eine treuhänderische Stellung mit aussonderungsfähiger Wirkung[10] ein, für die sich bei (unverkörperten) Wertpapieren der Begriff der Wertpapierrechnung etabliert hat.[11] In Erweiterung dieses Gedankens kann die von *Einsele* entwickelte fiduziarische Treuhand[12]

---

[3] BGH NJW 2019, 2920 Rn. 26.
[4] Rauhut Aussonderung von Geld S. 3.
[5] Art. 9 Abs. 1 RL 2013/36/EU (CRD IV). Siehe auch EuGH ECLI:EU:C:2023:877 Rn. 66 – BG (Octroi de prêts sans autorisation).
[6] Banknoten ohne Einlösungspflicht sind aber keine Inhaberpapiere im Sinne des Wertpapierrechts, MüKoBGB/Habersack vor § 793 Rn. 22.
[7] Siehe § 935 Abs. 2 BGB.
[8] Emde/Dornseifer/Dreibus/Dreibus/Stabenow KAGB § 81 Rn. 21.
[9] Wertpapierinstitute für Finanzinstrumente, § 2 Abs. 3 Nr. 1 WpIG (außerhalb dieses Tatbestands begründet die Verwahrung von Wertpapieren nach § 1 Abs. 1 S. 2 Nr. 5 KWG ein Bankgeschäft und ist damit nur Kreditinstituten erlaubt) (siehe Lendermann/Nemeczek/Schroeter/Reschke WpIG § 2 Rn. 186ff.); die qualifizierte Kryptoverwahrung nach § 1 Abs. 1a S. 2 Nr. 6 KWG für nicht der MiCAR unterfallende Kryptowerte, das eingeschränkte Verwahrgeschäft nach § 1 Abs. 1a S. 2 Nr. 12 KWG für die Verwahrung und die Verwaltung von Wertpapieren ausschließlich für AIFs nach § 1 Abs. 3 KAGB.
[10] Dazu Emde/Dornseifer/Dreibus/Dreibus/Stabenow KAGB § 72 Rn. 27.
[11] Siehe dazu Scherer/Scherer/Löber DepotG § 3 Rn. 12.
[12] Einsele Wertpapierrecht als Schuldrecht S. 551 ff.; Baums/Cahn/Einsele S. 14. ff.

als Rechtskonstrukt auch solche Vermögensgegenstände erfassen, die den Rahmen des Wertpapierbegriffs sprengen.[13]

Für einen CASP bedeutet dies, dass auf Grund dieser grundsätzlichen Zweiteilung die – außerhalb der Kryptowerte-Dienstleistung der Verwahrung und Verwaltung von Kryptowerten zumindest vorübergehende – Aufbewahrung der Kryptowerte seiner Kunden von ihm selbst wahrgenommen werden kann, während die Aufbewahrung der Geldbeträge seiner Kunden kurzfristig nach Art. 70 Abs. 3 einem Kreditinstitut bzw. einer Zentralbank übertragen werden muss.

II. Regulierungskontext

Art. 70 Abs. 1–3 haben Regelungen der MiFID II und delegierten Rechtsakten zum Vorbild, wobei sich die MiFID auf **Finanzinstrumente,** nicht auf Kryptowerte bezieht. Art. 70 Abs. 1 und 2 orientieren sich an Art. 16 Abs. 8, 9 MiFID II (umgesetzt in § 84 Abs. 1, 4 WpHG), deren Zweck ebenfalls der Schutz der Eigentumsrechte der Kunden ist.[14] Art. 70 Abs. 3 UAbs. 1 ist in vereinfachter Weise Art. 4 Abs. 1 UAbs. 1 DelRL (EU) 2017/593 nachgebildet. Art. 70 Abs. 3 UAbs. 2 orientiert sich an Art. 2 Abs. 1 UAbs. 1 lit. e DelRL (EU) 2017/593.

Für die **qualifizierte Kryptoverwahrung im Sinne des KWG** sieht bereits § 26b Abs. 1 KWG eine Regelung zur Trennung der Kryptowerte der Kunden von den eigenen des Instituts vor, um die in § 46i KWG angeordnete Zugehörigkeit der Kryptowerte zum Kunden zu gewährleisten. In der Insolvenz des Instituts sollen die Kunden ggf. eine Drittwiderspruchsklage nach § 771 ZPO erheben können.[15] Ebenso verbietet § 26b Abs. 2 KWG die Verfügung über Kryptowerte der Kunden für eigene Rechnung oder für Rechnung Dritter. Für die Kryptoverwahrung nach Art. 75 gilt § 45 KMAG.

Anbieter von anderen Kryptowerten als vermögenswertereferenzierten Token oder E-Geld-Token treffen entsprechende Pflichten mit Bezug auf die die **während eines öffentlichen Angebots nach Art. 3 Abs. 1 Nr. 12 gesammelten Geldbeträge oder Kryptowerte.** Geldbeträgen sind hiernach einem Kreditinstitut, Kryptowerte einem CASP, der Kryptowerte für Kunden verwahrt und verwaltet, anzuvertrauen.

III. Sichere Aufbewahrung der Kryptowerte (Art. 70 Abs. 1)

1. Anwendungsbereich

Während Art. 75 Abs. 7 UAbs. 1 mit der Verwahrung und Verwaltung *(providing custody and administration)* von Kryptowerten gezielt die Kryptowerte-Dienstleistung nach Art. 3 Abs. 1 Nr. 16 lit. a, Nr. 17 anspricht, spricht Art. 70 Abs. 1 vom „Halten" (→ Rn. 11) solcher Kryptowerte bzw. der privaten kryptografischen Schlüssel als Mittel für den Zugang zu solchen Kryptowerten. Hieraus ist abzuleiten, dass sich die Anforderung des Art. 70 Abs. 1 nicht nur an Kryptoverwahrer iSd § 3 Abs. 1 Nr. 16 lit. a, Nr. 17 richtet, sondern **für alle CASPs** gilt. Dies ist auch insoweit

---

[13] Emde/Dornseifer/Dreibus/Dreibus/Stabenow KAGB § 72 Rn. 29.
[14] Erwgr. Nr. 51f. MiFID II.
[15] BT-Drs. 20/8292, 138.

sachgerecht, als auch die Erbringung anderer Dienstleistungen als die der Verwahrung und Verwaltung von Kryptowerten dazu führen kann, dass zumindest vorübergehend Kryptowerte von Kunden in die tatsächliche Verfügungsgewalt des CASPs geraten können. Dies gilt insbesondere für den Fall **transaktionsbezogener Kryptowerte-Dienstleistungen,** in deren Rahmen der CASP Kryptowerte des Kunden zB zur Veräußerung entgegennimmt oder für den Kunden erwirbt und der Kunde einem – wenn auch kurzzeitigen – Insolvenzrisiko seines CASPs ausgesetzt ist. Dies gilt auch für den Fall, dass ein CASP gegenüber dem Kunden auch die Verwahrung von Kryptowerten erbringt, der Kryptowert aber im Rahmen der Abwicklung des Erwerbs- oder Veräußerungsvorgangs noch nicht bzw. nicht mehr iSd Art. 75 verwahrt wird.

10 Art. 70 Abs. 1 ist funktional vergleichbar mit § 29 DepotG, der für den Fall der Einkaufskommission von depotrechtlichen Wertpapieren regelt, dass der Kommissionär bezüglich der in seinem Besitz befindlichen, in das Eigentum oder das Miteigentum des Kommittenten übergegangenen Wertpapiere die Pflichten und Befugnisse eines Verwahrers hat.[16] Der Kunde soll auch für den Fall geschützt werden, dass er mit dem CASP keine Vertrag über die Verwahrung von Kryptowerten geschlossen hat, der CASP aber dennoch Kryptowerte oder Schlüssel dazu für den Kunden hält. Auch ein Blick auf Art. 70 Abs. 2 bestätigt die Sicht auf den umfassenden Anwendungsbereich, denn das Halten von Geldbeträgen ist keine Kryptowerte-Dienstleistung, stellt aber dennoch vergleichbare Forderungen wie Art. 70 Abs. 1 mit Bezug auf Kryptowerte auf. Schließlich zeigt auch ein Blick auf die vergleichbaren Vorschriften der MiFID II (→ Rn. 3), dass die entsprechenden Pflichten in Bezug auf Finanzinstrumente für ein Wertpapierinstitut bzw. -dienstleistungsunternehmen auch dann gelten, wenn es die Nebendienstleistung der Verwahrung und Verwaltung von Finanzinstrumenten nach § 2 Abs. 3 Nr. 1 WpIG bzw. § 2 Abs. 9 Nr. 1 WpHG nicht anbietet.

11 Für einen **Anbieter der Verwahrung und Verwaltung von Kryptowerten** für Kunden stellt Art. 70 Abs. 1 jedoch eine generelle zweckgerichtete Vorschrift zum Schutz der Kunden dar, die unter dem Aspekt der operativen und rechtlichen Trennung der eigenen Kryptowerte von den Kryptowerten der Kunden in **Art. 75 Abs. 7** eine Spezifizierung erfährt, Art. 70 Abs. 1 aber nicht verdrängt. Praktische Bedeutung hat die Anforderung dann, wenn der Verwahrer gleichzeitig auch andere transaktionsbezogene Kryptowerte-Dienstleistungen anbietet und in diesem Rahmen Kryptowerte aus der Verwahrung nimmt oder sie der Verwahrung erst noch zuführt.

2. Halten von Kryptowerten von Kunden oder Mittel für den Zugang

12 Zu **Kryptowerten** (→ Art. 3 Rn. 11), zu privaten kryptografischen Schlüsseln und sonstigen **Mitteln für den Zugang** zu Kryptowerten (→ Art. 3 Rn. 111).

13 **Kryptowerte von Kunden** sind solche, die dem Kunden gehören. Die in Art. 70 Abs. 1 und in Art. 16 Abs. 8 MiFID II in der englischen Fassung insoweit identischen Formulierungen (*„crypto-assets belonging to clients"* bzw. *„financial instruments belonging to clients"*) sind trotz des in Art. 70 Abs. 1 verwendeten Begriffs der „Eigentumsrechte" nicht im Sinne eines sachenrechtlichen Eigentums, sondern als

---

[16] Siehe dazu Scherer/Gebauer DepotG § 29 Rn. 1.

"ownership rights"[17] im Sinne einer wirtschaftlichen Zuordnung zur Vermögenssphäre des Kunden zu verstehen.[18] Wirtschaftlich kann man dahingehend formulieren, dass ein Kryptowert demjenigen gehört, der die dem Kryptowert inhärenten Risiken, insbesondere Markt- oder Emittentenrisiken trägt.[19] Gerade wenn – im Rahmen des Sprachgebrauchs des § 3 eWpG – **Inhaber und Berechtigter auseinanderfallen,** dürfte ein Kryptowert in diesem Sinne dem Kunden als Berechtigtem gehören.

Mittel für den Zugang wie private kryptografische Schlüssel müssen dagegen nicht dem Kunden gehören; es genügt, wenn sie den Zugang zu Kryptowerten von Kunden (→ Rn. 13) gewähren. Auch eigene private kryptografische Schlüssel des CASP, der zB im Rahmen eines gemeinschaftlichen Haltens[20] aller Kryptowerte seiner Kunden diese unter einem einzigen Registereintrag bzw. öffentlichen kryptografischen Schlüssel zusammenfasst, fallen insoweit unter den Anwendungsbereich des Art. 70 Abs. 1. 14

Das **Halten** von Kryptowerten ist in der MiCAR nicht definiert. Über die Verwahrung von Kryptowerten als Kryptowerte-Dienstleistung im Sinne von Art. 3 Abs. 1 Nr. 16 lit. a, 17 hinaus dürfte darunter **jede auch nur vorübergehende Innehabung der tatsächlichen oder rechtlichen Verfügungsgewalt** über Kryptowerte der Kunden des CASPs oder der Zugangsmittel dazu zu verstehen sein. Dies kann zB bei **transaktionsbezogenen Kryptowerte-Dienstleistungen** der Fall sein, wenn der CASP in diesem Rahmen Kryptowerte des Kunden zur Weiterveräußerung entgegennimmt oder umgekehrt für Rechnung des Kunden Kryptowerte bei Dritten erwirbt, ohne dabei eine Verwahrdienstleistung zu erbringen. Inwieweit dies der Fall ist, hängt von der zivilrechtlichen Ausgestaltung der Transaktion ab. 15

3. Angemessene Vorkehrungen zum Kundenschutz

Art. 70 Abs. 1 verlangt beim Halten von Kryptowerten von Kunden oder der Mittel für den Zugang dazu angemessene Vorkehrungen einerseits zum Schutz der Eigentumsrechte der Kunden in der Insolvenz des CASPs, andererseits zur Verhinderung der Verwendung der Kryptowerte der Kunden für eigene Rechnung des CASPs. 16

a) Schutz der Eigentumsrechte, insbes. in der Insolvenz des CASPs. Die nicht sachenrechtlich zu verstehenden Eigentumsrechte (→ Rn. 13) können im Grundsatz auf zwei unterschiedliche Weisen bedroht werden: einmal faktisch, wenn das Eigentumsrecht zwar noch fortbesteht, aber praktisch nicht mehr ausgeübt werden kann. Dies kann zum Beispiel der Fall sein, wenn der CASP das Mittel zum Zugang der Kryptowerte verliert, bildlich gesprochen den privaten kryptografischen Schlüssel verbummelt. Zum anderen kann das Eigentumsrecht als solches 17

---

[17] Im Unterschied zum *movable/personal* und *immovable/real property*" als sachenrechtliche Kategorie. Siehe auch Emde/Dornseifer/Dreibus/Dreibus/Stabenow KAGB § 72 Rn. 35.
[18] Zur vergleichbaren Problematik bei Vermögensgegenständen eines Investmentvermögens siehe Emde/Dornseifer/Dreibus/Stabenow KAGB § 205 Rn. 9. Bezüglich Finanzinstrumenten siehe auch Assmann/Schneider/Mülbert/Beule WpHG § 84 Rn. 27.
[19] Zumindest auf der ersten Stufe ungeachtet etwaiger Vereinbarungen über einen Risikotransfer.
[20] Siehe § 26b Abs. 1 S. 2 KWG, der die gemeinschaftliche Verwahrung von Kryptowerten im Sinne des KWG regelt.

Art. 70   Titel V Kryptowerte-Dienstleistungen

beeinträchtigt sein. Dies kann dadurch geschehen, dass eine Zuordnung eines Kryptowertes zu einem bestimmten Kunden nicht (mehr) möglich ist, zB durch mangelnde interne Aufzeichnungen des CASPs (für weitere Ursachen → Rn. 1), oder, was gerade für den Fall der Insolvenz des CASPs von Bedeutung ist, die vermittelnde Funktion einer fiduziarischen Treuhand zwischen Kunden und Kryptowert auf Grund der fehlenden Trennung der eigenen Kryptowerte des CASPs von denen seiner Kunden (dazu genauer → Rn. 19) rechtlich nicht anerkannt wird.

18   Die in Art. 70 Abs. 1 angesprochene **Insolvenz** des CASPs als Ursache für die Beeinträchtigung der Eigentumsrechte des Kunden wird sowohl in § 26b Abs. 1 KWG[21] als auch in Art. 75 Abs. 7 in besonderer Weise für den Fall der Kryptoverwahrung als Kryptowerte-Dienstleistung adressiert. Dies ist insofern gerechtfertigt, als außerhalb einer solchen Verwahrdienstleistung das Halten von Kryptowerten für Kunden nur vorübergehend und kurzzeitig, in der Regel zur Abwicklung einer Transaktion (→ Rn. 15), erfolgt und damit das Insolvenzrisiko des CASPs für den Kunden zeitlich überschaubar ist. In gleicher Weise relevant ist eine **Zwangsvollstreckung** gegen den CASPs in Kryptowerte des Kunden. Der CASP hat daher Maßnahmen zu treffen, dass in derartigen Fällen weder der Insolvenzverwalter noch ein Gläubiger rechtmäßig Zugriff auf die für einen Kunden gehaltenen Kryptowerte hat.[22]

19   Voraussetzung dafür ist selbstverständlich, dass bei einem Kryptowert ein Aussonderungsrecht auch überhaupt besteht. Dies sollte zu bejahen sein. Diese Bestände stellen – bei gegebener treuhänderischer Bindung des CASPs – eine grundsätzlich **aussonderungsfähige Rechtsposition** in der Insolvenz des CASPs dar. Denn der eine Kryptowerte-Position dokumentierende Datenbestand stellt „*als solcher ein selbständiges vermögenswertes Gut [...] (dar), wie daran deutlich wird, dass er für sich [...] gegen Entgelt veräußert werden könnte*".[23] Auch bei einem gemeinschaftlichen treuhänderischen Halten von Kryptowerten verschiedener Kunden mit einem Schlüssel des CASPs dürfte es für die Anerkennung einer für das Aussonderungsrecht notwendigen Treuhandschaft genügen, dass mit diesem Schlüssel ausschließlich Kunden-Kryptowerte, aber keine eigenen des CASPs, gehalten werden.[24] Bei einem Kryptoregister in Form eines distributed ledger ohne Registerführer dürfte statt der ansonsten erforderlichen Offenkundigkeit genügen, dass „sonst nachweisbar", also auf andere zweifelsfrei dokumentierte Weise mit einem privaten kryptografischen Schlüssel ausschließlich treuhänderisch gebundene Kryptowerte gesichert werden.[25]

---

[21] BT-Drs. 20/8292, 137 (zu Nr. 6) und 138 (zu Nr. 11).

[22] Für Finanzinstrumente siehe Assmann/Schneider/Mülbert/Beule WpHG § 84 Rn. 28.

[23] So schon BGH NJW 1996, 2924 (2926) zum Schadensersatz bei Verlust eines Computerprogramms, ein Rechtsgedanke, der sich noch viel plastischer auf eine Kryptowährung übertragen lässt. Siehe auch OLG Düsseldorf NZI 2012, 887 (888) zur Aussonderungsfähigkeit von E-Mail-Adressen auf Basis eines Herausgabeanspruchs nach §§ 667, 675 BGB. Die Aussonderungsfähigkeit von Daten in der Insolvenz bejahend auch Bultmann ZInsO 2011, 992 (993); Jülicher ZIP 2015, 2063 (2065); speziell zu Kryptowerten Skauradszun/Schweizer/Kümpel ZIP 2022, 2101; zurückhaltend dagegen MüKoInsO/Gantner § 47 Rn. 339q.

[24] Dazu ausführlich Emde/Dornseifer/Dreibus/Dreibus/Stabenow KAGB § 81 Rn. 18.

[25] Siehe BGH NJW-RR 2011, 779 Rn. 13 zu Treuhand-Geldkonten: „*Notwendig ist lediglich, dass das Konto offen ausgewiesen oder sonst nachweisbar ausschließlich zur Aufnahme von treuhänderisch gebundenen Fremdgeldern bestimmt ist*"; BGH NZI 2005, 625 (626).

Sichere Aufbewahrung der Kryptowerte und Geldbeträge von Kunden **Art. 70**

Das Mittel der Wahl ist wie auch im Rahmen der Verwahrung von Kryptower- 20
ten die **operative und rechtliche Trennung des Eigenvermögens vom Kundenvermögen**. Diese beiden Maßnahmen werden daher auch in Art. 75 Abs. 7 UAbs. 2 und UAbs. 3 ausdrücklich für die Erbringung der Verwahrung und Verwaltung von Kryptowerten vorgeschrieben. Hierdurch kann der Kunde mit Drittwiderspruchsklage nach § 771 ZPO oder durch Geltendmachung des Aussonderungsrechts nach § 47 InsO seine Rechte gegenüber Dritten schützen.[26] Für Finanzinstrumente schreibt § 10 Abs. 4 Nr. 1 WpDVerOV als ebenso auf Kryptowerte sinnvoll anwendbare Maßnahmen vor, dass das Wertpapierdienstleistungsunternehmen **durch Aufzeichnungen und eine korrekte Buchführung** jederzeit eine **Zuordnung der von ihnen gehaltenen Finanzinstrumente zu den einzelnen Kunden** und deren **Abgrenzbarkeit von eigenen Vermögenswerten** zu gewährleisten hat.

Zum **Ausschluss der Vermischung mit eigenen Kryptowerten** des CASPs 21
muss eine durchzuführende **Bestands-Reconciliation** ergeben, dass der sich aus den Büchern des CASPs ergebende Gesamtbestand eines für die Kunden gehaltenen Kryptowertes dem Bestand des mit diesem Schlüssel gesicherten oder bei einen (anderen) Kryptoverwahrer gehaltenen Kryptowertes entspricht. Bei mehreren Schlüsseln bzw. mehreren Wallets für denselben Kryptowert gilt dies entsprechend für die Summe der entsprechenden Bestände, die dokumentiert (→ Rn. 21) für die Kunden, aber nicht für eigene Rechnung des CASPs gehalten werden.

Mit Bezug auf die **Mittel für den Zugang** zu solchen Kryptowerten ist aus dem 22
Vorstehenden abzuleiten, dass ein öffentlicher kryptografischer Schlüssel wie ein B-Depot einer Bank bei einem Unterverwahrer eindeutig als ein Schlüssel gekennzeichnet wird, mit dem **ausschließlich Kunden-Kryptowerte gehalten** werden. Die interne Dokumentation des CASPs muss revisionssicher die Zuordnung des Schlüssels ausschließlich zu Kundenbeständen zulassen.

b) Verhinderung der Verwendung von Kunden-Kryptowerten für ei- 23
gene Rechnung. Art. 70 Abs. 1 verlangt weiter das Treffen von Vorkehrungen zur Verhinderung der Verwendung von Kryptowerten von Kunden für eigene Rechnung des CASPs. Es handelt sich hierbei nicht um ein absolutes Verbot. Vielmehr dürfte teleologisch die Reduktion auf die **unbefugte Verwendung** von Kryptowerten von Kunden für eigene Rechnung gemeint sein. Einer wie im Rahmen von § 84 Abs. 6 WpHG gestattete bzw. vereinbarte Verwendung derartiger Kryptowerte für eigene Rechnung steht Art. 70 Abs. 1 nicht entgegen.

Im Kern betrifft dies zunächst Tatbestände, die bei depotrechtlichen Wertpapie- 24
ren als bewegliche Sachen eine veruntreuende Unterschlagung oder Untreue iSd § 246 Abs. 2 bzw. § 266 StGB oder eine Depotunterschlagung nach § 34 DepotG darstellen, bei Kryptowerten jedenfalls den Tatbestand der Untreue nach § 266 StGB erfüllen. Dies betrifft im Kern Tatbestände, bei denen der CASPs Kryptowerte der Kunden dafür benutzt, um **eigene Lieferverpflichtungen gegenüber Dritten** zu erfüllen oder um damit **auf eigene Rechnung zu spekulieren**. Darüber hinaus kann für den Fall, dass der CASP auch eigene Bestände an Kryptowerten hält, eine **mangelhafte Lieferdisposition** dazu führen, dass zur Erfüllung eigener Verpflichtungen versehentlich auf die gesammelten Kundenbestände zu-

---

[26] Siehe BT-Drs. 20/8292, 138 (zu Nr. 11).

Art. 70 Titel V Kryptowerte-Dienstleistungen

rückgegriffen wird. Auch reine **interne Umbuchungen** zu Lasten von Kundenbestände ohne Berührung des Gesamtbestandes zählen hierzu.[27]

25 Geeignete Maßnahmen gegen die unbefugte Verwendung von Kryptowerten sind neben einer ordnungsgemäßen **internen Bestandsführung** auch die in § 10 Abs. 7 WpDVerOV aufgeführten Finanzinstrumente betreffende Maßnahmen. Hierzu gehören zB die **Sicherstellung eigener Lieferverpflichtungen** am Erfüllungstag und das Treffen von Vorkehrungen, falls dies nicht der Fall ist, oder die **Überwachung von eigenen Lieferansprüchen** und die der Kunden, um spätere Unterdeckungen zu vermeiden.

26 **c) Sonstige Maßnahmen zum Schutz der Eigentumsrechte der Kunden.** Wie oben (→ Rn. 1) beschrieben können die Eigentumsrechte der Kunden auch auf andere Weise als durch die Insolvenz des CASPs oder durch unberechtigte Verwendung für eigene Rechnung beeinträchtigt werden.

27 Um diesen Gefahren zu begegnen, muss der CASP ein geeignetes und ausreichend gegen unbefugten Zugriff **gesichertes Bestandsführungssystem** einrichten und betreiben, aus dem sich jederzeit ergibt, welche der von ihm gehaltenen Kryptowerte in welchem Umfang welchem seiner Kunden gehören. Insofern gelten die in Art. 75 Abs. 2, 3 aufgestellten Anforderungen zumindest in grundsätzlicher Weise auch für einen CASP, der Kryptowerte für Kunden hält, ohne die Verwahrung und Verwaltung von Kryptowerten als Kryptowerte-Dienstleistung anzubieten.

28 Zum Schutz vor Verwendung von Kryptowerten eines Kunden für andere Kunden ist eine ordnungsgemäße **Lieferdisposition** erforderlich. Diese soll gewährleisten, dass für die Erfüllung von Lieferverpflichtungen von Kunden nicht auf die Bestände anderer Kunden zurückgegriffen wird, wenn etwa der Sammelbestand aller Kunden, nicht aber der Bestand des verpflichteten Kunden für die Erfüllung der Lieferverpflichtung ausreicht. Für Wertpapiere schreibt Nr. 2.1.1.3 MaDepot eine **Einzelkundenbetrachtung** dahingehend vor, dass ein Kundengeschäft nur dann beliefert werden darf, wenn der betreffende Kunde im Zeitpunkt der Abwicklung über den dafür erforderlichen Bestand verfügt. Maßgeblich ist hierbei der Bestand auf Settlement-Basis (actual), nicht der Handelsbestand (contractual). Sinnvoll ist es daher, dem Kunden gegenüber auch den für ihn tatsächlich gehaltenen Bestand auszuweisen.

IV. Sichere Aufbewahrung der Geldbeträge (Art. 70 Abs. 2, 3, 5)

1. Einführung

29 Wie Art. 70 Abs. 1 den Schutz der Eigentumsrechte der Kunden beim Halten von Kryptowerten im Blick hat, bezieht sich Art. 70 Abs. 2 auf Geldbeträge. Hintergrund dieser Regelung ist, dass nach Art. 9 Abs. 1 CRD IV nur als Kreditinstitute zugelassene Unternehmen Einlagen und andere rückzahlbare Gelder entgegennehmen dürfen (→ Rn. 3). Für **Wertpapierdienstleistungsunternehmen,** die nicht nach § 1 Abs. 1 S. 2 Nr. 1 KWG für das Einlagengeschäft zugelassen sind, trifft § 84 Abs. 1–3 WpHG entsprechende Regelungen. Einer ähnlichen Verpflichtung unterliegen gemäß Art. 10 Abs. 3 auch **Anbieter von anderen Kryptowerten als**

---

[27] Vgl. Nr. 3.2.1.2 MaDepot.

Sichere Aufbewahrung der Kryptowerte und Geldbeträge von Kunden **Art. 70**

vermögenswertereferenzierten Token oder E-Geld-Token, die für ihr öffentliches Angebot dieser Kryptowerte eine Frist setzen, für die während der Angebotsfrist eingesammelten Geldbeträge.

2. Anwendungsbereich (Art. 70 Abs. 5)

Art. 70 Abs. 2 und 3 betrifft grundsätzlich alle CASPs. Art. 70 Abs. 5 nimmt jedoch **E-Geld-Institute, Zahlungsinstitute und Kreditinstitute** aus. Mit Blick auf den Zweck der Vorschrift sollte diese Ausnahme jedoch nur soweit reichen, wie auch die Erlaubnis des ausgenommenen Instituts reicht. Die Ausnahme ist daher einschränkend und abhängig von der Art des Kundengeldes (→ Rn. 31) abhängig zu interpretieren. Insoweit ist neben **§ 54 Abs. 1 Nr. 2 iVm § 1 Abs. 1 S. 2 Nr. 1 KWG** insbesondere **§ 3 Abs. 1 ZAG** zu beachten. 30

3. Begriff des Geldbetrags

Von dieser Regelung erfasste **Geldbeträge** sind gemäß Erwgr. Nr. 82 solche im Sinne von Art. 4 Nr. 25 RL (EU) 2015/2366 (PSD II), also **Banknoten, Münzen, Giralgeld oder E-Geld.** Ausgenommen sind E-Geld-Token im Sinne von Art. 3 Abs. 1 Nr. 7. Diese werden als Kryptowerte iSd Art. 70 Abs. 1 behandelt. Hintergrund für diese Ausnahme ist gemäß Erwgr. Nr. 91, dass die Instrumente, die Emittenten von E-Geld ihren Kunden für die Verwaltung eines E-Geld-Token zur Verfügung stellen, möglicherweise nicht von den in dieser Verordnung geregelten Tätigkeit der Verwahrungs- und Verwaltungsdienstleistungen zu unterscheiden sind. Ob auch **Schecks** zu den Kundengeldern gehören,[28] dürfte angesichts der Ausführungen in Erwgr. Nr. 82 bezweifelt werden, zumal die ZahlungsdiensteRL auf Scheckzahlungen keine Anwendung findet.[29] 31

3. Geldbeträge von Kunden

Erfasst werden Geldbeträge, die den Kunden des CASPs gehören. Genau wie in Art. 70 Abs. 1 ist der Begriff des Eigentumsrechts nicht sachenrechtlich, sondern wirtschaftlich zu verstehen (→ Rn. 13). Gerade dann, wenn Geldbeträge – wie in den meisten Fällen – nicht als Bargeld, sondern als Giralgeld betroffen ist, spielt es daher keine Rolle, dass die Geldbeträge auf ein Konto fließen, dessen Inhaber der CASP ist.[30] 32

Die Beurteilung, ob die dem CASP zugeflossenen Geldbeträge solche des Kunden oder des CASPs sind, hängt dabei von der Art der erbrachten Kryptowerte-Dienstleistung ab. So ist beim **Tausch von Kryptowerten gegen einen Geldbetrag** der dem CASP als Gegenpartei[31] zufließende Geldbetrag die Gegenleistung und damit das eigene Geld des CAPSs, da der CASP hierbei unter Einsatz des eigenen Kapital und damit auf eigene Rechnung handelt.[32] Beim **Betrieb einer Han-** 33

---

[28] Zur Anwendung des § 84 Abs. 1–3 WpHG auf Schecks siehe Assmann/Schneider/Mülbert/Beule WpHG § 84 Rn. 4.
[29] Allerdings gilt die PSD II auch für Bargeld nicht; dieses ist jedoch explizit in Erwgr. Nr. 82 erwähnt.
[30] Zu § 84 Abs. 1 WpHG siehe auch Assmann/Schneider/Mülbert/Beule WpHG § 84 Rn. 4.
[31] Siehe Erwgr. Nr. 87.
[32] Siehe auch Art. 60 Abs. 3 UAbs. 2 lit. c.

Nemeczek / Stabenow 959

Art. 70 Titel V Kryptowerte-Dienstleistungen

delsplattform für Kryptowerte handeln hierbei im Rahmen dieser Krypto-Dienstleistung gemäß Art. 76 Abs. 5 nicht auf eigene Rechnung. Gleiches gilt für die dem Kommissionsgeschäft ähnliche **Ausführung von Aufträgen über Kryptowerte für Kunden** sowie für die **Annahme und Übermittlung von Aufträgen über Kryptowerte für Kunden.** Insofern sind dem CASP im Rahmen der Erbringung dieser Krypto-Dienstleistungen zugeflossene Geldbeträge solche des Kunden. Bei der **Platzierung von Kryptowerten** handelt der CASP im Namen oder für Rechnung des Anbieters, so dass es hier darauf ankommt, ob die dem CASP zufließenden Geldbeträge bereits beim Zufluss an den CASP wirtschaftlich dem Anbieter gehören sollen oder erst dann, wenn die Geldbeträge beim Anbieter unmittelbar ankommen. Im ersten Fall hat der Kunde mit Zufluss des Geldbetrags beim CASP bereits erfüllt, trägt damit aber auch schon das Insolvenzrisiko des Anbieters.

4. Erforderlichkeit des Haltens vom Geldbeträgen

34 Art. 70 Abs. 2 und 3 gelten für den Fall, dass das Geschäftsmodell oder die Krypto-Dienstleistungen das Halten von Geldbeträgen von Kunden erfordert. Dieses Tatbestandsmerkmal bedeutet nicht, dass Kundengelder diesen Anforderungen nicht unterliegen, wenn deren Halten nicht erforderlich ist. Vielmehr ist das Halten von Kundengeldern bei fehlender Erforderlichkeit von vornherein grundsätzlich nicht gestattet (→ Rn. 3, 30). Dies ist jedenfalls bei Krypto-Dienstleistungen wie der Beratung zu Kryptowerten oder der Portfolioverwaltung von Kryptowerten der Fall. Die Erforderlichkeit dürfte aber nicht dahingehend zu verstehen sein, dass es für das Geschäftsmodell oder die Krypto-Dienstleistung keine andere Möglichkeit der Durchführung geben kann oder darf als mit dem Halten von Geldbeträgen von Kunden. Es genügt hierbei die **Üblichkeit und Praktikabilität** des Haltens von Kundengeldern im Rahmen des Geschäftsmodells oder der Erbringung von Krypto-Dienstleistungen.

5. Angemessene Vorkehrungen zum Eigentumsschutz

35 Art. 70 Abs. 2 schreibt in allgemeiner Form die Verpflichtung zum Schutz der Eigentumsrechte der Kunden an den Geldbeträgen vor, während hierfür Art. 70 Abs. 3 spezifische Maßnahmen vorschreibt, die die Pflicht nach Art. 70 Abs. 2 jedoch nicht ausfüllen. Gerade für Maßnahmen innerhalb der Sphäre des CASPs kann sich dieser an **§ 10 Abs. 4 S. 1 Nr. 1, 2, 5 WpDVerOV** orientieren.

36 **a) Zuordnung der Kundengelder durch korrekte Buchführung.** Sowohl für den Fall, dass der CASP unmittelbar selbst Kundengelder, zB Bargeld, hält als auch für den Fall von Giralgeld bei einem Kreditinstitut muss entsprechend § 10 Abs. 4 S. 1 Nr. 1 WpDVerOV eine **Zuordnung der Gelder zu den einzelnen Kunden und deren Abgrenzbarkeit von eigenen Geldern** jederzeit möglich sein. Hierfür ist eine interne Buchführung über alle Geldbewegungen und -bestände auf Einzelkundenbasis erforderlich. Es muss sich aus den aufgezeichneten Geldbewegungen ein Prüfpfad zu den dokumentierten Geldbeständen ergeben,[33] so dass eine Reconciliation durchgeführt werden kann.

---

[33] Vgl. Nr. 2.3.1.3 MaDepot.

b) Reconciliation mit Beständen an bei Dritten gehaltenen Geldern. 37
Entsprechend § 10 Abs. 4 S. 1 Nr. 2 WpDVerOV muss im Falle des Haltens von
Kundengeldern bei Dritten ein Abgleich der eigenen Aufzeichnungen mit den Angaben dieser Dritten stattfinden.

c) Sonstige organisatorische Vorkehrungen. Wie beim Halten von Krypto- 38
werten müssen die Eigentumsrechte der Kunden entsprechen § 10 Abs. 4 S. 1 Nr. 5
WpDVerOV auch gegen sonstige Risiken, insbesondere auf Grund organisatorischer Defizite, geschützt werden (→ Rn. 1, 26).

d) Verhinderung der Verwendung von Kundengeldern für eigene Rech- 39
nung. Das Gebot der Verhinderung der Verwendung von Kundengeldern für eigene Rechnung betrifft sowohl unmittelbar selbst gehaltene als auch gemäß Art. 70
Abs. 3 bei Dritten gehaltene Kundengelder. Während das versehentliche Verwenden von Kundengeldern für eigene Rechnung durch geeignete organisatorische
Maßnahmen, insbesondere die Trennung der eigenen von Kundenbeständen, verhindert werden kann (→ Rn. 36–38), ist das absichtsvolle Verhalten durch geeignete Maßnahmen gegenüber Mitarbeitern zu verhindern. Dies kann zB durch
die Etablierung eines Vier-Augen-Prinzips, durch Einführung von Limiten, geeignete automatische Kontrollen oder durch Kontrollen der Innenrevision erfolgen.

e) Einzahlung von Geldbeträgen bei Kreditinstituten oder Zentralban- 40
ken (Art. 70 Abs. 3 UAbs. 1). Sofern der CASP nicht selbst ein Kredit-, Zahlungs- oder E-Geld-Institut ist (→ Rn. 30), ist er verpflichtet, Kunden-Geldbeträge
bis zum Ende des Werktags, der auf den Tag folgt, an dem die Geldbeträge der Kunden, bei denen es sich nicht um E-Geld-Token handelt, eingegangen sind, bei
einem Kreditinstitut oder einer Zentralbank einzuzahlen. Als **Werktag** ist wie in
Erwgr. Nr. 84 S. 4 der Geschäftstag *(business day),* üblicherweise Montag bis Freitag
mit Ausnahme von (Bank-) Feiertagen, zu verstehen.

f) Separate Konten bei Kreditinstituten oder Zentralbanken (Art. 70 41
Abs. 3 UAbs. 2). Der CASP hat die bei dritten Kreditinstituten oder bei Zentralbanken gehaltenen Kundengelder auf separaten Konten zu führen. Es genügt die
Führung von **Sammelkonten** für die Bestände mehrerer oder aller Kunden. Mit
dieser Separierung können zwei Zwecke verfolgt werden: Zum einen ist der Abgleich der Aufzeichnungen über die Bestände an gehaltenen Kundengeldern möglich, da sich der Bestand nicht lediglich aus den internen Aufzeichnungen des
CASPs ergibt (→ Rn. 37). Zum anderen kann durch Führung von offenen **Treuhandkonten** ein Schutz der Kundengelder im Fall der Insolvenz des CASPs erleichtert werden.[34]

V. Erbringung von Zahlungsdiensten (Art. 70 Abs. 4)

1. Zahlungsdienste durch den CASP oder Dritte (Art. 70 Abs. 4 UAbs. 1)

Art. 70 Abs. 4 gestattet die Erbringung von Zahlungsdiensten im Sinne der RL 42
(EU) 2015/2366 (PSD II) im Zusammenhang mit den vom CASP angebotenen
Kryptowerte-Dienstleistungen, wenn der CASP entweder selbst dafür zugelassen

---

[34] Siehe BGH NJW-RR 2011, 779 Rn. 13.

ist oder dafür einen zugelassenen Dritten nutzt. Erwgr. Nr. 82 S. 3 drückt die eigentliche Aussage dieser Vorschrift dahingehend klarer aus, dass die Durchführung von Zahlungstransaktionen im Zusammenhang mit Kryptowerte-Dienstleistungen den Anbietern von Kryptowerte-Dienstleistungen nur dann gestattet sein soll, wenn sie nach der genannten Richtlinie als Zahlungsinstitute zugelassen sind.

43 Nicht klar ist, ob die Erbringung von Zahlungsdiensten „über einen Dritten" lediglich Kooperation gestattet oder ob damit auch die Erbringung von Zahlungsdiensten unter dem Label des CASPs ermöglicht werden soll. Da ersteres auch ohne eine ausdrückliche Gestattung möglich wäre, dürfte auch die Erbringung von Zahlungsdiensten unter dem Label des CASPs möglich sein. Nur vor diesem Hintergrund ist auch die Informationspflicht des Art. 70 Abs. 4 UAbs. 2 lit. b verständlich. Eingeschränkt wird diese Befugnis durch den notwendigen Zusammenhang mit Krypto-Dienstleistungen.

2. Informationspflichten bei Zahlungsdiensten (Art. 70 Abs. 4 UAbs. 2)

44 Erbringt der CASP neben Krypto-Dienstleistungen auch damit zusammenhängende Zahlungsdienste, hat er seine Kunden über folgende Umstände zu informieren:
a) die Art dieser Dienste und die dafür geltenden Geschäftsbedingungen, einschließlich Verweisen auf das geltende nationale Recht und die Rechte der Kunden;
b) darüber, ob diese Dienste unmittelbar von ihnen oder von einem Dritten erbracht werden.

Artikel 71 Beschwerdeverfahren

(1) **Die Anbieter von Kryptowerte-Dienstleistungen führen wirksame und transparente Verfahren für die umgehende, redliche und einheitliche Bearbeitung von Kundenbeschwerden ein, erhalten sie aufrecht und veröffentlichen Beschreibungen dieser Verfahren.**

(2) **Die Kunden können Beschwerden bei den Anbietern von Kryptowerte-Dienstleistungen unentgeltlich einreichen.**

(3) **Die Anbieter von Kryptowerte-Dienstleistungen unterrichten die Kunden über die Möglichkeit, eine Beschwerde einzureichen. Die Anbieter von Kryptowerte-Dienstleistungen stellen den Kunden ein Muster für die Einreichung von Beschwerden zur Verfügung und führen Aufzeichnungen über alle eingegangenen Beschwerden sowie die daraufhin getroffenen Maßnahmen.**

(4) **Die Anbieter von Kryptowerte-Dienstleistungen sorgen für eine zeitnahe und redliche Untersuchung sämtlicher Beschwerden und teilen ihren Kunden die Ergebnisse ihrer Untersuchungen innerhalb eines angemessenen Zeitraums mit.**

(5) **Die ESMA arbeitet in enger Abstimmung mit der EBA Entwürfe technischer Regulierungsstandards zur Präzisierung der Anforderungen, Muster und Verfahren für die Bearbeitung von Beschwerden aus.**

Die ESMA übermittelt der Kommission die in Unterabsatz 1 genannten Entwürfe technischer Regulierungsstandards spätestens am 30. Juni 2024.

Beschwerdeverfahren **Art. 71**

Der Kommission wird die Befugnis übertragen, diese Verordnung durch Annahme der in Unterabsatz 1 dieses Absatzes genannten technischen Regulierungsstandards gemäß den Artikeln 10 bis 14 der Verordnung (EU) Nr. 1095/2010 zu ergänzen.

Übersicht

	Rn.
I. Regelungsgegenstand	1
II. Einrichtung eines Beschwerdemanagements (Art. 71 Abs. 1)	5
1. Allgemeine Verfahrensanforderungen	5
2. Veröffentlichung	11
II. Unentgeltliche Einreichung (Art. 71 Abs. 2)	13
III. Unterrichtungs- und Dokumentationspflicht (Art. 71 Abs. 3)	15
IV. Untersuchungspflicht (Art. 71 Abs. 4)	19
V. Sanktionen	23

I. Regelungsgegenstand

Art. 71 verpflichtet CASPs zur Einrichtung von Beschwerdeverfahren sowie der 1 damit korrespondierenden Pflicht zur Unterrichtung von Kunden über die Möglichkeit zur unentgeltlichen Einreichung von Beschwerden. Eine **Parallelvorschrift** enthält Art. 31, der Emittenten vermögenswerterefenzierter Token dazu verpflichtet, wirksame und transparente Verfahren für eine umgehende, redliche und einheitliche Bearbeitung von Beschwerden zu führen. Von Art. 31 und Art. 71 zu unterscheiden ist die in Art. 108 an die zuständigen Aufsichtsbehörden adressierte Pflicht, Beschwerdemöglichkeiten durch Kunden und anderen interessierten Kreisen, insbesondere auch Verbraucherverbänden, bzgl. Mutmaßlicher Verstöße gegen die MiCAR einzurichten.

Art. 71 ist **Art. 26 DelVO (EU) 2017/565 nachgebildet**, der die Organi- 2 sationsanforderungen nach Art. 16 Abs. 2 MiFID II konkretisiert. Die Aufsichtsanforderungen des Art. 71 entsprechen dabei im Wesentlichen denen des Art. 26 DelVO (EU) 2017/565 und weichen lediglich in einzelnen Nuancen ab. So verlangt Art. 71 beispielsweise – anders als Art. 26 Abs. 3 DelVO (EU) 2017/565 nicht die Einreichung einer dezidierten Beschwerdemanagementfunktion. In der Praxis dürften sich daraus allerdings keine nennenswerten Unterschiede ergeben, da die Beschwerdemanagementfunktion nach Art. 26 Abs. 3 S. 2 DelVO (EU) 2017/565 ohnehin von der Compliance-Funktion übernommen werden kann. Einem CASP bleibt es hingegen unbenommen, eine eigenständige Beschwerdemanagementfunktion einzurichten oder diese von der Compliance-Funktion oder einer anderen Einheit wahrnehmen zu lassen.

Nach Art. 71 Abs. 5 UAbs. 1 sind von der ESMA in enger Abstimmung mit der 3 EBA Entwürfe **technischer Regulierungsstandards** zur Präzisierung der Anforderungen, Muster und Verfahren für die Bearbeitung von Beschwerden auszuarbeiten. Entsprechende Entwürfe (Draft RTS) wurden von der ESMA im ersten „**Consultation Package**" v. 12. 7. 2023 veröffentlicht.[1] Durch einheitliche Rege-

---

[1] ESMA, Consultation Paper, Technical Standards specifying certain requirements of the Markets in Crypto Assets Regulation (MiCA), 12.7.2023, ESMA74-449133380-425 S. 110ff.

Art. 71

lungen werden unterschiedliche Beschwerdeverfahrenspraktiken in der Union vermieden.[2]

4   Der **Zweck eines wirksamen Beschwerdemanagements** besteht zum einen darin, den Kunden die Möglichkeit zu gewähren, Probleme im Zusammenhang mit der Erbringung der Dienstleistungen der CASPs direkt zu adressieren, um eine Lösung zu finden. Dies ist grundsätzlich im gemeinsamen Interesse sowohl der Kunden als auch der CASP, da dadurch die mitunter ressourcenintensive Klärung über Rechtsanwälte, Gerichte oder Aufsichtsbehörden obsolet wird. Durch ein effektives Beschwerdemanagement können CASPs auch ihre internen und externen Prozesse optimieren, da sie durch die Einreichung einer Kundenbeschwerde das direkte Feedback von Kunden über mögliche Probleme erhalten.[3] Insoweit leistet ein effektives Beschwerdemanagement einer Geltendmachung zivilrechtlicher Ansprüche oder aufsichtsrechtlicher Maßnahmen, indem Probleme frühzeitig vom Kunden identifiziert und vom Anbieter beseitigt werden können.[4] Trägt die Bearbeitung der Kundenbeschwerde zur Zufriedenheit des betreffenden Kunden bei, festigt dies zudem die Kundenbindung und kann die Kundenzufriedenheit wiederherstellen oder gar erhöhen.[5] Dies wäre nicht der Fall, wenn Kunden direkt auf eine klageweise Geltendmachung ihrer Anliegen angewiesen wären.

II. Einrichtung eines Beschwerdemanagements (Art. 71 Abs. 1)

1. Allgemeine Verfahrensanforderungen

5   Art. 71 Abs. 1 verpflichtet CASPs dazu, wirksame und transparente Verfahren für die umgehende, redliche und einheitliche Bearbeitung von Kundenbeschwerden einzuführen sowie diese aufrechtzuerhalten und ihre Beschreibungen zu veröffentlichen. In Übereinstimmung mit anderen Regelwerken[6] wird der **Begriff der Beschwerde** als Äußerung der Unzufriedenheit an einen CASP im Zusammenhang mit der Erbringung einer oder mehrerer Kryptowerte-Dienstleistungen verstanden.[7] Die entsprechenden Verfahrensvorgaben sind durch den jeweiligen CASP grundsätzlich nach **eigenem Ermessen** unter Berücksichtigung der nach Art. 71 Abs. 5 zu erlassenden technischen Regulierungsstandards (→ Rn. 3) sowie der künftigen Verwaltungspraxis der jeweils zuständigen Aufsichtsbehörden festzulegen.

6   Art. 71 schreibt nicht vor, **welche Abteilung innerhalb des Unternehmens** dafür zuständig sein muss. Es kann sich dabei um eine **eigenständige Beschwerdemanagementfunktion** handeln oder die Funktion wird einer bereits bestehen-

---

[2] ESMA74-449133380-425 S. 110 (Erwgr. Nr. 2).
[3] Vgl. Krimphove/Schäfer MaComp BT 12 Rn. 6 ff.
[4] Vgl. Krimphove/Schäfer MaComp BT 12 Rn. 10 ff.
[5] Vgl. Krimphove/Schäfer MaComp BT 12 Rn. 14.
[6] ZB Art. 1 Abs. 1 DelVO (EU) 2022/2117; ESAs, Guidelines on complaints-handling for the securities and banking sectors, 4.10.2018, JC/2018/35 S. 22 f.; siehe auch Krimphove/Schäfer MaComp BT 12 1.1.
[7] Art. 1 Abs. 1 Draft RTS (ESMA74-449133380-425 S. 112): *„For the purposes of this Regulation, ‚complaint' means a statement of dissatisfaction addressed to a crypto-asset service provider by one of its clients relating to the provision of one or more crypto-asset services".*

Beschwerdeverfahren **Art. 71**

den Abteilung, zB der Compliance-Funktion zugewiesen, wie dies für Wertpapierfirmen nach Art. 26 Abs. 3 S. 2 DelVO (EU) 2017/565 möglich ist (→ Rn. 2, 7).[8] In jedem Fall muss gewährleistet werden, dass dem Beschwerdemanagement angemessene Ressourcen[9] zugewiesen werden, wozu insbesondere auch gehört, dass die zuständigen Mitarbeiter über die erforderlichen Fähigkeiten, Kenntnisse und Expertise für die Bearbeitung von Kundenbeschwerden verfügen und Zugang zu allen relevanten Informationen haben.[10] Zudem muss der Leiter des Beschwerdemanagements über eine direkte Berichtslinie zur Geschäftsleitung bzw. – über den Wortlaut der Draft RTS hinaus[11] den zuständigen Geschäftsleiter verfügen.[12]

Die nach Art. 71 Abs. 1 erforderlichen Verfahren müssen in **unternehmens-** 7 **internen Richtlinien bzw. Policies** nachvollziehbar festgelegt werden, um diese den jeweils für Kundenbeschwerden relevanten Mitarbeitern, der Aufsicht, dem Abschlussprüfer sowie ggf. anderen Dritten zur Verfügung stellen zu können.[13] Zudem ist die Aktualität des Beschwerderichtlinien sicherzustellen, indem diese regelmäßig (mindestens jährlich) überprüft werden.[14] Ad hoc-Anpassungen sollten daneben dann erfolgen, sobald Fehler in den Richtlinien offenbar werden oder sich ein dringender Aktualisierungsbedarf aufdrängt. Die **Geschäftsleitung** muss die betreffenden Richtlinien genehmigen und sicherstellen, dass sie ordnungsgemäß umgesetzt und regelmäßig überprüft werden.[15] Zulässig ist es über den Wortlaut der Draft RTS hinaus[16] lediglich ein Mitglied der Geschäftsleitung mit den Kundenbeschwerden, und damit der Annahme der entsprechenden Richtlinien, zu betrauen. Dabei wird es sich regelmäßig um das für die Compliance-Funktion zuständige Mitglied der Geschäftsleitung handeln.

Die Einzelheiten zu den entsprechenden Verfahrensanforderungen werden 8 durch die nach Art. 71 Abs. 5 erlassenen **technischen Regulierungsstandards** konkretisiert, für die derzeit ein von der ESMA ausgearbeiteter Entwurf (Draft RTS) vorliegt.[17] Danach müssen die internen Regelungen zumindest die folgenden Informationen adressieren:
a) die Anforderungen an die Zulässigkeit von Kundenbeschwerden;
b) die Information, dass die Einreichung und die Bearbeitung von Kundenbeschwerden unentgeltlich erfolgt;
c) eine detaillierte Beschreibung dazu, wie Kundenbeschwerden einzureichen sind, die zumindest Folgendes beinhaltet:
  i) die Information, dass Kundenbeschwerden durch Vorlage eines im Anhang der RTS aufgeführten Musters eingereicht werden können;

---

[8] Vgl. Schwark/Zimmer/Fett WpHG § 80 Rn. 66.
[9] Ob der Wortlaut des Art. 2 Abs. 1 Draft RTS (ESMA74-449133380-425 S. 113) nur auf personelle Ressourcen abstelle, was sich insbesondere aus Art. 2 Abs. 2 Draft RTS ergibt, hat keine praktische Relevanz, da ein wirksames Beschwerdemanagement in jedem Fall auch angemessene sachliche Ressourcen umfassen muss.
[10] Art. 2 Abs. 1 und 2 Draft RTS (ESMA74-449133380-425 S. 113 f.).
[11] Art. 2 Abs. 3 Draft RTS (ESMA74-449133380-425 S. 114): „the management body".
[12] Art. 2 Abs. 3 Draft RTS (ESMA74-449133380-425).
[13] Art. 1 Abs. 5 Draft RTS (ESMA74-449133380-425 S. 113).
[14] Art. 1 Abs. 6 Draft RTS (ESMA74-449133380-425 S. 113).
[15] Art. 1 Abs. (ESMA74-449133380-425 S. 113).
[16] Art. 1 Abs. 6 Draft RTS (ESMA74-449133380-425 S. 113): „by its management body".
[17] ESMA74-449133380-425 S. 110.

Art. 71

ii) die Art von Informationen und den Nachweis, die von dem Kunden einzureichen sind;
iii) den Kontakt der Personen oder der Abteilung, an die die Kundenbeschwerde einzureichen ist;
iv) die elektronische Plattform, das System, die E-Mail-Adresse oder Postanschrift, an die die Kundenbeschwerden zu richten sind;
v) die Sprache/n, in der/denen eine Kundenbeschwerde eingereicht werden kann;
d) das Verfahren zur Bearbeitung von Kundenbeschwerden;
e) der für die Bearbeitung von Kundenbeschwerden vorgesehene Zeitraum (einschließlich für die Bestätigung des Erhalts der Beschwerde, die Anforderung weiterer Information, die Untersuchung der Beschwerde sowie die Bereitstellung einer Antwort)[18]; und
f) eine Beschreibung der Vorkehrungen für die Registrierung und Aufzeichnung von Kundenbeschwerden und der daraufhin getroffenen Maßnahmen über ein sicheres elektronisches System.[19]

9 Die Draft RTS legen nicht näher fest, welche Kriterien der CASP an die **Zulässigkeit** von Kundenbeschwerden stellen dürfen. Nach Art. 1 Abs. 7 S. 1 Draft RTS muss der Anbieter sicherstellen, dass die Bedingungen, die eine Beschwerde erfüllen muss, um als zulässig und vollständig zu gelten, fair und angemessen sind die Rechte natürlicher und juristischer Personen, eine Beschwerde einzureichen, nicht unangemessen einschränken. Als mögliches Zulässigkeitskriterium kommt etwa in Betracht, dass der Beschwerdeführer tatsächlich auch Kunde des Anbieters von Kryptowerte-Dienstleistungen ist. Andere Parteien, die in keinem Vertragsverhältnis zum Anbieter stehen, etwa Verbraucherschutzverbände, verfügen über kein Beschwerderecht. Daneben kann die Zulässigkeit davon abhängig gemacht werden, dass es sich um einen Beschwerdegegenstand handelt, der nicht bereits zuvor abschließend geklärt wurde, beispielsweise im Rahmen einer früheren Beschwerde. Die hinreichende Klarheit und Vollständigkeit der Beschwerde sind hingegen keine Zulässigkeitskriterien.[20] Sollte eine Beschwerde nicht hinreichend klar oder unvollständig sein, ist die Beschwerde nicht als unzulässig zu verwerfen, sondern es sind vom CASP weitere erforderliche Informationen oder Nachweise anzufordern.[21] Zur Form der Beschwerde → Rn. 17 sowie zur Sprache → Rn. 11, 19.

10 Die CASPs müssen fortlaufend **Daten** zur Bearbeitung von Kundenbeschwerden erheben und **analysieren.**[22] Diese Daten umfassen (a) die durchschnittliche Bearbeitungszeit pro Jahr (auf rollierender Basis) für jeden Schritt des Beschwerdeverfahrens, einschließlich Bestätigung, Untersuchung und Antwortzeit; (b) die Anzahl der eingegangenen Beschwerden pro Jahr (auf rollierender Basis) und für jeden Schritt des Beschwerdebearbeitungsverfahrens die Anzahl der Beschwerden, bei denen der Kryptowerte-Dienstanbieter die in seinem Beschwerdemanagement festgelegten Höchstfristen nicht eingehalten hat; (c) die Kategorien der Themen, auf

---

[18] Aus Art. 6 Abs. 2 Draft RTS ist zu schließen, dass ein Zeitraum von zwei Monaten angemessen ist.
[19] Art. 1 Abs. 2 Draft (ESMA74-449133380-425 S. 112f.).
[20] Vgl. Art. 5 Abs. 1 Draft RTS (ESMA74-449133380-425 S. 115) im Unterschied zu Art. 4 Draft RTS (S. 114).
[21] Art. 5 Abs. 1 S. 2 Draft RTS (ESMA74-449133380-425 S. 115).
[22] Art. 8 Abs. 1 S. 1 Draft RTS (ESMA74-449133380-425 S. 116).

die sich die Beschwerden beziehen; und (d) die Ergebnisse der Untersuchungen.[23] Zu diesem Zweck sind **Aufzeichnungen** über alle eingegangenen Beschwerden, die Ergebnisse der Untersuchungen und die als Reaktion auf die Beschwerden getroffenen Maßnahmen **fünf Jahre** lang aufzubewahren.[24]

2. Veröffentlichung

Die für die Bearbeitung von Kundenbeschwerden geltenden Verfahren sind durch den CASP nach Art. 71 Abs. 1 zu veröffentlicht. Dazu ist neben der aktuelle Beschreibung für die Bearbeitung von Kundenbeschwerden das für ihre Einreichung zu verwendende Muster auf der Homepage des Anbieters von Kryptowerte-Dienstleistungen zu **veröffentlichen**.[25] Grundsätzlich sind die betreffenden Informationen in sämtlichen Sprachen abzufassen, in denen der Anbieter seine Kryptowerte-Dienstleistungen vermarktet oder er mit den Kunden kommuniziert oder ggf. in denen die Betriebsvorschriften des Betreibers der Handelsplattform nach Art. 76 Abs. 4 abgefasst sind sowie zumindest die offizielle Amtssprache von dessen Herkunftsmitgliedstaat und jeden Aufnahmemitgliedstaat.[26] Allerdings muss der CASP dann diejenige Sprache verwenden, in der der Kunde seine Beschwerde eingereicht hat.[27]

11

Dabei ist sicherzustellen, dass die betreffenden Informationen – unabhängig von der Art des verwendeten Endgeräts **einfach zugänglich** sind.[28] Daneben ist die entsprechende Beschreibung auch auf Anfrage des Kunden sowie bei der Bestätigung des Erhalts der Kundenbeschwerde zu übermitteln.[29] Über den Wortlaut des Art. 71 Abs. 1 sowie der Draft RTS hinaus ist dem Kunden ist zudem auf seine entsprechende Anfrage hin auch das jeweilige Muster für die Einreichung von Kundenbeschwerden zu übermitteln. Die Verwendung dieses Musters ist jedoch nicht zwingend erforderlich für die Einreichung einer Kundenbeschwerde.[30]

12

II. Unentgeltliche Einreichung (Art. 71 Abs. 2)

Art. 71 Abs. 2 stellt klar, dass Kunden Beschwerden bei den Anbietern von Kryptowerte-Dienstleistungen **unentgeltlich einreichen** können. Die Vorschrift ist insoweit deklaratorisch, als zum einen die Möglichkeit zur Beschwerdeeinreichung integraler Bestandteil des nach Art. 71 Abs. 1 geforderten Beschwerdemanagements ist und zum anderen dessen Wirksamkeit durch Erhebung eines Entgelts erheblich beeinträchtigt wäre. Die Möglichkeit zur Einreichung von Kundenbeschwerden darf deshalb generell mit keinen durch den CASP erhobenen Kosten verbunden sein, und zwar egal in welcher Form (sei es in Form eines Aufwendungs- oder Auslagenersatzes). Entsprechende in Kundenvereinbarungen Kostenabreden wären – bei Anwendbarkeit deutschen Rechts nach § 134 BGB nichtig.

13

---

[23] Art. 8 Abs. 1 S. 2 Draft RTS (ESMA74-449133380-425 S. 116).
[24] Art. 8 Abs. 2 Draft RTS (ESMA74-449133380-425 S. 116).
[25] Art. 1 Abs. 3 S. 1 Draft RTS (ESMA74-449133380-425 S. 113); Art. 71 verlangt insoweit lediglich die Veröffentlichung, ohne das betreffende Medium zu adressieren.
[26] Art. 1 Abs. 4 Draft RTS (ESMA74-449133380-425 S. 113).
[27] Art. 7 Abs. 2 S. 1 Draft RTS (ESMA74-449133380-425 S. 116).
[28] Art. 1 Abs. 3 S. 1 Draft RTS (ESMA74-449133380-425 S. 113).
[29] Art. 1 Abs. 3 S. 2 Draft RTS (ESMA74-449133380-425 S. 113).
[30] Siehe Art. 1 Abs. 7 S. 2 Draft RTS (ESMA74-449133380-425 S. 113).

Art. 71   Titel V Kryptowerte-Dienstleistungen

14   Art. 71 Abs. 2 verbietet lediglich die Erhebung eines Entgelts durch den CASP, wie sich auch zB aus der englischen Sprachfassung ergibt („free of charge"). Demgegenüber soll die Vorschrift den Kunden **nicht vollständig von allen möglichen Kosten,** die im Zusammenhang mit der Einreichung von Kundenbeschwerden entstehen könnten, **freistellen.** Nicht erfasst werden dementsprechend Kosten, die auf Seiten des Kunden aufgrund der Inanspruchnahme der Dienstleistungen Dritter entstehen können, wie beispielsweise die Vergütung eines Rechtsanwalts oder eines sonstigen Dienstleisters, der vom Kunden zur Einreichung einer Beschwerde beauftragt wird. Gleiches gilt für Portokosten, die aufgrund des postalischen Versands von Beschwerde entstehen. Ob entsprechende Kosten ersatzfähig sind, ist vielmehr nach dem jeweils anwendbaren Vertragsrecht zu beurteilen.

III. Unterrichtungs- und Dokumentationspflicht (Art. 71 Abs. 3)

15   Mit dem in Art. 71 Abs. 2 erforderlichen Möglichkeit zur unentgeltlichen Einreichung korrespondiert die Pflicht nach Art. 71 Abs. 3 S. 1, die Kunden auf diese Möglichkeit hinzuweisen. In welcher Weise die **Unterrichtung** erfolgt, regelt Art. 71 Abs. 3 S. 1 zwar nicht ausdrücklich, doch muss der Kunde durch diese die Möglichkeiten verschafft werden, in zumutbarer Weise von der Beschwerdemöglichkeit Kenntnis zu nehmen. Unzureichend sind dementsprechend versteckte Hinweise auf der Homepage des Anbieters, während entsprechende Informationen in den vorvertraglichen Informationen oder anderen Kundendokumenten grundsätzlich angemessen erscheinen.

16   Dabei ist der Kunde nicht nur schlicht auf die Möglichkeit der Beschwerde hinzuweisen, sondern außerdem auf **die Modalitäten sowie auf die Unentgeltlichkeit** der Einreichung, um dem Kunden die Ausübung zu ermöglichen, indem er über die Anforderungen informiert wird und ansonsten wegen der Ungewissheit über mögliche Kosten nicht von der Einreichung einer Beschwerde abgehalten wird. Dazu ist dem Kunden nach Art. 71 Abs. 3 S. 2 ein entsprechendes Muster für die Einreichung zur Verfügung zu stellen, welches dem Muster-Widerrufsformular nach Anhang I Teil B RL (EU) 2011/83/EU vergleichbar ist. Entsprechende Muster sind von der ESMA bereits in den Draft RTS vorgesehen.[31] Allerdings ist die Verwendung dieses Musters nicht zwingend erforderlich für die Einreichung einer Kundenbeschwerde.[32]

17   Von Art. 71 nicht ausdrücklich adressiert wird die **Form,** in welcher eine Beschwerde einzureichen ist. Zwar ist diese grundsätzlich nach eigenem Ermessen des Anbieters von Kryptowerte-Dienstleistungen zu bestimmen. Ein wirksames Beschwerdemanagement setzt jedoch eine einfache Ausübung des Beschwerderechts voraus. Dazu ist erforderlich, dass die Ausübung an keine unangemessen hohen Anforderungen geknüpft werden. Dies bedeutet, dass die Beschwerde grundsätzlich sowohl elektronisch als auch postalisch eingereicht werden kann, wobei Art. 3 Abs. 1 Draft RTS voraussetzt, dass der CASP sicherstellt, dass die Einreichung zumindest in elektronischer Form oder postalisch erfolgen kann.[33] Es ist dement-

---

[31] Siehe Art. 1 Abs. 7 S. 2 Draft RTS (ESMA74-449133380-425 S. 113).
[32] Siehe ESMA74-449133380-425 S. 118 ff.
[33] Art. 3 Abs. 1 Draft RTS (ESMA74-449133380-425 S. 114).

sprechend nicht erforderlich, die Einreichung sowohl in elektronischer als auch postalischer Form zu gewährleisten.

Daneben sind CASPs nach Art. 71 Abs. 3 S. 2 dazu verpflichtet, **Aufzeichnungen** über alle eingegangenen Beschwerden sowie die daraufhin getroffenen Maßnahmen zu führen. Letztere betreffen primär die gemäß Art. 71 Abs. 4 erforderliche Untersuchung (und Erledigung) entsprechender Beschwerden. Der Zweck der Pflicht aus Art. 71 Abs. 3 S. 2 besteht zum einen darin, dass der Anbieter selbst zur konsequenten und effektiven Abarbeitung der Beschwerden zu disziplinieren. Zum anderen dient sie auch der Dokumentation, die es Dritten (entweder der zuständigen Aufsichtsbehörde oder dem Abschlussprüfer) erlaubt, den Stand eingegangener und abgearbeiteter Beschwerden einzusehen. 18

IV. Untersuchungspflicht (Art. 71 Abs. 4)

Gemäß Art. 71 Abs. 4 müssen CASPs für eine **zeitnahe und redliche Untersuchung** sämtlicher Beschwerden sorgen und ihren Kunden die Ergebnisse ihrer Untersuchungen innerhalb eines angemessenen Zeitraums mitteilen. Der Wortlaut der Vorschrift impliziert, dass der CASP lediglich den Beschwerdegegenstand untersuchen muss, doch korrespondiert damit nach Sinn und Zweck des wirksamen Beschwerdemanagements auch eine entsprechende **Erledigungspflicht.** Art. 7 Abs. 1 Draft RTS verlangt, dass bei der Bearbeitung von Kundenbeschwerden in einer **klaren und einfachen Sprache,** die einfach zu verstehen ist, zu kommunizieren ist. Dieses Erfordernis kann jedoch nicht mit den Anforderungen an die Leichte Sprache gleichgesetzt werden. Der CASP muss in derjenigen Sprache kommunizieren, in der der Kunde seine Beschwerde eingereicht hat, sofern es sich dabei um eine Sprache nach Art. 1 Abs. 4 Draft RTS handelt.[34] Die Kommunikation erfolgt dabei auf elektronischem Wege oder auf den Wunsch des Kunden hin auf dem Postweg. In der Regel wird der Kunde keinen entsprechenden Wunsch ausdrücklich äußern. Es ist dann davon auszugehen, dass die Form gewünscht ist, in der die Beschwerde eingereicht wurde. 19

In **prozeduraler Hinsicht** muss der CASP den Erhalt der Beschwerde unverzüglich bestätigen und über deren Zulässigkeit (→ Rn. 9) informieren.[35] Dabei sind die Kontaktdetails des Sachbearbeiters, der Zeitraum sowie eine Kopie der Beschwerde mit Eingangsdatum zu übermitteln.[36] Im Falle der Unzulässigkeit der Beschwerde ist dem Kunden eine klare Erläuterung der Gründe für die Ablehnung zu übermitteln.[37] Sollte eine Beschwerde nicht hinreichend klar oder unvollständig sein, ist die Beschwerde nicht als unzulässig zu verwerfen, sondern es sind vom CASP weitere erforderliche Informationen oder Nachweise anzufordern.[38] Der Kunde ist über alle weiteren Schritte zur Bearbeitung auf dem Laufenden zu halten.[39] Zudem sind angemessene Informationsanfragen unverzüglich zu beantworten.[40] 20

---

[34] Art. 7 Abs. 2 S. 1 Draft RTS (ESMA74-449133380-425 S. 116).
[35] Art. 4 Abs. 1 Draft RTS (ESMA74-449133380-425 S. 114).
[36] Art. 4 Abs. 3 Draft RTS (ESMA74-449133380-425 S. 114).
[37] Art. 4 Abs. 2 Draft RTS (ESMA74-449133380-425 S. 114).
[38] Art. 5 Abs. 1 S. 2 Draft RTS (ESMA74-449133380-425 S. 115).
[39] Art. 5 Abs. 3 S. 1 Draft RTS (ESMA74-449133380-425 S. 115).
[40] Art. 5 Abs. 3 S. 2 Draft RTS (ESMA74-449133380-425 S. 115).

Art. 71

21 In seiner **Entscheidung** über die Kundenbeschwerde muss der CASP auf alle in der Beschwerde adressierten Punkte eingehen und das Ergebnis der Untersuchung begründen.[41] Die Entscheidung muss mit früheren Entscheidungen des Anbieters von Krypto-Anlagen über ähnliche Beschwerden übereinstimmen, es sei denn, der CASP kann begründen, warum eine andere Schlussfolgerung gezogen wird.[42] Trotz dieser Gleichbehandlungspflicht kann ihre Überwachung dann auf Grenzen stoßen, wenn die Kunden keine Kenntnis über die Details gleichgelagerter Fälle hat. Anders ist dies dann, wenn sich die Kunden über entsprechende Beschwerden beispielsweise in einschlägigen Internetforen austauschen. Die Untersuchung muss innerhalb des nach Art. 1 Abs. 2 Buchst. e Draft RTS genannten Zeitrahmens, jedenfalls innerhalb von zwei Monaten nach Eingangsbestätigung der Kundenbeschwerde durch eine Entscheidung abgeschlossen werden.[43] Maßgeblich ist dabei der Zeitpunkt, in dem die Entscheidung dem Kunden mitgeteilt wird. Kann ausnahmsweise die Entscheidung nicht innerhalb dieser Frist getroffen werden, muss der CASP den Kunden über die Gründe für die Verzögerung informieren und den (beabsichtigten) Entscheidungszeitpunkt spezifizieren.[44]

22 Wird in der Entscheidung der Forderung des Kunden nicht oder nur teilweise entsprochen, so muss der Anbieter der Kryptowerte-Dienstleistungen die **Gründe** hierfür nach Art. 6 Abs. 4 Draft RTS klar dar und macht Angaben zu den verfügbaren Rechtsbehelfen. Der erforderliche Hinweis auf die möglichen Rechtsbehelfe sind indes deplatziert, da der Entscheidung des Anbieters von Kryptowerte-Dienstleistungen grundsätzlich keine rechtliche Gestaltungswirkung zukommt, wie dies etwa bei Behördenhandeln durch Bekanntgabe von Verwaltungsakten der Fall wäre, der mit Rechtsmitteln angefochten werden könnte und das Beschwerdeverfahren lediglich fakultativ ist.

V. Sanktionen

23 Ein Verstoß gegen die Pflicht aus Art. 71, Verfahren für die Bearbeitung von Beschwerden einzurichten, begründet § 46 Abs. 4 Nr. 17 lit. b KMAG-E eine **Ordnungswidrigkeit** und kann gemäß § 46 Abs. 5 Nr. 3 KMAG-E mit einer Geldbuße bis zu 700.000 EUR geahndet werden. Bei juristischen Personen und Personenvereinigungen kann diese Geldbuße nach § 46 Abs. 6 Nr. 3 lit. c KMAG-E sogar bis zu fünf Millionen EUR betragen und nach Maßgabe des § 46 Abs. 7 Nr. 1 lit. b KMAG-E auf 5 % des jährlichen Gesamtumsatzes erhöht werden, wenn die juristische Person oder Personenvereinigung über einen jährlichen Gesamtumsatz von mehr als 100 Millionen EUR verfügt. Daneben kann mit einer Geldbuße bis zur zweifachen Höhe der infolge des Verstoßes erzielten Gewinne oder vermiedenen Verluste nach § 46 Abs. 9 KMAG-E geahndet werden. Im Rahmen eines Verstoßes gegen Art. 71 kommen dabei allenfalls ersparte Aufwendungen in Betracht.

24 Die Aufsichtsbehörde kann außerdem Verstöße mit den ihr allgemein zustehenden **Aufsichtsbefugnissen** ahnden, insbesondere nach Art. 94, ahnden.

---

[41] Art. 6 Abs. 1 S. 1 Draft RTS (ESMA74-449133380-425 S. 115).
[42] Art. 6 Abs. 1 S. 2 Draft RTS (ESMA74-449133380-425 S. 115).
[43] Art. 6 Abs. 2 Draft RTS (ESMA74-449133380-425 S. 115).
[44] Art. 6 Abs. 3 Draft RTS (ESMA74-449133380-425 S. 115).

Artikel 72 Ermittlung, Vermeidung, Regelung und Offenlegung von Interessenkonflikten

(1) Die Anbieter von Kryptowerte-Dienstleistungen entwickeln und verfolgen unter Berücksichtigung des Umfangs, der Art und der Bandbreite der erbrachten Kryptowerte-Dienstleistungen wirksame Strategien und Verfahren zur Ermittlung, Vermeidung, Regelung und Offenlegung von Interessenkonflikten zwischen
a) ihnen und
  i) ihren Anteilseignern oder Gesellschaftern,
  ii) Personen, die durch Kontrolle eine direkte oder indirekte Verbindung zu den Anbietern von Kryptowerte-Dienstleistungen oder ihren Anteilseignern oder Gesellschaftern aufweisen,
  iii) den Mitgliedern ihrer Führungsgremien,
  iv) ihren Beschäftigten oder
  v) ihren Kunden oder
b) zwei oder mehr Kunden, zwischen denen ein Interessenkonflikt besteht.

(2) Die Anbieter von Kryptowerte-Dienstleistungen legen ihren Kunden und potenziellen Kunden an gut sichtbarer Stelle auf ihrer Website die allgemeine Art und die Quellen von Interessenkonflikten gemäß Absatz 1 sowie die zur Begrenzung dieser Interessenkonflikte getroffenen Vorkehrungen offen.

(3) Die in Absatz 2 genannte Offenlegung muss in elektronischem Format erfolgen und je nach Status des Kunden hinreichend Details enthalten, um es jedem Kunden zu ermöglichen, Entscheidungen über die Kryptowerte-Dienstleistung, in deren Zusammenhang der Interessenkonflikt auftritt, in Kenntnis der Sachlage zu treffen.

(4) Die Anbieter von Kryptowerte-Dienstleistungen bewerten und überprüfen zumindest einmal jährlich ihre Strategie für den Umgang mit Interessenkonflikten und ergreifen alle geeigneten Maßnahmen, um etwaige diesbezügliche Mängel zu beheben.

(5) Die ESMA arbeitet in enger Abstimmung mit der EBA Entwürfe technischer Regulierungsstandards aus, in denen Folgendes präzisiert wird:
a) die Anforderungen an die in Absatz 1 genannten Strategien und Verfahren, wobei Umfang, Art und Bandbreite der erbrachten Kryptowerte-Dienstleistungen zu berücksichtigen sind,
b) die Einzelheiten und das Verfahren betreffend den Inhalt der Offenlegung nach Absatz 2.

Die ESMA übermittelt der Kommission die in Unterabsatz 1 genannten Entwürfe technischer Regulierungsstandards spätestens am 30. Juni 2024.

Der Kommission wird die Befugnis übertragen, diese Verordnung durch Annahme der in Unterabsatz 1 dieses Absatzes genannten technischen Regulierungsstandards gemäß den Artikeln 10 bis 14 der Verordnung (EU) Nr. 1095/2010 zu ergänzen.

Art. 72

Schrifttum: Siehe Art. 66

Übersicht

	Rn.
I. Einleitung	1
1. Regelungsgegenstand	1
2. Systematische Stellung	3
II. Strategien und Verfahren zum Umgang mit Interessenkonflikten (Art. 72 Abs. 1)	4
1. Regelungsgegenstand und Regelungsziel	4
2. Relevante Konfliktparteien	6
3. Relevante Interessenkonflikte	8
4. Inhalt der Strategien und Verfahren	9
a) Einleitung	9
b) Verantwortung des Leitungsgremiums	10
c) Proportionalitätsgrundsatz	11
d) Ermittlung relevanter Interessenkonflikte	12
aa) Für Kunden schädliche Interessenkonflikte	13
bb) Für den CASP schädliche Interessenkonflikte	14
e) Vermeidung und Regelung von Interessenkonflikten	16
aa) Allgemeines	16
bb) Strategien und Verfahren bez. für Kunden schädliche Interessenkonflikte	17
cc) Strategien und Verfahren bez. für den CASP schädliche Interessenkonflikte	18
f) Strategien und Verfahren zur Offenlegung der Interessenkonflikte	19
g) Durchsetzung der Wirksamkeit der Strategien und Verfahren	20
5. Formelle Anforderungen an die Strategien und Verfahren	21
III. Offenlegung von Interessenkonflikten (Art. 72 Abs. 2 und 3)	24
1. Pflicht zu Offenlegung (Art. 72 Abs. 2)	24
2. Adressat der Offenlegung	26
3. Inhalt der Offenlegung	27
4. Form der Offenlegung	30
5. Dokumentationspflicht	32
IV. Bewertung und Überprüfung der Strategien (Art. 72 Abs. 4)	33
1. Pflicht zur Bewertung und Überprüfung der Strategien	33
2. Pflicht zur Mängelbehebung, Reportingplichten	34
V. Vergütungsregulierung	36
1. Allgemeines	36
2. Anwendungsbereich	39
3. Anforderung an die Vergütung	42
4. MAComp zur Ausgestaltung der Vergütungsgrundsätze	44
IV. Persönliche Geschäfte	45
1. Allgemeines	45
2. Anwendungsbereich	46
3. Umgang mit persönlichen Geschäften	47

Ermittlung, Vermeidung, Regelung von Interessenkonflikten **Art. 72**

I. Einleitung

1. Regelungsgegenstand

Während Art. 66 Abs. 1 mit der Pflicht zu ehrlichem, redlichem und professio- 1
nellem Handeln im besten Interesse der Kunden eine materielle Pflicht des CASPs zur Wahrung des Kundeninteresses aufstellt, die auch die größtmögliche Vermeidung von Interessenkonflikten umschließt (→ Art. 66 Rn. 15), ist Art. 72 die maßgebliche Vorschrift **zum organisatorischen Umgang mit Interessenkonflikten** bei der Erbringung von Kryptowerte-Dienstleistungen.[1] Hiernach muss ein CASP wirksame **Strategien und Verfahren** zur Ermittlung, Vermeidung, Regelung und Offenlegung von Interessenkonflikten entwickeln und verfolgen. Hierbei gilt die grundsätzliche Devise, dass **Interessenkonflikte entweder zu vermeiden oder zu regeln** (managen) sind,[2] wobei die **Offenlegung** eines Interessenkonflikts nicht als neben anderen Möglichkeiten des Interessenkonfliktmanagements gleichwertig, sondern lediglich als Notlösung gilt, falls eine anderweitige Regelung des Interessenkonflikts nicht möglich ist.[3] Die Regelung über den Umgang mit Interessenkonflikten, die auch gerade den Umgang mit **nicht vermeidbaren Interessenkonflikten** zum Inhalt hat, zeigt, dass die Erbringung von Kryptowerte-Dienstleistungen nicht unter der Bedingung steht, hierbei auftretende Interessenkonflikte zunächst vollständig aufzulösen, um die Dienstleistung (weiterhin) erbringen zu dürfen, sondern mit diesen Interessenkonflikten vernünftig und kundengerecht umzugehen.

Neben dieser grundsätzlichen Anordnung zum Umgang mit Interessenkonflik- 2
ten regelt Art. 72 Abs. 1 auch die **maßgeblichen Parteien** eines Interessenkonflikts. Art. 72 Abs. 2 und 3 beschäftigen sich mit Inhalt sowie Art und Weise der **Offenlegung** eines Interessenkonflikts und der zur Begrenzung dieser Interessenkonflikte getroffenen Vorkehrungen. Nach Art. 72 Abs. 4 muss ein CASP seine **Strategie** für den Umgang mit Interessenkonflikten einmal jährlich **bewerten und überprüfen** und ggf. **Mängel beheben**. Art. 72 Abs. 5 schließlich regelt die Befugnis zum **Erlass delegierter Verordnungen** zur Ergänzung der in Art. 72 Abs. 1–4 enthaltenen Regelungen.

2. Systematische Stellung

Als Bestandteil von Titel V der MiCAR regelt Art. 72 den Umgang mit Interes- 3
senkonflikten für **CASPs**. Für **Anbieter von anderen Kryptowerten als vermögenswertereferenzierten Token** oder E-Geld-Token regelt Art. 14 Abs. 1 UAbs. 1 lit. d eine vergleichbare Pflicht in stark reduzierter Form. Für **Emittenten vermögenswertereferenzierter Token** enthalten Art. 32, 34 Abs. 5 lit. k vergleichbare Verpflichtungen. Für den Bereich der **Wertpapierdienstleistungen**

---

[1] Zum selben Verhältnis zwischen § 26 Abs. 2 Nr. 3 KAGB zu § 27 KAGB siehe Assmann/Wallach/Zetzsche/Stabenow KAGB § 27 Rn. 7.
[2] ESMA, Consultation Paper, Technical Standards specifying certain requirements of the Markets in Crypto Assets Regulation (MiCA), 12.7.2023, ESMA74-449133380-425 Rn. 102.
[3] Siehe Erwgr. Nr. 4 Draft RTS (ESMA74-449133380-425 S. 124); ebenso schon Erwgr. Nr. 48 und Art. 34 Abs. 4 UAbs. 1 DelVO (EU) 2017/565: Offenlegung als letztes Mittel. Vgl. auch § 27 Abs. 4 KAGB.

enthalten § 80 Abs. 1 S. 1 Nr. 2 WpHG iVm Art. 34 DelVO (EU) 2017/565 entsprechende Regelunge, für die **kollektive Vermögensverwaltung** finden sich entsprechende Regelungen in § 27 KAGB.

II. Strategien und Verfahren zum Umgang mit Interessenkonflikten (Art. 72 Abs. 1)

1. Regelungsgegenstand und Regelungsziel

4   Art. 72 Abs. 1 enthält Regelungen
- zu den relevanten **Beteiligten** an Interessenkonflikten in lit. a und b;
- zur Pflicht zur **Aufstellung von Strategien und Verfahren** zum Umgang mit Interessenkonflikten;
- zum **Inhalt** dieser Strategien und Verfahren und
- zu den **durch die erbrachten Kryptowerte-Dienstleistungen gesteckten Rahmen** für die Strategien und Verfahren.

Eine darüber hinausgehende Bestimmung der **relevanten Umstände**, die zu Interessenkonflikten führen können, ist nicht in Art. 72 Abs. 1 selbst, sondern künftig in den nach Art. 72 Abs. 5 vorgesehenen technischen Regulierungsstandards vorgesehen. Die ESMA hat im ersten Consultation Package v. 12.7.2023 hierzu Entwürfe veröffentlicht.[4]

5   Das **Regelungsziel** der von Art. 72 Abs. 1 geforderten Strategien und Verfahren ist sicherzustellen, dass die mit dem CASP verbundenen Personen im Sinne von Art. 72 Abs. 1 lit. a Ziff. i–iv, die in solche Geschäftsaktivitäten involviert sind, die Anlass zu potentiellen oder tatsächlichen Interessenkonflikten geben könnten, diese Geschäftsaktivitäten unter Berücksichtigung des Risikos der Beeinträchtigung der Interessen eines oder mehrerer Kunden oder der des CASPs mit derjenigen Objektivität und Unabhängigkeit ausüben, die dem Umfang, der Natur und der Bandbreite der angebotenen Kryptowerte-Dienstleistungen angemessen sind.[5]

2. Relevante Konfliktparteien

6   Art. 72 Art. 1 erfasst im Wesentlichen drei Personen(gruppen), die im Zusammenhang mit der Regelung von Interessenkonflikten relevant sind:
- den CASP;
- seine Kunden
- mit dem CASP verbundene Personen gemäß Art. 72 Abs. 1 lit. a Ziff. i–iv

Während sich die Relevanz des CASPs und der Kunden als Konfliktpartei bereits aus Art. 66 Abs. 1 sowie aus ihrer Stellung als jeweils andere Vertragspartei ergibt, sind die mit dem CASP verbundenen Personen deshalb relevant, weil Interessenkonflikte zwischen dem CASP und der mit ihm verbundenen Person aus Sicht der ESMA diese Person daran hindern können, ihre Pflichten und Verantwortlichkeiten objektiv und unabhängig wahrzunehmen.[6]

---

[4] Siehe dazu ESMA74-449133380-425 S. 123 ff.
[5] Art. 4 Abs. 4 Draft RTS (ESMA74-449133380-425 S. 128).
[6] Siehe dazu ESMA74-449133380-425 Rn. 105 lit. c.

Ermittlung, Vermeidung, Regelung von Interessenkonflikten   **Art. 72**

Die in Art. 1 lit. a der Draft RTS[7] zum Umgang mit Interessenkonflikten begrifflich als mit dem CASP **verbundene Personen** zusammengefassten Personen[8] sind nur teilweise definiert. **Anteilseigner oder Gesellschafter** iSd Art. 72 Abs. 1 lit. a Ziff. i sind im Unterschied zu den durch Kontrolle verbundenen Personen iSd Art. 72 Abs. 1 lit. a Ziff. ii in ihrer Gesamtheit zu verstehen. Eine **direkte oder indirekte Verbindung durch Kontrolle** iSd Art. 72 Abs. 1 lit. a Ziff. ii kann auf die vergleichbar lautende Formulierung in Art. 23 Abs. 1 MiFID II bzw. § 80 Abs. 1 S. 1 Nr. 2 WpHG iVm Art. 4 Abs. 1 Nr. 37 CRR zurückgegriffen werden, wonach **Mutter-Tochter-Verhältnisse** hiervon erfasst werden. Das in Art. 72 Abs. 1 lit. a Ziff. iii genannte **Führungsgremium** dürfte auf Grund der in der englischen Fassung jeweils identisch als „management body" bezeichneten Personengruppe als das Leitungsorgan nach Art. 3 Abs. 1 Nr. 27 verstanden werden. **Beschäftigte** sind die Arbeitnehmer des CASPs einschließlich freier Mitarbeiter, Leiharbeitnehmer, Zeitarbeitskräfte und Praktikanten.[9] **Kunde** ist nach Art. 3 Abs. 1 Nr. 39 eine natürliche oder juristische Person, für die ein CASP erbringt. Hierzu gehören nach Art. 66 Abs. 1 auch die **potenziellen Kunden.**

7

3. Relevante Interessenkonflikte

Art. 72 Abs. 1 legt als relevante Interessenkonflikte drei Gruppen[10] fest:

8

- den Konflikt zwischen dem **CASP und seinen Kunden** als praktisch relevantesten Konflikt;
- den Konflikt zwischen dem **CASP und den mit ihm verbundenen Personen** und
- den Konflikt zwischen **zwei oder mehreren Kunden** des CASPs.

4. Inhalt der Strategien und Verfahren

a) Einleitung. Art. 4 Abs. 3 der Draft RTS[11] legt in Anlehnung an Art. 34 Abs. 2 DelVO (EU) 2017/565[12] den Mindestinhalt der Strategien und Verfahren fest:

9

a) im Hinblick auf die vom CASP oder für ihn oder in seinem Namen erbrachten Dienstleistungen eine **Beschreibung der Umstände,** die Anlass zu einem Interessenkonflikt geben könnten;
b) die **einzuleitenden Verfahren und zu treffenden Maßnahmen** zur Ermittlung, Vermeidung, Regelung und Offenlegung solcher Interessenkonflikte. Diese Verfahren und Maßnahmen sollen gemäß Art. 4 Abs. 7 Draft RTS ausreichende **Gewähr dafür** bieten, dass die **Risiken der Beeinträchtigung der Interessen der Kunden des CASPs** verhindert oder ausreichend reduziert werden.

b) Verantwortung des Leitungsgremiums. Nach Art. 4 Abs. 1 S. 2 Draft RTS[13] ist das Leitungsgremium für die **Festlegung des Inhalts und den Erlass**

10

---

[7] ESMA74-449133380-425 S. 125.
[8] ESMA74-449133380-425 S. 125.
[9] Vgl. BT 2.1 Nr. 1 S. 3 MaComp.
[10] Siehe dazu ESMA74-449133380-425 Rn. 105.
[11] ESMA74-449133380-425 S. 128.
[12] Siehe auch Art. 31 Abs. 2 DelVO (EU) 231/2013 und Art. 18 Abs. 2 RL 2010/43/EU.
[13] ESMA74-449133380-425 S. 128.

Nemeczek / Stabenow

Art. 72 Titel V Kryptowerte-Dienstleistungen

der Strategien und Verfahren sowie für die Überwachung deren **Einhaltung** zuständig. Es ist nach Art. 4 Abs. 1 S. 3 Draft RTS auch zuständig für die regelmäßige **Überprüfung und Bewertung** der Strategien und Verfahren sowie die Benennung von Mängeln gemäß Art. 72 Abs. 4 (→ Rn. 33).

11 **c) Proportionalitätsgrundsatz.** Art. 72 Abs. 1 verlangt bei der Verfolgung wirksamer Strategien und Verfahren die **Berücksichtigung des Umfangs, der Art und der Bandbreite** der erbrachten Kryptowerte-Dienstleistung. Die ESMA verlangt bei der Anwendung des hierin zum Ausdruck kommenden **Proportionalitätsgrundsatzes,** dass dieser auf keinen Fall dahingehend interpretiert werden darf, es kleineren CASPs oder solche mit einer eingeschränkten Dienstleistungsbandbreite zu erlauben, seine Geschäfte zu betreiben, ohne dass Interessenkonflikte vermieden oder abgemildert werden.[14] Gerade bei **kleineren CASPs** kann ein anderer Umgang mit Interessenkonflikten erforderlich sein als bei größeren. Dies ist insbesondere dann der Fall, wenn auf Grund der **geringeren Mitarbeiteranzahl** eine Funktionstrennung zur Vermeidung von Interessenkonflikten nicht möglich ist und daher Verfahren zum Umgang mit Interessenkonflikten in der Person des jeweiligen Mitarbeiters etabliert werden müssen.[15]

12 **d) Ermittlung relevanter Interessenkonflikte.** Dem Umgang mit Interessenkonflikten geht zunächst deren Ermittlung voraus. Hierfür sehen Art. 2 und 3 der Draft RTS[16] zu berücksichtigende Umstände vor, wobei zwischen Interessenkonflikten, die für Kunden, und solchen, die für den CASP bzw. die mit ihm verbundenen Personen schädlich sind, unterschieden wird.

13 **aa) Für Kunden schädliche Interessenkonflikte.** Zur Ermittlung von für Kunden schädliche Interessenkonflikte schreibt Art. 2 Draft RTS[17] bestimmte Situationen vor, die ein CASP bei der Ermittlung von für Kunden schädliche Interessenkonflikte zu berücksichtigen hat. Diese Vorschrift ist Art. 33 DelVO (EU) 2017/565 nachgebildet. Folge Situationen werden hierin als relevant beschrieben, wobei diese nicht ausschließlich zu verstehen sind:

a) der CASP wird wahrscheinlich auf Kosten des Kunden einen finanziellen oder anderen Vorteil erzielen oder einen finanziellen Verlust vermeiden;
b) der CASP hat am Ergebnis einer für den Kunden erbrachten Kryptowerte-Dienstleistung oder eines im Namen des Kunden getätigten Geschäfts ein Interesse, das nicht mit dem Interesse des Kunden an diesem Ergebnis übereinstimmt;
c) für den CASP gibt es einen finanziellen oder sonstigen Anreiz, die Interessen eines anderen Kunden oder einer anderen Gruppe von Kunden über die Interessen des Kunden zu stellen;
d) der CASP geht dem gleichen Geschäft nach wie der Kunde;
e) der CASP erhält aktuell oder künftig von einer nicht mit dem Kunden identischen Person in Bezug auf eine für den Kunden erbrachte Dienstleistung einen Anreiz in Form von finanziellen oder nichtfinanziellen Vorteilen oder Dienstleistungen.

---

[14] ESMA74-449133380-425 Rn. 103.
[15] Siehe dazu Assmann/Wallach/Zetzsche/Stabenow KAGB § 27 Rn. 30.
[16] ESMA74-449133380-425 S. 126 f.
[17] ESMA74-449133380-425 S. 126.

Ermittlung, Vermeidung, Regelung von Interessenkonflikten **Art. 72**

bb) Für den CASP schädliche Interessenkonflikte. Art. 3 der Draft RTS[18] 14
beschäftigt sich mit der Ermittlung der für den CASP schädlichen Interessenkonflikte. Art. 72 Abs. 1 regelt dabei Situationen oder Beziehungen, die zum Zweck der Ermittlung von **Umständen** relevant sind, **die geeignet sind, die Wahrnehmung der Pflichten und Verantwortungen einer verbundenen Person zu beeinträchtigen.** Dies betrifft
- wirtschaftliche Interessen oder persönliche, berufliche oder politische Beziehungen der verbundenen Person zu Dritten, deren Interessen denen des CASP widersprechen, oder
- die Ausübung von Tätigkeiten oder Wahrnehmung von Verantwortlichkeiten, die mit den Aufgaben für den CASP in Konflikt stehen. Hierzu gehört auch die Beaufsichtigung durch eine Person, die mit solchen Aufgaben betraut ist, die in Konflikt mit den Aufgaben der verbundenen Personen für den CASP stehen.

Für die Frage, ob die Interessen der in Art. 3 Abs. 1 Draft RTS[19] genannten Drit- 15
ten denen des CASPs widersprechen, hat der CASP gemäß Art. 3 Abs. 2 Draft RTS ähnlich wie im Verhältnis zwischen CASP und Kunde folgende Situationen zu berücksichtigen:

a) der Dritte wird wahrscheinlich auf Kosten des CASPs einen finanziellen oder anderen Vorteil erzielen oder einen finanziellen Verlust vermeiden;

b) der Dritte hat am Ergebnis einer Kryptowerte-Dienstleistung oder eines vom CASP getätigten Geschäfts bzw. einer von ihm getroffenen Entscheidung ein Interesse, das nicht dem Interesse des CASPs an diesem Ergebnis übereinstimmt;

c) der Dritte geht dem gleichen Geschäft nach wie der CASP oder ist ein Kunde, Berater, Beauftragter oder Dienstleister des CASPs.

e) Vermeidung und Regelung von Interessenkonflikten. aa) Allge- 16
meines. Art. 4 Abs. 4–9 Draft RTS[20] machen genauere Vorgaben zu den Anforderungen an die Strategien und Verfahren zur Vermeidung, Regelung und Offenlegung. Gemäß Art. 4 Abs. 4 Draft RTS ist hierbei das Regelungsziel dieser Strategien und Verfahren sicherzustellen, dass konfliktträchtige Geschäftsaktivitäten unter Berücksichtigung des Risikos der Beeinträchtigung der Interessen der Kunden oder des CASPs mit derjenigen **Objektivität und Unabhängigkeit** ausgeübt werden, die dem Umfang, der Art und der Bandbreite der angebotenen Kryptowerte-Dienstleistungen angemessen Rechnung zu tragen ist. Mit Bezug auf die **Platzierung von Kryptowerten** schreibt Art. 79 Abs. 2 besondere für diese Kryptowerte-Dienstleistung relevante Situationen vor, die in den Strategien und Verfahren dieses CASPs zu berücksichtigen sind (→ Art. 79 Rn. 8 ff.).

bb) Strategien und Verfahren bez. für Kunden schädliche Interessen- 17
konflikte. Gemäß Art. 4 Abs. 5 Draft RTS[21] sollen die Strategien und Verfahren mit Bezug auf für Kunden schädliche Interessenkonflikte (→ Rn. 13) folgende Punkte berücksichtigen:
- Informationsbarrieren (Chinese Walls) und -kontrollen zwischen verbundenen Personen; dies Bedeutet auch, dass bereichsüberschreitende Informationen

---

[18] ESMA74-449133380-425 S. 126 f.
[19] ESMA74-449133380-425 S. 126.
[20] ESMA74-449133380-425 S. 128 f.
[21] ESMA74-449133380-425 S. 128 f. Vgl. Art. 33 Abs. 2 UAbs. 1 DelVO (EU) 231/2013, Art. 19 Abs. 2 UAbs. 1 RL 2010/43/EU.

Art. 72

(Wall Crossing) gemäß dem Need-to-Know-Prinzip auf ein Mindestmaß beschränkt sein müssen;
- gesonderte Beaufsichtigung verbundener Personen;
- Beseitigung jeder direkten Verbindung zwischen den Vergütungen von Mitarbeitern, Mitgliedern des Leitungsgremiums und Dienstleistern;
- Verhinderung oder Einschränkung ungebührlichen Einflusses auf verbundene Personen;
- Verhinderung der gleichzeitigen oder anschließenden Beteiligung verbundener Personen an der Erbringung verschiedener Kryptowerte-Dienstleistungen.

18 **cc) Strategien und Verfahren bez. für den CASP schädliche Interessenkonflikte.** Gemäß Art. 4 Abs. 6 Draft RTS[22] beinhalten die Strategien und Verfahren mit Bezug auf für den CASP schädliche Interessenkonflikte (→ Rn. 14) folgende Punkte:
- unverzügliche Berichterstattung von Interessenkonflikten an das Leitungsgremium (auch → Rn. 35); Beauftragung verschiedener Personen mit miteinander in Konflikt stehenden Aufgaben oder Transaktionen; (hierzu → Rn. 11 zum Proportionalitätsprinzip);
- Verhinderung unangemessenen Einflusses verbundener Personen mit Aktivitäten außerhalb des CASPs auf den CASP mit Bezug auf diese anderen Aktivitäten;
- Etablierung von Informationspflichten und Abstimmungsverboten für Mitglieder des Leitungsgremiums bei Bestehen von Interessenkonflikten;
- Verbot konkurrierender Leitungstätigkeiten für Mitglieder des Leitungsgremiums bei einem gruppenfremden CASP;
- Informationsbarrieren (Chinese Walls) und -kontrollen zwischen verbundenen Personen.

19 **f) Strategien und Verfahren zur Offenlegung der Interessenkonflikte.** Während Art. 72 Abs. 2 und 3 sowie Art. 8 Draft RTS[23] die Offenlegung von Interessenkonflikten selbst regeln (→ Rn. 24 ff. f.), enthält Art. 4 Abs. 8 Draft RTS[24] Anforderungen an die Strategien und Verfahren zur Offenlegung der Interessenkonflikte. Diese beschränken sich jedoch auf die Vorgabe, dass diese Strategien und Verfahren sicherstellen sollen, dass die Offenlegung in **Sprachen,** die der CASP zur Verbreitung seiner Dienstleistungen oder im Rahmen der Kundenkommunikation nutzt, erfolgt (→ Rn. 31 f.).

20 **g) Durchsetzung der Wirksamkeit der Strategien und Verfahren.** Art. 72 Abs. 1 verlangt die Wirksamkeit der Strategien und Verfahren im Umgang mit Interessenkonflikten. Hierzu sieht Art. 4 Abs. 9 UAbs. 1, 2 Draft RTS[25] besondere Anforderungen vor. Dies Betrifft zunächst die Zurverfügungstellung **ausreichender Ressourcen** für die die Implementierung, die Aufrechterhaltung und die nach Art. 72 Abs. 4 erforderliche Überprüfung der Strategien und Verfahren. Die dafür zuständigen Mitarbeiter müssen über die **Fähigkeiten, Kenntnisse und Erfahrungen verfügen und Zugang zu allen Informationen** erhalten, die zur Erfüllung der ihnen zugewiesenen Aufgaben erforderlich sind. Dies gilt allerdings –

---

[22] ESMA74-449133380-425 S. 129.
[23] ESMA74-449133380-425 S. 130.
[24] ESMA74-449133380-425 S. 125.
[25] ESMA74-449133380-425 S. 130.

mit Ausnahme des Zugangs zu den erforderlichen Informationen – nach Art. 68 Abs. 5 bereits für alle Mitarbeiter des CASPs (→ Art. 68 Rn. 31).

5. Formelle Anforderungen an die Strategien und Verfahren

Art. 4 Abs. 1 S. 1, 3 Draft RTS[26] stellt gewisse formelle Anforderungen an die Strategien und Verfahren auf. Diese sind zunächst in **schriftlicher Form** zu verfassen. § 126 BGB findet mangels Rechtsgeschäfts hierauf von vornherein keine Anwendung,[27] so dass eine verschriftlichte (einschließlich in Textform erfolgte) Dokumentation, zB als pdf-Datei oder als druckbare Intranetseite, genügt; die Erstellung eines papierhaften Ausdrucks ist nicht erforderlich. 21

Darüber hinaus muss der CASP **Informationskanäle** zur Information der Mitarbeiter über diese Strategien und Verfahren einrichten. Dies kann zB durch Bereitstellen der Strategien und Verfahren auf der Intranetseite des Unternehmens und E-Mail-Benachrichtigungen über Aktualisierungen erfolgen. 22

Schließlich sind angemessene **Schulungen** über die Inhalte der Strategien und Verfahren durchzuführen. Hierbei kann sich der CASP an die Vorgaben für Wertpapierdienstleistungsunternehmen aus der BT 1.2.3 MaComp orientieren. Insbesondere sind nach Nr. 3 Schulungen **in regelmäßigen Abständen** und erforderlichenfalls **anlassbezogen** durchzuführen und je nach Bedarf an alle Mitarbeiter, einzelne Geschäftsbereiche oder einzelne Mitarbeiter zu richten. 23

III. Offenlegung von Interessenkonflikten (Art. 72 Abs. 2 und 3)

1. Pflicht zu Offenlegung (Art. 72 Abs. 2)

Die Offenlegung von Interessenkonflikten ist kein mit der Vermeidung und Regelung von Interessenkonflikten gleichgeordnetes Werkzeug zum Management von Interessenkonflikten, sondern soll **subsidiär** erst dann zum Einsatz kommen, wenn eine Vermeidung oder Regelung nicht möglich ist (→ Rn. 1). Umso wichtiger ist die Transparenz über die verbleibenden bestehenden Interessenkonflikte. 24

Die Erfüllung der aufsichtsrechtlichen Pflicht zur Offenlegung von Interessenkonflikten berührt und erfüllt die **zivilrechtliche Pflicht zur Aufklärung über Interessenkonflikte** nicht. Vielmehr dürfte auch wie mit Blick auf das WpHG gelten, dass hiermit *„lediglich der auch zivilrechtlich allgemein anerkannte Grundsatz der Vermeidung von vertragswidrigen Interessenkonflikten aufsichtsrechtlich"* normiert wurde.[28] Gerade die Erbringung mehrerer aufeinander bezogener Kryptowerte-Dienstleistungen kann besondere Umstände begründen, die eine derartige Pflicht zur Aufklärung hervorrufen. Dies gilt insbesondere für die Beratung über einen Kryptowert, den der Kunde auch vom beratenden CASP erwerben kann und der CASP auch aus dem Erwerbsvorgang Gewinne erzielen möchte.[29] 25

---

[26] ESMA74-449133380-425 S. 128.
[27] Zur Anwendung des § 126 BGB nur auf Rechtsgeschäfte und ggf. rechtsgeschäftsähnliche Handlungen siehe Grüneberg/Ellenberger BGB § 126 Rn. 1.
[28] BGH NJW 2009, 1416 Rn. 12 aE.
[29] Siehe zu derartigen Konfliktsituationen zB BGH NJW 2011, 1949 Rn. 34; 2013, 3574 Rn. 23 ff.

Art. 72 Titel V Kryptowerte-Dienstleistungen

2. Adressat der Offenlegung

26 Die Offenlegung hat gegenüber **allen Kunden und potenziellen Kunden** zu erfolgen. Aus der Art und Weise der Offenlegung auf der Internetseite dürfte sich bereits von selbst ergeben, dass eine individualisierte Kundenansprache nicht notwendig ist, was gegenüber potenziellen Kunden auch nicht ohne weiteres möglich wäre, wenn die Kryptowerte-Dienstleistung auch auf der Internetseite beworben wird. Jedoch verlangt Art. 72 Abs. 3 eine **vom Status des Kunden abhängige Detailtiefe** der offengelegten Informationen, um es jedem Kunden zu ermöglichen, Entscheidungen über die Kryptowerte-Dienstleistung, in deren Zusammenhang der Interessenkonflikt auftritt, in Kenntnis der Sachlage zu treffen. Es ist daher zumindest zwischen **Kleinanlegern** iSd Art. 3 Abs. 1 Nr. 37 und sonstigen Kunden zu unterscheiden.

3. Inhalt der Offenlegung

27 Inhalt der Offenlegung ist bzw. sind die **allgemeine Art und Quellen von Interessenkonflikten** gemäß Art. 72 Abs. 1 sowie die **Vorkehrungen zur Begrenzung** dieser Interessenkonflikte. Art. 8 Abs. 2 Draft RTS[30] führt dazu aus, dass die offenzulegenden Informationen eine ausreichende, detaillierte, spezifische und klare Beschreibung
- Der Kryptowerte-Dienstleistungen, Tätigkeiten oder Situationen, die potenziell oder tatsächlich Anlass zu Interessenkonflikten geben, einschließlich der Rolle des CASPs bei der Erbringung der Kryptowerte-Dienstleistungen;
- dieNatur des Interessenkonflikts;
- die mit dem Interessenkonflikt verbundenen Risiken und
- die zur Vermeidung der Regelung des Interessenkonflikts unternommenen Schritte und Maßnahmenenthalten müssen.

28 Aus dem Zusammenhang, in dem die Pflicht zur Offenlegung mit den Pflichten zur Vermeidung und Regelung von Interessenkonflikten steht, sollte sich die Offenlegungspflicht nicht auf solche Interessenkonflikte beziehen, die vollständig vermieden werden können. Aus dem Wortlaut des Art. 8 Abs. 2 Draft RTS[31] kommt dies allerdings nicht deutlich zum Ausdruck.

29 Art. 8 Abs. 1 Draft RTS regelt eine **Pflicht zur laufenden Aktualisierung** der gemäß Art. 72 Abs. 2 offengelegten Informationen.

4. Form der Offenlegung

30 Art. 72 Abs. 2 schreibt die Offenlegung an **gut sichtbarer Stelle auf der Website** vor. Art. 72 Abs. 3 verlangt die Offenlegung in **elektronischem Format.** Zu empfehlen ist daher, eine Rubrik mit der Bezeichnung „Interessenkonflikte" auf der obersten Ebene vorzuhalten und diese nicht in einem Untermenü unter einer für juristische Laien nicht sofort nachvollziehbaren allgemeinen Formulierung über zB „rechtlich relevante Informationen" zu verbergen. Art. 8 Abs. 3 Draft RTS[32] schreibt die Offenlegung **jederzeit** auf allen **(mobilen) Endgeräten** (devices) vor; hierbei ist ein **Link zur Offenlegung** auf der Website des CASPs vorzusehen.

---

[30] ESMA74-449133380-425 S. 133.
[31] ESMA74-449133380-425 S. 133.
[32] ESMA74-449133380-425 S. 133.

Ermittlung, Vermeidung, Regelung von Interessenkonflikten **Art. 72**

Über den Umweg einer entsprechenden Regelung in den Strategien und Verfahren selbst (→ Rn. 18) muss gemäß Art. 4 Abs. 8 Draft RTS[33] die Veröffentlichung in denjenigen **Sprachen** erfolgen, in denen der CASP auch seine Kryptowerte-Dienstleistungen bewirbt oder er mit seinem Kunden in den jeweiligen Mitgliedsländern kommuniziert. 31

5. Dokumentationspflicht

Gemäß Art. 8 Abs. 4 Draft RTS[34] hat der CASP aktuelle Aufzeichnungen über Situationen, die Anlass zu tatsächlichen oder potenziellen Interessenkonflikten geben, sowie die dementsprechend relevanten Kryptowerte-Dienstleistungen und die zur Regelung der Interessenkonflikte unternommenen Schritte vorhalten.[35] 32

IV. Bewertung und Überprüfung der Strategien (Art. 72 Abs. 4)

1. Pflicht zur Bewertung und Überprüfung der Strategien

Gemäß Art. 72 Abs. 4 hat ein CASP die Pflicht zur **jährlichen Bewertung und Überprüfung** der Strategien für den Umgang mit Interessenkonflikten. Basis hierfür ist primär die Dokumentation nach Art. 8 Abs. 4 Draft RTS[36] (→ Rn. 32). 33

2. Pflicht zur Mängelbehebung, Reportingplichten

Art. 4 Abs. 9 UAbs. 3 Draft RTS[37] enthält mit der Pflicht zur **Erstellung eines Reports** eine wichtige Maßnahme zur Behebung von Mängeln der Strategien für den Umgang mit Interessenkonflikten enthält Dieser Report beinhaltet 34
- eine detaillierte Beschreibung der Interessenkonfliktsituation gemäß Art. 72 Abs. 2;
- die unternommenen Maßnahmen zur Vermeidung und Regelung dieser Interessenkonflikte;
- die identifizierten Mängel der Strategien und Verfahren zur Vermeidung von Interessenkonflikten (einschließlich der Vergütungspolicy) und die zur Mängelbeseitigung getroffenen Maßnahmen.

Der Report ist auf **jährlicher Basis** und im Falle **wesentlicher Mängel anlassbezogen** zu erstellen und an die Geschäftsleitung zu übermitteln. (auch → Rn. 18 zu Berichtspflichten als Inhalt der Strategien und Verfahren). 35

---

[33] ESMA74-449133380-425 S. 130.
[34] ESMA74-449133380-425 S. 133.
[35] Vgl. die entsprechende Pflicht für Wertpapierdienstleistungsunternehmen in Art. 35 DelVO (EU) 2017/565.
[36] ESMA74-449133380-425 S. 133.
[37] ESMA74-449133380-425 S. 130.

Art. 72 Titel V Kryptowerte-Dienstleistungen

V. Vergütungsregulierung

1. Allgemeines

36 Art. 5 Draft RTS[38] sieht als weiteren Bestandteil des Interessenkonfliktmanagements die **Implementierung von Vergütungsverfahren, und -grundsätzen** vor. Diese müssen nicht (aber können) **Bestandteil der Interessenkonfliktspolicy** sein, sondern können auch **separat** ausgestaltet werden.[39]

37 Die MiCAR selbst enthält für einen CASP, im Unterschied zu einem Emittenten signifikanter vermögenswertereferenzierter Token, für den nach Art. 45 Abs. 1 eine Vergütungspolitik für Zwecke eines soliden und wirksamen Risikomanagements vorgeschrieben ist, keine spezifischen Grundlagen. Hierin unterscheidet sich die MiCAR von der MiFID II, die in Art. 23 Abs. 1 und Art. 24 Abs. 10 (umgesetzt in § 80 Abs. 1 S. 1 Nr. 2 und § 63 Abs. 3 WpHG) gesetzliche Grundlagen für eine Vergütungspolitik geschaffen hat. Die ESMA sieht in der Vergütung jedoch eine wichtige potenzielle Ursache für Interessenkonflikte[40] und sich daher genötigt, den Erlass einer Vergütungspolitik vorzuschreiben, die diese Problematik adressiert.

38 Art. 5 Abs. 1 UAbs. 1 Draft RTS[41] schreibt zunächst vor, dass die **Interessen der Kunden** durch die Vergütungspolitik **kurz-, mittel- oder langfristig nicht beeinträchtigt** werden dürfen.[42] Des Weiteren verlangt Art. 5 Abs. 1 UAbs. 2 Draft RTS, dass die Vergütungspolitik so ausgestaltet ist, dass sie **keine Interessenkonflikte hervorruft oder Anreize setzt,** die die betroffene Person dazu verleitet, ihren eigenen Interessen oder die des CASP zum Schaden eines Kunden Vorzug zu geben, oder ihre Pflichten und Verantwortlichkeiten objektiv und unabhängig wahrzunehmen.

2. Anwendungsbereich

39 Art. 5 Abs. 2 Draft RTS[43] legt den Anwendungsbereich der Vergütungspolitik fest. Art. 5 Abs. 2 UAbs. 1 Draft RTS definiert den **persönlichen Anwendungsbereich** wie folgt:
- **Mitarbeiter** und andere natürliche Personen, denen gegenüber der CASP weisungsbefugt ist und die mit der Erbringung von Kryptowerte-Dienstleistungen des CAPSs betraut sind;
- Mitglieder des Leitungsgremiums;
- natürliche Personen, die im Rahmen von Auslagerungsverhältnissen mit der Erbringung von Kryptowerte-Dienstleistungen des CAPSs betraut sind.

40 Dieser Anwendungsbereich wird in Art. 5 Abs. 2 UAbs. 2 Draft RTS[44] **sachlich** dahingehend beschränkt, dass die Vergütungspolitik nur auf solche Personen anwendbar ist, die unabhängig vom Kundentypus einen direkten oder indirekten Einfluss auf die Kryptowerte-Dienstleistungen oder das Unternehmensverhalten

---

[38] ESMA74-449133380-425 S. 130f.
[39] ESMA74-449133380-425 Rn. 111.
[40] ESMA74-449133380-425 Rn. 111.
[41] ESMA74-449133380-425 S. 130.
[42] Vgl. Art. 27 Abs. 1 UAbs. 1 DelVO (EU) 2017/565.
[43] ESMA74-449133380-425 S. 131.
[44] ESMA74-449133380-425 S. 131.

des CASPs haben, und auch nur in dem Umfang, wie die Vergütung dieser Personen und ähnliche Anreize einen Interessenkonflikt hervorrufen kann, der sie ermutigt, gegen die Interessen eines Kunden zu agieren oder deren Fähigkeit beeinträchtigt, ihre Pflichten und Verantwortlichkeiten objektiv und unabhängig wahrzunehmen

Kredit- und Wertpapierinstitute haben diese Anforderungen grundsätzlich 41 nicht zu beachten, da sie bei der Erbringung von Kryptowerte-Dienstleistungen im Rahmen von Art. 60 nicht zu CASPs werden. Im Übrigen unterliegen diese Unternehmen jeweils einer eigenständigen Vergütungsregulierung nach der InstitutsVergV und der WpIVergV. Allerdings ist auch für Kredit- und Wertpapierinstitute bei der Ausgestaltung der Vergütungspolitik die Dienstleistungspalette zu berücksichtigen, die sich bei der Erbringung von Kryptowerte-Dienstleistungen entsprechend erweitert.

3. Anforderung an die Vergütung

Art. 5 Abs. 3 Draft RTS[45] verlangt, dass die Vergütung und vergleichbare Anreize 42 nicht nur oder überwiegend auf quantitativen ökonomischen Kriterien (wie zB Absatz- oder Umsatzziele) basiert wird, sondern auch **angemessene qualitative Kriterien** wie
- die Compliance mit den einschlägigen Regeln;
- die faire Behandlung von Kunden oder
- die Qualität der gegenüber den Kunden erbrachten Leistungen

berücksichtigt. Die Berücksichtigung quantitativer ökonomischer Kriterien ist zwar zulässig, hierbei sollte aber durch Verbindung mit anderen Kriterien sichergestellt werden, dass die quantitativen ökonomischen Kriterien nicht zu schädlichen Interessenkonflikten führen.[46]

Jederzeit soll ein ausgewogenes **Verhältnis zwischen fixen und variablen** 43 **Vergütungsbestandteilen** aufrechterhalten werden, um zu verhindern, dass die Vergütungsstruktur dazu verleitet, den Interessen des CASPs oder der mit ihm verbundenen Personen gegenüber den Kundeninteressen den Vorzug zu geben. Mit Blick auf § 6 Abs. 1 Nr. 1 WpIVergV spiegelt die **fixe Vergütung** im Wesentlichen die einschlägige **Berufserfahrung und die organisatorische Verantwortung** im Unternehmen wider, während die **variable Vergütung** die nachhaltige und risikobereinigte **Leistung der Mitarbeiter** widerspiegelt. Für die Bestimmung des richtigen Verhältnisses kann sich der CASP an § 7 Abs. 1 bis 3 WpIVergV orientieren. Danach darf **keine signifikante Abhängigkeit der Mitarbeiter von der variablen Vergütung** bestehen.

4. MAComp zur Ausgestaltung der Vergütungsgrundsätze

Die BaFin hat in BT 8.2.5 MAComp für dem WpHG unterliegende Wert- 44 papierdienstleistungsunternehmen zur Auslegung von §§ 63 Abs. 3, 80 Abs. 1 S. 2 Nr. 2, 81 Abs. 2 S. 2 Nr. 3 WpHG und Art. 27, 34 DelVO (EU) 2017/565 Beispiele für

---

[45] ESMA74-449133380-425 S. 131.
[46] So zu Recht Assmann/Schneider/Mülbert/Beule WpHG § 63 Rn. 46 (zu Art. 27 Abs. 4 UAbs. 1 DelVO (EU) 2017/565).

- vorbildliche Verfahren
- schlechte Vorgehensweisen, die in der Regel unzulässig sind, und
- schlechte Vorgehensweisen, die stets unzulässig sind,

aufgeführt, an denen sich der CASP unter Berücksichtigung seiner angebotenen Dienstleistungen und des Proportionalitätsprinzips orientieren kann.

IV. Persönliche Geschäfte

1. Allgemeines

45 Art. 6 und 7 Draft RTS[47] enthalten Regelungen zu persönlichen Geschäften, die die für Wertpapierdienstleistungsunternehmen geltenden Bestimmungen der Art. 28, 29 DelVO (EU) 2017/565 in weiten Teilen replizieren.[48] Aus Art. 7 Abs. 1 Draft RTS ergibt sich die Zielsetzung dahingehend, dass damit **Interessenkonflikten vorgebeugt und Insidergeschäfte verhindert** werden sollen. Diese Regelungen stehen damit in einem engen Zusammenhang mit den **Regelungen der Art. 86ff. zur Verhinderung von Marktmissbrauch** in Form von Insiderhandel und Marktmanipulation.

2. Anwendungsbereich

46 Art. 6 Abs. 1 Draft RTS[49] bestimmt den Kreis der relevanten Geschäfte. Gegenstand der Geschäfte ist ein **Geschäft mit einem Kryptowert oder die Bereitstellung einer Risikoposition in Bezug auf Kryptowerte,** wobei
a) die verbundene Person hierbei nicht für den CASP tätig wird oder
b) das Geschäft wird für Rechnung
   i) der verbundenen Person;
   ii) einer Person, die mit der verbundenen Person eine familiäre Bindung oder enge Verbindungen hat;
   iii) einer Person, bei der die verbundene Person ein direktes oder indirektes wesentliches Interesse am Ausgang des Geschäfts hat, wobei das Interesse nicht in einer Gebühr oder Provision für die Abwicklung des Geschäfts besteht,

getätigt. Eine **familiäre Bindung** besteht nach Art. 6 Abs. 2 Draft RTS[50] zu folgenden Personen: **Ehegatte** oder ein nach nationalem Recht einem Ehegatten gleichwertiger **Partner; ein Kind** oder **Stiefkind,** jeder andere **Verwandte,** mit dem die verbundene Person am Tag des Geschäfts mindestens für ein Jahr einen gemeinsamen Haushalt unterhält.

3. Umgang mit persönlichen Geschäften

47 Art. 7 Abs. 1 Draft RTS[51] verlangt, dass ein CASP angemessene **Grundsätze, Verfahren und Vorkehrungen** erlässt bzw. trifft und diese auf Dauer einhält, um Geschäfte verbundener Personen, deren Tätigkeiten **Anlass zu einem Interessenkonflikt** geben könnten oder die aufgrund von Tätigkeiten, die sie im Namen

---

[47] ESMA74-449133380-425 S. 131 ff.
[48] Vgl. auch Art. 13 RL 2010/43/EU und Art. 63 DelVO (EU) 231/2013.
[49] ESMA74-449133380-425 S. 131 f.
[50] ESMA74-449133380-425 S. 132.
[51] ESMA74-449133380-425 S. 132.

der Firma ausüben, **Zugang zu Insider-Informationen** iSv Art. 89 oder zu anderen **vertraulichen Informationen** über Kunden oder über Geschäfte, die mit oder für Kunden getätigt werden, haben, an den in den Art. 7 Abs. 2, 3 und 4 Draft RTS genannten Tätigkeiten zu hindern.

Art. 7 Abs. 2 Draft RTS[52] verbietet

a) nach Art. 86 ff. verbotene Geschäfte (**Marktmissbrauch**);
b) Geschäfte, die mit dem **Missbrauch oder der vorschriftswidrigen Weitergabe vertraulicher Informationen** einhergehen;
c) Geschäfte, die **mit einer Pflicht eines CASPs aus der MiCAR kollidieren** oder damit kollidieren könnten.

Die Vorkehrungen müssen nach Art. 7 Abs. 3 Draft RTS[53] gewährleisten, dass:
- jede verbundene Person die **Beschränkungen** bei persönlichen Geschäften und die Maßnahmen, die der CASP im Hinblick auf persönliche Geschäfte getroffen hat, **kennt;**
- der CASP unverzüglich **über jedes persönliche Geschäft einer verbundenen Person unterrichtet** wird, und zwar entweder durch Meldung des Geschäfts oder durch andere Verfahren, die dem CASP die Feststellung solcher Geschäfte ermöglichen;
- ein dem CASP gemeldetes oder von ihm festgestelltes persönliches Geschäft sowie jede Erlaubnis und jedes Verbot im Zusammenhang mit einem solchen Geschäft aufgezeichnet wird. Bei Auslagerungsvereinbarungen verlangt Art. 7 Abs. 4 Draft RTS die Sicherstellung, dass die Firma, an die die Tätigkeit ausgelagert wird, persönliche Geschäfte aller verbundenen Personen aufzeichnet und der Wertpapierfirma diese Informationen auf Verlangen unverzüglich zur Verfügung stellt.

Artikel 73 Auslagerung

(1) **Anbieter von Kryptowerte-Dienstleistungen, die bei der Wahrnehmung betrieblicher Aufgaben Dienstleistungen oder Tätigkeiten an Dritte auslagern, treffen alle angemessenen Vorkehrungen, um zusätzliche operationelle Risiken zu vermeiden. Sie tragen weiterhin die volle Verantwortung für die Erfüllung all ihrer Verpflichtungen aus diesem Titel und stellen jederzeit sicher, dass die folgenden Bedingungen erfüllt sind:**

a) Die Auslagerung führt nicht zur Übertragung der Verantwortung der Anbieter von Kryptowerte-Dienstleistungen.

b) Die Auslagerung ändert weder die Beziehung zwischen den Anbietern von Kryptowerte-Dienstleistungen und ihren Kunden noch die Pflichten der Anbieter von Kryptowerte-Dienstleistungen gegenüber ihren Kunden.

c) Die Auslagerung führt zu keiner Veränderung der Voraussetzungen für die Zulassung der Anbieter von Kryptowerte-Dienstleistungen.

d) An der Auslagerung beteiligte Dritte arbeiten mit der zuständigen Behörde des Herkunftsmitgliedstaats des Anbieters von Kryptowerte-Dienstleistungen zusammen, und die Auslagerung steht der Wahrnehmung der Aufsichtsfunktionen zuständiger Behörden, einschließlich

---

[52] ESMA74-449133380-425 S. 132.
[53] ESMA74-449133380-425 S. 132 f.

Art. 73

des Zugangs vor Ort zur Erlangung aller relevanten Informationen, die für die Erfüllung dieser Aufgaben erforderlich sind, nicht entgegen.

e) Die Anbieter von Kryptowerte-Dienstleistungen verfügen über das Fachwissen und die Ressourcen, die erforderlich sind, um die Qualität der erbrachten Dienstleistungen zu bewerten, die ausgelagerten Dienstleistungen wirksam zu überwachen und die mit der Auslagerung verbundenen Risiken kontinuierlich zu steuern.

f) Die Anbieter von Kryptowerte-Dienstleistungen haben direkten Zugang zu relevanten Informationen über die ausgelagerten Dienstleistungen.

g) Die Anbieter von Kryptowerte-Dienstleistungen stellen sicher, dass an der Auslagerung beteiligte Dritte die Datenschutzstandards der Union erfüllen.

Für die Zwecke von Unterabsatz 1 Buchstabe g sind die Anbieter von Kryptowerte-Dienstleistungen dafür verantwortlich, sicherzustellen, dass die Datenschutzstandards in der in Absatz 3 genannten schriftlichen Vereinbarung aufgeführt sind.

(2) Die Anbieter von Kryptowerte-Dienstleistungen verfügen über eine Auslagerungsstrategie, einschließlich Notfallplänen und Ausstiegsstrategien, wobei Umfang, Art und Bandbreite der erbrachten Kryptowerte-Dienstleistungen zu berücksichtigen sind.

(3) Die Anbieter von Kryptowerte-Dienstleistungen legen in einer schriftlichen Vereinbarung ihre Rechte und Pflichten sowie die Rechte und Pflichten der Dritten fest, an die sie Dienstleistungen oder Tätigkeiten auslagern. In Vereinbarungen über die Auslagerung wird den Anbietern von Kryptowerte-Dienstleistungen das Recht gewährt, diese Vereinbarungen zu kündigen.

(4) Die Anbieter von Kryptowerte-Dienstleistungen und die Dritten stellen den zuständigen und anderen maßgeblichen Behörden auf Anfrage alle Informationen zur Verfügung, die diese Behörden benötigen, um beurteilen zu können, ob die ausgelagerten Tätigkeiten den Anforderungen dieses Titels entsprechen.

Schrifttum: Siehe Art. 66

Übersicht

	Rn.
I. Überblick über den Regelungsgegenstand	1
II. Auslagerung	4
1. Begriff	4
2. Risikomanagement	8
3. Auslagerungsfähigkeit und Grenzen	9
4. Weitere Gesichtspunkte	15
III. Auslagerungsstrategie	19
IV. Informationspflicht	23

I. Überblick über den Regelungsgegenstand

Art. 73 regelt die **Auslagerung von Dienstleistungen oder Tätigkeiten an** 1
Dritte. Die Vorschrift steht damit in einem sachlichen Zusammenhang zu Art. 68, indem sie CASPs verpflichtet, organisatorische Maßnahmen zur Vermeidung operationeller Risiken zu treffen. Vor diesem Hintergrund verbietet Art. 73 die Auslagerung an Dritte nicht, schränkt sie aber insoweit ein, als CASPs die im Zusammenhang mit der Übertragung von Tätigkeiten und Dienstleistungen auf Dritte entstehenden Risiken ordnungsgemäß zu adressieren. Damit erkennt Art. 73 im Grundsatz an, dass sich die Auslagerung an Dritte im Einzelfall aufgrund organisatorischer Erfordernisse ergeben kann, indem fachliche Expertise oder sachliche Ressourcen extern eingekauft werden, bevor diese kostspielig intern aufgebaut werden können, ohne dass die eigenen finanziellen Ressourcen dies zuließen. Allerdings zieht Art. 73 die Grenze einer zulässigen Auslagerung dort, wo die Ordnungsmäßigkeit der internen Unternehmensführung nach Maßgabe der Art. 73 Abs. 1 UAbs. 1 S. 2 lit. a–g beeinträchtigt wird.

Während **Emittenten vermögenswerterefenzierter Token** nach Art. 34 2
ebenfalls Regelungen zur Unternehmensführung zu erfüllen haben, existiert für sie keine explizite Parallelvorschrift für die Auslagerung, auch wenn im Einzelfall die nach Art. 34 Abs. 1 erforderlichen wirksamen Verfahren ebenfalls entsprechende Regelungen zur Übertragung von Dienstleistungen oder Tätigkeiten an Dritte vorsehen sollten. Demgegenüber finden sich in den Art. 30–32 DelVO (EU) 2017/565 vergleichbare Anforderungen an die Auslagerung durch Wertpapierfirmen. Auch wenn die Regulierungslogik des Art. 73 im Wesentlichen mit der aus Art. 30–32 DelVO (EU) 2017/565 vergleichbar ist, gibt es im Einzelnen gewisse Unterschiede.[2]

Zum gegenwärtigen Zeitpunkt existieren noch **keine behördlichen Verlaut-** 3
barungen der BaFin oder europäischer Aufsichtsbehörden, die die Anforderungen an eine zulässige Auslagerung konkretisieren. Auch wenn sich die wesentlichen Kriterien aus Art. 73 ableiten lassen, dürfte davon auszugehen sein, dass die BaFin Mindestanforderungen veröffentlichen wird, die AT 9 MaRisk und Ziff. 9 BAIT entsprechen. Gleiches dürfte von der EBA und/oder der ESMA zu erwarten sein, die bereits in der Vergangenheit mit den „Leitlinien zu Auslagerungen"[3] bzw. den „Leitlinien zur Auslagerung an Cloud-Anbieter"[4] die sekundärrechtlichen Anforderungen an Auslagerungen konkretisiert haben.

II. Auslagerung

1. Begriff

Da Art. 73 den **Begriff** der Auslagerung nicht definiert, kann zur Bestimmung 4
der Begriffskriterien auf **Art. 2 Nr. 3 DelVO (EU) 2017/565 analog** abgestellt

---

[1] Vgl. zu § 40 WpIG Lendermann/Nemeczek/Schroeter/Donner WpIG § 40 Rn. 3.
[2] Siehe auch Fritz BKR 2023, 747 (753); Michel/Schmitt CCZ 2023, 261 (265).
[3] EBA, Guidelines on outsourcing arrangements, 25.2.2019, EBA/GL/2019/02.
[4] ESMA, Guidelines on outsourcing to cloud service providers, 10.5.2021, ESMA50-164-4285.

werden. Eine Auslagerung beinhaltet insoweit eine Vereinbarung gleich welcher Form zwischen einem CASP und einem Dienstleister, in deren Rahmen der Dienstleister eine Dienstleistung erbringt oder eine Tätigkeit ausführt, die der CASP ansonsten selbst übernähme.

5 Im Unterschied zu Art. 73 verweist Art. 2 Nr. 3 DelVO (EU) 2017/565 neben der Ausführung einer Dienstleistung oder Tätigkeit darüber hinaus auch auf die Abwicklung eines Verfahrens. Daraus lässt sich jedoch nicht im Umkehrschluss ableiten, dass Art. 73 ein grundsätzlich engeres Begriffsverständnis zugrunde läge. Denn eine sinnvolle Abgrenzung zwischen den Begriffen Verfahren, Tätigkeit und Dienstleistung lässt sich praktisch kaum vollziehen. Ob die Auslagerung der internen Kontrollfunktionen etwa als Übertragung von Verfahren anzusehen ist, während Tätigkeiten oder Dienstleistungen lediglich das operative Geschäft betreffen, drängt sich sachlich nicht auf und ergibt sich insoweit auch nicht aus einer grammatikalischen Auslegung des Art. 73 Abs. 1 UAbs. 1 S. 1. Die Ausführung eines Verfahrens durch Dritte zugleich ebenso gut als Übertragung einer Tätigkeit eingeordnet werden kann. Entscheidend ist vielmehr, ob die für einen CASP **typischen Aufgaben** durch einen Dritten ausgeführt werden.[5] Dies ergibt sich zum einen aus dem in Art. 73 Abs. 1 UAbs. 1 S. 1 geregelten Merkmal der „Wahrnehmung betrieblicher Aufgaben" sowie aus dem Verweis in Art. 2 Nr. 3 DelVO (EU) 2017/565 darauf, dass die Tätigkeit bzw. Aufgabe ansonsten von dem Unternehmen selbst übernommen worden wäre. Unerheblich zur Begründung einer Auslagerung ist hingegen, ob der CASP die entsprechenden Tätigkeiten oder Dienstleistungen jemals selbst ausgeübt hat.[6]

6 Im Rahmen des **§ 25b KWG und § 80 WpHG** wird zwar daneben überwiegend die Auffassung vertreten, dass „der einmalige oder gelegentliche Fremdbezug von Gütern und Dienstleistungen" nicht als Auslagerung einzuordnen ist.[7] Demgegenüber wird eine solche Einschränkung im Rahmen der **CRD IV, MiFID II** und **DelVO (EU) 2017/565** von der EBA[8] und ESMA[9] nicht näher thematisiert. Nach dem Wortlaut des Art. 73 sowie Sinn und Zweck des Auslagerungsregimes ist jedenfalls der einmalige Leistungsaustausch, bspw. der Kauf von Waren, nicht von Art. 73 erfasst, da der CASP in diesem Fall keine Tätigkeiten bzw. Dienstleistungen von Dritten ausführen lässt.[10] Damit eine Aufgabenübertragung als Auslagerung einzuordnen ist, muss ihr insoweit zumindest ein **wiederkehrendes Element** zugrunde liegen, was in der Regel nur bei Dauerschuldverhältnissen der Fall ist. Demgegenüber ergibt es nur wenig Sinn, keine Auslagerung anzunehmen, wenn eine wiederkehrende Leistung nur zeitlich beschränkt in Anspruch genommen wird, da auch dann eine Übertragung betrieblicher Aufgaben vorliegt, wenn diese nur vorübergehend erfolgt.[11] In einem solchen Fall sind allenfalls geringere

---

[5] Vgl. zu § 25b KWG etwa BaFin, Erläuterungen zum Rundschreiben 05/2023, AT 9 Ziff. 1 MaRisk.
[6] Vgl. Schwark/Zimmer/Fett WpHG § 80 Rn. 184.
[7] BaFin, Erläuterungen zum Rundschreiben 05/2023, AT 9 Ziff. 1 MaRisk; Lendermann/Nemeczek/Schroeter/Donner WpIG § 40 Rn. 9; Beck/Samm/Kokemoor/Ferstl KWG § 25b Rn. 26; Schwark/Zimmer/Fett WpHG § 80 Rn. 184.
[8] Siehe EBA/GL/2019/02.
[9] Siehe ESMA50-164-4285.
[10] Vgl. Assmann/Schneider/Mülbert/Koller WpHG § 80 Rn. 116.
[11] Zutreffend zu Art. 30 DelVO (EU) 2017/565 Lendermann/Nemeczek/Schroeter/Donner WpIG § 40 Rn. 10.

Anforderungen an die entsprechenden organisatorischen Vorkehrungen zu treffen, soweit geringere operationelle Risiken mit der Übertragung verbunden sind.[12]

Keine Auslagerung liegt demgegenüber vor, wenn der CASP Leistungen bezieht, die „aufgrund tatsächlicher Gegebenheiten oder rechtlicher Vorgaben regelmäßig weder zum Zeitpunkt [der Übertragung] noch in der Zukunft [vom Anbieter] selbst erbracht werden können".[13] In einem solchen Fall handelt es sich – nach Maßgabe des Art. 2 Nr. 3 DelVO (EU) 2017/565 analog – um keine Tätigkeiten oder Dienstleistungen, die der CASP ansonsten selbst übernähme. Erfasst werden davon etwa solche Tätigkeiten, für die der Anbieter über **keine entsprechende Erlaubnis** verfügt, wie etwa die Inanspruchnahme von Liquiditätslinien, die Nutzung öffentlich zugänglicher Daten von Marktinformationsdienstleistern (zB Daten von Ratingfirmen), die Verwahrung, Verwaltung und Sicherung von Kryptowerten oder die Führung eines Kryptowertpapierregisters[14], der Erwerb rechtlicher Dienstleistungen (etwa die Bereitstellung eines Rechtsgutachtens oder die Vertretung vor Gericht und Behörden).[15]

2. Risikomanagement

Nach Art. 73 Abs. 1 UAbs. 1 S. 1 müssen CASPs angemessene Vorkehrungen dazu treffen, um zusätzliche **operationelle Risiken** im Zusammenhang mit der Auslagerung zu vermeiden. Im Unterschied zu Art. 31 Abs. 2 DelVO (EU) 2017/565, der einen differenzierten Katalog erforderlicher Maßnahmen enthält, erscheint die Verpflichtung aus Art. 73 Abs. 2 verhältnismäßig unterkomplex. An CASPs können vor diesem Hintergrund zwar im Grundsatz **geringere Anforderungen als an Wertpapierfirmen** gestellt. Gleichwohl befreit sie dies nicht gänzlich davon, von der Umsetzung der in der Art. 31 Abs. 2 DelVO (EU) 2017/565 adressierten Maßnahmen abzusehen. Denn zu der Verpflichtung aus Art. 73 Abs. 1 UAbs. 1 S. 1, angemessene Vorkehrungen zur Vermeidung zusätzlicher operationeller Risiken, sowie der nach Art. 73 Abs. 2 erforderlichen Auslagerungsstrategie kann es im Einzelfall gehören, die in Art. 31 Abs. 2 DelVO (EU) 2017/565 adressierten Maßnahmen zu treffen. Das zentrale Element des Risikomanagements im Zusammenhang mit Auslagerungen ist insoweit die **Auslagerungsstrategie** nach Art. 73 Abs. 2, die das Verhalten des Anbieters von Kryptowerte-Dienstleistungen näher bestimmt. Aus dieser Auslagerungsstrategie leitet sich insbesondere ab, wie der Anbieter mit neuen oder laufenden Auslagerungen umgehen sollte. Sie muss insoweit auch adressieren, unter welchen Bedingungen Auslagerungsvereinbarung abzuschließen sind, wobei dabei die Einschränkungen des Art. 73 Abs. 1 UAbs. 1 S. 2 zu berücksichtigen sind.

3. Auslagerungsfähigkeit und Grenzen

Im Grundsatz können sämtliche Tätigkeiten und Dienstleistungen auf Dritte ausgelagert werden, sofern die Auslagerung im Einklang mit Art. 73 Abs. 1 UAbs. 1

---

[12] Vgl. auch Lendermann/Nemeczek/Schroeter/Donner WpIG § 40 Rn. 10.
[13] Vgl. BaFin, Erläuterungen zum Rundschreiben 05/2023, AT 9 Ziff. 1 MaRisk.
[14] In beiden Fällen liegt eine Auslagerung hingegen vor, wenn der CASP über eine entsprechende Erlaubnis verfügt und sich zur Durchführung des Kryptoverwahrgeschäfts bzw. der Kryptowertpapierregisterführung eines Dritten bedient.
[15] Vgl. BaFin, Erläuterungen zum Rundschreiben 05/2023, AT 9 Ziff. 1 MaRisk.

S. 2 lit. a–g. Die dort geregelten **Einschränkungen** lassen sich im Wesentlichen in zwei Kategorien unterteilen: (1) keine Delegation der eigenen Verantwortung und (2) Gewährleistung einer wirksamen Aufsicht. Die entsprechenden Rechte und Pflichten sind dabei gemäß Art. 73 Abs. 3 in einer **schriftlichen Vereinbarung**[16] festzulegen. Um diese jeweils genau bestimmen zu können, bedarf die Vereinbarung zuvorderst einer **klaren Spezifizierung** der ausgelagerten Tätigkeiten oder Dienstleistungen. Art. 73 differenziert dabei **nicht zwischen wesentlichen und unwesentlichen Auslagerungen,** sondern verlangt vielmehr für jede Art der Auslagerung eine schriftliche Vereinbarung.[17] Zudem gelten auch die Einschränkungen des Art. 73 Abs. 1 UAbs. 1 S. 2 sowohl für wesentliche als auch unwesentliche Auslagerungen. Sachlich ist das nicht gerechtfertigt, da dies für den CASP bei einer Auslagerung banaler Aufgaben zu einem administrativen Mehraufwand führt. Da in diesen Fällen nur geringe Risiken bestehen, ist es im Gegenzug gerechtfertigt, geringere Anforderungen an den Inhalt nach Maßgabe des Art. 73 Abs. 1 UAbs. 1 S. 2 zu stellen und auf ein geringes Mindestmaß zu reduzieren. Nicht möglich wäre es jedoch, angesichts des klaren Wortlauts des Art. 73 Abs. 3 gänzlich davon abzusehen.

10 Mit der Auslagerung schaltet der CASP lediglich Dritte bei der Durchführung von Aktivitäten und Dienstleistungen, doch bleibt der Anbieter weiterhin rechtlich vollständig für diese Aktivitäten und Tätigkeiten verantwortlich.[18] Insoweit darf die Auslagerung zu **keiner Übertragung der Verantwortung** führen (Art. 73 Abs. 1 UAbs. 1 S. 2 lit. a). Dies bedeutet zugleich, dass die vertragliche Beziehung zu den Kunden aufgrund der Auslagerung nicht verändert werden darf (Art. 73 Abs. 1 UAbs. 1 S. 2 lit. b). Da der CASP primär für die betreffenden Tätigkeiten und Dienstleistungen verantwortlich bleibt, schreibt Art. 73 Abs. 1 UAbs. 1 S. 2 lit. g folgerichtig vor, dass der Anbieter die Erfüllung der unionsrechtlichen Datenschutzstandards durch das Auslagerungsunternehmen gewährleisten muss. Dies ist dann relevant, wenn das Auslagerungsunternehmen seinen Sitz in einem **Drittland** hat und die DSGVO nicht nach Maßgabe des Art. 3 DSGVO räumlich anwendbar ist. Art. 73 Abs. 1 UAbs. 2 verlangt dazu, dass die zwischen dem Anbieter und dem Auslagerungsunternehmen abgeschlossene schriftliche Vereinbarung die relevanten Datenschutzstandards aufführt. Der Verweis auf Standards impliziert, dass die **minutiöse Einhaltung jeder individuellen Vorschrift der DSGVO** durch das Auslagerungsunternehmen nicht erforderlich, doch müssen dessen wesentlichen Grundsätze beachtet werden. Was dies im Einzelnen umfasst, wird praktisch freilich schwer zu bestimmen sein, weshalb der CASP dazu im Grundsatz davon ausgehen sollte, dass die DSGVO möglichst vollständig durch das Auslagerungsunternehmen beachtet werden muss und lediglich zu einzelnen Vorschriften Ausnahmen gemacht werden können, sofern dies insbesondere nicht dazu führt, dass zum einen der

---

[16] Die MiCAR definiert das Schriftformerfordernis nicht, doch ist wegen Art. 25 Abs. 2 eIDAS-VO davon auszugehen, dass eine schriftliche Vereinbarung eine handschriftliche Unterschrift verlangt. Nach dieser Vorschrift bedeutet dies aber ebenso, dass dem Abschluss einer schriftlichen Vereinbarung eine solche unter Verwendung qualifizierter elektronischer Signaturen gleichsteht. In eine andere Richtung geht hingegen die Antwort der Europäischen Kommission zu Art. 28 Abs. 9 DSGVO v. 27.8.2018 (E-003163/2018(ASW)). Allerdings besteht der Unterschied zu Art. 28 Abs. 9 DSGVO darin, dass letzterer ausdrücklich auch ein elektronisches Format zulässt.

[17] Vgl. Fritz BKR 2023, 747 (753).

[18] Fritz BKR 2023, 747 (753); Asatiani/Siadat RDi 2023, 98 (102).

CASP seinen datenschutzrechtlichen Verpflichtungen nicht nachkommen kann und zum anderen personenbezogene Daten der Kunden nicht nach Maßgabe der DSGVO verarbeitet werden. Unabdingbar ist jedenfalls die vertragliche Fixierung des Standortes bzw. der Standorte, in denen die ausgelagerten Tätigkeiten oder Dienstleistungen durchgeführt.[19] Die Bestimmung des Standortes ist daneben auch für etwaige Vor-Ort-Prüfungen insbesondere durch die zuständige Aufsichtsbehörde des Anbieters von Kryptowerte-Dienstleistungen relevant.

Über Art. 73 Abs. 1 UAbs. 1 S. 2 lit. b–g hinaus muss der CASP generell sicherstellen, dass **keine Rechtsverstöße** im Zusammenhang mit den ausgelagerten Tätigkeiten oder Dienstleistungen begangen werden, da letztlich primär dieser vollständig für die Erfüllung der anwendbaren Rechtsvorschriften bleibt. Damit die Erfüllung der anwendbaren Rechtsvorschriften sowie der unionsrechtlichen Datenschutzstandards wirksam gewährleistet wird, müssen die vertraglichen Vereinbarungen zwischen dem CASP und dem Auslagerungsunternehmen **Sanktionen im Falle von Verstößen** vorsehen, die durch das Auslagerungsunternehmen begangen werden. Hierzu gehört mindestens das Recht des Anbieters zur Kündigung des Auslagerungsvertrags, wie sich aus Art. 73 Abs. 3 S. 2 ausdrücklich ergibt. Die Anforderungen an das jeweilige Kündigungsrecht dürfen sich dabei nach der Art, Dauer und Frequenz des jeweiligen Verstoßes richtet.[20] Nicht erforderlich wäre insoweit, ein außerordentliches Kündigungsrecht für jedweden Verstoß durch das Auslagerungsunternehmen zu fordern.

Um seiner Verantwortung gerecht zu werden, muss der CASP gewährleisten, dass er nach Art. 73 Abs. 1 UAbs. 1 S. 2 lit. e über das **Fachwissen** und die **Ressourcen** verfügt, um die Qualität der ausgelagerten Tätigkeit und Dienstleistung zu bewerten, diese wirksam zu überwachen und die korrespondierenden Risiken kontinuierlich zu steuern.[21] Zudem muss sichergestellt sein, dass der ordnungsgemäße Betrieb auch im Falle der (abrupten) Beendigung des Auslagerungsverhältnisses fortgesetzt werden kann.[22] Diese sollte dabei insbesondere im Einklang mit der nach Art. 73 Abs. 2 erforderlichen Auslagerungsstrategie, welche auch Notfallpläne und Ausstiegsstrategien beinhaltet, in Einklang stehen.

Dazu kann es im Einzelfall erforderlich sein, sich den Zugang zu relevanten Daten, Informationen und Dokumenten im Falle der **Insolvenz, Abwicklung oder Einstellung der Geschäftstätigkeit des Dritten** einräumen zu lassen.[23] In der Praxis dürfte es dabei vor allem problematisch sein, dass der Dritte im Falle der Erbringung von Softwaredienstleistungen dann den Zugang zum **Source Code** eröffnet. Denn im Falle der Insolvenz oder Abwicklung werden insbesondere die Gesellschafter des Auslagerungsunternehmens ein Interesse daran haben, diesen Source Code an potentielle Investoren zu veräußern, was vereitelt werden könnte, wenn der CASP direkten Zugang dazu erhielte. Der CASP sollte dennoch möglichst alles daran setzen, sich den Zugang vertraglich zusichern zu lassen, um die Kontinuität seiner Geschäftstätigkeit zu gewährleisten, beispielsweise durch Hinterlegung des Quellcodes bei einer neutralen Stelle in Form eines **„Software-**

---

[19] Vgl. EBA/GL/2019/02 Rn. 75 lit. f; BaFin, Erläuterungen zum Rundschreiben 05/2023, AT 9 Ziff. 7 lit. d.
[20] Vgl. dazu auch EBA/GL/2019/02 Rn. 98; BaFin, Erläuterungen zum Rundschreiben 05/2023, AT 9 Ziff. 7 lit. l.
[21] Vgl. Lendermann/Nemeczek/Schroeter/Donner WpIG § 40 Rn. 14.
[22] Vgl. Lendermann/Nemeczek/Schroeter/Donner WpIG § 40 Rn. 14.
[23] Vgl. EBA/GL/2019/02 Rn. 75 lit. m.

Escrow".[24] Um eine zeitnahe Korrektur einer fehlerhaften Durchführung der ausgelagerten Tätigkeiten oder Dienstleistungen zu gewährleisten, wird darüber hinaus eine Vereinbarung zur Dienstleistungsgüte mit genauen quantitativen und qualitativen Leistungszielen erforderlich sein.[25] Art. 73 fordert zwar nicht die Bestellung eines dezidierten **Auslagerungsbeauftragten,** doch muss der Anbieter zumindest sicherstellen, dass die ausgelagerten Tätigkeiten oder Dienstleistungen wirksam überwacht werden, was in der Regel voraussetzt, dass eine oder mehrere bestimmten Personen (Geschäftsleiter oder Mitarbeiter) damit betraut werden oder alternativ diejenigen Personen dafür zuständig sind, in deren Aufgabenbereich die betreffenden Tätigkeiten oder Dienstleistungen sonst fallen. Um die wirksame Überwachung über den Dritten zu gewährleisten, muss der CASP direkten Zugang zu relevanten Informationen über die ausgelagerten Dienstleistungen erhält (Art. 73 Abs. 1 UAbs. 1 S. 2 lit. f). Dazu wird in der Regel eine entsprechende vertragliche Vereinbarung notwendig sein. Art. 73 Abs. 1 UAbs. 1 S. 2 lit. f erfasst dabei nicht nur solche Informationen, die vom CASP ad hoc auf Anfrage zur Verfügung gestellt werden müssen, sondern auch bereits vorher vertraglich festgelegte periodische Berichtspflichten, etwa die Vorlage von Jahresabschlüssen.[26] Es liegt grundsätzlich in der autonomen Verantwortung des Anbieters von Kryptowerte-Dienstleistungen, eine entsprechende vertragliche Vereinbarung über den Gegenstand sowie andere relevante Aspekte (zB Zeitpunkt und Häufigkeit der Vorlage) so zu treffen, dass die wirksame Überwachung des Dritten gewährleistet wird. Zudem muss der CASP weiterhin vertraglich festlegen, ob entsprechende Informationsrechte auch seinem externen Prüfer eingeräumt werden sollen.

14 Die Auslagerung darf zudem weder dazu führen, dass der CASP nicht mehr die **Zulassungsanforderungen** erfüllt (Art. 73 Abs. 1 UAbs. 1 S. 2 lit. c) noch die **wirksame Aufsicht** beeinträchtigt wird. Zu Letzterer fordert Art. 73 Abs. 1 UAbs. 1 S. 2 lit. d insbesondere, dass der Dritte mit der zuständigen Aufsichtsbehörde des CASP zusammenarbeitet und im Einzelfall Zugang vor Ort zur Erlangung aller relevanten Informationen gewährt. Zur Gewährleistung dieser Anforderungen wird es in der Regel erforderlich sein, dass der CASP entsprechende vertragliche Vereinbarungen trifft, die den Dritten zur Zusammenarbeit mit der Aufsichtsbehörde verpflichtet, dieser die für eine wirksame Aufsicht erforderlichen Informationen und Dokumente zur Verfügung stellt sowie Zugang zu seinen Räumlichkeiten gewährt. Ist dies im Einzelfall nicht möglich, beispielsweise weil der CASP entsprechende vertragliche Vereinbarungen nicht getroffen hat und können die ausgelagerten Tätigkeiten oder Dienstleistungen nicht wirksam beaufsichtigt werden, kann sich die zuständige Aufsichtsbehörde dazu veranlasst sehen, die Beendigung der Auslagerungsvereinbarung zu verlangen. Unerheblich ist dabei, ob sich der CASP dadurch ggf. **schadensersatzpflichtig** macht, da es in seinem Verantwortungsbereich liegt, die erforderlichen Vereinbarungen zu treffen. Dies wird vor allem dann relevant sein, wenn der **Dritte keiner direkten Beaufsichtigung** nach Maßgabe der MiCAR oder anderer Unionsrechtsakte, wie beispielsweise den nationalen Vorschriften, die die CRD IV oder MiFID II umsetzen, unterliegt, da

---

[24] Zu Letzterem Rath CR 2013, 78; Taeger/Pohle ComputerR-HdB/Kast Teil 32.11 Rn. 16ff.
[25] Vgl. EBA/GL/2019/02 Rn. 75 lit. i; BaFin, Erläuterungen zum Rundschreiben 05/2023, AT 9 Ziff. 7 lit. e.
[26] Vgl. zu letzterem EBA/GL/2019/02 Rn. 75 lit. j; BaFin, Erläuterungen zum Rundschreiben 05/2023, AT 9 Ziff. h.

die Aufsichtsbehörde dadurch keinen direkten Zugriff auf die Dritten erhält. Zwar ist nach Art. 73 Abs. 4 auch das Auslagerungsunternehmen direkt dazu verpflichtet, der zuständigen Aufsichtsbehörde des Anbieters von Kryptowerte-Dienstleistungen entsprechende Unterlagen zur Verfügung zu stellen. Während die legislative Statuierung einer solchen Pflicht völkerrechtlich zulässig ist („prescriptive jurisdiction"),[27] stößt vor allem die **exekutive Durchsetzung** eines solchen Informationsverlangens dann auf Probleme, wenn das Auslagerungsunternehmen seinen Sitz in einem Drittland hat und zwischen der zuständigen Aufsichtsbehörde des Anbieters von Kryptowerte-Dienstleistungen sowie den Behörden des Drittlandes keine Kooperationsvereinbarungen bestehen, da in diesem Fall das Informationsverlangen nicht ohne Unterstützung durch den Drittstaat durchgesetzt werden kann („enforcement jurisdiction")[28].

4. Weitere Gesichtspunkte

Art. 73 verbietet nicht die **Weiterverlagerung.** Gleichwohl sollte der CASP aus Gründen eines wirksamen Risikomanagements die Zulässigkeit und Bedingungen einer solchen Weiterverlagerung vertraglich adressieren.[29] **15**

Keine besonderen Anforderungen gelten im Grundsatz für Auslagerungen an Dritte mit Sitz in einem **Drittland.** Im Umkehrschluss zu Art. 73 Abs. 1 UAbs. 1 S. 2 lit. g ergibt sich vielmehr, dass eine solche Auslagerung grundsätzlich zulässig ist, sofern der CASP sicherstellt, dass das Auslagerungsunternehmen die unionsrechtlichen Datenschutzstandards erfüllt (→ Rn. 10). Insoweit müssen – anders als dies Art. 32 Abs. 1 lit. b DelVO (EU) 2017/565 etwa vorschreibt – **Kooperationsvereinbarungen** zwischen der zuständigen Aufsichtsbehörde des Anbieters von Kryptowerte-Dienstleistungen und der zuständigen Behörde des Drittlands bestehen. Gleichwohl kann sich die Aufsichtsbehörde im Einzelfall dazu veranlasst sehen, die Beendigung der Auslagerungsbeziehung zu verlangen, wenn sie tatsächlich keinen Zugriff auf die Informationen und Dokumente des Auslagerungsunternehmens erhält. **16**

Der Katalog des Art. 73 Abs. 1 UAbs. 1 S. 2 ist nach seinem Wortlaut **abschließend formuliert.** Der CASP ist indes nach Art. 73 Abs. 1 UAbs. 1 S. 1 generell dazu verpflichtet, alle angemessenen Vorkehrungen zu treffen, um zusätzliche operationale Risiken zu vermeiden. Aus diesem Grund muss der CASP abhängig von Art, Inhalt und Umfang der ausgelagerten Tätigkeiten oder Dienstleistungen sorgfältig prüfen, ob im Einzelfall weitere Aspekte vertraglich zu adressieren sind. Hierzu können zB die Notwendigkeit eines vertraglichen Weisungsrechts oder eines Versicherungsnachweises gehören. **17**

Aus Art. 73 ergibt sich grundsätzlich kein Verbot bestimmter Auslagerungen mit Ausnahme der Leitungsaufgaben der Geschäftsleitung, da der CASP nach Art. 73 Abs. 1 UAbs. 1 S. 2 lit. a weiterhin die Verantwortung der übertragenen Tätigkeiten oder Dienstleistungen trägt. Zulässig ist insbesondere die vollständige Auslagerung der **internen Kontrollfunktionen** grundsätzlich zulässig. Entsprechende Grenzen **18**

---

[27] Vgl. EuGH ECLI:EU:C:2008:461 Rn. 291 = BeckRS 2008, 70898 – Kadi/Rat; Noll ZaöRV 2022, 333 (346 ff.); Reuß/Pichon ZaöRV 2007, 119 (131 ff.); Meng ZaöRV 1981, 469 (470).
[28] Vgl. dazu Noll ZaöRV 2022, 333 (338); Reuß/Pichon ZaöRV 2007, 119 (141 ff.).
[29] Vgl. EBA/GL/2019/02 Rn. 75 lit. b; BaFin, Erläuterungen zum Rundschreiben 05/2023, AT 9 Ziff. 7 lit. m.

ergeben sich jedoch aus den allgemeinen Anforderungen des Art. 73 Abs. 1 UAbs. 1 S. 1, wonach operationelle Risiken grundsätzlich zu vermeiden sind. Besonderheiten gelten gemäß § 6 Abs. 7 GwG demgegenüber bei der Auslagerung der Aufgaben des **Geldwäschebeauftragten** sowie die entsprechenden geldwäscherelevanten Sicherungssystemen.[30]

III. Auslagerungsstrategie

19 Nach Art. 73 Abs. 2 müssen CASPs über eine **Auslagerungsstrategie,** einschließlich **Notfallplänen** und **Ausstiegsstrategien** verfügen, wobei Umfang, Art und Bandbreite der erbrachten Kryptowerte-Dienstleistungen zu berücksichtigen sind. Die Auslagerungsstrategie ist Kernelement eines effektiven Risikomanagements von CASPs im Zusammenhang mit Auslagerungen. Aus ihr leitet sich ab, wie der CASP mit Auslagerungen umzugehen hat. Die Auslagerungsstrategie legt insoweit unternehmensintern die Bedingungen fest, unter denen Tätigkeiten oder Dienstleistungen an Dritte ausgelagert werden können und wie diese überwacht werden.[31] Die Auslagerungsstrategie ist Strategie iSd Art. 68 Abs. 4, dessen Wirksamkeit deshalb vom Leitungsorgan bewertet und regelmäßig überprüft werden. Dies setzt grundsätzlich voraus, dass das Leitungsorgan auch für den Erlass der Auslagerungsstrategie verantwortlich ist.[32] Die Konzeption und Überwachung der Auslagerungsstrategie liegt grundsätzlich im Organisationsermessen des Anbieters von Kryptowerte-Dienstleistungen. Dabei kann insbesondere zwischen wesentlichen und unwesentlichen Auslagerungen dergestalt differenziert werden, dass an unwesentliche Auslagerungen geringere Anforderungen zu stellen sind. Da Art. 73 jedoch sowohl wesentliche als auch unwesentliche Auslagerungen einbezieht, wäre es grundsätzlich nicht zulässig, unwesentliche Auslagerungen gänzlich aus dem Anwendungsbereich der Auslagerungsstrategie auszunehmen.

20 Zwar sind CASPs nicht dazu verpflichtet, die in **Art. 31 Abs. 2 DelVO (EU) 2017/565** adressierten Maßnahmen schematisch anzuwenden, doch kann es im Zusammenhang mit einem effektiven Auslagerungsmanagement gehören, einzelne der in Art. 31 Abs. 2 DelVO (EU) 2017/565 adressierten Maßnahmen zu treffen. In der Praxis empfiehlt es sich jedenfalls, dass die CASPs die Maßnahmen nach Art. 31 Abs. 2 DelVO (EU) 2017/565 jedenfalls berücksichtigen und dann jeweils eine Entscheidung über ihre Berücksichtigung oder Nichtberücksichtigung treffen.

21 Die Auslagerungsstrategie muss auch adressieren, unter welchen Bedingungen **Auslagerungsvereinbarungen** abgeschlossen werden. Dabei sind insbesondere die Einschränkungen des Art. 73 Abs. 1 UAbs. 1 S. 2 zu berücksichtigen, die bei jeder Auslagerungsvereinbarung relevant werden. Daneben sollte die Auslagerungsstrategie die Einbeziehung relevanter Unternehmensabteilung, insbesondere der Geschäftsbereiche und der internen Kontrollfunktionen festlegen sowie die proceduralen Vorgaben im Hinblick auf die Prüfung und den Abschluss von Auslagerungsvereinbarungen sowie die nachfolgende Überwachung. Hierzu gehört u. a. die Prüfung der Erfahrungen und Kenntnisse des Auslagerungsunternehmens, eine Due-Diligence-Prüfung, Risikobewertungen sowie die Prüfung der Durchführung

---

[30] Vgl. Lendermann/Nemeczek/Schroeter/Donner WpIG § 40 Rn. 14; Herzog/Herzog GwG § 6 Rn. 24 f.
[31] Vgl. Gaess IT-Governance S. 110.
[32] Vgl. auch EBA/GL/2019/02 Rn. 41.

der Auslagerung und die Vorlage.[33] Nach dem ausdrücklichen Wortlaut des Art. 73 Abs. 2 sind darüber hinaus auch Notfallpläne und Ausstiegsstrategien zu definieren. Diese umfasst zum einen die Erstellung abstrakt-genereller Pläne, dh unabhängig von den jeweils konkreten Auslagerungsvereinbarungen, sowie die Anwendung auf konkrete Auslagerungsvereinbarungen. Zu diesen Plänen gehört es insbesondere, entsprechende Arrangements dafür zu treffen, dass zum einen eine Beendigung der Auslagerungsvereinbarung im Falle von Schlechtleistung oder anderer Störungen möglich ist, und zum anderen die Kontinuität der ausgelagerten Tätigkeiten oder Dienstleistungen zu gewährleisten.[34] Letzteres erfordert beispielsweise eine Analyse der möglichen Kosten und der Dauer der ausgelagerten Tätigkeiten oder Dienstleistungen auf einen anderen Dritten.[35]

Art. 73 fordert nicht ausdrücklich die Bestellung eines dezidierten **Auslagerungsbeauftragten.** Der CASP muss jedoch zumindest sicherstellen, dass die ausgelagerten Tätigkeiten oder Dienstleistungen wirksam überwacht werden, was in der Regel voraussetzt, dass eine oder mehrere bestimmten Personen (Geschäftsleiter oder Mitarbeiter) damit betraut werden. Je nach Größe, Risikoprofil und Umfang der Auslagerungen kann ein effektives Risikomanagement im Einzelfall auch tatsächlich die Bestellung eines Auslagerungsbeauftragten erfordern. 22

IV. Informationspflicht

CASPs sind nach Art. 73 Abs. 4 dazu verpflichtet, der zuständigen Aufsichtsbehörde und ggf. anderen Behörden auf Anfrage **alle Informationen zur Verfügung** zu stellen, die diese benötigen, um beurteilen zu können, ob die ausgelagerten Tätigkeiten den Anforderungen des Titels V entsprechen. Möchte eine Behörde die Zulässigkeit der ausgelagerten Tätigkeiten oder Dienstleistungen aufgrund einer anderen Rechtsvorschrift außerhalb des Titels V prüfen, kann sie sich insoweit nicht auf Art. 73 Abs. 4 stützen. 23

Neben den Anbietern von Kryptowerte-Dienstleistungen können **auch die Auslagerungsunternehmen** selbst nach Art. 73 Abs. 4 zur Vorlage von Informationen verpflichtet werden, und zwar unabhängig davon, ob diese im EWR oder in einem Drittstaat ansässig sind. Es besteht dabei kein Rangverhältnis zwischen einer Auskunft gegenüber dem Anbieter und dem Auslagerungsunternehmen. Die jeweilige Behörde kann deshalb nach eigenem Ermessen Informationen entweder beim Anbieter oder beim Auslagerungsunternehmen verlangen. 24

Artikel 74 Geordnete Abwicklung von Anbietern von Kryptowerte-Dienstleistungen

Anbieter von Kryptowerte-Dienstleistungen, die die in den Artikeln 75 bis 79 genannten Dienstleistungen erbringen, stellen einen angemessenen Plan zur Unterstützung einer geordneten Abwicklung ihrer Tätigkeiten nach geltendem nationalem Recht auf, der Vorkehrungen für die Fortführung oder Wiederaufnahme kritischer Tätigkeiten dieser Dienstleistungs-

---

[33] Vgl. dazu im Einzelnen auch EBA/GL/2019/02 Rn. 42 ff.
[34] Vgl. EBA/GL/2019/02 Rn. 106.
[35] Vgl. EBA/GL/2019/02 Rn. 107.

Art. 74

anbieter umfasst. Dieser Plan muss belegen, dass Anbieter von Kryptowerte-Dienstleistungen zu einer geordneten Abwicklung in der Lage sind, die ihren Kunden keinen ungebührlichen wirtschaftlichen Schaden zufügt.

Übersicht

	Rn.
I. Entstehungsgeschichte, Grundlagen und Anwendungsbereich	1
1. Entstehungsgeschichte	1
2. Grundlagen sowie Sinn und Zweck der Vorschrift	4
3. Anwendungsbereich und Abgrenzung des Abwicklungsplans zu anderen Plänen	9
a) Anbieter von Kryptowerte-Dienstleistungen	9
b) Dienstleistungen iSd Art. 75–79 MiCAR	10
c) Abgrenzung zu anderen Plänen	11
II. Abwicklungsplan	17
1. Geordnete Abwicklung nach nationalem Recht	17
a) Abwicklungsgründe aus dem Aufsichtsrecht	19
b) Abwicklungsgründe aus dem Gesellschaftsrecht	23
c) Abwicklungsgründe aus dem Restrukturierungsrecht	24
d) Abwicklungsgründe aus dem Insolvenzrecht	25
2. Fortführung oder Wiederaufnahme kritischer Tätigkeiten	27
3. Kein ungebührlicher wirtschaftlicher Schaden	28
4. Sonstige Anforderungen, Überprüfung und Sanktionen	31

I. Entstehungsgeschichte, Grundlagen und Anwendungsbereich

1. Entstehungsgeschichte

1   Der heutige Art. 74 war schon im Vorschlag der **Europäischen Kommission**[1] enthalten (dort als Art. 42 mit drei Absätzen und im Kern so auch in ErwG 43). Art. 42 des Vorschlags stellte die einzige Vorschrift von Kapitel 6 über die geordnete Abwicklung dar, in dem heute die beiden Vorschriften über den Sanierungs- und Rücktauschplan enthalten sind. Die zunächst vorgeschlagene Vorschrift war nach ihrem persönlichen Anwendungsbereich ausschließlich auf Emittenten (vermögens-)wertereferenzierter Token ausgerichtet, wie dies heute beim Sanierungs- und Rücktauschplan nach Art. 46 und 47 der Fall ist (→ Art. 46 Rn. 4, 9 ff. und → Art. 47 Rn. 4, 11). Im Vergleich zum ursprünglichen Kommissionsvorschlag wurde der **persönliche Anwendungsbereich** in der finalen Fassung **gänzlich anders ausgerichtet,** da sich die Vorschrift nicht an die Emittenten bestimmter Kryptowerte, sondern an Anbieter von Kryptowerte-Dienstleistungen richtet (→ Rn. 9). Auch der **sachliche Anwendungsbereich änderte sich grundsätzlich.** Während die Kommission (vermögens-) wertereferenzierte Token im Blick hatte, erfasst der heutige Art. 74 alle in Art. 3 Abs. 1 Nr. 5 definierten Kryptowerte (→ Rn. 2). Im Übrigen enthielt schon der Vorschlag der Kommission zwei gegenläufige Situationen, nämlich primär den Fall der Abwicklung der Tätigkeiten, daneben aber auch den Unterfall der Fortführung oder Wiederaufnahme kritischer

---

[1] Europäische Kommission, Proposal for a Regulation of the European Parliament and of the Council on Markets in Crypto-assets, and amending Directive (EU) 2019/1937, 2020/0265 (COD), 24.9.2020.

Geordnete Abwicklung von CASP **Art. 74**

Tätigkeiten. Für diese beiden Unterfälle passte das Schlagwort des **Abwicklungsplans** schon beim Vorschlag der Kommission nicht, dient aber auch bei der Kommentierung des finalen Art. 74 als Oberbegriff, um den Abwicklungsplan leichter vom Sanierungs- und Rücktauschplan gem. Art. 46 und 47 abgrenzen zu können.

Im **Ratsvorschlag**[2] v. 19.11.2021 war der von der Kommission vorgeschlagene 2 Art. 42 gestrichen worden. Stattdessen wurden in Kapitel 6 Vorläufervorschriften zum heutigen Sanierungsplan (damals Art. 41a; heute Art. 46) sowie zum heutigen Rücktauschplan vorgesehen (damals Art. 42; heute Art. 47). Diese Streichung dürfte der Grund sein, warum für den heutigen Art. 74 kein ErwG vorhanden ist und insbesondere warum der **ursprüngliche ErwG 43** aus dem Vorschlag der Kommission **verloren gegangen** ist.[3] Der Abwicklungsplan des Kommissionsvorschlags dürfte aber eine gewisse Inspiration für den vom Rat geschaffenen Rücktauschplan gehabt haben, da die Kommission bereits im damaligen Art. 42 Abs. 2 den Verkauf des Reservevermögens und die Verteilung des Erlöses an die Inhaber (vermögens-)werterferenzierter Token vorgesehen hatte. Dies ähnelt dem heutigen Art. 47 Abs. 2 UAbs. 2. Im **Parlamentsvorschlag**[4] v. 17.3.2022 wurde sodann Art. 66a eingeführt, der die geordnete Abwicklung von Anbietern zum Gegenstand hatte. Durch die Verortung in Kapitel 2 betreffend die Pflichten aller Anbieter von Kryptowerte-Dienstleistungen in Titel V (Zulassung und Bedingungen für die Ausübung der Tätigkeit eines Anbieters von Krypto-Dienstleistungen) änderte sich der persönliche und sachliche Anwendungsbereich: Erstmals adressierte die Vorschrift Anbieter von Kryptowerte-Dienstleistungen und nicht Emittenten, zudem erfasste sie nicht nur vermögenswertereferenzierte Token, sondern Kryptowerte iSd heutigen Art. 3 Abs. 1 Nr. 5, da sich der Begriff der Kryptowerte-Dienstleistung iSv Art. 3 Abs. 1 Nr. 16 allgemein auf Kryptowerte bezieht und nicht zwischen den spezielleren Ausformungen, wie zum Beispiel vermögenswertereferenzierten Token oder E-Geld-Token, differenziert.

In den **Trilogverhandlungen** einigten sich Kommission, Parlament und Rat 3 schließlich auf Art. 66a. Zwischen den Fassungen v. 1.4.2022[5] und 5.10.2022[6] gab es keine Anpassungen mehr. In der **finalen Beschlussfassung** v. 20.4.2023[7] wurde die Nummerierung auf den heutigen Art. 74 angepasst. Inhaltliche Änderungen gab es keine. Damit erfolgte die wesentliche Änderung der Vorschrift im

---

[2] Rat der Europäischen Union, Proposal for a Regulation of the European Parliament and of the Council on Markets in Crypto-assets, and amending Directive (EU) 2019/1937 – Mandate for negotiations with the European Parliament, 2020/0265 (COD), 19.11.2021.

[3] Der Inhalt des ursprünglichen ErwG 43 findet sich heute in ErwG 65 S. 1, allerdings für einen anderen, in → Rn. 2 und → Rn. 9f. beschriebenen, persönlichen und sachlichen Anwendungsbereich.

[4] Europäisches Parlament, Draft European Parliament Legislative Resolution on the proposal for a regulation of the European Parliament and of the Council on markets in crypto-assets and amending Directive (EU) 2019/1937 (COM(2020) 0593 – C9-0306/2020 – 2020/0265(COD)), 17.3.2022.

[5] Rat der Europäischen Union, MiCAR: Proposal for a regulation on Markets in crypto-assets – Three-column table to commence trilogues, 7694/22, 5.4.2022.

[6] Rat der Europäischen Union, Proposal for a Regulation of the European Parliament and of the Council on Markets in Crypto-assets, and amending Directive (EU) 2019/1937, 2020/0265 (COD), 5.10.2022.

[7] Europäisches Parlament, Entwurf einer Verordnung des Europäischen Parlaments und des Rates über Märkte für Kryptowerte und zur Änderung der RL (EU) 2019/1937, 2020/0265 (COD), 20.4.2023.

Entstehungsprozess der MiCAR in Form der grundlegenden Änderung des persönlichen und sachlichen Anwendungsbereichs.

2. Grundlagen sowie Sinn und Zweck der Vorschrift

4 Art. 74 gehört zu **Titel V** beginnend ab Art. 59. Dieser Titel regelt die Zulassung und die Bedingungen für die Ausübung der Tätigkeit eines Anbieters von Kryptowerte-Dienstleistungen. Art. 74 ist damit systematisch von den Vorschriften betreffend Emittenten bestimmter Kryptowerte zu unterscheiden (vgl. → Rn. 1 zu dem noch anderslautenden Vorschlag der Kommission). Art. 74 stellt vielmehr die letzte Vorschrift des **Kapitels 2** betreffend die Pflichten aller Anbieter von Kryptowerte-Dienstleistungen dar. Der Abwicklungsplan gehört – wie auch der Sanierungs- und Rücktauschplan (→ Art. 46 Rn. 34, → Art. 47 Rn. 17) – zu den **unternehmensinternen Dokumenten.** Der Anbieter von Kryptowerte-Dienstleistungen erstellt diesen Plan selbst und eigenverantwortlich. Er muss den öffentlich-rechtlichen Vorgaben von Art. 74 entsprechen. Vorschriften zu einer Überprüfung durch die zuständige Behörde, ob diese Vorgaben eingehalten werden, sieht Art. 74 allerdings nicht vor (siehe jedoch → Rn. 31 ff.). Der Abwicklungsplan gehört zu den **präventiv wirkenden Maßnahmen,** die – vergleichbar dem Sanierungs- und Rücktauschplan nach Art. 46 und 47 (zur Abgrenzung dieser Pläne → Rn. 11 ff.) – vor dem Eintritt einer wirtschaftlichen Extremlage oder einer grundsätzlichen Veränderung des Geschäfts des Anbieters von Kryptowerte-Dienstleistungen erstellt werden müssen. Der Abwicklungsplan soll bei Eintritt einer solchen wirtschaftlichen Extremlage oder Veränderung des Geschäfts ungebührliche wirtschaftliche Schäden der Kunden verhindern können.

5 Art. 74 gehört zu denjenigen Vorschriften der MiCAR, die ausdrücklich auf das **nationale Recht** Bezug nehmen. Dies ist deshalb bedeutend, da die Verordnung nach Art. 288 Abs. 2 S. 2 AEUV unmittelbar gilt und neben dieser kein normwiederholendes oder normkonkretisierendes nationales Recht erlassen oder beibehalten werden darf (sog. **Normwiederholungsverbot**).[8] Im konkreten Fall begründet Art. 74 eine **verordnungsautonome Pflicht** zur Aufstellung eines Abwicklungsplans. Die Abwicklung als solches im Sinne ihrer materiellen und verfahrensrechtlichen Anforderungen bestimmt sich hingegen nach nationalem Recht. Diese ausdrückliche Bezugnahme auf das nationale Recht der Mitgliedstaaten ermöglicht den nationalen Gesetzgebern, **Durchführungsvorschriften** zur MiCAR zu erlassen. Solche Durchführungsvorschriften zu einer Verordnung kennt das deutsche Recht beispielsweise in Art. 102c EGInsO zur Europäischen Insolvenzverordnung (**EuInsVO**[9]).[10] Mit dem Kryptomärkteaufsichtsgesetz (**KMAG**) als Teil des Finanzmarktdigitalisierungsgesetzes (**FinmadiG**) wurde ein solches Durchführungsgesetz entwickelt.[11] Der in der MiCAR verwendete **Begriff der Abwicklung** ist indes unionsautonom auszulegen (→ Rn. 17).

---

[8] Vgl. zur Bedeutung der unmittelbaren Geltung von europäischen Verordnungen näher Streinz EUV/AEUV/W. Schroeder, 3. Aufl. 2018, AEUV Art. 288 Rn. 43.
[9] VO (EU) 2015/848 des Europäischen Parlaments und des Rates v. 20.5.2015 über Insolvenzverfahren, zuletzt geändert durch VO (EU) 2021/2260 v. 15.12.2021.
[10] Vgl. zu den dortigen Problemen der Durchführungsvorschriften allerdings BeckOK InsR/Skauradszun, 36. Ed. 15.7.2024, EGInsO Art. 102c § 1 Rn. 2.
[11] Derzeit liegt das KMAG, welches in Art. 1 FinmadiG geregelt ist, in Form der Beschlussempfehlung des 7. Ausschusses (Finanzausschuss) vor, BT-Drs. 20/11178. Wenn im Rah-

Die Bezugnahme auf das nationale Recht ermöglicht es, den **Besonderheiten** 6
des jeweiligen nationalen Rechts gerecht zu werden, die sich mit den rechtlichen Folgen, die an die Abwicklung der Tätigkeiten als Anbieter von Kryptowerte-Dienstleistungen anknüpfen, beschäftigen. Diese können sich beispielsweise aus nationalem Aufsichtsrecht (→ Rn. 19 ff.) oder nationalem Gesellschaftsrecht (→ Rn. 23) ergeben. Alle für eine Abwicklung der Tätigkeiten in Betracht kommenden Rechtsgebiete ließen sich nicht ohne Weiteres harmonisieren, weshalb Art. 74 nur den Abwicklungsplan als solches, nicht aber den materiellrechtlichen Abwicklungsgrund (→ Rn. 18 ff.) und die verfahrensrechtliche Abwicklung regelt.

Sinn und Zweck des Abwicklungsplans ist der **Kundenschutz.** Die Kunden 7
sind technisch bedingt auch während einer Abwicklung der Tätigkeiten des Anbieters von Kryptowerte-Dienstleistungen auf einen Teil der Kryptowerte-Dienstleistungen angewiesen, beispielsweise auf eine Rück- oder Weiterübertragung von verwahrten Kryptowerten auf eine andere Blockchain-Adresse (vgl. → Art. 75 Rn. 25). Sie sollen keinen ungebührlichen wirtschaftlichen Schaden erleiden, wenn der Anbieter von Kryptowerte-Dienstleistungen seine Tätigkeiten abwickelt. Ein solcher Schaden könnte eintreten, wenn die **Eigentumsrechte** der Kunden verletzt werden (vgl. Art. 70 Abs. 1), beispielsweise durch die Vernichtung der Kryptowerte aufgrund eines vertragswidrig durchgeführten **Stakings**[12], bei dem es zu einem **Slashing**[13] kommt. Auch der Verlust der bei einem Anbieter von Kryptowerte-Dienstleistungen verwahrten Privates Keys[14] würde keine geordnete Abwicklung darstellen und einen wirtschaftlichen Schaden bei den Kunden verursachen (→ Rn. 29). Kunden, die Kryptowerte bei einem Anbieter von Kryptowerte-Dienstleistungen verwahren lassen, könnten ferner einen wirtschaftlichen Schaden erleiden, wenn bei einer Abwicklung der Tätigkeiten im Insolvenzverfahren die Anteile am verwahrten Vermögen nicht ausgesondert werden können (→ Rn. 30).

Art. 74 dient der Aufsichts- oder Abwicklungsbehörde **nicht unmittelbar** als 8
Ermächtigungsgrundlage, um die im Abwicklungsplan vorgesehenen Maßnahmen anordnen zu können. Insoweit unterscheiden sich Abwicklungs- und Sanierungs- bzw. Rücktauschplan, letztere kennen solche Anordnungsbefugnisse (→ Art. 46 Rn. 59 und → Art. 47 Rn. 60). Soweit jedoch das Unionsrecht oder nationale Recht bereits **allgemeine Ermächtigungsgrundlagen** für bestimmte Anordnungen bei Gefahr enthält – beispielsweise § 43 KMAG oder § 46 Abs. 1 KWG für deutsche Institute[15] – kann der Abwicklungsplan nach Art. 74 auch dazu dienen, der zuständigen Behörde Möglichkeiten aufzuzeigen, welche individuellen Maßnahmen für diesen konkreten Anbieter von Kryptowerte-Dienstleistungen sinnvollerweise angeordnet werden könnten.

---

men der Kommentierung auf das KMAG oder das FinmadiG verwiesen wird, dann bezieht sich der Verweis auf die Beschlussempfehlung (BT-Drs. 20/11178).
[12] Näher dazu Meier/Schneider/Schinerl BKR 2023, 365 (366).
[13] Beim Slashing handelt es sich um die Vernichtung von Kryptowerten infolge des Verstoßes eines Netzwerkteilnehmers gegen die Regeln des Protokolls, vgl. Meier/Schneider/Schinerl BKR 2023, 365.
[14] Zur Bedeutung des Private Keys siehe Kaulartz CR 2016, 474 (475); Hanner, Internationales Kryptowerterecht, 2022, S. 40.
[15] Zu diesen Ermächtigungsgrundlagen Skauradszun/Linardatos KMAG/Skauradszun § 43 Rn. 5 ff. und Beck/Samm/Kokemoor/Skauradszun KWG § 46 Rn. 21 ff.

Art. 74

3. Anwendungsbereich und Abgrenzung des Abwicklungsplans zu anderen Plänen

9 **a) Anbieter von Kryptowerte-Dienstleistungen.** Art. 74 erfasst in seinem **persönlichen Anwendungsbereich** Anbieter von Kryptowerte-Dienstleistungen. Dieser Begriff ist in **Art. 3 Abs. 1 Nr. 15** definiert und erfasst „jede juristische Person oder jedes andere Unternehmen, deren bzw. dessen berufliche oder gewerbliche Tätigkeit darin besteht, eine oder mehrere Kryptowerte-Dienstleistungen gewerblich für Kunden zu erbringen, und der bzw. dem es gestattet ist, gemäß Art. 59 Kryptowerte-Dienstleistungen zu erbringen". Was eine **Kryptowerte-Dienstleistung** ist, definiert **Art. 3 Abs. 1 Nr. 16.** Soweit in dieser Definition von „Krypto-Dienstleistung" die Rede ist, handelt es sich augenscheinlich um einen **Fehler der Übersetzer** der deutschen Sprachfassung, der seit der deutschen Sprachfassung des Kommissionsvorschlags nicht behoben wurde. Während die deutschen Übersetzer in der MiCAR über 640 Mal zutreffend „Kryptowerte-Dienstleistung" formuliert haben, ist ihnen (ausgerechnet) bei der Definitionsnorm eine sprachliche Verkürzung unterlaufen. In anderen Sprachfassungen, wie der englischen (crypto-asset service), französischen (service sur crypto-actifs), spanischen (servicio de criptoactivos) und italienischen (servizio per le cripto-attività), ist den Übersetzern ein solcher Fehler nicht passiert. Klarzustellen ist schließlich, dass sich Art. 74 nicht an Emittenten iSv Art. 3 Abs. 1 Nr. 10 richtet (vgl. zum anders konzipierten Vorschlag der Kommission → Rn. 1). Art. 74 gilt sowohl für Anbieter von Kryptowerte-Dienstleistungen, die eine Zulassung nach Art. 59 Abs. 1 lit. a iVm Art. 63 beantragen müssen, als auch für Anbieter von Kryptowerte-Dienstleistungen, denen die Erbringung von Kryptowerte-Dienstleistungen nach Art. 59 Abs. 1 lit. b iVm Art. 60 gestattet ist. Nach Art. 60 Abs. 10 finden die Art. 62, 63, 64, 67, 83 und 84 auf die in Art. 60 Abs. 1–6 genannten Rechtsträger keine Anwendung. Art. 74 wird von diesem Ausschlusstatbestand hingegen nicht erfasst und findet folglich Anwendung.

10 **b) Dienstleistungen iSd Art. 75–79 MiCAR.** In seinem **sachlichen Anwendungsbereich** adressiert Art. 74 nur die in Art. 75 bis 79 genannten Dienstleistungen. Abwicklungspläne sind damit von Anbietern, die die Verwahrung und Verwaltung von Kryptowerten für Kunden anbieten, Anbietern von Handelsplattformen, Wechselplattformen und Handelsmaklern aufzustellen. Art. 74 erfasst damit die Mehrheit der Kryptowerte-Dienstleistungen iSv Art. 3 Abs. 1 Nr. 16, aber nicht alle.

11 **c) Abgrenzung zu anderen Plänen.** Der Abwicklungsplan nach Art. 74 ist zum einen vom Sanierungsplan (→ Rn. 12) und vom Rücktauschplan (→ Rn. 13) abzugrenzen, zum anderen von Plänen außerhalb der MiCAR, namentlich dem Abwicklungsplan nach dem einheitlichen Abwicklungsmechanismus (→ Rn. 14). Mit Blick auf das deutsche Recht ist der Abwicklungsplan nach Art. 74 sodann von dem Restrukturierungsplan nach dem KWG (→ Rn. 15) sowie Restrukturierungsplänen nach dem StaRUG und Insolvenzplänen nach der InsO (→ Rn. 16) zu unterscheiden.

12 Der **Sanierungsplan** nach Art. 46 dient primär dazu, das Recht auf Rücktausch, wie es Art. 39 Abs. 1 ausgestaltet, zu sichern und den Unternehmen, die für dieses Rücktauschrecht eine Vermögenswertreserve nach Art. 36 Abs. 1 UAbs. 1 aufstellen und sodann erhalten müssen, mit einem Sanierungsplan eine Palette an Sanierungsoptionen an die Hand zu geben, die diese zu ergreifen haben, wenn die Anfor-

Geordnete Abwicklung von CASP **Art. 74**

derungen an diese Vermögenswertreserve iSv Art. 3 Abs. 1 Nr. 32 nicht mehr eingehalten werden (→ Art. 46 Rn. 38 ff.). Anbieter von Kryptowerte-Dienstleistungen müssen kein Reservevermögen aufstellen und erhalten, welches den Rücktausch- bzw. Rückzahlungsanspruch von Inhabern von vermögenswertereferenzierten oder E-Geld-Token gegenüber den Emittenten solcher Token sichern soll. Anders als der Abwicklungsplan erfasst der Sanierungsplan in seinem persönlichen Anwendungsbereich nur Emittenten vermögenswertereferenzierter Token (→ Art. 46 Rn. 9 ff.) und bestimmte Emittenten von E-Geld-Token (→ Art. 55 Rn. 14 ff.). Beiden Plänen ist indes gemein, dass es sich um **präventive Pläne** handelt, die außerhalb der Unternehmenskrise oder vor umfassenden Änderungen des Geschäfts des Dienstleistungsanbieters aufgestellt werden müssen. Eine **Parallele** gibt es ferner, wenn der Abwicklungsplan als Unterfall die Fortführung oder Wiederaufnahme kritischer Tätigkeiten erörtert und damit Ähnlichkeiten zum Sanierungsplan nach Art. 46 Abs. 1 UAbs. 2 Fall 1 und 2 hat, der ebenfalls die Aufrechterhaltung spezifischer Dienstleistungen (→ Art. 46 Rn. 45 f.) und die Sanierung des Geschäftsbetriebs (→ Art. 46 Rn. 47 f.) zum Gegenstand hat.

Der **Rücktauschplan** nach Art. 47 dient der Unterstützung des geordneten 13
Rücktauschs von vermögenswertereferenzierten Token. Dieser Rücktausch soll auch dann noch geordnet durchgeführt werden können, wenn beim Emittenten vermögenswertereferenzierter Token wirtschaftliche Extremlagen wie Insolvenz, Abwicklung und Zulassungsentzug auftreten (dazu → Art. 47 Rn. 25 ff.). Ähnlich wie der Sanierungsplan erfasst der Rücktauschplan in seinem persönlichen Anwendungsbereich nur Emittenten vermögenswertereferenzierter Token (→ Art. 47 Rn. 10 ff.) und Emittenten von E-Geld-Token (→ Art. 55 Rn. 47 ff.) und unterscheidet sich damit vom Abwicklungsplan. Allen Plänen ist gemein, dass es sich bei ihnen um präventive Maßnahmen handelt (→ Rn. 4, 12).

Die beiden zentralen Rechtsakte des einheitlichen Abwicklungsmechanismus 14
(Single Resolution Mechanism – SRM) sind die **BRRD**[16] und die **SRM-VO**[17] für Kreditinstitute und bestimmte Wertpapierfirmen.[18] Die SRM-VO regelt ab Art. 8 in 17 Vorschriften ausführlich die **Abwicklungsplanung,** die sich dadurch vom Abwicklungsplan der MiCAR unterscheidet, dass im SRM die europäische oder nationale Abwicklungsbehörde den Abwicklungsplan erstellt, während der

---

[16] RL 2014/59/EU des Europäischen Parlaments und des Rates v. 15.5.2014 zur Festlegung eines Rahmens für die Sanierung und Abwicklung von Kreditinstituten und Wertpapierfirmen und zur Änderung der RL 82/891/EWG des Rates, der RL 2001/24/EG, 2002/47/EG, 2004/25/EG, 2005/56/EG, 2007/36/EG, 2011/35/EU, 2012/30/EU und 2013/36/EU sowie der VO (EU) Nr. 1093/2010 und (EU) Nr. 648/2012 des Europäischen Parlaments und des Rates (BRRD). Geändert durch die RL (EU) 2019/879 des Europäischen Parlaments und des Rates v. 20.5.2019 (BRRD II) und zuletzt durch die VO (EU) 2021/23 des Europäischen Parlaments und des Rates v. 16.12.2020.

[17] VO (EU) 806/2014 des Europäischen Parlaments und des Rates v. 15.7.2014 zur Festlegung einheitlicher Vorschriften und eines einheitlichen Verfahrens für die Abwicklung von Kreditinstituten und bestimmten Wertpapierfirmen im Rahmen eines einheitlichen Abwicklungsmechanismus sowie eines einheitlichen Abwicklungsfonds sowie zur Änderung der VO (EU) Nr. 1093/2010. Zuletzt geändert durch VO (EU) 2019/2033 des Europäischen Parlaments und des Rates v. 27.11.2019.

[18] Anders als Fritz BKR 2023, 747 (753) suggeriert, steht Art. 74 zum SRM nicht in einem Entweder-oder-Verhältnis. Wie Art. 59 Abs. 1 lit. b zeigt, können Kryptowerte-Dienstleister ua Kreditinstitute sein. Diese fallen zugleich unter den SRM. Bestimmte Emittenten werden also von beiden Regelungsregimen erfasst.

Art. 74 Titel V Kryptowerte-Dienstleistungen

Anbieter von Kryptowerte-Dienstleistungen nach der MiCAR selbst verpflichtet wird. Während der Abwicklungsplan nach dem SRM dazu dient, präventiv die etwaige Anwendung von Abwicklungsinstrumenten und Abwicklungsbefugnissen vorzubereiten, beispielsweise durch Mindestanforderungen für berücksichtigungsfähige Verbindlichkeiten, die Gegenstand eines Bail-in sein könnten (Art. 8 Abs. 5, Art. 12 SRM-VO), betrachtet der Abwicklungsplan nach Art. 74 die Phase, in der die Tätigkeiten als Anbieter von Kryptowerte-Dienstleistungen abgewickelt werden und bezweckt den Kundenschutz in genau dieser Phase (vgl. ferner zu Abgrenzungen zur SRM-VO und BRRD → Art. 46 Rn. 20).

15 In § 45 Abs. 2 Nr. 12, Abs. 3 KWG wird der **Restrukturierungsplan** geregelt, den ein Institut – bei entsprechender Anordnung der BaFin – erstellen und vorlegen muss (→ Art. 46 Rn. 25). Der Restrukturierungsplan zielt darauf ab, dass die aufsichtlichen Anforderungen iSv § 45 Abs. 1 KWG wieder eingehalten werden, und hat daher andere Zwecke als der Abwicklungsplan nach Art. 74.[19]

16 Restrukturierungspläne nach der **RestruktRL**[20] bzw. dem **StaRUG** können nicht auf die Abwicklung des Schuldners gerichtet sein, da sie vielmehr der **Abwendung der Insolvenz und der Sicherstellung der Bestandsfähigkeit des Schuldners** dienen (→ Art. 46 Rn. 27 ff., zu dem Begriff der Abwicklung siehe → Rn. 17). Da Art. 2 Abs. 1 Nr. 1 RestruktRL jedoch unter den Begriff der „Restrukturierung" auch „alle erforderlichen operativen Maßnahmen" fasst, ist es denkbar, dass ein Restrukturierungsplan auch die Abwicklung von Kryptowerte-Dienstleistungen umfasst und somit einen Abwicklungsgrund darstellt (→ Rn. 24). Eine Überschneidung der beiden Pläne kann auch auftreten, wenn der Restrukturierungsplan den Verkauf des Geschäftsbereichs betrifft (vgl. Art. 2 Abs. 1 Nr. 1 RestruktRL), mit dem Kryptowerte-Dienstleistungen angeboten wurden, und damit ebenfalls ein Abwicklungsfall nach Art. 74 eintritt (→ Rn. 24). Im Übrigen verfolgt der **Insolvenzplan** nach der InsO andere Ziele als der Abwicklungsplan nach Art. 74 (→ Art. 46 Rn. 30), kann aber ein Abwicklungsgrund für die Anwendung des Abwicklungsplans sein (→ Rn. 25).

II. Abwicklungsplan

1. Geordnete Abwicklung nach nationalem Recht

17 Art. 74 verpflichtet die Anbieter von Kryptowerte-Dienstleistungen dazu, einen Plan zur Unterstützung einer geordneten Abwicklung ihrer Tätigkeiten aufzustellen. Der **Begriff der Abwicklung** wird weder in Art. 74 noch an anderer Stelle innerhalb der MiCAR definiert. Er ist **unionsautonom auszulegen.** Der Begriff taucht an mehreren Stellen innerhalb der Verordnung auf. Beispielsweise muss der

---

[19] Ziel des § 45 KWG ist es, der BaFin im Fall der Unzulänglichkeit der gesetzlich vorgeschriebenen Eigenmittel oder im Fall der unzureichenden Liquidität des Kreditinstituts Eingriffsbefugnisse an die Hand zu geben, um eine „Unternehmenskrise gar nicht erst entstehen zu lassen", vgl. Thierhoff/Müller Unternehmenssanierung/Frege/Nicht/Schildt, 3. Aufl. 2021, Kapitel 13 Rn. 121 f.

[20] RL (EU) 2019/1023 des Europäischen Parlaments und des Rates v. 20.6.2019 über präventive Restrukturierungsrahmen, über Entschuldung und über Tätigkeitsverbote sowie über Maßnahmen zur Steigerung der Effizienz von Restrukturierungs-, Insolvenz- und Entschuldungsverfahren und zur Änderung der RL (EU) 2017/1132 (Richtlinie über Restrukturierung und Insolvenz).

Rücktauschplan iSv Art. 47 umgesetzt werden, wenn die zuständige Behörde gem. Art. 47 Abs. 1 feststellt, dass der Emittent seine Verpflichtungen nicht oder wahrscheinlich nicht erfüllen kann, auch im Fall einer etwaigen Abwicklung des Emittenten (zum Begriff der Abwicklung in diesem Sinne → Art. 47 Rn. 31). Der in Art. 47 Abs. 1 verwendete Begriff, der dem **einheitlichen Abwicklungsmechanismus** (Single Resolution Mechanism – SRM) entspringt, ist vom Begriff der geordneten „Abwicklung" iSv Art. 74 **zu unterscheiden.** Art. 74 betrifft nicht die Abwicklung des **Unternehmensträgers,** sondern die geordnete (unmittelbare) Abwicklung der **Tätigkeiten** des Anbieters von Kryptowerte-Dienstleistungen. Die Abwicklung des Rechtsträgers kann aber **mittelbar** zur Abwicklung der Tätigkeiten des Anbieters von Kryptowerte-Dienstleistungen führen (→ Rn. 23 ff.). Eine Auslegungshilfe stellt Art. 94 Abs. 1 lit. h dar. Dort ist geregelt, dass die zuständigen Behörden gemäß dem nationalen Recht ermächtigt sein müssen, die **sofortige Einstellung der Tätigkeit** anzuordnen, wenn Grund zu der Annahme besteht, dass **Kryptowerte-Dienstleistungen ohne Zulassungen** erbracht werden. Im Grundsatz ist der Zulassungsentzug der Hauptfall der Abwicklung (→ Rn. 19, 32). Unter Abwicklung iSv Art. 74 ist daher die **teilweise oder vollständige Einstellung der Tätigkeiten** als Anbieter von Kryptowerte-Dienstleistungen zu verstehen (→ Rn. 6).[21]

Art. 74 spricht die Abwicklung der Tätigkeiten der Anbieter von Kryptowerte-Dienstleistungen „nach geltendem nationalen Recht" an. Es handelt sich um die sog. **Abwicklungsgründe.** Dabei sind die Abwicklungsgründe vielfältig. Sie können nach Rechtsgebieten unterschieden werden: **18**

a) Abwicklungsgründe aus dem Aufsichtsrecht. Ein unmittelbarer Abwicklungsgrund, warum die Tätigkeiten als Anbieter von Kryptowerte-Dienstleistungen abgewickelt werden müssen, ist der **Entzug der Zulassung** eines Anbieters von Kryptowerte-Dienstleistungen nach Art. 64 (zur Zulassungspflicht vgl. Art. 59, hier ist auch Abs. 4 zu beachten, der regelt, dass die nach Art. 59 Abs. 1 lit. a iVm Art. 63 zugelassenen Anbieter von Kryptowerte-Dienstleistungen die Voraussetzungen für ihre Zulassung jederzeit erfüllen müssen). Nach dem Zulassungsentzug sind die Kryptowerte-Dienstleistungen abzuwickeln. Hierzu sieht **Art. 64 Abs. 8** eine mit Art. 74 inhaltlich in Zusammenhang stehende Regelung vor: Die Anbieter von Kryptowerte-Dienstleistungen müssen geeignete Verfahren einrichten, umsetzen und aufrechterhalten, mit denen sie sicherstellen, dass Kryptowerte und Geldbeträge ihrer Kunden bei Entzug einer Zulassung zeitnah und ordnungsgemäß auf einen anderen Anbieter von Kryptowerte-Dienstleistungen übertragen werden. Diese Verfahren werden im Abwicklungsplan dargestellt. Die Notwendigkeit der Abwicklung nach Entzug der Zulassung ergibt sich mitunter aus Art. 94 Abs. 1 lit. h. Danach sollen die zuständigen Behörden gemäß dem nationalen Recht ermächtigt sein, die **sofortige Einstellung der Tätigkeit ohne vorherige Warnung oder Fristsetzung** anzuordnen, wenn Grund zu der Annahme besteht, dass **Kryptowerte-Dienstleistungen ohne Zulassung** erbracht werden. **19**

---

[21] Eine Orientierungshilfe bietet hier auch ErwG 45 S. 1 BRRD, dort wird im Zusammenhang mit der Abwicklung eines ausfallenden Instituts der **Marktaustritt** genannt. Die Einstellung der Tätigkeiten als Anbieter von Kryptowerte-Dienstleistungen führt in letzter Konsequenz dazu, dass die konkreten Kryptowerte-Dienstleistungen von dem konkreten Anbieter nicht mehr – jedenfalls wie bisher – am Markt angeboten werden.

Art. 74 Titel V Kryptowerte-Dienstleistungen

20 Über Art. 64 hinaus sind allerdings auch **andere Vorschriften** zu beachten, die den **Zulassungsentzug** von Anbietern von Kryptowerte-Dienstleistungen außerhalb der MiCAR regeln. Bestimmte Anbieter von Kryptowerte-Dienstleistungen sind nämlich von der Pflicht, eine Zulassung nach Art. 59 Abs. 1 iVm Art. 63 zu beantragen, befreit. Für Rechtsträger, die in Art. 60 Abs. 1–6 genannt werden, gilt Art. 64 nicht, vgl. Art. 60 Abs. 10. So müssen beispielsweise **Kreditinstitute** gem. Art. 59 Abs. 1 lit. b keine Zulassung beantragen[22] und können ihre Zulassung betreffend die Erbringung von Kryptowerte-Dienstleistungen auch nicht gem. Art. 64 verlieren, da sie in Art. 60 Abs. 1 genannt werden. Ein unmittelbarer Abwicklungsgrund iSd MiCAR liegt allerdings auch dann vor, wenn bei Kreditinstituten oder anderen in Art. 60 Abs. 1–6 genannten Rechtsträgern das **Recht zur Erbringung von Kryptowerte-Dienstleistungen erlischt.** Das Recht erlischt gem. **Art. 60 Abs. 11** „mit dem Entzug der einschlägigen Zulassung, die es dem betreffenden Rechtsträger ermöglicht hat, die Kryptowerte-Dienstleistungen zu erbringen, ohne eine Zulassung gemäß Art. 59 zu beantragen". Damit stehen die Vorschriften, die den Entzug der Zulassung betreffend der in Art. 60 Abs. 1–6 genannten Rechtsträger regeln, neben Art. 64. Der Zulassungsentzug betreffend Kreditinstitute ist im unionalen Rechtsraum durch die Sanierungs-RL[23], die BRRD und die SRM-VO wiederum harmonisiert[24] – nach Art. 12 Abs. 1 Sanierungs-RL wird die Zulassung des Kreditinstituts widerrufen, wenn vorherige Sanierungsmaßnahmen gescheitert sind. Diese Richtlinienvorgabe hat der deutsche Gesetzgeber in § 35 Abs. 2a S. 1 KWG umgesetzt. Sobald über das Institut ein Insolvenzverfahren eröffnet ist, soll die BaFin die Erlaubnis aufheben.[25] Ab diesem Zeitpunkt erlischt auch das Recht, Kryptowerte-Dienstleistungen zu erbringen, und ein unmittelbarer Abwicklungsgrund liegt vor. In § 35 KWG sind darüber hinaus noch weitere Gründe geregelt, die zu dem Erlöschen oder der Aufhebung der Erlaubnis führen können und damit unmittelbare Abwicklungsgründe begründen können.

21 Ein unmittelbarer Abwicklungsgrund, warum Tätigkeiten als Anbieter von Kryptowerte-Dienstleistungen abgewickelt werden müssen, ist ferner die Anordnung der Aufsichtsbehörde, **bestimmte Tätigkeiten einzustellen.** Eine Untersagung bzw. Einstellung von Tätigkeiten als Anbieter von Kryptowerte-Dienstleistungen kann nach **§ 29 Abs. 2 und Abs. 3 KMAG** angeordnet werden. Ferner erlaubt **§ 42 Abs. 1 Nr. 3 KMAG** die Untersagung einzelner Geschäftsarten bei organisatorischen Mängeln.[26] Schließlich erlaubt **§ 43 KMAG** einstweilige Maßnahmen bei Gefahr. So kann die BaFin als Aufsichtsbehörde etwa eine Anweisung für die Mitglieder des Leitungsorgans des Instituts erlassen (§ 43 Abs. 1 S. 2 Nr. 1 KMAG), den Inhabern und Mitgliedern des Leitungsorgans die Ausübung ihrer Tätigkeit untersagen oder beschränken (§ 43 Abs. 1 S. 2 Nr. 2 KMAG) oder gar die Schließung des Instituts für den Verkehr mit der Kundschaft anordnen (§ 43 Abs. 1

---

[22] Dies ergibt sich explizit aus Art. 60 Abs. 11, der beschreibt, dass es den in Art. 60 genannten Rechtsträgern möglich ist, Kryptowerte-Dienstleistungen zu erbringen, „ohne eine Zulassung gemäß Art. 59 beantragen zu müssen".

[23] RL 2001/24/EG des Europäischen Parlaments und des Rates v. 4.4.2001 über die Sanierung und Liquidation von Kreditinstituten.

[24] Thierhoff/Müller Unternehmenssanierung/Frege/Nicht/Schildt, 3. Aufl. 2021, Kapitel 13 Rn. 90.

[25] Thierhoff/Müller Unternehmenssanierung/Frege/Nicht/Schildt, 3. Aufl. 2021, Kapitel 13 Rn. 113.

[26] Vgl. Skauradszun/Linardatos KMAG/Skauradszun § 42 Rn. 22ff.

Geordnete Abwicklung von CASP **Art. 74**

S. 2 Nr. 3 KMAG). Dieser Abwicklungsgrund ist **beispielsweise** für deutsche Anbieter von Kryptowerte-Dienstleistungen in Form der Verwahrung und Verwaltung von Kryptowerten (Kryptoverwahrung iSv § 2 Abs. 11 KMAG) denkbar, die nach Art. 59 Abs. 1 lit. a iVm Art. 63 zugelassen werden. Dieser Kryptoverwahrer erbringt Kryptowerte-Dienstleistungen nach Art. 3 Abs. 1 Nr. 16 lit. a. Für Kreditinstitute und Finanzdienstleistungsinstitute im Anwendungsbereich des deutschen Kreditwesengesetzes sind solche Anordnungen aus **§ 46 KWG** bekannt. Das **qualifizierte** Kryptoverwahrgeschäft stellt eine Finanzdienstleistung dar, weshalb dieser Kryptoverwahrer ein Finanzdienstleistungsinstitut iSd § 1 Abs. 1a S. 1 KWG und zugleich ein Institut iSd des § 1 Abs. 1b KWG ist und damit in den Anwendungsbereich des § 46 KWG fällt.[27] Die Unterscheidung zwischen Kryptowerten iSv § 1 Abs. 11 S. 4 KWG iVm Art. 3 Abs. 1 Nr. 5 MiCAR und kryptografischen Instrumenten iSv § 1 Abs. 1a S. 9 KWG ist deshalb wichtig, da für Institute im Anwendungsbereich der MiCAR auf das **KMAG** abzustellen ist.[28] Für das **qualifizierte** Kryptoverwahrgeschäft betreffend kryptografische Instrumente bleibt es hingegen bei § 46 KWG. Diese Variante wäre allerdings nicht vom Anwendungsbereich der MiCAR und damit nicht von Art. 74 erfasst.

E-Geld-Institute dürfen nach Art. 59 Abs. 1 lit. b iVm Art. 60 Kryptowerte-Dienstleistungen anbieten. Ihnen wird die Erbringung von bestimmten Kryptowerte-Dienstleistungen im Hinblick auf die von ihnen ausgegebenen E-Geld-Token gestattet (vgl. Art. 59 Abs. 1 lit. b und Art. 60 Abs. 4). Insoweit gilt für E-Geld-Institute Art. 64 gem. Art. 60 Abs. 10 nicht. Die Zulassung für die Tätigkeit als E-Geld-Institut und der Entzug der Zulassung wird in Art. 18 E-Geld-Richtlinie[29] bereits sekundärrechtlich erwähnt. Der deutsche Gesetzgeber hat in § 13 ZAG die Anforderungen betreffend das **Erlöschen und die Aufhebung der Erlaubnis** durch die BaFin geregelt. Wenn das E-Geld-Institut seine Erlaubnis verliert, dann erlischt nach Art. 60 Abs. 11 das Recht, die nach Art. 60 Abs. 4 gestatteten Kryptowerte-Dienstleistungen zu erbringen. Darüber hinaus sieht § 21 Abs. 2 S. 2 ZAG vor, dass die BaFin Anweisungen für die Geschäftsführung des Instituts erlassen (Nr. 1) und Inhabern und Geschäftsleitern die Ausübung ihrer Tätigkeit untersagen oder beschränken kann (Nr. 2). Ferner kann die Schließung des Instituts für den Verkehr mit der Kundschaft angeordnet werden (§ 21 Abs. 3 S. 1 Nr. 3 ZAG). 22

b) Abwicklungsgründe aus dem Gesellschaftsrecht. Mittelbare Abwicklungsgründe können aus dem Gesellschaftsrecht stammen. Betreibt der Anbieter von Kryptowerte-Dienstleistungen seine Dienstleistungen etwa in der Rechtsform der GmbH und beschließen die Gesellschafter die Auflösung der **GmbH** (§ 60 Abs. 1 Nr. 2 GmbHG), haben die Liquidatoren iSv § 66 GmbHG die laufenden Geschäfte zu beendigen (§ 70 S. 1 GmbHG).[30] Dazu zählen dann auch Geschäfte, die im Zusammenhang mit der Erbringung von Kryptowerte-Dienstleistungen stehen. Dies gilt entsprechend für die Auflösung einer **Aktiengesellschaft,** an deren Auflösungsbeschluss (§ 262 Abs. 1 Nr. 2 AktG) sich kraft Gesetzes die Abwicklung 23

---

[27] Beck/Samm/Kokemoor/Skauradszun KWG § 46 Rn. 4 (ab Rn. 6 zu Ausnahmen vom Anwendungsbereich).

[28] Vgl. BT-Drs. 20/10280, 153.

[29] RL 2009/110/EG des Europäischen Parlaments und des Rates v. 16.9.2009 über die Aufnahme, Ausübung und Beaufsichtigung der Tätigkeit von E-Geld-Instituten, zur Änderung der RL 2005/60/EG und 2006/48/EG sowie zur Aufhebung der RL 2000/46/EG.

[30] Näher dazu BeckOK GmbHG/Lorscheider, 61. Ed. 1.2.2024, GmbHG § 70 Rn. 7ff.

Art. 74   Titel V Kryptowerte-Dienstleistungen

der Gesellschaft anschließt (§ 264 Abs. 1 AktG), was ebenfalls die Beendigung der laufenden Geschäfte erfordert (§ 268 Abs. 1 S. 1 AktG), mithin auch die Kryptowerte-Dienstleistungen. Bei der **OHG** gilt dies über §§ 138 Abs. 1 Nr. 4, 140, 143 Abs. 1 S. 1, 148 Abs. 2 S. 1 HGB und bei der **KG** über § 161 Abs. 2 HGB. Neben der Auflösung des Rechtsträgers als mittelbarer Abwicklungsgrund kann im Gesellschaftsrecht der Gegenstand des Unternehmens geändert werden, wonach das Anbieten von Kryptowerte-Dienstleistungen fortan nicht mehr zum Gegenstand des Unternehmens gehört (vgl. etwa §§ 3 Abs. 1 Nr. 2, 53 GmbHG; §§ 23 Abs. 3 Nr. 2, 179 AktG). Im Unterschied zu den in →Rn. 19ff. genannten behördlichen und mithin hoheitlichen Entscheidungen begründen die Anteilsinhaber bei einem Auflösungsbeschluss oder einem Beschluss auf entsprechende Änderung des Gegenstands des Unternehmens den Abwicklungsgrund selbst.

24   c) **Abwicklungsgründe aus dem Restrukturierungsrecht.** Abwicklungsgründe können aus einem **Restrukturierungsplan** resultieren. Art. 2 Abs. 1 Nr. 1 RestruktRL erfasst als Maßnahme einer „Restrukturierung" auch „alle erforderlichen operativen Maßnahmen". Nach dem deutschen Umsetzungsgesetz, dem StaRUG, wäre es beispielsweise möglich, die **Satzung** des Anbieters zu **ändern**[31] und so das Geschäft als Kryptowerte-Dienstleister einzustellen. Es wären ferner **umwandlungsrechtliche Maßnahmen** möglich,[32] etwa eine Auf- oder Abspaltung nach § 123 Abs. 1 und 2 UmwG oder eine Ausgliederung nach § 123 Abs. 3 UmwG. Solche Restrukturierungsmaßnahmen können zu einer Abwicklung der Tätigkeiten als Anbieter von Kryptowerte-Dienstleistungen führen und somit einen Abwicklungsgrund nach Art. 74 darstellen. Sollen allerdings Instrumente des Stabilisierungs- und Restrukturierungsrahmens in Anspruch genommen werden (§ 29 StaRUG), ist die Restrukturierungsfähigkeit nach § 30 StaRUG zu prüfen. Institute iSv § 2 Abs. 4 KMAG gehören zu den Unternehmen der Finanzbranche iSv § 1 Abs. 19 KWG und sind daher nach § 30 Abs. 2 StaRUG ausgenommen. Sie können operative Maßnahmen nur in einem konsensualen Restrukturierungsplan vorsehen.

25   d) **Abwicklungsgründe aus dem Insolvenzrecht.** Unmittelbare Abwicklungsgründe können aus dem nationalen Insolvenzrecht entspringen:
- Ordnet ein deutsches Insolvenzgericht als vorläufige Maßnahme die Bestellung eines **vorläufigen Insolvenzverwalters** an, auf den die Verwaltungs- und Verfügungsbefugnis übergeht (§§ 21 Abs. 2 S. 1 Nr. 2, 22 Abs. 1 S. 1 InsO, sog. „starker" vorläufiger Insolvenzverwalter), dann kann es sein, dass dieser zum Schutz der Insolvenzmasse einzelne oder alle Tätigkeiten zu Kryptowerte-Dienstleistungen einstellen muss (vgl. § 22 Abs. 1 S. 2 Nr. 2 aE InsO).
- Das Insolvenzgericht kann den Antrag auf Eröffnung des Insolvenzverfahrens mangels Masse abweisen (§ 26 Abs. 1 S. 1 InsO; **Masseinsuffizienz**) oder das Insolvenzverfahren, in dem zunächst die Fortführung des Unternehmens beschlossen wurde, nach der Verfahrenseröffnung mangels Masse einstellen müssen (§ 207 Abs. 1 InsO). Der kraft Gesetzes aufgelöste Rechtsträger (vgl. exemplarisch § 60 Abs. 1 Nr. 5 GmbHG) wird in der Folge aus dem Handelsregister ge-

---

[31] AG München NZI 2022, 31 mAnm Skauradszun/Blum; BeckOK StaRUG/Skauradszun, 14. Ed. 1.10.2024, StaRUG § 2 Rn. 90; BeckOK StaRUG/Fridgen, 14. Ed. 1.10.2024, StaRUG § 7 Rn. 81; MüKoStaRUG/Parzinger/Knebel, 2023, § 7 Rn. 121.

[32] BeckOK StaRUG/Skauradszun, 14. Ed. 1.10.2024, StaRUG § 2 Rn. 90; BeckOK StaRUG/Fridgen, 14. Ed. 1.10.2024, StaRUG § 7 Rn. 89.

löscht (§ 394 FamFG), womit Vollbeendigung eintritt. Auch dieser Fall bedroht die geordnete Abwicklung der Tätigkeiten als Kryptowerte-Dienstleister.
- Eröffnet das Insolvenzgericht das Insolvenzverfahren (§ 27 InsO), hat die Gläubigerversammlung im Berichtstermin zu beschließen, ob das Unternehmen des Schuldners stillgelegt oder vorläufig fortgeführt werden soll (§ 157 S. 1 InsO). Beschließt die Gläubigerversammlung die **Stilllegung,** liegt ein unmittelbarer Abwicklungsgrund nach Art. 74 vor.
- Des Weiteren kann ein **Insolvenzplan** nach § 217 InsO ausnahmsweise nicht auf den Erhalt des Unternehmens gerichtet sein (vgl. § 1 S. 1 InsO), sondern auf die Abwicklung (**„Liquidationsplan"**[33]). Auch dann liegt ein unmittelbarer Abwicklungsgrund nach Art. 74 vor.
- Auch ein auf den Erhalt des Unternehmens gerichteter Insolvenzplan kann zu einem Abwicklungsgrund nach Art. 74 führen, beispielsweise nämlich, wenn dieser die in → Rn. 24 genannten **umwandlungsrechtlichen Maßnahmen** oder eine Änderung des Gegenstands des Unternehmens enthält. Solche Maßnahmen sind nach § 225a Abs. 3 InsO möglich.[34]

In → Art. 46 Rn. 29 wurde die Kollision zwischen dem allgemeinen Insolvenzplanrecht und dem spezielleren Sanierungsplan nach Art. 46 dargestellt. Art. 46 stellt hinsichtlich der Vermögenswertreserve und der dadurch geschützten Rücktauschansprüche iSv Art. 39 Abs. 1 das speziellere Gesetz dar, hinter das das allgemeine Insolvenzplanrecht zurücktritt (lex specialis derogat legi generali). Daher dürften diese gesetzlichen Rücktauschansprüche nicht durch einen Insolvenzplan gestaltbar sein (→ Art. 46 Rn. 29 ff.). Diese Kollision tritt beim Abwicklungsplan so nicht auf. Der Abwicklungsplan nach Art. 74 soll gerade auch den Fall einer Abwicklung der Tätigkeiten des Anbieters von Kryptowerte-Dienstleistungen thematisieren, die deshalb eingestellt werden, da diese Tätigkeiten Gegenstand eines Insolvenzplans nach nationalem Recht sind. 26

2. Fortführung oder Wiederaufnahme kritischer Tätigkeiten

Der Abwicklungsplan muss Vorkehrungen für die Fortführung oder Wiederaufnahme kritischer Tätigkeiten des Anbieters von Kryptowerte-Dienstleistungen enthalten. Was „kritische Tätigkeiten" sind, definiert die MiCAR nicht.[35] Es geht auch hier **nicht** um die Fortführung des **Rechtsträgers,** also beispielsweise nicht um einen Fortführungsbeschluss nach vorheriger Auflösung eines Rechtsträgers (vgl. exemplarisch und § 60 Abs. 1 Nr. 4 GmbHG), sondern um die **Tätigkeiten** als Anbieter von Kryptowerte-Dienstleistungen. Es handelt sich um einen Unterfall des allgemeinen Abwicklungsprozesses. Solche Fortführungen trotz begonnener Abwicklungsphase sind teils in den jeweiligen Gesetzen vorgesehen. So erlaubt beispielsweise § 70 S. 2 GmbHG im Zuge der Beendigung schwebender Geschäfte auch die **Eingehung neuer Geschäfte.** Es könnte **beispielsweise** im Abwicklungsplan ausgeführt werden, dass auch im Falle einer Auflösung des Rechtsträgers die Liquidatoren kraft Gesetzes berechtigt sind, verwahrte Kryptowerte auf eine 27

---

[33] MüKoInsO/Eidenmüller, 4. Aufl. 2020, InsO § 217 Rn. 172; K. Schmidt InsO/Spliedt, 20. Aufl. 2023, InsO § 217 Rn. 8.
[34] MüKoInsO/Eidenmüller, 4. Aufl. 2020, InsO § 225a Rn. 91, 98; K. Schmidt InsO/Spliedt, 20. Aufl. 2023, InsO § 225a Rn. 48.
[35] Fritz BKR 2023, 747 (753) schlägt vor, den Begriff mit Art. 2 Abs. 1 Nr. 35 BRRD auszulegen (Legaldefinition der „kritische[n] Funktionen").

von den Kunden benannte andere Blockchain-Adresse zu transferieren und nötigenfalls hierzu auch einen Vertrag mit einem anderen Subdienstleister abschließen dürfen (vgl. auch Art. 73), mit dem dieser Transfer organisiert wird. Ein **anderes Beispiel** wäre die in → Rn. 25 von der Gläubigerversammlung im eröffneten Insolvenzverfahren beschlossene Stilllegung des Geschäftsbetriebs. Der Abwicklungsplan könnte darlegen, welche technischen Schritte der **Insolvenzverwalter** auf Kosten der Insolvenzmasse zu erfüllen hat, um den Kunden den Zugriff auf ihre Kryptowerte zu ermöglichen oder um verwahrte Kryptowerte auf eine andere Blockchain-Adresse zu transferieren (vgl. daher Art. 68 Abs. 7).

3. Kein ungebührlicher wirtschaftlicher Schaden

28 Der Abwicklungsplan muss nach Art. 74 S. 2 belegen, dass Anbieter von Kryptowerte-Dienstleistungen zu einer geordneten Abwicklung in der Lage sind, die ihren Kunden keinen ungebührlichen wirtschaftlichen Schaden zufügt. Die genannten Abwicklungsgründe werden meist zu einer **gewissen Störung** führen, da Zugriffsrechte regelmäßig faktisch oder rechtlich für eine gewisse Zeit nicht erfüllt werden können. Dies ist jedoch nicht als ungebührlicher wirtschaftlicher Schaden zu verstehen. Die Frage ist nämlich weniger, ob Kunden kurzzeitig bestimmte Rechte wie den Anspruch auf Rück- oder Weiterübertragung von Kryptowerten nicht ausüben können (vgl. für gewisse Verzögerungen auch → Art. 75 Rn. 26), sondern ob das in Art. 70 Abs. 1 angesprochene **Eigentumsrecht** an Kryptowerten ungebührlich geschädigt wird.

29 Kryptowerte-Dienstleistungen wie die **Verwahrung** und Verwaltung von Kryptowerten für Kunden verlangen eine Trennung von Eigen- und Kundenvermögen (Art. 75 Abs. 7, **Vermögenstrennungsprinzip;** → Art. 75 Rn. 29 ff.).[36] Ein ungebührlicher wirtschaftlicher Schaden droht daher, wenn die Abwicklung der Tätigkeiten dazu führt, dass es zur **Vermischung von Eigen- und Kundenvermögen** kommt und die Kunden in einer Abwicklung der Tätigkeiten aufgrund eines Insolvenzverfahrens die verwahrten Kryptowerte ggf. nicht mehr aussondern können.[37] Der Abwicklungsplan muss daher für diese Tätigkeiten ausführen, wie die Vermö-

---

[36] Ausf. zur unmittelbaren rechtlichen Trennung gem. Art. 75 Abs. 7 UAbs. 2: Skauradszun/Nguyen ZVglRWiss 123 (2024), 261 (271 f.).

[37] Solche Aussonderungsrechte werden für das **deutsche Recht** einhellig bei der **Einzelverwahrung** bejaht (Skauradszun/Schweizer/Kümpel ZIP 2022, 2101 (2109 f.); d'Avoine/Hamacher ZIP 2022, 2214 (2218); Schröder/Triantafyllakis BKR 2023, 12 (17); Haneke NZI 2023, 529 (530); BeckOK InsR/Haneke, 36. Ed. 15.7.2024, InsO § 47 Rn. 92i). Für die **Sammelverwahrung** entspricht dies – sofern das Vermögenstrennungsprinzip und ggf. auch das Unmittelbarkeitsprinzip gewahrt wurden – der herrschenden Meinung (Skauradszun/Schweizer/Kümpel ZIP 2022, 2101 (2110 f.); Vicente/Duarte/Granadeiro Fintech Regulation and the Licensing Principle/Skauradszun, S. 90, 102; ähnlich Schröder/Triantafyllakis BKR 2023, 12 (17 f.); Meier/Schneider/Schinerl RDi 2023, 257 (260, 263 f.); Haneke NZI 2023, 529 (530); BeckOK InsR/Haneke, 36. Ed. 15.7.2024, InsO § 47 Rn. 92i); ferner wohl auch in Art. 75 Rn. 29. Dies wurde aber auch bestritten (d'Avoine/Hamacher ZIP 2022, 2214 (2218); ebenso für die niederländische Recht Haentjens/de Graaf/Kokorin Singapore Journal of Legal Studies 2020, 526 (559, 562)). Für Institute im Anwendungsbereich des KMAG ist die unwiderlegliche Vermutung nach **§ 45 KMAG** zu beachten, die nach dem dortigen Abs. 2 auch für die gemeinschaftliche Verwahrung gilt und die verwahrten Kryptowerte den Kunden zuordnet (ausf. Skauradszun/Linardatos KMAG/Skauradszun § 45 Rn. 34 ff.).

genstrennung auch in der Abwicklungsphase sichergestellt ist, beispielsweise dadurch, dass technisch das Eigen- und Kundenvermögen auf unterschiedlichen Blockchain-Adressen zugeordnet ist und sich an dieser Vermögenstrennung auch im Falle der Abwicklung nichts ändert. Ferner ist auszuführen, wie die Kunden in der Abwicklung an die verwahrten Kryptowerte gelangen, beispielsweise durch Übertragung des **Private Keys** einer Omnibus Wallet auf einen neuen Anbieter von Kryptowerte-Dienstleistungen oder durch einen Transfer der Kryptowerte einer Segregated oder Omnibus Wallet auf eine andere Blockchain-Adresse (vgl. § 45 Abs. 3 S. 1 KMAG). Zu einer geordneten Abwicklung gehört auch, dass die Kunden eingebunden werden, wohin die Private Keys oder Kryptowerte in die neue Verwahrung gegeben bzw. transferiert werden. Umgekehrt wäre nicht von einer geordneten Abwicklung auszugehen, wenn Eigen- und Kundenvermögen in der Abwicklung vermischt werden könnte oder Private Keys nicht mehr verwahrt würden. Schließlich gehört zu einer geordneten Abwicklung, dass der Anbieter von Kryptowerte-Dienstleistungen im Abwicklungsplan darstellt, wie diese technischen Schritte erfüllt werden können, wenn in der Abwicklung Subunternehmen nicht mehr verfügbar sind.

Die Vermögenstrennung bezweckt die **Aussonderungsfähigkeit** in der Insolvenz des Anbieters von Kryptowerte-Dienstleistungen (vgl. ferner → Art. 47 Rn. 30). Aussonderungsrechte wurden in der MiCAR deshalb nicht expressis verbis geregelt, da sich die Antwort auf die Frage nach der insolvenzrechtlichen Rechtsposition traditionell nach der **lex fori concursus** bestimmt (vgl. etwa Art. 10 Abs. 2 lit. h Sanierungs-RL, Art. 7 Abs. 2 S. 2 lit. i EuInsVO).[38] Masse- und Rangfragen lassen sich nicht pauschal für jeden Mitgliedstaat beantworten. Die Vermögenstrennung ist jedoch regelmäßig so zu verstehen, dass sie dazu dient, Aussonderungsrechte zu ermöglichen. 30

4. Sonstige Anforderungen, Überprüfung und Sanktionen

Die erheblichen Änderungen bei Art. 74 im Zuge der Entstehungsgeschichte (→ Rn. 1 ff.) dürften der Grund dafür sein, warum Art. 74 hinsichtlich **Überprüfungs- und Aktualisierungspflichten** des Anbieters von Kryptowerte-Dienstleistungen und der Aufgaben der hierzu berufenen Behörde **schweigt** und damit bei Weitem nicht so detailliert geregelt ist wie die Parallelvorschriften in Art. 46 und 47. Ob die dortigen Regelungen zu Aufstellungs- und Änderungsfristen (Art. 46 Abs. 2, Art. 47 Abs. 3) sowie zum Zusammenspiel der zuständigen Behörde mit der **EBA** und **ESMA** (Art. 46 Abs. 6, vgl. → Art. 46 Rn. 82ff. und Art. 47 Abs. 5, vgl. → Art. 47 Rn. 69ff.) analogiefähig sind, ist zweifelhaft. Ausweislich der in → Rn. 1 ff. dargestellten Materialien haben sich die drei europäischen Institutionen mit den Art. 46, 47, 55 und 74 mehrfach befasst, sodass eine planwidrige Regelungslücke jedenfalls nicht einfach zu begründen wäre. Vergleichbar wäre die Interessenlage aber durchaus. 31

Misslich ist insbesondere, dass in Art. 74 nicht geregelt wurde, welche Behörde den Abwicklungsplan prüft und wie sie an ebendiesen gelangt. Nach dem effet-utile-Grundsatz kann es jedenfalls nicht richtig sein, dass Anbieter von Kryptowerte-Dienstleistungen einen Abwicklungsplan erstellen müssen, dies jedoch von keiner Aufsichts- oder Abwicklungsbehörde überprüft wird. Aus dem Umkehrschluss zu Art. 111 Abs. 1 UAbs. 1 lit. d ergibt sich vielmehr, dass ein behördliches **Überprüfungsrecht** besteht. Wenn nämlich ein Verstoß gegen Art. 74 zu verwal- 32

---

[38] Skauradszun/Schweizer/Kümpel ZIP 2022, 2101 (2104).

Art. 75 Titel V Kryptowerte-Dienstleistungen

tungsrechtlichen Sanktionen führen kann, muss es eine Behörde geben, die die Einhaltung von Art. 74 prüfen darf. Mangels konkreter Ermächtigungsgrundlage ist die Befugnis für eine Überprüfung daher zumindest aus **Art. 94 Abs. 1 lit. a** iVm dem nationalen Recht abzuleiten. Wenn die **zuständige Behörde iSv Art. 3 Abs. 1 Nr. 35** die – freilich anders gelagerten (→ Rn. 12f.) – Sanierungs- und Rücktauschpläne überprüft, erscheint es effizient, dass diese Behörde auch Erfahrungen zu Abwicklungsplänen aufbauen kann. Insbesondere spricht für diesen Vorschlag die Regelung des Art. 64. Wenn nämlich die zuständige Behörde für den Zulassungsentzug berufen ist – mithin den Grundfall eines Abwicklungsgrundes (→ Rn. 19) – und nunmehr die Pflicht einzuhalten ist, geeignete Verfahren für die Abwicklung umzusetzen (vgl. Art. 64 Abs. 8), sprechen Effizienzgründe dafür, dass die zuständige Behörde iSv Art. 3 Abs. 1 Nr. 35 auch den Abwicklungsplan präventiv prüfen und dazu erhalten darf. Für die zuständige Behörde in Deutschland (vgl. § 3 S. 1 **KMAG**) finden sich einschlägige allgemeine Befugnisse in § 4 KMAG und spezielle Ermächtigungsgrundlagen für Auskunft und Prüfung, auch ohne besonderen Anlass, in § 20 Abs. 2 KMAG.[39]

33 Nach Art. 111 Abs. 1 UAbs. 1 lit. d gehören die Pflichten aus Art. 74 zu den **sanktionsbewährten** Vorschriften. Dies ist bei den Sanierungs- und Rücktauschplänen ebenso (→ Art. 46 Rn. 62, → Art. 47 Rn. 32). Siehe ferner die deutsche Durchführungsvorschrift § 47 Abs. 3 Nr. 64 KMAG, die erfassen soll, dass entgegen Art. 74 iVm Art. 75 Abs. 1, 76 Abs. 1, 77 Abs. 1, 78 Abs. 1 UAbs. 1 oder 79 Abs. 1 bis zum Angebot einer Kryptowerte-Dienstleistung ein dort genannter Plan vorsätzlich oder fahrlässig nicht, nicht richtig oder nicht vollständig aufgestellt wurde. Anders als in § 47 Abs. 3 Nr. 4 lit. b KMAG wird in Nr. 64 die nicht rechtzeitige Übermittlung des Plans nicht ausdrücklich genannt.

Kapitel 3 Pflichten in Bezug auf spezifische Kryptowerte-Dienstleistungen

Artikel 75 Verwahrung und Verwaltung von Kryptowerten für Kunden

(1) **Anbieter von Kryptowerte-Dienstleistungen, die Kryptowerte für Kunden verwahren oder verwalten, schließen mit ihren Kunden eine Vereinbarung, in der ihre Pflichten und Aufgaben festgelegt werden. Eine solche Vereinbarung muss zumindest Folgendes enthalten:**
a) Angaben zur Identität der Vertragspartner,
b) Angaben zur Art der erbrachten Kryptowerte-Dienstleistung und eine Beschreibung dieser Dienstleistung,
c) die Verwahrstrategie,
d) Angaben zu den Mitteln für die Kommunikation zwischen dem Anbieter von Kryptowerte-Dienstleistungen und dem Kunden, einschließlich des Authentifizierungssystems des Kunden,
e) eine Beschreibung der vom Anbieter von Kryptowerte-Dienstleistungen verwendeten Sicherheitssysteme,
f) Angaben zu den vom Anbieter von Kryptowerte-Dienstleistungen erhobenen Gebühren, Kosten und Entgelten,
g) einen Hinweis auf das anwendbare Recht.

---

[39] Vgl. BT-Drs. 20/10280, 143.

(2) Anbieter von Kryptowerte-Dienstleistungen, die Kryptowerte für Kunden verwahren oder verwalten, führen ein Register der im Namen jedes Kunden eröffneten Positionen, die dem Kunden Rechte an den Kryptowerten verleihen. Sofern relevant, erfassen die Anbieter von Kryptowerte-Dienstleistungen in diesem Register umgehend alle Bewegungen infolge von Anweisungen ihrer Kunden. In diesen Fällen stellen sie durch ihre internen Verfahren sicher, dass jede Bewegung, die sich auf die Registrierung der Kryptowerte auswirkt, durch ein regelmäßig im Register der Positionen des Kunden registriertes Geschäft belegt wird.

(3) Anbieter von Kryptowerte-Dienstleistungen, die Kryptowerte für Kunden verwahren oder verwalten, legen eine Verwahrstrategie mit internen Vorschriften und Verfahren fest, anhand derer die sichere Aufbewahrung oder Kontrolle solcher Kryptowerte oder der Mittel für den Zugang zu den Kryptowerten sichergestellt wird.

Mit der in Unterabsatz 1 genannten Verwahrstrategie wird das Risiko des Verlusts der Kryptowerte der Kunden, der mit diesen Kryptowerten verbundenen Rechte oder der Mittel für den Zugang zu den Kryptowerten aufgrund von Betrug, Cyberbedrohungen oder Fahrlässigkeit minimiert.

Den Kunden wird auf Anfrage eine Zusammenfassung der Verwahrstrategie in elektronischem Format zur Verfügung gestellt.

(4) Sofern relevant, erleichtern die Anbieter von Kryptowerte-Dienstleistungen, die Kryptowerte für Kunden verwahren oder verwalten, die Ausübung der mit den Kryptowerten verbundenen Rechte. Jedes Ereignis, das voraussichtlich Rechte eines Kunden begründet oder verändert, wird sofort in das Register der Positionen des Kunden eingetragen.

Im Falle von Änderungen der zugrunde liegenden Distributed-Ledger-Technologie oder anderen Ereignissen, die voraussichtlich Rechte eines Kunden begründen oder verändern, stehen dem Kunden sämtliche Kryptowerte oder Rechte zu, die auf der Grundlage und entsprechend der Positionen des Kunden zum Zeitpunkt des Eintritts der Veränderung oder des Ereignisses neu begründet werden, es sei denn, in einer gültigen Vereinbarung, die gemäß Absatz 1 vor dem Ereignis mit dem Anbieter von Kryptowerte-Dienstleistungen, der Kryptowerte für Kunden verwahrt oder verwaltet, unterzeichnet wurde, ist ausdrücklich etwas anderes vorgesehen.

(5) Anbieter von Kryptowerte-Dienstleistungen, die Kryptowerte für Kunden verwahren oder verwalten, stellen ihren Kunden mindestens einmal alle drei Monate und auf Verlangen des betreffenden Kunden eine Aufstellung der Positionen der im Namen dieser Kunden verbuchten Kryptowerte zur Verfügung. Diese Aufstellung der Positionen ist in elektronischem Format bereitzustellen. In der Aufstellung der Positionen sind die betreffenden Kryptowerte, ihr Saldo, ihr Wert und die Übertragung von Kryptowerten während des betreffenden Zeitraums anzugeben.

Anbieter von Kryptowerte-Dienstleistungen, die Kryptowerte für Kunden verwahren oder verwalten, informieren ihre Kunden umgehend über Tätigkeiten im Zusammenhang mit Kryptowerten, die eine Reaktion dieser Kunden erfordern.

Art. 75

(6) Anbieter von Kryptowerte-Dienstleistungen, die Kryptowerte für Kunden verwahren oder verwalten, stellen sicher, dass die erforderlichen Verfahren vorhanden sind, damit die im Namen ihrer Kunden gehaltenen Kryptowerte oder Mittel für den entsprechenden Zugang diesen Kunden umgehend zurückgegeben werden können.

(7) Anbieter von Kryptowerte-Dienstleistungen, die Kryptowerte für Kunden verwahren oder verwalten, sorgen für eine Trennung der für Kunden gehaltenen Beteiligungen an Kryptowerten von ihren eigenen Beteiligungen und stellen sicher, dass die Mittel für den Zugang zu den Kryptowerten ihrer Kunden eindeutig als solche gekennzeichnet sind. Sie stellen sicher, dass Kryptowerte ihrer Kunden auf dem Distributed Ledger getrennt von ihren eigenen Kryptowerten geführt werden.

Die verwahrten Kryptowerte werden im Einklang mit dem geltenden Recht im Interesse der Kunden des Anbieters von Kryptowerte-Dienstleistungen rechtlich vom Vermögen des Anbieters von Kryptowerte-Dienstleistungen getrennt, sodass Gläubiger des Anbieters von Kryptowerte-Dienstleistungen – insbesondere im Falle einer Insolvenz – nicht auf Kryptowerte zurückgreifen können, die vom Anbieter von Kryptowerte-Dienstleistungen verwahrt werden.

Die Anbieter von Kryptowerte-Dienstleistungen stellen sicher, dass die verwahrten Kryptowerte operativ vom Vermögen des Anbieters von Kryptowerte-Dienstleistungen getrennt sind.

(8) Anbieter von Kryptowerte-Dienstleistungen, die Kryptowerte für Kunden verwahren oder verwalten, haften ihren Kunden für Verluste von Kryptowerten oder der Mittel für den Zugang zu diesen Kryptowerten, die infolge von Vorfällen erlitten werden, die diesen Anbietern von Kryptowerte-Dienstleistungen zuzuschreiben sind. Die Haftung der Anbieter von Kryptowerte-Dienstleistungen ist auf den Marktwert der verloren gegangenen Kryptowerte zum Zeitpunkt des Verlusts begrenzt.

Zu den nicht dem Anbieter von Kryptowerte-Dienstleistungen zuzuschreibenden Vorfällen gehören alle Ereignisse, bei denen der Anbieter von Kryptowerte-Dienstleistungen nachweist, dass sie unabhängig von der Erbringung der betreffenden Dienstleistung oder von den Tätigkeiten des Anbieters von Kryptowerte-Dienstleistungen aufgetreten sind, etwa ein mit dem Betrieb des Distributed Ledger verbundenes Problem, über das der Anbieter von Kryptowerte-Dienstleistungen keine Kontrolle hat.

(9) Wenn Anbieter von Kryptowerte-Dienstleistungen, die Kryptowerte für Kunden verwahren und verwalten, für diesen Dienst andere Anbieter von Kryptowerte-Dienstleistungen in Anspruch nehmen, dürfen sie nur Anbieter von Kryptowerte-Dienstleistungen in Anspruch nehmen, die gemäß Artikel 59 zugelassen sind.

Anbieter von Kryptowerte-Dienstleistungen, die Kryptowerte für Kunden verwahren und verwalten und für diesen Dienst andere Anbieter von Kryptowerte-Dienstleistungen in Anspruch nehmen, setzen ihre Kunden davon in Kenntnis.

Schrifttum: Antonopoulos/Wood, Ethereum Grundlagen und Programmierung, 1. Aufl. 2019; Annunziata, ‚An overview of the markets in crypto-assets regulation (MiCAR)',

Verwahrung und Verwaltung von Kryptowerten für Kunden   Art. 75

(December 11, 2023) European Banking Institute Working Paper Series No. 158, abrufbar unter: http://dx.doi.org/10.2139/ssrn.4660379 (zuletzt abgerufen am 27.9.2023); Assmann/Schneider/Mülbert, Wertpapierhandelsrecht, 8. Aufl. 2023; Assmann/Schütze/Buck-Heeb, Handbuch des Kapitalanlagerechts,6. Auflage 2024; BaFin, Rundschreiben 05/2018 (WA) – Mindestanforderungen an die Compliance-Funktion und weitere Verhaltens-, Organisations- und Transparenzpflichten – MaComp (Stand: 28.02.2024); Beck/Samm/Kokemoor, Kreditwesengesetz mit CRR, 237. Lieferung, 7/2024; Bunte/Zahrte, AGB-Banken, AGB-Sparkassen, Sonderbedingungen, 6. Auflage 2023; Buck-Heeb, BKR 2023, 689–696; The Committee of European Securities Regulators, Best Execution under MiFID, Questions & Answers, (CESR 07/320, Mai 2007); Ellenberger/Bunte, Bankrechts-Handbuch, 6. Aufl. 2022; ESMA Consultation Paper Draft technical standards and guidelines specifying certain requirements of the Markets in Crypto Assets Regulation (MiCA) on detection and prevention of market abuse, investor protection and operational resilience – third consultation paper v. 25.03.2023 (ESMA75-453128700-1002); ESMA, Final Report Draft technical Standards specifying certain requirements of the Markets in Crypto Assets Regulation (MiCA) – first package v. 25.3.2024 (ESMA18-72330276-1634); Fröhler/Piepenburg/Wasner, ZfDR 2023, 218–232; Fuchs/Zimmermann, Wertpapierhandelsrecht, 3. Aufl. 2024; Herrmann/Aschenbeck, Die MiCAR ist da: Ausgewählte Abgrenzungsfragen zum Anwendungsbereich – Welche Kryptowerte-Dienstleistungen sind erfasst? Copy & Paste von MiFID II & Co.?, BB 2023, 2883–2889; John/Patz, Verordnung über Märkte für Kryptowerte (MiCA) – Überblick über das neue EU-Regime für Kryptowerte und Kryptowerte-Dienstleister; DB 2023, 1906–1911; Kokorin, Capital Markets Law Journal 2023, 1–26; Kumpan/Misterek, Payment for Order Flow, WM 2022, 53–65; Langenbucher/Bliesener/Spindler, Bankrechts-Kommentar, 3. Auflage 2020; Maume/Maute, Rechtshandbuch Kryptowerte, 1. Aufl. 2020; Maume, Die Verordnung über Märkte für Kryptowerte (MiCAR), RDi 2022, 461–469; Meier/Schneider/Schinerl, BKR 2023, 365–373; Möslein/Omlor, FinTech-Handbuch, 3. Aufl. 2024; Maume, Die Verordnung über Märkte für Kryptowerte, RDi 2022, 461–469; Omlor/Franke, Europäische DeFi-Regulierungsperspektiven, BKR 2022, 679; Palatinus/Rusnak, BIP44 – Multi-Account Hierarchy for Deterministic Wallets, abrufbar unter: https://beck-link.de/wx86c (zuletzt abgerufen am 27.9.2023); Patz, Handelsplattformen für Kryptowährungen und Kryptoassets, BKR 2019, 435–443; Patz, Überblick über die Regulierung von Kryptowerten und Kryptowertedienstleistern, BKR 2021, 725–739; Read, Inkrafttreten der MiCA-Verordnung: Harmonisierte EU-Regulierung von Krypto-Assets?, Corporate Finance 2023, 211–220; Schwark/Zimmer, Kapitalmarktrechts-Kommentar, 5. Aufl. 2020; Seibt/Buck-Heeb/Harnos, BeckOK Wertpapierhandelsrecht, 12. Ed. 1.7.2024; Skauradszun, RDi 2023, 269–273; Skauradszun/Kümpel/Schweizer/Gramlich, ZBB 2023, 355–368; Skauradszun/Nguyen, MiCAR, UNIDROIT Principles on Digital Assets and Private Law, and their Insolvency Principles, Working Paper; Skauradszun/Schweizer/Kümpel, ZIP 2022, 2101–2113; Skauradszun/Wrede, RDi 2024, 55–61; Wuille, BIP32 – Hierarchical Deterministic Wallets, abrufbar unter: https://beck-link.de/mehd2 (zuletzt abgerufen am 27.9.2023); Zickgraf, BKR 2021, 362–370.

Übersicht

	Rn.
I. Anwendungsbereich und Regelungsgegenstand	1
II. Anforderungen an die Geschäftsbedingungen (Abs. 1)	2
1. Vereinbarung über Pflichten und Aufgaben des Kryptowerte-Dienstleisters (Geschäftsbedingungen) (Abs. 1 S. 1)	2
2. Mindestinhalt der Vereinbarung (Abs. 1 S. 2)	3
a) Identität der Vertragspartner (lit. a)	3
b) Art und Beschreibung der Kryptowerte-Dienstleistung (lit. b)	4
c) Verwahrstrategie (lit. c)	5
d) Kommunikationsmittel, inkl. Authentifizierungssystem (lit. d)	6
e) Sicherheitssysteme (lit. e)	8

Art. 75

	Rn.
f) Gebühren, Kosten und Entgelte (lit. f)	9
g) Anwendbares Recht (lit. g)	10
III. Register über Kundenpositionen (Abs. 2)	11
IV. Verwahrstrategie (Abs. 3)	13
1. Festlegung von internen Vorschriften und Verfahren (Abs. 3 UAbs. 1)	14
2. Sinn und Zweck: Risikominimierung (Abs. 3 UAbs. 2)	18
3. Zurverfügungstellung in elektronischem Format (Abs. 3 UAbs. 3)	19
V. Erleichterung der Rechteausübung der Kunden und Dokumentation im Register (Abs. 4)	20
VI. Aufstellung der verwahrten oder verwalteten Kryptowerte (Abs. 5)	22
1. Häufigkeit, Form und Inhalt der Aufstellung (Abs. 5 UAbs. 1)	22
2. Information der Kunden bei erforderlicher Reaktion (Abs. 5 UAbs. 2)	24
VII. Verfahren zur umgehenden Rückgabe der Kryptowerte oder Zugangsmittel (Abs. 6)	25
VIII. Vermögenstrennung und Bestimmtheit (Abs. 7)	28
IX. Haftung für den Verlust von Kryptowerten oder Zugangsmitteln (Abs. 8)	33
1. Zuschreibungszusammenhang (Abs. 8 UAbs. 1 S. 1, UAbs. 2)	35
2. Verschuldensunabhängige Haftung	37
3. Haftungsbegrenzung auf Marktwert der Kryptowerte bei Verlust (Abs. 8 UAbs. 1 S. 2)	38
X. Inanspruchnahme anderer Kryptowerte-Dienstleister für die Verwahrung und Verwaltung (Abs. 9)	41

I. Anwendungsbereich und Regelungsgegenstand

1 Art. 75 regelt risikospezifische Anforderungen an und Pflichten von Kryptowerte-Dienstleistern, die die **Verwahrung und Verwaltung von Kryptowerten** für Kunden anbieten. So ist geregelt, welche Mindestinhalte die **vertragliche Vereinbarung zwischen dem Kunden** und dem Kryptowerte-Dienstleister im Hinblick auf dessen Pflichten und Aufgaben zu enthalten hat (→ Art. 75 Rn. 2 ff.), die der Kryptowerte-Dienstleister regelmäßig in seinen (Allgemeinen) Geschäftsbedingungen festlegen wird. Der Kryptowerte-Dienstleister ist zudem dazu verpflichtet, ein **Register mit den Kundenpositionen** zu führen (→ Rn. 11 f.), eine **Verwahrstrategie** zur Risikominimierung festzulegen (→ Rn. 13 ff.), dem Kunden die **Ausübung seiner Rechtspositionen** an den für diesen gehaltenen Kryptowerten zu erleichtern (→ Rn. 20 f.), Aufstellungen über die für die Kunden gehaltenen Kryptowerte zur Verfügung zu stellen (→ Rn. 22 ff.) und sicherzustellen, dass die Kryptowerte und **Mittel für den Zugang** (→ Art. 3 Abs. 1 Nr. 17 Rn. 110) den Kunden umgehend zurückgegeben werden können (→ Rn. 25 ff.). Der Kryptowerte-Dienstleister hat die für Kunden gehaltenen Kryptowerte (operativ sowie rechtlich) von seinem eigenen **Vermögen zu trennen** sowie sicherzustellen, dass die Zugangsmittel der Kunden eindeutig gekennzeichnet sind (→ Rn. 28 ff.). Zudem wird die **Haftung** des Kryptowerte-Dienstleisters bei Verlust der Kryptowerte oder der jeweiligen Zugangsmittel (→ Rn. 33 ff.) sowie die Anforderungen an eine **Inanspruchnahme anderer Kryptowerte-Dienstleister** für die Verwahrung und Verwaltung (→ Rn. 41 ff.) geregelt.

II. Anforderungen an die Geschäftsbedingungen (Abs. 1)

1. Vereinbarung über Pflichten und Aufgaben des Kryptowerte-Dienstleisters (Geschäftsbedingungen) (Abs. 1 S. 1)

Anbieter von Kryptowerte-Dienstleistungen, die Kryptowerte für Kunden verwahren oder verwalten, sind nach Abs. 1 S. 1 dazu verpflichtet, mit ihren Kunden eine vertragliche Vereinbarung zu schließen, in der ihre Pflichten und Aufgaben gegenüber ihren Kunden festgelegt sind. Diese Vereinbarung bzw. die (Allgemeinen) **Geschäftsbedingungen** des Kryptowerte-Dienstleisters müssen bestimmte **Mindestinhalte** und Informationen enthalten, die in Abs. 1 S. 2 lit. a–g näher geregelt sind (→ Rn. 3ff.). 2

2. Mindestinhalt der Vereinbarung (Abs. 1 S. 2)

a) Identität der Vertragspartner (lit. a). Aus der Vereinbarung über die Pflichten und Aufgaben des Kryptowerte-Dienstleisters muss sich gemäß Abs. 1 S. 2 lit. a die Identität der Vertragspartner ergeben. Für den Kryptowerte-Dienstleister sollten danach in jedem Fall in den Geschäftsbedingungen der Name, die Rechtsform, die Geschäftsanschrift sowie weitere Kontaktinformationen angegeben werden, unter denen der Kunde Kontakt zu dem Kryptowerte-Dienstleister aufnehmen kann. 3

b) Art und Beschreibung der Kryptowerte-Dienstleistung (lit. b). In der Vereinbarung bzw. den Geschäftsbedingungen sind nach Abs. 1 S. 2 lit. b die **Art der erbrachten Kryptowerte-Dienstleistung** und eine Beschreibung dieser Dienstleistung anzugeben. Hier ist genauer darzulegen, inwiefern der Kryptowerte-Dienstleiter die Verwahrung und Verwaltung oder ggf. auch nur eine der Tatbestandsvarianten erbringt und in welcher Form. So wäre zB anzugeben, ob der Kryptowerte-Dienstleister für den Kunden die Kryptowerte in einem **Sammelbestand** (→ Art. 3 Abs. 1 Nr. 17 Rn. 110) auf einer sog. **Omnibus-Wallet** zusammen mit anderen Kundenbeständen verwahrt oder ob kundenspezifisch **segregierte Blockchain-Adressen** (Einzelverwahrung → Art. 3 Abs. 1 Nr. 17 Rn. 110) geführt werden. Daneben soll beschrieben werden, ob und ggf. wie der Kunde Kryptowerte bei dem Kryptowerte-Dienstleister einzahlen und auszahlen lassen kann. Der Gesetzgeber geht davon aus, dass es Fälle gibt, in denen der Kunde **Kontrolle** über die verwahrten Kryptowerte ausüben könnte oder die Kontrolle über die Kryptowerte oder über die Mittel für den Zugang zu diesen Werten uneingeschränkt dem Anbieter von Kryptowerte-Dienstleistungen überträgt.[1] Sofern dies einschlägig sein sollte, wäre auch darüber in den Geschäftsbedingungen zu informieren. Für den Fall, dass der Kryptowerte-Dienstleister auch weitere Dienstleistungen anbieten sollte, wie zB das Staking[2] der verwahrten Kryptowerte für den Kunden, sollten auch diese Dienstleistungen in den Geschäftsbedingungen beschrieben werden. 4

c) Verwahrstrategie (lit. c). Die Vereinbarung zwischen dem Kryptowerte-Dienstleister und seinem Kunden soll nach Abs. 1 S. 2 lit. c auch die **Verwahrstra-** 5

---

[1] Von beiden Möglichkeiten geht ErwG Nr. 83 aus.
[2] Meier/Schneider/Schinerl BKR 2023, 365ff.

tegie (→ Rn. 13ff.) des Kryptowerte-Dienstleisters enthalten, die dieser gemäß Abs. 3 zu erstellen und entsprechend umzusetzen hat. Nach Abs. 3 UAbs. 3 soll dem Kunden eigentlich nur auf Anfrage eine **Zusammenfassung der Verwahrstrategie** in elektronischem Format zur Verfügung gestellt werden. Es ist daher davon auszugehen, dass Abs. 1 S. 2 lit. c so auszulegen ist, dass dem Kunden nicht die vollständige Verwahrstrategie noch dazu als Teil der Geschäftsbedingungen zur Verfügung gestellt werden soll. Da die Verwahrstrategie auch sensible Informationen zur Sicherheitsarchitektur der Verwahrlösung enthalten dürfte, ist nicht davon auszugehen, dass dem Kunden die umfassende Verwahrstrategie zur Verfügung gestellt werden muss, sondern vielmehr eine Zusammenfassung der Verwahrstrategie zB als Anhang zu den Geschäftsbedingungen ausreicht.

6 **d) Kommunikationsmittel, inkl. Authentifizierungssystem (lit. d).** Die Vereinbarung zwischen dem Kryptowerte-Dienstleister und seinem Kunden soll nach Abs. 1 S. 2 lit. d Angaben zu den Kommunikationsmitteln zwischen dem Kryptowerte-Dienstleister und dem Kunden enthalten. In der Regel sollte hier eine E-Mail-Adresse des Kryptowerte-Dienstleisters angegeben werden, über die eine **Kundenkommunikation** erfolgen kann. Zusätzlich zur Kommunikation via E-Mail kann der Kryptowerte-Dienstleister auch ein Kontaktformular auf seiner Webseite bereitstellen oder eine Kunden-Hotline anbieten.

7 Zudem soll die Vereinbarung Angaben darüber enthalten, welches **Authentifizierungssystem** der Kryptowerte-Dienstleister zur Authentifizierung des Kunden verwendet. In Betracht kommen hier Authentifizierungsmethoden, wie man sie zB bei Zahlungsdiensten kennt (vgl. § 1 Abs. 24, § 55 ZAG)[3], wobei die MiCAR **keine starke Kundenauthentifizierung** verlangt. So könnte der Kryptowerte-Dienstleister eine **Zwei-Faktor-Authentifizierung** des Kunden vorsehen, zB durch Passwortabfrage neben Authentifizierungs-Apps oder SMS-Code, biometrische Authentifizierung oder Hardware-Authentifizierung (zB YubiKey).

8 **e) Sicherheitssysteme (lit. e).** Die Vereinbarung zwischen dem Kryptowerte-Dienstleister und seinem Kunden soll nach Abs. 1 S. 2 lit. e eine Beschreibung der vom Kryptowerte-Dienstleister verwendeten **Sicherheitssysteme** enthalten. Dabei wird man davon ausgehen können, dass sich die verwendeten Sicherheitssysteme regelmäßig bereits aus der **Verwahrstrategie** (→ Rn. 13ff.) ergeben. Zudem dürfte es sich um Sicherheitssysteme handeln, die spezifisch für die Verwahrung und Verwaltung der Kundenwerte und Zugangsmittel verwendet werden wie bspw. Hardware-Sicherheitsmodule (HSM) und nicht etwa um allgemeine Sicherheitssysteme für bspw. die Verschlüsselung von E-Mails oder Firewalls.

9 **f) Gebühren, Kosten und Entgelte (lit. f).** In der Vereinbarung sind nach Abs. 1 S. 2 lit. f Angaben zu den vom Anbieter von Kryptowerte-Dienstleistungen erhobenen Gebühren, Kosten und Entgelten aufzuführen. So sind bspw. etwaige **Entgelte** für die Führung eines Verwahrkontos für den Kunden oder die Auszahlung von Kryptowerten oder auch die Einbehaltung von **Blockchain-spezifischen Netzwerkgebühren** für die Transaktionsausführung (sog. Network Fees oder Gas Fees) auszuweisen, sofern diese vom Kryptowerte-Dienstleiser erhoben werden. Die Angaben dürften regelmäßig in einem Preisverzeichnis erfolgen.

---

[3] Ellenberger/Bunte BankR-HdB/Maihold, 6. Aufl. 2022, § 33 Rn. 82ff.; für Zahlungsdienstleister s. Anforderungen nach der DelVO (EU) 2018/389 zu technischen Regulierungsstandards für eine starke Kundenauthentifizierung.

Verwahrung und Verwaltung von Kryptowerten für Kunden **Art. 75**

g) Anwendbares Recht (lit. g). Wie auch sonst in (Allgemeinen) Geschäfts- 10
bedingungen muss die Vereinbarung nach Abs. 1 S. 2 lit. g einen Hinweis enthalten,
welches Recht auf die Vereinbarung zwischen dem Kryptowerte-Dienstleister und
dem Kunden Anwendung findet.

III. Register über Kundenpositionen (Abs. 2)

Nach Abs. 2 S. 1 muss der Kryptowerte-Dienstleister ein Register über die im 11
Namen der Kunden eröffneten Positionen führen, die dem Kunden Rechte an
den verwahrten oder verwalteten Kryptowerten verleihen. In diesem **Register**
sind, sofern relevant, nach Abs. 2 S. 2 umgehend alle Bewegungen infolge von Anweisungen der Kunden zu erfassen. In diesen Fällen ist durch interne Verfahren des
Kryptowerte-Dienstleisters sicherzustellen, dass jede Bewegung, die sich auf die
Registrierung der Kryptowerte auswirkt, durch ein regelmäßig im Register der Positionen des Kunden registriertes Geschäft (englische Fassung: „transaction") belegt
wird. Der Kryptowerte-Dienstleister ist hiernach verpflichtet, eine **interne Buchführung** über die jeweiligen Bestände sowie Einzahlungen und Auszahlungen von
Kryptowerten des jeweiligen Kunden zu führen. Das Register bzw. die Buchführung kann DLT-basiert oder auch in einem zentralen Register (Datenbank) des
Kryptowerte-Dienstleisters erfolgen. In jedem Fall sind Bewegungen von Kryptowerten, entweder durch eine **interne Umbuchung** beim Kryptowerte-Dienstleister, ohne dass dem eine Blockchain-Transaktion zugrunde liegt, oder durch eine
Umbuchung auf Basis einer Übertragung von Kryptowerten im Rahmen einer
Blockchain-Transaktion, im Register umgehend zu erfassen.

Der Inhalt des Registers ist für die Zuordnung von Kryptowerten und den damit 12
verbundenen Rechten der Kunden maßgeblich. Daher ist eine umgehende Zuordnung von Kryptowerten sowie von **Zu- und Abgängen** zu den jeweiligen Kunden entscheidend. Insbesondere in den Fällen, in denen Kundenbestände nicht
kundenspezifisch segregierten Blockchain-Adressen zugeordnet sind, sondern in
einer sog. **Omnibus-Wallet** in einem Sammelbestand gesichert werden, ist eine
Erfassung der Positionen in dem Register des Kryptowerte-Dienstleisters entscheidend. Dies wird insbesondere auch relevant für den Fall der **Insolvenz des Kryptowerte-Dienstleisters,** um eine eindeutige Zuordnung der verwahrten Kryptowerte und die Aussonderungsfähigkeit der Kundenbestände sicherstellen zu
können (→ Rn. 28 ff.).[4]

IV. Verwahrstrategie (Abs. 3)

Gemäß Abs. 3 UAbs. 1 müssen Anbieter von Kryptowerte-Dienstleistungen, die 13
Kryptowerte für Kunden verwahren oder verwalten, eine **Verwahrstrategie** (englische Fassung: „custody policy", in den DelVOen auch „custody and administration policy") mit **internen Vorschriften** und **Verfahren** festlegen und umsetzen.
Auf Grundlage der Verwahrstrategie soll sichergestellt werden, dass die **Aufbewah-**

---

[4] S. hierzu den Gesetzentwurf im Rahmen des Zukunftsfinanzierungsgesetzes zu § 46i und
§ 26b KWG, BT-Drs. 20/8292, S. 137 f.; Skauradszun RDi 2023, 269 ff. mwN; Skaurad-
szun/Schweizer/Kümpel ZIP 2022, 2101 (2112 f.) einschließlich der Rechtslage vor Anwendung der MiCAR.

Art. 75

rung oder **Kontrolle** der verwahrten oder verwalteten **Kryptowerte** oder der **Mittel für den Zugang** wie den kryptographischen Schlüsseln zu den Kryptowerten sicher erfolgt.

1. Festlegung von internen Vorschriften und Verfahren (Abs. 3 UAbs. 1)

14 Vorgaben zum Inhalt der **Verwahrstrategie** macht die MiCAR selbst nicht. In Art. 6 lit. b der DelVO (EU) 2024/XXX[5] bzw. in Art. 12 lit. b der DelVO (EU) 2024/XXX[6] ist dafür aufgeführt, welche Informationen als Teil der Verwahrstrategie im Rahmen des Anzeige- bzw. des Zulassungsantragsverfahrens anzugeben sind. So soll die Verwahrstrategie eine Beschreibung der durch den Kryptowerte-Dienstleister identifizierten **Quellen für (potenzielle) operationelle Risiken und IT-Risiken** bei der **Aufbewahrung** und **Kontrolle** (→ Art. 3 Abs. 1 Nr. 17 Rn. 110 ff.) der Kryptowerte oder der **Mittel für den Zugang** (→ Art. 3 Abs. 1 Nr. 17 Rn. 110 ff.) enthalten, zusammen mit einer Beschreibung zu:

i) den Verfahren und den Vorkehrungen zur Gewährleistung der Einhaltung von Art. 75 Abs. 8[7] (→ Rn. 33 ff.);
ii) den Verfahren, Systemen und Kontrollen zur Steuerung der operationellen und IT-Risiken, einschließlich, wenn die Verwahrung und Verwaltung von Kryptowerten für Kunden an einen Dritten ausgelagert wird;
iii) den Verfahren und Systemen, die die Ausübung der mit den Kryptowerten verbundenen Rechte gewährleisten;
iv) den Verfahren und eine Beschreibung der Systeme, mit denen die Rückgabe der Kryptowerte oder der Zugangsmittel an die Kunden sichergestellt wird.

In der Verwahrstrategie dürfte daher beschrieben werden, auf welchen kryptographischen Funktionen und Methoden die verwendete Verwahrlösung und die Zugangsmittel basieren und kryptographische Signaturen erzeugt werden, einschließlich der damit verbundenen operationellen Risiken und IT-Risiken sowie der Maßnahmen zur Risikosteuerung. Hierbei sollte beschrieben werden, auf welcher Basis die **Mittel für den Zugang** zu den Kryptowerten (etwa kryptographische Schlüssel, Master Keys, Key Shards oder Shares, → Art. 3 Abs. 1 Nr. 17

---

[5] Vgl. Entwurf der DelVO in der Fassung des Annex III „Draft RTS pursuant to Article 60(13) of MiCA" des ESMA Final Report Draft technical Standards specifying certain requirements of the Markets in Crypto Assets Regulation (MiCA) – first package v. 25.3.2024 (ESMA18-72330276-1634) („Final Draft"), S. 58. In Anbetracht des Wortlauts und der Systematik von Art. 75 Abs. 3 sowie Art. 6 der DelVO (EU) 2024/XXX (Annex III des Final Draft, S. 58) bzw. Art. 12 der DelVO (EU) 2024/XXX (Annex V des Final Draft, S. 94) ist davon auszugehen, dass die Anforderungen an den Inhalt der Verwahrstrategie sich auf die lit. b der beiden Normen beschränken und nicht der gesamte Inhalt von Art. 6 der DelVO (EU) 2024/XXX (Annex III des Final Draft, S. 58) bzw. Art. 12 der DelVO (EU) 2024/XXX (Annex V des Final Draft, S. 94) als Teil der Verwahrstrategie aufzunehmen ist, auch wenn beide Artikel unter der Überschrift „custody and administration policy" stehen.

[6] Vgl. Entwurf der DelVO in der Fassung des Annex V „Draft RTS pursuant to Article 62(5) of MiCA" des ESMA Final Report Draft technical Standards specifying certain requirements of the Markets in Crypto Assets Regulation (MiCA) – first package v. 25.3.2024 (ESMA18-72330276-1634), S. 94 f.

[7] Wobei unklar ist, ob der Verweis tatsächlich auf die Haftungsnorm des Art. 75 Abs. 8 oder eher auf den Abs. 7 (Vermögenstrennung) verweisen soll.

Rn. 111 f.) erzeugt werden (zB auf Basis von mnemonischen Codewörtern[8]). Daneben könnte sich aus der Verwahrstrategie ergeben, ob es sich bei der eingesetzten Verwahrlösung zB um eine hierarchisch-deterministische **(HD) Wallet**[9] Struktur handelt, die auf einem BIP-32[10] oder BIP-44[11] Standard zur Ableitung von kryptographischen Schlüsseln basiert. Bei der Erzeugung der Zugangsmittel bzw. der kryptographischen Schlüssel (zT als „**Key Ceremony**" bezeichnet) ist klar festzulegen, welche Funktionen im Unternehmen welche Aufgaben und Berechtigungen im Rahmen der Key Ceremony erhalten, welche Hardware- und Software-Systeme dabei verwendet werden dürfen und wie die sichere Speicherung oder Aufbewahrung von erzeugten Zugangsmitteln dann zu erfolgen hat. Die hiermit verbundenen operationellen und IT-Risiken sind zu beschreiben, einschließlich der Maßnahmen zur Steuerung und zur Mitigierung der Risiken.

Aus der Verwahrstrategie sollte sich weiterhin ergeben, wie Kryptowerte für Kunden verwahrt werden und die sich daraus ergebenden Risiken und Steuerungsmaßnahmen. Gemeint ist damit zB, ob Kundenbestände in **Einzelverwahrung** auf segregierten Blockchain-Adressen gesichert werden oder ob die Kryptowerte von Kunden in sog. Omnibus-Wallets als **Sammelbestände** verwahrt werden, wobei nicht jedem Kunden eine eigene Blockchain-Adresse zugeordnet wird. Daneben wäre darzustellen, inwiefern Kryptowerte von Kunden über sog. **Hot Wallets,** die mit dem Internet verbunden sind, und/oder **Cold Wallets,** die nicht oder nur selten mit dem Internet verbunden sind und damit weniger Angriffsmöglichkeiten für Nichtberechtigte bieten, verwahrt werden. Sofern Kundenbestände auch bei **externen Dritten** bzw. anderen Kryptowerte-Dienstleistern verwahrt werden, mit denen der Kryptowerte-Dienstleister eine vertragliche Beziehung hat, sollte dies in der Verwahrstrategie beschrieben werden und als Teil der Kundenbestände ausgewiesen werden. Weiterhin sollte sich aus der Verwahrstrategie ergeben, in welchem Verhältnis Kundenbestände durch Hot Wallets oder Cold Wallets gesichert werden. Das **Verhältnis zwischen Hot Wallet und Cold Wallet Beständen** hängt regelmäßig vom Liquiditätsbedarf der jeweiligen Kryptowerte-Dienstleisters ab, also inwiefern dieser schnell in der Lage sein muss, Kundenbestände an externe Wallets zu transferieren und so „auszuzahlen". Der Liquiditätsbedarf und die Sicherheit der verwahrten Kryptowerte sind hierbei in Einklang zu bringen. So ist es nicht unüblich, dass Betreiber von Kryptobörsen lediglich zwischen 4–10% der verwahrten Kundenwerte durch Hot Wallets und den Rest der Kundenbestände über Cold Wallets sichern. Bei Kryptobörsen oder Tauschanbietern, die in erster Linie professionelle Kunden wie zB Hedge-Fonds bedienen, die Arbitragegeschäfte mit Kryptowerten betreiben, ist es dagegen nicht unüblich, auch höhere Volumina (20–40%) über die Hot Wallets zu sichern und vorzuhalten, um dem Liquiditätsbedarf und Auszahlungsverlangen dieser Kunden schnell nachkommen zu können. In der Verwahrstrategie sind insofern auch die Verfahren und Systeme darzustellen, die die Auszahlung und **Rückgabe der Kryptowerte** oder der Zugangsmittel an die Kunden sicherstellen und wie die **Ausübung der mit den Kryptowerten verbundenen Rechte** gewährleistet wird.

---

[8] Zum Begriff HD Wallet Antonopoulos/Wood, 1. Aufl. 2019, S. 87 ff.
[9] Zum Begriff Antonopoulos/Wood, 1. Aufl. 2019, S. 85 ff.
[10] Wuille, BIP32 – Hierarchical Deterministic Wallets, https://beck-link.de/mehd2 (zuletzt abgerufen am 27.9.2023).
[11] Palatinus/Rusnak, BIP44 – Multi-Account Hierarchy for Deterministic Wallets, https://beck-link.de/wx86c (zuletzt abgerufen am 27.9.2023).

16 Weiterhin sollte eine Beschreibung aufgenommen werden, welche Lösungen zur Speicherung und Sicherung der Zugangsmittel und zur Erzeugung von kryptographischen Signaturen verwendet werden. Zu denken ist hier zB an die Verwendung physischer Hardware-Sicherheitsmodule (HSM) oder virtueller Plattform Module (zB virtual Trusted Platfom Modules), die für die Speicherung von kryptographischen Schlüsseln oder Key Shards verwendet werden, oder ob eine Lösung eingesetzt wird, die auf Multi-Signature oder Multi Party Computation (MPC) basiert. Hierbei sollte auch beschrieben werden, welche **physischen und technischen Sicherungsmaßnahmen** vorgesehen sind, um die Verwahrlösung bzw. die verwendeten Systeme (sowohl Hardware als auch Software) gegen Angriffe von außen zB durch Hackerangriffe sowie aus dem Unternehmen heraus zu schützen. So sollten bspw. die Räume, in denen die Zugangsmittel oder auch Terminals oder Mobiltelefone für die Freigabe von Transaktionen aufbewahrt werden, besonders gesichert werden (bspw. in einem Tresor oder in Räumen mit Sicherheitstüren und/oder Kameraüberwachung) und Zugangsbeschränkungen vorgesehen werden. Als Teil der physischen und technischen Sicherungsmechanismen sollte sich aus der Verwahrstrategie ergeben, inwiefern bspw. eine Redundanz der verwendeten Systeme sowie Backups und Sicherheitsupdates der Daten und Systeme vorgesehen ist, gehärtete Computer oder Laptops verwendet werden, etc. Dazu gehört des Weiteren die Festlegung von Verfahren für die Zusammenarbeit mit technischen Infrastrukturanbietern (→ Art. 3 Abs. 1 Nr. 17 Rn. 112), die in die Verwahrlösung des Kryptowerte-Dienstleisters miteinbezogen sind.

17 Um insbesondere die verwahrten Kryptowerte der Kunden vor Angriffen und Veruntreuung aus dem Unternehmen heraus zu bewahren, aber auch um fahrlässig verursachte Verluste von Kundenwerten vorzubeugen durch bspw. fehlhaft ausgeführte Transaktionen (Fat-Finger-Fehler), sollte die Verwahrstrategie ein detailliertes **Rollen- und Berechtigungskonzept** und weitere Sicherungsmaßnahmen vorsehen (wobei die Verwahrstrategie auch auf das allgemeine Rollen- und Berechtigungskonzept des Kryptowerte-Dienstleisters verweisen kann). Hierzu gehören zB die Einführung des Vier-Augen-Prinzips, eine klare Zuständigkeits- und Verantwortlichkeitstrennung im Unternehmen, die Umsetzung von Authentifizierungsverfahren und Zugangsbeschränkungen für Mitarbeitende, die keine ausreichende Berechtigung haben. Die Verwahrstrategie sollte daher ein Rollen- und Berechtigungskonzept für die verwahrspezifischen Abläufe und Systeme enthalten sowie interne Berichtslinien vorsehen zB für den Fall von Systemausfällen oder Störungen. Hierfür sind auch interne Vorschriften und Verfahren festzulegen, wer von den Mitarbeitenden des Kryptowerte-Dienstleisters Zugriffsrechte auf die verwendeten Systeme haben darf, bspw. für Systemupdates oder im Fall von Systemausfällen, und wer im Unternehmen die nötige Berechtigung hat, Transaktionen auszulösen, zu signieren oder zu bestätigen, wobei auch hier das Vier- oder auch Mehr-Augen-Prinzip beachtet werden sollte. Daneben sind Verfahren festzulegen, wie die Zugangsmittel und der Zugang zu den Kryptowerten wiederhergestellt werden können, für den Fall, dass bspw. ein Hardware-Sicherheitsmodul (HSM) ausfällt oder ein Anbieter von Verwahrtechnologie ausfällt, den der Kryptowerte-Dienstleister für seine Verwahrlösung einsetzt.

2. Sinn und Zweck: Risikominimierung (Abs. 3 UAbs. 2)

18 Mit der Verwahrstrategie soll nach Abs. 3 UAbs. 2 das Risiko des Verlusts der Kryptowerte der Kunden, der mit diesen Kryptowerten verbundenen Rechte oder

der Mittel für den Zugang zu den Kryptowerten aufgrund von **Betrug, Cyberbedrohungen** oder **Fahrlässigkeit** minimiert werden.

3. Zurverfügungstellung in elektronischem Format (Abs. 3 UAbs. 3)

Der Kryptowerte-Dienstleister ist nach Abs. 3 UAbs. 3 verpflichtet, dem Kunden auf Anfrage eine **Zusammenfassung der Verwahrstrategie** in elektronischem Format zur Verfügung zu stellen. Daneben sieht Abs. 1 S. 2 lit. c vor, dass die Verwahrstrategie (als Zusammenfassung) mit den Geschäftsbedingungen des Kryptowerte-Dienstleisters dem Kunden zur Verfügung zu stellen ist (→ Rn. 5). 19

V. Erleichterung der Rechteausübung der Kunden und Dokumentation im Register (Abs. 4)

Nach Abs. 4 UAbs. 1 ist der Kryptowerte-Dienstleister gegenüber dem Kunden verpflichtet, sofern relevant, die Ausübung der mit den Kryptowerten verbundenen Rechte zu erleichtern. Jedes **Ereignis, das voraussichtlich Rechte eines Kunden begründet oder verändert,** ist sofort entsprechend im Register zu erfassen, das der Kryptowerte-Dienstleister gemäß Abs. 2 zu führen hat (→ Rn. 11f.). Abs. 4 UAbs. 2 regelt, dass im Falle von Änderungen der zugrundeliegenden Distributed-Ledger-Technologie oder anderen Ereignissen, die voraussichtlich Rechte eines Kunden begründen oder verändern, dem Kunden grundsätzlich sämtliche Kryptowerte oder Rechte zustehen, die auf der Grundlage und entsprechend den Positionen des Kunden zum Zeitpunkt des Eintritts des Ereignisses neu begründet werden. Hiervon kann nur abgewichen werden, wenn der Kryptowerte-Dienstleister und der Kunde in einer gültigen **Vereinbarung** iSd Abs. 1, die vor dem Ereignis abgeschlossen und unterzeichnet wurde, ausdrücklich etwas anderes vorsehen. Der Gesetzeswortlaut spricht hierbei zwar von „unterzeichnet" bzw. in der englischen Fassung von „signed". Aufgrund des Verweises auf Abs. 1, der für die Inhalte der Vereinbarung mit den Kunden bzw. die Geschäftsbedingungen regelt, ergibt sich aus der Formulierung **„unterzeichnet"** jedoch nicht zwingend ein besonderes Formerfordernis iSe Schriftformerfordernisses oder die Notwendigkeit des Abschlusses einer separaten Vereinbarung. Es ist naheliegender, dass Abs. 4 UAbs. 1 lediglich hervorheben soll, dass die Vereinbarung für den Kunden **hinreichend transparent** sein und im Vorhinein abgeschlossen werden muss. Eine solche Vereinbarung sollte in Allgemeinen Geschäftsbedingungen daher besonders hervorgehoben werden. Dennoch dürfte eine aktive Zustimmung des Kunden nicht erforderlich und eine Einbeziehung in den Allgemeinen Geschäftsbedingungen bei ausreichender Transparenz ausreichend sein. 20

So hat der Kryptowerte-Dienstleister bspw. im Fall einer sog. **Fork**[12] der einem Kryptowert zugrundeliegenden Blockchain dafür zu sorgen, dass der Kunde weiterhin Zugriff auf seine Kryptowerte erhält, die bei dem Kryptowerte-Dienstleister verwahrt werden. Wobei man davon ausgehen können wird, dass der Kryptowerte-Dienstleister nicht dazu verpflichtet ist, eine alte Version einer Blockchain, die nach 21

---

[12] „Fork: Eine Änderung des Protokolls, die zur Bildung einer alternativen Chain führt. Auch eine kurzzeitige Abweichung zweier möglicher Blockpfade während des Minings." so Antonopoulos/Wood, 1. Aufl. 2019, S. XXVIII.

einem Fork nicht mehr von der Mehrheit des DLT-Netzwerks unterstützt wird, weiterhin zu unterstützen. Unter Umständen könnte ein Kunde aber verlangen, dass der Kryptowerte-Dienstleister die Kryptowerte, die noch auf der alten Version einer Blockchain vorhanden sein sollten, an eine externe Blockchain-Adresse des Kunden überträgt, sofern möglich und verhältnismäßig. Daneben dürften auch sog. **Token AirDrops,** die den Inhabern von Kryptowerten zugeteilt werden, dem jeweiligen Kunden zustehen und entsprechend im Register des Kryptowerte-Dienstleisters dokumentiert werden. Sofern der Kunde einen AirDrop „claimen" muss, wäre der Kryptowerte-Dienstleister angehalten, den Kunden bei der Ausübung seines „Claims" zu unterstützen. Weiterhin ist an die Zuteilung von sog. **Staking Rewards**[13] zu denken, die man für das Staking von Kryptowerten in DLT-Netzwerken erhält, die auf einem Proof-of-Stake-Konsensmechanismus[14] basieren. Hierbei ist grundsätzlich davon auszugehen, dass die Kryptowerte, die als Staking Rewards erlangt werden, dem Kunden zustehen, sofern keine hiervon abweichende vertragliche Regelung zwischen dem Kryptoverwahrer und dem Kunden getroffen wurde. Weiter kann man annehmen, dass der Kryptowerte-Dienstleister für das Betreiben und Bereitstellen einer Staking-Infrastruktur ein Entgelt gegenüber dem Kunden erheben darf und daher zumindest Teile der Staking Rewards einbehalten wird. Die dem Kunden zustehenden Kryptowerte sind dann im Register des Kryptowerte-Dienstleisters für den Kunden zu erfassen.

VI. Aufstellung der verwahrten oder verwalteten Kryptowerte (Abs. 5)

1. Häufigkeit, Form und Inhalt der Aufstellung (Abs. 5 UAbs. 1)

22 Abs. 5 UAbs. 1 enthält die Pflicht für Kryptowerte-Dienstleister, dem Kunden mindestens einmal alle drei Monate eine **Positionsaufstellung** der im Namen des Kunden verbuchten Kryptowerte zur Verfügung zu stellen. In der Aufstellung sind die betreffenden Kryptowerte, ihr Saldo, ihr Wert und die Übertragung von Kryptowerten während des betreffenden Zeitraums anzugeben. Die Aufstellung muss also die **Kryptowerte-Bestände** des Kunden mit einem Überblick über die einzelnen Buchungen (Ein- und Ausgänge) einschließlich des Zeitpunkts der Wertstellung auf dem Verwahrkonto des Kunden für den zurückliegenden Betrachtungszeitraum enthalten. Die Angabe des jeweiligen Gegenwertes oder Umrechnungskurses der Kryptowerte-Bestände in einer staatlichen Währung ist nicht erforderlich. Unabhängig davon hat der Kryptowerte-Dienstleister dem Kunden jederzeit auf dessen Verlangen eine solche Aufstellung seiner Positionen zur Verfügung zu stellen. Bei den Positionsaufstellungen handelt es sich regelmäßig nur um eine Art Kontoauszug und nicht um einen Rechnungsabschluss iSd § 355 HGB, außer die Geschäftsbedingungen des Kryptowerte-Dienstleisters sehen mit der Zurverfügungstellung der Aufstellung besondere Rechtswirkungen wie ein Saldoanerkenntnis des Kunden vor, sofern dieser der Aufstellung nicht rügt.

23 Diese Aufstellung der Positionen ist in **elektronischem Format** bereitzustellen. Eine postalische Übermittlung von Kontoauszügen ist daher nicht erforderlich.

---

[13] Meier/Schneider/Schinerl BKR 2023, 365 (366 ff.).
[14] Möslein/Omlor FinTech-HdB/Kaulartz, 3. Aufl. 2024, § 5 Rn. 19, 20; Maume/Maute Kryptowerte-HdB/Fromberger/Zimmermann, 1. Aufl. 2020, § 1 Rn. 58–61.

Regelmäßig werden Kryptowerte-Dienstleister, die Kryptowerte für ihre Kunden verwahren und verwalten, über ihre Nutzeroberfläche die Positionen im Benutzerkonto des jeweiligen Kunden anzeigen. Damit dürfte die Pflicht, dem Kunden auf dessen Verlangen jederzeit eine Positionsaufstellung zur Verfügung zu stellen, erfüllt sein. Bei den Positionsaufstellungen, die alle drei Monate zur Verfügung zu stellen sind, ist jedoch davon auszugehen, dass dem Kunden eine **Art Kontoauszug** zur Verfügung zu stellen ist, den dieser herunterladen und dauerhaft speichern kann. Dies kann über die Nutzeroberfläche des Kryptowerte-Dienstleisters erfolgen oder auch durch Zusendung per E-Mail an den Kunden.

2. Information der Kunden bei erforderlicher Reaktion (Abs. 5 UAbs. 2)

Abs. 5 UAbs. 2 enthält eine weitere Informationspflicht des Kryptowerte- 24 Dienstleisters. So ist der Kunde umgehend zu informieren über Tätigkeiten im Zusammenhang mit Kryptowerten, die eine **Reaktion des Kunden** erfordern. Zu denken ist hierbei bspw. an die **Ausübung von Stimmrechten** des Kunden, wenn dieser als Inhaber von sog. Governance-Token aufgefordert wird, seine Stimme bei der Entscheidungsfindung über eine Anpassung auf Ebene eines DLT-Protokolls einzubringen. Des Weiteren könnte eine Reaktion des Kunden erforderlich sein für den Fall eines **Hard Forks** (→ Rn. 21) einer DLT-Infrastruktur, sofern sich der Kryptowerte-Dienstleister die Entscheidungsausübung nicht vertraglich vorbehalten hat.

VII. Verfahren zur umgehenden Rückgabe der Kryptowerte oder Zugangsmittel (Abs. 6)

Abs. 6 sieht als **Organisationsanforderung** vor, dass Kryptowerte-Dienstleis- 25 ter, die Kryptowerte für Kunden verwahren oder verwalten, sicherstellen müssen, dass sie über die erforderlichen Verfahren verfügen, damit die im Namen ihrer Kunden gehaltenen Kryptowerte oder Zugangsmittel der Kunden umgehend (englische Fassung: „as soon as possible") zurückgegeben werden können. Der Kryptowerte-Dienstleister muss also sicherstellen, dass er die vom Kunden eingezahlten Kryptowerte an eine vom Kunden benannte externe Wallet (selbstverwaltet oder bei einem anderen Kryptowerte-Dienstleister geführte Wallet) in einem **angemessenen Zeitraum** übertragen kann. Unklar ist, ob der Kryptowerte-Dienstleister eine Übertragung der Kryptowerte an externe Wallets auch dann ermöglichen muss, wenn der Kunde die Kryptowerte nicht eingezahlt hat, sondern der Kryptowerte-Dienstleister die Kryptowerte für den Kunden erstmalig angeschafft hat und ausschließlich in seinem System verwahrt. Teilweise bieten Kryptobörsen die Verwahrung von Kryptowerten auf eigenen Omnibus-Wallets ausschließlich als eine Zusatzdienstleistung (häufig durch Tochterunternehmen), um den plattformeigenen Kryptohandel zu ermöglichen. Die Kunden können dann Kryptowerte über die Handelsplattform erwerben und verkaufen, jedoch die Kryptowerte weder an externe Wallets übertragen noch Kryptowerte von externen Wallets „einzahlen". Die Verwahrinfrastruktur ist insofern eine in sich geschlossene Sicherheitsarchitektur, die eine direkte Interaktion mit externen Wallets nicht vorsieht. Dadurch lassen sich insbesondere Geldwäscherisiken minimieren. Solche Modelle müssten grundlegend geändert werden, wenn jeder Kryptowerte-Dienstleister, der

Art. 75 Titel V Kryptowerte-Dienstleistungen

eine Verwahrung von Kryptowerten anbietet, eine Übertragung an externe Wallets ermöglichen müsste. Solange die Kunden transparent darüber aufgeklärt werden, dass die „Auszahlung" von Kryptowerten nicht möglich ist, erscheint ein solches Erfordernis jedenfalls nicht als zwingend im Kundeninteresse geboten. Abs. 6 sollte also auch im Sinne der Verhältnismäßigkeit so ausgelegt werden, dass eine **Verkaufs- bzw. Liquidationsmöglichkeit** ausreicht, wenn Kunden bestimmungsgemäß niemals direkt Zugriff auf die Kryptowerte erlangen. Sie haben dann auch keinen (gesetzlichen) Anspruch auf eine Herausgabe in Form der Übertragung an eine externe Wallet bzw. Blockchain-Adresse. Anders ausgedrückt wäre in diesem Fall ein Rückgabeverfahren nicht „erforderlich" iSv Abs. 6.

26 Sofern der Kunden die Auslieferung verlangen kann, dürfte mit Blick auf einen **angemessenen Zeitraum** zu berücksichtigen sein, dass die Auslieferung von Kryptowerten, die ein Kryptowerte-Dienstleister mittels Cold Wallets verwahrt, in der Regel mehr manuelle Prozesse erfordern und daher zeitlich länger dauern kann als Übertragungen von Kryptowerten, die über eine Hot Wallet Infrastruktur verwahrt werden.

27 Abs. 6 nennt auch die **Rückgabe von Zugangsmitteln** wie kryptographische Schlüssel an den Kunden. Bei den gängigen Verwahrlösungen, bei denen Kryptowerte-Dienstleister eine Speicherlösung zB auf Basis von Hardware-Sicherheitsmodulen (HSM) oder auch hierarchisch-deterministischen Wallets (HD Wallet) (→ Rn. 14, 29) betreiben, wird eine Extrahierung und Übertragung von kryptographischen Schlüsseln an den Kunden regelmäßig technisch nicht möglich sein bzw. nur mit unverhältnismäßig hohem Aufwand, der sich zudem nachteilig auf die Sicherheit der kryptographischen Schlüssel auswirken dürfte. Abs. 6 darf daher nicht so ausgelegt werden, dass der Kunde ein Wahlrecht hätte, ob er die Kryptowerte oder Zugangsmittel herausverlangen kann. Diese Entscheidung ist regelmäßig dem Kryptowerte-Dienstleister zu überlassen, der entsprechende Verfahren hierfür vorsehen muss, die für den Kunden und Verwahrer eine technisch sinnvolle und verhältnismäßige Lösung bieten. Die Rückgabe von Zugangsmitteln kommt daher allenfalls in Betracht, wenn der Kryptowerte-Dienstleister bspw. ein Papier für den Kunden verwahrt, auf dem der kryptographische Schlüssel bzw. eine Seed Phrase gesichert ist, von der der kryptographische Schlüssel (Private Key) abgeleitet werden kann, oder wenn der Kryptowerte-Dienstleister einen Speicherstick für den Kunden verwahrt, auf dem ein kryptographischer Schlüssel gespeichert ist.

VIII. Vermögenstrennung und Bestimmtheit (Abs. 7)

28 Aus Abs. 7 ergeben sich zum Schutz der Kryptowerte von Kunden insbesondere auch für den Fall der **Insolvenz** (→ Art. 47 Rn. 25 ff.) des Kryptowerte-Dienstleisters sowohl operative, technische als auch rechtliche Anforderungen an den Kryptowerte-Dienstleister, die dieser bei der Verwahrung und Verwaltung von Kryptowerten einzuhalten hat.

29 Es besteht nach Abs. 7 UAbs. 1 eine strikte **technische Vermögenstrennungspflicht,** wonach der Kryptowerte-Dienstleister die Kundenbestände getrennt von seinen eigenen Kryptowerten bzw. Beständen zu verwahren hat. So besteht die Pflicht, dass die **Mittel für den Zugang** zu den Kryptowerten der Kunden eindeutig als solche zu kennzeichnen sind und auf dem Distributed Ledger getrennt von **eigenen Kryptowerten des Kryptowerte-Dienstleisters** geführt werden.

Das bedeutet, dass die Kundenbestände technisch nicht über dieselben Blockchain-Adressen gehalten werden dürfen, über die der Kryptowerte-Dienstleister eigene Kryptowerte hält. Eine getrennte Verwahrung mittels **verschiedener Blockchain-Adressen** genügt jedoch, um eine eindeutige Bestimmbarkeit von Eigen- und Kundenbeständen sicherzustellen.[15] Sofern die Verwahrlösung des Kryptowerte-Dienstleisters auf einer hierarchisch-deterministische Wallet **(HD Wallet)** (→ Rn. 14, 27) basiert, bei der es einen kryptographischen Schlüssel als sog. Master-Key gibt, der bspw. auf einem Hardware-Sicherheitsmodul (HSM) gespeichert wird, aus dem wiederum zahlreiche Blockchain-Adressen abgeleitet werden können, bedeutet die Anforderung des Abs. 7 UAbs. 1 und 2 nicht, dass der Anbieter einen weiteren Master-Key benötigt, aus dem allein Blockchain-Adressen abgeleitet werden, die er für seine Eigenbestände verwendet. Vielmehr ist es ausreichend, dass nicht dieselben Blockchain-Adressen für die Verwahrung von Kunden- und Eigenbeständen verwendet werden. Der Kryptowerte-Dienstleister muss auch kein separates Hardware-Sicherheitsmodul (HSM) für seine Eigenbestände verwenden, sofern sichergestellt ist, dass die Verwendung verschiedener Blockchain-Adressen eine eindeutige Zuordnung und Trennung von Kunden- und Eigenbeständen ermöglicht.

Abs. 7 UAbs. 3 sieht vor, dass die verwahrten Kryptowerte auch operativ vom 30 Vermögen des Kryptowerte-Dienstleisters zu trennen sind. Dazu muss sich aus den **Aufzeichnungen** des Kryptowerte-Dienstleisters ergeben, welche Blockchain-Adressen der Verwahrung von Kundenwerten dienen und welche für seine Eigenbestände verwendet werden. Zur Umsetzung der **operativen Vermögenstrennungspflicht** hat der Kryptowerte-Dienstleister bereits nach Abs. 2 Aufzeichnungen über die jeweiligen Positionen und Rechte der Kunden in einem **Register** zu führen (→ Rn. 11 f.). Hierdurch erfolgt zusätzlich die positionsbezogene buchhalterische Erfassung und Trennung von Kunden- und Eigenbeständen.

Abs. 7 UAbs. 2 sieht auch eine **rechtliche Vermögenstrennung** vor. So stellt 31 Abs. 7 UAbs. 2 klar, dass im Einklang mit dem geltenden Recht im Interesse der Kunden die Kryptowerte der Kunden rechtlich vom Vermögen des Kryptowerte-Dienstleisters getrennt werden, sodass Gläubiger des Kryptowerte-Dienstleisters – insbesondere im Falle einer **Insolvenz** – nicht auf Kryptowerte zurückgreifen können, die für Kunden verwahrt werden (→ Art. 47 Rn. 25 ff.). Es ist nicht eindeutig, ob Abs. 7 UAbs. 2 hierbei die **rechtliche Vermögenstrennung direkt** oder lediglich eine **Pflicht des Kryptowerte-Dienstleisters** zur rechtlichen Vermögenstrennung regelt.[16] Im Interesse des Kundenschutzes und einer einheitlichen Regelung für die rechtliche Vermögenstrennung in allen EU-Mitgliedstaaten – insbesondere im Fall der Insolvenz des Kryptwerte-Dienstleisters – ist davon auszugehen, dass aus Abs. 7 UAbs. 2 unmittelbar die rechtliche Vermögenstrennung der Kundenwerte vom Vermögen des Kryptowerte-Dienstleisters folgt.[17] Der EU-Gesetzgeber scheint lediglich klarstellen zu wollen, dass die jeweiligen Regelungen der Mitgliedstaaten einer solchen **rechtlichen Trennung** nicht entgegenstehen

---

[15] Vgl. Kokorin Capital Markets Law Journal 2023, 1 (13).
[16] Skauradszun/Wrede RDi 2024, 55 (58) Fn. 16, die davon ausgehen, dass „Art. 75 Abs. 7 UAbs. 2 hinsichtlich des Erfordernisses der rechtlichen Trennung unmittelbare und direkte Wirkung" entfalte.
[17] Skauradszun/Kümpel/Schweizer/Gramlich ZBB 2023 Fn. 23; Skauradszun/Nguyen, Working Paper, S. 13; Annunziata, European Banking Institute Working Paper Series No. 158, S. 61.

dürfen, was die Formulierung „im Einklang mit dem geltenden Recht" nahelegt. Zur Verfeinerung der Durchsetzung der rechtlichen Vermögenstrennung nach Abs. 7 UAbs. 2 hat der deutsche Gesetzgeber den § 45 KMAG geschaffen, der für die Zuordnung der verwahrten Kryptowerte eine **unwiderlegliche Vermutung** enthält.[18] Danach gilt der im Rahmen der Kryptoverwahrung für einen Kunden verwahrte Kryptowert als dem Kunden zugehörig, sofern der Kunde nicht seine Einwilligung zu Verfügungen über den verwahrten Kryptowert für Rechnung des Kryptowerte-Dienstleisters oder Dritter erteilt hat. § 45 Abs. 2 KMAG stellt zudem klar, dass die Zuordnung der verwahrten Kundenwerte zum Kundenvermögen gleichermaßen für den dem Kunden zustehenden **Anteil an Kryptowerten** in gemeinschaftlicher Verwahrung sowie für isoliert verwahrte **private kryptographische Schlüssel** gilt. Wie die Parallelnormen des § 46i KWG und des § 81a KWG stellt § 45 KMAG somit klar, dass die für Kunden verwahrten Kryptowerte einschließlich der privaten kryptographischen Schlüssel dem Zugriff der allgemeinen **Gläubiger des Kryptowerte-Dienstleisters** entzogen bleiben.[19] Entsprechend der Gesetzesbegründung zu § 46i KWG sollen die Kunden des Kryptowerte-Dienstleisters nach Abs. 7 UAbs. 2 iVm § 45 KMAG einem vollstreckungsrechtlichen Zugriff die **Drittwiderspruchsklage** gemäß § 771 ZPO entgegensetzen können und im **Insolvenzverfahren** über das Vermögen des Kryptowerte-Dienstleisters soll ihnen ein **Aussonderungsrecht** iSd § 47 InsO zustehen.[20] Abs. 7 UAbs. 2 und die Vorschrift des § 45 KMAG „zieh[en] damit die haftungsrechtlichen Konsequenzen aus dem Treuhandcharakter des Verwahrgeschäfts, der den Kunden als wirtschaftlich Berechtigten ausweist".[21] Wie auch § 46i KWG knüpft § 45 KMAG diese Folge an das Bestehen des Verwahrgeschäfts als Kryptowerte-Dienstleistung und damit an die **Vermögenstrennung** nach Art. 75 Abs. 7, was eine Prüfung der Anforderungen entbehrlich macht, welche die Rechtsprechung an Treuhandverhältnisse stellt, die dem Treugeber ein Drittwiderspruchs- und Aussonderungsrecht vermitteln.[22] Insoweit werden diese Anforderungen durch die Anforderungen des Art. 75 Abs. 7 zur **technischen, rechtlichen und organisatorischen Vermögenstrennung** ersetzt.[23] „Die aufsichtliche Überprüfung der Einhaltung des Vermögenstrennungsgebots bietet objektive Gewähr dafür, dass nur solche Treuhandabreden erfasst werden, die dem Kunden eine echte wirtschaftliche Berechtigung vermitteln."[24]

32 Nach Art. 70 Abs. 1 darf ein Kryptowerte-Dienstleister die Kryptowerte seiner Kunden grundsätzlich **nicht für eigene Rechnung** verwenden (→ Art. 70 Rn. 1 ff.). Das heißt auch, dass die Kundenwerte nicht mit Rechten Dritter zugunsten des Kryptowerte-Dienstleisters belastet werden dürfen.[25] Dies schließt jedoch

---

[18] Vgl. RegE des Finanzmarktdigitalisierungsgesetzes, BT-Drs. 20/10280, 154; eine entsprechende Regelung enthalten 46i KWG und § 81a WpIG für kryptographische Instrumente und isoliert verwahrte kryptographische Schlüssel; siehe auch Skauradszun RDi 2023, 269 (270).
[19] § 45 KMAG „entspricht § 46i KWG in der Form durch das Zukunftsfinanzierungsgesetz", BT-Drs. 20/10280, 154; vgl. Begründung zu § 46i KWG, BT-Drs. 20/8292, 138.
[20] Vgl. Begründung zu § 46i KWG, BT-Drs. 20/8292, 138.
[21] Vgl. Begründung zu § 46i KWG, BT-Drs. 20/8292, 138.
[22] Vgl. Begründung zu § 46i KWG, BT-Drs. 20/8292, 138.
[23] Vgl. Begründung zu § 46i KWG, BT-Drs. 20/8292, 138.
[24] Vgl. Begründung zu § 46i KWG, BT-Drs. 20/8292, 138.
[25] ErwG Nr. 83.

nicht aus, dass der Kryptowerte-Dienstleister und der Kunde eine hiervon abweichende Vereinbarung für bestimmte Fälle treffen, so § 45 Abs. 1 S. 2 KMAG. In diesem Fall entfällt die Zuordnung der verwahrten Kryptowerte zum Vermögen des Kunden, wenn der Kunde darin eingewilligt hat, dass der Kryptowerte-Dienstleister über die Werte auf eigene Rechnung oder für Rechnung Dritter verfügen kann.[26]

IX. Haftung für den Verlust von Kryptowerten oder Zugangsmitteln (Abs. 8)

Kryptowerte-Dienstleister, die Kryptowerte für Kunden verwahren oder verwalten, haften nach Abs. 8 UAbs. 1 S. 1 ihren Kunden für **Verluste von Kryptowerten oder der Zugangsmittel** zu diesen Kryptowerten, die infolge von Vorfällen eintreten, die dem Kryptowerte-Dienstleister zuzuschreiben sind. Der Verlust muss also aus einem Vorfall resultieren, der dem Kryptowerte-Dienstleister zurechenbar bzw. für den dieser verantwortlich sein muss. Ein **Verschulden** des Kryptowerte-Dienstleisters ist nach Abs. 8 nicht erforderlich, um dessen Haftung gegenüber dem Kunden zu begründen (zum Zuschreibungszusammenhang → Rn. 35). Die Haftung richtet sich vielmehr nach der **Zuschreibung von Risikosphären**. ErwG Nr. 83 hält das Ziel einer möglichst weitgehenden Haftung von Kryptowerte-Dienstleistern fest, die Kryptowerte verwahren oder verwalten, unabhängig von einem Verschuldensvorwurf: 33

> *Diese Anbieter von Kryptowerte- Dienstleistungen sollten außerdem für jegliche Verluste haftbar sein, die durch einen Vorfall im Zusammenhang mit Informations- und Kommunikationstechnologien („IKT") verursacht werden, insbesondere auch durch einen Vorfall infolge eines Cyberangriffs, eines Diebstahls oder einer Funktionsstörung.*

Die MiCAR nennt lediglich beispielhaft, dass ein Kryptowerte-Dienstleister für jegliche Verluste haftbar sein soll, die durch einen **Vorfall** im Zusammenhang mit **Informations- und Kommunikationstechnologien** verursacht werden, insbesondere auch durch einen Vorfall infolge eines **Cyberangriffs**, eines **Diebstahls** oder einer **Funktionsstörung**.[27] So sind Vorfälle denkbar, in denen eine Verwahrlösung von außen gehackt wird oder aus dem Unternehmen heraus Mitarbeitende Kryptowerte veruntreuen. Ein Vorfall kann auch in einem anderen Zusammenhang auftreten. Jedes Ereignis, das dem Kryptowerte-Dienstleister zurechenbar ist und zu einem Verlust der Kryptowerte oder Zugangsmittel führt, kann daher die Haftung des Kryptowerte-Dienstleisters begründen. Es macht ferner keinen Unterschied, ob der Vorfall durch eine Handlung oder ein Unterlassen verursacht worden ist, da lediglich maßgeblich ist, ob aus dem Vorfall ein Schaden für einen Kunden entstanden ist, sofern der Vorfall dem Kryptowerte-Dienstleister zuzuschreiben ist. Ein Unterlassen wäre bspw. darin zu sehen, dass der Kryptowerte-Dienstleister keine ausreichenden Verfahren für die technische Sicherung von Zugangsmitteln vorgesehen hat bzw. diese nicht mehr den technischen Anforderungen an eine sichere Verwahrung entsprechen, sodass Sicherheitslücken entstehen können. 34

---

[26] Vgl. Begründung zu § 46i KWG, BT-Drs. 20/8292, 138.
[27] ErwG Nr. 83.

Art. 75 Titel V Kryptowerte-Dienstleistungen

1. Zuschreibungszusammenhang (Abs. 8 UAbs. 1 S. 1, UAbs. 2)

35 Um die verschuldensunabhängige Haftung des Kryptowerte-Dienstleisters zu begründen, muss diesem der Vorfall, der zu einem Verlust geführt hat, **zuzuschreiben** sein. Das bedeutet, dass der Kryptowerte-Dienstleister für den Vorfall verantwortlich sein muss und der Eintritt bzw. das Nichteintreten des Vorfalls im **Macht- und Einflussbereich** des Kryptowerte-Dienstleisters bzw. seiner verantwortlichen Mitarbeitenden lag. Abs. 8 UAbs. 2 grenzt dabei negativ ab, welche Vorfälle dem Kryptowerte-Dienstleister nicht zuzuschreiben sind. So gehören zu den nicht dem Kryptowerte-Dienstleister zuzuschreibenden Vorfällen alle Ereignisse, bei denen der Kryptowerte-Dienstleister nachweist, dass sie unabhängig von der Erbringung der Verwahrung und Verwaltung von Kryptowerten oder der Zugangsmittel oder von anderen Tätigkeiten des Kryptowerte-Dienstleisters aufgetreten sind. Als nicht-abschließendes Regelbeispiel wird etwa ein mit dem Betrieb des **Distributed Ledger verbundenes Problem,** über das der Kryptowerte-Dienstleister keine Kontrolle hat, genannt. Denkbar sind hier etwa Fehler im Protokoll oder Code einer Blockchain, Betriebsstörungen eines DLT-Netzwerks (zB Forks/Ledger Splits, 51%-Attacken, Qualität der eingesetzten kryptographischen Verfahren, Schwachstellen in DLT/Blockchain-Spezifikationen, DDoS-Angriffe durch Kleinsttransaktionen, Bedrohungen aufgrund der möglichen Einführung praxistauglicher Quantencomputer), die jeweils zu einem Ausfall oder einer Störung der DLT oder ggf. eines relevanten Smart Contracts führen. Daneben können politische Entscheidungen oder Verbote einer DLT durch einen Staat zu Ereignissen führen, die außerhalb der Kontrolle des Kryptowerte-Dienstleisters liegen.

36 Abs. 8 UAbs. 2 enthält eine **Beweislastumkehr.** Den Kryptowerte-Dienstleister trifft die Nachweispflicht, dass der Vorfall unabhängig von der Erbringung der betreffenden Dienstleistung oder von den Tätigkeiten des Kryptowerte-Dienstleisters aufgetreten ist. Grundsätzlich wird bei Eintritt eines Verlusts von Kryptowerten oder der Zugangsmittel vermutet, dass der schadenverursachende Vorfall dem Kryptowerte-Dienstleister zuzurechnen ist. Der Kryptowerte-Dienstleister muss zur Abwendung seiner Haftung daher nachweisen, dass sein Handeln oder Unterlassen nicht ursächlich für den entstandenen Verlust des Kunden gewesen ist. Faktisch schlagen durch so eine weitgehende Haftungsregelung die aufsichtsrechtlichen Pflichten des Kryptowerte-Dienstleisters an seine interne Organisation auch auf dessen vertragliche Pflichten gegenüber seinen Kunden durch. Einen individuellen Kundenschutz bezwecken aufsichtsrechtliche **Organisationsanforderungen** jedoch regelmäßig nicht.[28] Die aufsichtsrechtlichen Organisationsanforderungen wirken sich insofern allenfalls mittelbar auf die vertraglichen Pflichten des Kryptowerte-Dienstleisters aus und können bei der Auslegung der vertraglichen Haupt- und Nebenleistungspflichten herangezogen werden – sie sind jedoch regelmäßig nicht Bestandteil des Vertragsverhältnisses zum Kunden.[29]

---

[28] Schwark/Zimmer/Fett, 5. Aufl. 2020, WpHG § 80 Rn. 19 mwN.
[29] Vgl. zu den Konsequenzen mangelhafter Umsetzung der Organisationspflichten nach WpHG Fuchs/Zimmermann/Buck-Heeb, 3. Aufl. 2024, WpHG § 80 Rn. 393; Schwark/Zimmer/Fett, 5. Aufl. 2020, WpHG § 80 Rn. 19.

2. Verschuldensunabhängige Haftung

Abs. 8 statuiert eine **verschuldensunabhängige Haftung** des Kryptowerte-Dienstleisters für den entstandenen Verlust des Kunden. Daher kommt es nicht darauf an, ob der Grund für die Haftung für den Kryptowerte-Dienstleister erkennbar gewesen ist, erkennbar hätte sein können oder erkennbar hätte sein müssen. Für einen Verlust aufgrund eines Systemausfalls oder Programmierfehlers in den eigenen Systemen haftet der Kryptowerte-Dienstleister daher unabhängig von deren Erkennbarkeit, soweit ihm der Fehler oder Ausfall gemäß Abs. 8 UAbs. 1 S. 1 zuzuschreiben ist.[30] Anders als die Regelungen zur Haftung für fehlerhafte Whitepaper Angaben gemäß Art. 15, 26 bzw. 52 sieht Art. 75 Abs. 8 auch nicht vor, dass eine **„sonstige zivilrechtliche Haftung"** unberührt bleibt. Dies legt nahe, dass Abs. 8 UAbs. 1 S. 1 mithin eine sehr weitgehende, verschuldensunabhängige Haftung vorsieht, die keiner einschränkenden Auslegung zugänglich ist[31] und neben der für eine zivilrechtliche Haftung, die ein Verschulden voraussetzen würde, kein Raum bleibt. Daraus folgt, dass für den Fall des Verlusts von Kryptowerten oder der Zugangsmittel auch keine vertragliche Begrenzung des Haftungsmaßstabs auf Vorsatz oder grobe Fahrlässigkeit in den Geschäftsbedingungen des Kryptowerte-Dienstleisters wirksam wäre.

3. Haftungsbegrenzung auf Marktwert der Kryptowerte bei Verlust (Abs. 8 UAbs. 1 S. 2)

Abs. 8 UAbs. 1 S. 2 begrenzt die Haftung des Kryptowerte-Dienstleisters auf den Marktwert der verloren gegangenen Kryptowerte zum Zeitpunkt des Verlusts. Dies setzt zunächst voraus, dass der Zeitpunkt des Verlustes genau bestimmt werden kann. Die genaue Bestimmung des **Zeitpunkts des Verlusteintritts** für die Wertermittlung kann aufgrund der Volatilität von einigen Kryptowerten entscheidend sein, da zwischen Gewinn und (Voll-)Verlust unter Umständen wenige Sekunden liegen können.

Sollte der Verlust bspw. dadurch entstanden sein, dass der Kryptowerte-Dienstleister Kryptowerte an eine falsche Blockchain-Adresse sendet, die nicht von seinem Kunden angegeben wurde, so könnte man davon ausgehen, dass der Zeitpunkt des Verlusts dann eingetreten ist, wenn die Transaktion auf der zugrundeliegenden DLT verarbeitet und im Netzwerk entsprechend mitgeteilt wurde. Hierbei könnte man den sog. Timestamp des Blocks zugrunde legen, in dem die jeweilige Transaktion enthalten ist. Daneben wäre es auch denkbar, auf den Zeitpunkt abzustellen, der sich aus den Aufzeichnungen bzw. aus dem Register über Kundenpositionen (→ Rn. 11 f.) des Kryptowerte-Dienstleisters als Auslieferungszeitpunkt ergibt.

Für den Nachweis des Zeitpunkts und damit der Höhe des eingetretenen Verlusts wird der Kunde haftungsrechtlich zunächst nachweispflichtig sein. Wobei eine Informationspflicht des Kryptowerte-Dienstleisters gegenüber seinen Kunden im Hinblick auf den Zeitpunkt des schadensbegründenden Vorfalls bestehen dürfte, da der Kryptowerte-Dienstleister regelmäßig einen Informationsvorsprung gegenüber seinen Kunden haben wird.

---

[30] Vgl. hierzu Fröhler/Piepenburg/Wasner ZfDR 2023, 218 (225) mit Verweis auf Rennig.

[31] Vgl. zum Verschuldenserfordernis im Zusammenhang mit der Haftung für Whitepaper Informationen Buck-Heeb BKR 2023, 689 ff.; Maume RDi 2022, 461 (466); Zickgraf BKR 2021, 362 (365 ff.).

Art. 75

40 Entscheidend für die Begrenzung des Haftungsumfangs ist der **Marktwert** des jeweiligen Kryptowertes im Zeitpunkt des Verlusts. Die MiCAR definiert den Begriff Marktwert nicht und gibt auch nicht vor, nach welchen Kriterien dieser zu bestimmen ist. Ein Marktwert dürfte sich bei Kryptowerten, die an europäischen sowie internationalen Krypto-Märkten (zB über Tauschanbieter oder auch multilaterale Handelsplattformen) gehandelt werden, aus dem jeweiligen **Marktpreis zum Zeitpunkt des Verlusteintritts** ermitteln lassen. Sofern die Marktpreise des jeweiligen Kryptowertes Preisabweichungen aufweisen sollten, könnte ein Mittelwert aus den verfügbaren Marktpreisen ermittelt werden. Wobei der Mittelwert aus drei **Referenzmärkten** ausreichend sein sollte. Bei liquiden Kryptowerten dürfte der Marktpreis der Referenz-Handelsplattform oder des Tauschanbieters maßgeblich sein, der über die höchste Liquidität im Hinblick auf den betroffenen Kryptowert verfügt, sodass bei besonders liquiden Kryptowerten der dort veröffentlichte Marktpreis als entscheidender Marktwert zugrunde gelegt werden sollte. Grundlage für die Marktwertbestimmung dürften auch die Angaben von Marktdaten-Aggregatoren wie CoinDesk oder CoinMarketCap sein, die die Preis- und Kursentwicklung von Kryptowerten veröffentlichen und in der Regel globale volumengewichtete Durchschnittskurse angeben.

X. Inanspruchnahme anderer Kryptowerte-Dienstleister für die Verwahrung und Verwaltung (Abs. 9)

41 Abs. 9 regelt den Fall, dass ein Kryptowerte-Dienstleister, der für seine Kunden Kryptowerte verwahrt oder verwaltet, einen weiteren Kryptowerte-Dienstleister in Anspruch nimmt, um die Kryptowerte seiner Kunden verwahren und ggf. auch verwalten zu lassen. Dies kann dadurch erfolgen, dass der **technische Betrieb der erforderlichen Verwahrinfrastruktur** vollständig an den anderen Anbieter ausgelagert wird (zu den Anforderungen an eine Auslagerung → Art. 73 Rn. 1 ff.) und der Kryptowerte-Dienstleister den anderen Anbieter zwar entsprechend anweisen kann, Transaktionen auszulösen, selbst aber keine Zugangsmittel speichert. Abs. 9 sieht hierbei vor, dass der andere Kryptowerte-Dienstleister ebenso ein nach Art. 59 **zugelassener Kryptowerte-Dienstleister** zu sein hat. Eine vollständige „Unterverwahrung" von Kundenwerten bei einem Anbieter, der nicht im EWR ansässig ist und über keine MiCAR-Zulassung verfügt, ist danach nicht mehr zulässig. Weiterhin sollte es jedoch zulässig sein, dass ein Kryptowerte-Dienstleister, der Handelsdienstleistungen für seine Kunden anbietet und sich bei ausländischen nicht-EWR Kryptobörsen eindeckt bzw. Kundengeschäfte dort ausführt, Kryptowerte von Kunden auch weiterhin für **Handelszwecke** bei den Kryptobörsen verwahren lassen kann. Dies dürfte keine eine „echte" Verwahrdienstleistung iSd Abs. 9 sein. Daher kann ein Kryptowerte-Dienstleister, der Kryptowerte für seine Kunden verwahrt und verwaltet, die Kundenwerte im geringen Umfang und für einen kurzen Zeitraum bei einer ausländischen Kryptobörse für die Zwecke der **Handelsabwicklung und Auslieferung** halten, um sie dann in die vom Kryptowerte-Dienstleister betriebene Verwahrlösung zu übertragen.

42 Die Nutzung von **technischen Infrastrukturanbietern,** die lediglich die erforderlichen Systeme und Infrastruktur für die Verwahrlösung des Kryptowerte-Dienstleisters bereitstellen, die selbst aber keine Zugriffsmöglichkeit auf die Kryptowerte und Zugangsmittel haben bzw. lediglich einen Teil der Zugangsmittel (zB

Key Shards) speichern, womit sie jedoch allein nicht in der Lage sind Transaktionen auszulösen (→ Art. 3 Abs. 1 Nr. 17 Rn. 111), dürften von Abs. 9 nicht erfasst sein. Diese technischen Infrastrukturanbieter erbringen in der Regel keine eigene Kryptowerte-Dienstleistung. Demnach können Kryptowerte-Dienstleister, die für ihre Kunden Kryptowerte verwahren und verwalten, auch weiterhin **Infrastrukturlösungen** von Anbietern nutzen, die keinen Sitz im EWR haben (vorbehaltlich abweichender Anforderungen aufgrund von DORA (VO (EU) 2022/2554), sofern der Kryptowerte-Dienstleister die Verwahrlösung selbst betreibt oder zumindest selbständig betreiben kann.

Sollte der Kryptowerte-Dienstleister einen anderen Kryptowerte-Dienstleister einsetzen, um die Kryptowerte seiner Kunden verwahren und ggf. auch verwalten zu lassen, so ist der Kunde davon in Kenntnis zu setzen. Sollte diese Art der Verwahrung Teil der **Verwahrstrategie** sein, so sollte sich dies aus der Verwahrstrategie bzw. aus deren Zusammenfassung ergeben, die dem Kunden zur Verfügung zu stellen ist (→ Rn. 5, → Rn. 13 ff.). 43

Artikel 76 Betrieb einer Handelsplattform für Kryptowerte

(1) **Anbieter von Kryptowerte-Dienstleistungen, die eine Handelsplattform für Kryptowerte betreiben, legen klare und transparente Betriebsvorschriften für die Handelsplattform fest, halten diese aufrecht und wenden sie an. In diesen Betriebsvorschriften muss mindestens Folgendes festgelegt werden:**
a) **Genehmigungsverfahren, einschließlich der Sorgfaltspflichten gegenüber Kunden, die dem vom Antragsteller ausgehenden Risiko der Geldwäsche oder Terrorismusfinanzierung gemäß der Richtlinie (EU) 2015/849 entsprechen und vor Zulassung von Kryptowerten an der Handelsplattform anzuwenden sind,**
b) **gegebenenfalls Ausschlusskategorien hinsichtlich der Arten von Kryptowerten, die nicht zum Handel zugelassen werden,**
c) **Strategien und Verfahren in Bezug auf etwaige Gebühren für die Zulassung zum Handel und deren Höhe,**
d) **objektive, nichtdiskriminierende Vorschriften und verhältnismäßige Kriterien für die Teilnahme an den Handelstätigkeiten mit dem Ziel der Förderung eines redlichen und offenen Zugangs von Kunden, die Handel treiben wollen, zur Handelsplattform,**
e) **ermessensunabhängige Regeln und Verfahren für die Sicherstellung eines redlichen und ordnungsgemäßen Handels sowie objektive Kriterien für die wirksame Ausführung von Aufträgen,**
f) **Bedingungen zur Sicherstellung der Handelbarkeit von Kryptowerten, einschließlich Liquiditätsschwellen und periodischen Offenlegungspflichten,**
g) **Bedingungen für die mögliche Aussetzung des Handels mit Kryptowerten,**
h) **Verfahren zur Sicherstellung einer wirksamen Abrechnung sowohl von Kryptowerten als auch von Geldbeträgen.**
Für die Zwecke von Unterabsatz 1 Buchstabe a wird in den Betriebsvorschriften eindeutig festgelegt, dass Kryptowerte nicht zum Handel zugelassen werden, wenn in den von dieser Verordnung vorgeschriebenen

Art. 76

Fällen kein entsprechendes Kryptowerte-Whitepaper veröffentlicht wurde.

(2) Vor der Zulassung von Kryptowerten zum Handel stellen Anbieter von Kryptowerte-Dienstleistungen, die eine Handelsplattform für Kryptowerte betreiben, sicher, dass die Kryptowerte den Betriebsvorschriften der Handelsplattform entsprechen, und bewerten die Eignung des betreffenden Kryptowerts. Bei der Bewertung der Eignung eines Kryptowerts bewerten die Anbieter von Kryptowerte-Dienstleistungen, die eine Handelsplattform betreiben, insbesondere die Zuverlässigkeit der verwendeten technischen Lösungen und die potenzielle Verbindung zu illegalen oder betrügerischen Tätigkeiten, und berücksichtigen dabei die Erfahrung, die Erfolgsbilanz und den Leumund des Emittenten dieser Kryptowerte und seines Entwicklungsteams. Die Anbieter von Kryptowerte-Dienstleistungen, die eine Handelsplattform betreiben, bewerten auch die Eignung der in Artikel 4 Absatz 3 Unterabsatz 1 Buchstaben a bis d genannten Kryptowerte, bei denen es sich nicht um vermögenswertereferenzierte Token oder E-Geld-Token handelt.

(3) In den Betriebsvorschriften der Handelsplattform für Kryptowerte wird die Zulassung von Kryptowerten mit eingebauter Anonymisierungsfunktion zum Handel ausgeschlossen, es sei denn, die Anbieter von Kryptowerte-Dienstleistungen, die eine Handelsplattform für Kryptowerte betreiben, können die Inhaber dieser Kryptowerte und ihre Transaktionshistorie identifizieren.

(4) Die in Absatz 1 genannten Betriebsvorschriften werden in einer Amtssprache des Herkunftsmitgliedstaats oder in einer in der internationalen Finanzwelt gebräuchlichen Sprache abgefasst.

Wird eine Handelsplattform für Kryptowerte in einem anderen Mitgliedstaat betrieben, werden die in Absatz 1 genannten Betriebsvorschriften in einer Amtssprache des Aufnahmemitgliedstaats oder in einer in der internationalen Finanzwelt gebräuchlichen Sprache abgefasst.

(5) Anbieter von Kryptowerte-Dienstleistungen, die eine Handelsplattform für Kryptowerte betreiben, handeln auf der von ihnen betriebenen Handelsplattform für Kryptowerte nicht für eigene Rechnung, selbst wenn sie den Tausch von Kryptowerten gegen einen Geldbetrag oder gegen andere Kryptowerte anbieten.

(6) Anbieter von Kryptowerte-Dienstleistungen, die eine Handelsplattform für Kryptowerte betreiben, dürfen nur dann auf die Zusammenführung sich deckender Kundenaufträge zurückgreifen, wenn der Kunde dem zugestimmt hat. Die Anbieter von Kryptowerte-Dienstleistungen stellen der zuständigen Behörde Informationen zur Erläuterung ihres Rückgriffs auf die Zusammenführung sich deckender Kundenaufträge zur Verfügung. Die zuständige Behörde überwacht den Rückgriff von Anbietern von Kryptowerte-Dienstleistungen auf die Zusammenführung sich deckender Kundenaufträge und stellt sicher, dass die der Rückgriff auf die Zusammenführung sich deckender Kundenaufträge die Definition eines solchen Handels weiterhin erfüllt und nicht zu Interessenkonflikten zwischen den Anbietern von Kryptowerte-Dienstleistungen und ihren Kunden führt.

(7) Anbieter von Kryptowerte-Dienstleistungen, die eine Handelsplattform für Kryptowerte betreiben, müssen über wirksame Systeme, Verfahren und Vorkehrungen verfügen, um sicherzustellen, dass ihre Handelssysteme
a) widerstandsfähig sind,
b) über ausreichende Kapazitäten verfügen, um Spitzenvolumina an Aufträgen und Mitteilungen zu bewältigen,
c) in der Lage sind, unter extremen Stressbedingungen auf den Märkten einen ordnungsgemäßen Handel sicherzustellen,
d) in der Lage sind, Aufträge abzulehnen, die vorab festgelegte Volumen- und Preisschwellen überschreiten oder eindeutig fehlerhaft sind,
e) vollständig geprüft werden, um sicherzustellen, dass die Bedingungen gemäß den Buchstaben a bis d erfüllt sind,
f) wirksamen Vorkehrungen zur Sicherstellung der Fortführung des Geschäftsbetriebs unterliegen, um im Falle eines Ausfalls des Handelssystems die Kontinuität ihrer Dienstleistungen sicherzustellen,
g) in der Lage sind, Marktmissbrauch zu verhindern oder aufzudecken,
h) hinreichend robust sind, um zu verhindern, dass sie zum Zwecke der Geldwäsche und der Terrorismusfinanzierung missbraucht werden.

(8) Anbieter von Kryptowerte-Dienstleistungen, die eine Handelsplattform für Kryptowerte betreiben, unterrichten die für sie zuständige Behörde, wenn sie Fälle von Marktmissbrauch oder versuchtem Marktmissbrauch in ihren Handelssystemen oder über ihre Handelssysteme aufdecken.

(9) Anbieter von Kryptowerte-Dienstleistungen, die eine Handelsplattform für Kryptowerte betreiben, veröffentlichen alle Geld- und Briefkurse sowie die Tiefe der Handelsinteressen zu diesen Preisen, die über ihre Handelsplattformen angezeigt werden. Die betreffenden Anbieter von Kryptowerte-Dienstleistungen machen diese Informationen während der Handelszeiten kontinuierlich öffentlich zugänglich.

(10) Anbieter von Kryptowerte-Dienstleistungen, die eine Handelsplattform für Kryptowerte betreiben, veröffentlichen Kurs, Volumen und Zeitpunkt der Geschäfte mit auf ihren Handelsplattformen gehandelten Kryptowerten. Sie veröffentlichen diese Einzelheiten für alle Transaktionen, soweit technisch möglich, in Echtzeit.

(11) Anbieter von Kryptowerte-Dienstleistungen, die eine Handelsplattform für Kryptowerte betreiben, machen die gemäß den Absätzen 9 und 10 veröffentlichten Informationen zu angemessenen kaufmännischen Bedingungen öffentlich zugänglich und sorgen für einen nichtdiskriminierenden Zugang zu diesen Informationen. Diese Informationen werden 15 Minuten nach ihrer Veröffentlichung in maschinenlesbarem Format kostenlos zur Verfügung gestellt und bleiben mindestens zwei Jahre lang veröffentlicht.

(12) Anbieter von Kryptowerte-Dienstleistungen, die eine Handelsplattform für Kryptowerte betreiben, leiten die endgültige Abwicklung einer Transaktion mit Kryptowerten auf dem Distributed Ledger innerhalb von 24 Stunden nach Ausführung der Geschäfte auf der Handelsplatt-

form oder – im Falle von außerhalb des Distributed Ledger abgewickelten Transaktionen – spätestens bis Börsenschluss ein.

(13) Anbieter von Kryptowerte-Dienstleistungen, die eine Handelsplattform für Kryptowerte betreiben, stellen sicher, dass ihre Gebührenstrukturen transparent, redlich und nichtdiskriminierend sind und dass sie keine Anreize schaffen, Aufträge so zu platzieren, zu ändern oder zu stornieren oder Geschäfte in einer Weise auszuführen, dass dies zu marktstörenden Handelsbedingungen oder Marktmissbrauch nach Titel VI beiträgt.

(14) Anbieter von Kryptowerte-Dienstleistungen, die eine Handelsplattform für Kryptowerte betreiben, müssen über Ressourcen und Backup-Einrichtungen verfügen, die es ihnen ermöglichen, der für sie zuständigen Behörde jederzeit Bericht zu erstatten.

(15) Anbieter von Kryptowerte-Dienstleistungen, die eine Handelsplattform betreiben, halten die einschlägigen Daten zu sämtlichen Aufträgen über Kryptowerte, die über ihre Systeme gehandelt werden, mindestens fünf Jahre lang für die zuständige Behörde bereit oder gewähren der zuständigen Behörde Zugang zum Auftragsbuch, damit die zuständige Behörde die Handelstätigkeit überwachen kann. Diese einschlägigen Daten enthalten die Merkmale des Auftrags, darunter diejenigen, die einen Auftrag mit den Transaktionen verknüpfen, die sich aus diesem Auftrag ergeben.

(16) Die ESMA arbeitet Entwürfe technischer Regulierungsstandards aus, in denen Folgendes präzisiert wird:
a) die Art, in der Daten zur Transparenz, darunter der Grad der Aufschlüsselung der gemäß den Absätzen 1, 9 und 10 zu veröffentlichenden Daten, darzustellen sind,
b) der Inhalt und das Format der Einträge in dem gemäß Absatz 15 zu führenden Auftragsbuch.

Die ESMA übermittelt der Kommission die in Unterabsatz 1 genannten Entwürfe technischer Regulierungsstandards spätestens am 30. Juni 2024.

Der Kommission wird die Befugnis übertragen, diese Verordnung durch Annahme der in Unterabsatz 1 dieses Absatzes genannten technischen Regulierungsstandards gemäß den Artikeln 10 bis 14 der Verordnung (EU) Nr. 1095/2010 zu ergänzen.

Schrifttum: Siehe Art. 75

Übersicht

	Rn.
I. Anwendungsbereich und Regelungsgegenstand	1
II. Betriebsvorschriften für die Handelsplattform (Abs. 1)	3
1. Klarheit und Transparenz der Betriebsvorschriften (Abs. 1 UAbs. 1 S. 1)	3
2. Sprache der Betriebsvorschriften (Abs. 4)	4
3. Mindestanforderungen an den Inhalt der Betriebsvorschriften (Abs. 1 UAbs. 1 S. 2)	5
a) Genehmigungsverfahren für Handelszulassung (lit. a)	6

		Rn.
b)	Ausschlusskategorien für bestimmte Arten von Kryptowerten (lit. b)	8
c)	Richtlinien, Verfahren und Gebühren für Zulassung zum Handel (lit. c)	9
d)	Diskriminierungsfreie Zugangsregeln für Kunden (lit. d)	11
e)	Regelungen für einen ordnungsgemäßen Handel (lit. e)	15
f)	Sicherstellung der Handelbarkeit von Kryptowerten (lit. f)	17
g)	Mögliche Aussetzung des Handels (lit. g)	20
h)	Wirksame Abrechnung (lit. h)	22

4. Ausschluss der Zulassung anonymer Kryptowerte (Abs. 3) 26
III. Bewertung der Eignung eines Kryptowerts (Abs. 2) 27
IV. Kein Handel für eigene Rechnung (Abs. 5) 28
V. Zusammenführung sich deckender Kundenaufträge (Abs. 6) 29
VI. Eigenschaften des Handelssystems (Abs. 7) 32
   1. Widerstandsfähigkeit (lit. a) 33
   2. Kapazitäten von Handelssystemen (lit. b) 36
   3. Volatilitätsmanagement (lit. c) 38
   4. Ablehnung von unzulässigen oder fehlerhaften Aufträgen (lit. d) .. 39
   5. Prüfung der Bedingungen gemäß lit. a–d (lit. e) 40
   6. Kontinuität bei Ausfall des Handelssystems (lit. f) 41
   7. Verhinderung oder Aufdeckung von Marktmissbrauch (lit. g) ... 42
   8. Verhinderung des Missbrauchs zur Geldwäsche oder Terrorismusfinanzierung (lit. h) 43
VII. Unterrichtungspflicht bei Marktmissbrauch (Abs. 8) 44
VIII. Veröffentlichung von Vor- und Nachhandelsdaten (Abs. 9, 10, 11) .. 45
IX. Frist für die endgültige Abwicklung einer Transaktion (Abs. 12) 48
X. Transparente Gebührenstruktur (Abs. 13) 50
XI. Technische Möglichkeit der jederzeitigen Berichterstattung (Abs. 14) 53
XII. Bereitstellung von Auftragsdaten (Abs. 15) 54
XIII. Abs. 2 55
   1. Allgemeines 55
   2. Systematik und Zweck 57
   3. Inhalt der Verpflichtung 60
     a. Adressat 60
     b. Pflichten 61
       aa) Übereinstimmung mit Betriebsvorschriften aus Abs. 1 ... 62
       bb) Bewertung der Eignung des Kryptowerts 63
         (1) Bewertung der Zuverlässigkeit der verwendeten technischen Lösungen 66
         (2) Bewertung der potenziellen Verbindung zu illegalen oder betrügerischen Tätigkeiten 71
         (3) Berücksichtigung der Erfahrung, Erfolgsbilanz und Leumund des Emittenten des Kryptowerts und seines Entwicklungsteams 72
     c. Anwendbarkeit auf Kryptowerte iSd Art. 4 Abs. 3 UAbs. 1 lit. a–d 73
   4. Umsetzung im nationalen Recht 74
     a. Aussetzung des Handels und Ausschluss von Kryptowerten vom Handel 74
     b. Bußgelder 76

Art. 76 Titel V Kryptowerte-Dienstleistungen

I. Anwendungsbereich und Regelungsgegenstand

1 Art. 76 regelt die spezifischen Pflichten der **Betreiber von Handelsplattformen** für Kryptowerte (Art. 3 Abs. 1 Nr. 18 Rn. 117 ff.), die diese beim Betrieb einer oder mehrerer Handelsplattformen neben den allgemeinen Pflichten für Kryptowerte-Dienstleistungen gemäß Art. 66–74 einhalten müssen.[1]

2 Die **aufsichtsrechtlichen Pflichten** für den Betrieb einer Handelsplattform[2] für Kryptowerte dienen in erster Linie dazu, ein ordnungsgemäßes Funktionieren der Märkte für Kryptowerte zu gewährleisten.[3] Betreiber müssen daher über detaillierte **Betriebsvorschriften** für die von ihnen betriebenen Handelsplattformen verfügen einschließlich transparenter und nichtdiskriminierender Vorschriften auf der Grundlage objektiver Kriterien zur **Regelung des Zugangs** zu ihren Handelsplattformen (→ Rn. 3 ff.). Vor der **Zulassung von Kryptowerten** zum Handel müssen Betreiber deren Eignung und Konformität mit den Betriebsvorschriften der Handelsplattform bewerten (III.). Des Weiteren sind Vorgaben bei der **Zusammenführung sich deckender Kundenaufträge** zu beachten (V.). Betreiber müssen zudem eine ausreichende **Resilienz ihrer Systeme und Verfahren** sicherstellen (VI.) und an die Kryptowerte-Märkte angepasste **Vor- und Nachhandelstransparenzanforderungen** erfüllen (VIII.) sowie **Aufzeichnungen über Auftragsdaten** führen (XII.). Daneben regelt Art. 76 die Frist für die **Abwicklung** von Transaktionen mit Kryptowerten (IX.) sowie Anforderungen an die **Gebührenstruktur** der Handelsplattformen (X.).

II. Betriebsvorschriften für die Handelsplattform (Abs. 1)

1. Klarheit und Transparenz der Betriebsvorschriften (Abs. 1 UAbs. 1 S. 1)

3 Abs. 1 UAbs. 1 S. 1 regelt die Pflicht für den Betreiber einer Handelsplattform für Kryptowerte, **Betriebsvorschriften** für die Handelsplattformen festzulegen, diese aufrechtzuerhalten und anzuwenden. Hiervon dürfte auch erfasst sein, dass die Betriebsvorschriften aktuell zu halten und sofern erforderlich auch anzupassen sind, um auf geänderte Gegebenheiten oder Anforderungen reagieren zu können. Die Betriebsvorschriften müssen klar und transparent sein. In den Betriebsvorschriften legt der Betreiber faktisch seine Gesamtkonzeption für den Betrieb einer oder mehrerer Handelsplattformen fest. Die Betriebsvorschriften sollen nach Art. 1 Abs. 1 der DelVO (EU) 2024/XXX **kostenlos** und in einer Weise veröffentlicht werden, die **leicht zugänglich, nichtdiskriminierend,** deutlich, verständlich, fair, **klar** und **nicht irreführend** ist.[4] Die Betriebsvorschriften sollen nach Art. 1 Abs. 3 der

---

[1] Anm. d. Red.: Die Kommentierung von Art. 76 Abs. 2 MiCAR erfolgt separat im Anschluss.
[2] Noch zur Rechtslage vor MiCAR Patz BKR 2021, 725 (737 ff.); Patz BKR 2019, 435.
[3] ErwG Nr. 84.
[4] S. Entwurf der DelVO (EU) 2024/XXX in der Fassung des Annex VI „Draft RTS pursuant to Article 76(16)(a) of MiCA" des ESMA Final Report Draft Technical Standards specifying certain requirements of the Markets in Crypto Assets Regulation (MiCA) – second package v. 3.7.2024 (ESMA75-453128700-1229), S. 208.

DelVO (EU) 2024/XXX auf der Webseite des Plattformbetreibers veröffentlicht und in einem Dokument enthalten sein.[5]

2. Sprache der Betriebsvorschriften (Abs. 4)

Gemäß Abs. 4 sind die Betriebsvorschriften der Handelsplattform entweder in einer **Amtssprache** des Herkunftsmitgliedstaats oder in einer in der **internationalen Finanzwelt gebräuchlichen Sprache** abzufassen. Sofern der Betreiber auch in einem anderem EU/EWR-Mitgliedstaat als seinem Herkunftsmitgliedstaat eine Handelsplattform für Kryptowerte betreibt, sind die Betriebsvorschriften für diese Handelsplattform außerdem in einer Amtssprache des Aufnahmemitgliedstaats oder in einer in der internationalen Finanzwelt gebräuchlichen Sprache abzufassen. Eine in der internationalen Finanzwelt gebräuchliche Sprache ist regelmäßig **Englisch**. 4

3. Mindestanforderungen an den Inhalt der Betriebsvorschriften (Abs. 1 UAbs. 1 S. 2)

Abs. 1 UAbs. 1 S. 2 lit. a–h geben bestimmte Mindestinhalte und -anforderungen vor, die die Betriebsvorschriften für den Betrieb einer Handelsplattform für Kryptowerte umfassen müssen. Der Betreiber kann darüber hinaus noch weitergehende Inhalte in den Betriebsvorschriften festlegen. 5

a) Genehmigungsverfahren für Handelszulassung (lit. a). In den Betriebsvorschriften ist gemäß Abs. 1 UAbs. 1 S. 2 lit. a das **Genehmigungsverfahren** für die **Zulassung von Kryptowerten zum Handel** auf der Handelsplattform festzulegen. Dazu gehört, dass auch Vorgaben und Verfahren zur Due Diligence und **geldwäscherechtlichen Überprüfung des Zulassungsantragstellers** festgelegt werden, die dem vom Antragsteller ausgehenden Risiko der Geldwäsche oder Terrorismusfinanzierung gemäß der RL (EU) 2015/849 bzw. nach deutschem Recht den Vorgaben des Geldwäschegesetzes entsprechen. Bevor der Plattformbetreiber einen Kryptowert des Zulassungsantragstellers zum Handel zulässt, ist der Antragsteller entsprechend den geldwäscherechtlichen Vorschriften zu identifizieren und seine Identität zu überprüfen sowie das von ihm und seinem Kryptowert ausgehende Risiko für Geldwäsche oder Terrorismusfinanzierung durch den Betreiber der Handelsplattform zu überprüfen. Abs. 1 UAbs. 1 S. 2 lit. a enthält insofern eine Klarstellung, dass auch die Geschäftsbeziehung zwischen einem Kryptowerte-Dienstleister und einem Zulassungsantragsteller den geldwäscherechtlichen Vorschriften für die Kundenidentifizierung und -überprüfung unterliegen. 6

Als Teil des Genehmigungsverfahrens ist in den Betriebsvorschriften gemäß Abs. 1 UAbs. 2 eindeutig festzulegen, dass Kryptowerte **nicht zum Handel zugelassen** werden, wenn in den von der MiCAR vorgeschriebenen Fällen (so für andere Kryptowerte nach Art. 9, s. auch Art. 5 Abs. 2–4 für den Fall, dass andere Kryptowerte auf Initiative des Handelsplattformbetreibers zugelassen werden; für vermögenswertereferenzierte Token nach Art. 16 Abs. 2 S. 2 und Art. 17 Abs. 1 7

---

[5] S. Entwurf der DelVO (EU) 2024/XXX in der Fassung des Annex VI „Draft RTS pursuant to Article 76(16)(a) of MiCA" des ESMA Final Report Draft Technical Standards specifying certain requirements of the Markets in Crypto Assets Regulation (MiCA) – second package v. 3.7.2024 (ESMA75-453128700-1229), S. 208.

Art. 76 Titel V Kryptowerte-Dienstleistungen

lit. a, für E-Geld-Token nach Art. 48 Abs. 1 S. 1 lit. b und Art. 51) **kein entsprechendes Kryptowerte-Whitepaper** veröffentlicht wurde.

8 **b) Ausschlusskategorien für bestimmte Arten von Kryptowerten (lit. b).** Sollte der Betreiber einer Handelsplattform bestimmte Arten von Kryptowerten nicht zum Handel zulassen, zB aufgrund bestimmter **technischer Anforderungen** oder aufgrund einer eingebauten **Anonymisierungsfunktion** eines Kryptowertes (siehe Abs. 3 → Rn. 26), so sind in den Betriebsvorschriften gemäß Abs. 1 UAbs. 1 S. 2 lit. b entsprechende **Ausschlusskriterien** für bestimmte Arten von Kryptowerten festzulegen.

9 **c) Richtlinien, Verfahren und Gebühren für Zulassung zum Handel (lit. c).** Der Plattformbetreiber hat gemäß Abs. 1 UAbs. 1 S. 2 lit. c in den Betriebsvorschriften Richtlinien und Verfahren für die **Zulassung von Kryptowerten zum Handel** festzulegen sowie die Höhe etwaiger **Gebühren**, die dieser für die Zulassung zum Handel von Kryptowerten erhebt. Weitere Anforderungen sind in Art. 7 Abs. 1 lit. a–d und f der DelVO (EU) 2024/XXX[6] enthalten.

10 In den **Betriebsvorschriften** bzw. in Richtlinien und Verfahren wäre damit unter anderem zu regeln:
- wie ein Zulassungsantragsteller als Emittent oder Anbieter des betreffenden Kryptowertes allein oder gemeinsam bspw. mit einem anderen Kryptowerte-Dienstleister, der etwa den Tausch von Kryptowerten anbietet, den **Zulassungsantrag** stellen kann;
- welche Informationen im Rahmen des Zulassungsantragsverfahrens vom Antragsteller einzuholen sind (zB Name und Sitz des Emittenten oder Anbieters und ggf. des Unternehmens, mit dem der Zulassungsantrag gemeinsam gestellt wird; Unterlagen zum Unternehmen wie Handelsregisterauszüge und Jahresabschlüsse; ggf. den Legal Entity Identifier (LEI), Whitepaper und Informationen zum Kryptowert einschließlich seiner ökonomischen und technischen Spezifika);
- in welcher **Form** ein Zulassungsantrag gestellt werden kann (zB Einreichung per E-Mail);
- ggf. **Mindestvolumen oder Mindestanzahl** an Kryptowerten, die in den Handel an der Handelsplattform aufzunehmen sind;
- in welchem Zeitraum eine **Entscheidung durch den Plattformbetreiber** über die Zulassung zum Handel zu treffen und mitzuteilen ist;
- welche **Gründe zur Ablehnung** eines Zulassungsantrags führen;
- über welches Medium die Zulassung eines Kryptowertes zum Handel veröffentlicht wird;
- welche **Gebühren** für das Zulassungsantragsverfahren und die laufende Zulassung zum Handel gelten und ob es ggf. **Rabatte** gibt und die Voraussetzungen dafür;
- welche Regelungen und Anforderungen an den **Ausschluss** oder eine **Beendigung** der Zulassung zum Handel von Kryptowerten gelten.

---

[6] S. Entwurf der DelVO (EU) 2024/XXX in der Fassung des Annex III „Draft RTS pursuant to Article 60(13) of MiCA" des ESMA Final Report Draft technical Standards specifying certain requirements of the Markets in Crypto Assets Regulation (MiCA) – first package v. 25.3.2024 (ESMA18-72330276-1634), S. 59f.

d) Diskriminierungsfreie Zugangsregeln für Kunden (lit. d). Die Betriebsvorschriften müssen gemäß Abs. 1 UAbs. 1 S. 2 lit. d Vorschriften und Kriterien für die **Teilnahme am Handel** auf der Handelsplattform für Kryptowerte enthalten. Die Vorschriften müssen dabei **objektive und diskriminierungsfreie Regeln** sowie verhältnismäßige **Kriterien für den Zugang** von Handelsteilnehmern zur Plattform enthalten, die einen fairen und offenen Zugang von Kunden fördern. Als Teil der Betriebsvorschriften müssen die Zugangsregeln für Handelsteilnehmer zur Handelsplattform **transparent** sein (vgl. Abs. 1 UAbs. 1 S. 1), das heißt, dass sie zu veröffentlichen und anzuwenden sind. Die **Zugangsregelungen** sollten daher regelmäßig in den (Allgemeinen) **Geschäftsbedingungen** der Handelsplattform niedergelegt und zugänglich gemacht werden. 11

Vergleichbare Anforderungen enthalten Art. 18 Abs. 3 MiFID II bzw. § 72 Abs. 1 S. 1 Nr. 1 WpHG für die Betreiber von **multilateralen oder organisierten Handelssystemen** (MTF oder OTF) für MiFID II-Finanzinstrumente. Entsprechend wird man für die Betreiber von Handelsplattformen für Kryptowerte auch davon ausgehen dürfen, dass die Zugangsregelungen zur Handelsplattform **kein Ermessen** des Plattformbetreibers vorsehen dürfen, auch wenn dies nicht ausdrücklich in Abs. 1 UAbs. 1 S. 2 lit. d geregelt ist. Daher ist bei Vorliegen der Zugangsvoraussetzungen und Einhaltung der Zugangsregeln ein Kunde regelmäßig zum Handel auf der Handelsplattform zuzulassen. 12

Durch **diskriminierungsfreie Regelungen** und **objektive Kriterien** soll sichergestellt werden, dass der Plattformbetreiber nicht aus unsachlichen Gründen bestimmte Kunden als Handelsteilnehmer ausschließen kann. Das bedeutet, dass **sachfremde Gründe,** die bspw. an die Nationalität, das Geschlecht, die Religion oder das Alter (abgesehen von der Geschäftsfähigkeit) eines Kunden als Zugangsvoraussetzungen anknüpfen, nicht zulässig sind.[7] **Nichtdiskriminierend** wäre es hingegen, wenn die Zulassungsregeln vorsehen, dass nur bestimmte Kundenkategorien wie Privatkunden oder institutionelle Kunden bzw. Kunden mit einer Zulassung für Kryptowerte-Dienstleistungen Handelsteilnehmer an der Plattform werden können.[8] Wiederum darf der Plattformbetreiber innerhalb einer solchen Kundenkategorie nicht aus unsachgemäßen Gründen den Zugang verweigern. 13

Zu den Zugangsregeln gehören **rechtliche sowie auch technische Anforderungen,** die ein Kunde vor seiner Zulassung als Handelsteilnehmer und der Eingabe von Handelsaufträgen im System des Betreibers erfüllen muss.[9] Die Zugangsregeln enthalten auch Kriterien und Vorschriften, die der Kunde fortlaufend einzuhalten hat, solange er als Teilnehmer zum Handel zugelassen ist. Die Zulassungsregeln müssen daher auch Kriterien und Verfahren enthalten für den Fall, dass ein Kunde die **Zulassungsregeln nicht (mehr) erfüllt** oder gegen diese **verstößt,** zB Sperrung des Zugangs zur Handelsplattform oder Entziehung der Teilnehmerschaft an der Handelsplattform[10] sowie auch allgemeine oder ordentliche Kündigung. 14

e) Regelungen für einen ordnungsgemäßen Handel (lit. e). Die Betriebsvorschriften müssen nach Abs. 1 UAbs. 1 S. 2 lit. e **ermessensunabhängige Regeln** und Verfahren für die Sicherstellung eines **redlichen und ordnungsgemä-** 15

---

[7] Vgl. für MTF Schwark/Zimmer/Röh, 5. Aufl. 2020, WpHG § 72 Rn. 12.
[8] Vgl. für MTF Schwark/Zimmer/Röh, 5. Aufl. 2020, WpHG § 72 Rn. 12.
[9] Vgl. für MTF Assmann/Schneider/Mülbert/Gebauer, 8. Aufl. 2023, WpHG § 72 Rn. 13.
[10] Vgl. Art. 7 Abs. 5 DelVO 2017/584 für MiFID II MTF.

Art. 76

ßen Handels sowie objektive Kriterien für die wirksame Ausführung von Aufträgen enthalten. Auch hierbei sollten, wie bei den Zugangsregeln (Abs. 1 UAbs. 1 S. 2 lit. d), die Handelsbedingungen nicht nur in den Betriebsvorschriften für die Handelsplattform sondern auch in den (Allgemeinen) Geschäftsbedingungen niedergelegt und veröffentlicht werden.

16 In den **Handelsbedingungen** sind Regelungen darüber zu treffen, wie der **Handel** und die **Preisermittlung** erfolgen. Das beinhaltet unter anderem Angaben zu den angebotenen **Handelsmodellen** (zB fortlaufender Handel, Auktion, Request-for-Quote), ggf. zu Mechanismen für **Volatilitätsunterbrechungen** (s. Abs. 1 UAbs. 1 S. 2 lit. g → Rn. 20 f.), zu **Handelstagen** und **Handelszeiten**, zu **Off-Orderbook-Geschäften** (sofern Geschäfte außerhalb des Orderbuchs der Handelsplattform abgeschlossen werden dürfen), zur **Eingabe von Orders im Handelssystem**, zu algorithmischen und hochfrequenten Handelstechniken, zu **Ausführungsbedingungen** (zB Stop Order, Limit Order) und **Gültigkeitsbestimmungen** einer Order, zu ermessensfreien Regelungen zur Preisermittlung und Orderausführung im fortlaufenden Handel oder bei Auktionen (sofern vorgesehen). Für verschiedene Arten von Kryptowerten sind die Regelungen für die **Preisermittlung** ggf. zu spezifizieren, soweit produktspezifische Eigenschaften dies erforderlich machen.[11] Manche Handelsplattformen werden vielleicht auch **Market Maker** einsetzen, um einen liquiden Handel zu ermöglichen. Auch wenn Market Maker nicht ausdrücklich in der MiCAR als solche genannt sind, kann ein Handelsplattformbetreiber für diese Funktion an der Handelsplattform Regelungen treffen.

17 **f) Sicherstellung der Handelbarkeit von Kryptowerten (lit. f).** Betriebsvorschriften müssen nach Abs. 1 UAbs. 1 S. 2 lit. f Bedingungen zur Sicherstellung der Handelbarkeit von Kryptowerten regeln. Hierzu gehören auch Regelungen zu **Liquiditätsschwellen** und **periodischen Offenlegungspflichten**. Die Regelungen hierzu sind auch in den **Handelsbedingungen** der Handelsplattform zu beschreiben (→ Rn. 16).

18 In Anlehnung an Art. 18 Abs. 5, 48 Abs. 5 MiFID II dürfte es sich bei den Bedingungen zur Sicherstellung der Handelbarkeit von Kryptowerten vor allem um Bedingungen handeln, die eine ordnungsgemäße **Preisermittlung** bei erheblichen **Preisschwankungen** und damit **Preisspiralen** zu verhindern.[12] Die einzelnen Maßnahmen hängen handelsplattformspezifisch regelmäßig von der Liquidität der einzelnen Kryptowerte sowie dem verwendeten Marktmodell und der Kundenart ab. Liquiditätsschwellen für bestimmte Kryptowerte und deren Berechnung sind dabei vom Plattformbetreiber festzulegen und regelmäßig auf der Webseite der Handelsplattform zu veröffentlichen. Zu denken ist hier an **statische oder dynamische Preisspannen** für die einzelnen Kryptowerte, die der Betreiber der Handelsplattform festlegt, in deren Rahmen Orders eingegeben werden können bzw. bei deren Überschreiten eine Order vom Betreiber abgelehnt wird. Als weitere Maßnahme kommt eine kurzzeitige **Volatilitätsunterbrechung** bei Überschreiten der Liquiditätsschwellen oder auch eine **Umstellung des Marktmodells** vom laufenden Handel auf ein Auktionsmodell für einen bestimmten Kryptowert in Be-

---

[11] Vgl. für MiFID II Finanzinstrumente Schwark/Zimmer/Röh, 5. Aufl. 2020, WpHG § 72 Rn. 20.
[12] Vgl. für MTF BeckOK WpHR/Stötzel, 12. Ed. 1.7.2024, WpHG § 72 Rn. 34.

Betrieb einer Handelsplattform für Kryptowerte **Art. 76**

tracht, bei dem die ordnungsgemäße Preisermittlung im laufenden Handel nicht ausreichend sichergestellt werden kann.

Um die Handelbarkeit von Kryptowerten sicherstellen zu können, dürfte es 19 wohl auch erforderlich und angemessen sein, dass der Betreiber der Handelsplattform in der Lage ist, in Ausnahmefällen ein **Geschäft aufzuheben, zu ändern** oder **zu berichtigen,** wenn dieses zu einem nicht marktgerechten Preis zustande gekommen sein sollte. Die Marktteilnehmer sind hierüber dann zu informieren.

g) Mögliche Aussetzung des Handels (lit. g). Die Betriebsvorschriften 20 müssen nach Abs. 1 UAbs. 1 S. 2 lit. g Bedingungen für die **Handelsaussetzung** von Kryptowerten an der Handelsplattform enthalten. Die Möglichkeit der Aussetzung des Handels für einen Kryptowert kann auch als eine **Maßnahme zur Sicherstellung der Handelbarkeit** von Kryptowerten iSd Abs. 1 UAbs. 1 S. 2 lit. f (→ Rn. 17 ff.) angesehen werden. Aus den Handelsbedingungen sollte sich ergeben, dass der Plattformbetreiber den Handel für einen bestimmten Kryptowert **vorübergehend aussetzen oder einschränken** kann, wenn ein ordnungsgemäßer Handel zeitweilig gefährdet ist oder dies zum Schutz der Kunden geboten erscheint, oder den **Handel vollständig einstellen** kann, sofern ein ordnungsgemäßer Handel für einen Kryptowert nicht mehr gewährleistet erscheint. Von einem ordnungsgemäßen Handel wird der Betreiber dann nicht mehr ausgehen können, wenn es kurzfristig zu einer **erheblichen Preisbewegung** bei dem Kryptowert auf der Handelsplattform des Betreibers oder bei einer anderen Handelsplattform kommt. Ein Grund kann auch die Ankündigung einer drohenden Insolvenz eines Emittenten sein.

Die Bedingungen für die **Handelsaussetzung** sollten vorsehen, dass der Betrei- 21 ber der Handelsplattform im eigenen Ermessen zum Schutz des Handels oder der Handelsteilnehmer oder auch auf Anweisung des Emittenten oder Anbieters oder einer Aufsichtsbehörde den Handel mit bestimmten Kryptowerten aussetzen kann. Wie lange ein Kryptowert vom Handel ausgesetzt wird (zB eine Stunde), ist von Fall zu Fall zu entscheiden. Die betroffenen Handelsteilnehmer sind über eine Handelsaussetzung eines Kryptowertes und die Wiederaufnahme in den Handel unverzüglich zu **informieren** (zB über die Webseite der Handelsplattform). Regelmäßig dürften bereits vorliegende Orders zum Schutz der Kunden im Handelssystem des Betreibers gelöscht werden.

h) Wirksame Abrechnung (lit. h). Die Betriebsvorschriften müssen nach 22 Abs. 1 UAbs. 1 S. 2 lit. h Verfahren zur Sicherstellung einer wirksamen Abrechnung sowohl von Kryptowerten als auch von Geldbeträgen vorsehen. Gemeint sind hierbei Vorgaben zur Lieferung und Abrechnung, also zur **Abwicklung von Geschäften** mit Kryptowerten, die über den Handelsplatz zustande gekommen sind. Die Regelungen hierzu sind auch in den Geschäftsbedingungen der Handelsplattform zu beschreiben.

Die meisten Handelsplattformen setzen voraus, dass Kunden bei einer bestimm- 23 ten Bank oder einem E-Geld-Institut ein **Geldkonto** im Namen des Kunden für die Zwecke der **Handelsabwicklung der Gelder** (Fiat Währungen) eröffnen, wobei die Handelsplattform Informationen zu den jeweiligen Kontoständen von dem kontoführenden Institut erhält. Sofern eine Handelsplattform für ihre Kunden selbst ein Konto zu Handelszwecken (in offener Treuhand als Sammelkonto) bei einer Bank führen möchte, wäre im Einzelfall zu prüfen, ob die Handelsplattform dadurch ein **Finanztransfergeschäft** iSd § 1 Abs. 1 S. 2 Nr. 6 ZAG erbringen würde, was eine ZAG-Erlaubnis erfordern würde, bzw. ob sie hierbei die **Ausnah-**

Patz

Art. 76

men für ein begrenztes Netzwerk (limited network) oder für ein sehr begrenztes Waren- oder Dienstleistungsspektrum (limited range) nach § 2 Abs. 1 Nr. 10 lit. a oder lit. b ZAG in Anspruch nehmen kann, wodurch keine ZAG-Erlaubnispflicht begründet würde. Daneben erfolgt die **Abwicklung im Hinblick auf Kryptowerte** bei einem Unternehmen, dass über eine Erlaubnis für die **Verwahrung und Verwaltung von Kryptowerten** für Kunden iSd Art. 3 Abs. 1 Nr. 16 lit. a, Nr. 17 verfügt, sofern die Handelsplattform nicht selbst über eine solche Zulassung verfügt oder vorsehen sollte, dass Kunden mit einer selbstverwalteten (self-hosted) Wallet Kryptowerte zur Abwicklung von Handelsgeschäften empfangen können. Die Kunden der Handelsplattform haben dann regelmäßig auch ein Konto für Kryptowerte (einschließlich E-Geld-Token → Art. 3 Abs. 1 Nr. 17 Rn. 108 ff.) bei dem Dienstleister, der die Verwahrung und Verwaltung von Kryptowerten anbietet, der von der Handelsplattform dem Kunden vorgegeben wird. An Krypto-Handelsplattformen ist es dabei üblich, vor allem bei Geschäften mit Verbrauchern, dass die Kunden ihre Geschäfte vorfinanzieren („prefunden") müssen, das heißt, dass sie nicht erst nach Abschluss des Handelsgeschäfts ihre Gelder und Kryptowerte einliefern können (→ Art. 76 Rn. 49).

24 Die Handelsplattform wird regelmäßig – wie bereits vor Geltung der MiCAR an Krypto-Handelsplattformen üblich – die Forderungen und Verbindlichkeiten aus abgeschlossenen Kryptowerte-Geschäften eines Handelstages verrechnen (sog. **Netting** oder **Clearing**). Entsprechend werden dann genettete Geld-Positionen zur Erfüllung des abgeschlossenen Geschäfts im Rahmen des **Settlements** auf den Geldkonten der Kunden bei einer Bank oder einem E-Geld-Institut umgebucht, sofern die Handelsplattform kein Sammelkonto zu Handelszwecken bei einer Bank führen sollte. Im letzteren Fall dürfte es sich hingegen nur um eine buchhalterische Umbuchung in den Aufzeichnungssystemen der Handelsplattform für die jeweiligen Kunden handeln. Der Kunde sieht dann seinen neuen Kontostand in der Nutzeroberfläche der Handelsplattform, einer Umbuchung auf Ebene der treuhandkontoführenden Bank bedarf es hingegen nicht. Das Gleiche gilt für die Abwicklung der Kryptowerte-Positionen. Da eine Handelsplattform entweder selbst mit entsprechender Zulassung die Verwahrung und Verwaltung (→ Art. 75) erbringen oder mit einem Verwahrer von Kryptowerten zusammenarbeiten wird, der für die Kunden der Handelsplattform die Verwahrung und Verwaltung übernimmt, wird es auf Ebene des Verwahrers oftmals nur zu internen **buchhalterischen Umbuchungen** von Kryptowerte-Beständen kommen, um die Erfüllung eines Geschäfts zu verbuchen und nicht zu tatsächlichen **Blockchain-basierten Übertragungen** zwischen Kunden-Wallets. Clearing und Settlement fallen dann faktisch zusammen. Hintergrund ist, dass die technische Verwahrinfrastruktur oftmals eine **Omnibus-Wallet-Infrastruktur** vorsieht, in der Kundenwerte sammelverwahrt werden und keine segregierten Wallets bzw. Blockchain-Adressen für jeden einzelnen Kunde geführt werden (→ Art. 3 Abs. 1 Nr. 17 Rn. 110). Daher sollte sich auch aus den Betriebsvorschriften ergeben, in welchen Fällen ein Settlement einer Transaktion auf Blockchain-Ebene bzw. durch buchhalterische Umbuchungen erfolgt.

25 Abs. 12 (→ Art. 76 Rn. 48) regelt die **Frist,** bis wann der Plattformbetreiber die endgültige Abwicklung einer Transaktion mit Kryptowerten auf dem Distributed Ledger bzw. der jeweiligen Blockchain **einleiten** muss. Aus den Betriebsvorschriften sollte sich dann der **Zeitrahmen** ergeben, innerhalb dessen regelmäßig ein Settlement-Prozess eingeleitet wird.

4. Ausschluss der Zulassung anonymer Kryptowerte (Abs. 3)

Die Betriebsvorschriften müssen nach Abs. 3 vorsehen, dass Kryptowerte mit eingebauter **Anonymisierungsfunktion** (sog. **Privacy Coins,** die in der Regel die Transaktionsdetails und Wallet-Salden verbergen, um eine Auswertung durch Dritte zu verhindern oder wenigstens zu erschweren) nicht zum Handel zugelassen werden dürfen, es sei denn der Plattformbetreiber kann die Inhaber dieser Kryptowerte und ihre **Transaktionshistorie** identifizieren. Entsprechende Zulassungsbeschränkungen sind in den Geschäftsbedingungen des Betreibers der Handelsplattform zu regeln (→ Rn. 8). 26

III. Bewertung der Eignung eines Kryptowerts (Abs. 2)

Die Kommentierung zu Abs. 2 erfolgt separat im Anschluss (→ Rn. 55 ff.) 27

IV. Kein Handel für eigene Rechnung (Abs. 5)

Gemäß Abs. 5 darf der Plattformbetreiber an der von ihm betriebenen Handelsplattform **nicht für eigene Rechnung** handeln. Das gilt auch für Dienstleister, die neben dem Betrieb einer Handelsplattform eine Erlaubnis für den **Tausch von Kryptowerten** gegen einen Geldbetrag oder gegen andere Kryptowerte iSd Art. 3 Abs. 1 Nr. 19 und 20 haben. Hierfür hat der Betreiber der Handelsplattform **organisatorische Vorkehrungen** zu treffen, damit ausgeschlossen ist, dass bei Abschluss von Tauschgeschäften (**Festpreisgeschäfte**) mit seinen Kunden gegen sein eigenes Kapital die Eindeckung an der Handelsplattform erfolgt, die er selbst betreibt. Zudem muss sichergestellt sein, dass der Handelsplattformbetreiber auch sonst nicht ausschließlich auf eigene Rechnung iSe **Eigengeschäfts** an der von ihm betriebenen Handelsplattform tätig sein darf. Grundsätzlich dürfte es ausreichen, dass der Betreiber der Handelsplattform entsprechende Regelungen in seinen **Handelsbedingungen** und **Betriebsvorschriften** bzw. internen Arbeitsanweisungen festlegt.[13] 28

Ausgeschlossen ist hingegen nicht, dass Kundenaufträge durch **Unternehmen der Unternehmensgruppe** ausgeführt werden, der der Betreiber der Handelsplattform angehört. Zudem ist es dem Betreiber einer Handelsplattform für Kryptowerte, der daneben über eine Erlaubnis für die **Ausführung von Aufträgen über Kryptowerte** für Kunden iSd Art. 3 Abs. 1 Nr. 21 verfügt, nicht untersagt, Kundenaufträge als solche an der Handelsplattform auszuführen, wobei dies nicht zu **Interessenkonflikten** zwischen dem Plattformbetreiber und seinen Kunden führen darf.

---

[13] Vgl. für OTF Schwark/Zimmer/Röh, 5. Aufl. 2020, WpHG § 75 Rn. 13.

Art. 76

V. Zusammenführung sich deckender Kundenaufträge (Abs. 6)

29 Nach Abs. 6 dürfen Plattformbetreiber nur dann auf die **Zusammenführung sich deckender Kundenaufträge** (Matched Principal Trading) (→ Art. 3 Abs. 1 Nr. 40) zurückgreifen, wenn der Kunde dem zugestimmt hat.

30 Die Regelung in Abs. 6 ist vergleichbar mit der Regelung für **MiFID II-OTF** gemäß § 75 Abs. 2 WpHG (Art. 20 Abs. 2 MiFID II), die ebenso für bestimmte Finanzinstrumente mit Zustimmung des Kunden Kundenaufträge zusammenführen dürfen. Für Betreiber von MiFID II-MTF ist Matched Principal Trading nach § 74 Abs. 5 WpHG (Art. 19 Abs. 5 MiFID II) hingegen verboten.

31 Der Betreiber der Handelsplattform hat der zuständigen Behörde (für Betreiber, die in Deutschland ihre Zulassung beantragt haben, ist dies die BaFin) Informationen zur Erläuterung ihres Rückgriffs auf die Zusammenführung sich deckender Kundenaufträge zur Verfügung zu stellen. Die zuständige Behörde hat den Rückgriff auf die Zusammenführung sich deckender Kundenaufträge zu überwachen und sicherzustellen, dass der Plattformbetreiber die Anforderungen an **Matched Principal Trading** einhält und dass der von ihm betriebene Handel durch Zusammenführung sich deckender Kundenaufträge nicht zu **Interessenkonflikten** zwischen ihm und seinen Kunden führt.

VI. Eigenschaften des Handelssystems (Abs. 7)

32 Abs. 7 regelt **Organisationsanforderungen** an das **Handelssystem** bzw. die Handelssysteme des Betreibers. So muss der Plattformbetreiber über wirksame Systeme, Verfahren und Vorkehrungen verfügen, um die in Abs. 7 lit. a–h genannten Anforderungen an sein Handelssystem bzw. seine Handelssysteme erfüllen zu können.

1. Widerstandsfähigkeit (lit. a)

33 Nach lit. a muss ein **Handelssystem** des Betreibers **widerstandsfähig** sein. Eine vergleichbare Anforderung an MiFID II-Handelsplätze ergibt sich aus Art. 48 Abs. 1 MiFID II iVm der DelVO (EU) 2017/584.

34 Widerstandsfähigkeit meint insbesondere im Hinblick auf **Verfahren und Vorkehrungen,** dass die Handelssysteme auf Basis einer klaren **internen Dokumentation** als Teil der **Organisationsrichtlinien** zu überwachen sind. Darin ist zB festzulegen, wie **technische, risikobezogene** und **Compliance-bezogene Aspekte** analysiert und bewertet werden, wenn kritische Entscheidungen zu treffen sind. Zudem sind klare **Verantwortlichkeiten** (zB für Compliance- und Risikomanagement-Funktionen) innerhalb der Organisation festzulegen, einschließlich Verfahren zur Genehmigung der Entwicklung, der Einführung und der anschließenden Aktualisierung der Handelssysteme und zur Lösung von Problemen, die bei der Überwachung dieser Systeme erkannt werden. Daneben hat eine **Trennung von Aufgaben und Verantwortlichkeiten** zu erfolgen, damit eine effektive Überwachung der Einhaltung von Vorgaben sichergestellt werden kann. So sind bspw. die Aufgaben von **Entwicklern der Handelssystem-Anwendungen**

organisatorisch zu trennen von den Aufgaben des **Informationssicherheitsbeauftragten** oder der **Compliance-Funktion.** Weiterhin sind Reporting-Lines festzulegen, um eine Informationsweitergabe innerhalb der Organisation sicherzustellen sowie Anweisungen rechtzeitig einholen und umsetzen zu können.

Widerstandsfähigkeit im Hinblick auf die **verwendeten Systeme** meint, dass 35 die **Handelssysteme,** bevor sie für die Handelsteilnehmer in einer Live-Umgebung zugänglich sind, ausreichend getestet wurden.[14] Hierfür sind eindeutige **Entwicklungs- und Testmethoden** festzulegen, die vor Einführung oder Aktualisierung eines Handelssystems anzuwenden sind. Sofern Handelsplattformen für Kryptowerte ihren Teilnehmern Zugang zum Handelssystem über **Schnittstellen** ermöglichen und nicht nur über eine grafische Nutzeroberfläche (GUI) über ihre Webseite, dürfte eine Handelsplattform auch **Konformitätstests** der verwendeten Systeme des Teilnehmers erfordern.

2. Kapazitäten von Handelssystemen (lit. b)

Nach lit. b muss ein **Handelssystem** über ausreichende Kapazitäten verfügen, 36 um **Spitzenvolumina** an Aufträgen und Mitteilungen zu bewältigen. Das bedeutet, dass die Handelssysteme ihre Funktionen auch dann ohne **Systemstörungen, Systemausfälle** oder **Matching-Fehler** zu erfüllen haben, wenn ein **erhöhtes Order- oder Mitteilungsaufkommen** vorliegt. Wann genau von Spitzenvolumina auszugehen ist, ist in der MiCAR nicht weiter bestimmt. Betreiber von Handelsplattformen für Kryptowerte können sich hierbei an Art. 11 Abs. 1 der DelVO (EU) 2017/584 orientieren, der **Kapazitäten** von MiFID II-Handelsplätzen regelt.

Ein Plattformbetreiber muss also sicherstellen können, dass die für den Betrieb 37 der Handelsplattform wesentlichen Elemente, die der Unterstützung bspw. der **Upstream-Konnektivität,** der **Kapazitäten zur Auftragsverarbeitung,** den **Drosselungskapazitäten,** der **Matching-Engine** und der **Downstream-Konnektivität** dienen, über ausreichend Kapazitäten verfügen. Auch ist davon auszugehen, dass Handelsplattformen sicherstellen müssen, dass ihre Systeme eine wachsende Anzahl an Mitteilungen ohne wesentliche Beeinträchtigung der Performanz bewältigen können und so ausgelegt sein müssen, dass die Kapazitäten bei Bedarf erweitert werden können.[15]

3. Volatilitätsmanagement (lit. c)

Nach lit. c muss das **Handelssystem** bzw. müssen die Handelssysteme des Be- 38 treibers in der Lage sein, unter extremen **Stressbedingungen** auf den Märkten einen **ordnungsgemäßen Handel** sicherzustellen. Spiegelbildlich dazu verlangt Abs. 1 UAbs. 1 S. 2 lit. g (→ Rn. 20f.) die Festlegung von Regelungen in den **Handelsbedingungen** des Betreibers, wie mit Stressbedingungen auf den Märkten bzw. hohen Volatilitäten umgegangen wird. Die Handelssysteme müssen insofern auch technisch die Möglichkeit vorsehen, den **Handel kurzzeitig zu unterbrechen** und noch nicht ausgeführte Aufträge, die von einem Teilnehmer eingestellt wurden, unter bestimmten Bedingungen zu **stornieren** oder unter Umständen auch eine **Teilausführung von Aufträgen** zu ermöglichen, die innerhalb der **Liquiditätsschwellen** liegt, die der Betreiber der Handelsplattform festgelegt hat.

---

[14] Art. 76 Abs. 7 lit. e.
[15] Vgl. Art. 11 Abs. 4 der DelVO 2017/584 für MiFID II Handelsplätze.

Vorbeugend wird der Betreiber einer Handelsplattform auch eine **Obergrenze zur Auftragsdrosselung** festlegen müssen, wie viele Aufträge ein Teilnehmer pro Sekunde an das Handelssystem senden kann.

4. Ablehnung von unzulässigen oder fehlerhaften Aufträgen (lit. d)

39 Nach lit. d muss ein Handelssystem in der Lage sein, **Aufträge abzulehnen,** die vorab festgelegte **Volumen- und Preisschwellen** überschreiten oder eindeutig fehlerhaft sind. Das Handelssystem muss also auch technisch und organisatorisch in der Lage sein, sog. **Vorhandelskontrollen** umzusetzen und Orders abzulehnen, die die **statischen oder dynamischen Preisspannen** oder Auftragshöchstvolumen überschreiten, die der Betreiber der Handelsplattform gemäß Abs. 1 UAbs. 1 S. 2 lit. f (→ Rn. 18) in seinen Handelsbedingungen und internen Richtlinien festlegt. Auch muss systemseitig sichergestellt sein, dass eindeutig **fehlerhafte Aufträge storniert** werden können.

5. Prüfung der Bedingungen gemäß lit. a–d (lit. e)

40 Nach lit. e muss der Betreiber der Handelsplattform für Kryptowerte sicherstellen, dass die nach Abs. 7 lit. a–d einzurichtenden Vorkehrungen und Systeme vollständig geprüft und vor allem auch **technisch getestet** werden, damit gewährleistet ist, dass sie die jeweiligen Anforderungen auch tatsächlich erfüllen.

6. Kontinuität bei Ausfall des Handelssystems (lit. f)

41 Nach lit. f muss der Plattformbetreiber sicherstellen, dass für seine Handelssysteme wirksame Vorkehrungen zur Sicherstellung der **Fortführung des Geschäftsbetriebs** getroffen sind, um im Falle eines **Ausfalls des Handelssystems** die Kontinuität der Dienstleistungen sicherzustellen. Das bedeutet, dass insbesondere **Notfallpläne** und **Notfallvorkehrungen** vorzuhalten sind, die wiederum regelmäßig getestet werden sollten, auch wenn lit. e nicht extra auf lit. f verweist.

7. Verhinderung oder Aufdeckung von Marktmissbrauch (lit. g)

42 Nach lit. g muss der Betreiber der Handelsplattform für Kryptowerte sicherstellen, dass dieser aufgrund von Vorkehrungen und der verwendeten Systeme in der Lage ist, **Marktmissbrauch** zu verhindern oder aufzudecken. Dies erfordert die Einrichtung einer **Marktüberwachung,** die durch technische Systeme zur Aufdeckung von Marktmissbrauch durch **Marktmanipulation** oder **Insiderhandel** unterstützt werden sollte.

8. Verhinderung des Missbrauchs zur Geldwäsche oder Terrorismusfinanzierung (lit. h)

43 Nach lit. h muss der Plattformbetreiber über Vorkehrungen und Systeme verfügen, um zu verhindern, dass seine Handelsplattform zum Zwecke der **Geldwäsche und Terrorismusfinanzierung** missbraucht wird. Neben den **allgemeinen geldwäscherechtlichen Sorgfaltspflichten** zur Kundenidentifizierung sind hier insbesondere auch **technische Systeme** zu verwenden, die in der Lage sind, Transaktionen mit Kryptowerten nachzuverfolgen. Wobei Handelsplattformen regelmäßig mit Anbietern zusammenarbeiten werden, die sich auf die **Nachverfol-**

gung von Blockchain-Transaktionen spezialisiert haben, wie zB Chainalysis oder Coinfirm. Daneben hat die Handelsplattform das **Transaktionsverhalten** der Teilnehmer zu überwachen, selbst wenn **keine Blockchain-Transaktion** bei der Ausführung eines Kundenauftrags stattfindet, sondern nur eine **interne Umbuchung** (→ Rn. 24) beim Verwahrer vorgenommen wird. In der internen Organisation ist hierfür eine **Geldwäsche-Compliance-Funktion** einzurichten.

VII. Unterrichtungspflicht bei Marktmissbrauch (Abs. 8)

Abs. 8 enthält die Pflicht für den Betreiber einer Handelsplattform für Kryptowerte, die für ihn **zuständige Behörde zu unterrichten,** wenn Fälle von **Marktmissbrauch** (→ Art. 86 ff.) oder **versuchtem Marktmissbrauch** in seinen Handelssystemen oder über seine Handelssysteme aufgedeckt werden. 44

VIII. Veröffentlichung von Vor- und Nachhandelsdaten (Abs. 9, 10, 11)

Abs. 9 regelt **Vorhandelstransparenzpflichten** für den Betreiber einer Handelsplattform. Hiernach hat der Betreiber alle **Geld- und Briefkurse** sowie die **Tiefe der Handelsinteressen** zu diesen Preisen, die über die Handelsplattformen angezeigt werden, zu veröffentlichen und während der Handelszeiten kontinuierlich **öffentlich zugänglich** zu machen (zu den Angaben im Einzelnen s. Tabelle 1 von Anhang I der DelVO (EU) 2024/XXX)[16]. Die MiCAR Vorhandels-Transparenzregelungen für Kryptowerte sind so kalibriert, dass Aufträge, die die drei Bedingungen nach Art. 2 Abs. 2 DelVO (EU) 2024/XXX[17] erfüllen, von Handelsplattformen zum Handel angeboten werden können und als veröffentlicht iSd Vorhandels-Transparenzpflichten betrachtet werden, wenn sie in das Orderbuch eingestellt werden.[18] Im Unterschied zur MiFIR[19] enthält MiCAR keine zusätz- 45

---

[16] S. Entwurf der DelVO (EU) 2024/XXX in der Fassung des Annex VI „Draft RTS pursuant to Article 76(16)(a) of MiCA" des ESMA Final Report Draft Technical Standards specifying certain requirements of the Markets in Crypto Assets Regulation (MiCA) – second package v. 3.7.2024 (ESMA75-453128700-1229), S. 212.

[17] S. Entwurf der DelVO (EU) 2024/XXX in der Fassung des Annex VI „Draft RTS pursuant to Article 76(16)(a) of MiCA" des ESMA Final Report Draft Technical Standards specifying certain requirements of the Markets in Crypto Assets Regulation (MiCA) – second package v. 3.7.2024 (ESMA75-453128700-1229), S. 209.: „With respect to orders which meet all of the following conditions: (a) are contingent on the occurrence of objective market conditions which are predefined by the trading system's protocol; (b) cannot interact with other trading interests prior to disclosure to the order book operated by the trading platform; (c) once disclosed to the order book, interact with other orders in accordance with the rules applicable to orders of that kind at the time of disclosure, crypto-asset service providers operating a trading platform for crypto-assets shall make such orders public when the predetermined market condition in point (a) materialises."

[18] S. ESMA Final Report Draft Technical Standards specifying certain requirements of the Markets in Crypto Assets Regulation (MiCA) – second package v. 3.7.2024 (ESMA75-453128700-1229), Tz. 130.

[19] Vorhandelstransparenzpflichten ergeben sich für MiFID II Finanzinstrumente aus der MiFIR.

lichen Anforderungen wie eine spezifische Verpflichtung zur Kalibrierung der Vorhandelsanforderungen in Abhängigkeit von der Art des betriebenen Handelssystems.[20] Zudem sieht MiCAR **keine Ausnahmen für bestimmte Auftragsarten** vor. Im Rahmen von Abs. 9 sind daher alle Geld- und Briefkurse und die Tiefe der Handelsinteressen zu diesen Kursen zur Verfügung zu stellen, unabhängig von ihrer Größe oder der Ausführungsart. MiCAR sieht insofern **keine Ausnahmen** von den vorgeschriebenen **Echtzeit-Vorhandelstransparenzanforderungen** vor.[21]

46 Abs. 10 regelt **Nachhandelstransparenzpflichten** für den Plattformbetreiber. Der Betreiber hat hiernach **Kurs (Preis), Volumen** und **Zeitpunkt der Geschäfte,** die mit auf seiner Handelsplattform gehandelten Kryptowerten getätigt wurden, zu veröffentlichen. Die deutsche Sprachfassung der MiCAR ist an dieser Stelle nicht ganz präzise, gemeint sind jedoch Handelsdaten zu **abgeschlossenen Geschäften.** Der Betreiber hat diese Nachhandelsdaten für alle Transaktionen, soweit technisch möglich, in **Echtzeit** zu veröffentlichen. Weitere Vorgaben zur Veröffentlichung von Nachhandelsdaten sind in Art. 3 DelVO (EU) 2024/XXX[22] geregelt.

47 Nach Abs. 11 hat der Plattformbetreiber die gemäß den Abs. 9 und 10 veröffentlichten Informationen **zu angemessenen kaufmännischen Bedingungen öffentlich zugänglich** zu machen und für einen nichtdiskriminierenden Zugang zu diesen Informationen zu sorgen. Das heißt, dass der Betreiber der Handelsplattform durchaus auch **Gebühren für die Bereitstellung** von Vor- und Nachhandelsdaten erheben darf. Die Vor- und Nachhandelsdaten sind jedoch 15 Minuten nach ihrer Veröffentlichung in maschinenlesbarem Format kostenlos zur Verfügung zu stellen und bleiben mindestens zwei Jahre lang veröffentlicht. Konkrete Anforderungen an die Art und Weise, wie Transparenzdaten darzustellen und zu veröffentlichen sind, werden in einer DelVO festgelegt.[23]

IX. Frist für die endgültige Abwicklung einer Transaktion (Abs. 12)

48 Abs. 12 regelt die **Frist,** bis wann der Plattformbetreiber die **endgültige Abwicklung** einer Transaktion mit Kryptowerten **auf dem Distributed Ledger** bzw. der jeweiligen Blockchain einleiten muss. So ist innerhalb von **24 Stunden**

---

[20] Vgl. ESMA Consultation Paper Technical Standards specifying certain requirements of the Markets in Crypto Assets Regulation (MiCA) v. 12.7.2023 (ESMA74-449133380-425), Tz. 101 f.

[21] Vgl. ESMA Consultation Paper Technical Standards specifying certain requirements of the Markets in Crypto Assets Regulation (MiCA) v. 12.7.2023 (ESMA74-449133380-425), Tz. 101 f.

[22] S. Entwurf der DelVO (EU) 2024/XXX in der Fassung des Annex VI „Draft RTS pursuant to Article 76(16)(a) of MiCA" des ESMA Final Report Draft Technical Standards specifying certain requirements of the Markets in Crypto Assets Regulation (MiCA) – second package v. 3.7.2024 (ESMA75-453128700-1229), S. 209.

[23] S. Entwurf von Annex I, II zur DelVO (EU) 2024/XXX in der Fassung des Annex VI „Draft RTS pursuant to Article 76(16)(a) of MiCA" des ESMA Final Report Draft Technical Standards specifying certain requirements of the Markets in Crypto Assets Regulation (MiCA) – second package v. 3.7.2024 (ESMA75-453128700-1229), S. 212 ff.

nach **Ausführung der Geschäfte** auf der Handelsplattform oder – im Falle von **außerhalb des Distributed Ledgers** bzw. der Blockchain abgewickelten Transaktionen – spätestens **bis zum Schluss des Handelstages** die endgültige Abwicklung einzuleiten. Es besteht damit die Möglichkeit, dass Geschäfte, die über eine Handelsplattform abgeschlossen wurden, **on-chain** oder **off-chain** abgewickelt werden können. Der Betreiber der Handelsplattform hat die Abwicklung einzuleiten. Da der Betreiber der Handelsplattform nicht zwingend auch die **Verwahrung und Verwaltung der Kryptowerte** für seine Kunden erbringt, würde dies bedeuten, dass der Plattformbetreiber den Verwahrer der Kryptowerte im Rahmen der Frist entsprechend zu informieren und anzuweisen hat, die Transaktionen entweder durch eine **interne buchhalterische Umbuchung** (off-chain) oder durch eine **Übertragung auf der Blockchain** (on-chain) einzuleiten.

In Abs. 12 wird bewusst von „**einleiten**" und nicht von „abschließen" gesprochen, da der Gesetzgeber davon ausgeht, dass „die Abwicklung im Falle einer On-Chain-Abwicklung mehr Zeit in Anspruch nehmen könnte, da sie nicht der Kontrolle des Kryptowerte-Dienstleisters, der die Handelsplattform betreibt, unterliegt"[24]. Dies rührt daher, dass **Transaktionen auf einer Blockchain** von verschiedenen Parametern (zB Höhe der Gas Fees, Umfang des Transaktionsaufkommens) abhängen, auf die der Kryptowerte-Dienstleister nur wenig Einfluss nehmen kann. Auch ist es je nach Blockchain-Infrastruktur unterschiedlich, ab wann die betreffende **Transaktion als final** angesehen werden kann (in der Regel ist abzuwarten, bis eine bestimmte Anzahl an verifizierten Blöcken auf den Block folgen, in dem die Transaktion gespeichert ist, die zu dem jeweiligen Geschäft des Kunden gehört). Zudem kann eine Abwicklung auch mehr Zeit in Anspruch nehmen, wenn die Kundengeschäfte nicht vorfinanziert (prefunded) sind, sondern die Handelsparteien erst nach Abschluss des Handelsgeschäfts am Ende eines Handelstages die Information vom Betreiber der Handelsplattform bzw. dem Verwahrer erhalten, in welcher Höhe sie Kryptowerte einliefern müssen, um die am Handelstag geschlossenen Geschäfte abzuwickeln. Dies ist vor allem bei institutionellen Kunden nicht unüblich. So werden oftmals erst nach Abschluss der Handelsgeschäfte die von der Handelsplattform genetteten offenen Kryptowerte-Positionen von den institutionellen Kunden eingeliefert und die offenen Positionen ausgeglichen (→ Rn. 23). Ob die Einlieferungs-Aufforderung der Handelsplattform an den Kunden innerhalb von 24 Stunden nach Ausführung des Geschäfts ausreichen würde, um von einer Einleitung der Abwicklung der Transaktion auf dem Distributed Ledger zu sprechen, ist noch unklar.

X. Transparente Gebührenstruktur (Abs. 13)

Nach Abs. 13 hat der Betreiber einer Handelsplattform für Kryptowerte sicherzustellen, dass seine **Gebührenstruktur transparent, redlich** und **nichtdiskriminierend** ist und **keine Anreize schafft**, Aufträge so zu platzieren, zu ändern oder zu stornieren oder Geschäfte in einer Weise auszuführen, dass dies zu **marktstörenden Handelsbedingungen** oder **Marktmissbrauch** nach Titel VI beiträgt.

---

[24] ErwG Nr. 84.

51 **Gebühren** können für verschiedene Dienstleistungen der Handelsplattform erhoben werden, so zB für die **Anbindung** und das **Einstellen von Aufträgen** (→ Rn. 9f.). Die Gebühren sind regelmäßig in einem **Preisverzeichnis** offenzulegen und den Teilnehmern zur Verfügung zu stellen. Eine **nichtdiskriminierende** Gebührenstruktur setzt voraus, dass gegenüber Teilnehmern für dieselben Dienstleistungen grundsätzlich keine abweichenden Gebühren erhoben werden. Dennoch darf der Betreiber einer Handelsplattform **abweichende Gebühren** regeln, sofern Teilnehmer unterschiedliche Rollen an der Handelsplattform erfüllen. Für einen Teilnehmer, der **Market Maker-Funktionen** übernimmt, darf der Betreiber der Handelsplattform durchaus geringere Gebühren erheben als gegenüber einem „regulären" Teilnehmer. Spezielle Gebühren für Market Maker sind dann jedoch wieder einheitlich Teilnehmern anzubieten, die Market Maker-Funktionen übernehmen.

52 Daneben muss der Betreiber der Handelsplattform **Gebühren** vorsehen, die dazu geeignet sind, bestimmte **Verhaltensweisen von Teilnehmern** wie die übermäßige Nutzung des Handelssystems für Preisanfragen, die bestimmte Order-to-Trade-Ratios überschreiten, sowie marktmissbräuchliche Verhaltensweisen oder das Herbeiführen von Mistrades zu verhindern oder diese ggf. zu pönalisieren.

XI. Technische Möglichkeit der jederzeitigen Berichterstattung (Abs. 14)

53 Gemäß Abs. 14 muss der Plattformbetreiber über Ressourcen und Backup-Einrichtungen verfügen, die es ihm ermöglichen, der für ihn zuständigen Behörde jederzeit Bericht zu erstatten.

XII. Bereitstellung von Auftragsdaten (Abs. 15)

54 Abs. 15 ist vergleichbar mit der Pflicht zur **Führung von Aufzeichnungen,** die Art. 25 Abs. 2 MiFIR für die Betreiber von MiFID II-Handelsplätzen regelt. Nach Abs. 15 muss der Betreiber einer Handelsplattform für Kryptowerte die einschlägigen **Daten zu sämtlichen Aufträgen** über Kryptowerte, die über sein Handelssystem bzw. seine Handelssysteme gehandelt werden, mindestens fünf Jahre lang für die zuständige Behörde bereithalten oder der **zuständigen Behörde Zugang** zum **Auftragsbuch bzw. Orderbuch** gewähren, damit diese die Handelstätigkeit überwachen kann. Die einschlägigen Auftragsdaten müssen die Merkmale des Auftrags enthalten, darunter diejenigen, die einen Auftrag mit den Transaktionen verknüpfen, die sich aus diesem Auftrag ergeben. Der konkrete Inhalt und das Format der Einträge in dem zu führenden Auftragsbuch werden in der DelVO (EU) 2024/XXX präzisiert.[25]

---

[25] S. Entwurf der DelVO (EU) 2024/XXX in der Fassung des Annex VIII „Draft RTS pursuant to Article 76(16)(b) of MiCA" des ESMA Final Report Draft Technical Standards specifying certain requirements of the Markets in Crypto Assets Regulation (MiCA) – second package v. 3.7.2024 (ESMA75-453128700-1229), S. 279.

XIII. Abs. 2

1. Allgemeines

Abs. 2 enthält **Prüfpflichten** für Anbieter von **Kryptowerte-Dienstleistungen, die eine Handelsplattform für Kryptowerte betreiben.** Sie haben vor der Zulassung von Kryptowerten zum Handel zum einen sicherzustellen, dass die angebotenen Kryptowerte den **Betriebsvorschriften der Handelsplattform** entsprechen, die angebotenen Kryptowerte also mit dem selbst auferlegten Rahmen aus Abs. 1 kompatibel sind. Zum anderen haben diese auch die generelle Eignung des betreffenden Kryptowerts zu bewerten, wobei S. 2 einen nicht abschließenden („insbesondere") Prüfungskatalog für diese **Eignungsprüfung** enthält. S. 3 stellt abschließend klar, dass diese Eignungsprüfung auch auf andere Kryptowerte als vermögenswertreferenzierte Token oder E-Geld-Token iSd Art. 4 Abs. 3 UAbs. 1 lit. a–d Anwendung findet. 55

Die Vorschrift war in früheren Entwurfsfassungen der MiCAR noch unter Art. 68 Abs. 1 zu finden, wobei der ursprüngliche Verordnungsvorschlag der Europäischen Kommission v. 24. 9. 2020 vorsah, dass nicht die *Eignung,* sondern die *Qualität* des betreffenden Kryptowerts zu bewerten ist. Auch in der englischen Originalfassung war zu diesem Zeitpunkt insofern von *quality* anstatt von *suitability* die Rede. Im Unterschied zur finalen Fassung beschränkte sich diese Prüfung aber auf „die Erfahrung, die Erfolgsbilanz und den Ruf des Emittenten und seines Entwicklungsteams", während nach der finalen Fassung die Erfahrung, die Erfolgsbilanz und der Leumund des Emittenten der Kryptowerte und seines Entwicklungsteams nunmehr generell im Rahmen der Bewertung der Zuverlässigkeit der verwendeten technischen Lösungen und der potenziellen Verbindung zu illegalen oder betrügerischen Tätigkeiten zu berücksichtigen sind. 56

2. Systematik und Zweck

Art. 76 enthält Vorgaben für Anbieter von Kryptowerte-Dienstleistungen, die eine Handelsplattform für Kryptowerte betreiben. Abs. 2 reiht sich in diese Sorgfaltspflichten ein und enthält Prüfpflichten hinsichtlich der konkret auf einer Handelsplattform angebotenen Kryptowerte. 57

Die in Abs. 2 angelegte **Prüfung der Zuverlässigkeit der verwendeten technischen Lösungen** *der angebotenen Kryptowerte* steht dabei spiegelbildlich zu den in Abs. 7 geregelten Vorgaben an die seitens der Handelsplattform *verwendeten Systeme,* die für den Handel der Kryptowerte eingesetzt werden. Dem Zweck der Sicherstellung von Integrität und Sicherheit des Kryptowährungshandels kann insofern nur dann nachgekommen werden, wenn sowohl die angebotenen Kryptowerte als auch die für den Handel eingesetzten Systeme bestimmten Mindestanforderungen genügen. 58

Abs. 2 verlangt von Anbietern von Kryptowerte-Dienstleistungen nicht nur eine Prüfung der Kryptowerte im Einzelfall, sondern auch, entsprechende **organisatorische und technische Maßnahmen** umzusetzen, um die in Abs. 2 enthaltenen Pflichten im Einzelfall erfüllen zu können. Dies ergibt sich zwar nicht unmittelbar aus dem Wortlaut, ist aber als Konsequenz der Anwendung der Norm in der Praxis eine mittelbare Pflicht. Der aktuelle Entwurf der nach Art. 60 Abs. 13, Abs. 14 erlassenen technischen Regulierungs- und Durchführungsstandards sieht dement- 59 sprechend auch vor, dass in den nach Art. 60 der zuständigen Behörde zu übermittelnden Informationen auch „the procedures adopted to assess the suitability of crypto-assets in accordance with Article 76 (2) of Regulation (EU) 2023/1114" beschrieben werden müssen.[26]

3. Inhalt der Verpflichtung

60 **a. Adressat.** Abs. 2 richtet sich an **Anbieter von Kryptowerte-Dienstleistungen** iSd Art. 3 Abs. 1 Nr. 15, die eine **Handelsplattform für Kryptowerte** iSd Art. 3 Abs. 1 Nr. 18 betreiben.

61 **b. Pflichten.** S. 1 enthält einen zweigeteilten Pflichtenkatalog. Zunächst ist sicherzustellen, dass die Kryptowerte **den Betriebsvorschriften der Handelsplattform** aus Abs. 1 entsprechen. Dann ist auch die **Eignung des betreffenden Kryptowerts** selbst festzustellen.

62 **aa) Übereinstimmung mit Betriebsvorschriften aus Abs. 1.** Abs. 1 verpflichtet Anbieter von Kryptowerte-Dienstleistungen, die eine Handelsplattform für Kryptowerte betreiben, **klare und transparente Betriebsvorschriften** für die Handelsplattform festzulegen. Hierfür enthält Abs. 1 einen entsprechenden Inhaltskatalog. Diese Pflicht wird durch Abs. 2 S. 1 dahingehend mit Leben gefüllt, als der jeweilige Anbieter später hinsichtlich der konkret angebotenen Kryptowerte prüfen muss, dass diese **ebendiesen Betriebsvorschriften entsprechen.**

63 **bb) Bewertung der Eignung des Kryptowerts.** Darüber hinaus regelt Abs. 2 eine allgemeine Prüfung der **Eignung** des angebotenen Kryptowerts. Diese wird in der Praxis zahlreiche Detailfragen aufwerfen, insbesondere was den konkreten Prüfkatalog und den Umfang dieser Pflicht betrifft. Unsicherheiten bestehen aktuell sowohl dahingehend, welche weiteren Prüfpflichten erfasst sein sollen, nachdem die Prüfung der Zuverlässigkeit der verwendeten technischen Lösung und die potenzielle Verbindung zu illegalen oder betrügerischen Tätigkeiten nur als Mindestprüfkriterien genannt werden („insbesondere"). Darüber hinaus stellt sich auch für den Prüfpunkt der Zuverlässigkeit der verwendeten technischen Lösung die Frage, welcher Prüfungsumfang hier konkret gefordert wird. Nicht ausdrücklich aufgenommen, weil selbstverständlich, ist die rechtliche Eignung, also insbesondere die Qualifizierung als Kryptowert (und in der Regel nicht als Wertpapier).

64 Die Anbieter von Kryptowerte-Dienstleistungen stehen vor der Herausforderung, eine möglichst abschließende Prüfung vorzunehmen, die sich neben den vom konkreten Emittenten bereitgestellten Informationen auch auf öffentlich zugängliche Informationen bezieht. Die Anforderungen an die Anbieter von Kryptowerte-Dienstleistungen dürfen dabei aber nicht zu hoch angesetzt werden: Berücksichtigt werden sollte nur, was sich aufdrängt. Andeutungen und Gerüchten, etwa aus szenetypischen Chats (zB Discord) sollte nur nachgegangen werden müssen, wenn diese glaubhaft sind oder qualitativ schwer wiegen. Im Übrigen haben Anbieter von Kryptowerte-Dienstleistungen nicht die Pflicht, alle im Internet zugänglichen und relevanten Informationen zu finden. Sie müssen aber wohl solche Maßnahmen bei ihrer Recherche umsetzen, die angemessen sind mit Blick auf die Zuverlässigkeit und des Risikoprofils.

---

[26] Siehe ESMA, Consultation Paper v. 12.7.2023, Annex II, Art. 7 Nr. 1 lit. f und Art. 12 Nr. 1 lit. f.

Gerade weil der Prüfungsumfang und -maßstab sicherlich einzelfallabhängig ist, 65
kommt einer **Dokumentation der Prüfung** eine wichtige Rolle zu. Den Anbietern von Kryptowerte-Dienstleistungen ist zu raten, diese digital jederzeit auffindbar abzulegen (vgl. oben zur mittelbaren Pflicht zur Einführung organisatorischer Maßnahmen), gut zu strukturieren und die (teils sicherlich subjektiv geprägte) Bewertung hinreichend ausführlich zu gestalten und zu begründen. Abgelegt werden sollten auch die Adressen der besuchten Webseiten und die Inhalte besonders wichtiger Informationen (wie etwa das Whitepaper) sowie die technischen und rechtlichen Gutachten Dritter.

(1) Bewertung der Zuverlässigkeit der verwendeten technischen Lösun- 66
gen. Zum erforderlichen Umfang der **Prüfung der Zuverlässigkeit** der verwendeten technischen Lösung findet sich im für Art. 76 maßgeblichen Erwgr. Nr. 84 keine weitere Konkretisierung. Anhaltspunkte ergeben sich aber durch die systematische Stellung des Abs. 2 in Art. 76 und durch die Gesetzeshistorie.

Die Bewertung der Zuverlässigkeit der verwendeten technischen Lösung reiht 67
sich in die weiteren Pflichten ein, die Kompatibilität des Kryptowerts mit den Betriebsvorschriften der Handelsplattform im Sinne des Abs. 1 sicherzustellen und potenzielle Verbindungen zu illegalen oder betrügerischen Tätigkeiten aufzudecken.

Insbesondere durch letztgenannte Pflicht kann geschlussfolgert werden, dass sich 68
die Prüfung der Zuverlässigkeit der verwendeten technischen Lösung nicht nur auf die Prüfung im Hinblick auf die fehlerfreie Handelbarkeit des Kryptowerts auf der Plattform beschränkt (bspw. Sicherstellung, dass Kryptowerte fehlerfrei an Käufer übertragen werden können), sondern auch aus dem **Gesichtspunkt des Anleger- und Vermögensschutzes** zu erfolgen hat. Dennoch werden hieraus keine übersteigerten Prüfpflichten an Anbieter von Kryptowerten gefolgert werden können, die über eine Plausibilitätsprüfung der verwendeten technischen Lösung hinausgehen. Insofern zeigen auch die Änderungen im Wortlaut während des Gesetzgebungsverfahrens, dass gerade keine *Qualitäts*-Kontrolle der einzelnen Kryptowerte verlangt wird, und auch aus dem Vergleich mit Abs. 7, der Anbieter zur Prüfung der Resilienz *ihrer eigenen Systeme* verpflichtet und hierfür *konkrete* Vorgaben macht, ergibt sich, dass die in Abs. 2 *vage* geregelte Pflicht zur Prüfung der Zuverlässigkeit nicht die Schwelle einer Plausibilitätsprüfung überschreiten kann.

Zu den zu prüfenden Angaben werden damit insbesondere die im **Whitepaper** 69
des jeweiligen Kryptowerts gemachten Angaben über die dem Kryptowert zugrundeliegenden Technologien (siehe bspw. Art. 6 Abs. 1 lit. h) zählen. Hierzu gehören nach Annex I Teil H und Teil I Nr. 5 für andere Kryptowerte als vermögenswertereferenzierte Token oder E-Geld-Token beispielsweise:
- Informationen über die eingesetzte Technologie, einschließlich DLT, Protokollen und technischer Standards
- Konsensmechanismus, sofern anwendbar
- Anreizmechanismen zur Absicherung von Transaktionen und ggf. geltende Gebühren
- Wenn die Kryptowerte in einem Distributed Ledger ausgegeben, übertragen, gespeichert werden: ausführliche Beschreibung der Funktionsweise dieses Distributed Ledger
- Angaben zum Ergebnis der Prüfung der eingesetzten Technologie (falls eine derartige Prüfung durchgeführt wurde)
- Beschreibung, der mit der eingesetzten Technologie verbundenen Risiken sowie ggf. Maßnahmen zur Risikominderung

Art. 76 Titel V Kryptowerte-Dienstleistungen

70 Natürlich muss auch der den Kryptowerten zugrundeliegende **Smart Contract** bewertet werden. Standards wie ERC-20 beschleunigen und verkürzen die Prüfung. Kommen jedoch selbstentwickelte Smart Contracts zur Anwendung, werden die Anbieter von Kryptowerte-Dienstleistungen plausibel darlegen müssen, ob diese den technischen Anforderungen genügen. Dies kann im Einzelfall ein technisches Audit eines unabhängigen Dritten zur Notwendigkeit machen, weswegen davon auszugehen ist, dass Emittenten von Kryptowerten in solchen Fällen einen entsprechenden Report zur Verfügung stellen werden. Daneben kann ein Rechtsgutachten notwendig sein zur Frage, ob Funktionen des Smart Contracts mit dem anwendbaren Recht in Einklang stehen.

71 (2) **Bewertung der potenziellen Verbindung zu illegalen oder betrügerischen Tätigkeiten.** Auch hinsichtlich der **Bewertung der potenziellen Verbindung zu illegalen oder betrügerischen Tätigkeiten** ergeben sich aus der Vorschrift keine weiteren Details. Anzunehmen ist, dass hier abermals die im jeweiligen Whitepaper gemacht Angaben eine zentrale Rolle spielen und zu den Mindestprüfpflichten gehören, insbesondere da sich gerade hieraus Informationen über die an einem Kryptowert beteiligten natürlichen und juristischen Personen und deren Funktion ergeben. Da im Falle betrügerischer Aktivitäten sich die Verdachtsmomente aber nur selten aus dem White Paper ergeben werden, wird die eingangs beschriebene Plausibilitätsprüfung im Internet verlangt werden müssen. Die Anbieter von Kryptowerte-Dienstleistungen sollten hieran ohnehin ein großes Eigeninteresse haben, schließlich steht eine Beihilfestrafbarkeit im Raum, sollte tatsächlich eine strafbare Haupttat angenommen werden können.

72 (3) **Berücksichtigung der Erfahrung, Erfolgsbilanz und Leumund des Emittenten des Kryptowerts und seines Entwicklungsteams.** Für beide Aspekte sind dabei die **Erfahrung, die Erfolgsbilanz und der Leumund des Emittenten** dieser Kryptowerte und seines Entwicklungsteams zu berücksichtigen, wobei dies in der Praxis weniger für die Prüfung der Zuverlässigkeit der technischen Lösung als vielmehr für die Bewertung einer potenziellen Verbindung zu illegalen oder betrügerischen Tätigkeiten eine Rolle spielen wird. Die Auflistung darf daher auch als Hilfestellung und als Indizienliste für die Anbieter von Kryptowerte-Dienstleistungen verstanden werden, umgekehrt jedoch sind diese Aspekte bei der Prüfung zwingend zu berücksichtigen und in die Bewertung und Dokumentation einfließen zu lassen. Mangels objektiver und objektivierbarer Maßstäbe sind aber auch hier keine all zu großen Anforderungen zu stellen. Ganz im Gegenteil darf die Vorschrift gerade nicht dazu führen, dass jüngeren Teams der Marktzugang verwehrt wird. Bei ihnen mag der Lebenslauf umgekehrt eine geringfügig höhere Rolle spielen.

73 c. **Anwendbarkeit auf Kryptowerte iSd Art. 4 Abs. 3 UAbs. 1 lit. a–d.** S. 3 legt fest, dass die Prüfung der *Eignung* des Kryptowerts auch auf die in Art. 4 Abs. 3 UAbs. 1 lit. a–d genannten Kryptowerte Anwendung finden soll. Eine solche Ergänzung ist inhaltlich nötig, weil für diese Kryptowerte generell weniger strenge Vorgaben gelten (vgl. zB die Zulassungsausnahme in Art. 4 Abs. 5).

4. Umsetzung im nationalen Recht

74 a. **Aussetzung des Handels und Ausschluss von Kryptowerten vom Handel.** Gemäß § 34 des Entwurfs eines Kryptomärkteaufsichtsgesetzes (KMAG-

Tausch von Kryptowerten **Art. 77**

RefE als Teil des FinmadiG-RefE) kann ein Betreiber einer Handelsplattform für Kryptowerte den **Handel mit einem Kryptowert aussetzen oder den Kryptowert vom Handel ausschließen,** insbesondere wenn der Kryptowert den Regeln der Handelsplattform nicht mehr entspricht oder der Kryptowert nicht mehr für die Handelsplattform geeignet ist.

Eine solche Maßnahme hat dann zu unterbleiben, wenn sie die Interessen der 75 betroffenen Inhaber der Kryptowerte oder das ordnungsgemäße Funktionieren des Marktes erheblich beeinträchtigen könnte. Der Betreiber veröffentlicht Entscheidungen und teilt sie unverzüglich der Bundesanstalt mit.

b. Bußgelder. Gem. § 47 Abs. 3 Nr. 77 und 78 des Entwurfs eines Krypto- 76 märkteaufsichtsgesetzes (KMAG-RefE als Teil des FinmadiG-RefE) ist ein Verstoß gegen Abs. 2 S. 1 und gegen Abs. 2 S. 2 **bußgeldbewährt.**

Der Bußgeldrahmen liegt gem. § 47 Abs. 5 Nr. 3 des Entwurfs eines Krypto- 77 märkteaufsichtsgesetzes bei grundsätzlich bis zu siebenhunderttausend Euro. Bei juristischen Personen oder Personenvereinigungen liegt der Bußgeldrahmen gem. § 46 Abs. 6 Nr. 3c) bei bis zu fünf Millionen Euro und bei einem jährlichen Gesamtumsatz von mehr als 100 Millionen Euro gem. § 46 Abs. 7 Nr. 1b) bei bis zu 5 Prozent des jährlichen Gesamtumsatzes der juristischen Person oder Personenvereinigung gemäß dem letzten verfügbaren vom Leitungsorgan gebilligten Abschlusses.

Sowohl für natürliche als auch für juristische Personen kann die Ordnungswid- 78 rigkeit gemäß § 46 Abs. 9, über die Bußgeldrahmen der Abs. 5, 6 und 7 hinaus, auch bis zur zweifachen Höhe der infolge des Verstoßes erzielten Gewinne oder vermiedenen Verluste geahndet werden, soweit sich diese beziffern lassen.

Artikel 77 Tausch von Kryptowerten gegen einen Geldbetrag oder gegen andere Kryptowerte

(1) **Anbieter von Kryptowerte-Dienstleistungen, die Kryptowerte gegen einen Geldbetrag oder gegen andere Kryptowerte tauschen, verfolgen eine nichtdiskriminierende Geschäftspolitik, mit der insbesondere festgelegt wird, welche Art von Kunden sie akzeptieren und welche Bedingungen diese Kunden zu erfüllen haben.**

(2) **Anbieter von Kryptowerte-Dienstleistungen, die Kryptowerte gegen einen Geldbetrag oder gegen andere Kryptowerte tauschen, veröffentlichen einen festen Preis der Kryptowerte oder eine Methode zur Bestimmung des Preises der Kryptowerte, die sie zum Tausch gegen einen Geldbetrag oder gegen andere Kryptowerte vorschlagen, sowie die von diesem Anbieter für Kryptowerte-Dienstleistungen festgelegte anzuwendende Obergrenze für den zu tauschenden Betrag.**

(3) **Anbieter von Kryptowerte-Dienstleistungen, die Kryptowerte gegen einen Geldbetrag oder gegen andere Kryptowerte tauschen, führen Kundenaufträge zu den zum Zeitpunkt des endgültigen Tauschauftrags angezeigten Preisen aus. Die Anbieter von Kryptowerte-Dienstleistungen unterrichten ihre Kunden über die Voraussetzungen, unter denen ihr Auftrag als endgültig gilt.**

(4) **Anbieter von Kryptowerte-Dienstleistungen, die Kryptowerte gegen einen Geldbetrag oder gegen andere Kryptowerte tauschen, veröffent-**

Art. 77

lichen Informationen über die von ihnen abgeschlossenen Geschäfte, einschließlich Transaktionsvolumen und -preisen.

Schrifttum: Siehe Art. 75

Übersicht

	Rn.
I. Anwendungsbereich und Regelungsgegenstand	1
II. Nichtdiskriminierende Geschäftspolitik (Abs. 1)	3
III. Veröffentlichung von Preis und Obergrenze (Abs. 2)	17
IV. Ausführung bei endgültigem Tauschauftrag (Abs. 3)	23
V. Nachhandelstransparenz (Abs. 4)	25

I. Anwendungsbereich und Regelungsgegenstand

1 Die Vorschrift erfasst alle Anbieter von Kryptowerte-Dienstleistungen im Sinne des Art. 3 Abs. 1 Nr. 19 und 20, unabhängig davon, welchen Kundengruppen gegenüber sie ihre Dienstleistungen anbieten.

2 ErwG 85, der auf Verbraucherschutz abstellt, könne dahingehend verstanden werden, dass die Vorschriften des Art. 77 nur gelten sollen, wenn der Kunde Verbraucher ist bzw. wenn der Anbieter sein Angebot (auch) an Verbraucher richtet. In der Vorschrift selbst findet sich für eine derart einschränkende Auslegung jedoch kein Anhaltspunkt.

II. Nichtdiskriminierende Geschäftspolitik (Abs. 1)

3 In der MiFID II findet sich für den Kauf und Verkauf von MiFID II-Finanzinstrumenten keine mit dem Art. 77 vergleichbare Regelung. Das Erfordernis nicht diskriminierender Regelungen ist allerdings in anderen Zusammenhängen mehrfach in der MiFID II enthalten, etwa in Art. 18 Abs. 3, 37 Abs. 1 UAbs. 2, Art. 48 Abs. 8, Abs. 9 UAbs. 1, Abs. 12 UAbs 1 lit. d) und f) oder Art. 53 Abs. 1 MiFID II. Die Regelung stellt ein **Instrument zur Sicherung des Funktionierens des Kapitalmarkts** dar.

4 Zunächst soll ein fairer, diskriminierungsfreier Zugang zu der Dienstleistung des jeweiligen Anbieters sichergestellt werden.[1] Dazu müssen sich die Anbieter von Kryptowerte-Dienstleistungen im Sinne des Art. 3 Abs. 1 Nr. 19 und 20 Regeln geben, welche Kundengruppen sie akzeptieren und welche Bedingungen (außer der Zugehörigkeit zu der betreffenden Kundengruppe) die betreffenden (potentiellen) Kunden erfüllen müssen, um Zugang zu der Dienstleistung erhalten zu können. Die Regelungen müssen so ausgestaltet sein, dass eine **willkürliche und sachlich nicht gerechtfertigte Ungleichbehandlung** von Kunden **verhindert** wird. Die Regelungen führen daher zu einer gewissen **Selbstbindung** des Kryptowerte-Dienstleisters: Erfüllt ein Kunde die vorher festgelegten Bedingungen, muss der Kryptowerte-Dienstleister mit diesem Kunden in aller Regel kontrahieren.

5 Ob Art. 77 allerdings einen **Kontrahierungszwang** begründen soll, erscheint **fraglich**. Um einen diskriminierungsfreien Zugang zu der Dienstleistung des Anbieters sicherzustellen, wäre ein derart weitgehender Eingriff in die Privatauto-

---

[1] § 72 Abs. 1 S. 1 Nr. 1 WpHG enthält eine ähnliche Regelung.

Tausch von Kryptowerten **Art. 77**

nomie des Anbieters nicht erforderlich. Daher ist dem Anbieter ein eng begrenztes Ermessen auch dann zuzugestehen, wenn ein Kunde alle festgelegten Bedingungen erfüllt. Allerdings können sich derartige Ausnahmen von der Regel allenfalls auf besondere **Einzelfälle** beziehen, die es sachlich gerechtfertigt erscheinen lassen, einen bestimmten Kunden von der Dienstleistung auszuschließen, obwohl er alle Zugangsbedingungen erfüllt. Wegen des Ausnahmecharakters einer solchen Ermessensentscheidung sind an die sachliche Rechtfertigung des Ausschlusses dieses Kunden hohe Anforderungen zu stellen. Andernfalls könnte der Sinn und Zweck der Regelung unterlaufen werden.[2]

Die Verordnung enthält keine näheren Bestimmungen dazu, wie die Bedingungen für die Akzeptanz eines Kunden ausgestaltet sein müssen, so dass dem Kryptowerte-Dienstleister ein **weitgehendes Ermessen** zusteht, was selbstverständlich nichts daran ändert, dass die Bedingungen diskriminierungsfrei ausgestaltet sein müssen. 6

Hinsichtlich der möglichen Anknüpfungspunkte für die Akzeptanzbedingungen enthält die Vorschrift keine Einschränkungen. Der Anbieter kann daher sowohl Bedingungen festlegen, die auf die Person des Kunden zugeschnitten sind als auch Bedingungen, die an andere Umstände, z. B. an bestimmte technische Voraussetzungen[3] oder an rechtliche Gegebenheiten anknüpfen. 7

Die **Beschränkung des Zugangs auf bestimmte Kundenkategorien** (Privatkunden, professionelle Kunden etc.) verstößt nicht gegen das Gebot der Diskriminierungsfreiheit.[4] Es ist **sachlich gerechtfertigt,** wenn sich der Anbieter z. B. nur an professionelle Kunden wendet, denn die Zielkundenkategorie hat unmittelbare und erhebliche Auswirkungen auf die Ausgestaltung des jeweiligen Angebots. 8

Die Vorschrift unterwirft jedoch nicht nur die Regelungen zur Akzeptanz von Kunden, sondern die gesamte Geschäftspolitik eines Anbieters dem Erfordernis der nicht diskriminierenden Ausgestaltung. 9

„**Geschäftspolitik**" ist weit zu verstehen. Der Begriff umfasst – neben den Regeln zur Akzeptanz von Kunden – im Grundsatz sämtliche Aspekte der Durchführung der Kryptowerte-Dienstleistung. Dazu gehören insbesondere auch die Art der Ausführung einzelner Geschäfte, die Gebührenstruktur und die Grundsätze der Preisgestaltung[5] des betreffenden Anbieters, ebenso wie Regelungen zu den Konsequenzen, die es hat, wenn bestimmte Anforderungen nicht mehr erfüllt werden (etwa vorübergehende Sperrung des Zugangs, Kündigung der Vertragsbeziehung oder bestimmte Limitierungen des Handels).

Auch die Frage, ob Emittenten von Kryptowerten bestimmte Anforderungen erfüllen müssen, damit der Anbieter ihre Kryptowerte in sein Angebot aufnimmt,

---

[2] Vgl. dazu auch Schwark/Zimmer/Röh, 5. Aufl. 2020, WpHG § 72 Rn. 12, der nicht von einem formelle Kontrahierungszwang ausgeht und dem Betreiber des Handelsplatzes ein Restermessen zugesteht; a. A. offenbar BeckOK WpHR/Stötzel, 12. Ed. 1.7.2024, WpHG § 72 Rn. 7, wobei § 72 Abs. 1 S. 1 Nr. 1 seinem Wortlaut nach die Möglichkeit einer Ermessensausübung insoweit ausschließt, als sie in den selbst auferlegten Regeln für den Zugang zum Handelsplatz nicht vorgesehen sein darf.
[3] Vgl. zu § 72 BeckOK WpHR/Stötzel, 12. Ed. 1.7.2024, WpHG § 72 Rn. 9; Schwark/Zimmer/Röh, 5. Aufl. 2020, WpHG § 72 Rn. 9.
[4] Vgl. zu § 72 WpHG: Schwark/Zimmer/Röh, 5. Aufl. 2020, WpHG § 72 Rn. 12
[5] Insoweit sind jedoch keine allzu hohen Anforderungen zu stellen. Maßstab ist, inwieweit die Preisgestaltung diskriminierende Wirkung entfalten kann, vgl. → Rn. 10.

gehört zur Geschäftspolitik, ebenso wie sonstige Grundsätze für die Auswahl der angebotenen Kryptowerte, soweit sie diskriminierende Wirkung entfalten können.

10 Angesichts des Zwecks der Regelung gehören zur Geschäftspolitik im Sinne des Art. 77 hingegen nicht Aspekte, die von vornherein keine diskriminierenden Wirkungen entfalten können, etwa die Einzelheiten der internen Kalkulationen des Anbieters.

11 Nicht-diskriminierend bedeutet in diesem Zusammenhang **nicht unterschiedslose Gleichbehandlung.** Entscheidend ist, dass Ungleichbehandlungen einem sachlich gerechtfertigten Zweck dienen und dass sie aufgrund objektiver Kriterien nachvollziehbar und im Übrigen erforderlich und verhältnismäßig sind.[6]

12 Die Akzeptanz eines Kunden etwa an den Sitz oder Wohnort zu knüpfen, ist offensichtlich diskriminierend, weil kein sachlich gerechtfertigter Zweck erkennbar ist, der eine solche Ungleichbehandlung rechtfertigen könnte. Eine Ungleichbehandlung aufgrund des Alters ist ebenfalls unzulässig.

13 Eine Ungleichbehandlung aufgrund rechtlicher Umstände, die an Kriterien anknüpfen, die – für sich genommen – eine Ungleichbehandlung nicht rechtfertigen würden, kann hingegen zulässig sein: Der Anbieter muss zum Beispiel auch dann nicht mit Geschäftsunfähigen kontrahieren, wenn die Geschäftsunfähigkeit allein aufgrund des Alters des (potentiellen) Kunden besteht.

14 **Verbraucherschutz** stellt ein sachlich gerechtfertigtes Ziel dar (vgl. ErwG 85), so dass eine Ungleichbehandlung zum Schutz von Verbrauchern zulässig ist, wenn sie nachvollziehbar, erforderlich und angemessen ist.

15 Auch hinsichtlich der Gebührenstruktur sind Ungleichbehandlungen unter diesen Voraussetzungen möglich. Art. 3 Abs. 1 S. 2 der VO (EU) 2017/573 legt für den Wertpapierhandel an Handelsplätzen bestimmte Kriterien fest[7] und kann für den Handel mit Kryptowerten als Orientierungshilfe herangezogen werden.

16 **Offenlegungspflichten** regelt die Vorschrift nicht. Daraus kann allerdings nicht der Umkehrschluss gezogen werden, dass der Anbieter seine Geschäftspolitik nicht offenlegen müsste. Eine entsprechende Pflicht wird man zumindest dann annehmen müssen, wenn der Sinn und Zweck einer bestimmten Regelung der Geschäftspolitik eine Offenlegung erforderlich macht oder zweckdienlich erscheinen lässt. Regelungen zur Akzeptanz von Kunden können ihren Zweck, Diskriminierung zu verhindern, z. B. nur dann sinnvoll erfüllen, wenn diese Regeln den Kunden oder potentiellen Kunden auch zugänglich sind. Andernfalls könnte der Anbieter willkürlich handeln, ohne dass der einzelne Kunde die Möglichkeit hätte, diese Willkür auch zu erkennen. Die Form der Offenlegung bleibt dem Anbieter überlassen. Er muss allerdings eine Form wählen, die dem Zweck der betreffenden Regelung dienlich ist.

III. Veröffentlichung von Preis und Obergrenze (Abs. 2)

17 Die Regelung dient der **Preistransparenz.** Die Kunden sollen erkennen können, zu welchem Entgelt der Anbieter bereit ist, bestimmte Kryptowerte zu tauschen.[8] Dazu veröffentlicht der Anbieter entweder einen festen Preis oder aber die

---

[6] Vgl. zu § 72 WpHG: BeckOK WpHR/Stötzel, 12. Ed. 1.7.2024, WpHG § 72 Rn. 10 und Schwark/Zimmer/Röh, 5. Aufl. 2020, WpHG § 72 Rn. 12.
[7] Vgl. dazu BeckOK WpHR/Stötzel, 12. Ed. 1.7.2024, WpHG § 72 Rn. 79.
[8] Der Begriff wird hier und im Folgenden im Sinne des Art. 3 Nr. 19 und 20 gebraucht, nicht im Sinne des § 480 BGB.

Tausch von Kryptowerten **Art. 77**

Methode, aufgrund derer der Preis bestimmt wird. „Preis" meint nicht nur Geld, sondern jede Gegenleistung, also auch die Gegenleistung in anderen Kryptowerten. Andernfalls könnte die Vorschrift leicht unterlaufen werden.

Der Vorschrift kann nicht entnommen werden, dass der Anbieter sich durchgängig für eines der beiden Modelle entscheiden muss. Er kann zum Beispiel je nach Art des Angebots einen festen Preis oder eine Methode zur Preisbestimmung veröffentlichen. 18

Veröffentlicht ein Anbieter statt eines Preises eine **Methode zur Preisbestimmung,** muss diese einfach nachvollziehbar sein. Das ergibt sich daraus, dass die Regelung des Abs. 2 der Transparenz dient und die Methode zur Preisbestimmung als gleichberechtigte Alternative zur Angabe eines festen (und damit für den Kunden transparenten) Preises genannt ist. Dass den Anbietern diese Alternative eröffnet wird, darf nicht dazu führen, dass das Ziel der Vorschrift, Preistransparenz zu ermöglichen, durch nur schwer nachvollziehbare Preisbestimmungsmethoden unterlaufen wird. Zwar führt bereits der Umstand, dass lediglich eine Methode angegeben wird, zu einem gewissen Transparenzverlust gegenüber einer einfachen Preisangabe. Das bedeutet jedoch nicht, dass die Methode zur Preisbestimmung selbst intransparent sein darf. Vielmehr muss die Methode so ausgestaltet sein, dass sie ähnlich transparent ist, wie eine feste Preisangabe. 19

Der Anbieter kann grundsätzlich jederzeit zwischen der Angabe eines Preises und der Angabe einer Preisberechnungsmethode wechseln. Auch ein Wechsel zwischen verschiedenen Preisberechnungsmethoden ist grundsätzlich möglich. Allerdings dürfen solche Wechsel nicht dazu führen, dass das Ziel der Vorschrift, eine transparente Preisdarstellung sicherzustellen, unterlaufen wird. 20

Aus Abs. 3 ergibt sich, dass sich die **Bindungswirkung** auf den Zeitpunkt der Abgabe des endgültigen Tauschangebots bezieht. Es besteht daher keine Pflicht, dass sich der Anbieter für einen bestimmten Zeitraum vor Abgabe eines Tauschangebots an die angezeigten Preise halten muss oder dass die Preisanzeigen für einen bestimmten Zeitraum unverändert bleiben müssen. Das gilt sowohl für die Preise, die sich aus der Anwendung einer angezeigten Preisbestimmungsmethode ergeben, als auch für die Preisbestimmungsmethode selbst. 21

Auch eine vom Anbieter festgelegte Obergrenze ist zu veröffentlichen. Eine Pflicht zu Festlegung solcher Obergrenzen ergibt sich aus der Vorschrift allerdings nicht. 22

IV. Ausführung bei endgültigem Tauschauftrag (Abs. 3)

Die Preisangabe bindet den Anbieter erst ab dem Zeitpunkt der Abgabe des endgültigen Tauschangebots. Danach muss sich der Anbieter an die Preisangabe halten. Ob das jeweils anwendbare nationale Zivilrecht eine spätere einseitige Änderung des Preises noch zulässt, ist demgegenüber unerheblich. 23

Abs. 3 bezieht sich ausdrücklich zwar nur auf den angezeigten Preis. Daraus darf aber nicht der Schluss gezogen werden, die Vorschrift würde für Preise, die aufgrund einer **Preisbestimmungsmethode** ermittelt wurden, nicht gelten. Denn zum einen würde es dann an einer Regelung für solche Preise fehlen, ohne dass dafür ein sachlicher Grund ersichtlich wäre. Zum anderen steht die Angabe einer Preisbestimmungsmethode in Abs. 1 gleichwertig neben der Angabe eines Preises, so dass auch der aufgrund einer Preisbestimmungsmethode ermittelte Preis auf die gleiche Weise bindend ist, wie ein angezeigter Preis. 24

Tüllmann

Art. 78 Titel V Kryptowerte-Dienstleistungen

V. Nachhandelstransparenz (Abs. 4)

25 Ähnlich wie die Vorschrift nach Abs. 3 dient die Regelung des Abs. 4 der Transparenz. Eine vergleichbare Vorschrift für den Eigenhandel mit MiFID II Finanzinstrumenten findet sich in der MiFID II nicht.

26 Die Vorschrift ist sehr **allgemein gehalten.** Sie enthält weder Angaben dazu, welche Informationen – außer Transaktionsvolumen und -preisen – veröffentlicht werden sollen, noch auf welche Zeiträume sich die Informationen beziehen müssen. Auch Angaben zum Veröffentlichungszeitpunkt fehlen, ebenso wie Angaben zur Form der Veröffentlichung. Auch aus den Erwägungsgründen ergibt sich dazu nichts. Eine Ermächtigung der ESMA zur Erarbeitung technischer Regulierungsstandards ist nicht vorgesehen. Da eine vergleichbare Vorschrift in der MiFID II fehlt, stehen insoweit auch keine Orientierungshilfen aus dem Bereich des Wertpapierhandels zur Verfügung.

27 Ein einfacher **Rückgriff auf Vorschriften zur Nachhandelstransparenz von Kryptohandelsplattformen** verbietet sich allein schon wegen der gänzlich unterschiedlichen Strukturen der Dienstleistung nach Art. 77 und der Dienstleistung des Betreibens einer Kryptohandelsplattform nach Art. 76.

28 Dem Anbieter steht daher ein weiter **Ermessensspielraum** offen, der allein durch den Maßstab der Transparenz beschränkt ist. Es ist allerdings zu erwarten, dass sich die Aufsichtsbehörden in ihrer Verwaltungspraxis bis zu einem gewissen Grad an den Anforderungen zur Nachhandelstransparenz bei Kryptohandelsplattformen orientieren werden. Dabei sollten sie allerdings die unterschiedlichen Strukturen der beiden Dienstleistungen berücksichtigen.

Artikel 78 Ausführung von Aufträgen über Kryptowerte für Kunden

(1) **Anbieter von Kryptowerte-Dienstleistungen, die Aufträge über Kryptowerte für Kunden ausführen, ergreifen alle erforderlichen Maßnahmen, um bei der Ausführung von Aufträgen das bestmögliche Ergebnis für ihre Kunden zu erzielen, und berücksichtigen dabei die Faktoren Preis, Kosten, Schnelligkeit, Wahrscheinlichkeit der Ausführung und Abwicklung, Umfang, Art der Auftragsausführung und Bedingungen der Verwahrung von Kryptowerten sowie jegliche sonstigen für die Auftragsausführung relevanten Faktoren.**

Ungeachtet des Unterabsatzes 1 sind Anbieter von Kryptowerte-Dienstleistungen, die Aufträge über Kryptowerte für Kunden ausführen, nicht verpflichtet, die in Unterabsatz 1 genannten erforderlichen Maßnahmen zu ergreifen, wenn sie Aufträge über Kryptowerte nach den spezifischen Anweisungen ihrer Kunden ausführen.

(2) **Um die Einhaltung von Absatz 1 sicherzustellen, müssen Anbieter von Kryptowerte-Dienstleistungen, die Aufträge über Kryptowerte für Kunden ausführen, wirksame Vorkehrungen für die Auftragsausführung treffen und umsetzen. Sie legen insbesondere Grundsätze der Auftragsausführung fest, die es ihnen erlauben, Absatz 1 einzuhalten, und setzen diese Grundsätze um. Die Grundsätze der Auftragsausführung sehen unter anderem eine umgehende, redliche und zügige Ausführung von Kundenaufträgen vor und verhindern den Missbrauch von Informationen über Kun-**

denaufträge durch Mitarbeiter der Anbieter von Kryptowerte-Dienstleistungen.

(3) Anbieter von Kryptowerte-Dienstleistungen, die Aufträge über Kryptowerte für Kunden ausführen, stellen ihren Kunden angemessene und eindeutige Informationen über ihre in Absatz 2 genannten Grundsätze der Auftragsausführung und jegliche wesentlichen Änderungen dieser Grundsätze zur Verfügung. In diesen Informationen wird klar, ausführlich und auf eine für Kunden verständliche Weise erläutert, wie die Kundenaufträge von den Anbietern von Kryptowerte-Dienstleistungen auszuführen sind. Die Anbieter von Kryptowerte-Dienstleistungen holen die vorherige Zustimmung jedes Kunden zu den Grundsätzen der Auftragsausführung ein.

(4) Anbieter von Kryptowerte-Dienstleistungen, die Aufträge über Kryptowerte für Kunden ausführen, müssen in der Lage sein, ihren Kunden auf Anfrage nachzuweisen, dass sie ihre Aufträge im Einklang mit ihren Grundsätzen der Auftragsausführung ausgeführt haben, und der zuständigen Behörde auf Antrag nachzuweisen, dass sie die Bedingungen dieses Artikels erfüllen.

(5) Wenn die Grundsätze der Auftragsausführung vorsehen, dass Kundenaufträge außerhalb einer Handelsplattform ausgeführt werden könnten, informieren die Anbieter von Kryptowerte-Dienstleistungen, die Aufträge über Kryptowerte für Kunden ausführen, ihre Kunden über diese Möglichkeit und holen vor der Ausführung ihrer Aufträge außerhalb einer Handelsplattform die vorherige ausdrückliche Zustimmung ihrer Kunden in Form einer allgemeinen Zustimmung oder einer Zustimmung in Bezug auf einzelne Geschäfte ein.

(6) Anbieter von Kryptowerte-Dienstleistungen, die Aufträge über Kryptowerte für Kunden ausführen, müssen die Wirksamkeit ihrer Vorkehrungen zur Auftragsausführung und ihrer Grundsätze der Auftragsausführung überwachen, damit sie etwaige diesbezügliche Mängel ermitteln und bei Bedarf beheben können. Insbesondere prüfen sie regelmäßig, ob die in den Grundsätzen der Auftragsausführung genannten Handelsplätze das bestmögliche Ergebnis für die Kunden erbringen oder ob die Vorkehrungen zur Auftragsausführung geändert werden müssen. Anbieter von Kryptowerte-Dienstleistungen, die Aufträge über Kryptowerte für Kunden ausführen, informieren ihre Kunden, mit denen sie Geschäftsbeziehungen unterhalten, über alle wesentlichen Änderungen ihrer Vorkehrungen zur Auftragsausführung oder ihrer Grundsätze der Auftragsausführung.

Schrifttum: Siehe Art. 75

Übersicht

	Rn.
I. Anwendungsbereich und Regelungszweck	1
II. Best Execution (Abs. 1 und Abs. 2)	7
1. Zu ergreifende Maßnahmen, insbesondere Ausführungsgrundsätze	7
2. Festlegung von Ausführungsgrundsätzen	10
a) Ermittlung der zu berücksichtigenden Faktoren (Abs. 1 UAbs. 1)	11

	Rn.
aa) Preis und Kosten	12
bb) Schnelligkeit und Wahrscheinlichkeit der Auftragsausführung	16
cc) Abwicklung, Umfang und Art der Auftragsausführung	20
dd) Bedingungen der Verwahrung von Kryptowerten	23
ee) Sonstige relevante Faktoren	28
b) Gewichtung der Faktoren	29
c) Festlegung der Ausführungsplätze auf Grundlage der ermittelten und gewichteten Faktoren	32
III. Kundenweisungen (Abs. 1 UAbs. 2)	36
IV. Kundeninformation und Zustimmung (Abs. 3)	39
V. Nachweispflicht gegenüber Kunden und Behörden (Abs. 4)	45
1. Nachweis gegenüber den Kunden auf Anfrage	45
2. Nachweis gegenüber der zuständigen Behörde auf Antrag	46
VI. Aufträge außerhalb einer Handelsplattform (Abs. 5)	47
VII. Überwachung der Wirksamkeit der Vorkehrungen und Grundsätze (Abs. 6)	49
1. Überwachung zur Mängelermittlung und -behebung (Abs. 6 S. 1 und 2)	49
2. Information der Kunden über wesentliche Änderungen (Abs. 6 S. 3)	50

I. Anwendungsbereich und Regelungszweck

1   Art. 78 regelt die Verpflichtung der Anbieter von Kryptowerte-Dienstleistungen, Aufträge über Kryptowerte für ihre Kunden bestmöglich auszuführen (sog. „best execution"). Die Vorschrift ist an Art. 27 MiFID II angelehnt, der in § 82 WpHG in deutsches Recht umgesetzt wurde. Man wird daher davon ausgehen können, dass zur Auslegung von Begrifflichkeiten und zur näheren Ausgestaltung des Pflichtenprogramms des Art. 78 auch Gedanken aus der Del-VO EU 2017/565 v. 25.4.2016[1] herangezogen werden können.

2   Art. 78 dient dem Anlegerschutz.[2] Die Vorschrift adressiert einen möglichen **Interessenkonflikt,** der dadurch entsteht, dass der Anbieter die vom Kunden beauftragten Geschäfte zugunsten seiner eigenen und zulasten der Kundeninteressen ausführen könnte. Darüber hinaus gleicht die Vorschrift eine **Informationsasymmetrie** aus, indem sie den Anbieter verpflichtet, dem Kunden bestimmte Informationen zur Verfügung zu stellen. Schließlich dient die Vorschrift auch dem Schutz der Marktintegrität insgesamt.[3] Individualinteressen einzelner Kunden werden hingegen nicht geschützt.[4]

3   Aus ErwG 87 ergibt sich, dass auch Fälle erfasst sein sollen, in denen **der Kryptowerte-Dienstleister selbst Gegenpartei** des Kunden ist.

---

[1] Delegierte VO (EU) 2017/565 der Kommission v. 25.4.2016 zur Ergänzung der RL 2014/65/EU des Europäischen Parlaments und des Rates in Bezug auf die organisatorischen Anforderungen an Wertpapierfirmen und die Bedingungen für die Ausübung ihrer Tätigkeit sowie in Bezug auf die Definition bestimmter Begriffe für die Zwecke der genannten Richtlinie.
[2] Vgl. zu § 82 WpHG BeckOK WpHR/Schultheiß, 12. Ed. 1.7.2024, WpHG § 82 Rn. 2 und Schwark/Zimmer/v. Hein 5. Aufl. 2020 WpHG § 82 Rn. 2.
[3] Vgl. zu § 82 WpHG Schwark/Zimmer/v. Hein 5. Aufl. 2020, WpHG § 82 Rn. 3.
[4] Vgl. zu § 82 WpHG BeckOK WpHR/Schultheiß, 12. Ed. 1.7.2024, WpHG § 82 Rn. 2.

Werden Festpreisgeschäfte getätigt, kann sich die Verpflichtung zur bestmög- 4
lichen Ausführung allerdings sinnvollerweise nur darauf beziehen, dass der angebotene Preis marktgerecht sein muss. Die Ausführungsgrundsätze müssen das entsprechend berücksichtigen.[5]

Die Nennung von Faktoren, die für die Ausführung eines Auftrags im Kunden- 5
interesse relevant sind, konkretisiert den andernfalls recht unscharfen Tatbestand. Die Liste der Faktoren ist **nicht abschließend**. Anders als in Art. 27 Abs. 1 UAbs. 2 MiFID II gibt es zwar keine besondere Regelung für Kleinanleger. Ungeachtet dessen wird man davon ausgehen können, dass bei Kleinanlegern die Faktoren Preis und Kosten typischerweise eine bedeutende Rolle spielen.

Art. 78 verlangt nicht, dass in jedem Falle der Ausführung einer Kryptowerte- 6
Dienstleistung tatsächlich das beste Ergebnis erzielt wird.[6] Die Regelung verlangt lediglich, dass **bestimmte Maßnahmen** ergriffen werden, um das bestmögliche Ergebnis erzielen zu können. Um zu vermeiden, dass die ergriffenen Maßnahmen ihr Ziel dauerhaft verfehlen, regelt Art. 78 regelmäßige Überprüfungspflichten, die gegebenenfalls zu Änderungen der getroffenen Maßnahmen führen müssen.

II. Best Execution (Abs. 1 und Abs. 2)

1. Zu ergreifende Maßnahmen, insbesondere Ausführungsgrundsätze

Abs. 1 regelt die Pflicht der Anbieter von Kryptowerte-Dienstleistungen nach 7
Art. 3 Abs. 1 Nr. 16e, alle Maßnahmen zu ergreifen, die erforderlich sind, um bei der Ausführung von Aufträgen das bestmögliche Ergebnis für ihre Kunden zu erzielen. Dabei sind die in Abs. 1 genannten Faktoren zu berücksichtigen.

Gemäß Abs. 2 gehört zu den zu treffenden Maßnahmen die Festlegung und Um- 8
setzung von **Ausführungsgrundsätzen** (sog. Best Execution Policy). Bei den Ausführungsgrundsätzen handelt es sich um allgemeine Geschäftsbedingungen iSd § 305 Abs. 1 S. 1 BGB. Wegen der Vorschrift des § 307 Abs. 3 BGB bleibt aber für die Anwendbarkeit der §§ 307 Abs. 1 und 2, 308 und 309 BGB nur eingeschränkt Raum.[7]

„**Umsetzung**" bedeutet, dass organisatorische Maßnahmen getroffen werden müssen, die sicherstellen, dass die Auftragsausführung auch tatsächlich nach den festgelegten Ausführungsgrundsätzen erfolgt bzw. dass davon abweichende Weisungen des Kunden beachtet werden.[8]

Der Mindestinhalt der Ausführungsgrundsätze ergibt sich aus Art. 9 bzw. Art. 15 der DelVO (EU) 2024/XXX.[9]

---

[5] Vgl. BeckOK WpHR/Schultheiß, 12. Ed. 1.7.2024, WpHG § 82 Rn. 23; für „Payment-for-Order-Flow"-Modelle siehe ebd. WpHR/Schultheiß, 12. Ed. 1.7.2024, WpHG § 82 Rn. 24 sowie Kumpan/Misterek WM 2022, 53.
[6] Vgl. zu § 82 WpHG BeckOK WpHR/Schultheiß, 12. Ed. 1.7.2024, WpHG § 82 Rn. 11; Langenbucher/Bliesener/Spindler, 3. Aufl. 2020, WpHG § 82 Rn. 244.
[7] BeckOK WpHR/Schultheiß, 12. Ed. 1.7.2024, WpHG § 82 Rn. 29.
[8] Vgl. zu § 82 WpHG BeckOK WpHR/Schultheiß, 12. Ed. 1.7.2024, WpHG § 82 Rn. 9.
[9] Beide Vorschriften sind hinsichtlich des Mindestinhalts identisch, vgl. Entwurf der DelVO in der Fassung des Annex III „Draft RTS pursuant to Article 60(13) of MiCA" des ESMA Final Report Draft technical Standards specifying certain requirements of the Markets in Crypto Assets Regulation (MiCA) – first package v. 25.3.2024 (ESMA18-72330276-1634), S. 61 und S. 97.

9 Über die Festlegung von Ausführungsgrundsätzen hinaus sind ggf. **weitere Maßnahmen** erforderlich. Das ist insbesondere dann der Fall, wenn aufgrund ungewöhnlicher und unerwarteter Situationen von den Ausführungsgrundsätzen abgewichen werden soll, etwa bei einem ungewöhnlichen Marktgeschehen oder bei Systemausfällen. Die Ausführungsgrundsätze sollten bereits beschreiben, wie grundsätzlich bei solchen ungewöhnlichen Situationen verfahren wird und eine Art „Notfallplan" vorsehen.[10]

2. Festlegung von Ausführungsgrundsätzen

10 Um die Ausführungsgrundsätze festzulegen, bietet sich ein **gestuftes Vorgehen** an:[11]

11 **a) Ermittlung der zu berücksichtigenden Faktoren (Abs. 1 UAbs. 1).** Abs. 1 UAbs. 1 enthält eine Liste von zwingend zu berücksichtigenden Faktoren. Weitere Faktoren können hinzukommen. Wenn der Anbieter weitere zu berücksichtigende Faktoren ermitteln möchte (ggf. auch nur hinsichtlich bestimmter Kundengruppen), steht ihm ein weiter Ermessensspielraum zu.[12] Er muss jedoch berücksichtigen, dass die zusätzlichen Faktoren dazu dienen, das für den Kunden bestmögliche Ergebnis zu erzielen.

12 **aa) Preis und Kosten.** Mit „**Preis**" ist der Ausführungspreis gemeint, den der Kunde für den Erwerb des Kryptowerts zahlen muss. Um den bestmöglichen Ausführungspreis feststellen zu können, muss der Preis mit den Preisen anderer Ausführungsplätze verglichen werden. Wenn ein maßgeschneidertes Produkt angeboten wird, so dass eine Ermittlung von Vergleichspreisen nicht möglich ist, bietet Art. 64 Abs. 4 der Del-VO EU 2017/565 eine Orientierungshilfe, wie in einem solchen Fall verfahren werden kann. Unmittelbar anwendbar ist die Delegierte Verordnung auf die MiCAR allerdings nicht.

13 Der Begriff „**Kosten**" ist nicht definiert. Dem Sinn und Zweck der Regelung entsprechend muss der Begriff jedoch weit verstanden werden. Wegen der Vergleichbarkeit des Regelungsgegenstandes kann auf den Gedanken des Art. 27 Abs. 1 UAbs. 2 MiFID II zurückgegriffen werden, der zu den Kosten der Auftragsausführung alle dem Kunden entstandenen Kosten zählt, die in direktem Zusammenhang mit der Ausführung des Auftrags stehen, einschließlich der Gebühren des Ausführungsplatzes, Clearing- und Abwicklungsgebühren und sonstigen Gebühren, die Dritten gezahlt wurden, die an der Ausführung des Auftrags beteiligt sind.

14 Ob die Gebühren und Entgelte, die der **Anbieter selbst** berechnet, in die Ermittlung der Kosten der Ausführung einbezogen werden müssen, regelt Art. 78 nicht. Art. 27 Abs. 1 UAbs. 3 MiFID II enthält hingegen die Regelung, dass solche Kosten nur dann zu berücksichtigen sind, wenn der Kundenauftrag gemäß den Ausführungsgrundsätzen des Anbieters an verschiedenen Ausführungsplätzen ausgeführt werden kann.[13] Die Aufsichtsbehörden sollten bei Anwendung des Art. 78

---

[10] Vgl. zu § 82 WpHG BeckOK WpHR/Schultheiß, 12. Ed. 1.7.2024, WpHG § 82 Rn. 10.
[11] Vgl. zu § 82 WpHG Schwark/Zimmer/v. Hein 5. Aufl. 2020, WpHG § 82 Rn. 30ff.
[12] Vgl. zu § 82 WpHG BeckOK WpHR/Schultheiß, 12. Ed. 1.7.2024, WpHG § 82 Rn. 13.
[13] Vgl. zur Anwendung des § 82 Abs. 2 S. 3 Assmann/Schneider/Mülbert/Koller WpHG § 82 Rn. 11; Fuchs/Zimmermann/Buck-Heeb, 3. Aufl. 2024, WpHG § 82 Rn. 32; vgl. auch Best Execution under MiFID, Questions & Answers, CESR 07/320, Answer 12.2., abrufbar unter https://beck-link.de/f74pv (zuletzt abgerufen am 11.2.2024).

auf diesen Gedanken zurückgreifen und in ihrer Verwaltungspraxis entsprechend verfahren.

In Art. 64 Abs. 3 der Del-VO EU 2017/565 ist für Wertpapierdienstleistungen geregelt, dass Wertpapierfirmen ihre Provisionen nicht in einer Weise strukturieren oder in Rechnung stellen dürfen, die eine sachlich nicht gerechtfertigte Ungleichbehandlung der Ausführungsplätze bewirkt. Die Regelung findet zwar auf Art. 78 Abs. 1 zwar keine Anwendung. Ihr Gedanke muss aber genauso gelten.

bb) Schnelligkeit und Wahrscheinlichkeit der Auftragsausführung. Mit „**Schnelligkeit**" ist die Geschwindigkeit der Ausführung eines Auftrags gemeint, in der Regel beginnend ab Eingang des Auftrags bei einem Ausführungsplatz.[14] Ist der Auftrag nicht sofort auszuführen, tritt der Zeitpunkt des Eintritts der Ausführungsbedingung(en)an die Stelle des Auftragseingangs. Handelszeiten, die beim Wertpapierhandel regelmäßig zu berücksichtigen sind,[15] spielen beim Handel mit Kryptowerten nur dann eine Rolle, wenn an einem Ausführungsplatz nicht durchgängig gehandelt werden kann.

Mit dem Faktor der „**Wahrscheinlichkeit der Ausführung**" ist die Liquidität der in Frage kommenden Ausführungsplätze angesprochen. So können etwa bestimmte Kryptowährungen nicht an allen Ausführungsplätzen gehandelt werden und selbst wenn sie gehandelt werden können, kann es – je nachdem, wie liquide der Markt für die fragliche Kryptowährung an einem Ausführungsplatz ist – unter Umständen länger dauern, bis ein Auftrag ausgeführt werden kann. Ausführungszusagen sind bei der Ermittlung der Ausführungswahrscheinlichkeit zu berücksichtigen[16]. Das Risiko von Teilausführungen ist ebenfalls zu berücksichtigen.

Die Faktoren „Schnelligkeit" und „Ausführungswahrscheinlichkeit" lassen sich nicht scharf voneinander abgrenzen.[17] Die Schnelligkeit der Ausführung ist auf einem hoch liquiden Markt voraussichtlich höher als auf einem weniger liquiden Markt und die Ausführungswahrscheinlichkeit kann nur sinnvoll ermittelt werden, wenn auch die Ausführungsgeschwindigkeit berücksichtigt wird: Eine sofortige Ausführungswahrscheinlichkeit von 90% ist selbstverständlich anders zu bewerten als eine Ausführungswahrscheinlichkeit von 90% im Zeitraum von einer Woche.

Schnelligkeit und Ausführungswahrscheinlichkeit lassen sich zudem nur dann sinnvoll ermitteln, wenn man diese Faktoren auf einen bestimmten Auftragsumfang bezieht (dazu unten → Rn. 22).

Für die Schnelligkeit der Auftragsausführung können auch die Bedingungen der Verwahrung von Kryptowerten eine Rolle spielen (dazu → Art. 78 Rn. 23).

cc) Abwicklung, Umfang und Art der Auftragsausführung. Dem Faktor „**Abwicklung**" kommt – neben den sonstigen Faktoren, die in Abs. 1 UAbs. 1 genannt werden – in der Regel keine eigenständige Bedeutung zu. Alle typischerweise relevanten Aspekte der Abwicklung werden von den anderen Faktoren bereits erfasst. Der Faktor „Abwicklung" hat daher allenfalls eine Auffangfunktion.

Dem Faktor „**Umfang**" des Auftrags kommt in der Regel ebenfalls keine selbständige Bedeutung zu. Der Umfang eines Auftrags ist typischerweise nur insofern relevant, als er Schnelligkeit und Wahrscheinlichkeit der Auftragsausführung beeinflusst (vgl. dazu → Art. 78 Rn. 16 ff.).

---

[14] Vgl. zu § 82 WpHG Schwark/Zimmer/v. Hein, 5. Aufl. 2020, WpHG § 82 Rn. 35.
[15] Vgl. zu § 82 WpHG Schwark/Zimmer/v. Hein, 5. Aufl. 2020, WpHG § 82 Rn. 35.
[16] Vgl. zu § 82 WpHG Schwark/Zimmer/v. Hein, 5. Aufl. 2020, WpHG § 82 Rn. 35.
[17] Vgl. zu § 82 WpHG Schwark/Zimmer/v. Hein, 5. Aufl. 2020, WpHG § 82 Rn. 37.

Art. 78

22 Bei dem Faktor „**Art des Auftrags**" ist zu berücksichtigen, dass nicht alle Ordertypen an allen Ausführungsplätzen platziert werden können und nicht alle Kryptowerte an allen Ausführungsplätzen gelistet sind. Ein Ausführungsplatz, der den betreffenden Ordertyp gar nicht anbietet oder an dem der fragliche Kryptowert nicht gelistet ist, scheidet für die Ausführung eines Auftrags selbstverständlich aus.[18]

23 **dd) Bedingungen der Verwahrung von Kryptowerten.** Mit diesem Faktor ist zum einen das Risiko des vollständigen oder teilweisen **Verlusts** von Kryptowerten oder des Zugangs zu Kryptowerten angesprochen. Das Risiko ergibt sich zunächst aus der für die Verwahrung genutzten Infrastruktur. Eine Infrastruktur, die den allgemeinen Marktstandards entspricht und die regelmäßig von unabhängiger Seite begutachtet wird, birgt in der Regel (aber nicht zwingend) geringere Risiken als untypische Infrastrukturen.

Zum anderen wird aber auch die **technische Verfügbarkeit** von Kryptowerten angesprochen, was insbesondere bei großvolumigen Transaktionen eine Rolle spielt: Die Ausführungsplätze verwahren üblicherweise nur so viele Werte in schnell zugänglichen Hot Wallets, wie es üblicherweise für die Ermöglichung des Handels erforderlich ist. Ist ein Auftrag in einem Handelsplatz ungewöhnlich groß, kann es erforderlich werden, Kryptowerte aus Warm oder Cold Wallets zu nutzen, was zu Verzögerungen bei der Auftragsausführung führen kann. Insoweit überschneidet sich das Kriterium der Bedingungen der Verwahrung mit dem Kriterium der Schnelligkeit der Auftragsausführung.

24 Auch die Frage, ob ein Ausführungsplatz die Kryptowerte selbst verwahrt **oder sich eines Dritten als Verwahrer bedient,** gehört zu den Bedingungen der Verwahrung.

25 Weitere Bedingungen der Verwahrung, die zu berücksichtigen sind, ergeben sich aus dem mit dem Verwahrer abgeschlossenen **Verwahrvertrag,** dessen Mindestinhalt Art. 75 Abs. 1 regelt.

26 Die vorstehend genannten Aspekte sind **nicht abschließend.** Letztlich muss jeder Anbieter selbst ermitteln, welche Informationen er im konkreten Fall benötigt, um die Bedingungen der Verwahrung hinreichend zu ermitteln und bei der Festlegung der Ausführungsgrundsätze angemessen berücksichtigen zu können. Eine Verwaltungspraxis muss sich insoweit erst noch bilden.

27 Wenn ein Kryptoverwahrer nach den Regeln dieser Verordnung beaufsichtigt wird, wird der Anbieter grundsätzlich von einer hinreichend sicheren Verwahrung ausgehen dürfen. Das gilt jedenfalls dann, wenn ihm keine Informationen vorliegen, die Zweifel an der Sicherheit der Verwahrung begründen können, etwa Verlautbarungen von Aufsichtsbehörden. In Zweifelsfällen wird sich der Anbieter von Kryptowerte-Dienstleistungen vergewissern müssen, dass die Verwahrung bei dem betreffenden Kryptoverwahrer weiterhin als hinreichend sicher angesehen werden kann.

28 **ee) Sonstige relevante Faktoren.** Die in Abs. 1 UAbs. 1 aufgeführte Liste von Faktoren ist **nicht abschließend.** Der Anbieter kann weitere Faktoren berücksichtigen, soweit er sie für erforderlich hält. Insoweit besteht ein Ermessensspielraum. Die BaFin hat für den Handel mit Wertpapieren in den MaComp[19] in Abschnitt

---

[18] Vgl. zu § 82 WpHG Schwark/Zimmer/v. Hein, 5. Aufl. 2020, WpHG § 82 Rn. 40.

[19] Rundschreiben der BaFin 05/2018 (WA) – Mindestanforderungen an die Compliance-Funktion und weitere Verhaltens-, Organisations- und Transparenzpflichten – MaComp (Stand: 28.02.2024).

BT 4.1.2 eine Reihe möglicher weiterer Faktoren aufgeführt, die sich allerdings teilweise nicht trennscharf voneinander abgrenzen lassen.[20] Sie können eine Orientierungshilfe bieten, welche sonstigen Faktoren auch beim Handel mit Kryptowerten von Bedeutung sein können.

b) Gewichtung der Faktoren. Abs. 1 und Abs. 2 sehen vor, dass die „erforderlichen" Maßnahmen zu ergreifen sind, um bei der Ausführung von Aufträgen das bestmögliche Ergebnis für den Kunden zu erzielen. Die Erforderlichkeit lässt sich nur feststellen, wenn die Faktoren nach Abs. 1 UAbs. 1 **gewichtet** werden. 29

Die Verordnung enthält keine Vorgaben, wie diese Gewichtung vorzunehmen ist. Auch die MiFID II schweigt zu dieser Frage. Mangels näherer Regelungen wird man dem Anbieter der Kryptowerte-Dienstleistung einen weiten Ermessensspielraum zubilligen dürfen. Bei der Ausübung des Ermessens muss er allerdings den Sinn und Zweck der Abs. 1 und 2 beachten: Ziel der Gewichtung muss die Erreichung des bestmöglichen Ausführungsergebnisses für den Kunden sein. Was das „bestmögliche Ergebnis" ist, kann in der Regel **nicht pauschal** festgestellt werden. So haben institutionelle Kunden ggf. andere Vorstellungen von dem besten Ergebnis einer Auftragsausführung und gewichten die unter Ziff. 1 genannten Faktoren anders als Kleinanleger. Zwischen diesen Anlegergruppen und ggf. auch innerhalb der Anlegergruppen muss daher differenziert werden, etwa nach Umfang der Aufträge oder Art der Kryptowerte. 30

Entscheidend ist, dass die Gewichtung, die der Anbieter vornimmt, sachgerecht erfolgt, nachvollziehbar ist und ggf. die Interessenlage unterschiedlicher Kundengruppen berücksichtigt. 31

c) Festlegung der Ausführungsplätze auf Grundlage der ermittelten und gewichteten Faktoren. Die Ausführungsgrundsätze müssen auch Angaben zu den **Ausführungsplätzen** enthalten, die der Anbieter der Kryptowerte-Dienstleistung nutzt. Das ergibt sich aus Abs. 5. Auch insoweit macht die Verordnung jedoch keine näheren Vorgaben. Der Anbieter verfügt daher über einen weiten Ermessensspielraum im Rahmen des Sinns und Zwecks der Regelung des Art. 78. 32

Die Ausführungsplätze werden auf der Grundlage der festgestellten und gewichteten Faktoren ermittelt. Bei der Auswahl des jeweiligen Ausführungsplatzes hat der Anbieter der Kryptowerte-Dienstleistung insbesondere eine **umgehende, redliche und zügige** Ausführung des Kundenauftrags sicher zu stellen, Abs. 2 S. 3. Das gilt sowohl bei der Festlegung der Ausführungsgrundsätze als auch bei der tatsächlichen Auftragsausführung. Außerdem ist der Missbrauch von Informationen über Kundenaufträge durch Mitarbeiter zu verhindern, Abs. 2 S. 3.[21] 33

Zu § 82 WpHG ist anerkannt, dass der Anbieter nicht zwingend mehrere Ausführungsplätze auswählen muss. Wenn sachliche Gründe vorliegen, kann er sich auch **auf einen Ausführungsplatz beschränken.**[22] Es ist nicht ersichtlich, warum unter dem Regime der MiCAR etwas anderes gelten sollte. 34

Lässt der Anbieter bereits in seiner **Firmierung** erkennen, dass er zu der **gleichen Unternehmensgruppe** gehört, wie der Betreiber eines bestimmten Ausführungsplatzes, liegt der sachliche Grund für die Beschränkung auf diesen Ausführungsplatz darin, dass sich der Kunde in aller Regel an den Anbieter wendet, damit seine Aufträge an eben diesem Ausführungsplatz ausgeführt werden. Eine Ausfüh-

---

[20] Vgl. zu § 82 WpHG Schwark/Zimmer/v. Hein, 5. Aufl. 2024, WpHG § 82 Rn. 41.
[21] Zum Missbrauch solcher Informationen näher → Art. 80 Rn. 13 ff.
[22] Vgl. zu § 82 WpHG Schwark/Zimmer/v. Hein, 5. Aufl. 2020, WpHG § 82 Rn. 47 mwN.

rung an anderen Ausführungsplätzen würde in einem solchen Fall nicht den Kundeninteressen entsprechen.

35 **Mehrere Ausführungsplätze** können entweder gleichrangig nebeneinander angegeben oder in eine sachlich begründete Reihenfolge gebracht werden.[23]

III. Kundenweisungen (Abs. 1 UAbs. 2)

36 Abs. 1 UAbs. 2 regelt, die Anbieter seien „nicht verpflichtet, die in UAbs. 1 genannten erforderlichen Maßnahmen zu ergreifen, wenn sie Aufträge über Kryptowerte nach den spezifischen **Anweisungen** ihrer Kunden ausführen". Die Regelung soll dazu dienen, der Kundenweisung Vorrang vor den vom Anbieter getroffenen Maßnahmen zu geben.

37 Sie hat daher nur klarstellende Bedeutung, denn dass die Verpflichtung nach Abs. 1 UAbs. 1 nicht dazu führen darf, dass der Anbieter einer ausdrücklichen Kundenanweisung nicht folgen darf, versteht sich von selbst.

38 Art. 78 Abs. 1 UAbs. 2 stellt keine besonderen Bedingungen an den **Inhalt** der Weisungen oder deren **Form**. Damit kommen sowohl Einzelweisungen als auch Sammelweisungen in Betracht. Die Weisung kann sich auch auf bestimmte Aspekte der Auftragsausführung beschränken, etwa auf den Ausführungsplatz. Hinsichtlich der Form sollte der Anbieter – schon zur Vermeidung von Haftungsrisiken – darauf achten, dass eine mündlich gegebene Weisung hinreichend **dokumentiert** und ggf. in dokumentierbarer Weise rückbestätigt wird.

IV. Kundeninformation und Zustimmung (Abs. 3)

39 Die Anbieter von Kryptowerte-Dienstleistungen müssen ihre Kunden über die Ausführungsgrundsätze **informieren** und eine **Zustimmung** der Kunden einholen. Die Zustimmung muss erteilt sein, bevor der erste Auftrag ausgeführt wird. Das wird am einfachsten umzusetzen sein, indem der Anbieter die Ausführungsgrundsätze ausdrücklich zum Bestandteil seiner allgemeinen Geschäftsbedingungen macht. Mit Abschluss des Vertrages zwischen Anbieter und Kunde hat der Kunde den Ausführungsgrundsätzen dann zugestimmt.

40 Eine **ausdrückliche Zustimmung** zu den Ausführungsgrundsätzen verlangt Abs. 3 **nicht,** so dass den Ausführungsgrundsätzen nicht gesondert zugestimmt werden muss. Die Ausführungsgrundsätze müssen dem Kunden allerdings auf **verständliche Weise erläutert** werden.

41 Nähere Details zu den Informationspflichten oder der Form der Informationserteilung enthält Art. 78 nicht. Anbieter können sich jedoch an Art. 66 Abs. 3 der DelVO EU 2017/565 orientieren, der allerdings keine unmittelbare Geltung für Art. 78 hat.

42 Die Informationspflicht umfasst auch **wesentliche Änderungen** der Ausführungsgrundsätze. Ob wesentlichen Änderungen auch vorab zugestimmt werden muss, ergibt sich aus Abs. 3 nicht ausdrücklich. Da jedoch Abs. 3 S. 1 die Informationspflicht nicht nur auf die Grundsätze der Auftragsausführung, sondern ausdrücklich auch auf wesentliche Änderungen erstreckt, während Abs. 3 S. 3 eine Zustimmungspflicht lediglich für die Grundsätze der Auftragsausführung normiert, ist eine

---

[23] Vgl. zu § 82 WpHG Schwark/Zimmer/v. Hein, 5. Aufl. 2020, WpHG § 82 Rn. 47 mwN.

Zustimmung zu wesentlichen Änderungen **entbehrlich.** Das entspricht der geltenden deutschen Rechtslage für Wertpapierdienstleistungen (§ 82 Abs. 6 S. 1 WpHG).

Eine **Befugnis zur Änderung** der Ausführungsgrundsätze muss **vereinbart** 43 werden, da Art. 78 keine unmittelbare Wirkung im Zivilrecht entfaltet. In den Sonderbedingungen für Wertpapiergeschäfte, die die deutschen Banken und Sparkassen verwenden, ist eine Änderungsbefugnis „entsprechend den aufsichtsrechtlichen Vorgaben" vorgesehen.[24] § 308 Nr. 4 BGB steht einer solchen Vereinbarung in allgemeinen Geschäftsbedingungen nicht entgegen, denn die Änderung ist dem Kunden zumutbar.[25]

Die Verfahren zur Einhaltung der Anforderungen nach Abs. 3 sind ihrerseits 44 Gegenstand der Ausführungsgrundsätze, Art. 9 bzw. Art. 15 der DelVO (EU) 2024/XXX.[26]

V. Nachweispflicht gegenüber Kunden und Behörden (Abs. 4)

1. Nachweis gegenüber den Kunden auf Anfrage

Die Anbieter von Kryptowerte-Dienstleistungen, die Aufträge über Krypto- 45 werte für Kunden ausführen, müssen in der Lage sein, ihren Kunden nachzuweisen, dass sie ihre Aufträge im Einklang mit ihren Grundsätzen der Auftragsausführung ausgeführt haben. Der Nachweis muss nur auf Anfrage erbracht werden. Um ihn erbringen zu können, ist eine laufende und dauerhafte Dokumentation der Auftragsausführungen anhand der Kriterien der Ausführungsgrundsätze erforderlich.

2. Nachweis gegenüber der zuständigen Behörde auf Antrag

Der zuständigen Aufsichtsbehörde ist auf Antrag nachzuweisen, dass die nach 46 Art. 78 bestehenden Pflichten erfüllt werden. Da die Anbieter von Kryptowerte-Dienstleistungen ohnehin der laufenden Aufsicht und damit entsprechenden Auskunftspflichten unterliegen, hat Abs. 4 insoweit eher eine klarstellende Bedeutung.

VI. Aufträge außerhalb einer Handelsplattform (Abs. 5)

Wenn die Grundsätze der Auftragsausführung vorsehen, dass Kundenaufträge 47 außerhalb einer Handelsplattform ausgeführt werden könnten, müssen die Anbieter von Kryptowerte-Dienstleistungen, die Aufträge über Kryptowerte für Kunden ausführen, ihre Kunden über diese Möglichkeit informieren und vor der Ausführung eines Auftrags außerhalb einer Handelsplattform die vorherige ausdrückliche Zustimmung ihrer Kunden einholen. Die Zustimmung kann als allgemeine Zustimmung oder in Bezug auf einzelne Geschäfte eingeholt werden. Eine bestimmte Form der Zustimmung ist nicht vorgeschrieben. Um aber der Aufsichtsbehörde die

---

[24] Abgedruckt in Bunte/Zahrte, 6. Aufl. 2023, 4. Teil Abschnitt VIII.
[25] Vgl. zu § 82 WpHG Schwark/Zimmer/v. Hein, 5. Aufl. 2020, WpHG § 82 Rn. 67 mwN.
[26] Vgl. Entwurf der DelVO in der Fassung des Annex III „Draft RTS pursuant to Article 60 (13) of MiCA" des ESMA Final Report Draft technical Standards specifying certain requirements of the Markets in Crypto Assets Regulation (MiCA) – first package v. 25.3.2024 (ESMA18-72330276-1634), S. 61 und S. 97.

Einhaltung der Verpflichtung nachweisen zu können, sollten telefonisch erteilte Zustimmungen hinreichend dokumentiert und ggf. dem Kunden in dokumentierbarer Weise bestätigt werden.

48 Da die Zustimmung „ausdrücklich" erteilt werden muss, kommt die schlichte Aufnahme einer Zustimmung in die allgemeinen Geschäftsbedingungen nicht in Betracht.[27] Eine vorformulierte Erklärung, der der Kunde gesondert zustimmen muss, reicht jedoch aus.[28] Konkludent kann die Zustimmung allerdings nicht erteilt werden.

VII. Überwachung der Wirksamkeit der Vorkehrungen und Grundsätze (Abs. 6)

1. Überwachung zur Mängelermittlung und -behebung (Abs. 6 S. 1 und 2)

49 Die Wirksamkeit der Vorkehrungen zur Auftragsausführung und der Ausführungsgrundsätze muss überwacht werden. Die Überwachung dient der regelmäßigen Überprüfung, ob die in den Ausführungsgrundsätzen genannten Handelsplätze tatsächlich das bestmögliche Ergebnis für die Kunden erzielt haben und ob die sonstigen Vorkehrungen zur Auftragsausführung ausreichend sind. Dieser Zweck der Überwachung ergibt sich auch aus ErwG 86. Eine bestimmte Frequenz der für eine Überwachung erforderlichen Überprüfungen ist nicht vorgeschrieben. Die Überprüfungen sollten jedoch mindestens jährlich erfolgen. Längere Intervalle sind in der Regel nicht geeignet, den Sinn und Zweck der Überprüfung – die Überwachung – zu erfüllen. Unterjährig sollte eine Überprüfung jedenfalls dann stattfinden, wenn Anhaltspunkte dafür bestehen, dass die Vorkehrungen zur Auftragsausführung oder die Ausführungsgrundsätze möglicherweise nicht mehr hinreichend sind, um das bestmögliche Ergebnis für die Kunden zu erzielen, etwa weil die Faktoren nach Abs. 1 UAbs. 1 neu gewichtet werden müssen.[29] Der Anbieter sollte daher das Marktgeschehen an den Ausführungsplätzen regelmäßig beobachten.[30] Zeigt das Ergebnis einer Prüfung, dass die bisherigen Vorkehrungen oder Ausführungsgrundsätze nicht mehr ausreichend sind, müssen Anpassungen vorgenommen werden.

2. Information der Kunden über wesentliche Änderungen (Abs. 6 S. 3)

50 Die Informationspflicht über wesentliche Änderungen der Ausführungsgrundsätze ergibt sich bereits aus Abs. 3 Satz 1. Nach Abs. 6 Satz 1 umfasst die Informationspflicht aber auch wesentliche Änderungen der sonstigen Vorkehrungen zur Auftragsausführung. Hinsichtlich der Ausgestaltung der Informationen können sich Anbieter auch hinsichtlich der Informationen über Änderungen an Art. 66 Abs. 3 der Del-VO EU 2017/565 orientieren.

---

[27] Vgl. zu § 82 WpHG Schwark/Zimmer/v. Hein 5. Aufl. 2020, WpHG § 82 Rn. 69.
[28] Vgl. zu § 82 WpHG Schwark/Zimmer/v. Hein 5. Aufl. 2020, WpHG § 82 Rn. 47 mwN.
[29] Vgl. zu § 82 WpHG BeckOK WpHR/Schultheiß, 12. Ed. 1.7.2024, WpHG § 82 Rn. 26.
[30] Vgl. zu § 82 WpHG Schwark/Zimmer/v. Hein 5. Aufl. 2020, WpHG § 82 Rn. 52; BeckOK WpHR/Schultheiß, 12. Ed. 1.7.2024, WpHG § 82 Rn. 26.

Platzierung von Kryptowerten **Art. 79**

Eine ausdrückliche Zustimmung verlangt Abs. 3 nicht, so dass den Ausführungsgrundsätzen nicht gesondert zugestimmt werden muss.

Artikel 79 Platzierung von Kryptowerten

(1) **Anbieter von Kryptowerte-Dienstleistungen, die Kryptowerte platzieren, übermitteln Anbietern, Personen, die die Zulassung zum Handel beantragen, oder in ihrem Namen handelnden Dritten vor Abschluss einer Vereinbarung mit ihnen folgende Informationen:**
a) Art der in Betracht gezogenen Platzierung, einschließlich der etwaigen Garantie eines Mindestkaufbetrags,
b) Angabe der Höhe der Transaktionsgebühren im Zusammenhang mit der vorgeschlagenen Platzierung,
c) voraussichtlicher Zeitplan, voraussichtliches Verfahren und voraussichtlicher Preis des vorgeschlagenen Vorhabens,
d) Informationen über die Käuferzielgruppe.

Anbieter von Kryptowerte-Dienstleistungen, die Kryptowerte platzieren, holen vor der Platzierung der betreffenden Kryptowerte die Zustimmung der Emittenten dieser Kryptowerte oder in ihrem Namen handelnder Dritter zu den unter Unterabsatz 1 genannten Informationen ein.

(2) Die in Artikel 72 Absatz 1 genannten Vorschriften der Anbieter von Kryptowerte-Dienstleistungen für Interessenkonflikte enthalten spezifische und angemessene Verfahren zur Ermittlung, Vermeidung, Regelung und Offenlegung jeglicher Interessenkonflikte, die sich aus folgenden Situationen ergeben:
a) **Die Anbieter von Kryptowerte-Dienstleistungen platzieren die Kryptowerte bei ihren eigenen Kunden.**
b) **Der vorgeschlagene Preis für die Platzierung von Kryptowerten wurde zu hoch oder zu niedrig angesetzt.**
c) **Der Anbieter zahlt oder gewährt den Anbietern von Kryptowerte-Dienstleistungen Anreize, auch nicht monetäre Anreize.**

Schrifttum: Siehe Art. 75

Übersicht

	Rn.
I. Anwendungsbereich und Regelungszweck	1
II. Vorvertragliche Informationspflicht (Abs. 1 UAbs. 1)	2
1. Adressaten und Übermittlungszeitpunkt	2
2. Zu übermittelnde Informationen	3
a) Art der Platzierung (inkl. garantierter Mindestkaufbetrag) (lit. a)	3
b) Höhe der Transaktionsgebühren bei Platzierung (lit. b)	4
c) Zeitplan, Verfahren und Preis des Vorhabens (lit. c)	5
d) Informationen über die Käuferzielgruppe (lit. d)	6
III. Zustimmung des Emittenten (Abs. 1 UAbs. 2)	7
IV. Umgang mit Interessenskonflikten (Abs. 2)	8
1. Platzierung der Kryptowerte bei eigenen Kunden (lit. a)	9
2. Zu hoher oder zu niedriger Vorschlagspreis (lit. b)	10
3. Anreize für Anbieter von Kryptowerte-Dienstleistungen (lit. c)	11

Art. 79

I. Anwendungsbereich und Regelungszweck

1   Die Vorschrift enthält **Transparenz-, Zustimmungs- und Organisationspflichten,** die im Rahmen des Platzierungsgeschäfts zu beachten sind. Art. 79 bestimmt den Mindestinhalt der Informationen, die der Platzeur seinen Vertragspartnern vor Abschluss der **Platzierungsabrede** übermitteln muss und konkretisiert die allgemeinen Anforderungen an die Verfahren zur Ermittlung, Vermeidung, Regelung und Offenlegung von Interessenkonflikten nach Art. 72 Abs. 1.

II. Vorvertragliche Informationspflicht (Abs. 1 UAbs. 1)

1. Adressaten und Übermittlungszeitpunkt

2   Die bezeichneten Informationen sind dem Vertragspartner des Platzeurs und demnach entweder dem Anbieter, Personen, die die Zulassung der Kryptowerte zum Handel beantragen, oder in ihrem Namen handelnden Dritten **vor Abschluss der Platzierungsabrede** zu übermitteln. Gegenüber dem Emittenten besteht die Informationspflicht nur, wenn er selbst Vertragspartei ist; darüber hinaus steht die Ausführung der Vereinbarung unter **Zustimmungsvorbehalt des Emittenten** (s. Abs. 1 UAbs. 2).

2. Zu übermittelnde Informationen

3   **a) Art der Platzierung (inkl. garantierter Mindestkaufbetrag) (lit. a).** Der Platzeur hat über die Art der Platzierung und damit unter anderem darüber zu informieren, ob er eine **Übernahmeverpflichtung** für (einen Teil) der geplanten Platzierung übernimmt oder jedenfalls die Übernahme eines bestimmten **Mindestkaufbetrags** garantiert. Weiterhin ist darüber aufzuklären, ob die Vermarktung im fremden oder eigenen Namen des Platzeurs erfolgt sowie darüber, ob die Platzierung über eine Handelsplattform, am Markt durch öffentliches Angebot oder an einen begrenzten Kreis potenzieller Käufer vorgesehen ist.

4   **b) Höhe der Transaktionsgebühren bei Platzierung (lit. b).** Der Platzeur hat die betroffenen Personen über die im Zusammenhang mit der geplanten Platzierung erhobenen Gebühren zu informieren. Die Informationspflicht bezieht sich auf die vom Platzeur erhobene Vergütung bzw. deren Berechnung und mögliche andere vom Platzeur verauslagte und vom Vertragspartner zu tragende Kosten im Zusammenhang mit der Platzierung.

5   **c) Zeitplan, Verfahren und Preis des Vorhabens (lit. c).** Vor Vertragsschluss ist über den Zeitplan, Verfahren und den vom Platzeur vorgeschlagenen Preis zu informieren. Für die Platzierung von Kryptowerten kommen verschiedene Verfahren in Betracht, wie etwa die **Vermarktung über Handelsplattformen** oder im Rahmen von sogenannten **Initial Coin Offerings,** bei denen die Kryptowerte oftmals in einem gestuften Verfahren in mehreren Tranchen und zu unterschiedlichen Preisen und Bedingungen (wie zB Halteperioden für die ersten Investoren) platziert werden.[1] Unter Umständen kann auch das Einstellen der Kryptowerte für

---

[1] Maume/Maute Kryptowerte-HdB/Fromberger/Zimmermann, 1. Aufl. 2020, § 1 Rn. 84.

Rechnung des Anbieters auf einer dezentralen Handelsplattform (sog. Decentralized Exchange oder DEX[2]) eine Form der Platzierung darstellen.

Darüber hinaus hat der Platzeur darüber zu informieren, zu welchem **Preis** die Platzierung vorgesehen ist. Im Zusammenhang mit dem geplanten Verfahren sollte darüber aufgeklärt werden, wie der Platzeur den vorgeschlagenen Preis ermittelt und von welchen **Faktoren die Preisbildung** im Verlauf der Platzierung beeinflusst wird.

d) Informationen über die Käuferzielgruppe (lit. d). Der Platzeur hat seine Vertragspartner darüber zu informieren, auf welche **Käufergruppe(n)** die Platzierung zielt. Dabei sind sowohl Merkmale wie die Art der angesprochenen Käufer (zB institutionelle Investoren oder Kleinanleger) sowie die **geographische Reichweite** der Vermarktungsbemühungen zu berücksichtigen.

III. Zustimmung des Emittenten (Abs. 1 UAbs. 2)

Der Platzeur hat vor der Platzierung die **Zustimmung des Emittenten** zur Art der in Betracht gezogenen Platzierung, der Höhe der Transaktionsgebühren sowie zum voraussichtlichen Zeitplan, Verfahren, vorgeschlagenen Preis und der Käuferzielgruppe einzuholen. Bezieht sich die Platzierung auf Kryptowerte im Sinne von Art. 4 Abs. 3 lit. b, die als Gegenleistung für die Pflege des Distributed Ledgers oder die Validierung von Transaktionen automatisch geschürft werden oder in anderen Konstellationen, in denen **kein Emittent** vorhanden ist, sollte Art. 79 Abs. 1 UAbs. 2 dahingehend einschränkend ausgelegt werden, dass der **Zustimmungsvorbehalt entfällt.**

IV. Umgang mit Interessenskonflikten (Abs. 2)

Abs. 2 konkretisiert die gemäß Art. 72 für alle Anbieter von Kryptowerte-Dienstleistungen geltende Pflicht, spezifische und angemessene Verfahren zur Ermittlung, Vermeidung, Regelung und Offenlegung jeglicher **Interessenkonflikte** zu etablieren und regelmäßig zu überprüfen. Die aufgeführten Situationen sind nicht als abschließende Aufzählung zu verstehen, sondern beschreiben Umstände, die speziell beim Platzierungsgeschäft regelmäßig auftreten und zu Interessenkonflikten führen können.[3] Sie sind daher bei der Entwicklung und Umsetzung der Verfahren und Strategien zum Umgang mit Interessenkonflikten zu berücksichtigen.

---

[2] Vgl. zur Funktionsweise von Decentralised Exchanges Omlor/Franke, BKR 2022, 679, 681.
[3] Nähere Ausführungen zu den in Art. 79 aufgeführten Interessenkonflikten finden sich in Art. 9 des Entwurfs der DelVO (EU) 2024/XXX in der Fassung des Annex III „Draft RTS pursuant to Article 72(5) of MiCA" des ESMA Final Report Draft technical Standards specifying certain requirements in relation to conflicts of interest for crypto-asset service providers under the Markets in Crypto Assets Regulation (MiCA) v. 31.5.2024 (ESMA18-72330276-1634), S. 39f.

Art. 79

1. Platzierung der Kryptowerte bei eigenen Kunden (lit. a)

9 Da der Platzeur im Interesse des Anbieters oder der Personen, die die Zulassung der Kryptowerte zum Handel beantragen, tätig wird und somit **in deren Lager** steht, können sich Interessenkonflikte ergeben, wenn der Platzeur die Kryptowerte an **eigene Kunden vertreibt.** Neben der **Offenlegung** potentieller Interessenkonflikte sind auch **organisatorische Maßnahmen** zu ergreifen. Interessenkonflikte können sich insbesondere dann ergeben, wenn der Kryptowerte-Dienstleister neben dem Platzierungsgeschäft noch andere Dienstleistungen (zB Beratung zu Kryptowerten) für Investoren-Kunden erbringt, deren **Interessen** denen des Anbieters von Kryptowerten entgegengerichtet sein können.[4] Zur Regelung müssen gegebenenfalls Informationsbarrieren errichtet und die Trennung von Zuständigkeiten innerhalb der Organisation sichergestellt werden, um zu vermeiden, dass Mitarbeiter im Rahmen ihrer Tätigkeit konfligierenden Pflichten gegenüber unterschiedlichen Kunden unterliegen.

2. Zu hoher oder zu niedriger Vorschlagspreis (lit. b)

10 Übernimmt der Platzeur die Erarbeitung eines **Preisvorschlags,** können sich **Interessenkonflikte** als Folge eines zu hohen oder zu niedrig angesetzten Vorschlags insbesondere dann ergeben, wenn der Platzeur noch **weitere Kryptowerte-Dienstleistungen** (zB die Ausführung von Aufträgen) gegenüber anderen Kunden erbringt. In diesen Fällen muss sichergestellt werden, dass der Preisvorschlag nicht andere Kunden des Platzeurs oder ihn selbst auf Kosten der Interessen des Anbieters bevorzugt.[5] Neben den allgemeinen organisatorischen Maßnahmen zum Umgang mit Interessenkonflikten, sollte der Platzeur **transparente interne Richtlinien** zu Methodik und Verfahren der **Preisermittlung** festlegen.

3. Anreize für Anbieter von Kryptowerte-Dienstleistungen (lit. c)

11 Der Platzeur steht im **Lager des Anbieters** und platziert die Kryptowerte in dessen Interesse. Dennoch können vom Anbieter gewährte monetäre oder nichtmonetäre Anreize zu Interessenkonflikten führen. Die Verfahren zum Umgang mit Interessenkonflikten müssen daher unter anderem **transparente Vergütungsstrukturen** sowohl für den Kryptowerte-Dienstleister als auch für dessen Mitarbeiter festlegen, die Fehlanreize bei der Platzierung vermeiden oder reduzieren.[6]

---

[4] Vgl. Art. 9 Abs. 2 lit. c, f des Entwurfs der DelVO (EU) 2024/XXX in der Fassung des Annex III „Draft RTS pursuant to Article 72(5) of MiCA" des ESMA Final Report Draft technical Standards specifying certain requirements in relation to conflicts of interest for cryptoasset service providers under the Markets in Crypto Assets Regulation (MiCA) v. 31.5.2024 (ESMA18-72330276-1634), S. 39f.

[5] Vgl. Art. 9 Abs. 2 lit. b, c des Entwurfs der DelVO (EU) 2024/XXX in der Fassung des Annex III „Draft RTS pursuant to Article 72(5) of MiCA" des ESMA Final Report Draft technical Standards specifying certain requirements in relation to conflicts of interest for cryptoasset service providers under the Markets in Crypto Assets Regulation (MiCA) v. 31.5.2024 (ESMA18-72330276-1634), S. 39f.

[6] Vgl. Art. 9 Abs. 2 lit. d des Entwurfs der DelVO (EU) 2024/XXX in der Fassung des Annex III „Draft RTS pursuant to Article 72(5) of MiCA" des ESMA Final Report Draft technical Standards specifying certain requirements in relation to conflicts of interest for crypto-

Artikel 80 Annahme und Übermittlung von Aufträgen über Kryptowerte für Kunden

(1) Anbieter von Kryptowerte-Dienstleistungen, die Aufträge über Kryptowerte für Kunden annehmen und übermitteln, legen Verfahren und Vorkehrungen für eine umgehende und ordnungsgemäße Übermittlung von Kundenaufträgen zur Ausführung über eine Handelsplattform für Kryptowerte oder an einen anderen Anbieter von Kryptowerte-Dienstleistungen fest und setzen diese um.

(2) Anbieter von Kryptowerte-Dienstleistungen, die Aufträge über Kryptowerte für Kunden annehmen und übermitteln, erhalten für die Weiterleitung von Kundenaufträgen an eine bestimmte Handelsplattform für Kryptowerte oder an einen anderen Anbieter von Kryptowerte-Dienstleistungen weder eine Vergütung noch Rabatte oder sonstige nicht monetäre Vorteile.

(3) Anbieter von Kryptowerte-Dienstleistungen, die Aufträge über Kryptowerte für Kunden annehmen und übermitteln, dürfen Informationen über noch nicht ausgeführte Kundenaufträge nicht missbrauchen und treffen alle angemessenen Maßnahmen zur Verhinderung eines Missbrauchs dieser Informationen durch ihre Mitarbeiter.

Schrifttum: Siehe Art. 75

Übersicht

	Rn.
I. Anwendungsbereich und Regelungszweck	1
II. Umgehende und ordnungsgemäße Übermittlung von Kundenaufträgen (Abs. 1)	3
1. Umgehende und ordnungsgemäße Weiterleitung	4
2. Empfänger der zu übermittelnden Kundenaufträge	9
III. Keine Vorteilsgewährung für Weiterleitung an bestimmten Empfänger (Abs. 2)	10
IV. Verhinderung des Missbrauchs von Informationen über Kundenaufträge (Abs. 3)	13

I. Anwendungsbereich und Regelungszweck

Art. 80 verfolgt mehrere Regelungszwecke. Abs. 1 enthält eine Organisationspflicht, mit der die Interessen der Kunden an einer **schnellen, sicheren und richtigen Weiterleitung ihrer Aufträge** geschützt werden sollen. Abs. 2 regelt eine Verhaltenspflicht und enthält das Verbot der Entgegennahme von Vorteilen von Dritten (zur Auslegung → Art. 80 Rn. 10ff.). Die Regelung dient der Vermeidung von Interessenkonflikten. Abs. 3 regelt sowohl eine Verhaltenspflicht (Verbot des Missbrauchs bestimmter Informationen) als auch eine Organisationspflicht (Schaffung der erforderlichen organisatorischen Voraussetzungen, um Missbrauch zu verhindern). Es soll vermieden werden, dass die Information über eine bevorstehende

---

asset service providers under the Markets in Crypto Assets Regulation (MiCA) v. 31.5.2024 (ESMA18-72330276-1634), S. 40.

Art. 80

Auftragsausführung, die zwar dem Anbieter zur Verfügung steht, nicht aber dem Markt, zum eigenen Vorteil des Anbieters oder von dem Anbieter zum Vorteil Dritter genutzt werden. Abs. 3 dient damit dem Schutz der Marktintegrität.

2   Hinzuweisen ist auf einige **Unschärfen in der Übersetzung,** die der deutschen Fassung der Verordnung zugrunde liegt. In ErwG 21 ist in der deutschen Fassung nicht von einer „Annahme" oder Übermittlung von Aufträgen, sondern von der „Entgegennahme" oder Übermittlung von Aufträgen die Rede. Auch ErwG 86 spricht von „entgegennehmen". Dort werden zudem die Begriffe „weiterleiten" bzw. „Weiterleitung" verwendet, um die Kryptowerte-Dienstleistung zu beschreiben, nicht die Begriffe „übermitteln" bzw. „Übermittlung".

Die Unterschiede in den Formulierungen der deutschen Übersetzung finden sich in der englischen Fassung der MiCAR nicht. Die englische Fassung spricht durchgehend von „reception" oder „receive" und von „transmission" oder „transmit", wenn sie die fragliche Kryptowerte-Dienstleitung der Annahme und Übermittlung von Aufträgen über Kryptowerte für Kunden benennen will. Die Unterschiede in den Begrifflichkeiten der deutschen Fassung der MiCAR haben daher keine inhaltliche Bedeutung, mit einer Ausnahme: Die deutsche Fassung des Abs. 2 des Art. 80 bildet die englische Fassung hinsichtlich der Unterscheidung zwischen Übermittlung und Weiterleitung korrekt ab. In der englischen Fassung wird nämlich sprachlich zwischen „transmission" (Übermittlung) und „routing" (Weiterleitung) unterschieden.

Der Blick in die englische Fassung der Verordnung verdeutlicht auch, dass es sich bei dem Begriff der Annahme nicht um eine Annahme im Sinne des deutschen Zivilrechts handelt, sondern um den Erhalt eines Auftrags. Eine durchgängige Übersetzung des Begriffs „reception" mit dem Begriff „Entgegennahme" wäre daher passender gewesen.

II. Umgehende und ordnungsgemäße Übermittlung von Kundenaufträgen (Abs. 1)

3   Abs. 1 ist an Art. 28 Abs. 1 MiFID II angelehnt, der wiederum in Art. 67 der Del-VO (EU) 2017/565 v. 25.4.2016[1] näher konkretisiert wird. Art. 28 Abs. 1 MiFID II wurde in § 69 WpHG in das deutsche Recht umgesetzt.

1. Umgehende und ordnungsgemäße Weiterleitung

4   Nach Abs. 1 ist ein Anbieter von Kryptowerte-Dienstleistungen nach Art. 3 Abs. 1 Nr. 23 verpflichtet, **Verfahren und Vorkehrungen** für eine umgehende und ordnungsgemäße Übermittlung von Kundenaufträgen zur Ausführung über eine Handelsplattform für Kryptowerte oder an einen anderen Anbieter von Kryptowerte-Dienstleistungen festzulegen und umzusetzen. Da die Regelung als Organisationspflicht ausgestaltet ist, stellen eine verspätete oder nicht ordnungsgemäße

---

[1] Delegierte VO (EU) 2017/565 der Kommission v. 25.4.2016 zur Ergänzung der RL 2014/65/EU des Europäischen Parlaments und des Rates in Bezug auf die organisatorischen Anforderungen an Wertpapierfirmen und die Bedingungen für die Ausübung ihrer Tätigkeit sowie in Bezug auf die Definition bestimmter Begriffe für die Zwecke der genannten Richtlinie.

Übermittlung von Kundenaufträgen an sich noch keinen Verstoß gegen die Verpflichtungen nach Abs. 1 dar.[2]

Umgehend ist die Übermittlung dann, wenn sie so schnell erfolgt, wie ein redlicher Dritter es vernünftigerweise erwarten durfte, wobei der Anbieter aufsichtsrechtliche Anforderungen selbstverständlich zu beachten hat.[3] Der Maßstab ist der gleiche, wie nach Art. 28 Abs. 1 MiFID II und damit nach § 69 Abs. 1 Nr. 1 WpHG. Zwar spricht die MiCAR von einer „umgehenden" Übermittlung, während in § 69 Abs. 1 Nr. 1 WpHG von einer „unverzüglichen" Ausführung oder Weiterleitung die Rede ist. Sowohl die englische Fassung von Abs. 1 als auch die englische Fassung von Art. 28 Abs. 1 MiFID II verwenden jedoch den Begriff „prompt". Die Unterschiede in der Übersetzung des Abs. 1 und der Umsetzung von Art. 28 Abs. 1 MiFID II in § 69 Abs. 1 Nr. 1 WpHG sind daher insoweit rein redaktioneller Natur. Ohnehin darf die Verwendung des Begriffs „unverzüglich" in § 69 Abs. 1 Nr. 1 WpHG **nicht** dazu führen, § 121 Abs. 1 S. 1 BGB anzuwenden: Der Begriff „unverzüglich" in § 69 Abs. 1 Nr. 1 WpHG muss richtlinienkonform anhand des Begriffsverständnisses der MiFID II ausgelegt werden, nicht unter Rückgriff auf ein zivilrechtliches Verständnis nach deutschem Recht.[4]

Eine Verzögerung kann vor diesem Hintergrund insbesondere nicht durch Gründe gerechtfertigt werden, die allein der Risikosphäre des Anbieters zuzurechnen sind, etwa Systemausfälle oder Personalmangel. Die Einhaltung regulatorischer Anforderungen kann eine Verzögerung bei der Übermittlung durchaus rechtfertigen, wenn und soweit die regulatorischen Anforderungen ihrerseits unter Beachtung der erforderlichen Sorgfalt schnellstmöglich erfüllt wurden.

Art. 80 enthält keine speziellen Anforderungen, die zu beachten sind, damit eine Übermittlung als **ordnungsgemäß** bezeichnet werden kann. Entscheidend dürfte daher sein, was ein redlicher Dritter unter Beachtung von Sinn und Zweck der Norm als ordnungsgemäß betrachten würde. Wegen der Nähe der Regelungen des Abs. 1 zu Art. 28 Abs. 1 MiFID II kann der Anbieter zur Orientierung auf Art. 67 Abs. 1 und Abs. 2 der Del-VO EU 2017/565[5] zurückgreifen, auch, wenn diese Regelungen auf Abs. 1 nicht unmittelbar anwendbar sind.

Man wird eine Weiterleitung aber in jedem Falle dann als ordnungsgemäß betrachten dürfen, wenn der Auftrag **korrekt erfasst und zugewiesen**[6] und **unverfälscht übermittelt** wird und wenn die Übermittlung auf eine Art und Weise erfolgt, die es dem Empfänger ermöglicht, den Auftrag **umgehend zur Kenntnis zu nehmen** und ausführen zu können.

---

[2] Für den Handel mit Wertpapieren findet sich in § 69 WpHG eine vergleichbare Vorschrift, deren dogmatische Einordnung als Verhaltens- oder Organisationspflicht umstritten ist. Zum Streitstand vgl. BeckOK WpHR/Buck-Heeb/Rothenhöfer, 12. Ed. 1.7.2024, WpHG § 69 Rn. 2.
[3] Vgl. zu § 69 WpHG: BeckOK WpHR/Buck-Heeb/Rothenhöfer, 12. Ed. 1.7.2024, WpHG § 69 Rn. 7.
[4] Vgl. BeckOK WpHR/Buck-Heeb/Rothenhöfer, 12. Ed. 1.7.2024, WpHG § 69 Rn. 7; Schwark/Zimmer/Koch/Harnos, 5. Aufl. 2020, WpHG § 69 Rn. 6; aA wohl Fuchs/Zimmermann/Fuchs/Dietenberger 3. Aufl. 2024, WpHG § 69 Rn. 6.
[5] Vgl. dazu BeckOK WpHR/Buck-Heeb/Rothenhöfer, 12. Ed. 1.7.2024, WpHG § 69 Rn. 16 ff.
[6] Vgl. Art. 67 Abs. 1 a Del-VO (EU) 2017/565.

Art. 80

Zudem darf ein Auftrag gegenüber vergleichbaren Aufträgen[7] **nicht willkürlich benachteiligend** behandelt[8] werden. Das gilt insbesondere hinsichtlich der Reihenfolge der Weiterleitung. Art. 28 MiFID II enthält für Finanzinstrumente nach MiFID II eine Regelung, nach der sichergestellt werden muss, dass „vergleichbare Kundenaufträge gemäß dem Zeitpunkt ihres Eingangs bei der Wertpapierfirma ausgeführt werden". Es besteht kein Grund, diesen Grundsatz der richtigen Reihenfolge nur in Bezug auf Finanzinstrumente nach MiFID II anzuwenden. Er ist daher sinngemäß auch auf die ordnungsgemäße Weiterleitung von Kryptowerten anwendbar.

Von diesem Grundsatz darf allerdings abgewichen werden, soweit die Art des Auftrags, die vorherrschenden Marktbedingungen oder das Interesse des Kunden eine Abweichung erfordern. In Art. 67 Abs. 1 lit. b der Del-VO (EU) 2017/565 ist dies für den Handel mit Finanzinstrumenten nach MiFID II ausdrücklich geregelt. Es ist nicht ersichtlich, warum für den Handel mit Kryptowerten etwas anderes gelten sollte.

7 Hinsichtlich der einzurichtenden Verfahren und Vorkehrungen steht dem Anbieter ein weiter **Ermessensspielraum** zu. Selbstverständlich müssen die Verfahren und Vorkehrungen zweckentsprechend und effektiv sein.

8 Zwar regelt Art. 80 nicht ausdrücklich eine **Dokumentationspflicht** hinsichtlich der getroffenen Maßnahmen und deren Umsetzung. Angesichts der Regelung des Art. 94 Abs. 1 lit. a ist eine hinreichende Dokumentation jedoch dringend anzuraten. Die Dokumentation sollte auch die Erwägungen darlegen, die zur Einrichtung eines bestimmten Verfahrens oder einer bestimmten Vorkehrung geführt haben. Auch die tatsächliche Umsetzung der Verfahren und Vorkehrungen im Tagesgeschäft sollte ausreichend dokumentiert werden.

2. Empfänger der zu übermittelnden Kundenaufträge

9 Welche Kryptowerte-Dienstleistung der Empfänger der zu übermittelnden Kundenaufträge im Einzelnen erbringt, ist für die Frage, **ob** die Vorkehrungen und Verfahren nach Abs. 1 festzulegen sind, im Grundsatz unerheblich. Für die Frage, **welche** Vorkehrungen oder Verfahren genau einzurichten sind, kann es aber durchaus darauf ankommen, welche Kryptowerte-Dienstleistung(en) der Empfänger im Einzelnen erbringt.

III. Keine Vorteilsgewährung für Weiterleitung an bestimmten Empfänger (Abs. 2)

10 Abs. 2 ist Art. 27 Abs. 2 MiFID II nachgebildet und regelt ein Verbot von Vergütungen dafür, dass Aufträge an bestimmte Empfänger weitergeleitet werden. Aus ErwG 86 ergibt sich, dass die Vorschrift – ungeachtet ihres Wortlauts – **sämtliche** monetären und nicht-monetären Vorteile erfassen soll.

11 Da Abs. 2 nicht ausdrücklich auf die Vorteilsgewährung durch Dritte abstellt, könnte man die Vorschrift als generelles Verbot einer Vergütung für die Weiterlei-

---

[7] Vgl. zur Frage der Vergleichbarkeit im Rahmen des § 69 Abs. 1 Nr. 2 BeckOK WpHR/Buck-Heeb/Rothenhöfer, 12. Ed. 1.7.2024, WpHG § 69 Rn. 24.
[8] BeckOK WpHR/Buck-Heeb/Rothenhöfer, 12. Ed. 1.7.2024, WpHG § 69 Rn. 8.

tung von Aufträgen missverstehen. Dann wären von Abs. 2 auch Vergütungen erfasst, die der Kunde zahlt.
Es besteht jedoch kein Bedarf, Vergütungen durch Kunden zu verbieten. Die Formulierung von ErwG 86 lässt zudem erkennen, dass nur solche Vergütungen erfasst werden sollen, die dafür gezahlt werden, dass ein Auftrag an eine *bestimmte* Handelsplattform oder einen *bestimmten* Kryptowerte-Dienstleister weitergeleitet wird. Solche Zahlungen werden jedoch nicht von Kunden geleistet, sondern allenfalls von Dritten. Die Vorschrift erfasst daher nur Vorteile, die **von Dritten** dafür gewährt werden, dass der Anbieter einen Auftrag an eine *bestimmte* **Handelsplattform** oder einen *bestimmten* **Kryptowerte-Dienstleister** weiterleitet.

Eine Vorteilsgewährung bzw. -entgegennahme im Sinne des Abs. 2 ist **auch** **dann unzulässig,** wenn sie auf bestimmte Weise, etwa zur Verbesserung der Dienstleistung verwendet wird. Weder die Regelung selbst noch die Erwägungsgründe können eine andere Auslegung rechtfertigen. 12

IV. Verhinderung des Missbrauchs von Informationen über Kundenaufträge (Abs. 3)

Abs. 3 enthält zum einen ein Verbot des Missbrauchs von Informationen über noch nicht ausgeführte Kundenaufträge, zum anderen eine Verpflichtung des Anbieters, durch entsprechende Maßnahmen und Vorkehrungen einen solchen Missbrauch zu verhindern. Die Regelung ist an Art. 67 Abs. 3 der Del-VO (EU) 2017/565 angelehnt, der wiederum Art. 24 Abs. 1 und 28 Abs. 1 MiFID II konkretisiert. 13

Die Verordnung selbst enthält keine Angaben darüber, was unter Missbrauch zu verstehen ist. Wegen der inhaltlichen Nähe der Regelung zu Art. 67 Abs. 3 der DelVO (EU) 2017/565 kann man aber davon ausgehen, dass das Verständnis des Verordnungsgebers das gleiche ist, wie in der Del-VO (EU) 2017/565, so dass auf den dortigen ErwG 110 zurückgegriffen werden kann. Danach meint Missbrauch die Nutzung der fraglichen Informationen, um **auf eigene Rechnung** Geschäfte zu tätigen. Eine **Schädigung** des Kunden ist hingegen **nicht** erforderlich.[9] 14

Typische Formen des Missbrauchs sind das Front Running, das Parallel Running und das Gegenlaufen.[10] Das sog. Scalping hingegen ist keine Form des Missbrauchs: Es bezieht sich auf künftig erwartete Aufträge, während Art. 80 nur erteilte Aufträge erfasst.[11]

Kein Missbrauch liegt vor, wenn der Anbieter oder ein Mitarbeiter des Anbieters die fraglichen Geschäfte in **Unkenntnis** des Auftrags getätigt hat,[12] denn dann fehlt es bereits an einer Nutzung von Informationen über Kundenaufträge. Der Nachweis der Unkenntnis wird allerdings in aller Regel nur gelingen können, wenn der 15

---

[9] Vgl. zu § 69 WpHG: BeckOK WpHR/Buck-Heeb/Rothenhöfer, 12. Ed. 1.7.2024, WpHG § 69 Rn. 10; wohl auch Schwark/Zimmer/Koch/Harnos, 5. Aufl. 2020, § 69 Rn. 29 ff.
[10] Zu den Begrifflichkeiten siehe BeckOK WpHR/Buck-Heeb/Rothenhöfer, 12. Ed. 1.7.2024, WpHG § 69 Rn. 11 ff.
[11] Vgl. zu § 69 WpHG: BeckOK WpHR/Buck-Heeb/Rothenhöfer, 12. Ed. 1.7.2024, WpHG § 69 Rn. 11; Schwark/Zimmer/Koch/Harnos, 5. Aufl. 2020, § 69 Rn. 36.
[12] Vgl. zu § 69 WpHG: BeckOK WpHR/Buck-Heeb/Rothenhöfer, 12. Ed. 1.7.2024, WpHG § 69 Rn. 11; Schwark/Zimmer/Koch/Harnos, 5. Aufl. 2020, Rn. 36.

Kundenhandel des Anbieters durch **Chinese Walls** hinreichend von den sonstigen Tätigkeiten im Unternehmen des Anbieters getrennt ist.[13]

16 Hinsichtlich der **Maßnahmen und Vorkehrungen,** die zu treffen sind, um einen Missbrauch der Informationen zu verhindern, steht dem Anbieter ein weiter **Ermessensspielraum** zu. Die Verfahren müssen zweckentsprechend und effektiv sein. Chinese Walls zwischen dem Eigenhandelsbereich des Anbieters und dem Kundenhandel gehören allerdings zum Mindeststandard.[14]

Artikel 81 Beratung zu Kryptowerten Portfolioverwaltung von Kryptowerten

(1) Anbieter von Kryptowerte-Dienstleistungen, die eine Beratung zu Kryptowerten erbringen oder eine Portfolioverwaltung von Kryptowerten anbieten, beurteilen, ob die Kryptowerte-Dienstleistungen oder Kryptowerte für ihre Kunden oder potenziellen Kunden geeignet sind, und berücksichtigen dabei ihre Kenntnisse und Erfahrung mit Investitionen in Kryptowerte, ihre Anlageziele, einschließlich ihrer Risikotoleranz, und ihre finanziellen Verhältnisse, einschließlich ihrer Fähigkeit, Verluste zu tragen.

(2) Anbieter von Kryptowerte-Dienstleistungen, die eine Beratung zu Kryptowerten erbringen, informieren potenzielle Kunden rechtzeitig vor dieser Beratung darüber, ob die Beratung
a) unabhängig erbracht wird,
b) auf einer umfangreichen oder einer eher beschränkten Analyse verschiedener Kryptowerte beruht und insbesondere auf Kryptowerte beschränkt ist, die von Rechtsträgern emittiert oder angeboten werden, die enge Verbindungen zum Anbieter von Kryptowerte-Dienstleistungen haben oder andere rechtliche oder wirtschaftliche Beziehungen, wie etwa Vertragsbeziehungen, zu diesem unterhalten, die die Unabhängigkeit der Beratung beeinträchtigen können.

(3) Teilt ein Anbieter von Kryptowerte-Dienstleistungen, der eine Beratung zu Kryptowerten erbringt, dem potenziellen Kunden mit, dass die Beratung unabhängig erbracht wird, so
a) bewertet er eine ausreichende Palette von auf dem Markt angebotenen Kryptowerten, die hinreichend divers sein müssen, damit die Anlageziele des Kunden in geeigneter Form erreicht werden können, und die nicht auf Kryptowerte beschränkt sein dürfen, die
  i) von diesem Anbieter von Kryptowerte-Dienstleistungen emittiert oder angeboten werden,
  ii) von Rechtsträgern emittiert oder angeboten werden, die enge Verbindungen zu diesem Anbieter von Kryptowerte-Dienstleistungen haben, oder

---

[13] Vgl. zu § 69 WpHG: BeckOK WpHR/Buck-Heeb/Rothenhöfer, 12. Ed. 1.7.2024, WpHG § 69 Rn. 11; Schwark/Zimmer/Koch/Harnos, 5. Aufl. 2020, Rn. 36.
[14] Zu Chinese Walls vgl. auch Abschnitt AT 6.2 Ziff. 3 des BaFin Rundschreibens 05/2018 (WA) – Mindestanforderungen an die Compliance-Funktion und weitere Verhaltens-, Organisations- und Transparenzpflichten – MaComp (Stand: 28.2.2024), das auf Kryptowerte-Dienstleister allerdings nicht unmittelbar anwendbar ist.

iii) von anderen Rechtsträgern emittiert oder angeboten werden, zu denen dieser Anbieter von Kryptowerte-Dienstleistungen so enge rechtliche oder wirtschaftliche Beziehungen, wie etwa Vertragsbeziehungen, unterhält, dass das Risiko besteht, dass die Unabhängigkeit der Beratung beeinträchtigt wird,
b) ist es ihm nicht gestattet, für die Erbringung der Dienstleistung für die Kunden Gebühren, Provisionen oder andere monetäre und nicht monetäre Vorteile anzunehmen oder zu behalten, die von einem Dritten oder einer im Namen eines Dritten handelnden Person gezahlt oder gewährt werden.

Ungeachtet des Unterabsatzes 1 Buchstabe b sind geringfügige nichtmonetäre Vorteile, durch die die Qualität der einem Kunden erbrachten Kryptowerte-Dienstleistungen verbessert werden kann und die so geringfügig und so beschaffen sind, dass sie die Erfüllung der Pflicht eines Anbieters von Kryptowerte-Dienstleistungen, im besten Interesse seines Kunden zu handeln, nicht beeinträchtigen, zulässig, sofern sie dem Kunden eindeutig offengelegt werden.

(4) Anbieter von Kryptowerte-Dienstleistungen, die eine Beratung zu Kryptowerten erbringen, stellen potenziellen Kunden auch Informationen zu sämtlichen Kosten und Nebenkosten zur Verfügung, einschließlich gegebenenfalls der Beratungskosten, der Kosten der dem Kunden empfohlenen oder an ihn vermarkteten Kryptowerte und der diesbezüglichen Zahlungsmöglichkeiten des Kunden sowie etwaiger Zahlungen durch Dritte.

(5) Anbieter von Kryptowerte-Dienstleistungen, die eine Portfolioverwaltung von Kryptowerten anbieten, dürfen im Zusammenhang mit der Portfolioverwaltung von Kryptowerten für ihre Kunden keine Gebühren, Provisionen oder anderen monetären oder nichtmonetären Vorteile annehmen und behalten, die von Emittenten, Anbietern, Personen, die die Zulassung zum Handel beantragen, Dritten oder im Namen eines Dritten handelnden Personen gezahlt oder gewährt werden.

(6) Teilt ein Anbieter von Kryptowerte-Dienstleistungen einem potenziellen Kunden mit, dass seine Beratung nicht unabhängig erbracht wird, darf er Anreize entgegennehmen, sofern die Zahlung oder der Vorteil
a) dazu bestimmt ist, die Qualität der jeweiligen Dienstleistung für den Kunden zu verbessern, und
b) die Erfüllung der Pflicht des Anbieters von Kryptowerte-Dienstleistungen, ehrlich, redlich und professionell sowie im bestmöglichen Interesse seiner Kunden zu handeln, nicht beeinträchtigt.

Die Existenz, die Art und der Betrag der in Absatz 4 genannten Zahlung oder des dort genannten Vorteils oder – wenn der Betrag nicht feststellbar ist – die Methode für die Berechnung dieses Betrags werden dem Kunden vor Erbringung der betreffenden Kryptowerte-Dienstleistung in umfassender, zutreffender und verständlicher Weise unmissverständlich offengelegt.

(7) Anbieter von Kryptowerte-Dienstleistungen, die eine Beratung zu Kryptowerten erbringen, stellen sicher, dass natürliche Personen, die in ihrem Namen eine Beratung zu Kryptowerten oder zu einer Kryptowerte-Dienstleistung anbieten oder einschlägige Informationen erteilen,

Art. 81

über die erforderlichen Kenntnisse und Kompetenzen verfügen, um ihren Verpflichtungen nachzukommen. Die Mitgliedstaaten veröffentlichen die Kriterien, anhand derer diese Kenntnisse und Kompetenzen zu beurteilen sind.

(8) Für die Zwecke der in Absatz 1 genannten Beurteilung der Eignung holen die Anbieter von Kryptowerte-Dienstleistungen, die eine Beratung zu Kryptowerten erbringen oder eine Portfolioverwaltung von Kryptowerten anbieten, von ihren Kunden oder potenziellen Kunden die erforderlichen Informationen über ihre Kenntnisse und Erfahrungen in Bezug auf Investitionen, auch in Kryptowerte, ihre Anlageziele, einschließlich ihrer Risikotoleranz, ihre Finanzlage, einschließlich ihrer Fähigkeit, Verluste zu tragen, und ihr grundlegendes Verständnis der mit dem Erwerb von Kryptowerten verbundenen Risiken ein, damit die Anbieter von Kryptowerte-Dienstleistungen Kunden oder potenziellen Kunden empfehlen können, ob die Kryptowerte für sie geeignet sind und insbesondere ihrer Risikotoleranz und ihrer Fähigkeit, Verluste zu tragen, entsprechen.

(9) Anbieter von Kryptowerte-Dienstleistungen, die eine Beratung zu Kryptowerten erbringen oder eine Portfolioverwaltung von Kryptowerten anbieten, machen die Kunden und potenziellen Kunden darauf aufmerksam, dass
a) der Wert von Kryptowerten schwanken kann,
b) die Kryptowerte ihren Wert ganz oder teilweise verlieren können,
c) die Kryptowerte möglicherweise nicht liquide sind,
d) die Kryptowerte eventuell nicht unter die Systeme für die Entschädigung der Anleger gemäß der Richtlinie 97/9/EG fallen,
e) die Kryptowerte nicht unter die Einlagensicherungssysteme gemäß der Richtlinie 2014/49/EU fallen.

(10) Anbieter von Kryptowerte-Dienstleistungen, die eine Beratung zu Kryptowerten erbringen oder eine Portfolioverwaltung von Kryptowerten anbieten, müssen Strategien und Verfahren festlegen, aufrechterhalten und umsetzen, die es ihnen ermöglichen, alle für die in Absatz 1 genannte Beurteilung jedes Kunden erforderlichen Informationen zu sammeln und zu bewerten. Sie müssen alle angemessenen Schritte unternehmen, um sicherzustellen, dass die über ihre Kunden oder potenziellen Kunden gesammelten Informationen zuverlässig sind.

(11) Wenn Kunden die gemäß Absatz 8 erforderlichen Informationen nicht bereitstellen, oder wenn Anbieter von Kryptowerte-Dienstleistungen, die eine Beratung zu Kryptowerten erbringen oder eine Portfolioverwaltung für Kryptowerte anbieten, zu der Auffassung gelangen, dass die Kryptowerte-Dienstleistungen oder Kryptowerte für ihre Kunden nicht geeignet sind, dürfen sie diese Kryptowerte-Dienstleistungen oder Kryptowerte nicht empfehlen und nicht mit der Portfolioverwaltung in Bezug auf diese Kryptowerte beginnen.

(12) Anbieter von Kryptowerte-Dienstleistungen, die eine Beratung zu Kryptowerten erbringen oder eine Portfolioverwaltung von Kryptowerten anbieten, müssen für jeden Kunden die in Absatz 1 genannte Beurteilung der Eignung regelmäßig mindestens alle zwei Jahre nach der gemäß jenem Absatz vorgenommenen ersten Beurteilung überprüfen.

(13) Sobald die Beurteilung der Eignung nach Absatz 1 oder deren Überprüfung nach Absatz 12 abgeschlossen ist, übermitteln die Anbieter von Kryptowerte-Dienstleistungen, die eine Beratung zu Kryptowerten erbringen, den Kunden einen Bericht über die Eignung, in dem die erteilte Beratung enthalten ist und dargelegt wird, wie diese Beratung den Präferenzen, Zielen und anderen Merkmalen der Kunden entspricht. Dieser Bericht wird in elektronischem Format erstellt und den Kunden in diesem Format übermittelt. Dieser Bericht enthält mindestens
a) aktualisierte Informationen über die Beurteilung gemäß Absatz 1,
b) einen Überblick über die geleistete Beratung.

Aus dem in Unterabsatz 1 genannten Bericht über die Eignung geht eindeutig hervor, dass die Beratung auf den Kenntnissen und Erfahrungen des Kunden in Bezug auf Investitionen in Kryptowerte, den Anlagezielen des Kunden, seiner Risikotoleranz, seiner Finanzlage und seiner Fähigkeit, Verluste zu tragen, beruht.

(14) Anbieter von Kryptowerte-Dienstleistungen, die eine Portfolioverwaltung von Kryptowerten anbieten, müssen ihren Kunden regelmäßig Erklärungen in elektronischem Format über die in ihrem Namen ausgeführten Tätigkeiten der Portfolioverwaltung bereitstellen. Diese regelmäßigen Erklärungen enthalten eine redliche und ausgewogene Überprüfung der ausgeführten Tätigkeiten und der Wertentwicklung des Portfolios während des Berichtszeitraums, eine aktualisierte Erklärung darüber, wie die ausgeführten Tätigkeiten den Präferenzen, Zielen und sonstigen Merkmalen des Kunden entsprechen, sowie aktualisierte Informationen über die Beurteilung der Eignung gemäß Absatz 1 oder deren Überprüfung nach Absatz 12.

Die in Unterabsatz 1 des vorliegenden Absatzes genannte regelmäßige Erklärung wird alle drei Monate vorgelegt, es sei denn, der Kunde hat Zugang zu einem Online-System, auf dem aktuelle Bewertungen des Kundenportfolios und aktualisierte Informationen über die Beurteilung der Eignung nach Absatz 1 zugänglich sind, und der Anbieter von Kryptowerte-Dienstleistungen hat einen Nachweis darüber, dass der Kunde mindestens einmal im betreffenden Quartal auf eine Bewertung zugegriffen hat. Ein solches Online-System gilt als elektronisches Format.

(15) Die ESMA gibt bis 30. Dezember 2024 Leitlinien gemäß Artikel 16 der Verordnung (EU) Nr. 1095/2010 heraus, in denen Folgendes präzisiert wird:
a) die Kriterien für die Bewertung der Kenntnisse und Kompetenzen des Kunden gemäß Absatz 2,
b) die Informationen nach Absatz 8 und
c) das Format der regelmäßigen Erklärung nach Absatz 14.

Schrifttum: Alfes, Verordnung über Märkte für Kryptowerte (MiCAR) Einführung, in: Beck/Samm/Kokemoor, Kreditwesengesetz mit CRR, 237. Lieferung, 7/2024; Assmann/Schneider/Mülbert WpHG, 8. Aufl. 2023; Assmann/Schütze/Buck/Heeb, Handbuch des Kapitalanlagerechts, 6. Aufl. 2024; Herrmann/Aschenbeck, Die MiCAR ist da: Ausgewählte Abgrenzungsfragen zum Anwendungsbereich – Welche Kryptowerte-Dienstleistungen sind erfasst? Copy & Paste von MiFID II & Co.?, BB 2023, 2883–2889; Langenbucher/Bliesener/Spindler, Bankrechts-Kommentar, 3. Aufl. 2020; Maume, Die Verordnung über Märkte für

Art. 81 Titel V Kryptowerte-Dienstleistungen

Kryptowerte (MiCAR) – Zentrale Definition sowie Rechte und Pflichten beim öffentlichen Angebot von Kryptowerten, RDi 2022, 461–469; Read, Inkrafttreten der MiCA-Verordnung: Harmonisierte EU-Regulierung von Krypto-Assets?, Corporate Finance 2023, 211–220; Schwark/Zimmer/Rothenhöfer, WpHG, 5. Aufl. 2020; Seibt/Buck-Heeb/Harnos, BeckOK Wertpapierhandelsrecht, 11. Edition.

Übersicht

	Rn.
I. Anwendungsbereich und Regelungszweck	1
II. Geeignetheit für (potenzielle) Kunden (Abs. 1)	5
1. Beurteilung der Geeignetheit	6
2. Kunden und potenzielle Kunden	11
3. Zu berücksichtigende Faktoren	13
4. Kontinuierliche Veränderung der Beurteilungsgrundlage	15
III. Vorvertragliche Informationspflicht (Abs. 2)	16
1. Information über Unabhängigkeit der Beratung (Art. 81 Abs. 2a)	17
2. Information zu analysierten Kryptowerten (Art. 81 Abs. 2b)	19
IV. Anforderungen bei unabhängiger Beratung (Abs. 3)	21
1. Hinreichende Diversität der Kryptowerte (Art. 81 Abs. 3 UAbs. 1a)	22
2. Keine Gebühren, Provisionen oder anderen Vorteile (Art. 81 Abs. 3 UAbs. 1b)	25
3. Annahme von geringfügigen nicht monetären Vorteilen zur Qualitätsverbesserung (Art. 81 Abs. 3 UAbs. 2)	26
V. Offenlegung von mit der Anlageberatung verbundenen Kosten (Abs. 4)	29
VI. Verbot der Gegenleistung durch Dritte bei Portfolioverwaltung (Abs. 5)	31
VII. Zulässigkeit von Anreizen zur Qualitätsverbesserung bei abhängiger Anlageberatung (Abs. 6)	33
VIII. Qualifikation der Berater bei Beratung zu Kryptowerten (Abs. 7)	36
IX. Explorationspflicht des Anbieters von Kryptowerte-Dienstleistungen (Abs. 8)	37
1. Reichweite der Informationserhebung	40
a) Kenntnisse und Erfahrungen in Bezug auf Investitionen	43
b) Anlageziele	45
c) Risikotoleranz	47
d) Finanzielle Verhältnisse	49
e) Grundlegendes Verständnis von mit Kryptowerten verbundenen Risiken	51
f) Nachhaltigkeitspräferenzen	54
2. Art der Informationserhebung	55
3. Verhältnismäßigkeit der Informationserhebung	58
X. Warnpflichten des Anbieters von Kryptowerte-Dienstleistungen bei Beratung und Portfolioverwaltung (Abs. 9)	59
1. Reichweite der Warnpflichten	60
2. Verhältnis zu Art. 81 Abs. 8	62
XI. Strategien und Verfahren zur Informationsgewinnung und -bewertung (Abs. 10)	63
1. Gewährleistung einer zuverlässigen Informationsgewinnung	64
2. Know Your Customer-Prozesse	68
XII. Folgen fehlender Informationen und negativer Eignungsbeurteilungen (Abs. 11)	69

	Rn.
XIII. Regelmäßige Überprüfung von Kundenangaben zur Beurteilung der Eignung der Kryptowerte-Dienstleistung (Abs. 12)	73
XIV. Eignungsbericht (Abs. 13)	74
XV. Reporting (Abs. 14)	77
XVI. ESMA-Leitlinien (Abs. 15)	79
1. Konkretisierungsleistung der Leitlinien	81
2. Reichweite der Ermächtigung	82

I. Anwendungsbereich und Regelungszweck

Art. 81 normiert besondere **Verhaltensregeln**, die von Anbietern bei der Erbringung von Anlageberatung zu Kryptowerten und dem Angebot einer Portfolioverwaltung von Kryptowerten zu beachten sind. Die Regelung ist ein Baustein in einer auf **Verbraucherschutz, Marktintegrität und Finanzstabilität** ausgerichteten Gesamtstrategie, die nicht nur über die MiFID II Finanzinstrumente erfasst, sondern über die MiCARR auch Kryptowerte. Die Normierung von Pflichten bei der Beratung zu Kryptowerten und dem Angebot einer Portfolioverwaltung zu Kryptowerten soll das Vertrauen der Nutzer in Kryptowerte schützen, um zu verhindern, dass die Entwicklung eines Marktes für diese Werte behindert wird und die Chancen durch innovative digitale Dienste, alternative Zahlungsinstrumente oder neue Finanzierungsquellen für Unternehmen in der Union ungenutzt bleiben.[1]

Durch Vorgabe entsprechender Anforderungen sollen die Anbieter von Kryptowerte-Dienstleistungen dazu verpflichtet werden, im **Vorfeld und bei der Beratung** zu Kryptowerten und der **Portfolioverwaltung** von Kryptowerten ein angemessenes Niveau des Verbraucherschutzes zu gewährleisten, das den Kenntnissen und Erfahrungen mit Investitionen, den Anlagezielen, der Risikobereitschaft und den finanziellen Verhältnissen der Kunden und potenziellen Kunden entspricht. Indem die Anbieter von Kryptowerte-Dienstleistungen dabei „stets ehrlich, redlich und professionell und im besten Interesse ihrer Kunden handeln",[2] sollen insgesamt das Vertrauen in die Marktintegrität sowie die Finanzstabilität gewährleistet werden. Dabei soll der Wahrung eines hohen Maßes an **Schutz von Kleinanlegern** sowie der Integrität der Märkte für Kryptowerte besondere Aufmerksamkeit gelten.[3] Zugleich sollen die Anbieter von Kryptowerte-Dienstleistungen ihren Kunden vollständige, redliche, verständliche und nicht irreführende Informationen zur Verfügung stellen und sie auf die mit Kryptowerten verbundenen Risiken hinweisen. Diese Pflichten sind zugleich auch Teil einer robusten Strategie für die **Ermittlung, Vermeidung, Regelung und Offenlegung von Interessenkonflikten**.[4]

Die in Art. 81 normierten Pflichten treffen die gewerblichen Anbieter von Kryptowerte-Dienstleistungen, sofern sie eine Beratung zu Kryptowerten erbringen oder eine Portfolioverwaltung von Kryptowerten anbieten. Nach der Legaldefinition in Art. 3 Abs. 1 Nr. 15 (→ Art. 3 Rn. 83 ff.) fällt unter die Anbieter von

---

[1] Erwägungsgrund Nr. 4 MiCAR.
[2] Erwägungsgrund Nr. 79 MiCAR.
[3] Erwägungsgrund Nr. 6 MiCAR.
[4] Erwägungsgrund Nr. 79 MiCAR.

Art. 81

Kryptowerte-Dienstleistungen jede juristische Person oder jedes andere Unternehmen, deren bzw. dessen berufliche oder gewerbliche Tätigkeit darin besteht, eine oder mehrere Kryptowerte-Dienstleistungen gewerblich für Kunden zu erbringen, und der bzw. dem es gestattet ist, gemäß Art. 59 Kryptowerte-Dienstleistungen zu erbringen. Zur Beratung zu Kryptowerten zählt nach der Legaldefinition in Art. 3 Abs. 1 Nr. 24 (→ Art. 3 Rn. 161 ff.) jedes Angebot und jede Abgabe personalisierter Empfehlungen an Kunden oder die Vereinbarung der Abgabe solcher Empfehlungen unabhängig davon, ob dies auf Ersuchen des Kunden oder auf Initiative des die Beratung leistenden Anbieters von Kryptowerte-Dienstleistungen geschieht. Entscheidend ist, dass sich das Angebot bzw. die Abgabe personalisierter Empfehlungen an Kunden auf eines oder mehrerer Geschäfte zu Kryptowerten oder die Nutzung von Kryptowerte-Dienstleistungen bezieht. Um das Angebot einer Portfolioverwaltung von Kryptowerten geht es nach der Legaldefinition in Art. 3 Abs. 1 Nr. 25 (Art. 3 Abs. 1 Nr. 25 Rn. 175 ff.), wenn die Verwaltung von Portfolios auf Einzelkundenbasis mit einem Ermessensspielraum im Rahmen eines Mandats des Kunden angeboten wird, sofern diese Portfolios einen oder mehrere Kryptowerte enthalten.

4 Die in Art. 81 normierten Pflichten für Anbieter von Kryptowerte-Dienstleistungen, die eine Beratung zu Kryptowerten erbringen oder eine Portfolioverwaltung von Kryptowerten anbieten, werden nach Art. 81 Abs. 15 durch **Leitlinien der ESMA konkretisiert,** die auf der Grundlage von Art. 16 der Verordnung (EU) Nr. 1095/2010 vorgelegt worden sind.[5] Diese Leitlinien sollen dazu dienen, kohärente, effiziente und wirksame Aufsichtspraktiken zu schaffen und eine gemeinsame, einheitliche und kohärente Anwendung des Unionsrechts sicherzustellen. Vor dem Hintergrund dieser Leitlinien lässt sich festhalten, dass die Anforderungen, die Anbieter von Kryptowerte-Dienstleistungen einzuhalten haben, die eine Beratung zu Kryptowerten erbringen oder eine Portfolioverwaltung von Kryptowerten anbieten, weitgehend mit jenen übereinstimmen, die Wertpapierfirmen einzuhalten haben, die Anlageberatung oder das Portfolio-Management in Bezug auf Finanzinstrumente erbringen. Viele der Regelungen in Art. 81 **entsprechen den Regelungen in Art. 25 Abs. 2 MiFID II** bzw. den Konkretisierungen in Art. 54 und Art. 55 der Delegierten Verordnung 2017/565.[6] Entsprechendes gilt für die weiteren von der ESMA vorgenommenen Konkretisierungen in Bezug auf

---

[5] Final Report – Guidelines specifying certain requirements of the Markets in Crypto Assets Regulation (MiCA) on investor protection – third package, 17.12.2024 – ESMA35-1872330276-1936 („Final Report MiCA Guidelines on investor protection – third package"). Die Guidelines zu den suitability requirements und den geforderten regelmäßigen Erklärungen im Rahmen der Portfolioverwaltung finden sich in Annex III – Guidelines on certain aspects of the suitability requirements and format of the periodic statement for portfolio management activities under MiCA („Final Report MiCA Guidelines on investor protection – third package, Annex III"). Der Final Report beruht auf dem Consultation Paper – Draft technical standards and guidelines specifying certain requirements of the Markets in Crypto Assets Regulation (MiCA) on detection and prevention of market abuse, investor protection and operational resilience – third consultation paper, 25 March 2024, ESMA75-453128700-1002 („Consultation Paper").

[6] Delegierte Verordnung (EU) 2017/565 der Kommission vom 25.4.2016 zur Ergänzung der Richtlinie 2014/65/EU des Europäischen Parlaments und des Rates in Bezug auf die organisatorischen Anforderungen an Wertpapierfirmen und die Bedingungen für die Ausübung ihrer Tätigkeit sowie in Bezug auf die Definition bestimmter Begriffe für die Zwecke der genannten Richtlinie.

die Geeignetheitsprüfung. Insoweit decken sich die für Finanzinstrumente getroffenen Guidelines im Final Report der ESMA zu den MiFID II suitability requirements[7] in wesentlichen Aspekten mit den von der ESMA unterbreiteten Leitlinien im Final Report MiCA Guidelines on investor protection – third package. Die ESMA stellt im in diesem Final Report selbst die Parallele her und verweist darauf, dass sie sich dafür entschieden habe, die ESMA-Guidelines zu bestimmten Aspekten der Geeignetheitsprüfung nach MiFID II als Grundlage für die in Annex III des Final Report MiCA Guidelines on investor protection – third package zu verwenden.[8] Die **Geeignetheitsanforderungen unter MiCAR** folgten denselben Grundsätzen und seien den **MiFID II-Geeignetheitsanforderungen sehr ähnlich**, zu welchen die ESMA bereits umfangreiche Leitlinien erstellt habe. Darüber hinaus könnten Kunden auf diese Weise das gleiche Schutzniveau genießen, unabhängig davon ob sie in Finanzinstrumente und/oder in Krypto-Anlagen investierten, insbesondere wenn diese Dienstleistungen von demselben Unternehmen erbracht würden.[9] In ihrem Consultation Paper war die ESMA noch davon ausgegangen, dass es so etwas wie „sichere" Kryptowerte nicht gebe.[10] Im Final Report stellt die ESMA klar, dass Kryptowerte und die mit ihnen verbundenen Risiken differenziert beurteilt werden müssen.[11]

II. Geeignetheit für (potenzielle) Kunden (Abs. 1)

Art. 81 Abs. 1 normiert spezielle Pflichten für Anbieter von Kryptowerte-Dienstleistungen, die eine Beratung zu Kryptowerten erbringen oder eine Portfolioverwaltung von Kryptowerten anbieten. Für diese Dienstleistungen bestehen – im Vergleich zu den anderen in Art. 3 Abs. 16 genannten Dienstleistungen (→ Art. 3 Abs. 1 Nr. 16, Rn. 102 ff.) – vergleichsweise **höhere Anforderungen.** Im Interesse des Verbraucherschutzes sollen Anbieter von Kryptowerte-Dienstleistungen, die entweder auf Anfrage eines Kunden oder auf eigenes Betreiben Beratung zu Kryptowerten oder die Portfolioverwaltung von Kryptowerten anbieten, eine Beurteilung vornehmen, ob diese Kryptowerte-Dienstleistungen oder Kryptowerte in Anbetracht der Erfahrungen, Kenntnisse, Ziele und Verlustfähigkeit ihrer Kunden für die (potenziellen) Kunden geeignet sind.[12]

1. Beurteilung der Geeignetheit

Für die in Abs. 1 genannte Beurteilung der Eignung berücksichtigen die Anbieter von Kryptowerte-Dienstleistungen die Kenntnisse und Erfahrung ihrer (potenziellen) Kunden mit Investitionen in Kryptowerte, ihre **Anlageziele einschließlich ihrer Risikotoleranz** sowie ihre **finanziellen Verhältnisse** einschließlich ihrer Fähigkeit, Verluste zu tragen, um auf dieser Grundlage eine Einschätzung vor-

---

[7] Final Report – Guidelines on certain aspects of the MiFID II suitability requirements, 23.9.2022 – ESMA35-43-3172.
[8] Final Report MiCA Guidelines on investor protection – third package, Ziffer 2.1 Rn. 7.
[9] Final Report MiCA Guidelines on investor protection – third package, Ziffer 2.1 Rn. 8; Ziffer 2.2. Rn. 22 f.
[10] Consultation Paper, Ziffer 4.1 Rn. 64; Final Report MiCA Guidelines on investor protection – third package, Ziffer 2.2.1 Rn. 18 – 20; Annex III, Ziffer 5.3 Rn. 38 ff.
[11] Final Report MiCA Guidelines on investor protection – third package, Ziffer 2.2.1 Rn. 17
[12] Erwägungsgrund Nr. 89 MiCAR.

Art. 81   Titel V Kryptowerte-Dienstleistungen

nehmen zu können, ob Kryptowerte für ihre (potenziellen) Kunden geeignet sind oder nicht. Diese mit Blick auf die dafür nötigen Informationen in Art. 81 Abs. 8 konkretisierte sog. **Explorationspflicht** dient dem Verbraucherschutz sowie mittelbar der Gewährleistung des Vertrauens in Marktintegrität und Finanzstabilität.[13] Stellen die (potenziellen) Kunden keine ausreichenden Informationen über ihre Erfahrungen, Kenntnisse, Ziele und Verlustfähigkeit zur Verfügung, ergeben sich die Konsequenzen aus Art. 81 Abs. 11 (→ Rn. 69ff.): Kryptowerte-Dienstleistungen oder Kryptowerte dürfen dann nicht empfohlen und es darf nicht mit der Portfolioverwaltung in Bezug auf Kryptowerte begonnen werden. Gleiches gilt, wenn die Beurteilung ergibt, dass Kryptowerte für die Kunden nicht geeignet sind. Auch dann dürfen die Anbieter von Kryptowerte-Dienstleistungen weder Kryptowerte-Dienstleistungen oder Kryptowerte den betreffenden Kunden empfehlen noch die Portfolioverwaltung von Kryptowerten einleiten.

7   Um beurteilen zu können, ob Kryptowerte-Dienstleistungen oder Kryptowerte für Kunden oder potenzielle Kunden gemäß Art. 81 Abs. 1 geeignet sind, müssen die Anbieter von Kryptowerte-Dienstleistungen in der Lage sein, die Kryptowerte zu verstehen, die sie empfehlen oder in die Portfolios ihrer Kunden aufnehmen. Diese Anforderung schließt das **Verständnis der Risiken und Kosten** der Kryptowerte bzw. der Kryptowerte-Dienstleistungen ein, die Anbieter von Kryptowerte-Dienstleistungen für Kunden oder potenzielle Kunden ausgewählt haben.[14] Dazu zählen nicht zuletzt auch **Kenntnisse der zugrundeliegenden Technologie** und der mit ihr verbundenen **spezifischen Risiken**. Da jeder Gesetzgebungsakt, der im Bereich der Kryptowerte erlassen wird, auch zum Ziel der Bekämpfung von Geldwäsche und Terrorismusfinanzierung beitragen soll,[15] müssen alle Anbieter von Kryptowerte-Dienstleistungen auch die anwendbaren Rechtsvorschriften der EU zur Bekämpfung von Geldwäsche und Terrorismusbekämpfung einschließlich der dafür geltenden internationalen Standards kennen und einhalten. Zudem müssen sie strengere Prüfungen vornehmen, wenn an Transaktionen Kunden und Finanzinstitute aus Drittländern beteiligt sind, die als Drittländer mit hohem Risiko eingestuft sind. Dahinter steht die Einschätzung, dass es sich dabei um Rechtsordnungen handelt, die strategische Mängel in ihren nationalen Regelungen zur Bekämpfung von Geldwäsche und Terrorismusfinanzierung aufweisen, die eine erhebliche Bedrohung für das Finanzsystem der Union darstellen.[16]

8   Die Beurteilung der Geeignetheit setzt voraus, dass die Anbieter von Kryptowerte-Dienstleistungen, die eine Beratung zu Kryptowerten erbringen oder eine Portfolioverwaltung von Kryptowerten anbieten, von den Kunden bzw. potenziellen Kunden die dafür **nötigen Informationen erlangen.** Dementsprechend sieht Art. 81 Abs. 8 (→ Rn. 37ff.) vor, dass die Anbieter von Kryptowerte-Dienstleistungen die für die Zwecke der Eignungsbeurteilung nach Abs. 1 erforderlichen Informationen von ihren Kunden oder potenziellen Kunden einholen müssen. Erst auf dieser Grundlage können die Anbieter ihrer Pflicht nach Art. 81 Abs. 1 nachkommen. Art. 81 Abs. 10 (→ Rn. 63ff.) sieht darüber hinaus vor, dass die Anbieter von

---

[13] Erwägungsgründe Nr. 79 und 89 MiCAR.
[14] Final Report MiCA Guidelines on investor protection – third package, Annex III, Ziffer 5.11 Rn. 100ff. (Guideline 11 – Qualifications of staff); vgl. auch Ziffer 5.7 Rn. 73ff.
[15] Erwägungsgrund Nr. 16 MiCAR.
[16] Erwägungsgrund Nr. 77 MiCAR.

Kryptowerte-Dienstleistungen, die eine entsprechende Beratung erbringen oder eine Portfolioverwaltung von Kryptowerten anbieten, Strategien und Verfahren einführen müssen, die es ihnen ermöglichen, alle Informationen zu sammeln und zu bewerten, die für die in Art. 81 Abs. 1 genannte Geeignetheitsprüfung erforderlich sind. Die Strategien und Verfahren müssen jedenfalls so ausgestaltet sein und gehandhabt werden, dass die über die Kunden oder potenziellen Kunden gesammelten Informationen **zuverlässig** sind und die rechtlich geforderten Beurteilungen bzw. **Einschätzungen ermöglichen.**[17]

Die eigentliche Beurteilung der Anbieter von Kryptowerte-Dienstleistungen, 9 ob Kryptowerte-Dienstleistungen oder Kryptowerte für bestimmte (potenzielle) Kunden geeignet sind, entzieht sich bis zu einem gewissen Grad der rechtlichen Steuerung. Abgesehen von den Faktoren, die Art. 81 Abs. 1 benennt, der in Art. 81 Abs. 8 vorgesehene Pflicht zur Einholung der für die Eignungsbeurteilung nötigen Informationen (→ Rn. 37 ff.) sowie den in Art. 81 Abs. 10 vorgesehenen Strategien und Verfahren zur Informationsgewinnung und -bewertung (→ Rn. 63 ff.) müssen die Anbieter ihrer Beurteilung jedenfalls einen **korrekten Sachverhalt zugrunde legen** und die eingeholten Informationen tatsächlich **in ihre Betrachtung einbeziehen** und ihrer **Einschätzung zugrunde legen.** Wie sie die einzelnen Informationen sowie die nach Abs. 1 für die Eignungsbeurteilung maßgebenden Faktoren bezogen auf einzelne (potenzielle) Kunden gewichten und welche Rückschlüsse sie daraus mit Blick auf die Eignung von Kryptowerte-Dienstleistungen oder Kryptowerte für diese Kunden ziehen, ist ihrer durch entsprechende Erfahrung geprägten Einschätzung überlassen. Die Anforderungen, die in Art. 62 ff. an die Anbieter von Kryptowerte-Dienstleistungen gestellt werden, bieten regelmäßig die **Gewähr für ausreichende Erfahrung und Sachkunde,** um eine angemessene Eignungsbeurteilung treffen zu können.

Mit Blick auf eine mögliche **Haftung für fehlerhafte Beratung bzw. Port-** 10 **folioverwaltung** sind die Anbieter von Kryptowerte-Dienstleistungen gehalten, nicht nur große Sorgfalt mit Blick auf Strategien und Verfahren zur Informationsgewinnung und -bewertung (Art. 81 Abs. 10) sowie die Einholung der konkreten Informationen im Einzelfall (Art. 81 Abs. 8) zu wahren, sondern die einzelnen Schritte sowie die Erfüllung der damit verbundenen Anforderungen umfassend zu dokumentieren, so dass die jeweils zugrunde gelegte Informationsbasis und die daran anknüpfende Eignungsbeurteilung auch im Nachhinein nachvollzogen werden können.

2. Kunden und potenzielle Kunden

Die geforderte Prüfung, ob Kryptowerte-Dienstleistungen oder Kryptowerte 11 geeignet sind, bezieht sich dem Zweck des Verbraucherschutzes entsprechend auf Kunden und potenzielle Kunden. Art. 81 Abs. 1 spricht nur von Kunden bzw. potenziellen Kunden und differenziert nicht – auch nicht in weiteren Regelungen – nach qualifizierten Anlegern (→ Art. 3 Abs. 1 Nr. 30 Rn. 208 ff.) und Kleinanlegern (→ Art. 3 Abs. 1 Nr. 37 Rn. 264 ff.). Auch in dem Consultation Paper der ESMA

---

[17] Vgl. Art. 81 Abs. 10 sowie den Final Report MiCA Guidelines on investor protection – third package, Annex III, Ziffer 5.3 Rn. 32 ff. (Guideline 3 – Extent of information to be collected from clients); Ziffer 5.4. Rn. 46 ff. (Guideline 4 – Reliability of client information); Ziffer 5.5. Rn. 56 ff. (Guideline 5 – Updating client information); vgl. auch Ziffer 5.8 Rn. 77.

Art. 81   Titel V Kryptowerte-Dienstleistungen

wird insoweit nicht unterschieden, sondern **einheitlich von Kunden gesprochen.** Der individuelle Aufklärungs- und Beratungsbedarf eines Kunden oder potenziellen Kunden wird daher maßgeblich davon abhängen, welche Kenntnisse und Erfahrungen er bereits mit Kryptowerte-Dienstleistungen oder Kryptowerten und den damit verbundenen Risiken gesammelt hat. Verfügt ein Kunde bereits über ein hohes Maß an Kenntnissen und Erfahrungen, ist der Informations- und Beratungsbedarf naheliegender Weise entsprechend geringer. Bei **qualifizierten Anlegern** sollte der Anbieter grundsätzlich ohne Einzelfallprüfung davon ausgehen können, dass diese über die erforderlichen Kenntnisse und Erfahrungen verfügen. Bei **Kleinanlegern** bedarf es hingegen regelmäßig einer individuellen Prüfung, da nur auf diese Weise sichergestellt werden kann, dass die Kenntnisse und Erfahrungen des Kleinanlegers ausreichen, um die mit Kryptowerte-Dienstleistungen oder Kryptowerten verbundenen Risiken richtig einzuschätzen.

12   Die (potenziellen) Kunden müssen über den Zweck und den Umfang der Eignungsbeurteilung informiert werden.[18] Diese **Informationspflicht** dient nicht nur größtmöglicher Transparenz, sondern soll es den (potenziellen) Kunden auch ermöglichen, Bedeutung und Reichweite der gegebenen Informationen einschätzen zu können. Dementsprechend sieht Art. 81 Abs. 13 (→ Rn. 74ff.) vor, dass Anbieter von Kryptowerte-Dienstleistungen, die eine Beratung zu Kryptowerten anbieten, den Kunden einen Bericht zur Verfügung stellen, der die Beurteilung der Eignung mit Angabe des erteilten Rates und Angaben dazu enthält, wie die Kryptowerte den Präferenzen und Zielen der Kunden gerecht werden. Bei der Portfolioverwaltung von Kryptowerten müssen Anbieter von Kryptowerte-Dienstleistungen ihren Kunden gemäß Art. 81 Abs. 14 (→ Rn. 77 ff.) regelmäßig **Erklärungen bereitstellen,** die einen Überblick über ihre Aktivitäten und über die Leistung des Portfolios sowie eine aktualisierte Erklärung zur Eignungsbeurteilung enthalten.

3. Zu berücksichtigende Faktoren

13   Art. 81 Abs. 1 nennt als zu berücksichtigende Faktoren für die Beurteilung der Geeignetheit einer Beratung zu Kryptowerten oder dem Angebot einer Portfolioverwaltung von Kryptowerten die Kenntnisse und Erfahrungen der (potenziellen) Kunden mit Investitionen in Kryptowerte, ihre Anlageziele einschließlich ihrer Risikotoleranz sowie ihre finanziellen Verhältnisse einschließlich ihrer Fähigkeit, Verluste zu tragen. Diese drei Gruppen an Faktoren sollen aus der Sicht des europäischen Gesetzgebers die Grundlage für die Einschätzung der Anbieter von Kryptowerte-Dienstleistungen bilden, ob eine Beratung zu Kryptowerten oder eine Portfolioverwaltung von Kryptowerten für bestimmte Kunden oder potenzielle Kunden geeignet sind oder nicht. Aufgegriffen werden die in Art. 81 Abs. 1 genannten Faktoren in Art. 81 Abs. 8, (→ Rn. 40ff.) der Anbieter von Kryptowerte-Dienstleistungen, die eine Beratung zu Kryptowerten erbringen oder eine Portfolioverwaltung von Kryptowerten anbieten, dazu verpflichtet, die für eine Eignungsbeurteilung nach Abs. 1 nötigen Informationen von ihren Kunden oder potenziellen Kunden einzuholen. Der **Pflicht zur Beurteilung der Eignung** von Kryptowerte-Dienstleistungen oder Kryptowerten für (potenzielle) Kunden in Art. 81 Abs. 1 **entspricht die darauf bezogene Pflicht zur Einholung der da-**

---

[18] Näher zu den damit verbundenen Anforderungen Final Report MiCA Guidelines on investor protection – third package, Annex III, Ziffer 5.1 Rn. 13 ff.

Beratung zu Kryptowerten Portfolioverwaltung von Kryptowerten **Art. 81**

für erforderlichen Informationen in Art. 81 Abs. 8. Die dort genannten Faktoren sind allerdings mit den in Art. 81 Abs. 1 genannten Faktoren **nicht vollends deckungsgleich,** sondern werden in Abs. 8 um das „grundlegende(s) Verständnis der mit dem Erwerb von Kryptowerten verbundenen Risiken" ergänzt (→ Art. 81 Rn. 37 ff.). Wichtig ist, dass die Informationen als Grundlage für die zu treffende Eignungsbeurteilung jeweils zuverlässig und aktuell sind.[19]

Nicht ausdrücklich als Faktoren benannt, die bei der Eignungsbeurteilung zu **14** berücksichtigen sind, werden **Nachhaltigkeitsindikatoren** in Bezug auf nachteilige Auswirkungen auf das Klima oder andere umweltbezogene Aspekte sowie die wichtigsten **Energieindikatoren.**[20] Nachhaltigkeits- und Energieindikatoren und die damit verbundenen Präferenzen können jedoch maßgebend für die Anlageziele der (potenziellen) Kunden sein. Insofern ist es konsequent, dass die ESMA in ihren nach Art. 81 Abs. 15 (→ Rn. 79 ff.) herauszugebenden Leitlinien mehrfach hervorhebt, Anbieter von Krypto-Anlagen sollten bei der Sammlung von Informationen über die Anlageziele der Kunden auch nicht-finanzielle Elemente berücksichtigen und Informationen über die Präferenzen der (potenziellen) Kunden in Bezug auf ökologische, soziale und Governance-Faktoren gewinnen, um diese bei der Eignungsbewertung zu berücksichtigen.[21] Unabhängig davon sind die Anbieter von Kryptowerte-Dienstleistungen nach Art. 66 Abs. 5 (→ Art. 66 Rn. 31 ff.) selbst zur Bereitstellung von Informationen verpflichtet, die sich auf die wichtigsten nachteiligen Auswirkungen auf das Klima und andere umweltbezogene nachteilige Auswirkungen des Konsensmechanismus beziehen, der für die Ausgabe von Kryptowerten verwendet wird, in deren Zusammenhang sie Dienstleistungen erbringen.

4. Kontinuierliche Veränderung der Beurteilungsgrundlage

Nach dem Wortlaut von Art. 81 Abs. 1, 8 und 10 könnte der Eindruck entste- **15** hen, dass die Anbieter von Kryptowerte-Dienstleistungen lediglich bereits vorhandene Informationen auf Seiten der (potenziellen) Kunden sammeln und bewerten, um auf dieser Grundlage zu beurteilen, ob Kryptowerte für diese (potenziellen) Kunden geeignet sind und empfohlen werden können. Das Gesamtsystem der in Art. 81 enthaltenen Pflichten zeigt jedoch, dass die Anbieter nicht nur auf **bereits vorhandenen Informationen** (Kenntnisse, Erfahrung, Vorverständnisse über Risiken von Kryptowerte, Anlageziele etc) zurückgreifen, sondern auch auf diese Informationsbasis einwirken können. Denn das Sammeln und Bewerten der nach Art. 81 Abs. 1 und 8 erforderlichen Informationen setzt zwangsläufig voraus, dass der Anbieter mit dem (potenziellen) Kunden in ein Gespräch oder zumindest online in Kontakt kommt. Damit besteht die Möglichkeit, aufgrund von Informationen, die im Gespräch bzw. im Zusammenhang mit der Abfrage gegeben werden, **auf die Informationsbasis des (potenziellen) Kunden einzuwirken** und damit die Grundlage für die Beurteilung seiner Kenntnisse in Bezug auf Investitionen

---

[19] Final Report MiCA Guidelines on investor protection – third package, Annex III, Ziffer 5.1 Rn. 13; Ziffer 5.5 Rn. 56 ff.

[20] Die ESMA wird in Zusammenarbeit mit der EBA Entwürfe technischer Regulierungsstandards für den Inhalt, die Methoden und die Darstellung der Nachhaltigkeitsindikatoren ausarbeiten (vgl. Erwägungsgrund Nr. 7 MiCAR sowie Art. 6 Abs. 12, Art. 19 Abs. 11, Art. 51 Abs. 15 und Art. 66 Abs. 6.

[21] Final Report MiCA Guidelines on investor protection – third package, Annex III, Ziffer 5.2 Rn. 27.

und sein **Verständnis der mit dem Erwerb von Kryptowerten verbundenen Risiken zu verändern.** Erfahrene Anbieter von Kryptowerte-Dienstleistungen können auf diese Weise durch Gespräche und/oder weitere Informationen, die sie dem (potentiellen) Kunden zur Verfügung stellen, die Beurteilungsgrundlage für die Geeignetheit von Kryptowerten beeinflussen und tendenziell verbessern.

III. Vorvertragliche Informationspflicht (Abs. 2)

16 Anbieter von Kryptowerte-Dienstleistungen, die eine Beratung zu Kryptowerten erbringen, müssen potenzielle Kunden rechtzeitig vor der Beratung darüber informieren, ob die Beratung unabhängig erbracht wird (unten I.) bzw. auf einer umfangreichen oder einer eher beschränkten Analyse verschiedener Kryptowerte beruht (unten II.). Dass die Information „rechtzeitig vor der Beratung" erfolgen muss, bezieht sich nicht auf einen konkreten Zeitpunkt. Vielmehr gilt die Informationspflicht als rechtzeitig erfüllt, wenn und soweit der Kunde vor Erbringung der Beratungsleistung und damit im Regelfall vor Abschluss des Beratungsvertrages informiert wird. Entscheidend ist, dass dem Kunden genügend Zeit vor der eigentlichen Beratung eingeräumt wird, sich mit den gegebenen Informationen vertraut zu machen und zu entscheiden, ob und inwieweit unter den jeweiligen Voraussetzungen eine Beratung gewünscht wird.[22]

1. Information über Unabhängigkeit der Beratung (Art. 81 Abs. 2a)

17 Anbieter von Kryptowerte-Dienstleistungen, die eine Beratung zu Kryptowerten erbringen, müssen potenzielle Kunden darüber informieren, ob die Beratung unabhängig erbracht wird. Diese Regelung ähnelt weitgehend der aus der Welt der Finanzinstrumente bekannten Regelung in **Art. 24 Abs. 4a) i) MiFID II,** die in Art. 52 Abs. 1 VO (EU) 2017/565 weiter präzisiert worden ist. Vor diesem Hintergrund liegt es nahe, die MiCAR im Lichte der dort genannten Kriterien auszulegen. Anbieter von Kryptowerte-Dienstleistungen müssen danach verständlich und präzise erläutern, ob und aus welchen Gründen eine Anlageberatung als unabhängig oder nicht unabhängig einzustufen ist. Zusätzlich muss der Anbieter über die Art und Eigenschaften der geltenden Beschränkungen informieren, was bei einer unabhängigen Anlageberatung auch das Verbot einschließt, Anreize zu geben oder anzunehmen. Im Übrigen ergeben sich die Anforderungen, die an eine unabhängige Anlageberatung zu stellen sind, aus Art. 81 Abs. 3 (siehe Abs. 3 → Rn. 21 ff.).

18 Erbringt ein Anbieter von Kryptowerte-Dienstleistungen **beide Arten der Anlageberatung** – sowohl eine abhängige als auch eine unabhängige – und basieren beide Arten der Anlageberatung auf unterschiedlichen Angebotspaletten, ist dies dem (potenziellen) Kunden hinreichend transparent darzustellen. Der (potenzielle) Kunde muss anhand der Darstellung klar erkennen und unterscheiden können, welche Angebote einer abhängigen und welche einer unabhängigen Anlageberatung zuzuordnen sind und welche konkreten Abhängigkeiten ggf. bestehen.

---

[22] Vgl. dazu auch Assmann/Schneider/Mülbert/Beule WpHG § 64 Rn. 60.

2. Information zu analysierten Kryptowerten (Art. 81 Abs. 2b)

Darüber hinaus ist der Kunde darüber zu informieren, ob die Beratung auf einer 19 **umfangreichen oder einer eher beschränkten Analyse** verschiedener Kryptowerte beruht. Die Regelung ähnelt weitgehend der bereits aus der Welt der Finanzinstrumente bekannten Regelung in Art. 24 Abs. 4 a) ii) MiFID II, die in Art. 52 Abs. 2 VO (EU) 2017/565 weiter präzisiert wird. Es ist davon auszugehen, dass sich auch die Auslegung der MiCAR an diesen Kriterien orientieren wird. Danach müssen die Anbieter von Kryptowerte-Dienstleistungen bei der Anlageberatung ausreichend detaillierte Informationen zur Anzahl der vom Unternehmen analysierten Kryptowerte zur Verfügung stellen.

Darüber hinaus muss das Kryptowerte-Dienstleistungsunternehmen **trans-** 20 **parent darlegen**, ob die Kryptowerte von Rechtsträgern emittiert oder angeboten werden, die **enge Verbindungen** zum Anbieter der Kryptowerte-Dienstleistungen haben bzw. ob andere rechtliche oder wirtschaftliche Beziehungen, wie beispielsweise Vertragsbeziehungen, zu diesem unterhalten werden, die die Unabhängigkeit der Beratung beeinträchtigen können Dem Ziel des Verbraucherschutzes entsprechend sollen die (potenziellen) Kunden auf dieser Grundlage auch einschätzen können, ob und inwieweit **rechtliche und wirtschaftliche Beziehungen** zwischen den Emittenten oder Anbietern von Kryptowerten und den Anbietern von Kryptowerte-Dienstleistern die Unabhängigkeit der Beratung gefährden können.

IV. Anforderungen bei unabhängiger Beratung (Abs. 3)

Teilt ein Anbieter von Kryptowerte-Dienstleistungen, der eine Beratung zu 21 Kryptowerten erbringt, dem potenziellen Kunden mit, dass die Beratung unabhängig erbracht wird, hat er nach Art. 81 Abs. 3 bestimmte zusätzliche Anforderungen zu erfüllen. Die Beratung darf in diesem Fall **nicht auf Kryptowerte beschränkt** werden, die der Anbieter **selbst emittiert oder anbietet** oder von Rechtsträgern emittiert oder angeboten werden, die enge Verbindungen zu diesem Anbieter von Kryptowerte-Dienstleistungen haben (zur Definition der „engen Verbindung" → Art. 3 Abs. 1 Nr. 31 Rn. 211 f.). Gleiches gilt für Kryptowerte, die von anderen Rechtsträgern emittiert oder angeboten werden, zu denen dieser Anbieter aber so enge rechtliche oder wirtschaftliche Beziehungen – wie etwa Vertragsbeziehungen – unterhält, dass das Risiko der Beeinträchtigung einer unabhängigen Beratung besteht. Die Regelung macht deutlich, dass die Unabhängigkeit der Beratung als nicht gesichert angesehen wird, wenn sie sich nur auf Kryptowerte bezieht, zu denen der Anbieter in einer engen Beziehung steht.

1. Hinreichende Diversität der Kryptowerte (Art. 81 Abs. 3 UAbs. 1 a)

Im Zuge der unabhängigen Beratung muss der Berater eine ausreichende Palette 22 von auf dem Markt angebotenen Kryptowerten einbeziehen und bewerten. Die bewerteten Kryptowerte müssen zudem hinreichend divers sein, damit die Anlageziele des Kunden in geeigneter Form erreicht werden können.

Da es sich bei Kryptowerten um eine eigene Assetklasse handelt, kann es nur um 23 **Diversität innerhalb dieser Assetklasse** gehen. „Hinreichend divers" bedeutet vor diesem Hintergrund vor allem, dass sich die Beratung auf eine gewisse Anzahl

Art. 81 Titel V Kryptowerte-Dienstleistungen

an Kryptowerten beziehen muss, die in keiner besonderen Verbindung zum Anbieter oder zu Rechtsträgern stehen, zu denen der Anbieter eine enge Verbindung unterhält. Eine hinreichende Diversität ist anzunehmen, wenn Kryptowerte angeboten werden, die auf **verschiedenen Protokollen** deployed werden (zB Bitcoin, Ethereum, Binance Coin, Ripple, Cardano etc). Von einer hinreichenden Diversität muss aber auch ausgegangen werden, wenn es sich um verschiedene Kryptowerte handelt, die auf derselben Layer 1 Blockchain deployed wurden.

24 Angelehnt an die Anforderungen, die an Wertpapierfirmen gestellt werden, ist es ratsam, dass Anbieter von Kryptowerte-Dienstleistungen bei der Erbringung der jeweiligen Dienstleistung erläutern können, wie die erbrachte Dienstleistung den Bedingungen für die unabhängige Vornahme der Anlageberatung gerecht wird, welche Faktoren bei der Empfehlung von Kryptowerten jeweils Berücksichtigung gefunden haben (Risiken, Kosten etc)[23] und wie auf dieser Grundlage eine hinreichende Diversität gewährleistet wurde.

2. Keine Gebühren, Provisionen oder anderen Vorteile (Art. 81 Abs. 3 UAbs. 1 b)

25 Einem Anbieter von Kryptowerte-Dienstleistungen, der eine unabhängige Beratung zu Kryptowerten erbringt, ist es **nicht gestattet**, für die gegenüber Kunden erbrachte Dienstleistung **Gebühren, Provisionen oder andere monetäre und nicht monetäre Vorteile** anzunehmen oder zu behalten, die von einem Dritten oder einer im Namen eines Dritten handelnden Person gezahlt oder gewährt werden. Auf diese Weise soll sichergestellt werden, dass die Unabhängigkeit der Beratung auch nicht mittelbar gefährdet wird. Sollte der Anbieter für eine kundenbezogene Dienstleistung Gebühren, Provisionen oder andere monetäre und nicht monetäre Vorteile erhalten, muss er diese unverzüglich an den Kunden auskehren. Den Maßstäben entsprechend, die für den MiFID II-Bereich etabliert worden sind, dürfen Zuwendungen auch nicht mit eigenen Forderungen verrechnet werden.[24] Auch dadurch soll die Unabhängigkeit der Beratung gewährleistet werden.

3. Annahme von geringfügigen nicht monetären Vorteilen zur Qualitätsverbesserung (Art. 81 Abs. 3 UAbs. 2)

26 Ungeachtet des Unterabs. 1 Buchst. b sind geringfügige nichtmonetäre Vorteile zulässig, durch die die Qualität der einem Kunden erbrachten Kryptowerte-Dienstleistungen verbessert werden kann und die so geringfügig und so beschaffen sind, dass sie die Erfüllung der Pflicht eines Anbieters von Kryptowerte-Dienstleistungen nicht beeinträchtigen, im besten Interesse seines Kunden zu handeln. Voraussetzung für die Zulässigkeit ist jedoch, dass diese **geringfügigen nichtmonetären Vorteile dem Kunden gegenüber eindeutig offengelegt werden**. Mit Blick auf die bei Finanzinstrumenten übliche Praxis dürften zu den geringfügigen nicht-monetären Vorteilen zB die Teilnahme an Konferenzen, Seminaren oder anderen Fortbildungsveranstaltungen sowie geringfügige Bewirtungskosten zählen.[25]

---

[23] Vgl. dazu die Anforderungen, die Art. 52 Abs. 3 DelVO (EU) 2017/565 an die unabhängige Beratung bezogen auf Finanzinstrumente stellt.
[24] Langenbucher/Bliesener/Spindler/Spindler WpHG § 64 Rn. 189 mwN.
[25] Dazu für Finanzinstrumente auch BeckOK WpHR/Poelzig WpHG § 64 Rn. 102f.

Die Qualität der erbrachten Dienstleistung kann insbesondere dadurch verbes- 27
sert werden, dass der gewährte Vorteil eine (zusätzliche) **höherwertige Dienstleitung des Anbieters** für den Kunden ermöglicht. Ein Beispiel hierfür wäre der Zugang zu einer breiteren Produktpalette [26] oder eine verbesserte Grundlage für die Einschätzung und Bewertung einzelner Kryptowerte oder Kryptowerte-Dienstleistungen. Auf keinen Fall darf der geringfügige nichtmonetäre Vorteil durch (verdeckte) Einflussnahmen aber die Unabhängigkeit des Anbieters gefährden und seine Pflicht beeinträchtigen, im besten Interesse seines Kunden zu handeln.

Bei der Offenlegung der geringfügigen nichtmonetären Vorteile reicht es – der 28
parallelen Regelung zu MIFID II (Art. 12 Abs. 3 VO (EU) 2017/593) entsprechend – aus, wenn die Vorteile **generisch beschrieben und allgemein bezeichnet** werden. Einer detaillierten Auflistung aller speziellen Vorteile einschließlich der damit verbundenen Verbesserungen der Qualität der dem Kunden gegenüber erbrachten Kryptowerte-Dienstleistungen bedarf es nicht.

V. Offenlegung von mit der Anlageberatung verbundenen Kosten (Abs. 4)

Anbieter von Kryptowerte-Dienstleistungen, die eine Beratung zu Kryptower- 29
ten erbringen, müssen potenziellen Kunden auch Informationen zu sämtlichen Kosten und Nebenkosten zur Verfügung stellen. Dazu zählen gegebenenfalls auch **Beratungskosten,** die Kosten der dem Kunden empfohlenen oder an ihn **vermarkteten Kryptowerte** und der diesbezüglichen **Zahlungsmöglichkeiten des Kunden** sowie etwaige **Zahlungen durch Dritte.** Die Regelung in Art. 81 Abs. 4 entspricht weitgehend der Regelung in Art. 24 Abs. 4 UAbs. 1 c) MiFID II zu Finanzinstrumenten, die in Anhang II VO (EU) 2017/565 weiter konkretisiert wurde. Aufgrund der grundsätzlichen Ausrichtung der MiCAR an den Regelungen für Finanzinstrumente ist es angezeigt, dass sich Anbieter von Kryptowerte-Dienstleistungen, die eine Beratung zu Kryptowerten erbringen, zumindest an der in Anhang II VO (EU) 2017/565 erfolgten Gruppierung orientieren. Danach sind u. a. die folgenden Kosten und Nebenkosten auszuweisen:
a) Beraterkosten, die insbesondere bei der unabhängigen Anlageberatung relevant werden, welche der Kunde dafür zahlt, dass es dem Anbieter nicht gestattet ist, für die Erbringung der Dienstleistung für die Kunden Gebühren, Provisionen oder andere monetäre und nicht monetäre Vorteile anzunehmen oder zu behalten;
b) Kosten der dem Kunden empfohlenen oder an ihn vermarkteten Kryptowerte, aufgeteilt in einmalige Kosten (zB Transaktionskosten, Tauschgebühren, Wechselgebühren) und fortlaufende Kosten (zB Finanzierungskosten);
c) alle Kosten und Gebühren, die infolge des Erwerbs oder der Veräußerung von Kryptowerten entstehen (zB Gas Fees).

Darüber hinaus ist der potenzielle Kunde über die jeweiligen Zahlungsmöglich- 30
keiten sowie etwaige Zahlungen durch Dritte zu informieren. Mit Blick auf Art. 53 Abs. 3 VO (EU) 2017/565, der die entsprechende Regelung in MiFID II konkretisiert, muss ggf. jedenfalls auch darüber aufgeklärt werden, dass Gebühren in einer Fremdwährung zu zahlen sind.

---

[26] BeckOK WpHR/Poelzig WpHG § 64 Rn. 103.

VI. Verbot der Gegenleistung durch Dritte bei Portfolioverwaltung (Abs. 5)

31 Art. 81 Abs. 5 verbietet es Anbietern von Kryptowerte-Dienstleistungen, im Zusammenhang mit der Erbringung der Portfolioverwaltung von Kryptowerten Gebühren, Provisionen oder andere monetäre oder nichtmonetäre Vorteile von Emittenten, Anbietern, die Zulassung zum Handel beantragenden Personen oder Dritten anzunehmen und zu behalten. Auf diese Weise sollen mögliche **Einflussnahmen, verdeckte Vorteile und damit verbundene Interessenkonflikte** auf Seiten der Anbieter von Kryptowerte-Dienstleistungen vermieden werden.

32 Auch mit Blick auf diese Regelung bietet es sich an, auf die **zu MiFID II etablierte Praxis** zurückzugreifen. Danach liegt ein relevanter monetärer Vorteil unter anderem vor, wenn Dritte dem Anbieter der Portfolioverwaltung IT-Hard- oder Software überlassen[27] oder ihn bei Werbeaktionen unterstützen. Fraglich ist, ob auch das Bereitstellen von Analysen durch Dritte an den Anbieter der Portfolioverwaltung als Vorteil anzusehen ist. Legt man den Standard zugrunde, der für den Bereich der Finanzinstrumente entwickelt wurde (vgl. Art. 24 Abs. 9a MiFID II), sind derartige Analysen nur dann kein relevanter Vorteil, wenn vor Erbringung der Analysedienstleistung eine Vereinbarung zwischen dem Anbieter der Portfolioverwaltung und dem Analyseanbieter getroffen wurde, welcher Teil der Gebühren auf Ausführungsdienstleistungen und welcher auf Analysen entfällt. Zudem muss der Kunde über diese gemeinsamen Zahlungen für Ausführungsdienstleistungen und Analysen informiert werden, die an Drittanbieter von Analysen geleistet werden.[28]

VII. Zulässigkeit von Anreizen zur Qualitätsverbesserung bei abhängiger Anlageberatung (Abs. 6)

33 Ein Anbieter von Kryptowerte-Dienstleistungen darf Anreize entgegennehmen, sofern er einem potenziellen Kunden mitteilt, dass seine Beratung nicht unabhängig erbracht wird. Unter Anreizen sind sowohl **Zahlungen als auch sonstige Vorteile** zu verstehen.[29] Anders als in der Welt der Finanzinstrumente (vgl. Art. 24 Abs. 7b) MiFID II) ist die Entgegennahme von Anreizen durch den Anbieter der Beratung nicht auf „kleinere monetäre Vorteile" beschränkt.

34 Voraussetzung für die Entgegennahme von Anreizen ist allerdings auch bei einer Beratung, die als nicht unabhängig offengelegt wird, dass die Zahlung bzw. der Vorteil dazu bestimmt ist, die Qualität der Dienstleistung für den Kunden zu verbessern und der Anbieter seine Dienstleistung trotz Entgegennahme der Anreize weiterhin ehrlich, redlich und professionell erbringen sowie weiterhin im bestmöglichen Interesse seiner Kunden handeln kann. Danach ist auch in diesem Zusammenhang die Entgegennahme von Anreizen ausgeschlossen, die keine Qualitätsverbesserung der Beratung mit sich bringen oder die Kundeninteressen vernachlässigen.

---

[27] BeckOK WpHR/Poelzig WpHG § 64 Rn. 81.
[28] Vgl. dazu auch Assmann/Schneider/Mülbert/Koller WpHG § 70 Rn. 20ff.
[29] Dies ergibt sich aus Art. 81 Abs. 6 „darf er Anreize entgegennehmen, sofern die Zahlungen oder der Vorteil (…)".

Die Existenz, die Art und der Betrag der nach Art. 81 Abs. 4 (siehe Abs. 4 **35** → Rn. 29 ff.) offenzulegenden Zahlung oder des Vorteils sind dem Kunden vor Erbringung der Beratung in **umfassender, zutreffender und nachvollziehbarer Weise unmissverständlich** zur Verfügung zu stellen. Steht der Betrag der Zahlung oder des Vorteils vor Erbringung der Beratung noch nicht fest, ist zumindest die Methode für die Berechnung des Betrags offenzulegen.

VIII. Qualifikation der Berater bei Beratung zu Kryptowerten (Abs. 7)

Ein zentraler Aspekt auch bei der Beratung zu Kryptowerten ist die Qualifika- **36** tion der Berater. Anbieter von Kryptowerte-Dienstleistungen, die eine Beratung zu Kryptowerten erbringen, müssen sicherstellen, dass natürliche Personen, die in ihrem Namen eine Beratung zu Kryptowerten oder zu einer Kryptowerte-Dienstleistung anbieten oder einschlägige Informationen erteilen, über die **erforderlichen Kenntnisse und Kompetenzen in Bezug auf Kryptowerte bzw. Kryptowerte-Dienstleistungen** verfügen, um ihren Verpflichtungen nachzukommen. Anhand welcher Kriterien bzw. Maßstäbe diese Kenntnisse und Kompetenzen im Einzelnen zu messen sind, bleibt den Mitgliedstaaten vorbehalten. Sie veröffentlichen Kriterien, anhand derer diese Kenntnisse und Kompetenzen zu beurteilen sind. Die ESMA spricht in ihren Guidelines von einem angemessenen Maß an Fähigkeiten, Kenntnissen und Fachwissen.[30] Dazu gezählt werden muss neben der allgemeinen Qualifikation zur Finanzberatung jedenfalls die Fähigkeit, **Risiken angemessen zu bewerten und verständlich darzulegen,** die mit Kryptowerten verbunden sind. Damit einhergehen müssen zudem **spezifische Kenntnisse zum Markt für Kryptowerte, der zugrundeliegenden Technologie** sowie den damit verbundenen **technologischen, rechtlichen und regulatorischen Risiken.** Je weniger die eigentliche Beratung im Vordergrund steht, sondern es auf einzelne eher technische Aspekte wie die Erstellung von Fragebögen oder die Erarbeitung von Algorithmen ankommt, soll sich die Qualifikation auf diese Aspekte beschränken dürfen, so dass die gestellten Anforderungen maßgebend auch von den konkreten Einsatzbereichen abhängen.[31]

IX. Explorationspflicht des Anbieters von Kryptowerte-Dienstleistungen (Abs. 8)

Ausschlaggebend für eine angemessene Beratung zu Kryptowerten oder Port- **37** folioverwaltung von Kryptowerten, die „ehrlich, redlich und professionell sowie im bestmöglichen Interesse" des Kunden erbracht wird (→ Rn. 34), sind Informationen über den (potentiellen) Kunden, die eine Beurteilung ermöglichen, ob

---

[30] Final Report MiCA Guidelines on investor protection – third package, Annex III, Ziffer 5.11 Rn. 100. Die Anforderungen an die Qualifikation der Berater bei der Beratung von Kryptowerten werden in Guideline 11 – Qualifications of staff weiter konkretisiert (vgl. Final Report MiCA Guidelines on investor protection – third package, Annex III, Ziffer 5.11 Rn. 100 ff.).

[31] Final Report MiCA Guidelines on investor protection – third package, Annex III, Ziffer 5.11 Rn. 103.

Art. 81

Kryptowerte-Dienstleistungen oder Kryptowerte für diesen Kunden geeignet sind. Anknüpfend an die allgemeine Regelung in Art. 81 Abs. 1 sieht Art. 81 Abs. 8 daher vor, dass Anbieter von Kryptowerte-Dienstleistungen, die eine Beratung zu Kryptowerten erbringen oder eine Portfolioverwaltung von Kryptowerten anbieten, die entsprechenden Informationen von ihren Kunden oder potenziellen Kunden einholen müssen. Nach Art. 81 Abs. 15 (→ Rn. 79 ff.) sind die nach Abs. 8 einzuholenden Informationen in Leitlinien der ESMA konkretisiert worden.[32] Die Leitlinien gehen davon aus, dass Umfang und Reichweite der einzuholenden Informationen den **Risiken und der Komplexität der Kryptowerte entsprechen** müssen.[33] Zudem muss dem (potenziellen) Kunden klargemacht werden, **warum bestimmte Informationen eingeholt werden,** dass die **Vollständigkeit und Genauigkeit** der gegebenen Informationen wichtig ist und Kryptowerte nicht empfohlen werden dürfen sowie mit einer Portfolioverwaltung von Kryptowerten nicht begonnen werden darf, wenn die erforderlichen Informationen fehlen.[34]

38 Mit Blick auf die Erfüllung der Explorationspflicht zentral ist die Frage, wie sehr sich die Anbieter von Kryptowerte-Dienstleistungen auf von (potenziellen) Kunden gegebene Informationen **verlassen dürfen.** Die ESMA geht in ihren Leitlinien davon aus, dass die Anbieter von Kryptowerte-Dienstleistungen in den nach Art. 81 Abs. 10 vorzusehenden Strategien und Verfahren (→ Rn. 63 ff.) umfangreiche Sicherungen vorsehen müssen, damit die von (potenziellen) Kunden gegebenen Informationen **zuverlässig, hinreichend genau und nicht zuletzt auch in sich stimmig** sind.[35] Dies führt beispielsweise dazu, dass die gegebenen Informationen nicht allein auf Selbsteinschätzungen des Kunden beruhen dürfen, sondern auch **durch objektive Kriterien ergänzt werden** müssen, komplexe Fragen nicht nur mit Ja oder Nein beantwortet werden dürfen und das Verständnis der mit dem Erwerb von Kryptowerten verbundenen Risiken nicht einfach durch eine anzukreuzenden Liste an Kryptowerten abgefragt werden darf.

39 Besondere Herausforderungen bringt die Informationserhebung schließlich mit sich, wenn die (potenziellen) Kunden **juristische Personen oder Personengruppen** sind. Entsprechend der in der MiFID II-Welt bereits etablierten Praxis wird bei juristischen Personen bei der Beurteilung der Kenntnisse und Erfahrungen regelmäßig auf die **gesetzlichen Vertreter** abgestellt werden können. Bei Personengruppen, bei denen es an gesetzlichen Vertretern fehlt, muss die Informa-

---

[32] Final Report – Guidelines specifying certain requirements of the Markets in Crypto Assets Regulation (MiCA) on investor protection – third package, 17.12.2024 – ESMA35-1872330276-1936 („Final Report MiCA Guidelines on investor protection – third package"). Die Guidelines zu den suitability requirements finden sich in Annex III – Guidelines on certain aspects of the suitability requirements and format of the periodic statement for portfolio management activities under MiCA („Final Report MiCA Guidelines on investor protection – third package, Annex III").

[33] Final Report MiCA Guidelines on investor protection – third package, Annex III, Ziffer 5.3 Rn. 32 ff.

[34] Final Report MiCA Guidelines on investor protection – third package, Annex III, Ziffer 5.1 Rn. 13.

[35] Final Report MiCA Guidelines on investor protection – third package, Annex III, Ziffer 5.2 Rn. 20 ff. (Guideline 2 – Arrangements necessary to understand clients); Ziffer 5.4. Rn. 46 ff. (Guideline 4 – Reliability of client information); Ziffer 5.7. Rn. 73 ff. (Guideline 7 – Arrangements necessary to understand crypto-assets); vgl. für Informationen zur Passgenauigkeit auch Ziffer 5.8. Rn. 77.

tionserhebung darauf gerichtet sein, **allen Personen** und ihren Kenntnissen und Erfahrungen mit Investitionen in Kryptowerte, ihren Anlagezielen einschließlich ihrer Risikotoleranz sowie ihren finanziellen Verhältnissen Rechnung zu tragen, um eine jeweils passende Eignungsbeurteilung treffen zu können. Bei möglichen Investitionen in Kryptowerte oder einer Portfolioverwaltung von Kryptowerten, in die mehrere Personen involviert sind, muss den unterschiedlichen Voraussetzungen bei der Informationserhebung und der daran anknüpfenden Eignungsbeurteilung möglichst weitgehend Rechnung getragen werden. Insbesondere muss auf ein angemessenes Maß an Risikodiversifikation geachtet und im Zweifel auf das Mitglied der Gruppe mit den geringsten Kenntnissen, den schlechtesten finanziellen Verhältnissen und/oder der konservativsten Anlagestrategie abgestellt werden.[36] Die Leitlinien der ESMA sprechen die Problematik von juristischen Personen und Personengruppen ausdrücklich an und formulieren konkretisierende Anforderungen für damit verbundene Konstellationen.[37]

1. Reichweite der Informationserhebung

Art. 81 Abs. 8 nennt die Informationen, die als Grundlage für die nach Abs. 1 zu treffende Eignungsbeurteilung vom europäischen Gesetzgeber als erforderlich angesehen werden. Zu diesen einzuholenden Informationen zählen: Informationen über die Kenntnisse und Erfahrungen der (potenziellen) Kunden in Bezug auf Investitionen, auch in Kryptowerte; Informationen über die Anlageziele der (potenziellen) Kunden einschließlich ihrer Risikotoleranz; Informationen über die Finanzlage der (potenziellen) Kunden einschließlich ihrer Fähigkeit, Verluste zu tragen; Informationen zum grundlegenden Verständnis der (potenziellen) Kunden über die mit dem Erwerb von Kryptowerten verbundenen Risiken. Zu den zusätzlichen Informationen, die die einzuholenden Informationen konkretisieren, gehören insbesondere: (i) Angaben des Kunden zum Familienstand (nicht zuletzt im Hinblick darauf, ob Vermögenswerte einer Partnerin oder eines Partners in die Anlageziele einzubeziehen sind), (ii) die familiäre Situation (Anzahl und Ausbildungsstand von Kindern, Unterhaltspflichten und andere familiäre Verpflichtungen, die sich auf die finanzielle Situation auswirken können), (iii) das Alter des Kunden (als Grundlage für eine korrekte Einschätzung der Anlageziele, der Bereitschaft zum Eingehen finanzieller Risiken, die Haltedauer und den Anlagehorizont[38]), (iv) die Beschäftigungssituation (Arbeitsplatzsicherheit, Nähe zum Ruhestand im Verhältnis zur finanziellen Situation oder den Anlagezielen), (v) der Liquiditätsbedarf im Hinblick auf bestimmte Investitionen oder zur Finanzierung künftiger Verpflichtungen (Immobilienkauf, Ausbildungskosten etc).[39]

---

[36] Final Report MiCA Guidelines on investor protection – third package, Annex III, Ziffer 5.6 Rn. 71.
[37] Final Report MiCA Guidelines on investor protection – third package, Annex III, Ziffer 5.6 Rn. 63 ff. (Guideline 6 – Client information for legal entities or groups).
[38] In der Welt der Finanzinstrumente haben sich die Begriffe „kurz-, mittel- oder langfristig" etabliert. Sofern entsprechende Begriffe verwendet werden, sind sie transparent zu definieren und soweit erforderlich dem Kunden zu erläutern; vgl. dazu Schwark/Zimmer/Rothenhöfer WpHG § 64 Rn. 80, 81.
[39] Vgl. Final Report MiCA Guidelines on investor protection – third package, Annex III, Ziffer 5.2 Rn. 25 – 27.

Art. 81 Titel V Kryptowerte-Dienstleistungen

41 Das Einholen dieser Informationen sowie die darauf gestützte Beurteilung, ob Kryptowerte-Dienstleistungen oder Kryptowerte für (potenzielle) Kunden geeignet sind, haben den **Zweck**, eine **Beratung zu Kryptowerten erbringen** oder eine **Portfolioverwaltung von Kryptowerten anbieten** zu können, die der Risikobereitschaft sowie den spezifischen Anlagezielen, den finanziellen Verhältnissen und dem spezifischen Risikoverständnis der (potenziellen) Kunden mit Blick auf den Erwerb von Kryptowerten möglichst weitgehend entspricht. Letzten Endes dient die Kaskade von Informationseinholung, Eignungsbeurteilung und daran anknüpfender Beratung zu Kryptowerten bzw. Portfolioverwaltung von Kryptowerten dazu, den (potenziellen) Kunden die Möglichkeit zu eröffnen, informierte Entscheidungen zu treffen und Investitionen zu tätigen, die ihren finanziellen Zielen und ihrer Risikobereitschaft entsprechen. Das in Art. 81 Abs. 1 und 8 vorgegebene Gesamtkonzept ist damit ein **wesentlicher Bestandteil des Verbraucherschutzes** in einem auf Kryptowerte und die Portfolioverwaltung von Kryptowerten ausgeweiteten Finanzmarkt. Die Einholung der nötigen Informationen soll den Anbieter dieser Kryptowerte-Dienstleistungen in die Lage versetzen, das Informations- und Schutzbedürfnis der (potenziellen) Kunden einzuschätzen, um die Beratung bzw. Portfolioverwaltung daran ausrichten und den potenziellen Kunden passende Empfehlungen geben zu können, ob Kryptowerte für sie geeignet sind und insbesondere ihrer Risikotoleranz und ihrer Fähigkeit entsprechen, Verluste zu tragen.

42 Wie bei Finanzinstrumenten ist auch bei der Beratung zu Kryptowerten oder der Portfolioverwaltung von Kryptowerten davon auszugehen, dass die Abfrage der nachfolgend genannten Aspekte regelmäßig im Rahmen des **Kunden-Onboardings** mittels eines **standardisierten Fragekatalogs** sowie möglicherweise eines darauf bezogenen Gesprächs erfolgen wird.

43 **a) Kenntnisse und Erfahrungen in Bezug auf Investitionen.** Anbieter von Kryptowerte-Dienstleistungen, die eine Beratung zu Kryptowerten erbringen oder eine Portfolioverwaltung von Kryptowerten anbieten, müssen zunächst Kenntnisse und Erfahrungen ihrer (potenziellen) Kunden in Bezug auf Investitionen abfragen, um eine ausreichende Informationsgrundlage für die zu treffende Beurteilung zu gewinnen, ob und inwieweit Kryptowerte-Dienstleistungen oder Kryptowerte für ihre Kunden geeignet sind. Der Begriff der „Investitionen" ist weit gefasst und ohne eindeutige Konturen. Aufgrund der expliziten Nennung in Abs. 8 und dem Gegenstand der zu erbringenden Dienstleistungen steht fest, dass jedenfalls **Kenntnisse und Erfahrungen in Bezug auf Kryptowerte** abgefragt werden müssen. Welche Arten von Investitionen **darüber hinaus** von der Informationseinholung erfasst werden müssen, ist der Regelung **nicht eindeutig zu entnehmen.** Es müssen jedenfalls solche Kenntnisse und Erfahrungen des (potenziellen) Kunden im Wertpapierbereich abgefragt werden, die den Anbieter in die Lage versetzen, beurteilen zu können, ob und inwieweit Investitionen in Kryptowerte, denen nach der Einschätzung des europäischen Gesetzgebers derzeit ein vergleichsweise höheres Risiko zukommt als vielen anderen Finanzinstrumenten, für (potenzielle) Kunden geeignet sind. Vor diesem Hintergrund erscheint fraglich, ob sämtliche Kenntnisse und Erfahrungen des (potenziellen) Kunden in Bezug auf Investitionen abgefragt werden müssen, oder es nicht vielmehr naheliegt, vor allem Kenntnisse und Erfahrungen in Bezug auf solche Investitionen abzufragen, die mit einem vergleichsweise höheren Risiko verbunden werden. Dazu zählen bestimmte **Wertpapiergeschäfte oder Finanzprodukte wie beispielsweise Optionen,** aber auch Investitionen in (nicht liquide) **alternative Investmentvermögen oder in Rohstoffe,** denen regelmäßig ebenfalls ein vergleichsweise höheres Risiko zugeordnet wird. Im Übrigen ist davon auszugehen, dass sich im Laufe der Zeit – vergleichbar der Abfrage von Kenntnissen und Erfahrungen im sog. WpHG-Bogen im Bereich der Finanzinstrumente, der trotz gewisser Unterschiede im Detail bei allen Anbietern große Parallelen aufweist – auch hier Standards entwickeln werden, welche Investitionen Anbieter von Kryptowerte-Dienstleistungen bei (potenziellen) Kunden abfragen müssen, um auf der sicheren Seite zu sein.

Macht ein (potenzieller) Kunde **keine (ausreichenden) Angaben** zu seinen 44 Kenntnissen und Erfahrungen in Bezug auf einschlägige Informationen, darf der Anbieter von Kryptowerte-Dienstleistungen diese Dienstleistungen oder Kryptowerte nicht empfehlen und nicht mit einer Portfolioverwaltung in Bezug auf Kryptowerte beginnen. Verfügt ein (potenzieller) Kunde nach den eingeholten Informationen weder über ausreichende Kenntnisse und Erfahrungen mit Kryptowerten noch in Bezug auf Investitionen mit vergleichsweise höheren Risiken, wird die Eignungsprüfung gemäß Art. 81 Abs. 1 zu dem Ergebnis kommen, dass Kryptowerte-Dienstleistungen oder Kryptowerte für den betreffenden Kunden ungeeignet sind. Der Kunde muss über dieses Ergebnis der Eignungsbeurteilung aufgeklärt werden, um ihm die spezifischen Risiken im Verhältnis zu seinen Kenntnissen und Erfahrungen zu verdeutlichen. Trifft der (potenzielle) Kunde in Kenntnis dieser Eignungsbeurteilung gleichwohl aus eigener Initiative die Entscheidung, in Kryptowerte zu investieren oder eine Portfolioverwaltung in Kryptowerte vorzusehen, muss er unter Hinweis auf die spezifischen Risiken **unmissverständlich darauf hingewiesen werden,** dass Kryptowerte-Dienstleistungen oder Kryptowerte für ihn **nicht geeignet** sind.[40]

b) Anlageziele. Damit Anbieter von Kryptowerte-Dienstleistungen beurteilen 45 können, ob Kryptowerte-Dienstleistungen oder Kryptowerte für (potenzielle) Kunden geeignet sind, müssen sie als nötige Information die **Anlageziele der Kunden** kennen. Zu den als Informationsgrundlage maßgebenden Anlagezielen zählen insbesondere der Anlagehorizont, die mit der Anlage verfolgten Zwecke sowie die damit jeweils verbundene Bereitschaft, mit dem Anlageziel verbundene Risiken einzugehen.

Der **Anlagehorizont** bezieht sich regelmäßig auf die Zeitspanne, in der ein 46 Kunde plant, sein Investment zu halten, bevor er es verkauft. Der Anlagehorizont wird häufig in die Kategorien kurzfristig (bis zu 1 Jahr), mittelfristig (mehr als 1 Jahr bis 5 Jahren) und langfristig (über 5 Jahre) eingeteilt. Die **Zwecke,** die mit der Anlage verfolgt werden, sind weit zu verstehen und umfassen alle Ziele, die der Anleger mit seiner Investition verfolgt. Dabei werden dem Kunden oft typische Anlageziele zur Auswahl gestellt (beispielsweise Altersvorsorge, Familienvorsorge oder Vermögensaufbau). In der Regel werden Anlagezwecke und Anlagehorizont eng miteinander verknüpft sein, wenn die Erfüllung des Anlagezwecks den Ablauf einer bestimmten Zeitspanne voraussetzt. Eng mit dem Anlagezweck verbunden sind regelmäßig auch die Risikobereitschaft bzw. Risikotoleranz und mit ihnen sowohl die Fähigkeit als auch die Bereitschaft, Verluste hinzunehmen.

c) Risikotoleranz. Als Information für die Beurteilung, ob Kryptowerte- 47 Dienstleistungen oder Kryptowerte für (potenzielle) Kunden geeignet sind, ist wichtiger als der bloße Zweck der Anlage die Risikotoleranz des Kunden. Sie be-

---

[40] Vgl. für Finanzinstrumente ESMA35-43-349, Q&A, Answer 6, S. 39f.

Art. 81 Titel V Kryptowerte-Dienstleistungen

zieht sich auf die Bereitschaft des (potenziellen) Kunden, Risiken einzugehen und neben den damit verbundenen möglichen positiven Effekten auch negative Folgen wie Verluste in Kauf zu nehmen und zu tragen. Die Risikotoleranz hilft damit auch zu bestimmen, welche Art von Anlagen am besten zu den individuellen Präferenzen eines Kunden passen. Sie beeinflusst, wie **aggressiv oder konservativ eine Anlagestrategie** sein sollte, und bezieht in die Betrachtung ein, wie viel **Volatilität** oder **Schwankungen** der Wert einer Anlage haben kann, mit der sich der Anleger noch wohl fühlt. Im Bereich der Wertpapierdienstleistungen werden Risiken in mindestens **drei Stufen** (konservativ, risikobewusst, spekulativ), häufig noch granularer in **fünf bis sieben Risikokategorien** eingeteilt. Angesichts der dort vorhandenen Erfahrungswerte ist davon auszugehen, dass eine vergleichbare Kategorisierung auch mit Blick auf die Anbieter von Kryptowerte-Dienstleistungen übernommen werden wird, die eine Beratung zu Kryptowerten erbringen oder eine Portfolioverwaltung von Kryptowerten anbieten.

48 Zur Ermittlung der Risikotoleranz kommen außerhalb der eigentlichen **Einkommens- und Vermögenssituation** weitere, teilweise **eng damit zusammenhängende Umstände** wie die berufliche Stellung, das Alter, der Familienstand und die Zahl der (unterhaltspflichtigen) Kinder eines (potenziellen) Kunden hinzu.

49 **d) Finanzielle Verhältnisse.** Eine weitere wesentliche Information als Grundlage für die Beurteilung, ob Kryptowerte-Dienstleistungen oder Kryptowerte für (potenzielle) Kunden geeignet sind, betrifft die finanziellen Verhältnisse des (potenziellen) Kunden und namentlich seine Fähigkeit, angesichts seiner Finanzlage die **Anlagerisiken einschließlich möglicher Verluste zu tragen**. Dabei kommt es darauf an, Informationen darüber einzuholen, wie sich die Einkommenssituation des (potenziellen) Kunden darstellt, welche finanziellen Verpflichtungen er eingegangen ist, welche finanziellen Rücklagen oder sonstigen Vermögenswerte vorhanden sind und ob der Kunde vor diesem Hintergrund in der Lage ist, etwaige Verlustrisiken, die mit Kryptowerte-Dienstleistungen und Kryptowerten verbunden sind, zu verkraften. Zu den dafür einzuholenden Informationen zählen insbesondere:[41] das Vermögen des Kunden (u. a. Bankguthaben, Wertpapiere Immobilien etc), seine **Einkünfte** (Nettogehalt, Rente, Kapitaleinkünfte, Mieteinnahmen etc), Verbindlichkeiten (Kredite, Grundschulden, Hypotheken, Bürgschaften etc) und **Ausgaben** (Lebenshaltung, Unterhaltszahlungen, Miete, Annuitäten etc). Um eine ausreichende Beurteilungsgrundlage für die Eignungsprüfung zu schaffen, müssen ggf. die Einnahmen, Ausgaben und Vermögensverhältnisse des (potenziellen) Kunden einander gegenübergestellt werden, um festzustellen, ob er sich den Ausfall der Investition leisten kann oder nicht. Neben den Auswirkungen einer etwaigen Investition auf das Kundenportfolio müssen auch abstrakte Risiken wie Krankheit oder Arbeitsplatzverlust in die Betrachtung einbezogen werden.

50 Gerade die Fähigkeit, Verluste zu tragen, ist ein wesentlicher Aspekt der finanziellen Planung und Risikobewertung. Sie bezieht sich auf das Maß, in dem der (potenzielle) Kunde finanzielle Einbußen hinnehmen kann, ohne dass seine **Lebensqualität oder wirtschaftliche Stabilität** ernsthaft beeinträchtigt wird. Entscheidend ist, dass der (potenzielle) Kunde seine eigene Fähigkeit, finanzielle Verluste zu tragen, nachvollziehen kann, bevor er eine Investitionsentscheidung trifft.

---

[41] Vgl. dazu auch Final Report MiCA Guidelines on investor protection – third package, Annex III, Ziffer 5.3 Rn. 40; Ziffer 5.3. Rn. 38, 43 ff.

Dies schließt ein, dass er sich nicht nur allgemein der potenziellen Risiken und der Volatilität des Marktes bewusst, sondern auch darüber im Klaren ist, wie diese Faktoren sein eigenes Vermögen und seine eigenen finanziellen Verhältnisse beeinflussen können. Ob und inwieweit der (potenzielle) Kunde ein angemessenes Verständnis dafür aufbringt, ist eine wesentliche Information und ein maßgebender Faktor für die Beurteilung, ob und inwieweit Kryptowerte-Dienstleistungen oder Kryptowerte für ihn geeignet sind oder nicht.

e) Grundlegendes Verständnis von mit Kryptowerten verbundenen Risiken. Im Rahmen der Anlageberatung oder Portfolioverwaltung müssen die Anbieter von Kryptowerte-Dienstleistungen auch Informationen darüber einholen, ob ein (potenzieller) Kunde ein **grundlegendes Verständnis** von den **mit dem Erwerb von Kryptowerten verbundenen Risiken** hat. Um diese Risiken einschätzen zu können, sollen ggf. Informationen über das Verständnis jeder Art von Kryptowerten eingeholt werden, auf den sich eine spätere Empfehlung des Anbieters beziehen kann. Diese Informationen sollen eine Beurteilung des Anbieters ermöglichen, ob sowohl die allgemeinen Mechanismen von Kryptowerten als auch spezifische Aspekte einzelner Kryptowerte als (zu) riskant und/oder komplex für einen (potenziellen) Kunden eingeschätzt werden müssen.[42]

Für Kryptowerte-Dienstleister, die eine Beratung zu Kryptowerten erbringen oder eine Portfolioverwaltung von Kryptowerten anbieten, liegt es nahe, die Kenntnisse des Kunden im Rahmen eines **persönlichen (Beratungs-)Gesprächs** zu erfragen. Findet ein solches (Beratungs-)Gespräch nicht statt und erfolgt das Onboarding des Kunden digital über eine Plattform, können die Kenntnisse über die mit Kryptowerten verbundenen Risiken über dafür entwickelte Tests, je nach Komplexität der Fragestellung teilweise auch mithilfe von **Multiple Choice-Tests** abgefragt werden. Sollte ein (potenzieller) Kunde den Test nicht bestehen, kann der Kryptowerte-Dienstleister spezielle **Schulungen auf seiner Plattform** anbieten, die den Kunden über die mit Kryptowerten verbundenen Risiken – namentlich die vergleichsweise hohe Volatilität – aufklären. Anschließend kann dem (potenziellen) Kunden die Möglichkeit eröffnet werden, den Test erneut zu durchlaufen. Auch nach den Guidelines zur Angemessenheitsprüfung gemäß Art. 25 Abs. 2 MiFID II kann die Informationsgewinnung über die Kenntnisse eines Kunden mithilfe von Multiple-Choice Tests erfolgen.[43] Eine Wiederholbarkeit der Tests wird dabei ebenfalls nicht ausgeschlossen. Jedoch müssen die Anbieter von Kryptowerte-Dienstleistungen sicherstellen, dass die vom Kunden eingeholten Informationen zuverlässig und konsistent sind.[44] Für Tests, die die Kenntnisse des Kunden abfragen, setzt dies die Gewährleistung voraus, dass (verbesserte) Testergebnisse auch auf einem tatsächlich vertieften Kenntnisstand des Kunden beruhen.[45]

---

[42] Vgl. dazu insgesamt Final Report MiCA Guidelines on investor protection – third package, Annex III, Ziffer 5.2 Rn. 28 ff.; Ziffer 5.3. Rn. 33 – 38; Ziffer 5.7. Rn. 73 ff.
[43] Guidelines on certain aspects of the MiFID II suitability requirements, 3.4.2023 – ESMA35-43-3172, Rn. 46.
[44] Final Report MiCA Guidelines on investor protection – third package, Annex III, Ziffer 5.2 Rn. 20 ff.
[45] Guidelines on certain aspects of the MiFID II suitability requirements, 3.4.2023 – ESMA35-43-3172, Rn. 58.

Art. 81

53 Nicht eindeutig ist, in welchem Verhältnis die Abfrage der Kenntnisse über die mit Kryptowerten verbundenen Risiken zu den im nachfolgenden Art. 81 Abs. 9 Buchst. a–c von den Anbietern von Kryptowerte-Dienstleistungen geforderten Hinweis- und Warnpflichten zu den Risiken von Kryptowerten steht (→ Rn. 59 ff.). Sofern die Inhalte der Hinweis- und Warnpflichten bereits formalisiert in einer Abfrage oder einem Test enthalten sind und die Erfüllung der Pflichten entsprechend dokumentiert werden kann, ist davon auszugehen, dass die entsprechenden Pflichten nach Art. 81 Abs. 9 a–c damit erfüllt sind.

54 **f) Nachhaltigkeitspräferenzen.** Nach der MiCAR bislang nicht ausdrücklich gefordert ist eine Abfrage der Nachhaltigkeitspräferenzen. Damit unterscheiden sich die MiCAR-Anforderungen von den Anforderungen, die nach Überarbeitung der MiFID II für Finanzinstrumente gelten, wonach auch Informationen über Nachhaltigkeitspräferenzen abzufragen und in die Geeignetheitsprüfung aufzunehmen sind.[46] Allerdings können Nachhaltigkeitspräferenzen und insbesondere die Einstellung zu nachteiligen Auswirkungen auf das Klima, andere umweltbezogene Aspekte und den Energieverbrauch **maßgebende Faktoren für die Anlageziele** der (potenziellen) Kunden sein. Daher können die damit verbundenen Informationen durchaus für die Beurteilung relevant sein, ob Kryptowerte-Dienstleistungen oder Kryptowerte für bestimmte (potenzielle) Kunden geeignet sind oder nicht. Vor diesem Hintergrund ist es konsequent und in sich stimmig, dass die ESMA in ihren Leitlinien betont, Anbieter von Krypto-Anlagen sollten bei der Sammlung von Informationen über die Anlageziele der Kunden auch nicht-finanzielle Elemente berücksichtigen und Informationen über die Präferenzen der (potenziellen) Kunden in Bezug auf **ökologische, soziale und Governance-Faktoren** einholen, um diese bei der Eignungsbeurteilung nach Art. 81 Abs. 1 zu berücksichtigen (→ Rn. 6 ff.).[47]

2. Art der Informationserhebung

55 Den Anbietern von Kryptowerte-Dienstleistungen überlassen ist, auf welchem (legalen) Weg die Informationen des (potenziellen) Kunden erlangt werden. In Betracht kommen u. a. Kundengespräche, von (potenziellen) Kunden auszufüllende Fragebögen oder sonstige Informationen, die dem Anbieter bereits aufgrund einer bestehenden Kundenbeziehung vorliegen.[48]

56 Verwendet ein Anbieter von Kryptowerte-Dienstleistungen Fragebögen, sind bei der **Gestaltung der Fragebögen** allerdings bestimmte Mindestanforderungen einzuhalten. Zu diesen zählen insbesondere:[49] (i) die Klarheit, Vollständigkeit und Verständlichkeit des Fragebogens, der keine irreführenden, ungenauen und/oder übermäßig technischen Formulierungen enthalten soll, (ii) ein Layout (Schriftart, Zeilenabstand etc), das die Wahl des Kunden nicht beeinflusst oder in irgendeiner Weise vorgibt bzw. steuert, (iii) keine Bündelung von Fragen, insbesondere nicht

---

[46] Final Report MiCA Guidelines on investor protection – third package, Ziffer 2.2.1. Rn. 33 f.

[47] Final Report MiCA Guidelines on investor protection – third package, Annex III, Ziffer 5.2 Rn. 27.

[48] Final Report MiCA Guidelines on investor protection – third package, Annex III, Ziffer 5.1. Rn. 13 a. E., 15; Ziffer 5.2 Rn. 20 ff., 22.

[49] Vgl. auch Final Report MiCA Guidelines on investor protection – third package, Annex III, Ziffer 5.2 Rn. 23 f.

bei der Abfrage der Kenntnisse und Erfahrungen sowie der Risikotoleranz, (iv) eine Reihenfolge der Fragen, die sich an den zu gewinnenden Informationen ausrichten und den Kunden in seiner Wahl ebenfalls nicht beeinflussen soll. Um sicherzustellen, dass die für eine Beurteilung nach Art. 81 Abs. 1 erforderlichen Informationen möglichst weitgehend gewonnen werden, sollte die Möglichkeit, Fragen offen zu lassen bzw. keine Angaben zu machen, in den Fragebögen generell nicht vorgesehen werden. Dies gilt insbesondere für die Erhebung von **Informationen über die finanzielle Situation des Kunden.**[50] Hinzu kommt, dass den (potenziellen) Kunden bei der Verwendung von Fragebögen klar gemacht werden muss, dass die Antworten auf die Fragen die einzige Basis für die Eignungsbeurteilung im Hinblick auf Kryptowerte sowie daran anknüpfende Empfehlungen des Anbieters sein kann.[51]

Damit der Kunde das **Anlagerisiko** sowie das **Verhältnis zwischen Risiko und Rendite** von Anlagen angemessen **einschätzen** kann, sollen die Anbieter von Kryptowerte-Dienstleistungen die einzelnen Schritte so wählen, dass diese Einschätzung letzten Endes auch getroffen werden kann. Zu diesen Schritten zählt insbesondere, dass den Kunden vor bzw. bei der Beantwortung der Fragen klar und einfach erklärt wird, welche Zwecke damit verfolgt werden: die Ermittlung und Beurteilung des Risikoprofils des Kunden im Hinblick darauf, ob Kryptowerte für ihn geeignet sind und, sofern dies der Fall sein sollte, welche Arten von Kryptowerten als geeignet in Betracht kommen und welche Risiken mit diesen Kryptowerten jeweils verbunden sind.[52]

3. Verhältnismäßigkeit der Informationserhebung

Sowohl die Erwägungsgründe zur MiCAR[53] als auch die Leitlinien der ESMA[54] heben hervor, dass der mit der Regulierung von Kryptowerten verbundene Aufwand nicht unnötig und unverhältnismäßig sein darf. Was die Informationserhebung der Anbieter von Kryptowerte-Dienstleistungen, die eine Beratung zu Kryptowerten erbringen oder eine Portfolioverwaltung von Kryptowerten anbieten, als Grundlage für die Beurteilung anbetrifft, ob Kryptowerte für (potenzielle) Kunden geeignet sind, geht die ESMA davon aus, dass die Informationsermittlung und deren Erforderlichkeit in jedem Einzelfall differenziert vorgenommen werden muss.[55] Da diese Prämisse mit der Feststellung gekoppelt wird, dass die von Anbietern ein-

---

[50] Vgl. auch Final Report MiCA Guidelines on investor protection – third package, Annex III, Ziffer 5.2 Rn. 23.
[51] Final Report MiCA Guidelines on investor protection – third package, Annex III, Ziffer 5.1 Rn. 19.
[52] Final Report MiCA Guidelines on investor protection – third package, Annex III, Ziffer 5.1 Rn. 14; Ziffer 5.2. Rn. 28 ff.; Ziffer 5.8 Rn. 77 ff.
[53] Vgl. nur Erwägungsgrund Nr. 6 MiCAR.
[54] Final Report MiCA Guidelines on investor protection – third package, Annex III, Ziffer 5.3 Rn. 32 f.
[55] Die ESMA versucht zwar, den Umfang der einzuholenden Informationen über eine Konkretisierung der Anforderungen an die Verhältnismäßigkeit zu präzisieren, vgl. Final Report MiCA Guidelines on investor protection – third package, Annex III, Ziffer 5.3 Rn. 32 ff. (Guideline 3 – Extent of the information to be collected from clients [proportionality]). Trotz der Hervorhebung der Verhältnismäßigkeit (Rn. 32 f.) verdeutlichen die einzelnen Guidelines mit ihren differenzierten Anforderungsprofilen (Rn. 32 ff.) letztlich aber in aller Klarheit, dass stets alle Informationen eingeholt werden müssen, die angesichts der in Rede

Art. 81

zuholenden Informationen den Risiken der Kryptowerte entsprechen müssten, die angeboten oder von den (potenziellen) Kunden nachgefragt werden, lässt sich die Informationserhebung nur über das Merkmal „erforderlich" (siehe Abs. 1 → Rn. 6 ff., Abs. 8 → Rn. 40 ff.) begrenzen. Erforderlich sind **alle Informationen,** die benötigt werden, um eine **umfassende Risikoeinschätzung** mit Blick auf die Geeignetheit sowohl allgemein der Erbringung von Kryptowerte-Dienstleistungen als auch konkreter in Rede stehender Kryptowerte für (potenzielle) Kunden vornehmen zu können. Unnötig und damit nicht erforderlich sind lediglich Informationen, die für diese Einschätzung offensichtlich nicht maßgebend sind.

X. Warnpflichten des Anbieters von Kryptowerte-Dienstleistungen bei Beratung und Portfolioverwaltung (Abs. 9)

59 Anbieter von Kryptowerte-Dienstleistungen, die eine Beratung zu Kryptowerten erbringen oder eine Portfolioverwaltung von Kryptowerten anbieten, müssen die Kunden und potenziellen Kunden darauf aufmerksam machen, dass

a) der Wert von Kryptowerten schwanken kann (Volatilität),
b) die Kryptowerte ihren Wert ganz oder teilweise verlieren können (Werteverlust),
c) die Kryptowerte möglicherweise nicht liquide sind (Illiquidität),
d) die Kryptowerte eventuell nicht unter die Systeme für die Entschädigung der Anleger gemäß der Richtlinie 97/9/EG fallen, und
e) die Kryptowerte nicht unter die Einlagensicherungssysteme gemäß der Richtlinie 2014/49/EU fallen.

1. Reichweite der Warnpflichten

60 Was mit der etwas unscharfen Formulierung „darauf aufmerksam machen" gemeint ist, wird im Vergleich mit der englischen Version der Verordnung deutlich. Dort wird die Formulierung „shall warn" verwendet. Dieser Wortwahl lässt sich entnehmen, dass Anbieter von Kryptowerte-Dienstleistungen, die eine Beratung zu Kryptowerten erbringen oder eine Portfolioverwaltung von Kryptowerten anbieten, die Kunden vor bestimmten typischerweise mit Kryptowerten verbundenen Risiken warnen und sie **ausdrücklich auf diese Risiken aufmerksam** machen sollen. Zu diesen Risiken zählt die ESMA in ihren Leitlinien auch Risiken, die mit dem Gebrauch der Distributed Ledger Technologie verbunden sind (Hacken, Verlust oder Zerstörung von private keys etc).[56]

61 Über die in a) bis c) genannten Warnpflichten hinaus, die sich mit der Volatilität, dem Werteverlust und der Illiquidität auf wesentliche mit Kryptowerten verbundene Risiken beziehen, soll der Anbieter die Kunden auch darüber aufklären, dass Kryptowerte **nicht unter die Einlagensicherungssysteme** gemäß der Richtlinie 2014/49/EU fallen und eventuell nicht von den Systemen für die Entschädigung der Anleger gemäß der Richtlinie 97/9/EG erfasst sind. Der Grund für die entsprechenden Warnpflichten liegt darin, dass Kryptowerte keine Einlagen iSd

---

stehenden Kryptowerte und der zu beratenden Kunden für eine umfassende Risikoeinschätzung und ggf. daran anknüpfende Empfehlungen nötig sind.

[56] Final Report MiCA Guidelines on investor protection – third package, Annex III, Ziffer 5.3., Rn. 38 f.; Ziffer 5.7 Rn. 73 – 76 (insb. Rn. 74).

Art. 2 Abs. 1 Nr. 3 der Richtlinie 2014/49/EU darstellen und insofern nicht von den Einlagensicherungssystemen der Richtlinie erfasst werden können. Mit Blick auf die Richtlinie 97/9/EG ist demgegenüber offen, ob und inwieweit sie auf Kryptowerte anwendbar ist. Die Warnpflicht bezieht sich dementsprechend darauf, dass Kryptowerte möglicherweise nicht von den Systemen für die Entschädigung der Anleger nach dieser Richtlinie erfasst sind.

2. Verhältnis zu Art. 81 Abs. 8

Bedauerlicherweise nimmt die Pflicht in Art. 81 Abs. 9 **keinerlei Bezug** auf die Regelung in Art. 81 Abs. 8 (siehe Abs. 8 → Rn. 37 ff.). Das ist insofern unglücklich, als die Hinweise jedenfalls zu den in a) bis c) genannten Punkten nicht erforderlich sind, wenn im Rahmen der Kundenexploration auf diese Risiken hingewiesen wird und sich herausstellt, dass der (potenzielle) Kunde mit sämtlichen der in Art. 81 Abs. 9 a–c genannten Risiken vertraut ist. Für diesen Kunden bringen jedenfalls die in a) bis c) genannten Warnpflichten keinen Mehrwert. 62

XI. Strategien und Verfahren zur Informationsgewinnung und -bewertung (Abs. 10)

Anbieter von Kryptowerte-Dienstleistungen, die eine Beratung zu Kryptowerten erbringen oder eine Portfolioverwaltung von Kryptowerten anbieten, müssen Strategien und Verfahren festlegen, aufrechterhalten und umsetzen, die es ihnen ermöglichen, mit Blick auf jeden einzelnen Kunden alle für die in Art. 81 Abs. 1 genannte Eignungsbeurteilung erforderlichen Informationen zu sammeln und zu bewerten. Die Strategien und Verfahren müssen so ausgestaltet sein und gehandhabt werden, dass die über die Kunden oder potenziellen Kunden gesammelten Informationen zuverlässig sind und die rechtlich geforderten Beurteilungen bzw. Einschätzungen ermöglichen. Mit Blick auf eine mögliche Haftung für fehlerhafte Beratung sind die Anbieter von Kryptowerte-Dienstleistungen gehalten, ihre Strategien und Verfahren zur Informationsgewinnung und -bewertung nach Art. 81 Abs. 10 sowie die Nutzung dieser Verfahren zur Einholung konkreter Informationen umfassend zu dokumentieren, so dass sie **im Nachhinein nachvollzogen** werden können. 63

1. Gewährleistung einer zuverlässigen Informationsgewinnung

Anbieter von Kryptowerte-Dienstleistungen müssen alle angemessenen Schritte unternehmen, um sicherzustellen, dass die über ihre (potenziellen) Kunden gesammelten Informationen zuverlässig sind. Maßgebend dafür ist, dass der Kunde verstehen kann und versteht, warum diese Informationen von ihm verlangt werden.[57] Dem (potenziellen) Kunden muss klar gemacht werden und klar sein, dass vollständige und korrekte Informationen unerlässlich sind, um seine Eignung für Kryptowerte-Dienstleistungen oder Kryptowerte zu beurteilen und daran anknüpfend eine passende Empfehlung geben zu können. 64

---

[57] Final Report MiCA Guidelines on investor protection – third package, Annex III, Ziffer 5.1 Rn. 13 f.

65 Nicht zuletzt müssen die vorzusehenden Strategien und Verfahren auch gewährleisten, dass die von (potenziellen) Kunden gegebenen Informationen **hinreichend genau und in sich stimmig** sind.[58] Die ESMA hat in ihren Leitlinien dazu umfassende konkretisierende Anforderungen formuliert,[59] die es **ausschließen** sollen, dass die gegebenen Informationen allein auf **Selbsteinschätzungen des (potenziellen) Kunden** beruhen. Die Strategien und Verfahren müssen auch objektive Kriterien vorsehen, die etwaige subjektive Einschätzungen ergänzen. Schließlich muss gewährleistet sein, dass komplexe Fragen auch verstanden und nicht vorschnell pauschal beantwortet werden.

66 Die Strategien und Verfahren zur Informationsgewinnung und -bewertung müssen bei fortlaufenden Kundenbeziehungen sicherstellen, dass die Informationsgrundlage nicht veraltet, sondern **in regelmäßigen Abständen angepasst** wird. Zu diesem Zweck soll nach den Leitlinien des ESMA[60] jeweils festgelegt werden, welche kundenbezogenen Informationen in welchen Abständen aktualisiert werden, wie die Aktualisierung vorgenommen wird, welche Maßnahmen an eine veränderte Informationslage anknüpfen und wie mit Situationen umzugehen ist, in denen eine Aktualisierung an fehlender Information seitens des Kunden scheitert.

67 Schließlich sollen die Strategien und Verfahren auch darauf ausgerichtet werden zu gewährleisten, dass eine Beratung zu Kryptowerten oder eine Portfolioverwaltung von Kryptowerten oder bestimmte Kryptowerte auf der Grundlage der erhobenen Daten für die betreffenden Kunden tatsächlich geeignet sind, Kosten und Nutzen etwaiger Investitionswechsel erfasst und den (potenziellen) Kunden zur Verfügung gestellt werden. Die ESMA hat in ihren Leitlinien **umfangreiche Konkretisierungen** für alle drei Bereiche formuliert,[61] die in der Sache allerdings teilweise über eine Informationserhebung als Grundlage für die Beurteilung hinausgehen, ob Kryptowerte-Dienstleistungen oder Kryptowerte für (potenzielle) Kunden geeignet sind. Sie werfen die Frage auf, ob die Leitlinien insoweit noch von der Ermächtigung in Art. 81 Abs. 15 iVm Art. 16 der Verordnung (EU) Nr. 1095/2010 gedeckt sind (→ Rn. 79 ff., 82).

2. Know Your Customer-Prozesse

68 Wie bei Wertpapierinstituten werden auch die Anbieter von Kryptowerte-Dienstleistungen die nach Art. 81 Abs. 1, 8 einzuholenden Informationen im Rahmen eines Know Your Customer (KYC)-Prozesses, der maßgebender Bestandteil des Onboardings von Kunden ist, abfragen und speichern können. Auf Basis der

---

[58] Final Report MiCA Guidelines on investor protection – third package, Annex III, Ziffer 5.4 Rn. 46.
[59] Vgl. die Konkretisierungen im Final Report MiCA Guidelines on investor protection – third package, Annex III, Ziffer 5.4 Rn. 46 ff. (Guideline 4 – Reliability of client information), insb. Rn. 48 zur Ergänzung von Selbsteinschätzungen durch Verwendung objektiver Kriterien.
[60] Final Report MiCA Guidelines on investor protection – third package, Annex III, Ziffer 5.5 Rn. 56 ff. (Guideline 5 – Updating client information).
[61] Final Report MiCA Guidelines on investor protection – third package, Annex III, Ziffer 5.8 Rn. 77 ff. (Guideline 8 – Arrangements necessary to ensure the suitability of crypto-assets or crypto-asset services); Ziffer 5.9. Rn. 87 ff. (Guideline 9 – Costs and complexity of equivalent products); Ziffer 10 Rn. 92 ff. (Guideline 10 – Costs and benefits of switching investments).

im Zuge dieses Prozesses erteilten Informationen kann der Anbieter überprüfen, ob Kryptowerte-Dienstleistungen oder Kryptowerte für den (potenziellen) Kunden geeignet sind oder nicht.

XII. Folgen fehlender Informationen und negativer Eignungsbeurteilungen (Abs. 11)

Stellen (potenzielle) Kunden keine ausreichenden Informationen nach Art. 81 69 Abs. 8 (→ Rn. 37 ff.) über ihre Erfahrungen, Kenntnisse, Ziele und Verlustfähigkeit zur Verfügung, dürfen die Anbieter von Kryptowerte-Dienstleistungen nach Art. 81 Abs. 11 diese Dienstleistungen oder Kryptowerte nicht empfehlen bzw. nicht mit der Portfolioverwaltung in Bezug auf Kryptowerte beginnen. Gleiches gilt, wenn die Anbieter von Kryptowerte-Dienstleistungen zu der Einschätzung gelangen, dass Kryptowerte für einen (potenziellen) Kunden nicht geeignet sind. Auch in diesem Fall dürfen die Anbieter von Kryptowerte-Dienstleistungen, die eine Beratung zu Kryptowerten erbringen oder eine Portfolioverwaltung von Kryptowerten anbieten, den betreffenden Kunden weder diese Kryptowerte-Dienstleistung noch Kryptowerte empfehlen.

Die Regelung in Art. 81 Abs. 11 ist **nahezu wortidentisch** mit der Regelung 70 in **Art. 25 Abs. 3 UAbs. 3 MiFID II** zu fehlenden Informationen bzw. einer negativen Eignungsbeurteilung im Hinblick auf die dort erfassten Finanzinstrumente. Zwar sind die Anbieter von Kryptowerte-Dienstleistungen, die eine Beratung zu Kryptowerten erbringen oder eine Portfolioverwaltung von Kryptowerten anbieten, nach Art. 81 Abs. 8 zur Einholung der Informationen verpflichtet, die für die Eignungsbeurteilung nach Art. 81 Abs. 1 erforderlich sind. Auch müssen sie dem Kunden gegenüber deutlich machen, dass die Erhebung von Informationen in seinem Interesse liegt. Der (potenzielle) Kunde ist jedoch nicht verpflichtet, die in Art. 81 Abs. 8 genannten Angaben zu machen. Macht er in Kenntnis der Bedeutung der einzuholenden Informationen **keine Angaben,** so dass es an den nötigen Informationen fehlt, sieht der europäische Gesetzgeber die in Art. 81 Abs. 11 geregelten Folgen vor. Dies gilt auch dann, wenn der Anbieter versucht, die nötigen Angaben einzuholen, der Kunde sich aber weigert, die entsprechenden Angaben zu erteilen oder unzureichende Angaben macht und der Anbieter daher nicht in der Lage ist, eine Eignungsbeurteilung im Hinblick auf einschlägige Kryptowerte-Dienstleistungen oder Kryptowerte zu treffen. Macht der Kunde allerdings **unzutreffende Angaben,** die vom Anbieter nicht als offensichtlich unzutreffend zu erkennen sind, ist dieser nicht an der Erbringung der Dienstleistung gehindert.

Auch wenn Art. 81 Abs. 11 dies nahelegt und der Erwägungsgrund 89 der 72 MiCAR noch einmal hervorhebt, dass die Anbieter von Kryptowerte-Dienstleistungen, die eine Beratung zu Kryptowerten erbringen oder eine Portfolioverwaltung von Kryptowerten anbieten, beim Fehlen der erforderlichen Informationen den betreffenden Kunden gegenüber weder Kryptowerte empfehlen noch die Portfolioverwaltung von Kryptowerten erbringen dürfen, sollte **bei nur unvollständigen Angaben** – der üblichen Praxis bei der Beratung zu Finanzinstrumenten entsprechend – **zwischen der Anlageberatung und der Portfolioverwaltung differenziert** werden. Da Anbieter von Kryptowerte-Dienstleistungen eine Empfehlung nur erteilen können, wenn ihnen die erforderlichen Informationen vorliegen, ist eine Anlageberatung nur bei vollständigem Vorliegen sämtlicher An-

Art. 81

gaben möglich. Anders sieht es jedoch bei der Portfolioverwaltung aus. Verweigert der (potentielle) Kunde Angaben zu seinen persönlichen Verhältnissen, insbesondere zu seiner Risikotoleranz und Risikotragfähigkeit, darf der Vermögensverwalter zwar keine Empfehlung zur Gestaltung der Anlagenrichtlinien abgeben; er kann aber auf einer ausreichenden Informationsbasis durchaus eine Portfolioverwaltung durchführen, wenn er vom (potenziellen) Kunden klare Vorgaben dafür bekommen hat, nach welchen Maßgaben die Portfolioverwaltung durchgeführt werden soll.[62] Auch in diesen Fällen sollte der Anbieter allerdings dokumentieren, welche Informationen der (potenzielle) Kunde nicht gegeben hat und den Kunden im Übrigen darauf hinweisen, dass aufgrund der fehlenden Angaben keine umfassende Eignungsprüfung durchgeführt werden kann.

XIII. Regelmäßige Überprüfung von Kundenangaben zur Beurteilung der Eignung der Kryptowerte-Dienstleistung (Abs. 12)

73 Anbieter von Kryptowerte-Dienstleistungen, die eine Beratung zu Kryptowerten erbringen oder eine Portfolioverwaltung von Kryptowerten anbieten, müssen für jeden Kunden die in Art. 81 Abs. 1 genannte Beurteilung der Eignung (siehe Abs. 1 → Rn. 6 ff.) regelmäßig mindestens alle zwei Jahre nach der ersten Beurteilung erneut überprüfen. Zu diesem Zweck müssen die nach Art. 81 Abs. 10 vorzusehenden Strategien und Verfahren zur Informationsgewinnung und -bewertung (siehe Abs. 10 → Rn. 63 ff.) gewährleisten, dass **bei fortlaufenden Kundenbeziehungen eine regelmäßige Aktualisierung der Informationsgrundlage** stattfindet, ohne die eine erneute Eignungsbeurteilung nicht möglich ist.[63] Hat bereits eine erste umfassende Informationserhebung nach Art. 81 Abs. 8 und 10 sowie eine daran anknüpfende Beurteilung der Eignung stattgefunden, ist es für später nachfolgende Überprüfungen in aller Regel ausreichend, wenn der Anbieter eine Nachfrage an den Kunden richtet, ob sich an den vom Anbieter zu Beginn der Geschäftsbeziehung abgefragten Angaben etwas geändert hat. Nur wenn sich an den zuvor erhobenen Informationen etwas ändert, muss die Beurteilung der Eignung aufgrund der dann neuen Informationsgrundlage angepasst werden, so dass ggf. auch eine **geänderte Empfehlung** zu erteilen ist.

XIV. Eignungsbericht (Abs. 13)

74 Für (potenzielle) Kunden ist es wichtig, über den Zweck und den Umfang der Eignungsbeurteilung nach Art. 81 Abs. 1 informiert zu werden.[64] Dementsprechend sieht Art. 81 Abs. 13 vor, dass Anbieter von Kryptowerte-Dienstleistungen, die eine Beratung zu Kryptowerten anbieten, den Kunden einen Bericht zur Verfü-

---

[62] Diese Differenzierung wird auch in der MiFID II-Welt vorgenommen. Vgl. dazu Assmann/Schütze/Buck/Heeb KapAnlR-HdB/U.Schäfer § 21 Rn. 41 mwN.

[63] Näher dazu die Konkretisierungen in den Leitlinien der ESMA, vgl. Final Report MiCA Guidelines on investor protection – third package, Annex III, Ziffer 5.5 Rn. 56 ff. (Guideline 5 – Updating client information).

[64] Final Report MiCA Guidelines on investor protection – third package, Annex III, Ziffer 5.1 Rn. 13 f.; Ziffer 5.4. Rn. 46; Ziffer 5.5 Rn. 56.

gung stellen, der die Beurteilung der Eignung mit Angabe des erteilten Rates und Angaben dazu enthält, wie die Kryptowerte den Präferenzen, Zielen und anderen Merkmalen der Kunden gerecht werden. Diese Pflicht zur Erstellung eines Berichts dient nicht nur größtmöglicher Transparenz, sondern soll es den (potenziellen) Kunden auch ermöglichen, Bedeutung und Reichweite der gegebenen Informationen und der daran anknüpfenden Eignungsbeurteilung einschätzen zu können.

Der Bericht ist vom Anbieter von Kryptowerte-Dienstleistungen an den (potenziellen) Kunden zu übermitteln, sobald die Beurteilung der Eignung nach Art. 81 Abs. 1 oder deren Überprüfung nach Art. 81 Abs. 12 (siehe Abs. 12 → Rn. 73) abgeschlossen ist. Er wird **in elektronischem Format** erstellt und den Kunden in diesem Format übermittelt. Der Bericht muss mindestens enthalten: a) aktualisierte Informationen über die Beurteilung gemäß Abs. 1 und b) einen Überblick über die geleistete Beratung. 75

Aus dem Bericht über die Eignung muss eindeutig hervorgehen, dass die Beratung auf den Kenntnissen und Erfahrungen des Kunden in Bezug auf Investitionen in Kryptowerte, den Anlagezielen des Kunden, seiner Risikotoleranz, seiner Finanzlage und seiner Fähigkeit beruht, Verluste zu tragen. 76

XV. Reporting (Abs. 14)

Bei der Portfolioverwaltung von Kryptowerten müssen Anbieter von Kryptowerte-Dienstleistungen ihren Kunden gemäß Art. 81 Abs. 14 regelmäßig Erklärungen in elektronischer Form bereitstellen, die einen Überblick über die in ihrem Namen vorgenommenen Aktivitäten und über die Leistung des Portfolios sowie eine aktualisierte Erklärung zur Eignungsbeurteilung enthalten. Konkret beziehen sich die regelmäßigen Erklärungen auf eine **redliche und ausgewogene Überprüfung der ausgeführten Tätigkeiten** und der Wertentwicklung des Portfolios während des Berichtszeitraums, eine aktualisierte Erklärung darüber, wie die ausgeführten Tätigkeiten den Präferenzen, Zielen und sonstigen Merkmalen des Kunden entsprechen, sowie aktualisierte Informationen über die Beurteilung der Eignung gemäß Art. 81 Abs. 1 (→ Rn. 6 ff.) oder deren Überprüfung nach Art. 81 Abs. 12 (→ Rn. 73).[65] 77

Die regelmäßige Erklärung wird alle drei Monate vorgelegt, es sei denn, der Kunde hat Zugang zu einem **Online-System,** auf dem aktuelle Bewertungen des Kundenportfolios und aktualisierte Informationen über die Beurteilung der Eignung nach Art. 81 Abs. 1 zugänglich sind. Darüber hinaus muss der Anbieter von Kryptowerte-Dienstleistungen über einen Nachweis verfügen, dass der Kunde mindestens einmal im betreffenden Quartal auf eine Bewertung zugegriffen hat. Ein solches Online-System gilt als elektronisches Format. 78

---

[65] Die Anforderungen an die in Art. 81 Abs. 4 geforderten regelmäßigen Erklärungen im Rahmen der Portfolioverwaltung werden von der ESMA in eigenen Guidelines konkretisiert, die sich namentlich auf die Dauerhaftigkeit der Speichermedien, den Zugang zu einem Online-System und den Inhalt der regelmäßigen Erklärungen beziehen; vgl. Final Report MiCA Guidelines on investor protection – third package, Annex III, Ziffer 6.1 Rn. 105 f. (Guideline 1 – Durable medium), Ziffer 6.2 Rn. 107 (Guideline 2 – Access to an online medium), Ziffer 6.3 Rn. 108 f. (Guideline 3 – Content of the periodic statement).

XVI. ESMA-Leitlinien (Abs. 15)

79 Art. 81 Abs. 15 sieht vor, dass die ESMA bis zum 30.12.2024 Leitlinien gemäß Art. 16 der Verordnung (EU) Nr. 1095/2010 herausgibt, in denen folgende Anforderungen aus Art. 81 präzisiert werden:
a) die Kriterien für die Bewertung der Kenntnisse und Kompetenzen des Kunden gemäß Art. 81 Abs. 2 (→ Rn. 13 f.),
b) die Informationen nach Art. 81 Abs. 8 (→ Rn. 37 ff.) und
c) das Format der regelmäßigen Erklärung nach Art. 81 Abs. 14 (→ Rn. 77 f.).

80 Bei dem unter Buchst. a in Bezug genommenen Art. 81 Abs. 2 handelt es sich um ein **offensichtliches redaktionelles Versehen**. Art. 81 Abs. 2 bezieht sich auf Informationen zur Unabhängigkeit der Beratung der Anbieter von Kryptowerte-Dienstleistungen (siehe Abs. 2 → Rn. 16 ff.), betrifft aber nicht „Kenntnisse und Kompetenzen des Kunden". Diese werden – neben dem unter Buchst. b in Bezug genommenen Art. 81 Abs. 8 – lediglich in Art. 81 Abs. 1 angesprochen. Die Regelung unter Buchst. a ergibt nur Sinn, wenn sie auf diese in Art. 81 Abs. 1 vorgesehene Berücksichtigung der Kenntnisse und Kompetenzen von (potenziellen) Kunden bezogen wird.

1. Konkretisierungsleistung der Leitlinien

81 Die von der ESMA vorgelegten Leitlinien[66] dienen nach Art. 16 der Verordnung (EU) Nr. 1095/2010 dazu, kohärente, effiziente und wirksame Aufsichtspraktiken zu schaffen und eine gemeinsame, einheitliche und kohärente Anwendung des Unionsrechts sicherzustellen. In der Sache stimmen die Leitlinien, die die ESMA auf der Grundlage von Art. 81 Abs. 15 erarbeitet hat, sehr weitgehend mit den für Finanzinstrumente getroffenen Guidelines im Final Report der ESMA[67] überein. Die ESMA weist selbst darauf hin, dass sie sich dafür entschieden habe, die ESMA-Guidelines zu bestimmten Aspekten der Geeignetheitsprüfung nach MiFID II als Grundlage für den in Anhang II des Consultation Paper vorgelegten Entwurf zu verwenden.[68] Auf diese Weise solle nicht zuletzt auch ein **vergleichbares Schutzniveau** gewährleistet werden. Die Risikoeinschätzung und die dafür erforderliche Informationseinholung müssen jeweils differenziert vorgenommen werden.[69] Der Umfang der zu erhebenden Informationen muss entsprechend angepasst werden.[70]

---

[66] Final Report – Guidelines specifying certain requirements of the Markets in Crypto Assets Regulation (MiCA) on investor protection – third package, 17.12.2024 – ESMA35-1872330276-1936 („Final Report MiCA Guidelines on investor protection – third package"). Die Guidelines zu den suitability requirements und den regelmäßigen Erklärungen bei der Portfolioverwaltung finden sich in Annex III – Guidelines on certain aspects of the suitability requirements and format of the periodic statement for portfolio management activities under MiCA („Final Report MiCA Guidelines on investor protection – third package, Annex III").

[67] Final Report – Guidelines on certain aspects of the MiFID II suitability requirements, 23.9.2022 – ESMA35-43-3172.

[68] Final Report MiCA Guidelines on investor protection – third package, Ziffer 2.1 Rn. 7.

[69] Final Report MiCA Guidelines on investor protection – third package, Ziffer 2.2.1 Rn. 17; Annex III, Ziffer 5.3 Rn. 32 ff.

[70] Final Report MiCA Guidelines on investor protection – third package, Annex III, Ziffer 5.3 Rn. 32 ff

Erbringung von Transferdienstleistungen für Kryptowerte für Kunden **Art. 82**

2. Reichweite der Ermächtigung

Die Ermächtigung in Art. 81 Abs. 15 beschränkt sich nach ihrem eindeutigen Wortlaut auf die drei ausdrücklich genannten Anforderungen in den Abs. 2 (gemeint ist Abs. 1), 8 und 14. Die ESMA sieht sich jedoch selbst dazu ermächtigt, über das Mandat des Art. 81 Abs. 15 hinauszugehen und auf der allgemeinen Grundlage von Art. 16 der Verordnung (EU) Nr. 1095/2010 Ergänzungen der Leitlinien vorzunehmen.[71] Daher befassen sich die Leitlinien, die sich in ihrem Titel auf Art. 81 Abs. 15 beziehen, beispielsweise auch mit Themen wie der Bedeutung der den Kunden zur Verfügung gestellten Informationen zur Eignungsbeurteilung oder den notwendigen Vorkehrungen zur Sicherstellung der Eignung einer Begutachtung, obwohl diese Themen teilweise über die in Art. 81 Abs. 15 gegebene Ermächtigung hinausgehen. Art. 16 der Verordnung (EU) Nr. 1095/2010 ermächtigt die ESMA allerdings nicht zum Erlass beliebiger Leitlinien, sondern knüpft mit dem Ziel einer einheitlichen und kohärenten Anwendung an vorhandene unionsrechtliche Regelungen und Befugnisse an, über die die ESMA in ihrer lediglich abgeleiteten Befugnis zum Erlass darauf bezogener Leitlinien nicht hinausgehen darf. Je mehr die ESMA in ihren Leitlinien über das Sammeln und Bewerten von Informationen, das damit zwangsläufig verbundene Einwirken auf die vorhandene Informationsgrundlage sowie das Bewerten des Kenntnisse und Kompetenzen des (potenziellen) Kunden hinausgeht und über die Anforderungen in Art. 81 auf Seiten des Anbieters zusätzliche, mehr oder weniger weitreichende Informations-, Aufklärungs- und Alternativenprüfungen zu Krypto-Assets und Krypto-Asset-Diensten vorsieht,[72] bewegt sie sich in einer rechtlichen Grauzone und läuft Gefahr, mit ihren Leitlinien nicht mehr von den Ermächtigungen in Art. 81 Abs. 15 iVm Art. 16 der Verordnung (EU) Nr. 1095/2010 gedeckt zu sein.

Artikel 82 Erbringung von Transferdienstleistungen für Kryptowerte für Kunden

(1) Anbieter von Kryptowerte-Dienstleistungen, die Transferdienstleistungen für Kryptowerte für Kunden erbringen, müssen mit ihren Kunden eine Vereinbarung schließen, in der ihre Pflichten und Aufgaben festgelegt werden. Eine solche Vereinbarung muss zumindest Folgendes enthalten:
a) die Identität der Vertragspartner,
b) eine Beschreibung der Modalitäten der erbrachten Transferdienstleistung,
c) eine Beschreibung der vom Anbieter von Kryptowerte-Dienstleistungen verwendeten Sicherheitssysteme,
d) die vom Anbieter von Kryptowerte-Dienstleistungen erhobenen Gebühren und
e) das anwendbare Recht.

---

[71] Final Report MiCA Guidelines on investor protection – third package, Ziffer 2.1 Rn. 5; zuvor bereits Consultation Paper, Ziffer 4.1 Rn. 61.
[72] Vgl. Final Report MiCA Guidelines on investor protection – third package, Annex III, insb. Anforderungen in Ziffer 5.8 Rn. 77 ff. (Guideline 8 – Arrangements necessary to ensure the suitability of crypto-assets or crypto-asset services), Ziffer 5.9. Rn. 87 ff. (Guideline 9 – Costs and complexity of equivalent products) sowie Ziffer 5.10 Rn. 92 ff. (Guideline 10 – Costs and benefits of switching investments).

Winter

Art. 82 Titel V Kryptowerte-Dienstleistungen

(2) Die ESMA gibt in enger Zusammenarbeit mit der EBA Leitlinien gemäß Artikel 16 der Verordnung (EU) Nr. 1095/2010 heraus für Anbieter von Kryptowerte-Dienstleistungen, die Transferdienstleistungen für Kryptowerte für Kunden erbringen, in Bezug auf Verfahren und Grundsätze, einschließlich der Rechte der Kunden, im Zusammenhang mit Transferdienstleistungen für Kryptowerte.

Schrifttum: Siehe Art. 75

Übersicht

	Rn.
I. Anwendungsbereich und Regelungsgegenstand	1
II. Vereinbarung mit dem Kunden (Abs. 1)	2
1. Pflicht zur Vereinbarung der Pflichten und Aufgaben (S. 1)	2
2. Mindestinhalt der Vereinbarung (S. 2)	4
a) Identität der Vertragspartner (lit. a)	4
b) Modalitäten der Transferdienstleistung (lit. b)	5
c) Beschreibung der Sicherheitssysteme (lit. c)	7
d) Erhobene Gebühren (lit. d)	9
e) Anwendbares Recht (lit. e)	10
III. Leitlinien zu Verfahren und Grundsätzen (Abs. 2)	11

I. Anwendungsbereich und Regelungsgegenstand

1 Art. 82 definiert die speziellen **Dokumentations- und Transparenzpflichten,** die neben den allgemeinen Anforderungen an Kryptowerte-Dienstleister von Anbietern von Transferdienstleistungen zu erfüllen sind. Neben der MiCAR ergeben sich weitergehende Pflichten für Anbieter von Transferdienstleistungen aus dem Geldwäscherecht, insbesondere der VO (EU) 2023/1113.

II. Vereinbarung mit dem Kunden (Abs. 1)

1. Pflicht zur Vereinbarung der Pflichten und Aufgaben (S. 1)

2 Über die Pflichten und Aufgaben des Transferdienstleisters ist eine **Vereinbarung** mit gesetzlichem Mindestinhalt zu schließen. Die Vereinbarung, bei der es sich regelmäßig um AGB handeln wird, muss alle wesentlichen Elemente der Vertragsbeziehung enthalten und dient daher der **Information** des Kunden und der **Dokumentation** der Kundenbeziehung.

3 Da eine besondere Form der Vereinbarung nicht vorgeschrieben ist, dürfte nach dem Sinn und Zweck der Vorschrift die Dokumentation auf jedem jederzeit abrufbarem **unveränderlichen Medium,** das dem Kunden die Einsicht in den Inhalt der Vereinbarung dauerhaft ermöglicht, den Anforderungen genügen.[1] Diese Vor-

---

[1] Vgl. Entwurf der Guidelines in der Fassung des Annex II 7.2.3 „Draft guidelines on the procedures and policies, including the rights of clients, in the context of transfer services for crypto-assets" des ESMA Consultation Paper Draft technical standards and guidelines specifying certain requirements of the Markets in Crypto Assets Regulation (MiCA) on detection and prevention of market abuse, investor protection and operational resilience – third consultation paper v. 25.03.2023 (ESMA75-453128700-1002), S. 89.

gaben sind auch für Änderungen der Pflichten und Aufgaben nach Begründung der Vertragsbeziehung zu berücksichtigen.

2. Mindestinhalt der Vereinbarung (S. 2)

a) Identität der Vertragspartner (lit. a). Die Vertragspartner sind in der Vereinbarung so zu bezeichnen, dass mittels der enthaltenen Angaben eine eindeutige Identifikation aller am Vertrag beteiligten Parteien möglich ist. Dazu zählen neben dem Namen, der Rechtsform sowie der Anschrift der Vertragsparteien gegebenenfalls auch der Legal Entity Identifier und sonstige Merkmale und Informationen, die eine Kontaktaufnahme zwischen den Parteien ermöglichen.[2]

b) Modalitäten der Transferdienstleistung (lit. b). Bei der Beschreibung der Modalitäten der Transferdienstleistung in der Vereinbarung sollten technische, operative und gegebenenfalls rechtliche Merkmale umfasst werden. Der Anbieter sollte mindestens Angaben machen zur **Initiierung von Transaktionen**, der **Verwahrung** der entgegengenommen Kryptowerte bzw. der **Sicherung** der Private Keys und inwiefern dabei weitere Dienstleister herangezogen werden. Zu den Modalitäten, über die im Rahmen der Vereinbarung aufzuklären ist, können Ausführungen zu den zum Einsatz kommenden Distributed-Ledgern erforderlich sein sowie gegebenenfalls Angaben dazu, unter welchen Umständen die Übertragungen „on-chain" oder „off-chain" erfolgen. Darüber hinaus sind Informationen dazu erforderlich, unter welchen Umständen eine Transaktion abgelehnt werden kann und ab wann ein Transfer als abgeschlossen und final zu betrachten ist. Hierfür ist ggf. Zwischen verschiedenen Distributed-Ledgern zu unterscheiden.[3]

In Bezug auf die einzelnen vom Kunden ausgelösten oder empfangenen Transfers von Kryptowerten muss der Dienstleister die Vorgaben der VO (EU) 2023/1113 erfüllen. Die Informationen zum Originator bzw. Begünstigten des Transfers, einschließlich der Distributed-Ledger-Adresse oder des Distributed-Ledger-Kontos, Art und Anzahl der übertragenen Kryptowerte und damit verbundene Gebühren und Kosten, müssen dem Kunden zur Verfügung gestellt werden.

c) Beschreibung der Sicherheitssysteme (lit. c). Unter dem Begriff der **Sicherheitssysteme** können insbesondere die technischen und organisatorischen Vorrichtungen und Verfahren verstanden werden, die das Risiko des Verlusts oder Missbrauchs von Kryptowerten unter Ausnutzung oder Überwindung der Systeme des Transferdienstleister begrenzen sollen. Die Ausführungen dürften sich auf die Darstellung der Sicherheitssysteme beziehen, die Risken reduzieren sollen, die sich

---

[2] Vgl. Entwurf der Guidelines in der Fassung des Annex II 7.2.3 „Draft guidelines on the procedures and policies, including the rights of clients, in the context of transfer services for crypto-assets" des ESMA Consultation Paper Draft technical standards and guidelines specifying certain requirements of the Markets in Crypto Assets Regulation (MiCA) on detection and prevention of market abuse, investor protection and operational resilience – third consultation paper v. 25.03.2023 (ESMA75-453128700-1002), S. 89.

[3] Vgl. Entwurf der Guidelines in der Fassung des Annex II 7.2.3 „Draft guidelines on the procedures and policies, including the rights of clients, in the context of transfer services for crypto-assets" des ESMA Consultation Paper Draft technical standards and guidelines specifying certain requirements of the Markets in Crypto Assets Regulation (MiCA) on detection and prevention of market abuse, investor protection and operational resilience – third consultation paper v. 25.03.2023 (ESMA75-453128700-1002), S. 89f.

aus der Natur von Kryptowerten und Distributed-Ledgern ergeben, das heißt insbesondere Unumkehrbarkeit von Transaktionen und die fehlende Wiederherstellbarkeit von Private Keys.

8 Die **Vereinbarung** muss eine Beschreibung der Sicherheitssysteme enthalten. Es ist zu erwarten, dass die ESMA in ihren Leitlinien (s. Abs. 2) detailliertere Vorgaben in Bezug auf die nach lit. c erwartete Information definieren wird, um Transparenz und ein Mindestmaß an Vergleichbarkeit zwischen den Angaben verschiedener Anbieter zu gewährleisten. Der Dienstleister hat auch mitzuteilen wie und in welchem Zeitrahmen Kunden über sicherheitsrelevante Vorfälle oder Betrug(-sversuche) informiert werden.

9 **d) Erhobene Gebühren (lit. d).** Die Vereinbarung muss sämtliche Angaben enthalten, die erforderlich sind, um dem Kunden die für jede Transferdienstleistung entstehenden **Gebühren** im Voraus nachvollziehbar zu machen. Darunter fallen nicht nur die Vergütung des Dienstleisters, sondern auch etwaige mit der Durchführung von Distributed-Ledger Transaktionen verbundenen **Transaktionsgebühren** (zB Gas Fees). Der Dienstleister muss auch darüber informieren, ob und unter welchen Umständen erhobene Gebühren beim Scheitern oder der Ablehnung einer Transaktion zurückerstattet werden.[4]

10 **e) Anwendbares Recht (lit. e).** Unabhängig davon, ob das auf das Vertragsverhältnis anwendbare Recht im Einzelfall zur Disposition der Parteien steht, hat die Vereinbarung das anwendbare Recht zu bezeichnen.

III. Leitlinien zu Verfahren und Grundsätzen (Abs. 2)

11 ESMA wird in ihren Leitlinien neben detaillierteren Vorgaben zu den Modalitäten der Erbringung von Transferdienstleistungen auch die Anforderungen an die Darstellung der in der Vereinbarung zu dokumentierenden Informationen definieren.[5] Der Entwurf sieht vor, dass Transferdienstleister angemessene Verfahren und Grundsätze in Bezug auf die Ausführung von Transaktionen bestimmen müssen (u. a. spätester Zeitpunkt der Initiierung eines Transfers, um eine taggleiche Ausführung anzunehmen; Höchstdauer für die Ausführung eines Transfers und die erforderliche Anzahl an „Blöcken", die dem Distributed-Ledger nach der Transaktion hinzugefügt werden müssen, bis der Transfer als abgeschlossen zu betrachten ist). Darüber hinaus müssen Transferdienstleister Verfahren zum Umgang mit gescheiterten oder abgelehnten Transaktionen, insbesondere bei Fehlen von Angaben, die

---

[4] Vgl. Entwurf der Guidelines in der Fassung des Annex II 7.2.3 „Draft guidelines on the procedures and policies, including the rights of clients, in the context of transfer services for crypto-assets" des ESMA Consultation Paper Draft technical standards and guidelines specifying certain requirements of the Markets in Crypto Assets Regulation (MiCA) on detection and prevention of market abuse, investor protection and operational resilience – third consultation paper v. 25.03.2023 (ESMA75-453128700-1002), S. 92.

[5] Vgl. Entwurf der Guidelines in der Fassung des Annex II 7.2.3 „Draft guidelines on the procedures and policies, including the rights of clients, in the context of transfer services for crypto-assets" des ESMA Consultation Paper Draft technical standards and guidelines specifying certain requirements of the Markets in Crypto Assets Regulation (MiCA) on detection and prevention of market abuse, investor protection and operational resilience – third consultation paper v. 25.03.2023 (ESMA75-453128700-1002), S. 86 ff.

nach der VO (EU) 2023/1113 erforderlich sind, festlegen. Für Fälle von nicht-autorisierten oder falsch ausgeführten Transaktionen müssen Transferdienstleister in internen Grundsätzen den Umgang mit Haftungsfragen regeln.

Kapitel 4 Übernahme eines Anbieters von Kryptowerte-Dienstleistungen

Artikel 83 Bewertung der geplanten Übernahme eines Anbieters von Kryptowerte-Dienstleistungen

(1) Eine natürliche oder juristische Person oder gemeinsam handelnde natürliche oder juristische Personen, die entschieden haben, direkt oder indirekt eine qualifizierte Beteiligung an einem Anbieter von Kryptowerte-Dienstleistungen zu erwerben (im Folgenden „interessierte Erwerber") oder eine solche qualifizierte Beteiligung direkt oder indirekt zu erhöhen, so dass ihr Anteil an den Stimmrechten oder dem Kapital 20%, 30% oder 50% erreichen oder überschreiten würde oder der Anbieter von Kryptowerte-Dienstleistungen ihr Tochterunternehmen würde, teilen dies der für den betreffenden Anbieter von Kryptowerte-Dienstleistungen zuständigen Behörde schriftlich unter Angabe des Umfangs der geplanten Beteiligung und zusammen mit den Informationen, die nach den von der Kommission gemäß Artikel 84 Absatz 4 verabschiedeten technischen Regulierungsstandards erforderlich sind, mit.

(2) Eine natürliche oder juristische Person, die entschieden hat, ihre an einem Anbieter von Kryptowerte-Dienstleistungen gehaltene qualifizierte Beteiligung direkt oder indirekt zu veräußern, unterrichtet vor der Veräußerung dieser Beteiligung die zuständige Behörde schriftlich über ihre Entscheidung und gibt dabei den Umfang der betreffenden Beteiligung an. Die betreffende natürliche oder juristische Person teilt der zuständigen Behörde auch ihre Entscheidung mit, eine qualifizierte Beteiligung so zu verringern, dass ihr Anteil an den Stimmrechten oder am Kapital 10%, 20%, 30% oder 50% unterschreiten würde oder der Anbieter von Kryptowerte-Dienstleistungen nicht mehr ihr Tochterunternehmen wäre.

(3) Die zuständige Behörde bestätigt umgehend, in jedem Fall aber innerhalb von zwei Arbeitstagen nach Eingang einer Mitteilung gemäß Absatz 1, schriftlich deren Eingang.

(4) Die zuständige Behörde bewertet die in Absatz 1 des vorliegenden Artikels genannte geplante Übernahme und die Informationen, die aufgrund der von der Kommission gemäß Artikel 84 Absatz 4 verabschiedeten technischen Regulierungsstandards erforderlich sind, innerhalb von 60 Arbeitstagen ab dem Tag der schriftlichen Empfangsbestätigung nach Absatz 3 des vorliegenden Artikels. Bei Bestätigung des Eingangs der Mitteilung teilt die zuständige Behörde dem interessierten Erwerber mit, zu welchem Zeitpunkt der Bewertungszeitraum abläuft.

(5) Für die Zwecke der in Absatz 4 genannten Bewertung kann die zuständige Behörde die für die Bekämpfung von Geldwäsche und Terrorismusfinanzierung zuständigen Behörden sowie die Zentralstellen für Geld-

wäsche-Verdachtsanzeigen konsultieren, wobei sie deren Standpunkten gebührend Rechnung trägt.

(6) Bei der Bewertung nach Absatz 4 kann die zuständige Behörde den interessierten Erwerber um zusätzliche Informationen ersuchen, die für den Abschluss dieser Bewertung erforderlich sind. Ein solches Ersuchen muss vor Abschluss der Bewertung, spätestens jedoch am 50. Arbeitstag nach dem Tag der schriftlichen Empfangsbestätigung nach Absatz 3 ergehen. Solche Ersuchen ergehen schriftlich unter Angabe der zusätzlich benötigten Informationen.

Die zuständige Behörde setzt den in Absatz 4 genannten Bewertungszeitraum aus, bis sie die in Unterabsatz 1 dieses Absatzes genannten zusätzlichen Informationen erhalten hat. Die Aussetzung darf 20 Arbeitstage nicht überschreiten. Weitere Ersuchen der zuständigen Behörde um zusätzliche Informationen oder um Klarstellung der erhaltenen Informationen bewirken keine erneute Aussetzung des Bewertungszeitraums.

Die zuständige Behörde kann die Aussetzung nach Unterabsatz 2 dieses Absatzes auf bis zu 30 Arbeitstage ausdehnen, wenn der interessierte Erwerber außerhalb der Union ansässig ist oder nach dem Recht eines Drittstaats reguliert wird.

(7) Eine zuständige Behörde, die nach Abschluss der Bewertung gemäß Absatz 4 entscheidet, Einspruch gegen die geplante Übernahme nach Absatz 1 zu erheben, teilt dies dem interessierten Erwerber innerhalb von zwei Arbeitstagen, und in jedem Fall vor dem in Absatz 4 genannten Tag, mit, wobei etwaige Fristverlängerungen gemäß Absatz 6 Unterabsätze 2 und 3 zu berücksichtigen sind. In dieser Mitteilung sind die Gründe für die getroffene Entscheidung anzugeben.

(8) Erhebt die zuständige Behörde bis zu dem in Absatz 4 genannten Tag unter Berücksichtigung etwaiger Fristverlängerungen gemäß Absatz 6 Unterabsätze 2 und 3 keine Einwände gegen die geplante Übernahme nach Absatz 1, so gilt die geplante Übernahme als genehmigt.

(9) Die zuständige Behörde kann für den Abschluss der in Absatz 1 genannten geplanten Übernahme eine Maximalfrist festlegen, die gegebenenfalls verlängert werden kann.

Schrifttum: BaFin, Merkblatt zu den Geschäftsleitern gemäß KWG, ZAG und KAGB v. 29.12.2020; Beck/Samm/Kokemohr, Kreditwesengesetz mit CRR, 2032. Lieferung, 8/2023; EBA, Final Report, Draft Regulatory Technical Standards on the Detailed Content of Information Necessary to Carry out the Assessment of a Proposed Acquisition of Qualifying Holding in Issuers of Asset-Referenced Tokens under Art. 42 of Regulation EU 2023/1114, EBA/RTS/2024/04; ESMA, Final Report, Draft Technical Standards specifying certain requirements in Crypto, Assets Regulation (MiCA) – first package, ESMA 18-72330276-1634; ESMA/EBA, Guidelines on the assessment of the suitability of members of the management body (EBA/GL/2020/19-ESMA35-43-2464); EZB, Leitfaden zu Verfahren für qualifizierte Beteiligungen, März 2023; ESMA, Draft technical Standards specifying certain requirements of the Markets in Crypto Assets Regulation (MiCA), first package (ESMA 18-72330276-1634, 25.3.2024); EZB, Leitfaden zu Verfahren für qualifizierte Beteiligungen (März 2023); Fischer/Schulte-Mattler, KWG mit CRR, 6. Aufl. 2023; Reischauer/Kleinhans, Kreditwesengesetz, 7. Ergänzungslieferung 2023; Schwennicke/Auerbach, Kreditwesengesetz, 2. Aufl. 2013, § 2c, Rn. 6.

Art. 83

Übersicht

	Rn.
I. Einführung	1
II. Anzeigepflicht bei Erwerb einer qualifizierten Beteiligung (Abs. 1)	3
1. Anwendungsbereich	5
2. Entscheidung des Erwerbs	7
III. Anzeigepflicht bei Aufgabe einer qualifizierten Beteiligung (Abs. 2)	8
IV. Inhalt der Anzeige und Prüfungsumfang der zuständigen Behörde (Abs. 4)	9
1. Die Anforderungen von Art. 83	9
2. Bewertung durch die zuständige Behörde für Bekämpfung von Geldwäsche und Terrorismusfinanzierung sowie die Zentralstellen für Geldwäscheverdachtsanzeigen (Abs. 5)	11
3. Zusätzliche Informationen im Einzelfall (Abs. 6)	12
4. Anforderungen im Falle eines Einspruchs gegen die Übernahme (Abs. 6)	13
V. Fiktion der Genehmigung (Abs. 8)	14
VI. Festlegung einer Maximalfrist (Abs. 9)	15

I. Einführung

Art. 83 regelt die **Inhaberkontrolle** für Anbieter von Kryptowerte-Dienstleistungen. Die Norm lässt sich grob unterteilen in die Anzeigepflicht bei Erwerb einer **qualifizierten Beteiligung** (Abs. 1), die Anzeigepflicht bei Aufgabe einer **qualifizierten Beteiligung** (Abs. 2), die Anforderungen an das Anzeigeverfahren sowie die Anforderungen an den Inhalt der Anzeige und den Prüfungsumfang der zuständigen Behörde (Abs. 3–8 ohne Abs. 5). Die Anforderungen entsprechen in etwa denen des Art. 41 Prüfung der geplanten Übernahme eines Emittenten vermögenswertereferenzierter Token. Unterschiede im Text ergeben sich zum einen aus Übersetzungsunterschieden sowie aus dem Umstand, dass es sich bei Art. 41 um eine Absichtsanzeige handelt. Dies ist bei Art. 83 nicht der Fall. Während die EBA Draft-RTS zu Art. 42 Abs. 2 und die ESMA Draft-RTS zu Art. 84 Abs. 4 sich stark in ihren Vorgaben ähneln, enthält § 25 KMAG-E hinsichtlich der Vorgaben für den Kryptowerte-Dienstleister weniger Vorgaben als für Emittenten vermögenswertereferenzierter Token. 1

Die Anforderungen an die Inhaberkontrolle lassen sich nur vor dem Hintergrund des Zwecks der Inhaberkontrolle und der geschichtlichen Entwicklung der Aufsicht am Finanzmarkt erklären (I.). Außerdem finden sich in zahlreichen Parallelvorschriften des nationalen und europäischen Aufsichtsrechts ebenfalls Anforderungen an die Inhaberkontrolle, die mit den Regelungen der MiCAR vergleichbar sind (II.). Zum **Normzweck** und zu den **Parallelvorschriften** siehe die Ausführungen zu Art. 41 (→ Art. 41 Rn. 3–7). 2

II. Anzeigepflicht bei Erwerb einer qualifizierten Beteiligung (Abs. 1)

Nach Art. 83 Abs. 1 unterliegt jede natürliche oder juristische Person, die entschieden hat, eine solche **qualifizierte Beteiligung** zu erwerben bzw. eine **Beteiligung** zu erhöhen, einer Anzeigepflicht. Dies betrifft dabei sowohl die direkte als 3

Art. 83 Titel V Kryptowerte-Dienstleistungen

auch die indirekte **qualifizierte Beteiligung** an einem Anbieter von Kryptowerte-Dienstleistungen. Spiegelbildlich zu den Anzeigepflichten des interessierten Erwerbers ist die Veräußerung der **qualifizierten Beteiligung** nach Abs. 2 anzuzeigen.

4   Der Begriff des interessierten Erwerbers wird in Art. 83 legaldefiniert als eine natürliche oder juristische Person oder gemeinsam handelnde natürliche oder juristische Personen, die entschieden haben, direkt oder indirekt eine **qualifizierte Beteiligung** an einem Anbieter von Kryptowerte-Dienstleistungen zu erwerben. Nach dem Wortlaut von Art. 83 ist die Erhöhung einer **qualifizierten Beteiligung** direkt oder indirekt nicht von der Definition interessierter Erwerber umfasst. Es kann sich hier allerdings nur um ein redaktionelles Versehen handeln, nachdem der Erhöhung der **Beteiligung** selbst ein Beteiligungserwerb vorangehen muss, es sei denn, es handelt sich um einen indirekten Erwerb. Es kann nicht im Sinne des Gesetzgebers sein, den indirekten Erwerber, der im Hinblick auf die Informationspflichten ansonsten dem direkten Erwerber gleichgestellt ist, hier zu privilegieren oder anders zu behandeln.

1. Anwendungsbereich

5   Art. 83 ist auf interessierte Erwerber anwendbar. Die Legaldefinition des Begriffs des interessierten Erwerbers baut strukturell auf dem Begriff des Erwerbs auf (1) und legt den Kreis der tauglichen Erwerber fest (2). Der Kreis der interessierten Erwerber umfasst dabei denjenigen, der entschieden hat, direkt oder indirekt eine **qualifizierte Beteiligung** an einem Anbieter von Kryptowerte-Dienstleistungen zu erwerben als auch denjenigen, der eine solche **qualifizierte Beteiligung** direkt oder indirekt erhöht.

6   Die Ausführungen zum Begriff des Erwerbs, zum Kreis der tauglichen Erwerber und zum Begriff der **qualifizierten Beteiligung** und den Zielunternehmen zu Art. 83 sind sinngemäß zu denen in Art. 41 Art. (→ Art. 41 Rn. 10–19).

2. Entscheidung des Erwerbs

7   Die Anzeigepflicht für den Erwerb oder die Erhöhung einer **Beteiligung** an einem Anbieter von Kryptowerte-Dienstleistungen wird ausgelöst, sofern und sobald entschieden wurde, eine **Beteiligung** direkt oder indirekt zu erwerben. Im Rahmen von Art. 83 wird hierbei nicht vorausgesetzt, dass bereits die Absicht zu melden ist. Während in der englischen Version von Art. 41 von *intent to acquire* gesprochen wird, enthält der Text von Art. 83 den Satz *who have taken a decision either to acquire or to increase,* so dass davon ausgegangen wird, dass es sich hierbei um eine bewusste Entscheidung des Gesetzgebers handelt. Es stellt sich in diesem Zusammenhang die Frage, welche Auswirkung diese Zeitpunktfrage in der Praxis tatsächlich haben wird. Im Rahmen einer Absichtsanzeige wird die Anzeigepflicht üblicherweise ausgelöst, sofern und sobald die Absicht besteht, eine **Beteiligung** direkt oder indirekt zu erwerben. Dies wird im Regelfall angenommen, wenn eine Beschlussfassung der Geschäftsleitung bzw., soweit erforderlich, die Zustimmung des Aufsichtsrats vorliegt.[1] Vor dem Hintergrund des Verständnisses, dass eine Absichtsanzeige dann erforderlich ist, wenn eine Beschlussfassung vorliegt, bleibt im prakti-

---

[1] Reischauer/Kleinhans/Becker KWG § 2c, Fischer/Schulte-Mattler/Schäfer KWG § 2c; Schwennicke/Auerbach/Süßmann KWG § 2c Rn. 6.

schen Rahmen nahezu keine unterschiedliche Bewertung, wenn es letztendlich der Aufsicht nach Art. 83 gemeldet werden muss, wenn eine Entscheidung getroffen wird.

III. Anzeigepflicht bei Aufgabe einer qualifizierten Beteiligung (Abs. 2)

Die Beschreibung der drei anzeigepflichtenauslösenden Fallgruppen finden sich 8 sinngemäß in Art. 41 Abs. 2 (→ Art. 41 Rn. 24f.). Dabei wird davon ausgegangen, dass der interessierte Erwerber die Anzeige vornehmen muss. § 21 Abs. 1 Nr. 7 KMAG-E geht davon aus, dass das Institut selbst den Erwerb oder die Aufgabe einer qualifizierten Beteiligung an dem eigenen Institut, das Erreichen, das Über- oder Unterschreiten der Beteiligungsschwellen von 20 Prozent, 30 Prozent, und 50 Prozent der Stimmrechte oder des Kapitals, unverzüglich anzeigen muss, sobald das Institut von der bevorstehenden Änderung dieser Beteiligungsverhältnisse Kenntnis erlangt.

IV. Inhalt der Anzeige und Prüfungsumfang der zuständigen Behörde (Abs. 4)

1. Die Anforderungen von Art. 83

Die Anzeige soll nicht nur die Beteiligten und den Umfang der **Beteiligung** be- 9 inhalten, sondern auch die Informationen, die nach den technischen Regulierungsstandards nach Art. 84 Abs. 4 erforderlich sind. Zusätzlich zu den Anforderungen, die auch für Art. 41 (→ Art. 41 Rn. 26–35) wird eine Bewertung durch die zuständige Behörde für die Bekämpfung von Geldwäsche und Terrorismusfinanzierung sowie die Zentralstellen für Geldwäscheverdachtsanzeigen verlangt. Darüber hinaus besteht die Möglichkeit im Einzelfall zusätzliche Informationen anzufordern.

Die technischen Regulierungsstandards nach Art. 84 Abs. 4 liegen gegenwärtig 10 nur als Entwurfsfassung ESMA Draft-RTS[2] vor.

2. Bewertung durch die zuständige Behörde für Bekämpfung von Geldwäsche und Terrorismusfinanzierung sowie die Zentralstellen für Geldwäscheverdachtsanzeigen (Abs. 5)

Art. 83 Abs. 5 enthält eine Ermächtigung der zuständigen Behörde, die zustän- 11 dige Behörde für die Bekämpfung von Geldwäsche und Terrorismusfinanzierung sowie die Zentralstellen für Geldwäsche-Verdachtsanzeigen zu konsultieren, wobei deren Standpunkt dann genügend Rechnung zu tragen ist. Es wird abzuwarten sein, wie die FIU in diesem Zusammenhang Stellung nimmt und inwieweit sich das Verfahren hierdurch ändert. Die ansonsten parallel verfasste Vorschrift Art. 41 enthält diese Regelung nicht.

---

[2] ESMA, Final Report, Draft technical Standards specifying certain requirements of the Markets in Crypto Assets Regulation (MiCA) – first package, ESMA 18-72330276-1634, Annex VIII.

Art. 84 Titel V Kryptowerte-Dienstleistungen

3. Zusätzliche Informationen im Einzelfall (Abs. 6)

12 Bei den in Abs. 6 genannten Informationen sind zusätzliche Informationen zu den Informationen nach Abs. 1 gemeint, also Informationen, die nicht bereits nach der Anzeige nach Abs. 1 in Verbindung mit den technischen Regulierungsstandards im Rahmen der Anzeige abzugeben sind. Es wird vorausgesetzt, dass diese Informationen, welche unter Abs. 1 in Verbindung mit den technischen Regulierungsstandards Berücksichtigung fanden, bereits vollständig mit dem Antrag eingereicht werden.

4. Anforderungen im Falle eines Einspruchs gegen die Übernahme (Abs. 6)

13 Die Anforderungen im Falle eines Einspruchs gegen die Übernahme nach Art. 41 Abs. 6 sind inhaltsgleich, insofern wird auf die dortige Kommentierung (→ Art. 41 Rn. 34) verwiesen.

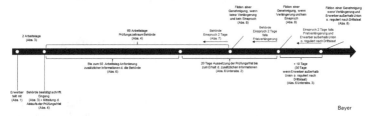

V. Fiktion der Genehmigung (Abs. 8)

14 Die Regelung zur Fiktion der Genehmigung sind in Art. 41 Abs. 7 inhaltsgleich geregelt (→ Art. 41 Rn. 31).

VI. Festlegung einer Maximalfrist (Abs. 9)

15 Die Regelung zur Festlegung einer Maximalfrist sind in Art. 41 Abs. 8 inhaltsgleich geregelt (→ Art. 41 Rn. 32).

Artikel 84 Inhalt der Bewertung der geplanten Übernahme eines Anbieters von Kryptowerte-Dienstleistungen

(1) Bei der Bewertung nach Art 83 Absatz 4 prüft die zuständige Behörde die Eignung des interessierten Erwerbers und die finanzielle Solidität der in Artikel 83 Absatz 1 genannten geplanten Übernahme anhand aller folgenden Kriterien:
a) des Leumunds des interessierten Erwerbers;
b) des Leumunds, der Kenntnisse, der Fähigkeiten und der Erfahrung der Personen, die die Geschäfte des Anbieters von Kryptowerte-Dienstleistungen infolge der geplanten Übernahme führen sollen;

c) finanzielle Solidität des interessierten Erwerbers, insbesondere in Bezug auf die Art der tatsächlichen und geplanten Geschäfte des Anbieters von Kryptowerte-Dienstleistungen, dessen Übernahme geplant ist;
d) die Frage, ob der Anbieter von Kryptowerte-Dienstleistungen in der Lage sein und bleiben wird, die Bestimmungen dieses Titels einzuhalten;
e) die Frage, ob ein hinreichender Verdacht besteht, dass im Zusammenhang mit der geplanten Übernahme Geldwäsche oder Terrorismusfinanzierung im Sinne von Art. 1 Absatz 3 bzw. Artikel 1 Absatz 5 der Richtlinie (EU) 2015/849 stattfinden oder stattgefunden haben könnte oder ob diese Straftaten versucht wurden und ob die geplante Übernahme das Risiko eines solchen Verhaltens erhöhen könnte.

(2) Die zuständige Behörde kann gegen die geplante Übernahme nur dann Einspruch erheben, wenn es dafür vernünftige Gründe auf der Grundlage der in Absatz 1 des vorliegenden Artikels genannten Kriterien gibt oder wenn die gemäß Artikel 83 Absatz 4 beigebrachten Informationen unvollständig oder falsch sind.

(3) Die Mitgliedstaaten dürfen weder Vorbedingungen an die Höhe, der gemäß der vorliegenden Verordnung zu erwerbenden qualifizierten Beteiligung knüpfen noch ihren zuständigen Behörden gestatten, bei der Prüfung der geplanten Übernahme auf die wirtschaftlichen Bedürfnisse des Marktes abzustellen.

(4) Die ESMA arbeitet in enger Zusammenarbeit mit der EBA-Entwürfe technischer Regulierungsstandards aus, in denen ausführlich der Inhalt der Informationen festgelegt wird, die für die Durchführung der in Artikel 83 Absatz 4 Unterabsatz 1 genannten Prüfung erforderlich sind. Die beizubringenden Informationen müssen für eine aufsichtsrechtliche Beurteilung relevant und ihrem Umfang nach der Art des interessierten Erwerbers und der geplanten Übernahme nach Artikel 83 Absatz 1 angemessen und angepasst sein.

Die ESMA übermittelt der Kommission die in Unterabsatz 1 genannten Entwürfe technischer Regulierungsstandards spätestens am 30. Juni 2024.

Der Kommission wird die Befugnis übertragen, diese Verordnung durch den Erlass der in Unterabsatz 1 dieses Absatzes genannten technischen Regulierungsstandards gemäß den Artikeln 10 bis 14 der Verordnung (EU) Nr. 1095/2010 zu ergänzen.

Schrifttum: Siehe Art. 83

Übersicht

	Rn.
I. Einführung	1
II. Inhalt der Prüfung der geplanten Übernahme (Abs. 1)	4
1. Begriff der Übernahme	4
2. Leumund des interessierten Erwerbers	5
a) Begriff des Leumunds	5
b) Anwendbarkeit auf juristische Personen	6
3. Leumund und Erfahrung des Geschäftsleiters	7
4. Finanzielle Solidität	12
5. Fähigkeit zur Einhaltung von Aufsichtsanforderungen	13

	Rn.
6. Kein Verdacht auf Geldwäsche oder Terrorismusfinanzierung . . .	14
III. Einspruch gegen die geplante Übernahme (Abs. 2)	15
1. Voraussetzungen	15
2. Rechtsmittel	18
IV. Vorbedingungen durch die Aufsichtsbehörde	20
V. Ermächtigungsgrundlage zum Erlass technischer Regulierungsstandards (Abs. 4)	21

I. Einführung

1 Art. 84 befasst sich mit der Prüfung der Eignung eines interessierten Erwerbers an Anteilen an einem Anbieter von Kryptowerte-Dienstleistungen. Bei der Prüfung wird auf drei wesentliche Personenkreise abgestellt. Zum einen den Erwerber des Anteils, zum anderen auf den Geschäftsleiter des Anbieters von Kryptowerte-Dienstleistungen und zuletzt auf den Anbieter von Kryptowerte-Dienstleistungen selbst.

2 Der Erwerber wird gemäß Abs. 1 anhand seines Leumunds (lit. a) und seiner finanziellen Solidität (lit. c) bewertet, der Geschäftsleiter anhand seines Leumunds und seiner Erfahrung (lit. c). Der Anbieter von Kryptowerte-Dienstleistungen wird daraufhin bewertet, ob er die Bestimmungen, die er einzuhalten hat, auch einhalten kann (lit. d). Das gesamte Vorhaben wird zudem mit Blick darauf bewertet, ob durch die Übernahme des Anteils Geldwäsche oder Terrorismusfinanzierung stattfindet oder stattgefunden haben könnte oder ob die Übernahme ein solches Verhalten begünstigt (lit. e).

3 Die Anforderungen in Art. 84, die an interessierte Erwerber gestellt werden, gleichen denen in Art. 42. Beide Regulatory Technical Standards liegen in einer Entwurfsfassung vor.[1] In den EBA Draft-RTS zu Art. 42 Abs. 4[2] wird beschrieben, dass für die EBA Draft-RTS nach Art. 42 Abs. 4 und den ESMA Draft-RTS zu Art. 84 Abs. 4 sich gleichende Standards eingeführt werden sollen. Die Anforderungen in den EBA Draft-RTS zu Art. 42 Abs. 4 sind nahezu wortgleich mit den Anforderungen der ESMA Draft RTS zu Art. 83 Abs. 3.[3]

Unterschiede in den Anforderungen bei der Übernahme eines Emittenten vermögenswertereferenzierter Token und der Übernahme eines Anbieters von Kryptowerte-Dienstleistungen ergeben sich jedoch nach § 25 KMAG-E.

---

[1] EBA Consultation Paper, Draft Regulatory Technical Standards on the detailed content of information necessary to carry out the assessment of a proposed acquisition of qualifying holdings in issuers of asset-referenced tokens under Article 42(4) of Regulation (EU) 2023/1114, EBA/CP/2023/14; ESMA Consultation Paper Technical Standards specifying certain requirements of the Markets in Crypto Assets Regulation (MiCAR), ESMA74-449133380-425.

[2] EBA Consultation Paper, Draft Regulatory Technical Standards on the detailed content of information necessary to carry out the assessment of a proposed acquisition of qualifying holdings in issuers of asset-referenced tokens under Article 42(4) of Regulation (EU) 2023/1114, EBA/CP/2023/14, S. 8.

[3] ESMA Consultation Paper Technical Standards specifying certain requirements of the Markets in Crypto Assets Regulation (MiCAR), ESMA74-449133380-425, ab S. 136, Anlage 7.

II. Inhalt der Prüfung der geplanten Übernahme (Abs. 1)

1. Begriff der Übernahme

Der Begriff der Übernahme entspricht sinngemäß dem Übernahmebegriff in Art. 42 (→ Art. 42 Rn. 4). 4

2. Leumund des interessierten Erwerbers

a) Begriff des Leumunds. Die Ausführungen zum Begriff des Leumunds sind sinngemäß zu denen in Art. 42. Zum Begriff des Leumunds wird verwiesen auf die Ausführungen in Art. 42 (→ Art. 42 Rn. 5 ff.). Für die Anwendung im deutschen Recht wird der Begriff des Leumunds in § 2 Abs. 14 KMAG-E mit dem Begriff der Zuverlässigkeit gleichgesetzt. 5

b) Anwendbarkeit auf juristische Personen. Wie bereits in der Vergangenheit wird die Frage nach dem Leumund einer natürlichen Person auch auf juristische Personen als interessierter Erwerber anzuwenden sein. Insoweit wird verwiesen auf die Ausführungen in Art. 42 (→ Art. 42 Rn. 10 ff.). 6

3. Leumund und Erfahrung des Geschäftsleiters

Die Anforderungen an den Leumund und die Erfahrung des Geschäftsleiters sind im Zusammenhang mit dem Erwerb eines Anteils nur dann zu prüfen, wenn der interessierte Erwerber ein oder mehrere Mitglieder des Leitungsorgans zu bestellen beabsichtigt. Die Anforderungen an den Geschäftsleiter sind die **gleichen Anforderungen wie bei der Beantragung einer neuen Erlaubnis**, sodass die Anforderungen aus Art. 8 des Konsultationspapiers zu Art. 18 Abs. 6 und 7[4] herangezogen werden können, auf die in den ESMA Draft-RTS zu Art. 84 Abs. 4 unter Art. 5 hingewiesen wird. Im Übrigen entsprechen sich die Anforderungen des Art. 84 und des Art. 42 an den Leumund und die Erfahrung des Geschäftsleiters, weshalb auf die Ausführungen in Art. 42 verwiesen wird (→ Art. 42 Rn. 13 ff.). 7

Der begriffliche Unterschied zwischen Führung, wie er in Art. 84 verwendet wird und dem Begriff der Leitung, wie er in Art. 43 verwendet wird, sind lediglich der Verwendung verschiedener Begriffe bei der Übersetzung des Begriffs „direct the business" geschuldet und haben demnach keine weitere Bewandtnis. 8

Unter dem Begriff der Erfahrung wird im nationalen Finanzmarktaufsichtsrecht regelmäßig die **fachliche Eignung und einschlägige Berufserfahrung** verstanden.[5] 9

Unter dem Begriff der fachlichen Eignung sind sowohl theoretische Kenntnis, praktische Kenntnis und Leitungserfahrung zusammengefasst.[6] 10

Zu den einzelnen Voraussetzungen, die insbesondere durch die Joint ESMA and EBA-Guidelines on the assessment of the suitability of members of the management 11

---

[4] EBA Consultation Paper, Technical Standards specifying certain requirements of the Markets in Crypro Assets Regulation (MiCAR) v. 12.7.2023, ESMA74-449133380-425, Abschnitt 9.2.7, S. 152, included in the application, under Article 18(6) and (7) of Regulation (EU) 2023/1114, EBA/CP/2023/15.
[5] Fischer/Schulte-Mattler/Braun KWG § 25c Rn. 5.
[6] Fischer/Schulte-Mattler/Braun KWG § 25c Rn. 5.

Art. 84

body (EBA/GL/2020/19-ESMA35-43-2464) geprägt sind, wird verwiesen auf die Ausführungen in Art. 42 (→ Art. 42 Rn. 19).
Der in § 2 Abs. 14 KMAG-E als der Zuverlässigkeit definierte Begriff des Leumunds wird in § 25 Abs. 3 KMAG-E relevant. Demnach gilt eine natürliche oder juristische Person als unzuverlässig, wenn diese Person sanktioniert ist. Zudem gilt eine natürliche Person als unzuverlässig, wenn sie als Mitglied eines Leitungsorgans oder in vergleichbarer Position für eine sanktionierte Person tätig ist. Dies gilt auch für Mitglieder von Verwaltungsräten oder Aufsichtsräten einer sanktionierten Person.

4. Finanzielle Solidität

12   Die finanzielle Solidität von Erwerbern von Erlaubnisträgern ist wie im Fall von Art. 42 ein ganz zentraler Prüfungsbestandteil im Rahmen der Inhaberkontrolle. Die Anforderungen entsprechen sich, weshalb auf die Ausführungen in → Art. 42 Rn. 20 ff. verwiesen wird.

5. Fähigkeit zur Einhaltung von Aufsichtsanforderungen

13   Die Anforderungen an die Fähigkeit zur Einhaltung von Aufsichtsanforderungen entsprechen sinngemäß den Anforderungen des Art. 42 (→ Art. 42 Rn. 31 ff.).

6. Kein Verdacht auf Geldwäsche oder Terrorismusfinanzierung

14   Auch im Rahmen der Bewertung des Art. 84 ist Kriterium, ob ein hinreichender Verdacht besteht, dass im Zusammenhang mit der geplanten Übernahme Geldwäsche oder Terrorismusfinanzierung stattfinden oder stattgefunden haben könnte, oder ob diese Straftaten versucht wurden und ob die geplante Übernahme das **Risiko** eines solchen Verhaltens **erhöhen konnte.** Insoweit entsprechen die Anforderungen des Art. 84 sinngemäß den Anforderungen des Art. 42 (→ Art. 42 Rn. 35 ff.).

III. Einspruch gegen die geplante Übernahme (Abs. 2)

1. Voraussetzungen

15   Nach Abs. 2 kann Einspruch gegen die geplante Übernahme eines Anteils an einem Anbieter von Kryptowerte-Dienstleistungen durch die zuständige Behörde dann erfolgen, wenn die nach Art. 83 Abs. 4, welcher auf Art. 84 Abs. 4 und die damit einbezogenen ESMA Draft-RTS zu Art. 84 Abs. 4 beizubringenden Informationen unvollständig oder falsch sind.

16   Dabei handelt es sich insbesondere um die Informationen, die in den ESMA Draft-RTS zu Art. 84 Abs. 4 vorliegen, enthalten sind.

17   Ein Einspruch durch die Behörde soll dann möglich sein, wenn es dafür vernünftige Gründe auf Grundlage der Eignung des interessierten Erwerbers nach Art. 84 Abs. 1 gibt. Eine **Definition** des Begriffs oder ein Begriffsverständnis von **„vernünftige Gründe" besteht gegenwärtig nicht,** es versteht sich aber von selbst, dass diese in engem Zusammenhang mit der Reputation, der wirtschaftlichen Leistungsfähigkeit des interessierten Erwerbers oder der Eignung des interessierten Erwerbers des Anbieters als Kryptowerte-Dienstleister stehen müssen.

2. Rechtsmittel

Das Rechtsmittelrecht ist dem jeweils geltenden nationalen Recht unterworfen. Die Regelung zum Einspruch muss daher im Lichte des geltenden Verfahrensrechts ausgelegt werden. Der Einspruch der Aufsichtsbehörde wird als belastender Verwaltungsakt im Sinne von § 35 VwVfG ergehen. 18

Als Rechtsmittel gegen einen Verwaltungsakt kommen Widerspruch und Anfechtungsklage in Betracht. 19

IV. Vorbedingungen durch die Aufsichtsbehörde

Nach Art. 84 Abs. 3 dürfen die Mitgliedstaaten weder Vorbedingungen an die Höhe der **qualifizierten Beteiligung** knüpfen noch den Behörden gestatten, bei der Prüfung der geplanten **Beteiligung** auf die wirtschaftlichen Bedürfnisse des Marktes abzustellen. Diese Regelung findet ihren Sinn in dem Wunsch des europäischen Gesetzgebers nach Harmonisierung und der Abschaffung von unnötigen Markteintrittsbehinderungen in den einzelnen Mitgliedstaaten. 20

V. Ermächtigungsgrundlage zum Erlass technischer Regulierungsstandards (Abs. 4)

Die ESMA Draft-RTS nach Art. 84 Abs. 4 werden federführend von der ESMA erstellt, während die RTS nach Art. 42 Abs. 4 federführend von der EBA erstellt werden. Die Texte in den gegenwärtigen Entwürfen sind bewusst ähnlich gehalten und orientieren sich an der Del-VO (EU) 2017/1946 der Kommission. 21

Kapitel 5 Signifikante Anbieter von Kryptowerte-Dienstleistungen

Artikel 85 Ermittlung signifikanter Anbieter von Kryptowerte-Dienstleistungen

(1) **Ein Anbieter von Kryptowerte-Dienstleistungen gilt als signifikant, wenn er in der Union durchschnittlich mindestens 15 Mio. aktive Nutzer in einem Kalenderjahr hat, wobei der Durchschnitt als Durchschnitt der täglichen Zahl aktiver Nutzer im vorangegangenen Kalenderjahr berechnet wird.**

(2) **Anbieter von Kryptowerte-Dienstleistungen benachrichtigen die für sie zuständigen Behörden innerhalb von zwei Monaten ab dem Erreichen der in Absatz 1 festgelegten Anzahl der aktiven Nutzer. Stimmt die zuständige Behörde zu, dass der in Absatz 1 genannte Schwellenwert erreicht ist, teilt sie dies der ESMA mit.**

(3) **Unbeschadet der Zuständigkeiten der zuständigen Behörden nach dieser Verordnung unterrichten die zuständigen Behörden der Herkunftsmitgliedstaaten den Rat der Aufseher der ESMA jährlich über den neuesten Stand bei den folgenden aufsichtlichen Entwicklungen in Bezug auf signifikante Anbieter von Kryptowerte-Dienstleistungen:**

a) laufende oder abgeschlossene Zulassungen nach Artikel 59,
b) laufende oder abgeschlossene Verfahren zum Entzug von Zulassungen nach Art. 64,
c) die Ausübung der Aufsichtsbefugnisse nach Artikel 94 Absatz 1 Unterabsatz 1 Buchstaben b, c, e, f, g, y und aa.

Die zuständige Behörde des Herkunftsmitgliedstaats kann den Rat der Aufseher der ESMA häufiger über den aktuellen Stand unterrichten oder ihn benachrichtigen, bevor die zuständige Behörde des Herkunftsmitgliedstaats eine Entscheidung in Bezug auf Unterabsatz 1 Buchstaben a, b oder c trifft.

(4) **Auf die in Absatz 3 Unterabsatz 2 genannte Unterrichtung über den aktuellen Stand kann im Rat der Aufseher der ESMA ein Meinungsaustausch folgen.**

(5) **Die ESMA kann gegebenenfalls von ihren Befugnissen nach den Artikeln 29, 30, 31 und 31b der Verordnung (EU) Nr. 1095/2010 Gebrauch machen.**

Schrifttum: Michel/Schmitt, MiCAR- Marktzugang für Kryptodienstleister, BB 2023, 905; Steinrötter, Europäische Plattformregulierung, 1. Auflage 2023; Löber/Roßnagel, Kennzeichnung von Social Bots, MMR 2019, 493; Patz, Überblick über die Regulierung von Kryptowerten und Kryptowertedienstleistern, BKR 2021, 725; Seibt/Buck-Heeb/Harnos, BeckOK Wertpapierhandelsrecht, 8. Ed. Stand: 1.6.2023;

Übersicht

	Rn.
I. Normzweck und Historie	1
II. Einordnungskriterium und Rechtsfolgen	5
1. Signifikanzkriterium (Abs. 1)	5
2. Benachrichtigungspflichten des Kryptowerte-Dienstleisters (Abs. 2)	11
3. Benachrichtigungspflichten der zuständigen Behörden (Abs. 3)	12
4. Meinungsaustausch (Abs. 4)	15
III. Rolle und Befugnisse der ESMA	16

I. Normzweck und Historie

1   Art. 85 – unter Titel 5 Zulassung und Bedingungen für die Ausübung der Tätigkeit eines Anbieters von Kryptowerte-Dienstleistungen- wurde erst **in den letzten Zügen der Finalisierung** in die MiCAR aufgenommen. In dem Kommissionsentwurf aus dem Jahr 2020 findet sich diese Vorschrift beispielsweise noch nicht. Als vorgeschlagener Art. 75a findet sie sich allerdings in der vorläufigen Vereinbarung aus den interinstitutionellen Verhandlungen v. 5.10.2022[1].

2   Anbieter von Kryptowerte-Dienstleistungen können aufgrund ihrer Größe und Anzahl an Nutzern ebenso wie einzelne signifikante Token eine **besondere Be-**

---

[1] Provisional Agreement resulting from interinstitutional agreement resulting from interinstitutional negotiations, subject: Proposal for a regulation of the European Parliament and of the Council on markets in crypto-assets and amending Directive (EU) 2019/1937 (COM (2020) 0593 – C9-0306/2020 – 2020/0265(COD)), https://beck-link.de/r67wv (zuletzt aufgerufen am 4.10.2023).

deutung erlangen, weshalb es im Rahmen der Aufsichtsstruktur unter MiCAR beabsichtigt ist, auch diese zu ermitteln und zu beobachten.

Dabei möchte die MiCAR Kryptowerte-Dienstleistern nur insoweit Auflagen aufbürden, wie es **proportional** zu dem von ihnen ausgelösten Risiko vertretbar ist.[2] In der Folgenabschätzung zur MiCAR wird bereits ganz grundsätzlich in Bezug auf Krypotwerte-Dienstleister ausgeführt, dass die Notwendigkeit von Maßnahmen zum Verbraucherschutz und des Schutzes der Integrität des Marktes bestehen kann.[3] Für besonders frequentierte Dienstleister sind diese Überlegungen umso relevanter. Signifikante Dienstleister konzentrieren ein **großes Volumen** an Daten, Vermögen und Transaktionen. Vor allem Cybervorfälle (wie zB Hackerangriffe) können daher enorme Auswirkungen haben.

Gemäß diesem Artikel werden Kryptowerte-Dienstleister ab einer gewissen **Nutzeranzahl** als signifikant eingestuft (Abs. 1). Wenn der Schwellenwert überschritten ist, werden bestimmte **Benachrichtigungs- und Informationspflichten** ausgelöst. Die ESMA soll federführende europäische Behörde sein.

Bereits in den Diskussionen im Rahmen der ersten Lesung im europäischen Parlament wird festgestellt, dass mit einer Adaption dieser Verordnung und damit einer „MiCAR 2"[4] fest zu rechnen sei. Im Fokus der Verordnung steht zunächst die Motive „**Transparenz und Berichtspflichten**"[5] zu etablieren. Diese Herangehensweise spiegelt sich auch in diesem Art. 85 wider, der vor allem den Zweck erfüllt, einen Informationsmechanismus einzuführen, um die Marktentwicklungen adäquat zu beobachten.[6] Diese Informationen könnten genutzt werden, um eine **zukünftige Handlungsfähigkeit** der europäischen Aufsichtsbehörden vorzubereiten, soweit eine Notwendigkeit identifiziert wird.

II. Einordnungskriterium und Rechtsfolgen

1. Signifikanzkriterium (Abs. 1)

Um als signifikanter Kryptowerte-Dienstleister zu gelten, ist es erforderlich, dass der Dienstleister in der Union durchschnittlich mindestens 15 Mio. **aktive Nutzer** im Kalenderjahr hat.

Der Begriff der „aktiven Nutzer" muss europäisch autonom ausgelegt werden. Dem Wortlaut nach könnten die Begrifflichkeiten der Verordnungen (EU) 2022/2065 (Gesetz über Digitale Dienste) VO (EU) 2022/1925 (Gesetz über Digitale Märkte) herangezogen werden. In Anbetracht dessen, dass dieser Art. 85 erst im weiteren Verlauf des Gesetzgebungsverfahrens aufgenommen wurde, ist es durchaus möglich, dass die Verordnungen als **regelungstechnische Vorbilder** dienten. Im Rahmen der VO (EU) 2022/1925 sollen „aktive Endnutzer" so bestimmt werden,

---

[2] Folgenabschätzung – Begleitunterlage zum Vorschlag für eine Verordnung des Europäischen Parlaments und des Rates über Märkte für Kryptowerte (SWD (2020) 380 final.
[3] Folgenabschätzung – Begleitunterlage zum Vorschlag für eine Verordnung des Europäischen Parlaments und des Rates über Märkte für Kryptowerte (SWD (2020) 380 final.
[4] So der Beitrag des Berichterstatters Ernest Urtasun im Ausführlichen Sitzungsbericht v. 19.4.2023, abrufbar unter https://beck-link.de/86t5c, zuletzt abgerufen am 3.11.2023.
[5] So der Beitrag der österreichischen Abgeordneten Barbara Thaler im Ausführlichen Sitzungsbericht v. 19.4.2023, abrufbar unter https://beck-link.de/86t5c, zuletzt abgerufen am 3.11.2023.
[6] Michel/Schmitt BB 2023, 907.

dass sie die tatsächlichen Gegebenheiten korrekt widerspiegeln (vgl. Erwgr. Nr. 20 VO (EU) 2022/1925 und Art. 2 Nr. 20). Dazu zählen sollen solche Personen, die den angebotenen Dienst nutzen. Dabei sollen gemäß lit. B. Nr. 1 des Anhangs zur VO (EU) 2022/1925 vor allem auch die Daten der registrierten Benutzerkonten oder IP-Adressen herangezogen werden. Unter Art. 3 lit. p, q VO (EU) 2022/2065 sollen aktive Nutzer vor allem solche sein, die eine Handlung ausführen, wie eine Beauftragung oder eine Suchanfrage zu stellen und in der Folge den Informationen des Dienstes ausgesetzt sind.

Beide Rechtsakte möchten erfassen, wie viele Personen **tatsächlich** mit den Diensten interagieren, ohne durch Internetphänomene wie „Fake-Accounts" oder „Bots"[7] fälschlich beeinflusst zu werden.

6   Da Kryptowerte-Dienstleistungen jeglicher Art angeboten werden können, wovon manche (zB „Verwahrung" als Inobhutnahme oder Aufbewahrung für den Nutzer)[8] kein weiteres aktives Tun des Nutzers erfordern, scheint es zunächst sachgerecht, vor allem die **registrierten Konten** für die Beurteilung der Nutzerzahl heranzuziehen, wie im Rahmen der VO (EU) 2022/1925 angedeutet. Dieses Vorgehen dient auch dazu eine **Doppelerfassung** zu vermeiden[9]. Würde sich jedoch allein auf diese Zahl verlassen, wäre dem Erfordernis „aktiver" Nutzer möglicherweise nicht ausreichend genügt.

7   Gemäß Abs. 1 ist die Anzahl der **im Durchschnitt täglich aktiven** Nutzer zu berechnen, sodass zumindest notwendig ist, solche Nutzer zu erfassen, die die entsprechende Dienstleistung an einem Erhebungs-Tag beanspruchen. Dabei kann es nicht nur darauf ankommen, dass diese Nutzer an dem Tag unmittelbar eine gesonderte oder neue Anfrage stellen. Auch eine fortlaufende, ununterbrochene Inanspruchnahme einer Dienstleistung, die **keine tägliche aktive Interaktion** erfordert, müsste dem Zweck der Vorschrift nach erfasst werden. In jedem Fall kommen die Nutzer auch dann noch mit den Informationen des Dienstleisters in Berührung.[10] Ein rein inaktives Nutzerkonto wird beispielsweise nicht ausreichen können.

8   Es wird schwer fallen in der Praxis eine sinnvolle Grenze zu ziehen, ab wann hinreichende „Aktivität" vorliegt. Dabei könnte es auf regelmäßiges „Einloggen" ankommen oder aber auf die tatsächliche Ausführung von Transaktionen, bzw. die Inanspruchnahme der Dienstleistung. Dem **Zweck** der Vorschrift entsprechend sollte an dieser Stelle zunächst ein weites Verständnis angebracht werden. Schließlich wird die Ermittlung der Zahl der zuständigen Behörde im Anschluss offengelegt und durch diese geprüft, wobei dann in den Berechnungen nachjustiert werden kann. Der Zweck der Vorschrift ist es zunächst **möglichst umfassend** Informationen zu sammeln.

9   Die Vorschrift sieht keine Unterscheidung zwischen gewerblichen oder privaten Nutzern vor, anders in der VO (EU) 2022/1925[11]. Es hat auch keine Bedeutung, ob sich hinter einem Nutzerkonto eine natürliche oder eine juristische Person verbirgt.

---

[7] Zur Bedeutung Löber/Roßnagel MMR 2019, 494.
[8] Siehe Art. 3 Abs. 17 MiCAR, zum deutschen Begriff des Kryptoverwahrgeschäfts, als „die Inobhutnahme der Kryptowerte als Dienstleistung für Dritte" vgl. Patz BKR 2021, 729.
[9] Siehe lit. B. Nr. 1 des Anhangs zur VO (EU) 2022/1925.
[10] Siehe Ansatz in Anhang lit. B der VO (EU) 2022/2065.
[11] Siehe zu den Begriffen Steinrötter EU-Plattformregulierung-HdB/Heinze/Kettler § 12 Rn. 38–41.

Die Nutzer müssen in der EU ansässig sein. Der Durchschnitt der aktiven Nutzer ist für ein gesamtes Kalenderjahr zu bestimmen, wobei der Durchschnitt des vorangegangenen Kalenderjahres zu Grunde gelegt wird. Die Zahl der aktiven Nutzer hat der Dienstleister selbst zu erfassen und zu errechnen.

2. Benachrichtigungspflichten des Kryptowerte-Dienstleisters (Abs. 2)

Sobald der Kryptowerte-Dienstleister den Schwellenwert des Abs. 1 überschreitet, hat er innerhalb von 2 Monaten ab **Erreichen** der Anzahl, die von ihm ermittelte, durchschnittliche Anzahl an aktiven Nutzern an die nationalen zuständigen Behörden (in Deutschland zB BaFin) zu berichten.

Da die Anzahl der Nutzer jedoch als Durchschnitt des gesamten vorangegangenen Kalenderjahres berechnet werden soll, ist fraglich, wann diese Berichts- Frist tatsächlich beginnen soll. Die Zahlen des Vorjahres liegen dem Dienstleister erst nach Ablauf des gesamten Kalenderjahres vor und erst dann kann ein Durchschnitt ermittelt werden. Folglich kann dies nur bedeuten, dass der Dienstleister innerhalb von 2 Monaten ab **Ermittlung und Errechnung** der Nutzeranzahl, das heißt jeweils zu Beginn eines Kalenderjahres, sein Ergebnis mitzuteilen hat.

Sofern die zuständige Behörde mit der Ermittlung der Anzahl und der ermittelten Zahl einverstanden ist, hat sie diese der ESMA mitzuteilen.

3. Benachrichtigungspflichten der zuständigen Behörden (Abs. 3)

In Folge der Überschreitung des Schwellenwertes, haben die zuständigen Behörden **Berichtspflichten** gegenüber dem **Rat der Aufseher** der ESMA. Der Rat der Aufseher[12] ist das wichtigste Entscheidungsgremium der ESMA und besteht aus dem Vorsitzenden der ESMA und den Leitern der jeweiligen nationalen Aufsichtsbehörden, sowie Vertretern der übrigen europäischen Aufsichtsbehörden (zB EBA).[13] Ihm obliegt die interne Leitung und er bereitet die Stellungnahmen der ESMA vor.[14]

Die nationalen zuständigen Behörden haben **jährlich** über die Entwicklungen in Bezug auf die signifikanten Anbieter zu berichten. Dabei sind insbesondere Informationen über
a) laufende oder abgeschlossene Zulassungsverfahren für Anbieter von Kryptowerte-Dienstleistungen (Art. 59),
b) laufende oder abgeschlossene Verfahren zum Entzug von Zulassungen (Art. 64),
c) die Ausübung der Aufsichtsbefugnisse nach Art. 94 (Befugnisse der zuständigen Behörden) Abs. 1 UAbs. 1 Buchstaben b, c, e, f, g, y und aa.
zu berichten. Im Rahmen des Punktes c) kann die zuständige Behörde den Rat der Aufseher der ESMA häufiger über den **aktuellen Stand** unterrichten. Insbesondere kann sie ihn benachrichtigen, bevor sie eine Entscheidung in Bezug auf UAbs. 1 Lit. a, b oder c trifft.

Die Lit. a, b und c betreffen **Maßnahmen,** die die zuständige Behörde ergreifen kann. Im Detail umfassen diese: das Verlangen von Unterlagen, die Anordnung der Aussetzung der Erbringung der Dienstleistung für bis zu 30 Tage und die Unter-

---

[12] Vgl. Art. 6 Nr. 1, iVm Art. 43 VO (EU) 1095/2010.
[13] Vgl. Art. 40 VO (EU) 1095/2010.
[14] BeckOK WpHR/Manger-Nestler VO (EU) 1095/2010 Art. 43 Rn. 2–12.

sagung der Dienstleistung. Bei der Entscheidung solche Maßnahmen zu ergreifen, könnte der Rat der Aufseher der ESMA die zuständige Behörde im Rahmen des Meinungsaustausches nach Abs. 4 informell unterstützen.

14   Die ESMA wird ein **Register** aller Kryptowerte-Dienstleister führen und kann die erlangten Informationen dort einpflegen.

4. Meinungsaustausch (Abs. 4)

15   Die ESMA hat die nach Abs. 3 UAbs. 2 erlangten Informationen im Rat der Aufseher zu erörtern. Es kann ein **Meinungsaustausch** folgen. Ein Meinungsaustausch ist in dieser Hinsicht eine informelle (interne) Diskussion[15], die dazu dient ein besseres Verständnis zu schaffen und auf Basis der neu erlangten Informationen möglicherweise auch Handlungsbedarf aufzudecken.

III. Rolle und Befugnisse der ESMA

16   Bereits in der **provisorischen Übereinkunft** des Ausschusses der Ständigen Vertreter im Rahmen der ersten Lesung des europäischen Parlaments wurde sich auf die **Rolle der ESMA** im Rahmen der Aufsicht über Kryptowerte-Dienstleister unter der MiCAR geeinigt[16]. Diese Entscheidung wird davon gestützt, dass die EBA bereits für die Emittenten signifikanter Token eingesetzt wird (vgl. Art. 43 ff., Art. 56 ff.) und, dass die ESMA ohnehin das Register der Kryptowerte-Dienstleister führen wird (vgl. Art. 63, 109 MiCAR).

17   Gemäß Abs. 5 behält die ESMA auch im Rahmen dieses Artikels 85 ihre **allgemeinen Befugnisse** aus den Art. 29, 30, 31 und 31 b der VO (EU) Nr. 1095/2010 („ESMA-Verordnung") und kann gegebenenfalls davon Gebrauch machen.

Sie kann folglich weiterhin eine **koordinierende Funktion** (Art. 31, 31 b ESMA-Verordnung) übernehmen. Bei Bedarf könnte sie folglich, sofern sie Informationen erhalten sollte, dass das ordnungsgemäße Funktionieren und die Integrität von Finanzmärkten der Union gefährdet sein könnten, auch im Rahmen einer Stellungnahme an die zuständigen Behörden tätig werden.

Weiterhin kann die ESMA Peer Reviews (vgl. Art. 30 ESMA-Verordnung) durchführen[17], und so die erlangten Informationen und Ergebnisse des Meinungsaustauschs in **allgemeinen Stellungnahmen** verarbeiten. Ein solcher Review zu der Aufsicht über die Tätigkeiten der signifikanten Kryptowerte-Dienstleister könnte für die Zukunft eine hilfreiche Informationsquelle werden und die Weiterentwicklung der Regulierung fördern.

---

[15] Der „Meinungsaustausch" ist kein offizielles Verfahren, sondern eine informelle Möglichkeit zum Austausch von Ansichten (engl. „exchange of views") und vorbereitende Erörterungen.

[16] Provisional Agreement resulting from interinstitutional agreement resulting from interinstitutional negotiations, subject: Proposal for a regulation of the European Parliament and of the Council on markets in crypto-assets and amending Directive (EU) 2019/1937 (COM (2020) 0593 – C9-0306/2020 – 2020/0265(COD)), Erwgr. Nr. 78 b, abrufbar unter: https://beck-link.de/r67wv (zuletzt aufgerufen am 4.10.2023).

[17] Wie bereits geschehen zB zum Thema „Supervision of crossborder activities of investment firms", siehe BeckOK WpHR/Lange VO (EU) 1095/2010 Art. 30 Rn. 12.

Bereits in ihrem letzten Report führte die ESMA aus zu der vorgeschlagenen Anforderung ein Management für die Sicherung betrieblicher Kontinuität und der Allokation von Ressourcen dazu, die auf signifikante Dienstleister angewendet werden könnte.[18]

Die ESMA erhält unter diesem Art. 85 eine beobachtende und in gewissem Umfang **Kontrollfunktion** über die Aufsicht von signifikanten Kryptowerte-Dienstleistern. Die zuständigen Behörden bleiben weiterhin für die allgemeinen aufsichtlichen Aufgaben zuständig, anders als in der Aufsicht über signifikante Token. Die nationalen zuständigen Behörden müssen sich lediglich in umfangreichen und regelmäßigen **Informationsaustausch** mit der ESMA begeben, welche die Informationen aller Mitgliedstaaten bündelt. Weitere vorübergehende Interventionsmöglichkeiten der ESMA sind in Art. 103 MiCAR geregelt.

---

[18] ESMA, Final Report – Draft Technical Standards specifying certain requirements of the Markets in Crypto Assets Regulation (MiCA) – second package (ESMA75-453128700-1229, 3.7.2024), S. 146

Titel VI Verhinderung und Verbot von Marktmissbrauch im Zusammenhang mit Kryptowerten

Artikel 86 Geltungsbereich der Vorschriften über Marktmissbrauch

(1) Dieser Titel gilt für von jedweden Personen vorgenommene Handlungen im Zusammenhang mit Kryptowerten, die zum Handel zugelassen sind oder deren Zulassung zum Handel beantragt wurde.

(2) Dieser Titel gilt auch für alle Geschäfte, Aufträge und Handlungen, die in Absatz 1 genannte Kryptowerte betreffen, unabhängig davon, ob ein solches Geschäft, ein solcher Auftrag oder eine solche Handlung auf einer Handelsplattform getätigt wurde.

(3) Dieser Titel gilt für Handlungen und Unterlassungen in der Union und in Drittländern im Zusammenhang mit den in Absatz 1 genannten Kryptowerten.

Schrifttum: Assmann/Schneider/Mülbert, Wertpapierhandelsrecht, 8. Aufl. 2023; Auer/Frost/Pastor, Miners as intermediaries: extractable value and market manipulation in crypto and DeFi (Bank for International Settlements Bulletin No. 58, 16.6.2022), verfügbar unter https://www.bis.org/publ/bisbull58.pdf (zuletzt aufgerufen 19.7.2024); BaFin, Emittentenleitfaden der Bundesanstalt für Finanzdienstleistungsaufsicht (zuletzt geändert am 6.6.2024), verfügbar unter https://beck-link.de/5swpb (zuletzt aufgerufen 19.7.2024); Bayram/Meier, Pinging, Front Running und Quote Matching – Verbotene Handelspraktiken nach der Marktmissbrauchsverordnung?, WM 2018, 1095; Beneke/Thelen, Die Schutzgesetzqualität des Insiderhandelsverbots gem. Art. 14 Marktmissbrauchsverordnung, BKR 2017, 12; Börner, Marktmanipulation und strafbarer Marktmissbrauch, NZWiSt 2018, 48; Buck-Heeb, Kapitalmarktrecht, 13. Aufl. 2023; Buck-Heeb/Tatu, „Anlageempfehlungen von Finfluencern", RDi 2024, 461; Cohen, Who is Damian Williams, the prosecutor behind the FTX's Sam Bankman-Fried trial? (Reuters, 3.11.2023), verfügbar unter https://beck-link.de/2syk6 (zuletzt abgerufen am 22.2.2024); Coleman, Bitcoin Price Manipulated by Cryptocurrency Trading Bots: WSJ, CCN 2018, verfügbar unter https://beck-link.de/tynv8 (zuletzt aufgerufen 19.7.2024); Deloitte, Market Manipulation in Digital Assets (März 2021), abrufbar unter https://beck-link.de/nr26s (zuletzt aufgerufen 28.1.2024); Ebenroth/Boujong, Handelsgesetzbuch: HGB, 5. Aufl. 2024; ESMA, MAR-Leitlinien – Aufschub der Offenlegung von Insiderinformationen (ESMA/2016/1478, 20.10.2016); ESMA, Consultation Paper – Draft technical standards and guidelines specifying certain requirements of the Markets in Crypto Assets Regulation (MiCAR) on detection and prevention of market abuse, investor protection and operational resilience – third consultation paper (ESMA75-453128700-1002 v. 25.3.2024); ESMA, Final Report – Draft Technical Standards specifying certain requirements of the Markets in Crypto Assets Regulation (MiCA) – second package (ESMA75-453128700-1229, 3.7.2024), verfügbar unter https://beck-link.de/6whsk (zuletzt aufgerufen 22.7.2024); Fama, Efficient Capital Markets: A Review of Theory and Empirical Work, Journal of Finance 383 (1970); Fleischer, Finanzinvestoren im ordnungspolitischen Gesamtgefüge von Aktien-, Bankaufsichts- und Kapitalmarktrecht, ZGR 2008, 185; Fromberger, Die Pflicht zur Veröffentlichung einer Ad-hoc-Mitteilung bei Compliance-Verstößen, 2022; Fuchs, Wertpapierhandelsgesetz, 2. Aufl. 2016; Godoy, Ex-OpenSea manager sentenced to 3 months in prison for NFT insider trading (Reuters, 22.8.2024), verfügbar unter https://beck-link.de/3hmt6; Grimm/Kreuter, Kryptowerte und Marktmissbrauch, AG 2023, 177; Gumpp, Die Kommissionsvorschläge zum Listing Act, BKR 2023, 426; Habersack/Mülbert/Schlitt, Hand-

Geltungsbereich der Vorschriften über Marktmissbrauch **Art. 86**

buch der Kapitalmarktinformation, 3. Aufl. 2020; Hamrick, An Examination of the Cryptocurrency Pump and Dump Ecosystem, (2021) 58 Information Processing and Management 102506; Hellgardt, Kapitalmarktsdeliktsrecht, 2008; Herrmann/Aschenbeck, Die MiCAR ist da: Ausgewählte Abgrenzungsfragen zum Anwendungsbereich – Welche Kryptowerte sind erfasst und was ist mit NFTs?, BB 2023, 2883; Kasiske, Marktmissbräuchliche Strategien im Hochfrequenzhandel, WM 2014, 1933; Klöhn, Wertpapierhandelsrecht diesseits und jenseits des Informationaparadigmas, ZHR 177 (2013), 349; Klöhn, Wann ist eine Information öffentlich bekannt i. S. v. Art. 7 MAR?, ZHR 180 (2016), 707; Klöhn, Marktmissbrauchsverordnung, 2. Aufl. 2023; Kraack, Das Verhältnis von anlassabhängiger Ad hoc-Publizität und periodischer Chancen- und Risikoberichterstattung für Informationen im Transaktionskontex, AG 2022, 267; Kumpan/Misterek, Der verständige Anleger in der Marktmissbrauchsverordnung, ZHR 184 (2020), 180; Link, Shareholder und Invstor Activism, ZGR 2021, 904; Litten, Mit dem DLT-Piloten in die Zukunft des digitalen Kapitalmarktaufsichtsrechts, BKR 2022, 551; Machacek, Die Antwort auf DeFi, RDi 2021, 572; Machacek, Die Anwendung der neuen MiCA-Verordnung auf Dezentrale Finanzanwendungen, EuZW 2021, 923; Maume, Die Verordnung über Märkte für Kryptowerte (MiCAR) – Zentrale Definitionen sowie Rechte und Pflichten beim öffentlichen Angebot von Kryptowerten, RDi 2022, 461; Maume, Die Verordnung über Märkte für Kryptowerte (MiCAR) – Stablecoins, Kryptodienstleistungen und Marktmissbrauchsrecht, RDi 2022, 461; Maume/Maute, Rechtshandbuch Kryptowerte, 2020; Meier, Insiderhandel als finanzieller Anreiz für Hinweisgeber, ZGR 2023, 889; Merwald/Schauer, Marktmanipulation, Social Media und Noise Trader im Fall GameStop, BKR 2021, 280; Meyer/Veil/Rönnau, Handbuch zum Marktmissbrauchsrecht, 2. Aufl. 2023; Misterek/Roth, Insiderinformationen in Bezug auf Kryptowerte Verhältnis und Reichweite von Art. 7 MAR und Art. 87 MiCAR, ZIP 385; Mock, Anforderung an das Verbot der Marktmanipulation in illiquiden Märkten, ZBB 2021, 243; Mock, Anstehende journalistische Berichterstattung über Gerüchte als Insiderinformation, ZIP 2022, 777; Möllers, Die juristische Aufarbeitung der Übernahmeschlacht VW-Porsche – ein Überblick, NZG 2014, 361; Möllers, Marktmanipulation durch Leerverkaufsattacken und irreführende Finanzanalysen, NZG 2018, 649; Möllers/Schauer, Twitternde Vorstandsmitglieder und die Fallstricke des Kapitalmarktrechts, NZG 2021, 1333; Mülbert, Anlegerschutz und Finanzmarktregulierung, ZHR 177 (2013), 160; Mülbert/Sajnovits, Short-Seller-Attacken 2.0: der Fall Wirecard; Muth, Hacker blamieren US-Börsenaufsicht mit Bitcoin-Tweet (Süddeutsche Zeitung, 10.1.2024, verfügbar unter https://beck-link.de/bznf7 https://beck-link.de/c3cna (zuletzt aufgerufen 28.1.202421.7.2024); Nägele, Der Sekundärmarkt für Security Token aus EU-Sicht, ZdiW 2021, 181; Nietsch, Die Mitteilung über die Veröffentlichung von Gerüchten durch Journalisten als unbefugte Offenlegung einer Insiderinformation, BKR 2022, 611; Patz, Handelsplattformen für Kryptowährungen und Kryptoassets, BKR 2019, 435; Raschner, Das (neue) Marktmanipulationsrecht für Kryptowerte, BKR 2022, 217; Rau, Private Enforcement bei Referenzwertmanipulationen vor dem Hintergrund des neuen Marktmissbrauchsregimes, BKR 2017, 57; Ringe/Azzutti/Stiehl, Künstliche Intelligenz und Marktmanipulation, ZBB 2022, 341; Rückert, Marktmanipulation durch Unterlassen und Bestimmtheitsprinzip, NStZ 2020, 391; Sajnovits, Game-Stop im Lichte der MAR, ZGR 2021, 804; Schwark/Zimmer, Kapitalmarktrechts-Kommentar, 5. Aufl. 2020; Seibt/Buck-Heeb/Harnos, BeckOK Wertpapierhandelsrecht, 12. Ed. 1.7.2024; Siadat, MiCAR – Regulierte Finanzinstrumente mit Schwerpunktsetzung auf NFT, RdF 2023, 4; Solidus Labs Research, 56% of Crypto Token Listings Since 2021 Show Signs of Insider Trading, 3.7.2023, verfügbar unter https://beck-link.de/8psmh (zuletzt aufgerufen 17.7.2024); Teo/Loh, Binance was slapped with a $ 4.3 billion fine because it let groups like Hamas and ISIS receive funds: Treasury Department (Business Insider, 22.11.2023), verfügbar unter https://beck-link.de/e5det (zuletzt abgerufen am 22.2.2024); Uller, Immaterielle Vermögenswerte und Ad-hoc-Publizität, 2019; von Essen/Hofert, Maximum Extractable Value (MEV) in Blockchains im Lichte des Marktmissbrauchsrechts, ZdiW 59; Voß, Marktmissbrauchsrecht für Kryptowerte nach MAR und MiCAR, ZdiW 2023, 164; Wegner, Das „GameStop"-Phänomen nach deutschem Marktmissbrauchsrecht: Marktmanipulation oder legitimes Anlegerverhalten?, BKR 2021, 181; Weißhaupt, Ad hoc-Publizität des Zwischenschritts – naht Praktikabilität?, NZG 2019, 175;

Art. 86

Wilson/Berwick, US regulator sues top crypto exchange Binance, CEO for ‚willful evasion' (Reuters, 28.3.2023), verfügbar unter https://beck-link.de/42nth (zuletzt abgerufen am 22.2.2024).

Übersicht

	Rn.
I. Normzweck und Systematik	1
II. Norminhalt	9
1. Sachlicher und persönlicher Anwendungsbereich (Abs. 1 und 2)	9
2. Räumlicher Anwendungsbereich (Abs. 3)	13

I. Normzweck und Systematik

1 Art. 86 regelt den **Anwendungsbereich** der in Titel VI (Art. 86–92) statuierten kryptospezifischen Marktmissbrauchsverbote. Die Vorschrift ist Art. 2 MAR nachgebildet. Nach Art. 86 Abs. 1 gilt Titel VI für von jedweden Personen vorgenommene Handlungen im Zusammenhang mit Kryptowerten, die zum Handel zugelassen sind oder deren Zulassung zum Handel beantragt wurde (entspricht Art. 2 Abs. 1 UAbs. 1 lit. a MAR). Nach Art. 86 Abs. 2 gilt er auch für alle Geschäfte, Aufträge und Handlungen, die in Abs. 1 genannte Kryptowerte betreffen, unabhängig davon, ob ein solches Geschäft, ein solcher Auftrag oder eine solche Handlung auf einer Handelsplattform getätigt wurde (entspricht Art. 2 Abs. 3 MAR), und zudem nach Art. 86 Abs. 3 für Handlungen und Unterlassungen in der Union und in Drittländern im Zusammenhang mit den in Abs. 1 genannten Kryptowerten (entspricht Art. 2 Abs. 4 MAR).

2 Zweck der Vorschrift ist die Gewährleistung des **Vertrauens in die Märkte für Kryptowerte** und deren Integrität (Erwgr. Nr. 95). Dies ist auch bitter nötig, denn die Kryptomärkte muten den Anlegern einiges zu. Das Platzen der ICO-Blase (ca. 2019) und dann der NFT-Blase (ca. 2021), die Probleme rund um Stablecoins wie TerraLuna (Mai 2022) sowie insbesondere der Kollaps der Kryptobörse FTX (November 2022) haben das Grundvertrauen vieler Anleger erschüttert. Doch auch jenseits solcher Turbulenzen scheint eine Stärkung des Vertrauens in die Funktionsweise angebracht. So sind viele gehandelte Kryptowerte extrem **volatil**, selbst das Flaggschiff Bitcoin schwankte im Jahr 2022 zwischen 42.000 EUR und 15.000 EUR. Gleichzeitig sind Kryptomärkte sehr anfällig für Manipulationen. In den Medien wird zB seit jeher von umfangreichen **Manipulationen** des Bitcoin-Kurses durch „Bots" berichtet.[1] Bei unbekannteren Kryptowerten mit geringer Marktkapitalisierung sind „Pump & Dump"-Attacken verbreitet.[2] Einer jüngeren Studie zufolge zeigen zudem 56% aller auf dezentralisierten Kryptobörsen seit 2021 gelisteten ERC-20-basierten Kryptowerte Anzeichen von **Insiderhandel**, mit insgesamt 400 verdächtigen Transaktionen durch 100 mutmaßliche Insider.[3]

---

[1] Coleman, Bitcoin Price Manipulated by Cryptocurrency Trading Bots: WSJ, verfügbar unter https://beck-link.de/tynv8 (zuletzt aufgerufen 19.7.2024).

[2] Der Begriff beschreibt das künstliche „Aufblasen" eines Marktes mit dem Ziel, bei Einstieg anderer Investoren die eigenen Token mit Gewinn zu verkaufe; siehe dazu generell JT Hamrick et al, An Examination of the Cryptocurrency Pump and Dump Ecosystem, (2021) 58 Information Processing and Management 102506.

[3] Solidus Labs Research, „56% of Crypto Token Listings Since 2021 Show Signs of Insider Trading", 3.7.2023, verfügbar unter https://beck-link.de/8psmh (zuletzt aufgerufen 17.7.2024).

Da Kryptomärkte im Grundsatz nach den gleichen Regeln funktionieren wie die etablierten Börsen, ist vor dem Hintergrund dieser Zahlen eine Regulierung nicht nur sinnvoll, sondern unerlässlich.

Folgerichtig ist insofern die Übertragung bereits etablierter Regeln – in diesem Fall der MAR – auf Kryptowerte. Hier besteht aber eine **Gefahr der Überregulierung,** da das Missbrauchsreglement der MAR für börsennotierte Unternehmen entwickelt wurde und damit für Startups und spezialisierte Unternehmen überdimensioniert sein könnte. Der EU-Gesetzgeber hat dieses Problem gesehen. Aus Gründen der **Verhältnismäßigkeit** wurden daher statt einer pauschalen Übernahme aus der MAR spezifische Regeln geschaffen (Erwgr. Nr. 95). „Spezifische Regeln" bedeutet aber – wie auch in anderen Teilen der MiCAR – nicht die Schaffung neuer, sondern die modifizierte Übernahme bestehender Regeln. Konkret geregelt wurde die Insiderinformation in Art. 87 (entspricht Art. 7 MAR), die Ad-hoc-Publizität in Art. 88 (entspricht Art. 17 MAR), das Verbot von Insidergeschäften in Art. 89 (entspricht Art. 14 iVm Art. 8 MAR), das Verbot der Offenlegung von Insiderinformationen nach Art. 90 (entspricht Art. 14 iVm Art. 10 MAR), das Verbot der Marktmanipulation in Art. 91 (entspricht Art. 15 iVm Art. 12 MAR) sowie die Pflicht zur Vorbeugung und Aufdeckung von Marktmissbrauch in Art. 92 (Art. 16 MAR).

Der Vorteil der **Pfadabhängigkeit zur MAR** ist, dass Anwender in vielen Fällen unmittelbar auf bestehende Literatur und Rechtsprechung zurückgreifen können. Hierdurch werden aber leider aus dem allgemeinen Kapitalmarktrecht bekannte Probleme wie zB das Vorliegen einer Insiderinformation bei gestreckten Sachverhalten (→ Art. 87 Rn. 19) übernommen. Auch ist unklar, wie sich MAR und Titel VI der MiCAR in Zukunft zueinander entwickeln werden. Einerseits scheint wünschenswert, dass die Auslegung der MiCAR-Tatbestandsmerkmale die Besonderheiten der Kryptomärkte berücksichtigt. Dies würde aber andererseits den Rückgriff auf die MAR-Auslegung erschweren. Das wäre insbesondere für börsennotierte Unternehmen misslich, die gleichzeitig Kryptowerte auf einem MiCAR-Handelsplatz emittieren wollen. Bei einem Auseinanderfallen beider Regime käme auf diese eine zweilagige Kapitalmarkt-/Kryptowertemarktcompliance zu. Zu bedenken ist auch dass die MiCAR nach Art. 2 Abs. 4 lit. a nicht für Kryptowerte gilt, die Finanzinstrumente iSv MiFID II sind. Dies betrifft Derivate auf Kryptowerte (siehe ausdrücklich Erwgr. Nr. 97) sowie sog. Security Token (inkl. elektronischer Kryptowertpapiere iSd eWpG),[4] für diese gilt die MAR unmittelbar. Auch aufgrund dieser Aufspaltung innerhalb der Kryptowerte scheint eine größtmögliche Kongruenz beider Regime vorzugswürdig. Allerdings hat zB der Listing Act zwar Art. 17 MAR geändert.[5] Eine entsprechende Änderung an Art. 88 MiCAR wurde aber nicht vorgenommen.

Allerdings wurden nicht alle Regelungen aus der MAR übernommen. Keine Entsprechung finden sich beispielsweise für die **zulässige Marktpraxis** nach Art. 13 MAR. Dies überrascht, denn die Vorschrift ist gerade für Märkte mit gerin-

---

[4] BeckOK WpHR/Maume VO (EU) 596/2014 Art. 15 Rn. 17–19.
[5] Der Listing Act besteht aus verschiedenen Rechtsakten, vorliegend relevant ist Verordnung (EU) 2024/2809 zur Änderung der VO (EU) 2017/1129, (EU) Nr. 596/2014 und (EU) Nr. 600/2014 zur Steigerung der Attraktivität der öffentlichen Kapitalmärkte in der Union für Unternehmen und zur Erleichterung des Kapitalzugangs für kleine und mittlere Unternehmen, siehe dazu im Überblick Gumpp BKR 2023, 82.

Art. 86 Titel VI Verhinderung und Verbot von Marktmissbrauch

gerer Liquidität (einschließlich KMU-Märkte)[6] relevant und Liquiditätsverträge könnten gerade auf Kryptomärkten sinnvoll sein. Komplett gestrichen wurde die Verpflichtung zum Führen von **Insiderlisten** (Art. 18 MAR). Dies ist jedoch schlüssig, wenn man bedenkt, dass es sich bei Emittenten von MiCAR-Kryptowerten häufig um KMU handelt (siehe auch ausdrücklich Erwgr. Nr. 95). Diese wären nach Art. 18 Abs. 6 MAR an KMU-Wachstumsmärkten ohnehin weitgehend von dieser Pflicht befreit. Emittiert ein börsennotiertes Unternehmen neben seinen normalen Wertpapieren hingegen auch Kryptowerte auf Kryptohandelsplätzen, dann greift Art. 18 MAR direkt, so dass eine gesonderte Verpflichtung in der MiCAR weitgehend redundant wäre. Kein MiCAR-Äquivalent findet sich zudem für **legitime Handlungen** (Art. 9 MAR). Die Gründe hierfür sind unklar.

6   Der EU-Gesetzgeber erkennt für die Anwendung der MiCAR-Vorschriften ausdrücklich an, dass in der Beurteilung einzelner Fragen ggf. andere Schwerpunkte zu setzen sind als auf klassischen Kapitalmärkten. In Erwgr. Nr. 96 S. 2 nennt er insbesondere „die **Nutzung der sozialen Medien,** der Rückgriff auf **intelligente Verträge** für die Ausführung von Aufträgen und die Konzentration von **Mining-Pools**", die im Rahmen der Verhinderung von Marktmissbrauch besonders zu berücksichtigen sind. Dies wird man generell für die Anwendung von Titel VI gelten lassen können.

7   Kritikwürdig ist in erster Linie die **fehlende Strafbarkeit** bei Verstößen.[7] Basierend auf der RL 2014/57/EU (CRIM-MAD) sind verbotener Insiderhandel und Marktmanipulation iSd MAR nach Art. 119 WpHG Straftaten mit einer Freiheitsstrafe bis maximal fünf Jahre. Für die MiCAR gibt es aber keinen der CRIM-MAD vergleichbaren begleitenden Rechtsakt. Sie sieht in Art. 111 lediglich ein an die MAR angelehntes, detailliertes Bußgeldregime vor.[8] Dieses Auseinanderfallen ist schwer erklärbar, zumal § 119 WpHG auf Kryptowerte wie Security Token oder elektronische Wertpapiere anwendbar ist. Hier sollte nicht voreilig eine begrüßenswerte Verhinderung von Überregulierung herbeigeredet werden. Denn da die Kryptomärkte für Manipulation besonders anfällig sind (→ Rn. 2) muss hier erst recht konsequent für Compliance gesorgt werden. Vor diesem Hintergrund ist auch zu bedenken, dass auch ein KMU auf einem MTF iSd MiFID II völlig unproblematisch von den allgemeinen Marktmissbrauchsregeln erfasst würde; eine Ungleichbehandlung bei Emission zB eines Stablecoin oder Utility Tokens scheint hier kaum begründbar. Einer etwaigen Überregulierung kann zudem unproblematisch im Wege der Strafzumessung begegnet werden.

8   Die MiCAR sieht jedenfalls in Art. 111 Abs. 1 ausdrücklich die Zulässigkeit strafrechtlicher Sanktionen vor. Stand heute ist es daher an den **nationalen Gesetzgebern,** diese Lücke zu schließen. Dies ist misslich, denn es droht eine Zersplitterung der Rechtslage. Der deutsche Gesetzgeber hat in § 46 KMAG-E löblicherweise Straftatbestände für die Verletzung des Marktmissbrauchs- und des Insiderhandelsverbots vorgesehen. Dies entspricht den §§ 119 ff. WpHG, die die entsprechenden MAR-Vorgaben umsetzen. Eine §§ 97, 98 WpHG entsprechende zivilrechtliche Haftungsnorm für Verletzungen der Pflicht zur Ad-hoc-Publizität fehlt hingegen (→ Art. 88 Rn. 19).

---

[6] BeckOK WpHR/Maume VO (EU) 596/2014 Art. 13 Rn. 44 ff.
[7] Siehe auch Maume RDi 2022, 497 (505).
[8] Gleiches gilt für das unerlaubte Betreiben von Kryptowerte-Dienstleistungen iSv Titel V MiCAR. Hier fehlt es an einer § 54 KWG entsprechenden Vorschrift.

II. Norminhalt

1. Sachlicher und persönlicher Anwendungsbereich (Abs. 1 und 2)

Titel VI ist auf **Kryptowerte** iSv Art. 3 Abs. 1 Nr. 5 anwendbar. Irrelevant ist es, ob es sich damit um Utility Token, Zahlungstoken oder Stablecoins handelt. Über Art. 2 Abs. 4 ausgenommen sind aber Finanzinstrumente, also per definitionem elektronische Wertpapiere iSd eWpG, sowie typischerweise Security Token und Derivate.[9] Für diese gilt die MAR unmittelbar.[10] Ausgenommen sind auch nicht fungible Token („NFT") nach Art. 2 Abs. 3.[11] Für diese existieren keine entsprechenden Marktmissbrauchsregeln, was mangels Fungibilität aber ohnehin nicht notwendig ist. 9

Für diese Kryptowerte muss eine **Handelszulassung** iSv Art. 1 Abs. 2 lit. a bestehen. Dies muss nach Art. 1 Abs. 2 lit. a auf einem MiCAR-regulierten Handelsplatz für Kryptowerte der Fall sein. Damit läuft die Vorschrift parallel zu Art. 2 Abs. 1 MAR, der einen geregelten Markt iSd MiFID II voraussetzt. Ausreichend ist für die Anwendung der MiCAR-Missbrauchsregeln, dass ein Antrag auf Zulassung gestellt wurde. Ein Emittent kann also zB verpflichtet sein, bereits vor der endgültigen Zulassung Ad-hoc-Mitteilungen nach Art. 88 MiCAR herauszugeben. Doch dies ist sachgerecht, da der Emittent es selbst in der Hand hat, wann er ein Listing ins Auge fasst.[12] 10

Art. 86 Abs. 2 stellt klar, dass der **Ort** des Geschäfts, des Auftrags oder der Handlung **irrelevant** ist. Dies entspricht Art. 2 Abs. 3 MAR. Es kommt einzig darauf an, ob die Kryptowerte auch auf einer MiCAR-Kryptohandelsplattform zugelassen sind. Dies verhindert eine Umgehung der Vorschrift,[13] zB durch Verlagerung der missbräuchlichen Handlung außerhalb des regulierten Handelsplatzes (zB OTC oder gar face-to-face). Somit kann auch ein Direktverkauf von Kryptowerten verbotener Insiderhandel sein, wenn die Voraussetzungen der Art. 87 ff. vorliegen. 11

Die potenziell marktmissbräuchliche Handlung muss **von einer Person** vorgenommen worden sein. Diese Formulierung findet sich in Art. 2 Abs. 1 MAR so nicht. Sie ist aber nur scheinbar MiCAR-spezifisch. Denn in der MAR findet sich bei den einzelnen Tathandlungen ebenfalls durchweg die Bezugnahme auf die handelnde Person, zB für das Insidergeschäft (Art. 8 Abs. 1 MAR), für die unrechtmäßige Offenlegung (Art. 10 MAR) oder der Marktmanipulation (Art. 12 Abs. 1 MAR). Gleiches gilt für die Parallelvorschriften in der MiCAR (Art. 89, 90, 91), wobei teilweise der Begriff „niemand" verwendet wird, was sich aber ebenfalls auf eine Person beziehen muss. Die Formulierung „von einer Person" ist an dieser Stelle daher nicht als ein Fingerzeig des Gesetzgebers auf Marktmissbrauch durch automatisierte Vorgänge (also insbesondere durch Smart Contracts) zu verstehen. Sie wiederholt lediglich eine Selbstverständlichkeit, nämlich dass Bezugspunkt der 12

---

[9] Zur Definition des Finanzinstruments → Art. 3 Rn. 322 ff.
[10] BeckOK WpHR/Maume VO (EU) 596/2014 Art. 15 Rn. 17–19.
[11] Zu NFT und MiCAR eingehend Siadat RdF 2023, 4; Herrmann/Aschenbeck BB 2023, 1987.
[12] Klöhn/Klöhn MAR Art. 17 Rn. 56.
[13] Klöhn/Klöhn MAR Art. 2 Rn. 101; Schwark/Zimmer/Kumpan/Misterek MAR Art. 2 Rn. 31, jeweils mwN (zur MAR).

Art. 87 Titel VI Verhinderung und Verbot von Marktmissbrauch

MiCAR – wie generell im Marktmissbrauchsrecht – die handelnde Person und kein Algorithmus ist.

2. Räumlicher Anwendungsbereich (Abs. 3)

13 Nach Art. 86 Abs. 3 gilt Titel VI für Handlungen und Unterlassungen in der Union und in Drittländern (also Staaten außerhalb der EU) im Zusammenhang mit den in Abs. 1 genannten Kryptowerten. Dies entspricht Art. 2 Abs. 4 MAR. Damit gilt das MiCAR-Missbrauchsrecht auch **extraterritorial**, der Handlungsort ist irrelevant. Der Vollzug ist aber natürlich nur durch die nationalen Aufsichtsbehörden der EU-Mitgliedstaaten auf ihrem jeweiligen Territorium möglich, da im Ausland keine Hoheitsakte vorgenommen werden können.[14] Notwendig ist aber ein Zusammenhang mit den zum Handel zugelassenen Kryptowerten nach Abs. 1. Es muss also ein potentieller Einfluss auf den Preis des jeweiligen Kryptowerts gegeben sein[15] (sog. **Auswirkungsprinzip**)[16].

Artikel 87 Insiderinformationen

(1) **Für die Zwecke dieser Verordnung umfasst der Begriff „Insiderinformationen" folgende Arten von Informationen:**
a) **nicht öffentlich bekannte präzise Informationen, die direkt oder indirekt einen oder mehrere Emittenten, Anbieter oder Personen, die die Zulassung zum Handel beantragen, oder einen oder mehrere Kryptowerte betreffen und die, wenn sie öffentlich bekannt würden, geeignet wären, den Kurs dieser Kryptowerte oder den Kurs eines damit verbundenen Kryptowerts erheblich zu beeinflussen;**
b) **für Personen, die mit der Ausführung von Aufträgen über Kryptowerte für Kunden beauftragt sind, bezeichnet der Begriff auch präzise Informationen, die von einem Kunden mitgeteilt wurden und sich auf die noch nicht ausgeführten Aufträge des Kunden über Kryptowerte beziehen, die direkt oder indirekt einen oder mehrere Emittenten, Anbieter oder Personen, die die Zulassung von Kryptowerten zum Handel beantragen, oder einen oder mehrere Kryptowerte betreffen und die, wenn sie öffentlich bekannt würden, geeignet wären, den Kurs dieser Kryptowerte oder den Kurs eines damit verbundenen Kryptowerts erheblich zu beeinflussen.**

(2) ¹**Für die Zwecke des Absatzes 1 sind Informationen dann als präzise anzusehen, wenn damit eine Reihe von Umständen gemeint ist, die bereits gegeben sind oder bei denen man vernünftigerweise erwarten kann, dass sie in Zukunft gegeben sein werden, oder ein Ereignis, das bereits eingetreten ist oder von dem man vernünftigerweise erwarten kann, dass es in Zukunft eintreten wird, und diese Informationen darüber hinaus spezifisch genug sind, um einen Schluss auf die mögliche Auswirkung dieser Reihe von Umständen oder dieses Ereignisses auf die Kurse der Kryptowerte zu-**

---

[14] Klöhn/Klöhn MAR Art. 2 Rn. 104 (zur MAR).
[15] Klöhn/Klöhn MAR Art. 2 Rn. 105 (zur MAR).
[16] BeckOK WpHR/Harnos MAR Art. 2 Rn. 6; Schwark/Zimmer/Kumpan/Misterek MAR Art. 2 Rn. 33 (zur MAR).

zulassen. ²So können im Fall eines zeitlich gestreckten Vorgangs, der einen bestimmten Umstand oder ein bestimmtes Ereignis herbeiführen soll oder hervorbringt, dieser betreffende zukünftige Umstand bzw. das betreffende zukünftige Ereignis und auch die Zwischenschritte in diesem Vorgang, die mit der Herbeiführung oder Hervorbringung dieses zukünftigen Umstandes oder Ereignisses verbunden sind, in dieser Hinsicht als präzise Information betrachtet werden.

(3) Ein Zwischenschritt in einem zeitlich gestreckten Vorgang wird als eine Insiderinformation betrachtet, falls er für sich genommen die Kriterien für Insiderinformationen gemäß Absatz 2 erfüllt.

(4) Für die Zwecke des Absatzes 1 sind unter „Informationen, die, wenn sie öffentlich bekannt würden, geeignet wären, den Kurs von Kryptowerten erheblich zu beeinflussen" Informationen zu verstehen, die ein verständiger Inhaber von Kryptowerten wahrscheinlich als Teil der Grundlage seiner Anlageentscheidungen nutzen würde.

Schrifttum: siehe Art. 86

Übersicht

	Rn.
I. Normzweck und Systematik	1
II. Insiderinformation	2
1. Kerndefinition (Abs. 1 lit. a)	2
a) Bezugspunkte	2
b) Kursrelevanz	7
c) Nicht öffentlich bekannt	12
d) Präzise Information	16
2. Sonderfall: Handelsbezogene Insiderinformation (Abs. 1 lit. b)	20
a) Allgemein	20
b) Sonderfall Mempools	22

I. Normzweck und Systematik

Art. 87 definiert die Insiderinformation als Kernbestandteil des Marktmissbrauchsrechts. Art. 87 Abs. 1 enthält die **Definition.** In den Folgeabsätzen finden sich **Präzisierungen einzelner Tatbestandsmerkmale.** Die Vorschrift ist fast wortgleich an Art. 7 MAR angelehnt, ersetzt wurden im Wesentlichen der Bezug auf Finanzinstrumente durch Kryptowerte, zudem wurden Passagen zu Emissionszertifikaten bzw. Warenderivaten und Waren-Spot-Kontrakten gelöscht. Die Insiderinformation wird an mehreren Stellen relevant: für das Verbot von Insidergeschäften (Art. 89) und das Verbot der unrechtmäßigen Offenlegung von Insiderinformationen (Art. 90), aber auf für die Pflicht zur unverzüglichen Offenlegung von Insiderinformationen (Art. 88). Die MiCAR bedient sich insofern der MAR-Systematik, so dass Literatur und Rechtsprechung weitgehend aus Art. 7 MAR übernommen werden können.[1]

---

[1] Ähnlich Misterek/Roth ZIP 2024, 385 (389): beide Rechtsakte parallel auszulegen.

II. Insiderinformation

1. Kerndefinition (Abs. 1 lit. a)

2 **a) Bezugspunkte.** Nach Art. 87 Abs. 1 lit. a ist Insiderinformation iSd MiCAR eine nicht öffentlich bekannte präzise Informationen, die direkt oder indirekt einen oder mehrere Emittenten, Anbieter oder Personen, die die Zulassung zum Handel beantragen, oder einen oder mehrere Kryptowerte betreffen und die, wenn sie öffentlich bekannt würden, geeignet wären, den Kurs dieser Kryptowerte oder den Kurs eines damit verbundenen Kryptowerts erheblich zu beeinflussen. Gegenüber Art. 7 Abs. 1 lit. a MAR wurde damit folgerichtig das Finanzinstrument durch den **Kryptowert** ersetzt. Eine strukturelle Änderung des Tatbestands geht damit nicht einher. Erfasst werden alle Arten von Kryptowerten nach Art. 3 Abs. 1 Nr. 5 MiCAR, die nicht unter einen Ausschlusstatbestand nach Art. 2 fallen (zB Finanzinstrumente, für die die MAR unmittelbar gilt).

3 Unklar ist das Tatbestandsmerkmal des **damit verbundenen Kryptowerts**. Die Vorbildformulierung in Art. 7 Abs. 1 MAR spricht von „damit verbundener derivativer Finanzinstrumente". Offensichtlich wurde „derivativer" gelöscht, da Derivate Finanzinstrumente iSv MiFID II sind und somit nach Art. 2 Abs. 4 nicht unter die MiCAR fallen.[2] Unklar ist aber, wie ein Kryptowert mit einem anderen „verbunden" sein soll, ohne als Derivat zu gelten.

4 Wie auch zur MAR ist primärer Bezugspunkt der Insiderinformation der **Emittent** (Art. 3 Abs. 1 Nr. 10). Dies lässt das Insiderhandelsverbot bei „echten" dezentral strukturierten Kryptowerten wie zB Bitcoin weitgehend ins Leere laufen.[3] Hier ist denkbar, dass eine Information den Kryptowert betrifft (zB die Kenntnis bevorstehender Probleme beim Mining oder im Programmcode). Auch Kenntnisse über die zukünftige Entwicklung der Liquidität kommen in Frage.[4] Bei Kryptowerten mit Emittenten werden die zur MAR entwickelten Kriterien angelegt werden können. Bezugspunkte sind im Vergleich zur MAR nicht nur der Emittent und der Kryptowert, sondern auch ein etwaiger **Anbieter sowie Personen, die die Zulassung zum Handel beantragen.** Der Anbieter ist nach Art. 3 Abs. 1 Nr. 13 eine natürliche oder juristische Person oder ein anderes Unternehmen, die bzw. das Kryptowerte öffentlich anbietet, oder der Emittent, der Kryptowerte öffentlich anbietet. Der Hintergrund dieser Erweiterung ist unklar. Erwgr. Nr. 95 spricht etwas kryptisch davon, dass die „spezifischen Vorschriften über Marktmissbrauch im Zusammenhang mit Kryptowerten [...] auch dann greifen [sollten], wenn Kryptowerte zum Handel zugelassen werden", was keinen nennenswerten Erkenntnisgewinn bringt. Die Verlagerung weg vom Emittenten hin zum Anbieter wurde auch an anderen Stellen der MiCAR vollzogen und soll in bestimmten Konstellationen einen Zugriff auf dezentrale Strukturen ermöglichen, in denen es keine Emittenten gibt.[5] Naheliegend ist daher, dass der EU-Gesetzgeber hier dezentral strukturierte Zahlungstoken im Auge hatte. Der praktische Anwendungsbereich bleibt aber fraglich. Denn die Insiderinformation müsste sich nach dem Wortlaut

---

[2] So iE auch Misterek/Roth ZIP 2024, 385 (389).
[3] So bereits Maume/Maute Kryptowerte-HdB/Maume § 14 Rn. 36.
[4] Zur Liquidität ausführlich Misterek/Roth ZIP 2024, 385 (392).
[5] Siehe zB Maume RDi 2022, 461 (466) für Titel II bzw. Maume RDi 2022, 497 (499) für Titel III; in diese Richtung auch Voß ZdiW 2023, 164 (171) zu Art. 88.

Insiderinformationen **Art. 87**

auf den Anbieter bzw. den Antragsteller beziehen, dann aber geeignet sein, den Kurs des Kryptowerts zu beeinflussen. Denkbares Beispiel: ein Investor verfügt über geheimes Wissen über den Betreiber einer Kryptobörse (zB drohende Insolvenz), und dieses Wissen würde, wenn öffentlich bekannt, den Preis eines Kryptowerts wie Bitcoin nach oben oder unten bewegen. Dies scheint theoretisch denkbar, dürfte aber ein Sonderfall sein.

Typische Beispiele für **emittentenbezogene Insiderinformationen** sind 5 innerhalb der MAR Informationen zu kommenden Unternehmensübernahmen, Delistings, Squeeze-Outs, Dividendenkürzungen, Gewinnwarnungen und Krisenmeldungen, Änderungen der Unternehmensstruktur und Kapitalmaßnahmen, aber auch Änderungen der Zusammensetzung der Unternehmensleitung.[6] Dies lässt sich eins zu eines auf Emittenten von Kryptowerten übertragen. Ausreichend ist wie auch zu Art. 7 MAR, dass die Information den Emittenten (bzw. Anbieter/Antragsteller) mittelbar betrifft.[7] Umfasst sind also auch allgemeine, **nicht-emittentenspezifische Marktinformationen,** die nicht öffentlich bekannt sind (zB eine drohende Rohstoffknappheit oder eine sonstige Änderung der wirtschaftlichen Rahmenbedingungen).

Kryptowertbezogene Insiderinformationen beziehen sich auf die recht- 6 lichen und wirtschaftlichen Verhältnisse, zB handelsbezogene Daten.[8] Anders als in der MAR kann hier auch die technische Ebene betroffen sein. Denkbar sind Schwächen in der Programmierung des Kryptowerts (also die Asset-Ebene), aber auch Probleme in der zugrundeliegenden Blockchain (also auf der Infrastruktur-Ebene) wie zB eine eingeschränkte Funktionalität, Sicherheitsrisiken, oder ähnliches. Grundsätzlich ebenfalls denkbar ist auch die Einordnung der in einem **Mempool** gespeicherten Transaktionen als handelsbezogene Insiderinformation (eingehend → Rn. 22).

b) Kursrelevanz. Für die Bestimmung der Eignung zur Kursbeeinflussung sind 7 gegenüber der MAR Modifikationen geboten. Die Information muss zunächst geeignet sein, den Kurs des Finanzinstruments erheblich zu beeinflussen, sie muss also **kursrelevant** sein. Die Eignung ist ausreichend, ein Erfolg also nicht notwendig. Tritt im Nachhinein keine erhebliche Kursänderung ein, so ist dies kein Beweis für fehlende Kursrelevanz,[9] sollte aber richtigerweise als Indiz gewertet werden.[10] Grundlage für die Bestimmung der Kursrelevanz ist eine **objektive Prognose exante,** die auf den Zeitpunkt der Vornahme des Insiderhandels abstellt und die Umstände des Einzelfalls berücksichtigt.[11] Einbezogen werden hierbei grundsätzlich die **fundamentalwertbezogenen Umstände,** die den Emittenten (oder in diesem Fall zusätzlich den Anbieter oder Antragsteller) hinsichtlich seiner Ertrags- oder Risikolage betreffen.[12] Die Wahrscheinlichkeit der Kursentwicklung in eine be-

---

[6] Siehe ausführlich zur MAR-Kasuistik zB Meyer/Veil/Rönnau MarktmissbrauchsR-HdB/ Krause § 6 Rn. 120ff., oder auch den BaFin-Emittentenleitfaden, S. 15ff.
[7] BeckOK WpHR/Nietsch MAR Art. 7 Rn. 110ff.; anders bei der Ad-hoc-Publizität, → Art. 88 Rn. 7.
[8] Assmann/Schneider/Mülbert/Assmann Rn. 76; Schwark/Zimmer/Kumpan/Misterek Rn. 87f.
[9] BGH NJW 2010, 882 Rn. 16 – freenet (noch zum alten WpHG).
[10] Zutreffend Meyer/Veil/Rönnau MarktmissbrauchsR-HdB/Krause § 6 Rn. 103.
[11] Meyer/Veil/Rönnau MarktmissbrauchsR-HdB/Krause § 6 Rn. 101 mwN (zur MAR).
[12] Klöhn/Klöhn MAR Art. 7 Rn. 161.

Art. 87 Titel VI Verhinderung und Verbot von Marktmissbrauch

stimmte Richtung ist hingegen irrelevant.[13] Die **Erheblichkeit** soll Bagatellfälle ausschließen und trägt gleichzeitig der Tatsache Rechnung, dass im Prinzip jedes Handeln auf den Kapitalmärkten kursrelevant ist.

8 Allerdings ist für Kryptowerte im Einzelfall zu fragen, ob in diesen Fällen tatsächlich Kursrelevanz gegeben ist. Denn die MAR-Systematik basiert darauf, dass zB eine **Änderung des Fundamentalwerts** unmittelbar auf zB Aktien durchschlägt, da deren Wert objektiv vom künftigen Wohlergehen des Unternehmens abhängt. Für Kryptowerte ist aber teilweise zweifelhaft, ob die vorzeitige Abberufung des Vorstandsvorsitzenden (eine typische Fallgruppe im Rahmen des Art. 7 MAR)[14] Auswirkungen auf den Kurs zB eines Zahlungstokens oder Stablecoins hat.[15] Informationen, die den Status des Emittenten per se bedrohen (zB die Stellung eines Insolvenzantrags oder der drohende Verlust einer BaFin-Erlaubnis), werden hingegen wie auch in der MAR Kursrelevanz haben – denn wenn zB ein Utility Token eine fortwährende Leistung gewährt, dann ist die Existenzgefährdung des Emittenten natürlich kursrelevant. Gleiches gilt für Stablecoins, da hier die effektive Geltendmachung des Rücktauschrechts nach Art. 39 (vermögenswertereferenzierte Token) bzw. 49 (E-Geld Token) mit wertbildend ist. Bei Zahlungstoken, soweit sie dezentral organisiert sind, stellt sich die Frage nach den Werten des Emittenten hingegen von vornherein nicht. Die Kursrelevanz ist daher **für jeden Kryptowert gesondert** festzustellen. Hier müssen sich Fallgruppen erst noch herausbilden.

9 Jenseits des Emittenten ist zB für **Utility-Token** nach Art. 3 Abs. 1 Nr. 9 zusätzlich die dem Kryptowert zugrundeliegende Leistung relevant. Denn es ist denkbar, dass Informationen über deren Verfügbarkeit oder Qualität den Preis des Kryptowerts (der ja diese Leistung abbildet) direkt beeinflussen. Bezieht sich der Utility-Token auf ein noch zu entwickelndes Produkt und kommt es bei der Entwicklung zu Verzögerungen, so kann dies auf die Attraktivität des Tokens durchschlagen – selbst wenn die Information für den Fundamentalwert des Emittenten nicht wichtig genug ist. Bei **Stablecoins** hingegen könnten Probleme mit dem zugrundeliegenden Algorithmus oder Deckungsmechanismus Kursrelevanz herbeiführen. Bezieht sich ein **Zahlungstoken** auf die Bezahlmöglichkeit innerhalb eines bestimmten Systems oder Netzwerks, dann dürften auch Störungen dieses Netzwerks bzw. des den Zahlungstoken annehmenden Unternehmens kursrelevant sein. Für alle Token dürfte zudem die Liquidität am Markt als wesentlicher preisbildender Faktor relevant sein.[16]

10 Art. 87 Abs. 4 konkretisiert, dass eine Information kursrelevant ist, wenn sie ein **verständiger Inhaber von Kryptowerten** wahrscheinlich als Teil der Grundlage seiner Anlageentscheidungen nutzen würde. Die Inhaber von Bezugnahme auf den Inhaber ist missverständlich, da natürlich nicht nur auf derzeitige Inhaber, sondern auf **alle Anleger** auf dem jeweiligen Kryptomarkt abgestellt werden muss.[17] Dies schließt Anleger ein, die (noch) keine Inhaber von Kryptowerten sind, mit dem Markt aber vertraut sind. Ob sich das Anlegerpublikum bzw. -leitbild auf Krypto-

---

[13] EuGH NJW 2015, 1663 – Lafonta.
[14] EuGH NJW 2012, 2787 bzw. BGH NJW 2114 – Geltl/Daimler (für den Vorstandsvorsitzenden).
[15] Ähnlich und weitergehend Misterek/Roth ZIP 2024, 385 (391): Bepreisung völlig losgelöst von fundamentalen Wert bei weniger wertpapierähnlich ausgestalteten Token.
[16] Anders noch Maume/Maute Kryptowerte-HdB/Maume § 14 Rn. 36: üblicherweise keine Geltung des Insiderhandelsverbots; dagegen zutreffend Misterek/Roth ZIP 2024, 385 (394).
[17] Wie hier Misterek/Roth ZIP 2024, 385 (391).

börsen generell anders darstellt als auf traditionellen Märkten, wird bislang nicht diskutiert. Dabei ist dies hochrelevant, denn ein anderes Anlegerleitbild würde zu potentiellen Unterschieden in der Bewertung des jeweiligen Einzelfalls führen. Da sich der Gesetzgeber für eine gesonderte Kodifizierung des „Kryptorechts" entschieden hat, steht einer abweichenden Bewertung formal nichts im Wege. Allerdings ist dabei zu beachten, dass auf bestimmte Kryptowerte nicht die MiCAR, sondern die MAR anwendbar ist. Ein gesondertes „Kryptoanlegerleitbild" würde daher entweder zu einem Bruch zwischen DLT-basierten Finanzinstrumenten und Kryptowerten iSd MiCAR führen (wenn es separat für die MiCAR angewendet wird), oder aber zu einem Bruch innerhalb der MAR selbst (wenn es einheitlich auf alle DLT-basierten Token angewendet wird).

Inhaltlich wird für die Kursrelevanz keine objektive Prozentgrenze gezogen,[18] sondern subjektiv danach gefragt, was für ein **Anreiz für den Anleger** besteht und ob sich das Geschäft für ihn lohnt.[19] Abgestellt wird dabei, wie im allgemeinen Kapitalmarktrecht auch,[20] auf den verständigen Anleger als eine normative Größe. Die subjektiven Kenntnisse oder Erwartungen einzelner Marktteilnehmer oder Gruppen bleiben außer Betracht. Es mag zutreffend sein, dass auf den Kryptomärkten irrationales Vorgehen (gerade bei bestimmten Coins) stark verbreitet ist. Es ist aber nicht ersichtlich, dass der EU Gesetzgeber von der etablierten, für die Wertpapierbörsen entwickelten Sichtweise abweichen wollte. Die gleichen Probleme stellen sich auf Grundlage der MAR, sobald soziale Medien im Spiel sind.[21] Es handelt sich also nur zum Teil um ein kryptospezifisches Phänomen.

c) Nicht öffentlich bekannt. Die Information darf **nicht öffentlich bekannt** sein. Nicht erforderlich ist, dass sie geheim ist, der Geheimnisbegriff (zB im Sinne des GeschGehG) ist deutlich enger. Gleiches gilt für die Neuheit im Sinne des PatG.[22] Erforderlich ist, dass die Information einer **unbestimmten Anzahl von Personen unter Ermöglichung der Kenntnisnahme** zugänglich gemacht wurde.[23]

Der relevante Personenkreis für die Bestimmung der Bekanntheit ist nicht die allgemeine Öffentlichkeit, sondern ein **breites Anlegerpublikum.** Für klassische Börsen ist dies das Anlegerpublikum des Mitgliedsstaates, in dem die Börse bzw. das Handelssystem verortet ist.[24]

Legt man die MAR-Systematik zugrunde, so bildet die **Sprache** eine natürliche Schranke der öffentlichen Bekanntheit. Es ist daher trotz EU-weitem Anwendungsbereichs von MAR und MiCAR nicht erforderlich, dass die betreffende Information den Anlegern in der gesamten EU zugänglich gemacht wurde. Entscheidend ist die Verfügbarkeit in der Sprache des jeweiligen Handelsplatzes. Sind Finanzinstrumente aber an mehreren Börsen im EU-Raum zugelassen, so ist auf dieses internationale Publikum (mitsamt den entsprechenden Sprachen) abzustel-

---

[18] BeckOK WpHR/Nietsch MAR Art. 7 Rn. 119 mwN.
[19] Eingehend Meyer/Veil/Rönnau MarktmissbrauchsR-HdB/Krause § 6 Rn. 121–124.
[20] BeckOK WpHR/Nietsch MAR Art. 7 Rn. 117 mwN.
[21] Siehe beispielhaft die „Causa GameStop", dazu im Überblick BeckOK WpHR/Maume VO (EU) 596/2014 Art. 12 Rn. 156 ff. mwN.
[22] Umfassende Darstellung bei Uller, Immaterielle Vermögenswerte und Ad-hoc-Publizität, 2019, S. 103 ff.
[23] BeckOK WpHR/Nietsch MAR Art. 7 Rn. 101.
[24] Klöhn/Klöhn MAR Art. 7 Rn. 148.

len.[25] Für das Erlangen öffentlicher Bekanntheit ist daher zu verlangen, dass das Publikum in allen betreffenden Mitgliedstaaten auf die Information Zugriff haben muss. Diese für die MAR entwickelten Grundsätze müssen grundsätzlich genauso für Kryptobörsen gelten. Notwendig ist **die Verfügbarkeit der Information in Englisch** als sowohl in Finanz-[26] als auch Internetkreisen und insbesondere in der Kryptoszene üblicher Sprache.[27] Dies ist nicht unverhältnismäßig,[28] da es nicht darauf ankommt, dass die angesprochene Öffentlichkeit tatsächlich Kenntnis genommen hat. Es geht vielmehr um die Verfügbarkeit. Der zutreffende Hinweis, dass dies spiegelbildlich bei der Ad-hoc-Publizität bedacht werden muss,[29] führt ebenfalls nicht zu Unverhältnismäßigkeit, da aufgrund der elektronischen Bekanntgabe in englischer Sprache kein Mehraufwand entsteht. Für den unwahrscheinlichen Fall, dass eine MiCAR-regulierte Handelsplattform nicht in Englisch verfügbar ist, beschränkt sich das relevante Anlegerpublikum auf den jeweiligen Mitgliedstaat bzw. diejenigen Staaten, in denen die betreffende offizielle EU-Sprache gesprochen wird.

15 Nicht notwendig ist, dass die Öffentlichkeit tatsächlich von der Information Kenntnis nimmt. Die Information muss vielmehr **zugänglich** sein.[30] Wurde früher Bekanntheit klassischerweise durch überregionale Tageszeitungen oder Fernsehen hergestellt, so dürfte inzwischen auf die Verfügbarkeit im Internet abzustellen sein. Die Information darf aber nicht nur auf irgendeiner abseitigen Webseite, sondern muss einigermaßen prominent verfügbar sein. Man wird daher verlangen müssen, dass sie über Nachrichtenportale aufgegriffen oder im Internet auf den einschlägigen Plattformen diskutiert wird.[31] **Kostenpflichtigkeit** („Bezahlschranke") hindert die allgemeine Bekanntheit nicht, es sei denn, diese ist mit prohibitiven Kosten verbunden (zB eine professionelle Datenbank).[32] Während es im allgemeinen Kapitalmarktrecht umstritten ist, ob auch **soziale Medien** wie Facebook, LinkedIn oder Twitter für die Bestimmung der Bekanntheit heranzuziehen sind,[33] dürfte dies für die Kryptomärkte ohne weiteres anzunehmen sein, da diese Kanäle in der Kryptoszene deutlich gängiger sind als auf den klassischen Märkten.

16 **d) Präzise Information.** In der Praxis besonders schwierig ist seit jeher, ab wann eine Information **präzise** im Sinne des Marktmissbrauchsrechts ist. Art. 87 Abs. 2 führt, angelehnt an Art. 7 Abs. 3 MAR, aus, dass eine Information dann als präzise anzusehen ist, wenn damit eine Reihe von Umständen gemeint ist, die bereits gegeben sind oder bei denen man vernünftigerweise erwarten kann, dass sie in Zukunft gegeben sein werden, oder ein Ereignis, das bereits eingetreten ist oder von dem man vernünftigerweise erwarten kann, dass es in Zukunft eintreten wird, und

---

[25] Eingehend Klöhn ZHR 180 (2016), 707 (721–722).
[26] Meyer/Veil/Rönnau MarktmissbrauchsR-HdB/Krause § 6 Rn. 87.
[27] Maume/Maute Kryptowerte-HdB/Maume § 14 Rn. 38.
[28] So aber Misterek/Roth ZIP 2024, 385 (390).
[29] Misterek/Roth ZIP 2024, 385 (390).
[30] Siehe zum Streitstand BeckOK WpHR/Nietsch MAR Art. 7 Rn. 101 mwN; so auch die BaFin, Emittentenleitfaden C I.2.1.1.
[31] Dies entspricht der Faustregel für MAR, dass die Weitergabe in Informationsdiensten wie Reuters/Bloomberg, Redaktionen und Nachrichten grundsätzlich zur Bekanntheit iSd Insiderrechts führt, siehe zur Kasuistik Klöhn/Klöhn MAR Art. 7 Rn. 134 ff.
[32] Zu elektronischen Informationsdiensten und Kostenpflicht instruktiv Meyer/Veil/Rönnau MarktmissbrauchsR-HdB/Krause § 6 Rn. 89a ff.
[33] BeckOK WpHR/Nietsch MAR Art. 7 Rn. 104.

Insiderinformationen **Art. 87**

diese Informationen darüber hinaus spezifisch genug sind, um einen Schluss auf die mögliche Auswirkung dieser Reihe von Umständen oder dieses Ereignisses auf die Kurse der Kryptowerte zuzulassen.

Erste Alternative ist damit, dass die Information **gegenwärtige Umstände** betrifft, ihr Zutreffen aber **unsicher** ist. In diesem Fall muss der verständige Anleger beurteilen, ob die Information zutrifft bzw. verlässlich ist. Daher sind vage Gerüchte keine Insiderinformationen, notwendig ist bei unsicheren Sachverhalten eine **Zutreffenswahrscheinlichkeit**.[34] Umstritten ist hingegen, ob die Information verifizierbar sein muss. Trotz entgegenstehender Hinweise in den Erwägungsgründen (siehe MAR Erwgr. Nr. 14 S. 3) ist es überzeugender, hier – ebenso wie bei zukünftigen Ereignissen (ausf. unten → Rn. 18) – von einer überwiegenden Wahrscheinlichkeit auszugehen.[35]   17

Schwieriger und in der Praxis relevanter sind Informationen über **zukünftige Umstände und Ereignisse.** Hier führt Art. 87 Abs. 2 S. 1 aus, dass man bei ihnen vernünftigerweise erwarten kann, dass sie in Zukunft gegeben sein werden bzw. dass das betreffende Ereignis eintritt. Hinzu kommt nach Art. 87 Abs. 2 S. 2, dass die Information spezifisch genug sein muss, um einen Schluss auf die mögliche Auswirkung des Ereignisses auf die Kurse der Kryptowerte zuzulassen. Damit tritt neben die Zutreffenswahrscheinlichkeit die **Eintrittswahrscheinlichkeit** hinzu. Erwgr. Nr. 16 MAR konkretisiert, dass hierfür auf der Grundlage einer Gesamtbewertung aller zum relevanten Zeitpunkt vorhandenen Faktoren zu ermitteln ist, ob eine realistische Eintrittswahrscheinlichkeit besteht. Diese auf der Geltl-Entscheidung[36] basierende Formulierung hilft jedoch nur bedingt weiter, da sich MAR und MiCAR über die Konturierung der realistischen Eintrittswahrscheinlichkeit ausschweigen. Hierzu werden in der Literatur verschiedene Wahrscheinlichkeiten und Ansätze vertreten.[37] Am intuitivsten handhabbar und auch auf einer Linie mit der EuGH-Judikatur ist die **50%+1-Schwelle,** wonach eine Information präzise ist, sobald ihr Eintreten wahrscheinlich ist als das Ausbleiben.[38]   18

In der Praxis fallen Insiderinformationen meist nicht vom Himmel, sondern durchlaufen eine Genese. So wird eine Unternehmensübernahme üblicherweise zunächst intern vorgeschlagen, dann geprüft und die weitere Planung beschlossen, es werden Sondierungen und eine Due-Diligence durchgeführt, Finanzierungen gesichert, etc. Ähnliche Abläufe finden sich bei Unternehmenskooperationen, der Produktentwicklung oder Compliance-Untersuchungen. Die Bestimmung, wann bei solchen **gestreckten Sachverhalten** die Schwelle zur präzisen Information überschritten wird, ist schwierig. Art. 87 Abs. 2 S. 3 stellt klar, dass im Fall eines zeitlich gestreckten Vorgangs, der einen bestimmten Umstand oder ein bestimmtes Ereignis herbeiführen soll oder hervorbringt, dieser betreffende zukünftige Umstand bzw. das betreffende zukünftige Ereignis und auch die Zwischenschritte in diesem   19

---

[34] Eingehend Fromberger, Die Pflicht zur Veröffentlichung einer Ad-hoc-Mitteilung bei Compliance-Verstößen, S. 59 ff. mwN.
[35] Überzeugend Klöhn/Klöhn MAR Art. 7 Rn. 112 ff.; skeptisch jedoch Schwark/Zimmer/Kumpan/Misterek MAR Art. 7 Rn. 57 ff.; BeckOK WpHR/Nietsch MAR Art. 7 Rn. 64 f.
[36] EuGH BKR 2012, 338.
[37] Sehr strittig, siehe die Übersichten bei Schwark/Zimmer/Kumpan/Misterek MAR Art. 7 Rn. 45 ff.
[38] Eingehend Fromberger, Die Pflicht zur Veröffentlichung einer Ad-hoc-Mitteilung bei Compliance-Verstößen, S. 53 ff. mwN.

Vorgang, die mit der Herbeiführung oder Hervorbringung dieses zukünftigen Umstandes oder Ereignisses verbunden sind, in dieser Hinsicht als präzise Information betrachtet werden können. Damit ist also nicht notwendig, dass ein gestreckter Sachverhalt abgeschlossen sein muss. Allerdings stellt Art. 87 Abs. 3 (=Art. 7 Abs. 3 MAR) klar, dass ein Zwischenschritt für sich genommen alle Kriterien der Insiderinformation nach Art. 87 Abs. 2 erfüllen muss, um als Insiderinformation zu gelten. Ausreichend ist auch, dass ein noch nicht eingetretener Zwischenschritt (und nicht notwendigerweise das Endergebnis) vernünftigerweise erwartet werden kann.[39] Dies bedeutet, dass für **jeden einzelnen Schritt** die Zutreffens- und Eintrittswahrscheinlichkeit sowie die Kursrelevanz geprüft werden muss.[40] Diese MAR-Grundsätze lassen sich eins zu eins auf Art. 87 übertragen.

2. Sonderfall: Handelsbezogene Insiderinformation (Abs. 1 lit. b)

20 **a) Allgemein.** Für Personen, die mit der Ausführung von Aufträgen über Kryptowerte für Kunden beauftragt sind, bezeichnet der Begriff auch präzise Informationen, die von einem Kunden mitgeteilt wurden und sich auf die noch nicht ausgeführten Aufträge des Kunden über Kryptowerte beziehen, die direkt oder indirekt einen oder mehrere Emittenten, Anbieter oder Personen, die die Zulassung von Kryptowerten zum Handel beantragen, oder einen oder mehrere Kryptowerte betreffen und die, wenn sie öffentlich bekannt würden, geeignet wären, den Kurs dieser Kryptowerte oder den Kurs eines damit verbundenen Kryptowerts erheblich zu beeinflussen. Dies entspricht Art. 7 Abs. 1 lit. d MAR. Das Regelbeispiel stellt klar, dass auch **handelsbezogene Informationen** (zB Handelsorder) unter das Insiderhandelsverbot fallen können. Aufgrund der identischen Formulierung und Stoßrichtung lassen sich Literatur und Rechtsprechung zur MAR problemlos auf das Regelbeispiel übertragen.

21 Typischer Anwendungsfall ist das **Front Running** durch am Trade beteiligte Händler und andere Intermediäre, also das Ausnutzen der Information über für die Zukunft platzierte Aufträge, die aufgrund ihres Volumens den Preis des Finanzinstruments beeinflussen werden. In Betracht kommt aber auch das **Squeezing**, also der Versuch der Monopolisierung des Marktes, um später besonders lukrative Geschäfte abschließen zu können.[41] Ist die handelnde Person nicht im Auftrag des Emittenten tätig, so kann trotzdem eine Insiderinformation nach Art. 87 Abs. 1 lit. a vorliegen.

22 **b) Sonderfall Mempools.** Ein kryptospezifisches Problem ist das bewusste Ausnutzen der Kenntnis der in einem Mempool – gewissermaßen dem „Orderbuch einer Blockchain"[42] – gespeicherten Transaktionen.[43] Die Datenbestände eines Mempools sind frei einsehbar und können gezielt ausgelesen werden. Da Miner bzw. Validatoren im Grundsatz frei bestimmen können, ob Transaktionen aus dem Mempool oder ihre eigenen Transaktionen in die Blockchain aufgenom-

---

[39] Siehe zB Meyer/Veil/Rönnau MarktmissbrauchsR-HdB/Krause § 6 Rn. 66 ff.
[40] Ausführlich BeckOK WpHR/Nietsch MAR Art. 7 Rn. 71 ff.
[41] Zu den verschiedenen Erscheinungsformen des Insiderhandels bei handelsbezogener Information Klöhn/Klöhn MAR Art. 7 Rn. 291–299.
[42] Treffende Formulierung bei von Essen/Hofert ZdiW 2023, 59.
[43] Ausführlich Auer/Frost/Pastor, „Miners as intermediaries: extractable value and market manipulation in crypto and DeFi" (Bank for International Settlements Bulletin No. 58, 16.6.2022), verfügbar unter https://www.bis.org/publ/bisbull58.pdf.

men werden, können sie zu eigenen Gunsten besonders lukrative Transaktionen in einen Block integrieren oder zulasten anderer Netzwerkteilnehmer Transaktionen zurückstellen.[44] Dieses gezielte Ausnutzen von Wissensvorsprüngen, das über das eigentliche Anreizsystem der Blockchain wie Transaktionsgebühre (zB „Gas" im Rahmen von Ethereum) wird als **„Maximum Extractable Value" (MEV)** bezeichnet.[45] Hierzu haben sich verschiedene Strategien wie Frontrunning, Backrunning und Sandwiching etabliert.[46]

Ausgangspunkt der rechtlichen Bewertung ist das Vorliegen einer handelsbezogenen Insiderinformation nach Art. 87 Abs. 1 lit. b. Die Reihenfolge bzw. Bedingungen von abzuwickelnden Transaktionen in einem Mempool sind ohne weiteres präzise iSv Art. 87 Abs. 1 (→ Rn. 16). Sie dürften auch nicht öffentlich bekannt sein. Denn es ist zwar möglich, einen Mempool durch den Einsatz von Software auszulesen. Dies erreicht aber nicht die breite Masse der Netzwerkteilnehmer. Damit ist die erforderliche Bereichsöffentlichkeit (→ Rn. 13) nicht gegeben.[47] Begründungsbedürftig ist aber die **Kurserheblichkeit**. Zwar liegt einerseits eine Einwirkung auf den Kurs vor. Denn wenn ein Validator in Kenntnis einer anstehenden größeren Transaktion seine eigene Transaktion „vorher" einschiebt und somit priorisiert, dann tut er dies, um von den später steigenden Preisen zu profitieren.[48] Art. 87 Abs. 1 erfordert aber die Möglichkeit der *erheblichen* Beeinflussung (→ Rn. 7). In einzelnen Transaktionen mag dies nach allgemeinen Maßstäben, also anhand der Fundamentalwertrelevanz (→ Rn. 8) gegeben sein.[49] Zu bedenken ist aber, dass für die handelsbezogene Insiderinformation ohnehin andere Maßstäbe gelten. Denn hier geht es nicht um die gezielte Ausnutzung einer einzelnen zu erwartenden Kursbewegung, sondern um die konstante Ausnutzung der Kenntnis einzelner, meist kleinerer Aufträge.[50] Dieses fortwährende Order-Antezipieren senkt sowohl die Informationseffizienz als auch die Liquidität des Marktes.[51] Gleichzeitig wird der gleichberechtigte Zugang der Marktteilnehmer, ein zentraler Schutzzweck des Insiderrechts (→ Art. 89 Rn. 3) tangiert. Daher ist von Kursrelevanz auszugehen, wenn sie dem Insider die Möglichkeit, einen risikolosen Profit zu erzielen, also eine **Arbitragemöglichkeit,** verschafft – und sei sie noch so klein.[52]

---

[44] Siehe Darstellung bei von Essen/Hofert ZdiW 2023, 59.
[45] Auer/Frost/Pastor, „Miners as intermediaries: extractable value and market manipulation in crypto and DeFi" (Bank for International Settlements Bulletin No. 58, 16.6.2022), verfügbar unter https://www.bis.org/publ/bisbull58.pdf.
[46] Von Essen/Hofert ZdiW 2023, 59 (61).
[47] So iE auch von Essen/Hofert ZdiW 2023, 59 (64).
[48] Beispiel bei Auer/Frost/Pastor, „Miners as intermediaries: extractable value and market manipulation in crypto and DeFi" (Bank for International Settlements Bulletin No. 58, 16.6.2022), S. 3; verfügbar unter https://www.bis.org/publ/bisbull58.pdf.
[49] Von Essen/Hofert ZdiW 2023, 59 (64).
[50] Anschauliche Beispiele bei Klöhn/Klöhn MAR Art. 7 Rn. 294–299.
[51] Klöhn/Klöhn MAR Art. 7 Rn. 300.
[52] Zutr. Klöhn/Klöhn MAR Art. 7 Rn. 302; Bayram/Meier WM 2018, 1295 (1301 f.).

Artikel 88 Offenlegung von Insiderinformationen

(1) ¹Emittenten, Anbieter und Personen, die die Zulassung zum Handel beantragen, geben der Öffentlichkeit Insiderinformationen im Sinne des Artikels 87, die sie unmittelbar betreffen, unverzüglich in einer Art und Weise bekannt, die der Öffentlichkeit einen schnellen Zugang und eine vollständige, korrekte und rechtzeitige Bewertung ermöglicht. ²Emittenten, Anbieter und Personen, die die Zulassung zum Handel beantragen, dürfen die Offenlegung von Insiderinformationen an die Öffentlichkeit nicht mit der Vermarktung ihrer Tätigkeiten verbinden. ³Emittenten, Anbieter oder Personen, die die Zulassung zum Handel beantragen, veröffentlichen alle Insiderinformationen, die sie veröffentlichen müssen, auf ihrer Website und halten sie mindestens fünf Jahre lang bereit.

(2) Emittenten, Anbieter und Personen, die die Zulassung zum Handel beantragen, können auf eigene Verantwortung die Offenlegung von Insiderinformationen im Sinne des Artikel 87 gegenüber der Öffentlichkeit aufschieben, sofern alle nachfolgenden Bedingungen erfüllt sind:
a) Bei einer sofortigen Offenlegung ist davon auszugehen, dass sie die berechtigten Interessen der Emittenten, Anbieter oder Personen, die die Zulassung zum Handel beantragen, beeinträchtigt;
b) der Aufschub der Offenlegung wäre nicht geeignet, die Öffentlichkeit irrezuführen;
c) die Emittenten, Anbieter oder Personen, die die Zulassung zum Handel beantragen, können die Geheimhaltung dieser Informationen sicherstellen.

(3) ¹Haben Emittenten, Anbieter oder Personen, die die Zulassung zum Handel beantragen, die Offenlegung von Insiderinformationen gemäß Absatz 2 aufgeschoben, so informieren sie die zuständige Behörde unmittelbar nach der Offenlegung der Informationen über den Aufschub der Offenlegung und erläutern schriftlich, inwieweit die in Absatz 2 festgelegten Bedingungen erfüllt waren. ²Alternativ können die Mitgliedstaaten festlegen, dass die Aufzeichnung einer solchen Erläuterung nur auf Ersuchen der zuständigen Behörde übermittelt werden muss.

(4)[1] ¹Um für die Anwendung dieses Artikels einheitliche Bedingungen sicherzustellen, erarbeitet die ESMA Entwürfe technischer Durchführungsstandards der technischen Mittel für
a) die angemessene Offenlegung von Insiderinformationen im Sinne von Absatz 1 und
b) den Aufschub der Offenlegung von Insiderinformationen im Sinne der Absätze 2 und 3.

²Die ESMA übermittelt der Kommission die in Unterabsatz 1 genannten Entwürfe technischer Durchführungsstandards spätestens am 30. Juni 2024.

[2] Der Kommission wird die Befugnis übertragen, die in Unterabsatz 1 dieses Absatzes genannten technischen Durchführungsstandards gemäß Artikel 15 der Verordnung (EU) Nr. 1095/2010 zu erlassen.

Schrifttum: Siehe Art. 86

Offenlegung von Insiderinformationen **Art. 88**

Übersicht

	Rn.
I. Normzweck und Systematik	1
II. Tatbestand	4
1. Pflicht zur Offenlegung (Abs. 1)	4
a) Normadressaten	5
b) Unmittelbarkeit (Abs. 1 S. 1)	7
c) Unverzügliche Bekanntgabe (Abs. 1 S. 1)	10
2. Möglichkeit des Aufschubs (Abs. 2)	13
a) Grundsätzliches	13
b) Aufschubgründe	14
III. Information der Aufsichtsbehörde (Abs. 3)	17
IV. Rechtsfolgen bei Verstoß	18
V. Konkurrenzen	21
1. Art. 17 MAR	21
2. Art. 30 Abs. 3 MiCAR	22
3. Art. 12 Abs. 1 MiCAR	24

I. Normzweck und Systematik

Art. 88 regelt die Offenlegung von Insiderinformationen gegenüber der Öffentlichkeit (sog. Ad-hoc-Publizität). Art. 88 Abs. 1 enthält die Pflicht zur unverzüglichen Offenlegung. Nach Art. 88 Abs. 2 kann die Offenlegung unter bestimmten Voraussetzungen aufgeschoben werden, wobei die zuständige Behörde nach Art. 88 Abs. 3 über die Offenlegung zu informieren ist. Die ESMA hat nach Art. 88 Abs. 4 bis zum 30.6.2024 technische Durchführungsstandards zu erarbeiten, während der Kommission die Befugnis zum Erlass einer entsprechenden Verordnung eingeräumt wird. Bei Drucklegung dieses Werks lag die entsprechende Verordnung noch nicht vor. 1

Die Vorschrift ist in wesentlichen Teilen **Art. 17 MAR** nachgebildet, wurde aber **erheblich gekürzt**. Nicht übernommen wurden die Passagen über Emissionszertifikate (Art. 17 Abs. 2, 4 und 8 MAR), der Ausnahmetatbestand zur Aufschiebung zur Wahrung der Stabilität des Finanzsystems (Art. 17 Abs. 5, 6 MAR), sowie Sonderregeln für KMU-Wachstumsmärkte (Art. 17 Abs. 9 MAR). 2

Wie auch Art. 17 MAR bezweckt Art. 88 MiCAR den Abbau von Informationsasymmetrien.[1] Dies sichert erstens die **Funktionsfähigkeit des Kapitalmarkts,** da dieser für eine effiziente Kapitalallokation auf akkurate Informationen angewiesen ist. Zweitens wird die Gleichbehandlung bzw. die Chancengleichheit aller Anleger gestärkt. Die Vorschrift dient damit auch dem **Investorenschutz.** Nach der Grundkonzeption der MAR, die für die MiCAR übernommen wurde, greifen Art. 88 sowie das **Insiderrecht** (Art. 89, 90) ineinander: liegt eine Insiderinformation iSv Art. 87 vor, so muss diese nach Art. 88 unverzüglich den Märkten gegenüber offengelegt werden. Solange dies nicht erfolgt (zB aufgrund eines zulässigen Aufschubs), greifen die Art. 89, 90. Erfolgt schließlich die Offenlegung, so entfällt der Tatbestand der Insiderinformation, weil nunmehr öffentliche Bekanntheit iSv Art. 87 (→ Rn. 12) gegeben ist. 3

---

[1] Eingehend zum Schutzzweck Klöhn/Klöhn MAR Art. 17 Rn. 6 ff.; BeckOK WpHR/Buck-Heeb MAR Art. 17 Rn. 1 ff.

Art. 88

II. Tatbestand

1. Pflicht zur Offenlegung (Abs. 1)

4 Nach Art. 88 Abs. 1 S. 1 müssen Emittenten, Anbieter und Personen, die die Zulassung zum Handel beantragen, der Öffentlichkeit Insiderinformationen im Sinne des Artikels 87, die sie unmittelbar betreffen, unverzüglich in einer Art und Weise bekannt geben, die der Öffentlichkeit einen schnellen Zugang und eine vollständige, korrekte und rechtzeitige Bewertung ermöglicht. Wie auch in Art. 17 Abs. 1 UAbs. 3 MAR greift die Ad-hoc-Pflicht ab dem Moment, in dem ein **Zulassungsantrag** gestellt wird. Die Absicht oder öffentliche Ankündigung eines Antrags genügt nicht.[2] Die Pflicht zur Offenlegung umfasst auch die **Korrektur oder Aktualisierung** einer Ad-hoc-Meldung, wenn diese nachträglich unrichtig geworden ist. Dies ist zwar nicht ausdrücklich geregelt, ergibt sich aber indirekt aus der allgemeinen Pflicht.[3]

5 a) **Normadressaten.** Gegenüber Art. 17 MAR fällt zunächst auf, dass der **persönliche Anwendungsbereich** erweitert wurde. So werden zunächst neben dem **Emittenten** (Art. 3 Abs. 1 Nr. 10) auch **Anbieter** (Art. 3 Abs. 1 Nr. 13) erfasst. Damit sollen anscheinend, wie an anderen Stellen der MiCAR, auch dezentrale Kryptowerte ohne greifbaren Emittenten erfasst werden.[4] Während dies für öffentliche Angebote nach Art. 4ff. sinnvoll scheint, erschließt sich für Art. 88 der Anwendungsbereich nicht. Denn hier muss für die Insiderinformation (Art. 87) ein unmittelbarer Emittentenbezug bestehen (→ Rn. 7). Dies ist für dezentrale Lösungen per se nicht möglich, so dass die Regelung leerläuft. Des Weiteren greift Art. 87 Abs. 1 auch für **Personen, die die Zulassung zum Handel** beantragen. Der Hintergrund ist unklar. Denkbar ist hier ebenfalls das stärkere Augenmerk auf dezentrale Lösungen.[5]

6 Die Erweiterung gegenüber der MAR führt zu **Widersprüchlichkeiten.** Zunächst würde der Wortlaut („die sie unmittelbar betreffen") es ermöglichen, dass zB der Anbieter auch über Insiderinformationen informieren müsste, die den Emittenten betreffen. Dies kann aber nicht gemeint sein. Denn die Ad-hoc-Publizität ist eine fortlaufende Pflicht. Diese kann realistischerweise nur der Emittent erfüllen, was intern mit erheblichen Governance-Anforderungen verknüpft ist, zum Beispiel hinsichtlich der Identifizierung, aber auch der Geheimhaltung von Insiderinformationen. Anbieter sowie Personen, die die Zulassung zum Handel beantragen (fortan: Antragsteller) dürften hierzu nicht in der Lage sein. Hinzu kommt, dass Antragsteller und Anbieter im Zweifel nicht selbst am Markt für Kryptowerte gelistet sind. Es würde also eine straf- bzw. ordnungswidrigkeitenbewehrte Pflicht für nicht gelistete Unternehmen geschaffen. Dies ist systemwidrig. Daher ist der Tatbestand eingeschränkt auszulegen, so dass die Normadressaten nur diejenigen Insiderinformationen offenlegen müssen, die sie **jeweils unmittelbar betreffen** (also zB Emit-

---

[2] Klöhn/Klöhn MAR Art. 17 Rn. 56.
[3] Schwark/Zimmer/Kumpan/Grütze MAR Art. 17 Rn. 164.
[4] Siehe zB Maume RDi 2022, 461 (466f.); zu MiCAR und DeFi generell (auf Basis des Kommissionsentwurfs) Machacek RDi 2021, 572 und Machacek EuZW 2021, 923.
[5] So Voß ZdiW 2023, 164 (171).

Offenlegung von Insiderinformationen **Art. 88**

tenten nur bei unmittelbarem Emittentenbezug, Anbieter nur bei unmittelbarem Anbieterbezug).

b) Unmittelbarkeit (Abs. 1 S. 1). Die Insiderinformation muss den **Emitten-** 7
ten unmittelbar betreffen. Wie auch in Art. 17 MAR ist der Emittent damit nicht verpflichtet, allgemeine Informationen mittels Ad-hoc-Mitteilung zu veröffentlichen. Eine Definition, wann ein „unmittelbar […] betreffen" vorliegt, existiert nicht und ist aufgrund der Vielfalt der Sachverhaltskonstellationen kaum zu formulieren.[6] Als Faustregel kann gelten, dass jedenfalls alle Umstände, die im Tätigkeitsbereich des Emittenten entstanden sind, unmittelbar sind. Dies können geplante Dividendenzahlungen, Änderungen beim Führungspersonal, Kapitalerhöhungen oder -herabsetzungen sein. Auch externe Umstände sind erfasst, wenn sie den Emittenten unmittelbar betreffen. Dies kann zB der Ausfall eines bedeutenden Schuldners oder sonstigen Vertragspartners sein. Für beide Kategorien dürften die Fallgruppen zur MAR (bei Beachtung der Besonderheiten bei der Feststellung der Kursrelevanz, → Art. 87 Rn. 7 ff.) übertragbar sein.[7] Lediglich mittelbar und damit nicht von Art. 88 erfasst sind hingegen allgemeine Marktinformationen und -daten.[8]

Die hM in der Literatur zu Art. 17 MAR[9] und auch die BaFin[10] verneinen die 8
unmittelbare Betroffenheit, wenn die Information **lediglich Finanzinstrumente** des Emittenten betrifft. Hierfür spricht auch der klare Wortlaut der Vorschrift. Gerade bei Kryptowerten ist aber denkbar, dass den Kryptowert selbst betreffende Informationen, gerade auf der Infrastrukturebene, kursrelevant sind. Ein denkbares Beispiel wären Probleme mit der Programmierung des Kryptowerts, oder kommende Maßnahmen, die Auswirkungen auf den Kurs des Kryptowerts haben (zB bevorstehender Burn oder Airdrop, die die am Markt verfügbare Menge ändern). Ist die Information wichtig genug, um fundamentalwertrelevant zu sein, wird sie den Emittenten unmittelbar betreffen.[11] Unterhalb dieser Schwelle würde trotz Kursrelevanz aber keine Veröffentlichungspflicht ausgelöst. Obwohl eine erweiternde Auslegung von Art. 87 Abs. 1 aufgrund dieser Schutzlücke über den Wortlaut hinaus angezeigt wäre, scheitert sie jedenfalls am Verbot erweiternder Analogie im Straf- bzw. Ordnungswidrigkeitenrecht. Denkbar sind allenfalls verwaltungsrechtliche Maßnahmen der Aufsicht (hier also der BaFin), denn das strafrechtliche Analogieverbot umfasst den MiCAR-Verbotstatbestand, sondern nur die Rechtsfolge. Daher kann die BaFin zB Untersagungsverfügungen aussprechen.

Auch an dieser Stelle wirkt sich die Erweiterung des Normadressatenkreises aus 9
(→ Rn. 5 ff.). Denn nach dem Wortlaut („die sie unmittelbar betreffen") ist nicht nur unmittelbarer Emittentenbezug erfasst, sondern auch unmittelbarer **Anbieter- und Antragstellerbezug.** Die scheint bereits für die Definition der Insiderinfor-

---

[6] BeckOK WpHR/Buck-Heeb MAR Art. 17 Rn. 85; Assmann/Schneider/Mülbert/Assmann MAR Art. 17 Rn. 30 ff.
[7] Siehe im Überblick BeckOK WpHR/Buck-Heeb MAR Art. 17 Rn. 94–112.
[8] BeckOK WpHR/Buck-Heeb MAR Art. 17 Rn. 110.
[9] Schwark/Zimmer/Kumpan/Grütze MAR Art. 17 Rn. 59; BeckOK WpHR/Buck-Heeb MAR Art. 17 Rn. 50; Meyer/Veil/Rönnau MarktmissbrauchsR-HdB/Veil/Brüggemeier § 10 Rn. 50; Ebenroth/Boujong/Joost/Strohn/Poelzig MAR Art. 17 Rn. 7; aA tendenziell Klöhn/Klöhn MAR Art. 17 Rn. 75.
[10] BaFin, Emittentenleitfaden Modul C, S. 33.
[11] Diese Abstufung richterweise vornehmend auch Klöhn/Klöhn MAR Art. 17 Rn. 76.

mation in Art. 87 Abs. 1 in der Praxis sehr konstruiert (→ Art. 87 Rn. 4). Denn zunächst müsste eine Insiderinformation vorliegen, die den Antragsteller/Anbieter betrifft und gleichzeitig Kursrelevanz für den Kryptowert hat. Für Art. 88 Abs. 1 müsste der Bezug zum Antragsteller/Anbieter zudem unmittelbar sein, wobei die für den Emittenten geltenden Maßstäbe angelegt werden können. Dies erscheint eine rein theoretische Möglichkeit.

10 **c) Unverzügliche Bekanntgabe (Abs. 1 S. 1).** Die Insiderinformation muss den Märkten unverzüglich bekannt gegeben werden. Damit ist nicht der Maßstab des § 121 Abs. 1 BGB gemeint, da die MiCAR als EU-Rechtsakt autonom ausgelegt werden muss.[12] In der Literatur ist dabei umstritten, ob dennoch **ohne schuldhaftes Zögern** als Maßstab angelegt werden kann oder ob die Offenlegung ggf. noch schneller im Sinne eines „schnellstmöglich" zu erfolgen hat.[13] Die BaFin nimmt für Art. 17 MAR offensichtlich einen Gleichlauf mit § 121 Abs. 1 BGB an,[14] so dass sich Emittenten im Zweifelsfall hieran orientieren sollten. In jedem Fall ist eine entsprechende Zeitspanne für die **Überprüfungsmöglichkeit** des Emittenten zu bejahen, denn selbst bei einer Pflicht zur sofortigen Veröffentlichung muss zumindest hinreichend sichere subjektive Kenntnis vorliegen.

11 Die Insiderinformation muss in einer Art und Weise bekanntgegeben werden, die der Öffentlichkeit einen schnellen Zugang und eine **vollständige, korrekte und rechtzeitige Bewertung** ermöglicht. Hierfür hat die ESMA nach Art. 88 Abs. 4 am 3.7.2024 der Kommission Entwürfe für technische Durchführungsstandards übermittelt,[15] die entsprechende Standards in einer delegierten Verordnung erlassen kann. Es ist zu erwarten, dass sich diese an der Del-VO (EU) 2016/1055, die die Parallelfrage für die MAR regelt, orientieren wird. Auf dieser Grundlage müsste die Verbreitung unentgeltlich und zeitglich an eine möglichst breite Öffentlichkeit in der gesamten EU erfolgen.[16] Die Offenlegung darf nach Art. 88 Abs. 1 S. 2 nicht mit **Marketingtätigkeiten** verknüpft werden, sie muss also optisch und inhaltlich separat erfolgen. Zudem muss die Veröffentlichung nach Art. 88 Abs. 1 S. 3 auch auf der eigenen **Website** erfolgen und dort für fünf Jahre bereitgehalten werden. Die alleinige Veröffentlichung auf der Website ist aber nicht ausreichend, notwendig ist zusätzlich die Bekanntmachung über die relevanten Informationskanäle. Die ESMA erwähnt in ihren RTS-Entwürfen neben einer Verbreitung über die traditionellen Medien ausdrücklich auch die sozialen Medien und sonstige Internetseiten („web based platforms"). Es ist zu erwarten, dass für die MiCAR die gleichen Dienstleister aktiv werden, die die entsprechende Dienstleistung auch bereits für die MAR anbieten.

12 Zuständig für die Bekanntgabe ist nach allgemeinen Regeln bei juristischen Personen oder anderen Unternehmen das **Leitungsorgan** des Emittenten, Antragstel-

---

[12] Zur Parallelfrage in Art. 17 MAR BeckOK WpHR/Buck-Heeb MAR Art. 17 Rn. 188 f.
[13] Überblick zum Streitstand zu Art. 17 MAR bei BeckOK WpHR/Buck-Heeb MAR Art. 17 Rn. 188 f.; Klöhn/Klöhn MAR Art. 17 Rn. 105.
[14] BaFin, Emittentenleitfaden Modul C, S. 42.
[15] ESMA, „Final Report – Draft Technical Standards specifying certain requirements of the Markets in Crypto Assets Regulation (MiCA) – second package" (ESMA75-453128700-1229, 3.7.2024), verfügbar unter https://beck-link.de/6whsk (zuletzt aufgerufen 22.7.2024), S. 75 ff. sowie Art. 3 Abs. 2 RTS-E.
[16] Ausführlich zu den Anforderungen BeckOK WpHR/Buck-Heeb MAR Art. 17 Rn. 212–226; Schwark/Zimmer/Kumpan/Grübler MAR Art. 17 Rn. 126–130.

Offenlegung von Insiderinformationen **Art. 88**

lers oder Anbieters, bei natürlichen Personen die Person selbst. Bei Personengesellschaften ist auf die **Geschäftsführungsbefugnis** abzustellen.

2. Möglichkeit des Aufschubs (Abs. 2)

a) Grundsätzliches. Art. 88 Abs. 2 regelt die Möglichkeit des Aufschubs der 13 Veröffentlichung. Dabei handelt es um **keine Legalausnahme,** die bei Vorliegen der Voraussetzungen des Art. 87 Abs. 2 automatisch greift. Vielmehr steht in diesem Fall dem Emittenten, Antragsteller bzw. Anbieter die entsprechende Entscheidung zu („können ... aufschieben"). Daher können sich Normadressaten nicht im Nachhinein auf das Vorliegen der Tatbestandsvoraussetzungen des Aufschiebens berufen. Notwendig ist vielmehr ein entsprechender **Beschluss des Leitungsorgans** bzw. des intern zuständigen Gremiums. Steht die Veröffentlichungspflicht noch nicht fest (erscheint aber möglich, zB mangels konkreter Information in einem sich hinziehenden Sachverhalt), so geht die Literatur von der Zulässigkeit eines vorsorglichen Beschlusses aus.[17] Nicht zulässig ist aber ein genereller Vorratsbeschluss ohne Kenntnis der wesentlichen Umstände des Einzelfalls und damit der Insiderinformation.[18] Alle drei Aufschubgründe müssen kumulativ vorliegen. Hierfür trägt der Normadressat die Darlegungs- und Beweislast.[19]

b) Aufschubgründe. Nach lit. a muss erstens bei einer sofortigen Offenlegung 14 davon auszugehen sein, dass sie die **berechtigten Interessen** der Emittenten, Anbieter oder Personen, die die Zulassung zum Handel beantragen, beeinträchtigt. Soweit der Normadressat keine natürliche Person ist, muss auf die Gesamtheit der Interessen aller Gesellschafter bzw. Anteilseigner abgestellt werden.[20] Nach wohl hM ist eine **Abwägung** mit den Interessen des Kapitalmarkts an einer Offenlegung **nicht notwendig.**[21] Man wird in diesem Zusammenhang auf die von der ESMA erstellte Liste zur Parallelvorschrift in Art. 17 Abs. 4 MAR zurückgreifen können. Hiernach bestehen berechtigte Interessen beispielsweise:[22]
- bei **Verhandlungen** über Fusionen, Übernahmen, Aufspaltungen und Spinoffs, Erwerb oder Veräußerung wesentlicher Vermögenswerte oder Unternehmenszweige, Umstrukturierungen und Reorganisationen, deren
- wenn die **finanzielle Überlebensfähigkeit** des Emittenten stark gefährdet ist (aber er noch nicht unter das Insolvenzrecht fällt),
- bei **Genehmigungserfordernissen** durch Behörden oder Organe des Normadressaten,

---

[17] Siehe zB Habersack/Mülbert/Schlitt KapMarktInfo-HdB/Frowein/Berger § 10 Rn. 60; Weißhaupt NZG 2019, 175 (176).
[18] Schwark/Zimmer/Kumpan/Schmidt MAR Art. 17 Rn. 192; Meyer/Veil/Rönnau MarktmissbrauchsR-HdB/Veil/Brüggemeier § 10 Rn. 154; BeckOK WpHR/Buck-Heeb MAR Art. 17 Rn. 301.
[19] BeckOK WpHR/Buck-Heeb MAR Art. 17 Rn. 290.
[20] Inwischen ganz hM, siehe Schwark/Zimmer/Kumpan/Schmidt MAR Art. 17 Rn. 202; Klöhn/Schmolke ZGR 2016, 866 (875 f.); Klöhn/Klöhn MAR Art. 17 Rn. 144 ff.
[21] Zum Streitstand BeckOK WpHR/Buck-Heeb MAR Art. 17 Rn. 329 ff.; Klöhn/Klöhn MAR Art. 17 Rn. 167 ff.
[22] ESMA, MAR-Leitlinien – Aufschub der Offenlegung von Insiderinformationen (ESMA/2016/1478, 20.10.2016), S. 4 f.; siehe auch zB die umfangreiche Darstellung bei Schwark/Zimmer/Kumpan/Schmidt MAR Art. 17 Rn. 215 ff.

- bei **Produktentwicklungen,** deren Offenlegung die Rechte des geistigen Eigentums gefährden würden.

15 Zweitens darf der Aufschub der Offenlegung nach lit. b nicht geeignet sein, **die Öffentlichkeit irrezuführen.** Dabei ist an die jeweilige für den Kryptowert maßgebliche Anlegerpublikum anzuknüpfen (→ Art. 87 Rn. 13). Eine Irreführung liegt vor, wenn im Markt eine bestimmte Erwartung besteht, die nicht mit der geheim gehaltenen Information übereinstimmt,[23] also eine Fehlvorstellung vorliegt.[24] Da dies in der Regel durch vom Emittenten kommunizierte Inhalte ausgelöst wird, ist eine „no comment policy" geboten.[25] Möglich ist aber auch eine Irreführung durch vorangegangene kapitalmarktbezogene Äußerungen des Emittenten (zB durch Interviews), bei der die Märkte eine Richtigstellung erwarten dürften und deren Nichtvornahme somit irreführend sein kann.[26]

16 Drittens muss der Normadressat nach lit. c in der Lage sein, die **Geheimhaltung der Insiderinformation sicherzustellen.** Damit soll der Markt davor geschützt werden, während der Aufschubphase das Opfer von Insiderhandel zu werden (sog. Insiderrisiko).[27] Der Gesetzgeber lässt offen, wie das zu erreichen sein soll. Ist zu vermuten, dass die Geheimhaltung nicht (mehr) gewährleistet ist, entfällt die Aufschubwirkung automatisch.[28] Damit beginnt der Graubereich immer dann, wenn erste Gerüchte am Markt auftauchen. Zur Verringerung des Risikos können sich Normadressaten verschiedener Mechanismen bedienen.[29] Dies kann die Beschränkung der Zahl der potentiellen Insider sein („need-to-know"), die Trennung der Zugriffsmöglichkeit auf Informationen innerhalb des Unternehmens (chinese walls), aber auch der strikte Einsatz von Geheimhaltungsvereinbarungen.

III. Information der Aufsichtsbehörde (Abs. 3)

17 Wurde die Offenlegung von Insiderinformationen gemäß Art. 88 Abs. 2 aufgeschoben, so informiert der jeweilige Normadressat die zuständige Behörde unmittelbar nach der Offenlegung der Informationen über den Aufschub der Offenlegung. Die Unmittelbarkeit ist eng auszulegen; die BaFin nimmt im Rahmen von Art. 17 Abs. 4 MAR an, dass eine Mitteilung bereits wenige Stunden nach Veröffentlichung der Insiderinformation verspätet sein kann.[30] Es ist nicht davon auszugehen, dass im Rahmen des Art. 88 Abs. 3 großzügigere Maßstäbe angelegt werden.

---

[23] Kraack AG 2022, 269 (275) mwN.
[24] Klöhn/Klöhn MAR Art. 17 Rn. 251.
[25] Schwark/Zimmer/Kumpan/Schmidt MAR Art. 17 Rn. 202; BeckOK WpHR/Buck-Heeb MAR Art. 17 Rn. 374.
[26] ESMA, MAR-Leitlinien – Aufschub der Offenlegung von Insiderinformationen (ESMA/2016/1478, 20.10.2016), S. 4f.
[27] Klöhn/Klöhn MAR Art. 17 Rn. 267.
[28] BeckOK WpHR/Buck-Heeb MAR Art. 17 Rn. 385.
[29] Übersicht bei BeckOK WpHR/Buck-Heeb MAR Art. 17 Rn. 379 ff.
[30] Siehe die Nachweise bei Schwark/Zimmer/Kumpan/Schmidt MAR Art. 17 Rn. 266 f.

IV. Rechtsfolgen bei Verstoß

Ein Verstoß gegen Art. 88 ist nach § 47 Abs. 3 Nr. 110–113 KMAG eine **Ordnungswidrigkeit.** Eine Strafbarkeit ist (anders als auf Verstöße gegen Art. 89 und 90) nicht vorgesehen. Der deutsche Gesetzgeber folgt im Rahmen der Umsetzung damit der MAR. Zur Durchsetzung stehen der BaFin erstens die allgemeinen Befugnis aus dem FinDAG, zweitens die speziellen Befugnisse aus dem KMAG (zB Handelsaussetzung nach § 34 Abs. 1 KMAG) zur Verfügung. 18

Unklar sind die **zivilrechtlichen Folgen.** Denn der Gesetzgeber hat im KMAG anders als in §§ 97, 98 WpHG keinen Schadensersatzanspruch für den Fall eines Verstoßes vorgesehen. Eine weitere Begründung geben die Gesetzgebungsmaterialien nicht. Diese Abweichung vom MAR/WpHG-Regime ist bedauerlich. Ein zumindest denkbarer Begründungsansatz ist das Zusammenspiel mit Art. 12 Abs. 1 (→ Rn. 24). Denn wenn man diesen – entgegen der hier vertretenen Meinung – nicht einschränkend auslegt, dann besteht über Art. 15 Abs. 1 ein weitreichender Anspruch bei geänderten bzw. zu ändernden Whitepapern. Dies mag systematisch nicht überzeugend sein, würde aber die Zurückhaltung des deutschen Gesetzgebers hinsichtlich eines Pendants zu den §§ 97, 98 WpHG erklären. 19

Damit wird es wesentlich darauf ankommen, ob man Art. 88 Schutzgesetzcharakter zusprechen kann, um so eine Haftung nach **§ 823 Abs. 2 BGB** zu begründen. Für Art. 17 Abs. 1 MAR ist die Schutzgesetzqualität umstritten. Die wohl hM verneint dies wie auch schon zu § 15 WpHG aF, wenngleich die Gegenmeinung aus guten Gründen auf den *effet utile* des EU-Rechts hinweist.[31] Für die MiCAR ist aber zu bedenken, dass der EU-Gesetzgeber nicht nur generell vom Anlegerschutz spricht, sondern an verschiedenen Stellen den Kleinanleger in den Mittelpunkt stellt (zB Erwgr. Nr. 6: „ein hohes Maß an Schutz von Kleinanlegern", Erwgr. Nr. 112: „insbesondere von Kleinanlegern"). Dies unterstreicht das gegenüber der MAR nochmals gehobene Schutzniveau. Aus diesem Grund sprechen die besseren Argumente für einen Schutzgesetzcharakter. Zu guter Letzt kommt auch ein Anspruch aus **§ 826 BGB** wegen vorsätzlicher sittenwidriger Schädigung in Betracht. Da hier die allgemeinen Regeln gelten, dürfte es in den meisten Fällen am Vorsatz fehlend sowie der Nachweis der Kausalität schwer zu führen sein.[32] 20

V. Konkurrenzen

1. Art. 17 MAR

Art. 88 ist neben seinem Vorbild Art. 17 MAR anwendbar, falls ein Unternehmen sowohl Finanzinstrumente auf MAR/MiFID-regulierten Märkten als auch Kryptowerte auf MICAR-regulierten Märkten emittiert. Dies könnten auf MAR-Seite sowohl klassische Aktien oder Anleihen, aber auch Security Token sein. Da nicht klar ist, ob sich der **Parallellauf zwischen MAR und MiCAR** (→ Art. 86 Rn. 3 ff.) auf Dauer aufrechterhalten lässt, könnte dies gerade im Rahmen der Ad-hoc-Publizität zu einer Doppelbelastung für Unternehmen führen. 21

---

[31] Zum Streitstand BeckOK WpHR/Buck-Heeb MAR Art. 17 Rn. 488 ff.
[32] BeckOK WpHR/Buck-Heeb MAR Art. 17 Rn. 491 f.

2. Art. 30 Abs. 3 MiCAR

22 Parallel zu Art. 88 anwendbar ist **Art. 30 Abs. 3** (→ Art. 30 Rn. 15). Hiernach müssen Emittenten vermögenswertereferenzierter Token auf ihrer Website an einer öffentlich und leicht zugänglichen Stelle so schnell wie möglich und in klarer, präziser und transparenter Weise alle Ereignisse offenlegen, die signifikante Auswirkungen auf den Wert der vermögenswertereferenzierten Token oder auf die in Artikel 36 genannte Vermögenswertreserve haben oder wahrscheinlich haben werden. Nach dem Wortlaut der Vorschrift besteht diese Pflicht „unbeschadet" Art. 88.

23 Die deutsche Fassung des Art. 30 Abs. 3 spricht von einer **Offenlegung** „so schnell wie möglich". Hiermit ist aber trotz sprachlicher Abweichung der gleiche Maßstab gemeint wie in **unverzüglich** iSv Art. 88 Abs. 1, die englische Sprachfassung spricht in beiden Fällen von „as soon as possible". Der signifikante Unterschied zwischen beiden Regimen ist, dass Art. 30 Abs. 3 **keine Zulassung** zu einem MiCAR-geregelten Handelsplatz fordert (siehe auch Erwgr. Nr. 48 aE). In der Praxis besteht daher für Art. 30 Abs. 3 ein erheblich weiterer Anwendungsbereich. Das Tatbestandsmerkmal „signifikante Auswirkungen auf den Wert" wird man auf die gleiche Weise auslegen können wie die **Kursrelevanz der Insiderinformation** (→ Art. 87 Rn. 7). Auf diese Weise wird Gleichlauf zwischen einem Listing auf einem MiCAR-Handelsplatz und auf einem nicht-MiCAR-Handelsplatz hergestellt.

3. Art. 12 Abs. 1 MiCAR

24 Unklar ist hingegen die Abgrenzung zu Art. 12 Abs. 1. Hiernach müssen für sonstige Kryptowerte (also nicht E-Geld-Token und vermögenswertereferenzierte Token) veröffentlichte **Kryptowerte-Whitepaper und etwaige veröffentlichte Marketingmitteilungen** immer dann geändert werden, wenn ein wesentlicher neuer Faktor, ein wesentlicher Fehler oder eine wesentliche Ungenauigkeit aufgetreten ist, der bzw. die die Bewertung der Kryptowerte beeinflussen kann. Anders als zu Art. 30 Abs. 3 (für vermögenswertereferenzierte Token) gibt die MiCAR hierzu keinen Hinweis auf die parallele Anwendbarkeit (→ Rn. 22). Offensichtliches Vorbild der Regelung ist Art. 23 Abs. 1 Prospekt-VO, der Nachträge zum Prospekt regelt.

25 Die Pflicht zur Änderung gilt nach dem Wortlaut des Art. 12 Abs. 1 S. 2 für die **Dauer des Angebots**, aber auch für die **Dauer der Zulassung zum Handel,** so dass sie mit Art. 88 zusammenfallen kann. Die Erstreckung auf die Dauer der Zulassung zum Handel findet sich in Art. 23 Abs. 1 Prospekt-VO nicht. Sie ist systemfremd, weil sie nicht die Emission der Token, wie sie Titel II im Auge hat, betrifft, sondern den Handel auf einem Zweitmarkt. Hierfür sind aber die Regeln des Titels VI (also die Art. 86 ff.) zuvorderst einschlägig. Diese sehen nicht nur eine Veröffentlichungspflicht vor, sondern auch die Möglichkeit des Aufschubs der Veröffentlichung nach Art. 88 Abs. 2 (→ Rn. 13). Dies kann nicht durch Art. 12 Abs. 1 ausgehebelt werden. Art. 12 Abs. 1 S. 2 nennt – im Gegensatz zu Art. 88 und Art. 30 Abs. 3 – auch keinen Zeitrahmen, was für die Veröffentlichung wichtiger Informationen ungewöhnlich ist. Es spricht daher viel dafür, dass die Erstreckung auf „die Dauer der Zulassung zum Handel" auf ein Redaktionsversehen des EU-Gesetzgebers zurückzuführen ist. Als Folge sollte Art. 12 Abs. 1 S. 2 insoweit **eingeschränkt ausgelegt** werden, dass nach Abschluss des Angebots bei fortbestehender Zulassung zum Handel Art. 88 mitsamt der feiner ausziselierten Regelungen zum Zeitpunkt der Informationskundgabe und zur Möglichkeit des Aufschubs abschließend ist.

Artikel 89 Verbot von Insidergeschäften

(1) ¹Für die Zwecke dieser Verordnung liegt ein Insidergeschäft vor, wenn eine Person über Insiderinformationen verfügt und unter Nutzung derselben für eigene oder fremde Rechnung direkt oder indirekt Kryptowerte, auf die sich diese Informationen beziehen, erwirbt oder veräußert. ²Die Nutzung von Insiderinformationen in Form der Stornierung oder Änderung eines Auftrags in Bezug auf einen Kryptowert, auf den sich die Informationen beziehen, gilt auch als Insidergeschäft, wenn der Auftrag vor Erlangen der Insiderinformationen erteilt wurde. ³Die Nutzung von Insiderinformationen schließt auch die Übermittlung, Änderung oder Zurücknahme eines Gebots durch eine Person für eigene Rechnung oder für Rechnung eines Dritten ein.

(2) ¹Niemand darf Insidergeschäfte tätigen oder versuchen, Insidergeschäfte zu tätigen, oder Insiderinformationen über Kryptowerte nutzen, um diese Kryptowerte, direkt oder indirekt, für eigene Rechnung oder für Rechnung eines Dritten, zu erwerben oder zu veräußern. ²Niemand darf Dritten empfehlen, Insidergeschäfte zu tätigen, oder Dritte dazu zu verleiten, Insidergeschäfte zu tätigen.

(3) Niemand, der im Besitz von Insiderinformationen über Kryptowerte ist, darf auf der Grundlage dieser Insiderinformationen Dritten empfehlen oder sie dazu verleiten,
a) Kryptowerte zu erwerben oder zu veräußern oder
b) einen Auftrag, der diese Kryptowerte betrifft, zu stornieren oder zu ändern.

(4) Die Nutzung von Empfehlungen oder Verleitungen gemäß Absatz 3 erfüllt den Tatbestand des Insidergeschäfts im Sinne dieses Artikels, wenn die Person, die die Empfehlung nutzt oder der Anstiftung folgt, weiß oder wissen sollte, dass diese auf Insiderinformationen beruht.

(5) [1]Dieser Artikel gilt für jede Person, die über Insiderinformationen verfügt, weil sie
a) einem Verwaltungs-, Leitungs- oder Aufsichtsorgan des Emittenten, des Anbieters oder der Person, die die Zulassung zum Handel beantragt, angehört,
b) am Kapital des Emittenten, des Anbieters oder der Person, die die Zulassung zum Handel beantragt, beteiligt ist,
c) aufgrund der Ausübung einer Arbeit oder eines Berufs, der Erfüllung von Aufgaben oder im Zusammenhang mit ihrer Rolle im Bereich Distributed-Ledger-Technologie oder einer ähnlichen Technologie Zugang zu den betreffenden Informationen hat oder
d) an kriminellen Handlungen beteiligt ist.
[2]Dieser Artikel gilt auch für jede Person, die Insiderinformationen unter anderen Umständen als nach Unterabsatz 1 besitzt und weiß oder wissen müsste, dass es sich dabei um Insiderinformationen handelt.

Art. 89

(6) **Handelt es sich bei der in Absatz 1 genannten Person um eine juristische Person, so gilt dieser Artikel nach Maßgabe des nationalen Rechts auch für die natürlichen Personen, die an der Entscheidung, den Erwerb, die Veräußerung, die Stornierung oder Änderung eines Auftrags für Rechnung der betreffenden juristischen Person zu tätigen, beteiligt sind oder diesen beeinflussen.**

Schrifttum: Siehe Art. 86.

Übersicht

	Rn.
I. Normzweck und Systematik	1
II. Insidergeschäft (Abs. 1)	5
III. Verbot von Insidergeschäften	12
1. Allgemeines	12
2. Insiderhandelsverbot (Abs. 2)	13
3. Empfehlungsverbot (Abs. 2–4)	14
4. Taugliche Täter (Abs. 5)	20
5. Handeln für juristische Personen (Abs. 6)	23
IV. Rechtsfolgen bei Verstoß	24

I. Normzweck und Systematik

1   Art. 89 regelt das Verbot von Insidergeschäften. Art. 89 Abs. 1 definiert dabei das Insidergeschäft und hierauf basierend Art. 89 Abs. 2 das Verbot desselben. Art. 89 Abs. 3 und 4 enthalten die Empfehlungsverbote. Art. 89 Abs. 5 regelt den Kreis der tauglichen Täter. Art. 89 Abs. 6 erweitert den Anwendungsbereich des Insidergeschäfts nach Maßgabe des nationalen Rechts auf natürliche Personen, die für eine juristische Person am betreffenden Geschäft maßgeblich beteiligt sind. Rechtspolitisch ist kritikwürdig, dass die Ausnahmen in Art. 9 MAR (Legitime Handlung) und Art. 11 MAR (Marktsondierungen) keine Entsprechung in der MiCAR haben. Hinzu kommt, dass der deutsche Umsetzungsgesetzgeber nunmehr statt leichtfertiger Begehung die fahrlässige Begehung für das Vorliegen einer Ordnungswidrigkeit ausreichen lässt (→ Rn. 24). Das Insiderregime ist daher sogar schärfer als in der MAR, obwohl der EU-Gesetzgeber ausdrücklich eine Überregulierung hatte verhindern wollen (vgl. Erwgr. Nr. 95).

2   Wie auch die anderen Vorschriften von Titel VI ist Art. 89 unmittelbar **an die MAR-Vorschriften angelehnt,** modifiziert aber deren Struktur erheblich. Art. 89 Abs. 4–6 sind fast exakte Kopien von Art. 8 Abs. 3–5 MAR. Bei Art. 89 Abs. 1–3 handelt es sich hingegen um eine unglückliche Kombination aus Art. 8 MAR und Art. 14 MAR. Art. 89 Abs. 1 entspricht Art. 8 Abs. 1 MAR. Dabei wurde in Art. 89 Abs. 1 S. 3 offensichtlich die für Kryptowerte nicht relevante Regelung zur Auktion von Emissionsschutzzertifikaten aus Art. 8 Abs. 1 S. 3 MAR unkritisch übernommen (→ Rn. 11). Art. 89 Abs. 2 enthält zwei der drei Tatbestandsalternativen des Art. 14, nämlich das Tätigen sowie das Empfehlen/Verleiten (vgl. Art. 90 für das Offenlegungsverbot). Art. 89 Abs. 3 wiederholt dann aber Teile dieses Empfehlungsverbots (Art. 14 lit. b MAR). Insgesamt ist Art. 89 daher **handwerklich nicht gelungen.**

Verbot von Insidergeschäften **Art. 89**

Wie auch das MAR-Insiderhandelsverbot dient Art. 89 dem Schutz der **informationellen Chancengleichheit der Anleger**.[1] Dadurch soll insbesondere das Vertrauen der Anleger (vgl. Erwgr. Nr. 24 MAR),[2] aber auch die Markteffizienz gestärkt werden (Efficient Capital Markets Hypothesis, ECMH).[3] Nach hM fließt aus diesen Überlegungen aber kein individueller Schutz einzelner Anleger, sondern lediglich ein **Institutionenschutz** (auch → Rn. 26). 3

Der **rechtspolitische Bedarf** nach einem Insiderhandelsverbot ist auf Kryptomärkten besonders stark, denn sie gelten als besonders anfällig.[4] In den USA wurden Angestellte und Führungspersonal der Plattformen OpenSea und Coinbase angeklagt bzw. verurteilt,[5] die CFTC hat zudem gegen Binance und ihren CEO Zhao (vor einem Vergleich über 4,3 Mrd. USD wegen angeblicher Geldwäsche im November 2023)[6] Ermittlungen wegen Insiderhandels eingeleitet.[7] Die Vorgänge rund um OpenSea[8] führten 2023 zu ersten Verurteilungen (wenngleich in überschaubarem Umfang).[9] 4

Einer jüngeren Studie zufolge zeigen 56% aller auf dezentralisierten Kryptobörsen seit 2021 gelisteten ERC-20-basierten Kryptowerte Anzeichen von Insiderhandel, mit insgesamt 400 verdächtigen Transaktionen durch 100 mutmaßliche Insider.[10]

II. Insidergeschäft (Abs. 1)

Nach Art. 89 Abs. 1 S. 1 liegt ein Insidergeschäft vor, wenn eine Person über Insiderinformationen verfügt und unter Nutzung derselben für eigene oder fremde Rechnung direkt oder indirekt Kryptowerte, auf die sich diese Informationen beziehen, erwirbt oder veräußert. Die Vorschrift entspricht Art. 8 Abs. 1 S. 1 MAR. 5

---

[1] Inzwischen unstreitig, siehe BeckOK WpHR/Kulenkamp/v. Bonin MAR Art. 14 Rn. 2; Klöhn/Klöhn MAR Art. 14 Rn. 6; Schwark/Zimmer/Kumpan/Grütze MAR Art. 14 Rn. 4.
[2] Ausführliche Kritik bei Klöhn/Klöhn MAR vor Art. 7 Rn. 25 ff. mwN.
[3] Zurückgehend auf Fama 25 JFin 383 (1970); zur ECMH ausführlich etwa bei Hellgardt, Kapitalmarktsdeliktsrecht, S. 123 ff.; Klöhn ZHR 177 (2013), 349 (352 ff.).
[4] Siehe auch Beispiele bei Voß ZdiW 2023, 164 (172) sowie Grimm/Kreuter AG 2023, 177 (181f.).
[5] Cohen, „Who is Damian Williams, the prosecutor behind the FTX's Sam Bankman-Fried trial? (Reuters, 3.11.2023), verfügbar unter https://beck-link.de/2syk6 (zuletzt abgerufen am 22.2.2024).
[6] Teo/Loh, „Binance was slapped with a $ 4.3 billion fine because it let groups like Hamas and ISIS receive funds: Treasury Department" (Business Insider, 22.11.2023), verfügbar unter https://beck-link.de/e5det (zuletzt abgerufen am 22.2.2024).
[7] Wilson/Berwick, „US regulator sues top crypto exchange Binance, CEO for ‚willful evasion'" (Reuters, 28.3.2023), verfügbar unter https://beck-link.de/42nth (zuletzt abgerufen am 22.2.2024).
[8] Siehe die Darstellung beim Grimm/Kreuter AG 2023, 177 (181f.).
[9] Siehe Godoy, „Ex-OpenSea manager sentenced to 3 months in prison for NFT insider trading" (Reuters, 22.8.2023), verfügbar unter https://beck-link.de/3hmt6 (zuletzt abgerufen am 19.8.2024);
[10] Solidus Labs Research, „56% of Crypto Token Listings Since 2021 Show Signs of Insider Trading", (3.7.2023), available at https://beck-link.de/8psmh (zuletzt abgerufen am 22.2.2024).

Art. 89

Aufgrund der quasi-identischen Formulierung wird man hier auf Literatur, Rechtsprechung und Kasuistik[11] zu Art. 8 Abs. 1 S. 1 MAR zurückgreifen können; kryptospezifisch notwendige Abweichungen sind nicht ersichtlich. Damit kommt insbesondere das sog. Frontrunning, also das Ausnutzen des Wissens von einer bevorstehenden Kursentwicklung, in Betracht.[12]

6   Eine neue, kryptospezifische Erscheinungsform des Insidergeschäfts ist das Auslesen des Blockchain-Mempools zur Maximierung eigener Transaktionsgewinne (sog. **Maximum Extraction Value**, MEV). Hierbei handelt es sich regelmäßig um Insiderinformationen (ausführlich → Art. 87 Rn. 22). Die durchgeführten Handelspraktiken, dabei insbes. das Frontrunning,[13] ähneln den handelsbezogenen Insidergeschäften unter der MAR[14] und dürften regelmäßig als verbotene Insidergeschäfte einzuordnen sein.

7   Nach dem Wortlaut der Vorschrift kann sowohl die **Veräußerung** als auch der **Erwerb** ein Insidergeschäft sein. Relevant ist dabei nicht der sachenrechtliche Erwerbsvorgang, sondern die **schuldrechtliche Grundlage**.[15] Die typologische Einordnung des zugrundeliegenden Vertrags nach nationalem Recht ist irrelevant,[16] in Betracht kommt neben einem Kauf- auch ein Tauschvertrag. Dies ist für Kryptowerte besonders relevant, da ein Erwerbsvertrag „Token gegen Token" nach deutschem Recht als Tausch iSv § 480 BGB einzuordnen ist.[17] Wie auch unter der MAR[18] kommt es auf den Vollzug von Clearing und Settlement nicht an, sondern auf die **Ausführung der Order im System**. Dies dürfte aber ohnehin bei Kryptomarktinfrastrukturen nur für Off-Chain-Transaktionen relevant sein.[19]

8   Die **Ausübung einer Kauf- oder Verkaufsoption** ist als ebenfalls Veräußerung bzw. Erwerb zu klassifizieren,[20] nicht aber die Bestellung von Pfandrechten oder die Sicherungsübereignung.[21] Da sowohl das Handeln für **eigene und fremde Rechnung** sowie **direkte und indirekte Formen** von Erwerb und Veräußerung erfasst sind, dürften sämtliche Formen rechtsgeschäftlicher Konstruktion der Transaktion auf einem Kryptohandelsplatz (Vollmacht, Botenschaft) erfasst sein.[22] Erfasst sind zudem nach Art. 89 Abs. 1 S. 2 die **Änderung bzw. die Stornierung** einer vor Erhalten der Insiderinformation erteilten Order. Dies entspricht Art. 8 Abs. 1 S. 2 MAR. Wie auch zur MAR erfüllt Unterlassen (ohne Stornierung

---

[11] Sehr ausführlich Klöhn/Klöhn MAR Art. 8 Rn. 150ff.
[12] Voß ZdiW 2023, 164 (168).
[13] Essen/Hofert ZdiW 2023, 59 (64) sprechen daneben von Backrunning und Sandwiching.
[14] Dazu Klöhn/Klöhn MAR Art. 7 Rn. 294–300.
[15] Inzwischen zur MAR ganz hM, siehe BeckOK WpHR/Nietsch MAR Art. 8 Rn. 9 mwN; ähnlich beim Erwerb im Rahmen des Widerrufs → Art. 13 Rn. 11.
[16] BeckOK WpHR/Nietsch MAR Art. 8 Rn. 9.
[17] Ausführlich Maume/Maute Kryptowerte-HdB/Maute § 6 Rn. 140ff.
[18] BeckOK WpHR/Nietsch MAR Art. 8 Rn. 9, 10.
[19] Bei der On-Chain-Abwicklung über ein DLT-System stellt sich – anders als beim klassischen Börsenhandel – die Frage nach einem zeitlichen Auseinanderfallen von Order und Settlement/Clearing (in der Praxis T+1 oder gar T+2) kaum, siehe dazu Litten BKR 2022, 551 (553ff.); Nägele ZdiW 2021, 184ff.
[20] Meyer/Veil/Rönnau MarktmissbrauchsR-HdB/Veil § 7 Rn. 32.
[21] BeckOK WpHR/Nietsch MAR Art. 8 Rn. 15.
[22] Zu den verschiedenen Ausgestaltungsmöglichkeiten aus aufsichtsrechtlicher Sicht ausführlich Patz BKR 2019, 435.

Verbot von Insidergeschäften **Art. 89**

einer bestehenden Order) aber generell nicht den Tatbestand des Insidergeschäfts.[23] Dies ist von Insiderhandel durch Unterlassen iSv § 13 StGB zu trennen (→ Rn. 19).

Das Geschäft muss **unter Nutzung** einer Insiderinformation nach Art. 87 erfolgt sein. Damit muss zwischen ihrer Kenntnis und dem Handelsentschluss ein **ursächlicher Zusammenhang** bestehen.[24] Mitursächlichkeit ist ausreichend.[25] Ursächlichkeit liegt nicht vor, wenn eine Person im Zeitpunkt des Handelns, also der Ordererteilung oder der Änderung/Stornierung, über keine Insiderinformation verfügt.[26] Die nachträgliche Erlangung entsprechender Kenntnisse ist grundsätzlich unschädlich.[27] Wie auch zu Art. 8 MAR muss man trotz problematischer Anwendung im Strafrecht[28] davon ausgehen, dass der Kausalzusammenhang zwischen Kenntnis der Insiderinformation und Handelsentschluss **widerleglich**[29] **vermutet** wird.[30] Anders herum liegt keine Nutzung einer Insiderinformation vor, wenn das jeweilige Geschäft in seiner konkreten Ausgestaltung auch zustande gekommen wäre, wenn der Insider das Geschäft auch ohne Insiderwissen getätigt hätte.[31] 9

Problematisch ist aber, dass die MiCAR keine Art. 9 MAR (**„legitime Handlungen"**) vergleichbare Regelung kennt. Hiernach würde zB keine Vermutung vorliegen, wenn eine juristische Person wirksame Vorkehrungen dagegen getroffen hat, dass die natürliche Person, die den Beschluss zur Vornahme der insiderrechtlich relevanten Handlung getroffen hat, Kenntnis von der Insiderinformation hat (Art. 9 Abs. 1 lit. a MAR). Auch die besonders relevante Ausnahme für Market Maker (Art. 9 Abs. 2 lit. a MAR)[32] würde nicht greifen. Dies kann vom Gesetzgeber nicht gewollt sein, denn ohne Market Making dürfte es schwierig sein, an den Märkten ausreichend Liquidität herzustellen. Daher sollten die Ausnahmen nach Art. 9 MAR **entsprechend in Art. 89 Abs. 1 hineingelesen** werden; für die Anknüpfungen an in der MiCAR nicht geregelte Tätigkeiten (neben Market Making zB auch die zentrale Gegenpartei) ist auf die MAR-Definitionen bzw. -Verweise sinngemäß zurückzugreifen. Als dogmatischer Anknüpfungspunkt wäre denkbar, dass in diesen Fällen eben keine Vermutung der Nutzung der Insiderinformation besteht. Denn auch diese Vermutung besteht ja durch eine Übertragung der MAR-Systematik (→ Rn. 9). Daher ist es sachgerecht, entweder sowohl Erwgr. Nr. 24 MAR als auch Art. 9 MAR heranzuziehen (dann Vermutung, aber eine Privilegierung), oder aber keinen der beiden Mechanismen (dann bereits keine Vermutung). 10

Nach Art. 89 Abs. 1 S. 3 schließt die Nutzung von Insiderinformationen auch die **Übermittlung, Änderung oder Zurücknahme eines Gebots** durch eine Person für eigene Rechnung oder für Rechnung eines Dritten ein. Hier liegt ein 11

---

[23] Ganz hM, siehe Assmann/Schneider/Mülbert/Assmann MAR Art. 8 Rn. 27 sowie Klöhn/Klöhn MAR Art. 8 Rn. 66, jeweils mwN.
[24] BeckOK WpHR/Nietsch MAR Art. 8 Rn. 29.
[25] Ganz hM zur MAR, siehe Klöhn/Klöhn MAR Art. 8 Rn. 119; Meyer/Veil/Rönnau MarktmissbrauchsR-HdB/Veil § 7 Rn. 38.
[26] Siehe auch Erwgr. Nr. 25 MAR.
[27] BeckOK WpHR/Nietsch MAR Art. 8 Rn. 9.
[28] BeckOK WpHR/Nietsch MAR Art. 8 Rn. 35 ff.
[29] Erwgr. Nr. 24 S. 2 MAR.
[30] So eindeutig Erwgr. Nr. 24 S. 1 MAR: „[…] sollte unterstellt werden, dass diese Person diese Information genutzt hat".
[31] Schwark/Zimmer/Kumpan/Schmidt MAR Art. 8 Rn. 61–63 mwN.
[32] Market Maker führen typischerweise ein Orderbuch, so dass ihnen insbesondere das sog. Frontrunning ermöglicht wird.

offensichtliches Redaktionsversehen vor. Der ursprüngliche Kommissionsentwurf hatte lediglich eine Art. 7 Abs. 1 MAR entsprechende Definition der Insiderinformation in Art. 3 Abs. 1 Nr. 27 MiCAR-E vorgesehen, nicht aber eine Definition des Insidergeschäfts. Dieses wurde im Trilog auf Vorschlag des Rats in Art. 89 Abs. 1 aufgenommen. Dabei wurde aber ebenfalls Art. 8 Abs. 1 S. 3 MAR übernommen, der eine Klarstellung für Gebote im Rahmen der Versteigerung von Emissionszertifikaten enthält. Diese fallen aber nicht in den Anwendungsbereich der MiCAR. Damit fehlt es für Art. 89 Abs. 1 S. 3 an einem Anwendungsbereich.

III. Verbot von Insidergeschäften

1. Allgemeines

12 Art. 89 Abs. 2 ist Teilen Art. 14 MAR nachgebildet. Nach Art. 89 Abs. 2 S. 1 darf niemand Insidergeschäfte tätigen oder versuchen, Insidergeschäfte zu tätigen, oder Insiderinformationen über Kryptowerte nutzen, um diese Kryptowerte, direkt oder indirekt, für eigene Rechnung oder für Rechnung eines Dritten, zu erwerben oder zu veräußern. Der erste Halbsatz der Vorschrift entspricht Art. 14 lit. a MAR und regelt das Insiderhandelsverbot. Rätselhaft bleibt, warum der Gesetzgeber den zweiten Halbsatz angeschlossen hat. Dieser wiederholt nur bereits in der Definition des Insidergeschäfts enthaltene Tatbestandsmerkmale und ist daher redundant. Art. 89 Abs. 2 S. 2 kopiert wiederum Art. 14 lit. b MAR, also das Verleitungs- bzw. Empfehlungsverbot. Dies ist zwar an dieser Stelle stimmig, sorgt aber für eine unnötige Doppelung mit Art. 89 Abs. 3. Dieser **Mangel an gesetzgeberischer Sorgfalt** ist bemerkenswert.[33] Die dritte Tatalternative, das Offenlegungsverbot, findet sich in Art. 90.

2. Insiderhandelsverbot (Abs. 2)

13 Nach seinem materiellen Gehalt müsste Art. 89 Abs. 2 S. 1 lauten „Niemand darf Insidergeschäfte tätigen oder versuchen, Insidergeschäfte zu tätigen". Der zweite Satzteil ist redundant.[34] Das Verbot bezieht sich auf das Insidergeschäft nach Art. 89 Abs. 1 und setzt damit das Vorliegen einer Insiderinformation nach Art. 87 voraus. Die Vorschrift stellt klar, dass auch der **Versuch** strafbar ist. Wie auch bei der MAR ist dies der Fall, sobald der Täter seine Order platziert hat.[35] Nach allgemeinen strafrechtlichen Grundsätzen kann Insiderhandel auch durch **Unterlassen** gemäß § 13 StGB bzw. § 8 OWiG begangen werden.[36] Dafür muss eine Garantenstellung des Täters bestehen, die diesen zur Verhinderung des Tatbestandserfolgs verpflichtet. Dies ist im Insiderrecht insbesondere die des Geschäftsherrn, also der Leistungs- und Geschäftsorgane.[37] Erfasst ist auch der Compliance-Officer, umstritten ist die Erstreckung auf GmbH-Gesellschafter und Aufsichtsratsmitglieder.[38]

---

[33] Voß ZdiW 2023, 164 (171): „missraten".

[34] „, oder Insiderinformationen über Kryptowerte nutzen, um diese Kryptowerte, direkt oder indirekt, für eigene Rechnung oder für Rechnung eines Dritten, zu erwerben oder zu veräußern."; siehe auch Voß ZdiW 2023, 164 (171).

[35] BaFin, Emittentenleitfaden – Modul C, S. 64.

[36] Ganz hM zur MAR, siehe Klöhn/Klöhn MAR Art. 14 Rn. 82.

[37] BGHSt 54, 44 = NJW 2009, 3173.

[38] Übersicht bei BeckOK WpHR/Kulenkamp/v. Bonin MAR Art. 14 Rn. 45, 46.

3. Empfehlungsverbot (Abs. 2–4)

Zweck des in Art. 89 Abs. 2–4 geregelten Empfehlungsverbots ist primär die **Verhinderung einer Umgehung des Insiderhandelsverbots** durch Zusammenwirken von Insider und Empfehlungsempfänger.[39] Daneben steht auch die Wahrung der informationellen Chancengleichheit der Anleger.[40] Wie auch in der MAR wird das Empfehlungs- durch ein weiter gefasstes **Verleitungsverbot** ergänzt, das aber in der Praxis seltener anzutreffen ist.[41] Es ist gut möglich, dass im Kryptobereich sog. Finfluencer,[42] also insbesondere auf Social Media-Plattformen tätige „Experten" in Konflikt mit dem Empfehlungsverbot geraten, wenn sie allzu eifrig aus dem Nähkästchen plaudern (ähnlich zur Marktmanipulation, → Art. 91 Rn. 26). 14

Die **Aufteilung des Empfehlungsverbots** in Art. 89 Abs. 2 und Abs. 3 ist **missglückt**. In Art. 89 Abs. 2 S. 2 wird in Entsprechung von Art. 14 lit. b MAR das Verbot ausgesprochen. Anders als Art. 8 Abs. 2 MAR definiert Art. 89 Abs. 3 dann aber nicht die Empfehlung bzw. das Verleiten Dritter, sondern wiederholt das Verbot in an Art. 8 Abs. 2 MAR angelehntem Wortlaut. Dem Gesetzgeber ist zumindest zuzugestehen, dass der Wortlaut von Art. 89 Abs. 3 einfacher und deutlich gelungener ist als der umständliche Art. 8 Abs. 2 MiCAR. Konsequenterweise hätte dann aber Art. 89 Abs. 2 S. 2 gelöscht werden müssen. Dies ist im Ergebnis zwar nicht weiter problematisch, da sich am Inhalt des Verbots gegenüber der MAR nichts ändert. Im Ergebnis wird wohl man die Auslegung von Art. 8 Abs. 2 MAR und Art. 14 lit. b MAR für Art. 89 Abs. 3 heranziehen können. So wirkt die Arbeit des Gesetzgebers aber schludrig. Der deutsche Umsetzungsgesetzgeber ist hier auf Nummer sicher gegangen und sieht in § 46 Abs. 1 KMAG eine Strafbarkeit sowohl für Art. 89 Abs. 2 als auch für Abs. 3 vor. 15

Eine **Empfehlung** ist wie auch unter Art. 8 Abs. 2 MAR jedwede Erklärung, durch die der Inhaber einer Insiderinformation den Erwerb oder die Veräußerung von Kryptowerten, auf die sich die Information bezieht, für den Empfänger der Erklärung als vorteilhaft bezeichnet und ihm dabei zugleich die Vornahme des Geschäfts anrät.[43] Dabei muss eine **eigene Empfehlung** abgegeben und keine fremde Empfehlung weitergegeben werden (ansonsten Offenlegung von Insiderinformtationen, → Art. 90 Rn. 8). Der Inhaber der Insiderinformation muss dem Empfänger die Information zumindest zugänglich gemacht haben,[44] er muss also selbst über sie verfügt haben. Wie auch in Art. 89 Abs. 1 sind sowohl der Erwerb als auch die Veräußerung und auch die Änderung oder Stornierung von Aufträgen umfasst (→ Rn. 8). Ob der Empfänger die Empfehlung umsetzt oder nicht, ist aber nicht relevant. Er muss die Möglichkeit der Kenntnisnahme gehabt haben; tatsächliches Vernehmen ist hingegen nicht erforderlich.[45] 16

---

[39] Buck-Heeb KapMarktR Rn. 410.
[40] Klöhn/Klöhn MAR Art. 8 Rn. 43.
[41] BeckOK WpHR/Nietsch MAR Art. 8 Rn. 61.
[42] Zu Finfluencern Buck-Heeb/Tatu RDi 2024, 461.
[43] Ganz hM, siehe BaFin, Emittentenleitfaden – Modul C, S. 61; Klöhn/Klöhn MAR Art. 8 Rn. 225 mwN.
[44] BaFin, Emittentenleitfaden – Modul C, S. 61; Klöhn/Klöhn MAR Art. 8 Rn. 227; Assmann/Schneider/Mülbert/Assmann MAR Art. 8 Rn. 82.
[45] BeckOK WpHR/Nietsch MAR Art. 8 Rn. 66; Meyer/Veil/Rönnau MarktmissbrauchsR-HdB/Schelm § 9 Rn. 30.

17 Das **Verleiten** umfasst jede Handlung mit dem Ziel, den Willen eines anderen zu beeinflussen und ihn zum Erwerb oder zur Veräußerung von Kryptowerten oder zur Änderung oder Stornierung von Aufträgen über Kryptowerte zu bewegen.[46] Der Begriff ist damit weiter gefasst als die Empfehlung, da **keine kommunikative Beziehung** zwischen Insider und beeinflusster Person notwendig ist.[47] Typisches Beispiel ist der Fall, dass eine Situation arrangiert wird, in der ein Insider „zufällig" eine Orderbestätigung liegen lässt und so einem Dritten zugänglich macht, um diesen zum Handel zu verleiten.[48] Ansonsten gelten die gleichen Maßstäbe wie zur Empfehlung,[49] insbesondere ist keine Durchführung des Geschäfts notwendig.[50]

18 Nach Art. 89 Abs. 4 ist dem Empfänger einer Empfehlung bzw. die Verleitung die **Nutzung** verboten. Dies setzt aber voraus, dass er wusste oder hätte wissen müssen, dass es sich um eine Insiderinformation handelt. Damit wird das Verbot der Nutzung von Insiderinformationen auf **Tippempfänger** erweitert. Nicht notwendig ist die Kenntnis der Insiderinformation selbst (sonst Fall der Offenlegung von Insiderinformationen, → Art. 90 Rn. 3).[51] Vor diesem Hintergrund ist Art. 89 Abs. 4 eine Spezialvorschrift zu Art. 89 Abs. 5 (→ Rn. 20), die die Kenntnisebene speziell für das Empfehlungsverbot regelt.[52]

19 Auch der **Versuch** der Empfehlung oder Verleitung ist vom Verbot erfasst. Anders als für das Insiderhandelsverbot nach Art. 89 Abs. 2 (→ Rn. 13) ergibt sich dies aber nicht aus dem Wortlaut der Vorschrift, sondern aus der nationalen Umsetzung. Denn ähnlich § 119 Abs. 1 WpHG zur MAR sieht § 46 Abs. 4 KMAG eine Versuchsstrafbarkeit vor. Dies ist in der Literatur war bereits zur MAR auf Kritik gestoßen,[53] führt die Idee der Gleichstellung beider Regime konsequent fort. Wie auch bei den anderen Tathandlungen des Insiderhandels kann ein Unterlassen zwar nicht unmittelbar den Tatbestand des Empfehlungsverbots erfüllen, denkbar ist aber ein Unterlassen nach § 13 StGB aufgrund einer Garantenstellung (→ Rn. 13).

4. Taugliche Täter (Abs. 5)

20 Art. 89 Abs. 5 definiert die **tauglichen Täter** des Insiderhandels. Die Vorschrift ist fast deckungsgleich mit Art. 8 Abs. 4 MAR. Taugliche Täter sind damit Personen in einer Leitungs- oder Aufsichtsfunktion beim Emittenten oder Antragsteller (lit. a), Anteilseigner (lit. b), Personen, die aufgrund ihrer Arbeit oder ihres Berufs Zugang zu betreffenden Information hatten (lit. c) oder weil sie an entsprechenden kriminellen Handlungen beteiligt sind (lit. d). Nach Art. 89 Abs. 5 UAbs. 2 gilt dies auch für andere Personen, die wissen oder hätten wissen müssen, dass es sich bei der betreffenden Information um Insiderinformationen handelt. Damit sind – anders als unter der alten Marktmissbrauchsrichtlinie – **Primär- und Sekundärinsider**

---

[46] BaFin, Emittentenleitfaden – Modul C, S. 61; Klöhn/Klöhn MAR Art. 8 Rn. 220; Assmann/Schneider/Mülbert/Assmann MAR Art. 8 Rn. 91.
[47] BeckOK WpHR/Nietsch MAR Art. 8 Rn. 68.
[48] Schwark/Zimmer/Kumpan/Schmidt MAR Art. 8 Rn. 68 mwN.
[49] Siehe im Überblick BeckOK WpHR/Nietsch MAR Art. 8 Rn. 70 ff.
[50] Klöhn/Klöhn MAR Art. 8 Rn. 223.
[51] Schwark/Zimmer/Kumpan/Schmidt MAR Art. 8 Rn. 75.
[52] Zur Parallelfrage in der MAR Schwark/Zimmer/Kumpan/Schmidt MAR Art. 8 Rn. 75; Klöhn/Klöhn MAR Art. 8 Rn. 245 f.
[53] Assmann/Schneider/Mülbert/Spoerr WpHG § 119 Rn. 111.

weitestgehend gleichgestellt.[54] Auch die §§ 46, 47 FMAG sehen keine Unterscheidung vor. Um nach Art. 89 Abs. 5 UAbs. 2 als Sekundärinsider erfasst zu werden, hätte der Betreffende insbesondere wissen müssen, dass die Information kurserheblich und nicht öffentlich bekannt ist.[55] Einfache Fahrlässigkeit der Unkenntnis ist für die Bestimmung des persönlichen Anwendungsbereichs der Vorschrift ausreichend.[56]

Für das Empfehlungsverbot (→ Rn. 14) gilt nicht Art. 89 Abs. 5 UAbs. 2, sondern Art. 89 Abs. 4 als speziellere Regel. Der MiCAR-Gesetzgeber hat hier eine gesetzgeberische Ungenauigkeit aus der MAR übernommen. Denn Art. 89 Abs. 4 setzt gerade nicht voraus, dass der Empfehlungsempfänger die Insiderinformation kennt oder kennen musste (→ Rn. 18). Diese Spezialvorschrift, die das Verbot auf Tippempfänger ausweiten soll, kann aber nicht durch den allgemeineren Art. 89 Abs. 5 UAbs. 2 ausgehebelt werden.[57]

Einzige inhaltliche Änderung gegenüber dem MAR-Vorbild ist eine Erweiterung der Gruppe der berufsbezogenen (Primär-)Insider nach Art. 89 Abs. 5 lit. c. Hiernach sind auch Personen erfasst, die „im Zusammenhang mit ihrer Rolle im Bereich Distributed-Ledger-Technologie oder einer ähnlichen Technologie" Zugang zu der Insiderinformation hat. Dies zielt auf Personen, die nicht bereits durch eine vertragliches Verhältnis genüber dem Emittenten (Arbeit, Beruf oder die Erfüllung von Aufgaben) wie zB ein Kryptoverwahrer oder ein anderer Intermediär erfasst sind. In Betracht könnten hier insbesondere Handlungen rund um Blockchain-Mempools (ausf. → Art. 87 Rn. 23) kommen.[58] Da die Täter in diesen Fällen aber aktiv auf der Suche nach transaktionsbezogenen Insiderinformationen sind, greift ohnehin Art. 89 Abs. 5 UAbs. 2 ein.

5. Handeln für juristische Personen (Abs. 6)

Die MiCAR geht wie die MAR davon aus, dass Insiderhandel (anders als zB die Verletzung der Ad-hoc-Publizität nach Art. 91) ein **Jedermannsdelikt** ist und sowohl von natürlichen als auch von juristischen Personen begangen werden kann. Handelt es sich beim Inhaber der Information nach Art. 89 Abs. 1 um eine juristische Person, so gilt Art. 89 „nach Maßgabe des nationalen Rechts auch für die natürlichen Personen, die an der Entscheidung, den Erwerb, die Veräußerung, die Stornierung oder Änderung eines Auftrags für Rechnung der betreffenden juristischen Person zu tätigen, beteiligt sind oder diesen beeinflussen." Dies führt nicht zu einer Erweiterung des persönlichen Anwendungsbereichs des Insiderhandelsverbots. Es handelt sich nur um die **Klarstellung,** dass die Erstreckung der Verantwortlichkeit auf natürliche Personen (einschließlich der Frage, wann eine Person „an dem Beschluss beteiligt" ist) **nach den jeweiligen nationalen Regelungen** erfolgt, nicht nach europäischem Recht.[59]

---

[54] BeckOK WpHR/Nietsch MAR Art. 8 Rn. 103f.
[55] Schwark/Zimmer/Kumpan/Schmidt MAR Art. 8 Rn. 31.
[56] Zur MAR strittig, wohl hM Klöhn/Klöhn MAR Art. 8 Rn. 34; Meyer/Veil/Rönnau MarktmissbrauchsR-HdB/Veil § 7 Rn. 21, jeweils mwN zur Gegenmeinung.
[57] So auch zur MAR Schwark/Zimmer/Kumpan/Schmidt MAR Art. 8 Rn. 75; Klöhn/Klöhn MAR Art. 8 Rn. 245f.
[58] Dazu v. Essen/Hofert ZdiW 2023, 59.
[59] Schwark/Zimmer/Kumpan/Schmidt MAR Art. 8 Rn. 33; Klöhn/Klöhn MAR Art. 8 Rn. 39.

Art. 89

IV. Rechtsfolgen bei Verstoß

24 Die Rechtsfolgen eines Verstoßes gegen Art. 89 richten sich ausschließlich nach nationalem Recht, Art. 111 schreibt den Mitgliedsstaaten lediglich die Schaffung entsprechender Vorschriften vor. § 46 Abs. 1 KMAG sieht eine Strafbarkeit für die **vorsätzliche Begehung** von bis zu fünf Jahren **Freiheitsstrafe** vor. Dies entspricht § 119 Abs. 3 WpHG für die MAR-Parallelvorschriften. Auch der Versuch ist nach § 46 Abs. 4 KMAG strafbar. Die **fahrlässige Begehung** ist nach § 47 Abs. 1 KMAG eine **Ordnungswidrigkeit**. Überraschenderweise knüpft die Vorschrift – anders als § 120 Abs. 14 WpHG – also nicht an die Leichtfertigkeit an. Dies ist einerseits zu begrüßen, da die betreffenden EU-Vorschriften in MAR und MiCAR dieses Merkmal nicht kennen, sondern typischerweise an die Fahrlässigkeit anknüpfen. Andererseits liegt die Schwelle der einfachen Fahrlässigkeit unterhalb der Leichtfertigkeit. Auf diese Weise ist das MiCAR-Regime schärfer als das MAR-Pendant. Es ist fraglich, ob dies rechtspolitisch gewollt ist.

25 Auf eine Regelung der **zivilrechtlichen Folgen** hat der deutsche Gesetzgeber wie auch zur MAR verzichtet. Diese richten sich daher nach allgemeinen Regeln, wobei hier vieles umstritten ist. Wohl unstreitig ist ein Geschäft, das gegen Art. 89 verstößt, **nicht nach § 134 unwirksam,** da sich Art. 89 nur gegen die Art und Weise des Zustandekommens richtet.[60] Die herrschende Meinung zur MAR lehnt zudem eine **Nichtigkeit wegen Sittenwidrigkeit** nach § 138 BGB ab.[61] Jedenfalls bietet die Blockchain-Technologie bei Face-to-Face-Transaktionen sowie bei offchain-Transaktionen auf zentral organisierten Handelsplätzen verbesserte Möglichkeiten der Rückabwicklung.[62] Bei Face-to-Face Geschäften dürfte wie in der MiCAR ein **Anfechtungsrecht** nach § 123 Abs. 1 BGB jedenfalls dann in Betracht kommen, wenn der handelnde Insider über das Geschäft aktiv täuscht.[63]

26 Die hM lehnt zur MAR einen Schadensersatzanspruch nach **§ 823 Abs. 2 BGB** ab, da die Norm die Integrität der Märkte schützt, nicht aber individuelle Interessen.[64] Es bleibt abzuwarten, ob die stärkere Betonung der (Klein-)Anlegerschutz in der MiCAR zu einer abweichenden Bewertung führt. Anders als zu § 138 BGB wird eine Sittenwidrigkeit nach § 826 BGB prinzipiell in Erwägung gezogen,[65] wobei es praktisch häufig an der Beweisführung scheitern dürfte.[66]

---

[60] Zur Parallelfrage in der MAR BeckOK WpHR/Kulenkamp/v. Bonin MAR Art. 14 Rn. 57–61 mwN.

[61] Klöhn/Klöhn MAR Art. 14 Rn. 117, Schwark/Zimmer/Kumpan/Grütze MAR Art. 14 Rn. 48; MAR BeckOK WpHR/Kulenkamp/v. Bonin MAR Art. 14 Rn. 59; aA Fuchs/Mennicke WpHG § 14 Rn. 427; Maume/Maute Kryptowerte-HdB/Maume § 14 Rn. 48.

[62] Maume/Maute Kryptowerte-HdB/Maume § 14 Rn. 48.

[63] Assmann/Schütze/Buck-Heeb KapAnlR-HdB/Buck-Heeb § 8 Rn. 304; Schwark/Zimmer/Kumpan/Grütze MAR Art. 14 Rn. 48.

[64] Anders aber Beneke/Thelen BKR 2017, 12 mit ausführlicher Darstellung der hM.

[65] Maume/Maute Kryptowerte-HdB/Maume § 14 Rn. 48; Fuchs/Mennicke WpHG § 14 Rn. 427; zurückhaltend Klöhn/Klöhn MAR Art. 14 Rn. 122 (nicht allein mit dem Insiderhandelsverbot begründbar).

[66] Schwark/Zimmer/Kumpan/Grütze MAR Art. 14 Rn. 48; BeckOK WpHR/Kulenkamp/v. Bonin MAR Art. 14 Rn. 65.

Artikel 90 Verbot der unrechtmäßigen Offenlegung
von Insiderinformationen

(1) Niemand, der über Insiderinformationen verfügt, darf diese Insiderinformationen unrechtmäßig Dritten offenlegen, es sei denn, diese Offenlegung erfolgt im Zuge der normalen Ausübung einer Beschäftigung oder eines Berufs oder der normalen Erfüllung von Aufgaben.

(2) Die Weitergabe von Empfehlungen oder das Verleiten anderer gemäß Artikel 89 Absatz 4 gilt als unrechtmäßige Offenlegung von Insiderinformationen, wenn die Person, die die Empfehlung weitergibt oder andere verleitet, weiß oder wissen sollte, dass die Empfehlung bzw. Verleitung auf Insiderinformationen beruht.

Schrifttum: Siehe Art. 86

Übersicht

	Rn.
I. Normzweck und Systematik	1
II. Tatbestand	3

I. Normzweck und Systematik

Art. 90 regelt die unrechtmäßige Offenlegung von Insidergeschäften. Art. 90 **1** Abs. 1 statuiert dabei das Verbot. Der erste Hs. entspricht Art. 14 lit. c MAR, der zweite Hs. hingegen Art. 10 Abs. 1 S. 2 MAR. Art. 90 Abs. 2 stellt zudem klar, dass die Empfehlung bzw. Verleitung iSv Art. 89 Abs. 4 als unrechtmäßige Offenlegung iSv Art. 90 gilt. Dies entspricht Art. 10 Abs. 2 MAR. Allerdings kennt Art. 90 keine Privilegierung der Marktsondierung nach Art. 11 MAR. Damit ist auch hinsichtlich des Offenlegungsverbots die MiCAR im Ergebnis strikter als die MAR (auch → Art. 89 Rn. 1 zum Insiderhandelsverbot).

Wie auch das Empfehlungsverbot (Art. 89 Abs. 2–4) bekämpft die Vorschrift **2** nicht unmittelbar den Insiderhandel, sondern soll den Kreis der Insider bzw. die Verbreitung der Insiderinformation so weit wie möglich begrenzen.[1] Dies betont die informationelle Chancengleichheit der Marktteilnehmer (→ Art. 89 Rn. 3).

II. Tatbestand

Wie auch für Art. 88 und Art. 89 muss für die Definition der **Insiderinfor- 3 mation** auf Art. 87 Abs. 1 zurückgegriffen werden. Der Täter muss über die Insiderinformation **verfügen**, also tatsächliche Kenntnis haben; Kenntnis von der Insiderqualität ist hingegen nicht notwendig.[2]

Die **Offenlegung** ist die Ermöglichung der Kenntnisnahme durch eine andere **4** Person. Dies kann sowohl in einer (aktiven) Mitteilung als auch in einem (passiven)

---

[1] BeckOK WpHR/Kulenkamp/v. Bonin MAR Art. 10 Rn. 1; Schwark/Zimmer/Kumpan/Grütze MAR Art. 10 Rn. 9.
[2] Schwark/Zimmer/Kumpan/Grütze MAR Art. 10 Rn. 48 mwN.

Zugänglichmachen der Information liegen.³ Die tatsächliche Kenntnisnahme des Empfängers ist nicht notwendig. Ebensowenig muss der Empfänger die Information nutzen.⁴ Auch auf die Kommunikationsform der Offenlegung kommt es nicht an.⁵ Ein Schweigen ist aber grundsätzlich keine Offenlegung, selbst wenn der Gegenüber entsprechende Schlüsse ziehen kann. Dies gilt insbesondere für die Verweigerung einer Stellungnahme („no comment").⁶

5   Die Offenlegung muss gegenüber **Dritten** erfolgen. Die Abweichung zu Art. 10 Abs. 1 MAR (dort „gegenüber einer anderen Person") ist rein sprachlicher Natur. Erfasst sind sowohl natürliche als auch juristische Personen. Die Offenlegung kann auch gegenüber einer **Mehrzahl von Dritten** erfolgen.⁷ Nicht von Art. 10 erfasst ist hingegen die **öffentliche Bekanntmachung** der Insiderinformation. Hier kommt es nicht zu einer Erweiterung des Kreises der Insider, sondern durch die Herstellung von Öffentlichkeit zu einer Reduzierung auf Null.⁸ Im Raum steht aber eine Strafbarkeit nach § 23 GeschGehG wegen der Offenlegung von Geschäftsgeheimnissen, denn eine Insiderinformation wird typischerweise auch die Definition des Geschäftsgeheimnisses erfüllen.⁹

6   Die Offenlegung muss **unrechtmäßig** sein. Dies ist grundsätzlich immer der Fall, es sei denn, dass ein Rechtfertigungsgrund eingreift. Dies kann zB die gesetzliche **Verpflichtung zur Weitergabe** der Information sein, etwa auf gesellschaftsrechtlicher Grundlage.¹⁰ Nicht aus einer Verpflichtung, aber aus einer **Berechtigung zur Weitergabe** heraus kommt auch das HinSchG in Betracht,¹¹ sowie eine Privilegierung nach § 5 GeschGehG. Eine Art. 11 MAR entsprechende Privilegierung der **Marktsondierung** findet sich in der MiCAR hingegen nicht. Aus der Gesetzgebungsgeschichte ergeben sich die Beweggründe des Gesetzgebers nicht. Aus diesem Grund fällt es schwer, Feststellungen über eine analoge Anwendung von Art. 11 MAR auf Art. 90 zu treffen.

7   Art. 90 Abs. 1 Hs. 2 statuiert eine spezielle Ausnahme, nämlich die Weitergabe im Zuge der normalen **Ausübung einer Beschäftigung oder eines Berufs** oder der normalen Erfüllung von Aufgaben. Wie auch zu Art. 10 Abs. 2 MAR ist hierzu eine Interessenabwägung zwischen dem Interesse des Insiders an der Weitergabe und der Wahrung der informationellen Chancengleichheit der Anleger.¹² Nach der zur Marktmissbrauchs-RL ergangenen *Grøngaard und Bang*-Entscheidung,¹³ die auch unter der MAR fortgilt,¹⁴ muss die Ausnahme eng ausgelegt und insbesondere der Grundsatz der **Verhältnismäßigkeit** beachtet werden. Dies erfordert einen an-

---

³ Klöhn/Klöhn MAR Art. 10 Rn. 30; BaFin, Emittentenleitfaden – Modul C, S. 62.
⁴ Assmann/Schneider/Mülbert/Assmann MAR Art. 10 Rn. 14; Schwark/Zimmer/Kumpan/Grütze MAR Art. 10 Rn. 20.
⁵ BeckOK WpHR/Kulenkamp/v. Bonin MAR Art. 10 Rn. 4.
⁶ BeckOK WpHR/Kulenkamp/v. Bonin MAR Art. 10 Rn. 5.
⁷ Schwark/Zimmer/Kumpan/Grütze MAR Art. 10 Rn. 20.
⁸ Wohl hM, siehe zum Streitstand Klöhn/Klöhn MAR Art. 10 Rn. 20.
⁹ Aber nicht notwendigerweise andersherum, siehe dazu Ann/Grosch/Loschelder Geheimnisschutz-HdB/Maume § 10 Kap. 10 Rn. 67 (im Erscheinen).
¹⁰ Übersicht zu denkbaren gesetzlichen Verpflichtungen bei BeckOK WpHR/Kulenkamp/v. Bonin MAR Art. 10 Rn. 12.1.
¹¹ Meier ZGR 2023, 889.
¹² Klöhn/Klöhn MAR Art. 10 Rn. 43; BaFin, Emittentenleitfaden – Modul C, S. 63.
¹³ EuGH NJW 2006, 133.
¹⁴ Klöhn/Klöhn MAR Art. 10 Rn. 72.

erkennenswerten Zweck, die Eignung zur Erfüllung des Zwecks, die Erforderlichkeit im Sinne eines mildesten Mittels sowie die Angemessenheit im engeren Sinne.[15] Der EuGH hat dies kürzlich in der *AMF*-Entscheidung für die Offenlegung einer Information über Marktgerüchte durch Journalisten bejaht.[16] Im Ergebnis läuft dies in der Praxis auf eine strikte Einhaltung des **Need-to-Know**-Prinzips hinaus.[17]

Art. 90 Abs. 2 regelt die **Kettenempfehlung bzw. -verleitung.** Es muss also eine fremde Empfehlung/Verleitung weitergegeben werden. Liegt hingegen eine eigene Empfehlung/Verleitung vor, greift das Empfehlungsverbot (→ Art. 89 Rn. 14). In Abweichung zu Art. 90 Abs. 1 muss der weiterleitenden Person hier der Inhalt der Insiderinformation nicht bekannt sein. Notwendig sind hingegen nach dem Wortlaut des Art. 90 Abs. 2 Kenntnis oder zumindest fahrlässige Unkenntnis[18] der Insiderqualität der Information. 8

Artikel 91 Verbot der Marktmanipulation

(1) **Niemand darf Marktmanipulation betreiben oder einen entsprechenden Versuch unternehmen.**

(2) **Für die Zwecke dieser Verordnung umfasst der Begriff „Marktmanipulation" folgende Handlungen:**

a) **– sofern keine legitimen Gründe vorliegen – den Abschluss eines Geschäfts, die Erteilung eines Handelsauftrags oder jede andere Handlung, die**

 i) **falsche oder irreführende Signale hinsichtlich des Angebots oder des Kurses von Kryptowerten oder der Nachfrage danach gibt oder bei der dies wahrscheinlich ist;**

 ii) **für einen oder mehrere Kryptowerte ein anormales oder künstliches Kursniveau herbeiführt oder bei denen dies wahrscheinlich ist;**

b) **der Abschluss eines Geschäfts, die Erteilung eines Handelsauftrags oder eine andere Tätigkeit oder Handlung, die unter Vorspiegelung falscher Tatsachen oder unter Verwendung sonstiger Kunstgriffe oder Formen der Täuschung den Kurs eines oder mehrerer Kryptowerte beeinflusst oder hierzu geeignet ist;**

c) **die Verbreitung von Informationen über die Medien, einschließlich des Internets oder auf anderem Wege, die falsche oder irreführende Signale hinsichtlich des Angebots oder des Kurses eines oder mehrerer Kryptowerte oder der Nachfrage danach geben oder bei denen dies wahrscheinlich ist oder die für einen oder mehrere Kryptowerte ein anormales oder künstliches Kursniveau herbeiführen oder bei denen dies wahrscheinlich ist, einschließlich der Verbreitung von Gerüchten, wenn die Person, die diese Informationen verbreitet hat, wusste oder hätte wissen müssen, dass sie falsch oder irreführend waren.**

---

[15] Eingehend BeckOK WpHR/Kulenkamp/v. Bonin MAR Art. 10 Rn. 12.1.
[16] EuGH NJW 2022, 2671.
[17] Schwark/Zimmer/Kumpan/Grütze MAR Art. 10 Rn. 27; Meyer/Veil/Rönnau MarktmissbrauchsR-HdB/Meyer § 8 Rn. 11.
[18] Siehe dazu die Parallele bei → Art. 89 Rn. 20.

(3) Als Marktmanipulation gelten unter anderem die folgenden Handlungen:
a) die Sicherung einer marktbeherrschenden Stellung in Bezug auf das Angebot an einem Kryptowert oder die Nachfrage danach, die eine unmittelbare oder mittelbare Festsetzung des Kauf- oder Verkaufskurses oder andere unlautere Handelsbedingungen bewirkt oder hierzu geeignet ist;
b) die Erteilung von Aufträgen an eine Handelsplattform für Kryptowerte, einschließlich deren Stornierung oder Änderung, mittels aller zur Verfügung stehenden Handelsmethoden, die eine der in Absatz 2 Buchstabe a genannten Auswirkungen hat, durch
   i) Störung oder Verzögerung des Betriebs der Handelsplattform für Kryptowerte oder Ausübung von Tätigkeiten, die wahrscheinlich eine solche Wirkung haben;
   ii) Erschwerung der Ermittlung echter Aufträge auf der Handelsplattform für Kryptowerte durch Dritte oder Ausübung von Tätigkeiten, die wahrscheinlich eine solche Wirkung haben, einschließlich der Erteilung von Aufträgen, die zur Destabilisierung des normalen Betriebs der Handelsplattform für Kryptowerte führen;
   iii) das Setzen falscher oder irreführender Signale hinsichtlich des Angebots oder des Preises eines Kryptowerts oder der Nachfrage danach, insbesondere durch Erteilung von Aufträgen zur Einleitung oder Verschärfung eines Trends oder durch Ausübung von Tätigkeiten, die wahrscheinlich eine solche Wirkung haben;
c) Ausnutzung des gelegentlichen oder regelmäßigen Zugangs zu traditionellen oder elektronischen Medien durch Veröffentlichung von Stellungnahmen zu einem Kryptowert, nachdem zuvor Positionen in diesem Kryptowert eingegangen wurden und anschließend aus den Auswirkungen der Stellungnahme auf den Kurs dieses Kryptowerts Nutzen gezogen wird, ohne dass der Öffentlichkeit gleichzeitig dieser Interessenkonflikt ordnungsgemäß und wirksam bekannt gegeben wird.

Schrifttum: Siehe Art. 86.

Übersicht

	Rn.
I. Normzweck und Systematik	1
II. Verbotstatbestand (Abs. 1)	6
III. Manipulationshandlungen (Abs. 2)	10
1. Handelsgestützte Manipulation (Abs. 2 lit. a)	10
a) Tathandlung	10
b) Manipulationseignung	13
c) Fehlen legitimer Gründe	20
2. Handlungsgestützte Manipulation (Abs. 2 lit. b)	23
3. Informationsgestützte Manipulation (Abs. 2 lit. c)	26
a) Tathandlung	26
b) Manipulationseignung	31
IV. Beispielskatalog	38
1. Allgemein	38
2. Sicherung einer marktbeherrschenden Stellung (Abs. 3 lit. a)	39

Verbot der Marktmanipulation **Art. 91**

	Rn.
3. Marktstörung durch Auftragserteilungen	46
4. Scalping	51
V. Rechtsfolgen bei Verstoß	58

I. Normzweck und Systematik

Art. 91 regelt das Verbot der Marktmanipulation. Dabei spricht Art. 91 Abs. 1 das **1** Verbot aus, während Art. 91 Abs. 2 die Manipulationshandlungen definiert. Art. 91 Abs. 3 ergänzt dies um einen Beispielskatalog. Damit ist die Vorschrift, wie der Rest des Abschnittes VI, unmittelbar an die entsprechenden MAR-Vorschriften angelehnt. Art. 91 ist eine Kombination aus Art. 15 MAR (Verbotstatbestand), Art. 12 Abs. 1 (Definition) und Art. 12 Abs. 2 (Beispielskatalog). Aufgrund der wesentlichen Wortgleichheit kann an den meisten Stellen – anders als beim Insiderhandel oder der Ad-hoc-Publizität – weitgehend unverändert auf Rechtsprechung und Literatur zur MAR zurückgegriffen werden.[1]

Gleichzeitig wurden verschiedene Elemente nicht aus der MAR übernommen. **2** Dies betrifft zunächst innerhalb von Art. 12 MAR richtigerweise Tatbestandsmerkmale und Praktiken, die auf Kryptomärkten per se irrelevant sind. So fehlen die Verweise auf mit Finanzinstrumenten verbundene **Waren-Spot-Kontrakte,** sowie auf **Emissionszertifikate.** Diese unterliegen weiterhin der MAR und benötigen keine Entsprechung in der MiCAR. Ebenfalls fehlt die Sonderregel für **Referenzwerte** in Art. 12 Abs. 1 lit. d MAR. Dies scheint der Gesetzgeber der Kryptomärkte nicht für praktisch relevant gehalten zu haben. Dies ist nachvollziehbar, da Stand heute nicht wahrscheinlich scheint, dass Kryptowerte auf MiCAR-regulierten Handelsplätzen für Indizes vergleichbar LIBOR/Euribor herhalten werden. Ebenfalls nicht übernommen wurde Art. 12 Abs. 2 lit. b MAR, das die als **Marking the Close** bekannte Manipulationsstrategie bezeichnet, verstärkt auf die Eröffnungs- und Schlusskurse von börsengehandelten Finanzinstrumenten einzuwirken, was in den Märkten besonders stark wahrgenommen wird. Da Kryptohandelsplätze anders als Börsen keine sparkassenähnlichen Öffnungszeiten haben, sondern durchgehend erreichbar sind, ist diese Strategie von vornherein nicht anwendbar. Nur ein scheinbarer Verzicht ist der Verweis auf eine **zulässige Marktpraxis** (Art. 12 Abs. 1 Hs. 2 MAR), da die MiCAR keine Art. 13 MAR entsprechende Regelung kennt (auch → Art. 86 Rn. 5).[2] Stattdessen die Ausnahme des Vorliegens „legitimer Gründe" in Art. 91 Abs. 2 lit. a vorgenommen, was inhaltlich Art. 13 MAR abbilden soll (→ Rn. 20).

Weitere Auslassungen erschließen sich weniger. Keine Entsprechung findet sich **3** zu den in Anhang I der MAR enthaltenen und über Art. 12 Abs. 5 MAR iVm mit der Delegierten VO (EU) 2016/522 weiter ausgeformten **Indikatoren** für das Vorliegen einer Marktmanipulation. Dies ist aber nicht weiter schädlich, da diese auch unter der MAR nicht bindend sind.[3] Als reine Indikatoren können sie daher – unter

---

[1] Siehe zB die ausführlichere Darstellung bei BeckOK WpHR/Maume MAR Art. 12, passim.

[2] Die MAR-Regel wurde ihrerseits nachträglich eingefügt, um die infolge des LIBOR-/EU-RIBOR-Skandals aufgetretene Schutzlücke zu schließen, ausführlich BeckOK WpHR/Maume MAR Art. 12 Rn. 79–100 mwN.

[3] BeckOK WpHR/Maume MAR Art. 12 Rn. 166–170 mwN.

Beachtung der Besonderheiten der Kryptomärkte – für die Anwendung von Art. 91 **entsprechend herangezogen** werden. Wohl auf einem Redaktionsversehen beruht das fehlende Äquivalent von Art. 12 Abs. 4 MAR zum **Handeln für juristische Personen,** da sich eine Entsprechung für das Insiderhandelsverbot in Art. 89 Abs. 6 findet. Man wird aber unproblematisch auf die Wertung des Art. 89 Abs. 6 zurückgreifen können. Schließlich fehlt es sowohl an einem Äquivalent zum in Art. 21 MAR geregelten **Journalistenprivileg** (→ Rn. 37), dass unter der MAR im Rahmen der informationsgestützten Manipulation zu berücksichtigen ist, als auch zu den in Art. 20 MAR geregelten Regeln für **Anlageempfehlungen und Statistiken.** Der Hintergrund ist auch hier unklar, da gerade im Kryptobereich die Finfluencer ein naheliegender Anwendungsfall gewesen wären.

4   Wie auch beim Insiderhandelsverbot ist das **rechtspolitische Bedürfnis** einer Regulierung hoch. In den Medien wird zB seit jeher von umfangreichen Manipulationen des Bitcoin-Kurses durch **Bots** berichtet.[4] Bei unbekannteren Kryptowerten mit geringer Marktkapitalisierung sind **Pump & Dump**-Attacken verbreitet. Der Begriff beschreibt das künstliche „Aufblasen" eines Marktes mit dem Ziel, bei Einstieg anderer Investoren die eigenen Token mit Gewinn zu verkaufen.[5] Daneben lassen sich auf Kryptomärkten auch andere, bereits von den Wertpapiermärkten bekannte Praktiken wie **Spoofing, Layering** oder **Wash Trading** beobachten.[6] Relevant dürfte die Marktmanipulation aber auch für die Branche der Finfluencer werden, deren Empfehlungen und Werturteile über Kryptowerte in Zukunft am Maßstab des Art. 91 Abs. 2 lit. c zu messen sein werden (ausf. → Rn. 26). Wie gering das Bewusstsein für Fehlverhalten in Teilen der Kryptoszene ist, verdeutlicht der am 9.1. erfolgte Hack des SEC-Accounts in einem bekannten Kurznachrichtendienst.[7] Obwohl das fälschliche Bekanntgeben der Zulassung eines Bitcoin-ETF deutliche Marktreaktionen auslöste und – Anwendung der MiCAR vorausgesetzt – wohl unter den Marktmanipulationstatbestand gefallen wäre, wurde das Husarenstück in den sozialen Medien von vielen Usern beklatscht.

5   Wie auch Art. 12 MAR verfolgt Art. 91 einen **effekt- bzw. auswirkungsbasierten Ansatz.**[8] In Blick genommen wird nicht nur die Handlung, sondern primär der tatbestandliche Erfolg. Allerdings löst jedes Marktverhalten in gewissem Umfang Marktbewegungen und damit einen Effekt auf dem betreffenden Markt aus. Dies gilt in besonderem Maße für Märkte mit geringer Liquidität, die für Manipulationen besonders hohe Anreize bieten.[9] Hierzu zählen Stand heute auch die Kryptomärkte, bei denen Kursschwankungen von bis zu 20% pro Tage keine Seltenheit sind und bereits kleinere Transaktionen größere Marktbewegungen auslösen können.[10] Dadurch ist die Abgrenzung zwischen nicht zu beanstandendem

---

[4] Coleman, „Bitcoin Price Manipulated by Cryptocurrency Trading Bots" WSJ, verfügbar unter https://beck-link.de/tynv8 (zuletzt aufgerufen 28.1.2024).

[5] Dazu generell JT Hamrick et al, (2021) 58 Information Processing and Management 102506; dazu auch Raschner BKR 2022, 217 mwN.

[6] Deloitte, „Market Manipulation in Digital Assets" (März 2021), abrufbar unter https://beck-link.de/nr26s (zuletzt aufgerufen 28.1.2024).

[7] Muth, „Hacker blamieren US-Börsenaufsicht mit Bitcoin-Tweet" (Süddeutsche Zeitung, 10.1.2024, verfügbar unter https://beck-link.de/bznf7 (zuletzt aufgerufen 21.7.2024).

[8] Ausführlich zur MAR Klöhn/Schmolke MAR Art. 12 Rn. 10 ff.

[9] Mock ZBB 2021, 243 (245).

[10] So bereits Börner NZWiSt 2018, 48 (53); Maume/Maute Kryptowerte-HdB/Maume § 14 Rn. 19.

II. Verbotstatbestand (Abs. 1)

Nach Art. 91 Abs. 1 darf niemand Marktmanipulation betreiben oder einen entsprechenden Versuch unternehmen. Dies entspricht inhaltlich Art. 15 MAR. Die sprachliche Abweichung zwischen den Vorschriften ist der Übersetzung geschuldet, die englischen Sprachfassungen sind nahezu identisch. Wie auch zur MAR ist nach Art. 86 ein **Kryptomarktbezug** notwendig (→ Art. 86 Rn. 10), wobei die Tathandlung auch außerhalb der MiCAR-geregelten Märkte erfolgen kann (zB das Streuen von Informationen im Internet). Die Tathandlungen lassen sich in wie zur MAR in handlungs-, handels- und informationsgestützte Manipulation unterteilen, was in Art. 91 Abs. 2 geregelt ist. Wie auch beim Insiderhandelsverbot handelt es sich um ein **Jedermannsdelikt,** wobei ergänzend auf Art. 89 Abs. 6 beim Handeln für juristische Personen zurückgegriffen werden kann (→ Art. 89 Rn. 23). Wird die Manipulation durch **Algorithmen oder KI** durchgeführt, so muss auf den dahinterstehenden Menschen abgestellt werden, der die Software einsetzt.[11] Wie auch auf den klassischen Kapitalmärkten[12] sind (trotz DeFi) auch auf den Kryptomärkten bislang aber noch keine vollkommen autonom handelnden KI-Agenten im Einsatz. 6

Für die **subjektive Tatseite** kann auf die Ausführungen zu Art. 12 MAR zurückgegriffen werden. Doch auch dort ist vieles umstritten.[13] Die wohl hM vermeidet eine allgemeine Aussage zu den subjektiven Anforderungen des Marktmanipulationsverbots und unterscheidet zwischen den einzelnen Tatbestandsalternativen. Wie auch zur MAR wird für die informationsgestützte Manipulation (Art. 91 Abs. 2 lit. c → Rn. 26) Fahrlässigkeit ausreichen.[14] Im Rahmen der handlungsgestützten Manipulation (Art. 91 Abs. 2 lit. b → Rn. 23) ist ein subjektives Element notwendig, da nicht vorstellbar ist, wie eine Täuschung oder eine Vorspiegelung falscher Tatsachen vorsatzlos erfolgen soll.[15] Bei der handelsgestützten Manipulation (Art. 91 Abs. 2 lit. a → Rn. 10) sind die Kriterien „falsch" und „irreführend" rein objektiv zu bewerten, denn entsprechende Tatsachen lassen sich auch vorsatzlos verbreiten.[16] Hier ist allerdings ist zu beachten, dass für straf- bzw. ordnungsrechtliche Folgen (→ Rn. 58) Vorsatz bzw. Fahrlässigkeit notwendig ist. 7

Nochmals umstrittener ist die Begehung der Marktmanipulation durch **Unterlassen.** Die wohl hM zu Art. 12 MAR will jedenfalls für die handlungs- und die handelsgestützte Manipulation eine unechte Unterlassungsstrafbarkeit über § 13 StGB grundsätzlich zulassen.[17] Weitgehende Einigkeit besteht aber zumindest darin, dass eine informationsgestützt Manipulation durch Unterlassen nicht in Be- 8

---

[11] BeckOK WpHR/Maume MAR Art. 15 Rn. 21–22.
[12] Ringe/Azzutti/Stiehl ZBB 2022, 341 (342).
[13] Überblick bei BeckOK WpHR/Maume MAR Art. 15 Rn. 23 ff. mwN zum Streitstand.
[14] BeckOK WpHR/Maume MAR Art. 12 Rn. 75–77 mwN.
[15] BeckOK WpHR/Maume MAR Art. 12 Rn. 51–52 mwN.
[16] BeckOK WpHR/Maume MAR Art. 12 Rn. 38–40 mwN.
[17] BeckOK WpHR/Maume MAR Art. 15 Rn. 30 ff.; zu verfassungsrechtlichen Bedenken Rückert NStZ 2020, 391.

tracht kommt, da der Tatvorwurf hier gerade in der Verbreitung von Informationen zu sehen ist.[18] Auch dies ist auf die MiCAR übertragbar.

9   Nach dem Wortlaut ist auch der **Versuch** der Marktmanipulation strafbar. Wie auch zur MAR verbleibt hier aber ein schmaler Anwendungsbereich, da aufgrund des effektbasierten Ansatzes (→ Rn. 5) regelmäßig auf das Marktergebnis abzustellen ist, der Versuch aber das Ausbleiben des tatbestandlichen Erfolgs voraussetzt. Übrig bleibt zB ein fehlgeschlagener Versucht bei aufgrund technischer Probleme nicht durchgeführten Aufträgen.[19]

III. Manipulationshandlungen (Abs. 2)

1. Handelsgestützte Manipulation (Abs. 2 lit. a)

10 a) **Tathandlung. Geschäfte** iSd Art. 91 Abs. 2 lit. a sind sämtliche Transaktionen mit den genannten Objekten.[20] Die **zivilrechtliche Wirksamkeit** ist nicht notwendig. Von lit. a erfasst werden daher auch stornierte, rückabgewickelte und anderweitig aufgehobene Geschäfte.[21] Notwendig ist aber ein zumindest zeitweiser Wechsel der wirtschaftlichen Berechtigung.[22] Daher sind – wie auch die Wertpapierleihe im allgemeinen Kapitalmarktrecht[23] – auch Übertragungen zwecks **Staking oder Coin-Lending** Geschäfte iSd Art. 91 Abs. 2 lit. a.[24] Allerdings dürfen diese etablierten Marktpraktiken nur selten die weiteren Elemente des Verbots (zB das Senden irreführender Signale) erfüllen. Nicht notwendig ist, dass das Geschäft an einem MiCAR-Handelsplatz getätigt wurde. Es ist ausreichend, dass sich das Geschäft auf den dortigen Preis auswirkt bzw. auswirken kann.

11 Der **Handelsauftrag** umfasst alle kapitalmarktrechtlichen „Orders".[25] Anders als das „Geschäft" ist der Handelsauftrag **einseitig** und erfordert keine Einigung zweier Parteien. Voraussetzung ist aber **Zugang beim Adressaten,** was gleichzeitig die Erteilung im Sinne der Vorschrift markiert.[26] Die zivilrechtliche Ausgestaltung ist nicht relevant, in Betracht kommen also insbesondere auf Erwerb oder Veräußerung gerichtete Kommissions- und Vermittlungsaufträge, aber auch bindende Kaufs- oder Verkaufsangebote im elektronischen Handel. Es ist nicht relevant, ob der Handelsauftrag befristet oder limitiert erteilt wurde.[27]

12 Art. 91 Abs. 2 lit. a erfasst auch **jede andere Handlung,** die zum tatbestandlichen Erfolg führen kann. Wie auch unter Art. 12 Abs. 1 lit. a soll diese Alternative als Auffangtatbestand fungieren und die Umgehung des Marktmanipulationsver-

---

[18] Meyer/Veil/Rönnau MarktmissbrauchsR-HdB/Rönnau/Wegner § 28 Rn. 77; Klöhn/Schmolke MAR Art. 12 Rn. 252 ff.
[19] BeckOK WpHR/Maume MAR Art. 15 Rn. 28–29.
[20] Schwark/Zimmer/Zimmer/Bator MAR Art. 12 Rn. 11.
[21] Klöhn/Schmolke MAR Art. 12 Rn. 35.
[22] Assmann/Schneider/Mülbert/Mülbert MAR Art. 12 Rn. 56 f.
[23] Assmann/Schneider/Mülbert/Mülbert MAR Art. 12 Rn. 56.
[24] Anders beim Erwerb im Rahmen des Widerrufs nach Art. 13 MAR, bei dem es um die endgültige Verschiebung der Zuordnung geht, → Art. 13 Rn. 12.
[25] Ausführlich BeckOK WpHR/Maume MAR Art. 12 Rn. 14–16.
[26] Schwark/Zimmer/Zimmer/Bator MAR Art. 12 Rn. 12.
[27] HK-KapMarktStrafR/Saliger Kap. 6.1 Rn. 73.

Verbot der Marktmanipulation   **Art. 91**

bots erschweren. Die praktische Relevanz ist aber fraglich, zudem bestehen rechtsstaatliche Zweifel an der verfassungsrechtlichen Zulässigkeit.[28]

b) Manipulationseignung. Bei der **Markttäuschungseignung**[29] nach Ziff. i 13
als erster Alternative muss die Tathandlung falsche oder irreführende Signale hinsichtlich des Angebots, der Nachfrage oder des Preises eines Kryptowerte geben oder wahrscheinlich geben. Ein solches **Signal** geht von der Tathandlung aus, wenn sie geeignet ist, das Angebots- oder Nachfrageverhalten bzw. den Preis zu beeinflussen,[30] wobei die Richtung der Beeinflussung egal ist.[31]

Ein Signal ist **falsch,** wenn sein Aussagegehalt von der Wirklichkeit abweicht, 14
also aus Sicht des verständigen Anlegers nicht den wahren Marktverhältnissen auf dem jeweiligen Markt entspricht.[32] Damit ist der Aussagegehalt des Signals im Grundsatz objektiv überprüfbar. Das Signal ist hingegen **irreführend,** wenn es beim relevanten Betrachter eine Fehlvorstellung über die wahren Marktverhältnisse auslöst. Im Unterschied zum falschen Signal kann das irreführende Signal also sachlich richtig sein.[33] Die Eignung ist zum Zeitpunkt der Handlung **ex ante** zu bewerten.[34] Eine tatsächliche Täuschung muss nicht erfolgen, notwendig ist nach dem Wortlaut der Vorschrift eine **Täuschungswahrscheinlichkeit** („… oder bei der dies wahrscheinlich ist"). Dies bedeutet im Ergebnis ein „more likely than not", also eine Wahrscheinlichkeit über 50%.[35]

Zu beurteilen ist die Eignung aus Sicht des **verständigen Anlegers.** Dieser ist 15
nach überwiegender Auffassung ein angemessen informierter, aufmerksamer und mit den Marktverhältnissen vertrauter Akteur an den Finanzmärkten.[36] Der Anleger handelt dabei **rational und grundsätzlich gewinnorientiert** nach dem Leitbild des homo oeconomicus. Die Idee dieses abstrakten Anlegerleitbilds ist seit langem umstritten,[37] wird der MAR aber zu Recht durchgehend zugrunde gelegt. Ungelöst ist die Frage, ob dies für die Kryptomärkte anders zu bewerten ist, also ein „Kryptoinvestor" schematisch anders denkt als ein herkömmlicher Kapitalmarktakteur (auch schon zur Insiderinformation → Art. 87 Rn. 10).

Die Alternative zur Markttäuschungseignung ist die **Kursmanipulationseig-** 16
nung nach Ziff. ii,[38] wobei zwischen den beiden Tatbestandsalternativen kein Rangverhältnis besteht.[39] Nach Art. 91 Abs. 2 lit. a Ziff. ii muss durch die Tathandlung ein **anormales oder künstliches Kursniveau** eines oder mehrerer Kryptowerte erzielt oder wahrscheinlich gewesen sein. Das grundlegende Problem dieses Ansatzes ist wie auch unter der MAR, dass ein fiktiver manipulationsfreier Zustand

---

[28] BeckOK WpHR/Maume MAR Art. 12 Rn. 21.
[29] Ausführlich BeckOK WpHR/Maume MAR Art. 12 Rn. 22–30.
[30] Schwark/Zimmer/Zimmer/Bator MAR Art. 12 Rn. 25.
[31] BeckOK WpHR/Maume MAR Art. 12 Rn. 23.
[32] Assmann/Schneider/Mülbert/Mülbert MAR Art. 12 Rn. 56 mwN.
[33] Klöhn/Schmolke MAR Art. 12 Rn. 47; EFTA-Gerichtshof ZBB 2021, 258 Rn. 51 ff.
[34] Klöhn/Schmolke MAR Art. 12 Rn. 49.
[35] BeckOK WpHR/Maume MAR Art. 12 Rn. 29 mwN.
[36] Statt aller Klöhn/Schmolke MAR Art. 12 Rn. 44; Assmann/Schneider/Mülbert/Mülbert MAR Art. 12 Rn. 72.
[37] Ausführlich Mülbert ZHR 177 (2013), 160 (180 f.); Kumpan/Misterek ZHR 184 (2020), 180.
[38] BeckOK WpHR/Maume MAR Art. 12 Rn. 30–36.
[39] BeckOK WpHR/Maume MAR Art. 12 Rn. 22.

Art. 91

nicht zweifelsfrei ermittelt werden kann. Möglich sind allenfalls modellbasierte Näherungen,[40] die besonders dynamische Marktentwicklungen und ggf. irrationales Verhalten einzelner Beteiligter schwerlich berücksichtigen können. Wie auch bei der Markttäuschungseignung genügt **Wahrscheinlichkeit,** die aus Sicht eines verständigen Anlegers ex ante zu bewerten ist.

17 Das **Erzielen** ist weit auszulegen. Umfasst sind auch kurzfristige Änderungen in jeglicher Richtung, incl. der Beibehaltung des Kursniveaus, sofern sich dieses ohne die Manipulation bewegt hätte.[41] Eine Erheblichkeit ist nicht erforderlich. Die Formulierung „herbeiführt" macht deutlich, dass Tathandlung und Marktergebnis **kausal verknüpft** sein müssen. Die Anforderungen an die Kausalität dürfen aber nicht zu hoch angesetzt sein, denn ein Beweis lässt sich weder unter Heranziehung von Naturgesetzen noch durch fundierte, empirisch belegte Regeln zur Preisbildung führen. Ausreichend muss daher ein Nachweis auf Grundlage gut bestätigter Erfahrungssätze sein.[42]

18 Ein anormales oder künstliches Kursniveau liegt vor, wenn der Preis der genannten Elemente **gegen die wahren wirtschaftlichen Verhältnisse am Markt** stabilisiert wird. Ein marktgerechter Kurs wird verfehlt, wenn die Marktsituation nicht mehr das Ergebnis von Angebot und Nachfrage in einem manipulationsfreien Marktumfeld ist.[43] Dabei muss auch das **Marktvolumen** in Relation zu den in Rede stehenden Trades berücksichtigt werden. Gerade in Märkten mit **geringer Liquidität** können einzelne oder gar eine einzelne Transaktion ein künstliches Kursniveau herbeiführen,[44] was gerade für viele Kryptomärkte relevant sein dürfte. Auch wenn Art. 91 Abs. 2 lit. a generell keine subjektiven Elemente verlangt (→ Rn. 7), so wird man in solchen Fällen faktisch den Nachweis einer Form von Vorsatz als zusätzlichen Indikator verlangen müssen. Andernfalls gerät jede signifikante Transaktion in einem illiquiden Kryptomarkt an den Rand der strafbaren Marktmanipulation.

19 Beide Tatvarianten beziehen sich auf **Angebot, Nachfrage, Kurs bzw. Kursniveau** der betreffenden Tatobjekte. Die sprachliche Abweichung hat rein redaktionelle Gründe, „Kurs" und „Kursniveau" sind daher einheitlich zu verstehen. Angebot und Nachfrage wiederum bestimmen Kurs und Kursniveau. Daher ist in allen Fällen einheitlich die Auswirkung auf den Marktpreis auf dem MiCAR-Handelsplatz abzustellen.[45] Auch bereits manipulierte Preise können (nochmals) manipuliert werden.[46]

20 **c) Fehlen legitimer Gründe.** Der MiCAR-Gesetzgeber hat dem Wortlaut des Abs. 2 lit. a den Passus „sofern keine legitimen Gründe vorliegen" vorangestellt. Dies ist eine Anlehnung an die **zulässige Marktpraxis (ZMP)** nach Art. 13 MAR sein, bei der das Vorliegen legitimer Gründe eine Voraussetzung ist. Es ist davon auszugehen, dass der Gesetzgeber an dieser Stelle eine entsprechende Ausnahme schaffen wollte. Dabei geht er aber einen systematisch anderen Weg, denn

---

[40] Klöhn/Schmolke MAR Art. 12 Rn. 55; Assmann/Schneider/Mülbert/Mülbert MAR Art. 12 Rn. 86.
[41] Schwark/Zimmer/Zimmer/Bator MAR Art. 12 Rn. 28.
[42] Schwark/Zimmer/Zimmer/Bator MAR Art. 12 Rn. 32.
[43] Assmann/Schneider/Mülbert/Mülbert MAR Art. 12 Rn. 85.
[44] EFTA-Gerichtshof ZBB 2021, 258 Rn. 69; dazu auch Mock ZBB 2021, 243 (245).
[45] So auch zur MAR BeckOK WpHR/Maume MAR Art. 12 Rn. 37–38.
[46] Klöhn/Schmolke MAR Art. 12 Rn. 235; HK-KapMarktStrafR/Saliger Kap. 6.1. Rn. 79.

die Privilegierung nach Art. 13 MAR setzt die verwaltungsrechtliche Feststellung einer ZMP voraus, zu der die legitimen Gründe hinzutreten müssen. Im Regelungsvorbild sind die legitimen Gründe also ein Korrektiv für Einzelfälle, in denen eine festgelegte ZMP kapitalmarktrechtlich unerwünschtes Verhalten legitimieren würde.[47]

In Art. 91 Abs. 2 lit. a würde bereits das Vorliegen legitimer Gründe alleine zu einem Tatbestandsausschluss führen. Eine Übertragung der – ohnehin reichlich unklaren[48] – Grundsätze zu den legitimen Gründen unter Art. 13 MAR ist mangels Vergleichbarkeit der Normstruktur nicht möglich. Daher sind legitime Gründe im Sinne der Vorschrift solche, die auch unter Art. 13 MAR zu einer ZMP führen könnten. Dies ist in erster Linie die **Bereitstellung von Marktliquidität**,[49] allerdings ist dies nicht abschließend. 21

Die Formulierung „sofern keine legitimen Gründe" legt nahe, dass das Fehlen legitimer Gründe grundsätzlich vermutet wird. Die Vorschrift betont damit aber nur die Selbstverständlichkeit, dass ein **Tatbestandsausschluss** positiv festgestellt werden muss (im Streitfall von der das Bußgeld verhängenden Behörde bzw. dem erkennenden Gericht). Es handelt sich also nicht um eine Beweislastverteilung.[50] 22

2. Handlungsgestützte Manipulation (Abs. 2 lit. b)

Die handlungsgestützte Manipulation nach Art. 91 Abs. 2 lit. b setzt teilweise die gleichen Tatelemente wie die handelsgestützte Manipulation nach lit. a voraus, nämlich den **Abschluss eines Geschäfts** (→ Rn. 10) sowie die **Erteilung eines Handelsauftrags** (→ Rn. 11). Nach lit. b ist auch die Manipulation auch durch **eine andere Tätigkeit oder Handlung** möglich. Es ist nicht ersichtlich, dass die zusätzliche Verwenden des Begriffs „Tätigkeit" in lit. b gegenüber der Formulierung in lit. a („jede andere Handlung") zu einer inhaltlichen Änderung führt. Auch insofern gelten damit die Ausführungen zu lit. a entsprechend (→ Rn. 12).[51] 23

Die Tathandlung muss unter Vorspiegelung falscher Tatsachen oder unter Verwendung sonstiger Kunstgriffe oder Formen der Täuschung vorgenommen worden sein. Dabei ist die **Täuschung** das primäre Tatbestandsmerkmal, die anderen Formulierungen sind lediglich Unterfälle bzw. alternative Umschreibungen.[52] In Blick genommen werden muss insbesondere der Empfängerhorizont der Teilnehmer auf Kyrptomärkten. Hierfür gelten die gleichen Regeln wie zum Geben von Signalen im Rahmen der handelsgestützten Manipulation nach lit. a (→ Rn. 14). So kommt es auf die **objektive Eignung** zur Täuschung eines verständigen Anlegers an. Eine Täuschungswahrscheinlichkeit genügt, ein Täuschungserfolg ist nicht notwendig. Notwendig ist aber richtigerweise Vorsatz. 24

---

[47] BeckOK WpHR/Maume MAR Art. 13 Rn. 42.
[48] Übersicht bei BeckOK WpHR/Maume MAR Art. 13 Rn. 42.
[49] Raschner BKR 2022, 217 (221).
[50] So bereits zum sprachlich abweichenden Art. 80 Abs. 1 lit. a MiCAR-E Raschner BKR 2022, 217 (221); zum Parallelproblem in Art. 13 MAR siehe BeckOK WpHR/Maume MAR Art. 13 Rn. 5ff. mwN.
[51] So auch zur MAR BeckOK WpHR/Maume MAR Art. 12 Rn. 45.
[52] Klöhn/Schmolke MAR Art. 12 Rn. 198; Schwark/Zimmer/Zimmer/Bator MAR Art. 12 Rn. 71.

25 Die Täuschung muss den Kurs eines oder mehrerer Kryptowerte beeinflussen oder hierzu geeignet sein. Auch wenn die Formulierungen voneinander abweichen, ist hier die **Kursmanipulationseignung** nach Art. 91 Abs. 2 lit. a Ziff. ii gemeint, sodass insofern verwiesen werden kann (→ Rn. 16).

3. Informationsgestützte Manipulation (Abs. 2 lit. c)

26 a) **Tathandlung.** Bei der informationsgestützten Manipulation werden die Märkte durch **kommunikatives Verhalten** beeinflusst. Wenngleich es zu weit gehen dürfte, dies als „klassische" Form der Marktmanipulation zu bezeichnen, so tritt sie zur MAR in der Praxis im Vergleich zu den anderen Tatvarianten besonders häufig auf.[53] Tathandlung ist die Verbreitung von **Informationen**, die **unrichtige oder irreführende Signale** hinsichtlich des Angebots, der Nachfrage oder des Kurses eines relevanten Tatobjekts geben oder zu einem anormalen oder künstlichen Kursniveau führen. Diese Informationen können über die Medien, über das Internet oder auf anderem Wege verbreitet werden. Diese Tatbestandsvariante dürfte im Kryptobereich erhebliche Relevanz erlangen. Gerade die sog. **Finfluencer**, die auf sozialen Medien gewagte Empfehlungen oder Werturteile über bestimmte Kryptowerte aussprechen, dürften – fehlende Anpassung des Verhaltens unterstellt – schnell in Konflikt mit Art. 91 geraten (siehe dazu insbesondere das Scalping nach Art. 91 Abs. 3 lit. c → Rn. 51).

27 Von Art. 91 Abs. 2 lit. c erfasst ist **jedwede Information.** Dies schließt nach dem Wortlaut ausdrücklich Gerüchte ein, wie auch zur MAR ist ein Tatsachenbezug nicht notwendig, denn es kann auch durch Werturteile ohne Tatsachenkern manipuliert werden.[54]. Damit sind selbst **harmlose, kurze Äußerungen** wie zB Tweets („Keine Sorge – alles wird gut" oder „Viele gute Nachrichten heute") Informationen im Sinne der Vorschrift.[55]

28 Die Information muss durch den Täter **verbreitet** werden. Nach allgemeiner Ansicht ist hierunter die normativ zurechenbare Kundgabe mitsamt der Möglichkeit der Kenntnisnahme durch den Empfänger zu verstehen.[56] Die Kundgabe muss **aktiv** sein, wobei der Täter den Prozess der Kundgabe funktional in der Hand halten und die Verantwortung für die Richtigkeit übernehmen muss. Es ist also nicht notwendig, dass ein solcher Täter selbst handelt, solange er die **Kontrolle über das Geschehen** hat.[57] Dies wäre etwa ein Mitarbeiter, der die Information weisungsgemäß verbreitet.

29 Erfasst ist die Verbreitung von Informationen über die **Medien einschließlich des Internets oder auf anderem Wege.** Nicht notwendig ist, dass der betreffende Personenkreis die Information tatsächlich zur Kenntnis nimmt; die **Möglichkeit der Kenntnisnahme** genügt.[58] Ob Informationen schriftlich, elektronisch, mündlich oder in einer sonstigen Kommunikationsform verbreitet werden, spielt keine

---

[53] Schwark/Zimmer/Zimmer/Bator MAR Art. 12 Rn. 84 mwN zu den jährlichen Fallzahlen.
[54] BeckOK WpHR/Maume MAR Art. 12 Rn. 62; Assmann/Schneider/Mülbert/Mülbert MAR Art. 12 Rn. 203; Klöhn/Schmolke MAR Art. 12 Rn. 242.
[55] Möllers/Schauer NZG 2021, 1333 (1337).
[56] BeckOK WpHR/Maume MAR Art. 12 Rn. 62; Schwark/Zimmer/Zimmer/Bator Rn. 86 mwN.
[57] BeckOK WpHR/Maume MAR Art. 12 Rn. 65.
[58] Schwark/Zimmer/Zimmer/Bator MAR Art. 12 Rn. 86.

Rolle. Unter lit. c fallen zudem nicht nur öffentliche Äußerungen, sondern auch Erklärungen im privaten oder sozialen Bereich. Dies schließt insbesondere die **sozialen Medien** ein, und sogar anonyme Blogs.[59] Eine Verbreitung kann auch über Kanäle erfolgen, die primär nicht die Kapitalmarktöffentlichkeit adressieren, wie zB Tweets eines bekannten Vorstandsmitglieds, dem Journalisten und/oder Analysten folgen,[60] oder auch Onlineportalen wie Reddit.[61] Gerade diese digitalen Kommunikationswege dürften auf den Kryptomärkten besonders relevant sein.

Nach dem Wortlaut der Vorschrift („verbreiten", „Medien") ist eine rein **individuelle Kenntnisgabe** nicht ausreichend. Eine Ausnahme ist wie auch zur MAR für die Einflüsterung zu machen, wenn eine einzelne Zielperson als Multiplikator dient und vorsatzlos die betreffende Information wie vom Täter beabsichtigt weiterverbreitet.[62] Erfasst wäre also die Kommunikation einer falschen Information an einen Finfluencer, der diese dann erwartungsgemäß publik macht. 30

b) Manipulationseignung. Die Informationsverbreitung muss geeignet sein, falsche oder irreführende Signale zu herbeiführen (**Markttäuschungseignung**). Aufgrund der Besonderheiten kommunikativen Verhaltens muss beim Gehalt der Information, also insbesondere bei der Beurteilung der Tatbestandsmerkmale „falsch" und „irreführend", eine gesonderte Betrachtung vorgenommen werden, so dass nicht pauschal auf die Maßstäbe des Art. 91 Abs. 2 lit. a (→ Rn. 13) zurückgegriffen werden kann. Denn Kommunikation basiert teilweise auf Meinung, und die Meinungsfreiheit ist grundrechtlich geschützt. Dies darf nicht durch kapitalmarktrechtliche Regeln ausgehebelt werden. Andersherum kann aber auch die Meinungsfreiheit kein Deckmäntelchen für eine Marktmanipulation liefern. Somit kommt, wie bei den anderen Tathandlungen, dem Nachweis eines subjektiven Elements (→ Rn. 7) eine besondere Rolle zu. 31

Falsch sind Signale, wenn sie bzw. die zugrunde liegende Information nicht der Wahrheit entsprechen. Die Falschheit ist bei **tatsachenbasierten Informationen** objektiv überprüfbar. Sie liegt dann vor, wenn eine gegenteilige Interpretation nicht mehr möglich ist.[63] Bei **Werturteilen** kommt eine objektive Überprüfbarkeit nicht in Betracht, sie selbst können also nicht richtig oder falsch sein. Ist aber die Tatsache, auf der das Werturteil beruht, unzutreffend, so ist das Werturteil ebenfalls falsch im Sinne der Vorschrift.[64] Auch ungeprüfte Angaben „ins Blaue hinein" sind falsch, wenn sie nicht den Tatsachen entsprechen. 32

Ein Signal ist **irreführend**, wenn es geeignet ist, beim verständigen Anleger eine Fehlvorstellung hervorzurufen. Damit erfasst das Tatbestandsmerkmal **sachlich richtige Informationen,** die aufgrund der Umstände des Einzelfalls **kein aussagekräftiges Bild** der Situation zeichnen. Dies ist zB der Fall, wenn die richtige Information in einer Vielzahl anderer Informationen „versteckt" wird, so dass ein missverständliches Gesamtbild entsteht.[65] Auch **unvollständige Information** sind 33

---

[59] Buck-Heeb KapMarktR § 7 Rn. 655.
[60] Möllers/Schauer NZG 2021, 1333 (1338).
[61] Siehe zB die so genannte „Causa GameStop", dazu Wegner BKR 2021, 181; Merwald/Schauer BKR 2021, 280.
[62] BeckOK WpHR/Maume MAR Art. 12 Rn. 67; Assmann/Schneider/Mülbert/Mülbert MAR Art. 12 Rn. 199; Meyer/Veil/Rönnau MarktmissbrauchsR-HdB/Teigelack § 13 Rn. 25. Hier liegt im Grunde mittelbare Täterschaft vor.
[63] Schwark/Zimmer/Zimmer/Bator MAR Art. 12 Rn. 88.
[64] BeckOK WpHR/Maume MAR Art. 12 Rn. 70.
[65] Klöhn/Schmolke Art. 12 Rn. 262.

irreführend, wenn eine vollständige Darstellung erwartet werden konnte, also wichtige Teilaspekte fehlen.[66]

34 Einzubeziehen ist bei der Bestimmung der Irreführung aber nicht nur die Äußerung als solche, sondern auch **Marktumfeld und Empfänger.** Gerade in turbulenten Zeiten (zB bei Aufkommen negativer Gerüchte) müssen Emittenten besondere Vorsicht walten lassen. So können Nachrichten oder insbesondere Tweets von Vorstandsmitgliedern, mit denen der Markt „beruhigt" werden soll, schnell die Grenze zur Irreführung überschreiten.[67] Auf der anderen Seite muss bedacht werden, dass die Kryptomärkte generell von einem **lockereren Ton** als die klassischen Kapitalmärkte geprägt sind und hier Überzeichnungen keine Seltenheit sind.

35 Die informationsgestützte Manipulation erfordert mindestens Fahrlässigkeit hinsichtlich der Tatbestandsverwirklichung (→ Rn. 7). Damit kann eine **allgemeine Sorgfaltspflicht** hinsichtlich des Charakters der Information angekommen werden. Dies wird insbesondere dann relevant, wenn Informationen Dritter weiterverbreitet (und ggf. erstmals einer breiten Öffentlichkeit zugänglich gemacht) werden, etwa durch Finfluencer. Bei **Zweifeln an der Zuverlässigkeit** einer Quelle besteht grundsätzlich die Pflicht zur Überprüfung.[68] Ist eine Überprüfung aber nicht zumutbar, so muss klargestellt werden, dass es sich bei der weiterverbreiteten Information um ein nicht überprüftes Gerücht handelt.[69] Gerade bei **aktivistischen Kampagnen** kann hier die Schwelle zur fahrlässigen Verbreitung falscher oder irreführender Informationen schnell überschritten sein.[70]

36 Nach der zweiten Variante von Art. 91 Abs. 2 lit. c ist es ausreichend, wenn die verbreitete Information ein anormales oder künstliches Kursniveau herbeiführt, oder dies wahrscheinlich ist **(Kursmanipulationseignung).** Wie bei der ersten Variante ist dies mit Art. 91 Abs. 2 lit. a Ziff. ii deckungsgleich. Daher kann auf die dortigen Ausführungen verwiesen werden (→ Rn. 16).

37 Anders als in Art. 21 MAR besteht **kein Journalistenprivileg,** die MiCAR sieht also keine besondere Berücksichtigung der Berufs- und Standesregeln sowie der Meinungs- und Pressefreiheit vor. Damit könnten Journalisten in Probleme geraten, wenn sich ein Bericht über einen Emittenten oder einen Kryptowert nachträglich als falsch oder irreführend herausstellt. Für journalistische Werturteile ist dies nicht weiter problematisch, weil **Meinungs- und Pressefreiheit** hier ohnehin im Wege einer **praktischen Konkordanz**[71] in Anschlag gebracht werden müssen. Dies erfordert keine Erwähnung im Gesetzestext und muss daher im Rahmen des Art. 91 Abs. 2 lit. c erfolgen. Anders ist dies bei den journalistischen Berufs- und Standesregeln, da diese freilich keinen Verfassungsrang haben. Diese sollten aber jedenfalls im Rahmen der strafrechtlichen Beurteilung nach deutschem Recht berücksichtigt werden. Hat also ein Journalist die berufsrechtlich angezeigten Sorgfaltspflichten beachtet, so kann keine Fahrlässigkeit iSd § 46 Abs. 6 KMAG vorliegen.

---

[66] BeckOK WpHR/Maume MAR Art. 12 Rn. 71.
[67] Möllers/Schauer NZG 2021, 1333 (1338) mit Hinweis auf Tweets rund um den Wirecard-Skandal und den üblichen Vertrauensvorschuss gegenüber dem Führungspersonal.
[68] Zur MAR ganz hM, siehe Meyer/Veil/Rönnau MarktmissbrauchsR-HdB/Rothenhöfer § 22 Rn. 23 mwN.
[69] BeckOK WpHR/Maume MAR Art. 12 Rn. 73.
[70] Zur MAR eingehend Link ZGR 2021, 904 (928 ff.).
[71] Zu Nietsch BKR 2022, 611 (616); krit. zum Abwägungsansatz Mock ZIP 2022, 777 (781).

IV. Beispielskatalog

1. Allgemein

Art. 91 Abs. 3 benennt in lit. a–c drei Handlungen, die stets den Tatbestand der 38 Marktmanipulation erfüllen. Dabei handelt es sich um aus dem allgemeinen Kapitalmarktrecht **bekannte Manipulationspraktiken** (zB Scalping oder Cornering). Nicht übernommen wurden aus der MAR aus nachvollziehbaren Gründen (→ Rn. 2) Art. 12 Abs. 2 lit. b („Marking the Close") sowie der Spezialfall der Manipulation einer Auktion von Emissionszertifikaten. Rechtstechnisch handelt es sich nicht um Regelbeispiele, sondern um **Konkretisierungen des Manipulationstatbestands,** die für den Tatrichter bindend sind.[72] Die Aufzählung ist nicht abschließend („unter anderem").

2. Sicherung einer marktbeherrschenden Stellung (Abs. 3 lit. a)

Nach Art. 91 Abs. 3 lit. a gilt als Marktmanipulation die **Sicherung einer** 39 **marktbeherrschenden Stellung** in Bezug auf das Angebot eines Kryptowerts oder die Nachfrage danach, die eine unmittelbare oder mittelbare Festsetzung des Kauf- oder Verkaufskurses oder andere unlautere Handelsbedingungen bewirkt oder hierzu geeignet ist. Systematisch ist die Vorschrift ein Beispiel für handelsgestützte Manipulation nach Art. 91 Abs. 2 lit. a.[73]

Das verbotene Vorgehen wird in den Märkten auch als **Cornering** oder **Abusive** 40 **Squeeze** bezeichnet, wobei teils zwischen Kassa- (Cornering) und Terminmärkten (Abusive Squeeze) unterschieden wird.[74] Gedanke der Vorschrift ist, dass marktmächtige Marktteilnehmer die **Marktmechanismen außer Kraft** setzen können, um sich Vorteile zu verschaffen. Besonders anfällig für solche Praktiken sind **illiquide Märkte,** auf die mit geringerem Aufwand eingewirkt werden kann.[75] Damit dürfte die Relevanz für die tendenziell weniger liquiden Kryptomärkte gegeben sein. Im Kryptobereich könnten hier die sog. **Kryptowale** betroffen sein, also natürliche oder juristische Personen, die über große Mengen einzelner Kryptowerte verfügen und nur ab und zu „auftauchen". Ob in diesen Fällen Cornering aber überhaupt ein realistisches Szenario ist, ist noch nicht belegt.[76] Ein weiteres Feld ist die behauptete Konzentration von **Mining- oder Staking-Pools,** die auf die Abläufe innerhalb einer Blockchain (zB die Priorisierung von Transaktionen) Einfluss haben.

Wie auch bei Art. 12 Abs. 2 lit. a MAR handelt es sich im Kern um eine **kartell-** 41 **rechtliche Norm.**[77] Aus diesen Gründen sollte bei der Auslegung von Art. 91 Abs. 3 lit. a auf die im Kartellrecht entwickelten Grundsätze zurückgegriffen werden.[78] Zudem ist die Schnittstelle zwischen materiellem Kartell- und Kapitalmarkt-

---

[72] Zur MAR hM, siehe BeckOK WpHR/Maume MAR Art. 12 Rn. 102f.
[73] So auch zur MAR Assmann/Schneider/Mülbert/Mülbert MAR Art. 12 Rn. 235.
[74] BeckOK WpHR/Maume MAR Art. 12 Rn. 105; Klöhn/Schmolke MAR Art. 12 Rn. 312.
[75] Assmann/Schneider/Mülbert/Mülbert MAR Art. 12 Rn. 246.
[76] Zweifelnd auch Raschner BKR 2022, 217 (222).
[77] Fleischer ZGR 2008, 185 (221 ff.); Möllers NZG 2014, 361 (365 f.).
[78] Assmann/Schneider/Mülbert/Mülbert MAR Art. 12 Rn. 236; Klöhn/Schmolke MAR Art. 12 Rn. 318 ff.; einschränkend Schwark/Zimmer/Zimmer/Bator MAR Art. 12 Rn. 113: „mit Augenmaß".

recht bislang kaum ausgeleuchtet. Dies wird besonders daran deutlich, dass die im ersten Schritt für die Bestimmung des relevanten Markts notwendige **Marktabgrenzung** im Kapitalmarkt völlig unklar ist.[79] Dies gilt sowohl für den räumlichen Markt, also welches Investorenpublikum und auch welche Handelsplätze einzubeziehen sind, als auch für den sachlichen Markt, also welche Finanzinstrumente bzw. Kryptowerte miteinander substituierbar sind. Der Verweis auf das Kartellrecht führt daher im Ergebnis kaum weiter.

42 Bemerkenswert ist, dass gegenüber der MAR-Fassung der Passus „**durch eine Person oder mehrere in Absprache handelnde Personen**" gestrichen wurde. Dies könnte erstens auf eine **Anpassung an die Kryptomärkte** zurückzuführen sein. Denn es ist möglich, Cornering-Strategien automatisch über ein DeFi-Protokoll ausführen zu lassen. Durch die Streichung des „Faktor Mensch" in Art. 91 Abs. 3 lit. a wird verhindert, dass das Verbot bei einer DeFi-Lösung ins Leere läuft. Dies würde auch der Vorgabe des Erwgr. Nr. 96 S. 2, also der Berücksichtigung von „intelligenten Verträgen" (also Smart Contracts) bei der Ausführung von Aufträgen, entsprechen. Allerdings könnte die Streichung zweitens auch einen neuen Blick auf die **Causa Gamestop** ermöglichen. Hier hatten User in Onlineforen sich dazu verabredet, durch Aktienkäufe den Kurs eines börsennotierten Softwarehändlers zu stützen, um einen vermeintlichen „Angriff" durch Short-Seller abzuwehren. Die wohl hM ließ eine Anwendung von Art. 12 Abs. 2 lit. a MAR daran scheitern, dass die Handlungen der privaten Anleger nicht konkret vorhersehbar und der daraus resultierende Schwarm auch nicht steuerbar ist.[80] Durch Verzicht auf die Formulierung „durch eine Person oder mehrere in Absprache handelnde Personen" könnte dies für den Kryptobereich nunmehr anders zu beurteilen sein.

43 Tathandlung von Art. 91 Abs. 3 lit. a ist die Sicherung einer marktbeherrschenden Stellung. Die „Sicherung" meint dabei nicht nur die **Beibehaltung,** sondern gerade auch die **Herbeiführung** einer marktbeherrschenden Stellung im Sinne von „sich etwas sichern".[81] Allerdings muss die Sicherung (insbes. die Beibehaltung) der marktbeherrschenden Stellung dem Marktteilnehmer auch **zurechenbar** sein. Insbesondere muss er sie in zumutbarer Weise vermeiden können.[82] Die Sicherung muss tatsächlich oder wahrscheinlich zu einer unmittelbaren oder mittelbaren **Festsetzung des Kaufs- oder Verkaufspreises** führen, oder zu anderen unlauteren Handelsbedingungen führen oder hierzu geeignet sein. Allerdings ist es möglich und üblich, dass sich Marktbeherrscher rechtskonform verhalten. Nur wenn der betreffende Teilnehmer Gegenleistungen erhält, die **ohne die Marktmacht nicht zu erzielen wären,** liegt dazu ein zu beanstandendes Verhalten vor.[83] Diese einseitige Einwirkungsmöglichkeit jenseits des normalen Marktmechanismus kommt im Begriff „Festsetzung" zum Ausdruck.[84]

44 Die Variante „oder **anderen unlauteren Handelsbedingungen** führt oder hierzu geeignet ist" erfasst Handlungen, die nicht preisbezogen sind. Im Kartell-

---

[79] Ausführlich BeckOK WpHR/Maume MAR Art. 12 Rn. 109 ff.
[80] Wengleich mit unterschiedlichen Argumentationslinien so im Ergebnis Merwald/Schauer BKR 2021, 280 (286); Wegner BKR 2021, BKR 2021, 181 (185); Sajnovits ZGR 2021, 804 (812 ff.).
[81] BeckOK WpHR/Maume MAR Art. 12 Rn. 111; Assmann/Schneider/Mülbert/Mülbert MAR Art. 12 Rn. 238.
[82] Klöhn/Schmolke MAR Art. 12 Rn. 322.
[83] Assmann/Schneider/Mülbert/Mülbert Rn. 243.
[84] BeckOK WpHR/Maume MAR Art. 12 Rn. 113.

recht wären dies sämtliche anderen Vertragselemente wie zB Liefermengen, Ausschließlichkeit, Diskriminierungen oÄ, wie sie in Art. 102 S. 2 AEUV aufgeführt sind.

Die Manipulationshandlung muss nicht zur Sicherung einer marktbeherrschenden Stellung geführt haben. Ausreichend ist die **wahrscheinliche Herbeiführung**. Zu fordern ist in Einklang mit dem Grundtatbestand in Art. 91 Abs. 2 lit. a ein Überschreiten der 50%-Schwelle (→ Rn. 14). 45

3. Marktstörung durch Auftragserteilungen

Art. 91 Abs. 3 lit. b nimmt als Sonderfall der handelsbezogenen Manipulation (Art. 91 Abs. 2 lit. a) den algorithmischen und den **Hochfrequenzhandel** in Blick, allerdings ohne dies (anders als das Vorbild in Art. 12 Abs. 2 lit. c MAR) ausdrücklich zu erwähnen. Dies ist aber nicht problematisch, da die Abgrenzungen beider Spielarten auch unter der MAR entbehrlich ist[85] und die neue Formulierung „mittels aller zur Verfügung stehenden Handelsmethoden" ohnehin alle denkbaren Formen erfassen kann, bis hin zum Einsatz von KI. Entscheidend sind damit die unter lit. i–iii beschriebenen Tathandlungen (die typischerweise den Einsatz von Algorithmen erfordern). Auch unter Art. 91 Abs. 3 lit. b geht es daher um das massive Einstellen von Orders, Stornos und Änderungen im Rahmen von algorithmischen Hochfrequenzhandelsstrategien.[86] In der Praxis sind diese Techniken als Layering, Spoofing und Quote Stuffing bekannt.[87] 46

Wie in Art. 91 Abs. 2 lit. a ist auch ist die Erteilung von Kauf- oder Verkaufsaufträgen nicht zivilrechtlich, sondern kapitalmarktrechtlich zu bestimmen. Für die Begriffsbestimmung kann auf den Grundtatbestand zurückgegriffen werden (→ Rn. 10). Erfasst sind ausdrücklich auch **Stornierungen und Auftragsänderungen**. Die Tathandlung muss eine in Art. 91 Abs. 2 lit. a genannte **Auswirkung** haben. Sie muss also wahrscheinlich oder tatsächlich ein falsches oder irreführendes Preissignal senden (Markttäuschungseignung, → Rn. 13 ff.), ein anormales/künstliches Kursniveau erzielen oder wahrscheinlich erzielen, oder den Kurs beeinflussen oder hierzu geeignet sein (Kursmanipulationseignung, → Rn. 16 ff.). Die Auswirkungen müssen aus einer der drei u. g. Tatvarianten resultieren („durch"). 47

Ziff. i erfasst Handlungen, durch die das **Funktionieren des Handelssystems** eines Handelsplatzes tatsächlich oder wahrscheinlich **gestört oder verzögert** wird. Im Mittelpunkt steht hier der technisch einwandfreie Ablauf, geschützt werden soll vor einer Überforderung der Handelsplatz-EDV (zB durch Quote Stuffing).[88] Ziel der Manipulation das Ausnutzen von Arbitrage auf anderen Märkten. Hier wird sich zeigen, ob sich Kryptohandelsplätze ähnlich resilient zeigen wie „echte" EU-regulierte Börsen, die tendenziell nur durch aufwändige Hochfrequenzhandelsstrategien beeinträchtigt werden können.[89] 48

---

[85] BeckOK WpHR/Maume MAR Art. 12 Rn. 128.
[86] Raschner BKR 2022, 217 (222).
[87] Ausführlich Klöhn/Schmolke MAR Art. 12 Rn. 352 ff.; s. auch die Beispiele bei Meyer/Veil/Rönnau MarktmissbrauchsR-HdB/Anschütz/Kunzelmann § 14 Rn. 39.
[88] Beispielsweise durch Quote Stuffing, Schwark/Zimmer/Zimmer/Bator MAR Art. 12 Rn. 124; Meyer/Veil/Rönnau MarktmissbrauchsR-HdB/Anschütz/Kunzelmann § 14 Rn. 40.
[89] BeckOK WpHR/Maume MAR Art. 12 Rn. 135.

49 Ziff. ii erfasst Handlungen, durch die Dritten die **Ermittlung echter Kauf- oder Verkaufsaufträge auf der Handelsplattform tatsächlich oder wahrscheinlich erschwert** wird. In Abgrenzung zu Ziff. i erfolgt die Beeinträchtigung dabei nicht beim Handelsplatzbetreiber, sondern bei Dritten.[90] Auf diese Weise hinken sie dem Täter zeitlich leicht hinterher, was dieser durch Hochfrequenzstrategien ausnutzen kann.[91]

50 Ziff. iii schließlich erfasst Handlungen, durch die tatsächlich oder wahrscheinlich ein **falsches oder irreführendes Signal** hinsichtlich des Angebots eines Kryptowertes oder der Nachfrage danach oder seines Preises gesetzt wird. Dies erfolgt insbesondere durch das Einstellen von Kauf- oder Verkaufsaufträgen zur **Auslösung oder Verstärkung eines Trends.**

4. Scalping

51 Art. 91 Abs. 3 lit. c verbietet die **Ausnutzung eines Medienzugangs** durch Abgabe einer Stellungnahme zu einem Kryptowert, wobei zuvor Positionen bei diesem Kryptowert eingegangen wurden und anschließend **Nutzen aus den Auswirkungen der Stellungnahme auf den Kurs** gezogen wird, ohne dass der Öffentlichkeit gleichzeitig dieser Interessenkonflikt ordnungsgemäß und wirksam mitgeteilt wird. Dieses als **Scalping** bekannte Vorgehen ist eine der klassischen Spielarten der Marktmanipulation.[92] Es ist ein Unterfall der **informationsgestützten Manipulation** nach Art. 91 Abs. 2 lit. c. Die Vorschrift dürfte im Kryptobereich höchst bedeutsam werden, da zumindest Stand heute viele Finfluencer nicht scheuen, wortreich bestimmte Token zu loben (oder vor ihnen zu warnen). Gleichzeitig dürften in vielen Fällen entsprechende Investments (zB in Bitcoin) bestehen oder Zuwendungen von Dritten vorliegen, ohne dass solche Interessenkonflikte offengelegt werden.

52 Scalping kann im Grunde von **Jedermann** begangen werden, solange ein entsprechender Medienzugang vorliegt. Eine Form von Meinungsführerschaft oder besonderer Sachkenntnis oder Bekanntheit des Täters ist nicht erforderlich.[93] In der Praxis geht es aber natürlich in erster Linie um medial präsente Personen, wie zB Analysten, Börsenjournalisten oder Investmentgurus.

53 Die **Stellungnahme** ist weit auszulegen. Typische Beispiele sind Anlageempfehlungen positiver oder negativer Art. Bei der Stellungnahme handelt es sich nicht nur um eine geäußerte **Meinung** bzw. ein Werturteil. Es kommt auch nicht darauf an, ob die Äußerung wahr, begründet oder vertretbar ist.[94] Da die Stellungnahme im Vorbildtatbestand Art. 12 Abs. 2 lit. d sowohl das Finanzinstrument selbst als auch den Emittenten desselben betreffen kann,[95] dürften bei Kryptowerten ebenfalls die Emittenten, aber auch dahinterstehende Leistungen (zB die im Utility Token „verkörperte" Leistung) erfasst sein. Eine bestimmte **Form** der Stellungnahme

---

[90] Assmann/Schneider/Mülbert/Mülbert MAR Art. 12 Rn. 259.
[91] Kasiske WM 2014, 1933 (1935).
[92] Ausführlich Klöhn/Schmolke MAR Art. 12 Rn. 360 ff.; Schwark/Zimmer/Zimmer/Bator MAR Art. 12 Rn. 128 ff.
[93] BeckOK WpHR/Maume MAR Art. 12 Rn. 142.
[94] Assmann/Schneider/Mülbert/Mülbert MAR Art. 12 Rn. 268; Schwark/Zimmer/Zimmer/Bator MAR Art. 12 Rn. 128.
[95] BeckOK WpHR/Maume MAR Art. 12 Rn. 143.

Verbot der Marktmanipulation **Art. 91**

ist nicht vorgeschrieben, erfasst werden auch soziale Medien oder Blogs.[96] Die Stellungnahme muss **nicht täuschend oder irreführend** sein, Strafgrund ist allein der gezogene Sondervorteil ohne Offenlegung des Interessenkonflikts. Die Stellungnahme muss im Wege eines **gelegentlichen oder regelmäßigen Zugangs zu traditionellen oder elektronischen Medien** erfolgt sein. Die „Medien" sind in diesem nicht restriktiv als die Medienbranche zu verstehen, sondern als jedweder Träger von Information (zB als Speicher- oder Übertragungsmedium). Daher sind auch **Emails und jede Form Internetkundgabe** taugliche Mittel der Stellungnahme.[97]

Der Täter muss zuvor eine **Position** „in diesem" Kryptowert eingegangen sein. 54 Dies muss aber nicht unmittelbar erfolgen, so dass auch Derivate unter diese Vorschrift fallen.[98] Ein in der MAR-Praxis bedeutsames Beispiel ist das (behauptete) Zusammenwirken von Finanzanalysten und Leerverkäufern[99]. Die Position muss **vor der Abgabe der Stellungnahme** eingegangen worden sein („zuvor"). Nicht von der Vorschrift erfasst ist daher die Abgabe einer negativen Stellungnahme (zB Verkaufsempfehlung), um sich danach zu einem besonders niedrigen Kurs mit dem Kryptowert einzudecken.[100]

Nicht erfasst werden aber **sonstige Einflussfaktoren,** die ähnlich einer 55 „Position" einen **Interessenkonflikt** bewirken. Dies sind insbesondere Zuwendungen von Dritten (zB dem Emittenten oder einer dritten Partei, die Interesse an einer Kursbewegung hat). In der MAR wird diese Lücke durch Art. 20 Abs. 1 MAR geschlossen. Da der Wortlaut der Vorschrift aber eindeutig ist und eine spezifische Situation adressiert, sind einer erweiternden Auslegung Grenzen gesetzt. Ohne weitere Anhaltspunkte in den Gesetzgebungsmaterialien dürfte auch eine analoge Anwendung auf sonstige Drittzuwendungen schwierig zu begründen sein. Zu bedenken ist auch das strafrechtliche Analogieverbot (jedenfalls auf Rechtsfolgenseite bei der Anwendung des KMAG). Dieses Ergebnis ist misslich, denn gerade im Bereich der **Finfluencer** spielen Drittzuwendungen eine erhebliche Rolle.

Der Täter muss aus den Auswirkungen der Stellungnahme einen finanziellen 56 **Nutzen** gezogen haben, sonstige Vorteile (zB Bekanntheit) sind irrelevant. Der Täter muss seine Position geschlossen habe, ein zeitweise höherer Kurs ist nicht ausreichend.[101] In Betracht kommt in diesen Fällen aber eine Versuchsstrafbarkeit.[102]

Kein Scalping liegt aber vor, wenn der durch die vorab eingegangene Position 57 geschaffene **Interessenkonflikt** der Öffentlichkeit **gleichzeitig, ausdrücklich**

---

[96] Klöhn/Schmolke MAR Art. 12 Rn. 367.
[97] Assmann/Schneider/Mülbert/Mülbert MAR Art. 12 Rn. 267; BeckOK WpHR/Maume MAR Art. 12 Rn. 147.
[98] Zur MAR hM, siehe Schwark/Zimmer/Zimmer/Bator MAR Art. 12 Rn. 130; Meyer/Veil/Rönnau MarktmissbrauchsR-HdB/Teigelack § 13 Rn. 65; siehe aber Klöhn/Schmolke MAR Art. 12 Rn. 369: Anwendung des Grundtatbestands der informationsgestützten Manipulation.
[99] Eingehend Möllers NZG 2018, 649; Mülbert/Sajnovits BKR 2019, 313.
[100] Zur MAR strittig, wie hier BeckOK WpHR/Maume MAR Art. 12 Rn. 148; Schwark/Zimmer/Zimmer/Bator MAR Art. 12 Rn. 130; aA HK-KapMarktStrafR/Saliger Kap. 6.1 Rn. 180.
[101] Assmann/Schneider/Mülbert/Mülbert MAR Art. 12 Rn. 271.
[102] Meyer/Veil/Rönnau MarktmissbrauchsR-HdB/Teigelack § 13 Rn. 83.

Art. 92 Titel VI Verhinderung und Verbot von Marktmissbrauch

und verständlich mitgeteilt wird.[103] Das Erfordernis der Gleichzeitigkeit führt faktisch dazu, dass die Offenlegung in die Stellungnahme integriert bzw. mit dieser verbunden wird.[104] Bei schriftlicher Offenlegung muss der Empfänger in der Lage sein, sowohl die Stellungnahme als auch die Offenlegung innerhalb eines einheitlichen Lebenssachverhalts zu erfassen, zB durch Abdruck auf der gleichen Seite. Bei mündlicher Stellungnahme muss die Offenlegung unmittelbar vor oder nach der Stellungnahme erfolgen.[105] Die Offenlegung verlangt nicht nur einen abstrakten Hinweis auf das Vorliegen eines Interessenkonflikts, sondern die **konkrete Bezeichnung des Grundes** (also zB das Halten des entsprechenden Kryptowert), aus dem für den verständigen Anleger der daraus resultierende Interessenkonflikt und dessen Ausmaß hervorgeht. Strittig ist zur MAR, ob eine Angabe des Umfangs notwendig ist.[106]

V. Rechtsfolgen bei Verstoß

58 Die straf- bzw. ordnungsrechtlichen Folgen des Verstoßes sind identisch mit denen des Verstoßes gegen Art. 89 MiCAR (ausführlich → Art. 89 Rn. 24).

59 Eine zivilrechtliche Haftungsnorm im KMAG sieht das FinmadiG nicht vor, es muss also wie zur MAR auf die allgemein-zivilrechtlichen Vorschriften zurückgegriffen werden. Dort lehnt die wohl hM mit dem BGH eine Haftung aus **§ 823 Abs. 2 BGB** mangels Schutzgesetzqualität ab.[107] Auch zu Art. 91 wird die Frage zu beantworten sein, ob der in der MiCAR stärker betonte Schutz von Kleinanlegern und Verbrauchern hier zu einer anderen Bewertung führen wird (auch schon zur Ad-hoc-Publizität → Art. 88 Rn. 20). Eine Haftung aus **§ 826 BGB** ist grundsätzlich möglich, dürfte aber nur schwer zu beweisen sein.[108] Nichtigkeit nach **§ 134 BGB** kommt nicht in Betracht.[109]

Artikel 92 Vorbeugung und Aufdeckung von Marktmissbrauch

(1) [1] **Eine Person, die beruflich Geschäfte mit Kryptowerten vermittelt oder ausführt, muss über wirksame Vorkehrungen, Systeme und Verfahren für die Vorbeugung und Aufdeckung von Marktmissbrauch verfügen. Diese Person unterliegt den Meldepflichten des Mitgliedstaats, in dem sie registriert ist oder ihre Hauptniederlassung hat, oder – im Falle einer Zweigniederlassung – des Mitgliedstaats, in dem sich die Zweignie-**

---

[103] BeckOK WpHR/Maume MAR Art. 12 Rn. 150.
[104] Klöhn/Schmolke MAR Art. 12 Rn. 379.
[105] BeckOK WpHR/Maume MAR Art. 12 Rn. 150; noch enger Meyer/Veil/Rönnau MarktmissbrauchsR-HdB/Teigelack § 13 Rn. 77: unmittelbar vor der Empfehlung.
[106] Muss Angabe des Umfangs in groben Zügen enthalten: Klöhn/Schmolke MAR Art. 12 Rn. 376; BeckOK WpHR/Maume MAR Art. 12 Rn. 150; Angabe entbehrlich: Assmann/Schneider/Mülbert/Mülbert Rn. 275; Meyer/Veil/Rönnau MarktmissbrauchsR-HdB/Teigelack § 13 Rn. 80.
[107] Sehr strittig, siehe Darstellung bei BeckOK WpHR/Maume MAR Art. 15 Rn. 54–58.
[108] Meyer/Veil/Rönnau MarktmissbrauchsR-HdB/Wolf/Wink § 31 Rn. 87; Rau BKR 2017, 57 (62).
[109] Ganz hM, siehe BeckOK WpHR/Maume MAR Art. 15 Rn. 52.

derlassung befindet, und meldet der zuständigen Behörde unverzüglich jeden begründeten Verdacht in Bezug auf einen Auftrag oder ein Geschäft, einschließlich einer Stornierung oder Änderung desselben, und anderer Aspekte der Funktionsweise der Distributed-Ledger-Technologie wie des Konsensmechanismus, wenn Umstände vorliegen könnten, die darauf hindeuten, dass Marktmissbrauch begangen wurde, begangen wird oder wahrscheinlich begangen wird.

[2] Die zuständigen Behörden, denen verdächtige Aufträge oder Geschäfte gemeldet werden, übermitteln diese Informationen unverzüglich den zuständigen Behörden der betreffenden Handelsplattformen.

(2) [1] Die ESMA arbeitet Entwürfe technischer Regulierungsstandards aus, in denen Folgendes präzisiert wird:
a) geeignete Vorkehrungen, Systeme und Verfahren mittels derer Personen die Anforderungen des Absatzes 1 einhalten können;
b) der Mustertext, der von Personen zur Einhaltung des Absatzes 1 zu verwenden ist;
c) für Fälle von grenzüberschreitendem Marktmissbrauch Verfahren für die Abstimmung zwischen den jeweils zuständigen Behörden bei der Aufdeckung von Marktmissbrauch und dessen Belegung mit Sanktionen.

[2] Die ESMA übermittelt der Kommission die in Unterabsatz 1 genannten Entwürfe technischer Regulierungsstandards spätestens am 30. Dezember 2024.

[3] Der Kommission wird die Befugnis übertragen, diese Verordnung durch die Annahme der in Unterabsatz 1 dieses Absatzes genannten technischen Regulierungsstandards gemäß den Artikeln 10 bis 14 der Verordnung (EU) Nr. 1095/2010 zu ergänzen.

(3) Um die Kohärenz der Aufsichtspraktiken nach diesem Artikel sicherzustellen, gibt die ESMA bis zum 30. Juni 2025 Leitlinien gemäß Artikel 16 der Verordnung (EU) Nr. 1095/2010 für die Aufsichtspraktiken der zuständigen Behörden zur Verhinderung und Aufdeckung von Marktmissbrauch heraus, sofern diese nicht bereits durch die in Absatz 2 genannten technischen Regulierungsstandards abgedeckt sind.

Schrifttum: Siehe Art. 86

Übersicht

	Rn.
I. Normzweck und Systematik	1
II. Überwachungs- und Meldepflichten	4
1. Normadressaten	4
2. Aufdeckung und Vorbeugung	9
3. Meldepflicht	13
4. Rechtsfolge bei Verstoß	14

I. Normzweck und Systematik

1 Die Vorschrift regelt in Abs. 1 die Verpflichtung, verdächtige Geschäfte in Bezug auf Kryptowerte an die zuständigen nationalen Aufsichtsbehörden zu melden (→ Rn. 13). Voraussetzung hierfür ist die Bereitstellung wirksamer Vorkehrungen, Systeme und Verfahren für die Vorbeugung und Aufdeckung von Marktmissbrauch (→ Rn. 9). Die Verpflichteten unterliegen den Meldepflichten des Mitgliedsstaats, in dem sie registriert sind oder ihre Hauptniederlassung haben (→ Rn. 13). Deren Aufsichtsbehörden übermitteln die gemeldeten Informationen nach Abs. 2 an die für die Aufsicht über die betreffenden Handelsplattformen zuständigen Aufsichtsbehörden. Nach Abs. 3 entwirft die ESMA bis spätestens 30.12.2024 technische Regulierungsstandards, die von der Kommission in Form eines nachgelagerten Rechtsakts verabschiedet werden können.[1] Abs. 4 verpflichtet ESMA zudem, zur Wahrung einheitlicher Aufsichtspraktiken bis 30.6.2025 Leitlinien zur Verhinderung und Aufdeckung von Marktmissbrauch herauszugeben, sofern diese noch nicht durch die technischen Regulierungsstandards nach Abs. 3 abgedeckt sind.

2 Die Vorschrift wurde erst im Laufe des Gesetzgebungsverfahrens hinzugefügt. **Regelungsvorbild** ist Art. 16 MAR,[2] Art. 92 Abs. 1 ist eine gestraffte Fassung von Art. 16 Abs. 1–3 MAR. Hinzugefügt wurde das Erfordernis, im Rahmen der Meldepflicht auch andere **Aspekte der Funktionsweise der Distributed-Ledger-Technologie** wie den Konsensmechanismus zu berücksichtigen. Damit ist die Vorschrift ein Einfallstor[3] für die Berücksichtigung spezifischer Frage von Blockchain und DLT. Durch ihre sehr allgemeine Formulierung wird es im Ergebnis entscheidend darauf ankommen, welche Praktiken ESMA und Kommission in den Technischen Regulierungsstandards und Leitlinien in Blick nehmen und welche genauen Folgen daran geknüpft sind. Wie an vielen anderen Stellen der MiCAR führt die Übernahme aus Art. 16 MAR zu Friktionen mit dem Vorbild. So führt die Zusammenführung von Art. 16 Abs. 1 und Abs. 2 MAR in Art. 92 Abs. 1 nicht nur zu einer vermeintlichen Verschlankung, sondern auch zu einer erheblichen Erweiterung des Adressatenkreises der Pflicht zur Vorbeugung von Marktmissbrauch (→ Rn. 12).

3 Die Vorschrift muss im Zusammenhang mit der inhaltsverwandten Vorschriften für Kreditinstitute und CASP gelesen und angewendet werden. Die MiCAR statuiert in Titel V insbesondere verschiedene **Pflichten für Betreiber von Handelsplattformen**. So müssen Kreditinstitute, die Handelsplattformen betreiben, nach Art. 60 Abs. 7 lit. f der an die nationale Aufsicht gerichtete Notifizierung eine Beschreibung der Verfahren und des Systems zur Aufdeckung von Marktmissbrauch hinzufügen. Entsprechendes gilt nach Art. 62 Abs. 2 lit. n für den Antrag auf Zulassung als CASP. Betreiber von Handelsplattformen für Kryptowerte müssen nach Art. 76 Abs. 7 lit. g über wirksame Systeme, Verfahren und Vorkehrungen verfügen, um sicherzustellen, dass ihre Handelssysteme in der Lage sind, Marktmissbrauch zu

---

[1] Siehe ESMA, „Consultation Paper – Draft technical standards and guidelines specifying certain requirements of the Markets in Crypto Assets Regulation (MiCAR) on detection and prevention of market abuse, investor protection and operational resilience – third consultation paper" (ESMA75-453128700-1002 v. 25.3.2024) („ESMA Konsultation").
[2] Hiervon geht auch die ESMA aus, siehe ESMA Konsultation (Fn. 1), S. 8 Rn. 11.
[3] Maume RDi 2022, 497 (505).

verhindern oder aufzudecken. Sie unterrichten nach Art. 76 Abs. 8 die für sie zuständige Behörde, wenn sie Fälle von Marktmissbrauch oder versuchtem Marktmissbrauch in ihren Handelssystemen oder über ihre Handelssysteme aufdecken. Damit wird Art. 92 Abs. 1 jedenfalls für Betreiber von Handelsplattformen faktisch gedoppelt. Dies entspricht der Regelung für Finanzinstrumente. Hier wiederholt § 72 Abs. 1 S. 1 Nr. 3 WpHG in Umsetzung von Art. 31 Abs. 1 MiFID II teilweise die Vorgaben des Art. 16 MAR.

II. Überwachungs- und Meldepflichten

1. Normadressaten

Art. 92 richtet sich nicht generell an Anbieter von Kryptowerte-Dienstleistungen 4 (= CASP), sondern an „(e) ine Person, die beruflich Geschäfte mit Kryptowerten vermittelt oder ausführt".[4] Nicht erfasst sind hingegen sonstige Personen, die zwar punktuell Geschäfte mit Kryptowerten vermitteln oder ausführen, dies aber **nicht beruflich** tun. Aus diesem Grund scheiden auch Unternehmen, die gelegentliche nicht-kommerzielle Eigengeschäfte (zB zur Absicherung) tätigen, aus dem Anwendungsbereich aus. Faktisch dürfte der Anwendungsbereich damit auf Unternehmen herauslaufen, die als CASP unter der MiCAR erlaubnispflichtig sind.

Die Regelung ist – wie auch Art. 16 Abs. 2 MAR – an Art. 3 Abs. 1 Nr. 28 MAR 5 angelehnt. Auf die Unterscheidung zwischen Marktbetreibern bzw. Wertpapierfirmen, die einen Handelsplatz betreiben (Art. 16 Abs. 1) und den anderen Normadressaten (Art. 16 Abs. 2) wurde verzichtet. Hinsichtlich des persönlichen Anwendungsbereichs ändert sich dadurch aber nichts. Art. 92 Abs. 1 will **Gatekeeper,** durch die ein Kunde eine **Kryptowerttransaktion** auslösen kann, in seinen Regelungsbereich einbeziehen. Unproblematisch wird man den Betrieb einer **Handelsplattform für Kryptowerte** nach Art. 3 Abs. 1 Nr. 18 unter die Norm fassen können.[5] Dies ergibt sich aus der Gesamtschau mit den Vorschriften in Titel V (→ Rn. 3), die alle ihrerseits auf den Betrieb einer Handelsplattform rekurrieren. Die weiteren Grundsätze lassen sich über die akzeptierten Grundsätze zu Art. 16 Abs. 2 MAR ermitteln, die dann über die Gleichwertigkeitsregelung in Art. 60 Abs. 3 in die MiCAR-Terminologie übersetzt werden. Erfasst ist daher auch die Annahme und Übermittlung von Aufträgen über Kryptowerte für Kunden iSv Art. 3 Abs. 1 Nr. 23. Dies entspricht in der deutschen Terminologie der **Anlagevermittlung, der Abschlussvermittlung und dem Finanzkommissionsgeschäft,**[6] jeweils in Bezug auf Kryptowerte (also: „Kryptobroker"). Nach Sinn und Zweck muss auch der gewerbliche **Eigenhandel,** also in MiCAR-Terminologie der Tausch von Kryptowerten gegen einen Geldbetrag oder andere Kryptowerte nach Art. 3 Abs. 1 Nr. 19 und Nr. 20, erfasst sein, sowie ebenfalls die Portfolioverwaltung.[7] Auch die ESMA hat dies entsprechend vorgeschlagen.[8]

---

[4] Engl. „persons professionally arranging or executing transactions (PPAET)".
[5] So iE auch ESMA Konsultation (Fn. 1), S. 9.
[6] So zur MAR BeckOK WpHR/Benzing MAR Art. 16 Rn. 37.
[7] Dies entspricht auch der Praxis von ESMA und BaFin zur MAR, siehe BeckOK WpHR/Benzing MAR Art. 16 Rn. 38.
[8] ESMA Konsultation (Fn. 1), S. 13.

Art. 92 Titel VI Verhinderung und Verbot von Marktmissbrauch

6 Unklar ist die Einordnung von **Wallet-Anbietern,** also Kryptowerte-Dienstleistern, die die Verwahrung und Verwaltung von Kryptowerten für Kunden iSv Art. 3 Abs. 1 Nr. 17 anbieten. Die Frage ist relevant, da für sie Maximum Extraction Value (MEV, → Rn. 9) ein typisches Geschäftsfeld ist. Einerseits sind Wallet-Anbieter natürlich in die Ausführung einer Transaktion eingebunden und könnten damit auch zur Überwachung nach Art. 92 herangezogen werden. Andererseits haben sie eine passive Funktion, sie verwahren lediglich die Kryptowerte der Kunden und treffen weder die Transaktionsentscheidung für ihn oder beeinflussen sie anderweitig. Insbesondere der Vergleich mit Art. 16 Abs. 2 MAR zeigt, dass Wallet-Anbieter nicht in die Logik des Art. 92 passen. Nach Art. 60 Abs. 3 S. 2 lit. a ist das Äquivalent des Art. 3 Abs. 1 Nr. 17 im Recht der Finanzinstrumente die Verwahrung und Verwaltung von Finanzinstrumenten für Rechnung von Kunden nach Anhang 1 Abschnitt B Nr. 1 MiFID II. Diese werden in der Kommentarliteratur nicht zu den Verpflichteten nach Art. 16 Abs. 2 MAR gezählt[9] – was nachvollziehbar ist, denn man würde sonst schnell bei einer Handelsüberwachungspflicht für Zentralverwahrer und Depotbanken landen. Auch die ESMA fasst Wallet-Provider in ihren Entwürfen für Technische Regulierungsstandards nicht unter die PPAET. Da die Kryptoverwahrung aber in der Regel von einem Unternehmen in Kombination mit anderen Tätigkeiten angeboten wird, die unzweifelhaft unter Art. 92 Abs. 1 fallen,[10] dürfte sich die Frage im Ergebnis häufig in Luft auflösen.

7 Anbieter aus **Drittstaaten** (zB aus der EU erreichbare Kryptobroker) sind mittelbar ebenfalls erfasst: wenn sie ihre Dienste auf einer geregelten Handelsplattform und damit innerhalb der EU anbieten (siehe Art. 2 Abs. 1), bedarf es grundsätzlich nach Art. 59 einer Zulassung durch die zuständige nationale Aufsichtsbehörde. Damit greifen die vorgenannten Kategorien.

8 Titel VI gilt nach Art. 86 nur für auf regulierten Handelsplattformen gelistete Kryptowerte, bzw. für solche, für die eine Zulassung zum Handel beantragt wurde. Allerdings umfasst der Anwendungsbereich nach Art. 86 Abs. 2 auch alle Geschäfte, Aufträge und Handlungen, die außerhalb einer solchen Handelsplattform erfolgen. Auf eine entsprechende Klarstellung hat der Verordnungsgeber in Art. 92 zwar (anders als in Art. 16 Abs. 2 S. 2 MAR) verzichtet. An der parallelen Rechtslage ändert dies jedoch nichts: Art. 92 greift auch für den OTC-Handel, was für Kryptobroker relevant ist. Schranke ist aber natürlich das potentielle Vorliegen von Insiderhandel oder Marktmanipulation, notwendig ist nach dem Auswirkungsprinzip (→ Art. 86 Rn. 13) also eine tatsächliche oder potentielle Einwirkung auf den Preis auf einem MiCAR-regulierten Markt.

2. Aufdeckung und Vorbeugung

9 Art. 92 Abs. 1 verlangt zunächst wirksame Vorkehrungen, Systeme und Verfahren für die **Aufdeckung von Marktmissbrauch.** Hierfür kann grundsätzlich auf die zu Art. 16 MAR und DelVO 2016/957 entwickelte Praxis zurückgegriffen werden.[11] Das ist insoweit sinnvoll, wie Missbrauchspraktiken im Kryptobereich

---

[9] Nicht zu verwechseln mit Wertpapierservicegesellschaften, derer sich ein Wertpapierinstitut zur Ausführung eines Auftrags bedient (dazu Meyer/Veil/Rönnau MarktmissbrauchsR-HdB/Renz/Leibold § 25 Rn. 3).
[10] Also zB Betrieb einer Handelsplattform plus Kryptoverwahrung, oder Kommissionsgeschäft/Eigengeschäft/Abschlussvermittlung plus Kryptoverwahrung.
[11] Siehe ausdrücklich ESMA Konsultation (Fn. 1), S. 8 Rn. 11 und S. 10 Rn. 22.

den gleichen Mustern folgen wie auf klassischen Börsenhandelsplätzen. Der wohl bekannteste Fall ist **Maximum Extractable Value (MEV).** Dies beschreibt die Fähigkeit eines Miners oder Validators, Transaktionen neu zu ordnen und so durch eine Maximierung der Transaktionsgebühren zu profitieren. Dies wird innerhalb des MiCAR-Anwendungsbereichs als Frontrunning und damit verbotener Insiderhandel iSv Art. 89 einzuordnen sein (→ Art. 89 Rn. 6).[12]

Art. 92 Abs. 1 nennt als Anknüpfungspunkt für die Pflichten einen Verdacht in 10 Bezug auf einen **Auftrag** oder ein **Geschäft** einschließlich der Stornierung oder Änderung. Daraus wird wie auch zu Art. 16 MAR[13] deutlich, dass sich die geforderten Systeme sich nur auf **marktmissbräuchliche Praktiken** beziehen, die eine Transaktion voraussetzen oder deren Umsetzung beauftragt wird. Insbesondere die informationsgestützte Marktmanipulation nach Art. 91 Abs. 2 lit. c ist damit nicht umfasst. Gleiches gilt für die (seltenere) Konstellation, dass durch eine Handlung außerhalb des betreffenden Marktes auf den Kurs eingewirkt wird. Von vornherein aus Art. 92 heraus fallen Überwachungspflichten für potentiell anderes Fehlverhalten (zB Geldwäsche, Sanktionsumgehung).

In Anlehnung an DelVO (EU) 2016/957 dürften auch im MiCAR-Anwen- 11 dungsfall jedenfalls die Implementierung eines **automatisierten Überwachungssystems,** die regelmäßige **Schulung der Mitarbeiter** sowie die Implementierung einer Einrichtung zur **systematischen Auswertung der Ergebnisse** mitsamt der Entscheidung über die Erforderlichkeit einer Meldung an die Aufsichtsbehörde anwendbar sein.[14] Die systematische Analyse muss dabei auf typische Marktmissbrauchsformen wie Wash Trades, Pump & Dump, Layering etc ausgerichtet sein.[15]

All dies sind nicht-kryptospezifische Compliancevorgaben, die grundsätzlich eins zu eins aus dem MAR-Kontext übertragbar sind. Verzichtet werden kann auf etablierte Missbrauchspraktiken, die im Kryptobereich keine Rolle spielen dürften (zB Marking the Close, → Art. 91 Rn. 38). Zu beachten ist auch der allgemeine **Proportionalitätsgrundsatz:** die Anforderungen dürfen hinsichtlich Umfang, Art und Größe der Geschäftstätigkeit des Normadressaten nicht unverhältnismäßig sein.[16] Zu bedenken ist aber, das jedenfalls Marktbetreiber im wohlverstandenen Eigeninteresse Maßnahmen gegen Marktmissbrauch treffen werden,[17] so dass sich der Mehraufwand in Grenzen halten dürfte. Für Kryptobroker bedeutet dies trotz Proportionalitätsgrundsatz hingegen eine Mehrbelastung.

Die verkürzte Übernahme von Art. 16 Abs. 1 und Abs. 2 MAR in Art. 92 Abs. 1 12 hat nicht nur zur Folge, dass die begriffliche Trennung zwischen den Adressaten der Vorschriften aufgehoben haben. Damit einher geht eine Vereinheitlichung des Pflichtenprogramms, das unter der MAR unterschiedlich ist. So müssen die gesetzlich notwendigen Systeme nur im Fall des Art. 16 Abs. 1 auch der **Vorbeugung** von Marktmissbrauch dienen. Unter Art. 92 Abs. 1 trifft dies nun alle Normadressaten und somit nicht nur die Betreiber von Handelsplattformen, sondern auch alle Formen von Kryptobrokern (→ Rn. 5). **Aufdeckung** ist das meist nachträgliche

---

[12] So auch iE ESMA Konsultation (Fn. 1), S. 10.
[13] BeckOK WpHR/Benzing MAR Art. 16 Rn. 10.
[14] Siehe zur MAR eingehend Meyer/Veil/Rönnau MarktmissbrauchsR-HdB/Renz/Leibold § 25 Rn. 3 ff.; Schwark/Zimmer/Kumpan/Misterek MAR Art. 16 Rn. 22 ff.
[15] Meyer/Veil/Rönnau MarktmissbrauchsR-HdB/Renz/Leibold § 25 Rn. 7.
[16] Siehe zB ausdrücklich Art. 2 Abs. 5 lit. a DelVO (EU) 2016/957 zur MAR-Parallelregelung.
[17] So zur MAR Klöhn/Klöhn MAR Art. 16 Rn. 43.

Aufspüren von Verdachtsfällen, Vorbeugung hingegen das vollständige oder teilweise Verhindern verbotener Transaktionen.[18] Damit reicht die Vorbeugung deutlich weiter und erfordert ggf. Eingriffe in die Handelsabwicklung. Für Handelsplattformbetreiber kann dies natürlich nur auf ihren Plattformen umgesetzt werden. Gerade für onchain-Transaktionen ist die Anordnung problematisch, da sie – anders als Buchungen im System – nicht ohne weiteres umgekehrt werden können. Wird das von Art. 92 Abs. 1 ausgesprochene Gebot der wirksamen Vorbeugung wörtlich genommen, würde dies im Ergebnis im Verdachtsfall nicht nur auf eine Meldepflicht, sondern auf ein Ausführungsverbot hinauslaufen. Es dürfte interessant werden, wie die Aufsichtspraxis dies unter dem Gesichtspunkt der Proportionalität umsetzt.

3. Meldepflicht

13 Die Verpflichteten unterliegen den Meldepflichten des **Mitgliedsstaats,** in dem sie **registriert** sind oder ihre **Hauptniederlassung** haben. Nach dem Wortlaut der Vorschrift richtet sich die Meldepflicht daher scheinbar nach nationalem Recht. Doch dies ist missverständlich. Eine entsprechende nationale Vorschrift ist im KMAG nicht enthalten. Art. 92 ist vielmehr so zu lesen, dass die Meldepflicht „im" betreffenden Mitgliedsstaat besteht, während sich die Pflicht aus Art. 92 Abs. 1 ergibt. Dieses Verständnis legt – ohne die sprachliche Unschärfe auszuführen – auch die ESMA in ihrer Konsultation zugrunde.[19] Die Meldung erfolgt wie auch zur MAR mittels eines *suspicious transaction or order report* (STOR). Hierzu arbeitet die ESMA nach Art. 92 Abs. 2 entsprechende Mustertexte aus. Art. 92 nennt keinen Zeitrahmen für die Meldung. Systematik von MAR und MiCAR lassen aber auf eine unverzügliche Meldung bei Vorliegen eines Verdachtsfalls schließen, dies wurde von der ESMA entsprechend vorgeschlagen.[20]

4. Rechtsfolge bei Verstoß

14 Nach § 47 Abs. 3 Nr. 114 KMAG ist eine unterlassene, nicht vollständige oder nicht rechtzeitige Meldung eine **Ordnungswidrigkeit.** Gleiches gilt, wenn ein Normadressat nach § 47 Abs. 4 Nr. 17 KMAG über kein Art. 92 entsprechendes System verfügt. Nach § 29 Abs. 1 KMAG kann im Verstoßfall auch die regulierte Tätigkeit **ausgesetzt oder untersagt** werden.

---

[18] Klöhn/Klöhn MAR Art. 16 Rn. 24.
[19] ESMA Konsultation (Fn. 1), S. 7: „MiCAR requires PPAETs to report to the competent authority of the Member State where they are registered or have their head office …".
[20] ESMA Konsultation (Fn. 1), S. 41: „without delay once a reasonable suspicion about the existence of market abuse has been formed".

Titel VII Zuständigen Behörden, die EBA und die ESMA

Kapitel 1 Befugnisse der zuständigen Behörden und Zusammenarbeit zwischen den zuständigen Behörden, der EBA und der ESMA

Artikel 93 Zuständige Behörden

(1) Die Mitgliedstaaten benennen die zuständigen Behörden, die für die Wahrnehmung der in dieser Verordnung vorgesehenen Funktionen und Aufgaben verantwortlich sind. Die Mitgliedstaaten teilen der EBA und der ESMA diese zuständigen Behörden mit.

(2) Benennen die Mitgliedstaaten mehr als eine zuständige Behörde nach Absatz 1, so legen sie deren jeweilige Aufgaben fest und benennen eine zuständige Behörde als zentrale Kontaktstelle für die grenzüberschreitende Verwaltungszusammenarbeit zwischen den zuständigen Behörden sowie mit der EBA und der ESMA. Die Mitgliedstaaten können eine getrennte zentrale Kontaktstelle für jede dieser Arten der Verwaltungszusammenarbeit benennen.

(3) Die ESMA veröffentlicht auf ihrer Website eine Liste der gemäß den Absätzen 1 und 2 benannten zuständigen Behörden.

Schrifttum: Assmann/Schneider/Mülbert, Wertpapierhandelsrecht, 8. Auflage 2023; Bauerschmidt, Die Prospektverordnung in der europäischen Kapitalmarktunion, BKR 2019, 324; Calliess/Ruffert, EUV/AEUV, 6. Auflage 2022; Ferran, Regulatory Lessons from the Payment Protection Insurance Mis-Selling Scandal in the UK, EBOR 2012, 247; Gortsos/Lagaria, The European Supervisory Authorities (ESAs) as „direct" supervisors in the EU financial system, EBI Working Paper Series 2020, Nr. 57; Howell, The evolution of ESMA and Direct Supervision: Are there implications for EU supervisory governance, Common Market Law Review 2017, Nr. 54; Kalss/Oppitz/Zollner, Kapitalmarktrecht, 2. Auflage 2015; Lehmann/Kumpan, European Financial Services Law, 2019; Moloney, The Age of ESMA – Governing EU Financial Markets, Oxford 2018; Moloney, The Investor Model Underlying the EU's Investor Protection Regime: Consumers or Investors?, EBOR 2012, 169; Wolff, Cooperation Mechanisms within the Administrative Framework of European Financial Supervision, Nomos 2019; Schwark/Zimmer, Kapitalmarktrechts-Kommentar, 5. Auflage 2020; Seibt/Buck-Heeb/Harnos, BeckOK WpHR, 10. Edition; Staub/Canaris/Habersack, Handelsgesetzbuch: HGB, Band 11/1, 5. Auflage 2017; Veil, European Capital Markets Law, 3. Auflage 2022.

Übersicht

	Rn.
I. Einführung	1
II. Benennungspflicht der Mitgliedstaaten	3
III. Informationspflicht der Mitgliedstaaten	8
V. Informationspflicht der ESMA	11

Art. 93

I. Einführung

1 Art. 93 eröffnet Titel VII der MiCAR der sich mit aufsichtsrechtlichen Aspekten der effektiven Durchsetzung der materiell-rechtlichen Vorgaben der MiCAR befasst. Er steht an der Spitze des 1. Kapitels, das sich mit den Befugnissen der nationalen zuständigen Behörden und der grenzüberschreitenden Zusammenarbeit zwischen den zuständigen Behörden, der EBA und der ESMA auseinandersetzt. Damit schafft Titel VII, Kapitel 1 den institutionellen Rahmen[1] zur MiCAR-Durchsetzung. Die fortschreitende Europäisierung der Finanzmarktaufsicht durch gemischte Zuständigkeiten zwischen EU- und nationaler Ebene kommt dabei stark zum Ausdruck.[2]

2 Art. 93 befasst sich für Zwecke der MiCAR mit den durch die Mitgliedstaaten benannten zuständigen Behörden, die eine effektive unionsweite Durchsetzung der MiCAR ermöglichen sollen. Nach Art. 93 Abs. 1 sind die Mitgliedstaaten verpflichtet, zuständige Behörden zur Wahrnehmung der in der MiCAR vorgesehenen Funktionen und Aufgaben zu benennen (→ Rn. 3–7), sowie die EBA und die ESMA über diese Benennungen zu informieren (→ Rn. 8–10). Benennen die Mitgliedstaaten mehr als eine zuständige Behörde, legt Art. 93 Abs. 2 fest, dass eine der Behörden als zentrale Kontaktstelle oder eine getrennte zentrale Kontaktstelle für die Verwaltungszusammenarbeit benannt werden soll (→ Rn. 4). Schließlich bestimmt Art. 93 Abs. 3 eine Informationspflicht der ESMA über die Benennung der zuständigen Behörden durch die Mitgliedstaaten (→ Rn. 11).

II. Benennungspflicht der Mitgliedstaaten

3 Nach Art. 93 Abs. 1 S. 1 sind die Mitgliedstaaten verpflichtet, Behörden zu benennen, die für die Zwecke der MiCAR zuständig sind. Die Befugnisse zur Durchsetzung der MiCAR auf nationaler Ebene dürfen nicht auf einen privaten Träger ausgelagert werden. Bei der zuständigen Behörde muss es sich somit um einen **Teil des staatlichen Verwaltungsapparats der Mitgliedstaaten** handeln. Die örtliche Zuständigkeit der jeweiligen Behörden erstreckt sich auf das Gebiet des Mitgliedstaats, der die Behörde bestimmt hat.

4 Aus Art. 93 Abs. 2 folgt, dass die Mitgliedstaaten diese Zuständigkeit für die Durchsetzung der MiCAR auf mehrere Behörden aufteilen dürfen. Anders als beispielsweise im Falle der MAR[3] strebt die MiCAR **keine Zuständigkeitskonzentration auf nationaler Ebene** an. Grund dafür ist der materielle Regulierungsrahmen der MiCAR, der im Bereich der Durchsetzung sowohl Kompetenzen der

---

[1] Staub/Grundmann, Bd. 11/1, Investment Banking I, Rn. 546f. (zu Art. 22 MAR).
[2] BeckOK WpHR/Weber/Harnos MAR Art. 22 Rn. 1–2.1 (zu Art. 22 MAR); zur Europäisierung der Finanzmarktaufsicht: Gortsos/Lagaria, The European Supervisory Authorities (ESAs) as „direct" supervisors in the EU financial system, EBI Working Paper Series 2020, Nr. 57; Howell, The evolution of ESMA and Direct Supervision: Are there implications for EU supervisory governance, Common Market Law Review 2017, Nr. 54; Moloney, The Age of ESMA – Governing EU Financial Markets Oxford 2018; Wolff, Cooperation Mechanisms within the Administrative Framework of European Financial Supervision.
[3] Schwark/Zimmer/Kumpan/Grütze VO (EU) 596/2014 Art. 22 Rn. 1–4 (zu Art. 22 MAR); Lehmann/Kumpan/Kämmerer MAR Art. 22 Rn. 4 (zu Art. 22 MAR).

Bankaufsicht als auch der Kapitalmarktaufsicht erforderlich macht. Da in vielen Mitgliedstaaten diese Kompetenzen durch verschiedene Behörden ausgeübt werden, muss auch eine Aufteilung der in der MiCAR festgelegten Befugnisse zwischen diesen Behörden ermöglicht werden.

Für den Fall, dass die Mitgliedstaaten mehr als eine zuständige Behörde benennen, legt die MiCAR fest, dass eine klare Aufgabentrennung zwischen diesen Behörden vorgenommen werden soll. Materielle oder prozedurale Anforderungen an die Zuordnung der Aufgaben fehlen jedoch. Im Sinne der effektiven Kommunikation zwischen zuständigen Behörden der Mitgliedstaaten und den EU-Behörden (EBA und ESMA) soll jeweils eine zuständige Behörde als zentrale Kontaktstelle benannt werden (Art. 93 Abs. 2 S. 1). Gleichzeitig können die Mitgliedstaaten aber für die verschiedenen Arten der Verwaltungszusammenarbeit auch separate zentrale Kontaktstellen benennen. Es ist also anzunehmen, dass im Fall der Benennung mehrerer zuständiger Behörden diese Behörden gemäß ihren Befugnissen jeweils als zentrale Kontaktstelle designiert werden können.

Aus Art. 93 S. 1 ergeben sich **keine materiellen oder prozeduralen Kriterien**, die die Mitgliedstaaten bei der Benennung der zuständigen Behörden erfüllen müssen. Versteht man Art. 93 S. 1 als eine Konkretisierung der allgemeinen Durchführungspflicht des Art. 291 Abs. 1 AEUV, sollten die zuständigen Behörden so benannt und ausgestaltet werden, dass die aus der MiCAR folgenden Funktionen und Aufgaben effektiv ausgeübt werden können. Anderenfalls kommen die Mitgliedstaaten nicht der Pflicht nach, alle erforderlichen Maßnahmen zu treffen.

Obwohl der 30.12.2024 gemäß Art. 149 Abs. 2 als Geltungsbeginn des Art. 93 festgelegt wurde, ist anzunehmen, dass eine effektive Vorbereitung auf die Aufgaben und Funktionen der zuständigen Behörden *de facto* **eine frühere Benennung** erfordert. Dies folgt auch insbesondere aus dem Rundbrief der ESMA vom 17.10.2023[4] in dem die Rolle der zuständigen Behörden für die effektive Anwendung der MiCAR unterstrichen wurde. Aus dem Schreiben geht klar hervor, dass die ESMA und EBA das Engagement der zuständigen Behörden bereits zu dem jetzigen Zeitpunkt in der „Vorbereitungsphase" auf die Anwendung der MiCAR und nicht erst ab dem 30.12.2024 erwarten.

Den Mitgliedstaaten bleibt es unbenommen, die zuständige Behörde zu ändern. In einem solchen Fall erneut sich die Informationspflicht aus Art. 93 S. 2 (→ Rn. 9).

III. Informationspflicht der Mitgliedstaaten

Die Benennungspflicht der Mitgliedstaaten (→ Rn. 3–7) flankiert die aus Art. 93 Abs. 1 S. 2 folgende Informationspflicht. Die Mitgliedstaaten müssen der ESMA und der EBA mitteilen, welche Behörden sie als zuständig iSd Art. 93 S. 1 benannt haben.

Die Art und Weise der Informationsübermittlung wird durch die MiCAR nicht geregelt. Es ist anzunehmen, dass die Mitgliedstaaten die Information auf einem Weg übermitteln sollen, der für den sonstigen Austausch in finanzmarktrechtlichen Angelegenheiten in der Kommunikation zwischen der EBA und ESMA und den zuständigen Behörden üblich ist[5]. Eine **formlose Mitteilung** dürfte ausreichend sein.

---

[4] https://beck-link.de/5h38n (zuletzt abgerufen am 12.12.2023).
[5] BeckOK WpHR/Weber/Harnos VO (EU) 596/2014 Art. 22 Rn. 1–2.1 (zu Art. 22 MAR).

9 Die Erfüllung der Informationspflicht sollte **unverzüglich nach der Benennung** der zuständigen Behörde erfolgen. Der 30.12.2024 ist laut Art. 149 Abs. 2 als formeller Geltungsbeginn des Art. 93 festgelegt und bezeichnet somit den Termin der Informationspflichterfüllung. Wie im Fall der Benennungspflicht sollte jedoch angenommen werden, dass eine effektive Vorbereitung auf die Aufgaben und Funktionen der zuständigen Behörden *de facto* **eine frühere Erfüllung der Informationspflicht** erfordert (→ Rn. 6).

Die Informationspflicht aus Art. 93 Abs. 1 S. 2 aktualisiert sich im Falle jeder Änderung der zuständigen Behörden durch die Mitgliedstaaten (→ Rn. 7). Ein Termin zur Erfüllung der erneuten Informationspflicht geht nicht direkt aus der MiCAR hervor. Man sollte annehmen, dass die Plicht unverzüglich erfüllt werden soll, um der allgemeinen Durchführungspflicht des Art. 291 Abs. 1 AEUV nachzukommen.

10 Die Erfüllung der Informationspflicht der Mitgliedstaaten ermöglicht der ESMA die Verwirklichung ihrer eigenen Informationspflicht, die aus Art. 93 Abs. 3 folgt (→ Rn. 11).

V. Informationspflicht der ESMA

11 Aus Art. 93 Abs. 3 folgt die Informationspflicht der ESMA. Die Erfüllung dieser Pflicht beruht auf der Veröffentlichung einer Liste der durch die Mitgliedstaaten benannten zuständigen Behörden auf der Website der ESMA. Die Informationspflicht der ESMA ermöglicht den zuständigen Behörden aller Mitgliedstaaten die Identifizierung der anderen zuständigen Behörden für die Zwecke der grenzüberschreitenden Verwaltungszusammenarbeit.

Artikel 94 Befugnisse der zuständigen Behörden

(1) **Zur Wahrnehmung ihrer Aufgaben gemäß den Titeln II bis VI der vorliegenden Verordnung müssen die zuständigen Behörden gemäß dem nationalen Recht zumindest über die folgenden Aufsichts- und Untersuchungsbefugnisse verfügen:**
a) **von jeder Person Informationen und Unterlagen zu verlangen, die nach Ansicht der zuständigen Behörden für die Ausführung ihrer Aufgaben von Belang sein könnten;**
b) **die Erbringung von Kryptowerte-Dienstleistungen für jeweils höchstens 30 aufeinanderfolgende Arbeitstage auszusetzen oder von den betreffenden Anbietern von Kryptowerte-Dienstleistungen die Aussetzung der Kryptowerte-Dienstleistungen für jeweils höchstens 30 aufeinanderfolgende Arbeitstage zu verlangen, wenn ein hinreichend begründeter Verdacht besteht, dass gegen diese Verordnung verstoßen wurde;**
c) **die Erbringung von Kryptowerte-Dienstleistungen zu untersagen, wenn sie feststellen, dass gegen diese Verordnung verstoßen wurde;**
d) **zur Gewährleistung des Schutzes der Interessen der Kunden, insbesondere der Kleinanleger, oder des reibungslosen Funktionierens des Marktes alle wesentlichen Informationen, die die Erbringung der betreffenden Kryptowerte- Dienstleistungen beeinflussen könnten, be-**

kannt zu machen oder vom Anbieter der Kryptowerte-Dienstleistungen die Bekanntmachung dieser Informationen zu verlangen;
e) öffentlich bekannt zu machen, dass ein Anbieter von Kryptowerte-Dienstleistungen seinen Verpflichtungen nicht nachkommt;
f) die Erbringung von Kryptowerte-Dienstleistungen auszusetzen oder von einem Anbieter von Kryptowerte-Dienstleistungen die Aussetzung der Kryptowerte-Dienstleistungen zu verlangen, wenn die zuständigen Behörden der Auffassung sind, dass die Erbringung der Kryptowerte-Dienstleistungen angesichts der Lage des Anbieters von Kryptowerte-Dienstleistungen den Interessen der Kunden, insbesondere der Kleinanleger, abträglich wäre;
g) die Übertragung von bestehenden Verträgen vorbehaltlich der Zustimmung der Kunden und des Anbieters von Kryptowerte-Dienstleistungen, an den die Verträge übertragen werden sollen, auf einen anderen Anbieter von Kryptowerte-Dienstleistungen zu verlangen, falls dem Anbieter von Kryptowerte-Dienstleistungen nach Artikel 64 die Zulassung entzogen wurde;
h) wenn Grund zu der Annahme besteht, dass Kryptowerte-Dienstleistungen ohne Zulassung erbracht werden, die sofortige Einstellung der Tätigkeit ohne vorherige Warnung oder Fristsetzung anzuordnen;
i) von Anbietern, Personen, die die Zulassung von Kryptowerten zum Handel beantragen oder von Emittenten vermögenswertereferenzierter Token oder E-Geld-Token zu verlangen, ihr Kryptowerte-Whitepaper zu ändern oder ihr geändertes Kryptowerte-Whitepaper weiter zu ändern, wenn sie feststellen, dass das Kryptowerte-Whitepaper oder das geänderte Kryptowerte-Whitepaper nicht die nach den Artikeln 6, 19 oder 51 erforderlichen Informationen enthält;
j) von Anbietern, Personen, die die Zulassung von Kryptowerten zum Handel beantragen, oder von Emittenten vermögenswertereferenzierter Token oder E-Geld-Token zu verlangen, ihre Marketingmitteilungen zu ändern, wenn sie feststellen, dass die Marketingmitteilungen nicht den Anforderungen der Artikel 7, 29 oder 53 der vorliegenden Verordnung entsprechen;
k) von Anbietern, von Personen, die die Zulassung von Kryptowerten zum Handel beantragen, oder von Emittenten von vermögenswertereferenzierten Token und E-Geld-Token die Aufnahme zusätzlicher Informationen in ihre Kryptowerte-Whitepaper zu verlangen, wenn die Finanzstabilität oder der Schutz der Interessen der Inhaber von Kryptowerten, insbesondere der Kleinanleger, dies gebieten;
l) ein öffentliches Angebot oder eine Zulassung von Kryptowerten zum Handel für jeweils höchstens 30 aufeinanderfolgende Arbeitstage auszusetzen, wenn ein hinreichend begründeter Verdacht besteht, dass gegen die Bestimmungen dieser Verordnung verstoßen wurde;
m) ein öffentliches Angebot oder eine Zulassung von Kryptowerten zum Handel zu untersagen, wenn sie feststellen, dass gegen diese Verordnung verstoßen wurde, oder ein hinreichend begründeter Verdacht besteht, dass gegen diese Verordnung verstoßen würde;
n) den Handel mit Kryptowerten für jeweils höchstens 30 aufeinanderfolgende Arbeitstage auszusetzen oder von einem Anbieter von Kryptowerte-Dienstleistungen, der eine Handelsplattform für Kryptowerte

betreibt, die Aussetzung des Handels mit Kryptowerten für jeweils höchstens 30 aufeinanderfolgende Arbeitstage zu verlangen, wenn ein hinreichend begründeter Verdacht besteht, dass gegen diese Verordnung verstoßen wurde;
o) den Handel mit Kryptowerten auf einer Handelsplattform für Kryptowerte zu untersagen, wenn sie feststellen, dass gegen diese Verordnung verstoßen wurde, oder ein hinreichend begründeter Verdacht besteht, dass gegen sie verstoßen werden wird;
p) Marketingmitteilungen auszusetzen oder zu verbieten, wenn ein hinreichend begründeter Verdacht besteht, dass gegen diese Verordnung verstoßen wurde;
q) Anbieter, Personen, die eine Zulassung von Kryptowerten zum Handel beantragen, Emittenten von vermögenswertereferenzierten Token oder E-Geld-Token oder entsprechende Anbieter von Kryptowerte-Dienstleistungen aufzufordern, die Marketingmitteilungen für maximal 30 aufeinanderfolgende Arbeitstage einzustellen oder auszusetzen, wenn der begründete Verdacht besteht, dass ein Verstoß gegen diese Verordnung vorliegt;
r) öffentlich bekannt zu machen, dass ein Anbieter, eine Person, die die Zulassung eines Kryptowerts zum Handel beantragt oder ein Emittent eines vermögenswertereferenzierten Token oder E-Geld-Token seinen bzw. ihren Verpflichtungen nach dieser Verordnung nicht nachkommt;
s) zur Wahrung des Schutzes der Interessen der Inhaber von Kryptowerten, insbesondere der Kleinanleger, oder eines reibungslosen Funktionierens des Marktes alle wesentlichen Informationen, die die Bewertung der öffentlich angebotenen oder zum Handel zugelassenen Kryptowerte beeinflussen könnten, offenzulegen oder eine derartige Offenlegung von einem Anbieter, einer Person, die die Zulassung eines Kryptowerts zum Handel beantragt, oder einem Emittenten eines vermögenswertereferenzierten Token oder E-Geld-Token zu verlangen;
t) den Handel mit Kryptowerten auf einer Handelsplattform für Kryptowerte auszusetzen oder eine solche Aussetzung von dem betreffenden Anbieter von Kryptowerte-Dienstleistungen, der Kryptowerte-Dienstleistungen eine Handelsplattform für Kryptowerte betreibt, zu verlangen, wenn sie der Auffassung sind, dass der Handel angesichts der Lage des Anbieters, der Person, die die Zulassung eines Kryptowerts zum Handel beantragt, oder des Emittenten eines vermögenswertereferenzierten Token oder eines E-Geld-Token den Interessen der Inhaber von Kryptowerten, insbesondere der Kleinanleger, abträglich wäre;
u) wenn Grund zu der Annahme besteht, dass vermögenswertereferenzierte Token oder E-Geld-Token ohne Zulassung ausgegeben werden oder die Zulassung zum Handel für andere Kryptowerte als vermögenswertereferenzierte Token oder E-Geld-Token ohne ein gemäß Artikel 8 übermitteltes Kryptowerte-Whitepaper angeboten oder beantragt wird, die sofortige Einstellung der Tätigkeit ohne vorherige Warnung oder Fristsetzung anzuordnen;

v) jede Art von Maßnahmen zu ergreifen, um sicherzustellen, dass ein Anbietereine Personen, die die Zulassung von Kryptowerten zum Handel beantragt, die Emittenten eines vermögenswertereferenzierten Token oder eines E-Geld- Token oder ein Anbieter von Kryptowerte-Dienstleistungen diese Verordnung einhalten, wozu auch die vorübergehende Einstellung von Handlungen und Verhaltensweisen verlangt werden kann, die nach Auffassung der zuständigen Behörden gegen diese Verordnung verstoßen;

w) Überprüfungen oder Untersuchungen vor Ort an anderen Standorten als den privaten Wohnräumen natürlicher Personen durchzuführen und zu jenem Zweck Zugang zu Räumlichkeiten zu erhalten, um Unterlagen und Daten gleich welcher Form einzusehen;

x) Überprüfungen oder Untersuchungen an Wirtschaftsprüfer oder Sachverständige auszulagern;

y) die Abberufung einer natürlichen Person aus dem Leitungsorgan eines Emittenten eines vermögenswertereferenzierten Token oder eines Anbieters von Kryptowerte-Dienstleistungen zu verlangen;

z) jede Person aufzufordern, Maßnahmen zu ergreifen, um den Umfang ihrer Position oder ihrer Risikoposition in Bezug auf Kryptowerte zu verringern;

aa) wenn keine anderen wirksamen Mittel zur Verfügung stehen, um die Einstellung des Verstoßes gegen diese Verordnung zu bewirken, und um das Risiko einer schwerwiegenden Schädigung der Interessen von Kunden oder von Inhabern von Kryptowerten zu verhindern, alle erforderlichen Maßnahmen, auch durch Aufforderung an Dritte oder Behörden, diese Maßnahmen durchzuführen, zu ergreifen, um
  i) Inhalte zu entfernen oder den Zugang zu einer Online-Schnittstelle zu beschränken oder anzuordnen, dass beim Zugriff auf die Online-Schnittstelle ein ausdrücklicher Warnhinweis angezeigt wird, der an die Kunden und Inhaber von Kryptowerten gerichtet ist,
  ii) anzuordnen, dass Hostingdiensteanbieter den Zugang zu einer Online-Schnittstelle entfernen, sperren oder beschränken oder
  iii) anzuordnen, dass Register oder Registrierungsstellen für Domänennamen einen vollständigen Domänennamen entfernen und der betreffenden zuständigen Behörde seine Registrierung zu gestatten;

ab) von einem Emittenten von vermögenswertereferenzierten Token oder E-Geld-Token gemäß Artikel 23 Absatz 4, Artikel 24 Absatz 3 oder Artikel 58 Absatz 3 zu verlangen, dass er eine Mindeststückelung oder eine Obergrenze für das Ausgabevolumen einführt.

(2) Die in Bezug auf die Anbieter, die Personen, die die Zulassung von Kryptowerten zum Handel beantragen, die Emittenten sowie die Anbieter von Kryptowerte-Dienstleistungen ausgeübten Aufsichts- und Untersuchungsbefugnisse lassen die Befugnisse, die denselben oder anderen Aufsichtsbehörden in Bezug auf diese Unternehmen übertragen werden, einschließlich der Befugnisse, die den jeweils zuständigen Behörden nach den Bestimmungen nationaler Rechtsvorschriften zur Umsetzung der Richtlinie 2009/110/EG übertragen werden, und die Aufsichtsbefugnisse, die der EZB im Rahmen der Verordnung (EU) Nr. 1024/2013 übertragen werden, unberührt.

(3) Zur Wahrnehmung ihrer Aufgaben gemäß Titel VI müssen die zuständigen Behörden im Einklang mit dem nationalen Recht zusätzlich zu den in Absatz 1 genannten Befugnissen zumindest über die erforderlichen Aufsichts- und Untersuchungsbefugnisse verfügen, um
a) auf Unterlagen und Daten jeglicher Form zuzugreifen und Kopien davon zu erhalten oder anzufertigen;
b) von jeder Person, auch von solchen, die nacheinander an der Übermittlung von Aufträgen oder an der Ausführung der betreffenden Tätigkeiten beteiligt sind, sowie von deren Auftraggebern Auskünfte zu verlangen oder zu fordern und erforderlichenfalls zum Erhalt von Informationen eine Person vorzuladen und zu befragen;
c) die Räumlichkeiten natürlicher und juristischer Personen zu betreten, um Unterlagen und Daten jeglicher Form zu beschlagnahmen, wenn der begründete Verdacht besteht, dass Unterlagen oder Daten, die sich auf den Gegenstand der Prüfung oder Untersuchung beziehen, für den Nachweis von Insidergeschäften oder Marktmanipulation relevant sein könnten;DE L 150/146 Amtsblatt der Europäischen Union 9.6.2023
d) eine Sache zwecks strafrechtlicher Verfolgung zu verweisen;
e) soweit dies nach nationalem Recht zulässig ist, bestehende Datenverkehrsaufzeichnungen im Besitz einer Telekommunikationsgesellschaft anzufordern, wenn der begründete Verdacht eines Verstoßes besteht und wenn diese Aufzeichnungen für die Untersuchung eines Verstoßes gegen die Artikel 88 bis 91 relevant sein könnten;
f) das Einfrieren oder die Beschlagnahme von Vermögenswerten oder beides zu beantragen;
g) ein vorübergehendes Berufsverbot zu verhängen;
h) alle erforderlichen Maßnahmen zu ergreifen, damit die Öffentlichkeit ordnungsgemäß informiert wird, unter anderem durch die Richtigstellung falscher oder irreführender offengelegter Informationen, insbesondere auch, indem sie einen Anbieter, eine Person, die die Zulassung zum Handel beantragt, oder einen Emittenten oder eine andere Person, die falsche oder irreführende Informationen veröffentlicht oder verbreitet hat, verpflichten, eine Berichtigung zu veröffentlichen.

(4) Sofern das nationale Recht dies erfordert, kann die zuständige Behörde das zuständige Gericht ersuchen, über die Ausübung der in den Absätzen 1 und 2 genannten Befugnisse zu entscheiden.

(5) Die zuständigen Behörden nehmen die in den Absätzen 1 und 2 genannten Befugnisse auf eine der folgenden Arten wahr:
a) unmittelbar;
b) in Zusammenarbeit mit anderen Behörden, einschließlich der für die Verhinderung und Bekämpfung von Geldwäsche und Terrorismusfinanzierung zuständigen Behörden;
c) unter eigener Verantwortung durch Befugnisübertragung an die unter Buchstabe b genannten Behörden;
d) durch Antragstellung bei den zuständigen Gerichten.

(6) Die Mitgliedstaaten stellen durch geeignete Maßnahmen sicher, dass die zuständigen Behörden die zur Wahrnehmung ihrer Aufgaben erforderlichen Aufsichts- und Untersuchungsbefugnisse wahrnehmen können.

(7) Meldet eine Person der zuständigen Behörde gemäß dieser Verordnung Informationen, so gilt dies nicht als Verstoß gegen eine etwaige vertraglich oder durch Rechts- oder Verwaltungsvorschriften geregelte Einschränkung der Offenlegung von Informationen und hat keine diesbezügliche Haftung zur Folge.

Schrifttum: Siehe Art. 93

Übersicht

	Rn.
I. Einführung	1
II. Aufsichts- und Untersuchungsbefugnisse	2
1. Überblick	2
2. Untersuchungsbefugnisse	6
a) Untersuchungsbefugnisse aus Art. 94 Abs. 1	6
b) Untersuchungsbefugnisse aus Art. 94 Abs. 3	7
3. Aufsichtsbefugnisse	9
a) Aufsichtsbefugnisse aus Art. 94 Abs. 1	9
b) Aufsichtsbefugnisse aus Art. 94 Abs. 3	21
III. Wahrnehmung der Aufgaben und Befugnisse	24
1. Überblick	24
2. Unmittelbare Handlung	26
3. Mittelbare Handlungsoptionen	27
a) Zusammenarbeit	27
b) Befugnisübertragung	28
c) Gerichtliche Anträge	29
IV. Legalität der Informationsweitergabe	30
V. Aufsichtsrechtliche Generalklausel	34

I. Einführung

Art. 94 betrifft die **Aufsichts- und Untersuchungsbefugnisse** der zuständigen Behörden. Art. 94 ist damit die Basis für einen Großteil der Regelungen des deutschen KMAG. Der Zweck der Regelung liegt zum einen darin, die Effektivität der Anwendung und Durchsetzung der MiCAR zu unterstützen.[1] Zum anderen fördert Art. 94 die Vereinheitlichung der Aufsichtspraxis der zuständigen Behörden in den Mitgliedstaaten.[2] Obwohl die MiCAR gemäß Art. 288 Abs. 2 S. 2 AEUV unmittelbar gilt, erlegt Art. 94 Abs. 1–6 den Mitgliedstaaten die Pflicht auf, durch geeignete Maßnahmen sicherzustellen, dass die zuständigen Behörden alle zur Wahrnehmung ihrer Aufgaben erforderlichen Aufsichts- und Untersuchungsbefugnisse einsetzen können. Dies verleiht Art. 94 Abs. 1–6 den Charakter einer „hinkenden Verordnung",[3] die eine **richtlinienartige Wirkung** entfaltet und der Umsetzung bedarf. Dagegen gilt Art. 94 Abs. 7 unmittelbar.

---

[1] Lehmann/Kumpan/Kämmerer MAR Art. 23 Rn. 5 (zu Art. 23 MAR).
[2] BeckOK WpHR/Weber/Harnos VO (EU) 596/2014 Art. 23 Rn. 1–2.1 (zu Art. 23 MAR).
[3] Zu diesem Begriff Callies/Ruffert/Ruffert AEUV Art. 288 Rn. 21; s. auch Assmann/Schneider/Mülbert/Döhmel MAR Art. 23 Rn. 2 (zu Art. 23 MAR); im Kontext der Prospekt-VO Bauerschmidt BKR 2019, 324.

Art. 94 Titel VII Zuständigen Behörden, die EBA und die ESMA

Der in Art. 94 Abs. 1 und 2 enthaltende Katalog der Aufsichts- und Untersuchungsbefugnisse ist im Sinne eines **Mindeststandards** zu verstehen. Die Mitgliedstaaten dürfen den zuständigen Behörden somit Befugnisse einräumen, die über die Vorgaben des Kataloges hinausgehen.[4] Sollte sich der Katalog der Aufsichts- und Untersuchungsbefugnisse als unzureichend für die effektive Durchsetzung der materiell-rechtlichen Regelungen der MiCAR erweisen, kann sich aufgrund der Generalklausel aus Art. 94 Abs. 6 (→ Rn. 35) und in Bezug auf den *effet utile* eine Pflicht zur Erweiterung der Aufsichts- und Untersuchungsbefugnisse ergeben.[5]

II. Aufsichts- und Untersuchungsbefugnisse

1. Überblick

2 Der EU-Gesetzgeber hat den Katalog der Aufsichts- und Untersuchungsbefugnisse in zwei Kategorien unterteilt. Art. 94 Abs. 1 enthält eine **Liste der Aufsichts- und Untersuchungsbefugnisse** der zuständigen Behörden, die der Wahrnehmung ihrer Aufgaben gemäß den Titeln II bis VI der MiCAR dienen sollen. Die zweite Kategorie der Aufsichts- und Untersuchungsbefugnisse, die aus Art. 94 Abs. 3 hervorgeht, soll zusätzlich die Wahrnehmung von Aufgaben gemäß Titel VI MiCAR sicherstellen. Lediglich diejenigen Aufgaben der zuständigen Behörden, die der Durchsetzung des Titels VI der MiCAR entsprechen, sind somit von beiden Kategorien der Aufsichts- und Untersuchungsbefugnisse (Art. 94 Abs. 1 und Abs. 3) umfasst. Es lässt sich schlussfolgern, dass der EU-Gesetzgeber die Durchsetzung des Titels VI der MiCAR als besonders relevant und somit Aufsichts- und Untersuchungsintensiv einstuft.

3 Gemäß Art. 94 Abs. 3 lassen die in Bezug auf die Anbieter, die Personen, die die Zulassung von Kryptowerten zum Handel beantragen, die Emittenten sowie die Anbieter von Kryptowerte-Dienstleistungen ausgeübten Aufsichts- und Untersuchungsbefugnisse die Befugnisse, die denselben oder anderen Aufsichtsbehörden in Bezug auf diese Unternehmen übertragen werden, einschließlich der Befugnisse, die den jeweils zuständigen Behörden nach den Bestimmungen nationaler Rechtsvorschriften zur Umsetzung der RL 2009/110/EG übertragen werden, und die Aufsichtsbefugnisse, die der EZB im Rahmen der VO (EU) Nr. 1024/2013 übertragen werden, unberührt.

4 Sofern das nationale Recht dies erfordert, kann die zuständige Behörde gemäß Art. 94 Abs. 4 das zuständige Gericht ersuchen, über die Ausübung der Befugnisse aus Art. 94 Abs. 1 und 2 zu entscheiden. Unklar ist, warum der Katalog der Befugnisse aus Art. 94 Abs. 3 nicht durch die Vorschrift erfasst wurde.

5 Inhaltlich ist zwischen den **Untersuchungsbefugnissen** (→ Rn. 5–7) und den **Aufsichtsbefugnissen** (→ Rn. 8–21) der zuständigen Behörde zu unterscheiden. Beide Arten der Befugnisse sind sowohl in Art. 94 Abs. 1 als auch in art. 94 Abs. 3 enthalten.

---

[4] Assmann/Schneider/Mülbert/Döhmel WpHG Rn. 2 (zu Art. 23 MAR); BeckOK WpHR/ Weber/Harnos VO (EU) 596/2014 Art. 23 Rn. 10 (zu Art. 23 MAR).
[5] Assmann/Schneider/Mülbert/Döhmel WpHG Rn. 28 (zu Art. 23 MAR); BeckOK WpHR/Weber/Harnos VO (EU) 596/2014 Art. 23 Rn. 10 (zu Art. 23 MAR).

Befugnisse der zuständigen Behörden **Art. 94**

2. Untersuchungsbefugnisse

a) Untersuchungsbefugnisse aus Art. 94 Abs. 1. Die Untersuchungsbefug- 6
nisse erstrecken sich vor allen auf den **Zugang zu Informationen und Unterlagen** (Art. 94 Abs. 1 lit. a) und die Ermächtigung in Räumlichkeiten an anderen Standorten als den privaten Wohnräumen natürlicher Personen **Überprüfungen oder Untersuchungen** durchzuführen (Art. 94 Abs. 1 lit. w). Die zuständigen Behörden sind auch befugt solche Überprüfungen oder Untersuchungen an Wirtschaftsprüfer oder Sachverständige auszulagern (Art. 94 Abs. 1 lit. x).

b) Untersuchungsbefugnisse aus Art. 94 Abs. 3. In Bezug auf Aufgaben ge- 7
mäß Titel VI, umfassen die Untersuchungsbefugnisse der zuständigen Behörden zusätzlich die **Anfertigung von Kopien von Daten und Unterlagen** (Art. 94 Abs. 3 a), **Auskunfts-, Vorladungs-** und **Befragungsrechte** (Art. 94 Abs. 3 lit. b) sowie die **Betretungsbefugnis** und die **Befugnis zur Beschlagnahme,** dh das Recht der zuständigen Behörde die Räumlichkeiten natürlicher und juristischer Personen zu betreten, um Unterlagen und Daten jeglicher Form zu beschlagnahmen (Art. 94 Abs. 3 lit. c).

Besteht ein begründeter Verdacht eines Verstoßes gegen die Art. 88−91, ist die 8
zuständige Behörde befugt, soweit dies nach nationalem Recht zulässig ist, bestehende **Datenverkehrsaufzeichnungen** im Besitz einer Telekommunikationsgesellschaft anzufordern. Die Zulässigkeit dieser Maßnahme ist davon abhängig ob solche Aufzeichnungen für die Untersuchung eines Verstoßes relevant sein könnten (Art. 94 Abs. 3 lit. e).

3. Aufsichtsbefugnisse

a) Aufsichtsbefugnisse aus Art. 94 Abs. 1. Besteht ein hinreichend begrün- 9
deter Verdacht, dass gegen die MiCAR verstoßen wurde, kann die **Aussetzung der Erbringung von Kryptowerte-Dienstleistungen** für jeweils höchstens 30 aufeinanderfolgende Arbeitstage erfolgen oder verlangt werden (Art. 94 Abs. 1 lit. b). Ist die zuständige Behörde der Auffassung, dass die Erbringung der Kryptowerte-Dienstleistungen angesichts der Lage des Anbieters von Kryptowerte-Dienstleistungen den Interessen der Kunden, insbesondere der Kleinanleger, abträglich wäre, kann eine fristlose Aussetzung der Erbringung von Kryptowerte-Dienstleistungen erfolgen oder verlangt werden (Art. 94 Abs. 1 lit. f). Stellt die zuständige Behörde einen Verstoß gegen die MiCAR fest, kann die zuständige Behörde eine **völlige Untersagung der Erbringung von Kryptowerte-Dienstleistungen** veranlassen (Art. 94 Abs. 1 lit. c).

Besteht Grund zu der Annahme, dass Kryptowerte-Dienstleistungen ohne Zu- 10
lassung erbracht werden, ist die zuständige Behörde befugt die **sofortige Einstellung der Tätigkeit ohne vorherige Warnung oder Fristsetzung** anzuordnen (Art. 94 Abs. 1 lit. h). Dieselbe Befugnis ist gegeben, wenn Grund zu der Annahme besteht, dass vermögenswertereferenzierte Token oder E-Geld-Token ohne Zulassung ausgegeben werden oder die Zulassung zum Handel für andere Kryptowerte als vermögenswertereferenzierte Token oder E-Geld-Token ohne ein gemäß Art. 8 übermitteltes Kryptowerte-Whitepaper angeboten oder beantragt werden (Art. 94 Abs. 1 lit. u). Wurde dem Anbieter von Kryptowerte-Dienstleistungen nach Art. 64 die Zulassung entzogen, kann die zuständige Behörde die **Übertragung von bestehenden Verträgen** auf einen anderen Anbieter von Kryptowerte-Dienstleistungen verlangen (Art. 94 Abs. 1 lit. g). Dies erfolgt vorbehaltlich der Zustimmung

Art. 94 Titel VII Zuständigen Behörden, die EBA und die ESMA

der Kunden und des Anbieters von Kryptowerte-Dienstleistungen, an den die Verträge übertragen werden sollen.

11 Zur Gewährleistung des Schutzes der Interessen der Kunden, insbesondere der Kleinanleger, oder des reibungslosen Funktionierens des Marktes verfügen die zuständigen Behörden über informationsbezogene Befugnisse in Form der **direkten Bekanntmachung** oder in Form des **Verlangens der Bekanntmachung** von wesentlichen Informationen, die die Erbringung von Kryptowerte-Dienstleistungen beeinflussen könnten (Art. 94 Abs. 1 lit. d). Eine ähnliche Befugnis gilt für die **Offenlegung von wesentlichen Informationen,** die die Bewertung der öffentlich angebotenen oder zum Handel zugelassenen Kryptowerte beeinflussen könnten (Art. 94 Abs. 1 lit. s). Eine derartige Offenlegung kann auch von einem Anbieter, einer Person, die die Zulassung eines Kryptowerts zum Handel beantragt, oder einem Emittenten eines vermögenswertereferenzierten Tokens oder E-Geld-Token verlangt werden (Art. 94 Abs. 1 lit. s). Die zuständigen Behörden sind auch zu einer **öffentlichen Bekanntmachung** befugt, die darüber informiert, dass ein Anbieter von Kryptowerte-Dienstleistungen seinen Verpflichtungen nicht nachkommt (Art. 94 Abs. 1 lit. e). Dasselbe gilt für den Fall in dem ein Anbieter, eine Person, die die Zulassung eines Kryptowerts zum Handel beantragt oder ein Emittent eines vermögenswertereferenzierten Tokens oder E-Geld-Token seinen Verpflichtungen nach der MiCAR nicht nachkommt (Art. 94 Abs. 1 lit. f).

12 Stellt die zuständige Behörde fest, dass das Kryptowerte-Whitepaper oder das geänderte Kryptowerte-Whitepaper nicht die nach den Art. 6, 19 oder 51 erforderlichen Informationen enthält kann von Anbietern, Personen, die die Zulassung von Kryptowerten zum Handel beantragen oder von Emittenten vermögenswertereferenzierter Token oder E-Geld-Token eine **Änderung des Kryptowerte-Whitepapers** verlangt werden (Art. 94 Abs. 1 lit. f). Wenn die Finanzstabilität oder der Schutz der Interessen der Inhaber von Kryptowerten, insbesondere der Kleinanleger es erfordert, ist die zuständige Behörde ermächtigt von Anbietern, von Personen, die die Zulassung von Kryptowerten zum Handel beantragen, oder von Emittenten von vermögenswertereferenzierten Token und E-Geld-Token die **Aufnahme zusätzlicher Informationen in das Kryptowerte-Whitepaper** zu verlangen (Art. 94 Abs. 1 lit. k). Die zuständige Behörde kann auch von einem Emittenten von vermögenswertereferenziertem Token oder E-Geld-Token gemäß Art. 23 Abs. 4, Art. 24 Abs. 3 oder Art. 58 Abs. 3 verlangen, dass er eine **Mindeststückelung** oder eine **Obergrenze für das Ausgabevolumen** einführt (Art. 94 Abs. 1 lit. ab).

13 Entsprechen Marketingmitteilungen nicht den Anforderungen der Art. 7, 29 oder 53 ist die zuständige Behörde befugt von Anbietern, Personen, die die Zulassung von Kryptowerten zum Handel beantragen, oder von Emittenten vermögenswertereferenzierter Token oder E-Geld-Token eine **Änderung der Marketingmitteilungen** zu verlangen (Art. 94 Abs. 1 lit. j). Wenn ein hinreichend begründeter Verdacht besteht, dass gegen die MiCAR verstoßen wurde, kann die zuständige Behörde **Aussetzungen oder Verbote von Marketingmitteilungen** auferlegen (Art. 94 Abs. 1 lit. p). Bei einem begründeten Verdacht, dass ein Verstoß gegen die MiCAR vorliegt, kann die zuständige Behörde Anbieter, Personen, die eine Zulassung von Kryptowerten zum Handel beantragen, Emittenten von vermögenswertereferenzierten Token oder E-Geld-Token oder entsprechende Anbieter von Kryptowerte-Dienstleistungen zu einer **Einstellung oder Aussetzung der Marketingmitteilungen** für maximal 30 aufeinanderfolgende Arbeitstage einzustellen auffordern (Art. 94 Abs. 1 lit. q).

Besteht ein hinreichend begründeter Verdacht, dass gegen die Bestimmungen 14
der MiCAR verstoßen wurde, ist die zuständige Behörde befugt die Aussetzung
eines öffentlichen Angebots oder einer Zulassung von Kryptowerten zum Handel
für jeweils höchstens 30 aufeinanderfolgende Arbeitstage zu veranlassen (Art. 94
Abs. 1 lit. l). Stellt die zuständige Behörde den Verstoß fest oder besteht ein hinreichend begründeter Verdacht, dass ein Verstoß gegen die Bestimmungen der MiCAR erfolgen wird, kann es auch zur Untersagung eines öffentlichen Angebotes oder einer Zulassung von Kryptowerten zum Handel kommen (Art. 94 Abs. 1 lit. m).

Im Fall eines hinreichend begründeten Verdachts, dass ein Verstoß gegen die Be- 15
stimmungen der MiCAR vorliegt, ist die zuständige Behörde ermächtigt eine **Aussetzung des Handels mit Kryptowerten** für jeweils höchstens 30 aufeinanderfolgende Arbeitstage zu veranlassen oder von einem Anbieter von Kryptowerte-Dienstleistungen, der eine Handelsplattform für Kryptowerte betreibt, die Aussetzung des Handels mit Kryptowerten für jeweils höchstens 30 aufeinanderfolgende Arbeitstage zu verlangen (Art. 94 Abs. 1 lit. n). Eine solche Aussetzung kann auch dann erfolgen, wenn die zuständige Behörde feststellt, dass der Handel angesichts der Lage des Anbieters, der Person, die die Zulassung eines Kryptowerts zum Handel beantragt, oder des Emittenten eines vermögenswertereferenzierten Token oder eines E-Geld-Token den Interessen der Inhaber von Kryptowerten, insbesondere der Kleinanleger schaden würde. Die Aussetzung kann auch von dem betreffenden Anbieter von Kryptowerte-Dienstleistungen, der Kryptowerte-Dienstleistungen eine Handelsplattform für Kryptowerte betreibt, verlangt werden (Art. 94 Abs. 1 lit. t).

Stellt die zuständige Behörde den Verstoß fest oder besteht ein hinreichend be- 16
gründeter Verdacht, dass ein Verstoß gegen die Bestimmungen der MiCAR erfolgen wird, kann dies zu einer **Untersagung des Handels mit Kryptowerten** auf einer Handelsplattform für Kryptowerte führen (Art. 94 Abs. 1 lit. o).

Die zuständige Behörde kann indirekt auf die **Besetzung des Leitungsorgans** 17
eines Emittenten eines vermögenswertereferenzierten Tokens oder eines Anbieters von Kryptowerte-Dienstleistungen Einfluss nehmen. Es besteht die Befugnis die Abberufung einer natürlichen Person aus dem zu verlangen (Art. 94 Abs. 1 lit. y).

Eine Befugnis der zuständigen Behörde die eine direkte **Individualschutz-** 18
funktion birgt ist die Befugnis zur Aufforderung einer jeden Person, Maßnahmen zu ergreifen, um den Umfang ihrer Position oder ihrer Risikoposition in Bezug auf Kryptowerte zu verringern (Art. 94 Abs. 1 lit. z).

Stehen keine anderen wirksamen Mittel zur Verfügung, um die Einstellung des 19
Verstoßes gegen die MiCAR herbeizuführen, und um das Risiko einer schwerwiegenden Schädigung der Interessen von Kunden oder von Inhabern von Kryptowerten zu verhindern, ist die zuständige Behörde befugt alle erforderlichen Maßnahmen, auch durch Aufforderung an Dritte oder Behörden, diese Maßnahmen durchzuführen, zu ergreifen, um (i) **Inhalte zu entfernen** oder den **Zugang zu einer Online-Schnittstelle zu beschränken** oder anzuordnen, dass beim Zugriff auf die Online-Schnittstelle ein ausdrücklicher Warnhinweis angezeigt wird, der an die Kunden und Inhaber von Kryptowerten gerichtet ist, (ii) anzuordnen, dass Hostingdiensteanbieter den Zugang zu einer Online-Schnittstelle entfernen, sperren oder beschränken oder (iii) Registern oder Registrierungsstellen die **Entfernung von Domänennamen** anzuordnen und der betreffenden zuständigen Behörde seine Registrierung zu gestatten ((Art. 94 Abs. 1 lit. aa).

20 Die zuständige Behörde ist befugt **jede Art von Maßnahmen** zu ergreifen, um sicherzustellen, dass ein Anbieter, eine Person, die die Zulassung von Kryptowerten zum Handel beantragt, die Emittenten eines vermögenswertereferenzierten Token oder eines E-Geld-Token oder ein Anbieter von Kryptowerte-Dienstleistungen gemäß der MiCAR handeln. Dies umfasst die Befugnis die vorübergehende Einstellung von Handlungen und Verhaltensweisen zu verlangen, die nach Auffassung der zuständigen Behörden gegen die MiCAR verstoßen (Art. 94 Abs. 1 lit. v). Vor dem Hintergrund dieser auslaufend und allgemein formulierten Vorschrift stellt sich die Frage, welche Funktion der enumerative, detaillierte Katalog der Aufsichts- und Untersuchungsbefugnisse überhaupt in der MiCAR erfüllt. Dieser Katalog ist inhaltlich *de facto* eine Ausformulierung des Art. 94 Abs. 1 lit. v. Wenn die Mitgliedstaaten die zuständigen Behörden mit der in Art. 94 Abs. 1 lit. v enthaltenden Befugnis zur Ergreifung „jeder Art von Maßnahmen" ausstatten sollen, die die effektive Anwendung der MiCAR durch ihre Adressaten sicherstellen, sind damit auch alle Befugnisse erfasst, von denen Art. 94 Abs. 1 und Abs. 3 spricht.

21 **b) Aufsichtsbefugnisse aus Art. 94 Abs. 3.** In Bezug auf die Durchsetzung der Vorschriften des Titel VI erweitert Art. 94 Abs. 3 den Katalog der Aufsichtsbefugnisse um die **Verweisung zwecks strafrechtlicher Verfolgung** (Art. 94 Abs. 3 lit. d). Die zuständige Behörde ist auch befugt das **Einfrieren oder die Beschlagnahme von Vermögenswerten** (oder beides) zu beantragen (Art. 94 Abs. 3 lit. f).

22 Die zuständige Behörde kann ein vorübergehendes **Berufsverbot** verhängen (Art. 94 Abs. 3 lit. g). Eine Erklärung, welcher Zeitrahmen mit der Formulierung „vorübergehend" gemeint ist, liefert der EU-Gesetzgeber nicht.

23 Die zuständige Behörde wurde mit der Befugnis ausgestattet den ordnungsmäßigen Informationsstand der Öffentlichkeit sicherzustellen (Art. 94 Abs. 3 lit. h). Dazu können alle erforderlichen Maßnahmen ergriffen werden, unter anderem die **Richtigstellung falscher oder irreführender offengelegter Informationen.** Die Richtigstellung kann dabei direkt durch die zuständige Behörde erfolgen, die zuständige Behörde kann aber auch einen Anbieter, eine Person, die die Zulassung zum Handel beantragt, oder einen Emittenten oder eine andere Person, die falsche oder irreführende Informationen veröffentlicht oder verbreitet hat zu einer Berichtigung verpflichten.

III. Wahrnehmung der Aufgaben und Befugnisse

1. Überblick

24 Art. 94 Abs. 5 betrifft die Art und Weise in der die zuständigen Behörden ihre Befugnisse wahrnehmen und systematisiert diese in vier Kategorien. Schleierhaft ist, warum Abs. 5 nur die sich aus Art. 94 Abs. 1 und 2 ergebenden Befugnisse umfasst und scheinbar nicht diejenigen, die in Art. 94 Abs. 3 geregelt wurden.

25 In jedem Einzelfall liegt im Ermessen der zuständigen Behörde über die Art und Weise der Wahrnehmung der Aufgaben und Befugnisse zu entscheiden[6]. Die Effektivität der jeweiligen Handlungsoption sollte dabei im Vordergrund stehen[7].

---

[6] BeckOK WpHR/Weber/Harnos VO (EU) 596/2014 Art. 23 Rn. 4 (zu Art. 23 MAR).
[7] BeckOK WpHR/Weber/Harnos VO (EU) 596/2014 Art. 23 Rn. 4 (zu Art. 23 MAR).

2. Unmittelbare Handlung

Die erste Kategorie der zu Verfügung stehenden Handlungsmöglichkeiten der zuständigen Behörde ist die **unmittelbare Aufgabenwahrnehmung** (Art. 94 Abs. 5 lit. a). Die zuständige Behörde wird dabei selbstständig tätig und begegnet Ihren Aufgaben ohne mit anderen Behörden oder den Marktteilnehmern zu kooperieren und ohne diese zu delegieren. 26

Es ist anzunehmen, dass das unmittelbare ausüben von Aufgaben und Befugnissen der zuständigen Behörde dem Regelfall darstellt.

3. Mittelbare Handlungsoptionen

a) Zusammenarbeit. Die Aufgabenwahrnehmung durch die zuständige Behörde kann auch durch mittelbare Handlungsoptionen erfolgen. Eine der Möglichkeiten ist die **Zusammenarbeit mit anderen Behörden** (Art. 94 Abs. 5 lit. b). In erster Linie sind dabei um die Zusammenarbeit mit der ESMA, der EBA als auch mit den zuständigen Behörden der anderen Mitgliedstaaten iSd des Art. 93. Des Weiteren kann die zuständige Behörde mit dem Verwaltungs- und Justizapparat ihres Mitgliedstaats zusammenarbeiten, bspw. um die Einleitung eines Strafverfahrens vorzubereiten. Aus Art. 94 Abs. 5 lit. b geht ebenfalls hervor, dass die Aufgabenwahrnehmung auch in Zusammenarbeit mit den Behörden die für die Verhinderung und Bekämpfung von Geldwäsche und Terrorismusfinanzierung zuständig sind erfolgen kann (Art. 94 Abs. 5 lit. b). Die Letztverantwortlichkeit verbleibt bei der zuständigen Behörde.[8] 27

b) Befugnisübertragung. Ein anderes Model der mittelbaren Aufgabenwahrnehmung beruht auf der **Befugnisübertragung** unter eigener Verantwortung an andere Behörden (Art. 94 Abs. 5 lit. c). Befugnisdelegation beruht darauf, dass die andere Behörde mit administrativen Aufsichtsbefugnissen ausgestattet wird, die *ex lege* der zuständigen Behörde zustehen. Trotz Befugnisübertragung muss der Letztverantwortlichkeit jedoch bei der zuständigen Behörde verbleiben[9]. 28

c) Gerichtliche Anträge. Die zuständigen Behörden können ihre Aufgaben auch mittelbar durch **Antragstellung bei den zuständigen Gerichten** wahrnehmen (Art. 94 Abs. 5 lit. d). In erster Linie würden hier Anträge in Betracht kommen, die der Behörde ermöglichen, Räumlichkeiten zu betreten und Dokumente sowie Vermögensgegenstände in Beschlag zu nehmen (Art. 94 Abs. 1; Art. 94 Abs. 3 lit. c und f)). Umso fraglicher ist, warum der Gesetzgeber mit der Regulierung der Modelle der Aufgabenwahrnehmung in Art. 94 Abs. 5 gerade nicht die in Art. 94 Abs. 3 enthaltenden Befugnisse erfasst hat. 29

IV. Legalität der Informationsweitergabe

Der unmittelbar geltende Art. 94 Abs. 7 schützt Personen, die der zuständigen Behörde Informationen melden (Hinweisgeber). Werden die Informationen durch den Hinweisgeber gemäß der MiCAR der Behörde gemeldet, stellt eine solche Informationsweitergabe keinen Verstoß gegen eine etwaige vertraglich oder durch 30

---

[8] BeckOK WpHR/Weber/Harnos VO (EU) 596/2014 Art. 23 Rn. 6–7 (zu Art. 23 MAR).
[9] Assmann/Schneider/Mülbert/Döhmel WpHG Rn. 9 (zu Art. 23 MAR).

Rechts- oder Verwaltungsvorschriften geregelte Einschränkung der Offenlegung von Informationen dar und bewirkt keine haftungsrechtlichen Konsequenzen. Die Formulierung „gemäß dieser Verordnung" ist so zu verstehen, dass die Legalität der Informationsweitergabe dann gegeben ist, wenn die Informationen in Zusammenhang mit der Anwendung oder Durchsetzung der MiCAR an die zuständige Behörde übermittelt werden. Die Informationsweitergabe an die zuständige Behörde muss mit dem Ziel erfolgen, die MiCAR-Vorschriften anzuwenden. Anderenfalls greifen der Hinweisgeberschutz und der Haftungsausschluss nicht.

31 Der Hinweisgeberschutz fördert die Effektivität der Durchsetzung der MiCAR durch die zuständigen Behörden. Der legitime Zugang der zuständigen Behörden zu rechtlich geschützten Informationen schafft eine wichtige Grundlage für den Anstoß weiterer Untersuchungen und die Ausübung der Aufsichtsbefugnisse. Art. 94 Abs. 7 ist somit als Hilfsinstrument einzuordnen, dass die in Art. 94 Abs. 1 und 3 bestimmten Aufsichts- und Untersuchungsbefugnisse ergänzt.[10]

32 Während in art. 94 Abs. 7 die systemischen Auswirkungen der Informationsweitergabe auf die Aufsichts- und Untersuchungstätigkeit der zuständigen Behörden im Vordergrund steht, ist Art. 108 auf den Individualschutz fokussiert. Dort ist im Einzelnen geregelt, auf welchem Weg die Mitgliedstaaten die Meldung der MiCAR-Verstöße ermöglichen müssen.

33 Im Schrifttum zu einer weitgehend vergleichbaren Vorschrift der MAR (Art. 23 Abs. 4 MAR) wird zum Teil vertreten, dass sich die Legitimität der Informationswiedergabe nicht auf Personen erstreckt, die kraft ihres Berufes zur Vertraulichkeit verpflichtet sind, wie zB Rechtsanwälte oder Steuerberater[11]. Da die nationalen Regelungen über die Verschwiegenheitspflichten mancher Berufsgruppen das Europarecht nicht verdrängen dürfen, ist eine solche Auffassung bedenklich.

V. Aufsichtsrechtliche Generalklausel

34 Nach Art. 94 Abs. 6 müssen die Mitgliedstaaten durch geeignete Maßnahmen sicherstellen, dass die zuständigen Behörden alle zur Wahrnehmung ihrer Aufgaben erforderlichen Aufsichts- und Untersuchungsbefugnisse in Anspruch nehmen können. Es handelt sich hierbei um eine Generalklausel, die einen richtlinienähnlichen Charakter aufweist. In Deutschland sind die Aufsichts- und Untersuchungsbefugnisse der BaFin in §§ 6 ff. WpHG geregelt.

Artikel 95 Zusammenarbeit der zuständigen Behörden

(1) **Die zuständigen Behörden arbeiten für die Zwecke dieser Verordnung zusammen. Die zuständigen Behörden leisten den zuständigen Behörden anderer Mitgliedstaaten, der EBA und der ESMA Amtshilfe. Sie tauschen Informationen unverzüglich aus und arbeiten bei ihrer Untersuchungs-, Aufsichts- und Durchsetzungstätigkeit zusammen.**

---

[10] BeckOK WpHR/Weber/Harnos VO (EU) 596/2014 Art. 23 Rn. 18.1; Assmann/Schneider/Mülbert/Döhmel, WpHG, 2019, Rn. 30 f. (zu Art. 23 MAR).
[11] BeckOK WpHR/Weber/Harnos VO (EU) 596/2014 Art. 23 Rn. 19.1. (zu Art. 23 MAR).

Mitgliedstaaten, die nach Artikel 111 Absatz 1 Unterabsatz 2 strafrechtliche Sanktionen für Verstöße gegen diese Verordnung gemäß nach Artikel 111 Absatz 1 Unterabsatz 1 festgelegt haben, stellen durch geeignete Maßnahmen sicher, dass die zuständigen Behörden über alle notwendigen Befugnisse verfügen, um sich mit den Justiz-, Strafverfolgungs- oder Strafjustizbehörden in ihrem Hoheitsgebiet ins Benehmen zu setzen und im Zusammenhang mit strafrechtlichen Ermittlungen oder Verfahren, die wegen Verstößen gegen diese Verordnung eingeleitet wurden, spezifische Informationen zu erhalten und anderen zuständigen Behörden sowie der EBA und der ESMA zur Verfügung zu stellen, um ihre Pflicht zur Zusammenarbeit für die Zwecke dieser Verordnung zu erfüllen.

(2) Eine zuständige Behörde kann es nur dann ablehnen, einem Ersuchen um Informationen oder einer Anfrage in Bezug auf die Zusammenarbeit bei einer Untersuchung zu entsprechen, wenn einer der folgenden Fälle gegeben ist:
a) wenn die Weitergabe der relevanten Informationen die Sicherheit des ersuchten Mitgliedstaats beeinträchtigen könnte, insbesondere in Bezug auf die Bekämpfung von Terrorismus und anderen schwerwiegenden Straftaten;
b) wenn ein Stattgeben geeignet wäre, ihre eigene Untersuchung, ihre eigenen Durchsetzungsmaßnahmen oder gegebenenfalls eine strafrechtliche Ermittlung zu beeinträchtigen;
c) wenn aufgrund derselben Tat gegen dieselben natürlichen oder juristischen Personen bereits ein Verfahren vor einem Gericht des ersuchten Mitgliedstaats anhängig ist;
d) wenn aufgrund derselben Tat und gegen die selben natürlichen oder juristischen Personen bereits ein rechtskräftiges Urteil in dem ersuchten Mitgliedstaat ergangen ist.

(3) Die zuständigen Behörden geben auf Ersuchen unverzüglich alle Informationen, die für die Zwecke dieser Verordnung erforderlich sind.

(4) Eine zuständige Behörde kann im Hinblick auf Prüfungen vor Ort oder Untersuchungen vor Ort die zuständige Behörde eines anderen Mitgliedstaats um Amtshilfe ersuchen.

Die ersuchende zuständige Behörde setzt die EBA und die ESMA über jedes Ersuchen nach Unterabsatz 1 in Kenntnis. Erhält eine zuständige Behörde ein Ersuchen einer zuständigen Behörde eines anderen Mitgliedstaats auf Durchführung von Prüfungen vor Ort oder Untersuchungen vor Ort, so hat sie folgende Möglichkeiten:
a) die Prüfung oder Untersuchung selbst durchführen;
b) der ersuchenden zuständigen Behörde gestatten, sich an der Prüfung vor Ort oder Untersuchung vor Ort zu beteiligen;
c) der ersuchenden zuständigen Behörde gestatten, die Prüfung vor Ort oder Untersuchung vor Ort selbst durchzuführen;
d) sich bestimmte mit der Wahrnehmung der Aufsichtstätigkeiten zusammenhängende Aufgaben mit den anderen zuständigen Behörden teilen.

(5) Im Falle einer in Absatz 4 genannten Überprüfung oder Untersuchung vor Ort koordiniert die ESMA auf Ersuchen einer der zuständigen Behörden die Überprüfung oder Untersuchung.

Betrifft die in Absatz 4 genannte Überprüfung oder Untersuchung vor Ort einen Emittenten eines vermögenswertereferenzierten Token oder eines E-Geld-Token oder Kryptowerte-Dienstleistungen im Zusammenhang mit vermögenswertereferenzierten Token oder E-Geld-Token, so koordiniert die EBA auf Ersuchen einer der zuständigen Behörden die Überprüfung oder Untersuchung.

(6) Wurde ein Ersuchen um Zusammenarbeit, insbesondere um Informationsaustausch, zurückgewiesen oder hat es innerhalb einer angemessenen Frist zu keiner Reaktion geführt, so können die zuständigen Behörden die Angelegenheit der ESMA zur Kenntnis bringen. In diesen Fällen gilt Artikel 19 Absatz 4 der Verordnung (EU) Nr. 1095/2010 entsprechend.

(7) Abweichend von Abs. 6 des vorliegenden Artikels können die zuständigen Behörden die Angelegenheit der EBA zur Kenntnis bringen, sofern ein Ersuchen um Zusammenarbeit, insbesondere um Informationen, in Bezug auf einen Emittenten eines vermögenswertereferenzierten Token oder EGeld-Token oder in Bezug auf Kryptowerte-Dienstleistungen im Zusammenhang mit vermögenswertereferenzierten Token oder EGeld-Token zurückgewiesen wurde oder innerhalb einer angemessenen Frist zu keiner Reaktion geführt hat. In diesen gilt Fällen Artikel 19 Absatz 4 der Verordnung (EU) Nr. 1093/2010 entsprechend.

(8) Die zuständigen Behörden stimmen ihre Aufsichtstätigkeit eng miteinander ab, um Verstöße gegen diese Verordnung festzustellen und diesen Verstößen abzuhelfen, bewährte Verfahren zu entwickeln und zu fördern, die Zusammenarbeit zu erleichtern, eine kohärente Auslegung zu fördern und bei Uneinigkeit rechtsordnungsübergreifende Bewertungen abzugeben.

Für die Zwecke des Unterabsatzes 1 dieses Absatzes nehmen die EBA und die ESMA eine Koordinierungsfunktion zwischen den zuständigen Behörden und den in Artikel 119 genannten Aufsichtskollegien, damit eine gemeinsame Aufsichtskultur und kohärente Aufsichtspraktiken geschaffen werden und einheitliche Verfahren sichergestellt werden.

(9) Stellt eine zuständige Behörde fest, dass eine der Anforderungen dieser Verordnung nicht erfüllt wurde oder hat Gründe für die Annahme, dass dies der Fall sei, so unterrichtet sie die Behörde, die für den oder die Urheber des Verstoßes zuständig ist, hinreichend genau über ihre Feststellungen.

(10) Die ESMA arbeitet in enger Zusammenarbeit mit der EBA Entwürfe technischer Regulierungsstandards zur Präzisierung der gemäß Absatz 1 zwischen den zuständigen Behörden auszutauschenden Informationen aus.

Die ESMA übermittelt der Kommission die in Unterabsatz 1 genannten Entwürfe technischer Regulierungsstandards spätestens am 30. Juni 2024.

Der Kommission wird die Befugnis übertragen, diese Verordnung durch den Erlass der in Unterabsatz 1 dieses Absatzes genannten technischen Regulierungsstandards gemäß den Artikeln 10 bis 14 der Verordung (EU) Nr. 1095/2010 zu ergänzen.

(11) Die ESMA arbeitet in enger Zusammenarbeit mit der EBA Entwürfe technischer Durchführungsstandards aus, um die Standardformulare, Mustertexte und Verfahren für den Informationsaustausch zwischen den zuständigen Behörden festzulegen.

Die ESMA übermittelt der Kommission die in Unterabsatz 1 genannten Entwürfe technischer Durchführungsstandards spätestens am 30. Juni 2024.

Der Kommission wird die Befugnis übertragen, die in Unterabsatz 1 dieses Absatzes genannten technischen Durchführungsstandards gemäß Artikel 15 der Verordnung (EU) Nr. 1095/2010 zu erlassen.

Schrifttum: Siehe Art. 93

Übersicht

	Rn.
I. Einführung	1
II. Pflicht der Zusammenarbeit	4
1. Überblick	4
2. Informationspflichten	5
3. Andere Kooperationsmodalitäten	8
a) Prüfungen und Untersuchungen vor Ort	8
b) Abstimmungen zur Aufsichtstätigkeit	11
4. Folgen fehlender Reaktion	13
III. Ablehnung der Zusammenarbeit	15
1. Zulässigkeit der Ablehnung	15
2. Folgen der Ablehnung	18
IV. Technische Regulierungsstandards	20
V. Technische Durchführungsstandards	23

I. Einführung

Art. 95 regelt vor allem die **Pflicht zur horizontalen Zusammenarbeit** zwischen den zuständigen Behörden iSd Art. 93 (→ Rn. 4–14 ff.). 1

Aspekte der vertikalen Zusammenarbeit (→ Rn. 10, 13–14) sind im Art. 95 2 nur in Bezug auf die sich aus der horizontalen Zusammenarbeit ergebende Einbeziehung der EBA oder der ESMA vorzufinden. In dem Sinne konkretisiert Art. 95 die Regelung der vertikalen Zusammenarbeit zwischen den zuständigen Behörden und der ESMA sowie der EBA aus Art. 96.

Zugleich regelt Art. 95 die **Ausnahmen von der Pflicht zur Zusammen-** 3 **arbeit** vor (→ Rn. 15–16), beschäftigt sich mit den **Folgen unzureichender oder abgelehnter Zusammenarbeit** (→ Rn. 13–19) und enthält **Ermächtigungsgrundlagen** zur Ausarbeitung und Erlassung von technischen Regulierungs- und Durchführungsstandards (→ Rn. 20–25).

II. Pflicht der Zusammenarbeit

1. Überblick

4   Im Zentrum des Art. 95 steht die horizontale Zusammenarbeit zwischen den zuständigen Behörden. Nach Art. 95 Abs. 1 UAbs. 1 S. 1 sind die zuständigen Behörden zur Zusammenarbeit in dem für die Zwecke der MiCAR erforderlichen Umfang verpflichtet. Die Leistung von Amtshilfe erfolgt gemäß Art. 95 Abs. 1 UAbs. 1 S. 2 durch (i) den **Informationsaustausch** und (ii) **andere Kooperationsmodalitäten,** dh Zusammenarbeit bei Untersuchungs-, Aufsichts- und Durchsetzungstätigkeit.

2. Informationspflichten

5   Die **allgemeine Informationspflicht auf Anfrage** einer anderen zuständigen Behörde folgt aus Art. 95 Abs. 1 UAbs. 1. Gemäß Art. 4 Abs. 3 EUV sind die Mitgliedstaaten verpflichtet, loyal zusammenzuarbeiten und sich gegenseitig bei der Erfüllung der Aufgaben zu unterstützen, die sich aus den Europäischen Verträgen ergeben. Auch die zuständigen Behörden sind von dieser allgemeinen Loyalitätspflicht erfasst. Daraus folgt der Grundsatz, dass die zuständigen Behörden dem Ersuchen anderer zuständigen Behörden in der Regel **vollständig und unverzüglich** nachkommen müssen.[1]

Die Anforderung der Unverzüglichkeit ergibt sich überdies aus Art. 95 Abs. 3 der festlegt, dass die zuständige Behörde auf Ersuchen **unverzüglich alle Informationen,** die für die Zwecke der MiCAR erforderlich sind, zur Verfügung stellt. Vor dem Hintergrund der englischen Sprachversion ist die deutsche Sprachversion die das Verb „provide" mit „geben" anstatt „zu Verfügung stellen" übersetzt, nicht gelungen. Der Begriff der Unverzüglichkeit ist dabei unionsrechtlich autonom objektiv zu verstehen.[2]

6   Die allgemeine Informationspflicht in Art. 95 Abs. 1 UAbs. 2 um eine **besondere Informationspflicht** der zuständigen Behörden für den Fall ergänzt, dass die Mitgliedstaaten beschlossen haben, strafrechtliche Sanktionen für Verstöße gegen die MiCAR gemäß nach Art. 111 Abs. 1 UAbs. 1 zu erlassen. In einem solchen Fall müssen die Mitgliedstaaten die zuständigen Behörden in die Lage versetzen, mit den zuständigen Justiz-, Strafverfolgungs- oder Strafjustizbehörden Kontakt aufnehmen zu können, um in Zusammenhang mit strafrechtlichen Ermittlungen oder Verfahren, die wegen Verstößen gegen die MiCAR eingeleitet wurden, spezifische Informationen zu erhalten und anderen zuständigen Behörden sowie der EBA und der ESMA zur Verfügung zu stellen.

Die Erfüllung der besonderen Informationspflicht sollte gemäß Art. 95 Abs. 3 durch ein unverzügliches Zurverfügungstellen der ersuchten Informationen erfolgen.

7   Sowohl die allgemeine als auch die besondere Informationspflicht setzen grundsätzlich ein Ersuchen voraus (→ Rn. 5–6).[3] Eine **Informationspflicht aus**

---

[1] BeckOK WpHR/Weber/Harnos VO (EU) 596/2014 Art. 25 Rn. 10 (zu Art. 25 MAR).
[2] Schwark/Zimmer/Kumpan/Grütze MAR Art. 25 Rn. 3 (zu Art. 25 MAR); aA Assmann/Schneider/Mülbert/Döhmel Rn. 12: ohne schuldhaftes Zögern (zu Art. 25 MAR).
[3] BeckOK WpHR/Weber/Harnos VO (EU) 596/2014 Art. 25 Rn. 9.1 (zu Art. 25 MAR).

eigener Initiative der zuständigen Behörden geht aus Art. 95 Abs. 9 hervor. Stellt eine zuständige Behörde fest, dass eine der Anforderungen der MiCAR nicht erfüllt wurde oder hat Gründe für die Annahme, dass dies der Fall sei, ist die zuständige Behörde verpflichtet derjenigen zuständigen Behörde, die für den oder die Urheber des Verstoßes zuständig ist, hinreichend genau über ihre Feststellungen zu informieren. Die Informationspflicht erfolgt somit in diesem Fall ohne Aufforderung.[4]

3. Andere Kooperationsmodalitäten

a) Prüfungen und Untersuchungen vor Ort. Nach Art. 95 Abs. 4 UAbs. 1 besteht eine der Kooperationsmodalitäten die über den Informationsaustausch (→ Rn. 4–7) hinausgeht in der **Leistung von Amtshilfe im Fall von Prüfungen vor Ort oder Untersuchungen vor Ort.** Die „fremde" zuständige Behörde kann von der zuständigen Behörde vor Ort Hilfe in der Durchführung von Aufsichtsbefugnissen verlangen. Über das Ersuchen solcher Amtshilfe muss die EBA und die ESMA in Kenntnis gesetzt werden. 8

Die zuständige Behörde, die eine Anfrage einer anderen zuständigen Behörde in Bezug auf die Durchführung von Prüfungen oder Untersuchungen vor Ort erhalten hat, kann dieser Anfrage durch verschiedene **Handlungsoptionen** begegnen. Zunächst kann die zuständige Behörde entscheiden die Prüfung oder Untersuchung selbst durchzuführen. Möglich ist dabei, dass die zuständige Behörde der ersuchenden zuständigen Behörde gestattet, sich an der Prüfung vor Ort oder Untersuchung vor Ort zu beteiligen. Eine andere Handlungsoption ist der ersuchenden zuständigen Behörde zu gestatten, die Prüfung vor Ort oder Untersuchung vor Ort selbst durchzuführen. Ebenfalls möglich ist, dass sich die zuständige Behörde vor Ort und die ersuchende zuständige Behörde bestimmte mit der Wahrnehmung der Aufsichtstätigkeiten zusammenhängende Aufgaben untereinander aufteilen. Die Entscheidung für eine der Handlungsoptionen liegt im **Ermessen** der zuständigen Behörde[5]. 9

Gemäß Art. 95 Abs. 4 UAbs. 1 kann im Falle einer in zwischenbehördlicher Zusammenarbeit durchgeführten Überprüfung oder Untersuchung vor Ort (→ Rn. 8–9) auf Ersuchen einer der kooperierenden zuständigen Behörden die **ESMA eine Koordinationsfunktion** übernehmen. Betrifft eine solche Überprüfung oder Untersuchung vor Ort einen Emittenten eines vermögenswertereferenzierten Tokens oder eines E-Geld-Token oder Kryptowerte-Dienstleistungen im Zusammenhang mit vermögenswertereferenziertem Token oder E-Geld-Token, so kann auf Ersuchen einer der zuständigen Behörden die **EBA eine Koordinationsfunktion** übernehmen (Art. 95 Abs. 4 UAbs. 2). 10

b) Abstimmungen zur Aufsichtstätigkeit. Eine weitere Modalität der Kooperation der zuständigen Behörden besteht in der **Abstimmung von Aufsichtstätigkeiten.** Gemäß Art. 95 Abs. 8 UAbs. 1 sind die zuständigen Behörden verpflichtet ihre Aufsichtstätigkeit eng miteinander abzustimmen. Einerseits soll eine solche Zusammenarbeit dazu beitragen Verstöße gegen die MiCAR festzustellen und diesen dann effektiv mit den Untersuchungs- und Aufsichtsbefugnissen der zuständigen Behörden zu begegnen. Andererseits soll die Abstimmung zwischen den 11

---

[4] BeckOK WpHR/Weber/Harnos VO (EU) 596/2014 Art. 25 Rn. 46 (zu Art. 25 MAR); Assmann/Schneider/Mülbert/Döhmel Rn. 8 (zu Art. 25 MAR).
[5] Assmann/Schneider/Mülbert/Döhmel Rn. 18 (zu Art. 25 MAR).

Art. 95 Titel VII Zuständigen Behörden, die EBA und die ESMA

Behörden auch eine präventive Wirkung in Bezug auf Verstöße gegen die MiCAR entfalten. Insbesondere soll die Zusammenarbeit der zuständigen Behörden zur Entwicklung und Förderung bewährter Verfahren beitragen und eine kohärente Auslegung der MiCAR unterstützen. Es wird auch darauf verwiesen, dass bei Uneinigkeit eine enge Abstimmung der Aufsichtstätigkeiten zu der Abgabe von rechtsordnungsübergreifenden Bewertungen beitragen soll.

12 Die Abstimmung von Aufsichtstätigkeiten wird erfolgt mit der **Unterstützung von der ESMA und der EBA.** Gemäß Art. 95 Abs. 8 UAbs. 2 üben die EBA und die ESMA eine Koordinierungsfunktion zwischen den zuständigen Behörden und den in Art. 119 genannten Aufsichtskollegien aus. Ziel ist dabei die Schaffung einer gemeinsamen Aufsichtskultur und kohärenter Aufsichtspraktiken. Außerdem soll auch eine Vereinheitlichung der Verfahren sichergestellt werden.

4. Folgen fehlender Reaktion

13 Reagiert eine zuständige Behörde innerhalb einer angemessenen Frist nicht auf eine Anfrage auf Zusammenarbeit, können die involvierten zuständigen Behörden die Angelegenheit der **ESMA zur Kenntnis bringen.** Die Verwendung des unbestimmten Rechtsbegriffs der Angemessenheit ist gerechtfertigt, denn die Komplexität der ersuchten Zusammenarbeit im Einzelfall variieren kann und der EU-Gesetzgeber somit keine exakten Fristen festlegen konnte. Da nicht von der Unverzüglichkeit sondern von einer **angemessenen Reaktionsfrist** die Rede ist, soll angenommen werden, dass nicht ein Handeln so schnell wie möglich gemeint ist, sondern eine längere Zeitspanne der zuständigen Behörde zu Verfügung steht[6].

Wird die ESMA über die fehlende Reaktion informiert, gilt Art. 19 Abs. 4 ESMA-VO entsprechend. Es soll angenommen werden, dass die ESMA in einer solchen Situation direkt einen Beschluss im Einzelfall an den betreffenden Finanzmarktteilnehmer richten und ihn so dazu verpflichten kann, alle zur Einhaltung seiner Pflichten im Rahmen des Unionsrechts erforderlichen Maßnahmen zu treffen, einschließlich der Einstellung jeder Tätigkeit.

14 Bezieht sich die Reaktionslosigkeit der zuständigen Behörde auf eine geforderte Zusammenarbeit im Hinblick auf einen Emittenten eines vermögenswertereferenzierten Tokens oder E-Geld-Token oder Kryptowerte-Dienstleistungen im Zusammenhang mit vermögenswertereferenziertem Token oder E-Geld-Token können die zuständigen Behörden die Angelegenheit der **EBA zur Kenntnis bringen.** In diesen gilt Fällen Art. 19 Abs. 4 EBA-Verordnung entsprechend. Man sollte somit annehmen, dass die EBA direkt einen Beschluss im Einzelfall an den betreffenden Finanzmarktteilnehmer richten und ihn so dazu verpflichten kann, alle zur Einhaltung seiner Pflichten im Rahmen des Unionsrechts erforderlichen Maßnahmen zu treffen, einschließlich der Einstellung jeder Tätigkeit.

---

[6] Schwark/Zimmer/Kumpan/Grütze Rn. 10 (zu Art. 25 MAR); s. aber Assmann/Schneider/Mülbert/Döhmel Rn. 29: zeitnahes Reagieren soll ermöglicht werden (zu Art. 25 MAR).

III. Ablehnung der Zusammenarbeit

1. Zulässigkeit der Ablehnung

Nach Art. 95 Abs. 2 ist die **Zulässigkeit der Ablehnung der horizontalen** 15
Zusammenarbeit zwischen den zuständigen Behörden nur dann gegeben, wenn
ein *Ausnahmefall vorliegt*. Bei den enumerativ aufgezählten Ausnahmefällen handelt
es sich jeweils um außergewöhnliche Umstände, die eine Ablehnung der Zusammenarbeit rechtfertigen. Das Ablehnungsrecht erstreckt sich sowohl auf die Informationspflichten als auch auf andere Kooperationsmodalitäten.

Der erste Fall, der die Ablehnung der Zusammenarbeit rechtfertigt, trifft zu, 16
wenn die Weitergabe der relevanten Informationen die Sicherheit des ersuchten
Mitgliedstaats beeinträchtigen könnte, insbesondere in Bezug auf die Bekämpfung
von Terrorismus und anderen schwerwiegenden Straftaten (Art. 95 Abs. 2 lit. a).

Zweitens ist eine Ablehnung zulässig, wenn die Erfüllung der Anfrage zur Zusammenarbeit zu einer Beeinträchtigung der eigenen Untersuchung der zuständigen Behörde, ihrer eigenen Durchsetzungsmaßnahmen oder gegebenenfalls einer strafrechtliche Ermittlung führen könnte (Art. 95 Abs. 2 lit. b).

Drittens liegt ein *Ausnahmefall* vor, wenn aufgrund derselben Tat gegen dieselben
natürlichen oder juristischen Personen bereits ein Verfahren vor einem Gericht des
ersuchten Mitgliedstaats anhängig ist (Art. 95 Abs. 2 lit. c).

Der letzte Fall der eine Ablehnung rechtfertigt ist gegeben, wenn aufgrund derselben Tat und gegen dieselben natürlichen oder juristischen Personen bereits ein
rechtskräftiges Urteil in dem ersuchten Mitgliedstaat ergangen ist (Art. 95 Abs. 2
lit. d).

Ob die ersuchte zuständige Behörde von dem Recht zur Ablehnung der Zusammenarbeit Gebrauch macht, liegt in ihrem **Ermessen**.[7] Dies lässt sich mit einem 17
Verweis auf den Wortlaut des Art. 95 Abs. 2 („kann") begründen. Die im Katalog
der *Ausnahmefälle aus Art. 95 Abs. 2* enthaltenen *unbestimmten Rechtsbegriffe sollten aufgrund des* Ausnahmecharakters der Zulässigkeit der Ablehnung und des unionsrechtlichen Loyalitätsgebots (Art. 4 Abs. 3 EUV und → Rn. 5) restriktiv ausgelegt
werden.

2. Folgen der Ablehnung

Kommt es zu einer Ablehnung der Zusammenarbeit durch eine zuständige Be- 18
hörde, können die involvierten zuständigen Behörden die Angelegenheit der
ESMA zur Kenntnis bringen. In diesen Fällen gilt Art. 19 Abs. 4 ESMA-VO
entsprechend. Es soll angenommen werden, dass die ESMA in einer solchen Situation direkt einen Beschluss im Einzelfall an den betreffenden Finanzmarktteilnehmer richten und ihn so dazu verpflichten kann, alle zur Einhaltung seiner Pflichten
im Rahmen des Unionsrechts erforderlichen Maßnahmen zu treffen, einschließlich
der Einstellung jeder Tätigkeit.

Bezog sich das abgelehnte Ersuchen um Zusammenarbeit auf einen Emittenten 19
eines vermögenswertereferenzierten Tokens oder E-Geld-Token oder Krypto-

---

[7] BeckOK WpHR/Weber/Harnos VO (EU) 596/2014 Art. 25 Rn. 46 (zu Art. 25 MAR);
Assmann/Schneider/Mülbert/Döhmel Rn. 24 (zu Art. 25 MAR); Schwark/Zimmer/Kumpan/Grütze Rn. 9 (zu Art. 25 MAR).

Art. 95 Titel VII Zuständigen Behörden, die EBA und die ESMA

werte-Dienstleistungen im Zusammenhang mit vermögenswertereferenziertem Token oder E-Geld-Token können die zuständigen Behörden die Angelegenheit der **EBA zur Kenntnis bringen**. In diesen gilt Fällen Art. 19 Abs. 4 EBA-Verordnung entsprechend. Man sollte somit annehmen, dass die EBA direkt einen Beschluss im Einzelfall an den betreffenden Finanzmarktteilnehmer richten und ihn so dazu verpflichten kann, alle zur Einhaltung seiner Pflichten im Rahmen des Unionsrechts erforderlichen Maßnahmen zu treffen, einschließlich der Einstellung jeder Tätigkeit.

IV. Technische Regulierungsstandards

20 Nach Art. 95 Abs. 10 UAbs. 1 und 2 obliegt der ESMA in enger Zusammenarbeit mit der EBA die Aufgabe Entwürfe technischer Regulierungsstandards zur Präzisierung der gemäß Art. 95 Abs. 1 zwischen den zuständigen Behörden auszutauschenden Informationen auszuarbeiten.

21 Der Pflicht Entwürfe technischer Regulierungsstandards gemäß Art. 95 Abs. 10 auszuarbeiten, ist die ESMA bislang noch nicht nachgekommen. Weder das erste[8] noch das zweite[9] Konsultationspaket der ESMA zu den Umsetzungsmaßnahmen der MiCAR enthält Entwürfe technischer Regulierungsstandards die den Informationsaustausch zwischen den zuständigen Behörden betreffen. Die Erfüllung der Vorlagepflicht gegenüber der Kommission sollte spätestens bis zum 30.6.2024 erfolgen.

22 Art. 95 Abs. 10 UAbs. 3 enthält die Ermächtigungsgrundlage der Kommission die technischen Regulierungsstandards gemäß Art. 10–14 der ESMA-VO zu erlassen.

V. Technische Durchführungsstandards

23 Nach Art. 95 Abs. 11 UAbs. 1 und 2 obliegt der ESMA in enger Zusammenarbeit mit der EBA die Aufgabe, Entwürfe technischer Durchführungsstandards auszuarbeiten um die Standardformulare, Mustertexte und Verfahren für den Informationsaustausch zwischen den zuständigen Behörden festzulegen.

24 Der Pflicht Entwürfe technischer Durchführungsstandards gemäß Art. 95 Abs. 11 auszuarbeiten, ist die ESMA bislang noch nicht nachgekommen. Weder das erste[10] noch das zweite[11] Konsultationspaket der ESMA zu den Umsetzungsmaßnahmen der MiCAR enthält Entwürfe technischer Durchführungsstan-

---

[8] Consultation Paper. Technical Standards specifying certain requirements of the Markets in Crypto Assets Regulation (MiCA), 12.7.2023, ESMA74-449133380-425, https://beck-link.de/r5rp3 (zuletzt abgerufen am 16.2.2024).

[9] Consultation Paper Technical Standards specifying certain requirements of Markets in Crypto Assets Regulation (MiCA) – second consultation paper, 5.10.2023, ESMA75-453128700-438, https://beck-link.de/c67rr (zuletzt abgerufen am 16.2.2024).

[10] Consultation Paper. Technical Standards specifying certain requirements of the Markets in Crypto Assets Regulation (MiCA), 12.7.2023, ESMA74-449133380-425, https://beck-link.de/r5rp3 (zuletzt abgerufen am 16.2.2024).

[11] Consultation Paper Technical Standards specifying certain requirements of Markets in Crypto Assets Regulation (MiCA) – second consultation paper, 5.10.2023, ESMA75-453128700-438, https://beck-link.de/c67rr (zuletzt abgerufen am 16.2.2024).

dards die den Informationsaustausch zwischen den zuständigen Behörden betreffen. Die Erfüllung der Vorlagepflicht gegenüber der Kommission sollte spätestens bis zum 30.6.2024 erfolgen.

Art. 95 Abs. 11 UAbs. 3 enthält die Ermächtigungsgrundlage der Kommission, um die technischen Durchführungsstandards gemäß Art. 15 der ESMA-VO zu erlassen. 25

Artikel 96 Zusammenarbeit mit EBA und ESMA

(1) Für die Zwecke dieser Verordnung arbeiten die zuständigen Behörden im Einklang mit der Verordnung (EU) Nr. 1095/2010 eng mit der ESMA und im Einklang mit der Verordnung (EU) Nr. 1093/2010 eng mit der EBA zusammen. Zur Wahrnehmung ihrer Aufgaben im Rahmen dieses Kapitels und der Kapitel 2 und 3 dieses Titels tauschen sie Informationen aus.

(2) Die zuständigen Behörden stellen der EBA und der ESMA gemäß Artikel 35 der Verordnung (EU) Nr. 1093/2010 und Artikel 35 der Verordnung (EU) Nr. 1095/2010 alle für die Ausführung ihrer Aufgaben erforderlichen Informationen unverzüglich zur Verfügung.

(3) Die ESMA arbeitet in enger Zusammenarbeit mit der EBA Entwürfe für technische Durchführungsstandards aus, um die Standardformulare, Mustertexte und Verfahren für die Zusammenarbeit und den Informationsaustausch zwischen den zuständigen Behörden und der EBA und der ESMA festzulegen.

Die ESMA übermittelt der Kommission die in Unterabsatz 1 genannten Entwürfe technischer Durchführungsstandards spätestens am 30. Juni 2024.

Der Kommission wird die Befugnis übertragen, die in Unterabsatz 1 genannten technischen Durchführungsstandards gemäß Artikel 15 der Verordnung (EU) Nr. 1095/2010 zu erlassen.

Schrifttum: Siehe Art. 93

Übersicht

	Rn.
I. Einführung	1
II. Pflicht zur Zusammenarbeit	2
III. Pflicht zum Informationsaustausch	6
IV. Technische Durchführungsstandards	9

I. Einführung

Art. 96 betrifft die **vertikale Zusammenarbeit** zwischen der ESMA, der EBA und den zuständigen Behörden im Hinblick auf deren Aufsichts- und Untersuchungsbefugnisse, die aus der MiCAR hervorgehen. Diese Zusammenarbeit ist ein Grundpfeiler des institutionellen Durchsetzungsrahmens der MiCAR. 1

Die Notwendigkeit der Zusammenarbeit zwischen EBA, ESMA und den zuständigen Behörden ergibt sich sowohl aus dem potentiell **grenzüberschreiten-**

Art. 96 Titel VII Zuständigen Behörden, die EBA und die ESMA

den Charakter der Handlungen, die von der MiCAR erfasst sind, als auch aus dem **Modell der gemischten Zuständigkeit**[1] zwischen EU- und nationaler Ebene. Die grundlegende Form der Zusammenarbeit beruht auf dem **Informationsaustausch.**

II. Pflicht zur Zusammenarbeit

2 Nach dem Wortlaut des Art. 96 Abs. 1 sind die zuständigen Behörden der Mitgliedstaaten die **Adressaten der Pflicht zur Zusammenarbeit** mit der ESMA und der EBA. Es ist anzunehmen, dass über den Wortlaut des Art. 96 Abs. 1 hinaus auch die ESMA und die EBA zur Zusammenarbeit mit den zuständigen Behörden der Mitgliedstaaten verpflichtet sind. Dies folgt zum einen aus Art. 4 Abs. 3 UAbs. 1 EUV, der die primärrechtliche Pflicht der EU und der Mitgliedstaaten statuiert, sich gegenseitig bei der Aufgabenerfüllung zu unterstützen. Zum anderen liegt Art. 35 Abs. 3 ESMA-VO und art. 35 EBA-VO der Gedanke zugrunde, dass die ESMA und die EBA den zuständigen Behörden durch Informationsgewährung bei der Durchsetzung der materiell-rechtlichen Regelungen des Finanzmarktrechts helfen.
3 Gemäß Art. 96 Abs. 1 erfolgt die Zusammenarbeit der zuständigen Behörden mit der ESMA in Einklang mit der ESMA-VO. Die Zusammenarbeit der zuständigen Behörden mit der EBA erfolgt gemäß den Vorschriften der EBA-VO.
4 Die gewünschte Zusammenarbeit zwischen ESMA, EBA und den zuständigen Behörden wurde durch den EU-Gesetzgeber als „eng" charakterisiert. Der weitgehend ähnliche Art. 24 MAR enthält keine solche Beschreibung der Zusammenarbeit. Es muss angenommen werden, dass die Intensität der Zusammenarbeit der effektiven Aufgabenwahrnehmung entsprechen sollte. Somit scheint die Qualifikation der Zusammenarbeit als „eng" überflüssig.
5 Art. 96 Abs. 1 S. 2 verdeutlicht, dass die Zusammenarbeit zur Wahrnehmung der im Kapitels 1, 2 und 3 des Titels VII enthaltenden Aufgaben vorrangig durch den Informationsaustausch erfolgt.

III. Pflicht zum Informationsaustausch

6 Im Zentrum der Zusammenarbeit zwischen der ESMA, der EBA und den zuständigen Behörden steht der Informationsaustausch (Art. 96 Abs. 1 S. 2). Nach Art. 96 Abs. 2 stellen die zuständigen Behörden der EBA gemäß Art. 35 EBA-VO und der ESMA gemäß Art. 35 ESMA-VO alle für die Ausführung ihrer Aufgaben erforderlichen Informationen unverzüglich zur Verfügung.
7 Art. 96 Abs. 2 richtet sich an die zuständigen Behörden als **Normadressaten.** Nach Art. 35 Abs. 3 ESMA-VO und Art. 35 Abs. 3 EBA-VO sind jedoch auch ESMA und EBA zur Informationsgewährung verpflichtet (→ Rn. 2).
8 Der **effektive Informationsfluss** zwischen den zuständigen Behörden und der EBA und ESMA versetzt letztere in die Lage, die Koordinierungsaufgaben zu erfüllen, die aus Art. 31 ESMA-VO und Art. 31 EBA-VO folgen. Zugleich können die

---

[1] Zu den Begriff der gemischten Zuständigkeit in der MiCAR: BaFin Journal, Europäische MiCA-Verordnung: Regel-Fundament für Kryptowerte, 17.5.2023, https://beck-link.de/5a42f (zuletzt aufgerufen am 19.12.2023).

zuständigen Behörden Informationen erhalten, die sie benötigen, um ihre Aufgaben auf nationaler Ebene effektiv wahrzunehmen. Die Schnelligkeit des Informationstransfers ist für die Effektivität der der Aufgabenwahrnehmung der EBA, der ESMA und der zuständigen Behörden von fundamentaler Bedeutung. Je schneller der Informationsaustausch zwischen der ESMA und der EBA und den zuständigen Behörden erfolgt, desto schneller können die Aufsichtsbefugnisse ausgeübt werden, um die Einhaltung der Anwendung und Durchsetzung der MiCAR zu gewährleisten. Vor diesem Hintergrund präzisiert Art. 96 Abs. 2 die Regelungen über den Informationsfluss in Art. 35 ESMA-VO und Art. 35 EBA-VO insoweit, als er eine **unverzügliche Weiterleitung** der Informationen vorschreibt.

Der Begriff der Unverzüglichkeit ist nicht unter Rückgriff auf nationale Vorschriften zu bestimmen. Insbesondere ist § 121 BGB nicht heranzuziehen, um ein subjektives Element („ohne schuldhaftes Zögern") in Art. 96 Abs. 2 hineinzuinterpretieren.[2] Der Begriff der Unverzüglichkeit ist unionsrechtlich autonom auszulegen. Im Hinblick auf die englische Sprachfassung des Art. 96 Abs. 2 („without delay") spricht mehr für ein objektives Verständnis der Unverzüglichkeit. Die Informationen sollten so schnell wie möglich zur Verfügung gestellt werden, wobei die Ausnahmen für zulässige Verzögerungen eng gefasst werden sollten.[3]

IV. Technische Durchführungsstandards

Nach Art. 96 Abs. 3 UAbs. 1 und 2 obliegt der ESMA in enger Zusammenarbeit 9 mit der EBA die Aufgabe, Entwürfe technischer Durchführungsstandards auszuarbeiten um die Standardformulare, Mustertexte und Verfahren für die Zusammenarbeit und den Informationsaustausch zwischen den zuständigen Behörden und der EBA und der ESMA festzulegen.

Der Pflicht Entwürfe technischer Durchführungsstandards gemäß Art. 96 Abs. 3 auszuarbeiten, ist die ESMA bislang noch nicht nachgekommen. Weder das erste[4] noch das zweite[5] Konsultationspaket der ESMA zu den Umsetzungsmaßnahmen der MiCAR enthält Entwürfe technischer Durchführungsstandards die die Zusammenarbeit und den Informationsaustausch zwischen den zuständigen Behörden und der EBA und der ESMA betreffen. Die Erfüllung der Pflicht der Kommission die Entwürfe der Durchführungsstandards zu übermitteln sollte spätestens bis zum 30.6.2024 erfolgen.

Art. 96 Abs. 3 UAbs. 3 enthält die Ermächtigungsgrundlage der Kommission, um die technischen Durchführungsstandards gemäß Art. 15 der VO (EU) Nr. 1095/2010 zu erlassen.

---

[2] BeckOK WpHR/Weber/Harnos VO (EU) 596/2014 MAR Art. 24 Rn. 5 (zu Art. 24 MAR), anderer Ansicht sind Assmann/Schneider/Mülbert/Döhmel MAR Art. 24 Rn. 7 (zu Art. 24 MAR).
[3] Schwark/Zimmer/Kumpan/Grütze MAR Art. 24 Rn. 3 (zu Art. 24 MAR).
[4] Consultation Paper. Technical Standards specifying certain requirements of the Markets in Crypto Assets Regulation (MiCA), 12.7.2023, ESMA74-449133380-425, https://beck-link.de/r5rp3 (zuletzt aufgerufen am 16.2.2024).
[5] Consultation Paper Technical Standards specifying certain requirements of Markets in Crypto Assets Regulation (MiCA) – second consultation paper, 5.10.2023, ESMA75-453128700-438, https://beck-link.de/c67rr (zuletzt aufgerufen am 16.2.2024).

Artikel 97 Förderung der Konvergenz bei der Einstufung
von Kryptowerten

(1) Bis zum 30. Dezember 2024 geben die ESA gemeinsam Leitlinien gemäß Artikel 16 der Verordnung (EU) Nr. 1093/2010, Artikel 16 der Verordnung (EU) Nr. 1094/2010 and Artikel 16 der Verordnung (EU) Nr. 1095/2010 heraus, in denen Inhalt und Form der dem Kryptowerte-Whitepaper gemäß Artikel 8 Absatz 4 beigefügten Erklärung und der Rechtsgutachten zur Einstufung vermögenswertereferenzierter Token gemäß Artikel 17 Absatz 1 Buchstabe b Ziffer ii und Artikel 18 Absatz 2 Buchstabe e präzisiert werden. Die Leitlinien enthalten ein Muster für die Erklärung und das Gutachten sowie einen standardisierten Test für die Einstufung von Kryptowerten.

(2) Die ESA fördern im Einklang mit Artikel 29 der Verordnung (EU) Nr. 1093/2010, Artikel 29 der Verordnung (EU) Nr. 1094/2010 bzw. Artikel 29 der Verordnung (EU) Nr. 1095/2010 Diskussionen zwischen den zuständigen Behörden über die Einstufung der Kryptowerte, einschließlich über die Einstufung der Kryptowerte, die gemäß Artikel 2 Absatz 3 vom Anwendungsbereich dieser Verordnung ausgenommen sind. Die ESA ermitteln auch die Ursachen möglicher Unterschiede bei den Ansätzen der zuständigen Behörden für die Einstufung dieser Kryptowerte und fördern, soweit möglich, einen gemeinsamen diesbezüglichen Ansatz.

(3) Die zuständigen Behörden des Herkunfts- oder Aufnahmemitgliedstaats können die ESMA, die EIOPA oder die EBA gegebenenfalls um eine Stellungnahme zur Einstufung von Kryptowerten ersuchen, einschließlich der Kryptowerte, die gemäß Artikel 2 Absatz 3 vom Anwendungsbereich dieser Verordnung ausgenommen sind. Ja nach Fall legt die ESMA, die EIOPA oder die EBA eine solche Stellungnahme gemäß Artikel 29 der Verordnung (EU) Nr. 1093/2010, Artikel 29 der Verordnung (EU) Nr. 1094/2010 bzw. Artikel 29 der Verordnung (EU) Nr. 1095/2010 innerhalb von 15 Arbeitstagen nach Eingang des Ersuchens der zuständigen Behörden vor.

(4) Die ESA erstellen auf der Grundlage der in dem in Artikel 109 genannten Register enthaltenen Informationen und der Ergebnisse ihrer in den Absätzen 2 und 3 des vorliegenden Artikels genannten Arbeit gemeinsam einen Jahresbericht, in dem Schwierigkeiten bei der Einstufung von Kryptowerten und Unterschiede bei den Ansätzen der zuständigen Behörden aufgezeigt werden.

Schrifttum: Siehe Art. 93

Übersicht

	Rn.
I. Einführung	1
II. Leitlinien	3
II. Gemeinsame Aufsichtskultur	10
1. Kohärenzförderung	10
2. Stellungnahmen	13
VII. Jahresbericht	17

I. Einführung

Art. 97 befasst sich mit Maßnahmen der ESA, die zur **Förderung der Konvergenz der Aufsichtspraktiken der zuständigen Behörden** iSd Art. 93 („*supervisory convergence*") und somit zu einer effizienten Durchsetzung der MiCAR beitragen sollen. Art. 97 Abs. 1–3 konkretisiert dabei Regulierungsinstrumente, die bereits in den für die ESA relevanten Rechtsakten (ESMA-VO, EBA-VO, EIOPA-VO) enthalten sind.

Art. 97 Abs. 1 verpflichtet die ESA (bis zum 30.12.2024) zur **Erlassung von Leitlinien** die den Inhalt und die Form der dem Kryptowerte-Whitepaper beigefügten Erklärung und der Rechtsgutachten zur Einstufung vermögenswertereferenzierter Token präzisieren und ein Muster für die Erklärung und das Rechtsgutachten sowie einen standardisierten Test für die Einstufung von Kryptowerten enthalten (→ Rn. 3–8).

Gemäß Art. 97 Abs. 2 und 3 soll durch die ESA die Ausarbeitung einer **gemeinsamen Aufsichtskultur** unterstützt werden. Dies soll durch **Förderung der Diskussionen** zwischen den zuständigen Behörden über die Einstufung der Kryptowerte und die Ermittlung sowie Beilegung möglicher unterschiedlicher Ansätze diesbezüglich (Art. 97 Abs. 2) (→ Rn. 9–11) oder durch die **Vorlage von Stellungnahmen** auf Ersuchen der zuständigen Behörden (Art. 97 Abs. 2) erfolgen (→ Rn. 12–15).

Die ESA wurden durch Art. 97 Abs. 4 dazu verpflichtet, die Schwierigkeiten bei der Einstufung von Kryptowerten und Unterschiede bei den Ansätzen der zuständigen Behörden in einen **Jahresbericht** wiederzugeben (→ Rn. 16–17).

II. Leitlinien

Die ESA sind gemäß Art. 97 Abs. 1 verpflichtet Leitlinien zu erlassen, die (i) den **Inhalt und die Form der Erläuterung, die dem Kryptowerte-Whitepaper beigefügt** ist (Art. 8 Abs. 4) und (ii) den Inhalt und die Form der **Rechtsgutachten zur Einstufung vermögenswertereferenzierter Token** (Art. 17 Abs. 1 lit. b ii) und Art. 18 Abs. 2 lit. e) präzisieren. Zu bemerken ist eine Inkohärenz in der deutschen Sprachversion der MiCAR: in Art. 8 Abs. 4 wird von einer „Erläuterung" gesprochen, während Art. 97 Abs. 1 auf Art. 8 Abs. 4 Bezug nehmend den Begriff „Erklärung" verwendet.

Die durch die ESA erlassen Leitlinien sollen sowohl ein **Muster für die Erläuterung** iSd Art. 8 Abs. 4 als auch ein **Muster für das Rechtsgutachten** iSd Art. 17 Abs. 1 lit. b ii) und Art. 18 Abs. 2 lit. e enthalten (Art. 97 Abs. 1 S. 1). Ein weiteres Inhaltserfordernis für die Leitlinien ist die Ausarbeitung eines **standardisierten Tests für die Einstufung von Kryptowerten** (Art. 97 Abs. 1 S. 2).

Das Instrument der Leitlinie dient dazu, auf dem **Level 3 des Lamfalussy-Verfahrens** die Perspektiven der ESA zu Rechtsanwendungsfragen, den Level 1 und Level 2 betreffend, abzubilden und die kohärente Anwendung und Rechtsdurchsetzung in der EU zu gewährleisten.[1] Die Kompetenz zur Herausgabe von Leitlinien ist jeweils in Art. 16 der ESMA-VO, EBA-VO und der EIOPA-VO geregelt.

---

[1] BeckOK WpHR/Lange VO (EU) 1095/2010 Art. 16 Rn. 3 (zu Art. 16 ESMA-VO); Kalss, Kapitalmarktrecht I, § 1 Rn. 48 (zu Art. 16 ESMA-VO).

Art. 97 Titel VII Zuständigen Behörden, die EBA und die ESMA

Explizite wird dort darauf hingewiesen, dass Leitlinien die Förderung von kohärenten, effizienten und wirksamen Aufsichtspraktiken zum Ziel haben und eine gemeinsame, einheitliche und kohärente Anwendung des Unionsrechts sicherstellen sollen. Obgleich Leitlinien keine bindenden Rechtsakte sind, ist ihre Rolle als **Interpretationshilfe** für die zuständigen Behörden und die Marktteilnehmer von Bedeutung.[2]

6 **Adressaten der Leitlinien** iSd Art. 16 der ESMA-VO, EBA-VO und EIOPA-VO sind alle zuständigen Behörden und Marktteilnehmer. Dies unterscheidet sie von den ebenfalls in Art. 16 der ESMA-VO, EBA-VO und der EIOPA-VO geregelten Empfehlungen, die and einzelne oder mehrere zuständige Behörden und Marktteilnehmer gerichtet sind.

7 Der Herausgabe von Leitlinien sollte eine **öffentliche Konsultation** vorangestellt werden (Art. 16 Abs. 2 ESMA-VO, EBA-VO und EIOPA-VO). Wird beschlossen, die Herausgabe der Leitlinien ohne eine öffentliche Konsultation durchzuführen, ist eine Begründung erforderlich. Es sollte somit angenommen werden, dass der Herausgabe von Leitlinien gemäß Art. 97 Abs. 1 wahrscheinlich eine öffentliche Konsultation zu Grunde liegen wird.

Der Ausarbeitung der Leitlinien durch die ESA sollte auch unter Berücksichtigung einer **Analyse der potenziellen Kosten- und Nutzeneffekte** erfolgen (Art. 16 Abs. 2 ESMA-VO, EBA-VO und EIOPA-VO).

Sowohl für die öffentliche Konsultation als auch die Analyse der potenziellen Kosten- und Nutzeneffekte gilt ein **Proportionalitätsgebot:** in Bezug auf den Umfang, Natur und Folgen der Leitlinien sollten die Vorbereitungsschritte der ESA zur Herausgabe der Leitlinien verhältnismäßig sein (Art. 16 Abs. 2 ESMA-VO, EBA-VO und EIOPA-VO).

Gemäß Art. 16 Abs. 2 ESMA-VO, EBA-VO und EIOPA-VO soll als vorbereitende Maßnahme, soweit angemessen, auch der **Rat von Interessengruppen** eingeholt werden (EBA- Interessengruppe Bankensektor, ESMA – Interessengruppe Wertpapiere und Wertpapiermärkte, EIOPA – Interessengruppe Versicherung und Rückversicherung und Interessengruppe betriebliche Altersversorgung). Wir der Rat der Interessengruppen nicht ersucht, bedarf dies einer Begründung (Art. 16 Abs. 2 ESMA-VO, EBA-VO und EIOPA-VO).

8 Der EU-Gesetzgeber regelt in Art. 16 Abs. 2a ESMA-VO, EBA-VO und EIOPA-VO ein Qualitätsgebot an die Leitlinien indem explizite festgestellt wird, dass es sich inhaltlich um Regelungsinstrumente mit **qualitativem, interpretatorisch und praktisch wertvollem Inhalt** und nicht um „bloße Wiedergabe von Elementen von Gesetzgebungsakten oder Bezugnahmen darauf" handeln soll. Vor der Herausgabe einer neuen Leitlinie sollen die ESA überprüfen ob es nicht zu Duplizierungen kommt mit anderen Leitlinien kommt (Art. 16 Abs. 2a ESMA-VO, EBA-VO und EIOPA-VO). Für die Förderung der kohärenten Aufsichtspraktiken wäre es vor allem schädlich, wenn verschiedene Leitlinien dieselbe Rechtsfrage unterschiedlich interpretieren würden.

9 Der Kompetenz zur Herausgabe der Leitlinien durch die ESA entspricht die **Pflicht der zuständigen Behörden und der Marktteilnehmer** alle erforderlichen Anstrengungen zu unternehmen, um den Leitlinien nachzukommen (Art. 16 Abs. 3 ESMA-VO, EBA-VO und EIOPA-VO). Gemäß einem „*comply-or-explain*" Mechanismus[3] sollte innerhalb von zwei Monaten nach der Herausgabe

---

[2] Veil EurCapML/Walla § 4 Rn. 24.
[3] BeckOK WpHR/Lange VO (EU) 1095/2010 Art. 16 Rn. 9 (zu Art. 16 ESMA-VO).

einer Leitlinie jede zuständige Behörde bestätigen, ob sie dieser Leitlinie nachkommt oder nachzukommen beabsichtigt. Wird eine zuständige Behörde der Leitlinie die gemäß art. 97 Abs. 1 erlassen werden wird nicht nachkommen oder beabsichtigt sie nicht, dieser nachzukommen, sollte dies den ESA mitsamt Begründung gemeldet werden (Art. 16 Abs. 3 ESMA-VO, EBA-VO und EIOPA-VO). Die Tatsache, dass eine zuständige Behörde dieser nicht nachkommen wird oder nicht nachzukommen beabsichtigt soll durch die ESA veröffentlicht werden (Art. 16 Abs. 3 ESMA-VO, EBA-VO und EIOPA-VO). Auch die Gründe für die Nichteinhaltung der Leitlinie können nach einer Benachrichtigung der jeweiligen zuständigen Behörde durch die ESA veröffentlicht werden (Art. 16 Abs. 3 ESMA-VO, EBA-VO und EIOPA-VO).

II. Gemeinsame Aufsichtskultur

1. Kohärenzförderung

Art. 97 Abs. 2 konkretisiert die in Art. 29 ESMA-VO, EBA-VO und EIOPA-VO statuierte Aufgabe der ESA, eine **gemeinsame Aufsichtskultur in der EU aktiv zu fördern**. 10

In Bezug auf die Anwendung und Durchsetzung der MiCAR soll dies insbesondere durch die **Förderung von Diskussionen zwischen den zuständigen Behörden über die Einstufung der Kryptowerte** erfolgen (Art. 97 Abs. 2). Die Diskussionsförderung sollte dabei auch die Einstufung der Kryptowerte, die gemäß Art. 2 Abs. 3 vom Anwendungsbereich der MiCAR ausgenommen sind, betreffen (Art. 97 Abs. 2). 11

Eine weitere Maßnahme der Kohärenzförderung im Kontext der MiCAR beruht auf der **Ermittlung der Ursachen möglicher Unterschiede bei den Ansätzen der zuständigen Behörden** für die Einstufung dieser Kryptowerte (Art. 97 Abs. 2). Werden Unterschiedliche Herangehensweisen der zuständigen Behörden festgestellt, sollten die ESA auf die einen **gemeinsamen Ansatz hinzuarbeiten** (Art. 97 Abs. 2). 12

2. Stellungnahmen

Art. 97 Abs. 3 konkretisiert die Kompetenz der ESA zur **Abgabe von Stellungnahmen,** die in Art. 29 Abs. 1 lit. a ESMA-VO, EBA-VO und EIOPA-VO als eine der Maßnahmen zur Förderung der gemeinsamen Aufsichtsstruktur geregelt sind. 13

Adressat der Stellungnahme iSd Art. 97 Abs. 3 ist eine zuständige Behörde. Die Abgabe einer Stellungnahme durch die ESA erfolgt **auf Ersuchen der zuständigen Behörde** (Art. 97 Abs. 3). 14

Inhaltlich bezieht sich Art. 97 Abs. 3 auf **Stellungnahmen zur Einstufung von Kryptowerten,** einschließlich der Kryptowerte, die gemäß Art. 2 Abs. 3 vom Anwendungsbereich der MiCAR ausgenommen sind. Die Formulierung „je nach Fall" lässt schlussfolgern, dass der jeweilige konkrete Sachverhalt entscheidet, welche der ESA (ESMA, EBA, EIOPA) für die Abgabe der Stellungnahme zuständig ist. Die MiCAR regelt nicht, ob die zuständige Behörde die Anfrage auf eine Stellungnahme an alle ESA richten sollte, und somit die Entscheidung über die Kompetenz zur Abgabe zwischen den ESA erfolgt, oder ob sich die zuständige Behörde von vornherein an eine ESA wenden sollte. 15

Art. 98 Titel VII Zuständigen Behörden, die EBA und die ESMA

16 Die Vorlage einer Stellungnahme sollte innerhalb von **15 Arbeitstagen nach Eingang des Ersuchens** der zuständigen Behörde erfolgen (Art. 97 Abs. 3).

VII. Jahresbericht

17 Gemäß Art. 97 Abs. 4 wurden die ESA zur **Erstellung eines Jahresberichts** verpflichtet, der die Schwierigkeiten bei der Einstufung von Kryptowerten und Unterschiede in den Aufsichtspraktiken der zuständigen Behörden wiedergeben soll.

18 Die im Zuge der zur Förderung einer gemeinsamen Aufsichtskultur durchgeführten Maßnahmen der ESA (→ Rn. 10–16) gesammelten Erfahrungen und Erkenntnisse dienen als **Informationsquellen** für den Jahresbericht (Art. 97 Abs. 4).

Auch Informationen aus dem ESMA-Register (Art. 109) sollten in den Jahresbericht eingearbeitet werden (Art. 97 Abs. 4). Das verdeutlicht die durch den EU-Gesetzgeber antizipierte konvergenzfördernde Funktion des ESMA-Registers als Quelle standardisierter Informationen über Kryptowerte-Whitepaper und deren Klassifizierung.[4]

Artikel 98 Zusammenarbeit mit anderen Behörden

Übt ein Anbieter, eine Person, die die Zulassung zum Handel beantragt, ein Emittent eines vermögenswertereferenzierten Token oder eines E-Geld-Token oder ein Anbieter von Kryptowerte-Dienstleistungen andere als die unter diese Verordnung fallenden Tätigkeiten aus, so arbeiten die zuständigen Behörden mit den Behörden zusammen, die gemäß den einschlägigen Rechtsvorschriften der Union oder der Mitgliedstaaten für die Beaufsichtigung oder Kontrolle dieser anderen Tätigkeiten zuständig sind, einschließlich der Steuerbehörden und der einschlägigen Aufsichtsbehörden von Drittländern

Übersicht

	Rn.
I. Einführung	1
II. Pflicht und Kompetenz der Zusammenarbeit	2

I. Einführung

1 Art. 98 bezieht sich auf diejenigen Arten der institutionellen Zusammenarbeit der zuständigen Behörden iSd Art. 93, die nicht durch Art. 95 erfasst sind. Die Erweiterung des Netzwerkes der institutionellen Zusammenarbeit dient der **effektiven Durchsetzung** der MiCAR.

---

[4] Consultation Paper Technical Standards specifying certain requirements of Markets in Crypto Assets Regulation (MiCA) – second consultation paper, 5.10.2023, ESMA75-453128700-438, https://beck-link.de/c67rr, S. 63, Rn. 247.

II. Pflicht und Kompetenz der Zusammenarbeit

Auslösender Sachverhalt für die erweiterte institutionelle Zusammenarbeit 2
iSd Art. 98 ist die **parallele Ausübung der Aufsichtskompetenz der zuständigen Behörde** gemäß der MiCAR zu einer Aufsichts- oder Kontrollkompetenzen einer anderen Behörde (→ Rn. 4) in Bezug auf nicht unter die MiCAR fallende Tätigkeiten derselben Person.

Erfasste Personen iSd 98 sind: (i) Anbieter, (ii) Personen, die die Zulassung 3 zum Handel beantragen, (iii) Emittenten eines vermögenswertereferenzierten Token oder eines E-Geld-Token und (iv) Anbieter von Kryptowerte-Dienstleistungen.

Den **Begriff der „anderen" Behörden** mit denen die erweiterte institutio- 4 nelle Zusammenarbeit stattfindet, umreißt die MiCAR nur grob. Es handelt sich um diejenigen Behörden, die gemäß den einschlägigen Rechtsvorschriften der EU oder der Mitgliedstaaten für die Beaufsichtigung oder Kontrolle der Tätigkeiten der erfassten Personen zuständig sind. **Steuerbehörden** und die einschlägigen **Aufsichtsbehörden von Drittländern** werden dabei als Beispiele genannt.

Art. 98 verleiht der zuständigen Behörde im geschilderten Sachverhalt 5 (→ Rn. 2–4) die **Kompetenz** mit den genannten Behörden zusammenzuarbeiten.

Es sollte angenommen werden, dass Art. 98 den zuständigen Behörden auch die 6 **Pflicht** auferlegt, die Zusammenarbeit im weiteren institutionellen Rahmen aufzunehmen. Diese Pflicht umfasst sowohl die Zusammenarbeit aus eigener **Eigeninitiative** der zuständigen Behörde iSd Art. 93 als auch die Aufnahme der Zusammenarbeit **auf Ersuchen** der „anderen" Behörden (→ Rn. 4).

Artikel 99 Übermittlungspflicht

Die Mitgliedstaaten übermitteln der Kommission, der EBA und der ESMA bis zum 30. Juni 2025 die Rechts- und Verwaltungsvorschriften, einschließlich der einschlägigen strafrechtlichen Vorschriften, zur Umsetzung dieses Titels. Die Mitgliedstaaten teilen der Kommission, der EBA und der ESMA spätere Änderungen dieser Vorschriften unverzüglich mit.

Übersicht

	Rn.
I. Übermittlungspflicht	1
II. Aktualisierungspflicht	5

I. Übermittlungspflicht

Die EU-Mitgliedstaaten sind unmittelbare Adressaten der in Art. 99 1 MiCAR geregelten Übermittlungspflicht. Die Form der Informationsübermittlung hat der EU-Gesetzgeber nicht festgelegt. Es ist möglich, dass die jeweiligen zuständigen Behörden aufgrund ihrer bestehenden Kommunikationskanäle mit der EBA und der ESMA die Übermittlung der geforderten Informationen übernehmen werden.

Empfänger der übermittelten Informationen sind die **Kommission, die EBA** 2 **und die ESMA.** Die enumerative Auflistung der Empfänger lässt annehmen, dass die Informationen separat allen drei Institutionen zugestellt werden sollen, um die Übermittlungspflicht zu erfüllen.

3 **Inhalt der Übermittlungspflicht** stellen die Rechts- und Verwaltungsvorschriften, einschließlich der einschlägigen strafrechtlichen Vorschriften dar, die der Umsetzung des Titels VII der MiCAR dienen.

4 Die Erfüllung der Übermittlungspflicht muss bis zum 30.6.2025 erfolgen.

II. Aktualisierungspflicht

5 Infolge einer jeden Änderung der Rechts- und Verwaltungsvorschriften, einschließlich der einschlägigen strafrechtlichen Vorschriften, die der Umsetzung des Titels VII der MiCAR dienen, entsteht seitens der Mitgliedstaaten eine **Aktualisierungspflicht**. Die Übermittlung der geänderten Vorschriften an die Kommission, die EBA und die ESMA sollte **unverzüglich** erfolgen.

Artikel 100 Wahrung des Berufsgeheimnisses

(1) **Alle im Rahmen dieser Verordnung zwischen zuständigen Behörden ausgetauschten Informationen, die Geschäfts- oder Betriebsbedingungen und andere wirtschaftliche oder persönliche Angelegenheiten betreffen, gelten als vertraulich und unterliegen den Anforderungen des Berufsgeheimnisses, es sei denn, ihre Weitergabe wird von den zuständigen Behörden zum Zeitpunkt der Übermittlung für zulässig erklärt oder ist für Gerichtsverfahren oder Fälle aus dem Bereich des nationalen Steuerrechts oder des Strafrechts erforderlich.**

(2) **Die Pflicht zur Wahrung des Berufsgeheimnisses gilt für alle natürlichen oder juristischen Personen, die für die zuständigen Behörden tätig sind oder tätig waren. Die unter das Berufsgeheimnis fallenden Informationen dürfen nicht an andere natürliche oder juristische Personen oder an Behörden weitergegeben werden, es sei denn, dies geschieht aufgrund von Gesetzgebungsakten der Union oder nationalem Recht.**

Schrifttum: Siehe Art. 93

Übersicht

	Rn.
I. Einführung	1
II. Gegenstand des Berufsgeheimnisses	3
III. Adressaten des Berufsgeheimnisses	6
IV. Ausnahmen vom Berufsgeheimnis	7

I. Einführung

1 Art. 100 ist die zentrale Norm der MiCAR die dem Schutz des Berufsgeheimnisses im Zusammenhang mit der Ausübung der Aufsichtstätigkeit in Bezug auf die der materiell-rechtlichen MiCAR-Vorgaben dient. Auf den **Gegenstand des Berufsgeheimnisses** bezieht sich Art. 100 Abs. 1 der festlegt, welche Informationen dem Berufsgeheimnis unterworfen werden (→ Rn. 3–5). Die Fälle in denen eine

Wahrung des Berufsgeheimnisses **Art. 100**

Ausnahme vom Berufsgeheimnis besteht wurden in Art. 100 Abs. 1 und 2 geregelt (→ Rn. 7–9). Art. 100 Abs. 2 definiert den **Adressatenkreis des Berufsgeheimnisses** (→ Rn. 6).

Zweck des Art. 100 ist die **Stärkung des Vertrauens in die zuständigen Behörden**, die zur Durchsetzung der MiCAR Informationen erhalten, verarbeiten und austauschen. Für den Informationsfluss zwischen den zuständigen Behörden ist der Schutz des Berufsgeheimnisses Grundbedingung und zugleich Ausgangspunkt für die effektive Wahrnehmung der Aufsichtsaufgaben.[1] Eine weitere Funktion des Berufsgeheimnisses ist der **Wettbewerbsschutz**.[2] 2

II. Gegenstand des Berufsgeheimnisses

Das Berufsgeheimnis erstreckt sich gemäß Art. 100 Abs. 1 auf **vertrauliche Informationen**. Die Definition der vertraulichen Informationen setzt sich aus zwei Komponenten zusammen: zum einen aus den inhaltlichen Eigenschaften der relevanten Informationen (→ Rn. 3), zum anderen aus den situativen Bedingungen, unter denen die Informationen ausgetauscht werden (→ Rn. 4). 3

Im Hinblick auf die **inhaltlichen Eigenschaften** der vertraulichen Information, folgt aus Art. 100 Abs. 1, dass alle im Rahmen der MiCAR zwischen zuständigen Behörden ausgetauschten Informationen, die Geschäfts- oder Betriebsbedingungen und andere wirtschaftliche oder persönliche Angelegenheiten betreffen, als vertraulich gelten. Diese auslaufende Definition umfasst *de facto* alle Informationen, die im Zuge der Aufgabenwahrnehmung der zuständigen Behörden weitergegeben werden.[3] 4

Im Schrifttum zum vergleichbaren Art. 27 MAR wird teilweise die Meinung vertreten, das Berufsgeheimnis sollte in Anlehnung an die EuGH-Rechtsprechung zu Art. 54 Abs. 1 MiFID (= Art. 76 Abs. 1 MiFID II) auf das **Bankgeheimnis**, das **Betriebsgeheimnis** und das **aufsichtsrechtliche Geheimnis** beschränkt werden.[4] Herangezogen wird das Urteil des EuGH v. 12.11.2015 (EuZW 2015, 236), der sich im Anschluss an die Schlussanträge des Generalanwalts Jääskinen v. 4.9.2014 (BKR 2014, 470) mit dem Berufsgeheimnis nach Art. 54 Abs. 1 MiFID (= Art. 76 Abs. 1 MiFID II) auseinandergesetzt hat. Nach der Deutung des Schrifttums zu Art. 27 umfasse das Berufsgeheimnis Informationen, die (1) dem sog. Bankgeheimnis unterlägen, (2) durch das „Betriebsgeheimnis" der beaufsichtigten Unternehmen geschützt würden und (3) dem eigenen Geheimhaltungsinteresse der Aufsichtsbehörden unterlägen.[5] Es scheint bedenklich, den Begriff des Berufsgeheimnisses iSd Art. 27 MAR auf das Bankgeheimnis, das Betriebsgeheimnis und das aufsichtsrechtliche Geheimnis zu beschränken. Diese drei Kategorien finden sich nur in den Schlussanträgen des GA Jääskinen. Der EuGH nennt sie weder aus-

---

[1] Schwark/Zimmer/Kumpan/Grütze MAR Art. 27 Rn. 2 (zu Art. 27 MAR).
[2] Lehmann/Kumpan/Kämmerer, 1. Aufl. 2019, MAR Art. 27 Rn. 1 (zu Art. 27 MAR).
[3] BeckOK WpHR/Weber/Harnos VO (EU) 596/2014, Art. 27 Rn. 3 (zu Art. 27 MAR).
[4] Assmann/Schneider/Mülbert/Döhmel Rn. 7; Schwark/Zimmer/Kumpan/Grütze VO (EU) 596/2014 Art. 27 Rn. 5 (zu Art. 27 MAR).
[5] so Schwark/Zimmer/Kumpan/Grütze VO (EU) 596/2014 Art. 27 Rn. 5 (zu Art. 27 MAR); vgl. ferner Assmann/Schneider/Mülbert/Döhmel Rn. 7 (zu Art. 27 MAR); zu näherer Ausfüllung dieser Kategorien in Bezug zu Art. 27 MAR GA Jääskinen BKR 2014, 470 Rn. 36–38.

drücklich noch nimmt er auf die einschlägigen Ausführungen des GA Jääskinen Bezug, sodass es schwerfällt, das einschränkende Verständnis des Berufsgeheimnisses als Bestandteil der EuGH-Rechtsprechung zu betrachten. Auch aus teleologischer Perspektive ist es nicht geboten, den Geheimnisschutz einzuschränken. Diese Argumente gegen eine einschränkende Interpretation des Begriffs des Berufsgeheimnisses sind ebenfalls auf Art. 100 anwendbar.

5 In Bezug auf die **situativen Bedingungen** ist Art. 100 Abs. 1 zu entnehmen, dass alle im Rahmen der MiCAR zwischen zuständigen Behörden ausgetauschten Informationen Gegenstand des Berufsgeheimnisses darstellen.

Obwohl der Wortlaut des Art. 100 Abs. 1 sich auf den Austausch zwischen den zuständigen Behörden bezieht, sollte angenommen werden, dass auch die Übermittlung von Informationen zwischen den zuständigen Behörden und den ESA dem Berufsgeheimnis unterworfen ist.[6] Andernfalls würde ein wichtiger Teil des Informationsaustausches im Rahmen der Wahrnehmung von Aufsichtskompetenzen in Bezug auf die MiCAR von der Schutzfunktion des Berufsgeheimnisses ausgeschlossen sein. Im Hinblick auf die gemischten Aufsichtszuständigkeiten zwischen EU- und nationaler Ebene[7] würde der Ausschluss des Informationstransfers zwischen den zuständigen Behörenden und den ESA vom Berufsgeheimnis nicht dem Zweck des Art. 100 Abs. 1 entsprechen und ihrer effektiven Anwendung und Durchsetzung schaden.

III. Adressaten des Berufsgeheimnisses

6 Gemäß Art. 100 Abs. 2 obliegt die die **Pflicht zur Wahrung des Berufsgeheimnisses** allen natürlichen oder juristischen Personen, die für die zuständigen Behörden tätig sind oder tätig waren. Das Berufsgeheimnis erstreckt sich somit auf alle gegenwärtigen und ehemaligen Beschäftigten der zuständigen Behörden.

Im Wortlaut des Art. 100 Abs. 2 vermisst man, ähnlich wie im Wortlaut des Art. 100 Abs. 1 (→ Rn. 4) eine direkte Bezugnahme auf den Informationsaustausch der zwischen den zuständigen Behörden und den ESA erfolgt. Dennoch soll angenommen werden, dass die Pflicht zur Wahrung des Berufsgeheimnisses sich auch auf die gegenwärtigen und ehemaligen Beschäftigten des ESA zutrifft (→ Rn. 4).[8]

IV. Ausnahmen vom Berufsgeheimnis

7 Art. 100 formuliert drei Ausnahmen vom Berufsgeheimnis: (1) die Weitergabe der Information wird von den zuständigen Behörden zum Zeitpunkt der Übermittlung für zulässig erklärt (Art. 100 Abs. 1); (2) die Weitergabe der Information

---

[6] BeckOK WpHR/Weber/Harnos VO (EU) 596/2014, Art. 27 Rn. 4 (zu Art. 27 MAR); aA Schwark/Zimmer/Kumpan/Grütze VO (EU) 596/2014 Art. 27 Rn. 6 (zu Art. 27 MAR).

[7] BeckOK WpHR/Weber/Harnos VO (EU) 596/2014 Art. 22 Rn. 1–2.1(zu Art. 22 MAR); zur Europäisierung der Finanzmarktaufsicht: C. Gortsos, K. Lagaria, The European Supervisory Authorities (ESAs) as „direct" supervisors in the EU financial system, EBI Working Paper Series 2020, Nr. 57; Howell, The evolution of ESMA and Direct Supervision: Are there implications for EU supervisory governance, Common Market Law Review 2017, Nr. 54; Moloney, The Age of ESMA – Governing EU Financial Markets; Wolff, Cooperation Mechanisms within the Administrative Framework of European Financial Supervision.

[8] BeckOK WpHR/Weber/Harnos VO (EU) 596/2014, Art. 27 Rn. 6 (zu Art. 27 MAR).

ist für Gerichtsverfahren oder Fälle aus dem Bereich des nationalen Steuerrechts oder des Strafrechts erforderlich (Art. 100 Abs. 1); (3) die Bekanntgabe der Information geschieht aufgrund von Gesetzgebungsakten der Union oder nationalem Recht eines Mitgliedstaates (Art. 100 Abs. 1).

Der erste Ausnahmetatbestandes, dh die **Erklärung der zuständigen Behörde über die Zulässigkeit der Weitergabe der Information zum Zeitpunkt der Übermittlung,** wurde durch den EU-Gesetzgeber nur grob umrissen. Vor allem wurde nicht geregelt, unter welchen Umständen die zuständige Behörde die Übermittlung der vertraulichen Informationen zulassen darf.[9]

Teilweise wird im Schrifttum zur vergleichbaren Norm des Art. 27 MAR vertreten, dass die eigenständige Beurteilung der Vertraulichkeit der Behörde ermöglichen soll, ihre Einschätzung bezüglich der Vertraulichkeit zu verdeutlichen und die Nutzung der Information zu verfolgen.[10] Zum Teil wird darauf abgestellt, ob die zuständige Behörde die Information gegenüber Dritten offengelegt hat und somit keine Geheimhaltungspflicht mehr besteht.[11] Beide Vorschläge laufen darauf hinaus, dass die Behörde die Deutungshoheit über den Kreis der vertraulichen Informationen hat.[12] Die Anwendung dieser Interpretation auf den Art. 100 Abs. 1 würde jedoch dem zweiten Ausnahmetatbestand (Art. 100 Abs. 2) widersprechen, wonach die Informationsbekanntgabe nur aufgrund einer Rechtsvorschrift der Union oder eines Mitgliedstaats gestattet ist (→ Rn. 9). Um die Kohärenz des Art. 100 zu wahren, sollte angenommen werden, dass erste Ausnahmetatbestand nur eingreift, wenn die zuständige Behörde befugt war, die Informationsweitergabe zum Zeitpunkt der Übermittlung für zulässig zu erklären.[13]

Der zweite Ausnahmetatbestand schließt die Pflicht zur Wahrung des Berufs- 8 geheimnisses aus, wenn die Weitergabe der Information für Gerichtsverfahren oder Fälle aus dem Bereich des nationalen Steuerrechts oder des Strafrechts erforderlich ist (Art. 100 Abs. 1). Das Tatbestandsmerkmal der Erforderlichkeit macht deutlich, dass die Weitergabe dem Verhältnismäßigkeitsgebot entsprechen sollte.[14] Eine Ausnahme vom Berufsgeheimnis besteht somit nur dann, wenn die Interessenabwägung bezüglich der Weitergabe der Information für Gerichtsverfahren oder Fälle aus dem Bereich des nationalen Steuerrechts oder des Strafrechts ergibt, dass die Vorteile des Vertraulichkeitsbruchs ihre Nachteile überwiegen.[15]

Im Vergleich zum Art. 27 MAR hat der EU-Gesetzgeber sich in Art. 100 dafür entschieden, den zweiten Ausnahmetatbestand auf die Weitergabe von Informationen in Bezug auf straf- und steuerrechtlichen Angelegenheiten zu beschränken. Dies entspricht der teilweise im Schrifttum zum Art. 27 MAR vertretenden Ansicht, der Art. 27 Abs. 2 Hs. 2 Var. 2 gelte nur für strafgerichtliche Verfahren, nicht aber für Zivilverfahren.[16] Der Wortlaut des Art. 100 klärt diese Frage eindeutig.

---

[9] BeckOK WpHR/Weber/Harnos VO (EU) 596/2014, Art. 27 Rn. 9 (zu Art. 27 MAR); Schwark/Zimmer/Kumpan/Grütze VO (EU) 596/2014 Art. 27 Rn. 7 (zu Art. 27 MAR).
[10] Schwark/Zimmer/Kumpan/Grütze VO (EU) 596/2014 Art. 27 Rn. 7 (zu Art. 27 MAR).
[11] Lehmann/Kumpan/Kämmerer, 1. Aufl. 2019, MAR Art. 27 Rn. 4 (zu Art. 27 MAR).
[12] BeckOK WpHR/Weber/Harnos VO (EU) 596/2014, Art. 27 Rn. 9 (zu Art. 27 MAR).
[13] BeckOK WpHR/Weber/Harnos VO (EU) 596/2014, Art. 27 Rn. 9 (zu Art. 27 MAR).
[14] BeckOK WpHR/Weber/Harnos VO (EU) 596/2014, Art. 27 Rn. 10 (zu Art. 27 MAR).
[15] Schwark/Zimmer/Kumpan/Grütze VO (EU) 596/2014 Art. 27 Rn. 7 (zu Art. 27 MAR).
[16] Assmann/Schneider/Mülbert/Döhmel Rn. 13 (zu Art. 27 MAR); aA Schwark/Zimmer/Kumpan/Grütze VO (EU) 596/2014 Art. 27 Rn. 7 (zu Art. 27 MAR).; BeckOK WpHR/Weber/Harnos VO (EU) 596/2014, Art. 27 Rn. 11 (zu Art. 27 MAR).

9 Der dritte Ausnahmetatbestand gilt, wenn die **Informationsbekanntgabe aufgrund von Gesetzgebungsakten der Union oder nationalem Recht eines Mitgliedstaates geschieht** (Art. 100 Abs. 2). Diese Ausnahme vom Berufsgeheimnis greift allerdings nur im Fall einer expliziten Gestattung der die Bekanntgabe der vertraulichen Informationen.[17] Eine allgemeine Befugnis zur Informationsübermittlung ist nicht ausreichend.[18]

Artikel 101 Datenschutz

In Bezug auf die Verarbeitung personenbezogener Daten im Rahmen dieser Verordnung führen die zuständigen Behörden ihre Aufgaben im Sinne dieser Verordnung im Einklang mit der Verordnung (EU) 2016/679 aus.

Die Verarbeitung personenbezogener Daten für die Zwecke dieser Verordnung durch die EBA und die ESMA erfolgt im Einklang mit der Verordnung (EU) 2018/1725.

Schrifttum: Siehe Art. 93

Übersicht

	Rn.
I. Einführung	1
II. Anforderungen an die Datenverarbeitung	2
1. Anforderungen an die zuständigen Behörden	2
2. Anforderungen an die EBA und die ESMA	3
III. Dauer der Datenverarbeitung	4

I. Einführung

1 Art. 101 befasst sich mit der Datenverarbeitung im Rahmen der Anwendung und Durchsetzung der MiCAR-Vorgaben. Im Zuge der Wahrnehmung von Aufsichtsaufgaben kommen die zuständigen Behörden, die ESMA und die EBA unvermeidlich mit den personenbezogenen Daten in Berührung. Um gemäß des Art. 8 GRCh ein angemessenes Datenschutzniveau sicherzustellen, verweist die MiCAR auf andere Unionsakte (→ Rn. 3–4). Eigenständige Vorgaben für die Datenverarbeitung oder eine Konkretisierung der Speicherbegrenzung (→ Rn. 5) wurden nicht eingeführt. Art. 101 hat somit einen rein **deklaratorischen Charakter**[1].

---

[17] BeckOK WpHR/Weber/Harnos VO (EU) 596/2014, Art. 27 Rn. 12 (zu Art. 27 MAR).
[18] Assmann/Schneider/Mülbert/Döhmel Rn. 8 (zu Art. 27 MAR).
[1] BeckOK WpHR/Weber/Harnos VO (EU) 596/2014 Art. 28 Rn. 1 (zu Art. 28 MAR); Schwark/Zimmer/Kumpan/Grütze VO (EU) 596/2014 Art. 28 Rn. 2 (zu Art. 28 MAR).

II. Anforderungen an die Datenverarbeitung

1. Anforderungen an die zuständigen Behörden

Art. 101 UAbs. 1 verpflichtet die zuständigen Behörden die Verarbeitung personenbezogener Daten in Bezug auf die Wahrnehmung ihrer Aufgaben gemäß der MiCAR **im Einklang mit der DSGVO** durchzuführen. 2

2. Anforderungen an die EBA und die ESMA

Hinsichtlich der Datenverarbeitung durch die EBA und die ESMA verweist Art. 101 UAbs. 2 auf die VO (EU) 2018/1725. Die Verarbeitung personenbezogener Daten durch die EBA und die ESMA sollte somit **im Einklang mit der VO (EU) 2018/1725** erfolgen. 3

III. Dauer der Datenverarbeitung

Nach Art. 5 Abs. 1 lit. e DS-GVO bzw. Art. 4 Abs. 1 lit. e VO (EU) 2018/1725 gilt die sog. Speicherbegrenzung: Die zuständigen Behörden, die EBA und die ESMA demnach personenbezogene Daten lediglich in einer Form speichern, die die Identifizierung der betroffenen Personen nur so lange ermöglicht, wie es für die Zwecke, für die sie verarbeitet werden, erforderlich ist. Anders als im Art. 28 UAbs. 2 MAR hat sich der EU-Gesetzgeber in Bezug auf die MiCAR nicht für eine Konkretisierung dieser zeitlichen Grenze entschieden. Im Art. 101 wurde keine maximale zulässige Dauer der Datenspeicherung eingeführt. 4

Artikel 102 Vorsorgliche Maßnahmen

(1) Hat die zuständige Behörde eines Aufnahmemitgliedstaats eindeutige und nachweisbare Gründe für den Verdacht, dass es bei den Tätigkeiten eines Anbieters oder einer Person, die die Zulassung eines Kryptowerts zum Handel beantragt, oder eines Emittenten eines vermögenswertereferenzierten Token oder eines E-Geld-Token oder eines Anbieters von Kryptowerte-Dienstleistungen Unregelmäßigkeiten gibt, so setzt sie die zuständige Behörde des Herkunftsmitgliedstaats und die ESMA davon in Kenntnis.

Betreffen die Unregelmäßigkeiten gemäß Unterabsatz 1 einen Emittenten eines vermögenswertereferenzierten Token oder eines E-Geld-Token oder eine Kryptowerte-Dienstleistung im Zusammenhang mit vermögenswertereferenzierten Token oder E-Geld-Token, so setzt die zuständige Behörde des Aufnahmemitgliedstaats die EBA ebenfalls in Kenntnis.

(2) Dauern die Unregelmäßigkeiten, auf die in Absatz 1 Bezug genommen wird, trotz der von der zuständigen Behörde des Herkunftsmitgliedstaats ergriffenen Maßnahmen an, was einen Verstoß gegen diese Verordnung darstellt, so ergreift die zuständige Behörde des Aufnahmemitgliedstaats nach vorheriger Unterrichtung der zuständigen Behörde des Herkunftsmitgliedstaats, der ESMA und gegebenenfalls der EBA alle

Art. 102 Titel VII Zuständigen Behörden, die EBA und die ESMA

für den Schutz der Kunden von Anbietern von Kryptowerte-Dienstleistungen und der Inhaber von Kryptowerten, insbesondere Kleinanleger, erforderlichen Maßnahmen. Zu diesen Maßnahmen gehört es, den Anbieter, die Person, die die Zulassung zum Handel beantragt, den Emittenten des vermögenswertereferenzierten Token oder des E-Geld-Token oder den Anbieter von Kryptowerte-Dienstleistungen daran zu hindern, weitere Tätigkeiten im Aufnahmemitgliedstaat auszuüben. Die zuständige Behörde unterrichtet die ESMA und gegebenenfalls die EBA unverzüglich darüber. Die ESMA und, sofern beteiligt, die EBA setzen die Kommission unverzüglich davon in Kenntnis.

(3) Ist eine zuständige Behörde des Herkunftsmitgliedstaats mit einer von einer zuständigen Behörde des Aufnahmemitgliedstaats nach Absatz 2 getroffenen Maßnahme nicht einverstanden, so kann sie die Angelegenheit der ESMA zur Kenntnis bringen. In diesen Fällen gilt Artikel 19 Absatz 4 der Verordnung (EU) Nr. 1095/2010 entsprechend.

Betreffen die Maßnahmen nach Absatz 2 einen Emittenten eines vermögenswertereferenzierten Token oder eines E-Geld- Token oder eine Kryptowerte-Dienstleistung im Zusammenhang mit vermögenswertereferenzierten Token oder E-Geld- Token, so kann die zuständige Behörde des Aufnahmemitgliedstaats die Angelegenheit abweichend von Unterabsatz 1 der EBA zur Kenntnis bringen. In diesen Fällen gilt Artikel 19 Absatz 4 der Verordnung (EU) Nr. 1093/2010 entsprechend.

Übersicht

	Rn.
I. Einführung	1
II. Informationspflicht	3
1. Verdacht auf Unregelmäßigkeiten	3
2. Pflichtadressaten	5
3. Informationsadressaten	6
4. Gegenstand der Informationspflicht	8
III. Weitere erforderliche Maßnahmen	10
1. Anhaltende Unregelmäßigkeiten	10
2. Auswahl der Maßnahme	11
3. Verhinderung der Ausübung von Tätigkeiten	14
IV. Beilegung von Meinungsverschiedenheiten	15

I. Einführung

1   Wie Erwgr. Nr. 8 feststellt, sind Märkte für Kryptowerte global und somit von Natur aus grenzüberschreitend. Demzufolge vermag eine effektive Aufsicht über die Anwendung und Durchsetzung der MiCAR grenzüberschreitende Zusammenarbeit zwischen den zuständigen Behörden. Erwgr. Nr. 100 macht deutlich, dass diese grenzüberschreitende Zusammenarbeit insbesondere dazu dient Verstöße gegen die MiCAR aufzudecken und davon abzuschrecken. Art. 102 befasst sich mit einer bestimmten Modalität der Zusammenarbeit zwischen den zuständigen Behörden und **konkretisiert Art. 95,** der die Rahmenbedingungen der Zusammenarbeit zwischen den zuständigen Behörden regelt.

Vorsorgliche Maßnahmen **Art. 102**

Auslösender Tatbestand für die in Art. 102 geregelten Pflichten und Kompetenzen der zuständigen Behörden ist der eindeutige und nachweisbare Verdacht für das Auftreten von **Unregelmäßigkeiten in den Tätigkeiten** einer von Art. 102 erfassten Person, dh eines Anbieters, einer Person, die die Zulassung eines Kryptowerts zum Handel beantragt, eines Emittenten eines vermögenswertereferenzierten Token oder eines E-Geld-Token oder eines Anbieters von Kryptowerte-Dienstleistungen (→ Rn. 4). 2

Die **Informationspflicht** bezüglich der Unregelmäßigkeiten (→ Rn. 3–9) lastet auf der zuständigen Behörde eines Aufnahmemitgliedstaats (→ Rn. 5). **Informationsadressat** ist die zuständige Behörde des Herkunftsmitgliedstaates und die ESMA – abhängig von der Art der unter Verdacht auf Unregelmäßigkeiten stehenden Tätigkeit – ggf. auch die EBA (→ Rn. 6–7).

Im Fall anhaltender Unregelmäßigkeiten besteht die Kompetenz der zuständigen Behörde des Aufnahmemitgliedstaats **erforderliche Maßnahmen** zu ergreifen, insbesondere im Hinblick auf die Verhinderung der weiteren Tätigkeit (→ Rn. 10–14). Wird von dieser Kompetenz Gebrauch gemacht, muss die zuständige Behörde des Herkunftsmitgliedstaates vorab informiert werden (→ Rn. 13). Eine Informationspflicht besteht auch gegenüber der ESMA, ggf. die EBA (→ Rn. 13). Die ESMA, ggf. die EBA wiederum informieren die Kommission (→ Rn. 13).

Bei **Meinungsverschiedenheiten** zwischen der zuständigen Behörde des Herkunftsmitgliedstaates und der zuständigen Behörde des Aufnahmemitgliedstaates bezüglich der ergriffenen Maßnahmen soll die ESMA ggf. die EBA informiert werden (→ Rn. 15). Die Beilegung der Meinungsverschiedenheit durch die ESMA bzw. EBA kann gemäß Art. 19 Abs. 4 ESMA-VO bzw. Art. 19 Abs. 4 EBA-VO durch einen Beschluss im Einzelfall erfolgen, der sich direkt an den jeweiligen Marktteilnehmer richtet (→ Rn. 16).

II. Informationspflicht

1. Verdacht auf Unregelmäßigkeiten

Gemäß Art. 102 Abs. 1 bewirkt das **Auftreten eines Verdachts auf Unregelmäßigkeiten in den Tätigkeiten der erfassten Personen** (→ Rn. 4) das Entstehen einer Informationspflicht (Gegenstand → Rn. 8–9, Pflichtadressaten → Rn. 5, Informationsadressaten → Rn. 6–7). Diese Unregelmäßigkeiten müssen somit nicht definitiv festgestellt werden – es reicht aus, wenn ein Verdacht besteht. Der Verdacht muss jedoch auf **eindeutige und nachweisbare Gründe** zurückzuführen sein. Diese Kriterien sollen klarstellen, dass die Informationspflicht nicht auf Fälle anwendbar ist in denen schwach begründete oder nicht nachweisbare Umstände auf potentielle Unregelmäßigkeiten deuten. Die Auferlegung einer weiter gefassten Informationspflicht, die nicht einen fundierten Verdacht voraussetzen würde, wäre für die Effektivität der zuständigen Behörden bei der Wahrnehmung ihrer Aufgaben schädlich. 3

Der Verdacht auf Unregelmäßigkeiten muss die Tätigkeiten enumerativ im Art. 102 Abs. 1 aufgelisteter Personen betreffen. Die **erfassten Personen** müssen somit in eine der folgenden Kategorien fallen: (i) Anbieter, (ii) Personen, die die Zulassung eines Kryptowerts zum Handel beantragen (iii) Emittenten eines ver- 4

Art. 102

mögenswertereferenzierten Token oder eines E-Geld-Token (iv) Anbieter von Kryptowerte-Dienstleistungen.

2. Pflichtadressaten

5 Adressaten der Informationspflicht aus Art. 102 Abs. 1 sind **die zuständigen Behörden des Aufnahmemitgliedstaates,** die den Verdacht auf Unregelmäßigkeiten schöpfen (→ Rn. 3–4). Die Informationspflicht impliziert zugleich eine Kompetenzbefugnis der zuständigen Behörden des Aufnahmemitgliedstaates die zuständige Behörde des Herkunftsmitgliedstaates in Bezug auf den entstandenen Verdacht zu informieren.

Der **Begriff des Aufnahmemitgliedstaates** sollte gemäß der Begriffsbestimmung aus Art. 3 Abs. 1 Nr. 34 verstanden werden. Danach handelt es sich um den Mitgliedstaat, in dem ein Anbieter oder die Person, die eine Zulassung zum Handel beantragt, Kryptowerte öffentlich anbietet oder deren Zulassung zum Handel beantragt oder in dem ein Anbieter von Kryptowerte-Dienstleistungen erbringt, wenn dies nicht der Herkunftsmitgliedstaat ist.

3. Informationsadressaten

6 Adressat der Informationspflicht der zuständigen Behörden des Aufnahmemitgliedstaates, die Verdacht auf Unregelmäßigkeiten geschöpft hat (→ Rn. 3–4), ist **die zuständige Behörde des Herkunftsmitgliedstaates.**

Der **Begriff des Herkunftsmitgliedstaates** sollte gemäß der Begriffsbestimmung aus Art. 3 Abs. 1 Nr. 33 verstanden werden. Der Begriff bezeichnet somit (i) bei Anbietern von anderen Kryptowerten als vermögenswertereferenzierten Token oder E-Geld-Token oder Personen, die die Zulassung solcher Kryptowerte zum Handel beantragen, die ihren Sitz in der Union haben, den Mitgliedstaat, in dem der Anbieter oder die Person seinen bzw. ihren Sitz hat; (ii) bei Anbietern von anderen Kryptowerten als vermögenswertereferenzierten Token oder E-Geld-Token oder Personen, die die Zulassung solcher Kryptowerte zum Handel beantragen, die zwar keinen Sitz, dafür aber eine oder mehrere Zweigniederlassungen in der Union haben, den Mitgliedstaat, den der Anbieter oder die Person aus den Mitgliedstaaten, in denen er bzw. sie Zweigniederlassungen hat, auswählt; (iii) bei Anbietern von anderen Kryptowerten als vermögenswertereferenzierten Token oder E-Geld-Token oder Personen, die die Zulassung solcher Kryptowerte zum Handel beantragen, die ihren Sitz in einem Drittland und keine Zweigniederlassung in der Union haben, entweder den Mitgliedstaat, in dem die Kryptowerte erstmals öffentlich angeboten werden sollen, oder je nach Wahl des Anbieters oder der Person, die eine Zulassung zum Handel beantragt, den Mitgliedstaat, in dem der erste Antrag auf Zulassung zum Handel mit diesen Kryptowerte gestellt wird; (iv) bei Emittenten vermögenswertereferenzierter Token den Mitgliedstaat, in dem der Emittent vermögenswertereferenzierter Token seinen Sitz hat; (v) bei Emittenten von E-Geld-Token die Mitgliedstaaten, in denen der Emittent von E-Geld-Token als Kreditinstitut gemäß der RL 2013/36/EU oder als E-Geld-Institut gemäß der RL 2009/110/EG zugelassen ist; (vi) bei Anbietern von Kryptowerte-Dienstleistungen den Mitgliedstaat, in dem der Anbieter von Kryptowerte-Dienstleistungen seinen Sitz hat.

7 Neben der zuständigen Behörde des Herkunftsmitgliedstaates sollte auch die **ESMA** über den Verdacht auf Unregelmäßigkeiten in Kenntnis gesetzt werden.

Vorsorgliche Maßnahmen **Art. 102**

Handelt es sich bei den identifizierten Unregelmäßigkeiten um einen Emittenten eines vermögenswertereferenzierten Tokens oder eines E-Geld-Token oder eine Kryptowerte-Dienstleistung im Zusammenhang mit vermögenswertereferenzierten Token oder E-Geld-Token, besteht die Informationspflicht auch gegenüber der **EBA**.

4. Gegenstand der Informationspflicht

Auf den Gegenstand der Informationspflicht geht der EU-Gesetzgeber in Art. 102 Abs. 1 nicht genauer ein. Dem auslösenden Tatbestand lässt sich ableiten, dass die Information inhaltlich den **Verdacht auf Unregelmäßigkeiten** darstellen sollte. 8

In Bezug auf die Kriterien der **Eindeutigkeit und Nachweisbarkeit** die den Begriff des Verdachts konkretisieren, sollte angenommen werden, dass die inhaltliche Erfüllung der Informationspflicht diesen Kriterien folgen sollte. Die Informationsadressaten sollten somit nicht nur über den bloßen Verdacht der Unregelmäßigkeiten in Kenntnis gesetzt werden, sondern auch Informationen zu den Umständen erhalten, die den Verdacht eindeutig und nachweisbar machen. *De facto* sollte davon ausgegangen werden, dass der Gegenstand der Informationspflicht einen Nachweis des Verdachts auf Unregelmäßigkeiten beinhaltet. Dieser Nachweis sollte die Eindeutigkeit des Verdachts bestätigen. 9

III. Weitere erforderliche Maßnahmen

1. Anhaltende Unregelmäßigkeiten

Für den Fall der **Unwirksamkeit der durch die zuständige Behörde des Herkunftsmitgliedstaats ergriffenen Maßnahmen,** verpflichtet der EU-Gesetzgeber die zuständige Behörde des Aufnahmemitgliedstaates zur Ergreifung weiterer Maßnahmen (Art. 102 Abs. 2). Die zuständige Behörde des Aufnahmemitgliedstaates sollte den anhaltenden Zustand eines Verdachtes auf Unregelmäßigkeiten in der Tätigkeit einer vom Art. 102 erfassten Person (→ Rn. 4) Kraft einer eigenen Maßnahme unterbrechen um somit die Durchsetzung der MiCAR sicherzustellen. 10

2. Auswahl der Maßnahme

Die durch die zuständige Behörde des Aufnahmemitgliedstaates erhobene Maßnahmen sollte den **Schutz der Kunden** von Anbietern von Kryptowerte-Dienstleistungen und der Inhaber von Kryptowerten, **insbesondere Kleinanleger,** gewährleisten (Art. 102 Abs. 2). 11

Generell liegt die Auswahl einer konkreten Maßnahme im **Ermessen** der zuständigen Behörde des Aufnahmemitgliedstaates. Die Maßnahme sollte jedoch gemäß dem Wortlaut des Art. 102 Abs. 2 **erforderlich** sein, was deutlich macht, dass die Maßnahme dem Verhältnismäßigkeitsgebot entsprechen sollte. 12

Vor der Anwendung der gewählten der Maßnahme ist die zuständige Behörde des Aufnahmemitgliedstaates verpflichtet **die zuständige Behörde des Herkunftsmitgliedstaats, die ESMA und ggf. die EBA in Kenntnis zu setzen.** 13

Art. 103 Titel VII Zuständigen Behörden, die EBA und die ESMA

3. Verhinderung der Ausübung von Tätigkeiten

14 Gegenstand der erforderlichen Maßnahmen ist insbesondere die **Verhinderung der weiteren Ausübung von Tätigkeiten im Aufnahmemitgliedstaat** durch die vom Art. 102 erfassten Personen (→ Rn. 4). Die Ergreifung dieser Maßnahme löst zwei aufeinanderfolgende **Informationspflichten** aus. Erstens, sollte die zuständige Behörde unverzüglich die ESMA und ggf. die EBA über die Anwendung der Maßnahme unterrichten. Zweitens, ist die ESMA und ggf. die EBA verpflichtet, die Kommission über die Anwendung der Maßnahme unverzüglich in Kenntnis zu setzen.

IV. Beilegung von Meinungsverschiedenheiten

15 Ist eine zuständige Behörde des Herkunftsmitgliedstaats mit einer von einer zuständigen Behörde des Aufnahmemitgliedstaats getroffenen Maßnahme (→ Rn. 11–14) nicht einverstanden, **kann die ESMA, ggf. die EBA, über die Meinungsverschiedenheit unterrichtet werden** (Art. 102 Abs. 3).
16 Die **Beilegung der Meinungsverschiedenheit** erfolgt gemäß dem Verweis auf Art. 19 Abs. 4 der ESMA-VO bzw. EBA-VO. Dass bedeutet, dass die ESMA, ggf. die EBA, einen **Beschluss im Einzelfall** direkt an den betreffenden Marktteilnehmer richten kann. Dieser Beschluss kann den betroffenen Marktteilnehmer, dh eine von Art. 102 erfasste Person, verpflichten, alle zur Einhaltung seiner Pflichten im Rahmen der MiCAR erforderlichen Maßnahmen zu treffen, einschließlich der Einstellung jeder Tätigkeit.

Wie Erwgr. Nr. 32 der ESMA-VO und EBA-VO zum Ausdruck bringt, gilt in Bezug auf die Kompetenz der Beschlussfassung der ESMA bzw. EBA der **Grundsatz der Verhältnismäßigkeit.** Hiernach sollte die ESMA, ggf. die EBA, von der Befugnis zum Erlass von Beschlüssen gegenüber einem Marktteilnehmer nur als letztes Mittel Gebrauch machen.

Artikel 103 Befugnisse der ESMA zur vorübergehenden Intervention

(1) **Gemäß Artikel 9 Absatz 5 der Verordnung (EU) Nr. 1095/2010 kann die ESMA, wenn die Bedingungen der Absätze 2 und 3 des vorliegenden Artikels erfüllt sind, Folgendes vorübergehend verbieten oder beschränken:**
a) **Vermarktung, Vertrieb oder Verkauf bestimmter anderer Kryptowerte als vermögenswertereferenzierter Token oder E-Geld-Token oder anderer Kryptowerte als vermögenswertereferenzierter Token oder E-Geld-Token mit bestimmten Merkmalen oder**
b) **eine Art der Tätigkeit oder Praxis im Zusammenhang mit anderen Kryptowerten als vermögenswertereferenzierten Token oder E-Geld-Token.**

Ein Verbot oder eine Beschränkung kann unter bestimmten von der ESMA festgelegten Bedingungen oder vorbehaltlich von der ESMA festgelegter Ausnahmen gelten.

(2) **Die ESMA ergreift eine Maßnahme gemäß Absatz 1 nur, wenn alle folgenden Bedingungen erfüllt sind:**

a) Mit dem vorgeschlagenen Verbot bzw. der vorgeschlagenen Beschränkung wird erheblichen Bedenken hinsichtlich des Anlegerschutzes oder einer Gefahr für das ordnungsgemäße Funktionieren und die Integrität der Märkte für Kryptowerte oder für die Stabilität des Finanzsystems in der Union als Ganzes oder von Teilen dieses Finanzsystems begegnet;
b) die Regulierungsanforderungen nach dem Unionsrecht, die auf die jeweiligen Kryptowerte und Kryptowerte-Dienstleistungen anwendbar sind, werden der betreffenden Bedrohung nicht gerecht;
c) eine zuständige Behörde hat keine Maßnahmen ergriffen, um der betreffenden Bedrohung zu begegnen, oder die ergriffenen Maßnahmen werden der Bedrohung nicht ausreichend gerecht.

(3) Ergreift die ESMA eine Maßnahme gemäß Absatz 1, so stellt sie sicher, dass die Maßnahme
a) keine nachteiligen Auswirkungen auf die Effizienz der Märkte für Kryptowerte oder auf die Inhaber von Kryptowerten oder Kunden, die Kryptowerte-Dienstleistungen erhalten, hat, die in keinem Verhältnis zu den Vorteilen der Maßnahme stehen, und
b) kein Risiko einer Aufsichtsarbitrage birgt.

Haben zuständige Behörden eine Maßnahme nach Artikel 105 ergriffen, kann die ESMA jede der in Absatz 1 genannten Maßnahmen ergreifen, ohne eine Stellungnahme gemäß Artikel 106 Absatz 2 abzugeben.

(4) Bevor die ESMA beschließt, eine Maßnahme gemäß Absatz 1 zu ergreifen, unterrichtet sie die jeweils zuständigen Behörden über die Maßnahme, die sie zu ergreifen beabsichtigt.

(5) Die ESMA veröffentlicht auf ihrer Website eine Mitteilung über jeden Beschluss zur Ergreifung einer Maßnahme gemäß Absatz 1. In dieser Mitteilung werden die Einzelheiten des verhängten Verbots oder der verhängten Beschränkung erläutert und ein Zeitpunkt nach der Veröffentlichung der Mitteilung genannt, ab dem die Maßnahmen wirksam werden. Ein Verbot oder eine Beschränkung gilt nur für Tätigkeiten nach dem Wirksamwerden der Maßnahme.

(6) Die ESMA überprüft ein verhängtes Verbot oder eine verhängte Beschränkung gemäß Absatz 1 in geeigneten Zeitabständen, mindestens alle sechs Monate. Nach mindestens zwei aufeinanderfolgenden Verlängerungen und auf der Grundlage einer ordnungsgemäßen Analyse zur Bewertung der Auswirkungen auf die Verbraucher kann die ESMA die jährliche Verlängerung des Verbots oder der Beschränkung beschließen.

(7) Die von der ESMA gemäß diesem Artikel ergriffenen Maßnahmen haben Vorrang vor allen früheren Maßnahmen, die die jeweils zuständigen Behörden in derselben Angelegenheit ergriffen haben.

(8) Die Kommission erlässt gemäß Artikel 139 delegierte Rechtsakte zur Ergänzung dieser Verordnung durch Festlegung der Kriterien und Faktoren, die von der ESMA bei der Feststellung, ob erhebliche Bedenken hinsichtlich des Anlegerschutzes oder eine Gefahr für das ordnungsgemäße Funktionieren und die Integrität der Märkte für Kryptowerte oder für die Stabilität des Finanzsystems der Union als Ganzes oder von Teilen dieses Finanzsystems bestehen, für die Zwecke von Absatz 2 Buchstabe a des vorliegenden Artikels zu berücksichtigen sind.

Art. 103   Titel VII Zuständigen Behörden, die EBA und die ESMA

Schrifttum: Siehe Art. 93

Übersicht

	Rn.
I. Einführung	1
II. Voraussetzungen der Intervention	5
1. Adressaten der Intervention	5
2. Gegenstand der Intervention	7
3. Bedingungen der Intervention	9
4. Abwägung mit negativen Auswirkungen	14
5. Informationspflichten	18
III. Zeitliche Beschränkung der Intervention	20

I. Einführung

1   Art. 103 betrifft die **Befugnis der ESMA zur Produktintervention.** Diese Maßnahme beruht auf einem **zeitlich begrenzten Verbot oder einer zeitlich begrenzten Beschränkung** einer bestimmten Tätigkeit (→ Rn. 7–8), die unter den Anwendungsbereich der MiCAR fällt. Gemäß der Aufteilung der Aufsichtszuständigkeit zwischen ESMA und EBA, umfasst die Befugnis zur Produktintervention der ESMA andere Kryptowerte als vermögenswertereferenzierte Token oder E-Geld-Token. Die Befugnis zur Produktintervention in Bezug auf vermögenswertereferenzierte Token oder E-Geld-Token wurde in Art. 104 der EBA zugewiesen.

2   Bei der vorübergehenden Produktintervention der ESMA handelt es sich um ein Instrument der Finanzmarktregulierung, dessen Konzept erstmals durch Art. 40 MIFIR eingeführt wurde. Die Produktintervention ist als Resultat von Erkenntnissen aus der Finanzmarktkrise zu betrachten, insbesondere darüber, dass umfangreiche Informations- und Aufklärungspflichten keinen hinreichenden Anlegerschutz gewährleisten.[1] Die Regulierung der Produktintervention in der MiCAR orientiert sich stark am Beispiel der MIFIR.

3   Nach Art. 103 Abs. 1 übt die ESMA Ihre Produktinterventionsbefugnisse gem. Art. 9 Abs. 5 ESMA-VO aus, in dem diese Zuständigkeit der ESMA bereits seit dem Jahr 2010 verankert ist. Gemäß Art. 9 Abs. 5 ESMA-VO darf die Wahrnehmung dieser Aufgabe jedoch nur dann erfolgen, wenn dies durch eine andere Rechtsvorschrift vorgesehen ist. Art. 103 „aktiviert" somit die Kompetenzzuweisung aus dem Art. 9 Abs. 5 ESMA-VO.

4   Im Fall in dem die Produktintervention der ESMA eine Angelegenheit betrifft, die zu einem früheren Zeitpunkt schon durch eine Maßnahme einer zuständigen Behörde adressiert wurde, hat die Maßnahme der ESMA Vorrang (Art. 103 Abs. 7).

---

[1] BeckOK WpHR/Schelling VO (EU) 600/2014 Art. 40 Rn. 2 (zu Art. 40 MiFIR); Veil EurCapML/Veil, 2022, § 31 Rn. 1 (zu Art. 40 MiFIR); Ferran EBOR 2012, 247 (265–267) (zu Art. 40 MiFIR); Moloney EBOR 2012, 169 (181–183) (zu Art. 40 MiFIR).

II. Voraussetzungen der Intervention

1. Adressaten der Intervention

Eine Produktintervention der ESMA kann sich gegen **einen bestimmten** 5
Adressaten richten.[2] Dies erfolgt beispielsweise, wenn die ESMA einem bestimmten Anbieter den Vertrieb eines bestimmten Kryptowertes verbietet. Der Adressatenkreis der Produktintervention kann sich jedoch auch aus einer **abstrakt-allgemeinen** Beschreibung ergeben, wenn das Verbot oder die Beschränkung eine bestimmte Art eines Kryptowertes betrifft.

Adressat einer Produktinterventionsmaßnahme können auch **nicht beaufsich-** 6
tigte Marktteilnehmer sein.[3] Die in Art. 103 Abs. 2 lit. a genannten Schutzgüter können auch dann gefährdet werden, wenn Vermarktung, Vertrieb oder Verkauf von nicht regulierten Marktteilnehmern vorgenommen werden.

2. Gegenstand der Intervention

Art. 103 Abs. 1 definiert den Gegenstand der Produktintervention. Demnach 7
handelt es sich um ein Verbot oder die Beschränkung von **Vermarktung, Vertrieb oder Verkauf** von:
1) **bestimmten Kryptowerten,** die nicht als vermögenswertereferenzierte Token oder E-Geld-Token zu klassifizieren sind (Art. 103 Abs. 1 lit. a);
2) **Kryptowerten mit bestimmten Merkmalen,** die nicht als vermögenswertereferenzierte Token oder E-Geld-Token zu klassifizieren sind (Art. 103 Abs. 1 lit. a);

Gegenstand der Produktintervention ist auch das Verbot und die Beschränkung bestimmter **Arten von Tätigkeiten oder Praktiken im Zusammenhang mit Kryptowerten,** die nicht als vermögenswertereferenzierte Token oder E-Geld-Token zu klassifizieren sind (Art. 103 Abs. 1 lit. b). Dieses letzte, weit gefasste Element der Definition des Interventionsgegenstandes sollte als Vorbeugungsmaßnahme interpretiert werden: eine Umgehung durch Finanzinnovation soll somit erschwert werden.[4]

Die ESMA ist befugt den Gegenstand der Produktintervention durch die **Fest-** 8
legung von Bedingungen und die Bestimmung von Ausnahmen einzuschränken (Art. 103 Abs. 1). Die Verbote und Beschränkungen gelten in einem solchen Fall nur unter den bestimmten Bedingungen oder vorbehaltlich der festgelegten Ausnahmen.

3. Bedingungen der Intervention

Die Bedingungen der Produktintervention der ESMA hat der EU-Gesetzgeber 9
in Art. 103 Abs. 2 mit Hilfe dreier Voraussetzungen festgelegt. Während die erste Voraussetzung (Art. 103 Abs. 2 lit. a) die **Sachverhalte identifiziert,** die eine Produktintervention der ESMA rechtfertigen, bilden die zweite Voraussetzung

---

[2] BeckOK WpHR/Schelling VO (EU) 600/2014 Art. 40 Rn. 16 (zu Art. 40 MiFIR).
[3] BeckOK WpHR/Schelling VO (EU) 600/2014 Art. 40 Rn. 17 (zu Art. 40 MiFIR), aA Cahn/Müchler BKR 2013, 45 (50); Assmann/Schneider/Mülbert/Gurlit Rn. 8 zu Art. 40 MiFIR).
[4] Veil EurCapML/Veil, 2022, § 31 Rn. 7 (zu Art. 40 MiFIR).

Art. 103

(Art. 103 Abs. 2 lit. b) und die dritte Voraussetzung (Art. 103 Abs. 2 lit. c) zusammen ein **zweifaches Subsidiaritätsgebot.**[5]

10 Die erste Voraussetzung gilt als erfüllt, wenn die geplante Produktintervention einem der folgenden Sachverhalte begegnet:
1) es bestehen erhebliche Bedenken hinsichtlich des Anlegerschutzes;
2) das ordnungsgemäße Funktionieren und die Integrität der Märkte für Kryptowerte sind gefährdet;
3) die Stabilität des Finanzsystems in der EU als Ganzes oder von Teilen dieses Finanzsystems ist gefährdet.

In Bezug auf die genannte Voraussetzung wurde die Kommission zur Erlassung **delegierter Rechtsakte** gemäß Art. 139 befugt (Art. 103 Abs. 8). Diese Rechtsakte sollten Kriterien und Faktoren festlegen, die von der ESMA bei der Analyse der in Art. 103 Abs. 2 lit. a genannten Voraussetzung in Betracht gezogen werden sollten. Unter anderem dürfte erwartet werden, dass die delegierten Rechtsakte präzisieren werden, in welchen Situationen die Bedenken hinsichtlich des Anlegerschutzes als erheblich eingestuft werden sollten.

Die Befugnis zur Erlassung der delegierten Rechtsakte gilt für einen Zeitraum von 36 Monaten ab dem 29.6.2023 (Art. 103 Abs. 8). Spätestens neun Monate vor Ablauf des Zeitraums von 36 Monaten sollte die Kommission einen Bericht über die Befugnisübertragung erstellen. Die Befugnisübertragung verlängert sich stillschweigend um Zeiträume gleicher Länge, es sei denn, das Europäische Parlament oder der Rat widersprechen einer solchen Verlängerung spätestens drei Monate vor Ablauf des jeweiligen Zeitraums ab.

11 Durch die zweite Voraussetzung (Art. 103 Abs. 2 lit. b) kommt ein **Subsidiaritätsgebot** zum Ausdruck. Die Voraussetzung ist dann erfüllt, wenn die **Regulierungsanforderungen nach dem Unionsrecht,** die auf die jeweiligen Kryptowerte und Kryptowerte-Dienstleistungen anwendbar sind, der identifizierten Bedrohung nicht gerecht werden. Die Formulierung „nicht gerecht werden" sollte so verstanden werden, dass die Bedenken und Gefahren, von denen in Art. 103 Abs. 2 lit. a die Rede ist, durch die anwendbaren Vorschriften nicht beigelegt oder abgewendet werden können, dh das Regulationsregime für den jeweiligen Sachverhalt **keine effektive Wirkung** entfaltet.

Im Schrifttum zum vergleichbar lautenden Art. 40 Abs. 2 lit. b MIFIR wird die zweite Voraussetzung teilweise so ausgelegt, dass sie nur dann erfüllt sei, wenn die sonstigen Vorschriften ein bestimmtes Risiko nicht adressieren und insofern eine regulatorische Lücke existiert.[6] Das würde implizieren, dass die ESMA nur tätig werden könnte, wenn auf den jeweiligen Sachverhalt überhaupt keine regulatorischen Anforderungen anwendbar wären. Angesichts der Anzahl und Bandbreite von anlegerschützenden Vorschriften ist eine solche definitive regulatorische Lücke fast ausgeschlossen.[7] Die Begründung dieser Meinung verweist auf den Wortlaut des Art. 42 Abs. 2 S. 1 lit. b MIFIR (in Bezug auf die MiCAR vergleichbar mit Art. 105), der die Voraussetzungen für eine Produktintervention durch die nationalen Aufsichtsbehörden regelt. Gemäß dieser Vorschrift ist es ausreichend, wenn das regulatorische Regime den identifizierten Bedrohungen „nicht hinreichend begegnet". Teilweise wird zu Recht die Meinung vertreten, dass basierend auf dieser

---

[5] BeckOK WpHR/Schelling VO (EU) 600/2014 Art. 40 Rn. 6 (zu Art. 40 MiFIR).
[6] Klingbrunn WM 2015, 316 (318) (zu Art. 40 MiFIR); Assmann/Schneider/Mülbert/Gurlit Rn. 20 (zu Art. 40 MiFIR).
[7] BeckOK WpHR/Schelling VO (EU) 600/2014 Art. 40 Rn. 7 (zu Art. 40 MiFIR).

sprachlichen Divergenz eine Beschränkung des Anwendungsbereichs von Art. 40 Abs. 2 S. 1 lit. b MIFIR auf „regulatorische Lücken" nicht gerechtfertigt ist.[8] Nationale Aufsichtsbehörden, die Produktinterventionsmaßnahmen nach Art. 42 MIFIR erlassen wollen, sind verpflichtet vorab sicherzustellen, ob andere Instrumente ausreichen würden, um der identifizierten Bedrohung zu begegnen. Die ESMA verfügt hingegen nicht über andere Instrumente, die in Erwägung gezogen werden könnten.[9] Vor dem Hintergrund des dritten Kriteriums (→ Rn. 12) muss zudem bemerkt werden, dass die Produktintervention eine subsidiäre Notkompetenz darstellt, die nur dann gerechtfertigt ist, wenn die zuständigen Behörden auf nationaler Ebene keine oder keine hinreichenden Maßnahmen getroffen haben (Art. 103 Abs. 2 lit. c). Umgekehrt lässt sich schlussfolgern, dass eine Produktintervention der ESMA nicht zulässig ist, wenn die durch die zuständigen Behörden ergriffenen Maßnahmen hinreichend sind. Würde man sich der Ansicht anschließen, dass Art. 103 Abs. 2 lit. d nur im Fall von regulatorischen Lücken erfüllt, könnte auch von den zuständigen Behörden der Mitgliedstaaten nicht erwartet werden, dass der Bedrohung durch eigene nationale Maßnahmen begegnet wird.[10] Demnach sollte in Bezug auf Art. 103 Abs. 2 lit. b angenommen werden, dass das Kriterium als erfüllt gilt, wenn das Regulationsregime für den jeweiligen Sachverhalt keine effektive Wirkung entfaltet und somit keine definitive regulatorische Lücke existieren muss.

Die dritte Voraussetzung (Art. 103 Abs. 2 lit. c) kreiert ein **weiteres Subsidiaritätsgebot** und ist dann erfüllt, wenn eine oder mehrere zuständige Behörden: 12
1) keine Maßnahmen ergriffen haben, um der betreffenden Bedrohung zu begegnen, oder
2) die ergriffenen Maßnahmen der Bedrohung nicht ausreichend gerecht werden.

Nach dem Wortlaut des Art. 103 Abs. 2 („wenn alle folgenden Bedingungen erfüllt sind") ist die Produktintervention bei einer kumulativen Erfüllung der drei erläuterten Voraussetzungen zulässig. Solch eine wortgetreue Interpretation würde jedoch implizieren, dass die Produktintervention der ESMA nicht gerechtfertigt ist, wenn zwar ein regulatorisches Regime zur Abwehr der Bedrohung vorhanden ist, die zuständigen Behörden dieses Regime jedoch nicht hinreichend umsetzen. Da ein solches Auslegungsergebnis mit Sicherheit nicht der Intention des EU-Gesetzgebers entspricht, müssen die in Art. 103 Abs. 2 lit. b und c) genannten Voraussetzungen als **alternativ** verstanden werden. Damit muss lediglich die Voraussetzung aus Art. 103 Abs. 2 lit. b oder die Voraussetzung aus Art. 103 Abs. 2 lit. c kumulativ mit der Voraussetzung aus Art. 103 Abs. 2 lit. a auftreten, damit die Bedingungen einer Produktintervention der ESMA als erfüllt gelten.[11] Somit kann die ESMA auch dann eine Produktintervention vornehmen, wenn zwar das regulatorische Regime der Bedrohung begegnen könnte aber die zuständigen Behörden nicht in einer hinreichenden Weise die existierenden Maßnahmen zur Durchsetzung dieses Regimes ergriffen haben oder solche Maßnahmen überhaupt nicht angewendet wurden. 13

---

[8] BeckOK WpHR/Schelling VO (EU) 600/2014 Art. 40 Rn. 10 (zu Art. 40 MiFIR).
[9] BeckOK WpHR/Schelling VO (EU) 600/2014 Art. 40 Rn. 10 (zu Art. 40 MiFIR).
[10] BeckOK WpHR/Schelling VO (EU) 600/2014 Art. 40 Rn. 9 (zu Art. 40 MiFIR).
[11] BeckOK WpHR/Schelling VO (EU) 600/2014 Art. 40 Rn. 12 (zu Art. 40 MiFIR).

Art. 103 Titel VII Zuständigen Behörden, die EBA und die ESMA

4. Abwägung mit negativen Auswirkungen

14 Grundsätzlich sollte die ESMA gemäß Art. 1 Abs. 5 lit. g UAbs. 5 ESMA-VO bei der Ausübung der Befugnisse in Bezug auf die Produktintervention den **Grundsatz der Verhältnismäßigkeit** beachten. Art. 103 Abs. 3 konkretisiert den Abwägungsprozess den die ESMA bei der Anwendung des Instruments der Produktintervention durchführen sollte. Der Abwägungsprozess bezieht sich auf drei Aspekte.

15 Erstens soll die ESMA gewährleisten, dass die Produktintervention **keine nachteiligen Auswirkungen auf die Effizienz der Märkte für Kryptowerte** ausübt, die in keinem Verhältnis zu den Vorteilen der Maßnahme stehen (Art. 103 Abs. 3 lit. a).

16 Zweitens ist die ESMA verpflichtet im Zuge der Anwendung der Produktintervention sicherzustellen, dass **keine nachteiligen Auswirkungen auf die Inhaber von Kryptowerten oder Kunden, die Kryptowerte-Dienstleistungen** erhalten entstehen, die in keinem Verhältnis zu den Vorteilen der Maßnahme stehen (Art. 103 Abs. 3 lit. a).

17 Drittens sollte die ESMA sicherstellen, dass die Produktintervention **kein Risiko einer Aufsichtsarbitrage** birgt (Art. 103 Abs. 3 lit. b).

5. Informationspflichten

18 Nach Art. 103 Abs. 4 besteht **im Vorlauf der Ergreifung der Maßnahme der Produktintervention** eine Informationspflicht der ESMA. Adressaten der Information über die Absicht eine Produktintervention vorzunehmen sind jeweils die zuständige Behörden, die von der Produktintervention betroffen sind. Vorgaben an die Form oder den Inhalt der an die zuständigen Behörden gerichteten Information hat der EU-Gesetzgeber nicht geregelt. Es sollte angenommen werden, dass die Information die geplante Produktintervention möglichst detailliert schildern sollte.

19 **Im Nachgang zum Beschluss** über die Ergreifung der Maßnahme der Produktintervention ist die ESMA verpflichtet eine entsprechende **Mitteilung auf ihrer Website** zu veröffentlichen Art. 103 Abs. 5. Anders als im Fall der Informationspflicht, die vor der Ergreifung der Maßnahme der Produktintervention erfüllt werden sollte, präzisiert der EU-Gesetzgeber in Bezug auf die *ex-post* Informationspflicht, dass die Mitteilung alle Einzelheiten des verhängten Verbots oder der verhängten Beschränkung erläutert sollte.

Die Mitteilung soll einen Zeitpunkt nach der Veröffentlichung nennen, ab dem die Produktintervention wirksam wird (Art. 103 Abs. 5). Die Erfüllung der Informationspflicht auf der Website der ESMA ist somit konstitutiv für das Wirksamwerden der Verbote oder Beschränkungen, die durch die Produktintervention erlassen werden. Ein aus der Produktintervention resultierendes Verbot oder eine Beschränkung findet nur auf Tätigkeiten Anwendung, die nach dem Wirksamwerden der Maßnahme erfolgen (Art. 103 Abs. 5).

III. Zeitliche Beschränkung der Intervention

20 Anders als Produktinterventionsmaßnahmen durch die nationalen Aufsichtsbehörden gem. Art. 105, ist die Produktintervention der ESMA **zeitlich begrenzt**.

Nach den allgemeinen Bestimmungen des Art. 9 Abs. 5 ESMA-VO sind Maßnahmen der ESMA **auf sechs Monate** befristet. Eine unbeschränkte Anzahl von **Verlängerungen** ist jedoch zulässig. Nach zwei aufeinanderfolgenden Verlängerungen um jeweils sechs Monate kann die ESMA auch eine Verlängerung um jeweils ein Jahr beschließen (Art. 103 Abs. 6). Die Verlängerung der Produktintervention um ein Jahr muss auf der Grundlage einer ordnungsgemäßen **Analyse zur Bewertung der Auswirkungen auf die Verbraucher** erfolgen (Art. 103 Abs. 6).

Artikel 104 Befugnisse der EBA zur vorübergehenden Intervention

(1) Gemäß Artikel 9 Absatz 5 der Verordnung (EU) Nr. 1093/2010 kann die EBA, wenn die Bedingungen der Absätze 2 und 3 des vorliegenden Artikels erfüllt sind, Folgendes vorübergehend verbieten oder beschränken:
a) Vermarktung, Vertrieb oder Verkauf bestimmter vermögenswertereferenzierter Token oder E-Geld-Token oder vermögenswertereferenzierter Token oder E-Geld-Token mit bestimmten Merkmalen oder
b) eine Art der Tätigkeit oder Praxis im Zusammenhang mit vermögenswertereferenzierten Token oder E-Geld-Token.

Ein Verbot oder eine Beschränkung kann unter bestimmten von der EBA festgelegten Bedingungen oder vorbehaltlich von der EBA festgelegter Ausnahmen gelten.

(2) Die EBA ergreift eine Maßnahme gemäß Absatz 1 nur, wenn alle folgenden Bedingungen erfüllt sind:
a) Mit dem vorgeschlagenen Verbot bzw. der vorgeschlagenen Beschränkung wird erheblichen Bedenken hinsichtlich des Anlegerschutzes oder einer Bedrohung für das ordnungsgemäße Funktionieren und die Integrität der Märkte für Kryptowerte oder für die Stabilität des Finanzsystems in der Union als Ganzes oder von Teilen dieses Finanzsystems begegnet;
b) die Regulierungsanforderungen nach dem Unionsrecht, die auf die jeweiligen vermögenswertereferenzierten Token, E-Geld-Token und damit verbundenen Kryptowerte-Dienstleistungen anwendbar sind, werden der betreffenden Bedrohung nicht gerecht;
c) eine zuständige Behörde hat keine Maßnahmen ergriffen, um der betreffenden Bedrohung zu begegnen, oder die ergriffenen Maßnahmen werden der Bedrohung nicht ausreichend gerecht.

(3) Ergreift die EBA eine Maßnahme gemäß Absatz 1, so stellt sie sicher, dass die Maßnahme
a) keine nachteiligen Auswirkungen auf die Effizienz der Märkte für Kryptowerte oder auf die Inhaber von vermögenswertereferenzierten Token oder E-Geld-Token oder auf Kunden, die Kryptowerte-Dienstleistungen erhalten, die in keinem Verhältnis zu den Vorteilen der Maßnahme stehen, und
b) kein Risiko einer Aufsichtsarbitrage birgt.

Haben zuständige Behörden eine Maßnahme nach Artikel 105 ergriffen, so kann die EBA jeder der in Abs. 1 genannten Maßnahmen ergreifen, ohne eine in Artikel 106 Absatz 2 vorgesehene Stellungnahme abzugeben.

Art. 105

(4) Bevor die EBA beschließt, eine Maßnahme gemäß Absatz 1 zu ergreifen, unterrichtet sie die jeweils zuständigen Behörden über die Maßnahme, die sie zu ergreifen beabsichtigt.

(5) Die EBA veröffentlicht auf ihrer Website eine Mitteilung über jeden Beschluss zur Ergreifung einer Maßnahme gemäß Absatz 1. In dieser Mitteilung werden die Einzelheiten des verhängten Verbots oder der verhängten Beschränkung erläutert und ein Zeitpunkt nach der Veröffentlichung der Mitteilung genannt, ab dem die Maßnahmen wirksam werden. Ein Verbot oder eine Beschränkung gilt nur für Tätigkeiten nach dem Wirksamwerden der Maßnahme.

(6) Die EBA überprüft ein verhängtes Verbot oder eine verhängte Beschränkung gemäß Absatz 1 in geeigneten Zeitabständen, mindestens alle sechs Monate. Nach mindestens zwei aufeinanderfolgenden Verlängerungen und auf der Grundlage einer ordnungsgemäßen Analyse zur Bewertung der Auswirkungen auf die Verbraucher kann die EBA die jährliche Verlängerung des Verbots oder der Beschränkung beschließen.

(7) Die von der EBA gemäß diesem Artikel ergriffenen Maßnahmen haben Vorrang vor allen früheren Maßnahmen, die die jeweils zuständige Behörde in derselben Angelegenheit ergriffen hat.

(8) Die Kommission erlässt gemäß Artikel 139 delegierte Rechtsakte zur Ergänzung dieser Verordnung durch Festlegung der Kriterien und Faktoren, die von der EBA bei der Feststellung, ob erhebliche Bedenken hinsichtlich des Anlegerschutzes oder eine Gefahr für das ordnungsgemäße Funktionieren und die Integrität der Märkte für Kryptowerte oder für die Stabilität des Finanzsystems der Union als Ganzes oder von Teilen dieses Finanzsystems bestehen, für die Zwecke von Absatz 2 Buchstabe a des vorliegenden Artikels zu berücksichtigen sind.

1 Art. 104 betrifft die **Befugnis der EBA zur Produktintervention**. Diese Maßnahme beruht auf einem **zeitlich begrenzten Verbot oder einer zeitlich begrenzten Beschränkung** einer bestimmten Tätigkeit, die unter den Anwendungsbereich der MiCAR fällt. Gemäß der Aufteilung der Aufsichtszuständigkeit zwischen ESMA und EBA, umfasst die Befugnis zur Produktintervention der EBA vermögenswertereferenzierte Token oder E-Geld-Token. Die Befugnis zur Produktintervention in Bezug auf andere Kryptowerte als vermögenswertereferenzierte Token oder E-Geld-Token wurde in Art. 103 der ESMA zugewiesen. Die Vorschrift ist **nahezu wortgleich mit Art. 103**. Die Kommentierung zu Art. 103 gilt somit entsprechend.

Artikel 105 Produktintervention seitens der zuständigen Behörden

(1) Eine zuständige Behörde kann in oder aus diesem Mitgliedstaat Folgendes verbieten oder beschränken:
a) Vermarktung, Vertrieb oder Verkauf bestimmter Kryptowerte oder Kryptowerte mit bestimmten Merkmalen oder
b) eine Art der Tätigkeit oder Praxis im Zusammenhang mit Kryptowerten.

(2) Eine zuständige Behörde kann die in Absatz 1 genannte Maßnahme nur ergreifen, wenn sie sich begründetermaßen vergewissert hat, dass
a) ein Kryptowert erhebliche Bedenken für den Anlegerschutz aufwirft oder eine Gefahr für das ordnungsgemäße Funktionieren und die Integrität der Märkte für Kryptowerte oder für die Stabilität des Finanzsystems in der Union als Ganzes oder von Teilen dieses Finanzsystems darstellt;
b) bestehende regulatorische Anforderungen nach Unionsrecht, die auf den betreffenden Kryptowert oder die betreffende Kryptowerte-Dienstleistung anwendbar sind, den unter Buchstabe a genannten Risiken nicht hinreichend begegnen und das Problem durch eine stärkere Aufsicht oder Durchsetzung der vorhandenen Anforderungen nicht besser gelöst würde;
c) die Maßnahme verhältnismäßig ist, wenn man die Wesensart der ermittelten Risiken, das Kenntnisniveau der betreffenden Anleger oder Marktteilnehmer und die wahrscheinliche Wirkung der Maßnahme auf Anleger und Marktteilnehmer berücksichtigt, die den betreffenden Kryptowert oder die betreffende Kryptowerte-Dienstleistung eventuell halten bzw. nutzen oder davon profitieren;
d) die zuständige Behörde die zuständigen Behörden anderer Mitgliedstaaten, die von der Maßnahme erheblich betroffen sein könnten, ordnungsgemäß angehört hat und
e) die Maßnahme sich nichtdiskriminierend auf Dienstleistungen oder Tätigkeiten auswirkt, die von einem anderen Mitgliedstaat aus erbracht werden.

Sind die Bedingungen nach Unterabsatz 1 des vorliegenden Absatzes erfüllt, so kann die zuständige Behörde das Verbot oder die Beschränkung nach Absatz 1 vorsorglich aussprechen, bevor ein Kryptowert vermarktet, vertrieben oder an Kunden verkauft wird.

Die zuständige Behörde kann beschließen, das Verbot oder die Beschränkung nach Absatz 1 nur unter bestimmten Umständen oder vorbehaltlich Ausnahmen anzuwenden.

(3) Die zuständige Behörde verhängt keine Verbote oder Beschränkungen gemäß diesem Artikel, wenn sie nicht spätestens einen Monat, bevor die Maßnahme wirksam werden soll, allen anderen beteiligten zuständigen Behörden und der ESMA oder EBA schriftlich oder auf einem anderen von den Behörden vereinbarten Weg für vermögenswertereferenzierte Token oder E-Geld-Token folgende Einzelheiten mitgeteilt hat:
a) den Kryptowert oder die Tätigkeit oder Praxis, auf den bzw. die sich die vorgeschlagene Maßnahme bezieht;
b) die genaue Art der vorgeschlagenen Verbots oder der vorgeschlagenen Beschränkung sowie den geplanten Zeitpunkt des Inkrafttretens und
c) die Nachweise, auf die sie ihren Beschluss gestützt hat und die als Grundlage für die Feststellung dienen, dass die Bedingungen von Absatz 2 Unterabsatz 1 erfüllt sind.

(4) In Ausnahmefällen, in denen die zuständige Behörde es für notwendig hält, um nachteilige Auswirkungen, die durch den Kryptowert oder die Tätigkeit oder Praxis nach Absatz 1 entstehen könnten, abzuwenden, kann die zuständige Behörde frühestens 24 Stunden, nachdem sie alle an-

deren zuständigen Behörden und die ESMA von dem geplanten Inkrafttreten der Maßnahme unterrichtet hat, eine vorläufige dringende Maßnahmen ergreifen, sofern alle in diesem Artikel aufgeführten Kriterien erfüllt sind und außerdem eindeutig nachgewiesen ist, dass auf die konkreten Bedenken oder die konkrete Gefahr bei einer einmonatigen Mitteilungsfrist nicht angemessen reagiert werden kann. Die Dauer der vorläufigen Maßnahmen darf drei Monate nicht überschreiten.

(5) Die zuständige Behörde veröffentlicht auf ihrer Website eine Mitteilung über einen Beschluss zur Verhängung eines Verbots oder einer Beschränkung nach Absatz 1. In dieser Mitteilung werden die Einzelheiten des verhängten Verbots oder der verhängten Beschränkung sowie ein Zeitpunkt nach der Veröffentlichung der Mitteilung, ab dem die Maßnahmen wirksam werden, sowie die Nachweise, auf die die zuständige Behörde ihre Entscheidung gestützt hat und aufgrund derer sie davon überzeugt ist, dass jede der in Absatz 2 Unterabsatz 1 genannten Bedingungen erfüllt ist, angegeben. Das Verbot oder die Beschränkung gilt nur für Tätigkeiten nach dem Wirksamwerden der Maßnahme.

(6) Die zuständige Behörde widerruft ein Verbot oder eine Beschränkung, wenn die Bedingungen nach Absatz 2 nicht mehr erfüllt sind.

(7) Die Kommission erlässt gemäß Artikel 139 delegierte Rechtsakte zur Ergänzung dieser Verordnung durch Festlegung der Kriterien und Faktoren, die von den zuständigen Behörden bei der Feststellung, ob erhebliche Bedenken hinsichtlich des Anlegerschutzes oder eine Gefahr für das ordnungsgemäße Funktionieren oder die Integrität der Märkte für Kryptowerte oder für die Stabilität des Finanzsystems als Ganzes oder von Teilen davon in mindestens einem Mitgliedstaat bestehen, für die Zwecke von Absatz 2 Unterabsatz 1 Buchstabe a zu berücksichtigen sind.

Schrifttum: Siehe Art. 93

Übersicht

	Rn.
I. Einführung	1
II. Territoriale Zuständigkeit	3
III. Voraussetzungen der Intervention	6
1. Adressaten der Intervention	6
2. Gegenstand der Intervention	8
3. Bedingungen der Intervention	10
4. Informationspflichten	16
5. Vorläufige Intervention	20
III. Widerruf der Intervention	24

I. Einführung

1 Art. 105 regelt die **Produktinterventionsbefugnis der zuständigen Behörden** iSd Art. 93. Diese Maßnahme beruht auf einem **Verbot oder einer Beschränkung einer bestimmten Tätigkeit** (→ Rn. 8–9), die unter den Anwendungsbereich der MiCAR fällt. Anders als Produktinterventionen der ESMA (Art. 103) oder der EBA (Art. 104) sind Interventionen der zuständigen Behörden

Produktintervention seitens der zuständigen Behörden **Art. 105**

zeitlich nicht beschränkt. Die Produktintervention aus Art. 105 gilt nur in den Rahmen der territorialen Zuständigkeit der jeweiligen zuständigen Behörde, dh in dem jeweiligen Mitgliedstaat, dessen zuständige Behörde diese Maßnahme ergreift.

Die Schutzgüter, zu deren Gunsten eine Produktintervention durchgeführt werden kann, entsprechen weitgehend den Schutzgütern, die eine Produktintervention durch die ESMA bzw. die EBA gem. Art. 103 bzw. Art. 104 rechtfertigen. Genau wie im Fall der Maßnahmen die in Art. 103 und 104 geregelt sind, handelt es sich bei der Produktintervention der zuständigen Mitgliedstaaten um ein Instrument der Finanzmarktregulierung, dessen Konzept durch die MIFIR (Art. 42 MIFIR) erstmals auf Unionsebene eingeführt wurde. Die Produktintervention ist als Resultat von Erkenntnissen aus der Finanzmarktkrise zu betrachten, insbesondere darüber, dass umfangreiche Informations- und Aufklärungspflichten keinen hinreichenden Anlegerschutz gewährleisten.[1] Die Regulierung der Produktintervention in der MiCAR orientiert sich stark am Beispiel der MIFIR. 2

II. Territoriale Zuständigkeit

Aus Art. 105 Abs. 1 folgt, dass die zuständige Behörde eines Mitgliedsstaates „in oder aus diesem Mitgliedstaat" Produktinterventionsmaßnahmen ergreifen kann. Folglich kann sich eine **Überschneidung der Zuständigkeitsbereiche der zuständigen Behörden** ergeben. 3

Die Befugnis Interventionen **„in" dem jeweiligen Mitgliedstaat** zu ergreifen, bedeutet, dass der Adressat der Maßnahme eine Person sein kann, die in diesem Mitgliedstaat ansässig ist und gleichzeitig Vermarktung, Vertrieb, Verkauf oder Erbringung von Tätigkeiten in Bezug auf den Kryptowert iSd Art. 105 Abs. 2 in demselben Mitgliedstaat stattfinden. 4

Die zuständigen Behörden sind auch befugt die Maßnahme der Produktintervention zu ergreifen, wenn Vermarktung, Vertrieb, Verkauf oder Erbringung von Tätigkeiten in Bezug auf Kryptowerte iSd Art. 105 Abs. 2 von einem Drittstaat aus grenzüberschreitend in dem jeweiligen Mitgliedstaat erfolgt.[2] Auch wenn der Adressat der Maßnahme in einem Drittstaat ansässig ist, handelt die zuständige Behörde in dieser Situation „in" dem jeweiligen Mitgliedstaat.

Die Formulierung **„aus diesem Mitgliedstaat"** ist so zu verstehen, dass die zuständige Behörde auch befugt ist Produktinterventionen zu ergreifen, wenn der Adressat eine Person ist, die in diesem Mitgliedstaat ansässig ist aber Vermarktung, Vertrieb, Verkauf oder Erbringung von Tätigkeiten in Bezug auf den Kryptowert iSd Art. 105 Abs. 2 in einem anderen Mitgliedstaat erfolgt.[3] Im Hinblick auf die bisherige Praxis und das Schrifttum zur MIFIR-Produktintervention sollte angenommen werden, dass von der Zuständigkeit Fälle der sog. *„reverse solicitation"* ausgenommen sind, in denen Vermarktung, Vertrieb, Verkauf oder Erbringung von Tätigkeiten in Bezug auf Kryptowerte iSd Art. 105 Abs. 2 aus einer Eigeninitiative 5

---

[1] BeckOK WpHR/Schelling VO (EU) 600/2014 Art. 40 Rn. 2 (zu Art. 40 MiFIR); Veil EurCapML/Veil, 2022, § 31 (zu Art. 40 MiFIR); Ferran EBOR, 2012, 247 (265–267) (zu Art. 40 MiFIR); Moloney, EBOR, 2012, 169 (181–183) (zu Art. 40 MiFIR).
[2] BeckOK WpHR/Schelling VO (EU) 600/2014 Art. 42 Rn. 12 (zu Art. 42 MiFIR).
[3] BeckOK WpHR/Schelling VO (EU) 600/2014 Art. 42 Rn. 6 (zu Art. 42 MiFIR).

des Kunden resultiert.[4] Diese Ausnahme muss jedoch aus unionsrechtlicher Sicht nicht für Privatkunden gelten. Im Hinblick auf MiFIR-Interpretationsstandards der BaFin müsste man annehmen, dass der Grundsatz der „*reverse solicitation*" auch auf Privatkunden angewendet werden sollte.[5]

Der Wortlaut des Art. 105 Abs. 1 lässt darauf schließen, dass die zuständigen Behörden auch befugt sind Produktinterventionsmaßnahmen gegen eine in dem jeweiligen Mitgliedstaat ansässige Person zu ergreifen, wenn diese Person in Drittstaaten Vermarktung, Vertrieb, Verkauf oder Erbringung von Tätigkeiten in Bezug auf Kryptowerte vornimmt. Die in Art. 105 Abs. 2 geregelten Voraussetzungen einer Intervention (→ Rn. 6–7) beziehen sich nicht nur auf die Mitgliedstaaten der EU bzw. des EWR.[6] Eine einschränkende Auslegung wäre nicht gerechtfertigt. Territorialer Anknüpfungspunkt für die Zuständigkeit der Behörde ist der Sitz des Adressaten der Intervention in dem jeweiligen Mitgliedstaat. Reputationsaspekte und existierende informelle Kooperation zwischen den Aufsichtsbehörden können ein Argument zur Intervention darstellen.[7] Besteht zwischen der zuständigen Behörde und der Aufsichtsbehörde des Drittstaats ein bilaterales Abkommen über die gegenseitige Zusammenarbeit könnte sogar eine Verpflichtung der zuständigen Behörde zur Ergreifung von Maßnahmen gegeben sein.[8]

Der Formulierung „aus diesem Mitgliedstaat" lässt sich nicht eindeutig entnehmen, ob die zuständige Behörde die Maßnahme der Produktintervention auch in Bezug auf grenzüberschreitende Vermarktung, Vertrieb, Verkauf oder Erbringung von Tätigkeiten in Bezug auf Kryptowerte iSd Art. 105 Abs. 2 ergreifen kann, die aus einem anderen Mitgliedstaat „heraus" stattfinden.[9] Die Annahme einer Zuständigkeit in dieser Situation ist grundsätzlich zu bejahen. Es ist jedoch möglich, dass es zu Zuständigkeitskonflikten zwischen den zuständigen Behörden kommt.[10] Im Fall, dass solch ein Konflikt auftritt, greifen die Koordinierungskompetenzen der ESMA und der EBA, die in Art. 106 geregelt wurden.

III. Voraussetzungen der Intervention

1. Adressaten der Intervention

6   Eine Produktintervention der zuständigen Behörde kann sich gegen **einen bestimmten Adressaten** richten.[11] Dies erfolgt beispielsweise, wenn die zuständige Behörde einem bestimmten Anbieter den Vertrieb eines bestimmten Kryptowertes verbietet. Der Adressatenkreis der Produktintervention kann sich jedoch auch aus

---

[4] BeckOK WpHR/Schelling VO (EU) 600/2014 Art. 42 Rn. 13 (zu Art. 42 MiFIR); ESMA, Final Report – ESMA's Technical Advice to the Commission on the effects of product intervention measures (ESMA35-43-2134) v. 3.2.2020, Rn. 23 (zu Art. 42 MiFIR).
[5] BaFin, Merkblatt zur Erlaubnispflicht von grenzüberschreitend betriebenen Geschäften v. 1.4.2005, geändert am 11.3.2019, abrufbar unter https://beck-link.de/8kdrv (zuletzt abgerufen am 11.2.2022) (zu Art. 42 MiFIR),
[6] BeckOK WpHR/Schelling VO (EU) 600/2014 Art. 42 Rn. 7 (zu Art. 40 MiFIR).
[7] BeckOK WpHR/Schelling VO (EU) 600/2014 Art. 42 Rn. 8 (zu Art. 40 MiFIR).
[8] BeckOK WpHR/Schelling VO (EU) 600/2014 Art. 42 Rn. 7 (zu Art. 42 MiFIR).
[9] BeckOK WpHR/Schelling VO (EU) 600/2014 Art. 42 Rn. 10 (zu Art. 42 MiFIR).
[10] BeckOK WpHR/Schelling VO (EU) 600/2014 Art. 42 Rn. 10 (zu Art. 42 MiFIR).
[11] BeckOK WpHR/Schelling VO (EU) 600/2014 Art. 42 Rn. 16 (zu Art. 42 MiFIR).

einer **abstrakt-allgemeinen** Beschreibung ergeben, wenn das Verbot oder die Beschränkung eine bestimmte Art eines Kryptowertes betrifft.

Adressat einer Produktinterventionsmaßnahme können auch **nicht beaufsichtigte Marktteilnehmer** sein.[12] Die in Art. 105 Abs. 2 lit. a genannten Schutzgüter können auch dann gefährdet werden, wenn Vermarktung, Vertrieb oder Verkauf von nicht regulierten Marktteilnehmern vorgenommen werden.

7

2. Gegenstand der Intervention

Art. 105 Abs. 1 definiert den Gegenstand der Produktintervention. Demnach handelt es sich um ein **Verbot oder die Beschränkung von Vermarktung, Vertrieb oder Verkauf** von:
1) bestimmten Kryptowerten, (Art. 105 Abs. 1 lit. a);
2) Kryptowerten mit bestimmten Merkmalen (Art. 105 Abs. 1 lit. a);

8

Gegenstand der Produktintervention ist auch das Verbot und die Beschränkung bestimmter **Arten von Tätigkeiten oder Praktiken im Zusammenhang mit Kryptowerten** (Art. 105 Abs. 1 lit. b).

Die zuständige Behörde ist befugt den Gegenstand der Produktintervention durch die **Festlegung von Bedingungen** und die Bestimmung von Ausnahmen einzuschränken (Art. 105 Abs. 2 UAbs. 3). Die Verbote und Beschränkungen würden einem solchen Fall nur unter den bestimmten Bedingungen oder vorbehaltlich der festgelegten Ausnahmen gelten.

Sind die Bedingungen der Intervention (→ Rn. 10–15) erfüllt, kann der Gegenstand der Intervention durch die zuständige Behörde auch als **vorsorgliches Verbot oder vorsorgliche Beschränkung** gestaltet werden (Art. 105 Abs. 2 UAbs. 2). Demnach würde die Maßnahme bereits Anwendung finden, bevor es zur Vermarktung, zum Vertrieb oder zum Verkauf an Kunden kommt.

9

3. Bedingungen der Intervention

Die Bedingungen der Produktintervention der zuständigen Behörden hat der EU-Gesetzgeber in Art. 105 Abs. 2 mit Hilfe von **fünf Voraussetzungen** festgelegt.

10

Die erste Voraussetzung (Art. 105 Abs. 2 lit. a) identifiziert die Sachverhalte in denen eine **Bedrohung der Schutzgüter** vorliegt, die eine Produktintervention der zuständigen Behörde rechtfertigen. Die Voraussetzung gilt als erfüllt, wenn die zuständige Behörde sich „begründetermaßen vergewissert hat", dass die Produktintervention einem der folgenden Sachverhalte begegnet:
1) ein Kryptowert wirft erhebliche Bedenken hinsichtlich des Anlegerschutzes auf;
2) das ordnungsgemäße Funktionieren und die Integrität der Märkte für Kryptowerte sind gefährdet;
3) die Stabilität des Finanzsystems in der EU als Ganzes oder von Teilen dieses Finanzsystems ist gefährdet.

11

In Bezug auf die genannte Voraussetzung wurde die Kommission zur Erlassung delegierter Rechtsakte gemäß Art. 139 befugt (Art. 105 Abs. 7). Diese Rechtsakte sollten Kriterien und Faktoren festlegen, die von den zuständigen Behörden bei

---

[12] BeckOK WpHR/Schelling VO (EU) 600/2014 Art. 42 Rn. 17 (zu Art. 42 MiFIR), aA Cahn/Müchler BKR 2013, 45 (50); Assmann/Schneider/Mülbert/Gurlit Rn. 8 (zu Art. 42 MiFIR).

der Analyse der in Art. 105 Abs. 2 lit. a genannten Voraussetzung in Betracht gezogen werden sollten.

12 Die zweite Voraussetzung (Art. 105 Abs. 2 lit. b) trifft zu, wenn ein **zweifaches Subsidiaritätsgebot** erfüllt ist. Dies ist der Fall, wenn (i) auf den betreffenden Kryptowert oder die betreffende Kryptowerte-Dienstleistung anwendbare, bestehende **regulatorische Anforderungen des EU-Rechts**, den in Art. 105 Abs. 2 lit. a genannten **Risiken nicht hinreichend beggenen** und (ii) **keine andere Lösung des Problems** durch stärkere Aufsicht oder Durchsetzung der vorhandenen Anforderungen möglich ist.

Das zweifache Subsidiaritätsgebots verpflichtet, zum einen, die zuständige Behörde zur Vergewisserung, dass das regulatorische EU-Regime in Bezug auf das identifizierte Risiko nicht hinreichend „greift". Die der Formulierung, dass die regulatorischen Anforderungen des EU-Rechts den identifizierten Risiken „nicht hinreichend begegnen" sollte so verstanden werden, dass die Risiken durch die anwendbaren Vorschriften nicht beigelegt oder abgewendet werden können, dh dass das Regulationsregime für den jeweiligen Sachverhalt **keine effektive Wirkung** entfaltet. Zum anderen, soll die zuständige Behörde sicherstellen, dass andere zu Verfügung stehenden Instrumente der Aufsichtswahrnehmung nicht zu Verfügung stehen oder nicht die gewünschten Resultate herbeiführen könnten. Das Zusammenspiel beider Subsidiaritätskriterien verdeutlicht, dass die Produktintervention der zuständigen Behörde durch den EU-Gesetzgeber als **außergewöhnliche Notmaßnahme** konzipiert wurde[13].

13 Die dritte Voraussetzung (Art. 105 Abs. 2 lit. c) kreiert ein **Verhältnismäßigkeitsgebot**. Die zuständige Behörde ist verpflichtet sich zur vergewissern, dass die Maßnahme des Produktintervention verhältnismäßig ist. Zur Prüfung der Verhältnismäßigkeit, dh im Prozess der Abwägung, sind folgende Kriterien zu berücksichtigen: (i) die **Wesensart** der ermittelten Risiken, (ii) das **Kenntnisniveau der betreffenden Anleger oder Marktteilnehmer**, die den betreffenden Kryptowert oder die betreffende Kryptowerte-Dienstleistung eventuell halten bzw. nutzen oder davon profitieren; (iii) die wahrscheinliche **Wirkung** der Maßnahme auf Anleger und Marktteilnehmer.

14 Die vierte Voraussetzung regelt eine **Anhörungspflicht der zuständigen Behörde.** Nach Art. 105 Abs. 2 lit. d ist die zuständige Behörde verpflichtet die zuständigen Behörden anderer Mitgliedstaaten, die von der Produktintervention erheblich betroffen sein könnten, ordnungsgemäß anzuhören. Die Pflicht bezieht sich darauf, der anderen betroffenen zuständigen Behörde eine Meinungsäußerung zu ermöglichen. Eine bestimmte Art der Berücksichtigung dieser Äußerung oder die Pflicht einer Antwort darauf hat der EU-Gesetzgeber nicht festgelegt. Ebenfalls nicht vorgesehen wurde ein First, binnen derer die andere zuständige Behörde die Möglichkeit hat Ihre Meinung zur Produktintervention zu äußern. Auch der Begriff der „erheblichen" Betroffenheit der zuständigen Behörde wurde nicht genauer erläutert. Es sollte angenommen werden, dass eine andere Behörde insbesondere erheblich betroffen ist, wenn sich die geplante Produktintervention gezielt gegen die Vermarktung, Vertrieb, Verkauf oder Erbringung von Tätigkeiten in Bezug auf Kryptowerte iSd Art. 105 Abs. 2 aus dem betroffenen Mietgliedstaat heraus richtet.[14]

---

[13] BeckOK WpHR/Schelling VO (EU) 600/2014 Art. 42 Rn. 18 (zu Art. 42 MiFIR).
[14] BeckOK WpHR/Schelling VO (EU) 600/2014 Art. 42 Rn. 22 (zu Art. 42 MiFIR).

Die fünfte Voraussetzung (Art. 105 Abs. 2 lit. e) begründet ein **Nicht-Diskri-** 15
minierungsgebot. Die zuständige Behörde ist verpflichtet sicherzustellen, dass
die Produktintervention keine diskriminierende Wirkung im Hinblick auf Dienstleistungen oder Tätigkeiten entfaltet, die von einem anderen Mitgliedstaat aus erbracht werden.

4. Informationspflichten

Nach Art. 105 Abs. 3 besteht im **Vorlauf der Ergreifung der Maßnahme der** 16
Produktintervention eine Informationspflicht der zuständigen Behörde. Die
Informationspflicht muss spätestens **einen Monat vor dem Wirksamwerden** der
Produktintervention erfüllt werden.

Die Erfüllung der Informationspflicht soll durch die zuständigen Behörden **ge-** 17
genüber allen anderen beteiligten zuständigen Behörden und gegenüber
der ESMA ggf. der EBA (in Bezug auf vermögenswertereferenzierte Token oder
E-Geld-Token) erfolgen. Die Übermittlung der Information sollte entweder
schriftlich oder auf einem **anderen von den Behörden vereinbarten Weg** erfolgen.

Inhaltlich sollte die Mitteilung folgende Informationen enthalten: (i) den Kryp- 18
towert oder die Tätigkeit oder Praxis, auf den bzw. die sich die vorgeschlagene
Maßnahme bezieht (Art. 105 Abs. 2 lit. a); (ii) die genaue Art des vorgeschlagenen
Verbots oder der vorgeschlagenen Beschränkung (Art. 105 Abs. 2 lit. b) (iii) den geplanten Zeitpunkt des Inkrafttretens (Art. 105 Abs. 2 lit. b), (iv) die Nachweise, auf
die sie ihren Beschluss gestützt hat und die als Grundlage für die Feststellung dienen,
dass die Bedingungen von Art. 105 Abs. 2 erfüllt sind (Art. 105 Abs. 2 lit. c).

Im **Nachgang zum Beschluss über die Ergreifung der Maßnahme der** 19
Produktintervention ist die zuständige Behörde verpflichtet eine entsprechende
Mitteilung auf ihrer Website zu veröffentlichen (Art. 105 Abs. 5). Anders als
im Fall der Informationspflicht, die vor der Ergreifung der Maßnahme der Produktintervention erfüllt werden sollte, vermag die *ex-post* Informationspflicht einer Begründung. Die Mitteilung sollte alle Einzelheiten des verhängten Verbots oder der
verhängten Beschränkung erläutern. Außerdem sollte die Mitteilung Nachweise
enthalten, auf die die zuständige Behörde ihre Entscheidung gestützt hat und aufgrund derer sie davon überzeugt ist, dass die in Art. 105 Abs. 2 UAbs. 1 genannten
Bedingungen erfüllt sind. Obgleich keine explizite Vorschrift es fordert, sollte angenommen werden, dass im Hinblick der grenzüberschreitenden Relevanz von Interventionsmaßnahmen die Mitteilung auch in englischer Sprache erfolgen sollte[15].

Die Mitteilung soll einen Zeitpunkt nach der Veröffentlichung nennen, ab dem
die Produktintervention wirksam wird (Art. 105 Abs. 5). Die Erfüllung der Informationspflicht auf der Website der zuständigen Behörde ist somit **konstitutiv für**
das Wirksamwerden der Verbote oder Beschränkungen, die durch die Produktintervention erlassen werden. Die Erfüllung einer Wirksamkeitsvoraussetzungen nach nationalem Recht, (zB) Veröffentlichung in einem Gesetzblatt) ist somit
nicht ausreichend.[16] Ein aus der Produktintervention resultierendes Verbot oder
eine Beschränkung findet nur auf Tätigkeiten Anwendung, die nach dem Wirksamwerden der Maßnahme erfolgen (Art. 105 Abs. 5).

---

[15] BeckOK WpHR/Schelling VO (EU) 600/2014 Art. 42 Rn. 28 (zu Art. 42 MiFIR).
[16] BeckOK WpHR/Schelling VO (EU) 600/2014 Art. 42 Rn. 28 (zu Art. 42 MiFIR).

Art. 106 Titel VII Zuständigen Behörden, die EBA und die ESMA

5. Vorläufige Intervention

20 Nach Art. 105 Abs. 4 kann die zuständige Behörde in Ausnahmefällen vorläufige dringende Produktinterventionen vornehmen, die eine **Ausnahme von der Informationspflicht** (→ Rn. 19) und der damit verbundenen Voraussetzung des Wirksamwerdens der Produktintervention darstellt.

21 Voraussetzung zur Ergreifung einer vorläufigen dringenden Produktinterventionen ist, dass die zuständige Behörde es für notwendig hält, nachteilige Auswirkungen, die durch den Kryptowert oder die Tätigkeit oder Praxis nach Art. 105 Abs. 1 entstehen könnten, abzuwenden. Des Weiteren müssen alle Kriterien des Art. 105 erfüllt sein und es muss eindeutig nachgewiesen sein, dass auf die konkreten Bedenken oder die konkrete Gefahr bei einer einmonatigen Mitteilungsfrist nicht angemessen reagiert werden kann.

22 Sind alle Bedingungen für eine vorläufige dringende Produktinterventionen erfüllt, kann die zuständige Behörde **frühestens 24 Stunden,** nachdem sie alle anderen zuständigen Behörden und die ESMA **von dem geplanten Inkrafttreten der Produktintervention unterrichtet** hat, die Maßnahme wirksam ergreifen. Unklar und inkonsequent ist, dass als Adressaten der Information über die vorläufige Produktintervention nur die zuständigen Behörden und die ESMA, nicht aber – in Bezug auf vermögenswertereferenzierte Token oder E-Geld-Token – die EBA erwähnt wird.

23 Die vorläufige dringende Produktinterventionen ist eine Notmaßnahme und wurde somit durch den EU-Gesetzgeber **zeitlich auf drei Monate begrenzt.**

III. Widerruf der Intervention

24 Anders als Produktinterventionsmaßnahmen durch die ESMA (Art. 103) und die EBA (Art. 104) ist die Produktintervention durch die zuständigen Behörden nicht zeitlich begrenzt. Nach Art. 105 Abs. 6 ist die zuständige Behörde jedoch verpflichtet die Intervention zu widerrufen, wenn die Bedingungen nach Art. 105 Abs. 2 (→ Rn. 10–15) nicht mehr erfüllt sind.

Artikel 106 Koordinierung mit der ESMA oder der EBA

(1) **Die ESMA oder – bei vermögenswertereferenzierten Token und E-Geld-Token – die EBA nimmt eine unterstützende und koordinierende Rolle in Bezug auf Maßnahmen wahr, die von den zuständigen Behörden gemäß Artikel 105 ergriffen werden. Die ESMA oder – bei vermögenswertereferenzierten Token und E-Geld-Token – die EBA stellt sicher, dass die von einer zuständigen Behörde ergriffenen Maßnahmen gerechtfertigt und verhältnismäßig sind und dass die zuständigen Behörden gegebenenfalls einen kohärenten Ansatz verfolgen.**

(2) **Nach Eingang der Mitteilung gemäß Artikel 105 Absatz 3 über eine nach dem genannten Artikel zu ergreifende Maßnahme gibt die ESMA oder – bei vermögenswertereferenzierten Token und E-Geld-Token – die EBA eine Stellungnahme dazu ab, ob das Verbot oder die Beschränkung gerechtfertigt und verhältnismäßig ist. Hält die ESMA oder – bei vermögenswertereferenzierten Token und E-Geld-Token – die EBA Maßnah-**

men anderer zuständiger Behörden für notwendig, um das Risiko zu bewältigen, gibt sie dies in ihrer Stellungnahme an. Die Stellungnahme wird auf der Website der ESMA oder – bei vermögenswertereferenzierten Token und E-Geld-Token – der EBA veröffentlicht.

(3) **Wenn eine zuständige Behörde im Widerspruch zu einer von der ESMA oder EBA gemäß Absatz 2 abgegebenen Stellungnahme Maßnahmen vorschlägt, so veröffentlicht die betreffende zuständige Behörde auf ihrer Website umgehend eine Mitteilung, in der sie ihre Gründe umfassend darlegt.**

Schrifttum: Siehe Art. 93

Übersicht

	Rn.
I. Einführung	1
II. Befugnisse der ESMA/EBA	4
III. Widerspruch zur Stellungnahme	7

I. Einführung

Art. 106 regelt die **unterstützende und koordinierende Rolle der ESMA und der EBA** (ggf. bei vermögenswertereferenzierten Token und E-Geld-Token), in Bezug auf die Produktinterventionen der zuständigen Behörden, die gemäß Art. 105 ergriffen werden. 1

Die in Art. 106 vorgesehenen Maßnahmen präzisieren und ergänzend die in Art. 8 Abs. 1 lit. b ESMA-VO (ESMA) bzw. in Art. 8 Abs. 1 lit. b VO (EU) 1093/2010 (EBA) geregelten Koordinierungsfunktionen. Danach sollen sowohl die ESMA als auch die EBA zur kohärenten Wahrnehmung der Aufsichtsaufgaben durch die zuständigen Behörden beitragen. 2

Ein Unterstützungs- und Koordinierungsbedarf ergibt sich daraus, dass die durch die zuständigen Behörden ergriffenen Produktinterventionsmaßnahmen durch die MiCAR nicht vollständig harmonisiert wurden. Da die ESMA und die EBA im Sinne der Wahrung der Souveränität der Mitgliedstaaten nicht zu verbindlichen Weisungen befugt sind und selbst keine dauerhaften Interventionen ergreifen können, ist die Zuweisung einer Koordinierungskompetenz erforderlich.[1] 3

II. Befugnisse der ESMA/EBA

Nach Art. 106 Abs. 1 S. 2 soll die ESMA (ggf. die EBA) sicherstellen, dass die von einer zuständigen Behörde ergriffenen Maßnahmen der Produktintervention iSd Art. 105 gerechtfertigt und verhältnismäßig sind. Die Koordination durch die ESMA (ggf. EBA) soll auch dazu beitragen, dass die zuständigen Behörden in Bezug auf die Anwendung der Maßnahme der Produktintervention einen kohärenten Ansatz verfolgen. 4

Harmonisierungsinstrument ist eine Stellungnahme, die laut Art. 106 Abs. 2 durch die ESMA (ggf. EBA) abgegeben wird. Stuft die ESMA (ggf. EBA) die 5

---

[1] BeckOK WpHR/Schelling VO (EU) 600/2014 Art. 43 Rn. 2 (zu Art. 43 MiFIR).

Art. 107 Titel VII Zuständigen Behörden, die EBA und die ESMA

ergriffene Produktintervention als notwendig ein, um dem identifizierten Risiko zu begegnen, sollte dies in der Stellungnahme angegeben werden. Die Stellungnahme wird auf der Website der ESMA (ggf. EBA) veröffentlicht.

6 Die Stellungnahme der ESMA (ggf. EBA) ist für die zuständige Behörde nicht verbindlich. Die Sicherstellung von Rechtfertigung und Verhältnismäßigkeit der Produktintervention iSd Art. 106 Abs. 1 S. 2 sollte somit nicht als Befugnis der ESMA (ggf. EBA) interpretiert werden, Maßnahmen der zuständigen Behörden als unzulässig zu erklären.[2]

III. Widerspruch zur Stellungnahme

7 Folgt eine zuständige Behörde nicht der Stellungnahme der ESMA (ggf. EBA), muss eine **Veröffentlichung des Widerspruchs** durch die zuständige Behörde auf ihrer Website vorgenommen werden (Art. 106 Abs. 3). In dieser Mitteilung der zuständigen Behörde sollten die Gründe des Widerspruches in Bezug auf die Stellungnahme der ESMA (ggf. EBA) umfassend darlegt werden (Art. 106 Abs. 3).

7 Die Pflicht eine Begründung zum Widerspruch mit der Stellungnahme der ESMA (ggf. EBA) zu veröffentlichen bewirkt eine *faktische Bindungswirkung* der Stellungnahme der ESMA (ggf. EBA) nach dem „*comply-or-explain*" Modell[3]. Diese faktische Bindungswirkung der Stellungnahme ist mit den Leitlinien und Empfehlungen der ESMA (ggf. EBA) vergleichbar[4].

Artikel 107 Zusammenarbeit mit Drittländern

(1) **Die zuständigen Behörden der Mitgliedstaaten treffen erforderlichenfalls mit den Aufsichtsbehörden von Drittländern Kooperationsvereinbarungen über den Informationsaustausch mit diesen Aufsichtsbehörden von Drittländern und die Durchsetzung von Verpflichtungen, die sich aus dieser Verordnung in diesen Drittländern ergeben. Diese Kooperationsvereinbarungen stellen zumindest einen wirksamen Informationsaustausch sicher, der den zuständigen Behörden die Wahrnehmung ihrer Aufgaben im Rahmen dieser Verordnung ermöglicht.**

Beabsichtigt eine zuständige Behörde den Abschluss einer derartigen Vereinbarung, setzt sie die EBA, die ESMA und die anderen zuständigen Behörden davon in Kenntnis.

(2) **In enger Zusammenarbeit mit der EBA unterstützt und koordiniert die ESMA nach Möglichkeit die Ausarbeitung von Kooperationsvereinbarungen zwischen den zuständigen Behörden und den jeweils zuständigen Aufsichtsbehörden von Drittländern.**

(3) **Die ESMA arbeitet in enger Zusammenarbeit mit der EBA Entwürfe technischer Regulierungsstandards mit einem Muster für Kooperationsvereinbarungen gemäß Absatz 1 aus, das nach Möglichkeit von den zuständigen Behörden der Mitgliedstaaten verwendet wird.**

---

[2] Assmann/Schneider/Mülbert/Gurlit VO (EU) 600/2014 Art. 43 (zu Art. 43 MiFIR).
[3] BeckOK WpHR/Schelling VO (EU) 600/2014 Art. 43 Rn. 4 (zu Art. 43 MiFIR).
[4] BeckOK WpHR/Schelling VO (EU) 600/2014 Art. 43 Rn. 4 (zu Art. 43 MiFIR).

Die ESMA übermittelt der Kommission die in Unterabsatz 1 genannten Entwürfe technischer Regulierungsstandards spätestens am 30. Juni 2024. Der Kommission wird die Befugnis übertragen, diese Verordnung durch den Erlass der in Unterabsatz 1 genannten technischen Regulierungsstandards gemäß den Artikeln 10 bis 14 der Verordnung (EU) Nr. 1095/2010 zu ergänzen.

(4) In enger Zusammenarbeit mit der EBA erleichtert und koordiniert die ESMA nach Möglichkeit auch den Informationsaustausch zwischen den zuständigen Behörden bei Informationen von Aufsichtsbehörden aus Drittländern, die für das Ergreifen von Maßnahmen nach Kapitel 3 dieses Titels von Belang sein könnten.

(5) Die zuständigen Behörden schließen Kooperationsvereinbarungen über den Informationsaustausch mit den Aufsichtsbehörden von Drittländern nur dann, wenn die Garantien zum Schutz des Berufsgeheimnisses in Bezug auf die offengelegten Informationen jenen nach Artikel 100 mindestens gleichwertig sind. Ein derartiger Informationsaustausch dient der Wahrnehmung der Aufgaben dieser zuständigen Behörden im Rahmen dieser Verordnung.

Schrifttum: Siehe Art. 93

Übersicht

	Rn.
I. Einführung	1
II. Kooperationsvereinbarungen	3
III. Rolle der ESMA und EBA	8
III. Technische Regulierungsstandards	10

I. Einführung

Die **grenzüberschreitende Funktionsweise der Märkte für Kryptowerte** 1 erfordert die Kooperation zwischen den zuständigen Behörden der EU-Mitgliedstaaten und den Aufsichtsbehörden der Drittstaaten (dh nicht EU-Mitgliedstaaten), um eine effektive Durchsetzung der MiCAR zu gewährleisten.

Nach Art. 107 können die zuständigen Behörden mit Aufsichtsbehörden der 2 Drittstaaten **Kooperationsvereinbarungen** (→ Rn. 3–7) treffen, um die Effektivität der Durchsetzung der MiCAR – insbesondere durch den Informationsaustausch – zu fördern. Der ESMA obliegt in enger Zusammenarbeit mit der EBA die Unterstützung und Koordination der zuständigen Behörden bei der Ausarbeitung der Kooperationsvereinbarungen (→ Rn. 8) sowie die Erleichterung und Koordination des Informationsaustausches zwischen den zuständigen Behörden bei Informationen von Aufsichtsbehörden aus Drittländern, die für das Ergreifen von Maßnahmen nach Kapitel 3 des Titels VII der MiCAR von Belang sein könnten (→ Rn. 9).

Art. 107 Titel VII Zuständigen Behörden, die EBA und die ESMA

II. Kooperationsvereinbarungen

3 Nach Art. 107 Abs. 1 können die zuständigen Behörden mit Aufsichtsbehörden der Drittstaaten erforderlichenfalls Kooperationsvereinbarungen treffen. Da auf die Erforderlichkeit abgestellt wird, sollte angenommen werden, dass **keine Pflicht zum Abschluss** einer solchen Vereinbarung besteht[1]. Der Abschluss einer Vereinbarung liegt somit im **pflichtgemäßen Ermessen** der zuständigen Behörde[2]. Das Ermessen der zuständigen Behörde sollte unter Berücksichtigung eines **Effektivitätskriteriums** ausgeübt werden[3]. Unter diesem Kriterium sollte beurteilt werden, in wie weit der Abschluss einer Kooperationsvereinbarung die Effektivität der Wahrnehmung der Aufsichtsaufgaben fördern könnte. Einerseits bedeutet das, dass der Abschluss einer Vereinbarung unterlassen werden sollte, wenn er nicht erforderlich ist[4]. Andererseits, besteht kein Ermessensspielraum und *de facto* eine Abschlusspflicht, wenn ohne eine institutionalisierte Zusammenarbeit mit der Aufsichtsbehörde eines Drittstaates die effektive Durchsetzung der MiCAR nicht möglich ist.

4 Über die Absicht eine Kooperationsvereinbarung abzuschließen sollte die zuständige Behörde die ESMA, die EBA und die anderen zuständigen Behörden der Mitgliedstaaten in Kenntnis setzen. Diese **Informationspflicht** soll es den Informationsadressaten ermöglichen, bei der Ausarbeitung der Vereinbarung mitzuwirken. Die Informationspflicht versetzt die ESMA und die EBA zugleich in die Lage, gemäß Art. 107 Abs. 2 der Unterstützungs- und Koordinierungspflicht nachzukommen[5].

5 Den Inhalt der Kooperationsvereinbarung hat der EU-Gesetzgeber in Art. 107 nur grob umrissen. Dem Wortlaut des Art. 107 Abs. 1 S. 1 können zwei inhaltliche Bereiche entnommen werden, die eine Kooperationsvereinbarung enthalten kann. Zum einen, kann die Vereinbarung den **Informationsaustausch** zwischen der zuständigen Behörde und der Aufsichtsbehörde eines Drittstaates regeln. Der Regelung des wirksamen Informationsaustausches ist auch zugleich obligatorischer Bestandteil der Kooperationsvereinbarung (Art. 107 Abs. 1 S. 2).

Zum anderen können sich die Parteien einer Kooperationsvereinbarung in Bezug auf die **Durchsetzung von Verpflichtungen,** die sich aufgrund der MiCAR in Drittstaaten ergeben, einigen. Dazu gehören zB Regelungen über das Verfahren bei Kooperationsersuchen[6].

Gemäß Art. 107 Abs. 5 S. 2 sollte durch die zuständige Behörde sichergestellt werden, dass der durch die Kooperationsvereinbarung geregelte Informationsaustausch der **Wahrnehmung der Aufgaben der zuständigen Behörde** dient. Eine Kooperationsvereinbarung kann nicht dazu genutzt werden, neue Aufgaben oder Befugnisse zu kreieren, die nicht aus den EU-rechtlichen oder nationalen her-

---

[1] BeckOK WpHR/Weber/Harnos VO (EU) 596/2014 Art. 26 Rn. 2 (zu Art. 26 MAR).
[2] Assmann/Schneider/Mülbert/Döhmel VO (EU) 596/2014 Art. 26 Rn. 2 (zu Art. 26 MAR); Schwark/Zimmer/Kumpan/Grütze VO (EU) 596/2014 Rn. 2 (zu Art. 26 MAR).
[3] Schwark/Zimmer/Kumpan/Grütze VO (EU) 596/2014 Rn. 1 (zu Art. 26 MAR).
[4] BeckOK WpHR/Weber/Harnos VO (EU) 596/2014 Art. 26 Rn. 2 (zu Art. 26 MAR).
[5] Assmann/Schneider/Mülbert/Döhmel VO (EU) 596/2014 Art. 26 Rn. 6 (zu Art. 26 MAR).
[6] BeckOK WpHR/Weber/Harnos VO (EU) 596/2014 Art. 26 Rn. 2 (zu Art. 26 MAR).

Zusammenarbeit mit Drittländern **Art. 107**

vorgehen. Es sollte angenommen werden, dass eine Vereinbarung zum Informationsaustausch zu anderen Zwecken unzulässig ist.

Nach Art. 107 Abs. 5 sind die zuständigen Behörden verpflichtet zu gewährleisten, dass Kooperationsvereinbarungen über den Informationsaustausch die Garantien zum Schutz des Berufsgeheimnisses hinsichtlich der offengelegten Informationen dem Standard des Art. 100 entsprechen (zum Schutz des Berufsgeheimnisses → Art. 100 Rn. 1 ff.).

Eine Kooperationsvereinbarung kann sowohl einen **bilateralen** als auch einen **6** **multilateralen** Charakter annehmen. Zulässig und in Bezug auf die angestrebte Kohärenz der Aufgabenwahrnehmung gar erwünscht sind damit auch Vereinbarungen zwischen mehreren zuständigen Behörden der UE-Mitgliedstaaten und einer Aufsichtsbehörde eines Drittstaats.

Die **Form der Kooperationsvereinbarung** hat der EU-Gesetzgeber in **7** Art. 107 nicht vorgeschrieben. Es sollte jedoch angenommen werden, dass es sich um schriftlich fixierte Vereinbarungen handelt und lediglich mündliche Vereinbarungen nicht von der kommentierten Vorschrift erfasst sind.

III. Rolle der ESMA und EBA

Nach Art. 107 Abs. 2 ist die ESMA in enger Zusammenarbeit mit der EBA verpflichtet nach Möglichkeit die **Ausarbeitung von Kooperationsvereinbarungen** zwischen den zuständigen Behörden und den jeweils zuständigen Aufsichtsbehörden von Drittländern zu unterstützen und zu koordinieren. Ausgangspunkt für die Pflichterfüllung seitens der ESMA und der EBA ist die Erfüllung der Informationspflicht über die Absicht zum Abschluss einer Vereinbarung (→ Rn. 4). **8**

Um ihrer Unterstützungs- und Koordinierungspflicht (→ Rn. 8) effektiv nachzukommen, sollte die ESMA, ebenfalls in enger Kooperation mit der EBA, den Informationsaustausch zwischen den zuständigen Behörden in Bezug auf Informationen von Aufsichtsbehörden aus Drittländern koordinieren und erleichtern (Art. 107 Abs. 4). Dies gilt insbesondere für Informationen, die für das Ergreifen von Maßnahmen nach Titel VII, Kapitel 3 von Belang sein könnten (Art. 107 Abs. 4). **9**

III. Technische Regulierungsstandards

Die ESMA ist verpflichtet in enger Zusammenarbeit mit der EBA Entwürfe **10** technischer Regulierungsstandards mit einem Muster für Kooperationsvereinbarungen gemäß Art. 107 Abs. 1 auszuarbeiten (Art. 107 Abs. 3 UAbs. 1). Dieses Muster sollte nach Möglichkeit von den zuständigen Behörden der Mitgliedstaaten verwendet werden. Die Entwürfe der technischen Regulierungsstandards sollte die ESMA der Kommission spätestens bis zum 30.6.2024 übermitteln (Art. 107 Abs. 3 UAbs. 2). Der Pflicht ist die ESMA bislang noch nicht nachgekommen. Auf Grundlage des ESMA-Entwurfes sollte nach Art. 107 Abs. 3 UAbs. 3 die Kommission die technischen Regulierungsstandards gemäß den Artikeln 10–14 der ESMA-Verordnung zu erlassen.

Art. 108 Titel VII Zuständigen Behörden, die EBA und die ESMA

Artikel 108 Bearbeitung von Beschwerden durch die zuständigen Behörden

(1) Die zuständigen Behörden richten Verfahren ein, die es den Kunden und anderen interessierten Kreisen, insbesondere auch Verbraucherverbänden, ermöglichen, bei den zuständigen Behörden Beschwerde einzulegen, wenn Anbieter, Personen, die die Zulassung zum Handel beantragen, Emittenten von vermögenswertereferenzierten Token oder E-Geld-Token oder Anbieter von Kryptowerte-Dienstleistungen mutmaßlich gegen diese Verordnung verstoßen. Beschwerden können in schriftlicher, einschließlich elektronischer, Form und in einer Amtssprache des Mitgliedstaats, in dem sie eingereicht werden, oder in einer von den zuständigen Behörden dieses Mitgliedstaats akzeptierten Sprache eingereicht werden.

(2) Informationen über die Beschwerdeverfahren nach Absatz 1 stehen auf der Website jeder zuständigen Behörde zur Verfügung und werden der EBA und der ESMA übermittelt. Die ESMA veröffentlicht in ihrem in Artikel 109 genannten Register der Anbieter von Kryptowerte-Dienstleistungen Hyperlinks zu den die Beschwerdeverfahren betreffenden Abschnitten der Websites der zuständigen Behörden.

Übersicht

	Rn.
I. Einrichtung eines Beschwerdeverfahrens	1
II. Informationen über das Beschwerdeverfahren	3

I. Einrichtung eines Beschwerdeverfahrens

1   Nach Art. 108 Abs. 1 wurden die zuständigen Behörden verpflichtet, ein **Beschwerdeverfahren einzurichten.** Solch ein Verfahren sollte es den Kunden und anderen interessierten Kreisen, insbesondere auch Verbraucherverbänden, ermöglichen, bei den zuständigen Behörden Beschwerde einzulegen, wenn Anbieter, Personen, die die Zulassung zum Handel beantragen, Emittenten von vermögenswertereferenzierten Token oder E-Geld-Token oder Anbieter von Kryptowerte-Dienstleistungen mutmaßlich gegen die MiCAR verstoßen.

2   Die Verfahrensstruktur sollte gewährleisten, dass Beschwerden in **schriftlicher Form, einschließlich elektronischer Form,** eingereicht werden können. Es sollte ermöglicht werden die Beschwerden in einer **Amtssprache des Mitgliedstaats,** in dem sie eingereicht werden oder in einer von den zuständigen Behörden dieses Mitgliedstaats **akzeptierten Sprache** einzureichen. Die Ermöglichung der Einreichung in der Amtssprache des Mitgliedstaats liegt nahe (Art. 108 Abs. 1). Ob die zuständige Behörde eine andere Sprache akzeptiert, scheint ihrem Ermessen überlassen zu sein. Die Möglichkeit Beschwerden in allen Amtssprechen der EU einzureichen würde den Schutzmechanismus des Verfahrens, besonders gegenüber nicht professionellen Kunden, wesentlich fördern.

II. Informationen über das Beschwerdeverfahren

Der zuständigen Behörde obliegt es auf ihrer **Internetseite Informationen** 3
über die Beschwerdeverfahren zu veröffentlichen. Zugleich ist die zuständige
Behörde verpflichtet diese Informationen der ESMA und der EBA zu übermitteln.

Hyperlinks zu den Informationen über die Beschwerdeverfahren ver- 4
öffentlicht die ESMA in dem Register der Anbieter von Kryptowerte-Dienstleistungen, von dem in Art. 109 die Rede ist.

Kapitel 2 ESMA- Register

Artikel 109 Register von Kryptowerte-Whitepapers, Emittenten von
vermögenswertereferenzierten Token und E-Geld-Token
und Anbietern von Kryptowerte-Dienstleistungen

(1)[1] Die ESMA erstellt ein Register der
a) Kryptowerte-Whitepaper für andere Kryptowerte als vermögenswertereferenzierte Token oder E-Geld-Token,
b) Emittenten vermögenswertereferenzierter Token,
c) Emittenten von E-Geld-Token und
d) Anbieter von Kryptowerte-Dienstleistungen.

²Die ESMA stellt dieses Register auf ihrer Website öffentlich zur Verfügung und aktualisiert es regelmäßig. ³Um diese Aktualisierung zu erleichtern, teilen die zuständigen Behörden der ESMA alle Änderungen mit, die ihnen in Bezug auf die in den Absätzen 2 bis 5 genannten Informationen gemeldet werden.

[2] Die zuständigen Behörden stellen der ESMA die Daten zur Verfügung, die für die Klassifizierung von Kryptowerte-Whitepapers im Register gemäß Absatz 8 erforderlich sind.

(2) ¹In Bezug auf Kryptowerte-Whitepaper für andere Kryptowerte als vermögenswertereferenzierte Token oder E-Geld-Token enthält das Register die Kryptowerte-Whitepaper und alle geänderten Kryptowerte-Whitepaper. ²Alle veralteten Versionen der Kryptowerte-Whitepaper werden in einem gesonderten Archiv aufbewahrt und deutlich als veraltete Versionen gekennzeichnet.

(3) In Bezug auf Emittenten vermögenswertereferenzierter Token enthält das Register folgende Angaben:
a) den Namen, die Rechtsform und die Unternehmenskennung des Emittenten,
b) den Handelsnamen, die Anschrift, die Telefonnummer, die E-Mail-Adresse und die Website des Emittenten,
c) die Kryptowerte-Whitepaper und alle geänderten Kryptowerte-Whitepaper, wobei die veralteten Versionen des Kryptowerte-Whitepapers in einem gesonderten Archiv aufbewahrt und deutlich als veraltet gekennzeichnet werden,
d) die Liste der Mitgliedstaaten, in denen der antragstellende Emittent beabsichtigt, einen vermögenswertereferenzierten Token öffentlich an-

Art. 109 Titel VII Zuständigen Behörden, die EBA und die ESMA

zubieten oder die Zulassung des vermögenswertereferenzierten Token zum Handel zu beantragen,
e) das Startdatum oder, falls zum Zeitpunkt der Benachrichtigung durch die zuständige Behörde nicht verfügbar, das beabsichtigte Startdatum des öffentlichen Angebots oder der Zulassung zum Handel,
f) alle sonstigen vom Emittenten erbrachten Dienstleistungen, die nicht unter diese Verordnung fallen, mit Verweis auf das geltende Unionsrecht oder nationale Recht,
g) das Datum der Zulassung eines vermögenswertereferenzierten Token zum öffentlichen Anbieten oder das Datum, an dem die Zulassung eines vermögenswertereferenzierten Token zum Handel beantragt werden konnte oder das Datum der Zulassung als Kreditinstitut oder gegebenenfalls des Entzugs einer dieser Zulassungen.

(4) In Bezug auf Emittenten von E-Geld-Token enthält das Register folgende Angaben:
a) den Namen, die Rechtsform und die Unternehmenskennung des Emittenten,
b) den Handelsnamen, die Anschrift, die Telefonnummer, die E-Mail-Adresse und die Website des Emittenten,
c) die Kryptowerte-Whitepaper und alle geänderten Kryptowerte-Whitepaper, wobei die veralteten Versionen des Kryptowerte-Whitepapers in einem gesonderten Archiv aufbewahrt und deutlich als veraltet gekennzeichnet werden,
d) das Startdatum des öffentlichen Angebots oder der Zulassung zum Handel oder, falls zum Zeitpunkt der Meldung durch die zuständige Behörde nicht verfügbar, das Startdatum des geplanten Angebots oder der geplanten Zulassung zum Handel,
e) alle sonstigen vom Emittenten erbrachten Dienstleistungen, die nicht unter diese Verordnung fallen, mit Verweis auf das geltende Unionsrecht oder nationale Recht,
f) das Datum der Zulassung als Kreditinstitut oder als E-Geld-Institut und gegebenenfalls des Entzugs dieser Zulassung.

(5) In Bezug auf Anbieter von Kryptowerte-Dienstleistungen enthält das Register folgende Angaben:
a) den Namen, die Rechtsform und die Unternehmenskennung des Anbieters von Kryptowerte-Dienstleistungen sowie gegebenenfalls der Zweigniederlassungen des Anbieters von Kryptowerte-Dienstleistungen,
b) den Handelsnamen, die Anschrift, die Telefonnummer, die E-Mail-Adresse und die Website des Anbieters von Kryptowerte-Dienstleistungen sowie gegebenenfalls der Handelsplattform für Kryptowerte, die vom Anbieter von Kryptowerte-Dienstleistungen betrieben wird,
c) den Namen, die Anschrift und die Kontaktdaten der zuständigen Behörde, die die Zulassung erteilt hat,
d) die Liste der Kryptowerte-Dienstleistungen, die der Anbieter von Kryptowerte-Dienstleistungen erbringt,
e) die Liste der Aufnahmemitgliedstaaten, in denen der Anbieter von Kryptowerte-Dienstleistungen beabsichtigt, Kryptowerte-Dienstleistungen zu erbringen,

Register für Kryptowerte-Whitepaper **Art. 109**

f) das Startdatum der Erbringung von Kryptowerte-Dienstleistungen oder, falls zum Zeitpunkt der Meldung durch die zuständige Behörde nicht verfügbar, das Startdatum der geplanten Erbringung von Kryptowerte-Dienstleistungen,

g) alle sonstigen vom Anbieter von Kryptowerte-Dienstleistungen erbrachten Dienstleistungen, die nicht unter diese Verordnung fallen, mit Verweis auf das geltende Unionsrecht oder nationale Recht,

h) das Datum der Zulassung und gegebenenfalls des Entzugs der Zulassung.

(6) [1]Die zuständigen Behörden melden der ESMA unverzüglich die in Artikel 94 Absatz 1 Unterabsatz 1 Buchstabe b, c, f, l, m, n, o oder t aufgeführten Maßnahmen und alle gemäß Artikel 102 ergriffenen öffentlichen Vorsichtsmaßnahmen, die sich auf die Erbringung von Kryptowerte-Dienstleistungen oder die Emission, das öffentliche Angebot oder die Nutzung von Kryptowerten auswirken. [2]Die ESMA nimmt diese Informationen in das Register auf.

(7) Jeder Entzug der Zulassung eines Emittenten eines vermögenswertereferenzierten Token, eines Emittenten eines E-Geld-Token oder eines Anbieters von Kryptowerte-Dienstleistungen und jede gemäß Absatz 6 gemeldete Maßnahme bleibt fünf Jahre lang im Register veröffentlicht.

(8) [1] Die ESMA arbeitet Entwürfe technischer Regulierungsstandards aus, in denen die für die Einstufung, nach Art von Kryptowerten, von Kryptowerte-Whitepapers im Register erforderlichen Daten einschließlich der Unternehmenskennung des Emittenten näher festgelegt sind und in denen die praktischen Vorkehrungen festgelegt sind, mit denen sichergestellt wird, dass diese Daten maschinenlesbar sind.

[2] Die ESMA übermittelt der Kommission die in Unterabsatz 1 genannten Entwürfe technischer Regulierungsstandards spätestens am 30. Juni 2024.

[3] Der Kommission wird die Befugnis übertragen, diese Verordnung durch den Erlass der in Unterabsatz 1 genannten technischen Regulierungsstandards gemäß den Artikeln 10 bis 14 der Verordnung (EU) Nr. 1095/2010 zu ergänzen.

Art. 109 statuiert die Einrichtung eines einheitlichen, auf der ESMA-Webseite 1 einsehbaren (Art. 109 Abs. 1 S. 2) „Kryptoregisters". Es enthält nach Art. 109 Abs. 1 alle Arten von Kryptowerte-Whitepapern, die Emittenten von vermögenswertereferenzierten Token (ART) und E-Geld-Token (EMT), sowie alle Anbieter von Kryptowerte-Dienstleistungen (CASP). Dies dient der Transparenz (Erwgr. Nr. 101) und ist bitter notwendig. Denn eine völlige Konzentration aller aufsichtsrechtlichen Zuständigkeiten (und damit auch etwaiger Registerführung) bei den Aufsichtsbehörden der 27 Mitgliedsstaaten hätte zu einem undurchsichtigen Dickicht geführt.

Praktisch wichtig ist das Register zunächst für **Plattformbetreiber**. Diese müs- 2 sen nach Art. 5 Abs. 2 nur dann ein Whitepaper für Kryptowerte, die sie listen wollen, erstellen, veröffentlichen und übermitteln, wenn zu diesem Zeitpunkt für den betreffenden Kryptowert noch kein Whitepaper veröffentlicht wurde – was aus dem ESMA-Register ersichtlich ist. Zudem müssen **Anbieter von Kryptowerte-**

Art. 110 Titel VII Zuständigen Behörden, die EBA und die ESMA

Dienstleistungen (CASP) nach Art. 66 Abs. 3 UAbs. 2 bei bestimmten Dienstleistungen (insbes. beim Betrieb einer Handelsplattform) Hyperlinks zu allen Krytowerte-Whitepapern bereitstellen, zu denen sie Dienstleistungen erbringen.

3   Die für das Register notwendigen Daten werden der ESMA **von den nationalen Aufsichtsbehörden zugeliefert.** Nach Art. 109 Abs. 1 S. 3 teilen sie der ESMA alle Änderungen der zu veröffentlichenden Informationen mit. Näheres regelt nach Art. 109 Abs. 8 und Abs. 9 von der Kommission auf Vorschlag der ESMA zu erlassende Technische Regulierungsstandards. Weitergehende rechtliche Wirkungen, etwa vergleichbar mit der Publizität des Handelsregisters, entfaltet das ESMA-Register nicht.

4   Die Vorschrift wurde erst spät im Gesetzgebungsverfahren eingefügt, der KOM-E enthält keine Entsprechung oder ähnliche Regelung. Allerdings heißt es im KOM-E unter „Auswirkungen auf den Haushalt", dass die ESMA „die Kosten, die ihr im Zusammenhang mit der Einrichtung eines Registers aller Krypto-Dienstleister und der Pflege dieses Registers anhand der von den zuständigen nationalen Behörden und der EBA übermittelten Informationen entstehen, im Rahmen ihrer operativen Haushaltsmittel" deckt.[1] Es ist unklar, ob der ursprüngliche Gedanke war, ein entsprechendes Register ohne Verankerung in der MiCAR aufzusetzen, oder ob es im KOM-E schlichtweg vergessen wurde.

5   Das Register enthält neben üblichen Registerangaben wie Namen, Anschrift, Startdatum des öffentlichen Angebots bzw. der Erbringung der Kryptowerte-Dienstleistungen oder der zuständigen Aufsichtsbehörde auch nach Art. 109 Abs. 6 von den nationalen Aufsichtsbehörden nach Art. 94 getroffenen Maßnahmen sowie vorsorglichen Maßnahmen nach Art. 102 (Art. 109 Abs. 6). Ein Entzug der Zulassung bleibt für fünf Jahre im Register veröffentlicht (Art. 109 Abs. 7).

Artikel 110 Register der nicht konformen Unternehmen, die Kryptowerte-Dienstleistungen erbringen

(1) Die ESMA erstellt ein nicht erschöpfendes Register von Unternehmen, die unter Verstoß gegen Artikel 59 oder 61 Kryptowerte-Dienstleistungen erbringen.

(2) Das Register enthält mindestens den Handelsnamen oder die Website eines nicht konformen Unternehmens und den Namen der zuständigen Behörde, die die Informationen übermittelt hat.

(3) ¹Das Register ist auf der Website der ESMA in maschinenlesbarem Format öffentlich zugänglich und wird regelmäßig aktualisiert, um etwaigen Änderungen der Umstände oder sonstigen Informationen, die der ESMA in Bezug auf die registrierten nicht konformen Unternehmen zur Kenntnis gebracht werden, Rechnung zu tragen. ²Das Register ermöglicht einen zentralisierten Zugang zu Informationen, die von den zuständigen Behörden der Mitgliedstaaten oder von Drittländern sowie von der EBA übermittelt werden.

(4) Die ESMA aktualisiert das Register, um Informationen über jeden Verstoß gegen diese Verordnung aufzunehmen, den sie auf eigene Initiative gemäß Artikel 17 der Verordnung (EU) Nr. 1095/2010 festgestellt hat

---

[1] MiCAR KOM-E, S. 11.

und zu dem sie einen an ein nicht konformes Unternehmen, das Kryptowerte-Dienstleistungen erbringt, gerichteten Beschluss nach Absatz 6 des genannten Artikels erlassen hat, sowie Informationen über Unternehmen, die Kryptowerte-Dienstleistungen erbringen, ohne über die erforderliche Zulassung oder Registrierung zu verfügen, die von den zuständigen Aufsichtsbehörden von Drittländern vorgelegt wurde.

(5) In den in Absatz 4 des vorliegenden Artikels genannten Fällen kann die ESMA die einschlägigen Aufsichts- und Untersuchungsbefugnisse der zuständigen Behörden nach Artikel 94 Absatz 1 auf nicht konforme Unternehmen, die Kryptowerte-Dienstleistungen erbringen, anwenden.

Schrifttum: Seibt/Buck-Heeb/Harnos, BeckOK Wertpapierhandelsrecht, Stand 1.7.2024; Sonder, Rechtsschutz gegen Maßnahmen der neuen europäischen Finanzaufsichtsagenturen, BKR 2012, 8.

Art. 109 ergänzt das ESMA-Register in Art. 109 um ein Register **der nicht** 1 **konformen CASP.** Voraussetzung der Aufnahme in das Register ist ein Verstoß gegen Art. 59 (Erbringung von Kryptowerte-Dienstleistung ohne Erlaubnis) „oder" (→ Rn. 2) gegen Art. 61 (Erbringung von Kryptowerte-Dienstleistungen auf ausschließlich eigenes Betreiben des Kunden). Nicht erfasst sind hingegen Verstöße gegen die Erlaubnis zum öffentlichen Angebot von vermögensreferenzierten Token (ART) iSv Art. 16. Nachvollziehbar ist dies nicht, da die Sachlage (Kundengefährdung durch Verstoß gegen MiCAR-Erlaubnispflicht) vergleichbar ist.

Voraussetzung ist erstens die Erbringung von Kryptowerte-Dienstleistungen iSv 2 Art. 3 Abs. 1 Nr. 16, und zwar nach Art. 2 Abs. 1 innerhalb der EU. Zweitens darf die Ausnahme nach Art. 61 nicht vorliegen, da im Fall der Erbringung ausschließlich auf eigenes Betreiben des Kunden keine Zulassung notwendig wäre. Drittens darf auch die Erlaubnis nach Art. 59 nicht vorliegen.

Die ESMA stellt das Register nach Art. 110 Abs. 3 in maschinenlesbare Form auf 3 ihrer Webseite zur Verfügung. Enthalten sind mindestens Handelsname oder die Website des nicht konformen Unternehmens und der Name der zuständigen Behörde, die die Informationen übermittelt hat. Es handelt sich bei Art. 110 damit um eine Form des Naming and Shaming, wie sie auch aus den §§ 123ff. WpHG auf ähnliche Weise bekannt ist. Allerdings wird im Fall des Art. 110 keine von den Aufsichtsbehörden verhängte Maßnahme bekanntgegeben (vgl. zB § 123 WpHG), sondern nur die Tatsache, wer ohne Erlaubnis Kryptowerte-Dienstleistungen erbringt. Anders als bei der reinen Auflistung von Emittenten und CASP in Art. 109 liegt bei Art. 110 ein **Eingriff in das Grundrecht auf informationelle Selbstbestimmung** vor.[1]

Art. 110 basiert wie auch Art. 109 auf der Idee, dass die Aufsichtsbehörden der 4 Mitgliedsstaaten die ESMA mit den notwendigen Informationen versorgen. Art. 110 Abs. 4 erweitert die Kompetenz der ESMA für den Fall, dass die Mitgliedsstaaten ihren Verpflichtungen nicht nachkommen. In diesem Fall kann das Verfahren nach Art. 17 VO (EU) 1095 (2010) (ESMA-VO) durchlaufen werden. Art. 110 Abs. 4 erlaubt daher die Veröffentlichung der betreffenden Informationen, wenn ein förmlicher Beschluss nach Art. 17 Abs. 6 ESMA-VO erlassen wurde. In diesem Fall kann die ESMA gegenüber dem nicht-konformen Unternehmen die üblicher-

---

[1] Zur generellen Einordnung und Kritik am Naming & Shaming BeckOK WpHR/Kämpfer/Travers WpHG § 123 Rn. 3 mwN.

Art. 110a Titel VII Zuständigen Behörden, die EBA und die ESMA

weise den nationalen Aufsichtsbehörden zustehenden Befugnisse nach Art. 94 wahrnehmen.

5 Gegen eine formale Entscheidung nach Art. 17 ESMA-VO ist nach Art. 60 Abs. 1 ESMA-VO die **Beschwerde** statthaft. Gegen einen Beschluss des Beschwerdeausschusses ist wiederum nach Art. 61 Abs. 2 ESMA-VO die **Klage** vor dem Gerichtshof der Europäischen Union statthaft. Gegen die Veröffentlichung nach Art. 110 Abs. 1 und Abs. 2 ist hingegen keine spezielle Beschwerdemöglichkeit vorgesehen. Daher spricht viel dafür, in diesem Fall Art. 61 Abs. 1 ESMA-VO anzuwenden und dadurch die sofortige Klagemöglichkeit einzuräumen.[2]

Artikel 110a Zugänglichkeit von Informationen im zentralen europäischen Zugangsportal

(1)[1] **Ab dem 10. Januar 2030 übermitteln Emittenten, Anbieter bzw. die Zulassung zum Handel beantragende Personen die in Artikel 88 Absatz 1 der vorliegenden Verordnung genannten Informationen gleichzeitig mit der Veröffentlichung an die in Absatz 3 des vorliegenden Artikels genannte zuständige Sammelstelle, um sie im zentralen europäischen Zugangsportal (European Single Access Point, ESAP), das gemäß der Verordnung (EU) 2023/2859 des Europäischen Parlaments und des Rates[2] eingerichtet wird, zugänglich zu machen.**

[2] **Diese Informationen müssen die nachstehenden Anforderungen erfüllen:**

a) **Sie werden in einem datenextrahierbaren Format im Sinne von Artikel 2 Nummer 3 der Verordnung (EU) 2023/2859 oder, sofern nach Unionsrecht vorgeschrieben, in einem maschinenlesbaren Format gemäß Artikel 2 Nummer 4 der genannten Verordnung übermittelt;**

b) **sie enthalten die folgenden Metadaten:**
   i) **alle Namen des Emittenten, des Anbieters bzw. der die Zulassung zum Handel beantragenden Person, auf den bzw. die sich die Informationen beziehen;**
   ii) **im Falle juristischer Personen die Rechtsträgerkennung des Emittenten, des Anbieters bzw. der die Zulassung zum Handel beantragenden Person gemäß Artikel 7 Absatz 4 Buchstabe b der Verordnung (EU) 2023/2859;**
   iii) **im Falle juristischer Personen die Größenklasse des Emittenten, des Anbieters bzw. der die Zulassung zum Handel beantragenden Person gemäß Artikel 7 Absatz 4 Buchstabe d der genannten Verordnung;**
   iv) **die Art der Informationen gemäß der Einstufung in Artikel 7 Absatz 4 Buchstabe c der genannten Verordnung;**
   v) **eine Angabe, ob die Informationen personenbezogene Daten enthalten.**

(2) **Für die Zwecke von Absatz 1 Buchstabe b Ziffer ii lassen sich die Emittenten, die Anbieter bzw. die die Zulassung zum Handel beantragenden Personen eine Rechtsträgerkennung ausstellen.**

---

[2] Zur Frage des einstweiligen Rechtsschutzes gegen Handlungen der ESA (inkl. ESMA) siehe Sonder BKR 2012, 8 (12).

(3) Damit die in Absatz 1 dieses Artikels genannten Informationen im ESAP zugänglich gemacht werden, benennen die Mitgliedstaaten bis zum 9. Januar 2030 mindestens eine Sammelstelle im Sinne von Artikel 2 Nummer 2 der Verordnung (EU) 2023/2859 und teilen dies der ESMA mit.

(4)[1] ¹Ab dem 10. Januar 2030 werden die in den Artikeln 109 und 110 der vorliegenden Verordnung genannten Informationen im ESAP zugänglich gemacht. ²Für diesen Zweck fungiert die ESMA als Sammelstelle im Sinne von Artikel 2 Nummer 2 der Verordnung (EU) 2023/2859.

[2] Diese Informationen müssen die nachstehenden Anforderungen erfüllen:
a) Sie werden in einem maschinenlesbaren Format im Sinne von Artikel 2 Nummer 3 der Verordnung (EU) 2023/2859 übermittelt;
b) sie enthalten die folgenden Metadaten:
   i) alle Namen des Emittenten wertreferenzierter Token, des Emittenten von E-Geld-Token und des Anbieters von Kryptowerte-Dienstleistungen, auf die sich die Informationen beziehen;
   ii) sofern verfügbar, die Rechtsträgerkennung des Emittenten wertreferenzierter Token, des Emittenten von E-Geld-Token und des Anbieters von Kryptowerte-Dienstleistungen gemäß Artikel 7 Absatz 4 Buchstabe b der genannten Verordnung;
   iii) die Art der Informationen gemäß der Einstufung in Artikel 7 Absatz 4 Buchstabe c der genannten Verordnung;
   iv) eine Angabe, ob die Informationen personenbezogene Daten enthalten.

(5)[1] Um die effiziente Sammlung und Verwaltung der gemäß Absatz 1 übermittelten Informationen zu gewährleisten, arbeitet die ESMA Entwürfe technischer Durchführungsstandards aus, in denen Folgendes festgelegt wird:
a) etwaige sonstige Metadaten, die den Informationen beigefügt werden;
b) die Strukturierung der Daten in den Informationen;
c) für welche Informationen ein maschinenlesbares Format erforderlich und welches maschinenlesbare Format in diesen Fällen zu verwenden ist.

[2] Für die Zwecke von Buchstabe c bewertet die ESMA die Vor- und Nachteile verschiedener maschinenlesbarer Formate und führt geeignete Feldversuche durch.

[3] Diese Entwürfe technischer Durchführungsstandards legt die ESMA der Kommission vor.

[4] Der Kommission wird die Befugnis übertragen, die in Unterabsatz 1 dieses Absatzes genannten technischen Durchführungsstandards gemäß Artikel 15 der Verordnung (EU) Nr. 1095/2010 zu erlassen.

(6) Erforderlichenfalls erlässt die ESMA Leitlinien für Unternehmen, um sicherzustellen, dass die gemäß Absatz 5 Unterabsatz 1 Buchstabe a übermittelten Metadaten korrekt sind.

Die Vorschrift schafft die Voraussetzungen für die Schaffung eines zentralen europäischen Zugangsportals (European Single Access Point, ESAP) iSd VO (EU) 2023/2859. Die Vorschrift war nicht in der originalen MiCAR-Fassung enthalten,

Art. 111 Titel VII Zuständigen Behörden, die EBA und die ESMA

sondern wurde mit Wirkung v. 9.1.2024 nachträglich eingefügt. Das ESAP soll einen einfachen und strukturierten Zugang zu Daten für Entscheidungsträger, professionelle Anleger und Kleinanleger, nichtstaatliche Organisationen, Organisationen der Zivilgesellschaft, Sozial- und Umweltorganisationen sowie andere Interessenträger in Wirtschaft und Gesellschaft schaffen, damit diese fundierte, sachkundige sowie umwelt- und sozialverträgliche Investitionsentscheidungen treffen können, die dem effizienten Funktionieren des Marktes dienen.[1] Eine Parallelvorschrift findet sich zB in Art. 87 a MiFID II.

2 Das ESAP muss nach Art. 1 Abs. 1 VO (EU) 2023/2859 bis zum 10.7.2027 von der ESMA eingerichtet werden. Meldepflichtig sind nach Art. 110a Abs. 1 auf Grundlage von Art. 88 veröffentlichte Insiderinformationen. Normadressaten sind – wie auch in Art. 88 – Emittenten, Anbieter und Personen, die die Zulassung zum Handel beantragen. Die Meldepflicht greift ab 10.1.2030. Die Mitgliedsstaaten richten zu diesem Zweck nach Art. 110a Abs. 3 nationale Sammelstellen ein. Das ESAP wird nach Art. 110a Abs. 4 auch die Registerinformationen nach Art. 109 und Art. 110 umfassen; hierfür ist die ESMA die zuständige Sammelstelle. Die Abs. 5–7 regeln in MiCAR-typischer Manier, dass die ESMA technische Durchführungsstandards für die Datenübermittlung entwirft, die von der Kommission in Form einer Verordnung festgeschrieben werden können. Soweit erforderlich, kann die ESMA zudem Leitlinien für Unternehmen erstellen.

Kapitel 3 Verwaltungsrechtliche Sanktionen und andere verwaltungsrechtliche Maßnahmen der zuständigen Behörden

Artikel 111 Verwaltungsrechtliche Sanktionen und andere verwaltungsrechtliche Maßnahmen

(1) Unbeschadet strafrechtlicher Sanktionen und unbeschadet der Aufsichts- und Untersuchungsbefugnisse der in Artikel 94 aufgeführten zuständigen Behörden übertragen die Mitgliedstaaten im Einklang mit nationalem Recht den zuständigen Behörden die Befugnis, angemessene verwaltungsrechtliche Sanktionen und andere verwaltungsrechtliche Maßnahmen in Bezug auf mindestens die folgenden Verstöße zu ergreifen:
a) Verstöße gegen die Artikel 4 bis 14;
b) Verstöße gegen die Artikel 16, 17, 19, 22, 23 und 25, die Artikel 27 bis 41 und die Artikel 46 und 47;
c) Verstöße gegen die Artikel 48 bis 51, 53, 54 und 55;
d) Verstöße gegen die Artikel 59, 60, 64 und die Artikel 65 bis 83;
e) Verstöße gegen die Artikel 88 bis 92;
f) Verweigerung der Zusammenarbeit bei einer Untersuchung, einer Prüfung oder einem Ersuchen gemäß Artikel 94 Absatz 3.

Die Mitgliedstaaten können beschließen, keine Regelungen für verwaltungsrechtliche Sanktionen festzulegen, sofern die in Unterabsatz 1 Buchstaben a, b, c, d oder e genannten Verstöße zum 30. Juni 2024 gemäß dem nationalen Recht bereits strafrechtlichen Sanktionen unterliegen. Im Falle

---

[1] Erwgr. Nr. 1 VO (EU) 2023/2859.

eines solchen Beschlusses teilen die Mitgliedstaaten der Kommission, der ESMA und der EBA die entsprechenden Bestimmungen ihres Strafrechts im Detail mit.

Die Mitgliedstaaten teilen der Kommission, der EBA und der ESMA die in den Unterabsätzen 1 und 2 genannten Regelungen im Detail bis zum 30. Juni 2024 mit. Außerdem teilen sie der Kommission, der ESMA und der EBA jede spätere Änderung dieser Regelungen unverzüglich mit.

(2) Die Mitgliedstaaten stellen im Einklang mit ihrem nationalen Recht sicher, dass die zuständigen Behörden die Befugnis haben, bei den in Absatz 1 Unterabsatz 1 Buchstaben a bis d genannten Verstößen zumindest die folgenden verwaltungsrechtlichen Sanktionen und anderen verwaltungsrechtlichen Maßnahmen zu verhängen:

a) öffentliche Bekanntgabe der für den Verstoß verantwortlichen natürlichen oder juristischen Person und der Art des Verstoßes;

b) Anordnung an die verantwortliche natürliche oder juristische Person, das den Verstoß darstellende Verhalten einzustellen und von einer Wiederholung abzusehen;

c) maximale Verwaltungsgeldbußen in mindestens zweifacher Höhe der infolge des Verstoßes erzielten Gewinne oder vermiedenen Verluste, soweit sich diese beziffern lassen, auch wenn sie über die in Buchstabe d dieses Absatzes und in Absatz 3 für juristische Personen genannten Maximalbeträge hinausgehen;

d) im Falle einer natürlichen Person maximale Verwaltungsgeldbußen von mindestens 700 000 EUR bzw. in den Mitgliedstaaten, deren amtliche Währung nicht der Euro ist, dem Gegenwert in der Landeswährung am 29. Juni 2023;

(3) Die Mitgliedstaaten stellen im Einklang mit ihrem nationalen Recht sicher, dass die zuständigen Behörden die Befugnis haben, bei Verstößen, die von juristischen Personen begangen werden, maximale Verwaltungsgeldbußen mindestens in folgender Höhe zu verhängen:

a) 5 000 000 EUR oder in den Mitgliedstaaten, deren amtliche Währung nicht der Euro ist, der Gegenwert in der Landeswährung am 29. Juni 2023 für Verstöße gemäß Absatz 1 Unterabsatz 1 Buchstaben a bis d;

b) 3 % des jährlichen Gesamtumsatzes der juristischen Person gemäß dem letzten verfügbaren vom Leitungsorgan gebilligten Abschluss für Verstöße gemäß Absatz 1 Unterabsatz 1 Buchstabe a;

c) 5 % des jährlichen Gesamtumsatzes der juristischen Person gemäß dem letzten verfügbaren vom Leitungsorgan gebilligten Abschluss für Verstöße gemäß Absatz 1 Unterabsatz 1 Buchstabe d;

d) 12,5 % des jährlichen Gesamtumsatzes der juristischen Person gemäß dem letzten verfügbaren vom Leitungsorgan gebilligten Abschluss für Verstöße gemäß Absatz 1 Unterabsatz 1 Buchstaben b und c.

Handelt es sich bei der juristischen Person gemäß Unterabsatz 1 Buchstaben a bis d um ein Mutterunternehmen oder ein Tochterunternehmen eines Mutterunternehmens, das nach der Richtlinie 2013/34/EU einen konsolidierten Abschluss aufzustellen hat, so ist der relevante jährliche Gesamtumsatz der jährliche Gesamtumsatz oder die entsprechende Einkunftsart nach dem geltenden Unionsrecht für die Rechnungslegung, der/die im letzten verfügbaren konsolidierten Abschluss ausgewiesen ist,

Art. 111

der vom Leitungsorgan des Mutterunternehmens an der Spitze gebilligt wurde.

(4) Zusätzlich zu den verwaltungsrechtlichen Sanktionen und anderen verwaltungsrechtlichen Maßnahmen gemäß den Absätzen 2 und 3 stellen die Mitgliedstaaten im Einklang mit dem nationalen Recht sicher, dass die zuständigen Behörden die Befugnis haben, im Falle der in Absatz 1 Unterabsatz 1 Buchstabe d genannten Verstöße ein vorübergehendes Verbot zu verhängen, das ein Mitglied des Leitungsorgans des Anbieters von Kryptowerte-Dienstleistungen oder jede andere natürliche Person, die für den Verstoß verantwortlich gemacht wird, daran hindert, bei einem Anbieter von Kryptowerte-Dienstleistungen Leitungsaufgaben wahrzunehmen.

(5) Die Mitgliedstaaten stellen im Einklang mit den nationalen Recht sicher, dass die zuständigen Behörden die Befugnis haben, bei den in Absatz 1 Unterabsatz 1 Buchstabe e genannten Verstößen zumindest die folgenden verwaltungsrechtlichen Sanktionen und anderen verwaltungsrechtlichen Maßnahmen zu verhängen:
a) öffentliche Bekanntgabe der verantwortlichen natürlichen oder juristischen Person und der Art des Verstoßes;
b) Anordnung an die verantwortliche natürliche oder juristische Person, das den Verstoß darstellende Verhalten einzustellen und von einer Wiederholung abzusehen;
c) Einzug der durch den Verstoß erzielten Gewinne oder vermiedenen Verluste, sofern diese sich beziffern lassen;
d) Entzug oder Aussetzung der Zulassung eines Anbieters von Kryptowerte-Dienstleistungen;
e) vorübergehendes Verbot für die Mitglieder des Leitungsorgans des Anbieters von Kryptowerte-Dienstleistungen oder für andere natürliche Person, die für den Verstoß verantwortlich gemacht werden, bei dem Anbieter von Kryptowerte-Dienstleistungen Leitungsaufgaben wahrzunehmen;
f) bei wiederholten Verstößen gegen die Artikel 89, 90, 91 oder 92 ein für mindestens zehn Jahre geltendes Verbot für ein Mitglied des Leitungsorgans des Anbieters von Kryptowerte-Dienstleistungen oder für andere natürliche Person, die für den Verstoß verantwortlich gemacht werden, bei einem Anbieter von Kryptowerte-Dienstleistungen Leitungsaufgaben wahrzunehmen;
g) vorübergehendes Verbot für die Mitglieder des Leitungsorgans des Anbieters von Kryptowerte-Dienstleistungen oder für andere natürliche Personen, die für den Verstoß verantwortlich gemacht werden, Eigengeschäfte zu tätigen;
h) maximale Verwaltungsgeldbußen in mindestens dreifacher Höhe der infolge des Verstoßes erzielten Gewinne oder vermiedenen Verluste, soweit sich diese beziffern lassen, auch wenn sie – ja nach Fall – über die unter Buchstabe i oder j, genannten Maximalbeträge hinausgehen;
i) bei natürlichen Personen maximale Verwaltungsgeldbußen in Höhe von mindestens 1 000 000 EUR für Verstöße gegen Artikel 88 und 5 000 000 EUR für Verstöße gegen die Artikel 89 bis 92 bzw. in den Mit-

Verwaltungsrechtliche Sanktionen **Art. 111**

gliedstaaten, deren amtliche Währung nicht der Euro ist, dem Gegenwert in der Landeswährung zum 29. Juni 2023;
j) bei juristischen Personen maximale Verwaltungsgeldbußen in Höhe von mindestens 2 500 000 EUR für Verstöße gegen Artikel 88 und 15 000 000 EUR für Verstöße gegen die Artikel 89 bis 92 oder 2 % für Verstöße gegen Artikel 88 und 15 % für Verstöße gegen die Artikel 89 bis 92 des jährlichen Gesamtumsatzes der juristischen Person gemäß dem letzten verfügbaren durch das Leitungsorgan gebilligten Abschluss bzw. in den Mitgliedstaaten, deren amtliche Währung nicht der Euro ist, dem Gegenwert in der Landeswährung zum 29. Juni 2023. Für die Zwecke von Unterabsatz 1 Buchstabe j ist, wenn es sich bei der juristischen Person um ein Mutterunternehmen oder ein Tochterunternehmen eines Mutterunternehmens handelt, das nach der Richtlinie 2013/34/EU einen konsolidierten Abschluss aufzustellen hat, der relevante jährliche Gesamtumsatz der jährliche Gesamtumsatz oder die entsprechende Einkunftsart nach dem geltenden Unionsrecht für die Rechnungslegung, der/die im letzten verfügbaren konsolidierten Abschluss ausgewiesen ist, der vom Leitungsorgan des Mutterunternehmens an der Spitze gebilligt wurde.

(6) Die Mitgliedstaaten können den zuständigen Behörden zusätzlich zu den in den Absätzen 2 bis 5 genannten Befugnissen weitere Befugnisse übertragen und sowohl gegen natürliche als auch gegen juristische Personen, die für den Verstoß verantwortlich sind, höhere als die in jenen Absätzen genannten Sanktionen vorsehen.

Schrifttum: Becker/Rodde, Auswirkungen europäischer Rechtsakte auf das Kapitalmarktsanktionsrecht – Neuerungen durch das Finanzmarktnovellierungsgesetz, ZBB 2016, 11 ff.; Bekritsky, Der Nemo-Tenetur-Grundsatz im Kapitalmarktrecht, BKR 2021, 340 ff.; Bekritsky, Die Zuständigkeit des Aufsichtsrats für die Ad-Hoc-Publizität – mehr als bloß Formsache, BKR 2020, 382 ff.; Cahn, Die sog. gespaltene Auslegung im Kapitalmarktrecht, FS 25 Jahre WpHG 2019, 41 ff.; Fritz, Anbieter von Kryptowerte-Dienstleistungen nach der MiCAR, BKR 2023, 747 ff.; Hellgardt, Europarechtliche Vorgaben für die Kapitalmarktinformationshaftung, AG 2012, 154 ff.; Hong, Subjektive Rechte und Schutznormtheorie im europäischen Verwaltungsrechtsraum, JZ 2012, 380 ff.; Jarass, Strafrechtliche Grundrechte im Unionsrecht, NStZ 2012, 611 ff.; Kämmerer, Bemessung von Geldbußen im Wettbewerbs- und Kapitalmarktrecht: Eine komparative Betrachtung, FS Hopt 2010, 2043 ff.; Krause, Kapitalmarktrechtliche Compliance: neue Pflichten und drastisch verschärfte Sanktionen nach der EU-Marktmissbrauchsverordnung, CCZ 2014, 248 ff.; Krönke, Kryptoverwaltungsrecht. Das spezifische Aufsichtsregime für Kryptowerte nach der MiCAR, RDi 2024, 1; Poelzig, Durchsetzung u Sanktionierung des neuen Marktmissbrauchsrechts, NZG 2016, 492 ff.; Raschner, Das (neue) Marktmanipulationsrecht für Kryptowerte, BKR 2022, 217; Ruffert, Subjektive Rechte im Umweltrecht der Europäischen Gemeinschaft, 1996; Schoch, Individualrechtsschutz im deutschen Umweltrecht unter dem Einfluß des Gemeinschaftsrechts, NVwZ 1999, 457 ff.; Schörner, Sud Fondi, Varvara und G.I.E.M.: Die Entscheidungen des EGMR zu einer italienischen Non-Conviction-Based-Confiscation als Indikator für die Konventionswidrigkeit des deutschen § 76a Abs. 4 StGB?, ZJS 2019, 144 ff.; Seibt/Wollenschläger, Revision des Marktmissbrauchsrechts durch Marktmissbrauchsverordnung und Richtlinie über strafrechtliche Sanktionen für Marktmanipulation, AG 2014, 593 ff.; Shavell, Foundations of Economic Analysis of Law, 2009; Teigelack/Dolff, Kapitalmarktrechtliche Sanktionen nach dem Regierungsentwurf eines Ersten Finanzmarktnovellierungsgesetzes – 1. FimanoG, 387 ff.; Tountopoulos, Market Abuse and Private Enforcement, ECFR 2014, 297 ff.; Veil, Sanktionsrisiken

Art. 111 Titel VII Zuständigen Behörden, die EBA und die ESMA

für Emittenten und Geschäftsleiter im Kapitalmarktrecht, ZGR 2016, 305 ff.; Zeder, Die neuen Strafbestimmungen gegen Marktmissbrauch: Europäische Vorgaben (MAR und MAD) und ihre Umsetzung im österreichischen Börsegesetz, NZWist 2017, 41 ff.

Übersicht

	Rn.
I. Einführung	1
1. Bedeutung	1
2. Systematische Einordnung	3
3. Sanktionen und andere verwaltungsrechtliche Maßnahmen	7
II. Die Rolle der Unionsgrundrechte	9
1. Reichweite der Unionsgrundrechte	9
a) Durchführung von Unionsrecht	9
b) Kompetenzverschiebungen durch Rechtsprechung des EuGH?	11
c) Anwendungsvorrang des Unionsrechts	13
2. Bestimmtheitsgrundsatz und Analogieverbot	15
a) Sanktionen	15
b) Übertragung auf Maßnahmen?	17
3. Ne bis in idem	18
a) Schutzbereich	18
b) Lösungsmechanismen in der MiCAR	20
c) Keine Anwendung auf andere Maßnahmen	23
4. Berührung mit dem Nemo-Tenetur-Grundsatz	24
5. Kein Verschuldenserfordernis	26
a) Problemstellung	26
b) Rechtsprechung des EGMR	28
c) Rechtsprechung des EuGH	30
III. Verwaltungsbußgelder	32
1. Einführung	32
2. Vielfaches von erzielten Gewinnen oder vermiedenen Verlusten	33
3. Verwaltungsgeldbußen konkret gegen natürliche Personen	35
4. Verwaltungsgeldbußen konkret gegen juristische Personen	36
IV. Nicht-finanzielle Sanktionen	40
V. Andere verwaltungsrechtliche Maßnahmen	45
1. Einstellungs- und Unterlassungsanordnung	45
2. Einzug erzielter Gewinne oder vermiedener Verluste	48
3. Öffentliche Bekanntgabe	51

I. Einführung

1. Bedeutung

1 Art. 111 leitet das dritte Kapitel der MiCAR ein, das verwaltungsrechtliche Sanktionen und andere Maßnahmen zum Gegenstand hat. Anders als die meisten anderen Regelungen der MiCAR gelten die Vorgaben des Art. 111 nicht unmittelbar, sondern müssen **von den Mitgliedstaaten umgesetzt** werden. Die MiCAR verfolgt damit die Regelungstechnik einer sog. hinkenden Verordnung.[1] In Deutschland sollen die Regelungsaufträge der MiCAR zu den Befugnissen der zuständigen Behörden sowie zur Sanktionierung von Verstößen durch ein neues

---

[1] Vgl. Assmann/Schlitt/v. Kopp-Colomb/Gurlit PropektR VO (EU) 2017/1129 Art. 38 Rn. 2.

Kryptomärkteaufsichtsgesetz (KMAG) umgesetzt werden. Hierzu liegt bislang der Regierungsentwurf eines Finanzmarktdigitalisierungsgesetzes vom 7.2.2024 vor (FinmadiG-RegE, BT-Drs. 20/10280).

Art. 111 ist **mindestharmonisierend**,[2] und zwar in dreifacher Hinsicht: Erstens müssen die Mitgliedstaaten verwaltungsrechtliche Konsequenzen mindestens im Hinblick auf die in Art. 111 Abs. 1 aufgelisteten Vorschriften vorsehen. Das heißt, es steht den Mitgliedstaaten frei, ob sie auch Verstöße gegen andere Regelungen der MiCAR sanktionieren. Zweitens sollen die Mitgliedstaaten sicherstellen, dass Verstöße gegen die in Art. 111 Abs. 1 aufgezählten Vorschriften zumindest mit den Maßnahmen und Sanktionen nach Art. 111 Abs. 2–5 geahndet werden. Die Mitgliedstaaten können also sowohl strengere als auch gänzlich andere Folgen vorsehen.[3] Drittens beinhalten die Art. 111 Abs. 2, Abs. 3 und Abs. 5 Mindestvorgaben im Hinblick auf maximale finanzielle Sanktionen (→ Rn. 32ff.). 2

2. Systematische Einordnung

Mit Art. 111 Abs. 1 bringt der Unionsgesetzgeber zum Ausdruck, dass er verwaltungsrechtliche Sanktionen und Maßnahmen in einem gemeinsamen Kontext mit anderen unionalen Verfolgungsmechanismen sieht. Die in Art. 111 aufgeführten Konsequenzen stehen nämlich **neben den behördlichen Aufsichtsbefugnissen der in Art. 94** aufgeführten Behörden und **etwaigen strafrechtlichen Sanktionen** („without prejudice to"). 3

Das Nebeneinander von Art. 111 und Art. 94ff. ist darauf zurückzuführen, dass die Zielrichtung der jeweiligen Maßnahmen divergiert. Art. 94ff. adressieren Befugnisse, die die Behörden in die Lage versetzen sollen, Verstöße gegen die MiCAR aufzudecken. Es handelt sich um **Aufsichts- und Ermittlungsbefugnisse**. Dagegen ordnet Art. 111 Sanktionen und Maßnahmen an, die zu ergreifen sind, sobald ein Verstoß bereits festgestellt worden ist. Selbst wenn sich also bestimmte Maßnahmen in Art. 94ff. und Art. 111 ähneln (wie etwa Tätigkeitsverbote), ist ihre Zielrichtung jeweils verschieden. 4

Nach **Art. 111 Abs. 1 UAbs. 1 S. 2** können die Mitgliedstaaten beschließen, keine Regelungen für verwaltungsrechtliche Sanktionen festzulegen, sofern die in UAbs. 1 S. 1 lit. a–lit. e genannten Verstöße bis zum 30.6.2024 gemäß dem nationalen Recht **strafrechtlichen Sanktionen** unterliegen. Hierdurch soll denjenigen Rechtstraditionen Rechnung getragen werden, die weniger zwischen verwaltungsrechtlichen und strafrechtlichen Sanktionen unterscheiden.[4] Eine vergleichbare Regelung sieht etwa die MAR vor (vgl. Art. 30 Abs. 1 UAbs. 2 MAR). Nach dem FinmadiG-RegE sollen besonders schwere Verstöße, die geeignet sind, die Integrität des Marktes zu gefährden, gem. § 46 KMAG-E mit Geld- oder Freiheitsstrafe sanktioniert werden, weniger schwere Verstöße gem. § 47 KMAG-E als Ordnungswidrigkeiten mit Geldbußen.[5] Eine solche parallele Umsetzung durch strafrechtliche und verwaltungsrechtliche Sanktionen ist zulässig, zumal Art. 111 Abs. 1 UAbs. 1 S. 2 den Mitgliedstaaten nur die Möglichkeit eröffnet, von verwaltungsrechtlichen Sanktionen abzusehen, wenn sie strafrechtliche Folgen einführen. 5

---

[2] Raschner BKR 2022, 217 (223).
[3] Vgl. zur MAR Schwark/Zimmer/Kumpan/Misterek KMRK VO (EU) 596/2014 Art. 30 Rn. 16.
[4] Vgl. ESMA/2012/270, S. 9.
[5] FinmadiG-RegE, BT-Drs. 20/10280, S. 154.

Art. 111 Titel VII Zuständigen Behörden, die EBA und die ESMA

6 Nur scheinbar könnte Art. 111 Abs. 1 UAbs. 1 S. 2 Umgehungsmöglichkeiten eröffnen, indem Mitgliedstaaten, die strafrechtliche Sanktionen vorsehen, nicht die Sanktionsvorgaben des Art. 111 umsetzen müssen.[6] Denn die primärrechtliche Vorgabe des Art. 4 Abs. 3 EUV verlangt stets, dass Maßnahmen wirksam, verhältnismäßig und abschreckend sind. Diese Vorgabe ist im Zusammenhang mit dem Zweck des Art. 111 Abs. 1 UAbs. 1 S. 2 zu betrachten. Dieser soll die Rechtstraditionen der Mitgliedstaaten wahren, nicht aber die Möglichkeit eröffnen, unionale Vereinheitlichungsbestrebungen zu unterlaufen. Deshalb ist der Vorgabe des Art. 4 Abs. 3 EUV nur Genüge getan, wenn die nationalen Strafvorschriften dem Maßnahmenkatalog in Art. 111 Abs. 2 zumindest vergleichbar sind.

3. Sanktionen und andere verwaltungsrechtliche Maßnahmen

7 Art. 111 verlangt von den Mitgliedstaaten, dass sie sowohl „verwaltungsrechtliche Sanktionen" als auch „andere verwaltungsrechtliche Maßnahmen" als Reaktionen auf Verstöße gegen die MiCAR vorsehen. Jedenfalls als **Sanktionen** einzustufen sind die in Art. 111 Abs. 2, Abs. 3 und Abs. 5 vorgesehenen **Verwaltungsgeldbußen.** In vergleichbaren Regelungen werden Geldbußen sogar ausdrücklich als finanzielle Sanktionen bezeichnet (vgl. etwa Art. 30 MAR). Art. 111 Abs. 5 zeigt, dass es auch **nicht-finanzielle Sanktionen** gibt.

8 Eine **Sanktion** liegt vor, wenn es darum geht, missbilligtes Verhalten aus **Abschreckungs- und Vergeltungsgründen** mit einem Übel zu belegen; dagegen handelt es sich um eine **andere verwaltungsrechtliche Maßnahme,** wenn es schlicht um den **Ausgleich rechtswidriger Folgen oder um die Verhinderung rechtswidriger Zustände** geht.[7] Insoweit deckt sich das Verständnis einer Sanktion, mit dem der „Strafe" iSd GRCh bzw. der EMRK.[8] Danach wird der Begriff der Strafe weit verstanden und geht über echte Kriminalstrafen hinaus.[9] Erfasst wird jede Verhängung repressiver Sanktionen wegen der Verantwortlichkeit bzw. Vorwerfbarkeit für einen Rechtsverstoß,[10] und zwar sowohl bei natürlichen als auch bei juristischen Personen.[11]

II. Die Rolle der Unionsgrundrechte

1. Reichweite der Unionsgrundrechte

9 **a) Durchführung von Unionsrecht.** Die Vorgaben des Art. 111 müssen in nationales Recht umgesetzt werden. Vor diesem Hintergrund stellt sich die Frage, inwieweit die Unionsgrundrechte für nationale Rechtsakte Geltung beanspruchen. Fest steht jedenfalls, dass nationale Rechtsakte, die zwingende **Mindestvorgaben des Art. 111** umsetzen, **ausschließlich an den Unionsgrundrechten** und nicht

---

[6] Zur Parallelvorschrift in der MAR Lehmann/Kumpan/Kämmerer, European Financial Services Law, VO (EU) 596/2014 Art. 30 Rn. 7.
[7] Assmann/Schneider/Mülbert/Spoerr WpHR VO (EU) 596/2014 Art. 30 Rn. 21; Assmann/Schlitt/v. Kopp-Colomb/Gurlit ProjektR VO (EU) 2017/1129 Art. 38 Rn. 4; Schwark/Zimmer/Kumpan/Misterek KMRK VO (EU) 596/2014 Art. 30 Rn. 14.
[8] Näher BeckOK WpHR/Bekritsky VO (EU) 596/2014 Art. 30 Rn. 9 ff.
[9] Jarass GRCh Art. 49 Rn. 7.
[10] EuG WuW 2008, 107 Rn. 76.
[11] Jarass GRCh Art. 49 Rn. 7.

Verwaltungsrechtliche Sanktionen **Art. 111**

an nationalem Verfassungsrecht zu messen sind.[12] Nationale Grundrechte erwachsen auch nicht dadurch zum Maßstab, dass die Behörden mit den in Art. 111 genannten Befugnissen „im Einklang mit dem nationalen Recht" auszustatten sind.[13] Diese Formulierung zielt nicht darauf ab, das Verhältnis zwischen Grundrechten unterschiedlicher Regelungsebenen aufzulösen. Vielmehr erlaubt sie dem nationalen Gesetzgeber, zwischen dem unionsrechtlich gleichermaßen zulässigen mittelbaren und unmittelbaren Vollzug durch die mitgliedstaatlichen Behörden zu wählen.[14]

Ungeklärt ist, inwieweit die Unionsgrundrechte eine Rolle spielen, wenn nationales Recht durchgeführt wird, das über die unionsrechtlichen Mindestvorgaben hinausgeht. Ausgangspunkt für die Geltung von Unionsgrundrechten ist **Art. 51 Abs. 1 S. 1 GRCh**. Danach ist die GRCh „ausschließlich bei der **Durchführung des Rechts der Union**" anzuwenden. Ob Unionsrecht durchgeführt wird, richtet sich danach, ob der infrage stehende Sachverhalt in den Zuständigkeitsbereich („powers"/"compétences") der Union fällt.[15] So legen Art. 6 Abs. 1 UAbs. 2 EUV und Art. 52 Abs. 2 GRCh fest, dass die in den Verträgen festgelegten Zuständigkeiten der Union durch die Charta „in keiner Weise erweitert werden". Zudem verlangt Art. 51 Abs. 1 S. 2 GRCh die „jeweiligen Zuständigkeiten" zu wahren und die Grenzen der Zuständigkeiten der Union zu achten.[16] Art. 52 Abs. 2 GRCh erwähnt neben „Zuständigkeiten" auch „Aufgaben" der Union, jedoch zeigt die Negativformulierung („weder [...] noch"), dass eine Zuständigkeitserweiterung nicht durch die Wahrnehmung von Aufgaben gerechtfertigt werden kann. 10

b) Kompetenzverschiebungen durch Rechtsprechung des EuGH?. Vor dem Hintergrund, dass es nach Art. 52 Abs. 1 GRCh auf die Zuständigkeit der Union ankommt, sind die Kriterien zu würdigen, die der EuGH bei der Frage heranzieht, ob es sich um eine Durchführung von Unionsrecht handelt. Nach einer allseits zitierten Formel komme es darauf an, ob „mit der in Rede stehenden nationalen Regelung eine Durchführung einer Bestimmung des Unionsrechts **bezweckt** wird, welchen **Charakter** diese Regelung hat und ob mit ihr **andere als die unter das Unionsrecht fallenden Ziele verfolgt** werden, selbst wenn sie das Unionsrecht mittelbar beeinflussen kann, sowie ob es eine Regelung des Unionsrechts gibt, die **für diesen Bereich spezifisch** ist oder ihn **beeinflussen kann**".[17] Teilweise wird dieses Kriterienbündel so interpretiert, als wolle der EuGH den Einwirkungsbereich des Unionsrechts ausweiten, indem er nur eine indirekte Einwirkung des Unionsrechts auf den zu entscheidenden Lebenssachverhalt verlange.[18] 11

Aus der einschlägigen Rechtsprechung wird aber deutlich, dass der EuGH das Unionsrecht im Einklang mit Art. 6 EUV und Art. 51 GRCh nur dort angewandt wissen will, wo die Kompetenzen der Union nicht überschritten werden.[19] So folgt 12

---

[12] EuGH NJW 2013, 1215 Rn. 59.
[13] In diese Richtung für die ProspVO Assmann/Schlitt/v. Kopp-Colomb/Gurlit PropektR VO (EU) 2017/1129 Art. 38 Rn. 5.
[14] Vgl. Assmann/Schneider/Mülbert/Spoerr WpHR VO (EU) 596/2014 Art. 30 Rn. 4.
[15] Jarass GRCh Art. 51 Rn. 10f.
[16] Vgl. auch EuGH NJW 2013, 1415 Rn. 21f.
[17] EuGH DÖV 2013, 649 Rn. 41; NVwZ 2014, 575 Rn. 25; NZA 2014, 1325 Rn. 37; NVwZ 2013, 357 Rn. 79; jeweils unter Verweis auf EuGH NJW 2013, 1415 Rn. 21ff.
[18] Assmann/Schneider/Mülbert/Spoerr WpHR VO (EU) 596/2014 Art. 30 Rn. 11.
[19] BeckOK WpHR/Bekritsky VO (EU) 596/2014 Art. 30 Rn. 23ff.

aus den Ausführungen des EuGH in **Annibaldi**,[20] dass eine nationale Regelung die Ausführung von Unionsrecht überhaupt nur dann bezwecken kann, wenn der infrage stehende Bereich in den Kompetenzbereich der Union fällt. Andernfalls gäbe es keine objektive Grenze für die Spielräume eines nationalen Gesetzgebers, der bereits mit dem Gesetzeszweck über die Wirkungen von Unionsrecht bestimmen könnte. Auch in **Åkerberg Fransson** entkoppelt der EuGH nicht das Tatbestandsmerkmal „Durchführung von Unionsrecht" von den Zuständigkeiten der Union, sondern begründet die „Durchführung von Unionsrecht" mit ungeschriebenen Zuständigkeiten der Union.[21]

13   c) **Anwendungsvorrang des Unionsrechts.** Dass die „Durchführung von Unionsrecht" nur in den Bereichen infrage kommt, für die die Union eine geschriebene oder ungeschriebene Kompetenz hat, findet seinen Grund in dem **Anwendungsvorrang des Unionsrechts.** Ob nationale Rechtsakte an nationalen oder an unionalen Grundrechten zu messen sind, ist untrennbar mit der Frage verbunden, ob die unionsrechtlichen Grundrechtsgarantien Anwendungsvorrang vor den nationalen Grundrechten haben:[22] Handelt es sich um einen Bereich, in dem das Unionsrecht Anwendungsvorrang genießt, sind die unionalen und nicht die nationalen Grundrechte anzuwenden. Andernfalls sind nach dem Subsidiaritätsprinzip die nationalen Grundrechte maßgeblich.

14   Ob der Anwendungsvorrang des Unionsrechts greift, hängt davon ab, ob **Unionsrecht und nationales Recht miteinander kollidieren.**[23] Das ist nur dann der Fall, wenn es sich um eine unionsrechtlich vollständig vereinheitlichte Materie handelt.[24] Stehen hingegen Bereiche infrage, die nicht unionsrechtlich vollständig vereinheitlicht sind und verbleiben den Mitgliedstaaten demnach Umsetzungsspielräume, fehlt es an einer Kollision zwischen nationalem und unionalen Recht und damit an einer Grundlage für einen Anwendungsvorrang des Unionsrechts. Vielmehr sind unionsrechtlich nicht vereinheitlichte Bereiche an den nationalen Grundrechten zu messen, da der Unionsgesetzgeber den Mitgliedstaaten bewusst Freiräume gewährt hat, die entsprechend dem Subsidiaritätsprinzip nach nationalen Maßstäben auszuüben sind.[25] Nationale Grundrechte sind grundsätzlich auch dann maßgeblich, wenn das Unionsrecht die Ausgestaltung der Spielräume konkretisiert. In solchen Fällen sind die nationalen Grundrechte allenfalls im Lichte der Unionsgrundrechte auszulegen.[26]

2. Bestimmtheitsgrundsatz und Analogieverbot

15   a) **Sanktionen.** Da die in Art. 111 vorgegebenen Sanktionen als „Strafe" iSd EMRK und der GRCh eingeordnet werden (→ Rn. 8), sind der **Bestimmtheitsgrundsatz** und das **Analogieverbot** nach Art. 49 Abs. 1 S. 1 GRCh und Art. 7 Abs. 1 S. 1 EMRK maßgeblich für die Auslegung der in Art. 111 Abs. 1 genannten Tatbestände. Aus Art. 49 Abs. 1 S. 1 GRCh und Art. 7 Abs. 1 S. 1 EMRK folgt, dass eine Regelung in Bezug auf die infrage stehende Tat hinreichend bestimmt sein

---

[20] EuGH EuZW 2003, 14.
[21] EuGH NJW 2013, 1415 Rn. 21 ff.
[22] BVerfG NJW 2020, 314 Rn. 47, 50.
[23] Calliess/Ruffert AEUV Art. 1 Rn. 21 f.
[24] BVerfG NJW 2020, 314 Rn. 42, 44.
[25] BVerfG NJW 2020, 300 Rn. 48.
[26] BVerfG NJW 2020, 300 Rn. 42, 58.

Verwaltungsrechtliche Sanktionen **Art. 111**

muss.[27] Dazu sind die tatbestandlichen Voraussetzungen einer Straftat deutlich zu definieren.[28] Im Zuge dessen muss der Betroffene anhand des **Wortlauts** einer Regelung und ggf. unter deren **Auslegung durch die Gerichte klar erkennen können,** welche Handlungen oder Unterlassungen eine strafbewehrte Verantwortung begründen.[29]

Das **Analogieverbot** ist zwar – anders als etwa in Art. 22 Abs. 2 S. 1 des IStGH- 16
Statut – nicht ausdrücklich in Art. 49 Abs. 1 GRCh oder Art. 7 Abs. 1 EMRK erwähnt. Jedoch wird es gleichwohl aus der Erwägung hergeleitet, dass andernfalls der Bestimmtheitsgrundsatz unterlaufen würde, wenn ein vom Wortlaut des geschriebenen Tatbestands nicht erfasstes Verhalten im Wege der Analogie für strafbar erklärt werden könnte.[30] Deshalb ist gemäß der Rechtsprechung des EGMR zu Art. 7 Abs. 1 EMRK, die nach Art. 52 Abs. 3 GRCh auch für die Bedeutung und Tragweite der Rechte aus Art. 49 GRCh maßgeblich ist, jede strafbegründende und straferweiternde Analogie verboten.[31] Insoweit soll sich die **äußerste begriffliche Grenze einer Strafnorm nach ihrem Wortlaut** richten, der zugleich den Radius dafür definiert, inwieweit die interpretative Eigenwertung des Rechtsanwenders reichen darf.[32] Um dabei **Grenzverschiebungen zulasten des Bürgers vorzubeugen,** verbietet Art. 7 EMRK nach Deutung des EGMR jede extensive Auslegung eines Strafgesetzes zu Lasten des Verpflichteten.[33] Gute Gründe sprechen sogar dafür, in Anlehnung an Art. 22 Abs. 2 S. 1 IStGH-Statut, nicht nur von dem Verbot einer extensiven Auslegung, sondern noch weitergehend von einem Gebot der engen Auslegung eines Sanktionstatbestands auszugehen.[34]

b) Übertragung auf Maßnahmen?. Weniger eindeutig ist, ob neben Sanktio- 17
nen auch der Einsatz von Maßnahmen zu einer restriktiven Auslegung der in Art. 111 Abs. 1 aufgeführten Tatbestände zwingt. Im Gegensatz zu Sanktionen sind andere Maßnahmen nicht vom Schutzbereich der Art. 49 GRCh, Art. 7 EMRK erfasst. Daher bietet sich auf den ersten Blick eine „gespaltene Auslegung" von Tatbeständen an, je nachdem, ob es um die Verhängung einer Sanktion oder um den Einsatz einer Maßnahme geht: Bei Sanktionen wären der Bestimmtheitsgrundsatz und das Analogieverbot zu beachten, bei anderen Maßnahmen dagegen nicht.[35] Zu bedenken ist aber, dass dem Unionsrecht – genauso wie anderen Mitgliedstaaten – eine Auslegungsdifferenzierung nach Rechtsgebieten nicht in dem Maße geläufig ist wie etwa dem deutschen Recht. So macht der EuGH in Sachen Grøngaard darauf aufmerksam, dass die Auslegung unionalen Sekundärrechts nicht davon abhängen kann, ob es sich um ein zivil-, straf- oder verwaltungsrechtliches Verfahren handelt.[36] **Daher sind Tatbestandsmerkmale im Unionsrecht einheitlich und nicht gespalten auszulegen.**[37]

---

[27] EuGH BeckRS 2004, 77753 Rn. 25; NK-EuGRCh/Eser/Kubiciel GRCh Art. 49 Rn. 22.
[28] EuGH NZKart 2013, 334 Rn. 57f.; Jarass GRCh Art. 49 Rn. 11.
[29] EuGH BeckRS 2011, 81610 Rn. 48; Jarass GRCh Art. 49 Rn. 11.
[30] NK-EuGRCh/Eser/Kubiciel GRCh Art. 49 Rn. 25.
[31] EGMR 25.5.1993 – 14307/88 Rn. 52.
[32] NK-EuGRCh/Eser/Kubiciel GRCh Art. 49 Rn. 27.
[33] EGMR NJW 2001, 3035 Rn. 50; s. etwa auch BVerfGE 92, 1 (16).
[34] Vgl. BeckOK WpHR/Bekritsky VO (EU) 596/2014 Art. 30 Rn. 35.2.
[35] Vgl. Cahn FS 25 Jahre WpHG, 2019, 41 (52).
[36] EuGH NJW 2006, 133 Rn. 28.
[37] Buck-Heeb WM 2020, 157 (159f.).

3. Ne bis in idem

18 **a) Schutzbereich.** Das in Art. 111 Abs. 1 angedeutete Nebeneinander von verwaltungsrechtlichen und strafrechtlichen Sanktionen tangiert das in Art. 50 GRCh und Art. 4 EMRK-Pr.7 verankerte Verbot der **Doppelbestrafung** (ne bis in idem). Danach darf niemand wegen einer Straftat, derentwegen er bereits in der Union nach dem Gesetz rechtskräftig verurteilt oder freigesprochen worden ist, in einem Strafverfahren erneut verfolgt oder bestraft werden.[38] Nach dem autonomen Begriff der Strafe sind sowohl verwaltungsrechtliche als auch strafrechtliche Sanktionen als „Strafen" einzuordnen.[39] Insoweit ist es nicht ausgeschlossen, dass der Normadressat sowohl im Verwaltungsverfahren als auch im Strafverfahren mit einer „Strafe" iSd Art. 50 GRCh, Art. 4 EMRK-Pr.7 belegt wird. In dem **Urteil v. 4.3.2014 hat der EGMR** einen Verstoß gegen das Verbot der Doppelbestrafung darin gesehen, dass die Börsenaufsichtsbehörde dem Betroffenen zunächst Verwaltungssanktionen auferlegte und im Anschluss daran ein gerichtliches Strafverfahren wegen derselben Tat angeordnet wurde.[40]

19 Allerdings betont der **EGMR in seinem Urteil v. 15.11.2016,** dass es sich nicht per se um eine verbotene Doppelbestrafung handelt, wenn Verwaltungs- und Strafverfahren wegen ein und derselben Tat aufeinander treffen.[41] Eine Doppelbestrafung sei vielmehr zulässig, sofern durch beide Verfahren parallele, sich im Hinblick auf ein zusammenhängendes Ganzes ergänzende rechtliche Reaktionen auf das Fehlverhalten durch verschiedene Behörden (etwa Verwaltungs- und Strafbehörden) bewirkt werden. Das ist bei Art. 111 aber bereits deshalb nicht der Fall, weil Art. 111 Abs. 1 UAbs. 1 S. 2 den Mitgliedstaaten die Möglichkeit lässt, von verwaltungsrechtlichen Maßnahmen abzusehen, soweit sie bereits strafrechtliche Sanktionen implementieren. **Nach dem Willen des Verordnungsgebers handelt es sich also nicht um parallele, sich ergänzende Verfahren,** wenn es um einen Verstoß gegen die MiCAR geht. In dieser Hinsicht bleibt es bei der Rechtsprechung des EGMR im Zusammenhang mit der Doppelbestrafung v. 4.3.2014.[42]

20 **b) Lösungsmechanismen in der MiCAR.** Es schließt sich die Frage an, welche Mechanismen die MiCAR vorsieht, um Doppelbestrafungen zu vermeiden. Durch Art. 111 Abs. 1 UAbs. 1 S. 2 wird das Problem der Doppelbestrafung jedenfalls nicht in jeder Hinsicht gelöst.[43] Denn Mitgliedstaaten sind nicht gezwungen, von dieser Ausnahme Gebrauch zu machen.

21 Dem Verbot der Doppelbestrafung ist durch den **Gedanken des Art. 112 Abs. 2** (→ Art. 112 Rn. 17f.) Rechnung zu tragen.[44] Zwar findet die Vorschrift nur dann unmittelbare Anwendung, wenn es um die Zusammenarbeit von Behörden bei der Verhängung „verwaltungsrechtlicher" Sanktionen geht. Jedoch ist der Wille des Verordnungsgebers erkennbar, dass jegliche Sanktionierung „angemessen" sein soll (Art. 112 Abs. 2 S. 1) und dass „Überschneidungen" bei der Ausübung

---

[38] Vgl. dazu Jarass GRCh Art. 50 Rn. 5ff.
[39] Jarass GRCh Art. 50 Rn. 5; vgl. auch schon → Rn. 8.
[40] EGMR NLMR 2014, 117; Zeder NZWiSt 2017, 41 (45).
[41] EGMR NLMR 2016, 556.
[42] EGMR NLMR 2014, 117.
[43] So Zeder NZWiSt 2017, 41 (45) für die Parallelvorschrift in der MAR.
[44] Assmann/Schneider/Mülbert/Spoerr WpHRVO (EU) 596/2014 Art. 31 Rn. 2; Schwark/Zimmer/Kumpan/Misterek KMRK VO (EU) 596/2014 Art. 31 Rn. 2; Assmann/Schlitt/v. Kopp-Colomb/Gurlit ProspektRVO (EU) 2017/1129 Art. 39 Rn. 14.

Verwaltungsrechtliche Sanktionen **Art. 111**

von Aufsichts- und Ermittlungsbefugnissen sowie bei der Verhängung von Sanktionen zu vermeiden sind (Art. 112 Abs. 2 S. 2).

Dies entspricht schließlich der von dem **EGMR in seinem Urteil v. 15.11.2016** 22 beschrittenen Linie, wonach eine wegen derselben Tat bereits ergangene Sanktion in einem anderen Verfahren zu berücksichtigen ist.[45] Nach einer Entscheidung des EuGH für missbräuchliches Verhalten nach der Marktmissbrauchs-RL 2003 darf das nationale Recht jedenfalls vorsehen, dass ein Freispruch im Strafverfahren der Fortsetzung eines Verwaltungsverfahrens entgegensteht.[46]

c) Keine Anwendung auf andere Maßnahmen. Ausgenommen vom 23 Schutzbereich der Art. 50 GRCh und Art. 4 EMRK-Pr. 7 sind Maßnahmen, die keine Sanktionen darstellen, sondern eine primär restitutive oder präventive Zielrichtung haben.[47] Aufgrund der unterschiedlichen Zielrichtung von verwaltungsrechtlichen Sanktionen einerseits und anderen verwaltungsrechtlichen Maßnahmen andererseits stellt es **grundsätzlich keinen Verstoß gegen das Verbot der Doppelbestrafung** dar, wenn gegen den Betroffenen eine Sanktion verhängt wird, nachdem er bereits Adressat einer anderen verwaltungsrechtlichen Maßnahme geworden ist. Ausnahmsweise kann es aber auch im Verhältnis von Sanktionen und anderen Maßnahmen zu Friktionen kommen, wie etwa bei einem gleichzeitigen Einzug erzielter Gewinne (andere Maßnahme) und einer Verhängung eines Bußgelds (finanzielle Sanktion). Dann sollte entsprechend dem Gedanken des Art. 112 Abs. 2 (→ Art. 112 Rn. 17f.) die Höhe des Bußgelds vor dem Hintergrund des Einzugs der Gewinne noch angemessen sein.

4. Berührung mit dem Nemo-Tenetur-Grundsatz

Da sich die Aufsichts- und Ermittlungsbefugnisse der Behörde darauf richten, et- 24 waige Verstöße des Betroffenen aufzudecken, ist es möglich, dass der Betroffene an der Verfolgung eigener Verstöße mitwirkt, indem er der Pflicht nach **Art. 111 Abs. 1 lit. f iVm Art. 94 Abs. 3** nachkommt. Dies kann mit der **Selbstbelastungsfreiheit** kollidieren, die einhellig sowohl aus Art. 6 EMRK[48] als auch aus Art. 47f. GRCh hergeleitet wird.[49] Dabei stellen verwaltungsrechtliche Sanktionen, insbesondere Geldbußen, eine „strafrechtliche" Verfolgung iSd Unions- und Konventionsrechts dar.[50]

Mit **Urteil v. 2.2.2021 hat der EuGH in Sachen Consob** bestätigt, dass sich 25 eine natürliche Person im Rahmen der Parallelvorschrift des Art. 30 Abs. 1 UAbs. 1 lit. b MAR auf das Schweigerecht aus Art. 47f. GRCh iVm Art. 6 EMRK berufen kann, und zwar im Zusammenhang mit der Ermittlung nationaler Behörden wegen Insiderhandels nach Art. 14 iVm Art. 8, Art. 10 MAR.[51] Ob der EuGH ein Schweigerecht von juristischen Personen in gleichem Maße anerkennt, bleibt abzuwar-

---

[45] EGMR NLMR 2016, 556 Rn. 132.
[46] EuGH EuZW 2018, 301.
[47] Jarass NStZ 2012, 611 (612).
[48] EGMR NJW 2002, 499 Ls. 3.
[49] NK-EuGRCh/Eser/Kubiciel GRCh Art. 48 Rn. 12; Pechstein/Nowak/Häde/Schröder GRCh Art. 48 Rn. 16.
[50] EGMR NJW 1985, 1273 Rn. 53; 2002, 499 Ls. 2; NJOZ 2015, 712 Rn. 97.
[51] EuGH NZG 2021, 295; hierzu Bekritsky BKR 2021, 340 ff.; mit Bezügen zum deutschen Recht Hippeli jurisPR-BKR 9/2021 Anm. 2.

ten.[52] In der Entscheidung in Sachen Consob bestätigte der EuGH seinen bereits erprobten **restriktiven Ansatz in Sachen Orkem zu behördlichen Ermittlungsmaßnahmen im Kartellrecht:**[53] Danach dürfe die Behörde um der Erhaltung der praktischen Wirksamkeit des Gemeinschaftsrechts, ein Unternehmen verpflichten, ihr alle erforderlichen Auskünfte über ihm eventuell bekannte Tatsachen zu erteilen und ihr die in seinem Besitz befindlichen Schriftstücke zu übermitteln. Die Kommission dürfe dem Unternehmen lediglich nicht die Verpflichtung auferlegen, Antworten zu erteilen, durch die es das Vorliegen einer Zuwiderhandlung eingestehen müsste, für die die Behörde den Beweis zu erbringen habe.

5. Kein Verschuldenserfordernis

26 **a) Problemstellung.** Art. 111 gibt nicht vor, ob die unionsrechtlich geforderten Maßnahmen und Sanktionen von einem Verschulden im Sinne einer **individuellen Vorwerfbarkeit** abhängen.[54] Zwar ist bei Festlegung von Art und Umfang von Maßnahmen nach Art. 112 Abs. 1 lit. b zu berücksichtigen, ob der Betroffene vorsätzlich oder fahrlässig gehandelt hat.[55] Jedoch ist ein Verschulden lediglich ein Kriterium unter vielen, nach dem gem. Art. 112 Abs. 1 lit. b die Festlegung der Maßnahme im Rahmen der Haftungsausfüllung zu bemessen ist. Hierdurch trifft der Gesetzgeber keine Aussage darüber, ob ein Verschulden bei der Haftungsbegründung zwingend ist.[56]

27 Eine weitere Möglichkeit, ein ungeschriebenes Verschuldenselement auf unionsrechtlicher Ebene zu implementieren, besteht darin, an den Begriff der „Strafe" iSd Art. 49 GRCh und Art. 7 EMRK anzuknüpfen und unter Rückgriff auf das dort verbürgte **Schuldprinzip** zusätzliche Voraussetzungen auf subjektiver Tatbestandsseite zu verlangen.[57] Da nur Sanktionen, nicht aber Maßnahmen eine „Strafe" iSd Art. 49 GRCh und Art. 7 EMRK sind (→ Rn. 8), kann aus dem Schuldprinzip allenfalls ein Verschuldenserfordernis im Falle von Sanktionen folgen. Aber auch insoweit sind nicht die Weichen dafür gestellt, dass das Unionsrecht eine Sanktionierung stets an Vorsatz oder Fahrlässigkeit knüpft (→ Rn. 28 ff.).

28 **b) Rechtsprechung des EGMR.** Das Schuldprinzip ist nicht ausdrücklich in Art. 49 GRCh oder Art. 7 EMRK geregelt, vielmehr wird es lediglich unter Bezugnahme auf die englische („guilty") und französische („coupable" bzw. „culpabilité") Sprachfassung der GRCh und der EMRK hineingelesen.[58] Dabei lässt die Rechtsprechung des EGMR nicht auf ein zwingendes Verschuldenselement schließen.[59] Art. 7 EMRK verlange keine „psychologische", „intellektuelle" oder „moralische" Verknüpfung zwischen dem Tatbestand und der Person, die ihn verwirk-

---

[52] Ebenso BeckOK WpHR/Buck-Heeb Art. 17 VO (EU) 596/2014 Rn. 139; Nietsch WuB 2021, 374 (377).
[53] EuGH EuZW 1991, 412; vgl. auch Erwgr. Nr. 23 Kartellverfahrens-VO.
[54] Anders etwa Art. 18 Abs. 1 SSM-VO: Vorsatz oder Fahrlässigkeit.
[55] Vgl. zu der Parallelvorschrift in der MAR (dort nur „Grad der Verantwortung") Poelzig NZG 2016, 492 (497); Hellgardt AG 2012, 154 (166).
[56] Assmann/Schneider/Mülbert/Spoerr WpHR VO (EU) 596/2014 Rn. 32.
[57] Im Kontext der MAR Assmann/Schneider/Mülbert/Spoerr WpHR VO (EU) 596/2014 Rn. 34.
[58] EGMR 20.1.2009 – 78909/01 Rn. 116; Sieber/Satzger/v. Heintschel-Heinegg/Kreicker EMRK Art. 7 Rn. 87 mwN.
[59] Schörner ZJS 2019, 144 (146 f.).

licht haben soll.⁶⁰ **Die Vorschrift sei nicht dadurch verletzt, dass eine Strafe verhängt werde, die nicht an ein vorsätzliches oder fahrlässiges (intention or negligence) Verhalten anknüpfe.**⁶¹ Stattdessen sei Art. 7 EMRK so zu verstehen, dass überhaupt eine Haftungsgrundlage existieren müsse, um einer Person die Tatbestandsverwirklichung zurechnen und damit eine Bestrafung rechtfertigen zu können.

Dass unionale Sanktionsvorschriften nicht zwingend Vorsatz oder Fahrlässigkeit voraussetzen müssen, wird schließlich durch die **EGMR-Entscheidung G.I.E.M. S.r.l.** bestätigt.⁶² Voraussetzung sei lediglich, dass eine **Person zu erkennen in der Lage sei, welche Folgen** sie im Anschluss an ein bestimmtes Verhalten erwarten würden. Eine solche Erkennbarkeit kann sowohl bei Tatbeständen der Gefährdungshaftung als auch der Verschuldenshaftung gegeben sein. 29

c) **Rechtsprechung des EuGH.** Auf einer Linie mit dieser Interpretation der Rechtsprechung des EGMR liegt die Auffassung des EuGH. **Das Unionsrecht stehe nicht der Schaffung von Straftatbeständen entgegn, die nicht an ein Verschulden des Normadressaten und damit nur an eine objektive Strafbarkeit anknüpfen.**⁶³ Hiergegen spricht auch nicht die politische Absichtserklärung des Rates der Europäischen Union, die vorgibt, von einer Strafbarkeit für schuldloses Verhalten innerhalb der Strafgesetzgebung der EU abzusehen.⁶⁴ Die Absichtserklärung bezieht sich – anders als Art. 7 EMRK und Art. 49 GRCh – nur auf das Kriminalstrafrecht, dem die Verwaltungssanktionen des Art. 111 nicht zuzuordnen sind.⁶⁵ 30

Richtig ist zwar, dass der EuGH in seinen Entscheidungen nationale Tatbestände im Blick hatte, sich vorliegend aber die normhierarchisch anders geebnete Frage stellt, ob Rechtsakte der Union selbst – wie Art. 111 – eine Haftung für schuldloses Verhalten vorsehen dürfen.⁶⁶ Diese Differenzierung führt aber nicht dazu, dass die rechtsstaatlichen Anforderungen des Unionsrechts danach variieren, ob es sich um einen mitgliedstaatlichen Tatbestand oder eine europäische Sekundärregelung handelt. Denn offenbar wird es **unter dem Dach des europäischen Primärrechts für akzeptabel gehalten, wenn Sanktionen als Gefährdungshaftung ausgestaltet sind.** Daher muss eine Gefährdungshaftung auch iRd Art. 111 zulässig sein. 31

III. Verwaltungsbußgelder

1. Einführung

Finanzielle Sanktionen bilden die von den Behörden wohl am meisten eingesetzte verwaltungsrechtliche Maßnahme.⁶⁷ Daher lässt sich ihre Anordnung nicht 32

---

⁶⁰ EGMR BeckRS 2013, 201899 Rn. 70.
⁶¹ S. auch EGMR 21.3.2006 – 70074/1.
⁶² EGMR 28.6.2018 – 1828/06, 34163/07 und 19029/11 Rn. 242 f.
⁶³ EuGH RIW 1991, 683 Rn. 15 ff.; BeckRS 2004, 77713 Rn. 17 f.; 2004, 74706 Rn. 36; 2012, 80284 Rn. 47 f.; 2004, 74993 Rn. 48.
⁶⁴ Ratsdokument 16542/09 REV v. 26.11.2009, 6.
⁶⁵ Assmann/Schneider/Mülbert/Spoerr WpHRVO (EU) 596/2014 Rn. 34.
⁶⁶ Assmann/Schneider/Mülbert/Spoerr WpHRVO (EU) 596/2014 Rn. 34.
⁶⁷ Schwark/Zimmer/Kumpan/Misterek KMRK VO (EU) 596/2014 Rn. 34.

Art. 111 Titel VII Zuständigen Behörden, die EBA und die ESMA

nur in der MiCAR, sondern auch in vielen anderen Regelungswerken des Unionsrechts wiederfinden. Als Vorbild dient das Sanktionsregime im Bereich des Kartellrechts.[68] In **Art. 111 Abs. 2, Abs. 3 und Abs. 5** sind finanzielle Sanktionen gleich an drei Stellen geregelt. Alle drei Vorschriften verlangen von den Mitgliedstaaten, dass sie **maximale Verwaltungsbußgelder vorsehen, die die genannten Mindestbeträge nicht unterschreiten.**

2. Vielfaches von erzielten Gewinnen oder vermiedenen Verlusten

33 Art. 111 Abs. 2 lit. c, Abs. 5 lit. h geben den minimalen Maximalbetrag nicht als absolute, sondern als relative Größe an. Der Maximalbetrag muss **mindestens die zweifache** Höhe und bei Verstößen im Zusammenhang mit **Insiderinformationen die dreifache Höhe der durch die Verstöße erzielten Gewinne oder vermiedenen Verluste** erreichen, sofern diese sich beziffern lassen. Das gilt jeweils auch dann, wenn sie über andere Maximalbeträge hinausgehen. Diese Vorgaben gelten sowohl für natürliche als auch für juristische Personen. In Deutschland soll die Umsetzung durch § 47 Abs. 8 und Abs. 9 KMAG-E erfolgen.

34 Hiervon **abzugrenzen ist Art. 111 Abs. 5 lit. c,** bei dem es sich um eine auf Restitution gerichtete andere verwaltungsrechtliche **Maßnahme** handelt. Hieraus ergibt sich in praktischer Hinsicht, dass erzielte Gewinne und vermiedene Verluste im Falle der Art. 111 Abs. 2 lit. c, Abs. 5 lit. h lediglich als Bemessungsgröße für eine Bußgeldhaftung dienen, während im Falle des Art. 111 Abs. 5 lit. c der jeweilige Betrag tatsächlich vom Betroffenen eingezogen wird. Daher sind Art. 111 Abs. 2 lit. c, Abs. 5 lit. h auch neben der Maßnahme des Art. 111 Abs. 5 lit. c anwendbar. Für den Fall, dass beide Regime zugleich zum Einsatz kommen, ist bei der Bußgeldbemessung entsprechend dem Gedanken des Art. 112 Abs. 1 lit. e (→ Art. 112 Rn. 10) dem Umstand Rechnung zu tragen, dass dem Betroffenen über das Bußgeld hinaus auch ein Geldbetrag in Höhe seiner erzielten Gewinne oder vermiedenen Verluste abverlangt wird.

3. Verwaltungsgeldbußen konkret gegen natürliche Personen

35 Art. 111 Abs. 2 lit. d regelt **Verwaltungsgeldbußen gegen natürliche Personen.** Mitgliedstaaten müssen grundsätzlich maximale Geldbußen von mindestens **700.000 EUR** vorsehen. Bei Verstößen gegen die in Art. 111 Abs. 1 UAbs. 1 lit. e genannten Tatbestände (Art. 88–92), dh für Verstöße im Zusammenhang mit **Insiderinformationen,** sieht **Art. 111 Abs. 5 lit. i** einen erhöhten Bußgeldrahmen vor: maximale Geldbußen von mindestens **1.000.000 EUR** bei Verstößen gegen Art. 88 und von 5.000.000 EUR für Verstöße gegen Art. 89–92. Diese Vorgaben sollen in Deutschland durch § 47 Abs. 5 Nr. 1–3 KMAG-E umgesetzt werden.

4. Verwaltungsgeldbußen konkret gegen juristische Personen

36 **Art. 111 Abs. 3, Abs. 5 lit. j** geben vor, wie hoch die maximalen Geldbußen für **juristische Personen** mindestens sein müssen. Der Begriff der „juristische Person" in Art. 111 Abs. 3, Abs. 5 lit. j ist nicht technisch zu verstehen, sondern er-

---

[68] Vgl. hierzu auch BeckOK WpHR/Bekritsky VO (EU) 596/2014 Art. 30 Rn. 57 f.

Verwaltungsrechtliche Sanktionen **Art. 111**

streckt sich auf alle Gesellschaften mit eigener Rechtspersönlichkeit. Die Abschirmung der Haftung, wie sie etwa nach deutschem Gesellschaftsrecht für juristische Personen gefordert wird, ist nicht erforderlich.[69] Das heißt, es sind nicht nur der Verein, die GmbH oder die AG juristische Personen iSd Art. 111 Abs. 3, Abs. 5 lit. j, sondern auch Personengesellschaften wie die GbR (soweit sie rechtsfähig ist), die OHG oder die KG. Dementsprechend sollen in Deutschland die allgemeinen Regeln der §§ 30, 130 OwiG sowohl auf juristische Personen als auch auf teilrechtsfähige Personengesellschaften Anwendung finden.[70] Die Umsetzung soll durch § 47 Abs. 6 und Abs. 7 KMAG-E erfolgen.

Die Mitgliedstaaten müssen zunächst für die in **Art. 111 Abs. 1 UAbs. 1 lit. a–lit. d** aufgezählten Tatbestände maximale Geldbußen von mindestens **5.000.000 EUR** vorsehen (Art. 111 Abs. 3 S. 1 lit. a). Daneben müssen sie die Geldbußen am jährlichen Gesamtumsatz der juristischen Person ausrichten, und zwar abhängig davon, gegen welche der in Art. 111 Abs. 1 UAbs. 1 genannten Vorschriften verstoßen wird: mindestens **3 %** für die in lit. a genannten Verstöße, mindestens **12,5 %** für die in lit. b und lit. c genannten Verstöße und mindestens **5 %** für die in lit. d) genannten Verstöße (Art. 111 Abs. 3 S. 1 lit. b–d). Die Mitgliedstaaten haben die in Art. 111 Abs. 3 genannten Vorgaben **kumulativ** umzusetzen. Das ergibt sich nicht zuletzt daraus, dass Art. 111 Abs. 3 lit. a alle in Bezug genommenen Verstöße aufzählt (Art. 111 Abs. 1 UAbs. 1 lit. a–lit. d). Die nachfolgenden Prozentangaben in Art. 111 Abs. 3 lit. b–lit. d, die sich am **(Konzern-)Gesamtumsatz** orientieren (Art. 111 Abs. 3 S. 2),[71] ergänzen damit die allgemeine Vorgabe in Art. 111 Abs. 3 lit. a. 37

Auch bei juristischen Personen nehmen die Bußgeldhöhen nach **Art. 111 Abs. 5 lit. j** zu, sobald es um Verstöße im Zusammenhang mit **Insiderinformationen** geht. Für Verstöße gegen Art. 88 müssen die maximalen Geldbußen mindestens **2.500.000 EUR oder 2 %** des (Konzern-)Gesamtumsatzes (vgl. Art. 111 Abs. 5 S. 2) betragen und für Verstöße gegen Art. 89–82 **15.000.0000 oder 15 %** des (Konzern-)Gesamtumsatzes. Auch insoweit sind beide Größen zu übernehmen, wie es bei Art. 28b Abs. 1 lit. c RL (EU) 2013/50 und Art. 30 Abs. 2 UAbs. 1 lit. d MAR ebenfalls der Fall ist.[72] 38

Aus der Systematik der Sanktionsvorschriften folgt, dass es sich um **Obergrenzen** und nicht um sog. Kappungsgrenzen handelt:[73] Der Gesetzgeber gibt die umsatzbezogene Sanktion stets als Alternative zu einem festen Betrag an. Bei dem festen Betrag kann es sich nur um eine Obergrenze handeln, da Kappungsgrenzen den Zweck haben, die Finanzkraft des betroffenen Unternehmens anhand einer umsatzbezogenen Deckelung zu schonen.[74] Die Finanzkraft des Unternehmens kann bereits aufgrund der ausdrücklichen Vorgabe des Art. 112 Abs. 1 lit. d berücksichtigt werden, weshalb es Kappungsgrenzen in Art. 111 nicht bedarf.[75] 39

---

[69] So etwa auch iRd Art. 19 Abs. 3 GG, vgl. BeckOK GG/Enders GG Art. 19 Rn. 35.
[70] FinmadiG-RegE, BT-Drs. 20/10280, S. 154.
[71] Vgl. zur MAR Krause CCZ 2014, 248 (259); krit. hierzu Poelzig NZG 2016, 492 (498).
[72] Poelzig NZG 2016, 492 (498); Schwark/Zimmer/Kumpan/Misterek KMRK VO (EU) 596/2014 Rn. 40; Veil ZGR 2016, 305 (317); Venteruzzo/Mock/Cools Market Abuse Regulation Rn. B.3012; aA Teigelack/Dolff BB 2016, 387 (390).
[73] Zur Bedeutung BeckOK WpHR/Bekritsky VO (EU) 596/2014 Art. 30 Rn. 69f.
[74] EuGH WuW 2005, 819 Rn. 280ff.
[75] Zur Parallelvorschrift in der MAR Poelzig NZG 2016, 492 (499).

IV. Nicht-finanzielle Sanktionen

40 Neben den finanziellen Sanktionen enthält Art. 111 auch **nicht-finanzielle Sanktionen**. Dazu gehören der Entzug oder die Aussetzung der Zulassung eines Anbieters von Kryptowerte-Dienstleistungen (**Art. 111 Abs. 5 S. 1 lit. d**) sowie das vorübergehende Verbot, für Leitungspersonen und andere Verantwortliche Leitungsaufgaben bei dem bzw. einem Anbieter von Kryptowerte-Dienstleistungen zu übernehmen (**Art. 111 Abs. 4, Abs. 5 S. 1 lit. e und lit. f**) und Eigengeschäfte zu tätigen (**Art. 111 Abs. 5 lit. g**). Bei diesen Konsequenzen steht der Vergeltungscharakter im Vordergrund.[74]

41 Nach **Art. 115 Abs. 5 S. 1 lit. d** müssen die Mitgliedstaaten dafür sorgen, dass die Behörden die **Zulassung eines Anbieters von Kryptowerte-Dienstleistungen entziehen oder aussetzen** können (vgl. § 12 KMAG-E für die Umsetzung in Deutschland). Adressaten dieser Sanktion sind ausschließlich Wertpapierfirmen, wie sie in Art. 3 Abs. 1 Nr. 15 legaldefiniert sind. Hierbei wird es sich regelmäßig um Gesellschaften handeln. Da aber auch Unternehmen in Bezug genommen sind, können auch natürliche Personen Anbieter von Kryptowerte-Dienstleistungen sein. Maßgeblich ist der unionsrechtliche **funktionale Unternehmensbegriff**.[75] Genauso wie bei den Verwaltungsgeldbußen (→ Rn. 37 f.) müssen der nationalen Behörde im konkreten Einzelfall beide Optionen zur Verfügung stehen, um ein abgestuftes Rechtsfolgenregime im Einklang mit dem Grundsatz der Verhältnismäßigkeit zu gewährleisten.

42 **Art. 115 Abs. 4, Abs. 5 S. 1 lit. e und lit. f** verlangen ein vorübergehendes, bei Verstößen im Zusammenhang mit Insiderinformationen ein für mindestens 10 Jahre geltendes, Verbot für **Leitungspersonen** oder **für jedwede andere für den Verstoß verantwortliche natürliche Person,** bei dem bzw. einem Anbieter von Kryptowerte-Dienstleistungen Leitungsaufgaben wahrzunehmen. Die Rechtsfolge der Art. 115 Abs. 4, Abs. 5 S. 1 lit. f erstreckt sich auf ein Tätigkeitsverbot bei jedwedem Anbieter von Kryptowerte-Dienstleistungen, während das Tätigkeitsverbot nach Art. 115 Abs. 5 S. 1 lit. e auf den Anbieter beschränkt bleibt, bei dem die betroffene Person bereits tätig war. **Art. 115 Abs. 5 lit. g** gibt für diesen Personenkreis zudem das Verbot vor, Eigengeschäfte zu tätigen. Der Wortlaut der Art. 115 Abs. 4, Abs. 5 S. 1 lit. e–lit. g legt nahe, dass ein Verstoß des Anbieters die dort genannten Rechtsfolgen auslöst. Nur auf diese Weise lässt sich erklären, dass sich das Berufsverbot an Leitungspersonen und andere für den Verstoß verantwortliche Personen richtet, da es dieser Differenzierung andernfalls nicht bedurft hätte. Das Tätigkeitsverbot soll in Deutschland durch § 24 KMAG-E umgesetzt werden. Die Vorschrift erstreckt die Sanktionierung auch auf Leitungspersonen von Emittenten vermögenswertreferenzierter Token und von E-Geld-Token.[76] Für Leitungspersonen von CRR-Kreditinstituten iSd Art. 16 Abs. 1 lit. b kann ein Tätigkeitsverbot nach § 24 KMAG-E neben einem Tätigkeitsverbot nach KWG-Regelungen ergehen.[77]

---

[74] Vgl. zu den Parallelvorschriften in der MAR Schwark/Zimmer/Kumpan/Misterek KMRK VO (EU) 596/2014 Art. 30 Rn. 29; eingehend BeckOK WpHR/Bekritsky VO (EU) 596/2014 Art. 30 Rn. 70ff.
[75] Immenga/Mestmäcker/Zimmer Wettbewerbsrecht Art. 101 Rn. 14.
[76] FinmadiG-RegE, BT-Drs. 20/10280, S. 144.
[77] FinmadiG-RegE, BT-Drs. 20/10280, S. 145.

Adressaten der Sanktion sind „Mitglieder des Leitungsorgans" und „andere na- 43
türliche Personen, die für den Verstoß verantwortlich gemacht werden". Der Begriff des **Leitungsorgans** ist in **Art. 3 Abs. 1 Nr. 27** legaldefiniert. Aus der **Binnensystematik** von jeweils Art. 115 Abs. 4, Abs. 5 S. 1 lit. e und lit. f ergibt sich, was unter einer **„anderen für den Verstoß verantwortlichen Person"** zu verstehen ist.[78] Da für beide Personengruppen dieselbe Rechtsfolge angeordnet ist (Verbot der Wahrnehmung von Leitungsaufgaben), geht der Gesetzgeber davon aus, dass die anderen natürlichen Personen eine den Leitungspersonen zumindest **vergleichbare Verantwortung** übernehmen.

Da das Tätigkeitsverbot die Berufsfreiheit der Betroffenen nach Art. 15 GRCh 44
berührt, hat die Behörde sicherzustellen, dass der Eingriff im konkreten Einzelfall **verhältnismäßig** ist. Hierbei sind die Eintrittswahrscheinlichkeit und das Ausmaß der Gefahr mit dem Interesse des Betroffenen abzuwägen, weiterhin Leitungsaufgaben bei einem Anbieter von Krypto-Dienstleistungen zu übernehmen.[79] Bereits aus Art. 115 Abs. 5 S. 1 lit. e und lit. f folgt, dass es sich allenfalls um zeitlich beschränkte Tätigkeitsverbote handeln kann.

V. Andere verwaltungsrechtliche Maßnahmen

1. Einstellungs- und Unterlassungsanordnung

Die Anordnung nach **Art. 111 Abs. 2 lit. b und Abs. 5 lit. b** umfasst die **Ein-** 45
stellung einer noch anhaltenden Zuwiderhandlung und ein **Absehen** von künftigen Verstößen gegen die MiCAR. Die Vorschriften sollen in Deutschland durch § 4 Abs. 1 S. 3 und § 31 Abs. 7 KMAG-E umgesetzt werden. Dass die Einstellung und die Unterlassung kumulativ und nicht alternativ aufgeführt sind, legt den Schluss nahe, dass die Unterlassung nur dann angeordnet werden darf, wenn ein Verstoß bereits vorliegt.[80] Eindeutiger als die deutsche Sprachfassung formuliert die englische Version: „to cease the conduct and to desist from a repetition of that conduct". Eine Erstbegehungsgefahr, wie sie etwa im Rahmen des Unterlassungsanspruchs nach § 1004 Abs. 1 S. 2 BGB verlangt wird, reicht demnach nicht aus.[81]

Indem Art. 111 Abs. 2 lit. b und Abs. 5 lit. b generell auf „Verhaltensweisen" 46
(conduct) abstellt, nimmt die Vorschrift auf Verstöße Bezug, die sowohl durch eine Handlung als auch durch ein **Unterlassen** begangen werden. Daher kann die zuständige Behörde auch anordnen, dass ein Normadressat eine bestimmte Handlung vorzunehmen hat.[82] Da Art. 111 Abs. 2 lit. b und Abs. 5 lit. b erst dann zur Anwendung kommen, wenn ein Verstoß bereits vorliegt, ist bei Handlungsanordnungen darauf zu achten, dass der letzte Zeitpunkt verstrichen ist, an dem der Normadressat die gebotene Handlung hätte vornehmen können. Andernfalls fehlt es an einem Verstoß und damit an der Grundlage für einen Eingriff durch eine behördliche Anordnung.

---

[78] Zur Parallelvorschrift in der MAR Bekritsky BKR 2020, 382 (386).
[79] Vgl. zur Parallelvorschrift in der MAR Lehmann/Kumpan/Kämmerer, European Financial Services Law VO (EU) 596/2014 Art. 30 Rn. 18.
[80] Vgl. zur MAR Ventoruzzo/Mock/Cools Market Abuse Regulation Rn. B.30.15.
[81] Näher BeckOK WpHR/Bekritsky VO (EU) 596/2014 MAR Art. 30 Rn. 82f.
[82] Vgl. Schwark/Zimmer/Kumpan/Misterek KMRK VO (EU) 596/2014 MAR Art. 30 Rn. 20.

Art. 111 Titel VII Zuständigen Behörden, die EBA und die ESMA

47 Dass Pflichten nach der MiCAR in natura zu erfüllen sind, belegt schließlich das Erfordernis einer engen Auslegung der einzelnen Vorschriften. Denn die zuständige Behörde kann den Normadressaten nur das auferlegen, was der unionale Gesetzgeber in den einzelnen, in Art. 111 Abs. 1 UAbs. 1 lit. a aufgelisteten Vorschriften verlangt. Andernfalls müsste die Behörde Anordnungen treffen, die der Gesetzgeber nicht ausgeschrieben hat und die deshalb nicht hinreichend legitimiert sind.

2. Einzug erzielter Gewinne oder vermiedener Verluste

48 Art. 111 Abs. 5 S. 1 lit. c regelt den Einzug erzielter Gewinne oder vermiedener Verluste. Die Vorschrift überschneidet sich nicht mit der Bußgeldandrohung des Art. 111 Abs. 2 lit. c, Abs. 5 lit. h (hierzu → Rn. 34 ff.).[83] Vielmehr kommt dem Einzug erzielter Gewinne oder vermiedener Verluste eigenständige Bedeutung zu. Bei Art. 111 Abs. 2 lit. c, Abs. 5 lit. h handelt es sich um Sanktionen, während Art. 111 Abs. 5 S. 1 lit. c eine **andere verwaltungsrechtliche Maßnahme** ist.[84]

49 Hieraus ergibt sich, dass die Mitgliedstaaten Art. 111 Abs. 5 S. 1 lit. c nicht deshalb unbeachtet lassen können, weil sie bereits strafrechtliche Sanktionen vorsehen (vgl. Art. 111 Abs. 1 UAbs. 2 S. 1). Auch kann das Verwaltungsbußgeld nach Art. 111 Abs. 2 lit. c, Abs. 5 lit. h betragsmäßig höher oder niedriger sein als die erzielten Vermögenswerte, da diese im Falle der Bußgelder lediglich als Bemessungsgröße dienen. Dagegen wird bei Anwendung des Art. 111 Abs. 5 S. 1 lit. c stets der Betrag eingezogen, mit dem die Gewinne oder vermiedenen Verluste beziffert werden.[85] Daher kann es durchaus vorkommen, dass dem Betroffenen nach den Kriterien des Art. 112 Abs. 1 zwar nur eine geringe finanzielle Sanktion auferlegt werden kann, dafür aber erzielte Vermögenswerte vollständig entzogen werden. Eine mögliche Konkurrenz zwischen Art. 111 Abs. 5 S. 1 lit. c einerseits und Art. 111 Abs. 2 lit. c, Abs. 5 lit. h andererseits ist über den Gedanken des Art. 112 Abs. 1 lit. e zu lösen (→ Art. 112 Rn. 10).

50 Es kann **nicht** angenommen werden, dass 111 Abs. 5 S. 1 lit. c bereits **durch § 17 Abs. 4 OWiG** umgesetzt wird. Denn § 17 OWiG regelt die Höhe einer Geldbuße, dh einer finanziellen Sanktion, während der Einzug erzielter Vermögenswerte eine andere verwaltungsrechtliche Maßnahme ist. Insbesondere regelt § 17 Abs. 4 OWiG nicht, dass erzielte Vermögenswerte eingezogen werden können, sondern zieht den Vorteil des Täters lediglich als Bemessungsgröße zur Ermittlung des Bußgeldes heran. Systematisch behandelt § 17 Abs. 4 OWiG im allgemeinen Ordnungswidrigkeitenrecht also das, was Art. 111 Abs. 2 lit. c, Abs. 5 lit. h für die finanziellen Sanktionen im Rahmen der MiCAR bestimmen.

3. Öffentliche Bekanntgabe

51 Unter welchen Voraussetzungen Entscheidungen über die Anordnung von Sanktionen und anderen Maßnahmen öffentlich bekannt gemacht werden, regelt Art. 114. Nach Art. 114 Abs. 1 S. 2 umfasst die Bekanntmachung auch Angaben zu Art und Charakter des Verstoßes sowie zur Identität der verantwortlichen Personen.

---

[83] In diese Richtung Lehmann/Kumpan/Kämmerer, European Financial Services Law VO (EU) 596/2014 Rn. 15 zur Parallelvorschrift in der MAR.

[84] Vgl. Tountopoulos (2014) 11 ECFL, 297, 318.

[85] Dies kann mitunter praktische Schwierigkeiten bereiten, vgl. Kämmerer FS Hopt, 2010, 2043 (2048); Poelzig NZG 2016, 492 (499).

Eine öffentliche Bekanntgabe nach **Art. 111 Abs. 2 lit. a** muss sich daher stets an den **Voraussetzungen des Art. 114** messen lassen (vgl. Kommentierung zu Art. 114). Dies zeigt sich in der geplanten deutschen Umsetzung des Art. 111 Abs. 2 lit. a in § 4 Abs. 4 KMAG-E.[86] Danach sind die (unmittelbar geltenden) Vorgaben des Art. 114 Abs. 2–4 auf die Veröffentlichung nach § 4 Abs. 4 KMAG-E entsprechend anzuwenden.

Artikel 112 Wahrnehmung der Aufsichts- und Sanktionsbefugnisse

(1) **Bei der Festlegung von Art und Umfang einer nach Artikel 111 zu verhängenden verwaltungsrechtlichen Sanktion oder sonstigen verwaltungsrechtlichen Maßnahme berücksichtigen die zuständigen Behörden alle relevanten Umstände, gegebenenfalls einschließlich**
a) **der Schwere und Dauer des Verstoßes;**
b) **ob der Verstoß vorsätzlich oder fahrlässig begangen wurde;**
c) **des Grads an Verantwortung der für den Verstoß verantwortlichen natürlichen oder juristischen Person;**
d) **der Finanzkraft der für den Verstoß verantwortlichen natürlichen oder juristischen Person, wie sie sich aus dem Gesamtumsatz der verantwortlichen juristischen Person oder den Jahreseinkünften und dem Nettovermögen der verantwortlichen natürlichen Person ablesen lässt;**
e) **der Höhe der durch den Verstoß von der für den Verstoß verantwortlichen natürlichen oder juristischen Person erzielten Gewinne oder vermiedenen Verluste, sofern sich diese beziffern lassen;**
f) **der Verluste, die Dritten durch den Verstoß entstanden sind, sofern sich diese beziffern lassen;**
g) **des Ausmaßes der Zusammenarbeit der für den Verstoß verantwortlichen natürlichen oder juristischen Person mit der zuständigen Behörde, unbeschadet des Erfordernisses, die erzielten Gewinne oder vermiedenen Verluste dieser Person einzuziehen;**
h) **früherer Verstöße gegen diese Verordnung der für den Verstoß verantwortlichen natürlichen oder juristischen Person;**
i) **der Maßnahmen, die von der für den Verstoß verantwortlichen Person ergriffen wurden, um eine Wiederholung des Verstoßes zu verhindern;**
j) **der Auswirkungen des Verstoßes auf die Interessen der Inhaber von Kryptowerten und der Kunden von Anbietern von Kryptowerte-Dienstleistungen, insbesondere Kleinanleger.**

(2) **Bei der Wahrnehmung ihrer Befugnisse zur Verhängung von verwaltungsrechtlichen Sanktionen oder anderen verwaltungsrechtlichen Maßnahmen nach Artikel 111 arbeiten die zuständigen Behörden eng zusammen, um sicherzustellen, dass die Wahrnehmung ihrer Aufsichts- und Untersuchungsbefugnisse sowie die von ihnen verhängten verwaltungsrechtlichen Sanktionen und anderen verwaltungsrechtlichen Maßnahmen wirksam und angemessen sind. Sie stimmen ihre Maßnahmen ab, um Doppelarbeit und Überschneidungen bei der Wahrnehmung ihrer Aufsichts- und Untersuchungsbefugnisse und bei der Verhängung von verwal-**

---

[86] Vgl. FinmadiG-RegE, S. 135.

Art. 112 Titel VII Zuständigen Behörden, die EBA und die ESMA

tungsrechtlichen Sanktionen und anderen verwaltungsrechtlichen Maßnahmen in grenzüberschreitenden Fällen zu vermeiden.

Schrifttum: Siehe Art. 111.

Übersicht

	Rn.
I. Grundlagen	1
II. Die einzelnen Kriterien des Art. 112 Abs. 1	3
1. Schwere und Dauer sowie Auswirkungen des Verstoßes	3
2. Verschulden und Grad der Verantwortung	5
3. Finanzkraft	8
4. Gewinne und vermiedene Verluste	10
5. Ausmaß der Zusammenarbeit mit Behörden	11
6. Frühere Verstöße	13
7. Ergriffene Maßnahmen nach dem Verstoß	15
III. Kooperation, Koordination und Vermeidung von Überschneidungen nach Art. 112 Abs. 2	17

I. Grundlagen

1 Art. 112 muss nicht in nationales Recht umgesetzt werden („berücksichtigen die zuständigen Behörden").[1] Der Gesetzgeber bedient sich in Art. 112 Abs. 1 der Technik von **Regelbeispielen.**[2] Die einzelnen Vorgaben sind weder zwingend noch abschließend.[3] Für den Betroffenen schafft der Katalog des Art. 112 Abs. 1 Hs. 2 dennoch eine rechtssichere Grundlage, um sein Verhalten auch an den haftungsausfüllenden Kriterien ausrichten zu können.[4]

2 Im Kontext der Bußgeldbemessung im **Kartellrecht** führt die Kommission nach Art. 23 Kartellverfahrens-VO Kriterien auf, die von den Behörden berücksichtigt werden können.[5] Diese Erwägungen können auch iRd Art. 112 Abs. 1 Hs. 2 eine Hilfestellung geben, soweit sie sich mit den dort genannten Kriterien überschneiden. Einen weiteren Orientierungspunkt können die Vorgaben des § 36a Abs. 3 Rating-VO bieten, die der Unionsgesetzgeber für die Bebußung von Ratingagenturen entwickelt hat.[6]

II. Die einzelnen Kriterien des Art. 112 Abs. 1

1. Schwere und Dauer sowie Auswirkungen des Verstoßes

3 Art. 112 Abs. 1 lit. a listet zunächst die **Schwere und die Dauer** des Verstoßes auf, die nach Art. 23 Abs. 3 Kartellverfahrens-VO auch im Kartellrecht in die Buß-

---

[1] Wie etwa Art. 39 Abs. 1 ProspVO; anders Art. 31 Abs. 1 MAR: „die Mitgliedstaaten stellen sicher".
[2] Assmann/Schneider/Mülbert WpHG/Spoerr VO (EU) 596/2014 Art. 30 Rn. 7: ermessensleitende Kriterien.
[3] Vgl. Becker/Rodde ZBB 2016, 11 (15) zur MAR.
[4] Lehmann/Kumpan/Kämmerer VO (EU) 596/2014 Rn. 1.
[5] Kommission, 2006/C 210/02; Ventoruzzo/Mock/Cools Rn. B.31.6.
[6] Vgl. dazu BeckOK WpHR/Bekritsky VO (EU) 1060/2009 Art. 36a Rn. 15ff.

geldbemessung der Behörden einfließen. Die Schwere der Zuwiderhandlung wird in jedem Einzelfall unter Berücksichtigung aller relevanten Umstände beurteilt.[7] Die Existenz von Art. 112 Abs. 1 lit. b und lit. c (Vorsatz oder grobe Fahrlässigkeit sowie Grad der Verantwortung) zeigen, dass es für die **Schwere** des Verstoßes iSd Art. 112 Abs. 1 lit. a **nur auf objektive,** nicht aber auf subjektive Umstände ankommt. Die Leitlinien der Kommission erachten im Falle von Kartellbußgeldern für maßgeblich die Marktanteile der beteiligten Unternehmen, den Umfang der Zuwiderhandlungen in einem räumlichen Markt und die Intensität dieser Zuwiderhandlungen.[8] Dies ist sinngemäß auf die MiCAR zu übertragen.[9] Hierbei ist auch **Art. 112 Abs. 1 lit. j** zu berücksichtigen, dh die Auswirkungen des Verstoßes auf die Interessen der Inhaber von Kryptowerten und der Kunden von Anbietern von Kryptowerte-Dienstleistungen, insbesondere Kleinanleger.

Mit der **Dauer** des Verstoßes ist die **zeitliche Dimension** der Zuwiderhandlung gemeint. Bei der Festlegung von Kartellbußen berücksichtigt die Kommission die Dauer der Zuwiderhandlung wie folgt: Sie multipliziert die Anzahl der Jahre, in denen das Unternehmen an dem infrage stehenden Kartellverstoß beteiligt war, mit dem anhand der Schwere des Verstoßes ermittelten Betrag (→ Rn. 3). Dabei werden Zeiträume bis zu sechs Monaten mit einem halben Jahr und Zeiträume zwischen sechs Monaten und einem Jahr mit einem ganzen Jahr angerechnet.[10] Bei **iterativer Tatbegehung** ist eine Lösung über die Dauer des Verstoßes iSd Art. 112 Abs. 1 lit. a Alt. 2 vorzugswürdig. Andernfalls wäre kaum ein Anwendungsfeld für diese Alternative denkbar. Auch bringt Art. 112 lit. h zum Ausdruck, dass es sich in dortigem Zusammenhang um „frühere Verstöße" handelt, die bereits Gegenstand eines vergangenen behördlichen Verfahrens waren, über die gegenwärtig nicht entschieden wird.[11]   4

2. Verschulden und Grad der Verantwortung

Der Grad der **Verantwortung (responsibility)** iSd Art. 112 Abs. 1 lit. c   5
überschneidet sich auf den ersten Blick mit der Voraussetzung eines **Verschuldens (fault/negligence)** iSd Art. 112 Abs. 1 lit. b,[12] ist mit diesem aber nicht deckungsgleich. So kann eine Person auch dann für einen Verstoß verantwortlich sein, wenn sie sich weder vorsätzlich noch fahrlässig verhalten hat. Dieses Verständnis ist iRd Art. 112 Abs. 1 nur konsequent, wenn man bedenkt, dass es Art. 112 Abs. 1 lit. c andernfalls nicht bedurft hätte. Dementsprechend ist der **Grad der Verantwortung** dadurch zu bemessen, inwieweit der Verstoß einer Person **zurechenbar** ist, dh inwieweit sie durch ihr Verhalten dazu beigetragen hat, ein Risiko für einen Verstoß gegen die MiCAR zu setzen.[13]

Nach **Art. 112 Abs. 1 lit. b** kann die Behörde bei der Sanktionsbemessung nach   6
dem Grad des Verschuldens, dh nach **Vorsatz und Fahrlässigkeit,** differenzie-

---

[7] Kommission, 2006/C 210/02, Rn. 20.
[8] Kommission, 2006/C 210/02, Rn. 22.
[9] Vgl. zur MAR BeckOK WpHR/Bekritsky VO (EU) 596/2014 Art. 31 Rn. 9.
[10] Kommission, 2006/C 210/02, Rn. 24.
[11] Vgl. Ventorruzo/Mock MAR/Cools Rn. B.31.7.
[12] Schwark/Zimmer/Kumpan/Misterek VO (EU) 596/2014 MAR Art. 31 Rn. 8.
[13] In diese Richtung auch Assmann/Schlitt/v. Kopp-Colomb/Gurlit VO (EU) 2017/1129 Art. 39 Rn. 6.

ren.[14] Da die subjektive Zurechnung in weitere Kategorien unterteilt werden kann, kann die Behörde auch andere subjektive Umstände, wie etwa die Rücksichtslosigkeit[15] oder die „gesteigerte Uneinsichtigkeit"[16] in ihre Entscheidungsfindung einfließen lassen. Da es bei Art. 112 Abs. 1 lit. b nicht um die Haftungsbegründung, sondern um die Haftungsausfüllung geht, ist eine Differenzierung nach dem Verschuldensgrad auch bei solchen Delikten möglich, deren Tatbestand kein Verschulden des Normadressaten voraussetzt.

7   Sollte man der Auffassung sein, dass nicht nur die sog. Nachtat-Compliance (insoweit ausdrücklich Art. 112 Abs. 1 lit. g), sondern auch die sog. **Vortat-Compliance,** dh im Vorfeld des Verstoßes angestellte Compliance-Bemühungen, berücksichtigt werden sollten, kann dies in den Grad der Verantwortung nach Art. 112 Abs. 1 lit. b einfließen.[17] Eine Vortat-Compliance sollte die Entscheidung der Behörde aber nur dann positiv beeinflussen, wenn der Normadressat durch den infrage stehenden Tatbestand der MiCAR nicht ohnehin verpflichtet war, Compliance-Maßnahmen zu ergreifen.

3. Finanzkraft

8   Art. 112 Abs. 1 lit. d steht in engem Zusammenhang mit den **Verwaltungsgeldbußen** in Art. 111 Abs. 2, Abs. 3 und Abs. 5. Bei der Bestimmung finanzieller Sanktionen ist aus Gründen der Verhältnismäßigkeit stets die Finanzkraft des Betroffenen zu würdigen.[18] Durch eine variable Höhe der finanziellen Sanktionen, die sich an der Finanzkraft des Betroffenen orientiert, wird zudem eine **wirksame Abschreckung** erreicht: Gegenüber finanzkräftigen Personen können empfindliche Sanktionen ergehen, um sie von künftigen Verstößen abzuhalten.

9   Umgekehrt wird die abschreckende Wirkung gegenüber weniger finanzkräftigen Akteuren erhalten, indem die Bußgelder entsprechend abgesenkt werden. Denn ein Normadressat macht sein Verhalten nur von solchen Sanktionen abhängig, denen er im Falle ihrer Verhängung auch Folge leisten könnte. Dann besteht aber die Gefahr, dass der finanzschwache Akteur auch durch angepasste finanzielle Sanktionen nicht hinreichend abgeschreckt wird, weil er einen darüber liegenden Gewinn aus seiner Zuwiderhandlung erwartet. In solchen Fällen bietet es sich an, nicht-finanzielle Sanktionen zu verhängen.[19] In dieser Konstellation entscheidet also die **(geringe) Finanzkraft** des Betroffenen nach Art. 112 Abs. 1 lit. d nicht über die „Höhe", sondern über die **„Art" der Maßnahme.**[20] Das befreit aber nicht von der Würdigung, inwieweit sich nicht-finanzielle Sanktionen mittelbar auf die finanzielle Lage des Betroffenen auswirken.

---

[14] Vgl. auch Kommission, 2006/C 210/02, Rn. 29 Spiegelstrich 2; BaFin, Bußgeldleitlinien II, 10.
[15] Schwark/Zimmer/Kumpan/Misterek VO (EU) 596/2014 Rn. 8.
[16] vgl. auch BaFin, Bußgeldleitlinien II, 12.
[17] Als ungeschriebenes Kriterium einstufend Schwark/Zimmer/Kumpan/Misterek VO (EU) 596/2014 Rn. 10.
[18] Unter engeren Voraussetzungen Kommission, 2006/C 210/02, Rn. 35.
[19] Shavell, Foundations, 2009, 509 f.
[20] Ventorruzo/Mock MAR/Cools Rn. B.31.9.

4. Gewinne und vermiedene Verluste

Nach **Art. 112 Abs. 1 lit. e** können durch den Verstoß **erzielte Gewinne und** 10 **vermiedene Verluste** in die Entscheidung über die Sanktionen miteinfließen. Das bietet sich insbesondere in solchen Fällen an, in denen etwa die Maßnahme nach Art. 111 Abs. 5 lit. c bereits angeordnet worden ist und daran anschließend darüber entschieden werden soll, inwieweit ein Bußgeld zu verhängen ist. Dann ist es nach dem Gedanken des Art. 112 Abs. 1 lit. e für die Höhe des Bußgelds entscheidend, dass sich der erzielte Gewinn oder vermiedene Verlust wegen der bereits angeordneten Maßnahme nach Art. 111 Abs. 5 lit. c wirtschaftlich nicht mehr im Vermögen des Betroffenen befindet.

5. Ausmaß der Zusammenarbeit mit Behörden

Außerdem soll nach **Art. 112 Abs. 1 lit. g** gewürdigt werden können, inwie- 11 weit der Betroffene mit der Behörde zusammenarbeitet.[21] Welche Anforderungen an eine solche Zusammenarbeit zu stellen sind, kann **unter Bezug auf Art. 111 Abs. 1 UAbs. 2 lit. f** bestimmt werden. Danach stellt die Verweigerung der Zusammenarbeit bei einer Untersuchung, einer Prüfung oder einem Ersuchen gemäß Art. 94 Abs. 3 einen eigenständigen Verstoß dar. Deshalb wird iRd Art. 112 Abs. 1 lit. g nicht bereits gewürdigt, dass der Betroffene überhaupt kooperiert hat. Vielmehr muss das Ausmaß seiner Kooperation jedenfalls über das nach Art. 111 Abs. 1 UAbs. 2 lit. f erforderliche Maß hinausgehen, um mildernd berücksichtigt zu werden.[22] Ein **Geständnis** wird als Spezialfall der Mitwirkung erst recht mildernd zu berücksichtigen sein.[23]

Anders als Art. 111 Abs. 1 UAbs. 2 lit. f wirft Art. 112 Abs. 1 lit. g keine Probleme 12 im Hinblick auf den Nemo-Tenetur-Grundsatz auf, da der Betroffene in diesem Zusammenhang nicht verpflichtet wird, mit der Behörde zu kooperieren.[24] Andernfalls würde jedes Inaussichtstellen einer Sanktionsminderung beruhend auf Geständnissen, Vergleichen etc gegen das Selbstbelastungsverbot verstoßen.[25]

6. Frühere Verstöße

Mit früheren Verstößen iSd **Art. 112 Abs. 1 lit. h** sind Verstöße gegen die 13 MiCAR gemeint, die bereits im Rahmen eines behördlichen Verfahrens **mit einer Sanktion oder einer anderen verwaltungsrechtlichen Maßnahme belegt worden sind.**[26] Iterative Tatbegehungen sind dagegen nicht Gegenstand von Art. 112 Abs. 1 lit. h, sondern sind im Rahmen der „Dauer" des Verstoßes nach Art. 112 Abs. 1 lit. a zu würdigen (→ Rn. 4). Die BaFin berücksichtigt unter Umständen auch einen nach der Tat erlassenen Bußgeldbescheid, sofern dem Betroffenen bei der Tatbegehung zumindest die Einleitung des Ermittlungsverfahrens bekannt war.[27] Zudem konkretisiert die BaFin den früheren Verstoß insoweit, als er

---

[21] Vgl. auch Kommission, 2006/C 210/02, Rn. 28 Spiegelstrich 2, Rn. 29 Spiegelstrich 4.
[22] Vgl. Lehmann/Kumpan/KämmererVO (EU) 596/2014 Rn. 5.
[23] Vgl. BaFin, Bußgeldleitlinien II, 10.
[24] So auch Assmann/Schlitt/v. Kopp-Colomb/Gurlit VO (EU) 2017/1129 Art. 39 Rn. 10; aA Schwark/Zimmer/Kumpan/Misterek VO (EU) 596/2014 Rn. 10.
[25] Wils Law and Economics Review (2003), Vol. 26, Issue 4, 567 (580).
[26] Ventorruzo/Mock MAR/Cools Rn. B.31.12; vgl. auch BaFin, Bußgeldleitlinien II, 11.
[27] BaFin, Bußgeldleitlinien II, 11.

in einem **sachlichen und zeitlichen Zusammenhang** mit dem gegenwärtigen Verstoß stehen muss.[28]

14   Nach dem Wortlaut kommt es auf frühere **„Verstöße" an, nicht aber auf die Konsequenzen,** die die Verstöße nach sich gezogen haben.[29] Daher fließen nicht nur solche Verstöße in die behördliche Entscheidung ein, die mit Sanktionen belegt worden sind, sondern auch solche, auf die andere aufsichtsrechtliche Maßnahmen gefolgt sind oder bei denen aus Ermessensgründen gänzlich von Maßnahmen abgesehen wurde. Die konkrete behördliche Entscheidung im Zusammenhang mit vergangenen Verstößen kann aber ein Indikator dafür sein, wie gravierend die Verstöße waren und in welchem Ausmaß sie bei der gegenwärtigen Sanktion berücksichtigt werden sollten.

7. Ergriffene Maßnahmen nach dem Verstoß

15   **Art. 112 Abs. 1 lit. i** bezieht sich auf Maßnahmen, die der Verantwortliche nach dem Verstoß aber vor der behördlichen Entscheidung ergriffen hat, um künftige Verstöße zu vermeiden.[30] Es handelt sich daher ausschließlich um den Fall der sog. **Nachtat-Compliance.** Im Umkehrschluss sollte die Vortat-Compliance grundsätzlich keine Berücksichtigung finden.[31]

16   Maßnahmen der Nachtat-Compliance können sich nur darauf beziehen, dass sich der bereits begangene Verstoß nicht wiederholt („der Verstoß"). Vorbeugende Maßnahmen im Hinblick auf andere Verstöße gegen die MiCAR sind dagegen nicht Gegenstand des Art. 112 Abs. 1 lit. i. Zudem wird ein Verhalten zu fordern sein, dass von dem bisherigen, zu dem Verstoß führenden Verhalten, abweicht. Daher wird etwa die bloße Fortsetzung eines bereits bestehenden Compliance-Programms nicht ausreichend sein, um einen mildernden Umstand nach Art. 112 Abs. 1 lit. i herbeizuführen.[32]

III. Kooperation, Koordination und Vermeidung von Überschneidungen nach Art. 112 Abs. 2

17   Im Rahmen des ebenfalls unmittelbar geltenden Art. 112 Abs. 2 geht es dem Verordnungsgeber um die **Verwaltungsökonomie** und **Verhältnismäßigkeit** von verwaltungsrechtlichen Befugnissen zur Aufsicht, Ermittlung und Verhängung von Maßnahmen, die von unterschiedlichen Behörden wahrgenommen werden.[33] Der Aspekt der Verhältnismäßigkeit kommt durch Art. 112 Abs. 2 S. 1 zum Ausdruck, wonach die zuständigen Behörden eng zusammenarbeiten, um angemessene Entscheidungen zu treffen.

---

[28] BaFin, Bußgeldleitlinien II, 11.
[29] So auch Assmann/Schlitt/v. Kopp-Colomb/Gurlit VO (EU) 2017/1129 Art. 39 Rn. 10.
[30] Vgl. auch BaFin, Bußgeldleitlinien II, 11 mit Ausweitung auf bloßes Besserungsversprechen.
[31] Poelzig NZG 2016, 492 (499); aA Schwark/Zimmer/Kumpan/Misterek VO (EU) 596/2014 Rn. 10; zu Ausnahmen vgl. → Rn. 7.
[32] Ventorruzo/MockMAR/Cools Rn. B.31.12; bereits als Unterlassen der Zuwiderhandlung würdigend Kommission, 2006/C 210/02, Rn. 29 Spiegelstrich 1.
[33] Lehmann/Kumpan/Kämmerer VO (EU) 596/2014 Rn. 6.

Dass die Behörden ökonomisch arbeiten müssen, steht im Vordergrund des Art. 112 Abs. 2 S. 2. Danach sollen **Doppelarbeit und Überschneidungen vermieden** werden, indem die Behörden ihre Maßnahmen miteinander abstimmen. Hierzu gehört es mindestens, Daten über ergriffene Maßnahmen (Art, Höhe, Verantwortliche etc) **auszutauschen** und das behördliche Vorgehen im Einzelfall **anzupassen**.[34] Zudem wird durch Art. 112 Abs. 2 S. 2 deutlich, dass sich das Szenario mehrerer zuständiger Behörden auf **grenzüberschreitende Fälle** bezieht. Wie sich aus der Bezugnahme („Sie") ergibt, adressiert auch Art. 112 Abs. 2 S. 1 die Problemlage, die sich daraus ergibt, dass Behörden unterschiedlicher Mitgliedstaaten zuständig sein können.[35] 18

Artikel 113 Rechtsmittel

(1) **Die Mitgliedstaaten stellen sicher, dass Entscheidungen der zuständigen Behörden im Rahmen dieser Verordnung ordnungsgemäß begründet werden und gegen sie Rechtsmittel bei einem Gericht eingelegt werden können. Rechtsmittel bei einem Gericht können ebenfalls eingelegt werden, wenn über einen Zulassungsantrag, der alle nach den geltenden Vorschriften erforderlichen Angaben enthält, nicht binnen sechs Monaten nach seinem Eingang entschieden worden ist.**

(2) **Die Mitgliedstaaten sorgen dafür, dass eine oder mehrere der folgenden nach nationalem Recht bestimmten Stellen gemäß dem nationalen Recht die Gerichte oder die zuständigen Verwaltungsinstanzen im Interesse von Verbrauchern anrufen kann bzw. können, damit die Anwendung dieser Verordnung sichergestellt ist:**
a) öffentliche Einrichtungen oder ihre Vertreter,
b) Verbraucherverbände, die ein berechtigtes Interesse am Schutz der Inhaber von Kryptowerten haben, und
c) Berufsverbände, die ein berechtigtes Interesse daran haben, sich für den Schutz ihrer Mitglieder einzusetzen.

Schrifttum: Siehe Art. 111.

Art. 113 regelt die Begründungsdichte von behördlichen Entscheidungen und verpflichtet die Mitgliedstaaten zudem sicherzustellen, dass Rechtsmittel gegen behördliche Entscheidungen eingelegt werden können. Gemeint sind sämtliche Entscheidungen von zuständigen Behörden „im Rahmen dieser Verordnung", dh, nicht nur solche nach den Vorschriften des 3. Kapitels.[1] 1

Inwieweit eine behördliche Entscheidung **begründet** werden muss, richtet sich nach **unionsrechtlichen Maßstäben** und damit nach den Umständen des Einzelfalls, insbesondere nach dem Inhalt des Rechtsakts, der Art der angeführten Gründe sowie dem Interesse, das der Adressat an Erläuterungen haben kann.[2] Ein solches Interesse wird regelmäßig davon abhängen, wie schwer die mit der Entscheidung 2

---

[34] Lehmann/Kumpan/Kämmerer VO (EU) 596/2014 Rn. 6.
[35] S. auch Schwark/Zimmer/Kumpan/Misterek VO (EU) 596/2014 Rn. 13.
[1] Krönke RDi 2024, 1 Rn. 34.
[2] EuGH BeckRS 2004, 72083 Rn. 20.

ausgesprochenen Rechtsfolgen für den Betroffenen sind.[3] Die Begründung einer beschwerenden Entscheidung muss eine Rechtmäßigkeitskontrolle ermöglichen.[4] Die Differenzierung nach den verschiedenen Arten von Kryptowerten wird insoweit für unerheblich gehalten.[5]

3   Der Begriff des **Rechtsmittels ("right of appeal") ist unionsrechtlich autonom auszulegen.** Es handelt sich nicht notwendigerweise – wie etwa nach deutschem Recht – um einen Rechtsbehelf mit Devolutiv- und Suspensiveffekt, sondern um jedwede Möglichkeit, eine gerichtliche oder behördliche Entscheidung überprüfen zu lassen. Dieses weite Verständnis eines Rechtsmittels ist dem Umstand geschuldet, dass der Rechtsschutz gegen verwaltungsrechtliche Maßnahmen in den einzelnen Mitgliedstaaten unterschiedlich ist. Zudem haben die Mitgliedstaaten nach Art. 111 Abs. 1 UAbs. 1 S. 1 die Möglichkeit, nur Kriminalstrafen vorzusehen, was den Rechtsweg in den meisten Mitgliedstaaten auf die Strafgerichte verschiebt. Das Rechtsmittel iSd Art. 113 meint demnach **jedwede Überprüfung von behördlichen oder gerichtlichen Entscheidungen durch eine andere behördliche oder gerichtliche Stelle als diejenige, die die Entscheidung ursprünglich getroffen hat.** Deshalb gibt Art. 113 lediglich vor, dass es eine solche Überprüfung geben muss, legt aber mit dem weit zu verstehenden Begriff des Rechtsmittels nicht fest, auf welche Weise der Rechtsschutz der Betroffenen im Einzelnen ausgestaltet sein muss.[6]

4   Die Trennung zwischen dem unionsrechtlich vorgegebenen „Ob" des Rechtsmittels iSd Art. 113 und dem national auszugestaltenden „Wie" dieses Rechtsmittels,[7] verschwimmt ein Stück weit, wenn es um die Voraussetzung der **individuellen Betroffenheit** (nach deutschem Verständnis die „Klagebefugnis") geht. Im Ausgangspunkt handelt es sich um eine Voraussetzung, die die Ausgestaltung, dh das „Wie" eines Rechtsmittels betrifft. Sie unterliegt damit der Autonomie der Mitgliedstaaten, da das Verwaltungsprozessrecht nicht vollharmonisiert ist.[8] Je nachdem welche Anforderungen an eine individuelle Betroffenheit gestellt werden, kann es aber dazu kommen, dass ein Rechtsmittel faktisch nicht in hinreichendem Maß zur Verfügung steht. Um unionsweit einen einheitlichen Zugang zu Rechtsmitteln gegen behördliche Entscheidungen zu gewährleisten und damit die zwingende Vorgabe des Art. 113 sicherzustellen, ist zu fordern, dass die individuelle Betroffenheit im Lichte des Art. 4 Abs. 3 EUV nach unionsrechtlichen Maßstäben bestimmt wird. Das Unionsrecht stellt auf den Gedanken der **funktionalen Subjektivierung** ab.[9] **Besondere Ausprägungen der Klagebefugnis sind in Art. 113 Abs. 2 geregelt.** Aus der Binnensystematik des Art. 113 Abs. 2 wird deutlich, dass es grundsätzlich eines „berechtigten Interesses" bedarf, außer im Falle von öffentlichen Einrichtungen oder ihrer Vertreter (Art. 113 Abs. 2 lit. a).

5   Soweit es darum geht, dass Betroffenen Rechtsmittel iSd Art. 113 zur Verfügung gestellt werden, handelt es sich um die Durchführung von Unionsrecht. Dementsprechend ist Art. 113 im Lichte der in Art. 47 f. GRCh verbürgten **Verfahrens-**

---

[3] EuG BeckRS 1997, 128204 Rn. 56.
[4] EuGH BeckRS 2004, 72083 Rn. 20.
[5] Krönke RDi 2024, 1 Rn. 34; Fritz BKR 2023, 747 (747).
[6] Vgl. Assmann/Schneider/Mülbert/Spoerr WpHRVO (EU) 1286/2014 Art. 26 Rn. 1.
[7] Assmann/Schneider/Mülbert/Spoerr WpHRVO (EU) 1286/2014 Rn. 1.
[8] Assmann/Schneider/Mülbert/Spoerr WpHRVO (EU) 1286/2014 Rn. 7.
[9] Hong JZ 2012, 380 (381); Ruffert, Subjektive Rechte, 1996, S. 220 ff.; Schoch NVwZ 1999, 457 (463 ff.).

garantien auszulegen. Soweit es aber um die konkrete Umsetzung geht, gelten parallel auch die Grundrechte des GG, insbesondere die Prozessgrundrechte.[10] Soweit es sich um Sanktionen handelt, ist auch Art. 6 EMRK zu beachten.[11]

Artikel 114 Öffentliche Bekanntmachung von Entscheidungen

(1) Eine Entscheidung, wegen eines Verstoßes gegen diese Verordnung gemäß Artikel 111 verwaltungsrechtliche Sanktionen und andere verwaltungsrechtliche Maßnahmen zu verhängen, wird von den zuständigen Behörden auf ihren offiziellen Websites veröffentlicht, unverzüglich nachdem die von der Entscheidung betroffene natürliche oder juristische Person über die Entscheidung informiert wurde. Diese Bekanntmachung umfasst zumindest Angaben zu Art und Charakter des Verstoßes sowie zur Identität der verantwortlichen natürlichen oder juristischen Personen. Entscheidungen, durch die Maßnahmen mit Ermittlungscharakter verfügt werden, müssen nicht veröffentlicht werden.

(2) Ist die zuständige Behörde nach einer einzelfallbezogenen Bewertung zu der Ansicht gelangt, dass die Bekanntmachung der Identität der juristischen Personen oder der Identität oder der personenbezogenen Daten der natürlichen Personen unverhältnismäßig wäre, oder würde eine solche Bekanntmachung eine laufende Untersuchung gefährden, so verfahren die zuständigen Behörden auf eine der folgenden Weisen:
a) Sie machen die Entscheidung, mit der eine verwaltungsrechtliche Sanktion oder eine sonstige verwaltungsrechtliche Maßnahme verhängt wird, erst dann bekannt, wenn die Gründe für die Nichtbekanntmachung weggefallen sind;
b) sie machen die Entscheidung, mit der eine verwaltungsrechtliche Sanktion oder eine sonstige verwaltungsrechtliche Maßnahme verhängt wird, in einer mit dem nationalen Recht in Einklang stehenden Weise in anonymisierter Form bekannt, sofern durch diese anonymisierte Bekanntmachung der wirksame Schutz der betreffenden personenbezogenen Daten sichergestellt wird;
c) sie sehen davon ab, die Entscheidung über die Verhängung einer verwaltungsrechtlichen Sanktion oder sonstigen verwaltungsrechtlichen Maßnahme bekannt zu machen, wenn die unter den Buchstaben a und b vorgesehenen Möglichkeiten ihrer Ansicht nach nicht ausreichen, um zu gewährleisten, dass
i) die Stabilität der Finanzmärkte nicht gefährdet wird, und
ii) die Bekanntmachung einer derartigen Entscheidung auch bei geringfügigen Maßnahmen verhältnismäßig ist.
Im Falle einer Entscheidung, eine verwaltungsrechtliche Sanktion oder sonstige verwaltungsrechtliche Maßnahme nach Unterabsatz 1 Buchstabe b in anonymisierter Form bekannt zu machen, kann die Bekanntmachung der relevanten Daten für eine vertretbare Zeitspanne zurückgestellt werden, wenn abzusehen ist, dass die Gründe für die anonymisierte Bekanntmachung nach Ablauf dieser Zeitspanne wegfallen werden.

---

[10] Assmann/Schneider/Mülbert/Spoerr WpHRVO (EU) 1286/2014 Rn. 9.
[11] Assmann/Schneider/Mülbert/Spoerr WpHRVO (EU) 1286/2014 Rn. 8.

(3) **Werden gegen eine Entscheidung zur Verhängung einer verwaltungsrechtlichen Sanktion oder einer sonstigen Maßnahme Rechtsmittel bei den zuständigen Gerichten oder Verwaltungsinstanzen eingelegt, geben die zuständigen Behörden dies auf ihrer offiziellen Website sofort bekannt und informieren dort auch über den Ausgang dieses Verfahrens. Bekannt gegeben wird auch jede Entscheidung, mit der eine frühere Entscheidung über die Verhängung einer verwaltungsrechtlichen Sanktion oder sonstigen verwaltungsrechtlichen Maßnahme aufgehoben wird.**

(4) **Die zuständigen Behörden stellen sicher, dass Bekanntmachungen nach diesem Artikel ab dem Zeitpunkt ihrer Veröffentlichung mindestens fünf Jahre lang auf ihrer offiziellen Website zugänglich bleiben. Enthält die Bekanntmachung personenbezogene Daten, so bleiben diese nur so lange auf der offiziellen Website der zuständigen Behörde einsehbar, wie dies nach den geltenden Datenschutzbestimmungen erforderlich ist.**

Schrifttum: Siehe Art. 111.

Übersicht

	Rn.
I. Naming and Shaming	1
II. Ausnahmen	3
1. Abgestuftes Rechtsfolgenregime	3
b) Absehen von der Bekanntmachung	5
c) Anonymisierte Veröffentlichung	6
d) Aufschub der Veröffentlichung	8
III. Veröffentlichungsmodalitäten	10

I. Naming and Shaming

1 Die unter dem Stichwort des „naming and shaming" apostrophierte Regelung des Art. 114 schreibt vor, dass die zuständigen **Behörden jede Entscheidung** über die Verhängung einer verwaltungsrechtlichen Sanktion oder anderen Maßnahme in Bezug auf einen Verstoß gegen die MiCAR auf ihrer offiziellen Website **veröffentlichen,** und zwar unverzüglich, nachdem die von der Entscheidung betroffene Person darüber informiert worden ist. Das „naming and shaming" ist eine verwaltungsrechtliche Sanktion.[1] Aus dem Wortlaut „veröffentlichen" („shall be published") ergibt sich, dass es sich um eine gebundene Entscheidung handelt; der Behörde steht weder Entschließungs- noch Auswahlermessen zu.[2]

2 Ausdrücklich **ausgenommen** ist die Veröffentlichung von Entscheidungen, mit denen Maßnahmen mit **Ermittlungscharakter** verhängt werden (Art. 114 Abs. 1 S. 2). Hiermit sind insbesondere die Ausübung der Ermittlungsbefugnisse nach Art. 94 Abs. 3 gemeint. Diese werden in einem Stadium ergriffen, in dem es darum geht, einen Verstoß erst festzustellen.[3] Mit der Unschuldsvermutung zugunsten des Betroffenen stünde es nicht in Einklang, wenn man bereits im Ermittlungsstadium über potentielle Verstöße des Betroffenen berichten würde.

---

[1] Vgl. BeckOK WpHR/Bekritsky VO (EU) 596/2014 Art. 34 Rn. 3f.
[2] Assmann/Schneider/Mülbert/Spoerr WpHRVO (EU) 596/2014 Art. 34 Rn. 11.
[3] Vgl. auch Assmann/Schneider/Mülbert/Spoerr WpHRVO (EU) 596/2014 Rn. 6.

Öffentliche Bekanntmachung von Entscheidungen **Art. 114**

II. Ausnahmen

1. Abgestuftes Rechtsfolgenregime

Zu den Grundrechten, die durch eine Veröffentlichung iSd Art. 114 MiCAR berührt sein können, gehören etwa die Berufs- und Unternehmensfreiheit gem. Art. 15, 16 GRCh sowie das Grundrecht auf die Vertraulichkeit persönlicher Verhältnisse gem. Art. 7 und Art. 8 GRCh.[4] Um den Grundsatz der **Verhältnismäßigkeit** zu wahren, hat sich der Gesetzgeber dazu entschlossen, die in **Art. 114 Abs. 2** bestimmten Konstellationen von der Veröffentlichung nach Art. 114 Abs. 1 herauszunehmen. Art. 114 Abs. 2 setzt voraus, dass die **Bekanntmachung** der Identität einer von der Entscheidung betroffenen juristischen Person oder der personenbezogenen Daten einer natürlichen Person infolge einer einzelfallbezogenen Bewertung **unverhältnismäßig wäre (Alt. 1)** oder die Bekanntmachung **laufende Untersuchungen gefährden würde (Alt. 2)**. 3

In der **ersten Alternative** des Art. 114 Abs. 2 ist eine **Verhältnismäßigkeitsprüfung** durchzuführen. Dabei können die in Art. 112 Abs. 1 enthaltenen Regelbeispiele herangezogen werden, um festzustellen, ob eine Veröffentlichung nach Art. 114 Abs. 2 Alt. 1 MiCAR unverhältnismäßig ist.[5] Die **zweite Alternative** des Art. 114 Abs. 2 bestimmt keine Verhältnismäßigkeitsprüfung, sondern eine **Prognoseentscheidung** im Hinblick darauf, ob eine Veröffentlichung, wie sie in Art. 114 Abs. 1 vorgesehen ist, laufende Untersuchungen gefährden könnte. Der Wortlaut setzt eine tatsächliche Gefährdung voraus und nicht die bloße Möglichkeit hierzu. Demnach ist eine Gefährdung laufender Ermittlungen anzunehmen, wenn konkrete Anhaltspunkte dafür vorliegen, dass die Veröffentlichung „Beweisquellen trübt oder Ermittlungsansätze vereitelt".[6] 4

b) Absehen von der Bekanntmachung. Darüber hinaus sehen **Art. 114 Abs. 2 S. 1 lit. a–c ein abgestuftes Rechtsfolgenregime** für das Vorgehen der Behörde vor. Am voraussetzungsreichsten ist **Art. 114 Abs. 2 S. 1 lit. c**: Die Behörde darf die Entscheidung nur dann unveröffentlicht lassen, wenn weder ein Aufschub der Veröffentlichung nach lit. a noch eine anonymisierte Veröffentlichung nach lit. b ausreichend sind, um die Stabilität der Finanzmärkte ungefährdet zu lassen (i) und die Bekanntmachung einer derartigen Entscheidung auch bei geringfügigen Maßnahmen verhältnismäßig ist (ii). Da Art. 114 Abs. 2 S. 1 lit. c die größte Abweichung von dem Grundsatz nach Art. 114 Abs. 1 darstellt, ist die Ausnahme nur auf die vom Gesetzgeber eng begrenzten Szenarien anwendbar. So ergibt sich aus einem Umkehrschluss aus Art. 114 Abs. 2 S. 1 lit. c, dass die Behörde von einer Veröffentlichung nicht absehen kann, um laufende Untersuchungen nicht zu gefährden oder wenn es sich um Maßnahmen handelt, die nicht als geringfügig anzusehen sind.[7] 5

c) Anonymisierte Veröffentlichung. Liegt kein Fall von Art. 114 Abs. 2 S. 1 lit. c vor, ist die **anonymisierte Veröffentlichung nach Art. 114 Abs. 2 S. 1** 6

---

[4] Assmann/Schlitt/v. Kopp-Colomb/Gurlit ProspektRVO (EU) 2017/1129 Art. 42 Rn. 5.
[5] Vgl. auch Assmann/Schlitt/v. Kopp-Colomb/Gurlit ProspektRVO (EU) 2017/1129 Art. 42 Rn. 10.
[6] Assmann/Schneider/Mülbert/Spoerr WpHRVO (EU) 596/2014 Art. 34 Rn. 10.
[7] Vgl. Assmann/Schneider/Mülbert/Spoerr WpHRVO (EU) 596/2014 Art. 34 Rn. 17.

Art. 114 Titel VII Zuständigen Behörden, die EBA und die ESMA

lit. b zu erwägen. Diese kommt nur im Hinblick auf die Verhältnismäßigkeitsprüfung bei personenbezogenen Daten in Betracht. In den anderen Fällen wäre ein solches Mittel auch weder geeignet noch erforderlich. Art. 114 Abs. 2 S. 1 lit. b ist im Zusammenhang mit **Art. 114 Abs. 2 S. 2** zu lesen. Danach kann die Behörde bei einer Entscheidung nach Art. 114 Abs. 2 S. 1 lit. b die Veröffentlichung der einschlägigen Daten um einen angemessenen Zeitraum aufschieben, wenn vorhersehbar ist, dass die Gründe für die anonyme Veröffentlichung innerhalb dieses Zeitraums entfallen werden. Hierbei handelt es sich im Gegensatz zu den anderen Entscheidungen um eine **Ermessensentscheidung** der Behörde.

7 Gleichzeitig ist zu erkennen, dass die Aufschubentscheidung nach Art. 114 Abs. 2 S. 2 für den Betroffenen belastender ist als die dauerhafte Anonymisierung nach Art. 114 Abs. 1 S. 1 lit. b. Damit stellt die Aufschubentscheidung gegenüber der dauerhaften Anonymisierung eine **Minusmaßahme** dar. Das hat zur Folge, dass die Behörde bei ihrer Entscheidung über eine anonymisierte Veröffentlichung nach Art. 114 Abs. 1 S. 1 lit. b ermessensfehlerfrei zu berücksichtigen hat, dass sie die Anonymisierung nach Art. 114 Abs. 2 S. 2 zeitlich begrenzen kann. Sie kann eine anonymisierte Veröffentlichung daher nicht mit der Erwägung ablehnen, eine dauerhafte Anonymisierung sei nicht erforderlich.

8 **d) Aufschub der Veröffentlichung.** Schließlich kann die Behörde die Veröffentlichung nach **Art. 114 Abs. 2 S. 1 lit. a** aufschieben, bis die Gründe für den Aufschub weggefallen sind. Da es sich um ein zeitlich befristetes Absehen von der Veröffentlichung der gesamten Entscheidung handelt, stellt der Aufschub nach Art. 114 Abs. 2 S. 1 lit. a die kleinste Abweichung von dem Grundsatz nach Art. 114 Abs. 1 dar.

9 Die Behörde kann für den Aufschub der Veröffentlichung zugunsten des Betroffenen weniger einschneidende Umstände ausreichen lassen als in den anderen Varianten des Art. 114 Abs. 2 S. 1. Das führt insbesondere dazu, dass die Behörde – anders als etwa in Art. 114 Abs. 2 S. 1 lit. c – die Veröffentlichung aufschieben kann, um laufende Untersuchungen nicht zu gefährden oder wenn es sich um eine geringfügige Maßnahme handelt.[8] Gleichzeitig muss jedoch bedacht werden, dass auch der Aufschub eine Ausnahme von der in Art. 114 Abs. 1 vorgesehenen Sanktionierung durch ein naming and shaming darstellt. Der Aufschub ist deshalb ebenfalls an die engen Voraussetzungen der Verhältnismäßigkeitsprüfung und der Prognoseentscheidung nach Art. 114 Abs. 2 S. 1 Hs. 1 geknüpft.

III. Veröffentlichungsmodalitäten

10 Die zuständige Behörde darf ihre Entscheidung erst veröffentlichen, **nachdem sie den Betroffenen hierüber informiert hat (Art. 114 Abs. 1 S. 1 aE).** Zuständig ist die nationale Aufsichtsbehörde. Wie sich aus der englischen Sprachfassung ergibt, ist der Betroffene über die behördliche Entscheidung, dh die konkrete Maßnahme oder Sanktion zu informieren,[9] nicht aber zwingend über die geplante Veröffentlichung.[10] Die Informationspflicht ist Ausfluss des **rechtlichen Gehörs**

---

[8] Assmann/Schneider/Mülbert/Spoerr WpHRVO (EU) 596/2014 Art. 34 Rn. 17.
[9] Assmann/Schneider/Mülbert/Spoerr WpHRVO (EU) 596/2014 Art. 34 Rn. 5.
[10] So aber Seibt/Wollenschläger AG 2014, 593 (605).

nach Art. 41 Abs. 2 lit. a GRCh.¹¹ Obwohl nicht ausdrücklich aufgeführt, erwächst dem Betroffenen auch ein Recht auf vorherige Anhörung.¹²

Die Behörde veröffentlicht die Entscheidung „unverzüglich", nachdem sie den Betroffenen über die Maßnahme oder Sanktion informiert hat. **„Unverzüglich" ist ein autonomer Begriff des Unionsrechts** und ist hier als eine Verzögerung zu verstehen, die nicht mehr im Rahmen des Angemessenen („undue"), Schuldlosen („indebida"), Gerechtfertigten („ingiustificato", „injustificada") oder Erforderlichen („без ненужно") liegt.¹³ 11

Die zuständige Behörde veröffentlicht ihre Entscheidung auf ihrer **offiziellen Website** (Art. 114 Abs. 1 S. 1) und stellt sicher, dass **sie für mindestens fünf Jahre** auf ihrer Website zugänglich bleibt (Art. 114 Abs. 4 S. 1). Sie gibt mindestens **Art und Charakter des Verstoßes** und die **Identität der verantwortlichen Personen** bekannt (Art. 114 Abs. 1 S. 2). Art und Charakter des Verstoßes meinen die Vorschrift, gegen die der Betroffene verstoßen hat, sowie die Weise, wie er den Verstoß begangen hat.¹⁴ Um die Identität des Betroffenen bekannt zu machen, ist die natürliche oder juristische Person namentlich vollständig zu nennen.¹⁵ Art. 114 Abs. 4 S. 2 bringt die Bestimmung mit datenschutzrechtlichen Vorgaben in Einklang.¹⁶ 12

Artikel 115 Berichterstattung über verwaltungsrechtliche Sanktionen und sonstige verwaltungsrechtliche Maßnahmen an die ESMA und die EBA

(1) **Die zuständige Behörde übermittelt der ESMA und der EBA alljährlich aggregierte Informationen über alle gemäß Artikel 111 verhängten verwaltungsrechtlichen Sanktionen und sonstigen verwaltungsrechtlichen Maßnahmen. Die ESMA veröffentlicht diese Informationen in einem Jahresbericht. Haben die Mitgliedstaaten gemäß Artikel 111 Absatz 1 Unterabsatz 2 strafrechtliche Sanktionen für Verstöße gegen die darin genannten Bestimmungen festgelegt, so übermitteln ihre zuständigen Behörden der EBA und der ESMA jedes Jahr anonymisierte und aggregierte Informationen über alle einschlägigen durchgeführten strafrechtlichen Ermittlungen und verhängten strafrechtlichen Sanktionen. Die ESMA veröffentlicht die Angaben zu den verhängten strafrechtlichen Sanktionen in einem Jahresbericht.**

(2) **Hat die zuständige Behörde verwaltungsrechtliche Sanktionen oder andere verwaltungsrechtliche Maßnahmen oder strafrechtliche Sanktionen öffentlich gemacht, so meldet sie diese gleichzeitig der ESMA.**

(3) **Die zuständigen Behörden unterrichten die EBA und die ESMA über alle verwaltungsrechtlichen Sanktionen oder anderen verwaltungsrechtlichen Maßnahmen, die verhängt, aber nicht veröffentlicht wurden, einschließlich aller in diesem Zusammenhang eingelegten Rechtsmittel**

---

¹¹ Jarass GRCh Art. 41 Rn. 19.
¹² Assmann/Schneider/Mülbert/Spoerr WpHRVO (EU) 596/2014 Rn. 5.
¹³ Eingehend BeckOK WpHR/Bekritsky VO (EU) 596/2014 Art. 34 Rn. 25.
¹⁴ Assmann/Schlitt/v. Kopp-Colomb/Gurlit ProspektRVO (EU) 2017/1129 Art. 42 Rn. 7.
¹⁵ Assmann/Schlitt/v. Kopp-Colomb/Gurlit ProspektRVO (EU) 2017/1129 Art. 42 Rn. 7.
¹⁶ Dazu Assmann/Schneider/Mülbert/Spoerr WpHRVO (EU) 596/2014 Art. 34 Rn. 20.

Art. 115 Titel VII Zuständigen Behörden, die EBA und die ESMA

und der Ergebnisse der Rechtsmittelverfahren. **In Bezug auf verhängte strafrechtliche Sanktionen stellen die Mitgliedstaaten sicher, dass die zuständigen Behörden Informationen und das rechtskräftige Urteil erhalten und der ESMA und der EBA übermitteln. Die ESMA betreibt eine zentrale Datenbank der ihr gemeldeten verwaltungsrechtlichen Sanktionen und Maßnahmen, die einzig dem Informationsaustausch zwischen den zuständigen Behörden dient. Diese Datenbank ist nur der EBA, der ESMA und den zuständigen Behörden zugänglich und wird anhand der von den zuständigen Behörden übermittelten Informationen aktualisiert.**

Schrifttum: s. zu Art. 111.

Übersicht

	Rn.
I. Grundlagen	1
II. Jährliche Übermittlung	4
III. Anlassbezogene Informationspflicht	5

I. Grundlagen

1 Art. 115 regelt den **Informationsaustausch** zwischen den zuständigen **nationalen Behörden** einerseits und der **ESMA und EBA** andererseits. Durch die Informationspflicht als eine „niedriginvasive Form der gemeinschaftlichen Konsolidierung nationaler Ausführung" soll die unionale Aufsicht gestärkt werden.[1] Dies wird in Verbindung mit der Befugnis der ESMA erreicht, nach Art. 17 ESMA-VO von Amts wegen einzuschreiten, wenn sie Vollzugsdefizite feststellt.[2]

2 Gegenstand des in Art. 115 geforderten Informationsaustauschs sind zum einen strafrechtliche und verwaltungsrechtliche Sanktionen sowie andere Maßnahmen, die die nationalen Behörden verhängt haben (Art. 115 Abs. 1 UAbs. 1 S. 1, Abs. 2 S. 1). Zum anderen geht es um Informationen über alle strafrechtlichen und verwaltungsrechtlichen Ermittlungen, die von den nationalen Behörden eingeleitet worden sind (Art. 115 Abs. 1 UAbs. 2 S. 1, Abs. 2 S. 1).

3 Schwierigkeiten können sich bei der Abgrenzung zwischen der **strafrechtlichen und verwaltungsrechtlichen Ermittlungstätigkeit** ergeben. Unter verwaltungsrechtlichen Ermittlungen sind sämtliche behördliche Tätigkeiten zu verstehen, die auf eine verwaltungsrechtliche Sanktion oder Maßnahme gerichtet sind.[3] Dagegen sind strafrechtliche Ermittlungen solche der Strafverfolgungsbehörden. Aus Gründen der Klarheit werden diese **Begriffe also nicht funktional, sondern institutionell gebraucht.** Der autonome Begriff der „Strafe" nach der GRCh oder der EMRK spielt für die Einordnung der Ermittlungstätigkeit also keine Rolle. Deshalb handelt es sich auch dann nicht um eine verwaltungsrechtliche, sondern um eine strafrechtliche Ermittlung, wenn die Staatsanwaltschaft zum Zwecke verwaltungsrechtlicher Konsequenzen ermittelt.[4] Sowohl im Hinblick auf die Verhängung von Sanktionen und Maßnahmen als auch hinsichtlich der ein-

---

[1] Assmann/Schneider/Mülbert/Spoerr VO (EU) 596/2014 Art. 33 Rn. 1.
[2] Assmann/Schneider/Mülbert/Spoerr VO (EU) 596/2014 Art. 33 Rn. 4.
[3] Assmann/Schneider/Mülbert/Spoerr VO (EU) 596/2014 Art. 33 Rn. 17.
[4] Assmann/Schneider/Mülbert/Spoerr VO (EU) 596/2014 Art. 33 Rn. 17.

geleiteten Ermittlungen verweist Art. 115 auf Sanktionen und Maßnahmen iSd Art. 111.

II. Jährliche Übermittlung

Art. 115 Abs. 1 UAbs. 1 und UAbs. 2 können insoweit zusammengefasst werden, als sie die nationalen Behörden dazu verpflichten, der ESMA und EBA **jährlich aggregierte Informationen** zu allen gemäß den Art. 111 verhängten Sanktionen und Maßnahmen sowie eingeleiteten Ermittlungen zur Verfügung zu stellen. Die beiden Absätze unterscheiden sich lediglich dadurch, dass in Art. 115 Abs. 1 UAbs. 1 verwaltungsrechtliche und in Art. 115 Abs. 1 UAbs. 2 strafrechtliche Sanktionen, Maßnahmen und Ermittlungen geregelt sind. Die ESMA und EBA veröffentlichen die ihr übermittelten Informationen in einem Jahresbericht (Art. 115 Abs. 1 UAbs. 1 S. 2, UAbs. 2 S. 2).

III. Anlassbezogene Informationspflicht

Art. 115 Abs. 2 und Abs. 3 ergänzen die jährliche Informationspflicht nach Art. 115 Abs. 1 um eine **anlassbezogene Informationspflicht**. Die Behörde hat gegenüber der ESMA und EBA auch über solche Sanktionen und Maßnahmen zu berichten, die sie zuvor öffentlich bekanntgegeben hat. Damit steht Art. 115 Abs. 2 in einem **engen Zusammenhang mit dem naming and shaming nach Art. 114**. Der Behörde steht weder nach Art. 115 Abs. 2 noch nach Art. 114 Abs. 1 ein Ermessen zu; vielmehr handelt es sich **in beiden Fällen um gebundene Entscheidungen.**[5] Verhängt die nationale Behörde also eine Sanktion oder eine andere verwaltungsrechtliche Maßnahme, folgt darauf die Veröffentlichung nach Art. 114 und hieraus die Meldung nach Art. 115 Abs. 2. Im Gegensatz zu Art. 115 Abs. 1 ist die Meldung von Ermittlungstätigkeiten nicht von Art. 115 Abs. 2 erfasst.

Dagegen steht es im Hinblick auf strafrechtliche Sanktionen im Ermessen der Mitgliedstaaten, ob sie durch die Behörden öffentlich bekanntgegeben werden. Sollten sich Mitgliedstaaten aber dafür entscheiden, auch strafrechtliche Sanktionen zu veröffentlichen, müssen sie nach **Art. 115 Abs. 2** gegenüber der ESMA ebenfalls über ihre Bekanntgabe berichten.

Die nationalen Behörden unterrichten die EBA und die ESMA nach **Art. 115 Abs. 3** auch über alle verwaltungsrechtlichen Sanktionen oder anderen verwaltungsrechtlichen Maßnahmen, die zwar verhängt, aber nicht veröffentlicht wurden, einschließlich aller in diesem Zusammenhang eingelegten Rechtsmittel und der Ergebnisse der Rechtsmittelverfahren. Die ESMA und EBA sind dazu verpflichtet, die ihnen mitgeteilte Sanktion oder Maßnahme, in einer zentralen Datenbank zu aktualisieren.

---

[5] Vgl. Assmann/Schneider/Mülbert/Spoerr VO (EU) 596/2014 Art. 33 Rn. 29; Assmann/Schneider/Mülbert/Spoerr VO (EU) 596/2014 Art. 34 Rn. 11.

Artikel 116 Meldung von Verstößen und Schutz von Hinweisgebern

Für die Meldung von Verstößen gegen diese Verordnung und den Schutz von Personen, die solche Verstöße melden, gilt die Richtlinie (EU) 2019/1937.

Schrifttum Siehe Art. 111.

1   Im Hinblick auf den Schutz von Whistleblowern verweist Art. 116 vollumfänglich auf die Whistleblower-RL. Diese wurde in Deutschland durch das HinSchG umgesetzt. Insoweit unterscheidet sich die Regelungstechnik etwa von Art. 32 MAR, der insoweit auch eigene Vorgaben enthält.[1] Nach dem FinmadiG-RegE sollen Institute iSd KMAG-E in den Katalog des § 12 Abs. 3 HinSchG aufgenommen werden. Dh, das HinSchG soll für solche Institute unabhängig davon gelten, wie viele Personen dort beschäftigt sind.[2]

Kapitel 4 Aufsichtsaufgaben der EBA in Bezug auf Emittenten signifikanter vermögenswertereferenzierter Token und signifikanter E-Geld-Token und Aufsichtskollegien

Artikel 117 Aufsichtsaufgaben der EBA in Bezug auf Emittenten signifikanter vermögenswertereferenzierter Token und Emittenten signifikanter E-Geld-Token

(1) **Wurde ein vermögenswertereferenzierter Token nach Artikel 43 oder Artikel 44 als signifikant eingestuft, wird die Tätigkeit des Emittenten des betreffenden vermögenswertereferenzierten Token von der EBA beaufsichtigt.**

Unbeschadet der Befugnisse der zuständigen nationalen Behörden gemäß Absatz 2 dieses Artikels werden die in den Artikeln 22 bis 25, 29, 33, in Artikel 34 Absätze 7 und 12, Artikel 35 Absätze 3 und 5, Artikel 36 Absatz 10 und in den Artikeln 41, 42, 46 und 47 vorgesehenen Befugnisse der zuständigen Behörden bei Emittenten signifikanter vermögenswertereferenzierter Token von der EBA ausgeübt.

(2) Erbringt ein Emittent eines signifikanten vermögenswertereferenzierten Token auch Kryptowerte-Dienstleistungen oder gibt er Kryptowerte aus, die keine signifikanten vermögenswertereferenzierten Token sind, so werden diese Dienstleistungen und Tätigkeiten weiterhin von der zuständigen Behörde des Herkunftsmitgliedstaats beaufsichtigt.

(3) **Wurde ein vermögenswertereferenzierter Token gemäß Artikel 43 als signifikant eingestuft, führt die EBA eine aufsichtliche Neubewertung durch, um sicherzustellen, dass der Emittent die Anforderungen des Titels III erfüllt.**

---

[1] Vgl. hierzu und zum HinSchG BeckOK WpHR/Bekritsky VO (EU) 596/2014 Art. 32 Rn. 1 ff.
[2] FinmadiG-RegE, BT-Drs. 20/10280, S. 185.

(4) Wurde ein von einem E-Geld-Institut ausgegebener E-Geld-Token nach den Artikeln 56 oder 57 als signifikant eingestuft, so beaufsichtigt die EBA die Einhaltung der Artikel 55 und 58 durch den Emittenten des betreffenden signifikanten E-Geld-Token.

Für die Zwecke der Beaufsichtigung der Einhaltung der Artikel 55 und 58 übt die EBA die Befugnisse der zuständigen Behörden aus, die diesen in Bezug auf E-Geld-Institute, die signifikante E-Geld-Token ausgeben, durch die Artikel 22 und 23, Artikel 24 Absatz 3, Artikel 35 Absätze 3 und 5, Artikel 36 Absatz 10, und die Artikel 46 und 47 übertragen wurden.

(5) Die EBA übt ihre Aufsichtsbefugnisse gemäß den Absätzen 1 bis 4 in enger Zusammenarbeit mit den anderen zuständigen Behörden aus, die mit der Beaufsichtigung des Emittenten betraut sind, insbesondere
a) der Aufsichtsbehörde, einschließlich der EZB gemäß der Verordnung (EU) Nr. 1024/2013, soweit zutreffend,
b) den nach den nationalen Rechtsvorschriften zur Umsetzung der Richtlinie 2009/110/EG zuständigen Behörden, soweit zutreffend, und
c) den in Artikel 20 Absatz 1 genannten zuständigen Behörden.

Übersicht

	Rn.
I. Hintergrund und Zusammenhang	1
II. EBA-Aufsicht über vermögenswertreferenzierte Token	3
1. Umfang der Aufsicht durch EBA	3
2. Insbesondere zu den Folgen der Übertragung der Aufsichtszuständigkeit auf die EBA.	6
III. EBA-Aufsicht über E-Geld-Token	7
1. Umfang der Aufsicht durch EBA	7
2. Insbesondere zu den Folgen der Übertragung der Aufsichtszuständigkeit auf EBA	11
IV. Zusammenarbeit (Abs. 5)	14

I. Hintergrund und Zusammenhang

Art. 117 ist einer der wenigen Fälle, in denen das europäische Finanzmarktrecht **1** einer europäischen Behörde eine **direkte Aufsichtszuständigkeit** zuweist, anstatt die nationale Behörde eines Mitgliedstaats für die Anwendung eines EU-Rechtsakts zuständig zu erklären. Vergleichbare direkte Aufsichtszuständigkeiten wurden im Eindruck der Finanzkrise schon zuvor an die ESMA im Hinblick auf Ratingagenturen[1] sowie an die EZB im Zusammenhang mit dem einheitlichen Aufsichtsmechanismus für Banken[2] vergeben. Darüber hinaus ist die ESMA auch für die Aufsicht über Datenbereitstellungsdienste im Kapitalmarktbereich zuständig.[3] Ein krisenhafter Handlungsbedarf besteht bei Kryptowerten wohl nicht. **Sinn und**

---

[1] VO (EG) Nr. 1060/2009 des Europäischen Parlaments und des Rates v. 16.9.2009 über Ratingagenturen, ABl. 2009 L 302, 1–31.
[2] VO (EU) Nr. 1024/2013 des Rates v. 15.10.2013 zur Übertragung besonderer Aufgaben im Zusammenhang mit der Aufsicht über Kreditinstitute auf die Europäische Zentralbank, ABl. 2013 L 287, 63–89.
[3] VO (EU) Nr. 600/2014 des Europäischen Parlaments und des Rates v. 15.5.2014 über Märkte für Finanzinstrumente, ABl. 2014 L 173, 84–148.

Art. 117 Titel VII Zuständigen Behörden, die EBA und die ESMA

Zweck dieser Regelung ist eher, in einem neuen stark grenzüberschreitend organisierten Bereich, signifikante wertbezogenen Token und E-Geld-Token einer gemeinsamen Aufsicht zu unterwerfen, die als Tauschmittel und für großvolumige Zahlungstransaktionen im Binnenmarkt verwendet werden können. Im Hinblick auf vermögenswertereferenzierte Token wird dies mit deren spezifischen Risiken für die geldpolitischen Transmissionskanäle und die Währungshoheit begründet, da diese Token nicht in Euro bzw. nationalen Währungen der Mitgliedstaaten außerhalb der Eurozone benannt wären (Erwgr. Nr. 102). Im Hinblick auf signifikante E-Geld-Token wird deren besondere Relevanz für die Finanzstabilität angeführt, die sich aus der breiten Nutzung als Tauschmittel ergeben würde (Erwgr. Nr. 103).

2   Die Übertragung derartiger Aufsichtszuständigkeiten durch spezielle Rechtsakte ist in Art. 6 Abs. 3 der EBA-Grundverordnung vorgesehen.[4] Eine solche **gesetzliche Übertragung von Aufsichtsaufgaben** ist aufgrund der sogenannten Meroni-Rechtsprechung grundsätzlich zulässig, soweit sie in der EBA-Grundverordnung vorgesehen ist, die Befugnisse genau eingegrenzt und gerichtlich im Hinblick auf die von der übertragenden Behörde festgelegten Ziele überprüft werden können, und wenn sie der Verwirklichung der durch den Rechtsakt angestrebten Harmonisierung dient.[5] Vor diesem Hintergrund sind die Befugnisse der EBA nach der Verordnung gegenüber den Emittenten, etwa zur Verhängung von Sanktionen, klar eingegrenzt und im Detail umschrieben (siehe etwa Anhang V).

II. EBA-Aufsicht über vermögenswertreferenzierte Token

1. Umfang der Aufsicht durch EBA

3   Die Aufsichtstätigzuständigkeit der EBA ist in Abs. 1 **allgemein definiert** und umfasst alle in MiCAR vorgesehenen Pflichten der Emittenten von vermögenswertreferenzierten Token. Ausgenommen davon ist nur die Zulassung, die durch nationale Aufsichtsbehörden erfolgt.

4   Insgesamt wird damit der EBA eine umfassende Aufsicht über die Einhaltung aller MiCAR-Anforderungen an Emittenten vermögenswertreferenzierter Token, einschließlich aller in der Verordnung vorgesehener von Emittenten einzuhaltender Vorgaben übertragen.

Die dazu erforderlichen Befugnisse der EBA umfassen sowohl die in UAbs. 2 konkret aufgelisteten Befugnisse als auch die in Kapitel 5 vorgesehenen Befugnisse. UAbs. 2 weist der EBA die **spezifischen in einzelnen Bestimmungen zu vermögenswertreferenzierten Token vorgesehenen Befugnisse der zuständigen Behörden** zu, insbesondere die Berichterstattung über laufende Aktivitäten (Art. 22, 23), verschiedene Notifizierungspflichten (insbesondere die Notifizierung geänderter Whitepapers nach Art. 25, von Marketingmitteilungen (Art. 29), die Beaufsichtigung der Unternehmensführung (Art. 36), sowie Eigenmittelanforderungen (Art. 35) und Vermögensreserve (Art. 36), Prüfung geplanter Übernah-

---

[4] VO (EU) Nr. 1093/2010 des Europäischen Parlaments und des Rates v. 24.11.2010 zur Errichtung einer Europäischen Aufsichtsbehörde (Europäische Bankenaufsichtsbehörde), ABl. 2010 L 331, 12–47.

[5] Siehe Urteil des Gerichtshofs (Große Kammer) v. 22.1.2014 – C-270/12 – Leerverkäufe, insbes. Rn. 41–54 und 97–119 Vereinigtes Königreich Großbritannien und Nordirland/ Europäisches Parlament und Rat der Europäischen Union.

Aufsichtsaufgaben der EBA **Art. 117**

men des Emittenten (Art. 41, 42) sowie Sanierungs- und Rücktauschpläne (Art. 46/47) und der Entzug der Genehmigung (Art. 24).

Kapitel 5 weist der EBA die **allgemeinen zur Durchführung der Aufsicht notwendige Verfahrensbefugnisse** – wie etwa zum Informationsersuchen (Art. 122) oder zur Prüfung vor Ort (Art. 124) – sowie **allgemeine Aufsichtsbefugnisse** zur Anwendung aller in Titel II vorgesehenen Anforderungen an vermögenswertreferenzierte Token (Art. 130 und Anhang V) zu. In beiden Fällen war eine Spezifizierung der Befugnisse über das für die nationalen Behörden notwendig Maß erforderlich, um den Anforderungen an die Delegierung von Befugnissen an eine EU-Behörde (→ Rn. 2) Rechnung zu tragen.

Abs. 2 stellt klar, dass die Aufsicht der EBA **tokenspezifisch** ist – ein Emittent 5 unterliegt nur bzgl. als signifikant eingestufter Token der EBA-Aufsicht, andere Token unterliegen weiter der Aufsicht durch nationale Behörden. Möchte der Emittent hier eine Konsolidierung der Aufsicht bei der EBA erreichen, so kann er unter Umständen eine freiwillige Einstufung der anderen Token als signifikant nach Art. 44 beantragen.

2. Insbesondere zu den Folgen der Übertragung der Aufsichtszuständigkeit auf die EBA.

Mit der EBA-Entscheidung zur Einstufung eines vermögenswertreferenzierten 6 Token als signifikant nach Art. 43 **geht die Aufsichtszuständigkeit auf die EBA über.** Dem Übergang folgt eine aufsichtliche Neubewertung durch die EBA (Abs. 3). Dabei besitzt die durch die nationale Behörde erteilte Genehmigung zunächst weiter Gültigkeit und ermöglicht dem Emittenten die Weiterführung seiner Tätigkeit. Allerdings hat die Genehmigung durch die nationale Behörde für die EBA keine Bindungswirkung. Bestätigt die EBA die Genehmigung und die darin enthaltenen Bedingungen in der Neubewertung, wächst der Genehmigung europarechtliche Bestandskraft als Entscheidung der EBA zu. Erlässt EBA demgegenüber im Rahmen der aufsichtlichen Neubewertung zusätzliche Anforderungen, so gilt die Genehmigung fortan mit diesen Anforderungen, und die EBA kann im Falle deren Nichteinhaltung alle in MiCAR vorgesehenen Maßnahmen einschließlich eines Widerrufs der Genehmigung treffen.

III. EBA-Aufsicht über E-Geld-Token

1. Umfang der Aufsicht durch EBA

Anders als für ART übt die EBA für EMT keine vollumfängliche Aufsicht aus, 7 sondern **teilt sich die Aufsichtszuständigkeit mit der für E-Geldinstitute zuständigen nationalen Behörde** des Herkunftslandes. Sinn und Zweck dieser Regelung ist zur Vermeidung von Finanzstabilitätsrisiken, eine gemeinsame Aufsicht im Hinblick auf für ein Währungsgebiet als ganzes signifikante EMTs einzuführen, zugleich aber im Hinblick auf den Subsidiaritätsgrundsatz die bestehenden Aufsichtszuständigkeiten der nationalen Behörden zu erhalten (siehe auch Erwgr. Nr. 103, der dies ausdrücklich nicht als Präzedenzfall für andere Bereiche der Finanzmarktaufsicht bezeichnet).

Art. 117 Titel VII Zuständigen Behörden, die EBA und die ESMA

8 Abs. 3 iVm Art. 55 und 58 **listet die von der EBA zu beaufsichtigenden Vorschriften abschließend auf.** Dies umfasst die Einhaltung aller zusätzlichen Vorgaben, die ein E-Geldinstitut bei Ausgabe eines signifikanten EMT im Vergleich zu einem nicht-signifikanten EMT einhalten muss, insbesondere Vorgaben zur Sicherung der Stabilität des EMT. Andererseits bleibt die nationale Behörde zuständig für die Beaufsichtigung aller übrigen nicht in Abs. 3 genannten Vorschriften in MiCAR und der E-Geldrichtlinie, insbesondere zur Genehmigungserteilung, zum Whitepaper und der Vermarktung, und zum Rückzahlungsanspruch der Kunden. Hervorzuheben ist auch, dass die in Abs. 3 beschriebene Aufsichtszuständigkeit der EBA spezifisch auf E-Geld-Institute anwendbare Vorschriften betrifft. Daraus folgt, dass **E-Geld ausgebende Kreditinstitute in der Praxis wohl nicht von der EBA-Aufsicht betroffen sind** (sie unterliegen allerdings dem einheitlichen Aufsichtsmechanismus der EZB).

9 Die **EBA** wird insbesondere die Bildung, Verwahrung und Anlage der Vermögenswertreserve überwachen, der eine Schlüsselstellung für von E-Geldinstituten herausgegebenen signifikanten EMT zukommt (Art. 36–38). Ebenso ist die EBA zuständig für Kapital- und Liquiditätsanforderungen (Art. 35, 45 Abs. 5), Liquiditäts- und Governanceanforderungen (Art. 45) und Sanierungs- und Rücktauschpläne (Art. 46, 47). Schließlich ist die EBA für die Einhaltung spezifischer Berichtspflichten für nicht in EU-Währungen benannten EMTs sowie ggf. für die Setzung von Mengenbegrenzungen dieser EMTs zum Schutz der Währungssouveränität zuständig (Art. 22, 23, 24 Abs. 3 – das für ART vorgesehene Instrument der Genehmigungswiderrufs ist in diesem Zusammenhang für EMTs nicht vorgesehen, da Art. 58 nicht auf Art. 24 Abs. 1 und 2 verweist).

10 Für EMT fehlt eine Abs. 2 entsprechende Regelung, dass sich die EBA Aufsicht ausschließlich auf das signifikante Token bezieht. Das dürfte daher rühren, dass die im Hinblick auf EMT von der EBA zu beaufsichtigenden Vorschriften ausschließlich institutsbezogen sind, während tokenspezifische Vorgaben von der zuständigen nationalen Behörde beaufsichtigt werden, sich die Frage der Aufsicht zu tokenspezifischen Vorgaben für andere Token also gar nicht stellt.

2. Insbesondere zu den Folgen der Übertragung der Aufsichtszuständigkeit auf EBA

11 Mit der EBA-Entscheidung zur Einstufung als signifikant nach Art. 43 werden für das E-Geld-Institut **neue aufsichtsrechtliche Pflichten** zur Einhaltung von Art. 55 und 58 begründet. Die Beaufsichtigung dieser Pflichten liegt von Beginn an bei der EBA. Die Genehmigung des E-Geldinstituts bleibt aber ein Rechtsakt der nationalen Behörde. Verstößt das E-Geldinstitut gegen eine seiner neuen aufsichtsrechtlichen Pflichten, so **stehen der EBA die in Abs. 3 S. 2 und Kapitel 5 benannten Instrumente zur Verfügung.** Dies umfasst insbesondere Berichterstattung und Begrenzungen für nicht in EU-Währungen benannte EMT nach Art. 22, 23, und 24 Abs. 3, die Anordnung von zusätzlichen Kapitalanforderungen nach Art. 35 Abs. 3, Stresstests nach Art. 35 Abs. 5, Prüfungen der Vermögenswertreserve (Art. 36 Abs. 10), sowie die Anordnung von Sanierungs- und Rückzahlungsplänen (Art. 46, 47). Darüber hinaus hat die EBA die in Kapitel 5 genannten allgemeinen zur Durchführung der Aufsicht notwendige Verfahrensbefugnisse – wie etwa zum Informationsersuchen (Art. 122) oder zur Prüfung vor Ort (Art. 124) – sowie die in Art. 130 Abs. 2 iVm Anhang VI genannten Befugnisse zum Erlass verschiedenster Aufsichtsmaßnahmen. Die Auflistung in Anhang VI

spiegelt dabei die spezifischen von EBA beaufsichtigten materiellen Vorschriften wieder.

Ein **Entzug der Genehmigung** durch die EBA ist anders als für Emittenten 12 vermögenswertreferenzieller Token nicht vorgesehen. Dies entspricht systematisch der Tatsache, dass die Genehmigung ein Rechtsakt der nationalen Behörde verbleibt. Allerdings dürfte die nationale Behörde im Falle eines schwerwiegenden Verstoßes gegen durch die EBA beaufsichtigte Vorschriften im Rahmen der Zusammenarbeitsverpflichtung nach Abs. 5 dazu angehalten sein, das weitere Vorliegen der Genehmigungsvoraussetzungen kritisch zu prüfen und ggf. die Genehmigung zu entziehen.

Obgleich die von der EBA und der nationalen Behörde zu beaufsichtigenden 13 Pflichten formell klar getrennt sind, wird in der Praxis dennoch eine **enge Zusammenarbeit** erforderlich sein, die in Abs. 5 lit. b vorgesehen ist.

IV. Zusammenarbeit (Abs. 5)

Spezifische Kooperationsverpflichtungen ergeben sich insbesondere in Fäl- 14 len, in denen von der EBA beaufsichtigte Institute zugleich der Finanzmarktaufsicht durch andere Behörden unterliegen. Das gilt insbesondere für Kreditinstitute und Wertpapierinstitute, die im Hinblick auf institutsbezogene Vorschriften dem Banken- und Wertpapieraufsichtsrecht unterliegen. Hier muss die EBA mit der zuständigen nationalen Behörde oder der EZB zusammenarbeiten (lit. a. Das dürfte in der Praxis insbesondere für Vermögenswertbezogene Token von Bedeutung sein. Ein besonderes Kooperationsverhältnis ergibt sich wie bereits oben ausgeführt im Falle von durch E-Geld-Institute ausgegebenen signifikanten EMT, bei denen eine Zusammenarbeit mit der nationalen E-Geld-Behörde erforderlich ist (lit. b. Schließlich ist eine besondere Kooperation mit den nationalen Behörden angebracht, die das Whitepaper für ein später als signifikant eingestufter vermögenswertreferenzieller Token genehmigt haben (lit. c).

Aus Abs. 5 ergibt sich eine **beidseitige Zusammenarbeitsverpflichtung.** 15 Voraussetzung einer Zusammenarbeit ist insbesondere die regelmäßige Information über wesentliche aufsichtliche Tatsachen und beabsichtigte Maßnahmen, der Austausch aufsichtlicher Informationen, und im Falle potenzieller Widersprüchlichkeit geplanter Maßnahmen eine Abstimmung mit dem Ziel der vollen Kohärenz. Abs. 5 begründet aber keine gemeinsame Zuständigkeit der zusammenarbeitenden Behörden, vielmehr trägt jede Behörde die volle Verantwortlichkeit für die ihr in MiCAR bzw. anderen Rechtsakten übertragenen Aufgaben.

Artikel 118 Ausschuss der EBA für Kryptowerte

(1) **Die EBA setzt gemäß Artikel 41 der Verordnung (EU) Nr. 1093/2010 einen ständigen internen Ausschuss ein, damit dieser die Beschlüsse der EBA vorbereitet, die im Einklang mit Artikel 44 der genannten Verordnung zu fassen sind, einschließlich der Beschlüsse, die sich auf Aufsichtsaufgaben beziehen, mit denen die EBA mit der vorliegenden Verordnung betraut wird.**

(2) **Der Ausschuss für Kryptowerte kann auch Beschlüsse betreffend Entwürfe technischer Regulierungsstandards und Entwürfe technischer**

Art. 118

Durchführungsstandards vorbereiten, die sich auf Aufsichtsaufgaben beziehen, mit denen die EBA mit der vorliegenden Verordnung betraut wird.

(3) Die EBA stellt sicher, dass der Ausschuss für Kryptowerte nur den in den Absätzen 1 und 2 genannten Tätigkeiten nachgeht sowie jegliche sonstigen Aufgaben erfüllt, die für die Ausführung seiner Tätigkeiten in Bezug auf Kryptowerte erforderlich sind.

Inhalt

1 Art. 118 enthält eine **Anweisung an die EBA zur internen Organisation** der gemäß MiCAR übertragenen Aufgaben. Danach sind bestimmte Entscheidungen von einem speziell einzusetzenden internen Ausschuss vorzubereiten. Insbesondere werden hier aufsichtliche Entscheidungen genannt, die der EBA im Hinblick auf signifikante ART und EMT zustehen. Sinn und Zweck der Bestimmung ist demgemäß auch in erster Linie die Schaffung eines speziellen Gremiums, das den für die in der institutsspezifischen Aufsicht anstehenden Entscheidungen notwendigen Sachverstand hat. Nur das erklärt, warum die ESMA seinerseits nicht zur Einrichtung eines solchen Ausschusses verpflichtet ist. Konsequenterweise hat dieser Ausschuss sich nach Abs. 3 ausschließlich mit Fragen der Kryptowerte zu befassen.

2 Allerdings ist die Zuständigkeit des Ausschusses **nicht auf Fragen der institutsspezifischen Aufsicht beschränkt.** Vielmehr muss der Ausschuss nach Abs. 1 grundsätzlich alle Entscheidungen der EBA nach Art. 44 der EBA-Verordnung vorbereiten, die sich auf Kryptowerte beziehen. Das umfasst alle Entscheidungen der EBA gemäß MiCAR, insbesondere Entscheidungen im Rahmen der Aufsicht über signifikante ART und EMT nach Art. 116, Produktinterventionsmaßnahmen nach Art. 104, sowie Entscheidungen nach Art. 95 Abs. 8 und 9 zur Kooperation zwischen nationalen Aufsehern, aber auch andere im Rahmen der EBA-Grundverordnung iVm Art. 144 MiCAR vorgesehen Aufgaben. Allerdings enthält Abs. 2 eine Spezialregelung für technische Regulierungsstandardsentwürfe – hier hat die EBA Ermessensspielraum, ob diese vom nach Art. 118 einzurichtenden Ausschuss vorbereitet werden sollen oder nicht.

Insofern geht die Bedeutung des Ausschusses über die institutsspezifische Aufsicht hinaus, und ist zugleich dem allgemeinen Bedarf der Bündelung kryptospezifischen Sachverstandes geschuldet. Das entspricht dem Vorbild in anderen Bereichen, die auch in einer Organisation mit hohem aufsichtlichen Sachverständnis wie der EBA spezifisches Fachwissen erfordern.[1]

Der Ausschuss hat eine rein vorbereitende Rolle, Entscheidungen werden ausschließlich von den in der EBA-Grundverordnung vorgesehenen Gremien getroffen, insbesondere dem Rat der Aufseher. Damit hat der Ausschuss eine geringere Rolle als etwa der Ausschuss für die Aufsicht zentraler Gegenparteien, der nach Art. 24a der EMiR-VO[2] eine eigenständige Entscheidungsfunktion hat.

---

[1] S. etwa Art. 127 der Abwicklungsrichtlinie, ABl. 2014 L 173, 190–348 für eine vergleichbare Anweisung, sowie die ausführende EBA-Entscheidung EBA/DC/2020/310.
[2] VO Marktinfrastrukturverordnung, ABl. 2012 L 201, 1–59.

Artikel 119 Kollegien für Emittenten signifikanter vermögenswertereferenzierter Token und Emittenten signifikanter E-Geld-Token

(1) Innerhalb von 30 Kalendertagen nach einem Beschluss über die Einstufung eines vermögenswertereferenzierten Token oder eines E-Geld-Token als signifikant gemäß Artikel 43 44, 56 oder 57 richtet die EBA für jeden Emittenten eines signifikanten vermögenswertereferenzierter Token oder eines signifikanten E-Geld-Token ein beratendes Aufsichtskollegium ein und übernimmt dessen Management und Vorsitz, um im Rahmen dieser Verordnung die Wahrnehmung der Aufsichtsaufgaben zu erleichtern und als Vehikel für die Koordinierung der Aufsichtstätigkeiten zu dienen.

(2) Dem Kollegium nach Absatz 1 gehören an:
a) die EBA,
b) die ESMA,
c) die zuständigen Behörden des Herkunftsmitgliedstaats, in dem der Emittent des signifikanten vermögenswertereferenzierten Token oder des signifikanten E-Geld-Token niedergelassen ist,
d) die zuständigen Behörden der wichtigsten Anbieter von Kryptowerte-Dienstleistungen, Kreditinstitute oder Wertpapierfirmen, die die Verwahrung des Reservevermögens gemäß Artikel 37 oder des Geldbetrags, der im Tausch gegen die signifikanten E-Geld-Token eingenommen wurde, sicherstellen,
e) sofern anwendbar, die zuständigen Behörden der wichtigsten Handelsplattformen für Kryptowerte, auf denen die signifikanten vermögenswertereferenzierten Token oder die signifikanten E-Geld-Token zum Handel zugelassen sind,
f) die zuständigen Behörden der wichtigsten zugelassenen Zahlungsdienstleister, die Zahlungsdienste im Zusammenhang mit den signifikanten E-Geld-Token erbringen,
g) sofern anwendbar, die zuständigen Behörden der Rechtsträger, die die in Artikel 34 Absatz 5 Unterabsatz 1 Buchstabe h genannten Aufgaben wahrnehmen,
h) sofern anwendbar, die Behörden, die für die wichtigsten Anbieter von Kryptowerte-Dienstleistungen für die Verwahrung und Verwaltung von Kryptowerten für Kunden in Bezug auf die signifikanten vermögenswertereferenzierten Token oder signifikanten E-Geld-Token zuständig sind,
i) die EZB,
j) wenn der Emittent des signifikanten vermögenswertereferenzierten Token in einem Mitgliedstaat niedergelassen ist, dessen amtliche Währung nicht der Euro ist, oder wenn eine amtliche Währung, die nicht der Euro ist, als Bezugsgröße für den signifikanten vermögenswertereferenzierten Token gilt, die Zentralbank des betreffenden Mitgliedstaats,
k) wenn der Emittent des signifikanten E-Geld-Token in einem Mitgliedstaat niedergelassen ist, dessen amtliche Währung nicht der Euro ist, oder wenn eine Währung, die nicht der Euro ist, als Bezugsgröße für

Art. 119 Titel VII Zuständigen Behörden, die EBA und die ESMA

den signifikanten E-Geld-Token gilt, die Zentralbank des betreffenden Mitgliedstaats,
l) zuständige Behörden der Mitgliedstaaten, in denen der vermögenswertereferenzierte Token oder der E-Geld-Token in großem Maßstab verwendet wird, auf deren Ersuchen,
m) einschlägige Aufsichtsbehörden von Drittländern, mit denen die EBA Verwaltungsvereinbarungen nach Artikel 126 geschlossen hat.

(3) Die EBA kann andere Behörden einladen, Mitglieder des in Absatz 1 genannten Kollegiums zu werden, wenn die von ihnen beaufsichtigten Rechtsträger für die Arbeit des Kollegiums von Bedeutung sind.

(4) Eine zuständige Behörde eines Mitgliedstaats, die nicht dem Kollegium angehört, kann vom Kollegium jedwede Auskunft verlangen, die sie für die Ausübung ihrer Aufsichtspflichten im Rahmen dieser Verordnung benötigt.

(5) Das in Absatz 1 dieses Artikels genannte Kollegium nimmt – unbeschadet der Verantwortlichkeiten zuständiger Behörden im Rahmen dieser Verordnung – folgende Aufgaben wahr:
a) Ausarbeitung der unverbindlichen Stellungnahme gemäß Artikel 120;
b) Informationsaustausch gemäß dieser Verordnung;
c) Einigung über die freiwillige Übertragung von Aufgaben unter seinen Mitgliedern.

Um die Durchführung der dem Kollegium in Unterabsatz 1 dieses Absatzes zugewiesenen Aufgaben zu erleichtern, haben die in Absatz 2 genannten Mitglieder des Kollegiums das Recht, sich an der Festlegung der Tagesordnung für die Sitzungen des Kollegiums zu beteiligen, insbesondere durch das Hinzufügen von Punkten zur Tagesordnung einer Sitzung.

(6) Grundlage für die Einrichtung und die Arbeitsweise des in Absatz 1 genannten Kollegiums ist eine schriftliche Vereinbarung zwischen allen Mitgliedern des Kollegiums.

In der in Unterabsatz 1 genannten Vereinbarung werden die praktischen Modalitäten der Arbeitsweise des Kollegiums festgelegt, einschließlich detaillierter Regelungen für
a) die Abstimmungsverfahren nach Artikel 120 Absatz 3,
b) die Verfahren für die Festlegung der Tagesordnung von Sitzungen des Kollegiums,
c) die Häufigkeit der Sitzungen des Kollegiums,
d) die angemessenen Mindestfristen für die Bewertung der einschlägigen Unterlagen durch die Mitglieder des Kollegiums,
e) die Modalitäten für die Kommunikation zwischen den Mitgliedern des Kollegiums,
f) die Einrichtung mehrerer Kollegien, jeweils eines für jeden konkreten Kryptowert oder jede Gruppe von Kryptowerten.

In der Vereinbarung können auch Aufgaben festgelegt werden, die der EBA oder einem anderen Mitglied des Kollegiums übertragen werden sollen.

(7) Als Vorsitz eines jeden Kollegiums ist die EBA dafür zuständig,

Kollegien für Emittenten **Art. 119**

a) schriftliche Vereinbarungen und Verfahren für die Arbeitsweise des Kollegiums nach Konsultation der anderen Mitglieder des Kollegiums festzulegen,
b) alle Tätigkeiten des Kollegiums zu koordinieren,
c) dessen Sitzungen einzuberufen, in diesen Sitzungen den Vorsitz zu führen und die Mitglieder des Kollegiums vorab umfassend über die Anberaumung der Sitzungen des Kollegiums, die wichtigsten Tagesordnungspunkte und die zu erörternden Fragen zu informieren,
d) den Mitgliedern des Kollegiums mitzuteilen, welche Sitzungen geplant sind, damit diese um Teilnahme ersuchen können, und
e) die Mitglieder des Kollegiums über die in den betreffenden Sitzungen gefassten Beschlüsse und ihre Ergebnisse rechtzeitig zu unterrichten.

(8) Um die einheitliche und kohärente Arbeitsweise der Kollegien sicherzustellen, erarbeitet die EBA in Zusammenarbeit mit der ESMA und der EZB Entwürfe für technische Regulierungsstandards zur Festlegung
a) der Bedingungen, unter denen die in Absatz 2 Buchstaben d, e, f und h genannten Unternehmen als die wichtigsten anzusehen sind,
b) der Bedingungen, bei deren Vorliegen angenommen wird, dass vermögenswertereferenzierte Token oder E-Geld-Token in großem Maßstab im Sinne von Absatz 2 Buchstabe L verwendet werden, und
c) der Einzelheiten der in Absatz 6 genannten praktischen Modalitäten.

Die EBA übermittelt der Kommission die in Unterabsatz 1 genannten Entwürfe technischer Regulierungsstandards bis 30. Juni 2024.

Der Kommission wird die Befugnis übertragen, diese Verordnung durch die Annahme der in Unterabsatz 1 dieses Absatzes genannten technischen Regulierungsstandards gemäß den Artikeln 10 bis 14 der Verordnung (EU) Nr. 1093/2010 zu ergänzen.

Inhalt

Die in Art. 119 vorgesehenen **Aufsichtskollegien** sind ein neues, bisher nur aus dem Bankenaufsichtsrecht und der Aufsicht über zentrale Gegenparteien bekanntes Instrument.[1] Die Kollegien lassen die Aufsichtszuständigkeiten der jeweiligen Behörde unbeschadet, verpflichten sie aber andere betroffenen Behörden umfassend zu informieren und zu konsultieren. Während Aufsichtskollegien im Bankenaufsichtsrecht die Aufsicht über eine international agierende Bankengruppe erleichtern, geht es in MiCAR – eher vergleichbar mit der Aufsicht über zentrale Gegenparteien – um die Koordinierung der Aufsicht über ein einzelnes Institut, dass aber aufgrund der Natur der betroffenen Dienstleistungen eine enge Abstimmung mit den Aufsehern anderer Institute erfordert. 1

---

[1] S. etwa Art. 116 RL 2013/36/EU des Europäischen Parlaments und des Rates vom v. 26.6.2013 über den Zugang zur Tätigkeit von Kreditinstituten und die Beaufsichtigung von Kreditinstituten und Wertpapierfirmen, zur Änderung der Richtlinie RL 2002/87/EG und zur Aufhebung der Richtlinien 2006/48/EG und 2006/49/EG, OJ L 176, 27.6.2013, p. 338–436 sowie Art. 18 der VO (EU) Nr. 648/2012 v. 4.7.2012 über OTC-Derivate, zentrale Gegenparteien und Transaktionsregister, ABl. 2012 L 201, 1.

Art. 120 Titel VII Zuständigen Behörden, die EBA und die ESMA

2 Die MiCAR sieht derartige Aufsichtskollegien **für signifikante vermögenswertreferenzierte Token und E-Geld-Token** vor, da die Emittenten dieser Token in aller Regel im Zentrum eines Netzwerks anderer Institute stehen, die die Ausgabe, Übertragung und Vertrieb der Token sicherstellen (Erwgr. Nr. 105). Diese verschiedenen Institute unterstehen aber häufig der Aufsicht verschiedener anderer Behörden: während die Emittenten der EBA-Aufsicht und für signifikante E-Geld-Token der nationalen E-Geld-Aufsicht unterstehen, dürfte die Aufsicht über Kryptodienstleister in vielen Mitgliedstaaten der Wertpapieraufsicht übertragen werden, die teilweise von anderen Behörden wahrgenommen wird. Zusätzlich ist aber auch zu erwarten, dass die verschiedenen Institute, die in verschiedenen Funktionen zB als Dienstleister an einem Netzwerk für einen europaweit signifikanten vermögensreferenzierten oder E-Geld-Token beteiligt sind, in verschiedenen Mitgliedstaaten ansässig sein werden. Insofern ist für den wirksamen Schutz der Nutzer und des Finanzsystems eine enge Zusammenarbeit und ein Informationsaustausch zwischen den verschiedenen für die Aufsicht aller in diesem Netzwerk bedeutsamen Institute erforderlich, sowohl sektor- als auch grenzüberschreitend. Eine derartige sektor- und grenzüberschreitende Zusammenarbeit wird international auch in den FSB-Empfehlungen zu globalen Stablecoins empfohlen.[2] Ebenso wie die Aufsichtskollegien im Bankenbereich dürften die MiCAR-Aufsichtskollegien hier also auch durch entsprechende internationale Kooperationsmechanismen zu ergänzen sein.

3 Die EBA ist gemäß Abs. 1 zur **Einrichtung eines Aufsichtskollegiums** verpflichtet. Die EBA hat die in Abs. 2 aufgelisteten Behörden zum Kollegium einzuladen. In einigen Bereichen räumt diese Liste der EBA allerdings einen Beurteilungsspielraum ein, wie weit die Einladung zu fassen ist (siehe insbes. lit. d, e, f, h und lit. L) das allerdings über technische Standards gemäß Abs. 8 begrenzt werden wird. Darüber hinaus verfügt die EBA gemäß Abs. 3 über Ermessen, weitere bedeutsame Behörden hinzuzuladen.

4 Die Arbeit des Kollegiums wird nach Abs. 6 von einer **schriftlichen Vereinbarung** geregelt, die die EBA nach Abs. 7 vorzulegen und nach Konsultation aller Mitglieder festzulegen hat. Abs. 7 legt die Aufgaben der EBA als Vorsitz des Gremiums fest. Aufgaben des Kollegiums sind gemäß Abs. 5 die Erarbeitung von unverbindlichen Stellungnahmen in den in Art. 120 vorgesehenen Fällen, der Informationsaustausch gemäß der Verordnung (relevant hier insbesondere Art. 95) und die Einigung über freiwillige Übertragung von Aufgaben unter seinen Mitgliedern. Bei all diesen Aufgaben hat das Kollegium die Koordination der Behörden zu unterstützen, die spezifischen Rechte und Pflichten der einzelnen Behörden in diesen Bereichen ergeben sich aber aus den jeweiligen Artikeln 95 und 121.

Artikel 120 Unverbindliche Stellungnahmen der Kollegien für Emittenten signifikanter vermögenswertereferenzierter Token und signifikanter E-Geld-Token

(1) **Das in Artikel 119 Absatz 1 genannte Kollegium kann eine unverbindliche Stellungnahme zu Folgendem abgeben:**
a) zur aufsichtlichen Neubewertung nach Artikel 117 Absatz 3;

---

[2] S. Empfehlung 3 der High-level Recommendations for the Regulation, Supervision and Oversight of Global Stablecoin Arrangements, Final report of 17 July 2023.

b) zu jedem Beschluss, von einem Emittenten eines signifikanten vermögenswertereferenzierten Token oder eines E-Geld-Token einen höheren Eigenmittelbetrag je nach Einschlägigkeit gemäß Artikel 35 Absätze 2, 3 und 5, Artikel 45 Absatz 5 und Artikel 58 Absatz 1 zu verlangen;
c) zu jeder Aktualisierung des Sanierungsplans oder Rücktauschplans eines Emittenten eines signifikanten vermögenswertereferenzierten Token oder eines Emittenten eines signifikanten E-Geld-Token je nach Einschlägigkeit nach den Artikeln 46, 47 und 55;
d) zu jeder Veränderung des Geschäftsmodells des Emittenten eines signifikanten vermögenswertereferenzierten Token nach Artikel 25 Absatz 1;
e) zum Entwurf eines geänderten Kryptowerte-Whitepapers, der gemäß Artikel 25 Absatz 2 ausgearbeitet wurde;
f) zu jeder geplanten angemessenen Korrekturmaßnahme nach Artikel 25 Absatz 4;
g) zu jeder geplanten Aufsichtsmaßnahme nach Artikel 130;
h) zu jeder geplanten Verwaltungsvereinbarung über den Informationsaustausch mit der Aufsichtsbehörde eines Drittlands nach Artikel 126;
i) zu jeder Übertragung von Aufsichtsaufgaben von der EBA auf eine zuständige Behörde nach Artikel 138;
j) zu jeder geplanten Veränderung bei der Zulassung der in Artikel 119 Absatz 2 Buchstaben d bis h genannten Mitglieder des Kollegiums oder einer in Bezug auf diese Mitglieder geplanten Aufsichtsmaßnahme;
k) zum Entwurf eines geänderten Kryptowerte-Whitepapers, das gemäß Artikel 51 Absatz 12 ausgearbeitet wurde.

(2) Gibt das Kollegium eine Stellungnahme nach Absatz 1 ab, so kann die Stellungnahme auf Antrag eines Mitglieds des Kollegiums und nach Annahme durch eine Mehrheit des Kollegiums nach Absatz 3 Empfehlungen für die Behebung von Mängeln bei der von der EBA oder den zuständigen Behörden geplanten Maßnahme enthalten.

(3) Eine Stellungnahme des Kollegiums wird mit einfacher Mehrheit der Stimmen seiner Mitglieder verabschiedet.

Wird ein Mitgliedstaat im Kollegium durch mehrere Mitglieder vertreten, so ist nur eines dieser Mitglieder stimmberechtigt.

Hat das die EZB vertretende Mitglied des Kollegiums mehrere Funktionen, einschließlich Aufsichtsfunktionen, so verfügt es über nur eine Stimme.

Die in Artikel 119 Absatz 2 Buchstabe m genannten Aufsichtsbehörden von Drittländern sind bei Stellungnahmen des Kollegiums nicht stimmberechtigt.

(4) Die EBA bzw. die zuständigen Behörden tragen der gemäß Absatz 3 erarbeiteten Stellungnahme des Kollegiums gebührend Rechnung, einschließlich etwaiger Empfehlungen zur Behebung von Mängeln bei der Aufsichtsmaßnahme in Bezug auf einen Emittenten eines signifikanten vermögenswertereferenzierten Token, einen Emittenten eines signifikanten E-Geld-Token oder in Bezug auf die in Artikel 119 Absatz 2 Buchstaben d bis h genannten Unternehmen und Anbieter von Kryptowerte-

Art. 120 Titel VII Zuständigen Behörden, die EBA und die ESMA

Dienstleistungen. Folgen die EBA oder eine zuständige Behörde der Stellungnahme des Kollegiums einschließlich etwaiger darin enthaltener Empfehlungen für die Behebung von Mängeln bei der geplanten Aufsichtsmaßnahme nicht, so muss ihr Beschluss eine Begründung und eine Erläuterung jeder signifikanten Abweichung von dieser Stellungnahme oder diesen Empfehlungen enthalten.

1 Art. 120 regelt abschließend die Fälle, in denen das Aufsichtskollegium (Art. 119) eine **unverbindliche Stellungnahme** zu einer Entscheidung einer im Kollegium vertretenen zuständigen Behörde abgeben kann.

2 Gegenstand der Stellungnahme können danach zum einen alle wesentlichen geplanten **Entscheidungen der EBA** im Rahmen der Aufsicht über signifikante Token, und (für signifikante E-Geld-Token) der **nationalen Behörde** auf der Grundlage ihrer verbleibenden Zuständigkeiten sein (lit. a–i; k) sein.

3 Gegenstand der Stellungnahme können zum anderen nach lit. j aber auch alle geplanten **Aufsichtsmaßnahmen nationaler Behörden** im Hinblick auf die für den Token wichtigsten Kryptodienstleister sein. Das Recht zur Abgabe einer Stellungnahme setzt dabei nicht voraus, dass die geplante Maßnahme spezifisch Aktivitäten im Hinblick auf den signifikanten Token betrifft. Die Stellungnahme könnte etwa auch allgemeine Maßnahmen in Bezug auf das Risikomanagement oder die Kapital- oder Liquiditätsposition eines Dienstleisters betreffen. Das dürfte im Hinblick auf Sinn und Zweck der Aufsichtskollegien folgerichtig sein, da auch der Zusammenbruch eines für das Token wichtigen Kryptodienstleisters als solcher Vertrauen in die Stabilität eines signifikanten Tokens beeinträchtigen kann.

4 Die Stellungnahme kann gemäß Abs. 2 auch **Empfehlungen für die Behebung** von in der Stellungnahme festgestellten Mängeln geben.

5 Art. 120 sieht keine ausdrückliche Pflicht der zuständigen Behörde vor, das **Aufsichtskollegium vor Ergreifen einer der in Abs. 1 gelisteten Maßnahmen zu konsultieren**. Eine solche Pflicht dürfte sich aber aus Abs. 1 ergeben: danach bezieht sich die Stellungnahme ausdrücklich auf geplante Maßnahmen. Das Kollegium kann von solchen Maßnahmen aber nur Kenntnis nehmen und damit sein Recht zur Stellungnahme ausüben, wenn die zuständige Behörde das Kollegium vorab konsultiert und vor Entscheidung über die Maßnahme eine angemessene Frist zur Stellungnahme einräumt. Spezifische Verfahrensvorschriften dazu könnten etwa in der schriftlichen Vereinbarung nach Abs. 6 vereinbart werden.

6 Das **Abstimmungsverfahren** für eine Stellungnahme ist in Abs. 3 festgelegt.

7 Abs. 4 misst einer kritischen Stellungnahme eine „comply or explain" **Rechtsfolge** bei. Die betroffene Behörde ist verpflichtet, der Stellungnahme gebührend Rechnung zu tragen. Sie kann der Stellungnahme entweder folgen und die geplante Maßnahme entsprechend abändern (S. 1), oder sie hat diese in einem Beschluss mit Begründung abzuweisen.

8 Art. 120 dient der **Gewährleistung einer umfassenden Finanzmarktaufsicht**, dem Text ist aber keine den Emittenten oder andere spezifische Drittparteien schützende Wirkung zu entnehmen. Daher dürfte außer den betroffenen Aufsichtsbehörden keine Partei Rechtsschutz in Fällen wie einer unterlassenen Konsultation oder der Nichtbefolgung einer Stellungnahme verlangen können.

Kapitel 5 Befugnisse und Zuständigkeiten der EBA hinsichtlich Emittenten signifikanter vermögenswertereferenzierter Token und Emittenten signifikanter E-Geld-Token

Schrifttum: Assmann/Schneider/Mülbert (Hrsg.), Wertpapierhandelsrecht, 8. Aufl. 2023; Bauerfeind/Hille/Loff, Aufsichtsregime nach MiCAR aus Instituts- und Produktperspektive – Widerstreit oder Homogenität?, RdF 2023, 84 ff.; Becker/Rodde, Auswirkungen europäischer Rechtsakte auf das Kapitalmarktsanktionsrecht – Neuerungen durch das Finanzmarktnovellierungsgesetz, ZBB 2016, 11 ff.; Seibt/Buck-Heeb/Harnos (Hrsg.), BeckOK Wertpapierhandelsrecht, 9. Ed. Stand: 1.10.2023; Berger, Der einheitliche Aufsichtsmechanismus (SSM) – Bankenaufsicht im europäischen Verbund, WM 2015, 501 ff.; ders., Rechtsanwendung durch die EZB im Single Supervisory Mechanism (SSM), WM 2016, 2325 ff.; v. Buttlar, Die Stärkung der Aufsichts- und Sanktionsbefugnisse im EU-Kapitalmarktrecht: ein neues „field of dreams" für Regulierer?, BB 2014, 451 ff.; dies., Stärkung der Aufsichts- und Sanktionsbefugnisse im EU-Kapitalmarktrecht, EuZW 2020, 598 ff.; Calliess/Ruffert (Hrsg.), EUV/AEUV, 6. Aufl. 2022; Dauses/Ludwigs (Hrsg.), Handbuch des EU-Wirtschaftsrechts, Werkstand: 58. EL April 2023; Dethloff-Wieland, Legal Professional Privilege – In-House Counsel in the European Union, ZEuP 2020, 107 ff.; Grabitz/Hilf/Nettesheim (Hrsg.), Das Recht der Europäischen Union, Werkstand: 80. EL August 2023; v. der Groeben/Schwarze/Hatje (Hrsg.), Europäisches Unionsrecht, 7. Aufl. 2015; Hustus, Der Syndikusanwalt und das Legal Privilege respektive das Anwaltsprivileg – alea iacta est, NStZ 2016, 65 ff.; Jarass, Charta der Grundrechte der Europäischen Union, 4. Aufl. 2021; Kämmerer, Rechtsschutz in der Bankenunion (SSM, SRM), WM 2016, 1 ff.; Kaufhold, Einheit in Vielfalt durch umgekehrten Vollzug?, JÖR nF 66 (2018), 85 ff.; Lehmann/Manger-Nestler, Die Vorschläge zur neuen Architektur der europäischen Finanzaufsicht, EuZW 2010, 87 ff.; dies., Das neue Europäische Finanzaufsichtssystem, ZBB 2011, 2 ff.; Lenz/Borchardt (Hrsg.), EU-Verträge, 6. Aufl. 2012; Maume, The Regulation on Markets in Crypto-Assets (MiCAR): Landmark Codification, or First Step of Many, or Both?, ECFR 2023, 243–275; Müller-Graff, Rechtsschutz von Kreditinstituten in der Bankenaufsicht der Europäischen Zentralbank, EuZW 2018, 101 ff.; v. Münch/Kunig (Begr.), Grundgesetz, 7. Aufl. 2021; Plath (Hrsg.), DSGVO, BDSG, TTDSG, 4. Aufl. 2023; Poelzig, Durchsetzung und Sanktionierung des neuen Marktmissbrauchsrechts, NZG 2016, 492 ff.; Rötting/Lang, Das Lamfalussy-Verfahren im Umfeld der Neuordnung der europäischen Finanzaufsichtsstrukturen, EuZW 2012, 8 ff.; Säcker/Körber (Hrsg.), TKG – TTDSG, 4. Aufl. 2023; Schenke, Polizei- und Ordnungsrecht, 12. Aufl. 2023; Scholz,Europäische vs. Nationale Aufsicht im neuen Rechtsrahmen für Datenbereitstellungsdienste, BKR 2021, 331 ff.;Schwark/Zimmer (Hrsg.), Kapitalmarktrechts-Kommentar, 5. Aufl. 2020; Streinz (Hrsg.), EUV/AEUV, 3. Aufl. 2018; Terhechte, Die Vollstreckung von EG-Bußgeldbescheiden in den Mitgliedstaaten der Europäischen Gemeinschaft – Rechtliche Grundlagen, Umsetzungspraxis und Rechtsmittel am Beispiel der Bundesrepublik Deutschland, EuZW 2004, 235 ff.; Thiele, Krise der Europäischen Integration? Die Bankenunion als Beleg für die Handlungsfähigkeit des EU, GewArch 2015, 157 ff.; Veil, Sanktionsrisiken für Emittenten und Geschäftsleiter im Kapitalmarktrecht, ZGR 2016, 305 ff.; Windthorst/Bussian, Europäische Bankenaufsicht und Legal Privilege – Weigerungsrechte bei Dokumentenanforderungen im Rahmen des einheitlichen Aufsichtsmechanismus (SSM), WM 2015, 2265 ff.

Vorbemerkung vor Art. 121–138

1 Die MiCAR ist neben ihrer materiell-rechtlichen Reichweite insbesondere deshalb ein bemerkenswerter Rechtsakt, weil sie das Kompetenzgefüge bei der Durchsetzung des Kapitalmarktaufsichtsrechts klar zu Lasten der Mitgliedstaaten verschiebt und der EBA eine zentrale Rolle einräumt. Dies wird bei einer **strukturellen Betrachtung** von Kapitel 5 deutlich.

2 Nach den Erwägungsgründen der EBA-VO[1] ist es im Grundsatz Aufgabe der EBA, zur Verbesserung des Funktionierens des Binnenmarktes beizutragen.[2] Hierfür soll sie den zuständigen nationalen Aufsichtsbehörden bei der kohärenten Auslegung und Anwendung der kapitalmarktrechtlichen Unionsvorschriften **Hilfe leisten**.[3] Zentral sind hierfür Stellungnahmen, Leitlinien sowie technische Regulierungs- und Durchführungsstandards, Art. 8f. EBA-VO.[4] Ergebnis dieses Handelns im Verwaltungsverbund soll die Harmonisierung der Aufsichtsregeln auf einem möglichst hohen Niveau sein. Marktzugangshindernisse aus divergierenden nationalen Aufsichtspraktiken im Binnenmarkt sollen abgebaut werden.[5] In Deutschland bezieht sich dieser Verwaltungsverbund auf das Zusammenwirken mit der BaFin.[6]

3 Kapitel 5 (gemeinsam mit Kapitel 4) der MiCAR spiegelt jedoch eine gänzlich andere Dynamik wider, welche nicht auf die unterstützende Zusammenarbeit zwischen EBA und den mitgliedstaatlichen Aufsichtsbehörden aufsetzt, sondern der **EBA sehr weitgehende Durchsetzungskompetenzen** zuordnet. Dies ist bemerkenswert und zweifelsohne durch ein besonderes Misstrauen hinsichtlich einer gleichmäßigen Rechtsdurchsetzung der MiCAR in den Mitgliedstaaten gegenüber Emittenten signifikanter vermögenswertreferenzierter Token und Emittenten signifikanter E-Geld-Token begründet. Auf faktischer Ebene scheinen die Zweifel kaum materialisiert, hat sich in der EU doch kein Mitgliedstaat als evidentes „Krypto-Paradies" hervorgetan. Zentral für diese Kompetenzverlagerung zur EBA ist freilich die Bedeutung von signifikanten vermögenswertreferenzierten Token und signifikanten E-Geld-Token für das Kapitalmarktgefüge; die **Systemrelevanz** dieser Arten von Token, sobald sie als „signifikant" zu charakterisieren sind (näher dazu → Art. 43 Rn. 5–11; → Art. 56 Rn. 3), ist Ankerpunkt der besonderen materiellen Pflichten sowie der starken zentralen Durchsetzung.

4 Die Normen von Kapitel 5 sind Teil des zum Jahr 2022 erfolgten Systemwechsels zu einer unionsunmittelbaren Beaufsichtigung von Kapitalmarktakteuren.[7] Während die Vorschriften *a priori* allein die EBA zu Untersuchungsmaßnahmen ermächtigen, kann sie unter den Voraussetzungen von Art. 138 die Wahrnehmung

---

[1] VO (EU) Nr. 1093/2010.
[2] Erwgr. Nr. 11 EBA-VO.
[3] Erwgr. Nr. 11, 17 und Art. 29 EBA-VO; Maume ECFR 2023, 243 (272ff.).
[4] Mit einem Überblick, auch zu den weiteren Aufgaben Dauses/Ludwigs EU-WirtschaftsR-HdB/Burghard/Heimann E. IV. Rn. 36ff.
[5] Erwgr. Nr. 11 und Art. 1 Abs. 5 EBA-VO; Lehmann/Manger-Nestler ZBB 2011, 2 (7); Lehmann/Manger-Nestler EuZW 2010, 87 (88); Rötting/Lang EuZW 2012, 8 (9).
[6] Vgl. § 3 KMAG.
[7] Vgl. dazu Erwgr. Nr. 47 VO (EU) 2019/2175; vgl. auch Assmann/Schneider/Mülbert/Gurlit MiFIR Art. 38a Rn. 1; s. auch Scholz BKR 2021, 331 (333); Bauernfeind/Hille/Loff RdF 2023, 84ff.

Vorbemerkung vor Art. 121–138 **Vor Art. 121–138**

zentraler Befugnisse auf mitgliedstaatliche Behörden übertragen. An dieser Stelle wird vor allem eine starke **Parallelität zur MiFIR**[8] deutlich, die ebenfalls den Wandel von einer Durchsetzungsunterstützung der mitgliedstaatlichen Aufsichtsbehörden durch die ESMA hin zu deren ausschließlicher Durchsetzungsbefugnis vollzieht.[9] Da viele Durchsetzungsvorschriften der MiCAR sogar vom Wortlaut her an die Art. 38a ff. MiFIR angelehnt sind, bewegt sich die MiCAR damit nicht vollständig auf juristischem Neuland, vielmehr kann partiell auf die – freilich bislang begrenzten – Erfahrungen mit der MiFIR aufgesetzt werden.

Die Durchsetzungskompetenzen gegenüber Emittenten signifikanter ver- 5 mögenswertreferenzierter Token und Emittenten signifikanter E-Geld-Token sind dabei **akzessorisch zu den Aufsichtsaufgaben,** welche in Kapitel 4, dort in Art. 117, definiert werden. Es geht also um die Durchsetzung von Aufgaben, welche Art. 117 Abs. 1 von den nationalen Behörden zur EBA transferiert, wenn es sich um signifikante vermögenswertreferenzierte Token handelt, und um jene Aufgaben, die nach Art. 117 Abs. 4 im Fall signifikanter E-Geld-Token auf die EBA übergehen (näher zu den Aufgaben im Einzelnen → Art. 117 Rn. 11–13).

Die Durchsetzungskompetenzen sind in den Art. 122 ff. **nach zunehmender** 6 **Eingriffsintensität strukturiert,** vom Informationsersuchen (Art. 122), über eine Untersuchungsgeneralklausel (Art. 123) bis hin zu Prüfungen vor Ort (Art. 124). Eingerahmt wird dieses Informationsbeschaffungsregime durch die Bestätigung von „Rechtsprivilegien" des Geheimnisschutzes der Betroffenen (Art. 121) und einem Rahmen für Informationsaustausch mit Drittländern (Art. 126 f.) sowie anderen Behörden (Art. 128). Die an den Durchsetzungsmaßnahmen beteiligten Personen sind zur Wahrung ihres Berufsgeheimnisses verpflichtet (Art. 129). Ergeben die Informationsmaßnahmen einen relevanten Verstoß gegen das materielle Recht der MiCAR aus Anhang V bzw. VI, so können weitreichende Aufsichtsmaßnahmen ergriffen (Art. 130), Geldbußen und Zwangsgelder verhängt (Art. 131 ff.) werden; diese Aufsichtsmaßnahmen sind verfahrensrechtlich durch die Anhörung der betroffenen Personen (Art. 135) sowie die Überprüfung durch den EuGH (Art. 136) abgesichert. Die Kosten der Aufsicht tragen die Emittenten signifikanter vermögenswertreferenzierter Token und signifikanter E-Geld-Token (Art. 137). Die EBA kann die nationalen Behörden zur Unterstützung heranziehen (Art. 138).

Sowohl bei den informatorischen Maßnahmen (Art. 122–124) als auch bei dem 7 Vorgehen gegen Verstöße (Art. 130–134) müssen die durch die GRCh garantierten Grundrechte der Betroffenen gewährleistet werden. Es geht dabei vor allem um die Positionen der Unternehmensfreiheit und des Eigentums, zudem den Unverletzlichkeit der Wohnung. Bei allen Maßnahmen ist wegen des Rechts auf gute Verwaltung nach **Art. 41 Abs. 2 lit. a GRCh** stets eine Anhörung geboten, die nur aus guten Gründen unterbleiben darf (vgl. bei Art. 122, 123 und 124 jeweils bei → Rn. 8). Soweit eine Mitwirkung nationaler Gerichte vorgesehen ist, dürfen diese zur Sicherung der Effektivität der Aufsicht und aus Gründen der judikativen Kompetenzteilung in der EU weder die Notwendigkeit der Untersuchung prüfen, noch die Übermittlung der in den EBA-Akten enthaltenen Informationen verlangen; zudem dürfen sie auch nicht die Rechtmäßigkeit der EBA-Beschlüsse prüfen (vgl. → Art. 123 Rn. 13; → Art. 124 Rn. 15).

---

[8] VO (EU) Nr. 600/2014. Die MiFIR wiederum greift Regelungen der Benchmark Reguluation, VO (EU) 2016/1011 (Benchmark-VO), der VO (EU) Nr. 648/2012 (EMIR), sowie der VO (EU) Nr. 1060/2009 (Rating-VO) auf.
[9] Dazu Assmann/Schneider/Mülbert/Gurlit MiFIR Art. 38a Rn. 1.

Artikel 121 Rechtsprivileg

Die der EBA oder Bediensteten der EBA oder sonstigen von ihr bevollmächtigten Personen nach den Artikeln 122 bis 125 übertragenen Befugnisse dürfen nicht genutzt werden, um die Offenlegung von Informationen zu verlangen, die einem Rechtsprivileg unterliegen.

Übersicht

	Rn.
I. Gegenstand und Zweck	1
II. Anwendungsbereich	4
III. Begriff des Rechtsprivilegs	6
IV. Rechtsfolge: Verbot der Informationserhebung durch die EBA	10

I. Gegenstand und Zweck

1   Art. 121 verfolgt das Ziel, die Wahrnehmung informatorischer Befugnisse durch die EBA mit Blick auf rechtlich privilegierte Informationen zu beschränken. Die EBA darf ihre Befugnisse hiernach nicht nutzen, die Offenlegung von Informationen zu verlangen, die einem Rechtsprivileg unterliegen.

2   Die Vorschrift schließt an Vorbilder in anderen finanzmarktrechtlichen Regelwerken an, die europäischen Aufsichtsbehörden gleichfalls Vollzugskompetenzen einräumen. Nahezu wortgleiche Regelungen (freilich jeweils zugunsten der ESMA) finden sich in Art. 25e, 60 EMIR und Art. 23a Rating-VO. Vergleichbare Regelungen finden sich in Art. 48a Benchmark-VO sowie in Art. 38a MiFIR.

3   Systematisch von Bedeutung für die Auslegung von Art. 121 ist auch Art. 129, der alle Personen, die bei der EBA tätig sind oder tätig waren, zur Wahrung des Berufsgeheimnisses verpflichtet und dergestalt ebenso dem Interesse der Unternehmen an der Geheimhaltung schutzwürdiger Informationen dient.

II. Anwendungsbereich

4   In sachlicher Hinsicht erstreckt sich die Beschränkung des Art. 121 nach dem ausdrücklichen Wortlaut der Norm nur auf die Befugnisse nach den Art. 122–125. Hierbei handelt es sich um die zentralen informatorischen Befugnisse der EBA zum Zweck der Sachverhaltsaufklärung, nämlich das einfache oder förmliche Informationsersuchen (Art. 122), die Durchführung von Untersuchungen (Art. 123) und von Prüfungen vor Ort (Art. 124) und der Informationsaustausch mit den zuständigen mitgliedstaatlichen Behörden (Art. 125).

5   Dementsprechend erfasst die Beschränkung in persönlicher Hinsicht jeden, der zur Ausübung dieser Befugnisse tätig werden kann. Ausdrücklich erfasst sind die EBA, deren Bedienstete und sonstige von ihr bevollmächtigte Personen. Letztere dürften insbesondere solche sein, die auf vertraglicher Grundlage im Auftrag der EBA tätig sind, etwa Wirtschaftsprüfer oder andere Sachverständige.[1] Mitgliedstaatliche Behörden oder deren Mitarbeiter adressiert die Norm mithin nicht.

---

[1] Vgl. Assmann/Schneider/Mülbert/Gurlit MiFIR Art. 38a Rn. 2.

III. Begriff des Rechtsprivilegs

Die genannten informatorischen Befugnisse dürfen nicht genutzt werden, um **6** die Offenlegung von Informationen zu verlangen, die einem Rechtsprivileg unterliegen. Tatbestandlich erfordert die Norm mithin das Vorliegen von „Informationen, die einem Rechtsprivileg unterliegen".

Eine Bestimmung von Inhalt und Reichweite des Rechtsprivilegs findet sich **7** weder in der MiCAR noch in anderen Rechtsakten.[2] Die englische Sprachfassung spricht von *„legal privilege"*. Der Begriff ist originär unionsrechtlich auszulegen. Auf europäischer Ebene ist unter der Bezeichnung *„legal privilege"* lediglich das Rechtsanwaltsprivileg anerkannt.[3] Verschwiegenheitspflichten und Berufsgeheimnisse werden vom Begriff des Rechtsprivilegs hingegen grundsätzlich nicht erfasst.

Der EuGH hat Inhalt und Reichweite des Rechtsanwaltsprivilegs (dort als *„legal* **8** *professional privilege"* bezeichnet) im Zusammenhang mit kartellrechtlichen Fällen aus allgemeinen Rechtsgrundsätzen der EMRK bzw. der GRCh entwickelt.[4] Informationen sind hiernach nur unter zwei restriktiven Voraussetzungen vom Rechtsanwaltsprivileg geschützt. So muss es sich in sachlicher Hinsicht, erstens, um eine anwaltliche Kommunikation handeln, die im Zusammenhang mit der Ausübung von Verteidigungsrechten erbeten und erteilt wurde. In persönlicher Hinsicht muss es sich, zweitens, um die Auskunft eines unabhängigen Rechtsanwalts handeln. Letzteres führt dazu, dass Auskünfte von Rechtsanwälten, die bei dem Unternehmen angestellt sind (Syndikusrechtsanwälte), nicht vom Rechtsprivileg erfasst sind, unabhängig davon, ob ihre berufs- und standesrechtliche Stellung an diejenige der unabhängigen Anwaltschaft angeglichen wurde.[5]

Unklar erscheint, ob diese Grundsätze auf Art. 121 übertragbar sind. Mit Blick **9** auf den wortgleichen Art. 25 e EMIR wird vertreten, die Vorschrift erscheine prinzipiell offen für eine weniger restriktive Auslegung, die etwa auch die Kommunikation mit Syndikusrechtsanwälten erfassen könnte.[6] Für den ebenfalls vergleichbaren Art. 38a MiFIR wird indes vertreten, es bestehe kein Anlass, von diesem strengen Maßstab für finanzmarktaufsichtsrechtliche Zwecke abzuweichen.[7] Letzteres ist überzeugend, denn die EBA ist im Rahmen ihrer Aufsichtstätigkeit auf einen möglichst unbeschränkten Informationszugang angewiesen und die berechtigten Geheimhaltungsinteressen der Unternehmen werden von Art. 129 hinreichend geschützt.[8]

---

[2] Vgl. Assmann/Schneider/Mülbert/Gurlit MiFIR Art. 38a Rn. 4.
[3] Vgl. hierzu BeckOK WpHR/Steuer VO (EU) 648/2012 Art. 25e Rn. 3; Assmann/Schneider/Mülbert/Gurlit MiFIR Art. 38a Rn. 4.
[4] Grundlegend EuGH NJW 1983, 503 – AM & S; diese Rechtsprechung fortführend EuGH NJW 2010, 3557 – Akzo Nobel.
[5] Vgl. hierzu auch Hustus NStZ 2016, 65 (67); Dethloff-Wieland ZEuP 2020, 107 (123ff.); kritisch hierzu mit Blick auf Banksyndizi Windthorst/Bussian WM 2015, 2265 (2268f.).
[6] BeckOK WpHR/Steuer VO (EU) 648/2012 Art. 25e Rn. 5.
[7] Assmann/Schneider/Mülbert/Gurlit MiFIR Art. 38a Rn. 4.
[8] Vgl. hierzu Assmann/Schneider/Mülbert/Gurlit MiFIR Art. 38a Rn. 4.

Art. 122 Titel VII Zuständigen Behörden, die EBA und die ESMA

IV. Rechtsfolge: Verbot der Informationserhebung durch die EBA

10 Die Rechtsfolge des Vorliegens von „Informationen, die einem Rechtsprivileg unterliegen", besteht nach Art. 121 darin, dass die Befugnisse nicht genutzt werden dürfen, um die Offenlegung dieser Informationen zu verlangen. Die Norm statuiert also ein Erhebungsverbot für ebendiese Informationen.[9] Die Normunterworfenen dürfen mithin die Herausgabe solcher Informationen zulässigerweise verweigern.[10]

11 Die Rechtsfolge der Norm beschränkt sich ausdrücklich nicht auf ein Offenlegungsverbot für die EBA.[11] Dies folgt schon aus dem Wortlaut der Vorschrift, der schon das **Verlangen** der Offenlegung solcher Informationen verbietet und nicht bloß die Offenlegung der Informationen durch die EBA.

Artikel 122 Informationsersuchen

(1) **Zur Wahrnehmung ihrer Aufsichtsaufgaben nach Artikel 117 kann die EBA durch einfaches Ersuchen oder im Wege eines Beschlusses von folgenden Personen die Vorlage sämtlicher Informationen verlangen, die sie für die Wahrnehmung ihrer Aufgaben im Rahmen dieser Verordnung benötigt:**
a) von einem Emittenten eines signifikanten vermögenswertereferenzierten Token oder einer Person, die einen Emittenten eines signifikanten vermögenswertereferenzierten Token kontrolliert oder direkt oder indirekt von einem Emittenten eines signifikanten vermögenswertereferenzierten Token kontrolliert wird;
b) von einem Drittunternehmen im Sinne von Artikel 34 Absatz 5 Unterabsatz 1 Buchstabe h, mit denen der Emittent eines signifikanten vermögenswertereferenzierten Token eine vertragliche Vereinbarung geschlossen hat;
c) von Anbietern von Kryptowerte-Dienstleistungen, Kreditinstituten oder Wertpapierfirmen, die die Verwahrung des Reservevermögens gemäß Artikel 37 sicherstellen;
d) von einem Emittenten eines signifikanten E-Geld-Token oder einer Person, die einen Emittenten eines signifikanten E-Geld-Token kon-

---

[9] Vgl. hierzu auch BeckOK WpHR/Steuer VO (EU) 648/2012 Art. 25e Rn. 2; Assmann/Schneider/Mülbert/Gurlit MiFIR Art. 38a Rn. 3; aA wohl BeckOK WpHR/Harnos VO (EG) 1060/2009 Art. 23a.

[10] Vgl. Assmann/Schneider/Mülbert/Gurlit MiFIR Art. 38a Rn. 5; Assmann/Schneider/Mülbert/Döhmel VO (EU) 648/2012 Art. 60 Rn. 6.

[11] So aber wohl BeckOK WpHR/Harnos VO (EG) 1060/2009 Art. 23a, der ausführt Art. 23a Rating-VO schütze privilegierte Informationen und Unterlagen vor Offenlegung durch die ESMA und deren Bedienstete sowie bevollmächtigte Personen. Die Regelung bezwecke dadurch die Stärkung des Vertrauens in die Tätigkeit der ESMA, um die Informationsgewinnung und Untersuchungen zu fördern. Wie hier: BeckOK WpHR/Steuer VO (EU) 648/2012 Art. 25e Rn. 2; Assmann/Schneider/Mülbert/Gurlit MiFIR Art. 38a Rn. 3.

trolliert oder direkt oder indirekt von einem Emittenten eines signifikanten E-Geld-Token kontrolliert wird;
e) von einem Zahlungsdienstleister, der Zahlungsdienste im Zusammenhang mit signifikanten E-Geld-Token erbringt;
f) von einer natürlichen oder juristischen Person, die damit beauftragt wurde, signifikante E-Geld-Token für einen Emittenten signifikanter E-Geld-Token zu vertreiben;
g) von einem Anbieter von Kryptowerte-Dienstleistungen für die Verwahrung und Verwaltung von Kryptowerten für Kunden in Bezug auf signifikante vermögenswertereferenzierte Token oder signifikante E-Geld-Token;
h) von einem Betreiber einer Handelsplattform für Kryptowerte, der einen signifikanten vermögenswertereferenzierten Token oder einen signifikanten E-Geld-Token zum Handel zugelassen hat;
i) vom Leitungsorgan der unter den Buchstaben a bis h genannten Personen.

(2) Ein einfaches Informationsersuchen gemäß Absatz 1 enthält
a) eine Bezugnahme auf diesen Artikel als Rechtsgrundlage des Ersuchens,
b) den Zweck des Ersuchens,
c) nähere Angaben zu den verlangten Informationen,
d) die Frist für die Vorlage der Informationen,
e) eine Unterrichtung der Person, die um Informationen ersucht wird, darüber, dass sie nicht zu deren Übermittlung verpflichtet ist, dass aber die übermittelten Informationen im Falle einer freiwilligen Beantwortung des Ersuchens nicht falsch und nicht irreführend sein dürfen, und
f) Angaben zu der Geldbuße, die in Artikel 131 für den Fall vorgesehen ist, dass die Antworten auf gestellte Fragen falsch oder irreführend sind.

(3) Fordert die EBA die Vorlage von Informationen im Wege eines Beschlusses nach Absatz 1 an, so enthält der Beschluss
a) eine Bezugnahme auf diesen Artikel als Rechtsgrundlage des Ersuchens,
b) den Zweck des Ersuchens,
c) nähere Angaben zu den verlangten Informationen,
d) die Frist für die Vorlage der Informationen,
e) Angaben zu den Zwangsgeldern, die nach Artikel 132 verhängt werden, falls Informationen beizubringen sind,
f) Angaben zu der Geldbuße, die in Artikel 131 für den Fall vorgesehen ist, dass die Antworten auf gestellte Fragen falsch oder irreführend sind, und
g) den Hinweis auf das Recht, nach den Artikeln 60 und 61 der Verordnung (EU) Nr. 1093/2010 vor dem Beschwerdeausschuss der EBA Beschwerde gegen den Beschluss einzulegen und den Beschluss durch den Gerichtshof überprüfen zu lassen.

(4) Die in Absatz 1 genannten Personen oder deren Vertreter und bei juristischen Personen und nicht rechtsfähigen Vereinen die nach Gesetz zur Vertretung berufenen Personen stellen die geforderten Informationen zur Verfügung.

(5) Die EBA übermittelt der zuständigen Behörde des Mitgliedstaats, in dem die von dem Informationsersuchen betroffenen Personen ansässig

Art. 122 Titel VII Zuständigen Behörden, die EBA und die ESMA

oder niedergelassen sind, unverzüglich eine Kopie des einfachen Ersuchens oder ihres Beschlusses.

Übersicht

	Rn.
I. Gegenstand und Zweck	1
II. Informationsersuchen der EBA (Abs. 1)	3
III. Form und Verfahren des Informationsgesuchs (Abs. 2 und 3)	6
IV. Erfüllung (Abs. 4)	9
V. Informationsübermittlung an die zuständige Behörde (Abs. 5)	10

I. Gegenstand und Zweck

1 Art. 122 **ermächtigt die EBA,** zur Erfüllung ihrer Aufgaben von den Aufsichtsadressaten die Überlassung von Informationen zu verlangen. Die Norm regelt den gegenständlichen Umfang der Informationsbefugnis und ihre Adressaten. **Art. 122 Abs. 2 greift** die in **Abs. 1** implizierte Differenzierung zwischen einfachen und beschlussförmigen Informationsersuchen auf und normiert die formellen Voraussetzungen des einfachen Informationsersuchen. **Art. 122 Abs. 3 regelt** die Anforderungen des beschlussförmigen Informationsersuchens. **Art. 122 Abs. 4 macht** Vorgaben zur Informationserteilung durch die Aufsichtsadressaten. Nach **Art. 122 Abs. 5** muss die EBA die für den betroffenen Emittenten zuständigen mitgliedstaatlichen Aufsichtsbehörden über die von ihr gestellten Informationsersuchen unterrichten. Die Vorschrift gewährt zunächst **allein der EBA Informationsbefugnisse,** welche sie allerdings unter den Voraussetzungen von Art. 138 auf mitgliedstaatliche Behörden **übertragen** kann.

2 Art. 122 bildet die **mildeste Maßnahme im System informatorischer Befugnisse** der EBA zur Beaufsichtigung von Emittenten signifikanter vermögenswertereferenzierter Token und Emittenten signifikanter E-Geld-Token. Diese Vorschrift zielt zunächst auf die Erhebung der aufsichtsrelevanten Informationen ab, welche **Grundlage für weitere Maßnahmen** sind – so setzen die Untersuchungsbefugnisse nach Art. 123 und das Vor-Ort-Prüfungsrecht nach Art. 124 sachlich einen adäquaten Informationsstand bei der Behörde voraus, welcher den Einsatz intensiverer informatorischer Maßnahmen rechtfertigt. Die Vorschrift entspricht – im Rahmen des vorgenannten Systemwechsels zur unionsunmittelbaren Kapitalmarktaufsicht – den Informationserlaubnisnormen anderer finanzmarktrechtlicher Regelwerke, etwa Art. 38b MiFIR, Art. 48b Benchmark-VO, Art. 25f und Art. 61 EMIR und Art. 23b der Rating-VO.

II. Informationsersuchen der EBA (Abs. 1)

3 Gem. Art. 122 Abs. 1 kann die EBA durch einfaches Ersuchen oder im Wege förmlichen Beschlusses die Vorlage sämtlicher Informationen verlangen, die sie für die Wahrnehmung ihrer Aufgaben im Rahmen der Verordnung benötigt. Die Daten müssen für die Erfüllung der Aufgaben **„benötigt"** sein, die der EBA unter der MiCAR zugeordnet sind. Dies bedeutet jedoch nicht, dass die EBA auch Informationen anfordern kann, um jedwede Maßnahmen nach der MiCAR zu ergreifen, etwa zum Erlass einer Interventionsmaßnahme nach Art. 104. Vielmehr muss das Informationsersuchen in einem sachlichen Zusammenhang mit den Aufsichtsanfor-

Informationsersuchen **Art. 122**

derungen an Emittenten signifikanter vermögenswertereferenzierter Token und signifikanter E-Geld-Token stehen, schon weil der Adressatenkreis des Informationsersuchens limitiert ist und die Informationsersuchen der jederzeitigen Kontrolle ihrer Zulassungsvoraussetzungen dienen. Ob eine Informationsübermittlung „benötigt" wird, kann die EBA mit weitem **Ermessen** entscheiden, was jedoch zu verneinen ist, wenn die Informationen schon bei der EBA liegen oder in keinem Zusammenhang zur konkreten Aufsichtsaufgabe stehen. Zudem erstreckt sich das Informationsrecht der EBA schon von vornherein nicht auf solche Informationen, die einem Rechtsprivileg unterliegen (vgl. → Art. 121 Rn. 10f.). Die EBA kann innerhalb dieser Beschränkungen jede Art von Information verlangen und zwar auch **in dauerhaft speicherbarer Form.**

Die EBA kann nach Art. 122 Abs. 1 Informationsersuchen in **einfacher oder** 4 **beschlussförmiger Form** stellen. Von einfachen Informationsersuchen geht freilich kein Zwang aus, ihnen kann alleine freiwillig Folge geleistet werden.[1] Die dichten Anforderungen an beschlussförmige Informationsersuchen aus Abs. 3 (→ Rn. 6 ff.) legitimieren hingegen dessen zwangsweise Durchsetzung. Die EBA kann zunächst ein einfaches Ersuchen formulieren und im Falle seiner Nichtbefolgung einen Beschluss fassen.[2]

Die Adressaten eines Informationsersuchens der EBA sind nach Art. 122 Abs. 1 5 lit. a zunächst die **von der EBA beaufsichtigten** Emittenten signifikanter vermögenswertereferenzierter Token. Für die Adressateneigenschaft der Emittenten signifikanter vermögenswertereferenzierter Token, die unmittelbar der Aufsicht der EBA unterliegen, ist unerheblich, ob diese bereits eine Zulassung erhalten haben. Im Zulassungsverfahren haben allerdings die Informationspflichten der Antragsteller nach Art. 18 Vorrang (→ Art. 18 Rn. 1–3; 38). Zudem sind **Personen** informationspflichtig, die „diese [die Emittenten]" **kontrollieren** oder von „diesen" **kontrolliert werden.** Art. 122 Abs. 1 lit. d erfasst im selben Umfang die Emittenten signifikanter E-Geld-Token. Art. 122 Abs. 1 lit. b–h verleiht der Informationsbefugnis der EBA im Übrigen besondere Schlagkraft, indem er nahezu das gesamte ökonomische Netzwerk von Emittenten signifikanter vermögenswertereferenzierter Token und signifikanter E-Geld-Token einer Informationspflicht unterwirft, von (lit. b) Drittunternehmen iSv Art. 34 Abs. 5 UAbs. 1 lit. h, über (lit. c) Verwahrer des Reservevermögens, (lit. e) Zahlungsdienstleistern, (lit. f) Vertriebspersonen, (lit. g) Verwahrungs- und Verwaltungsdienstleistern bis hin zu (lit. h) Krypto-Handelsplattformen. Art. 122 Abs. 1 lit. i erweitert diesen weiten Adressatenkreis um die jeweiligen **Leitungsorgane** der Erstadressaten von Art. 122 Abs. 1 lit. a–h.

III. Form und Verfahren des Informationsgesuchs (Abs. 2 und 3)

Sowohl für einfache als auch für beschlussförmige Informationsersuchen gilt, 6 dass die EBA **Rechtsgrundlage und Zweck** des Informationsersuchens zu nennen hat. Zudem muss sie die Art der zu überlassenden Informationen erläutern und eine Frist für die Beibringung der Informationen setzen (Art. 122 Abs. 2 lit. a–d und Abs. 3 lit. a–d). Hier sind freilich keine hohen Anforderungen zu stel-

---

[1] Vgl. analog dazu Assmann/Schneider/Mülbert/Gurlit MiFIR Art. 38b Rn. 7 f.
[2] Vgl. analog dazu BeckOK WpHR/Steuer VO (EU) 648/2012 Art. 25 f Rn. 6.

len, solange dem Adressaten klar wird, auf welche Informationen sich das Begehren bezieht.

7 In **einfachen Informationsersuchen** muss die EBA auf die Freiwilligkeit der Informationsübermittlung hinweisen, verbunden mit einer Unterrichtung über die Wahrheitspflicht im Falle der Auskunft (lit. e); eine Geldbuße für falsche oder irreführende Angaben ist freilich nicht vorgesehen, da Art. 131 iVm Anhang V und Anhang VI insoweit nicht auf Art. 122 Abs. 2 verweist. Auch **beschlussförmige Ersuchen,** die zwar an sich zwangsweise durchsetzbar sind, können daher nicht zu einer Geldbuße bei Wahrheitsverstößen führen. Daher ist die Hinweispflicht auf eine allfällige Geldbuße bei irreführender oder falscher Angabe aus Abs. 2 lit. f und Abs. 3 lit. f leerlaufend. Art. 132 erlaubt allerdings Zwangsgelder bei der Zuwiderhandlung, auf die auch nach Abs. 3 lit. e hingewiesen werden muss. Das beschlussförmige Informationsersuchen muss zudem mit einer Rechtsbehelfsbelehrung versehen werden, die auf das Recht zur Erhebung einer administrativen Beschwerde und einer Nichtigkeitsklage zum Gerichtshof nach Art. 60 und 61 EBA-VO hinweist (Art. 122 Abs. 3 lit. g).

8 Obwohl in Art. 122 weder für das einfache noch für das beschlussförmige Informationsersuchen eine Anhörung vorgesehen ist, ergibt sich die **Pflicht zur Anhörung** der Adressaten der Informationspflichten aus dem Recht auf gute Verwaltung nach **Art. 41 Abs. 2 lit. a GRCh,** welches Belastungen ohne Möglichkeit zur Stellungnahme verbietet. Auf eine explizite Regelung im Sekundärrecht kommt es daher nicht an;[3] aus Effektivitätsgründen muss im Informationsersuchen allerdings auf das Recht zur Stellungnahme hingewiesen werden. Ob schon auf der niedrigsten Belastungsstufe des einfachen Informationsersuchens eine Anhörung verpflichtend ist, hängt nicht zuletzt vom Beschaffungsaufwand für den Adressaten ab; ganz neutral ist die Maßnahme jedoch auch bei fehlender Durchsetzbarkeit nicht, da ihre Nichtbefolgung zur Intensivierung des Verfahrens seitens der EBA führen wird.[4]

IV. Erfüllung (Abs. 4)

9 Art. 122 Abs. 4 konkretisiert das **Personal,** welches das Informationsersuchen erfüllen soll. Dies sind die **Informationsadressaten** nach Art. 122 Abs. 1 selbst, zudem ihre rechtsgeschäftlichen und organschaftlichen **Vertreter.** Anders als bei Art. 38b Abs. 4 MiFIR werden Rechtsanwälte nicht gesondert genannt – es spricht jedoch abseits dieses systematischen Vergleichs kein Grund dagegen, sie nicht dem Oberbegriff der Vertreter zuzuordnen. Ein Auskunftsverweigerungsrecht kann aus Art. 121 abgeleitet werden, zudem persönlich auch aus Art. 47 Abs. 2, Art. 48 GRCh.[5]

---

[3] EuGH ECLI:EU:C:2020:481 Rn. 67 = BeckRS 2020, 12844 Rn. 67 – Kommission/RQ; Jarass GRCh Art. 41 Rn. 19; Calliess/Ruffert/Ruffert GRCh Art. 41 Rn. 15.
[4] Großzügiger wohl Assmann/Schneider/Mülbert/Gurlit MiFIR Art. 38b Rn. 11.
[5] EuGH ECLI:EU:C:2021:84 Rn. 37 ff., 45 = BeckRS 2021, 863 Rn. 37 ff., 45 – DB/Consob; s. auch BeckOK WpHR/Steuer VO (EU) 648/2012 Art. 25f Rn. 13.

V. Informationsübermittlung an die zuständige Behörde (Abs. 5)

Nach Abs. 5 ist die EBA verpflichtet, unverzüglich der zuständigen Aufsichts- 10
behörde des Niederlassungsstaats des Adressaten des Informationsersuchens eine
Kopie des einfachen oder beschlussförmigen Informationsersuchens zu übermitteln. Hierbei handelt es sich um eine spezielle Regelung des allgemein in Art. 125 vorgesehenen Informationsaustausches zwischen der EBA und den zuständigen Behörden der Mitgliedstaaten (näher Art. 125). Für in Deutschland niedergelassene Personen ist zuständige Behörde iSv Art. 3 Abs. 1 Nr. 35 die BaFin (§ 6 Abs. 5 S. 1 WpHG).

Artikel 123 Allgemeine Untersuchungsbefugnisse

(1) Zur Wahrnehmung ihrer Aufsichtsaufgaben nach Artikel 117 kann die EBA Untersuchungen in Bezug auf Emittenten signifikanter vermögenswertereferenzierter Token und Emittenten signifikanter E-Geld-Token durchführen. Zu diesem Zweck haben die Bediensteten der EBA und sonstige von ihr bevollmächtigte Personen die Befugnis,
a) Aufzeichnungen, Daten, Verfahren und sonstiges für die Erfüllung ihrer Aufgaben relevantes Material unabhängig davon, in welcher Form sie gespeichert sind, zu prüfen;
b) beglaubigte Kopien oder Auszüge dieser Aufzeichnungen, Daten und Verfahren und des sonstigen Materials anzufertigen oder zu verlangen;
c) jeden Emittenten eines signifikanten vermögenswertereferenzierten Token oder Emittenten eines signifikanten E-Geld-Token oder ihr Leitungsorgan oder ihre Mitarbeiter vorzuladen und zur Abgabe mündlicher oder schriftlicher Erklärungen von Sachverhalten oder Unterlagen aufzufordern, die mit Gegenstand und Zweck der Untersuchung in Zusammenhang stehen, und die Antworten aufzuzeichnen;
d) jede andere natürliche oder juristische Person zu befragen, die einer Befragung zum Zweck der Einholung von Informationen über einen Gegenstand der Untersuchung zustimmt;
e) Aufzeichnungen von Telefongesprächen und Datenübermittlungen anzufordern.
Ein Kollegium im Sinne von Artikel 119 Absatz 1 wird unverzüglich über alle Erkenntnisse unterrichtet, die für die Erfüllung seiner Aufgaben relevant sein könnten.

(2) Die Bediensteten der EBA und sonstige von ihr zur Untersuchung gemäß Absatz 1 bevollmächtigte Personen üben ihre Befugnisse unter Vorlage einer schriftlichen Vollmacht aus, in der Gegenstand und Zweck der Untersuchung angegeben werden. Darüber hinaus wird in der Vollmacht angegeben, welche Zwangsgelder gemäß Artikel 132 verhängt werden, wenn die angeforderten Aufzeichnungen, Daten, Verfahren und das sonstige Material oder die Antworten auf die Fragen, die den Emittenten signifikanter vermögenswertereferenzierter Token oder den Emittenten signifikanter E-Geld-Token gestellt wurden, nicht oder unvollständig be-

reitgestellt beziehungsweise erteilt werden, und welche Geldbußen gemäß Artikel 131 verhängt werden, wenn die Antworten auf die Fragen, die den Emittenten signifikanter vermögenswertereferenzierter Token oder den Emittenten signifikanter E-Geld-Token gestellt wurden, sachlich falsch oder irreführend sind.

(3) Die Emittenten signifikanter vermögenswertereferenzierter Token und die Emittenten signifikanter E-Geld-Token sind verpflichtet, sich den durch Beschluss der EBA eingeleiteten Untersuchungen zu unterziehen. In dem Beschluss wird Folgendes angegeben: Gegenstand und Zweck der Untersuchung, die in Artikel 132 vorgesehenen Zwangsgelder, die nach der Verordnung (EU) Nr. 1093/2010 möglichen Rechtsbehelfe sowie das Recht, den Beschluss durch den Gerichtshof überprüfen zu lassen.

(4) Die EBA unterrichtet die zuständige Behörde des Mitgliedstaats, in dem die Untersuchung gemäß Absatz 1 erfolgen soll, rechtzeitig über die bevorstehende Untersuchung und die Identität der bevollmächtigten Personen. Auf Antrag der EBA unterstützen Bedienstete der zuständigen Behörde die bevollmächtigten Personen bei der Durchführung ihrer Aufgaben. Die Bediensteten der betreffenden zuständigen Behörde können auf Antrag auch an den Untersuchungen teilnehmen.

(5) Setzt die Anforderung von Aufzeichnungen von Telefongesprächen oder Datenübermittlungen gemäß Absatz 1 Unterabsatz 1 Buchstabe e nach geltendem nationalem Recht eine gerichtliche Genehmigung voraus, so muss die EBA eine solche beantragen. Die Genehmigung kann auch vorsorglich beantragt werden.

(6) Geht bei einem Gericht eines Mitgliedstaats ein Antrag auf Genehmigung einer Anforderung von Aufzeichnungen von Telefongesprächen oder Datenübermittlungen nach Absatz 1 Unterabsatz 1 Buchstabe e ein, so prüft das Gericht,
a) ob der in Absatz 3 genannte Beschluss der EBA echt ist, und
b) ob die zu ergreifenden Maßnahmen angemessen und weder willkürlich noch unverhältnismäßig sind.

(7) Für die Zwecke von Absatz 6 Buchstabe b kann das Gericht die EBA um detaillierte Erläuterungen ersuchen, insbesondere in Bezug auf die Gründe, warum die EBA einen Verstoß gegen diese Verordnung vermutet, in Bezug auf die Schwere des mutmaßlichen Verstoßes und die Art der Beteiligung der Person, gegen die sich die Zwangsmaßnahmen richten. Das Gericht darf jedoch weder die Notwendigkeit der Untersuchung prüfen noch die Übermittlung der in den Akten der EBA enthaltenen Informationen verlangen. Die Rechtmäßigkeit des Beschlusses der EBA unterliegt ausschließlich der Prüfung durch den Gerichtshof nach dem in der Verordnung (EU) Nr. 1093/2010 vorgesehenen Verfahren.

Übersicht

	Rn.
I. Gegenstand und Zweck	1
II. Untersuchungsbefugnisse der EBA (Abs. 1)	3
III. Form und Verfahren (Abs. 2 und 3)	6
IV. Unterrichtung und Mitwirkung der mitgliedstaatlichen Behörde (Abs. 4)	9

Allgemeine Untersuchungsbefugnisse **Art. 123**

Rn.
V. Mitgliedstaatlicher Richtervorbehalt (Abs. 5–7) 11

I. Gegenstand und Zweck

Nach Art. 123 kann die EBA zur Erfüllung ihrer Aufgaben Untersuchungen 1
durchführen. **Art. 123 Abs. 1** regelt die Art der Untersuchungen und die Adressaten, auf die sich die Befugnis erstreckt; **Abs.** 2 stellt Formanforderungen für die Untersuchung auf, die vom EBA-Personal nur unter Vorlage einer qualifizierten Vollmacht durchgeführt werden darf. **Abs.** 3 regelt die Duldungspflicht der von Untersuchungsmaßnahmen betroffenen Personen und macht Vorgaben für den Inhalt des der Untersuchung zugrundeliegenden Beschlusses der EBA. **Abs.** 4 sieht die vorherige Unterrichtung der zuständigen mitgliedstaatlichen Behörde durch die EBA vor und regelt deren Beteiligung an der Untersuchung. **Abs. 5, 6 und 7** normieren das Vorgehen bei einem mitgliedstaatlichen Richtervorbehalt bei Untersuchungen; zwar muss die EBA eine gerichtliche Genehmigung beantragen, dabei kommt dem Gericht allerdings keine inhaltliche Prüfkompetenz zu.

Art. 123 befähigt die EBA, die Einhaltung der für Emittenten signifikanter ver- 2
mögenswertereferenzierter Token und signifikanter E-Geld-Token geltenden Anforderungen, welche nach Art. 117 in den Aufsichtsbereich der EBA fallen, **dauerhaft zu überwachen.** Diese „allgemeinen Untersuchungsbefugnisse" sind **zu unterscheiden** von den Befugnissen zur **Untersuchung konkreter Verstöße** nach Art. 134 durch einen besonderen Beauftragten. Zu beachten ist auch, dass Art. 123 keine Betretungs- und Prüfungsbefugnisse am Sitz des Unternehmens eröffnet, die gerade Gegenstand von Art. 124 sind. Grundlage der „allgemeinen Untersuchungsbefugnisse" können insbesondere die durch Informationsersuchen nach Art. 122 gesammelten Erkenntnisse sein. Parallele Regelungen finden sich in Art. 38c MiFIR, Art. 48c Benchmark-VO, Art. 25g und Art. 62 EMIR und Art. 23c Rating-VO.

II. Untersuchungsbefugnisse der EBA (Abs. 1)

Nach Art. 123 Abs. 1 S. 1 kann die EBA zur Wahrnehmung ihrer Aufsicht nach 3
Art. 117 Untersuchungen durchführen. Die Maßgabe der **„Erforderlichkeit"** ist nicht explizit im Wortlaut der Norm enthalten, ergibt sich aber freilich aus dem allgemeinen rechtsstaatlichen Übermaßverbot (auch → Rn. 13 zu Abs. 6). Die Untersuchungen nach der Norm müssen daher immer für Zwecke der Aufgabenerfüllung nach Art. 117 erfolgen. In diesem Rahmen ermöglicht Art. 123 der EBA eine umfassende eigene Sachverhaltsaufklärung. Dabei sind Anhaltspunkte für konkrete Rechtsverstöße – anders gerade als bei Untersuchungen eines besonderen Beauftragten nach Art. 134 – nicht erforderlich. Für die Beurteilung der Erforderlichkeit der Untersuchungen kommt der EBA ein Einschätzungsspielraum (Entschließungsermessen) zu, der im Falle von TK-Überwachungsmaßnahmen gerichtlich überprüfbar ist (Abs. 6). Liegen der EBA die Informationen bereits vor oder können sie über Informationsersuchen nach Art. 122 gewonnen werden, so ist eine Erforderlichkeit zu verneinen. Eine Grenze zieht auch das Rechtsprivileg nach Art. 121.

Die **konkreten allgemeinen Untersuchungsbefugnisse** der EBA sind in 4
Art. 123 Abs. 1 S. 2 niedergelegt. Etwas redundant werden die „Bediensteten der

Art. 123 Titel VII Zuständigen Behörden, die EBA und die ESMA

EBA" und „sonstige Bevollmächtigte" ermächtigt; die Kompetenzen kommen originär der EBA als rechtsfähige Institution der EU zu,[1] welche sich ihres Personals oder Bevollmächtigter zur Aufgabenerfüllung bedient. Gem. Art. 123 Abs. 1 S. 2 lit. a können Aufzeichnungen, Daten, Verfahren und sonstige Dokumente unabhängig von der Speicherform geprüft und gem. Art. 38 c Abs. 1 S. 2 lit. b von diesen Unterlagen auch beglaubigte Kopien angefertigt oder verlangt werden. Das Betreten der Geschäftsräume des Prüfungsadressaten bedarf dabei allerdings vielmehr der zusätzlichen Legitimation unter Art. 124. Gem. Art. 122 Abs. 1 S. 2 lit. c kann die EBA die Adressaten vorladen und zur Erteilung von Auskünften und zur Vorlage von Unterlagen auffordern, zudem auch die Antworten aufzeichnen. Die Vernehmungen können sowohl am Sitz der EBA in Paris als auch, im Rahmen der in Art. 123 Abs. 4 vorgesehenen mitgliedstaatlichen Unterstützung, bei einer mitgliedstaatlichen Behörde durchgeführt werden. Nach Art. 123 Abs. 1 S. 2 lit. e können Aufzeichnungen von Telefongesprächen und Datenübermittlungen angefordert werden.[2]

5   Gem. Art. 123 Abs. 1 S. 1 ist die EBA zu Untersuchungen **„in Bezug" auf die Emittenten** signifikanter vermögenswertereferenzierter Token und signifikanter E-Geld-Token berechtigt. Dieser weite Wortlaut wird bereits durch die persönliche Ausrichtung der einzelnen Untersuchungsmaßnahmen beschränkt; so kann nach Art. 123 Abs. 1 S. 2 lit. c lediglich der Emittent, sein Leitungsorgan oder Mitarbeiter zur Abgabe mündlicher oder schriftlicher Erklärungen vorgeladen werden. Hingegen kann nach Art. 123 Abs. 1 S. 2 lit. d jede andere natürliche oder juristische Person befragt werden, sofern sie zustimmt. Sofern die Befugnisnorm keine explizite Erweiterung des Adressatenkreises enthält, kann sich eine Maßnahme alleine gegen den Emittenten richten.[3]

III. Form und Verfahren (Abs. 2 und 3)

6   Formelle Grundlage der Maßnahmen nach Abs. 1 ist ein **Beschluss.** Dies geht freilich erst mittelbar aus Art. 3 S. 1 hervor, der die Prüfungsadressaten dazu verpflichtet, sich den durch „Beschluss" der EBA eingeleiteten Untersuchungen zu unterziehen. Materiell geht damit eine **Duldungs- und Mitwirkungspflicht** der Emittenten einher. Der Beschluss muss nach Abs. 3 S. 2 den Gegenstand und Zweck der Untersuchung, die in Art. 132 vorgesehenen Zwangsgelder und die nach der EBA-Verordnung möglichen Rechtsbehelfe sowie das Recht angeben, den Beschluss durch den Gerichtshof überprüfen zu lassen. Art. 60 und 61 EBA-VO gehen von einer administrativen Beschwerde als Sachentscheidungsvoraussetzung für eine nachfolgende Nichtigkeitsklage aus. Um einen effektiven Rechtsschutz iSd Art. 47 GRCh zu ermöglichen, muss der Beschluss **schriftlich** ergehen.

7   Art. 123 Abs. 2 S. 1 sieht vor, dass die EBA-Bediensteten und die von der EBA beauftragten Personen ihre Untersuchungsbefugnisse unter Vorlage einer **schriftlichen Vollmacht** ausüben, in der Gegenstand und Zweck der Untersuchung angegeben werden. Zudem sind in der Vollmacht die nach Art. 132 vorgesehenen Zwangsgelder für den Fall der Verweigerung oder Unvollständigkeit der Vorlage

---

[1] Vgl. Art. 6 EBA-VO.
[2] Zur kritischen Stellungnahme des Europäischen Datenschutzbeauftragten zur analogen Befugnis gem. Art. 62 Abs. 1 lit. e EMIR, ABl. 2011 C 216.
[3] Vgl. analog dazu Assmann/Schneider/Mülbert/Gurlit MiFIR Art. 38 c Rn. 7.

Allgemeine Untersuchungsbefugnisse **Art. 123**

der geforderten Dokumente oder Auskünfte anzugeben. Problematisch ist die weitere Anforderung, auch die Geldbußen anzugeben, welche im Fall unzutreffender oder irreführender Auskünfte verhängt werden können – denn Art. 131 mit seinem Verweis auf Anhänge V und VI sieht keine Geldbußen für diesen Fall vor.[4] Auch weil der Beschluss keinen Hinweis auf Geldbußen enthalten sollte (vgl. → Rn. 6), sollte auf den entsprechenden Hinweis auf Geldbußen in der Vollmacht verzichtet werden.

Art. 123 sieht keine vorherige Anhörung der betroffenen Prüfungsadressaten vor **8** Erlass eines Prüfungs- und Untersuchungsbeschlusses vor. Eine Anhörung ist in Art. 135 nur vor Aufsichtsverfügungen nach Art. 130, der Festlegung von Geldbußen und der Festsetzung von Zwangsgeldern explizit vorgesehen. Die **Pflicht zur Anhörung** der Adressaten der allgemeinen Untersuchungsmaßnahmen folgt freilich aus dem Recht auf gute Verwaltung nach **Art. 41 Abs. 2 lit. a GRCh,** welches Belastungen ohne Möglichkeit zur Stellungnahme verbietet. Auf eine explizite Regelung im Sekundärrecht kommt es daher nicht an;[5] aus Effektivitätsgründen muss im Beschluss sowie in der Vollmacht allerdings auf das Recht zur Stellungnahme hingewiesen werden. Droht eine Vereitelung des Maßnahmenzwecks durch die Anhörung, so kann – im Rahmen der Verhältnismäßigkeit – von der Anhörung abgesehen werden, wobei von dieser Möglichkeit wegen der Anforderungen von Art. 52 Abs. 1 GRCh nur vorsichtig und in besonders wichtigen Fällen Gebrauch gemacht werden darf.

IV. Unterrichtung und Mitwirkung der mitgliedstaatlichen Behörde (Abs. 4)

Art. 123 Abs. 4 S. 1 sieht vor, dass die EBA die zuständige Behörde desjenigen **9** Mitgliedstaats, in dem die Untersuchung durchgeführt werden soll, rechtzeitig über die bevorstehende Untersuchung und die Identität der bevollmächtigten Behörden **unterrichtet.** Für in Deutschland niedergelassene Emittenten ist zuständige Behörde iSv Art. 3 Abs. 1 Nr. 35 die BaFin (§ 6 Abs. 5 S. 1 WpHG). Die Pflicht zur rechtzeitigen Unterrichtung wirkt, sobald die EBA einen entsprechenden Einleitungsbeschluss gefasst hat. Ein gesondertes Recht zur Stellungnahme der mitgliedstaatlichen Behörde ist nicht vorgesehen.

Die Bediensteten der mitgliedstaatlichen Behörde **unterstützen** nach Art. 123 **10** Abs. 4 S. 2 auf **Antrag der EBA** die bevollmächtigten Personen bei der Durchführung ihrer Aufgaben. Im Grundsatz sind hiervon allein Unterstützungshandlungen gedeckt; nur bei Vor-Ort-Kontrollen kann die EBA nach Art. 124 Abs. 7 verlangen, dass die mitgliedstaatliche Behörde in ihrem Namen spezifische Untersuchungen selbst durchführt. Umgekehrt können die mitgliedstaatlichen Behörden die EBA ersuchen, deren Untersuchungen beizuwohnen, um eigene Maßnahmen in ihrer Zuständigkeit vorzubereiten.

---

[4] Vgl. analog dazu Assmann/Schneider/Mülbert/Gurlit MiFIR Art. 38c Rn. 8.
[5] EuGH ECLI:EU:C:2020:481 Rn. 67 = BeckRS 2020, 12844 Rn. 67 – Kommission/RQ; Jarass GRCh Art. 41 Rn. 19; Calliess/Ruffert/Ruffert GRCh Art. 41 Rn. 15.

Art. 123 Titel VII Zuständigen Behörden, die EBA und die ESMA

V. Mitgliedstaatlicher Richtervorbehalt (Abs. 5–7)

11 Die durch Art. 123 vorgesehenen Eingriffe unterliegen der **richterlichen Genehmigung,** soweit es sich um TK- und Datenauswertung handelt, die nach nationalem Recht eine richterliche Entscheidung voraussetzt. Nach Art. 123 Abs. 5 S. 2 kann eine gerichtliche Entscheidung auch vorsorglich beantragt werden. In Deutschland ist das Fernmeldegeheimnis aus Art. 10 GG betroffen, für den das BVerfG einen ungeschriebenen Richtervorbehalt anerkannt hat, sofern der effektive Rechtsschutz und das Verhältnismäßigkeitsprinzip es gebieten. Insbesondere wenn längerfristig und heimlich auf Daten zugegriffen werden soll, muss ein deutscher Richter konsultiert werden.[6]

12 Art. 123 Abs. 1 S. 2 lit. e gestattet allein Maßnahmen unmittelbar gegenüber den Aufsichtsadressaten iSv Art. 122 Abs. 1 (vgl. → Rn. 5). Für diese **offenen Herausgabeverlangen** bezüglich Aufzeichnungen von Telefongesprächen und elektronischen Mitteilungen durch den Aufsichtsadressaten selbst sind konsequenterweise **keine vorherigen gerichtlichen Entscheidungen erforderlich.** Für den Informationsaustausch mit nationalen Behörden gilt Art. 125, auf den der Richtervorbehalt aus Art. 123 Abs. 5 und 6 weder formell noch inhaltlich zutrifft. Zur Herausgabe solcher Daten durch TK-Anbieter ermächtigt Art. 123 Abs. 1 S. 2 lit. e überhaupt nicht. Eine Anfrage gegenüber TK-Anbietern ist weder nach der Befugnisnorm von Art. 123 erlaubt, noch dürfen sich TK-Anbieter gem. § 3 Abs. 3 TTDSG abseits des Strafprozessrechts oder des Gefahrenabwehrrechts Kenntnisse von TK-Inhalten verschaffen.[7]

13 Soweit das mitgliedstaatliche Recht einen Richtervorbehalt vorsieht, sind die Anforderungen an **Inhalt und Umfang der richterlichen Kontrolle** Art. 123 Abs. 6 zu entnehmen. Das nationale Gericht prüft nach Art. 123 Abs. 6 UAbs. 1, ob der Untersuchungsbeschluss der EBA echt ist (lit. a) und ob die zu ergreifenden Maßnahmen verhältnismäßig und weder willkürlich noch unangemessen sind (lit. b). Der Kontrollmaßstab folgt dabei aus Art. 123 Abs. 7 S. 1. Danach kann das nationale Gericht die EBA um detaillierte Erläuterungen ersuchen, insbesondere in Hinblick auf einen von der EBA angenommenen Verstoß gegen die MiCAR, die Schwere des mutmaßlichen Verstoßes und die Art der Beteiligung des Aufsichtsadressaten. Das nationale Gericht darf hingegen nach Art. 123 Abs. 7 S. 2 weder die Notwendigkeit der Untersuchung prüfen noch die Übermittlung der in den EBA-Akten enthaltenen Informationen verlangen. Nach Art. 123 Abs. 7 S. 3 darf es auch nicht die Rechtmäßigkeit des EBA-Beschlusses prüfen, die als Maßnahme einer EU-Behörde alleine im System des europäischen Rechtsschutzes kontrollierbar ist.[8]

---

[6] BVerfGE 125, 260 Rn. 247 f. = NJW 2010, 833 Rn. 247 f. – Vorratsdatenspeicherung; BVerfGE 141, 220 Rn. 117 f. = NJW 2016, 1781 Rn. 117 f. – BKA-Gesetz.
[7] Ausf. Säcker/Körber TKG/Waßmer TTDSG § 3 Rn. 38 ff.; Plath/Jenny TTDSG § 3 Rn. 24.
[8] Dazu Thiele GewArch 2015, 157 (159); Berger WM 2015, 501 (504); zur Prüfung nationalen Rechts durch EU-Stellen Kämmerer WM 2016, 1 (4); Berger WM 2016, 2325 (2332); krit. Müller-Graff EuZW 2018, 101 (107); Kaufhold JÖR nF 66 (2018), 85 (106 f.).

Artikel 124 Prüfungen vor Ort

(1) Zur Wahrnehmung ihrer Aufsichtsaufgaben nach Artikel 117 kann die EBA alle notwendigen Prüfungen vor Ort in sämtlichen Geschäftsräumen der Emittenten signifikanter vermögenswertereferenzierter Token und der Emittenten signifikanter E-Geld-Token durchführen.

Das in Artikel 119 genannte Kollegium wird unverzüglich über alle Erkenntnisse unterrichtet, die für die Erfüllung seiner Aufgaben relevant sein könnten.

(2) Die Bediensteten der EBA und sonstige von ihr zur Durchführung der Prüfungen vor Ort bevollmächtigte Personen sind befugt, die Geschäftsräume der Personen, die Gegenstand des Beschlusses der EBA über die Einleitung einer Untersuchung sind, zu betreten, und verfügen über sämtliche in Artikel 123 Absatz 1 genannten Befugnisse. Darüber hinaus sind sie befugt, die Geschäftsräume und Bücher oder Aufzeichnungen jeder Art für die Dauer der Prüfung und in dem für die Prüfung erforderlichen Ausmaß zu versiegeln.

(3) Die EBA unterrichtet die zuständige Behörde des Mitgliedstaats, in dem die Prüfung erfolgen soll, rechtzeitig über die bevorstehende Prüfung. Wenn die ordnungsgemäße Durchführung und die Wirksamkeit der Prüfung dies erfordern, kann die EBA die Prüfung vor Ort ohne vorherige Unterrichtung des Emittenten des signifikanten vermögenswertereferenzierten Token oder des Emittenten des signifikanten E-Geld-Token durchführen, sofern sie die zuständige Behörde zuvor entsprechend informiert hat.

(4) Die Bediensteten der EBA und sonstige von ihr zur Durchführung der Prüfungen vor Ort bevollmächtigte Personen üben ihre Befugnisse unter Vorlage einer schriftlichen Vollmacht aus, in der der Gegenstand und der Zweck der Prüfung genannt werden und angegeben wird, welche Zwangsgelder gemäß Artikel 132 verhängt werden, wenn sich die betreffenden Personen nicht der Prüfung unterziehen.

(5) Der Emittent des signifikanten vermögenswertereferenzierten Token oder der Emittent des signifikanten E-Geld-Token unterzieht sich den durch Beschluss der EBA angeordneten Prüfungen vor Ort. In dem Beschluss wird Folgendes angegeben: Gegenstand, Zweck und Zeitpunkt des Beginns der Prüfung, die in Artikel 132 festgelegten Zwangsgelder, die nach der Verordnung (EU) Nr. 1093/2010 möglichen Rechtsbehelfe sowie das Recht, den Beschluss durch den Gerichtshof überprüfen zu lassen.

(6) Auf Antrag der EBA unterstützen Bedienstete der zuständigen Behörde des Mitgliedstaats, in dem die Prüfung vorgenommen werden soll, sowie von dieser Behörde entsprechend ermächtigte oder bestellte Personen die Bediensteten der EBA und sonstige von ihr bevollmächtigte Personen aktiv. Bedienstete der zuständigen Behörde des betreffenden Mitgliedstaats können ebenfalls an den Prüfungen vor Ort teilnehmen.

(7) Die EBA kann auch die zuständigen Behörden ersuchen, in ihrem Namen im Sinne dieses Artikels und des Artikels 123 Absatz 1 spezifische

Art. 124 Titel VII Zuständigen Behörden, die EBA und die ESMA

Untersuchungsaufgaben wahrzunehmen und Prüfungen vor Ort durchzuführen.

(8) Stellen die Bediensteten der EBA oder andere von ihr bevollmächtigte Begleitpersonen fest, dass sich eine Person einer nach Maßgabe dieses Artikels angeordneten Prüfung widersetzt, so gewährt die zuständige Behörde des betreffenden Mitgliedstaats gegebenenfalls unter Einsatz von Polizeikräften oder einer entsprechenden vollziehenden Behörde die erforderliche Unterstützung, damit die Prüfung vor Ort durchgeführt werden kann.

(9) Setzt die Prüfung vor Ort gemäß Absatz 1 oder die Unterstützung gemäß Absatz 7 nach nationalem Recht eine gerichtliche Genehmigung voraus, so beantragt die EBA eine solche Genehmigung. Die Genehmigung kann auch vorsorglich beantragt werden.

(10) Geht bei einem Gericht in einem Mitgliedstaat ein Antrag auf Genehmigung einer Prüfung vor Ort gemäß Absatz 1 oder einer Unterstützung gemäß Artikel 7 ein, so prüft dieses Gericht,
a) ob der in Absatz 4 genannte Beschluss der EBA echt ist, und
b) ob die zu ergreifenden Maßnahmen angemessen und weder willkürlich noch unverhältnismäßig sind.

(11) Für die Zwecke von Absatz 10 Buchstabe b kann das Gericht die EBA um detaillierte Erläuterungen ersuchen, insbesondere in Bezug auf die Gründe, warum die EBA einen Verstoß gegen diese Verordnung vermutet, in Bezug auf die Schwere des mutmaßlichen Verstoßes und die Art der Beteiligung der Person, gegen die sich die Zwangsmaßnahmen richten. Das Gericht darf jedoch weder die Notwendigkeit der Untersuchung prüfen noch die Übermittlung der in den Akten der EBA enthaltenen Informationen verlangen. Die Rechtmäßigkeit des Beschlusses der EBA unterliegt ausschließlich der Prüfung durch den Gerichtshof nach dem in der Verordnung (EU) Nr. 1093/2010 vorgesehenen Verfahren.

Übersicht

	Rn.
I. Gegenstand und Zweck	1
II. Befugnisse der EBA (Abs. 1 und 2)	3
III. Verfahren und Form (Abs. 3–5)	7
IV. Beteiligung der mitgliedstaatlichen Behörde (Abs. 6–8)	11
V. Mitgliedstaatlicher Richtervorbehalt (Abs. 9–11)	13

I. Gegenstand und Zweck

1   Art. 124 erlaubt der EBA, zur Erfüllung ihrer Aufgaben Kontrollen in den Geschäftsräumen der Aufsichtsadressaten durchzuführen. **Art. 124 Abs. 1** regelt die Befugnis der EBA zu Vor-Ort-Kontrollen sowie die Adressaten der Befugnis. **Art. 124 Abs. 2** konkretisiert die hiervon umfassten Maßnahmen durch die Einräumung einer Betretungsbefugnis und den Verweis auf die Befugnisse nach Art. 123 Abs. 1. Weiter statuiert **Art. 124 Abs. 3** den Grundsatz, dass Vor-Ort-Kontrollen der EBA der Unterrichtung der lokalen mitgliedstaatlichen Behörde bedürfen, allerdings auch ohne vorherige Ankündigung gegenüber dem Aufsichtsadressaten erfolgen können. **Art. 124 Abs. 4** legen die Formanforderungen für die

Prüfungen vor Ort **Art. 124**

Vor-Ort-Untersuchung fest, die von den EBA-Bediensteten nur unter Vorlage einer qualifizierten Vollmacht durchgeführt werden darf. **Art. 124 Abs. 5** stellt eine Duldungspflicht der von einer Vor-Ort-Kontrolle betroffenen Person fest und macht Vorgaben für den Inhalt des der Untersuchung zugrundeliegenden Beschlusses der EBA. **Art. 124 Abs. 6–8** regeln die Beteiligung der betroffenen mitgliedstaatlichen Behörde, von einer bloßen Unterstützung bis hin zum Einsatz ordnungsrechtlicher Zwangsmaßnahmen. **Art. 124 Abs. 9–11** legen das Vorgehen bei einem mitgliedstaatlichen Richtervorbehalt für die Durchführung von Vor-Ort-Kontrollen fest.

Wie Art. 123 soll Art. 124 die EBA dazu befähigen, die Einhaltung der für 2 Emittenten signifikanter vermögenswertereferenzierter Token und Emittenten signifikanter E-Geld-Token geltenden Anforderungen, welche nach Art. 117 in den Aufsichtsbereich der EBA fallen, **dauerhaft zu überwachen**. Die Vor-Ort-Kontrollen sind dabei zu unterscheiden von der Untersuchung von konkreten Verstößen durch einen besonderen Beauftragten, der gem. Art. 134 Abs. 3 gleichfalls zu Vor-Ort-Prüfungen befugt ist. Durch die Betretungsbefugnisse am Sitz des Unternehmens kann die Behörde vor Ort, mithin besonders effektiv als auch eingriffsintensiv, von ihren Befugnissen Gebrauch machen. Die Vorschrift schließt an Vorbilder in anderen finanzmarktrechtlichen Regelwerken an, die der ESMA Vollzugskompetenzen einräumen, etwa in Art. 38 d VO (EU) Nr. 600/2014 (MiFIR), Art. 48 d VO (EU) 2016/1011 (Benchmark-VO), Art. 25 h und Art. 63 VO (EU) Nr. 648/2012 (EMIR) und Art. 23 d VO (EU) Nr. 1060/2009 (Rating-VO).

II. Befugnisse der EBA (Abs. 1 und 2)

Die EBA kann nach Art. 124 Abs. 1 zur Wahrnehmung ihrer Aufgaben nach 3 Art. 117 alle erforderlichen Kontrollen vor Ort in den Geschäftsräumen der in Art. 124 Abs. 1 genannten Personen durchführen. Legitim sind dabei nur für die Aufgabenerfüllung **erforderliche** Kontrollen. Dabei sind jedoch **Anhaltspunkte für Rechtsverstöße** – anders als für Vor-Ort-Kontrollen eines besonderen Beauftragten nach Art. 134 Abs. 3 – **nicht erforderlich**. Obwohl Art. 124 Abs. 10 die Begründungskontrolle durch ein nationales Gericht gem. Art. 124 Abs. 10 UAbs. 2 vorsieht, greift Art. 124 Abs. 1 die Verhältnismäßigkeit als Kriterium nicht explizit auf. Der EBA kommt für die Beurteilung der **Erforderlichkeit** der Untersuchungen und des Einsatzes der Prüfungsinstrumente des Art. 124 Abs. 2 iVm denjenigen des Art. 123 Abs. 1 ein Einschätzungsspielraum zu. Vor-Ort-Kontrollen sind jedenfalls dann nicht erforderlich, wenn der EBA die zu ermittelnden Informationen bereits vorliegen, diese ohne weiteres auf einfacherem Wege, etwa durch Übersendung, zu erlangen sind oder ein Zusammenhang mit der Aufsichtsaufgabe nicht besteht. Auch hier ist zudem die Grenze des Rechtsprivilegs zu beachten, Art. 121.

Art. 124 Abs. 2 S. 1 gewährt der EBA ein Betretungsrecht für die **Geschäfts-** 4 **räume** der Aufsichtsadressaten, verknüpft mit der Befugnis zur Wahrnehmung der Befugnisse nach Art. 123 Abs. 1, die jedoch **keine Durchsuchungsbefugnis** und **kein Beschlagnahmerecht umfassen, denn der EU-Gesetzgeber differenziert systematisch zwischen Prüfungs- und Durchsuchungsbefugnissen.**[1]

---

[1] Vgl. analog dazu Assmann/Schneider/Mülbert/Gurlit MiFIR Art. 38 d Rn. 5.

Art. 124 Titel VII Zuständigen Behörden, die EBA und die ESMA

Während die EBA also nicht Geschäftsräume durchsuchen kann, ist es ihr durch den Verweis auf Art. 123 Abs. 1 erlaubt, offen einsehbare Unterlagen zu kopieren.

5   **Art. 124 Abs. 2 S. 2** befugt die EBA-Bediensteten, bei ihren Kontrollen vor Ort Unterlagen und auch komplette Geschäftsräume während der Dauer der Kontrolle zu **versiegeln**. So können die einzusehenden Unterlagen störungsfrei ausgewertet werden, insbesondere wenn die Kontrolle mehrere Tage dauert.

6   Art. 124 Abs. 1 bezieht sich räumlich und personell auf die **Geschäftsräume der in Art. 122 Abs. 1 genannten Personen.** Nur insoweit, als die Kontrollbefugnisse des Art. 123 Abs. 1 auch gegenüber Personen ausgeübt werden können, die nicht in Art. 122 Abs. 1 genannt werden, können auch diese zu **Adressaten** der Prüfungsmaßnahmen werden (vgl. → Art. 123 Rn. 5).

III. Verfahren und Form (Abs. 3–5)

7   Die EBA unterrichtet nach **Art. 124 Abs. 3 S. 1** die zuständige Behörde des Mitgliedstaates, in dem die Vor-Ort-Kontrolle stattfinden soll, rechtzeitig über die bevorstehende Prüfung. Nach Art. 124 Abs. 3 S. 2 kann die EBA die Vor-Ort-Kontrolle **ohne vorherige Ankündigung** gegenüber dem betroffenen Emittenten durchführen, sofern sie die zuständige mitgliedstaatliche Behörde vorab informiert. Die ordnungsgemäße Durchführung und die Wirksamkeit der Kontrolle müssen solch ein Vorgehen allerdings besonders erfordern, etwa wenn Verdunkelungsgefahr besteht.[2]

8   Art. 124 sieht keine über diese vorherige Ankündigung hinausgehende vorherige Anhörung der betroffenen Prüfungsadressaten vor Erlass eines Prüfungs- und Untersuchungsbeschlusses vor. Eine Anhörung ist in Art. 135 nur vor Aufsichtsverfügungen nach Art. 130, der Festlegung von Geldbußen und der Festsetzung von Zwangsgeldern explizit vorgesehen. Die **Pflicht zur Anhörung** der Adressaten der allgemeinen Untersuchungsmaßnahmen folgt freilich aus dem Recht auf gute Verwaltung nach **Art. 41 Abs. 2 lit. a GRCh,** welches Belastungen ohne Möglichkeit zur Stellungnahme verbietet. Auf eine explizite Regelung im Sekundärrecht kommt es daher nicht an;[3] aus Effektivitätsgründen muss im Beschluss sowie in der Vollmacht allerdings auf das Recht zur Stellungnahme hingewiesen werden. Droht eine Vereitelung des Maßnahmenzwecks durch die Anhörung, so kann – im Rahmen der Verhältnismäßigkeit – von der Anhörung abgesehen werden, wobei von dieser Möglichkeit wegen den Anforderungen von Art. 52 Abs. 1 GRCh nur vorsichtig und in besonders wichtigen Fällen Gebrauch gemacht werden darf.

9   Die EBA-Bediensteten und die von der EBA für Vor-Ort-Kontrollen beauftragten Personen müssen ihre Kontrollbefugnisse nach Art. 124 Abs. 4 unter Vorlage einer **schriftlichen Vollmacht** ausüben. In der Vollmacht müssen Gegenstand und Zweck der Untersuchung angegeben werden, zudem die in Art. 132 vorgesehenen Zwangsgelder im Fall der Verweigerung der Kontrollmaßnahmen. Art. 132 Abs. 1 lit. b Ziff. iii stellt die Rechtsgrundlage dar, um die Duldungspflicht mit Zwangsgeldern durchzusetzen.

10 Die Kontrolladressaten sind nach **Art. 124 Abs. 5 S. 1** verpflichtet, sich den durch Beschluss der EBA angeordneten Kontrollen zu „unterziehen", also diese zu

---

[2] Vgl. analog dazu BeckOK WpHR/Steuer VO (EU) Nr. 648/2012 Art. 25h Rn. 11.
[3] EuGH ECLI:EU:C:2020:481 Rn. 67 = BeckRS 2020, 12844 Rn. 67 – Kommission/RQ; Jarass GRCh Art. 41 Rn. 19; Calliess/Ruffert/Ruffert GRCh Art. 41 Rn. 15.

Prüfungen vor Ort **Art. 124**

dulden. In dem Beschluss sind nach Art. 124 Abs. 5 S. 2 Gegenstand, Zweck und Zeitpunkt des Beginns der Kontrolle, die in Art. 132 vorgesehenen Zwangsgelder und die nach der EBA-VO zulässigen Rechtsbehelfe sowie das Recht, den Beschluss durch den Gerichtshof überprüfen zu lassen, anzugeben. Art. 60 und 61 der EBA-VO gehen von einer administrativen Beschwerde als Sachentscheidungsvoraussetzung für eine nachfolgende Nichtigkeitsklage aus. Um einen effektiven Rechtsschutz isd Art. 47 GRCh zu ermöglichen, muss der Beschluss **schriftlich** ergehen.

IV. Beteiligung der mitgliedstaatlichen Behörde (Abs. 6–8)

Gem. **Art. 124 Abs. 6 S. 1** unterstützen die Bediensteten der zuständigen mit- 11 gliedstaatlichen Behörde sowie die von dieser Behörde ermächtigten oder bestellten Personen die EBA auf deren Antrag aktiv bei der Durchführung der Vor-Ort-Kontrolle. Anders als bei der Beteiligung nach Art. 124 Abs. 7 kann die EBA hier nur bloße **Unterstützungsleistungen** verlangen. Zudem ist eine besondere Unterstützungspflicht in **Art. 124 Abs. 8** geregelt, die der EBA im Fall der Verweigerung der Vor-Ort-Kontrolle durch den Aufsichtsadressaten die mitgliedstaatlichen Behörden zur Seite stellt, welche, den EBA-Bediensteten durch Vollstreckungsbeamte die Maßnahmendurchführung ermöglichen. Die zwangsweise Durchsetzung insbesondere des Betretungsrechts setzt die vorherige beschlussförmige Anordnung der Prüfung voraus. Hierfür muss die EBA vorab das Einvernehmen der mitgliedstaatlichen Behörde gem. Art. 124 Abs. 3 einholen.

Die EBA kann nach **Art. 124 Abs. 7** die **mitgliedstaatlichen Behörden** zu- 12 dem auffordern, bestimmte **Untersuchungsaufgaben und Kontrollen vor Ort** iSv Art. 124 und Art. 123 **in ihrem Namen durchzuführen.** Nach dem Wortlaut verfügen die mitgliedstaatlichen Behörden insoweit über die Betretens- und Versiegelungsbefugnis nach Art. 124 Abs. 2 und über das Recht zu einfachen und beschlussförmigen Informationsersuchen nach Art. 123. Die betroffene mitgliedstaatliche Behörde handelt auf Grundlage der unionsrechtlichen Norm.

V. Mitgliedstaatlicher Richtervorbehalt (Abs. 9–11)

Die EBA beantragt nach Art. 124 Abs. 9 S. 1 eine gerichtliche Genehmigung, 13 wenn die Kontrolle vor Ort oder die Unterstützung durch die mitgliedstaatliche Behörde nach nationalem Recht eine **richterliche Entscheidung** voraussetzt. Eine gerichtliche Entscheidung kann nach Art. 124 Abs. 9 S. 2 auch vorsorglich beantragt werden.

In Deutschland besteht kein Richtervorbehalt für die nach Art. 124 statt- 14 haften Maßnahmen. Die Betretungsbefugnis der EBA und der nach Art. 124 Abs. 7 unterstützenden mitgliedstaatlichen Behörden beschränkt sich auf Geschäftsräume, umfasst also nicht zum Wohnen genutzte Räumlichkeiten. Für den grundrechtlichen Schutz der **Unverletzlichkeit der Wohnung** nach Art. 13 GG ist die Abgrenzung zwischen Wohn- und Geschäftsräumen indes nicht entscheidend, denn auch Geschäfts- und Betriebsstätten unterfallen dem verfassungsrechtlichen Wohnungsbegriff, sofern ihre Nutzung Ausdruck berufsbezogener Persönlichkeitsentfaltung ist.[4] Einen Richtervorbehalt sieht Art. 13 Abs. 2 GG zwar für das Durchsuchen als ziel- und zweckgerichtete Suche in Geschäftsräumen,[5] indessen nicht schon für das Betreten von Geschäftsräumen iSv Eintreten, Verweilen und Besichtigen.[6] Unter Durchsuchen ist insbesondere das systematische Durchkämmen eines Gebäudes und das Öffnen von Schränken, erforderlichenfalls das Aufreißen von Wänden, zu verstehen.[7] Zu derartigen Maßnahmen ermächtigt hingegen Art. 124 iVm Art. 123 jedoch weder die EBA noch die mitgliedstaatlichen Behörden.

15 Soweit das mitgliedstaatliche Recht einen Richtervorbehalt vorsieht, prüft das nationale Gericht nach Art. 124 Abs. 10, ob der Untersuchungsbeschluss der EBA echt ist (lit. a) und ob die zu ergreifenden Maßnahmen angemessen und weder willkürlich noch unverhältnismäßig sind (lit. b). Art. 124 Abs. 11 S. 1 konkretisiert den Kontrollmaßstab des Art. 124 Abs. 10 UAbs. 1 lit. b, wonach das nationale Gericht die EBA um detaillierte Erläuterungen ersuchen kann, insbesondere im Hinblick auf einen von der EBA angenommenen Verstoß gegen die MiCAR, die Schwere des mutmaßlichen Verstoßes und die Art der Beteiligung des Aufsichtsadressaten. Das nationale Gericht darf hingegen nach Art. 124 Abs. 11 S. 2 weder die Notwendigkeit der Untersuchung prüfen noch die Übermittlung der in den EBA-Akten enthaltenen Informationen verlangen. Nach Art. 124 Abs. 11 S. 3 darf es auch nicht die Rechtmäßigkeit des EBA-Beschlusses prüfen, die als Maßnahme einer EU-Behörde alleine im System des europäischen Rechtsschutzes kontrollierbar ist.[8]

Artikel 125 Informationsaustausch

(1) **Zur Wahrnehmung der Aufsichtsaufgaben der EBA gemäß Artikel 117 und unbeschadet des Artikels 96 übermitteln die EBA und die zuständigen Behörden einander unverzüglich die zur Wahrnehmung ihrer Aufgaben im Rahmen dieser Verordnung erforderlichen Informationen. Hierzu tauschen die zuständigen Behörden und die EBA alle Informationen aus, die Folgendes betreffen:**
a) **Einen Emittenten eines signifikanten vermögenswertereferenzierten Token oder eine Person, die einen Emittenten eines signifikanten vermögenswertereferenzierter Token kontrolliert oder eines oder indirekt von einem Emittenten eines signifikanten vermögenswertereferenzierten Token kontrolliert wird;**
b) **ein Drittunternehmen im Sinne von Artikel 34 Absatz 5 Unterabsatz 1 Buchstabe h, mit denen der Emittent eines signifikanten vermögenswertereferenzierten Token eine vertragliche Vereinbarung geschlossen hat;**

---

[4] BVerfGE 32, 54 (69ff.); aus jüngerer Zeit BVerfG AG 2018, 672 = ZIP 2018, 1468 = NJW 2018, 2395 Rn. 38f. – Beschlagnahme in Anwaltskanzlei Jones Day; s. auch v. Münch/Kunig/Kunig/Berger GG Art. 13 Rn. 26.
[5] Schenke PolR Rn. 167; v. Münch/Kunig/Kunig/Berger GG Art. 13 Rn. 39 mwN.
[6] Schenke PolR Rn. 167.
[7] Schenke PolR Rn. 168.
[8] Dazu Thiele GewArch 2015, 157 (159); Berger WM 2015, 501 (504); zur Prüfung nationalen Rechts durch EU-Stellen Kämmerer WM 2016, 1 (4); Berger WM 2016, 2325 (2332); krit. Müller-Graff EuZW 2018, 101 (107); Kaufhold JÖR nF 66 (2018), 85 (106f.).

Informationsaustausch **Art. 125**

c) Anbieter von Kryptowerte-Dienstleistungen, Kreditinstitute oder Wertpapierfirmen, die die Verwahrung des Reservevermögens gemäß Artikel 37 sicherstellen;
d) einen Emittenten eines signifikanten E-Geld-Token oder eine Person, die einen Emittenten signifikanter E-Geld-Token kontrolliert oder direkt oder indirekt von einem Emittenten eines signifikanten E-Geld-Token kontrolliert wird;
e) einen Zahlungsdienstleister, der Zahlungsdienste im Zusammenhang mit signifikanten E-Geld-Token erbringt;
f) eine natürliche oder juristische Person, die damit beauftragt wurde, signifikante E-Geld-Token für einen Emittenten der signifikanten E-Geld-Token zu vertreiben;
g) einen Anbieter von Kryptowerte-Dienstleistungen für die Verwahrung und Verwaltung von Kryptowerten für Kunden in Bezug auf signifikante vermögenswertereferenzierte Token oder signifikante E-Geld-Token;
h) eine Handelsplattform für Kryptowerte, auf der ein signifikanter vermögenswertereferenzierter Token oder ein signifikanter E-Geld-Token zum Handel zugelassen wurde;
i) das Leitungsorgan der unter den Buchstaben a bis h genannten Personen.

(2) Eine zuständige Behörde kann sich nur dann weigern, einem Antrag auf Informationsaustausch gemäß Absatz 1 des vorliegenden Artikels oder einem Antrag auf Kooperation bei der Durchführung einer Untersuchung oder einer Prüfung vor Ort, wie in den Artikeln 123 bzw. 124 vorgesehen, nachzukommen,
a) wenn ein Stattgeben geeignet wäre, ihre eigene Untersuchung, ihre eigenen Durchsetzungsmaßnahmen oder, falls zutreffend, eine strafrechtliche Ermittlung zu beeinträchtigen;
b) wenn aufgrund derselben Tat gegen dieselben natürlichen oder juristischen Personen bereits ein Verfahren vor einem Gericht des ersuchten Mitgliedstaats anhängig ist;
c) wenn gegen die genannten natürlichen oder juristischen Personen aufgrund derselben Tat bereits ein rechtskräftiges Urteil in dem ersuchten Mitgliedstaat ergangen ist.

Art. 125 regelt in allgemeiner Form die wechselseitige Pflicht der EBA und der 1
zuständigen nationalen Behörden, einander unverzüglich die für die Aufgabenwahrnehmung **erforderlichen Informationen zu übermitteln.** Soweit Art. 121 ff. allerdings speziellere Regelungen zum Informationsaustausch enthalten, sind diese vorrangig. Mit ihrer Stellung in der MiCAR selbst handelt es sich bei Art. 125 formell um eine spezielle Regelung zu Art. 35 der EBA-VO; da Art. 35 EBA-VO jedoch wesentlich detaillierter die Voraussetzungen und das Verfahren der Informationsübermittlung durch die zuständigen Behörden und durch die EBA regelt, findet die Norm neben Art. 125 Anwendung. Art. 125 ist seinerseits **lex specialis** zu der **Verschwiegenheitspflicht der EBA** gem. Art. 129, weshalb auch vertrauliche Informationen zwischen EBA und mitgliedstaatlichen Behörden ausgetauscht werden können. Die Norm verpflichtet dabei in beide Richtungen und erlaubt zu-

Art. 126 Titel VII Zuständigen Behörden, die EBA und die ESMA

dem die Kooperation zwischen mitgliedstaatlichen Behörden. Die Zwecke des Art. 117 bleiben dabei jedoch maßgeblich.

Artikel 126 Verwaltungsvereinbarungen über den Informationsaustausch zwischen der EBA und Drittländern

(1) **Zur Wahrnehmung ihrer Aufsichtsaufgaben gemäß Artikel 117 darf die EBA Verwaltungsvereinbarungen über den Informationsaustausch mit den Aufsichtsbehörden von Drittländern nur schließen, wenn die Garantien zum Schutz des Berufsgeheimnisses in Bezug auf die offengelegten Informationen jenen nach Artikel 129 mindestens gleichwertig sind.**

(2) **Der Informationsaustausch dient der Wahrnehmung der Aufgaben der EBA oder der in Absatz 1 genannten Aufsichtsbehörden.**

(3) **Bei der Übermittlung personenbezogener Daten an ein Drittland wendet die EBA die Verordnung (EU) 2018/1725 an.**

1   Die Norm erlaubt der EBA zur Erfüllung ihrer Aufgaben nach Art. 117 Verwaltungsvereinbarungen zur Durchführung des Informationsaustausches abzuschließen. Erforderlich ist hierfür gem. Art. 126 Abs. 1, dass der Schutz des Berufsgeheimnisses im Bestimmungsland des Informationsflusses adäquat zum Berufsgeheimnis nach Art. 129 ist. Hierbei sind die Standards unklar, selbst wenn man innerhalb der EU von einem einheitlichen Berufsgeheimnisschutz sprechen kann (näher bei Art. 129). Problematisch ist hier, dass die Anforderungen zur Feststellung der Gleichwertigkeit des Schutzniveaus unklar sind. Letztendlich wird die EBA die Gleichwertigkeit im weiteren rechtsstaatlichen Kontext begründen und insbesondere den Berufsgeheimnisschutz der westlichen Partner der EU, mithin insbesondere der USA, Kanadas, des UK, Israels und der Schweiz, allerdings auch Japans, als gleichwertig behandeln. Abs. 2 stellt klar, dass der Informationsaustausch der Wahrnehmung der Aufgaben der EBA oder der Aufsichtsbehörden der Drittstaaten dient. Für das Datenschutzniveau wird in Abs. 3 auf die VO (EU) 2018/1725 verwiesen, welche den Schutz natürlicher Personen bei der Verarbeitung personenbezogener Daten durch die Organe, Einrichtungen und sonstigen Stellen der Union regelt.

Artikel 127 Weitergabe von Informationen aus Drittländern

(1) **Die EBA darf die von den Aufsichtsbehörden eines Drittlands erhaltenen Informationen nur dann weitergeben, wenn die EBA oder die zuständige Behörde, die der EBA die Informationen zur Verfügung gestellt hat, die ausdrückliche Zustimmung der Aufsichtsbehörde eines Drittlands, die die Informationen übermittelt hat, erhalten hat und die Informationen gegebenenfalls nur für die Zwecke, für die diese Aufsichtsbehörde ihre Zustimmung erteilt hat, weitergegeben werden oder wenn die Weitergabe für ein gerichtliches Verfahren erforderlich ist.**

(2) **Das Erfordernis einer ausdrücklichen Zustimmung gemäß Absatz 1 gilt nicht für sonstige Aufsichtsbehörden innerhalb der Union, wenn die von ihnen angeforderten Informationen für die Erfüllung ihrer Aufgaben erforderlich sind, und gilt nicht für Gerichte, wenn die von ihnen angefor-**

derten Informationen für Untersuchungen oder Verfahren erforderlich sind, die Verstöße betreffen, die strafrechtlichen Sanktionen unterliegen.

Art. 127 Abs. 1 sichert die Kooperation der EBA mit Drittländern, indem es die Informationsweitergabe durch die EBA an die ausdrückliche Zustimmung der Aufsichtsbehörde eines Drittlandes knüpft und nur für die Zwecke der ursprünglichen Übermittlung oder eines gerichtlichen Verfahrens erlaubt. Art. 127 Abs. 2 Alt. 1 nimmt hiervon allerdings die Weitergabe an sonstige Aufsichtsbehörden innerhalb der Union aus, wenn die von ihnen angeforderten Informationen für die Erfüllung ihrer Aufgaben erforderlich sind. Auch hier ist eine Beschränkung auf Zwecke des Art. 117 systematisch geboten. Nach Art. 127 Abs. 2 Alt. 2 ist auch die Weitergabe an Gerichte zulässig, wenn die von ihnen angeforderten Informationen für Untersuchungen oder Verfahren erforderlich sind, die Verstöße betreffen, die strafrechtlichen Sanktionen unterliegen. Die Anforderung muss dabei allerdings durch nationales Recht gedeckt sein. **1**

Artikel 128 Zusammenarbeit mit anderen Behörden

Übt ein Emittent eines signifikanten vermögenswertereferenzierten Tokens oder ein Emittent eines signifikanten E-Geld-Token andere als die unter diese Verordnung fallenden Tätigkeiten aus, so arbeitet die EBA mit den Behörden zusammen, die gemäß den einschlägigen Vorschriften des Unionsrechts oder des nationalen Rechts für die Beaufsichtigung dieser anderen Tätigkeiten zuständig sind, einschließlich der Steuerbehörden und der einschlägigen Aufsichtsbehörden von Drittländern, die keine Mitglieder des Kollegiums gemäß Artikel 119 Absatz 2 Buchstabe m sind.

Art. 128 erlaubt der EBA die Zusammenarbeit mit anderen Behörden, welche die Emittenten eines signifikanten vermögenswertereferenzierten Tokens oder eines signifikanten E-Geld-Tokens wegen anderer als unter die MiCAR fallenden Tätigkeiten nach Unions- oder nationalem Recht überwachen. **1**

Art. 129 Wahrung des Berufsgeheimnisses

Die EBA und alle Personen, die bei der EBA oder einer sonstigen Person, der die EBA Aufgaben übertragen hat, tätig sind oder tätig waren, einschließlich der von der EBA beauftragten Prüfer und Sachverständigen, sind zur Wahrung des Berufsgeheimnisses verpflichtet.

Übersicht

	Rn.
I. Gegenstand und Zweck	1
II. Begriff des Berufsgeheimnisses	4
III. Rechtsfolge: Offenbarungsverbot	7

I. Gegenstand und Zweck

1   Art. 129 verpflichtet im Zusammenhang mit der Beaufsichtigung zur Wahrung des Berufsgeheimnisses. Damit wird eine Spezialvorschrift zu Art. 70 EBA-VO statuiert, welcher ebenfalls die Wahrung des Berufsgeheimnisses im Rahmen der EBA anordnet. Die eigenständige Bedeutung von Art. 129 erscheint vor diesem Hintergrund zweifelhaft. Dies gilt gerade deshalb, da – anders als etwa in der MiFIR – auch keine besonderen Offenlegungstatbestände geschaffen werden.

2   Die Funktion von Art. 129 besteht im Schutz der privaten Marktakteure und im Schutz der Funktionsfähigkeit der Aufsicht. Der Schutz privater Informationslieferanten wirkt sich dabei direkt auf den Schutz der Funktionsfähigkeit der Aufsicht aus. Denn die rechtliche Verschwiegenheitspflicht der EBA erleichtert den Zugang zu bestimmten Informationen. Die Unternehmen geben Informationen, an denen sie Geheimhaltungsinteressen haben nämlich nur (oder zumindest eher) dann raus, wenn deren Vertraulichkeit gesichert ist. Die Funktionsfähigkeit der Aufsicht kann indes auch beeinträchtigt werden, wenn von der Aufsichtsbehörde selbst erzeugte Informationen etwa über ihre Arbeits- und Überwachungsmethoden oder ihre interne Entscheidungsbildung offenbart werden. Deshalb können Geheimhaltungsinteressen der Aufsichtsbehörde auch unabhängig von den Geheimhaltungsinteressen Dritter bestehen.[1]

3   Adressaten des Art. 129 sind die EBA und alle Personen, die bei der EBA oder bei einer sonstigen Person, an die die EBA Aufgaben delegiert hat, tätig sind oder tätig waren. Mithin sind sowohl die Leitungspersonen der EBA erfasst als auch alle Personen, die in einem Amts- oder Dienstverhältnis zur EBA stehen oder standen.[2]

II. Begriff des Berufsgeheimnisses

4   Der Begriff des Berufsgeheimnisses aus Art. 129 ist originär europäisch auszulegen. Er findet sich auch in vielen anderen europäischen Sekundärrechtsakten. Mit Art. 339 AEUV hat die Verschwiegenheitspflicht sogar ein primärrechtliches Vorbild. Eine Legaldefinition besteht indes nicht.[3]

5   Für Art. 339 AEUV, der die EU-Organe zur Wahrung des Berufsgeheimnisses verpflichtet, hat die Rechtsprechung Anwendungsgrundsätze entwickelt. Hiernach unterstellt die Vorschrift solche Informationen dem Berufsgeheimnis, die nur einem beschränkten Personenkreis bekannt sind und durch deren Offenlegung dem Auskunftsgeber oder einem Dritten ein ernsthafter Nachteil entstehen kann. Zudem müssen die durch die Offenlegung berührten Interessen objektiv schutzwürdig sein.[4] Eigenständige Kriterien für den Bereich des Kapitalmarktrechts hat der Gerichtshof im Rahmen seiner Auslegung von Art. 54 MiFID I entwickelt. Hiernach unterfallen Informationen dem Berufsgeheimnis, wenn diese nicht allgemein zugänglich sind und bei deren Offenbarung die Gefahr einer Beeinträchtigung der Interessen des Informationslieferanten oder Dritter oder des ordnungs-

---

[1] Vgl. zum Ganzen auch Assmann/Schneider/Mülbert/Gurlit MiFIR Art. 38 f Rn. 2.
[2] Vgl. analog dazu Assmann/Schneider/Mülbert/Gurlit MiFIR Art. 38 f Rn. 3.
[3] Vgl. analog dazu Assmann/Schneider/Mülbert/Gurlit MiFIR Art. 38 f Rn. 5.
[4] EuG ECLI:EU:T:2006:136 Rn. 71 – Bank Austria Creditanstalt; EuG ECLI:EU:T:2007:306 Rn. 65 – Pergan; EuG ECLI:EU:T:2015:51 Rn. 94 – Evonik Degussa.

gemäßen Funktionierens der Finanzmarktaufsicht besteht.[5] Mit Blick auf die gleichlaufenden Regelungsziele beider Normen ist dieses Begriffsverständnis auch auf Art. 129 übertragbar.

Mit Blick auf die Schutzzwecke der Norm lassen sich aus diesem Begriff verschiedene Fallgruppen von Informationen herausbilden, die grundsätzlich dem Berufsgeheimnis unterfallen. Erstens handelt es sich hierbei um Geschäftsgeheimnisse der beaufsichtigten Unternehmen. So erhält die EBA über Informationsersuchen, allgemeine Untersuchungen und Vor-Ort-Kontrollen Zugriff auf Unternehmensinterna, an deren Geheimhaltung die Unternehmen ein berechtigtes und auch rechtliches geschütztes Interesse haben. Nach der Rechtsprechung des EuGH gilt jedoch für unternehmensbezogene Informationen der Finanzmarktakteure die widerlegliche Vermutung, dass die Schutzwürdigkeit von Informationen nach fünf Jahren endet, wenn das Unternehmen nicht nachweist, dass die Informationen für das Unternehmen auch nach dieser Zeit weiterhin wirtschaftliche Relevanz besitzen. Diese Beschränkung muss auch im Rahmen von Art. 129 berücksichtigt werden.[6] 6

III. Rechtsfolge: Offenbarungsverbot

Das Berufsgeheimnis ist zu wahren. Hiermit ist gemeint, dass Informationen, die 7 unter das Berufsgeheimnis fallen, nicht offenbart werden dürfen. Es besteht mithin ein Offenbarungsverbot. Offenbarung umfasst dabei jede Form der Weitergabe geheimhaltungsbedürftiger Informationen an Dritte. Keine „Dritten" in diesem Sinne sind andere Beschäftigte der EBA.[7]

Artikel 130 Aufsichtsmaßnahmen der EBA

(1) Stellt die EBA fest, dass ein Emittent eines signifikanten vermögenswertereferenzierten Token einen in Anhang V aufgeführten Verstoß begangen hat, kann sie eine oder mehrere der folgenden Maßnahmen ergreifen:
a) Erlass eines Beschlusses, mit dem der Emittent des signifikanten vermögenswertereferenzierten Token aufgefordert wird, das den Verstoß darstellende Verhalten einzustellen;
b) Erlass eines Beschlusses über die Verhängung von Geldbußen oder Zwangsgeldern gemäß den Artikeln 131 und 132;
c) Erlass eines Beschlusses, mit dem der Emittent des signifikanten vermögenswertereferenzierten Token aufgefordert wird, zusätzliche Informationen zu übermitteln, wenn dies für den Schutz der Inhaber des vermögenswertereferenzierten Token, insbesondere der Kleinanleger, erforderlich ist;

---

[5] EuGH ECLI:EU:C:2018:464 Rn. 35, 46 – Baumeister.
[6] Vgl. analog dazu Assmann/Schneider/Mülbert/Gurlit MiFIR Art. 38 f Rn. 7.
[7] Schwark/Zimmer/v. Hein WpHG § 21 Rn. 16, der argumentiert, Beschäftigte der gleichen Behörde bildeten eine „Vertraulichkeitszone" (mit Blick auf § 21 WpHG und die Beschäftigten der BaFin); siehe auch Assmann/Schneider/Mülbert/Gurlit MiFIR Art. 38 f Rn. 10 (mit Blick auf Art. 38 f MiFIR und die Beschäftigten der ESMA).

Art. 130

d) Erlass eines Beschlusses, mit dem der Emittent des signifikanten vermögenswertereferenzierten Token aufgefordert wird, ein öffentliches Angebot von Kryptowerten für jeweils höchstens 30 aufeinanderfolgende Arbeitstage auszusetzen, wenn sie einen hinreichend begründeten Verdacht hat, dass gegen diese Verordnung verstoßen wurde;
e) Erlass eines Beschlusses, mit dem ein öffentliches Angebot eines signifikanten vermögenswertereferenzierten Token untersagt wird, wenn sie feststellt, dass gegen diese Verordnung verstoßen wurde, oder sie einen hinreichend begründeten Verdacht hat, dass gegen sie verstoßen werden wird;
f) Erlass eines Beschlusses, mit dem der Anbieter von Kryptowerte-Dienstleistungen, der eine Handelsplattform für Kryptowerte betreibt, die den signifikanten vermögenswertereferenzierten Token zum Handel zugelassen hat, aufgefordert wird, den Handel mit diesen Kryptowerten für jeweils höchstens 30 aufeinanderfolgende Arbeitstage auszusetzen, wenn sie einen hinreichend begründeten Verdacht hat, dass gegen diese Verordnung verstoßen wurde;
g) Erlass eines Beschlusses, mit dem der Handel mit dem signifikanten vermögenswertereferenzierten Token auf einer Handelsplattform für Kryptowerte untersagt wird, wenn sie feststellt, dass gegen diese Verordnung verstoßen wurde;
h) Erlass eines Beschlusses, mit dem der Emittent des signifikanten vermögenswertereferenzierten Token aufgefordert wird, seine Marketingmitteilungen zu ändern, wenn sie feststellt, dass die Marketingmitteilungen nicht mit Artikel 29 im Einklang stehen;
i) Erlass eines Beschlusses über die Aussetzung oder das Verbot von Marketingmitteilungen, wenn ein hinreichend begründeter Verdacht besteht, dass gegen diese Verordnung verstoßen wurde;
j) Erlass eines Beschlusses, mit dem der Emittent des signifikanten vermögenswertereferenzierten Token aufgefordert wird, zur Gewährleistung des Verbraucherschutzes oder des reibungslosen Funktionierens des Marktes alle wesentlichen Informationen, die die Bewertung des öffentlich angebotenen oder zum Handel zugelassenen signifikanten vermögenswertereferenzierten Token beeinflussen könnten, offenzulegen;
k) Abgabe von Warnungen, dass ein Emittent eines signifikanten vermögenswertereferenzierten Token seinen Verpflichtungen gemäß dieser Verordnung nicht nachkommt;
l) Entzug der Zulassung des Emittenten eines signifikanten vermögenswertereferenzierten Token;
m) Erlass eines Beschlusses über die Abberufung einer natürlichen Person aus dem Leitungsorgan eines Emittenten eines signifikanten vermögenswertereferenzierten Token;
n) Aufforderung des unter ihrer Aufsicht stehenden Emittenten des signifikanten vermögenswertereferenzierten Token, gemäß Artikel 23 Absatz 4 und Artikel 24 Absatz 3 eine Mindeststückelung im Hinblick auf diesen signifikanten vermögenswertereferenzierten Token einzuführen oder die Menge der ausgegebenen signifikanten vermögenswertereferenzierten Token einzuschränken.

(2) Stellt die EBA fest, dass ein Emittent eines signifikanten E-Geld-Token einen in Anhang VI aufgeführten Verstoß begangen hat, kann sie eine oder mehrere der folgenden Maßnahmen ergreifen:
a) Erlass eines Beschlusses, mit dem der Emittent des signifikanten E-Geld-Token aufgefordert wird, das den Verstoß darstellende Verhalten einzustellen;
b) Erlass eines Beschlusses über die Verhängung von Geldbußen oder Zwangsgeldern gemäß den Artikeln 131 und 132;
c) Erlass eines Beschlusses, mit dem der Emittent des signifikanten E-Geld-Token aufgefordert wird, zusätzliche Informationen zu übermitteln, wenn dies für den Schutz der Inhaber des signifikanten E-Geld-Token, insbesondere der Kleinanleger, erforderlich ist;
d) Erlass eines Beschlusses, mit dem der Emittent des signifikanten E-Geld-Token aufgefordert wird, ein öffentliches Angebot von Kryptowerten für jeweils höchstens 30 aufeinanderfolgende Arbeitstage auszusetzen, wenn sie einen hinreichend begründeten Verdacht hat, dass gegen diese Verordnung verstoßen wurde;
e) Erlass eines Beschlusses, mit dem ein öffentliches Angebot signifikanter E-Geld-Token untersagt wird, wenn sie feststellt, dass gegen diese Verordnung verstoßen wurde, oder sie einen hinreichend begründeten Verdacht hat, dass gegen sie verstoßen würde;
f) Erlass eines Beschlusses, mit der der jeweilige Anbieter von Kryptowerte-Dienstleistungen, der eine Handelsplattform für Kryptowerte betreibt, die die signifikanten E-Geld-Token zum Handel zugelassen hat, aufgefordert wird, den Handel mit diesen Kryptowerten für jeweils höchstens 30 aufeinanderfolgende Arbeitstage auszusetzen, wenn sie einen hinreichend begründeten Verdacht hat, dass gegen diese Verordnung verstoßen wurde;
g) Erlass eines Beschlusses, mit der der Handel mit dem signifikanten E-Geld-Token auf einer Handelsplattform für Kryptowerte untersagt wird, wenn sie feststellt, dass gegen diese Verordnung verstoßen wurde;
h) Erlass eines Beschlusses, mit der der Emittent des signifikanten E-Geld-Token aufgefordert wird, zur Gewährleistung des Verbraucherschutzes oder des reibungslosen Funktionierens des Marktes alle wesentlichen Informationen, die die Bewertung der öffentlich angebotenen oder zum Handel zugelassenen signifikanten E-Geld-Token beeinflussen könnten, offenzulegen;
i) Abgabe von Warnungen, dass der Emittent des signifikanten E-Geld-Token seinen Verpflichtungen gemäß dieser Verordnung nicht nachkommt;
j) Aufforderung des unter ihrer Aufsicht stehenden Emittenten des signifikanten E-Geld-Token, in Anwendung von Artikel 58 Absatz 3 eine Mindeststückelung im Hinblick auf diesen signifikanten E-Geld-Token einzuführen oder die Menge der ausgegebenen signifikanten E-Geld-Token einzuschränken.

(3) Wenn sie die in den Absätzen 1 und 2 genannten Maßnahmen ergreift, berücksichtigt die EBA Art und Schwere des Verstoßes anhand der folgenden Kriterien:
a) Dauer und Häufigkeit des Verstoßes;

b) ob Finanzkriminalität verursacht oder erleichtert wurde oder anderweitig mit dem Verstoß in Verbindung steht;
c) ob der Verstoß schwerwiegende oder systemische Schwächen in den Verfahren, Strategien und Risikomanagementverfahren des Emittenten des signifikanten vermögenswertereferenzierten Token oder des Emittenten signifikanter E-Geld-Token aufgedeckt hat;
d) ob der Verstoß vorsätzlich oder fahrlässig begangen wurde;
e) Grad an Verantwortung des für den Verstoß verantwortlichen Emittenten des signifikanten vermögenswertereferenzierten Token oder Emittenten des signifikanten E-Geld-Token;
f) Finanzkraft des für den Verstoß verantwortlichen Emittenten des signifikanten vermögenswertereferenzierten Token oder Emittenten des signifikanten E-Geld-Token, wie sie sich aus dem Gesamtumsatz der verantwortlichen juristischen Person oder den Jahreseinkünften und dem Nettovermögen der verantwortlichen natürlichen Person ablesen lässt;
g) Auswirkungen des Verstoßes auf die Interessen der Inhaber der signifikanten vermögenswertereferenzierten Token oder der signifikanten E-Geld-Token;
h) Höhe der durch den Verstoß von dem für den Verstoß verantwortlichen Emittenten des signifikanten vermögenswertereferenzierten Token oder des signifikanten E-Geld-Token erzielten Gewinne bzw. vermiedenen Verluste oder Höhe der Dritten entstandenen Verluste, soweit diese sich beziffern lassen;
i) Ausmaß der Zusammenarbeit des für den Verstoß verantwortlichen Emittenten des signifikanten vermögenswertereferenzierten Token oder des Emittenten des signifikanten E-Geld-Token mit der EBA, unbeschadet der Notwendigkeit, den Einzug der von dieser Person erzielten Gewinne oder vermiedenen Verluste sicherzustellen;
j) frühere Verstöße des für den Verstoß verantwortlichen Emittenten des signifikanten vermögenswertereferenzierten Token oder Emittenten des signifikanten E-Geld-Token;
k) Maßnahmen, die der Emittent des signifikanten vermögenswertereferenzierten Token oder der Emittent des signifikanten E-Geld-Token nach dem Verstoß ergriffen hat, um eine Wiederholung zu verhindern.

(4) Bevor sie eine der in Absatz 1 Buchstabe b bis g und Buchstabe j genannten Maßnahmen ergreift, unterrichtet die EBA die ESMA und, wenn die signifikanten vermögenswertereferenzierten Token auf den Euro oder eine amtliche Währung eines Mitgliedstaats, die nicht der Euro ist, Bezug nehmen, die EZB bzw. die Zentralbank des betroffenen Mitgliedstaats, die die betreffende Währung ausgibt.

(5) Bevor sie eine der in Absatz 2 genannten Maßnahmen ergreift, unterrichtet die EBA die für den Emittenten des signifikanten E-Geld-Token zuständige Behörde und die Zentralbank des Mitgliedstaats, auf dessen amtliche Währung der signifikante E-Geld-Token Bezug nimmt.

(6) Die EBA teilt dem für den Verstoß verantwortlichen Emittenten des signifikanten vermögenswertereferenzierten Token oder Emittenten des signifikanten E-Geld-Token unverzüglich jede gemäß Absatz 1 oder 2 ergriffene Maßnahme mit und setzt die betroffenen zuständigen Behörden

sowie die Kommission unverzüglich von dieser Maßnahme in Kenntnis. Die EBA veröffentlicht jeden derartigen Beschluss innerhalb von zehn Arbeitstagen ab dem Tag der Annahme des Beschlusses auf ihrer Website, sofern dies die Stabilität der Finanzmärkte nicht ernsthaft gefährdet und den Beteiligten daraus kein unverhältnismäßiger Schaden erwächst. Diese Veröffentlichung darf keine personenbezogenen Daten enthalten.

(7) Die in Absatz 6 genannte Veröffentlichung umfasst die folgenden Hinweise:
a) Den Hinweis, dass die für den Verstoß verantwortliche Person das Recht hat, beim Gerichtshof Beschwerde gegen den Beschluss einzulegen;
b) gegebenenfalls den Hinweis, dass Beschwerde eingelegt wurde, diese jedoch keine aufschiebende Wirkung hat;
c) den Hinweis, dass der Beschwerdeausschuss der EBA die Möglichkeit hat, die Anwendung eines angefochtenen Beschlusses nach Artikel 60 Absatz 3 der Verordnung (EU) Nr. 1093/2010 auszusetzen.

Übersicht

	Rn.
I. Gegenstand und Zweck	1
II. Befugnisse der EBA (Abs. 1 und 2)	3
III. Auswahlkriterien (Abs. 3)	11
IV. Unterrichtung und Veröffentlichung (Abs. 4–7)	16

I. Gegenstand und Zweck

Art. 130 ist die **zentrale Befugnisnorm** der EBA, wenn sie in Anhang V 1 respektive VI gelistete Verstöße von Emittenten signifikanter vermögenswertereferenzierter Token oder signifikanter E-Geld-Token feststellt. Die Norm führt in ihrem **Abs. 1** für Emittenten signifikanter vermögenswertereferenzierter Token und in ihrem **Abs. 2** für Emittenten signifikanter E-Geld-Token abschließend die Maßnahmen auf, welche der EBA als Reaktion zur Verfügung stehen – und von denen sie bei Feststellung eines Verstoßes zumindest eine ergreifen muss, da ihr insoweit **kein Entschließungsermessen** zukommt.[1] **Abs. 3** enthält einen Kriterienkatalog für die Bestimmung der „Art und Schwere" des Verstoßes, mithin für die Auswahl zwischen den Aufsichtsmaßnahmen und deren Inhalt. **Abs. 4–6** regeln die Information des Aufsichtsadressaten, der EMSA sowie der EZB bzw. der Zentralbank des Mitgliedstaats der betroffenen Währung. Zudem werden in **Abs. 7** Inhalt und Form der Veröffentlichung der getroffenen Aufsichtsmaßnahme normiert. Art. 130 wird ergänzt durch Art. 134, der ein vorgelagertes Untersuchungsverfahren regelt, und durch Art. 135, der dem Aufsichtsadressaten ein Anhörungs- und Akteneinsichtsrecht vor Erlass eines Beschlusses nach Art. 130 gewährt, schließlich durch die auf Art. 134 Abs. 10 gestützte Delegierte Verordnung, die das Verfahren näher ausgestaltet. Ähnliche Regelungen finden sich in Art. 38g MiFIR, Art. 48e VO 2016/1011 (Benchmark-VO), Art. 25q und Art. 73 VO Nr. 648/2012 (EMIR) und Art. 24 VO Nr. 1060/2009 (Rating-VO).

---

[1] So auch (analog) BeckOK WpHR/Steuer VO (EU) Nr. 648/2012 Art. 25q Rn. 8; Assmann/Schneider/Mülbert/Gurlit MiFIR Art. 38g Rn. 10.

Art. 130

2 Art. 130 ermächtigt die EBA unmittelbar zu Aufsichtsmaßnahmen und ist damit Teil des neuen Aufsichtsregimes der EU (dazu → Vor Art. 121 Rn. 4). Bei den gewährten Befugnissen handelt es sich nicht um Ermittlungsbefugnisse, wie dies bei Informationsersuchen, allgemeinen Untersuchungen und Vor-Ort-Kontrollen gem. Art. 122–124 der Fall ist. Erforderlich ist vielmehr die vorhergehende Feststellung eines Verstoßes des Aufsichtsadressaten, wobei Abs. 1 die Emittenten eines signifikanten vermögenswertereferenzierten Tokens bei Verstoß gegen Anhang V betrifft und Abs. 2 die Emittenten eines signifikanten E-Geld-Tokens bei Verstoß gegen Anhang VI. Die Anhänge V und VI konkretisieren die für Aufsichtsmaßnahmen relevanten Verstöße im Detail und werden damit den für belastende Aufsichtsmaßnahmen geltenden unionsrechtlichen Bestimmtheitsanforderungen gerecht. Die Feststellung eines Verstoßes wird regelmäßig auf einem zuvor durch einen Untersuchungsbeauftragten gem. Art. 134 durchgeführten Verfahren beruhen, dessen Feststellungen sich die EBA zu eigen gemacht hat. Die Norm ist strukturell auf eine Mitteilung der Kommission zurückzuführen, die ein großes Gefälle der mitgliedstaatlichen Vorschriften zur Sanktionierung des Fehlverhaltens der Finanzmarktakteure feststellte.[2] Dabei werden Maßnahmen, die ursprünglich dem Vollzug durch mitgliedstaatliche Behörden vorgesehen waren, der EBA zugesprochen, was sowohl der General- als auch Spezialprävention und insgesamt dem Schutz des Kapitalmarktes dient.[3] Vor Beschlüssen unter Art. 130 ist der Adressat nach Art. 135 anzuhören.

II. Befugnisse der EBA (Abs. 1 und 2)

3 Art. 130 Abs. 1 und 2 betreffen zwar verschiedene Adressaten (→ Rn. 2), beinhalten allerdings **weitgehend deckungsgleiche Aufsichtsmaßnahmen**. Die EBA kann für beide Arten von Emittenten gem. lit. a **zur Beendigung des Verstoßes** auffordern, sei es durch Anweisung zum Tun oder Unterlassen. Gem. lit. b kann die EBA **Geldbußen und Zwangsgelder** gem. den Art. 131 und 132 beschließen, wobei die Verhängung von Geldbußen Vorsatz oder Fahrlässigkeit beim Verstoß gegen Anhang V bzw. Anhang VI sanktioniert, während Zwangsgelder auf die Beendigung des Verstoßes abzielen. Gem. lit. c kann der Emittent zur **Übermittlung zusätzlicher Informationen** aufgefordert werden, wenn dies für den Schutz der durch ihn emittierten Token erforderlich ist, wobei der Kleinanlegerschutz besonders hervorgehoben wird.

4 Unter lit. d kann **der Emittent** dazu aufgefordert werden, **das öffentliche Angebot von Kryptowerten für jeweils höchstens 30 aufeinanderfolgende Arbeitstage auszusetzen;** hier soll bereits ein hinreichender Verdacht gegen einen Verstoß gegen die MiCAR ausreichen, was nicht irritationsfrei in das Konzept der Verstoßsanktionierung passt. Lit. e erlaubt der EBA **auch gegen Dritte** vor-

---

[2] Mitteilung der Europäischen Kommission, Stärkung der Sanktionsregelungen im Finanzdienstleistungssektor, v. 8.12.2010, KOM(2010) 716 endg., S. 7 ff. Die Kommission reagierte ihrerseits auf den Larosière-Bericht, Finanzaufsicht in der Europäischen Union, 25.2.2009, Rn. 201; s. zur Entwicklung und Kritik v. Buttlar BB 2014, 451; Becker/Rodde ZBB 2016, 11 (12); Veil ZGR 2016, 305.

[3] Mitteilung der Europäischen Kommission, Stärkung der Sanktionsregelungen im Finanzdienstleistungssektor, v. 8.12.2010, KOM(2010) 716 endg., S. 4 f., 5, 11; s. auch v. Buttlar EuZW 2020, 598 f.

zugehen, und ihnen das öffentliche Angebot von signifikanten vermögenswertreferenzierten Token und signifikanten E-Geld-Token – zeitlich unbegrenzt – zu untersagen, wobei ebenfalls der hinreichende Verdacht eines Verstoßes gegen die MiCAR ausreicht. Unter lit. f können **Anbieter von Kryptowerte-Dienstleistungen, die eine Handelsplattform** für Kryptowerte betreiben, die den signifikanten Token zum Handel zugelassen hat, verpflichtet werden, **den Handel mit diesen Kryptowerten** für jeweils höchstens 30 aufeinanderfolgende Arbeitstage **auszusetzen, wenn ein Verdacht des Verstoßes gegen die MiCAR vorliegt.** Ist der Verstoß bewiesen, so können nach lit. g **auch die Teilnehmer von Handelsplattformen** mit einem Handelsverbot belegt werden. Diese Erweiterungen des Adressatenkreises sind implizit, indem der Emittent in einigen Vorschriften explizit genannt wird. Der erweiterte Adressatenkreis, allerdings auch das Einschreiten bereits bei Verdacht eines Verstoßes, stellen eine Systemirritation dar, die sich nur durch den Gedanken begründen lässt, das **Finanzsystem effektiv vor den Gefahren signifikanter Token zu schützen.**

Nach Abs. 1 lit. h und lit. i kann die EBA die **Marketingmaßnahmen** bezüglich signifikanter vermögenswertereferenzierter Token beschränken. Nach Abs. 1 lit. h kann sie den Emittenten des signifikanten vermögenswertereferenzierten Tokens auffordern, seine Marketingmitteilungen zu ändern, wenn sie feststellt, dass die Marketingmitteilungen nicht mit Art. 29 im Einklang stehen. Nach Abs. 1 lit. i kann sie Marketingmitteilungen auch gegenüber Dritten begrenzen, wenn ein hinreichend begründeter Verdacht besteht, dass gegen die MiCAR verstoßen wurde. 5

Nach Abs. 1 lit. j und Abs. 2 lit. h können die Emittenten zur **Offenlegung aller wesentlicher Informationen,** die die **Bewertung** der öffentlich angebotenen oder zum Handel zugelassenen signifikanten Token beeinflussen könnten, verpflichtet werden, wenn dies zur Gewährleistung des Verbraucherschutzes oder des reibungslosen Funktionierens des Marktes erforderlich ist. 6

Die EBA kann nach Abs. 1 lit. k und Abs. 2 lit. i die Öffentlichkeit **vor Verstößen des Emittenten** gegen die MiCAR **warnen.** 7

Unter Abs. 1 lit. l kann sie die **Zulassung des Emittenten** eines signifikanten vermögenswertreferenzierten Tokens **entziehen.** 8

Unter Abs. 1 lit. m kann die EBA eine natürliche **Person aus dem Leitungsorgan eines Emittenten** eines signifikanten vermögenswertereferenzierten Tokens **abberufen.** 9

Unter Abs. 1 lit. n und Abs. 2 lit. j kann die EBA den Emittenten dazu auffordern eine **Mindeststückelung** im Hinblick auf einen signifikanten Token einzuführen **oder die Menge der ausgegebenen signifikanten Token einzuschränken.** Für signifikante vermögenswertreferenzierte Token wird dabei auf Art. 23 Abs. 4 und Art. 24 Abs. 3 Bezug genommen, für signifikante E-Geld-Token auf Art. 58 Abs. 3. 10

III. Auswahlkriterien (Abs. 3)

Im Rahmen ihres **Auswahlermessens** hat die EBA sich an **Art und Schwere des Verstoßes** auszurichten, für deren Ermittlung Abs. 3 einen abschließenden Katalog von elf Kriterien enthält. Wenn sich die EBA für die Verhängung einer Geldbuße entscheidet, sind die identischen Kriterien zudem nach Art. 131 Abs. 2 auch für die Bestimmung deren Höhe beachtlich. Sie sind freilich nur insoweit zu berücksichtigen, als sie im konkreten Fall relevant sind. Der Katalog ähnelt Vorgaben, 11 die nach anderen finanzmarktrechtlichen Regelwerken wie etwa Art. 38g Abs. 2 MiFIR, Art. 31 Abs. 1 MAR oder Art. 39 Abs. 2 Prospekt-VO für Verwaltungsmaßnahmen und Sanktionen der Mitgliedstaaten und der ESMA gelten. Damit wird für die Regelungsadressaten weitgehende **Rechtssicherheit** hinsichtlich der Sanktionsdichte geschaffen.

12 Zum einen werden **objektive Umstände** genannt, nämlich die Dauer und Häufigkeit eines Verstoßes (lit. a), der Zusammenhang mit Finanzkriminalität (lit. b), die Offenlegung schwerwiegender oder systemischer Schwächen in den Verfahren, Strategien und Risikomanagementverfahren des Emittenten (lit. c). und die Auswirkungen des Verstoßes auf die Interessen der Anleger (lit. g).

13 Auf die **subjektive Vorwerfbarkeit** stellen hingegen die Fahrlässigkeit oder Vorsätzlichkeit der Begehung ab (lit. d) sowie der Grad an Verantwortung der für den Verstoß verantwortlichen Person (lit. e).

14 Zudem kann nach lit. f die **Finanzkraft** der für den Verstoß verantwortlichen Person, wie sie sich aus dem Gesamtumsatz der verantwortlichen juristischen Person oder den Jahreseinkünften und dem Nettovermögen der verantwortlichen natürlichen Person ablesen lässt, in der Entscheidung Niederschlag finden. Dies ist insbesondere für die Verhängung von Geldbußen relevant, welche im Europäischen Sanktionssystem auf das Kosten-Nutzen-Kalkül des Rechtsverletzers einwirken sollen.[4] Sofern beim Emittenten keine relevanten finanziellen Mittel verfügbar sind, kann sich das Auswahlermessen der EBA auf ein anderes Sanktionsinstrument als die Geldbuße konzentrieren.[5] Lit. h betrifft die **Höhe der durch den Verstoß erzielten Gewinne bzw. vermiedenen Verluste.** Auch dieses Kriterium ist für die Zumessung der Geldbuße relevant. Die Höchstgrenzen einer Geldbuße nach Art. 131 sind hoch angesetzt und ermöglichen insbesondere auch ausdrücklich eine Vorteilsabschöpfung, weshalb sich die mit lit. f und h verfolgten Belange gut durchsetzen lassen.

15 Lit. i–k betreffen verschiedene Aspekte des Vor- und Nachtatverhaltens. Nach lit. i kann die Kooperationsbereitschaft mit der EBA berücksichtigt werden, was zwar gewisse Spannungen mit dem *nemo tenetur*-Grundsatz[6] hervorbringt, jedoch eine anerkannte und sachgerechte Kopplung ist.[7] Frühere Verstöße können nach lit. j berücksichtigt werden und führen zu einer Verschärfung der Sanktion, wobei der *ne bis in idem*-Grundsatz nicht betroffen ist.[8] Günstig für den Emittenten wirken hingegen gem. lit. k Maßnahmen nach dem Verstoß, die einen künftigen Verstoß verhindern sollen, insbesondere in Form effektiver institutioneller Compliance-Strukturen. Zu denken ist vor allem an die Errichtung eines funktionsfähigen Compliance-Systems.[9]

---

[4] MwN Schwark/Zimmer/Kumpan/Misterek MAR Art. 31 Rn. 9.
[5] BeckOK WpHR/Bekritsky MAR Art. 31 Rn. 15; Assmann/Schneider/Mülbert/Gurlit MiFIR Art. 38g Rn. 11.
[6] Zu diesem (betreffend Art. 30 Abs. 1 lit. b MAR) EuGH ECLI:EU:C:2021:84 Rn. 37ff. – DB/Consob.
[7] BeckOK WpHR/Bekritsky MAR Art. 31 Rn. 18; Assmann/Schneider/Mülbert/Gurlit MiFIR Art. 38g Rn. 10; aA Schwark/Zimmer/Kumpan/Misterek MAR Art. 31 Rn. 14.
[8] BeckOK WpHR/Bekritsky MAR Art. 31 Rn. 21.
[9] Zur Berücksichtigung von vor der Tat getroffenen Compliance-Maßnahmen Schwark/Zimmer/Kumpan/Misterek MAR Art. 31 Rn. 10; abl. Poelzig NZG 2016, 492 (499); BeckOK WpHR/Bekritsky MAR Art. 31 Rn. 22f.

IV. Unterrichtung und Veröffentlichung (Abs. 4–7)

Abs. 4–7 enthalten ein umfassendes Programm der Unterrichtung der betroffenen Emittenten, der ESMA, der Kommission, der EZB und der mitgliedstaatlichen Zentralbanken und Behörden, welches die Aufsichtsmaßahmen der EBA begleitet. 16

Die EBA unterrichtet nach Abs. 4 bei Maßnahmen gegen die Emittenten signifikanter vermögenswertreferenzierter Token die ESMA und die EZB bzw. die Zentralbank desjenigen Mitgliedstaates, auf dessen Währung der Token referenziert. Abs. 5 spiegelt diese Pflicht bei Maßnahmen der EBA gegen die Emittenten signifikanter E-Geld-Token, wobei die zuständige Behörde und die Zentralbank des Mitgliedstaats zu informieren sind, auf dessen amtliche Währung der Token Bezug nimmt. Nach Abs. 6 sind der Emittent selbst und die betroffenen zuständigen Behörden – was mangels Differenzierung der Behörden sämtliche Mitgliedstaaten betrifft – sowie die Kommission unverzüglich von der Maßnahme zu unterrichten. 17

Zudem muss die EBA den Beschluss innerhalb von 10 Arbeitstagen ab dem Beschlusszeitpunkt auf ihrer Webseite veröffentlichen, wobei die Auswirkungen der Veröffentlichung auf die Finanzmarktstabilität und die drohenden Schäden zu berücksichtigen sind; personenbezogene Daten dürfen nicht enthalten sein. Die Veröffentlichung muss nach Abs. 7 den Hinweis auf das Rechtsmittel der Beschwerde beim Gerichtshof enthalten, zudem ggf. den Hinweis auf eine eingelegte Beschwerde und ihren fehlenden Suspensiveffekt sowie auf die Befugnis des Beschwerdeausschusses der EBA den Beschluss nach Art. 60 Abs. 3 der EBA-VO auszusetzen. Dieses *naming and shaming* hat eine generalpräventive Funktion, stellt zugleich allerdings auch einen Grundrechtseingriff dar.[10] 18

Artikel 131 Geldbußen

(1) **Die EBA erlässt einen Beschluss zur Verhängung einer Geldbuße gemäß Absatz 3 oder Absatz 4 des vorliegenden Artikels, wenn sie gemäß Artikel 134 Absatz 8 feststellt, dass**
a) **ein Emittent eines signifikanten vermögenswertereferenzierten Token oder ein Mitglied seines Leitungsorgans vorsätzlich oder fahrlässig einen der in Anhang V aufgeführten Verstöße begangen hat;**
b) **ein Emittent eines signifikanten E-Geld-Token oder ein Mitglied seines Leitungsorgans vorsätzlich oder fahrlässig einen der in Anhang VI aufgeführten Verstöße begangen hat;**

Ein Verstoß gilt als vorsätzlich begangen, wenn die EBA anhand objektiver Faktoren nachweisen kann, dass ein Emittent oder ein Mitglied seines Leitungsorgans den Verstoß absichtlich begangen hat.

(2) **Erlässt die EBA einen Beschluss gemäß Absatz 1, so berücksichtigt sie die Art und die Schwere des Verstoßes anhand der folgenden Kriterien:**
a) **Dauer und Häufigkeit des Verstoßes;**
b) **ob Finanzkriminalität verursacht oder erleichtert wurde oder anderweitig mit dem Verstoß in Verbindung steht;**

---

[10] Betroffene Positionen sind die Unternehmensfreiheit, Art. 15 und 16 GRCh, sowie die Vertraulichkeit persönlicher Verhältnisse, Art. 7 und 8 GRCh.

Art. 131 Titel VII Zuständigen Behörden, die EBA und die ESMA

c) ob der Verstoß schwerwiegende oder systemische Schwächen in den Verfahren, Strategien und Risikomanagementverfahren des Emittenten des signifikanten vermögenswertereferenzierten Token oder des Emittenten des signifikanten E-Geld-Token aufgedeckt hat;
d) ob der Verstoß vorsätzlich oder fahrlässig begangen wurde;
e) Grad an Verantwortung des für den Verstoß des verantwortlichen Emittenten des signifikanten vermögenswertereferenzierten Token oder des Emittenten des signifikanten E-Geld-Token;
f) Finanzkraft des für den Verstoß verantwortlichen Emittenten des signifikanten vermögenswertereferenzierten Token oder Emittenten des signifikanten E-Geld-Token, wie sie sich aus dem Gesamtumsatz der verantwortlichen juristischen Person oder den Jahreseinkünften und dem Nettovermögen der verantwortlichen natürlichen Person ablesen lässt;
g) Auswirkungen des Verstoßes auf die Interessen der Inhaber der signifikanten vermögenswertereferenzierten Token oder der signifikanten E-Geld-Token;
h) Höhe der durch den Verstoß von dem für den Verstoß verantwortlichen Emittenten des signifikanten vermögenswertereferenzierten Token oder des signifikanten E-Geld-Token erzielten Gewinne bzw. vermiedenen Verluste oder Höhe der Dritten entstandenen Verluste, soweit diese sich beziffern lassen;
i) Ausmaß der Zusammenarbeit des für den Verstoß verantwortlichen Emittenten des signifikanten vermögenswertereferenzierten Token oder des signifikanten E-Geld-Token mit der EBA, unbeschadet der Notwendigkeit, den Einzug der von dieser Person erzielten Gewinne oder vermiedenen Verluste sicherzustellen;
j) frühere Verstöße des für den Verstoß verantwortlichen Emittenten des signifikanten vermögenswertereferenzierten Token oder Emittenten des signifikanten E-Geld-Token;
k) Maßnahmen, die der Emittent des signifikanten vermögenswertereferenzierten Token oder der Emittent des signifikanten E-Geld-Token nach dem Verstoß ergriffen hat, um eine Wiederholung zu verhindern.

(3) Bei Emittenten signifikanter vermögenswertereferenzierter Token beträgt die in Absatz 1 genannte Geldbuße bis zu 12,5 % ihres jeweiligen Jahresumsatzes im vorangegangenen Geschäftsjahr oder den zweifachen Betrag der infolge des Verstoßes erzielten Gewinne oder vermiedenen Verluste, sofern diese sich beziffern lassen.

(4) Bei Emittenten signifikanter E-Geld-Token beträgt die in Absatz 1 genannte Geldbuße bis zu 10 % ihres jeweiligen Jahresumsatzes im vorangegangenen Geschäftsjahr oder den zweifachen Betrag der infolge des Verstoßes erzielten Gewinne oder vermiedenen Verluste, sofern diese sich beziffern lassen.

Übersicht

	Rn.
I. Gegenstand und Zweck	1
II. Voraussetzungen für die Verhängung einer Geldbuße (Abs. 1)	4
III. Höhe und Bemessungskriterien von Bußgeldern (Abs. 2–4)	8

Geldbußen **Art. 131**

I. Gegenstand und Zweck

Mit Art. 131 wird eine Rechtsgrundlage für die Bebußung von in den Anhängen V und VI aufgelisteten Verstößen geschaffen. Art. 131 Abs. 1 normiert dabei grundsätzlich die Voraussetzungen zur Verhängung von Geldbußen und stellt insbesondere klar, dass diese Maßnahme ein subjektiv vorwerfbares Handeln einer Person voraussetzen. Art. 131 Abs. 2 legt dezidierte Kriterien fest, nach denen die Art und die Schwere des Verstoßes zu beurteilen ist. Die Art. 131 Abs. 3 und 4 geben den Rahmen möglicher Bußgelder der Höhe nach vor, wobei zwischen Emittenten signifikanter vermögenswertereferenzierter Token und Emittenten signifikanter E-Geld-Token differenziert wird. 1

Die Befugnis zur Verhängung von Bußgeldern ist ein zentrales Element des zunehmenden Systemwechsels im Europäischen Finanzmarktaufsichtsrecht hin zu einer unmittelbaren Beaufsichtigung der Marktakteure durch die Europäischen Aufsichtsbehörden. Die Vorschrift gewährt allein der EBA die Befugnis zur Verhängung von Bußgeldern. 2

Wie Art. 133 Abs. 2 festlegt, sind Geldbußen verwaltungsrechtlicher Natur. Mit ihnen werden indes strafrechtsähnliche Ziele verfolgt. So soll generalpräventiv das Kosten-Nutzen-Kalkül eines potentiellen Rechtsbrechers beeinflusst und eine abschreckende Wirkung erzielt werden.[1] Überdies ist eine spezialpräventive Wirkung intendiert, indem ein Rechtsbrecher von weiteren Verstößen abgehalten werden soll.[2] Indem sie dergestalt die Einhaltung der Aufsichtsregeln sicherstellen, dienen Geldbußen ferner dem Anlegerschutz und der Marktintegrität und fördern so auch das Vertrauen in den Finanzmarkt.[3] 3

II. Voraussetzungen für die Verhängung einer Geldbuße (Abs. 1)

Voraussetzung für den Erlass eines Beschlusses zur Verhängung einer Geldbuße ist, dass die EBA „gemäß Artikel 134 Absatz 8", einen bußgeldbewehrten Verstoß festgestellt hat. Der Feststellung eines vorwerfbaren Verstoßes geht nach dem Wortlaut zwingend ein Verfahren durch einen Untersuchungsbeauftragten gem. Art. 134 voraus. Mithin hat die EBA einen unabhängigen Untersuchungsbeauftragten zur Untersuchung zu benennen, welcher nicht direkt oder indirekt in die Beaufsichtigung der betreffenden Emittenten signifikanter vermögenswertereferenzierter Token oder signifikanter E-Geld-Token einbezogen gewesen sein darf und seine Aufgaben unabhängig von der EBA wahrnimmt. Dieser untersucht sodann den Sachverhalt möglicher Verstöße. Im Anschluss entscheidet die EBA darüber, ob der Emittent des signifikanten vermögenswertereferenzierten Tokens oder der Emittent 4

---

[1] Vgl. hierzu auch Schwark/Zimmer/Kumpan/Misterek MAR Art. 31 Rn. 9; Assmann/Schneider/Mülbert/Gurlit MiFIR Art. 38h Rn. 3.
[2] Mitteilung der Europäischen Kommission, Stärkung der Sanktionsregelungen im Finanzdienstleistungssektor, v. 8.12.2010, KOM(2010) 716 endg., S. 5; Assmann/Schneider/Mülbert/Gurlit MiFIR Art. 38 Rn. 3.
[3] Vgl. hierzu Mitteilung der Europäischen Kommission, Stärkung der Sanktionsregelungen im Finanzdienstleistungssektor, v. 8.12.2010, KOM(2010) 716 endg., S. 11; vgl. auch v. Buttlar EuZW 2020, 598 f.; Assmann/Schneider/Mülbert/Gurlit MiFIR Art. 38h Rn. 3.

Art. 131 Titel VII Zuständigen Behörden, die EBA und die ESMA

des signifikanten E-Geld-Tokens, der Gegenstand der Untersuchung ist, einen bußgeldbewehrten Verstoß begangen hat. Dabei hat sie die Verfahrensakte mit den Feststellungen des Untersuchungsbeauftragten und – wenn die Personen, die Gegenstand der Untersuchung sind, darum ersuchen – die gem. Art. 135 erfolgte Anhörung dieser Personen zu berücksichtigen.

5   Bußgeldbewehrt sind nach dem Wortlaut des Abs. 1 lit. a für Emittenten signifikanter vermögenswertereferenzierter Token (bzw. Mitglieder der dortigen Leitungsorgane) die in Anhang V aufgeführten Verstöße. Hier findet sich eine umfangreiche Auflistung von insgesamt 87 bußgeldbewehrten Verstößen. Für Emittenten signifikanter E-Geld-Token (bzw. Mitglieder der dortigen Leitungsorgane) finden sich insgesamt 46 bußgeldbewehrte Verstöße in Anhang VI. Durch die enumerative Aufzählung besteht auch kein Zweifel an der Zulässigkeit der Bußgeldtatbestände mit Blick auf die geltenden unionsrechtlichen Bestimmtheitsanforderungen.

6   Subjektiv muss der Verstoß vorsätzlich oder fahrlässig begangen worden sein. Ein Verstoß gilt nach Art. 131 Abs. 1 UAbs. 2 als vorsätzlich, „wenn die EBA anhand objektiver Faktoren nachweisen kann, dass ein Emittent oder ein Mitglied seines Leitungsorgans den Verstoß absichtlich begangen hat". Es erscheint unwahrscheinlich, dass der europäische Gesetzgeber nur die Vorsatzform des *dolus directus* ersten Grades und nicht den *dolus directus* zweiten Grades und den *dolus eventualis* erfassen wollte. Insoweit dürfte die Formulierung „absichtlich" alle drei Formen des Vorsatzes erfassen. Hierdurch werden jedoch die bekannten Abgrenzungsprobleme zwischen Vorsatz und Fahrlässigkeit virulent, die insbesondere deshalb der Klärung bedürfen, weil die Begehungsform für die Bemessung der Bußgeldhöhe relevant ist. Fahrlässigkeit meint auch hier die Außerachtlassung der im Verkehr erforderlichen Sorgfalt.

7   Der EBA kommt Entschließungsermessen hinsichtlich der Verhängung einer Geldbuße zu. Dies folgt systematisch aus Art. 133 Abs. 5, der für den Fall des Verzichts auf eine Bußgeldfestsetzung Unterrichtungspflichten der EBA etabliert. Auch der Wortlaut des Art. 131 steht der Annahme eines Entschließungsermessens nicht entgegen. Der „Beschluss über die Verhängung" einer Geldbuße kann nämlich auch zum Gegenstand haben, dass eine Geldbuße nicht verhängt wird.[4]

III. Höhe und Bemessungskriterien von Bußgeldern (Abs. 2–4)

8   Art. 131 Abs. 3 und 4 geben Grenzen für die Bußgeldhöhe vor. Bei Emittenten signifikanter vermögenswertereferenzierter Token darf die Geldbuße maximal bis zu 12,5 % des jeweiligen Jahresumsatzes im vorangegangenen Geschäftsjahr oder den zweifachen Betrag der infolge des Verstoßes erzielten Gewinne oder vermiedenen Verluste betragen, sofern diese sich beziffern lassen. Für Emittenten signifikanter E-Geld-Token wird dies nur insoweit abweichend geregelt, als die relative Grenze der maximal zulässigen Bußgeldhöhe auf bis zu 10 % des Vorjahresumsatzes herabgesetzt wird.

9   Für die Bemessung der Geldbuße im Einzelfall gibt Art. 131 Abs. 2 einen umfangreichen Katalog von Kriterien vor, die hierbei zu berücksichtigen sind. Dieser Katalog entspricht (von kleineren redaktionellen Fehlern abgesehen) dem Katalog

---

[4] Vgl. Assmann/Schneider/Mülbert/Gurlit MiFIR Art. 38h Rn. 8.

in Art. 130 Abs. 3, sodass auf die dortigen Ausführungen verwiesen werden kann. Die gesetzmäßige Ausübung des Auswahlermessens durch die EBA wird durch diesen Kriterienkatalog ganz maßgeblich beeinflusst.

Artikel 132 Zwangsgelder

(1) Die EBA erlässt einen Beschluss zur Verhängung von Zwangsgeldern, um
a) eine Person im Einklang mit einem Beschluss gemäß Artikel 130 dazu zu verpflichten, das Verhalten, das einen Verstoß darstellt, abzustellen;
b) eine in Artikel 122 Absatz 1 genannte Person dazu zu verpflichten,
   i) Informationen, die per Beschluss nach Artikel 122 angefordert wurden, vollständig zu erteilen;
   ii) sich einer Untersuchung zu unterziehen und insbesondere vollständige Aufzeichnungen, Daten, Verfahren und sonstiges angefordertes Material vorzulegen sowie sonstige im Rahmen einer per Beschluss nach Artikel 123 angeordneten Untersuchung vorzulegende Informationen zu vervollständigen oder zu berichtigen;
   iii) eine Prüfung vor Ort zu dulden, die mit Beschluss gemäß Artikel 124 angeordnet wurde.

(2) Ein Zwangsgeld muss wirksam und verhältnismäßig sein. Die Zahlung des Zwangsgelds wird für jeden Tag des Verzugs angeordnet.

(3) Unbeschadet des Absatzes 2 beträgt das Zwangsgeld 3% des durchschnittlichen Tagesumsatzes im vorangegangenen Geschäftsjahr bzw. bei natürlichen Personen 2% des durchschnittlichen Tageseinkommens im vorausgegangenen Kalenderjahr. Es wird ab dem im Beschluss der EBA über die Verhängung des Zwangsgelds genannten Termin berechnet.

(4) Ein Zwangsgeld wird für einen Zeitraum von höchstens sechs Monaten ab der Übermittlung des Beschlusses der EBA verhängt. Am Ende dieses Zeitraums überprüft die EBA diese Maßnahme.

Übersicht

	Rn.
I. Gegenstand und Zweck	1
II. Zwangsgeldtatbestände (Abs. 1)	4
III. Höhe und Dauer von Zwangsgeldern (Abs. 2–4)	8

I. Gegenstand und Zweck

Art. 132 bildet die Rechtsgrundlage für die Verhängung von Zwangsgeldern zur 1 Durchsetzung der von der ESMA durch Beschluss auferlegten Pflichten. Dabei normiert Art. 132 Abs. 1 die Zwangsgeldtatbestände abschließend; Abs. 2 und 3 betreffen die Höhe eines Zwangsgeldes und Abs. 4 regelt die mögliche Dauer eines Zwangsgeldes. Vergleichbare Vorschriften finden sich in anderen finanzmarktrechtlichen Regelwerken der Union, etwa in Art. 48g Benchmark-VO, Art. 25k und Art. 66 EMIR, Art. 36b Rating-VO und Art. 38i MiFIR.

Die Möglichkeit der Festsetzung von Zwangsgeldern ist als Durchsetzungsmaß- 2 nahme akzessorisch zur Befugnis zum Erlass beschlussförmiger Aufsichtsmaßnahmen. Beide Bereiche sind zentrale Elemente eines zunehmenden Systemwechsels im Europäischen Finanzmarktaufsichtsrecht hin zu einer unmittelbaren Beaufsichtigung der Marktakteure durch die Europäischen Aufsichtsbehörden.[1] Die Vorschrift gewährt allein der EBA die Befugnis zur Verhängung von Zwangsgeldern.

3 Die Möglichkeit einer Festsetzung von Zwangsgeldern dient allein der Durchsetzung von beschlussförmig auferlegten Verpflichtungen. Mithin trägt Art. 132 – ungeachtet der missverständlichen englischen Bezeichnung als *„periodic penalty payment"* – keinen Sanktionscharakter. Mit Blick darauf, dass der Aufsichtsadressat durch das Zwangsgeld angehalten werden soll, die auferlegte Verpflichtung zu erfüllen, hat Art. 132 rein präventiven Charakter und dient ausschließlich der Wirksamkeit und der gleichmäßigen Anwendung der durch die MiCAR statuierten Vorgaben.

II. Zwangsgeldtatbestände (Abs. 1)

4 Ein Zwangsgeld dient stets nur der Durchsetzung beschlussförmig begründeter Verpflichtungen der Adressaten. Dementsprechend wird von einer „Beschlussakzessorietät" des Zwangsgeldes gesprochen.[2] Die Verhängung eines Zwangsgeldes ergeht dabei ihrerseits in Form eines Beschlusses der EBA. Adressat eines Zwangsgeldes kann dementsprechend nur sein, wer Adressat einer entsprechenden Grundverfügung sein kann. Hiermit wird klargestellt, dass gegen weitere Personen, die Subjekt von Prüfungen sein können, keine Zwangsgelder verhängt werden können.[3] Zu beachten ist dabei stets, dass, entgegen des zum Teil uneindeutigen Wortlautes, die Zwangsgeldanordnung niemals eine Handlungs- bzw. Duldungspflicht des Adressaten begründet. Vielmehr dient die Zwangsgeldverhängung stets nur der Durchsetzung von an anderer Stelle begründeter Verhaltensanordnungen.

5 Nach Art. 132 Abs. 1 lit. a verhängt die EBA Zwangsgelder, um eine Person im Einklang mit Art. 130 zur Beendigung eines Verstoßes zu verpflichten. Wie bereits dargestellt, zielt das Zwangsgeld dabei ausschließlich auf die Befolgung der beschlossenen Aufsichtsmaßnahme, welche wiederum auf die Beendigung eines festgestellten Verstoßes abzielt. Unklar ist dabei, ob das Zwangsgeld gemeinsam mit dem Beschluss nach Art. 130 verhängt werden kann oder ob Art. 132 Abs. 1 lit. a voraussetzt, dass der Aufsichtsadressat einem zuvor erlassenen Beschluss zur Beendigung des Verstoßes nicht nachgekommen ist. Dabei spricht viel dafür, dass eine Verbindung von Aufsichtsmaßnahme und Zwangsgeld möglich ist. So schließt der Wortlaut des Art. 130 Abs. 1, der die EBA zum Erlass einer oder mehrerer Maßnahmen unter Einschluss der Verhängung von Zwangsgeldern befugt, ein gleichzeitiges Vorgehen nicht aus. Auch an anderer Stelle wird davon ausgegangen, dass beide Maßnahmen verbunden werden können.[4] Ein solches Vorgehen bedarf indes einer prozessualen Koordination, da die EBA den Aufsichtsadressaten nicht nur vor Erlass

---

[1] Vgl. zum Ganzen Assmann/Schneider/Mülbert/Gurlit MiFIR Art. 38i Rn. 2.
[2] Assmann/Schneider/Mülbert/Gurlit MiFIR Art. 38i Rn. 4.
[3] Vgl. hierzu Assmann/Schneider/Mülbert/Gurlit MiFIR Art. 38i Rn. 9.
[4] Siehe etwa für dir MiFIR Assmann/Schneider/Mülbert/Gurlit MiFIR Art. 38i Rn. 5 unter Verweis auf die gleichlautende Ansicht der ESMA in ESMA, Final Report – Technical Advice on procedural rules for penalties imposed on DRSPs, ESMA43-370-282 v. 23.3.2021, Rn. 72f.

des Aufsichtsbeschlusses, sondern auch vor Verhängung eines Zwangsgelds anhören muss.

Daneben ist eine Zwangsgeldfestsetzung auch zur Durchsetzung von Handlungspflichten im Zusammenhang mit Ermittlungsmaßnahmen zulässig. Dies regelt Art. 132 Abs. 1 lit. b. Unterschieden wird dabei zwischen Zwangsgeldern zur Durchsetzung von Informationsbegehren nach Art. 122 (Art. 132 Abs. 1 lit. b Ziff. i), von Untersuchungsbegehren nach Art. 123 (Art. 132 Abs. 1 lit. b Ziff. ii) und von Vor-Ort-Kontrollen Art. 124 (Art. 132 Abs. 1 lit. b Ziff. iii). Anders als bei Zwangsgeldern zur Durchsetzung von Aufsichtsmaßnahmen können solche zur Durchsetzung von Ermittlungsmaßnahmen nicht mit der Grundverfügung verbunden werden. Dies ergibt sich systematisch aus Art. 122 Abs. 3 lit. e, Art. 123 Abs. 3 S. 2 bzw. Art. 124 Abs. 5 S. 2, die jeweils als Inhalt der beschlussförmigen Anordnung der Ermittlungsmaßnahme den Hinweis auf die Möglichkeit der Zwangsgeldfestsetzung für den Fall unvollständiger Mitwirkung durch die Adressaten vorsehen. 6

Entgegen dem unklaren Wortlaut des Art. 132 hat die EBA bei der Festsetzung von Zwangsgeldern ein Entschließungsermessen. Die folgt zum einen systematisch aus Art. 133 Abs. 5, der für den Fall des Verzichts auf eine Zwangsgeldfestsetzung Unterrichtungspflichten der EBA etabliert. Des Weiteren spricht die Anhörungspflicht vor Erlass eines Zwangsgeldes für ein Entschließungsermessen.[5] 7

III. Höhe und Dauer von Zwangsgeldern (Abs. 2–4)

Nach Art. 132 Abs. 2 muss ein Zwangsgeld wirksam und verhältnismäßig sein. Diese Anforderung bezieht sich schon auf die vorgelagerte Frage, ob ein Zwangsgeld verhängt werden soll, beeinflusst also das Entschließungsermessen. Vor allem aber bezieht sich diese Anforderung auf die Höhe des Zwangsgeldes, also auf das Auswahlermessen. Art. 132 Abs. 3 konkretisiert weiter, dass entsprechende Zwangsgelder 3% des durchschnittlichen Tagesumsatzes im vorangegangenen Geschäftsjahr bzw. bei natürlichen Personen 2% des durchschnittlichen Tageseinkommens im vorausgegangenen Kalenderjahr betragen und ab dem im Beschluss der EBA über die Verhängung des Zwangsgelds genannten Termin berechnet werden. Hieraus folgt, dass das Zwangsgeld für jeden Tag des Vollzugs angeordnet wird. 8

Die konkret genannten Beträge gelten jeweils „unbeschadet des Absatzes 2". Hiermit wird zum Ausdruck gebracht, dass die Höhe des Zwangsgelds aus Gründen der Wirksamkeit und der Verhältnismäßigkeit die angegebenen Beträge sowohl über- als auch unterschreiten kann.[6] 9

Art. 132 Abs. 4 begrenzt die Verhängung eines Zwangsgeldes auf einen Zeitraum von maximal sechs Monaten. Gem. S. 2 muss die EBA die Maßnahme, die durch das Zwangsgeld durchgesetzt werden soll, nach Ablauf dieser Zeit überprüfen. Eine Verlängerung der Zwangsgeldfestsetzung erlaubt die Vorschrift indes nicht.[7] 10

---

[5] Vgl. hierzu Assmann/Schneider/Mülbert/Gurlit MiFIR Art. 38i Rn. 5.
[6] Vgl. Assmann/Schneider/Mülbert/Gurlit MiFIR Art. 38i Rn. 11.
[7] Vgl. Assmann/Schneider/Mülbert/Gurlit MiFIR Art. 38i Rn. 11.

Artikel 133 Offenlegung, Art, Vollstreckung und Zuweisung der Geldbußen und Zwangsgelder

(1) Die EBA veröffentlicht sämtliche gemäß den Artikeln 131 und 132 verhängten Geldbußen und Zwangsgelder, sofern dies die Finanzstabilität nicht ernsthaft gefährdet oder den Beteiligten daraus kein unverhältnismäßiger Schaden erwächst. Diese Veröffentlichung darf keine personenbezogenen Daten enthalten.

(2) Gemäß den Artikeln 131 und 132 verhängte Geldbußen und Zwangsgelder sind verwaltungsrechtlicher Art.

(3) Die gemäß den Artikeln 131 und 132 verhängten Geldbußen und Zwangsgelder sind vollstreckbar gemäß den Vorschriften des Zivilprozessrechts des Staates, in dessen Hoheitsgebiet die Vollstreckung der Geldbuße oder des Zwangsgelds stattfindet.

(4) Die Geldbußen und Zwangsgelder werden dem Gesamthaushaltsplan der Union zugewiesen.

(5) Beschließt die EBA ungeachtet der Artikel 131 und 132, keine Geldbußen oder Zwangsgelder zu verhängen, so informiert sie das Europäische Parlament, den Rat, die Kommission und die zuständigen Behörden des betreffenden Mitgliedstaats darüber und legt die Gründe für ihren Beschluss dar.

Übersicht

	Rn.
I. Gegenstand und Zweck	1
II. Veröffentlichung verhängter Sanktionen *(naming and shaming)* (Abs. 1)	3
III. Verwaltungsrechtliche Rechtsnatur (Abs. 2)	8
IV. Vollstreckung, Zuweisung und Verzicht (Abs. 3–5)	9

I. Gegenstand und Zweck

1 Art. 133 enthält ergänzende Vorgaben zur Verhängung von Geldbußen und Zwangsgeldern nach den Art. 131, 132, die untereinander in nur losem Zusammenhang stehen. Es findet sich eine Veröffentlichungspflicht für bestimmte Sanktionen, sog. *naming and shaming* (Abs. 1), die Klarstellung der verwaltungsrechtlichen Natur der Sanktionen (Abs. 2), eine Regelung zur Vollstreckung (Abs. 3), die Zuweisung der vereinnahmten Mittel zum Gesamthaushaltsplan der Union (Abs. 4) und Vorgaben für den Fall eines Sanktionsverzichts (Abs. 5). Mit der Befugnis zur Veröffentlichung verhängter Sanktionen enthält Art. 133 selbst eine eigenständige weitere Sanktion.

2 Art. 133 ist ein weiterer Baustein der unmittelbaren Beaufsichtigung durch die EBA und damit Teil des auf unionsebene vollzogenen Systemwechsels hin zu einer unmittelbaren Beaufsichtigung von Finanzmarktteilnehmern durch die europäischen Aufsichtsbehörden. Vergleichbare Regelungen. Vergleichbare Regelungen finden sich etwa in Art. 68 EMIR, Art. 36d Rating-VO, Art. 48h Benchmark-VO und in Art. 38j MiFIR.

II. Veröffentlichung verhängter Sanktionen
(naming and shaming) (Abs. 1)

Nach Art. 133 Abs. 1 veröffentlicht die EBA sämtliche Geldbußen und Zwangs- 3
gelder, sofern dies die Stabilität der Finanzmärkte nicht ernsthaft gefährdet und den
Beteiligten daraus kein unverhältnismäßiger Schaden erwächst. Dabei dürfen nach
Art. 133 Abs. 1 S. 2 personenbezogene Daten nicht veröffentlicht werden. Die Vorschrift zielt damit auf das im europäischen Kapitalmarktrecht verbreitete sog. *naming and shaming* von Unternehmen, die europäisches Recht verletzen. Die Vorschrift verfolgt zum einen generalpräventive Ziele, indem sie die Finanzmarktakteure darüber informiert, dass bestimmte Sanktionen verhängt wurden und diesen so in Erinnerung ruft, dass bestimmte Verhaltensweisen Sanktionen nach sich ziehen können und eine reale Gefahr der Aufdeckung und Ahndung besteht. Die Veröffentlichung wirkt allerdings auch spezialpräventiv, indem sie die Sanktion zusätzlich verstärkt, dass Renommee gefährdet und das sanktionierte Unternehmen so von weiteren Verstößen abhält.

Die Veröffentlichung darf keine personenbezogenen Daten enthalten. Obgleich, 4
anders als in vergleichbaren Normen, eine explizite Inbezugnahme der DSGVO fehlt, kommt es auf die Definition der personenbezogenen Daten aus Art. 4 Nr. 1 DSGVO an. Hiernach sind „personenbezogene Daten" alle Informationen, die sich auf eine identifizierte oder identifizierbare natürliche Person beziehen, wobei eine natürliche Person als identifizierbar angesehen wird, wenn sie direkt oder indirekt, insbesondere mittels Zuordnung zu einer Kennung wie einem Namen, zu einer Kennnummer, zu Standortdaten, zu einer Online-Kennung oder zu einem oder mehreren besonderen Merkmalen, die Ausdruck der physischen, physiologischen, genetischen, psychischen, wirtschaftlichen, kulturellen oder sozialen Identität dieser natürlichen Person sind, identifiziert werden kann.

Nach Art. 133 Abs. 1 S. 1 ist diese Veröffentlichung von Geldbußen und 5
Zwangsgeldern ausgeschlossen, sofern die Stabilität der Finanzmärkte ernsthaft gefährdet wird oder den Beteiligten aus der Veröffentlichung ein unverhältnismäßiger Schaden erwächst. Eine ernsthafte Gefährdung der Finanzmarktstabilität könnte etwa angenommen werden, wenn die Veröffentlichung zu Panikreaktionen führen würde, wobei mit Blick auf den Gewöhnungseffekt bezweifelt wird, dass eine Veröffentlichung jemals geeignet sein könnte eine derartige Panikreaktion auszulösen.[1]
Die Beurteilung der Verhältnismäßigkeit hat sich an Art. 15, 16 GRCh zu orientieren, wobei eine Unverhältnismäßigkeit im Einzelfall anzunehmen ist, wenn die mit der Veröffentlichung verbundenen Nachteile für den Betroffenen in keinem angemessenen Verhältnis zu den bezweckten Zielen der General- und Spezialprävention stehen.[2]

Sofern ein Ausschlussgrund nicht vorliegt, folgt aus Art. 133 eine Veröffent- 6
lichungspflicht der EBA hinsichtlich sämtlicher verhängter Geldbußen und Zwangsgelder.

Unklar scheint das Verhältnis zu Art. 130 Abs. 6 S. 2. Dieser räumt der EBA die 7
Befugnis ein, jede nach Art. 130 Abs. 1 oder 2 getroffene Maßnahme – mithin auch Beschlüsse zur Verhängung von Geldbußen und Zwangsgeldern – unverzüglich auf

---

[1] Siehe etwa Schwark/Zimmer/Kumpan/Misterek, MAR, MAR Art. 34 Rn. 19.
[2] Vgl. zum Ganzen auch Assmann/Schneider/Mülbert/Gurlit MiFIR Art. 38j Rn. 6.

ihrer Webseite bekannt zu machen. Die Befugnisse überschneiden sich also erheblich, was Abgrenzungsprobleme aufwirft. *Gurlit* weist für den ähnlich konzipierten Normenkomplex in der MiFIR darauf hin, dass typischerweise nur eine einheitliche „*Public Notice*" veröffentlicht wird, die die Anforderungen beider Normen kombiniert berücksichtigt.[3] Wie sich das Verhältnis beider Normen in der Praxis der EBA spiegeln wird, bleibt abzuwarten.

III. Verwaltungsrechtliche Rechtsnatur (Abs. 2)

8 Durch die deklaratorische Klarstellung des Art. 133 Abs. 2, dass Zwangsgelder und Geldbußen verwaltungsrechtlicher Natur sind, wird zum Ausdruck gebracht, dass ebendiese Maßnahmen nicht von einem Strafgericht, sondern von der EBA verhängt werden. Diese Qualifikation als präventives verwaltungsrechtliches Instrument ist bei allein der Durchsetzung verwaltungsrechtlicher Pflichten dienenden Zwangsgeldern auch funktional unbestritten. Es handelt sich insbesondere um keine „Anklage" iSd Art. 6 EMRK.[4] Geldbußen knüpfen demgegenüber an ein vorwerfbares Verhalten an. Daher sind diese nach der gesicherten Judikatur des EGMR auch strafrechtsähnlich. Sie gehöre indes nicht zum harten Kern des Strafrechts, weshalb nicht Garantien des Art. 6 EMRK gewährt werden müssen. Jedenfalls muss aber ein vollständiger Rechtsschutz gegen Geldbußen möglich sein.[5] Diesem Gebot genügt Art. 136, der Rechtsschutz vor dem Gerichtshof gegen Beschlüsse der EBA zur Verhängung einer Geldbuße eröffnet.

IV. Vollstreckung, Zuweisung und Verzicht (Abs. 3–5)

9 Nach Art. 133 Abs. 3 sind die nach den Art. 131 und 132 verhängten Geldbußen und Zwangsgelder gem. den Vorschriften des Zivilprozessrechts des Staates vollstreckbar, in dessen Hoheitsgebiet die Vollstreckung der Geldbuße oder des Zwangsgelds stattfindet. Die Vorschrift ist Ausdruck der Kompetenzgrenzen der Union, denn das Unionsverwaltungsrecht kennt keine Selbstvollstreckung. Zentrale Bedeutung haben hierbei die primärrechtlichen Vorgaben zur Vollstreckung von europäischen Zahlungstiteln, die sich in Art. 299 AEUV finden. Nach Art. 133 Abs. 3 bildet der Beschluss der EBA über die Verhängung von Geldbußen oder Zwangsgeldern einen vollstreckbaren Titel. Dabei bedarf es zur Überführung dieses Titels in einen inländischen Vollstreckungstitel gem. Art. 299 Abs. 2 S. 1 AEUV einer Vollstreckungsklausel. Für deren Erteilung ist in Deutschland das Bundesjustizministerium zuständig. Im Rahmen der Erteilung dieser Vollstreckungsklausel ist die Prüfung der nationalen Behörde gem. Art. 299 Abs. 2 S. 2 AEUV auf eine Echtheitskontrolle des Titels beschränkt. Der inländischen Stelle kommt mithin kein materielles Prüfungsrecht hinsichtlich der Rechtmäßigkeit des zugrundeliegenden

---

[3] Assmann/Schneider/Mülbert/Gurlit MiFIR Art. 38j Rn. 4.
[4] Vgl. Assmann/Schneider/Mülbert/Gurlit MiFIR Art. 38j Rn. 8.
[5] Grundlegend hierzu EGMR Serie A Nr. 22 §§ 80 ff. – Engel/Niederlande; aus jüngerer Zeit etwa EGMR 27.9.2011 – 43509/08 Rn. 58 ff. – Menarini Diagnostics/Italien; für Geldbußen in europäischen Kartellverfahren s. auch EuGH ECLI:EU:C:2013:522 Rn. 30 ff. – Schindler.

Titels zu.⁶ Die EBA muss nach Erteilung der Vollstreckungsklausel die zuständige Vollstreckungsstelle anrufen, für Geldforderungen in Deutschland also nach § 764 ZPO das zuständige Vollstreckungsgericht, welches sodann die Vollstreckung betreibt (§ 828 Abs. 1 ZPO). Auch der Rechtsschutz gegen die Vollstreckung ist dualistisch strukturiert. Gem. Art. 299 Abs. 4 AEUV kann die Zwangsvollstreckung nur durch eine Entscheidung des Gerichtshofs ausgesetzt werden. Für die Prüfung der Ordnungsgemäßheit der Vollstreckungsmaßnahmen sind hingegen die nationalen Gerichte zuständig. Hieraus folgt die Zulässigkeit der nationalen Rechtsbehelfe gegen die Klauselerteilung bzw. gegen die Art der Zwangsvollstreckung (in Deutschland etwa §§ 732, 567 Abs. 1 Nr. 2 ZPO und § 766 ZPO), wobei diese Rechtsbehelfe keinen Anspruch auf gerichtliche Überprüfung materieller Einwendungen gewähren. Rechtsbehelfe, die den festgestellten Anspruch selbst betreffen (in Deutschland etwa die Vollstreckungsgegenklage nach § 767 ZPO) sind demgegenüber unzulässig. Hier greift der Vorrang des Gerichtshofs. Die Entscheidung über die Aussetzung der Zwangsvollstreckung trifft dabei der EuGH-Präsident nach denselben Voraussetzungen, die für den Erlass einer einstweiligen Anordnung nach Art. 279 AEUV gelten.⁷

Nach Art. 133 Abs. 4 ist das Aufkommen aus den verhängten Geldbußen und Zwangsgeldern dem Gesamthaushaltsplan der Europäischen Union zugewiesen. Mit Blick auf vergleichbare Regelungen in anderen europäischen Rechtsakten aus dem Bereich des Finanzmarkts ist damit zu rechnen, dass die Regelung durch eine Delegierte Verordnung näher konkretisiert wird.⁸

Sofern die EBA trotz Vorliegen der Voraussetzungen der Art. 131, 132 kein Buß- oder Zwangsgeld verhängt, so ist sie nach Art. 133 Abs. 5 verpflichtet, das Europäische Parlament, den Rat, die Kommission und die zuständigen Behörden des betreffenden Mitgliedstaats darüber zu informieren und die Gründe für ihren Beschluss darzulegen. Diese Vorschrift soll sicherstellen, dass die EBA ihr Ermessen im Hinblick auf die Verhängung von Buß- und Zwangsgeldern ordnungsgemäß ausübt.

Artikel 134 **Verfahrensvorschriften für Aufsichtsmaßnahmen und Geldbußen**

(1) estehen im Rahmen der Wahrnehmung der Aufsichtsaufgaben der EBA nach Artikel 117 eindeutige und nachweisbare Gründe für die Annahme, dass einer der in den Anhängen V oder VI aufgeführten Verstöße vorliegt oder vorliegen wird, benennt die EBA aus dem Kreis ihrer Bediensteten einen unabhängigen Untersuchungsbeauftragten zur Untersuchung des Sachverhalts. Der Untersuchungsbeauftragte darf nicht direkt oder indirekt in die Beaufsichtigung der betreffenden Emittenten signifikanter vermögenswertereferenzierter Token oder signifikanter E-Geld-Token einbezogen sein oder gewesen sein und nimmt seine Aufgaben unabhängig von der EBA wahr.

(2) Der Untersuchungsbeauftragte untersucht die mutmaßlichen Verstöße, wobei er alle Bemerkungen der Personen, die Gegenstand der Un-

---
⁶ BVerfG WM 1987, 772; weiterführend hierzu etwa Terhechte EuZW 2004, 235 (236ff.).
⁷ Vgl. zum Ganzen auch Assmann/Schneider/Mülbert/Gurlit MiFIR Art. 38j Rn. 10ff.
⁸ Vgl. etwa für Art. 38j MiFIR Assmann/Schneider/Mülbert/Gurlit MiFIR Art. 38j Rn. 14.

tersuchung sind, berücksichtigt, und legt der EBA eine vollständige Verfahrensakte mit seinen Feststellungen vor.

(3) Zur Erfüllung seiner Aufgaben kann der Untersuchungsbeauftragte von der Befugnis, nach Artikel 122 Informationen anzufordern, und von der Befugnis, nach den Artikeln 123 und 124 Untersuchungen und Vor-Ort-Prüfungen durchzuführen, Gebrauch machen. Bei der Ausübung dieser Befugnisse muss der Untersuchungsbeauftragte Artikel 121 einhalten.

(4) Bei der Erfüllung seiner Aufgaben hat der Untersuchungsbeauftragte Zugang zu allen Unterlagen und Informationen, die die EBA bei ihren Aufsichtstätigkeiten zusammengetragen hat.

(5) Beim Abschluss seiner Untersuchung gibt der Untersuchungsbeauftragte den Personen, die Gegenstand der Untersuchung sind, Gelegenheit, zu den untersuchten Fragen angehört zu werden, bevor er der EBA die Verfahrensakte mit seinen Feststellungen vorlegt. Der Untersuchungsbeauftragte stützt seine Feststellungen nur auf Tatsachen, zu denen sich die betreffenden Personen äußern konnten.

(6) Während der Untersuchungen nach diesem Artikel sind die Verteidigungsrechte der betreffenden Personen in vollem Umfang zu wahren.

(7) Wenn der Untersuchungsbeauftragte der EBA die Verfahrensakte mit seinen Feststellungen vorlegt, setzt er die Personen, die Gegenstand der Untersuchung sind, davon in Kenntnis. Vorbehaltlich des berechtigten Interesses anderer Personen an der Wahrung ihrer Geschäftsgeheimnisse haben die Personen, die Gegenstand der Untersuchungen sind, das Recht auf Einsicht in die Verfahrensakte. Vom Recht auf Akteneinsicht ausgenommen sind Dritte betreffende vertrauliche Informationen sowie interne vorbereitende Unterlagen der EBA.

(8) Anhand der Verfahrensakte mit den Feststellungen des Untersuchungsbeauftragten und – wenn die Personen, die Gegenstand der Untersuchung sind, darum ersuchen – nach der gemäß Artikel 135 erfolgten Anhörung dieser Personen, entscheidet die EBA darüber, ob der Emittent des signifikanten vermögenswertereferenzierten Token oder der Emittent des signifikanten E-Geld-Token, der Gegenstand der Untersuchung ist, einen der in den Anhängen V oder VI aufgeführten Verstöße begangen hat; ist dies der Fall, ergreift sie eine Aufsichtsmaßnahme nach Artikel 130 oder verhängt eine Geldbuße nach Artikel 131.

(9) Der Untersuchungsbeauftragte nimmt nicht an den Beratungen der EBA teil und greift auch nicht in anderer Weise in den Beschlussfassungsprozess der EBA ein.

(10) Die Kommission erlässt bis zum 30. Juni 2024 delegierte Rechtsakte nach Artikel 139 zur Ergänzung dieser Verordnung durch Verfahrensvorschriften für die Ausübung der Befugnis zur Verhängung von Geldbußen oder Zwangsgeldern, einschließlich Bestimmungen zu den Verteidigungsrechten, zu Zeitpunkten und Fristen, zur Einziehung der Geldbußen und Zwangsgelder und zur Verjährung bezüglich der Verhängung und Vollstreckung von Buß- und Zwangsgeldzahlungen.

(11) Stößt die EBA bei der Wahrnehmung ihrer Aufgaben nach dieser Verordnung auf ernsthafte Anhaltspunkte für das Vorliegen von Tatsachen,

die Straftaten darstellen könnten, bringt sie diese Sachverhalte zur Untersuchung und gegebenenfalls zur strafrechtlichen Verfolgung den zuständigen nationalen Behörden zur Kenntnis. Ferner sieht die EBA davon ab, Geldbußen oder Zwangsgelder zu verhängen, wenn sie Kenntnis davon hat, dass ein früherer Freispruch oder eine frühere Verurteilung aufgrund identischer oder im Wesentlichen gleichartiger Tatsachen als Ergebnis eines Strafverfahrens nach nationalem Recht bereits Rechtskraft erlangt hat.

Übersicht

	Rn.
I. Gegenstand und Zweck	1
II. Anwendungsbereich	3
III. Verfahrensablauf (Abs. 1–9, ohne Abs. 5–7)	4
IV. Der Untersuchungsbeauftragte	6
V. Verteidigungsrechte (Abs. 5–7)	8
1. Anhörung (Abs. 5)	9
2. Akteneinsicht (Abs. 7)	11
VI. Verhältnis zu Strafvorschriften (Abs. 11)	14

I. Gegenstand und Zweck

Art. 134 bildet gemeinsam mit Art. 135 das zentrale verfahrensrechtliche Gerüst 1 für Verfahren zur Verhängung von Aufsichtsmaßnahmen und Bußgeldern. Die Vorschrift sieht eine strenge Formalisierung des Untersuchungsverfahrens im Hinblick auf mögliches Fehlverhalten von Aufsichtsadressaten vor. Wesentliche Prinzipien sind vor allem in der grundsätzlichen Trennung von Untersuchungs- und Entscheidungsverfahren sowie in der umfangreichen Beteiligung der Adressaten zu sehen.

Der Zweck der Trennung von Untersuchungs- und Entscheidungsverfahren besteht 2 darin, möglichst fehlerfreie Entscheidungen zu treffen. Gleiches gilt für die Beteiligungsrechte der Aufsichtsadressaten, welche überdies die Einhaltung rechtsstaatlicher und grundrechtlicher Anforderungen sicherstellen. Art. 134 ist die Kernvorschrift zum Erlass von Aufsichts- und Sanktionsmaßnahmen. Das hier statuierte Untersuchungsverfahren kommt grundsätzlich vor dem Erlass entsprechender Maßnahmen nach Art. 130 und 131 zum Einsatz. Die Vorschrift wird ergänzt durch Art. 135, der das Entscheidungsverfahren der EBA näher ausgestaltet.

II. Anwendungsbereich

Die Einleitung eines Untersuchungsverfahrens nach Art. 134 setzt voraus, dass 3 eindeutige und nachweisbare Gründe für die Annahme vorliegen, dass einer der in den Anhängen V oder VI aufgeführten Verstöße vorliegt oder vorliegen könnte. Erforderlich, aber auch ausreichend ist ein auf objektiven Umständen fußender Anfangsverdacht, der noch nicht die überwiegende Wahrscheinlichkeit eines Verstoßes voraussetzt.[1] Über das Vorliegen eindeutiger und nachweisbarer Anhaltspunkte für Rechtsverstöße begründende Tatsachen entscheidet die EBA. Ihr obliegt auch die Entscheidung, ob ein Untersuchungsverfahren eingeleitet wird.

---

[1] Vgl. Assmann/Schneider/Mülbert/Gurlit MiFIR Art. 38k Rn. 3.

III. Verfahrensablauf (Abs. 1–9, ohne Abs. 5–7)

4 Das Untersuchungsverfahren beginnt mit der Benennung eines unabhängigen Untersuchungsbeauftragten (Art. 134 Abs. 1). Die Aufgabe des Untersuchungsbeauftragten besteht gem. Art. 134 Abs. 2 darin, die mutmaßlichen Verstöße zu untersuchen. Er legt der EBA nach Abschluss seiner Untersuchungen eine vollständige Verfahrensakte mit seinen „Feststellungen" vor. Im Rahmen seiner Untersuchung soll er weitere Tatsachen ermitteln, die den Anfangsverdacht erhärten oder auch entkräften. Die zu treffenden Feststellungen können indes nie völlig frei von rechtlichen Wertungen sein, da sie sich auf normative Verhaltensgebote beziehen.[2] Für seine Ermittlungen stehen dem Untersuchungsbeauftragten verschiedene Instrumente zur Verfügung. Art. 134 Abs. 3 regelt, dass der Untersuchungsbeauftragte zur Erfüllung seiner Aufgaben von der Befugnis, nach Art. 122 Informationen anzufordern, und von der Befugnis, nach den Art. 123 und 124 Untersuchungen und Vor-Ort-Prüfungen durchzuführen, Gebrauch machen kann. Bei der Ausübung dieser Befugnisse muss der Untersuchungsbeauftragte indes auch die Vorgaben des Art. 121 einhalten. Zusätzlich hat der Untersuchungsbeauftragte im Rahmen seiner Ermittlung Zugang zu allen Unterlagen und Informationen, die die EBA bei ihren Aufsichtstätigkeiten zusammengetragen hat (Art. 134 Abs. 4). Überdies steht ihm die Anhörung als Instrument der Informationsgewinnung zur Verfügung (Art. 134 Abs. 5 S. 1), die neben ihrer primären Sicherungsfunktion im Hinblick auf rechtsstaatliche und grundrechtliche Mindestanforderungen auch im Dienste der Richtigkeitsgewähr der zu treffenden Entscheidung steht. Das Untersuchungsverfahren durch den Untersuchungsbeauftragten endet mit der Vorlage der Feststellungen in Form der Verfahrensakte an die EBA. Die Vorlagepflicht besteht unabhängig davon, ob der Untersuchungsbeauftragte Tatsachen festgestellt hat, die den Verdacht des Verstoßes stützen oder ihn entkräften. Nach Art. 134 Abs. 7 setzt der Untersuchungsbeauftragte die Personen, die Gegenstand der Untersuchung sind, davon in Kenntnis, sobald er der EBA die Verfahrensakte mit seinen Feststellungen vorlegt. Vorbehaltlich des berechtigten Interesses anderer Personen an der Wahrung ihrer Geschäftsgeheimnisse haben die Personen, die Gegenstand der Untersuchungen sind, das Recht auf Einsicht in die Verfahrensakte. Dabei sind solche Informationen vom Recht auf Akteneinsicht ausgenommen, die vertrauliche Angelegenheiten Dritter betreffen. Gleiches gilt für interne vorbereitende Unterlagen der EBA. Mit Vorlage der Verfahrensakte endet die Beteiligung des Untersuchungsbeauftragten; am weiteren Verfahren ist er nicht beteiligt, dies ergibt sich zweifelsfrei aus Art. 134 Abs. 9.

5 Die EBA entscheidet gem. Art. 134 Abs. 8 „anhand der Verfahrensakte mit den Feststellungen des Untersuchungsbeauftragten", ob der Aufsichtsadressat einen oder mehrere Verstöße begangen hat. Schon der Wortlaut indiziert mithin, dass die EBA nicht an die Feststellungen oder Bewertungen des Untersuchungsbeauftragten gebunden ist. In der Praxis dürfte regelmäßig einiges dafürsprechen, dass die EBA den Feststellungen des Untersuchungsbeauftragten folgt; mit der Übernahme der Verfahrensführerschaft kann sie allerdings abweichende Feststellungen treffen, ohne insoweit den Untersuchungsbeauftragten einschalten zu müssen. Dabei kann eine Abweichung von den Prüfungsfeststellungen des Untersuchungsbeauftragten

---

[2] Vgl. Assmann/Schneider/Mülbert/Gurlit MiFIR Art. 38k Rn. 4.

nicht nur auf einer abweichenden Würdigung identischer Fakten beruhen, sondern auch auf der Berücksichtigung weiteren Tatsachenwissens der EBA.

IV. Der Untersuchungsbeauftragte

Der Untersuchungsbeauftragte muss nach Art. 134 Abs. 1 unparteiisch und unabhängig sein. Dies spiegelt sich einerseits in der Voraussetzung, dass er nicht direkt oder indirekt in die Beaufsichtigung oder das Zulassungsverfahren des betroffenen Aufsichtsunterworfenen einbezogen sein oder gewesen sein darf und seine Aufgaben unabhängig von der EBA wahrnimmt. So soll den Anforderungen des Art. 41 Abs. 1 GRCh genüge getan werden, da die Unparteilichkeit ausdrücklicher Bestandteil des Rechts auf eine gute Verwaltung ist. So fordert Art. 41 Abs. 1 GRCh nicht nur die subjektive Unparteilichkeit, die Anforderungen an den konkreten Amtswalter stellt, sondern als sog. objektive Unparteilichkeit auch entsprechende institutionelle Vorkehrungen.[3] Ebendies wird durch den normativen Ausschluss von vorbefassten EBA-Bediensteten als Untersuchungsbeauftragte sichergestellt. Die Unparteilichkeit wird weiterhin dadurch sichergestellt, dass dieser an den Beschlussfassungsprozessen der EBA nicht mitwirkt. Diese fehlende Entscheidungsverantwortung soll die Unparteilichkeit des Untersuchungsbeauftragten zusätzlich absichern.[4] 6

Die Unabhängigkeit des Untersuchungsbeauftragten soll durch die strenge organisatorische Trennung von Untersuchungs- und Entscheidungsverfahren abgesichert werden. Zu Bedenken ist hierbei jedoch, dass der Untersuchungsbeauftragte ein Bediensteter der EBA ist und als solcher gem. Art. 68 EBA-VO dem Beamtenstatut der EU unterliegt, das von der Weisungsgebundenheit der Beamten ausgeht.[5] Mit Blick auf den Schutzzweck des Art. 134 spricht viel dafür, von einer Weisungsfreiheit des Untersuchungsbeauftragten in dieser Sache auszugehen.[6] 7

V. Verteidigungsrechte (Abs. 5–7)

Art. 134 Abs. 5–7 regeln die Verteidigungsrechte des Betroffenen. Nach der ausdrücklichen Anordnung des Art. 134 Abs. 6 sind die Verteidigungsrechte der betreffenden Personen während der Untersuchungen in vollem Umfang zu wahren. Art. 135 Abs. 3 trifft dieselbe Anordnung. Die grundsätzlichen Verteidigungsrechte finden ihren Ursprung in Art. 41 GRCh, der für die EBA unmittelbar gilt. Als Ausprägung des rechtlichen Gehörs gem. Art. 41 Abs. 2 lit. a GRCh gehört zum Anspruch auf eine gute Verwaltung das Recht der betroffenen Person auf vorherige Anhörung. Überdies gewährleistet Art. 41 Abs. 2 lit. b GRCh das Recht jeder Person auf Zugang zu den sie betreffenden Akten. Beide Verteidigungsrechte haben 8

---

[3] EuGH ECLI:EU:C:2013:513 Rn. 155 – Ziegler; EuG ECLI:EU:T:2019:832 Rn. 45 – Pethke; vgl. ferner auch Jarass GRCh Art. 41 Rn. 14.
[4] Vgl. Assmann/Schneider/Mülbert/Gurlit MiFIR Art. 38k Rn. 8.
[5] Siehe hierzu Art. 21a VO Nr. 31 (EWG) 11 (EAG) über das Statut der Beamten und über die Beschäftigungsbedingungen der Europäischen Wirtschaftsgemeinschaft und der Europäischen Atomgemeinschaft v. 18.12.1961, ABl. EWG v. 14.6.1961, 1385.
[6] Vgl. Assmann/Schneider/Mülbert/Gurlit MiFIR Art. 38k Rn. 9.

ausdrücklich Eingang in Art. 134 gefunden; das Recht auf Anhörung in Abs. 5 und das Recht auf Akteneinsicht in Abs. 7.

1. Anhörung (Abs. 5)

9   Art. 134 Abs. 5 statuiert ein Anhörungsrecht im Untersuchungsverfahren. Dort heißt es, dass der Untersuchungsbeauftragte beim Abschluss seiner Untersuchung den Personen, die Gegenstand der Untersuchung sind, Gelegenheit geben muss, zu den untersuchten Fragen angehört zu werden. Zeitlich schreibt die Norm vor, dass dies zu geschehen hat, bevor der EBA die Verfahrensakte vorgelegt wird. Neben dem Anhörungsrecht im Untersuchungsverfahren nach Art. 134 gewährt Art. 135 dem potenziellen Adressaten ein (weiteres) Anhörungsrecht vor der Beschlussfassung der EBA über die Verhängung einer Aufsichtsmaßnahme und Geldbuße. Der Zweck dieser doppelten Gewährung rechtlichen Gehörs liegt in der Sicherstellung eines effektiven Rechtsschutzes.

10   Das Anhörungsrecht steht dabei nur solchen Personen zu, die potenzielle Adressaten von auf die Untersuchung folgenden Aufsichtsmaßnahmen oder Geldbußen sind. Materiell erwächst dem Betroffenen unmittelbar aus Art. 41 Abs. 2 lit. a GRCh überdies ein Anspruch auf Berücksichtigung seiner Stellungnahme.[7] Dies greift Art. 134 Abs. 2 auf, der anordnet, dass der Untersuchungsbeauftragte im Rahmen seiner Untersuchung alle Bemerkungen der Personen, die Gegenstand der Untersuchung sind, zu berücksichtigen hat. Dies wird noch dadurch verstärkt, dass Art. 134 Abs. 5 die vom Untersuchungsbeauftragte verwertbare Tatsachengrundlage auf solche Umstände beschränkt, zu denen sich die betreffenden Personen tatsächlich äußern konnten. Umstände, zu denen keine Anhörungsgelegenheit gegeben wurde, dürfen hiernach nicht im Abschlussbericht verwertet werden. Einen Ausschluss des Anhörungsrechts, welcher nach Art. 52 Abs. 1 GRCh einer gesetzlichen Grundlage bedürfte, sieht Art. 134 (anders als Art. 135 für dringliche Fälle, → Art. 135 Rn. 4) nicht vor. Daher dürfte davon auszugehen sein, dass auf die Anhörung im Untersuchungsverfahren – vorbehaltlich einer Zustimmung des Betroffenen – nicht verzichtet werden kann.

2. Akteneinsicht (Abs. 7)

11   Art. 134 Abs. 7 gewährt dem Betroffenen ein Recht auf Einsicht in die Verfahrensakte. Anspruchsberechtigt sind die gleichen Personen, die auch ein Anhörungsrecht haben. Der Sache nach bezieht sich das Einsichtsrecht auf die Verfahrensakte, also auf diejenigen Informationen, die der Untersuchungsbeauftragte im Rahmen seiner Untersuchung und unter Nutzung seiner Befugnisse zusammengetragen hat. Der Anspruch auf Akteneinsicht setzt zeitlich spät an. Das Gesetz spricht hier davon, der Betroffene habe ein Einsichtsrecht, „wenn der Untersuchungsbeauftragte der EBA die Verfahrensakte mit seinen Feststellungen vorlegt". Hierdurch kann einerseits eine ungewollte Einflussnahme des Betroffenen auf die Untersuchung verhindert werden, was einen schnellen und effektiven Verfahrensablauf sicherstellt. Andererseits wird ihm so auch die Möglichkeit genommen, das Akteneinsichtsrecht zur Vorbereitung seiner Stellungnahme zu nutzen, was sein rechtliches Gehör beschränkt.

12   Vorgenanntes Akteneinsichtsrecht erstreckt sich nicht auf Dritte betreffende vertrauliche Informationen sowie interne vorbereitende Unterlagen der EBA. Dies ist

---

[7] EuGH ECLI:EU:C:2012:744 Rn. 88 – MM; Jarass GRCh Art. 41 Rn. 22.

mit Blick auf das Europäische Primärrecht konsequent, denn auch Art. 41 Abs. 2 lit. b GRCh sieht vergleichbare Vorbehalte vor, wenn er die Wahrung des berechtigten Interesses der Vertraulichkeit sowie des Berufs- und Geschäftsgeheimnisses anordnet. Musterbeispiele für solche vertraulichen Informationen Dritter sind etwa personenbezogene Daten natürlicher Personen oder Geschäftsgeheimnisse von Unternehmen. Dabei verbiete sich eine pauschale Qualifikation all solcher Informationen als „vertraulich". Vielmehr ist im Einzelfall unter Berücksichtigung der vom Gerichtshof für finanzmarktrechtliche Verschwiegenheitspflichten entwickelten Kriterien sowie des Verhältnismäßigkeitsprinzips die konkrete Schutzwürdigkeit zu prüfen. So könnte es sich etwa anbieten, eine bereinigte Fassung der Unterlagen zu erstellen, die den Datenschutz bzw. das Geschäftsgeheimnis weniger beeinträchtigt und gleichwohl den Informationsinteressen des Aufsichtsadressaten Rechnung trägt.[8]

Mit der Ausnahme von internen Unterlagen der EBA wird ein Teil des vom Gerichtshof anerkannten sog. „aufsichtsrechtlichen Geheimnisses" vom Akteneinsichtsrecht ausgenommen, welches sich auf die von der Behörde angewandten Überwachungsmethoden, die behördliche Korrespondenz mit anderen Behörden und mit den überwachten Unternehmen und innerbehördlich erzeugten Informationen über die Lage der beaufsichtigten Märkte erstreckt.[9] Hierdurch soll die Freiheit des innerbehördlichen Entscheidungsbildungsprozesses und die Effektivität der Aufsicht dauerhaft sichergestellt sowie Verfahrensvereitelung verhindert werden. Dies ist als Beschränkungsgrund von Art. 41 Abs. 2 lit. b GRCh anerkannt. 13

VI. Verhältnis zu Strafvorschriften (Abs. 11)

Art. 138 Abs. 11 ordnet an, dass die EBA, sofern ihr bei der Wahrnehmung ihrer Aufgaben nach der MiCAR ernsthafte Anhaltspunkte für das Vorliegen von Tatsachen, die Straftaten darstellen könnten bekannt werden, diese Sachverhalte zur Untersuchung und gegebenenfalls zur strafrechtlichen Verfolgung den zuständigen nationalen Behörden zur Kenntnis bringt. Überdies ordnet S. 2 der Vorschrift an, dass die EBA davon absieht, Geldbußen oder Zwangsgelder zu verhängen, wenn sie Kenntnis davon hat, dass ein früherer Freispruch oder eine frühere Verurteilung aufgrund identischer oder im Wesentlichen gleichartiger Tatsachen als Ergebnis eines Strafverfahrens nach nationalem Recht bereits Rechtskraft erlangt hat. Materiell zielt Letzteres auf die umfassende Einhaltung des Doppelbestrafungsverbots, wobei die Vorschrift noch über dessen unionsrechtliche Grenzen hinausgeht, wenn es neben Sanktionen europäischer Institutionen auch nationale Sachverhalte berücksichtigt. Die Vorschrift wird damit aber der neueren Judikatur zu Art. 50 GRCh gerecht, die eine Doppelbestrafung grundsätzlich auch im Nebeneinander von Strafurteil (bzw. Freispruch) und Geldbuße sieht und dies nur in engen Grenzen (Verhältnismäßigkeit) für zulässig erachtet.[10] 14

---

[8] Hierzu Assmann/Schneider/Mülbert/Gurlit MiFIR Art. 38k Rn. 15.
[9] Schlussanträge GA Jääskinen ECLI:EU:C:2014:2168 Rn. 38 – Altmann unter Verweis auf EuGH ECLI:EU:C:1985:495 Rn. 27, 32 – Hillenius; implizit rezipiert durch EuGH ECLI:EU:C:2014:2362 Rn. 31 – Altmann; EuGH ECLI:EU:C:2018:464 Rn. 34 – Baumeister; s. auch BVerwG NVwZ 2016, 1335 Rn. 20.
[10] EuGH ECLI:EU:C:2018:192 Rn. 38, 43 – Di Puma; EuGH ECLI:EU:C:2018:193 Rn. 34f., 48 – Garlsson Real Estate.

Art. 135 Titel VII Zuständigen Behörden, die EBA und die ESMA

Artikel 135 Anhörung der betreffenden Personen

(1) Vor einem Beschluss gemäß Artikel 130, 131 oder 132 gibt die EBA den Personen, die Gegenstand einer Untersuchung sind, Gelegenheit, zu ihren Feststellungen angehört zu werden. Die EBA stützt ihre Beschlüsse nur auf Feststellungen, zu denen sich die Personen, die Gegenstand der betreffenden Untersuchung sind, äußern konnten.

(2) Absatz 1 gilt nicht, wenn dringende Maßnahmen ergriffen werden müssen, um erheblichen und unmittelbar drohenden Schaden für die Finanzstabilität oder die Inhaber von Kryptowerten, insbesondere Kleinanleger, abzuwenden. In einem solchen Fall kann die EBA einen Interimsbeschluss fassen und muss den betreffenden Personen die Gelegenheit geben, so bald wie möglich nach Erlass ihres Beschlusses gehört zu werden.

(3) Die Verteidigungsrechte der Personen, die Gegenstand einer Untersuchung sind, müssen in vollem Umfang gewahrt werden. Diese Personen haben vorbehaltlich des berechtigten Interesses anderer Personen an der Wahrung ihrer Geschäftsgeheimnisse Recht auf Einsicht in die Akten der EBA. Vom Recht auf Einsicht in die Akten der EBA ausgenommen sind vertrauliche Informationen sowie interne vorbereitende Unterlagen der EBA.

Übersicht

	Rn.
I. Gegenstand und Zweck der Regelung	1
II. Verteidigungsrechte (Abs. 3)	2
1. Anhörung	3
2. Akteneinsicht	5

I. Gegenstand und Zweck der Regelung

1 Art. 135 stellt neben Art. 134 die zweite zentrale Vorschrift mit Blick auf das Verfahren im Zusammenhang mit der Verhängung von Aufsichtsmaßnahmen bzw. Zwangsgeldern und Geldbußen dar. Die Vorschrift gewährt vor allem ein Anhörungsrecht vor Erlass entsprechender Maßnahmen. Sie betrifft indes, anders als Art. 134, nicht das Untersuchungsverfahren, sondern das Entscheidungsverfahren. Art. 135 enthält weiterführende Ausnahmen, insbesondere für dringende Fälle. Der Zweck der Vorschrift besteht wiederum in der Sicherung des Rechts auf rechtliches Gehör. Vergleichbare Vorschriften finden sich in Art. 48j Benchmark-VO, Art. 25l und Art. 67 EMIR, Art. 36c Rating-VO und Art. 38l MiFIR.

II. Verteidigungsrechte (Abs. 3)

2 Auch in Art. 135 Abs. 3 wird klargestellt, dass die Verteidigungsrechte der Personen, die Gegenstand einer Untersuchung sind, in vollem Umfang gewahrt werden müssen. Diese Anordnung hat den gleichen Regelungsgehalt wie in Art. 134. Mit Blick auf die konkreten Ausprägungen, namentlich das Anhörungsrecht und das Akteneinsichtsrecht, zeigen sich jedoch Unterschiede im Detail.

Anhörung der betreffenden Personen **Art. 135**

1. Anhörung

Art. 135 Abs. 1 S. 1 verpflichtet die EBA, die betroffenen Personen vor einem 3
Beschluss gem. Art. 130, 131 oder 132 anzuhören und ihre Beschlüsse nur auf Feststellungen zu stützen, zu denen sich die Betroffenen äußern konnten. Die Vorschrift führt damit, mit Blick auf Art. 134 und der Anhörung im Untersuchungsverfahren, zu einer zweiten Anhörung der Betroffenen. Dieser zusätzliche administrative Aufwand rechtfertigt sich damit, dass die EBA nicht an die Feststellungen des Untersuchungsbeauftragten gebunden ist. Soweit Art. 134 indes nicht anwendbar ist, etwa bei Zwangsgeldern, ist in Art. 135 auch die zentrale Grundlage einer notwendigen Anhörung zu sehen. Mit Blick auf die Einzelheiten des Anhörungsrechts kann auf die Ausführungen zu Art. 134 verwiesen werden.

Über die Vorgabe des Art. 134 geht Art. 135 jedoch insofern hinaus, als er in 4
Abs. 2 S. 1 das Anhörungsrecht ausschließt, wenn dringende Maßnahmen ergriffen werden müssen, um erheblichen und unmittelbar drohenden Schaden für die Finanzstabilität oder die Inhaber von Kryptowerten, insbesondere Kleinanlegern, abzuwenden. Damit werden strenge Voraussetzungen für einen Ausschluss des Anhörungsrechts statuiert, was mit Blick auf dessen rechtsstaatliche und grundrechtliche Sicherungsfunktion zu begrüßen ist. Insbesondere durch die klare Umgrenzung hat der europäische Gesetzgeber aber eine gesetzliche Beschränkungsregelung iSv Art. 52 Abs. 1 GRCh getroffen, die den grundrechtlichen Vorgaben des Art. 41 Abs. 2 lit. a GRCh gerecht wird.[1] Wird die Anhörung ausgeschlossen, kann die EBA mit Blick auf die Aufsichtsmaßnahme, das Zwangsgeld oder das Bußgeld einen anhörungslosen „Interimsbeschluss" fassen. Die Anhörung ist so schnell wie möglich nachzuholen. Mit Blick auf den Interimsbeschluss kann das Ziel des rechtlichen Gehörs bzw. der Anhörung, zur Richtigkeit des behördlichen Entscheidens beizutragen, offensichtlich nicht mehr erreicht werden – dieser ist gerade anhörungslos erlassen worden. Gleichwohl kann die EBA den Interimsbeschluss durch einen abschließenden Beschluss aufheben, falls die nachgeholte Anhörung Anlass hierzu gibt.[2] So ist sichergestellt das auch eine nachgeholte Anhörung ihre Funktion bestmöglich erfüllt und keine bloße Formalie darstellt.

2. Akteneinsicht

Das Recht auf Akteneinsicht erstreckt sich auf diejenigen Informationen, die die 5
EBA im Rahmen ihrer Untersuchung und unter Nutzung ihrer Befugnisse zusammengetragen hat. Im Wesentlichen kann auch hier auf das zu Art. 134 Gesagte verwiesen werden. Dies gilt insbesondere mit Blick auf die statuierten Ausnahmen. Auch hier gilt: mit Blick auf Adressaten einer Maßnahme, die dem Untersuchungsverfahren unterfällt, handelt es sich um ein zweites Akteneinsichtsrecht in die Unterlagen der EBA (in Abgrenzung zu den Untersuchungsunterlagen des Untersuchungsbeauftragten). Mit Blick auf die Verhängung von Zwangsgeldern haben betroffene nur das Akteneinsichtsrecht in die Unterlagen der EBA nach Art. 135.

---

[1] Vgl. Assmann/Schneider/Mülbert/Gurlit MiFIR Art. 381 Rn. 5; siehe ferner auch Jarass GRCh Art. 41 Rn. 23 mwN.
[2] Assmann/Schneider/Mülbert/Gurlit MiFIR Art. 381 Rn. 5.

Art. 136

Artikel 136 Überprüfung durch den Gerichtshof

Der Gerichtshof hat die unbeschränkte Befugnis zur Überprüfung von Beschlüssen, mit denen die EBA eine Geldbuße, ein Zwangsgeld oder eine verwaltungsrechtliche Sanktion oder sonstige Verwaltungsmaßnahme gemäß dieser Verordnung verhängt hat. Er kann die verhängten Geldbußen oder Zwangsgelder aufheben, herabsetzen oder erhöhen.

Übersicht

	Rn.
I. Gegenstand und Zweck	1
II. Rechtsschutz gegen Beschlüsse der EBA	4
III. Unbeschränkte Nachprüfung durch den Gerichtshof	5

I. Gegenstand und Zweck

1 Art. 136 gewährt dem Gerichtshof die unbeschränkte Kompetenz zur Überprüfung von Beschlüssen, mit denen die EBA eine Geldbuße, ein Zwangsgeld oder eine verwaltungsrechtliche Sanktion bzw. sonstige Verwaltungsmaßnahme gem. der MiCAR verhängt hat. Dies schließt die Befugnis ein, Geldbußen oder Zwangsgelder aufzuheben, herabzusetzen oder zu erhöhen. Damit ist die Vorschrift eine spezielle Kompetenznorm iSv Art. 261 AEUV, der zur Erweiterung der gerichtlichen Befugnisse bei der Überprüfung von Zwangsmaßnahmen ermächtigt.[1] Der Begriff „Gerichtshof" umfasst sowohl den EuGH als auch das EuG.[2]

2 Die Vorschrift hat indes keinen eigenständigen Regelungsgehalt hinsichtlich der grundsätzlichen Zulässigkeit einer Nichtigkeitsklage gegen entsprechende Beschlüsse der EBA. Die Vorschrift berührt auch nicht das Erfordernis einer vorherigen Anrufung des Beschwerdeausschusses. Konstitutive Bedeutung hat die Vorschrift jedoch für den Kontrollumfang des Gerichts. Als Spezialnorm iSv Art. 261 AEUV überträgt sie dem Gerichtshof im Hinblick auf Zwangsmaßnahmen nach der MiCAR die Befugnis zu unbeschränkter Ermessensnachprüfung, Änderung und Verhängung solcher Maßnahmen.[3]

3 Nahezu identische Regelungen finden sich in Art. 48k Benchmark-VO, Art. 25n und Art. 69 EMIR und Art. 36 Rating-VO.

II. Rechtsschutz gegen Beschlüsse der EBA

4 Beschlüsse, mit denen die EBA eine Geldbuße, ein Zwangsgeld oder eine verwaltungsrechtliche Sanktion bzw. sonstige Verwaltungsmaßnahme gem. der MiCAR verhängt hat, unterliegen schon nach Art. 60 Abs. 1, 61 Abs. 2 EBA-VO einer gerichtlichen Überprüfung. Zuvor muss indes erfolglos der Beschwerdeausschuss angerufen worden sein, andernfalls ist die Klage unzulässig. Bei Erfolglosig-

---
[1] Vgl. Assmann/Schneider/Mülbert/Gurlit MiFIR Art. 38m Rn. 1.
[2] V.d. Groeben/Schwarze/Hatje/Gaitanides AEUV Art. 261 Rn. 2; Streinz/Ehricke AEUV Art. 261 Rn. 1.
[3] Vgl. zum Ganzen Assmann/Schneider/Mülbert/Gurlit MiFIR Art. 38m Rn. 3; BeckOK WpHR/Steuer VO (EU) Nr. 648/2012 Art. 25n Rn. 2.

keit der Beschwerde kann der Beschluss durch die Nichtigkeitsklage gem. Art. 263 AEUV angegriffen werden. Die erstinstanzliche Zuständigkeit für eine entsprechende Nichtigkeitsklage liegt gem. Art. 256 Abs. 1 AEUV iVm der Satzung des Gerichtshofs beim EuG.

III. Unbeschränkte Nachprüfung durch den Gerichtshof

Im Rahmen der unbeschränkten Nachprüfung ist der Gerichtshof nicht auf die 5
Kontrolle der Rechtmäßigkeit der angefochtenen Maßnahme beschränkt. Er kann vielmehr auch deren Zweckmäßigkeit und Billigkeit überprüfen. Dabei wird dem Gerichtshof auch die Befugnis eingeräumt, Geldbußen oder Zwangsgelder zu erhöhen. Diese *reformatio in peius* wird überwiegend zumindest dann für zulässig gehalten, wenn sie (wie hier) im Sekundärrechtsakt ausdrücklich vorgesehen ist. Gleichwohl hat die Rechtsprechung soweit ersichtlich von dieser Möglichkeit bislang noch keinen Gebrauch gemacht.[4] Diese Kompetenzen stehen dabei grundsätzlich nur dem Gericht erster Instanz, also hier dem EuG zu. Die Prüfungskompetenz des EuGHs im Rechtsmittelverfahren ist nach Art. 256 Abs. 1 UAbs. 2 AEUV auf Rechtsfragen beschränkt.[5]

Artikel 137 Aufsichtsgebühren

(1) **Die EBA stellt Emittenten signifikanter vermögenswertereferenzierter Token und Emittenten signifikanter E-Geld-Token Gebühren in Rechnung.** Diese Gebühren decken die Aufwendungen der EBA im Zusammenhang mit Beaufsichtigungsaufgaben in Bezug auf Emittenten signifikanter vermögenswertereferenzierter Token und Emittenten signifikanter E-Geld-Token nach Artikeln 117 und 119 sowie die Erstattung der Kosten, die den zuständigen Behörden bei der Durchführung von Tätigkeiten im Rahmen dieser Verordnung, insbesondere infolge einer Übertragung von Aufgaben nach Artikel 138, entstehen könnten.

(2) **Die Gebühr, die einem einzelnen Emittenten eines signifikanten vermögenswertereferenzierten Token in Rechnung gestellt wird, steht im Verhältnis zur Größe seines Reservevermögens und deckt alle Kosten, die der EBA durch die Wahrnehmung ihrer Aufsichtsaufgaben im Rahmen dieser Verordnung entstehen.**

Die Gebühr, die einem einzelnen Emittenten eines signifikanten E-Geld-Token in Rechnung gestellt wird, steht im Verhältnis zum Umfang des im Tausch gegen einen Geldbetrag ausgegebenen E-Geld-Token und deckt alle Kosten, die der EBA durch die Wahrnehmung ihrer Aufsichtsaufgaben im Rahmen dieser Verordnung entstehen, einschließlich der Erstattung von Kosten, die bei der Wahrnehmung dieser Aufgaben anfallen.

(3) **Die Kommission erlässt bis zum 30. Juni 2024 einen delegierten Rechtsakt nach Artikel 139 zur Ergänzung dieser Verordnung durch die Präzisierung der Gebührenarten, der Gebührenanlässe, der Gebührenhöhe**

---

[4] Streinz/Ehricke AEUV Art. 261 Rn. 8; vgl. ferner auch Lenz/Borchardt/Borchardt AEUV Art. 261 Rn. 5; Callies/Ruffert/Cremer AEUV Art. 261 Rn. 6.
[5] Grabitz/Hilf/Nettesheim/Boos AEUV Art. 261 Rn. 18 mwN.

Art. 137 Titel VII Zuständigen Behörden, die EBA und die ESMA

und Zahlungsweise sowie der Methode zur Berechnung des in Absatz 2 dieses Artikels genannten Höchstbetrags, den die EBA einem einzelnen Rechtsträger in Rechnung stellen kann.

Übersicht

	Rn.
I. Gegenstand und Zweck	1
II. Gebührentatbestände und Schuldner (Abs. 1)	2
III. Bemessungsgrundsätze und Gebührenhöhe (Abs. 1–3)	4

I. Gegenstand und Zweck

1 Art. 137 schafft die rechtliche Grundlage für die Erhebung von Gebühren von den beaufsichtigten Emittenten signifikanter vermögenswertereferenzierter Token und Emittenten signifikanter E-Geld-Token. Die Vorschrift dient nach Erwgr. Nr. 107 ausschließlich dazu, die der EBA bei der Beaufsichtigung entstehenden Kosten, einschließlich der Gemeinkosten, zu decken. Entsprechende Parallelvorschriften finden sind in Art. 48 l Benchmark-VO, Art. 25 d und Art. 72 EMIR und Art. 19 Rating-VO.

II. Gebührentatbestände und Schuldner (Abs. 1)

2 Nach Art. 137 Abs. 1 werden Gebühren durch Aufwendungen der EBA im Zusammenhang mit der Beaufsichtigung nach den Art. 117 und 119 ausgelöst. Überdies wird klargestellt, dass hierzu auch die Erstattung von Verwaltungskosten zählt, die den mitgliedstaatlichen Behörden bei einer Aufgabendelegation nach Art. 138 entstehen.

3 Einem Veranlasserprinzip folgend verpflichtet Art. 137 Abs. 1 nur Emittenten signifikanter vermögenswertereferenzierter Token und Emittenten signifikanter E-Geld-Token zur Entrichtung von Aufsichtsgebühren. Dies folgt daraus, dass nur diese der Beaufsichtigung der EBA nach Art. 117 und 119 unterstehen.

III. Bemessungsgrundsätze und Gebührenhöhe (Abs. 1–3)

4 Grundsätzlich gilt im Rahmen der Aufsichtsgebühren nach Art. 137 das Prinzip der Kosten. Dies geht aus Art. 137 Abs. 1 S. 2 sowie Abs. 2 UAbs. 1 und 2 hervor, wonach die Gebühren die Aufwendungen der EBA decken sollen. Die Kalkulation der Gebühren ist vor diesem Hintergrund am Gesamtaufwand der EBA zu orientieren, welcher vollständig gedeckt werden soll. Die EBA muss daher in ihrer Budgetplanung die Gebührenhöhe so kalkulieren, dass weder erhebliche Überschüsse noch Defizite erwirtschaftet werden.[1]

5 Art. 137 Abs. 2 führt vor dem Hintergrund von Erwgr. Nr. 107 ein System zur verhältnismäßigen Verteilung der Aufsichtsgebühren unter den gebührenpflichten Emittenten ein. Die Gebühr eines einzelnen Emittenten signifikanter vermögenswertereferenzierter Token steht hiernach im Verhältnis zur Größe seines Reservevermögens. Die Gebühr, die einem einzelnen Emittenten signifikanter E-Geld-To-

---

[1] Vgl. Assmann/Schneider/Mülbert/Gurlit MiFIR Art. 38 n Rn. 3.

ken in Rechnung gestellt wird, beurteilt sich mit Blick auf den Umfang der im Tausch gegen einen Geldbetrag ausgegebenen E-Geld-Token. So soll sichergestellt werden, dass große Emittenten, die typischerweise deutlich höhere Aufsichtskosten verursachen auch entsprechend stärker an den Kosten beteiligt werden.

Art. 137 Abs. 3 regelt die Konkretisierung der Gebührenarten, der Gebühren- 6 anlässe, der Gebührenhöhe und der Zahlungsweise sowie der Methode zur Berechnung eines zulässigen Höchstbetrages. Diese Spezifika soll die Kommission im Rahmen eines delegierten Rechtsaktes nach Art. 139 bis zum 30.6.2024 erarbeiten.

Artikel 138 Übertragung von Aufgaben durch die EBA an die zuständigen Behörden

(1) Soweit es für die ordnungsgemäße Erfüllung einer Aufsichtsaufgabe in Bezug auf Emittenten signifikanter vermögenswertereferenzierter Token oder Emittenten signifikanter E-Geld-Token erforderlich ist, kann die EBA einer zuständigen Behörde spezifische Aufsichtsaufgaben übertragen. Zu diesen spezifischen Aufsichtsaufgaben kann die Befugnis zur Anforderung von Informationen gemäß Artikel 122 und zur Durchführung von Untersuchungen und Vor-Ort-Prüfungen gemäß den Artikeln 123 oder 124 zählen.

(2) Bevor die EBA Aufgaben im Sinne von Absatz 1 überträgt, konsultiert sie die jeweils zuständige Behörde in Bezug auf:
a) den Umfang der zu übertragenden Aufgabe,
b) den Zeitplan für die Ausführung der Aufgabe und
c) die Übermittlung erforderlicher Informationen durch und an die EBA.

(3) Gemäß dem von der Kommission nach Artikel 137 Absatz 3 und Artikel 139 erlassenen delegierten Rechtsakt zu den Gebühren erstattet die EBA einer zuständigen Behörde die Kosten, die dieser bei der Durchführung übertragener Aufgaben entstanden sind.

(4) Die EBA überprüft die Übertragung von Aufgaben in angemessenen Zeitabständen. Eine Aufgabenübertragung kann jederzeit widerrufen werden.

Übersicht

	Rn.
I. Gegenstand und Zweck	1
II. Voraussetzungen einer Übertragung (Abs. 1 und 2)	4
III. Übertragungsbeschluss und die Rechtsstellung der nationalen Behörde	7

I. Gegenstand und Zweck

Art. 138 ermächtigt die EBA zu einer begrenzten Übertragung von Aufsichts- 1 aufgaben an mitgliedstaatliche Behörden. Art. 138 Abs. 1 bildet die Rechtsgrundlage der Aufgabenübertragung und umschreibt beispielhaft diejenigen Aufsichtsaufgaben, die delegiert werden können. Art. 138 Abs. 2 umschreibt das einzuhaltende Verfahren bei einer Aufgabenübertragung. Art. 138 Abs. 3 regelt den Anspruch der zuständigen Behörde gegen die EBA auf Ersatz der aus der Durchführung der Aufgaben entstandenen Kosten und Art. 138 Abs. 4 verpflichtet die EBA zur regelmäßigen Überprüfung der Übertragungsentscheidung und gewährt ihr diesbezüglich ein jederzeitiges Widerrufsrecht.

2 Die Übertragungsbefugnis dient ausweislich ihres Wortlautes der ordnungsgemäßen Erfüllung der Aufsichtsaufgaben. Das vorrangige Ziel liegt darin, sich die Sach- und Ortsnähe der zuständigen mitgliedstaatlichen Behörden zunutze zu machen und dadurch die Aufsicht besser und effektiver zu machen.[1]

3 Entsprechende Parallelvorschriften finden sind in Art. 48m Benchmark-VO, Art. 74 EMIR, Art. 30 Rating-VO und Art. 38o MiFIR.

II. Voraussetzungen einer Übertragung (Abs. 1 und 2)

4 Art. 138 Abs. 1 ermächtigt die EBA zur Übertragung „spezifischer Aufsichtsaufgaben" an eine mitgliedstaatliche Behörde. Nicht ganz klar erscheint dabei, welche konkreten Aufgaben übertagen werden können. Mit Blick auf Wortlaut und Systematik der Vorschrift kann es sich im Ausgangspunkt nur um Aufsichtsaufgaben handeln, die der EBA in Bezug auf Emittenten signifikanter vermögenswertereferenzierter Token bzw. Emittenten signifikanter E-Geld-Token obliegen. Dabei zeigt der Rekurs auf die Spezifik zu übertragender Aufgaben, dass sich die EBA ihrer Aufgaben nicht vollständig durch Delegation an die nationalen Behörden entledigen kann.[2] Auf der anderen Seite spricht vor allem aus systematischer und teleologischer Sicht viel dafür, dass der Gesetzgeber nicht beabsichtigt, lediglich die Übertragung von Befugnissen für bestimmte Maßnahmen anlässlich eines konkreten Überwachungsvorgangs zu ermöglichen. Hierfür existieren nämlich einerseits bereits anderweitig Kooperationsmechanismen – etwa im Rahmen von Prüfungen vor Ort (Art. 124). Andererseits spricht auch der nicht unerhebliche Verwaltungsaufwand bei einer Aufgabenübertragung gegen eine derartige Beschränkung. Die Wahrheit liegt wie so oft in der Mitte: Mit Blick auf vorstehende Erwägungen sind nach hier vertretener Ansicht solche Aufgaben übertragungsfähig, die einerseits hinreichend klar umrissen und abgegrenzt sind, sich dabei aber nicht lediglich auf eine ganz bestimmte Einzelaufgabe beschränken. Es spricht mithin viel dafür, dass die Aufgabenübertragung auf ein längerfristiges Engagement der nationalen Behörde gerichtet sein muss.[3]

5 Art. 138 Abs. 1 S. 2 nennt beispielhaft die Befugnis zur Anforderung von Informationen gem. Art. 122 und zur Durchführung von Untersuchungen und Vor-Ort-Prüfungen gem. den Art. 123 oder 124 als spezifische Aufsichtsaufgaben, die übertragen werden können. Unklar ist, ob ein Delegationsverbot für bestimmte – zentrale – Aufsichtsbefugnisse der EBA besteht. Ein solches Delegationsverbot für zentrale Aufsichtsmaßnahmen findet sich in anderen finanzmarktrechtlichen Regelwerken, etwa in Art. 48m Abs. 1 UAbs. 2 Benchmark-VO oder in Art. 74 Abs. 5 S. 2 EMIR. Dort werden solche Aufsichtsmaßnahmen mit einem Delegationsverbot belegt, die in ihrer Qualität den Aufsichtsmaßnahmen nach Art. 130 entsprechen. Ein ausdrückliches Delegationsverbot statuiert die MiCAR – anders als die zitierten Rechtsakte – gerade nicht, sodass grundsätzlich auch von der Über-

---

[1] Vgl. hierzu Assmann/Schneider/Mülbert/Gurlit MiFIR Art. 38o Rn. 1.
[2] Vgl. Assmann/Schneider/Mülbert/Gurlit MiFIR Art. 38o Rn. 2.
[3] So (analog für Art. 38o MiFIR) auch Assmann/Schneider/Mülbert/Gurlit MiFIR Art. 38o Rn. 2.

tragbarkeit der Befugnis zum Erlass von Aufsichtsbeschlüssen ausgegangen werden muss.⁴

Nach Art. 138 Abs. 2 muss der Aufgabenübertragung durch die EBA eine Konsultation mit der entsprechenden nationalen Behörde vorausgehen. In diesem Rahmen sind der Umfang der zu übertragenden Aufgabe, der Zeitplan für die Aufgabenerfüllung und der Informationsaustausch mit der EBA zu erörtern. Es handelt sich hierbei mithin um eine spezielle Regelung zu dem Kooperationsgebot des Art. 125. Das Ergebnis dieses Konsultationsverfahrens ist maßgeblich für die konkreten Modalitäten der Aufgabenübertragung.⁵   6

III. Übertragungsbeschluss und die Rechtsstellung der nationalen Behörde

Die Übertragung der Befugnisse erfolgt durch einen Beschluss der EBA nach Art. 288 Abs. 4 AEUV. Anders als in anderen Rechtsakten geht dies zwar nicht unmittelbar aus dem Wortlaut der Vorschrift hervor. Für die Übertragung von Aufgaben im Rahmen der MiCAR durch die EBA kann indes grundsätzlich nichts Anderes gelten, als für die Übertragung von Aufgaben der ESMA im Rahmen der MiFIR und der EMIR. Dort ist die Handlungsform „Beschluss" in Art. 38o Abs. 4 MiFIR und Art. 74 Abs. 4 EMIR ausdrücklich angeordnet. Es erschiene systemwidrig und willkürlich in einem Fall die Übertragung von Aufgaben mittels Beschlusses ausdrücklich anzuordnen und in einem vergleichbaren Fall die Übertragung von Aufgaben mittels einer anderen Handlungsform vorzusehen. Das im Wortlaut von Art. 138 Abs. 4 (und ebenfalls bei Art. 48m Abs. 4 Benchmark-VO) statt von einem Übertragungsbeschluss neutral von der „Aufgabenübertragung" die Rede ist, ändert an der Handlungsform nach hier vertretener Auffassung nichts.   7

Die verwaltungsorganisationsrechtliche Einordnung einer solchen Befugnisübertragung von der EBA auf mitgliedstaatliche Behörden fällt schwer. Viel spricht dafür, dass die nationalen Behörden die Aufgaben nicht als Beliehene, sondern bloß als „gehobene Verwaltungshelfer" ausführen.⁶   8

Werden nationale Behörden im Rahmen der ihr nach Art. 138 übertragenen Befugnisse tätig, stellen die Befugnisnormen der Verordnung selbst die Rechtsgrundlage für ihr Einschreiten dar.⁷   9

---

⁴ Vgl. hierzu Assmann/Schneider/Mülbert/Gurlit MiFIR Art. 38o Rn. 3.
⁵ Vgl. Assmann/Schneider/Mülbert/Gurlit MiFIR Art. 38o Rn. 4.
⁶ Näher hierzu vgl. Assmann/Schneider/Mülbert/Gurlit MiFIR Art. 38o Rn. 5.
⁷ Vgl. Assmann/Schneider/Mülbert/Gurlit MiFIR Art. 38o Rn. 6.

Titel VIII Delegierte Rechtsakte

Artikel 139 Ausübung der Befugnisübertragung

(1) Die Befugnis zum Erlass delegierter Rechtsakte wird der Kommission unter den in diesem Artikel festgelegten Bedingungen übertragen.

(2) ¹Die Befugnis zum Erlass delegierter Rechtsakte gemäß Artikel 3 Absatz 2, Artikel 43 Absatz 11, Artikel 103 Absatz 8, Artikel 104 Absatz 8, Artikel 105 Absatz 7, Artikel 134 Absatz 10 und Artikel 137 Absatz 3 wird der Kommission für einen Zeitraum von 36 Monaten ab dem 29. Juni 2023 übertragen. ²Die Kommission erstellt spätestens neun Monate vor Ablauf des Zeitraums von 36 Monaten einen Bericht über die Befugnisübertragung. ³Die Befugnisübertragung verlängert sich stillschweigend um Zeiträume gleicher Länge, es sei denn, das Europäische Parlament oder der Rat widersprechen einer solchen Verlängerung spätestens drei Monate vor Ablauf des jeweiligen Zeitraums ab.

(3) ¹Die Befugnisübertragung gemäß Artikel 3 Absatz 2, Artikel 43 Absatz 11, Artikel 103 Absatz 8, Artikel 104 Absatz 8 Artikel 105 Absatz 7, Artikel 134 Absatz 10 und Artikel 137 Absatz 3 kann vom Europäischen Parlament oder vom Rat jederzeit widerrufen werden. ²Der Beschluss über den Widerruf beendet die Übertragung der in diesem Beschluss angegebenen Befugnis. ³Er wird am Tag nach seiner Veröffentlichung im Amtsblatt der Europäischen Union oder zu einem im Beschluss über den Widerruf angegebenen späteren Zeitpunkt wirksam. ⁴Die Gültigkeit von delegierten Rechtsakten, die bereits in Kraft sind, wird von dem Beschluss über den Widerruf nicht berührt.

(4) Vor dem Erlass eines delegierten Rechtsakts konsultiert die Kommission die von den einzelnen Mitgliedstaaten benannten Sachverständigen im Einklang mit den in der Interinstitutionellen Vereinbarung vom 13. April 2016 über bessere Rechtsetzung enthaltenen Grundsätzen.

(5) Sobald die Kommission einen delegierten Rechtsakt erlässt, übermittelt sie ihn gleichzeitig dem Europäischen Parlament und dem Rat.

(6) ¹Ein delegierter Rechtsakt, der gemäß Artikel 3 Absatz 2, Artikel 43 Absatz 11, Artikel 103 Absatz 8, Artikel 104 Absatz 8, Artikel 105 Absatz 7, Artikel 134 Absatz 10 und Artikel 137 Absatz 3 erlassen wurde, tritt nur in Kraft, wenn weder das Europäische Parlament noch der Rat innerhalb einer Frist von drei Monaten nach Übermittlung dieses Rechtsakts an das Europäische Parlament und den Rat Einwände erhoben haben oder wenn vor Ablauf dieser Frist das Europäische Parlament und der Rat beide der Kommission mitgeteilt haben, dass sie keine Einwände erheben werden. ²Auf Initiative des Europäischen Parlaments oder des Rates wird diese Frist um drei Monate verlängert.

ns-
Titel IX Übergangs- und Schlussbestimmungen

Artikel 140 Berichte über die Anwendung dieser Verordnung

(1) ¹Bis zum 30. Juni 2027 legt die Kommission nach Anhörung der EBA und der ESMA dem Europäischen Parlament und dem Rat einen Bericht über die Anwendung dieser Verordnung vor, dem gegebenenfalls ein Gesetzgebungsvorschlag beigefügt ist. ²Bis zum 30. Juni 2025 wird ein Zwischenbericht vorgelegt, dem gegebenenfalls ein Gesetzgebungsvorschlag beigefügt ist.

(2) Die Berichte gemäß Absatz 1 enthalten Folgendes:
a) die Anzahl der Emissionen von Kryptowerten in der Union, die Anzahl der den zuständigen Behörden vorgelegten und übermittelten Kryptowerte-Whitepaper, die Art der ausgegebenen Kryptowerte und ihre Marktkapitalisierung und die Anzahl der zum Handel zugelassenen Kryptowerte;
b) eine Beschreibung der Erfahrungen mit der Einstufung von Kryptowerten, einschließlich möglicher Unterschiede bei den Ansätzen der zuständigen Behörden;
c) eine Bewertung, ob die Einführung eines Genehmigungsverfahrens für Krypotwerte-Whitepaper für andere Kryptowerte als vermögenswertereferenzierte Token oder E-Geld-Token notwendig ist;
d) eine Schätzung der Zahl der in der Union ansässigen Personen, die in der Union ausgegebene Kryptowerte nutzen oder in diese investieren;
e) wenn möglich eine Schätzung der Zahl der in der Union ansässigen Personen, die außerhalb der Union ausgegebene Kryptowerte nutzen oder in diese investieren, und eine Erklärung zur Verfügbarkeit von Daten hierzu;
f) die Anzahl und den Wert der in der Union gemeldeten Fälle von größeren und kleineren Betrugsdelikten, Hacking, der Nutzung von Kryptowerten für Zahlungen im Zusammenhang mit Ransomware-Angriffen, Cyber-Angriffen, des Diebstahls, des Verlusts im Zusammenhang mit Kryptowerten, die Arten von betrügerischem Verhalten, die Anzahl von bei Anbietern von Kryptowerte-Dienstleistungen und Emittenten vermögenswertereferenzierter Token eingegangenen Beschwerden, die Anzahl von bei den zuständigen Behörden eingegangenen Beschwerden und den Gegenstand der eingegangenen Beschwerden;
g) die Anzahl der zugelassenen Emittenten vermögenswertereferenzierter Token und eine Analyse der Arten des Reservevermögens, der Höhe der Vermögenswertreserve und des Volumens der Zahlungen mit vermögenswertereferenzierten Token;
h) die Anzahl der zugelassenen Emittenten signifikanter vermögenswertereferenzierter Token und eine Analyse Arten des Reservevermögens, der Höhe der Vermögenswertreserve und des Volumens der mit signifikanten vermögenswertereferenzierten Token getätigten Zahlungen;
i) die Anzahl der Emittenten von E-Geld-Token und eine Analyse der amtlichen Währungen, auf die sich die E-Geld-Token beziehen, der

Art. 140 Titel IX Übergangs- und Schlussbestimmungen

Zusammensetzung und Höhe der gemäß Artikel 54 hinterlegten und investierten Vermögenswertreserven und des Volumens der mit E-Geld-Token getätigten Zahlungen;

j) die Anzahl der Emittenten signifikanter E-Geld-Token und eine Analyse der amtlichen Währungen, auf die sich die E-Geld-Token beziehen und für E-Geld-Institute, die signifikante E-Geld-Token ausgeben, eine Analyse der Arten von Reservevermögen, der Höhe der Vermögenswertreserven und des Volumens der mit signifikanten E-Geld-Token getätigten Zahlungen;

k) die Anzahl der nach dieser Verordnung zugelassenen signifikanten Anbieter von Kryptowerte-Dienstleistungen;

l) eine Bewertung des Funktionierens der Märkte für Kryptowerte in der Union, einschließlich Marktentwicklung und -trends, unter Berücksichtigung der Erfahrungen der Aufsichtsbehörden, der Anzahl der zugelassenen Anbieter von Kryptowerte-Dienstleistungen und ihres jeweiligen durchschnittlichen Marktanteils;

m) eine Bewertung des Schutzniveaus, das den Inhabern von Kryptowerten und den Kunden von Anbietern von Kryptowerte-Dienstleistungen, insbesondere den Kleinanlegern, geboten wird;

n) eine Bewertung von betrügerischen Marketingmitteilungen und kleineren Betrugsdelikten im Zusammenhang mit Kryptowerten über Netzwerke der sozialen Medien;

o) eine Bewertung der Anforderungen, die für Emittenten von Kryptowerten und Anbieter von Kryptowerte-Dienstleistungen gelten, und ihrer Auswirkungen auf die Betriebsstabilität, die Marktintegrität, die Finanzstabilität und den Schutz der Kunden sowie der Inhaber von Kryptowerten;

p) eine Bewertung der Anwendung des Artikels 81 und der Möglichkeit, in die Artikel 78, 79 und 80 Angemessenheitsprüfungen aufzunehmen, um Kunden von Anbietern von Kryptowerte-Dienstleistungen, insbesondere Kleinanleger, besser zu schützen;

q) eine Bewertung, ob durch diese Verordnung eine angemessene Bandbreite von Kryptowerte-Dienstleistungen erfasst wird und ob eine Anpassung der in dieser Verordnung enthaltenen Begriffsbestimmungen erforderlich ist sowie ob zusätzliche innovative Formen von Kryptowerten in den Anwendungsbereich dieser Verordnung aufgenommen werden sollen;

r) eine Bewertung, ob die Aufsichtsanforderungen für Anbieter von Kryptowerte-Dienstleistungen ausreichend sind und ob sie an die nach der Verordnung (EU) 2019/2033 des Europäischen Parlaments und des Rates [1] und der Richtlinie (EU) 2019/2034 des Europäischen Parlaments und des Rates [2] für Wertpapierfirmen geltenden Anforderungen in Bezug auf das Anfangskapital und die Eigenmittel angeglichen werden sollten;

s) eine Bewertung der Angemessenheit der in Artikel 43 Absatz 1 Buchstaben a, b und c festgelegten Schwellenwerte zur Einstufung von vermögenswertereferenzierten Token oder E-Geld-Token und eine Bewertung, ob die Schwellenwerte regelmäßig überprüft werden sollten;

t) eine Bewertung der Entwicklung des dezentralen Finanzsektors auf den Märkten für Kryptowerte und der angemessenen regulatorischen Behandlung dezentraler Krypto-Systeme;
u) eine Bewertung der Angemessenheit der Schwellenwerte gemäß Artikel 85, ab denen Anbieter von Kryptowerte-Dienstleistungen als signifikant gelten, und eine Bewertung, ob die Schwellenwerte regelmäßig überprüft werden sollten;
v) eine Bewertung, ob im Rahmen dieser Verordnung für Unternehmen, die Kryptowerte-Dienstleistungen erbringen, Emittenten vermögenswertereferenzierter Token oder Emittenten von E-Geld-Token aus Drittländern eine Gleichwertigkeitsregelung eingeführt werden sollte;
w) eine Bewertung, ob die Freistellungen nach den Artikeln 4 und 16 angemessen sind;
x) eine Bewertung der Auswirkungen dieser Verordnung auf das reibungslose Funktionieren des Binnenmarkts in Bezug auf Kryptowerte, einschließlich etwaiger Auswirkungen auf den Zugang von KMU zu Finanzmitteln und auf die Entwicklung neuer Zahlungsmittel, einschließlich Zahlungsinstrumenten;
y) eine Beschreibung der Entwicklungen bei Geschäftsmodellen und Technologien auf den Märkten für Kryptowerte, wobei besonderes Augenmerk auf die Umweltauswirkungen neuer Technologien zu legen ist, sowie eine Bewertung der Strategieoptionen und erforderlichenfalls zusätzlicher Maßnahmen, die gerechtfertigt sein könnten, um die nachteiligen Auswirkungen auf das Klima und andere umweltbezogene Auswirkungen der auf den Märkten für Kryptowerte eingesetzten Technologien und insbesondere der Konsensmechanismen, die bei der Validierung von Transaktionen mit Kryptowerten zum Einsatz kommen, abzumildern;
z) eine Bewertung, ob die in dieser Verordnung vorgesehenen Maßnahmen verändert werden müssen, um den Schutz der Kunden und der Inhaber von Kryptowerten, die Marktintegrität und die Finanzstabilität zu gewährleisten;
aa) die Anwendung verwaltungsrechtlicher Sanktionen und anderer verwaltungsrechtlicher Maßnahmen;
ab) eine Bewertung der Zusammenarbeit zwischen den zuständigen Behörden, der EBA, der ESMA, den Zentralbanken und sonstigen einschlägigen Behörden, auch im Hinblick auf das Zusammenspiel zwischen ihren Zuständigkeiten oder Aufgaben, sowie eine Bewertung der Vor- und Nachteile der Verantwortlichkeit der zuständigen Behörden der Mitgliedstaaten bzw. der EBA für die Beaufsichtigung im Rahmen dieser Verordnung;
ac) eine Bewertung der Zusammenarbeit zwischen den zuständigen Behörden und der ESMA im Hinblick auf die Beaufsichtigung signifikanter Anbieter von Kryptowerte-Dienstleistungen sowie eine Bewertung der Vor- und Nachteile der Verantwortlichkeit der zuständigen Behörden der Mitgliedstaaten bzw. der ESMA für die Beaufsichtigung signifikanter Anbieter von Kryptowerte-Dienstleistungen im Rahmen dieser Verordnung;
ad) die Befolgungskosten, die Emittenten von anderen Kryptowerten als vermögenswertereferenzierten Token und E-Geld-Token durch diese

Art. 140 Titel IX Übergangs- und Schlussbestimmungen

Verordnung prozentual zu dem durch die Ausgabe von Kryptowerten eingenommenen Betrag entstehen;
ae) die Befolgungskosten, die Emittenten vermögenswertereferenzierter Token und Emittenten von E-Geld-Token durch diese Verordnung prozentual zu ihren Betriebskosten entstehen;
af) die Befolgungskosten, die Anbietern von Kryptowerte-Dienstleistungen durch diese Verordnung prozentual zu ihren Betriebskosten entstehen;
ag) Anzahl und Höhe der von den zuständigen Behörden und der EBA wegen Verstößen gegen diese Verordnung verhängten Verwaltungsgeldbußen und strafrechtlichen Sanktionen.

(3) Gegebenenfalls werden in den in Absatz 1 des vorliegenden Artikels genannten Berichten auch die Themen weiterverfolgt, die in den in den Artikeln 141 bzw. 142 genannten Berichten behandelt werden.

1   Art. 140 enthält den Auftrag an die Kommission, einen Bericht sowie einen Zwischenbericht über die Anwendung der MiCAR zu verfassen. Dieser Mechanismus ist im EU-Kapitalmarktrecht üblich. Im Vergleich zu „Schwesterrechtsakten" (zB Art. 90 MiFID II, Art. 38 MAR) fällt der große Umfang ins Auge. So muss die Kommission nach Art. 140 Abs. 2 zu nicht weniger als **33 Kriterien** berichten. Dies umfasst nicht nur die Bewertung verschiedenster Regelungen, sondern auch umfangreiche Datenerhebung, zB zur Anzahl zugelassener Emittenten, die Anzahl der Nutzer von Kryptowerten innerhalb und außerhalb der EU, etc. Auch die durch die MiCAR den Unternehmen entstehenden Befolgungskosten müssen erhoben werden. Im Grunde wird damit die gesamte Verordnung einer **tiefgehenden Überprüfung** unterzogen. Dies ist konsequent, da der Verordnungsgeber in vielen Bereichen Neuland betreten hat und die Auswirkungen auf die sich entwickelnden Kryptomärkte nicht seriös abschätzbar waren. Diese Überprüfung wird ergänzt durch die Jahresberichte der ESMA über Marktentwicklungen (Art. 141) und dem Bericht der Kommission zu Entwicklungen in den nicht von der MiCAR erfassten Bereichen der Kryptomärkte (Art. 142).

2   Den nach Art. 140 Abs. 1 vorzulegenden Berichten ist gegebenenfalls ein **Gesetzgebungsvorschlag** beizufügen. Der Begriff „gegebenenfalls" ist so zu verstehen, dass im Fall eines **konkret identifizierten Handlungsbedarfs** ein Gesetzgebungsvorschlag zu erfolgen hat. Dies ergibt sich deutlicher aus der englischen Sprachfassung („where appropriate").

3   Der **Zwischenbericht** wird bis zum 30.6.2025 vorgelegt. Bis dahin werden die Regeln zu Stablecoins (Titel III und IV) seit einem Jahr gelten (Art. 149 Abs. 3), zum Rest der MiCAR erst seit sechs Monaten (Art. 149 Abs. 2). Tiefgreifende Erkenntnisse zur Marktentwicklung sind bis dahin nicht zu erwarten; auch der erste Jahresbericht der ESMA nach Art. 141 Abs. 1, der faktisch die Grundlage für die Marktanalyse bildet (→ Art. 141 Rn. 2), wird erst zum Jahresende 2025 vorliegen. Wahrscheinlich sind aber umfangreiche Korrekturen von Fehlverweisen und sprachlichen Fehlern, die sich im eng getakteten Gesetzgebungsverfahren und im komplexen Übersetzungsprozess eingeschlichen haben. Tiefgreifendere Änderungen sind erst auf Grundlage des zum 30.6.2027 vorzulegenden **(Schluss-)Berichts** zu erwarten.

Artikel 141 Jahresbericht der ESMA über Marktentwicklungen

¹Bis zum 31. Dezember 2025 und danach jährlich legt die ESMA in enger Zusammenarbeit mit der EBA dem Europäischen Parlament und dem Rat einen Bericht über die Anwendung dieser Verordnung und die Entwicklungen auf den Märkten für Kryptowerte vor. ²Dieser Bericht wird veröffentlicht.

¹Der Bericht enthält Folgendes:
a) die Anzahl der Emissionen von Kryptowerten in der Union, die Anzahl der den zuständigen Behörden vorgelegten oder übermittelten Krypto-Whitepaper, die Art der ausgegebenen Kryptowerte und ihre Marktkapitalisierung und die Anzahl der zum Handel zugelassenen Kryptowerte;
b) die Anzahl der Emittenten vermögenswertereferenzierter Token und eine Analyse der Reservevermögen, der Höhe der Vermögenswertreserve und des Volumens der Geschäfte mit vermögenswertereferenzierten Token;
c) die Anzahl der Emittenten signifikanter vermögenswertereferenzierter Token und eine Analyse der Arten des Reservevermögens, der Höhe der Vermögenswertreserve und des Volumens der Geschäfte mit signifikanten vermögenswertereferenzierten Token;
d) die Anzahl der Emittenten von E-Geld-Token und eine Analyse der zugrunde liegenden amtlichen Währungen, auf die sich der E-Geld-Token, bezieht, der Zusammensetzung und der Höhe der gemäß Artikel 54 hinterlegten und investierten Vermögenswertreserven und des Volumens der Zahlungen mit E-Geld-Token;
e) die Anzahl der Emittenten signifikanter E-Geld-Token und eine Analyse der Währungen, auf die sich der signifikante E-Geld-Token bezieht, und für E-Geld-Institute, die signifikante E-Geld-Token ausgeben, eine Analyse der Arten von Reservevermögen, der Höhe der Vermögenswertreserven und des Volumens der Zahlungen mit signifikanten E-Geld-Token;
f) die Anzahl der Anbieter von Kryptowerte-Dienstleistungen und die Anzahl der signifikanten Anbieter von Kryptowerte-Dienstleistungen;
g) eine Schätzung der Zahl der in der Union ansässigen Personen, die in der Union ausgegebene Kryptowerte nutzen oder in diese investieren;
h) wenn möglich eine Schätzung der Zahl der in der Union ansässigen Personen, die außerhalb der Union ausgegebene Kryptowerte nutzen oder in diese investieren, und eine diesbezügliche Erklärung zur Verfügbarkeit von Daten;
i) eine Darstellung der geografischen Standorte und des Niveaus der Verfahren zur Feststellung der Kundenidentität und der Kundensorgfaltspflicht von nicht zugelassenen Handelsplattformen, die Kryptowerte-Dienstleistungen für in der Union ansässige Personen erbringen, einschließlich der Anzahl der Handelsplattformen ohne eindeutigen Sitz und der Anzahl der Handelsplattformen, die ihren Sitz in Ländern und Gebieten haben, die auf der Liste der Länder mit hohem Risiko für die Zwecke der Rechtsvorschriften der Union für die Bekämpfung

von Geldwäsche und Terrorismusfinanzierung oder auf der Liste nicht kooperativer Länder und Gebiete für Steuerzwecke aufgeführt sind, aufgeschlüsselt nach dem Grad der Einhaltung der angemessenen Verfahren zur Feststellung der Kundenidentität;

j) den Anteil der Geschäfte mit Kryptowerten, die über einen Anbieter von Kryptowerte-Dienstleistungen oder einen nicht zugelassenen Dienstleister oder Peer-to-Peer-Netzwerke erfolgen, sowie das entsprechende Transaktionsvolumen;

k) die Anzahl und den Wert der in der Union gemeldeten Fälle von größeren und kleineren Betrugsdelikten, Hacking, der Nutzung von Kryptowerten für Zahlungen im Zusammenhang mit Ransomware-Angriffen, Cyberangriffen, des Diebstahls und des Verlusts von Kryptowerten, die Arten von betrügerischem Verhalten, die Anzahl von bei Anbietern von Kryptowerte-Dienstleistungen und Emittenten vermögenswertereferenzierter Token eingegangenen Beschwerden, die Anzahl von bei den zuständigen Behörden eingegangenen Beschwerden und den Gegenstand der eingegangenen Beschwerden;

l) die Anzahl der Beschwerden, die bei Anbietern von Kryptowerte-Dienstleistungen, Emittenten und den zuständigen Behörden im Zusammenhang mit falschen und irreführenden Angaben in Kryptowerte-Whitepaper oder in Marketingmitteilungen, auch über Plattformen der sozialen Medien, eingegangen sind;

m) mögliche Ansätze und Optionen, die sich auf bewährte Verfahren und Berichte einschlägiger internationaler Organisationen stützen, um das Risiko der Umgehung dieser Verordnung, auch im Zusammenhang mit der Erbringung von Kryptowerte-Dienstleistungen in der Union durch Akteure aus Drittländern, die über keine Genehmigung verfügen, zu verringern.

²Die zuständigen Behörden übermitteln der ESMA die für die Ausarbeitung des Berichts erforderlichen Informationen. ³Für die Zwecke des Berichts kann die ESMA Informationen von Strafverfolgungsbehörden anfordern.

1 Art. 141 verpflichtet die ESMA, **umfangreiche Daten über die Kryptomärkte** in der EU einzuholen. Dies umfasst zB die Anzahl der Emissionen, Emittenten und CASP, eine Schätzung der Anzahl der Nutzer innerhalb und außerhalb der EU, die geographische Verteilung und Einschätzung des Niveaus von KYC-Prüfungen von nicht zugelassenen Handelsplattformen, sowie die Anzahl von Betrugsdelikten/Hacking/Ransomware-Attacken in Zusammenhang mit Kryptowerten und die Anzahl der bei den zuständigen Behörden eingegangenen Beschwerden. Der Bericht ist erstmals zum 30.12.2025 und in der Folge jährlich zu erstellen.

2 Vorzulegen ist der Bericht dem Europäischen Parlament und dem Rat. Dies überrascht im ersten Moment, da auch die Kommission nach Art. 140 umfangreiche Marktdaten in ihren Berichten bereitstellen muss. Der Bericht ist aber nach Art. 141 Abs. 1 S. 2 zu veröffentlichen, zudem ist die ESMA nach Art. 140 Abs. 1 anzuhören. Faktisch bildet damit Art. 141 die **Grundlage für den Bericht nach Art. 140.**

Artikel 142 Bericht über die jüngsten Entwicklungen bei Kryptowerten

(1) Bis zum 30. Dezember 2024 und nach Anhörung der EBA und der ESMA legt die Kommission dem Europäischen Parlament und dem Rat einen Bericht über die neuesten Entwicklungen im Zusammenhang mit Kryptowerten, insbesondere zu Sachverhalten, die in dieser Verordnung nicht behandelt werden, vor, dem gegebenenfalls ein Gesetzgebungsvorschlag beigefügt ist.

(2) Der Bericht nach Absatz 1 enthält mindestens Folgendes:
a) eine Bewertung der Entwicklung des dezentralen Finanzsektors auf den Märkten für Kryptowerte und der angemessenen regulatorischen Behandlung dezentraler Krypto-Systeme ohne Emittenten oder Anbieter von Kryptowerte-Dienstleistungen, einschließlich einer Bewertung der Notwendigkeit und Durchführbarkeit einer Regulierung des dezentralen Finanzsektors;
b) eine Bewertung der Notwendigkeit und Durchführbarkeit der Regulierung der Kreditvergabe und Kreditaufnahme mit Kryptowerten;
c) eine Bewertung der Behandlung von Dienstleistungen im Zusammenhang mit der Übertragung von E-Geld-Token, sofern dies nicht im Rahmen der Überprüfung der Richtlinie (EU) 2015/2366 erfolgte;
d) eine Bewertung der Entwicklung von Märkten für einmalige und nicht fungible Kryptowerte und der angemessenen regulatorischen Behandlung solcher Kryptowerte, einschließlich einer Bewertung der Notwendigkeit und Durchführbarkeit einer Regulierung der Anbieter einmaliger und nicht fungibler Kryptowerte sowie der Anbieter von Dienstleistungen im Zusammenhang mit solchen Kryptowerten.

Schrifttum: Boos/Fischer/Schulte-Mattler, Kreditwesengesetz, 6. Aufl. 2023; Conreder/Hausemann, Der Kommissionsentwurf zur 3. Zahlungsdienste-RL und Zahlungsdienste-VO; BKR 2023, 729; Herrmann/Aschenbeck, Die MiCAR ist da: Welche Kryptowerte sind erfasst und was ist mit NFTs?, BB 2023, 1987; Machacek, Die Anwendung der neuen MiCA-Verordnung auf Dezentrale Finanzanwendungen, EuZW 2021, 923; Maume, The Regulation on Markets in Crypto-Assets (MiCAR): Landmark Codification, or First Step of Many, or Both?, ECFR 2023, 243; Maume/Maute, Rechtshandbuch Kryptowerte, 1. Auflage 2020; Maume, Die Verordnung über Märkte für Kryptowerte (MiCAR), RDi 2022, 461; Möslein/Kaulartz/Rennig, Decentralized Finance (DeFi), RDi 2021, 517; Omlor/Franke, Europäische DeFi-Regulierungsperspektiven, BKR 2022, 679; Siadat, MiCAR – Regulierte Finanzinstrumente mit Schwerpunktsetzung auf NFT, RdF 2023, 4.

Wie auch Art. 140 und Art. 141 statuiert die Vorschrift eine Berichtspflicht, in diesem Fall für die Europäische Kommission. Anders als in den anderen beiden Vorschriften geht es aber nicht um die MiCAR bzw. Vorgänge innerhalb ihres Anwendungsbereichs, sondern um ihre Fortentwicklung. Denn einer der Kerngedanken der MiCAR ist, dass zunächst nur Dinge geregelt wurden, für die der Verordnungsgeber an bestehende Regelungen andocken konnte. Kryptobereiche, für die das EU-Finanzmarktrecht keine Entsprechung vorsieht, blieben zunächst außen vor.[1] **1**

---
[1] So schon Maume RDi 2022, 461 (462).

Art. 142 Titel IX Übergangs- und Schlussbestimmungen

Gleichzeitig wurde in Art. 142 für die Kommission ein Fahrplan mit Themen festgeschrieben, die mittelfristig in die MiCAR einbezogen werden könnten. Auf diese Weise war die EU in der Lage, zunächst in Anlehnung an bestehendes EU-Recht in bemerkenswerter Geschwindigkeit die MiCAR auszuarbeiten. Gleichzeitig wurde damit festgeschrieben, dass es eine Art „MiCAR 2.0" geben wird. Vorgegeben ist ein Schlussbericht bis zum 30.12.2024, also gut 18 Monate nach der Veröffentlichung der MiCAR im Amtsblatt. Je nach Berichtsgegenstand ist dies entweder realistisch oder kaum vorstellbar.

2   Der Bericht umfasst zunächst nach Art. 142 Abs. 2 lit. a die Entwicklung des dezentralen Finanzsektors. Die MiCAR klammert den Bereich **Decentralised Finance (DeFi)** weitgehend aus,[2] es kommt allenfalls zu einer mittelbaren Anwendung – so fallen auch DeFi-Token unter die Regeln zu Kryptowerte-Dienstleistungen (Titel V) und Marktmissbrauch (Titel VI).[3] Die Ausklammerung ist nachvollziehbar, da das klassische EU-Finanzmarktrecht institutsbezogen denkt. Ansatzpunkte sind typischerweise Finanzintermediäre (MiFID II) oder Emittenten (Prospekt-VO; E-Geld-Richtlinie). Dieses Konzept läuft bei echten DeFi-Lösungen natürlich ins Leere. Dies ist nicht weiter problematisch, denn Stand heute existieren am Markt noch keine „echten" DeFi-Lösungen; es handelt sich typischerweise um Teilaspekte bestehender Finanzdienstleistungen, die per DLT und Smart Contracts automatisiert wurden. Gleichzeitig ist es typischerweise möglich, hinter diesen Lösungen handelnde Personen bzw. Unternehmen zu identifizieren. Dies stellt das EU-Finanzmarktrecht nicht vor größere systematische Schwierigkeiten. Für echte DeFi-Lösungen existieren bislang aber kaum tragfähige Konzepte. Es scheint unrealistisch, bis Ende 2024 einen entsprechenden Gesetzentwurf vorzulegen.

3   Nach Art. 142 Abs. 2 lit. b muss der Bericht eine Bewertung der Notwendigkeit und Durchführbarkeit der Regulierung der Kreditvergabe und Kreditaufnahme mit Kryptowerten enthalten. Warum das sog. **Krypto-Lending** nicht bereits in der MiCAR-Erstversion berücksichtigt wurde, ist unklar. Erwgr. Nr. 94 führt lediglich aus, dass die nationalen Rechtsvorschriften nicht berührt werden sollen. Es ist denkbar, dass das Marktaufkommen für zu gering gehalten wurde. Vielleicht scheute der Verordnungsgeber auch eine Abgrenzung zwischen MiCAR und dem Bankrecht – während die Kryptowerte-Dienstleistungen (Art. 3 Abs. 1 Nr. 16) an MiFID II angelehnt sind, werden Darlehen dem Recht der Kreditinstitute zugerechnet (vgl. § 1 Abs. 1 S. 2 Nr. 2 KWG). Im Ergebnis steht jedenfalls eine Regelungslücke, da das aufsichtsrechtliche Kreditgeschäft ein Gelddarlehen voraussetzt.[4] Eine zeitnahe Schließung wäre wünschenswert, da nicht alle Anbieter in der Praxis von anderen Erlaubnistatbeständen (zB Kryptoverwahrung nach Art. 3 Abs. 1 Nr. 17) erfasst sind.

4   Von der Berichtspflicht ist zudem nach Art. 142 Abs. 2 lit. c die Bewertung von Dienstleistungen in Zusammenhang mit der **Übertragung von E-Geld-Token** umfasst. Transferdienstleistungen für Kryptowerte (und damit auch E-Geld-Token) sind nach Art. 3 Abs. 1 Nr. 26 bereits von der MiCAR umfasst, allerdings wird dies der potentiellen Relevanz von E-Geld-Token im Zahlungssystem nicht gerecht. Im

---

[2] Siehe zu DeFi und MiCAR beispielsweise Machacek EuZW 2021, 923; Möslein/Kaulartz/Rennig RDi 2021, 517; Omlor/Franke BKR 2022, 679.
[3] Maume ECFR 2023, 243 (253).
[4] Maume/Maute Kryptowerte-HdB/Maume § 12 Rn. 91; für das KWG allgemein Boos/Fischer/Schulte-Mattler/Schäfer KWG § 1 Rn. 55 mwN.

Kern geht es um die Abgrenzung der MiCAR zum Zahlungsdiensterecht, was auch der Verweis auf RL (EU) 2015/2366 nahelegt. Es stellen sich weiterführende Fragen insbesondere für den Fall, dass E-Geld-Token vermehrt als Geldsubstitut für Zahlungen verwendet werden. Eine von der Kommission in 2023 vorgelegte Studie zur Überarbeitung des Zahlungsdiensterechts hatte bereits eine weitergehende Konsolidierung von E-Geld-Token und Zahlungsdiensterecht angeregt.[5] Im Kommissionsentwurf zur dritten Zahlungsdiensterichtlinie (PSD3-E)[6] wird unter anderem vorgeschlagen, die Regulierung von E-Geld generell dem Zahlungsdiensterecht zuzuschlagen, so dass aus E-Geld-Instituten Zahlungsinstitute werden. Dies würde auch für die Emittenten von E-Geld-Token gelten.[7] Ob damit der Bericht nach Art. 142 Abs. 2 lit. c hinfällig wird, ist aber unklar.

Zu guter Letzt muss der Bericht nach Art. 142 Abs. 2 lit. d auch nicht fungible 5 Kryptowerte (**non-fungible tokens**, **NFT**) umfassen. Diese sind nach Art. 2 Abs. 3 vom Anwendungsbereich der MiCAR ausgenommen (ausführlich → Art. 2 Rn. 9 ff.), auch wenn hier im Detail vieles unklar ist.[8] Hintergrund ist, dass insbesondere der Ministerrat entgegen dem ursprünglichen Plan der Kommission eine Regulierung von NFT für verfrüht hielt (→ Art. 2 Rn. 10).

Artikel 143 Übergangsmaßnahmen

(1) **Die Artikel 4 bis 15 gelten nicht für öffentliche Angebote von Kryptowerten, die vor dem 30. Dezember 2024 abgelaufen sind.**

(2) **Abweichend von Titel II gelten für andere Kryptowerte als vermögenswertereferenzierte Token und E-Geld-Token, die vor dem 30. Dezember 2024 zum Handel zugelassen wurden, nur die folgenden Anforderungen:**
a) Die Artikel 7 und 9 gelten für Marketingmitteilungen, die nach dem 30. Dezember 2024 veröffentlicht werden;
b) Betreiber von Handelsplattformen stellen bis zum 31. Dezember 2027 sicher, dass in den in dieser Verordnung vorgeschriebenen Fällen ein Kryptowerte-Whitepaper gemäß den Artikeln 6, 8 und 9 erstellt, übermittelt und veröffentlicht und gemäß Artikel 12 aktualisiert wird.

(3) **Anbieter von Kryptowerte-Dienstleistungen, die ihre Dienste nach geltendem Recht vor dem 30. Dezember 2024 erbracht haben, dürfen damit bis zum 1. Juli 2026 oder bis zu dem Zeitpunkt fortfahren, zu dem sie eine Zulassung oder Verweigerung nach Artikel 63 erhalten, je nachdem, welcher Zeitpunkt zuerst eintritt.**

---

[5] European Commission, „A Study on the Application and Impact of Directive (EU) 2015/2366 on Payment Services (PSD2)" (FISMA/2021/OP/0002, 2023), S. 76 ff.
[6] Vorschlag für eine Richtlinie des Europäischen Parlaments und des Rates über Zahlungsdienste und E-Geld-Dienste im Binnenmarkt, zur Änderung der RL 98/26/EG und zur Aufhebung der RL (EU) 2015/2366 und 2009/110/EG (COM(2023) 366 final, 28.6.2023); hierzu im Überblick Conreder/Hausemann BKR 2023, 729.
[7] So ausdrücklich Erwgr. Nr. 6 PSD3-E.
[8] Insbesondere die Frage, ab wann eine „große Serie oder Sammlung" iSv Erwgr. Nr. 11 vorliegt, siehe zur problematischen Einordnung zB Maume RDi 461 (465); Siadat RdF 2023, 4; Herrmann/Aschenbeck BB 2023, 1987.

Art. 143

Die Mitgliedstaaten können beschließen, die in Unterabsatz 1 vorgesehene Übergangsregelung für Anbieter von Kryptowerte-Dienstleistungen nicht in Anspruch zu nehmen oder ihre Geltungsdauer zu verkürzen, wenn sie der Auffassung sind, dass ihr vor dem 30. Dezember 2024 geltender nationaler Rechtsrahmen weniger streng ist als diese Verordnung.

Bis zum 30. Juni 2024 teilen die Mitgliedstaaten der Kommission und der ESMA mit, ob sie von der in Unterabsatz 2 vorgesehenen Möglichkeit Gebrauch gemacht haben, und geben die Dauer der Ausnahmeregelung an.

(4) Emittenten vermögenswertereferenzierter Token, die keine Kreditinstitute sind und vermögenswertereferenzierte Token nach geltendem Recht vor dem 30. Juni 2024 ausgegeben haben, dürfen damit fortfahren, bis ihnen eine Zulassung gemäß Artikel 21 erteilt oder verweigert wird, sofern sie vor dem 30. Juli 2024 eine Zulassung beantragen.

(5) Kreditinstitute, die vermögenswertereferenzierte Token nach geltendem Recht vor dem 30. Juni 2024 ausgegeben haben, dürfen damit fortfahren, bis das Kryptowerte-Whitepaper gemäß Artikel 17 genehmigt oder nicht genehmigt wurde, sofern sie die für sie zuständige Behörde gemäß Absatz 1 jenes Artikels vor dem 30. Juli 2024 darüber benachrichtigen.

(6) Abweichend von den Artikeln 62 und 63 dürfen die Mitgliedstaaten bei Zulassungsanträgen, die zwischen dem 30. Dezember 2024 und dem 1. Juli 2026 von Unternehmen gestellt werden, die am 30. Dezember 2024 nach nationalem Recht für die Erbringung von Kryptowerte-Dienstleistungen zugelassen waren, ein vereinfachtes Verfahren anwenden. Bevor sie eine Zulassung nach diesen vereinfachten Verfahren erteilen, stellen die zuständigen Behörden sicher, dass Kapitel 2 und 3 des Titels V erfüllt sind.

(7) Die EBA nimmt ihre Aufsichtsaufgaben nach Artikel 117 ab dem Geltungsbeginn der in Artikel 43 Absatz 11 genannten delegierten Rechtsakte wahr.

Schrifttum: Siadat/Asatiani, Vereinfachtes Verfahren vs. Äquivalenzverfahren nach MiCAR, BKR 2023, 221.

Übersicht

	Rn.
I. Übergangsvorschriften für die Ausgaben von Kryptowerten	1
II. Übergangsvorschriften für Kryptowerte-Dienstleistungen	5

I. Übergangsvorschriften für die Ausgaben von Kryptowerten

1   Nach Art. 143 Abs. 1 sind Kryptowerte, deren **öffentliches Angebot** vor dem 30.12.2024 beendet wurde, von den Art. 4–15 (also dem gesamten Titel II) ausgenommen. Die Vorschrift führt also zu einem umfassenden **Bestandsschutz** (engl. „Grandfathering"), um Störungen für bisherige Marktteilnehmer zu verhindern (Erwgr. Nr. 113). Der Wortlaut ist dabei unpräzise, weil die Art. 4–15 von vornherein nur für andere Token als ART/EMT gelten. Sollten diese Kryptowerte **zum Handel zugelassen** sein (Art. 1 Abs. 2 lit. a), greift nach Art. 143 Abs. 2 ein abgespecktes Pflichtenheft. So müssen sich Marketing-Mitteilungen, die nach dem 30.12.2024 gemacht werden, ab dann an den Art. 7 und 9 messen lassen. Soweit

Übergangsmaßnahmen **Art. 143**

nach Titel II ein Kryptowerte-Whitepaper notwendig ist, stellt der Betreiber der Handelsplattform bis zum 31.12.2027 sicher, dass ein solches nach Art. 6 erstellt, nach Art. 8 übermittelt, nach Art. 9 veröffentlicht und ggf. nach Art. 12 geändert wird.

Emittenten von **vermögenswertereferenzierten Token** und solche, die vor 2 dem 30.6.2024 nach geltendem Recht entsprechende Kryptowerte ausgegeben haben, dürfen nach Art. 143 Abs. 4 damit fortfahren, bis ihnen eine Zulassung (Art. 21) erteilt oder verweigert wird. Die Übergangsvorschrift wurde erst später im Gesetzgebungsverfahren hinzugefügt. Der Begriff der „Ausgabe nach geltendem Recht" ist rätselhaft. Vor Schaffung der MiCAR bestanden auf EU-Ebene lediglich sich aus dem Kapitalmarktrecht für Token-Finanzinstrumente ergebende Regeln wie zB die Prospektpflicht. Diese fallen aber nach Art. 2 Abs. 4 nicht unter die MiCAR und können daher von Art. 143 Abs. 4 nicht gemeint sein. Faktisch bleiben damit nur Regeln nach nationalem Recht, sowie gänzlich unregulierte Sachverhalte, denn eine unregulierte Emission von Kryptowerten erfolgt freilich ebenfalls „nach geltendem Recht".

Um in den Genuss dieser Privilegierung zu kommen, muss eine entsprechende 3 Zulassung vor dem **30.7.2024** beantragt worden sein. Der Rückgriff auf den 30. Juli überrascht, da in der MiCAR ansonsten auf den 30. Juni als ihr Geltungsbeginn für Stablecoins abgestellt wird. Eine Begründung findet sich in der MiCAR für diese Abweichung nicht. Ein Redaktionsversehen erscheint daher denkbar, allerdings findet sich der 30. Juli auch in den anderen Sprachfassungen, so dass zumindest ein Übersetzungsfehler ausgeschlossen werden kann.

Eine abweichende Regelung gilt nach Art. 143 Abs. 5 für **Kreditinstitute,** 4 **die vermögenswertereferenzierte Token** ausgeben. Dies ist folgerichtig, da hierfür nach Art. 17 kein Erlaubnis-, sondern nur ein Notifizierungsverfahren durchlaufen werden muss. Hierzu regelt Art. 143 Abs. 5, dass mit der Emission fortgefahren werden darf, bis das Kryptowerte-Whitepaper genehmigt oder nicht genehmigt wurde. Auch hierfür ist eine Benachrichtigung vor dem 30.7.2024 notwendig. Überraschenderweise fehlt eine entsprechende Regelung für die Ausgabe von **E-Geld-Token,** bei denen nach Art. 48 Abs. 1 ebenfalls die Übermittlung und Veröffentlichung eines Kryptowerte-Whitepapers Voraussetzung für die Emission ist.

II. Übergangsvorschriften für Kryptowerte-Dienstleistungen

Für Anbieter von Kryptowerte-Dienstleistungen (CASP) regelt Art. 143 Abs. 3, 5 dass sie ihre Dienste bis zum 1.7.2026 oder bis zu dem Zeitpunkt erbringen dürfen, zu dem sie eine Zulassung oder Verweigerung nach Art. 63 erhalten – je nachdem, welcher Zeitpunkt zuerst eintritt. Voraussetzung ist, dass sie ihre Dienste vor dem 30. Dezember nach geltendem Recht erbracht haben. Wie auch zu Abs. 143 Abs. 4 umfasst „nach geltendem Recht" sowohl erlaubnispflichtige Tätigkeit nach nationalem Recht (zB die Kryptoverwahrung nach § 1 Abs. 1a S. 2 Nr. 6 KWG), aber auch vormals erlaubnisfreie Tätigkeiten. Notwendig ist aber, dass es sich um die gleiche Tätigkeit handelt.

Art. 143 Abs. 3 UAbs. 2 ermächtigt die Mitgliedstaaten, diese Übergangsregel- 6 ung **nicht in Anspruch zu nehmen** oder ihre Geltungsdauer zu **verkürzen.** Dies ist in § 50 KMAG erfolgt. Hiernach erlischt die vorläufige Erlaubnis spätestens mit Ablauf des 31.12.2025. Unternehmen, die bislang erlaubnisfrei tätig waren, müssen nach § 50 Abs. 4 KMAG ihre Tätigkeit der BaFin bis 1.8.2024 formlos anzeigen.

8   Mitgliedstaaten wird zudem in Art. 143 Abs. 6 die Möglichkeit eingeräumt, abweichend von Art. 62 und Art. 63 bei Zulassungsanträgen, die zwischen dem 30.12.2024 und dem 1.7.2026 gestellt werden, ein **vereinfachtes Verfahren** anzuwenden. Dabei müssen die nationalen Aufsichtsbehörden sicherstellen, dass Kapitel 2 und 3 des Titels V (also die fortwährenden Pflichten für CASP) erfüllt sind.[1] Der deutsche Gesetzgeber hat von dieser Möglichkeit in § 50 Abs. 3, Abs. 1 KMAG-E Gebrauch gemacht. Näheres regelt nach § 50 Abs. 5 KMAG eine vom BMF zu erlassende Rechtsverordnung.

Artikel 144   Änderung der Verordnung (EU) Nr. 1093/2010

[hier nicht wiedergegeben]

Artikel 145   Änderung der Verordnung (EU) Nr. 1095/2010

[hier nicht wiedergegeben]

Artikel 146   Änderung der Richtlinie 2013/36/EU

[hier nicht wiedergegeben]

Artikel 147   Änderung der Richtlinie (EU) 2019/1937

[hier nicht wiedergegeben]

Artikel 148   Umsetzung der Änderungen der Richtlinien 2013/36/EU und (EU) 2019/1937

(1) **Die Mitgliedstaaten erlassen und veröffentlichen bis zum 30. Dezember 2024 die Rechts- und Verwaltungsvorschriften an, die erforderlich sind, um den Artikeln 146 und 147 nachzukommen.**

(2) **Die Mitgliedstaaten teilen der Kommission, der EBA und der ESMA den Wortlaut der wichtigsten nationalen Vorschriften mit, die sie auf dem unter Artikel 116 fallenden Gebiet erlassen.**

Artikel 149   Inkrafttreten und Anwendung

(1) **Diese Verordnung tritt am zwanzigsten Tag nach ihrer Veröffentlichung[1] im** *Amtsblatt der Europäischen Union* **in Kraft.**

(2) **Diese Verordnung gilt ab 30. Dezember 2024.**

(3) **Abweichend von Absatz 2 gelten die Titel III und IV ab 30. Juni 2024.**

---

[1] Zum vereinfachten Verfahren und seinen Anforderungen Siadat/Asatiani BKR 2023, 221.

(4) Abweichend von Absatz 2 und 3 des vorliegenden Artikels gelten Artikel 2 Absatz 5, Artikel 3 Absatz 2[2] Artikel 6 Absätze 11 und 12, Artikel 14 Absatz 1 Unterabsatz 2, Artikel 17 Absatz 8, Artikel 18 Absätze 6 und 7, Artikel 19 Absätze 10 und 11, Artikel 21 Absatz 3, Artikel 22 Absätze 6 und 7, Artikel 31 Absatz 5, Artikel 32 Absatz 5, Artikel 34 Absatz 13, Artikel 35 Absatz 6, Artikel 36 Absatz 4, Artikel 38 Absatz 5, Artikel 42 Absatz 4, Artikel 43 Absatz 11, Artikel 45 Absätze 7 und 8, Artikel 46 Absatz 6, Artikel 47 Absatz 5, Artikel 51 Absätze 10 und 15, Artikel 60 Absätze 13 und 14, Artikel 61 Absatz 3, Artikel 62 Absätze 5 und 6, Artikel 63 Absatz 11, Artikel 66 Absatz 6, Artikel 68 Absatz 10, Artikel 71 Absatz 5, Artikel 72 Absatz 5, Artikel 76 Absatz 16, Artikel 81 Absatz 15, Artikel 82 Absatz 2, Artikel 84 Absatz 4, Artikel 88 Absatz 4, Artikel 92 Absätze 2 und 3, Artikel 95 Absätze 10 und 11, Artikel 96 Absatz 3, Artikel 97 Absatz 1, Artikel 103 Absatz 8, Artikel 104 Absatz 8, Artikel 105 Absatz 7, Artikel 107 Absätze 3 und 4, Artikel 109 Absatz 8 und Artikel 119 Absatz 8, Artikel 134 Absatz 10, Artikel 137 Absatz 3 und Artikel 139 gelten[3] ab dem 29. Juni 2023.

Anhang I
[Im Whitepaper für andere Kryptowerte als vermögenswertereferenzierte Token oder E-Geld-Token offenzulegende Angaben][1]

Teil A: Informationen über den Anbieter oder die Person, die die Zulassung zum Handel beantragt

1. Name,
2. Rechtsform,
3. Eingetragene Anschrift und Sitz, falls abweichend,
4. Tag der Registrierung,
5. Unternehmenskennung oder eine andere nach geltendem nationalem Recht erforderliche Kennung,
6. eine Telefonnummer zur Kontaktaufnahme und eine E-Mail-Adresse des Anbieters oder der Person, die die Zulassung zum Handel beantragt, sowie die Anzahl der Tage, innerhalb deren ein Anleger, der den Anbieter oder die Person, die die Zulassung zum Handel beantragt, über diese Telefonnummer oder E-Mail-Adresse kontaktiert, eine Antwort erhält,
7. gegebenenfalls Name des Mutterunternehmens,
8. Name, Geschäftsanschrift und Funktion der Mitglieder des Leitungsorgans des Anbieters oder der Person, die die Zulassung zum Handel beantragt,
9. geschäftliche oder gewerbliche Tätigkeit des Anbieters oder der Person, die die Zulassung zum Handel beantragt, und gegebenenfalls des Mutterunternehmens,
10. Finanzlage des Anbieters oder der Person, die die Zulassung zum Handel beantragt, in den vergangenen drei Jahren oder, falls der Anbieter oder die Person, die die Zulassung zum Handel beantragt, noch keine drei Jahre niedergelassen ist, seine bzw. ihre Finanzlage seit dem Zeitpunkt seiner bzw. ihrer Registrierung.

Die Finanzlage wird auf der Grundlage eines redlichen Berichts über den Geschäftsverlauf und das Geschäftsergebnis des Anbieters oder der Person, die die Zulassung zum Handel beantragt, und seine bzw. ihre Lage für jedes Jahr und jeden Übergangszeitraum, für den historische Finanzinformationen benötigt werden, einschließlich der Gründe für wesentliche Änderungen, bewertet.

Der Bericht besteht aus einer ausgewogenen und umfassenden Analyse des Geschäftsverlaufs, des Geschäftsergebnisses und der Lage des Anbieters oder der Person, die die Zulassung zum Handel beantragt, die dem Umfang und der Komplexität der Geschäftstätigkeit angemessen ist.

---

[1] [Anhang I: Zukünftige Fassung – Text gilt ab 30.12.2024]

Im Whitepaper für andere Kryptowerte offenzulegende Angaben **Anhang I**

Teil B: Informationen über den Emittenten, wenn es sich hierbei nicht um den Anbieter oder die Person handelt, die die Zulassung zum Handel beantragt

1. Name,
2. Rechtsform,
3. Eingetragene Anschrift und Sitz, falls abweichend,
4. Tag der Registrierung,
5. Unternehmenskennung oder eine andere nach dem geltenden nationalen Recht erforderliche Kennung,
6. gegebenenfalls Name des Mutterunternehmens,
7. Name, Geschäftsanschrift und Funktion der Mitglieder des Leitungsorgans des Emittenten,
8. geschäftliche oder gewerbliche Tätigkeit des Emittenten und gegebenenfalls des Mutterunternehmens.

Teil C: Informationen über den Betreiber der Handelsplattform in den Fällen, in denen er das Kryptowerte-Whitepaper erstellt

1. Name,
2. Rechtsform,
3. eingetragene Anschrift und Sitz, falls abweichend,
4. Tag der Registrierung,
5. Unternehmenskennung oder eine andere nach dem geltenden nationalen Recht erforderliche Kennung,
6. gegebenenfalls Name des Mutterunternehmens,
7. Grund, warum dieser Betreiber das Kryptowerte-Whitepaper erstellt hat,
8. Name, Geschäftsanschrift und Funktion der Mitglieder des Leitungsorgans des Betreibers,
9. geschäftliche oder gewerbliche Tätigkeit des Betreibers und gegebenenfalls des Mutterunternehmens.

Teil D: Informationen über das Kryptowert-Projekt

1. Name des Kryptowert-Projekts und der Kryptowerte, falls abweichend vom Namen des Anbieters oder der Person, die die Zulassung zum Handel beantragt, und Kürzel oder Ticker-Handler,
2. kurze Beschreibung des Kryptowert-Projekts,
3. genaue Angaben zu allen natürlichen oder juristischen Personen (einschließlich Geschäftsanschrift oder Sitz des Unternehmens), die an der Durchführung des Kryptowert-Projekts beteiligt sind, wie Berater, Entwickler und Anbieter von Kryptowerte-Dienstleistungen,
4. wenn das Kryptowert-Projekt Utility-Token betrifft: Hauptmerkmale der Waren oder Dienstleistungen, die entwickelt werden sollen,

Anhang I Im Whitepaper für andere Kryptowerte offenzulegende Angaben

5. Angaben zum Kryptowert-Projekt, insbesondere die bisherigen und künftigen Projekt-Etappen, und gegebenenfalls zu den bereits zugewiesenen Ressourcen für das Projekt,
6. gegebenenfalls die geplante Verwendung der Mittel oder anderer entgegengenommener Kryptowerte.

Teil E: Informationen über das öffentliche Angebot von Kryptowerten oder deren Zulassung zum Handel

1. Angabe, ob das Kryptowerte-Whitepaper ein öffentliches Angebot von Kryptowerten oder deren Zulassung zum Handel betrifft,
2. Gründe für das öffentliche Angebot oder den Antrag auf Zulassung zum Handel,
3. gegebenenfalls der Betrag, der mit dem öffentlichen Angebot in Form von Geldbeträgen oder anderen Kryptowerten beschafft werden soll, gegebenenfalls einschließlich etwaiger Mindest- und Höchstziele für die Zeichnung, die für das öffentliche Angebot von Kryptowerten festgelegt wurden, und der Hinweis, ob Überzeichnungen akzeptiert werden und wie sie zugewiesen werden,
4. Ausgabepreis des öffentlich angebotenen Kryptowerts (in einer amtlichen Währung oder anderen Kryptowerten), etwaige geltende Zeichnungsgebühren oder die Methode, nach der der Angebotspreis bestimmt wird,
5. gegebenenfalls Gesamtzahl der Kryptowerte, die öffentlich angeboten oder zum Handel zugelassen werden sollen,
6. Angabe der potenziellen Inhaber, auf die das öffentliche Angebot von Kryptowerten oder die Zulassung dieser Kryptowerte zum Handel ausgerichtet ist, einschließlich etwaiger Beschränkungen bezüglich der Art der Inhaber der betreffenden Kryptowerte,
7. ausdrücklicher Hinweis, dass Käufer, die sich an dem öffentlichen Angebot von Kryptowerten beteiligen, eine Rückerstattung erhalten können, wenn das Mindestziel für die Zeichnung am Ende der Zeichnungsfrist nicht erreicht ist, wenn sie ihr in Artikel 13 vorgesehenes Widerrufsrecht ausüben oder wenn das Angebot annulliert wird, sowie eine ausführliche Beschreibung des Rückerstattungsmechanismus, einschließlich des voraussichtlichen Zeitplans, bis wann diese Erstattungen abgeschlossen sein werden,
8. Informationen über die verschiedenen Phasen des Angebots von Kryptowerten, einschließlich Informationen über Kaufpreisnachlässe für Frühkäufe von Kryptowerten („Pre-Public-Verkäufe"); falls Kaufpreisnachlässe für bestimmte Käufer gewährt werden, eine Erklärung, warum die Kaufpreise unterschiedlich sein können, sowie eine Beschreibung der Folgen für die anderen Anleger,
9. bei befristeten Angeboten: Zeichnungsfrist für das öffentliche Angebot,
10. Vorkehrungen für die sichere Aufbewahrung der Geldbeträge oder anderen Kryptowerte im Sinne von Artikel 10 während des befristeten öffentlichen Angebots oder während der Widerrufsfrist,
11. mögliche Zahlungsmethoden für den Kauf der angebotenen Kryptowerte und Methoden der Übermittlung des Werts an die Käufer, wenn sie rückerstattungsberechtigt sind,
12. im Fall von öffentlichen Angeboten: Informationen über das Widerrufsrecht nach Artikel 13,

Im Whitepaper für andere Kryptowerte offenzulegende Angaben **Anhang I**

13. Informationen darüber, wie und wann die erworbenen Kryptowerte den Inhabern übertragen werden,
14. Informationen über die technischen Anforderungen, die der Käufer erfüllen muss, um die Kryptowerte zu halten,
15. gegebenenfalls Name des Anbieters von Kryptowerte-Dienstleistungen, der mit der Platzierung der Kryptowerte beauftragt wurde, und Art der Platzierung (mit oder ohne feste Übernahmeverpflichtung),
16. gegebenenfalls der Name der Handelsplattform für Kryptowerte, auf der die Zulassung zum Handel beantragt wird, und Informationen darüber, wie Anleger auf diese Handelsplattformen zugreifen können, sowie über die damit verbundenen Kosten,
17. Ausgaben im Zusammenhang mit dem öffentlichen Angebot von Kryptowerten,
18. potenzielle Interessenkonflikte der Personen, die an dem öffentlichen Angebot oder der Zulassung zum Handel beteiligt sind, die sich aus dem Angebot oder der Zulassung zum Handel ergeben,
19. für das öffentliche Angebot von Kryptowerten geltendes Recht, einschließlich des zuständigen Gerichts.

Teil F: Informationen über die Kryptowerte

1. Art des Kryptowerts, der öffentlich angeboten werden soll oder dessen Zulassung zum Handel beantragt wird,
2. Beschreibung der Merkmale, einschließlich der Daten, die für die Einstufung des Kryptowerte-Whitepaper im Register gemäß Artikel 109 nach Maßgabe von dessen Absatz 8 notwendig sind, und Funktionen der Kryptowerte, die angeboten oder zum Handel zugelassen werden, einschließlich Angaben dazu, wann die Funktionen wirksam werden sollen.

Teil G: Informationen über die mit den Kryptowerten verbundenen Rechte und Pflichten

1. Beschreibung der Rechte und (etwaigen) Pflichten des Käufers und des Verfahrens und der Bedingungen für die Ausübung dieser Rechte,
2. Beschreibung der Bedingungen, unter denen die Rechte und Pflichten geändert werden können,
3. gegebenenfalls Angaben zu künftigen öffentlichen Angeboten des Kryptowerte-Emittenten und zur Anzahl der vom Emittenten selbst behaltenen Kryptowerte,
4. wenn das Angebot von Kryptowerten oder deren Zulassung zum Handel Utility-Token betrifft: Angaben zur Qualität und Quantität der Waren oder Dienstleistungen, zu denen die Utility-Token Zugang bieten,
5. wenn das öffentliche Angebot von Kryptowerten oder die Zulassung zum Handel Utility-Token betrifft: Informationen darüber, wie die Utility-Token für die entsprechenden Waren oder Dienstleistungen eingelöst werden können,
6. wenn keine Zulassung zum Handel beantragt wird: Informationen darüber, wie und wo die Kryptowerte im Anschluss an das öffentliche Angebot gekauft oder verkauft werden können,

Anhang I Im Whitepaper für andere Kryptowerte offenzulegende Angaben

7. Beschränkungen der Übertragbarkeit der angebotenen oder zum Handel zugelassenen Kryptowerte,
8. bei Kryptowerten mit Protokollen für die Erhöhung oder Verringerung des Angebots in Reaktion auf Nachfrageveränderungen: Beschreibung der Funktionsweise dieser Protokolle,
9. gegebenenfalls eine Beschreibung der Sicherungssysteme zum Schutz des Werts der Kryptowerte und der Entschädigungssysteme,
10. für die Kryptowerte geltendes Recht, einschließlich des zuständigen Gerichts.

Teil H: Informationen über die zugrunde liegende Technologie

1. Informationen über die eingesetzte Technologie, einschließlich Distributed-Ledger-Technologie, Protokollen und verwendeter technischer Standards,
2. Konsensmechanismus, sofern anwendbar,
3. Anreizmechanismen zur Absicherung von Transaktionen und gegebenenfalls geltende Gebühren,
4. wenn die Kryptowerte in einem Distributed-Ledger ausgegeben, übertragen und gespeichert werden, der vom Emittenten, vom Anbieter oder von einem in ihrem Namen handelnden Dritten betrieben wird: ausführliche Beschreibung der Funktionsweise dieses Distributed-Ledger,
5. Angaben zum Ergebnis der Prüfung der eingesetzten Technologie (falls eine derartige Prüfung durchgeführt wurde).

Teil I: Informationen über die Risiken

1. Beschreibung der mit dem öffentlichen Angebot von Kryptowerten oder deren Zulassung zum Handel verbundenen Risiken
2. Beschreibung der von dem Emittenten ausgehenden Risiken, wenn es sich hierbei nicht um den Anbieter oder die Person handelt, die die Zulassung zum Handel beantragt,
3. Beschreibung der mit den Kryptowerten verbundenen Risiken,
4. Beschreibung der mit der Projektdurchführung verbundenen Risiken,
5. Beschreibung der mit der eingesetzten Technologie verbundenen Risiken sowie (gegebenenfalls) Maßnahmen zur Risikominderung.

Anhang II
[Im Kryptowerte-Whitepaper für einen vermögenswertereferenzierten Token offenzulegende Angaben][1]

Teil A: Informationen über den Emittenten des vermögenswertereferenzierten Token

1. Name,
2. Rechtsform,
3. eingetragene Anschrift und Sitz, falls abweichend,
4. Tag der Registrierung,
5. Unternehmenskennung oder eine andere nach dem geltenden nationalen Recht erforderliche Kennung,
6. gegebenenfalls Identität des Mutterunternehmens,
7. Name, Geschäftsanschrift und Funktion der Mitglieder des Leitungsorgans des Emittenten,
8. geschäftliche oder gewerbliche Tätigkeit des Emittenten und gegebenenfalls des Mutterunternehmens,
9. Finanzlage des Emittenten in den vergangenen drei Jahren oder, falls der Emittent noch keine drei Jahre niedergelassen ist, seine Finanzlage seit dem Zeitpunkt seiner Registrierung.
Die Finanzlage wird auf der Grundlage eines redlichen Berichts über den Geschäftsverlauf und das Geschäftsergebnis des Emittenten und seine Lage für jedes Jahr und jeden Übergangszeitraum, für den historische Finanzinformationen benötigt werden, einschließlich der Gründe für wesentliche Änderungen, bewertet.
Der Bericht besteht aus einer ausgewogenen und umfassenden Analyse des Geschäftsverlaufs, des Geschäftsergebnisses und seiner Lage, die dem Umfang und der Komplexität der Geschäftstätigkeit angemessen ist.
10. ausführliche Beschreibung der Regelungen des Emittenten zur Unternehmensführung,
11. außer bei Emittenten vermögenswertereferenzierter Token, die nach Artikel 17 von der Zulassungspflicht befreit sind: genaue Angaben zur Zulassung als Emittent eines vermögenswertereferenzierten Token und Name der zuständigen Behörde, die die Zulassung erteilt hat;
bei Kreditinstituten: Name der zuständigen Behörde des Herkunftsmitgliedstaats,
12. falls der Emittent des vermögenswertereferenzierten Token auch andere Kryptowerte ausgibt oder auch Tätigkeiten im Zusammenhang mit anderen Kryptowerten ausübt, sollte dies eindeutig angegeben werden; der Emittent sollte auch angeben, ob zwischen dem Emittenten und dem Unternehmen, das die Distributed-Ledger-Technologie betreibt, die für die Ausgabe des Kryptowerts verwendet wird, eine Verbindung besteht, auch wenn die Protokolle von einer

---
[1] [Anhang II: Zukünftige Fassung – Text gilt ab 30.12.2024]

Anhang II   Für einen Token offenzulegende Angaben

Person verwaltet oder kontrolliert werden, die eng mit den an dem Projekt beteiligten Akteuren verbunden ist.

Teil B: Informationen über den vermögenswertereferenzierten Token

1. Name und Kürzel oder Ticker-Handler des vermögenswertereferenzierten Token,
2. Beschreibung der Merkmale des vermögenswertreferenzierten Token, einschließlich der Daten, die für die Einstufung des Kryptowerte-Whitepaper im Register gemäß Artikel 109 nach Maßgabe von dessen Absatz 8 notwendig sind,
3. genaue Angaben zu allen natürlichen oder juristischen Personen (einschließlich Geschäftsanschrift oder Sitz des Unternehmens), die an der Operationalisierung des vermögenswertereferenzierten Token beteiligt sind, wie Berater, Entwickler und Anbieter von Kryptowerte-Dienstleistungen,
4. Beschreibung der Rolle, der Zuständigkeiten und der Rechenschaftspflicht etwaiger Drittunternehmen nach Artikel 34 Absatz 5 Unterabsatz 1 Buchstabe h,
5. Angaben zu den Plänen für die vermögenswertereferenzierten Token, einschließlich einer Beschreibung der bisherigen und künftigen Etappen und gegebenenfalls der bereits zugewiesenen Ressourcen.

Teil C: Informationen über das öffentliche Angebot des vermögenswertereferenzierten Token oder dessen Zulassung zum Handel

1. Angabe, ob das Kryptowerte-Whitepaper ein öffentliches Angebot des vermögenswertereferenzierten Token oder seine Zulassung zum Handel betrifft,
2. gegebenenfalls der Betrag, der mit dem öffentlichen Angebot des vermögenswertereferenzierten Token in Form von Geldbeträgen oder anderen Kryptowerten beschafft werden soll, gegebenenfalls einschließlich etwaiger Mindest- und Höchstziele für die Zeichnung, die für das öffentliche Angebot des vermögenswertereferenzierten Token festgelegt wurden, und die Angabe, ob Überzeichnungen akzeptiert werden und wie sie zugewiesen werden,
3. gegebenenfalls Gesamtzahl der Anteile des vermögenswertereferenzierten Token, die angeboten oder zum Handel zugelassen werden sollen,
4. Angabe der potenziellen Inhaber, auf die das öffentliche Angebot des vermögenswertereferenzierten Token oder die Zulassung dieses vermögenswertereferenzierten Token zum Handel ausgerichtet ist, einschließlich etwaiger Beschränkungen bezüglich der Art der Inhaber des betreffenden vermögenswertereferenzierten Token,
5. ausdrücklicher Hinweis, dass Käufer, die sich an dem öffentlichen Angebot des vermögenswertereferenzierten Token beteiligen, rückerstattungsberechtigt sind, wenn das Mindestziel für die Zeichnung am Ende der Zeichnungsfrist nicht erreicht ist, einschließlich des voraussichtlichen Zeitplans, bis wann diese Erstattungen abgeschlossen sein werden; die Folgen der Überschreitung des Höchstziels für die Zeichnung sollten deutlich gemacht werden,

Für einen Token offenzulegende Angaben **Anhang II**

6. Informationen über die verschiedenen Phasen des öffentlichen Angebots des vermögenswertereferenzierten Token, einschließlich Informationen über Kaufpreisnachlässe für Frühkäufe des vermögenswertereferenzierten Token („Pre-Public-Verkäufe") und, im Falle eines Kaufpreisnachlasses für einige Frühkäufe, eine Erklärung, warum die Kaufpreise unterschiedlich sein können, sowie eine Beschreibung der Folgen für die die anderen Anleger,
7. bei befristeten Angeboten: Zeichnungsfrist für das öffentliche Angebot,
8. Zahlungsmethoden für den Kauf und den Rücktausch des angebotenen vermögenswertereferenzierten Token,
9. Informationen darüber, wie und wann der erworbene vermögenswertereferenzierte Token den Inhabern übertragen werden,
10. Informationen über die technischen Anforderungen, die der Käufer erfüllen muss, um die vermögenswertereferenzierten Token zu halten,
11. gegebenenfalls Name des Anbieters von Kryptowerte-Dienstleistungen, der mit der Platzierung des vermögenswertereferenzierten Token beauftragt wurde, und Art der Platzierung (mit oder ohne feste Übernahmeverpflichtung),
12. gegebenenfalls Name der Handelsplattform für Kryptowerte, auf der die Zulassung zum Handel beantragt wird, und Informationen darüber, wie Anleger auf diese Handelsplattformen zugreifen können, sowie über die damit verbundenen Kosten,
13. Ausgaben im Zusammenhang mit dem öffentlichen Angebot des vermögenswertereferenzierten Token,
14. potenzielle Interessenkonflikte der Personen, die an dem öffentlichen Angebot oder der Zulassung zum Handel beteiligt sind, die sich aus dem Angebot oder der Zulassung zum Handel ergeben,
15. für das öffentliche Angebot des vermögenswertereferenzierten Token geltendes Recht, einschließlich des zuständigen Gerichts.

Teil D: Informationen über die mit dem vermögenswertereferenzierten Token verbundenen Rechte und Pflichten

1. Beschreibung der Merkmale und Funktionen des vermögenswertereferenzierten Token, der angeboten oder zum Handel zugelassen wird, einschließlich Angaben dazu, wann die Funktionen wirksam werden sollen,
2. Beschreibung der Rechte und (etwaigen) Pflichten des Käufers und des Verfahrens und der Bedingungen für die Ausübung dieser Rechte,
3. Beschreibung der Bedingungen, unter denen die Rechte und Pflichten geändert werden können,
4. gegebenenfalls Angaben zu künftigen öffentlichen Angeboten des vermögenswertereferenzierter Token durch den Emittenten und zur Anzahl der vom Emittenten selbst behaltenen Anteile des vermögenswertereferenzierten Token,
5. wenn keine Zulassung zum Handel beantragt wird: Informationen darüber, wie und wo der vermögenswertereferenzierte Token im Anschluss an das öffentliche Angebot gekauft oder verkauft werden können,
6. etwaige Beschränkungen der Übertragbarkeit des angebotenen oder zum Handel zugelassenen vermögenswertereferenzierten Token,

Anhang II Für einen Token offenzulegende Angaben

7. wenn der vermögenswertereferenzierte Token Protokolle für die Erhöhung oder Verringerung seines Angebots in Reaktion auf Nachfrageveränderungen hat: Beschreibung der Funktionsweise dieser Protokolle,
8. gegebenenfalls eine Beschreibung der Sicherungssysteme zum Schutz des Werts des vermögenswertereferenzierten Token und der Entschädigungssysteme,
9. Informationen über die Art und Durchsetzbarkeit der Rechte, einschließlich der dauerhaften Rücktauschrechte und etwaiger Forderungen, die Inhaber und jede juristische oder natürliche Person im Sinne von Artikel 39 Absatz 2 gegen den Emittenten haben können, einschließlich Informationen darüber, wie diese Rechte im Falle von Insolvenzverfahren behandelt werden, Informationen darüber, ob verschiedenen Inhabern unterschiedliche Rechte zugestanden werden, sowie die nichtdiskriminierenden Gründe für eine solche unterschiedliche Behandlung,
10. detaillierte Beschreibung des Anspruchs, den der vermögenswertereferenzierte Token für die Inhaber darstellt, was Folgendes umfasst:
    a) Beschreibung jedes referenzierten Vermögenswerts und bestimmter Anteile an jedem dieser Vermögenswerte,
    b) Verhältnis zwischen dem Wert der referenzierten Vermögenswerte und dem Betrag der Forderung und der Vermögenswertreserve und
    c) Beschreibung, wie eine redliche und transparente Bewertung der Bestandteile der Forderung vorgenommen wird, wobei gegebenenfalls unabhängige Parteien benannt werden,
11. gegebenenfalls Angaben zu den Vorkehrungen, die der Emittent getroffen hat, um die Liquidität des vermögenswertereferenzierten Token zu gewährleisten, einschließlich Namen der Rechtsträger, die mit der Gewährleistung der Liquidität beauftragt wurden,
12. Kontaktangaben für die Einreichung von Beschwerden und Beschreibung des Beschwerdeverfahrens und etwaiger Streitbeilegungsmechanismen oder Rechtsbehelfsverfahren, die der Emittent des vermögenswertereferenzierten Token eingerichtet hat,
13. Beschreibung der Rechte der Inhaber, wenn der Emittent nicht in der Lage ist, seine Pflichten zu erfüllen, auch bei Insolvenz,
14. Beschreibung der Rechte im Zusammenhang mit der Durchführung des Sanierungsplans,
15. Beschreibung der Rechte im Zusammenhang mit der Durchführung des Rücktauschplans,
16. detaillierte Informationen darüber, wie die vermögenswertereferenzierten Token rückgetauscht werden, auch ob der Inhaber die Möglichkeit haben wird, die Form des Rücktauschs, die Form der Übertragung oder die amtliche Währung des Rücktauschs zu wählen,
17. das für den vermögenswertereferenzierten Token geltende Recht, sowie das zuständige Gericht.

Teil E: Informationen über die zugrunde liegende Technologie

1. Informationen über die eingesetzte Technologie, einschließlich Distributed-Ledger-Technologie, sowie Protokollen und verwendeter technischer Standards, die Halten, Speichern und Übertragung der werterreferenzierten Token ermöglichen,
2. Konsensmechanismus, sofern anwendbar,
3. Anreizmechanismen zur Absicherung von Transaktionen und gegebenenfalls geltende Gebühren,
4. wenn die vermögenswertereferenzierten Token unter Verwendung einer Distributed-Ledger-Technologieausgegeben, übertragen und gespeichert werden, der vom Emittenten oder von einem im Namen des Emittenten handelnden Dritten betrieben wird: ausführliche Beschreibung der Funktionsweise dieser Distributed-Ledger-Technologie,
5. Angaben zum Ergebnis der Prüfung der eingesetzten Technologie (falls eine derartige Prüfung durchgeführt wurde).

Teil F: Informationen über die Risiken

1. Risiken im Zusammenhang mit der Vermögenswertreserve, wenn der Emittent nicht in der Lage ist, seine Pflichten zu erfüllen,
2. Beschreibung der vom Emittenten des vermögenswertereferenzierten Token ausgehenden Risiken,
3. Beschreibung der mit dem öffentlichen Angebot des vermögenswertereferenzierten Token oder dessen Zulassung zum Handel verbundenen Risiken,
4. Beschreibung der mit den dem vermögenswertereferenzierten Token verbundenen Risiken, insbesondere im Hinblick auf die referenzierten Werte,
5. Beschreibung der Risiken im Zusammenhang mit der Operationalisierung des Projekts für den vermögenswertereferenzierten Token,
6. Beschreibung der mit der eingesetzten Technologie verbundenen Risiken sowie (gegebenenfalls) Maßnahmen zur Risikominderung.

Teil G: Informationen über die Vermögenswertreserve

1. ausführliche Beschreibung des Mechanismus zur Angleichung des Wertes der Vermögenswertreserve an die Ansprüche im Zusammenhang mit dem vermögenswertereferenzierten Token, einschließlich rechtlicher und technischer Aspekte,
2. ausführliche Beschreibung der Vermögenswertreserve und ihrer Zusammensetzung,
3. Beschreibung der Mechanismen für die Ausgabe und den Rücktausch vermögenswertereferenzierter Token,
4. Informationen darüber, ob ein Teil des Reservevermögens angelegt wird, und gegebenenfalls Beschreibung der Anlagepolitik für das Reservevermögen,
5. Beschreibung der Verwahrungsvereinbarungen für das Reservevermögen, einschließlich seiner Trennung, und die Namen der Anbieter von Kryptowerte-

Anhang II   Für einen Token offenzulegende Angaben

Dienstleistungen, die die Verwahrung und Verwaltung von Kryptowerten für Kunden anbieten, Kreditinstitute oder Wertpapierfirmen, die als Verwahrstellen für das Reservevermögen bestellt sind.

Anhang III
[Im Kryptowerte-Whitepaper für einen E-Geld-Token offenzulegende Angaben][1]

Teil A: Informationen über den Emittenten des E-Geld-Token

1. Name,
2. Rechtsform,
3. eingetragene Anschrift und Sitz, falls abweichend,
4. Tag der Registrierung,
5. Unternehmenskennung oder eine andere nach dem geltenden nationalen Recht erforderliche Kennung,
6. eine Telefonnummer zur Kontaktaufnahme und eine E-Mail-Adresse des Emittenten sowie die Anzahl der Tage, innerhalb deren ein Anleger, der den Emittenten über diese Telefonnummer oder E-Mail-Adresse kontaktiert, eine Antwort erhält,
7. gegebenenfalls Identität des Mutterunternehmens,
8. Name, Geschäftsanschrift und Funktion der Mitglieder des Leitungsorgans des Emittenten,
9. geschäftliche oder gewerbliche Tätigkeit des Emittenten und gegebenenfalls des Mutterunternehmens,
10. potenzielle Interessenkonflikte,
11. falls der Emittent des E-Geld-Token auch andere Kryptowerte ausgibt oder auch Tätigkeiten im Zusammenhang mit Kryptowerten ausübt, sollte dies eindeutig angegeben werden; der Emittent sollte auch angeben, ob zwischen dem Emittenten und dem Unternehmen, das die Distributed-Ledger-Technologie betreibt, die für die Ausgabe des Kryptowerts verwendet wird, eine Verbindung besteht, auch wenn die Protokolle von einer Person verwaltet oder kontrolliert werden, die eng mit den an dem Projekt beteiligten Akteuren verbunden ist,
12. Finanzlage des Emittenten in den vergangenen drei Jahren oder, falls der Emittent noch keine drei Jahre niedergelassen ist, seine Finanzlage seit dem Zeitpunkt seiner Registrierung;
    die Finanzlage wird auf der Grundlage eines redlichen Berichts über den Geschäftsverlauf und das Geschäftsergebnis des Emittenten und seine Lage für jedes Jahr und jeden Übergangszeitraum, für den historische Finanzinformationen benötigt werden, einschließlich der Gründe für wesentliche Änderungen, bewertet;
    der Bericht besteht aus einer ausgewogenen und umfassenden Analyse des Geschäftsverlaufs, des Geschäftsergebnisses und der Lage des Emittenten, die dem Umfang und der Komplexität der Geschäftstätigkeit angemessen ist,
13. außer bei Emittenten von E-Geld-Token, die nach Artikel 48 Absätze 4 und 5 von der Zulassungspflicht befreit sind: genaue Angaben zur Zulassung als Emit-

---

[1] [Anhang III: Zukünftige Fassung – Text gilt ab 30.12.2024]

Anhang III Für einen E-Geld-Token offenzulegende Angaben

tent des E-Geld-Token und Name der zuständigen Behörde, die die Zulassung erteilt hat.

Teil B: Informationen über den E-Geld-Token

1. Name und Kürzel,
2. Beschreibung der Merkmale des vermögenswertreferenzierten Token, einschließlich der Daten, die für die Einstufung des Kryptowerte-Whitepaper im Register gemäß Artikel 109 nach Maßgabe von dessen Absatz 8 notwendig sind,
3. genaue Angaben zu allen natürlichen oder juristischen Personen (einschließlich Geschäftsanschrift und/oder Sitz des Unternehmens), die an der Gestaltung und Entwicklung beteiligt sind, wie Berater, Entwickler und Anbieter von Kryptowerte-Dienstleistungen.

Teil C: Informationen über das öffentliche Angebot des E-Geld-Token oder dessen Zulassung zum Handel

1. Angabe, ob das Kryptowerte-Whitepaper ein öffentliches Angebot des E-Geld-Token oder dessen Zulassung zum Handel betrifft,
2. gegebenenfalls Gesamtzahl der Anteile des E-Geld-Token, die öffentlich angeboten oder zum Handel zugelassen werden sollen,
3. gegebenenfalls Name der Handelsplattformen für Kryptowerte, auf denen die Zulassung des E-Geld-Token zum Handel beantragt wird,
4. für das öffentliche Angebot des E-Geld-Token geltendes Recht, sowie das zuständige Gericht.

Teil D: Informationen über die mit den E-Geld-Token verbundenen Rechte und Pflichten

1. genaue Beschreibung der Rechte und (etwaigen) Pflichten des Inhabers des E-Geld-Token, einschließlich des Rechts auf Rücktausch zum Nennwert sowie des Verfahrens und der Bedingungen für die Ausübung dieser Rechte,
2. Beschreibung der Bedingungen, unter denen die Rechte und Pflichten geändert werden können,
3. Beschreibung der Rechte der Inhaber, wenn der Emittent nicht in der Lage ist, seine Pflichten zu erfüllen, auch bei Insolvenz,
4. Beschreibung der Rechte im Zusammenhang mit der Durchführung des Sanierungsplans,
5. Beschreibung der Rechte im Zusammenhang mit der Durchführung des Rücktauschplans,
6. Kontaktangaben für die Einreichung von Beschwerden und Beschreibung der Beschwerdeverfahren und etwaiger Streitbeilegungsmechanismen oder Rechtsbehelfsverfahren, die der Emittent des E-Geld-Token eingerichtet hat,
7. gegebenenfalls eine Beschreibung der Sicherungssysteme zum Schutz des Werts des Kryptowerts und der Entschädigungssysteme,
8. für den E-Geld-Token geltendes Recht, sowie das zuständige Gericht.

Teil E: Informationen über die zugrunde liegende Technologie

1. Informationen über die eingesetzte Technologie, einschließlich Distributed-Ledger-Technologie, sowie Protokollen und verwendeter technischer Standards, die Halten, Speichern und Übertragung von E-Geld-Token ermöglichen,
2. Informationen über die technischen Anforderungen, die der Käufer erfüllen muss, um die Kontrolle über den E-Geld-Token zu erlangen,
3. Konsensmechanismus, sofern anwendbar,
4. Anreizmechanismen zur Absicherung von Transaktionen und gegebenenfalls geltende Gebühren,
5. wenn der E-Geld-Token unter Verwendung einer Distributed-Ledger-Technologie ausgegeben, übertragen und gespeichert wird, der vom Emittenten oder einem in seinem Namen handelnden Dritten betrieben wird: ausführliche Beschreibung der Funktionsweise dieser Distributed-Ledger-Technologie,
6. Angaben zum Ergebnis der Prüfung der eingesetzten Technologie (falls eine derartige Prüfung durchgeführt wurde).

Teil F: Informationen über die Risiken

1. Beschreibung der vom Emittenten des E-Geld-Token ausgehenden Risiken,
2. Beschreibung der mit dem E-Geld-Token verbundenen Risiken,
3. Beschreibung der mit der eingesetzten Technologie verbundenen Risiken sowie gegebenenfalls Maßnahmen zur Risikominderung.

Anhang IV
[Mindestkapitalanforderungen für Anbieter von Kryptowerte-Dienstleistungen][1]

Zulassung von Anbietern von Kryptowerte-Dienstleistungen	Art der Kryptowerte-Dienstleistungen	Mindestkapitalanforderungen nach Artikel 67 Absatz 1 Buchstabe a
Klasse 1	Anbieter von Kryptowerte-Dienstleistungen mit einer Zulassung für folgende Kryptowerte-Dienstleistungen: – Auftragsausführung für Kunden, – Platzierung von Kryptowerten, – Transferdienstleistungen für Kryptowerte für Kunden, – Annahme und Übermittlung von Aufträgen über Kryptowerte für Kunden – Beratung zu Kryptowerten und/oder – Portfolioverwaltung von Kryptowerten.	50 000 EUR
Klasse 2	Anbieter von Kryptowerte-Dienstleistungen mit einer Zulassung für die Kryptowerte-Dienstleistungen der Klasse 1 und für – Verwahrung und Verwaltung von Kryptowerten für Kunden, – Tausch von Kryptowerten gegen Geldbeträge und/oder – Tausch von Kryptowerten gegen andere Kryptowerte.	125 000 EUR
Klasse 3	Anbieter von Kryptowerte-Dienstleistungen mit einer Zulassung für die Kryptowerte-Dienstleistungen der Klasse 2 und für – Betrieb einer Handelsplattform für Kryptowerte.	150 000 EUR

---

[1] [Anhang IV: Zukünftige Fassung – Text gilt ab 30.12.2024]

Anhang V
[Liste der in Titel III und Titel VI genannten Verstöße von Emittenten signifikanter vermögenswertereferenzierter Token][1]

1. Der Emittent verstößt gegen Artikel 22 Absatz 1, wenn er der EBA für jeden vermögenswertereferenzierten Token mit einem Ausgabewert von mehr als 100 000 000 EUR nicht vierteljährlich die in Unterabsatz 1 Buchstaben a bis d des genannten Absatzes genannten Informationen übermittelt.
2. Der Emittent verstößt gegen Artikel 23 Absatz 1, wenn er die Ausgabe eines vermögenswertereferenzierten Token nicht mit Erreichen der in dem genannten Absatz genannten Schwellenwerte einstellt oder wenn er der EBA nicht innerhalb von 40 Arbeitstagen nach Erreichen dieser Schwellenwerte einen Plan vorlegt, um sicherzustellen, dass die geschätzte durchschnittliche Zahl und der geschätzte durchschnittliche aggregierte Wert der Transaktionen pro Tag für ein Quartal unter diesen Schwellenwerten gehalten werden.
3. Der Emittent verstößt gegen Artikel 23 Absatz 4, wenn er den von der EBA geforderten Änderungen des in Absatz 1 Buchstabe b jenes Artikels genannten Plans nicht nachkommt.
4. Der Emittent verstößt gegen Artikel 25, wenn er der EBA nicht jede beabsichtigte Änderung seines Geschäftsmodells mitteilt, die geeignet ist, die Kaufentscheidung von Inhabern oder potenziellen Inhabern signifikanter vermögenswertereferenzierter Token erheblich zu beeinflussen, oder wenn er es versäumt, eine solche Änderung in seinem Krypto-Whitepaper zu beschreiben.
5. Der Emittent verstößt gegen Artikel 25, wenn er einer von der EBA gemäß Artikel 25 Absatz 4 verlangten Maßnahme nicht Folge leistet.
6. Der Emittent verstößt gegen Artikel 27 Absatz 1, wenn er nicht ehrlich, redlich und professionell handelt.
7. Der Emittent verstößt gegen Artikel 27 Absatz 1, wenn er mit den Inhabern und potenziellen Inhabern des signifikanten vermögenswertereferenzierten Token nicht in einer redlichen, eindeutigen und nicht irreführenden Weise kommuniziert.
8. Der Emittent verstößt gegen Artikel 27 Absatz 2, wenn er es versäumt, im besten Interesse der Inhaber des signifikanten vermögenswertereferenzierten Token zu handeln, oder wenn er bestimmten Inhabern eine Vorzugsbehandlung zukommen lässt, die im Kryptowerte-Whitepaper des Emittenten oder gegebenenfalls den Marketingmitteilungen nicht offengelegt wird.
9. Der Emittent verstößt gegen Artikel 28, wenn er es versäumt, auf seiner Website das in Artikel 21 Absatz 1 genannte genehmigte Kryptowerte-Whitepaper und gegebenenfalls das in Artikel 25 genannte geänderte Kryptowerte-Whitepaper zu veröffentlichen.
10. Der Emittent verstößt gegen Artikel 28, wenn er das Kryptowerte-Whitepaper nicht spätestens zum Startdatum des öffentlichen Angebots des signifikanten vermögenswertereferenzierten Token bzw. zum Startdatum der Zulassung dieses Token zum Handel öffentlich zugänglich macht.

---

[1] [Anhang V: Zukünftige Fassung – Text gilt ab 30.12.2024]

Anhang V Liste der in Titel III und Titel VI genannten Verstöße

11. Der Emittent verstößt gegen Artikel 28, wenn er das Kryptowerte-Whitepaper und gegebenenfalls das modifizierte Kryptowerte-Whitepaper nicht so lange auf seiner Website verfügbar hält, wie der signifikante vermögenswertereferenzierte Token vom Publikum gehalten wird.
12. Der Emittent verstößt gegen Artikel 29 Absätze 1 und 2, wenn er in Bezug auf ein öffentliches Angebot eines signifikanten vermögenswertereferenzierten Token oder die Zulassung eines solchen signifikanten vermögenswertereferenzierten Token zum Handel Marketingmitteilungen veröffentlicht, die die Anforderungen des Artikel 29 Absatz 1 Buchstaben a bis d und Absatz 2 nicht erfüllen.
13. Der Emittent verstößt gegen Artikel 29 Absatz 3, wenn er Marketingmitteilungen und etwaige diesbezügliche Änderungen nicht auf seiner Website veröffentlicht.
14. Der Emittent verstößt gegen Artikel 29 Absatz 5, wenn er der EBA Marketingmitteilungen nicht auf Antrag übermittelt.
15. Der Emittent verstößt gegen Artikel 29 Absatz 6, wenn er Marketingmitteilungen vor der Veröffentlichung des Kryptowerte-Whitepapers verbreitet.
16. Der Emittent verstößt gegen Artikel 30 Absatz 1, wenn er es versäumt, auf klare, präzise und transparente Weise an öffentlich und leicht zugänglicher Stelle auf seiner Website den Betrag des in Umlauf befindlichen signifikanten vermögenswertereferenzierten Token sowie den Wert und die Zusammensetzung der in Artikel 36 genannten Vermögenswertreserve anzugeben oder die erforderlichen Informationen mindestens monatlich zu aktualisieren.
17. Der Emittent verstößt gegen Artikel 30 Absatz 2, wenn er es versäumt, umgehend an öffentlich und leicht zugänglicher Stelle auf seiner Website eine kurze, klare, präzise und transparente Zusammenfassung des Prüfberichts sowie den vollständigen und unbearbeiteten Prüfbericht in Bezug auf die in Artikel 36 genannte Vermögenswertreserve zu veröffentlichen.
18. Der Emittent verstößt gegen Artikel 30 Absatz 3, wenn er es versäumt, umgehend und in klarer, präziser und transparenter Weise an öffentlich und leicht zugänglicher Stelle auf seiner Website alle Ereignisse offenzulegen, die signifikante Auswirkungen auf den Wert des signifikanten vermögenswertereferenzierten Token oder der in Artikel 36 genannten Vermögenswertreserve haben oder wahrscheinlich haben werden.
19. Der Emittent verstößt gegen Artikel 31 Absatz 1, wenn er keine wirksamen und transparenten Verfahren für eine umgehende, redliche und einheitliche Bearbeitung von Beschwerden von Inhabern des signifikanten vermögenswertereferenzierten Token und anderen interessierten Parteien, einschließlich Verbraucherverbänden, die Inhaber des signifikanten wertereferenzierter Token vertreten, einführt und aufrechterhält und keine Beschreibungen dieser Verfahren veröffentlicht, oder, wenn der signifikante wertereferenzierte Token ganz oder teilweise von Drittunternehmen vertrieben werden, keine Verfahren festlegt, um die Bearbeitung von Beschwerden zwischen Inhabern des signifikanten Token und den in Artikel 34 Absatz 5 Unterabsatz 1 Buchstabe h genannten Drittunternehmen zu erleichtern.
20. Der Emittent verstößt gegen Artikel 31 Absatz 2, wenn er es den Inhabern des signifikanten vermögenswertereferenzierten Token nicht ermöglicht, Beschwerden unentgeltlich einzureichen.
21. Der Emittent verstößt gegen Artikel 31 Absatz 3, wenn er es versäumt, ein Muster für die Einreichung von Beschwerden zu erstellen, und dieses den Inha-

Liste der in Titel III und Titel VI genannten Verstöße **Anhang V**

bern des signifikanten vermögenswertereferenzierten Token zur Verfügung zu stellen und über alle eingegangenen Beschwerden und daraufhin getroffene Maßnahmen Aufzeichnungen zu führen.

22. Der Emittent verstößt gegen Artikel 31 Absatz 4, wenn er es versäumt, sämtliche Beschwerden zeitnah und redlich zu prüfen oder den Inhabern seines signifikanten vermögenswertereferenzierten Token die Ergebnisse dieser Prüfung innerhalb eines angemessenen Zeitraums mitzuteilen.
23. Der Emittent verstößt gegen Artikel 32 Absatz 1, wenn er versäumt, wirksame Strategien und Verfahren umzusetzen und aufrechtzuerhalten, um Interessenkonflikte zwischen ihm und seinen Anteilseigern oder Gesellschaftern, zwischen ihm und jedem Anteilseigner oder Gesellschafter, der direkt oder indirekt eine qualifizierte Beteiligung an ihm hält und zwischen ihm und den Mitgliedern seines Leitungsorgans, zwischen ihm und seinen Beschäftigten, zwischen ihm und den Inhabern des signifikanten vermögenswertereferenzierten Token oder zwischen ihm und jedem Dritten, der eine der in Artikel 34 Absatz 5 Buchstabe h genannten Aufgaben wahrnimmt, zu ermitteln, zu vermeiden, zu regeln und offenzulegen.
24. Der Emittent verstößt gegen Artikel 32 Absatz 2, wenn er es versäumt, alle geeigneten Maßnahmen zur Ermittlung, Vermeidung, Regelung und Offenlegung von Interessenkonflikten zu ergreifen, die sich aus der Verwaltung und Anlage der in Artikel 36 genannten Vermögenswertreserve ergeben.
25. Der Emittent verstößt gegen Artikel 32 Absätze 3 und 4, wenn er es versäumt, den Inhabern seines signifikanten vermögenswertereferenzierten Token die allgemeine Art und die Quellen von Interessenkonflikten sowie die zur Begrenzung dieser Risiken getroffenen Vorkehrungen an gut sichtbarer Stelle auf seiner Website offenzulegen, oder wenn er bei dieser Offenlegung nicht so präzise ist, dass die potenziellen Inhaber des signifikanten vermögenswertereferenzierten Token eine fundierte Kaufentscheidung über diesen Token treffen können.
26. Der Emittent verstößt gegen Artikel 33, wenn er der EBA nicht umgehend alle Veränderungen in seinem Leitungsorgan meldet oder wenn er der EBA nicht alle Informationen übermittelt, die erforderlich sind, um die Einhaltung von Artikel 34 Absatz 2 zu bewerten.
27. Der Emittent verstößt gegen Artikel 34 Absatz 1, wenn er nicht über solide Regelungen zur Unternehmensführung verfügt, wozu eine klare Organisationsstruktur mit einer genau abgegrenzten, transparenten und kohärenten Hierarchie, wirksamen Verfahren für die Ermittlung, Steuerung, Überwachung und Meldung von Risiken, denen er ausgesetzt ist oder ausgesetzt sein könnte, sowie angemessene Mechanismen für die interne Kontrolle, einschließlich solider Verwaltungs- und Rechnungslegungsverfahren, gehören.
28. Der Emittent verstößt gegen Artikel 34 Absatz 2, wenn die Mitglieder seines Leitungsorgans nicht über die ausreichende Zuverlässigkeit oder nicht über angemessene Kenntnisse, Fähigkeiten und Erfahrung verfügen – individuell oder kollektiv –, um ihre Aufgaben wahrnehmen zu können, oder nicht nachweisen, dass sie in der Lage sind, ausreichend Zeit für die wirksame Wahrnehmung ihrer Aufgaben aufzuwenden.
29. Der Emittent verstößt gegen Artikel 34 Absatz 3, wenn sein Leitungsorgan die Wirksamkeit der Strategien und Verfahren, die zur Erfüllung der Kapitel 2, 3, 5 und 6 des Titels III eingeführt wurden, regelmäßig bewertet und überprüft oder keine geeigneten Maßnahmen zur Behebung etwaiger diesbezüglicher Mängel ergreift.

Anhang V   Liste der in Titel III und Titel VI genannten Verstöße

30. Der Emittent verstößt gegen Artikel 34 Absatz 4, wenn Anteilseigner oder Gesellschafter direkt oder indirekt qualifizierte Beteiligungen halten, die nicht hinreichend gut beleumundet sind.
31. Der Emittent verstößt gegen Artikel 34 Absatz 5, wenn er keine Strategien und Verfahren einführt, die hinreichend wirksam sind, um die Einhaltung dieser Verordnung sicherzustellen, insbesondere wenn er keine der in Unterabsatz 1 Buchstaben a bis k des genannten Absatzes genannten Strategien und Verfahren festlegt, aufrechterhält und umsetzt.
32. Der Emittent verstößt gegen Artikel 34 Absatz 5, wenn er keine vertraglichen Vereinbarungen mit Drittunternehmen im Sinne von Unterabsatz 1 Buchstabe h des genannten Absatzes eingeht, in denen die Aufgaben, Zuständigkeiten, Rechte und Pflichten sowohl des Emittenten als auch des betreffenden Drittunternehmens festgelegt sind, oder wenn er keine eindeutige Auswahl des anzuwendenden Rechts trifft.
33. Der Emittent verstößt, sofern er keinen Plan gemäß Artikel 47 aufgestellt habt, gegen Artikel 34 Absatz 6, wenn er keine geeigneten und verhältnismäßigen Systeme, Ressourcen und Verfahren zur Gewährleistung einer kontinuierlichen und regelmäßigen Erbringung seiner Dienstleistungen und Tätigkeiten anwendet und es versäumt, alle seine Systeme und Protokolle zur Gewährleistung der Zugriffssicherheit unter Beachtung der einschlägigen Standards der Union zu pflegen.
34. Der Emittent verstößt gegen Artikel 34 Absatz 7, wenn er der EBA keinen Plan für die Einstellung der Erbringung von Dienstleistungen und Tätigkeiten zur Genehmigung übermittelt.
35. Der Emittent verstößt gegen Artikel 34 Absatz 8, wenn er die Quellen operationeller Risiken nicht ermittelt und diese Risiken nicht durch Entwicklung geeigneter Systeme, Kontrollen und Verfahren minimiert.
36. Der Emittent verstößt gegen Artikel 34 Absatz 9, wenn er keine Strategie zur Fortführung des Geschäftsbetriebs und keine Pläne festlegt, um im Falle der Unterbrechung seiner IKT-Systeme und Verfahren die Bewahrung wesentlicher Daten und Funktionen und die Aufrechterhaltung seiner Tätigkeiten oder, wenn dies nicht möglich ist, zeitnah die Wiederherstellung dieser Daten und Funktionen und die Wiederaufnahme seiner Tätigkeiten sicherzustellen.
37. Der Emittent verstößt gegen Artikel 34 Absatz 10, wenn er nicht über Mechanismen für die interne Kontrolle und wirksame Verfahren für das Risikomanagement, einschließlich wirksamer Kontroll- und Schutzvorkehrungen für das Management von IKT-Systemen gemäß der Verordnung (EU) 2022/2554, verfügt.
38. Der Emittent verstößt gegen Artikel 34 Absatz 11, wenn er nicht über Systeme und Verfahren verfügt, die geeignet sind, die Verfügbarkeit, Authentizität, Integrität und Vertraulichkeit von Daten gemäß der Verordnung (EU) 2022/2554 und im Einklang mit der Verordnung (EU) 2016/679 zu gewährleisten.
39. Der Emittent verstößt gegen Artikel 34 Absatz 12, wenn er nicht sicherstellt, dass der Emittent regelmäßig von unabhängigen Prüfern geprüft wird.
40. Der Emittent verstößt gegen Artikel 35 Absatz 1, wenn er nicht jederzeit Eigenmittel in Höhe mindestens eines Betrags vorhält, der dem höchsten der in Buchstabe a oder c des genannten Absatzes oder in Artikel 45 Absatz 5 festgelegten Beträge entspricht.
41. Der Emittent verstößt gegen Artikel 35 Absatz 2 dieser Verordnung, wenn seine Eigenmittel nicht aus den in den Artikeln 26 bis 30 der Verordnung (EU)

Liste der in Titel III und Titel VI genannten Verstöße **Anhang V**

Nr. 575/2013 genannten Posten und Instrumenten des harten Kernkapitals nach den vollständig erfolgten Abzügen gemäß Artikel 36 der genannten Verordnung und ohne Anwendung der Schwellenwerte für Ausnahmen nach Artikel 46 Absatz 4 und Artikel 48 der genannten Verordnung bestehen.

42. Der Emittent verstößt gegen Artikel 35 Absatz 3, wenn er die Anforderungen der EBA, nach der Bewertung gemäß den Buchstaben a bis g des genannten Absatzes einen höheren Betrag an Eigenmitteln vorzuhalten, nicht erfüllt.
43. Der Emittent verstößt gegen Artikel 35 Absatz 5, wenn er nicht regelmäßig Stresstests durchführt, die schwere, aber plausible finanzielle Stressszenarien wie Zinsschocks und nichtfinanzielle Stressszenarien wie operationelle Risiken berücksichtigen.
44. Der Emittent verstößt gegen Artikel 35 Absatz 5, wenn er die Anforderung der EBA, auf der Grundlage der Ergebnisse der Stresstests einen höheren Betrag an Eigenmitteln vorzuhalten, nicht erfüllt.
45. Der Emittent verstößt gegen Artikel 36 Absatz 1, wenn er keine Vermögenswertreserve bildet und jederzeit hält.
46. Der Emittent verstößt gegen Artikel 36 Absatz 1, wenn er nicht sicherstellt, dass die Vermögenswertreserve so zusammengesetzt ist und verwaltet wird, dass die mit den Vermögenswerten, auf die sich der signifikante vermögenswertereferenzierte Token bezieht, verbundenen Risiken abgedeckt sind.
47. Der Emittent verstößt gegen Artikel 36 Absatz 1, wenn er nicht sicherstellt, dass die Vermögenswertreserve so zusammengesetzt ist und verwaltet wird, dass die mit den dauerhaften Rücktauschrechten der Inhaber verbundenen Liquiditätsrisiken angegangen werden.
48. Der Emittent verstößt gegen Artikel 36 Absatz 3, wenn er nicht sicherstellt, dass die Vermögenswertreserve operativ vom Vermögen des Emittenten und von der Vermögenswertreserve anderer vermögenswertereferenzierter Token getrennt ist.
49. Der Emittent verstößt gegen Artikel 36 Absatz 6, wenn sein Leitungsorgan keine wirksame und umsichtige Verwaltung der Vermögenswertreserve gewährleistet.
50. Der Emittent verstößt gegen Artikel 36 Absatz 6, wenn er nicht sicherstellt, dass der Ausgabe und dem Rücktausch des signifikanten vermögenswertereferenzierten Token stets eine entsprechende Erhöhung oder Verminderung der Vermögenswertreserve gegenübersteht.
51. Der Emittent verstößt gegen Artikel 36 Absatz 7, wenn er den aggregierten Wert der Vermögenswertreserve nicht unter Rückgriff auf die Marktpreise ermittelt und ihr aggregierter Wert nicht jederzeit mindestens dem aggregierten Wert der Ansprüche der Inhaber von in Umlauf befindlichen signifikanten vermögenswertereferenzierten Token gegen den Emittenten entspricht.
52. Der Emittent verstößt gegen Artikel 36 Absatz 8, wenn er nicht über eine klare und detaillierte Strategie verfügt, in der der Stabilisierungsmechanismus des signifikanten vermögenswertereferenzierten Token beschrieben ist und die die in Buchstaben a bis g des genannten Absatzes genannten Bedingungen erfüllt.
53. Der Emittent verstößt gegen Artikel 36 Absatz 9, wenn er ab dem Tag seiner Zulassung oder ab dem Tag der Genehmigung des Kryptowerte-Whitepapers gemäß Artikel 17 nicht alle sechs Monate eine unabhängige Prüfung der Vermögenswertreserve in Auftrag gibt.
54. Der Emittent verstößt gegen Artikel 36 Absatz 10, wenn er der EBA das Ergebnis der Prüfung nicht gemäß dem genannten Absatzmitteilt oder das Ergebnis

Anhang V Liste der in Titel III und Titel VI genannten Verstöße

der Prüfung nicht innerhalb von zwei Wochen ab dem Tag der Mitteilung an die EBA veröffentlicht.
55. Der Emittent verstößt gegen Artikel 37 Absatz 1, wenn er keine Strategien und Verfahren und keine vertraglichen Vereinbarungen für die Verwahrung festlegt, aufrechterhält und umsetzt, um zu gewährleisten, dass die in Unterabsatz 1 Buchstaben a bis e des genannten Absatzes genannten Bedingungen jederzeit erfüllt sind.
56. Der Emittent verstößt gegen Artikel 37 Absatz 2, wenn er bei der Ausgabe von zwei oder mehr signifikanten vermögenswertereferenzierten Token für jeden Pool von Vermögenswertreserven eine eigene Verwahrstrategie festlegt.
57. Der Emittent verstößt gegen Artikel 37 Absatz 3, wenn er nicht sicherstellt, dass das Reservevermögen spätestens fünf Geschäftstage nach dem Tag der Ausgabe des signifikanten vermögenswertereferenzierten Token bei einem Anbieter von Kryptowerte-Dienstleistungen, der Kryptowerte für Kunden verwahrt oder verwaltet, einem Kreditinstitut oder einer Wertpapierfirma in Verwahrung gegeben wird.
58. Der Emittent verstößt gegen Artikel 37 Absatz 4, wenn er bei der Auswahl, Bestellung und Überprüfung der als Verwahrstelle für das Reservevermögen bestellten Kreditinstitute und Wertpapierfirmen nicht mit der erforderlichen Sachkenntnis, Sorgfalt und Gewissenhaftigkeit vorgeht oder wenn er nicht sicherstellt, dass es sich bei der Verwahrstelle um eine vom Emittenten verschiedene juristische Person handelt.
59. Der Emittent verstößt gegen Artikel 37 Absatz 4, wenn er nicht sicherstellt, dass die als Verwahrstelle für das Reservevermögen bestellten Anbieter von Kryptowerte-Dienstleistungen, Kreditinstitute und Wertpapierfirmen über die erforderliche Sachkenntnis und Marktreputation verfügen, um als Verwahrstelle für ein solches Reservevermögen zu fungieren.
60. Der Emittent verstößt gegen Artikel 37 Absatz 4, wenn er nicht durch vertragliche Vereinbarungen mit den Verwahrstellen sicherstellt, dass das verwahrte Reservevermögen gegen Forderungen der Gläubiger der Verwahrstellen geschützt ist.
61. Der Emittent verstößt gegen Artikel 37 Absatz 5, wenn er nicht in den Strategien und Verfahren für die Verwahrung die Auswahlkriterien für die Bestellung von Anbietern von Kryptowerte-Dienstleistungen, Kreditinstituten oder Wertpapierfirmen als Verwahrstellen für das Reservevermögen oder das Verfahren zur Überprüfung solcher Bestellungen festlegt.
62. Der Emittent verstößt gegen Artikel 37 Absatz 5, wenn er die Bestellung von Anbietern von Kryptowerte-Dienstleistungen, Kreditinstituten oder Wertpapierfirmen als Verwahrstellen für das Reservevermögen nicht regelmäßig überprüft, wenn er seine Risikopositionen gegenüber solchen Verwahrstellen nicht bewertet oder wenn er die finanzielle Lage dieser Verwahrstellen nicht fortlaufend überwacht.
63. Der Emittent verstößt gegen Artikel 37 Absatz 6, wenn er nicht sicherstellt, dass die Verwahrung des Reservevermögens gemäß Unterabsatz 1 Buchstaben a bis d des genannten Absatzes erfolgt.
64. Der Emittent verstößt gegen Artikel 37 Absatz 7, wenn die Bestellung eines Anbieters von Kryptowerte-Dienstleistungen, eines Kreditinstituts oder einer Wertpapierfirma als Verwahrstelle für das Reservevermögen nicht durch eine vertragliche Vereinbarung belegt wird, oder wenn er nicht mittels einer derartigen vertraglichen Vereinbarung den Informationsfluss regelt, der notwendig ist,

Liste der in Titel III und Titel VI genannten Verstöße **Anhang V**

damit der Emittent des signifikanten vermögenswertereferenzierten Token, der Anbieter von Kryptowerte-Dienstleistungen, das Kreditinstitut und die Wertpapierfirma ihre Aufgaben als Verwahrstelle erfüllen können.

65. Der Emittent verstößt gegen Artikel 38 Absatz 1, wenn er die Vermögenswertreserve in Produkte investiert, bei denen es sich nicht um hochliquide Finanzinstrumente mit minimalem Marktrisiko, Kreditrisiko und Konzentrationsrisiken handelt, oder wenn die betreffenden Anlagen nicht schnell und mit minimalem negativem Preiseffekt liquidierbar sind.
66. Der Emittent verstößt gegen Artikel 38 Absatz 3, wenn er die Finanzinstrumente, in der die Vermögenswertreserve angelegt ist, nicht im Einklang mit Artikel 37 in Verwahrung hält.
67. Der Emittent verstößt gegen Artikel 38 Absatz 4, wenn er nicht alle Gewinne und Verluste sowie etwaige Gegenparteirisiken oder operationelle Risiken trägt, die sich aus der Anlage der Vermögenswertreserve ergeben.
68. Der Emittent verstößt gegen Artikel 39 Absatz 1, wenn er in Bezug auf die dauerhaften Rücktauschrechte der Inhaber des signifikanten vermögenswertereferenzierten Token keine klaren und detaillierten Strategien und Verfahren schafft, aufrechterhält und anwendet.
69. Der Emittent verstößt gegen Artikel 39 Absatz 1 und Absatz 2, wenn er nicht sicherstellt, dass die Inhaber des signifikanten vermögenswertereferenzierten Token über dauerhafte Rücktauschrechte gemäß den genannten Absätzen verfügen, und wenn er keine Strategie für diese dauerhaften Rücktauschrechte festlegt, die die in Artikel 39 Absatz 2 Unterabsatz 1 Buchstaben a bis e genannten Bedingungen erfüllt.
70. Der Emittent verstößt gegen Artikel 39 Absatz 3, wenn er beim Rücktausch des signifikanten vermögenswertereferenzierten Token Gebühren erhebt.
71. Der Emittent verstößt gegen Artikel 40, wenn er im Zusammenhang mit dem signifikanten vermögenswertereferenzierten Token Zinsen gewährt.
72. Der Emittent verstößt gegen Artikel 45 Absatz 1, wenn er keine Vergütungspolitik festlegt, umsetzt und aufrechterhält, die dem soliden und effektiven Risikomanagement der Emittenten signifikanter vermögenswertereferenzierter Token förderlich ist und die keine Anreize für eine Lockerung der Risikostandards schafft.
73. Der Emittent verstößt gegen Artikel 45 Absatz 2, wenn er nicht sicherstellt, dass sein signifikanter vermögenswertereferenzierter Token von verschiedenen Anbietern von Kryptowerte-Dienstleistungen, die für die Verwahrung und Verwaltung von Kryptowerten für Kunden zugelassen sind, auf redliche, angemessene und nichtdiskriminierende Weise verwahrt werden kann.
74. Der Emittent verstößt gegen Artikel 45 Absatz 3, wenn er den Liquiditätsbedarf für die Erfüllung von Rücktauschforderungen durch die Inhaber vermögenswertereferenzierter Token nicht bewertet und überwacht.
75. Der Emittent verstößt gegen Artikel 45 Absatz 3, wenn er keine Strategien und Verfahren für das Liquiditätsmanagement festlegt, aufrechterhält und umsetzt, oder wenn er nicht mit diesen Strategien und Verfahren dafür sorgt, dass das Reservevermögen über ein robustes Liquiditätsprofil verfügt, das es dem Emittenten des signifikanten vermögenswertereferenzierten Token ermöglicht, auch bei Liquiditätsengpässen den normalen Betrieb fortzusetzen.
76. Der Emittent verstößt gegen Artikel 45 Absatz 4, wenn er keine regelmäßigen Liquiditätsstresstests durchführt oder die Liquiditätsanforderungen nicht ver-

Anhang V   Liste der in Titel III und Titel VI genannten Verstöße

schärft, wenn die EBA dies auf der Grundlage der Ergebnisse derartiger Tests verlangt.

77. Der Emittent verstößt gegen Artikel 46 Absatz 1, wenn er keinen Sanierungsplan erstellt und führt, der Maßnahmen vorsieht, die der Emittent des signifikanten vermögenswertereferenzierten Token zu ergreifen hat, um die Erfüllung der für die Vermögenswertreserve geltenden Anforderungen wiederherzustellen, falls der Emittent diesen Anforderungen nicht nachkommt, einschließlich der Aufrechterhaltung seiner Dienstleistungen im Zusammenhang mit dem signifikanten vermögenswertereferenzierten Token, der raschen Sanierung des Geschäftsbetriebs und der Erfüllung der Pflichten des Emittenten bei Ereignissen, die ein beträchtliches Risiko einer Störung des Geschäftsbetriebs bergen.
78. Der Emittent verstößt gegen Artikel 46 Absatz 1, wenn er keinen Sanierungsplan erstellt und führt, der angemessene Bedingungen und Verfahren zur Gewährleistung der raschen Durchführung von Sanierungsmaßnahmen sowie eine breite Palette von Sanierungsoptionen umfasst, wie in Unterabsatz 3 jenes Absatzes aufgeführt.
79. Der Emittent verstößt gegen Artikel 46 Absatz 2, wenn er der EBA und gegebenenfalls den für ihn zuständigen Abwicklungs- und Aufsichtsbehörden den Sanierungsplan nicht innerhalb von sechs Monaten nach dem Tag der Zulassung gemäß Artikel 21 oder nach dem Tag der Genehmigung des Kryptowerte-Whitepapers gemäß Artikel 17 übermittelt.
80. Der Emittent verstößt gegen Artikel 46 Absatz 2, wenn er den Sanierungsplan nicht regelmäßig überprüft oder aktualisiert.
81. Der Emittent verstößt gegen Artikel 47 Absatz 1, wenn er keinen operativen Plan zur Unterstützung des geordneten Rücktauschs jedes signifikanten vermögenswertereferenzierten Token erstellt und führt.
82. Der Emittent verstößt gegen Artikel 47 Absatz 2, wenn er nicht über einen Rücktauschplan verfügt, der belegt, dass der Emittent des signifikanten vermögenswertereferenzierten Token zum Rücktausch des ausstehenden ausgegebenen vermögenswertereferenzierten Token in der Lage ist, ohne seinen Inhabern oder der Stabilität der Märkte des Reservevermögens ungebührlichen wirtschaftlichen Schaden zuzufügen.
83. Der Emittent verstößt gegen Artikel 47 Absatz 2, wenn er nicht über einen Rücktauschplan verfügt, der vertragliche Vereinbarungen, Verfahren und Systeme, einschließlich der Benennung eines vorläufigen Verwalters, umfasst, die sicherstellen, dass alle Inhaber des signifikanten vermögenswertereferenzierten Token gerecht behandelt werden und dass die Erlöse aus dem Verkauf des verbleibenden Reservevermögens fristgerecht an die Inhaber des signifikanten vermögenswertereferenzierten Token gezahlt werden.
84. Der Emittent verstößt gegen Artikel 47 Absatz 2, wenn er nicht über einen Rücktauschplan verfügt, der die Kontinuität kritischer Tätigkeiten des Emittenten oder jedes Drittunternehmens sicherstellt, die für den geordneten Rücktausch erforderlich sind.
85. Der Emittent verstößt gegen Artikel 47 Absatz 3, wenn er der EBA den Rücktauschplan nicht innerhalb von sechs Monaten nach dem Tag der Zulassung gemäß Artikel 21 oder nach dem Tag der Genehmigung des Kryptowerte-Whitepapers gemäß Artikel 17 übermittelt.
86. Der Emittent verstößt gegen Artikel 47 Absatz 3, wenn er den Rücktauschplan nicht regelmäßig überprüft oder aktualisiert.

Liste der in Titel III und Titel VI genannten Verstöße **Anhang V**

87. Wenn die Bedingungen von Artikel 88 Absatz 2 nicht erfüllt sind, verstößt der Emittent gegen Artikel 88 Absatz 1, wenn er die Öffentlichkeit über Insiderinformationen im Sinne des Artikels 87, die diesen Emittenten unmittelbar betreffen, nicht umgehend und in einer Weise informiert, die einen schnellen Zugang und eine vollständige, korrekte und zeitnahe Bewertung der Informationen durch die Öffentlichkeit ermöglicht.

Anhang VI
[Liste der Verstöße gegen Bestimmungen des Titels IV in Verbindung mit Titel III für Emittenten signifikanter E-Geld-Token]

1. Der Emittent verstößt gegen Artikel 22 Absatz 1, wenn er der EBA für jeden signifikanten E-Geld-Token, der auf eine Währung lautet, die keine amtliche Währung eines Mitgliedstaats ist, mit einem Ausgabewert von mehr als 100 000 000 EUR nicht vierteljährlich die in Unterabsatz 1 Buchstaben a bis d des genannten Absatzes genannten Informationen übermittelt.
2. Der Emittent verstößt gegen Artikel 23 Absatz 1, wenn er die Ausgabe eines signifikanten E-Geld-Token, der auf eine Währung lautet, die keine amtliche Währung eines Mitgliedstaats ist, nicht mit Erreichen der in jenem Absatz genannten Schwellenwerte einstellt oder wenn er der EBA nicht innerhalb von 40 Arbeitstagen nach Erreichen dieser Schwellenwerte einen Plan vorlegt, um sicherzustellen, dass die geschätzte durchschnittliche Zahl und der geschätzte durchschnittliche aggregierte Wert der Transaktionen pro Tag für ein Quartal unter diesen Schwellenwerten gehalten werden.
3. Der Emittent verstößt gegen Artikel 23 Absatz 4, wenn er den von der EBA verlangten Änderungen des in Absatz 1 Buchstabe b jenes Artikels genannten Plans nicht nachkommt.
4. Der Emittent verstößt gegen Artikel 35 Absatz 2 dieser Verordnung, wenn seine Eigenmittel nicht aus den in den Artikeln 26 bis 30 der Verordnung (EU) Nr. 575/2013 genannten Posten und Instrumenten des harten Kernkapitals nach den vollständig erfolgten Abzügen gemäß Artikel 36 der genannten Verordnung und ohne Anwendung der Schwellenwerte für Ausnahmen nach Artikel 46 Absatz 4 und Artikel 48 der genannten Verordnung bestehen.
5. Der Emittent verstößt gegen Artikel 35 Absatz 3, wenn er die Anforderungen der EBA, nach der Bewertung gemäß den Buchstaben a bis g des genannten Absatzes einen höheren Betrag an Eigenmitteln vorzuhalten, nicht erfüllt.
6. Der Emittent verstößt gegen Artikel 35 Absatz 5, wenn er nicht regelmäßig Stresstests durchführt, die schwere, aber plausible finanzielle Stressszenarien wie Zinsschocks und nichtfinanzielle Stressszenarien wie operationelle Risiken berücksichtigen.
7. Der Emittent verstößt gegen Artikel 35 Absatz 5, wenn er die Anforderung der EBA, auf der Grundlage der Ergebnisse der Stresstests einen höheren Betrag an Eigenmitteln vorzuhalten, nicht erfüllt.
8. Der Emittent verstößt gegen Artikel 36 Absatz 1, wenn er keine Vermögenswertreserve bildet und jederzeit hält.
9. Der Emittent verstößt gegen Artikel 36 Absatz 1, wenn er nicht sicherstellt, dass die Vermögenswertreserve so zusammengesetzt ist und verwaltet wird, dass die mit der amtlichen Währung, auf die sich der signifikante E-Geld-Token bezieht, verbundenen Risiken abgedeckt sind.
10. Der Emittent verstößt gegen Artikel 36 Absatz 1, wenn er nicht sicherstellt, dass die Vermögenswertreserve so zusammengesetzt ist und verwaltet wird,

dass die mit den dauerhaften Rücktauschrechten der Inhaber verbundenen Liquiditätsrisiken angegangen werden.
11. Der Emittent verstößt gegen Artikel 36 Absatz 3, wenn er nicht sicherstellt, dass die Vermögenswertreserve operativ vom Vermögen des Emittenten und von der Vermögenswertreserve anderer E-Geld-Token getrennt ist.
12. Der Emittent verstößt gegen Artikel 36 Absatz 6, wenn sein Leitungsorgan keine wirksame und umsichtige Verwaltung der Vermögenswertreserve gewährleistet.
13. Der Emittent verstößt gegen Artikel 36 Absatz 6, wenn er nicht sicherstellt, dass der Ausgabe und dem Rücktausch des signifikanten E-Geld-Token stets eine entsprechende Erhöhung oder Verminderung der Vermögenswertreserve gegenübersteht.
14. Der Emittent verstößt gegen Artikel 36 Absatz 7, wenn er nichtunter Rückgriff auf die Marktpreise den aggregierten Wert der Vermögenswertreserve ermittelt und ihren aggregierten Wert nicht jederzeit auf mindestens dem aggregierten Wert der Ansprüche der Inhaber des in Umlauf befindlichen signifikanten E-Geld-Token gegen den Emittenten hält.
15. Der Emittent verstößt gegen Artikel 36 Absatz 8, wenn er nicht über eine klare und detaillierte Strategie verfügt, in der der Stabilisierungsmechanismus des signifikanten E-Geld-Token beschrieben ist und die die in Buchstaben a bis g des genannten Absatzes genannten Bedingungen erfüllt.
16. Der Emittent verstößt gegen Artikel 36 Absatz 9, wenn er nicht nach dem Tag des öffentlichen Angebots oder der Zulassung zum Handel alle sechs Monate eine unabhängige Prüfung der Vermögenswertreserve in Auftrag gibt.
17. Der Emittent verstößt gegen Artikel 36 Absatz 10, wenn er der EBA das Ergebnis der Prüfung nicht gemäß dem genannten Absatz mitteilt oder das Ergebnis der Prüfung nicht innerhalb von zwei Wochen ab dem Tag der Mitteilung an die EBA veröffentlicht.
18. Der Emittent verstößt gegen Artikel 37 Absatz 1, wenn er keine Strategien und Verfahren und keine vertraglichen Vereinbarungen für die Verwahrung festlegt, aufrechterhält und umsetzt, um zu gewährleisten, dass die in Unterabsatz 1 Buchstaben a bis e des genannten Absatzes genannten Bedingungen jederzeit erfüllt sind.
19. Der Emittent verstößt gegen Artikel 37 Absatz 2, wenn er bei der Ausgabe von zwei oder mehr signifikanten E-Geld-Token nicht für jeden Pool von Vermögenswertreserven eine eigene Verwahrstrategie festlegt.
20. Der Emittent verstößt gegen Artikel 37 Absatz 3, wenn er nicht sicherstellt, dass das Reservevermögen spätestens fünf Geschäftstage nach Ausgabe des signifikanten E-Geld-Token bei einem Anbieter von Kryptowerte-Dienstleistungen, der Kryptowerte für Kunden verwahrt oder verwaltet, einem Kreditinstitut oder einer Wertpapierfirma in Verwahrung gegeben wird.
21. Der Emittent verstößt gegen Artikel 37 Absatz 4, wenn er bei der Auswahl, Bestellung und Überprüfung der als Verwahrstelle für das Reservevermögen bestellten Kreditinstitute und Wertpapierfirmen nicht mit der erforderlichen Sachkenntnis, Sorgfalt und Gewissenhaftigkeit vorgeht oder wenn er nicht sicherstellt, dass es sich bei der Verwahrstelle und beim Emittenten um zwei verschiedene juristische Personen handelt.
22. Der Emittent verstößt gegen Artikel 37 Absatz 4, wenn er nicht sicherstellt, dass die als Verwahrstelle für das Reservevermögen bestellten Anbieter von Kryptowerte-Dienstleistungen, Kreditinstitute und Wertpapierfirmen über die

Anhang VI Verstöße gegen Bestimmungen des Titels IV iVm Titel III

erforderliche Sachkenntnis und Marktreputation verfügen, um als Verwahrstelle für ein solches Reservevermögen zu fungieren.
23. Der Emittent verstößt gegen Artikel 37 Absatz 4, wenn er nicht durch vertragliche Vereinbarungen mit den Verwahrstellen sicherstellt, dass das verwahrte Reservevermögen gegen Forderungen der Gläubiger der Verwahrstellen geschützt ist.
24. Der Emittent verstößt gegen Artikel 37 Absatz 5, wenn er in den Strategien und Verfahren für die Verwahrung nicht die Auswahlkriterien für die Bestellung von Anbietern von Kryptowerte-Dienstleistungen, Kreditinstituten oder Wertpapierfirmen als Verwahrstellen für das Reservevermögen oder das Verfahren zur Überprüfung einer solcher Bestellung festlegt.
25. Der Emittent verstößt gegen Artikel 37 Absatz 5, wenn er die Bestellung von Anbietern von Kryptowerte-Dienstleistungen, Kreditinstituten oder Wertpapierfirmen als Verwahrstellen für das Reservevermögen nicht regelmäßig überprüft, wenn er seine Risikopositionen gegenüber solchen Verwahrstellen nicht bewertet oder wenn er die finanzielle Lage dieser Verwahrstellen nicht fortlaufend überwacht.
26. Der Emittent verstößt gegen Artikel 37 Absatz 6, wenn er nicht sicherstellt, dass die Verwahrung des Reservevermögens gemäß Unterabsatz 1 Buchstaben a bis d des genannten Absatzes erfolgt.
27. Der Emittent verstößt gegen Artikel 37 Absatz 7, wenn die Bestellung eines Anbieters von Kryptowerte-Dienstleistungen, eines Kreditinstituts oder einer Wertpapierfirma als Verwahrstelle für das Reservevermögen nicht durch eine vertragliche Vereinbarung belegt wird, oder wenn er nicht mittels einer derartigen vertraglichen Vereinbarung den Informationsfluss regelt, der notwendig ist, damit der Emittenten des signifikanten E-Geld-Token, Anbieter von Kryptowerte-Dienstleistungen, Kreditinstitut und Wertpapierfirma ihre Aufgaben als Verwahrstellen erfüllen können.
28. Der Emittent verstößt gegen Artikel 38 Absatz 1, wenn er die Vermögenswertreserve in Produkte investiert, bei denen es sich nicht um hochliquide Finanzinstrumente mit minimalem Marktrisiko, Kreditrisiko und Konzentrationsrisiken handelt, oder wenn die betreffenden Anlagen nicht schnell und mit minimalem negativem Preiseffekt liquidierbar sind.
29. Der Emittent verstößt gegen Artikel 38 Absatz 3, wenn er die Finanzinstrumente, in der die Vermögenswertreserve angelegt ist, nicht im Einklang mit Artikel 37 in Verwahrung hält.
30. Der Emittent verstößt gegen Artikel 38 Absatz 4, wenn er nicht alle Gewinne und Verluste sowie etwaige Gegenparteirisiken oder operationelle Risiken trägt, die sich aus der Anlage der Vermögenswertreserve ergeben.
31. Der Emittent verstößt gegen Artikel 45 Absatz 1, wenn er keine Vergütungspolitik festlegt, umsetzt und aufrechterhält, die dem soliden und effektiven Risikomanagement der Emittenten von signifikanten E-Geld-Token förderlich ist und die keine Anreize für eine Lockerung der Risikostandards schafft.
32. Der Emittent verstößt gegen Artikel 45 Absatz 2, wenn er nicht sicherstellt, dass sein signifikanter E-Geld-Token von verschiedenen Anbietern von Kryptowerte-Dienstleistungen, die für die Verwahrung und Verwaltung von Kryptowerten für Kunden zugelassen sind, auf redliche, angemessene und nichtdiskriminierende Weise verwahrt werden kann.

Verstöße gegen Bestimmungen des Titels IV iVm Titel III **Anhang VI**

33. Der Emittent verstößt gegen Artikel 45 Absatz 3, wenn er den Liquiditätsbedarf für die Erfüllung von Rücktauschforderungen durch die Inhaber des signifikanten E-Geld-Token nicht bewertet und überwacht.
34. Der Emittent verstößt gegen Artikel 45 Absatz 3, wenn er keine Strategien und Verfahren für das Liquiditätsmanagement festlegt, aufrechterhält oder umsetzt, oder wenn er nicht mit diesen Strategien und Verfahren dafür sorgt, dass das Reservevermögen über ein robustes Liquiditätsprofil verfügt, das es dem Emittenten des signifikanten E-Geld-Token ermöglicht, auch bei Liquiditätsengpässen den normalen Betrieb fortzusetzen.
35. Der Emittent verstößt gegen Artikel 45 Absatz 4, wenn er keine regelmäßigen Liquiditätsstresstests durchführt oder die Liquiditätsanforderungen nicht verschärft, wenn die EBA dies auf der Grundlage der Ergebnisse derartiger Tests verlangt.
36. Der Emittent verstößt gegen Artikel 45 Absatz 5, wenn er die Eigenmittelanforderung nicht jederzeit erfüllt.
37. Der Emittent verstößt gegen Artikel 46 Absatz 1, wenn er keinen Sanierungsplan erstellt und führt, der Maßnahmen vorsieht, die der Emittent signifikanter E-Geld-Token zu ergreifen hat, um die Erfüllung der für die Vermögenswertreserve geltenden Anforderungen wiederherzustellen, falls der Emittent diesen Anforderungen nicht nachkommt, einschließlich der Aufrechterhaltung seiner Dienstleistungen im Zusammenhang mit dem signifikanten E-Geld-Token, der raschen Sanierung des Geschäftsbetriebs und der Erfüllung der Pflichten des Emittenten bei Ereignissen, die ein beträchtliches Risiko einer Störung des Geschäftsbetriebs bergen.
38. Der Emittent verstößt gegen Artikel 46 Absatz 1, wenn er über keinen Sanierungsplan erstellt und führt, der angemessene Bedingungen und Verfahren zur Gewährleistung der zeitnahen Durchführung von Sanierungsmaßnahmen sowie eine breite Palette von Sanierungsoptionen umfasst, wie in Unterabsatz 3 Buchstaben a, b und c des genannten Absatzes aufgeführt.
39. Der Emittent verstößt gegen Artikel 46 Absatz 2, wenn er der EBA und gegebenenfalls den für ihn zuständigen Abwicklungs- und Aufsichtsbehörden den Sanierungsplan nicht innerhalb von sechs Monaten nach dem Tag des öffentlichen Angebots oder der Zulassung zum Handel übermittelt.
40. Der Emittent verstößt gegen Artikel 46 Absatz 2, wenn er den Sanierungsplan nicht regelmäßig überprüft oder aktualisiert.
41. Der Emittent verstößt gegen Artikel 47 Absatz 1, wenn er keinen operativen Plan zur Unterstützung des geordneten Rücktauschs des signifikanten E-Geld-Token erstellt und führt.
42. Der Emittent verstößt gegen Artikel 47 Absatz 2, wenn er nicht über einen Rücktauschplan verfügt, der belegt, dass der Emittent des signifikanten E-Geld-Token zum Rücktausch ausstehender ausgegebener E-Geld-Token in der Lage ist, ohne seinen Inhabern oder der Stabilität des Märkte des Reservevermögens ungebührlichen wirtschaftlichen Schaden zuzufügen.
43. Der Emittent verstößt gegen Artikel 47 Absatz 2, wenn er nicht über einen Rücktauschplan verfügt, der vertragliche Vereinbarungen, Verfahren und Systeme, einschließlich der Benennung eines vorläufigen Verwalters, umfasst, die sicherstellen, dass alle Inhaber des signifikanten E-Geld-Token gerecht behandelt werden und dass die Erlöse aus dem Verkauf des verbleibenden Reservevermögens fristgerecht an die Inhaber des signifikanten E-Geld-Token gezahlt werden.

Anhang VI Verstöße gegen Bestimmungen des Titels IV iVm Titel III

44. Der Emittent verstößt gegen Artikel 47 Absatz 2, wenn er nicht über einen Rücktauschplan verfügt, der die Kontinuität kritischer Tätigkeiten des Emittenten oder etwaiger Drittunternehmen sicherstellt, die für den geordneten Rücktausch erforderlich sind.
45. Der Emittent verstößt gegen Artikel 47 Absatz 3, wenn er der EBA den Rücktauschplan nicht innerhalb von sechs Monaten nach dem Tag des öffentlichen Angebots oder der Zulassung zum Handel übermittelt.
46. Der Emittent verstößt gegen Artikel 47 Absatz 3, wenn er den Rücktauschplan nicht regelmäßig überprüft oder aktualisiert.

Stichwortverzeichnis

Die fett gedruckten Ziffern bezeichnen die Artikel,
die mageren Ziffern bezeichnen die Randnummern

Abschlussvermittlung 3 133
Absichtsanzeige
- E-Geld-Token **48** 80
- qualifizierte Beteiligung **3** 231
- Übernahme von Emittenten **41** 1

Absonderungsrechte 36 23
Abusive Squeeze 91 40
Abwicklung
- Abwicklungsgründe **74** 18 ff.
- Begriff **74** 17
- Rücktauschplan **47** 31, 38, 65 ff.; **55** 62
- Sanierungsplan **46** 78
- Single Resolution Mechanism **74** 17
- von Kryptowerte-Dienstleistern **74** 1 ff.; s. auch dort

Abwicklung von Kryptowerte-Dienstleistern 74 1 ff.
- Abwicklungsgründe **74** 18 ff., 24 ff.
- Abwicklungsgründe, mittelbare **74** 23
- Abwicklungsplan **74** 1, 17 ff.; s. auch dort
- Abwicklungsplanung **74** 14
- Anwendungsbereich **74** 1, 9
- Aufsichtsrecht **74** 19 ff.
- BRRD **74** 14
- Dienstleistungen **74** 10
- E-Geld-Institut **74** 22
- Ermächtigungsgrundlage **74** 8
- EuInsVO **74** 5
- FinmadiG **74** 5
- Gesellschaftsrecht **74** 23
- Insolvenzrecht **74** 25
- KMAG **74** 5
- Restrukturierungsplan **74** 15 f.
- Restrukturierungsrecht **74** 24
- Slashing **74** 7
- SRM-VO **74** 14
- Staking **74** 7
- Zulassungsentzug **74** 19 f.
- Zweck **74** 4

Abwicklungsplan 74 1, 17 ff.
- Abgrenzung **74** 11 ff.
- Abwicklungsgründe **74** 18 ff.
- Aktualisierung **74** 31
- Eigentumsrechte **74** 7
- Fortführung/Wiederaufnahme kritischer Tätigkeiten **74** 27

- Insolvenzplan **74** 25
- kritische Tätigkeiten **74** 27
- Kundenschutz **74** 7
- Liquidationsplan **74** 25
- Rücktauschplan **74** 13
- Sanierungsplan **74** 12
- Überprüfungsrecht **74** 32
- Vermögenstrennung **74** 29
- wirtschaftlicher Schaden **74** 28
- zuständige Behörde **74** 31 ff.
- Zweck **74** 7

Adäquanztest 52 20
Ad-hoc-Publizität 88 1 ff.
- Anbieter **88** 5
- Änderung der Whitepaper/Marketingmitteilungen **25** 9; **88** 24
- Aufschub **88** 13 ff., 17
- Emittenten **88** 5
- finanzielle Überlebensfähigkeit **88** 14
- Geheimhaltung **88** 16
- Genehmigungserfordernisse **88** 14
- Konkurrenzen **88** 21 ff.
- MAR **88** 2
- Offenlegungspflichten **30** 15 ff.; **88** 4 ff.
- Ordnungswidrigkeit **88** 18
- Produktentwicklungen **88** 14
- Unmittelbarkeit **88** 7 ff.
- unverzügliche Bekanntgabe **88** 10 ff.
- zivilrechtliche Folgen **88** 19
- Zulassungsantrag **88** 4
- Zulassungsantragsteller **88** 5
- Zweck **88** 3

adverse Selektion 4 5 f.
Agenturkonflikte
- öffentliches Angebot **4** 5 f.
- übertragbare Wertpapiere **3** 331

Agio 35 15
AIFM 3 320 f.
AirDrop 4 20; **75** 21
Akteneinsicht 134 11 ff.; **135** 5
Aktien 3 332
Aktienzertifikate 3 332
Aktualisierung
- Abwicklungsplan **74** 31
- Änderung der Whitepaper/Marketingmitteilungen **25** 13, 21

1417

Stichwortverzeichnis

- Kryptowerte-Whitepaper **51** 68
- Offenlegungspflichten **30** 10
- Rücktauschplan **47** 59, 61; **55** 73
- Sanierungsplan **46** 57, 63; **55** 38
- Whitepaper-Informationshaftung **26** 24

algorithmische Stablecoins 3 40
Allokationseffizienz 51 4
Altersvorsorgeprodukte 2 25
Ämterhäufung 34 32
amtliche Währung 3 60 ff.

- E-Geld-Token **3** 33, 35; **48** 10, 62; **49** 3
- gesetzliche Zahlungsmittel **3** 64
- Rückerstattung der Emissionserlöse **14** 24
- signifikante E-Geld-Token **56** 1
- Vermögenswertreserve **36** 10
- Währung **3** 61
- Währungsbehörden **3** 63
- Zentralbank **3** 62

Amtshilfe
- Marketingmitteilungen **7** 28
- Zusammenarbeit zuständiger Behörden **95** 8

Anbieter 3 79 f.; s. auch Emittenten
- Ad-hoc-Publizität **88** 1 ff., 5; s. auch dort
- Emittenten **3** 70, 80
- von Kryptowerte-Dienstleistungen **3** 83 ff.; s. auch Kryptowerte-Dienstleister
- Widerrufsrecht des Kleinanlegers **13** 8

Anbieter anderer Kryptowerte
- allgemeine Verhaltensstandards **14** 6
- Änderung der Whitepaper/Marketingmitteilungen **12** 7
- Inhabergleichbehandlung **14** 21
- Interessenkonflikte **14** 3, 11 ff.; s. auch dort
- Interessenwahrungspflicht **14** 18 ff.
- Kommunikation **14** 9 ff.
- Kryptowerte-Whitepaper-Pflicht **4** 12
- Marketingmitteilungen **7** 9; s. auch dort
- MiFID II **14** 2
- Rechtsformzwang **4** 11
- Rückerstattung der Emissionserlöse **14** 22 ff.; s. auch dort
- Sicherung der Emissionserlöse **10** 11 ff.; s. auch dort
- Sorgfaltspflichten **14** 6 ff.
- Transparenzpflichten **10** 1
- Verhaltenspflichten **14** 1 ff.; s. auch dort
- Veröffentlichung des Angebotsergebnisses **10** 1 ff.; s. auch dort
- Whitepaper-Informationshaftung **15** 1 ff., 23; s. auch dort
- Widerrufsrecht des Kleinanlegers **13** 1 ff.; s. auch dort

Anbieter von Kryptowerte-Dienstleistungen 3 83 ff.; s. auch Kryptowerte-Dienstleister

Änderung der Whitepaper/Marketingmitteilungen 12 1 ff.; **25** 1 ff.
- Ad-hoc-Publizität **25** 9; **88** 24
- Aktualisierungspflicht **25** 21
- Anbieter anderer Kryptowerte **12** 7
- Änderung der Whitepaper/Marketingmitteilungen **25** 35
- Änderung des Geschäftsmodells **25** 14 ff.
- Änderungspflicht **12** 1, 9 ff.
- Änderungspflicht, Inhalt **12** 15
- Änderungspflicht, Zeitraum **12** 14
- änderungspflichtige Person **12** 11
- Anwendungsbereich, persönlicher **12** 7
- Anwendungsbereich, räumlicher **12** 8
- Anwendungsbereich, sachlicher **12** 6 f.
- Archivierungspflicht **12** 31
- Aufsichtsbefugnisse **94** 12 f.
- Aufsichtsrecht **12** 34 ff.; **25** 11
- Berichtigungspflicht **25** 21
- Darstellungskontinuität **12** 1, 4, 20 f.
- Einreichung des geänderten Whitepapers **25** 4
- Emittenten **25** 3 ff.
- Entwurf eines geänderten Whitepapers **25** 20 ff., **25**
- ESMA-Register **12** 23
- fehlerhafte Aktualisierung **25** 13
- fehlerhafte Informationen **26** 18 ff.
- fehlerhafter Nachtrag **12** 37
- Frist **12** 16; **25** 19
- Genehmigung des geänderten Whitepapers **25** 5
- Genehmigungsfrist **25** 26
- Genehmigungsverfahren **25** 25 ff.
- Handelsplattformbetreiber **12** 7
- Hinweispflicht **12** 4, 32
- Information der Öffentlichkeit **12** 1, 4, 18 f.
- Kennzeichnung **12** 26
- Korrekturmaßnahmen **25** 32
- Kreditinstitute **25** 7
- Kryptowerte-Whitepaper-Pflicht **12** 3
- Nachtragspflicht **12** 9 ff.
- Notifizierungsverfahren **12** 1, 5, 22
- ProspektVO **25** 8
- Prospekt-VO **12** 2
- signifikante vermögenswertereferenzierte Token **25** 30
- technische Durchführungsstandards **25** 24
- Übermittlung zwischen den Behörden **25** 34 f.
- Übermittlungspflicht **12** 1, 4, 16 f.
- unterlassene Nachtragsveröffentlichung **12** 41
- Unterrichtungspflicht des Emittenten **25** 14 ff.

Stichwortverzeichnis

- Utility-Token **12** 29
- Verfügbarkeit der Dokumente **12** 4, 28
- Verlinkungspflicht **12** 4, 33
- Veröffentlichung eines Nachtrags **12** 38 ff.
- Veröffentlichung von Whitepaper/Marketingmitteilung **12** 10
- Veröffentlichungspflicht **12** 16, 24 f.; **25** 10
- Website **12** 33
- wesentliche Umstände/Fehler **12** 12 f.
- Whitepaper-Informationshaftung **12** 37 ff.; **15** 29
- Zeitstempel **12** 26 f.
- Zulassung vermögenswertereferenzierter Token **25** 1 ff.
- Zulassungsantragsteller **12** 7
- zusätzliche Anforderungen an Emittenten **25** 31
- zuständige Behörde **12** 19; **25** 3
- Zweck **12** 3

Änderungen im Leitungsorgan 33 1 ff.; **69** 8 ff.

- Aufsichtsorgan **33** 4
- effektive Aufsicht **33** 2
- Formblätter **33** 1
- ITS-Entwurf **69** 10
- Kryptowerte-Dienstleister **69** 1 ff.
- Leitungsorgan **33** 4
- Leumund-Kriterium **33** 7
- Mitteilung **33** 8
- personelle ~ **33** 7
- Sanktionen **69** 18 f.
- Tätigkeitsaufnahme **69** 13
- Umgehungsprävention **33** 2
- Unternehmensführung **33** 2
- Unterrichtungsfrist **69** 12 ff.
- unverzügliche Unterrichtung **69** 15 ff.
- Veränderung **33** 5 ff.
- Verwaltungsorgan **33** 4
- Zulassungsentzug **33** 3

Angebotsbedingungen 3 76
Anhang II MiCAR 19 4, 12
Anhörung 135 1 ff.

- dringende Maßnahmen **135** 4
- Produktintervention **105** 14
- Prüfung vor Ort **124** 8
- Untersuchungsverfahren **134** 9 f.; **135** 3 f.

Anlage der Vermögenswertreserve 38 1 ff.

- Beschränkungen **38** 4 ff.
- Finanzinstrumente **38** 1
- getrennte Depots **38** 5
- Investitionsrisiko **38** 3
- OGAW-Anteile **38** 5
- Realwerteinbußen **38** 2
- Sanktionen **38** 6
- Schuldverschreibungen **38** 5
- technische Regulierungsstandards **38** 4
- Zweck **38** 1 ff.

Anlage von E-Geld-Token-Beträgen 54 5 ff.

- Aussonderungsrechte **54** 17
- Entgegennahme von Geldbeträgen **54** 6 ff.
- Garantie **54** 21
- Geldbetrag **54** 5
- Giralgeld **54** 7
- insolvenzfeste Separierung **54** 15 ff.
- OGAW-Anteile **54** 19
- Schuldverschreibungen **54** 18
- Sekundärmarkttransaktionen **54** 10
- sichere liquide Aktiva **54** 18 ff., 25 f.
- Sicherung **54** 11 ff.
- Tausch gegen E-Geld-Token **54** 9 f.
- Technologieneutralität **54** 28
- Treuhandkonto **54** 15, 23 f.
- Überweisungen **54** 7
- Versicherung **54** 21

Anlageberatung 3 162; *s. auch* Beratung zu Kryptowerten
Anlagehorizont 81 46
Anlegerschutz

- Auftragsausführung **78** 2
- Beratung zu Kryptowerten **81** 2
- Beschwerdeverfahren **31** 4
- Handelsplattformbetreiber **5** 12
- Kryptowerte-Dienstleister **3** 83
- Kryptowerte-Whitepaper **6** 3
- Kryptowerte-Whitepaper-Pflicht **3** 73
- Marketingmitteilungen **7** 8; **53** 1
- Portfolioverwaltung von Kryptowerten **81** 2
- Rückerstattung der Emissionserlöse **14** 24
- Sicherung der Emissionserlöse **10** 12
- Verhaltenspflichten **14** 3; **27** 2; **66** 3
- Warnhinweis **6** 32
- Whitepaper-Informationshaftung **15** 4
- Zulassung von Kryptowerte-Dienstleistern **59** 2

Annahme/Übermittlung von Aufträgen 3 147 ff.; **80** 1 ff.

- Annahme **3** 154
- Begriff **3** 147
- Chinese Walls **80** 15
- Dokumentationspflicht **80** 8
- Empfänger **80** 9
- Ermessensspielraum **80** 7
- Finanzinstrumente **3** 148
- Front Running **80** 14
- Gegenlaufen **80** 14
- Geschäftsplan **62** 36
- Gleichbehandlungsgebot **80** 6

Stichwortverzeichnis

- Informationsmissbrauch 80 13 ff.
- Kauf/Verkauf von Kryptowerten 3 152
- MiFID II 3 148 ff.
- ordnungsgemäße Weiterleitung 80 4, 6
- Organisationspflicht 80 1
- Parallel Running 80 14
- Plattform 3 157
- Scalping 80 14
- Übermittlung 3 155
- umgehende Weiterleitung 80 4 f.
- Verhaltenspflichten 80 1
- Vertragsschlusserfordernis 3 158 ff.
- Vorteilsgewährung 80 10 ff.
- Weiterleitung an bestimmte Empfänger 80 10 ff.
- Wertpapierfirma 60 18
- Zeichnung 3 153

Anteilseignerkontrolle 41 3

Anzeigeverfahren 41 1, 26 ff.; **83** 1
- Aussetzung der Prüfung 41 28 f.
- Eingangsbestätigung der Behörde 41 26
- Einspruch gegen die Übernahme 41 30
- Genehmigungsfiktion 41 31
- Prüfungsfrist 41 27

ART 3 14; **16** 1; s. auch vermögenswertereferenzierter Token

Asset-Backed Token 3 22

Asset-Referenced Token 16 1; s. auch vermögenswertereferenzierter Token

Audits
- Reservevermögen 36 38 ff.
- Unternehmensführung 34 54 f.

Aufbewahrung der Geldbeträge 70 29 ff.
- angemessene Vorkehrungen 70 35 ff.
- Bestands-Reconciliation 70 37
- Buchführung 70 36
- E-Geld-Institut 70 29
- Eigentumsschutz 70 35 ff.
- Geldbeträge von Kunden 70 32 f.
- Halten vom Geldbeträgen 70 34
- Kreditinstitute 70 30, 40
- MiFID II 70 6
- Sammelkonten 70 41
- Treuhandkonto 70 41
- Vermögenstrennung 70 4
- Verwendung für eigene Rechnung 70 39
- Zahlungsinstitute 70 30
- Zentralbanken 70 40
- Zuordnung der Kundengelder 70 36

Aufbewahrung der Kryptowerte 70 9 ff.
- Aussonderungsrechte 70 19
- Bestandsführungssystem 70 27
- Bestands-Reconciliation 70 21
- Eigentumsrechte 70 17 ff., 26
- Halten von Kryptowerten 70 15
- Insolvenz 70 1 ff., 17 ff.
- Kryptowerte von Kunden 70 13
- Kundenschutz 70 16 ff.
- Lieferdisposition 70 28
- MiFID II 70 6
- transaktionsbezogene Dienstleistungen 70 9
- Trennung des Eigenvermögens 70 20
- Vermögenstrennung 70 4
- Verwendung für eigene Rechnung 70 23 ff.
- Zugangsmittel 70 14

Aufgabendelegation 5 3

Aufnahmemitgliedstaat 3 218 f.
- Marketingmitteilungen 7 29
- vorsorgliche Maßnahmen 102 5
- Zulassungsantrag 18 37

Aufsichtsbefugnisse 94 1 ff., 9 ff.
- Änderung der Whitepaper/Marketingmitteilungen 94 12 f.
- Aussetzung der Kryptowerte-Dienstleistungen 94 9
- Aussetzung des Handels 94 15
- Beschlagnahme 94 21
- Domänenname 94 19
- Generalklausel 94 34
- Handelsuntersagung 94 16
- Katalog 94 2
- Kryptowerte-Whitepaper 94 12
- Leitungsorgan 94 17
- Marketingmitteilungen 94 13
- Maßnahmen 94 20
- Mindeststandards 94 1
- öffentliche Bekanntmachung 94 11
- Online-Schnittstelle 94 19
- Richtigstellung falscher Informationen 94 23
- sofortige Tätigkeitseinstellung 94 10
- strafrechtliche Verfolgung 94 21
- Übertragung bestehender Verträge 94 10
- Untersagung der Kryptowerte-Dienstleistungen 94 9
- Wahrnehmung 94 24 ff.

Aufsichtsgebühren 137 1 ff.

Aufsichtskollegium 119 1 ff.
- Stellungnahmen 120 1 ff.

Aufsichtsmaßnahmen 130 1 ff.
- Aussetzung des Handels 130 4
- Auswahlkriterien 130 11 ff.
- Befugnisse 130 3 ff.
- Entschließungsermessen 130 1
- Finanzkraft 130 14
- Geldbußen 130 3; 131 1 ff.; s. auch dort
- Marketingmitteilungen 130 5
- Mindeststückelung 130 10
- objektive Umstände 130 12
- öffentliche Bekanntmachung 130 18

1420

Stichwortverzeichnis

- öffentliches Angebot **130** 4
- subjektive Vorwerfbarkeit **130** 13
- Unterrichtung **130** 16
- Untersuchungsverfahren **134** 1 ff.; *s. auch dort*
- Verfahrensvorschriften **134** 1 ff.
- Veröffentlichung **130** 18
- Website **130** 18
- Zulassungsentzug **130** 8
- Zwangsgelder **130** 3; **132** 1 ff.; *s. auch dort*

Aufsichtsorgan
- Änderungen im Leitungsorgan **33** 4; *s. auch dort*
- Interessenkonflikte **32** 12 f.
- Unternehmensführung **34** 9
- Whitepaper-Informationshaftung **15** 5, 17, 26; **26** 11; **52** 23 ff.

Aufsichtsrecht
- Abwicklung von Kryptowerte-Dienstleistern **74** 19 ff.
- Änderung der Whitepaper/Marketingmitteilungen **12** 34 ff.; **25** 11
- Betrieb einer Handelsplattform **76** 2
- E-Geld-Token **48** 13
- Kryptowerte-Dienstleister **67** 1 ff.
- Kryptowerte-Whitepaper **6** 44; **19** 11; **51** 79 f.
- Marketingmitteilungen **7** 30; **53** 38 ff.
- öffentliches Angebot **4** 30
- Rücktauschplan **47** 5
- Sanierungsplan **46** 5
- Sicherung der Emissionserlöse **10** 14
- signifikante E-Geld-Token **56** 4 ff.
- Verhaltenspflichten **14** 27
- Veröffentlichung des Angebotsergebnisses **10** 14
- Zulassung anderer Kryptowerte **5** 22 f.
- Zulassungsantrag **62** 38 ff.

Auftragsausführung 3 130 ff.; **78** 1 ff.
- Anlegerschutz **78** 2
- außerhalb einer Handelsplattform **78** 47 f.
- Best Execution **78** 1, 7 ff.; *s. auch dort*
- Handelsplattformbetreiber **62** 106
- Information über wesentliche Änderungen **78** 50
- Informationsasymmetrien **78** 2
- Interessenkonflikte **78** 2
- Kundeninformation **78** 39 ff.
- Kundenweisungen **78** 36 ff.
- Nachweispflicht **78** 45 f.
- Notifizierungsverfahren **60** 29
- Überwachung **78** 49
- Wertpapierfirma **60** 16
- Zulassungsantrag **62** 112 ff.
- Zustimmung der Kunden **78** 39 ff.

Ausgabebeschränkungen 23 1 ff.
- aktives Gegensteuern **23** 4
- Datengrundlage **23** 24
- E-Geld-Richtlinie **23** 5
- einheitlicher Währungsraum **23** 11
- Einstellen der Ausgabe **23** 18 f.
- Emittenten **23** 16 ff., 25 f.
- Gestattung der erneuten Ausgabe **23** 30
- mehrere Emittenten **23** 25 f.
- Quartalsdurchschnittswerte **23** 12
- Schwellenwerte **23** 3, 13 ff.
- Tauschmittel **23** 7 ff.
- Überschreiten bestimmter Schwellen **23** 7 ff.
- Verwendung als Tauschmittel **23** 7 ff.
- Vorlegen eines Plans **23** 20 ff.
- Zweck **23** 2

Auslagerungen 73 1 ff.
- Auslagerungsbeauftragte **73** 13, 22
- Auslagerungsfähigkeit **73** 9 ff.
- Auslagerungsstrategie **73** 19 ff.
- Auslagerungsvereinbarungen **73** 21
- Begriff **73** 4 ff.
- Drittland **73** 16
- DSGVO **73** 10
- Fachwissen **73** 12
- Geldwäschebeauftragte **73** 18
- Geschäftsplan **62** 32 f.
- Grenzen **73** 9 ff.
- Informationspflicht **73** 23 f.
- Insolvenz **73** 13
- interne Revision **73** 18
- Kreditinstitute **17** 16
- Kryptowerte-Dienstleister **73** 1 ff.
- Notfallplanung **73** 19
- operationelle Risiken **73** 8
- Ressourcen **73** 12
- Risikomanagement **73** 8
- Sanktionen **73** 11
- Software-Escrow **73** 13
- Source Code **73** 13
- Verantwortungsübertragung **73** 10
- Vergütungsregulierung **72** 39
- Weiterverlagerung **73** 15
- wiederkehrendes Element **73** 6

Auslagerungsbeauftragte 73 13, 22

Aussetzung des Handels
- Aufsichtsbefugnisse **94** 15
- Aufsichtsmaßnahmen **130** 4
- Betriebsvorschriften **76** 20 f.

Aussetzung des Rücktauschs 46 73 ff.
- behördliches Verbot **46** 76
- Direktanordnung **46** 74
- qualifizierte Krise **46** 75
- Zweck **46** 73

Aussonderungsrechte 36 27 ff.; **46** 41

Stichwortverzeichnis

- Anlage von E-Geld-Token-Beträgen 54 17
- Aufbewahrung der Kryptowerte 70 19
- Insolvenz 47 30
- pari-passu-Aussonderung 47 30
- Vermögenswertreserve 47 30

Auswirkungsprinzip 86 13
Auszeichnungen 53 19
Authentifizierungssystem 75 7
Authentizität 53 19

BaFin 3 222
Bail-in 47 31
BAIT 34 50
Bankgeheimnis 100 4
Banknoten 3 81
Barausgleich 3 347
Bargeld 3 81
Basisinformationen 15 37
Basiswert 3 334
Basket 3 26, 46
bedeutende Beteiligung 3 227 ff.; *s. auch* qualifizierte Beteiligung
- Anteilseignerkontrolle 41 3
- Markteintrittskontrolle 41 3
- Unternehmensführung 34 37; 68 9 ff.
- Zulassungsantrag 18 27 ff.; 62 75 ff.
- Zuverlässigkeit 18 27 ff.; 21 20 ff.; 63 30

Behavioral-Finance-Forschung 6 4
behördliches Verbot 46 76
Benutzeroberfläche 3 266
Beratung zu Kryptowerten 3 161 ff.; **81** 1 ff.
- analysierte Kryptowerte 81 19 f.
- andere Vorteile 81 25
- Anlageberatung 3 162
- Anlegerschutz 81 2
- Anreize zur Qualitätsverbesserung 81 26 ff., 33 ff.
- Begriff 3 161
- Beispiele 3 163
- Beratungskosten 81 29 f.
- Diversität der Kryptowerte 81 22 ff.
- Eignungsbericht 81 74 ff.
- Empfehlungen 3 164 ff.; *s. auch dort*
- ESMA-Leitlinien 81 4, 79 ff.
- Explorationspflicht 81 37 ff.; *s. auch dort*
- Gebühren 81 25
- Geeignetheitsanforderungen 81 5 ff., 11 ff.
- geringfügige Vorteile 81 26 ff.
- Informationsgewinnung, zuverlässige 81 63 ff.
- Informationspflicht, vorvertragliche 81 16 ff.
- Interessenkonflikte 81 2
- Kleinanleger 81 2

- Know Your Customer-Prozesse 81 68
- Kunden 81 11 f.
- negative Eignungsbeurteilung 81 69 ff.
- Offenlegung der Kosten 81 29 f.
- potenzielle Kunden 81 11 f.
- Provisionen 81 25
- Qualifikation der Berater 81 36
- Überprüfung von Kundenangaben 81 73
- Unabhängigkeit 81 17 f., 21 ff.
- Verhaltenspflichten 81 1
- Warnpflichten 81 59 ff.
- Wertpapierfirma 60 19
- Zulassungsantrag 62 121 ff.

Berechtigungskonzept 75 17
Berufsgeheimnis 100 1
- Adressaten 100 6
- aufsichtsrechtliches Geheimnis 100 4
- Ausnahme 100 1, 7 ff.
- Bankgeheimnis 100 4
- Begriff 129 4 ff.
- Betriebsgeheimnis 100 4
- EBA 129 1 ff.
- Gegenstand 100 3 ff.
- Offenbarungsverbot 129 7
- vertrauliche Informationen 100 3
- Wettbewerbsschutz 100 2

Beschlagnahme
- Aufsichtsbefugnisse 94 21
- Prüfung vor Ort 124 4
- Untersuchungsbefugnisse 94 7

Beschwerde 31 9
Beschwerdemanagement-Funktion 71 6
Beschwerdeverfahren 31 1 ff.; **71** 1 ff.
- Adressaten 31 10
- allgemeine Verfahrensanforderungen 71 5 ff.
- Anlegerschutz 31 4
- Aufzeichnungen 71 11, 18
- Aufzeichnungspflicht 31 25
- Berechtigte 31 8
- Beschwerde 31 9
- Beschwerdemanagement-Funktion 71 6
- Betriebsvorschriften 71 7
- Compliance-Funktion 71 6
- Datenanalyse 71 10
- Diskriminierungsverbot 31 17
- Dokumentationspflicht 71 18
- E-Geld-Richtlinie 48 65
- Entscheidung 71 21
- Entscheidungsgründe 71 22
- Ergebnisbegründung 31 15
- Erledigungspflicht 71 19
- ESMA-Register 110 5
- Form der Ergebnismitteilung 31 29
- Fremdinteressenwahrungspflicht 31 1
- Gleichbehandlungsgebot 31 17

1422

Stichwortverzeichnis

- Interessenbetroffenheit **31** 19
- Kryptowerte-Dienstleister **71** 1 ff.
- Marktschutz **31** 5
- Mitteilungsfrist **31** 28
- Musterdokumente **31** 22 ff.
- Organisationspflicht **31** 7 ff.
- Prüfungsfrist **31** 27
- Redlichkeit **31** 16
- Regelungsziele **31** 4
- Sanktionen **71** 23
- Selbstkontrolle **31** 4
- Sprache **31** 11; **71** 11, 19
- Standardisierung **31** 14
- technische Regulierungsstandards **31** 30; **71** 3, 8
- Transparenz **31** 14 f.
- Unentgeltlichkeit **31** 20 f.; **71** 13 f.
- Unterrichtungspflicht **71** 15
- Untersuchungspflicht **71** 19
- Verbraucherverbände **31** 8, 19
- Verfahrensgrundsätze **31** 12 ff.
- Veröffentlichung **71** 11
- Wirksamkeit **31** 12 f.
- Zulassungsantrag **18** 36; **62** 89 ff.
- zuständige Behörde **108** 1 ff.
- Zweck **31** 3; **71** 4

Best Execution 78 1, 7 ff.
- Abwicklung **78** 20
- Art des Auftrags **78** 22
- Ausführungsgrundsätze **78** 8, 10 ff.
- Ausführungsplätze **78** 32 ff.
- Best Execution Policy **78** 8, 10 ff.
- Ermittlung der Faktoren **78** 11 ff.
- Festlegung der Ausführungsplätze **78** 32 ff.
- Gewichtung der Faktoren **78** 29 ff.
- Information über wesentliche Änderungen **78** 50
- Kosten **78** 13
- Kryptoverwahrung **78** 23 ff.
- Nachweispflicht **78** 45 f.
- Preis **78** 12
- Schnelligkeit **78** 16
- Überwachung **78** 49
- Umfang **78** 21
- Verlust von Kryptowerten **78** 23
- Wahrscheinlichkeit der Ausführung **78** 17

Best Execution Policy 78 8, 10 ff.

Bestands-Reconciliation 70 21, 37

Beteiligung 3 234

Betrieb einer Handelsplattform 3 117 ff.; **76** 1 ff.
- Aufsichtsrecht **76** 2
- Auftragsdatenbereitstellung **76** 54
- Berichterstattung, jederzeitige **76** 53
- Betriebsvorschriften **60** 29; **76** 3 ff.; *s. auch dort*
- Bulletin Board **3** 119
- Definition **3** 119
- Eignungsprüfung der Kryptowerte **76** 55 ff.; *s. auch dort*
- Gebührenstruktur, transparente **76** 50 ff.
- Handel für eigene Rechnung **76** 28
- Handelssystem **3** 118 ff.; **76** 32 ff.; *s. auch dort*
- Marktmissbrauch **76** 44
- Marktmissbrauchsverbot **92** 5
- Matched Principal Trading **76** 31
- multilaterales Handelssystem **3** 118; *s. auch dort*
- Nachhandelstransparenz **76** 46
- nichtdiskretionäre Regeln **3** 118
- organisiertes Handelssystem **3** 118
- Transaktionsabwicklungsfrist **76** 48 f.
- Unterrichtungspflicht **76** 44
- Vertragsschlusserfordernis **3** 119
- Vorhandelstransparenz **76** 45
- Zusammenführung sich deckender Aufträge **76** 29 ff.

Betriebsgeheimnis 100 4

Betriebsvorschriften 76 3 ff.
- Abrechnung **76** 22 ff.
- anonyme Kryptowerte **76** 8, 26
- Ausschlusskategorien **76** 8, 26
- Aussetzung des Handels **76** 20 f.
- Beschwerdeverfahren **71** 7
- Betrieb einer Handelsplattform **60** 29
- Clearing **76** 24
- diskriminierungsfreier Zugang **76** 11 ff.
- Eignungsprüfung der Kryptowerte **76** 55, 61 f.
- Gebühren **76** 9 f.
- Genehmigungsverfahren **76** 6 f.
- Handelsbedingungen **76** 15 f.
- Handelsmodelle **76** 16
- Handelszulassung **76** 6 f.
- Inhalt **76** 5 ff.
- Irreführungsverbot **76** 3
- Klarheit **76** 3
- Market Maker **76** 16
- Mindestanforderungen **76** 5 ff.
- Netting **76** 24
- Notifizierungsverfahren **60** 29
- Preisermittlung **76** 16
- Richtlinien **76** 9
- Settlement **76** 24
- Sicherstellung der Handelbarkeit **76** 17 ff.
- Sprache **76** 4
- Transparenz **76** 3
- Zugangsregeln **76** 11 ff.

Stichwortverzeichnis

- Zulassung von Kryptowerten **76** 9
- Zulassungsantrag **76** 10

Bitcoin 66 31 ff.
Blockchain 3 3
- Kryptowerte-Whitepaper **51** 23
- Netzwerkgebühren **75** 9
- segregierte Blockchain-Adressen **75** 9
- Smart Contracts **3** 97

Blockchain-basierte Token Vor 4 1 ff.
BRRD
- Abwicklung von Kryptowerte-Dienstleistern **74** 14
- Rücktauschplan **47** 14
- Sanierungsplan **46** 20 ff.

Buchgeld 3 81
Bulletin Board 3 119
Business Judgment Rule 34 4

CASP 3 83; *s. auch* Kryptowerte-Dienstleister
Chinese Walls 80 15
Clearing 76 24
Cold Wallet 75 15
Common-Pool-Problem 47 30
Compliance-Funktion 68 19 ff.
- Aufgaben **68** 26
- Ausgestaltung **68** 21 ff.
- Beschwerdeverfahren **71** 6
- Dauerhaftigkeit **68** 23
- Interessenkonflikte **32** 21
- interne Revision **68** 35
- Proportionalitätsprinzip **68** 20
- Unabhängigkeit **68** 24
- Wirksamkeit **68** 22

Cornering 91 40 ff.
Corporate Governance Vor 27 5; **34** 4
CRR 46 42
CRR-Einlagen-Kreditinstitute 17 3
Crypto-Lending 3 107; **142** 3
- Widerrufsrecht des Kleinanlegers **13** 12

Currency-Token Vor 4 9
- MiCAR **Vor 4** 17
- übertragbare Wertpapiere **3** 339
- Utility-Token **3** 67

Cybersecurity 48 8

DAO 3 88; **59** 13
Dark Patterns 27 13
Darstellungskontinuität 12 1, 4, 20 f.
Data Point Model 22 18
Datenbanken 3 1, 6
Datenschutz 101 1 ff.
- Dauer der Datenspeicherung **101** 4
- EBA **101** 3
- E-Geld-Token **48** 8

- ESMA **101** 3
- Kreditinstitute **17** 19
- Unternehmensführung **34** 52 f.
- Zulassungsantrag **18** 5, 35
- zuständige Behörde **101** 2

Decentralised Finance 3 96 ff.; **142** 2
Derivate 3 334, 346 ff.
- Aktien **3** 346
- Barausgleich **3** 347
- Bezugsgrößen **3** 352
- Drittlandhandelsplätze **3** 351
- effektive Lieferung **3** 347
- Festgeschäft **3** 347
- Finanzderivate **3** 348
- Indizes **3** 352
- Kryptowerte **3** 346, 352
- Messgrößen **3** 352
- Obligationen **3** 352
- Optionsgeschäft **3** 347
- physische Warenderivate **3** 350 f.
- Rechte **3** 352
- Schuldverschreibungen **3** 346
- Swaps **3** 347
- Transfer von Kreditrisiken **3** 353
- übertragbare Wertpapiere **3** 346
- Variablen, physikalische/volkswirtschaftliche **3** 352
- Vermögenswerte **3** 352
- Warenderivate mit Barausgleich **3** 349
- Warenderivate mit Lieferung **3** 350

Desinformationsphase 15 22
Deutsche Bundesbank 3 222
Dezentrale Autonome Organisation
3 88; **59** 13
dezentrale Finanzdienstleistungen 3 97
dezentrale Kryptowerte-Dienstleistungen 3 96 ff.
Diem 3 17
Dienstleistung 4 24
Differenzgeschäfte, finanzielle 3 354
digitale Inhalte 3 308
digitale Kunst 2 17
digitale operationelle Resilienz
34 48 ff.
Digix Gold Token 3 22
Disclaimer Vor 4 23; **4** 17
Diskriminierungsverbot 31 17
Distributed Ledger 3 4 ff.
- Authentizität **3** 8
- DLT-Netzwerkknoten **3** 6
- Integrität **3** 8
- Kryptowerte **3** 11
- Register **3** 5
- Transaktionsinformationen **3** 5
- Validität von Transaktionen **3** 6

Distributed-Ledger-Adresse 3 191

Stichwortverzeichnis

Distributed-Ledger-Konto 3 191
Distributed-Ledger-Technologie 3 1 ff., 322
- Begriff **3** 1
- Blockchain **3** 3
- Datenbanken **3** 1, 6
- Distributed Ledger **3** 4 ff.; *s. auch dort*
- DLT-Netzwerkknoten **3** 2
- Konsensmechanismus **3** 7 f.
- Netzwerk **3** 2
- Technologieneutralität **3** 1
- Zulassungsantrag **18** 24

DLT 3 1 ff.; *s. auch* Distributed-Ledger-Technologie
DLT-Netzwerkknoten 3 2, 9 f.
- Distributed Ledger **3** 6
- Konsensmechanismus **3** 7 f., 9
- Register **3** 10

Domänenname 94 19
Doppelbestrafungsverbot 111 18 ff.
- Untersuchungsverfahren **134** 14

DORA 34 48 ff.
Draft Regulatory Technical Standards 42 3
Drittwiderspruchsklage 75 31

EBA 46 82
- Aufgabenübertragung **138** 1 ff.
- Aufsichtsgebühren **137** 1 ff.
- Aufsichtsmaßnahmen **130** 1 ff.; *s. auch dort*
- Berufsgeheimnis **129** 1 ff.
- Datenschutz **101** 3
- Delegierte Rechtsakte **43** 48
- Durchsetzungskompetenzen **Vor 121** 3 ff.
- Entwicklung künftiger Standards **43** 43
- Geldbußen **131** 1 ff.; *s. auch dort*
- Informationen aus Drittländern **127** 1
- Informationsaustausch **43** 47; **125** 1; **126** 1
- Informationsersuchen **122** 1 ff.; *s. auch dort*
- Kompetenz **43** 41 ff.
- Kooperationsvereinbarungen **107** 8 f.
- Produktintervention **104** 1
- Prüfung vor Ort **124** 1 ff.; *s. auch dort*
- Rechtsprivileg **121** 1 ff.; *s. auch dort*
- Rechtsschutz **136** 1 ff.
- signifikante vermögenswertereferenzierte Token **43** 38 ff.
- technische Standards **43** 42
- Übertragung der Aufsicht **43** 44; **44** 8
- Übertragungsbeschluss **138** 7
- Untersuchungsbefugnisse **123** 1 ff.
- Untersuchungsverfahren **134** 1 ff.; *s. auch dort*
- Zusammenarbeit mit anderen Behörden **128** 1
- Zusammenarbeit mit nationalen Behörden **43** 46
- Zwangsgelder **132** 1 ff.; *s. auch dort*

EBA-Aufsicht
- E-Geld-Token **117** 7 ff.
- vermögenswertereferenzierter Token **117** 3 ff.
- Zusammenarbeit **117** 14
- Zweck **117** 1

EBA-Ausschuss 118 1 f.
EBA-Leitlinien
- Leitungsorgan **34** 14
- Rechtsnatur **46** 84; **47** 71
- Rücktauschplan **47** 47, 69 ff.; **55** 76 f.
- Sanierungsplan **46** 82; **55** 45
- signifikante vermögenswertereferenzierte Token **45** 20
- Unternehmensführung **34** 56; **68** 4
- Verbindlichkeit **46** 84; **47** 71
- Verwaltungsanweisungen **46** 84

E-Euro 3 17, 38
effektive Lieferung 3 347
EFSF 2 7
E-Geld 3 288 ff.
- Akzeptanten **3** 295
- Ausstellung gegen Zahlung **3** 291
- begrenzte Netze/Produktpalette **3** 296 ff.; **48** 76 ff.
- Bereichsausnahmen **3** 296 ff.
- Bestimmung für Zahlungsvorgänge **3** 293 f.
- Charakteristika **3** 44
- Definition **3** 288
- digitale Inhalte **3** 308
- dreiseitiges System **3** 295
- E-Geld-Token **3** 43 ff.; **48** 37, 56 ff.
- elektronische Kommunikationsnetze/-dienste **3** 296, 301 ff.; **48** 79
- elektronische Speicherung **3** 292
- elektronische Tickets **3** 310 ff.
- Emittenten **3** 290, 295
- Erlaubnispflicht **3** 50
- Forderung gegen den Emittenten **3** 290
- Geldbetrag **3** 81
- gemeinnützige Tätigkeit **3** 310 ff.
- gesetzliche Zahlungsmittel **3** 291
- Kryptowerte-Whitepaper **48** 81; **49** 4
- Mehrwertdienste **48** 79
- Merkblatt ZAG **3** 289
- monetärer Wert **3** 289
- multilaterale Rahmenvereinbarung **3** 289
- PSD2 **48** 66
- Rücktauschgebühren **49** 5
- Rücktauschrecht **48** 65
- Sprachdienste **3** 309
- Telekommunikationsunternehmen **3** 305

1425

Stichwortverzeichnis

E-Geld-Geschäft 3 50
E-Geld-Institut 3 31, 282 ff.
- Abwicklung von Kryptowerte-Dienstleistern **74** 22
- Anforderungen **48** 41
- Aufbewahrung der Geldbeträge **70** 30
- Doppelaufsicht **58** 5
- E-Geld-Token **48** 5, 17
- Eigenmittelanforderungen **3** 31
- kleine ~e **48** 69 ff.
- Kryptowerte-Dienstleister **60** 21
- Lizenz **48** 17
- öffentliches Angebot **48** 16 ff., 30 ff.; *s. auch dort*
- Rücktauschplan **55** 66 ff.
- Sanierungsplan **55** 18 f.
- Sicherungsanforderungen **3** 31
- signifikante E-Geld-Token **3** 57; **56** 2; **58** 1, 6 ff.
- Verbrauchschutzvorschriften **48** 67
- Vermögenswertreserve **36** 1 ff.; *s. auch dort*
- Zulassung **48** 38, 40 ff.
- Zulassung der E-Geld-Token **48** 16 ff.; *s. auch dort*

E-Geld-Richtlinie 3 29 f.
- Ausgabebeschränkungen **23** 5
- Beschwerdeverfahren **48** 65
- E-Geld-Token **3** 47; **48** 10, 14, 63 ff.; **49** 4
- Emittenten **48** 63 ff.
- Rücktauschrecht **48** 65
- Sanierungsplan **55** 15
- signifikante E-Geld-Token **58** 2
- Streitbeilegungsverfahren **48** 65
- Vermögensvermischungsverbot **55** 15 f.
- Zinsverbot **50** 6

E-Geld-Token 3 25 ff.; **48** 1 ff.; **55** 8
- Abgrenzung **3** 41 ff.; **48** 4 ff.
- algorithmische Stablecoins **3** 40
- amtliche Währung **46** 11; **48** 10, 62; **49** 3
- andere Personen **48** 5
- andere Währung **58** 9
- Anlage von E-Geld-Token-Beträgen **54** 5 ff.; *s. auch dort*
- Anlegerentschädigung **51** 42
- Aufsichtsrecht **48** 13
- Ausgabe **49** 1
- Ausgabe zum Nennwert **49** 12
- Basket **3** 26
- begrenzte Netze/Produktpalette **48** 76 ff.
- Begriff **3** 26
- Bereichsausnahmen **3** 47
- Bezugnahme **46** 11
- Charakteristika **3** 44
- Cybersecurity-Risiken **48** 8
- Datenschutz-Risiken **48** 8
- Definition **3** 32 f.
- digitaler Euro **3** 38
- direkter Währungsbezug **48** 17
- EBA-Aufsicht **117** 7 ff.
- E-Euro **3** 38
- E-Geld **3** 43 ff.; **48** 37, 56 ff.
- E-Geld-Institut **3** 31; **48** 5, 17
- E-Geld-Richtlinie **3** 29 f., 47; **48** 10, 14, 63 ff.; **49** 4
- Einlagen **3** 42, 358 ff.; **51** 46
- Einlagengeschäft **50** 3
- Einlagensicherung **51** 43 ff.
- elektronische Kommunikationsnetze/-dienste **48** 79
- Emittenten **3** 49; **48** 5, 16 ff.
- emittentenlose ~ **48** 17
- Erlaubnisvorbehalt **48** 17
- EU-Zahlungsdiensterecht **48** 57
- Forderungsanspruch **49** 1, 6 ff.
- Funktion **48** 1
- Gebührenverbot **3** 53
- Geldbetrag **3** 41, 81
- Geldpolitik **48** 8
- Geldwäsche **48** 58
- Herkunftsmitgliedstaat **3** 214 ff.
- Kontoauszugsentgelte **49** 20
- Konvertierung **49** 15
- Kreditinstitute **3** 31; **48** 5, 17
- Kreditrisiken **48** 8
- Kryptoverwahrung **3** 116
- Kryptowerte **3** 34
- Kryptowerte-Whitepaper **3** 51; **48** 44, 60, 81; **51** 1 ff.; *s. auch dort*
- Kryptowerte-Whitepaper-Pflicht **51** 7
- Kryptowerte-Whitepaper-Zusammenfassung **51** 52 ff.
- Kundenstamm **3** 31
- Liquiditätsrisiken **48** 8
- Lizenz **48** 17
- Marketing **3** 52
- Marketingmitteilungen **53** 1 ff.; *s. auch dort*
- Markterwartungen **3** 40
- Marktkapitalisierung **3** 31
- Markt-Risiken **48** 8
- Mehrwertdienste **48** 79
- MiCAR **2** 24
- Nennbetrag **3** 45
- Nennwert **49** 1, 10, 12
- öffentliches Angebot **3** 37; **4** 8; **48** 16 ff.; *s. auch dort*
- operativ-technische Risiken **48** 8
- Platzierung von Kryptowerten **3** 146
- Referenzwährung **49** 12
- regulatorische Risiken **48** 8
- Regulierung **3** 27

Stichwortverzeichnis

- Risiken 3 27 ff.; 48 8
- Rücktauschbedingungen 49 1, 16 f.
- Rücktauschgebühren 3 53; 48 61; 49 18 ff.
- Rücktauschplan 3 55; 47 12; 55 46 ff.; s. auch dort
- Rücktauschrecht 49 1
- Rückzahlung zum Nennwert 49 10
- Rückzahlungsverlangen 49 13 ff.
- Run von Umtauschverlangen 48 8
- Sanierungsplan 46 11; 55 1 ff.; s. auch dort
- Sanierungspläne 3 55
- signifikante ~ 3 31, 54, 56 ff.; 46 17; 48 3; 56 1 ff.; s. auch dort
- Sparinstrument 50 2
- Stablecoins 3 26; 48 1
- Standardisierung 51 4
- Technologieneutralität 48 11, 59
- Transferdienstleistungen 3 116, 195
- Umweltauswirkungen 48 8
- vermögenswertereferenzierter Token 3 14, 46
- Verwahrentgelte 49 20
- virtuelle Währungen 3 36
- Währung eines Nicht-EU-Landes 3 59
- Währungsbezug 3 33, 35 ff.
- Währungshoheit 3 28
- Währungssubstitution 48 8
- Werbung 3 52
- Wertäquivalenz 49 3
- Wertstabilität 3 33, 39 f.
- Whitepaper-Informationshaftung 52 1 ff.; s. auch dort
- Widerrufsrecht des Kleinanlegers 13 10
- ZAG 3 48 f.
- Zahlungsmittelfunktion 3 33
- Zentralbank 48 8
- Zinsverbot 48 50, 68; 50 1 ff.; s. auch dort
- Zulassung der ~ 48 16 ff.; s. auch dort
- Zweck 48 9

Eigenhandel 3 133
Eigenkapitalbeteiligung 3 332
Eigenmittelanforderungen 35 1 ff.

- Abzugsposten 35 23
- Agio 35 15
- Anerkennungskriterien 35 14, 20 ff.
- anrechenbare Posten 35 14 ff.
- Begriff 35 8
- Behördenmaßnahmen 35 37
- dauernde ~ 35 4
- E-Geld-Institut 3 31
- Eigenmittelerhöhung, risikobedingte 35 24 ff.; s. auch dort
- Eigenmittelerhöhung, stresstestbedingte 35 32 ff.
- einbehaltene Gewinne 35 16
- Emittenten 35 1 ff.
- Entfallen der Anrechenbarkeit 35 22
- Fonds für allgemeine Bankrisiken 35 19
- Funktionenschutz 35 4
- Geschäftsplan 18 11
- Gläubigerschutz 35 4
- Ingangsetzungsfunktion 35 5
- Kapitaladäquanzverordnung 35 13
- Kapitalinstrumente 35 14
- Kryptowerte-Dienstleister 67 1 ff., 22
- kumuliertes sonstiges Ergebnis 35 17
- Mindestbetrag, gesetzlicher 35 9 ff.
- Reservevermögen 35 7
- Risikopuffer 37 1 f.
- Rücklagen 35 18
- signifikante E-Geld-Token 3 57; 58 7
- signifikante vermögenswertereferenzierte Token 45 17
- Stufen 35 6
- technische Regulierungsstandards 35 36
- Vermögenswertreserve 36 4
- Versicherungspolice 67 3
- Zweck 35 4

Eigenmittelerhöhung, risikobedingte 35 24 ff.

- Behördenentscheidung 35 25
- Entwurf der Anordnung 35 25
- Reservevermögen 35 27
- Risiken der Handelsaktivität 35 30
- Risikofaktoren 35 24, 26
- Rücktauschrecht 35 28

Eigenmittelerhöhung, stresstestbedingte 35 32 ff.
Eigenvertrieb 3 142
Eigenverwaltung 47 52; 55 61, 69
Eignungsbericht 81 74 ff.
Eignungsprüfung der Kryptowerte 76 55 ff.

- Betriebsvorschriften 76 55, 61 f.
- Bewertung der Eignung 76 63 ff.
- Bußgelder 76 76 ff.
- Dokumentation 76 65
- Emittenten 76 72
- illegale/betrügerische Tätigkeiten 76 71
- Kryptowerte-Whitepaper 76 69
- organisatorische Maßnahmen 76 59
- Smart Contract 76 70
- technische Maßnahmen 76 59
- Umsetzung im nationalen Recht 76 74 f.
- Zuverlässigkeit der technischen Lösungen 76 66 ff.
- Zweck 76 58

Einlagen 3 356 ff.; 51 45

- Definition 3 356
- E-Geld-Token 3 42, 358 ff.
- Einlagensicherungsrichtlinie 3 356

1427

Stichwortverzeichnis

- Kontenverhältnis **3** 362
- Kreditinstitute **3** 200 f.
- strukturierte ~ **3** 364
- tokenisierte ~ **3** 357
- Wertaufbewahrung **3** 361
- Zahlungsverkehrszwecke **3** 361

Einlagensicherung
- E-Geld-Token **51** 43
- Einlagen **51** 45
- Kredite **51** 45

Einspruch gegen die Übernahme
- Anzeigeverfahren **41** 30
- Rechtsmittel **42** 39
- Übernahmeprüfung **42** 36 ff.
- Voraussetzungen **42** 36 ff.

Einstellungsanordnung 111 45 ff.

Einstufungsverfahren 43 32 ff.
- EBA-Beschluss **43** 32
- fortlaufende Überprüfung **43** 36
- Herabstufung **43** 36 f.
- Heraufstufung **43** 33
- Konsultationsphase **43** 34
- Stellungnahme **43** 33

Einzelkaufleute
- Kryptowerte-Dienstleister **3** 89
- Zulassung vermögenswertereferenzierter Token **16** 21

elektronische Kommunikationsdienste 3 304; **48** 79

elektronische Kommunikationsnetze 3 303; **48** 79

elektronische Tickets 3 310 ff.

Emissionszertifikate 3 355; **91** 2

Emittenten 3 68 ff.; **46** 18; **55** 7
- Absichtsanzeige **48** 80
- Ad-hoc-Publizität **88** 1 ff., 5; *s. auch dort*
- Anbieter **3** 70, 80
- andere Personen **48** 5
- andere Unternehmen **3** 69
- Änderung der Whitepaper/Marketingmitteilungen **25** 3 ff.; *s. auch dort*
- Änderungen im Leitungsorgan **33** 1 ff.; *s. auch dort*
- Anlage von E-Geld-Token-Beträgen **54** 5 ff.; *s. auch dort*
- antragstellende ~ **3** 71 f.
- Ausgabebeschränkungen **23** 16 ff., 25 f.
- Befreiung von erneuter Informationsbereitstellung **18** 38
- begrenzte Netze/Produktpalette **48** 76 ff.
- Beschwerdeverfahren **31** 1 ff.; *s. auch dort*
- Cyberrisiken **45** 11
- E-Geld **3** 290, 295
- E-Geld-Richtlinie **48** 63 ff.
- E-Geld-Token **3** 49; **48** 5, 16 ff.

- Eigenmittelanforderungen **35** 1 ff.; *s. auch dort*
- Eignungsprüfung der Kryptowerte **76** 72
- elektronische Kommunikationsnetze/ -dienste **48** 79
- Insiderinformationen **87** 4 f.
- Interessenkonflikte **32** 1 ff.; **45** 5; *s. auch dort*
- Interoperabilität **45** 7
- juristische Personen **3** 69
- Kryptowerte-Whitepaper **3** 70; **19** 6; **48** 81; **51** 13 f.
- Leitungsorgan **3** 197 ff.
- Liquiditätsmanagement **45** 12
- Liquiditätsprofil **45** 11
- Liquiditätsstresstest **45** 14 ff.
- Marketingmitteilungen **53** 1 ff., 10; *s. auch dort*
- Meldepflichten **22** 8 ff.
- natürliche Personen **3** 69
- Offenlegungspflichten **30** 1 ff.; *s. auch dort*
- öffentliches Angebot **48** 16 ff.; *s. auch dort*
- Personengesellschaften **3** 69; **16** 19
- Platzierung von Kryptowerten **79** 7
- Risikomanagement **45** 4
- Rücktauschplan **47** 1 ff., 13; **55** 46 ff.; *s. auch dort*
- Rücktauschrecht **39** 1 ff.; *s. auch dort*
- Sanierungsplan **46** 1 ff.; **55** 1 ff., 18 ff.; *s. auch dort*
- signifikante E-Geld-Token **58** 1
- signifikante vermögenswertereferenzierte Token **45** 1 ff.
- Übernahme von ~ **41** 1 ff.; *s. auch dort*
- Übernahmeprüfung **42** 1 ff.; *s. auch dort*
- Unternehmensführung **34** 1 ff.; *s. auch dort*
- Utility-Token **3** 66 f.
- Vergütungspolitik **45** 3 ff.
- Verhaltenspflichten **Vor 27** 1 ff.; **27** 1 ff.; *s. auch dort*
- vermögenswertereferenzierter Token **3** 71
- Vermögenswertreserve **36** 1 ff.; *s. auch dort*
- Vertrauensverlust **45** 13
- Verwahrung **45** 7 ff.
- Voraussetzungen **48** 19
- Wettbewerbsbedingungen **48** 63
- Whitepaper-Informationshaftung **26** 1 ff.; **52** 1 ff., 22; *s. auch dort*
- zentrale Plattformdienste **43** 21 f.
- Zinsverbot **40** 1 ff.; **50** 1 ff., 5; *s. auch dort*
- Zulassung der E-Geld-Token **48** 16 ff.; *s. auch dort*
- Zulassung vermögenswertereferenzierter Token **16** 15 ff.
- Zulassungsantrag **18** 5 f.

Stichwortverzeichnis

- Zulassungsantragsteller **3** 71
- Zulassungsentzug **24** 1 ff.; *s. auch dort*

Empfehlungen 3 164 ff.
- Angebot von ~ **3** 165
- Ersuchen des Kunden **3** 171
- Geschäfte in Kryptowertebezug **3** 166 ff.
- Kunden **3** 169 f.
- Personalisierung **3** 172 ff.
- Vereinbarung der Abgabe **3** 165

Empfehlungsverbot 89 14 ff.

enge Verbindungen 3 211 f.
- Zulassungsentscheidung **63** 37 ff.

Erstemission 3 141

Erwerb 41 11

Erwerb qualifizierter Beteiligungen 41 8 ff.; **83** 3 ff.
- Anzeigeinhalt **83** 9 ff.
- Emittenten vermögenswertereferenzierter Token. **41** 18
- Erwerberkreis **41** 12; **83** 5
- Erwerbsabsicht **41** 22 ff.
- Erwerbsbegriff **41** 11
- Erwerbsentscheidung **83** 7
- gemeinsam handelnde Personen **41** 12
- interessierter Erwerber **41** 9; **83** 4 f.
- Kryptowerte-Dienstleister **41** 19
- qualifizierte Beteiligung **41** 14
- Zielunternehmen **41** 15 ff.

ESA 97 1 ff.

ESAP 110a 1 f.

ESFS 46 83

ESM 2 7

ESMA 46 83
- Datenschutz **101** 3
- Kooperationsvereinbarungen **107** 8 f.
- Kryptowerte-Whitepaper **6** 43
- Marktentwicklungsbericht **141** 1 f.
- Produktintervention **103** 1 ff.; *s. auch dort*

ESMA-Leitlinien
- Beratung zu Kryptowerten **81** 4, 79 ff.
- Portfolioverwaltung von Kryptowerten **81** 4, 79 ff.
- Transferdienstleistungen **82** 11

ESMA-Register 109 1 ff.
- Änderung der Whitepaper/Marketingmitteilungen **12** 23; **25** 35
- Beschwerdeverfahren **110** 5
- Daten **109** 3
- ESAP **110a** 1 f.
- Handelsplattformbetreiber **109** 2
- Kryptowerte **3** 11
- Kryptowerte-Dienstleister **60** 40; **109** 2
- Kryptowerte-Whitepaper **8** 17; **51** 72
- nicht konforme Kryptowerte-Dienstleister **110** 1 ff.
- Notifizierungsverfahren **60** 40

- signifikante Kryptowerte-Dienstleister **85** 14
- vereinfachte Zulassung **17** 31 f.
- zentrales europäisches Zugangsportal **110a** 1 f.
- Zulassungsentscheidung **63** 18
- Zulassungsentzug **24** 61; **64** 23
- zuständige Behörde **109** 3

EU-Geldwäscherichtlinie 1 11
- NFT **2** 11

EuInsVO 46 27

EU-Passporting 59 43 f.; *s. auch Europäischer Pass*

Europäischer Pass Vor 4 4; **11** 1 ff.
- Anwendungsbereich **11** 5
- EU-Binnenmarkt **11** 3 f.
- Kryptowerte-Dienstleister **59** 43 f.; **65** 1 ff.
- Kryptowerte-Whitepaper **11** 6; **16** 29 f.
- Kryptowerte-Whitepaper-Pflicht **11** 7
- Notifizierungsverfahrens **11** 6, 8
- ProspektVO **11** 2
- Spezialitätsgrundsatz **11** 9
- Vollharmonisierung **11** 4, 9
- Zulassung anderer Kryptowerte **11** 7
- Zulassung vermögenswertereferenzierter Token **16** 29 f.
- Zulassung von Kryptowerte-Dienstleistern **59** 4
- Zulassungsantragsteller **11** 7
- Zweck **11** 3

EU-Zahlungsdiensterecht 48 57

Explorationspflicht 81 37 ff.
- Anlagehorizont **81** 46
- Anlageziele **81** 45 f.
- Art der Informationserhebung **81** 55 ff.
- Erfahrungen, investitionsbezogene **81** 43 f.
- finanzielle Verhältnisse **81** 49 f.
- Fragenkatalog, standardisierter **81** 42, 56
- juristische Personen **81** 39
- Kenntnisse, investitionsbezogene **81** 43 f.
- Kunden-Onboarding **81** 42
- Nachhaltigkeitspräferenzen **81** 54
- negative Eignungsbeurteilung **81** 69 ff.
- Personengruppen **81** 39
- Reichweite der Informationserhebung **81** 40 ff.
- Risikotoleranz **81** 47 f.
- Überprüfung von Kundenangaben **81** 73
- Verbraucherschutz **81** 41
- Verhältnismäßigkeit **81** 58
- Verständnis der Risiken **81** 51 ff.
- Zweck **81** 41

fachliche Eignung 18 23
Family Office 3 188

Stichwortverzeichnis

Feigenblatt-Disclaimer Vor 4 23; 4 17
Festgeschäft 3 347
Fiat-Währungen 3 15
– Zinsverbot 50 10
Finanzderivate 3 348
Finanzinstrumente 3 322 ff.
– Anlage der Vermögenswertreserve 38 1
– Annahme/Übermittlung von Aufträgen 3 148
– Anwendungsbereich der MiCAR 3 322
– Derivate 3 346 ff.; s. auch dort
– Differenzgeschäfte, finanzielle 3 354
– Distributed-Ledger-Technologie 3 322
– Emissionszertifikate 3 355
– Geldmarktinstrumente 3 341 f.
– Kategorisierung 3 323 ff.
– MiFID II 3 322
– multilaterales Handelssystem 3 119
– OGAW-Anteile 3 343 ff.
– übertragbare Wertpapiere 3 324 ff.; s. auch dort
Finanzkommissionsgeschäft 3 133
Finanzstabilität
– Kryptowerte-Dienstleister 3 83
– signifikante E-Geld-Token 3 56
FinTech-Aktionsplan Vor 43 2
Firmenwahrheit 59 38
Fit & Proper-Nachweise 18 22
fixe Gemeinkosten 67 10 ff.
– Abzugspositionen 67 15
– Anfangsphase 67 19 f.
– Berechnung 67 11 ff.
– Boni 67 16
– Gesamtaufwendungen 67 14
– Gewinnbeteiligungen 67 17
– Jahresabschluss 67 13
– Prognostizierung 67 19 f.
– Rechnungslegungsrahmen 67 13
– Subtraktionsmethode 67 11
Fonds für allgemeine Bankrisiken 35 19
Fork 75 21
Forschungsergebnisse 53 19
fraud-on-the-market-Theorie 15 55
Fremdinteressenwahrungspflicht 27 2, 15 f.
– Beschwerdeverfahren 31 16
– Interessenkonflikte 32 8
Fremdkapitalinstrumente 3 333
Front Running 80 14; 87 21
Frühzeichnerrabatte 14 21
FSB Empfehlungen 1 5; 2 21
Full Nodes 3 9
Fundamentalwertrelevanz 15 30

Garantie
– Anlage von E-Geld-Token-Beträgen 54 21
– EU-Garantiegeber 67 27
– Kryptowerte-Dienstleister 67 23
Gatekeeper 43 21; 92 5
GbR
– Kryptowerte-Dienstleister 3 88
– Zulassung vermögenswertereferenzierter Token 16 20
Gebührenverbot 3 53
Gegenlaufen 80 14
Geldbetrag 3 81; 54 5; 70 31
– Aufbewahrung der Geldbeträge 70 29 ff.; s. auch dort
– Banknoten 3 81
– Bargeld 3 81
– Buchgeld 3 81
– E-Geld 3 81
– E-Geld-Token 3 41, 81
– gesetzliche Zahlungsmittel 3 81
– Giralgeld 3 81
– Münzen 3 81
– PSD2 54 5
Geldbußen 131 1 ff.
– Bemessungskriterien 131 9
– Entschließungsermessen 131 7
– Höhe 131 8
– Naming and Shaming 133 3 ff.
– Rechtsnatur 133 8
– Untersuchungsverfahren 134 1 ff.; s. auch dort
– Verfahrensvorschriften 134 1 ff.
– Vollstreckung 133 9
– Voraussetzungen 131 4 ff.
– Zuweisung 133 10
– Zweck 131 3
Geldmarktinstrumente 3 341 f.
Geldpolitik 3 56
geldwäscheaufsichtliche Regelungen 1 11
Geldwäsche-Compliance
– E-Geld-Token 48 58
– Handelssystem 76 43
– Zulassungsantrag 62 53 ff.
– Zulassungsantragsprüfung 63 11
– Zulassungsentzug 64 16, 26
gemeinnützige Tätigkeit 3 310 ff.
gemeinsam handelnde Personen 41 12
Geschäftsplan 17 11
– Annahme/Übermittlung von Aufträgen 62 36
– Auslagerungen 62 32 f.
– Basisszenario 18 10
– Bilanz 18 15
– Eigenmittelanforderungen 18 11

Stichwortverzeichnis

- Finanzinformationen, prognostizierte **18** 14
- Finanzprognose **62** 34 f.
- Finanzprognosen **18** 10
- Gesamtrating **18** 15
- Geschäftsjahre **18** 9
- Geschäftsmodell **18** 9
- Geschäftsstrategie **18** 10
- Geschäftstätigkeit **18** 10
- Gruppenstrategie **18** 10
- Gruppenzugehörigkeit des Antragstellers **62** 22 f.
- Hauptmerkmale des ART **18** 10
- Kapitalflussrechnung **18** 15
- Konsensmechanismus **18** 10
- Kreditrating **18** 15
- Kryptowerte-Dienstleistungen **62** 24 f.
- makroökonomische Prognosen **18** 12
- Marketingmittel **62** 29 f.
- Matrix **18** 10
- Notifizierungsverfahren **60** 29
- Organigramm **18** 10
- Planzahlen **18** 14
- Platzierung von Kryptowerten **62** 37
- quantitative Beschreibung **18** 10
- Ressourcenverteilung **62** 31
- Risikobewertung **18** 10
- signifikante vermögenswertereferenzierte Token **18** 13
- Smart Contracts **18** 10
- Standort **62** 31
- Stressszenario **18** 10
- SWOT-Analyse **18** 10
- Übernahmeprüfung **42** 22
- Werbung **62** 29
- Zielkunden **18** 10
- Zugang der Kunden **62** 26 ff.
- Zulassungsantrag **18** 9 ff., 10; **62** 20 ff.

Gesellschaftsanteile 3 332
gesetzliche Zahlungsmittel
- amtliche Währung **3** 64
- E-Geld **3** 291
- Geldbetrag **3** 81

Gewerblichkeit 3 91
gezielte Ansprache 59 7
Giralgeld 3 81
Gläubigergleichbehandlung 47 48; **55** 67
Gleichbehandlungsgebot 27 17
- Annahme/Übermittlung von Aufträgen **80** 6
- Beschwerdeverfahren **31** 17

Global Legal Entity Identifier 18 7
Gutschein, digitaler 3 66; **4** 22

Haftung des Kryptowerte-Dienstleisters 75 1

Haftungsvermögen Vor 36 5
Handelsauftrag 91 11
Handelsplattformbetreiber
- Änderung der Whitepaper/Marketingmitteilungen **12** 7
- Anlegerschutz **5** 12
- Auftragsausführung **62** 106
- Betrieb einer Handelsplattform **76** 1 ff.; s. auch dort
- ESMA-Register **109** 2
- Handel für eigene Rechnung **76** 28
- Marketingmitteilungen **7** 9
- Pflichtendelegation **5** 15 ff.
- spezifische Pflichten **76** 1 ff.
- Stornierungsverfahren **62** 106
- strukturelle Anforderungen **62** 108
- Transaktionsdurchführung **62** 106 f.
- Wertpapierfirma **60** 14
- Whitepaper-Informationshaftung **15** 1 ff., 23 f.; s. auch dort
- Zulassung anderer Kryptowerte **5** 2
- Zulassung von Kryptowerten **62** 103 ff.
- Zulassungsantrag **62** 102 ff.

Handelssystem 76 32
- Ablehnung unzulässiger/fehlerhafter Aufträge **76** 39
- Geldwäsche-Compliance **76** 43
- Kapazität **76** 36 f.
- Kontinuität bei Ausfall **76** 41
- Marktmissbrauch **76** 42
- multilaterales ~ **3** 118; s. auch dort
- organisiertes ~ **3** 118
- Prüfung der Bedingungen **76** 40
- Terrorismusfinanzierung **76** 43
- Volatilitätsmanagement **76** 38
- Widerstandsfähigkeit **76** 33 ff.

Handelszulassung 2 3; **48** 54; s. auch Zulassung
- Betriebsvorschriften **76** 6 f.

Hard Fork 75 24
Hardware-Sicherheitsmodule 3 112
HD Wallet 75 29
Herkunftsmitgliedstaat 3 214 ff.
- Kryptowerte-Whitepaper **6** 39 f.
- vorsorgliche Maßnahmen **102** 6

Hinweisgeberschutz 94 30 ff.
- Whistleblower-RL **116** 1

Hochfrequenzhandel 91 46
Hot Wallet 75 15
hybride Token
- übertragbare Wertpapiere **3** 340
- Utility-Token **3** 67

ICO Vor 4 1
IKT-Sicherheitsrichtlinien 68 52
IKT-Störungen 34 46 f.

1431

Stichwortverzeichnis

IKT-Systeme
- operationale Resilienz **68** 45
- Zulassungsantrag **62** 81 ff.

Informationsasymmetrien
- Auftragsausführung **78** 2
- Kryptowerte-Whitepaper **6** 7
- Marketingmitteilungen **29** 3
- öffentliches Angebot **4** 5 f.
- übertragbare Wertpapiere **3** 331

Informationsersuchen 122 1 ff.
- Adressaten **122** 5
- benötigte Daten **122** 3
- beschlussförmiges ~ **122** 4, 7
- einfaches ~ **122** 4, 7
- Erfüllung **122** 9
- Form **122** 4, 6
- Gegenstand **122** 1
- Informationsübermittlung **122** 10
- Leitungsorgan **122** 5
- Rechtsgrundlage **122** 6
- Zweck **122** 2, 6

Informationspflichtverletzungen Vor 4 4
- Kryptowerte-Whitepaper-Zusammenfassung **15** 36 ff.
- Whitepaper-Informationshaftung **15** 28 ff.; **26** 13 ff.
- Zulassung anderer Kryptowerte **5** 25

informierte Anlageentscheidung
- Veröffentlichung des Angebotsergebnisses **10** 3
- Vertragsabschlussschaden **15** 44

Inhabergleichbehandlung 14 21

Inhaberkontrolle 3 224, 232; **41** 5 ff.; *s. auch* Erwerb qualifizierter Beteiligungen
- finanzielle Solidität **42** 17 ff.; **84** 12
- Kryptowerte-Dienstleister **59** 49
- Übernahmeprüfung **42** 1 ff.; **84** 1 ff.; *s. auch dort*

Initial Coin Offerings Vor 4 1; **79** 5

Insidergeschäft 89 5 ff.
- Ausübung einer Kauf-/Verkaufsoption **89** 8
- Erwerb **89** 7
- legitime Handlungen **89** 10
- Maximum Extraction Value **89** 6
- Nutzung der Insiderinformation **89** 9
- Veräußerung **89** 7

Insiderhandel 86 2

Insiderhandelsverbot 89 1 ff., 12 ff.
- Empfehlungsverbot **89** 14 ff.
- informationelle Chancengleichheit **89** 3
- Insidergeschäft **89** 5 ff.; *s. auch dort*
- Institutionenschutz **89** 3
- Jedermannsdelikt **89** 23
- juristische Personen **89** 23
- MAR **89** 2
- Ordnungswidrigkeit **89** 24
- rechtspolitischer Bedarf **89** 4
- taugliche Täter **89** 20 ff.
- Unterlassen **89** 13
- Versuch **89** 13
- zivilrechtliche Folgen **89** 25 f.
- Zweck **89** 3

Insiderinformationen 87 1 ff.
- Ad-hoc-Publizität **88** 1 ff.; *s. auch dort*
- Anlegerpublikum **87** 13
- Arbitragemöglichkeit **87** 23
- Begriff **87** 2
- Bezugspunkte **87** 2 ff.
- Eintrittswahrscheinlichkeit **87** 18
- emittentenbezogene ~ **87** 4 f.
- Front Running **87** 21
- gestreckte Sachverhalte **87** 19
- handelsbezogene ~ **87** 20 ff.
- Insiderhandelsverbot **89** 1 ff.; *s. auch dort*
- Kerndefinition **87** 2 ff.
- Kettenempfehlung **90** 8
- kryptowertbezogene ~ **87** 6
- Kursrelevanz **87** 7 ff.
- Maximum Extractable Value **87** 22
- Mempool **87** 22
- nicht öffentlich bekannte Information **87** 12 ff.
- Offenlegung von ~ **88** 1 ff.; *s. auch* Ad-hoc-Publizität
- präzise Information **87** 16 ff.
- Sprache **87** 14
- Squeezing **87** 21
- unrechtmäßige Offenlegung **90** 1 ff.
- zukünftige Umstände/Ereignisse **87** 18
- Zutreffenswahrscheinlichkeit **87** 17

Insiderlisten 86 5

InsO 46 30

Insolvenz
- Aufbewahrung der Kryptowerte **70** 1 ff., 17 ff.
- Aussonderungsrechte **47** 30
- Begriff **47** 25 ff.
- BRRD **47** 25
- Common-Pool-Problem **47** 30
- EuInsVO **47** 25
- formelle ~ **47** 29
- Insolvency III **47** 25
- Kreditinstitute **55** 61
- Kryptoverwahrung **75** 28
- materielle ~ **47** 29
- nationales Recht **47** 27
- pari-passu-Aussonderung **47** 30
- RestruktRL **47** 25
- Rücktauschplan **47** 25 ff.
- Rücktauschrecht **36** 22
- SRM-VO **47** 25

1432

Stichwortverzeichnis

- Vermögenstrennung 47 30
- vorläufiges Insolvenzverfahren 47 29
- wahrscheinliche ~ 47 28
- Zulassungsentzug 24 28
- **Insolvenzplan 46** 30; **74** 25
- Rücktauschplan 47 14
- Sanierungsplan 46 47; 55 11
- **Interessenkonflikte 14** 3, 11 ff.; **32** 1 ff.; **72** 1 ff.
- abstrakte Aufklärung 32 28
- Anteilseigner 32 11
- Aufsichtsorgan 32 12 f.
- Auftragsausführung 78 2
- Begriff **14** 12; **32** 5
- Benachteiligungspotential 32 21
- Beratung zu Kryptowerten 81 2
- Beschäftigte 32 14 f.
- Betriebsgrundsätze 32 23, 26
- Compliance-Funktion 32 21
- Daueraufgabe 32 21
- Dokumentationspflicht 72 32
- Drittunternehmen 32 18 ff.
- Emittenten 45 5
- Ermittlung 32 23
- Ermittlungspflicht **14** 13; **72** 12 ff.
- Fremdinteressenwahrungspflicht 32 8
- für den Dienstleister schädliche ~ **72** 14 f., 18
- für Kunden schädliche ~ **72** 13, 17
- Gesellschafter 32 11
- Handhabungspflicht 14 15
- horizontale ~ 32 9
- Informationspflicht 14 13
- Konfliktparteien 72 6 f.
- Konfliktquellen 32 9 ff.
- konkrete Aufklärung 32 28
- Leitungsorgan **32** 12 f.; **34** 22, 32; **62** 71 f.; **72** 10
- Mängelbehebung 72 34
- Offenlegungsadressat 72 26
- Offenlegungsform 72 30 f.
- Offenlegungsinhalt 72 27 ff.
- Offenlegungspflichten **14** 16; **32** 2, 27 ff.; **72** 1 f., 24
- Organisationspflichten 32 2, 21 ff.
- organisatorischer Umgang 72 1
- persönliche Geschäfte 72 45 ff.
- Platzierung von Kryptowerten **72** 16; **79** 8 ff.
- Portfolioverwaltung von Kryptowerten 81 2
- Prävention 32 24
- Proportionalitätsprinzip **32** 21; **72** 11
- Regelung **32** 25 f.; **72** 16 ff.
- relevante ~ 72 8
- Reporting 72 34 f.
- Risikominimierung 32 25
- Service Level Agreements 32 20
- Strategie **72** 2, 9 ff., 17 ff., 21 ff.
- technische Regulierungsstandards 32 34
- Tokeninhaber 32 16 f.
- transaktionstypische ~ 32 6
- Übernahmeprüfung 42 25
- Überprüfung von Strategien/Verfahren 72 33 ff.
- variable Vergütung 32 14
- Verfahren **72** 9 ff., 17 ff., 21 ff.
- Vergütungsregulierung **72** 36 ff.; *s. auch dort*
- Vermeidung **32** 24; **72** 16 ff.
- Vermeidungspflicht 14 14
- vertikale ~ 32 9
- Verwahrstelle 37 15
- Verwaltungsorgan 32 12 f.
- Vorbedingung 32 8
- Website 32 32
- Zugriffssicherheit 14 17
- Zulassungsantrag **18** 18, 23; **62** 49 f.
- **Interessenwahrungspflicht 14** 18 ff.
- **interessierter Erwerber 41** 9; **83** 4 f.
- **interne Revision 68** 34 ff.
- Aufgaben 68 35 ff.
- Auslagerungen 73 18
- Berichterstattung 68 39
- Compliance-Funktion 68 35
- DORA 68 36
- Kreditinstitute 17 18
- Mängelbehebung 68 34, 40
- Proportionalitätsprinzip 68 35
- Prüfungsplan 68 37
- Sonderprüfungen 68 37
- Überprüfung 68 34, 36
- Unternehmensführung 68 34 ff.
- Zulassungsantrag **18** 20, 34; **62** 44
- **Interoperabilität 45** 7
- **Investment-Token Vor 4** 9
- MiCAR **Vor 4** 13
- übertragbare Wertpapiere 3 337
- **Investorenleitbild 3** 264
- **invitatio ad offerendum 3** 74
- **Irreführungsverbot**
- Betriebsvorschriften 76 3
- Kryptowerte-Dienstleister 66 17 ff.
- Kryptowerte-Whitepaper **6** 8, 24; **19** 23; **51** 37
- Marketingmitteilungen **7** 17; **29** 7; **53** 19
- spezialgesetzliches ~ 59 22
- Verhaltenspflichten **14** 10; **27** 7
- **Irreführungsverbot für Kryptowerte-Dienstleister 59** 21 ff.
- Bezugspunkt der Irreführung 59 25 f.
- Firmenname 59 32 f.

1433

Stichwortverzeichnis

- Firmenwahrheit **59** 38
- Gesamteindruck **59** 31
- geschäftliche Bezeichnungen **59** 39
- Irreführungsgefahr **59** 27 ff.
- Konkurrenzen **59** 37 ff.
- Markenrecht **59** 39
- Marketingmitteilungen **59** 34 f.
- Name **59** 32 f.
- sonstige Prozesse **59** 36
- Verbandsgeldbuße **59** 40
- Verkehrsauffassung **59** 30
- Verwechslungsgefahr **59** 27 ff.
- Wahrheit im Wettbewerb **59** 37
- Zweck **59** 23

ISO 17442-Kennung 18 7

Journalistenprivileg 91 3, 37
judgment proof problem 15 5; **26** 4

Kapitaladäquanzverordnung 35 13
Kapitalflussrechnung 18 15
Kennzeichnung
- Änderung der Whitepaper/Marketingmitteilungen **12** 26
- Marketingmitteilungen **7** 16; **29** 6

Kettenangebote 4 40
Key Ceremony 75 14
Key Information 6 33
Key Shards 3 111 f.
Kleinanleger 3 264 f.; **13** 7
- Beratung zu Kryptowerten **81** 2
- Marketingmitteilungen **29** 3; **53** 1
- Portfolioverwaltung von Kryptowerten **81** 2
- Verhaltenspflichten **66** 8 f.
- Widerrufsrecht des Kleinanlegers **13** 1 ff.; s. auch dort

Klima 66 31 ff.; s. auch Umweltauswirkungen
Know Your Customer-Prozesse 81 68
Kohärenzförderung 97 10 ff.
kollektive Vermögensverwaltung 3 188
Komplementärwährung, private 3 17
Konsensmechanismus 3 7 f.
- algorithmische Methodik **3** 7
- DLT-Netzwerkknoten **3** 7 f., 9
- Geschäftsplan **18** 10
- Kryptowerte-Whitepaper **51** 24
- Nachhaltigkeitsauswirkungen **51** 77
- Proof-of-Work-Verfahren **51** 76
- Umweltauswirkungen **51** 31; **66** 31 ff.; s. auch dort
- Validierung **51** 75

Kontaktstelle 62 5
Konvergenzförderung 97 1 ff.
- Aufsichtskultur **97** 2, 10 ff.

- Interessengruppen **97** 7
- Jahresbericht **97** 2, 17 f.
- Kohärenzförderung **97** 10 ff.
- Kryptowerte-Whitepaper **97** 3
- Leitlinien **97** 3 ff.
- öffentliche Konsultation **97** 7
- Proportionalitätsgebot **97** 7
- Rechtsgutachten **97** 3 f.
- Stellungnahmen **97** 13

Kooperationsvereinbarungen 107 3 ff.
- Aufgabenwahrnehmung **107** 5
- bilaterale ~ **107** 6
- EBA **107** 8 f.
- ESMA **107** 8 f.
- Form **107** 7
- Informationsaustausch **107** 5
- Informationspflicht **107** 4
- multilaterale ~ **107** 6
- technische Regulierungsstandards **107** 10

kostenlose Kryptowerte 4 20
Kredite 51 45
Kreditinstitute 3 200 ff.
- Änderung der Whitepaper/Marketingmitteilungen **25** 7
- Aufbewahrung der Geldbeträge **70** 30
- Auslagerungsverträge **17** 16
- Befreiung von erneuter Informationsbereitstellung **17** 20
- Bilanzsumme **3** 202
- CRD IV **17** 2
- CRR-Einlagen **3** 200
- CRR-Einlagen-Kreditinstitute **17** 3
- Datenschutz **17** 19
- E-Geld-Token **3** 31; **48** 5, 17
- Eigenhandel **3** 202
- Emissionsgeschäft **3** 202
- Entgegennahme von Einlagen **3** 201
- Fortführung des Geschäftsbetriebs **17** 17
- Geschäftsplan **17** 11
- Insolvenz **55** 61
- interne Revision **17** 18
- Kooperationsverträge **17** 16
- Kreditgewährung **3** 201
- Kryptowerte-Dienstleister **60** 6 f.
- Lizenz **48** 17
- Notifizierungsverfahren **60** 6 f.
- öffentliches Angebot **48** 16 ff., 30 ff.; s. auch dort
- Organisationsstruktur **17** 11
- Prüfungszeitraum **17** 21 ff.
- Risikomanagement **17** 18
- Rücktauschplan **55** 59 ff.
- Sanierungsplan **55** 20 ff.
- Sicherung der Emissionserlöse **10** 11
- signifikante E-Geld-Token **3** 58

Stichwortverzeichnis

- signifikante vermögenswertereferenzierte Token **17** 25
- SRM **55** 9
- Strategien **17** 15
- Treuhandkonto **54** 23 f.
- Unternehmensführung **17** 14
- vereinfachte Zulassung **17** 1 ff.; *s. auch dort*
- Verfahren **17** 15
- Vergütungsregulierung **72** 41
- Vermögenswertreserve **36** 1 ff.; **55** 48; *s. auch dort*
- Verwahrstelle **37** 7
- Zulassung **3** 203; **48** 38 f.
- Zulassung der E-Geld-Token **48** 16 ff.; *s. auch dort*

Krisenfrüherkennung
- Rücktauschplan **47** 35
- Sanierungsplan **46** 32

Krisenmanagement
- Rücktauschplan **47** 17, 36; **55** 51
- Sanierungsplan **46** 32

Kryptobörse 16 13
kryptografische Instrumente 3 104
- Kryptoverwahrung **3** 109

Krypto-Lending 142 3; *s. auch* Crypto-Lending

Kryptoregister 109 1 ff.
Kryptoverwahrgeschäft 59 3
Kryptoverwahrung 3 104, 108 ff.; **75** 1 ff.
- Aufbewahrung **3** 110
- Aufbewahrung der Kryptowerte **70** 9 ff.; *s. auch dort*
- Begriff **3** 108
- Best Execution **78** 23 ff.
- Drittdienstleister **62** 101
- E-Geld Token **3** 116
- Einzelverwahrung **3** 110
- Erleichterung der Rechteausübung **75** 20 f.
- Fork **75** 21
- Geschäftsbedingungen **75** 2 ff.; *s. auch* Kryptoverwahrungsvereinbarung
- Haftung des Kryptowerte-Dienstleisters **75** 1
- Hardware-Sicherheitsmodule **3** 112
- HD Wallet **75** 29
- Inanspruchnahme anderer Kryptowerte-Dienstleister **75** 41
- Infrastrukturanbieter, technische **75** 42
- Insolvenz **75** 28
- Key Shards **3** 111 f.
- Kontrolle **3** 113
- Kryptofondsanteile **3** 109
- kryptografische Instrumente **3** 109
- Kryptomärkteaufsichtsgesetz **3** 109

- Kryptoverwahrungsvereinbarung **75** 2 ff.; *s. auch dort*
- Kryptowertpapiere **3** 109
- Kunden **3** 115
- Master-Key **3** 112
- Multi-Party-Computation **3** 111 f.
- Multi-Signatur-Lösungen **3** 112
- Omnibus-Wallet **75** 12
- Positionsaufstellung **75** 22 ff.; *s. auch dort*
- qualifiziertes Kryptoverwahrgeschäft **3** 109
- Register über Kundenpositionen **75** 1, 11 f., 20 f.
- Rückgabe der Kryptowerte **75** 25 f.
- Rückgabe der Zugangsmittel **75** 27
- Sammelverwahrung **3** 110
- Sicherung von Zugangsmitteln **3** 110
- Staking Rewards **75** 21
- technische Sicherungsinfrastruktur **3** 112
- technische Speicherung **3** 110
- Token AirDrops **75** 21
- Transferdienstleistungen **3** 194
- Verlusthaftung **75** 33 ff.; *s. auch dort*
- Vermögenstrennung **75** 28
- Verwahrstrategie **75** 1, 13 ff.; *s. auch dort*
- Verwahrung **3** 110
- Verwahrungs-/Verwaltungsgrundsätze **62** 98 ff.
- Verwaltung **3** 114
- Weisungsrechte **3** 113
- Wertpapierfirma **60** 13
- Zahlungsdienste **3** 116
- Zugangsmittel **3** 111; **75** 1
- Zulassungsantrag **62** 97 ff.

Kryptoverwahrungsvereinbarung 75 2 ff.
- Authentifizierungssystem **75** 7
- Beschreibung der Kryptowerte-Dienstleistung **75** 4
- Einzelverwahrung **75** 4
- Entgelte **75** 9
- Gebühren **75** 9
- Identität der Vertragspartner **75** 3
- Kommunikationsmittel **75** 6
- Kosten **75** 9
- Kundenkommunikation **75** 6
- Mindestinhalt **75** 3 ff.
- Netzwerkgebühren **75** 9
- Omnibus-Wallet **75** 4
- Sammelverwahrung **75** 4
- segregierte Blockchain-Adressen **75** 4
- Sicherheitssysteme **75** 8
- Verwahrstrategie **75** 5

Kryptowale 91 40
Kryptowerte 2 3; **3** 11 ff., 34
- Abbildungen interner/externer Werte **3** 13

1435

Stichwortverzeichnis

- Anbieter **3** 79 f.
- Änderung der Zuordnungsverhältnisse **3** 12
- Angebot in der Union **Vor 4** 23
- Anonymisierungsfunktion **76** 8, 26
- Ausgabe **2** 3
- Currency-Token **Vor 4** 9
- Derivate **3** 346, 352
- Distributed Ledger **3** 11
- E-Geld-Token **3** 25 ff.; **48** 1 ff.; *s. auch dort*
- Eignung der ~ **76** 55 ff.; *s. auch dort*
- Emittenten **3** 68 ff.; *s. auch dort*
- ESMA-Register **3** 11
- Europäischer Pass **Vor 4** 4; **11** 1 ff.; *s. auch dort*
- extrinsische ~ **46** 7
- Grundbegriff **Vor 4** 9
- Handelszulassung **2** 3; *s. auch* Zulassung
- Informationspflichtverletzungen **Vor 4** 4
- intrinsische ~ **46** 7
- Investment-Token **Vor 4** 9
- Kryptowerte-Dienstleister **3** 83 ff.; *s. auch dort*
- Kryptowerte-Dienstleistungen **3** 102 ff.; *s. auch dort*
- Kryptowerte-Whitepaper **Vor 4** 4
- Marketingmitteilungen **Vor 4** 4; **7** 1 ff.; *s. auch dort*
- Marktmissbrauchsverbot **86** 1 ff.; *s. auch dort*
- Marktortprinzip **Vor 4** 22
- Netzwerkteilnehmer **3** 11
- NFT **Vor 4** 9 ff.
- Non-Fungible-Token **Vor 4** 9 ff.; *s. auch* NFT
- öffentliches Angebot **3** 73 ff.; **Vor 4** 4; **4** 1 ff.; *s. auch dort*
- On-Chain-Übertragung **3** 128
- Primärmarktpublizität **Vor 4** 4
- ProspektVO **Vor 4** 6
- Übergangsvorschriften **143** 2 ff.
- übertragbare Wertpapiere **3** 336 ff.
- Utility-Token **3** 65 ff.; **Vor 4** 9; *s. auch dort*
- Verlusthaftung **75** 33 ff.; *s. auch dort*
- vermögenswertereferenzierter Token **3** 14 ff.; **46** 10; *s. auch dort*
- Vertragsabschlussschaden **15** 48
- Widerrufsrecht des Kleinanlegers **Vor 4** 5; **13** 1 ff.; *s. auch dort*
- Zulassung anderer Kryptowerte **Vor 4** 4, 24; **5** 1 ff.; *s. auch dort*

Kryptowerte-Dienstleister 3 83 ff.; **59** 1 ff.
- Abwicklung von ~n **74** 1 ff.; *s. auch dort*
- andere Unternehmen **3** 87
- Änderungen im Leitungsorgan **69** 1 ff.; *s. auch dort*
- Anlegerschutz **3** 83
- Annahme/Übermittlung von Aufträgen **80** 1 ff.; *s. auch dort*
- Anzeigeverfahren **59** 18
- Aufbewahrung der Geldbeträge **70** 29 ff.; *s. auch dort*
- Aufbewahrung der Kryptowerte **70** 9 ff.; *s. auch dort*
- Aufnahmemitgliedstaat **3** 218 f.
- Aufsichtsrecht **67** 1 ff.
- Auftragsausführung **78** 1 ff.; *s. auch dort*
- Auslagerungen **73** 1 ff.; *s. auch dort*
- Beratung zu Kryptowerten **81** 1 ff.; *s. auch dort*
- Beschwerdeverfahren **71** 1 ff.; *s. auch dort*
- Betrieb einer Handelsplattform **76** 1 ff.; *s. auch dort*
- Decentralised Finance **3** 96 ff.
- Dezentrale Autonome Organisation **3** 88
- dezentrale Finanzdienstleistungen **3** 97
- dezentrale Kryptowerte-Dienstleistungen **3** 96 ff.
- Drittstaatenunternehmen **59** 46 ff.
- E-Geld-Institut **60** 21
- Eigenmittelanforderungen **67** 1 ff.
- Eignungsprüfung der Kryptowerte **76** 55 ff.; *s. auch dort*
- Einzelkaufleute **3** 89
- Erbringung von Zahlungsdiensten **70** 42 ff.
- Erlaubnisvorbehalt **3** 95; **59** 1
- Erwerb qualifizierter Beteiligungen **41** 19
- ESMA-Register **60** 40; **109** 2
- EU-Passporting **59** 43 f.; *s. auch* Europäischer Pass
- Europäischer Pass **65** 1 ff.
- Finanzstabilität **3** 83
- fixe Gemeinkosten **67** 10 ff.; *s. auch dort*
- GbR **3** 88
- Gebührenpolitik **66** 30
- Gefälligkeitstätigkeiten **3** 91
- gestattete Kryptowerte-Dienstleistung **3** 95
- Gestattung **59** 2, 18; *s. auch* Notifizierungsverfahren
- gewerbliche Tätigkeit **3** 90 ff.
- Herkunftsmitgliedstaat **3** 214 ff.
- Inhaberkontrolle **59** 49
- Interessenkonflikte **72** 1 ff.; *s. auch dort*
- Irreführungsverbot für ~ **59** 21 ff.; *s. auch dort*
- juristische Personen **3** 87
- Kostenpolitik **66** 30
- Kreditinstitute **60** 6 f.

Stichwortverzeichnis

- Kryptoverwahrung **75** 1 ff.; *s. auch dort*
- Kryptowerte-Dienstleistungen **3** 102 ff.; *s. auch dort*
- Kunden **3** 93 f.
- Leitungsorgan **3** 197 ff.; **69** 1 ff.
- Marktbetreiber **60** 24 f.
- Marktintegrität **3** 83
- Mindestkapitalanforderungen **67** 2
- Mindestkapitalanforderungen, absolute **67** 7
- Mindestkapitalanforderungen, gemeinkostenabhängige **67** 8
- natürliche Personen **3** 89
- Notifizierungsverfahren **60** 1
- öffentliches Angebot **4** 9, 34 f.
- OGAW-Verwaltungsgesellschaft **60** 22 f.
- OHG **3** 88
- Platzierung von Kryptowerten **79** 1 ff.; *s. auch dort*
- Portfolioverwaltung von Kryptowerten **81** 1 ff.; *s. auch dort*
- Preispolitik **66** 30
- Sicherheitsvorkehrungen **67** 6 ff.; *s. auch dort*
- Sicherung der Emissionserlöse **10** 11
- signifikante ~ **85** 1 ff.; *s. auch dort*
- Smart Contracts **3** 97
- Tätigkeitsverbot **59** 1
- Tausch von Kryptowerten **77** 1 ff.; *s. auch dort*
- Transfer of Funds Regulation **3** 84
- Transferdienstleistungen **82** 1 ff.; *s. auch dort*
- Übernahme von ~n **83** 1 ff.; *s. auch dort*
- Übernahmeprüfung **84** 1 ff.; *s. auch dort*
- Unternehmensführung **68** 1 ff.; *s. auch dort*
- vereinfachte Zulassung **60** 1
- Verhaltenspflichten **66** 1 ff.; *s. auch dort*
- Verlusthaftung **75** 33 ff.; *s. auch dort*
- vermögenswertereferenzierter Token **22** 21 ff.
- Verwahrstelle **37** 7
- Verwahrung **45** 7 ff.
- Verwalter alternativer Investmentfonds **60** 22 f.
- Wertpapierfirma **60** 9 f.
- Widerrufsrecht des Kleinanlegers **13** 1 ff., 8; *s. auch dort*
- Zahlungsdienste **70** 42 ff.
- Zentralverwahrer **60** 8
- Zinsverbot **50** 12 f.
- Zulassung von ~n **59** 2 ff.
- Zulassungsentzug **64** 1 ff.; *s. auch dort*

Kryptowerte-Dienstleistungen 2 3; **3** 102 ff.

- Abschlussvermittlung **3** 133
- Annahme/Übermittlung von Aufträgen **3** 147 ff.; *s. auch dort*
- Auftragsausführung **3** 130 ff.
- Begriff **3** 103
- Beratung zu Kryptowerten **3** 161 ff.; *s. auch dort*
- Betrieb einer Handelsplattform **3** 117 ff.; *s. auch dort*
- dezentrale ~ **3** 96 ff.
- Eigengeschäft **3** 135
- Eigenhandel **3** 133
- Finanzkommissionsgeschäft **3** 133
- Geschäftsplan **62** 24 f.
- gestattete ~ **3** 95
- Katalog **3** 102
- Katalog, abschließender **3** 107
- Kategorien **3** 105 f.
- Kauf/Verkauf von Kryptowerten **3** 126 ff.
- kryptografische Instrumente **3** 104
- Kryptoverwahrung **3** 104, 108 ff.; *s. auch dort*
- Kryptowerte-Dienstleister **59** 1 ff.; *s. auch dort*
- Kunden **3** 269 ff.; *s. auch dort*
- Platzierung von Kryptowerten **3** 139 ff.; *s. auch dort*
- Portfolioverwaltung von Kryptowerten **3** 134, 175 ff.
- Regulierung **3** 104
- Tausch von Kryptowerten **3** 126 ff.
- Transferdienstleistungen **3** 190 ff.; *s. auch dort*
- Übergangsvorschriften **143** 6 ff.
- Zeichnung **3** 138
- Zugang der Kunden **62** 26 ff.
- Zulassung vermögenswertereferenzierter Token **16** 13

Kryptowerte-Entwicklungsbericht 142 1 ff.

- Decentralised Finance **142** 2
- Krypto-Lending **142** 3
- NFT **142** 5
- Übertragung von E-Geld-Token **142** 4

Kryptowerte-Whitepaper Vor 4 4; **6** 1 ff.; **19** 1 ff.; **51** 1 ff.

- Aktualisierung **51** 68
- Aktualität **6** 16
- Allokationseffizienz **51** 4
- andere Personen **51** 32
- Änderung der Whitepaper/Marketingmitteilungen **12** 1 ff.; *s. auch dort*
- Änderungsanordnung **51** 79
- Anforderungen **51** 3
- angebotsspezifische Informationen **6** 19 ff.
- Anhang I **6** 19 f.
- Anhang II MiCAR **19** 4, 12

1437

Stichwortverzeichnis

- Anlegerentschädigung **51** 42
- Anlegerleitbild **19** 26
- Anlegerschutz **6** 3; **19** 7
- Anwendungsbereich **6** 5
- Anwendungsbereich, persönlicher **51** 8
- Anwendungsbereich, räumlicher **51** 9
- Anwendungsbereich, sachlicher **51** 6 f.
- Aufsichtsbefugnisse **94** 12
- Aufsichtsrecht **6** 44; **19** 11
- Behavioral-Finance-Forschung **6** 4
- behördliche Prüfung/Billigung **8** 1, 7
- Beurteilungsmaßstab **6** 17 ff.
- Blockchain **51** 23
- Consultation Paper **19** 17
- Datum **19** 33
- E-Geld **48** 81; **49** 4
- E-Geld-Token **3** 51; **48** 44, 60, 81; **51** 1 ff.
- E-Geld-Token-Informationen **51** 15
- Eignungsprüfung der Kryptowerte **76** 69
- Eindeutigkeit **6** 13, 26; **19** 22; **51** 36
- Einlagensicherung **51** 43 ff.
- Emittenten **3** 70; **19** 6; **48** 81
- Emittenten-Informationen **51** 13 f.
- Erklärung des Leitungsorgans **19** 30
- ESMA **6** 43; **19** 16 f.
- ESMA-Register **8** 17
- Europäischer Pass **11** 6; **16** 29 f.
- fehlendes ~ **4** 31
- fehlerhaftes ~ **4** 31; **5** 24; **15** 28 ff.; **26** 15 ff.; **52** 9 ff.
- Final Report **19** 17
- Finanzlage des Emittenten **51** 13 f.
- Form **6** 39 ff.
- formelle Anforderungen **51** 59 ff.
- Formvorgaben **19** 33 ff.
- freiwilliges ~ **4** 42
- fundamentalwertrelevante Informationen **15** 30
- Grundsätze **51** 12
- handelszulassungsspezifische Informationen **6** 19 ff.
- Herkunftsmitgliedstaat **6** 39 f.
- Identitätserfordernis **28** 5
- Informationsasymmetrien **6** 7
- Inhaberrechte/-pflichten **51** 17 f.
- Inhalt **6** 6 ff.; **19** 12 ff.; **51** 13 ff.
- Inhaltsverzeichnis **6** 38; **19** 33; **51** 58
- Insolvenz **51** 22
- irreführende Informationen **15** 33; **26** 20
- Irreführungsverbot **6** 8, 24; **19** 23; **51** 37
- Katalog von Themenbereichen **19** 12
- Klarheit **6** 12 ff.
- Knappheit **6** 15, 26; **19** 24
- Kompatibilität **51** 25
- Konsensmechanismus **51** 24

- Konsistenzgebot **9** 1, 11
- Konvergenzförderung **97** 3
- Kosten **6** 3
- Kryptowerte-Whitepaper **51** 79 f.
- Kryptowerte-Whitepaper-Zusammenfassung **6** 33 ff.; **51** 52 ff.; s. auch dort
- künftige Wertentwicklung **19** 28
- Leitungsorgan **6** 28 f.; **51** 50 f.
- Liste der Aufnahmemitgliedstaaten **8** 13
- Marketingmitteilungen **7** 18 ff.; **53** 22
- Marktaufsicht **8** 3
- Marktschutz **6** 3; **19** 7
- Maschinenlesbarkeit **6** 42; **19** 35 ff.; **51** 61 ff.
- Mindestangaben **19** 3, 12
- Nachhaltigkeitsindikatoren **51** 74
- Notifizierungsverfahren **8** 15 ff.; **51** 2
- öffentliches Angebot **3** 73; **51** 6, 16
- Parallelregelungen **51** 10 f.
- Passporting **16** 29 f.
- Pflichtverletzung **6** 44 f.; **19** 10
- Prinzipien **51** 12, 33 ff.
- Prognosen **6** 8
- ProspektVO **6** 2; **19** 8; **51** 1
- qualifizierte Anleger **3** 208
- Redlichkeit **6** 8, 24; **19** 21; **51** 34
- Registerdaten **51** 71 ff.
- Richtigkeit **6** 7, 24
- Risikodarstellung **51** 20 ff.
- Rücktauschbedingungen **49** 1, 16 f.
- Rücktauschrecht **19** 32; **39** 14
- Selbstevaluation **8** 1, 10 f.
- Sicherheit der E-Geld-Token **51** 22
- Sprache **6** 39 ff.; **19** 34; **51** 59 f.
- Standardformulare **51** 65
- Startdatum **8** 14
- technische Anforderungen **51** 25
- technische Durchführungsstandards **6** 43; **19** 37; **51** 65 f.
- technische Regulierungsstandards **6** 43; **19** 16; **51** 74 ff.
- Technologie-Informationen **51** 19, 23
- Übermittlung **8** 1 ff., 8
- Übermittlungsdatum **6** 38; **51** 58
- Übermittlungsfehler **8** 18
- Übermittlungsfrist **8** 12
- Übermittlungspflicht **51** 67 f.
- Umweltauswirkungen **51** 28 ff.; **66** 33; s. auch dort
- unredliche Informationen **15** 31
- unverständliche Informationen **15** 32
- unvollständige Informationen **15** 30; **26** 16 f.
- Urheber **6** 22
- Utility-Token **3** 65
- Verantwortungsübernahme **6** 45; **51** 40

Stichwortverzeichnis

- Verantwortungsübernahmeerklärung 6 27 ff.; 51 50 f.
- vereinfachte Zulassung 17 5
- Verhaltenspflichten 66 29
- vermögenswertereferenzierter Token 19 1 ff.
- Vermögenswertreserve 19 13
- Veröffentlichung 9 1 ff., 8; 19 9
- Veröffentlichungsfehler 9 12
- Veröffentlichungsform 28 3 f.
- Veröffentlichungsfrist 28 7
- Veröffentlichungspflicht 51 70
- Veröffentlichungszeitpunkt 6 9; 28 6
- Veröffentlichungszwang 28 2
- Veröffentlichungszweck 9 3
- Verständlichkeit 6 13 f., 26; 19 25
- Vollständigkeit 6 10 f., 21, 25; 19 27
- Vorabgenehmigung 51 68
- Wahrheit 6 7
- Warnhinweis 6 30, 32; 19 28 f.; 51 41 ff.
- Website 9 8; 28 3
- Wechselkursrisiken 51 22
- Werturteile 6 8
- wesentliche Auslassungen 6 11; 19 27
- Whitepaper-Informationshaftung 6 45; 15 1 ff.; 26 1 ff.; 51 81; 52 1 ff.; *s. auch dort*
- Zahlungsmittel 51 22
- Zielpublikum 6 17
- Zukunftsaussagen 6 31
- Zulassung der E-Geld-Token 48 44; 51 6, 16
- Zulassung vermögenswertereferenzierter Token 16 5
- Zulassungsantrag 18 30
- Zusammenfassung 6 33 ff.; 19 31
- zuständige Behörde 8 8; 51 67
- Zweck 6 3; 19 7

Kryptowerte-Whitepaper-Pflicht
- Anbieter anderer Kryptowerte 4 12
- Änderung der Whitepaper/Marketingmitteilungen 12 3
- Anlegerschutz 3 73
- Ausnahme 5 18 ff.
- bestehende Handelszulassung 5 18 ff.
- E-Geld-Token 51 7
- Europäischer Pass 11 7
- Marktschutz 3 73
- öffentliches Angebot 3 73; 4 1, 6
- Whitepaper-Informationshaftung 15 4
- Zulassung anderer Kryptowerte 5 1, 4, 6
- Zweck 28 1

Kryptowerte-Whitepaper-Zusammenfassung 6 33 ff.
- Basisinformationen 15 37
- E-Geld-Token 51 52 ff.
- Entscheidungshilfe 51 55
- fehlerhafte ~ 15 34 ff.
- Form 51 53
- fundamentalwertrelevante Informationen 15 37
- geeignete Informationen 6 35
- Haftungserleichterung 15 34
- Informationspflichtverletzungen 15 36 ff.
- key information 6 33
- Klarheit 6 36
- Sprache 51 53
- Verständlichkeit 6 34
- Vollständigkeit 6 36
- Warnhinweis 51 54
- wesentliche Informationen 6 33; 51 52
- wesentliche Risiken 51 55
- Whitepaper-Informationshaftung 15 34 ff.; 26 44 ff.; 52 32 ff.
- Zweck 6 35

Kunden 3 269 ff.
- Anleger 3 270
- Beratung zu Kryptowerten 81 11 f.
- Eignungsbericht 81 74 ff.
- Empfehlungen 3 169 f.
- Explorationspflicht 81 37 ff.; *s. auch dort*
- Kryptoverwahrung 3 115
- Kryptowerte-Dienstleister 3 93 f.
- Personengesellschaften 3 271
- Portfolioverwaltung von Kryptowerten 81 11 f.
- potenzielle ~ 3 272
- qualifizierte Anleger 3 210
- Verhaltenspflichten 66 8 f.
- Wohnungseigentümergemeinschaft 3 271

Kundenweisungen 78 36 ff.
Kursdifferenzschaden 15 43, 50 ff.; 26 33
- Berechnung 15 51
- Ersatzfähigkeit 15 50
- fraud-on-the-market-Theorie 15 55
- Kausalität, haftungsausfüllende 15 59 f.
- Kausalität, haftungsbegründende 15 55
- Marktschutz 15 50, 55

Kursmanipulationseignung 91 16, 36
Kursrelevanz 87 7 ff.
KWG 46 25 f.

Layering 91 4
Legal Entity Identifier 18 7
Legalitätsstrategien/-verfahren 34 1
Leitungseignung 34 28
Leitungserfahrung 34 26
Leitungsorgan 3 197 ff.
- Ämterhäufung 34 32
- Änderungen im ~ 33 1 ff.; *s. auch dort*
- Assessment-Fragebögen 34 29
- aufsichtliche Maßnahmen 34 20
- Aufsichtsbefugnisse 94 17

1439

Stichwortverzeichnis

- Befähigung 62 58 ff.
- Begriff 33 4
- Bestellung ungeeigneter Organe 34 34
- Bestellungshindernisse 34 13
- Dokumentationspflichten 34 33
- EBA-Leitlinien 34 14
- Eignungsbeurteilung 62 74
- Erfahrung 62 64
- fachliche Eignung 34 23
- Guidelines 34 14
- Informationsersuchen 122 5
- Inkompatibilität 34 32
- Interessenkonflikte 32 12 f.; 34 22, 32; 62 71 f.; 72 10
- Kryptowerte-Dienstleister 68 6 ff.; 69 1 ff.
- Kryptowerte-Whitepaper 6 28 f.; 51 50 f.
- Lebenslauf 62 63
- Leitungseignung 34 28
- Leitungserfahrung 34 26
- Ordnungswidrigkeiten 34 19
- persönliche Angaben 62 61
- persönliche Mängel 34 21
- persönliche Mindestanforderungen 34 13
- persönlicher Werdegang 62 65 ff.
- Position 62 62
- praktische Eignung 34 25
- präventive Maßnahmen 34 33
- rechtskräftige Verurteilung 34 18
- Ruf 62 64
- Steuerdelikte 34 19
- Strafregister 62 59
- tatsächlicher Zeiteinsatz 34 31
- Teilzeitmodelle 34 30
- theoretische Eignung 34 24
- Unternehmensführung 34 8, 13 ff.
- Vergütungsregulierung 72 39
- Whitepaper-Informationshaftung 15 5, 17, 26; 26 11; 52 23 ff.
- zeitliche Verfügbarkeit 34 29
- zeitlicher Tätigkeitsumfang 62 73
- Zulassungsantrag 18 21; 62 58 ff.
- Zulassungsentscheidung 21 11 ff.; 63 24 ff.
- Zuverlässigkeit 34 16 f.

Leumund des Erwerbers 42 3; 84 5 ff.

- Beurteilung der Reputation 42 5 f.
- Draft Regulatory Technical Standards 42 3
- juristische Person 42 9 f.
- natürliche Person 42 7 f.

Leumund des Geschäftsleiters 42 11 ff.; 84 7 ff.

- Berufserfahrung 42 15; 84 9
- Erfahrung 42 15; 84 9
- fachliche Eignung 42 15; 84 9
- Führungszeugnis 42 13
- Zuverlässigkeit 42 12; 84 11

Level Playing Field 1 1
- Whitepaper-Informationshaftung 26 39

lex fori concursus 36 21; 47 30

Libra 3 17

Liquidationsplan 74 25

Liquiditätsstresstest 35 32; 45 14 ff.

Liquidity Provider 3 123

MaComp 72 44

MaRisk 34 50

market for lemons 4 5 f.

Market Maker 3 123
- Betriebsvorschriften 76 16

Marketing 3 52

Marketingmitteilungen Vor 4 4; 7 1 ff.; 29 1 ff.; 53 1 ff.

- allgemeine Anforderungen 7 16 ff.
- Amtshilfe 7 28
- Anbieter anderer Kryptowerte 7 9
- andere Personen 53 10 ff.
- Änderung der Whitepaper/Marketingmitteilungen 12 1 ff.; s. auch dort
- Änderungsanordnung 53 40
- Anforderungen 53 1, 3 ff.
- Anlegerschutz 7 8; 53 1
- Aufnahmemitgliedstaat 7 29
- Aufsichtsbefugnisse 94 13
- Aufsichtsmaßnahmen 130 5
- Aufsichtsrecht 7 30; 53 38 ff.
- Auszeichnungen 53 19
- Authentizität 53 19
- Begriff 7 12, 15; 29 5; 53 2
- Behördenbeteiligung 29 16 f.
- behördliche Prüfung/Billigung 8 1, 7
- Definition 29 5
- digitale Plattformen 7 1
- Effektivität des Offenlegungsregimes 7 3, 6
- Eindeutigkeit 7 17; 29 7; 53 19
- Emittenten 53 10
- Emittentenangaben 29 12 f.
- Erkennbarkeit 7 16; 53 16 f.
- Erkennbarkeitsgebot 29 6
- Ersteller 7 9
- formal-prozedurale Anforderungen 53 1, 5
- Forschungsergebnisse 53 19
- grundlegende Anforderungen 29 6
- Handelsplattformbetreiber 7 9
- Hinweis auf Kryptowerte-Whitepaper 29 9 ff.; 53 22
- Hinweispflicht 7 20
- Informationsasymmetrien 29 3
- Inhalt 7 11 ff.; 53 15 ff.
- Irreführungsverbot 7 17; 29 7; 53 19

Stichwortverzeichnis

- Irreführungsverbot für Kryptowerte-Dienstleister 59 34 f.
- Kanäle 53 2
- Kennzeichnung 7 16; 29 6
- Klarheit 7 16 f.; 53 19
- Kleinanleger 29 3; 53 1
- Kommunikation 29 3
- Konsistenz Marketingmitteilung-Whitepaper 29 8
- Konsistenz mit dem Whitepaper 53 20 f.
- Konsistenzgebot 7 18 f.; 9 1, 11
- Kontaktinformationen 7 21
- Kryptowerte-Dienstleister 66 20
- Kryptowerte-Whitepaper 7 4, 18 ff.; 53 22
- Lauterkeitsrecht 29 4
- Liste der Aufnahmemitgliedstaaten 8 13
- Marketingsperre 29 18
- Marktaufsicht 7 7; 8 3
- Marktortprinzip 7 10, 27
- Marktsondierung 7 26; 29 19; 53 8, 33 ff.
- Marktüberwachung 29 17
- materiell-inhaltliche Anforderungen 53 1, 4
- Nachfrageförderung 29 5
- öffentliches Angebot 7 8; 48 51
- overoptimism 7 3
- Parallelregelungen 53 6 ff.
- Prognosen 7 17
- Prospekthaftung 7 31
- ProspektVO 7 2
- Qualitätsgebot 7 17
- Redlichkeit 7 17; 29 7; 53 17
- Regulierungszweck 7 3
- Richtigkeit 7 17
- Rücktauschrecht 29 14; 53 8, 23
- Sanktionen 53 38 ff.
- satisficing 7 3
- Selbstevaluation 8 1, 10 f.
- Servicehotline 29 13
- soziale Medien 7 1
- Startdatum 8 14
- Statistiken 53 19
- Testergebnisse 53 19
- Transparenzgebot 7 16
- Übermittlung 8 1 ff., 9
- Übermittlungsfehler 8 18
- Übermittlungsfrist 8 12
- Übermittlungspflicht 53 29 f.
- Verantwortlichkeit 53 10 ff.
- Verantwortungsübernahmeerklärung 7 23
- Verbot vor Whitepaper-Veröffentlichung 53 31 f.
- Verbreitungsmitgliedstaat 7 29
- vergleichende Werbung 53 19
- Veröffentlichung 9 1 ff., 8
- Veröffentlichungsfehler 9 12
- Veröffentlichungspflicht 29 15; 53 24 ff.
- Veröffentlichungszweck 9 3
- Verständlichkeit 53 19
- Vorabgenehmigung 53 27 f.
- Vorveröffentlichungen 7 24 f.
- Wahrheit 53 19
- Warnhinweis 7 22; 53 9
- Website 9 8; 53 8, 24 ff.
- Werturteile 7 17
- Wissenszurechnung 29 13
- Zielrichtung 53 2
- Zulassung anderer Kryptowerte 7 8
- Zulassung der E-Geld-Token 48 51
- Zulassungsantragsteller 7 9
- zuständige Behörde 7 27 ff.; 8 9; 29 16; 53 29 f.
- Zweck 29 5
- **Marketingmittel 62** 29 f.
- **Marketingsperre 29** 18
- **Marking the Close 91** 2
- **Marktbetreiber 60** 24 f.
- **Markteintrittskontrolle 41** 3
- **Marktentwicklungsbericht 141** 1 f.
- **Marktintegrität 3** 83
- **Marktmanipulation 91** 1 ff.
- Abusive Squeeze 91 40
- Algorithmen 91 40
- Beispielskatalog 91 38 ff.
- Bots 91 4
- Coin-Lending 91 10
- Cornering 91 40 ff.
- Emissionszertifikate 91 2
- Fehlen legitimer Gründe 91 20 ff.
- Handelsauftrag 91 11
- handelsgestützte ~ 91 10 ff.
- handlungsgestützte ~ 91 23 ff.
- Hochfrequenzhandel 91 46
- Indikatoren 91 3
- informationsgestützte ~ 91 26 ff.
- Journalistenprivileg 91 3, 37
- KI 91 6
- Kryptomarktbezug 91 6
- Kryptowale 91 40
- Kursmanipulationseignung 91 16, 36
- Layering 91 4
- Manipulationseignung 91 13 ff., 31
- Manipulationshandlungen 91 10 ff.
- Marking the Close 91 2
- marktbeherrschende Stellung 91 39 ff.
- Marktstörung durch Auftragserteilungen 91 46 ff.
- Markttäuschungseignung 91 13 ff., 31
- Person 91 6
- Pump & Dump 91 4
- Sanktionen 91 58 f.

1441

Stichwortverzeichnis

- Scalping **91** 51 ff.
- Spoofing **91** 4
- Staking **91** 10
- Unterlassen **91** 8
- Verbotstatbestand **91** 6 ff.
- Versuch **91** 9
- Waren-Spot-Kontrakte **91** 2
- Wash Trading **91** 4
- zulässige Marktpraxis **91** 20

Marktmissbrauchsverbot 86 1 ff.
- Ad-hoc-Publizität **88** 1 ff.; *s. auch dort*
- Anbieter aus Drittstaaten **92** 7
- Anwendungsbereich **86** 1, 9 ff.
- Aufdeckung von Marktmissbrauch **92** 9
- Auswirkungsprinzip **86** 13
- Betrieb einer Handelsplattform **92** 5
- Distributed-Ledger-Technologie **92** 2
- Gatekeeper **92** 5
- Handelszulassung **86** 10
- Insiderhandel **86** 2
- Insiderhandelsverbot **89** 1 ff.; *s. auch dort*
- Insiderinformationen **87** 1 ff.; *s. auch dort*
- Insiderlisten **85** 1 ff.
- Marktmanipulation **91** 1 ff.; *s. auch dort*
- Meldepflichten **92** 1, 4 ff., 13
- Mining-Pools **86** 6
- Person **86** 12
- Pfadabhängigkeit **86** 4
- Proportionalitätsgrundsatz **92** 11
- soziale Medien **86** 6
- Straftaten **86** 7
- Überregulierung **86** 3
- Überwachungspflichten **92** 4 ff.
- Überwachungssysteme **92** 11
- Verhältnismäßigkeit **86** 3
- Vorbeugung **92** 12
- Wallet-Anbieter **92** 6
- Zweck **86** 2

Marktortprinzip Vor 4 22
- Marketingmitteilungen **7** 10, 27
- öffentliches Angebot **4** 10
- Whitepaper-Informationshaftung **15** 20
- Zulassung von Kryptowerte-Dienstleistern **59** 5

Marktpreis
- Rücktauschplan **47** 43
- Verlusthaftung **75** 38

Marktschutz
- Beschwerdeverfahren **31** 5
- Kryptowerte-Whitepaper **6** 3
- Kryptowerte-Whitepaper-Pflicht **3** 73
- Kursdifferenzschaden **15** 50, 55
- Verhaltenspflichten **14** 4; **27** 2; **66** 3
- Whitepaper-Informationshaftung **15** 4
- Zulassung von Kryptowerte-Dienstleistern **59** 2

Marktsondierung
- Marketingmitteilungen **7** 26; **29** 19; **53** 8, 33 ff.

Markttäuschungseignung 91 13 ff., 31

Markttest 14 8

Maschinenlesbarkeit
- Kryptowerte-Whitepaper **6** 42; **19** 35 ff.; **51** 61 ff.
- technische Regulierungsstandards **51** 64
- xHTML mit Inline XBRLTags **51** 63

Masseinsuffizienz 74 25

maßgeblicher Einfluss 3 257 ff.
- Kriterien **3** 260

Maßnahmen, verwaltungsrechtliche 111 45 ff.
- Berichterstattung **115** 1 ff.
- Einstellungsanordnung **111** 45 ff.
- Einzug erzielter Gewinne **111** 48 ff.
- öffentliche Bekanntmachung **111** 51; **114** 1 ff.
- Unterlassungsanordnung **111** 45 ff.

Master-Key 3 112

Matched Principal Trading 76 31

Maximum Extractable Value 87 22

Maximum Extraction Value 89 6

Mempool 87 22

Merkblatt ZAG 3 289

MiCAR
- Aktualisierungspflicht **99** 5
- Altersvorsorgeprodukte **2** 25
- andere Unternehmen **2** 2
- anderweitig regulierte Instrumente **2** 20 ff.
- Anwendungsbereich, persönlicher **2** 1 ff.; **Vor 4** 19
- Anwendungsbereich, räumlicher **Vor 4** 21
- Anwendungsbereich, sachlicher **Vor 4** 8 ff.
- Anwendungsbereichausnahmen, persönliche **2** 4 ff.
- Begriffsbestimmungen **3** 1 ff.
- Bericht **140** 1 ff.
- Currency-Token **Vor 4** 17
- Datenschutz **101** 1 ff.
- EBA **1** 1
- EFSF **2** 7
- E-Geld-Token **2** 24
- ESM **2** 7
- ESMA **1** 1
- Europäische Investitionsbank **2** 7
- Europäisches Parlament **1** 2
- FSB Empfehlungen **1** 5; **2** 21
- Gegenstand **1** 1 ff.
- geldwäscheaufsichtliche Regelungen **1** 11
- Gesetzgebungsvorschlag **1** 3
- Historie **1** 1 ff.

Stichwortverzeichnis

- Instrumente der Finanzmarktregulierung **1** 9
- internationaler Zusammenhang **1** 4 ff.
- Investment-Token **Vor 4** 13
- juristische Personen **2** 1
- Level Playing Field **1** 1
- Mutterunternehmen **2** 4
- natürliche Personen **2** 1
- NFT **2** 9 ff.; *s. auch dort*
- nicht fungible Vermögenswerte **2** 9 ff.; *s. auch* NFT
- Sanktionen, verwaltungsrechtliche **111** 1 ff.; *s. auch dort*
- Schutzgut **1** 8
- Single Rulebook **1** 7
- SSM Verordnungen **2** 27
- Stablecoin **1** 2, 4
- steuerliche Regelungen **1** 12
- Systeme der sozialen Sicherheit **2** 26
- Titel II **Vor 4** 4 ff.
- Tochterunternehmen **2** 4
- Übergangsvorschriften **143** 2 ff.
- Übermittlungspflicht zur Umsetzung **99** 1 ff.
- Utility-Token **Vor 4** 15
- Whistleblower-RL **116** 1
- Zielsetzung **1** 7 ff.
- zuständige Behörde **3** 220 ff.
- Zwischenbericht **140** 1 ff.

MiFID II
- Annahme/Übermittlung von Aufträgen **3** 148 ff.
- Aufbewahrung der Kryptowerte **70** 6
- Finanzinstrumente **3** 322
- reverse solicitation **61** 2
- Verhaltenspflichten **14** 2; **Vor 27** 1; **66** 2

Mining 4 21
Mining-Pools 86 6
Mitverschulden 15 61 f.; **26** 36
Monitoring 10 11
moral hazard 4 22
MTF 3 118
multilaterales Handelssystem 3 118 ff.
- ESMA **3** 119, 122, 124
- Finanzinstrumente **3** 119
- Handelsinteressen **3** 122 f.
- Voraussetzungen **3** 121, 124

Multi-Party-Computation 3 111 f.
Multi-Signatur-Lösungen 3 112
Münzen 3 81

Nachhandelstransparenz
- Betrieb einer Handelsplattform **76** 46
- Tausch von Kryptowerten **77** 25 ff.

Nachtat-Compliance 112 15 f.

Naming and Shaming 114 1 f.; **133** 3 ff.
- Ausschlussgrund **133** 5
- personenbezogene Daten **133** 4

National Competent Authority 18 1
Negativzinsen 50 19
Nemo-Tenetur-Grundsatz 111 24 f.
Nennwert 49 1, 10, 12
Netting 76 24
Nettovergütungen 40 2; **50** 16
Netzwerkgebühren 75 9
NFT 2 9 ff.; **Vor 4** 9 ff.
- Bereichsausnahme **Vor 4** 12
- Bruchteile **Vor 4** 11
- digitale Kunst **2** 17
- echter ~ **Vor 4** 10
- einmalige, nicht fungible Dienstleistungen **2** 18
- Einmaligkeit **Vor 4** 11
- Einstufung **2** 19
- Einzigartigkeit des Kryptowertes **2** 15
- EU-Geldwächerichtlinie **2** 11
- Fungibilität **Vor 4** 11
- Kryptowerte-Entwicklungsbericht **142** 5
- materielle Vermögenswerte **2** 18
- nationale Wertpapiergesetzgebung **2** 12
- Nicht-Fungibilität **2** 13
- Referenzobjekt **Vor 4** 11
- Sammlerstücke **2** 17
- uneigentlicher ~ **Vor 4** 11

nicht fungible Vermögenswerte 2 9 ff.; *s. auch* NFT

Non-Fungible-Token Vor 4 9 ff.; *s. auch* NFT

Normwiederholungsverbot 74 5
Notfallplanung 68 41
- Auslagerungen **73** 19

Notifizierungsverfahren
- Ablauf **60** 31 ff.
- Änderung der Whitepaper/Marketingmitteilungen **12** 1, 5, 22
- Anwendungsbereich **60** 3
- Auftragsausführungsgrundsätze **60** 29
- Betriebsvorschriften **60** 29
- E-Geld-Institut **60** 21
- Ergänzungen **60** 34 f.
- Erlaubnis des Unternehmens **60** 39
- ESMA-Register **60** 40
- Europäischer Pass **11** 6, 8
- Folge der Notifizierung **60** 36
- Geschäftsplan **60** 29
- Gleichwertigkeitsprüfung **60** 10, 12
- Inhalt der Notifizierung **60** 26
- Klarstellungen **60** 34 f.
- Kreditinstitute **60** 6 f.
- Kryptowerte-Dienstleister **60** 1 ff.
- Kryptowerte-Whitepaper **8** 15 ff.; **51** 2

1443

Stichwortverzeichnis

- Marktbetreiber **60** 24 f.
- OGAW-Verwaltungsgesellschaft **60** 22 f.
- regulierte Unternehmen **60** 3
- Risikobewertungsrahmen **60** 29
- technische Dokumentation **60** 29
- technische Durchführungsstandards **60** 41
- technische Regulierungsstandards **60** 41
- Umfang der Notifizierung **60** 28 ff.
- Unvollständigkeitsprüfung **60** 32 f.
- Verwalter alternativer Investmentfonds **60** 22 f.
- Wertpapierfirma **60** 9 f.
- Zentralverwahrer **60** 8
- zuständige Behörde **60** 40
- Zweck **60** 5

Offenlegung von Insiderinformationen 88 1 ff.; *s. auch* Ad-hoc-Publizität

Offenlegungspflichten 30 1 ff.
- Ad-hoc-Publizität **30** 15 ff.; **88** 4 ff.
- Adressaten **30** 6
- Aktualisierungsintervall **30** 10
- Auffindbarkeit **30** 8
- Bereitstellung **30** 5
- Informationsgegenstände **30** 7
- Inhalt **30** 5
- Interessenkonflikte **14** 16; **32** 2, 27 ff.; **72** 1 f., 24
- Investor Relations **30** 8
- Klarheit **30** 9
- öffentliches Angebot **4** 6
- Prüfbericht **30** 11 ff.
- Risikolage **30** 4
- Rücktauschrecht **30** 4
- Sprache **32** 31
- Transparenz **30** 9
- Website **30** 1
- Zusammenfassung **30** 12 f.

öffentliche Bekanntmachung 114 1 ff.
- Absehen von der ~ **114** 5
- anonymisierte Veröffentlichung **114** 6 f.
- Aufschub der Veröffentlichung **114** 8 f.
- Aufsichtsbefugnisse **94** 11
- Aufsichtsmaßnahmen **130** 18
- Maßnahmen, verwaltungsrechtliche **111** 51
- Naming and Shaming **114** 1 f.
- Veröffentlichungsmodalitäten **114** 10 ff.
- Zulassungsentzug **24** 60

öffentliches Angebot 3 73 ff.; **Vor 4** 4; **4** 1 ff.; **48** 53
- Absichtsanzeige **48** 80
- adverse Selektion **4** 5 f.
- Agenturkonflikte **4** 5 f.
- AirDrop **4** 20
- Anbieter **3** 79 f.
- andere Personen **48** 20, 45 ff.
- Angebot in der Union **Vor 4** 23
- Angebotsbedingungen **3** 76
- Anwendungsbereich, räumlicher **Vor 4** 23
- Anwerbung von Kunden **48** 28 f.
- Art und Weise **3** 74
- Aufsichtsmaßnahmen **130** 4
- Aufsichtsrecht **4** 30
- Ausnahmen **4** 14 ff.
- Aussetzung **4** 30
- begrenzter Adressatenkreis **4** 15
- begrenztes Emissionsvolumen **4** 16
- Begriff **3** 73
- Bereichsausnahme, kryptowertbezogene **4** 1, 19 ff., 34
- Binnenmarktrelevanz **48** 27
- Disclaimer **Vor 4** 23; **4** 17
- E-Geld-Institut **48** 30 ff.
- E-Geld-Token **3** 37; **4** 8; **48** 16 ff.
- emittentenlose E-Geld-Token **48** 17
- Erlaubnisvorbehalt **48** 17
- EU-Mitgliedsstaaten **48** 23 ff.
- EWR-Staaten **48** 26 f.
- Feigenblatt-Disclaimer **4** 17
- Form **3** 74
- Höchstlaufzeit **4** 36 ff.
- Informationen **3** 76
- Informationsasymmetrien **4** 5 f.
- Investitionsentscheidung, individuelle **3** 77
- invitatio ad offerendum **3** 74
- Kettenangebote **4** 40
- kleine E-Geld-Institute **48** 69 ff.
- kostenlose Kryptowerte **4** 20
- Kreditinstitute **48** 30 ff.
- Kryptowerte-Dienstleister **4** 9, 34 f.
- Kryptowerte-Whitepaper **3** 73; **48** 44; **51** 6, 16
- Kryptowerte-Whitepaper-Pflicht **3** 73; **4** 1, 6
- Lizenz **48** 17
- market for lemons **4** 5 f.
- Marketingmitteilungen **7** 1 f., 8; **48** 51; **53** 1 ff.; *s. auch dort*
- Marktortprinzip **4** 10
- Mehrzahl von Personen **3** 75
- Mining **4** 21
- Mitteilung **3** 74
- nationale Aufsichtsbehörde **48** 24
- Offenlegungspflichten **4** 6
- Öffentlichkeit **3** 75
- passive Dienstleistungsfreiheit **48** 28 f.
- Pflichtverletzung **4** 30 ff.
- ProspektVO **4** 4; **16** 9
- qualifizierte Anleger **4** 17 f.
- Rechtsformzwang **4** 11

Stichwortverzeichnis

- reverse solicitation **48** 28 f.
- Rückausnahme **4** 26 ff.
- Sanktionen **48** 55
- Sicherung der Emissionserlöse **10** 11 ff.; *s. auch dort*
- späteres ~ **4** 2, 39 ff.
- Staking **4** 21
- Territorialprinzip **48** 23
- underwriter **4** 18
- Untersagung **4** 30
- Utility-Token **4** 36 ff.
- Verbot **4** 1
- vereinfachte Zulassung **17** 1 ff.; *s. auch dort*
- Verkaufsangebot **16** 10
- vermögenswertereferenzierter Token **4** 8
- Veröffentlichung des Angebotsergebnisses **10** 1 ff.; *s. auch dort*
- Werbung **16** 10
- Whitepaper-Informationshaftung **4** 31
- Widerrufsrecht des Kleinanlegers **13** 24
- Zulassung anderer Kryptowerte **4** 28 f.
- Zulassung vermögenswertereferenzierter Token **16** 1, 8 ff.
- Zulassung von Kryptowerte-Dienstleistern **59** 6
- zuständige Behörde **48** 55
- Zustimmung des Emittenten zum ~ **48** 46 ff.

OGAW-Anteile
- Anlage der Vermögenswertreserve **38** 5
- Anlage von E-Geld-Token-Beträgen **54** 19
- Finanzinstrumente **3** 343 ff.

OGAW-Verwaltungsgesellschaft 3 317 ff.
- Kryptowerte-Dienstleister **60** 22 f.

OHG 3 88
Omnibus-Wallet 75 4, 12
On-Chain-Übertragung 3 128
Online-Schnittstelle 3 266 ff.; **94** 19
operationale Resilienz 68 41 ff.
- angemessene Maßnahmen **68** 44
- Business Continuity **68** 41
- Business Recovery **68** 41
- IKT-Sicherheitsrichtlinien **68** 52
- IKT-Systeme **68** 45
- Notfallplanung **68** 41
- Risikoanalyse **68** 52
- Sicherstellung der Betriebsfortführung **68** 46 ff.
- technische Regulierungsstandards **68** 42

Optionsgeschäft 3 347
Organisationsrichtlinien 68 27 ff.
organisiertes Handelssystem 3 118
OTF 3 118
outsourcing 62 32
overoptimism 7 3

Parallel Running 80 14
pari-passu-Aussonderung 47 30
passive Dienstleistungsfreiheit
- Zulassung der E-Geld-Token **48** 28 f.
- Zulassung von Kryptowerte-Dienstleistern **61** 1

Passporting 16 29 f.; *s. auch* Europäischer Pass
PAX Gold 3 22
personenbezogene Daten 3 314
- Naming and Shaming **133** 4
- Zulassungsantrag **18** 5

Personengesellschaften
- Emittenten **3** 69; **16** 19
- Kunden **3** 271
- Zulassung vermögenswertereferenzierter Token **16** 19

persönliche Geschäfte 72 45 ff.
Platzierung von Kryptowerten 3 139 ff.; **79** 1 ff.
- Anreize für Anbieter **79** 11
- Anwendungsbereich **79** 1
- Art der Platzierung **79** 3
- bei eigenen Kunden **79** 9
- E–Geld-Token **3** 146
- Eigenvertrieb **3** 142
- Erstemission **3** 141
- Geschäftsplan **62** 37
- Handeln im eigenen/fremden Namen **3** 143
- Informationspflicht, vorvertragliche **79** 2 ff.
- Initial Coin Offerings **79** 5
- Interessenkonflikte **72** 16; **79** 8 ff.
- Käuferzielgruppe **79** 6
- Mindestkaufbetrag **79** 3
- Platzierungsabrede **3** 142
- Preis des Vorhabens **79** 5
- Transaktionsgebühren **79** 4
- Übernahmeverpflichtung **3** 140
- Verfahren **79** 5
- Vorschlagspreis, fehlerhafter **79** 10
- Wertpapierfirma **60** 17
- Zeitplan **79** 5
- Zustimmung des Emittenten **79** 7
- Zweitmarktplatzierungen **3** 141

Platzierungsabrede 79 1
- Informationspflicht, vorvertragliche **79** 2 ff.

Portfolioverwaltung von Kryptowerten 3 134, 175 ff.; **81** 1 ff.
- Abgrenzung **3** 184, 188 f.
- Anlegerschutz **81** 2
- Bezugsobjekt **3** 176
- Dauerhaftigkeit der Verwaltung **3** 180

1445

Stichwortverzeichnis

- Dispositionsfreiheit des Dienstleisters 3 176
- Einzelkundenbasis 3 182
- Ermessensspielraum 3 177, 185 ff.
- ESMA-Leitlinien 81 4, 79 ff.
- Explorationspflicht 81 37 ff.; *s. auch dort*
- Family Office 3 188
- Geeignetheitsanforderungen 81 5 ff., 11 ff.
- Gegenleistung durch Dritte 81 31 f.
- Informationsgewinnung, zuverlässige 81 63 ff.
- Interessenkonflikte 81 2
- Kleinanleger 81 2
- Know Your Customer-Prozesse 81 68
- kollektive Vermögensverwaltung 3 188
- Kunden 81 11 f.
- Legaldefinition 3 177
- Mandatsvereinbarung 3 183
- negative Eignungsbeurteilung 81 69 ff.
- potenzielle Kunden 81 11 f.
- Reporting 81 77 f.
- Robo Advice 3 188
- Tätigkeiten 3 179
- Testamentsvollstreckung 3 188
- Überprüfung von Kundenangaben 81 73
- Verhaltenspflichten 81 1
- Verwaltung eigenen Vermögens 3 184
- Voraussetzungen 3 178
- Warnpflichten 81 59 ff.
- Wertpapierfirma 60 20
- Zulassungsantrag 62 121 ff.

Positionsaufstellung 75 22 ff.
- elektronische Form 75 23
- Hard Fork 75 24
- Häufigkeit 75 22
- Kontoauszug 75 23
- Kryptowerte-Bestände 75 22
- Reaktion des Kunden 75 24
- Stimmrechtsausübung 75 24

Preisbildungsmechanismus 15 43

PRIIPs-VO 15 2 f.

Produktintervention 103 1 ff.; 105 1 ff.
- Abwägung 103 14 ff.
- Adressaten 103 5 f.; 105 6 f.
- Anhörung 105 14
- Bedingungen 103 9 ff.; 105 10 ff.
- EBA 104 1
- ESMA 103 1 ff.
- Gegenstand 103 7 f.; 105 8 f.
- Informationspflichten 103 18; 105 16 ff.
- negative Auswirkungen 103 14 ff.
- Nicht-Diskriminierungsgebot 105 15
- Subsidiaritätsgebot 103 11 f.; 105 12
- territoriale Zuständigkeit 105 3 ff.
- Verhältnismäßigkeitsgebot 105 13

- Voraussetzungen 103 5 ff.; 105 6 ff.
- vorläufige ~ 105 20 ff.
- vorübergehende ~ 103 1 f.
- Website 103 19; 105 19
- Widerruf 105 24
- zeitliche Beschränkung 103 20; 104 1

Proof-of-Stake-Verfahren 4 21

Proof-of-Work-Verfahren 4 21; 51 76

Proportionalitätsprinzip
- Compliance-Funktion 68 20
- Interessenkonflikte 32 21; 72 11
- interne Revision 68 35
- Marktmissbrauchsverbot 92 11

Prospekthaftung 7 31

ProspektVO
- Änderung der Whitepaper/Marketingmitteilungen 12 2; 25 8
- Europäischer Pass 11 2
- Kryptowerte **Vor 4** 6
- Kryptowerte-Whitepaper 6 2; 19 8; 51 1
- Marketingmitteilungen 7 2
- öffentliches Angebot 4 4; 16 9
- Widerrufsrecht des Kleinanlegers 13 4
- Zulassung anderer Kryptowerte 5 5

Prüfung vor Ort
- Anhörung 124 8
- Beschlagnahme 124 4
- Durchsuchung 124 4
- EBA 124 1 ff.
- Erforderlichkeit 124 3
- Mitwirkung der zuständigen Behörde 124 11 f.
- ohne Ankündigung 124 7
- Richtervorbehalt, mitgliedstaatlicher 124 13 ff.
- Verfahren 124 7 ff.
- Zusammenarbeit zuständiger Behörden 95 8

Pump & Dump 91 4

qualifizierte Anleger 3 208 ff.
- Beispiele 3 209
- Kryptowerte-Whitepaper 3 208
- nichtprofessioneller Kunde 3 210
- öffentliches Angebot 4 17 f.
- Zulassung vermögenswertereferenzierter Token 16 27 f.

qualifizierte Beteiligung 3 223 ff.
- Absichtsanzeige 3 231
- bedeutende Beteiligung 3 227 ff.
- Begriff 3 226 ff.
- Berechnung der direkten Beteiligung 3 251 ff.
- Beteiligung 3 234
- Beteiligungsstruktur 3 239 ff.
- Erwerb ~ 41 8 ff.; 83 3 ff.; *s. auch dort*

Stichwortverzeichnis

- Grundsatz der mehrfachen Anrechnung **3** 244 ff.
- Halten von Kapital/Stimmrechten **3** 235 ff.
- indirekte Erwerber **3** 254
- Inhaberkontrolle **3** 224, 232
- Legaldefinition **3** 223
- Markteintrittskontrolle **3** 224
- maßgeblicher Einfluss **3** 257 ff.
- Schwellenwerte **3** 243 ff.
- Zielunternehmen **3** 236 ff.
- Zweckgesellschaft **3** 248

qualifiziertes Personal 68 31 ff.

RatingVO 15 2 f.
Rechtsgutachten
- Konvergenzförderung **97** 3 f.
- Kreditinstitute **16** 7
- Zulassungsantrag **18** 8, 16

Rechtsmittel 113 1 ff.
Rechtsprivileg 121 1 ff.
- Anwendungsbereich **121** 4 f.
- Begriff **121** 6 ff.
- Informationserhebungsverbot **121** 10 f.

Rechtsträgerkennung 18 7
Redlichkeit
- Beschwerdeverfahren **31** 16
- Kryptowerte-Dienstleister **66** 12
- Kryptowerte-Whitepaper **6** 8, 24; **19** 21; **51** 34
- Marketingmitteilungen **7** 17; **29** 7; **53** 19
- Verhaltenspflichten **14** 7, 10; **27** 8, 13

Register
- Distributed Ledger **3** 5
- DLT-Netzwerkknoten **3** 10
- ESMA-Register **3** 11; *s. auch dort*

Register über Kundenpositionen 75 1, 11 f., 20 f.

Reporting
- Interessenkonflikte **72** 34 f.
- Portfolioverwaltung von Kryptowerten **81** 77 f.

Reservevermögen Vor 36 5; **36** 2
- amtliche Währung **36** 10
- Audits **36** 38 ff.
- Bewertung **36** 5 ff.
- geteilte ~ **36** 13
- Größe **36** 6
- Illiquiditätsrisiken **36** 5
- Liquiditätsrisiken **36** 5
- mehrere ~ **36** 12
- Sanktionen **36** 45
- Strategie **37** 4
- Verwahrung des ~s **37** 1 ff.; *s. auch dort*
- Zusammensetzung **36** 5 ff.

RestruktRL 46 6, 28

Restrukturierungsplan 46 25, 28, 47; **74** 15 f.

reverse solicitation
- eigenes Betreiben des Kunden **61** 3 ff.
- ESMA-Leitlinien **61** 11
- EU-Bestandskunden **61** 10
- Fiktion **61** 6
- MiFID II **61** 2
- Praxis **61** 12 f.
- Ubiquität digitaler Angebote **61** 5
- Vermarktung an Kunden **61** 9
- Wertpapierdienstleistungen **61** 2
- Zulassung der E-Geld-Token **48** 28 f.
- Zulassung von Kryptowerte-Dienstleistern **59** 9, 50; **61** 1 ff.

Risikobewertung 18 10
Risikomanagement
- Auslagerungen **73** 8
- Emittenten **45** 4
- Kreditinstitute **17** 18
- Rücktauschrecht **39** 12
- signifikante vermögenswertereferenzierte Token **45** 2
- Stresstests **35** 32
- Unternehmensführung **34** 11, 51
- Zulassungsantrag **18** 34; **62** 42, 49 f.

Risikotoleranz 81 47 f.
Robo Advice 3 188
Rückerstattung der Emissionserlöse 10 6; **14** 22 ff.
- amtliche Währung **14** 24
- Anlegerschutz **14** 24
- Annullierung des öffentlichen Angebots **14** 23
- Frist **14** 22, 26
- ordnungsgemäße ~ **14** 25
- Pflicht **14** 23
- Sicherung der Emissionserlöse **10** 12

Rücklagen 35 18
Rücktauschgebühren 39 9
- E-Geld **49** 5
- E-Geld-Token **3** 53; **48** 61; **49** 18 ff.
- Sanierungsplan **46** 51

Rücktauschordnung 39 12 f.
Rücktauschplan 47 1 ff.; **55** 46 ff.
- Abwicklung **47** 31, 38; **55** 62
- Abwicklungsbehörden **47** 65 ff.
- Abwicklungsplan **74** 13
- Aktualisierung **47** 59, 61; **55** 73
- Änderungsanordnung **55** 74
- Änderungsbefugnis **47** 60
- Anwendungsbereich **47** 10 ff., 19 ff., 25 ff., 31 ff., 35 ff.; **55** 6
- Anwendungsgrund **55** 3, 52
- Aufsichtsrecht **47** 5
- BaFin **47** 57

1447

Stichwortverzeichnis

- Begrenzung des Rücktauschs **47** 45
- Behandlungsgrundsätze **47** 47; **55** 67
- Benachrichtigung der Abwicklungs-/Aufsichtsbehörden **55** 75
- BRRD **47** 14
- Dogmatik **47** 17; **55** 51
- Durchführung des Rücktauschs **47** 40 ff.
- EBA **47** 57
- EBA-Leitlinien **47** 47, 69 ff.; **55** 76 f.
- E-Geld-Institut **55** 66 ff.
- E-Geld-Token **3** 55; **47** 12
- Eigenverwaltung **47** 52; **55** 61, 69
- Emittenten **47** 13
- Europäische Zentralbank **47** 64
- Extremlagen **47** 21
- Frist **47** 58
- fristgerechte Auszahlung **47** 47
- Gegenstand **47** 39 ff.; **55** 56 ff., 66 ff.
- geschützte Personengruppe **47** 19
- Gläubiger **47** 19
- Gläubigergleichbehandlung **55** 67
- Gläubigergleichbehandlungsgrundsatz **47** 48
- Inhalt **47** 39 ff.
- Insolvenz **47** 25 ff., 63; *s. auch dort*
- Insolvenzplan **47** 14
- KMAG **47** 16
- Kontinuität kritischer Tätigkeiten **47** 55; **55** 64, 70
- Konzept **55** 46
- Kreditinstitute **55** 59 ff.
- Krisenmanagement **47** 17, 36; **55** 51
- Krisenpräventionsmaßnahmen **47** 35
- kritische Tätigkeiten **47** 55
- Marktpreis **47** 43
- Maßnahmen bei fehlendem ~ **34** 42
- Nichterfüllung der Verpflichtungen **47** 24
- operativer Plan **47** 39; **55** 56
- Rechtsnatur **47** 17; **55** 51
- Reihenfolge **47** 41, 44
- Rücktauschquote **47** 42
- Rücktauschrecht **47** 8, 15
- SAG **47** 37
- Sonderinsolvenzrecht **47** 6, 14
- Systeme **47** 50
- Tokeninhaber **47** 19
- Übermittlung an Aufsichts-/Abwicklungsbehörden **47** 62 ff.
- Übermittlungspflicht **47** 58 f.; **55** 71
- Überprüfungspflicht **47** 61
- Umsetzungsvorschriften **47** 37
- Verfahren **47** 50
- Vermögenswertreserve **55** 46, 48
- Verpflichtungen **47** 19
- Verteilungsgrundsätze **47** 47 f.; **55** 67
- vertragliche Vereinbarungen **47** 49
- Verwahrstelle **47** 22, 43
- Verwaltungsgeldbußen **55** 65
- vorläufiger Verwalter **47** 51 ff.; **55** 69
- Ziel **47** 15 f.; **55** 46
- Zulassungsentzug **24** 29, 57; **47** 32 ff., 63
- zuständige Behörde **47** 20, 57, 60, 62; **55** 65, 72
- Zweck **47** 7 ff.

Rücktauschquote 47 42
Rücktauschrecht 3 20; **39** 1 ff.
- algorithmische Stablecoins **39** 16
- Allgemeine Geschäftsbedingungen **39** 10
- Anspruchsgegner **39** 3
- Aussetzung des Rücktauschs **46** 73 ff.; *s. auch dort*
- Berechtigungsnachweis **39** 11
- E-Geld **48** 65
- E-Geld-Token **49** 1
- Eigenmittelerhöhung, risikobedingte **35** 28
- Gebühren **39** 9
- Identifikation des Tokeninhabers **39** 11
- Information der Tokeninhaber **39** 14
- Insolvenzfestigkeit **36** 22
- Kryptowerte-Whitepaper **39** 14
- Liquiditätsgebühren **46** 51
- Liquiditätsrecht **39** 2
- Marketingmitteilungen **29** 14; **53** 8, 23
- Marktwert der Vermögenswerte **39** 3
- Offenlegungspflichten **30** 4
- operatives Vermögen **39** 4
- primäres ~ **39** 2 ff.
- Risikomanagement **39** 12
- Rücktauschmodalitäten **39** 13
- Rücktauschordnung **39** 12 f.
- Rücktauschplan **47** 8, 15; **55** 46 ff.
- Rücktauschstrategie **39** 12
- Sanierungsplan **55** 16
- Sanktionen **39** 15
- sekundäres ~ **39** 5 ff.
- Sicherungsfall **39** 6
- synthetische Stablecoins **39** 16
- Unbeschränktheit **39** 2, 8 ff.
- Vermögenswertreserve **Vor 36** 4; **39** 5 ff.
- Website **39** 14
- Zugriffsrecht auf Vermögenswertreserve **39** 5 ff.

Rückzahlungsverlangen 49 13 ff.

SAG
- Rücktauschplan **47** 37
- Sanierungsplan **46** 23

Sammelverwahrung 3 110
- Kryptoverwahrungsvereinbarung **75** 4

Sammlerstücke 2 17
Sanierungsplan 46 1 ff.; **55** 1 ff.

Stichwortverzeichnis

- Abwicklungsbehörden **46** 78
- Abwicklungsplan **74** 12
- Aktualisierung **46** 57, 63; **55** 38
- Änderungsanordnung **46** 59; **55** 37
- Anforderungen **46** 37 ff.; **55** 30 ff.
- Anwendungsbereich **46** 9; **55** 6
- Anwendungsgrund **55** 3
- Aufrechterhaltung spezifischer Dienstleistungen **46** 45
- Aufsichtsrecht **46** 5
- Aussetzung des Rücktauschs **46** 73 ff.; *s. auch dort*
- BaFin **46** 53
- Benachrichtigung der Abwicklungs-/Aufsichtsbehörden **46** 77 ff.; **55** 42 ff.
- BRRD **46** 20 ff.
- CRO **46** 48
- Dienstleistungen **46** 32
- Dogmatik **46** 34; **55** 28
- Durchführungsgrundsätze **46** 37
- EBA-Leitlinien **46** 82; **55** 45
- E-Geld-Institut **55** 18 f.
- E-Geld-Richtlinie **55** 15
- E-Geld-Token **46** 11
- Emittenten **46** 18; **55** 18 ff.
- Emittentenpflichten **46** 32, 49 f.
- Erstellungspflicht **46** 56
- EuInsVO **46** 27
- Frist **46** 56
- geeignete Voraussetzungen/Verfahren **46** 43 f.
- Geschäftsbetrieb **46** 32, 47
- Herkunftsmitgliedstaatsprinzip **46** 54
- InsO **46** 30
- Insolvenzplan **46** 47; **55** 11
- KMAG **46** 53
- Konzept **55** 12
- Kreditinstitute **55** 20 ff.
- Krisenfrüherkennung **46** 32
- Krisenmanagement **46** 32
- KWG **46** 25 f.
- Liquiditätsgebühren bei Rücktausch **46** 51
- Nichterfüllung von Pflichten **55** 39
- öffentlich-rechtlichen Vorgaben **46** 34
- operative Maßnahmen **46** 35
- präventive Maßnahme **46** 34
- Rechtsnatur **46** 34; **55** 28
- Reservevermögen **55** 16
- RestruktRL **46** 28
- Restrukturierungsplan **46** 25, 28, 47
- Rücktauschrecht **55** 16
- SAG **46** 23
- Sanierung des Geschäftsbetriebs **46** 47
- Sanierungsplan **46** 6
- Schutzrichtungen **46** 33
- signifikante E-Geld-Token **55** 25 ff.
- Sonderinsolvenzrecht **55** 2, 9
- Sondersanierungsrecht **46** 6, 20; **55** 2, 9
- SRB **46** 79
- SRM-VO **46** 20 f.
- Stablecoins **46** 7
- StaRUG **46** 31
- Übermittlung **46** 52 ff.
- Übermittlungspflicht **55** 35
- Übermittlungsweg **46** 57
- Überprüfungspflicht **46** 63
- Umsetzungspflicht **46** 61
- Vermögenswertreserve **46** 32, 38, 64 ff.; **55** 12
- weitere Sanierungsmaßnahmen **46** 51
- Wiederherstellung der Vermögenswertreserve **46** 38
- Ziel **46** 32; **55** 12
- Zielpluralismus **46** 32
- zuständige Behörde **46** 53, 68 ff.; **55** 36
- Zweck **46** 7

Sanktionen, verwaltungsrechtliche 111 1 ff.
- Berichterstattung **115** 1 ff.
- Dauer des Verstoßes **112** 3 f.
- Finanzkraft **112** 8 f.
- frühere Verstöße **112** 13 f.
- Geständnis **112** 11
- Gewinne **112** 10
- Koordination **112** 17
- Nachtat-Compliance **112** 15 f.
- nicht-finanzielle ~ **111** 40 ff.
- öffentliche Bekanntmachung **114** 1 ff.
- Regelbeispiele **112** 1
- Schwere des Verstoßes **112** 3
- strafrechtliche Sanktionen **111** 3 ff.
- Überschneidungen **112** 18
- Unionsgrundrechte **111** 9 ff.
- Verantwortungsgrad **112** 5 ff.
- vermiedene Verluste **112** 10
- Verschulden **112** 5 ff.
- Verwaltungsbußgelder **111** 7, 32 ff.; *s. auch dort*
- Vortat-Compliance **112** 7
- Zusammenarbeit mit Behörden **112** 11

satisficing 7 3
Scalping 80 14; **91** 51 ff.
Schuldverschreibungen 3 333
- Anlage der Vermögenswertreserve **38** 5
- Anlage von E-Geld-Token-Beträgen **54** 18

Schwellenwerte
- Ausgabebeschränkungen **23** 3, 7 ff., 13 ff.
- qualifizierte Beteiligung **3** 243 ff.
- signifikante vermögenswertereferenzierte Token **Vor 43** 5; **43** 15

1449

Stichwortverzeichnis

- Zulassung vermögenswertereferenzierter Token **16** 25 f.
- **Security-Token 3** 337
- **Selbstbelastungsfreiheit 111** 24 f.
- **Selbstevaluation 8** 1, 10 f.
- **Service Level Agreements**
- Interessenkonflikte **32** 20
- Unternehmensführung **34** 41
- **Settlement 76** 24
- **Sicherheitssysteme**
- Kryptoverwahrungsvereinbarung **75** 8
- Transferdienstleistungsvereinbarung **82** 7 f.
- **Sicherheitsvorkehrungen 67** 6 ff.
- Eigenmittel **67** 22
- fixe Gemeinkosten **67** 10 ff.; *s. auch dort*
- Garantie **67** 23
- Kombinationen **67** 21
- Kryptowerte-Dienstleister **67** 6 ff.
- Mindestkapitalanforderungen, absolute **67** 7
- Mindestkapitalanforderungen, gemeinkostenabhängige **67** 8
- Versicherungspolice **67** 23; *s. auch dort*
- Zulassungsantrag **62** 39 ff.
- **Sicherung der Emissionserlöse 10** 11 ff.
- Anlegerschutz **10** 12
- Aufbewahrung **10** 11
- Aufsichtsrecht **10** 14
- Dauerpflichten **10** 12
- Kreditinstitute **10** 11
- Monitoring **10** 11
- Rückerstattung der Emissionserlöse **10** 12
- Überwachung **10** 11
- Widerrufsrecht des Kleinanlegers **10** 13
- **signifikante E-Geld-Token 3** 31, 56 ff.; **48** 3; **56** 1 ff.
- amtliche Währung **56** 1
- andere Währung **58** 9
- Aufsichtsbehörde **3** 57
- Aufsichtskollegium **119** 1 ff.
- Aufsichtsstruktur **56** 4 ff.
- Doppelbeaufsichtigung **3** 57
- EBA **3** 57
- E-Geld-Institut **56** 2; **58** 1, 6 ff.
- E-Geld-Institute **3** 57
- E-Geld-Richtlinie **58** 2
- Eigenmittelanforderungen **3** 57; **58** 7
- Einstufungskriterien **56** 3
- Emittenten **58** 1
- Finanzstabilität **3** 56
- fortlaufende Überprüfung **56** 7
- freiwillige Einstufung **57** 1 ff.
- Geldpolitik **3** 56
- Herabstufung **56** 7
- Informationsaustausch **56** 3, 8
- Kreditinstitute **3** 58
- Sanierungsplan **55** 25 ff.
- Übertragung der Aufsicht **57** 3
- Vermögenswertreserve **3** 57; **58** 7
- Währungsersatzfunktion **58** 8
- zusätzliche Anforderungen **58** 1
- **signifikante Kryptowerte-Dienstleister 85** 1 ff.
- aktive Nutzer **85** 5 ff.
- Benachrichtigungspflichten **85** 11 ff.
- Berichtspflichten **85** 4, 12
- Einordnungskriterium **85** 5 ff.
- ESMA-Befugnisse **85** 16 ff.
- ESMA-Register **85** 14
- große Volumen **85** 2
- Informationsaustausch **85** 18
- Maßnahmen **85** 13
- Meinungsaustausch **85** 15
- Nutzeranzahl **85** 3
- Rat der Aufseher **85** 12
- Signifikanzkriterium **85** 5 ff.
- Transparenz **85** 4
- **signifikante vermögenswertereferenzierte Token 3** 18; **Vor 43** 1 ff.; **43** 1 ff.
- Änderung der Whitepaper/Marketingmitteilungen **25** 30
- Aufsichtskollegium **119** 1 ff.
- Beurteilung **43** 8
- EBA **43** 38 ff.; *s. auch dort*
- EBA-Beschluss **44** 6 f.
- EBA-Leitfaden **43** 30
- EBA-Leitlinien **45** 20
- Eigenmittelanforderungen **45** 17
- Einstufung **43** 5 ff.
- Einstufungsantrag **44** 4 f.
- Einstufungskriterien **43** 11 ff.
- Einstufungsverfahren **43** 32 ff.; *s. auch dort*
- Emittenten **45** 1 ff.; *s. auch dort*
- freiwillige Einstufung **44** 1 ff.
- Geschäftsplan **18** 13
- Inhaberanzahl **43** 13 ff.
- internationale Bedeutung des Emittenten **43** 23 ff.
- Marktkraft des Tokens **43** 16
- mehrere Emittenten **43** 10; **45** 18
- Risikomanagement **45** 2
- Schwellenwerte **Vor 43** 5; **43** 15
- Sicherungsvermögen **43** 17
- technische Regulierungsstandards **45** 19
- Torwächter **43** 21
- Transaktionsanzahl **43** 19 f.
- Verbreitungsgrad **43** 11 ff.
- vereinfachte Zulassung **17** 25
- Verflechtung im Finanzsystem **43** 27 ff.
- Wert der ausgegebenen Token **43** 16
- Wertaufbewahrungsmittel **43** 13
- Zeitraum **43** 8

Stichwortverzeichnis

- zentrale Plattformdienste **43** 21 f.
- zusätzliche Emittenten-Pflichten **45** 3 ff.
- zusätzliche Token/Kryptowerte-Dienstleistung **43** 31

Single Rulebook 1 7
Slashing 74 7
Smart Contract 3 97
- Eignungsprüfung der Kryptowerte **76** 70

Software-Escrow 73 13
Solvenzstresstest 35 32
Sonderinsolvenzrecht 47 6, 14; **55** 2, 9
Sonderprüfungen 68 37
Sondersanierungsrecht 46 6, 20; **55** 2, 9
Spoofing 91 4
Sprachdienste 3 309
Sprache
- Beschwerdeverfahren **31** 11; **71** 11, 19
- Betriebsvorschriften **76** 4
- Insiderinformationen **87** 14
- Kryptowerte-Whitepaper **6** 39 ff.; **19** 34; **51** 59 f.
- Kryptowerte-Whitepaper-Zusammenfassung **51** 53
- Offenlegungspflichten **32** 31

Squeezing 87 21
SRB 46 79
SRM 55 9
SRM-VO 46 20 f.
- Abwicklung von Kryptowerte-Dienstleistern **74** 14

SSM Verordnungen 2 27; **43** 2
Stabilisierungsmechanismus 3 14, 18; **36** 14 f.
Stablecoins 1 2, 4; **3** 17
- algorithmische ~ **3** 23, 40; **46** 15
- Commercial Paper **54** 2
- E-Geld-Token **3** 26; **48** 1; *s. auch dort*
- Geldmarktfonds **54** 2
- Handelsvolumen **54** 1
- Liquidität **54** 3 f.
- Marktkapitalisierung **43** 18
- Risiken **3** 27 ff.
- Sanierungsplan **46** 7
- Vermögenswertreserve **Vor 36** 1 ff.; *s. auch dort*
- Währungsreserven **54** 2

Staking 3 107
- Abwicklung von Kryptowerte-Dienstleistern **74** 7
- öffentliches Angebot **4** 21
- Widerrufsrecht des Kleinanlegers **13** 12

Staking Rewards 75 21
StaRUG 46 31
Statistiken 53 19
Stellungnahmen 97 13
- Widerspruch **106** 7 f.

Streitbeilegungsverfahren 48 65
Stresstests 35 32
- Dateninfrastruktur **35** 33
- Konsequenzen **35** 34
- Liquiditätsstresstest **35** 32
- Methodologie **35** 33
- Mitteilungspflicht **35** 35
- Solvenzstresstest **35** 32
- zuständige Behörde **35** 34

strukturierte Einlage 3 364
Swaps 3 347
SWOT-Analyse 18 10
Systeme der sozialen Sicherheit 2 26

Tausch von Kryptowerten 3 126 ff.; **77** 1 ff.
- endgültiger Tauschauftrag **77** 23
- Ermessen **77** 6
- Geschäftspolitik **77** 3 ff., 9
- Kontrahierungszwang **77** 5
- Kundenkategorien **77** 8
- Nachhandelstransparenz **77** 25 ff.
- Obergrenze **77** 22
- Offenlegungspflichten **77** 16
- Preisbestimmungsmethode **77** 24
- Preistransparenz **77** 17 ff.
- Ungleichbehandlung **77** 4, 11 ff.
- Verbraucherschutz **77** 14
- Wertpapierfirma **60** 15
- Zugangsbeschränkung **77** 8
- Zulassungsantrag **62** 110

technische Durchführungsstandards
- Änderung der Whitepaper/Marketingmitteilungen **25** 24
- Kryptowerte-Whitepaper **6** 43; **19** 37; **51** 65 f.
- Notifizierungsverfahren **60** 41
- vermögenswertereferenzierter Token **22** 17 f.
- Zulassungsantrag **18** 1; **62** 2
- Zusammenarbeit mit EBA/ESMA **96** 9
- Zusammenarbeit zuständiger Behörden **95** 23 ff.

technische Regulierungsstandards
- Anlage der Vermögenswertreserve **38** 4
- Beschwerdeverfahren **31** 30; **71** 3, 8
- Eigenmittelanforderungen **35** 36
- Interessenkonflikte **32** 34
- Kooperationsvereinbarungen **107** 10
- Kryptowerte-Whitepaper **6** 43; **19** 16; **51** 74 ff.
- Maschinenlesbarkeit **51** 64
- Notifizierungsverfahren **60** 41
- operationale Resilienz **68** 42
- signifikante vermögenswertereferenzierte Token **45** 19

Stichwortverzeichnis

- Übernahmeprüfung 42 41; **84** 21
- Umweltauswirkungen 51 30; 66 35 f.
- Unternehmensführung 68 3
- vereinfachte Zulassung 17 33 f.
- vermögenswertereferenzierter Token 22 13 f.
- Vermögenswertreserve 36 3
- Verwahrung 45 9
- Zulassungsantrag 18 1; 62 2
- Zusammenarbeit zuständiger Behörden 95 20 ff.

Technologieneutralität
- Anlage von E-Geld-Token-Beträgen 54 28
- Distributed-Ledger-Technologie 3 1
- E-Geld-Token 48 11, 59

Terrorismusfinanzierung
- Handelssystem 76 43
- Zulassungsantrag 62 53 ff.
- Zulassungsantragsprüfung 63 11
- Zulassungsentzug 64 16

Testamentsvollstreckung 3 188
Testergebnisse 53 19
Token AirDrops 4 20; **75** 21
Tokenwirtschaft Vor 43 1 ff.
- Risikopotenzial **Vor 43** 3

Torwächter 43 21; **92** 5
Transaktion 43 20
Transaktionskausalität 15 54
Transfer of Funds Regulation 3 84
Transferdienstleistungen 3 190 ff.; **82** 1 ff.
- Distributed-Ledger-Adresse 3 191
- Distributed-Ledger-Konto 3 191
- Dokumentationspflichten 82 1
- Dreiecksverhältnis 3 194
- E-Geld Token 3 116
- E-Geld-Token 3 195
- ESMA-Leitlinien 82 11
- Kryptoverwahrung 3 194
- Transferdienstleistungsvereinbarung 82 2 ff.; *s. auch dort*
- Transparenzpflichten 82 1
- Umbuchung 3 192
- Zulassungsantrag 62 123 ff.

Transferdienstleistungsvereinbarung
- anwendbares Recht 82 10
- Form 82 3
- Gebühren 82 9
- Identität der Vertragspartner 82 4
- Mindestinhalt 82 4 ff.
- Modalitäten der Transferdienstleistung 82 5 f.
- Sicherheitssysteme 82 7 f.
- Zweck 82 2

Trennungsgrundsatz 36 16 ff.

Treuhandkonto 54 15, 23 f.
- Aufbewahrung der Geldbeträge 70 41
- Vermögenswertreserve 46 41

Übernahme von Emittenten 41 1 ff.
- Absichtsanzeige 41 1
- Anforderungen 41 7
- Anteilseignerkontrolle 41 3
- Anzeigeinhalt 41 24 f.
- Anzeigepflicht 41 8 ff., 23
- Anzeigeverfahren 41 1, 26 ff.; *s. auch dort*
- Aufgabe qualifizierter Beteiligungen 41 1, 23
- Begriff 41 6
- Erwerb qualifizierter Beteiligungen 41 1, 8 ff.; *s. auch dort*
- Genehmigungsfiktion 41 31
- Inhaberkontrolle 41 5 ff.
- Markteintrittskontrolle 41 3
- Maximalfrist 41 32
- Übernahmeprüfung 42 1 ff.; *s. auch dort*

Übernahme von Kryptowerte-Dienstleistern 83 1 ff.
- Anzeigeinhalt 83 9 ff.
- Anzeigepflicht 83 3 ff.
- Anzeigeverfahren 83 1
- Aufgabe qualifizierter Beteiligungen 83 1, 8
- Einspruch gegen die Übernahme 83 13
- Erwerb qualifizierter Beteiligungen 83 1, 3 ff.
- Genehmigungsfiktion 83 14
- Maximalfrist 83 15
- Übernahmeprüfung 84 1 ff.; *s. auch dort*

Übernahmeprüfung 42 1 ff.; **84** 1 ff.
- Einhaltung der MiCAR 42 26 ff.
- Einspruch gegen die Übernahme 42 36 ff.; **84** 15 ff.; *s. auch dort*
- finanzielle Solidität 42 17 ff.; **84** 12
- Finanzierungsquellen 42 18
- Fremdkapital 42 20
- Geldwäsche 42 30 ff.; **84** 14
- Geschäftsplan 42 22
- Gruppe 42 24 f.
- Interessenkonflikte 42 25
- Jahresabschlüsse 42 19
- Leumund des Erwerbers 42 3 ff.; **84** 5 ff.; *s. auch dort*
- Leumund des Geschäftsleiters 42 11 ff.; **84** 7 ff.; *s. auch dort*
- technische Regulierungsstandards 42 41; **84** 21
- Terrorismusfinanzierung 42 30 ff.; **84** 14
- Übernahmebegriff 42 2; **84** 4
- Vorbedingungen 84 20

Stichwortverzeichnis

- Vorbedingungen durch die Mitgliedsstaaten **42** 40
- zuständige Behörde **84** 20
- **übertragbare Wertpapiere 3** 324 ff.
  - Agenturkonflikte **3** 331
  - Aktien **3** 332
  - Aktienzertifikate **3** 332
  - Ausschluss von Zahlungsinstrumenten **3** 335
  - Basiswert **3** 334
  - Currency-Token **3** 339
  - Derivate **3** 334, 346; *s. auch dort*
  - Eigenkapitalbeteiligung **3** 332
  - formelle Anforderungen **3** 325 ff.
  - Fremdkapitalinstrumente **3** 333
  - Gesellschaftsanteile **3** 332
  - gutgläubiger Erwerb **3** 330
  - Handelbarkeit **3** 329 f.
  - hybride Token **3** 340
  - Informationsasymmetrien **3** 331
  - Investment-Token **3** 337
  - Kapitalmarkt **3** 331
  - Kryptowerte **3** 336 ff.
  - materielle Anforderungen **3** 331 ff.
  - Regelbeispiele **3** 331 ff.
  - Schuldverschreibungen **3** 333
  - Security-Token **3** 337
  - Standardisierung **3** 327 f.
  - Übertragbarkeit **3** 326
  - Utility-Token **3** 338
  - verbriefte Schuldtitel **3** 333
- **UGP-Richtlinie 4** 33
- **Umweltauswirkungen 51** 28 ff.
  - Art der Offenlegung **66** 34
  - E-Geld-Token **48** 8
  - Energieverbrauch **51** 31
  - ESMA-Abschlussbericht **51** 31
  - Geräte **51** 31
  - Konsensmechanismus **51** 31; **66** 31 ff.
  - Kryptowerte-Whitepaper **66** 33
  - offenlegungspflichtige Informationen **66** 32
  - Standort **51** 31
  - technische Regulierungsstandards **51** 30; **66** 35 f.
  - Verringerungsmaßnahmen **51** 29
  - Website **66** 34
- **underwriter 4** 18
- **Unionsgrundrechte 111** 9 ff.
  - Analogieverbot **111** 15 f.
  - Anwendungsvorrang des Unionsrechts **111** 13
  - Bestimmtheitsgrundsatz **111** 15
  - Doppelbestrafungsverbot **111** 18 ff.
  - Kompetenzverschiebungen **111** 11
  - Maßnahmen **111** 17
- Nemo-Tenetur-Grundsatz **111** 24 f.
- Reichweite **111** 9 ff.
- Selbstbelastungsfreiheit **111** 24 f.
- Verschuldenserfordernis **111** 26 ff.
- **Unterlassungsanordnung 111** 45 ff.
- **Unternehmensführung 34** 1 ff.; **68** 1 ff.
  - Änderungen im Leitungsorgan **33** 2
  - angewandte Strategien/Verfahren **34** 38 ff.
  - Anteilseigner **34** 37; **68** 9 ff.
  - Audits **34** 54 f.
  - Aufsichtsorgan **34** 9
  - Aufzeichnungspflicht **68** 53 ff.
  - BAIT **34** 50
  - bedeutend Beteiligte **34** 37; **68** 9 ff.
  - Bestellung ungeeigneter Organe **34** 34
  - Betriebsfortführung **34** 46 f.
  - Business Judgment Rule **34** 4
  - Compliance-Funktion **68** 19 ff.; *s. auch dort*
  - Corporate Governance **34** 4
  - Datenschutzkonzepte **34** 52 f.
  - digitale operationelle Resilienz **34** 48 ff.
  - DORA **34** 48 ff.
  - EBA-Leitlinien **34** 56; **68** 4
  - Einhaltung der MiCAR **68** 16 ff.
  - Einstellungsentschluss **34** 43
  - Emittenten **34** 1 ff.
  - Ermittlung operationeller Risiken **34** 44 f.
  - Finanzstabilität **34** 6
  - Genehmigungsvorbehalt **34** 43
  - Gesamtverantwortung, ressortunabhängige **34** 10
  - Geschäftsleiter **34** 9
  - Gesellschafter **34** 37; **68** 9 ff.
  - Gläubigerschutz **34** 6
  - IKT-Störungen **34** 46 f.
  - interne Revision **68** 34 ff.; *s. auch dort*
  - Kreditinstitute **17** 14
  - Kryptowerte-Dienstleister **68** 1 ff.
  - Leitungsorgan **34** 8, 13 ff.; **68** 6 ff.; *s. auch dort*
  - MaRisk **34** 50
  - nationale Durchsetzungsebene **34** 12
  - Notfallplanung **68** 41
  - operationale Resilienz **68** 41 ff.; *s. auch dort*
  - ordnungsgemäße Geschäftsorganisation **34** 8
  - Organisationsrichtlinien **68** 27 ff.
  - Organisationsstrukturen **34** 11
  - qualifiziertes Personal **68** 31 ff.
  - Regelungen zur ~ **34** 11
  - Resilienz **34** 44
  - Risikomanagement **34** 11, 51
  - Rücktauschplan **34** 42
  - Service Level Agreements **34** 41

Stichwortverzeichnis

- Sicherstellung der Betriebsfortführung **34** 46 f.; **68** 46 ff.
- Sorgfaltsmaßstab **34** 4
- technische Regulierungsstandards **68** 3
- Transparenz **34** 11
- Überprüfung von Strategien/Verfahren **34** 36
- Umsetzungsverantwortung **34** 9
- unabhängige Prüfungen **34** 54 f.
- Vereinbarungen mit Drittunternehmen **34** 41
- Vertrauensempfindlichkeit **34** 5
- Verurteilungen für Straftaten **68** 13
- Verwahrordnung **37** 2
- Verwaltungsorgan **34** 9
- Zulassungsantrag **18** 17 ff.; **62** 42 ff.
- zuständige Behörde **34** 12
- Zuverlässigkeit **68** 12

Unternehmenshaftung 15 11
Untersuchung vor Ort 95 8
Untersuchungsbefugnisse 94 1 ff., 6 ff.; **123** 1 ff.

- Befragungsrechte **94** 7
- Beschlagnahme **94** 7
- Beschluss **123** 6
- Betretungsbefugnis **94** 7
- Datenverkehrsaufzeichnungen **94** 8
- Duldungspflicht **123** 6
- EBA **123** 1 ff.
- Erforderlichkeit **123** 3
- Generalklausel **94** 34
- Katalog **94** 2
- Kopien von Daten/Unterlagen **94** 7
- Mindeststandards **94** 1
- Mitwirkung der zuständigen Behörde **123** 9 f.
- Mitwirkungspflicht **123** 6
- Richtervorbehalt, mitgliedstaatlicher **123** 11 ff.
- Überprüfungen **94** 6
- Unterrichtung der zuständigen Behörde **123** 9 f.
- Untersuchungen **94** 6
- Wahrnehmung **94** 24 ff.
- Zugang zu Informationen/Unterlagen **94** 6

Untersuchungsverfahren 134 1 ff.
- Akteneinsicht **134** 11 ff.; **135** 5
- Anhörung **94** 9 f.; **135** 3 f.
- Anwendungsbereich **134** 3
- Doppelbestrafungsverbot **134** 14
- Strafvorschriften **134** 14
- Untersuchungsbeauftragter **134** 6 f.
- Verfahrensablauf **134** 4 f.
- Verteidigungsrechte **134** 8 ff.; **135** 2

Utility-Token 3 65 ff.; **Vor 4** 9

- Abgrenzung **3** 67
- Änderung der Whitepaper/Marketingmitteilungen **12** 29
- Currency-Token **3** 67
- Dienstleistung **3** 65; **4** 24
- Emittenten **3** 66 f.
- erweiterter ~ **4** 23
- Funktion **3** 67
- Gutschein, digitaler **3** 66
- Händlernetz **4** 23 f.
- hybride Token **3** 67
- Investment-Funktion **3** 67; **4** 22, 36; **12** 29
- Kryptowerte-Whitepaper **3** 65
- MiCAR **Vor 4** 15
- öffentliches Angebot **4** 36 ff.
- übertragbare Wertpapiere **3** 338
- Ware **3** 65; **4** 24
- Widerrufsrecht des Kleinanlegers **13** 36

Validität von Transaktionen 3 6
Verantwortungsübernahme 6 45; **51** 40
Verantwortungsübernahmeerklärung
- Kryptowerte-Whitepaper **6** 27 ff.; **51** 50 f.
- Marketingmitteilungen **7** 23

Verbraucher 3 264
Verbraucherrechte-RL 13 3, 34
Verbraucherschutz
- Explorationspflicht **81** 41
- Tausch von Kryptowerten **77** 14
- Verhaltenspflichten **66** 3
- Widerrufsrecht des Kleinanlegers **13** 1 f.

Verbraucherverbände 31 8, 19
verbriefte Schuldtitel 3 333
vereinfachte Zulassung 17 1 ff.
- ausgenommene Vorgaben/Pflichten **17** 26
- Befreiung von erneuter Informationsbereitstellung **17** 20
- ESMA-Register **17** 31 f.
- Geschäftsplan **17** 11 f.
- Informationsübermittlung **17** 6 ff.
- Kryptowerte-Dienstleister **60** 1; *s. auch* Notifizierungsverfahren
- Kryptowerte-Whitepaper **17** 5
- Notifikationspflichten, token-bezogene **17** 1
- Organisationsstruktur **17** 11
- Prüfungszeitraum **17** 21 ff.
- Rechtsgutachten **17** 13
- signifikante vermögenswertereferenzierte Token **17** 25
- technische Regulierungsstandards **17** 33 f.
- Vetorecht der EZB/Zentralbank **17** 28 ff.

Stichwortverzeichnis

Vergütungsregulierung 72 36 ff.
- Anwendungsbereich **72** 39 ff.
- Auslagerungen **72** 39
- Kreditinstitute **72** 41
- Kundenschutz **72** 38
- Leitungsorgan **72** 39
- MAComp **72** 44
- Mitarbeiter **72** 39
- Vergütungsgrundsätze **72** 42 ff.
- Vergütungskriterien **72** 42
- Verhältnis fixe/variable Vergütung **72** 43
- Wertpapierinstitute **72** 41

Verhaltenspflichten 14 1 ff.; **27** 1 ff., 6 ff.; **66** 1 ff.
- allgemeine ~ **14** 6 ff.
- Anlegergleichbehandlung **14** 3
- Anlegerschutz **14** 3; **27** 2; **66** 3
- Annahme/Übermittlung von Aufträgen **80** 1
- Anwendungsbereich **14** 5; **66** 6 f.
- Aufsichtsrecht **14** 27
- Beratung zu Kryptowerten **81** 1
- Corporate Governance **Vor 27** 5
- Dark Patterns **27** 13
- Ehrlichkeit **14** 7; **27** 7; **66** 11
- Eindeutigkeit **14** 10
- Finanzstabilität **66** 3
- Fremdinteressenwahrungspflicht **27** 2, 15 f.
- Frühzeichnerrabatte **14** 21
- Funktionenschutz **Vor 27** 2
- Gebührenpolitik **66** 30
- Geschäftsplan **18** 10
- Gleichbehandlungsgebot **27** 17
- Haftung **14** 27
- Handeln im besten Kundeninteresse **66** 14 ff.
- Hyperlinks **66** 29
- individualschützende Funktion **Vor 27** 2
- Informationsqualität **66** 21 ff.
- Inhabergleichbehandlung **14** 21
- Interessenkonflikte **14** 3, 11 ff.; **32** 1 ff.; *s. auch dort*
- Interessenwahrungspflicht **14** 3, 18 ff.
- Irreführungsverbot **14** 10; **27** 7; **66** 17 ff.
- kaufmännische Mindeststandards **14** 7
- Kleinanleger **66** 8 f.
- Klima **66** 31 ff.; *s. auch* Umweltauswirkungen
- Kommunikation **14** 9 ff.; **27** 12, 17; **66** 21 ff.
- Kostenpolitik **66** 30
- Kryptowerte-Dienstleister **66** 1 ff.
- Kryptowerte-Whitepaper **66** 29
- Kunden **66** 8 f.
- Marketingmitteilungen **66** 20
- Marktintegrität **66** 3
- Marktschutz **14** 4; **27** 2; **66** 3
- Markttest **14** 8
- MiFID II **14** 2; **Vor 27** 1; **66** 2
- Mindeststandard **27** 11
- Portfolioverwaltung von Kryptowerten **81** 1
- potenzielle Kunden **66** 7
- Preispolitik **66** 30
- Professionalität **14** 7; **27** 10; **66** 13
- rechtsethische Mindeststandards **14** 7
- Rechtsnatur **66** 4
- Redlichkeit **14** 7, 10; **27** 8, 13; **66** 12
- Richtigkeit **14** 10
- Risikowarnung **66** 26 ff.
- Rückerstattung der Emissionserlöse **14** 22 ff.; *s. auch dort*
- Seriositätshürde **Vor 27** 3
- Sorgfaltspflichten **27** 3, 6
- Standard für das Marktverhalten **27** 4
- Umweltauswirkungen **66** 31 ff.; *s. auch dort*
- Verbraucherschutz **66** 3
- Wahrheit **14** 10
- zivilrechtliche Wirkung **66** 4 f.
- Zulassungsantragsteller **5** 10
- Zurverfügungstellung von Informationen **66** 19 ff.
- Zuviel-Information **66** 23
- Zweck **14** 3; **27** 2; **66** 3

Verkehrsschutzprinzip 15 6

Verlusthaftung 75 33 ff.
- Beweislastumkehr **75** 36
- Cyberangriff **75** 34
- Diebstahl **75** 34
- Distributed Ledger **75** 35
- Funktionsstörung **75** 34
- Haftungsbegrenzung **75** 38
- Marktwert der Kryptowerte **75** 38
- Organisationsanforderungen **75** 36
- Risikosphären **75** 33
- Verschulden **75** 33
- verschuldensunabhängige ~ **75** 37
- Zuschreibungszusammenhang **75** 35 f.

Vermögenstrennung
- Abwicklungsplan **74** 29
- Aufbewahrung der Kryptowerte/Geldbeträge **70** 4
- Insolvenz **47** 30
- Kryptoverwahrung **75** 28
- rechtliche ~ **75** 31
- technische ~ **75** 29
- Zweck **74** 30

Vermögensvermischungsverbot 55 15 f.

Stichwortverzeichnis

vermögenswertereferenzierter Token 3 14 ff.; 46 10
- algorithmische Stablecoins 3 23
- algorithmischer ~ 46 13 ff.
- amtliche Währung 46 11
- asset-backed token 3 22
- Ausgabebeschränkungen 23 1 ff.; *s. auch dort*
- Aussetzung des Rücktauschs 46 73 ff.; *s. auch dort*
- behördlicher Informationsaustausch 22 25 ff.
- Berichterstattung 22 1 ff.
- Berichterstattung, Stichtag 22 9
- Beschwerdeverfahren 31 1 ff.; *s. auch dort*
- Bezugnahme 46 11
- Diem 3 17
- EBA-Aufsicht 117 3 ff.
- E-Euro 3 17
- E-Geld-Token 3 14, 46
- Emittenten 3 71; 22 8 ff.
- Fiat-Währungen 3 15
- Herkunftsmitgliedstaat 3 214 ff.
- Kennzahlen 22 3
- Kryptowerte-Dienstleister 22 21 ff.
- Kryptowerte-Whitepaper 19 1 ff.; *s. auch dort*
- Libra 3 17
- Marketingmitteilungen 29 1 ff.; *s. auch dort*
- Meldepflichten 22 8 ff.
- Meldepflichtenverstoß 22 7
- Meldepflichterweiterung 22 19 f.
- Mitwirkungspflicht 22 21 ff.
- Negativabgrenzung 3 14
- Offenlegungspflichten 30 1 ff.; *s. auch dort*
- öffentliches Angebot 4 8
- Preisvolatilität 3 23
- private Komplementärwährung 3 17
- Regulierung 3 27
- Rücktauschplan 47 1 ff.; *s. auch dort*
- Rücktauschrecht 3 20; 39 1 ff.; *s. auch dort*
- Sanierungsplan 46 1 ff.; *s. auch dort*
- Schwellenwerte 22 3
- signifikante ~ 3 18; 46 17
- signifikanter ~ **Vor 43** 1 ff.; 43 1 ff.; *s. auch dort*
- Stabilisierungsmechanismus 3 14, 18
- Stablecoins 3 17
- Tauschmittel 22 12; 40 1
- technische Durchführungsstandards 22 17 f.
- technische Regulierungsstandards 22 13 f.
- Transaktion 22 10
- Übernahme von Emittenten 41 1 ff.; *s. auch dort*
- vereinfachte Zulassung 17 1 ff.; *s. auch dort*
- Vermögenswertreserve **Vor 36** 1 ff.; 36 1 ff.; *s. auch dort*
- Vertrag sui generis **Vor 27** 6
- Verwendung als Tauschmittel 22 12
- Verwendungszweck erhobener Informationen 22 5
- Wertaufbewahrungsmittel 3 20; 40 1
- Wertekorb 3 22
- Wertstabilisierungsmechanismus 3 19
- Whitepaper-Informationshaftung 26 1 ff.; *s. auch dort*
- Widerrufsrecht des Kleinanlegers 13 10
- Zahlungsmittel 3 20; 40 1
- Zinsverbot 40 1 ff.; *s. auch dort*
- Zulassung ~ 16 1 ff.; *s. auch dort*
- Zulassungsentzug 24 1 ff.; *s. auch dort*
- Zweck 40 1

Vermögenswertreserve 3 213; Vor 36 1 ff.; 36 1 ff.
- Absonderungsrechte 36 23
- Anforderungen 46 39 ff.
- Anlage der ~ 38 1 ff.; *s. auch dort*
- außerhalb der Insolvenzmasse 36 29
- Aussonderungsrechte 36 27 ff.; 46 41; 47 30
- Begriff 36 2
- CRR 46 42
- Definition 36 2
- dogmatische Einordnung **Vor 36** 7 f.
- Eigenmittelanforderungen 35 7; 36 4
- gemeinsame ~ 36 13
- Haftungsvermögen **Vor 36** 5
- Kreditinstitute 55 48
- Kryptowerte-Whitepaper 19 13
- operative Trennung 36 36 f.
- rechtliche Trennung 36 17 ff.
- Reservevermögen **Vor 36** 5; 36 2; *s. auch dort*
- Rücktauschplan 55 46
- Rücktauschrecht **Vor 36** 4; 39 5 ff.
- Sanierungsplan 46 32, 38, 64 ff.; 55 12
- Sanktionen 36 45
- signifikante E-Geld-Token 3 57; 58 7
- Sondervermögen 46 41
- Stabilisierungsmechanismus 36 14 f.
- technische Regulierungsstandards 36 3
- Trennungsgrundsatz 36 16 ff.
- Treuhandkonto 46 41
- Übersicherung 36 8
- Verwahrung des Reservevermögens 37 1 ff.; *s. auch dort*
- Volatilitätsrisiken 36 5
- Zweck **Vor 36** 1

Veröffentlichung des Angebotsergebnisses 10 1
- Anwendungsbereich 10 7

Stichwortverzeichnis

- Aufsichtsrecht **10** 14
- befristetes öffentliches Angebot **10** 8
- informierte Anlageentscheidung **10** 3
- Marktsignal **10** 3
- Rückerstattung der Emissionserlöse **10** 6
- Sicherung der Emissionserlöse **10** 4 f., 11 ff.; *s. auch dort*
- unbefristetes öffentliches Angebot **10** 9 f.
- Unterrichtung des Marktes/der Anleger **10** 2
- Verlust der Emissionserlöse **10** 4 f.
- Zweck **10** 2

Versicherung 54 21
Versicherungspolice
- abgedeckte Risiken **67** 29
- Anfangslaufzeit **67** 25
- Drittunternehmen als Aussteller **67** 28
- Eigenmittelanforderungen **67** 3
- EU-Versicherer **67** 26
- formelle Anforderungen **67** 24 ff.
- Kryptowerte-Dienstleister **67** 23
- Kündigungsfrist **67** 25
- operationelle Risiken **67** 29
- Sanktionen **67** 30
- Veröffentlichung **67** 24
- Website **67** 24

Vertragsabschlussschaden 15 43 ff.; **26** 32
- Berechnung **15** 47
- Ersatzfähigkeit **15** 44
- Erwerbstauschvariante **15** 48
- informierte Anlageentscheidung **15** 44
- Kaufvariante **15** 47
- Kausalität, haftungsausfüllende **15** 58
- Kausalität, haftungsbegründende **15** 54
- Kryptowerte **15** 48
- Marktrisiko **15** 49
- Praxis **15** 46
- Tauschvariante **15** 48
- Transaktionskosten **15** 47
- Veräußerungstauschvariante **15** 48
- Verkaufsvariante **15** 47
- windfall profit **15** 49

vertrauliche Informationen 100 3
Verwahrordnung 37 2
Verwahrstelle 37 5 ff.
- Arten zulässiger ~n **37** 6 f.
- Auswahl **37** 8
- Auswahlkriterien **37** 3
- Berichtspflichten **37** 12
- Exkulpationsmöglichkeit **37** 21
- fortlaufende Überprüfung **37** 9
- Führen von Aufzeichnungen **37** 19
- Geheimhaltung **37** 14
- getrennte Depots **37** 17
- Gewissenhaftigkeit **37** 8

- Gläubigerzugriff **37** 13
- Grundsätze für Verwahrung/Verwahrstellen **37** 15 ff.
- Haftung **37** 14, 20 ff.
- Handlungskodex **37** 15 ff.
- Interessenkonflikte **37** 15
- Kreditinstitute **37** 7
- Kryptowerte-Dienstleister **37** 7
- Marktreputation **37** 10
- Private Key **37** 18
- Rechtswahl **37** 14
- Register der Risikopositionen **37** 18
- Rücktauschplan **47** 22, 43
- Sachkenntnis **37** 8, 10
- Sanktionen **37** 23
- Sorgfalt **37** 8
- Überprüfungskriterien **37** 3
- Vergütung **37** 14
- Verwahrvertrag **37** 12 ff.

Verwahrstrategie 75 1, 5, 13 ff.
- Berechtigungskonzept **75** 17
- Cold Wallet **75** 15
- Festlegung **75** 14 ff.
- Hot Wallet **75** 15
- interne Vorschriften/Verfahren **75** 14 ff.
- Key Ceremony **75** 14
- physische/technische Sicherungsmaßnahmen **75** 16
- Risikominimierung **75** 18
- Sicherungsmaßnahmen **75** 16
- Wallet **75** 14
- Zugangsmittel **75** 14
- Zurverfügungstellung **75** 19
- Zusammenfassung **75** 19
- Zweck **75** 18

Verwahrung 3 110; *s. auch* Kryptoverwahrung

Verwahrung des Reservevermögens 37 1 ff.
- externe ~ **37** 1
- getrennte Konten **37** 16
- Grundsätze **37** 16
- Private Key **37** 18
- Sanktionen **37** 23
- Verwahrordnung **37** 2
- Verwahrstelle **37** 5 ff.; *s. auch dort*
- Verwahrvertrag **37** 12 ff.

Verwalter alternativer Investmentfonds 3 320 f.
- Kryptowerte-Dienstleister **60** 22 f.

Verwaltungsbußgelder 111 7, 32 ff.
- Finanzkraft **112** 8 f.
- gegen juristische Personen **111** 36 ff.
- gegen natürliche Personen **111** 35
- Vielfaches von erzielten Gewinnen **111** 33 f.

Stichwortverzeichnis

Verwaltungsorgan
- Änderungen im Leitungsorgan **33** 4; *s. auch dort*
- Interessenkonflikte **32** 12 f.
- Unternehmensführung **34** 9
- Whitepaper-Informationshaftung **15** 5, 17, 26; **26** 11; **52** 23 ff.

Vorhandelstransparenz 76 45
vorläufiger Verwalter 47 51 ff.
vorsorgliche Maßnahmen 102 1 ff.
- anhaltende Unregelmäßigkeiten **102** 10
- Aufnahmemitgliedstaat **102** 5
- Auswahl der Maßnahme **102** 11 ff.
- erfassten Personen **102** 4
- Erforderlichkeit **102** 2
- grenzüberschreitende Zusammenarbeit **102** 1
- Herkunftsmitgliedstaat **102** 6
- Informationsadressaten **102** 6
- Informationspflicht **102** 3
- Meinungsverschiedenheiten **102** 2, 15 f.
- Pflichtadressaten **102** 5
- Verdacht auf Unregelmäßigkeiten **102** 2 ff.
- Verhinderung von Tätigkeiten **102** 14

Vortat-Compliance 112 7
Vorveröffentlichungen 7 24 f.

Währung 3 61
Währungsbezug 3 33, 35 ff.
Währungshoheit 3 28
Währungssubstitution 48 8
Wallet 75 14
Ware 4 24
Warenderivate 3 349 ff.
- Drittlandhandelsplätze **3** 351

Waren-Spot-Kontrakte 91 2
Warnhinweis
- Beratung zu Kryptowerten **81** 59 ff.
- Kryptowerte-Whitepaper **6** 30, 32; **19** 28 f.; **51** 41 ff.
- Kryptowerte-Whitepaper-Zusammenfassung **51** 54
- Marketingmitteilungen **7** 22; **53** 9
- Portfolioverwaltung von Kryptowerten **81** 59 ff.

Wash Trading 91 4
Website
- Änderung der Whitepaper/Marketingmitteilungen **12** 33
- Aufsichtsmaßnahmen **130** 18
- Interessenkonflikte **32** 32
- Kryptowerte-Whitepaper **9** 8; **28** 3
- Marketingmitteilungen **9** 8; **53** 8, 24 ff.
- Offenlegungspflichten **30** 1; *s. auch dort*
- Produktintervention **103** 19; **105** 19
- Rücktauschrecht **39** 14
- Umweltauswirkungen **66** 34
- Versicherungspolice **67** 24

Weiterverlagerung 73 15
Werbung 7 12; *s. auch Marketingmitteilungen*
- E-Geld-Token **3** 52
- Erkennbarkeit **53** 16
- Geschäftsplan **62** 29
- öffentliches Angebot **16** 10
- vergleichende ~ **53** 19

Wertäquivalenz 49 3
Wertekorb 3 22
Wertpapierfirma 3 206 f.
- Annahme/Übermittlung von Aufträgen **60** 18
- Auftragsausführung **60** 16
- Beratung zu Kryptowerten **60** 19
- Gleichwertigkeitsprüfung **60** 10, 12
- Handelsplattformbetreiber **60** 14
- Kryptoverwahrung **60** 13
- Kryptowerte-Dienstleister **60** 9 f.
- Platzierung von Kryptowerten **60** 17
- Portfolioverwaltung von Kryptowerten **60** 20
- Tausch von Kryptowerten **60** 15

Wertpapierinstitute 72 41
Wertstabilisierungsmechanismus 3 19
Whistleblower-RL 18 18; **116** 1
Whitepaper-Informationshaftung 6 45; **15** 1 ff.; **26** 1 ff.; **51** 81; **52** 1 ff.
- abweichende Vereinbarungen **26** 39 ff.
- Adäquanztest **52** 20
- Anbieter anderer Kryptowerte **15** 23
- Änderung der Whitepaper/Marketingmitteilungen **12** 37 ff.; **15** 29
- Anlagestimmung **26** 27 f.
- Anlegerhorizont **26** 25
- Anlegerschutz **15** 4; **26** 3
- Anspruchsberechtigte **15** 18, 22; **26** 10
- Anwendungsbereich, persönlicher **15** 16 ff.; **26** 8
- Anwendungsbereich, räumlicher **15** 19 f.; **26** 9
- Anwendungsbereich, sachlicher **15** 12 ff.; **26** 7
- Anwendungsbereich, zeitlicher **15** 21
- Aufsichtsorgan **15** 5, 17, 26; **26** 11; **52** 23 ff.
- Beurteilungsmaßstab **26** 25
- Beweislast **26** 42 f.; **52** 29 ff.
- Binnenmarktbezug **15** 20
- Delegation **15** 25
- deliktsrechtliche Haftung **15** 6; **26** 2
- Desinformationsphase **15** 22
- Emittenten **52** 22

Stichwortverzeichnis

- Empfängerhorizont **52** 12
- fehlendes Kryptowerte-Whitepaper **26** 21 ff.; **52** 3
- fehlerhaftes Kryptowerte-Whitepaper **15** 28 ff.; **26** 15 ff.; **52** 9 ff.
- Feststellung eines Verlusts **52** 18
- fundamentalwertrelevante Informationen **15** 30
- Funktionenschutz **26** 3
- gesamtschuldnerische ~ **15** 27; **26** 38; **52** 27
- Gesamtverantwortlichkeit, **52** 14 f.
- Gläubiger **15** 18
- Haftung für Sorgfaltspflichtverletzung **15** 7 f.
- Haftungsadressaten **15** 16, 23 ff.; **26** 10
- Haftungsausschlüsse/-beschränkungen **15** 63 f.; **52** 28, 32 ff.
- Haftungsbegründung **26** 10 ff.
- Haftungserleichterung **15** 34
- Haftungsmilderung **26** 44 ff.
- Handelsplattformbetreiber **15** 23 f.
- Informationspflichtverletzungen **15** 28 ff.; **26** 13 ff.
- Inhaber der Kryptowerte **15** 18
- irreführende Informationen **15** 33; **26** 20
- judgment proof problem **15** 5; **26** 4
- Kausalität, haftungsausfüllende **15** 57 ff.; **52** 20
- Kausalität, haftungsbegründende **15** 53 ff.; **26** 26 ff.; **52** 16
- Kryptowerte-Whitepaper-Publizität **15** 4
- Kryptowerte-Whitepaper-Zusammenfassung **15** 34 ff.; **26** 44 ff.; **52** 32 ff.
- Kursdifferenzschaden **15** 43, 50 ff.; **26** 33; s. auch dort
- Leitungsorgan **15** 5, 17, 26; **26** 11; **52** 23 ff.
- Level Playing Field **26** 39
- Marktortprinzip **15** 20
- Marktschutz **15** 4
- Mitverschulden **15** 61 f.; **26** 36
- nationale zivilrechtliche Haftung **15** 66 f.; **26** 47 ff.; **52** 36
- Nichtveröffentlichung **15** 14
- öffentliches Angebot **4** 31
- Parallelregelungen **52** 7
- persönliche Haftung **52** 23 ff.
- Präventionsfunktion **15** 4
- Preisbildungsmechanismus **15** 43
- PRIIPs-VO **15** 2 f.
- Prospekthaftung **15** 6; **52** 1
- RatingVO **15** 2 f.
- Rückabwicklung des Geschäfts **15** 43
- Schaden, ersatzfähiger **15** 41 ff.; **26** 31 ff.

- Seriositätshürde **26** 5
- Steuerungswirkung **26** 5
- Transaktionskausalität **15** 54
- unredliche Informationen **15** 31
- Unterabschreckung **26** 4
- unterlassene Aktualisierung **26** 24
- Unternehmenshaftung **15** 11
- unverständliche Informationen **15** 32
- unvollständige Informationen **15** 30; **26** 16 f.
- Verjährung **15** 65; **26** 37
- Verkehrsschutzprinzip **15** 6
- Verschulden **15** 39 f.; **26** 34 ff.; **52** 13
- Verschuldenshaftung **15** 7, 9 f.
- Vertragsabschlussschaden **15** 43 ff.; **26** 32; s. auch dort
- Verwaltungsorgan **15** 5, 17, 26; **26** 11; **52** 23 ff.
- Werbung **52** 6
- Zulassungsantragsteller **15** 23
- Zweck **15** 4; **26** 3

Widerrufsrecht des Kleinanlegers Vor 4 5; **13** 1 ff.
- Anbieter **13** 8
- Ausschluss bei Fristsetzung **13** 24
- Ausübung des ~ **13** 19 ff.
- Crypto-Lending **13** 12
- E-Geld-Token **13** 10
- Erwerbsvorgang **13** 11 ff.
- Gebühren **13** 27
- Handelsplätze **13** 14
- Handelsplätze, nicht regulierte **13** 18
- Handelszulassung, vorherige **13** 16 ff.
- Information über ~ **13** 31 f.
- Informationspflichten **13** 36
- Kleinanleger **13** 7
- Konkurrenzen **13** 33 ff.
- Kostenfreiheit **13** 25
- Kryptowerte **13** 10
- Kryptowerte-Dienstleister **13** 8
- öffentliches Angebot **13** 24
- ProspektVO **13** 4
- Rückzahlung **13** 26 ff.
- Rückzahlungsfrist **13** 30
- Sicherung der Emissionserlöse **10** 13
- Staking **13** 12
- Utility-Token **13** 36
- Veräußerung von Kryptowerten **13** 15
- Verbraucherrechte-RL **13** 3, 34
- Verbraucherschutz **13** 1 f.
- vermögenswertereferenzierter Token **13** 10
- Voraussetzungen **13** 7 ff.
- Widerrufserklärung **13** 22 f.
- Widerrufsfrist **13** 19 ff.
- Zeichnungsfrist **13** 24

Stichwortverzeichnis

xHTML mit Inline XBRLTags 51 63

Zahlungsdienste 3 276 f.
- Kryptoverwahrung 3 116
- **Zahlungsdienstleister 3** 315
- **Zahlungsdienstleiter 3** 278 ff.
- **Zahlungsinstitute 3** 315 f.
- **Zeichnung 3** 138, 153
- **Zeitstempel 12** 26 f.
- **Zentralbank 3** 62
- **Zentralverwahrer 60** 8
- **Zielortprinzip 59** 5
- **Zielpluralismus 46** 32
- **Zielunternehmen 41** 15 ff.
- **Zinsen 50** 14 ff.
- **Zinsverbot 40** 1 ff.; **50** 1 ff.
- andere Vorteile 40 2
- E-Geld-Richtlinie 50 6
- E-Geld-Token 48 50, 68; 50 1 ff.
- Einlagengeschäft 50 3, 9
- Emittenten 50 5
- Fiat-Währungen 50 10
- Freiheitsstrafe 50 9
- Geldbuße 50 8
- Kryptowerte-Dienstleister 50 12 f.
- mittelbare finanzielle Vorteile 50 18
- Negativzinsen 50 19
- Nettovergütungen 40 2; 50 16
- Sanktionen 40 3; 50 7
- sonstige Vorteile 50 15
- systemische Risiken 50 4
- wirtschaftliche Vorteile 40 2 f.
- Zinsen 50 14 ff.
- Zinsgewährung durch Dritte 50 20
- **Zugangsmittel 3** 111; **75** 1
- Verlusthaftung 75 33 ff.; *s. auch dort*
- Verwahrstrategie 75 14
- **Zugriffssicherheit 14** 17
- **Zukunftsaussagen 6** 31
- **zulässige Marktpraxis 91** 20
- **Zulassung anderer Kryptowerte Vor 4** 4, 24; **5** 1 ff.
- Anwendungsbereich 5 7 ff.
- Aufgabendelegation 5 3, 15 ff.
- Aufsichtsrecht 5 22 f.
- Erklärung des Antragstellers 5 7
- EU-Handelsplattformen 5 9
- Europäischer Pass 11 7
- Handelsplattformbetreiber 5 2, 12 ff.
- Informationspflichtverletzungen 5 25
- Initiative 5 2
- Kryptowerte-Whitepaper 6 1 ff.; *s. auch dort*
- Kryptowerte-Whitepaper-Pflicht 5 1, 4, 6, 18 ff.
- Marketingmitteilungen 7 8
- öffentliches Angebot 4 28 f.
- Pflichtverletzung 5 22 ff.
- ProspektVO 5 5
- Verbot 5 1, 5
- Widerrufsrecht des Kleinanlegers 13 16 ff.
- Zulassungsantragsteller 5 8
- **Zulassung der E-Geld-Token 48** 16 ff., 54
- Absichtsanzeige 48 80
- andere Personen 48 20, 45 ff.
- Anwerbung von Kunden 48 28 f.
- Binnenmarktrelevanz 48 27
- emittentenlose E-Geld-Token 48 17
- Erlaubnisvorbehalt 48 17
- EU-Mitgliedsstaaten 48 23 ff.
- EWR-Staaten 48 26 f.
- kleine E-Geld-Institute 48 69 ff.
- Kryptowerte-Whitepaper 48 44; 51 6, 16
- Lizenz 48 17
- Marketingmitteilungen 48 51; 53 1 ff.; *s. auch dort*
- nationale Aufsichtsbehörde 48 24
- passive Dienstleistungsfreiheit 48 28 f.
- reverse solicitation 48 28 f.
- Sanktionen 48 55
- Territorialprinzip 48 23
- zuständige Behörde 48 55
- Zustimmung des Emittenten zur ~ 48 46 ff.
- **Zulassung vermögenswertereferenzierter Token 16** 1 ff.
- Änderung der Whitepaper/Marketingmitteilungen 25 1 ff.; *s. auch dort*
- Ausgabebeschränkungen 24 1 ff.; *s. auch dort*
- Ausnahmen 16 24 ff.
- Beantragung der Handelszulassung 16 13 f.
- Beauftragte des Emittenten 16 22 f.
- Berichterstattung 22 1 ff.
- Einzelkaufleute 16 21
- Emittenten 16 15 ff.
- emittentenlose ART 16 14
- Europäischer Pass 16 29 f.
- GbR 16 20
- Kryptobörse 16 13
- Kryptowerte-Dienstleistungen 16 13
- Kryptowerte-Whitepaper 16 5
- Nicht-Kreditinstitute 16 5
- öffentliches Angebot 16 1, 8 ff.
- Passporting 16 29 f.
- Personengesellschaften 16 19
- professionelle Kunden 16 28
- qualifizierte Anleger 16 27 f.
- Rechtsgutachten 16 7
- regulierte Tätigkeit 16 6
- Schwellenwertunterschreitung 16 25 f.

Stichwortverzeichnis

- Sitz in der EU **16** 17
- Verbot **16** 1
- Zulassungsantrag **18** 1 ff.; *s. auch dort*
- Zulassungsantragsprüfung **20** 1 ff.; *s. auch dort*
- Zulassungsentscheidung **21** 1 ff.; *s. auch dort*
- Zulassungsentzug **24** 1 ff.; *s. auch dort*
- Zulassungsvorbehalt **16** 4 ff.

Zulassung von Kryptowerte-Dienstleistern 59 1 ff.
- andere Unternehmen **59** 10, 12
- Anlegerschutz **59** 2
- Anzeigeverfahren **59** 18
- Briefkastenfirma **59** 16
- Dezentrale Autonome Organisation **59** 13
- Drittstaatenunternehmen **59** 46 ff.
- Europäischer Pass **59** 4, 43 f.
- EU-weites Angebot **59** 5 ff.
- Finanzstabilität **59** 2
- formale Anforderung **59** 41 f.
- gezielte Ansprache **59** 7
- grenzüberschreitende ~ **59** 43 f.
- juristische Personen **59** 10 ff.
- Marktortprinzip **59** 5
- Marktschutz **59** 2
- öffentliches Angebot **59** 6
- passive Dienstleistungsfreiheit **61** 1
- reverse solicitation **59** 9, 50; **61** 1 ff.; *s. auch dort*
- Sitzerfordernis **59** 14
- Substanzerfordernis **59** 14
- tatsächliche Geschäftsführung **59** 15
- Übergangszeitraum **59** 3
- vereinfachte ~ **60** 1
- Verwaltungsgeldbuße **59** 19
- Verzicht auf die Zulassung **64** 6
- Zielortprinzip **59** 5
- Zulassungsantrag **62** 1 ff.; *s. auch dort*
- Zulassungsantragsprüfung **63** 1 ff.; *s. auch dort*
- Zulassungsentscheidung **63** 19 ff.; *s. auch dort*
- Zulassungsentzug **64** 1 ff.; *s. auch dort*
- Zulassungserweiterung **59** 45

Zulassungsantrag 18 1 ff.; **62** 1 ff.
- Ad-hoc-Publizität **88** 4
- allgemeine Angaben **62** 15
- Alter der Unterlagen **18** 23
- Änderungen **62** 8 f.
- Anschrift **18** 6
- Anteilseigner **62** 75 ff.
- Antragsstellung **62** 1 ff.
- Aufsichtsrecht **62** 38 ff.
- Auftragsausführung **62** 112 ff.
- bedeutend Beteiligte **62** 75 ff.
- bedeutende Beteiligung **18** 27 ff.
- Befähigung des Leitungsorgans **62** 58 ff.
- Beratung zu Kryptowerten **62** 121 ff.
- Beschwerdeverfahren **18** 36; **62** 89 ff.
- Betriebsvorschriften **76** 10
- Datenschutz **18** 5, 35
- Distributed-Ledger-Technologie **18** 24
- Eingangsbestätigung **62** 7
- Emittenten **18** 5 f.
- fachliche Eignung der Leitungsorgane **18** 23
- Fit & Proper-Nachweise **18** 22
- Form **62** 6
- Fortführung des Geschäftsbetriebs **62** 51 f.
- Geldwäsche **62** 53 ff.
- Geschäftsplan **18** 9 ff.; **62** 20 ff.; *s. auch dort*
- Geschäftsverteilungsplan **18** 18
- Gesellschafter **62** 75 ff.
- Global Legal Entity Identifier **18** 7
- Gründungsunterlagen **18** 8
- Gründungsurkunde **62** 17
- Handelsplattformbetreiber **62** 102 ff.
- IKT-Systeme **62** 81 ff.
- Inhalt **18** 3 ff.; **62** 10 ff.
- Interessenkonflikte **18** 18, 23; **62** 49 f.
- interne Revision **18** 20, 34; **62** 44
- Investorenschutz **62** 11
- ISO 17442-Kennung **18** 7
- Jahresabschlüsse **62** 40
- Kontaktstelle **62** 5
- Kooperationsvereinbarungen **18** 20
- Kryptoverwahrung **62** 97 ff.
- Kryptowerte-Dienstleister **62** 1 ff.
- Kryptowerte-Whitepaper **18** 30
- Legal Entity Identifier **18** 7
- Leitungsorgan **62** 58 ff.; *s. auch dort*
- Liste der Aufnahmemitgliedstaaten **18** 37
- Marktmissbrauch **18** 18
- Mitglieder des Leitungsorgans **18** 21
- Musterformular **62** 6, 8
- National Competent Authority **18** 1
- Organisationsstruktur **62** 44
- personenbezogene Daten **18** 5
- politisch exponierte Person **18** 23
- Portfolioverwaltung von Kryptowerten **62** 121 ff.
- Prüfungszeitraum **18** 39
- Rechtsgutachten **18** 8, 16
- Rechtsträgerkennung **18** 7
- Risikomanagement **18** 34; **62** 42, 49 f.
- Satzung **18** 8; **62** 17
- Sicherheitsvorkehrungen **62** 39 ff.
- spezielle Informationen **62** 96 ff.
- Statuten **62** 17
- Tausch von Kryptowerten **62** 110

1461

Stichwortverzeichnis

- technische Durchführungs-/Regulierungsstandards **18** 1
- technische Durchführungsstandards **62** 2
- technische Regulierungsstandards **62** 2
- Terrorismusfinanzierung **62** 53 ff.
- Transferdienstleistungen **62** 123 ff.
- Trennung Kryptowerte-Geldbeträge **62** 85 ff.
- Unternehmensführung **18** 17 ff.; **62** 42 ff.
- Vereinbarungen mit Drittunternehmen **18** 32
- Verhaltenskodex **18** 18
- Whistleblowing- Richtlinien **18** 18
- Zulassungsantragsprüfung **20** 1 ff.; **63** 1 ff.; s. auch dort
- Zulassungsentscheidung **21** 1 ff.; **63** 19 ff.; s. auch dort
- zuständige Behörde **62** 4
- Zuverlässigkeit der bedeutend Beteiligten **18** 27 ff.
- Zuverlässigkeit der Leitungsorgane **18** 23

Zulassungsantragsprüfung 20 1 ff.; **63** 1 ff.

- Ablauf **63** 1
- Aussetzung der Prüfungsfrist **20** 15; **63** 15
- BaFin **63** 3
- Behörden anderer Mitgliedsstaaten **63** 8 ff.
- Dauer des Verfahrens **20** 8
- Eingangsbestätigung **63** 3
- Entwurf einer Entscheidung **20** 16
- europäische Aufsichtsbehörden **20** 17 f.; **63** 8 ff.
- Geldwäsche-Compliance **63** 11
- Genehmigungsfiktion **20** 9
- materielle Prüfung **20** 13
- Nachforderungspflicht **20** 11; **63** 4, 15 f.
- Prüfungsfrist **63** 6 f.
- Terrorismusfinanzierung **63** 11
- Vollständigkeitserklärung **20** 12; **63** 5
- Vollständigkeitsprüfung **20** 8, 10 ff.; **63** 4 f.
- Zulassungsentscheidung **63** 17
- Zweck **20** 5

Zulassungsantragsteller 3 71; **5** 8

- Ad-hoc-Publizität **88** 1 ff., 5; s. auch dort
- allgemeine Verhaltensstandards **14** 6 ff.
- Änderung der Whitepaper/Marketingmitteilungen **12** 7
- Europäischer Pass **11** 7
- Inhabergleichbehandlung **14** 21
- Interessenkonflikte **14** 3, 11 ff.; s. auch dort
- Interessenwahrungspflicht **14** 18 ff.
- Kommunikation **14** 9 ff.
- Marketingmitteilungen **7** 9
- MiFID II **14** 2
- Pflichtendelegation **5** 15 ff.
- Publizitätspflichten **5** 10
- Rechtsformzwang **5** 11
- Rückerstattung der Emissionserlöse **14** 22 ff.; s. auch dort
- Sorgfaltspflichten **14** 6 ff.
- Verfahrenspflichten **5** 10
- Verhaltenspflichten **5** 10; **14** 1 ff.; s. auch dort
- Whitepaper-Informationshaftung **15** 1 ff., 23; s. auch dort
- Zulassungsantrag **18** 1 ff.; s. auch dort

Zulassungsentscheidung 21 1 ff.; **63** 19 ff.

- Auflagen **63** 41 f.
- Bedrohung der Marktintegrität **21** 24 ff.
- Behinderung der Aufsicht **63** 37 ff.
- Beurteilungsspielraum **63** 20 f.
- enge Verbindungen **63** 37 ff.
- Ermessensspielraum **21** 4
- Erteilung **21** 32 f.
- ESMA-Register **63** 18
- Frist **21** 8
- für einzelne Kryptowerte-Dienstleistungen **63** 42
- Genehmigungsfiktion **21** 9
- Geschäftsmodell **21** 24 ff.
- Inhalt **63** 41 f.
- Leitungsorgan als Gefahr **21** 11 ff.; **63** 24 ff.
- Prüffrist **21** 8
- Prüfungsmaßstab **63** 19 ff.
- Rechtsschutz **63** 43 f.
- Stellungnahme der EZB **21** 29 ff.
- Steuerstraftaten **63** 31
- Unschuldsvermutung **63** 33
- Untätigkeitsklage **63** 44
- Vermögensdelikte **63** 31
- Verpflichtungsklage **63** 43
- Versagung **21** 29 ff.
- Verurteilungen für Straftaten **63** 31 ff.
- Verweigerungsgründe **21** 2, 11 ff., 27 f.; **63** 20, 23 ff.
- Zulassungsantragsprüfung **63** 17
- Zuverlässigkeit bedeutend Beteiligter **21** 20 ff.; **63** 30
- Zuverlässigkeit des Leitungsorgans **21** 14 ff.; **63** 26 ff.

Zulassungsentzug 24 1 ff.; **64** 1 ff.

- Abhilfemaßnahmen **24** 22
- Abwicklung von Kryptowerte-Dienstleistern **74** 19 f.
- Änderungen im Leitungsorgan **33** 3
- Aufsichtsmaßnahmen **130** 8
- BaFin-Befugnisse **24** 58 ff.
- Bedrohung der Marktintegrität **24** 36 ff.
- Bedrohung der Zahlungssysteme **24** 39 ff.
- Behörden anderer Mitgliedsstaaten **64** 25

Stichwortverzeichnis

- Bekanntmachung **24** 60
- Bundesanzeiger **24** 60
- Drittunternehmen **24** 50
- Einstellen der Geschäftstätigkeit **24** 9, 13
- Einstellung der Tätigkeit **24** 33 ff.
- einzelne Kryptowerte-Dienstleistungen **64** 5
- ESMA-Register **24** 61; **64** 23
- fakultativer ~ **64** 20 ff.
- Fristen **24** 16
- Gebrauchmachen von der Zulassung **24** 12
- Geldwäsche **24** 36
- Geldwäsche-Compliance **64** 16, 26
- Geschäftsbetrieb **64** 2
- GwG-Verstöße **64** 21
- Insolvenzverfahren des Emittenten **24** 28
- kein Gebrauchmachen von der Zulassung **24** 9 ff.; **64** 2 ff.
- KMAG-E **24** 53 ff.
- milderes Mittel **24** 8, 52
- Rechtsschutz **64** 29
- Rücktauschplan **24** 29, 57; **47** 32 ff.
- Ruhen der Kryptowerte-Dienstleistungen **64** 7 ff.
- schwerwiegender MiCAR-Verstoß **24** 24 ff.; **64** 18 f.
- Terrorismusfinanzierung **24** 36; **64** 16
- Titel III-Verstoß **24** 24 ff.
- Übergang auf einen anderen Anbieter **64** 28
- Umfang **64** 24
- unrechtmäßige Zulassungserlangung **24** 17 ff.; **64** 12 f.
- Unterrichtung der ESMA **24** 61
- Verdachtsfälle **64** 27
- Verzicht auf die Zulassung **64** 6
- vorbereitende Handlungen **64** 4
- Wegfall der Zulassungsvoraussetzungen **24** 20 ff.; **64** 14 f.
- Zulassungsverlust als Zahlungsinstitut/ E-Geld-Institut **64** 22
- Zulassungsverzicht **24** 33
- zuständige Behörde **24** 7
- Zuverlässigkeit der bedeutend Beteiligten **24** 44 ff.
- Zuverlässigkeit der Leitungsorgane **24** 44 ff.
- Zweck **24** 2
- zwingender ~ **64** 1 ff.

Zusammenarbeit mit EBA/ESMA 96 1 ff.
- effektiver Informationsfluss **96** 8
- gemischte Zuständigkeit **96** 1
- Informationsaustausch **96** 1, 6 ff.
- Pflicht zur ~ **96** 2 ff.
- technische Durchführungsstandards **96** 9

- unverzügliche Weiterleitung **96** 8
- vertikale ~ **96** 1

Zusammenarbeit zuständiger Behörden 95 1 ff.
- Ablehnung der ~ **95** 15 ff.
- Abstimmungen zur Aufsichtstätigkeit **95** 11 f.
- Amtshilfe **95** 8
- ausbleibende Reaktion **95** 13
- Ausnahmen **95** 3
- horizontale ~ **95** 1
- Informationspflichten **95** 5 ff.
- Kooperationsmodalitäten **95** 8 ff.
- Koordinationsfunktion **95** 10
- Pflicht der ~ **95** 4 ff.
- Prüfung vor Ort **95** 8
- Reaktionsfrist **95** 13
- technische Durchführungsstandards **95** 23 ff.
- technische Regulierungsstandards **95** 20 ff.
- Untersuchung vor Ort **95** 8
- vertikale ~ **95** 2

Zusammenführung sich deckender Kundenaufträge 3 275

zuständige Behörde 3 220 ff.; **93** 1 ff.
- Abwicklungsplan **74** 31 ff.
- Änderung der Whitepaper/Marketingmitteilungen **12** 19; **25** 3
- Aufsichtsbefugnisse **94** 1 ff.; *s. auch dort*
- Befugnisse der ESMA/EBA **106** 4 ff.
- Befugnisübertragung **94** 28
- Benennungspflicht **93** 3 ff.
- Berufsgeheimnis **100** 1 ff.; *s. auch dort*
- Beschwerdeverfahren **108** 1 ff.
- Datenschutz **101** 2
- ESMA-Register **109** 3
- Generalklausel **94** 34
- gerichtliche Anträge **94** 29
- Hinweisgeberschutz **94** 30 ff.
- Informationspflicht der ESMA **93** 11
- Informationspflicht der Mitgliedstaaten **93** 8 ff.
- Kooperationsvereinbarungen **107** 3 ff.
- Koordinierung mit ESMA/EBA **106** 1 ff.
- Kriterien **93** 5
- Kryptowerte-Whitepaper **51** 67
- Legalität der Informationsweitergabe **94** 30 ff.
- Marketingmitteilungen **7** 27 ff.; **29** 16; **53** 29 f.
- Mitgliedstaaten **93** 3, 8
- mittelbare Handlungsoptionen **94** 27 ff.
- Notifizierungsverfahren **60** 40
- öffentliche Bekanntmachung **114** 1 ff.
- öffentliches Angebot **48** 55
- Produktintervention **105** 1 ff.; *s. auch dort*

1463

Stichwortverzeichnis

- Rechtsmittel **113** 1 ff.
- Rücktauschplan **47** 20, 57, 60, 62; **55** 65, 72
- Sanierungsplan **46** 53, 68 ff.; **55** 36
- Stresstests **35** 34
- Übernahmeprüfung **84** 20
- unmittelbare Handlung **94** 26
- Unternehmensführung **34** 12
- Untersuchungsbefugnisse **94** 1 ff.; *s. auch dort*
- vorsorgliche Maßnahmen **102** 1 ff.; *s. auch dort*
- Zulassung der E-Geld-Token **48** 55
- Zulassungsantrag **62** 4
- Zulassungsentzug **24** 7
- Zusammenarbeit mit anderen Behörden **94** 27; **98** 1 ff.
- Zusammenarbeit mit Drittländern **107** 1 ff.
- Zusammenarbeit mit EBA/ESMA **96** 1 ff.; *s. auch dort*
- Zusammenarbeit zuständiger Behörden **95** 1 ff.; *s. auch dort*
- Zuständigkeitskonzentration **93** 4

Zuverlässigkeit
- bedeutend Beteiligte **18** 27 ff.; **21** 20 ff.; **63** 30
- Fähigkeiten des Leitungsorgans **21** 16 ff.; **63** 26
- Leitungsorgan **18** 23; **21** 14 ff.; **34** 16 f.; **63** 26 ff.
- Leumund des Geschäftsleiters **42** 12; **84** 11
- Unternehmensführung **68** 12
- Zulassungsentzug **24** 44 ff.

Zuviel-Information 66 23
Zwangsgelder 130 3; **132** 1 ff.
- Dauer **132** 10
- Höhe **132** 8 f.
- Naming and Shaming **133** 3 ff.
- Rechtsnatur **133** 8
- Tatbestände **132** 4 ff.
- Vollstreckung **133** 9
- Zuweisung **133** 10
- Zweck **132** 2 f.

Zweckgesellschaft 3 248
Zwei-Faktor-Authentifizierung 75 7
Zweitmarktplatzierungen 3 141